Obermayer · Funke-Kaiser
VwVfG

Obermayer · Funke-Kaiser

VwVfG

Kommentar zum Verwaltungsverfahrensgesetz

Herausgegeben und begründet von:

Michael Funke-Kaiser
Vorsitzender Richter am Verwaltungsgerichtshof Baden-Württemberg a.D.

Prof. Dr. Klaus Obermayer †

6. Auflage

Luchterhand Verlag 2021

Zitiervorschlag: *Bearbeiter* in: Obermayer/Funke-Kaiser, VwVfG, 6. Aufl., § 1, Rn. 1

Bibliografische Information der Deutschen Nationalbibliothek

Die Deutsche Nationalbibliothek verzeichnet diese Publikation in der Deutschen Nationalbibliografie; detaillierte bibliografische Daten sind im Internet über http://dnb.d-nb.de abrufbar.

ISBN 978–3-472–09668-9

www.wolterskluwer.de

Umschlagkonzeption: Martina Busch, Grafikdesign, Homburg-Kirrberg
Satz: Newgen KnowledgeWorks (P) Ltd., Chennai
Druck und Weiterverarbeitung: Wiliams Lea & Tag GmbH, München

Gedruckt auf säurefreiem, alterungsbeständigem und chlorfreiem Papier.

Vorwort

Nach drei Jahren legen Herausgeber und Verlag nunmehr die 6. Auflage vor. Sie knüpft weiterhin an die bisherige Tradition und Praxis an, eine angemessene Balance zwischen den Bedürfnissen der Praxis und gleichzeitig dem Anspruch an wissenschaftlichen Aufarbeitung und Durchdringung der Materie zu leisten. Der bewährte Bearbeiterkreis, dem Herausgeber und Verlag an dieser Stelle für die kompetente und engagierte Mitarbeit danken möchten, ist unverändert geblieben. Die Auflage gibt den Gesetzesstand vom 31. März 2020 wieder. Das gilt ebenso für die berücksichtigte Literatur und Rechtsprechung.

Stuttgart/Hürth, im Juli 2020 Michael Funke-Kaiser

Inhaltsverzeichnis

Bearbeiterverzeichnis:

Prof. Dr. Peter Baumeister
Professor für Öffentliches Recht, Sozialrecht und Europarecht an der SRH Hochschule Heidelberg/Universität Mannheim und Rechtsanwalt

Andreas Becker
Vizepräsident des Verwaltungsgerichts Köln a.D.

Dr. Stephan Beichel-Benedetti
Vorsitzender Richter am Verwaltungsgericht Karlsruhe

Dr. Julia Dürig
Vorsitzende Richterin am Verwaltungsgerichtshof Baden-Württemberg

Michael Funke-Kaiser
Vorsitzender Richter am Verwaltungsgerichtshof Baden-Württemberg a.D.

Dieter Grünewald
Vorsitzender Richter am Verwaltungsgericht Frankfurt a.M.

Matthias Hettich
Richter am Verwaltungsgerichtshof Baden-Württemberg

Hon.-Prof. Dr. Dietmar Hönig
Regierungsdirektor, Dezernent Planungsrecht, Wiesbaden

Siegfried Hoffmann †
Leitender Rechtsdirektor, Stadt Memmingen

Dr. Christian Hug, LL.M.
Richter am Verwaltungsgerichtshof Baden-Württemberg

Stefan Kuntze
Präsident des Verwaltungsgerichts Stuttgart a.D.

Prof. Dr. Christofer Lenz
Rechtsanwalt, Stuttgart

Dr. Tobias Masing
Rechtsanwalt und Fachanwalt für Verwaltungsrecht, Berlin

Dr. Wolfgang Schenk
Richter am Verwaltungsgerichtshof Baden-Württemberg

Dr. Gernot Schiller
Rechtsanwalt und Fachanwalt für Verwaltungsrecht, Berlin

Dr. Robert Seegmüller
Richter am Bundesverwaltungsgericht, Leipzig, Vizepräsident des Verfassungsgerichtshofes des Landes Berlin

Dr. Thomas Stuhlfauth, Mag. rer. publ.
Richter am Verwaltungsgerichtshof Baden-Württemberg

Prof. Dr. Michaela Wittinger
Professorin für Staats- und Europarecht, Hochschule des Bundes für öffentliche Verwaltung, Fachbereich Bundeswehrverwaltung, Mannheim

Abkürzungsverzeichnis

a.A.	andere(r) Ansicht
a.a.O.	am angegebenen Ort
abl.	ablehnend
Abschn.	Abschnitt
ABl.	Amtsblatt
a.E.	am Ende
ÄndG	Änderungsgesetz
AEUV	Vertrag über die Arbeitsweise der Europäischen Union
a.F.	alte Fassung
AfK	Archiv für Kommunalwissenschaften
AG	Amtsgericht; Ausführungsgesetz
AGH	Anwaltsgerichtshof
AgrarR	Agrarrecht
Amtl. Begr.	Begründung zum Entwurf eines Verwaltungsverfahrensgesetzes (VwVfG), BT-Drucks. 7/910 v. 18.07.1973,
Anh.	Anhang
Anl.	Anlage
Anm.	Anmerkung
AnwBl.	Anwaltsblatt
AöR	Archiv des öffentlichen Rechts
arg.	argumento
AS	Amtliche Sammlung
AuAS	Ausländer- und Asylrecht-Schnelldienst (Zeitschrift)
Ausschussbericht	Bericht und Antrag des Innenausschusses (4. Ausschuss) zu dem von der Bundesregierung eingebrachten Entwurf eines Verwaltungsverfahrensgesetzes (VwVfG) – Drucksache 7/910 – v. 18.12.1975 (BT-Drucks. 7/4494)
AVO	Ausführungsverordnung
AVV	Allgemeine Verwaltungsvorschrift(en)
BABl.	Bundesarbeitsblatt
BAG	Bundesarbeitsgericht
BAGE	Amtliche Entscheidungssammlung des Bundesarbeitsgerichts
BAnz.	Bundesanzeiger
BAT	Bundesangestelltentarifvertrag
BauR	Baurecht
Bay., bay	Bayern, bayerisch
BayObLG	Bayerisches Oberstes Landesgericht

BayVBl.	Bayerische Verwaltungsblätter
BayVerfGH	Bayerischer Verfassungsgerichtshof
BB	Betriebsberater, Zeitschrift für Recht und Wirtschaft
Bbg., bbg	Brandenburg, brandenburgisch
Bd.	Band
BDG	Bundesdisziplinargericht
BDH	Bundesdisziplinarhof
BDVR	Bund Deutscher Verwaltungsrichter
Begr.	Begründung
Berl., berl	Berlin, berlinerisch
Betrieb	Der Betrieb
BFH	Bundesfinanzhof
BFHE	Amtliche Entscheidungssammlung des Bundesfinanzhofs
BGBl.	Bundesgesetzblatt Teil I (seit 1949), Teil II (seit 1951), Teil III (seit 1958)
BGH	Bundesgerichtshof
BGHSt	Entscheidungen in Strafsachen des Bundesgerichtshofs
BGHZ	Entscheidungen in Zivilsachen des Bundesgerichtshofs
BKartA	Bundeskartellamt
BMI	Bundesminister(-ium) des Innern
BMV	Bundesminister(-ium) für Verkehr
BPatG	Bundespatentgericht
BR	Deutscher Bundesrat
BRAK-Mitt.	Mitteilungen der Bundesanwaltskammer
BReg.	Bundesregierung
Brem.	Bremen, bremisch
BRS	Baurechtssammlung
BSG	Bundessozialgericht
BSGE	Amtliche Entscheidungssammlung des Bundessozialgerichts
BStBl.	Bundessteuerblatt
BT	Deutscher Bundestag
Buchholz	Sammel- und Nachschlagewerk der Rechtsprechung des Bundesverwaltungsgerichts
Buchst.	Buchstabe
BVerfG	Bundesverfassungsgericht
BVerfGE	Amtliche Entscheidungssammlung des Bundesverfassungsgerichts
BVerwG	Bundesverwaltungsgericht
BVerwGE	Amtliche Entscheidungssammlung des Bundesverwaltungsgerichts
BW, bw	Baden-Württemberg, baden-württembergisch

BWehrV	Bundeswehrverwaltung, Zeitschrift
d.h.	das heißt
ders.	derselbe
Die Verwaltung	Die Verwaltung, Zeitschrift
DIN	Festlegungen des Deutschen Instituts für Normung
DJT	Deutscher Juristentag
DLR	Europäische Dienstleistungsrichtlinie
DNotZ	Deutsche Notar-Zeitschrift
DöD	Der öffentliche Dienst
DÖV	Die öffentliche Verwaltung
DRiZ	Deutsche Richterzeitung, Organ des Deutschen Richterbundes, Bund der Richter und Staatsanwälte in der Bundesrepublik Deutschland e.V.
DStR	Deutsches Steuerrecht (Zeitschrift)
DZWir	Deutsche Zeitschrift für Wirtschaftsrecht
Drucks.	Drucksache
DtZ	Deutsch-Deutsche Rechts-Zeitschrift
DVBl	Deutsches Verwaltungsblatt
DVO	Durchführungsverordnung
DVP	Deutsche Verwaltungspraxis, Fachzeitschrift für Wissenschaft und Praxis in der Verwaltung
DZWir	Deutsche Zeitschrift für Wirtschaftsrecht
EBA	Eisenbahn-Bundesamt
ebend.	ebendort
EDV	Elektronische Datenverarbeitung
EFG	Entscheidungen der Finanzgerichte
EGMR	Europäischer Gerichtshof für Menschenrechte
EG-Recht	Recht der Europäischen Gemeinschaft
Einf.	Einführung
EMRK	Europäische Menschenrechtskonvention
entspr.	entsprechend
Entw.	Entwurf
EnWG	Energiewirtschaftsgesetz
ESVGH	Entscheidungssammlung des Hessischen und des Württemberg-Badischen Verwaltungsgerichtshofes
EU	Europäische Union
EuGH	Europäischer Gerichtshof
EuGHE	Entscheidungen des Europäischen Gerichtshofs
EU-GRC	Grundrechtecharta der Europäischen Union

EuGRZ	Europäische Grundrechte-Zeitschrift (seit 1974)
EuR	Europarecht (Zeitschrift)
EU-Recht	Recht der Europäischen Union
EuroEinführungsG	Gesetz zur Einführung des Euro
EuZW	Europäische Zeitschrift für Wirtschaftsrecht (seit 1990)
EWiR	Entscheidungen zum Wirtschaftsrecht (Zeitschrift)
EZB	Europäische Zentralbank
FamRZ	Ehe und Familie im privaten und öffentlichen Recht, Zeitschrift für das gesamte Familienrecht (seit 1953)
Finw.	Finanzwirtschaft, Zeitschrift, seit 1946
Fußn.	Fußnote
G	Gesetz, Gesetze
GA	Generalanwalt beim Europäischen Gerichtshof
GBl.	Gesetzblatt des Landes
GBl.	DDR Gesetzblatt der Deutschen Demokratischen Republik
GebVz.	Gebührenverzeichnis
GemHH	Der Gemeindehaushalt, Fachzeitschrift für das kommunale Haushalts- und Wirtschaftsrecht
GewArch	Gewerbearchiv, Zeitschrift für Gewerbe- und Wirtschaftsverwaltungsrecht
ggü.	gegenüber
GMBl.	Gemeinsames Ministerialblatt
GmSOGB	Gemeinsamer Senat der obersten Gerichtshöfe des Bundes
GO	Gemeindeordnung
GRUR	Gewerblicher Rechtsschutz und Urheberrecht, Zeitschrift
GS	Preußische Gesetzessammlung
GVBl.	Gesetz- und Verordnungsblatt des Landes
GV NW	Gesetz- und Verordnungsblatt für das Land Nordrhein-Westfalen
GVOBl.	Gesetz- und Verordnungsblatt
H (He, he)	Hessen, hessisch
HessVRSpr.	Rechtsprechung der hessischen Verwaltungsgerichte
HFR	Höchstrichterliche Finanzrechtsprechung
h.M.	herrschende Meinung
Hmb., hmb	Hamburg, hamburgisch
HRR	Höchstrichterliche Rechtsprechung
Hrsg.	Herausgeber, herausgegeben
HS	Halbsatz
Ibidem	ebenda

i.d.F.	in der Fassung
i.d.F.d.B.v.	in der Fassung der Bekanntmachung vom
i.d.R.	in der Regel
i.d.S.	in diesem Sinne
i.e.S.	im engeren Sinne
i.Erg.	im Ergebnis
IFG	Informationsfreiheitsgesetz
IM	Innenminister(-ium)
IMI	Internal Market Information System
InfAuslR	Informationsbrief Ausländerrecht
insb.	insbesondere
i.R.d.	im Rahmen dessen
i.S.	im Sinne
i.V.m.	in Verbindung mit
i.w.S.	im weiteren Sinne
JA	Juristische Arbeitsblätter
JöR	Jahrbuch des öffentlichen Rechts
JR	Juristische Rundschau
JURA	Juristische Ausbildung
JuS	Juristische Schulung
JZ	Juristenzeitung
Kap.	Kapitel
KG	Kammergericht
KKZ	Kommunale Kassen-Zeitschrift
KommJur	Kommunaljurist Rechtsberater für Gemeinden, Landkreise, Gemeindeverbände und kommunale Wirtschaftsunternehmen, Zeitschrift
KStZ	Kommunale Steuer-Zeitschrift, Zeitschrift für das gesamte Gemeindeabgabewesen
Landkreis	Der Landkreis, Zeitschrift für kommunale Selbstverwaltung
LG	Landgericht
LKV	Landes- und Kommunalverwaltung, Verwaltungsrechts-Zeitschrift für die Länder Brandenburg, Mecklenburg-Vorpommern, Sachsen, Sachsen-Anhalt und Thüringen sowie Berlin
LS	Leitsatz
LSA	Land Sachsen-Anhalt
MBl.	Ministerialblatt

MDR	Monatsschrift für Deutsches Recht
MedR	Medizinrecht (seit 1983)
MI	Minister des Innern, Innenminister(-ium)
MMR	Multimedia und Recht (Zeitschrift)
MV, mv	Mecklenburg-Vorpommern, mecklenburg-vorpommerisch
m.w.N.	mit weiteren Nachweisen
N (Nds., nds)	Niedersachsen, niedersächsisch
Nachw.	Nachweis
NdsRPfl	Niedersächsische Rechtspflege
NdsVBl.	Niedersächsische Verwaltungsblätter
NDV-RD	Rechtsprechungsdienst, Beilage zum Nachrichtendienst des Deutschen Vereins
NJ	Neue Justiz (Zeitschrift)
NJOZ	Neue Juristische Online-Zeitschrift
NJW	Neue Juristische Wochenschrift
NJW-RR	NJW-Rechtsprechungs-Report Zivilrecht
NordÖR	Zeitschrift für öffentliches Recht in Norddeutschland
NST-N	Niedersächsischer Städtetag (Zeitschrift)
NStZ	Neue Zeitschrift für Strafrecht
NStZ-RR	NStZ-Rechtsprechungs-Report Strafrecht
NuR	Natur und Recht (seit 1979)
NVwZ	Neue Zeitschrift für Verwaltungsrecht
NVwZ-RR	NVwZ-Rechtsprechungs-Report Verwaltungsrecht
NW, nw	Nordrhein-Westfalen, nordrhein-westfälisch
NWVBl.	Nordrhein-westfälische Verwaltungsblätter, Zeitschrift für öffentliches Recht und öffentliche Verwaltung
NZA	Neue Zeitschrift für Arbeits- und Sozialrecht
NZBau	Neue Zeitschrift für Baurecht und Vergaberecht
NZV	Neue Zeitschrift für Verkehrsrecht
o.a.	oben angegeben
öff.	öffentlich
ö.R.	öffentliches Recht
ö.-r.	öffentlich-rechtlich
ö.r.V.	öffentlich-rechtlicher Vertrag
OLG	Oberlandesgericht
OVG	Oberverwaltungsgericht

OVGE	Entscheidungen der Oberverwaltungsgerichte für das Land Nordrhein-Westfalen in Münster sowie für die Länder Niedersachsen und Schleswig-Holstein in Lüneburg mit Entscheidungen des Verfassungsgerichtshofs Nordrhein-Westfalen und des Niedersächsischen Staatsgerichtshofs, Amtliche Sammlung
PersV	Die Personalvertretung (Zeitschrift)
PlanSiG	Gesetz zur Sicherstellung ordnungsgemäßer Planungs- und Genehmigungsverfahren während der COVID-19-Pandemie - Planungssicherstellungsgesetz
PlfB	Planfeststellungsbeschluss
PlfBeh	Planfeststellungsbehörde
PlG	Plangenehmigung
PlfV	Planfeststellungsverfahren
PlanvereinheitlichungsG	Gesetz zur Verbesserung der Öffentlichkeitsbeteiligung und Vereinheitlichung von Planfeststellungsverfahren
pr.	preußisch
PrOVG	Entscheidungen des Preußischen Oberverwaltungsgerichts
PV	Parlamentarische Versammlung des Europarats
RdJ	Recht der Jugend (Zeitschrift)
RdL	Recht der Landwirtschaft (Zeitschrift)
Rdn.	Randnummer (interner Verweis)
RGBl.	Reichsgesetzblatt 1871–1921, dann RGBl. Teil I (1922–1945), RGBl. Teil II (1922–1945)
RGSt	Entscheidungen des Reichsgerichts in Strafsachen
RGZ	Entscheidungen des Reichsgerichts in Zivilsachen
RhPf, rhpf	Rheinland-Pfalz, rheinland-pfälzisch
RiA	Recht im Amt, Zeitschrift
Rn.	Randnummer (externer Verweis)
Rs	Resolution
Rspr.	Rechtsprechung
RTW	Recht – Technik – Wirtschaft, Schriftenreihe
RÜBaRoV	Rechtsprechungsübersicht Bundesamt zur Regelung offener Vermögensfragen
RuWi oder RWP	Recht und Wirtschaftspraxis, Zeitschrift
RVerwBl.	Reichsverwaltungsblatt, Zeitschrift
s.	siehe
S.	Seite, Satz (bei Zitat gesetzlicher Bestimmungen in §§)
S (Saarl., saarl)	Saarland, saarländisch
Sachgeb.	Sachgebiet

Sachs., sächs	Sachsen, sächsisch
SächsGVOBl.	Sächsisches Gesetz-und Verordnungsblatt
SächsVBl.	Sächsische Verwaltungsblätter, Zeitschrift für öffentliches Recht und öffentliche Verwaltung
SchlHA (SH Anz.)	Schleswig-Holsteinische Anzeigen, Justizministerialblatt für Schleswig-Holstein
SGb.	Die Sozialgerichtsbarkeit (Zeitschrift)
SH, sh	Schleswig-Holstein, schleswig-holsteinisch
SH Amtsbl.	Amtsblatt für Schleswig-Holstein
SKZ	Saarländische Kommunal Zeitung
Staat	Der Staat (Zeitschrift)
Städtetag	Der Städtetag, Zeitschrift für die kommunale Praxis und Wissenschaft
StAZ	Zeitschrift für Standesamtswesen
StE	Steuerrechtserlasse (Sammlung)
StGH	Staatsgerichtshof
StVollzG	Gesetz über den Vollzug der Freiheitsstrafe und der freiheitsentziehenden Maßregeln der Besserung und Sicherung
StuGB	Städte- und Gemeindebund (Zeitschrift)
Thür., thür	Thüringen, thüringisch
TÜV	Technischer Überwachungsverein e.V.
u.a.	unter anderem
u.ä.	und ähnliche(s)
UBWV	Unterrichtsblätter für die Bundeswehrverwaltung
UPR	Umwelt- und Planungsrecht, Zeitschrift für Wissenschaft und Praxis
Urt.	Urteil
UGB	Umweltgesetzbuch
UTR	Jahrbuch des Umwelt- und Technikrechts, Schriftenreihe des Instituts für Umwelt- und Technikrecht der Universität Trier
u.U.	unter Umständen
UVP	Umweltverträglichkeitsprüfung
UVS	Umweltverträglichkeitsstudie
v.	von, vom
VA	Verwaltungsakt
VA	(Zeitschrift) Verwaltungsrecht für die Anwaltspraxis
VBlBW	Verwaltungsblätter für Baden-Württemberg
VDI	Festlegungen des Vereins Deutscher Ingenieure
VerfGH	Verfassungsgerichtshof

VersR	Versicherungsrecht, Juristische Rundschau für die Individualversicherung
Verw	Die Verwaltung
VerwArch	Verwaltungsarchiv
VG	Verwaltungsgericht
VGH	Verwaltungsgerichtshof
VGHBW-Ls	Rechtsprechungsdienst des VGH Baden-Württemberg, Beilage zu VBlBW
VIZ	Zeitschrift für Vermögens- und Investitionsrecht
VkBl.	Verkehrsblatt, Amtsblatt des Bundesministers für Verkehr
VO	Verordnung
Vorbem.	Vorbemerkung
VR	Verwaltungsrundschau, Zeitschrift für Verwaltung in Praxis und Wissenschaft
VRS	Verkehrsrechtssammlung
VRspr.	Verwaltungsrechtsprechung in Deutschland (1949–1981)
VSSR	Vierteljahresschrift für Sozialrecht
VV	Verwaltungsvorschrift(en)
VVDStRL	Veröffentlichungen der Vereinigung der Deutschen Staatsrechtslehrer
WiB	Wirtschaftsrechtliche Beratung
WissR	Wissenschaftsrecht – Wissenschaftsverwaltung – Wissenschaftsförderung, Zeitschrift für Recht und Verwaltung der wissenschaftlichen Hochschulen und der wissenschaftspflegenden und -fördernden Organisationen und Stiftungen
wistra	Zeitschrift für Wirtschafts- und Steuerstrafrecht
WiV	Wirtschaft und Verwaltung, Vierteljahresbeilage zu Gewerbearchiv und Umwelt- und Planungsrecht
WuV	Wirtschaft und Verwaltung
ZAR	Zeitschrift für Ausländerrecht und Ausländerpolitik
ZBR	Zeitschrift für Beamtenrecht
ZfW	Zeitschrift für Wasserrecht
ZfZ	Zeitschrift für Zölle und Verbrauchsteuer
ZIP	Zeitschrift für Wirtschaftsrecht und Insolvenzpraxis
ZMR	Zeitschrift für Miet- und Raumrecht
ZRP	Zeitschrift für Rechtspolitik
z.zt.	zurzeit
ZUR	Zeitschrift für Umweltrecht

Abgekürzt zitierte Literatur

Auernhammer	Herbert Auernhammer, DS-GVO, Bundesdatenschutzgesetz, Kommentar, 7. Aufl., 2020
App/Wettlaufer	Michael App, Arno Wettlaufer (Hrsg.), Praxishandbuch Verwaltungsvollstreckungsrecht, 6. Aufl., 2018
Bader/Ronellenfitsch	Johann Bader, Michael Ronellenfitsch (Hrsg.), VwVfG Kommentar, 2. Aufl., 2016
Baumbach/Lauterbach/Albers/ Hartmann	Adolf Baumbach, Wolfgang Lauterbach, Kommentar zur Zivilprozessordnung mit Gerichtsverfassungsgesetz. Bearbeitet von Monika anders, 78. Auf., 2020
Baumeister	Peter Baumeister, Der Beseitigungsanspruch als Fehlerfolge des rechtswidrigen Verwaltungsakts, 2006
BeckOK VwVfG	Johann Bader, Michael Ronellenfitsch (Hrsg.), VwVfG, Online-Kommentar, Ed. 46 (01.01.2020).
BeckOK Datenschutzrecht	Heinrich Amadeus Wolff, Stefan Brink (Hrsg.), Datenschutzrecht, Online-Kommentar, Ed. 31 (01.11.2019)
Beermann/Gosch	Albert Beermann, Dietmar Gosch (Hrsg.), Abgabenordnung/Finanzgerichtsordnung, Kommentar, Loseblattausgabe, 2019
Bergmann	Jan Bergmann (Hrsg.), Handlexikon der Europäischen Union, 5. Aufl., 2015
Bieber/Epiney/Haag	Roland Bieber, Astrid Epiney, Marcel Haag, Die Europäische Union, 13. Aufl., 2018
Burgi/Durner	Martin Burgi, Wolfgang Durner, Modernisierung des Verwaltungsverfahrensrechts durch Stärkung des VwVfG, 2012
Burgi/Schönenbroicher	Martin Burgi, Klaus Schönenbroicher (Hrsg.), die Zukunft des Verwaltungsverfahrensrechts, 2010
Calliess/Ruffert	Christian Calliess/Matthias Ruffert (Hrsg.), EUV/AEUV, 5. Aufl., 2016
Classen	Kai-Dieter Classen, Gute Verwaltung im Recht der EU, 2008
Dreier	Horst Dreier (Hrsg.), Grundgesetz, Kommentar, Bd. III, 3. Aufl., 2018
Drews/Wacke/Vogel/Martens	Klaus Vogel und Wolfgang Martens, Gefahrenabwehr, Allgemeines Polizeirecht (Ordnungsrecht) des Bundes und der Länder, 9. Aufl., 1986
Ehlers/Pünder	Dirk Ehlers/Herrmann Pünder, Allgemeines Verwaltungsrecht, 15. Aufl., 2015
Eichenhofer/Wenner	Eberhard Eichenhofer, Ulrich Wenner (Hrsg.), Sozialgesetzbuch I, IV, X, Kommentar, 2. Aufl., 2017

Engelhardt/App/Schlatmann	Hanns Engelhardt, Michael App und Arne Schlatmann, Verwaltungsvollstreckungsgesetz Verwaltungszustellungsgesetz, 11. Aufl., 2017
Erichsen/Ehlers	Hans-Uwe Erichsen und Dirk Ehlers (Hrsg.), Allgemeines Verwaltungsrecht, 14. Aufl., 2010
Ernst/Zinkahn/Bielenberg/Krautzberger	Werner Ernst, Willy Zinkahn, Walter Bielenberg, Michael Krautzberger, Baugesetzbuch, Loseblatt-Kommentar, 136. Aufl., 2019
Eyermann	Erich Eyermann, Ludwig Fröhler (Begr.), Verwaltungsgerichtsordnung, 15. Aufl., 2019
Fehling/Kastner/Störmer	Michael Fehling, Bertolt Kastner, Rainer Störmer (Hrsg.), Verwaltungsrecht, VwVfG, VwGO, Nebengesetze, Handkommentar, 5. Aufl., 2020
Feldhaus	Gerhardt Feldhaus (Hrsg.), Bundesimmissionsschutzrecht, Loseblattausgabe, 209. Aktualisierung, 2020
Finkelnburg/Lässig	Klaus Finkelnburg u. Curt Lutz Lässig, Kommentar zum Verwaltungsverfahrensgesetz, Bd. 1, 1979
Foerster/Jäde	German Foerster, Henning Jäde, VwVfG, 2013
Frenz/Müggenborg	Walter Frenz, Hans-Jürgen Müggenborg (Hrsg.), Bundesnaturschutzgesetz, 3. Aufl., 2020
Friauf	Heinrich Friauf (Hrsg.), Kommentar zur Gewerbeordnung, Loseblattausgabe, 2018
Friesecke	Albrecht Friesecke, Bundeswasserstraßengesetz, 7. Aufl., 2020
Fritz/Vormeier	Roland Fritz, Jürgen Vormeier (Hrsg.), Gemeinschaftskommentar zum Aufenthaltsgesetz, Loseblattausgabe, März 2020
Geiger/Khan/Kotzur	Rudolf Geiger, Daniel-Erasmus Khan, Markus Kotzur, EUV/AEUV Kommentar, 6. Aufl., 2017
Giehl	Friedrich Giehl, Verwaltungsverfahrensrecht in Bayern, Loseblattausgabe, 46. Aufl., 2019
GK-SGB X-1	Peter Krause, Albert v. Mutius, Joachim Siewert, Friedrich E. Schnapp (Hrsg.), Gemeinschaftskommentar zum Sozialgesetzbuch Verwaltungsverfahren, 1991
Grabenwarter/Pabel	Christoph Grabenwarter, Katharina Pabel, Europäische Menschenrechtskonvention, 6. Aufl., 2016
Grabherr/Reidt/Wysk	Edwin Grabherr, Olaf Reidt, Peter Wysk, Luftverkehrsgesetz Kommentar, 21. Aufl., 2019
HdbStKirchR	Joseph List, Dietrich Piron, Handbuch des Staatskirchenrechts der Bundesrepublik Deutschland, 2. Aufl., 1994 und 1995
Held	Jürgen Held, Der Grundrechtsbezug des Verwaltungsverfahrens, Schriften zum öffentlichen Recht, Bd. 462, 1984

Hk-VerwR	Michael Fehling, Bertold Kastner, Rainer Störmer, Verwaltungsrecht VwVfG VwGO, 5. Aufl., 2020
Hofmann	Rainer M. Hofmann (Hrsg.), Ausländerrecht Kommentar, 2. Aufl., 2016
Hoffmann-Riem/Schmidt-Aßmann/Voßkuhle	Wolfgang Hoffmann-Riem, Eberhard Schmidt-Aßmann, Andreas Voßkuhle, Grundlagen des Verwaltungsrechts, 2. Aufl., Bd. I 2012. Bd. II 2012, Bd. III 2013
Hoppe UVPG	Werner Hoppe, Martin Beckmann (Hrsg.), Kommentar zum Gesetz über die Umweltverträglichkeitsprüfung (UVPG) – Umweltrechtsbehelfsgesetz, 5. Aufl., 2018
Huck/Müller	Winfried Huck, Martin Müller, Verwaltungsverfahrensgesetz, Beck'scher Kompakt-Kommentar, 3. Aufl., 2018
Jarass/Pieroth	Hans D. Jarass, Bodo Pieroth, Grundgesetz für die Bundesrepublik Deutschland Kommentar, 15. Aufl., 2018
JurisPK-SGB X	Bernd Mutschler, Ingo Palsherm (Hrsg.), juris Praxiskommentar SGB X – Sozialverwaltungsverfahren und Sozialdatenschutz, 1. Aufl., 2013
Keidel FamFG	Theodor Keidel (Begr.), FamFG, Kommentar zum Gesetz über das Verfahren in Familiensachen und in Angelegenheiten der freiwilligen Gerichtsbarkeit, 20. Aufl., 2020
Klappstein/von Unruh	Walter Klappstein, Georg Christoph von Unruh, Rechtsstaatliche Verwaltung durch Gesetzgebung – Entstehung und Bedeutung des Schleswig-Holsteinischen Landesverwaltungsgesetzes für das rechtsstaatliche Verwaltungsrecht, 1987
Klein	Franz Klein (Begr.), Abgabenordnung, 15. Aufl., 2020
Kluth/Heusch	Winfried Kluth, Andreas Heusch (Hrsg.), Beck'scher Online-Kommentar Ausländerrecht, 25. Edition, 01.03.2020
Knack/Henneke	Hans-Jochen Knack, Hans-Günther Henneke, Verwaltungsverfahrensgesetz, Kommentar, 11. Aufl., 2020
Koch/Pache/Scheuing	Hans-Joachim Koch, Eckhard Pache, Dieter H. Scheuing (Hrsg.), Gemeinschaftskommentar zum Bundesimmissionsschutzgesetz, 2012
Koenig	Ulrich Koenig (Hrsg.), Abgabenordnung, Kommentar, 3. Aufl., 2014
Kopp/Ramsauer	Ferdinand O. Kopp, Ulrich Ramsauer, Verwaltungsverfahrensgesetz, 20. Aufl., 2019
Kopp/Schenke	Ferdinand O. Kopp, Wolf-Rüdiger Schenke, Verwaltungsgerichtsordnung, 25. Aufl., 2019
Krause/v. Mutius/Siewert/Schnapp	Peter Krause, Albert v. Mutius, Joachim Siewert, Friedrich E. Schnapp (Hrsg.), Gemeinschaftskommentar zum Sozialgesetzbuch Verwaltungsverfahren, 1991
Kugele	Dieter Kugele, VwVfG, 2014

Landmann/Rohmer	Robert von Landmann, Gustav Rohmer (Begr.), Umweltrecht, Loseblattsammlung, 91. Aufl., 2020
Mangoldt/Klein/Starck	Herrmann von Mangoldt, Friedrich Klein, Christian Starck (Begr.), Kommentar zum Grundgesetz, 7. Aufl., 2018
Mann/Sennekamp/Uechtritz	Thomas Mann, Christoph Sennekamp, Michael Uechtritz (Hrsg.), Verwaltungsverfahrensgesetz, Großkommentar, 2. Aufl., 2019
Marschall	Ernst A. Marschall (Hrsg.), Bundesfernstraßengesetz, 6. Aufl., 2012
Maunz/Dürig	Theodor Maunz, Günter Dürig (Begr.), Grundgesetz, Loseblatt-Kommentar, 89. AL, 2020
Maurer/Waldhoff	Hartmut Maurer, Christian Waldhoff. Allgemeines Verwaltungsrecht, 19.Aufl., 2017
Meyer/Borgs	Hans-Meyer, Werner Borgs, Kommentar zum Verwaltungsverfahrensgesetz, 2. Aufl. 1982
Mroczynski	Peter Mroczynski, Sozialgesetzbuch Allgemeiner Teil (SGB I) Kommentar, 6. Aufl., 2019
Nowak	Carsten Nowak, Europarecht nach Lissabon, 2011
Palandt	Otto Palandt (Begr.), Bürgerliches Gesetzbuch, 79. Aufl., 2020
Pautsch/Hoffmann	Arne Pautsch, Lutz Hoffmann (Hrsg.), Verwaltungsverfahrensgesetz, Kommentar, 2016
Peine/Siegel	Franz-Joseph Peine, Torsten Siegel, Allgemeines Verwaltungsrecht, 11. Aufl., 2015
Peters/Balla/Hesselbarth	Heinz-Joachim Peters, Stefan Balla, Thorsten Hesselbarth, UVPG Gesetz über die Umweltverträglichkeitsprüfung, 4. Aufl., 2009
Pfeffer	Kristin Pfeffer, Das Recht auf eine gute Verwaltung, 2006
Quaas/Zuck/Funke-Kaiser	Michael Quaas, Rüdiger Zuck, Michael Funke-Kaiser, Prozesse in Verwaltungssachen, 3. Aufl., 2018
Redeker/Kothe/von Nicolai	Michael Redeker, Peter Kothe, Helmuth von Nicolai, VwGO, Kommentar, 17. Aufl., 2020
Sachs	Michael Sachs (Hrsg.), Grundgesetz Kommentar, 8., Aufl., 2018
Schlacke	Sabine Schlacke (Hrsg.), Gemeinschaftskommentar zum Bundesnaturschutzgesetz, 2. Aufl., 2016
Schmidt-Bleibtreu/Hofmann/Hopfau	Bruno Schmidt-Bleibtreu, Hans Hofmann, Axel Hopfau, Kommentar zum Grundgesetz für die Bundesrepublik Deutschland, 14. Aufl., 2017
Schnell	Martin Schnell, Der Antrag im Verwaltungsverfahren, 1986
Schoch/Schneider/Bier	Friedrich Schoch, Jens-Peter Schneider, Wolfgang Bier, Verwaltungsgerichtsordnung, Loseblattkommentar, 38 ErgL, 2020

Schulze/Zuleeg/Kadelbach	Reiner Schulze, Manfred Zuleeg, Stefan Kadelbach, Europarecht, Handbuch für die deutsche Rechtspraxis, 3. Aufl., 2015
Schwarze/Becker/Hartje/Schoo	Jürgen Schwarze, Ulrich Becker, Armin Hartje, Johann Schoo, EU-Kommentar, 4. Aufl., 2019
Schweitzer	Michael Schweitzer, Staatsrecht III, Staatsrecht Völkerrecht Europarecht, 12. Aufl., 2020
Sodan/Ziekow	Helge Sodan, Jan Ziekow, VwGO Großkommentar, 5. Aufl., 2018
Steinberg/Wickel/Müller	Rudolf Steinberg, Martin Wickel, Hendrik Müller, Fachplanung, 4. Aufl., 2012
Stelkens/Bonk/Sachs	Paul Stelkens, Heinz Joachim Bonk, Michael Sachs, Kommentar zum Verwaltungsverfahrensgesetz, 9. Aufl., 2018
Stern/Sachs	Klaus Stern, unter Mitwirkung von Michael Sachs, Das Staatsrecht der Bundesrepublik Deutschland, Bd. I 2 1984, Bd. II 1980, Bd.III/1 1988, Bd. III/2 1994, Bd. IV/2 2011
Streinz	Rudolf Streinz, Europarecht, 11. Aufl., 2019
Sydow	Gernot Sydow (Hrsg.), Bundesdatenschutzgesetz, 2020
Terhechte	Jörg Philipp Terhechte (Hrsg.), Verwaltungsrecht der Europäischen Union, 2. Aufl., 2020
Thomas/Putzo	Heinz Thomas, Hans Putzo (Begr.), Kommentar zur Zivilprozessordnung, 41. Aufl., 2020
Ule/Laubinger	Carl Hermann Ule, Hans-Werner Laubinger, Verwaltungsverfahrensrecht, 4. Aufl., Köln, Berlin, Bonn, München 1995
Ule/Laubinger/Repkewitz	Bundesimmissionsschutzgesetz, Teil I, Kommentar, 2016
von Wulffen	Matthias von Wulffen, Sozialgesetzbuch, Zehntes Buch Sozialgesetzbuch – Sozialverwaltungsverfahren – Sozialdatenschutz, 8. Aufl., 2014
Wittinger	Michaela Wittinger, Der Europarat: Die Entwicklung seines Rechts und der »europäischen Verfassungswerte«, 2005
Wolff/Bachof/Stober/Kluth I, II, III	Hans J. Wolff, Otto Bachof, Rolf Stober, Winfried Kluth, Verwaltungsrecht Bd. 1, 13. Aufl., 2017; Verwaltungsrecht Bd. 2, 7. Aufl., 2010, Bd. 3, 5. Aufl., 2004
Ziekow	Jan Ziekow, Verwaltungsverfahrensgesetz, Kommentar, 4. Aufl., 2019
Ziekow, Gutachten	Jan Ziekow, Gutachten D zum 69. Juristentag, Neue Formen der Bürgerbeteiligung?, 2012
Zöller	Richard Zöller (Begr.), Kommentar zur Zivilprozessordnung, 33. Aufl., 2020

Einleitung

Übersicht Rdn.

A. Einführung[1]

1 Das am 01.01.1977 in Kraft getretene VwVfG ist eine wichtige Kodifikation des Verwaltungsverfahrensrechts. Es regelt außer dem Verwaltungsverfahren auch zuvor durch das geschriebene Recht noch nicht normierte Gebiete des allgemeinen (materiellen) Verwaltungsrechts. Zudem konkretisiert das VwVfG das Verfassungsrecht (Rdn. 57 ff.) und festigt die Rechtspositionen des Bürgers im Verwaltungsverfahren (Rdn. 29). Das Verwaltungsverfahrensrecht des Bundes ist aber nur zum Teil im VwVfG kodifiziert und das VwVfG ist im Hinblick auf Spezialgesetze subsidiär (§ 1 Abs. 1). Zudem sind der Bereich der Abgabenverwaltung und der Sozialverwaltung aus seinem Anwendungsbereich ausgenommen (§ 2 Abs. 2 Nr. 1 und § 2 Abs. 2 Nr. 4);

1 Die Einleitung baut auf der von *Riedl* in den Voraufl. auf.

die AO und das SGB wurden allerdings an das VwVfG angepasst (Rdn. 55). Ferner ist die Anwendbarkeit des VwVfG beschränkt auf den VA und auf den ö-r Vertrag (§ 9). Schließlich wird das VwVfG mittlerweile überlagert durch die Einflüsse des Europarechts, insbesondere durch das Recht der EU (Rdn. 78 ff.) und durch die EMRK (Rdn. 110 ff.); vereinzelt wurde das VwVfG auch bereits europarechtlich veranlasst in seinem Text geändert (Rdn. 88 ff.). Insgesamt hat der Gesetzgeber das VwVfG bislang mehrfach angepasst und geändert (Rdn. 30 ff.) und bleibt in der Pflicht, das VwVfG auch künftig fortzuentwickeln (Rdn. 45 ff.).

B. Die historische Entwicklung des Verwaltungsverfahrensrechts in der deutschen Rechtsordnung bis zum Inkrafttreten des VwVfG

I. Erste Anregungen zur normativen Festlegung im 17. und 18. Jahrhundert

Die ersten Anregungen zur normativen Festlegung des Verwaltungsverfahrens kamen 2
von Repräsentanten der Kameral- und Polizeiwissenschaft des 17. und 18. Jahrhunderts,[2] die im Geiste des aufgeklärten Absolutismus eine grundlegende Reform der landesherrlichen Verwaltung anstrebte. Eine solche war dringend notwendig, nachdem die ständische Sozialordnung ihr Ende gefunden hatte, der naturwissenschaftlich-technische Fortschritt eine Hebung des Lebensstandards ermöglichte, die Folgen des dreißigjährigen Krieges zu überwinden waren und die Unterhaltung der neu geschaffenen stehenden Heere einen umfangreichen Verwaltungsapparat mit entsprechenden finanziellen Mitteln voraussetzte.[3]

Veit Ludwig von Seckendorff (1626 – 1692) griff in seinem Buch »Teutscher Fürsten- 3
Stat«[4] das Problem auf, wie die »Ampts-Verrichtung desto schleuniger auch ordentlicher und bequemlicher von statten« gehen könne.[5] Er bemängelte u. a., dass »sich bisweilen bey der Regierung die Geschäfte überhäufen, oder doch solche Sachen fürfallen, die durch Augenschein, mündliche Unterrichtung und gütliche Vorschläge leichter zu verrichten scheinen«.[6]

Johann Heinrich Gottlob von Justi (1705 – 1771) forderte in seinem Hauptwerk 4
»Grundsätze der Policey-Wissenschaft« (1756) die Verwaltungsgesetzgebung auf, das Verwaltungshandeln zu koordinieren und zu vereinheitlichen. Dabei wies er darauf hin, dass »die Gesetzgebende Klugheit … niemals den Zusammenhang des Ganzen aus den Augen verliehren« dürfe und dass, »die Mittel, die man anwendet, einander« niemals »widerstreiten« dürften.[7,8]

---

2 S. hierzu: *Schmitt-Lermann*, JZ 1964, 402; *Thieme*, Verwaltungslehre, 4. Aufl. 1987, Rn. 748 ff.; *v. Unruh*, NVwZ 1988, 690.
3 Vgl. *Thieme*, ibidem, Rn. 48.
4 5. Aufl. 1687.
5 Ibidem, S. 99.
6 Ibidem, S. 104.
7 Ibidem, S. 292.
8 *Lorenz v. Stein* forderte zwar (in seiner Verwaltungslehre, Neudruck der 1.–2. Aufl. 1866 – 1884, 1962, Teil 2, S. 92 ff.) die Schaffung von »Verwaltungsgrundsätzen« für die einzelnen Verwaltungszweige (als Grundlage weiterer spezialgesetzlicher Regelungen),

II. Die Geschichte der Kodifikation

5 Die Geschichte der Kodifikation des Verwaltungsverfahrensrechts in Deutschland beginnt in der zweiten Hälfte des 19. Jahrhunderts.

1. Auf gesamtdeutscher Ebene

6 Die – in ihrer Kompetenz sehr beschränkten – Gesetzgebungsorgane des Norddeutschen Bundes und des Deutschen Kaiserreichs haben mit einer Verbindlichkeit für alle Einzelstaaten mehrere Verwaltungsgesetze erlassen, die als Annex zu materiellrechtlichen Bestimmungen auch Verfahrensvorschriften enthielten. Zu diesen Gesetzen gehören vor allem die Gewerbeordnung,[9] die Reichsversicherungsordnung[10] und die Reichsabgabenordnung.[11] Die Ausrichtung der Verfahrensnormen auf die jeweiligen sachlichen Regelungen förderte die Zersplitterung des Verfahrensrechts und stand der Entwicklung eines Systems allgemeiner – bundes- bzw. reichseinheitlicher – Verfahrensgrundsätze im Wege.[12]

7 Während der Weimarer Republik und der Herrschaft des Nationalsozialismus traten keine grundsätzlichen Änderungen in der gesetzlichen Ordnung der reichsrechtlichen Verfahrensnormen ein. Selbst der »Anschluß« Österreichs an das Reich im Jahr 1938 gab keine neuen Kodifikationsimpulse, obgleich sich das österreichische Allgemeine Verwaltungsverfahrensgesetz (öAVG)[13] aus dem Jahr 1925 bereits länger als ein Jahrzehnt auf das beste bewährt hatte. Seit Inkrafttreten des Grundgesetzes im Jahr 1949 haben die Kodifikationsbemühungen vor allem in der Entstehungsgeschichte des VwVfG (vgl. Rdn. 18 ff.) ihren Niederschlag gefunden.

2. In den Einzelstaaten bzw. Ländern

8 In der Zeit des Deutschen Kaiserreichs und der Weimarer Republik haben einzelne Staaten bzw. Länder – nämlich Preußen, Baden und Thüringen – besondere Verwaltungsverfahrensgesetze erlassen.

a) Das preußische Gesetz über die allgemeine Landesverwaltung vom 30.07.1883

9 Das preußische Gesetz über die allgemeine Landesverwaltung vom 30.07.1883[14] regelte in seinen einzelnen Titeln die Grundlagen der Staatsorganisation, den Behördenaufbau, das Verfahren, die Rechtsmittel gegen polizeiliche Verfügungen, die

---

lehnte jedoch die Möglichkeit einer Kodifizierung des gesamten Verwaltungsrechts ausdrücklich ab (ibidem, S. 93). Vgl. hierzu: *Klappstein/v. Unruh*, S. 17 f.; *v. Unruh*, NVwZ 1988, 690.

9 Vom 21.06.1869, RGBl. des Norddeutschen Bundes S. 245.

10 Vom 19.07.1911, RGBl. S. 509.

11 Vom 13.12.1919, RGBl. S. 1993.

12 Vgl. *Schmitt-Lermann*, JZ 1964, 402 (403).

13 BGBl. Nr. 274. S. die positive Beurteilung dieses Gesetzes durch *Petz*, Deutsche Verwaltung 1938, S. 528. Rechtsvgl. öVAG-VwVfG: *Nowak R.*, FS Obermayer, 1987, S. 125; *v. Unruh*, NVwZ 1988, 690 (692 f.).

14 Pr.GS S. 195.

Zwangsbefugnisse und das Polizeiverordnungsrecht. Der dem Verfahren gewidmete Teil enthielt zunächst allgemeine Bestimmungen über die Erhebung der Beschwerde bzw. der Klage im Verwaltungsstreitverfahren und regelte dann in allen Einzelheiten das Verwaltungsstreitverfahren sowie das Beschlussverfahren. Letzteres war ein förmliches Verwaltungsverfahren, das – in Angelegenheiten besonderer Tragweite – vor Kollegialausschüssen der zuständigen Behörden durchzuführen war. Zum einfachen (nicht förmlichen) Verwaltungsverfahren traf das Gesetz keine Bestimmungen.

b) Die badische Landesherrliche Verordnung das Verfahren in Verwaltungssachen betreffend vom 31.08.1884

Die badische Landesherrliche Verordnung das Verfahren in Verwaltungssachen be- 10
treffend vom 31.08.1884[15] enthielt Bestimmungen über die zuständige Behörde, die Begründung, Eröffnung und Zustellung einer Entscheidung, die Vertretung durch Bevollmächtigte, die Akteneinsicht, Fristen und Beweismittel, die Vollstreckung einer Entscheidung sowie den Rekurs und andere Rechtsmittel. Eingehend regelte es das Verfahren vor den Bezirksräten, das im Wesentlichen dem förmlichen Beschlussverfahren des preußischen Landesverwaltungsgesetzes (vgl. Rdn. 9) entsprach.

c) Die Landesverwaltungsordnung für Thüringen vom 10.06.1926

Die Landesverwaltungsordnung für Thüringen vom 10.06.1926[16] stellte die erste 11
umfassende rechtsstaatliche Kodifikation des Verwaltungsverfahrensrechts im Bereich eines deutschen Gliedstaates dar. Ihr erster Teil galt der Einrichtung der Landesbehörden, ihr zweiter Teil ordnete das Verwaltungsverfahren unter Einschluss des Verwaltungsgerichtsverfahrens. Im Mittelpunkt des verfahrensrechtlichen Teiles stand die Ordnung des Rechtsmittelwesens. Darüber hinaus wurden die bereits gewohnheitsrechtlich anerkannten Verfahrensgrundsätze systematisch zusammengefasst. Die verfahrensrechtlichen Einzelbestimmungen betrafen die Vorladung, den Ablauf mündlicher Verhandlungen, die Fristenberechnung und den Fristenlauf, die Form der Zustellung und die Rechtsmittelbelehrung, ferner die Bestandskraft, Anfechtung und nachträgliche Änderung von Verwaltungsakten. Eine ausführliche Regelung fand auch das Zwangsverfahren.[17]

d) Der Entwurf einer Verwaltungsrechtsordnung für Württemberg aus dem Jahr 1931

Eine besondere Bedeutung i.R.d. Bemühungen um eine Kodifikation des Verwal- 12
tungsverfahrensrechts kam dem im Jahr 1931 veröffentlichten Entwurf einer Verwaltungsrechtsordnung für Württemberg (EntwVwRO Wttg. 1931) zu.[18] – Auf

15 GVBl. S. 385.
16 GS S. 177.
17 Zur Bedeutung und zum Inhalt des Gesetzes *Knauth*, AöR 14 (1928), 79.
18 Vgl. hierzu: *Klappstein/v. Unruh*, S. 40 f.; *Maas*, Die Verwaltungsrechtsordnung für Württemberg, 1996; *Ule*, DVBl 1960, 609.

Anregung des damaligen Württembergischen Staatspräsidenten Dr. Bazille hatte das Württembergische Staatsministerium zu Beginn des Jahres 1925 beschlossen, eine Kommission zur Vorbereitung und Ausarbeitung des Entwurfs einer Landesordnung einzusetzen. Aufgabe dieser Kommission war es, »die in der württembergischen Staatsverwaltung zur Anwendung kommenden allgemeinen Rechtsgrundsätze und Rechtssätze einschließlich der Vorschriften für das Verfahren vor den Verwaltungsbehörden und Verwaltungsgerichten festzustellen und den heutigen Anforderungen der Verwaltung entsprechend zu einem einheitlichen Gesetzgebungswerk auszubauen«.[19] Nach sechsjähriger Arbeit legte die Kommission einen ausführlich begründeten Gesetzentwurf der Öffentlichkeit vor. Der Anhang enthielt den Entwurf eines Verwaltungsverfahrensgesetzes.[20] Der Zusammenfassung der Verfahrensnormen in einem eigenen Gesetz lag die Erwägung zugrunde, dass die gesetzliche Neuordnung des Verfahrens vor den Verwaltungsbehörden und VG »unter allen Umständen dringend geboten« sei und »durch die längere Zeit erfordernde Weiterbehandlung des Entwurfs der Verwaltungsrechtsordnung nicht verzögert werden« dürfe.[21] Der insgesamt 123 Artikel umfassende Entwurf eines Verwaltungsverfahrensgesetzes befasste sich im 2. Abschnitt mit den Verwaltungsbehörden (Zuständigkeit, Amtshilfe, Dienstaufsicht) und enthielt im 3. Abschnitt gemeinsame Vorschriften für das Verfahren (Bekanntgabe von Entscheidungen, Fristen, Ladungen, Zeugen und Sachverständige, Kosten, mündliche Verhandlung, Ungebühr im amtlichen Verkehr). Verwaltungsweg und Verwaltungsrechtsweg waren im 4. und 5. Abschnitt geregelt. Der 6. Abschnitt behandelte das Vollzugsverfahren, der 7. den Zuständigkeitsstreit. Weder der Entwurf eines Verwaltungsverfahrensgesetzes noch der Entwurf einer Verwaltungsrechtsordnung, der im Jahr 1936 mit einigen Änderungen erneut veröffentlicht wurde, erlangten Gesetzeskraft. Seit dem Jahre 1933 standen die zentralistischen Rechtsansichten des Nationalsozialismus der Verwirklichung einer freiheitlichen Verwaltungsreform in Württemberg entgegen.[22] So konnten die württembergischen Gesetzesentwürfe fürs erste nur als »Denkmal des Bestrebens« angesehen werden, das allgemeine Verwaltungsrecht des Landes Württemberg »im inneren Zusammenhang festzustellen und ihm eine sichere gesetzliche Fassung zu geben«.[23]

III. Die vor dem Erlass des VwVfG geltende Rechtslage auf dem Gebiet des Verwaltungsverfahrens in der Bundesrepublik

13 Die vor dem Erlass des VwVfG geltende Rechtslage auf dem Gebiet des Verwaltungsverfahrens in der BRD war dadurch gekennzeichnet, dass sich das Verfahren der Verwaltungsbehörden in Bund und Ländern nach sehr unterschiedlichen Regelungen

19 EntwVwRO Wttbg. 1931, S. III.

20 Ibidem, S. 645 ff.

21 Ibidem, S. V.

22 Vgl. die Feststellung *Hegelmeiers* im Vorwort des ErgEntwVwRO Wttbg. 1936 (S. IV): »Das neue Reich, der deutsche Einheitsstaat breitet seine mächtigen Flügel über die Länder aus und wird ein gemeinsames deutsches Verwaltungsrecht für das ganze Reich schaffen.«.

23 *Hegelmeier*, ibidem.

richtete, die auf eine Vielzahl von Gesetzen zerstreut waren. Eine besondere Bedeutung kam den von Rechtslehre und Rechtsprechung entwickelten ungeschriebenen Rechtsgrundsätzen (dem sog. Verwaltungsgewohnheitsrecht) zu.

1. Im Bereich des Bundesrechts

Im Bereich des Bundesrechts fehlte eine allgemeine Verfahrensordnung. Für alle Verwaltungsorgane verbindlich geregelt waren nur das Zustellungsverfahren durch das VwZG und das Vollstreckungsverfahren durch das VwVG. Daneben gab es besondere Gesetze für das gesamte Verfahren bestimmter Verwaltungszweige, so die – durch die Abgabenordnung vom 16.03.1976 abgelöste – Reichsabgabenordnung vom 22.05.1931 (für das Verfahren der Verwaltung aller öffentlich-rechtlichen Abgaben, die nach Art. 105 Abs. 1 und 2 GG der Gesetzgebung des Bundes unterliegen oder durch Landesfinanzbehörden verwaltet werden), die RVO (für das Verfahren der Sozialversicherung) und das Gesetz über das Verwaltungsverfahren der Kriegsopferversorgung vom 02.05.1955 nach der Bekanntmachung der Neufassung des Gesetzes vom 06.05.1976.[24] I.Ü. galten für das Verfahren der Verwaltungsbehörden die Verfahrensvorschriften bestimmter materieller Verwaltungsgesetze. 14

2. In den Ländern

In den Ländern war die Kodifikation des Verwaltungsverfahrensrechts z.T. weiter fortgeschritten als im Bund. Das Gesetz über das Verfahren der Berliner Verwaltung (Verwaltungsverfahrensgesetz) vom 02.10.1958[25] beschränkte sich aber auf die Normierung einiger weniger Verfahrensgrundsätze;[26] so legte es zwar (in seinem § 14) Inhalt und Form der VAe fest, regelte jedoch weder die Bestandskraft der VAe noch das PfV oder den örV. Eine umfassende Regelung des Verwaltungsverfahrens brachte dagegen das – als landesrechtlicher Vorläufer des VwVfG des Bundes zu betrachtende – Allgemeine Verwaltungsgesetz für das Land Schleswig-Holstein (LVwVfG) vom 18.04.1967.[27] 15

Andere LwVfGe wiesen in begrenztem Umfang allgemeine Verfahrensvorschriften auf. Während das Erste Gesetz zur Neuordnung und Vereinfachung der Verwaltung (Erstes Vereinfachungsgesetz) des Landes Nordrhein-Westfalen vom 23.07.1957 das Beschlussverfahren vor den kommunalen Beschlussausschüssen festlegte, regelte das Bremische Verwaltungsverfahrensgesetz vom 11.04.1934 in der Fassung der Bekanntmachung vom 01.04.1960[28] Vorladungen sowie die Bekanntgabe von VAen. Das baden-württembergische Landesverwaltungsverfahrensgesetz vom 07.11.1955[29] enthielt 16

---

24 BGBl. I, S. 1169.
25 GVBl. S. 951. Zu diesem Gesetz *Werner,* 43. DJT Bd. I 2. Teil Heft B, S. 1 (17 f.).
26 Vgl. *Sendler,* DÖV 1959, 439.
27 GVOBl. S. 131. Zur Entstehungsgeschichte und zum Inhalt des Gesetzes: *Henneke,* DÖV 1997, 768; *Klappstein/v. Unruh,* S. 80 ff., 173 ff.
28 GBl. S. 37. Zu diesem Gesetz s.a. *Werner,* 43. DJT Bd. I, 2. Teil Heft B, S. 1 (17).
29 GBl. S. 225. Zur Bedeutung dieses Gesetzes *Klappstein/v. Unruh,* S. 54 f.

nur noch Bestimmungen über die Organisation der Landesverwaltung, seitdem die Vorschriften seines 4. Abschnittes über die Verwaltungsbeschwerde durch § 16 Abs. 1 des (baden-württembergischen) Gesetzes zur Ausführung der Verwaltungsgerichtsordnung vom 22.03.1960[30] aufgehoben worden waren.

17 Das Verwaltungszustellungs- und -vollstreckungsverfahren haben die Länder für ihre Verwaltungsbereiche in der Weise geregelt, dass sie entweder die Bestimmungen der einschlägigen Bundesgesetze (wenigstens grds.) für anwendbar erklärt oder eigene detaillierte Gesetze erlassen haben.

C. Die Entstehungsgeschichte des VwVfG seit 1970[31]

I. Der Entwurf der Bundesregierung 1970 und der revidierte Entwurf der Bundesregierung 1973

18 Am 21.09.1970 brachte die Bundesregierung den Entwurf[32] eines Verwaltungsverfahrensgesetzes im Bundestag ein.[33] Das Gesetzgebungsverfahren konnte jedoch wegen der vorzeitigen Parlamentsauflösung nicht zu Ende geführt werden und erledigte sich aufgrund des Diskontinuitätsprinzips. Dem 7. Deutschen Bundestag legte die Bundesregierung am 18.07.1973 einen revidierten Entwurf (Entwurf 1973)[34] vor, der die jüngsten Entwicklungen in der Rechtswissenschaft und Rspr. berücksichtigte. Die neu aufgenommenen Bestimmungen betrafen die Auswahl der für eine Amtshilfe in Betracht kommenden Behörde (§ 6), die bei Besorgnis der Befangenheit zu treffenden Maßnahmen (§ 17), die Amtssprache (§ 19), die Beratung der Beteiligten und die ihnen geschuldete Auskunft (§ 21), die Geheimhaltung im Interesse der Beteiligten (§ 26), die Zusicherung des Erlasses bzw. der Unterlassung eines VA (§ 34), die Ermessensbetätigung (§ 36), die Möglichkeit der Umdeutung eines fehlerhaften VA (§ 43), das Wiederaufgreifen des Verfahrens zum Zwecke der Aufhebung oder Änderung eines unanfechtbaren VA (§ 47) sowie die Rückgabe von Urkunden und Sachen seitens der Beteiligten an die Behörde (§ 48). Besonders bemerkenswert war i.Ü., dass die Vorschriften über die Anhörung Beteiligter und die Gewährung von Akteneinsicht in Bestimmungen zwingenden Rechts umgeformt wurden (§§ 24 f.), nach dem sie bisher (in §§ 21 ff. des Entwurfs 1970) den Charakter von Soll- bzw. Ermessensvorschriften hatten. Nicht übernommen wurde die Vorschrift über die Abnahme des Eides, die noch im Entwurf 1970 als § 19 enthalten war.[35]

30 GBl. S. 94.

31 Zur Entwicklung in den 50er und 60er Jahren s. die Kommentierung von *Riedl*, Voraufl. Rn. 19 ff.

32 BT-Drucks. VI/1173. Vgl. ferner *Klappstein/v. Unruh*, S. 129 ff.

33 Der Entwurf hatte die »Münchener Fassung« des Musterentwurfs zur Grundlage, dazu näher die Kommentierung von *Riedl*, Voraufl. Rn. 19 ff.

34 BT-Drucks. 7/910 (= »Amtl. Begr.«).

35 Zum Entwurf von 1973: *Laubinger*, JA 1975, 593; *Redeker*, DVBl 1973, 744; vgl. auch *Ule/Laubinger*, § 7 Rn. 4 f.

II. Die Billigung des RegE durch den Deutschen Bundestag

Nach langwierigen Beratungen des RegE in den gesetzgebenden Körperschaften und deren Ausschüssen hat der Deutsche Bundestag in seiner 212. Sitzung am 15.01.1976 aufgrund des Berichts und Antrags seines Innenausschusses[36] den RegE mit einigen vorwiegend technischen und stilistischen Änderungen bzw. Ergänzungen gebilligt.[37] Neu eingefügt wurden die Vorschriften über die Bestellung eines Empfangsbevollmächtigten durch Beteiligte ohne Wohnsitz oder gewöhnlichen Aufenthalt, Sitz oder Geschäftsleitung im Geltungsbereich des Gesetzes (§ 15) und über die Vertretung bei gleichförmigen Eingaben und bei gleichem Interesse – im sog. Massenverfahren – (§§ 17 bis 19), was eine Umnummerierung aller folgenden Paragrafen zur Folge hatte. In die Schlussvorschriften wurden zusätzliche Bestimmungen über die Übertragung gemeindlicher Aufgaben (§ 94) und die Änderung des FStrG (§ 98) sowie des BImSchG (§ 99) aufgenommen. 19

III. Die Änderungsvorschläge des Vermittlungsausschusses

Nachdem der Bundesrat in seiner Sitzung vom 20.02.1976 wegen einiger Bestimmungen des vom Bundestag verabschiedeten Gesetzentwurfs den Vermittlungsausschuss angerufen hatte,[38] einigten sich dessen Mitglieder in der Sitzung vom 18.03.1976 darauf, dem Bundestag Änderungen der §§ 1, 5, 92, 94, 97 und 103 des Gesetzesentwurfs vorzuschlagen.[39] Die wichtigste Änderung zielte auf die Einfügung eines neuen Absatzes in § 1 (nach dessen Abs. 2)[40] ab; danach sollte das Gesetz nicht für die Ausführung von Bundesrecht durch die Länder gelten, soweit die öffentlich-rechtliche Verwaltungstätigkeit der Behörden landesrechtlich durch ein Verwaltungsverfahrensgesetz geregelt ist. 20

IV. Der Abschluss des Gesetzgebungsverfahrens

In seiner Sitzung vom 01.04.1976[41] bestätigte der Bundestag die vom Vermittlungsausschuss vorgeschlagenen Änderungen. Der Bundesrat erteilte in seiner Sitzung vom 09.04.1976 dem Gesetz seine Zustimmung.[42] Das VwVfG wurde am 25.05.1976 vom Bundespräsidenten, vom Bundeskanzler und vom Bundesminister des Innern ausgefertigt und am 29.05.1976 im Bundesgesetzblatt verkündet.[43] Es trat mit der Masse seiner Bestimmungen am 01.01.1977 in Kraft.[44] Bereits vor seinem Inkrafttreten wurde der den Begriff des Angehörigen definierende § 20 Abs. 5 durch Art. 7 21

36 BT-Drucks. 7/4494.
37 Deutscher Bundestag Stenographischer Bericht, Bd. 96 (1975/76), 212. Sitzung, S. 14695 (C).
38 BT-Drucks. 45/76 (Beschluss).
39 BT-Drucks. 7/4908.
40 Jetzt § 1 Abs. 3.
41 Deutscher Bundestag Stenographischer Bericht, Bd. 97 (1976), 233. Sitzung, S. 16227 (D).
42 BR-Drucks. 223/76.
43 BGBl. I, S. 1253.
44 Ausnahmen regelte der frühere § 103 Abs. 2.

Nr. 4 des Adoptionsgesetzes vom 02.07.1976[45] mit Wirkung vom 01.01.1977 neu gefasst.

D. Die Kompetenz des Bundes zum Erlass des VwVfG

I. Die Gesetzgebungszuständigkeit für das Verwaltungsverfahren aus Art. 70 ff. GG

22 Die Gesetzgebungszuständigkeit für das Verwaltungsverfahren ist – anders als die Kompetenz zur Regelung des Gerichtsverfahrens (gem. Art. 74 Abs. 1 Nr. 1 GG) – in dem der Gesetzgebung des Bundes und der Länder gewidmeten VII. Abschnitt des GG nicht besonders geregelt. Sie ergibt sich jedoch aus den Verfassungsbestimmungen über die Verteilung der Gesetzgebungsbefugnisse auf Bund und Länder und aus den Bestimmungen des VIII. Abschnitts, der die Ausführung der Bundesgesetze und die Bundesverwaltung behandelt. Das Verhältnis zwischen den Vorschriften des VIII. Abschnitts zu den Gesetzgebungskompetenzen des VII. Abschnitts ist bisher noch nicht endgültig geklärt.[46]

23 Die Befugnis zur Regelung des Verwaltungsverfahrens kann ebenso wie die Befugnis zur Einrichtung der Behörden als eine Kompetenz kraft Sachzusammenhangs oder als Annexkompetenz[47] zu den sachlichen Regelungskompetenzen der Art. 70 ff. GG gesehen werden.[48] Bund und Länder sind somit im Grundsatz auch zur Ordnung des Verwaltungsverfahrens befugt, wenn ihnen eine gegenständliche Regelungskompetenz eingeräumt ist. Die Gegenauffassung sieht die in Art. 83 ff. festgelegten Ermächtigungen des Bundes zu bundesgesetzlichen Regelungen als kompetenzrechtliche Spezialvorschriften, die eine eigene Gesetzgebungszuständigkeit des Bundes begründen.[49] Eine weitere Ansicht versteht die in Art. 70 ff. genannten Regelungsmaterien als umfassend und will die Unterscheidung zwischen materiellen Vorschriften und Verfahrensregelungen – mit dem Leitbild eines eher »dienenden« Verfahrensrechts – aufgeben,[50] womit ein Rückgriff auf eine ungeschriebene Kompetenz kraft Sachzusammenhangs oder als Annex entbehrlich wird.

II. Die Überlagerung durch die Art. 84 und 85 GG

24 Soweit der Erlass von Bundesgesetzen, die in bundeseigener Verwaltung ausgeführt werden, in Betracht kommt, ist die Verfahrensregelung allein Sache des Bundes als des

45 BGBl. I, S. 1749.

46 Hierzu und zum Folgenden näher Dreier/*Hermes*, Art. 83 Rn. 20 ff.

47 Zur neueren Rspr., die beide Kompetenzen zusammenfasst, vgl. BVerfG, Urt. v. 10.02.2004 – 2 BvR 834/02, 2 BvR 1588/02, BVerfGE 109, 190 (215); ferner Jarass/Pieroth/*Pieroth*, Art. 70 GG Rn. 12.

48 *Bettermann*, VVDStRL 17 (1959), S. 179 LS 32; *Jarass*, NVwZ 2000, 1091; Stelkens/Bonk/Sachs/*Stelkens/Schmitz*, § 1 Rn. 35.

49 Etwa: *Langohr*, DÖV 1987, 138 (141); Jarass/Pieroth/*Pieroth*, Art. 83 GG Rn. 2 und Art. 84 GG Rn. 2.

50 Dreier/*Hermes*, Art. 83 Rn. 23.

Inhabers der – an die Bestimmungen der Art. 86 ff. GG gebundenen – Regelungskompetenz nach Art. 73 GG. Für die Regelung des Verwaltungsverfahrens zur Ausführung anderer Bundesgesetze ergeben sich aus Art. 84 Abs. 1 und Art. 85 Abs. 1 GG Modifikationen.

Art. 84 Abs. 1 Satz 1 GG gibt den Ländern das Recht, das Verwaltungsverfahren für 25
die Ausführung von Bundesgesetzen als eigene Angelegenheit selbst zu regeln. Mit der Änderung der Vorschrift durch die Föderalismusreform von 2006,[51] die auf der einen Seite die Zustimmungsbedürftigkeit von Bundesgesetzen über die Errichtung von Behörden und Verwaltungsverfahren im Bundesrat beseitigt hat, wurde auf der anderen Seite die Abweichungskompetenz der Länder von der bundesgesetzlichen Regelung eingeführt (Art. 72 Abs. 3 GG). Trifft der Bund verfahrensrechtliche Regelungen, wird der Eingriff in die Organisationshoheit der Länder dadurch ausgeglichen, dass die Länder vom Bundesgesetz abweichende Regelungen treffen können (Art. 84 Abs. 1 Satz 2). Dem Bundesgesetzgeber ist es aber seinerseits erlaubt, durch spätere eigene Verfahrensregelungen die landesrechtlichen Vorschriften aufzuheben (Art. 83 Abs. 1 Satz 3 und 4).[52]

Art. 85 Abs. 1 GG berechtigt die Länder, für die Ausführung von Bundesgesetzen 26
im Auftrag des Bundes (nur) die Einrichtung der Behörden (nicht aber das Verwaltungsverfahren) selbst zu regeln, sofern der Bund kraft der ihm zustehenden (Annex) Kompetenz keine Verfahrensnormen erlässt.[53] Da in Art. 85 Abs. 1 GG – anders als in Art. 84 Abs. 1 GG – das Verwaltungsverfahren nicht erwähnt ist, unterfällt dessen Regelung der Gesetzgebungskompetenz des Bundes. Ein Gesetz des Bundes, das zugleich (für seine Ausführung durch die Länder im Auftrag des Bundes) die Einrichtung der Behörden regelt, bedarf wiederum der Zustimmung des Bundesrates. Bundesrechtliche Regelungen über das Verwaltungsverfahren für den Vollzug eines solchen Gesetzes unterliegen dagegen angesichts der Nichterwähnung des Verwaltungsverfahrens keiner Zustimmung des Bundesrates.[54]

III. Die Befugnis des Bundes zur Regelung des Verfahrens für die Ausführung aller Bundesgesetze

Aus der Auslegung der einschlägigen GG-Normen folgt, dass der Bund befugt ist, 27
für die Ausführung aller Bundesgesetze das Verfahren zu regeln und dass er dabei nur für den Erlass von Verfahrensvorschriften zur Ausführung von Bundesgesetzen in landeseigener Verwaltung die Zustimmung des Bundesrates benötigt. Die Ableitung der Bundeskompetenz zur Verfahrensregelung aus Art. 70 ff. einschließlich der

51 Näher: Dreier/*Hermes*, Art. 84 Rn. 7 u. 25 ff.; Jarass/Pieroth/*Pieroth*, Art. 84 GG Rn. 8.

52 Zum Verbot des Bundeszugriffs auf die kommunale Eben s. Art. 84 Abs. 1 Satz 7 und auch Art. 85 Abs. 1 Satz 2.

53 Vgl. dazu und zum Folgenden: BVerfG, Beschl. v. 04.05.2010 – Az. 2 BvL 8/07, 2 BvL 9/07, BVerfGE 126, 77 (100 ff.); Maunz/Dürig/*Kirchhof*, Art. 85 (2012) Rn. 41 ff. (44).

54 Str., im Einzelnen: Dreier/*Hermes*, Art. 85 Rn. 29; Maunz/Dürig/*Kirchhof*, Art. 85 (2012) Rn. 46 ff.

Grundsätze zur Annexkompetenz schließt nicht die Möglichkeit aus, die für den Vollzug einer Vielzahl bestehender und noch zu erlassender Gesetze bestimmten Verfahrensnormen »vor die Klammer zu ziehen« und in einem eigenen Gesetz zusammenzufassen.[55] Freilich müssen dann spätere, von den Ländern als eigene Angelegenheit auszuführende Gesetze, für die das Verfahrensgesetz gelten soll, nach Art. 84 Abs. 1 GG die Geltung des VwVfG mit Zustimmung des Bundesrates anordnen.

IV. Die eingeschränkte Inanspruchnahme der Kompetenzen zum Erlass eines einheitlichen Verwaltungsverfahrensgesetzes durch den Bund

28 Der Bund hat die ihm zustehenden Kompetenzen zum Erlass eines einheitlichen Verwaltungsverfahrensgesetzes, das den Vollzug bereits erlassener und zukünftiger Gesetze regelt, mit Einschränkungen in Anspruch genommen.[56] So erstrecken sich die Regelungen des VwVfG nach § 1 Abs. 2 Satz 2 auf künftige Bundesgesetze, die die Länder als eigene Angelegenheit ausführen, nur unter der Voraussetzung, dass diese mit Zustimmung des Bundesrates ausdrücklich das VwVfG für anwendbar erklären. Ferner entfällt die Anwendbarkeit des VwVfG nach § 1 Abs. 3 für die Ausführung von Bundesgesetzen durch die Länder, soweit die öffentlich-rechtliche Verwaltungstätigkeit ihrer Behörden landesrechtlich durch ein VwVfG geregelt ist.

E. Vereinheitlichung des Verwaltungsverfahrensrechts durch das VwVfG und Konkretisierung des Verfassungsrechts zugunsten des Bürgers

29 Mit dem VwVfG haben die vielfältigen Regelungen des Verwaltungsverfahrensrechts – und mit ihnen zentrale Rechtsfiguren des Allgemeinen Verwaltungsrechts (wie der VA und der örV) – eine wesentliche Vereinheitlichung[57] erfahren, auch wenn die subsidiäre Gesetzesgeltung (nach § 1 Abs. 1 und 2) manche Probleme offen lässt und weiterhin eine Tendenz besteht, Verfahrensrechte in Fachgesetzen zu verstreuen. Zudem hat das VwVfG umstrittenes Verwaltungsgewohnheitsrecht durch geschriebenes Recht abgelöst und darüber hinaus fortentwickelt.[58] Ferner dient die Kodifikation des Verwaltungsverfahrensrechts im VwVfG auch der Konkretisierung des Verfassungsrechts[59] (Rdn. 57 ff.), insbesondere des Rechtsstaatsprinzips, als es bestimmte grundgesetzlich verankerte Rechtsprinzipien näher ausformt. Für den Bürger bedeutet die Kodifikation eine Vereinheitlichung und damit eine Festigung seiner Rechtsstellung (s. etwa §§ 28, 29).[60]

---

55 Stelkens/Bonk/Sachs/*Stelkens/Schmitz*, § 1 Rn. 35 ff.

56 Bereits *Baumann*, DÖV 1976, 475 (477 f.).

57 Zu den früher gegen die Kodifikation vorgebrachten, heute erledigten Bedenken *Riedl*, Vorauf. Rn. 49.

58 Vgl. auch *Henneke*, DÖV 1997, 768.

59 Vgl. Amtl. Begründung S. 29.

60 Dazu auch Kopp/*Ramsauer*, Einf. I Rn. 36.

F. Die Änderungen des VwVfG

Bis 1995 erfuhr das VwVfG mehrere Änderungen, die redaktioneller Natur waren und als Änderungen in Folge von Rechtsänderungen in anderen Bereichen erfolgten: es waren Änderungen durch Art. 7 Abs. 3 des Gesetzes zur Reform des Rechts der Vormundschaft und Pflegschaft für Volljährige (BetreuungsG) vom 12.09.1990,[61] der in § 12 einen neuen Abs. 2 einfügte und § 16 Abs. 1 Nr. 4, Abs. 2 und Abs. 4 änderte; Art. 12 Abs. 5 des Gesetzes zur Neuordnung des Postwesens und der Telekommunikation (PostneuordnungsG) vom 14.09.1994[62] hob § 2 Abs. 3 Nr. 4 auf. 30

Eine substantielle Änderung erfolgte durch das VwVfÄndG vom 02.05.1996 (Art. 1 des Gesetzes zur Änderung verwaltungsverfahrensrechtlicher Vorschriften)[63], das zum einen die §§ 2 Abs. 2 Nr. 4, 48 und 49 sowie (aus redaktionellen Gründen) § 50 änderte und zum andern den neuen (für Rücknahme und Widerruf geltenden) § 49a über die Erstattung und Verzinsung einfügte. 31

Eingriffe in die Struktur des VwVfG erfolgten ferner durch das Gesetz zur Beschleunigung von Genehmigungsverfahren (GenBeschlG) vom 12.09.1996[64] (Art. 1). Das GenBeschlG war (nach einer Reihe von gesetzgeberischen Zwischenschritten[65]) das Ergebnis einer in die Mitte der siebziger Jahre zurückreichenden und seit Beginn der neunziger Jahre im Zusammenhang mit der deutschen Einheit und den politischen Bestrebungen zur Sicherung des Wirtschaftsstandorts Deutschland[66] intensiver und teilweise kontrovers geführten rechtspolitischen Diskussion[67] um die Fragen der Vereinfachung und Beschleunigung von Verwaltungsverfahren, insbesondere von Planungs- und Genehmigungsverfahren. Neben der Beschränkung der Folgen von Verstößen gegen Verfahrens- und Formvorschriften und der Straffung des PfV durch Einführung von Fristen und Präklusionsregelungen im Anhörungsverfahren erfolgte im GenBeschlG auch eine positivrechtliche Regelung des (schon zuvor geltenden) Grundsatzes der Verfahrensbeschleunigung in § 10 Satz 2 (§ 10 Rdn. 3 ff.) sowie eine ausdrückliche Beschreibung umfassender Beratungspflichten und beschleunigender Verfahrensmodelle für den Bereich von wirtschaftlich relevanten Genehmigungsverfahren (§§ 71a bis 71e). Außerdem wurden für einfach gelagerte Fälle ein wesentlich einfacheres Plangenehmigungsverfahren anstelle des aufwendigen PfV eingeführt und die Auswirkungen von Abwägungsmängeln in Planfeststellungs- und Plangenehmigungsverfahren abgemildert. Mit Ausnahme des § 71b, der in den neuen § 25 Abs. 2 32

61 BGBl. I, S. 2002.
62 BGBl. I, S. 2325.
63 BGBl. I, S. 656.
64 BGBl. I, S. 1354. Zu den weiteren Änderungen (z.B. des AbfG): *Bonk,* NVwZ 1997, 320; *Jäde,* UPR 1996, 361; *Schmitz/Wessendorf,* NVwZ 1996, 955.
65 Dazu *Bonk,* NVwZ 1997, 320 (321 f.).
66 S. die Amtl. Begründung zum GenBeschlG BT-Drucks. 13/3995, S. 7.
67 Vgl. nur die Beiträge von *Blümel, Bohne und Bullinger* in: Blümel/Pitschas (Hrsg.), Reform des Verwaltungsverfahrensrechts, 1994, ferner: *Brohm,* NVwZ 1991, 1025; *Broß,* DVBl 1991, 177; *Bullinger,* DVBl 1992, 1463; *Schlichter,* DVBl 1995, 173; *Stüer,* DVBl 1996, 847 (849 f.).

integriert wurde, wurden alle Regelungen durch das 4. VwVfÄndG v. 11.12.2008 (Rdn. 36) aufgehoben. Das GenBeschlG änderte im Übrigen auch § 46 durch die Einfügung der Formulierung, wenn »offensichtlich ist, dass die Verletzung die Entscheidung in der Sache nicht beeinflusst hat«, eine Änderung, die verfassungsrechtlich umstritten ist.[68]

33 Nachdem Art. 14 des Zweiten Gesetzes zur Änderung des Patentgesetzes und anderer Gesetze (2. PatGÄndG) vom 16.07.1998[69] in § 2 Abs. 2 Nr. 3 die Worte »Deutsches Patentamt« durch »Deutsches Patent- und Markenamt« ersetzte, änderte das 2. VwVfÄndG vom 06.08.1998 (Art. 1 des Zweiten Gesetzes zur Änderung verwaltungsverfahrensrechtlicher Vorschriften)[70] die §§ 15 Satz 1, 16 Abs. 1 Nr. 3, 33, 41 Abs. 2, 44 Abs. 1, 50 und 61 Abs. 1, hob die (durch Zeitablauf gegenstandslos gewordenen) §§ 97 bis 99 und 102 auf und fügte eine amtliche Inhaltsübersicht (mit Gesetzesrang) ein.[71] Am 21.09.1998 wurde das VwVfG neu bekannt gemacht.[72]

34 Das 6. EuroEinführungsG v. 03.12.2001[73] änderte (durch seinen Art. 16) § 8 Abs. 1 Satz 2 VwVfG; der Gleichklang zum Sozialverfahren wurde erhalten und der seit 1976 unveränderte Kostenerstattungsrahmen (von 50 DM) auf 35 € erhöht. Durch das Gesetz zur Einführung einer kapitalgedeckten Hüttenknappschaftlichen Zusatzversicherung und zur Änderung anderer Gesetze (HZvNG) v. 21.06.2002[74] wurde das Verjährungsrecht in §§ 53, 102 und § 49a Abs. 3 und 4 hinsichtlich der Verzinsung von Erstattungen modifiziert, um eine Anpassung an das SchuldrechtsmodernisierungsG (v. 26.11.2001[75]) vorzunehmen.[76]

35 Das 3. VwVfÄndG v. 21.08.2002[77](Gesetz zur Änderung verwaltungsverfahrensrechtlicher Vorschriften) veränderte das VwVfG sehr grundlegend durch die Einfügung des § 3a, der die Voraussetzungen der elektronischen Kommunikation im Verwaltungsverfahren bestimmt (Abs. 1) und regelt, dass ein mit einer qualifizierten elektronischen Signatur nach dem SiG versehenes Dokument die Anforderungen der Schriftform erfüllt. § 37 führte den elektronischen VA ein; ferner wurden § 15 und § 41 Abs. 2 an die elektronische Kommunikation angepasst. Dies bedeutete einen Modernisierungsschub für die Verwaltung, ihre Organisation und das Verwaltungsverfahren.[78] Zur Weiterentwicklung des § 3a s. Rdn. 43). Das 3. VwVfÄndG änderte

68 Dazu auch Kopp/*Ramsauer*, Einf. I Rn. 32.
69 BGBl. I, S. 1827.
70 BGBl. I, S. 2022. In Art. 2 des Gesetzes wird das BMI zur Neubekanntmachung des ermächtigt. S.a. die Amtl. Begründung BT-Drucks. 13/8884.
71 Zum 2. VwVfÄndG *Schmitz/Olbertz*, NVwZ 1999, 126.
72 BGBI. I, S. 3051.
73 BGBl. I, S. 3306.
74 BGBl. I, S. 2167, 2186.
75 BGBl. I, S. 3138.
76 S. auch Knack/Henneke/*Ruffert*, Vor § 1 Rn. 23.
77 BGBl. I, S. 3322. Zum 3. VwVfÄndG näher *Schmitz/Schlatmann*, NVwZ 2002, 1281.
78 *Roßnagel*, NJW 2003, 469 (475); näher auch Knack/Henneke/*Ruffert*, Vor § 1 Rn. 30 ff.

ferner u. a. die Heilungsvorschrift des § 45 Abs. 2. Am 23.01.2003 wurde das VwVfG neu bekannt gemacht.[79]

Zu einer weiteren großen textlichen und inhaltlichen Novellierung führte das 4. VwVfÄndG v. 11.12.2008,[80] das die früheren, durch das GenBeschlG (Rdn. 32) eingefügten § 71a bis 71e ersetzte. Das 4. VwVfÄndG war europarechtlich motiviert und setzte die EU-DienstleistungsRL[81] um.[82] Es verankerte in Abschnitt V einen Teil 1a mit der von der EU vorgegebenen Figur der »einheitlichen Stelle« (§§ 71a – e);[83] eine verwaltungsverfahrensrechtliche Vereinfachung bei grenzüberschreitenden Dienstleistungen sollte so zementiert werden. Mit Blick auf die Europäisierung des VwVfG stellt diese Textänderungen im Vergleich zu den sonstigen, nur mittels Auslegung erreichten unionsrechtlichen Überlagerungen die Ausnahme dar (dazu Rdn. 91). Ferner wurde durch das 4. VwVfÄndG das neue Institut der Genehmigungsfiktion geschaffen (§ 42a). 36

Geringe Anpassungen wurden durch das FGG-Reformgesetz (v. 17.12.2008) in § 16 vorgenommen. Eine erneute europarechtliche Anpassung fand durch das Gesetz zur Umsetzung der Dienstleistungs-RL im Gewerberecht und in weiteren Rechtsvorschriften v. 17.07.2009[84] statt, mit der Einfügung eines neuen Abschnitts 3 zur »Europäischen Verwaltungszusammenarbeit«, einer weiteren europarechtlich veranlassten, ausdrücklichen Textänderung des VwVfG (§§ 8a – e) (Rdn. 91). 37

Durch das Gesetz zur Modernisierung von Verfahren im anwaltlichen und notariellen Berufsrecht, zur Errichtung einer Schlichtungsstelle der Rechtsanwaltschaft sowie zur Änderung sonstiger Vorschriften (v. 30.07.2009)[85] und durch das Gesetz zur Modernisierung von Verfahren im patentanwaltlichen Berufsrecht (v. 14.08.2009)[86] wurde § 2 angepasst. 38

Das PlanvereinheitlichungsG v. 07.06.2013 (Gesetz zur Verbesserung der Öffentlichkeitsbeteiligung und Vereinheitlichung von Planfeststellungsverfahren)[87] schließlich ändert die Vorschriften über das Planfeststellungsverfahren (§§ 73 bis 75), fügt eine Vorschrift über eine »frühe Öffentlichkeitsbeteiligung« (§ 25 Abs. 3) ein und regelt erstmals ausdrücklich die Rechtsbehelfsbelehrung nach dem Vorbild des § 59 VwGO (§ 37 Abs. 6). Es knüpft an die Motive des GenBeschlG zur Beschleunigung von 39

79 BGBl. I, S. 102.
80 BGBl. I, S. 2418.
81 2006/123/EG des Europäischen Parlaments und des Rates v. 12.12.2006 über Dienstleistungen im Binnenmarkt, ABl.EU 2006, L 376/36 v. 27.12.2006.
82 Näher *Schmitz/Prell*, NVwZ 2009, 1.
83 Krit. zur künftigen praktischen Bedeutung der Figur und dem Umsetzungsaufwand *Palmen/Schönenbroicher*, NVwZ 2008, 1173 (1178).
84 BGBl. I, S. 2091, 2095.
85 BGBl. I, S. 2449.
86 BGBl. I, S. 2827.
87 BGBl. I, S. 1388. Einbringung in den Bundesrat am 30.03.2012, BR-Drucks. 171/12; BTVorlage, BT-Drucks. 17/9666 v. 16.05.2012.

Planungs- und Genehmigungsverfahren an. Ziel des Gesetzes ist es, die in den Fachgesetzen verteilten Beschleunigungsvorschriften[88] in das VwVfG zu überführen und mehr Bürgerbeteiligung und Bürgerfreundlichkeit zu schaffen.[89] Das Gesetz ist angesichts der Diskussionen und der politischen und juristischen Auseinandersetzungen um Großprojekte (z.B. »Stuttgart 21«) im Kontext mit dem Bemühen zu sehen, die Zustimmung der Bevölkerung zu solchen Projekten durch eine stärkere Beteiligung im Planungs- und Zulassungsrecht zu erhöhen und steht damit auch im Bezug zum (repräsentativen) Demokratieprinzip (Rdn. 72).[90] Etliche Stimmen teilen zwar das Anliegen der Kodifikation, beurteilen ihre Regelungen aber kritisch,[91] insbesondere die Regelung zur frühen Bürgerbeteiligung als Vorschrift ohne Regelungs- und Bindungscharakter und ohne Sanktionen, die ferner eine Verantwortungsverlagerung vom Vorhabenträger auf die Behörde mit sich bringt.[92]

40 Das Gesetz zur Förderung der elektronischen Verwaltung sowie zur Förderung weiterer Vorschriften v. 25.07.2013 novellierte § 3a Abs. 2, der nun weitere Möglichkeiten zur Ersetzung der Schriftform vorsieht -über die qualifizierte elektronische Signatur hinaus (De-Mail-Verfahren).[93] Ferner ist das E-Government-Gesetz des Bundes[94] von Bedeutung, das die in § 3a vorgesehene Zugangseröffnung für elektronische Dokumente konkretisiert, als eine Verpflichtung der Verwaltung zur Eröffnung eines elektronischen Zugangs und eines De-Mail-Zugangs bei Bundesbehörden (§ 2 EGovG). Hinzu kommen die E-Government-Gesetze der Länder.[95]

41 Das Gesetz zur Modernisierung des Besteuerungsverfahrens v. 22.07.2016,[96] das zum 01.01.2017 in Kraft trat, erkennt explizit einen vollautomatisierten, vollständig durch automatische Einrichtungen erlassenen, VA an (§ 35a VwVfG n.F.), ferner werden

---

88 S. das Gesetz zur Beschleunigung von Infrastrukturvorhaben v. 09.12.2006 (BGBl. I, S. 2833), das fachgesetzliche Regelungen in sechs planfeststellungsrechtlichen Fachgesetzen (z.B. BundesfernstraßenG, MagnetschwebebahnplanungsG, BundeswasserstraßenG) betraf.

89 S. BT-Vorlage, BT-Drucks. 17/9666 v. 16.05.2012, unter A.

90 Krit. zur verfassungsrechtlichen Notwendigkeit der Einführung der frühen Bürgerbeteiligung: *Hertel/Munding*, NJW 2012, 2622 (2623); zur Kompensation von Defiziten der repräsentativen Demokratie durch die Bürgerbeteiligung *Ziekow*, Gutachten 2012, S. D 18 und D 19 ff.

91 Krit. zum Regierungsentwurf: *Schönenbroicher*, VBlBW 2012, 445 (446 ff.); *Hertel/Munding*, NJW 2012, 2622; *BDVR*, Rundschreiben 2012, 3; diff. *Uechtritz*, AnwBl. 2012, 697 (702); s. zum Entwurf auch: *Birk*, DVBl 2012, 1000; *Krappel/Süsskind-Schwendi*, UPR 2012, 255. Zum in Kraft getretenen Gesetz *Stüer*, DVBl 2013, 1.

92 *Schönenbroicher*, VBlBW 2012, 445 (447); *BDVR*, Rundschreiben 2012, 4 f.; vgl. auch zur Verankerung eines umfassenden Beteiligungskonzepts in einer allg. Regelung im *Ziekow*, Gutachten 2012, S. D 147 ff.

93 BGBl. I, S. 2749.

94 BGBl. I, S. 2749, in Kraft seit dem 01.07.2014.

95 Etwa in Baden-Württemberg, Gesetz zur Förderung der elektronischen Verwaltung des Landes Baden-Württemberg (E-Government-Gesetz) v. 17.12.2015, GBl. 2015, S. 1191.

96 BGBl. I, S. 1679.

die Vorschriften zum Untersuchungsgrundsatz (§ 24 VwVfG) und zur Bekanntgabe (§ 41 VwVfG) spezifisch ergänzt.[97]

Durch Art. 5 des Gesetzes zum Abbau verzichtbarer Anordnungen der Schriftform im Verwaltungsrecht des Bundes v. 29.03.2017[98] wurde der Wortlaut des § 74 Abs. 5 um »oder elektronisch« erweitert, durch Art. 11 Abs. 2 des eIDAS-Durchführungsgesetzes v. 18.07.2017[99] in § 3a Abs. 2 Satz 2 der Bezug zum Signaturgesetz gestrichen und durch Art. 7 des Gesetzes zur Einführung des Rechts auf Eheschließung für Personen gleichen Geschlechts v. 18.12.2018[100] in § 20 Abs. 5 Satz 1 Nr. 1 der Bezug zum Lebenspartnerschaftsgesetz herausgenommen. 42

G. Die VwVfGe der Länder: Vereinheitlichung und Diversifizierung

Seit dem Erlass des VwVfG des Bundes haben alle Länder[101] gem. § 1 Abs. 3 eigene VwVfGe erlassen, die sich aber einer unterschiedlichen Rechtstechnik bedienen.[102] Die meisten Länder (Baden-Württemberg,[103] Bayern,[104] Brandenburg,[105] Bremen,[106] Hamburg,[107] Hessen,[108] Mecklenburg-Vorpommern,[109] Nordrhein-Westfalen,[110] Saarland,[111] Sachsen-Anhalt[112] und Thüringen)[113] haben eigene Voll-Gesetze verabschiedet, 43

97 Näher dazu *Siegel*, DVBl 2017, 24 ff.

98 BGBl. I, S. 626.

99 Gesetz zur Durchführung der Verordnung (EU) Nr. 910/2014 des Europäischen Parlaments und des Rates vom 23.07.2014 über elektronische Identifizierung und Vertrauensdienste für elektronische Transaktionen im Binnenmarkt und zur Aufhebung der Richtlinie 1999/93/EG, BGBl. I, S. 2745 ff.

100 BGBl. I, S. 2639.

101 Zur Entwicklung des Verwaltungsrechts in der früheren DDR sowie nach dem Beitritt der DDR zur BRD: *Stelkens*, DVBl 1992, 248; *Stelkens/Bonk/Sachs*, Einl Rn. 47.; *Ule*, DVBl 1985, 1029.

102 Ausführlich zu den LVwVfGen *Riedl*, Voraufl. Rn. 54 ff.

103 BWVwVfG in der Fassung der Bekanntmachung v. 12.04.2005 (GBl. S. 350), zuletzt geändert durch Gesetz v. 17.12.2009 (GBl. S. 809).

104 BayVwVfG v. 23.12.1976 (GVBl. S. 544), zuletzt geändert durch Gesetz v. 22.12.2009 (GVBl. S. 628).

105 VwVfGBbg v. 07.07.2009 (GVBl. S. 262).

106 BremVwVfG in der Fassung der Bekanntmachung v. 09.05.2003 (Brem. GBl. S. 219), zuletzt geändert durch Gesetz v. 03.11.2009 (Brem. GBl. S. 446).

107 HmbVwVfG v. 09.11.1977 (GVBl. S. 333, ber. S. 402), zuletzt geändert durch Gesetz v. 15.12.2009 (GVBl. S. 444).

108 HessVwVfG in der Fassung der Bekanntmachung v. 15.01.2010 (GVBl. S. 454, ber. 1977 S. 95), zuletzt geändert durch Gesetz v. 01.12.1994 (GVBl. I S. 187).

109 M-VVwVfG in der Fassung der Bekanntmachung v. 26.02.2004 (GVOBl. M-V S. 106), zuletzt geändert durch Gesetz v. 02.12.2009 (GVOBl. M-V S. 666).

110 NRWVwVfG in der Fassung der Neubekanntmachung v. 12.11.1999 (GV. NRW. S. 602), zuletzt geändert durch Gesetz v. 17.12.2009 (GV. NRW. S. 861).

111 SVwVfG v. 15.12.1976 (ABl., S. 1151), zuletzt geändert durch Gesetz v. 16.03.2010 (ABl. S. 64).

112 LSAVwVfG v. 18.11.2005 (GVBl. LSA S. 698).

113 ThürVwVfG in der Fassung der Neubekanntmachung v. 18.08.2009 (GVBl. S. 699), zuletzt geändert durch Gesetz v. 09.09.2010 (GVBl. S. 291).

die grds. sowohl in der Nummerierung der einzelnen Vorschriften als auch in ihrem Wortlaut dem VwVfG folgen. Andere Länder (Berlin,[114] Niedersachsen,[115] Rheinland-Pfalz[116] und Sachsen)[117] haben Verweisungsgesetze erlassen, die die Bestimmungen des VwVfG mit einigen Anpassungsvorschriften als Landesrecht übernehmen. Einen Sonderfall stellt das LVwVfG Schleswig-Holstein[118] dar, das ursprünglich vor dem VwVfG erlassen wurde (Rdn. 15), mittlerweile aber die Bestimmungen des VwVfG in sein LVwVfG eingefügt hat; der Regelungsgegenstand geht aber mit der Einbeziehung von Rechtsverordnungen und Satzungen[119] über denjenigen des VwVfG hinaus (vgl. § 9 Rdn. 3).

44 Außer der zwischen dem VwVfG und den VwVfGen der Länder bestehenden Vereinheitlichung sind mittlerweile auch unterschiedliche Entwicklungen zwischen Bundes- und Länderebene feststellbar, so die bereichsspezifische oder gar komplette Abschaffung des Widerspruchsverfahrens in einigen Bundesländern.[120]

H. Unzulänglichkeiten des VwVfG und gesetzespolitische Perspektiven

45 Dem Bundesgesetzgeber obliegt die materielle Fortentwicklung des VwVfG durch abgestimmte Novellierungen, um die bestehenden Defizite abzubauen.[121] Aus der Wissenschaft wurden in neuerer Zeit umfassende Vorschläge zur grundlegenden Modernisierung und zur Reform des VwVfG unterbreitet,[122] die der Gesetzgeber aufgreifen könnte.[123] Als Defizite sind z.B. zu benennen:

46 Die Zersplitterung in bereichsspezifische Verwaltungsverfahrensrechte, die durch verschiedene verwaltungsverfahrensrechtliche Sonderregelungen (z.B.: UVPG; UIG; GenTG; Gesetz zur Beschleunigung von Infrastrukturvorhaben; IFG) in den

114 Bln VwVfG v. 08.12.1976 (GVBl. S. 2735, ber. S. 2898), zuletzt geändert durch Gesetz v. 19.06.2006 (GVBl. S. 573).

115 NiedsVwVfG v. 03.12.1976 (GVBl. S. 311), zuletzt geändert durch Gesetz v. 24.09.2009 (Nds. GVBl. S. 361).

116 RPL VwVfG v. 23.12.1976 (GVBl. S. 308), zuletzt geändert durch Gesetz v. 27.10.2009 (GVBl. S. 358).

117 SächsVwVfG v. 19.05.2010 (Sächs. GVBl. S. 142).

118 LVwG Schl.-H. in der Fassung der Bekanntmachung v. 02.06.1992 (GVOBl. Schl.-H. S. 243, ber. S. 534), zuletzt geändert durch Gesetz v. 24.04.2010 (GVOBl. Schl.-H. S. 530).

119 §§ 53 ff. und 65 ff. LVwG Schl.-H., ibidem.

120 Abschaffung als Regelfall in Bayern, Nieds. und NRW, dazu Kopp/Schenke, § 68 Rn. 17a; krit.: Quaas/Zuck/*Kirchberg/Herrmann*, § 2 Rn. 339; *Steinbeiß-Winkelmann*, NVwZ 2009, 686 ff.; Sodan/Ziekow/*Geis*, § 68 Rn. 131.

121 Vgl. z.B.: *Bonk*, DVBl 1986, 485 (493 ff.); *Kopp*, Die Verwaltung 1987, 1 (10 ff.); *Obermayer*, NJW 1987, 2642 (2644 ff.); *Thieme*, DÖV 1996, 757.

122 *Burgi/Durner*, Modernisierung des Verwaltungsverfahrensrechts durch Stärkung des VwVfG, 2012; *Burgi/Schönenbroicher* (Hrsg.), 2010; *Hill/Sommermann/Stelkens/Ziekow* (Hrsg.), 35 Jahre VwVfG – Bilanz und Perspektiven, 2011.

123 Dazu auch *Schönenbroicher*, VBlBW 2012, 445 (449).

vergangenen Jahren zu verzeichnen ist. Ein »Dekodifikationsschub« für das VwVfG und seine Lückenhaftigkeit wurden daher zu Recht bemängelt;[124] so enthält das VwVfG kein allgemeines Genehmigungsverfahren für Anlagen oder die Definition einer Genehmigung.[125] In die Gegenrichtung zielte der Bundesgesetzgeber mit dem GenBeschlG v. 1996 (vgl. Rdn. 32), mit dem einige bereichsspezifische Sonderregelungen auf dem Gebiet des Planfeststellungsrechts wieder in das VwVfG eingegliedert wurden.[126] Ferner ist das 2013 in Kraft getretene PlanvereinheitlichungsG (Rdn. 39) zu nennen, das die im Fachrecht verteilten Beschleunigungsvorschriften in das VwVfG überführen soll und damit die Vorschriften über das Planfeststellungsverfahren (§§ 73 bis 75) ändert.[127]

Eine bislang nicht erfolgte Neubestimmung der Allgemeinverfügung, die im Interesse der Rechtsklarheiterfolgen sollte, da die Definitionen des § 35 Sätze 1 und 2 VwVfG eine eindeutige Abgrenzung des VA (und damit auch der Allgemeinverfügung) zur Rechtsnorm nicht zulässt. 47

Zu fragmentarisch ist die Ermessensregelung des § 40 VwVfG. Hier könnten die in der Rspr. und Literatur anerkannten Grenzen des Ermessens (Ermessensfehler) aufgenommen werden[128] und ferner, dass die Verwaltung im Rahmen ihres Ermessens Effektivitätsüberlegungen anstellen darf.[129] 48

Eine stärkere Orientierung an der Verfassung ist u. a. bei der Anhörung Beteiligter und beim Begründungszwang geboten, da die Gesetzesbestimmungen allzu großzügig Ausnahmen zulassen.[130] 49

Notwendig ist weiterhin die Aufnahme einer Regelung über die Nachfolge in die verwaltungs(verfahrens)rechtliche Rechts- und Pflichtenposition, die mangels einer gesetzlichen Vorschrift umstritten ist.[131] 50

Der durch § 3a eröffnete Einsatz elektronischer Kommunikation sollte Teil eines umfassenderen Konzepts des »E-Government« sein, das den Einsatz von Informations- und Kommunikationstechnologien zur elektronischen Abwicklung von Verwaltungstätigkeit zum Gegenstand hat.[132] 51

124 So Burgi/Schönenbroicher/*Burgi*, S. 31 (41) ff.

125 Näher *Burgi/Durner*, S. 51 ff.

126 Vgl. auch *Schmitz*, NVwZ 1996, 151; *Schmitz/Wessendorf*, NVwZ 1996, 955 (961 f.).

127 Näher *Schönenbroicher*, VBlBW 2012, 446. Krit. zum nur teilw. erreichten Rückholungsziel von Sondervorschriften aus den Fachgesetzen *BDVR*, Rundschreiben 2012, 5.

128 So auch *Thieme*, DÖV 1996, 757 (761 f.).

129 Dazu Burgi/Schönenbroicher/*Burgi*, S. 31 (41) m.w.N.

130 Vgl. *Kopp*, Die Verwaltung 1987, 1 (15 ff.).

131 Dazu *Riedl*, Die Rechts- und Pflichtennachfolge im Verwaltungsrecht – Grundlagen und Zulässigkeit der Rechts- und Pflichtennachfolge aufseiten des Privatrechtssubjekts, 1998.

132 Dazu auch Knack/Henneke/Schliesky, § 3a Rn. 4 ff. (9). Zum E-Government-Gesetz (Gesetz zur Förderung der elektronischen Verwaltung sowie weiterer Vorschriften) (Regierungsentwurf v. 19.09.2012; s.a. BT-Drucks. 17/11473 v. 21.02.2013), auch *Schönenbroicher*, VBlBW 2012, 445.

52 Das Problem der Drittbetroffenen und die frühzeitige Einbeziehung der Öffentlichkeit, insbesondere bei der Planung und Zulassung von Großprojekten (z.B. »Stuttgart 21«)[133] werfen die Frage auf, wie verfahrensrechtlich eine Akzeptanz bei den Betroffenen erreicht[134] und wie Verwaltungsverfahren zugleich vereinfacht und beschleunigt werden können. Diese Bereiche wurden durch das neue PlanvereinheitlichungsG einer gesetzgeberischen Lösung zugeführt, die aber umstritten ist (Rdn. 39).

53 Die bislang im VwVfG nicht enthaltene obligatorische Rechtsbehelfsbelehrung wird ebenfalls durch das PlanvereinheitlichungsG geschaffen (§ 37 Abs. 6), eine Änderung, die aus Gründen der Rechtsstaatlichkeit (Rdn. 69) für den Bürger, der verwaltungsgerichtlichen Rechtsschutz in Anspruch nehmen will, positiv zu bewerten ist.[135]

54 Anders als teilweise die Landesgesetzgeber[136] hat der Bundesgesetzgeber bisher die Anwendbarkeit des VwVfG beschränkt auf den VA und auf den ö-r Vertrag; rechtspolitisch überzeugend wäre es, das VwVfG auch auf andere Verfahren zu erstrecken (so auf das Rechtsverordnungs- und Satzungsverfahren – vgl. zur analogen Anwendung des VwVfG, § 9 Rdn. 2 ff.) und einheitliche Verfahrensregeln auch für andere Handlungsformen der Verwaltung im VwVfG zu schaffen.[137]

55 Beim Erlass besonderer Verfahrensordnungen für Sachbereiche nach § 2 sind möglichst die Verfahrensnormen des VwVfG zu berücksichtigen und Abweichungen nur insoweit aufzunehmen, als es aus sachlichen Gründen zwingend erforderlich ist. Beispiele für eine in den einschlägigen Vorschriften wortgleiche Anpassung bieten die AO 1977 und das SGB X.[138]

56 Der Anpassungs- und Änderungsbedarf des VwVfG durch die Anforderungen des Rechts der EU ist bisher, abgesehen von der Umsetzung der EU-Dienstleistungs-RL v. 12.12.2006 (s. §§ 8a ff., 42a, 71a ff., s. Rdn. 37), im Text des VwVfG nicht erfolgt (s. näher Rdn. 88 ff.). Es sollte aus Gründen der Rechtsklarheit und -sicherheit ein eigener Abschnitt in das VwVfG zum »Europäischen Verwaltungsrecht« aufgenommen werden, um so für die übergreifenden europäischen Reglungen eine Kodifikation im VwVfG zu schaffen.[139]

---

133 Hierzu z.B.: *Groß*, DÖV 2011, 510; *Leisner*, NJW 2011, 33; *Schönenbroicher*, VBlBW 2010, 466.

134 Zur Verankerung eines umfassenden Beteiligungkonzepts in einer allg. Regelung im *Ziekow*, Gutachten 2012, S. D 147 ff.

135 Dazu auch *BDVR*, Rundschreiben 2012, 5.

136 Dazu und zum Folgenden auch Kopp/*Ramsauer*, Einf. I Rn. 3.

137 Hierzu bereits *Schmitt Glaeser*, FS Boorberg, 1977, S. 1 (31 ff.), der in der Beschränkung des VwVfG auf die beiden Handlungsformen des VA und des örV einen der Hauptmängel der Kodifikation erblickt. Vgl. auch *Bonk*, DVBl 1986, 485 (493 f.).

138 Vgl. etwa die §§ 118 ff. AO 1977 (zuletzt geändert durch Gesetz v. 21.03.2013, BGBl. I, 556) und die §§ 8 ff. und 35 ff. SGB X (zuletzt geändert durch Gesetz v. 21.07.2012, BGBl. I, 1566, 1574 f.).

139 Ebenso *Kahl*, NVwZ 2011, 456 f.

J. Verwaltungsverfahrensrecht als konkretisiertes Verfassungsrecht[140]

I. Grundsätzliches Spannungsverhältnis zwischen Grundrechtsschutz und optimierter Funktionsfähigkeit der Verwaltung (»Effizienz«)

Das Verwaltungsverfahrensrecht befindet sich in einem grundsätzlichen Spannungsverhältnis[141] zwischen einem umfassenden Schutz der Grundrechte des Einzelnen und der Verwirklichung verfassungsrechtlicher Grundentscheidungen (z.B. Rechtsstaatsprinzip) einerseits und einer (ebenfalls verfassungsrechtlich fundierten)[142] optimierten Funktionsfähigkeit und Wirksamkeit der Verwaltung (»Effizienz«) andererseits (§ 10 Rdn. 19).[143] Diese Antinomie ist aufzulösen, in dem den geschützten Rechtspositionen des Individuums und den berechtigten Interessen der Verwaltung an der Erfüllung der ihr zugewiesenen Aufgaben, in angemessener Weise Rechnung getragen wird.[144] 57

Zunehmend in den Blick gerückt ist in den letzten Jahren auch die wirtschaftliche Bedeutung der Dauer von Verwaltungsverfahren, die durch das Interesse von Antragstellern bzw. Investoren an zügigen und rechtsschutzfesten Verwaltungsentscheidungen der Bedeutung der Effizienz der Verwaltung eine weitere, individuumbezogene Komponente im mehrpoligen Geflecht von Interessen und Rechtspositionen von Antragstellern, Drittbetroffenen und der Verwaltung verleiht. Das Rechtsstaatsprinzip ist dabei nicht nur materiell, sondern auch verfahrensbezogen dahin gehend zu verstehen, dass es die Herbeiführung der materiellen Gerechtigkeit in einer dem zeitlichen Schutzbedürfnis der Beteiligten raschen bzw. verfahrenseffizienten Weise gebietet[145] (vgl. auch § 10 Rdn. 17). Hinzu kommen die Anforderungen aus Art. 6 Abs. 1 EMRK und der ihn konkretisierenden Rechtsprechung des EGMR an ein faires Verfahren, zu dem auch eine Verwaltungsentscheidung in angemessener Frist gehört (vgl. näher Rdn. 111 ff.). 58

Ebenso ist im Kontext der Planung und Zulassung von Großprojekten (z.B. »Stuttgart 21«, Frankfurter Flughafen) die Frage virulent geworden, wie in einem effizienten Verfahren verfahrensrechtlich eine Akzeptanz bei den Betroffenen und der Öffentlichkeit erreicht und wie neue Formen der Bürgerbeteiligung gestaltet werden können (dazu bereits Rdn. 39). Es ist eine Frage, die verfassungsrechtlich mit dem Demokratieprinzip verbunden ist – als Form direkter Bürgerbeteiligung, die im parlamentarischen System des GG der Legitimation bedarf – (Rdn. 72) und die auch im wirkungsvollen 59

---

140 Grundlegend *Kopp*, Verfassungsrecht und Verwaltungsverfahrensrecht, 1971.

141 Ebenso: *Bonk*, NVwZ 1997, 320 (322); *Wahl*, VVDStRL 41 (1983), 151 (157 ff.).

142 Zum Verfassungsrang des Effizienzgebotes: Blümel/Pitschas/*Bullinger*, Reform des Verwaltungsverfahrensrechts, Schriftenreihe der Hochschule Speyer 114 (1994), S. 127 (130 ff.); *Mayer/Kopp*, Allg. Verwaltungsrecht, 5. Aufl. 1985, S. 306 m.w.N.

143 Vgl. zur Effizienzbindung der Verwaltung Hoffmann-Riem/Schmidt-Aßmann/Voßkuhle/*Pitschas*, § 42 Rn. 111 ff. (116 ff.).

144 Vgl.: *Kopp*, Die Verwaltung 1987, 1 (2); *Pietzcker*, VVDStRL 41 (1983), 193 (209); Stelkens/Bonk/Sachs/*Stelkens/Schmitz*, § 1 Rn. 40 ff.

145 S.a. Gesetzesbegründung zum GenBeschlG BT-Drucks. 13/3995 S. 7; vgl. ferner: *Bullinger*, DVBl 1992, 1463 (1464 f.); *Fröhler*, FS Ule, 1987, S. 55 (68).

Verfahrens- und Rechtsschutz[146], also im Rechtsstaatsprinzip (Rdn. 69), zu verorten ist.

II. Effizienz im VwVfG

60 Die Effizienz (Rdn. 57) ist im Verwaltungsverfahrensrecht in der Grundnorm des § 10 Satz 2 VwVfG geregelt, der mit den Geboten der Einfachheit, Zügigkeit und Zweckmäßigkeit die (Verfahrens-) Effizienz betont (§ 10 Rdn. 16 ff.).

III. Unterprinzipien der Effizienz

61 Der konkreten Umsetzung in den Verfahrensablauf dienen verschiedene Unterprinzipien der (Verfahrens-) Effizienz, die die Minimierung des Personal-, Sach- oder Zeitaufwands fordern,[147] aber stets das gemeinsame Verfahrensziel einer gerechten Entscheidung zu berücksichtigen haben, wie etwa die Grundsätze der Konzentration, der Nichtförmlichkeit und der Billigkeit (vgl. auch § 10 Rdn. 20).

IV. Im GG angelegte Erfordernisse für das Verwaltungsverfahren

62 Fand auch die Verfahrenseffizienz in verschiedenen Erscheinungsformen Eingang in das VwVfG, so darf doch nicht übersehen werden, dass viele im GG – zugunsten des Einzelnen – angelegte Erfordernisse für das Verwaltungsverfahren und die Tätigkeit der Verwaltungsbehörden zwar von Rspr. und Lehre formuliert,[148] aber z.T. nur mangelhaft[149] gesetzlich verankert worden sind. Insoweit muss auf die Verfassung und ihre durch Auslegung zu ermittelnden Inhalte zurückgegriffen werden. Heute ist anerkannt, dass die Grundrechte Auswirkungen auf Inhalt und Gestaltung des Verwaltungsverfahrens haben und der Gesetzgeber verpflichtet ist, die wesentlichen Grundlagen des Verwaltungsverfahrens selbst festzulegen.[150] Größtenteils entspricht das VwVfG dem verfassungsrechtlichen Standard;[151] mitunter gewährleistet es auch – als Ausdruck gesetzgeberischer Gestaltungsfreiheit – Verfahrensrechte des Einzelnen über jenes grundgesetzlich gebotene Mindestmaß hinaus (z.B. Ausgestaltung des förmlichen Verfahrens).[152]

146 Dazu *Uechtritz*, AnwBl. 2012, 697 (699 ff.).

147 Vgl. *Steinberg*, DÖV 1982, 619 (626 f.).

148 Vgl. *Ule*, DVBl 1976, 421 (427).

149 S. hierzu die krit. Würdigung des VwVfG durch *Kopp*, Die Verwaltung 1987, 1. Vgl. auch schon *Häberle*, FS Boorberg, 1977, S. 47 (61 f.).

150 BVerfG, Beschl. v. 14.05.1985 – 1 BvR 233, 641/81, BVerfGE 69, 315 (355); zur verfahrensrechtlichen Dimension der Grundrechte auch: Kopp/*Ramsauer*, Einf. I Rn. 19 f.; Jarass/Pieroth/*Jarass*, Vorb. Vor Art. 1 Rn. 11; *Cremer*, Freiheitsgrundrechte, Tübingen 2003, S. 394 ff. (400 ff.); *Held*, Der Grundrechtsbezug des Verwaltungsverfahrens, 1983, S. 65 u. 80 ff.

151 *Häberle*, FS-Boorberg, 1977, S. 47 (93); *Kopp*, Die Verwaltung 1987, 1 (28).

152 Vgl. *Kopp*, ibidem, 1 (4 f.).

V. Praktische Wirkung der grundgesetzlichen Anforderungen

Ihre praktische Wirkung entfalten die Anforderungen des GG durch den Grundsatz der verfassungskonformen Auslegung und Anwendung des Verfahrensrechts (vgl.: Art. 1 Abs. 3, Art. 20 Abs. 3 GG).[153] Bezogen auf die (Verfahrens-) Effizienz äußert er sich im Grundsatz der effizienzorientierten Auslegung[154] und der zweckmäßigen, d.h. dem Zweck der Ermessensermächtigung entsprechenden, Ermessensausübung (vgl. § 40). Zur zunehmenden Bedeutung der europäischen Grundrechtecharta (Art. 41 Abs. 1 und 2) Rn. 95). 63

VI. Verfassungsrechtliche Anforderungen im Einzelnen

Im Einzelnen sind im Verwaltungsverfahren als verfassungsrechtliche Anforderungen zu beachten:[155] 64

1. Die Menschenwürde (Art. 1 Abs. 1 GG)

Die Verpflichtung zur Achtung und zum Schutz der Menschenwürde (Art. 1 GG) garantiert – positiv – dem Individuum einen sozialen Wert- und Achtungsanspruch und wird – negativ – in dem Verbot konkretisiert, den Menschen zum bloßen Objekt staatlichen Handelns zu machen (sog. Objektformel).[156] Bezogen auf das Verwaltungsverfahren konstituiert sie – neben dem Rechtsstaats- und Demokratieprinzip – das Recht auf Gehör (vgl. z.B. § 28),[157] das nur für die Judikative[158] in Art. 103 Abs. 1 GG eine ausdrückliche verfassungsrechtliche Anerkennung gefunden hat; dieses Recht der Verfahrensbeteiligten bedarf zu seiner wirksamen Ausübung der Erweiterung durch das Recht auf Akteneinsicht (vgl. § 29), das allgemein beschränkt ist durch besondere Gründe des öffentlichen Interesses und den Schutz von Rechten Dritter (vgl. z.B. § 30). 65

2. Art. 2 Abs. 1 GG

Dem allgemeinen Persönlichkeitsrecht (Art. 2 Abs. 1 GG i.V.m. Art. 1 Abs. 1 GG) und der allgemeinen Handlungsfreiheit (Art. 2 Abs. 1 GG) sind immanent 66

---

153 Vgl. zum Konkursverfahren BVerfG, Beschl. v. 30.03.1993 – 1 BvR 1045/89, 1 BvR 1381/90, 1 BvL 11/90, NJW 1993, 2861 (2863).

154 Vgl. *Isensee,* Die typisierende Verwaltung, 1976, S. 165; zurückhaltender *Hoffmann-Riem,* DÖV 1997, 433 (437).

155 Vgl.: *Bonk,* NVwZ 1997, 320 (322 f.); Kopp/*Ramsauer,* Einf. I Rn. 18; Stelkens/Bonk/Sachs/*Stelkens/Schmitz,* § 1 Rn. 45 ff.

156 Etwa BVerfG, Urt. v. 15.02.2006 – 1 BvR 357/05, BVerfGE 115, 118 ff. = NJW 2006, 750 (757 f. (LuftsicherheitsG).

157 *Horn,* DÖV 1987, 20 (21). Abl. *Laubinger,* VerwArch. 1982, 60 (80 f.).

158 Abl. zu einer analogen Anwendung von Art. 103 Abs. 1 GG auf Verwaltungsbehörden BVerfG, Beschl. v. 30.04.2003 – 1 PBvU 1/02, BVerfGE 107, 395 (410 f.).

1) das – aus den Grundrechten ableitbare – subjektive öffentliche Recht[159] eines jeden Rechtsträgers, ihm ggü. vonseiten des Staates rechtswidrige Maßnahmen zu unterlassen,
2) die subjektiven öffentlichen Rechte ggü. der sachlich und örtlich zuständigen Behörde auf Sachentscheidung (gleichgültig, ob positiv oder negativ) und auf fehlerfreie Ermessensbetätigung (bei Berührung eigener Belange durch die Anwendung der Ermessensnorm),
3) das vom BVerfG entwickelte Grundrecht auf informationelle Selbstbestimmung,[160] das die verfassungsrechtliche Grundlage für das Recht auf Geheimniswahrung (vgl. § 30) darstellt und normative Regelungen über die Erhebung, Verwendung und Übermittlung personenbezogener Informationen und Daten (z.B. zwischen Behörden i.R.d. Amtshilfe)[161] fordert sowie das »Recht auf Vergessen (werden)»[162].

3. Der Gleichheitssatz (Art. 3 GG)

67 Aus dem (allgemeinen) Gleichheitssatz (Art. 3 Abs. 1 GG)[163] können für das Verfahren die Unterprinzipien der Rechtssetzungsgleichheit als »gleiches Recht für alle« in den (materiellen) Gesetzen und der Rechtsanwendungsgleichheit als Selbstbindung des Ermessens durch verwaltungsinterne Weisungen und ständige Verwaltungspraxis abgeleitet werden.

4. Die sonstigen Grundrechte

68 Ihre Bedeutung für das Verwaltungsverfahren entfalten die übrigen Einzelgrundrechte des ersten Abschnitts des GG einerseits in ihrer materiell-rechtlichen Dimension durch die Bindungswirkung für die Verwaltung als unmittelbar geltendes Recht (Art. 1 Abs. 3 GG) und andererseits in ihrer mittlerweile anerkannten verfahrensrechtlichen Dimension (Rdn. 62). Hinzu kommt die Garantie effektiven Rechtschutzes in Art. 19 Abs. 4 GG, wenn und soweit dem Verwaltungsverfahren die Funktion eines »vorverlagerten«[164] bzw. »komplementären«[165] Rechtsschutzverfahrens (u.a. wegen der lückenhaften gesetzlichen Kontrolldichte bei Ermessensentscheidungen) zukommt.

---

159 Hierzu *Peine/Siegel*, Rn. 233 ff.

160 BVerfG, Urt. v. 15.12.1983 – 1 BvR 209, 269, 362, 420, 440 484/83, BVerfGE 65, 1 = NJW 1984, 419. Mittlerweile erweitert um das »Grundrecht auf Gewährleistung der Vertraulichkeit und Integrität informationstechnischer Systeme«, zu denen z.B. Personalcomputer und Mobiltelefone gehören, BVerfG, Urt. v. 27.02.2008 – 1 BvR 370/07, 1 BvR 595/07, BVerfGE 120, 274 (314).

161 Vgl. *Bonk*, DVBl 1986, 485 (493).

162 BVerfG, Beschl. v. 06.11.2019 – 1 BvR 16/13 (Recht auf Vergessen I) und Beschl. v. 06.11.2019 – 1 BvR 276/17 (Recht auf Vergessen II), abrufbar über www.bundesverfassungsericht.de.

163 Vgl. zu seiner Bedeutung für das Verwaltungsverfahren *Held*, S. 137 ff.

164 *Steinberg*, DÖV 1982, 619 (622); *Wahl*, VVDStRL 41 (1983), 151 (158, 169 f.).

165 *Held*, S. 51 ff., 190 ff.

5. Das Rechtsstaatsprinzip

Das Rechtsstaatsprinzip (Art. 20, Art. 28 Abs. 1 GG) lässt sich für das Verwaltungsverfahren aufgliedern in die Grundsätze 69

1) des Gebots fairer Verfahrensgestaltung;[166]
2) der Gewaltenteilung (Art. 20 Abs. 2 GG), als deren verfassungsrechtlich notwendiges Element sich die Kontrolle der Verwaltung durch unabhängige Gerichte zur Verwirklichung eines effektiven Rechtsschutzes (Art. 19 Abs. 4 GG) erweist;
3) der Gesetzmäßigkeit der Verwaltung (Art. 20 Abs. 3 GG)[167] mit ihren vier verschiedenen, aber sachlich eng zusammenhängenden Einzelgrundsätzen
   a) des Vorbehalts des Gesetzes als dem Erfordernis eines formalen Gesetzes als Rechtsgrundlage für alle den Rechtskreis Einzelner berührenden (belastenden oder begünstigenden) Verwaltungsmaßnahmen,
   b) der formell-gesetzlichen Ermächtigung (Art. 80 Abs. 1 Satz 1 GG) für alle normativen Regelungen der Verwaltung, deren Rechtswirkung auf andere Rechtsträger übergreift,
   c) des Vorbehalts eines förmlichen Gesetzes zur Regelung »wesentlicher« Angelegenheiten (sog. Wesentlichkeitstheorie)[168] mit der Folge, dass – zumindest – bei grundrechtsrelevanten Regelungsgegenständen eine formell-gesetzliche Ermächtigung keine Normsetzungsbefugnis im Verordnungswege verleiht,
   d) des Vorrangs des Gesetzes als Verpflichtung der Verwaltung, Maßnahmen nur in Übereinstimmung mit dem geltenden Recht zu treffen;
4) des Rechtsschutzes im Verwaltungsverfahren[169] als
   a) eigenständige Funktion des Verfahrens (vgl. Art. 20 Abs. 3 GG), die das BVerfG durch das Postulat der »Verfassungsrelevanz« von Verfahrensvorschriften[170] anerkannte, durch den Ausgleich kollidierender, grundgesetzlich geschützter Interessen,
   b) vorverlagerter gerichtlicher Rechtsschutz, soweit bestimmte Verfahrensgestaltungen Voraussetzung für einen effektiven Rechtsschutz des Bürgers sind,[171] wie z.B. vorverlagerter Rechtsschutz durch eine frühzeitige Bürgerbeteiligung[172] (zum PlanvereinheitlichungG Rdn. 39); das Gebot des Rechtsschutzes bezieht sich dabei aber nur auf den Schutz subjektiver Rechte und ist nicht tangiert, wenn eine Bürgerbeteiligung die Erhebung von Einwendungen zulässt, ohne eine individuelle Betroffenheit zu fordern;[173]

---

166 Vgl. BVerwG, Beschl. v. 31.08.2000 – 11 B 30/00, BVerwG, NVwZ 2001, 94 (96).
167 Hierzu: *Obermayer,* NJW 1987, 2642 (2645 ff.); *Detterbeck,* Allg. Verwaltungsrecht mit Verwaltungsprozessrecht, 14. Aufl. 2016, § 7 Rn. 256 ff.
168 Vgl. BVerfG, Urt. v. 24.05.2006 – 2 BvR 669/04, BVerfGE 116, 24 (58).
169 *Degenhart,* DVBl 1982, 872 (874 ff.), *Pietzcker,* VVDStRL 41 (1983), 193 (201 ff.).
170 BVerfG, Beschl. v. 14.05.1985 – 1 BvR 233, 641/81, BVerfGE 69, 315 (355).
171 Vgl. zu den Verfahrenspflichten der Strafverfolgungsbehörden, die den wirksamen Rechtsschutz erst möglich machen BVerfG, Urt. v. 20.02.2001 – 2 BvR 1444/00, BVerfGE 103, 142 (159 f.).
172 Dazu: *Ziekow,* Gutachten 2012, S. D 14 ff.; *Uechtritz,* AnwBl. 2012, 697 (699 ff.).
173 *Ziekow,* ibidem, S. D 15; vgl. auch Stelkens/Bonk/Sachs/*Schmitz,* § 9 Rn. 66.

5) der Rechtssicherheit (vgl. Art. 103 Abs. 2 GG) durch
   a) Rechtsklarheit als inhaltliche Bestimmtheit jeder hoheitlichen Anordnung sowie Übersichtlichkeit und Verständlichkeit derartiger Regelungen,[174]
   b) Formerfordernisse (vgl.: §§ 37 Abs. 2, 69 Abs. 2, 74 Abs. 1),
   c) Vertrauensschutz (vgl.: § 38 Abs. 1 und 2 sowie für die Bestandskraft von VAen §§ 42 Abs. 2, 48 Abs. 2 bis 4);
6) der Verhältnismäßigkeit (vgl. § 49a Abs. 2 und 3 Satz 2);
7) der Verfahrensgerechtigkeit (faires Verfahren und Waffengleichheit) durch
   a) das Recht auf Anhörung (vgl. § 28) und Akteneinsicht (vgl. § 29),
   b) die Gewissenhaftigkeit der Amtsausübung, die u. a. die Pflicht des Amtsträgers zur Unparteilichkeit als allgemein anerkannten Verwaltungsrechtsgrundsatz einschließt (vgl. auch: §§ 20, 21, 71 Abs. 2, 83),
   c) die Verpflichtung zur umfassenden Sachaufklärung als dem Untersuchungsgrundsatz immanente »rechtsstaatliche Selbstverständlichkeit« (vgl. § 24),
   d) den Bekanntgabe- (vgl. § 41) und Begründungszwang (vgl. § 39) bei VAen als Verfahrensgebot zugunsten des Betroffenen zur effektiven Geltendmachung seiner Rechte,
   e) die nach dem PlanvereinheitlichungsG vorgeschriebene obligatorische Rechtsbehelfsbelehrung (§ 37 Abs. 6) (s. Rdn. 53),
   f) die Bürgerbeteiligung[175]; Regelungen hierzu realisieren eine Verfahrensgerechtigkeit für Verfahrensbeteiligte oder andere Personen (z.B. Einwender im PfV), die eigene Verfahrensrechte geltend machen können[176] (vgl. oben 4 b) und Rdn. 57),
8) der Verfahrenseffizienz als Kernprinzip eines auch formell verstandenen Rechtsstaatsprinzips (§ 10 Rdn. 2).

6. Das Sozialstaatsprinzip

70 Aus dem Sozialstaatsprinzip (Art. 20 Abs. 1, Art. 28 Abs. 1 GG),[177] das von den Behörden i.R.d. Gesetzesauslegung und der Ermessensbetätigung zu berücksichtigen ist, lässt sich zur Verwirklichung sozialer Sicherheit und Gerechtigkeit die – auch rechtsstaatlich begründete – Fürsorge- und Betreuungspflicht der Verwaltung durch Beratung und Auskunft (vgl. z.B. §§ 25, 68 Abs. 2) ableiten.

7. Das Demokratieprinzip

71 Das Demokratieprinzip (Art. 20, Art. 28 Abs. 1 GG) hat seine Bedeutung im Verwaltungsverfahren[178] einmal mit der unmittelbaren Legitimation des Verfahrens durch

174 Zur Vereinheitlichung und Rechtsbereinigung: *Bonk,* DVBl 1986, 485; *Stelkens,* NVwZ 1986, 541.
175 Dazu auch *Ziekow*, Gutachten 2012, S. D 15.
176 Ebenso Stelkens/Bonk/Sachs/*Schmitz,* § 9 Rn. 59 ff.; weitergehend zum Grundsatz der Waffengleichheit *Ziekow,* ibidem, S. D 15 m.w.N.
177 Vgl. *Achterberg,* JA 1980, 210 (212 f.).
178 Vgl. *Held,* Der Grundrechtsbezug des Verwaltungsverfahrens, 1983, S. 61 ff.

die angemessene Mitwirkung des Einzelnen zur Sicherung einer gerechten und transparenten Entscheidung, die das Vertrauen der Rechtsgemeinschaft ggü. der Verwaltung fördert. Dies geschieht beim VA durch Einbeziehung der Betroffenen in das Verfahren (vgl. § 28) oder beim örV durch gemeinsame Entscheidungsfindung von Behörde und Bürger (vgl. §§ 54 ff.), die der Subjektstellung des Bürgers im Verfahren entspricht.

Die Regelung einer durch das PlanvereinheitlichungsG eingeführten »frühen Öffentlichkeitsbeteiligung« (§ 25 Abs. 3) kann sich ebenfalls auf das Demokratiegebot stützen. Dies bedeutet zwar nicht, dass eine solche Beteiligung aus diesem Prinzip zwingend folgen müsste, zumal im GG der Grundgedanke der parlamentarisch-repräsentativen Demokratie vorherrscht.[179] Eine Funktion der frühen Bürgerbeteiligung liegt aber darin, das repräsentative System zu stabilisieren und auszugleichen, indem der drohenden Gefahr, dass Entscheidungen der demokratischen Institutionen zunehmend weniger akzeptiert werden, entgegengewirkt wird und Konflikte ausgetragen werden[180] (vgl. Rdn. 39). 72

Mittelbar werden Verfahrensentscheidungen (i.S.d. § 9) durch das Erfordernis eines formellen Gesetzes i.R.d. Vorbehalts des Gesetzes und der Wesentlichkeitstheorie demokratisch legitimiert. 73

8. Der Grundsatz von Treu und Glauben

Auch im Verwaltungsverfahrensrecht herrscht wie i.Ü. öffentlichen Recht der überpositive Grundsatz von Treu und Glauben,[181] der z.B. in der Verwirkung eines Antragsrechts (vgl. Vorbem § 9 Rdn. 68) zum Tragen kommen kann. 74

9. Das Bundesstaatsprinzip

Das Bundesstaatsprinzip (Art. 20 Abs. 1, Art. 28 GG)[182] wird insbesondere ausgestaltet durch die Kompetenzordnung des GG für Bund und Länder, zu deren effektiver Koordinierung in der Verwaltung die Amtshilfe (Art. 35 Abs. 1 GG) unerlässlich ist (vgl. §§ 4 bis 8). 75

10. Die hergebrachten Grundsätze des Berufsbeamtentums

Die hergebrachten Grundsätze des Berufsbeamtentums (Art. 33 Abs. 5 GG) statuieren als Pflicht – i.R.d. Gewissenhaftigkeit der Amtsausübung – nicht nur die Unparteilichkeit (vgl. §§ 20 ff., 83), sondern auch die Verschwiegenheit der Amtsträger (vgl. § 84).[183] 76

179 S. *Hertel/Munding*, NJW 2012, 2622 (2625). Vgl. auch *Ewer*, NJW 2011, 1328 (abl. zu Volksentscheiden über die Zulassung von Infrastrukturprojekten).
180 Dazu *Ziekow*, Gutachten 2012, S. D 18 und D. 19 ff. (21).
181 BVerwG, Urt. v. 16.05.2000 – 4 C 4/99, BVerwGE 111, 162 (172).
182 Zu dessen verfahrensrechtlicher Bedeutung vgl. auch *Achterberg*, JA 1980, 210 (214 f.).
183 Dazu Jarass/Pieroth/*Pieroth*, Art. 33 Rn. 58 m.w.N.

11. Das Staatskirchenrecht des GG

77 Von Bedeutung ist auch das Staatskirchenrecht des GG (Art. 4, Art. 140 GG i.V.m. Art. 136 ff. WRV), vor allem das religionsgesellschaftliche Selbstbestimmungsrecht in Art. 137 Abs. 3 WRV; werden Kirchen als Körperschaften des öffentlichen Recht verwaltend tätig, gilt das VwVfG nicht, wenn es sich um Maßnahmen des innerkirchlichen Bereichs handelt (vgl. § 2 Abs. 1).[184]

K. Europäisierung[185] des Verwaltungsverfahrensrechts und Europäisches Verwaltungsverfahrensrecht

I. EU und VwVfG

78 Das VwVfG und die VwVfGe der Länder werden von dem Recht der EU schon lange beeinflusst und überlagert; zudem bilden die Verwaltungsverfahrensgesetze die entscheidende rechtliche Grundlage für die Durchführung des Unionsrechts[186] (zum Vollzug näher Rdn. 80 ff.). Diese Europäisierung des Verwaltungsverfahrensrechts steht daher immer wieder im Fokus der Verwaltungsrechtswissenschaft.[187]Außer dem entscheidenden Einfluss des Unionsrechts tragen zur Europäisierung des Verwaltungsverfahrensrechts auch Rechtsakte des Europarates (Rdn. 86 f.) und insbesondere die EMRK bei (Rdn. 110 ff.).

1. Europäische Integration und Rechtsgemeinschaft

79 Mit dem Vertrag von Lissabon v. 13.12.2007 (in Kraft getreten am 01.12.2009) ist die EU, die mit dem Maastricht-Vertrag[188] als ein »Staatenverbund«[189] und eine zunächst nur politische »Dachorganisation«[190] geschaffen wurde, die die drei rechtlich selbständigen Europäischen Gemeinschaften[191] verband, mit einer einheitlichen und eigenen Rechtspersönlichkeit ausgestattet worden (Art. 47 EUV und Art. 335 AEUV). Mit

184 Anders bei in den staatlichen Bereich hineinwirkenden Tätigkeiten (z.B. die Ausstellung von Zeugnissen durch ein von einer Kirche betriebenes Gymnasium), näher *Peine*, Allgemeines Verwaltungsrecht, 11. Aufl. 2015, Rn. 291.

185 Zur Internationalisierung des Verwaltungsverfahrensrechts durch das Handeln Int. Organisationen – außer der EU und des Europarats – Stelkens/Bonk/Sachs/*Stelkens*, EuR. Rn. 251 f.; *Classen*, VVDStRL 67 (2008), S. 365 ff. und *Biaggini*, ibidem, S. 413 ff.

186 Zur Einteilung des Unionsrechts in Primär- und Sekundärrecht *Streinz*, Rn. 452 ff.

187 Etwa: *Sommermann*, DVBl 1996, 889; *Hill/Pitschas* (Hrsg.), Europäisches Verwaltungsverfahrensrecht, 2004; *Sydow*, Jus 2005, 97, 202; Hoffmann-Riem/Schmidt-Aßmann/Voßkuhle/*Schmidt-Aßmann*, § 27 Rn. 1 ff. (16 ff.); zur 35-jährigen Europäisierung des VwVfG *Kahl*, NVwZ 2011, 449.

188 Vertrag über die EU vom 07.02.1992, am 01.11.1993 in Kraft getreten, BGBl. II 1992, S. 1253.

189 BVerfG, Urt. v. 12.10.1993 – 2 BvR 2134/92, 2 BvR 2159/92, BVerfGE 89, 155 (Maastricht).

190 Zur Säulen- und Dachkonstruktion *Schweitzer*, Rn. 16 ff.

191 EG (als EWG 1957 gegründet), EGKS (gegründet 1951 und 2002 durch Zeitablauf erloschen) und EAG (gegründet 1957, die selbstständig fortbesteht).

der im Lissabonner Reformvertrag verwirklichten Struktur der EU hat die »Europäische Integration« ihr bislang wichtigstes Ergebnis erreicht.[192] Die EU, die sich immer mehr dem »unvollendeten Bundesstaat«[193] annähert, ist dabei – abgesehen von einer Wertegemeinschaft (s. Art. 6 EUV) – vor allem eine Rechtsgemeinschaft mit eigener Rechtsordnung, die sich seit jeher in einem dynamischen Entwicklungsprozess befindet[194] und der auch immer noch nicht abgeschlossen ist. Im Hinblick auf das Kompetenzgefüge zwischen EU und Mitgliedstaaten hat das BVerfG der rechtlichen Weiterentwicklung der EU jedoch eine Grenze gezogen.[195] Denn danach bleibe die EU auch nach Inkrafttreten des Vertrages von Lissabon »ein Verbund souverän bleibender Staaten«[196] und dürfe die europäische Integration »nicht zur Aushöhlung des demokratischen Herrschaftssystems in Deutschland führen«.[197] Auch wenn eine eigene Europäische Verfassung bislang »gescheitert«[198] ist, wurde ihr Kern im Lissabon-Vertrag aufgenommen, insbesondere in Form der EU-Grundrechtecharta, die bereits am 07. 12. 2000 feierlich proklamiert und mit dem Inkrafttreten des Lissabonner Vertrages schlussendlich verbindlich wurde; die Charta enthält erstmals in der Grundrechtsentwicklung der EU ein ausdrückliches »Recht auf eine gute Verwaltung« (in Art. 41 Abs. 1 und 2 EU-GRC, näher Rdn. 96 ff.).

2. Durchführung (bzw. Vollzug) des EU-Rechts

Als Rechtsgemeinschaft ist für die EU die Durchführung (bzw. der Vollzug) ihres **80**
Rechts besonders wichtig, da nur so die Durchsetzung des unionsrechtlichen Vorrangs und die einheitliche Wirkung des Unionsrechts in den Mitgliedstaaten sichergestellt werden kann.[199] Zur Durchführung des Unionsrechts gehören alle Maßnahmen, die zur effektiven Anwendung des Unionsrechts notwendig sind, einschließlich von Maßnahmen des administrativen Vollzugs durch die Mitgliedstaaten und ihre nationalen Behörden (vgl. Art. 197 AEUV und Art. 291 AEUV). Bestandteil des administrativen Vollzugs ist u.a. die Entscheidung über das anwendbare Verfahren.

192 Zu den Entwicklungen und Änderungen durch den Vertrag von Lissabon insgesamt *Nowak*, Europarecht nach Lissabon, 2011. Zur Entwicklung der Europäischen Integration z.B.: *ders.*, Rn. 1 ff.; *Bieber/Epiney/Haag/Kotzur*, § 1 Rn. 1 ff. (6 ff.).

193 Bergmann/*ders.*, S. 619.

194 Zum Wandel der europäischen Verträge mittels Auslegung durch den EuGH *Wittinger*, FS Fiedler 2011, S. 739 (757 f.).

195 BVerfG, Urt. v. 30.06.2009 – 2 BvE 2/08 u. a., BVerfGE 123, 267 = NJW 2009, 2267 (Lissabon); aus der Lit. dazu nur: *Ruffert*, DVBl 2009, 1197; *Terhechte*, EuZW 2009, 724.

196 BVerfG, ibidem, NJW 2009, 2267 (LS 1).

197 BVerfG, ibidem, NJW 2009, 2272.

198 Diff. zu Recht *Nowak*, Rnr. 18 ff.; zur Verfassungsentwicklung z.B. *Streinz*, Rn. 56 ff.

199 Hierzu und zum Folgenden näher: *Bieber/Epiney/Haag/Kotzur*, § 7 Rn. 1 f.; *Wolff/Bachof/Stober/Kluth*, II, § 88 Rn. 1 ff.; Terhechte/*Augsberg*, § 6 Rn. 7 ff.

3. Verwaltungsvollzug

a) Direkter Verwaltungsvollzug

81 Zwei Arten des Vollzugs[200] sind im Recht der Union zu unterscheiden. Zum einen wird das Unionsrecht durch die EU-Organe selbst (sog. direkter oder unionseigener Verwaltungsvollzug) vollzogen. Dieser direkte Verwaltungsvollzug erfolgt auf der Grundlage unionsrechtlicher Verwaltungsverfahrensvorschriften; ein einheitliches, sachgebietübergreifendes Verwaltungsverfahrensrecht der EU existierte lange nicht.[201] Art. 298 AEUV regelt allerdings ausdrücklich, dass sich die EU-Organe zur Ausübung ihrer Aufgaben auf eine »offene, effiziente und unabhängige europäische Verwaltung« stützen und sieht vor, dass die hierzu nötigen EU-Verordnungen erlassen werden.[202]

82 Im November 2012 hat das EU-Parlament einen Bericht mit Empfehlungen an die Kommission zu einem Verwaltungsverfahrensrecht der EU beschlossen[203] und diese im Januar 2013 aufgefordert, basierenden auf diesem Bericht, einen Legislativvorschlag für ein einheitliches europäisches Verwaltungsverfahrensrecht der EU vorzulegen.[204] Gestützt u.a. auf das »Recht auf eine gute Verwaltung« in Art. 41 Abs. 1 und 2 EU-GRC (Rdn. 96 ff.) soll nach Auffassung des EU-Parlaments ein europäisches Verwaltungsverfahrensrecht die Legitimität der EU erhöhen, das Vertrauen der Bürger stärken und der EU helfen, für ihre Verwaltung »höchste Verwaltungsstandards« zu ermöglichen; zudem werde durch ein europäisches Verwaltungsverfahrensrecht eine automatische Konvergenz der nationalen Verwaltungsrechte begünstigt und der Prozess der europäischen Integration gefördert.[205] Inhaltlich enthalten die Empfehlungen des EU-Parlaments mehrere Grundsätze für die Verwaltung (z.B.: Gesetzmäßigkeit, Nichtdiskriminierung, Unparteilichkeit, kohärentes Verwaltungshandeln, Transparenz und Effizienz).[206] Ferner werden Regelungen u. a. zur Fristenfestlegung, zu Anhörungsrechten, Begründungspflichten, Akteneinsichtsrechten und zur Rechtsbehelfsbelehrung vorgeschlagen.[207] Vorschriften, wie sie auch aus dem nationalen Verwaltungsverfahren bekannt sind. Nachdem die Kommission untätig blieb, hat das Europäische Parlament seine Empfehlungen in einen eigenen Vorschlag für einen Verordnungsentwurf der Kommission überführt; am 11.01.2016 fand im Rechtsausschuss des Europäischen Parlaments eine Anhörung zu dem Entwurf eines Vorschlags der Kommission »für eine Verordnung des Europäischen Parlaments und des Rates

200 Zu den Mischformen Schulze/Zuleeg/Kadelbach/*Gundel*, § 3 Rn. 119 ff.

201 Näher *Bieber/Epiney/Haag/Kotzur*, § 8 Rn. 6 ff.

202 Näher: Geiger/Khan/*Kotzur*, Art. 298 AEUV Rn. 4; Calliess/Ruffert/*Ruffert*, Art. 298 AEUV Rn. 10.

203 2012/2024(INI), Rechtsausschuss, Berichterstatter: Luigi Berlinguer.

204 Zum Initiativrecht der Kommission vgl. Art. 17 Abs. 2 EUV. Unterstützt wird das EU-Parlament durch den von einer Gruppe europäischer Wissenschaftler vorgelegten Musterentwurf ReNEUAL für ein EU-Verwaltungsverfahren, näher unter http://www.reneual.eu/ ; dazu auch *Rennert*, DVBl 2016, 69 ff.; *Kahl*, Jus 2018, 1025 ff.

205 Bericht 2012/2024(INI), S. 6 (Punkt Q-S).

206 Bericht 2012/2024(INI), S. 8 – 10.

207 Ibidem, S. 10 ff.

über das Verwaltungsverfahren der Organe, Einrichtungen, Ämter und Agenturen der Europäischen Union« statt; dieser Vorschlag regelt – zur Sicherstellung des Art. 41 EU-GRC – u.a. Verfahrensrechte, Fristen, Form, Begründung und Rücknahme von Verwaltungstätigkeiten der Unionsverwaltung.[208] Am 09.06.2016 hat das Parlament seine Entschließung über den »Vorschlag für eine Verordnung des Europäischen Parlaments und des Rates für eine offene, effiziente und unabhängige Verwaltung der Europäischen Union« angenommen und den Parlamentspräsidenten beauftragt, die Entschließung der Kommission zu übermitteln.[209] Mit der Realisierung eines solchen Verordnungsentwurfs durch die bislang allein initiativberechtigte Kommission würde ein lange beklagtes Defizit auf EU-Ebene beseitigt und mit übergreifenden Verwaltungsverfahrensvorschriften Regeln geschaffen, die die bisher, etwa in der Rspr. des EuGH, bereits anerkannten Grundsätze einer »guten« EU-Verwaltung (Rdn. 86 u. 99) systematisieren und ausdrücklich fixieren[210]; ob und wann es zu einer solchen Verordnung kommen wird, ist offen.

b) Indirekter Verwaltungsvollzug nach dem VwVfG

Zum anderen wird das Unionsrecht von den einzelnen Mitgliedstaaten (sog. indirekter Verwaltungsvollzug) vollzogen.[211] Diese Vollziehung des Unionsrechts durch die nationalen Behörden der EU-Mitgliedstaaten stellt den Regelfall dar, während der direkte Verwaltungsvollzug durch die EU-Organe die Ausnahme ist. Für den indirekten Verwaltungsvollzug des Unionsrechts kann als Ausgangspunkt immer noch zwischen dem unmittelbaren und mittelbaren Vollzug unterschieden werden. Während beim unmittelbaren Verwaltungsvollzug die nationalen Behörden unionsrechtliches Eigenverwaltungsrecht[212] anwenden (zur neueren Entwicklung eines eigenen, übergreifenden EU-Verwaltungsverfahrensrechts, Rdn. 82), wenden sie beim (in der Praxis wichtigeren) mittelbaren Verwaltungsvollzug ihre jeweils nationalen verwaltungsverfahrensrechtlichen Bestimmungen an, also das VwVfG (und die VwVfGe der Länder). 83

Die Pflicht der Mitgliedstaaten zum Vollzug des Unionsrecht folgt, abgesehen von Spezialvorschriften, aus Art. 197 Abs. 1 und Art. 291 Abs. 1 AEUV, wonach die Mitgliedstaaten verpflichtet sind, zur effektiven Durchführung des Unionsrechts Maßnahmen »nach innerstaatlichem Recht« zu ergreifen; dazu zählt auch, ihren nationalen Verwaltungsapparat zur Verfügung zu stellen (s.a. Rdn. 84). 84

208 DV/1081253DE.doc, PE573.120v01–00.
209 P8_TA(2016)0279.
210 Zu den Vor- und Nachteilen des neuen EU-VwVfG auch *Guckelberger*, NVwZ 2013, 601.
211 Etwa: Schwarze/*Hatje*, Art. 197 AEUV Rn. 1; *Streinz*, Rn. 597 ff.
212 Näher: *Streinz*, Rn. 606; Knack/Henneke/*Ruffert*, Vor § 1 Rn. 81; zu den bislang geringen primär- und sekundärrechtlichen Bestimmungen auch Kopp/*Ramsauer*, Einf. II Rn. 42.

c) Gemischter Verwaltungsvollzug durch die deutschen Behörden nach dem VwVfG

85 Außer dem direkten und dem indirekten Vollzug gibt es den gemischten Vollzug, bei dem die Unionsbehörden – typischerweise die Kommission – und die nationalen Behörden zusammenwirken; der gemischte Vollzug ist charakteristisch für die Wechselwirkung und Verflechtung zwischen europäischer und nationaler Ebene.[213] Aufgrund von internen Mitwirkungs- und Zustimmungserfordernissen wirken die nationalen Behörden am direkten Vollzug des Europarechts mit und ist die Kommission am indirekten Vollzug des Europarechts beteiligt, betroffen sind z.B. Ausweisungen als FFH-Gebiet und Beihilfeverfahren.[214] In diesen Verfahren der europäischen Verwaltungskooperation wenden die Mitgliedstaaten ihr nationales Verfahrensrecht, also das VwVfG, an, sofern nicht die EU unmittelbar geltendes Verfahrensrecht erlassen hat (s.a. § 9 Rdn. 10).[215]

4. Europäisierung des Verwaltungsverfahrensrechts und Verwaltungsvollzug

86 Der Einfluss des Rechts der EU (bzw. zuvor des Gemeinschaftsrechts) als supranationales Recht mit Anwendungsvorrang[216] auf das deutsche Verwaltungsverfahrensrecht (ebenso wie auf das Verwaltungsrecht insgesamt) ist anerkannt.[217] Es ist eine Entwicklung, die nicht nur – einseitig – zu einer Europäisierung des nationalen Verwaltungsverfahrensrechts führt, wie sie sich z.B. in der Aufnahme der »Europäischen Verwaltungszusammenarbeit« in das VwVfG (§§ 8a–e) gezeigt hat (s.a. Rdn. 86). Es ist auch eine Entwicklung, die einen wechselseitigen Charakter hat und mit einer gegenseitigen Beeinflussung der unionsrechtlichen und nationalen Rechtsordnungen verbunden ist, etwa wenn die Rechtmäßigkeit der Verwaltung, der Gesetzesvorbehalt und das Verbot unverhältnismäßiger Eingriffe vom EuGH als europarechtliche Bindungen des Verwaltungshandels anerkannt wurden, die im mitgliedstaatlichen Verfassungs- und Verwaltungs(verfahrens)recht wurzeln.[218] Zudem geht die Entwicklung mit einer Tendenz zur Vereinheitlichung in den nationalen Verwaltungsverfahrens- und

---

213 Dazu näher *Bieber/Epiney/Haag/Kotzur*, § 8 Rn. 3 und 29.

214 S.: BVerwG, Beschl. v. 07.04.2006 – 4 B 58/05, NVwZ 2006, 522; OVG Berlin-Brandenburg, Beschl. v. 17.10.2011 – OVG 10 S 22.11, WKRS 2011, 28019.

215 Hierzu *Sydow*, Verwaltungskooperation in der Europäischen Union, 2004, S. 261; zum Vollzug im Wege der Kooperation auch *Sydow*, DÖV 2006, 66.

216 Dazu nur: BVerfG, Urt. v. 30.06.2009 – 2 BvE 2/08 u.a., BVerfGE 123, 267 (398) (Lissabon); *Schweitzer*, Rn. 49 ff.; *Herdegen*, Europarecht, 21. Aufl. 2019, § 10 Rn. 3; *Streinz*, Rn. 225.

217 Hierzu etwa: *Kadelbach*, Allgemeines Verwaltungsrecht unter Europäischem Einfluss, 1999; *Bergmann/Kenntner* (Hrsg.), Deutsches Verwaltungsrecht unter europäischem Einfluss, 2002; ferner die Nachw. oben Fn. 199.

218 EuGH, verb. Rs. 46/87 und 227/88 (Hoechst), Slg. 1989, 2859, Rn. 19 (Vorbehalt einer Rechtsgrundlage); EuGH, Rs. C-94/00 (Roquette frères), Slg. 2002 I-9011, Rn. 27 (36 f.) (Verhältnismäßigkeit). Zur Rspr. des EuGH zum Rechtsstaatsprinzip auch Calliess/Ruffert/*Calliess*, Art. 2 EUV, Rn. 26; zum Rechtsstaatsprinzip als nationales, europarechtliches und völkerrechtliches Prinzip *Wittinger*, JÖR 57 (2009), 427 (434 ff. zur EU).

-prozessordnungen der Mitgliedstaaten einher.[219] Die Entstehung des europäischen Verwaltungsrechts, mit seiner wechselseitigen Wirkung zwischen unionsrechtlicher und nationaler Ebene, wird von Schrifttum und Wissenschaft schon lange begleitet.[220]

Im Bereich des Verwaltungsvollzugs zeigt sich die Europäisierung im »Grundsatz der loyalen Zusammenarbeit« (Art. 4 Abs. 3 EUV; s.a. Rdn. 84). Hieraus resultiert die Pflicht der Mitgliedstaaten, den Vollzug des Unionsrechts so auszugestalten, dass bei der Anwendung des Verwaltungsverfahrensrechts die effektive Anwendung und Wirksamkeit des Unionsrechts nicht beeinträchtigt wird (Effizienzgebot); ferner dürfen die nationalen Behörden der Mitgliedstaaten beim Vollzug des Unionsrechts keine Unterschiede machen zu gleichartigen, rein nationalen Fällen, in denen ausschließlich nationale Vorschriften angewandt werden (Diskriminierungsverbot[221] oder Grundsatz der Gleichwertigkeit[222]). Diese Erfordernisse des Unionsrechts schränken die nationalen Behörden bei der Anwendung des VwVfG damit ein. 87

5. Das VwVfG: europäischer Inhalt, aber noch überwiegend nationaler Text

Das VwVfG ist bislang auf zweifache Weise durch das Unionsrecht beeinflusst worden:[223] 88

Auf der einen Seite – und dies stellt den Hauptfall dar – allein mittels Auslegung der Vorschriften des VwVfG, die in ihrem Text unverändert bestehen blieben. So sind die Regelungen über Bestandskraft und Aufhebung von Verwaltungsakten zu nennen (§§ 48 ff.). Seit der Alcan-Rechtsprechung des EuGH im Jahre 1997 ist anerkannt, dass bei begünstigenden Verwaltungsakten nationale Ausschlussgründe wie der Wegfall der Bereicherung und der Vertrauensschutz zurücktreten müssen, um unionsrechtswidrige Beihilfen des Staates zurückzufordern und damit §§ 48, 49a VwVfG unionsrechtskonform interpretiert werden müssen.[224] Ferner ist nach Vorgabe des EuGH im Hinblick auf die Durchbrechung der Bestandskraft unionswidriger belastender Verwaltungsakte die nationale Verwaltungsbehörde grundsätzlich verpflichtet, ihre Entscheidung nochmals zu überprüfen, um eine spätere Auslegung durch den EuGH zu berücksichtigen, aus der die Unionsrechtswidrigkeit der Verwaltungsentscheidung folgt;[225] eine Rücknahmepflicht kann nach den Vorschriften zum Wiederaufgreifen 89

---

219 Zu den Konvergenzen z.B. *von Danwitz*, Verwaltungsrechtliches System und europäische Integration, 2008, S. 128 ff.

220 Etwa: *Gornig/Trüe*, JZ 2000, 395, 446, 501 (zur Rspr. von EuGH und EuG); *Schwarze*, Europäisches Verwaltungsrecht, 2. Aufl. 2005; *ders.*(Hrsg.), Bestand und Perspektiven des europäischen Verwaltungsrechts. Rechtsvergleichende Analysen, 2008; insgesamt *von Danwitz*, ibidem; *Terhechte* (Hrsg.), Verwaltungsrecht der Europäischen Union, 2011.

221 *Streinz*, Rn. 604 ff. (617).

222 Zu diesem Begriff und der Verwendung durch den EuGH in neuerer Zeit Schulze/Zuleeg/Kadelbach/*Gundel*, § 3 Rn. 194 m.w.N.

223 Dazu *Kahl*, NVwZ 2011, 455 f.

224 Näher *Suerbaum*, VerwA 91 (2000), 169.

225 EuGH, Rs. C-453/00, Slg. 2004, I-837 = NVwZ 2004, 459 (Kühne und Heitz). Näher dazu *Bieber/Epiney/Haag/Kotzur*, § 8 Rn. 23. Nationale begrenzende Verfahrensregeln sind

des Verfahrens erreicht werden, wenn hier eine Ermessensreduzierung auf null und damit Pflicht zur Aufhebung der unionswidrigen Maßnahme angenommen wird (§ 51 Abs. 5 i.V.m. § 48 Abs. 1 Satz 1 VwVfG).[226] Und auch der Widerruf rechtmäßiger begünstigender Verwaltungsakte ist unionsrechtskonform zu lösen (§ 49 Abs. 2 Satz 1, Ziff. 5), wobei derzeit noch offen ist, ob sich die jüngere Rspr. des EuGH[227] verfestigt.[228] Ebenso wird das mit der Europäisierung des Verwaltungsrechts einhergehende Rechtsinstitut des »transnationalen Verwaltungsakts«,[229] als z.B. von deutschen Behörden erlassener VA, der im EU-Ausland gilt, in das VwVfG einbezogen.

90 Diese Beispiele zeigen, dass das VwVfG vom Inhalt her längst europäisch ist. Von den Buchstaben seiner Vorschriften her ist das VwVfG aber überwiegend national geblieben, denn die unionsrechtlichen Überlagerungen haben nicht zu Textänderungen geführt, etwa in §§ 48, 49 VwVfG.

91 Auf der anderen Seite ist das VwVfG 2008 durch die Umsetzung der EU-Dienstleistungs-RL v. 12.12.2006 (durch das 4. VwVfÄndG v. 11.12.2008) und 2009 (durch das Gesetz zur Umsetzung der Dienstleistungs-RL im Gewerberecht und in weiteren Rechtsvorschriften v. 17.07.2009, s. bereits Rdn. 36) in seinem Text angepasst worden (§§ 8a ff., 42a, 71a ff.) – erstmals und nach fast 35 Jahren seiner Existenz.

92 Zu Recht wird daher gesetzgebungspolitisch gefordert, das VwVfG zukünftig aus Gründen der Rechtssicherheit und -klarheit zum einen punktuell textlich an das Unionsrecht anzupassen, etwa durch die Aufnahme eines § 48a VwVfG für die Rücknahme unionswidriger Subventionsbescheide.[230] Des Weiteren wäre es überzeugend, wie von der Verwaltungsrechtswissenschaft gefordert,[231] einen neuen, eigenen Abschnitt in das VwVfG zum »Europäischen Verwaltungsrecht« aufzunehmen, um so für die übergreifenden europäischen Reglungen eine Kodifikation im VwVfG zu schaffen.

6. Normverwerfungskompetenz von Behörden?

93 Die Europäisierung des Verwaltungs(verfahrens)rechts führt auch zur der bislang vom BVerfG und dem EuGH ungeklärten Frage, ob die nationalen Verwaltungsbehörden befugt sind, eine innerstaatliche Norm, die dem Unionsrecht entgegensteht, zu

---

aber nach dieser Rspr. grds. zulässig, auch wenn eine Durchsetzung des Unionsrechts dann nicht mehr möglich ist, dazu: Schulze/Zuleeg/Kadelbach/*Gundel*, § 3 Rn. 106.

226 Für eine Ermessensreduzierung auf null aus Gründen des EU-Rechts im Einzelfall: *Kahl*, NVwZ 2011, 452; *Britz/Richter*, JUS 2005, 198 (201 f.); für eine Rücknahmepflicht in Ausnahmefällen: *Ludwigs*, DVBl 2008, 1164 (1172 f.); *Weiß*, DÖV 2008, 477 (485).

227 EuGH, Urt. v. 14.01.2010 – C-226/08, NVwZ 2010, 310 (Ems Verbreiterung); dazu *Gärditz*, DVBl 2010, 247.

228 Näher *Kahl*, NVwZ 2011, 453.

229 Dazu *Ruffert*, Die Verwaltung 2001, 453.

230 Hierzu *Kahl*, NVwZ 2011, 456.

231 *Kahl*, NVwZ 2011, 456 f.

verwerfen. Diese Vorlagefrage im Doc-Morris-Verfahren[232] hat der EuGH nicht mehr beantwortet, da er das Fremdbesitzverbot des deutschen Apothekenrechts als mit der europäischen Niederlassungsfreiheit vereinbar gesehen hat.

Wird die behördliche Verwerfungskompetenz als ein Verstoß gegen das Gewaltenteilungsprinzip bewertet, verbleibt der Behörde, die nicht selbst die Gerichte anrufen kann, nur die Möglichkeit, die Norm zwar anzuwenden, den Bürger aber gleichzeitig wegen der erkannten Europarechtswidrigkeit auf den gerichtlichen Klageweg zu verweisen – eine für den Bürger schwer zu begreifende Vorgehensweise.[233] Als vermittelnde Lösung wird vorgeschlagen, jedenfalls bei einer »offensichtlichen« Kollision mit dem Unionsrecht, ein Recht der Behörde zu bejahen, die nationale Norm zu verwerfen.[234] 94

Wäre ein solches Recht einmal anerkannt, könnte es ebenfalls im VwVfG in einem Abschnitt zum »Europäischen Verwaltungsrecht« geregelt werden (Rdn. 92). Solange ein solches Recht nicht anerkannt ist und solange die nationalen Behörden nicht zur Vorlage an den EuGH berechtigt sind (Art. 267 AEUV), bleibt die Wahrung der Rechtseinheit beim Vollzug des Unionsrechts durch die nationalen Behörden schwierig.[235] 95

7. Art. 41 Abs. 1 und 2 EU-Grundrechtecharta: das »Recht auf eine gute Verwaltung«

a) Bedeutung für den direkten und den indirekten Vollzug sowie für die nationale Verfassungsbeschwerde vor dem BVerfG

Art. 41 Abs. 1 und 2 EU-GRC verbriefen das »Recht auf eine gute Verwaltung«[236] (im Original »right to a good administration/droit à une bonne administration«).[237] Dieses Recht der Grundrechtecharta, die mit dem Lissabon-Vertrag Teil des Primärrechts wurde[238] (Rdn. 79), hat zunächst Bedeutung für den direkten Vollzug des 96

232 EuGH, Urt. v. 19.05.2009 – C-17/07 u. C-172/07 (Apothekerkammer des Saarlandes u.a./Saarland u.a.), NJW 2009, 2112.

233 Hierzu *Demleitner*, NVwZ 2009, 1525 (1527 f.) m.w.N.

234 *Demleitner*, ibidem, 1529 ff.

235 Vgl. Schulze/Zuleeg/Kadelbach/*Gundel*, § 3 Rn. 102.

236 Dazu bereits *Wittinger*, UBWV 2013, 3 ff.; monographisch: *Classen*, Gute Verwaltung im Recht der EU, 2008; *Pfeffer*, Das Recht auf eine gute Verwaltung, 2006.

237 (1) Jede Person hat ein Recht darauf, dass ihre Angelegenheiten von den Organen, Einrichtungen und sonstigen Stellen der Union unparteiisch, gerecht und innerhalb einer angemessenen Frist behandelt werden. (2) Dieses Recht umfasst insb. a) das Recht einer jeden Person, gehört zu werden, bevor ihr gegenüber eine für sie nachteilige individuelle Maßnahme getroffen wird; b) das Recht einer jeden Person auf Zugang zu den sie betreffenden Akten unter Wahrung des legitimen Interesses der Vertraulichkeit sowie des Berufs- und Geschäftsgeheimnisses; c) die Verpflichtung der Verwaltung, ihre Entscheidungen zu begründen, deutsche Übers. in: *Schwartmann* (Hrsg.), Der Vertrag von Lissabon, 2. Aufl. 2009/10, S. 224.

238 Zur Grundrechtsentwicklung in der EU *Jarass*, EU-Grundrechtecharta Kommentar, 3. Aufl. 2016, Einl. Rn. 2 ff. (28 ff.); zur Entstehungsgeschichte der Charta und ihrer

Unionsrechts durch die EU selbst (Rdn. 81; zur Bedeutung für die deutsche Verfassungsbeschwerde a.E.). Verpflichtet werden die »Organe, Einrichtungen und sonstigen Stellen der Union«, also etwa die EU-Kommission, die in Kartellverfahren und Beihilfe-Entscheidungen europäische Verwaltungsentscheidungen mit Bezug zum einzelnen Bürger oder zu Unternehmen trifft.[239] Umfasst sind ferner als »sonstige Stellen« die Europäischen Agenturen. Diese Agenturen, die etwa für die europäischen Arzneimittel- oder Lebensmittelzulassungen zuständig sind, nehmen einen Großteil der europäischen Verwaltungstätigkeit wahr. Das »Recht auf eine gute Verwaltung« ist für den EU-Bürger in diesen Zulassungsverfahren daher von besonderer Bedeutung.[240] Die Vorschrift gilt damit zunächst, wie die EU-GRC insgesamt, für die EU selbst, nicht für die Mitgliedstaaten der EU bei der Anwendung rein nationalen Rechts (zur Entwicklung eines eigenen EU-Verwaltungsverfahrensrechts Rdn. 81 f.).

97 Art. 51 Abs. 1 EU-GRC, wonach die EU-GRC ausschließlich bei der Durchführung[241] des Unionsrechts gilt, umfasst allerdings ein legislatives Handeln der Mitgliedstaaten und den administrativen Vollzug von Verordnungen (und unmittelbar anwendbaren Richtlinien) und bindet die Mitgliedstaaten damit an die EU-Grundrechte der Charta.[242] Da Adressaten nach dem Wortlaut des Art. 41 Abs. 1, 2 aber nur die europäischen Organe sind, sieht das Schrifttum Art. 51 EU-GRC als durch Art. 41 Abs. 1, 2 eingeschränkt an und lehnt eine Bindung der Mitgliedstaaten überwiegend ab;[243] eine Verpflichtung der nationalen Behörden, Art. 41 Abs. 1, 2 beim direkten Vollzug und beim indirekten Vollzug des Unionsrechts unter Anwendung des VwVfG zu beachten, bestünde dann nicht. Aus »gewichtigen Gründen«[244] könnte diese mangelnde Verpflichtung hinsichtlich der Rolle der Mitgliedstaaten beim Vollzug des Europarechts und das unbefriedigende[245] Ergebnis aber u.U. revidiert werden.

Ausarbeitung durch den europäischen Grundrechtekonvent unter Vorsitz von Roman Herzog Schwarze/*Hatje*, GRC Präambel Rn. 8 f.; die EU-GRC ist nicht in den EUV inkorporiert worden, wird aber als »rechtlich gleichrangig« mit den Verträgen bezeichnet (Art. 6 Abs. 1 EUV). Durch das Grundrechteprotokoll zum Lissabonner Vertrag sind Polen und Großbritannien vom Anwendungsbereich der Charta ausgeschlossen, dazu näher: Bergmann/*Bergmann*, S. 475 f.; Geiger/Khan/*Kotzur*, EUV Art. 6 Rn. 10 f.

239 Zum Vollzug des europäischen Rechts durch die EU-Organe Schwarze/*Schwarze.*, Einführung Rn. 39.

240 Zur Entwicklung des europäischen »Agenturunwesens« *Wittinger*, EuR 2008, 609 ff.

241 Zum Streit um den Inhalt dieses Begriffs: Schwarze/*Hatje*, Art. 51 EU-GRC Rn. 15 ff.; Calliess/Ruffert/*Kingreen*, Art. 51 GRCh Rn. 7 ff.

242 Schwarze/*Hatje*, Art. 51 EU-GRC Rn. 16 und 19; Calliess/Ruffert/*Kingreen*, Art. 51 GRCh Rn. 8 und 11.

243 Etwa: *Pfeffer*, S. 97 ff. (105); *Classen*, S. 80 ff. (Art. 41 als lex specialis zu Art. 51 EU-GRC); Calliess/Ruffert/*Kingreen*, Art. 41 GRCh Rn. 9; Schwarze/*Voet van Vormizeele*, Art. 41 EU-GRC Rn. 5. A.A. wohl St/B/S/*Sachs*, Einl. Rn. 87; vgl. auch zur politischen Bindung Terhechte/*Fehling*, § 12 Rn. 114.

244 *Classen*, ibidem, S. 83.

245 Auch Calliess/Ruffert/*Kingreen*, Art. 41 GRCh Rn. 9.

Zudem hat der EuGH klargestellt, dass sich die EU-GRC weit in die Sphäre der Mitgliedstaaten erstreckt; er bejahte, dass eine nationale (hier schwedische Steuer-) Vorschrift in den »Geltungsbereich des Unionsrechts« falle und zur »Durchführung« des EU-Rechts ergangen ist, obwohl diese nationale Gesetzesvorschrift gar nicht zur Umsetzung einschlägiger EU-Richtlinien erlassen wurde.[246] Für den EuGH genügt damit ein Bezug zum Europarecht. Danach sind die Mitgliedstaaten, die nationale (Verwaltungs)Gesetze anwenden, sobald diese nur »relativ schwache« europarechtliche Bezüge aufweisen, an die EU-GRC gebunden; dies gälte auch für eine nationale Behörde bei der Durchführung eines Verwaltungsverfahrens gem. § 9 zur verfahrensrechtlichen Realisierung des materiellen Verwaltungsrechts (s.a. § 9 Rdn. 13). Die Auswirkungen dieser Rspr. – die als »Paukenschlag« für das Kooperationsverhältnis zum BVerfG gesehen werden kann, das dem EuGH hier auch bereits offen entgegengetreten ist und eine solche Auslegung der Charta dezidiert ablehnt[247] – und die deutlich gemacht hat, dass der EuGH für sich das letzte Wort in Grundrechtsfragen beansprucht, ist in Bewegung. Der EuGH hat den nationalen Gerichten – und dies gilt insbesondere auch für das BVerfG – die Möglichkeit eröffnet, ihre nationalen Grundrechte anzuwenden, wenn eine nationale Vorschrift nicht vollständig durch das Unionsrecht bestimmt wird, sofern durch diese Anwendung weder »das Schutzniveau der Charta, wie sie vom Gerichtshof ausgelegt wird, noch der Vorrang, die Einheit und die Wirksamkeit des Unionsrechts beeinträchtigt werden«.[248] Als hieran anknüpfend kann die jüngere Rechtsprechung des BVerfG zum »Recht auf Vergessen« gesehen werden: das BVerfG hat in »Recht auf Vergessen I«[249] angenommen, dass bei Unionsrecht, für dessen Ausgestaltung den Mitgliedstaaten ein Umsetzungsspielraum zusteht, im Rahmen einer Verfassungsbeschwerde primär die deutschen Grundrechte anzuwenden sind, wobei sie im Lichte der Grundrechtecharta auszulegen sind. In »Recht auf Vergessen II«[250] hingegen hat das BVerfG betont, dass bei vollvereinheitlichtem Unionsrecht, das damit in allen EU-Staaten gleichermaßen gilt, die Grundrechte des GG nicht anwendbar sind und nur die Grundrechte der Grundrechtecharta als alleiniger Prüfungsmaßstab im Rahmen der deutschen Verfassungsbeschwerde heranzuziehen sind. Damit könnte eine Verfassungsbeschwerde auf eine Verletzung von Art. 41 Abs. 1 und 2 EU-GRC gestützt werden; im Falle nicht voll vereinheitlichten Unionsrechts müssen daher die Fachgerichte und die Verwaltung den Unionsgrundrechten der Charta und damit auch dem »Rechst auf eine gute Verwaltung«, ausreichend Rechnung tragen. 98

246 EuGH, Urt. v. 26.02.2013, Rs. C-617/10 (Åklagare/Hans Åkerberg Fransson), abrufbar über: http://curia.europa.eu.

247 BVerfG, Urt. v. 24.04.2013 – 1 BvR 121/07, Rn. 91.

248 EuGH, Urt. v. 26.02.2013, Rs. C-617/10, Fn. 246, S. 4.

249 BVerfG, Beschl. v. 06.11.2019 – 1 BvR 16/13, abrufbar über www.bundesverfassungsericht.de.

250 BVerfG, Beschl. v. 06.11.2019 – 1 BvR 276/17, abrufbar ibidem.

b) Ursprünge und Bezüge des »Rechts auf eine gute Verwaltung«

99 Die Ursprünge der Art. 41 Abs. 1 und 2 EU-GRC liegen in der Rspr. des EuGH, der bereits seit den 1950er Jahren einzelne Bestandteile, die zu einem rechtstaatlichen Verwaltungsverfahren gehören, anerkannt hat, etwa das Verhältnismäßigkeitsprinzip, den Vertrauensschutz, die Gesetzmäßigkeit der Verwaltung und die Verfahrensdauer (dazu Rdn. 86). Ferner ist das Engagement des Europäischen Bürgerbeauftragten zu verzeichnen, dessen Amt mit dem Maastricht-Vertrag geschaffen wurde. Als Bürgerbeauftragter des Europäischen Parlaments ist er befugt, Beschwerden von jedem EU-Bürger über Missstände bei der Tätigkeit der EU-Organe und Institutionen entgegenzunehmen (Art. 228 AEUV). Auf der Basis seiner Erkenntnisse aus den Beschwerden entstand 1998 ein Kodex für gute Verwaltungspraxis,[251] den die EU-Organe im Wege einer Selbstverpflichtung akzeptierten und der die im späteren Art. 41 Abs. 1 und 2 EU-GRC enthaltenen Prinzipien vorzeichnete. Im Übrigen knüpfen Art. 41 Abs. 1 und 2 EU-GRC an Art. 6 Abs. 1 EMRK (Rdn. 111 ff.) an; denn den Rechten der EU-GRC, sofern sie EMRK-Rechten entsprechen, kommt die »gleiche Bedeutung und Tragweite« wie in der EMRK zu (Art. 53 Abs. 2 EU-GRC).[252] Da die Behandlung in nicht angemessener Frist durch die EU-Organe häufig Gegenstand der Beschwerden an den Europäischen Bürgerbeauftragten war, wird für diesen Aspekt in der Praxis ein relevanter Anwendungsbereich prognostiziert[253] (vgl. § 10 Rdn. 18).

c) Kein »Recht auf eine gute Verwaltung« im VwVfG

100 Im VwVfG existiert kein ausdrückliches »Recht auf eine gute Verwaltung«. Gleichwohl ergeben sich die Einzelaspekte dieses Rechts in Art. 41 Abs. 1 und 2 EU-GRC direkt oder durch Auslegung aus dem deutschen Verfassungsrecht (z.B. aus Art. 20 Abs. 2 und 3 GG zum Rechtsstaatsprinzip und zur Ableitung des Vorrangs und Vorbehalts des Gesetzes sowie aus Art. 2 Abs. 1 GG), aus dem VwVfG (z.B. zur Anhörung, § 28 VwVfG, und zum Akteneinsichtsrecht für Beteiligte, § 29 VwVfG) und aus dem Verwaltungsprozessrecht (zum Vorverfahren mit Anhörung, § 68 und § 71 VwGO). Hinzukommen Spezialmaterien, wie der Datenschutz. Art. 41 Abs. 1 und 2 EU-GRC »erfinden« damit keine neuen, in den Mitgliedstaaten unbekannten Rechte und Grundsätze, sondern nehmen die Traditionen der Mitgliedstaaten auf und formen sie zu einem europäischen Recht. Art. 41 Abs. 1 und 2 EU-GRC machen daher besonders deutlich, dass eine Wechselwirkung zwischen den nationalen und der europäischen Ebene bei der Entstehung von Recht existiert (Rdn. 86).

101 Im Vergleich zum deutschen Recht stellt die Vorschrift einen Fortschritt dar, da ein solches ausdrückliches Recht nicht existiert und das deutsche Verwaltungsrecht mit

---

251 Dazu näher: *Pfeffer*, S. 55 ff.; Calliess/Ruffert/*Ruffert*, Art. 41 GrCh Rn. 4.

252 Zur Inkorporierung der EMRK in das Unionsrecht und zum avisierten Beitritt der EU zur EMRK (Art. 6 Abs. 2 EUV) *Nowak*, Rn. 13 f.; zur Einigung über das Abkommen zum EU-Beitritt Pressemitteilung des Europarats DC041(2013) v. 05.04.2013 (es wird nach Ratifizierung durch die 47 EMRK-Mitgliedstaaten in Kraft treten).

253 Calliess/Ruffert/*Ruffert*, Art. 41 GrCh Rn. 12.

seiner Fixierung auf die verwaltungsgerichtliche Kontrolle der Verwaltungstätigkeit, das zuvor ansetzende Konzept einer »guten Verwaltung« eher nicht zum Thema hat.[254]

d) Motor für das Europäische Verwaltungsrecht? Theorie und bisherige Rspr. des EuGH

Betrachtet man die Ursprünge des Art. 41 Abs. 1 und 2 EU-GRC, den Bezug zum nationalen Recht und auch die Verbindung zu Art. 6 Abs. 1 EMRK, wurde in Art. 41 Abs. 1 und 2 EU-GRC nicht »das Rad neu erfunden«. Dennoch sollte die Funktion dieser Vorschriften nicht unterschätzt werden. Die EU-GRC und ihre Regelungen stellen bei der Weiterentwicklung des Grundrechtsschutzes in der EU einen Meilenstein dar, wurden hier doch erstmals in der Geschichte der EU Grundrechte ausdifferenziert. Art. 41 Abs. 1 und 2 EU-GRC bringen zum Ausdruck, dass sich die Mitgliedstaaten auf gemeinsame Inhalte eines »guten« Verwaltungshandelns geeinigt haben. Durch die Formulierung in Art. 41 Abs. 2 (»insbesondere«) eröffnet die Regelung dem EuGH ferner Spielräume, das Recht weiter zu konkretisieren. Die Vorschrift könnte – jedenfalls theoretisch – zum Motor für die weitere Entwicklung des europäischen Verwaltungsrechts werden. 102

Zur bisherigen Bedeutung des Art. 41 Abs. 1 und 2 EU-GRC in der Praxis ist aber festzustellen, dass die Vorschrift in der Rspr. des EuGH eine eher geringe Bedeutung spielt. Dabei ist zu beachten, dass die EU-GRC erst seit Ende 2009 rechtverbindlich ist, wobei der EuGH sie aber auch bereits zuvor in seiner Rspr. berücksichtigt hat. 2008 hat der EuGH zu Art. 41 Abs. 1 und 2 (konkret zur »sorgfältigen und unparteiischen« Behandlung einer Beschwerde durch die EU-Kommission) ausgeführt, dass das Recht auf eine »geordnete Verwaltung … zu den allgemeinen Grundsätzen des Rechtsstaats, die den Verfassungstraditionen der Mitgliedstaaten gemein sind«[255] gehört; weiter rekurrierte er auf die einschlägigen Vorschriften zur sorgfältigen und unparteiischen Prüfung durch die Kommission aufgrund des EGV. Ein eigenständiger Anwendungsbereich des Art. 41 Abs. 1 und 2 EU-GRC wurde damit bislang nicht eröffnet. Ob der EuGH die Vorschriften zukünftig nutzt, um ihnen eigene Impulse zu entnehmen, bleibt abzuwarten (zur Bedeutung für die Mitgliedstaaten Rdn. 97 f.). 103

II. Europarat

1. Konventionen und Empfehlungen

Außer dem Unionsrecht tragen zur Entwicklung eines Europäischen Verwaltungsrechts auch die Regelungen des Europarats und deren Umsetzung durch die Mitgliedstaaten bei.[256] Zu unterscheiden sind Konventionen und Empfehlungen des Ministerkomitees (also des Organs, in dem die Regierungsvertreter versammelt sind). 104

254 Calliess/Ruffert/*Ruffert*, Art. 41 GrCh Rn. 3; vgl. auch Terhechte/*Fehling*, § 12 Rn. 8 ff.
255 EuGH, Urt. v. 03.07.2008 – Rs. T-48/05 (Franchet u. Byk/Kommission), Rn. 48 ff., abrufbar über http://curia.europa.eu.
256 Zum Recht des Europarats insgesamt *Wittinger*, Der Europarat: Die Entwicklung seines Rechts und der »europäischen Verfassungswerte«, 2005.

105 Als für das Verwaltungsverfahrensrecht relevante Konventionen, die im Rahmen des Europarates als völkerrechtliche Verträge entstanden sind, deren Mitglied die Bundesrepublik Deutschland ist, sind z.B. die Europäische Datenschutzkonvention (v. 28.01.1981), die Konvention über die Zustellung von Schriftstücken in Verwaltungssachen im Ausland (v. 24.11.1977), die Konvention über die Erlangung von Auskünften und Beweisen in Verwaltungssachen im Ausland (v. 15.03.1978) und das Übereinkommen über den Zugang zu amtlichen Dokumenten[257] zu nennen (zur EMRK, Rdn. 110 ff.).[258]

106 Empfehlungen des Ministerkomitees des Europarates zum Verwaltungsverfahren sind zur Konkretisierung des Rechtsstaatsprinzips (Art. 3 ERS) mehrere ergangen.[259] So zur Einführung von Alternativen zum streitigen Gerichts- und Verwaltungsverfahren[260] (z.B. durch Mediation), zu den Grundregeln, die die Verwaltung bei der Ausübung ihres Ermessens beachten soll[261], zum Zugang des Bürgers zu Informationen der Behörde[262], zur innerstaatliche Gestaltung von verwaltungsrechtlichen Massenverfahren[263], zum Vollzug von Verwaltungsentscheidungen[264], zur gerichtlichen Kontrolle von Verwaltungsentscheidungen[265] und zur guten Verwaltung – eine Empfehlung, die ausdrücklich Bezug nimmt auf das Recht auf eine gute Verwaltung in der EU-Grundrechtecharta (zu Art. 41 Abs. 1 und 2 EU-GRC, Rdn. 96 ff.).[266] Der Schutz des Einzelnen gegenüber der Verwaltung war bereits 1977 Gegenstand einer Empfehlung, worin Prinzipien zum Anspruch auf rechtliches Gehör, zu Beistand und Vertretung, zur Begründung von Verwaltungsakten und Rechtsmittelbelehrung festgelegt wurden.[267]

107 Das Ministerkomitee des Europarates hat sich häufig für die flexibleren, leichter zu ergänzenden Empfehlungen, die auch häufig nicht nur »Minimallösungen«, sondern ausgefeilte Regelungen enthalten, entschieden, anstatt für die im Völkerrecht rechtlich bindenden Konventionen. Aber auch wenn nach der Satzung des Europarates

---

257 Dazu und zu den Unterschieden zum IFG *Schoch,* FS Fiedler, 2011, 656 (665 ff.).

258 Hierzu auch: St/B/S/*Sachs,* Einl. Rn. 95 und 98; Knack/Henneke/*Ruffert,* Vor § 1 Rn. 65.

259 Die Dokumente des Europarates sind abrufbar über http://hub.coe.int.

260 Recommandation (2001) 9 on alternatives to litigation between administrative authorities and private parties v. 05.09.2001.

261 Recommandation (80) 2 concerning the excercise of discretionary powers by administrative authorithies v. 10.03.1980.

262 Recommandation (81) 19 on the access to information held by public authorities v. 25.11.1981.

263 Recommandation (87) 16 on administrative procedures affecting a large number of persons v. 10.09.1987.

264 Recommandation (2003) 16 on the excecution of administrative and judicial decisions in the field of administrative law v. 09.11.2003.

265 Recommandation (2004) 20 on judicial review of administrative acts v. 15.12.2004.

266 Recommandation (2007) 7 on good administration v. 20.06.2007, vgl. Präambel a.E.

267 Resolution (77) 31 on the protection of the individual in relation to the acts of administratives authorities v. 26.09.1977 (vor 1978 ergingen Empfehlungen noch in Form von Resolutionen).

(Art. 15b) Satz 1) die Empfehlungen des Ministerkomitees nicht rechtlich verbindlich für die Mitgliedstaaten sind, sind sie rechtlich relevant.[268] Denn nicht nur Vertragspflichten, die im Völkerrecht mangels Sanktionen häufig nicht durchgesetzt werden oder nicht durchsetzbar sind, beeinflussen Staaten. So können die Empfehlungen von den Mitgliedstaaten dennoch tatsächlich beachtet und innerstaatlich rechtlich umgesetzt werden, sofern sie einer innerstaatlichen Umsetzung zugänglich sind, was für die Empfehlungen des Ministerkomitees regelmäßig der Fall ist. Zudem erzeugen sie europäisches Völkergewohnheitsrecht und europäisieren[269] das Verwaltungsverfahrensrecht in den derzeit 47 Mitgliedstaaten des Europarates.

108 Weniger als die fehlende rechtliche Bindungswirkung kann daher als Defizit der Empfehlungen, die sich an die Regierungen wenden, mitunter bewertet werden, dass diese weniger öffentlich bekannt sind und wahrgenommen werden als völkerrechtliche Verträge und zudem im innerstaatlichen Recht als »europäische Ursprungsquelle« schwer auszumachen sind. Für das deutsche VwVfG werden die Wirkungen der Empfehlungen des Europarates teilweise als gering bewertet, da ihre Standards eingehalten werden;[270] insbesondere im Hinblick auf die Empfehlung aus 1977 (Rdn. 106) hätten die damals gerade erlassenen VwVfGe keiner Ergänzung bedurft. Andererseits wird zu Recht betont, dass die Empfehlungen (auch in Verbindung mit der EMRK und als »Erkenntnisquelle« für den EGMR) als Auslegungsmittel des Grundgesetzes und des VwVfG Wirkung entfalten können.[271]

109 Die in der Empfehlung aus 2007 zur guten Verwaltung (s. bereits Rdn. 106) enthaltenen Grundsätze für eine solche – z.B. Gesetzmäßigkeit der Entscheidungen, Unabhängigkeit, Verhältnismäßigkeit, Entscheidung in angemessener Zeit – sind auch im deutschen Recht gewährleistet, im Verfassungsrecht und im VwVfG. Die Festlegung eines ausdrücklichen Rechts auf eine gute Verwaltung fordert die Empfehlung nicht (zu dessen Fehlen im VwVfG Rdn. 100). Sofern die Empfehlung im Falle von Entscheidungen, die eine große Anzahl von Menschen betreffen, deren Beteiligung im Entscheidungsprozess verlangt[272] (z.B. durch Anhörungen), tragen die Regelungen des PlanvereinheitlichungsG zur Beteiligung der Öffentlichkeit diesem Erfordernis Rechnung (s. Rdn. 39, 69, 72).

---

268 Näher zur Bedeutung und Bindungswirkung der Empfehlungen *Wittinger,* S. 202 ff. u. 406 ff.; Merten/Papier/*Giegerich*, Handbuch Grundrechte, Bd. VI/1 Europäische Grundrechte I, 2010, § 148 Rn. 11 ff.; vgl. auch zur innerstaatlichen Berücksichtigung einer Entschließung der PV durch das BVerfG, Beschl. v. 23.02.1983 – 1 BvR 990/82, unter II. B. 2., EuGRZ 1983, 256 f.

269 *Schwarze*, EuGRZ 1993, 381; *Jung*, FS Ress, 2005, 519 ff.

270 Knack/Henneke/*Ruffert*, Vor § 1 Rn. 65.

271 Näher Stelkens/Bonk/Sachs/*Stelkens*, EuR, Rn. 33 ff.

272 Vgl. Recommendation (2007) 7 on good administration v. 20.06.2007, Section II, Article 15, 1.

2. EMRK: Geltung für das Verwaltungsverfahren

110 Die EMRK, die in Deutschland formal den Rang eines einfachen Bundesgesetzes hat (Art. 59 Abs. 2 GG), mittelbar aber die Verfassung beeinflusst,[273] da sie bei der Auslegung des GG und auch der des einfachen Rechts zu beachten ist, bindet die Verwaltung, das Verwaltungs(verfahrens)recht im Einklang mit der EMRK und der sie konkretisierenden Rechtsprechung des EGMR zu interpretieren. Denn die Berücksichtigung der EMRK und der Rechtsprechung des EGMR ergibt sich aus der Bindung aller Träger der Staatsgewalt an Art. 1 Abs. 2 GG und an Gesetz und Recht (Art. 20 Abs. 3 GG).[274] Beachten die Behörden (und Gerichte) die EMRK und Entscheidungen des EGMR nicht, kann der Betroffene, gestützt auf eine Grundrechtsverletzung i.V.m. dem Rechtsstaatsprinzip, eine Verfassungsbeschwerde einlegen.[275] Verstößt der Erlass eines VA gegen die EMRK, ist dieser rechtswidrig und die zuständige Behörde hat die Möglichkeit der Aufhebung nach § 48 VwVfG.[276] Zudem ist eine konventionswidrige Verwaltungspraxis anzupassen; die Pflicht hierzu ist von den Verwaltungsgerichten festzustellen.[277]

3. Art. 6 Abs. 1 EMRK und Verwaltungsverfahren

111 Art. 6 Abs. 1 EMRK enthält das Recht auf ein faires Verfahren, zu dem nach der Rspr. des EGMR ein Recht auf Akteneinsicht, auf Begründung, auf rechtliches Gehör und auf »Waffengleichheit« zählen.[278] Den Schwerpunkt seiner Rspr. zu Art. 6 Abs. 1 EMRK machen aber die Anforderungen aus, die der EGMR an die Verfahrenslänge stellt. Im Fokus des EGMR standen dabei bislang Gerichtsverfahren, einschließlich verwaltungsgerichtlicher Verfahren, die im Grundsatz in den Anwendungsbereich des Art. 6 Abs. 1 EMRK fallen, obwohl der Wortlaut nur von zivilrechtlichen und strafrechtlichen Verfahren spricht.[279]

112 Die Frage, ob ein – nur – zu langes Verwaltungsverfahren vom Schutz des Art. 6 Abs. 1 EMRK umfasst ist, hat den EGMR soweit ersichtlich noch nicht beschäftigt. In seiner Rspr. hat das Ausgangsverwaltungs- und Widerspruchsverfahren bislang aber als vorgelagerter Teil des verwaltungs- und verfassungsgerichtlichen Verfahrens eine Rolle gespielt. Wie der Rspr. des EGMR gerade in Verfahren gegen die Bundesrepublik

---

273 Zum »mittelbaren Verfassungsrang« *Ress*, EuGRZ 1996, 353; ein Verfassungsrang wird von der h.M. aber abgelehnt, etwa nur BVerfG, Beschl. v. 14.10.2004 – 2 BvR 1481/04, BVerfGE 111, 307 ff. = NJW 2004, 3407 (3408); zu den gescheiterten Begründungsversuchen eines Verfassungsrangs im Einzelnen *Grabenwarter/Pabel*, § 3 Rn. 9.

274 BVerfG, ibidem, NJW 2004, 3407 (3409 ff.).

275 BVerfG, ibidem, NJW 2004, 3407 (3411).

276 Ausdrücklich BVerfG, ibidem, NJW 2004, 3407 (3410). Ebenso Knack/Henneke/*Ruffert*, Vor § 1 Rn. 69.

277 BVerfG, ibidem, NJW 2004, 3407 (3410).

278 Näher *Grabenwarter/Pabel*, § 24, Rn. 66 ff. m.w.N.

279 Zum öffentlichen Recht zählen insoweit nach dem EGMR Fälle mit Bezug zu Zivilrechtspositionen, zum Berufs- und Eigentumsrecht, sozialversicherungsrechtliche und beamtenrechtliche Streitigkeiten, im Einzelnen *Grabenwarter/Pabel*, § 24 Rn. 9 ff.

Deutschland zu entnehmen ist, fallen Ausgangsverwaltungs- und Widerspruchsverfahren – speziell im Hinblick auf die in Deutschland vorliegende Verknüpfung des Verwaltungsverfahrens mit dem Verwaltungsprozess als dessen Voraussetzung (sofern die Widerspruchverfahren in den Ländern noch nicht abgeschafft sind, Rdn. 44) – unter den Schutz von Art. 6 Abs. 1 EMRK.[280] Auch bei losgelöster Betrachtung des Verwaltungsverfahrens i.S.d. § 9 gilt damit das Verbot überlanger Dauer gem. Art. 6 Abs. 1 EMRK (s.a. § 9 Rdn. 63).[281]

Die vom EGMR für die Bewertung der Dauer entwickelten Kriterien[282] können damit auch auf das Verwaltungsverfahren angewendet werden: relevant sind für die Berechnung u. a. der Umfang des Falles, die zügige Bearbeitung durch die Behörde, ein ev. verfahrensverzögerndes Verhalten des beteiligten Bürgers und die Komplexität des Falles. Aufgrund der Bindung an den Vorrang des Gesetzes (Rdn. 69) haben die deutschen Verwaltungsbehörden Art. 6 Abs. 1 EMRK und seine Anforderungen an eine rechtsstaatliche, nicht überlange Verfahrensdauer daher im Verwaltungsverfahren zu beachten.[283] Ein Verstoß hiergegen ist verwaltungsgerichtlich im Wege der Untätigkeitsklage einklagbar (s.a. § 9 Rdn. 63 ff. und § 10 Rdn. 8). 113

Eine weitere Verfahrensgarantie legt Art. 13 EMRK (Recht auf eine wirksame Beschwerde vor einer nationalen Instanz) fest, der nur i.V.m. einer materiellen EMRK-Vorschrift (z.B. mit Art. 6 Abs. 1) geltend gemacht werden kann; die nationale Beschwerdeinstanz kann in einer Verwaltungsbehörde bestehen; sie darf mit der Behörde, die entschieden hat, nicht identisch sein.[284] 114

---

280 Etwa EGMR, Beschwerdenr. 46344/06, Urt. v. 02.09.2010 (Rumpf/D), Rn. 41 ff. (abrufbar über http://hudoc.echr.coe.int.); das Verfahren wegen Nichterteilung eines Waffenscheins dauerte von der Antragstellung bei der Verwaltung bis zur Entscheidung des BVerfG 15 Jahre. Sofern zum Nachweis einer uneinheitlichen Rspr. auf EGMR, Beschwerdenr. 47757/06, Urt. v. 08.10.2009 (Sopp/D), Rn. 29, verwiesen wird, wie von *Meyer-Ladewig*, EMRK-Kommentar, 4. Aufl. 2017, Art. 6 Rn. 194, hatte es in dem Verfahren kein Widerspruchsverfahren gegeben; der EGMR berechnete die Frist allerdings nicht ab Stellung des Antrags auf Hinterbliebenenrente bei der Berufsgenossenschaft, sondern erst ab Klageerhebung beim Sozialgericht.

281 Vgl. auch: Knack/Henneke/*Ruffert*, Vor § 1 Rn. 71; *Grabenwarter/Pabel*, § 24 Rn. 17.

282 Dazu: *Meyer-Ladewig*, Fn. 280, Art. 6 Rn. 199 ff.; *Grabenwarter/Pabel*, § 24 Rn. 81 ff.

283 Für Gerichtsverfahren hat die Bundesrepublik auf ihre Verurteilungen wegen Verstoßes gegen Art. 6 Abs. 1 EMRK wegen zu langer Verfahrensdauern letztlich reagiert mit dem Gesetz über den Rechtsschutz bei überlangen Gerichtsverfahren und strafrechtlichen Ermittlungsverfahren v. 24.11.2011 (BGBl. I, 2302) mit der darin festgelegten Verzögerungsrüge und dem Entschädigungsanspruch (§§ 198 ff. GVG, 178 VwGO).

284 Näher *Grabenwarter/Pabel*, § 24 Rn. 187 u. 196.

Verwaltungsverfahrensgesetz (VwVfG)

in der Fassung der Bekanntmachung vom 23.01.2003 (BGBl. I S. 102)
geändert durch Artikel 5 Abs. 25 des Gesetzes vom 21.06.2019 (BGBl. I S. 846)

Teil I Anwendungsbereich, örtliche Zuständigkeit, elektronische Kommunikation, Amtshilfe, europäische Verwaltungszusammenarbeit

Abschnitt 1 Anwendungsbereich, örtliche Zuständigkeit, elektronische Kommunikation

§ 1 Anwendungsbereich

(1) Dieses Gesetz gilt für die öffentlich-rechtliche Verwaltungstätigkeit der Behörden

1. des Bundes, der bundesunmittelbaren Körperschaften, Anstalten und Stiftungen des öffentlichen Rechts,
2. der Länder, der Gemeinden und Gemeindeverbände, der sonstigen der Aufsicht des Landes unterstehenden juristischen Personen des öffentlichen Rechts, wenn sie Bundesrecht im Auftrag des Bundes ausführen,

soweit nicht Rechtsvorschriften des Bundes inhaltsgleiche oder entgegenstehende Bestimmungen enthalten.

(2) [1]Dieses Gesetz gilt auch für die öffentlich-rechtliche Verwaltungstätigkeit der in Absatz 1 Nr. 2 bezeichneten Behörden, wenn die Länder Bundesrecht, das Gegenstände der ausschließlichen oder konkurrierenden Gesetzgebung des Bundes betrifft, als eigene Angelegenheit ausführen, soweit nicht Rechtsvorschriften des Bundes inhaltsgleiche oder entgegenstehende Bestimmungen enthalten. [2]Für die Ausführung von Bundesgesetzen, die nach In-Kraft-Treten dieses Gesetzes erlassen werden, gilt dies nur, soweit die Bundesgesetze mit Zustimmung des Bundesrates dieses Gesetz für anwendbar erklären.

(3) Für die Ausführung von Bundesrecht durch die Länder gilt dieses Gesetz nicht, soweit die öffentlich-rechtliche Verwaltungstätigkeit der Behörden landesrechtlich durch ein Verwaltungsverfahrensgesetz geregelt ist.

(4) Behörde im Sinne dieses Gesetzes ist jede Stelle, die Aufgaben der öffentlichen Verwaltung wahrnimmt.

A. Allgemeines und Grundsätze

I. Gegenstand der Regelung

§ 1 regelt in den Abs. 1 bis 3 (vgl. Rdn. 4 ff., 50 ff., 68 ff.) den grundsätzlichen Anwendungsbereich des VwVfG, der mit den §§ 2 und 9 eine abschließende Regelung erfährt (vgl. Rdn. 2) und enthält in Abs. 4 die Begriffsbestimmung der Behörde (vgl. Rdn. 76 ff.). 1

II. Anwendungsbereich des VwVfG

Der erst aus einer Zusammenschau von § 1 Abs. 1 bis 3, § 2 und § 9 erkennbare **Anwendungsbereich des VwVfG** erstreckt sich auf diejenigen ö.-r. Verwaltungstätigkeiten, die gerichtet sind auf den Erlass eines VA oder den Abschluss eines örV (vgl. Rdn. 5 ff.) beim Gesetzesvollzug von Bundesbehörden (vgl. Rdn. 25 ff.), der nicht einem Sonderbereich nach § 2 angehört und für die keine vorrangige bundesrechtliche Verfahrensbestimmung (vgl. Rdn. 45 ff., 48) besteht. 2

Mit den im Zuge der **Umsetzung** unionsrechtlicher Vorgaben der **Dienstleistungsrichtlinie**[1] eingefügten Regelungen über die Europäische Verwaltungszusammenarbeit (§§ 8a bis 8e)[2] und das Verfahren über eine einheitliche Stelle (§§ 71a bis 71e)[3] wird der bisherige auf Verfahren zum Erlass eines VA oder zum Abschluss eines örV eingeschränkte **Anwendungsbereich erweitert**, weil die Europäische Zusammenarbeit alle behördlichen Hilfeleistungen erfasst, die nach unionsrechtlichen Rechtsakten geboten sind (vgl. § 8a Rdn. 16), und das Verfahren über eine einheitliche Stelle auch bloße Anzeigeverfahren erfasst (vgl. § 71a Rdn. 3). 3

Auf die ö.-r. Verwaltungstätigkeit der Landesbehörden (vgl. Rdn. 28 ff., 50 ff.) beim Vollzug von Bundesrecht ist das VwVfG nach Abs. 3 jedoch nur anwendbar, wenn kein LVwVfG existiert (vgl. Rdn. 44, 68 ff.). 4

III. Bezüge zum Unionsrecht

Das VwVfG und die LVwVfG sind auch **beim indirekten Vollzug des Unionsrechts anzuwenden**, soweit nicht unmittelbar geltendes Unionsverwaltungsverfahrensrecht anzuwenden ist (vgl. Rdn. 27, 57). Vielfach sind nationale Verfahrensbestimmungen im Lichte des Unionsrecht auszulegen, um diesem Geltung zu verleihen (allgemein dazu Einleitung Rdn. 84, 86), wie bei der Rücknahme und dem Widerruf von VA und der anschließenden Erstattung von Leistungen. 5

---

1 Richtlinie 2006/123/EG des Europäischen Parlaments und des Rates v. 12.12.2006 über Dienstleistungen im Binnenmarkt (ABl. L 376, S. 36).

2 Art. 4a des Gesetzes zur Umsetzung der Dienstleistungsrichtlinie im Gewerberecht und in weiteren Rechtsvorschriften v. 17.06.2009 (BGBl. I, S. 2091).

3 Viertes Gesetz zur Änderung verwaltungsverfahrensrechtlicher Vorschriften v. 17.12.2008 (BGBl. I, S. 2418).

B. Die Vorschrift im Einzelnen

I. Die Gesetzesgeltung für die öffentlich-rechtliche Verwaltungstätigkeit der Bundesbehörden und der Landesbehörden im Rahmen der Bundesauftragsverwaltung (Abs. 1)

6 **Voraussetzung** für die **Geltung des VwVfG** ist nach **Abs. 1** die ö.-r. Verwaltungstätigkeit (vgl. Rdn. 5 ff.) einer Bundesbehörde nach Nr. 1 (vgl. Rdn. 8 ff.) oder einer Landesbehörde beim Vollzug von Bundesrecht im Auftrag des Bundes nach Nr. 2 (vgl. Rdn. 28 ff.) sowie das Fehlen vorrangigen Bundesrechts (vgl. Rdn. 45 ff.).

1. Begriff der öffentlich-rechtlichen Verwaltungstätigkeit

7 Die **öffentlich-rechtliche Verwaltungstätigkeit**, die nach Abs. 1 die Geltung des VwVfG auslöst, ist wegen der gegenständlichen Einschränkung der Verwaltungsverfahren nach § 9 (vgl. § 9 Rdn. 1) mit Ausnahme der amtlichen Beglaubigungen (vgl. Vorbem. zu § 33 Rdn. 1a) sowie der §§ 8a bis 8e, 71a bis 71e (vgl. Rdn. 2a) begrifflich auf behördliche Handlungen beschränkt, die sich auf den Erlass eines VA oder den Abschluss eines örV beziehen. Daher können alle Streitfragen grundsätzlicher Art über das Wesen des ö.R. und seine Abgrenzung zum Privatrecht[4] auf sich beruhen, soweit sie nicht die Begriffsmerkmale des VA (nach § 35) oder des örV (nach § 54) betreffen.

a) Zur öffentlich-rechtlichen Verwaltungstätigkeit zählende Handlungen

8 Als **Beispiele** der auch zum Anwendungsbereich des VwVfG zählenden ö.-r. Verwaltungstätigkeiten sind zu nennen, die als VA oder als Erklärungen über den Abschluss eines ö.r.V. zu qualifizierenden und deshalb von § 9 erfassten

1) Maßnahmen oberster Verfassungsorgane oder dieser angegliederten Verwaltungsorgane,
2) Entscheidungen in Gnadensachen[5] (vgl. § 35 Rdn. 40 f.),
3) Maßnahmen i.R.d. Verleihung von Orden und Ehrenzeichen[6] (vgl. § 35 Rdn. 38),
4) Maßnahmen ö-r. Rundfunkanstalten,[7]

---

4 Vgl. hierzu: *Bachof* Festgabe BVerwG, S. 1 ff.; *Ehlers*, Die Verwaltung 20 (1987), 373 (378 ff.); *Ehlers*, AllgVwR, § 3 Rn. 14 ff.; Schoch/Schneider/Bier/*Ehlers*, § 40 Rn. 18 ff., 220 ff.; Wolff/Bachof/Stober/Kluth/*Stobe*r I, § 22 Rn. 14 ff.

5 Vgl. Knack/Henneke/*Schliesky*, § 1 Rn. 38; Kopp/*Ramsauer*, § 1 Rn. 19c; Stelkens/Bonk/Sachs/*Schmitz*, § 1 Rn. 195 ff.; Stelkens/Bonk/Sachs/Bonk/*Schmitz*, § 2 Rn. 19; für die Aufhebung von Gnadenentscheidungen bejahend Bader/*Ronellenfisch*, § 1 Rn. 26. Diese Maßnahmen sind freilich z.T. landesrechtlich (Art. 2 Abs. Abs. 2 Nr. 3 BayVwVfG, § 2 Abs. 1 Nr. 6 M-VVwVfG; § 2 Abs. 2 Nr. 7 ThürVwVfG) dem Anwendungsbereich des LVwVfG entzogen. Gegen die Geltung des VwVfG für Gnadenakte Amtl. Begr. S. 35.

6 Vgl. Stelkens/Bonk/Sachs/*Bonk/Schmitz*, § 2 Rn. 20. Die in Fn. 5 angeführten LVwVfG enthalten auch Ausnahmen für Verfahren im Zusammenhang mit Ehrungen.

7 Sämtliche LVwVfG nehmen jedoch die ö.-r. Rundfunkanstalten von ihrem Anwendungsbereich aus; vgl. zum Gebühreneinzug VGH Baden-Württemberg, Urt. v. 04.11.2016 – 2 S 248/16, juris; nach VG Augsburg (Urt. v. 19.04.1991 – Au 3 K 90 A.1159, BayVBl. 1991, 730) erstreckt sich die Ausnahme vom Anwendungsbereich für die Anstalt des ö.R.

5) Festsetzungen von Verwaltungsstrafen (vgl. § 35 Rdn. 44), die wie beispielsweise die Verhängung eines Warnungsgeldes gegen einen Bezirksschornsteinfegermeister nach § 21 Abs. 3 SchfHwG[8] keine Ordnungswidrigkeiten sind und deshalb auch nicht nach § 2 Abs. 2 Nr. 2 (vgl. § 2 Rdn. 26) vom Anwendungsbereich des Gesetzes ausgenommen sind,
6) Maßnahmen der Bundeswehr und der Bundespolizei,
7) Maßnahmen in einem Wahlverfahren, die nicht unmittelbar auf die Wahl bezogen sind.

b) Nicht der öffentlich-rechtlichen Verwaltungstätigkeit zuzurechnende Handlungen

Folgende beispielhaft aufgezählte Handlungen sind **nicht** als **öffentlich-rechtliche Verwaltungstätigkeit** im Sinne des VwVfG anzusehen, weil sie entweder nicht dem Verwaltungsbereich angehören oder nicht ö.-r. Natur sind: 9

1) alle **rein verfassungsrechtlichen Maßnahmen**, d.h. Maßnahmen, die nur dem Verfassungsrecht und den Geschäftsordnungen von Verfassungsorganen als verfassungsrechtlichem Hilfsrecht unterworfen sind, wie
   - Akte der Gesetzgebung (einschließlich der Zustimmung zu staats- und völkerrechtlichen Verträgen),
   - sonstige Parlamentsbeschlüsse (z.B. die Aufhebung der Immunität eines Abgeordneten) und Beschlüsse von Parlamentsausschüssen (z.B. die Zustimmung des Haushaltsausschusses zur Subventionsvergabe),
   - Maßnahmen des Parlamentspräsidenten gegenüber Parlamentsmitgliedern,[9] die Ernennung des Bundeskanzlers und eines Bundesministers durch den Bundespräsidenten,
2) alle ausschließlich dem **Völkerrecht** oder dem **Kirchenrecht** zuzurechnenden Handlungen,[10]
3) die von den Gerichten in einem **Verfahren unabhängiger Gerichtsbarkeit** nach einem gerichtlichen Verfahrensgesetz (wie ArbGG, FamFG, FGO, JGG, SGG, StPO, VwGO, ZPO) ausgeübte Tätigkeit (vgl. § 2 Rdn. 25),
4) alle **privatrechtlichen Handlungen** von Verwaltungsorganen, gleichgültig ob und inwieweit sie bestimmten ö.-r. Bindungen unterworfen sind.

»Bayerischer Rundfunk« nach Art. 2 Abs. 1 Satz 2 BayVwVfG nicht auf die ö.-r. Verwaltungstätigkeit der Anstalt des ö.R. »Bayerische Landeszentrale für neue Medien«. Zur Geltung des VwVfG für eine ö.-r. Verwaltungstätigkeit der Rundfunkanstalten des Bundesrecht (»Deutsche Welle« und »Deutschlandfunk«) s.a. Stelkens/Bonk/Sachs/*Bonk/Schmitz*, § 2 Rn. 23.

8 Vgl. VGH Bayern, Beschl. v. 15.02.2012 – 22 ZB 10.2972, GewArch 2012, 364 zur Rechtslage nach dem bis 31.12.2012 geltenden § 27 Abs. 1 Satz 1 SchfG.

9 BVerfG, Beschl. v. 06.08.1982 – 2 BvE 2/82, NJW 1982, 2233.

10 Vgl. *Kopp/Ramsauer*, § 1 Rn. 20a; Stelkens/Bonk/Sachs/*Schmitz*, § 1 Rn. 169.

2. Handeln einer Bundesbehörde im weiteren Sinne nach Nr. 1

10 Voraussetzung für die Gesetzesgeltung nach **Nr. 1** ist das Handeln einer der dort aufgeführten Bundesbehörden (vgl. Rdn. 9 ff.) beim Vollzug von Bundes- und Unionsrecht (vgl. Rdn. 25 ff.).

11 Die Behörden des Bundes als Bundesbehörden im engeren Sinne (vgl. Rdn. 10) bilden zusammen mit den ebenfalls in Nr. 1 aufgeführten Behörden der bundesunmittelbaren juristischen Personen des ö.R. (vgl. Rdn. 17) als **Bundesbehörden im weiteren Sinne** die Bundesverwaltung (Art. 86 GG).[11]

a) Behörden des Bundes als Bundesbehörden im engeren Sinne

12 Behörden des Bundes als **Bundesbehörden im engeren Sinne** sind alle Behörden, die organisatorisch in den Behördenapparat des Hoheitsträgers »Bund« eingegliedert sind (vgl. Rdn. 11 ff.) oder als Beliehene (vgl. Rdn. 16, 81) unmittelbar für den Bund und nicht etwa für eine bundesunmittelbare juristische Person des ö.R. tätig werden. Sind Behörden sowohl Bundes- als auch Landesbehörden, wie bislang die Oberfinanzdirektionen,[12] so haben sie den Charakter einer Bundesbehörde, soweit sie Aufgaben des Bundes wahrnehmen.[13] Ist eine Bundesbehörde im Zuge der Organleihe[14] (vgl. Vorbem § 4 Rdn. 24) einem anderen Hoheitsträger zur Erfüllung von Verwaltungsaufgaben zur Verfügung gestellt, so handelt sie insoweit nur als Behörde dieses Hoheitsträgers.[15] Deshalb sind die einem Land zur Verfügung gestellten Wasser- und Schifffahrtsämter des Bundes bei Erfüllung der ihnen zugewiesenen Landesaufgaben nicht der Bundesverwaltung, sondern der Landesverwaltung zuzuzählen.[16]

Im Recht der Amtshilfe ändert die Tätigkeit als ersuchte Behörde die organisatorische Eingliederung nicht (vgl. auch § 7 Rdn. 22 ff.).

aa) Behörden innerhalb der Verwaltungsorganisation des Bundes

13 **Innerhalb der Verwaltungsorganisation des Bundes** sind (ohne Berücksichtigung der Gerichte in ihrer Eigenschaft als Behörden – vgl. Rdn. 88 – und der ihnen angegliederten Behörden der Bundesanwälte) Oberste Bundesbehörden (vgl. Rdn. 12),

---

11 Zum uneinheitlichen Sprachgebrauch vgl. Maunz/Dürig/*Ibler*, Art. 86 Rn. 66.

12 Siehe nunmehr aber Art. 1 Nr. 6 Gesetz zur Neuorganisation der Zollverwaltung v. 03.12.2015 (BGBl. I S. 2178).

13 Vgl. BVerwG, Urt. v. 03.03.1989 – 8 C 38.86, NVwZ-RR 1990, 44 (45 f.).

14 Zum Begriff der Organleihe BVerfG, Beschl. v. 12.01.1983 – 2 BvL 23/81, BVerfGE 63, 1 (31 ff.). Differenzierend zwischen (dauerhaft institutionalisierter) Doppelfunktion und (lediglich ad hoc ausgeübter) Organleihe *Knemeyer*, DÖV 1988, 397 (401 ff.).

15 BGH, Beschl. v. 29.04.2008 – KVR 30/07, NVwZ 2009, 199; BVerwG, Urt. v. 13.02.1976 – VII A 4.73, NJW 1976, 1468.

16 BVerwG, Urt. v. 13.02.1976 – VII A 4.73, NJW 1976, 1468; *Kopp/Ramsauer*, § 1 Rn. 25 mit weiterem Beispiel.

Bundesoberbehörden (vgl. Rdn. 13), Bundesmittelbehörden (vgl. Rdn. 14) und Bundesunterbehörden (vgl. Rdn. 15) zu unterscheiden.[17]

aaa) Oberste Bundesbehörden

Oberste Bundesbehörden sind 14

1) der Bundespräsident mit dem Bundespräsidialamt etwa bei der Ernennung und Entlassung von Bundesbeamten, Bundesrichtern und Soldaten nach Art. 60 Abs. 1 GG;[18]
2) die Präsidenten des Bundestages und des Bundesrates mit den Verwaltungen von Bundestag und Bundesrat, wenn sie ö.-r. Verwaltungstätigkeit ausüben, wie etwa der Bundestagspräsident bei der als VA zu qualifizierenden Festsetzung der Wahlkampfkostenpauschale nach § 19 Abs. 2 PartG[19] oder bei Ausübung des Hausrechts gegenüber Besuchern;[20]
3) die Bundesregierung als kollegiales (nach Art. 62 GG aus dem Bundeskanzler und den Bundesministern bestehendes) Regierungsorgan, soweit ihr ausnahmsweise gesetzlich (wie z.B. als Genehmigungsbehörde nach § 11 Abs. 1 KrWaffKontrG)[21] eine ö.-r. Verwaltungstätigkeit zugwiesen ist;
4) der Bundeskanzler mit dem Bundeskanzleramt,
5) das Auswärtige Amt und die Bundesministerien,
6) der Bundesrechnungshof,[22]
7) die (nach § 2 Satz 1 BBankG als bundesunmittelbare juristische Person des ö.R.[23] errichtete) Deutsche Bundesbank.[24]

bbb) Bundesoberbehörden

Bundesoberbehörden sind die einer obersten Bundesbehörde unterstellten Zentralbehörden **ohne eigenen Verwaltungsunterbau**, die Verwaltungsaufgaben für das gesamte Bundesgebiet wahrnehmen.[25] Sie können nach Maßgabe des Art. 87 Abs. 3 GG als selbständige Bundesoberbehörden oder als sogenannte Zentralstellen[26] für die in Art. 87 Abs. 1 Satz 2 GG aufgezählten Aufgabenbereich durch Bundesgesetz eingerichtet werden. Bundesoberbehörden sind u.a. die Bundesämter für Bauwesen 15

---

17 Vgl. die Übersicht bei Ehlers/*Burgi*, AllgVwR, § 9 Rn. 1 ff.

18 Vgl. BVerwG, Urt. v. 29.10.1964 – II C 182.61, BVerwGE 19, 332.

19 Vgl. BVerfG, Beschl. v. 07.10.1969 – 2 BvQ 2/69, BVerfGE 27, 152 (157); *Klein*, NJW 2000, 1441 (1447).

20 Vgl. *VG Berlin*, Urt. v. 18.06.2001 – 27 A 344/00, NJW 2002, 1063; Maunz/Dürig/*Schmidt-Aßmann*, Art. 19 Abs. 4 Rn. 91; Maunz/Dürig/*Klein*, Art. 40 Rn. 137 ff.

21 Vgl. von Mangold/Klein/Starck/*Schröder*, Art. 62 Rn. 31.

22 Vgl. BVerfG, Beschl. v. 02.12.1986 – 1 BvR 1509/83, NVwZ 1987, 573.

23 Zur Einstufung der Deutschen Bundesbank als Anstalt des ö.R. vgl. Schmidt-Bleibtreu/Hofmann/Hopfauf/*Ruge*, Art. 88 Rn. 3 und unten Rdn. 23.

24 Maunz/Dürig/*Ibler*, Art. 87 Rn. 33.

25 BVerfG, Urt. v. 24.07.1962 – 2 BvF 4, 5/61 u. 1, 2/62, BVerfGE 14, 197 (210).

26 Zu den Gemeinsamkeiten und Unterschieden der Zentralstellen gegenüber den selbständigen Bundesoberbehörden vgl. Maunz/Dürig/*Ibler*, Art. 87 Rn. 111 ff.

und Raumordnung,[27] für Bevölkerungsschutz und Katastrophenhilfe,[28] für Familie und zivilgesellschaftliche Aufgaben,[29] für Justiz,[30] für Kartographie und Geodäsie,[31] für Migration und Flüchtlinge,[32] für Naturschutz,[33] für Seeschifffahrt und Hydrographie,[34] für Sicherheit in der Informationstechnik,[35] für Strahlenschutz,[36] für Verbraucherschutz und Lebensmittelsicherheit,[37] für Verfassungsschutz,[38] für Wirtschaft und Ausfuhrkontrolle,[39] für zentrale Dienste und offene Vermögensfragen,[40] das Bundesausgleichsamt,[41] das Bundesaufsichtsamt für Flugsicherung,[42] das Bundeskartellamt,[43] das Bundeskriminalamt,[44] der Bundesnachrichtendienst,[45] das Bundessortenamt,[46] das Bundesversicherungsamt,[47] das Bundesverwaltungsamt,[48] das Deutsche Patent- und Markenamt,[49] das Eisenbahn-Bundesamt,[50] das Kraftfahrt-Bundesamt,[51] das Luftfahrt-Bundesamt,[52] die Bundesnetzagentur für Elektrizität, Gas, Telekommunikation, Post und Eisenbahnen,[53] das Statistische Bundesamt[54], das Umweltbundesamt[55] sowie verschiedene nicht-rechtsfähige Bundesanstalten[56] (z.B. für das

---

27 Vgl. Gesetz v. 15.12.1997 (BGBl. I, S. 2902) i.d.F.v. 20.07.2017 (BGBl. I 2808).
28 Art. 1 § 1 Satz 1 Gesetz v. 27.04.2004 (BGBl. I S. 630) i.d.F.v. 29.09.2009 (BGBl. I 693).
29 § 14 Abs. 1 Satz 2 Bundesfreiwilligendienstgesetz v. 28.04.2011 (BGBl. I S. 687) i.d.F.v. 20.11.2019 (BGBl. I S. 1629).
30 Art. 1 § 1 Abs. 1 Gesetz v. 17.12.2006, BGBl. I S. 3171).
31 § 3 Abs. 1 Bundesgeoreferenzdatengesetz v. 10.05.2012 (BGBl. I S. 1081).
32 § 75 AufenthG und § 5 AsylG.
33 Art. 1 Gesetz v. 06.08.1993 (BGBl. I S. 1458) i.d.F.v. 13.05.2019 (BGBl. I 706).
34 Vgl. Art. 33 Drittes Rechtsbereinigungsgesetz v. 28.06.1990, BGBl. I S. 1221; § 5 SeeAufgG.
35 BSI-Gesetz v. 14.08.2009 (BGBl. I S. 2821).
36 Gesetz v. 09.10.1989 (BGBl. I S. 1830) i.d.F.v. 12.12.2019 (BGBl. I S. 2510).
37 Art. 2 § 1, Art. 14 Gesetz zur Neuorganisation des gesundheitlichen Verbraucherschutzes und der Lebensmittelsicherheit v. 06.08.2002 (BGBl. I S. 3082.
38 § 2 Abs. 1 Satz 1 BVerfSchG v. 20.12.1990 (BGBl. I S. 2954); das Bundesamt für Verfassungsschutz ist Zentralstelle im Sinne von Art. 87 Abs. 1 Satz 2 GG. Vgl. hierzu Maunz/Dürig/*Ibler*, Art. 87 Rn. 146.
39 Vgl. Art. 1 § 1 f. Gesetz v. 21.12.2000, BGBl. I S. 1956.
40 § 29 VermG.
41 § 307 LAG.
42 Art. 1 § 1 Abs. 2 Gesetz v. 29.07.2009 (BGBl. I S. 2424).
43 § 51 Abs. 1 Satz 1 GWB.
44 Zentralstelle i.S.v. Art. 87 Abs. 1 Satz 2 GG (§ 2 BKAG v. i.d.F. v. 01.06.2016, BGBl. I S. 1345).
45 § 1 Abs. 1 Satz 1 BND-Gesetz i.d.F.v. 30.06.2017 (BGBl. I S. 2097).
46 § 16 Abs. 1 Sortenschutzgesetz i.d.F.d. Bekanntmachung v. 19.12.1997 (BGBl. I, S. 3164).
47 Gesetz v. 09.05.1956 (BGBl. I S. 415) i.F.v. 12.12.2019 (BGBl. I S. 2652).
48 Gesetz v. 28.12.1959 i.d.F.v. 08.12.2010 (BGBl. I S. 1864).
49 § 26 Abs. 1 PatG i.d.F.v. 08.10.2017 (BGBl. I S. 3546).
50 § 2 Abs. 1 Gesetz über die Eisenbahnverkehrsverwaltung des Bundes i.d.F.v. 29.11.2018 (BGBl. I S. 2237).
51 Gesetz v. 04.08.1951 i.d.F. v. 05.12.2019 (BGBl. I S. 2008).
52 Gesetz v. 30.11.1954 i.d.F .v. 23.02.2017 (BGBl. I S. 298).
53 § 1 Gesetz v. 07.07.2005 i.d.F. v. 17.07.2017 (BGBl. I S. 2503).
54 § 2 Abs. 1 BStatG i.d.F. v. 30.10.2017 (BGBl. I S. 3618).
55 Gesetz v. 22.07.1974 i.d.F. v. 31.08.2015 (BGBl. I S. 1474).
56 *Stern*, StR II, S. 818, 831; Maunz/Dürig/*Ibler*, Art. 86 Rn. 68, 73.

Straßenwesen,[57] für Arbeitsschutz und Arbeitsmedizin, für Wasserbau, für Gewässerkunde,[58] Bundeszentrale für politische Bildung[59] oder das Technische Hilfswerk)[60] und Institute (z.B. das Bundesinstitut für Arzneimittel und Medizinprodukte oder das Robert-Koch-Institut – Bundesinstitut für Infektionskrankheiten und nicht übertragbare Krankheiten).[61] Den selbständigen Bundesoberbehörden vergleichbar sind die Oberbehörden des Bundes mit eigenem Verwaltungsunterbau wie das Bundespolizeipräsidium[62] sowie im Bereich der Bundesfinanzverwaltung früher die Bundeswertpapierverwaltung, die Bundesmonopolverwaltung für Branntwein, und das frühere Bundesamt für zentrale Dienste und offene Vermögensfragen[63] und heute die Bundeszentralamt für Steuern und die Generalzolldirektion bzw. im Bereich der Bundeswehrverwaltung das Bundesamt für Infrastruktur, Umweltschutz und Dienstleistungen der Bundeswehr, das Bundesamt für das Personalmanagement der Bundeswehr[64] und das Bundesamt für Ausrüstung, Informationstechnik und Nutzung der Bundeswehr.[65]

ccc) **Bundesmittelbehörden**

Bundesmittelbehörden sind einer obersten Bundesbehörde im Instanzenzug nachge- 16
ordnete und für einen bestimmten Teil des Bundesgebietes örtlich zuständige Behörden, denen weiteren Behörden nachgeordnet sind, wie im Bereich der Bundesfinanzverwaltung früher die Bundesfinanzdirektionen und das Zollkriminalamt sowie heute die Zollgeneraldirektion,[66] oder die (die bisherigen Wasser- und Schifffahrtsdirektionen ersetzende und als Außenstellen fortführende) Generaldirektion Wasserstraßen und Schifffahrt.[67]

---

57 Errichtet unter Zusammenfassung der Bundesanstalt für Materialprüfungen im Straßenbau und der Bundesanstalt für Wasser-, Erd- und Grundbau – Außenstelle Hamburg zunächst unter der Bezeichnung Bundesanstalt für Straßenbau durch Erlass des Bundesministers für Verkehr v. 08.07.1951 (Schriftenreihe Berichte der Bundesanstalt für Straßenwesen, Heft A 22, 2001, S. 12). Vgl. hierzu *Obermayer*, Verfassungsrechtliche Probleme der Bundesanstalt für Straßenwesen, 1968.

58 § 45 Abs. 2 WaStrG.

59 § 1 Abs. 1 BMI-Erlass v. 24.01.2001 (GMBl S. 270).

60 § 1 Abs. 1 Satz 1 THW-Gesetz.

61 §§ 1, 2 Gesetz über Nachfolgeeinrichtungen des Bundesgesundheitsamtes v. 24.06.1994 (BGBl. I, S. 1416).

62 § 57 Abs. 1 und 2 BPolG i.d.F.v. 20.11.2019 (BGBl. I S. 1725); vgl. auch Gesetz v. 21.06.2005 (BGBl. I S. 1818); vgl. zu deren Grundlage als »Bundesgrenzschutzbehörde« in Art. 87 Abs. 1 Satz 2 1. Variante GG Maunz/Dürig/*Ibler*, Art. 87 Rn. 87 ff.; *Wagner*, DÖV 2009, 66 ff.

63 § 1 Nr. 2 FVG a.F. und n.F.

64 Vgl. § 1 WehrverwaltungsaufgabenübertragungsG v. 21.07.2012, (BGBl. I S. 1583, 1590).

65 In Nachfolge des Bundesamtes für Wehrtechnik und Beschaffung und des Bundesamtes für Informationsmanagement und Informationstechnik der Bundeswehr. Vgl. auch Begründung der Bundesregierung zum Gesetzentwurf des Bundeswehrreform-Begleitgesetzes (BT-Drucks.17/9340, S. 40 f.).

66 § 1 Nr. 3 a.F. FVG.

67 Zur Reform der Wasser- und Schifffahrtsverwaltung des Bundes Deutscher Bundestag, Beschlussempfehlung und Bericht des Ausschusses für Verkehr, Bau und Stadtentwicklung, BT-Drucks. 17/11592.

ddd) Bundesunterbehörden

17 **Bundesunterbehörden** sind einer Bundesmittelbehörde im Instanzenzug nachgeordnete und für einen bestimmten Teil des Bundesgebietes örtlich zuständige Behörden der Unterstufe wie beispielsweise die Bundespolizeidirektionen,[68] Hauptzollämter sowie heute noch die Zollfahndungsämter,[69] Wasser- und Schifffahrtsämter, Wasserstraßenneubauämter.[70]

bb) Beliehene als Bundesbehörden

18 **Beliehene** (vgl. Rdn. 81) **als Bundesbehörden** sind etwa die Deutsche Flugsicherung GmbH,[71] die Deutsche Akkreditierungs- und Zulassungsgesellschaft für Umweltgutachter mbH,[72] die Stiftung Elektro-Altgeräte-Register bei Maßnahmen zur Sammlung von Altgeräten im Vollzug der §§ 9 Abs. 5 Satz 4 und 16 Abs. 2 bis 5 ElektroG,[73] die Deutsche Akkreditierungsstelle GmbH bei der Akkreditierung und Überwachung von Konformitätsbewertungsstellen,[74] außerdem die Schiffskapitäne und die Luftfahrzeugführer, soweit sie nach § 106 SeemG bzw. nach § 12 Abs. 1 LuftSiG[75] Maßnahmen zur Erhaltung der Ordnung und Sicherheit an Bord treffen.[76]

b) Behörden bundesunmittelbarer juristischer Personen des öffentlichen Rechts

19 Die in Nr. 1 aufgeführten Behörden der bundesunmittelbaren Körperschaften (vgl. Rdn. 18 f.), Anstalten (vgl. Rdn. 20 f.) und Stiftungen des ö.R. (vgl. Rdn. 22 f.) bilden die **mittelbare Bundesverwaltung.** Den im Gesetz angeführten juristischen Personen sind die teilrechtsfähigen Vereinigungen des ö.R. (vgl. Rdn. 24) gleichzustellen.

Die rechtliche Struktur solcher Behörden ist dadurch gekennzeichnet, dass sie nicht in den Behördenapparat des Bundes eingegliedert sind, sondern als Dienststellen

---

68 § 57 Abs. 2 Satz 1 BPolG; den Bundespolizeidirektionen ist das Handeln der keine Behörden im institutionellen Sinne darstellenden Bundespolizeiinspektionen (und Reviere) zuzurechnen (BGH, Beschl. v. 30.03.2010 – V ZB 79/10, NVwZ 2010, 919; vgl. auch VG Freiburg, Beschl. v. 03.06.2013 – 4 K 896/13, juris und WKRS 2013, 42894).

69 § 1 Nr. 4 a.F. FVG und Nr. 3 n.F.

70 Zur Reform der Wasser- und Schifffahrtsverwaltung s.o. Fn. 67.

71 § 1 VO des Bundesministers für Verkehr vom 11.11.1992 (BGBl. I, S. 1928) i.d.F.v. 24.08.2019 (BGBl. I. S. 2952). Vgl. VG Frankfurt am Main, Beschl. v. 22.06.1994 – 9 E 895/94, NVwZ 1995, 410.

72 Verordnung über die Beleihung der Zulassungsstelle nach dem Umweltauditgesetz i.d.F.v. 29.03.2017 (BGBl. I, S. 626). Vgl. *Lütkes*, NVwZ 1996, 230 (232).

73 Vgl. VG Ansbach, Urt. v. 29.10.2008 – AN 11 K 08.1161, juris und WKRS 2015, 31850.

74 § 1 Abs. 1 Verordnung über die Beleihung der Akkreditierungsstelle nach dem Akkreditierungsstellengesetz i.d.F.v. 03.11.2017 (BGBl. I S. 3732).

75 Vgl. zu § 29 Abs. 3 LuftVG a.F. BVerwG, Beschl. v. 07.06.1984 – 7 B 153.83, NVwZ 1985, 48; BGH, 18.11.1982, Urt. v. 18.11.1982 – VII ZR 25/82, NJW 1983, 448.

76 Siehe weitere Beispiele bei Schoch/Schneider/Bier/*Ehlers/Schneider*, § 40 Rn. 278; Stelkens/Bonk/Sachs/*Schmitz*, § 1 Rn. 254.

rechtlich selbstständiger, kraft Bundesrecht errichteter und der Aufsicht einer Bundesbehörde unterstellter Institutionen fungieren.

aa) Körperschaften des öffentlichen Rechts

Körperschaften des öffentlichen Rechts sind mitgliedschaftlich verfasste, vom Wechsel der Mitglieder unabhängig bestehende Rechtssubjekte.[77] 20

Körperschaften des ö.R. auf **Bundesebene** sind **beispielsweise** die auf der Grundlage des Art. 87 Abs. 1 Satz 1 GG sozialen Versicherungsträger (wie die Deutsche Rentenversicherung Bund,[78] die Deutsche Rentenversicherung Knappschaft-Bahn-See, die Postbeamtenkrankenkasse, die bundesunmittelbaren Berufsgenossenschaften) und die Bundesrechtsanwaltskammer. 21

bb) Anstalten des öffentlichen Rechts

Anstalten des öffentlichen Rechts sind, von einem Hoheitsträger getragene, im Gegensatz zu Körperschaften nicht mitgliedschaftlich organisierte Rechtssubjekte, deren Verwaltungstätigkeit Benutzern zugutekommt.[79] 22

Anstalt des ö.R. **auf Bundesebene** ist **beispielsweise** die Bundesbank,[80] die Bundesagentur für Arbeit (trotz der unzutreffenden Bezeichnung als »Körperschaft des ö.R.« in § 367 Abs. 1 SGB III)[81] mit ihren Behörden (Zentrale, Regionaldirektionen und Agenturen für Arbeit),[82] die Bundesanstalt für Finanzdienstleistungsaufsicht,[83] die Anstalt »Solidarfonds Abfallrückführung«,[84] die Bundesanstalt für Immobilienaufgaben,[85] die Bundesanstalt für Post und Telekommunikation,[86] die Bundesanstalt für 23

77 Vgl. Ehlers/*Burgi*, AllgVwR, § 8 Rn. 12; Wolff/Bachof/Stober/*Kluth* II, § 85 Rn. 5 ff.

78 § 29 Abs. 1 SGB IV; ebenso die in die Deutsche Rentenversicherung Bund aufgegangene Bundesanstalt für Angestellte trotz der Bezeichnung Anstalt (§ 1 Abs. 2 Gesetz v. 07.12.1953, BGBl. I S. 857) i.d.F.v. 31.08.2015 (BGBl. I S. 1474)

79 Vgl. Ehlers/*Burgi*, AllgVwR, § 8 Rn. 13; Wolff/Bachof/Stober/Kluth/*Müller* II, § 86 Rn. 8 ff.

80 Vgl. *Stern*, StR II, S. 471; Schmidt-Bleibtreu/Hofmann/Hopfauf/*Ruge*, Art. 88 Rn. 3; Wolff/Bachof/Stober/Kluth/*Müller* II, § 86 Rn. 21.

81 Wolff/Bachof/Stober/Kluth/*Müller* II, § 86 Rn. 119.

82 § 367 Abs. 2 SGB III.

83 Gem. § 1 Abs. 1 FinDAG i.d.F.v. 12.12.2019 (BGBl. I S. 2602) durch Zusammenlegung des Bundesaufsichtsamtes für das Kreditwesen, des Bundesaufsichtsamtes für das Versicherungswesen und des Bundesaufsichtsamtes für den Wertpapierhandel zum 01.05.2002 errichtet.

84 VO vom 20.05.1996 (BGBl. I S. 694). Vgl. zur Aufhebung Gesetz v. 06.10.2005 (BGBl. I S. 3010).

85 Hervorgegangen aus der Bundesvermögensverwaltung (§ 1 Abs. 1 Gesetz v. 09.12.2004, BGBl. I S. 3235).

86 § 1 Gesetz v. 14.09.1994 (BGBl. I S. 2325) i.d.F.v. 23.12.2016 (BGBl. I. S. 3224).

Landwirtschaft und Ernährung, die Kreditanstalt für Wiederaufbau[87] oder das Bundesinstitut für Risikobewertung.[88]

cc) Stiftungen des öffentlichen Rechts

24 **Stiftungen des öffentlichen Rechts** sind von einem Stifter einem bestimmten öff. Zweck gewidmete Vermögensmassen mit eigener Rechtspersönlichkeit, die im Gegensatz zu Körperschaften keine Mitglieder und im Gegensatz zu Anstalten keine Benutzer, sondern Genussberechtigte haben.[89]

25 Eine Stiftung des ö.R. auf **Bundesebene** ist **beispielsweise** die Stiftung »Preußischer Kulturbesitz«, die Museumsstiftung Post und Telekommunikation, die Otto-von-Bismarck-Stiftung,[90] die Stiftung »Haus der Geschichte der Bundesrepublik Deutschland«.[91]

dd) Gleichgestellte teilrechtsfähige Vereinigungen

26 Den aufgeführten juristischen Personen sind **teilrechtsfähige Vereinigungen** (vgl. § 11 Rdn. 11 ff.) gleichgestellt. Behörden solcher teilrechtsfähigen Vereinigungen auf Bundesebene sind beispielsweise die Behörden des nicht rechtsfähigen Sondervermögens des Bundes »Bundeseisenbahnvermögen« etwa bei der Verwaltung des beamteten Personals, das der Deutsche Bahn Aktiengesellschaft zugewiesen ist.[92]

c) Gesetzesvollzug durch Bundesbehörden, der die Geltung des VwVfG bewirkt

27 Die Geltung des VwVfG für Bundesbehörden im weiteren Sinne (vgl. Rdn. 9) ist anders als bei den Landesbehörden (vgl. Rdn. 42 ff.) nicht davon abhängig, dass die **zu vollziehenden Rechtsvorschriften** unter eine ganz bestimmte Gesetzgebungskompetenz des Bundes nach dem GG fallen. Nach der das Verhältnis des Bundes zu den Ländern regelnden Kompetenzordnung des GG kommen als zu vollziehende Rechtsvorschriften alle Normen des Bundesrechts in Betracht, die der Ausführung durch die aus Behörden des Bundes und bundesunmittelbarer Hoheitsträger bestehenden bundeseigenen Verwaltung anvertraut sind (vgl. Rdn. 9 und 17).

---

87 § 1 Abs. 1 Satz 1 Gesetz i.d.F. der Bek. v. 23.06.1969 (BGBl. I S. 573) i.d.F.v. 31.08.2015 (BGBl. I S. 1474).

88 § 1 Gesetz v. 06.08.2002 (BGBl. I S. 3082) i.d.F.v. 22.05.2013 (BGBl. I S. 1329).

89 Vgl. Ehlers/*Burgi*, AllgVwR § 8 Rn. 16; Wolff/Bachof/Stober/*Kluth* II, § 87 Rn. 11. Zur Zugehörigkeit einer Stiftung zum Bereich des öff. oder privaten Rechts vgl. BFH, Urt. v. 29.01.2003 – I R 106/00, NVwZ 2003, 1020.

90 Errichtet durch Gesetz v. 23.10.1997 (BGBl. I S. 2582) i.d.F.v. 01.11.2016 (BGBl I S. 2450).

91 Errichtet durch Gesetz v. 28.02.1990 (BGBl. I S. 294) i.d.F.v. 05.02.2009 (BGBl. I S. 160).

92 §§ 1, 3 Abs. 1, Abs. 2 Nr. 3, § 6 BEZNG. Vgl. Wolff/Bachof/Stober/Kluth/*Müller* II, § 86 Rn. 30.

aa) Vollzug von Bundesrecht

Das von den Bundesbehörden bei ihrer Verwaltungstätigkeit zu vollziehende **Bundesrecht** kann sich somit auf die Gegenstände der ausschließlichen Gesetzgebung (gem. Art. 73 Abs. 1, 105 Abs. 1, 143a Abs. 1, 143b Abs. 1 GG oder gemäß einzelner Verfassungsnormen außerhalb dieser Zuweisungskataloge[93] sowie aufgrund ungeschriebener Gesetzgebungszuständigen)[94] wie auf solche der konkurrierenden Gesetzgebung des Bundes (gem. Art. 72, 74 Abs. 1, 105 Abs. 2 GG) erstrecken. Bundesrecht vollzieht eine Bundesbehörde auch, wenn sie Rechtsverordnungen eines Landes anzuwenden hat, die aufgrund einer Ermächtigung des zu vollziehenden »ergänzungsbedürftigen« Bundesgesetzes erlassen wurden.[95] 28

bb) Vollzug von Unionsrecht

Handeln Bundesbehörden nach dem **Recht der Europäischen Union**, so haben sie unter dem Vorbehalt abweichenden Unionsrechts[96] das (für sie ohne Rücksicht auf den gegenständlichen oder nationalen Charakter des zu vollziehenden Rechts geltende) VwVfG anzuwenden, da sie beim Vollzug von Unionsrecht in der Regel als Staatsgewalt der BRD handeln.[97] 29

3. Handeln einer Landesbehörde im weiteren Sinne beim Vollzug von Bundesrecht im Auftrag des Bundes nach Nr. 2

Die Geltung des VwVfG ist nach **Nr. 2** für Landesbehörden im weiteren Sinne (vgl. Rdn. 29 ff.) davon abhängig, dass sie im Rahmen der **Bundesauftragsverwaltung** (vgl. Rdn. 42 ff.) handeln. 30

Die Behörden eines Landes als Landesbehörden im engeren Sinne (vgl. Rdn. 30 ff.) bilden zusammen mit den ebenfalls in Nr. 2 aufgeführten Behörden der Gemeinden und Gemeindeverbände (vgl. Rdn. 37) sowie der sonstigen der Aufsicht des Landes unterstehenden juristischen Personen des ö.R. (vgl. Rdn. 38 ff.) als **Landesbehörden im weiteren Sinne** die Landesverwaltung. 31

---

93 Siehe die Zusammenstellungen bei: Schmidt-Bleibtreu/Hofmann/Hopfauf/*Sannwald*, Art. 71 Rn. 6; von Mangoldt/Klein/Starck/*Rozek*, Art. 70 Rn. 37; von Mangoldt/Klein/Starck/*Heintzen*, Art. 71 Rn. 15.

94 Kraft Natur der Sache, kraft Sachzusammenhangs oder aufgrund von Annexkompetenzen. Vgl. hierzu etwa von Mangoldt/Klein/Starck/*Rozek*, Art. 70 Rn. 38 ff.

95 Vgl. BVerfG, Beschl. v. 08.06.1988 – 2 BvL 9/85 – 2 BvL 3/86, NJW 1988, 2529 (2531 f.); BVerwG, Urt. v. 03.03.1989 – 8 C 38.86, NVwZ-RR 1990, 44 (46).

96 Vgl. EuGH, Urt. v. 20.03.1997 – Rs C-24/95, NJW 1998, 47; Urt. v. 20.09.1990, – Rs C – 5/89, NVwZ 1990, 1161; Urt. v. 21.09.1983, – Rs 205 – 215/82; *Kopp/Ramsauer*, Einf. II Rn. 38 ff., 42; *Ehlers*, AllgVwR, § 5 Rn. 44 ff.

97 Ausführlich *Kopp/Ramsauer*, Einf. II Rn. 34 ff.; Stelkens/Bonk/Sachs/*Bonk/Schmitz*, § 1 Rn. 218.

a) **Behörden der Länder als Landesbehörden im engeren Sinne**

32 Behörden der Länder als **Landesbehörden im engeren Sinne** sind alle Behörden, die organisatorisch in den Behördenapparat des Hoheitsträgers »Land« eingegliedert sind (vgl. Rdn. 31 ff.) oder als Beliehene (vgl. Rdn. 36, 81) unmittelbar für das Land und nicht für eine landesunmittelbare juristische Person des ö.R. tätig werden.

aa) **Behörden innerhalb der Verwaltungsorganisation eines Landes**

33 **Innerhalb der Verwaltungsorganisation der Länder**[98] sind (ohne Berücksichtigung der Gerichte in ihrer Eigenschaft als Behörden – vgl. Rdn. 88 – und der ihnen angegliederten Behörden der Staats- und Landesanwaltschaften) in der Mehrzahl der Länder (von Brandenburg, Mecklenburg-Vorpommern, dem Saarland, Schleswig-Holstein und den Stadtstaaten abgesehen) oberste Landesbehörden (vgl. Rdn. 32), obere Landesbehörden (vgl. Rdn. 33), Mittelbehörden (vgl. Rdn. 34) und Unterbehörden (vgl. Rdn. 35) zu unterscheiden.

aaa) **Oberste Landesbehörden**

34 **Oberste Landesbehörden** sind die Landes- bzw. Staatsregierung, der Landtags- und ggf. der Senatspräsident mit den Parlamentsverwaltungen, die Staatskanzlei, die einzelnen Ministerien und der Landesrechnungshof.[99]

bbb) **Obere Landesbehörden**

35 **Obere Landesbehörden** (auch Landeszentralbehörden genannt) sind die einer obersten Landesbehörde unterstellten Behörden ohne eigenen Verwaltungsunterbau, die Zuständigkeiten für ein ganzes Land wahrnehmen, wie z.B. die Landeskriminalämter, Landesämter für Statistik, Landesämter für Verfassungsschutz, Landesdirektaonen, Landesämter für Lebensmittelsicherheit.

ccc) **Landesbehörden der Mittelstufe**

36 **Landesbehörden der Mittelstufe** sind einer obersten Landesbehörde im Instanzenzug nachgeordnete und für einen bestimmten Teil des Landes örtlich zuständige Behörden, denen weitere Behörden nachgeordnet sind. Hierzu gehören die als »höhere Verwaltungsbehörden« qualifizierten (Bezirks) Regierungen bzw. Regierungspräsidien sowie die ihnen gleichrangigen Sonderbehörden wie etwa die (Ober-) Forstdirektionen, die Oberfinanzdirektionen (in ihrer Eigenschaft als Landesbehörden – vgl. Rdn. 10) oder die Bezirksfinanzdirektionen.

---

98 Siehe im Einzelnen: Ehlers/*Burgi*, AllgVwR, § 9 Rn. 12 ff.; Wolff/Bachof/*Stober/Kluth* II, § 80 Rn. 126 ff. und § 81 Rn. 76 ff.

99 Vgl. OVG Nordrhein-Westfalen, Urt. v. 09.05.1978 – XII A 687/76, NJW 1980, 137; VG Düsseldorf, Beschl. v. 27.12.2012 – 1 L 2483/12, juris und WKRS 2012, 39122.

ddd) Landesbehörden der Unterstufe

37 **Landesbehörden der Unterstufe** sind im Instanzenzug einer Behörde der Mittelstufe nachgeordnet und für einen kleineren Landesteil örtlich zuständig. Zu ihnen zählen als allgemeine Behörden die staatlichen Landratsämter und als Sonderbehörden beispielsweise die Finanz-, Forst-, Gewerbeaufsichts-, Landwirtschafts-, Schul- und Wasserwirtschaftsämter.

bb) Beliehene als Landesbehörden

38 Als **Beliehene** (vgl. Rdn. 81) sind den **Landesbehörden** u.a die Sonderabfallüberwachungsgesellschaften,[100] die bestellten bevollmächtigten Bezirksschornsteinfeger bei der Feuerstättenschau und Bauabnahme nach Landesrecht gem. § 8 Abs. 1, §§ 13 bis 20 SchfHwG,[101] die bestätigten Jagdaufseher nach § 25 Abs. 2 BJagdG, die amtlich anerkannten Sachverständigen oder Prüfer für den Kraftfahrzeugverkehr nach §§ 15 bis 18 FeV sowie die staatlich anerkannten Privatschulen hinsichtlich der Erteilung rechtserheblicher Zeugnisse[102] zuzurechnen.[103]

b) Behörden der Gemeinden und Gemeindeverbände

39 Mit den in Nr. 2 aufgeführten **Behörden der Gemeinden und Gemeindeverbände** sind die institutionellen Einheiten gemeint, die nach dem jeweiligen Kommunalverfassungsrecht für die kreisangehörigen und kreisfreien Gemeinden sowie für die Landkreise und andere Gemeindeverbände (wie etwa die Samtgemeinden in Niedersachsen oder die Bezirke in Bayern)[104] bei der Wahrnehmung deren Verwaltungsaufgaben nach außen handeln.[105]

c) Behörden der sonstigen der Aufsicht des Landes unterstehenden juristischen Personen des öffentlichen Rechts

40 Die **sonstigen** der Aufsicht des Landes unterstehenden **juristischen Personen des öffentlichen Rechts** lassen sich **im Bereich der Länderverwaltungen** wie im Bereich der Bundesverwaltung nach ihrer Rechtsnatur in Körperschaften (vgl. Rdn. 39), Anstalten (vgl. Rdn. 40) und Stiftungen (vgl. Rdn. 41) einteilen. Ihnen sind auch auf Landesebene die teilrechtsfähigen Vereinigungen des ö.R. gleichgestellt (vgl.: Rdn. 24; § 11 Rdn. 11 f.).

---

100 Wie etwa die Thüringer Gesellschaft zur Überwachung der Sonderabfallentsorgung mbH (vgl. BVerwG, Beschl. v. 29.09.2005 – 7 BN 2.05, NVwZ 2006, 829.

101 Vgl. VGH Bayern, Beschl. v. 15.02.2012 – 22 ZB 10.2972, GewArch 2012, 364 (365) zur Rechtslage nach dem bis 31.12.2012 geltenden SchfG.

102 Vgl. Kopp/*Ramsauer*, § 1 Rn. 61; *Sodan*, NK-VwGO, § 40 Rn. 361.

103 Siehe die weiteren Beispiele bei Schoch/Schneider/Bier/*Ehlers/Schneider*, § 40 Rn. 278; Stelkens/Bonk/Sachs/*Bonk/Schmitz*, § 1 Rn. 254; *Sodan*, NK-VwGO, § 40 Rn. 359; vgl. auch VGH Baden-Württemberg (Beschl. v. 24.02.1997 – 5 S 7/97, NVwZ-RR 1998, 152) zur Belieheneneigenschaft öff. bestellter Vermessungsingenieure.

104 Vgl. Wolff/Bachof/Stober/*Kluth* II, § 98 Rn. 117.

105 Vgl. Wolff/Bachof/Stober/*Kluth* II, § 97 Rn. 143 ff.

41 **Körperschaften des öffentlichen** Rechts (vgl. oben Rdn. 18) sind bspw. die Berufsgenossenschaften auf Landesebene, die Handwerksinnungen, die Handwerkskammern, die Kreishandwerkerschaften, die Industrie- und Handelskammern, die staatlichen Hochschulen,[106] die Rechtsanwaltskammern, die Jagdgenossenschaften, die Wasser- und Bodenverbände und die kommunalen Zweckverbände.

42 **Anstalten des öffentlichen Rechts** (vgl. oben Rdn. 20) sind auf Landesebene etwa die Landes-Rundfunkanstalten, das Deutsche Institut für Bautechnik, die rheinland-pfälzische Anstalt für Kabelkommunikation, die Landeszentralen für politische Bildung, die Studentenwerke oder die selbstständigen Kommunalunternehmen nach Art. 89 BayGO.

43 **Stiftungen des öffentlichen Rechts** (vgl. oben Rdn. 22) auf Landesebene sind z.B. die Bayerische Landesstiftung oder die vielfältigen rechtsfähigen kommunalen Stiftungen.[107]

d) Vollzug von Bundesrecht durch Landesbehörden im Auftrag des Bundes

44 Die Geltung des VwVfG auf die ö.-r. Verwaltungstätigkeit der Landesbehörden im weiteren Sinne (vgl. Rdn. 29) setzt voraus, dass sie gem. Art. 85 GG Bundesrecht im Auftrag des Bundes, also im Rahmen der **Bundesauftragsverwaltung**, ausführen.

aa) Gegenstände der Bundesauftragsverwaltung

45 Zu den **Gegenständen der Bundesauftragsverwaltung** gehören

1) die Bundesautobahnen und die sonstigen Bundesstraßen des Fernverkehrs nach Art. 90 Abs. 2 GG,
2) die Bundeswasserstraßen, falls deren Verwaltung nach Art. 89 Abs. 2 Satz 3 GG einem Land auf dessen Antrag als Auftragsverwaltung übertragen worden ist,
3) die von den Landesfinanzbehörden verwalteten Steuern, die ganz oder zum Teil dem Bund zufließen nach Art. 108 Abs. 3 Satz 1 GG (vgl. jedoch § 2 Abs. 2 Nr. 1),
4) Angelegenheiten der Verteidigung einschließlich des Wehrersatzwesens und des Schutzes der Zivilbevölkerung, der Erzeugung und Nutzung der Kernenergie, der Luftverkehrsverwaltung sowie des Lastenausgleichs (vgl. jedoch § 2 Abs. 2 Nr. 5), soweit Gesetze nach Art. 87b Abs. 2 Satz 1, Art. 87c, Art. 87d Abs. 2 und Art. 120a Satz 1 GG mit Zustimmung des Bundesrates bestimmen, dass sie von den Ländern im Auftrag des Bundes ausgeführt werden,[108]
5) der Vollzug von Bundesgesetzen, die Geldleistungen gewähren[109] (falls sie von den Ländern ausgeführt werden und der Bund die Hälfte der Ausgaben oder mehr trägt) nach Art. 104a Abs. 3 Satz 2 GG.[110]

---

106 Jedenfalls in Selbstverwaltungsangelegenheiten, vgl. dazu Wolff/Bachof/Stober/*Kluth* II, § 99 Rn. 47 ff.

107 Vgl. zur Abgrenzung der kommunalen, kirchlichen und allgemeinen Stiftungen BayVerfGH, Urt. v. 28.12.1984 – Vf. 10-VII-81, BayVBl. 1985, 332.

108 Vgl. BVerwG, Urt. v. 02.02.1995 – 2 A 5.92, NVwZ 1995, 991.

109 Zum Begriff des Geldleistungsgesetzes s. *Maunz*, Festschrift Boorberg, S. 95 (106).

110 Vgl. BVerwG, Urt. v. 30.11.1995 – 7 C 56.93, NVwZ 1996, 595.

bb) Bedeutung der Vorschrift für die Landesbehörden im Rahmen der Bundesauftragsverwaltung

Wegen des Vorbehalts zugunsten eines LVwVfG in Abs. 3 (vgl. Rdn. 68 ff.) kommt das **VwVfG gegenwärtig** im Rahmen der Bundesauftragsverwaltung durch Behörden der Länder **nicht zur Anwendung.**[111] 46

2. Vorbehalt zugunsten inhaltsgleichen oder entgegenstehenden Bundesrechts

Das Gesetz gilt unter dem **Vorbehalt**, dass nicht in **Rechtsvorschriften des Bundes inhaltsgleiche oder entgegenstehende Bestimmungen** enthalten sind. Soweit dies der Fall ist, haben die inhaltsgleichen bzw. entgegenstehenden Bestimmungen der anderen Rechtsvorschriften den Vorrang vor den Vorschriften des VwVfG und eines das VwVfG im Übrigen nach Abs. 3 verdrängenden LVwVfG (vgl. Rdn. 72). Unberührt bleibt auch die Weitergeltung von Verfahrensnormen über Gegenstände, die im VwVfG keine Regelung gefunden haben, wie z.B. die sachliche Zuständigkeit. 47

a) In Betracht kommende vorgehende Rechtsvorschriften

Als dem VwVfG vorgehende Rechtsvorschriften des Bundes kommen nur solche Normen in Betracht, die in **Rechtsetzungsakten des Bundes** (förmlichen Bundesgesetzen, von Bundesbehörden im engeren Sinne – vgl. Rdn. 10 – erlassenen Rechtsverordnungen)[112] enthalten sind.[113] Inhaltsgleiche oder entgegenstehende Bestimmungen des Rechts bundesunmittelbarer Körperschaften, Anstalten und Stiftungen[114] können Vorschriften des VwVfG ebenso wenig verdrängen wie Bundesgewohnheitsrecht[115] oder Verwaltungsvorschriften des Bundes, auch wenn sie etwa gem. Art. 84 Abs. 2 GG von der Bundesregierung mit Zustimmung des Bundesrates erlassen sind.[116] 48

---

111 Für die Anwendbarkeit des VwVfG auf die Verwaltungstätigkeit der Landesbehörden im Bereich der Bundesauftragsverwaltung kommt es nicht darauf an, ob das auszuführende Bundesrecht vor oder nach Inkrafttreten des VwVfG erlassen worden ist. Da dem Bund nach Art. 85 Abs. 1 GG für die Regelung des Verwaltungsverfahrens im Bereich der Bundesauftragsverwaltung die ausschließliche Gesetzgebungskompetenz zusteht, bedarf es (anders als im Fall des Abs. 2 Satz 2 – vgl. Rdn. 68) keiner Zustimmung des Bundesrates.

112 Kopp/Ramsauer, § 1 Rn. 30; OVG Nordrhein-Westfalen, Beschl. v. 02.07.2008 – 19 A 3506/07, Rn 7 ff., juris und WKRS 2008, 19968.

113 Zu dem nicht erst aus der Vorbehaltsklausel bestehenden Vorrang bundesverfassungsrechtlicher Normen und Grundsätzen mit verfahrensrechtlichem Bezug vgl. Stelkens/Bonk/Sachs/*Bonk/Schmitz*, § 1 Rn. 210.

114 Vgl. Stelkens/Bonk/Sachs/*Bonk/Schmitz*, § 1 Rn. 211, 216; *Kopp/Ramsauer*, § 1 Rn. 30; OVG Nordrhein-Westfalen, Beschl. v. 02.07.2008 – 19 A 3506/07, Rn. 7 ff., juris und WKRS 2008, 19968.

115 Vgl. Stelkens/Bonk/Sachs/*Bonk/Schmitz*, § 1 Rn. 216; *Kopp/Ramsauer*, § 1 Rn. 30; a.A. Knack/Henneke/*Schliesky*, § 1 Rn. 67.

116 Stelkens/Bonk/Sachs/*Bonk/Schmitz*, § 1 Rn. 212.

b) Umfang der Verdrängungswirkung

49 Durch Auslegung ist jeweils zu ermitteln, inwieweit eine dieselbe Sachmaterie erfassende bundesrechtliche Sonderregelung die Anwendbarkeit des VwVfG nur teilweise oder insgesamt ausschließt. Dabei ist entscheidend darauf abzustellen, ob der durch Auslegung ermittelte **Regelungsumfang des Sonderrechts** unabhängig von einer ausdrücklichen inhaltsgleichen oder entgegenstehenden Bestimmung abschließend ist oder nicht.[117] Die Vermutung spricht für eine ergänzende Anwendung von Normen des VwVfG, wenn sich die Sonderregelung in einem älteren Gesetz befindet, das rechtsstaatliche Verfahrensgarantien nicht in dem umfassenden Maße berücksichtigt wie das VwVfG[118] oder neuere Probleme wie z.B. Massenverfahren[119] ungeregelt lässt.

c) Beispiele inhaltsgleicher oder entgegenstehender Vorschriften

50 Als **Beispiele** inhaltsgleicher oder entgegenstehender Vorschriften sind zu nennen
1) im Rahmen des von Bundesbehörden nach Nr. 1 auszuführenden Bundesrechts
   - §§ 12, 13 BBG (über die Nichtigkeit der Ernennung von Bundesbeamten und deren Zurücknahmen),
   - §§ 18a – 18d AEG (über die Planfeststellung von Eisenbahnbetriebsanlagen durch das Eisenbahn-Bundesamt),

51 2) im Rahmen des von den Behörden der Länder nach Nr. 2 im Auftrag des Bundes auszuführenden Bundesrechts
   - §§ 6 ff. LuftVG (über die Genehmigung von Flugplätzen),
   - §§ 17a – 17d FStrG (über die Planfeststellung von Bundesfernstraßen).

II. Die Gesetzesgeltung für Landesbehörden bei der Ausführung von Bundesrecht der ausschließlichen oder konkurrierenden Bundesgesetzgebung (Abs. 2)

52 **Abs. 2** befasst sich mit der Anwendung des VwVfG auf die ö.-r. Verwaltungstätigkeit (vgl. Rdn. 5 ff.) der in Abs. 1 Nr. 2 aufgeführten Landesbehörden im weiteren Sinne (vgl. Rdn. 29), wenn die Länder Bundesrecht ausführen, das Gegenstand der ausschließlichen oder konkurrierenden Gesetzgebung des Bundes (vgl. Rdn. 53 ff.) ist. Dabei wird **zwischen dem vor und nach dem Inkrafttreten des VwVfG erlassenen Bundesrechts unterschieden** (vgl. Rdn. 58, 65). Voraussetzung für die Anwendbarkeit des VwVfG ist wie bei Abs. 1 das Fehlen inhaltsgleichen oder entgegenstehenden Bundesrechts (vgl. Rdn. 59 ff.).

---

117 Vgl. BVerwG, Urt. v. 08.08.1986 – 4 C 16.84, NVwZ 1987, 488.

118 Vgl. Stelkens/Bonk/Sachs/*Bonk*/*Schmitz*, § 1 Rn. 209, 231 ff.; Kopp/*Ramsauer*, § 1 Rn. 35 ff.

119 Vgl. Kopp/*Ramsauer*, § 1 Rn. 36.

1. Die Anwendung durch Landesbehörden bei der Ausführung des vor Inkrafttreten des VwVfG erlassenen Bundesrechts der ausschließlichen oder konkurrierenden Bundesgesetzgebung nach Satz 1

Nach dem Wortlaut des **Satzes 1** und unter Berücksichtigung der Einschränkung in Satz 2 (vgl. Rdn. 63 ff.) haben **Landesbehörden** im weiteren Sinne (vgl. Rdn. 29) beim Vollzug des vor Inkrafttreten des VwVfG erlassenen Bundesrechts der ausschließlichen und konkurrierenden Bundesgesetzgebung das VwVfG anzuwenden, soweit nicht Rechtsvorschriften des Bundes inhaltsgleiche oder entgegenstehende Bestimmungen enthalten (vgl. Rdn. 59 ff.). 53

Das von den Ländern **auszuführende Bundesrecht** muss der ausschließlichen (vgl. Rdn. 53 f.) oder der konkurrierenden Gesetzgebung des Bundes (vgl. Rdn. 55) zugehören und darf nicht dem Vollzug durch Bundesbehörden obliegen. Art. 83 GG weist den Ländern die Ausführung von Bundesrecht grundsätzlich in der Form der landeseigenen Verwaltung zu. Bundesrecht in diesem Sinne sind auch die von den Ländern durchzuführenden Rahmenpläne, wenn sie (wie z.B. die Rahmenpläne nach §§ 4 ff. des Gesetzes über die Gemeinschaftsaufgabe »Verbesserung der Agrarstruktur und des Küstenschutzes« vom 03.09.1969) aufgrund eines Bundesgesetzes von einem Rechtsetzungsorgan des Bundes erlassen worden sind.[120] 54

a) Das einschlägige Bundesrecht

aa) Gegenstände der ausschließlichen Gesetzgebung des Bundes

Zu den **Gegenständen der ausschließlichen Gesetzgebung des Bundes** gehören zunächst alle auf der Grundlage der Art. 73 Abs. 1, 105 Abs. 1, 143a Abs. 1, 143b Abs. 1 GG erlassenen förmlichen Bundesgesetze und die zu ihrem Vollzug erlassenen untergesetzlichen Bundesrechtsvorschriften einschließlich der aufgrund des aufgehobenen Art. 75 Abs. 1 Nr. 5 und 6 GG erlassenen Bundesrahmenrechts und infolge Einreihung in den Katalog des Art. 73 Abs. 1 GG nach Art. 125b Abs. 1 GG fortgeltenden Bundesgesetze (vgl. Rdn. 56). Wegen der Anwendungsausnahme zugunsten der AO in § 2 Abs. 2 Nr. 1 (vgl. § 2 Rdn. 18 ff.) kommt jedoch dem aufgrund Art. 105 Abs. 1 GG erlassenen Bundesrecht (Zölle, Finanzmonopole) für die Geltung des VwVfG keine Bedeutung zu. 55

Auch die in Art. 91a Abs. 2 GG genannten Gesetze zur näheren Bestimmung der Gemeinschaftsaufgaben zählen zur ausschließlichen Bundesgesetzgebung,[121] da sie unter den Voraussetzungen des Art. 91a Abs. 1 GG nur vom Bund und nicht etwa von einem Land oder von allen Ländern (gemeinsam) erlassen werden können. 56

---

120 Die Tatsache, dass der für den Erlass eines Rahmenplanes zuständige Planungsausschuss aus Bundes- und Landesministern besteht, spricht nicht gegen die Qualifikation dieses Ausschusses als Rechtsetzungsorgan des Bundes. Der Bundesrat setzt sich ausschließlich aus Ländervertretern zusammen und ist doch unstrittig ein Verfassungsorgan des Bundes.

121 Von Mangoldt/Klein/Starck/*Rozek*, Art. 70 Rn. 37.

bb) Gegenstände der konkurrierenden Gesetzgebung des Bundes

57 Zu den **Gegenständen der konkurrierenden Gesetzgebung des Bundes** gehören alle förmlichen Bundesgesetze und die zu ihrem Vollzug erlassenen Bundesvorschriften untergesetzlicher Art, die zu den in den Art. 72, 74 Abs. 1 oder 105 Abs. 2 GG aufgeführten Materien zählen, wobei für letztere der Vorbehalt in § 2 Abs. 2 Nr. 1 (vgl. § 2 Rdn. 18 ff.) wirksam ist (vgl. Rdn. 53). Hierzu zählt auch Bundesrecht, das wegen der Änderung oder Aufhebung grundgesetzlicher Kompetenznormen der konkurrierenden Gesetzgebung **nicht mehr als Bundesrecht erlassen werden kann**, aber nach Art. 125a Abs. 1[122] oder Abs. 2 GG[123] bis zur Ersetzung durch Landesrecht als Bundesrecht weitergilt.

cc) Bundesrahmenrecht

58 Mit Aufhebung des Art. 75 GG im Zuge der Föderalismusreform[124] zum 01.09.2006 stellt sich die Frage nicht mehr, ob das VwVfG von den Ländern auch beim Vollzug des in Abs. 2 nicht aufgeführten Bundesrahmenrechts anzuwenden ist, weil nach Art. 125b Abs. 1 GG fortgeltendes bisheriges **Bundesrahmenrecht** entweder in die ausschließliche (wie das Melde- und Ausweiswesen in Art. 73 Abs. 1 Nr. 3 GG und Schutz deutschen Kulturguts gegen Abwanderung ins Ausland in Art. 73 Abs. 1 Nr. 5a GG) oder die konkurrierende (wie beispielsweise Naturschutz und Landschaftspflege in Art. 74 Abs. 1 Nr. 29 GG) Gesetzgebung des Bundes überführt wurde, wenn es nicht (wie die allgemeinen Rechtsverhältnisse der Presse) in die ausschließliche Länderkompetenz zurückfiel. Auch zuvor hatte die Frage einen akademischen Charakter, da sich der Vollzug von **Bundesrahmenrecht** prinzipiell als Vollzug materiellen (das Bundesrahmengesetz konkretisierenden) Landesrechts darstellte.[125]

dd) Unionsrecht

59 Da die Geltung des VwVfG im Bereich der Länderverwaltungen anders als für den Bereich der Bundesverwaltung nach Abs. 1 Nr. 1 (vgl. Rdn. 25 ff.) an einen bestimmten Katalog von Gesetzgebungsgegenständen gebunden ist, kann im Wege einer erweiterten Gesetzesauslegung angenommen werden, dass die Landesbehörden das VwVfG auch beim **Vollzug von Unionsrecht** anzuwenden haben, soweit der Bund nach Art. 24 Abs. 1 GG Gesetzgebungskompetenz im Bereich der ausschließlichen

---

122 Bundesrecht, das wegen Änderung des Art. 74 Abs. 1, der Einfügung des Art. 84 Abs. 1 Satz 7, des Art. 85 Abs. 1 Satz 2 oder des Art. 105 Abs. 2a Satz 2 oder wegen der Aufhebung der Art. 74a, 75 oder 98 Abs. 3 Satz 2 nicht mehr als Bundesrecht erlassen werden könnte.

123 Bundesrecht, das auf Grund des Art. 72 Abs. 2 GG in der bis zum 15.11.1994 geltenden Fassung erlassen worden ist, aber wegen Änderung des Art. 72 Abs. 2 nicht mehr als Bundesrecht erlassen werden könnte.

124 Art. 1 Nr. 8 des Gesetzes zur Änderung des GG v. 28.08.2006 (BGBl. I S. 2034).

125 Ähnlich zum früheren Bundesrahmenrecht: Stelkens/Bonk/Sachs/*Bonk*/*Schmitz*, § 1 Rn. 67; Kopp/*Ramsauer*, § 1 Rn. 28.

und der konkurrierenden Gesetzgebung des Bundes auf die Union überträgt und Verwaltungsverfahrensrecht der Union nicht entgegensteht (vgl. Rdn. 27).[126]

b) Gesetzeserlass vor Inkrafttreten des VwVfG

Aus der Einschränkung in Satz 2 folgt, dass Satz 1 die Geltung des VwVfG nur für den Vollzug des einschlägigen Bundesrechts durch Landesbehörden beansprucht, das **vor Inkrafttreten des VwVfG**, also vor dem 01.01.1977, **erlassen** wurde. Erlassen im Sinne von rechtlich existent[127] ist ein Gesetz, wenn es nach Durchführung des jeweiligen Normsetzungsverfahrens ausgefertigt wurde und in dem vorgesehenen amtlichen Veröffentlichungsorgan verkündet ist.[128] Mit der Geltungsanordnung des VwVfG durch Satz 1 sind inhaltsgleiche oder entgegenstehende Bestimmungen landesrechtlicher Art zur Ausführung von Bundesgesetzen, die nicht in einem LVwVfG im Sinne des Abs. 3 enthalten waren, aufgehoben (vgl. Rdn. 73). 60

c) Vorbehalt zugunsten inhaltsgleichen oder entgegenstehenden Bundesrechts

Die Geltung des VwVfG für Landesbehörden beim Vollzug von Bundesrecht der ausschließlichen und konkurrierenden Bundesgesetzgebung steht wie der Gesetzesvollzug nach Abs. 1 (vgl. Rdn. 45 ff.) unter dem **Vorbehalt**, dass in **Rechtsvorschriften des Bundes keine inhaltsgleichen oder entgegenstehenden Bestimmungen** enthalten sind. 61

aa) In Betracht kommende Rechtsvorschriften

Wie beim Gesetzesvollzug durch Bundes- und Landesbehörden nach Abs. 1 kommen als dem VwVfG vorgehende Rechtsvorschriften des Bundes nur solche Normen in Betracht, die in **Rechtsetzungsakten des Bundes** (förmlichen Bundesgesetzen, von Bundesbehörden im engeren Sinne – vgl. Rdn. 10 – erlassenen Rechtsverordnungen) enthalten sind, **nicht** aber inhaltsgleiche oder entgegenstehende Bestimmungen des Rechts bundesunmittelbarer Hoheitsträger, Bundesgewohnheitsrecht oder Verwaltungsvorschriften (vgl. Rdn. 46). 62

bb) Umfang der Verdrängungswirkung

In welchem **Umfang** die Sonderregelungen zu **einer Verdrängung** des VwVfG führen, ist durch Auslegung zu ermitteln (vgl. Rdn. 47). 63

---

126 Dazu ausführlich: Stelkens/Bonk/Sachs/*Bonk*/*Schmitz*, § 1 Rn. 218; Kopp/*Ramsauer*, Einf. II Rn. 42 ff.

127 BVerfG, Beschl. v. 22.03.1983 – 2 BvR 457/78, BVerfGE 63, 343 (353); Beschl. v. 14.05.1986 – 2 BvL 2/83, BVerfGE 72, 200 (241).

128 Vgl. Sachs/*Nierhaus*, Art. 82 Rn. 1.

cc) Beispiele inhaltsgleichen oder entgegenstehenden Bundesrechts

64 Bestimmungen, die nach der Vorbehaltsklausel den Bestimmungen des VwVfG vorgehen betreffen **beispielsweise** von den Verfahrensgrundsätzen des Teils II Sonderregelungen über Empfangsbevollmächtigte (wie in § 51b BImSchG oder § 127 FlurbG), besondere Mitwirkungspflichten (wie in § 82 AufenthG oder § 8a Abs. 1 Nr. 3 BImSchG), von den Vorschriften über das Zustandekommen des VA im 1. Abschnitt des III. Teils Sonderregelungen über Nebenbestimmungen (etwa in § 12 BImSchG oder § 33c Abs. 1 Satz 3 GewO), die Form (wie in § 16 Satz 1 StAG), die Begründung (etwa in § 19 Abs. 5 BDSG oder § 21 Abs. 1 Nr. 5 9.BImSchV) oder die Bekanntgabe des VA (wie etwa durch Urkundenaushändigung nach § 16 Satz 1 StAG oder durch Anbringen eines Verkehrszeichens nach § 45 Abs. 4 StVO),[129] von den Vorschriften über die Bestandskraft des VA im 2. Abschnitt des III. Teils Sonderregelungen insbesondere hinsichtlich der Rücknahme und des Widerrufs (etwa in § 52 AufenthG, § 21 BImSchG, § 69b Abs. 2 GewO, § 25 PBefG, § 35 StAG oder § 45 WaffG)[130] oder von den besonderen Verfahrensarten des V. Teils Sonderregelungen für das Planfeststellungsverfahren (wie etwa in §§ 43a bis 43 g EnWG).

2. Einschränkende Gesetzesgeltung nach Satz 2

65 Nach **Satz 2** gilt das VwVfG für die ländereigene Ausführung von Bundesgesetzen der ausschließlichen oder konkurrierenden Bundesgesetzgebung die nach dem Inkrafttreten des VwVfG am 01.01.1977 erlassen wurden, nur insoweit, als solche Gesetze mit Zustimmung des Bundesrates das VwVfG für anwendbar erklären.

a) Zweck der Regelung

66 Die Aufnahme der Vorschrift des Satzes 2 hatte lediglich den **Zweck**, die künftige Gesetzgebungspraxis vor Unklarheiten zu bewahren, ohne eine Entscheidung darüber zu treffen, ob ein Verfahrensgesetz des Bundes die Ausführung künftiger (Gegenstände der ausschließlichen oder der konkurrierenden Gesetzgebung des Bundes betreffender) Bundesgesetze durch Landesbehörden regeln kann.[131]

b) Maßgeblicher Stichtag

67 Der **maßgebliche Stichtag** ist der 01.01.1977. Die Bundesgesetze mussten also spätestens am 31.12.1976 erlassen sein (vgl. Rdn. 58), um für die Anwendbarkeit des VwVfG keiner Zustimmung des Bundesrates nach Satz 2 zu bedürfen.

---

129 BVerwG, Urt. v. 11.12.1996 – 11 C 15.95, BVerwGE 102, 316 (318 f.). OVG Nordrhein-Westfalen, Urt. v. 12.01.1996 – 25 A 2475/93, NJW 1996, 3024.

130 Vgl. zur Nichtgeltung der Jahresfrist nach §§ 48 Abs. 4, 49 Abs. 2 Satz 2 VwVfG für den Widerruf einer waffenrechtlichen Erlaubnis nach § 47 Abs. 2 Satz 1 WaffG a.F. BVerwG, Urt. v. 26.03.1996 – 1 C 12.95, NJW 1997, 336 (338).

131 Amtl. Begr. S. 32.

3. Voraussetzung der Anwendbarkeit des VwVfG

Für das nach Inkrafttreten des VwVfG erlassene Bundesgesetz im Bereich der ausschließlichen oder konkurrierenden Bundesgesetzgebung kommt das VwVfG nur zur Anwendung, wenn das jeweilige **Bundesgesetz** dies **mit Zustimmung des Bundesrates** anordnet. 68

4. Die gegenwärtige Bedeutung des Abs. 2

Nachdem zwischenzeitlich alle Bundesländer eigene LVwVfG erlassen haben (vgl. Rdn. 75), kommt Abs. 2 **derzeit keine Bedeutung** für die Verwaltungspraxis zu.[132] 69

III. Die Nichtgeltung des VwVfG für Landesbehörden beim Vorhandensein eines LVwVfG (Abs. 3)

Nach **Abs. 3** gilt das Gesetz für die Ausführung von Bundesrecht durch die Länder nicht, soweit die ö.-r. Verwaltungstätigkeit der Behörden landesrechtlich durch ein Verwaltungsverfahrensgesetz geregelt ist. 70

1. Der Begriff des das VwVfG verdrängenden LVwVfG

Begrifflich ist ein die Anwendung des VwVfG verdrängendes **LVwVfG** ein allgemeines Verfahrensgesetz, das grundsätzlich die gesamte ö.-r. Verwaltungstätigkeit des Landes[133] erfasst und eine umfassende Regelung der in den einzelnen Teilen des VwVfG geordneten Gegenstände enthält.[134] 71

Dieses Gesetzesverständnis ist geboten, da die Aufnahme des Abs. 3 in der Schlussphase des Gesetzgebungsverfahrens auf die Zusicherung der Länder hin erfolgte, LVwVfG mit einem den Regelungen des VwVfG entsprechenden Inhalt zu erlassen.[135] Unter dem Gesichtspunkt der Bundestreue können daher die Länder den Vorrang eigener Verfahrensgesetze nur dann geltend machen, wenn diese unbeschadet sachbedingter Abweichungen im Einzelnen die wesentlichen Bestimmungen des VwVfG landesrechtlich verankern. Das setzt voraus, dass das Land verfahrensrechtliche Vorschriften nicht lediglich in den einzelnen Sachgesetzen regelt und das betreffende LVwVfG ohne Rücksicht auf seine Bezeichnung inhaltlich am VwVfG orientiert ist und im Vergleich zu ihm nicht nur rudimentäre Regelungen enthält.

---

132 Vgl. Stelkens/Bonk/Sachs/*Bonk*/*Schmitz*, § 1 Rn. 70.

133 Dabei können im Landesbereich wurzelnde Regelungsgegenstände über das Territorium eines Landes hinaus Wirkungen entfalten, wie z.B. die Ladung von Zeugen, die ihren Wohnsitz in einem anderen Bundesland haben gemäß der dem § 65 entsprechenden Vorschrift des LVwVfG (BVerwG, Urt. v. 19.05.1988 – 7 C 37.87, NJW 1988, 1924/1925).

134 Ebenso Stelkens/Bonk/Sachs/*Bonk*/*Schmitz*, § 1 Rn. 75; Kopp/*Ramsauer*, § 1 Rn. 44; Knack/Henneke/*Schliesky*, § 1 Rn. 67.

135 Siehe BR-Drucks. 45/76 (Beschluss) 13. Anlage S. 2; BT-Drucks. 7/4908. Vgl. auch: *Baumann*, DÖV 1976, 475; *Knack*, DÖV 1976, 772.

2. Die Verdrängung des VwVfG

72 Die in Abs. 3 ausgesprochene Rechtsfolge der **Verdrängung des VwVfG** führt dazu, dass die Anwendbarkeit des VwVfG für die Landesbehörden im weiteren Sinne nach Abs. 1 Nr. 2 und Abs. 2 **insgesamt** entfällt, also auch insoweit, als das VwVfG andere oder weiter gehende Regelungen als das betreffende LVwVfG enthält.[136] Der »soweit« Halbsatz lässt keinen anderen Schluss zu, da er prinzipiell auf das Vorhandensein eines LVwVfG abstellt. Mit der in der Literatur ganz überwiegend vertretenen Auffassung ist aber ausnahmsweise davon auszugehen, dass auf das VwVfG zurückgegriffen werden kann, wenn das Landesrecht eine Lücke enthält, was durch Auslegung zu ermitteln ist und nicht angenommen werden darf, wenn der Landesgesetzgeber eine dezidierte Entscheidung getroffen hatte.[137]

3. Vorrangige Sondervorschriften

73 Auch beim Vorhandensein eines LVwVfG bleibt der **Vorrang** zugunsten inhaltsgleicher oder entgegenstehender Bestimmungen in Sachgesetzen des Bundes erhalten (vgl. Rdn. 72), wie auch der Vorrang landesrechtlicher Sonderregelungen (vgl. Rdn. 73).

a) Vorrangiges Bundesrecht

74 Die Vorbehaltsklauseln des Abs. 1 und des Abs. 2 Satz 1 (vgl. Rdn. 45, 59) lassen die Vorschriften eines LVwVfG im Sinne des Abs. 3 nicht zur Anwendung gelangen, wenn innerhalb des von den Ländern nach Abs. 1 Nr. 2 und Abs. 2 Satz 1 auszuführenden Bundesrechts **Rechtsvorschriften des Bundes inhaltsgleiche oder entgegenstehende Bestimmungen** enthalten. Das VwVfG kann nur insoweit durch ein LVwVfG verdrängt werden, als es unter Berücksichtigung der genannten Vorbehaltsklauseln gelten würde.[138] Somit gehen beispielsweise die Verfahrensbestimmungen in den §§ 10, 12, 21 BImSchG und der 9. BImSchV den LVwVfG vor.

b) Vorrangiges Landesrecht

75 Ein LVwVfG i.S.d. Abs. 3 kann aus sachlichen Gründen gegenüber seinen eigenen Normen einen **Vorrang landesrechtlicher Spezialvorschriften** anordnen und damit

---

136 Ebenso Knack/Henneke/*Schliesky*, § 1 Rn. 76; Mayer/*Borgs*, § 1 Rn. 20; *Ehlers*, DVBl 1977, 693; *Knack*, DÖV 1976, 772; *Naujoks*, JZ 1978, 41.

137 So Stelkens/Bonk/Sachs/*Bonk*/*Schmitz*, § 1 Rn. 79; Kopp/*Ramsauer*, § 1 Rn. 48 ff.; *Ziekow*, § 1 Rn. 14; *Baumann*, DÖV 1976, 475 (772); als Beleg kann allerdings nicht das Urt. des BVerwG v. 27.05.1983 (4 C 40.81, BVerwGE 67, 208) angeführt werden (so aber etwa *Kopp*/*Ramsauer*, § 1 Rn. 50), weil darin nicht die ergänzende Anwendung des VwVfG sondern die Ergänzung bundesrechtlichen Regelungen (LuftVG) durch eine Bekanntmachungsregelung in einem LVwVfG zugelassen wird; Aufgabe der bislang vertretenen Auffassung.

138 Vgl. BVerwG, Urt. v. 26.03.1996 – 1 C 12.95, BVerwGE 101, 24 (34) zum Vorrang des den Widerruf der Waffenbesitzkarte abschließend regelnden § 47 WaffG a.F. gegenüber §§ 48, 49 NdsVwVfG. Zur Geltung des LVwVfG infolge Zurückverweisung von Bundesrecht (§ 5 BBergG) auf das VwVfG über dessen Abs. 3 siehe OVG Nordrhein-Westfalen, Urt. v. 02.03.2006 – 11 A 1752/04, NWVBl 2006, 334.

eine entsprechende Regelung treffen wie die Vorbehaltsklauseln des Abs. 1 und des Abs. 2 Satz 1, die gegenüber dem VwVfG den Vorrang bundesrechtlicher Spezialvorschriften begründen.[139] Aber auch ohne entsprechende Vorbehaltsklausel kommt inhaltsgleichen oder entgegenstehenden Verfahrensregelungen in späteren Sachgesetzen der Länder nach den allgemeinen Auslegungsregeln regelmäßig Vorrang zu. Landesrechtliche Spezialvorschriften, die mit Inkrafttreten dem VwVfG nach dessen § 1 Abs. 2 Satz 1 aufgehoben worden sind (vgl. Rdn. 58), erlangen mit dem Inkrafttreten des LVwVfG auch bei entsprechender Vorbehaltsklausel keine neue Wirksamkeit, können jedoch von Neuem erlassen werden.

Der Vorrang landesrechtlicher Spezialvorschriften findet dort seine **Grenzen**, wo beim landeseigenen Vollzug von Bundesrecht der Grundsatz des bundesfreundlichen Verhaltens ein koordiniertes Verwaltungshandeln der Bundesländer und die Rücksichtnahme auf die Interessen der anderen Bundesländer erfordert. So ist es beispielsweise verwehrt eine landesrechtliche Sonderregelung der örtlichen Zuständigkeitsbestimmung anzuwenden, wenn sich diese als einseitig länderübergreifend abdrängende Zuständigkeitsbestimmung zu Lasten anderer Bundesländer darstellt (vgl. § 3 Rdn. 5a). 76

4. Die Verfassungsmäßigkeit des Abs. 3

Abs. 3 ist **mit** der Regelung der Gesetzgebungskompetenz im **Grundgesetz vereinbar.**[140] **Der Bundesgesetzgeber konnte von seiner Gesetzgebungsbefugnis nach** Art. 72 GG (im Hinblick auf die »soweit«-Formulierung des Abs. 1 und Abs. 2 Satz 1) in der Weise Gebrauch machen, dass er eine Regelung mit subsidiärer Geltung gegenüber dem Landesrecht erlassen hat. Soweit ein LVwVfG wegen seiner Geltung für die Ausführung auch von Bundesgesetzen, die Gegenstände der ausschließlichen Gesetzgebung des Bundes betreffen, in die ausschließliche Gesetzgebungskompetenz des Bundes eingreift, kann die nach Art. 71 GG notwendige ausdrückliche bundesgesetzliche Ermächtigung in Abs. 3 erblickt werden.[141] 77

5. Die geltenden LVwVfG

Zwischenzeitlich bestehen **in allen Bundesländern Verwaltungsverfahrensgesetze** im Sinne des Abs. 3.[142] Dabei wurden von den meisten Ländern (Baden-Württemberg, Bayern, Brandenburg, Bremen, Hamburg, Hessen, Nordrhein-Westfalen, Saarland, Sachsen-Anhalt und Thüringen) mit dem VwVfG weitgehend identische eigene **Vollgesetze** oder wie in Mecklenburg-Vorpommern und Schleswig-Holstein Vollgesetze mit umfassenderen Regelungsbereichen erlassen. Die Länder Berlin, Rheinland-Pfalz, 78

139 Stelkens/Bonk/Sachs/*Bonk*/*Schmitz*, § 1 Rn. 76; vgl. *§ 1 Abs. 1* VwVfGBW.

140 Hierzu ausführlich *Büdenbender*, BayVBl. 1977, 232.

141 BVerfG, Urt. v. 24.05.2006 – 2 BvR 669/04, BVerfGE 116, 24 (51); ebenso Stelkens/Bonk/Sachs/*Bonk*/*Schmitz*, § 1 Rn. 72; *Kopp*/*Ramsauer*, § 1 Rn. 42; Bader/*Ronellenfitsch*, § 1 Rn. 62; *Ziekow*, § 1 Rn. 12; *Baumann*, DÖV 1976, 475.

142 Vgl. die Übersichten bei Knack/Henneke/*Schliesky*, § 1 Rn. 78 ff. sowie Stelkens/Bonk/Sachs/*Bonk*/*Schmitz*, Dritter Teil Anhang A.

Sachsen-Anhalt und Sachsen sind jeweils den Weg eines verfassungsrechtlich nicht unbedenklichen **dynamischen Verweisungsgesetzes**[143] gegangen sind, indem sie ausdrücklich auf die »jeweils geltende Fassung« verweisen. Brandenburg und Niedersachsen verweisen ohne einen entsprechenden Zusatz auf das VwVfG, gleichwohl ist auch hier von einer dynamischen Verweisung auszugehen, was im Falle von Niedersachsen schon daraus folgt, dass bis zum Jahre 2009 noch ausdrücklich auf eine bestimmte Fassung verwiesen worden war.[144]

IV. Der Begriff der Behörde (Abs. 4)

79 Nach dem in **Abs. 4** enthaltenen **funktionellen**[145] **(auf das VwVfG bezogenen) Behördenbegriff** ist unter einer Behörde[146] jede Stelle ohne Rücksicht auf ihre Bezeichnung zu verstehen, die Aufgaben der öffentlichen Verwaltung wahrnimmt.

1. Erfüllung von vier Begriffsmerkmalen

80 Um vom Vorliegen einer Behörde sprechen zu können, müssen die folgenden **vier Begriffsmerkmale** Handeln für einen Hoheitsträger (vgl. Rdn. 78 ff.), Befassung mit externen Angelegenheiten (vgl. Rdn. 82), Zurechnung der von Amtsträgern getroffenen Maßnahmen im Außenverhältnis (vgl. Rdn. 83) und Wahrnehmung von Aufgaben der öff. Verwaltung (vgl. Rdn. 84) erfüllt sein.

81 **Kein Begriffsmerkmal der Behörde im funktionellen Sinne, sondern eine Frage der Rechtmäßigkeit bzw. Wirksamkeit ihres Handelns ist dagegen** die organisationsrechtlich rechtmäßige Errichtung der handelnden Stelle[147] oder deren Ermächtigung zum Erlass des VA oder Abschluss des ö.r.V.[148] (vgl. auch § 35 Rdn. 24; § 54 Rdn. 71 ff.).

---

143 BVerfG, Beschl. v. 01.03.1978 – 1 BvR 786, 793/70, 168/71, 95/73, NJW 1978, 1475 (1477); Beschl. v. 23.03.1982 – 2 BvL 13/79, BVerfGE 60, 135 (161). Hierzu auch *Kopp/Ramsauer*, Einl I Rn. 9.

144 Knack/Henneke/*Schliesky*, § 1 Rn. 80.

145 Vgl. Stelkens/Bonk/Sachs/*Bonk/Schmitz*, § 1 Rn. 230 ff.; Ehlers/*Burgi*, AllgVwR, § 8 Rn. 29; Wolff/Bachof/Stober/*Korte* I, § 59 Rn. 23 ff., 45.

146 Wegen der allgemein üblichen Begriffsbestimmung der (Verwaltungs-) Behörde BVerfG, Urt. v. 14.07.1959 – 2 BvF 1/58, BVerfGE 10, 20 (48); Redeker/von Oertzen/*Nicolai*, § 42 Rn. 64; Zum eigenständigen Behördenbegriff in den Landespressegesetzen siehe BGH, Urt. v. 10.02.2005 – III ZR 294/04, NJW 2005, 1720; zum Behördenbegriff nach § 1 Abs. 1 Satz 1 IFG siehe BVerwG, Urt. v. 03.11.2011 – 7 C 4.11, NVwZ 2012, 251 mit Anm. Schoch, NVwZ 2012, 254 (255); zum Behördenbegriff des UIG vgl. OVG Schleswig-Holstein, Urt. v. 13.12.1994 – 4 K 1/94, NVwZ 1996, 408 (410); *Bachmann*, GewArch. 1995, 241.

147 Vgl. BGH, Beschl. v. 30.03.2010 – V ZB 79/10, NVwZ 2010, 919; BVerwG, Beschl. v. 16.04.2003 – 9 B 81.02, NVwZ 2003, 995; LSG Berlin-Brandenburg, Urt. v. 31.08.2011 – L 7 KA 53/08, Rn. 99, juris; OVG Sachsen, Beschl. v. 18.02.2010 – 1 D 429/08, Rn. 6, juris; OVG Sachsen, Urt. v. 30.04.2002 – 5 B 107/01, SächsVBl 2002, 298; *Stelkens*, NVwZ 2004, 304 (308); ders., LKV 2003, 489 (494); a.A. bei Beleihung ohne gesetzliche Grundlage: VGH Baden-Württemberg, Urt. v. 16.12.2009 – 1 S 3263/08, DÖV 2010, 410; OVG Nordrhein-Westfalen, Urt. v. 27.09.1979 – XVI A 2693/78, NJW 1980, 1406 (1408).

148 Vgl. BVerwG, Urt. v. 23.08.2011 – 9 C 2.11, NVwZ 2012, 506 (507); VGH Baden-Württemberg, Urt. V. 28.02.2019 – 2 S 929/17, KStZ 2019, 132; OVG Sachsen-Anhalt,

a) Handeln für einen Hoheitsträger

Die Stelle muss **für** einen **Hoheitsträger** im Sinne eines dem Gefüge der öff. Gewalt zugehörigen Rechtsträgers des ö.R. (z.B. des Bundes, eines Landes oder einer Gemeinde) **tätig** sein und zwar entweder als eine (nicht rechtsfähige) institutionelle Einheit der Verwaltungsorganisation dieses Hoheitsträgers selbst (vgl. Rdn. 79 f.) oder als außenstehender Beliehener (vgl. Rdn. 81). 82

aa) Eingliederung in die Verwaltungsorganisation des Hoheitsträgers

Grundsätzlich sind Behörden **in** die **Verwaltungsorganisation** eines Hoheitsträgers (wie z.B. des Bundes) **eingegliederte** institutionell selbstständige und damit in ihrer Existenz von der jeweiligen personellen Besetzung unabhängige Verwaltungseinheiten mit einer bestimmten Personal- und Sachausstattung.[149] Rechtsfähig ist in einem solchen Fall nur der Hoheitsträger selbst und nicht die ihn repräsentierende Behörde, auch wenn sie gelegentlich kraft besonderer Rechtsvorschrift mit eigenen Rechten ausgestattet ist (so z.B. hinsichtlich der Beteiligungsfähigkeit im verwaltungsgerichtlichen Verfahren nach § 61 Nr. 3 VwGO i.V.m. einer entsprechenden landesrechtlichen Bestimmung). 83

Soweit Gesetzesbestimmungen juristische Personen des ö.R. als für den Gesetzesvollzug zuständige Behörde ansprechen, liegt eine terminologische Ungenauigkeit[150] vor. Auch im ö.R. muss **zwischen** den **Rechtsträgern und ihren Organen unterschieden** werden, so z.B. zwischen einer Hochschule als juristischer Person des ö.R. und der für diese handelnden Stelle (Hochschulbehörde) wie dem Präsidialamt oder der Zentralen Universitätsverwaltung. 84

bb) Beliehene

Beliehene[151] (beliehene Unternehmer) sind Rechtssubjekte des Privatrechts, die durch Gesetz oder aufgrund eines Gesetzes mit Hoheitskompetenzen (zum Erlass eines VA oder zum Abschluss eines örV) ausgestattet sind und diese für einen Hoheitsträger 85

Urt. v. 24.06.2003 – 1 L 484/02, DÖV 2003, 907; OVG Sachsen, Urt. v. 30.04.2002 – 5 B 107/01, SächsVBl 2002, 298; Stelkens/Bonk/Sachs/*Bonk/Schmitz*, § 1 Rn. 233; Eyermann/*Happ*, § 78 Rn. 14; *Degenhart*, SächsVBl 2001, 85 (93); *Pencereci/Bluhm*, LKV 1998, 172 (175).

149 Vgl. *Ule/Laubinger*, § 9 Rn. 5.

150 Vgl. Wolff/Bachof/Stober/*Korte* I, § 49 Rn. 25 ff.; Ehlers/*Ruffert*, AllgVwR, § 21 Rn. 19.

151 Zum Beliehenen siehe: Stelkens/Bonk/Sachs/*Schmitz*, § 1 Rn. 256 ff.; Schoch/Schneider/Bier/*Ehlers/Schneider*, § 40 Rn. 275 ff.; Wolff/Bachof/*Stober* II, § 90; *Schmidt am Busch*, DÖV 2007, 533 ff.; *Steiner*, Öffentliche Verwaltung durch Private, 1975; *ders.* JuS 1969, 69.

wahrnehmen,[152] dem sie nicht organisationsrechtlich zugehören[153] (vgl. Rdn. 16, 36). Sind Beliehene natürliche Personen, so liegt eine unlösbare Identität von Person und Behörde vor,[154] was z.B. auf den Luftfahrzeugführer nach § 12 Abs. 1 LuftSiG zutrifft. Anderenfalls kann auch hier zwischen dem Rechtsträger und seinem als Behörde zu qualifizierenden Organ unterschieden werden.[155]

b) Befassung mit externen Angelegenheiten

86 Die **Tätigkeit** der als Behörde zu qualifizierenden Stelle muss über eine Beschäftigung mit sich selbst hinausgehen, d.h. sie darf nicht lediglich der internen Willensbildung einer Behörde dienen, sondern muss **nach außen** wirken,[156] weshalb ein Personalrat keine Behördeneigenschaft besitzt.[157]

c) Zurechnung des Handelns von Amtsträgern im Außenverhältnis

87 Eine für einen Hoheitsträger tätige Stelle ist nur dann eine Behörde, wenn ihr selbst und nicht einem Teil von ihr oder der sie umfassenden größeren Verwaltungseinheit im Außenverhältnis die **Maßnahmen** ihrer Amtsträger bzw. Organe (Ämter, Referate, Abteilungen, Gruppen, Geheimschutzbeauftragter im Bundesministerium der Verteidigung,[158] Gleichstellungsbeauftragte[159]) **zuzurechnen** sind.[160] So treten z.B. Ministerien in ihrer Gesamtheit als Behörden auf, während ihren einzelnen Teilen

---

152 Zur Abgrenzung zu Verwaltungshilfe, die sich in der die Vorbereitung, Unterstützung oder rein tatsächlichen Durchführung der Verwaltungsaufgabe durch eine außerhalb der Verwaltungsorganisation stehende Person im Auftrag und nach Weisung der Behörden erschöpft vgl. BVerwG, Urt. v. 23.08.2011 – 9 C 2.11, NVwZ 2012, 506; Kopp/*Ramsauer*, § 1 Rn. 64 ff.; Stelkens/Bonk/Sachs/*Schmitz*, § 1 Rn. 261; *Burgi*, Gutachten D zum 67. DJT, 2008, 36; *Stober*, NJW 2008, 2301 (2306).

153 Vgl. BVerwG, Urt. v. 22.11.1994 – 1 C 22.92, BVerwGE 97, 117; Ehlers/*Burgi*; Allg VerwR, § 9 Rn. 24, 29 f. A.A. *Stelkens*, NVwZ 2004, 304 (306 ff.), der Beliehene als Behörden des beleihenden Verwaltungsträgers ansehen will.

154 Nach *Stelkens* (NVwZ 2004, 304, 307) bilden vom Bund beliehene Privatpersonen – soweit die Beleihung reicht – selbstständige Bundesoberbehörden i.S.d. Art. 87 Abs. 3 Satz 1 GG. *Ibler* (in: Maunz/Dürig, Art. 86 Rn. 77, Art. 87 Rn. 57, 261) zählt vom Bund Beliehene zur mittelbaren Bundesverwaltung.

155 Vgl. VG Frankfurt am Main, Beschl. v. 22.06.1994 – 9 E 895/94, NVwZ 1995, 415 zu der mit VO des BMVerk. vom 11.11.1992 (BGBl. I, S. 1928) beliehenen Deutschen Flugsicherungs-GmbH und ihren als Behörden zu qualifizierenden Regionalstellen.

156 Ebenso Knack/Henneke/*Schliesky*, § 1 Rn. 92; *Ule/Laubinger*, § 9 Rn. 6; Ehlers/*Burgi*, AllgVwR § 8 Rn. 29.

157 BVerfG, Beschl. v. 27.03.1979 – 2 BvR 1011/78, BVerfGE 51, 77 (86); BVerwG, Urt. v. 01.12.1982 – 2 C 59/81, BVerwGE 66, 91; Urt. v. 24.11.1983 – 2 C 9.82, BVerwGE 68, 189 (193). Vgl. hierzu *Laubinger*, VerwArch. 1985, 449 (461 f.).

158 BVerwG, Beschl. v. 24.01.2006 – 1 WB 15.05, BVerwGE 125, 56 (59).

159 Ebenso Stelkens/Bonk/Sachs/*Schmitz*, § 1 Rn. 240, dort auch zum Behördencharakter der zahlreichen Beauftragten der Bundesregierung.

160 Vgl. Knack/Henneke/*Schliesky*, § 1 Rn. 95; Mayer/*Borgs*, § 1 Rn. 30; auch nach Stelkens/Bonk/Sachs/*Schmitz*, § 1 Rn. 240 verleiht die nur innerbehördliche Tätigkeit eines unselbstständigen Behördenteils diesem keine Behördenqualität.

kein Behördenstatus zukommt.[161] Keine Behörden sind auch die einer Behörde eingegliederten Ausschüsse, wie etwa die in Schulen gebildeten Prüfungsausschüsse.[162] Behördeneigenschaft kommt dagegen den selbstständigen, unabhängigen Gutachterausschüssen nach §§ 192 ff. BauGB zu.[163] Den aufgrund gesetzlicher Anordnung in § 69 Abs. 2 SGB VIII eingerichteten und gem. § 70 Abs. 1 und 2 SGB VIII mit eigenständiger interner Organisation (Jugendhilfeausschuss und Verwaltung des Jugendamtes) und Außenvertretung (Leiter der Verwaltung der Gebietskörperschaft des örtlichen Jugendhilfeträgers und in dessen Auftrag der Leiter der Verwaltung des Jugendamts) ausgestatteten Jugendämter kommt daher Behördeneigenschaft zu.[164]

d) Erfüllung von Aufgaben der öffentlichen Verwaltung

Für die Behördenqualität kommt es schließlich darauf an, dass die handelnde Stelle 88 **Aufgaben der öffentlichen Verwaltung erfüllt.** Zu diesen zählen alle für einen Hoheitsträger zu erledigenden Angelegenheiten im Bereich der Hoheitsverwaltung, der verwaltungsprivatrechtlichen Verwaltung und der Fiskalverwaltung. Die für den Anwendungsbereich des VwVfG geltende Einschränkung auf Aufgaben der öff. Verwaltung, die (mit Ausnahme der amtlichen Beglaubigungen) auf den Erlass eines VA oder den Abschluss eines örV abzielen (vgl. Rdn. 5), betrifft den Behördenbegriff des Abs. 4 nicht, wie etwa die keinen VA darstellenden Handlungen ersuchter Behörden im Rahmen der Amtshilfe oder andere behördliche Mitwirkungshandlungen ohne VA-Qualität verdeutlichen.[165]

2. Behördenarten

Als Einteilungsmerkmale für die Bestimmung der **Behördenarten kommen in Betracht** 89
1) die organisationsrechtliche Stellung innerhalb des Gesamtgefüges der öff. Gewalt (also die Zugehörigkeit zu einem bestimmten Hoheitsträger (und ggf. zu einer bestimmten Gewaltenorganisation, etwa der Exekutive, Judikative oder Legislative),
2) die personelle Zusammensetzung hinsichtlich der Mitwirkungsbefugnisse an der zu treffenden Entscheidung (monokratisch aufgebaute Behörden oder Kollegialbehörden bzw. Ausschüsse),

161 Vgl. OVG Berlin-Brandenburg, Urt. v. 03.11.2011 – OVG 1 B 65/10, NVwZ-RR 2012, 217), wonach die Abteilungen und Ämter der Berliner Bezirksämter keine selbstständigen Behörden sind und VGH Bayern, Urt. v. 25.01.2007 – 4 BV 04.3156, DÖV 2007, 345 zur fehlenden Behördenqualität der gemeindlichen Feuerwehr.

162 BVerwG, Urt. v. 20.07.1984 – 7 C 28.83, BVerwGE 70, 4 (5); OVG Nordrhein-Westfalen, Urt. v. 08.09.1966 – V A 1639/64, NJW 1967, 949. Vgl. auch: Kopp/*Ramsauer*, § 1 Rn. 54.

163 BGH, Urt. v. 04.03.1982 – III ZR 156/80, NVwZ 1982, 395; Urt. v. 23.01.1974 – IV ZR 92/72, NJW 1974, 701; LG Berlin, Beschl. v. 16.09.1963 – (18) O. 18/61 Baul., NJW 1964, 672.

164 So auch Kopp/*Ramsauer*, § 1 Rn. 54b.

165 Vgl. Stelkens/Bonk/Sachs/*Schmitz*, § 1 Rn. 230 ff.

3) die auszuübende Tätigkeit (allgemeine Behörden und Sonder- bzw. Fachbehörden),
4) Umfang und Gliederung (Behörden, die aus einer Einheit bestehen und solche, die sich aus mehreren Einheiten – z.B. Referaten, Abteilungen – zusammensetzen),
5) der Standort innerhalb eines mehrstufigen Behördenapparats (Behörden der Ober-, Mittel- und Unterstufe).

3. Die Behördeneigenschaft von Zweig-, Außen- und Verwaltungsstellen

90 Besondere Probleme hinsichtlich der Anerkennung als Behörde ergeben sich bei den als **Zweig-, Außen- und Verwaltungsstellen** von einer Hauptbehörde räumlich abgesetzten Behördenteilen. Während Zweigstellen bestimmte Ressortangelegenheiten der Hauptbehörde erledigen und innerhalb des gesamten örtlichen Wirkungskreises der Hauptbehörde tätig werden, nehmen Außen- und Verwaltungsstellen für einen begrenzten räumlichen Bezirk alle Aufgaben der betreffenden Hauptbehörde wahr. Die Maßnahmen von Zweigstellen sind stets, die Maßnahmen von Außen- und Verwaltungsstellen grundsätzlich der jeweiligen Hauptbehörde zuzurechnen. Außen- und Verwaltungsstellen sind nur dann als eigene Behörden zu beurteilen, wenn sie nach ihrer tatsächlichen organisatorischen Gestaltung auf unselbstständig angelegt sind und beispielsweise unter ihrem Namen VAe erlassen.[166] So sind beispielsweise die Außenstellen des Eisenbahn-Bundesamtes[167] oder die Außenstellen des Bundesamtes für Migration und Flüchtlinge nach § 5 Abs. 3 AsylVfG[168] keine eigenständigen Bundesbehörden.

4. Die Behördeneigenschaft von nicht als Verwaltungsbehörden bezeichneten Staatsorganen

91 Auch **Staatsorgane**, die üblicherweise nicht als Verwaltungsbehörden beurteilt werden, sind **Behörden** i.S.d. VwVfG,[169] wenn sie die Begriffsmerkmale des Abs. 4 erfüllen. Dies trifft insb. zu auf.

1) **oberste Verfassungsorgane** einschließlich ihrer Hilfsorgane, soweit sie eine ö.-r. **Verwaltungstätigkeit** ausüben (vgl. Rdn. 6 f., 91),

92 2) **Gerichte**, soweit sie **Verwaltungsmaßnahmen** treffen und nicht in ihrer Eigenschaft als unabhängige Spruchkörper in Verfahren unabhängiger Gerichtsbarkeit handeln (vgl.: Rdn. 7, 91; § 2 Rdn. 24, 40 ff.),

---

166 OVG Thüringen, Beschl. v. 08.12.2000 – 4 ZKO 883/99, juris und WKRS 2007, 46954; BezG Dresden, Beschl. v. 31.03.1992 – II S 44/92, LKV 1992, 340; VG Dresden, Urt. v. 12.03.1993 – 4 K 1589/92, SächsVBl 1993, 260.

167 BVerwG, Beschl. v. 22.11.1995 – 11 VR 42.95, NVwZ-RR 1996, 610; vgl. auch: BVerwG, Urt. v. 30.09.1959 – VI C 358.56, BVerwGE 9, 172 (178) zur fehlenden Behördeneigenschaft der Verwaltungsstelle Berlin der Bundesbahndirektion Hamburg sowie BVerwG, Urt. v. 28.11.1970 – VIII C 89.68, BVerwGE 36, 317 zur fehlenden Behördeneigenschaft der früheren Wehrbezirksverwaltungen als Außenstellen der Wehrbereichsverwaltungen.

168 Vgl. *Bergmann*/Dienelt/Bergmann, § 5 AsylVfG Rn. 16.

169 Vgl. zum Gebühreneinzug durch eine ö.-r. Rundfunkanstalt VGH Baden-Württemberg, Urt. v. 04.11.2016 – 2 S 548/16, juris und WKRS 2016, 28490.

3) **Bundes-, Landes- und Staatsanwaltschaften,**
4) Dienststellen der Bundeswehr[170] und der Bundespolizei, soweit sie VA erlassen, 93
5) **ad hoc gebildete Wahlorgane** (wie z.B. der Bundeswahlleiter und der Bundeswahlausschuss, Landeswahlleiter und Landeswahlausschüsse, Kreiswahlleiter und Kreiswahlausschüsse nach § 8 BWahlG),[171] da die Institutionalisierung auf Dauer keine Voraussetzung der Behördenqualität ist.[172] 94

5. Organe ohne Behördencharakter

Keine Behörden im Sinne des VwVfG sind 95
1) Organe privatrechtlich organisierter Rechtsträger,
2) Gerichte als unabhängige Spruchkörper (vgl. Rdn. 7),
3) Verfassungsorgane bei der Ausübung einer nur dem Verfassungsrecht unterliegenden Tätigkeit (vgl. Rdn. 7),
4) Dienststellen der Religions- und Weltanschauungsgemeinschaften einschließlich ihrer Verbände und Einrichtungen, soweit sie nicht Staatsaufgaben erfüllen (vgl. § 2 Rdn. 15 f.).

C. Verfahrensvorschriften des Sozialrechts sowie Verwaltungsverfahrensrecht der Länder

I. Das Verwaltungsverfahren des Sozialrechts

Auf die ö.-r. Verwaltungstätigkeit nach dem SGB ist nach dem allgemeinen Anwendungsbefehl in § 1 Abs. 1 Satz 1 SGB X und in § 37 Satz 1 und 2 SGB I das im Ersten Kapitel des SGB X geregelte (auf den Erlass eines VA und den Abschluss eines örV bezogene) Verwaltungsverfahren und das SGB I anzuwenden, soweit sich gemäß der Vorbehaltsregelung in § 37 Satz 1 und 2 aus den übrigen Büchern des SGB im Verhältnis zum Ersten Kapitel SGB X und den §§ 18 bis 30 sowie 37 bis 67 nichts Abweichendes ergibt. Die §§ 1 bis 17 und 31 bis 67 SGB I gehen somit den Regeln in den anderen Büchern vor. Durch § 37 Satz 3 SGB I wird dem den Schutz der Sozialdaten regelnden Zweiten Kapitel des SGB X der Vorrang gegenüber dem Ersten Kapitel SGB X eingeräumt. 96

Nach § 1 Abs. 1 Satz 2 SGB X kommen die Regelungen des Ersten Kapitels des SGB X für die ö.-r. Verwaltungstätigkeit der Behörden der Länder, der Gemeinden und Gemeindeverbände und der sonstigen der Aufsicht des Landes unterstehenden juristischen Personen des ö.R. beim Vollzug von besonderen Teilen des SGB nur zur Anwendung, wenn diese entweder bei Inkrafttreten des SGB X am 01.01.1981 bereits Bestandteil des SGB waren oder im Fall einer späteren Einordnung die Anwendbarkeit mit Zustimmung des Bundesrates erklärt wird (vgl. § 2 Rdn. 35). 97

---

170 Stelkens/Bonk/Sachs/*Schmitz*, § 1 Rn. 168; a.A. Amtl. Begr. S. 33; vgl. auch *Roellecke*, DÖV 1992, 200.

171 Vgl. Knack/Henneke/*Schliesky*, § 1 Rn. 39; a.A. Amtl. Begr. S. 33.

172 Stelkens/Bonk/Sachs/*Schmitz*, § 1 Rn. 239.

98 Der in § 1 Abs. 2 SGB X enthaltene Behördenbegriff ist mit dem des Abs. 4 (vgl. Rdn. 76 ff.) identisch.

II. Das Verwaltungsverfahrensrecht der Länder

99 In den Verwaltungsverfahrensgesetzen der Länder (vgl. Rdn. 75) ist der Vorbehalt zugunsten der landesrechtlichen Sonderregelungen unterschiedlich geregelt. Das BlnVwVfG, das SaarlVwVfG und das SächsVwVfG enthalten keine allgemeinen Vorbehalte zugunsten landesrechtlicher Sonderregelungen. Nach § 336 Abs. 3 Nr. 1 bis 3 s.-h.LVwG bleiben einzelne landesrechtliche Verwaltungsbereiche von den Regelungen des LVwG über VA und örV unberührt. § 1 Abs. 3 Nr. 5 BremVwVfG enthält für behördliche Tätigkeiten in bestimmten Rechtsbereichen Vorbehalte zugunsten inhaltsgleichen oder entgegenstehenden landesrechtlichen Bestimmungen; die VwVfG der übrigen Länder enthalten Vorbehalte in allgemeiner Art. Die Begriffsbestimmungen der Behörde in den LVwVfG sind mit § 1 Abs. 4 identisch.

§ 2 Ausnahmen vom Anwendungsbereich

(1) Dieses Gesetz gilt nicht für die Tätigkeit der Kirchen, der Religionsgesellschaften und Weltanschauungsgemeinschaften sowie ihrer Verbände und Einrichtungen.

(2) Dieses Gesetz gilt ferner nicht für
1. Verfahren der Bundes- oder Landesfinanzbehörden nach der Abgabenordnung,
2. die Strafverfolgung, die Verfolgung und Ahndung von Ordnungswidrigkeiten, die Rechtshilfe für das Ausland in Straf- und Zivilsachen und, unbeschadet des § 80 Abs. 4, für Maßnahmen des Richterdienstrechts,
3. Verfahren vor dem Deutschen Patent- und Markenamt und den bei diesen errichteten Schiedsstellen,
4. Verfahren nach dem Sozialgesetzbuch,
5. das Recht des Lastenausgleichs,
6. das Recht der Wiedergutmachung.

(3) Für die Tätigkeit
1. der Gerichtsverwaltungen und der Behörden der Justizverwaltung einschließlich der ihrer Aufsicht unterliegenden Körperschaften des öffentlichen Rechts gilt dieses Gesetz nur, soweit die Tätigkeit der Nachprüfung durch die Gerichte der Verwaltungsgerichtsbarkeit oder durch die in verwaltungsrechtlichen Anwalts-, Patentanwalts- und Notarsachen zuständigen Gerichte unterliegt;
2. der Behörden bei Leistungs-, Eignungs- und ähnlichen Prüfungen von Personen gelten nur die §§ 3a bis 13, 20 bis 27, 29 bis 38, 40 bis 52, 79, 80 und 96;
3. der Vertretungen des Bundes im Ausland gilt dieses Gesetz nicht.
Zu § 2: Geändert durch G vom 30.07.2009 (BGBl I S. 2449) und 14.08.2009 (BGBl I S. 2827).

Übersicht Rdn.

A. Allgemeines und Grundsätze

1 **§ 2 regelt**, für welche Institutionen und Tätigkeiten das VwVfG nicht oder nur eingeschränkt gilt. Damit ist allerdings die Anwendbarkeit einzelner Gesetzesbestimmungen aufgrund allgemeiner Rechtsgrundsätze nicht ausgeschlossen.[1] Sofern allerdings die konkrete Regelung nicht Ausdruck eines allgemeinen Rechtsgrundsatzes ist, scheidet regelmäßig eine analoge Anwendung einer Vorschrift aus.[2]

B. Die Vorschrift im Einzelnen

I. Die Nichtgeltung des VwVfG für die Tätigkeit der Kirchen, der Religionsgesellschaften und Weltanschauungsgemeinschaften sowie ihrer Verbände und Einrichtungen (Abs. 1)

1. Die Begriffliche Klärung der genannten Institutionen

2 Den genannten Institutionen kommt unter dem **verfassungsrechtlichen Schutz** der Glaubens-, Gewissens- und Bekenntnisfreiheit des **Art. 4 GG** eine Sonderstellung zu, weil sie entweder als Träger der verschiedenen religiös-weltanschaulichen Strömungen der Rechtsgemeinschaft in Erscheinung treten[3] oder für diese Träger eine Hilfs- bzw. Ergänzungsfunktion erfüllen.

1 Vgl. Amtl. Begr. S. 33; Kopp/*Ramsauer*, § 2 Rn. 1.
2 Vgl. VGH Baden-Württemberg, Urt. v. 18.10.2017 – 2 S 114/17, juris, WKRS 2017, 28644; OVG Bremen, Urt. v. 20.03.2018 – 1 LB 55/17, juris, WKRS 2018, 65654.
3 Siehe hierzu *Obermayer*, Bonner Komm., Art. 140 (Zweitbearbeitung) Rn. 36 ff.

a) Die Kirchen

Kirchen im traditionellen Sinne[4] sind Vereinigungen, deren Mitglieder durch ein gemeinsames christliches Bekenntnis miteinander verbunden sind und ihre Aufgabe darin sehen, das ihnen eigene Bekenntnis in einer umfassenden Weise nach einem bestimmten (grundsätzlich Gottesdienst, Lehre, Seelsorge, Diakonie und Mission umschließenden) Kultus zu bezeugen.[5] Die großen Kirchen, wie die römisch-katholische Kirche oder die evangelischen Landeskirchen einschließlich ihrer Zusammenschlüsse, nehmen (im Hinblick auf ihre große Mitgliederzahl, ihre geschichtliche Bedeutung und ihre gegenwärtige Rolle im Dialog der pluralistischen Gesellschaft) innerhalb der Gesamtheit aller religiösen und weltanschaulichen Kräfte einen wichtigen Platz ein. Dieser Tatsache trägt die Erwähnung der Kirchen in § 2 Abs. 1 Rechnung, die unter juristischen Gesichtspunkten überflüssig ist, da der Begriff der Religionsgesellschaft die Kirchen umfasst.[6] 3

b) Die Religionsgesellschaften

Religionsgesellschaften (auch »Religionsgemeinschaften« genannt[7]) sind Vereinigungen von Personen, die nicht nur nach ihren Behauptungen und ihrem Selbstverständnis, sondern tatsächlich nach geistigem Gehalt und äußerem Erscheinungsbild durch bestimmte Auffassungen von Sinn und Bewältigung menschlichen Lebens im Sinne einer »Religion«[8] miteinander verbunden sind und diese gemeinschaftlich nach den Regeln eines bestimmten Kultus (wenigstens rudimentärer Art) bezeugen.[9,10] Sie können Körperschaften des ö.R. (vgl. Rdn. 5 ff.) oder privatrechtlich organisiert sein (vgl. Rdn. 7). 4

---

4 Ausgenommen sind Bewegungen, die sich selbst als »Kirche« bezeichnend, wie die Scientology-Kirche, die durch kein christliches Bekenntnis und keinen christlichen Kultus geprägt sind.

5 Vgl. *Obermayer*, Bonner Komm., Art. 140 (Zweitbearbeitung) Rn. 39 ff.; a.A. unter Einbeziehung jeder organisatorisch verfestigter Religionsgemeinschaften von überregionaler Bedeutung Knack/Henneke/*Schliesky*, § 2 Rn. 16; wie hier Kopp/*Ramsauer*, § 2 Rn. 13a.

6 Vgl. *Stern*/Sachs, StR IV/2, § 119 IV5b (S. 1244); *Hesse*, HdbStKirchR I, S. 534; Kopp/*Ramsauer*, § 2 Rn. 12.

7 Vgl. BVerwG, Urt. v. 23.02.2005 – 6 C 2.04, BVerwGE 123, 49 (54); Maunz/Dürig/*Korioth*, Art. 140/Art. 137 WRV Rn. 13; *Pieroth/Görisch*, JuS 2002, 937; *Obermayer*, DVBl 1977, 437.

8 D.h. unter Zugrundelegung einer den Menschen überschreitenden und umgreifenden »transzendenten« Wirklichkeit; vgl.: BVerwG, Urt. v. 14.11.1980 – 8 C 12.79, BVerwGE 61, 152; Urt. v. 27.03.1992 – 7 C 21.90, BVerwGE 90, 112; für einen weiteren Religionsbegriff unter Einschluss der Weltanschauungen als »jede Vorstellung von Sinn und Bewältigung menschlichen Daseins, das in Kultformen seine Bezeugung findet« *Obermayer*, Bonner Komm., Art. 140 (Zweitbearbeitung) Rn. 40 f.

9 Vgl. BVerfG, Beschl. v. 05.02.1991 – 2 BvR 263/86, BVerfGE 83, 341; das BAG (Beschl. v. 22.03.1995 – 5 AZB 21/94, NJW 1996, 143) spricht der Scientology Kirche Hamburg e.V. die Eigenschaft einer Religions- oder Weltanschauungsgemeinschaft ab; a.A. OVG Hamburg, Beschl. v. 24.08.1994 – Bs III 326/93, NVwZ 1995, 498; offen BVerfG im Beschl. v. 28.08.1992 – 1 BvR 632/92, NVwZ 1993, 357.

10 Siehe zu den Jugendreligionen, Jugendsekten: BVerfG, Beschl. v. 05.02.1991 – 2 BvR 263/86, BVerfGE 83, 341 (»Bahá'i«); BVerwG, Urt. v. 27.03.1992 – 7 C 21.90, BVerwGE 90, 112 (Osho-Bewegung früher »Bhagwan«); Urt. v. 23.05.1989 – 7 C 2.87, BVerwGE 82,

aa) Körperschaften des öffentlichen Rechts

5 Die durch **§ 2 Abs. 1** aufgeworfenen **Rechtsfragen berühren** ausschließlich die Religionsgesellschaften, die – wie die Kirchen – i.S.d. Art. 137 Abs. 5 WRV Körperschaften des ö.R. (sog. »korporierte« Religionsgesellschaften) sind,[11] weil nur für sie eine ö.-r. Verwaltungstätigkeit i.S.v. § 1 Abs. 1 in Betracht kommen kann.[12]

6 Die **Anerkennung als Körperschaft** des ö.R., die nach Art. 140 GG, Art. 137 Abs. 5 Satz 2 WRV auf Antrag zu gewähren ist, wenn die Religionsgesellschaft durch ihre Verfassung und die Zahl ihrer Mitglieder[13] die Gewähr der Dauer bietet, setzt Rechtstreue in dem Sinne voraus, dass die Religionsgesellschaft die Gewähr dafür bietet »die ihr übertragene Hoheitsgewalt nur in Einklang mit den verfassungsrechtlichen und sonstigen gesetzlichen Bindungen« auszuüben und »ihr künftiges Verhalten die in Art. 79 Abs. 3 GG umschriebenen fundamentalen Verfassungsprinzipien, die dem Staat anvertrauten Grundrechts Dritter sowie die Grundprinzipien des freiheitlichen Religions- und Staatskirchenrechts des Grundgesetzes nicht gefährdet«.[14] »Eine darüber hinausgehende Loyalität zum Staat verlangt das Grundgesetz nicht«.[15]

7 **Körperschaften die öffentlichen Rechts** sind u.a. die evangelischen Landeskirchen, die evangelischen Gesamtkirchen (wie die Evangelische Kirche in Deutschland – EKD –, die Vereinigte Evangelisch-Lutherische Kirche Deutschlands – VELKD – oder die Evangelische Kirche der Union), die Diözesen der römisch-katholischen Kirche,[16] viele evangelische Freikirchen[17] und ähnliche Zusammenschlüsse (wie die Evangelisch-methodistische Kirche), andere christliche Kirchen (wie das Bistum der Altkatholiken in Deutschland, die Russisch-orthodoxe Kirche Carlowitzer Richtung und die

76 (»Transzendentale Meditation«); VGH Bayern, Beschl. v. 13.10.1994 – 4 CE 93.2586, NVwZ 1995, 502 (»Universelles Leben«); VGH Baden-Württemberg, Urt. v. 02.08.1995 – 1 S 438/94, NJW 1996, 3358 (Untergliederung der Scientology-Kirche »Verein Neue Brücke«) und hierzu das zurückverweisende Urteil des BVerwG vom 06.11.1997 – 1 C 18.95, BVerwGE 105, 313; vgl. die Überblicke bei *Neureither*, NVwZ 2011, 1492 und *Abel*, NJW 2005, 114; *ders.* NJW 2003, 264; *ders.*, NJW 2001, 410; *ders.*, NJW 1999, 331; *ders.*, NJW 1997, 426; *ders.*, NJW 1996, 91.

11 Wegen der rechtlichen Bedeutung des religionsgesellschaftlichen Körperschaftsstatus *H. Weber*, NJW 1989, 2217 (2222 f.); *Quaas*, NVwZ 2009, 1400; *Obermayer*, DVBl 1977, 437.

12 Kopp/*Ramsauer*, § 2 Rn. 7; Stelkens/Bonk/Sachs/*Schmitz*, § 2 Rn. 34.

13 Vgl. BVerwG, Urt. v. 28.11.2012 – 6 C 8.12, juris und WKRS 2012, 31749, wonach die Verleihung des Körperschaftsstatus nicht von einer bestimmten Relation der Mitgliederzahl zur Gesamtbevölkerung (etwa einem Tausendstel der Bevölkerung des jeweiligen Landes) abhängig ist.

14 BVerfG, Urt. v. 19.12.2000 – 2 BvR 1500/97, Leitsatz 1, BVerfGE 102, 370 (390 ff.).

15 BVerfG, Urt. v. 19.12.2000 – 2 BvR 1500/97, Leitsatz 2, BVerfGE 102, 370 (397 ff.) gegen BVerwG, Urt. v. 26.06.1997 – 7 C 11.96, BVerwGE 105, 117 (Zeugen Jehovas); VG Mainz, Urt. v. 26.01.2012 – 1 K 144/11.MZ, NVwZ-RR 2012, 417.

16 Vgl. Schmidt-Bleibtreu/Hofmann/Hopfauf/*Hofmann*, Art. 140 Rn. 12.

17 Vgl. *Solte*, in: HdbStKirchR I, S. 419 ff. Siehe auch Bek. Sächs. Staatsministeriums für Kultus v. 13.07.2000 (Sächs. ABl. S. 654) über die Fortgeltung des altrechtlichen Körperschaftsstatus für die auf dem Gebiet des Freistaates Sachsen liegenden Gemeinden der Selbständigen Evangelisch-Lutherischen Kirche.

Rumänische Orthodoxe Metropolie für Deutschland, Zentral- und Nordeuropa), eine Reihe sog. Sekten (wie die Neuapostolische Kirche, die Siebenten-Tags-Adventisten und die Zeugen Jehovas in Deutschland)[18] sowie nichtchristliche Zusammenschlüsse (wie die israelischen Kultusgemeinden, Israelitische Synagogengemeinden,[19] die Religionsgemeinschaft Deutscher Unitarier, die Bahái-Gemeinde in Deutschland,[20] Ahmadiyya Muslim Jamaat).[21]

bb) Privatrechtliche Religionsgesellschaften

Die **privatrechtlich organisierten Religionsgesellschaften** (wie evangelische Freikirchen, die russisch-orthodoxe Kirche – Moskauer Patriarchat – und die meisten anderen kleineren Religionsgesellschaften) sind vom Anwendungsbereich des VwVfG schon deshalb ausgenommen, weil sie nicht über Behörden verfügen und keine ö.-r. Verwaltungstätigkeit ausüben. Sie können ausnahmsweise als Beliehene Behördencharakter haben (vgl. § 1 Rdn. 85) und als solche in den Anwendungsbereich des VwVfG bzw. eines LVwVfG fallen (vgl. Rdn. 17 f.). 8

c) Die Weltanschauungsgemeinschaften

Der Begriff der **Weltanschauungsgemeinschaft**[22] (bzw. Weltanschauungsvereinigung) geht auf Art. 137 Abs. 7 WRV zurück, nach dem den Religionsgesellschaften die Vereinigungen gleichgestellt werden, die sich die gemeinschaftliche Pflege einer Weltanschauung zur Aufgabe machen.[23] Obgleich der Begriff der Weltanschauung in der deutschen Geistesgeschichte keineswegs auf antichristliche Vorstellungen festgelegt war, wurde die Bezeichnung »Weltanschauungsgemeinschaft« in der Vergangenheit vorwiegend für Gruppen verwendet, die (wie die Freidenker, Monisten und Atheisten) dem Christentum in der ihm durch die Konfessionskirchen gegebenen Prägung ablehnend gegenüberstanden. 9

Infolge der **Gleichstellung mit den Religionsgesellschaften** können auch die Weltanschauungsgemeinschaften nach Art. 137 Abs. 5 Satz 2 WRV den Status einer Körperschaft des ö.R. erwerben. Sie verfügen dann über die gleichen ö.-r. Befugnisse, die den korporierten Religionsgesellschaften zustehen. 10

---

18 Bek. des Senators für Wissenschaft, Forschung und Kultur Berlin v. 13.06.2006 (Amtsblatt für Berlin S. 2428). Vgl. hierzu auch BVerwG, Beschl. v. 01.02.2006 -7 B 80.05, NJW 2006, 3156.

19 Vgl. BVerwG, Urt. v. 15.10.1997 – 7 C 21.96, BVerwGE 105, 255 und hierzu: *H. Weber*, NJW 1998, 197; *Schwarz*, LKV 2008, 344 (345 f.).

20 Vgl. BVerwG, Urt. v. 28.11.2012 – 6 C 8.12, juris.

21 Vgl. auch die Aufzählung in BVerfGE 102, 370 (372) und bei *P. Kirchhof*, in: HdbStKirchR I, S. 678 ff. Zum der Hindu-Tempelverein in Hamm siehe das Verpflichtungsurteil des VG Arnsberg v. 07.06.2013 – 12 K 2195/12, unveröffentlicht.

22 Siehe *Obermayer*, Bonner Komm., Art. 140 (Zweitbearbeitung) Rn. 38; Kopp/*Ramsauer*, § Rn. 14.

23 Zum Gleichstellungsgebot *Obermayer* DVBl 1981, 615 ff.; *Kopp* NVwZ 1982, 178 gegen BVerwG Urt. v. 14.11.1980 – 8 C 12.78, NJW 1981, 1460.

11 Für den Bereich des Rechts ist es geboten, die Religionsgesellschaften und die Weltanschauungsgemeinschaften zusammen dem Begriff der »**Religions- und Weltanschauungsgemeinschaften**« zuzuordnen. Mangels allgemein anerkannter Kriterien für eine Abgrenzung der beiden Begriffe »Religion« und »Weltanschauung« voneinander ist die Bezeichnung einer von Art. 137 WRV erfassten Vereinigung als »Religionsgesellschaft« oder als »Weltanschauungsgemeinschaft« dem Selbstverständnis der betreffenden Vereinigung überlassen.[24]

12 Weltanschauungsgemeinschaften mit der Rechtsstellung einer **Körperschaft des öffentlichen Rechts** sind beispielsweise der Bund für Geistesfreiheit in Bayern, die Humanisten Württemberg, der Humanistische Verband Deutschlands – Bayern, der Humanistische Verband Niedersachsen oder die Freigeistige Landesgemeinschaft Nordrhein-Westfalen.

d) Die Verbände und Einrichtungen der Religions- und Weltanschauungsgemeinschaften

13 Zu den Verbänden und Einrichtungen der Religions- und Weltanschauungsgemeinschaften[25] **gehören neben den Zusammenschlüssen[26] mehrerer Religions- bzw. Weltanschauungsgemeinschaften und den mit eigener Rechtspersönlichkeit ausgestatteten Teilen einer Religionsgesellschaft (z.B. den Kirchengemeinden)**[27],[28]

1) **organisatorisch** mit den Kirchen **verbundene** Vereinigungen wie die Werke der Inneren Mission, der Caritas, evangelische und katholische Krankenhäuser,[29] katholische Orden und Genossenschaften, Missionsgesellschaften, kirchlichen Hochschulen, Akademien, Studien- und Arbeitsgemeinschaften,

14 2) **organisatorisch selbstständige**, aber innerhalb einer Kirche oder für eine Kirche wirkende Gruppen wie die evangelischen Kommunitäten, Bruder- und Schwesterschaften, die landeskirchlichen Gemeinschaften, der Christliche Verein junger Menschen und das Zentralkomitee der deutschen Katholiken,

15 3) kirchliche **Sonderbildungen** wie die evangelischen Studentengemeinden und der Deutsche Evangelische Kirchentag.

2. Die Nichtgeltung des VwVfG

16 Die **Nichtgeltung des VwVfG** für die von Abs. 1 erfassten korporierten Religions- und Weltanschauungsgemeinschaften erstreckt sich auf alle in den Formen des ö. Rechts wahrgenommenen Verwaltungstätigkeiten ohne Rücksicht darauf, ob nur

---

24 Vgl. *Kästner*, Bonner Komm., Art. 140 (Drittbearbeitung) Rn. 282 ff.

25 Zur Zuordnung von religiösen Vereinen, religiösen Gesellschaften usw. zu den Religionsgesellschaften BVerfG, Beschl. v. 11.10.1977 – 2 BvR 209/76, NJW 1978, 581; auch BVerfG, Beschl. v. 05.02.1991 – 2 BvR 263/86, BVerfGE 83, 341 (357 ff.).

26 Zur Qualifikation eines Dachverbandes als Religionsgemeinschaft siehe BVerwG, Urt. v. 23.02.2005 – 6 C 2.04, BVerwGE 123, 49; siehe hierzu *Hennig*, ZAR 2007, 133.

27 Vgl. *Zilles/Kämper*, NVwZ 1994, 109.

28 Zum folgenden siehe *Obermayer*, Bonner Komm., Art. 140 (Zweitbearbeitung) Rn. 50 ff.

29 Vgl. BVerfG, Beschl. v. 25.03.1980 – 2 BvR 208/76, NJW 1980, 1895.

kirchliches oder wie im Kirchensteuerrecht auch staatliches Recht[30] vollzogen wird.[31] Die Nichtgeltung staatlichen Verwaltungsverfahrensrechts ist gerade für die Bereiche des Handelns der korporierten Religions- und Weltanschauungsgemeinschaften folgerichtig, die auch der staatlichen Gerichtsbarkeit entzogen sind.[32] Aber auch soweit ihr ö.-r. Handeln aus verfassungsrechtlichen Gründen der staatlichen Gerichtsbarkeit unterliegt,[33] wird der Rechtsschutz durch die Nichtanwendung des VwVfG oder eines LVwVfG nicht beeinträchtigt.[34,35]

3. Die ausnahmsweise Geltung des VwVfG

Von der Ausnahmeregelung nicht erfasst und daher den Vorschriften des VwVfG bzw. 17
eines LVwVfG unterworfen sind die korporierten Kirchen und Religionsgesellschaften, wenn sie **wie sonstige Beliehene** (vgl. § 1 Rdn. 85) Staatsaufgaben erfüllen, deren

---

30 Ebenso: Mayer/*Borgs*, § 2 Rn. 4; Knack/Henneke/*Schliesky*, § 2 Rn. 20; *Ehlers*, HdbStKirchR *II*, § 74 II 1 (S. 1121 f.); *Meyer* NJW 1977, 1705; a.A. Kopp/*Ramsauer*, § 2 Rn. 10; Stelkens/Bonk/Sachs/*Schmitz*, § 2 Rn. 38.

31 Das staatliche Kirchensteuerrecht ist aufgrund Art. 140/Art. 137 Abs. 6 WRV ausschließlich landesrechtlich geregelt (vgl. Maunz/Dürig/*Korioth*, Art. 140/Art. 137 WRV Rn. 98), sodass für die Verwaltung zuständige kirchliche Behörden insoweit kein Bundesrecht i.S.d. § 1 Abs. 1 oder 2 ausführen. Im Übrigen wird die Kirchensteuer mit wenigen Ausnahmen (wie etwa die von den Kirchensteuerämtern in Bayern verwaltete Kircheneinkommensteuer) ohnehin nicht durch kirchliche Behörden sondern aufgrund Übertragungsermächtigungen in den Kirchensteuergesetzen der Länder (wie z.B. § 9 KistG NW) auf Antrag der Kirchen durch die staatlichen Finanzbehörden verwaltet, die die Vorschriften der AO anzuwenden haben (etwa nach § 15 hessKiStG); je nach der landesrechtlichen Ausgestaltung ist der Verwaltungsrechtsweg oder der Rechtsweg zu den Finanzgerichten (wie nach Art. 18 Abs. 6 bayKiStG) gegeben; vgl. zu alledem Maunz/Dürig/*Korioth*, Art. 140/Art. 137 WRV Rn. 101 f.; *Marré*, HdbStKirchR *II*, § 37 VII, VIII (S. 1136 ff.).

32 Vgl. zu ö.-r. Dienstverhältnissen: EGMR, Entsch. v. 06.12.2011 – 38254/04, juris; BVerfG, Kammerbeschl. v. 08.12.2008 – 2 BvR 717/08, NJW 2009, 1195; BVerwG, Urt. v. 30.12.2002 – 2 C 23.01, BVerwGE 117, 145; *Rüfner*, HdbStKirchR *II*, § 73 II 3 (S. 1098 ff.). Weitere Beispiele der der staatlichen Gerichtsbarkeit entzogenen innerkirchlichen Angelegenheiten bei Schoch/Schneider/Bier/*Ehlers/Schneider*, § 40 Rn. 110 ff.; *Sodan/Ziekow/Sodan*, § 40 Rn. 468 ff.

33 Vgl. etwa BVerfG, Urt. v. 14.12.1965 – 1 BvR 413/60, BVerfGE 19, 206 (217 f.); Beschl. v. 31.03.1971 – 1 BvR 744/67, BVerfGE 30, 415 (422) – Kirchensteuer; BVerwG, Urt. v. 07.10.1983 – 7 C 44.81, BVerwGE 68, 62 – liturgisches Glockengeläute. Siehe weitere teilweise höchst strittige Beispiele bei Schoch/Schneider/Bier/*Ehlers/Schneider*, § 40 Rn. 114 ff.; *Sodan/Ziekow/Sodan*, § 40 Rn. 472 f.

34 A.A. wohl Kopp/*Ramsauer*, § 2 Rn. 8.

35 Die evangelischen Kirchen haben i.Ü. für ihre ö.-r. Verwaltungstätigkeit mit dem Verwaltungsverfahrens- und zustellungsgesetz der Evangelischen Kirche in Deutschland (VVZG-EKD) vom 28.10.2009 (ABl. EKD 2009 S. 334) und den Zustimmungsgesetzen der Gliedkirchen ein eigenes Gesetz erlassen, das stark an das VwVfG angeglichen ist. Schon vor dem VVZG-EKD galten zahlreiche in den Vorschriften des VwVfG enthaltene Rechtsgrundsätze als ungeschriebenes Recht auch im kirchlichen Verwaltungsverfahren (vgl. VGH der EKD, Urt. v. 22.02.2007 – VGH 8/06, RspB ABl.EKD 2008, 22).

Erledigung auch Interessen von Nichtmitgliedern berühren und daher staatlicher Gesetzgebung und Kontrolle unterliegen müssen.[36] Auf eine solche Tätigkeit kann sich das religionsgesellschaftliche Selbstbestimmungsrecht, das die Ausnahmeregelung des Abs. 1 stützt,[37] schon im Hinblick auf die Schrankenklausel des Art. 137 Abs. 3 WRV nicht erstrecken.[38]

18 Eine Staatsaufgabe nehmen die Kirchen(-gemeinden) dann wahr, wenn sie als **Friedhofsträger** kirchliche Friedhöfe errichten und verwalten.[39] Die Totenbestattung ist aus Gründen des öff. Wohls (insb. wegen ihrer hygienischen Bedeutung) heute allgemein als Staatsaufgabe anerkannt[40] und daher auch durch staatliches Recht geregelt. Bei der Erfüllung dieser Staatsaufgabe tritt eine kirchliche Friedhofsverwaltung auch Andersgläubigen hoheitlich gegenüber, wenn die Bestattungssorge für einen Verstorbenen Personen obliegt, die der betreffenden Kirche nicht angehören. Diese Verwaltungstätigkeit stellt keine Ausführung von Bundesrecht i.S.d. § 1 Abs. 1 oder 2 dar, weil das Friedhofs- bzw. Bestattungsrecht heute Landesrecht[41] ist. Somit wären nur die die ö.-r. Verwaltungstätigkeit der Landesbehörden zur Ausführung von Landesrecht regelten Bestimmungen von LVwVfG in der Lage, kirchliche Friedhofsträger bei der Durchführung ihrer Verwaltungstätigkeit an staatliches Verwaltungsverfahrensrecht zu binden.

II. Die Nichtgeltung des VwVfG für bestimmte Verfahren (Abs. 2)

19 **Abs. 2** entzieht Verfahren bestimmter Sachbereiche der Geltung des VwVfG, die ihrerseits durch besonderes Verfahrensrecht geregelt sind.

1. Verfahren der Bundes- oder Landesfinanzbehörden nach der Abgabenordnung (Nr. 1)

20 Nach **Nr. 1** gilt das VwVfG nicht für **Verfahren der Bundes- und Landesfinanzbehörden nach der AO.** Nach dem Erlass eigener Verwaltungsverfahrensgesetze durch die

---

36 Ebenso Knack/Henneke/*Schliesky*, § 2 Rn. 20 f.; Abschnitt B Nr. 1.1.2 Nichtamtliche Begründung zum Verwaltungsverfahrens- und zustellungsgesetz der EKD, www.kirchenrecht-ekd.de. Vgl. auch Stelkens/Bonk/Sachs/*Schmitz*, § 2 Rn. 37 ff. a.A. Meyer/*Borgs*, § 2 Rn. 4.

37 Amtl. Begr. S. 33.

38 In § 1 Abs. 2 Satz 2 VVZG-EKD (s.o. Fn. 32) ist folgerichtig die Nichtgeltung des VVZG-EKD festgelegt, soweit eine Kirchenbehörde hoheitliche Aufgaben kraft staatlichen Rechts wahrnimmt.

39 Vgl. BVerwG, Urt. v. 16.12.1966 – VII C 45/65, BVerwGE 25, 364 (365); zur Rolle der Kirchen im Bestattungswesen siehe *Engelhardt*, HdbStKirchR II, S. 105 ff.; *Obermayer*, DVBl 1979, 441 (445 f.); *ders.*, DVBl 1977, 437 (439).

40 BVerwG, Urt. v. 16.12.1966 – VII C 45/65, BVerwGE 25, 364 (365); OLG RheinlandPfalz, Urt. v. 28.05.2009 – 2 U 1191/08, juris und WKRS 2009, 22321; Urt. v. 19.04.1989 – 10 C 44/88, NVwZ 1990, 96; *Engelhardt*, HdbStKirchR II, S. 105 f.; a.A.: *Stern*/Sachs, StR IV/2, § 119 IV5c (S. 1249); *Ehlers*, HdbStKirchR II, § 74 II 2 (S. 1124); *Weber*, NJW 1989, 2217 (2224); differenzierend Gaedke/*Diefenbach*, Handbuch des Friedhofs- und Bestattungsrechts, 10. Aufl., S. 29 ff.

41 Vgl. *Engelhardt*, HdbStKirchR II, S. 105.

Länder hat die Vorschrift nur noch insoweit eine rechtliche Bedeutung, als sie das Verfahren der Bundesfinanzbehörden nach der AO vom Anwendungsbereich des VwVfG ausnimmt (vgl. Rdn. 25).

a) **Verfahren nach der AO**

Die vom Anwendungsbereich des VwVfG ausgenommenen **Verfahren nach der AO** betreffen nach deren § 1 Abs. 1 Satz 1 alle Steuern einschließlich der Steuervergütungen, die durch Bundesrecht oder Recht der Europäischen Union geregelt sind, soweit sie durch Bundesfinanzbehörden oder durch Landesfinanzbehörden verwaltet werden. § 1 Abs. 1 Satz 2 AO enthält einen (deklaratorischen) Anwendungsvorbehalt zugunsten des Rechts der Europäischen Union. Zu den Steuern zählen nach § 3 Abs. 3 AO auch die Einfuhr- und Ausfuhrabgaben nach Art. 4 Nr. 10 und 11 des Zollkodexes. Die AO enthält viele Verfahrensvorschriften, die (wie z.B. die Bestimmungen über Verwaltungsakte der §§ 118 bis 133) weitgehend und meist sogar wörtlich mit Vorschriften des VwVfG (in dem genannten Fall mit den §§ 35 bis 52) übereinstimmen. 21

Die Ausnahmeregelung der Nr. 1 erstreckt sich **auch** auf die **Verfahren zur Feststellung von Besteuerungsgrundlagen** (z.B. nach dem BewG), da nach § 181 Abs. 1 Satz 1 AO auf die in den genannten Verfahren ergehenden Feststellungsbescheide die Vorschriften (der AO) über die Steuerfestsetzung sinngemäß Anwendung finden.[42] Ausgenommen sind auch Verfahren bezüglich **steuerlicher Nebenleistungen,**[43] **für die die AO nach deren § 1 Abs. 3 Satz 1** vorbehaltlich des Rechts der Europäischen Union **sinngemäß anzuwenden ist.** 22

Die Ausnahmebestimmung der Nr. 1 gilt **nicht** für eine **Verwaltungstätigkeit**, die **aufgrund** von Vorschriften **anderer Gesetze** vorzunehmen ist. So sind beispielsweise Maßnahmen der Bundesfinanzbehörden in Wahrnehmung des ö.-r. Hausrechts (vgl. § 35 Rdn. 28) ebenso dem VwVfG unterworfen wie die Entscheidungen beamtenrechtlicher Art. 23

Der völlige oder partielle Ausschluss des VwVfG erfolgt nicht in Anwendung der Nr. 1 sondern aufgrund des Vorrangs entgegenstehenden Bundesrechts (vgl. § 1 Rdn. 47, 61, 74), wenn andere Rechtsvorschriften die AO gegenüber Bundesfinanzbehörden ganz, teilweise oder sinngemäß für anwendbar erklären (wie beispielsweise § 12 Abs. 2 Satz 3 AltZertG[44] hinsichtlich der Gebührenerhebung durch das Bundeszentralamt 24

---

42 Entgegen der Amtl. Begr. (S. 33) ist das BewG ein (hinsichtlich seiner Ausführung der AO unterliegendes) materielles Steuergesetz und nicht ein abgabenrechtliches Nebengesetz.

43 Dies sind nach § 3 Abs. 4 AO Verzögerungsgelder (§ 146 Abs. 2b AO), Verspätungszuschläge (§ 152 AO), Zuschläge gem. § 162 Abs. 4 AO, Zinsen (§§ 233 bis 237 AO), Säumniszuschläge (§ 240 AO), Zwangsgelder (§ 329 AO) und Kosten (§§ 89, 178, 178a und §§ 337 bis 345 AO) sowie Zinsen im Sinne des Zollkodexes und Verspätungsgelder nach § 22a Abs. 5 EStG.

44 Gesetz über die Zertifizierung von Altersvorsorge- und Basisrentenverträgen (Altersvorsorgeverträge-Zertifizierungsgesetz – AltZertG) i.d.F.v. 22.12.2019 (BGBl. I S. 1746).

für Steuern für die Zertifizierung von Altersvorsorgeverträgen oder Basisrentenverträgen).

b) Die Bundes- und Landesfinanzbehörden

25 Die bei ihren Verfahren der AO unterliegenden **Bundes- und Landesfinanzbehörden** sind in § 6 Abs. 2 AO abschließend aufgezählt. Die Aufzählung der Bundes- und Landesfinanzbehörden in § 6 Abs. 2 AO einerseits und §§ 1, 2 FVG andererseits ist nicht deckungsgleich. Maßgeblich für die Nichtanwendung des VwVfG ist insoweit allein § 6 Abs. 2 AO. Der Vorrang gegenüber den Landesfinanzbehörden, folgt für die auf der Gesetzgebungskompetenz des Bundes nach Art. 108 Abs. 5 GG beruhenden AO aus dem Vorrang des Bundesrechts nach Art. 31 GG. Die in den LVwVfG entsprechend Abs. 2 Nr. 1 angeordneten Ausnahmen haben daher nur deklaratorischen Charakter.

c) Verfahren der kommunalen Abgabenverwaltung

26 Soweit das **Verfahren der kommunalen Abgabenverwaltung** nach § 1 Abs. 2 AO für die Realsteuern an einzelne Bestimmungen der AO gebunden ist, entfällt die Anwendbarkeit des LVwVfG aus dem gleichen Grund wie für die Landesfinanzbehörden (vgl. Rdn. 25). Im Übrigen kann der Landesgesetzgeber für Kommunalabgaben jederzeit die Geltung des LVwVfG anordnen. Hat er dies nicht getan, sondern z.B. wie in den meisten Ländern auf Vorschriften der AO verwiesen, ist zu prüfen ob zu verbleibenden Lücken (etwa hinsichtlich Zusage,[45] örV[46] und Vorverfahren)[47] Regelungen des LVwVfG ergänzend hinzutreten (vgl. § 38 Rdn. 5; § 54 Rdn. 49; § 80 Rdn. 66), aber nur dann, wenn sie Ausdruck eines allgemeinen Rechtsgrundsatzes sind (vgl. Rdn. 1).[48]

2. Justizförmig geregelte Tätigkeiten (Nr. 2)

27 Nr. 2 nimmt Handlungen vom Anwendungsbereich des VwVfG aus, die wegen ihres sachlichen Zusammenhangs oder ihrer Ähnlichkeit mit einer richterlichen Tätigkeit in besonderen Gesetzen **justizförmig geregelt** sind, die anderenfalls als Maßnahmen einer Verwaltungsbehörde in einem Verwaltungsverfahrens zu beurteilen wären, weil sie nicht in einem Verfahren unabhängiger Gerichtsbarkeit erlassen werden (vgl. § 1 Rdn. 92).

---

45 OVG Nordrhein-Westfalen, Urt. v. 30.10.2001 – 15 A 5184/99, NVwZ-RR 2002, 296.

46 Vgl. BVerwG, Urt. v. 30.05.2012 – 9 C 5.11, NVwZ 2013, 218 (220); OVG Nordrhein-Westfalen, NVwZ-RR 2003, 148.

47 BVerwG, Urt. v. 15.02.1991 – 8 C 83.88, BVerwGE 88, 41 (44); OVG Sachsen, Urt. v. 30.07.2002 – 5 B 618/00, SächsVBl 2003, 43.

48 Ausführlich *Allesch*, DÖV 1990, 270; vgl. auch *ders.*, DÖV 1988, 103; *ders.*, BayVBl 1992, 621; Stelkens/Bonk/Sachs/*Schmitz*, § 2 Rn. 67 f.

a) Die Strafverfolgung

Die **Strafverfolgung** als Aufklärung und Ahndung von Straftaten durch Gerichte, Staatsanwaltschaft und Polizei ist in den §§ 160 ff. StPO geregelt.[49] Im Gegensatz zu ihr unterliegt die präventivpolizeiliche Gefahrenabwehr nach Maßgabe der Polizeigesetze den Regelungen des VwVfG bzw. den LVwVfG.[50] Für die Strafverfolgung durch die Gerichte hat die Bestimmung mangels ö.-r. Verwaltungstätigkeit (vgl. § 1 Rdn. 9) keine Relevanz, im Übrigen wird eine ergänzende Anwendung des VwVfG ausgeschlossen. Für die (an die Strafverfolgung anschließende) Strafvollstreckung durch die Staatsanwaltschaften als Vollstreckungsbehörden nach § 451 Abs. 1 StPO ist das VwVfG nach Abs. 3 Nr. 1 ausgeschlossen (vgl. Rdn. 57). 28

b) Die Verfolgung und Ahndung von Ordnungswidrigkeiten

Die Verfolgung und Ahndung von **Ordnungswidrigkeiten**[51] richtet sich einschließlich des vorangehenden Verwarnungsverfahrens[52] nach den Verfahrensbestimmungen des OWiG, das seinerseits in seinem § 46 Abs. 1 u.a. auf die Regelungen der StPO zurückgreift. Im Hinblick auf die Vorbehaltsklausel in § 1 Abs. 1 wäre die Aufnahme in den Ausnahmekatalog für die Verfolgung und Ahndung von Ordnungswidrigkeiten durch Verwaltungsbehörden und Staatsanwaltschaften nicht erforderlich gewesen.[53] Ebenso wenig für die ohnehin keine ö-r. Verwaltungstätigkeit darstellende Ahndung von Ordnungswidrigkeiten durch die Gerichte (vgl. § 1 Rdn. 9).[54] 29

c) Die Rechtshilfe für das Ausland in Straf- und Zivilsachen

Die vom Anwendungsbereich des VwVfG ausgenommene **Rechtshilfe für das Ausland in Straf- und Zivilsachen** findet ihre Rechtsgrundlage 30

---

49 OVG Nordrhein-Westfalen, Urt. v. 13.09.1979 – IV A 2597/78, DVBl 1980, 422 f.

50 OVG Nordrhein-Westfalen, Beschl. v. 09.01.2012 – 5 E 251/11, NWVBl 2012, 364; Knack/Henneke/*Schliesky*, § 2 Rn. 31.

51 Nach der Legaldefinition in § 1 Abs. 1 OWiG ist eine Ordnungswidrigkeit eine rechtswidrige und vorwerfbare Handlung, die den Tatbestand eines Gesetzes verwirklicht, das die Ahndung mit einer Geldbuße vorsieht.

52 Vgl. BVerwG, Beschl. v. 05.03.1993 – 11 ER 400.93, NJW 1993, 3087.

53 Ebenso Stelkens/Bonk/Sachs/*Schmitz*, § 2 Rn. 78; a.A. wohl KG, Beschl. v. 08.11.1989 – 2 Ss 175/89 – 3 Ws (B) 280/89, NJW 1990, 1803; zur Heranziehung des allgemeinen Rechtsgrundsatzes in § 44 Abs. 1 VwVfG bei der Beurteilung eines Bußgeldbescheids BayObLG, Beschl. v. 29.11.1983 – 3 Ob OWi 153/83, BayObLGSt 1983, 158.

54 Vgl. Mayer/*Borgs*, § 2 Rn. 8.

1) in Verträgen mit ausländischen Staaten, wie insb. dem Europäischen Auslieferungsübereinkommen,[55] dem Europäischen Übereinkommen über die Rechtshilfe in Strafsachen,[56] das Schengener Durchführungsübereinkommen (Art. 48 ff.)[57] und den Haager Zivilprozessübereinkommen;[58]
2) in Spezialgesetzen und Verwaltungsvorschriften, wie insb. in dem Gesetz über die internationale Rechtshilfe in Strafsachen (IRG),[59] in den Richtlinien für den Verkehr mit dem Ausland in Strafsachen[60] und der Rechtshilfeordnung für Zivilsachen.[61]

31 Zu den strafrechtlichen Angelegenheiten i.S.d. IRG zählen nach dessen § 1 Abs. 2 auch mit Geldbuße bedrohte **Ordnungswidrigkeiten** und Taten, die nach ausländischem Recht mit vergleichbaren Sanktionen bedroht sind, und § 77 Abs. 1 IRG erklärt ergänzend die Verfahrensvorschriften des GVG, des EGGVG, der StPO, des JGG und des OWiG für sinngemäß anwendbar. Es ist daher folgerichtig, wie die Verfolgung und Ahndung von Ordnungswidrigkeiten (vgl. Rdn. 29) auch die Rechtshilfe für das Ausland in **Bußgeldsachen** vom Anwendungsbereich des VwVfG auszunehmen.[62]

32 In Auslegung der Übereinkommen und Gesetze ist zunächst zu klären, ob der verwendete **Begriff der Rechtshilfe** ausschließlich richterliche Tätigkeiten oder nicht (auch) behördliche Unterstützungshandlungen, d.h. solche der Amtshilfe für das Ausland im Bereich des Straf- und Zivilrechts umfasst (vgl. Vorbem § 4 Rdn. 20).[63] Für richterliche Tätigkeiten der Rechtshilfe ist das VwVfG ohnehin nicht anwendbar (vgl. § 1 Rdn. 9, 95) und Rechtshilfemaßnahmen der Justizbehörden für das Ausland unterfallen § 23 Abs. 1 EGGVG und sind somit nach Abs. 3 Nr. 1 (vgl. Rdn. 51 ff.) von der Anwendung des VwVfG ausgenommen.[64] Somit verbleiben für die Geltung der Ausnahmeregelung nur Rechtshilfemaßnahmen anderer Behörden für Gerichte im Ausland, wie beispielsweise die Aktenübersendung (Nr. 83 RiVASt).[65]

---

55 Vom 13.12.1957 (BGBl. II 1964, S. 1369; 1976 II, S. 1778).
56 Vom 20.04.1959 (BGBl. II 1964, S. 1369; 1994 II, S. 627).
57 Vom 19.06.1990 (BGBl. II 1993, S. 1010; 1994 II, S. 631).
58 Vom 17.07.1905 (RGBl. 1909 S. 409), vom 01.03.1954 (BGBl. II 1958, S. 576), vom 15.11.1065 (BGBl. II 1977, S. 1453) und vom 18.03.1970 (BGBl. II 1977, 1472).
59 In der Fassung der Bekanntmachung vom 27.06.1994 (BGBl. I, S. 1537).
60 Bek. des BMJ v. 05.12.2012 (BAnz AT 19.12.2012 B2).
61 Bek. des BMJ v. 28.10.2011 (BAnz Nr. 38a vom 07.03.2012 2012).
62 So auch Stelkens/Bonk/Sachs/*Schmitz*, § 2 Rn. 87.
63 Stelkens/Bonk/Sachs/*Schmitz*, § 2 Rn. 83; Knack/Henneke/*Schliesky*, § 2 Rn. 35; Kopp/*Ramsauer*, § 2 Rn. 22.
64 Für eine nur klarstellende Funktion auch Stelkens/Bonk/Sachs/*Schmitz*, § 2 Rn. 85.
65 A. A. Kopp/*Ramsauer*, § 2 Rn. 35; wie hier Knack/Henneke/*Schliesky*, § 2 Rn. 35.

d) Die Maßnahmen des Richterdienstrechts

Unbeschadet der Sonderregelung des § 80 Abs. 4 (vgl. § 80 Rdn. 57) sind die im DRiG und den Richtergesetzen der Länder geregelten **Maßnahmen des Richterdienstrechts** wegen ihres besonderen auch den Rechtsschutz bestimmenden Charakters in den Ausnahmekatalog aufgenommen worden. VAe, die das Richterdienstverhältnis in seiner vom Beamtenverhältnis abweichenden Art berühren, unterliegen im Rahmen des § 62 DRiG der Nachprüfung durch die Richterdienstgerichte. Nach Ansicht des Gesetzgebers hätte es zu »Schwierigkeiten und Unannehmlichkeiten« geführt, wenn lediglich die durch die Verwaltungsgerichte nachzuprüfenden Maßnahmen des Richterdienstrechts (entsprechend der Regelung des Abs. 3 Nr. 1 – vgl. Rdn. 45 ff.) an das VwVfG gebunden worden wären.[66][67] 33

3. Verfahren vor dem Deutschen Patent- und Markenamt und den bei diesen errichteten Schiedsstellen (Nr. 3)

Die in **Nr. 3** festgelegte Ausnahme für **Verfahren vor dem Deutschen Patent- und Markenamt und den bei diesen errichteten Schiedsstellen**[68] beruht auf der Erwägung, dass die betreffenden Verfahren im PatG, MarkenG, GebrMG, GSchmMG, HalblSchG, UrhRG und ArbnErfG sowie den dazu ergangenen Rechtsverordnungen[69] oder in vorrangigem Gemeinschaftsrecht[70] bereits eine besondere justizförmige Ausgestaltung erhalten haben. Für die ö.-r. Verwaltungstätigkeit des Deutsche Patent- und Markenamtes außerhalb dieser Verfahrensordnungen findet das VwVfG dagegen Anwendung, etwa bei Wahrnehmung des ö.-r. Hausrechts (vgl. § 35 Rdn. 28) oder bei Maßnahmen beamtenrechtlicher Art.[71] 34

4. Verfahren nach dem Sozialgesetzbuch (Nr. 4)

Nr. 4 nimmt Verfahren nach dem Sozialgesetzbuch vom Anwendungsbereich des VwVfG aus. 35

66 Amtl. Begr. S. 33; vgl. auch Kopp/Ramsauer, § 2 Rn. 26 zu einem evtl. Rückgriff, wenn das Beamtenrecht in Bezug genommen wird.

67 Für das Disziplinarrecht der Beamten gilt das VwVfG subsidiär, vgl. BVerwG, Urt. v. 15.02.1990 – 6 C 11.88 – NVwZ-RR.

68 Siehe: §§ 14 Abs. 2, 18 Abs. 1 UrhWarnG; UrhSchiedsV; § 29 Abs. 1 ArbnErfG.

69 DPMAV, PatV, MarkenV, GebrMV, GeschmMV, HalblSchV, WerkeRegV.

70 Etwa in der Verordnung (EG) Nr. 469/2009 des Europäischen Parlaments und des Rates vom 06.05.2009 über das ergänzende Schutzzertifikat für Arzneimittel (ABl. Nr. L 152, S. 1) oder der Verordnung (EG) Nr. 1610/96 des Europäischen Parlaments und des Rates vom 23.07.1996 über die Schaffung eines ergänzenden Schutzzertifikats für Pflanzenschutzmittel (ABl. Nr. L 198, S. 30).

71 Vgl. Stelkens/Bonk/Sachs/*Schmitz*, § 2 Rn. 93; Knack/Henneke/*Schliesky*, § 2 Rn. 38; Kopp/*Ramsauer*, § 2 Rn. 27.

a) Verfahren nach dem Sozialgesetzbuch

36 Bei den von der Anwendung des VwVfG nach Nr. 4 ausgenommenen **Verfahren nach dem Sozialgesetzbuch** handelt es sich um die ö.-r. Verwaltungstätigkeit der Behörden, die nach dem SGB ausgeübt wird und für die nach § 1 Abs. 1 Satz 1 SGB X dessen Erstes Kapitel »Verwaltungsverfahren« gilt, soweit sich nach dem Vorbehalt in § 37 Satz 1 SGB I aus den übrigen Büchern nichts Abweichendes ergibt. Enthalten die übrigen Bücher oder die in § 68 SGB I aufgeführten Gesetze (vgl. Rdn. 38) abweichende Regelungen über das Verwaltungsverfahren, wie etwa die Gemeinsamen Vorschriften für die Sozialversicherung in SGB IV, handelt es sich gleichwohl um ein Verfahren nach dem SGB. Wie das VwVfG erfasst das Erste Kapitel SGB X nur diejenigen ö.-r. Verwaltungstätigkeiten, die auf den Erlass eines VA und den Abschluss eines örV gerichtet sind (vgl. hierzu auch § 1 Rdn. 7 ff.).

37 **Im Einzelnen** sind von der Ausnahmeregelung zugunsten des SGB die Verwaltungsverfahren **erfasst**, die sich beziehen auf Angelegenheiten

1) der bereits als **besondere Teile** in das SGB eingeordnete Grundsicherung für Arbeitssuchende (SGB II), Arbeitsförderung (SGB III), gesetzlichen Krankenversicherung (SGB V), gesetzlichen Rentenversicherung (SGB VI), gesetzlichen Unfallversicherung (SGB VII), Kinder- und Jugendhilfe (SGB VIII), Rehabilitation und Teilhabe behinderter Menschen (SGB IX), sozialen Pflegeversicherung (SGB XI) und Sozialhilfe (SGB XII),

38 2) der in **§ 68 SGB I** aufgeführten Gesetze (wie insb. BAföG, RVO, BVG, BKGG, WoGG, UVG, BEEG), die einschließlich ihrer Ergänzungen und Änderungen bis zu ihrer Einordnung ins SGB als besondere Teile des SGB gelten.

b) Betroffene Behörden

39 Verwaltungsverfahren nach dem SGB werden insbesondere von den in §§ 18 bis 29 SGB I aufgeführten Behörden oder den Behörden der dort genannten Leistungsträger (Körperschaften und Anstalten) durchgeführt. Dies sind sowohl **Bundesbehörden**, insb. der mittelbaren Bundesverwaltung (wie etwa die Behörden der Bundesagentur für Arbeit beim Vollzug des SGB III – vgl. § 1 Rdn. 19 ff.) als auch **Behörden der Länder** im weiteren Sinne (wie etwa die Behörden der Allgemeinen Ortskrankenkassen hinsichtlich der gesetzlichen Krankenversicherung oder die Behörden der Landkreise und kreisfreien Städte beim Vollzug des SGB VIII und des SGB XII – vgl. § 1 Rdn. 39 ff.).[72] Nach § 1 Abs. 1 Satz 2 SGB X kommen die Regelungen des Ersten Kapitels des SGB X für die ö.-r. Verwaltungstätigkeit der Behörden der Länder, der Gemeinden und Gemeindeverbände und der sonstigen der Aufsicht des Landes unterstehenden juristischen Personen des öff. Rechts beim Vollzug von besonderen Teilen des SGB nur zur Anwendung, wenn diese entweder bei Inkrafttreten des SGB X am 01.01.1981 bereits Bestandteil des SGB waren oder als Bestandteil fingiert wurden

---

72 Siehe die Beispiele der Einrichtungen mit Behördeneigenschaft beim Vollzug des SGB in JurisPK-SGB X/*Palsherm*, § 1 Rn. 14 ff.

oder im Fall einer späteren Einordnung die Anwendbarkeit mit Zustimmung des Bundesrates erklärt wird (wie etwa in § 26 Abs. 1 BEEG).[73,74]

Für die ö.-r. **Verwaltungstätigkeit** dieser Behörden außerhalb der »Sozialverwaltung im engeren Sinne«[75], die wie z.B. die Ausübung des Hausrechts[76] oder der Vollzug beamten- oder besoldungsrechtlicher Bestimmungen,[77] **nicht** dem **SGB unterfällt**, verbleibt es bei der Anwendung des VwVfG bzw. LVwVfG.[78] Für die Verfolgung und Ahndung der in den Sozialgesetzen geregelten Ordnungswidrigkeiten ist die Anwendung des Ersten Kapitels SGB X nach dessen § 1 Abs. 1 Satz 3 ausgeschlossen. Die Nichtanwendung auch des VwVfG ergibt sich insoweit bereits aus der in § 2 OWiG normierten vorrangigen Geltung des OWiG, ohne dass es eines Rückgriffs auf die Ausschlussklausel in Nr. 2 bedarf (vgl. Rdn. 29). 40

5. Das Recht des Lastenausgleichs (Nr. 5)

Das nach **Nr. 5** ausgenommene **Recht des Lastenausgleichs** umfasst neben dem LAG insbesondere das Währungsausgleichsgesetz, Feststellungsgesetz, Altsparergesetz, Beweissicherungs- und Feststellungsgesetz, Allgemeine Kriegsfolgengesetz und Reparationsschädengesetz[79] und nunmehr das nach § 349 LAG durchzuführende Verfahren zur Rückforderung von gewährten Ausgleichsleistungen für die in der ehemaligen DDR entstandenen Schäden. Nach der Rechtsprechung kommt zwar aufgrund der Nr. 5 eine unmittelbare Anwendung des VwVfG im Recht des Lastenausgleichs nicht in Betracht, eine Orientierung an den im VwVfG verkörperten allgemeinen 41

---

73 Einer Zustimmung des Bundesrates bedarf es nicht für Neuregelungen, die an einen bereits am 01.01.1981 vorhandenen Bereich anknüpfen können, wie das GrSiG und das SGB XII an die Sozialhilfe; vgl. BSG, Urt. v. 26.08.2008 – B 8 SO 26/07 R, NJOZ 2009, 2158 (2161); Eichenhofer/Wenner/*Löcher*, § 1 SGB X Rn. 15; JurisPK-SGB X/*Palsherm*, § 1 Rn. 21.

74 Zur »mittelbaren Anerkennung« einer Verwaltungstätigkeit als einer nach dem SGB, wenn es an einer ausdrücklichen Einbeziehung einer Norm in den besonderen Teil des SGB fehlt, siehe BSG, Urt. v. 21.10.1999 – B 11 AL 25/99 R, BSGE 85, 92 (94); Urt. v. 01.06.1994 – 7 RAr 118/93, BSGE 74, 225 (227); von Wulffen/*Roos*, § 1 SGB X Rn. 4; JurisPK-SGB X/*Palsherm*, § 1 Rn. 21.

75 *Krause*, § 1 GK-SGB X-1 Rn. 10.

76 OVG Bremen, Beschl. v. 25.03.2013 – 1 B 33/13, juris und WKRS 2013, 34659; OVG Nordrhein-Westfalen, Beschl. v. 13.05.2011 – 16 E 174/11, NJW 2011, 2379; LSG Rheinland-Pfalz, Beschl. v. 11.10.2008 – L 5 B 371/08 AS, LKRZ 2009, 20; OVG Nordrhein-Westfalen, Beschl. v. 11.02.1998 – 25 E 960/97, NVwZ-RR 1998, 595; a.A. BSG, Beschl. v. 01.04.2009 – B 14 SF 1/08 R, juris und WKRS 2009, 17101, wenn ein enger Zusammenhang mit der Durchführung eines Sozialverwaltungsverfahrens.

77 Vgl. OVG Mecklenburg-Vorpommern, Beschl. v. 05.07.2011 – 2 M 64/11, juris und WKRS 2011, 19921; OVG Sachsen, Beschl. v. 28.11.2005 – 1 M 462/05, LKV 2006, 425.

78 BVerwG, Beschl. v. 29.01.2009 – 3 B 129.08, juris und WKRS 2009, 40177; vgl. JurisPK-SGB X/*Palsherm*, § 1 Rn. 21 mit Beispielen aus der Rechtsprechung; vgl. auch Stelkens/Bonk/Sachs/*Schmitz*, § 2 Rn. 99; Kopp/*Ramsauer*, § 2 Rn. 28; *Ziekow*, § 2 Rn. 20.

79 Siehe die Aufzählung der einschlägigen Rechtsvorschriften in § 8 Abs. 1 LAG. Eine Vielzahl dieser Rechtsvorschriften wurde zwar durch Art. 2 und 4 bis 8 des Gesetzes zur Änderung und Bereinigung des Lastenausgleichsrechts vom 21.06.2006 (BGBl. I S. 1323)

Grundsätzen ist aber gleichwohl möglich, wenn § 290 Abs. 1 Satz 1, § 335a Abs. 2 und § 350a Abs. 1 LAG hierauf verweist.[80] Nach dem BVerwG soll sich der Ausschluss wohl nur auf den 4., nicht aber auf den 6. Teil des Allgemeinen Kriegsfolgengesetzes beziehen.

42 **Nicht** zum **Recht des Lastenausgleichs** und damit in den Anwendungsbereich des VwVfG gehören die nicht von der Ausgleichsverwaltung durchzuführenden Verwaltungsverfahren zur Wiedergutmachung rechtsstaatswidriger Vermögensentziehungen insbesondere nach dem VermG und EntschG, zum Ausgleich nicht mehr rückgängig machbarer Enteignungen auf besatzungsrechtlicher oder besatzungshoheitlicher Grundlage in der ehemaligen DDR nach dem AusglLeistG oder zur Entschädigung für Vermögensverluste aufgrund nationalsozialistischer Verfolgung nach dem NS-VEntschG.[81],[82] Leistungen aufgrund dieser Gesetze können jedoch Rückforderungsverfahren nach dem LAG auslösen (vgl. Rdn. 41).

6. Das Recht der Wiedergutmachung (Nr. 6)

43 Zu dem aus ähnlichen Gründen wie das Lastenausgleichsrecht (vgl. oben Rdn. 41) ausgenommenen **Recht der Wiedergutmachung**[83] **nach Nr. 6** gehören die gesetzlichen Regelungen im Bundesentschädigungsgesetz,[84] Bundesrückerstattungsgesetz und in mehreren Gesetzen zur Wiedergutmachung nationalsozialistischen Unrechts sowie eine Reihe von im Verwaltungswege erlassener Härteausgleichsrichtlinien, die gewöhnlich als »Härtefonds« bezeichnet werden.

III. Die vollständige oder teilweise Nichtgeltung des Gesetzes für bestimmte Verwaltungsbereiche oder behördliche Tätigkeiten (Abs. 3)

44 In **Abs. 3** sind drei vom Anwendungsbereich ganz oder teilweise ausgenommene Bereiche geregelt.

---

aufgehoben, sie sind aber nach der durch Art. 1 Nr. 18 dieses Gesetzes geschaffenen Übergangsregelung in § 373 LAG für die am 01.07.2006 noch nicht abgeschlossenen Verfahren weiter anzuwenden.

80 BVerwG, Beschl. v. 01.10.2007 – 3 B 15.07 Rn. 4, juris und WKRS 2007, 40294 zu § 46 VwVfG, Urt. v. 18.05.2010 – 3 C 23.09, Rn. 18, juris und WKRS 2010, 19486 zu § 48 VwVfG; kritisch hierzu Stelkens/Bonk/Sachs/*Schmitz*, § 2 Rn. 101; ob allerdings das BVerwG nach den Ausführungen im Urt. v. 18.05.2010 strikt an der Auffassung festhält, dass die Inbezunahmen nur als statistische Verweisung zu verstehen ist, die nicht auch offen ist gegenüber weiteren Fortentwicklung dieser allgemeinen Grundsätze (so Urt. v. 19.07.1984 – 3 C 27.83 – juris und WKRS 1984, 16526, erscheint mir zweifelhaft und wäre im Ergebnis auch nicht überzeugend).

81 Das in seinem § 4 Satz 2 vorbehaltlich entgegenstehenden Rechts im VermG das VwVfG für anwendbar erklärt.

82 Anschaulich hierzu BVerfG, Urt. v. 21.11.2000 – 1 BvR 2307/94 u.a., BVerfGE 102, 254.

83 Amtl. Begr. S. 34 f. Kritisch hierzu, insb. einer statischen Verweisung auf die allgemeinen Grundsätze Stelkens/Bonk/Sachs/*Schmitz*, § 2 Rn. 104.

84 Vgl. BGH, Urt. v. 12.04.1984 – IX ZR 81/83, juris und WKRS 2011, 18953.

1. Die eingeschränkte Geltung für Gerichtsverwaltungen und Behörden der Justizverwaltungen (Nr. 1)

Nach **Nr. 1** gilt das VwVfG für die **Tätigkeit der Gerichtsverwaltungen und der Behörden der Justizverwaltungen** einschließlich der ihrer Aufsicht unterliegenden Körperschaften nur hinsichtlich der Maßnahmen, die der Nachprüfung durch die Verwaltungsgerichte (vgl. Rdn. 58 ff.) oder durch die in verwaltungsrechtlichen Anwalt-, Patentanwalts- und Notarsachen zuständigen Gerichte (vgl. Rdn. 64 ff.) unterliegen. 45

a) Die Bedeutung der Bestimmung

Die **Bedeutung dieser Bestimmung** liegt darin, dass sie über die bereits mangels ö.r. Verwaltungstätigkeit durch § 1 Abs. 1 und 2 (vgl. § 1 Rdn. 9, 95) und wegen ihrer justizförmigen Ausgestaltung durch Abs. 2 Nr. 2 (vgl. oben Rdn. 27 ff.) ausgenommenen Bereiche hinaus auch die sog. (ö.r.) **Justizverwaltungsakte**, d.h. die sonstigen Gerichts- und Justizmaßnahmen, der Geltung des Gesetzes entzieht, wenn sie nicht der Überprüfung durch die Verwaltungsgerichte (vgl. unten Rdn. 58 ff.) oder in verwaltungsrechtlichen Anwalts-, Patentanwalts- und Notarsachen durch die hierfür zuständigen Gerichte (vgl. unten Rdn. 65 ff.) unterliegen. 46

Mit der am 01.09.2009 in Kraft getretenen Einbeziehung der **verwaltungsrechtlichen Anwalts-, Patentanwalts- und Notarsachen**[85] und der Einführung eines Widerspruchsverfahrens nach §§ 112c Abs. 1 Satz 1 BRAO, 35 EuRAG, 94b Abs. 1 Satz 1 PAO und § 111b Abs. 1 Satz 1 BNotO haben das VwVfG und die LVwVfG eine Erweiterung ihres Anwendungsbereichs erfahren, denn der Verwaltungsrechtsweg war für Maßnahmen in diesen Rechtsbereichen nicht eröffnet, so dass die Geltung des VwVfG nach Nr. 1 nicht gegeben war.[86] Nachdem in den gleichzeitig in Kraft getretenen §§ 32 Satz 1 BRAO, 4 Abs. 1 EuRAG, 30 Satz 1 PAO und § 64a Abs. 1 BNotO jeweils für Verwaltungsverfahren nach diesen Gesetzen und den aufgrund dieser Gesetze erlassenen Rechtsverordnungen die ergänzende Anwendung des VwVfG ohnehin angeordnet ist (vgl. Rdn. 51, 67), dient die in Nr. 1 an die gerichtliche Zuständigkeit anknüpfende Geltung des VwVfG der Klarstellung, weil der Anwaltsgerichtshof und die Anwalts- bzw. Notarsenate ungeachtet der Tatsache, dass sie auf der Grundlage der VwGO entscheiden, gerichtsverfassungsrechtlich keine Gerichte der Verwaltungsgerichtsbarkeit sind.[87] 47

b) Das Verständnis der genannten Behörden

aa) Die Gerichtsverwaltungen

Zu den **Gerichtsverwaltungen** gehören die Gerichte aller Gerichtsbarkeiten im Hinblick auf ihre ö.-r. Verwaltungstätigkeit, die außerhalb des Verfahrens unabhängiger 48

85 Gesetz v. 30.07.2009 (BGBl. I S. 2449); Gesetz v. 14.08.2009 (BGBl. I S. 2827).
86 Vgl. BT-Drucks. 16/11385 S. 28; *Quaas/Dahns*, NJW 2009, 2705; *Custodis*, DNotZ 2009, 895.
87 BT-Drucks. 16/11385 S. 55.

Gerichtsbarkeit vorgenommen wird und insbesondere als Ordnung des allgemeinen Dienstbetriebs die personellen und sachlichen Voraussetzungen der Rechtsprechung schafft.[88] Hierzu zählt auch die Dienstaufsicht außerhalb der Maßnahmen nach § 26 DRiG (vgl. Rdn. 33) und die Aufsicht über nachgeordnete Behörden der Gerichtsverwaltungen sowie die Aus- und Fortbildung.[89] Die Gerichtsverwaltungen handeln hierbei regelmäßig unter der Bezeichnung ihres Leiters, z.B. als »Der Präsident des Oberlandesgerichts«.

bb) Die Behörden der Justizverwaltung

49 Die in Abs. 3 Nr. 1 formell von den Gerichtsverwaltungen unterschiedenen **Behörden der Justizverwaltung** im formellen Sinne[90] sind das BMJ mit den ihm unterstehenden Bundesanwaltschaften, die Justizministerien (Rechtspflegeministerien) bzw. -senatoren der Länder mit den ihnen unterstellten Staatsanwaltschaften, Gerichts- und Vollstreckungsbehörden, auch die Polizei, wenn sie strafverfolgend tätig wird. Der Begriff der Behörde der Justizverwaltung ist identisch mit dem der in § 23 EGGVG verwendeten Begriff der Justizbehörde.

50 Zu den der **Aufsicht** der Justizbehörden **unterstellten Körperschaften** gehören z.B. die der Staatsaufsicht des BMJ unterliegende Rechtsanwaltskammer bei dem BGH, Bundesrechtsanwaltskammer und Bundesnotarkammer, die der Staatsaufsicht des Präsidenten des Patentamtes unterliegende Patentanwaltskammer sowie die der Landesjustizverwaltung unterstellten Rechtsanwaltskammern und Notarkammern. Die als Körperschaften des ö. R. eingerichteten Berufskammern haben durch das am 01.06.2007 in Kraft getretenen Gesetz zur Stärkung der Selbstverwaltung der Rechtsanwaltschaft[91] eine deutliche Aufwertung erfahren, weil ein Großteil der Zuständigkeiten von den Behörden der Justizverwaltung (vgl. Rdn. 49) über den Umfang der Übertragungsermächtigungen im früheren § 224a BRAO hinaus auf die Kammern übertragen wurden.

c) Der verwaltungsgerichtlichen Nachprüfung entzogene Bereiche

51 Der **verwaltungsgerichtlichen Nachprüfung entzogen** sind die ö.-r. Gerichts – und Justizverwaltungsmaßnahmen (im engeren Sinn) der in § 23 Abs. 1 Satz 1 EGGVG aufgeführten sowie der aufgrund vorrangiger speziellerer Regelungen (§ 23 Abs. 3 EGGVG) den **ordentlichen Gerichten** zur Kontrolle zugewiesenen Bereiche, soweit nicht trotz dieser Rechtswegzuweisung sondergesetzlich die Anwendung des VwVfG angeordnet ist, wie etwa nach §§ 32 Satz 1 BRAO, 4 Abs. 1 EuRAG, 30 Satz 1 PAO und § 64a Abs. 1 BNotO (vgl. Rdn. 47, 67).

---

88 Vgl. Schoch/Schneider/Bier/*Stelkens/Schenk*, § 38 Rn. 8 ff.

89 Vgl. Schoch/Schneider/Bier/*Stelkens/Schenke*, § 38 Rn. 11; zur Referendarausbildung und zur Heranziehung eines Richters zur Referendarausbildung siehe BGH, Urt. v. 14.09.1990 – RiZ (R) 3/90, BGHZ 112, 197.

90 Vgl. Schoch/Schneider/Bier/*Stelkens/Schenk*, § 38 Rn. 9 und 12.

91 V. 26.03.2007 (BGBl. I S. 358); vgl. hierzu *Dahns*, NJW 2007, 1553.

aa) Maßnahmen der Justizbehörden nach § 23 Abs. 1 EGGVG

Nach **§ 23 Abs. 1 EGGVG** sind Anordnungen, Verfügungen und sonstigen **Maßnahmen der** im funktionalen und nicht organisatorischen Sinne zu verstehenden **Justizbehörden**[92] zur Regelung einzelner Angelegenheiten auf den Gebieten des Bürgerlichen Rechts einschließlich des Handelsrechts, des Zivilprozessrechts, der freiwilligen Gerichtsbarkeit und der Strafrechtspflege[93] (unter Einschluss des Vollzugs der Untersuchungshaft sowie derjenigen Freiheitsstrafen und Maßregeln der Besserung und Sicherung, die außerhalb des Justizvollzugs vollzogen werden) den **ordentlichen Gerichten**[94] zur Nachprüfung anheimgegeben. 52

Hierzu zählen z.B. 53

1) auf dem Gebiet des **Bürgerlichen Rechts**
   - die Ablehnung der Befreiung von der Beibringung eines Ehefähigkeitszeugnisses nach § 1309 Abs. 2 BGB,[95]
   - Feststellungserklärungen zur Übertragung des Nießbrauchs oder der beschränkt persönlichen Dienstbarkeit einer juristischen Person nach §§ 1059a Nr. 2 Satz 2, 1092 Abs. 2 BGB,[96]

2) auf dem Gebiet des **Zivilprozessrechts** 54
   - die Ablehnung einer Akteneinsicht durch Dritte[97], wenn diese ein Gericht der ordentlichen Gerichtsbarkeit betrifft, oder nach Abschluss des Verfahrens[98] (auch durch eine Partei) nach § 299 Abs. 2 ZPO,

---

92 Vgl. BGH, Beschl. v. 24.06.1998 – 5 AR (VS) 1 – 98, NJW 1998, 3577 (3578); BVerwG, Urt. v. 27.04.1984 – 1 C 10.84, NJW 1984, 2233; *Kopp/Schenke*, § 179 Rn. 6.

93 Vgl. zu der (regelmäßig keinen VA oder örV betreffenden) Öffentlichkeitsarbeit der Justizbehörden im Zusammenhang sowie außerhalb anhängiger Verfahren: Schoch/Schneider/Bier/*Ehlers*, § 40 Rn. 600.

94 Angelegenheiten (JustizVA), die in die Zuständigkeit der ArbG fallen, sind nicht von § 23 EGGVG erfasst (BGH, Beschl. v. 16.07.2003 – IV AR (VZ) 1/03, NJW 2003, 2989; LAG Hamm, Beschl. v. 19.07.2010 – 1 Ta 174/10, juris und WKRS 2010, 21473; Schoch/Schneider/Bier/*Ehlers*, § 40 Rn. 596; a.A. OLG Schleswig, Beschl. v. 26.09.1988 – 12 VA 3/88, NJW 1989, 110.

95 BGH, Beschl. v. 12.02.1964 – IV AR (VZ) 39/63, BGHZ 41, 136 zum früheren § 10 Abs. 2 EheG; OLG Stuttgart, Beschl. v. 04.11.1999 – 19 VA 6/99, FamRZ 2000, 821; *Schmitz-Justen*, StAZ 2007, 107 (109, 111 f.).

96 Schoch/Schneider/Bier/*Ehlers/Schneider*, § 40 Rn. 599; Palandt/*Bassenge*, § 1059a BGB Rn. 1.

97 OLG Frankfurt, Beschl. v. 01.02.2007 – 20 VA 13/06, juris und WKRS 2008, 15451; OLG Brandenburg, Beschl. v. 05.02.2002 – 11 VA 11/02, juris; Thomas/Putzo/*Reichold*, § 299 ZPO Rn. 3.

98 Str. OLG München, Beschl. v. 20.05.2009 – 9 VA 5/09, MDR 2009, 1065; Zöller/*Greger*, § 299 Rn. 6c; a.A. (Akt der Rechtsprechung mit Beschwerderecht) OLG Schleswig, Beschl. v. 24.05.2012 – 15 WF 191/12, NJOZ 2012, 2170 mit weiteren Nachweisen.

- die Einsichtsgewährung in ein Vermögensverzeichnis nach § 807 ZPO[99] und Entscheidungen nach der Schuldnerverzeichnisverordnung[100] (nach deren § 20 Abs. 1),[101]

55 3) auf dem Gebiet der **freiwilligen Gerichtsbarkeit**
- die Ablehnung einer Akteneinsicht durch Dritte in Ehesachen und Familienstreitsachen nach §§ 113 Abs. 1 FamFG, 229 Abs. 2 ZPO,[102]
- die Offenlegung von Eigentümer- und Grundstücksverzeichnissen nach § 12a Abs. 1 Satz 3 GBO,[103]

56 4) auf dem Gebiet der **Strafrechtspflege**
- Anordnungen der Staatsanwaltschaften und ihrer Hilfsbeamten (§ 152 GVG) von strafprozessuale Zwangsmaßnahmen entweder aus eigener Zuständigkeit (etwa nach §§ 110b Abs. 1, 163b StPO) oder bei Gefahr im Verzug (etwa nach §§ 81a Abs. 2, 105 Abs. 1 Satz 1 StPO),[104]

---

99 OLG Hamm, Beschl. v. 09.05.1988 – 15 VA 2/88, NJW 1989, 533; KG, Beschl. v. 12.04.1988 – 1 VA 1/88, NJW 1989, 534.

100 Vom 15.12.1994 (BGBl. I, S. 3822).

101 Vgl. Thomas/Putzo/*Seiler*, § 915c Rn. 1; *Lappe*, NJW 1995, 1657; so bereits für die Auskunft aus dem Schuldnerverzeichnis vor Neufassung des § 915 ZPO, Einfügung der §§ 915a bis 915h ZPO durch Gesetz vom 15.07.1994 (BGBl. I, S. 1566) und Inkrafttreten der SchuldnerverzeichnisVO: OLG Frankfurt, Beschl. v. 01.09.1987 – 20 VA 2/87, NJW 1988, 423.

102 Vgl. OLG Schleswig, Beschl. v. 24.05.2012 – 15 WF 191/12, NJOZ 2012, 2170; dagegen handelt es sich nach h.M. bei der Entscheidung über Akteneinsicht nach § 13 Abs. 7 FamFG auch gegenüber Dritten um einen Akt der Rechtsprechung und keinen JustizVA (vgl. OLG Hamm, Beschl. v. 05.12.2012 – I-15 VA 15/12, juris und WKRS 2013, 53903; Keidel/*Sternal*, § 13 FamFG Rn. 64; a.A. Thomas/Putzo/*Reichold*, § 13 FamFG Rn. 12), während nach dem Beschl. des OLG Hamm v. 26.07.2011- II-2 WF 131/11, FamRZ 2012, 51) jedenfalls dann §§ 23 ff. EGGVG anzuwenden sein sollen, wenn nach Verfahrensabschluss über die Akteneinsicht eines Dritten zu entscheiden ist.

103 Kuntze/Ertl/Herrmann/*Eickmann*, Grundbuchrecht, § 12a GBO Rn. 7; gegen die Ablehnung der Auskunftserteilung aus einem Verzeichnis ist jedoch die Beschwerde nach § 71 GBO gegeben (LG Stuttgart, Beschl. v. 21.11.2001 – 1 T 43/01, BWNotZ 2002, 68).

104 Str.; der Kritik des BVerfG an dem schwer zu durchschauenden gespaltenen Rechtsmittelsystem bei richterlich und nicht richterlich angeordneten strafprozessualen Maßnahmen (insb. körperliche Untersuchungen, Durchsuchungen, vorläufige Festnahmen) hinsichtlich der Kontrolle ihrer Rechtmäßigkeit sowie bei prozessualer Überholung und der den Fachgerichten auferlegten besonderen Verpflichtung aus Art. 19 Abs. 4 GG (Beschl. v. 27.05.1997 – 2 BvR 1992/92, BVerfGE 96, 44, 49 f.) folgend, gewährt die Strafgerichtsbarkeit – soweit nicht auch nach abgeschlossener Maßnahme die Beschwerde nach §§ 304 ff. StPO gegeben ist (vgl. BVerfG, Beschl. v. 30.04.1997 – 2 BvR 817/90, BVerfGE 96, 27) – in allen anderen Fällen Rechtsschutz durch richterliche Entscheidung in entspr. Anwendung des § 98 Abs. 2 Satz 2 StPO (vgl. BGH, Beschl. v. 07.12.1998 – 5

- polizeiliche Anordnung im Zusammenhang mit strafprozessualen Maßnahmen im Rahmen eines strafrechtlichen Ermittlungsverfahrens nach § 160 StPO auf der Grundlage des § 164 StPO wie beispielsweise Platzverweis, Tatortabsperrungen,[105]
- Sperrerklärungen nach § 96 StPO, die aus Gründen der Strafrechtspflege getroffen werden[106] (vgl. Rdn. 60),
- die Entziehung einer Vertraulichkeitszusage der Staatsanwaltschaft gegenüber einem Informanten,[107]
- Entscheidungen über die Einsichtnahme oder Vernichtung von Ermittlungsakten der Staatsanwaltschaft außerhalb des Strafverfahrens[108] bzw. bei Drittbeteiligung,[109]
- die Gnadenentscheidungen auf dem Gebiet des Strafrechts,[110]

AR (VS) 2/98, BGHSt 44, 265; Beschl. v. 25.08.1999 – 5 AR (VS) 1/99, BGHSt 45, 183; Beschl. v. 13.10.1999 – StB 7/99 u. a., NJW 2000, 84; KG, Beschl. v. 30.04.2001 – 1 AR 396/01, juris; kritisch zu neueren Tendenzen in der Rechtsprechung *Meyer/Rettenmaier*, NJW 2009, 1238); der (subsidiäre) Rechtsweg gegen behördliche strafprozessuale Zwangsmaßnahmen nach § 23 EGGVG scheidet somit nach h.M. aus; nachdem bei keiner Lösung die Geltung des VwVfG im Raum steht, bedarf es hier bei zutreffender Beurteilung der behördlichen Anordnungen als JustizVA keiner Vertiefung.

105 OVG Niedersachsen, Beschl. v. 11.01.2012 – 11 OB 408/11, NJW 2012, 2057.

106 BGH, Beschl. v. 24.06.1998 – 5 AR (VS) 1/98, NJW 1998, 3577; BVerwG, Urt. v. 27.04.1984 – 1 C 10.84, BVerwGE 69, 192; Eyermann/*Rennert*, § 40 Rn. 133; nach Schoch/Schneider/Bier/*Ehlers/Schneider*, § 40 Rn. 610 zählt zur Strafrechtspflege in diesem Sinne entgegen BVerwG (a.a.O.) auch eine Sperrerklärung von Verfassungsschutzbehörden, wenn es bei der Geheimhaltung um die Erforschung und Aufklärung von Straftaten geht.

107 OLG Hamm, Beschl. v. 05.04.2005 – 1 VAs 77/04, wistra 2005, 318.

108 Etwa nach Einstellung des Ermittlungsverfahrens nach § 170 Abs. 2 oder 154 Abs. 1 StPO (vgl. OLG Hamburg, Beschl. v. 03.09.1997 – 1 VAs 6/97, NJW 1997, 3255) oder über die im Wege der Amtshilfe begehrte Einsicht eines Untersuchungsausschusses in staatsanwaltschaftliche Akten eines laufenden Ermittlungsverfahrens (vgl. BGH, Beschl. v. 12.01.2001 – 2 ARs 355/00, BGHSt 46, 261).

109 OVG Rheinland-Pfalz, Beschl. v. 12.10.1993 – 11 E 11692/93. OVG, NJW 1994, 2108; OLG Frankfurt, Beschl. v. 01.02.1996 – 3 VAs 29/95, NJW 1996, 1484; mit der am 01.12.2000 in Kraft getretenen Neuregelung der Akteneinsicht an Dritte durch Art. 1 Nr. 15 StVÄG 1999 ist der Rechtsweg nach §§ 23 ff. EGGVG durch den Rechtsschutz nach §§ 478 Abs. 3, 475 StPO abgelöst (vgl. OLG Stuttgart, Beschl. v. 10.03.2006 – 4 VAs 1/06, NJW 2006, 2565,2566).

110 Ebenso Schoch/Schneider/Bier/*Ehlers/Schneider*, § 40 Rn. 126, 608; Eyermann/*Rennert*, § 40 Rn. 134; *Kopp/Schenke*, § 179 Rn. 4; BVerwG, Urt. v. 10.10.1975 – VII C 26.73, BVerwGE 49, 221; dies gilt wegen des funktionellen Justizbehördenbegriffs auch für Gnadenentscheidungen des Bundespräsidenten nach Art. 60 Abs. 2 GG im Bereich des Strafrechts oder solche Entscheidungen der Ministerpräsidenten der Länder, vgl. Schoch/Schneider/Bier/*Ehlers/Schneider*, § 40 Rn. 608; die ausdrückliche Nichtgeltung des BayVwVfG für Verfahren in Ausübung des Gnadenrechts nach dessen Art. 2 Abs. 2 Nr. 3 erstreckt sich über das Gebiet der Strafrechtspflege hinaus.

- die Ablehnung der Zustimmung zur Verlegung eines Strafgefangenen in die Vollzugsanstalt eines anderen Bundeslandes durch die oberste Vollzugsbehörde des aufnehmenden Landes.[111]

bb) Sonstige den ordentlichen Gerichten zur Überprüfung zugewiesene Maßnahmen der Justizbehörden

57 Zu den **sonstigen** als Verwaltungstätigkeit zu qualifizierenden **Maßnahmen**, die den ordentlichen Gerichten zur Überprüfung zugewiesenen sind, gehören insbesondere

1) Maßnahmen zur Regelung einzelner Angelegenheiten auf dem Gebiet des **Strafvollzugs**, die nach den §§ 109 ff. StVollzG der Nachprüfung durch die Strafvollstreckungskammern unterliegen;[112]
2) die **Anerkennungen ausländischer Entscheidungen in Ehesachen** durch die Landesjustizverwaltung nach § 107 Abs. 1 Satz 1 FamFG, die nach § 107 Abs. 5, 6 FamFG der Nachprüfung durch das OLG unterliegen;[113]
3) die Ablehnung einer **Akteneinsicht durch Dritte im Insolvenzverfahren oder nach Abschluss des Verfahrens durch Abweisung des Antrags auf Insolvenzeröffnung mangels Masse** nach § 4 InsO i.V.m. § 299 Abs. 2 ZPO,[114]
4) die **Auswahl und Bestellung eines Insolvenzverwalters** durch das Insolvenzgericht nach § 56 InsO[115] oder die **Entscheidung des Vollstreckungsgerichts über die Ernennung eines Zwangsverwalters.**[116]

d) Der verwaltungsgerichtlichen Überprüfung unterliegende Maßnahmen

58 Der Überprüfung durch die Verwaltungsgerichte und damit der **Anwendung des VwVfG unterliegen beispielsweise:**

1) Entscheidungen über die **Registrierung** von Personen zur Erbringung von **Rechtsdienstleistungen aufgrund besonderer Sachkunde** nach §§ 10 ff. RDG oder nach § 1 RDGEG und den Widerruf der Registrierung nach § 14 RDG,[117]

---

111 OLG Naumburg, Beschl. v. 27.09.2012 – 1 VAs 436/12, juris; *KG*, 10.01.2007 – 4 VAs 47/06, juris.

112 Vgl. hierzu OLG München, Beschl. v. 19.03.2013 – 4 VAs 8/13, Rn. 41, juris. In den Landesstrafvollzugsgesetzen werden teilweise Regelungen des LVwVfG auf Strafvollzugsmaßnahmen für anwendbar erklärt, wie etwa die §§ 48 bis 49a HVwVfG in § 5 Abs. 3 HStVollzG.

113 Vgl. Keidel/*Zimmermann*, § 107 FamFG Rn. 33, 37; Thomas/Putzo/*Hüßtege*, § 107 FamFG Rn. 15 ff.

114 BGH, Beschl. v. 05.04.2006, IV AR(VZ) 1/06, MDR 2006, 947.

115 BVerfG, Beschl. v. 23.05.2006 – 1 BvR 2530/04, NJW 2006, 2613; Beschl. v. 03.08.2004 – 1 BvR 1086/01, NJW 2004, 2725; OLG Koblenz, Beschl. v. 12.05.2005 – 12 VA 1/04, NJW-RR 2005, 1075.

116 BGH, Beschl. v. 28.06.2012 – IV AR (VZ) 2/12, NJW-RR 2012, 1363.

117 Vgl. VG Göttingen, Urt. v. 21.11.2012 – 1 A 45/12, juris; VG Frankfurt am Main, Urt. v. 25.01.2012 – 4 K 1803/10.F, juris; ebenso zu früheren Erlaubnissen zur Besorgung fremder Rechtsangelegenheiten nach dem bis 30.06.2008 geltenden § 11 Abs. 1 1.RBerV (Art. 20 Satz 4 Nr. 2 Gesetz zur Neuregelung des Rechtsberatungsrechts vom 12.12.2007, BGBl. I S. 2840); Redeker/von Oertzen/*Nicolai*, § 40 Rn. 55.

2) die **allgemeine Beeidigung von Dolmetschern** und die Ermächtigung von Übersetzern und deren Rücknahme[118] sowie Entscheidungen über die **Aufnahme und Streichung aus** der bei der Justizverwaltung geführten **Liste allgemein vereidigter und ermächtigter Dolmetscher und Übersetzer** durch den Präsidenten des LG,[119]
3) Entscheidungen des Gerichtspräsidenten der Verwaltungsgerichtsbarkeit (auch der Sozialgerichte und Finanzgerichte) über die Gewährung von **Einsicht in die Verfahrensakten durch Dritte** etwa nach § 173 VwGO i.V.m. § 299 Abs. 2 ZPO[120], **auch nach Abschluss des Verfahrens** etwa nach § 155 FGO i.V.m. § 299 Abs. 2 ZPO,[121]
4) Entscheidungen der Rechtsanwalts- und Patentanwalts- und Notarkammern über die Erteilung von **Auskünften an Dritte über die Berufshaftpflichtversicherung** ihrer Mitglieder nach § 51 Abs. 6 Satz 2 BRAO, § 45 Abs. 6 Satz 2 PAO, § 19a Abs. 6 BNotO (vgl. Rdn. 67),[122,123]

6) Maßnahmen der staatlichen **Vereins- und Stiftungsaufsicht** (wie die Verleihung der Rechtsfähigkeit an einen wirtschaftlichen Verein nach § 22 BGB,[124] die Genehmigung einer Vereinssatzung nach § 33 Abs. 2 BGB,[125] die Entziehung der Rechtsfähigkeit eines Vereins nach § 43 BGB,[126]die Genehmigung einer Stiftung nach § 80 BGB[127]) auch wenn sie von Justizbehörden und nicht von Behörden der inneren Verwaltung getroffen werden, 59
7) **Sperrerklärungen** aus Geheimhaltungsgründen nach § 96 StPO zum Zwecke der Gefahrenabwehr[128] (vgl. Rdn. 56), 60
8) Entscheidungen über Auskünfte aus **Akten der Polizeibehörde** oder der Vernichtung solcher Akten,[129]

---

118 BVerwG, Urt. v. 16.01.2007 – 6 C 15.06, NJW 2007, 1478.
119 BGH, Beschl. v. 28.03.2007 – IV AR (VZ) 1/07, NJW 2007, 3070.
120 VGH Baden-Württemberg, Beschl. v. 25.10.2011 – 3 S 1616/11, NJW 2012, 1163; vgl. ebenso zur Akteneinsicht der Arbeitsgerichte, die nicht Teil der ordentlichen Gerichtsbarkeit sind (BGH, Beschl. v. 16.07.2003 – IV AR (VZ) 1/03, NJW 2003, 2989) nach § 46 Abs. 2 ArbGG i.V.m. § 299 Abs. 2 ZPO etwa VG München, Urt. v. 28.07.2011 – M 17 K 11.137 Rn. 26, juris.
121 BFH, Beschl. v. 20.10.2005 – VII B 207/05, NJW 2006, 399; Schoch/Schneider/Bier/*Rudisile*, § 100 Rn. 2.
122 AGH Baden-Württemberg, Beschl. v. 08.01.2008 – AGH 34/07, NJW 2008, 1967.
123 Die Geltung des VwVfG ergibt sich für diese Verfahren bereits unmittelbar aus den §§ 32 Satz 1 BRAO, 4 Abs. 1 EuRAG, 30 Satz 1 PAO und § 64a Abs. 1 BNotO.
124 BVerwG, Urt. v. 24.04.1979 – 1 C 8.74, BVerwGE 58, 26; Urt. v. 20.03.1979 – 1 C 13.75, NJW 1979, 2265. VG Stuttgart, Urt. v. 15.12.1972 – V 18/72, MDR 1973, 437.
125 OVG Berlin, Urt. v. 19.10.1966 – OVG V B 5/65, NJW 1967, 749.
126 Vgl. BVerwG, Urt. v. 06.11.1997 – 1 C 18.95, BVerwGE 105, 313.
127 VGH Baden-Württemberg, Beschl. v. 17.09.1984 – 10 S 1697/84, NJW 1985, 1573. Zum Widerruf einer Stiftungsgenehmigung siehe BVerwG, Urt. v. 26.04.1968 – VII C 103.66, NJW 1969, 339.
128 BGH, Beschl. v. 24.06.1998 – 5 AR (VS) 1 – 98, NJW 1998, 3577; BVerwG, Urt. v. 27.04.1984 – 1 C 10.84, BVerwGE 69, 192; Schoch/Schneider/Bier/*Ehlers/Schneider*, § 40 Rn. 610.
129 Vgl. BVerwG, Urt. v. 20.02.1990 – 1 C 29.86, NJW 1990, 2765.

61 9) **dienstrechtliche Maßnahmen** gegenüber Richtern und Beamten mit Ausnahme des nach Abs. 2 Nr. 2 ausgenommenen Richterdienstrechts (vgl. Rdn. 33) wie etwa Entscheidungen über Reisekosten- oder Urlaubsanträge,[130]

62 10) **Maßnahmen eines Gerichtspräsidiums** als eines gerichtlichen Selbstverwaltungsorgans im Vollzug des Geschäftsverteilungsplans,[131]

63 11) **Entscheidungen in Gnadensachen** außerhalb des Strafrechts (vgl. oben Rdn. 56; § 1 Rdn. 8; § 35 Rdn. 40 f.),

12) **Entscheidungen des Gerichtsvollziehers über Aufträge zur Zustellung** von Schriftstücken in Verwaltungsangelegenheiten im Anwendungsbereich des Wiener Übereinkommens über diplomatische und konsularische Beziehungen bei Zustellungen.[132]

e) Der Überprüfung durch die Gerichte in verwaltungsrechtlichen Anwalts-, Patentanwalts- und Notarsachen unterliegenden Maßnahmen

64 Zu den verwaltungsrechtlichen und somit der **Anwendung des VwVfG** unterliegenden Maßnahmen zählen insbesondere

1) die den Anwaltsgerichtshöfen und dem Anwaltssenat des Bundesgerichtshofs als Berufungsgericht zugewiesenen Streitigkeiten in **verwaltungsrechtlichen Anwaltssachen** (§§ 112a ff. BRAO) über
   - die **Zulassung zur Rechtsanwaltschaft**, deren Versagung, Rücknahme und Widerruf durch die Rechtsanwaltskammern nach §§ 6, 7, 14, 33 Abs. 1 BRAO,[133]
   - die **Erlaubnis zur Führung der Fachanwaltsbezeichnung**, deren Versagung, Rücknahme und Widerruf durch den Vorstand der Rechtsanwaltskammer nach § 43c BRAO,[134]
   - die **Zulassung als Rechtsanwaltsgesellschaft** sowie deren Rücknahme und Widerruf durch die Rechtsanwaltskammer nach §§ 59c Abs. 1, 59h Abs. 2 bis 5, 33 Abs. 1 BRAO,
   - die Entscheidung über die **Zulassung als Rechtsanwalt beim BGH** durch das BMJ nach § 170 Abs. 1 BRAO,

---

130 Vgl. OVG Sachsen-Anhalt, Beschl. v. 10.07.2007 – 1 L 86/07, juris und WKRS 2007, 49426; vgl. auch Stelkens/Bonk/Sachs/*Schmitz*, § 2 Rn. 118.

131 Vgl. zur Rechtsnatur des Geschäftsverteilungsplans selbst Bader u.a./*Funke-Kaiser* § 4 Rn. 21; Sodan/Ziekow/*Kronisch*, § 4 Rn. 111.

132 Vgl. BGH, Beschl. v. 27.06.2012 – IV ZB 27/11, NVwZ-RR 2012, 784.

133 Vgl. BGH, Beschl. v. 29.06.2011 – AnwZ (Brfg) 11/10, BGHZ 190, 187 Rn. 9 ff. zum maßgeblichen Zeitpunkt der letzten Behördenentscheidung für die Beurteilung der Rechtmäßigkeit des Widerrufs bei Vermögensverfall. Siehe hierzu die Entscheidungsbesprechung von *Dahns*, NJW-Spezial 2011, 606 und *Quaas*, DVBl 2012, 1413 (1419).

134 Vgl. BGH, Urt. v. 08.04.2013 – AnwZ (Brfg) 16/12, juris und WKRS 2018, 27462 (Rn. 10) zum maßgeblichen Beurteilungszeitpunkt für die Rechtmäßigkeit des Widerrufs wegen Verstoßes gegen die Fortbildungspflicht des Fachanwalts; Urt. v. 02.07.2012 – AnwZ (Brfg) 57/11, NJW-RR 2013, 542 zum Erlöschen der Befugnis zum Führen einer Fachanwaltsbezeichnung mit Bestandskraft des Widerrufs der Zulassung zur Rechtsanwaltschaft.

- der **belehrende Hinweis (die missbilligende Belehrung)** durch den Vorstand der Rechtsanwaltskammer nach § 73 Abs. 2 Nr. 1, 4 BRAO,[135]
- die Ablehnung der **Einsicht in** seine bei der Rechtsanwaltskammer geführte **Personalakte des Rechtsanwalts**[136] **und sonstige Auseinandersetzungen zwischen einem Rechtsanwalt und der Rechtsanwaltskammer im Vorfeld von Maßnahmen des Vorstands;**[137]

2) die dem Senat für Patentanwaltssachen beim Oberlandesgericht München und dem Senat für Patentanwaltssachen beim Bundesgerichtshof zugewiesenen Streitigkeiten in **verwaltungsrechtlichen Patentanwaltssachen (§§ 94a ff. PAO)** wie z.B. über 65
   - die **Zulassung zur Patentanwaltschaft**, deren Versagung, Rücknahme und Widerruf[138] durch die Patentanwaltskammer nach §§ 13, 14, 21, 31 PAO,
   - die **Zulassung als Patentanwaltsgesellschaft** sowie deren Rücknahme und Widerruf durch die Patentanwaltskammer nach §§ 52c Abs. 1, 59h Abs. 2 bis 5, 30 Abs. 1 PAO;
   - die ablehnende **Entscheidung** des Präsidenten des Patentamtes über den Antrag auf **Zulassung zur Prüfung** über die erforderlichen Rechtskenntnisse nach § 10 Abs. 1 PAO;[139]

3) die den Oberlandesgerichten und dem Bundesgerichtshof zugewiesenen Streitigkeiten in **verwaltungsrechtlichen Notarsachen** (§ 111 Abs. 1 BNotO) wie etwa 66
   - die ablehnende **Entscheidung** des Prüfungsamtes für die notarielle Fachprüfung bei der Bundesnotarkammer **über die Zulassung zur Prüfung** nach § 7 g Abs. 2 BNotO,
   - der Bescheid des Prüfungsamtes über das Ergebnis der notariellen Fachprüfung und der Widerspruchsbescheid des Leiters des Prüfungsamtes (§ 7d BNotO),
   - die (Auswahl)Entscheidung über die Besetzung einer Notarstelle, deren Versagung, Rücknahme[140] und Widerruf nach §§ 6 ff. BNotO),[141]

---

135 BGH, Urt. v. 23.04.2012 – AnwZ (Brfg) 35/11, NJW 2012, 303; das BVerfG hatte bereits im Beschl. v. 08.11.1978 – (1 BvR 589/72, BVerfGE 50, 16, 32) darauf hingewiesen, dass gegen die Rüge nur das Ehrengericht (jetzt Anwaltsgericht) angerufen werden kann, während gegen Missbilligungen unterhalb der Schwelle der Rüge der Ehrengerichtshof (jetzt Anwaltsgerichtshof mit Berufungsmöglichkeit zum BGH) angerufen werden kann; vgl. auch AGH Niedersachsen, Urt. v. 24.06.2013 – AGH 1/13, juris und WKRS 2013, 47399.

136 Vgl. BGH, Beschl. v. 02.03.2011 – AnwZ (B) 50/10, NJW 2011, 2303.

137 VGH Baden-Württemberg, Beschl. v. 26.07.2012 – 9 S 882/11, WKRS 2012, 20840.

138 BGH, Beschl. v. 30.10.2006 – PatAnwZ 1/06, juris und WKRS 2006, 27460.

139 Zur Anrechnung von Ausbildungszeiten VGH Bayern, Urt. v. 21.07.2015 – 5 C 15.1291, juris und WKRS 2015, 22540.

140 Vgl. KG, Beschl. v. 21.10.2008 – Not 2/08, juris und WKRS 2008, 33949.

141 Zur Bestellung eines Notariatsverwalters OLG Stuttgart, Urt. v. 06.03.2015 – 1 Not 3/14, juris und WKRS 2015, 38265.

- die **Genehmigung der auswärtigen Urkundstätigkeit** durch die Aufsichtsbehörde nach § 10 Abs. 2 BNotO, deren Ablehnung, Rücknahme und Widerruf,
- die **Amtsenthebung** durch die Landesjustizverwaltung nach § 50 BNotO, die **vorläufige Amtsenthebung** durch die Aufsichtsbehörde nach § 54 Abs. 1 BNotO.

f) Die Geltung des VwVfG in sonstigen Anwalts-, Patentanwalts- und Notarsachen

67 Nachdem in §§ 32 Satz 1 BRAO, 4 Abs. 1 EuRAG, 30 Satz 1 PAO und § 64a Abs. 1 BNotO jeweils für Verwaltungsverfahren nach diesen Gesetzen und den aufgrund dieser Gesetze erlassenen Rechtsverordnungen die ergänzende Anwendung des VwVfG angeordnet ist (vgl. Rdn. 47), sind das VwVfG und die LVwVfG vorbehaltlich der Sonderregelungen in den genannten Gesetzen auch auf sonstige Anwalts-, Patentanwalts- und Notarsachen anzuwenden, wie beispielsweise

1) den **Rügebescheid** und die zurückweisende Entscheidung über den Einspruch gegen einen Rügebescheid **des Vorstands der Rechtsanwaltskammer** nach § 74 BRAO, gegen die nach § 74a BRAO die Entscheidung des Anwaltsgerichts beantragt werden kann oder der Rügebescheid und die zurückweisende Entscheidung über den Einspruch gegen einen Rügebescheid des Vorstands der Patentanwaltskammer nach § 70 PAO, gegen die nach § 70a PAO die Entscheidung der Kammer für Patentanwaltssachen beim Landgericht München I (§ 85 Abs. 1 PAO)[142] beantragt werden kann,
2) die **Androhung und Festsetzung eines Zwangsgeldes** durch den Vorstand der Rechtsanwaltskammer,[143] gegen die der Anwaltsgerichtshof angerufen werden kann (§ 57 BRAO) oder die Androhung und Festsetzung eines Zwangsgeldes durch den Vorstand oder Präsidenten der Patentanwaltskammer, gegen die die Entscheidung der Kammer für Patentanwaltssachen beim Landgericht München I beantragt werden kann (§ 50 PAO),
3) die **Ermahnung der Notarkammer und die Einspruchsentscheidung** des Vorstands der Notarkammer, die Missbilligung der Aufsichtsbehörde und die Einspruchsentscheidung der nächsthöheren Aufsichtsbehörde, gegen die das Oberlandesgericht als Disziplinargericht für Notare angerufen werden kann (§§ 75, 94 BNotO),

---

142 Nach § 85 Abs. 1 PAO wird die Kammer für Patentanwaltssachen bei dem Landgericht gebildet, in dessen Bezirk das Patentamt seinen Sitz hat. Das Patentamt hat nach § 26 Abs. 1 Satz 2 PatG seinen Sitz in der Landeshauptstadt München, die nach Art. 4 Nr. 14, Art. 5 Nr. 47 des Gesetzes über die Organisation der ordentlichen Gerichte im Freistaat Bayern zum Bezirk des Landgerichts München I gehört.

143 A.A. AGH Schleswig-Holstein, Beschl. v. 24.01.2011 – 2 AGH 8/10, BRAK online, wonach in Fortsetzung der vor dem 01.09.2009 zutreffenden Spruchpraxis (vgl. etwa AGH Schleswig-Holstein, Beschl. v. 15.01.2009 – 2 AGH 6/08, BRAK-Mitt. 2009, 135) nur die im VwVfG niedergelegten allgemein anerkannten Grundsätze des Verwaltungsverfahrens zur Anwendung kommen sollen.

4) die **Disziplinarverfügung** (Verweis, Geldbuße) der Aufsichtsbehörde nach § 98 Abs. 1 Satz 1 BNotO, gegen die der Rechtsweg zum Oberlandesgericht und Bundegerichtshof als Disziplinargerichte für Notare gegeben ist (§ 99 BNotO).[144]

2. Die eingeschränkte Geltung des VwVfG bei Leistungs-, Eignungs- und ähnlichen Prüfungen von Personen (Nr. 2)

Nach **Nr. 2** sind auf die **behördlichen Tätigkeiten** bei Leistungs-, Eignungs- und ähnlichen **Prüfungen von Personen** nur die §§ 4 bis 13, 20 bis 27, 29 bis 38, 40 bis 52, 79, 80 und 96 anzuwenden. 68

a) Zweck der eingeschränkten Geltung

Die eingeschränkte Geltung des VwVfG **trägt** dem **höchstpersönlichen Charakter von Prüfungsverfahren Rechnung**, die es der Behörde ermöglichen sollen, ein unmittelbares Bild von der Persönlichkeit der zu prüfenden Person zu gewinnen.[145] Es ist von einem **engen Prüfungsbegriff** auszugehen, weshalb eine solche nur dann vorliegt, wenn diese verselbstständigten, räumlich und zeitlich abgegrenzten Charakter hat und in sich geschlossen ist; dieses ist bei der Beurteilung von Zuverlässigkeit, aber auch von Eignung, die das Ergebnis einer Gesamtschau von zahlreichen Einzelerkenntnissen darstellt, gerade nicht der Fall. Vorstellungsgespräche beispielsweise und Prüfungen unterscheiden sich schon nach der Verkehrsanschauung, von der sich die Normauslegung angesichts fehlender Anhaltspunkte im Normtext nicht loslösen darf, grundsätzlich, so dass auch eine verfahrensrechtliche Unterscheidung angebracht erscheint.[146] Es ist zu betonen, dass die Norm von »Prüfungen« spricht und nicht von »Überprüfungen« oder »Beurteilungen«; hinzukommt, dass sich nicht einmal der Begründung des Gesetzentwurfs[147] irgendein Hinweis entnehmen lässt, dass von einem weiten Begriffsverständnis auszugehen sein könnte. 69

b) Prüfungen im Sinne der Ausnahmevorschrift

Von Nr. 2 sind unstreitig **alle Prüfungsvorgänge** erfasst, die **unmittelbar der Feststellung** einer bestimmten Leistung oder der auf eine bestimmte Fähigkeit bezogenen Eignung oder Nichteignung einer bestimmten Person dienen und mit einer als VA zu qualifizierenden Prüfungsentscheidung abschließen, ohne dass es auf die 70

---

144 BGH, Beschl. v. 23.07.2012 – NotSt(Brfg) 6/11, juris und WKRS 2019, 43523 zu § 64a Abs. 1 BNotO i.V.m. § 26 Abs. 2 VwVfG. Bei den behördlichen Disziplinarverfahren zur Verhängung von Verweisen und Geldbußen wird freilich die Anwendung des VwVfG weitgehend durch die Regelungen der nach § 96 Abs. 1 Satz 1 BNotO entsprechend anzuwendende BDO verdrängt werden.

145 Vgl. BVerwG, Urt. v. 28.04.1981 – 2 C 51/78, BVerwGE 62, 169. Siehe auch Amtl. Begr. S. 36.

146 Wie hier Knack/Henneke/*Schliesky*, § 2 Rn. 50; strikt dagegen etwa Stelkens/Bonk/Sachs/*Schmitz*, § 2 Rn. 127 m.w.N., die von einem sehr weiten Prüfungsbegriff ausgehen, ohne zu erläutern, weshalb dieses mit dem Wortlaut noch zu vereinbaren sein sollte.

147 BT-Drucks. 7/910, S. 36.

Ausgestaltung des Prüfungsverfahrens ankommt. Den Prüfern wird regelmäßig eine (je nach Prüfungsart unterschiedlich ausgestaltete) nur eingeschränkter (verwaltungs-) gerichtlicher Kontrolle zugängliche Beurteilungsermächtigung (vgl. § 40 Rdn. 69) zukommen (vgl. Rdn. 76).[148]

aa) Rechtlich verselbstständigte Prüfungsverfahren

71 Zu den von der eingeschränkten Geltung des VwVfG erfasste Prüfungen, die in einem **rechtlich verselbstständigten förmlichen Prüfungsverfahren** abzulegen sind, gehören z.B.

1) Hochschulprüfungen,
2) die gesetzlich vorgeschriebenen Prüfungen für Beamte und Richter,
3) die Prüfungen zur Erlangung der Fahrerlaubnis nach §§ 15 ff. FeV,
4) die Gesellen- und Meisterprüfungen[149] nach einer aufgrund § 38 bzw. § 50 HwO[150] erlassenen Prüfungsordnung.

bb) Rechtlich unselbstständige Prüfungen

72 Entgegen der hier vertretenen Auffassung rechnet die h.M. auch sonstige **rechtlich nicht verselbstständigten Beurteilungen, insbesondere Eignungsbeurteilung zu den Prüfungen**, wenn sie der Behörde aufgrund von höchstpersönlichen Tätigkeiten oder Äußerungen der Betroffenen eine Beurteilungsgrundlage für die von ihr zu treffende Entscheidung geben sollen, etwa Vorstellungsgespräche, in denen sich die Einstellungsbehörde ein Urteil über die Eignung eines Beamtenbewerbers bildet[151], sogar – unter Überschreitung des möglichen Wortsinns und entgegen dem allgemeinen Sprachgebrauch – (amts-)ärztliche Untersuchungen zur Beurteilung der

---

148 Vgl. BVerfG, Beschl. v. 17.04.1991 – 1 BvR 419/81, 1 BvR 213/83, BVerfGE 84, 34 (Zweite Juristische Staatsprüfung); Beschl. v. 17.04.1991 – 1 BvR 1529/84, 1 BvR 138/87, BVerfGE 84, 59 (ärztliche Vorprüfung – Multiple-Choice); BVerwG, Urt. v. 09.12.1992 – 6 C 3.92, BVerwGE 91, 262 (Prüfung zum Wirtschaftsprüfer); Urt. v. 24.02.1993 – 6 C 35.92, BVerwGE 92, 132 (Erste Juristische Staatsprüfung); OVG Schleswig-Holstein, Urt. v. 14.10.1994 – 3 L 214/94, NVwZ-RR 1995, 393 (Handwerksmeisterprüfung); VGH Bayern, Beschl. v. 22.12.1992 – 7 CE 92.3380, BayVBl. 1993, 310 (Jahrgangswiederholung Fachoberschule). Vgl. auch Schoch/Schneider/Bier/*Gerhardt*, § 114 Rn. 73 ff.; *von Golitschek*, BayVBl. 1994, 257.

149 OVG Schleswig-Holstein, Urt. v. 14.10.1994 – 3 L 214/94, NVwZ-RR 1995, 393.

150 Meisterprüfungsverfahrensverordnung v. 17.12.2001 (BGBl. I S. 4154).

151 BVerwG, Urt. v. 28.04.1981 – 2 C 51.78, BVerwGE 62, 169 (172); ebenso Stelkens/Bonk/Sachs/*Schmitz*, § 2 Rn. 127, Kopp/*Ramsauer*, § 2 Rn. 45, ablehnend zu Recht *Schoch*, NJW 1982, 545 (548), der zudem unter Hinweis auf die Rechtsprechung des *BVerfG* (Beschl. v. 08.10.1974 – 2 BvR 747/73, BVerfGE 38, 105) zum Recht des Zeugen auf Zuziehung eines Rechtsbeistandes aus Art. 2 Abs. 1 i.V.m. Art. 1 Abs. 1 GG auch den Anspruch des Beamtenbewerbers ableitet, im Anhörungsgespräch zur Prüfung der Verfassungstreue einen Rechtsanwalt beizuziehen.

Dienstunfähigkeit etwa nach §§ 44 Abs. 6, 48 BBG[152] und die Fachgespräche zum Nachweis der besonderen theoretischen Kenntnisse oder der praktischen Erfahrungen in einem Rechtsgebiet im Verfahren zur Erteilung der Erlaubnis zum Führen einer Fachanwaltsbezeichnung nach § 43c BRAO i.V.m. § 7 FAO.[153]

cc) Nicht als Prüfungen zu qualifizierende Handlungen

Nicht um Prüfungen in diesem Sinne handelt es sich bei Feststellungen der subjektiven Voraussetzungen zum Erlass eines VA, etwa der Zuverlässigkeit für die Erteilung oder den Entzug gewerberechtlicher Gestattungen,[154] der besonderen Sachkunde eines öff. zu bestellenden Sachverständigen[155] oder die fakultative mündliche Anhörung im Verfahren zur Anerkennung als Kriegsdienstverweigerer nach § 6 Abs. 1 Satz 2 KDVG.[156] Die im Rahmen des Musterungsverfahrens durchgeführten ärztlichen Untersuchungen auf geistige und körperliche Tauglichkeit nach § 17 Abs. 4 WPflG, die Eignungsuntersuchung nach § 17 Abs. 8 WPflG sowie die Eignungsuntersuchung nach § 30a WPflG.[157]Die beamtenrechtlichen Auswahlentscheidungen bei der Zulassung zum Aufstieg oder anlässlich einer Beförderung werden zu Unrecht als »ähnliche Prüfungen« qualifiziert, weil ihnen Vorstellungsgesprächen (vgl. Rdn. 72) nicht unähnliche Überprüfungsgespräche vorausgingen.[158] 73

c) Die Beschränkung der Gesetzesgeltung auf die ausdrücklich genannten Bestimmungen

Bei den von der Ausnahmeregelung erfassten Prüfungen (vgl. Rdn. 68–72) kommen wegen des eindeutigen Gesetzeswortlauts **nur die ausdrücklich genannten** 74

---

152 OVG Hamburg, Beschl. v. 15.06.2006 – 1 Bs 102/06, juris und WKRS 2006, 18089; OVG Rheinland-Pfalz, Beschl. v. 30.09.1999 – 2 B 11735/99, NVwZ-RR 2000, 626; a.A. zu Recht VG Münster, Beschl. v. 16.05.2012 – 4 L 113/12, juris und WKRS 2012, 23856; Kopp/*Ramsauer*, § 2 Rn. 45.

153 AGH Rheinland-Pfalz, Beschl. v. 10.11.2010 – 2 AGH 11/10 - juris und WKRS 2011, 38177; sehr zweifelhaft wegen der sehr eingeschränkten und lediglich ergänzenden Funktion des Fachgesprächs, vgl. hierzu BGH, Beschl. v. 21.01.2016 – AnwZ (Brfg) 55/15, juris und WKRS 2016, 10631; v. 30.05.2012 – AnwZ (Brfg) 3/12, NJW-RR 2012, 924.

154 Stelkens/Bonk/Sachs/*Schmitz*, § 2 Rn. 129; Kopp/*Ramsauer*, § 2 Rn. 55.

155 Vgl. BVerwG, Urt. v. 26.06.1990 – 1 C 10.88, NVwZ 1991, 268.

156 Vgl. Foerster/*Jäde*, § 2 Erl. 5 Nr. 2; Kopp/*Ramsauer*, § 2 Rn. 45; a.A. Stelkens/Bonk/Sachs/*Schmitz*, § 2 Rn. 129.

157 A.A. Vorauflage, wie hier etwa Stelkens/Bonk/Sachs/*Schmitz*, § 2 Rn. 129.

158 Vgl. auch VGH Hessen, Beschl. v. 29.09.1987 – 1 TG 2160/87, NVwZ 1989, 73.

Bestimmungen (§§ 4 bis 13, 20 bis 27[159], 29[160] bis 38, 40 bis 52, 79, 80 und 96) **zur Anwendung.**[161]

75 Die **nicht anwendbaren Regelungen** betreffen, abgesehen von den in einem Prüfungsverfahren nicht in Betracht kommenden Bestimmungen über besondere Verfahrensarten (§§ 63 bis 78), über den örV (§§ 54 bis 62) und über das Massenverfahren (§§ 17 bis 19) insbesondere auch die Regelungen über Beistände[162] und Bevollmächtigte (§§ 14 bis 16), die Anhörung (§ 28), die Begründung des VA (§ 39) und die Bestimmungen über die ehrenamtliche Tätigkeit und Ausschüsse (§§ 81 bis 87, 88 bis 93).

76 Mit Rücksicht auf die **in den Prüfungsverfahren berührten Grundrechte** (Art. 2 Abs. 1, 3 Abs. 1, 12 Abs. 1, 19 Abs. 4 GG), die Anforderungen des Rechtsstaatsprinzips und des Grundsatzes der Verhältnismäßigkeit[163] müssen die jeweiligen Prüfungs(ver-)ordnungen und wegen des Vorbehalts des Gesetzes deren Ermächtigungsgrundlagen regelmäßig auch ergänzende Regelungen zur Begründung[164] und ggf. zu den (Prüfungs-)ausschüssen[165] enthalten (vgl. § 39 Rdn. 10),[166] wogegen bei richtigem Verständnis der Prüfung als höchstpersönlicher Tätigkeit oder Äußerung des Prüflings (vgl. Rdn. 70 ff.) hierin das Auftreten von Vertretern ebenso wenig zu regeln ist wie die Zurechnung des Vorbringens eines Beistandes.

159 BVerwG, Urt. v. 11.11.1998 – 6 C 8.97, BVerwGE 107, 363 zu Art. 21 BayVwVfG; VGH Hessen, Urt. v. 21.05.2012 – 9 A 1156/11, Rn. 37, juris und WKRS 2012, 41664 zu § 21 HVwVfG; VGH Baden-Württemberg, Beschl. v. 03.07.2012 – 9 S 2189/11, DÖV 2012, 776 zu § 21 BWVwVfG; VG Gelsenkirchen, Urt. v. 13.12.2012 – 18 K 2151/11, juris und WKRS 2012, 39127 zu § 21 NWVwVfG.

160 Zur Einsicht in Prüfungsunterlagen VGH Hessen, 28.09.1988 – 6 TG 4081/87, NVwZ 1989, 890.

161 Art. 2 Abs. 3 Nr. 2 BayVwVfG enthält keinen positiven Katalog der anwendbaren Vorschriften, sondern erklärt das Gesetz für anwendbar, »soweit nicht Besonderheiten des Prüfungsverfahrens entgegenstehen«. Vgl. zur Anwendung des Art. 46 BayVwVfG *von Golitschek*, BayVBl. 1994, 257 (264 f.) und zur Anwendung der Art. 48f. BayVwVfG *K. Weber*, BayVBl. 1984, 269 Fn 6.

162 StGH Hessen, Beschl. v. 28.06.1988 – P.St. 1071, juris und WKRS 1988, 24870 (Rn. 57); VGH Hessen, Beschl. v. 29.09.1987 – 1 TG 2160/87, NVwZ 1989, 73.

163 BVerfG, Beschl. v. 14.03.1989 – 1 BvR 1033/82, 174/84, BVerfGE 80, 1; Beschl. v. 17.04.1991 – BvR 419/81 und 213/83, BVerfGE 84, 34; Beschl. v. 17.04.1991 – 1 BvR 1529/84 und 138/87, BVerfGE 84, 59.

164 Zu der unmittelbar auf Art. 12 Abs. 1, Art. 19 Abs. 4 GG beruhenden Begründungspflicht für Prüferentscheidungen siehe BVerwG, Urt. v. 06.09.1995 – 6 C 18.93, BVerwGE 99, 185; Urt. v. 09.12.1992 – 6 C 3.92, BVerwGE 91, 262; *von Golitschek*, BayVBl. 1994, 257 (261). Vgl. etwa §§ 23 Abs. 2 Nr. 8, 24 Abs. 1 Satz 1 Meisterprüfungsverfahrensverordnung.

165 Vgl. BVerfG, Kammerbeschl. v. 16.01.1995 – 1 BvR 1505/94, NVwZ 1995, 469.

166 Vgl. zur Ausgestaltung der Prüfungsverfahren *Niehues*/Fischer, Prüfungsrecht, S. 49 ff.

d) Die uneingeschränkte Gesetzesgeltung für die die Prüfungen begleitenden Verfahrenshandlungen

Für **Verfahrenshandlungen außerhalb der eigentlichen Prüfung** i.S.d. Nr. 2, die dieser vorausgehen (wie die Zulassung zur Prüfung) oder nachfolgen (wie die Bekanntgabe der Prüfungsentscheidung) **gilt** das **VwVfG** bzw. ein LVwVfG vorbehaltlich inhaltsgleicher oder entgegenstehender Sonderregelungen **uneingeschränkt.**[167] 77

3. Die Nichtgeltung für die Vertretungen des Bundes im Ausland (Nr. 3)

Es ist eine Selbstverständlichkeit, dass das VwVfG nach **Nr. 3** für die **Vertretung des Bundes im Ausland** bei für Pflege der Beziehungen der BRD zu anderen Staaten oder überstaatlichen Institutionen **keine Anwendung** finden kann, handelt es sich regelmäßig schon um keine Verwaltungstätigkeit. Aber auch für den Verkehr der im Ausland befindlichen Stellen des diplomatischen Dienstes mit deutschen Staatsangehörigen und anderen Personen muss die Geltung des Gesetzes aus praktischen Gründen ausscheiden. Soweit das KonsG gilt können allerdings allgemeine Grundsätze, wie sie im VwVfG Niederschlag gefunden haben (wie etwa der Amtshilfebegriff zur Auslegung der Amtshilfekostenregelung in § 8 AKostG), ergänzend herangezogen werden.[168] 78

4. Der Wegfall der bisherigen Nr. 4 für Post- und Fernmeldebenutzungsverhältnisse

Durch Art. 12 Abs. 5 PTNeuOG wurde die **bisherige Nr. 4**, die eine Nichtgeltung des VwVfG für die Behörden der Deutschen Bundespost i.R.d. Benutzung der Einrichtungen des Post- und Fernmeldewesens angeordnet hatte, mit Wirkung vom 01.01.1995 **aufgehoben.** Gemäß dem am 03.09.1994 in Kraft getretenen verfassungsrechtlichen Privatisierungsgebot (Art. 87f Abs. 2 Satz 1, Art. 143b Abs. 1 GG[169]) ging durch die Umwandlung der Unternehmen der Deutschen Bundespost in AG gem. §§ 1 ff. PostUmwG (Art. 3 PTNeuOG) das Teilsondervermögen Deutsche Bundespost POSTDIENST auf die Deutsche Post AG und das Teilsondervermögen Deutsche Bundespost TELEKOM auf die Deutsche Telekom AG über. Deren Dienstleistungen waren bereits seit 01.07.1991 nach § 7 Satz 1 PostG[170] privatrechtlicher Natur und damit wie bereits vorher das Bahnbenutzungsverhältnis[171] von der Anwendung des VwVfG ausgenommen. Soweit die Deutsche Post AG nach § 16 PostG[172] i.V.m. 79

---

167 Ebenso Stelkens/Bonk/Sachs/*Schmitz*, § 2, Rn. 125; Kopp/*Ramsauer*, § 2 Rn. 42 UND 47; VGH Baden-Württemberg, Urt. v. 21.11.2012 – 9 S 1823/12, NVwZ-RR 2013, 370 zur Begründung; *OVG Niedersachsen*, Urt. v. 30.08.2012 – 11 LB 372/10, DVBl 2012, 1437 zur Bevollmächtigung; OVG Berlin-Brandenburg, Beschl. v. 07.04.2014 – 10 N 90.11, NVwZ-RR 2014, 686 zum Abschluss eines Vergleichs.

168 Vgl. Kopp/*Ramsauer*, § 2 Rn. 51.

169 Eingefügt durch Gesetz zur Änderung des GG vom 30.08.1994 (BGBl. I, S. 2245).

170 In der Fassung des § 65 Abs. 1 und 3 PostVerfG.

171 Das Bahnbenutzungsverhältnis ist seit jeher privatrechtlich geregelt (vgl. BVerwG, Urt. v. 03.12.1974 – I C 30.71, NJW 1975, 891), sodass das VwVfG ohnehin nicht anwendbar war.

172 In der Fassung des Art. 6 Nr. 13 PTNeuOG.

§ 19 PKV mit dem Recht beliehen ist, Schriftstücke nach den Regeln des Prozess- und Verfahrensrecht förmlich zuzustellen,[173] wird sie zwar als Beliehener hoheitlich tätig, erlässt jedoch (etwa durch die Erstellung der Postzustellungsurkunde) keine die Anwendung des VwVfG begründenden VA.

80 Auf die **öffentlich-rechtliche Tätigkeit der Behörden im Bereich der Post- und Telekommunikationsverwaltung** ist das VwVfG vorbehaltlich gleichlautender oder entgegenstehender Rechtsvorschriften des Bundes (vgl. § 1 Rdn. 47 ff.) anzuwenden. Dies betrifft etwa die Bundesämter für Post und Telekommunikation bzw. für Zulassungen in der Telekommunikation in beamten- und besoldungsrechtlichen Angelegenheiten.[174]

81 Auch die **Deutsche Post AG**, die **Deutsche Postbank AG** und die **Deutsche Telekom AG** haben das VwVfG anzuwenden, soweit sie auf der Grundlage des PostPersRG die Rechte und Pflichten des Bundes als Dienstherr der bei ihnen beschäftigten Beamten wahrnehmen und dabei VA erlassen oder örV schließen.

C. Verfahrensvorschriften des Sozialrechts sowie Verwaltungsverfahrensrecht der Länder

I. Das Verwaltungsverfahren des Sozialrechts

82 Nachdem die Anwendung der **Regelungen über das Verwaltungsverfahren im Ersten Kapitel des SGB X** nach dessen § 1 Abs. 1 Satz 1 auf die ö.-r. Tätigkeit der Behörden beschränkt ist, die nach dem SGB ausgeübt wird und somit ein Teilbereich der Verwaltungsverfahren positiv erfasst wird (vgl. Rdn. 36 ff.), bedurfte es keines mit § 2 vergleichbaren umfassenden Ausnahmekatalogs. § 1 Abs. 1 Satz 3 SGB X schließt die Anwendung der Verfahrensvorschriften im Ersten Kapitel SGB X für die Verfolgung und Ahndung von Ordnungswidrigkeiten aus, ohne dass es dies wegen der in § 2 OWiG normierten vorrangigen Geltung des OWiG bedurft hätte.

II. Das Verwaltungsverfahrensrecht der Länder

83 Sämtliche LVwVfG nehmen wie Abs. 1 die Kirchen, Religionsgesellschaften und Weltanschauungsgemeinschaften sowie ihre Verbände und Einrichtungen von der Anwendung aus und haben mit Abs. 2 und 3 **weitestgehend identische Ausnahmen** und Einschränkungen der Anwendbarkeit. Mit Ausnahme des RPLVwVfG ist in allen anderen LVwVfG die Anwendung auf den Schul- und Hochschulbereich über Abs. 3 Nr. 2 hinaus (in unterschiedlichem Maße) eingeschränkt. Alle Länder mit dem Sitz einer ö.-r. Rundfunkanstalt nehmen diese vom Anwendungsbereich aus. Zusätzlich enthalten Art. 2 Abs. 2 Nr. 3 BayVwVfG, § 2 Abs. 1 Nr. 6 M-VVwVfG und § 2 Abs. 2 Nr. 7 ThürVwVfG Ausnahmen für Verfahren im Zusammenhang mit Ehrungen und der Ausübung des Begnadigungsrechts. Das Landtagswahlrecht wird in § 336

173 Vgl. BFH, Beschl. v. 17.12.1996 – I C 30/71, NJW 1997, 3264 zur Wirksamkeit dieser Zustellungen.

174 Vgl. Stelkens/Bonk/Sachs/*Schmitz*, § 2 Rn. 147.

Abs. 3 Nr. 1 SHLVwG ausgenommen, in § 1 Abs. 3 Nr. 6 RPLVwVfG neben den Verfahren nach dem Landeswahlgesetz auch solche nach dem Kommunalwahlgesetz. § 2 Abs. 2 BremVwVfG nimmt in Nr. 7 Verfahren nach dem Gesetz über die Gutachterstelle für die freiwillige Kastration und andere Behandlungsmethoden sowie in Nr. 8 Verfahren nach dem Gesetz über Hilfen und Schutzmaßnahmen bei psychischen Krankheiten aus.

§ 3 Örtliche Zuständigkeit

(1) Örtlich zuständig ist

1. in Angelegenheiten, die sich auf unbewegliches Vermögen oder ein ortsgebundenes Recht oder Rechtsverhältnis beziehen, die Behörde, in deren Bezirk das Vermögen oder der Ort liegt;

2. in Angelegenheiten, die sich auf den Betrieb eines Unternehmens oder einer seiner Betriebsstätten, auf die Ausübung eines Berufes oder auf eine andere dauernde Tätigkeit beziehen, die Behörde, in deren Bezirk das Unternehmen oder die Betriebsstätte betrieben oder der Beruf oder die Tätigkeit ausgeübt wird oder werden soll;

3. in anderen Angelegenheiten, die

   a) eine natürliche Person betreffen, die Behörde, in deren Bezirk die natürliche Person ihren gewöhnlichen Aufenthalt hat oder zuletzt hatte,

   b) eine juristische Person oder eine Vereinigung betreffen, die Behörde, in deren Bezirk die juristische Person oder die Vereinigung ihren Sitz hat oder zuletzt hatte;

4. in Angelegenheiten, bei denen sich die Zuständigkeit nicht aus den Nummern 1 bis 3 ergibt, die Behörde, in deren Bezirk der Anlass für die Amtshandlung hervortritt.

(2) [1]Sind nach Absatz 1 mehrere Behörden zuständig, so entscheidet die Behörde, die zuerst mit der Sache befasst worden ist, es sei denn, die gemeinsame fachlich zuständige Aufsichtsbehörde bestimmt, dass eine andere örtlich zuständige Behörde zu entscheiden hat. [2]Sie kann in den Fällen, in denen eine gleiche Angelegenheit sich auf mehrere Betriebsstätten eines Betriebes oder Unternehmens bezieht, eine der nach Absatz 1 Nr. 2 zuständigen Behörden als gemeinsame zuständige Behörde bestimmen, wenn dies unter Wahrung der Interessen der Beteiligten zur einheitlichen Entscheidung geboten ist. [3]Diese Aufsichtsbehörde entscheidet ferner über die örtliche Zuständigkeit, wenn sich mehrere Behörden für zuständig oder für unzuständig halten oder wenn die Zuständigkeit aus anderen Gründen zweifelhaft ist. [4]Fehlt eine gemeinsame Aufsichtsbehörde, so treffen die fachlich zuständigen Aufsichtsbehörden die Entscheidung gemeinsam.

(3) Ändern sich im Lauf des Verwaltungsverfahrens die die Zuständigkeit begründenden Umstände, so kann die bisher zuständige Behörde das Verwaltungsverfahren fortführen, wenn dies unter Wahrung der Interessen der Beteiligten der einfachen und zweckmäßigen Durchführung des Verfahrens dient und die nunmehr zuständige Behörde zustimmt.

(4) [1]Bei Gefahr im Verzug ist für unaufschiebbare Maßnahmen jede Behörde örtlich zuständig, in deren Bezirk der Anlass für die Amtshandlung hervortritt. [2]Die nach Absatz 1 Nr. 1 bis 3 örtlich zuständige Behörde ist unverzüglich zu unterrichten.

Übersicht Rdn.

A. Allgemeines und Grundsätzliches

I. Gegenstand der Regelung

1 **Regelungsbereich des § 3** betrifft allein die örtliche Zuständigkeit für den Erlass eines VA und für den Abschluss eines örV. Eine einheitliche Normierung auch der sachlichen Zuständigkeit im VwVfG würde angesichts der unterschiedlichen Behördenorganisationen von Bund und Ländern sowie der großen Anzahl von Sonderbehörden kaum überwindbaren Schwierigkeiten begegnen. Lediglich mittelbar wird auch die Verbandszuständigkeit angesprochen (vgl. Rdn. 9).

2 Dabei regelt **im Einzelnen**

Abs. 1 die für die örtliche Zuständigkeit maßgeblichen Anknüpfungspunkte (vgl. Rdn. 14 ff.),

Abs. 2 die Festlegung der zuständigen Behörde bei Zuständigkeitskonkurrenz und im Fall einer notwendigen Zuständigkeitskonzentration (vgl. Rdn. 56 ff.),

Abs. 3 die mögliche Fortdauer der örtlichen Zuständigkeit bei einer Änderung der sie begründenden Umstände (vgl. Rdn. 86 ff.),

Abs. 4 die örtliche Notzuständigkeit bei Gefahr im Verzuge (vgl. Rdn. 114 ff.).

II. Bezüge zum Unionsrecht

3 Nachdem die Vorschriften des VwVfG und der LVwVfG auch beim indirekten **Vollzug von Unionsrecht** anzuwenden sind (vgl. Einleitung Rdn. 113), richtet sich hierbei vorbehaltlich vorrangigen unmittelbar geltenden Europäischen Unionsverfahrensrechts oder bundesrechtlicher Sonderregelungen (vgl. § 1 Rdn. 5, 29, 59) die örtliche Zuständigkeit nach § 3. Bei der Auslegung von einzelnen Anknüpfungspunkten können Modifizierungen im Hinblick auf unionsrechtliche Begriffsbestimmungen

erforderlich werden.[1] Zunehmend wird bei der Durchführung innerstaatlicher Verwaltungsverfahren die Kenntnis der zuständigen Behörden der übrigen Mitgliedstaaten bedeutsam, etwa bei der Berücksichtigung gegenseitig anzuerkennender Dokumente oder eines Amtshilfeersuchens an die Behörde eines anderen Mitgliedstaates. Indirekt betreffen unionsrechtliche Verpflichtungen zur Benennung der zuständigen innerstaatlichen Behörden auch § 3.

Die mit der Umsetzung der Dienstleistungsrichtlinie[2] erfolgte teilweise **Europäisierung des** allgemeinen **Verwaltungsverfahrensrechts** (dazu allgemein Einleitung Rdn. 105 ff.), wozu etwa die Genehmigungsfiktionsregelung in § 42a oder das Verfahren über eine einheitliche Stelle nach §§ 71a bis 71e gehören, betreffen auch die örtliche Zuständigkeit, denn der Lauf der Bearbeitungsfrist setzt den Antragseingang bei der sachlich und örtlich zuständigen Behörde voraus (vgl. § 42a Rdn. 1, 19) und das Verfahren über die einheitliche Stelle erfordert beispielsweise nach § 71c Abs. 1 Satz 1 umfassende Kenntnisse der einheitlichen Stelle auch über die örtlich zuständigen Behörden. 4

Eine neue Dimension nimmt Art. 56 der Datenschutz-Grundverordnung[3] ein, der die örtliche Zuständigkeit der Aufsichtsbehörden regeln soll. Darin wird ergänzend zur üblichen **Zuständigkeit** der Aufsichtsbehörden im jeweiligen Hoheitsgebiet der Mitgliedstaaten im Interesse einer einheitlichen Rechtsanwendung die örtliche Zuständigkeit der nationalen Aufsichtsbehörde am Sitz der Hauptniederlassung **für das Gebiet aller Mitgliedstaaten** bestimmt, wenn ein für die Verarbeitung Verantwortlicher oder ein Auftragsverarbeiter Niederlassungen in mehreren Mitgliedstaaten hat. 5

III. Der Begriff der örtlichen Zuständigkeit und ihre Bedeutung im Verwaltungsverfahren

1. Der Begriff der örtlichen Zuständigkeit

Der **Begriff der örtlichen Zuständigkeit** erfasst diejenige (sachlich zuständige – vgl. Rdn. 8 ff.) Behörde, die im Hinblick auf ihren Amtsbezirk (räumlichen Wirkungskreis) bestimmte Amtshandlungen vornehmen muss oder darf. Ob die Erledigung einer Angelegenheit in diesen Wirkungskreis fällt, ergibt sich aus der Verbindung mit bestimmten rechtserheblichen Tatsachen als sog. Anknüpfungspunkten (z.B. mit dem gewöhnlichen Aufenthalt eines Antragstellers). 6

1 Etwa den Begriff der Niederlassung nach Art. 5 der VO (EG) Nr. 1071/2009 i.d.F.v. 13.05.2013 (ABl. L 158, 1) zur Festlegung gemeinsamer Regeln für die Zulassung zum Beruf des Kraftverkehrsunternehmers und zur Aufhebung der Richtlinie 96/26/EG des Rates im Verhältnis zur Betriebsstätte nach Abs. 1 Nr. 2 oder dem Sitz nach Abs. 1 Nr. 3 Buchst. b.

2 Richtlinie 2006/123/EG des Europäischen Parlaments und des Rates vom 12.12.2006 über Dienstleistungen im Binnenmarkt (ABl. L 376 vom 27.12.2006, S. 36).

3 Vom 27.04.2016 – ABl. L 119, S. 1.

2. Das Verhältnis der örtlichen zur sachlichen Zuständigkeit und zu weiteren Zuständigkeitskriterien

7 Der **Bestimmung** der örtlich zuständigen Behörde hat die Bestimmung **der sachlich zuständigen Behörde vorauszugehen.**[4]

8 Die **Festlegung** der **sachlich zuständigen Behörde** ergibt sich für die jeweilige Sachaufgabe aus der Ermittlung des zuständigen Hoheitsträgers (z.B. des Bundes, des Landes oder der Gemeinde), des zuständigen Ressorts, falls der Hoheitsträger (wie Bund oder Land) über mehrere Behördenorganisationen verfügt sowie ggf. der zuständigen Behörde im Instanzenzug. Damit ist die sachlich zuständige Behörde durch ein (auf seinen Hoheitsträger bezogenes) verbandsmäßiges[5] und ggf. ressortmäßiges sowie instanzielles[6] (und ggf. funktionelles – vgl. Rdn. 12) Element ausgewiesen.

9 **Führen die Bundesländer** die **Bundesgesetze als eigene Angelegenheit aus** und regeln hierfür nach Art. 84 Abs. 1 Satz 1 GG die Einrichtung der Behörden und das Verwaltungsverfahren selbst, ist die **Verbandskompetenz** der **örtlichen Zuständigkeit angenähert**, denn alle Bundesländer sind inhaltlich mit derselben Sachkompetenz ausgestattet und das Gebiet des einzelnen Bundeslandes (Verbandsgebiet) bildet zugleich die äußere Grenze seiner örtlichen Zuständigkeit.[7] Innerhalb des Bundeslandes kann die örtliche Zuständigkeit einer Behörde für das gesamte Land oder auf mehreren Behörden derselben Ebene für ihren jeweiligen Amtsbezirk übertragen werden. Im Verhältnis zu den anderen Bundesländern ist jedes Bundesland jedoch nach Art. 84 Abs. 1 GG und dem Grundsatz bundesfreundlichen Verhaltens verpflichtet, die zugewiesene Kompetenz auch durch Festlegung der eigenen Behördenzuständigkeiten wahrzunehmen und zugleich daran gehindert, von § 3 VwVfG oder dem inhaltsgleichen LVwVfG abweichende landesrechtliche Sonderregelungen anzuwenden, die zu einer einseitig länderübergreifend abdrängenden Zuständigkeitsbestimmung zu Lasten anderer Bundesländer führen.[8] Treffen die Länder keine aufeinander abgestimmten speziellen Regelungen, richtet sich die örtliche Zuständigkeit und damit mittelbar auch der Verbandszuständigkeit im gesamten Bundesgebiet im Wege der entsprechenden Anwendung der zur örtlichen Zuständigkeit getroffenen Regelungen in den LVwVfG, die insoweit inhaltsgleich sind, mit § 3 VwVfG übereinstimmen und ein aufeinander abgestimmtes System darstellen.[9] Es ist somit nur folgerichtig beim Vollzug von Bundesrecht durch die Länder auf das Handeln der Behörde des unzuständigen Bundeslandes § 46 anzuwenden, soweit keine Ermessensentscheidung

4 Wolff/Bachof/Stober/*Kluth* II, § 83 Rn. 13.

5 Zur Verbandskompetenz siehe etwa Wolff/Bachof/Stober/*Kluth* II, § 82 Rn. 80 f., § 83 Rn. 23; *Oldiges*, DÖV 1989, 873.

6 Zur instanziellen Zuständigkeit siehe Wolff/Bachof/Stober/*Kluth* II, § 83 Rn. 21.

7 Ähnlich Wolff/Bachof/Stober/*Kluth* II, § 83 Rn. 23.

8 BVerwG, Urt. v. 22.03.2012 – 1 C 5.11, NVwZ 2012, 1485 (1486 f.).

9 BVerwG, Urt. v. 22.03.2012 – 1 C 5.11, NVwZ 2012, 1485 (1487). Vgl. auch OVG Nordrhein-Westfalen, Urt. v. 20.04.1989 – 14 A 2303/87, NJW 1989, 2906 (2907 f.) zur Zustimmung nach § 3 Abs. 3 über Landesgrenzen hinweg beim landeseigenen Vollzug von Bundesrecht.

zu treffen ist und der VA (wie etwa eine Aufenthaltserlaubnis) Rechtswirkungen im gesamten Bundesgebiet erzeugt.[10]

Ist für das gesamte **Bundesgebiet** nur **eine einzige Bundesbehörde sachlich zuständig** 10 (wie etwa das Bundesministerium für Umwelt, Naturschutz und Reaktorsicherheit für die Zustimmung zur Strommengenübertragung nach § 7 Abs. 1b Satz 2 AtG oder das Bundesamt für Verbraucherschutz und Lebensmittelsicherheit für die Genehmigung der Freisetzung gentechnisch veränderter Organismen für wissenschaftliche Zwecke nach §§ 14 ff. GenTG) so entfällt die gesonderte Bestimmung der örtlichen Zuständigkeit.[11]

Der **Amtsbezirk** (räumliche Wirkungsbereich, Verwaltungsbezirk, Verwaltungssprengel) mehrerer auf derselben Verwaltungsstufe stehender sachlich zuständiger Behörden desselben Hoheitsträgers ist durch Rechtssatz festzulegen.[12] 11

3. Das Handeln des zuständigen Organs bzw. Amtsträgers

Innerhalb der sachlich und örtlich zuständigen Behörde muss das **zuständige Organ** 12 bzw. der **zuständige Amtsträger** handeln.[13] Ist die Zuständigkeit eines bestimmten Organs bzw. Amtsträgers nicht, wie etwa weitgehend im Kommunalrecht (z.B. nach Art. 32, 37, 39 bayGO), für bestimmte polizeiliche Maßnahmen hinsichtlich des Behördenleiters[14] oder hinsichtlich des Behördenvertreters bei der Unterwerfungserklärung nach § 61 Abs. 1 Satz 2 gesetzlich festgelegt, so ist ohne Rücksicht auf die innerdienstliche Geschäftsverteilung jeder Amtsträger entscheidungsbefugt, dem offensichtlich allgemein eine Handlungskompetenz im Außenverhältnis zusteht.[15]

---

10 Vgl. auch BVerwG, Urt. v. 20.02.1992 – 5 C 66.88 – BVerwGE 90, 25 (33). In dem vom VG Düsseldorf entschiedenen Fall (Urt. v. 09.05.2012 – 1 K 2321/10, juris und WKRS 2012, 19646) lag ebenfalls die Verletzung der örtlichen Zuständigkeit in diesem Sinne vor, denn in §§ 1 Abs. 1 Satz 1, 2 Abs. 1 Kulturschutzgesetz wird die oberste Landesbehörde als örtlich zuständig für die Eintragung in ein Verzeichnis national wertvollen Kulturgutes bestimmt, in deren Bundesland sich das schützenswerte Kulturgut bei Inkrafttreten des Gesetzes befindet. Die Eintragung erfordert keine Ermessensentscheidung und gilt für das gesamte Bundesgebiet.

11 Zur Bestimmung des örtlich zuständigen Verwaltungsgerichts, wenn in diesen Fällen die Belegenheit der Sache (§ 52 Nr. 1 VwGO) oder der Behördensitz (§ 52 Nr. 2 VwGO) in Betracht kommen: BVerwG, Beschl. v. 10.12.1996 – 7 AV 11 – 18.96, NJW 1997, 1022; VGH Baden-Württemberg, Beschl. v. 20.08.2007 – 10 S 690/07, DVBl 2008, 196; VGH Hessen, Beschl. v. 30.08.2007 – 6 A 883/07, NJOZ 2008, 1.

12 Z.B. § 2 BPolZV.

13 Vgl. Kopp/*Ramsauer*, § 3 Rn. 3b; Wolff/Bachof/Stober/*Kluth*, § 83 Rn. 22.

14 Siehe hierzu *Lisken*, NVwZ 2002, 513 (519); *ders.*, NVwZ 1991, 609.

15 Vgl. BVerwG, Urt. v. 19.01.1967 – VI C 73/64, BVerwGE 26, 31 (36); Beschl. v. 01.11.1988 – 2 B 14/88, juris und WKRS 1988, 17435.

4. Die örtliche Zuständigkeit als Sachentscheidungsvoraussetzung

13 Die **örtliche Zuständigkeit ist** eine **Sachentscheidungsvoraussetzung**, die in jedem Stadium des Verfahrens von Amts wegen zu prüfen und zu beachten ist (vgl. Vorbem § 9 Rdn. 54). Sie muss jedenfalls (noch) in dem Zeitpunkt bestehen, in dem die Behörde den VA erlässt[16] bzw. den örV abschließt.[17]

B. Die Vorschrift im Einzelnen

I. Die grundsätzliche örtliche Zuständigkeit nach Abs. 1 und das Rangverhältnis der Anknüpfungspunkte der Nr. 1 bis 4

14 **Abs. 1** bestimmt die **grundsätzliche örtliche Zuständigkeit**, die dann eine endgültige ist, wenn sie nicht noch durch die Vorschriften der Abs. 2 bis 4 eine Modifikation erfährt.

15 Die Ermittlung der örtlich zuständigen Behörde wird wesentlich durch das **Rangverhältnis** bestimmt, in dem die **Anknüpfungspunkte der Nr. 1 bis 4** zueinanderstehen.

16 Die konkretesten Anknüpfungspunkte sind in Nr. 1 und Nr. 2 festgelegt, während Nr. 3 allgemeinere (auch die Anknüpfungspunkte von Nr. 1 und 2 erfassende) Anknüpfungspunkte und Nr. 4 den allgemeinsten Anknüpfungspunkt aufweist, der alle Anknüpfungspunkte von Nr. 1 bis 3 in sich aufnimmt. Bei der Bestimmung der örtlichen Zuständigkeit ist daher **stufenweise vorzugehen.** Zunächst muss in der ersten Stufe geprüft werden, ob ein Anknüpfungspunkt nach Nr. 1 oder 2 gegeben ist; trifft dies zu, steht die örtliche Zuständigkeit bereits fest, soweit keine Besonderheiten nach den Abs. 2 bis 4 vorliegen. Anderenfalls muss die örtliche Zuständigkeit in der zweiten oder erst in der dritten Stufe der Nr. 3 bzw. der Nr. 4 entnommen werden.

17 **Nr. 1 und 2** stehen **alternativ** nebeneinander mit der Folge, dass ohne Berücksichtigung einer bestimmten numerischen Rangfolge der Anknüpfungspunkt derjenigen Nr. zu entnehmen ist, die tatsächlich auf den jeweiligen Fall zutrifft. Die Ansicht der amtlichen Begründung,[18] wonach die einzelnen Nummern des Abs. 1 so formuliert seien, dass bei Vorliegen der Voraussetzungen einer Nummer die Anwendbarkeit der jeweils folgenden Nummern für den Regelfall ausgeschlossen ist, kann daher nur im Verhältnis der Nr. 3 zu sämtlichen Anknüpfungspunkten in Nr. 1 und 2 sowie im Verhältnis der Nr. 4 zu sämtlichen Anknüpfungspunkten in den Nr. 1 bis 3 gelten.[19]

---

16 VGH Bayern, Urt. v. 02.06.1976 – 150 II 74, BayVBl. 1976, 726.

17 Knack/Henneke/*Schliesky*, Vor § 3 Rn. 24 f.

18 S. 36. Ihr folgend: Kopp/*Ramsauer*, § 3 Rn. 18; Meyer/*Borgs*, § 3 Rn. 7; Knack/Henneke/*Schliesky*, § 3 Rn. 16. Ausführlich zu möglichen Ursachen der Gegenansicht *Obermayer*, RiA 1976, 225 (226 Fn. 7).

19 Eine rein baurechtliche Angelegenheit lässt sich beispielsweise nur der Nr. 1 und nicht auch der angeblich allgemeineren Nr. 2 zuordnen, während die den Betrieb eines Unternehmens betreffende Angelegenheit auch der angeblich konkreteren Vorschrift des unbeweglichen Vermögens zugeordnet werden kann.

Weist eine Angelegenheit einen Anknüpfungspunkt sowohl der Nr. 1 wie auch der Nr. 2 auf, so ist derjenige Anknüpfungspunkt als maßgeblich zu betrachten, der nach dem Sinn der Regelung von Nr. 1 und Nr. 2 den **wesentlichen Gegenstand des Verfahrens** betrifft (vgl. Rdn. 27). Sind beide Anknüpfungspunkte als gleichwertig zu beurteilen, ist nach Abs. 2 Satz 1 (vgl. Rdn. 56 ff.) zu verfahren, falls sich aus den zwei Anknüpfungspunkten auch zwei unterschiedliche Behördenzuständigkeiten ergeben. 18

1. Die örtlich zuständige Behörde nach der Belegenheit der Sache (Nr. 1)

Nr. 1 entspricht inhaltlich § 52 Nr. 1 VwGO. Nach der sog. Zuständigkeit der **Belegenheit der Sache** ist in Angelegenheiten, die sich auf unbewegliches Vermögen oder ein ortsgebundenes Recht oder Rechtsverhältnis beziehen, die Behörde örtlich zuständig, in deren Bezirk das Vermögen oder der Ort liegt. Im Einzelfall kann die begriffliche Abgrenzung zwischen unbeweglichem Vermögen und ortsgebundenem Recht oder Rechtsverhältnis schwierig sein, dies ist jedoch für die Bestimmung der örtlich zuständigen Behörde nach der Belegenheit der Sache unerheblich.[20] Maßgeblich ist, dass der Gegenstand des Verwaltungsverfahrens einen Bezug zu einem bestimmten Territorium hat, indem entweder ein Grundstück oder grundstücksgleiches Recht selbst oder ein auf einen bestimmten Ort bezogenes Recht oder Rechtsverhältnis betroffen ist; immer muss die Beziehung zu einem bestimmten Grundstück **einen wesentlichen Kern dieser Berechtigung** ausmachen. Von mehreren zuständigen Behörden soll nach dem Zweck der Nr. 1 die mit den örtlichen Verhältnissen besonders vertraute Behörde zuständig sein.[21] 19

a) Das unbewegliche Vermögen

Das **unbewegliche Vermögen** im Sinne der Nr. 1 entspricht den unbeweglichen Sachen in § 24 ZPO[22] und umfasst neben den Grundstücken und dessen wesentlichen Bestandteilen (§§ 93, 94 BGB) auch die grundstücksgleichen Rechte (wie z.B. das Erbbaurecht, Bergwerkseigentum,[23] Gebäudeeigentum in den neuen Bundesländern,[24] selbstständige Fischereirechte)[25] sowie Bruchteile von Grundstücken und grundstücksgleichen Rechten (wie etwa Miteigentumsanteile und das Wohnungseigentum), aber auch aber die dinglichen Grundstücksrechte wie Dienstbarkeiten, Reallasten, Grundschulden.[26] 20

---

20 Vgl. Schoch/Schneider/*Bier/Schenk*, § 52 Rn. 14 zur gerichtlichen Zuständigkeit. So wird in der Kommentarliteratur zu § 52 VwGO teilweise kaum differenziert und im Wesentlichen nur auf den Ortsbezug abgestellt (vgl. etwa Eyermann/*Kraft*, § 52 Rn. 11 ff.; Redeker/von Oertzen/*M. Redeker*, § 52 Rn. 6; Bader/*von Albedyll*, § 52 Rn. 11 f.).

21 Vgl. Kopp/*Ramsauer*, § 3 Rn. 19; *Ziekow*, § 3 Rn. 13.

22 Vgl. Schoch/Schneider/*Bier/Schenk*, § 52 Rn. 12.

23 § 9 Abs. 1 Satz 1 BBergG.

24 Art. 233 § 4 Abs. 1 Satz 1 EGBGB.

25 Nach Landesrecht (Art. 69 EGBGB) wie etwa Art. 8 Abs. 1 BayFiG.

26 Kopp/*Ramsauer*, § 3 Rn. 19a; Schoch/Schneider/*Bier/Schenk*, § 52 Rn. 12.

21 Die im Recht der Zwangsvollstreckung nach § 322 Abs. 1 Satz 1 AO, § 864 Abs. 1 ZPO, §§ 162, 171a ZVG den Grundstücken gleichgestellten **Schiffe**, die im Schiffsregister eingetragenen sind, **Schiffsbauwerke** und Schwimmdocks, die im Schiffsbauregister eingetragen sind oder in dieses Register eingetragen werden können sowie **Luftfahrzeuge**, die in der Luftfahrzeugrolle eingetragen sind oder nach Löschung in der Luftfahrzeugrolle noch in dem Register für Pfandrechte an Luftfahrzeugen eingetragen sind, stellen wegen des anderen Regelungszwecks **kein unbewegliches Vermögen im Sinne der Nr. 1** dar (vgl. Rdn. 23; 26).[27,28]

22 Auf **unbewegliches Vermögen bezogen** sind z.B. alle **Verfahren**, die ein Grundstück oder grundstücksgleiches Recht selbst betreffen, wie beispielsweise Enteignungsverfahren über die Zwangsabtretung von Grundeigentum und dessen Belastung mit Grunddienstbarkeiten oder Erbbaurechten, Verfahren bezüglich der Rückübertragung eines Grundstücks nach dem VermG,[29] sicherheitsrechtliche Verfahren zur Behebung einer vom (natürlichen) Zustand eines Grundstücks oder eines wesentlichen Bestandteils ausgehenden Gefahr[30] (wie Verlandung, Bergrutsch, Steinschlag).[31]

23 Die **örtliche Zuständigkeit der Vollstreckungsbehörde** im **Zwangsvollstreckungsverfahren** wegen ö.-r. (nicht vom Anwendungsbereich des VwVfG nach § 2 ausgenommener) Geldforderungen **in das unbewegliche Vermögen** (einschließlich der diesem Recht unterstellten eingetragenen Schiffe, Schiffsbauwerke, Luftfahrzeuge) für deren Antrag bzw. Ersuchen an das gerichtliche Vollstreckungsorgan (Amtsgericht als Vollstreckungsgericht, Grundbuchamt, registerführendes Gericht)[32] wegen der darin

---

27 Wie hier *Ziekow*, § 3 Rn. 13 und ebenso zur örtlichen Zuständigkeit nach § 52 Nr. 1 VwGO: Schoch/Schneider/*Bier/Schenk*, § 52 Rn. 13; *Sodan/Ziekow*, § 52 Rn. 9; Eyermann/*Kraft*, § 52 Rn. 11; a.A. zu § 52 Nr. 1 VwGO Kopp/Schenke, § 52 Rn. 6 und zu § 3 Abs. 1 Nr. 1: *Obermayer*, RiA 1976, 225 (226); Huck/*Müller*, § 3 Rn. 12; Knack/Henneke/*Schliesky*, § 3 Rn. 18; Kopp/*Ramsauer*, § 3 Rn. 19a; Stelkens/Bonk/Sachs/*Schmitz*, § 3 Rn. 18.

28 § 4 Abs. 1 der Verordnung i.d.F.v. 02.06.2016 (BGBl. I S. 1257) über Anforderungsbehörden und Bedarfsträger nach dem Bundesleistungsgesetz knüpft in Satz 1 die örtliche Zuständigkeit bei Seeschiffen an den Heimathafen, bei Binnenschiffen an den Heimatort sowie nach Satz 2 bei Ermangelung eines Heimathafens oder Heimatortes im Inland an den tatsächlichen Liegeort.

29 BVerwG, Beschl. v. 12.10.1994 – 7 AV 13.94, LKV 1995, 115.

30 Vgl. VGH Bayern, Beschl. v. 26.09.1995 – 21 B 95.1527, juris und WKRS 2010, 11074 (Felssturz); OVG Bremen, Beschl. v. 16.08.1988 – 1 BA 25/88, NVwZ-RR 1989, 16 (Slipanlage).

31 Sicherheitsrechtliche Sonderregelungen stellen hier jedoch auf den insoweit identischen Ort der Gefahrenabwehr ab (wie etwa § 100 Abs. 1 Satz 2 HSOG, § 100 Abs. 1 Satz 2 NdsSOG, § 4 Abs. 1 OBG NRW), soweit nicht (wie etwa nach Art. 6 bayLStVG) bei den allgemeinen Sicherheitsbehörden auf eine Bestimmung der örtlichen Zuständigkeit bewusst verzichtet wird.

32 Nach §§ 5 Abs. 1 VwVG, 322 Abs. 3 AO oder den entsprechenden landesrechtlichen Ermächtigungen insb. auf Eintragung einer Zwangshypothek (§ 867 Abs. 1 Satz 1 ZPO, §§ 13, 38 GBO), einer Schiffshypothek (§§ 870a Abs. 1, 867 Abs. 1 Satz 1 ZPO, § 45 SchRegO); eines Registerpfandrechts an einem Luftfahrzeug (§§ 870a, 867 Abs. 1 Satz 1 ZPO, 99 Abs. 1 LuftfzRG); auf Anordnung der Zwangsversteigerung eines Grundstücks (§§ 866 Abs. 1 ZPO, 15, 16 ZVG), eines ins Schiffsregister eingetragenen Schiffes (§§ 162,

enthaltenen Feststellung des Vorliegens der Vollstreckungsvoraussetzungen als VA gegenüber dem Vollstreckungsschuldner anzusehen ist[33] (vgl. § 35 Rdn. 42, 46 f.), richtet sich beim Fehlen sondergesetzlichen Regelungen nach § 3,[34] jedoch nur bei Grundstücken und grundstücksgleichen Rechten nach Abs. 1 Nr. 1, sonst nach Nr. 3 oder 4. Zumeist liegen jedoch Sonderregelungen vor. Entweder ist die Vollstreckungsbehörde mit der Behörde identisch, die den zu vollstreckenden Leistungsbescheid erlassen hat[35] oder die von der Anordnungsbehörde zu ersuchende Vollstreckungsbehörde richtet sich nach dem Wohnsitz oder gewöhnlichen Aufenthalt des Schuldners[36] oder nach dem Ort des Anlasses (vgl. Rdn. 51 ff.),[37] soweit innerhalb eines Bundeslandes nicht ohnehin nur eine Behörde sachlich und örtlich zuständig ist.[38] Auch bei den von den Vollstreckungsbehörden anzurufenden gerichtlichen Vollstreckungsorganen (Vollstreckungsgericht, Grundbuchamt, Registergericht) richtet sich die örtliche Zuständigkeit nur bei Grundstücken und grundstücksgleichen Rechten nach der Belegenheit,[39] während für die Eintragung von Schiffshypotheken bei Binnenschiffen das für den Heimatort und bei Seeschiffen das für den Heimathafen registerführende Amtsgericht,[40] für die Zwangsversteigerung von Schiffen das Amtsgericht in dessen Bezirks sich das Schiff (unabhängig vom Heimatort oder Heimathafen im Zeitpunkt der Anordnung) befindet[41] sowie für Eintragung von Registerpfandrechten

---

15, 16 ZVG), eines in der Luftfahrzeugrolle eingetragenen Luftfahrzeugs (§§ 171a, 15, 16 ZVG) oder auf Anordnung der Zwangsverwaltung eines Grundstücks (§ 866 Abs. 1 ZPO, §§ 15, 16, 146 Abs. 1 ZVG).

33 H.M. vgl. BFH, Beschl. v. 29.10.1985 – VII B 69/85, BFHE 145, 17; VG Magdeburg, Urt. v. 18.05.2009 – 9 A 212/08, Rn. 37, juris und WKRS 2009, 44229; VG Gera, Beschl. v. 08.02.2000 – 5 E 1749/99 GE, LKV 2001, 82; *App/Wettlaufer*, § 28 Rn. 4 mit Hinweis auf die Spezialregelung § 867 Abs. 1 ZPO (Wirksamwerden des Antrags-VA durch Grundbucheintragung); Klein/*Brockmeyer*, § 322 AO Rn. 14; Koenig/*Zöller*, § 322 AO Rn. 22; Engelhardt/*App*, VwVG/VwZG, § 322 AO Rn. 5. A.A.: OVG Nordrhein-Westfalen, Beschl. v. 19.06.2012 – 14 B 1137/11, juris und WKRS 2012, 17116; Beermann/Gosch/*Tormöhlen*, § 322 AO Rn. 47 ff. mit Darstellung des Streitstandes.

34 Vgl. *App/Wettlaufer*, § 5 Rn. 6.

35 Wie etwa nach §§ 1 Abs. 1 Satz 1, 2 Abs. 1 Satz 2 Nr. 2 VwVG NRW oder §§ 21, 36 Abs. 1 Satz 1 ThürVwZVG die Gemeinden für ihre ö.-r. Geldforderungen.

36 So beispielsweise hinsichtlich des Finanzamtes gem. Art. 25 Abs. 1 bayVwZVG, § 2 Abs. 1 Satz 1 Nr. 1 Verwaltungszustellungs- und Vollstreckungsdurchführungsverordnung.

37 Z.B. das im Wege der Vollstreckungshilfe tätige Hauptzollamt gem. §§ 4 Buchst. b VwVG, § 1 Nr. 4 FVG, 249 Abs. 1 Satz 3, 24 AO. Der Anlass der Amtshandlung wird regelmäßig am Ort des (ersuchten) Hauptzollamtes auftreten, das im Bezirk des für die zu beantragende Vollstreckungsmaßnahme örtlich zuständigen Vollstreckungsgerichts liegt. Vgl. hierzu auch Beermann/Gosch/*Schmieszek*, § 24 AO Rn. 7, 13; Klein/*Rätke*, § 24 AO Rn. 3 zur Anwendung der Ersatzzuständigkeit nach § 24 AO für Amtshilfeleistungen.

38 Wie etwa die Landesoberkasse in Baden-Württemberg.

39 §§ 867 Abs. 1 Satz 1 ZPO, 1 Abs. 1 Satz 2 GBO (Zwangshypothek); §§ 866 Abs. 1 ZPO, 1 Abs. 1 ZVG (Zwangsversteigerung); §§ 866 Abs. 1 ZPO, 146 Abs. 1, 1 Abs. 1 ZVG (Zwangsverwaltung).

40 §§ 870a Abs. 1 ZPO, 1, 4 Abs. 1 SchRegO.

41 § 163 Abs. 1 ZVG.

an Luftfahrzeugen und die Zwangsversteigerung von Luftfahrzeugen ausschließlich das Amtsgericht Braunschweig zuständig ist.[42] Auch wenn es im Anwendungsbereich der AO keinen mit § 44 Abs. 2 Nr. 3 vergleichbaren Nichtigkeitsgrund gibt, wird das Handeln der örtlich unzuständigen Vollstreckungsbehörde wegen des ihr eingeräumten Ermessens regelmäßig zur Aufhebung des rechtswidrigen VA führen.[43]

24 Erstreckt sich ein Grundstück oder grundstücksgleiches Recht über die Grenze des Amtsbezirks einer Behörde hinaus, so ergibt sich wegen Zuständigkeitskonkurrenz die zuständige Behörde aus Abs. 2 Satz 1 (vgl. Rdn. 56 ff.).

b) Die ortsgebundenen Rechte

25 **Ortsgebundene Rechte oder Rechtsverhältnisse** sind subjektive Rechte[44] oder (aus subjektiven Rechten und Pflichten bestehende) Rechtsverhältnisse, die zu einem bestimmten Territorium in besonderer Beziehung stehen,[45] wobei diese Beziehung zwischen dem Recht und dem Territorium, auf dem es ausgeübt wird oder ausgeübt werden soll, den wesentlichen Inhalt ausmacht.[46] Es genügen nur in ihrer natürlichen Ausübung an Grundstücke gebundene Rechte.[47]

26 Auf **ortsgebundene Rechte** oder Rechtsverhältnisse sind alle Verfahren bezogen, deren Gegenstand radizierte Realrechte (z.B. das Recht, auf einem bestimmten Grundstück ein Gewerbe, etwa ein Gaststättengewerbe nach § 24 bzw. § 26 Abs. 2 GastG[48] oder eine Apotheke nach § 26 Abs. 1 ApG zu führen[49])[50] und andere zu einem Territorium in besonderer Beziehung stehende Rechte oder Rechtsverhältnisse betreffen, insbesondere Verfahren, die bau-,[51] berg-,[52] forst-,[53] jagd-,[54] schifffahrts-,[55]

42 §§ 78 LuftfzRG, 171b Abs. 1 ZVG, § 1 Abs. 2 Gesetz über das Luftfahrt-Bundesamt, BMVerk AnO v. 13.12.1954.

43 Vgl. BFH, Urt. v. 19.04.2012 – III R 85/11, Rn. 11, juris und WKRS 2012, 17920; Koenig/*Pahlke*, § 127 AO Rn. 15, 24; a.A. Klein/*Brockmeyer/Ratschow*, § 125 AO Rn. 6.

44 BVerwG, Beschl. v. 30.01.1964 – II ER 402/63, BVerwGE 18, 26 (29).

45 BVerwG, Beschl. v. 30.01.1964 – II ER 402/63, BVerwGE 18, 26 (28).

46 Vgl. BVerwG, Beschl. v. 24.07.1962 – VII ER 420.62, Buchholz 310 § 52 VwGO Nr. 2; VGH Baden-Württemberg, Beschl. v. 20.08.2007 – 10 S 690/07, DVBl 2008, 196 (198); VGH Bayern, Urt. v. 24.03.1998 – 22 B 94.4135, GewArch. 1998, 300.

47 Vgl. BVerwG, Beschl. v. 24.07.1962 – VII ER 420.62, Buchholz 310 § 52 VwGO Nr. 2.

48 Vgl. Schoch/Schneider/*Bier/Schenk*, § 52 Rn. 14.

49 Redeker/von Oertzen/M. *Redeker*, § 52 Rn. 5.

50 Hierzu zählen auch die auf ein bestimmtes (landwirtschaftliches) Anwesen bezogenen sog. radizierten ö.-r. Wald- oder Weidenutzungsrechte nach Art. 80 ff. bayGO.

51 BVerwG, Beschl. v. 25.09.1991 – 4 ER 402/91, LKV 1992, 59; VGH Bayern, Urt. v. 02.06.1976 – 150 II 74, BayVBl. 1976, 726; VG Schleswig, Urt. v. 30.10.1990 – 2 A 240/89, NJW 1991, 1129; Schoch/Schneider/*Bier/Schenk*, § 52 Rn. 14. § 206 Abs. 1 Satz 1 BauGB knüpft die örtliche Zuständigkeit an das betroffene Grundstück an.

52 Vgl. Sodan/*Ziekow* § 52 Rn. 11.

53 Kopp/Ramsauer, § 3 Rn. 20.

54 Ule/*Laubinger*, § 10 Rn. 25.

55 Vgl. BVerwG, Beschl. v. 24.07.1962 – VII ER 420.62, Buchholz 310 § 52 VwGO Nr. 2 zum örtlich zuständigen Gericht für ein Verfahren, das die Erlaubnis zum Befahren eines

straßen-,[56] vermessungs-[57] und wasserrechtliche[58] Angelegenheiten zum Gegenstand haben. Hierzu zählen insbesondere auch Planfeststellungs- und Plangenehmigungsverfahren (wie z.B. von Straßenbahnlinien nach § 28 PBefG.[59] Kein ortsgebundenes Recht ist das Beamtenverhältnis im Dienste einer Gebietskörperschaft, weil es nicht Rechtsbeziehungen zum Territorium der betreffenden Körperschaft, sondern zu dieser selbst umfasst.[60] Ebenso wenig die Rechte und Rechtsverhältnisse eingetragener Schiffe, Schiffsbauwerke und Luftfahrzeuge, die insbesondere im Interesse des Rechtsverkehrs und Gläubigerschutzes im Register- und Vollstreckungsrecht dem Grundstücksrecht angeglichen sind (vgl. Rdn. 21, 23).

c) Die Abgrenzung von Nr. 2

Die – manchmal schwierige – **Abgrenzung** des Anknüpfungspunktes nach Nr. 1 **von** dem Anknüpfungspunkt nach **Nr. 2** ist nach dem wesentlichen Gegenstand des Verfahrens vorzunehmen. Ist beispielsweise die an ein bestimmtes Grundstück geknüpfte Befugnis zur Ausübung eines Gewerbes (also ein sog. radiziertes Realrecht – vgl. Rdn. 26) Gegenstand des Verfahrens, so steht das ortsgebundene Recht im Vordergrund, weil das Recht unter der Voraussetzung dieser örtlichen Gebundenheit eingeräumt ist.[61] Dies hat zur Folge, dass sich die örtliche Zuständigkeit aus Nr. 1 ergibt und nicht etwa aus der den Gewerbebetrieb betreffenden Nr. 2. Soll hingegen auf einem bestimmten Grundstück ein Betrieb konzessioniert werden, der auch auf jedem anderen Grundstück errichtet und betrieben werden kann, so hat der Betrieb eines Unternehmens im Sinne der Nr. 2 den Vorrang vor der Tatsache, dass der Betrieb auf einem bestimmten Grundstück stattfinden soll und daher in gewissem Sinne mit einem unbeweglichen Vermögen nach Nr. 1 zusammenhängt, was aber notwendigerweise bei jedem Anwendungsfall nach Nr. 2 zutrifft.[62] 27

Sees mit einem Motorboot aufgrund einer die besonderen örtlichen Verhältnisses dieses Sees (Diemelsee) berücksichtigende Rechtsverordnung zum Gegenstand hatte.

56 Vgl. BVerwG, Beschl. v. 12.02.1993 – 4 ER 404. 92, Buchholz 310 § 52 VwGO Nr. 34 (Planfeststellung); BVerwG, Urt. v. 09.03.1979 – 4 C 32/33.75, Buchholz 310 § 83 VwGO Nr. 10 (Straßensperrung nach dem Schutzbereichsgesetz); VG Augsburg, Beschl. v. 26.10.2012 – Au 6 K 12.1357, juris (straßenrechtliche Einziehung); VG Berlin, Urt. v. 01.08.1983 – 1 A 251.82, Leitsatz 2, juris und WKRS 1983, 14939 (Sondernutzungserlaubnis).

57 VG Dessau, Beschl. v. 08.04.1999 – A 1 K 725/98, NVwZ-RR 1999, 704.

58 Vgl. OVG Thüringen, Urt. v. 04.06.2004 – 4 KO 1093/03, Rn. 58, juris und WKRS 2004, 18932; Eyermann/*Kraft*, § 52 Rn. 12.

59 BVerwG, Beschl. v. 13.03.2009 – 7 AV 1.09, juris und WKRS 2009, 40151.

60 BVerwG, Beschl. v. 30.01.1964 – II ER 402/63, BVerwGE 18, 26.

61 Vgl. BVerwG, Beschl. v. 24.07.1962 – VII ER 420.62, Buchholz 310 § 52 VwGO Nr. 2.

62 Vgl. z.B. OVG Nordrhein-Westfalen, Beschl. v. 27.09.2018 – 17 A 1547/16, juris und WKRS 2016, 23593; die zu § 52 Nr. 1 VwGO vertretene durchaus umstrittene Ansicht, dass sich auch die Genehmigung für auf bestimmte Strecken festgelegte Kraftomnibuslinien auf ortsgebundene Rechte (so Schoch/Schneider/*Bier/Schenk*, § 52 Rn. 15; Kopp/Schenke, § 52 Rn. 7) bezieht, kann wegen der weiteren – in der VwGO fehlenden – Anknüpfungspunkte der Nr. 2 im Verwaltungsverfahren bei der Bestimmung der örtlich zuständigen

2. Die örtlich zuständige Behörde des Betriebs und der Berufsausübung (Nr. 2)

28 Nach **Nr. 2** ist für Angelegenheiten, die sich auf den Betrieb eines Unternehmens oder einer seiner Betriebsstätten, auf die Ausübung eines Berufes oder auf eine andere dauernde Tätigkeit beziehen, die Behörde zuständig, in deren Bezirk das Unternehmen oder die Betriebsstätte betrieben oder der Beruf oder die Tätigkeit ausgeübt wird oder werden soll. Damit soll wie im Falle der Nr. 1 möglichst die mit den örtlichen Verhältnissen besonders vertraute Behörde zuständig sein.[63] Wird an den künftigen Betrieb oder der künftige Berufsausübung oder Tätigkeit angeknüpft, müssen für deren örtliche Zuordnung bereits nachvollziehbare, objektiv feststellbare Kriterien vorliegen.[64]

29 Der Anknüpfungspunkt der Berufsausübung kommt nur für solche Tätigkeiten in Betracht, die im Hinblick auf die anstehende behördliche Maßnahme nicht bereits zu den Aktivitäten gehören, die vom Betrieb eines Unternehmens oder einer seiner Betriebsstätten ausgehen. Insoweit ist das Tatbestandsmerkmal der Berufsausübung gegenüber den unternehmerischen Tätigkeiten subsidiär. Das Tatbestandsmerkmal der anderen dauernden Tätigkeit kann wiederum nur die örtliche Zuständigkeit begründen, wenn nicht einer der vorrangigen erwerbsorientierten Tatbestandsmerkmale der Nr. 2 erfüllt ist.[65]

a) Der Betrieb eines Unternehmens oder einer seiner Betriebsstätten

30 Auf den **Betrieb eines Unternehmens** oder einer seiner Betriebsstätten beziehen sich alle Angelegenheiten, die die betriebliche Tätigkeit eines Unternehmens berühren.

aa) Der Begriff des Betriebs und Unternehmens

31 **Betrieb** ist hier nicht im Sinne einer organisatorischen Einheit, sondern als tatsächlich stattfindende Tätigkeit oder Arbeitsvorgang zu verstehen.[66] So wird beispielsweise

1) ein Beförderungsunternehmen nicht nur am Geschäftssitz, sondern auf allen Beförderungsstrecken betrieben,[67]

Behörde ohnehin nicht gelten. Im Ergebnis wie hier: Stelkens/Bonk/Sachs/*Bonk/Schmitz*, § 3 Rn. 18; *Ziekow*, § 3 Rn. 14; Eyermann/*Kraft*, § 52 Rn. 13.

63 Vgl. Knack/Henneke/*Schliesky*, § 3 Rn. 20; *Ziekow*, § 3 Rn. 15. Für das Tatbestandsmerkmal »Betriebsstätte« ist in der Begründung (S. 37) die ortsnahe Entscheidung besonders hervorgehoben.

64 Anschaulich hierzu VGH Baden-Württemberg, Urt. v. 06.09.1994 – 9 S 1809/94, GewArch 1995, 28. Vgl. auch Knack/Henneke/*Schliesky*, § 3 Rn. 22.

65 Zur Rangordnung der einzelnen Tatbestandsmerkmale der Nr. 2 s.a. BVerwG, Beschl. v. 15.10.1980 – 1 B 648/79, juris und WKRS 1980, 15868; VGH Baden-Württemberg, Urt. v. 23.04.1979 – X 3376/78, juris.

66 Vgl. *Obermayer*, RiA 1976, 225 (227); Kopp/*Ramsauer*, § 3 Rn. 21.

67 OVG Berlin-Brandenburg, Beschl. v. 15.08.2008 – OVG 1 N 22.01, Rn. 20, juris und WKRS 2008, 25424.

2) ein Unternehmen das (unerlaubt) Sportwetten im Internet anbietet, an allen Orten betrieben, an denen der Internetnutzer das Wettangebot annimmt (§ 3 Abs. 4 GlüStV),[68]
3) ein Wanderlager (§ 56 Abs. 1 Satz 1 GewO) am jeweiligen Ort der Veranstaltung betrieben,[69]
4) vom Betrieb auch das Verwaltungshandeln des Unternehmens (wie etwa die Speicherung von Kundendaten) erfasst,[70]
5) der Versandhandel (von Arzneimitteln) am Ort der Lagerung, Logistik und Dokumentation betrieben.[71]

Der Begriff des **Unternehmens**[72] als einer organisatorischen Einheit schließt unab- 32
hängig von der Rechtsform sowohl den auf Gewinn abzielenden Gewerbebetrieb, als auch das nicht gewinnorientierte (gemeinnützige) Unternehmen[73] ein. Soweit nicht das die sachliche Zuständigkeit bestimmende materielle Verwaltungsrecht darauf abstellt, ist es für die örtliche Zuständigkeit auch ohne Belang, ob ein Unternehmen dem Anwendungsbereich der Gewerbeordnung nach § 6 Abs. 1 GewO unterliegt, in das Handelsregister eingetragen oder einzutragen ist oder welche steuerrechtliche Einordnung (z.B. als wirtschaftlicher Geschäftsbetrieb nach § 14 AO, Betrieb gewerblicher Art einer juristischen Person des ö.R. nach § 4 KStG, Zweckbetrieb nach §§ 65 ff. AO) zutrifft.

bb) Der Begriff der Betriebsstätte

Betriebsstätten sind räumlich selbstständige Teile eines Unternehmens i.S.d. § 12 33
AO wie die Stätte der Geschäftsleitung, Zweigniederlassungen,[74] Geschäftsstellen, Fabrikations- oder Werkstätten, Warenlager, Ein- oder Verkaufsstellen, Bergwerke, Kiesgruben oder andere Stätten der Gewinnung von Bodenschätzen sowie Bauausführungen oder Montagen (deren Anerkennung als Betriebsstätten anders als nach § 12 Satz 2 Nr. 8 AO nicht von einer Mindestbetriebsdauer von über 6 Monaten abhängt).[75] Anders als für die Annahme einer Betriebsstätte nach § 12 AO kommt es für

68 OVG Hamburg, Beschl. v. 25.03.2008 – 4 Bs 5/08, Rn. 26, juris und WKRS 2008, 13691; VG Hamburg, Beschl. v. 19.12.2007 – 5 E 2673/07, Rn. 17, juris.

69 Für die Untersagung ist daher nach § 56a Abs. 2 GewO die für den Veranstaltungsort zuständige Gewerbebehörde örtlich zuständig.

70 VG München, Urt. v. 18.12.2006 – M 18 K 06.90, Rn. 23, juris.

71 VG Osnabrück, Beschl. v. 14.03.2011 – 6 B 94/10, Rn. 11, juris und WKRS 2011, 12969.

72 Zum Begriff des Unternehmens und zur Abgrenzung des Unternehmens vom Betrieb im organisatorischen Sinne vgl. Schaub/*Linck*, Arbeitsrechts-Handbuch, § 17.

73 Vgl. *Obermayer*, RiA 1976, 225 (227); Stelkens/Bonk/Sachs/*Bonk/Schmitz*, § 3 Rn. 19; *Ziekow*, § 3 Rn. 16.

74 *Schliesky* (in Knack/Henneke, § 3 Rn. 24) weist zutreffend darauf hin, dass die Anwendung des § 3 Abs. 1 Nr. 2 keinen Handelsregistereintrag einer Zweigniederlassung nach § 13 HGB erfordert.

75 Ähnlich Knack/Henneke/*Schliesky*, § 3 Rn. 19. A.A. Stelkens/Bonk/Sachs/*Bonk/Schmitz*, § 3 Rn. 20.

die an den Betrieb einer Betriebsstätte anknüpfende örtliche Zuständigkeit nicht auf die Verfügungsmacht des Unternehmers über die Betriebsstätte an.[76]

b) Die Ausübung eines Berufes oder einer anderen dauernden Tätigkeit

aa) Der Begriff des Berufs

34 Begrifflich ist **Beruf** jede erlaubte, sinnvolle Betätigung nicht nur vorübergehender Art, die der zumindest teilweisen Schaffung und Erhaltung einer Lebensgrundlage dient und dem Schutz des Art. 12 Abs. 1 Satz 1 GG unterliegt.[77] Gleichgültig ist, ob es sich um einen Haupt- oder Nebenberuf handelt.

bb) Die gleichgestellten anderen dauernden Tätigkeiten

35 Die der Berufsausübung gleichgestellten **anderen dauernden Tätigkeiten** müssen sich hinsichtlich ihrer Intensität mit Berufen vergleichen lassen, dürfen andererseits nicht auf einen Erwerb ausgerichtet sein. Hierzu zählen etwa karitative Tätigkeiten,[78] Forschungstätigkeiten,[79] die Privatdozenturen[80] aber auch mit einiger Intensität betriebene Hobbys.[81]

cc) Die Bedeutung des Anknüpfungspunktes

36 Die Ausübung eines Berufes oder einer anderen **Tätigkeit** kann die Zuständigkeit nach Nr. 2 nur dann bewirken, wenn sie auf Dauer angelegt ist und **nur in einem bestimmten Bezirk** vorgenommen wird oder werden soll.[82] Bei Berufsausübungen und Tätigkeiten, die nicht auf den Bezirk einer Behörde begrenzt sind, lässt sich Nr. 2 nur dann für die Bestimmung der örtlich zuständigen Behörde heranziehen, wenn die Berufsausübung den Sitz im Bezirk einer bestimmten Behörde verlangt (wie etwa die Kanzlei eines Rechtsanwalts im Bezirk der Rechtsanwaltskammer). Soweit die Ausübung weder auf einen bestimmten räumlichen Bezirk festgelegt ist noch aufgrund des Geschäftssitzes einer bestimmten Behörde zugeordnet werden kann, richtet sich die Zuständigkeit nach Nr. 3 oder Nr. 4.[83] Ist eine örtliche Begrenzung gegeben, sind auf die Ausübung eines

76 Zum Erfordernis einer nicht nur vorübergehenden Verfügungsmacht des Unternehmers nach § 12 AO siehe Koenig/*Pahlke*, § 12 AO Rn. 11 ff.; Beermann/Gosch/*Buciek*; § 12 AO Rn. 12 ff.

77 Vgl. Maunz/Dürig/*Scholz*, Art. 12 Rn. 18 ff.

78 Kopp/*Ramsauer*, § 3 Rn. 26; Stelkens/Bonk/Sachs/*Bonk/Schmitz*, § 3 Rn. 22.

79 Vgl. Kopp/*Ramsauer*, § 3 Rn. 26.

80 Die Privatdozentur erfüllt nach BVerwG, Urt. v. 22.06.1994 – 6 C 40.92, BVerwGE 96, 136 (139) nicht die Voraussetzungen an die der verfassungsrechtliche Berufsbegriff des Art. 12 Abs. 1 GG geknüpft ist.

81 Vgl. Kopp/*Ramsauer*, § 3 Rn. 26; a.A. wohl Stelkens/Bonk/Sachs/*Bonk/Schmitz*, § 3 Rn. 22.

82 Vgl. *Kugele*, § 3 Rn. 9.

83 So knüpft § 60 Satz 1 GewO für die Erteilung, Versagung, Rücknahme und den Widerruf der Reisegewerbekarte an den gewöhnlichen Aufenthalt des Betroffenen an. Vgl. *Obermayer*, RiA 1976, 225 (227).

Berufs insbesondere Verwaltungsverfahren bezogen, die Maßnahmen zur Regelung der Berufsausübung oder der Berufszulassung zum Inhalt haben (wie etwa die Zulassung als Anbieter auf einem Wochenmarkt), richtet sich die Zuständigkeit nach Nr. 2. Nicht maßgeblich ist, ob der Betroffene die gesetzlichen Voraussetzungen der (beabsichtigten) Berufsausübung erfüllt.[84] Die Anknüpfung an eine andere dauernde Tätigkeit mit örtlichem Bezug kann beispielsweise die Ausnahmen oder Befreiungen von Betretungsverboten besonders geschützter Naturräume für ein Forschungsvorhaben betreffen.[85]

3. Die örtlich zuständige Behörde des gewöhnlichen Aufenthalts und des Sitzes (Nr. 3)

Ist mangels entsprechender Anknüpfungspunkte keine Zuständigkeit nach Nr. 1 oder Nr. 2 gegeben, muss geprüft werden, ob sich die örtlich zuständige Behörde nach dem Aufenthalt bzw. Sitz von Rechtsträgern nach **Nr. 3** bestimmen lässt. 37

a) Der gewöhnliche Aufenthalt natürlicher Personen (Buchst. a)

In den eine **natürliche Person** betreffenden Angelegenheiten ist nach **Nr. 3 Buchst. a)** die Behörde örtlich zuständig, in deren Bezirk die natürliche Person ihren gewöhnlichen Aufenthalt hat oder zuletzt hatte. Auf eine Anknüpfung an den Wohnsitz wurde verzichtet, weil zu seiner Begründung neben der tatsächlichen Niederlassung ein rechtsgeschäftlicher Wille erforderlich ist,[86] dessen Feststellung Schwierigkeiten bereiten kann.[87] 38

aa) Der Begriff des gewöhnlichen Aufenthalts

Nachdem das Gesetz keine eigene Begriffsbestimmung des **gewöhnlichen Aufenthalts** enthält, kann auf die (mit § 9 Satz 1 AO identische) Legaldefinition des § 30 Abs. 3 Satz 2 SGB I[88] zurückgegriffen werden.[89] Danach hat jemand den gewöhnlichen Aufenthalt dort, wo er sich (auch unfreiwillig) unter Umständen (tatsächlich)[90] aufhält, 39

---

84 Vgl. Knack/Henneke/*Schliesky*, § 3 Rn. 25.

85 Im Falle von Exkursionen können die Entnahmestellen im Bezirk mehrerer Behörden liegen. Das Beispiel zeigt, dass trotz weniger Anwendungsfälle der Anknüpfungspunkt entgegen Kopp/*Ramsauer* (§ 3 Rn. 26) im Interesse der Ortsnähe nicht zugunsten der Behörde im Bezirks eines weit entfernten gewöhnlichen Aufenthalts (des Forschers) aufgegeben werden sollte.

86 Palandt/*Ellenberger*, § 7 BGB Rn. 7.

87 Das Staatsangehörigkeitsrecht knüpft die örtliche Zuständigkeit nach §§ 17, 27 StARegG an den (mit dem gewöhnlichen Aufenthalt) vergleichbaren dauernden Aufenthalt. Vgl. hierzu *Lipski*, StAZ 1998, 6. Siehe zur Vergleichbarkeit des »dauernden« mit dem »gewöhnlichen« Aufenthalt auch BVerwG, Urt. v. 23.02.1993 – 1 C 45.90, BVerwGE 92, 116 (123).

88 Vgl. hierzu *Mrozynski*, § 30 SGB I Rn. 23 ff.

89 BVerwG, Urt. v. 04.06.1997 – 1 C 25.96, NVwZ-RR 1997, 751; Beschl. v. 29.09.1995 – 1 B 236.94, NVwZ 1996, 717; Urt. v. 23.02.1993 – 1 C 45.90, NVwZ 1993, 782.

90 Vgl. BVerwG, Urt. v. 07.07.2005 – 5 C 9.04, NVwZ 2006, 97 (zu § 30 Abs. 3 Satz 2 SGB I und § 86 Abs. 1 SGB VIII); *Ziekow*, § 3 Rn. 19.

die erkennen lassen, dass er an diesem Ort oder in diesem Gebiet nicht nur vorübergehend verweilt.[91] Die Feststellung des gewöhnlichen Aufenthalts bestimmt sich nicht nach dem inneren Willen des Betroffenen und setzt auch keine Geschäftsfähigkeit voraus,[92] sondern setzt eine aufgrund der tatsächlichen Verhältnisse zu treffende Prognose voraus,[93] sodass er bereits mit dem Zuzug[94] begründet sein kann und auch ein Zwangsaufenthalt, etwa in einer Haftanstalt, einen gewöhnlichen Aufenthalt begründen kann.[95] Als Indiz für den gewöhnlichen Aufenthalt kann der Ort der (Haupt-) Wohnung im melderechtlichen Sinne (§§ 11 Abs. 4, 12 Abs. 2 MRRG) herangezogen werden.[96] Die melderechtliche Abgrenzung zwischen Hauptwohnung und Nebenwohnung ist hier nicht unmittelbar maßgeblich.[97] Eine bestimmte Aufenthaltsdauer, deren Erfüllung die (unwiderlegliche) Vermutung gewöhnlichen Aufenthalts begründen würde, sieht das allgemeine Verwaltungsverfahrensrecht nicht vor. Die Regelung des § 9 Satz 2 und 3 AO, wonach im Geltungsbereich der AO als gewöhnlicher Aufenthalt stets und von Beginn an ein zeitlich zusammenhängender Aufenthalt von mehr als 6 Monaten Dauer gilt, kurzfristige Unterbrechungen unberücksichtigt bleiben[98] und für bestimmte Aufenthaltszwecke, die nicht länger als ein Jahr dauern, Ausnahmen gelten, ist auf Besteuerungszwecke zugeschnitten und enthält keinen allgemeingültigen Rechtsgedanken, der im Anwendungsbereich des VwVfG oder der LVwVfG entsprechend anzuwenden wäre.[99] Bei der anzustellenden Prognose sind auch ausländer- und asylrechtliche Aufenthaltsbeschränkungen zu berücksichtigen, so dass der Aufenthalt außerhalb des zugewiesenen Aufenthaltsorts der Begründung eines gewöhnlichen Aufenthalts entgegenstehen und den fehlenden Domizilwillen in aller Regel überwinden kann, aber nicht muss.[100]

---

91 Anders als beim Begriff Wohnsitz müssen nicht die Kriterien des Wohnens erfüllt sein und muss der Aufenthaltsort auch nicht für die eigenständige Gestaltung der mit der Haushaltsführung verbundenen Tätigkeiten geeignet sein. Vgl. BVerwG, Urt. v. 18.03.1999 – 5 C 11.98, NVwZ-RR 1999, 583; *Mrozynski*, § 30 SGB I Rn. 24.

92 *Obermayer*, RiA 1976, 225 (227).

93 BVerwG, Urt. v. 04.06.1997 – 1 C 25.96, NVwZ-RR 1997, 751.

94 Vgl. *Mrozynski*, § 30 SGB I Rn. 24.

95 BVerwG, Urt. v. 04.06.1997 – 1 C 25.96, NVwZ-RR 1997, 751.

96 Vgl. BVerwG, Urt. v. 22.02.1985 – 8 C 25.84, NVwZ 1986, 126.

97 Vgl. hierzu BVerwG, Urt. v. 15.10.1991 – 1 C 24.90, NJW 1992, 1121.

98 Siehe jedoch § 10a Abs. 3 Satz 1 AsylbLG und dazu BSG, Urt. v. 20.12.2012 – B 7 AY 5/11 R, juris und WKRS 2012, 32207.

99 BVerwG, Urt. v. 04.06.1997 – 1 C 25.96, NVwZ-RR 1997, 751. A.A. Knack/Henneke/*Schliesky*, § 3 Rn. 27 (6 Monate als Regelvermutung); Kopp/*Ramsauer*, § 3 Rn. 27 (6 Monate als Faustregel); wohl auch Stelkens/*Bonk*/Sachs/*Schmitz*, § 3 Rn. 24.

100 Vgl. BVerwG, Urt. v. 02.04.2009 – 5 C 2.08, BVerwGE 133, 320 (326); OVG Berlin-Brandenburg, Beschl. v. 20.05.2008 – OVG 2 S 6.08, juris und WKRS 2008, 18114; v. 02.12.2009 – OVG 3 S 120.08, juris und WKRS 2009, 32817; v. 09.04.2014 – 3 B 33.11, juris; OVG Niedersachsen, Beschl. v. 19.02.2009 – 13 PA 159/08, juris und WKRS 2009, 11436; VGH Baden-Württemberg, Beschl. v. 15.08.2008 – 11 S 1443/08 –, juris; OVG Berlin, Beschl. v. 23.10.2000 – 8 S 21/00, NVwZ-Beil. 2001, 20; OVG Mecklenburg-Vorpommern, Beschl. v. 08.09.1998 – 2 M 80/98, NVwZ-Beil. 1999, 22; OVG Sachsen, Urt. v. 05.12.2017 – 13 ME 181/14 – DVBl 2018, 268; *Ziekow*, § 3 Rn. 19; Kopp/

Der abweichend vom gewöhnlichen Aufenthalt des Sorgeberechtigten tatsächliche Aufenthalt eines **Minderjährigen** am Ort, an dem er seine Erziehung erhält (etwa am Ort des Internatsaufenthalts, der Heimunterbringung, der Pflegefamilie) ist dessen gewöhnlicher Aufenthalt,[101] wenn nicht die anzustellende Prognose ergibt, der Sorgeberechtigte werde diesen Aufenthalt alsbald beenden, so dass nur von einem vorübergehenden Aufenthalt auszugehen ist.[102] 40

bb) Die Abgrenzung zum vorübergehenden Aufenthalt

In **Abgrenzung** von einem nur **vorübergehenden Aufenthalt**, der für die Bestimmung der örtlichen Zuständigkeit irrelevant ist (vgl. Rdn. 42), kann ein gewöhnlicher Aufenthalt immer dann angenommen werden, wenn nach den äußeren Umständen zu Beginn des Aufenthalts damit zu rechnen ist, dass dieser längeren Zeit – zumindest einige Monate[103] – dauern wird und ihm auch objektiv keine rechtlichen Hinderungsgründe entgegenstehen.[104] Als **gewöhnlicher Aufenthalt** ist z.B. anzusehen 41
1) ein von vornherein auf längere Zeit bemessener Krankenhausaufenthalt,
2) der Aufenthalt eines Beamten im Vorbereitungsdienst am Ausbildungsort,
3) der Aufenthalt am Studienort,[105]
4) der Aufenthalt von Teilnehmern eines mehrmonatigen Lehrgangs am Lehrgangsort.

Als nur **vorübergehender**, für die örtliche Zuständigkeit nicht maßgeblicher Aufenthalt ist **beispielsweise** zu beurteilen 42
1) der jeweilige Aufenthalt von Geschäftsleuten während einer Geschäftsreise und von Künstlern während eines auswärtigen Gastspiels,
2) ein Kuraufenthalt und ein mehrwöchiger Aufenthalt in einer Krankenanstalt,
3) der Aufenthalt von Teilnehmern eines einige Tage oder Wochen dauernden Lehrgangs,

---

Ramsauer, § 3 Rn. 28. Zu Recht einschränkend OVG Hamburg, Beschl. v. 26.04.2006 – 4 Bs 66/06, NVwZ-RR 2006, 827, wenn im Falle eines Anspruchs, sich an einem anderen Ort aufzuhalten, dem dortigen tatsächlichen Aufenthalt Vorrang eingeräumt wird; Knack/Henneke/*Schliesky*, § 3 Rn. 30, wenn die räumliche Beschränkung aus rechtlichen Gründen keinen Bestand mehr hat.

101 BVerwG, Urt. v. 26.11.1981 – 5 C 56.80, BVerwGE 64, 224 (231); OVG Rheinland-Pfalz, Urt. v. 07.12.1989 – 12 A 1/89, NVwZ-RR 1990, 312; Kopp/*Ramsauer*, § 3 Rn. 30; Stelkens/Bonk/Sachs/*Bonk/Schmitz*, § 3 Rn. 24.

102 Vgl. BVerwG. Urt. v. 15.05.1986 – 5 C 68.84, BVerwGE 74, 206 (208); *Mrozynski*, § 30 SGB I Rn. 25, 20.

103 Die im Steuerrecht nach § 9 Satz 3 AO geltende Erstreckung des vorübergehenden Aufenthalts auf Aufenthalte zu Besuchs-, Erholungs-, Kur- oder ähnlichen privaten Zwecken bis zu einem Jahr ist auf andere Verwaltungszweige nicht übertragbar. Die Regelung ist auch in § 30 Abs. 3 SGB I nicht übernommen.

104 Vgl. BVerwG, Urt. v. 31.08.1995 – 5 C 11.94, BVerwGE 99, 158 (162 ff.); VGH Bayern, Urt. v. 29.05.1996 – 7 B 94.1063, BayVBl. 1997, 48.

105 Bader/*Ronellenfitsch*, § 3 Rn. 9; Knack/Henneke/*Schliesky*, § 3 Rn. 29; *Kugele*, § 3 Rn. 10. Siehe auch BVerwG, Urt. v. 15.10.1991 – 1 C 24.90, BVerwGE 89, 110 zur melderechtlichen Abgrenzung von Haupt- und Nebenwohnung eines Hochschulstudenten.

4) der Aufenthalt eines Asylbewerbers, dessen Asylverfahren noch nicht bestandskräftig abgeschlossen ist und der nach Abschluss des Asylverfahrens mangels Erteilung einer ausländerrechtlichen Duldung mit einer Abschiebung rechnen muss,[106]
5) die Untersuchungshaft, die nach Zweck und gesetzlicher Ausgestaltung nur vorübergehender Natur ist (§§ 112 ff. StPO),[107] die Abschiebehaft[108] oder die vorübergehende Unterbringung im offenen Vollzug.[109]

cc) Mehrere gewöhnliche Aufenthalte

43 Eine Person kann sich auch an **mehreren Orten** abwechselnd nicht nur vorübergehend aufhalten und somit mehrere **gewöhnliche Aufenthalte** begründen.[110] Dies trifft beispielsweise zu auf einen berufstätigen Wochenendpendler. Bei Studenten gibt es keine gesicherte einheitliche Auffassung; teilweise wird maßgeblich darauf abgestellt, wo auf das ganze Jahr bezogen die längere Verweildauer besteht;[111] kehrt der Student oder die Studentin regelmäßig an den Wohnort der Eltern zurück und wird dort insbesondere weiter ein eigenes Zimmer bereit gehalten, so spricht mehr dafür, von zwei gewöhnlichen Aufenthaltsorten auszugehen sein, auch wenn die Aufenthaltszeiten am Studienort überwiegen. Die Bestimmung der örtliche zuständigen Behörde richtet sich in diesen Fällen zunächst nach dem Ort, an dem das materielle Recht anzuwenden ist, ergeben sich hierbei keine Unterschiede ist der Ort des überwiegenden gewöhnlichen Aufenthalts maßgeblich.[112] Lässt sich danach keine allein zuständige Behörde ermitteln, gilt die Zuständigkeit des ersten Zugriffs nach Abs. 2 Satz 1 (vgl. Rdn. 57 f.), soweit keine andere Behörde aufsichtlich bestimmt wird (vgl. Rdn. 60 ff.) oder nach den Regeln des Zuständigkeitskonflikts nach Abs. 2 Satz 3 zu verfahren ist (vgl. Rdn. 77 ff.).[113]

dd) Vorrang des aktuellen gewöhnlichen Aufenthalts

44 Grundsätzlich ist der **aktuelle gewöhnliche Aufenthalt maßgeblich**, sodass der gewöhnliche Aufenthalt, den eine natürliche Person zuletzt hatte, nur als Anknüpfungspunkt in Betracht kommt, wenn sich ein gegenwärtiger gewöhnlicher Aufenthalt (im Inland) nicht ermitteln lässt und auch kein sondergesetzlicher oder anderer Anknüpfungspunkt der Nr. 1 bis 3 maßgeblich ist.[114] So lässt sich beispielsweise die örtliche Zuständigkeit der Sicherheitsbehörde zum Erlass eines VA zur Behebung der

---

106 VGH Bayern, Urt. v. 29.05.1996 – 7 B 94.1063, BayVBl. 1997, 48. Vgl. auch *Mrozynski*, § 30 Rn. 21.

107 BVerwG, Urt. v. 02.04.2009 – 5 C 2.08, BVerwGE 133, 320 (329); Urt. v. 04.06.1997 – 1 C 25.96, NVwZ-RR 1997, 751.

108 BVerfG, Beschl. v. 13.07.2011 – 2 BvR 742/10 – NVwZ 2011, 1254 (1256).

109 OVG Niedersachsen, Beschl. v. 01.03.2006 – 11 ME 48/06 Rn. 6, juris und WKRS 2006, 31863.

110 Vgl. Knack/Henneke/*Schliesky*, § 3 Rn. 28.

111 Stelkens/Bonk/Sachs/*Schmitz*, § 3 Rn. 24 m.w.N.

112 Allgemein für den zeitlichen Schwerpunkt der Aufenthalte Kopp/*Ramsauer*, § 3 Rn. 28.

113 Stets für Anwendung des Abs. 2 *Kugele*, § 3 Rn. 10.

114 Vgl. Stelkens/*Bonk*/Sachs/*Schmitz*, § 3 Rn. 25.

Obdachlosigkeit nicht nach Nr. 3 Buchst. a) aus dem früheren gewöhnlichen Aufenthalt ableiten, sondern beurteilt sich gem. Nr. 4 nach dem Ort, an dem die zu behebende Obdachlosigkeit auftritt (vgl. Rdn. 53).[115] Beim Wechsel des gewöhnlichen Aufenthalts während eines Verwaltungsverfahrens tritt daher regelmäßig ein ggf. nach Abs. 3 (vgl. Rdn. 86 ff.) zu behandelnder Zuständigkeitswechsel ein, während ein nur vorübergehender Auslandsaufenthalt, dem keine Wiedereinreisehindernisse entgegenstehen den aktuellen inländischen gewöhnlichen Aufenthalt unberührt lässt und nicht zu einem letzten gewöhnlichen Aufenthalt macht (vgl. Rdn. 45).

ee) Die Bedeutung des letzten gewöhnlichen Aufenthalts

Die **Bedeutung**, die der **letzte gewöhnliche Aufenthalt** in einem Verwaltungsverfahren für die Bestimmung der örtlich zuständigen Behörde beschränkt sich abgesehen von den seltenen Fällen, dass es auf den letzten gewöhnlichen Aufenthalt einer vermissten oder verstorbenen Person[116] ankommt,[117] auf zwei Fallgruppen. Sie betreffen 45

1) die Aufgabe eines gewöhnlichen Aufenthalts ohne Begründung eines neuen bei Verbleib im Inland, wenn das materielle Recht auf den letzten gewöhnlichen Aufenthalt abstellt (wie etwa § 61 Abs. 1a Satz 1 AufenthG hinsichtlich der Aufenthaltsbeschränkung auf den Bezirk der bisher zuständigen Ausländerbehörde bei Scheitern der Rückführung eines vollziehbar ausreisepflichtigen Ausländers) und somit Nr. 4 ausscheidet;
2) den Wegzug ins Ausland mit Aufgabe des gewöhnlichen Aufenthalts im Inland,[118] wenn nicht sondergesetzliche Regelungen einen anderen Anknüpfungspunkt festlegen (wie etwa § 49 Abs. 1 Nr. 1 WaffG mit dem künftigen Aufenthaltsort im Inland oder dem Ort des Grenzübertritts bei Wiedereinreise).

Durch die Begründung eines gewöhnlichen Aufenthalts im Ausland entfällt der letzte gewöhnliche Aufenthalt im Inland als Anknüpfungspunkt nicht,[119] auch wenn das materielle Recht hieran Rechtsfolgen ableitet (wie etwa den Verlust von Ansprüchen). 46

---

115 VGH Bayern, Urt. v. 29.05.1996 – 7 B 94.1063, BayVBl. 1995, 729. Vgl. auch OVG Niedersachsen, Beschl. v. 01.03.2006 – 11 ME 48/06, juris und WKRS 2006, 31863 zur Zuständigkeit der Ausländerbehörde des Haftortes für die Ausweisung eines in Strafhaft befindlichen Ausländers, der keinen gewöhnlichen Aufenthalt in Deutschland mehr hat.

116 Ule/*Laubinger*, § 10 Rn. 27.

117 Für Schutzmaßnahmen nach § 28 Abs. 1 Satz 1 IfSG ist die Behörde am letzten gewöhnlichen Aufenthalt des Verstorbenen örtlich zuständig, wenn dieser krank, krankheitsverdächtig oder Ausscheider war.

118 Stelkens/Bonk/Sachs/*Bonk/Schmitz*, § 3 Rn. 25.

119 BVerwG, Urt. v. 22.03.2012 – 1 C 5.11, NVwZ 2012, 1485 (1487); wohl auch Kopp/*Ramsauer*, § 3 Rn. 28, aber missverständlich.

b) Der Sitz juristischer Personen oder Vereinigungen (Buchst. b)

47 Für die eine **juristische Person** (vgl. § 11 Rdn. 7 ff.) oder eine Vereinigung betreffende Angelegenheit ist nach Nr. 3 Buchst. b) die Behörde örtlich zuständig, in deren Bezirk die Institution ihren Sitz hat oder hatte.

aa) Die Bestimmung des Sitzes

48 Der **Sitz** einer juristischen Person ist (wie nach den entsprechenden Regelungen in § 11 AO) der Ort, der durch Gesetz, Gesellschaftsvertrag, Satzung (etwa nach § 57 Abs. 1 BGB oder § 5 AktG), Stiftungsgeschäft oder dergleichen bestimmt ist. Ist kein Ort zum Sitz bestimmt, so ist entsprechend § 17 Abs. 1 Satz 2 ZPO, § 24 BGB, § 3 Abs. 2 Satz 2 StiftBTG derjenige Ort als Sitz zu betrachten, an dem die die Verwaltung geführt wird.[120]

bb) Erstreckung auf teilrechtsfähige Vereinigungen

49 Vereinigung ist auch jede teilrechtsfähige Vereinigung, die die Fähigkeit besitzt, an einem Verwaltungsverfahren beteiligt zu sein (vgl. § 11 Rdn. 11 f.).

cc) Vorrang des aktuellen Sitzes

50 **Maßgeblich** ist regelmäßig der **aktuelle Sitz** der juristischen Person oder Vereinigung, sodass auf den Sitz, den der betreffende Rechtsträger zuletzt hatte, nur zurückgegriffen werden kann, wenn ein gegenwärtiger Sitz nicht feststellbar ist oder eine gesetzliche Regelung auf den vorherigen Sitz abstellt. Die **Sitzverlegung** während eines Verwaltungsverfahrens führt daher regelmäßig zu einem Zuständigkeitswechsel, bei dem jedoch nach Abs. 3 eine Verfahrensfortführung durch die bisher zuständige Behörde möglich ist (vgl. Rdn. 86 ff.).

4. Die örtlich zuständige Behörde des Anlasses der Amtshandlung (Nr. 4)

51 Nach **Nr. 4** ist die Behörde örtlich zuständig, in deren Bezirk der Anlass für die Amtshandlung hervortritt, wobei nur Amtshandlungen[121] in Betracht kommen, die den Erlass eines VA oder den Abschluss eines örV zum Ziel haben.

a) Zweck des Anknüpfungspunktes

52 Nr. 4 stellt einen **Auffangtatbestand** für alle Fälle dar, in denen eine Begründung der örtlichen Zuständigkeit weder aus einer speziellen Regelung noch nach Nr. 1 bis 3 möglich ist.[122] Ihm kommt besondere Bedeutung im Sicherheitsrecht zu. Verlangt

120 OVG Niedersachsen, Beschl. v. 29.08.2006 – 12 ME 220/06 Rn. 6, juris und WKRS 2006, 31643.

121 Zum Begriff der Amtshandlung siehe Wolff/Bachof/Stober/Kluth/*Stober/Korte* I, § 44 Rn. 4.

122 BVerwG, Urt. v. 22.03.2012 – 1 C 5.11, NVwZ 2012, 1485 (1487); Urt. v. 04.06.1997 – 1 C 25.96, NVwZ-RR 1997, 751.

darüber hinaus das materielle Recht die auf einen behördlichen Bezirk bezogene Entscheidung (wie etwa die auf das Gebiet eines Stadtstaates, eines Landkreises oder kreisfreien Stadt begrenzte Duldung eines Ausländers), tritt der Anlass für die Amtshandlung mangels anderen Anknüpfungspunktes mit der Antragstellung bei dieser Behörde im Sinne der Nr. 4 hervor, weil anderenfalls die Durchsetzung möglicher materieller Rechte am Fehlen einer örtlich zuständigen Behörde scheitern würde.[123] Dieser Bestimmung entsprechen sondergesetzliche Normen, die darauf abstellen, wo die Betroffenen beabsichtigen, sich künftig aufzuhalten (vgl. § 31 Abs. 1 AufenthV, § 49 Abs. 1 Nr. 1a WaffG).

b) Der Anlass für die Amtshandlung

Anlass für eine (regelmäßig von Amts wegen zu treffende) **Amtshandlung** kann vor allem das (eine Gefahrenquelle darstellende) Verhalten einer Person[124] oder der Zustand einer (beweglichen) Sache sein. Zuständig ist die Behörde des Ortes, in deren Bezirk die zu schützenden Interessen verletzt oder gefährdet werden. 53

Fehlt es an einem anderen Anknüpfungspunkt, hat die Behörde durch den Erlass eines **vorausgegangenen VA** den Anlass für dessen spätere Änderung, Rücknahme oder dessen Widerruf gesetzt.[125] 54

II. Die Zuständigkeitskonkurrenz und Zuständigkeitskonzentration (Abs. 2)

Die Regelungen in **Abs. 2** zur Lösung von Zuständigkeitskonflikten und zur Herstellung einer Zuständigkeitskonzentration sind nicht nur im Falle des Abs. 1, sondern auch ergänzend **anwendbar**, wenn sondergesetzliche Bestimmungen der örtlichen Zuständigkeit für solche Konstellationen keine Regelungen enthalten.[126] 55

1. Örtliche Zuständigkeit bei einer Mehrzahl mit der Sache befasster Behörden (Satz 1)

Für den Fall, dass nach einem Anknüpfungspunkt des Abs. 1 **mehrere Behörden** gleichermaßen **örtlich zuständig** sind, weil etwa das unbewegliche Vermögen im Gebiet mehrerer Behörden liegt oder der Anlass für die Amtshandlung in den Bezirken 56

123 Vgl. OVG Hamburg, Beschl. v. 26.11.2003 – 1 Bs 566/03, NVwZ-RR 2004, 799; Bader/*Ronellenfitsch*, § 3 Rn. 11; Stelkens/Bonk/Sachs/*Bonk/Schmitz*, § 3 Rn. 28; *Ziekow*, § 3 Rn. 21.

124 Vgl. zur örtlichen Zuständigkeit für die Unterbringung eines Obdachlosen VGH Bayern, Beschl. v. 07.01.2002 – 4 ZE 01.3176, NVwZ-RR 2002, 575; Beschl. v. 26.04.1995 – 4 CE 95.1023, BayVBl. 1995, 729; Beschl. v. 02.03.1994 – 4 CE 93.3607, juris.

125 Vgl. BVerwG, Urt. v. 22.03.2012 – 1 C 5/11, NVwZ 2012, 1485 (1487) für die nachträgliche Befristung der Wirkungen der Abschiebung eines Ausländers, der im Bundesgebiet keinen gewöhnlichen Aufenthalt hatte.

126 Vgl. Knack/Henneke/*Schliesky*, § 3 Rn. 34; Stelkens/Bonk/Sachs/*Bonk/Schmitz*, § 3 Rn. 30; *Ziekow*, § 3 Rn. 22.

mehrerer Behörden hervortritt, enthält **Abs. 2 Satz 1** im Interesse der Verfahrensbeschleunigung eine Regelung zur Lösung des Zuständigkeitskonflikts.

a) Grundsätzliche Zuständigkeit der zuerst mit der Sache befassten Behörde

57 Beim Zusammentreffen mehrerer hinsichtlich des Verfahrensgegenstandes aufgrund der Anknüpfungspunkte des Abs. 1 örtlich zuständiger Behörden, stellt Satz 1 den **Grundsatz der örtlichen Zuständigkeit des ersten Zugriffs** auf, wonach diejenige Behörde örtlich zuständig ist, die zuerst mit der Sache befasst worden ist.

58 Die örtliche Zuständigkeit des ersten Zugriffs scheidet aus, wenn **vorrangige Regelungen** (wie etwa §§ 206 Abs. 1 Satz 2 BauGB, 3 Abs. 2 FlurbG oder § 28 Abs. 2 Satz 2 LBG), eine **andere Behebung der Zuständigkeitskonkurrenz** vorsehen. So verlangt beispielsweise § 206 Abs. 1 Satz 2 BauGB stets eine aufsichtsbehördliche Bestimmung der örtlich zuständigen Behörde für Verwaltungsverfahren (etwa zur Erteilung einer Baugenehmigung oder eines Bauvorbescheids),[127] die mehrere örtlich oder wirtschaftlich zusammenhängende (Buch)Grundstücke desselben Eigentümers betreffen, die im Bereich mehrerer nach dem BauGB sachlich zuständiger Behörden (Baugenehmigungsbehörden, höhere Verwaltungsbehörden) liegen. Diese, die bauplanungsrechtlichen Besonderheiten des Baugrundstücks berücksichtigende Sonderregelung muss nach ihrem Zweck, örtliche Doppelzuständigkeiten zu vermeiden und eine einheitliche Entscheidung zu sichern sowie ihrer Entstehungsgeschichte[128] entsprechend gelten, wenn nur ein einzelnes Baugrundstück (das auch nur Teil eines Buchgrundstückes sein kann) im Bezirk zweier Baugenehmigungsbehörden liegt.[129]

59 Mit einer Sache befasst ist eine Behörde schon dann, wenn sie nur interne Ermittlungsmaßnahmen getroffen hat[130] und noch nicht nach außen tätig geworden ist.

---

127 Dagegen richtet sich die örtliche Zuständigkeit für rein bauordnungsrechtliche Maßnahmen (Baueinstellung, Beseitigungsanordnungen) nach Landesrecht und es kommt regelmäßig die § 3 Abs. 2 Satz 1 VwVfG entsprechenden Regelung des LVwVfG zur Anwendung.

128 Siehe hierzu die Stellungnahme des Bundesrates zum Entwurf eines Gesetzes über das Baugesetzbuch (Drucks. 10/5027 S. 21) und die Gegenäußerung der Bundesregierung (Drucksache 10/5111 S. 14 f.). Vgl. auch *Kalb/Külpmann*, Ernst/Zinkahn/Bielenberg, § 206 BauGB Rn. 4.

129 Str., wie hier: *Fislake*, in: Berliner Kommentar zum BauGB, § 206 Rn. 5; *Kalb/Külpmann*, Ernst/Zinkahn/Bielenberg, § 206 BauGB Rn. 10; Spannowsky/Uechtritz/*Hornmann*, Beck-OK BauGB § 206 Rn. 5. Dagegen für Anwendung des § 3 Abs. 2 Satz 1 VwVfG bzw. LVwVfG: *Battis*/Krautzberger/Löhr, § 206 BauGB Rn. 2; *Jäde*/Dirnberger/Weiß, § 206 BauGB Rn. 9 und ohne Problematisierung des § 206 BauGB auch OVG Nordrhein-Westfalen, Urt. v. 19.12.1989 – 10 A 2177/87, BauR 1990, 336.

130 Ebenso Stelkens/Bonk/Sachs/*Bonk/Schmitz*, § 3 Rn. 31; Kopp/*Ramsauer*, § 3 Rn. 36; Knack/Henneke/*Schliesky*, § 3 Rn. 35. *Borgs* (in Meyer/Borgs, § 3 Rn. 18) hält aus Gründen der Klarheit das Vorhandensein eines schriftlichen »Vorganges« für unverzichtbar.

b) Aufsichtliche Bestimmung der zuständigen Behörde

Solange die grundsätzlich nach Satz 1 örtlich zuständige Behörde noch keine verfahrensabschließende Entscheidung (in der Sache) getroffen hat,[131] kann (von Amts wegen, auf Anregung Verfahrensbeteiligter oder der Behörden) aufsichtlich die örtliche Zuständigkeit einer anderen nach Abs. 1 betroffenen **Behörde bestimmt** werden. Es ist nicht notwendig, dass sich auch die andere Behörde bereits mit der Sache befasst hat.[132] 60

Die fachlich zuständige Aufsichtsbehörde wird eine Auswahlentscheidung unter den im Sinne des Satz 1 zuständigen Behörden auch bereits dann treffen können, wenn noch keine der möglichen Behörden mit der Sache befasst war, etwa in von Amts wegen zu betreibenden Verfahren[133] oder wenn sich ein Antragsteller zunächst an die Aufsichtsbehörde gewandt hat. 61

aa) Die zur Bestimmung berufene Behörde

Die **zur Bestimmung** der (anderen) örtlich zuständigen Behörde **berufene »fachlich zuständige Aufsichtsbehörde«** ist die hinsichtlich des Verfahrensgegenstandes (vgl. Vorbem. § 9 Rdn. 3 ff.) mit Aufsichtsbefugnissen ausgestattete vorgesetzte Behörde bzw. Rechts- oder Fachaufsichtsbehörde (vgl. auch § 5 Rdn. 84). Eine »gemeinsame« fachlich zuständige Aufsichtsbehörde ist auch gegeben, wenn in den Aufsichtsbefugnissen gegenüber den in Betracht kommenden Behörden Unterschiede bestehen. Dies trifft etwa auf eine (Bezirks-) Regierung als vorgesetzter Behörde gegenüber dem staatlichen Landratsamt einerseits und als Fachaufsichtsbehörde oder je nach dem Verfahrensgegenstand als Rechtsaufsichtsbehörde gegenüber der kreisfreien Gemeinde andererseits zu.[134] Aufsichtsbefugnisse können auch nur gegenüber einer oder einigen der gleichermaßen zuständigen Behörden zustehen, sodass eine Zuständigkeitsbestimmung nach Satz 4 (vgl. Rdn. 85) nur von mehreren Aufsichtsbehörden gemeinsam getroffen werden kann. 62

bb) Die Auswahlkriterien

Aus dem Kreis der verschiedenen gleichermaßen in Betracht kommenden Behörden ist nach pflichtgemäßem Ermessen diejenige **Behörde auszuwählen**, die ihm Hinblick auf den Verfahrensstand für die (weitere) Sachbehandlung am besten geeignet erscheint. Hierbei wird etwa der Schwerpunkt der räumlichen Ausdehnung einer Gefahrenquelle, die personelle und sachliche Ausstattung der Behörden, aber auch das Interesse der Beteiligten (vgl. Rdn. 100) zu berücksichtigen sein.[135] 63

---

131 So auch Knack/Henneke/*Schliesky*, § 3 Rn. 37; Stelkens/Bonk/Sachs/*Bonk/Schmitz*, § 3 Rn. 32; *Ziekow*, § 3 Rn. 23.

132 Vgl. OVG Nordrhein-Westfalen, Urt. v. 19.12.1989 – 10 A 2177/87, BauR 1990, 336.

133 So Kopp/*Ramsauer*, § 3 Rn. 39.

134 A.A. Knack/Henneke/*Schliesky*, § 3 Rn. 38 wonach bloße Rechtaufsicht nicht ausreichen soll.

135 Zur Bestimmung des zuständigen Gerichts nach § 53 Abs. 1 VwGO siehe BVerwG, Beschl. v. 13.03.2009 – 7 AV 1.09, juris und WKRS 2009, 40151; Kopp/Schenke, § 53 Rn. 12a.

cc) Rechtsnatur der Bestimmung, Rechtsschutz

64 Die aufsichtliche Bestimmung der örtlich zuständigen Behörde ist ein **verfahrensrechtlicher VA**[136] (vgl. § 35 Rdn. 60) gegenüber den Personen, für die im Rahmen der gesetzlichen Bestimmungen nunmehr endgültig die örtlich zuständige Behörde festgelegt wird.

65 **Rechtsschutz** gegen die Bestimmung der zuständigen Behörde ist nach § 44a Satz 1 VwGO nur gleichzeitig mit Rechtsbehelfen gegen die Sachentscheidung gegeben.[137] Wird von der Aufsichtsbehörde die Behörde eines anderen Rechtsträgers bestimmt, kann dieser die Entscheidung in entsprechender Anwendung des § 44a Satz 2 VwGO unmittelbar anfechten.

2. Bestimmung einer gemeinsam zuständigen Behörde bei der Bezogenheit einer gleichen Angelegenheit auf mehrere Betriebsstätten (Satz 2)

66 Für den Fall, dass sich nach Abs. 1 Nr. 2 (vgl. Rdn. 28 ff.) eine gleiche Angelegenheit auf mehrere Betriebsstätten (vgl. Rdn. 33) eines Betriebes oder Unternehmens bezieht, kann nach **Satz 2** aufsichtlich eine gemeinsame örtlich zuständige Behörde bestimmt werden, wenn dies unter Wahrung der Interessen der Beteiligten zur einheitlichen Entscheidung geboten ist. Die ausdrückliche Beschränkung auf Betriebsstätten schließt im Hinblick auf den Zweck der Regelung (vgl. Rdn. 67) eine entsprechende Anwendung auf berufliche oder sonstige dauernde Tätigkeiten im Sinne des Abs. 1 Nr. 2 aus.[138]

a) Zweck der Konzentration

67 Die Möglichkeit der **Zuständigkeitskonzentration** nach Satz 2 verfolgt nach der amtlichen Begründung[139] den **Zweck**, dem betroffenen Betrieb bzw. Unternehmen die Arbeit zu erleichtern, überflüssigen Verwaltungsaufwand zu vermeiden und darüber hinaus die Einheitlichkeit der Rechtsanwendung zu gewährleisten.

b) Die Voraussetzungen der Konzentration

aa) Bezogenheit einer gleichen Angelegenheit auf mehrere Betriebsstätten

68 Eine **gleiche Angelegenheit, die sich auf mehrere Betriebsstätten desselben Betriebs** bzw. Unternehmens **bezieht**, liegt vor, wenn die für mehrere in verschiedenen Amtsbezirken gelegenen Betriebsstätten anstehenden behördlichen Entscheidungen auf

---

136 *Obermayer*, RiA 1976, 225 (228); ebenso *Ziekow*, § 3 Rn. 23. Gegen VA-Qualität: Stelkens/Bonk/Sachs/*Bonk/Schmitz*, § 3 Rn. 37; Kopp/*Ramsauer*, § 3 Rn. 38; Knack/Henneke/*Schliesky*, § 3 Rn. 49.

137 Vgl. hierzu bereits BVerwG, Urt. v. 16.07.1965 – IV C 82/63, BVerwGE 21, 352. S.a. Kopp/Schenke, § 44a Rn. 5.

138 Kopp/Ramsauer, § 3 Rn. 41; a.A. *Kugele*, § 3 Rn. 14; Knack/Henneke/*Schliesky*, § 3 Rn. 41.

139 S. 37.

derselben rechtlichen Grundlage zu treffen sind und in tatsächlicher Hinsicht keine wesentlichen Unterschiede aufweisen.[140] Dies ist beispielsweise der Fall, wenn in mehreren Betriebsstätten eines Unternehmens nach § 4 BImSchG i.V.m. der 4. BImSchV genehmigungsbedürftige Anlagen errichtet und betrieben werden sollen, die jeweils derselben Nummer und Spalte des Anhangs der 4. BImSchV unterfallen und hinsichtlich ihrer Betriebsweise und Emissionen weitgehend vergleichbar sind.[141]

Nicht Satz 2 unterfällt dagegen das **Gewerbeuntersagungsverfahren** gegen einen Ge- 69
werbetreibenden, der in verschiedenen Amtsbezirken Betriebsstätten unterhält,[142] denn die Untersagung bezieht sich auf das Gewerbe insgesamt und nicht die einzelne Betriebsstätte. Nach § 35 Abs. 7 Satz 1 GewO ist jede sachlich zuständige Behörde für das gesamte Verfahren örtlich zuständig, in deren Amtsbezirk eine Betriebsstätte besteht. Es gilt somit die Zuständigkeit des ersten Zugriffs nach Satz 1 mit der Möglichkeit der aufsichtsbehördlichen anderen Zuständigkeitsbestimmung[143] (Rdn. 56 ff.).

bb) Interessenwahrung der Beteiligten

Unter **Wahrung** der **Interessen der Beteiligten** ist eine Konzentrationsentscheidung 70
getroffen, wenn Beteiligten keine unzumutbaren Erschwernisse bei der Wahrnehmung ihrer Beteiligtenrechte (z.B. hinsichtlich der Akteneinsicht oder der Teilnahme an behördlichen Terminen) entstehen (vgl. Rdn. 100). Eine vorherige Anhörung oder gar Zustimmung der Beteiligten ist ebenso wenig erforderlich wie ein entsprechender Antrag eines Beteiligten.

cc) Gebotensein der Konzentration

Geboten ist die Zuständigkeitskonzentration beispielsweise, wenn anderenfalls die 71
Gefahr unterschiedlicher Entscheidungen in der Sache bestünde, ohne dass dies durch örtliche Besonderheiten gerechtfertigt wäre oder wenn einheitliche Entscheidungen einen zeitlichen Abstimmungsaufwand der einzelnen Behörden erfordern würden, der für den Betrieb oder das Unternehmen zu nicht zumutbaren Verzögerungen führen würde. Die Konzentration auf eine Behörde ist daher nicht geboten, wenn die gleichen immissionsschutzrechtlich genehmigungsbedürftigen Anlagen an der einen Betriebsstätte innerhalb eines festgesetzten Gewerbe- oder Industriegebiets und an der anderen Betriebsstätte in einer diffusen Gemengelage mit damit verbundenen schwierigen Immissionskonflikten errichtet werden soll.

140 Ähnlich Knack/Henneke/*Schliesky*, § 3 Rn. 40.
141 Vgl. auch Stelkens/Bonk/Sachs/*Bonk/Schmitz*, § 3 Rn. 34; Meyer/*Borgs*, § 3 Rn. 22.
142 A.A. *Ziekow*, § 3 Rn. 24.
143 Hierzu ausführlich OVG Sachsen, Urt. v. 19.03.1999 – 3 S 69/97, juris n.Ls.; ebenso Friauf/*Heß*, § 35 GewO Rn. 602.

c) Die Konzentrationsentscheidung

aa) Die zur Entscheidung berufene Behörde

72 Die Konzentration der örtlichen Zuständigkeit auf eine einzige Behörde kann sowohl beim Vorhandensein einer gemeinsamen **Aufsichtsbehörde** (vgl. Rdn. 62) als auch für den Fall des Entscheidungserfordernisses mehrerer Aufsichtsbehörden nach Satz 4 erfolgen.

bb) Die ausgewählte zuständige Behörde

73 Unter Wahrung der Beteiligteninteressen (vgl. Rdn. 70) wird die **Auswahlentscheidung** die Behörde bestimmen, die aufgrund ihrer personellen und sachlichen Ausstattung im Hinblick auf den Verfahrensgegenstand am besten geeignet erscheint, den Konzentrationszweck (vgl. Rdn. 71) zu gewährleisten. Befinden sich beispielsweise im Bezirk einer Behörde mehrere betroffene Betriebsstätten desselben Unternehmens, wird diese auszuwählen sein, wenn im Bezirk anderer Behörden nur eine Betriebsstätte liegt.[144]

74 Mit Zugang der Konzentrationsentscheidung bei der **ausgewählten Behörde** ist diese für sämtliche die Betriebstätten betreffenden bereits anhängigen oder erst (von Amts wegen) einzuleitenden Verwaltungsverfahren örtlich zuständig. Eine Zusammenführung zu einem einzigen Verfahren scheidet dagegen aus. In der Konzentrationsentscheidung kann jederzeit änderbar die örtliche Zuständigkeit zugleich für künftige Verfahren festgelegt werden, etwa für künftige Genehmigungsverfahren nach § 16 BImSchG bei wesentlichen Änderungen genehmigungsbedürftiger gleicher Anlagen.

cc) Rechtsnatur der Konzentrationsentscheidung, Rechtsschutz

75 Die Konzentrationsentscheidung ist ein im pflichtgemäßen Ermessen der Aufsichtsbehörde stehender **verfahrensrechtlicher VA** (vgl. § 35 Rdn. 60), der von den Beteiligten nach § 44a Satz 1 VwGO nur zusammen mit der Sachentscheidung angefochten werden kann (vgl. Rdn. 64 f.). Auch die ermessensfehlerhaft unterlassene Zuständigkeitskonzentration kann nur zusammen mit einem die Sachentscheidung unmittelbar betreffenden Rechtsbehelf, wie etwa einer Untätigkeitsklage, geltend gemacht werden.

76 **Rechtsschutz** kann entsprechend § 44a Satz 2 VwGO unmittelbar gegen die Konzentrationsentscheidung gesucht werden, wenn von der aufsichtlichen Übertragung der Zuständigkeit im Wege der Konzentration Behörden anderer Rechtsträger betroffen werden.

---

144 Auch spezialgesetzliche Konzentrationsentscheidungen (etwa zugunsten der Behörde, in deren Bezirk der Hauptniederlassung ihren Sitz hat wie in § 36 Abs. 3 Satz 1 SprengG) können als Vorbild dienen.

3. Der Zuständigkeitskonflikt nach Satz 3

Der in **Satz 3** angesprochene **Zuständigkeitskonflikt** ist dadurch gekennzeichnet, dass nach der gesetzlichen Regelung zwar nur eine Behörde örtlich zuständig ist, eine Sachentscheidung aber an der Unklarheit über die tatsächlich örtlich zuständige Behörde scheitert. Zur Vermeidung von Vollzugsdefiziten ist im öff. Interesse oder im Interesse Verfahrensbeteiligter die notwendige Konfliktlösung wie in den Fällen der Sätze 1 und 2 der gemeinsamen fachlich zuständigen Aufsichtsbehörde (vgl. Rdn. 62, 72) übertragen (vgl. Rdn. 82). 77

a) Drei Fallgruppen des Zuständigkeitskonflikts

Das Gesetz nennt **drei Fallgruppen** eines Zuständigkeitskonflikts: 78

aa) Der positive Zuständigkeitskonflikt

Der **positive Zuständigkeitskonflikt** ist dadurch gekennzeichnet, dass sich mehrere Behörden für örtlich zuständig halten. 79

bb) Der negative Zuständigkeitskonflikt

Ein **negativer Zuständigkeitskonflikt** liegt vor, wenn sich keine von mehreren in Betracht kommenden Behörden für örtlich zuständig hält. 80

cc) Sonstige Zuständigkeitszweifel

Die Zuständigkeit ist **aus anderen Gründen zweifelhaft**, wenn sich z.B. eine Behörde für örtlich unzuständig hält, ohne die zuständige Behörde benennen zu können. Wie die aufsichtlich zu korrigierenden Zuständigkeitskonflikte auf verschiedensten Fehleinschätzungen beruhen können, ist es auch bei sonstigen Zuständigkeitszweifeln nicht maßgeblich, ob diese auf einer fehlerhaften Würdigung tatsächlicher Gegebenheiten oder auf einer unzutreffenden Rechtsauslegung zurückzuführen sind.[145] 81

b) Die aufsichtliche Entscheidung

aa) Die zur Entscheidung berufene Behörde

Zur Lösung der Zuständigkeitskonflikte ist bei positiven oder negativen Zuständigkeitskonflikten die gemeinsame fachliche **Aufsichtsbehörde** (vgl. Rdn. 62) zu treffen. Fehlt eine solche, so haben nach Satz 4 die Aufsichtsbehörden der beteiligten Behörden eine gemeinsame Entscheidung zu treffen. Kommt keine Entscheidung bzw. 82

145 Die Ansichten, es komme analog § 53 Abs. 1 Nr. 2 VwGO nur eine Ungewissheit über die Grenzen des Verwaltungsbezirks bzw. die Lage eines Grundstücks innerhalb dieser Grenzen in Betracht (so Kopp/*Ramsauer*, § 3 Rn. 45) oder Zuständigkeitszweifel könnten sich nur auf Tatsachen beziehen (vgl. *Kugele*, § 3 Rn. 15; Knack/Henneke/*Schliesky*, § 3 Rn. 43) finden im Gesetz keine Stütze; i.Ü. sind Ungewissheiten über die Grenzen von Verwaltungs- oder Gerichtsbezirken im Zeitalter digitaler Geodatensysteme eher anachronistisch.

Einigung zustande, bleibt dem Betroffenen in einem Antragsverfahren nur der Klageweg nach § 75 VwGO.[146] Bestehen Zweifel über die Zuständigkeit, ohne dass es zu einem Konflikt gekommen ist, genügt es, wenn die Aufsichtsbehörde der zuständigen Behörde durch eine verbindliche Auslegung des geltenden Rechts die Zuständigkeitsentscheidung (vorbehaltlich einer späteren inzidenten gerichtlichen Klärung) trifft. Vielfach wird bereits ein beratendes Eingreifen der vorgesetzten Behörde genügen.

bb) Die Rechtsnatur der aufsichtlichen Entscheidung

83 Die aufsichtliche **Entscheidung** hat lediglich eine innerdienstliche Wirkung, falls sie sich nicht an die Behörde eines anderen Rechtsträgers richtet und dadurch den Charakter eines VA erhält (vgl. § 35 Rdn. 113 ff.).

cc) Rechtsschutz

84 Beim **Rechtsschutz** ist zwischen den Verfahrensbeteiligten und den betroffenen Behörden zu unterscheiden. Beteiligte des Verwaltungsverfahrens können die Richtigkeit der aufsichtlichen Gesetzesauslegung inzidenter im verwaltungsgerichtlichen Verfahren nachprüfen lassen, wenn sie gegen einen VA Anfechtungsklage einlegen, der von der für zuständig erklärten Behörde erlassen worden ist. Der Rechtsträger der durch den Zuständigkeitskonflikt betroffenen Behörde kann durch Anfechtungsklage die Zuständigkeitszuweisung angreifen bzw. durch Verpflichtungsklage die Zuständigkeitsbestimmung verlangen.

4. Die gemeinsame Entscheidung nach Satz 4

85 In **Satz 4** ist für alle nach Abs. 2 Satz 1 bis 3 zu entscheidenden Fallkonstellationen die **gemeinsame Entscheidung** mehrerer fachlich zuständiger Aufsichtsbehörden vorgesehen, wenn im Fall des Satzes 1 bzw. 2 die zuständigen Behörden oder im Fall des Satzes 3 die im Zuständigkeitskonflikt stehenden Behörden keine gemeinsame fachlich zuständige Aufsichtsbehörde haben, weil sie z.B. verschiedenen Ländern angehören.

III. Die Verfahrensfortführung bei Änderung der die örtliche Zuständigkeit begründenden Umstände im Laufe des Verwaltungsverfahrens (Abs. 3)

86 **Abs. 3** ermöglicht es, ein Verwaltungsverfahren von der bisher örtlich zuständigen Behörde fortführen zu lassen, wenn sich im Laufe eines Verfahrens die Umstände ändern, die die örtliche Zuständigkeit nach Abs. 1 bzw. einer vorrangigen Sonderregelung begründen. Die Regelung trägt dem Interesse an der Effizienz der Verwaltung dadurch Rechnung, dass sie Verzögerungen und Mehrarbeit zu vermeiden hilft.

87 **Nicht** von Abs. 3 erfasst werden Zuständigkeitsveränderungen, die nicht durch eine Änderungen der die Zuständigkeit begründenden Umstände sondern durch eine **Änderungen der Behördenorganisation** (wie insbesondere bei Auflösung von Behörden,

---

146 Ebenso Stelkens/Bonk/Sachs/*Bonk/Schmitz*, § 3 Rn. 35.

Veränderungen der Amtsbezirksabgrenzungen, Zuständigkeitsverlagerungen, kommunale Gebietsreformen).[147] Hier tritt kraft Gesetzes eine Rechtsnachfolge in die Verfahrensrechtsverhältnisse ein.[148] Eine Fortführung laufender Verfahren durch eine aufgelöste Behörde scheidet aus, im Übrigen müsste der jeweilige Organisationsakt die Fortführung bzw. den Abschluss anhängiger Verfahren durch die bisherige Behörde regeln.[149] Mangels Regelungslücke findet auch keine entsprechende Anwendung der Zustimmungslösung des Abs. 3 statt, wenn keine Übergangsregelung besteht. Eine Besonderheit gilt, wenn infolge einer Gesetzesänderung nicht nur die örtliche Zuständigkeit entfällt, sondern zugleich die Verbandkompetenz und es keine sondergesetzliche Übergangs- bzw. Überleitungsregelung besteht, hier kann Abs. 3 (entspr.) angewandt werden (vgl. auch Rdn. 105.[150]

1. Der Zuständigkeitswechsel als Regelfall

Im Verwaltungsverfahrensrecht führt eine Änderung der die örtliche Zuständigkeit begründenden Umstände vorbehaltlich besonderer gesetzlicher Regelungen[151] **regelmäßig** zu einem **Zuständigkeitswechsel,**[152] der es der bisher örtlich zuständigen Behörde nach dem Grundsatz der Gesetzmäßigkeit der Verwaltung verbietet, ein anhängiges Verwaltungsverfahren in der Sache weiterzuführen. Auch Abs. 3 schafft keine dem Prozessrecht (etwa nach § 83 Satz 1 VwGO i.V.m. § 17 Abs. 1 Satz 1 GVG) vergleichbare Verfestigung der Zuständigkeit (perpetuatio fori), die den Fortfall der sie begründenden Umstände überdauert, sondern ermöglicht es, die Folgen des Zuständigkeitswechsels abzumildern.[153] 88

Die den Zuständigkeitswechsel herbeiführende **Änderung** des Umstands wird regelmäßig das Verhalten des Antragstellers oder künftigen Adressaten eines VA (etwa bei Änderung des gewöhnlichen Aufenthalts oder Verlegung des Sitzes einer Vereinigung) **bewirken**, kann jedoch auch durch gesetzliche Änderungen spezialgesetzlicher 89

147 A.A. VGH Bayern, Beschl. v. 23.11.2009 – 1 ZB 06.1768, juris; Beschl. v. 06.03.2007 – 1 CS 2764/06, BayVBl 2008, 84 (Übertragung der Aufgaben der unteren Bauaufsichtsbehörde auf Große Kreisstadt); *Ziekow*, § 3 Rn. 27; Knack/Henneke/*Schliesky*, § 3 Rn. 51 Fn. 35.

148 Vgl. *Schink*, Rechtsnachfolge bei Zuständigkeitsveränderungen in der öff. Verwaltung, S. 128 ff., 140 f.

149 So z.B. allgemein Art. 53 Abs. 2 Satz 4 BayBO bei Übertragung der Aufgaben der unteren Bauaufsichtsbehörde auf leistungsfähigen kreisangehörigen Gemeinden.

150 OVG Thüringen, Beschl. v. 10.07.2007 – 2 EO 184/07, juris und WKRS 2007, 40968; *Ziekow*, § 3 Rn. 27.

151 Vgl. BVerwG, Urt. v. 22.02.1985 – 8 C 25.84, NVwZ 1986, 126 zur Zuständigkeitsfortdauer nach dem früheren § 24 Abs. 6 Nr. 1 WPflG.

152 Vgl. BVerwG, Urt. v. 20.02.1992 – 5 C 66.88, BVerwGE 90, 25 zur Regelung in § 45a Abs. 1 BAföG, die eine Ergänzung zu §§ 2 SGB X, 45 Abs. 3 BAföG darstellt.

153 Vgl. Stelkens/Bonk/Sachs/*Bonk/Schmitz*, § 3 Rn. 38.

Anknüpfungspunkte (z.B. vom Wohnsitz des Antragsstellers zum Ort seiner Berufsausübung) beruhen.[154]

90 Der **Wechsel** der örtlich zuständigen Behörden setzt mit der Änderung der maßgeblichen Umstände (etwa der Änderung des gewöhnlichen Aufenthalts des Antragstellers) **kraft Gesetzes** ein, auch wenn die bisher und die nunmehr örtlich zuständige Behörde hiervon keine Kenntnis haben.[155]

2. Die Voraussetzungen einer Verfahrensfortführung

91 Die Änderung der die örtliche Zuständigkeit begründenden Umstände darf zu keiner Änderung des Verfahrensgegenstandes führen (vgl. Rdn. 92 ff.) und die **Fortführung des Verfahrens** durch die bisher zuständige Behörde **setzt** neben dem Zuständigkeitswechsel im Laufe eines Verfahrens (vgl. Rdn. 95) **voraus**, dass die Interessen der Beteiligten gewahrt bleiben (vgl. Rdn. 100),[156] dem Grundsatz der einfachen und zweckmäßigen Verfahrensdurchführung gedient wird (vgl. Rdn. 101) und die nunmehr örtlich zuständige Behörde zustimmt (vgl. Rdn. 102 ff.). Dabei wird die Gewichtung der schutzwürdigen Belange der Beteiligten und des öff. Interesses an einer effizienten Verfahrensabwicklung vornehmlich dem jeweiligen »Fachrecht« zu entnehmen sein.[157] Die Zustimmung des Antragstellers bzw. Betroffenen ist allerdings nicht erforderlich (vgl. auch Rdn. 100).

a) Keine Änderung des Verfahrensgegenstandes

92 Die Fortführung eines Verwaltungsverfahrens im Sinne des Abs. 3 kommt nur in Betracht, wenn die Änderung der Umstände **keine Änderung des Verfahrensgegenstandes** zur Folge hat, so dass sich regelmäßig nur bei Änderungen in den Fällen des Abs. 1 Nr. 3 und 4 und vergleichbaren spezialgesetzlichen Anknüpfungspunkten wie dem Wohnsitz die Frage der Verfahrensfortführung stellt. Ändert sich der Verfahrensgegenstand ist das ursprüngliche Verwaltungsverfahren infolge Antragsrücknahme oder von Amts wegen einzustellen, während bei der nunmehr zuständigen Behörde ggf. auf Antrag ein neues Verfahren zu eröffnen ist.

93 Eine Änderung in der **Belegenheit der Sache** (Abs. 1 Nr. 1) **scheidet** stets als Anwendungsfall des Abs. 3 **aus.** So kann z.B. das Baugenehmigungsverfahren für die Errichtung eines Gebäudes auf einem Grundstück im Verwaltungsbezirk der Baugenehmigungsbehörde A bei einem Wechsel der Bauabsicht des Bauherrn zur Errichtung des identischen Gebäudes auf einem Grundstück im Verwaltungsbezirk der Baugenehmigungsbehörde B nicht von der Behörde A fortgeführt werden. »Wechselt« ein

154 OVG Thüringen, Beschl. v. 10.07.2007 – 2 EO 184/07, juris und WKRS 2007, 40968, hier auch Wechsel der Verbandskompetenz.

155 BVerwG, Urt. v. 12.12.1986 – 8 C 34.84, Buchholz 316 § 3 VwVfG Nr. 3; OVG Hamburg, Urt. v. 16.09.1999 – Bf VI 2.97, NVwZ-RR 1999, 633; Stelkens/Bonk/Sachs/*Bonk/Schmitz*, § 3 Rn. 39.

156 Die Zustimmung des Betroffenen ist allerdings nicht erforderlich.

157 BVerwG, Urt. v. 22.02.1985 – 8 C 25.84, BVerwGE 71, 63 (70).

Grundstück durch Änderungen der Verwaltungsbezirksgrenzen in den örtlichen Zuständigkeitsbereich einer anderen Behörde, liegt ebenfalls kein Fall des Abs. 3 sondern der Rechtsnachfolge vor (vgl. Rdn. 87).[158] Die Ermächtigung in § 44 Abs. 2 Nr. 3 betrifft nicht den Zuständigkeitswechsel, sondern ein Tätigwerden auf der Grundlage des Abs. 1 Nr. 4 oder des Abs. 4.

Auch bei den Anknüpfungspunkten des **Abs. 1 Nr. 2** wird eine Änderung der die örtliche Zuständigkeit begründenden Umstände regelmäßig zu einer die Anwendung des Abs. 3 ausschließenden Änderung des Verfahrensgegenstands führen. Verwaltungsverfahren, die den Betrieb eines Unternehmens oder einer seiner Betriebsstätten betreffen, beziehen sich zumeist auf Realkonzessionen oder (wie bei Gaststättenerlaubnissen) gemischte Real- und Personalkonzessionen und deren Auswirkungen, so dass ein Wechsel der örtlichen Anknüpfung in den Verwaltungsbezirk einer Behörde zu einem anderen Verfahren mit anderem Verfahrensgegenstand führt.[159] 94

b) Die Änderung der Umstände im Laufe des Verwaltungsverfahrens

Die **Änderung** der die örtliche Zuständigkeit begründenden Umstände muss **im Laufe eines Verwaltungsverfahrens** i.S.d. § 9 eintreten. Nachdem der Wortlaut der Regelung nicht auf das Ende des Verwaltungsverfahrens abstellt, werden nicht nur Zuständigkeitsänderungen bis zum Erlass des VA sowie dem Vertragsabschluss eines örV oder bis zum Abschluss des Widerspruchsverfahrens[160] von Abs. 3 erfasst. Das Tatbestandsmerkmal »im Laufe eines Verwaltungsverfahrens« lässt nach dem Regelungszweck, im Interesse der Verfahrenseffizienz unter Berücksichtigung der Beteiligtenbelange Verzögerungen und Mehrarbeit zu vermeiden (vgl. Rdn. 86), eine Auslegung zu, wonach ein Verwaltungsverfahren noch »im Laufe« ist, so lange ein angefochtener VA noch nicht unanfechtbar (formell bestandskräftig) ist.[161] Deshalb kann die Zustimmung auch noch mit heilender Wirkung bis zum Eintritt der Unanfechtbarkeit erteilt werden.[162] Eine andere Frage ist aber, ob ein Wechsel der Zuständigkeit nach Erlass des VA bzw. des Widerspruchsbescheids überhaupt Auswirkungen auf dessen Rechtmäßigkeit haben kann (vgl. hierzu Rdn. 96 und Rdn. 97 ff.). 95

aa) Auswirkungen von Zuständigkeitsänderungen auf das Widerspruchsverfahren

Wird die Ausgangsbehörde nach Erlass des VA aber vor Erhebung des Widerspruchs oder im Laufe des Widerspruchsverfahrens örtlich unzuständig und erfolgt keine 96

158 Vgl. *Schink*, Rechtsnachfolge bei Zuständigkeitsänderung in der öffentlichen Verwaltung, S. 102 ff., 140 f.

159 Dies trifft etwa zu, wenn ein Unternehmen sich nach Antragstellung entschließt, die Errichtung der beantragten genehmigungsbedürftigen Anlage in einer ihrer anderen Betriebsstätten im Bezirk einer anderen Genehmigungsbehörde zu verwirklichen.

160 So Stelkens/Bonk/Sachs/*Bonk/Schmitz*, § 3 Rn. 38.

161 Vgl. etwa Knack/Henneke/*Schliesky*, § 3 Rn. 53; Kopp/*Ramsauer*, § 3 Rn. 49; *Kugele*, § 3 Rn. 17.

162 Kopp/*Ramsauer*, § 3 Rn. 49.

Zustimmung zur Fortführung des Verfahrens, lässt dies die Zuständigkeit der mit dem Widerspruch befassten **Widerspruchsbehörde** ebenso unberührt wie wenn eine von Anfang an örtlich unzuständige Behörde den VA erlässt,[163] denn deren sachliche und örtliche Zuständigkeit[164] beurteilt sich ausschließlich nach der Erfüllung eines (durch den angefochtenen VA und die erlassende Behörde bestimmten) Anknüpfungspunktes in § 73 Abs. 1 Satz 2 VwGO. Im Widerspruchsverfahren ist das VwVfG zwar ergänzend anzuwenden (§ 79 Halbs. 2), eine den Fällen des Abs. 3 vergleichbare Änderung der Zuständigkeit der Widerspruchsbehörde kommt aber nur bei Änderungen der Behördenorganisation oder bei Selbstverwaltungsangelegenheiten (§ 73 Abs. 1 Satz 2 Nr. 3 VwGO) durch eine Gebietsreform in Betracht, die im Regelfall zum Eintritt der neuen Widerspruchsbehörde in das Widerspruchsverfahren kraft Gesetzes im Wege der Rechtsnachfolge führt (vgl. Rdn. 87). In der Sache kann die Widerspruchsbehörde über einen Anfechtungswiderspruch auch nachdem die Ausgangsbehörde örtlich unzuständig geworden ist entscheiden; eine andere Frage ist aber, ob die Änderung der Zuständigkeit im Widerspruchsverfahren zu berücksichtigen ist und die Rechtsmäßigkeit berührt des Ausgangsbescheids, was nicht Gegenstand der vorliegenden Regelung ist. Bei einem Verpflichtungswiderspruch kann sie eine umfassende **Sachentscheidung nur** treffen, wenn auch die nunmehr zuständige Behörde in ihrem Amtsbezirk liegt,[165] anderenfalls kann sie ohne Zustimmung zur Fortführung nach Abs. 3 den ablehnenden VA nur isoliert aufheben[166] und das Verfahren im Übrigen an die örtlich zuständige Erstbehörde verweisen.[167]

bb) Auswirkungen von Zuständigkeitsänderungen auf das Verwaltungsgerichtsverfahren

97 Die **örtliche Zuständigkeit der Verwaltungsgerichte** und Oberverwaltungsgerichte beurteilt sich alleine nach den Anknüpfungspunkten in § 52 VwGO. Kommt es insoweit auf den Behördensitz an, also bei Anfechtungs- und Verpflichtungsklagen im Bereich der Bundesverwaltung nach § 52 Nr. 2 Satz 1 und 2 VwGO, sonstigen Anfechtungs- und Verpflichtungsklagen nach § 52 Nr. 3 Satz 1 und 5 VwGO, bei Klagen im Beamten- und sonstigen besonderen Gewaltverhältnissen nach § 52 Nr. 4 Satz 2 VwGO ist der Sitz der Behörde maßgeblich, die den VA erlassen hat, auch wenn sie örtlich unzuständig war oder ihre örtliche Zuständigkeit nach Erlass des

163 Ebenso Eyermann/*Rennert*, § 73 Rn. 1a; Bader/*Funke-Kaiser*, § 78 Rn. 16; a.A. Kopp/Schenke, § 73 Rn. 3; Sodan/Ziekow/*Geis*, § 73, Rn. 3, 22, wonach beim Handeln der (von Anfang an) unzuständigen Ausgangsbehörde außer der formell übergeordneten Behörde auch die der zuständigen Behörde übergeordnete Behörde zur Entscheidung über den Widerspruch berufen sein soll.

164 Sodan/Ziekow/*Geis*, § 73 Rn. 22.

165 Im Ergebnis ebenso VG Freiburg, Urt. v. 22.11.2004 – 1 K 1400/03, Rn. 15, juris.

166 BVerwG, Urt. v. 10.12.1996 – 1 C 19.94, Buchholz 402.240 § 5 AuslG 1990 Nr. 1.

167 Nach Kopp/Schenke, § 73 Rn. 3 soll sie an die für die richtige Ausgangsbehörde zuständige Widerspruchsbehörde verweisen können.

VA vor Klageerhebung fortgefallen ist.[168] Bei Untätigkeitsklagen ist jedoch schon im Hinblick auf den richtigen Beklagten auf die für den Erlass des begehrten VA örtlich zuständige Behörde abzustellen.[169] Soweit es auf den Aufenthaltsort, Sitz oder Wohnsitz des Klägers ankommt (§ 52 Nr. 2 Satz 3, Nr. 3 Satz 2, Nr. 4 Satz 1, Nr. 5 VwGO) sind Änderungen bis zur Klageerhebung beachtlich, unabhängig davon, ob sie zugleich einen behördlichen Zuständigkeitswechsel auslösen. Nach Klageerhebung haben weder Änderungen der Behördenzuständigkeit noch sonstige Veränderungen der die gerichtliche Zuständigkeit begründenden Umstände Einfluss auf den Gerichtsstand (§ 83 Satz 1 VwGO i.V.m. § 17 Abs. 1 Satz 1 GVG).

Nicht von Abs. 3 erfasste **Änderungen der Behördenzuständigkeiten aufgrund von** 98
Organisationsakten (vgl. Rdn. 87) führen bei Änderung des beklagten Rechtsträgers zu gesetzlichem Parteiwechsel gem. § 173 VwGO i.V.m. §§ 239 ZPO.[170]

Der nicht durch einen Organisationsakt hervorgerufene Wegfall der behördlichen 99
Zuständigkeit während eines verwaltungsgerichtlichen Verfahrens hat bei Anfechtungsklagen grundsätzlich keinen Einfluss auf die Stellung des Beklagten.[171] Denn der Verwaltungsakt kann nicht einem anderen Rechtsträger zugeordnet und diesem gegenüber aufgehoben werden.[172] Allerdings wird es einer Zustimmung zur Verfahrensfortführung bedürfen, wenn Verfahrens- und Formfehler im Sinne von § 45 Abs. 1 durch nachträgliches Handeln während des verwaltungsgerichtlichen Verfahrens nach § 45 Abs. 2 geheilt werden sollen. Bei Verpflichtungsklagen ist bei Geltung des Rechtsträgerprinzips nach § 78 Abs. 1 Nr. 1 VwGO der bisherige Beklagte nur noch für die Aufhebung des ablehnenden VA **passivlegitimiert**, wenn die nunmehr örtlich zuständige Behörde einem anderen Rechtsträger angehört[173] und nicht nach Abs. 3 der Fortführung des Verfahrens zugestimmt wird.[174] Ohne Zustimmung zur Verfahrensfortführung muss der Rechtsträger der neuen Behörde im Wege der Klageänderung nach § 91 Abs. 1 VwGO in das verwaltungsgerichtliche Verfahren einbezogen werden,[175] was im Revisionsverfahren nach § 142 Abs. 2 VwGO nicht mehr

---

168 Ebenso Eyermann/*Kraft*, § 52 Rn. 17; Schoch/Schneider/*Bier/Schenk*, § 52 Rn. 28 f. Nur bei Anfechtungsklagen: Sodan/*Ziekow*, § 52 Rn. 19; VG Regensburg, Beschl. v. 01.08.1988 – RO 9 K 87.2324, NVwZ 1989, 184.

169 BVerwG, Urt. v. 18.07.2016 – 3 AV 1.16 – juris und WKRS 2016, 21843; Eyermann/*Kraft*, § 52 Rn. 17; Kopp/Schenke, § 52 Rn. 12; Schoch/Schneider/*Bier/Schenk*, § 52 Rn. 29.

170 Vgl. BVerwG, Urt. v. 25.04.2002 – 5 C 18.01 – BVerwGE 116, 226; Urt. v. 02.11.1973 – IV C 55.70, BVerwGE 44, 148 (150); Bader/*Funke-Kaiser*, § 78 Rn. 16.

171 BVerwG, Urt. v. 30.11.1989 – 3 C 92.87, BVerwGE 84, 134 (136); Beschl. v. 21.06.1993 – 1 C 16.93, juris, bei Umstellung auf isolierte Anfechtungsklage; Beschl. v. 29.05.1967 – I B 18.67, Buchholz 310 § 113 VwGO Nr. 46, bei Erledigung nach Zuständigkeitswechsel; Bader/*Funke-Kaiser*, § 78 Rn. 16.

172 Kopp/*Ramsauer*, § 3 Rn. 53.

173 BVerwG, Urt. v. 10.12.1996 – 1 C 19.94, Buchholz 402.240 § 5 AuslG 1990 Nr. 1.

174 Im Falle der Zustimmung bleibt der Rechtsträger der Ausgangsbehörde im anhängigen Verwaltungsgerichtsprozess passivlegitimiert, vgl. VGH Baden-Württemberg, Urt. v. 27.06.2007 – 13 S 1663/06, Rn. 15, juris und WKRS 2007, 39237.

175 Bader/*Funke-Kaiser*, § 78 Rn. 17 mit Ausführungen zur Zulässigkeit der so geänderten Klage.

möglich ist und im Übrigen regelmäßig nicht auf eine zulässige Klage hinführen kann.[176] In Fällen der Prozessstandschaft nach § 78 Abs. 1 Nr. 2 VwGO führt die Zuständigkeitsänderung ohne Zustimmung zur Verfahrensfortführung zum Wegfall der passiven Prozessführungsbefugnis selbst dann, wenn die nunmehr zuständige Behörde demselben Rechtsträger angehört.

c) Interessenwahrung der Beteiligten

100 Die **Interessen der Verfahrensbeteiligten**, deren Zustimmung nicht erforderlich ist,[177] müssen bei einer Fortführung durch die bisher zuständige Behörde gewahrt bleiben. Dabei kommt es unter Berücksichtigung der Besonderheiten des zu vollziehenden Rechts insb. auf Erleichterungen oder Erschwernisse im Rahmen des anhängigen Verfahrens, aber auch auf notwendige weitere Behördenkontakte nach Verfahrensabschluss an. Nicht maßgeblich kann sein, ob die nunmehr örtlich zuständige Behörde eine günstigere oder ungünstigere (ebenso rechtmäßige) abschließende Ermessensentscheidung treffen würde.

d) Dienlichkeit für einfache und zweckmäßige Verfahrensdurchführung

101 Dem Grundsatz der **Einfachheit und Zweckmäßigkeit** (vgl. § 10) dient die Fortführung des **Verfahrens** durch die bisherige Behörde insbesondere dann, wenn bereits wesentliche Verfahrensschritte zurückgelegt wurden und nur noch die verhältnismäßig einfach zu treffende verfahrensabschließende Entscheidung oder gar nur noch deren Bekanntmachung bevorsteht.

e) Zustimmung zur Verfahrensfortführung

102 Die bisher örtlich zuständige Behörde bedarf zur Verfahrensfortführung die **Zustimmung** der infolge der geänderten Umstände nunmehr örtlich zuständigen Behörde.

aa) Einholung der Zustimmung

103 Die Entscheidung über die **Einholung der Zustimmung** hat die bisher zuständige Behörde unter Berücksichtigung der Interessen der Beteiligten und aller sonst auf dem Spiel stehenden Belange im pflichtgemäßen Ermessen zu treffen. Der nunmehr zuständigen Behörde sind alle Angaben, insb. über den Stand des Verfahrens zu machen, die als Grundlage für eine Zustimmung bzw. deren Verweigerung wesentlich sind.

104 Der **Entscheidung** der bisher zuständigen Behörde, von einer Verfahrensfortführung **abzusehen**, ist wie die Zustimmung selbst eine **öffentlich-rechtliche Willenserklärung** verfahrensrechtlicher Art (vgl. Rdn. 106; 110), die konkludent (etwa durch Aktenabgabe an die nunmehr zuständige Behörde) getroffen werden kann.

---

176 Hier bleibt die Möglichkeit die Hauptsache für erledigt zu erklären, zur Fortsetzungsfeststellungsklage überzugehen und ggf. bei der nunmehr zuständigen Behörde den VA zu beantragen. Vgl. auch Kopp/Ramsauer, § 3 Rn. 53.

177 So auch Amtl. Begr. S. 37; a.A. wohl *Redeker*, NVwZ 2000, 1223 (1236).

bb) Die zur Zustimmung berufene Behörde

Die Zustimmung zur Verfahrensfortführung bzw. deren Verweigerung ist **von der nunmehr örtlich zuständigen Behörde** auszusprechen, die bei landeseigenem Vollzug von Bundesrecht, auch die Behörde eines anderen Bundeslandes sein kann mit der Folge, dass gleichzeitig ein Wechsel der Verbandskompetenz erfolgt (vgl. Rdn. 87).[178] Anders als in den Fällen des Abs. 2 ist eine Entscheidung einer Aufsichtsbehörde nicht vorgesehen. Dies schließt nicht aus, dass die betroffenen Behörden ihre vorgesetzte Behörde kontaktieren. Auch können von vorgesetzten Behörden Weisungen über die Behandlung von Fällen des Zuständigkeitswechsels im Einzelfall oder allgemein erteilt werden,[179] die jedoch die Zustimmung der örtlich zuständigen Behörde nicht entbehrlich machen. 105

cc) Rechtsnatur, Form, Umfang und Wirkung der Zustimmung

Die Zustimmung der nunmehr örtlich zuständigen Behörde zur Fortführung des Verfahrens durch die bisherige Behörde und die Verweigerung der Zustimmung liegt in deren pflichtgemäßem Ermessen und ist eine **öffentlich-rechtliche Willenserklärung** verfahrensrechtlicher Art (vgl. Rdn. 110),[180] die auch konkludent erteilt werden kann.[181] Handelt es sich bei der abschließenden Sachentscheidung um eine Ermessensentscheidung, darf die nunmehr zuständige Behörde bei der Zustimmung bzw. deren Verweigerung auch ihre die Sachentscheidung betreffenden Ermessenserwägungen berücksichtigen.[182] In ihrem Umfang wird sich die Zustimmung regelmäßig auf die Fortführung des Verfahrens bis zu dessen Abschluss erstrecken, kann jedoch auch auf einzelne vorherige Verfahrensabschnitte (wie z.B. die Vernehmung auswärtiger Zeugen) beschränkt sein, wenn gerade dies den Interessen der Beteiligten und der Verfahrenseffizienz entspricht. 106

Die Zustimmung zur Verfahrensfortführung **bewirkt mit ihrem Zugang kraft Gesetzes**, dass die bisher zuständige Behörde weiterhin örtlich zuständig bleibt und im Falle der nachträglichen Erteilung die zwischenzeitlich ergangenen Verfahrenshandlungen und Teilakte als zuständige Behörde getroffen hat. Eine spätere Entscheidung von der Verfahrensfortführung doch abzusehen ist aus Gründen der Rechtssicherheit unwirksam, so lange nicht wiederum neue die örtliche Zuständigkeit begründende Umstände (wie ein weiterer Wohnsitzwechsel) eintreten.[183]

---

178 Vgl. OVG Thüringen, Beschl. v. 10.07.2007 – 2 EO 184/07, juris und WKRS 2007, 40968; VGH Baden-Württemberg, Urt. v. 27.06.2007 – 13 S 1663/06, juris und WKRS 2007, 39237; OVG Nordrhein-Westfalen, Urt. v. 20.04.1989 – 14 A 2303/87, NJW 1989, 2906 (2907 f.); Stelkens/Bonk/Sachs/*Bonk/Schmitz*, § 3 Rn. 41; *Ziekow*, § 3 Rn. 27.

179 Vgl. BVerwG, Urt. v. 22.02.1985 – 8 C 25.84, BVerwGE 71, 63 (72).

180 *Obermayer*, RiA 1976, 225 (229); Knack/Henneke/*Schliesky*, § 3 Rn. 58; Kopp/*Ramsauer*, § 3 Rn. 51.

181 Vgl. BVerwG, Urt. v. 25.10.1988 – 9 C 2.88, NVwZ 1989, 473 (475).

182 Vgl. OVG Nordrhein-Westfalen, Urt. v. 20.04.1989 – 14 A 2303/87, NJW 1989, 2906.

183 Vgl. auch VG Oldenburg, Urt. v. 16.04.2008 – 11 A 3178/06, juris und WKRS 2008, 46000.

dd) Zeitpunkt der Zustimmung

107 Bei dem **Zeitpunkt** zu dem zulässiger Weise eine Zustimmung zur Verfahrensfortführung (noch) erteilt werden kann, ist zwischen der nachträglichen Zustimmung (Genehmigung) zu einer zunächst unerkannt gebliebenen oder bestrittenen Änderung der die örtliche Zuständigkeit begründenden Umstände und einer vorherigen Zustimmung (Einwilligung) zur Verfahrensfortführung anlässlich einer Zuständigkeitsänderung zu unterscheiden.

Wenngleich die Zustimmung keine Mitwirkungshandlung i.S.d. § 45 Abs. 1 Nr. 5
108 ist, kann sie in entsprechender Anwendung des § 45 Abs. 2 **nachträglich nur bis zum Abschluss der letzten Tatsacheninstanz eines verwaltungsgerichtlichen Verfahrens** wirksam erteilt werden.[184] Alle nach dem Zuständigkeitswechsel bis dahin von der unzuständig gewordenen Behörde vorgenommenen Verfahrenshandlungen werden durch die Zustimmung rückwirkend »geheilt«. Die nachträgliche Zustimmung hängt allerdings nicht davon ab, dass die ursprünglich zuständige Behörde nach dem Zuständigkeitswechsel überhaupt noch aktiv geworden ist.; maßgeblich ist allein, dass die Zustimmung erteilt wurde.[185] Dieses darf nicht mit der – zu bejahenden – Frage verwechselt werden, ob im Falle eines Zuständigkeitswechsels erst während des gerichtlichen Verfahrens die Vorschrift angewandt werden kann, was allerdings in erster Linie im Verpflichtungsstreit relevant sein kann (vgl. Rdn. 95).

109 Auf eine erst in einem **Revisionsverfahren** eintretende Änderung der örtlichen Zuständigkeit darf jedoch durch Zustimmung zur Verfahrensfortführung noch bis zur Unanfechtbarkeit des VA reagiert werden,[186] zumal bei einem gleichzeitigen Rechtsträgerwechsel der Rechtsträger der nunmehr zuständigen Behörde nur im Wege der Klageänderung in den Prozess eingeführt werden könnte, was im Gegensatz zum gesetzlichen Parteiwechsel aufgrund von Organisationsakten im Revisionsverfahren an § 142 Abs. 1 VwGO scheitert.[187]

ee) Rechtsschutz

110 Die Entscheidungen der ursprünglich zuständigen Behörde das Verfahren nicht fortzuführen, die Zustimmungen einzuholen sowie die Entscheidung der nunmehr zuständigen die Zustimmung zu erteilen oder das Verfahren selbst fortzuführen, können als Verfahrenshandlungen (vgl. Rdn. 104, 106) nach § 44a Satz 1 VwGO **nur** zusammen **mit** der **Sachentscheidung** einer gerichtlichen Überprüfung zugeführt

---

184 Das BVerwG wollte dies bei Anfechtungsklagen zu Unrecht nur bis zum Erlass eines Widerspruchsbescheids zulassen (Urt. v. 18.04.1986 – 8 C 81.83, NVwZ 1987, 224).

185 BVerwG, Urt. v. 24.05.1995 – 1 C 7.94, BVerwGE 98, 313 (316); Urt. v. 18.04.1986 – 8 C 81.83, NVwZ 1987, 224; OVG Nordrhein-Westfalen, Urt. v. 20.04.1989 – 14 A 2303/87, NJW 1989, 2906.

186 So BVerwG, Urt. v. 15.03.2005 – 1 C 26.03, BVerwGE 123, 114 (119) bei einer Verpflichtungsklage und allgemein die h.M. (oben Fn. 167).

187 Vgl. Eyermann/*Kraft*, § 142 Rn. 10.

188 BVerwG, Urt. v. 22.02.1985 – 8 C 25.84, BVerwGE 71, 63 (72); OVG Nordrhein-Westfalen, Beschl. v. 19.11.2007 – 18 E 124/07, juris und WKRS 2007, 45878; Kopp/*Ramsauer*, § 3 Rn. 51 hinsichtlich Zustimmung.

werden.[188] **Wahrt die Fortführung des Verfahrens durch die bisherige Behörde ausnahmsweise nicht die Interessen eines Beteiligten**, so ist sie rechtswidrig mit der Folge, dass von der nunmehr zuständigen Behörde eine Sachentscheidung verlangt und erforderlichenfalls verwaltungsgerichtlich erzwungen werden kann. Allerdings muss die von der unzuständigen Behörde getroffene Entscheidung angefochten werden, um keine Unanfechtbarkeit eintreten zu lassen. Verweigert die unzuständig gewordene Behörde die Fortführung bzw. stimmt die zuständig gewordenen nicht zu, so wird man auch bei eindeutiger Interessenverletzung eines Betroffenen keine Leistungsklage auf Fortführung des Verfahrens (unter notwendiger Beiladung der zuständig gewordenen Behörde) zulassen und das Rechtsschutzbedürfnis verneinen müssen. Denn dem Betroffenen stehen gegenüber der zuständigen Behörde alle Verfahrensrechte einschließlich eines effektiven Rechtschutzes offen. Allenfalls dann, wenn der Betroffene ein bereits anhängiges Klageverfahren für erledigt erklären muss, kann in Betracht kommen, diesen Gesichtspunkt im Rahmen der nach § 161 Abs. 2 VwGO zu treffenden Billigkeitsentscheidung zu berücksichtigen, was aber wiederum nicht möglich ist, wenn die Zustimmung verweigert wurden, den das Verhalten der anderen Behörde kann der früher zuständigen Behörde nicht zugerechnet werden.

3. Die Beschränkung der Verfahrensfortführung

Die Verfahrensfortführung der bisher örtlich zuständigen Behörde ist **auf den Abschluss des laufenden Verfahrens beschränkt**, soweit die Zustimmung der nunmehr örtlich zuständigen Behörde nicht nur auf für die Durchführung eines Verfahrensteils vor Abschluss des Verfahrens erteilt wird (vgl. Rdn. 106). Im Fall der erneuten Aufnahme des Verfahrens nach den §§ 48 ff. bzw. 51 kann nach §§ 48 Abs. 5, 49 Abs. 5 und 51 Abs. 4 nur die »nunmehr zuständige« Behörde handeln.[189] Schließt sich dagegen ein Widerspruchsverfahren an, ist für die Zuständigkeit der Widerspruchsbehörde allein die angegriffene Entscheidung der bisher örtlich zuständigen Behörde maßgeblich (vgl. Rdn. 95). 111

4. Verfahrenseintritt der nunmehr zuständigen Behörde

Kommt es nicht zur Verfahrensfortführung durch die bisher örtlich zuständige Behörde, **tritt** die nunmehr örtlich zuständige Behörde **in das Verfahren** in dem Stadium **ein**, in dem es sich im Zeitpunkt der Zuständigkeitsänderung befindet.[190] Handlungen, die nach dem Zuständigkeitswechsel ohne Zustimmung vorgenommen wurden, muss die nunmehr zuständige Behörde nicht gegen sich gelten lassen. Zeiten der Untätigkeit der zunächst zuständigen Behörde wird die nunmehr zuständige Behörde im Rahmen des § 75 VwGO regelmäßig gegen sich gelten lassen müssen, auch wenn eine Zuständigkeitsänderung die angemessene Entscheidungsfrist beeinflussen kann. 112

---

189 Vgl. BVerwG, Beschl. v. 25.08.1995 – 5 B 141.95, NVwZ-RR 1996, 538 (zu §§ 44 Abs. 3, 45 Abs. 5 SGB X); OVG Rheinland-Pfalz, Urt. v. 23.01.1985 – 2 A 3/84, DVBl 1985, 1076; Kopp/*Ramsauer*, § 3 Rn. 52.

190 Vgl. Stelkens/Bonk/Sachs/*Bonk/Schmitz*, § 3 Rn. 41; Wolff/Bachof/Stober/*Kluth* II, § 83 Rn. 63.

5. Hinzutreten weiterer örtlich zuständiger Behörden die von Abs. 3 nicht erfasst sind

113 **Kein Fall des Abs. 3** liegt vor, wenn im Laufe des Verfahrens noch eine weitere Behörde nach Abs. 1 zuständig wird, weil etwa durch eine während des Verfahrens angenommene Planänderung der Betrieb eines Unternehmens auch auf den Bezirk einer anderen Behörde erstreckt werden soll. In einem solchen Fall ist die aufsichtliche Entscheidung nach Abs. 2 veranlasst (vgl. Rdn. 56 ff.).

IV. Die Notzuständigkeit bei Gefahr im Verzug (Abs. 4)

114 **Abs.** 4 sieht eine **örtliche Notzuständigkeit**[191] **bei Gefahr im Verzug** vor, die im Interesse einzelner oder der Allgemeinheit erforderlich sein kann.

1. Bestimmung der zuständigen Behörde (Satz 1)

115 **Satz 1** bestimmt die Behörde, die bei Gefahr im Verzug für unaufschiebbare Maßnahmen örtlich zuständig ist.

a) Begriff der Gefahr im Verzug

116 **Gefahr im Verzug** im Sinne des Abs. 4 ist dann gegeben, wenn nach einer Beurteilung im Zeitpunkt der Entscheidung[192] die Maßnahme der an sich nach Abs. 1 oder aufgrund einer spezialgesetzlichen Regelung örtlich zuständigen Behörde zur bestmöglichen Verwirklichung des Gesetzeszweckes zu spät käme und dadurch die Sicherheit einzelner oder der Allgemeinheit gefährdet würde.[193]

b) Die Ermächtigung zur Vornahme unaufschiebbarer Maßnahmen

117 Eine die Notzuständigkeit in Anspruch nehmende Behörde darf nur die innerhalb ihres Amtsbezirks **unaufschiebbaren Maßnahmen** vornehmen, d.h. solche Maßnahmen, die von der nach Abs. 1 oder aufgrund spezialgesetzlicher Regelung eigentlich zuständigen Behörde sofort getroffen werden müssten, aber nicht von ihr getroffen werden können. Dabei kann es sich auch um das Verfahren zugleich abschließende Maßnahmen,[194] wie die Anordnung zur Räumung eines einsturzgefährdeten Gebäudes.

---

191 Siehe zu Notzuständigkeiten allgemein *Lücke*, Festschrift Thieme, S. 539.

192 Zur ex-ante Beurteilung beim Absehen von der Anhörung wegen Gefahr im Verzug nach § 28 Abs. 2 Nr. 1 BVerwG, Urt. v. 15.12.1983 – 3 C 27.82, BVerwG 68, 267.

193 Vgl. Stelkens/Bonk/Sachs/*Bonk/Schmitz*, § 3 Rn. 43.

194 Vgl. Knack/Henneke/*Schliesky*, § 3 Rn. 67; Kopp/*Ramsauer*, § 3 Rn. 56.

c) **Die Zuständigkeit jeder Behörde, in deren Bezirk der Anlass für die Amtshandlung hervortritt**

Anlass der Amtshandlung ist regelmäßig das die Gefahr im Verzug auslösende Verhalten einer Person oder der diese Gefahr begründende Zustand einer Sache. 118

Zur Vornahme der unaufschiebbaren Maßnahme ist nach Satz 1 **jede** für die betreffende Angelegenheit sachlich und nicht bereits aus anderem Rechtsgrund örtlich zuständige **Behörde** örtlich zuständig, in deren Bezirk der Anlass für die Amtshandlung hervortritt. Die Notzuständigkeit erweitert weder die behördliche Sachkompetenz, noch eröffnet sie einer im Instanzenzug vorgesetzten Behörde ein Selbsteintrittsrecht;[195] allerdings wird ein anderweitig vorgesehener Selbsteintritt auch nicht ausgeschlossen. Nachdem außerdem einerseits das unaufschiebbare Handeln räumlich auf den eigenen Amtsbezirk begrenzt ist und andererseits die primäre örtliche Zuständigkeit nicht an eine Gegebenheit innerhalb dieses Amtsbezirks anknüpfen darf, weil es dann innerhalb des eigenen Amtsbezirks keiner Notzuständigkeit bedarf, ist der Anwendungsbereich des Abs. 4 stark eingeschränkt.[196] Alle durch einen Anknüpfungspunkt in Abs. 1 vermittelten örtlichen Zuständigkeiten bleiben ohnehin auch bei Gefahr im Verzug bestehen.[197] Die Notzuständigkeit einer Behörde im Sinne des Satzes 1 kommt deshalb nur in Betracht, wenn spezialgesetzlich andere als die in Abs. 1 Nr. 1 bis 3 genannten Anknüpfungspunkte für die örtliche Zuständigkeit maßgeblich sind und beim Ausfall der primär örtlich zuständigen Behörde keine spezialgesetzliche örtliche Auffang- oder Notzuständigkeit besteht[198] oder wenn die nach Abs. 2 Satz 1 Halbs. 2, Satz 2 oder 3 aufsichtlich bestimmte Behörde ausfällt, weil dann die durch die aufsichtliche Entscheidung verdrängte Behörde in ihrem Amtsbezirk die Notmaßnahme ergreifen kann. 119

---

195 Ebenso Stelkens/Bonk/Sachs/*Bonk/Schmitz*, § 3 Rn. 44; Wolff/Bachof/Stober/*Kluth* II, § 83 Rn. 41; OVG Thüringen, Beschl. v. 17.06.1993 – 1 B 117/92, LKV 1993, 428; a.A. Knack/Henneke/*Schliesky*, § 3 Rn. 64 analog bez. sachlicher oder instantieller Zuständigkeit.

196 So kann sich für den Erlass einer bauordnungsrechtlichen unaufschiebbaren Maßnahme zur Abwehr von erheblichen Gefahren für Leben oder Gesundheit (etwa nach Art. 54 Abs. 4 bayBO; § 47 Abs. 1 bwBO) der primär sachlich zuständigen unteren Bauaufsichtsbehörde, deren örtliche Zuständigkeit an der Belegenheit der Sache nach Abs. 1 Nr. 1 anknüpft, aus Abs. 4 Satz 1 in ihrem Amtsbezirk keine Notzuständigkeit einer anderen Behörde ergeben. Die unaufschiebbare Maßnahme ergreift in diesen Fällen die nach allgemeinem Sicherheitsrecht sachlich zuständige Gemeinde (Ortspolizeibehörde) oder wenn diese mit der unteren Bauaufsichtsbehörde identisch und verhindert ist, die zuständige Regierung bzw. Fachaufsichtsbehörde oder falls das nicht rechtzeitig möglich ist, die Vollzugspolizei.

197 Die örtliche Zuständigkeit zur Beseitigung einer Obdachlosigkeit ergibt sich deshalb stets aus Abs. 1 Nr. 4 auch wenn Gefahr im Verzug gegeben ist (vgl. oben Rdn. 53 Fn. 125).

198 So ist das Gewerbeaufsichtsamt in dessen Bezirk eine Betriebsstätte zum gewerblichen Umgang mit explosionsgefährlichen Stoffen liegt, bei Gefahr im Verzug für eine unaufschiebbare Überwachungsmaßnahme örtlich zuständig, wenn das nach § 36 Abs. 3 Satz 1 SprengG örtlich zuständige Gewerbeaufsichtsamt der Hauptniederlassung nicht rechtzeitig handeln kann.

2. Die notwendige Unterrichtung der primär zuständigen Behörde (Satz 2)

120 Nach **Satz 2** ist die nach Abs. 1 Nr. 1 bis 3 oder aufgrund spezialrechtlicher Regelung **primär örtlich zuständige Behörde** unverzüglich, d.h. ohne schuldhaftes Zögern (§ 121 BGB), über die Gefahrenlage und die getroffenen Maßnahmen zu **unterrichten.** Die primär zuständige Behörde hat in Erfüllung ihrer vorübergehend verdrängten gesetzlichen Zuständigkeit das Verfahren (soweit noch erforderlich) fortzusetzen und dabei auch zu entscheiden, ob und inwieweit die im Rahmen der Notzuständigkeit getroffenen Maßnahmen aufrechtzuerhalten sind.

3. Rechtsschutz

121 Für den Rechtsschutz des von der unaufschiebbaren Maßnahme Betroffenen gelten die allgemeinen Grundsätzen und **Rechtsmittel** sind **gegen** den Rechtsträger der **handelnden Behörde** zu richten, wenn diese einen verfahrensabschließenden VA erlassen hat.

4. Erstattung angefallener Kosten

122 Für die im Rahmen einer Notzuständigkeit der handelnden Behörde entstandenen Aufwendungen der unaufschiebbaren Maßnahme kann vom Rechtsträger der primär zuständigen Behörde **kein Aufwendungsersatz** nach den grundsätzlich auch im ö.R. entsprechend oder als Ausdruck eines allgemeinen Rechtsgedankens anwendbaren Bestimmungen über die Geschäftsführung ohne Auftrag (§§ 677 ff. BGB)[199] erhalten, denn beim Handeln in Notzuständigkeit wird eine eigene Aufgabe wahrgenommen.[200]

V. Rechtsfolgen fehlender örtlicher Zuständigkeit

1. Antragstellung bei der örtlich unzuständigen Behörde

123 Im Fall der **Antragstellung bei** der **örtlich unzuständigen Behörde** hat diese den Antragsteller grundsätzlich an die örtlich zuständige Stelle zu verweisen, soweit gesetzlich eine Weiterleitung an diese vorgesehen ist (vgl. § 24 Rdn. 183). Die **Weiterleitung** steht beim Fehlen einer Rechtspflicht für den Amtsträger im Ermessen der angegangenen Behörde,[201]; es wird aber ein Gebot des höflichen Entgegenkommens und einer bürgernahen Verwaltung entsprechen, eine Weiterleitung vorzunehmen. Für diese Weiterleitung bedarf es in Antragsverfahren – anders als bei der Bestimmung der zuständigen Behörde nach Abs. 2 (vgl. Rdn. 70) – eines Antrags des Betroffenen,[202] der

199 Vgl. allgemein BVerfG, Beschl. v. 31.03.1965 – 2 BvL 17/63, BVerfGE 18, 429 (436); BVerwG, Beschl. v. 28.03.2003 – 6 B 22.03, Buchholz 442.066 § 53 TKG Nr. 2.

200 A.A. BVerwG, Urt. v. 22.11.1985 – 4 A 1.83, NJW 1986, 2524; Knack/Henneke/*Schliesky*, § 3 Rn. 68; Kopp/*Ramsauer*, § 3 Rn. 57; wie hier Ehlers/*Gurlit*, AllgVwR, § 35 Rn. 11; Wolff/Bachof/*Stober*/Kluth I, § 55 Rn. 28.

201 Vgl. Stelkens/Bonk/Sachs/*Bonk/Schmitz*, § 3 Rn. 14.

202 Stelkens/Bonk/Sachs/*Bonk/Schmitz*, § 3 Rn. 14; Kopp/*Ramsauer*, § 3 Rn. 14; a.A. Vorauflage; bei von Amts wegen einzuleitenden Verfahren ist die örtliche Zuständigkeit in jedem

allerdings auch konkludent gestellt werden kann. Anders als Verweisungsbeschlüsse im gerichtlichen Verfahren (etwa nach § 83 VwGO i.V.m. § 17a Abs. 2 GVG) haben behördliche Verweisungen oder Weiterleitungen keine Bindungswirkung.

Eine einzuhaltende **Frist** wird grundsätzlich **nur** durch rechtzeitigen Eingang des (weitergeleiteten) Antrags bei der örtlich zuständigen Behörde **gewahrt**, soweit gesetzlich nichts anderes bestimmt ist,[203] wie beispielsweise durch die nicht nur die örtliche Unzuständigkeit betreffenden Regelungen in § 16 Abs. 2 Satz 2 SGB I oder Art. 58 Abs. 4 Satz 3 bayGO. 124

Die **Ablehnung des Antrags** mangels örtlicher Zuständigkeit als unzulässig, kommt nur in Betracht, wenn der Antragsteller nach entsprechendem Hinweis auf einer solchen Entscheidung besteht.[204] 125

2. Erlass eines VA durch die örtlich unzuständige Behörde

Der Erlass eines **VA** durch die örtlich unzuständige Behörde macht diesen nach § 44 Abs. 3 Nr. 1 unter Beachtung des § 46 rechtswidrig aufhebbar[205], es sei denn, es liegt ein nicht durch eine entsprechende Ermächtigung gedeckter Verstoß gegen die Zuständigkeit der Belegenheit der Sache nach Abs. 1 Nr. 1 (vgl. Rdn. 19 ff.) vor, der gem. § 44 Abs. 2 Nr. 3 ebenso zur Nichtigkeit führt (vgl. Rdn. 107), wie die Verletzung der örtlichen Zuständigkeit bei Erteilung einer Zusage[206] (vgl. § 38 Rdn. 21, 48). Eine Heilung des Zuständigkeitsmangels der Planfeststellungsbehörde durch ein Verfahren nach § 75 Abs. 1a Satz 2 scheidet aus[207] (vgl. § 75 Rdn. 19). 126

3. Abschluss eines örV durch die örtlich unzuständige Behörde

Der Abschluss eines **koordinationsrechtlichen örV** durch eine örtlich unzuständige Behörde hat dessen Nichtigkeit zur Folge. Allerdings ist eine Ermächtigung durch die zuständige Behörde möglich. 127

Im Fall eines **subordinationsrechtlichen örV** führt ein ermächtigungsloser Verstoß gegen die örtliche Zuständigkeit der Belegenheit der Sache nach Abs. 1 Nr. 1 (vgl. Rdn. 19 ff.) gem. § 59 Abs. 2 Nr. 1 i.V.m. § 44 Abs. 2 Nr. 3 zur Nichtigkeit,[208] 128

Stadium des Verfahrens zu prüfen und insb. bei Änderung der die Zuständigkeit begründenden Umstände im Laufe des Verfahrens ggf. nach Abs. 3 zu verfahren.

203 Ebenso Meyer/*Borgs*, § 3 Rn. 28; Kopp/*Ramsauer*, § 3 Rn. 14; Stelkens/Bonk/Sachs/*Bonk/Schmitz*, § 3 Rn. 14; *Ziekow*, § 3 Rn. 10; a.A. Knack/Henneke/*Schliesky*, vor § 3 Rn. 44; vgl. auch *Funke-Kaiser*, in: GK-AufenthG § 81 Rn. 50.

204 Vgl. Kopp/*Ramsauer*, § 3 Rn. 53.

205 Bei Ermessensentscheidungen kann der VA nur Bestand haben, wenn »Ermessensreduzierung auf Null« gegeben ist; vgl. BVerwG, Urt. v. 22.02.1985 – 8 C 25.84, BVerwGE 71, 63; BVerwG, Urt. v. 04.06.1997 – 1 C 25.96, NVwZ-RR 1997, 751.

206 Knack/Henneke/*Schliesky*, vor § 3 Rn. 39 m.w.N.

207 BVerwG, Beschl. v. 06.05.2008 – 9 B 64/07, NVwZ 2008, 795; Urt. v. 17.01.2007 – 9 C 1.06, BVerwGE 128, 76.

208 Ebenso Knack/Henneke/*Schliesky*, vor § 3 Rn. 38.

während andere Verstöße gegen die örtliche Zuständigkeit die Wirksamkeit eines subordinationsrechtlichen örV unberührt lassen (vgl. § 59 Rdn. 14).

C. Verfahrensvorschriften des Sozialrechts sowie des Verwaltungsverfahrens der Länder

I. Das Verwaltungsverfahren des Sozialrechts

129 § 2 **SGB X** enthält mit Ausnahme einer Notzuständigkeit bei Gefahr im Verzug in Abs. 4 Satz 1 keine allgemeine Festlegung der örtlichen Zuständigkeit, sondern regelt nur die Zuständigkeitskonkurrenz und Konfliktlösung (in Abs. 1) sowie die Verfahrensfortführung (in Abs. 2) mit einer Besonderheit für die Leistungserbringung nach Zuständigkeitswechsel in Abs. 3.[209,210]

II. Das Verwaltungsverfahrensrecht der Länder

130 Mit Ausnahme einiger stadtstaatenbedingter Besonderheiten in § 3 BremVwVfG und § 3 HmbVwVfG sind die LVwVfG identisch. Darüber hinaus enthalten § 96 BWVwVfG, Art. 94 BayVwVfG, § 111 M-VVwVfG und § 95 ThürVwVfG übereinstimmende ergänzende Regelungen zu § 3 Abs. 2 Satz 4 für länderübergreifende Verfahren.

§ 3a Elektronische Kommunikation

(1) Die Übermittlung elektronischer Dokumente ist zulässig, soweit der Empfänger hierfür einen Zugang eröffnet.

(2) [1]Eine durch Rechtsvorschrift angeordnete Schriftform kann, soweit nicht durch Rechtsvorschrift etwas anderes bestimmt ist, durch die elektronische Form ersetzt werden. [2]Der elektronischen Form genügt ein elektronisches Dokument, das mit einer qualifizierten elektronischen Signatur versehen ist. [3]Die Signierung mit einem Pseudonym, das die Identifizierung der Person des Signaturschlüsselinhabers nicht unmittelbar durch die Behörde ermöglicht, ist nicht zulässig. [4]Die Schriftform kann auch ersetzt werden

1. **durch unmittelbare Abgabe der Erklärung in einem elektronischen Formular, das von der Behörde in einem Eingabegerät oder über öffentlich zugängliche Netze zur Verfügung gestellt wird;**
2. **bei Anträgen und Anzeigen durch Versendung eines elektronischen Dokuments an die Behörde mit der Versandart nach § 5 Absatz 5 des De-Mail-Gesetzes;**

---

209 Vgl. hierzu von Wulffen/*Engelmann*, § 2 SGB X Rn. 2.

210 Die AO regelt in den §§ 18 bis 23 die örtliche Zuständigkeit für die Feststellung der Besteuerungsgrundlagen und die einzelnen Steuerarten nach differenzierten Anknüpfungspunkten, enthält entsprechende Regelungen zur Ersatzzuständigkeit (§ 24), zur Notzuständigkeit bei Gefahr im Verzug (§ 29), zur Zuständigkeitskonkurrenz und Konfliktlösung (§§ 25, 27), zum Zuständigkeitswechsel (§ 26) und über Zuständigkeitsvereinbarungen (§ 25 Satz 1 und § 27).

3. **bei elektronischen Verwaltungsakten oder sonstigen elektronischen Dokumenten der Behörden durch Versendung einer De-Mail-Nachricht nach § 5 Absatz 5 des De-Mail-Gesetzes, bei der die Bestätigung des akkreditierten Diensteanbieters die erlassende Behörde als Nutzer des De-Mail-Kontos erkennen lässt;**
4. **durch sonstige sichere Verfahren, die durch Rechtsverordnung der Bundesregierung mit Zustimmung des Bundesrates festgelegt werden, welche den Datenübermittler (Absender der Daten) authentifizieren und die Integrität des elektronisch übermittelten Datensatzes sowie die Barrierefreiheit gewährleisten; der IT-Planungsrat gibt Empfehlungen zu geeigneten Verfahren ab.**

[5]In den Fällen des Satzes 4 Nummer 1 muss bei einer Eingabe über öffentlich zugängliche Netze ein sicherer Identitätsnachweis nach § 18 des Personalausweisgesetzes, nach § 12 des eID-Karte-Gesetzes oder nach § 78 Absatz 5 des Aufenthaltsgesetzes erfolgen.

(3) Ist ein der Behörde übermitteltes elektronisches Dokument für sie zur Bearbeitung nicht geeignet, teilt sie dies dem Absender unter Angabe der für sie geltenden technischen Rahmenbedingungen unverzüglich mit. Macht ein Empfänger geltend, er könne das von der Behörde übermittelte elektronische Dokument nicht bearbeiten, hat sie es ihm erneut in einem geeigneten elektronischen Format oder als Schriftstück zu übermitteln.

Schrifttum

BMI, Minikommentar zum Gesetz zur Förderung der elektronischen Verwaltung sowie zur Änderung weiterer Vorschriften (www.bmi.bund.de); *Catrein*, Moderne elektronische Kommunikation und Verwaltungsverfahrensrecht, NWVBl 2001, 50; *ders.*, Anmerkungen zum Entwurf eines Gesetzes zur Änderung der Verwaltungsverfahrensgesetze des Bundes und der Länder, NVwZ 2001, 413; *Guckelberger*, Neue Erscheinungen des Petitionsrechts: E-Petitionen und öffentliche Petitionen, DÖV 2008, 85; *Habammer/Denkhaus*, Das E-Government-Gesetz des Bundes, MMR 2013, 358; *Kropp*, Die Bedeutung des § 3a VwVfG für die abfallrechtliche Überwachung, NVwZ 2008, 1055; *Laubinger*, Elektronisches Verwaltungsverfahren und elektronischer VA – Zwei (fast) neue Institute des Verwaltungsrechts, FS für König, 2004, 517; *Müller-Terpitz/Rauchhaus*, Das E-Government-Gesetz des Bundes – ein Schritt in Richtung »Verwaltung 2.0«, MMR 2013, 10; *Rose*, De-Mail-Gesetz in Kraft: Sicherheitsgewinn in der elektronischen Kommunikation, KampR 2011, 439; *Rosenbach*, Erläuterungen und Anmerkungen zum Entwurf eines Gesetzes zur Änderung des Verwaltungsverfahrensgesetzes (Magdeburger Fassung), DVBl 2001, 332; *Roßnagel*, Das neue Recht elektronischer Signaturen, NJW 2001, 1817; *ders.*, Das De-Mail-Gesetz, NJW 2011, 1473; *Schlatmann*, Anmerkungen zum Entwurf eines Gesetzes zur Änderung verwaltungsverfahrensrechtlicher Vorschriften, DVBl 2002, 1005; *Schmitz*, Einlegung einer Petition durch E-Mail?, NVwZ 2003, 1427; *ders.*, Die Regelung der elektronischen Kommunikation im Verwaltungsverfahrensgesetz, DÖV 2005, 885; *ders.*, Änderungen des Verwaltungsverfahrensrechts durch moderne Informationstechniken, Festschrift BVerwG, 2003, 677; *ders./Schlatmann*, Digitale Verwaltung? – Das Dritte Gesetz zur Änderung verwaltungsverfahrensrechtlicher Vorschriften, NVwZ 2002, 1281; *Skrobotz*, Das elektronische Verwaltungsverfahren, 2005.

Übersicht

1

A. Allgemeines

§ 3a ist durch das **3. VwVfG-Änderungsgesetz** vom 21.08.2002[1] eingeführt worden. Dem Gesetzentwurf der Bundesregierung lagen der Entwurf der Verwaltungsverfahrensrechtsreferenten von Bund und Länder zur Novellierung des Verwaltungsverfahrens vom 24.11.2000 (sog. Magdeburger Fassung) und der fortgeschriebene Bund/Länder-Entwurf vom 06.12.2001 (sog. Düsseldorfer Entwurf) zugrunde.[2]Abs. 2 ist durch das **E-Government-Gesetz** vom 25.07.2013[3] neu gefasst worden. Damit wurde im Wesentlichen auf die technischen Neuerungen durch das zwischenzeitlich in Kraft getretene De-Mail-Gesetz reagiert.[4] In Abs. 2 Satz 2 ist durch das **eIDAS-Durchführungsgesetz** vom 18.07.2017[5] der Zusatz, dass eine qualifizierte elektronische Signatur »nach dem Signaturgesetz« notwendig ist, gestrichen worden. Damit kann die Schriftform auch durch andere Verfahren ersetzt werden. Durch das **eIDKG-Einführungsgesetz** vom 21.06.2019[6] ist m.W.v. 01.11.2019[7] in Abs. 2 Satz 5 der elektronische Identitätsnachweis auf die neu eingeführte eID-Karte erstreckt worden. Damit sollte insbesondere Unionsbürgern und deutschen Staatsangehörigen, die im Ausland leben, der Zugang zur Online-Ausweisfunktion eröffnet werden, die bislang nur durch einen deutschen Personalausweis (Auslandsadressen können dort

1 BGBl. I, S. 3322; hierzu näher *Schmitz/Schlatmann*, NVwZ 2002, 1281 ff.; *Catrein*, NVwZ 2001, 413 ff.; *Schlatmann*, DVBl 2002, 1005 ff.

2 Hierzu näher *Schmitz*, NVwZ 2000, 1238; *Rosenbach*, DVBl 2001, 332; *Catrein*, NWVBl. 2001, 50.

3 BGBl. I, S. 2749. Dazu *Ramsauer/Frische*, NVwZ 2013, 1505 ff.; *Prell*, NVwZ 2013, 1514 ff.; *Roßnagel*, NJW 2013, 2710 ff.

4 Zur Entstehungsgeschichte Stelkens/Bonk/Sachs/*Schmitz*, § 3a vor Rn. 1.

5 BGBl. I, S. 2745.

6 BGBl. I, S. 846. Dazu *Bender/Metzler/Räth*, DuD 2019, 194 ff.

7 Das Inkrafttreten der Änderung ist durch Art. 154a Nr. 3 lit. a) des Gesetzes vom 20.11.2019 (BGBl. I, S. 1626) auf den 01.11.2020 verschoben worden. Die Änderung ist nicht durchführbar, da die Änderung zu diesem Zeitpunkt bereits in Kraft getreten war.

nicht aufgenommen werden) oder einen elektronischen Aufenthaltstitel (eAT) genutzt werden konnte.[8]

Die Vorschrift enthält die **Grundnorm für die elektronische Kommunikation in der Verwaltung.** Sie stellt einen wesentlichen Baustein im Hinblick auf die Entwicklung einer elektronischen Verwaltung dar.[9] Sie steht im Zusammenhang mit dem Programm »Moderner Staat – moderne Verwaltung« der Bundesregierung sowie der Initiative BundOnline 2005 (www.bundonline2005.de), die es sich zum Ziel gesetzt hat, alle online-fähigen Dienstleistungen des Bundes bis zum Jahr 2005 auch elektronisch anzubieten. Die elektronische Übermittlung von Dokumenten tritt damit neben die tradierten Formen des Verwaltungshandelns (Schriftform, Mündlichkeit durch persönlichen Kontakt oder Telefon). Damit wird auf die wachsende Verbreitung moderner Information- und Kommunikationstechnologien in der Bevölkerung reagiert. Zudem sieht der Gesetzgeber in der Einführung der elektronischen Kommunikation einen Beitrag zur Kostensenkung und Steigerung der Effizienz.[10] 2

Bei der **Umsetzung** der Vorschrift bestehen immer noch aufgrund der technischen Rahmenbedingungen Probleme. Von einer flächendeckenden Verbreitung der sog. Signaturkarten, wie sie für eine qualifizierte elektronische Signatur notwendig ist, ist man noch weit entfernt.[11] Der Gesetzgeber hat als Reaktion hierauf mit dem De-Mail-Gesetz der Bundesverwaltung nunmehr den Weg eröffnet, zur Sicherung der elektronischen Kommunikation auf eine qualifizierte elektronische Signatur zu verzichten. Damit wird auf den nicht unerheblichen Aufwand für eine qualifizierte elektronische Signatur reagiert. Es bleibt abzuwarten, ob der Gesetzgeber in Zukunft überhaupt weiter an der grundsätzlichen Voraussetzung der qualifizierten elektronischen Signatur festhält. Dies dürfte im Wesentlichen auch von einer Kostensenkung für diese Technologie abhängig sein.[12] 3

Die Einführung des § 3a geht zurück auf die Richtlinie 99/93/EG des Europäischen Rats und des Europäischen Parlaments über gemeinschaftliche Rahmenbedingungen für elektronische Signaturen vom 13.12.1999[13] (sog. **Signatur-Richtlinie**). Art. 5 der Richtlinie verpflichtet die Mitgliedstaaten dazu, Regelungen für das nationale Recht zu treffen, nach denen einer qualifizierten elektronischen Signatur die gleichen rechtlichen Wirkungen wie einer handschriftlich verfassten Unterschrift zukommen. Den Anwendungsbereich der Signatur können allerdings die Mitgliedstaaten bestimmen (s. Nr. 21 der Erwägungsgründe). 4

---

8 S. Gesetzesbegründung, BT-Drucks. 19/8038, S. 25.

9 Dazu näher Kopp/Ramsauer/*Tegethoff*, § 3a Rn. 3; Bauer/Heckmann/Ruge/Schallbruch/*Albrecht/Heckmann*, § 3a Rn. 37 ff.; Mann/Sennekamp/Uechtritz/*Schulz*, § 3a Rn. 1.

10 S. im Einzelnen die Gesetzesbegründung, BT-Drucks. 14/9000.

11 Kopp/Ramsauer/*Tegethoff*, § 3a Rn. 3a; Knack/Henneke/*Schliesky*, § 3a Rn. 12.

12 Allg. zu den Regelungen zum E-Government in anderen Gesetzen der Überblick bei Mann/Sennekamp/Uechtritz/*Schulz*, § 3a Rn. 5 ff.

13 ABl. 2000 Nr. L 13, S. 2; dazu näher *Gravesen/Dumortier/van Eecke*, MMR 1999, 577 ff.; *Roßnagel*, MMR 1998, 331 ff.; *Brisch*, CR 1998, 492 ff.

5 Der **Anwendungsbereich** des § 3a beschränkt sich grundsätzlich auf die Bundesbehörden. Für die Finanz- und Sozialbehörden gelten mit den §§ 87a AO und 36a Abs. 1 bis 3 SGB I im Wesentlichen gleichlautende Vorschriften. Für Länderbehörden findet § 3a grundsätzlich keine Anwendung. Etwas anderes gilt für Abs. 2, wenn die Länderbehörden bundesrechtliche Vorschriften, die die Schriftform fordern, anwenden. Die Länder haben im Übrigen für die Landesbehörden § 3a weitgehend entsprechende Vorschriften erlassen. Die Stellung des § 3a innerhalb des VwVfG zeigt zudem, dass die Vorschrift nicht nur für Verwaltungsverfahren i.S.d. §§ 9 ff., sondern auch für das Widerspruchsverfahren (§ 79)[14] und darüber hinaus für jede in den Anwendungsbereich des VwVfG fallende Verwaltungstätigkeit gilt.[15] Für das Verwaltungsprivatrecht wird § 3a durch die §§ 126 ff. BGB ergänzt. Keine Anwendung findet die Vorschrift auf die Zulässigkeit der Übermittlung elektronischer Dokumente an Gerichte (Klagen, Schriftsätze usw.). Gem. § 55a Abs. 1 VwGO hängt deren Zulässigkeit von Regelungen einer Rechtsverordnung für den jeweiligen Zuständigkeitsbereich in Bund oder Ländern ab.[16] § 3a findet dagegen entsprechende Anwendung etwa auf die Einlegung einer Petition.[17] Allgemein kann die Vorschrift entsprechend für da gesamte öffentlich-rechtliche Handeln Anwendung finden.[18]

B. Die Vorschrift im Einzelnen

I. Zulässigkeit der elektronischen Übermittlung (Abs. 1)

1. Übermittlung elektronischer Dokumente

6 Gem. Abs. 1 ist die **Übermittlung elektronischer Dokumente** zulässig, soweit der Empfänger hierfür einen Zugang eröffnet. Die Vorschrift gilt für die Übermittlung elektronischer Dokumente. Damit werden sämtliche Erscheinungsformen elektronischer Kommunikation und elektronischer Dokumente unabhängig von Format und Kompatibilität erfasst.[19] Erfasst wird insbesondere die Kommunikation per E-Mail. Mit Übermittlung ist ausschließlich die elektronische Übermittlung gemeint, d.h. der Transport des elektronischen Dokuments vom Datenspeicherplatz des Absenders zum anderen Datenspeicherplatz des Empfängers unabhängig von der Art des Übermittlungsmediums (z.B. ISDN, Messenger, FTP, SMS).[20] Erfasst wird auch der Abruf von

---

14 VG Neustadt, Urt. v. 22.09.2011 – 4 K 540/11.NW, juris Rn. 36.

15 *Ziekow*, § 3a Rn. 1; Bauer/Heckmann/Ruge/Schallbruch/*Albrecht/Heckmann*, § 3a Rn. 32; Kopp/Ramsauer/*Tegethoff*, § 3a Rn. 2, 15 f.; Knack/Henneke/*Schliesky*, § 3a Rn. 29; Mann/Sennekamp/Uechtritz/*Schulz*, § 3a Rn. 27; *Schmitz*, DÖV 2005, 885 (889).

16 S. näher *Degen*, NJW 2009, 199.

17 S. näher *Schmitz*, NVwZ 2003, 1437 (1439); *Guckelberger*, DÖV 2008, 85 (86 f.).

18 Mann/Sennekamp/Uechtritz/*Schulz*, § 3a Rn. 29; Knack/Henneke/*Schliesky*, § 3a Rn. 30.

19 Kopp/Ramsauer/*Tegethoff*, § 3a Rn. 6; Stelkens/Bonk/Sachs/*Schmitz*, § 3a Rn. 1; Mann/Sennekamp/Uechtritz/*Schulz*, § 3a Rn. 30 ff.

20 Stelkens/Bonk/Sachs/*Schmitz*, § 3a Rn. 6 f.; Bauer/Heckmann/Ruge/Schallbruch/*Albrecht/Heckmann*, § 3a Rn. 46 f.; weitergehend auch die hybride Kommunikation erfassend Mann/Sennekamp/Uechtritz/*Schulz*, § 3a Rn. 36.

Formularen, die in einem Internetportal der Behörde zur Verfügung gestellt werden.[21] § 3a gilt dagegen nicht für die elektronische Übermittlung von schriftlichen Dokumenten etwa durch Telegramm, Telefax, Funkfax oder Computerfax. Insoweit ist in der Rechtsprechung anerkannt, dass diese Übermittlungsarten das Schriftformerfordernis erfüllen, ohne dass es auf das Vorliegen der in § 3a genannten Anforderungen ankommt.[22] Auch rein behördeninterne Vorgänge oder die behördenseitige Aktenbearbeitung werden nicht erfasst.[23]

2. Zugangseröffnung

Weiter muss der Empfänger den **Zugang eröffnet** haben. Empfänger sind sowohl die Verwaltung als auch der Bürger. Dies setzt zum einen voraus, dass eine entsprechende technische Ausstattung gegeben ist. Dies reicht allerdings nicht aus. Es muss ferner auch die Bereitschaft zu erkennen sein, die Kommunikation über dieses Medium zu führen. Aus dem Wort »soweit« in Abs. 1 wird deutlich, dass der Vorschrift grundsätzlich keine Pflicht zu entnehmen ist, den Zugang zur elektronischen Kommunikation zu eröffnen. Einen entsprechenden Vorschlag des Bundesrates hat der Bundestag nach einer ablehnenden Stellungnahme der Bundesregierung nicht angenommen.[24] Es gilt demnach der **Grundsatz der Freiwilligkeit**, soweit gesetzlich nichts anderes bestimmt ist. 7

Eine **Pflicht zur Zugangseröffnung** ergibt sich aus § 71e Satz 1 für die dort genannten Behörden sowie die einheitliche Stelle in einem Sternverfahren gem. § 71a. Sofern das Fachrecht vorsieht, dass ein Verwaltungsverfahren über eine einheitliche Stelle abgewickelt werden kann, müssen daher sowohl die Behörden als auch die einheitliche Stelle auf Verlangen des Antragstellers das Verfahren elektronisch abwickeln und damit auch den elektronischen Zugang eröffnen. Mit der Pflicht wurde Art. 8 der Dienstleistungs-Richtlinie umgesetzt (vgl. § 71e). Nunmehr hat der Gesetzgeber mit § 2 Abs. 1 EGovG[25] mit Wirkung vom 01.07.2014 die Pflicht zur Eröffnung eines Zugangs für die Übermittlung elektronischer Dokumente, auch soweit sie mit einer qualifizierten elektronischen Signatur versehen sind, auf alle Bundesbehörden, bundesunmittelbaren Körperschaften, Anstalten und Stiftungen sowie Bundesrecht 8

---

21 Bauer/Heckmann/Ruge/Schallbruch/*Albrecht/Heckmann*, § 3a Rn. 47; a.A. Knack/Henneke/*Schliesky*, § 3a Rn. 34; allg. zu Behördenportalen Bader/Ronellenfitsch/*U. Müller*, § 3a Rn. 7 ff.

22 S. etwa zum Telefax BVerfG, Beschl. v. 11.02.1987 – 1 BvR 475/85, BVerfGE 74, 228; zum Computerfax GmSOBG, Beschl. v. 05.04.2000 – GmS-OGB 1/98, NJW 2000, 2340; zum Funkfax BVerwG, Beschl. v. 30.03.2006 – 8 B 8.06, NJW 2006, 1989; diff. Mann/Sennekamp/Uechtritz/*Schulz*, § 3a Rn. 38.

23 Knack/Henneke/*Schliesky*, § 3a Rn. 34; Bauer/Heckmann/Ruge/Schallbruch/*Albrecht/Heckmann*, § 3a Rn. 42.

24 Vgl. die Stellungnahme des Bundesrates und die Gegenäußerung der Bundesregierung, BT-Drucks. 14/9259, S. 1 und 5.

25 Gesetz zur Förderung der elektronischen Verwaltung (E-Government-Gesetz – EGovG) vom 25.07.2013 (BGBl. I S. 2749); dazu näher *Müller-Terpitz/Rauchhaus*, MMR 2013, 10 ff.; *Habammer/Denkhaus*, MMR 2013, 358 ff.

ausführende Länderbehörden, Gemeinden und Gemeindeverbände ausgedehnt.[26] Solange und soweit § 2 Abs. 1 EGovG nicht greift, steht die Eröffnung des Zugangs im Übrigen im pflichtgemäßen Ermessen der Behörde[27] und unterliegt nur einer eingeschränkten gerichtlichen Kontrolle.

9 Die Zugangseröffnung kann sowohl **ausdrücklich** als auch **konkludent** erfolgen.[28] Eine ausdrückliche Eröffnung setzt einen eigenen Eröffnungs- bzw. Widmungsakt des Empfängers des elektronischen Dokuments voraus.[29] Wann aus einem konkludenten Verhalten auf eine Zugangseröffnung geschlossen werden kann, ist nach den unterschiedlichen schutzwürdigen Interessen und der Verkehrsanschauung sowie nach der Verbreitung der erforderlichen Signaturtechnik zu beantworten. Allgemein wird man sagen können, je schneller sich die elektronische Kommunikation im allgemeinen Rechts- und Geschäftsverkehr durchsetzt, desto eher wird die Angabe einer E-Mail-Adresse als Zugangseröffnung angesehen werden können.[30] Hinsichtlich der genaueren Anforderungen ist zwischen Behörden und Privaten zu unterscheiden.

10 Für **Behörden** besteht seit dem 01.07.2014 die Pflicht zur Zugangseröffnung. § 2 Abs. 1 EGovG ist damit als ausdrücklicher gesetzgeberischer Eröffnungs- und Widmungsakt anzusehen.[31] Auf eine Vollzugshandlung der einzelnen Behörde kommt es nicht an. Die Pflicht ist erfüllt, wenn die Behörde ein E-Mail-Postfach, ein elektronisches Gerichts- und Verwaltungspostfach (EGVP), andere spezielle Verfahren (z.B. Elsterverfahren nach § 87a Abs. 6 Satz 1 AO) oder Portallösungen einrichtet.[32] Sie ist technikoffen, d.h. es erfolgt keine Festlegung auf ein bestimmtes Verfahren.[33] Gleichzeitig muss die Behörde weiterhin den Zugang für papierbasierte Eingänge sicherstellen (sog. Multikanalprinzip). Alle Zugangsarten sind gleich zu behandeln; eine Bevorzugung oder Benachteiligung elektronischer Eingänge ist ausgeschlossen, sofern dies nicht auf besonderen Vorzügen der Zugangsart beruht.[34]

---

26 Zur Reichweite des § 2 Abs. 1 EGovG BMI, Minikommentar zum Gesetz zur Förderung der elektronischen Verwaltung sowie zur Änderung weiterer Vorschriften, S. 12 ff.; Mann/Sennekamp/Uechtritz/*Schulz*, § 3a Rn. 45; zum Sinn einer Verpflichtung *Eisenmenger*, GewArch 2012, 192 (195 f.).

27 Mann/Sennekamp/Uechtritz/*Schulz*, § 3a Rn. 46.

28 BVerwG, Urt. v. 07.12.2016 – 6 C 14/15, juris Rn. 19 im Anschluss an die Begründung zum Gesetzentwurf, BT-Drucks. 14/9000, S. 30 f.

29 So die Gesetzesbegründung, BT-Drucks. 14/9000, S. 26; ebenso *Ziekow*, § 3a Rn. 2; *Schmitz/Schlatmann*, NVwZ 2002, 1281 (1285); *Schmitz*, DÖV 2005, 885 (890).

30 Kopp/Ramsauer/*Tegethoff*, § 3a Rn. 9; *Schmitz/Schlatmann*, NVwZ 2002, 1281 (1285).

31 A.A. OVG Sachsen-Anhalt, Beschl. v. 02.05.2016 – 1 O 42/16, NVwZ 2016, 1032; VG Neustadt, Urt. v. 14.01.2020 – 5 K 535/19.NW, juris Rn. 20.

32 S. etwa für die Angabe der E-Mail-Adresse auf der Homepage der Behörde VG Berlin, Beschl. v. 06.09.2016 – 9 L 251.16, juris Rn. 21.

33 VG Neustadt, Urt. v. 17.04.2019 – 5 K 1589/18.NW, juris Rn. 33.

34 Zum Ganzen die Gesetzesbegründung, BT-Drucks. 17/11473, S. 33 f.; großzügiger Mann/Sennekamp/Uechtritz/*Schulz*, § 3a Rn. 53; *Schulz/Hoffmann/Tallich*, Die Verwaltung 45 (2012), 207 ff.

Bis zu diesem Zeitpunkt bzw. für Behörden, für die die Pflicht aus § 2 Abs. 1 EGovG nicht gilt, werden die Anforderungen an eine konkludente Eröffnung des Zugangs regelmäßig geringer sein als bei Privaten. So wird eine konkludente Zugangseröffnung bereits bei einem öffentlichen Internetauftritt einer Behörde ebenso zu bejahen sein wie bei der Angabe einer elektronischen Adresse auf Briefköpfen oder anderswo.[35] Anders als bei Privaten, die das Internet häufig ausschließlich privat nutzen, ist bei einer Behörde von einer dienstlichen Nutzung auszugehen. Sie ist daher gegenüber dem Privaten weniger schutzwürdig.[36] Ein abweichender Wille der Behörde muss ausdrücklich, z.B. durch entsprechende Hinweise auf der Homepage oder im Briefkopf erklärt werden.[37] 11

Bei **Privaten** dürfe für die Verkehrsanschauung maßgeblich sein, ob aus der Angabe einer E-Mail-Adresse oder das Vorhalten einer Internetseite auf ein privates oder geschäftliches Verhalten zu schließen ist. Bei einer privaten Tätigkeit kann aus der Angabe einer E-Mail-Adresse im Briefkopf eines Antragschreibens oder sonstigen Schreiben an die Behörde nicht geschlossen werden, dass der Private den weiteren Schriftverkehr auch mit der Behörde auf elektronischem Weg eröffnen will. Es fehlt an der notwendigen Verbindlichkeit, dass der Private auf diesem Weg auch zuverlässig erreichbar ist und eingehende Nachrichten zeitnah zur Kenntnis nimmt.[38] Etwas anderes gilt nur dann, wenn der Private die Bereitschaft zum Empfang rechtsverbindlicher Erklärungen gegenüber der Behörde auf geeignete Weise kundgetan hat. Dies kann durch ausdrückliche Erklärung gegenüber der Behörde, durch eine elektronische Antragstellung oder sonst durch fortgesetzte elektronische Kommunikation erfolgen.[39] Eine konkludente Zugangseröffnung kann auch bei der Veröffentlichung einer De-Mail-Adresse im Verzeichnisdienst nach § 7 Abs. 3 De-Mail-Gesetz oder durch die Einrichtung eines De-Mail-Kontos und Versendung einer De-Mail an die Behörde gesehen werden.[40] 12

Geringere Anforderungen an die konkludente Zugangseröffnung wird man bei **Geschäftsunternehmen**, Firmen usw. zu stellen haben. Hält das Unternehmen ein elektronisches Postfach vor, so ist die Zugangsmöglichkeit bereits dann als eröffnet 13

---

35 Zur Eröffnung durch die Rechtsbehelfsbelehrung BVerwG, Urt. v. 07.12.2016 – 6 C 14/15, juris Rn. 19.

36 Stelkens/Bonk/Sachs/*Schmitz*, § 3a Rn. 14; Kopp/Ramsauer/*Tegethoff*, § 3a Rn. 12; *Catrein*, NWVBl. 2001, 50 (54).

37 So die Gesetzesbegründung, BT-Drucks. 14/9000, S. 31.

38 Kopp/Ramsauer/*Tegethoff*, § 3a Rn. 10; Stelkens/Bonk/Sachs/*Schmitz*, § 3a Rn. 12; *Schlatmann*, DVBl 2002, 1005 (1009); a.A. Mann/Sennekamp/Uechtritz/*Schulz*, § 3a Rn. 58; Knack/Henneke/*Schliesky*, § 3a Rn. 40; *Ultsch*, NJW 1997, 3007.

39 OVG Nordrhein-Westfalen, Beschl. v. 13.11.2014 – 2 B 1111/14, NVwZ-RR 2015, 172; VG Halle, Urt. v. 30.08.2013 – 4 A 244/12, juris Rn. 18; VG Oldenburg, Urt. v. 15.07.2008 – 7 A 117/06, juris Rn. 32; Stelkens/Bonk/Sachs/*Schmitz*, § 3a Rn. 12; enger Bader/Ronellenfitsch/*U. Müller*, § 3a Rn. 4.

40 *Ziekow*, § 3a Rn. 3; Mann/Sennekamp/Uechtritz/*Schulz*, § 3a Rn. 62; teilweise a.A. *Müller-Terpitz/Rauchhaus*, MMR 2013, 10 (12).

anzusehen, wenn es durch öffentliche Angabe seiner E-Mail-Adresse, z.B. in Briefköpfen oder auf seiner Homepage im Internet, hierauf hinweist.[41] Im Ergebnis gelten hier ähnliche Anforderungen wie bei einer Behörde.

14 Die Zugangseröffnung kann **vollumfänglich oder auch nur partiell** erfolgen. Der genaue Umfang ist ggf. durch Auslegung zu ermitteln. Bei Behörden und bei geschäftlichen Unternehmen wird man die Angaben einer E-Mail-Adresse im Zweifel als eine vollumfänglich gewollte Eröffnung anzusehen haben.[42] Die Zugangseröffnung gilt demnach nicht nur für ein konkretes Verwaltungsverfahren. Etwas anderes kann etwa bei der Angabe »E-Mail für Rückfragen« im Kopf eines Bescheides gelten.[43] Eine nur partielle Zugangseröffnung liegt auch vor, wenn die Behörde ausdrücklich darauf hinweist, dass der elektronische Schriftverkehr lediglich für die informatorische Korrespondenz genutzt wird.[44] Die Behörde kann die Zugangseröffnung ausdrücklich auch auf bestimmte Dateiformate beschränken.[45] Bei Privaten wirkt die Tatsache der Eröffnung nur gegenüber der Behörde, mit der die Kommunikation geführt wird bzw. die Adressatin des Antragschreibens war.[46] Sie gilt im Zweifel auch nur für das konkrete Verwaltungsverfahren.[47] Ferner bezieht sie sich auch nur auf die angegebene E-Mail-Adresse und erfasst nicht auch sonstige E-Mail-Adressen, die in sozialen Netzwerken oder auf einer privaten Homepage angegeben werden und von denen die Behörde Kenntnis erlangt.[48]

3. Zugangsschließung

15 Abs. 1 enthält keine Aussage dazu, wie Zugangseröffnung wieder rückgängig gemacht werden kann (**Zugangsschließung**). Die Frage stellt sich naturgemäß nur, sofern keine Pflicht zur Zugangseröffnung besteht, also in Zukunft regelmäßig nur bei Privaten. Als actus contrarius folgt aus dem für die Zugangseröffnung geltenden Prinzip der Freiwilligkeit, dass auch ein eröffneter Zugang jederzeit wieder rückgängig gemacht werden kann. Dies erfolgt durch Widerruf des Privaten gegenüber der Behörde, mit der er kommuniziert hat.[49]

---

41 *Ziekow*, § 3a Rn. 3; Knack/Henneke/*Schliesky*, § 3a Rn. 38; *Schlatmann*, DVBl 2002, 1005 (1009), *Schmitz/Schlatmann*, NVwZ 2002, 1281 (1285).

42 So die Gesetzesbegründung, BT-Drucks. 14/9000, S. 31; Bauer/Heckmann/Ruge/Schallbruch/*Albrecht/Heckmann*, § 3a Rn. 66; a.A. bei Angabe einer E-Mail-Adresse eines Sachbearbeiters VG Kassel, Urt. v. 05.03.2020 – 3 K 1008/18.KS, juris Rn. 30; VG Freiburg, Urt. v. 30.01.2018 – 13 K 881/16, juris Rn. 24.

43 Vgl. VG Berlin, Urt. v. 02.11.2007 – 4 A 243.06, NJW 2008, 1335.

44 OVG Berlin-Brandenburg, Beschl. v. 23.02.2016 – 11 S 50.15, juris Rn. 5.

45 Bauer/Heckmann/Ruge/Schallbruch/*Albrecht/Heckmann*, § 3a Rn. 72; Mann/Sennekamp/Uechtritz/*Schulz*, § 3a Rn. 74.

46 Kopp/Ramsauer/*Tegethoff*, § 3a Rn. 11.

47 Bauer/Heckmann/Ruge/Schallbruch/*Albrecht/Heckmann*, § 3a Rn. 64; *Skrobotz* S. 241; weitergehend Mann/Sennekamp/Uechtritz/*Schulz*, § 3a Rn. 70.

48 Bauer/Heckmann/Ruge/Schallbruch/*Albrecht/Heckmann*, § 3a Rn. 68; *Skrobotz* S. 242.

49 Zu den Einzelheiten ausführlich Bauer/Heckmann/Ruge/Schallbruch/*Albrecht/Heckmann*, § 3a Rn. 75 ff.

4. Fehlerfolgen

Die **Fehlerfolgen** für den Fall einer unzulässigen elektronischen Kommunikation ergeben sich nach den allgemeinen Regeln. Hat ein Privater den Zugang nicht eröffnet oder wieder geschlossen, ist die elektronische Übermittlung eines Dokuments unwirksam. Sie wird auch nicht durch die tatsächliche Kenntnisnahme geheilt. Ausnahmsweise muss nach dem Grundsatz von Treu und Glauben der Private sich so behandeln lassen, wie wenn ein formgültiger Zugang erfolgt wäre, etwa wenn der Private den Zugang unzweifelhaft als gültig anerkennt. Behörden haben gem. § 24 Abs. 3 die Pflicht, den Privaten auf die Formunwirksamkeit des Zugangs hinzuweisen. In bestimmten Fällen kann ein wirksamer Zugang auch zu Lasten der Behörde fingiert werden.[50] 16

II. Ersetzung der Schriftform durch elektronische Form (Abs. 2)

Sowohl das VwVfG (vgl. etwa §§ 37 Abs. 2, 38 Abs. 1 Satz 1, 42a Abs. 3, 57, 69 Abs. 2) als auch das Fachrecht (vgl. etwa § 10 BImSchG) sehen an vielen Stellen vor, dass bestimmte behördliche Akte oder Erklärungen Privater in Schriftform vorgenommen werden müssen. Der so gesetzlich angeordneten Schriftform kommen dabei verschiedene Funktionen zu (Abschlussfunktion, Perpetuierungsfunktion, Identitätsfunktion, Echtheitsfunktion, Verifikationsfunktion, Beweisfunktion oder Warnfunktion).[51] Die Wahl der elektronischen Form setzt voraus, dass diese Funktionen in vergleichbarer Weise gewahrt werden.[52] Damit ist es unerheblich, ob die angeordnete Schriftform nur einer Funktion dient und diese im konkreten Fall nicht beeinträchtigt wird.[53] Nach Ansicht des Gesetzgebers ist die Funktionsäquivalenz nur bei der Verwendung einer qualifizierten digitalen Signatur, der Abgabe einer Erklärung in einem elektronischen Formular, der Versendung eines elektronischen Dokumentes nach De-Mail-Gesetz oder der Versendung einer De-Mail-Nachricht der Fall. Die in Abs. 2 genannten Fälle sind abschließend.[54] Die Textform entsprechend § 126b BGB ist demnach unzulässig.[55] Ein Verzicht der Behörde auf das Vorliegen der Voraussetzungen ist unzulässig.[56] 17

Die Schriftform muss durch **Rechtsvorschrift angeordnet** worden sein. Eine Anordnung durch Verordnung oder Satzung ist ausreichend.[57] Dies ist oftmals für die 18

50 Näher Bauer/Heckmann/Ruge/Schallbruch/*Albrecht/Heckmann*, § 3a Rn. 87 ff.

51 Vgl. die Gesetzesbegründung zum Entwurf eines Gesetzes zur Anpassung der Formvorschriften des Privatrechts und anderer Vorschriften an den modernen Rechtsgeschäftsverkehr, BT- Drucks. 14/4987, S. 15 ff.; Knack/Henneke/*Schliesky*, § 3a Rn. 43; Mann/Sennekamp/Uechtritz/*Schulz*, § 3a Rn. 92 ff.

52 Zur sog. Funktionsäquivalenz Kopp/Ramsauer/*Tegethoff*, § 3a Rn. 14; *Catrein*, NWVBl. 2001, 50 (54); *Eifert*, KampR 2000, Beilage 2 zu Heft 10, 11 (14 f.).

53 Stelkens/Bonk/Sachs/*Schmitz*, § 3a Rn. 20; Bauer/Heckmann/Ruge/Schallbruch/*Albrecht/Heckmann*, § 3a Rn. 98 ff.

54 *Ziekow*, § 3a Rn. 6.

55 OVG Niedersachsen, Beschl. v. 17.03.2017 – 12 ME 173/16, juris Rn. 11.

56 S. OVG Sachsen, Beschl. v. 09.06.2015 – 3 A 63/15, juris Rn. 7.

57 Kopp/Ramsauer/*Tegethoff*, § 3a Rn. 15; *Laubinger*, Festschrift für König, 518.

Erhebung von Rechtsbehelfen der Fall. So kann der schriftlich zu erhebende Widerspruch (§ 68 VwGO) nicht durch einfache E-Mail ersetzt werden.[58] Entsprechendes gilt für die Klageerhebung[59] und die Erhebung von Einwendungen im immissionsschutzrechtlichen Genehmigungsverfahren nach § 10 Abs. 3 Satz 4 BImSchG[60] oder in Planfeststellungsverfahren nach § 73 Abs. 4 Satz 1.[61] Auch für die Zusicherung ordnet § 38 Abs. 1 Satz 1 die Schriftform an, so dass eine einfache E-Mail nicht ausreicht.[62] Keine Anordnung liegt vor, wenn eine Rechtsvorschrift die Verwendung eines Formulars mit Unterschriftsfeld vorsieht (s. § 13 Satz 1 EGovG). § 3a Abs. 2 gilt im Übrigen auch für solche Bundesgesetze, deren Verfahren gem. § 1 Abs. 3 im Übrigen in den Verwaltungsverfahrensgesetzen der Länder geregelt ist (so z.B. § 5 Abs. 1 NamÄndG und § 10 Abs. 1 BImSchG).[63] Eine abweichende Regelung des Landesgesetzgebers ist unzulässig.[64] Der Bundesgesetzgeber kann auch die Definition der Schriftlichkeit einheitlich in einem Bundesgesetz vorsehen mit der Wirkung für das gesamte Bundesrecht.

19 Die Ersetzung durch die elektronische Form ist **ausgeschlossen**, soweit dies durch Rechtsvorschriften ausdrücklich bestimmt ist. Die Rechtsvorschrift kann etwa vorsehen, dass eine elektronische Übertragung insgesamt ausgeschlossen ist (so z.B. § 17 AtG). Weiter sind Formulierungen wie »Die elektronische Form ist ausgeschlossen« oder »§ 3a VwVfG findet keine Anwendung« (so z.B. §§ 224a Abs. 2 Satz 1, 324 Abs. 2 Satz 3 AO, § 38a StAG) möglich. In der Rechtsvorschrift können auch bestimmte technische Standards für ein Dokument (z.B. eine Papierqualität) festgelegt sein, die eine elektronische Form dann ausschließen.[65] Schließlich kann sich

58 VGH Hessen, Beschl. v. 18.07.2018 – 1 B 2029/17, NVwZ-RR 2019, 376 (377 f.); OVG Sachsen-Anhalt, Beschl. v. 02.05.2016 – 1 O 42/16, NVwZ 2016, 1032; OVG Niedersachsen, Beschl. v. 18.11.2011 – 4 LB 156/11, juris Rn. 25 ff.; VGH Hessen, Beschl. v. 03.11.2005 – 1 TG 1668/05, NVwZ-RR 2006, 377 (378); VGH Bayern, Beschl. v. 18.06.2007 – 11 CS 06.1959, juris Rn. 32; *Kintz*, NVwZ 2004, 1429 ff.; s.a. VG Greifswald, Beschl. v. 21.04.2016 – 3 A 413/14, juris Rn. 16: keine Heilung durch Sachentscheidung der Behörde; VG Weimar, Beschl. v. 21.01.2015 – 3 K 265/14 We, juris Rn. 15: Wiedereinsetzung in Widerspruchsfrist bei Privatperson möglich; zur Einreichung eines als pdf-Datei eingescannten Schriftstückes OVG Nordrhein-Westfalen, Beschl. v. 30.03.2015 – 14 A 2435/14, NVwZ-RR 2015, 923.

59 BVerwG, Urt. v. 07.12.2016 – 6 C 14/15, juris Rn. 18; OVG Niedersachsen, Beschl. v. 29.07.2004 – 11 LA 176/04, NordÖR 2004, 462.

60 BVerwG, Beschl. v. 14.09.2010 – 7 B 15.10, NVwZ 2011, 364.

61 OVG Nordrhein-Westfalen, Urt. v. 19.08.2010 – 11 D 26/08.AK, NuR 2011, 67 (68); VGH Bayern, Beschl. v. 15.04.2009 – 8 ZB 08.3146, UPR 2010, 74.

62 BVerwG, Beschl. v. 02.12.2016 – 2 C 19/15, juris Rn. 15; OVG Sachsen-Anhalt, Beschl. v. 09.12.2019 – 2 M 126/19, juris Rn. 13.

63 So die Gesetzesbegründung, BT-Drucks. 14/9000, S. 28; Kopp/Ramsauer/*Tegethoff*, § 3a Rn. 16; *Ziekow*, § 3a Rn. 1.

64 Stelkens/Bonk/Sachs/*Schmitz*, § 3a Rn. 46; *Schmitz/Schlatmann*, NVwZ 2003, 1281 (1291); *Schlatmann*, DVBl 2002, 1005; a.A. Knack/Henneke/*Schliesky*, § 3a Rn. 23.

65 *Ziekow*, § 3a Rn. 5; *Roßnagel*, NJW 2003, 469 (472); *Schlatmann*, DVBl 2002, 1005 (1008).

ausnahmsweise aus der besonderen Bedeutung des Rechtsaktes ein Ausschluss ergeben (z.B. Ausfertigung von Gesetzen durch den Bundespräsidenten).[66]

Vom Ausschluss der elektronischen Form sind Rechtsvorschriften zu unterscheiden, die von § 3a **abweichende Anforderungen** an die elektronische Übermittlung stellen. So kann sich die Rechtsvorschrift darauf beschränken, vom Erfordernis einer qualifizierten Signatur abzusehen. Dies wird zumeist im Gesetzestext dadurch deutlich gemacht, dass die Wörter »oder elektronisch« genutzt werden.[67] Die Übermittlung ist dann auch ohne qualifizierte Signatur wirksam. In der Rechtsvorschrift kann umgekehrt auch ein höheres Sicherheitsniveau als das einer qualifizierten Signatur gefordert werden. Schließlich kann auch nur eine Übermittlung durch qualifizierte Signatur oder nur durch De-Mail vorgeschrieben werden.[68] 20

1. Qualifizierte elektronische Signatur (Satz 2 und 3)

Gem. Abs. 2 Satz 2 genügt der elektronischen Form ein elektronisches Dokument, das mit einer **qualifizierten elektronischen Signatur** versehen ist. Mit dem Erfordernis einer qualifizierten elektronischen Signatur will der Gesetzgeber einen fälschungssicheren elektronischen Schriftverkehr gewährleisten und sicherstellen, dass die Signatur des Dokuments durch die Person erfolgt ist, der diese zugeordnet ist.[69] Das VwVfG regelt nicht selber die Anforderungen an die elektronischen Signaturen. Diese ergeben sich aus der unmittelbar in den EU-Mitgliedstaaten wirkenden eIDAS-Verordnung Nr. 910/2014 vom 23.07.2014.[70] 21

Die eIDAS-Verordnung kennt **drei Arten von Signaturen**: die elektronische, die fortschrittliche und die qualifizierte elektronische Signatur. Unter elektronischen Signaturen werden Daten in elektronischer Form verstanden, die anderen elektronischen Daten beigefügt oder logisch mit ihnen verbunden werden und die der Unterzeichner zum Unterzeichnen verwendet« (Art. 3 Nr. 10 eIDAS-VO). Hierfür genügt es, einem elektronischen Dokument bzw. einer Willensbekundung den Namen oder die eingescannte Unterschrift des Bekundenden anzufügen. Der Nachteil ist der fehlende Fälschungsschutz. Höheren Sicherheitsanforderungen genügen die fortgeschrittenen elektronischen Signaturen, mit denen die Identität des Unterzeichners bestätigt und geprüft werden kann, ob das unterschriebene Dokument nachträglich verändert worden ist. Noch höheren Ansprüchen genügt die qualifizierte elektronische Signatur. Gem. Art. 3 Nr. 12 eIDAS-VO stellt sie eine fortgeschrittene elektronische Signatur dar, die von einer qualifizierten elektronischen Signaturerstellungseinheit erstellt wurde und auf einem qualifizierten Zertifikat für elektronische Signaturen beruht. Zusätzlich zu den Anforderungen einer fortgeschrittenen Signatur bedarf sie eines zum 22

66 S. die Gesetzesbegründung, BT-Drucks. 14/9000, S. 29.
67 Kopp/Ramsauer/*Tegethoff*, § 3a Rn. 16a; *Ziekow*, § 3a Rn. 7; *Rosenbach*, DVBl 2001, 332 (335).
68 Zum Ganzen Mann/Sennekamp/Uechtritz/*Schulz*, § 3a Rn. 97 ff.
69 BVerwG, Urt. v. 07.12.2016 – 6 C 14/15, juris Rn. 21.
70 ABl. L 257, S. 73.

Zeitpunkt ihrer Erzeugung gültigen qualifizierten Zertifikats. Außerdem muss ihre Erzeugung besonderen, in der eIDAS-VO näher beschriebenen Sicherheitsanforderungen entsprechen. Die Zertifikate sind elektronische Bescheinigungen, mit denen Signaturprüfschlüssel einer Person zugeordnet und die Identität dieser Person bestätigt wird. Die Zertifikate gelten als qualifiziert, wenn sie den inhaltlichen Anforderungen der eIDAS-VO genügen und von Zertifizierungsdiensteanbietern ausgestellt werden, die ebenfalls besonderen gesetzlichen Ansprüchen genügen müssen. Der genaue Inhalt qualifizierter Zertifikate ist in Art. 28 eIDAS-VO i.V.m. der Anlage zur eIDAS-VO geregelt.[71]

23 Die qualifizierte elektronische Signatur entspricht in ihrer **technischen Funktionsweise** einem Siegel.[72] Damit werden die sichere Authentifizierung des Benutzers und die Überprüfung der Integrität der übermittelten Daten garantiert. Der Verwendung eines privaten kryptografischen Schlüssels steht ein öffentlich zugänglicher Schlüssel zur Überprüfung der Signatur gegenüber. Die verwendeten Schlüssel sind einmalig einer natürlichen Person fest zugeordnet. Der private Schlüssel ist geheim zu halten und kann nur in Verbindung mit einer Personenidentifikationsnummer oder einem ähnlichen biometrischen Merkmal zum Signieren verwendet werden. Ein beglaubigtes Signaturschlüssel-Zertifikat ordnet dem Benutzer den öffentlichen Schlüssel zu. Der Zertifizierungsdiensteanbieter erzeugt nach der Überprüfung der Identität des Benutzers den privaten und den öffentlichen Schlüssel und speichert diese auf einer Chipkarte oder einem sonstigen Datenträger. Die Chipkarte wird dem Benutzer zusammen mit der Personenidentifikationsnummer ausgehändigt. Im Falle der Versendung eines Dokuments verknüpft der Benutzer das Dokument mit seinem privaten Schlüssel, indem er die Chipkarte in ein entsprechendes Chipkarten-Lesegerät an seinem Computer und in der entsprechenden Software die Funktion zum Signieren aktiviert. Die damit erzeugte Datei dient als digitale Signatur und wird an das ursprüngliche Dokument angehangen. Die beiden Dokumente werden sodann zusammen übermittelt. Der Empfänger kann das Dokument unmittelbar lesen. Um die Identität des Absenders und die Authentizität des Dokumenteninhalts zu prüfen, muss er unter Verwendung des öffentlichen Schlüssels des Absenders die angehängte Signaturdatei entschlüsseln. Hierfür benötigt er den öffentlichen Schlüssel des Absenders sein, den er etwa durch einen Zugriff auf einen zentralen Server des Zertifizierungsdiensteanbieters erhält.

24 Das Erfordernis einer qualifizierten elektronischen Signatur ist auch dann gewahrt, wenn das Dokument mit der Signatur einer einfachen E-Mail (z.B. als pdf-Datei) angehangen wird. Das Risiko von Manipulationen ist hier vergleichbar gering wie bei Computerfaxen.[73]

---

71 Zum Ganzen Bader/Ronellenfitsch/*U. Müller*, § 3a Rn. 15.

72 So die Gesetzesbegründung BT-Drucks. 14/9000, S. 32; zur Funktionsweise auch BVerwG, Urt. v. 07.12.2016 – 6 C 14/15, juris Rn. 22; Bader/Ronellenfitsch/*U. Müller*, § 3a Rn. 14; Bauer/Heckmann/Ruge/Schallbruch/*Albrecht/Heckmann*, § 3a Rn. 108 f.

73 BVerwG, Urt. v. 07.12.2016 – 6 C 14/15, juris Rn. 22.

Die qualifizierte elektronische Signatur hat in der Praxis bislang nicht die gewünschte **Verbreitung** gefunden. Gründe hierfür sind die Kosten für die Anschaffung der Infrastruktur, inkompatible Software-Systeme und die geringe Anzahl an Zertifizierungsdiensteanbietern, die sich bei der Bundesnetzagentur haben akkreditieren lassen.[74] 25

Gem. Abs. 2 Satz 3 ist die Signierung mit einem **Pseudonym**, das der Behörde die Identifizierung der Person des Signaturschlüsselinhabers nicht unmittelbar ermöglicht, unzulässig. Mit diesem Vorbehalt soll die rechtsmissbräuchliche Inanspruchnahme der Verwaltung durch Benutzung von Pseudonymen verhindert werden.[75] Dabei enthält die Vorschrift kein vollständiges Verbot der Verwendung von Pseudonymen. Da Pseudonyme auch im Bereich von Behörden oftmals der Praxis entsprechen (z.B. »Der Bürgermeister von …«), ist die Verwendung nur insoweit unzulässig, wie die Identifizierung der Person des Signaturschlüsselinhabers nicht ermöglicht wird.[76] Der Gesetzgeber hat im Übrigen klargestellt, dass für die fehlende Identifizierung nur auf die Empfängerbehörde abzustellen ist. Maßgeblich ist nicht der Zertifizierungsdiensteanbieter, dem in aller Regel eine Identifizierung des Benutzers möglich ist.[77] 26

2. Abgabe einer Erklärung in einem elektronischen Formular (Satz 4 Nr. 1)

Gem. Abs. 2 Satz 4 Nr. 1 kann die Schriftform auch durch unmittelbare Abgabe der Erklärung in einem elektronischen Formular ersetzt werden, das von der Behörde in einem Eingabegerät oder über öffentlich zugängliche Netze zur Verfügung gestellt wird. Mit dieser Vorschrift will der Gesetzgeber eine der qualifizierten elektronischen Signatur **vergleichbare Gewährleistungsmöglichkeit** für die Integrität eines übermittelten elektronischen Dokuments schaffen. Ziel der Regelung ist es, dass die Behörde durch technische Ausgestaltung der zur Verfügung gestellten Anwendung und die eröffneten Auswahl- oder Ausfüllfelder selbst steuert, welche Erklärungen abgegeben werden können, und so Manipulationen wirksam ausschließen kann.[78] Damit soll auch den fortschreitenden elektronischen Kommunikationsformen Rechnung getragen werden, wie sie etwa durch die Zurverfügungstellung von Antragsformularen im Internet bereits heutzutage verbreitet ist. 27

Voraussetzung dafür, dass die Abgabe der Erklärung einer qualifizierten elektronischen Signatur und damit der Schriftform gleichgestellt ist, ist das Vorliegen eines **elektronischen Formulars.** Hierbei handelt es sich um einen Vordruck, der am Computer 28

74 Kopp/Ramsauer/*Tegethoff*, § 3a Rn. 23; Bader/Ronellenfitsch/*U. Müller*, § 3a Rn. 19; Knack/Henneke/*Schliesky*, § 3a Rn. 45; Bauer/Heckmann/Ruge/Schallbruch/*Albrecht/Heckmann*, § 3a Rn. 113.

75 So die Gesetzesbegründung, BT-Drucks. 14/9000, S. 31.

76 Ebenso *Ziekow*, § 3a Rn. 6; Bauer/Heckmann/Ruge/Schallbruch/*Albrecht/Heckmann*, § 3a Rn. 116 ff.; Mann/Sennekamp/Uechtritz/*Schulz*, § 3a Rn. 103; i.Erg. wohl auch Knack/Henneke/*Schliesky*, § 3a Rn. 47, der vom Begriff des Pseudonyms ohnehin nur Deck- und Künstlernamen erfasst ansieht.

77 S. die Gesetzesbegründung, BT-Drucks. 17/11473, S. 49.

78 So die Gesetzesbegründung, BT-Drucks. 17/11473, S. 49.

ausgefüllt werden kann.[79] Nicht erfasst werden demnach Vordrucke, die die Behörde als elektronische Kopie des schriftlichen Vordruckformulars ins Internet einstellt, damit interessierte Private sie sich ausdrucken und von Hand ausgefüllt der Behörde zurückschicken oder persönlich übergeben. In diesen Fällen werden elektronische Dokumente versandt, sodass die Anforderungen des Abs. 2 Satz 2 gelten.[80]

29 Die Behörde muss das Formular in einem **Eingabegerät** oder über **öffentlich zugängliche Netze** zur Verfügung gestellt haben. Mit Eingabegerät sind Geräte gemeint, die bei Behörden mit Publikumsverkehr teilweise schon verbreitet sind und etwa bei Ausweisangelegenheiten genutzt werden. Öffentlich zugänglich Netze sind z.B. das Internet oder mobile Anwendungen.[81] Damit wird zugleich die Authentifizierungsfunktion der Schriftform gewahrt. Bei der Verwendung eines Eingabegeräts in der Behörde erfolgt die übliche Identitätsfeststellung vor Ort. Bei der Benutzung von Verwaltungsterminals etwa in Bürgerämtern ist die Identität durch einen Behördenmitarbeiter zu prüfen. Für die Eingabe über öffentlich zugängliche Netze verlangt Abs. 2 Satz 5 ausdrücklich einen sicheren Identitätsnachweis nach § 18 PAuswG (z.B. durch die Verwendung der eID-Funktion des neuen Personalausweises), nach § 12 des eID-Karte-Gesetzes (durch die Verwendung der eID-Karte) oder nach § 78 Abs. 5 AufenthG (mittels elektronischen Aufenthaltstitels eAT). Welche konkrete technische oder organisatorische Ausgestaltung die Behörde vornimmt, bleibt ihrem Gestaltungsspielraum überlassen.[82] Hierfür können auch verwaltungsinterne Sicherheitsrichtlinien erlassen werden, die einen Mindeststandard für die Verwaltung etablieren. Entsprechende Mindeststandards können etwa das Bundesamt für Sicherheit in der Informationstechnik (BSI) auf Grundlage des bereits vorhandenen Materials zu »Easy-Web« und der IT-Grundschutz-Vorgehensweise erarbeiten. Durch entsprechende Beschlüsse des IT-Rates bzw. des IT-Planungsrates können diese für die Bundesbehörden und darüber hinaus auch für die Landesbehörden verbindlich gemacht werden.

30 Die Erklärung des Bürgers muss **unmittelbar** in dem elektronischen Formular abgegeben werden. Damit wird klargestellt, dass sich die Vorschrift nicht auf die Verwendung elektronischer Formulare erstreckt, die heruntergeladen und nach dem Ausfüllen an die Behörde gesendet werden. Zugleich wird die Integrität des übermittelten elektronischen Dokuments gewahrt. Der Empfänger kann sicher sein, dass das Dokument inhaltlich unverändert bei der Behörde angekommen ist.

---

79 Näher zum Begriff Mann/Sennekamp/Uechtritz/*Schulz*, § 3a Rn. 111.

80 So die Gesetzesbegründung, BT-Drucks. 17/11473, S. 49; *Ziekow*, § 3a Rn. 6; Mann/Sennekamp/Uechtritz/*Schulz*, § 3a Rn. 110; *Johannes*, MMR 2013, 694 (696).

81 So die Gesetzesbegründung, BT-Drucks. 17/11473, S. 49; ferner Mann/Sennekamp/Uechtritz/*Schulz*, § 3a Rn. 113.

82 Vgl. die Gesetzesbegründung, BT-Drucks. 17/11473, S. 49.

3. Versendung eines elektronischen Dokuments nach dem De-Mail-Gesetz (Satz 4 Nr. 2 und 3)

Mit **Wirkung vom 01.07.2014** kann die Schriftform bei Anträgen und Anzeigen durch die Versendung eines elektronischen Dokuments an die Behörde mit Hilfe der Versandart nach § 5 Abs. 5 des De-Mail-Gesetzes ersetzt werden (Nr. 2). Entsprechendes gilt für den Erlass von elektronischen Verwaltungsakten oder sonstigen elektronischen Dokumenten (Nr. 3). Mit dem späteren Inkrafttreten wollte der Gesetzgeber sicherstellen, dass die Vorschrift gleichzeitig mit der geplanten Änderung des § 371a ZPO in Kraft tritt, mit der mit De-Mail versandte Dokumente beweisrechtlich mit elektronischen Dokumenten mit qualifizierter elektronischer Signatur gleichgestellt werden sollen.[83] Die Voraussetzungen, unter denen De-Mail schriftformersetzend eingesetzt werden kann, sind in den Nr. 2 und 3 abschließend festgelegt.[84] 31

Mit dem **De-Mail-Gesetz** vom 28.04.2011[85] hat der Gesetzgeber auf die nur zögerliche Verbreitung der qualifizierten elektronischen Signatur reagiert und eine Alternative geregelt, die einen sicheren, vertraulichen und nachweisbaren Geschäftsverkehr gewährleisten soll. Dies soll durch eine Pflicht für akkreditierte Diensteanbieter (Providern) erfolgen, eine sichere Anmeldung, die Nutzung eines Postfach- und Versanddienstes für sichere elektronische Post sowie die Nutzung eines Verzeichnisdienstes zu ermöglichen. Zusätzlich können ein Identitätsbestätigungs- und ein Dokumentenablagedienst angeboten werden. Notwendig ist eine Zusammenarbeit der verschiedenen De-Mail-Anbieter; die hierfür notwendige Vertrauenswürdigkeit soll durch eine freiwillige Akkreditierung gefördert werden. Die akkreditierten Diensteanbieter unterliegen der Aufsicht durch das Bundesamt für Sicherheit in der Informationstechnik (BSI). 32

Private können die De-Mail benutzen, um **Anträge** oder **Anzeigen** an die Behörde zu übersenden. Gemeint sind etwa schriftlich zu stellende Genehmigungsanträge (z.B. auf Erteilung einer Baugenehmigung) oder Anzeigen bestimmter Sachverhalte bei der Behörde (z.B. unwesentlicher Änderung einer immissionsschutzrechtlich genehmigungsbedürftigen Anlage nach § 15 BImSchG).[86] Nicht erfasst werden Rechtsbehelfe wie ein Widerspruch oder ein Einspruch.[87] Die notwendige Authentifizierung erfolgt bereits bei Eröffnung des Postfachs (De-Mail-Konto) durch den Diensteanbieter anhand eines amtlichen Ausweises oder bei juristischen Personen oder Personengesellschaften anhand eines Auszugs aus dem Handels- oder Genossenschaftsregisters oder einem vergleichbaren amtlichen Register oder Verzeichnis (§ 3 Abs. 2 und 3 De-Mail-G). Das De-Mail-Konto kann aufgrund technischer Vorkehrungen nur von dem jeweiligen angemeldeten Nutzer genutzt werden (§ 3 Abs. 1 Sätze 2 und 3 De-Mail-G). Hierfür muss er sich durch eine sichere Anmeldung einloggen, die den 33

83 So die Gesetzesbegründung, BT-Drucks. 17/11473, S. 49 f.
84 So die Gesetzesbegründung, BT-Drucks. 17/11473, S. 49.
85 BGBl. I S. 666; dazu näher *Roßnagel*, NJW 2011, 1473 ff.; *Rose*, KampR 2011, 439 ff.
86 Zur Beantragung von Wahlunterlagen Bader/Ronellenfitsch/*U. Müller*, § 3a Rn. 8.
87 A.A. Mann/Sennekamp/Uechtritz/*Schulz*, § 3a Rn. 119.

Einsatz zweier geeigneter und voneinander unabhängiger Sicherungsmittel (z.B. PIN) voraussetzt (§ 4 De-Mail-G). Der Postfach- und Versanddienst gewährleistet schließlich die Vertraulichkeit, die Integrität und die Authentizität der Nachricht durch entsprechende Datenverschlüsselung (§ 5 Abs. 3 De-Mail-G).[88]

34 **Behörden** können **elektronische Verwaltungsakte** (dazu § 37) oder **sonstige Dokumente** durch De-Mail an den Adressaten, d.h. an Bürger, Unternehmen etc. übersenden. Die Authentifizierung der Behörde und die Gewährleistung der Integrität des behördlichen Dokuments werden in entsprechender Weise gewährleistet wie bei Privaten.

35 Für die Ersetzung der Schriftform ist es zusätzlich zu den allgemeinen Anforderungen an den De-Mail-Einsatz erforderlich, dass der Diensteanbieter dem Absender seine **sichere Anmeldung bestätigt**, so dass der Empfänger jederzeit die Echtheit der Bestätigung nachprüfen kann. Die Bestätigung durch den Diensteanbieter des Absenders erfolgt durch den Einsatz einer qualifizierten elektronischen Signatur des Diensteanbieters, nicht aber des Absenders (§ 5 Abs. 5 De-Mail-G). Die Bestätigung ist Teil des versandten Dokuments und zwar in den Metadaten der Nachricht. Der Empfänger erhält so Gewissheit, dass das Dokument tatsächlich vom Absender stammt. Bei einer behördlichen Datenübermittlung muss die Bestätigung des Diensteanbieters die erlassene Behörde als Nutzer des De-Mail-Kontos erkennen lassen (s. Satz 4 Nr. 3 Halbs. 2). Der Empfänger muss auf den Zusammenhang des übermittelten Dokuments mit der zum Versand genutzten De-Mail achten.[89]

4. Sonstige sichere Verfahren (Satz 4 Nr. 4)

36 Die Schriftform kann auch ersetzt werden durch sonstige sichere Verfahren, die durch Rechtsverordnung der Bundesregierung mit Zustimmung des Bundesrates festgelegt werden, welche den Datenübermittler (Absender der Daten) authentifizieren und die Integrität des elektronisch übermittelten Datensatzes sowie die Barrierefreiheit gewährleisten; der IT-Planungsrat gibt Empfehlungen zu geeigneten Verfahren ab (Nr. 4). Die Regelung ist erst durch Beschluss des zuständigen BT-Ausschusses auf Anregung des Bundesrates in das Gesetz aufgenommen worden. Damit hat der Gesetzgeber die Möglichkeit eröffnet, auf technische Wandlungen und Fortentwicklungen relativ zeitnah reagieren zu können. Die Regelung ist technologie- und binnenmarktoffen ausgestaltet.[90]

37 Voraussetzung für ein sonstiges sicheres Verfahren ist die **Festlegung durch Rechtsverordnung.** Die Verordnungsermächtigung genügt den Anforderungen des Art. 80 Abs. 1 Satz 1 und 2 GG. Zuständig für den Erlass ist die Bundesregierung und damit

88 Zum Verfahren näger Mann/Sennekamp/Uechtritz/*Schulz*, § 3a Rn. 121.

89 S. die Gesetzesbegründung, BT-Drucks. 17/11473, S. 49; BMI, Minikommentar zum Gesetz zur Förderung der elektronischen Verwaltung sowie zur Änderung weiterer Vorschriften, S. 53; *Ziekow*, § 3a Rn. 6.

90 So Beschlussempfehlung und Bericht des BT-Innenausschusses, BT-Drucks. 17/13139, S. 17.

ein zulässiger Ermächtigungsadressat. Inhalt, Zweck und Ausmaß der Verordnungsermächtigung sind hinreichend bestimmt. Inhalt der Verordnung ist die Festlegung eines sicheren Verfahrens. Die Authentifizierung des Datenübermittlers und die Gewährleistung der Integrität des übermittelten Datensatzes sowie der Barrierefreiheit begrenzen die Ermächtigung und umschreiben damit zugleich das Ausmaß.[91]

Das **Verordnungsverfahren** regelt das Gesetz nur in Ansätzen. Gegen die Praxis, dass das sachlich zuständige Bundesinnenministerium den Entwurf erarbeitet und er sodann vom Bundeskabinett als Kollegium beschlossen wird, bestehen keine Bedenken.[92] Satz 4 Nr. 4 Halbs. 2 sieht ferner vor, dass vor Erarbeitung des Verordnungsentwurfs der IT-Planungsrat Empfehlungen zu geeigneten Verfahren abgibt. Damit soll sichergestellt werden, dass die Zulassung anderer sicherer Verfahren im Vorfeld zwischen Bund und Ländern abgestimmt wird.[93] Der IT-Planungsrat ist in Umsetzung der IT-Koordinierung von Bund und Ländern nach Art. 91c GG auf der Grundlage des IT-Staatsvertrags gegründet worden. Er besteht aus dem Beauftragten der Bundesregierung für Informationstechnik und Vertretern der 16 Bundesländer und hat u.a. zur Aufgabe, fachunabhängige und fachübergreifende IT-Sicherheitsstandards zu beschließen. Drei Vertreter der Gemeinden und Gemeindeverbände sowie der Bundesbeauftragte für den Datenschutz und die Informationsfreiheit nehmen beratend teil. Die Beschlüsse bedürfen der einfachen Mehrheit der anwesenden Mitglieder (§ 1 Abs. 7 Satz 2 des IT-Staatsvertrags). Die Umsetzung für die Bundesebene erfolgt gem. § 10 EGovG durch den Rat der IT-Beauftragten der Bundesregierung (IT-Rat). Das Bundesinnenministerium ist an die Empfehlungen des IT-Planungsrats rechtlich nicht gebunden; faktisch wird sich eine Bindung allerdings aufgrund des überlegenden Sachverstandes des Gremiums einstellen. Die vom Bundeskabinett beschlossene Rechtsverordnung bedarf der Zustimmung durch den Bundesrat. Für die Zustimmung gilt das Mehrheitsprinzip (Art. 52 GG). Der Bundestag ist nicht zu beteiligen. 38

Voraussetzung für die Festlegung des sicheren Verfahrens ist die **Authentifizierung des Datenübermittlers** und die **Gewährleistung der Integrität des elektronisch übermittelten Datensatzes** sowie der **Barrierefreiheit.** Bei diesen Voraussetzungen handelt es sich um zwingende Mindestvoraussetzungen. Sie können auch nicht durch Empfehlungen des IT-Planungsrates korrigiert werden. Die Festlegung weiterer ergänzender Kriterien bleibt dem technischen Sachverstand des Verordnungsgebers überlassen. Die Authentifizierung des Datenübermittlers ist gegeben, wenn sichergestellt ist, dass das jeweilige Dokument zweifelsfrei von dem Absender bzw. Unterzeichner stammt. Die Integrität des elektronisch übermittelten Datensatzes verlangt eine hinreichende Verschlüsselung, die es Dritten verwehrt, den Datensatz zu verändern und so ein verändertes Dokument einem Absender bzw. Unterzeichner zuzuordnen. Die Barrierefreiheit ist gewährleistet, wenn das Verfahren für behinderte Menschen in der allgemein 39

---

91 Ebenso Mann/Sennekamp/Uechtritz/*Schulz*, § 3a Rn. 126.

92 BVerfG, Beschl. v. 11.10.1994 – 1 BvR 337/92, BVerfGE 91, 148 (166).

93 So Beschlussempfehlung und Bericht des BT-Innenausschusses, BT-Drucks. 17/13139, S. 17.

üblichen Weise, ohne besondere Erschwernis und grundsätzlich ohne fremde Hilfe zugänglich und nutzbar ist (§ 4 BGG[94]).[95]

III. Zur Bearbeitung ungeeignete Dokumente (Abs. 3)

40 Abs. 3 enthält Regelungen für den Fall, dass das übermittelte elektronische Dokument nicht zur Bearbeitung durch den Empfänger, d. h. Private oder Behörden, geeignet ist. Mit der Vorschrift wollte der Gesetzgeber der Vielzahl unterschiedlicher technischer Formate für die elektronische Kommunikation und die sich hieraus ergebende fehlende Kompatibilität einzelner Formate Rechnung tragen. Der Empfänger soll in einem solchen Fall den Absender über die fehlende Kommunikationsmöglichkeit informieren.[96] Keine Aussage ist Abs. 3 zu der Frage zu entnehmen, wann der **Zugang** eines elektronischen Dokuments anzunehmen ist.[97] Der allgemeine Grundsatz, nach dem das Dokument so in den Machtbereich des Empfängers gelangt sein muss, dass dieser die Möglichkeit der Kenntnisnahme hat, ist für den Absender regelmäßig bei der elektronischen Kommunikation nur schwer beweisbar. Eine automatisch generierte Lesebestätigung kann im Wege eines Anscheinsbeweises als Nachweis angesehen werden.[98]

41 Abs. 3 Satz 1 sieht eine **Informationspflicht** der Behörde, wenn ein ihr übermitteltes elektronisches Dokument für sie zur Bearbeitung nicht geeignet ist. Sie teilt dies dem Absender unter Angabe der für sie geltenden technischen Rahmenbedingungen unverzüglich mit. Die Behörde kann demnach für die elektronische Kommunikation unabdingbare technische Standards festlegen, die dann auch für den Absender gelten.[99] Die Informationspflicht besteht gegenüber dem Absender, da nur er eine erneute Übersendung des Dokuments vornehmen kann. Der Behörde steht es frei, auf einer Homepage die festgelegten technischen Standards zu veröffentlichen. Dies lässt die individuelle Informationspflicht unberührt.[100] Die Information an den Absender muss unverzüglich erfolgen, d.h. ohne schuldhaftes Zögern (vgl. § 122 Abs. 1 Satz 1 BGB).[101] Ein Verstoß gegen die Informationspflicht führt nicht zu einer Zugangsfiktion, sondern kann allenfalls Amtshaftungsansprüche auslösen.[102]

---

94 Gesetz zur Gesetz zur Gleichstellung behinderter Menschen (Behindertengleichstellungsgesetz – BGG) vom 27.04.2002 (BGBl. I S. 1467).

95 Mann/Sennekamp/Uechtritz/*Schulz*, § 3a Rn. 130.

96 So die Gesetzesbegründung, BT-Drucks. 14/9000, S. 31 f.; zum Normzweck auch Bauer/Heckmann/Ruge/Schallbruch/*Albrecht/Heckmann*, § 3a Rn. 124 f.; Mann/Sennekamp/Uechtritz/*Schulz*, § 3a Rn. 133.

97 So die Gesetzesbegründung, BT-Drucks. 14/9000, S. 32; *Ziekow*, § 3a Rn. 8; Bader/Ronellenfitsch/*U. Müller*, § 3a Rn. 5; offener Mann/Sennekamp/Uechtritz/*Schulz*, § 3a Rn. 135.

98 So Kopp/Ramsauer/*Tegethoff*, § 3a Rn. 25; *Mankowski*, NJW 2004, 1925 (1903); *Herwig*, MMR 2001, 145; a.A. Stelkens/Bonk/Sachs/*Schmitz*, § 3a Rn. 44.

99 Kopp/Ramsauer/*Tegethoff*, § 3a Rn. 27; zweifelnd Bader/Ronellenfitsch/*U. Müller*, § 3a Rn. 23.

100 Bauer/Heckmann/Ruge/Schallbruch/*Albrecht/Heckmann*, § 3a Rn. 126.

101 Kopp/Ramsauer/*Tegethoff*, § 3a Rn. 25; Bader/Ronellenfitsch/*U. Müller*, § 3a Rn. 23.

102 Knack/Henneke/*Schliesky*, § 3a Rn. 42; weitergehend Bauer/Heckmann/Ruge/Schallbruch/*Albrecht/Heckmann*, § 3a Rn. 132 ff.

Scheitert die elektronische Übermittlung eines behördlichen Dokuments an den Empfänger an der fehlenden Lesbarkeit oder aus anderen Gründe, die eine Bearbeitung durch den Empfänger ausschließen[103], hat die Behörde das Dokument nach einer entsprechenden Rüge des Empfängers **erneut** in einem geeigneten elektronischen Format oder als Schriftstück zu **übermitteln** (Abs. 3 Satz 2). Den Empfänger trifft demnach keine Informationspflicht gegenüber der Behörde.[104] Teilt er ihr die fehlende Bearbeitungsmöglichkeit nicht mit, lässt sich hieraus nicht auf einen ordnungsgemäßen Zugang des Dokuments schließen. Allerdings muss der Empfänger im Streitfall die mangelnde Lesbarkeit substantiiert darlegen. Ferner kann sich das nachträgliche Berufen auf die mangelnde Lesbarkeit als Verstoß gegen Treu und Glauben (§ 242 BGB) darstellen, wenn der Empfänger den Eindruck erweckt hat, das Dokument sei angekommen und lesbar.[105] Erfolgt die Mitteilung an die Behörde, hat diese ein Wahlrecht, ob sie die erneute Übermittlung durch ein geeignetes elektronisches Format oder auf dem herkömmlichen Weg durch Zustellung oder Übersendung per Post bewirkt.[106] Ein elektronisches Format ist dann geeignet, wenn der Empfänger es in der Mitteilung benannt hat oder aber seine Verwendung gängig ist. 42

IV. Landesrechtliche Besonderheiten

Die **VwVfG der Länder** stimmen im Wesentlichen mit § 3a überein. Die durch das Gesetz zur Förderung der elektronischen Verwaltung erfolgten Änderungen haben die Länder in ihre VwVfG übernommen. 43

Folgende Besonderheiten bestehen in den Bundesländern:

- In **Baden-Württemberg** sieht § 3a Abs. 1 Satz 2 VwVfG BW vor, dass für bestimmte technische Merkmale eine ausdrückliche Erklärung der Behörde über die Eröffnung des Zugangs bzw. eine diesbezügliche Vereinbarung mit dem Absender notwendig ist. Neben der Verschlüsselung und Signierung werden auch Dokumente, die großformatige Katen, Pläne oder Zeichnungen enthalten, erfasst. § 3a Abs. 4 VwVfG BW sieht die Möglichkeit vor, dass bei der Beteiligung weiterer Behörden, die zur elektronischen Aktenbearbeitung noch nicht befähigt sind, Mehrfertigungen in Papierform angefordert werden können. Eine Übermittlung in schriftlicher Form ist entgegen dem Wortlaut nicht erforderlich.[107]
- In **Hamburg** regelt § 3a Abs. 4 HVwVfG die Möglichkeit, dass anstelle der Schriftform elektronische Formen auch unterhalb der Schwelle der qualifizierten elektronischen Signatur durch Rechtsverordnung zugelassen werden können. Auf dieser Grundlage ist das Internetportal HamburgService eingerichtet worden, bei dem eine Registrierung mit Benutzerkennung und Passwort ausreicht.

103 Zu weitgehend *Ziekow*, § 3a Rn. 8, der auch kleinere Mängel wie das Fehlen von Umlautzeichen als erfasst ansieht.

104 Bader/Ronellenfitsch/*U. Müller*, § 3a Rn. 24; Bauer/Heckmann/Ruge/Schallbruch/*Albrecht/Heckmann*, § 3a Rn. 128.

105 Kopp/Ramsauer/*Tegethoff*, § 3a Rn. 35.

106 *Ziekow*, § 3a Rn. 8; *Kropp*, NVwZ 2008, 1055 (1058).

107 Bauer/Heckmann/Ruge/Schallbruch/*Albrecht/Heckmann*, § 3a Rn. 7.

- **Schleswig-Holstein** hat mit § 52a Abs. 4 LVwG eine Baden-Württemberg entsprechende Regelung. Zudem entspricht § 52a Abs. 5 LVwG der Rechtslage in Hamburg.
- In **Hessen** und **Nordrhein-Westfalen** regeln § 3a Abs. 1 HVwVfG und § 3a Abs. 1 VwVfG NRW, dass die Zugangseröffnung für Behörden durch Bekanntmachung auf der Behördenhomepage zu erfolgen hat. In der Bekanntmachung sollen auch die technisch-organisatorischen Rahmenbedingungen angegeben und über die mit der Anwendung der elektronischen Kommunikation verbundenen Obliegenheiten und Folgen informiert werden.
- **Mecklenburg-Vorpommern** verlangt in § 3a Abs. 1 Satz 1 VwVfG M-V eine Zugangseröffnung für Behörden durch öffentliche Bekanntmachung. Dies setzt regelmäßig eine Veröffentlichung im amtlichen Veröffentlichungsblatt der Behörde und den maßgeblichen Tageszeitungen voraus und dürfte wenig praxisgerecht sein.[108]

Abschnitt 2 Amtshilfe

Vorbemerkung zu §§ 4 bis 8

Schrifttum

Beckermann, Amtshilfeleistung und polizeilicher Notstand im Versammlungsrecht, DVBl 2019, 407; *Dreist*, Amtshilfe durch die Bundeswehr, NZWehrR 2015, 221; *Enders*, Anmerkung zu BVerwG, Urt. v. 25.10.2017 – 6 C 46.16, betreffend Amtshilfe durch die Bundeswehr bei polizeilichen Maßnahmen der Landesbehörden, JZ 2018, 464; *Hartwig*, Die Begriffe der Rechts- und Amtshilfe und ihre Unterscheidung, Diss. Kiel 1955; *Hebeler*, Verfassungs- und verwaltungsrechtliche Grundsatzfragen der Amtshilfe, JA 2019, 881; *Köhler*, Die Vollzugshilfe nach bayerischem Polizeirecht, BayVBl. 1998, 453; *Kopp/Kopp*, Die länderübergreifende Amtshilfe und die Verwaltungsvollstreckungshilfe, BayVBl. 1994, 229; *Lucks*, Inhalt und Grenzen einer Amtshilfeleistung durch die Streitkräfte am Beispiel der Flüchtlingshilfe, NVwZ 2015, 1648; *Meyer-Teschendorf*, Das Rechts- und Amtshilfegebot des Art. 35 Abs. 1 GG: Antwort auf ein Föderalismusproblem, DÖV 1988, 901; *Schliesky/Schulz*, §§ 8a ff. VwVfG n.F. – die Europäische Verwaltungszusammenarbeit im deutschen Verwaltungsverfahrensrecht, DVBl 2010, 601; sowie die Literaturangaben zu §§ 4 und 5.

Übersicht Rdn.

108 Bauer/Heckmann/Ruge/Schallbruch/*Albrecht/Heckmann*, § 3a Rn. 17.

A. Die Amtshilfe vor dem Inkrafttreten des VwVfG

1 Die **Amtshilfe** – als eine den Verwaltungsbereich betreffende Beistandsleistung – war **vor** Inkrafttreten des **VwVfG** zwar als Rechtsinstitut dem Grunde nach anerkannt, im geschriebenen Recht allerdings nur lückenhaft, etwa in § 117 BSHG[1] oder in landesrechtlichen Vorschriften wie den §§ 32 ff. des schleswig-holsteinischen LVwG[2] geregelt,[3] während die der Rechtsprechung dienende Rechtshilfe (vgl. unten Rdn. 32 f.) insbesondere durch die §§ 156 ff. GVG bereits Detailregelungen aufwies.

1 Gesetz vom 30.06.1961 (BGBl. I, S. 815).
2 Gesetz vom 18.04.1967 (GVBl. A, S. 131).
3 Zur Geschichte der Amtshilfe siehe *Schlink*, S. 11 ff.; Mann/Sennekamp/Uechtritz/*Shirvani*, § 4 Rn. 4 f.

Vorbemerkung zu §§ 4 bis 8

I. Vor Inkrafttreten des Grundgesetzes

2 Vor **Inkrafttreten des Grundgesetzes** hatte die Amtshilfe in einzelnen Rechtsvorschriften eine allerdings nur partielle Regelung erfahren.[4] So sah etwa die Reichsverfassung von 1871 die »Erledigung von Requisitionen« vor (Art. 4 Nr. 11) und sprach die Weimarer Reichsverfassung dem Reich die Gesetzgebungskompetenz für Regelungen über die Amtshilfe zu (Art. 7 Nr. 3 WRV), dies – anders als Art. 35 Abs. 1 GG – allerdings nur im Sinne einer Hilfe zwischen »Behörden«.[5]

II. Art. 35 Abs. 1 GG

3 **Art. 35 Abs. 1 GG bringt** im Vergleich zur vorherigen Rechtslage deutlicher die **Einheit der Staatsgewalt zum Ausdruck**, in dem er anordnet, dass sich alle Behörden des Bundes und der Länder gegenseitig (Rechts- und) Amtshilfe leisten, wobei der Begriff der Behörde in einem weiteren, die Gerichte als unabhängige Spruchkörper einschließenden Sinne verwendet wird.[6] Diese generelle Beistandspflicht ist »die notwendige Folge der Trennung der Gewalten und der Ausübung der Staatsgewalt durch verschiedene Behörden«[7] einer Vielzahl von Hoheitsträgern, die aus dem föderativen Staatsaufbau und der Dezentralisierung der Verwaltung resultiert.

B. Konkretisierung des Art. 35 Abs. 1 GG durch die §§ 4 bis 8

4 Die §§ **4 bis 8 konkretisieren** die als Rahmenvorschrift ausfüllungsfähige und ausfüllungsbedürftige[8] Bestimmung des **Art. 35 Abs. 1 GG**[9] für den Bereich der Amtshilfe. Einfachgesetzliche Lücken und Zweifelsfragen sind verfassungskonform im Lichte des Art. 35 Abs. 1 GG zugunsten einer Unterstützung auszulegen, um der gesamtstaatlichen Wirkungseinheit herzustellen.[10] Als **verfahrensrechtliche Bestimmungen** bieten

---

4 Eine Übersicht über die verschiedenen spezialgesetzlichen Rechts- und Amtshilfebestimmungen die im Reich und in den Ländern gegolten haben, gibt *Hartwig*, S. 8 ff. Vgl. auch: *Dreher*, S. 1 ff.; *Meyer-Teschendorf*, DÖV 1988, 901 ff.; Knack/Henneke/*Schliesky*, vor § 4 Rn. 6 ff.

5 Näher zur verfassungsgeschichtlichen Entwicklung der Amtshilfe Stelkens/*Bonk*/Sachs/*Schmitz*, § 4 Rn. 1; Mann/Sennekamp/Uechtritz/*Shirvani*, § 4 Rn. 5 Fn. 15 m.w.N.

6 Vgl. Sachs/Erbguth/*Schubert*, Art. 35 GG Rn. 6; *Maunz*/Dürig/*Dederer*, Art. 35 GG Rn. 3; Mann/Sennekamp/Uechtritz/*Shirvani*, § 4 Rn. 9; Stelkens/*Bonk*/Sachs/*Schmitz*, § 4 Rn. 3; Pautsch/Hoffmann/*Heinemann*, § 4 Rn. 3.

7 BVerfG, Beschl. v. 28.11.1957 – 2 BvL 11/56, BVerfGE 7, 183 (190); BVerwG, Beschl. v. 15.05.2014 – 9 B 45.13, NJW 2014, 2808 m.w.N. Ähnlich *Hebeler*, JA 2019, 881.

8 Vgl. BVerwG, Urt. v. 27.06.2018 – 6 C 10.17, BVerwGE 162, 296; Beschl. v. 15.05.2014 – 9 B 45.13, NJW 2014, 2808 m.w.N.; OLG Düsseldorf, Beschl. v. 08.01.1957 – 12 W 24/56, NJW 1957, 1037; von Mangoldt/Klein/Starck/*von Danwitz*, Art. 35 Abs. 1 GG Rn. 5; Stelkens/*Bonk*/Sachs/*Schmitz*, § 4 Rn. 1; *Beckermann*, DVBl 2019, 407.

9 Ebenso Schmidt-Bleibtreu/Hofmann/Henneke/*Münkler*, Art. 35 GG Rn. 5, 27; Kopp/*Ramsauer*, § 4 Rn. 1; *Meyer*/*Borgs*, § 4 Rn. 1; *Ziekow*, § 4 Rn. 1; Wolff/Bachof/Stober/*Kluth* II, § 83 Rn. 83; Huck/*Müller*, § 4 Rn. 1; Knack/Henneke/*Schliesky*, vor § 4 Rn. 1, 6; *Kugele*, § 4 Rn. 1; Bauer/Heckmann/Ruge/Schallbruch/*Schulz*, § 4 Rn. 1, 6 f.; OLG Hamburg, Beschl. v. 09.07.2018 – 2 VA 9/18, FamRZ 2019, 1730.

10 So *Stern*, StR II, § 41 IV, S. 788 f.

die §§ 4 bis 8 Rechtsgrundlagen für das Ersuchen um, die Pflicht zur und den Inhalt der Amtshilfe, sie enthalten selbst aber **keine materielle Ermächtigungsgrundlage für Eingriffe** in die Rechte Dritter (vgl. auch § 7 Rdn. 11).[11]

C. Europäische Übereinkommen und Bezüge zum Unionsrecht

I. Europäische Übereinkommen

Von den **Mitgliedstaaten des Europarates** wurden zwei Amtshilfevereinbarungen erarbeitet. Während sich die Vertragsstaaten nach Art. 1 Abs. 1 des Europäischen Übereinkommens vom 24.11.1977 über die Zustellung von Schriftstücken in Verwaltungssachen im Ausland verpflichten, einander bei der Zustellung von Schriftstück in Verwaltungssachen Amtshilfe zu leisten, enthält Art. 1 Abs. 1 des Europäischen Übereinkommens vom 15.03.1978 über die Erlangung von Auskünften und Beweisen in Verwaltungssachen im Ausland die allgemeine und umfassende Verpflichtung, einander Amtshilfe in Verwaltungssachen zu leisten, sobald ihnen ein Amtshilfeersuchen nach Maßgabe dieses Übereinkommens zugeht.[12] **Bilateral** hat die Bundesrepublik ferner mit der Republik Österreich den Vertrag über Amts- und Rechtshilfe in Verwaltungssachen geschlossen.[13] 5

II. Die Amtshilfe im Unionsrecht

1. Amtshilferegelungen des Primärrechts

Art. 105 Abs. 1 Satz 2 AEUV (ex-Art. 85 EGV) enthält als einzige primärrechtliche Regelung zwar die Pflicht der zuständigen Behörden der Mitgliedstaaten (Wettbewerbsbehörden, Kartellbehörden), der Kommission **Amtshilfe zur Aufdeckung von Wettbewerbsverstößen** zu leisten, überlässt allerdings Einzelheiten dieser Amtshilfepflicht dem Sekundärrecht, wie insbesondere bei der Unterstützung der Nachprüfungen durch die Kommission, notfalls mit unmittelbarem Zwang[14] oder die Vornahme von Ermittlungen auf Ersuchen der Kommission nach Art. 20 Abs. 5 und 6 sowie Art. 22 der Verordnung (EG) Nr. 1/2003 des Rates v. 16.12.2002 zur Durchführung der in den Artikeln 81 und 82 des Vertrags niedergelegten Wettbewerbsregeln.[15] 6

---

11 *Hebeler*, JA 2019, 881; Kopp/*Ramsauer*, § 4 Rn. 2a und § 5 Rn. 18 m.w.N.; *Kugele*, § 5 Rn. 10; Knack/Henneke/*Schliesky*, vor § 4 Rn. 4, dort unter Aufgabe der früher a.A.; Pautsch/Hoffmann/*Heinemann*, § 4 Rn. 1.

12 Zu beiden Übereinkünften: Zustimmungsgesetz v. 20.07.1981 (BGBl. II S. 533); Ausführungsgesetz vom 20.07.1981 (BGBl. I S. 665). Vgl. hierzu *Jellinek*, NVwZ 1982, 535.

13 Vertrag vom 31.05.1988 (BGBl. 1990 II, S. 357); vgl. dazu die Durchführungshinweise des BMI vom 03.09.1990 – VII 6–130 081 – O ST 3 –; Stelkens/*Bonk*/Sachs/*Schmitz*, § 4 Rn. 23 auch zu – nicht auszuführenden – Amtshilfeersuchen bei der Vollstreckung österreichischer Verwaltungsstrafen gegen deutsche Fahrzeughalter wegen Nichtbenennung des Fahrers; Knack/Henneke/*Schliesky*, vor § 4 Rn. 26 m.w.N.

14 EuGH, Urt. v. 14.09.2010 – C-550/07 P, Rn. 119.

15 ABl. L 1 v. 04.01.2003, S. 1, zuletzt geändert durch Verordnung (EG) Nr. 1419/2006 des Rates v. 25.09.2006 (ABl. L 269 v. 28.09.2006, S. 1).

7 Aus dem in Art. 4 Abs. 3 Satz 1 EUV (ex-Art. 10 EGV) enthaltenen **Grundsatz der loyalen Zusammenarbeit** lässt sich zwar eine gegenseitige Unterstützungspflicht der Verwaltungen der Mitgliedstaaten untereinander,[16] gegenüber den Organen der Union und der Organe der Union gegenüber den Mitgliedstaaten ableiten,[17] aber noch keine der Amtshilfe vergleichbare strukturierte Pflicht zur Zusammenarbeit und »keine eigenständige Kooperationsverpflichtung«[18]. Der Grundsatz der loyalen Zusammenarbeit ist jedoch bei der Auslegung der vielfältigen unionsrechtlichen Kooperationsregelungen im »Europäischen Verwaltungsverbund«[19] mit heranzuziehen.[20]

2. Amtshilferegelung des Sekundärrechts

8 Das Sekundärrecht[21] der Union enthält zur Amtshilfe in einem »reichhaltigen Normbestand«[22] Verordnungen,[23] Richtlinien (vgl. Rdn. 9) sowie Durchführungsverordnungen,[24] insbesondere in Steuer- und Zollsachen, aber auch zum Wettbewerbsrecht, Verbraucherschutzrecht, Beihilferecht, für das Asyl-, Einwanderungs- und

---

16 Vgl. *Schmidt-Aßmann*, Ordnungsidee, S. 383.

17 EuGH in ständiger Rechtsprechung, etwa Urt. v. 21.01.2016 – C 515/14 (Kommission/Zypern); Urt. v. 04.03.2004 – C-344/01 (Bundesrepublik Deutschland/Kommission), Slg. 2004, I-2119 Rn. 79; Urt. v. 23.04.1995 – C 349/93 (Kommission/Italien), Slg. 1995, I-353 Rn. 13.

18 Von Mangoldt/Klein/Starck/*von Danwitz*, Art. 35 GG Rn. 50.

19 Zu diesem Begriff s. *Schmidt-Aßmann*/Schöne-Haubold, Der Europäische Verwaltungsverbund – Formen und Verfahren der Verwaltungszusammenarbeit in der EU, S. 2 ff.

20 Zur Notwendigkeit einer Verwaltungskooperation innerhalb der Union s. *Schmidt-Aßmann*, Ordnungsidee, S. 388 f.

21 Zu den primärrechtlichen Ermächtigungsgrundlagen siehe von Mangoldt/Klein/Starck/*von Danwitz*, Art. 35 GG Rn. 51.

22 Mann/Sennekamp/Uechtritz/*Shirvani*, § 4 Rn. 60.

23 Vgl. etwa Verordnung (EG) Nr. 515/97 des Rates v. 13.03.1997 über die gegenseitige Amtshilfe zwischen Verwaltungsbehörden der Mitgliedstaaten und die Zusammenarbeit dieser Behörden mit der Kommission im Hinblick auf die ordnungsgemäße Anwendung der Zoll- und der Agrarregelung (ABl. L 82 v. 22.03.1997, S. 1, ber. ABl. L 123 v. 15.05.1995, S. 25), zuletzt geändert durch Verordnung (EG) Nr. 766/2008 des Europäischen Parlaments und des Rates v. 09.07.2008 (ABl. L 218 v. 13.08.2008, S. 48); Verordnung (EG) Nr. 1598/2002 der Kommission v. 06.09.2002 mit Durchführungsvorschriften zur Richtlinie 1999/105/EG des Rates betreffend die Leistung gegenseitiger Amtshilfe durch amtliche Stellen (ABl. L 240 v. 07.09.2002, S. 39, ber. ABl. L 175 v. 15.07.2003, S. 47).

24 Vgl. etwa Verordnung (EG) Nr. 696/98 der Kommission v. 27.03.1998 zur Durchführung der Verordnung (EG) Nr. 515/97 des Rates über die gegenseitige Amtshilfe zwischen Verwaltungsbehörden der Mitgliedstaaten und die Zusammenarbeit dieser Behörden mit der Kommission im Hinblick auf die ordnungsgemäße Anwendung der Zoll- und der Agrarregelung (ABl. L 96 v. 28.03.1998, S. 22); Verordnung (EG) Nr. 952/2006 der Kommission vom 29.06.2006 mit Durchführungsbestimmungen zur Verordnung (EG) Nr. 318/2006 des Rates hinsichtlich der Binnenmarktordnung und Quotenregelung für Zucker (ABl. L 178 vom 01.07.2006, S. 39); Verordnung (EG) Nr. 555/2008 der Kommission vom

Freizügigkeitsrecht oder die polizeiliche Zusammenarbeit in Strafsachen,[25] ohne dass es eine § 4 vergleichbare begriffliche Klärung gibt. Einerseits werden übliche Amtshilfehandlungen wie Auskünfte, Ermittlungen (Kontrollen, Nachprüfungen) und Zustellungen geregelt, andererseits über die Begriffsbestimmung des deutschen Rechts hinausgehend auch Amtshilfe ohne Ersuchen (ohne Antrag) oder über den Einzelfall hinausgehender regelmäßiger automatischer Austausch von Informationen sowie der Vollstreckungshilfe (vgl. Rdn. 42) zugehörende Maßnahmen der Beitreibung und sonstige Sicherungsmaßnahmen erfasst.

III. Europäisierung des innerstaatlichen Amtshilferechts

Ein Großteil der in innerstaatliches Recht umgesetzten Richtlinien, die detaillierte Amtshilferegelungen enthalten, betreffen vom Anwendungsbereich des VwVfG ausgenommene Rechtsbereiche, wie das als Art. 1 des Beitreibungsrichtlinie-Umsetzungsgesetzes[26] erlassene Gesetz über die Durchführung der Amtshilfe bei der Beitreibung von Forderungen in Bezug auf bestimmte Steuern, Abgaben und sonstige Maßnahmen zwischen den Mitgliedstaaten der Europäischen Union (**EU-Beitreibungsgesetz** – EUBeitrG) oder das als Art. 1 des Amtshilferichtlinie-Umsetzungsgesetzes[27] erlassene Gesetz über die Durchführung der gegenseitigen 9

27.06.2008 mit Durchführungsbestimmungen zur Verordnung (EG) Nr. 479/2008 des Rates über die gemeinsame Marktorganisation für Wein hinsichtlich der Stützungsprogramme, des Handels mit Drittländern, des Produktionspotenzials und der Kontrollen im Weinsektor (ABl. L 170 vom 30.06.2008, S. 1); Durchführungsverordnung (EU) Nr. 404/2011 der Kommission vom 08.04.2011 mit Durchführungsbestimmungen zu der Verordnung (EG) Nr. 1224/2009 des Rates zur Einführung einer gemeinschaftlichen Kontrollregelung zur Sicherstellung der Einhaltung der Vorschriften der gemeinsamen Fischereipolitik (ABl. L 112 vom 30.04.2011, S. 1); Durchführungsverordnung (EU) Nr. 1189/2011 der Kommission v. 18.11.2011 zur Festlegung der Durchführungsbestimmungen zu bestimmten Artikeln der Richtlinie 2010/24/EU des Rates über die Amtshilfe bei der Beitreibung von Forderungen in Bezug auf Steuern, Abgaben und sonstige Maßnahmen (ABl. L 302 v. 19.11.2011, S. 16); Durchführungsverordnung (EU) 2015/2447 der Kommission vom 24.11.2015 mit Einzelheiten zur Umsetzung von Bestimmungen der Verordnung (EU) Nr. 952/2013 des Europäischen Parlaments und des Rates zur Festlegung des Zollkodex der Union (ABl. L 343 vom 29.12.2015, S. 558, ber. ABl. L 087 vom 02.04.2016, S. 67 (2015/2447).

25 Vgl. zu einzelnen Kooperationsbereichen von Mangoldt/Klein/Starck/*von Danwitz*, Art. 35 GG Rn. 53 ff.

26 Vom 07.12.2011 (BGBl. I S. 2592), das der Umsetzung der Richtlinie 2010/24/EU des Rates v. 16.03.2010 über die Amtshilfe bei der Beitreibung von Forderungen in Bezug auf bestimmte Steuern, Abgaben und sonstige Maßnahmen (ABl. L 84 v. 31.03.2010, S. 1) dient; geändert durch Gesetz vom 26.06.2013 (BGBl. I S. 1809).

27 Vom 26.06.2013 (BGBl. I S. 1809), das der Umsetzung der Richtlinie 2011/16/EU des Rates v. 15.02.2011 über die Zusammenarbeit der Verwaltungsbehörden im Bereich der Besteuerung und zur Aufhebung der Richtlinie 77/799/EWG (ABl. L 64 v. 11.03.2011, S. 1) dient; näher zu dieser Richtlinie EuGH, Urt. v. 16.05.2017 – C-682/15, EuZW 22017, 654; Fischer, jurisPR-SteuerR 38/2017 Anm. 2.

Amtshilfe in Steuersachen zwischen den Mitgliedstaaten der Europäischen Union (**EU-Amtshilfegesetz** – EUAHiG).

10 Eine neue Dimension wurde mit Art. 28 bis 35 der **Dienstleistungsrichtlinie**[28] erreicht, die durch Art. 4a des Gesetzes zur Umsetzung der Dienstleistungsrichtlinie im Gewerberecht und in weiteren Rechtsvorschriften[29] umgesetzt und als »Abschnitt 3 **Europäische Verwaltungszusammenarbeit**« mit den §§ 8a bis 8e in Teil I des VwVfG eingefügt wurden (vgl. hierzu und zu folgendem § 8a Rdn. 1a).[30] Die Regelungen gelten nach § 8a Abs. 1, wenn Rechtsakte der Union zur Zusammenarbeit verpflichten. »Mit Einführung des Begriffs der Hilfeleistung« in § 8a Abs. 1 ist »klargestellt, dass« entsprechend dem unionsrechtlichen Verständnis (vgl. Rdn. 8) »die Beschränkungen der innerstaatlichen Amtshilfe auf eine ergänzende Hilfe im Einzelfall außerhalb der eigenen Zuständigkeit nicht übernommen wurden«. Andererseits sind durch die Anordnung der entsprechenden Anwendung der §§ 5, 7 und 8 in § 8a Abs. 2 vorbehaltlich entgegenstehenden Unionsrechts »allgemein bekannte Vorschriften und Verfahrensweisen nutzbar gemacht«.[31]

D. Der Anwendungsbereich der §§ 4 bis 8

11 Der **Anwendungsbereich der §§ 4 bis 8** richtet sich mit Rücksicht auf den Anwendungsbereich des Gesetzes (vgl. § 1 Rdn. 2 f.) danach, ob das Handeln der ersuchenden oder der ersuchten Behörde in Betracht gezogen wird.

I. Der Vorrang bundesrechtlicher Sonderregelungen

12 Wie alle Verfahrensregelungen des VwVfG kommen die §§ 4 bis 8 nur zur Anwendung, soweit nicht **Rechtsvorschriften des Bundes** (vgl. § 1 Rdn. 8) **inhaltsgleiche oder entgegenstehende Bestimmungen** enthalten.

13 Im Bundesrecht des allgemeinen Anwendungsbereichs des VwVfG bzw. der dieses verdrängenden LVwVfG finden sich überwiegend Regelungen, die (wie z.B. § 197 Abs. 2 Satz 1 BauGB, § 124 Abs. 2 Satz 2 BBG, § 135 Abs. 1 Satz 1 FlurbG) **nur** eine **allgemeine Amtshilfepflicht** entsprechend § 4 Abs. 1 aussprechen, für einzelne Verwaltungsbereiche häufig auftretende Fälle punktuell behandeln (wie die Amtshilfepflicht des Bundeskriminalamtes nach § 89 Abs. 1 Satz 1 AufenthG bei der Identitätsfeststellung von Ausländern oder die Kartenübermittlung der Vermessungsbehörden an die Flurbereinigungsbehörden nach § 135 Abs. 1 Satz 2 FlurbG) oder besondere Kostenerstattungsregelung enthalten (wie § 135 Abs. 2 FlurbG, § 8 AKostG) und daher wiederum einer Ergänzung durch die Amtshilferegelungen des VwVfG bzw.

28 Richtlinie 2006/123/EG des Europäischen Parlaments und des Rates v. 12.12.2006 über Dienstleistungen im Binnenmarkt (ABl. L 376 v. 27.12.2006, S. 36); näher dazu Knack/Henneke/*Schliesky*, vor § 4 Rn. 28 ff.; Mann/Sennekamp/Uechtritz/*Shirvani*, § 4 Rn. 61.

29 Vom 17.06.2009 (BGBl. I S. 2091).

30 Dazu etwa *Schliesky/Schulz*, DVBl 2010, 601 ff.

31 Amtliche Begründung *(Beschlussempfehlung und Bericht des Ausschusses für Wirtschaft und Technologie)*, BT-Drucks. 16/13399 S. 12.

eines LVwVfG bedürfen.[32] Bei der Informationshilfe (§ 4 Rdn. 30), einem Unterfall der Amtshilfe[33], bestehen insbesondere datenschutzrechtliche Sonderregelungen (vgl. Rdn. 18; § 5 Rdn. 38 ff.).

II. Hilfeleistung für Verwaltungsverfahren der ersuchenden Behörde im Anwendungsbereich des VwVfG

Die §§ 4 bis 8 (bzw. die entsprechenden Regelungen eines LVwVfG) kommen unmittelbar nur zur Anwendung (vgl. aber Rdn. 20 zur u.U. entsprechenden Anwendung), wenn die **ersuchende Behörde** die ergänzende **Hilfe für** eine öffentlich-rechtliche Verwaltungstätigkeit benötigt, auf die das VwVfG (bzw. ein LVwVfG) anzuwenden ist. Amtshilfe muss daher für ein (bereits begonnenes oder von der Behörde in Betracht gezogenes[34]) **Verwaltungsverfahren i.S.d. § 9** beansprucht werden.[35] Zwar ist die Amtshilfe nicht in Teil II geregelt, dessen erste Bestimmung (§ 9) eine für alle Verfahrensvorschriften dieses Teils maßgebliche Begriffsbestimmung des Verwaltungsverfahrens enthält. Daraus kann jedoch nicht geschlossen werden, dass der Begriff des Verwaltungsverfahrens i.S.d. § 9 für die Regelung der Amtshilfe irrelevant ist und dass daher die §§ 4 bis 8 auch für Verfahren gelten, die nicht auf den Erlass eines VA oder den Abschluss eines örV gerichtet sind.[36] Die Aufnahme der Vorschriften über die Amtshilfe in den Teil des Gesetzes erklärt sich daraus, dass sie ebenso wie die den Anwendungsbereich des Gesetzes und die örtliche Zuständigkeit regelnden Vorschriften der §§ 1 bis 3 Probleme behandeln, die noch im »Vorfeld« des eigentlichen Verwaltungsverfahrens liegen[37] bzw. dieses begleiten. 14

III. Keine Bindung der ersuchten Behörde an VwVfG notwendig

Nachdem die von der ersuchenden Behörde benötigte Amtshilfe die Einleitung bzw. Fortführung eines ihr obliegenden Verwaltungsverfahrens ermöglichen soll, ist es **nicht notwendig**, dass auch die **ersuchte Behörde** bei ihrer (sonstigen) öffentlich-rechtlichen Verwaltungstätigkeit ganz oder teilweise **an das VwVfG gebunden** ist[38] (vgl. Rdn. 18). 15

32 Vgl. Knack/Henneke/*Schliesky*, § 4 Rn. 11; Kopp/*Ramsauer*, § 4 Rn. 18.

33 Vgl. *Holznagel*, GVwR II, § 24 Rn. 21.

34 Vgl. dazu § 4 Rn. 23 und Stelkens/Bonk/Sachs/*Schmitz*, § 4 Rn. 27.

35 Ebenso *Schleicher*, DÖV 1976. 550 (551); Finkelnburg/*Lässig*, § 4 Rn. 6.

36 A.A. h.M.: Stelkens/Bonk/Sachs/*Schmitz*, § 4 Rn. 16 (»zumindest analog«); Kopp/*Ramsauer*, § 4 Rn. 3; Knack/Henneke/*Schliesky*, vor § 4 Rn. 7; *Ziekow*, § 4 Rn. 2; Ule/*Laubinger*, § 11 Rn. 6; Wolff/Bachof/Stober/*Kluth* II, § 83 Rn. 93; Huck/*Müller*, § 4 Rn. 4; Bauer/Heckmann/Ruge/Schallbruch/*Schulz*, § 4 Rn. 10; Mann/Sennekamp/Uechtritz/*Shirvani*, § 4 Rn. 16; im Ergebnis wohl auch – allerdings ohne die Frage zu erörtern – BVerwG, Urt. v. 25.10.2017 – 6 C 46.16, BVerwGE 160, 169.

37 Vgl. Amtl. Begr. S. 31.

38 Ebenso Stelkens/Bonk/Sachs/*Schmitz*, § 4 Rn. 21; Kopp/*Ramsauer*, § 4 Rn. 4; Knack/Henneke/*Schliesky*, vor § 4 Rn. 14.

IV. Hilfeleistungen bei Anwendung verschiedener Verfahrensordnungen

16 Werden ergänzende **Hilfeleistungen zwischen Behörden** notwendig, die für ihre öffentlich-rechtliche Verwaltungstätigkeit **unterschiedlichen Verfahrensordnungen** unterliegen (auch sog. gesetzesinkongruente[39] oder grenz- oder ressortüberschreitende Amtshilfe[40]), so hat jede Behörde nach der für ihre öffentlich-rechtliche Verwaltungstätigkeit anzuwendenden Verfahrensordnung zu handeln. Soweit hierbei das VwVfG und ein LVwVfG oder die LVwVfG mehrerer Länder zur Anwendung kommen, ist wegen der fast uneingeschränkten Identität der Amtshilferegelungen im Ergebnis **materiell** im Wesentlichen nach einheitlichem Recht zu verfahren (vgl. Rdn. 24 ff.).[41] Das VwVfG, die LVwVfG, die AO und das SGB X gehen von einem einheitlichen Amtshilfebegriff aus, insbesondere enthalten auch die anderen Verfahrensordnungen (vgl. § 111 Abs. 2 AO, § 3 Abs. 2 SGB X) die mit § 4 Abs. 2 (vgl. § 4 Rn. 39 ff.) wörtlich übereinstimmenden negativen Abgrenzungen.

Das Recht, Amtshilfe zu verlangen, folgt allerdings aus der gesetzlichen Verpflichtung der ersuchten Behörden, Amtshilfe zu leisten. Die Frage, ob eine um Amtshilfe ersuchte Behörde im Einzelfall verpflichtet ist, ein an sie gestelltes Amtshilfeersuchen zu erfüllen und ggf. in welchem Umfang und in welcher Weise sie das zu tun hat, ist deshalb nach den **für die ersuchte Behörde geltenden Rechtsgrundlagen** zu beantworten (Rdn. 17 ff.; nach diesen Bestimmungen richtet sich auch der **Rechtsweg** bei »grenzüberschreitenden« Amtshilfeersuchen, vgl. dazu § 5 Rdn. 91).

1. Voraussetzungen der Amtshilfe

17 Die **Voraussetzungen** der Amtshilfe – d.h. die Voraussetzungen für das Ersuchen der Hilfe begehrenden Behörde – richten sich nach der für die **ersuchende Behörde** maßgeblichen Verfahrensordnung (Rdn. 16).[42]

2. Zulässigkeit und Grenzen der Amtshilfe

18 Für die **Zulässigkeit und Grenzen** der Amtshilfe ist die **Verfahrensordnung** bzw. eine dieser vorgehenden spezialgesetzlichen Regelung maßgeblich, der die **ersuchte Behörde** bei ihrer Verwaltungstätigkeit unterworfen ist (vgl. § 4 Rdn. 33 ff.).[43] So werden insbesondere die für die Informationshilfe bedeutsamen allgemeinen Geheimhaltungsregelungen in § 5 Abs. 2 Satz 2 VwVfG oder § 4 Abs. 2 Satz 2 SGB X durch die Sonderregelungen, insbesondere des Steuerrechts, Datenschutzrechts, des Sozialrechts

---

39 Mann/Sennekamp/Uechtritz/*Shirvani*, § 4 Rn. 22; Stelkens/Bonk/Sachs/*Schmitz*, § 4 Rn. 21.

40 Knack/Henneke/*Schliesky*, vor § 4 Rn. 16.

41 Vgl. bereits *Schlink*, S. 204.

42 Vgl. BVerwG, Urt. v. 06.02.1986 – 3 C 74.84, DVBl 1986, 1199; Kopp/*Ramsauer*, § 4 Rn. 4; Huck/*Müller*, § 4 Rn. 3; s.a. Knack/Henneke/*Schliesky*, vor § 4 Rn. 14, 16.

43 Vgl. BVerwG, Urt. v. 26.09.2006 – 2 WD 2.06, BVerwGE 127, 1 (28); Urt. v. 06.02.1986 – 3 C 74.84, NVwZ 1986, 467; Huck/*Müller*, § 4 Rn. 3; Knack/Henneke/*Schliesky*, vor § 4 Rn. 16.

und des Ausländerrechts verdrängt (vgl. hierzu § 5 Rdn. 38 ff.). Auch der Ersatz von Kosten richtet sich nach dem für die ersuchte Behörde geltenden Recht.[44]

V. Uneingeschränkte Anwendung nur zwischen Bundesbehörden

Im Hinblick auf die von allen Bundesländern erlassenen LVwVfG (vgl. § 1 Rdn. 72, 19
78) und den Amtshilferegelungen in anderen Verwaltungsverfahrensordnungen (vgl. Rdn. 24 ff.) kommen die §§ 4 bis 8 nur zwischen **Bundesbehörden** im weiteren Sinne (vgl. § 1 Rdn. 11 ff.), die **beide** (als ersuchende und ersuchte Behörde) für ihre öffentlich-rechtliche Verwaltungstätigkeit dem **VwVfG unterworfen** sind, uneingeschränkt zu Anwendung.[45]

VI. Entsprechende Anwendung

Die inhaltsgleichen Regelungen über die Amtshilfe in §§ 4 bis 8, den LVwVfG 20
(vgl. Rdn. 29) sowie in den anderen Verfahrensordnungen (§§ 111 ff. AO, §§ 3 ff. SGB X – vgl. Rdn. 25 ff., 28) sind **Ausdruck allgemeiner Rechtsgrundsätze** und als Konkretisierung von Art. 35 Abs. 1 GG analog anzuwenden, wenn keine gemeinsamen Verfahrens- und insbesondere Amtshilferegelungen bestehen oder ergänzende Hilfe im Zusammenhang mit anderer öffentlich-rechtliche Verwaltungstätigkeit als VA und örV benötigt wird (vgl. zu Letzterem Rdn. 14).[46]

Bei den unterschiedlichen Erscheinungsformen der **Verwaltung in Privatrechts-** 21
form[47] ist für eine entsprechende Anwendung der Amtshilferegelungen in den §§ 4 bis 8 jedenfalls zu fordern, dass eine Behörde im Sinne des weiten Behördenbegriffs in Art. 35 Abs. 1 GG, wozu auch privatrechtlich organisierte Verwaltungseinheiten zählen,[48] bei der Erfüllung öffentlicher Aufgaben Hilfe benötigt und leistet.[49] Damit kommt Amtshilfe im Rahmen des Verwaltungsprivatrechts[50] ebenso wie zur

---

44 Knack/Henneke/*Schliesky*, vor § 4 Rn. 16.

45 Vgl. Knack/Henneke/*Schliesky*, § 4 Rn. 3.

46 Bader/Ronellenfitsch/*Funke-Kaiser*, § 4 Rn. 2; Kopp/*Ramsauer*, § 4 Rn. 3; Stelkens/Bonk/Sachs/*Schmitz*, § 3 Rn. 3, 16; Knack/Henneke/*Schliesky*, vor § 4 Rn. 11.

47 Vgl. hierzu etwa Wolff/Bachof/*Stober*/Kluth I, § 23 Rn. 1 ff.; *ders.*, VwR II, § 89 Rn. 13 ff., § 92 Rn. 1 ff.; *Ehlers*, AllgVwR, § 3 Rn. 78 ff.

48 Jarass/*Pieroth*, Art. 35 GG Rn. 3; von Mangoldt/Klein/Starck/*von Danwitz*, Art. 35 GG Rn. 13; Schmidt-Bleibtreu/Hofmann/Henneke/*Münkler*, Art. 35 GG Rn. 16. Enger Sachs/Erbguth/*Schubert*, Art. 35 Rn. 8, wonach die bloße Erfüllung öffentlicher Aufgaben privatrechtlich organisierter Verwaltungsträger nicht ausreichen soll. A.A. von Münch/Kunig/*Gubelt*, Art. 35 GG Rn. 3 m.w.N. Gegen Einbeziehung juristischer Personen des Privatrechts auch *Stern*, StR II S. 788 f.

49 Ebenso OVG Brandenburg, Beschl. v. 23.07.1997 – 2 A 16/96, RiA 1998, 298 (Einstellungsuntersuchungen von Angestellten in den öffentlichen Dienst durch Gesundheitsamt auf Ersuchen einer Gerichtsverwaltung). Ähnlich: Stelkens/Bonk/Sachs/*Schmitz*, § 3 VwVfG, Rn. 14; Wolff/Bachof/Stober/*Kluth* II, § 83 Rn. 93; *Ziekow*, § 4 Rn. 4.

50 Ebenso Kopp/*Ramsauer*, § 4 Rn. 5; Stelkens/Bonk/Sachs/*Schmitz*, § 4 VwVfG, Rn. 14; Knack/Henneke/*Schliesky*, vor § 4 Rn. 18 unter Aufgabe der früheren a.A.; Bader/Ronellenfitsch/*Funke-Kaiser*, § 4 Rn. 41; Ehlers/*Pünder*, AllgVwR, § 14 Rn. 44; Huck/*Müller*, § 4 Rn. 4; Mann/Sennekamp/Uechtritz/*Shirvani*, § 4 Rn. 26; Pautsch/Hoffmann/*Heinemann*, § 4 Rn. 7.

Unterstützung fiskalischer Hilfstätigkeiten[51] in Betracht, während rein erwerbswirtschaftliche Betätigungen (wie etwa der Betrieb einer kommunalen Brauerei oder eines staatlichen Weingutes) ausscheiden.[52]

22 **Ersucht** ein **Gericht** aufgrund spezialgesetzlicher Bestimmungen wie § 14 VwGO (oder in Ermangelung einer solchen Vorschrift unmittelbar aufgrund Art. 35 Abs. 1 GG) eine Behörde um ergänzende Hilfe (wie etwa um eine amtliche Auskunft über Altlasten an einem Grundstück), sind für die ersuchte Behörde, soweit keine besonderen Rechtsvorschriften bestehen, die für ihre Verwaltungstätigkeit allgemein geltenden Regelungen der Amtshilfe, insbesondere die §§ 5, 7 und 8 VwVfG bzw. LVwVfG entsprechend anzuwenden.[53]

VII. Keine Anwendung auf Kirchen

23 Die Nichtgeltung des VwVfG für die Tätigkeit der Kirchen, der Religionsgesellschaften und Weltanschauungsgemeinschaften sowie ihrer Verbände und Einrichtungen nach § 2 Abs. 1 (§ 2 Rdn. 1 ff.) lässt eine entsprechende Anwendung der Amtshilferegelungen auch nicht zu, wenn sie Körperschaftsstatus haben (vgl. § 2 Rdn. 5 ff.), denn sie unterfallen auch nicht dem Behördenbegriff des Art. 35 Abs. 1 GG,[54] wenn sie nicht ausnahmsweise Staatsaufgaben wahrnehmen (vgl. § 2 Rdn. 17 f.).[55]

E. Amtshilferegelungen in anderen Verwaltungsverfahrensordnungen

24 Mit den §§ 4 bis 8 identische oder vergleichbare Regelungen über die Amtshilfe enthalten neben den Verwaltungsverfahrensgesetzen der Länder auch die **anderen Verfahrensordnungen des Verwaltungsrechts.**

I. Die Amtshilferegelungen der AO

25 Die Amtshilferegelungen in den **§§ 111 bis 115 AO** sind weitgehend an die §§ 4 bis 8 angeglichen. Allerdings verpflichtet § 111 Abs. 1 Satz 1 AO nur zur **Amtshilfe gegenüber Finanzbehörden** im Besteuerungsverfahren, weshalb in § 112 Abs. 1, Abs. 3 Nr. 3, Abs. 5, § 113, § 114 Abs. 1 und Abs. 2 Satz 1 sowie § 115 Abs. 1 Satz 1 AO als Normadressat jeweils nur die ersuchende Finanzbehörde genannt ist. Nach § 111 Abs. 3 AO werden von der Amtshilfepflicht Schuldenverwaltungen, Kreditinstitute

51 A.A. Kopp/*Ramsauer*, § 4 Rn. 5.

52 Ebenso Ehlers/*Pünder*, AllgVwR, § 14 Rn. 44. Vgl. auch Wolff/Bachof/*Stober*/Kluth I, § 23 Rn. 24, 59.

53 Vgl. Kopp/*Ramsauer*, § 4 Rn. 6a; AG Duisburg, Beschl. v. 19.11.2011 – 105 K 75/10, juris.

54 Wohl einhellige Meinung, vgl. etwa *Maunz*/Dürig/*Dederer*, Art. 35 GG Rn. 34; Schmidt-Bleibtreu/Hofmann/Henneke/*Münkler*, Art. 35 GG Rn. 17; von Mangoldt/Klein/Starck/*von Danwitz*, Art. 35 GG Rn. 13; Bader/Ronellenfitsch/*Funke-Kaiser*, § 4 Rn. 42.1.

55 Ausführlich hierzu *Ehlers*, in: HdbStKirchR II, S. 1123 ff. Vgl. auch Jarass/*Pieroth*, Art. 35 GG Rn. 3; Stelkens/Bonk/Sachs/*Schmitz*, § 4 Rn. 3.

sowie Betriebe gewerblicher Art der Körperschaften des öffentlichen Rechts nicht erfasst,[56] während § 111 Abs. 4 AO die Amtshilfepflicht auf dem Gebiet der Zollverwaltung auch auf diejenigen dem öffentlichen Verkehr und dem öffentlichen Warenumschlag dienenden Unternehmen[57] erstreckt, die das BMF als Zollhilfsorgane besonders bestellt hat.

Anders als § 5 Abs. 2 enthält § 112 Abs. 2 AO kein Amtshilfeverbot aus allgemeinen **Geheimhaltungsgründen**, denn nach § 111 Abs. 5 AO gelten die Sonderregelungen über das Verhältnis der Auskunfts- und Vorlagepflichten zu den behördlichen Schweigepflichten in den §§ 105 und 106 AO im Fall eines Amtshilfeersuchens einer Finanzbehörde im Besteuerungsverfahren entsprechend. Allerdings gilt die Auskunfts- und Vorlagepflicht nach § 105 Abs. 1 AO nicht, wenn sie durch Sonderregelungen eingeschränkt ist (wie etwa durch § 105 Abs. 2 AO, § 11 Abs. 3 Fluglärmschutzgesetz) oder eingeschränkt werden kann (wie z.B. aufgrund § 106 AO). 26

§ 117 AO enthält Sonderregelungen über die **zwischenstaatliche Rechts- und Amtshilfe in Steuersachen.** Weiterführende Hinweise für die zwischenstaatliche Amtshilfe bei der Festsetzung von Steuern mit Ausnahme der Mehrwertsteuer bietet das regelmäßig aktualisierte **Merkblatt des Bundesministeriums der Finanzen** »zur zwischenstaatlichen Amtshilfe durch Informationsaustausch in Steuersachen«[58] (vgl. zum Stand 01.01.2019 BStBl I 2019, 480). 27

II. §§ 3 bis 7 SGB X

Die **§§ 3 bis 7 SGB X** stimmen abgesehen von der Besonderheit, dass nach § 7 Abs. 1 Satz 2 SGB X Auslagenerstattungen im Fall der Amtshilfe zwischen Versicherungsträgern erst bei Beträgen über einhundert Euro stattfinden, wörtlich mit den §§ 4 bis 8 überein. Abweichende Vereinbarungen über Auslagenerstattungen sind nach § 7 Abs. 1 Satz 3 SGB X ausdrücklich zugelassen. Der mit § 8 Abs. 2 identischen Regelung über den Einnahmezufluss aus Amtshilfemaßnahmen in § 7 Abs. 2 SGB X kommt wegen der Kostenfreiheit nach § 64 SGB X nur geringe Bedeutung zu.[59] 28

---

56 Im Hinblick auf Art. 35 Abs. 1 GG ist jedoch der einfachgesetzliche generelle Ausschluss der Amtshilfepflicht nur zu rechtfertigen, wenn den genannten Institutionen keine Behördeneigenschaft zukommt (vgl. Klein/*Rätke*, § 111 AO Rn. 15). Die Regelung hätte dann nur klarstellenden Charakter. A.A. Beermann/Gosch/*Wolffgang/Hendricks*, § 111 AO Rn. 23. Das für den Ausschluss verwendete Argument, die Institutionen stünden im Wettbewerb mit anderen nicht einer Amtshilfepflicht unterliegenden privaten Einrichtungen übersieht, dass eine solche Konkurrenzsituation für den Zuständigkeitsbereich als Behörde (Beliehener) nicht gegeben sein kann.

57 Dies ist nach der Verordnung über die Übertragung von Hoheitsaufgaben der Bundeszollverwaltung auf die Eisenbahnen des Bundes vom 24.02.1994 (BGBl. I S. 541) die Deutsche Bahn AG. Vom BMF bestellt sind außerdem z.B. Deutsche Lufthansa, Hafen- und Flughafenverwaltungen. Vgl. dazu Klein/*Rätke*, § 111 AO Rn. 17.

58 HYPERLINK "HTTPS://WWW.BZST.DE/SHAREDDOCS/DOWNLOADS/DE/INTERN_AMTSHILFE/MERKBLATT_ZWISCHENSTAATLICHE_AMTSHILFE.HTML" (Abruf: 09.04.2020)

59 Siehe von Wulffen/Schütze/*Roller*, § 7 SGB X Rn. 3, 13.

F. Amtshilferegelungen im Verwaltungsverfahrensrecht der Länder

29 Die Länder haben, soweit sie nicht ohnehin auf das VwVfG des Bundes verweisen (Berlin, Brandenburg, Niedersachsen, Rheinland-Pfalz, Sachsen-Anhalt und Sachsen[60]), in ihren Vollgesetzen weitgehend wortgleiche Regelungen.

§ 36 Satz 1 des schleswig-holsteinischen Landesverwaltungsgesetzes (LVwG) stellt – wegen Art. 35 Abs. 1 GG allerdings entbehrlich – klar, dass Amtshilfe auch gegenüber den Behörden des Bundes und der anderen Länder zu leisten ist. In § 36 Satz 2 LVwG ist ferner festgelegt, dass auch bei Amtshilfen im Verhältnis zu Bundesbehörden und den Behörden der anderen Länder bei Konflikten die Aufsichtsbehörde der ersuchten Behörde entscheidet. § 33 Abs. 5 Satz 3 LVwG bestimmt bei Selbstverwaltungsaufgaben der kommunalen Körperschaften die Kommunalaufsichtsbehörde als die zuständige Fachaufsichtsbehörde. Bei der Auswahl der Behörden enthält § 6 Satz 2 HmbVwVfG einen Vorrang zugunsten hamburgischer Bezirksämter bei Amtshilfeersuchen innerhalb der Hamburger Verwaltung.

30 Abweichend von § 8 Abs. 1 liegt die **Bagatellgrenze** für Erstattungen in den Ländern Bayern, Saarland und Thüringen bei 25 €. Art. 8 Abs. 1 Satz 2 BayVwVfG bezeichnet außerdem den Erstattungsgegenstand nicht als »Auslagen« sondern als »besondere Aufwendungen« und enthält keine Bezugnahme auf den Einzelfall. § 36 Satz 3 des schleswig-holsteinischen LVwG lässt Verwaltungsabkommen, nach denen Auslagen nicht oder nur dann zu erstatten sind, wenn sie einen höheren Betrag als 35 € übersteigen, unberührt.

Der in § 35 Abs. 1 Satz 3 des schleswig-holsteinischen LVwG aus § 2 LVwG übernommene Begriff des »Trägers öffentlicher Verwaltung« ist mit dem in § 8 Abs. 1 Satz 3 VwVfG und den anderen LVwVfG enthaltenen Begriff des Rechtsträgers identisch.

G. Abgrenzung der Amtshilfe von anderen Beistandsleistungen

31 Die **Amtshilfe** ist von der Rechtshilfe einerseits sowie andererseits von anderen Arten der Beistandsleistungen im Verwaltungsbereich **abzugrenzen.**

I. Abgrenzung zur Rechtshilfe

32 Die **Rechtshilfe** unterscheidet sich von der Amtshilfe dadurch, dass es sich hierbei um die **von** einem (anderen) **Gericht auf Ersuchen geleistete ergänzende Hilfe durch richterliche Tätigkeit**[61] **handelt,** wozu auch die Tätigkeit des Rechtspflegers gehört,

60 Dort im in § 1 des »Gesetzes zur Regelung des Verwaltungsverfahrens- und des Verwaltungszustellungsrechts für den Freistaat Sachsen« (SächsVwVfZG) vom 19.05.2010 (SächsGBVl. S. 142), geändert durch Gesetz vom 12.07.2013 (SächsGVBl. S. 503, 553).

61 Vgl. *Maunz*/Dürig/*Dederer*, Art. 35 GG Rn. 3, 52; von Mangoldt/Klein/Starck/*von Danwitz*, Art. 35 GG Rn. 8; *Dreher*, S. 15; Stelkens/Bonk/Sachs/*Schmitz*, § 4 Rn. 38; Kopp/*Ramsauer*, § 4 Rn. 12a; Knack/Henneke/*Schliesky*, vor § 4 Rn. 23; *Meyer/Borgs*, § 4 Rn. 12; Wolff/Bachof/Stober/*Kluth* II, § 83 Rn. 84.

soweit er nach dem Rechtspflegergesetz mit richterlicher Unabhängigkeit ausgestattet ist.[62] Außerhalb der richterlichen Tätigkeit leisten auch die Gerichte als Behörden Amtshilfe.[63]

Nach herrschender Meinung soll das **Ersuchen** um Rechtshilfe nicht nur von einem Gericht, sondern auch von **einer Verwaltungsbehörde**[64] **ausgehen können.** Diese Ansicht, der für den Anwendungsbereich der §§ 4 bis 8 im Hinblick auf die Begriffsbestimmung in § 4 Abs. 1 (vgl. § 4 Rdn. 4) keine Bedeutung zukommt, ist allerdings insoweit einzuschränken,[65] dass ein »Ersuchen« um eine richterliche Handlung von einer Behörde nur gestellt werden kann, wenn für diese richterliche Handlung im Rahmen eines Verwaltungsverfahrens eine gesetzliche Ermächtigung besteht,[66] wie etwa nach § 65 Abs. 2 Satz 1 für die richterliche Zeugenvernehmung im förmlichen Verwaltungsverfahren.[67] 33

II. Abgrenzung von anderen Beistandsleistungen im Verwaltungsbereich

Im Bereich der öffentlichen Verwaltung bestehen **andere Arten von Beistandsleistungen**, die es von der Amtshilfe abzugrenzen gilt. 34

1. Spontanhilfen

Die sog. **Spontanhilfen** unterscheiden sich von der Amtshilfe dadurch, dass sie auf eigener Initiative der leistenden Behörde beruhen, also **ohne** ein dahin gehendes behördliches **Ersuchen** geleistet werden (vgl. § 4 Rdn. 10).[68] Für eine derart »aufgedrängte« Hilfe gelten die §§ 4 bis 8 nicht, insb. kann es hierfür keine Auslagenerstattung nach § 8 Abs. 1 Satz 2 geben. Sie kann auch nicht durch Gewährung eines 35

---

62 Vgl. *Dreher*, S. 16.

63 Vgl. von Mangoldt/Klein/Starck/*von Danwitz*, Art. 35 GG Rn. 8; Bader/Ronellenfitsch/*Funke-Kaiser*, § 4 Rn. 35; Stelkens/Bonk/Sachs/*Schmitz*, § 4 Rn. 38; OLG Hamburg, Beschl. v. 09.07.2018 – 2 VA 9/18, FamRZ 2019, 1730 (Gewährung von Akteneinsicht zwischen Gerichten: VwVfG des Landes i.V.m. dem jeweiligen Datenschutzgesetz); zur Abgrenzung auch OLG Köln, Beschl. v. 27.03.2015 – 7 VA 1/15, FamRZ 2015, 1926.

64 Für behördliches Ersuchen: *Dreher* S. 15; Wolff/Bachof/Stober/*Kluth* II, § 83 Rn. 84; Stelkens/Bonk/Sachs/*Schmitz*, § 4 Rn. 38; *Meyer*/*Borgs*, § 4 Rn. 12; a.A. *Maunz*/Dürig/*Dederer*, Art. 35 GG Rn. 52.

65 *J. Schmidt* (FS Boorberg, S. 135, 139) zählt zur Rechtshilfe nur die richterlichen Beistandshandlungen der Gerichte untereinander. Der Umstand, dass Gerichte stets nur auf Antrag und nicht auch von Amts wegen tätig werden, stünde allerdings einer Rechtshilfe nicht entgegen, weil das behördliche Ersuchen unschwer als Antrag angesehen werden kann.

66 Vgl. Schoch/Schneider/Bier/*Stelkens*/*Panzer*, § 14 Rn. 3.

67 A.A. wohl Bader/Ronellenfitsch/*Funke-Kaiser*, § 4 Rn. 35. Nach Kopp/*Ramsauer*, § 65 Rn. 6 handelt es sich um eine Sonderform der Rechts- bzw. Amtshilfe, die keines Rückgriffs auf §§ 4 ff. oder Art. 35 Abs. 1 GG bedarf.

68 Vgl. BGH, Urt. v. 16.01.1961 – III ZR 210/59, BGHZ 34, 184 (187); VGH Hessen, Urt. v. 08.12.1992 – 11 UE 1486/88, NJW 1993, 3011 (3012); Huck/*Müller*, § 4 Rn. 7. Zum weiteren auch Spontanhilfen umfassenden unionsrechtlichen Amtshilfeverständnis vgl. Rdn. 8.

Aufwendungsersatzes aus öffentlich-rechtlicher Geschäftsführung ohne Auftrag »belohnt« werden.[69] Sind die Voraussetzungen einer örtlichen Notzuständigkeit der »Hilfe« leistenden Behörde wegen Gefahr im Verzug nach § 3 Abs. 4 gegeben, handelt sie in eigener Zuständigkeit, so dass Aufwendungsersatz ausscheidet (vgl. § 3 Rdn. 122).[70]

2. Organleihe

36 Bei der (nur auf gesetzlicher Grundlage zulässigen[71]) **Organleihe**, die dadurch gekennzeichnet ist, dass einem Hoheitsträger zur Aufgabenerfüllung eine Behörde oder ein Behördenteil eines anderen Hoheitsträgers zur Verfügung gestellt und unterstellt wird[72] (vgl. auch § 1 Rdn. 12), **beschränkt** sich im Gegensatz zur Amtshilfe die **Hilfeleistung nicht auf** ein **bestimmtes Verwaltungsverfahren** (vgl. § 4 Rdn. 14). Die Hilfe erstreckt sich hier vielmehr für eine gewisse Dauer auf einen ganzen Aufgabenbereich, insb. auf eine Vielzahl von Verwaltungsverfahren.[73]

3. Verwaltungshilfe

a) Verwaltungshilfe nach dem Einigungsvertrag

37 Die **allgemeine Verwaltungshilfe** des Bundes und der alten Länder beim Aufbau der Landesverwaltungen der neuen Länder nach Art. 15 Abs. 2 Einigungsvertrag (EV) war anders als die Amtshilfe nicht auf die ergänzenden Hilfe für ein bestimmtes Verwaltungsverfahren bezogen, sondern auf eine umfassende personelle, finanzielle und organisatorische Hilfeleistung ausgerichtet. Auch die durch Art. 15 Abs. 3 Satz 1 EV eingeführte und bis 30.06.1991 begrenzte Verwaltungshilfe bei der Durchführung von Fachaufgaben, war nicht auf einzelne konkrete Verwaltungsverfahren beschränkt und hob sich insbesondere durch das Weisungsrecht nach Art. 15 Abs. 3 Satz 2 EV auch von der Organleihe (vgl. Rdn. 36) ab.[74]

38 Die auf **einzelne Verwaltungsverfahren** in bestimmten Verwaltungsbereichen **abzielende Verwaltungshilfe** (wie z.B. nach dem früheren § 10a BImSchG im immissionsschutzrechtlichen Genehmigungsverfahren), unterscheidet sie sich von der Amtshilfe insb. dadurch, dass die für ein Verwaltungsverfahren bedeutsamen Informationen

---

69 Vgl. Wolff/Bachof/*Stober*/Kluth I, § 55 Rn. 18. A.A. wohl Stelkens/Bonk/Sachs/*Schmitz*, § 4 Rn. 32; Kopp/*Ramsauer*, § 4 Rn. 12a; *Kugele*, § 4 Rn. 7; Mann/Sennekamp/Uechtritz/*Shirvani*, § 4 Rn. 32.

70 Vgl. zu alledem auch von Mangoldt/Klein/Starck/*von Danwitz*, Art. 35 GG Rn. 17; *Holznagel*, GVwR II, § 24 Rn. 29.

71 Vgl. Kopp/*Ramsauer*, § 4 Rn. 12a m.w.N.; Mann/Sennekamp/Uechtritz/*Shirvani*, § 4 Rn. 54.

72 Vgl. BVerfG, Beschl. v. 12.01.1983 – 2 BvL 23/81, BVerfGE 35, 1 (31); BGH, Beschl. v. 29.04.2008 – KVR 30/07, NVwZ 2009, 199; BVerwG, Urt. v. 13.02.1976 – VII A 4/73, NJW 1976, 1468 (1469); Huck/*Müller*, § 4 Rn. 6.

73 Vgl. Stelkens/Bonk/Sachs/*Schmitz*, § 4 Rn. 39 (»Bündel von Entscheidungen und auf eine gewisse Dauer«); *Hebeler*, JA 2019, 881: keine bloß »ergänzende« Hilfe i.S.v. § 4 VwVfG.

74 Ausführlich zur Verwaltungshilfe nach Art. 15 Abs. 2 und 3 EV Stelkens/Bonk/Sachs/*Schmitz*, § 4 Rn. 43 ff.; s.a. Knack/Henneke/*Schliesky*, vor § 4 Rn. 22.

nicht von der verfahrensführenden Behörde durch Ersuchen an eine andere Behörde selbst beschafft werden, sondern vom Antragsteller von einer anderen Behörde beizubringen sind. Dies schließt Amtshilfeleistungen zwischen diesen Behörden in demselben Verwaltungsverfahren nicht aus.

b) Unselbstständige Verwaltungshilfe

Die sogenannte **unselbstständigen Verwaltungshilfe**[75] unterscheidet sich von der Amtshilfe dadurch, dass **Hilfe** nicht von einer Behörde, sondern **von einer Privatperson** (Verwaltungshelfer) geleistet wird[76]. Der vertraglich mit der Behörde verbundene Verwaltungshelfer tritt bei seiner Tätigkeit (wie etwa dem Aufstellen von Verkehrsschildern durch ein Straßenbauunternehmen im Auftrag der Straßenbaubehörde)[77] zudem nicht in unmittelbare Rechtsbeziehungen zu Dritten, denn sein Handeln wird der Behörde zugerechnet.[78] 39

4. Mandat

Vom organisationsrechtlichen zwischenbehördlichen **Mandat**[79] unterscheidet sich die Amtshilfe dadurch, dass der Mandatar im Außenverhältnis im Namen des Mandanten (Mandatierenden), also **im fremden Namen**, auftritt, während die ersuchte Behörde im Amtshilferechtsverhältnis gegenüber Dritten im eigenen Namen – wenn auch wie bei der Amtshilfe im fremden Interesse – tätig wird.[80] 40

5. Delegation

Die (nur auf gesetzlicher Grundlage zulässige[81]) **Delegation**[82] unterscheidet sich von der Amtshilfe dadurch, dass mit ihr eine **Zuständigkeitsverschiebung** vom Delegant auf den Delegatar eintritt, während die Amtshilfe die Kompetenzordnung unberührt lässt.[83] Die Übertragung der Zuständigkeit kann endgültig (echte oder befreiende 41

75 Vgl. Wolff/Bachof/*Stober*/Kluth II, § 91 Rn. 2.

76 Vgl. Wolff/Bachof/*Stober*/Kluth II, § 89 Rn. 19, § 91 Rn. 1 f.

77 Knack/Henneke/*Schliesky*, vor § 4 Rn. 19; Bader/Ronellenfitsch/*Funke-Kaiser*, § 4 Rn. 42.

78 Hierzu und zu der für die Abgrenzung zur Amtshilfe unergiebigen Unterscheidung bei der funktionellen Privatisierung zwischen unselbstständiger und selbstständiger Verwaltungshilfe Wolff/Bachof/*Stober*/Kluth II, § 91 Rn. 2 ff.; Ehlers/*Burgi*, AllgVwR § 10 Rn. 32; *Nünke*, Verwaltungshilfe und Inpflichtnahme des Sicherheitsgewerbes, Diss. Hamburg 2005.

79 Für die Abgrenzung von der Amtshilfe ist es ohne Belang, ob das zwischenbehördliche Mandat mit einer Zuständigkeitsverlagerung verbunden ist (vgl. hierzu: Wolff/Bachof/Stober/*Kluth* II, § 83 Rn. 78; *Horn*, NVwZ 1986, 808 (811).

80 Vgl. Wolff/Bachof/Stober/*Kluth* II, § 83 Rn. 75; Stelkens/Bonk/Sachs/*Schmitz*, § 4 Rn. 40; Kopp/*Ramsauer*, § 4 Rn. 12a; Mann/Sennekamp/Uechtritz/*Shirvani*, § 4 Rn. 56.

81 Kopp/*Ramsauer*, § 4 Rn. 12a; Stelkens/Bonk/Sachs/*Schmitz*, § 4 Rn. 41.

82 Vgl. Wolff/Bachof/Stober/*Kluth* II, § 83 Rn. 67; Stelkens/Bonk/Sachs/*Schmitz*, § 4 Rn. 41; Huck/*Müller*, § 4 Rn. 6, dort auch zum Handeln des Delegatars im eigenen Namen.

83 Vgl. LG Berlin, Beschl. v. 05.03.1996 – 84 I XIV 24/96 B, NVwZ-Beil. 1997, 4; Mann/Sennekamp/Uechtritz/*Shirvani*, § 4 Rn. 55.

Delegation) oder unter dem Vorbehalt der Rückholung (unechte oder bewahrende Delegation) erfolgen. In beiden Fällen handelt der Delegatar jedoch nicht mehr – wie bei der Amtshilfe – in fremdem Namen und einen Dritten unterstützend, sondern im eigenen Interesse.[84]

6. Vollstreckungshilfe

42 **Vollstreckungshilfe** (i.e.S.[85]) ist die auf besonderer gesetzlicher Ermächtigung beruhende behördliche[86] Hilfeleistung bei der Vollstreckung eines von einer anderen Behörde (Anordnungs- oder Erlassbehörde) erlassenen VA durch die Vornahme selbstständiger Vollstreckungshandlungen oder die Übernahme des gesamten Vollstreckungsverfahrens. Die Vollstreckungshilfe unterscheidet sich demnach von der Amtshilfe dadurch, dass sie über eine ergänzende Hilfeleistung hinausgeht (vgl. § 4 Rdn. 20 ff.) oder für die hilfeleistende Behörde (Vollstreckungsbehörde) eine eigene Aufgabe darstellt (vgl. § 4 Rdn. 47 ff.).[87] Im Rahmen des Vollstreckungsverfahrens kann wiederum nach allgemeinen Grundsätzen von Vollstreckungsbehörde zu Vollstreckungsbehörde Amtshilfe in Anspruch genommen werden.[88]

7. Vollzugshilfe der Polizei

43 Die in allen Polizei- oder Sicherheitsgesetzen der Länder geregelte (und mit Ausnahme Hamburgs) so bezeichnete **Vollzugshilfe** überträgt diese als eigene Aufgabe der Polizei.[89] Sie stellt deshalb nach § 4 Abs. 2 Nr. 2 keine Amtshilfe[90] dar (vgl. § 4 Rdn. 54), auch wenn zumeist die Amtshilferegeln für ergänzend anwendbar erklärt werden. Außer nach baden-württembergischem, hessischem und schleswig-holsteinischem

---

84 Stelkens/Bonk/Sachs/*Schmitz*, § 4 Rn. 41 (»in der Regel« keine Amtshilfe).

85 Vgl. zum nicht ganz einheitlichen Gebrauch des Begriffs Mann/Sennekamp/Uechtritz/*Shirvani*, § 4 Rn. 57.

86 Gerichtliche Maßnahmen i.R.d. Verwaltungsvollstreckung, wie etwa aufgrund Art. 26 Abs. 7 bayVwZVG, zählen nicht hierzu.

87 Ähnlich: Stelkens/Bonk/Sachs/*Schmitz*, § 4 Rn. 18, 42; Bader/Ronellenfitsch/*Funke-Kaiser*, § 4 Rn. 31.1; Kopp/*Ramsauer*, § 4 Rn. 17a; *Kopp/Kopp*, BayVBl. 1994, 229; *Köhler*, BayVBl. 1998, 453. Die teilweise verwendete Bezeichnung »gesteigerte Amtshilfe« soll die Möglichkeit einer ergänzenden Anwendung der §§ 4 bis 8 aufzeigen (vgl. *Schnapp*, KKZ 1993, 165) oder Eingriffe in Rechte Dritter aufgrund gesetzlicher Ermächtigung bedeuten (vgl. Stelkens/Bonk/Sachs/*Schmitz*, § 4 Rn. 29), ist jedoch wenig hilfreich. Gegen den Begriff der »gesteigerten Amtshilfe« auch Ule/*Laubinger*, § 11 Rn. 42.

88 Vgl. Stelkens/Bonk/Sachs/*Schmitz*, § 4 Rn. 18; *App/Wettlaufer*, § 5 Rn. 8.

89 § 60 Abs. 5 PolG BW; Art. 2 Abs. 3, Art. 50, 51 bayPAG; §§ 1 Abs. 3, 50, 51 BbgPolG; §§ 1 Abs. 3, 37, 38 BremPolG; § 15 Abs. 1 HmbVwVG, § 17 Abs. 1 HmbSOG; §§ 1 Abs. 5, 44, 45 HSOG; §§ 7 Abs. 2, 82a, 82b SOG M-V; §§ 1 Abs. 4, 51, 52 Nds. SOG; §§ 1 Abs. 3, 47, 48 PolG NRW; RpPOG §§ 1 Abs. 4, 96, 97; §§ 1 Abs. 4, 41, 42 SPolG; §§ 61., 62 SächsPolG; §§ 2 Abs. 3, 50, 51 SOG LSA; § 168 Abs. 2 Nr. 1 LVwV; §§ 2 Abs. 3, 48, 49 thürPAG.

90 Ebenso von Mangoldt/Klein/Starck/*von Danwitz*, Art. 35 GG Rn. 11; *Kugele*, § 4 Rn. 10; Mann/Sennekamp/Uechtritz/*Shirvani*, § 4 Rn. 38, 58.

Recht ist die Vollzugshilfe der Polizei jeweils auf den **unmittelbaren Zwang**, also die Einwirkung auf Personen oder Sachen durch körperliche Gewalt, ihre Hilfsmittel oder Waffen (§ 2 Abs. 1 UZwG), beschränkt und kommt als letztes Mittel insbesondere bei der Durchsetzung von VA, die zur Herausgabe einer Sache oder einer unvertretbaren Handlung verpflichten, in Betracht.

Soweit nach Rechtsvorschriften des Bundes beim Vollzug durch Bundesbehörden im weiteren Sinne (vgl. § 1 Rdn. 10 ff.) Vollzugshilfe ausdrücklich vorgesehen ist und dabei unmittelbarer Zwang notwendig wird,[91] ergibt sich die ebenfalls Amtshilfe ausschließende eigene Aufgabe der Bundespolizei aus §§ 1 Abs. 2 BPolG, 1 Abs. 1 BPolZV, 1 Abs. 1, 6 Nr. 1 UZwG.

8. Verfahren über eine einheitliche Stelle §§ 71a bis 71e

Die **Zusammenarbeit** zwischen der **einheitlichen Stelle** (§§ 71a bis 71e) und der für 44
die Durchführung des Verwaltungsverfahrens zuständigen Behörde unterfällt nicht der Amtshilfe nach §§ 4 bis 8, denn jede der beteiligten Behörden wird in eigener Zuständigkeit tätig.[92]

§ 4 Amtshilfepflicht

(1) Jede Behörde leistet anderen Behörden auf Ersuchen ergänzende Hilfe (Amtshilfe).

(2) Amtshilfe liegt nicht vor, wenn
1. **Behörden einander innerhalb eines bestehenden Weisungsverhältnisses Hilfe leisten;**
2. **die Hilfeleistung in Handlungen besteht, die der ersuchten Behörde als eigene Aufgabe obliegen.**

Schrifttum

Beckermann, Amtshilfeleistung und polizeilicher Notstand im Versammlungsrecht, DVBl 2019, 407; *Dreher*, Die Amtshilfe, 1959; *Enders*, Anmerkung zu BVerwG, Urt. v. 25.10.2017 – 6 C 46.16, betreffend Amtshilfe durch die Bundeswehr bei polizeilichen Maßnahmen der Landesbehörden, JZ 2018, 464; *Hebeler*, Verfassungs- und verwaltungsrechtliche Grundsatzfragen der Amtshilfe, JA 2019, 881; *Kunkel*, Die Mitteilungspflichten des Jugend- und Sozialamtes nach dem neuen Ausländergesetz, DVBl 1991, 567; *Meyer-Teschendorf*, Die Amtshilfe, JuS 1981, S. 187; *Pitschas*, Die Amtshilfe für und durch Sozialleistungsträger, SGb 1990, 233; *Schlink*, Die Amtshilfe, 1982; *J. Schmidt*, Die Amtshilfe nach dem Verwaltungsverfahrensgesetz, *Festschrift Boorberg*, S. 135; *Stüer*, Amtshilfeersuchen zwischen Sozialleistungsträgern und allgemeinen Verwaltungsbehörden, DÖV 1985, 720.

---

91 Wie etwa bei Überwachungsmaßnahmen der See-Berufsgenossenschaft nach § 9 Abs. 1 Satz 1 Schiffsbesetzungsverordnung oder die Kontrolle der Führer von Sportbooten durch die Wasser- und Schifffahrtsämter nach § 15 Sportbootführerscheinverordnung-See.

92 Siehe hierzu Bader/Ronellenfitsch/*Funke-Kaiser*, § 4 Rn. 36.

Übersicht Rdn.

A. Allgemeines und Grundsätzliches

1 **§ 4 regelt** durch die Festlegung einer allgemeinen Begriffsbestimmung in Abs. 1 und durch Ausgrenzung bestimmter Tatbestände in Abs. 2 das Wesen der Amtshilfe. Die Vorschrift hebt außerdem in Abs. 1 die Pflicht zur Leistung von Amtshilfe hervor.

Sie entspricht von redaktionellen Abweichungen abgesehen § 3 EVwVerfG 1963.[1] Parallelvorschriften finden sich in § 3 SGB X und – dort um steuerrechtliche Spezialvorschriften ergänzt – § 111 AO.

B. Die Vorschrift im Einzelnen

I. Die Begriffsbestimmung der Amtshilfe und Amtshilfepflicht (Abs. 1)

Abs. 1 hat eine **doppelte Funktion**, indem er mit der allgemeinen Begriffsbestimmung[2] der Amtshilfe (vgl. Rdn. 3 ff.) die Anordnung einer bereits durch Art. 35 Abs. 1 GG verfassungsrechtlich vorgegebenen Leistungspflicht (vgl. Rdn. 33 ff.) verbindet. 2

1. Der Begriff der Amtshilfe

Begrifflich ist die **Amtshilfe** eine zwischen Behörden (vgl. Rdn. 4 ff.) auf Ersuchen (vgl. Rdn. 9 ff.) geleistete ergänzende Hilfe (vgl. Rdn. 20 ff.) zur Entscheidungsfindung in einem Verwaltungsverfahren nach § 9 (vgl. § 9 Rdn. 2 ff.).[3] 3

a) Hilfeleistung zwischen Behörden

Amtshilfe kann **nur zwischen Behörden** i.S.d. § 1 Abs. 4 (vgl. § 1 Rdn. 79 ff.) geleistet werden.[4] Nicht zum Amtshilfebegriff des Abs. 1 zählen somit diejenigen ergänzenden Hilfeleistungen, bei denen Einrichtungen beteiligt sind, die zwar dem weiteren Behördenbegriff des Art. 35 Abs. 1 GG,[5] nicht aber dem engeren Begriff des § 1 Abs. 4 unterfallen (vgl. auch Vorbem. § 4 Rdn. 13c zum Ersuchen eines Gerichts).[6] 4

---

1 S. dazu Knack/Henneke/*Schliesky*, § 4 Rn. 1; Mann/Sennekamp/Uechtritz/*Shirvani*, § 4 Rn. 2.

2 Stelkens/Bonk/Sachs/*Schmitz* (§ 4 Rn. 4) sehen in Abs. 1 i.V.m. der Ausschlussklausel des Abs. 2 eine »konkretisierende und verlautbarende Klarstellung« des Amtshilfebegriffs des Art. 35 Abs. 1 GG.

3 Soweit nach § 111 Abs. 1 Satz 1 AO auch Gerichte die zur Durchführung der Besteuerung erforderliche Amtshilfe zu leisten haben, betrifft dies nur die Gerichte außerhalb ihrer Eigenschaft als unabhängige Spruchkörper. Vgl. auch Wolff/Bachof/Stober/*Kluth* II, § 83 Rn. 84.

4 Vgl. BVerwG, Urt. v. 26.09.2006 – 2 WD 2.06, BVerwGE 127, 1 (28) zur personellen und technischen Hilfeleistung der Bundeswehr zugunsten eines von einem privaten Verein veranstalteten Historienspektakels; zur Maßgeblichkeit des funktionalen Behördenbegriffs auch VGH Bayern, Urt. v. 25.01.2007 – 4 BV 04.3156, BayVBl 2007, 274; Mann/Sennekamp/Uechtritz/*Shirvani*, § 4 Rn. 17.

5 Vgl. hierzu: Sachs/Erbguth/*Schubert*, Art. 35 Rn. 6 f.; *Dreher*, S. 37 ff.

6 Nach dem Urt. des VGH Bayern v. 25.01.2007 – 4 BV 04.3156, DÖV 2007, 345 (346) leistet die gemeindliche Feuerwehr als unselbstständiger Teil der Gemeinde mangels Behördeneigenschaft bei der Mitwirkung zur polizeilichen Vermisstensuche keine Amtshilfe,

5 **Keine Amtshilfe** sind daher Hilfeleistungen

1) **innerhalb einer Behörde** (z.B. des Ordnungsamtes einer Kreisverwaltungsbehörde für deren Gewerbeamt),[7] wenn nicht ausnahmsweise Teileinrichtungen von Behörden unterschiedlichen Rechtsträgern angehören (wie dies z.B. bis zum 31.12.2007[8] für die damaligen Bundes- und Landesabteilungen der Oberfinanzdirektionen als Bundes- bzw. Landesfinanzbehörden nach §§ 1 Nr. 3, 2 Abs. 1 Nr. 2, § 8 Abs. 2 FVG a.F. galt[9]),
2) **von Gerichten** als unabhängigen Spruchkörpern (vgl. Vorbem. § 4 Rdn. 20 f.; anders hingegen, soweit ein Gericht nicht Aufgaben der Rechtsprechung, sondern der Justiz- oder Gerichtsverwaltung wahrnimmt[10]),
3) **für Verfassungsorgane** wie z.B. für parlamentarische Untersuchungsausschüsse gem. Art. 44 Abs. 3 GG oder für Petitionsausschüsse.[11]

aa) Unterworfenheit unter die deutsche Staatsgewalt

6 Ersuchende und ersuchte Behörde müssen der **Staatsgewalt der Bundesrepublik unterworfen** sein, da die verfassungsrechtliche Rahmenvorschrift des Art. 35 Abs. 1 GG (vgl. Vorbem. § 4 Rdn. 4) lediglich diese Behörden zur gegenseitigen Amtshilfe verpflichtet. Hilfeleistungen für ausländische Behörden, Behörden der Europäischen Union oder Behörden überstaatlicher Organisationen sind daher nicht der Amtshilfe des Abs. 1 zuzurechnen.[12] Ihre Durchführung richtet sich allein nach den jeweils getroffenen zwischenstaatlichen Vereinbarungen[13] oder supranationalem

---

während die Gemeinde als ihr Rechtsträger und als Sicherheitsbehörde dabei eine eigene Aufgabe erfüllt. A.A. *Schäfer/Schäfer*, KommJur 2008, 412.

7 Vgl. OVG Sachsen, Urt. v. 06.11.2013 – 5 A 531/11, SächsVBl 2014, 267; Stelkens/Bonk/Sachs/*Schmitz*, § 4 Rn. 13, 25; Kopp/*Ramsauer*, § 4 Rn. 12a; Knack/Henneke/*Schliesky*, § 4 Rn. 13; Bader/Ronellenfitsch/*Funke-Kaiser*, § 4 Rn. 11; Ule/*Laubinger*, § 11 Rn. 8; Mann/Sennekamp/Uechtritz/*Shirvani*, § 4 Rn. 17.

8 Vgl. zur Reform der Finanzverwaltung das Zweite Gesetz zur Änderung Finanzverwaltungsgesetzes und anderer Gesetze vom 13.12.2007 (BGBl. I S. 2897), durch das die Oberfinanzdirektionen zu reinen Landesbehörden wurden; näher dazu Igelmann/Köhler, NVwZ 2008, 48.

9 Vgl. Stelkens/Bonk/Sachs/*Schmitz*, § 4 Rn. 25; Knack/Henneke/*Schliesky*, § 4 Rn. 13.

10 Mann/Sennekamp/Uechtritz/*Shirvani*, § 4 Rn. 20; OLG Hamburg, Beschl. v. 09.07.2018 – 2 VA 9/18, FamRZ 2019, 1730.

11 Zur Behördeneigenschaft der Untersuchungsausschüsse im Sinne von Art. 35 Abs. 1 GG siehe BVerfG, Beschl. v. 13.09.1993 – 2 BvR 1666/93, NVwZ 1994, 54 (55); BVerwG, Beschl. v. 13.08.1999 – 2 VR 1.99, BVerwGE 109, 258 (268); *Maunz*/Dürig/*Dederer*, Art. 35 GG Rn. 39.

12 Vgl. hierzu Kopp/*Ramsauer*, § 4 Rn. 9 ff.; Stelkens/Bonk/Sachs/*Schmitz*, § 4 Rn. 23 (»im Allgemeinen«).

13 Siehe etwa den Vertrag vom 31.05.1988 zwischen der Bundesrepublik Deutschland und der Republik Österreich über Amts- und Rechtshilfe in Verwaltungssachen mit Gesetz vom 26.04.1990 (BGBl. II, S. 357) und Rundschreiben des BMI hierzu vom 03.09.1990 (GMBl. S. 546).

Recht[14], ggf. nach Unionsrecht, sowie im Rahmen der Europäischen Verwaltungszusammenarbeit nach §§ 8a bis 8e (vgl. vor § 4 Rdn. 4a ff.; § 8a Rdn. 1 ff., 18 ff., 24 f.).[15]

bb) Behörden innerhalb und außerhalb einer Verwaltungsorganisation

Nach ihrem Status können ersuchende und ersuchte Behörde i.R.d. Amtshilfe **in** den **Behördenapparat** eines Hoheitsträgers **eingegliedert** (vgl. § 1 Rdn. 83 f.) **oder** auch **Beliehene**[16] (vgl. § 1 Rdn. 85) sein. 7

cc) Stellung innerhalb der Verwaltungshierarchie

Die **Stellung der Behörden** innerhalb einer Verwaltungshierarchie ist **unerheblich.** Amtshilfe kann also grundsätzlich auch ggü. einer im Behördenaufbau nachgeordneten Behörde (z.B. von einer Ober- oder Mittelbehörde ggü. einer Unterbehörde) geleistet werden.[17] Nach Abs. 2 Nr. 1 ist allerdings die Hilfeleistung innerhalb eines Weisungsverhältnisses ausgenommen (vgl. Rdn. 40 ff.). 8

b) Das Ersuchen um Hilfeleistung

Amtshilfe kann **nur auf Ersuchen** der Behörde geleistet werden, die die Hilfe im Rahmen ihres Verwaltungsverfahrens benötigt. Ohne Ersuchen liegt begrifflich keine Amtshilfe vor und es besteht aus Abs. 1 weder eine Pflicht noch ein Recht zur Hilfeleistung. 9

Hilfeleistungen von Behörden gegenüber anderen Behörden, die **nicht angefordert** worden sind, sondern auf der eigenen Initiative der leistenden Behörde beruhen (»Spontanhilfen«)[18] oder die aufgrund einer **gesetzlichen Mitteilungspflicht** ohne Ersuchen erbracht werden (wie etwa nach §§ 71 ff. AufenthV gegenüber Ausländerbehörden oder die Datenübermittlung aus Gewerbeanzeigen nach § 14 Abs. 8 GewO 10

---

14 Europäisches Übereinkommen vom 24.11.1977 über die Zustellung von Schriftstücken in Verwaltungssachen im Ausland und Europäisches Übereinkommen vom 15.03.1978 über die Erlangung von Auskünften und Beweisen in Verwaltungssachen im Ausland mit Ausführungsgesetz vom 20.07.1981 (BGBl. I, S. 665).

15 Zur Amtshilfe im europäischen und internationalen Sozialrecht s. *Pitschas*, SGb 1990, 244.

16 Ebenso von Mangoldt/Klein/Starck/*von Danwitz*, Art. 35 GG Rn. 13; Sachs/Erbguth/*Schubert*, Art. 35 GG Rn. 8; Bader/Ronellenfitsch/Funke-Kaiser, § 4 Rn. 13; Meyer/Borgs/*Meyer*, § 4 Rn. 13; Pautsch/Hoffmann/*Heinemann*, § 4 Rn. 11; a.A. *Dreher*, S. 86.

17 Ebenso Sachs/Erbguth/*Schubert*, Art. 35 GG Rn. 13; *Dreher* S. 112. Unzutreffend ist die in der Amtl. Begr. (S. 38) vertretene und von *J. Schmidt* (*Festschrift Boorberg*, S. 135, 143) übernommene Auffassung, die Amtshilfe setze voraus, dass gleich- oder nebengeordnete Behörden einander Hilfe leisten.

18 Spontanhilfen werden auch nicht von Art. 35 Abs. 1 GG erfasst, vgl. Sachs/Erbguth/*Schubert*, Art. 35 Rn. 15 und wohl auch von Mangoldt/Klein/Starck/*von Danwitz*, Art. 35 GG Rn. 17. A.A. *Schlink*, S. 220.

durch die zuständigen Behörden – ggf. Gemeinden – an andere Behörden), werden nicht von den Bestimmungen der §§ 4 bis 8 erfasst (vgl. Rdn. 51).[19]

11 Die Frage, wann eine Behörde bei **Gefahr im Verzug** für eine andere Behörde handeln darf oder muss, ist ein Problem der Zuständigkeitsordnung (vgl. § 3 Rdn. 114 ff.) und nicht der Amtshilfe.[20]

aa) Rechtsnatur des Ersuchens

12 Das Ersuchen ist nach seiner Rechtsnatur eine **behördliche Willenserklärung**, die auf einen Verfahrenserfolg (eben die Leistung der Amtshilfe) gerichtet ist.[21] Anders als eine behördliche Willenserklärung privatrechtlicher Natur bemisst sich die Rechtmäßigkeit eines Amtshilfeersuchens nach dem Verwaltungsverfahrensrecht.

13 Das Ersuchen stellt **keinen VA** dar.[22] Denn ein solcher setzt eine hoheitliche Maßnahme (vgl. § 35 Rdn. 112) voraus, woran es hier fehlt, da Amtshilfeersuchen gerade nicht aufgrund einer öffentlich-rechtlichen Überordnung der ersuchenden Behörde über die ersuchte Behörde zu befolgen sind. Das Ersuchen enthält zudem keine »Regelung« i.S.d. § 35.[23]

bb) Bezogenheit des Ersuchens auf die Entscheidungsfindung in einem bestimmten Verwaltungsverfahren

14 Das Hilfeersuchen muss auf die Entscheidungsfindung in einem **bestimmten Verwaltungsverfahren** (vgl. Vorbem. § 4 Rdn. 8) bezogen sein,[24] das bei der ersuchenden Behörde bereits anhängig ist oder von ihr durchgeführt werden soll. Generelle Ersuchen werden daher ebenso wenig von Abs. 1 erfasst wie der nicht unmittelbar der Entscheidungsfindung in einem bestimmten Verwaltungsverfahren dienende zwischenbehördliche Erfahrungsaustausch (etwa in sog. »Nachbarschaften«), die Zusammenarbeit in Arbeitsgemeinschaften (etwa nach § 94 SGB X), die Nutzung gemeinsamer

---

19 Ebenso Knack/Henneke/*Schliesky*, § 4 Rn. 14,; Bader/Ronellenfitsch/*Funke-Kaiser*, § 4 Rn. 31.1; Meyer/Borgs/*Meyer*, § 4 Rn. 18, 26; Stelkens/Bonk/Sachs/*Schmitz*, § 4 Rn. 8, 31.

20 Knack/Henneke/*Schliesky*, § 4 Rn. 14. A.A. *J. Schmidt*, *Festschrift Boorberg*, S. 135 (141).

21 BVerwG, Urt. v. 25.10.2017 – 6 C 46.16, BVerwGE 160, 169; so auch Stelkens/Bonk/Sachs/*Schmitz*, § 4 Rn. 31; Bader/Ronellenfitsch/*Funke-Kaiser*, § 4 Rn. 23; *Ule/Laubinger*, § 11 Rn. 32; Knack/Henneke/*Schliesky*, § 4 Rn. 17; Mann/Sennekamp/Uechtritz/*Shirvani*, § 4 Rn. 34.

22 BVerwG, Urt. v. 25.10.2017 – 6 C 46.16, BVerwGE 160, 169; im Ergebnis ebenso *Hebeler*, JA 2019, 881: Stelkens/Bonk/Sachs/*Schmitz*, § 4 Rn. 31; Kopp/*Ramsauer*, § 4 Rn. 14; *Kugele*, § 4 Rn. 7; *Ziekow*, § 4 Rn. 13; *Ule/Laubinger*, § 11 Rn. 32; Pautsch/Hoffmann/*Heinemann*, § 4 Rn. 14; s.a. die Nachweise in der folgenden Fn. A.A. Meyer/Borgs/*Meyer*, § 4 Rn. 29 (VA gegenüber Behörden anderer Hoheitsträger).

23 Knack/Henneke/*Schliesky*, § 4 Rn. 17; Huck/*Müller*, § 4 Rn. 7; Mann/Sennekamp/Uechtritz/*Shirvani*, § 4 Rn. 34; Bauer/Heckmann/Ruge/Schallbruch/*Schulz*, § 4 Rn. 25.

24 A.A. Stelkens/Bonk/Sachs/*Schmitz*, § 4 Rn. 31; Knack/Henneke/*Schliesky*, § 4 Rn. 7 f.; Bader/Ronellenfitsch/*Funke-Kaiser*, § 4 Rn. 22, wonach das Ersuchen auch für mehrere und für zukünftige Fälle ausgesprochen werden kann.

technischer Einrichtungen[25] oder die unter dem Gesichtspunkt der Organleihe (vgl. § 1 Rdn. 12; Vorbem. § 4 Rdn. 24) allgemein für einen anderen Hoheitsträger erbrachte Hilfe.[26]

cc) Form und Inhalt des Ersuchens

Für das Hilfeersuchen ist keine bestimmte **Form** vorgeschrieben, sodass es sowohl mündlich, fernmündlich, mittels elektronischer Kommunikation (§ 3a) als auch schriftlich erfolgen kann.[27] Häufig wird Schriftlichkeit zweckmäßig sein,[28] damit über den Inhalt des Ersuchens keine Unklarheiten entstehen und die ersuchte Behörde und ggf. deren Aufsichtsbehörde sofort über die Berechtigung des Ersuchens im Sinne von § 5 Abs. 2 und 3 (vgl. § 5 Rdn. 27 ff., 66 ff.) befinden kann. 15

Nach seinem **Inhalt** muss das Ersuchen darüber Aufschluss geben, welche Hilfeleistung verlangt wird, welchem Zweck diese dient und warum die ersuchende Behörde auf sie angewiesen ist. Die Ausführlichkeit des Ersuchens hängt von den Umständen ab. Bei häufig wiederkehrenden und auf Gegenseitigkeit beruhenden Amtshilfeersuchen innerhalb desselben Verwaltungszweigs sind an deren Inhalt geringere Anforderungen zu stellen, als etwa bei Ersuchen, die an Behörden anderer Verwaltungszweige ergehen oder einen größeren Aufwand erfordern. Soll ein Beamter als Zeuge vernommen oder um eine dienstliche Erklärung ersucht werden, muss mit dem Ersuchen zugleich die Aussagegenehmigung (nach § 67 Abs. 3 Satz 2 BBG oder nach § 37 Abs. 3 Satz 2 BeamtStG i.V.m. dem jeweiligen Landesrecht, vgl. etwa § 4 Abs. 1 und 4 des bwLBG) beantragt werden,[29] wenn es um die Verschwiegenheitspflicht unterliegende Tatsachen geht. Bei der Anforderung personenbezogener Daten muss die ersuchte Behörde durch die Angaben der ersuchenden Behörde insbesondere in die Lage versetzt werden zu prüfen, ob sie diese weitergeben darf.[30] Die ersuchte Behörde kann in diesen und allen anderen Fällen erforderlichenfalls eine **Begründung** des Ersuchens von der ersuchenden Behörde verlangen.[31] 16

25 Vgl. Stelkens/Bonk/Sachs/*Schmitz*, § 4 Rn. 37.

26 Vgl. Stelkens/Bonk/Sachs/*Schmitz*, § 4 Rn. 30, 39.

27 Vgl. Kopp/*Ramsauer*, § 4 Rn. 14; Knack/Henneke/*Schliesky*, § 4 Rn. 18 unter Aufgabe der früher a.A.; Huck/*Müller*, § 4 Rn. 7; Bauer/Heckmann/Ruge/Schallbruch/*Schulz*, § 4 Rn. 25; *Hebeler*, JA 2019, 881. Für Formlosigkeit bereits *Dreher*, S. 112.

28 Vgl. auch Stelkens/Bonk/Sachs/*Schmitz*, § 4 Rn. 31; *Meyer/Borgs*, § 4 Rn. 21; Pautsch/Hoffmann/*Heinemann*, § 4 Rn. 16 (»empfohlen«).

29 Vgl. Plog/Wiedow, § 68 BBG Rn. 12.

30 Knack/Henneke/*Schliesky*, § 4 Rn. 18; s. dazu auch Stelkens/Bonk/Sachs/*Schmitz*, § 4 Rn. 9 ff.

31 Huck/*Müller*, § 4 Rn. 7; einschränkend Knack/Henneke/*Schliesky*, § 4 Rn. 18; Bauer/Heckmann/Ruge/Schallbruch/*Schulz*, § 4 Rn. 29; ähnl. Mann/Sennekamp/Uechtritz/*Shirvani*, § 4 Rn. 35.

dd) Unter Umständen Einhaltung des Dienstweges

17 Bei der Stellung eines schriftlichen Amtshilfeersuchens ist die ersuchende Behörde – entgegen der in der 4. Aufl. hier noch vertretenen Ansicht – **grundsätzlich nicht** an die **Einhaltung eines** für sie allgemein (üblicherweise gegenüber gleichgeordneten Behörden auch eines anderen Ressorts oder Hoheitsträgers ohnehin nicht) geltenden **Dienstweges**[32] gebunden.[33] Im Amtshilfeverkehr steht den Behörden vielmehr grundsätzlich – solange der Gesetzgeber nicht ausdrücklich etwas anderes bestimmt hat – die Befugnis zu einem unmittelbaren Kontakt zu.[34] Dies trägt dem in § 10 Satz 2 verankerten Ziel Rechnung, das Verwaltungsverfahren einfach, zweckmäßig und zügig durchzuführen.[35] Die Einschaltung unmittelbar vorgesetzter Behörden kann allerdings auch ohne dahingehende normative Verpflichtung im Einzelfall sinnvoll sein, um Auseinandersetzungen zwischen ersuchender und ersuchter Behörde vorzubeugen und damit der Verfahrensbeschleunigung zu dienen. So können beispielsweise unrechtmäßige Ersuchen verhindert und Fehler in der Behördenauswahl korrigiert werden.[36] Den Dienstvorgesetzten bleibt es zudem unbenommen, mit Blick auf solche Zweckmäßigkeitserwägungen innerhalb ihres jeweiligen Zuständigkeitsbereichs für bestimmte Fälle oder Fallgruppen die Einhaltung des Dienstwegs anzuordnen.[37] Ein Verstoß gegen solche verwaltungsinternen Weisungen oder Richtlinien hat allerdings allenfalls dienstrechtliche Konsequenzen für den dagegen zuwiderhandelnden Bediensteten (vgl. für Beamte § 62 BBG bzw. §§ 35, 47 Abs. 1 BeamtStG), die Wirksamkeit des Ersuchens wird dadurch nicht berührt.

---

32 Während die Bundesministerien mit den obersten Landesbehörden unmittelbar zusammenarbeiten, ist dies nach § 36 Abs. 3 der Gemeinsamen Geschäftsordnung der Bundesministerien (GGO, GMBl. 2000, S. 526) mit anderen Landesbehörden oder öffentlichen Körperschaften und Anstalten des Landesrechts grds. nur in den Fällen zulässig, die nach dem Grundgesetz, nach anderen Gesetzen oder aufgrund einer Vereinbarung mit der jeweiligen Landesregierung zugelassen sind. Die Bundesländer verlangen die Einhaltung eines Dienstweges teilweise nur gegenüber höheren Behörden (so etwa § 11 AGO Bayern mit Ausnahmen für eilige, regelmäßig wiederkehrende oder einfache Angelegenheiten), teilweise jedoch auch gegenüber nachgeordneten (wie z.B. § 67 GGO Nordrhein-Westfalen).

33 Ebenso *Dreher*, S. 112; Sachs/Erbguth/*Schubert*, Art. 35 GG Rn. 13; Meyer/Borgs/*Meyer*, § 4 Rn. 20; *Ziekow*, § 4 Rn. 9; Knack/Henneke/*Schliesky*, § 4 Rn. 16; Mann/Sennekamp/Uechtritz/*Shirvani*, § 4 Rn. 34.

34 Isensee, in: Isensee/Kirchhof, HdbStR, Bd. VI, § 126 Rn. 229; Mann/Sennekamp/Uechtritz/*Shirvani*, § 4 Rn. 34.

35 Vgl. insoweit bereits die 4. Aufl.

36 Solche Zweckmäßigkeitserwägungen können auch nach Bader/Ronellenfitsch/*Funke-Kaiser*, § 4 Rn. 27 im Einzelfall für die Einhaltung des Dienstweges sprechen. Ähnliche Überlegungen bei Stelkens/Bonk/Sachs/*Schmitz*, § 6 Rn. 3 und Knack/Henneke/*Schliesky*, § 4 Rn. 16; vgl. zu etwaigen Nachteilen eines auf dem »kleinen Dienstweg« zwischen Sachbearbeitern gestellten Ersuchens auch VG Schwerin, Urt. v. 27.06.2002 – 3 A 1354/99, VIZ 2003, 235.

37 Knack/Henneke/*Schliesky*, § 5 Rn. 4 halten auch Verwaltungsvereinbarungen über die Einhaltung bestimmter Dienstwege für zulässig.

ee) Begründung eines Rechtsverhältnisses durch das Ersuchen

Mit Zugang des Hilfeersuchens bei der ersuchten Behörde entsteht zwischen dieser und der ersuchenden Behörde ein auf die konkrete Amtshilfe bezogenes Rechtsverhältnis (»**Amtshilfeverhältnis**«). 18

ff) Freie Rücknehmbarkeit des Ersuchens

Das Amtshilfeersuchen kann von der ersuchenden Behörde als »Herrin des Verfahrens« **jederzeit zurückgenommen** werden,[38] soweit die ersuchende Behörde für eine ordnungsgemäße Verfahrensdurchführung nicht zwingend auf die Amtshilfe angewiesen ist (vgl. § 5 Rdn. 5). Für die bis zur Zurücknahme der ersuchten Behörde entstandenen Kosten ist § 8 anzuwenden (vgl. § 8 Rdn. 18). 19

c) Die Ergänzungsfunktion der Hilfeleistung

aa) Die Bedeutung des Tatbestandsmerkmals »ergänzende Hilfe«

Das Tatbestandsmerkmal »**ergänzende Hilfe**« dient dazu, diejenigen behördlichen Handlungen von der Amtshilfe auszugrenzen, die über den Charakter bloß ergänzender Hilfeleistung hinausgehen. Von einer ergänzenden Hilfeleistung im Sinne der Amtshilfe kann nur gesprochen werden, wenn die Erfüllung der gesetzlich übertragenen Aufgaben von der zuständigen Behörde in der theoretischen Grundkonstellation als »ein Musterverfahren der geplanten Art« ohne Unterstützung durch eine andere Stelle zu Ende gebracht werden kann und **nur in konkreten Einzelfällen** wegen unvorhergesehener Schwierigkeiten (ausnahmsweise) die Hilfe einer anderen Behörde in Anspruch genommen werden muss (vgl. zur dadurch allerdings nicht von vornherein ausgeschlossenen Möglichkeit von wiederholten Amtshilfeersuchen in ähnlich gelagerten Fällen § 5 Rdn. 10).[39] 20

Um Amtshilfe handelt es sich daher **nicht** mehr, wenn nach der gesetzlichen Aufgaben- und Zuständigkeitsverteilung bzw. Befugniszuweisung eine zugewiesene **Aufgabe zwangsläufig nicht ohne** Inanspruchnahme der **anderen Behörde bewältigt** werden kann. Die Leistung der anderen Behörde erleichtert dann der verfahrensführenden Behörde nicht nur in konkreten Einzelfällen ihre Aufgabenerfüllung, sondern macht sie allgemein erst möglich, weil ihr hierfür erforderliche Zuständigkeiten und Befugnisse nicht eingeräumt sind.[40] 21

---

38 Stelkens/Bonk/Sachs/*Schmitz*, § 4 Rn. 31; Bader/Ronellenfitsch/*Funke-Kaiser*, § 4 Rn. 23; Kopp/*Ramsauer*, § 4 Rn. 14 (»Widerruf«); Knack/Henneke/*Schliesky*, § 4 Rn. 17; Wolff/Bachof/Stober/*Kluth* II, § 83 Rn. 117; s. etwa VG Köln, Beschl. v. 07.04.2016 – 7 L 2989/15, juris; vgl. Zur Einordnung der ersuchenden Behörde als »Herrin des Verfahrens« auch BVerwG, Urt. v. 25.10.2017 – 6 C 46.16, BVerwGE 160, 169.

39 Grundlegend hierzu *Dreher*, S. 24 ff.; vgl. zu § 4 Mann/Sennekamp/Uechtritz/*Shirvani*, § 4 Rn. 39; Knack/Henneke/*Schliesky*, § 4 Rn. 8; Pautsch/Hoffmann/*Heinemann*, § 4 Rn. 13; Kopp/*Ramsauer*, § 4 Rn. 11 mit Abgrenzung zur nicht mehr unter § 4 fallenden und deshalb missverständlich teils sog. »erweiterten Amtshilfe«.

40 Vgl. *Dreher*, S. 25. Ähnlich *Schlink*, S. 217, 222.

bb) Merkmale ergänzender Hilfe

22 Die **Merkmale ergänzender Hilfe** lassen sich am Umfang der Hilfegewährung i.R.d. Tätigkeit der ersuchenden Behörde und an ihrer Funktion im Bereich der ersuchten Behörde ermitteln.

aaa) Nur Teilakte eines Verwaltungsverfahrens

23 Amtshilfe kann **nur** in der Vornahme bestimmter **Teilakte**[41] bestehen, die der ersuchenden Behörde die Möglichkeit geben, ein bei ihr anhängiges Verfahren weiterzuführen oder zum Abschluss zu bringen bzw. ihr als Grundlage für die Entscheidung über eine Verfahrenseröffnung[42] dienen. Amtshilfe schließt daher stets die Übernahme des gesamten Verfahrens[43] oder wesentlicher Verfahrensabschnitte wie insbesondere die Einleitung oder den Abschluss des Verfahrens aus.[44] Das gilt unabhängig davon, ob die Schwerpunktverschiebung zulasten der ersuchten Behörde[45] im Sinne eines »Abschiebens« auf diese oder zulasten der ersuchenden Behörde im Sinne eines zeitweisen »faktischen Wegfalls der Einflussmöglichkeit auf die wesentliche Verfahrensgestaltung« geschieht. Denn in beiden Fällen geht die Tätigkeit der ersuchten Behörde über die Ergänzungsfunktion hinaus. Dem steht nicht entgegen, dass die ersuchte Behörde nach § 7 Abs. 2 für die Art und Weise der Durchführung der Amtshilfe verantwortlich ist, denn diese Regelung setzt voraus, dass begrifflich Amtshilfe gegeben ist.

bbb) Keine Eigenständigkeit im Kompetenzbereich der ersuchten Behörde

24 Die Teilakte dürfen **keine Eigenständigkeit** im Kompetenzbereich der ersuchten Behörde besitzen. Ihre rechtliche Bedeutung muss sich in der ergänzenden Hilfe erschöpfen, die sie der ersuchenden Behörde gewähren. Bei diesem Abgrenzungsmerkmal kann es zu Überschneidungen mit den nach Abs. 2 Nr. 2 von der Amtshilfe ausgenommenen eigenen Aufgaben der ersuchten Behörde (vgl. Rdn. 47 ff.) kommen.

---

41 Vgl. BVerfG, Beschl. v. 13.07.2011 – 2 BvR 742/10, NVwZ 2011, 1254; VGH Baden-Württemberg, Urt. v. 07.12.2017 – 1 S 2526/16, VBlBW 2018, 316; OVG Sachsen, Beschl. v. 04.11.2013 – 4 M 224/13, LKV 2013, 566; Stelkens/Bonk/Sachs/*Schmitz*, § 4 Rn. 27; Knack/Henneke/*Schliesky*, § 4 Rn. 5; Bader/Ronellenfitsch/*Funke-Kaiser*, § 4 Rn. 15 f.; Bauer/Heckmann/Ruge/Schallbruch/*Schulz*, § 4 Rn. 17; Mann/Sennekamp/Uechtritz/*Shirvani*, § 4 Rn. 37.

42 Vgl. Stelkens/Bonk/Sachs/*Schmitz*, § 4 Rn. 27.

43 Vgl. VGH Baden-Württemberg, Urt. v. 07.12.2017 – 1 S 2526/16, VBlBW 2018, 316 (Gefährderansprache durch den Polizeivollzugsdienst eines Bundeslandes auf Anregung des Polizeivollzugsdienstes eines anderen Landes).

44 Amtl. Begr. S. 38; BVerfG, Kammerbeschl. v. 13.07.2011 - 2 BvR 742/10, NVwZ 2011, 1254 (1255); Stelkens/Bonk/Sachs/*Schmitz*, § 4 Rn. 28; Kopp/*Ramsauer*, § 4 Rn. 12; Knack/Henneke/*Schliesky*, § 4 Rn. 5; Huck/*Müller*, § 4 Rn. 6; *Kugele*, § 4 Rn. 6; *Meyer/Borgs*, § 4 Rn. 15; *Kopp/Kopp*, BayVBl. 1994, 229 (232). Vgl. auch *Ganßer*, BayVBl. 1983, 713. Nach *Pitschas* (SGb 1990, 233) soll es dagegen auf den Umfang der Hilfeleistung nicht ankommen.

45 So *Dreher*, S. 32.

cc) Fallgruppen fehlender Ergänzungsfunktion

Wegen ihres Umfangs bzw. wegen ihrer Bedeutung im Bereich der ersuchten Behörde lassen sich als **Fallgruppen fehlender Ergänzungsfunktion** Handlungen nennen, die 25

1) ein selbstständiges Verfahren darstellen, das
   - seinerseits die Voraussetzung für die Durchführung eines anderen Verfahrens bildet (wie z.B. ein Raumordnungsverfahren für ein Planfeststellungsverfahren) oder
   - auf ein anderes Verfahren aufbaut (wie z.B. das Vollstreckungsverfahren im Verhältnis zum Verfahren für den Erlass eines Leistungsbescheids, vgl. vor § 4 Rdn. 24[46]), auch wenn dieses seinerseits auf Amtshilfemaßnahmen angewiesen sein kann;[47]

2) eine **rechtlich notwendige Mitwirkung** beim Erlass eines mehrstufigen VA[48] (vgl. § 35 Rdn. 123 ff.) betreffen (wie z.B. das gemeindliche Einvernehmen nach § 36 BauGB); 26

3) **gegenüber jedermann** nach den einschlägigen Benutzungsvorschriften erbracht werden können (wie bspw. die förmliche Zustellung der Dienstpost einer Verwaltungsbehörde durch die Deutsche Post AG,[49] die Inanspruchnahme einer Bibliothek oder eines allgemein zugänglichen Archivs); 27

4) Maßnahmen betreffen, zu deren Vornahme die um Hilfe gebetene Behörde auch **ohne Ersuchen verpflichtet** ist (wie die Polizei, die auf »Ersuchen« einer Behörde gegen die Störung der öffentlichen Ordnung nach den polizeilichen Eingriffsnormen einschreitet); 28

5) einer **besonderen Ermächtigung** wegen des Grundrechtseingriffs der Maßnahme erfordern, die nur besonderen Behörden zukommt (wie etwa in Bayern den Justizvollzugsanstalten beim Vollzug der Abschiebungshaft).[50] 29

---

46 S. ferner Stelkens/Bonk/Sachs/*Schmitz*, § 4 Rn. 28; Mann/Sennekamp/Uechtritz/*Shirvani*, § 4 Rn. 38.

47 Vgl. Stelkens/Bonk/Sachs/*Schmitz*, § 4 Rn. 28; Bader/Ronellenfitsch/*Funke-Kaiser*, § 4 Rn. 17.

48 So auch Knack/Henneke/*Schliesky*, § 4 Rn. 25; Bader/Ronellenfitsch/*Funke-Kaiser*, § 4 Rn. 18. Für die Ausgrenzung dieser Fälle nach Abs. 2 Nr. 2: Stelkens/Bonk/Sachs/*Schmitz*, § 4 Rn. 36; Kopp/*Ramsauer*, § 4 Rn. 16b.

49 Die hierbei auch nach der Postreform als Beliehener öffentlich-rechtlich tätig wird (vgl. § 2 Rn. 67). So auch Bader/Ronellenfitsch/*Funke-Kaiser*, § 4 Rn. 18.

50 Das BVerwG (15.10.1988 – 3 B 253.97 – unveröffentlicht) und der VGH Bayern (Urt. v. 20.07.1993 – 5 B 92.3624, BayVBl. 1994, 243) sehen jedoch den Vollzug der Abschiebungshaft in einer Justizvollzugsanstalt schon im Hinblick auf den Wortlaut des früheren § 8 Abs. 2 FEVG – vgl. inzwischen § 422 Abs. 4 FamFG – als Fall der Amtshilfe.

d) Beispiele für Maßnahmen der Amtshilfe

30 **Maßnahmen der Amtshilfe** sind vor allem Ermittlungen (auch sog. Ermittlungshilfe),[51] die Erteilung von Auskünften (auch sog. Informationshilfe[52]),[53] die Vernehmung von Zeugen, die Hilfestellung zur Vornahme von Verfahrenshandlungen Dritter,[54] die Gewährung von Akteneinsicht,[55] die Übermittlung von Daten, die Überlassung von Akten und Kartenwerken, die öffentliche Bekanntmachung eines VA,[56] die Aufbereitung statistischen Materials, die Durchführung technischer Untersuchungen (wie die Feststellung von Messwerten) oder Ortsbesichtigungen[57] sowie die Bereitstellung von Dienstkräften, Diensträumen, technischen Einrichtungen (auch sog. Ressourcenhilfe)[58] oder einer Hundestaffel.[59] Die Beispiele zeigen, dass die zur Amtshilfe ergriffenen Maßnahmen vielfach in **Realakten** bestehen,[60] aber auch die Rechtsnatur eines **Verwaltungsakts** – etwa bei der Abordnung eines Beamten – aufweisen können.[61]

31 Ausnahmsweise kann die ergänzende Hilfe auch in einem **Unterlassen** bestehen, wenn bspw. die ersuchte Behörde ohne Verletzung von Rechten Dritter oder der öffentlichen Ordnung ein bei ihr bevorstehendes bzw. anhängiges Verfahren nicht eröffnet bzw. zeitweise nicht weiterbetreibt, um dadurch der ersuchenden Behörde die Durchführung eines konkreten Verfahrens zu erleichtern.[62]

e) Rechtsnatur der Amtshilfemaßnahmen

32 Nach ihrer **Rechtsnatur** sind diese Maßnahmen im Verhältnis der Behörden untereinander stets dem **öffentlichen Recht**, insb. dem öffentlichen Organisationsrecht, zuzuordnen.[63] Dies schließt nicht aus, dass zu ihrer Durchführung zusätzlich privatrechtliche Handlungen notwendig werden (wie z.B. die arbeitsrechtlichen Anordnungen zur Bereitstellung von Angestellten, die mit der Erledigung von Hoheitsaufgaben betraut sind).

---

51 Vgl. VGH Bayern, Beschl. v. 28.01.1988 – 21 B 87.02943, BayVBl. 1988, 631; *Hebeler*, JA 2019, 881.

52 Vgl. *Hebeler*, JA 2019, 881; Knack/Henneke/*Schliesky*, § 4 Rn. 11, der unter den Begriff auch die Akteneinsicht und dergleichen fasst. S. zum Begriff auch Kopp/*Ramsauer*, § 4 Rn. 18; Bauer/Heckmann/Ruge/Schallbruch/*Schulz*, § 4 Rn. 21; Mann/Sennekamp/Uechtritz/*Shirvani*, § 4 Rn. 51; zur Informationshilfe im engeren, datenschutzrechtlichen Sinn § 5 Rdn. 49.

53 Vgl. BVerwG, Urt. v. 06.02.1986 – 3 C 74.84, NVwZ 1986, 467.

54 Vgl. OLG Frankfurt am Main, Beschl. v. 05.07.1995 – 20 W 273/95, NVwZ-Beil. 1996, 8.

55 Vgl. VGH Bayern, Urt. v. 29.10.1986 – 5 B 85 A. 1702, NVwZ 1987, 613.

56 Vgl. VGH Baden-Württemberg, Urt. v. 15.03.1990 – 1 S 282/90, NVwZ-RR 1990, 337.

57 Knack/Henneke/*Schliesky*, § 4 Rn. 11.

58 Vgl. *Hebeler*, JA 2019, 881; ähnlich: Stelkens/Bonk/Sachs/*Schmitz*, § 4 Rn. 26; Kopp/*Ramsauer*, § 4 Rn. 13; Ule/*Laubinger*, § 11 Rn. 40; s.a. *Schlink*, S. 215 f.

59 Vgl. VG Ansbach, Urt. v. 02.06.2005 – AN 5 K 04.03495, Rn. 21, juris.

60 Stelkens/Bonk/Sachs/*Schmitz*, § 4 Rn. 26.

61 Mann/Sennekamp/Uechtritz/*Shirvani*, § 4 Rn. 50.

62 Meyer/Borgs/*Meyer*, § 4 Rn. 17.

63 Vgl. Meyer/Borgs/*Meyer*, § 4 Rn. 14.

2. Die Pflicht zur Leistung der Amtshilfe

Mit der Begriffsbestimmung der Amtshilfe wiederholt Abs. 1 zugleich die bereits durch Art. 35 Abs. 1 GG vorgegebene **Pflicht zur Leistung der Amtshilfe** auf Ersuchen der die Hilfe benötigenden Behörde. Dies ergibt sich aus der Formulierung, wonach jede Behörde Amtshilfe »leistet« sowie aus der Überschrift des § 4. 33

a) Voraussetzungen der Beistandspflicht

Die **Voraussetzungen für** eine **Beistandspflicht** der ersuchten Behörde beurteilen sich nach dem Verfahrensrecht, dem die ersuchte Behörde unterliegt (vgl. Vorbem. § 4 Rdn. 10 ff.). 34

aa) Bindung der ersuchten Behörde an das VwVfG

Die Beistandspflicht ergibt sich unmittelbar aus Abs. 1, wenn die **ersuchte Behörde** bei ihrer Verwaltungstätigkeit nach den §§ 1 und 2 **an das VwVfG gebunden** ist.[64] Die ersuchte Behörde ist demnach zur Hilfeleistung verpflichtet, wenn 35

1) die ersuchende Behörde nach § 5 Abs. 1 bzw. dem sonst für sie bei der Durchführung eines Verwaltungsverfahrens maßgeblichen Verfahrensrecht (z.B. nach § 112 Abs. 1 AO) zum Ersuchen berechtigt ist[65] und
2) die Hilfeleistung nach dem Recht der ersuchten Behörde rechtmäßig ist, weil das Ersuchen die Vorschriften über die Grenzen der Amtshilfe nach § 5 Abs. 2 und 3 einhält und ihrem Recht bei der Durchführung der Amtshilfe nach § 7 Abs. 1 entspricht.[66]

bb) Geltung anderer Verfahrensvorschriften für die ersuchte Behörde

Ist die ersuchende Behörde bei ihrer Verwaltungstätigkeit an das VwVfG gebunden, während die **ersuchte Behörde** für ihre Tätigkeit einer **anderen Verfahrensordnung** (etwa einem Landes-Verwaltungsverfahrensgesetz, dem SGB X oder der AO) **unterliegt**, so ergeben sich zwar die Voraussetzungen der Amtshilfe aus § 5 Abs. 1, aber die Verpflichtung zur Hilfeleistung und die Grenzen der Amtshilfe richten sich nach dem Verfahrensrecht der ersuchten Behörde[67] (z.B. nach § 3 Abs. 1 und § 4 Abs. 2 und 3 SGB X) und den für sie geltenden Sonderregelungen etwa hinsichtlich des Datenschutzes und nicht nach Abs. 1 bzw. § 5 Abs. 2 und 3 (vgl. Vorbem. § 4 Rdn. 12; § 5 Rdn. 38 ff.). 36

---

64 Vgl. BVerwG, Urt. v. 06.02.1986 – 3 C 74.84, NVwZ 1986, 467.

65 Ebenso Stelkens/Bonk/Sachs/*Schmitz*, § 4 Rn. 21; Kopp/*Ramsauer*, § 4 Rn. 4; s.a. Knack/Henneke/*Schliesky*, vor § 4 Rn. 14, 16.

66 Vgl. BVerwG, Urt. v. 26.09.2006 – 2 WD 2.06, BVerwGE 127, 1 (28); Urt. v. 06.02.1986 – 3 C 74.84, NVwZ 1986, 467; OVG Thüringen, Urt. v. 23.05.2007 – 1 KO 1299/05, Rn. 23, juris.

67 Vgl. BVerwG, Urt. v. 06.02.1986 – 3 C 74.84, NVwZ 1986, 467; Stelkens/Bonk/Sachs/*Schmitz*, § 4 Rn. 21; Kopp/*Ramsauer*, § 4 Rn. 4; Knack/Henneke/*Schliesky*, vor § 4 Rn. 16.

b) Anspruch der ersuchenden Behörde

37 Besteht die Beistandspflicht der ersuchten Behörde (vgl. Rdn. 33 ff.), so hat die **ersuchende Behörde** einen damit korrespondierenden **Rechtsanspruch** auf die Hilfeleistung,[68] der gegenüber der Behörde eines anderen Rechtsträgers auch notfalls gerichtlich durchgesetzt werden kann (vgl. § 5 Rdn. 90 ff.).[69]

c) Kein Amtshilfeanspruch für Beteiligte

38 Da die Vorschriften über die Amtshilfe nur das Verhältnis zwischen der ersuchenden und der ersuchten Behörde regeln und die Amtshilfepflicht dem Interesse der Allgemeinheit an einer effektiven Verwirklichung der Verwaltungsaufgaben dient,[70] haben die **Verfahrensbeteiligten kein selbstständig** mit einem Rechtsbehelf **verfolgbares Recht** darauf, dass Amtshilfe in Anspruch genommen, geleistet oder nicht geleistet wird.[71] Die fehlerhafte Anforderung einer Hilfeleistung oder das Unterlassen eines Amtshilfeersuchens kann nach § 44a Satz 1 VwGO nur im Wege einer Anfechtung der Sachentscheidung bzw. im Zusammenhang mit der auf die Sachentscheidung abzielenden Untätigkeitsklage geltend gemacht werden (vgl. zu etwaigen Rechtsschutzmöglichkeiten **Dritter** gegen Maßnahmen der ersuchenden bzw. ersuchten Behörde § 7 Rdn. 26 ff.; zu Rechtsschutzmöglichkeiten im Verhältnis der Träger der ersuchenden und der ersuchten **Behörden** § 5 Rdn. 90 ff.).[72] **Beteiligte** sind daher vor der Stellung eines Amtshilfeersuchens und vor der Durchführung der Amtshilfe **grundsätzlich nicht nach § 28 Abs. 1 anzuhören**, es sei denn, das Ersuchen oder die Amtshilfemaßnahme führt zu einer selbstständigen, nicht im Zusammenhang mit der Sachentscheidung anfechtbaren Rechtsverletzung.[73]

---

68 Ebenso Huck/*Müller*, § 4 Rn. 8; Bauer/Heckmann/Ruge/Schallbruch/*Schulz*, § 4 Rn. 9; nach *Pitschas* (SGb 1990, 238) soll es hingegen zwar eine objektiv-rechtliche Verpflichtung aber keinen subjektiven Anspruch auf Amtshilfe geben.

69 Ebenso *Ziekow*, § 4 Rn. 14.

70 BVerwG, Beschl. v. 26.08.1998 – 11 VR 4.98, NVwZ 1999, 535; *Kugele*, § 4 Rn. 4; *Hebeler*, JA 2019, 881.

71 Ebenso BVerwG, Beschl. v. 26.08.1998 – 11 VR 4.98, NVwZ 1999, 535 (536); Kopp/*Ramsauer*, § 5 Rn. 44; Knack/Henneke/*Schliesky*, vor § 4 Rn. 34, § 4 Rn. 3; *Beckermann*, DVBl 2019, 407; *Hebeler*, JA 2019, 881; vgl. auch Sachs/Erbguth/*Schubert*, Art. 35 Rn. 33.

72 Vgl. zum Vorwurf der fehlerhaften Anforderung von Amtshilfe BVerwG, Urt. v. 25.10.2017 – 6 C 46.16, BVerwGE 160, 169: gerichtliche Überprüfung der Amtshilfehandlung grds. im Rahmen eines Rechtsmittels gegen die Hauptmaßnahme; zum Vorwurf des fehlerhaften Unterlassens des Ersuchens um Amtshilfe BVerwG, Urt. v. 18.09.1987 – 4 C 36.84,NVwZ 1988, 535: Danach kann eine Verletzung des Übermaßverbotes darin liegen, dass Behörden von den Möglichkeiten der Amtshilfe keinen Gebrauch machen, deshalb – statt Ergebnisse auszutauschen – unkoordiniert dasselbe prüfen und dadurch den Betroffenen mit Kosten belasten, dem kein zusätzlicher Erkenntniswert entspricht. S. zur Anwendbarkeit des § 44a VwGO Mann/Sennekamp/Uechtritz/*Shirvani*, § 4 Rn. 34 m.w.N.

73 *Kugele*, § 4 Rn. 7; im Grundsatz ebenso Stelkens/Bonk/Sachs/*Schmitz*, § 4 Rn. 31; Kopp/*Ramsauer*, § 4 Rn. 14; Knack/Henneke/*Schliesky*, § 4 Rn. 17; Bauer/Heckmann/Ruge/Schallbruch/*Schulz*, § 4 Rn. 25; Mann/Sennekamp/Uechtritz/*Shirvani*, § 4 Rn. 34.

II. Ausgenommene Tatbestände (Abs. 2)

Abs. 2 enthält **zwei Tatbestände**, die nicht der Amtshilfe zugerechnet werden, obwohl sie die Begriffsmerkmale des Abs. 1 erfüllen. 39

1. Keine Amtshilfe für Hilfeleistungen im Rahmen eines Weisungsverhältnisses (Nr. 1)

Nach **Nr. 1** liegt **keine Amtshilfe** vor, wenn Behörden einander **innerhalb eines bestehenden Weisungsverhältnisses**[74] **Hilfe leisten.** 40

a) Der Begriff des Weisungsverhältnisses

Ein **Weisungsverhältnis** ist eine Behördenbeziehung, die durch die Weisungsberechtigung einer übergeordneten Behörde und die Weisungsgebundenheit einer oder mehrerer nachgeordneter Behörden geprägt ist. Das Weisungsverhältnis ergibt sich unmittelbar aus der Verwaltungshierarchie innerhalb eines Verwaltungsträgers, während im Verhältnis zu Behörden eines anderen Verwaltungsträgers ein Weisungsverhältnis nur auf gesetzlicher Grundlage bestehen kann, wie z.B. das Weisungsrecht der obersten Bundesbehörden gegenüber Landesbehörden bei der Bundesauftragsverwaltung nach Art. 85 Abs. 3 GG.[75] 41

b) Stellung innerhalb des Weisungsverhältnisses

Für die Verwirklichung der Tatbestandsmerkmale der Nr. 1 »einander innerhalb eines bestehenden Weisungsverhältnisses« Hilfe zu leisten, ist es **unerheblich** welche **Stellung** der ersuchenden oder ersuchten Behörde **innerhalb des Weisungsverhältnisses** zukommt.[76] Daher stellt nicht nur die Hilfeleistung der weisungsgebundenen gegenüber der weisungsberechtigten Behörde, sondern auch die Hilfeleistung der weisungsberechtigten gegenüber der weisungsgebundenen Behörde keine Amtshilfe dar.[77] 42

Mangels eines Ersuchens der hilfebedürftigen Behörde (vgl. Rdn. 9) und nicht wegen des Bestehens eines Weisungsverhältnisses liegt **keine Amtshilfe** vor, wenn **auf Anweisung** einer vorgesetzten Behörde einer (dritten) **gleichgeordneten Behörde Hilfe** geleistet wird. So schließt eine Weisung des BMI an die ihm unterstellte Bundespolizei, dem ihm ebenfalls unterstellten Bundesamt für Verfassungsschutz in einem 43

74 S. hierzu auch *Dreher*, S. 18 ff.

75 Vgl. dazu Jarass/*Pieroth*, Art. 85 GG Rn. 6.

76 Ebenso Stelkens/Bonk/Sachs/*Schmitz*, § 4 Rn. 34; Knack/Henneke/*Schliesky*, § 4 Rn. 20; Meyer/Borgs/*Meyer*, § 4 Rn. 23; Ule/*Laubinger*, § 11 Rn. 9; Bauer/Heckmann/Ruge/Schallbruch/*Schulz*, § 4 Rn. 31; Mann/Sennekamp/Uechtritz/*Shirvani*, § 4 Rn. 44.

77 So auch: VGH Bayern, Urt. v. 25.01.2007 – 4 BV 04.3156, DÖV 2007, 345 (347); Huck/*Müller*, § 4 Rn. 9; Kopp/*Ramsauer*, § 4 Rn. 15; Stelkens/Bonk/Sachs/*Schmitz*, § 4 Rn. 34; Knack/Henneke/*Schliesky*, § 4 Rn. 20; *Meyer/Borgs*, § 4 Rn. 23; *Ule/Laubinger*, VwVfR, § 11 Rn. 9; Ehlers/*Pünder*, AllgVwR, § 14 Rn. 44; Wolff/Bachof/Stober/*Kluth* II, § 83 Rn. 86. A.A.: *Finkelnburg/Lässig*, § 4 Rn. 17; *Ziekow*, § 4 Rn. 10.

bestimmten Einzelfall Hilfe zu leisten, die Anwendbarkeit der §§ 4 bis 8 aus. Amtshilfe liegt aber vor, wenn in einer solchen Konstellation auf Weisung ein Ersuchen an die dritte Behörde gestellt und daraufhin ergänzende Hilfe geleistet wird.[78]

c) Sinn und Zweck der Ausnahme

44 Die **Herausnahme der in Nr. 1 geregelten Fälle** aus dem verwaltungsverfahrensrechtlichen Begriff der Amtshilfe ist **gerechtfertigt**, weil nachgeordnete Behörden im Rahmen ihrer Weisungsgebundenheit ihren vorgesetzten (weisungsberechtigten) Behörden ohnehin zur Unterstützung verpflichtet sind und die übergeordneten Behörden aufgrund der ihnen obliegenden Verantwortung auch nachgeordnete Behörden zu unterstützen haben, wenn diese für die Erfüllung ihrer Verwaltungsaufgaben Hilfe benötigen.

d) Keine Geltung für Angelegenheiten außerhalb des Weisungsverhältnisses

45 Die Ausnahme der Nr. 1 gilt im Verhältnis der Behörden untereinander **nur** insoweit, als **Gegenstände** betroffen sind, die **vom Weisungsverhältnis erfasst** werden.[79] Soweit eine an sich weisungsberechtigte oder weisungsgebundene Behörde Angelegenheiten außerhalb des Weisungsverhältnisses zu erledigen hat, kann sie die Amtshilfe derjenigen Behörde in Anspruch nehmen, mit der sie in anderer Angelegenheit durch das Weisungsverhältnis verbunden ist.[80]

e) Rechtmäßigkeit der Hilfeleistung innerhalb eines Weisungsverhältnisses

46 Eine nach Nr. 1 nicht als Amtshilfe zu beurteilende Hilfeleistung kann nach dem Grundsatz der **Gesetzmäßigkeit der Verwaltung** in entsprechender Anwendung des § 7 Abs. 1 nur insoweit angeordnet bzw. erbeten werden, als sie durch das für die hilfeleistende Behörde geltende Recht gedeckt ist. Eine Kompetenzverlagerung darf durch die Hilfeleistung in einem Weisungsverhältnis ebenso wenig wie im Rahmen der Amtshilfe stattfinden.

2. Keine Amtshilfe bei eigener Aufgabe der ersuchten Behörde (Nr. 2)

47 Nach **Nr. 2** liegt auch **keine Amtshilfe** vor, wenn die Hilfeleistung in **Handlungen** besteht, die der ersuchten Behörde **als eigene Aufgabe obliegen.** Damit werden bestimmte Hilfeleistungen der Geltung der Amtshilfevorschriften entzogen, die nach § 4 Abs. 1 eine ergänzende Hilfe darstellen können (vgl. Rdn. 20 ff., 25) und infolgedessen ohne ausdrückliche Ausnahme als Amtshilfe zu behandeln wären. Soweit diese Leistungen zur Erfüllung der Aufgaben der »ersuchenden« Behörde jedoch unabdingbar sind, liegt eine Lücke im Zuständigkeits- bzw. Befugnisbereich vor, die nicht im

78 Dem folgend Bader/Ronellenfitsch/*Funke-Kaiser*, § 4 Rn. 30.
79 A.A. *Finkelnburg/Lässig*, § 4 Rn. 19.
80 Ebenso Stelkens/Bonk/Sachs/*Schmitz*, § 4 Rn. 34; Knack/Henneke/*Schliesky*, § 4 Rn. 21; Bader/Ronellenfitsch/*Funke-Kaiser*, § 4 Rn. 29; Meyer/Borgs/*Meyer*, § 4 Rn. 23.

Wege der Amtshilfe, sondern vom Gesetzgeber durch ergänzende Zuständigkeiten anderer Behörden ausgeglichen werden muss (vgl. Rdn. 20 f.).

a) **Begriff der Hilfeleistung als eigene Aufgabe**

Unter den **Hilfeleistungen, die der ersuchten Behörde**[81] i.S.d. Nr. 2 **als eigene Aufgaben obliegen**, sind alle Aufgaben zu verstehen, die der betreffenden Behörde bereits spezialgesetzlich außerhalb der Amtshilferegelungen als Hilfeleistung (auch) gegenüber anderen Behörden übertragen sind, für die sich also die Pflicht zur Hilfeleistung nicht erst aufgrund des Ersuchens der auf die Hilfe angewiesenen Behörde ergibt;[82] diese muss m.a.W. **auf die begehrte Hilfe** schon **außerhalb eines Amtshilfeverfahrens Anspruch** haben.[83] Nachdem durch die Amtshilfe keine Zuständigkeitserweiterung erfolgt (vgl. § 5 Rdn. 29, § 7 Rdn. 11), genügt es also für eine die Amtshilfe ausschließende Hilfeleistung als eigene Aufgabe nicht, dass die Handlung zum Aufgabenbereich der »ersuchten« Behörde gehört, weil dies ohnehin selbstverständlich ist[84]; entscheidend ist vielmehr, ob die Amtshandlung **als Hilfeleistung** zum gesetzlichen Aufgabengebiet der ersuchten Behörde gehört.[85] Begehrt z.B. eine Behörde von einer anderen Informationshilfe (vgl. Rdn. 30), kann allenfalls dann eine »eigene Aufgabe« dieser Behörde betroffen sein, wenn sie nicht nur die Speicherung und sonstige Verarbeitung, sondern gerade die Weitergabe der Daten zur gesetzlichen Aufgabe hat.[86] Ermittelt hingegen eine Polizeibehörde im Auftrag der Staatsanwaltschaft zur Aufklärung von Straftaten (vgl. § 161 StPO), gehört diese Art der Hilfeleistung stets zum gesetzlichen Kernauftrag jener Behörde und handelt es sich daher um keine Amtshilfe.[87] 48

81 Das negative »Negativmerkmal der Zuweisung einer behördlichen Hilfeleistung zum eigenen Aufgabenbereich« (BVerwG, Beschl. v. 15.05.2014 – 9 B 45.13, NJW 2014, 2808) bezieht sich schon nach dem eindeutigen Wortlaut der Norm nur auf die ersuchte, nicht auch auf die ersuchende Behörde (BVerwG, Beschl. v. 15.05.2014 – 9 B 45.13, NJW 2014, 2808).

82 Vgl. BT-Drucks. 7/810, S. 38; BVerwG, Beschl. v. 15.05.2014 – 9 B 45.13, NJW 2014, 2808.

83 Stelkens/Bonk/Sachs/*Schmitz*, § 4 Rn. 35 (»grds.«).

84 Vgl. BGH, Urt. v. 21.06.2001 – III ZR 34/00, BGHZ 148, 139; Kopp/*Ramsauer*, § 4 Rn. 16a; Knack/Henneke/*Schliesky*, § 4 Rn. 22 f.; Bader/Ronellenfitsch/*Funke-Kaiser*, § 4 Rn. 31; *Ziekow*, § 4 Rn. 11; Mann/Sennekamp/Uechtritz/*Shirvani*, § 4 Rn. 46; die Anwendung von § 4 Abs. 2 Nr. 2 kann deshalb nicht allein mit der Erwägung begründet werden, eine bestimmte Aufgabe obliege einer Gemeinde als Pflichtaufgabe zur Erfüllung nach Weisung (so aber VG Düsseldorf, Urt. v. 05.07.2019 – 1 K 15351/16, zur Unterbringung und Versorgung von Asylbewerbern).

85 Knack/Henneke/*Schliesky*, § 4 Rn. 23; Bauer/Heckmann/Ruge/Schallbruch/*Schulz*, § 4 Rn. 32; *Kugele*, § 4 Rn. 9; ähnl. Pautsch/Hoffmann/*Heinemann*, § 4 Rn. 21.

86 Bauer/Heckmann/Ruge/Schallbruch/*Schulz*, § 4 Rn. 32.

87 Mann/Sennekamp/Uechtritz/*Shirvani*, § 4 Rn. 47.

b) Sinn und Zweck der Ausnahme

49 Die **Ausnahme** ist dadurch **gerechtfertigt**, dass die von Nr. 2 erfassten Hilfeleistungen i. d. R. bestimmten (Fach-) Behörden zugewiesen sind, die häufig eigens zu diesem Zweck errichtet oder zumindest hierfür mit Dienstkräften und Einrichtungen ausgestattet wurden, um anderen Behörden unter Beachtung des Grundsatzes der Gesetzmäßigkeit der Verwaltung Hilfeleistungen zu erbringen, ohne dass der Rückgriff auf die §§ 4 bis 8 notwendig wäre. Das vom Gesetzgeber vorgegebene Zusammenwirken bestimmter Behörden, die dafür jeweils mit Teilaufgaben betraut sind, lässt sich nicht mit der Amtshilfe gleichsetzen, die die Aufgabenbewältigung nur in Ausnahmefällen mit fremder Hilfe ermöglichen soll[88] (vgl. Rdn. 20 f.).

c) Beispiele für Hilfeleistungen im Sinne der Nr. 2

50 Als **Beispiele** der von der Amtshilfe ausgenommene Hilfeleistungen i.S.d. Nr. 2 sind zu nennen

1) **sondergesetzlich** auferlegte **Pflichten zur Zusammenarbeit** von Behörden[89] (z.B. nach § 1 Abs. 2 BVerfSchG),[90]

51 2) **gesetzlich geregelte Auskunftserteilungen** (z.B. aus dem Zentralregister beim Bundesamt für Justiz nach § 41 Abs. 1 BZRG, aus dem Ausländerzentralregister beim Bundesamt für Migration und Flüchtlinge nach §§ 10 ff. AZRG, aus dem Fahreignungsregister beim Kraftfahrt-Bundesamt nach § 30 Abs. 1 Nr. 2 und Abs. 2 StVG, aus dem Fahrzeugregister der Kfz-Zulassungsstellen nach §§ 32 Abs. 2, 35 Abs. 1 StVG,[91] aus dem Melderegister der Meldebehörde nach Bundesmeldegesetz,[92] aus dem Personenstandsregister nach dem Personenstandsgesetz,[93] aus einem Staatsarchiv,[94] aus den Datensammlungen der

---

88 Im Anschluss daran ebenso BVerwG, Beschl. v. 15.05.2014 – 9 B 45.13, NJW 2014, 2808; BGH, Urt. v. 21.06.2001 – III ZR 34/00, BGHZ 148, 139.

89 Zur Zusammenarbeit zwischen Verfassungsschutz und Polizei siehe etwa *Ganßer*, BayVBl. 1983, 711.

90 Zur Doppelkompetenz der allgemeinen Sicherheitsbehörden und der Polizei bei der Gefahrenabwehr siehe VGH Bayern, Urt. v. 25.01.2007 – 4 BV 04.3156, DÖV 2007, 345 (346). Vgl. auch OVG Sachsen, Urt. v. 06.11.2013 – 5 A 531/11, SächsVBl 2014, 267; VG Schleswig-Holstein, Urt. v. 21.10.2002 – 14 A 184/00, juris.

91 Ebenso zum früheren § 26 Abs. 5 StVZO: VG Berlin, Urt. v. 02.11.1983 – 4 A 334/82, NJW 1984, 1915; *Finkelnburg/Lässig*, Rn. 20. Offengelassen zum früheren § 26 Abs. 5 StVZO vom BVerwG im Urt. v. 18.12.1987 (4 A 334/82 und 97/86, NVwZ 1988, 624), weil für Gebührenfreiheit nach § 64 Abs. 2 Satz 1 SGB X nicht entscheidungserheblich.

92 Vgl. zur Rechtslage unter dem früheren Melderechtsrahmengesetz BVerwG, Beschl. v. 15.05.2014 – 9 B 45.13, NJW 2014, 2808; VGH Baden-Württemberg, Urt. v. 31.07.1985 – 14 S 490/85, KStZ 1986, 36. Offengelassen im Urteil des BVerwG vom 26.06.1987 (4 A 334/82 und 97/86, NVwZ 1987, 1070), weil für Gebührenfreiheit nach § 64 Abs. 2 Satz 1 SGB X nicht entscheidungserheblich.

93 BVerwG, Beschl. v. 15.05.2014 – 9 B 45.13, NJW 2014, 2808.

94 Vgl. VG Dresden, Urt. v. 13.11.2007 – 2 K 621/05, juris; VG Gera, Urt. v. 29.03.2007 – 5 K 270/05 Ge, 5 K 270/05, juris.

Katasterämter,[95] aus den Personenstandsbüchern und -registern der Standesämter),[96,97]

3) **gesetzlich angeordnete gutachtliche Stellungnahmen** von (Fach-) Behörden für das von einer anderen Behörde durchzuführende Verwaltungsverfahren (wie z.B. die Stellungnahmen von Behörden als Träger öffentlicher Belange im Baugenehmigungsverfahren nach Art. 69 Abs. 1 Satz 2 BayBO in der bis zum 31.12.2007 geltenden Fassung (vgl. jetzt Art. 65 Abs. 1 Satz 1 Nr. 2 BayBO), oder Wertgutachten der Gutachterausschüsse für Behörden nach § 193 Abs. 1 Nr. 1 und 2 BauGB),[98] 52
4) **gesetzlich zugewiesene Teilakte** innerhalb eines Verwaltungsverfahrens (wie die Durchführung des Anhörungsverfahrens[99] durch eine nicht mit der Planfeststellungsbehörde identischen Anhörungsbehörde oder die Planauslegung[100] durch die Gemeinde nach § 73, d. dazu § 73 Rdn. 14), 53
5) der Polizei gesetzlich auferlegte **Vollzugshilfen** (wie z.B. die – gem. § 2 WPflG inzwischen freilich nur noch im Spannungs- oder Verteidigungsfall in Betracht kommende[101] – Vorführung von Wehrpflichtigen nach § 44 Abs. 2 bis 4 WPflG[102], die Anwendung unmittelbaren Zwangs nach Art. 50 bayPAG[103] oder Vollzugshilfe nach§ 60 Abs. 5 PolG BW und dementsprechenden polizeirechtlichen Regelungen anderer Gesetzgeber; s. dazu auch Vorbem. § 4 Rdn. 29a),[104] 54
6) **gesetzliche** festgelegte **Pflichten** zur Erteilung **amtsärztlicher Zeugnisse**, die in bestimmten Verfahren durch Rechtsnorm als Erkenntnismittel vorgeschrieben sind.[105] 55

95 Vgl. BVerwG, Urt. v. 21.06.2006 – 8 C 12.05, Rn. 39 juris; OVG Mecklenburg-Vorpommern, Urt. v. 14.05.2008 – 1 L 166/05, Rn. 39, juris. So auch Stelkens/Bonk/Sachs/*Schmitz*, § 4 Rn. 36; Knack/Henneke/*Schliesky*, § 4 Rn. 24.

96 Z.B. gegenüber Notaren als Beliehenen (VGH Bayern, Urt. v. 04.06.2013 – 5 B 11.2412, Rn. 27 f., juris).

97 Siehe außerhalb des Anwendungsbereichs des VwVfG OLG München, Beschl. v. 07.08.2009 – 34 Wx 48/90, NVwZ-RR 2010, 90 zur Handelsregisterauskunft gegenüber Bußgeldbehörden.

98 Ebenso Bader/Ronellenfitsch/*Funke-Kaiser*, § 4 Rn. 31. Vgl. *Dieterich/Voß*, in: Ernst/Zinkahn/Bielenberg, § 193 BauGB Rn. 65.

99 Vgl. Kopp/*Ramsauer*, § 4 Rn. 16b.

100 Vgl. Stelkens/Bonk/Sachs/*Schmitz*, § 4 Rn. 36; Knack/Henneke/*Schliesky*, § 4 Rn. 24.

101 S. zur Aussetzung der Wehrpflicht und ihren Folgen den Gesetzentwurf der Bundesregierung für ein Wehrrechtsänderungsgesetz 2011 (BT-Drucks. 17/4821 vom 21.02.2011).

102 A.A. *Finkelnburg/Lässig*, Rn. 21; *Ule/Laubinger*, § 11 Rn. 10 a.E.

103 Vgl. *Köhler*, BayVBl. 1998, 453 f.

104 Vgl. Stelkens/Bonk/Sachs/*Schmitz*, § 4 Rn. 36; Knack/Henneke/*Schliesky*, § 4 Rn. 24 (»i.d.R.«); Bader/Ronellenfitsch/*Funke-Kaiser*, § 4 Rn. 31.1.

105 Vgl. *BGH*, Urt. v. 21.06.2001 – III ZR 34/00, BGHZ 148, 139; OVG Brandenburg, Beschl. v. 23.07.1997 – 2 A 19/96, RiA 1998, 299; OVG Nordrhein-Westfalen, Beschl. v. 19.11.1991 – 9 A 648/91, NVwZ-RR 1992, 527; Knack/Henneke/*Schliesky*, § 4 Rn. 24; Kopp/*Ramsauer*, § 4 Rn. 16b; Stelkens/Bonk/Sachs/*Schmitz*, § 4 Rn. 36; Bader/Ronellenfitsch/*Funke-Kaiser*, § 4 Rn. 31.1.

§ 5 Voraussetzungen und Grenzen der Amtshilfe

(1) Eine Behörde kann um Amtshilfe insbesondere dann ersuchen, wenn sie
1. aus rechtlichen Gründen die Amtshandlung nicht selbst vornehmen kann;
2. aus tatsächlichen Gründen, besonders weil die zur Vornahme der Amtshandlung erforderlichen Dienstkräfte oder Einrichtungen fehlen, die Amtshandlung nicht selbst vornehmen kann;
3. zur Durchführung ihrer Aufgaben auf die Kenntnis von Tatsachen angewiesen ist, die ihr unbekannt sind und die sie selbst nicht ermitteln kann;
4. zur Durchführung ihrer Aufgaben Urkunden oder sonstige Beweismittel benötigt, die sich im Besitz der ersuchten Behörde befinden;
5. die Amtshandlung nur mit wesentlich größerem Aufwand vornehmen könnte als die ersuchte Behörde.

(2) [1]Die ersuchte Behörde darf Hilfe nicht leisten, wenn
1. sie hierzu aus rechtlichen Gründen nicht in der Lage ist;
2. durch die Hilfeleistung dem Wohl des Bundes oder eines Landes erhebliche Nachteile bereitet würden.
[2]Die ersuchte Behörde ist insbesondere zur Vorlage von Urkunden oder Akten sowie zur Erteilung von Auskünften nicht verpflichtet, wenn die Vorgänge nach einem Gesetz oder ihrem Wesen nach geheim gehalten werden müssen.

(3) Die ersuchte Behörde braucht Hilfe nicht zu leisten, wenn
1. eine andere Behörde die Hilfe wesentlich einfacher oder mit wesentlich geringerem Aufwand leisten kann;
2. sie die Hilfe nur mit unverhältnismäßig großem Aufwand leisten könnte;
3. sie unter Berücksichtigung der Aufgaben der ersuchenden Behörde durch die Hilfeleistung die Erfüllung ihrer eigenen Aufgaben ernstlich gefährden würde.

(4) Die ersuchte Behörde darf die Hilfe nicht deshalb verweigern, weil sie das Ersuchen aus anderen als den in Absatz 3 genannten Gründen oder weil sie die mit der Amtshilfe zu verwirklichende Maßnahme für unzweckmäßig hält.

(5) [1]Hält die ersuchte Behörde sich zur Hilfe nicht für verpflichtet, so teilt sie der ersuchenden Behörde ihre Auffassung mit. [2]Besteht diese auf der Amtshilfe, so entscheidet über die Verpflichtung zur Amtshilfe die gemeinsame fachlich zuständige Aufsichtsbehörde oder, sofern eine solche nicht besteht, die für die ersuchte Behörde fachlich zuständige Aufsichtsbehörde.

Schrifttum

Bäumler, Das neue Geheimdienstrecht des Bundes, NVwZ 1991, 643; *ders.*, Datenschutz für Ausländer, NVwZ 1995, 239; *Beckermann*, Amtshilfeleistung und polizeilicher Notstand im Versammlungsrecht, DVBl 2019, 407; *Berg*, Der Schutz von Betriebs- und Geschäftsgeheimnissen im öffentlichen Recht unter besonderer Berücksichtigung des Umweltinformationsgesetzes, GewArch 1996, 177; *Borchert*, Sind Daten über die Arzneimittelsicherheit Betriebsgeheimnisse? ZRP 1996, 124; *Breuer*, Schutz von Betriebs- und Geschäftsgeheimnissen im Umweltrecht, NVwZ 1986, 171; *Enders*, Anmerkung zu BVerwG, Urt. v. 25.10.2017 – 6 C 46.16, betreffend Amtshilfe durch die Bundeswehr bei polizeilichen Maßnahmen der Landesbehörden, JZ 2018,

464; *Fischer/Schaaf*, Offenbarung steuerlicher Daten gegenüber Gewerbeuntersagungsbehörden, GewArch 1990, 337; *Hebeler*, Verfassungs- und verwaltungsrechtliche Grundsatzfragen der Amtshilfe, JA 2019, 881; *Kunkel*, Die Mitteilungspflichten des Jugend- und Sozialamtes nach dem neuen Ausländergesetz, DVBl 1991, 576; *Pitschas*, Die Amtshilfe für und durch Sozialleistungsträger, SGb 1990, 233; *Schlink*, Datenschutz und Amtshilfe, NVwZ 1986, 249; *Schnapp/Friehe*, Prüfungskompetenz und Rechtsschutz bei Streitigkeiten über Amtshilfeverpflichtungen, NJW 1982, 1422; *Staff*, Wiedervereinigung unter Rechtsgesetzen. Ein Beitrag zur Verfassungskonformität des Stasi-Unterlagen-Gesetzes, ZRP 1992, 462; *Wagner*, Änderung von Vorschriften des SGB zum Schutz der Sozialdaten, NJW 1994, 2937; *Wilde*, Amtshilfe und Datenschutz im Lichte des Volkszählungsurteils des Bundesverfassungsgerichts, BayVBl. 1986, 230.

Übersicht **Rdn.**

A. Allgemeines und Grundsätzliches

I. Gegenstand der Regelung

1 **§ 5 regelt** als »Kernstück der Amtshilferegelungen«[1] die Voraussetzungen und Grenzen der Amtshilfe und bestimmt

1) in Abs. 1 beispielhaft fünf Fälle, die vorbehaltlich der Abs. 2 und 3 ein Amtshilfeersuchen rechtfertigen (Rdn. 3 ff.),

1 Stelkens/Bonk/Sachs/*Schmitz*, § 5 Rn. 1.

2) in Abs. 2 bis 4, in welchen Fällen die ersuchte Behörde keine Amtshilfe leisten darf (Rdn. 27 ff.) bzw. zu leisten braucht (Rdn. 66 ff.),
3) in Abs. 5, wie ein Konflikt zwischen der ersuchenden und der ersuchten Behörde über die Berechtigung eines Amtshilfeersuchens zu lösen ist (Rdn. 81 ff.).

Die Regelungen aus § 5 entsprechen in weiten Teilen § 4 EVwVerfG 1963[2] sowie den **Parallelvorschriften** in § 112 AO und § 4 SGB X.

II. Kein Ausschluss der Amtshilfe durch Vertrag oder Verwaltungsvereinbarung

Wegen ihrer verfassungsrechtlichen Gewährleistung (vgl. Vorbem. § 4 Rdn. 3 f.) und der Regelung im VwVfG durch Normen zwingenden Rechts ist die **Amtshilfe nicht einseitig verzichtbar** und auch nicht durch Vertrag mit einem Außenstehenden oder durch eine Verwaltungsvereinbarung zwischen den Behördenträgern **ausschließbar.**[3] 2

B. Die Vorschrift im Einzelnen

I. Die Voraussetzungen der Amtshilfe (Abs. 1)

Nach **Abs. 1** kann eine der Anwendung des VwVfG unterworfene Behörde (vgl. Vorbem. § 4 Rdn. 11) um Amtshilfe beim Vorliegen einer der in Nr. 1 bis 5 beispielhaft[4] aufgezählten (»insbesondere«) Tatbestände ersuchen. 3

1. Die Bedeutung des Abs. 1

Die **Bedeutung des Abs. 1** ist darin zu erblicken, dass in ihm beispielhaft einige (wichtige und häufige) Gründe angeführt werden, die ein Amtshilfeersuchen rechtfertigen, sofern die durch die Amtshilfe zu verwirklichende Maßnahme nach § 7 Abs. 1 zulässig (rechtmäßig) ist und kein Ablehnungsgrund nach Abs. 2 und 3 vorliegt. Da ein Amtshilfeersuchen stets ein Angewiesensein auf fremde Hilfe voraussetzt,[5] kann unter Berücksichtigung der Einzeltatbestände der Nr. 1 bis 5 generell die Zulässigkeit einer Amtshilfe dann angenommen werden, wenn sie im Interesse einer rechtmäßigen Entscheidungsfindung und der Vermeidung überflüssigen Verwaltungsaufwands liegt. 4

Die durch das Wort »kann« ausgedrückte Ermächtigung zur Anforderung einer Amtshilfe wird zu einer dahin gehenden **Verpflichtung**, falls die Amtsermittlung (vgl. § 24) im Einzelfall an ihre Grenzen stößt und ohne Amtshilfe eine rechtmäßige 5

2 Vgl. Knack/Henneke/*Schliesky*, § 5 Rn. 1; Mann/Sennekamp/Uechtritz/*Shirvani*, § 5 Rn. 2 zu den Unterschieden.

3 Vgl. Stelkens/Bonk/Sachs/*Schmitz*, § 5 Rn. 2; Knack/Henneke/*Schliesky*, § 5 Rn. 4; Mann/Sennekamp/Uechtritz/*Shirvani*, § 5 Rn. 12 (»indisponibel«).

4 Ebenso BVerwG, 15.10.1998 – 3 B 253.97 – unveröffentlicht; Stelkens/Bonk/Sachs/*Schmitz*, § 5 Rn. 5 (»kein numerus clausus«); Kopp/*Ramsauer*, § 5 Rn. 1, 14; Knack/Henneke/*Schliesky*, § 5 Rn. 9; Bader/Ronellenfitsch/*Funke-Kaiser*, § 5 Rn. 2. A.A. Meyer/Borgs/*Meyer*, § 5 Rn. 1.

5 Amtl. Begr. S. 39.

Entscheidung in angemessener Zeit nicht möglich und damit der Grundsatz der Gesetzmäßigkeit der Verwaltung verletzt wäre,[6] ohne dass damit aber ein selbstständig durchsetzbarer Amtshilfeanspruch Verfahrensbeteiligter korrespondieren würde (vgl. § 4 Rdn. 38). Bei der Ausübung des **Auswahlermessens**, d.h. der Wahl der zu ersuchenden Behörde, ist neben den Abs. 2 und 3 auch § 6 zu beachten.[7]

2. Die einzelnen Tatbestände (Nr. 1 bis 5)

a) Rechtliche Gründe (Nr. 1)

6 Nach **Nr. 1** ist ein Amtshilfeersuchen möglich, wenn eine Behörde **aus rechtlichen Gründen die Amtshandlung nicht selbst vornehmen kann.** Damit sind die Fälle erfasst, in denen die ersuchende Behörde für die Durchführung eines Verfahrens auf einen Teilakt angewiesen ist, der im Kompetenzbereich einer anderen Behörde liegt.

7 In der Literatur[8] wird die Schwierigkeit deutlich, **Anwendungsfälle der Nr. 1** nicht nur abstrakt zu umschreiben, sondern auch konkret nachzuweisen. Das Problem besteht darin, Beispiele anzuführen, in denen die Entscheidungsfindung in einem bei der ersuchenden Behörde anhängigen Verfahren eine Amtshandlung voraussetzt, die aus rechtlichen Gründen nur eine andere Behörde im Rahmen ihrer sachlichen und örtlichen Zuständigkeit vornehmen kann, ohne dass sie nach dem für sie geltenden Recht dazu verpflichtet wäre. Die das eigene Handeln der ersuchenden Behörde hindernden rechtlichen Gründe im Sinne der Nr. 1 dürfen dabei von der ersuchten Behörde weder mehr als eine »ergänzende Hilfe« im Sinne § 4 Abs. 1 (vgl. § 4 Rdn. 20 ff.) erfordern, noch von ihr Handlungen verlangen, die ihr als »eigene Aufgabe« i.S.d. § 4 Abs. 2 Nr. 2 (vgl. § 4 Rdn. 47 ff.) obliegen. Damit dürfte sich Nr. 1 **nur** auf Fälle anwenden lassen, in denen die sachlich zuständige Behörde für eine bestimmte

---

6 Ebenso Wolff/Bachof/Stober/*Kluth* II, § 83 Rn. 97; Ule/*Laubinger*, § 11 Rn. 16; *J. Schmidt*, *Festschrift Boorberg*, S. 135 (144 f.), die zutreffend darauf hinweisen, dass hierbei Ermessenserwägungen fehl am Platze sind. A.A.: Stelkens/Bonk/Sachs/*Schmitz*, § 5 Rn. 5; Kopp/*Ramsauer*, § 5 Rn. 6; Pautsch/Hoffmann/*Heinemann*, § 5 Rn. 5; Bauer/Heckmann/Ruge/Schallbruch/*Schulz*, § 5 Rn. 8; Knack/Henneke/*Schliesky*, § 5 Rn. 10, die allerdings auch auf § 24 abstellen und wohl i.d.R. zu vergleichbaren Ergebnissen kommen dürften; ähnlich Mann/Sennekamp/Uechtritz/*Shirvani*, § 5 Rn. 14 und *Beckermann*, DVBl 2019, 407, die auf die Möglichkeit der Ermessensreduzierung auf Null verweisen; Bader/Ronellenfitsch/*Funke-Kaiser*, § 5 Rn. 4; *Ziekow*, § 5 Rn. 4; wohl auch *Kugele*, § 5 Rn. 2.

7 Kopp/*Ramsauer*, § 5 Rn. 6; Pautsch/Hoffmann/*Heinemann*, § 5 Rn. 5; s.a. Huck/*Müller*, § 5 Rn. 2.

8 Vgl. Stelkens/Bonk/Sachs/*Schmitz*, § 5 Rn. 6; Kopp/*Ramsauer*, § 5 Rn. 8; Knack/Henneke/*Schliesky*, § 5 Rn. 13; *Finkelnburg/Lässig*, § 5 Rn. 4 ff.; Meyer/Borgs/*Meyer*, § 5 Rn. 3 f.; *Schlink*, S. 233; *J. Schmidt*, *Festschrift Boorberg*, S. 135 (146 f.).

Ermittlungstätigkeit **örtlich nicht zuständig** ist, sodass sie sich im Wege der Amtshilfe der örtlich zuständigen Behörde bedienen muss.[9,10]

Ein solcher Fall ist beispielsweise gegeben, wenn die für die Erteilung einer Erlaubnis zum Betrieb eines Gaststättengewerbes nach §§ 2 ff. GastG sachlich und örtlich zuständige Behörde eine Nachschau in einer außerhalb ihres örtlichen Zuständigkeitsbereichs gelegenen Gaststätte eines Antragstellers für erforderlich hält. Die Genehmigungsbehörde hat dann ein entsprechendes Amtshilfeersuchen an die zur Nachschau befugte Behörde zu richten. Nimmt diese die Nachschau vor, um der (zur Nachschau nicht berechtigten) ersuchenden Behörde eine notwendige Beurteilungsgrundlage für die von ihr zu treffende Entscheidung zu verschaffen, so leistet sie Amtshilfe. Dem steht dann nicht entgegen, dass die ersuchte Behörde mit der Nachschau u. U. zugleich eine eigene Aufgabe im Rahmen ihrer Überwachungszuständigkeit erfüllt. Denn diese Behörde muss für die Maßnahme, um die sie ersucht wird, sachlich und örtlich zuständig sein, um überhaupt tätig werden zu können, da die Amtshilfevorschriften keine Erweiterung der Kompetenzbereiche bewirken (vgl. § 5 Rdn. 29, § 7 Rdn. 11). In dem genannten Beispiel ist die Hilfeleistung als solche auch nicht »eigene Aufgabe« i.S.d. § 4 Abs. 2 Nr. 2 (vgl. § 4 Rdn. 48). 8

Amtshilfefälle im Sinne der Nr. 1 wegen **sachlicher Unzuständigkeit** der ersuchenden Behörde sind mit dem Hinweis auf die fehlende Befugnis zur Vornahme von Beglaubigungen, zur Abnahme eidesstattlicher Versicherungen oder zu Vollstreckungsmaßnahmen nicht zu begründen.[11] Wie § 27 Abs. 1 Satz 1 zeigt (vgl. § 27 Rdn. 42 f.), kann die fehlende Befugnis und sachliche Zuständigkeit zur Abnahme eidesstattlicher Versicherungen in einem bestimmten Verfahren und hinsichtlich eines bestimmten Gegenstandes gerade nicht über ein Amtshilfeersuchen an eine hierzu befugte und zuständige Behörde ersetzt werden. Auch hat die ersuchende Behörde aufgrund der weitreichenden behördlichen Beglaubigungsbefugnisse[12] ohnehin die Möglichkeit, 9

---

9 Ebenfalls einschränkend auf die Fälle des Fehlens der örtlichen Zuständigkeit: Bader/Ronellenfitsch/*Funke-Kaiser*, § 5 Rn. 8 ff.; *Schlink*, S. 234 ff.; *ders.*, NVwZ 1986, 254; *Pitschas*, SGb 1990, 235. Für die Anwendung auch bei fehlender sachlicher Zuständigkeit: Stelkens/Bonk/Sachs/*Schmitz*, § 5 Rn. 6; Kopp/*Ramsauer*, § 5 Rn. 8; Pautsch/Hoffmann/*Heinemann*, § 5 Rn. 8; Knack/Henneke/*Schliesky*, § 5 Rn. 13; *Ziekow*, § 5 Rn. 5; *Finkelnburg/Lässig*, § 5 Rn. 4; Meyer/Borgs/*Meyer*, § 5 Rn. 3; *Kugele*, § 5 Rn. 4; Huck/*Müller*, § 5 Rn. 4; wohl auch Ule/*Laubinger*, § 11 Rn. 17 (fehlende Befugnis).

10 Im Ergebnis wohl ähnlich BVerwG Beschl. v. 24.01.2006 – 1 WB 15.05, BVerwGE 125, 56 (64). In der Entscheidung wird unter Hinweis auf *J. Schmidt* (*Festschrift Boorberg*, S. 135, 146 f.) umschrieben, dass die sachliche Unzuständigkeit für die Maßnahme, um die eine Behörde eine andere ersucht, regelmäßig die Grenze bildet, jenseits derer die ersuchende Behörde ihren Aufgabenbereich verlässt und entschieden, dass eine für das eigene Verfahren nicht eingeräumte Kompetenz und Zuständigkeit (zu Ermittlungen bzw. Datenerhebung im Ausland) nicht im Wege der Amtshilfe verschafft werden darf.

11 So aber Kopp/*Ramsauer*, § 5 Rn. 8 (für Beglaubigungen, Vollstreckungsmaßnahmen); Knack/Henneke/*Schliesky*, § 5 Rn. 13 (für eidesstattliche Versicherungen).

12 Aufgrund § 1 Beglaubigungsverordnung v. 13.03.2003 (BGBl. I S. 361) und den entsprechenden landesrechtlichen Vorschriften.

alle im Verfahren benötigten Urkunden und Unterschriften selbst zu beglaubigen, soweit nicht ein Beglaubigungsmonopol für bestimmte beglaubigte Abschriften aus amtlichen Registern oder Archiven besteht (vgl. § 33 Rdn. 22 ff.), das dann allerdings die Amtshilfe entweder mangels Ergänzungsfunktion der Hilfeleistung (vgl. § 4 Rdn. 20 ff.) oder wegen einer »eigenen Aufgabe« i.S.d. § 4 Abs. 2 Nr. 2 (vgl. § 4 Rdn. 47 ff.) ausschließt. Außerdem kann die Behörde im Wege der Amtshilfe nach Nr. 4 (beglaubigte) Urkunden anfordern (vgl. Rdn. 17 ff.) oder nach Nr. 5 Unterschriften auswärts wohnender Personen beglaubigen lassen (vgl. Rdn. 20 ff.). Auch Fälle der Vollstreckungs- oder Vollzugshilfe werden von der angegangenen Behörde als eigene Aufgabe erledigt (vgl. Vorbem. § 4 Rdn. 29 f. und § 4 Rdn. 54).

b) Tatsächliche Gründe (Nr. 2)

10 Für den auf **tatsächliche Gründe** gestützten Rechtfertigungstatbestand der **Nr. 2** benennt das Gesetz selbst den wohl wichtigsten Unterfall, das Fehlen der zur Vornahme der Amtshandlung erforderlichen Dienstkräfte oder Einrichtungen. Die erforderlichen Dienstkräfte oder Einrichtungen fehlen nicht nur dann, wenn sie überhaupt nicht vorhanden sind; es genügt beispielsweise, wenn die Dienstkräfte gerade nicht verfügbar oder die Einrichtungen defekt sind[13], wobei es in solchen Einzelfällen nicht darauf ankommt, ob die Behörde bspw. den Defekt zu vertreten hat.[14] Nr. 2 räumt allerdings keiner Behörde das Recht ein, eigene Arbeitsleistungen zulasten einer anderen Behörde einzusparen oder eine strukturell unzureichende eigene Ausstattung im Wege der dauernden Aushilfe auszugleichen.[15] Dies schließt generelle Ersuchen aus (vgl. zur Beschränkung von Amtshilfeersuchen auf Einzelfälle auch § 4 Rdn. 20).[16] Wiederholte Ersuchen in ähnlich gelagerten Fällen an dieselbe Behörde können aber u.U. mit entsprechend geringerem Begründungsaufwand (vgl. dazu § 4 Rdn. 16) zulässig sein.[17]

aa) Fehlende Dienstkräfte

11 Ein Fall **fehlender Dienstkräfte** ist z.B. gegeben, wenn im Rahmen eines bestimmten Verwaltungsverfahrens ein technischer Sachverhalt zu beurteilen ist und der hierfür vorhandene Bedienstete (z.B. ein Umweltschutzingenieur) erkrankt oder persönlich

13 Ähnlich *Meyer/Borgs*, § 5 Rn. 5.

14 Ähnlich *Ziekow*, § 5 Rn. 5; strenger wohl Kopp/*Ramsauer*, § 5 Rn. 9a und Bauer/Heckmann/Ruge/Schallbruch/*Schulz*, § 5 Rn. 12 (»Notstandsfälle«); auf die »Umstände des Einzelfalls« verweisend Huck/*Müller*, § 5 Rn. 5.

15 Vgl. BVerwG, Urt. v. 27.06.2018 – 6 C 10.17, BVerwGE 162, 296; Stelkens/Bonk/Sachs/*Schmitz*, § 5 Rn. 7; Kopp/*Ramsauer*, § 5 Rn. 9a (»keine Kompensation dauerhafter Ausstattungsdefizite«); Knack/Henneke/*Schliesky*, § 5 Rn. 15; *Ziekow*, § 5 Rn. 6.

16 A.A. Stelkens/Bonk/Sachs/*Schmitz*, § 5 Rn. 8.

17 Für eine nicht zu enge Auslegung plädiert Bader/Ronellenfitsch/*Funke-Kaiser*, § 5 Rn. 11; zu weitgehend aber wohl VG Schwerin, Urt. v. 06.05.2019 – 4 A 4414/17 SN, für von einem Landkreis generell in Anspruch genommene »Tragehilfe« durch Bedienstete der Feuerwehr einer Gemeinde bei von dem Landkreis verantworteten Rettungseinsätzen.

beteiligt ist.[18] Gleiches kann gelten, wenn die ersuchende Behörde auf Dienstkräfte mit bspw. technischen oder medizinischen Kenntnissen angewiesen ist, über die sie generell nicht verfügt.[19] Die Überlassung von Dienstkräften i.R.d. Amtshilfe entbindet die ersuchte Behörde nicht von der Beachtung der allgemeinen dienstrechtlichen oder arbeitsvertraglichen Bestimmungen. So ist für die Abordnung eines Beamten eine entsprechende Verfügung der zuständigen Behörde nach den einschlägigen beamtenrechtlichen Bestimmungen (vgl. § 27 BBG, § 14 BeamtStG und bspw. § 25 bwLBG) und ggf. die Mitwirkung des abgebenden und u.U. aufnehmenden Personalrates (bei einem Bundesbeamten nach § 76 Abs. 1 Nr. 5 BPersVG, s. zum Landesrecht bspw. § 75 Abs. 2 Nr. 2 und 5 bwLPVG) notwendig.

bb) Fehlende Einrichtungen

Zur Vornahme einer Amtshandlung **fehlen Einrichtungen** beispielsweise, wenn die ersuchende Behörde einen Erörterungstermin abzuhalten hat und ihr dazu keine geeigneten Räumlichkeiten oder hierzu benötigte technische Vorkehrungen, etwa eine Mikrofonanlage, generell nicht, etwa wegen eines Defekts derzeit nicht[20] oder nicht in der erforderlichen Größe oder Qualität selbst zur Verfügung stehen. Gleiches gilt, wenn für die Ermittlungen etwa die Nutzung eines technischen Geräts, eines Labors oder ähnlicher Einrichtungen erforderlich ist.[21] Für die Zulässigkeit des Amtshilfeersuchens unerheblich ist es, ob die fehlenden Einrichtungen für das anhängige Verfahren auch privatrechtlich angemietet werden könnten. Dagegen liegt mangels Amtshandlung keine Amtshilfe vor, wenn die »ersuchte« Behörde die geeigneten Räume erst von Dritten im eigenen Namen und als Vertreter anmietet.[22] 12

c) Angewiesensein auf unbekannte, nicht selbst ermittelbare Tatsachen (Nr. 3)

Ein Amtshilfeersuchen wird nach **Nr. 3** gerechtfertigt, wenn eine Behörde zur Durchführung ihrer Aufgaben auf die Kenntnis von Tatsachen angewiesen ist, die ihr unbekannt sind und die sie auch nicht selbst ermitteln kann. 13

18 Mann/Sennekamp/Uechtritz/*Shirvani*, § 5 Rn. 19; vgl. auch OVG Nordrhein-Westfalen, Urt. v. 09.05.1978 – XII A 1769/75, DÖV 1979, 343 für den Fall des fehlenden juristischen Bediensteten zur Durchführung eines Disziplinarverfahrens.

19 Vgl. BVerwG, Urt. v. 25.10.2017 – 6 C 46.16, BVerwGE 160, 169 (Amtshilfe durch das Bundesverteidigungsministerium für ein Landesinnenministerium durch Flüge über das Gebiet einer Großveranstaltung zur Gefahrerforschung); Knack/Henneke/*Schliesky*, § 5 Rn. 15.

20 Vgl. Kopp/*Ramsauer*, § 5 Rn. 9 (Ausfall einer Maschine).

21 Vgl. BVerwG, Urt. v. 27.06.2018 – 6 C 10.17, BVerwGE 162, 296 (Amtshilfe durch Hubschrauber der Bundespolizei für eine kommunale Freiwillige Feuerwehr); Urt. v. 25.10.2017 – 6 C 46.16, BVerwGE 160, 169 (Amtshilfe durch das Bundesverteidigungsministerium für ein Landesinnenministerium durch Flugzeuge der Luftwaffe); *Kugele*, § 5 Rn. 5.

22 Vgl. Meyer/Borg/*Meyer*, § 4 Rn. 14; Wolff/Bachof/Stober/*Kluth* II, § 83 Rn. 94. S.a. Ule/*Laubinger*, § 11 Rn. 44.

aa) Begriff der unbekannten und nicht selbst ermittelbaren Tatsachen

14 **Tatsachen** sind entweder äußerliche (vom menschlichen Willen, Wollen und Handeln unabhängige) nach Zeit und Raum sinnlich wahrnehmbare oder feststellbare Zustände oder Vorgänge oder innerliche Vorgänge des menschlichen Seelenlebens, nicht hingegen bloße Meinungen oder bspw. Rechtsauskünfte.[23] Nicht von Nr. 3 werden die Beweismittel erfasst, die nach Nr. 4 angefordert werden können.[24]

15 Für die ersuchende Behörde **unbekannt** oder von ihr **nicht selbst ermittelbar** sind nur Tatsachen, die nicht offenkundig sind (vgl. § 26 Rdn. 14 ff.) und deren Ermittlung der ersuchenden Behörde aus **tatsächlichen** Gründen[25] objektiv unmöglich ist, weil die **rechtliche** (auf die örtliche Unzuständigkeit bezogene) Unmöglichkeit bereits von Nr. 1 erfasst wird. Es geht hier vor allem um interne Ermittlungstätigkeiten, für die der ersuchenden Behörde Fachkräfte und Spezialeinrichtungen fehlen, wie z.B. für die Aufbereitung statistischen Materials oder die Feststellung technischer Messwerte. Die Erstattung eines Gutachtens fällt nicht unter Nr. 3,[26] soweit die gutachtliche Äußerung nicht ohnehin eine eigene Aufgabe in Sinne des § 4 Abs. 2 Nr. 2 (vgl. § 4 Rdn. 52) darstellt.

bb) Angewiesensein auf die Kenntnis der Tatsachen

16 Die ersuchende Behörde ist **auf** die **Kenntnis** von Tatsachen zur Durchführung ihrer Aufgaben **angewiesen**, wenn sie nach ihrem Verständnis und Kenntnisstand für das anhängige oder anstehende Verfahren (vgl. Vorbem. § 4 Rdn. 8, 13a) für dessen Einleitung, Fortführung oder Abschluss erheblich sind (vgl. § 24 Rdn. 56 ff.).[27]

d) Benötigung von Urkunden und sonstigen Beweismitteln (Nr. 4)

17 Der Tatbestand der **Nr. 4** lässt ein Amtshilfeersuchen dann zu, wenn eine Behörde Urkunden oder sonstige Beweismittel benötigt, die sich im Besitz einer anderen Behörde befinden.

aa) Die erfassten Beweismittel

18 Die Regelung erfasst die in § 26 Abs. 1 Satz 2 genannten und die sonst zulässigen **Beweismittel** (vgl. § 26 Rdn. 32 ff., 73 f.), die verkörperlich sind und somit wie die eigens aufgeführten Urkunden **im Besitz der ersuchten Behörde** sein können.[28] Neben

---

23 Vgl. Wolff/Bachof/Stober/Kluth/*Müller* I, § 36 Rn. 5 f.; Thomas/Putzo/*Reichold*, Vorbem. § 284 ZPO Rn. 13; Knack/Henneke/*Schliesky*, § 5 Rn. 16; Kopp/*Ramsauer*, § 5 Rn. 11; *Kugele*, § 5 Rn. 6.

24 Vgl. Mann/Sennekamp/Uechtritz/*Shirvani*, § 5 Rn. 22 für den Fall eines bei der ersuchten Behörde bereits vorliegenden Rechtsgutachtens.

25 Vgl. Stelkens/Bonk/Sachs/*Schmitz*, § 5 Rn. 9.

26 Stelkens/Bonk/Sachs/*Schmitz*, § 5 Rn. 9.

27 Siehe hierzu auch Bader/Ronellenfitsch/*Funke-Kaiser*, § 5 Rn. 18.

28 Vgl. hierzu auch BVerwG, Beschl. v. 11.08.2004 – 20 F 4.04, juris.

den Urkunden kommen insbesondere Akten und bewegliche Augenscheinsobjekte in Betracht. Schriftliche Sachverständigengutachten, schriftlich niedergelegte Zeugenaussagen und sonstige schriftliche Äußerungen, die sich im Besitz der ersuchten Behörde befinden, sind als Gedankenäußerungen bereits vom Urkundenbegriff umfasst. Die **Beschaffung** von (noch) nicht im Besitz der anderen Behörde befindlichen Beweismitteln (wie z.B. die Zeugeneinvernahme, die Einholung eines Sachverständigengutachtens oder die Augenscheinnahme) kann nach Nr. 4 nicht von ihr verlangt werden,[29] ist jedoch als Amtshilfe nach Nr. 1 (Augenschein – vgl. Rdn. 7 f.) oder nach Nr. 5 (z.B. Zeugenvernehmung – vgl. Rdn. 22) möglich.

bb) Die Benötigung der Beweismittel

19 Die ersuchende Behörde **benötigt** die angeforderten Beweismittel zur Durchführung ihrer Aufgaben, wenn sie für die Einleitung – oder die Entscheidung über das Ob der Einleitung –, Weiterführung oder den Abschluss eines bestimmten Verwaltungsverfahrens bedeutsam sind oder nach ihrer Einschätzung von Bedeutung sein können.[30] Es reicht also aus, dass die **Verwendung des Beweismittels zu Beweiszwecken zum Zeitpunkt des Ersuchens möglich** erscheint; eine Gewissheit ist insoweit noch nicht erforderlich.[31]

e) Abwendung eines wesentlich größeren Aufwandes (Nr. 5)

20 Der Tatbestand der **Nr. 5** trägt den Gesichtspunkten der **Wirtschaftlichkeit und Effektivität** der Verwaltung Rechnung. Deshalb ist ein Amtshilfeersuchen nach dieser Vorschrift auch gerechtfertigt, wenn die ersuchende Behörde die Amtshandlung nur mit wesentlich größerem Aufwand vornehmen könnte als die ersuchte Behörde. Das Amtshilfeersuchen ist unter diesen Voraussetzungen also aus den genannten Gründen zulässig, obwohl die ersuchende Behörde – anders als nach Nr. 1 bis 4 – rechtlich und tatsächlich in der Lage wäre, die Amtshandlung selbst vorzunehmen.[32]

aa) Der Begriff des Aufwands

21 **Aufwand** i.S.d. Nr. 5 ist der mit der betreffenden Amtshandlung insgesamt verbundene Einsatz von Dienstkräften, Einrichtungen und Finanzmitteln,[33] also der gesamte Personal-, Sach- und Finanzaufwand.

29 Vgl. Kopp/*Ramsauer*, § 5 Rn. 12; Bader/Ronellenfitsch/*Funke-Kaiser*, § 5 Rn. 20.
30 Vgl. Stelkens/Bonk/Sachs/*Schmitz*, § 5 Rn. 10; Kopp/*Ramsauer*, § 5 Rn. 12; Bader/Ronellenfitsch/*Funke-Kaiser*, § 5 Rn. 21.
31 Vgl. Mann/Sennekamp/Uechtritz/*Shirvani*, § 5 Rn. 24; ähnlich Pautsch/Hoffmann/*Heinemann*, § 5 Rn. 16 (»keine allzu strengen Anforderungen«).
32 Vgl. Stelkens/Bonk/Sachs/*Schmitz*, § 5 Rn. 11; *Kugele*, § 5 Rn. 8; Mann/Sennekamp/Uechtritz/*Shirvani*, § 5 Rn. 26; Pautsch/Hoffmann/*Heinemann*, § 5 Rn. 17 f.
33 Ähnlich Kopp/*Ramsauer*, § 5 Rn. 9, 13.

bb) Der Umfang des Aufwands

22 Ein **wesentlich größerer Aufwand** der ersuchenden Behörde ist gegeben, wenn unter Berücksichtigung aller Umstände der erstrebte Verfahrenserfolg durch das Tätigwerden der ersuchten Behörde mit einem ins Gewicht fallenden geringeren Aufwand erreicht wird. Das trifft bspw. zu, wenn zur Vernehmung auswärtiger Zeugen[34] oder zur Augenscheinnahme durch Bedienstete der ersuchenden Behörde hohe Reisekosten anfallen würden, während die ersuchte Behörde an Ort und Stelle die notwendigen Vernehmungen und Augenscheinnahmen ohne nennenswerte Belastung eines öffentlichen Haushalts durchführen könnte.

23 Für die Zulässigkeit des Amtshilfeersuchens ist es **nicht maßgeblich**, ob die ersuchende Behörde für den durch die Amtshilfe vermeidbaren wesentlich größeren Aufwand von einem Verfahrensbeteiligten, etwa als Kostenschuldner von Auslagen **Ersatz** verlangen könnte (vgl. dazu §§ 6, 12 BGebG). Zum einen belasten auch diese später als Auslagen zu erhebenden Aufwendungen zunächst den öffentlichen Haushalt, zum anderen ist im Zeitpunkt des Amtshilfeersuchens nicht immer bereits erkennbar, ob die Kosten einem Kostenschuldner auferlegt werden können. So kann die (durch die Amtshilfe vermiedene kostenintensive eigene) Vernehmung des auswärtigen Zeugen ergeben, dass ein von Amts wegen eingeleitetes Verfahren eingestellt werden muss, ohne dass die Kosten einem Veranlasser auferlegt werden können. Aus allgemeinen Gründen kann auch die unmittelbare Kostenersparnis für Beteiligte ein Amtshilfeersuchen rechtfertigen (vgl. unten Rdn. 26).

24 Ein wesentlich größerer Aufwand der ersuchenden Behörde rechtfertigt ein Amtshilfeersuchen allerdings immer nur dann, wenn mit dem geringeren Aufwand der ersuchten Behörde aller Voraussicht nach auch ein gleichwertiges Ergebnis erzielt werden kann.[35]

cc) Vergleich des Aufwands der Behörden

25 Bei dem anzustellenden **Vergleich des Aufwands**, der bei der ersuchenden Behörde anfiele gegenüber dem, den die ersuchte Behörde träfe, hat nicht nur ein etwaiger Kostenersatzanspruch der ersuchenden Behörde gegenüber Verfahrensbeteiligten (vgl. Rdn. 23), sondern ebenso ein etwaiger Einnahmezufluss der ersuchten Behörde aus der Amtshilfemaßnahmen nach § 8 Abs. 2 (vgl. § 8 Rdn. 30 ff.) sowie die Frage unberücksichtigt zu bleiben, ob und ggf. in welchem Umfang eine Auslagenerstattung nach § 8 Abs. 1 Satz 2 anfällt.[36]

34 Knack/Henneke/*Schliesky*, § 5 Rn. 23.

35 Ebenso Bader/Ronellenfitsch/*Funke-Kaiser*, § 5 Rn. 26.

36 Die bis zur 3. Aufl. vertretene Gegenansicht wurde im Hinblick auf die berechtigte Kritik von Bader/Ronellenfitsch/*Funke-Kaiser*, § 5 Rn. 25 und im Anschluss an Meyer/Borgs/*Meyer*, § 5 Rn. 9 bereits in der 4. Aufl. aufgegeben.

3. Andere Gründe für ein Amtshilfeersuchen

Auch **andere** als die in Abs. 1 aufgeführten **Gründe**[37] können bei vergleichbarem Gewicht ein **Amtshilfeersuchen** rechtfertigen (vgl. Rdn. 3 f.). So könnte eine Behörde eine andere um die Überlassung bestimmter Einrichtungen bitten, obgleich sie selbst über Einrichtungen dieser Art verfügt. Ein derartiges nicht von Abs. 1 Nr. 2 und 5 erfasstes Amtshilfeersuchen wäre bspw. berechtigt, wenn die Benutzung von Sitzungssälen oder Beratungsräumen der ersuchten Behörde wegen deren räumlichen Lage oder sonstigen Beschaffenheit eine **effektivere Verfahrensdurchführung** ermöglicht als die Benutzung der eigenen.[38] Auch im Interesse der **Kostenersparnis für Beteiligte** kann ein Amtshilfeersuchen gerechtfertigt sein, wenn z.B. die Akteneinsicht durch die ersuchte Behörde am Wohnsitz des außerhalb wohnenden Beteiligten gewährt wird.[39] 26

II. Verbot der Amtshilfe (Abs. 2)

Abs. 2 bestimmt **abschließend**[40] die Fälle, in denen die ersuchte Behörde **Hilfe nicht leisten darf**, also das Recht und die Pflicht zur Verweigerung der Amtshilfe hat. Verstieße die um Hilfe ersuchte Behörde gegen das Amtshilfeverbot, würde sie die gesetzliche Zuständigkeitsverteilung verletzten, damit zugleich gegen das Gebot der Gesetzmäßigkeit der Verwaltung (Art. 20 Abs. 3 GG) verstoßen und in Bezug auf das Verwaltungsverfahren der ersuchenden Behörde einen – nach § 46 zu beurteilenden – **Verfahrensfehler** begründen.[41] Aus § 7 Abs. 1 und 2 ergeben sich im Vergleich zu Abs. 2 allerdings keine zusätzlichen Begrenzungen, weil vom Recht der ersuchten Behörde nicht gedeckte Handlungen, dieser auch nach Satz 1 Nr. 1 verwehrt sind.[42] 27

1. Unmöglichkeit der Hilfeleistung aus Rechtsgründen (Satz 1 Nr. 1)

Satz 1 Nr. 1 trägt dem Grundsatz der Gesetzmäßigkeit der Verwaltung (Art. 20 Abs. 3 GG) Rechnung, indem der ersuchten Behörde ein **Leistungsverbot** auferlegt wird, wenn sie aus rechtlichen Gründen zur Hilfegewährung nicht in der Lage ist.[43] 28

---

37 Stelkens/Bonk/Sachs/*Schmitz*, § 5 Rn. 5, 13; Kopp/*Ramsauer*, § 5 Rn. 1, 14; Knack/Henneke/*Schliesky*, § 5 Rn. 9; Bader/Ronellenfitsch/*Funke-Kaiser*, § 5 Rn. 2.

38 Vgl. Kopp/*Ramsauer*, § 5 Rn. 14.

39 Vgl. Stelkens/Bonk/Sachs/*Schmitz*, § 5 Rn. 13; Kopp/*Ramsauer*, § 5 Rn. 14; Bader/Ronellenfitsch/*Funke-Kaiser*, § 5 Rn. 27.

40 Ebenso VGH Baden-Württemberg, Urt. v. 15.03.1990 – 1 S 282/90, NVwZ-RR 1990, 337; VG Gießen, Urt. v. 03.12.2018 – 4 K 5860/17.GI, FamRZ 2019, 1328; Stelkens/Bonk/Sachs/*Schmitz*, § 5 Rn. 14; Kopp/*Ramsauer*, § 5 Rn. 15; Knack/Henneke/*Schliesky*, § 5 Rn. 25; Mann/Sennekamp/Uechtritz/*Shirvani*, § 5 Rn. 30. A.A. *J. Schmidt*, Festschrift Boorberg, S. 135 (148).

41 Knack/Henneke/*Schliesky*, § 5 Rn. 26; s.a. Stelkens/Bonk/Sachs/*Schmitz*, § 5 Rn. 14; Mann/Sennekamp/Uechtritz/*Shirvani*, § 5 Rn. 30 f.

42 A.A. *Pitschas*, SGb, 1990, 236 für das Verhältnis des inhaltsgleichen § 4 Abs. 2 und 3 SGB X zu § 6 Abs. 1 und 2 SGB X.

43 Vgl. Sachs/Erbguth/*Schubert*, Art. 35 GG Rn. 21; Pautsch/Hoffmann/*Heinemann*, § 5 Rn. 25.

a) Unmittelbare Rechtsverletzung durch ersuchte Behörde (Nr. 1)

29 Einem Amtshilfeersuchen darf dann nicht entsprochen werden, wenn die **Hilfeleistung nach** dem für die **ersuchte Behörde geltenden Recht nicht zulässig** ist, weil ihr eigener, durch die sachliche und örtliche Zuständigkeit abgegrenzter Kompetenzbereich durch ein Amtshilfeersuchen keine Erweiterung erfährt.[44] Die Hilfeleistung muss keinem ausdrücklichen gesetzlichen Verbot unterliegen, für das Amtshilfeverbot nach Nr. 1 genügt die mangelnde Befugnis der ersuchten Behörde zur Vornahme der angeforderten Leistung, insb. zum Eingriff ggü. einem Dritten (vgl. dazu, dass die §§ 4 ff. selbst keine materiellen Ermächtigungsgrundlagen für Eingriffe in Rechte Dritter bieten, Vorbem. § 4 Rdn. 4).[45] Bloße Vorgaben aus Verwaltungsvorschriften oder innerbehördlichen Erlassen können allerdings keine »Unmöglichkeit aus Rechtsgründen« i.S.d. Nr. 1.[46]

b) Strafbare Handlung der ersuchenden Behörde

30 Rechtliche Gründe stehen einer Amtshilfe jedenfalls dann entgegen, wenn die Hauptmaßnahme der **ersuchenden Behörde** oder die Maßnahme zu deren Verwirklichung die Amtshilfe beitragen soll (vgl. § 7 Rdn. 3), **gegen Strafvorschriften verstößt.**[47] Unterhalb der Schwelle zur Strafbarkeit kann die ersuchte Behörde die Amtshilfe allerdings grundsätzlich nicht wegen **»bloßer« Zweifel an der Rechtmäßigkeit der Hauptmaßnahme** der ersuchenden Behörde verweigern. Denn das hieße, der ersuchten Behörde ein Prüfungsrecht einzuräumen, das ihr im Rahmen eines Amtshilfeverfahren auch im Hinblick auf die nach § 7 Abs. 2 verteilten Verantwortlichkeiten grundsätzlich nicht zustehen kann (vgl. auch § 7 Rdn. 3 ff.), auch wenn es ihr stets unbenommen bleibt, Zweifel an der Rechtmäßigkeit der Maßnahmen der ersuchenden Behörde gegenüber geltend zu machen. Eine Grenze ist allerdings – entgegen der hier in der 4. Aufl. noch vertretenen Auffassung – erreicht, wenn die Hauptmaßnahme **offensichtlich rechtswidrig** ist. Dann steht der ersuchten Behörde ein Weigerungsrecht zu, weil es rechtsstaatlichen Grundsätzen widersprechen würde, wenn eine Behörde verpflichtet wäre, sehenden Auges an der Verwirklichung einer offenkundig rechtswidrigen Maßnahme mitzuwirken.[48] Konflikte, die sich in solchen seltenen

---

44 BVerfG, Beschl. v. 15.01.1970 – 1 BvR 13/68, BVerfGE 27, 344 (352); BVerwG, Urt. v. 26.09.2006 – 2 WD 2.06, BVerwGE 127, 1 (28); Sachs/Erbguth/*Schubert*, Art. 35 GG Rn. 21, 27; *Hebeler*, JA 2019, 881; *Enders* JZ 2018, 465; vgl. auch Kopp/*Ramsauer*, § 5 Rn. 8, 17.

45 Vgl. Kopp/*Ramsauer*, § 5 Rn. 18.

46 Mann/Sennekamp/Uechtritz/*Shirvani*, § 5 Rn. 33.

47 Bader/Ronellenfitsch/*Funke-Kaiser*, § 5 Rn. 30; Ule/*Laubinger*, § 11 Rn. 29.

48 Mann/Sennekamp/Uechtritz/*Shirvani*, § 5 Rn. 3; im Ergebnis ebenso Stelkens/Bonk/Sachs/*Schmitz*, § 5 Rn. 17; Kopp/*Ramsauer*, § 5 Rn. 15, 28; Knack/Henneke/*Schliesky*, § 5 Rn. 61 f.; *Ziekow*, § 5 Rn. 11; Pautsch/Hoffmann/*Heinemann*, § 5 Rn. 21, 36; *Kugele*, § 5 Rn. 9, 18, dort auch für Fälle von Rechtsmissbrauch; zur Vollzugshilfe auch VG Aachen, Urt. v. 16.12.2013 – 6 K 2434/12, juris; offengelassen in VGH Baden-Württemberg, Urt. v. 15.03.1990 – 1 S 282/90, NVwZ-RR 1990, 337; VG Gießen, Urt. v. 03.12.2018 – 4 K 5860/17.GI, FamRZ 2019, 1328.

Ausnahmefällen aus der Beurteilung der Rechtmäßigkeit einer Maßnahme zwischen der ersuchenden und der ersuchten Behörde ergeben können, können wie in anderen Fällen auch über § 5 Abs. 5 gelöst werden (vgl. Rdn. 81 ff.).

2. Entstehung erheblicher Nachteile für das Wohl des Bundes oder eines Landes (Satz 1 Nr. 2)

a) Die Auslegung der Staatswohlklausel

Nach **Satz 1 Nr. 2** ist eine Hilfeleistung ausgeschlossen, wenn dadurch dem **Wohl des Bundes oder eines Landes erhebliche Nachteile** bereitet würden. Eine entsprechende **Staatswohlklausel** findet sich auch in § 29 Abs. 2 (vgl. § 29 Rdn. 32) und § 84 Abs. 3 (vgl. § 84 Rdn. 19), in den Prozessordnungen (§ 99 Abs. 1 Satz 2 Alt. 1 VwGO, § 119 Abs. 1 SGG, § 86 Abs. 2 FGO, §§ 54 Abs. 3, 96 Satz 1 StPO, § 376 Abs. 4 ZPO), in den Verfassungsschutzgesetzen (§ 15 Abs. 2 Satz 1 Nr. 3 BVerfSchG oder den entsprechenden Landesgesetzen wie z.B. § 14 Abs. 2 Satz 1 Nr. 3 Alt. 2 VSG NRW oder § 13 Abs. 2 Satz 1 Nr. 3 Alt 2 bwLVSG) sowie im Beamtenrecht (§ 37 Abs. 4 Satz 1 BeamtStG und § 68 Abs. 1 BBG).[49] 31

Dem noch nicht im Gesetzentwurf der Bundesregierung enthaltenen, erst im Laufe der Beratungen des Gesetzentwurfs im Rechts- und im Innenausschuss des Bundestages[50] eingefügte **Tatbestandsmerkmal »erhebliche«** kommt dabei **keine eigenständige Bedeutung** zu;[51] es findet sich bei den anderen Staatswohlklauseln auch nur noch in § 37 Abs. 4 Satz 1 BeamtStG:[52] Ein Nachteil für das Staatswohl verlangt Begriffsnotwendig eine gewisse Bedeutung.[53] Bei einem anderen Verständnis würden im Anwendungsbereich des Satz 1 Nr. 2 bei »einfachen« Nachteilen andere Maßstäbe als bei den anderen Staatswohlklauseln (etwa § 96 Satz 1 StPO) gelten, was nicht gewollt sein kann. 32

Die Erfüllung des Amtshilfeverbotstatbestands aus Satz 1 Nr. 2 setzt nach den demnach inhaltsgleichen Maßstäben voraus, dass für einen der genannten Hoheitsträger – für den »Bund«, d.h. die Bundesrepublik, oder für ein Bundesland als Körperschaft des öffentlichen Rechts (worunter nicht die Kommunalkörperschaften oder

49 Nur in § 37 Abs. 4 Satz 1 BeamtStG wird ebenfalls ein »erheblicher« Nachteil verlangt; s. Rdn. 32.

50 Entwurfstext im Bericht und Antrag des federführenden Innenausschusses ohne nähere Erläuterung, BT-Drucks. 7/4494, S. 15.

51 Nach Ule/*Laubinger*, § 11 Rd. 27, ist es ungeklärt, ob die Abweichung einen sachlichen Unterschied zur Folge hat.

52 Die gegenüber dem früheren § 39 Abs. 3 BRRG neue Formulierung, dass nur »erhebliche« Nachteile geeignet sein können, soll nach der Amtlichen Begründung entsprechend der höchstrichterlichen Rechtsprechung klarstellen, dass einfache Nachteile nicht ausreichen (BT-Drucks. 16/4027 zu § 38 des Entwurfs S. 32; Metzler-Müller/Rieger/Seeck/Zentgraf/*Metzler-Müller*, Praxis der Kommunalverwaltung, § 37 BeamtStG Erl. 5.2).

53 Vgl. Wolff/Bachof/Stober/*Kluth* II, § 83 Rn. 110.

andere der Aufsicht des Landes unterstehende juristische Personen fallen)[54] – im Falle einer Offenbarung Nachteile im Bereich der öffentlich-rechtlichen oder auch der privatrechtlichen Verwaltung eintreten würden, die sich insbesondere als **Gefährdung der äußeren oder inneren** (unter Einschluss der wirtschaftlichen)[55] **Sicherheit** oder auch des freundschaftlichen Verhältnisses zu anderen Staaten oder zu supranationalen Organisationen darstellen.[56] Eine Gefährdung der inneren Sicherheit ist regelmäßig nur bei der Gefährdung oder Beeinträchtigung des Bestandes und der Funktionsfähigkeit des Staates und seiner wesentlichen Einrichtungen anzunehmen.[57] Ein erheblicher Nachteil kann auch darin bestehen, dass den Sicherheitsbehörden die Erfüllung ihrer Aufgaben einschließlich ihrer Zusammenarbeit mit anderen Behörden erschwert oder Leben oder Gesundheit oder Freiheit von Personen gefährdet wird.[58] Die Geheimhaltung kann daher z.B. durch den gebotenen Schutz verfassungsschutzdienstlicher Informationen und Informationsquellen, Arbeitsweisen und Methoden der Erkenntnisgewinnung gerechtfertigt sein.[59] Gleiches gilt für die Notwendigkeit, kriminalpolizeiliche Informationen, Informationsquellen (verdeckte Ermittler) zu schützen und die Konzeption der Verbrechensbekämpfung geheim zu halten.[60]

33 Wie hoch die **Wahrscheinlichkeit** des Eintritts eines Nachteils sein muss, ist umstritten. Jedenfalls reicht die bloße Möglichkeit nicht aus. Im Übrigen gehen die Forderungen insbesondere bei Auslegung des § 99 Abs. 1 Satz 2 VwGO von einer an Sicherheit grenzenden Wahrscheinlichkeit[61], über eine hohe[62] oder hinreichende[63] bis

---

54 Die Gemeinden, Gemeindeverbände und die sonstigen in § 1 Abs. 1 genannten bundes- und landesunmittelbaren juristischen Personen des öffentlichen Rechts können allenfalls Schutz über Satz 1 Nr. 1 oder Satz 2 erhalten (vgl. Stelkens/Bonk/Sachs/*Schmitz*, § 5 Rn. 24; Bader/Ronellenfitsch/*Funke-Kaiser*, § 5 Rn. 38; Knack/Henneke/*Schliesky*, § 5 Rn. 33), soweit nicht ausnahmsweise zugleich des Wohl des Bundes oder des Landes berührt ist (vgl. Knack/Henneke/*Schliesky*, § 5 Rn. 33). Anders noch die 3. Aufl.

55 Auch wirtschaftliche Nachteile führen nur dann zu einer Sicherheitsgefährdung, wenn dadurch die Funktionsfähigkeit des Staatsapparates oder wichtiger staatlicher Leistungen berührt werden (vgl. Stelkens/Bonk/Sachs/*Schmitz*, § 5 Rn. 25; Kopp/*Ramsauer*, § 5 Rn. 23a; Bader/Ronellenfitsch/*Funke-Kaiser*, § 5 Rn. 39; Knack/Henneke/*Schliesky*, § 5 Rn. 32; Kugele, § 5 Rn. 11).

56 Stelkens/Bonk/Sachs/*Schmitz*, § 5 Rn. 25.

57 Nach *Ziekow*, BayVBl. 1992, 132 (134), soll die Schwelle für die Beeinträchtigung internationaler Beziehungen niedriger liegen.

58 BVerwG, Beschl. v. 29.07.2002 – 2 AV 1.02, BVerwGE 117, 8 f. zur Auslegung des dieses Tatbestandsmerkmal ebenfalls nicht enthaltenden § 99 Abs. 1 Satz 2 VwGO unter Hinweis auf BVerwG, Urt. v. 19.08.1986 – 1 C 7.85, BVerwGE 75, 1 (14) zu § 96 Satz 1 StPO; BVerfG, Beschl. v. 27.10.1999 – 1 BvR 385/90, BVerfGE 101, 106 (128) zu § 99 VwGO a.F.

59 BVerfG, Beschl. v. 27.10.1999 – 1 BvR 385/90, BVerfGE 101, 106 (128); BVerwG, Beschl. v. 07.11.2002 – 2 AV 2.02, NVwZ 2003, 347 (348).

60 BVerwG, Beschl. v. 29.07.2002 – 2 AV 1.02, BVerwGE 117, 8 (9).

61 Redeker/von Oertzen/*Redeker*, § 99 VwVfO Rn. 4; *Lang*, NK-VwGO, § 99 Rn. 24.

62 Eyermann/*Geiger*, § 99 Rn. 8; Schoch/Schneider/Bier/*Rudisile*, § 99 Rn. 16.

63 Kopp/Schenke, § 99 Rn. 10 m.w.N.; für § 5 ebenso Huck/*Müller*, § 5 Rn. 13.

zu »einiger«[64] Wahrscheinlichkeit. Nachdem bereits die Gefährdung der genannten Rechtsgüter den Nachteil (Schaden) begründet, der die Verweigerung der Amtshilfe rechtfertigen soll, kann es nicht um die nach polizeirechtlichen Grundsätzen ggf. auch nach der Schadenshöhe zu beurteilende Wahrscheinlichkeit eines Schadenseintritts gehen.[65] Es muss daher zumindest eine hohe Wahrscheinlichkeit verlangt werden.

b) Die Entscheidung der ersuchten Behörde

Die von der ersuchten Behörde zu treffende und der ersuchenden Behörde ggf. nach Abs. 5 Satz 1 (vgl. Rdn. 82) mitzuteilende **Entscheidung**, ob eine Hilfeleistung ausschließende Geheimhaltungsgründe vorliegen, muss in einer die geheim zu haltenden Tatsachen wahrenden Weise erfolgen.[66] Die ersuchte Behörde trifft ihre Entscheidung aus der Sicht der von ihr wahrzunehmenden Aufgaben und ist anders als die nach § 99 Abs. 1 Satz 2 VwGO zuständige oberste Aufsichtsbehörde zu keiner Ermessensentscheidung berufen, in deren Rahmen abzuwägen wäre, ob dem Geheimhaltungs- oder dem Offenbarungsinteresse mehr Gewicht zuzumessen ist.[67] Die bei der Entscheidung nach § 99 Abs. 1 Satz 2 VwGO vorzunehmende Abwägung[68] ist an der Rechtsschutzgarantie des Art. 19 Abs. 4 GG auszurichten,[69] deren Vorwirkung auf das Verwaltungsverfahren[70] aber nicht bereits eine an § 99 VwGO angenäherte Regelung verlangt. Ein Verfahrensbeteiligter ist daher auch nicht in eine etwaige Konfliktlösung nach Abs. 5 eingebunden (vgl. Rdn. 90), sondern muss Rechtsschutz gegen die abschließende Entscheidung der ersuchenden Behörde suchen, in dessen Rahmen auch entscheidungserhebliche Geheimhaltungsfragen geklärt werden. 34

Im Einzelfall kann es auch in Betracht kommen, Amtshilfe durch die **Herausgabe** von Urkunden, Akten oder schriftlichen Stellungnahmen **unter** der **Bedingung** zu leisten, dass die ersuchende Behörde versichert, Verfahrensbeteiligten keine Akteneinsicht zu gewähren. 35

---

64 Bader/Funke-Kaiser/*Stuhlfauth*/von Albedyll, § 99 Rn. 10.

65 Hierauf weist Funke-Kaiser (in: Bader/Ronellenfitsch, § 5 Rn. 41) zutreffend hin.

66 Siehe hierzu auch BVerwG, Urt. v. 19.08.1986 – 1 C 7.85, BVerwGE 75, 1 (11); Urt. v. 20.02.1990 – I C 42.83, BVerwGE 84, 375, (389).

67 Für eine solche auch das Tatbestandsmerkmal der Erheblichkeit ausfüllende Abwägung aber Bader/Ronellenfitsch/*Funke-Kaiser*, § 5 Rn. 40 und ähnlich Knack/Henneke/*Schliesky*, § 5 Rn. 32; Stelkens/Bonk/Sachs/*Schmitz*, § 5 Rn. 26; Mann/Sennekamp/Uechtritz/*Shirvani*, § 5 Rn. 45.

68 Hierzu etwa BVerwG, Beschl. v. 16.09.2004 – 20 F 20.03, juris; Beschl. v. 21.06.1993 – I B 62.92, Buchholz 310 § 99 Nr. 22; Bader/Funke-Kaiser/*Stuhlfauth*/von Albedyll, § 99 Rn. 9.

69 Vgl. BVerfG, Beschl. v. 13.06.2007 – 1 BvR 1550/03 u. a., BVerfGE 118, 168 (207); Beschl. v. 27.10.1999 – 1 BvR 385/90, BVerfGE 101, 106 (122); Urt. v. 24.04.1985 – 2 BvF 2, 3, 4/83 und 2/84, BVerfGE 69, 1 (49).

70 Hierzu BVerfG, Beschl. v. 27.10.1999 – 1 BvR 385/90, BVerfGE 101, 106 (123); Jarass/Pieroth, Art. 19 GG Rn. 72.

3. Beachtung von Geheimhaltungspflichten (Satz 2)

36 **Satz 2** bestimmt in Anlehnung an § 99 Abs. 1 Satz 2 Alt. 2 VwGO, dass die ersuchte Behörde insbesondere zur Vorlage von Urkunden oder Akten sowie zur Erteilung von Auskünften nicht verpflichtet ist, wenn die Vorgänge nach einem Gesetz oder ihrem Wesen nach geheim gehalten werden müssen. Die Geheimhaltungspflichten sind also »amtshilfefest«.[71]

a) Konkretisierung von Satz 1 Nr. 1

37 **Satz 2 konkretisiert Satz 1 Nr. 1** mit der Folge, dass der ersuchten Behörde nicht nur ein Weigerungsrecht, sondern eine **Weigerungspflicht** auferlegt wird.[72] So bringt auch das Wort »insbesondere« zum Ausdruck, dass es sich hier um einen Unterfall der Nr. 1 handelt. Dagegen kann nicht angenommen werden, dass Satz 2 lediglich eine beispielhafte Aufzählung der aus Geheimhaltungsgründen verbotenen Hilfeleistungen enthält. Nur bei einer Vorlage von Urkunden oder Akten und bei der Erteilung von Auskünften (die eine Vermittlung von Daten einschließt)[73] ist die Möglichkeit einer Offenbarung geheim zu haltender Vorgänge denkbar.[74]

b) Gesetzliche Geheimhaltungspflichten

aa) Allgemeine Geheimhaltungsvorschriften

38 Eine **gesetzliche Geheimhaltungspflicht** ergibt sich z.B. aus § 30 AO (»Steuergeheimnis«),[75] § 53 BDSG (»Datengeheimnis«, s. näher dazu Rdn. 40 ff.), § 16 BStatG, Art. 10 Abs. 1 GG i.V.m. § 39 PostG (»Postgeheimnis«) bzw. § 88 Abs. 1 TKG (»Fernmeldegeheimnis«), § 203 Abs. 1 StGB (»Verletzung von Privatgeheimnissen«, u.a. das »Arztgeheimnis«),[76] § 139b Abs. 1 Satz 3 GewO (»Geschäfts- und Betriebsverhältnisse«),[77] § 9 KWG, § 32 BBankG, § 138 Abs. 2 BauGB, § 7 BMeldeG (»Meldegeheimnis«), § 35 SGB I (»Sozialgeheimnis«) und §§ 67 ff. SGB X (»Sozialdatenschutz«,

---

71 Mann/Sennekamp/Uechtritz/*Shirvani*, § 5 Rn. 47; s.a. Pautsch/Hoffmann/*Heinemann*, § 5 Rn. 29 f.

72 Ebenso Stelkens/Bonk/Sachs/*Schmitz*, § 5 Rn. 27 (»nicht disponibles Amtshilfeverbot«); 15; Bader/Ronellenfitsch/*Funke-Kaiser*, § 5 Rn. 43; Meyer/Borgs/*Meyer*, § 5 Rn. 16; *Finkelnburg/Lässig*, § 5 Rn. 22 f.; *Ziekow*, § 5 Rn. 14; *Ule/Laubinger*, § 11 Rn. 24. Wohl auch Knack/Henneke/*Schliesky*, § 5 Rn. 34.

73 Ebenso Meyer/Borgs/*Meyer*, § 5 Rn. 18.

74 Ähnlich *Finkelnburg/Lässig*, § 5 Rn. 24.

75 Vgl. zur Beachtung des Steuergeheimnisses bei der Auskunftserteilung von Steuerbehörden an die Gewerbebehörden in gewerberechtlichen Verfahren BFH, Urt. v. 29.07.2003 – VII R 39, 43/02, BFHE 202, 411; Urt. v. 10.02.1987 – VII R 77/84, BFHE 149, 387; BVerwG, Beschl. v. 14.10.1987 – 1 B 108.87, NVwZ 1988, 432; Urt. v. 02.02.1982 – 1 C 146.80, BVerwGE 65, 1 (5 f.); BMF-Schreiben v. 14.12.2010, IV A 3 – S 0130/10/10019, BStBl I S. 1493; *Fischer/Schaaf*, GewA 1990, 337.

76 Bader/Ronellenfitsch/*Funke-Kaiser*, § 5 Rn. 48.1.

77 S. hierzu *Roßnagel/Bizer*, GewArch 1992, 121.

s. näher dazu Rdn. 50 ff.)[78] sowie § 30 VwVfG.[79] Soweit gesetzlich eine Ausnahme von der Geheimhaltungsvorschrift vorgesehen ist (wie z.B. in § 16 Abs. 2 BStatG), entfällt das Verbot der Hilfeleistung, wenn die Tatbestandsvoraussetzungen der Ausnahmeregelung erfüllt sind.

Keine Geheimhaltungspflicht zwischen Behörden wird durch die **beamtenrechtlichen** Vorschriften über die **Amtsverschwiegenheit** begründet, da diese grundsätzlich nicht im innerdienstlichen Verkehr gelten (vgl. § 37 Abs. 2 Satz 1 Nr. 1 BeamtStG und § 67 Abs. 2 Satz 1 Nr. 1 BBG)[80] (s. aber auch Rdn. 65). Für entsprechende **tarifrechtliche** Bestimmungen gilt Gleiches, soweit die ersuchte Hilfeleistung nur den innerdienstlichen Bereich betrifft.[81] 39

bb) Besondere Regelungen der Datenübermittlung

Bereits die Grundsatzentscheidung des BVerfG aus dem Jahr 1983 zum **Recht auf informationelle Selbstbestimmung**[82] hatte im nationalen Recht zu **detaillierten Regelungen für die Datenübermittlung** geführt, so im BDSG generell für die Übermittlung personenbezogener Daten (vgl. Rdn. 49) und in speziellen Regelungen insb. für die Übermittlung von Sozialdaten (vgl. Rdn. 50 ff.), die Datenübermittlung im Ausländerrecht (vgl. Rdn. 54 ff.) und für die Datenweitergabe der Nachrichtendienste (vgl. Rdn. 57). Auch die Aufarbeitung des Staatsunrechts der ehemaligen DDR hatte schon aus Sicht des nationalen Rechts Sonderregelungen (vgl. Rdn. 58) erfordert. 40

Grundlegend neu geregelt wurde das Datenschutzrecht durch die seit dem 25.05.2018 geltende und unmittelbar anwendbare **Datenschutz-Grundverordnung** (vgl. Art. 288 Abs. 2 AEUV, Art. 99 a.E. DSGVO).[83] Die Suche nach der einschlägigen 41

78 Zur Übermittlung von Sozialdaten im Gewerbeuntersagungsverfahren siehe VG Chemnitz, Beschl. v. 12.08.1996 – 4 K 1934/95, GewA 1997, 206; *Friauf*, § 11 GewO Rn. 22 ff.; Friauf/*Heß*, § 35 GewO Rn. 242 ff. Zu Rechtslage nach der bis 31.12.1980 geltenden Fassung des § 35 SGB I siehe BVerwG, Urt. v. 02.02.1982 – 1 C 146.80, BVerwGE 65, 1 (8 f.).

79 Ebenso Stelkens/Bonk/Sachs/*Schmitz*, § 5 Rn. 29; Kopp/*Ramsauer*, § 5 Rn. 24a; Bader/Ronellenfitsch/*Funke-Kaiser*, § 5 Rn. 48; Meyer/Borgs/*Meyer*, § 5 Rn. 17; *Ziekow*, § 5 Rn. 14; Mann/Sennekamp/Uechtritz/*Shirvani*, § 5 Rn. 48; Pautsch/Hoffmann/*Heinemann*, § 5 Rn. 35; *Berg*, GewArch 1996, 177 (180); *Roßnagel/Bizer*, GewArch 1992, 121 (127) und entgegen der dort bis zur 8. Aufl. vertretenen a.A. auch Knack/Henneke/*Schliesky*, § 5 Rn. 38 m.w.N. A.A. *Kugele*, § 5 Rn. 12.

80 Ebenso BayObLG, Beschl. v. 21.03.1990 – BReg 1 a Z 1/90, NJW 1990, 1857; BeckOK VwVfG/Funke-Kaiser, § 5 Rn. 46; Kopp/*Ramsauer*, § 5 Rn. 25; Knack/Henneke/*Schliesky*, § 5 Rn. 39; Ule/*Laubinger*, § 11 Rn. 25; *Schlink*, S. 240 und bereits *Dreher*, S. 101. Vgl. auch Amtl. Begr. S. 39. Zweifelnd und jedenfalls für personenbezogene Daten für den Regelfall verneinend Stelkens/Bonk/Sachs/*Schmitz*, § 5 Rn. 30.

81 Knack/Henneke/*Schliesky*, § 5 Rn. 39; insoweit auch Stelkens/Bonk/Sachs/*Schmitz*, § 5 Rn. 30.

82 BVerfG, Urt. v. 15.12.1983 – 1 BvR 209/83, BVerfGE 65, 1. Siehe dazu: *Wilde*, BayVBl. 1986, 230; *Schlink*, NVwZ 1986, 249.

83 Verordnung (EU) 2016/679 des Europäischen Parlaments und des Rates vom 27.04.2016 zum Schutz natürlicher Personen bei der Verarbeitung personenbezogener Daten,

Rechtsgrundlage für die Verarbeitung – namentlich die Übermittlung – von personenbezogenen Daten bietet seit dem Inkrafttreten dieser Verordnung besondere Herausforderungen, da sich das Datenschutzrecht seither durch ein teils unübersichtliches Nebeneinander von unions-, bundes- und landesrechtlichen Bestimmungen auszeichnet. Für einen ersten Zugriff kann wie folgt differenziert werden:

42 Die DSGVO gilt »für die ganz oder teilweise automatisierte Verarbeitung personenbezogener Daten sowie für die nichtautomatisierte Verarbeitung personenbezogener Daten, die in einem Dateisystem gespeichert sind oder gespeichert werden sollen« (Art. 2 Abs. 1 DSGVO), und grundsätzlich für jede »natürliche oder juristische Person, Behörde, Einrichtung oder andere Stelle« (vgl. § 4 Nr. 7 DSGVO), soweit nicht ein Ausnahmefall von Art. 2 Abs. 2 bis 4 DSGVO vorliegt (vgl. zu den Ausnahmefällen unten Rdn. 45). Soweit danach der **Anwendungsbereich der DSGVO eröffnet** ist, ist ein Rückgriff auf nationales Recht nur noch zulässig, soweit damit in der Verordnung selbst angelegte Gesetzgebungs-, Umsetzungs- oder Konkretisierungsaufträge durch den nationalen Gesetzgeber erfüllt oder er Öffnungs- und Abweichungsklauseln in Anspruch nimmt.[84] Der **Bundesgesetzgeber** hat von den **durch die DSGVO eröffneten Regelungsmöglichkeiten** in einem ersten Schritt durch das 25.05.2018 in Kraft getretene »Gesetz zur Anpassung des Datenschutzrechts an die Verordnung (EU) 2016/679 und zur Umsetzung der Richtlinie (EU) 2016/680 (Datenschutz-Anpassungs- und -Umsetzungsgesetz EU - DSAnpUG-EU)«[85] Gebrauch gemacht. Mit diesem Gesetz wurde als Artikel 1 ein **neues Bundesdatenschutzgesetz** erlassen. Dieses Gesetz wurde in einem weiteren Schritt durch das »Zweite Gesetz zur Anpassung des Datenschutzrechts an die Verordnung (EU) 2016/679 und zur Umsetzung der Richtlinie (EU) 2016/680 (Zweites Datenschutz-Anpassungs- und Umsetzungsgesetz EU - 2. DSAnpUG-EU)«[86] vom 20.11.2019 geändert. Von den vier Teilen des so neu gefassten BDSG treffen grundsätzlich **nur Teil 1** (»Gemeinsame Bestimmungen«) **und Teil 2** (»Durchführungsbestimmungen für Verarbeitungen zu Zwecken gemäß § 2 der Verordnung (EU) 2016/679«) ergänzende Regelungen im Anwendungsbereich der DSGVO.[87]

43 Auch die **Landesgesetzgeber** haben von den im Anwendungsbereich der DSGVO unionsrechtlich belassenen Regelungsmöglichkeiten Gebrauch gemacht.[88] Da sowohl

zum freien Datenverkehr und zur Aufhebung der Richtlinie 95/46/EG (Datenschutz-Grundverordnung), ABl. L 119 v. 04.05.2016, S. 1.

84 Näher dazu *Sydow*, BDSG, Einl Rn. 11.

85 Gesetz v. 30.06.2017 (BGBl. 2017 I S. 2097); s. zur Gesetzesbegründung BT-Drucks. 18/11325.

86 Gesetz v. 20.11.2019 (BGBl. 2019 I, S. 1626); s. zur Gesetzesbegründung BT-Drucks. 19/4674).

87 Vgl. *Sydow*, BDSG, Einl. Rn. 5, 50.

88 Vgl. z.B. das bad.-württ. »Gesetz zur Anpassung des allgemeinen Datenschutzrechts und sonstiger Vorschriften an die Verordnung (EU) 2016/679« vom 12.06.2018 (GBl. S. 173, s. zur Gesetzesbegründung LT-Drucks. 16/3930), das am 21.06.2018 in Kraft getreten ist. Mit diesem Gesetz wurde als Artikel 1 ein neues Landesdatenschutzgesetz geschaffen.

der Bundes- als auch der Landesgesetzgeber – inhaltlich zumal nicht identische – Regelungen zur Ergänzung der DSGVO getroffen haben, ist in jedem Einzelfall zu klären, ob insoweit Bundes- oder Landesrecht zur Anwendung kommt.[89] Das BDSG gilt zum einen für die **Verarbeitung personenbezogener Daten durch »öffentliche Stellen des Bundes«** (§ 1 Abs. 1 Satz 1 Nr. 1 BDSG). Es beansprucht zum anderen Geltung für »öffentliche Stellen der Länder« – darunter alle Behörden und Organe der Rechtspflege der Länder (§ 2 Abs. 2 DSGVO 2018) –, »soweit der Datenschutz nicht durch Landesgesetz geregelt ist und soweit sie (a)) Bundesrecht ausführen oder (b)) als Organe der Rechtspflege tätig werden und es sich nicht um Verwaltungsangelegenheiten handelt.« In Bezug auf **öffentliche Stellen der Länder** kommt ein Rückgriff auf das BDSG daher grundsätzlich nur in Betracht, soweit der Datenschutz nicht durch Landesrecht geregelt ist.[90]

Die vorstehenden Ausführungen zu den in Betracht kommenden Rechtsgrundlagen für die Übermittlung personenbezogener Daten betreffen allein den Fall, dass 44
der Anwendungsbereich der DSGVO eröffnet ist. **Ausnahmen vom sachlichen Anwendungsbereich** der DSGVO sind in deren Art. 2 Abs. 2 normiert. Die DSGVO findet danach insbesondere keine Anwendung »auf die Verarbeitung personenbezogener Daten durch die zuständigen Behörden zum Zwecke der Verhütung, Ermittlung, Aufdeckung oder Verfolgung von Straftaten oder der Strafvollstreckung, einschließlich des Schutzes vor und der Abwehr von Gefahren für die öffentliche Sicherheit« (Art. 2 Abs. 2 Buchst. d DSGVO). Die Herausnahme dieser Tätigkeitsbereiche aus dem Anwendungsbereich der DSGVO ist dem Umstand geschuldet, dass der **Bereich der polizeilichen und justiziellen Zusammenarbeit in Strafsachen** ursprünglich nicht vom damaligen Gemeinschaftsrecht umfasst war, erst später durch den Vertrag von Lissabon eine primärrechtliche Grundlage erhielt und im Vergleich zu anderen Bereichen auch danach zurückhaltender vergemeinschaftet blieb. Der Unionsgesetzgeber wollte deshalb in diesen Bereich ungeachtet einer inzwischen vorhandenen Regelungsbefugnis zum Datenschutzrecht (vgl. Art. 16 Abs. 2 AEUV) schonender in die Kompetenzen der Mitgliedstaaten eingreifen.[91] Er hat deshalb davon abgesehen, diesen Bereich ebenfalls durch eine unmittelbar anwendbare Verordnung – wie die DSGVO – zu regeln, und hat stattdessen auf das Instrument einer **Richtlinie** zurückgegriffen, die auf eine Umsetzung durch die Mitgliedstaaten angewiesen ist (vgl. Art. 288 Abs. 3 AEUV). Hierbei handelt es sich um die sog. **JI-Richtlinie.**[92]

---

89 Vgl. *Sydow*, BDSG, Einl. Rn. 49 ff.

90 Dementsprechend bestimmt z.B. § 2 Abs. 1 des bad.-württ. LDSG (vgl. die vorletzte Fn.), dass dieses Gesetz – grundsätzlich und nach näheren Maßgaben – unter anderem für die Verarbeitung personenbezogener Daten durch Behörden und sonstige Stellen des Landes gilt.

91 S. näher dazu *Sydow*, BDSG, Einl. Rn. 17 f., 22 f.; BeckOK Datenschutzrecht/*Schild*, Syst. E., Rn. 6.

92 Richtlinie (EU) 2016/680 des Europäischen Parlaments und des Rates vom 27.04.2016 zum Schutz natürlicher Personen bei der Verarbeitung personenbezogener Daten durch die zuständigen Behörden zum Zwecke der Verhütung, Ermittlung, Aufdeckung oder Verfolgung von Straftaten oder der Strafvollstreckung sowie zum freien Datenverkehr und zur

45 Zur Umsetzung der JI-Richtlinie hat zum einen der Bundesgesetzgeber Regelungen geschaffen. Das ist in einem ersten Schritt durch die oben (Rdn. 42) genannten Anpassungsgesetze (DSAnpUG-EU, 2. DSAnpUG-EU) geschehen. Das durch diese Gesetze eingeführte und novellierte BDSG enthält in **Teil 3** »Bestimmungen für Verarbeitungen zu Zwecken gemäß Artikel 1 Absatz 1 der Richtlinie (EU) 2016/680«. Einen zweiten Schritt zur Umsetzung der JI-RL hat der Bundesgesetzgeber mit dem ebenfalls am 26.11.2019 in Kraft getretenen »Gesetz zur Umsetzung der Richtlinie (EU) 2016/680 im Strafverfahren sowie zur Anpassung datenschutzrechtlicher Bestimmungen an die Verordnung (EU) 2016/679«[93] unternommen. Mit diesem Gesetz wurden u.a. Ergänzungen des **bereichsspezifischen Datenschutzrechts im Strafverfahrensrecht** normiert und insbesondere in der **Strafprozessordnung** geändert.[94] Einschlägig ist hier insbesondere § 500 StPO. Dieser erklärt den 3. Teil des BDSG für entsprechend anwendbar, soweit nicht in der Strafprozessordnung selbst etwas anderes bestimmt ist (vgl. § 500 Abs. 1, Abs. 2 Nr. 2 StPO). Solche spezialgesetzlichen Bestimmungen weist die Strafprozessordnung an zahlreichen Stellen auf (vgl. u.a. §§ 474 ff. StPO). Diese nehmen ihrerseits teilweise wieder partiell auf das BDSG Bezug, was insgesamt »zu einem schwer überschaubaren Ineinandergreifen von BDSG und StPO« führt.[95]

46 Maßnahmen zur Umsetzung der JI-Richtlinie haben neben dem Bundes- teilweise auch die **Landesgesetzgeber** getroffen. Das ist z.B. in Bad.-Württ. durch das »Gesetz zur Anpassung des besonderen Datenschutzrechts an die Verordnung (EU) 2016/679 und zur Umsetzung der Richtlinie (EU) 2016/680 für Justiz- und Bußgeldbehörden sowie zur Änderung vollzugsrechtlicher Gesetze« geschehen.[96] Diese verweisen allerdings vielfach ihrerseits auf Vorschriften des BDSG.[97]

47 Das **jeweilige Fachrecht** kann weitere **Spezialregelungen** enthalten. Das gilt u.v.a. für das **Sozialrecht** (vgl. Rdn. 50 ff.), das **Ausländerrecht** (Aufenthalts- und Asylrecht, vgl. Rdn. 54 ff.), das Recht der **Nachrichtendienste** (Rdn. 57) und den Umgang mit Daten im Anwendungsbereich des **Stasi-Unterlagen-Gesetzes** (Rdn. 58). Lediglich beispielhaft sei ferner auf die §§ 12 EGGVG verwiesen, die »für die Übermittlung personenbezogener Daten von Amts wegen durch Gerichte der ordentlichen Gerichtsbarkeit und Staatsanwaltschaften an öffentliche Stellen des Bundes oder eines Landes für andere Zwecke als die des Verfahrens, für die die Daten erhoben worden sind« gelten.

48 Vom **Amtshilferecht** ist nur die Übermittlung ungespeicherter und gespeicherter Daten durch Weitergabe der ersuchten Behörde auf Ersuchen der ersuchenden

Aufhebung des Rahmenbeschlusses 2008/977/JI des Rates vom 27.4.2016 (ABl. L 119 v. 04.05.2016, S. 89).

93 BGBl. I 2019, 1724.

94 Vgl. die Gesetzesbegründung BT-Drucks. 19/4671, S. 1 f., 43 ff., 64 f.

95 So zu Recht *Sydow*, BDSG, Einl. Rn. 63; weniger skeptisch der Gesetzgeber: »neuartiges Regelungsgefüge« (BT-Drucks. 19/4671, S. 44).

96 Gesetz v. 21.05.2019 (GBl. S. 189, s. zur Gesetzesbegründung LT-Drucks. 16/5984).

97 Vgl. etwa § 3 Abs. 1 des bad.-württ. LDSG-JB (vorherige Fn.).

Behörde, **nicht** aber der datenschutzrechtlich ebenfalls als »Verarbeitung« (vgl. Art. Nr. 2 DSGVO) von ggf. personenbezogenen Daten (vgl. Art. 4 Nr. 1 DSGVO) einzuordnende **Datenabruf** durch die ersuchende Behörde erfasst (vgl. § 4 Rdn. 10).

aaa) Informationshilfe

Bei der Übermittlung personenbezogener Daten[98] im Wege der Amtshilfe, der sog. 49
Informationshilfe, gehen die Vorschriften des **BDSG** nach dessen § 1 Abs. 3 dem **VwVfG vor.**[99] Nach § 3 BDSG ist die Verarbeitung personenbezogener Daten – und damit auch die Informationshilfe – durch eine öffentliche Stelle grundsätzlich zulässig, wenn sie zur Erfüllung der in der Zuständigkeit des Verantwortlichen (vgl. zum Begriff Art. 4 Nr. 7 DSGVO) liegenden Aufgabe oder in Ausübung öffentlicher Gewalt, die dem Verantwortlichen übertragen wurde, erforderlich ist.

bbb) Die Übermittlung von Sozialdaten

Die Zulässigkeit der **Übermittlung** der dem Sozialgeheimnis nach § 35 Abs. 1 Satz 1 50
SGB I unterliegenden **Sozialdaten**[100] richtet sich gem. § 35 Abs. 2 SGB I nach den Regelungen im Zweiten Kap. des SGB X »Schutz der Sozialdaten«, soweit nicht die DSGVO (vgl. Rdn. 41) unmittelbar gilt, ergänzt durch Sonderregelungen in anderen Büchern des SGB insbesondere durch §§ 61 ff. SGB VIII im Bereich der Kinder- und Jugendhilfe. Die genannten Vorschriften haben nach § 37 Satz 3 SGB I Vorrang vor den Amtshilferegelungen in §§ 3 bis 7 SGB X und nach § 1 Abs. 2 Satz 1 BDSG grundsätzlich vor den Regelungen des BDSG,[101] das wiederum nach seinem § 1 Abs. 3 das VwVfG (vgl. Rdn. 49) verdrängt.[102] Sozialdaten dürfen auch innerhalb der

98 Dies sind nach der Begriffsbestimmung in Art. 4 Nr. 1 DSGVO »alle Informationen, die sich auf eine identifizierte oder identifizierbare natürliche Person (im Folgenden ‚betroffene Person') beziehen; als identifizierbar wird eine natürliche Person angesehen, die direkt oder indirekt, insbesondere mittels Zuordnung zu einer Kennung wie einem Namen, zu einer Kennnummer, zu Standortdaten, zu einer Online-Kennung oder zu einem oder mehreren besonderen Merkmalen, die Ausdruck der physischen, physiologischen, genetischen, psychischen, wirtschaftlichen, kulturellen oder sozialen Identität dieser natürlichen Person sind, identifiziert werden kann«.

99 BeckOK Datenschutzrecht/*Gusy/Eichenhofer*, BDSG, § 1 Rn. 89 ff.; s. zu § 1 Abs. 4 BDSG a.F. bereits *Berg*, GewA 1996, 177 (180).

100 Sozialdaten sind nach der Begriffsbestimmung in § 67 Abs. 2 SGB X »personenbezogene Daten (Artikel 4 Nummer 1 der Verordnung (EU) 2016/679), die von einer in § 35 des Ersten Buches genannten Stelle im Hinblick auf ihre Aufgaben nach diesem Gesetzbuch verarbeitet werden. Betriebs- und Geschäftsgeheimnisse sind alle betriebs- oder geschäftsbezogenen Daten, auch von juristischen Personen, die Geheimnischarakter haben««.

101 Näher dazu BeckOK Datenschutzrecht/*Gusy/Eichenhofer*, BDSG, § 1 Rn. 80.

102 Die früher (vgl. BVerwG, Urt. v. 11.05.1989 – 3 C 68.85, NJW 1989, 2961) aus der verfassungsrechtlich verankerter Kontrollbefugnis abgeleitete Offenbarungsbefugnis gegenüber Rechnungshöfen ist inzwischen ausdrücklich durch § 67c Abs. 3 SGB X gegenüber der Rechnungsprüfung sowie für die Wahrnehmung aller Aufsichts-, Kontroll- und Disziplinarbefugnisse und die Durchführung von Organisationsuntersuchungen gewährleistet.

Sozialleistungsträger nur den Befugten zugänglich gemacht und an diese weitergegeben werden (§ 35 Abs. 1 Satz 2 SGB I).

(1) **Weitergabe an eine dem VwVfG unterworfene Behörde**

51 Die **Weitergabe** von Sozialdaten **durch** einen **Sozialleistungsträger** (§§ 12, 18 ff. SGB I) oder eine in § 35 Abs. 1 Satz 4 SGB I genannte Stelle mit Behördeneigenschaft an eine für ihre Tätigkeit dem VwVfG oder einem LVwVfG unterworfene Behörde ist auf deren Ersuchen nur zulässig, wenn entweder der Betroffene einwilligt (vgl. Art. 7 DSGVO und § 67b Abs. 2 und 3 SGB X) oder die Tatbestandsvoraussetzungen einer gesetzlichen Übermittlungsbefugnis oder einer anderen Rechtsvorschrift des SGB erfüllt sind (vgl. § 67b Abs. 1, § 67d ff. SGB X).[103]

52 Die ersuchende Behörde trägt nach § 67d Abs. 1 Satz 2 SGB X die **Verantwortung** für die Richtigkeit der Angaben in ihrem Ersuchen und hat die Zweckbindung nach § 78 Abs. 1 Satz 1 SGB X zu beachten. Nach § 67d Abs. 1 Satz 1 SGB X ist nicht die ersuchende, sondern die ersuchte Behörde für die Zulässigkeit der Datenübermittlung verantwortlich. Sie muss daher bspw. besondere Einschränkungen für die Datenweitergabe wie etwa nach § 76 Abs. 1 SGB X oder § 65 Abs. 1 SGB VIII berücksichtigen.

(2) **Weitergabe durch eine dem VwVfG unterworfene Behörde**

53 Für die **Weitergabe** von vergleichbaren personenbezogenen Daten, die mangels Erhebung bzw. Verarbeitung durch eine in § 35 SGB I genannte Stelle begrifflich nicht zu den Sozialdaten zählen und damit nicht dem Sozialgeheimnis unterliegen, **durch** eine für ihre Tätigkeit dem **VwVfG** bzw. einem LVwVfG **unterworfenen Behörde** gelten die allgemeinen Regeln des Datenschutzes (vgl. Rdn. 38 ff., 49).

ccc) **Die Datenübermittlung im Ausländerrecht**

54 In den **§§ 86 bis 91g AufenthG**, sind bereichsspezifische Regelungen für die Erhebung, Übermittlung, Speicherung und Löschung personenbezogener Daten beim Vollzug des AufenthG und **ausländerrechtlicher Bestimmungen** in anderen Gesetzen enthalten, die auch für das Amtshilferecht von Bedeutung sind. Darüber hinaus ist im Ausländerrecht mit dem beim Bundesamt für Migration und Flüchtlinge geführten **Ausländerzentralregister**[104] ein wichtiger Teil der Datenübermittlung als eigene Aufgabe i.S.d. § 4 Abs. 2 Nr. 2 (vgl. § 4 Rdn. 47 ff., 51) geregelt und damit ebenso wenig dem Amtshilferecht unterstellt wie die Datenübermittlungen ohne Ersuchen an Ausländerbehörden etwa nach § 87 Abs. 2 AufentG und den §§ 71 bis 76a AufenthV oder die den Ausländerbehörden ohne Ersuchen obliegenden Mitteilungspflichten

---

103 Vgl. zum Sozialgeheimnis und zur Übermittlung von Sozialdaten schon vor dem Inkrafttreten der DSGVO: BVerwG, Beschl. v. 10.07.1989 – 5 B 59.89, juris; VGH Bayern, Urt. v. 08.03.1989 – 12 B 86.01845, BayVBl. 1990, 214.

104 § 1 Abs. 1 Satz 1 AZRG.

gegenüber anderen Behörden etwa nach §§ 90, 90a AufenthG (vgl. § 4 Rdn. 10). Sonderregelungen für die Übermittlung personenbezogener Daten enthält **§ 8 AsylG**.

(1) **Die Datenübermittlung auf Ersuchen der Ausländerbehörde**

§ 87 Abs. 1 AufenthG legt den ersuchten Behörden die Verpflichtung auf, die ihnen im Rahmen ihrer Aufgabenerfüllung rechtmäßig bekannt gewordenen Umstände (Tatsachen)[105] mitzuteilen, wenn eine **mit dem Vollzug des AufenthG betraute Stelle** i.S.v. § 86 Satz 1 AufenthG um die Übermittlung der für ihre Aufgabenerfüllung erforderlichen Angaben ersucht, soweit dies für die in § 86 Satz 1 AufenthG genannten Zwecke, d.h. für die Ausführung des AufenthG und ausländerrechtlicher Bestimmungen in anderen Gesetzen, erforderlich ist. Diese Übermittlungspflicht findet jedoch nach § 88 Abs. 1 AufenthG ihre Grenze in den besonderen gesetzlichen Verarbeitungsregelungen. Damit dürfen beispielsweise dem Sozialgeheimnis unterliegende Sozialdaten nur an die Ausländerbehörde übermittelt werden, wenn die Tatbestandsvoraussetzungen einer besonderen gesetzlichen Übermittlungsbefugnis (vgl. Rdn. 50 ff.) gegeben sind, wobei für die Sozialdaten von Ausländern im Verhältnis zu den mit der Ausführung des AufenthG betrauten Behörden in § 71 Abs. 2 SGB X ein Katalog differenzierter besonderer Übermittlungsbefugnisse auf Ersuchen im Einzelfall niedergelegt ist.[106] Für das Amtshilfeersuchen des Bundesamtes für Migration und Flüchtlinge im Asylverfahren enthält § 8 Abs. 1 AsylG die entsprechende Regelung. 55

(2) **Die Datenübermittlung durch Ausländerbehörden**

Das AufenthG enthält für die Datenübermittlung der Ausländerbehörden in § 90 Sonderregelungen für amtswegige Übermittlungspflichten dieser Behörden an andere Behörden zu arbeitserlaubnis-, sozialhilfe- und sozialversicherungsrechtlichen Zwecken[107], jedoch keine spezialgesetzlichen Vorgaben für die Datenübermittlung auf Ersuchen anderer Behörden, sodass insoweit die allgemeinen datenschutzrechtlichen Bestimmungen gelten.[108] Die besonderen gesetzlichen Verarbeitungsregelungen (§ 88 Abs. 1 AufenthG) und aufenthaltsrechtliche Sondervorschriften zum Schutz von Gesundheits- und Steuerdaten (§ 88 Abs. 2, 3 AufenthG) sind nach § 88 Abs. 4 AufenthG auch hierbei zu beachten.[109] Für die Datenübermittlung durch das Bundesamt für Migration und Flüchtlinge gelten die Sonderregelungen insbesondere des Abs. 3 des § 8 AsylG. 56

ddd) Die Datenweitergabe der Nachrichtendienste

Durch Art. 2 bis 4 des Gesetzes zur Fortentwicklung der Datenverarbeitung und des Datenschutzes[110] wurde die **Tätigkeit der Nachrichtendienste**, ihre gegenseitige 57

---

105 Vgl. Bergmann/Dienelt/*Winkelmann/Krämer*, § 87 AufenthG Rn. 5.
106 Vgl. *Kunkel*, DVBl 1991, 567.
107 Hofmann/*Hilbrans*, § 90 AufenthG Rn. 1.
108 Vgl. Hofmann/*Hilbrans*, § 90 AufenthG Rn. 1.
109 Hofmann/*Hilbrans*, § 90 AufenthG Rn. 2.
110 Vom 20.12.1990 (BGBl. I, S. 2954).

Zusammenarbeit und die Datenübermittlung u.a. an innerstaatliche Behörden grundlegend neu bzw. erstmalig gesetzlich geregelt.[111] Die sie betreffenden datenschutzrechtlichen Bestimmungen wurden im Zuge der Anpassung des nationalen Datenschutzrechts an die Datenschutz-Grundverordnung durch das Datenschutz-Anpassungs- und -Umsetzungsgesetz EU (s. oben Rdn. 41 f.) teilweise nochmals grundlegend novelliert. Die § 1 Abs. 8, §§ 4, 16 Abs. 1 und 4 sowie §§ 17 bis 21 und § 85 des 2018 neu geschaffenen Bundesdatenschutzgesetzes (vgl. oben Rdn. 42, 49) werden danach hinsichtlich der Datenübermittlung im Rahmen der Aufgabenerfüllung des Bundesamtes für Verfassungsschutz gem. § 27 Nr. 1 BVerfSchG, des Militärischen Abschirmdienstes gem. § 13 Nr. 1 MADG und des Bundesnachrichtendienstes gem. § 32a Nr. 1 Buchst. a BNDG durch Sonderregelungen in den genannten Gesetzen verdrängt.[112]

eee) Datenweitergabe nach dem StUG

58 Für die Datenübermittlung aus Unterlagen bzw. die Herausgabe von Unterlagen des Bundesbeauftragten für die **Unterlagen des Staatssicherheitsdienstes** der ehemaligen DDR gelten die Vorschriften in den §§ 19 ff. StUG, die nach näherer Maßgabe des § 43 StUG dem BDSG vorgehen.[113]

c) Ihrem Wesen nach geheim zu haltende Vorgänge

59 Neben dem **Amtshilfeverbot** aufgrund einer unmittelbar durch Gesetz angeordneten Geheimhaltungspflicht kann sich das Verbot auch daraus ergeben, dass Vorgänge **ihrem Wesen nach geheim zu halten** sind. Die Vorschrift, die eine früher aus dem Grundsatz der Gesetzmäßigkeit der Verwaltung in seinem gewohnheitsrechtlichen Verständnis abgeleitete Geheimhaltungspflicht zum Ausdruck bringt, hat im Hinblick auf die durch das Volkszählungsurteil des BVerfG[114] ausgelösten gesetzgeberischen Aktivitäten zum Schutz des Rechts auf informationelle Selbstbestimmung (vgl. oben Rdn. 40 ff.) an Bedeutung verloren.[115]

aa) Voraussetzungen und Umfang der Geheimhaltungspflicht

60 Vorgänge sind zum einen **ihrem Wesen nach geheim zu halten**, wenn sie dem für die öffentliche Gewalt unantastbaren Bereich privater Lebensgestaltung[116] angehören,

---

111 Vgl. dazu *Bäumler*, NVwZ 1991, 643.

112 Vgl. OVG Nordrhein-Westfalen, Urt. v. 15.07.1994 – 21 A 3389/93, NJW 1995, 1979 wonach die Datenübermittlung des Bundesamtes für Verfassungsschutz an Parlamentsmitglieder oder parlamentarische Gremien mangels Behördeneigenschaft nicht auf § 19 Abs. 1 BVerfSchG gestützt werden kann.

113 Vgl. hierzu *Staff*, ZRP 1992, 462.

114 Urt. v. 15.12.1983 – 1 BvR 209/83 u.a., NJW 1984, 419.

115 Ebenso Mann/Sennekamp/Uechtritz/*Shirvani*, § 5 Rn. 50; ähnlich Stelkens/Bonk/Sachs/*Schmitz*, § 5 Rn. 31.

116 Vgl. BVerfG, Beschl. v. 16.07.1969 – 1 BvL 19/63, BVerfGE 27, 1 (7 f.); Urt. v. 16.01.1957 – 1 BvR 253/56, BVerfGE 6, 32 (41).

Betriebs- oder Geschäftsgeheimnisse[117] oder sonstige geheime Tatsachen betreffen, die dem persönlichen oder wirtschaftlichen Lebensbereich zugehören (vgl. hierzu im Einzelnen § 29 Rdn. 40 ff.; § 30 Rdn. 18 ff.). Ihrem Wesen nach geheim zu halten sind zum anderen auch Vorgänge, deren Schutzbedürftigkeit sich nicht aus dem Recht auf informationelle Selbstbestimmung, sondern aus anderen öffentlichen Interessen ergibt, wie etwa aus dem grundsätzlichen schutzwürdigen Interesse der Sicherheitsbehörden an der Geheimhaltung von Informanten.[118]

Bei den ihrem Wesen nach geheim zu haltenden Vorgängen hat aufgrund des Amtshilfeersuchens im Einzelfall eine Abwägung aller berührten Interessen unter besonderer Berücksichtigung der grundgesetzlichen Wertmaßstäbe stattzufinden,[119] wobei der Behörde **kein Beurteilungsspielraum** zusteht[120] und ihre Entscheidung verwaltungsgerichtlich voll überprüfbar ist.[121] 61

bb) Beispiele

Als **Beispiele**, der ihrem Wesen nach grundsätzlich geheim zu haltenden Vorgänge sind zu nennen insbesondere **Personalakten** (wobei für die Übermittlung von Personalaktendaten freilich zunehmend spezialgesetzliche Bestimmungen bestehen, vgl. etwa §§ 106 ff., 111 BBG oder §§ 83 ff., 85 bwLBG),[122] 62

---

117 Vgl. Kopp/*Ramsauer*, § 5 Rn. 26; Knack/Henneke/*Schliesky*, § 5 Rn. 43. Zum grundrechtlichen Schutz der Ausschließlichkeit der Nutzung des betroffenen Wissens für den eigenen Erwerb im Rahmen beruflicher Betätigung durch Art. 12 Abs. 1 GG siehe BVerfG, Beschl. v. 14.03.2006 – 1 BvR 2087, 2111/03, BVerfGE 115, 205 (229 ff.). Die Entscheidung (S. 248) lässt offen, ob der Schutz von Betriebs- und Geschäftsgeheimnissen auch durch Art. 14 Abs. 1 GG gegeben ist, weil er jedenfalls nicht weiter als der durch Art. 12 Abs. 1 GG ginge.

118 Vgl. hierzu BVerfG, Kammerbeschl. v. 10.10.2000 – 1 BvR 586/90 – NVwZ 2001, 185 (187); BVerwG, Urt. v. 24.03.2010 – 6 A 2.09, DVBl 2010, 1307; Urt. v. 03.09.1991 – 1 C 48.88, NJW 1992, 451; Kopp/*Ramsauer*, § 5 Rn. 26.

119 Vgl. BVerfG, Beschl. v. 14.03.2006 – 1 BvR 2087, 2111/03, BVerfGE 115, 205 (232 ff.) bei mehrpoligen Rechtsverhältnissen; BVerwG, Urt. v. 08.04.1976 – II C 15/74, BVerwGE 50, 301 (310 f.); Urt. v. 04.06.1970 – II C 5/68, NJW 1970, 1760; OVG Rheinland-Pfalz, Beschl. v. 06.05.1976 – 2 B 7/76, NJW 1977, 266; Stelkens/Bonk/Sachs/*Schmitz*, § 5 Rn. 31; Kopp/*Ramsauer*, § 5 Rn. 26 f.; Knack/Henneke/*Schliesky*, § 5 Rn. 41; *Breuer*, NVwZ 1986, 176. Vgl. auch VGH Bayern, Beschl. v. 12.02.1990 – 5 C 89.198, NVwZ 1990, 778 zur Rechtslage vor Inkrafttreten des mit § 15 BVerfSchG vergleichbaren Art. 11 BayVSG. Siehe auch *Karehnke*, DÖV 1972, 809, zu den Auskunftspflichten der Rechnungshöfe. Zu Personalakten vgl. die Nachweise in Fn. 96 sowie Kopp/*Ramsauer*, § 5 Rn. 27a.

120 Vgl. Kopp/*Ramsauer*, § 5 Rn. 26; Bader/Ronellenfitsch/*Funke-Kaiser*, § 5 Rn. 53 Knack/Henneke/*Schliesky*, § 5 Rn. 42.

121 Mann/Sennekamp/Uechtritz/*Shirvani*, § 5 Rn. 51.

122 BVerwG, Beschl. v. 19.08.1964 – VI B 15/62, NJW 1965, 214; Urt. v. 04.06.1970 – II C 5/68, NJW 1970, 1760; Urt. v. 04.08.1975 – VI C 30/72, NJW 1976, 204. Vgl. auch: BVerwG, Urt. v. 12.10.1971 – VI C 99/67, BVerwGE 38, 336 ff.; Stelkens/Bonk/Sachs/*Schmitz*, § 5 Rn. 32; Bader/Ronellenfitsch/*Funke-Kaiser*, § 5 Rn. 54.1; *Ziekow*, § 5 Rn. 17. Zweifelnd Knack/Henneke/*Schliesky*, § 5 Rn. 35.

Gesundheitszeugnisse,[123] **Patientenakten,**[124] **Totenbescheinigungen**[125] **die auf den kaufmännischen bzw. freiberuflichen Bereich bezogenen Geschäftsgeheimnisse**[126] und die den technischen und wissenschaftlichen Bereich betreffenden **Betriebsgeheimnisse**[127]sowie vertrauliche Auskünfte.[128]

63 Auch **Prüfungsakten** müssen im Rahmen der Amtshilfe ihrem Wesen nach grundsätzlich als geheim angesehen werden. Dem steht das im Hinblick auf die Rechtsprechung des BVerfG zur stärkeren gerichtlichen Kontrolle von Prüfungsentscheidungen[129] (unter Aufgabe der früheren Rechtsprechung[130]) ergangene Urteil des BVerwG vom 09.12.1992[131] nicht entgegen, weil durchaus zwischen dem verfassungsrechtlich verbürgten (gegenüber Prüferinteressen) vorrangigen Einsichtsrecht des Prüflings in die Prüfungsakten und der uneingeschränkten Pflicht zur Vorlage der Prüfungsakten im gerichtlichen Rechtsschutzverfahren einerseits und dem Auskunfts- oder Einsichtsinteresse einer ersuchenden Behörde andererseits differenziert werden kann.[132,133]

64 In allen Fällen ist eine **Abwägung** aller berührten Interessen unter Berücksichtigung der grundgesetzlichen Wertmaßstäbe (insb. des Art. 1 Abs. 1 und des Art. 2 Abs. 2 Satz 1 GG) notwendig (vgl. Rdn. 61),[134] die im Einzelfall auch dazu führen kann, dass bspw. Akten oder andere Unterlagen **nur in Auszügen** oder teilweise anonymisiert zur Verfügung gestellt werden.[135]

---

123 OVG Nordrhein-Westfalen, 13.09.1973 – 1 B 511/73, DVBl 1974, 392.

124 Vgl. BSG, Urt. v. 23.07.2002 – B 3 KR 64/01 R, BSGE 90, 1; BVerwG, Urt. v. 11.05.1989 – 3 C 68/85, BVerwGE 82, 56. Siehe auch VGH Baden-Württemberg, Urt. v. 22.11.1996 – 10 S 15/96, NJW 1997, 3110.

125 OVG Schleswig-Holstein, Urt. v. 18.07.1996 – 7 A 9/96, NJW 1997, 2468.

126 Wie etwa Umsätze, Ertragslagen, Geschäftsbücher, Kundenlisten, Bezugsquellen, Konditionen, Marktstrategien, Unterlagen zur Kreditwürdigkeit, Kalkulationsunterlagen. Siehe BVerfG, Beschl. v. 14.03.2006 – 1 BvR 2087, 2111/03, BVerfGE 115, 205 (231).

127 Vgl. hierzu *Breuer*, NVwZ 1986, 171 (176). Zu den Daten über die Arzneimittelsicherheit vgl. *Borchert*, ZRP 1996, 124.

128 BVerwG, Urt. v. 29.05.1957 – I C 212/54, BVerwGE 5, 95; OVG Rheinland-Pfalz, Beschl. v. 06.05.1976 – 2 B 7/76, NJW 1977, 266; OVG Berlin, Beschl. v. 03.03.1971 – I L 14/70, NJW 1971, 1378; *Kugele*, § 5 Rn. 12; Bader/Ronellenfitsch/*Funke-Kaiser*, § 5 VwVfG Rn. 54.4; s. zu den sog. »Verschlusssachen« ferner Kopp/*Ramsauer*, § 5 Rn. 26.

129 S. BVerfG, Beschl. v. 17.04.1991 – 1 BvR 419/81, 1 BvR 213/83, NJW 1991, 2005.

130 BVerwG, 23.02.1962 – VII V 21.61, NJW 1962, 1123; 10.07.1964 – VII C 124.63, NJW 1965, 707.

131 6 C 3.92, NVwZ 1993, 677 (679).

132 So auch Bader/Ronellenfitsch/*Funke-Kaiser*, § 5 Rn. 54.6. A.A. Kopp/*Ramsauer*, § 5 Rn. 27a; Knack/Henneke/*Schliesky*, § 5 Rn. 44; Stelkens/Bonk/Sachs/*Schmitz*, § 5 Rn. 32; Mann/Sennekamp/Uechtritz/*Shirvani*, § 5 Rn. 52.

133 Dieselben Grundsätze werden für Beratungsgeheimnisse (vgl. BVerwG, Beschl. v. 08.02.1963 – VII B 6/62, NJW 1963, 777) zu gelten haben.

134 Vgl. auch VGH Bayern, Beschl. v. 11.06.1996 – 3 C 95.4126, BayVBl. 1997, 597.

135 Knack/Henneke/*Schliesky*, § 5 Rn. 41; s. dazu auch Kopp/*Ramsauer*, § 5 Rn. 37.

Die angeführten Vorgänge sind **auch im Verhältnis der Behörden** zueinander grundsätzlich als ihrem Wesen nach geheim anzusehen.[136] Die Nichtgeltung der allgemeinen beamtenrechtlichen Verschwiegenheitspflicht im dienstlichen Verkehr (vgl. § 67 Abs. 2 Satz 1 Nr. 1 BBG bzw. § 37 Abs. 2 Satz 1 Nr. 1 BeamtStG und Rdn. 9) befreit nicht von der Einhaltung der besonderen (spezialgesetzlich oder gewohnheitsrechtlich verankerten) Geheimhaltungspflichten.[137] 65

III. Die fakultative Amtshilfe (Abs. 3)

Nach Abs. 3, der die fakultative Amtshilfe[138] regelt, braucht die ersuchte Behörde in drei Fällen Hilfe nicht zu leisten (vgl. zum Verfahren in diesen Fällen Rdn. 82). Sie kann nach ihrem an Zweckmäßigkeitsgesichtspunkten orientierten **Ermessen**[139] – das im Einzelfall freilich auch einmal auf null reduziert sein kann[140] – entscheiden, ob sie einem Amtshilfeersuchen nachkommt oder nicht. Der Pflicht der ersuchten Behörde zur Ausübung dieses Ermessens korrespondiert ein Anspruch der ersuchenden Behörde auf ermessensfehlerfreie Entscheidung.[141] 66

1. Die einzelnen Ablehnungsgründe (Nr. 1 bis 3)

a) Wesentlich einfachere Hilfemöglichkeit durch andere Behörde (Nr. 1)

Unter dem Gesichtspunkt der **Einfachheit und Wirtschaftlichkeit der Verwaltung**[142] **entfällt nach Nr. 1** die Leistungspflicht, wenn eine **andere Behörde** die Hilfe wesentlich einfacher oder mit wesentlich geringerem Aufwand leisten kann. 67

aa) Der Begriff der anderen Behörde

Als **andere Behörde**, auf die die ersuchte Behörde verweisen kann, kommt **nur** eine – von den ersuchten Behörden konkret zu benennende[143] – **»dritte«** Behörde und nicht auch die ersuchende Behörde selbst in Betracht.[144] Hält die ersuchte Behörde dagegen die ersuchende Behörde selbst für besser leistungsfähig, muss sie dieser nach Abs. 5 Satz 1 mitteilen, dass sie die Voraussetzungen des Abs. 1 (insbesondere 68

136 Anders Kopp/*Ramsauer* (§ 5 Rn. 27) für personenbezogene Informationen, die nicht die Persönlichkeits- und Intimsphäre im engeren Sinne betreffen. Wie hier Bader/Ronellenfitsch/*Funke-Kaiser*, § 5 Rn. 54.

137 Ähnlich Stelkens/Bonk/Sachs/*Schmitz*, § 5 Rn. 30 und allg. dazu Rn. 3.

138 Meyer/Borgs/*Meyer*, § 5 Rn. 21.

139 Stelkens/Bonk/Sachs/*Schmitz*, § 5 Rn. 33; Kopp/*Ramsauer*, § 5 Rn. 28; Knack/Henneke/*Schliesky*, § 5 Rn. 53; Bader/Ronellenfitsch/*Funke-Kaiser*, § 5 Rn. 58. A.A. *J. Schmidt*, Festschrift Boorberg, S. 135 (148).

140 Kopp/*Ramsauer*, § 5 Rn. 29.

141 *Kugele*, § 5 Rn. 9.

142 Vgl. Amtl. Begr. S. 39; Mann/Sennekamp/Uechtritz/*Shirvani*, § 5 Rn. 54.

143 Mann/Sennekamp/Uechtritz/*Shirvani*, § 5 Rn. 55.

144 Ebenso Stelkens/Bonk/Sachs/*Schmitz*, § 5 Rn. 34; Kopp/*Ramsauer*, § 5 Rn. 30; Knack/Henneke/*Schliesky*, § 5 Rn. 56; Bader/Ronellenfitsch/*Funke-Kaiser*, § 5 Rn. 59; *Finkelnburg*/Lässig, § 5 Rn. 34; *Meyer*/*Borgs*, § 5 Rn. 22.

der Nr. 2 oder 5) nicht für gegeben hält. Auf die kostengünstigere Hilfeleistung durch eine **privatrechtliche Einrichtung** kann die ersuchte Behörde nicht verweisen,[145] sofern der in den Blick genommene Private nicht ausnahmsweise zugleich Beliehener ist und in dieser Eigenschaft in Anspruch genommen werden soll.[146]

bb) Voraussetzungen der einfacheren Hilfeleistung

69 Wesentlich einfacher kann eine andere Behörde die Hilfe z.B. leisten, wenn sie über geeignetere Dienstkräfte, Einrichtungen und Ermittlungsmöglichkeiten verfügt als die ersuchte Behörde.

70 Leisten kann eine andere Behörde die **Hilfe** nur, wenn sie die begehrte Amtshandlung erbringen kann **wie die ersuchte Behörde.** Die ersuchende Behörde braucht sich daher nicht auf eine andere Behörde verweisen zu lassen, wenn diese selbst überlastet ist und das Amtshilfeersuchen zwar mit geringerem finanziellem Aufwand, aber nur mit erheblicher zeitlicher Verzögerung erledigen könnte.

cc) Die Beachtlichkeit eines wesentlich geringeren Aufwands

71 Ein **wesentlich geringerer Aufwand** (vgl. Rdn. 20 ff.) ist nur dann beachtlich, wenn die andere Behörde ihrerseits keinen Ablehnungsgrund nach Nr. 2 oder 3 geltend machen kann.

b) Leistungsmöglichkeit nur mit unverhältnismäßig großem Aufwand (Nr. 2)

72 Die Ablehnung der Amtshilfe ist nach **Nr. 2** gerechtfertigt, wenn sie nur mit unverhältnismäßig großem Aufwand geleistet werden könnte.

aa) Der Begriff des unverhältnismäßig großen Aufwands

73 Der Aufwand (vgl. Rdn. 21) ist zu groß, wenn er in einem Missverhältnis steht zu dem Aufwand, der für die Erledigung der eigenen Aufgaben der **ersuchten** Behörde nötig ist.[147] Etwaige sich nach § 8 Abs. 1 Satz 2 ergebende Erstattungsansprüche sind hierbei zu berücksichtigen, sodass der Aufwand (nur) alle nicht erstattungsfähigen finanziellen Aufwendungen sowie Personal- und Sachmittelkosten umfasst.[148] Auf einen Vergleich zwischen Aufwand und Ertrag für die **ersuchende** Behörde kommt es

---

145 Stelkens/Bonk/Sachs/*Schmitz*, § 5 Rn. 34; Bader/Ronellenfitsch/*Funke-Kaiser*, § 5 Rn. 59; Bauer/Heckmann/Ruge/Schallbruch/*Schulz*, § 5 Rn. 26; Pautsch/Hoffmann/*Heinemann*, § 5 Rn. 41.

146 Vgl. Mann/Sennekamp/Uechtritz/*Shirvani*, § 5 Rn. 54.

147 Ebenso Stelkens/Bonk/Sachs/*Schmitz*, § 5 Rn. 35; Knack/Henneke/*Schliesky*, § 5 Rn. 58; Bader/Ronellenfitsch/*Funke-Kaiser*, § 5 Rn. 62 f.; Ziekow, § 5 Rn. 20. Nach Kopp/*Ramsauer* (§ 5 Rn. 31) soll der Tatbestand der Nr. 2 daneben auch als erfüllt sein, wenn der Aufwand im Hinblick auf den bei der ersuchten Behörde durch die verfahrensabschließende Entscheidung angestrebten Erfolg als offensichtlich nicht angemessen erscheint.

148 Knack/Henneke/*Schliesky*, § 5 Rn. 57; Bader/Ronellenfitsch/*Funke-Kaiser*, § 5 Rn. 63; Kopp/*Ramsauer*, § 5 Rn. 32.

hingegen grundsätzlich nicht an; eine Grenze ist hier erst bei missbräuchlichen oder Hilfeersuchen für Bagatellanliegen erreicht.[149]

bb) Kostenvereinbarung

74 Steht der ersuchten Behörde ein Ablehnungsgrund nach Nr. 2 zu, so kann sie die Hilfeleistung davon abhängig machen, dass die ersuchende Behörde in Abweichung von § 8 Abs. 1 die **Kosten übernimmt**, die den unverhältnismäßig großen Aufwand bei ihr verursacht hat[150] (vgl. § 8 Rdn. 5).

c) Ernstliche Gefährdung der Erfüllung eigener Aufgaben (Nr. 3)

75 Nach **Nr. 3** ist die Ablehnung einer Hilfeleistung auch dann möglich, wenn die ersuchte Behörde unter Berücksichtigung der Aufgaben der ersuchenden Behörde die **Erfüllung** ihrer **eigenen Aufgaben ernstlich gefährden** würde. Damit ist nicht ausgeschlossen, dass die ersuchte Behörde gewisse Erschwernisse und Verzögerungen ihrer eigenen Verwaltungstätigkeit hinzunehmen hat. Ob und bis zu welchem Umfang sie dazu verpflichtet ist, hängt von der Bedeutung der Aufgaben der ersuchenden Behörde einerseits und der Bedeutung der eigenen (zurückzustellenden) Aufgaben andererseits ab.[151]

2. Weitere Ablehnungsgründe

76 Nach dem Sinn des Abs. 3, dessen Ablehnungsgründe bei einer wörtlichen Gesetzesauslegung nur auf den Einzelfall bezogen sind, ist der ersuchten Behörde ein Recht zur Ablehnung der Hilfeleistung auch dann zuzubilligen, wenn die **Häufung von Amtshilfeersuchen** – insbesondere von Behörden desselben Verwaltungsträgers – zu einem Zustand führt, der als Einzelfall eine Ablehnung nach Nr. 2 oder 3 rechtfertigen würde. Das Ablehnungsrecht wird dabei regelmäßig gegenüber der Behörde bestehen, deren hinzukommendes Ersuchen einen Fall der Nr. 2 oder 3 entstehen lässt (**Prioritätsprinzip**),[152] es sei denn, dem späteren Ersuchen käme eine besondere Bedeutung oder **Dringlichkeit** zu.[153]

IV. Kein Weigerungsrecht aus Zweckmäßigkeitserwägungen (Abs. 4)

77 Abs. 4 spricht der ersuchten Behörde ein Recht zur Verweigerung der Hilfe ab, wenn sie

1) das Ersuchen aus anderen als den in Abs. 3 genannten Gründen oder
2) die mit der Amtshilfe zu verwirklichende Maßnahme (vgl. § 7 Rdn. 3)

---

149 Knack/Henneke/*Schliesky*, § 5 Rn. 58; ähnl. *Kugele*, § 5 Rn. 16.

150 Ähnlich Meyer/Borgs/*Meyer*, § 5 Rn. 31, § 8 Rn. 9.

151 Für eine solche Abwägung im Ergebnis auch Stelkens/Bonk/Sachs/*Schmitz*, § 5 Rn. 36; Kopp/*Ramsauer*, § 5 Rn. 33; Knack/Henneke/*Schliesky*, § 5 Rn. 59; *Meyer/Borgs*, § 5 Rn. 23; Mann/Sennekamp/Uechtritz/*Shirvani*, § 5 Rn. 57.

152 Vgl. Knack/Henneke/*Schliesky*, § 5 Rn. 59; Pautsch/Hoffmann/*Heinemann*, § 5 Rn. 44.

153 Vgl. Kopp/*Ramsauer*, § 5 Rn. 33a; Bader/Ronellenfitsch/*Funke-Kaiser*, § 5 Rn. 68.

für unzweckmäßig hält.

78 Diese wegen ihrer missglückten Formulierung teils missverstandene[154] Vorschrift unterstreicht, dass die ersuchte Behörde mit Unzweckmäßigkeitserwägungen allein eine Hilfeleistung nicht versagen darf. Die ersuchende Behörde hat als Herrin des Verfahrens über die Zweckmäßigkeit sowohl des Hilfeersuchens als auch der mit der Amtshilfe zu verwirklichenden Maßnahme grundsätzlich selbst zu entscheiden, wenn nicht ein Fall des Abs. 3 gegeben ist.

1. Unzweckmäßigkeit des Ersuchens

79 Der Vorwurf der **Unzweckmäßigkeit des Ersuchens** und damit der begehrten Amtshilfeleistung ist unbeachtlich, wenn sie nicht auf einem Ablehnungsgrund nach Abs. 3 beruht.

2. Unzweckmäßigkeit der mit der Amtshilfe zu verwirklichenden Maßnahme

80 Eine **Unzweckmäßigkeit der mit der Amtshilfe zu verwirklichenden Maßnahme**, d.h. der bei der ersuchenden Behörde anstehenden Entscheidung (vgl. § 7 Rdn. 3), ist nur dann ein Grund für die Versagung der Amtshilfe, wenn sie wegen ihres Ermessensmissbrauchs so evident ist, dass sie als offensichtlich rechtswidrig beurteilt werden muss.[155] In einem solchen Fall besteht aber bereits ein Ablehnungsgrund nach Abs. 2 Satz 1 Nr. 1, der im Verfahren nach Abs. 5 geltend zu machen ist (vgl. Rdn. 30).

V. Entscheidung von Meinungsverschiedenheiten (Abs. 5)

81 **Abs.** 5 regelt die Entscheidung von Meinungsverschiedenheiten, die zwischen der ersuchenden und der ersuchten Behörde über die Berechtigung des Hilfeersuchens entstehen.

1. Mitteilungspflicht der ersuchten Behörden (Satz 1)

82 Hält sich die **ersuchte Behörde** zur Hilfe nicht verpflichtet, so hat sie nach **Satz 1** der ersuchenden Behörde ihre **Auffassung** – unter Angabe der Gründe[156] – **mitzuteilen.** Das Hilfeersuchen darf also nicht einfach unbeachtet bleiben. Im Fall des Abs. 3 Nr. 1 (vgl. Rdn. 67 ff.) darf das Ersuchen auch nicht unmittelbar an die andere Behörde weitergegeben werden. Die Mitteilung ist **nicht formgebunden,**[157] auch wenn sich die Schriftform i. d. R. schon im Interesse der Nachweisbarkeit anbieten wird. Sie stellt **keinen VA**, sondern eine öffentlich-rechtliche Willenserklärung dar.[158]

---

154 Vgl. Meyer/Borgs/*Meyer*, § 5 Rn. 44.

155 Ähnlich Stelkens/Bonk/Sachs/*Schmitz*, § 5 Rn. 37; Kopp/*Ramsauer*, § 5 Rn. 36. Nach Bader/Ronellenfitsch/*Funke-Kaiser*, § 5 Rn. 73 kommt dies nur in Betracht, wenn die Hauptmaßnahme der ersuchenden Behörde nichtig wäre.

156 Ebenso *Beckermann*, DVBl 2019, 407; Knack/Henneke/*Schliesky*, § 5 Rn. 65.

157 Bauer/Heckmann/Ruge/Schallbruch/*Schulz*, § 5 Rn. 31.

158 Knack/Henneke/*Schliesky*, § 5 Rn. 65, 70; Mann/Sennekamp/Uechtritz/*Shirvani*, § 5 Rn. 62; zur fehlenden VA-Qualität auch *Kugele*, § 5 Rn. 19.

2. Einholung einer aufsichtlichen Entscheidung (Satz 2)

Besteht die ersuchende Behörde auf der Amtshilfe, so ist nach **Satz 2** eine aufsichtliche Entscheidung einzuholen. 83

a) Die zur Entscheidung berufene Aufsichtsbehörde

Die **zur Entscheidung berufene »fachlich zuständige Aufsichtsbehörde«** ist die hinsichtlich des Verfahrensgegenstandes (vgl. Vorbem. § 9 Rdn. 3 ff.) mit Aufsichtsbefugnissen ausgestattete vorgesetzte Behörde bzw. Rechts- oder Fachaufsichtsbehörde[159] (vgl. auch § 3 Rdn. 62); der Begriff der »fachlich zuständigen Aufsichtsbehörde« ist also nicht gleichbedeutend mit dem Begriff der »Fachaufsichtsbehörde« etwa im Rahmen der mittelbaren Staatsverwaltung.[160] Eine »gemeinsame« fachlich zuständige Aufsichtsbehörde ist auch gegeben, wenn in den Aufsichtsbefugnissen gegenüber den beteiligten Behörden Unterschiede bestehen. Dies trifft etwa auf eine (Bezirks-)Regierung als vorgesetzter Behörde gegenüber dem staatlichen Landratsamt einerseits und als Rechts- oder Fachaufsichtsbehörde im Verhältnis zur kreisfreien Gemeinde zu.[161] 84

Ist eine **gemeinsame** fachliche **Aufsichtsbehörde nicht vorhanden**, entscheidet die fachlich zuständige Aufsichtsbehörde der ersuchten Behörde. Anders als in § 3 Abs. 2 Satz 4 ist eine gemeinsame Entscheidung beider Aufsichtsbehörden nicht vorgesehen. Der ersuchenden Behörde ist es jedoch unbenommen, ihrerseits ihre Aufsichtsbehörde einzuschalten, die zur Konfliktlösung in Kontakt zur Aufsichtsbehörde der ersuchten Behörde treten oder die ersuchende Behörde zur Zurücknahme des Ersuchens bewegen kann. 85

Fehlt der ersuchten Behörde eine **Aufsichtsbehörde**, was insb. auf oberste Bundes- oder Landesbehörden zutrifft, so ist deren Verweigerung der Amtshilfe vorbehaltlich einer verwaltungsgerichtlichen Nachprüfung (vgl. Rdn. 90 ff.) endgültig. 86

b) Prüfungsmaßstab der aufsichtlichen Entscheidung

Prüfungsmaßstab der aufsichtlichen Entscheidung ist die Rechtmäßigkeit des Hilfeersuchens sowie die Rechtmäßigkeit und in den Fällen des Abs. 3 auch die Zweckmäßigkeit der Verweigerung der Amtshilfe. Die Zweckmäßigkeit eines Hilfeersuchens kann wegen Abs. 4 nur von einer gemeinsamen Aufsichtsbehörde,[162] nicht aber von einer allein zur Entscheidung berufenen Aufsichtsbehörde der ersuchten Behörde und 87

159 Vgl. VG Minden, Urt. v. 21.04.1988 – 2 K 909/86, NVwZ 1989, 90; Huck/*Müller*, § 5 Rn. 22.

160 Kopp/*Ramsauer*, § 5 Rn. 38; *Kugele*, § 5 Rn. 20; Mann/Sennekamp/Uechtritz/*Shirvani*, § 5 Rn. 63; Bauer/Heckmann/Ruge/Schallbruch/*Schulz*, § 5 Rn. 32; Pautsch/Hoffmann/*Heinemann*, § 5 Rn. 50.

161 So auch Bader/Ronellenfitsch/*Funke-Kaiser*, § 5 Rn. 79.

162 Vgl. *J. Schmidt*, Festschrift Boorberg, S. 135 (151). Nach Kopp/*Ramsauer*, § 5 Rn. 39 soll die zur Entscheidung berufenen Aufsichtsbehörde insgesamt an die Regelungen der Abs. 1 bis 4 gebunden sein.

auch nur dann geprüft werden, wenn die Aufsichtsbehörde nicht auf eine Rechtmäßigkeitskontrolle (wie etwa nach Art. 109 Abs. 1 bayGO oder § 118 Abs. 1 bwGemO) begrenzt ist. Bei allen zulässigen Zweckmäßigkeitserwägungen der Aufsichtsbehörde sind die spezialgesetzlichen Grenzen der Aufsicht (wie etwa nach Art. 109 Abs. 2 Satz 2 bayGO) zu beachten.

c) Rechtsnatur der aufsichtlichen Entscheidung

88 Die aufsichtliche Entscheidung hat **nur ausnahmsweise** im Falle der mit einem Eingriff in das Selbstverwaltungsrecht verbundenen Weisung zur Hilfeleistung gegenüber dem einen anderen Hoheitsträger angehörenden ersuchten Behörde **VA-Charakter**,[163] im Übrigen ist sie wie die Ablehnung der Hilfeleistung durch die ersuchte Behörde eine öffentlich-rechtliche Willenserklärung (vgl. § 4 Rdn. 78).[164]

d) Rechtsnatur der endgültigen Weigerung

89 Die Ablehnung der ersuchten Behörde stellt auch für den Fall, dass sie (mangels Aufsichtsbehörde – vgl. Rdn. 86) endgültig ist, keinen VA[165] dar, sondern ist wie das Hilfeersuchen (vgl. § 4 Rdn. 12 f.) eine **öffentlich-rechtliche Willenserklärung.**

3. Rechtsschutz

90 **Rechtsschutzfragen**, die mangels Amtshilfeansprüchen Verfahrensbeteiligter[166] (vgl. zu den Rechtsschutzmöglichkeiten der Beteiligten § 4 Rdn. 38) vor allem das **Amtshilfeverhältnis der beteiligten Behörden** betreffen können (vgl. zum Rechtsschutz von nicht am Verfahren beteiligten Dritten § 7 Rdn. 26 ff.), beziehen sich auf den zu beschreitenden Rechtsweg (vgl. Rdn. 91), den richtigen Klagegegner (vgl. Rdn. 92) und die richtige Klageart (vgl. Rdn. 93 ff.).

---

163 So Wolff/Bachof/Stober/*Kluth* II, § 83 Rn. 121; *Ule/Laubinger*, § 11 Rn. 36 und ausführlich Bader/Ronellenfitsch/*Funke-Kaiser*, § 5 Rn. 85 f.; im Ergebnis ebenso Huck/*Müller*, § 5 Rn. 22; Pautsch/Hoffmann/*Heinemann*, § 5 Rn. 53; generell gegen Qualifikation als VA hingegen *Pitschas*, SGb 1990, 237.

164 Ähnlich Knack/Henneke/*Schliesky*, § 5 Rn. 68 und *Kugele*, § 5 Rn. 20 (jeweils differenzierend nach Rechts- und Fachaufsicht).Für VA gegenüber jeder Behörde eines anderen Hoheitsträger noch die 3. Aufl. sowie OVG Rheinland-Pfalz, Urt. v. 28.02.1985 – 1 A 28/84, KKZ 1993, 138 zu einem Vollstreckungsersuchen; Kopp/*Ramsauer*, § 5 Rn. 39.

165 Ebenso Bader/Ronellenfitsch/*Funke-Kaiser*, § 5 Rn. 83; Wolff/Bachof/Stober/*Kluth* II, § 83 Rn. 120; ebenso für die Vollzugshilfe VG Gelsenkirchen, Urt. v. 19.02.2016 – 17 K 6092/12, juris; wohl auch Knack/Henneke/*Schliesky*, § 5 Rn. 70; differenzierend Kopp/*Ramsauer*, § 5 Rn. 41 (VA ausnw. dann, wenn die ersuchte Behörde dem Rechtsträger, dem die ersuchende Behörde angehört, nach dem maßgeblichen Organisationsrecht übergeordnet ist).

166 Vgl. Bader/Ronellenfitsch/*Funke-Kaiser*, § 5 Rn. 95.

a) Der zu beschreitende Rechtsweg

Die Frage, ob eine um Amtshilfe ersuchte Behörde im Einzelfall verpflichtet ist, ein an sie gestelltes Amtshilfeersuchen zu erfüllen und ggf. in welchem Umfang und in welcher Weise sie das zu tun hat, ist nach den **für die ersuchte Behörde geltenden Rechtsgrundlagen** zu beantworten (vgl. § 4 Rdn. 11 ff.). Diese Vorschriften – und nicht etwa das dem Verfahren im jeweiligen Einzelfall zugrundeliegende materielle Recht – sind grundsätzlich auch die »streitentscheidenden Normen«, wenn zu entscheiden ist, welcher **Rechtsweg** im Falle von »grenzüberschreitenden« Amtshilfeersuchen eröffnet ist. Handelt es sich bei den maßgeblichen Bestimmungen um die §§ 4 ff. (oder um die entsprechenden Vorschriften der LandesVwVfGe) ist mangels abdrängender Sonderzuweisung der Verwaltungsrechtsweg eröffnet (vgl. § 40 Abs. 1 Satz 1 VwGO)[167,168] 91

b) Die richtigen Klagegegner

Im Falle der Hilfeverweigerung ist die Klage (in Ausnahmefällen ggf. der Eilrechtsantrag[169]) vom Rechtsträger der ersuchenden Behörde ausschließlich **gegen** den **Rechtsträger der ersuchten Behörde** und nicht den der Aufsichtsbehörde zu richten.[170] Wurde also die Aufsichtsbehörde angerufen und hat sie die Amtshilfepflicht ebenso wie die ersuchte Behörde verneint, muss die ersuchende Behörde nicht gegen ablehnende Entscheidung der Aufsichtsbehörde vorgehen. Sie – d. h. ihr Rechtsträger – kann stattdessen sogleich den Rechtsträger der ersuchten Behörde um Amtshilfe in Anspruch nehmen.[171] 92

Stellt die Weisung der Aufsichtsbehörde zur Hilfeleistung ausnahmsweise einen VA dar (vgl. Rdn. 88), hat sich die Klage des Rechtsträgers der ersuchten Behörde **gegen den Rechtsträger der Aufsichtsbehörde** zu richten.

---

167 Vgl. BVerwG, Urt. v. 06.02.1986 – 3 C 74.84, DVBl 1986, 1199; Knack/Henneke/*Schliesky*, vor § 4 Rn. 17; Kopp/*Ramsauer*, § 4 Rn. 4; Stelkens/Bonk/Sachs/*Schmitz*, § 4 Rn. 22; Mann/Sennekamp/Uechtritz/*Shirvani*, § 5 Rn. 66; Ule/Laubinger, § 11 Rn. 38; Wolff/Bachof/Stober/*Kluth* II, § 83 Rn. 92, 122; a.A. *Pitschas*, SGb 1990, 238, und teilweise auch noch die 4. Aufl. in Fn. 131.

168 Der Verwaltungsrechtsweg ist ebenso beim Streit über Auskunftsverlangen gegenüber Finanzbehörden gegeben (vgl. BFH, Urt. v. 23.10.1974 – VII R 54/70, BFHE 114, 159). Zustimmend Schoch/Schneider/Bier/*Ehlers*, § 40 Rn. 672, 682.

169 Vgl. dazu *Beckermann*, DVBl 2019, 407.

170 Vgl. Bader/Ronellenfitsch/*Funke-Kaiser*, § 5 Rn. 88; Mann/Sennekamp/Uechtritz/*Shirvani*, § 5 Rn. 67.

171 Im Ergebnis wie hier Mann/Sennekamp/Uechtritz/*Shirvani*, § 5 Rn. 67 m.w.N. zum Meinungsstand.

c) Die richtige Klageart

93 Soweit die aufsichtliche Entscheidung ausnahmsweise einen VA darstellt (vgl. Rdn. 88), kann hiergegen (erforderlichenfalls nach Durchführung eines Vorverfahrens) im Wege der **Anfechtungsklage** vorgegangen werden.[172]

94 Die allgemeine **Leistungsklage** ist in allen Fällen der Hilfeverweigerung[173] durch die ersuchte Behörde statthaft, wenn ersuchende und ersuchte Behörde **unterschiedlichen Rechtsträgern** angehören.[174] Ohne vorherige Anrufung einer (gemeinsamen) Aufsichtsbehörde nach Abs. 5 Satz 2 fehlt einer Klage allerdings das Rechtsschutzbedürfnis.[175]

Gehören die ersuchende und die ersuchte Behörde **demselben Rechtsträger** an, kommt eine Klage grundsätzlich nicht in Betracht, weil andernfalls ein unzulässiger In-Sich-Prozess geführt würde; etwas anderes gilt nur dann, wenn die Voraussetzungen für eine Interorganklage ausnahmsweise erfüllt, die betroffenen Behörden insbesondere normativ mit im Binnenverhältnis »wehrhaften« Rechtspositionen ausgestattet sind.[176]

95 Kommt die ersuchte Behörde einem sie zur Amtshilfe verpflichtenden VA nicht nach, so ist die allgemeine Leistungsklage (Rdn. 94) nur gegeben, wenn die **Vollstreckung** dieses VA nicht möglich bzw. nicht erfolgreich ist.[177]

4. Entsprechende Anwendung des Abs. 5 bei Schlechtleistung

96 Wird **Amtshilfe** von der ersuchten Behörde **mangelhaft** geleistet, so ist zunächst in **entsprechender Anwendung des Abs. 5** von der ersuchenden Behörde an die ersuchte Behörde Mitteilung zu machen und erforderlichenfalls die aufsichtliche Entscheidung darüber herbeizuführen, ob die Amtshilfe ergänzt oder wiederholt werden muss.[178]

---

172 Bader/Ronellenfitsch/*Funke-Kaiser*, § 5 Rn. 94; Kopp/*Ramsauer*, § 5 Rn. 43; Mann/Sennekamp/Uechtritz/*Shirvani*, § 5 Rn. 68.

173 Nach Ule/*Laubinger*, § 11 Rn. 37 soll sich die statthafte Klageart hingegen nach der Rechtsnatur der begehrten Amtshilfemaßnahme richten.

174 Vgl. Stelkens/Bonk/Sachs/*Schmitz*, § 5 Rn. 40; Kopp/*Ramsauer*, § 5 Rn. 41; Bader/Ronellenfitsch/*Funke-Kaiser*, § 5 Rn. 89, 92.

175 VG Minden, Urt. v. 21.04.1988 – 2 K 909/86, NVwZ 1989, 90; Kopp/*Ramsauer*, § 5 Rn. 42; Bader/Ronellenfitsch/*Funke-Kaiser*, § 5 Rn. 85; Huck/*Müller*, § 5 Rn. 23; Pautsch/Hoffmann/*Heinemann*, § 5 Rn. 49.

176 Vgl. Kopp/*Ramsauer*, § 5 Rn. 43; Stelkens/Bonk/Sachs/*Schmitz*, § 5 Rn. 40; Mann/Sennekamp/Uechtritz/*Shirvani*, § 5 Rn. 66; im Ergebnis auch Pautsch/Hoffmann/*Heinemann*, § 5 Rn. 54; allg. zum In-Sich-Prozess Kopp/Schenke, § 63 Rn. 7; generell gegen die Zulässigkeit von Amtshilfestreitigkeiten in Innenverhältnissen Huck/*Müller*, § 5 Rn. 23.

177 *J. Schmidt* (S. 152) sieht die Feststellungklage als richtige Klageart an. Das VG Minden sieht in seinem Urt. v. 21.04.1988 (2 K 909/86, NJW 1989, 90) die allgemeine Leistungsklage als statthaft an, hält sie jedoch für unzulässig, wenn das nach Abs. 5 Satz 2 vorgesehene Verfahren nicht eingehalten wird. Stets für Feststellungs- oder Leistungsklage *Pitschas*, SGb 1990, 238.

178 Zustimmend Bader/Ronellenfitsch/*Funke-Kaiser*, § 5 Rn. 77.

§ 6 Auswahl der Behörde

Kommen für die Amtshilfe mehrere Behörden in Betracht, so soll nach Möglichkeit eine Behörde der untersten Verwaltungsstufe des Verwaltungszweigs ersucht werden, dem die ersuchende Behörde angehört.

Schrifttum
Siehe die Literaturangaben zu §§ 4 und 5.

Übersicht Rdn.

A. Allgemeines und Grundsätzliches

I. Gegenstand der Regelung

1 **§ 6 bestimmt** die Behörde, an die das Amtshilfeersuchen grundsätzlich zu richten ist, wenn mehrere Behörden gleichwertig zu Auswahl stehen. Sie entspricht § 4 Abs. 1 Satz 2 EVwVerfG 1963[1] und den **Parallelvorschriften** aus § 5 SGB X sowie § 113 AO.

II. Zweck der Regelung

2 Der **Zweck der Regelung** besteht darin, möglichst sicherzustellen, dass eine ortsnahe und mit den Aufgaben der ersuchenden Behörde vertraute Behörde Amtshilfe leistet. Zugleich soll gewährleistet werden, dass bei etwaigen Meinungsverschiedenheiten möglichst eine gemeinsame fachliche Aufsichtsbehörde zur Entscheidung angerufen werden kann. Die Vorschrift dient damit der **Zweckmäßigkeit, Effektivität** und **Sparsamkeit** der Verwaltung.[2]

B. Die Vorschrift im Einzelnen

I. Auswahlmöglichkeit als Tatbestandsvoraussetzung

3 **Tatbestandsvoraussetzung für** die **Anwendung** der Vorschrift ist, dass mehrere Behörden für die Leistung der Amtshilfe in Betracht kommen.[3] Das ist dann der Fall, wenn mehrere Behörden

1 Vgl. Knack/Henneke/*Schliesky*, § 6 Rn. 2; Mann/Sennekamp/Uechtritz/*Shirvani*, § 6 Rn. 2.
2 Vgl. Knack/Henneke/*Schliesky*, § 6 Rn. 5; *Kugele*, § 6 Rn. 1; Kopp/*Ramsauer*, § 6 Rn. 3; Huck/*Müller*, § 6 Rn. 3; Mann/Sennekamp/Uechtritz/*Shirvani*, § 6 Rn. 7, 9.
3 Vgl. Stelkens/Bonk/Sachs/*Bonk/Schmitz*, § 6 Rn. 5.

1) für die Hilfeleistung sachlich und örtlich zuständig sind,[4]
2) zur Hilfeleistung in der Lage sind, weil sie keinem Amtshilfeverbot nach § 5 Abs. 2 unterliegen (vgl. § 5 Rdn. 27 ff.),[5]
3) keinen Ablehnungsgrund nach § 5 Abs. 3 geltend machen können (vgl. § 5 Rdn. 66 ff.)[6] und
4) über gleichwertige personelle und sachliche Voraussetzungen für die Hilfeleistung verfügen.

II. Die auszuwählende Behörde

4 Kommen **mehrere Behörden** in Betracht, so soll nach Möglichkeit eine Behörde der untersten Verwaltungsstufe des Verwaltungszweigs um Hilfe angegangen werden, dem die ersuchende Behörde angehört.

5 »Soll-Vorschriften« gestatten Abweichungen von der gesetzlichen Regel nur in atypischen Ausnahmefällen, in denen das Festhalten an dieser Regel auch unter Berücksichtigung des Willens des Gesetzgebers nicht gerechtfertigt ist.[7] Diese bei Soll-Vorschriften grundsätzlich bestehende Bindung des Ermessens – d.h. hier des **Auswahlermessens** der ersuchenden Behörde – hat der Gesetzgeber allerdings speziell in § 6 durch die Aufnahme des Tatbestandsmerkmals »nach Möglichkeit« etwas gelockert.[8] Die damit der Sache nach begründete **eingeschränkte Auswahlpflicht** gestattet es der ersuchenden Behörde, sich aus sachlichen Erwägungen an eine andere für die Hilfeleistung in Betracht kommende Behörde als die nach dem Grundsatz des § 6 an sich naheliegende Behörde zu wenden, wenn etwa mit jener anderen Behörde in einem vergleichbaren Fall schon zusammengearbeitet wurde.[9]

Nachdem die Behörden innerhalb eines Verwaltungszweigs ohnehin demselben Rechtsträger angehören (vgl. Rdn. 6), kommt der Auslagenfreiheit bei der Amtshilfe zwischen Behörden desselben Rechtsträgers nach § 8 Abs. 1 Satz 3 bei der Auswahlentscheidung keine eigenständige Bedeutung zu.[10]

---

4 Vgl. Knack/Henneke/*Schliesky*, § 6 Rn. 4.

5 Vgl. Mann/Sennekamp/Uechtritz/*Shirvani*, § 6 Rn. 8.

6 Vgl. Mann/Sennekamp/Uechtritz/*Shirvani*, § 6 Rn. 8.

7 St. Rspr., vgl. nur BVerwG, Urt. v. 19.03.2015 – 2 C 37.13, NVwZ-RR 2015, 625.

8 Ähnlich Knack/Henneke/*Schliesky*, § 6 Rn. 6; *Kugele*, § 6 Rn. 1; Huck/*Müller*, § 6 Rn. 4; Bauer/Heckmann/Ruge/Schallbruch/*Schulz*, § 6 Rn. 6; Mann/Sennekamp/Uechtritz/*Shirvani*, § 6 Rn. 11; Pautsch/Hoffmann/*Heinemann*, § 6 Rn. 3; wohl noch weitergehender Kopp/*Ramsauer*, § 6 Rn. 4 (»weiter Spielraum für Zweckmäßigkeitserwägungen«); kritisch deshalb *Hebeler*, JA 2019, 881: „§ 6 VwVfG besitzt daher kaum justiziablen Charakter«.

9 Ähnlich Bauer/Heckmann/Ruge/Schallbruch/*Schulz*, § 6 Rn. 6 (»Pflege besonderer Beziehungen zu einer anderen Behörde«); vgl. auch Stelkens/Bonk/Sachs/*Schmitz*, § 6 Rn. 6; Bader/Ronellenfitsch/*Funke-Kaiser*, § 6 Rn. 9 ff.

10 Ähnlich Bader/Ronellenfitsch/*Funke-Kaiser*, § 6 Rn. 4. A.A. wohl Knack/Henneke/*Schliesky*, § 6 Rn. 6; Bauer/Heckmann/Ruge/Schallbruch/*Schulz*, § 6 Rn. 6.

1. Der Verwaltungszweig der ersuchenden Behörde

Unter dem **Verwaltungszweig**, dem die **ersuchende Behörde** angehört, ist innerhalb des jeweiligen Ressorts die **Fachverwaltung**[11] des Rechtsträgers gemeint, in die die ersuchende Behörde eingegliedert ist, falls der Rechtsträger (wie Bund oder Land) über mehrere Behördenorganisationen verfügt[12]. Maßgeblich für die Abgrenzung der Verwaltungszweige sind daher in erster Linie die organisationsrechtlichen Bestimmungen und ggf. die diesbezüglichen innerdienstlichen Organisationserlasse. Als jeweils eigene Fachverwaltung sind danach z.B. die allgemeine innere Verwaltung, die Straßenbau- oder die Umweltverwaltung[13], ferner die Wirtschafts-, Finanz- oder (in den Bundesländern) die Kultusverwaltung anzusehen.[14] 6

2. Behörde der untersten Verwaltungsstufe

Der **untersten Verwaltungsstufe** gehört jede Behörde an, die bei einer hierarchischen Gliederung der Behörden eines Verwaltungsträgers oder eines seiner Ressorts (Rdn. 6) auf der untersten Stufe steht (wie z.B. eine staatliche Kreisverwaltungsbehörde innerhalb der allgemeinen inneren Verwaltung eines Landes – vgl. § 1 Rdn. 37). 7

Im Hinblick auf den Zweck des § 6, eine möglichst ortsnahe Bearbeitung zu gewährleisten (vgl. Rdn. 2), ist **auch** dann nach Möglichkeit eine Behörde der untersten Verwaltungsstufe um Hilfe anzugehen, wenn nur die Behörde eines **anderen Verwaltungszweiges** in Betracht kommt.[15] 8

III. Rechtsfolge fehlerhafter Auswahl

Die unter Verstoß gegen § 6 erfolgte Auswahl der ersuchten Behörde bleibt ohne rechtliche Folgen. Insbesondere ergibt sich hieraus für die ersuchte Behörde kein Ablehnungsgrund, es sei denn mit dem Auswahlfehler wäre zugleich ein Fall des § 5 Abs. 3 Nr. 1 (vgl. § 5 Rdn. 67 ff.) gegeben.[16] Die ersuchte Behörde darf das Ersuchen auch nicht an die nach ihrer Sicht »richtige« Behörde i.S.d. § 6 weiterleiten;[17] etwas anderes gilt nur, wenn die ersuchende Behörde der Weiterleitung zustimmt.[18] Die 9

---

11 Knack/Henneke/*Schliesky*, § 6 Rn. 4; *Kugele*, § 6 Rn. 1 f.; Kopp/*Ramsauer*, § 6 Rn. 3; Huck/*Müller*, § 6 Rn. 2; Bauer/Heckmann/Ruge/Schallbruch/*Schulz*, § 6 Rn. 4; Mann/Sennekamp/Uechtritz/*Shirvani*, § 6 Rn. 10; Pautsch/Hoffmann/*Heinemann*, § 6 Rn. 2.

12 Vgl. Stelkens/Bonk/Sachs/*Schmitz*, § 6 Rn. 5.

13 Vgl. Bauer/Heckmann/Ruge/Schallbruch/*Schulz*, § 6 Rn. 4.

14 Mann/Sennekamp/Uechtritz/*Shirvani*, § 6 Rn. 10.

15 Im Ergebnis ähnlich *Meyer/Borgs*, § 6 Rn. 3.

16 Ebenso Kopp/*Ramsauer*, § 6 Rn. 5; Knack/Henneke/*Schliesky*, § 6 Rn. 6; *Finkelnburg/Lässig*, § 6 Rn. 4; Huck/*Müller*, § 6 Rn. 5. A.A. Meyer/Borgs/*Meyer*, § 6 Rn. 2.

17 Ebenso Kopp/*Ramsauer*, § 6 Rn. 5; Bader/Ronellenfitsch/*Funke-Kaiser*, § 6 Rn. 13; *Kugele*, § 6 Rn. 5; Pautsch/Hoffmann/*Heinemann*, § 6 Rn. 5; a.A. Stelkens/Bonk/Sachs/*Schmitz*, § 6 Rn. 3 (Weiterleitung »unter Abgabenachricht« an die ersuchende Behörde).

18 Kopp/*Ramsauer*, § 6 Rn. 5; Huck/*Müller*, § 6 Rn. 5; Mann/Sennekamp/Uechtritz/*Shirvani*, § 6 Rn. 12.

Möglichkeit eine (ggf. gemeinsame) Aufsichtsbehörde einzuschalten, bleibt den beteiligten Behörden aber unbenommen.[19]

§ 7 Durchführung der Amtshilfe

(1) Die Zulässigkeit der Maßnahme, die durch die Amtshilfe verwirklicht werden soll, richtet sich nach dem für die ersuchende Behörde, die Durchführung der Amtshilfe nach dem für die ersuchte Behörde geltenden Recht.

(2) [1]Die ersuchende Behörde trägt gegenüber der ersuchten Behörde die Verantwortung für die Rechtmäßigkeit der zu treffenden Maßnahme. [2]Die ersuchte Behörde ist für die Durchführung der Amtshilfe verantwortlich.

Schrifttum

Beckermann, Amtshilfeleistung und polizeilicher Notstand im Versammlungsrecht, DVBl 2019, 407; *Enders*, Anmerkung zu BVerwG, Urt. v. 25.10.2017 – 6 C 46.16, betreffend Amtshilfe durch die Bundeswehr bei polizeilichen Maßnahmen der Landesbehörden, JZ 2018, 464; *Hebeler*, Verfassungs- und verwaltungsrechtliche Grundsatzfragen der Amtshilfe, JA 2019, 881; *Pickel*, Durchführung und Kosten der Amtshilfe im Sozialrecht, NZA 1985, 416. Siehe im Übrigen die Literaturangaben zu §§ 4 und 5.

Übersicht Rdn.

19 Vgl. auch Bader/Ronellenfitsch/*Funke-Kaiser*, § 6 Rn. 13; a.A. Knack/Henneke/*Schliesky*, § 6 Rn. 8 (keine Befugnis, die Aufsichtsbehörde anzurufen); ebenso Kopp/*Ramsauer*, § 6 Rn. 5.

A. Allgemeines und Grundsätzliches

§ 7 enthält eine **Konkretisierung des Grundsatzes der Gesetzmäßigkeit der Verwaltung** für die Amtshilfe, in dem er in seinem Abs. 1 die für die Anforderung und Durchführung der Hilfeleistung maßgeblichen Rechtsgrundlagen bestimmt (Rdn. 2 ff.) und in seinem Abs. 2 die Verantwortungsbereiche der ersuchenden und der ersuchten Behörde für die Rechtmäßigkeit der einschlägigen Maßnahmen festlegt (Rdn. 13 ff.). Die Vorschrift stimmt von redaktionellen Änderungen abgesehen mit § 5 Abs. 1 EVwVerfG 1963[1] sowie mit § 6 SGB X und § 114 AO überein. 1

B. Die Vorschrift im Einzelnen

I. Die Bestimmung des anzuwendenden Rechts (Abs. 1)

Für die Zulässigkeit der Maßnahme, die durch die Amtshilfe verwirklicht werden soll, ist nach **Abs. 1** erster Halbsatz das **für** die **ersuchende Behörde geltende Recht** maßgeblich. 2

1. Die Zulässigkeit der Maßnahme, die durch die Amtshilfe verwirklicht werden soll (erster Halbsatz)

a) Der Begriff dieser Maßnahme

Unter der **Maßnahme, die durch die Amtshilfe verwirklicht werden soll,** ist die gesamte Maßnahme zu verstehen, welche die ersuchende Behörde in ihrem Hauptverfahren beabsichtigt und für die sie um Amtshilfe ersucht (»Hauptmaßnahme«). Der Begriff der »Maßnahme« im Sinne von Abs. 1 Halbs. 1 bezieht sich hingegen – entgegen der in der 4. Aufl. hier noch vertretenen Auffassung – nicht lediglich auf die Maßnahme, welche die ersuchende Behörde für die Eröffnung, Weiterführung oder den Abschluss eines ihr obliegenden Verfahrens für notwendig hält (z.B. eine gewerberechtliche Nachschau in einem anderen Behördensprengel oder die Zustellung eines VA mittels Boten).[2] 3

1 Vgl. Knack/Henneke/*Schliesky*, § 7 Rn. 1; Mann/Sennekamp/Uechtritz/*Shirvani*, § 7 Rn. 2.

2 Wie hier Stelkens/Bonk/Sachs/*Schmitz*, § 7 Rn. 2; Kopp/*Ramsauer*, § 7 Rn. 4; Knack/Henneke/*Schliesky*, § 7 Rn. 4; *Ziekow*, § 7 Rn. 3; Meyer/Borgs/*Meyer*, § 7 Rn. 1; Mann/Sennekamp/Uechtritz/*Shirvani*, § 7 Rn. 9; Bauer/Heckmann/Ruge/Schallbruch/*Schulz*, § 7 Rn. 1, 4; Pautsch/Hoffmann/*Heinemann*, § 7 Rn. 2, 4; wohl auch Huck/*Müller*, § 7 Rn. 4, 6 (»Hauptmaßnahme«) und *Kugele*, § 7 Rn. 3 (»Maßnahme, die von der ersuchenden Behörde beabsichtigt ist«).

4 Für dieses Verständnis des Tatbestandsmerkmals »Maßnahme« spricht bereits der Wortlaut der Norm, der auf die Maßnahme abstellt, die durch die Amtshilfe »verwirklicht« werden soll, und nicht etwa nur die Maßnahme in den Blick nimmt, die durch die Amtshilfe »geleistet« wird. Die auf das Hauptverfahren abstellende Auslegung des Abs. 1 Halbs. 1 wird zudem dem Willen des historischen Gesetzgebers gerecht. Es entsprach bereits vor dem Inkrafttreten des VwVfG allgemeiner Auffassung, dass sich die Voraussetzungen für die Hauptmaßnahme, für die Amtshilfe in Anspruch genommen wird, allein nach dem Recht der ersuchenden Behörde richten.[3] Vor diesem Hintergrund sollte nach der Gesetzesbegründung zu § 7 Abs. 1 auch im VwVfG klargestellt werden, dass die Verantwortung »für die Durchführung des Verfahrens im ganzen« bei der ersuchenden Behörde liege.[4]

b) Die Zulässigkeit der Maßnahme

5 Mit der **Zulässigkeit** der Maßnahme ist wie in Abs. 2 Satz 1 (vgl. Rdn. 14 f.) deren formelle und materielle Rechtmäßigkeit gemeint.[5]

c) Die Maßgeblichkeit des für die ersuchende Behörde geltenden Rechts

6 Für die Rechtmäßigkeit (vgl. Rdn. 5) dieser Maßnahme an sich, die von der Art und Weise ihrer Durchführung getrennt beurteilt werden muss, ist **das für die ersuchende Behörde geltende Recht** maßgeblich, also all diejenigen Rechtsnormen, die das von der ersuchenden Behörde durchzuführende gesamte Verwaltungsverfahren bestimmen. Damit hat der Gesetzgeber eine Selbstverständlichkeit ausgesprochen, deren gesetzliche Erwähnung lediglich einer klarstellenden Abgrenzung zu dem für die Durchführung der Amtshilfe durch die ersuchte Behörde geltenden Recht dient.[6] Im Wege der Amtshilfe kann die ersuchende Behörde von der ersuchten Behörde daher auch keine Maßnahmen verlangen, die nach dem Recht des von ihr durchzuführenden Verwaltungsverfahrens nicht vorgesehen ist.[7] So kann beispielsweise die fehlende Befugnis zur Abnahme eidesstattlicher Versicherungen in einem Baugenehmigungsverfahren nicht dadurch umgangen werden, dass eine Behörde um Hilfe gebeten wird,

---

3 Vgl. *Becker*, NJW 1970, 1075; Kopp/*Ramsauer*, § 7 Rn. 4 m.w.N.

4 Amtl. Begr. S. 40; s. dazu auch Mann/Sennekamp/Uechtritz/*Shirvani*, § 7 Rn. 3, 9.

5 Ähnlich Kopp/*Ramsauer*, § 7 Rn. 1; Knack/Henneke/*Schliesky*, § 7 Rn. 6; Meyer/Borgs/*Meyer*, § 7 Rn. 1; *Kugele*, § 7 Rn. 4; Bauer/Heckmann/Ruge/Schallbruch/*Schulz*, § 7 Rn. 8; Mann/Sennekamp/Uechtritz/*Shirvani*, § 7 Rn. 9, 14, der im Rahmen von Abs. 1 ggf. auch die Zweckmäßigkeit der Maßnahme mit einbezieht.

6 Vgl. *Pickel*, NZA 1985, 416.

7 BVerwG, Beschl. v. 24.01.2006 – 1 WB 15.05, BVerwGE 125, 56 (63 ff.); im Ergebnis teilweise a.A., soweit die fehlende sachliche Zuständigkeit als im Wege der sachlichen Zuständigkeit für überwindbar gehalten wird, s. näher dazu § 5 Rn. 9 m.w.N.; Stelkens/Bonk/Sachs/*Schmitz*, stimmen zwar in § 7 Rn. 2 mit dem BVerwG (Beschl. v. 24.01.2006 – 1 WB 15.05, BVerwGE 125, 56) überein, lassen aber in § 5 Rn. 6 die Erweiterung der sachlichen Zuständigkeit im Wege der Amtshilfe zu.

der eine solche Befugnis für ihre eigenen Verfahren (wie etwa den Finanzbehörden nach § 95 Abs. 1 Satz 1 AO) zusteht (vgl. § 27 Rn. 23 ff., 36).

2. Die Durchführung der Amtshilfe (zweiter Halbsatz)

Für die **Durchführung der Amtshilfe** ist nach Abs. 1 zweiter Halbsatz das für die ersuchte Behörde geltende Recht maßgeblich. 7

a) Das Verständnis der Durchführung der Amtshilfe

Die Durchführung der Amtshilfe besteht in der **Vornahme der begehrten Hilfeleistung** durch die ersuchte Behörde (z.B. in der Durchführung einer Ermittlung einschließlich der Mitteilung des Ergebnisses an die ersuchende Behörde oder die Überlassung von Akten). 8

b) Die Maßgeblichkeit des von der ersuchten Behörde anzuwendenden Rechts

Die Hilfeleistung unterliegt dem für die **ersuchte Behörde geltenden Recht.**[8] Sie darf also nicht nach § 5 Abs. 2 verboten sein und muss im Übrigen den Rechtsnormen entsprechen, die nach dem Grundsatz der Gesetzmäßigkeit der Verwaltung die Befugnisse der ersuchten Behörde regeln (vgl. auch § 5 Rdn. 28 ff.). 9

aa) Bei innerdienstlichen Maßnahmen

Bei rein **innerdienstlichen Maßnahmen** genügt es nach dem Grundsatz vom »Vorrang des Gesetzes«,[9] dass keine ranghöheren Rechtsvorschriften verletzt werden, ohne dass es wie beim Erlass von VAen auf das Vorhandensein einer besonderen gesetzlichen Ermächtigung ankommt.[10] So ist die Überlassung nicht geheim zu haltender und nicht einer datenschutzrechtlichen Einschränkung versehenen Akten mit dem von der ersuchten Behörde anzuwendenden Recht vereinbar. Das Gleiche gilt, wenn z.B. eine Bundeswehreinheit auf das Amtshilfeersuchen einer Verwaltungsbehörde hin Tankfahrzeuge für die Wasserversorgung der Bevölkerung während einer Dürreperiode zur Verfügung stellt, da mit einem solchen auf technische Hilfe beschränkten Einsatz kein an die Voraussetzungen des Art. 87a Abs. 3 bzw. 4 GG geknüpfter bewaffneter Einsatz verbunden ist.[11] 10

bb) Bei Maßnahmen mit Außenwirkung

Nach außen wirkende und damit den Rechtskreis Dritter berührende **Maßnahmen** bedürfen einer besonderen Rechtsgrundlage, weil die der ersuchten Behörde 11

---

8 Vgl. BVerwG, Urt. v. 06.02.1986 – 3 C 74/84, NVwZ 1986, 467; *Hebeler*, JA 2019, 881.

9 Vgl. hierzu Wolff/Bachof/Stober/Kluth/*Stober* I, § 30 Rn. 5; von Mangoldt/Klein/Starck/*Sommermann*, Art. 20 GG Rn. 271.

10 Ebenso Bader/Ronellenfitsch/Funke-Kaiser, § 7 Rn. 5 mit weiteren Beispielen; ähnlich *Hebeler*, JA 2019, 881.

11 Siehe *Hofer*, NZWehr 1973, 10.

zustehenden Zuständigkeiten und Befugnisse durch das Handeln im Interesse der ersuchenden Behörde keine Erweiterung erfahren; § 7 selbst ist **keine Ermächtigungsgrundlage** (vgl. auch Vorbem. § 4 Rdn. 4).[12] Die ersuchte Behörde darf daher z.B. eine gewerberechtliche Nachschau (vgl. § 5 Rdn. 8) nur dann durchführen, wenn diese im konkreten Falle auch nach dem für sie und nicht nur nach dem für die ersuchende Behörde geltenden Recht zulässig ist. So ist die Bundeswehr keinesfalls befugt, der Polizei im Wege der Amtshilfe Soldaten für das Aufsuchen und für die Festnahme eines flüchtigen Strafgefangenen zu überlassen, da ein Einsatz der Streitkräfte im Dienst der inneren Sicherheit nur unter den Voraussetzungen des Art. 87a Abs. 3 bzw. 4 GG, d. h. im Verteidigungs- oder Spannungsfall oder auf ausdrückliche Anordnung der Bundesregierung erfolgen kann.[13]

12 Bei Maßnahmen, die nach dem Recht der ersuchten Behörde im pflichtgemäßen Ermessen liegen, führt das Amtshilfeersuchen regelmäßig zu einer **Handlungspflicht.**[14]

II. Die Abgrenzung der Verantwortungsbereiche (Abs. 2)

13 **Abs. 2** grenzt die **Verantwortungsbereiche der** im Amtshilfeverhältnis **beteiligten Behörden** ab, indem Satz 1 die ersuchende Behörde für die Rechtmäßigkeit der zu treffenden Maßnahme verantwortlich macht (vgl. Rdn. 14 f.), während nach Satz 2 die ersuchte Behörde für die Rechtmäßigkeit der Durchführung dieser Maßnahme verantwortlich ist (vgl. Rdn. 16 f.).

1. Die Verantwortung der ersuchenden Behörde (Satz 1)

a) Der Gegenstand der Verantwortung

14 Gegenstand der Verantwortung nach **Satz 1** ist die **»zu treffende Maßnahme«**, also die **»Hauptmaßnahme«** im Sinne des Abs. 1 Halbs. 1 (entgegen der in der 4. Aufl. noch vertretenen Ansicht also nicht die Maßnahme, um die ersucht wird und die durch die Amtshilfe verwirklicht werden soll, vgl. Rdn. 3 f.), die dem für die ersuchende Behörde geltenden Recht unterliegt (vgl. Rdn. 6).[15]

---

12 Vgl. Mann/Sennekamp/Uechtritz/*Shirvani*, § 7 Rn. 7; Stelkens/Bonk/Sachs/*Schmitz*, § 7 Rn. 3; Kopp/*Ramsauer*, § 7 Rn. 2, 6; Knack/Henneke/*Schliesky*, § 7 Rn. 7; Ule/*Laubinger*, § 11 Rn. 41; *Kugele*, § 7 Rn. 1; Bauer/Heckmann/Ruge/Schallbruch/*Schulz*, § 7 Rn. 5; *Hebeler*, JA 2019, 881; *Enders* JZ 2018, 465.

13 Zustimmend Bader/Ronellenfitsch/Funke-Kaiser, § 7 Rn. 5; näher zur Abgrenzung zu Art. 87a Abs. 2 GG BVerwG, Urt. v. 25.10.2017 – 6 C 46.16, BVerwGE 160, 169.

14 Vgl. auch *Meyer/Borgs*, § 7 Rn. 3.

15 Wohl im Ergebnis wie hier stellen Stelkens/Bonk/Sachs/*Schmitz* § 7 Rn. 6, und *Meyer/Borgs* § 7 Rn. 5, auf die Rechtmäßigkeit des von der ersuchenden Behörde verfolgten Gesamtvorhabens ab; Knack/Henneke/*Schliesky*, § 7 Rn. 9 nehmen auf Hauptmaßnahme und Ersuchen Bezug; ebenso Kopp/*Ramsauer* (§ 7 Rn. 8), der darauf hinweist, dass die Abgrenzung im Einzelfall schwierig sein kann und dann primär auf den Inhalt des Ersuchens abgestellt werden kann; ebenso Pautsch/Hoffmann/*Heinemann*, § 7 Rn. 13.

b) Die rechtliche Bedeutung dieser Verantwortung

Aus der Verantwortung der ersuchenden Behörde für die Rechtmäßigkeit der zu treffenden Maßnahme folgt zwingend, dass sich die **ersuchte Behörde auf** die **Rechtmäßigkeit** dieser Maßnahme **verlassen** soll.[16] Es ist ihr daher grundsätzlich verwehrt, die durch die Amtshilfe zu verwirklichende Maßnahme (vgl. Rdn. 3) oder sogar das gesamte von der ersuchenden Behörde betriebene Verwaltungsverfahren einer Rechtmäßigkeits- oder gar Zweckmäßigkeitskontrolle zu unterziehen.[17] Etwas anderes gilt nur, wenn von ihr eine strafbare Handlung oder eine Mitwirkung hierzu verlangt würde oder der seltene Fall einer nicht strafbaren, aber dennoch offensichtlich rechtswidrigen Maßnahme vorliegt (vgl. Rdn. 4; § 5 Rdn. 30). 15

2. Die Verantwortung der ersuchten Behörde (Satz 2)

a) Die allgemeine Prüfungspflicht der ersuchten Behörde

Nach der die **ersuchte Behörde** gemäß **Satz 2** treffenden Verantwortung hat diese zunächst allgemein **zu prüfen**, ob sie im Hinblick auf § 5 Abs. 2 überhaupt die Hilfeleistung erbringen darf bzw. im Hinblick auf § 5 Abs. 3 erbringen soll. Wird eine Hilfeleistung verlangt, die nicht vom Recht der ersuchten Behörde gedeckt ist, so besteht eine Ablehnungspflicht nach § 5 Abs. 2 (vgl. § 5 Rdn. 27 ff.).[18] 16

b) Die Verantwortung für die Art und Weise der Erbringung der Amtshilfe

Die ersuchte Behörde trägt über die allgemeine Prüfpflicht (vgl. Rdn. 16) hinaus die **Verantwortung** für die Art und Weise, in der sie selbst tätig wird. So hat sie die Amtshilfe unter Berücksichtigung des für sie geltenden Rechts in einer am Zweck des Amtshilfeersuchens orientierten bestmöglichen Weise durchzuführen. 17

Die ersuchte Behörde hat somit dafür Sorge zu tragen, dass Maßnahmen mit Außenwirkung ohne Rechtsverletzungen durchgeführt werden, und muss z.B. für die Richtigkeit der erteilten Auskunft, die Vollständigkeit der übermittelten Daten und Akten, die sachgemäße Auswahl der zur Verfügung gestellten Dienstkräfte,[19] die Geeignetheit der bereitgestellten Einrichtungen (etwa für die Kalibrierung eines Lärmmessgeräts) einstehen, wobei sie eigene Zweifel oder Vorbehalte der ersuchenden Behörde mitzuteilen hat.[20] Ist die ersuchende Behörde der Ansicht, dass die Amtshilfe mangelhaft durchgeführt worden ist, so findet § 5 Abs. 5 entsprechende Anwendung (vgl. § 5 Rdn. 96). 18

---

16 Vgl. VGH Hessen, Beschl. v. 04.02.2003 – 10 TG 3112/02, NVwZ 2003, 755.

17 Gegen ein solches Prüfungsrecht auch Ule/*Laubinger*, § 11 Rn. 29; Wolff/Bachof/Stober/*Kluth* II, § 83 Rn. 114.

18 So auch Bader/Ronellenfitsch/*Funke-Kaiser*, § 7 Rn. 7; ähnlich Kopp/*Ramsauer*, § 7 Rn. 9: Kein Verantwortungsausschluss zugunsten der ersuchten Behörde, wenn diese das Ersuchen nach § 5 Abs. 2 hätte ablehnen müssen; Bauer/Heckmann/Ruge/Schallbruch/*Schulz*, § 7 Rn. 5.

19 Vgl. Mann/Sennekamp/Uechtritz/*Shirvani*, § 7 Rn. 15; *Pickel*, NZA 1985, 416.

20 Vgl. Kopp/*Ramsauer*, § 7 Rn. 10.

3. Die Bedeutung der Verantwortungsabgrenzung

19 Die **Verantwortungsabgrenzung** nach Abs. 2 betrifft die Frage, welche Behörde die Folgen zu tragen, insbesondere ggf. die Kosten und Schäden zu ersetzen hat, wenn die ihr jeweils zuzurechnende Maßnahme rechtswidrig ist.[21] Abs. 2 hat dabei unmittelbar nur im Verhältnis zwischen der ersuchenden und der ersuchten Behörde – d.h. im **Innenverhältnis – Bedeutung,** während im Verhältnis zu Dritten – dem Außenverhältnis – die allgemeinen Regeln gelten.[22]

a) Im Innenverhältnis zwischen den Behörden

20 Im Verhältnis der **am Amtshilfeverhältnis beteiligten Behörden** bezieht sich die Verantwortungsabgrenzung auf die Prüfungskompetenz hinsichtlich der Rechtmäßigkeit der Maßnahme, um deren Durchführung im Wege der Amtshilfe ersucht wird, und die Ordnungsmäßigkeit bzw. Rechtmäßigkeit ihrer Durchführung. Fehler im jeweiligen Verantwortungsbereich können sich auf die Kosten der Amtshilfe auswirken und bei berechtigten Ansprüchen Dritter internen Ausgleich erfordern.

aa) Kostentragung

21 Zwischen den am Amtshilfeverhältnis beteiligten Behörden wirkt sich die in Abs. 2 ausgesprochene Verantwortungsabgrenzung auf die **Kostentragung** nach § 8 Abs. 1 aus[23] (vgl. § 8 Rdn. 10). Wenn ein außenstehender Dritter einen Rechtsträger der beteiligten Behörden erfolgreich gerichtlich in Anspruch genommen hat und dieser Rechtsträger deshalb die **Kosten eines Gerichtsverfahrens** im Außenverhältnis zu tragen hat, richtet es sich ebenfalls nach Abs. 2, ob es Innenverhältnis bei dieser Kostentragung bleibt.[24]

bb) Regressansprüche

22 Ist eine der am Amtshilfeverhältnis beteiligten Behörden wegen einer von der anderen Behörde zu verantwortenden Maßnahme einem Dritten gegenüber zum Schadensersatz oder zur Tragung von Prozesskosten verpflichtet, so hat sie aus Abs. 2 als eigener Anspruchsgrundlage einen **Regressanspruch** gegen den Rechtsträger der anderen

---

21 Mann/Sennekamp/Uechtritz/*Shirvani*, § 7 Rn. 13.

22 Vgl. Huck/*Müller*, § 7 Rn. 6 f.; Stelkens/Bonk/Sachs/*Schmitz*, § 7 Rn. 5 (»in erster Linie«); Kopp/*Ramsauer*, § 7 Rn. 7, 11; Knack/Henneke/*Schliesky*, § 7 Rn. 9 f., 13; Ule/*Laubinger*, § 11 Rn. 48; *Kugele*, § 7 Rn. 4; Bauer/Heckmann/Ruge/Schallbruch/*Schulz*, § 7 Rn. 7; Mann/Sennekamp/Uechtritz/*Shirvani*, § 7 Rn. 13; Pautsch/Hoffmann/*Heinemann*, § 7 Rn. 9.

23 Amtl. Begr. S. 40vgl. auch Mann/Sennekamp/Uechtritz/*Shirvani*, § 7 Rn. 13.

24 Mann/Sennekamp/Uechtritz/*Shirvani*, § 7 Rn. 24.

Behörde,[25] falls beide Behörden verschiedenen Rechtsträgern angehören. Für darauf bezogene Rechtsstreitigkeiten ist nach § 40 Abs. 1 Satz 1 VwGO der **Verwaltungsrechtsweg** gegeben.[26]

b) Im Außenverhältnis zu Dritten

Für die rechtliche Ordnung des **Außenverhältnisses** erfolgt durch Abs. 2 keine Änderung. Der von einer Hilfeleistung Betroffene kann daher Rechte nur gegenüber dem Rechtsträger geltend machen, dessen Behörde in seinen Rechtskreis eingegriffen hat.[27] Da Abs. 2 unmittelbar nur das Verhältnis der beteiligten Behörden betrifft (Rdn. 19), bietet die Vorschrift außenstehenden Dritten auch **keine materielle Anspruchsgrundlage** etwa für Schadenersatzansprüche. Es bleibt insoweit bei den allgemeinen Rechtsgrundlagen des Staatshaftungsrechts (vgl. insb. Art. 34 GG i.V.m. § 839 BGB), wobei für Schadenersatzansprüche eines Bürgers gegen den im jeweiligen Einzelfall passivlegitimierten Rechtsträger (vgl. Rdn. 24) regelmäßig nicht der Verwaltungs-, sondern der **Zivilrechtsweg** gegeben ist (vgl. Art. 34 Satz 3 GG, § 40 Abs. 2 VwGO).[28] 23

aa) Haftungsfälle

Die Haftung für den einem **Dritten entstandenen Schaden** trifft 24

25 Ebenso Mann/Sennekamp/Uechtritz/*Shirvani*, § 7 Rn. 22; *Meyer*/*Borgs*, § 7 Rn. 4 f.; *Ziekow*, § 7 Rn. 8; *Ule*/*Laubinger*, § 11 Rn. 51. Für eine entsprechende Anwendung der §§ 662, 276, 278 BGB: Kopp/*Ramsauer*, § 7 Rn. 15; Knack/Henneke/*Schliesky*, § 7 Rn. 22 ff., 25; Bader/Ronellenfitsch/*Funke-Kaiser*, § 7 Rn. 14; Bauer/Heckmann/Ruge/Schallbruch/*Schulz*, § 7 Rn. 12; Pautsch/Hoffmann/*Heinemann*, § 7 Rn. 17. Für Art. 104a Abs. 5 GG als Anspruchsgrundlage wohl Stelkens/Bonk/Sachs/*Schmitz*, § 7 Rn. 10 und im Ergebnis auch *Kugele*, § 7 Rn. 4 (Ausgleichsanspruch »nach allgemeinen Grundsätzen«). Offengelassen von Wolff/Bachof/Stober/*Kluth* II, § 83 Rn. 130, *J. Schmidt*, Festschrift Boorberg, S. 135 (155). Im Urt. v. 03.12.1989 (1 U 85/98, Rn. 72 – 85, juris) hat das OLG Hamburg zwar diese drei möglichen Anspruchsgrundlagen geprüft, aber letztlich offengelassen und in der Revisionsentscheidung (BGH, Urt. v. 21.06.2001 – III ZR 34/00, BGHZ 148, 139) wurde der Vorliegen von Amtshilfe verneint. Ein Anspruch aufgrund Art. 104a Abs. 5 GG würde i.Ü. nur vorsätzliche Pflichtverletzungen erfassen (BVerwG, Urt. v. 16.01.1997 – 4 A 12.94, BVerwGE 104, 29; BGH, Urt. v. 21.06.2001 – III ZR 34/00, BGHZ 148, 139).

26 Mann/Sennekamp/Uechtritz/*Shirvani*, § 7 Rn. 23; insoweit ebenso Huck/*Müller*, § 7 Rn. 9; Kopp/*Ramsauer*, § 7 Rn. 16; Knack/Henneke/*Schliesky*, § 7 Rn. 26.

27 Ebenso Stelkens/Bonk/Sachs/*Schmitz*, § 7 Rn. 10; Bader/Ronellenfitsch/*Funke-Kaiser*, § 7 Rn. 14; Knack/Henneke/*Schliesky*, § 7 Rn. 13; *Ziekow*, § 7 Rn. 7; Ule/*Laubinger*, § 11 Rn. 48 ff.; Wolff/Bachof/Stober/*Kluth* II, § 83 Rn. 129. Teilweise a.A. Kopp/*Ramsauer*, § 7 Rn. 13: u. U. Haftung auch der ersuchenden Behörde, wenn die ersuchte Behörde aufgrund bindender Weisung der ersuchenden Behörde gehandelt hat.

28 Huck/*Müller*, § 7 Rn. 8; Kopp/*Ramsauer*, § 7 Rn. 16; Knack/Henneke/*Schliesky*, § 7 Rn. 19.

1) den Rechtsträger der ersuchenden Behörde, wenn diese aufgrund des Ergebnisses der Hilfeleistung den Dritten (etwa als Verfahrensbeteiligten) in dessen Rechten verletzt,
2) den Rechtsträger der ersuchten Behörde, wenn das schadenstiftende Ereignis bei der Durchführung der Amtshilfe eintritt.[29]

25 Der jeweilige Rechtsträger ist mithin der richtige Anspruchsgegner, wenn der außenstehende Dritte einen Schadenersatzanspruch geltend macht.[30] Im **Amtshaftungsprozess** braucht sich der Geschädigte dabei nicht nach § 839 Abs. 1 Satz 2 BGB auf den Rechtsträger der mitverantwortlichen oder im Innenverhältnis allein verantwortlichen Behörde verweisen zu lassen.[31]

bb) Rechtsschutz

26 Beim **Rechtsschutz Dritter** (vgl. zum etwaigen Rechtsschutz der am Verfahren Beteiligten § 4 Rdn. 38, zu Rechtsschutzmöglichkeiten im Verhältnis der Träger der ersuchenden und der ersuchten Behörden § 5 Rdn. 90 ff.) ist zwischen Maßnahmen der ersuchenden und der ersuchten Behörde zu unterscheiden.

aaa) Gegen Maßnahmen der ersuchenden Behörde

27 Rechtsbehelfe sind unter Beachtung des § 44a VwGO **gegen** den **Rechtsträger der ersuchenden Behörde** zu richten, wenn ein Betroffener eine Maßnahme dieser Behörde anfechten will, die ihm gegenüber auf der Grundlage der Hilfeleistung ergangen ist.[32] Unmittelbarer Rechtsschutz gegen die ersuchende Behörde ist auch dann gegeben, wenn diese unter Verletzung von datenschutzrechtlichen Bestimmungen personenbezogene Daten weitergibt, die sie im Wege der Amtshilfe zulässigerweise erlangt hat (vgl. dazu § 5 Rdn. 38 ff.).

bbb) Gegen Maßnahmen der ersuchten Behörde

28 Rechtsbehelfe sind nur dann **gegen** den **Rechtsträger der ersuchten Behörde** zu richten, wenn eine **unmittelbare** Rechtsverletzung durch die Hilfeleistung geltend

---

29 Vgl. OLG Düsseldorf, Urt. v. 17.02.1994 – 18 U 175/93, NVwZ-RR 1995, 2; Mann/Sennekamp/Uechtritz/*Shirvani*, § 7 Rn. 20.

30 S. Mann/Sennekamp/Uechtritz/*Shirvani*, § 7 Rn. 20.

31 Vgl. OLG Düsseldorf, Urt. v. 17.02.1994 – 18 U 175/93, NVwZ-RR 1995, 2.

32 VGH Baden-Württemberg, Beschl. v. 13.02.2019 – 11 S 401/19, ESVGH 19, 156; VGH Bayern, Beschl. v. 25.01.1988 – 5 B 87.03075, NVwZ 1988, 742; Urt. v. 29.10.1986 – 5 B 85 A. 1702, NVwZ 1987, 613; vgl. auch Mann/Sennekamp/Uechtritz/*Shirvani*, § 7 Rn. 17, 19; Kopp/*Ramsauer*, § 7 Rn. 12; *Kugele*, § 7 VwVfG; Rn. 5; Knack/Henneke/*Schliesky*, § 7 Rn. 14; Bauer/Heckmann/Ruge/Schallbruch/*Schulz*, § 7 Rn. 10.

gemacht wird, **die nicht durch einen Rechtsbehelf gegen die ersuchende Behörde einer gerichtlichen Nachprüfung zuzuführen ist.**[33]

Ein solcher Fall liegt **nicht allein deshalb** vor, weil die Durchführung der Amtshilfe eine Person betrifft, die **nicht Beteiligter** des bei der ersuchenden Behörde anhängigen Verfahrens ist (z.B. bei der rechtswidrigen Vornahme einer Ermittlung)[34]. Auch im Fall der Inanspruchnahme von Amtshilfe bleibt die ersuchende Behörde »Herrin des Verfahrens« (vgl. § 4 Rdn. 19 und BT-Drucks. 7/910 S. 38) und wird die Gesamtverantwortung für die Recht- und Zweckmäßigkeit der zu verwirklichenden Maßnahme nicht auf die ersuchte Behörde übertragen. Deshalb sind die Amtshilfehandlungen der ersuchten Behörde, solange sie den Rahmen des Amtshilfeersuchens nicht eindeutig überschreiten, grundsätzlich der ersuchenden Behörde zuzurechnen.[35] Vor diesem Hintergrund kann die gerichtliche Überprüfung der Amtshilfehandlung im Rahmen eines **Rechtsmittels gegen die Hauptmaßnahme der ersuchenden Behörde** erfolgen, wenn ein Dritter geltend macht, er sei durch das Handeln der ersuchten Behörde nicht durch einen unmittelbaren, rechtsförmigen und zielgerichteten staatlichen Eingriff in seinen Grundrechten beeinträchtigt worden, sondern er habe »nur« einen **faktischen Grundrechtseingriff** erlitten.[36] **Anders** liegt der Fall allerdings, wenn die ersuchte Behörde ihm gegenüber selbst unmittelbar gehandelt, z.B. einen Verwaltungsakt erlassen oder eine Zwangsmaßnahme getroffen hat. Dann sind die Rechtsmittel auch den Vorstellungen des Bundesgesetzgebers entsprechend[37] grundsätzlich gegen den Träger der ersuchten Behörde zu richten.[38] 29

§ 8 Kosten der Amtshilfe

(1) [1]Die ersuchende Behörde hat der ersuchten Behörde für die Amtshilfe keine Verwaltungsgebühr zu entrichten. [2]Auslagen hat sie der ersuchten Behörde auf Anforderung zu erstatten, wenn sie im Einzelfall 35 Euro übersteigen. [3]Leisten Behörden desselben Rechtsträgers einander Amtshilfe, so werden die Auslagen nicht erstattet.

---

33 VGH Bayern, Beschl. v. 25.01.1988 – 5 B 87.03075, NVwZ 1988, 742; ähnlich VGH Baden-Württemberg, Beschl. v. 13.02.2019 – 11 S 401/19, ESVGH 19, 156.

34 So allerdings noch die 5. Aufl. und VGH Bayern, Urt. v. 29.10.1986 – 5 B 85 A. 1702, NVwZ 1987, 613.

35 Teilweise a.A. *Beckermann*, DVBl 2019, 407: Zurechnung nur bei internen Maßnahmen, mit denen die ersuchte Behörde im Außenverhältnis nicht in Erscheinung tritt.

36 Vgl. BVerwG, Urt. v. 25.10.2017 – 6 C 46.16, BVerwGE 160, 169, zu einem Fall, in dem die Klägerin geltend gemacht hatte, der auf Ersuchen eines Landesministeriums erfolgte Überflug einer Versammlung und die Anfertigung von Übersichtsaufnahmen durch Flugzeuge der ersuchten Bundeswehr habe eine Einschüchterungswirkung gehabt und sie in der Ausübung ihrer Grundrechte beeinträchtigt. A.A. *Enders*, JZ 2018, 465 f.

37 Vgl. BT-Drucks. 7/910, S. 40.

38 Vgl. Stelkens/Bonk/Sachs/*Schmitz*, § 7 Rn. 9; Kopp/*Ramsauer*, § 7 Rn. 11; Enders, JZ 2018, 465 f.; insoweit offen gelassen von BVerwG, Urt. v. 25.10.2017 – 6 C 46.16, BVerwGE 160, 169.

(2) Nimmt die ersuchte Behörde zur Durchführung der Amtshilfe eine kostenpflichtige Amtshandlung vor, so stehen ihr die von einem Dritten hierfür geschuldeten Kosten (Verwaltungsgebühren, Benutzungsgebühren und Auslagen) zu.

Schrifttum

Hebeler, Verfassungs- und verwaltungsrechtliche Grundsatzfragen der Amtshilfe, JA 2019, 881; *Sauerland*, Auslagenerstattung bei Amtshilfe in Staatsangehörigkeitssachen, StAZ 2012, 65. Siehe im Übrigen die Literaturangaben zu §§ 4, 5 und 7.

Übersicht Rdn.

A. Allgemeines und Grundsätzliches

I. Gegenstand der Regelung

§ 8 bestimmt vorbehaltlich bundesrechtlicher Sonderregelungen[1] (vgl. § 1 Rdn. 47 ff., 61 ff.) Anfall und Verteilung der mit einer Amtshilfe verbundenen **Kosten** (Verwaltungsgebühren, Benutzungsgebühren und Auslagen) **im Innenverhältnis der** am Amtshilferechtsverhältnis beteiligten **Behörden**,[2] ohne eine Kostenregelung im Außenverhältnis[3] zu treffen. Die Regelung entspricht damit im Wesentlichen § 6 EVwVerfG 1963[4] sowie – allerdings mit im Detail auch inhaltlichen Abweichungen (vgl. Rdn. 5 und die Nachweise bei Rdn. 16) – § 7 SGB X und § 115 AO. 1

---

1 Vgl. BVerwG, Urt. v. 27.06.2018 – 6 C 10.17, BVerwGE 162, 296. Aus § 64 Abs. 2 Satz 1 SGB X ergibt sich Kostenfreiheit unabhängig davon, ob die erbrachte behördliche Leistung gegenüber einem Sozialleistungsträger Amtshilfe darstellt (BVerwG, Urt. v. 18.12.1987 – 7 C 95, 96 und 97.86, BVerwGE 78, 363; Urt. v. 26.06.1987 – 8 C 70.85, BVerwGE 77, 364). Für Amtshilfemaßnahmen des Technischen Hilfswerks bei der Bekämpfung von Katastrophen, öffentlichen Notständen und Unglücksfällen größeren Ausmaßes kann Auslagenersatz nach § 6 THW-Gesetz verlangt werden. Für die nach § 2 Abs. 3 Nr. 3 vom Anwendungsbereich des VwVfG ausgenommenen Amtshilfetätigkeiten der Konsularbeamten nach §§ 5 bis 17 Konsulargesetz (KonsG) wurde durch Art. 4 Abs. 42 und Art. 5 Abs. 3 des Gesetzes zur Strukturreform des Gebührenrechts des Bundes v. 07.08.2013 (BGBl. I S. 3154) ein neuer, mit § 8 vergleichbarer § 26 KonsG eingefügt, der § 8 AKostG ersetzt und mit Wirkung vom 14.08.2018 in Kraft treten sollte. Die Neuregelung wurde allerdings noch vor ihrem Inkrafttreten gegenstandslos, weil der Bundesgesetzgeber den Ressorts mehr Zeit zur Abstimmung ihrer gebührenrechtlichen Vorschriften verschaffen wollte (vgl. BT-Drucks. 18/7988) und den Zeitpunkt des Außerkrafttretens des bisherigen gebührenrechtlichen Vorschriften auf den 01.10.2021 verschoben hat (vgl. Art. 1 und 2 des Gesetzes zur Aktualisierung der Strukturreform des Gebührenrechts des Bundes v. 18.07.2016, BGBl. I S. 1666); nach Art. 4 Abs. 39 dieses »Aktualisierungsgesetzes« wird der 5. Abschnitt des Konsulargesetzes dann nochmals neu gefasst und die Erstattungsansprüche bei Amtshilfe in § 26 neu geregelt. In § 8 Abs. 1 Satz 2 des derzeit (2017) noch geltenden AKostG und in § 135 Abs. 2 Satz 2 FlurbG liegt die Bagatellgrenze noch bei 50 DM. § 135 Abs. 2 Satz 1 FlurbG enthält einen Vorbehalt zugunsten landesrechtlicher Erstattungsregelungen.

2 Die ausfüllungsfähige und ausfüllungsbedürfte Rahmenvorschrift Art. 35 Abs. 1 GG (vgl. Vorbem. § 4 Rdn. 4) trifft keine Aussage zu den Kosten der Amtshilfe und schließt eine Kostenerhebung insb. nicht aus (h.M., vgl. etwa BVerwG, Beschl. v. 15.05.2014 – 9 B 45/13, NJW 2014, 2808 m.w.N.; VGH Bayern, Urt. v. 04.06.2013 – 5 B 11.2412, Rn. 27, juris; Knack/Henneke/*Schliesky*, § 8 Rn. 4).

3 Ebenso Stelkens/Bonk/Sachs/*Schmitz*, § 8 Rn. 1; Kopp/*Ramsauer*, § 8 Rn. 1; Huck/*Müller*, § 8 Rn. 1, 3a; *Kugele*, § 8 Rn. 1; Mann/Sennekamp/Uechtritz/*Shirvani*, § 8 Rn. 7.

4 Vgl. Knack/Henneke/*Schliesky*, § 8 Rn. 1; Mann/Sennekamp/Uechtritz/*Shirvani*, § 8 Rn. 2.

II. Zweck der Vorschrift

2 Zweck der Art. 35 Abs. 1 GG konkretisierenden (vgl. dazu Vorbem. § 4 Rdn. 3 f.) Vorschrift ist es, im Interesse der **Einfachheit der Verwaltung** Erstattungsansprüche der ersuchten Behörde gegen die ersuchende Behörde auf ein Minimum zu beschränken (teils – etwas unscharf – sog. »Grundsatz der Kostenfreiheit« oder »Unentgeltlichkeit«), soweit nicht ein Dritter für die Kosten der Amtshilfe aufzukommen hat.[5]

III. Anpassungsbedarf

3 **Im Zusammenhang mit dem** am 15.08.2013 in Kraft getretenen und das VwKostG ersetzenden Gesetz über Gebühren und Auslagen des Bundes (**Bundesgebührengesetz** – BGebG)[6], dessen Anwendungsbereich wie der des VwVfG auf die Bundesbehörden im weiteren Sinne beschränkt ist (vgl. § 1 Rdn. 10 ff., 69; § 2 Abs. 1 BGebG), **wäre** eine **Anpassung des § 8 folgerichtig** gewesen. Das BGebG ersetzt den Begriff Amtshandlung durch den Begriff individuell zurechenbare öffentliche Leistung[7], verzichtet auf den Begriff Verwaltungsgebühr,[8] wechselt vom finanzwissenschaftlichen zum betriebswirtschaftlichen Kostenbegriff[9] und lässt demzufolge den Oberbegriff »Kosten« für Gebühren und Auslagen entfallen;[10] außerdem wird darin das Kostendeckungsprinzip gestärkt und das Äquivalenzprinzip weitgehend abgelöst.[11] In Abs. 1 sollte daher Verwaltungsgebühr durch Gebühr ersetzt werden (vgl. Rdn. 7), zumal beim Anfall einer Benutzungsgebühr ohnehin regelmäßig keine Amtshilfe vorliegt (vgl. Rdn. 12; § 4 Rdn. 20 ff., 47 ff.), und Abs. 2 wäre beispielsweise wie folgt zu fassen: »Nimmt die ersuchte Behörde zur Durchführung der Amtshilfe eine gebührenpflichtige individuell zurechenbare öffentliche Leistung vor, so stehen ihr die von einem Dritten hierfür geschuldeten Gebühren und Auslagen zu« (vgl. Rdn. 32). Für die Rechtsanwender hilfreicher und der Verwaltungsvereinfachung dienlicher wäre es allerdings, die Begriffe Amtshandlung und Verwaltungsgebühr im BGebG als Klammerdefinitionen wieder zu verankern.

---

5 Vgl. *Hebeler*, JA 2019, 881; Stelkens/Bonk/Sachs/*Schmitz*, § 8 Rn. 2; Kopp/*Ramsauer*, § 8 Rn. 1; Knack/Henneke/*Schliesky*, § 8 Rn. 12; Bauer/Heckmann/Ruge/Schallbruch/*Schulz*, § 8 Rn. 1; Pautsch/Hoffmann/*Heinemann*, § 8 Rn. 1; Mann/Sennekamp/Uechtritz/*Shirvani*, § 8 Rn. 4, 7 zum bereits vor dem Inkrafttreten des VwVfG vertretenen Grundsatz »fiscus fisco non dat«.

6 Art.: 1 des Gesetzes zur Strukturreform des Gebührenrechts des Bundes v. 07.08.2013 (BGBl. I S. 3154); geändert insb. durch das Gesetz zur Aktualisierung der Strukturreform des Gebührenrechts des Bundes v. 18.07.2016 (BGBl. I S. 1666).

7 S. BT-Drucks. 17/10422, S. 90.

8 Die in § 3 Abs. 1 Nr. 1, 3 und 4 BGebG umschriebenen Fallgruppen der individuell zurechenbaren öffentlichen Leistungen führen zur Erhebung von Verwaltungsgebühren, während § 3 Abs. 1 Nr. 2 BGebG die Benutzungsgebühren betrifft.

9 S. § 3 Abs. 3 BGebG und BT-Drucks. 17/10422, S. 78, 88, 90, 96.

10 S. BT-Drucks. 17/10422, S. 90.

11 S. BT-Drucks. 17/10422, S. 78 f.

IV. Anwendungsbereich

Die bundesrechtliche Vorschrift des § 8 gilt unmittelbar nur im Anwendungsbereich des VwVfG. Liegt ein Fall der **»grenzüberschreitenden« Amtshilfe** vor (s. näher dazu Vorbem. § 4 Rdn. 5 ff.) und ist die um Amtshilfe ersuchte Behörde nicht an das VwVfG gebunden, richtet sich die Kostentragung gem. § 7 Abs. 1 nach dem für die ersuchte Behörde geltenden Recht.[12] Wird von einer an das VwVfG gebundenen Behörde Amtshilfe zugunsten eines **Gerichts** erbracht, ist (vorbehaltlich spezialgesetzlicher Regelungen) § 8 entsprechend anwendbar (vgl. Vorbem. § 4 Rdn. 13c).[13] 4

B. Die Vorschrift im Einzelnen

I. Die der ersuchten Behörde zu erstattenden Kosten (Abs. 1)

Die Bestimmungen des **Abs. 1** sind anders als der vergleichbare § 7 SGB X nach dessen Abs. 1 Satz 3 hinsichtlich der Auslagenerstattung[14] **zwingend,**[15] soweit nicht die ersuchte Behörde einen Ablehnungsgrund nach § 5 Abs. 3 Nr. 2 geltend machen kann und damit die Möglichkeit hat, mit der ersuchenden Behörde eine abweichende Vereinbarung über die Kostentragung zu treffen[16] (vgl. § 5 Rdn. 74). Ein Rückgriff auf **zivilrechtliche Grundsätze insb. zum Auftragsrecht** ist im Anwendungsbereich des § 8 angesichts der spezialgesetzlichen und abschließenden Regelung **ausgeschlossen.**[17] 5

---

12 Vgl. Knack/Henneke/*Schliesky*, § 8 Rn. 5 f.; Kopp/*Ramsauer*, § 8 Rn. 2; Stelkens/Bonk/Sachs/*Schmitz*, § 8 Rn. 5; Mann/Sennekamp/Uechtritz/*Shirvani*, § 8 Rn. 10.

13 Ebenso Kopp/*Ramsauer*, § 8 Rn. 2; Pautsch/Hoffmann/*Heinemann*, § 8 Rn. 14; a.A. (entsprechende Anwendung des JVEG) OLG Hamburg, Beschl. v. 04.12.1986 – 1 Ws 283/86, NJW 1987, 1095, Knack/Henneke/*Schliesky*, § 8 Rn. 6, Stelkens/Bonk/Sachs/*Schmitz*, § 8 Rn. 1 sowie *Kugele*, § 8 Rn. 1; Mann/Sennekamp/Uechtritz/*Shirvani*, § 8 Rn. 10.

14 Vgl. hierzu von Wulffen/Schütze/*Roller*, § 7 SGB X Rn. 14; *Pickel*, NZA 1985, 416.

15 So auch Stelkens/BonkSachs/*Schmitz*, § 8 Rn. 6; Knack/Henneke/*Schliesky*, § 8 Rn. 9; Bader/Ronellenfitsch/*Funke-Kaiser*, § 8 Rn. 3; im Ergebnis ebenso zu § 8 Abs. 1 Satz 2 HessVwVfG VGH Hessen, Beschl. v. 02.07.2018 – 5 A 2985/16.Z, HGZ 2018, 307.

16 Wie hier Meyer/Borgs/*Meyer*, § 8 Rn. 9; Bader/Ronellenfitsch/*Funke-Kaiser*, § 8 Rn. 3.1.; im Grundsatz auch Knack/Henneke/*Schliesky*, § 8 Rn. 9, inzwischen (5. Aufl.) aber mit der Einschränkung, dass eine Vereinbarung auch in diesem Fall nur zulässig ist, wenn sonst keine andere Behörde die Amtshilfe erbringen muss oder will und die Durchführung der Maßnahme andernfalls beeinträchtigt würde Während nach Kopp/*Ramsauer*, § 8 Rn. 1, Mann/Sennekamp/Uechtritz/*Shirvani*, § 8 Rn. 11 (dort unter Verweis auf § 7 Abs. 1 Satz 3 SGB X), Pautsch/Hoffmann/*Heinemann*, § 8 Rn. 4 und wohl auch nach *Kugele*, § 8 Rn. 1 keinerlei Vereinbarung zulässig sind, soll die Kostenregelung des § 8 nach *Finkelnburg/Lässig*, § 8 Rn. 3 und Bauer/Heckmann/Ruge/Schallbruch/*Schulz*, § 8 Rn. 7 stets abdingbar sein.

17 Vgl. Knack/Henneke/*Schliesky*, § 8 Rn. 7; Kopp/*Ramsauer*, § 8 Rn. 5; Bauer/Heckmann/Ruge/Schallbruch/*Schulz*, § 8 Rn. 1; zum abschließenden Charakter der Normen auch BVerwG, Urt. v. 27.06.2018 – 6 C 10.17, BVerwGE 162, 296.

1. Keine Pflicht zur Entrichtung von Verwaltungsgebühren (Satz 1)

6 **Satz 1** bestimmt, dass die ersuchende Behörde der ersuchten Behörde keine Verwaltungsgebühr zu entrichten hat.

a) Der Begriff der Verwaltungsgebühr

7 **Verwaltungsgebühren** sind kraft öffentlichen Rechts geforderte Entgelte für die Vornahme von Amtshandlungen, die auf Veranlassung oder im Interesse des Zahlungspflichtigen vorgenommen werden.[18] § 3 Abs. 4 BGebG definiert im Anschluss an die Rechtsprechung des BVerfG[19] Gebühren ohne Unterscheidung zwischen Verwaltungs- und Benutzungsgebühren[20] als öffentlich-rechtliche Geldleistungen, die der Gebührengläubiger vom Gebührenschuldner für individuell zurechenbare öffentliche Leistungen erhebt.[21]

b) Die Bedeutung der Gebührenfreiheit

8 Die Vorschrift geht davon aus, dass **Amtshilfe** eine **grundsätzlich kostenpflichtige Tätigkeit im Sinne des Gebühren- und Verwaltungskostenrechts** ist.[22] Andernfalls wäre die Regelung über die Gebührenfreiheit bedeutungslos, denn durch § 8 wird kein Gebührenanspruch begründet, sondern vorausgesetzt.

9 Durch Satz 1 wird die in den Gebühren- und Verwaltungskostengesetzen teilweise festgelegte **»persönliche« Gebührenfreiheit von Verwaltungsträgern** (etwa nach § 8 Abs. 1 BGebG, Art. 4 Abs. 1 Satz 1 bayKG) bei Leistung einer Amtshilfe auch auf die nicht dieser persönlichen Gebührenfreiheit unterfallenden Tatbestände (etwa nach § 8 Abs. 3 und 4 BGebG, Art. 4 Abs. 1 Satz 2 bayKG) **ausgeweitet.**[23] Keiner

18 Wolff/Bachof/*Stober*/Kluth I, § 42 Rn. 38.

19 Beschl. v. 06.02.1979 – 2 BvL 5/76, BVerfGE 50, 217 (226).

20 Nach BT-Drucks. 17/10422, S. 90 soll die vormals schwierige Abgrenzung von Verwaltungsgebühren zu den bisher nicht übergreifend geregelten Benutzungsgebühren entfallen.

21 Ähnlich und ebenfalls unter Wegfall des Verwaltungsgebühren- und Amtshandlungsbegriffs § 2 Abs. 4 BWLGebG.

22 Dies trifft auch für das bayerische Verwaltungskostenrecht zu, weil die in Art. 1 Abs. 1 Satz 1 bayKG enthaltende Umschreibung des Amtshandlungsbegriffs mit Tätigkeiten »in Ausübung hoheitlicher Gewalt« als Tätigkeiten »auf dem Gebiet des öffentlichen Rechts« zu verstehen ist (*VGH Bayern*, Urt. v. 04.06.2013 – 5 B 11.2412, Rn. 26, juris).

23 Eine persönliche Gebührenfreiheit zugunsten der Länder, Gemeinden und Gemeindeverbände gilt nach § 8 Abs. 2 Satz 1 BGebG nur noch im Falle der Gegenseitigkeit. Auf die Gegenseitigkeit zugunsten anderen Länder stellen § 8 Abs. 1 Nr. 2 M-VVwKostG, § 8 Abs. 1 Nr. 3 NWGebG, § 8 Abs. 1 Nr. 3 RPLGebG, § 4 Abs. 1 Satz 1 Nr. 5 SächsVwKG und § 8 Abs. 1 Nr. 2 SHVwKostG ab. § 3 Abs. 1 Nr. 3 SaarlGebG erstreckt das Erfordernis der Gegenseitigkeit auch auf den Bund, während nach § 8 Abs. 1 Nr. 1 BbgGebG, § 7 Abs. 1 Nr. 1 BremGebBeitrG, § 8 Abs. 1 Nr. 1 M-VVwKostG, § 8 Abs. 1 Nr. 1 RPLGebG, § 2 Abs. 1 Nr. 1 LSAVwKostG und § 4 Abs. 1 Satz 1 Nr. 1 SächsVwKG der Bund von den Verwaltungsgebühren bzw. Kosten befreit ist, während Bayern und Hamburg keine

eigenständigen Bedeutung kommt der Gebührenfreiheit nach Satz 1 zu, soweit bereits nach den Gebühren- oder Verwaltungskostengesetzen sachliche Gebührenfreiheit (etwa für mündliche und einfache schriftliche Auskünfte nach § 7 Nr. 1 BGebG, § 7 Abs. 1 Nr. 1 GebG NRW oder einfache elektronische Kopien nach § 9 Abs. 1 Nr. 6 bwLGebG) oder sogar Kostenfreiheit (z.B. nach Art. 3 Abs. 1 Nr. 3 bayKG für Auskünfte einfacher Art) besteht.

c) **Die Anwendung auf unzulässige Maßnahmen**

Die **Gebührenfreiheit** nach Satz 1 tritt für die ersuchende Behörde **auch für den Fall** der **Rechtswidrigkeit** der durch die Amtshilfe zu verwirklichenden Maßnahme[24] (vgl. hierzu § 7 Rdn. 3) ein. So wenig der ersuchten Behörde eine allgemeine Rechtmäßigkeits- oder Zweckmäßigkeitskontrolle im Zusammenhang mit dem Amtshilfeersuchen zusteht (vgl. § 7 Rdn. 15), kann sie eine solche Prüfung auch nicht nach Abschluss der Maßnahme mit Erstattungsfragen verknüpfen. 10

d) **Die Bedeutung der Regelung für Benutzungsgebühren**

Aus der Formulierung des Satzes 1 soll sich im Umkehrschluss ergeben, dass der ersuchten Behörde ein eventueller **Anspruch auf Benutzungsgebühren** (d.h. kraft öffentlichen Rechts geforderte Entgelte für die Benutzung einer Anstalt oder einer anderen öffentlichen Einrichtung[25]) gegenüber der ersuchenden Behörde erhalten bleiben soll, wenn es sich bei der Amtshilfe um eine Inanspruchnahme von Einrichtungen handelt, für die eine Benutzungsgebühr zu entrichten ist.[26] Einem Anspruch auf Benutzungsgebühr dürfte jedoch im Rahmen einer als Amtshilfe zu qualifizierenden Hilfeleistung nur geringe **Bedeutung** zukommen. 11

Bei Hilfeleistung durch **Einrichtungen, die Benutzungsgebühren erheben**, wird es sich regelmäßig um eine die Amtshilfe ausschließende eigene Aufgabe der »ersuchten« Behörde i.S.d. § 4 Abs. 2 Nr. 2 handeln (vgl. § 4 Rdn. 47 ff.) bzw. wird eine nicht als bloße ergänzende Hilfe zu qualifizierende Tätigkeit (vgl. § 4 Rdn. 20 ff.) vorliegen. 12

---

persönliche Gebührenfreiheit für Verwaltungsträger außerhalb ihrer Länder vorsehen. Baden-Württemberg geht einen Mittelweg und sieht eine persönliche Gebührenfreiheit der Bundesrepublik und der anderen Länder insoweit vor, als die Gebühr für die öffentliche Leistung 500 € oder weniger beträgt (vgl. § 10 Abs. 1 Satz 3 bwLGebG).

24 *Meyer/Borgs*, § 7 Rn. 5; Bader/Ronellenfitsch/*Funke-Kaiser*, § 8 Rn. 6. A.A. noch die 3. Aufl.

25 Wolff/Bachof/*Stober*/Kluth I, § 42 Rn. 40.

26 Amtl. Begr. S. 40 und im Anschluss daran Stelkens/Bonk/Sachs/*Schmitz*, § 8 Rn. 8; Knack/Henneke/*Schliesky*, § 8 Rn. 13; *Meyer/Borgs*, § 8 Rn. 4; Ule/*Laubinger*, § 11 Rn. 52; Wolff/Bachof/Stober/*Kluth*, § 83 Rn. 138; OVG Rheinland-Pfalz, 04.12.1984 – 7 A 78/84, KStZ 1985, 58; Mann/Sennekamp/Uechtritz/*Shirvani*, § 8 Rn. 13; wohl auch *Kugele*, § 8 Rn. 3; a.A. wohl Bauer/Heckmann/Ruge/Schallbruch/*Schulz*, § 8 Rn. 4.

Die Gebührenerhebung richtet sich dann ohnehin ausschließlich nach dem jeweiligen Benutzungs- und Gebührenrecht.[27]

13 Nimmt die ersuchte Behörde dagegen **bei der Durchführung der Amtshilfe** ihrerseits **Leistungen** einer **dritten Behörde gegen** Entrichtung einer **Benutzungsgebühr** in Anspruch (wie z.B. ein Archiv zur Erledigung eines Auskunftsersuchens), so sind die dabei angefallenen Benutzungsgebühren Auslagen, deren Erstattung sich nach den Bestimmungen der Sätze 2 und 3 richtet (vgl. Rdn. 14 ff.).[28]

2. Voraussetzungen für die Erstattung von Auslagen (Satz 2)

14 Nach **Satz 2** hat die ersuchende Behörde der ersuchten Behörde unter bestimmten **Voraussetzungen** die **Auslagen zu erstatten**, wenn nicht ein Fall des Satzes 3 (vgl. Rdn. 27 ff.) vorliegt. Diese Regelung kommt nicht zur Anwendung, wenn bereits allgemeine Kostenfreiheit besteht (wie z.B. nach Art. 3 Abs. 1 Nr. 7 bayKG in Gnadensachen).[29]

a) Der Begriff der Auslagen

15 **Auslagen**[30] sind nach § 3 Abs. 5 BGebG nicht von der Gebühr umfasste Kosten, die die Behörde für individuell zurechenbare öffentliche Leistungen im Einzelfall nach § 12 Abs. 1 oder 2 BGebG erhebt, oder allgemein im Einzelnen nachweisbare Aufwendungen im Rahmen einer Verwaltungsleistung, die über den allgemeinen Verwaltungsaufwand hinausgehen und daher die handelnde Behörde bzw. deren Rechtsträger haushaltsmäßig besonders belasten wie z.B. Aufwendungen für Telefonkosten, Überstundenzuschläge, Reisekosten, Entschädigungen für Zeugen und Sachverständige oder Portokosten.[31] Für sonstige allgemeine Verwaltungskosten wie insb. die Personal- und Sachaufwendungen, die keine Auslagen im kostenrechtlichen Sinne darstellen, kann (auch nach dem für das Verhältnis von Bund und Ländern in Art. 104a Abs. 5 GG festgelegten Grundsatz) kein Erstattungsanspruch bestehen.[32] Im Anwendungsbereich von § 8 Abs. 1 Satz 2 muss es sich zudem um **amtshilfebedingte Mehrkosten** handeln (vgl. unten Rdn. 21).

---

27 Im Ergebnis ebenso OVG Rheinland-Pfalz, 04.12.1984 – 7 A 78/84, KStZ 1985, 58 für die Exhumierung einer Leiche durch einen städtischen Friedhof auf Antrag eines Unfallversicherungsträgers, die das Gericht jedoch zugleich als Amtshilfe ansieht.

28 Vgl. auch Bader/Ronellenfitsch/*Funke-Kaiser*, § 8 Rn. 9.1.

29 Vgl. auch VGH Bayern, Urt. v. 11.02.1982 – 13 A 81 A.670, BayVBl. 1983, 55.

30 Der in Art. 8 Abs. 1 Satz 2 BayVwVfG verwendete Begriff »besondere Aufwendungen« soll deutlich machen, dass der Umfang der Aufwendungen weiter reicht als der Begriff der Auslagen in den Verwaltungskostengesetzen (Rott/*Stengel*, Verwaltungskostenrecht in Bayern, Art. 1 KG Anm. II 6c dd).

31 Eine beispielhafte Aufzählung der Auslagen enthalten § 12 Abs. 1 Satz 1 BGebG und die Verwaltungskosten- und Gebührengesetze mancher Länder (wie etwa § 10 NWGebG oder § 11 Abs. 1 ThürVwKostG).

32 BVerwG, Urt. v. 27.06.2018 – 6 C 10.17, BVerwGE 162, 296; ebenso *Meyer/Borgs*, § 8 Rn. 1; Mann/Sennekamp/Uechtritz/*Shirvani*, § 8 Rn. 14, 15; Pautsch/Hoffmann/*Heinemann*, § 8 Rn. 6.

b) Überschreitung des Mindestbetrages von 35 € im Einzelfall

Die Auslagen müssen im **Einzelfall die Grenze von 35 €**[33] **übersteigen.** Etwaige Kleinstbetragsbestimmungen in haushaltsrechtlichen Verwaltungsvorschriften kommen nur zum Zuge, wenn sie über der Bagatellgrenze des Satzes 2 liegen. 16

aa) Der Begriff des Einzelfalles

Als **Einzelfall** im Sinne des Satzes 2 ist das **einzelne Amtshilfeersuchen** anzusehen,[34] auch wenn dabei mehrere Handlungen vorgenommen werden, bei denen Auslagen anfallen können. Aus der Summe der Auslagen für die einzelnen Handlungen, die während der Durchführung der auf ein Ersuchen beruhenden Amtshilfe anfallen, wird die Überschreitung der Bagatellgrenze ermittelt.[35,36] Bei **mehrfachen Amtshilfeersuchen** sind die für jedes Ersuchen entstandenen Auslagen hingegen auch dann nicht zu addieren, wenn die verschiedenen Ersuchen inhaltlich dieselbe Angelegenheit der ersuchenden Behörde betrafen.[37] 17

Im Fall der **Zurücknahme eines Amtshilfeersuchens** kann die ersuchte Behörde für die bis zum Zeitpunkt der Zurücknahme angefallenen Auslagen, die den Mindestbetrag erreichen, Ersatz verlangen.[38] 18

---

33 Zu unterschiedlichen Bagatellgrenzen in den LVwVfG siehe Vorbem. § 4 Rdn. 18b. Für die Amtshilfe zwischen Versicherungsträgern liegt die Bagatellgrenze bei 100 € (§ 7 Abs. 1 Satz 2 SGB X). § 115 Abs. 1 Satz 2 AO zieht die Grenze bei 25 €.

34 BVerwG, Beschl. v. 11.03.1985 – 1 A 72/84, BayVBl. 1985, 443 zu § 8 Abs. 1 Satz 2 AKostG; vgl. dazu, dass § 8 Abs. 1 Satz 2 VwVfG voraussetzt, dass überhaupt Amtshilfe i.S.d. § 4 VwVfG geleistet wurde, OVG Sachsen, Urt. v. 06.11.2013 – 5 A 531/11, SächsVBl 2014, 267; Stelkens/Bonk/Sachs/*Schmitz*, § 8 Rn. 5; Mann/Sennekamp/Uechtritz/*Shirvani*, § 8 Rn. 9.

35 Anders (Maßgeblichkeit der einzelnen Handlung im Rahmen einer Amtshilfeleistung) noch die 3. Aufl. sowie *Meyer/Borgs*, § 8 Rn. 3. Wie hier: Stelkens/Bonk/Sachs/*Schmitz*, § 8 Rn. 11; Kopp/*Ramsauer*, § 8 Rn. 9; Knack/Henneke/*Schliesky*, § 8 Rn. 15; Bader/Ronellenfitsch/*Funke-Kaiser*, § 8 Rn. 14; Huck/*Müller*, § 8 Rn. 3; *Kugele*, § 8 Rn. 4; *Ziekow*, § 8 Rn. 7; Ule/*Laubinger*, § 11 Rn. 53 Fn. 134; Wolff/Bachof/Stober/*Kluth* II, § 83 Rn. 138 Fn. 195; Beermann/Gosch/*Wolffgang/Hendricks*, § 115 AO Rn. 19. Offengelassen in BVerwG, Beschl. v. 11.03.1985 – 1 A 72/84, BayVBl. 1985, 443.

36 In Art. 8 Abs. 1 Satz 2 BayVwVfG fehlt das Tatbestandsmerkmal »im Einzelfall«. Nach *Giehl* (Verwaltungsverfahrensrecht in Bayern, Art. 8 BayVwVfG Anm. I 2 a) soll bei Anwendung der Bagatellgrenze auf jede einzelne Amtshandlung während einer Amtshilfemaßnahme ohne Addition abzustellen sein, während es nach Rott/*Stengel* (Verwaltungskostenrecht in Bayern, Teil IV Nr. 8a, Art. 8 BayVwVfG Anm. 2) auf den Amtshilfefall als Einzelfall ankommen soll. Wie hier auf das Amtshilfeersuchen stellt *Jäde*, Praxis der Kommunalverwaltung, Art. 8 BayVwVfG Erl. 2.2, ab.

37 Kopp/*Ramsauer*, § 8 Rn. 9; Mann/Sennekamp/Uechtritz/*Shirvani*, § 8 Rn. 16; Pautsch/Hoffmann/*Heinemann*, § 8 Rn. 10.

38 Ebenso *Kugele*, § 8 Rn. 4; *Meyer/Borgs*, § 8 Rn. 6; Knack/Henneke/*Schliesky*, § 8 Rn. 16; Bauer/Heckmann/Ruge/Schallbruch/*Schulz*, § 8 Rn. 8.

bb) Die Notwendigkeit der Auslagen und ihrer Höhe

19 Die **Auslagen** müssen für eine **ordnungsgemäße**, dem Amtshilfeersuchen entsprechenden **Hilfeleistung** entstanden sein (vgl. auch unten Rdn. 21 zum Begriff der amtshilfebedingten Mehrkosten). Eine Erstattungspflicht besteht daher nicht, wenn die Auslagen durch Maßnahmen bedingt sind, die vom Ersuchen nicht gedeckt werden oder gar rechtswidrig[39] sind. Die **Höhe** der erstattungsfähigen Kosten hängt davon ab, welche Handlungen die ersuchte Behörde für erforderlich halten darf, um das Amtshilfeersuchen zu erfüllen; insoweit ist das für die ersuchte Behörde geltende Recht maßgeblich.[40]

Die ersuchte Behörde hat die geltend gemachten Auslagen **nachvollziehbar** zu ermitteln und in den einzelnen Posten und deren Höhe **darzulegen.**[41] Das bedeutet allerdings nicht, dass erstattungsfähige Auslagen i.S.v. § 8 Abs. 1 Satz 2 nur diejenigen amtshilfebedingten Mehrkosten sind, die die ersuchte Behörde exakt berechnet hat. Die ersuchte Behörde darf ihre Mehrkosten **auch pauschaliert** geltend machen, wenn die exakte Berechnung einzelner Kostenpositionen nicht möglich ist oder mit einem Aufwand verbunden wäre, der nicht mehr in einem angemessenen Verhältnis zur Höhe der Kosten steht.[42] Bei der Prüfung, ob der ersuchten Behörde eine exakte Berechnung zumutbar ist, ist, da die § 8 Abs. 1 Sätze 1 bis 3 auch der Verwaltungspraktikabilität dienen (vgl. oben Rdn. 2), ein zu Gunsten der ersuchten Behörde »großzügiger Maßstab«[43] anzulegen.

20 Ein Erstattungsanspruch besteht entsprechend dem zuvor Gesagten nicht für Auslagen bzw. für Mehrkosten, die dem Grunde oder der Höhe nach durch eine **unzweckmäßige – unwirtschaftliche – Durchführung** der Amtshilfe verursacht sind.[44]

cc) Die Entstehung der Auslagen im Zusammenhang mit dem Ersuchen (amtshilfebedingte Mehrkosten)

21 Die Auslagen müssen **im Zusammenhang** mit der **Erfüllung des Amtshilfeersuchens entstanden** sein. Unter den Auslagenbegriff des § 8 Abs. 1 Satz 2 fallen nur die Kosten

---

39 Knack/Henneke/*Schliesky*, § 8 Rn. 17; Bader/Ronellenfitsch/*Funke-Kaiser*, § 8 Rn. 11; Pautsch/Hoffmann/*Heinemann*, § 8 Rn. 8.

40 BVerwG, Urt. v. 27.06.2018 – 6 C 10.17, BVerwGE 162, 296.

41 Im Grundsatz ebenso Huck/*Müller*, § 8 Rn. 2, die pauschalierte Abrechnungen allenfalls im Rahmen von dahingehenden Verwaltungsvereinbarungen zulassen wollen (vgl. zu Letzterem Rdn. 5).

42 BVerwG, Urt. v. 27.06.2018 – 6 C 10.17, BVerwGE 162, 296; a.A. zuvor VGH München, Urt. v. 25.04.2017 – 4 BV 16.346, KommJur 2017, 276.

43 BVerwG, Urt. v. 27.06.2018 – 6 C 10.17, BVerwGE 162, 296; Hahn, jurisPR-BVerwG 1/2009 Anm. 2.

44 Vgl. Stelkens/Bonk/Sachs/*Schmitz*, § 8 Rn. 13; Kopp/*Ramsauer*, § 8 Rn. 8; Knack/Henneke/*Schliesky*, § 8 Rn. 17; Bader/Ronellenfitsch/*Funke-Kaiser*, § 8 Rn. 12; Mann/Sennekamp/Uechtritz/*Shirvani*, § 8 Rn. 18.

für den **spezifischen Aufwand**, den die ersuchte Behörde für die Amtshilfe betrieben hat. Deren Durchführung muss für den Anfall der Kosten ursächlich gewesen sein (**amtshilfebedingte Mehrkosten**).[45] Auch deshalb sind insbesondere die laufenden Personal- und Sachkosten der ersuchten Behörde von der Erstattung ausgeschlossen (vgl. bereits oben Rdn. 15). So können z.B. die Kosten eines der ersuchten Behörde bereits vorliegenden Sachverständigengutachtens, das ganz oder auszugsweise oder als Teil angeforderter Akten zur Verfügung gestellt wird, nicht als Auslagen im Sinne des Satzes 2 geltend gemacht werden.[46]

c) Die Anwendung auf rechtswidrige Ersuchen

War das **Amtshilfeersuchen rechtswidrig**, entfällt im Hinblick auf die Verteilung der 22
Verantwortungsbereiche in § 7 ein Erstattungsanspruch nur dann, wenn die ersuchte Behörde zugleich zur Ablehnung des Ersuchens verpflichtet gewesen wäre.[47]

d) Die Anforderung der zu erstattenden Beträge

Auslagen müssen von der ersuchenden Behörde **nur auf Anforderung** der ersuchten 23
Behörde **erstattet** werden. Eine Erstattung von Amts wegen ist nicht vorgesehen und wäre ohne Kenntnis der entstandenen Auslagen auch nicht durchführbar. Von einer Anforderung kann die ersuchte Behörden grundsätzlich nur im Rahmen der haushaltsrechtlichen Bestimmungen absehen.[48]

aa) Rechtsnatur der Anforderung

Bei der Anforderung der zu erstattenden Beträge, die von der ersuchten Behörde an 24
die ersuchende gerichtet wird, handelt es sich um eine **behördliche Willenserklärung** und nicht etwa um einen VA.[49] Die ersuchte Behörde kann insbesondere keinen Leistungsbescheid erlassen.[50]

bb) Fälligkeit des Erstattungsbetrages

Die von der ersuchenden Behörde zu erstattenden Auslagen werden **mit dem Zugang** 25
der Anforderung fällig, soweit darin kein späterer Zeitpunkt genannt ist.

---

45 BVerwG, Urt. v. 27.06.2018 – 6 C 10.17, BVerwGE 162, 296; VG Schwerin, Urt. v. 06.05.2019 – 4 A 4414/17.SN; Hahn, jurisPR-BVerwG 1/2009 Anm. 2.

46 Vgl. dazu das Beispiel bei *Pitschas*, SGb 1990, 235.

47 Knack/Henneke/*Schliesky*, § 8 Rn. 17; Bader/Ronellenfitsch/*Funke-Kaiser*, § 8 Rn. 11; *Pickel*, NZA 1985, 416 (418).

48 Zu weitgehend daher wohl Knack/Henneke/*Schliesky*, § 8 Rn. 10 (»flexible Handhabung«).

49 Vgl. VGH Bayern, Urt. v. 20.07.1993 – 5 B 92.3624, BayVBl. 1994, 243.

50 VGH Bayern, Urt. v. 25.01.2007 – 4 BV 04.3156, DÖV 2007, 345 (347); VG Hannover, Urt. v. 24.09.2009 – 10 A 2071/08, Rn. 26, juris; Mann/Sennekamp/Uechtritz/*Shirvani*, § 8 Rn. 19.

cc) Rechtsschutz

26 Der Rechtsträger der ersuchten Behörde kann den Ersatz der Auslagen im Wege der **allgemeinen Leistungsklage**[51] gegen den Rechtsträger der ersuchenden Behörde gerichtlich geltend machen. Die vorherige Einschaltung einer gemeinsamen fachlichen Aufsichtsbehörde in entsprechender Anwendung des § 5 Abs. 5 wird häufig zweckmäßig sein, ist jedoch nicht Zulässigkeitsvoraussetzung für eine Klage.

3. Keine Auslagenerstattung zwischen Behörden desselben Rechtsträgers (Satz 3)

27 **Satz 3** bestimmt, dass **Auslagen nicht erstattet** werden, wenn **Behörden desselben Rechtsträgers** einander Amtshilfe leisten, auch wenn sie im Einzelfall den Betrag von 35 € übersteigen.

a) Rechtsträger im Sinne des Satzes 3

28 Rechtsträger im Sinne des Satzes 3 sind **alle Hoheitsträger** (wie z.B. der Bund, die bundesunmittelbaren Hoheitsträger – vgl. § 1 Rdn. 19 ff. –, die Länder, Gemeinden und Gemeindeverbände). Somit sind Auslagen nicht zu erstatten, wenn eine Behörde des Bundes einer anderen (z.B. das Auswärtige Amt dem BMI) Amtshilfe leistet.

b) Zweck der Regelung

29 Der **Zweck der Regelung** des Satzes 3 besteht darin, Auslagenerstattungen von Kasse zu Kasse desselben Haushalts auszuschließen, wenn sie die Gesamtsituation des betreffenden Haushalts nicht berühren und daher zu einer überflüssigen und ihrerseits Kosten verursachenden Verwaltungsarbeit führen. Bei kostenrechnenden Einrichtungen und im Fall der Budgetierung können jedoch ständig wiederkehrende Amtshilfeleistungen zwischen denselben Behörden eines Rechtsträgers zu unzuträglichen Kostensituationen führen.

II. Einnahmezufluss aus Amtshilfemaßnahmen (Abs. 2)

30 **Abs. 2** bestimmt, dass die **von einem Dritten** für eine zur Durchführung der Amtshilfe vorgenommene kostenpflichtige Amtshandlung geschuldeten Kosten (Verwaltungsgebühren, Benutzungsgebühren und Auslagen – vgl. hierzu Rdn. 7, 11, 15) der **ersuchten Behörde zustehen.** Der Bestimmung kommt allenfalls klarstellende Bedeutung zu, weil sich die darin dargelegte Rechtslage aus dem allgemeinen Gebühren- oder Verwaltungskostenrecht ergibt.

---

51 VGH Bayern, Urt. v. 20.07.1993 – 5 B 92.3624, BayVBl. 1994, 243; Mann/Sennekamp/Uechtritz/*Shirvani*, § 8 Rn. 19.

1. Der Kostenanspruch der ersuchten Behörde gegenüber Dritten

Es ist einhellige Meinung, dass **Abs. 2** für die ersuchte Behörde **keine Rechtsgrundlage für die Erhebung von Kosten** gegenüber einem Dritten darstellt.[52] Der Kostenanspruch lässt sich vielmehr nur aus dem jeweils für die ersuchte Behörde geltenden Gebühren- oder Verwaltungskostenrecht herleiten. 31

a) Vornahme einer kostenpflichtigen Amtshandlung gegenüber einem Dritten

Der Kostenanspruch erfordert zunächst die Vornahme einer **kostenpflichtigen Amtshandlung.** Nach Wegfall des Amtshilfebegriffs in dem für die Bundesbehörden im weiteren Sinne (vgl. § 1 Rdn. 11 ff.) maßgeblichen BGebG (vgl. Rdn. 2.1) muss eine individuell zurechenbare öffentliche Leistung, also eine in Ausübung hoheitlicher Befugnisse erbrachte Handlung oder eine Überwachungsmaßnahme, Prüfung, Untersuchung oder eine sonstige Handlung, die im Rahmen einer öffentlich-rechtlichen Verwaltungstätigkeit mit Außenwirkung erbracht wird, vorliegen (§ 3 Abs. 1 Nr. 1, 3 und 4 BGebG), für die nach dem BGebG oder einer sonstigen bundesrechtlichen Regelung Gebührenpflicht besteht. Ist eine Landesbehörde im weiteren Sinne (vgl. § 1 Rdn. 31 ff.) ersuchte Behörde, richtet sich die Kostenpflicht nach dem jeweiligen Gebühren- oder Verwaltungskostengesetz.[53] 32

Derjenige, dem **gegenüber** die gebührenpflichtige individuell zurechenbare öffentliche Leistung bzw. die Amtshandlung von der ersuchten Behörde als »**Drittem**« vorgenommen wird, kann Beteiligter des bei der ersuchenden Behörde betriebenen Verfahrens (wie z.B. der auswärts wohnende Antragsgegner, dem bei der ersuchten Behörde Einsicht in die Verfahrensakten gewährt wird) oder eine andere Person (wie etwa ein auswärtiger Zeuge, der vor der ersuchten Behörde vernommen wird) sein. 33

b) Die Kostenschuldnerschaft eines Dritten

Damit ein Kostenanspruch der ersuchten Behörde entstehen kann, muss ein **Dritter** nach dem einschlägigen Gebühren- oder Verwaltungskostenrecht **Kostenschuldner** sein. Gebühren- und Auslagenschuldner ist z.B. nach Art. 2 Abs. 1 Satz 1 bayKG, wer die Amtshandlung veranlasst oder in dessen Interesse sie vorgenommen wird. Kostenschuldner muss somit nicht derjenige sein, dem gegenüber die Amtshandlung 34

52 Statt aller Kopp/*Ramsauer*, § 8 Rn. 12; *Kugele*, § 8 Rn. 5; Knack/Henneke/*Schliesky*, § 8 Rn. 19; Bauer/Heckmann/Ruge/Schallbruch/*Schulz*, § 8 Rn. 10; Mann/Sennekamp/Uechtritz/*Shirvani*, § 8 Rn. 22; *Sauerland*, StAZ 2012, 65 (67); VG Münster, Urt. v. 12.07.2006 – 1 K 1341/03, Rn. 33, juris.

53 Mit Ausnahme des bwLGebG verwenden alle anderen Gebühren- oder Verwaltungskostengesetze der Länder den Amtshandlungsbegriff als Anknüpfungspunkt für die Gebühren- oder Kostenpflicht.

vorgenommen wird. So wird Kostenschuldner für die Erstellung einer Niederschrift im Zusammenhang mit einer Zeugenvernehmung nicht der Zeuge, sondern der Antragsteller des bei der ersuchenden Behörde betriebenen Verfahrens sein. Andererseits muss dieser nicht Veranlasser der Amtshandlung und damit nicht Kostenschuldner sein, wenn die ersuchte Behörde gegen einen Störer der von ihr erbrachten Hilfeleistung vorgeht. Unerheblich für die Kostenschuldnerschaft des Dritten ist es, dass die Behörde nicht aus eigenem Antrieb, sondern auf Veranlassung der ersuchenden Behörde tätig geworden ist.[54]

2. Der Rechtsträger der ersuchten Behörde als Kostengläubiger

35 **Gläubiger der** von dem Dritten geschuldeten **Kosten** bzw. Gebühren und Auslagen ist nach den einschlägigen gebühren- oder verwaltungskostenrechtlichen Regelungen (wie z.B. § 5 Nr. 1 BGebG oder § 6 bwLGebG, § 4 Abs. 1 NdsVwKostG) der Rechtsträger der ersuchten Behörde, die die Amtshandlung oder individuell zurechenbare öffentliche Leistung vorgenommen hat. An dieser rechtlichen Situation vermag das Amtshilferechtsverhältnis nichts zu ändern. Eine Abführung der Kosten zu der einem anderen Rechtsträger angehörenden ersuchenden Behörde wäre daher nicht nur unbillig,[55] sondern ohne entsprechende Rechtsgrundlage rechtswidrig. Die ersuchte Behörde muss allerdings die ihr gegen den Dritten zustehenden Kosten auch selbst festsetzen und einziehen.[56]

3. Kein weiterer Ausgleich zwischen den Behörden

36 Aus Abs. 2 lässt sich kein Anspruch der ersuchten Behörde gegenüber der ersuchenden Behörde ableiten, der über Abs. 1 Satz 2 (vgl. Rdn. 4 ff.) hinausgeht. Sie kann insbesondere **keinen Anteil an** dem **Kostenanspruch** geltend machen, der **der ersuchenden Behörde** in dem von ihr (unter Zuhilfenahme der ersuchten Behörde) betriebenen Verfahren gegenüber einem Verfahrensbeteiligten nach allgemeinem Gebühren- oder Kostenrecht erwächst.[57] Die Gebührenfreiheit der Amtshilfe nach Abs. 1 Satz 1 entfällt auch dann nicht, wenn nach den allgemeinen gebühren- und verwaltungskostenrechtlichen Regelungen zur persönlichen Gebühren- oder Kostenfreiheit (vgl. etwa § 8 Abs. 3 BGebG) eine einmal entstandene Gebühr einem Dritten auferlegt werden könnte.

---

54 *Meyer/Borgs*, § 8 Rn. 5.

55 So die Amtl. Begr. S. 40 f. und im Anschluss daran Stelkens/Bonk/Sachs/*Schmitz*, § 8 Rn. 14; Kopp/*Ramsauer*, § 8 Rn. 11; Pautsch/Hoffmann/*Heinemann*, § 8 Rn. 11.

56 Vgl. VGH Bayern, Urt. v. 11.02.1982 – 13 A 81 A.670, BayVBl. 1983, 55.

57 So auch Kopp/*Ramsauer*, § 8 Rn. 11; Mann/Sennekamp/Uechtritz/*Shirvani*, § 8 Rn. 21; Pautsch/Hoffmann/*Heinemann*, § 8 Rn. 11. Zur Geltendmachung der gesamten Kosten des Verfahrens gegenüber dem Kostenschuldner der ersuchenden Behörde siehe BVerwG, Urt. v. 14.06.2005 – 1 C 11.04, BVerwGE 123, 382.

Abschnitt 3 Europäische Verwaltungszusammenarbeit

§ 8a Grundsätze der Hilfeleistung

(1) Jede Behörde leistet Behörden anderer Mitgliedstaaten der Europäischen Union auf Ersuchen Hilfe, soweit dies nach Maßgabe von Rechtsakten der Europäischen Gemeinschaft geboten ist.

(2) [1]Behörden anderer Mitgliedstaaten der Europäischen Union können um Hilfe ersucht werden, soweit dies nach Maßgabe von Rechtsakten der Europäischen Gemeinschaft zugelassen ist. [2]Um Hilfe ist zu ersuchen, soweit dies nach Maßgabe von Rechtsakten der Europäischen Gemeinschaft geboten ist.

(3) Die §§ 5, 7 und 8 Absatz 2 sind entsprechend anzuwenden, soweit Rechtsakte der Europäischen Gemeinschaft nicht entgegenstehen.

Übersicht Rdn.

A. Allgemeines und Grundsätze

I. Entstehungsgeschichte und unionsrechtlicher Hintergrund

1 Der gesamte Abschnitt 3 (§§ 8a bis 8e) wurde durch das »Gesetz zur Umsetzung der Dienstleistungsrichtlinie im Gewerberecht und in weiteren Rechtsvorschriften« vom 17.07.2009 (BGBl I, 2091) mit Wirkung vom 28.12.2009 eingefügt. Die »Richtlinie Nr. 2006/123/EG über Dienstleistungen im Binnenmarkt – DLR – vom 12.12.2006 (ABl L 376, 36) ist ein, wenn nicht der zentrale Baustein für ein zunehmend enger werdendes **Netz der Verwaltungszusammenarbeit** zwischen den Organen der Union und den Mitgliedstaaten bzw. den Mitgliedstaaten untereinander (vertikale und horizontale Verwaltungskooperation), der üblicherweise als »Europäischer Verwaltungsverbund« bezeichnet wird (vgl. Einl. Rdn. 86). Bestehen keine derartigen Rechtsakte, so richten sich Zusammenarbeit und Hilfeleistung nach den überkommenen unberührt gebliebenen bi- oder multilateralen völkervertraglichen Vereinbarungen.

2 Die Dienstleistungsrichtlinie enthält neben verfahrens- und materiellrechtlichen Regelungen in Art. 28 ff. ins Detail gehende Normierungen für die bei der Anwendung der Richtlinie zwangsläufig notwendig werdende Verwaltungszusammenarbeit zwischen den Mitgliedstaaten. Dieser Hintergrund gibt ein wesentliches Anwendungsfeld für die §§ 8a ff ab. Allerdings sind die Bestimmungen nicht darauf beschränkt. Maßgeblich hierfür ist jeweils der aktuelle (wechselnde) unionsrechtliche Bestand an Normen, die eine konkrete Hilfeverpflichtung unter den Mitgliedstaaten festlegen (vgl. auch § 8e). Verfassungsrechtliche Einwände werden zu Recht nicht erhoben.[1] Für die vertikale Zusammenarbeit sind die Vorschriften grundsätzlich nicht gedacht. Allerdings findet sich in § 8d insoweit eine Ausnahme, als hier die entsprechende Mitteilungspflicht auch (vertikal) gegenüber der Kommission besteht, soweit entsprechende bereichsspezifische Regelungen des Unionsrechts Mitteilungspflichten vorsehen.[2] In umgekehrter Richtung ist eine Hilfeleistung für ein Organ der Union im Abschnitt 3 nicht vorgesehen (vgl. aber noch Rdn. 14).

3 Wesentlich für das Verständnis der Normen ist, dass sie selbst nur ein nationalstaatliches Instrumentarium für die Zusammenarbeit bereithalten, ohne aber eine Verpflichtung der Bundesrepublik bzw. eines anderen Mitgliedstaats festzulegen. **Verpflichtungen können sich nur aus einem entsprechenden Rechtsakt der Union (im weiten Sinn) ergeben**, wobei es sich auch um »alte« Akte der früheren Gemeinschaft handeln kann wie auch um solche, die erst künftig erlassen werden.[3] Dies bedeutet dann auch, dass speziellere unionsrechtliche wie auch nationalrechtliche Regelungen immer vorgehen.[4]

---

1 Vgl. Bader/Ronellenfitsch/*Riedel*, § 8a Rn. 11a; a.A. *Eisenmenger*, NVwZ 2010, 337 (340).

2 Vgl. etwa Verordnung (EU) 524/2013 v. 21.05.2015 (ABl L 165, 1) über die Zusammenarbeit zwischen den für die Durchsetzung der Verbraucherschutzgesetze zuständigen nationalen Behörden.

3 Vgl. Stelkens/Bonk/Sachs/*Schmitz*, § 8a Rn. 7; Kopp/*Ramsauer*, § 8a Rn. 2.

4 Vgl. Kopp/*Ramsauer*, § 8a Rn. 11.

§ 8e Satz 2 erweitert die Anwendung des Instrumentariums auf die Staaten des **Europäischen Wirtschaftsraum**, soweit gemeinschafts- bzw. unionsrechtliche Rechtsakte auf diese Staaten Anwendung finden. 4

II. Unionsrechtlicher Begriff der Amtshilfe bzw. Hilfeleistung

Eine dem Art. 35 GG vergleichbare Verpflichtung der Mitgliedstaaten, sich untereinander und gegenseitig Amtshilfe zu leisten, kennt das primäre Unionsrecht nicht, insbesondere folgt eine solche nicht aus Art. 4 Abs. 3 EUV oder Art. 197 AEUV (vgl. auch § 8e Rdn. 2).[5] Vielmehr ist es **dem Sekundärrecht vorbehalten**, jeweils bereichsspezifisch Vorgaben für die Zusammenarbeit zu machen, die dann oftmals sehr durch die Erfordernisse dieser Materien geprägt sind (so etwa Art. 28 ff DLR oder Art. 8, 50 und 56 der RL 2005/36/EG i.F.v. 19.01.2019 – ABl. L 112, 21 – über die Anerkennung von Berufsqualifikationen – BARL). 5

Die Vorschriften sprechen bewusst nicht von »Amtshilfe«, sondern verwenden den **weiteren Begriff der »Hilfeleistung«**, um offen zu sein für die im Unionsrecht vorgesehenen vielfältigen Formen der Verwaltungskooperation. Diese erfasst alle Formen der wechselseitigen Unterstützung von Behörden der Mitgliedstaaten und ist nicht notwendig strikt einzelfallbezogen (vgl. hierzu § 4 Rdn. 20 f.). Der Normgeber hat auf eine nähere Umschreibung oder auf die Benennung von Beispielen verzichtet; maßgeblich ist hier immer der jeweilige Unionsrechtsakt. Dabei kann es Unionsrecht im Einzelfall gebieten, auch von Amts wegen tätig zu werden (vgl. Art. 29 Abs. 3 DRL); dem trägt § 8d Abs. 1 Rechnung. 6

Nicht anders als im nationalen Amtshilferecht (vgl. § 5 Abs. 1 Nr. 1, 2 und 5) kann die Notwendigkeit einer mitgliedstaatsübergreifenden Hilfeleistung daraus resultieren, dass es den um Hilfe nachsuchende Stellen aus **rechtlichen Gründen** (wegen der typischerweise nicht bestehenden Zuständigkeit) oder auch aus **tatsächlichen Gründen** verwehrt ist, das Erforderliche selbst ins Werk zu setzen; schließlich kann um die Hilfe auch deshalb nachgesucht werden, weil andernfalls die Erledigung durch den nachsuchenden Staat **unangemessene bzw. unverhältnismäßige Schwierigkeiten** mit sich bringen würde. 7

Typisierend lassen sich vier **Grundformen** der Hilfeleistung bzw. Zusammenarbeit unterscheiden:[6] Faktische oder sog. operative Zusammenarbeit (1.); Informationshilfe (2.), Zustellungshilfe (3.) und Vollstreckungshilfe (4.). 8

1. Faktische oder sog. operative Zusammenarbeit

Einer rein tatsächlichen Zusammenarbeit sind, so den Mitgliedstaaten und den handelnden Stellen die notwendigen Zuständigkeiten zur Seite stehen, nur wenige 9

5 *Groß*, EuR 2005, 54 (64); Calliess/Ruffert/*Kahl*, EUV/AEUV, 4. Aufl., Art. 4 EUV Rn. 59; a.A. *Wettner*, Die Amtshilfe im Europäischen Verwaltungsrecht, S. 241.

6 So Kopp/*Ramsauer*, § 8a Rn. 5 ff.

Grenzen gesetzt; es wird hier z.B. der gegenseitige Austausch von Personal zum Zwecke der Fort- und Weiterbildung genannt (vgl. in diesem Zusammenhang für das Verhältnis der Union zu den Mitgliedstaaten Art. 197 Abs. 2 AEUV).[7]

2. Informationshilfe

10 Die **Souveränität des Mitgliedstaats** bildet eine grundsätzliche Schranke für das Tätigwerden eines anderen Mitgliedstaats auf dem Gebiet des anderen Mitgliedstaats. Deswegen kommt der gegenseitigen Hilfeleistung bei Ermittlungsmaßnahmen eine erhebliche Bedeutung zu, und zwar dort, wo aufgrund des Unionsrechts **eine enge Verzahnung der Aufgabenerledigung** entstanden ist, wie etwa aufgrund der Dienstleistungsrichtlinie (vgl. etwa Art. 33 Abs. 1 DLR; vgl. auch in diesem Zusammenhang die spezielle Vorschrift des § 11c GewO). Allgemein gesprochen ist die Notwendigkeit des Informationsaustauschs eine zwingende Folge des Gebrauchmachens der Unionsbürger von ihren Grundfreiheiten, weshalb beispielhaft auf den in den Art. 8 und 56 Abs. 1 BARL geregelten Informationsaustausch bzw. die Amtshilfe verwiesen werden kann. Im Rahmen der hier zu betrachtenden Hilfeleistungen können die ersuchten Mitgliedstaaten u.U. – nach Maßgabe des jeweils geltenden Unionsrechts – gehalten sein, sich noch gar nicht vorhandene Erkenntnisse erst durch eigenständige Ermittlungen, Untersuchungen, Überprüfungen etc. zu verschaffen (vgl. etwa Art. 29 Abs. 2 oder Art. 31 Abs. 3 DLR).

3. Zustellungshilfe

11 Nach überwiegender Auffassung dürfen förmliche Zustellungen anders als formlose Bekanntgaben nur im Wege der Amtshilfe in einem anderen Mitgliedstaat durchgeführt werden.[8] Hier wird man aber nicht verlangen können, dass der erforderliche ermächtigende Unionsrechtsakt explizit erlaubt, dass die Hilfeleistung eines anderen Mitgliedstaats in Anspruch genommen werden darf; vielmehr muss genügen, wenn der Rechtsakt **implizit** davon ausgeht, dass etwa Verwaltungsentscheidungen eines Mitgliedstaats in einem anderen Mitgliedstaat eröffnet werden (müssen).

4. Vollstreckungshilfe

12 Unionsrecht sieht bislang nicht vor, dass ein Mitgliedstaat auf dem Territorium eines anderen Mitgliedstaats Vollstreckungen (welcher Art auch immer) vornehmen darf. Der Vollständigkeit halber soll darauf hingewiesen werden, dass dies im Übrigen auch für die Organe der Union selbst gilt. Eine Hilfeleistung ist hier nur möglich, wenn der Unionsrechtsakt dieses ausdrücklich vorsieht, was allerdings bislang in den vom VwVfG betroffenen Materien keine praktische Rolle spielt.[9]

7 Vgl. Kopp/*Ramsauer*, § 8a Rn. 8a.
8 Vgl. *Ohler* DÖV 2009, 92 (97); Kopp/*Ramsauer*, § 8a Rn. 7.
9 Vgl. zu verkehrsrechtlichen Angelegenheiten *Neidhart*, NZV 2000, 240.

III. Anwendungsbereich der Vorschriften

Maßgeblich ist zunächst der Anwendungs- bzw. Nichtanwendungsbefehl der §§ 1 f. Dieses bedeutet v. a., dass für die Verfahren nach der **Abgabenordnung** und des **Sozialgesetzbuchs X** die Regelungen der §§ 8a ff. keine Anwendung finden. Diese enthalten keine vergleichbaren Bestimmungen. Sollte es aufgrund Unionsrechts erforderlich werden, etwa in einem Verwaltungsverfahren, das nach der Abgabenordnung abzuwickeln ist, Hilfeleistungen eines anderen Mitgliedstaats in Anspruch zu nehmen, so gebietet Unionsrecht, die Bestimmungen **entsprechend anzuwenden.** In der Regel wird dieses zwar nicht eintreten können, weil das Sozialrecht durch Art. 1 Abs. 6 DLR und das Steuerrecht durch Art. 2 Abs. 3 DLR ausgenommen werden. Im Zulassungsverfahren für Steuerberater (vgl. § 164a Abs. 1 StBerG), das mit Rücksicht auf die BARL relevant werden kann und das nach der Abgabenordnung durchgeführt wird, sind die Vorschriften entsprechend anzuwenden.[10] 13

Die Bestimmungen sind für das **Verhältnis der Mitgliedstaaten zu einem europäischen Organ** nur insoweit gedacht, als § 8d eine Mitteilungs- und Informationspflicht gegenüber der Kommission bestimmt, was im umgekehrten Verhältnis nicht vorgesehen ist. In unionsrechtskonformer Anwendung sind hier die Bestimmungen der §§ 8a ff. entsprechend anzuwenden, wenn Unionsrecht eine Hilfeleistung des Mitgliedstaats gegenüber einem Organ der Union gebietet und umgekehrt.[11] 14

Wie bereits ausgeführt (Rdn. 2), kommen die Bestimmungen nur zur Anwendung, wenn ein Rechtsakt der Union solches vorsieht. Es **bedarf insoweit keiner Umsetzung** dieses Rechtsakts in nationales Recht, da hier das nationale Recht unmittelbar in die Rechtsordnung der Union verweist (vgl. im Falle von Eingriffen Rdn. 18). Allerdings setzt § 8e Satz 1 u.U. für die Anwendbarkeit den Ablauf der Umsetzungsfrist voraus (vgl. noch Rdn. 18 und § 8e Rdn. 5). 15

Nicht zuletzt aus der systematischen Stellung im Gesetz wird deutlich, dass die Vorschriften **nicht nur für Verwaltungsverfahren i.S.d. §§ 9 ff.** gelten. Gesetzgebungsorgane und die Rechtsprechung werden hier nur erfasst, soweit sie – ausnahmsweise – verwaltend tätig werden. 16

Wesentlich für das Verständnis der Norm ist, dass die Zusammenarbeit unmittelbar zwischen den zuständigen Stellen erfolgt und nicht über die obersten Behörden.[12] 17

---

10 In diesem Sinne Knack/Henneke/*Schliesky*, § 8a Rn. 8, 26 f. und 46.

11 In diesem Sinn etwa Knack/Henneke/*Schliesky*, § 8a Rn. 33; Kopp/*Ramsauer*, § 8a Rn. 12; Bader/Ronellenfitsch/*Riedel* § 8a Rn. 8, aber anders Rn. 16.

12 Vgl. Stelkens/Bonk/Sachs/*Schmitz*, § 8a Rn. 14; Kopp/*Ramsauer*, § 8a Rn. 13.

B. Die Vorschrift im Einzelnen

I. Hilfeleistung durch deutsche Behörden, Abs. 1

1. Allgemeines

18 Ob die deutsche Behörde Hilfe zu leisten hat, **muss sich mit hinreichender Deutlichkeit aus einem sekundären Unionsrechtsakt ergeben**, wobei eine Beschränkung auf eine bestimmte Qualität oder einen bestimmten Charakter nicht erfolgt ist. Dabei ist es zunächst für diese Frage aus der Sicht der deutschen Behörde unerheblich, ob etwa eine Richtlinie ordnungsgemäß in nationales Recht umgesetzt wurde.[13] Diese Frage stellt sich erst, wenn es um die Frage geht, ob eine ausreichende Rechtsgrundlage im Verhältnis zu den Bürgern und Bürgerinnen existiert, falls die hilfeleistende Maßnahme in deren Rechte eingreifen würde. Wie nicht anders in den Fällen der nationalen Amtshilfe nach den §§ 4 ff. (vgl. § 7 Rdn. 11), stellen die Vorschriften der §§ 8a ff. keine Rechtsgrundlage für derartige Eingriffe dar (vgl. in diesem Zusammenhang etwa ausdrücklich Art. 29 Abs. 2 Satz 2 und 31 Abs. 3 Satz 2 DLR). Allerdings bestimmt § 8e Satz 1 (vgl. hierzu auch § 8e Rdn. 5) ausdrücklich, dass der Rechtsakt erst dann Anwendung finden kann, wenn – bei Richtlinien – die Umsetzungsfrist abgelaufen ist, was aber mit den in der Rechtsprechung des EuGH entwickelten Grundsätzen[14] über die unmittelbare Anwendbarkeit bzw. Wirkung von Richtlinien nichts zu tun hat und in die Irre führen würde, weil eine unmittelbare Anwendbarkeit einer Richtlinie zu Lasten der Betroffenen hiernach ohnehin nicht in Betracht kommt.

2. Hilfeleistung

19 Vgl. zum Begriff Rdn. 6.

3. Hilfeersuchen

20 Vgl. zum Begriff und zur Form § 8b Rdn. 5 ff.

4. Behörde

21 Was den Begriff der deutschen Behörde betrifft, gelten die allgemeinen Grundsätze (vgl. § 1 Rdn. 10 ff.).

22 Was den ersuchenden Mitgliedstaat betrifft, spricht das Gesetz auch von der Behörde, was allerdings selbstverständlich nichts mit der deutschen Begrifflichkeit zu tun haben kann, weil das nationalstaatliche Organisationsrecht vorausgesetzt werden muss. Besser spräche man daher von der »zuständigen Stelle«. Es kann sich hierbei um Fälle **unmittelbarer wie mittelbarer Staatlichkeit** handeln, insbesondere sind **private Organisationsformen** denkbar, wenn der Unionsrechtsakt solches vorsieht.[15] Wegen der

---

13 Kopp/*Ramsauer*, § 8a Rn. 13.

14 Vgl. Calliess/*Ruffert*, EUV/AEUV, 4. Aufl., Art. 288 AEUV Rn. 47 ff.

15 Knack/Henneke/*Schliesky* § 8a Rn. 32 ff., 35.

entsprechenden Anwendbarkeit (vgl. Rdn. 15) kann hier ein europäisches Organ ersuchende Behörde sein.

5. Gebotensein der Hilfeleistung

23 Es wird hier vorausgesetzt, dass die Hilfeleistung nach Maßgabe des konkreten Unionsrechtsakts **geboten sein muss und nicht nur hilfreich oder förderlich.** Daraus erhellt, dass der Bundesgesetzgeber von einem zurückhaltenden Gebrauchmachen ausgeht, was aber nicht im strikten und engen Verständnis der »ultima ratio« zu verstehen ist. Allerdings darf dabei der konkrete Unionsrechtsakt nicht aus dem Auge verloren werden, insbesondere der über allem stehende Grundsatz des »effet utile«. Soweit die Hilfeleistung zur sachgerechten Aufgabenerledigung erforderlich ist, darf sie nicht verweigert werden (in Abs. 2 Satz 2 wird die Verknüpfung etwas deutlicher). Die Erforderlichkeit wird sich schon deshalb oft daraus herleiten lassen, dass der ersuchende Mitgliedstaat regelmäßig keine Befugnis hat, auf dem Territorium eines anderen Mitgliedstaats tätig zu werden (vgl. auch Abs. 3 i.V.m. § 5 Abs. 1 Nr. 1).[16]

II. Hilfeersuchen an einen anderen Mitgliedstaat, Abs. 2

24 Hier wird mit der Pflicht, den Behörden anderer Mitgliedstaaten die erforderliche Hilfe zu leisten, die gegenüber Abs. 1 umgekehrte Fallkonstellation geregelt. Nach dem Wortlaut der Vorschrift (Satz 1) steht es zunächst im **Ermessen** der zuständigen Behörde, ob sie bei einem anderen Mitgliedstaat um Hilfe nachsucht. In Satz 2 wird, ohnehin aus Gründen des unionsrechtlichen »effet utile« eher selbstverständlich, sodann eine **uneingeschränkte Verpflichtung** aufgestellt, wenn die Hilfeleistung nach den Vorgaben des Unionsrechtsaktes geboten ist. Hier kann sich zudem aus dem Unionsrechtsakt aufgrund kategorischer Formulierungen die Verpflichtung zur Stellung des Ersuchens ergeben (vgl. etwa Art. 35 Abs. 2 DLR).

25 Im Übrigen kann sinngemäß auf die Ausführungen unter Rdn. 28 ff. verwiesen werden.

III. Anwendung der Vorschriften über die nationale Amtshilfe, Abs. 3

1. Allgemeines

26 Die Vorschrift erklärt enumerativ bestimmte Vorschriften des Amtshilferechts für entsprechend anwendbar, beschränkt dies jedoch in der Weise, dass sie dem Unionsrecht nicht entgegen stehen darf, was sich schon aus dessen Anwendungsvorrang ergibt. Bei der Anwendung ist aber im Einzelfall darauf zu achten, dass diese nicht in Widerspruch zu einzelnen Regelungen des dahinter stehenden unionsrechtlichen Rechtsakts gerät. Da die §§ 4 ff. in wesentlichen Teilen als eine Kodifizierung der allgemeinen Grundsätze des Amtshilferechts verstanden werden (vgl. Vorbemerkung zu §§ 4 bis 8 Rdn. 4), kann ggf. **auch auf andere Vorschriften des Amtshilferechts zurückgegriffen**

---

16 Kopp/*Ramsauer*, § 8a Rn. 18a.

werden, ohne damit in Widerspruch mit dem Unionsrecht zu geraten. Sofern Unionsrecht nicht entgegen steht, kann aber auch § 6 sinngemäß angewandt werden.[17]

2. Anwendung von § 5

27 Zu verdeutlichen ist, dass § 5 Abs. 1 die Konstellation des § 8a Abs. 2 und § 5 Abs. 2 die des § 8a Abs. 1 betrifft.

a) Abs. 1

28 Die Fallkonstellation der **rechtlichen Unmöglichkeit** (Nr. 1) ist für das Verhältnis der Mitgliedstaaten zu einander typisch und bildet daher der wesentliche Anwendungsfall, solange etwa die Mitgliedstaaten in dem jeweils anderen Mitgliedstaat nach dem Unionsrechtsakt keine eigenständigen Kontrollkompetenzen haben. Auch eine vorübergehende Verhinderung rechnet hierher.[18] Die Fallkonstellation der tatsächlichen Unmöglichkeit (Nr. 2) hat in dem hier zu betrachtenden Verhältnis zwischen den Mitgliedstaaten weniger eigenständige Bedeutung.

b) Abs. 2

29 Wenn die Verpflichtung der Bundesrepublik in Satz 1 Nr. 1 von der **Beachtung der nationalen Rechtsvorschriften** abhängig gemacht wird, ist dieses ohne weiteres mit Unionsrecht kompatibel, wenn dieses nicht seinerseits der Bundesrepublik eine entsprechende Handlungsmacht verleiht.

30 Zur Feststellung, ob **erhebliche Nachteile für das Wohl des Bundes oder eines Landes** infolge der Hilfeleistung drohen (vgl. Nr. 2), ist bezogen auf das Merkmal der »Erheblichkeit« eine konkrete Abwägung mit den mit der Hilfeleistung verfolgten Zielen vorzunehmen. Dazu ist es immer erforderlich, diese genau und zutreffend zu ermitteln.

31 Nach Satz 2 sind entsprechende **Geheimhaltungsvorschriften** zu beachten, wobei zu berücksichtigen ist, in welchem Umfang nationale Regelung wegen des Anwendungsvorrangs des bereichsspezifischen Unionsrecht nicht anzuwenden sind (vgl. etwa die VO (EU) Nr. 2016/679 – Datenschutz-Grundverordnung – ABl. L 119, 1; vgl. deren Art. 94 zu deren Verhältnis zur früheren RL 95/46/EG).

c) Abs. 3 und 4

32 Hiernach kann die ersuchte Behörde die **Hilfeleistung verweigern**, wenn eine andere Behörde die Hilfe wesentlich einfacher oder mit wesentlich geringerem Aufwand leisten kann, sie die Hilfe nur mit unverhältnismäßig großem Aufwand leisten könnte oder sie unter Berücksichtigung der Aufgaben der ersuchenden Behörde durch die Hilfeleistung die Erfüllung ihrer eigenen Aufgaben ernstlich gefährden würde;

---

17 Knack/Henneke/*Schliesky*, § 8a Rn. 62

18 Vgl. Knack/Henneke/*Schliesky*, § 8a Rn. 51 m.w.N.

Zweckmäßigkeitsüberlegungen hinsichtlich der mit der Amtshilfe zu verwirklichende Maßnahme sind unzulässig. Diese Ausnahmen sind zwar unionsrechtlich nicht von vornherein unzulässig, können aber gleichwohl nur unter **ganz engen Voraussetzungen** zur Verweigerung führen, wenn sich das Verlangen als eindeutig unverhältnismäßig erweist (vgl. auch Art. 5 Abs. 1 EUV); einen eigenen Beurteilungs- bzw. Ermessensspielraum des ersuchten Mitgliedstaates wird man nicht anerkennen können.[19] Zu prüfen ist immer, ob ggf. Unionsrecht im konkreten Fall Abweichendes bestimmt (vgl. zur Prüfung der Rechtmäßigkeit der Maßnahme Rdn. 34). Vgl. auch § 8b Abs. 3.

d) Schlichtung und Konfliktbeilegung, Abs. 5

33 Die Vorschrift bestimmt einen Streitbeilegungsmechanismus, wenn es zwischen den Beteiligten zu Meinungsverschiedenheiten über die Zulässigkeit der Hilfeleistung bzw. der Art und Weise deren Erledigung kommt. Da es eine gemeinsame Aufsichtsbehörde fehlt, ist die für die deutsche ersuchte bzw. ersuchende Behörde zuständige Aufsichtsbehörde anzurufen. Etwas anderes gilt nur dann, wenn sich **aus Unionsrecht Abweichendes** ergibt (vgl. Art. 28 Abs. 2 und 8 DLR).

3. Anwendung von § 7

34 Die Bestimmung über die **Verteilung und Zuschreibung der Verantwortlichkeiten** ist mit Unionsrecht vereinbar und entspricht ihm. Denn auch hier trägt der ersuchende Mitgliedstaat die Verantwortung für die Rechtmäßigkeit der mit der Hilfeleistung bewirkten Maßnahme; hier hat der ersuchte Mitgliedstaat grundsätzlich keine Prüfungskompetenz. Demgegenüber hat für die Rechtsmäßigkeit der Hilfeleistung der ersuchte Staat einzustehen. Eine Einschränkung wird jedoch dann gemacht, wenn es um die Einhaltung der unmittelbaren unionsrechtlichen Voraussetzungen der Maßnahme geht, die für die ersuchte Behörde gleichermaßen verbindlich ist; hier besteht eine eigenständige Prüfungsbefugnis, dieses betrifft v.a. datenschutzrechtliche Vorgaben.[20]

4. Anwendung von § 8 Abs. 2

35 Es wird hier nur auf Abs. 2 verwiesen, weil § 8c eine Sonderregelung enthält und den Grundsatz aufstellt, dass **keine Erstattung von Kosten und Auslagen durch die ersuchende Behörde erfolgt**, sofern nicht Unionsrecht anderes bestimmt, was der Verwaltungsvereinfachung dient. Konsequenterweise verbleiben dann auch die von einem Dritten wegen einer kostenpflichtigen Amtshandlung der ersuchten Behörde geschuldeten Kosten bei dieser. Der Verweis ist nicht sonderlich durchdacht, weil bei Ersuchen eines Mitgliedstaats an eine deutsche Behörde, auch ohne den Verweis die Gebühren und Auslagen bei dieser verblieben. Auch im umgekehrten Fall (Ersuchen an einen Mitgliedstaat) verblieben die Gebühren und Auslagen beim anderen

19 Kopp/*Ramsauer*, § 8a Rn. 25; Knack/Henneke/*Schliesky*, 8a Rn. 58 ff.
20 Kopp/*Ramsauer*, § 8a Rn. 27; Knack/Henneke/*Schliesky*, § 8a Rn. 64; Bader/Ronellenfitsch/*Riedel*, § 8a Rn. 40 und § 8d Rn. 10 ff.

Mitgliedstaat, denn die Bundesrepublik besitzt keine Kompetenz, um abweichend zu bestimmen, dass Gebühren und Auslagen ihr zustehen sollen. Es bedürfte hier eines Unionsrechtsakts.

C. Verfahrensvorschriften des Sozialrechts sowie des Verwaltungsverfahrensrecht der Länder

36 Das SGB I und X enthalten keine vergleichbaren Bestimmungen. Die Verwaltungsverfahrensgesetze der Länder enthalten identische Vorschrift, soweit sie nicht ohnehin auf das Bundesrecht verweisen.

§ 8b Form und Behandlung der Ersuchen

(1) [1]Ersuchen sind in deutscher Sprache an Behörden anderer Mitgliedstaaten der Europäischen Union zu richten; soweit erforderlich, ist eine Übersetzung beizufügen. [2]Die Ersuchen sind gemäß den gemeinschaftsrechtlichen Vorgaben und unter Angabe des maßgeblichen Rechtsakts zu begründen.

(2) [1]Ersuchen von Behörden anderer Mitgliedstaaten der Europäischen Union dürfen nur erledigt werden, wenn sich ihr Inhalt in deutscher Sprache aus den Akten ergibt. [2]Soweit erforderlich, soll bei Ersuchen in einer anderen Sprache von der ersuchenden Behörde eine Übersetzung verlangt werden.

(3) Ersuchen von Behörden anderer Mitgliedstaaten der Europäischen Union können abgelehnt werden, wenn sie nicht ordnungsgemäß und unter Angabe des maßgeblichen Rechtsakts begründet sind und die erforderliche Begründung nach Aufforderung nicht nachgereicht wird.

(4) [1]Einrichtungen und Hilfsmittel der Kommission zur Behandlung von Ersuchen sollen genutzt werden. [2]Informationen sollen elektronisch übermittelt werden.

Übersicht — Rdn.

A. Allgemeines und Grundsätze

1 Die Bestimmung befasst sich zunächst mit Fragestellungen zur **formellen und verfahrensrechtlichen Behandlung** von Hilfeersuchen, die typischerweise durch den

zwischenstaatlichen Verkehr und die Kommunikation bei unterschiedlichen Sprachkenntnissen und -fertigkeiten aufgeworfen sind (Abs. 1 und 2).

Sodann finden sich in Abs. 3 minimale Vorgaben für die formelle Behandlung von Ersuchen anderer Mitgliedstaaten durch die deutschen Behörden. 2

Schließlich enthält Abs. 4 grundlegende Aussagen für die **elektronische Durchführung bzw. Abwicklung** der Verwaltungszusammenarbeit, die allerdings anderweitig geregelte Vorgaben voraussetzt. 3

Die Vorschrift macht allgemeine Vorgaben, die sehr stark durch die Dienstleistungs- und Berufsqualifikationsrichtlinie geprägt sind.[1] Im Zuge der weiteren Entwicklung des Unionsrechts ist allerdings immer genau zu untersuchen, ob sich aus dem jeweiligen Rechtsakt abweichende Anforderungen ergeben; ggf. ist daher die Vorschrift unionsrechtskonform anzuwenden. 4

B. Die Vorschrift im Einzelnen

I. Hilfeersuchen deutscher Behörden, Abs. 1

1. Das Ersuchen

Von einem Ersuchen ist dann auszugehen, wenn sich eine Behörde bezogen auf den Empfängerhorizont **hinreichend deutlich und unmissverständlich** an eine andere Behörde wendet mit der Bitte, für die eigene Verwaltungstätigkeit in einer genau und konkret bezeichneten Weise (insoweit eigenständig) unterstützend (hilfeleistend) tätig zu werden. Dabei ist der Begriff der Hilfeleistung weit zu verstehen (vgl. § 8a Rdn. 5). 5

2. Form

Schriftlichkeit ist an sich nicht ausdrücklich zwingend vorgeschrieben. Allerdings verlangt Abs. 1, dass die Ersuchen zwingend in deutscher Sprache zu erfolgen haben, auch wenn der Sachbearbeiter im ersuchenden Mitgliedstaat die andere Sprache beherrscht. Soweit erforderlich, ist eine Übersetzung (regelmäßig in der Amtssprache der ersuchten Behörde) beizufügen, was dann in der Regel **faktisch Schriftlichkeit** bedeutet, wenn nicht auf elektronischem Weg kommuniziert wird (vgl. Abs. 4 und hierzu Rdn. 18 f.). Mündliche, d. h. fernmündliche Ersuchen sind aber nicht verboten,[2] denn sie können in deutscher Sprache vorgenommen werden, mittels eines beigezogenen Dolmetschers kann auch eine Übersetzung erfolgen. Es ist aber erforderlich, dass das Ersuchen in den Akten beider beteiligten Behörden einen schriftlichen Niederschlag findet und verlässlich reproduzierbar ist. 6

1 Vgl. auch Knack/Henneke/*Schliesky*, § 8b Rn. 2.
2 Wie hier auch Kopp/*Ramsauer*, § 8a Rn. 15, § 8b Rn. 2.

7 Das Ersuchen ist grundsätzlich in deutscher Sprache abzufassen und in deutscher Fassung der ersuchten Behörde vorzulegen. Soweit der Verkehr auf elektronischem Weg mittels des eingerichteten »**Internal Market Information System**« oder »**Binnenmarktinformationssystem**« erfolgt, fehlt es hieran aber, weil hier die deutsche Behörde in deutscher Sprache in das System eingibt, während beim Empfänger unmittelbar die Übersetzung ausgegeben wird.[3] Dieses ist aber mit den hiesigen Vorgaben vereinbar, weil solches in Abs. 4 stillschweigend vorausgesetzt wird. Soweit von dem »Freitextfeld« Gebrauch gemacht wird, gilt Abs. 1 ohnehin unmittelbar.

8 Die **Übersetzung ist nur beizufügen, wenn dies erforderlich** ist. Das ist nicht der Fall, wenn in der ersuchten Behörde ohnehin die deutsche Sprache verwendet wird. Nicht (zumindest vorerst nicht) erforderlich ist die Beifügung, wenn die ersuchende Behörde davon ausgehen kann, dass das Ersuchen verstanden werden wird oder wenn die ersuchte Behörde darauf verzichtet.[4] Deshalb kann sich das Erfordernis auch erst später ergeben, wenn die ersuchte Behörde eine Übersetzung anfordert. Nach dem Wortlaut der Bestimmung ist nur hinsichtlich des Ersuchens eine Übersetzung erforderlich. Oftmals wird ein Ersuchen für die ersuchte Behörde unverständlich und damit letztlich unausführbar sein, wenn nicht auch wesentliche Unterlagen, die dem Ersuchen beigefügt sind, insbesondere solche, auf die das Ersuchen Bezug nimmt, ebenfalls übersetzt werden.[5]

3. Inhalt und Begründungspflicht

9 Abs. 1 Satz 2 bestimmt, dass das Ersuchen gemäß den unionsrechtlichen Vorgaben zu begründen ist. Maßgeblich ist daher immer spezielles Unionsrecht. Fehlen solche, so ist das Ersuchen so zu fassen und zu formulieren, dass ein mit der Angelegenheit nicht im Einzelnen Vertrauter möglichst **ohne Rückfragen** das Ersuchen ausführen kann, denn etwa allfällige Rückfragen führen bei ohnehin schwierigen Kommunikationsbedingungen zwischen zwei Staaten zu erheblichen Verzögerungen und erheblichem Zusatzaufwand. Bei der Formulierung ist auch zu bedenken, dass die ersuchte Behörde regelmäßig mit den Verwaltungsabläufen in deutschen Behörden nicht vertraut sein wird. Da es hier um eine Zusammenarbeit zwischen zwei grundsätzlich souveränen Staaten geht, sollten in dem Ersuchen nur die **Vorgaben für deren Erledigung** gemacht werden, die unumgänglich sind für eine sachgerechte und zeitnahe Erledigung. Andererseits sind solche Vorgaben nicht unzulässig.

10 Weiter ist der **maßgebliche Rechtsakt des Unionsrechts** (etwa Art. 29 Abs. 1 RL 2006/123/EG vom 12.12.2006) in seiner amtlichen Form **zu bezeichnen**, aus dem sich die Zulässigkeit bzw. die Verpflichtung der Hilfeleistung ergibt. Gegen die Verwendung von im behördlichen Sprachgebrauch eingebürgerter Kurzformen, wie

3 Knack/Henneke/*Schliesky*, 8b Rn. 5.
4 Vgl. Bader/Ronellenfitsch/*Riedel*, § 8b Rn. 3; Stelkens/Bonk/Sachs/*Schmitz*, § 8b Rn. 4.
5 Kopp/*Ramsauer*, § 8b Rn. 3.

Dienstleistungsrichtlinie, ist nichts einzuwenden, wenn davon ausgegangen werden kann, dass sie verstanden wird.

II. Hilfeersuchen anderer Mitgliedstaaten, Abs. 2

Nach Abs. 2 Satz 1 dürfen die Ersuchen nur erledigt werden, wenn **sich dessen Inhalt in deutscher Sprache aus den Akten ergibt.** So genügt es, wenn das Anschreiben mit der darin formulierten Bitte um Hilfeleistung nicht in deutscher Sprache verfasst ist, aber als Anlage ein Beweisbeschluss oder Vergleichbares mit einem detaillierten Fragenkatalog angefügt ist, dieser muss dann in deutscher Übersetzung vorgelegt werden. 11

Nach Satz 2 soll, wenn ein nicht in deutscher Sprache verfasstes oder übersetztes Ersuchen vorgelegt wurde, eine **Übersetzung angefordert werden**, soweit dies erforderlich ist. Daher hat auch die ersuchte deutsche Behörde aus Gründen der Verfahrenserleichterung und -beschleunigung selbst eine (ggf. auch nur sinngemäße) Übersetzung vornehmen, wenn bei ihr die entsprechenden Sprachkenntnisse vorhanden sind; dieses gilt namentlich im Falle der Eilbedürftigkeit. Dann aber muss mit Rücksicht auf Satz 1 diese Übersetzung zu den Akten genommen werden, um dem allgemeinen Grundsatz der Aktenklarheit und Aktenvollständigkeit zu genügen. Allerdings wird man hier der ersuchten Behörde einen nicht zu kleinen Spielraum zubilligen müssen, da die Fertigung der Übersetzung je nach deren Umfang erhebliche personelle Ressourcen binden kann. In den Akten muss aber immer in deutscher Sprache die Art und Weise der Erledigung dokumentiert werden. 12

Ein **Anspruch auf die Übersendung** einer Übersetzung besteht jedoch nur dann, wenn sich aus einem Rechtsakt der Union ein solcher hinreichend deutlich ergibt.[6] Ist dieses nicht der Fall, fordert aber das Unionsrecht die Hilfeleistung und die Erledigung des Ersuchens, so muss dies auch ohne übersandte Übersetzung erfolgen, d. h. die ersuchte Behörde muss eine solche anfertigen lassen, und zwar nach § 8c grundsätzlich auf ihre Kosten. Soweit in dem Unionsrechtsakt ein Streitschlichtungsmechanismus vorgesehen ist (vgl. etwa Art. 28 Abs. 2, 5 und 8 DLR) kann versucht werden, hier eine Lösung zu finden. 13

Ungeachtet spezieller unionsrechtlicher Vorgabe ist ungeregelt, **in welcher Sprache das Ersuchen zu beantworten ist.** Da die Grundaussage der Norm dahin geht, dass der ersuchende Mitgliedstaat regelmäßig den Übersetzungsaufwand zu leisten hat, wird man davon ausgehen können, dass die Beantwortung in deutscher Sprache erfolgen kann. 14

III. Behandlung nicht ordnungsgemäßer ausländischer Ersuchen, Abs. 3

Nach dieser Bestimmung kann im Ermessenswege die Erledigung durch eine deutsche Behörde **abgelehnt werden**, wenn die Ersuchen nicht ordnungsgemäß und unter 15

6 Knack/Henneke/*Schliesky*, § 8b Rn. 7 f.; a.A. Stelkens/Bonk/Sachs/*Schmitz*, § 8b Rn. 10.

Angabe des maßgeblichen Rechtsakts begründet sind. Vorrang haben aber immer die konkreten Rechtsakte und die darin aufgestellten Voraussetzungen. Denn der deutsche Gesetzgeber kann nicht autonom die formellen Voraussetzungen für andere Mitgliedstaaten regeln.[7] Er hat sich ersichtlich von Art. 28 Abs. 3 DRL leiten lassen, ohne zu bedenken, dass die Vorschriften der §§ 8a ff. für alle – auch noch zu erlassende – Rechtsakte Geltung beansprucht.

16 Soweit kein Anspruch auf eine deutsche Übersetzung besteht (vgl. oben Rdn. 13), kann mit der Weigerung der ersuchenden Behörde, eine solche vorzulegen, nicht begründet werden, das Ersuchen sei nicht ordnungsgemäß begründet.

17 Eine Ablehnung wegen eines Begründungsdefizits darf nur erfolgen, wenn der ersuchenden Behörde vorher ausreichend **Gelegenheit geben wurde, den Mangel zu beheben.** Ggf. ist hier auch ein etwa eingerichteter Streitschlichtungsmechanismus nutzbar zu machen. Der Grundsatz loyaler Zusammenarbeit zwischen den Mitgliedstaaten verbietet auch eine Ablehnung, wenn beispielsweise die Rechtsgrundlage nicht angegeben wurde, gleichwohl für die ersuchte Behörde offensichtlich ist, auf welche das Ersuchen gestützt wurde.[8]

IV. Elektronischer Verkehr und Hilfestellung der Kommission, Abs. 4

18 Nach Satz 1 sollen (d. h. in der Regel) die Behörden Einrichtungen und Hilfsmittel der Kommission zur Behandlung von Ersuchen einsetzen bzw. nutzen. Gegenwärtig existiert hier nur das »**Internal Market Information System**« oder »**Binnenmarktinformationssystem**«[9], das für die Zusammenarbeit bei der Anwendung der Dienstleistungs- und der Berufsqualifikationsanerkennungsrichtlinie genutzt wird, das aber den elektronischen Verkehr nicht zwingend vorschreibt;[10] lediglich das nationale Recht kennt in Satz 2 (nur) eine Regelverpflichtung, was daher unionsrechtlich unbedenklich ist. Die Nutzung erfolgt über das Internet und steht den Mitgliedstaaten und den EWR-Staaten offen. Es ist mit mehrsprachigen Suchfunktionen ausgestattet, um die potentiellen Adressaten von Ersuchen in anderen Staaten ermitteln zu können. Weiter sind enthalten vorübersetzte Fragen und Antworten, mit denen typische Konstellationen bewältigt werden können. Auch kann der Verlauf von Informationsersuchen nachvollzogen werden.

19 Nach Satz 2 sollen alle Informationen elektronisch übermittelt werden, etwa im »Binnenmarktinformationssystem«. Aus der Sollvorschrift ergibt sich somit **mittelbar auch eine besondere Formvorschrift.** Die Regelverpflichtung schließt es nicht aus, dass aus Gründen der Verwaltungsvereinfachung auch ein **telefonischer Verkehr** stattfindet; auch andere Formen der elektronischen Kommunikation, wie per E-Mail sind

7 Knack/Henneke/*Schliesky*, § 8b Rn. 10.
8 Wie hier auch Kopp/*Ramsauer*, § 8b Rn. 9.
9 Vgl. Hierzu ausführlich Knack/Henneke/*Schliesky*, § 8b Rn. 15 ff.
10 Knack/Henneke/*Schliesky*, § 8b Rn. 24.

zulässig.[11] Allerdings kann sich aus einem speziellen Unionsrechtsakt im Einzelfall eine Verpflichtung ergeben, weshalb dann hier grundsätzlich keine Ausnahme gemacht werden kann.

Eine **atypische Ausnahme** ist etwa dann anzunehmen, wenn eine Übermittlung technisch unmöglich ist oder besonders sensible Daten, für die im Übrigen die Datenschutz-Grundverordnung[12] zu beachten wäre (vgl. § 8a Rdn. 31), zu übermitteln wäre. 20

C. Verfahrensvorschriften des Sozialrechts und Verwaltungsverfahrensrecht der Länder

Vgl. hierzu § 8a Rdn. 36. 21

§ 8c Kosten der Hilfeleistung

Ersuchende Behörden anderer Mitgliedstaaten der Europäischen Union haben Verwaltungsgebühren oder Auslagen nur zu erstatten, soweit dies nach Maßgabe von Rechtsakten der Europäischen Gemeinschaft verlangt werden kann.

Übersicht **Rdn.**

A. Allgemeines und Grundsätze

1 Die Bestimmung trifft Aussagen darüber, ob und in welchem Umfang eine ersuchende Behörde eines anderen Mitgliedstaats Kosten der Hilfeleistungen (Verwaltungsgebühren und Auslagen) zu bezahlen hat. Die Vorschrift muss auch im **Zusammenhang mit § 8a Abs. 3** gesehen werden, der (nur) auf § 8 Abs. 2 verweist (vgl. hierzu § 8a Rdn. 35).

B. Die Vorschrift im Einzelnen

2 Die Vorschrift stellt den Grundsatz auf, dass **die Hilfeleistung aus der Sicht der Bundesrepublik kostenfrei geleistet wird.** Etwas anderes gilt nur dann, wenn Unionsrecht bestimmt, dass Kosten geltend gemacht werden können, wobei hier grundsätzlich auch nach Art und Höhe differenziert werden kann. Angesichts des eindeutigen Wortlauts kann nicht der Auffassung gefolgt werden, wonach wegen eines vorgeblich missverständlichen Wortlauts Kosten bereits dann geltend gemacht werden können, wenn der

11 Stelkens/Bonk/Sachs/*Schmitz*, § 8b Rn. 20; Knack/Henneke/*Schliesky*, § 8b Rn. 30.
12 VO (EU) 2016/679 v. 27.04.2016 (ABl. L 119, 1).

Unionsrechtsakt nur nicht ausdrücklich entgegensteht.[1] Erforderlich ist daher zumindest, dass sich aus einer Norm des Unionsrechts ausdrücklich ergibt, dass Unionsrecht eine nationale Regelung anerkennt und damit eine unionsrechtliche Legitimation erfolgt, wie dieses mit Art. 28 Abs. 7 DRL geschehen ist. Dagegen spricht auch entscheidend, dass es andernfalls an einer (erforderlichen) Anspruchsgrundlage im Verhältnis zum ersuchenden Mitgliedstaat fehlen würde, da diese nur durch das Unionsrecht, nicht aber durch nationales Recht geschaffen werden kann. Die Tatsache, dass hier sog. Benutzungsgebühren nicht genannt sind, stellt kein Redaktionsversehen dar.[2] Denn bei der ersuchten Behörde angefallene Benutzungsgebühren sind Auslagen.[3]

3 Im vorliegenden Kontext ist anzumerken, dass aktuell bei der Durchführung der Dienstleistungs- und Berufsqualifikationsanerkennungsrichtlinie das »Internal Market Information System« (vgl. § 8b Rdn. 18) verwendet werden soll, das von der Kommission betrieben und auch finanziert wird.

C. Verfahrensvorschriften des Sozialrechts und Verwaltungsverfahrensrecht der Länder

4 Vgl. § 8a Rdn. 36.

§ 8d Mitteilungen von Amts wegen

(1) [1]Die zuständige Behörde teilt den Behörden anderer Mitgliedstaaten der Europäischen Union und der Kommission Angaben über Sachverhalte und Personen mit, soweit dies nach Maßgabe von Rechtsakten der Europäischen Gemeinschaft geboten ist. [2]Dabei sollen die hierzu eingerichteten Informationsnetze genutzt werden.

(2) Übermittelt eine Behörde Angaben nach Absatz 1 an die Behörde eines anderen Mitgliedstaats der Europäischen Union, unterrichtet sie den Betroffenen über die Tatsache der Übermittlung, soweit Rechtsakte der Europäischen Gemeinschaft dies vorsehen; dabei ist auf die Art der Angaben sowie auf die Zweckbestimmung und die Rechtsgrundlage der Übermittlung hinzuweisen.

Übersicht Rdn.

1 So aber Bauer/*Schulz* § 8c Rn. 3; Knack/Henneke/*Schielsky*, § 8c Rn. 4.
2 So aber Bader/Ronellenfitsch/*Riedel*, § 8c Rn. 6.
3 Zu Recht Stelkens/Bonk/Sachs/*Schmitz*, § 8c Rn. 3.

A. Allgemeines und Grundsätze

1 Die Bestimmung betrifft einen Sonderfall und **keinen Fall der Amtshilfe im eigentlichen Sinn, die ersuchensabhängig ist.** Es geht hier vielmehr um eine Konstellation, in der ein Mitgliedstaat aufgrund eines Unionsrechtsakts von Amts wegen tätig wird und werden muss, weshalb eine Hilfeleistung im weiteren Sinn vorliegt (vgl. § 8a Rdn. 5). Eine Besonderheit besteht auch insoweit, als die Bestimmung nicht nur eine sog. horizontale Zusammenarbeit regelt, sondern auch eine **sog. vertikale Zusammenarbeit** mit der Kommission; sie gilt nicht für Mitteilungen an andere Unionsorgane. Hintergrund ist der in den Art. 29 Abs. 3 und 32 Abs. 1 der Dienstleistungsrichtlinie und in Art. 56 Abs. 2 der Berufsqualifikationsanerkennungsrichtlinie eingerichtete Vorwarnmechanismus als Teil des in beiden Richtlinien angelegten Systems der geteilten Kontroll- und Überwachungsverantwortlichkeiten. Der Sache nach handelt es sich um eine auch im nationalen Recht bekannten Fall der sog. **Spontanhilfe** (vgl. Vorbemerkung zu §§ 4 bis 8 Rdn. 35).[1] Es besteht keine nähere Einschränkung hinsichtlich der konkreten Art der Verwaltungstätigkeit, insbesondere betrifft sie nicht nur Mitteilungen im Kontext eines Vorwarnmechanismus, sofern Unionsrecht Mitteilungen vorsieht.

2 Die Informationsübermittlung (»Verarbeitung«) ist nur unter Beachtung der datenschutzrechtlichen Bestimmungen des Unionsrechts[2] und allenfalls ergänzend des BDSG zulässig. Die Bestimmung enthält **keine eigenständige Ermächtigung** zur Übermittlung. Diese kann nur aus dem konkreten inmitten stehenden Unionsrechtsakt abgeleitet werden, etwa Art. 33 Abs. 3 DRL (vgl. auch Art. 43 DRL und Art. 94 Datenschutz-GrundVO). Soweit es sich bei dem Unionsrechtsakt um eine Richtlinie handelt, die auch, wenn die Umsetzungsfrist abgelaufen und sie hinreichend bestimmt ist, keine unmittelbare Ermächtigungsgrundlage für einen Eingriff in die Rechte der Bürgers darstellen kann,[3] bedarf es im nationalen Recht immer einer **bereichsspezifischen Regelung**; die Vorschrift des § 8d erfüllt diese Voraussetzungen nicht.[4] Im nationalen Recht findet sich in **§ 11c GewO** eine bereichsspezifische Regelung des hier allgemein angesprochenen Fragenkreises.

B. Die Vorschrift im Einzelnen

I. Information von Amts wegen, Abs. 1

1. Plicht zur Übermittlung von Informationen, Satz 1

3 Hiernach sind die die zuständigen Behörden verpflichtet, von Amts wegen die in ihrem sachlichen und örtlichen Zuständigkeitsbereich angefallenen Informationen,

1 Knack/Henneke/*Schielsky*, § 8d Rn. 1.
2 VO (EU) Nr. 2016/679 vom 27.4.2016 – Datenschutz-GrundVO (ABl. L 119, 1).
3 EuGH, Urt. v. 19.12.2012 – C-549/11 – juris.
4 In diesem Sinne Bauer/*Schulz*, § 8d Rn. 6; im Ergebnis auch Bader/Ronellenfitsch/*Riedel*, § 8d Rn. 4, aber missverständlich, wenn ausgeführt wird, die Norm könne einen Eingriff in das Recht auf informationelle Selbstbestimmung rechtfertigen.

die nach dem einschlägigen Rechtsakt der Union Relevanz haben, der Kommission und den von diesen Informationen berührten Mitgliedstaaten zur Kenntnis zu geben. Gemeint sind alle Informationen, an denen die Mitgliedstaaten nach dem jeweils infrage stehenden Rechtsakt ein **rechtlich relevantes Interesse** haben, der im Einzelnen festlegen muss, welche Sachverhalte und zu welchen Personen mitzuteilen sind.

4 **Zeitpunkt** und **Anlass** für das Einsetzen der Übermittlungspflicht folgt aus dem Unionsrechtsakt. Im Zweifel hat die Behörde **unverzüglich** (ohne schuldhaftes Zögern) zu handeln.

2. Nutzung der eingerichteten Informationsnetze, Satz 2

5 In der Regel (»soll«) hat die Behörde die in der Union eingerichteten elektronischen Informationsnetze zu benutzen (vgl. hierzu § 8b Abs. 4 Satz1). Praktisch gesehen handelt es sich gegenwärtig um das »Internal Market Information System« (vgl. § 8b Rdn. 18 ff.). Die Information erfolgt in deutscher Sprache.

II. Mitteilung an die Betroffenen, Abs. 2

6 Werden nach Abs. 1 Informationen an einen anderen Mitgliedstaat und/oder die Kommission weitergegeben, wobei die Bestimmung wiederum keine Ermächtigung für die Weitergabe enthält, so verpflichtet Abs. 2 die Behörde die Betroffenen zu informieren, wenn Unionsrecht dieses vorsieht. Die datenschutzrechtlichen Vorkehrungen und Grenzen müssen dem Unionsrecht entnommen werden. Aus Gründen der Transparenz und aus rechtsstaatlichen Gründen stellt es jedoch keinen Hinderungsgrund für eine Information der Betroffenen dar, wenn das nationale bereichsspezifische Recht(auch das subsidiär geltende BDSG) eine Informationspflicht vorsieht und **Unionsrecht nicht (ausdrücklich oder sinngemäß) dem entgegensteht.**[5]

7 Die Vorschrift muss **entsprechend angewandt werden**, wenn Informationsweitergaben nach Unionsrecht (etwa Art. 33 Abs. 1 Satz 2 DLR) nur auf Ersuchen erfolgen, wobei die Ermächtigung zur Weitergabe anderweitig erfolgt sein muss.[6]

8 Der **Inhalt der Unterrichtung** bezieht sich auf die Tatsache der Übermittlung, deren Zweckbestimmung, deren Inhalt und die unionsrechtliche Rechtsgrundlage.

C. Verfahrensvorschriften des Sozialrechts und Verwaltungsverfahrensrecht der Länder

9 Vgl. § 8a Rdn. 36.

---

5 Knack/Henneke/*Schliesky*, § 8d Rn. 9.
6 Bauer/*Schulz*, § 8d Rn. 11.

§ 8e Anwendbarkeit

[1]Die Regelungen dieses Abschnitts sind mit Inkrafttreten des jeweiligen Rechtsaktes der Europäischen Gemeinschaft, wenn dieser unmittelbare Wirkung entfaltet, im Übrigen mit Ablauf der jeweiligen Umsetzungsfrist anzuwenden. [2]Sie gelten auch im Verhältnis zu den anderen Vertragsstaaten des Abkommens über den Europäischen Wirtschaftsraum, soweit Rechtsakte der Europäischen Gemeinschaft auch auf diese Staaten anzuwenden sind.

Übersicht

A. Allgemeines und Grundsätze

1 Die systematisch gesehen unmittelbar zu § 8a gehörende Vorschrift nimmt im Wege einer Art **dynamischen Verweisung** Bezug auf die jeweils maßgeblichen Rechtsakte der Union, soweit sie Bestimmungen über die Hilfeleistung der Mitgliedstaaten untereinander bzw. – ausnahmsweise (vgl. § 8d) – gegenüber der Kommission enthalten und integriert diese in die nationalen Ausführungsbestimmungen.

2 Die allgemeine **primärrechtliche Bestimmung** des Art. 197 AEUV über die Verwaltungszusammenarbeit in der Union (wie auch generell das Primärrecht) ist hier aber nicht unmittelbar in Bezug genommen, da sie nur einen allgemeinen Grundsatz enthält der aber erst der Konkretisierung durch entsprechende Sekundärakte bedarf (vgl. § 8a Rdn. 5);[1] er hat im Übrigen in seinem Abs. 2 mehr das Verhältnis der Union zu den Mitgliedstaaten im Auge. Ungeachtet dessen handelt es sich schon im Ausgangspunkt um keinen Rechtsakt der Union, sondern um einen gemeinsamen Rechtsakt der Mitgliedstaaten.

B. Die Vorschrift im Einzelnen

I. Sachlicher und zeitlicher Anwendungsbereich, Satz 1

3 Die Vorschrift differenziert mit Blick auf Art. 288 AEUV für die Beantwortung der Frage, von **welchem Zeitpunkt an** ein Rechtsakt im Rahmen des Systems der Hilfeleistung anzuwenden ist, danach, ob die Rechtsakte als solche unmittelbare Wirkung beanspruchen (Alt. 1) oder nicht (Alt. 2).

4 **Unmittelbar wirksam** sind die Verordnungen nach Art. 288 Abs. 2 und die Beschlüsse nach Art. 288 Abs. 4 AEUV. Unmittelbar wirken können auch

1 Vgl. auch Grabitz/Hilf/Nettesheim/*Classen*, Das Recht der Europäischen Union, Art. 197 Rn. 12.

Ausführungsbestimmungen der Kommission.[2] Derartige Rechtsakte sind ab dem Zeitpunkt ihres Inkrafttretens anzuwenden. Empfehlungen und Stellungnahmen (vgl. Art. 288 Abs. 5 AEUV) fehlt die hier vorausgesetzte rechtliche Verbindlichkeit.

5 **Richtlinien** i.S.d. Art. 288 Abs. 3 AEUV sind nach ihrer Rechtsnatur nicht unmittelbar anzuwenden und können erst mit Ablauf ihrer Umsetzungsfrist für die Hilfeleistung zugrunde gelegt werden. Unerheblich ist, ob die Richtlinie bis dahin (ordnungsgemäß) in das nationale Recht umgesetzt wurde. In diesem Zusammenhang spielt grundsätzlich keine Rolle, ob danach u.U. eine Bestimmung zugunsten des Bürgers unmittelbare Wirkung entfaltet (vgl. auch § 8a Rdn. 18).[3]

6 Allerdings kann dann eine Bestimmung einer Richtlinie bei fehlender Umsetzung nicht angewandt werden, wenn deshalb eine für das Handeln einer beteiligten Behörde erforderliche Eingriffsnorm in das Recht auf informationelle Selbstbestimmung fehlen würde (vgl. 8d Rdn. 2).

II. Geltung im EWR-Raum, Satz 2

7 Die Bestimmung erweitert die Geltung der §§ 8a ff. auf den Europäischen Wirtschaftsraum, nämlich die Staaten Island, Liechtenstein und Norwegen. Der jeweils infrage stehende **Rechtsakt muss nach den Bestimmungen des Abkommens über den Europäischen Wirtschaftsraum diesen Staaten gegenüber anzuwenden** sein. Diese Frage beantwortet wiederum Art. 7 des Abkommens. Dies ist dann der Fall, wenn der Rechtsakt in den Anhängen des Abkommens für verbindlich erklärt oder vom Ausschuss nach Art. 92 des Abkommens für verbindlich erklärt wurde. Art. 3 Abs. 3 des Abkommens vermag wegen seiner Allgemeinheit keine Grundlage abzugeben.[4]

C. Verfahrensvorschriften des Sozialrechts und Verwaltungsverfahrensrecht der Länder

8 Vgl. § 8a Rdn. 36.

---

2 Knack/Henneke/*Schliesky*, § 8a Rn. 31.

3 Vgl. auch Kopp/*Ramsauer*, § 8e Rn. 5, aber zu allgemein und nicht nach dem Erfordernis einer Eingriffsnorm differenzierend; so Bader/Ronnellenfitsch/*Riedel*, § 8e Rn. 7.

4 Vgl. Kopp/*Ramsauer*, § 8e Rn. 7.

Teil II Allgemeine Vorschriften über das Verwaltungsverfahren

Abschnitt 1 Verfahrensgrundsätze

Vorbemerkung zu § 9[1]

Übersicht

1 Die Kommentierung baut auf derjenigen von *Riedl* in den Voraufl. auf.

A. Abschnitt 1 des Teiles II als verfahrensrechtliches Zentralstück des VwVfG

Der (aus den §§ 9 bis 30 bestehende) Abschnitt 1 des Teiles II ist das verfahrensrechtliche Zentralstück des VwVfG.[2] Er behandelt die Voraussetzungen und Modalitäten des Verwaltungsverfahrens im Allgemeinen, ohne die Fragen der Zulässigkeit und der Durchführung eines Verwaltungsverfahrens erschöpfend zu regeln. Das im VwVfG enthaltene Verfahrensrecht ist daher auf eine Ergänzung durch allgemeine Rechtsgrundsätze angewiesen, die von Rechtslehre und Rechtsprechung (vorwiegend zum Prozessrecht) entwickelt worden sind. 1

Die nachfolgenden Ausführungen befassen sich mit
1) dem Gegenstand des Verfahrens (Rdn. 2 ff.),
2) dem Verfahrensrechtsverhältnis (Rdn. 6 ff.),
3) den Verfahrensgrundsätzen (Rdn. 17 ff.),
4) den Verfahrensvoraussetzungen (Rdn. 35 ff.),
5) den Sachentscheidungsvoraussetzungen (Rdn. 49 ff.)
6) den Verfahrenshandlungsvoraussetzungen (Rdn. 79 ff.).

B. Der Verfahrensgegenstand

Der Verfahrensgegenstand[3] (auch als »Verwaltungsrechtssache« bezeichnet[4]) entspricht nur teilweise dem Streitgegenstand des Prozesses.[5] Denn eine Konstellation, die einem von Amts wegen durchgeführten oder auf den Abschluss eines örV gerichteten Verwaltungsverfahren vergleichbar ist, kennt das (Verwaltungs-) Prozessrecht nicht, sodass eine Definition in Anlehnung an den prozessualen Streitgegenstand nur um den Preis einer Aufgabe eines einheitlichen (Ober-) Begriffs des Verfahrensgegenstandes möglich wäre. 2

I. Begriff

Der Verfahrensgegenstand ist das von oder gegenüber einem Beteiligten aufgrund eines konkreten Sachverhalts im Rahmen eines materiell-rechtlichen Verwaltungsrechtsverhältnisses verfolgte rechtliche Interesse.[6] 3

---

2 *Maurer*, JuS 1976, 485 (487), ferner etwa Knack/Henneke/*Ritgen*, Vor § 9 Rn. 1.
3 Seine Existenz bestreiten *Finkelnburg/Lässig*, Kommentar zum VwVfG Bd. 1, 1979, § 10 Rn. 8.
4 So: VGH Bayern, Urt. v. 21.05.1980 – 9.B-2007/79, BayVBl. 1981, 241; *Jäde*, BayVBl. 1988, 264 (266); Kopp/*Ramsauer*, § 9 Rn. 24.
5 Ebenso Stelkens/Bonk/Sachs/*Schmitz*, § 9 Rn. 108; vgl. auch Knack/Henneke/*Ritgen*, Vor § 9 Rn. 24. Für eine Identität hingegen Kopp/*Ramsauer*, § 9 Rn. 24.
6 Vgl. auch Stelkens/Bonk/Sachs/*Schmitz*, § 9 Rn. 18 u. 20.

4 Er ist demnach begrifflich festzulegen in einem auf den Erlass eines VA gerichteten Verfahren als das Recht der Beteiligten auf Erlass oder Unterlassung des betreffenden VA oder auf eine ermessensfehlerfreie Entscheidung darüber oder als die Pflicht der Beteiligten, den Erlass des betreffenden VA zu dulden. In einem auf den Abschluss eines örV gerichteten Verfahren ist der Verfahrensgegenstand der Inbegriff der im örV zu vereinbarenden Rechte und Pflichten der Vertragspartner.

II. Bedeutung

5 Die Bedeutung des Verfahrensgegenstandes liegt darin, dass er die im Verfahren zu prüfenden Sach- und Rechtsfragen bestimmt, zur gleichen Zeit nicht Gegenstand eines anderen Verwaltungsverfahrens sein darf (was auch in der örtlichen Zuständigkeit jeweils nur einer einzigen Behörde zum Ausdruck kommt[7]) und für jede Entscheidung maßgeblich ist, die eine Änderung der zunächst getroffenen Entscheidung im Verwaltungswege betrifft (wie die Rücknahme eines rechtswidrigen oder der Widerruf eines rechtmäßigen VA nach §§ 48 ff., der Erlass eines Widerspruchbescheides nach § 79 VwVfG i.V.m. § 73 VwGO, das Wiederaufgreifen des Verfahrens nach § 51 oder die Anpassung eines örV in besonderen Fällen nach § 60).

C. Das Verfahrensrechtsverhältnis

6 In dem – dem Prozessrechtsverhältnis vergleichbaren – (Verwaltungs-) Verfahrensrechtsverhältnis[8] stehen sich – in Bezug auf *einen* bestimmten Verfahrensgegenstand – mit bestimmten Verfahrensrechten und -pflichten grds. die das Verfahren leitende Behörde und die Verfahrensbeteiligten, gegenüber und ausnahmsweise zwei Hoheitsträger bzw. Behörden.

7 Das Verfahrensrechtsverhältnis wird mit dem Beginn des Verwaltungsverfahrens zwischen der Behörde und den Beteiligten (gem. § 13) begründet[9] (näher zum Beginn § 9 Rdn. 37 f.). Dies hat zur Folge, dass die in den §§ 10 ff. geregelten verfahrensrechtlichen Rechte und Pflichten zur Anwendung kommen.[10] Im Laufe des Verfahrens können dann durch Hinzuziehung bzw. Hinzutritt anderer Beteiligter weitere Verfahrensrechtsverhältnisse zu demselben Verfahrensgegenstand entstehen.

8 Maßgeblicher Zeitpunkt der Beendigung des Verfahrensrechtsverhältnisses ist grds. das Ende des Verwaltungsverfahrens (näher dazu § 9 Rdn. 39 ff.);[11] das Verwaltungsverfahren wird regelmäßig durch den Erlass oder die Ablehnung des beabsichtigten VA oder durch den Abschluss oder das Scheitern des anvisierten örV beendet (zur Einstellung oder Erledigung des Verfahrens, § 9 Rdn. 43 ff.). Eine Ausnahme stellen die Fälle

---

7 Vgl. *Schnell*, S. 86 f.

8 Zu diesem Begriff, der sich durchgesetzt hat, auch: Knack/Henneke/*Ritgen*, Vor § 9 Rn. 24; Stelkens/Bonk/Sachs/*Schmitz*, § 9 Rn. 5 ff.; Kopp/*Ramsauer*, § 9 Rn. 2.

9 Ebenso *Ziekow*, § 9 Rn. 2.

10 Ebenso Kopp/Ramsauer, § 9 Rn. 27.

11 Auch Stelkens/Bonk/Sachs/*Schmitz*, § 9 Rn. 11.

dar, in denen über den Zeitpunkt der Beendigung des Verwaltungsverfahrens (die die verfahrensrechtliche Hauptpflicht[12] zum Erlöschen bringt) hinaus (verwaltungs-)verfahrensrechtliche Nebenpflichten – wie etwa die Rückgabepflicht des § 52 Satz 2 – bestehen,[13] auf das sich das Verfahrensrechtsverhältnis nunmehr beschränkt.[14]

D. Rechte und Pflichten der Behörde im Verfahren

Die Behörde ist berechtigt und verpflichtet, die in ihre Zuständigkeit fallenden Verfahren nach den einschlägigen Vorschriften des Verfahrensrechts (z.B. durch Beratung und Anhörung der Beteiligten nach §§ 25, 28 oder durch Inanspruchnahme von Beweismitteln nach § 26) als Herrin des Verfahrens und damit als verfahrensleitende Behörde durchzuführen. 9

I. In einem auf den Erlass eines VA gerichteten Verfahren

Der Behörde obliegt in diesen Verfahren neben der Verfahrensleitung nach den Normen des VwVfG auch die einseitig verbindliche Anwendung der Rechtsvorschriften, die die Sachentscheidung bestimmen. 10

1. Im Fall des Betreibens von Amts wegen

Die Behörde hat insoweit bei der Verfahrenseröffnung darauf zu achten, dass die eigentliche Verfahrensvoraussetzung, ob die Beteiligten der deutschen Staatsgewalt unterliegen (vgl. Rdn. 37 ff.) sowie alle allgemeinen Sachentscheidungsvoraussetzungen (vgl. Rdn. 50 ff.) vorliegen, und das Vorliegen der den Erlass des VA rechtfertigenden materiell-rechtlichen Tatbestandsvoraussetzungen offensichtlich nicht ausgeschlossen ist. 11

Maßgeblich für die Beurteilung dieser formellen und materiellen Voraussetzungen ist die Sach- und Rechtslage zum Zeitpunkt der behördlichen Entscheidung.[15] 12

2. Im Fall der Abhängigkeit vom Antrag eines Beteiligten

Ist die Durchführung des Verfahrens vom Antrag eines Beteiligten abhängig, so hat die Behörde bei wirksamer Antragstellung (vgl. § 9 Rdn. 44) zu prüfen, ob alle allgemeinen Sachentscheidungsvoraussetzungen sowie die besonderen Sachentscheidungsvoraussetzungen des Antragsverfahrens (vgl. Rdn. 61 ff.) vorliegen (und damit infolge 13

---

12 In dem auf den Erlass eines VA gerichteten Antragsverfahren ist dies die Pflicht, den Antrag bei Vorliegen der materiellen Antragsvoraussetzungen positiv zu verbescheiden, dazu BVerwG, Urt. v. 18.10.1985 – 4 C 21/80, WKRS 1985, 12412, NJW 1986, 1826 (1827).

13 Ebenso BVerwG, WKRS 1985, 12412, NJW 1986, 1826 (1828).

14 Im Ergebnis auch Stelkens/Bonk/Sachs/*Schmitz*, § 9 Rn. 11 u. 30; a.A. insoweit BVerwG, WKRS 1985, 12412, NJW 1986, 1826 (1828).

15 Siehe auch: Stelkens/Bonk/Sachs/*Schmitz*, § 9 Rn. 137; zur Änderung der Sach- und Rechtslage Kopp/*Ramsauer*, § 9 Rn. 25a.

eines zulässigen Antrags eine Sachentscheidung durch Erlass eines VA möglich ist), und ob der Antrag des Beteiligten begründet ist, da ihm das geltend gemachte Recht (i.S.d. Sachlegitimation) generell zusteht und seine Geltendmachung im gegebenen Fall durch die Verwirklichung der einschlägigen Tatbestandsvoraussetzungen gerechtfertigt ist.

14 Für die Beurteilung der Zulässigkeit und Begründetheit eines auf den Erlass eines VA gerichteten Antrags kommt es ebenfalls auf den Zeitpunkt des Erlasses des VA an.

II. In einem auf den Abschluss eines örV gerichteten Verfahren

15 Auch in diesem Verfahren steht der Behörde die Verfahrensleitung nach den Normen des VwVfG zu, soweit der Abschluss eines subordinationsrechtlichen oder eines koordinationsrechtlichen Vertrages zwischen einem Hoheitsträger bzw. einer Behörde und einer Person infrage steht. Freilich hat die (das Verfahren leitende) Behörde dann nicht die Befugnis zur einseitig verbindlichen Anwendung materiellen Rechts, da (auch) der (subordinationsrechtliche) örV auf der Ebene rechtlicher Gleichordnung abgeschlossen wird. Bei koordinationsrechtlichen Verträgen zwischen mehreren Hoheitsträgern bzw. Behörden obliegt die Verfahrensleitung den beteiligten Behörden gemeinsam.

III. Die Rechtsstellung der Beteiligten

16 Die Rechtsstellung der Beteiligten wird durch die einzelnen Vorschriften des VwVfG und durch die allgemeinen Grundsätze des Verfahrensrechts geprägt.[16] Verfahrenspflichten bzw. -lasten sind den Beteiligten ausschließlich der Behörde gegenüber auferlegt, auch wenn diese im Interesse Dritter tätig wird; denn auch bei mehreren Beteiligten besteht – auf der Grundlage des VwVfG – ein Verfahrensrechtsverhältnis jeweils nur zwischen der Behörde und dem einzelnen Beteiligten und nicht zwischen den Beteiligten untereinander.[17]

E. Die Verfahrensgrundsätze

17 Die Verfahrensgrundsätze des Verwaltungsverfahrens stimmen mit den Verfahrensgrundsätzen des Prozesses (insb. des Verwaltungsprozesses) nur z.T. überein, weil Bestimmungen des VwVfG und die Eigenart des Verwaltungsverfahrens Abweichungen verlangen. Neben diesen einfach-rechtlichen Grundsätzen des Verwaltungsverfahrensrechts sind von der Behörde die verfassungsrechtlichen Vorgaben zu beachten, die wiederum auch die Anwendung der Verfahrensgrundsätze und die Auslegung der Normen des VwVfG beeinflussen können (vgl. Einl. Rdn. 57 ff.).

I. Für alle Verfahren geltende Grundsätze

18 Einige Verfahrensgrundsätze gelten ausnahmslos für alle Verwaltungsverfahren (sog. allgemeine Verfahrensgrundsätze).

---

16 Vgl. auch Stelkens/Bonk/Sachs/*Schmitz*, § 9 Rn. 46 ff.

17 Wohl auch *Ule/Laubinger*, § 19 Rn. 24; a.A. Stelkens/Bonk/Sachs/*Schmitz*, § 9 Rn. 10, 25 ff.

1. Der Grundsatz des Amtsbetriebes

Nach dem auf den technischen Verfahrensablauf bezogenen Grundsatz des Amtsbetriebes[18] (der auch grds. den Prozess beherrscht) hat die Behörde alle notwendigen verfahrensleitenden Maßnahmen (z.B. die Ladung von Zeugen und Sachverständigen sowie die Terminsbestimmung für mündliche Verhandlungen oder Augenscheinseinahmen) zu treffen, gleichgültig, ob das Verfahren von Amts wegen nach der Offizialmaxime oder auf Antrag nach der Dispositionsmaxime eröffnet worden ist.[19] 19

2. Der Grundsatz der Einfachheit, Zweckmäßigkeit und Zügigkeit der Verfahrensdurchführung

Ein speziell das Verwaltungsverfahren erfassendes Prinzip ist der Grundsatz der Einfachheit, Zweckmäßigkeit und Zügigkeit (Effizienz) der Verfahrensdurchführung (Einl. Rdn. 63).[20] Er hat in § 10 Satz 2 seine allgemeine gesetzliche Verankerung gefunden (vgl. § 10 Rdn. 17) und ist durch § 67 Abs. 3 für das förmliche Verwaltungsverfahren noch in besonderer Weise konkretisiert worden sowie durch das GenBeschlG und das PlanvereinheitlichungsG (Einl. Rdn. 32 und 39, § 10 Rdn. 5). 20

3. Der Untersuchungsgrundsatz

Der – auch im Prozessrecht geltende Untersuchungsgrundsatz (§ 86 VwGO)[21] – beherrscht nach § 24 Abs. 1 Satz 1 das gesamte Verwaltungsverfahren. Er bestimmt, dass der entscheidungserhebliche Tatsachenstoff von Amts wegen zu beschaffen ist. Im Gegensatz zu ihm steht die grds. den Zivilprozess lenkende Verhandlungsmaxime, nach der die entscheidende Stelle – möglicherweise gegen besseres Wissen – nur die aufgrund bestimmter Regeln in das Verfahren eingebrachten Tatsachen berücksichtigen darf. 21

4. Der Grundsatz des Freibeweises

Der (den Gegensatz zum prozessualen Grundsatz des Strengbeweises darstellende) Grundsatz des Freibeweises ist in § 26 Abs. 1 verankert. Er besagt, dass die das Verfahren leitende Behörde bei einer erforderlichen Beweisaufnahme nicht auf einen abschließenden Katalog von Beweismittelarten beschränkt ist, sondern sich nach pflichtgemäßem Ermessen aller gesetzlich zulässigen Erkenntnismittel bedienen darf, die den Nachweis des Vorhandenseins bzw. Nichtvorhandenseins einer beweisbedürftigen Tatsache ermöglichen. 22

Das Prinzip der (formellen oder personalen) Unmittelbarkeit der Beweisaufnahme (nach der im Prozess die zur Entscheidung berufenen Personen grds. – nämlich von 23

---

18 Hierzu Ule/Laubinger, § 22 Rn. 4.

19 Wolff/Bachof/Stober, Verwaltungsrecht Bd. III, 5. Aufl. 2004, § 156 IV b).

20 Ebenso z.B. Stelkens/Bonk/Sachs/*Schmitz*, § 9 Rn. 76 ff.

21 Dazu nur: Kopp/Schenke, § 86 Rn. 1 ff.; Sodan/Ziekow/*Rixen*, § 86 Rn. 2 ff.

den Fällen einer zulässigen Rechtshilfe abgesehen – selbst alle erforderlichen Beweise erheben müssen) kann im Verwaltungsverfahren unter der Geltung des Grundsatzes des Freibeweises nicht die Bedeutung eines Verfahrensgrundsatzes beanspruchen.[22] Die an ihm ausgerichtete Art der Beweisaufnahme stellt nur eine Möglichkeit der Beweisaufnahme dar, die der Behörde nach dem Grundsatz der Einfachheit, Zweckmäßigkeit und Zügigkeit (Effizienz) des Verfahrens (nach § 10 Satz 2 – vgl. § 10 Rdn. 17 f.) und dem ihr für die Ermittlung des Sachverhalts (nach § 26 Abs. 1 Satz 1) eingeräumten pflichtgemäßen Ermessen zur Verfügung steht. Viele Verwaltungsverfahren würden zum Nachteil der Beteiligten verzögert, wenn die entscheidenden Amtsträger daran gehindert wären, die Sachverhaltsaufklärung auf nachgeordnete Bedienstete zu delegieren oder hierfür nach §§ 4 ff. die Hilfeleistung einer anderen Behörde in Anspruch zu nehmen.

24 Im Verwaltungsverfahren gilt nicht der Grundsatz der materiellen Unmittelbarkeit als Vorrang des Personalbeweises vor dem Urkundenbeweis.[23] Eine generelle Rangfolge der Beweismittelarten statuiert das VwVfG nicht.

5. Der Grundsatz der freien Beweiswürdigung

25 Der (auch im Prozessrecht geltende) Grundsatz der freien Beweiswürdigung gestattet eine freie (d.h. nicht an formale Regeln gebundene, sondern den gewonnenen persönlichen Eindrücken folgende) Überzeugungsbildung, wenn über das Vorliegen der rechtserheblichen Tatsachen zu befinden ist. Dieser Grundsatz gilt auch im Verwaltungsverfahren mit der Folge, dass die Behörde nach eigener Überzeugung entscheiden darf, welches Gewicht den einzelnen Beweisergebnissen zuzuerkennen ist.

6. Der Grundsatz der Beteiligten-Öffentlichkeit

26 Der (dem prozessualen Grundsatz der Partei-Öffentlichkeit[24] entsprechende) Grundsatz der Beteiligten-Öffentlichkeit erlaubt es den Beteiligten, der Vernehmung von Zeugen und Sachverständigen und der Einnahme des Augenscheins beizuwohnen und hierbei sachdienliche Fragen zu stellen, und verpflichtet die Behörde, die Beteiligten vorher über die beabsichtigte Durchführung eines derartigen Termins in Kenntnis zu setzen. Dieser Grundsatz hat in § 66 Abs. 2 seine gesetzliche Grundlegung nur für das förmliche Verwaltungsverfahren erfahren. Als rechtsstaatliches Postulat und Ausfluss der einfach-gesetzlichen Beteiligtenstellung im Verwaltungsverfahren (§ 13) sowie des verfassungsrechtlich gewährleisteten Rechts auf Gehör (§ 28) gilt er aber auch

22 VGH Hessen, Urt. v. 11.07.1983 – VIII OE 46/82, NJW 1984, 821.

23 Vgl. zum Strafprozess *Meyer-Goßner*, Strafprozeßordnung Komm., 58. Aufl. 2015, § 250 Rn. 2. m.w.N.

24 Dazu Kopp/Schenke, § 97 Rn. 1; Sodan/Ziekow/*Lang*, § 97 Rn. 3 f.; nicht überzeugend ist die Auffassung des VG Berlin, Urt. v. 14.06.1982 – 14 A 100.81, DVBl 1983, 283 (284), dass der Grundsatz der Öffentlichkeit nicht nur für die Gesetzgebung und Rechtsprechung, sondern auch für die Exekutive gelten müsse.

im nichtförmlichen Verfahren[25], sofern nicht im Einzelfall überwiegende öffentliche Interessen oder überwiegende schutzwürdige Interessen der übrigen Beteiligten oder Dritter (z.B.: Gefahr im Verzug, etwa durch unmittelbar drohenden Beweismittelverlust; Gefahr der Einschüchterung eines Zeugen durch die Gegenwart eines Beteiligten) entgegenstehen. Insoweit steht die Entscheidung nicht lediglich im (Verfahrens-) Ermessen der Behörde.[26] Ein zu Recht von einer Beweisaufnahme ausgeschlossener Beteiligter hat jedoch immer einen Anspruch darauf, das Ergebnis der Beweisaufnahme zu erfahren und Gelegenheit zu einer Stellungnahme zu erhalten.

7. Der Grundsatz der Anhörung Beteiligter und der Gewährung der Akteneinsicht

Die Grundsätze der Gewährung rechtlichen Gehörs und der Akteneinsicht durch Beteiligte haben in den §§ 28 ff., 66 Abs. 1 und 73 ihre verfahrensgesetzliche Ausformung erhalten. 27

II. Die zusätzlich für besondere Verfahren geltenden Grundsätze

Neben den allgemeinen Verfahrensgrundsätzen kommen für bestimmte Verwaltungsverfahren weitere Grundsätze zur Geltung. 28

1. Die Offizialmaxime

Nach der Offizialmaxime (auch »Offizialprinzip« oder »Grundsatz der Amtswegigkeit« genannt) – die nicht mit dem Untersuchungsgrundsatz (vgl. Rdn. 21) verwechselt werden darf – ist von Amts wegen darüber zu befinden, ob und zu welchem Zeitpunkt ein Verfahren eingeleitet werden und welchen Gegenstand es haben soll.[27] Soweit nicht aufgrund einer besonderen Rechtsvorschrift die Dispositionsmaxime zur Anwendung gelangt, steht die Eröffnung des Verwaltungsverfahrens unter der Herrschaft der Offizialmaxime, jeweils entweder mit dem Opportunitätsprinzip oder mit dem Legalitätsprinzip verbunden. 29

a) Ihre Verbindung mit dem Opportunitätsprinzip

Das Opportunitätsprinzip besagt, dass die von Amts wegen zu treffende Entscheidung über die Eröffnung bzw. Weiterführung eines Verwaltungsverfahrens im pflichtgemäßen Ermessen der Behörde steht, wenn nicht das behördliche Ermessen auf Null reduziert oder die Offizialmaxime mit dem Legalitätsprinzip verbunden ist. 30

---

25 In diesem Sinne auch *Obermayer*, Festschrift Boorberg 1977, S. 111 (118). A.A.: Kopp/*Ramsauer*, § 26 Rn. 1b; Stelkens/Bonk/Sachs/*Kallerhoff/Fellenberg*, § 26 Rn. 13; Hk-VerwR/VwVfG/*Schwarz*, § 26 Rn. 11.

26 Anders z.B.: Stelkens/Bonk/Sachs/*Kallerhoff/Fellenberg*, § 26 Rn. 14; 36; für einen Anspruch auf ermessensfehlerfreie Entscheidung über die Hinzuziehung bzw. auf Ermessensreduzierung auf Null Kopp/*Ramsauer*, § 26 Rn. 1b.

27 Dazu nur Kopp/*Ramsauer*, § 22 Rn. 2.

b) Ihre Verbindung mit dem Legalitätsprinzip

31 Das Legalitätsprinzip verpflichtet die Behörde zur Eröffnung und Durchführung eines Verwaltungsverfahrens, wenn sie nach geltendem Recht eine bestimmte Sachentscheidung treffen muss.

2. Die Dispositionsmaxime

32 Die Dispositionsmaxime (auch »Verfügungsgrundsatz« genannt)[28] gilt im Antragsverfahren. Nach ihr bedarf es für die Eröffnung des Verfahrens und die Bestimmung des Verfahrensgegenstandes einer wirksamen Antragsstellung (vgl. Rdn. 40 ff. u. § 9 Rdn. 38). Dementsprechend findet mit der wirksamen Rücknahme des Antrags das Verfahren seine Beendigung.

3. Der Grundsatz der Mündlichkeit des Verfahrens

33 Nach dem Grundsatz der Mündlichkeit des Verfahrens[29] darf für die Entscheidung nur das verwertet werden, was Gegenstand einer mündlichen Verhandlung war. Dieser Grundsatz ist gem. § 67 Abs. 1 im förmlichen Verwaltungsverfahren (bei dem im Allgemeinen besonders schwerwiegende Eingriffe in den Rechtskreis der Beteiligten infrage stehen) zu befolgen, sofern es nicht der Behörde nach § 67 Abs. 2 gestattet ist, ohne mündliche Verhandlung zu entscheiden. Er gilt ohne Einschränkung nach Maßgabe des § 73 Abs. 6 im PfV. Im nichtförmlichen Verwaltungsverfahren ist die Durchführung einer mündlichen Verhandlung (nach § 10 Satz 1) dem behördlichen Ermessen anheimgestellt.

F. Die Verfahrensvoraussetzungen

34 Zu den Verfahrensvoraussetzungen im weiteren Sinne (deren Vorliegen stets von Amts wegen zu prüfen ist), sind zu zählen
1) die Verfahrensvoraussetzungen im eigentlichen Sinne,
2) die Sachentscheidungsvoraussetzungen,
3) die Verfahrenshandlungsvoraussetzungen.

I. Die Verfahrensvoraussetzungen im eigentlichen Sinne

35 Das Vorliegen der Verfahrenshandlungsvoraussetzungen im eigentlichen Sinne ist die Bedingung dafür, dass ein Verfahrensrechtsverhältnis zwischen der Behörde und einem (oder mehreren) Beteiligten zustande kommt.

1. Arten

36 Es gibt zwei Arten eigentlicher Verfahrenshandlungsvoraussetzungen: der an einem Verfahren Beteiligte muss der deutschen Hoheitsgewalt unterworfen sein; außerdem

---

28 Etwa Kopp/*Ramsauer*, § 24 Rn. 2.

29 Vgl. zur Bedeutung dieses Grundsatzes für den Prozess Kopp/Schenke, § 101 Rn. 1.

muss in Antragsverfahren ein verfahrensrechtlich wirksamer Antrag gestellt worden sein.

a) Unterworfenheit unter die deutsche Staatsgewalt (keine Immunität)

An einem Verfahren darf niemand beteiligt werden, der der deutschen Staatsgewalt entzogen ist.[30] 37

Weitgehende Immunität genießen z.B. fremde Staatsoberhäupter, die Mitglieder internationaler Organisationen bei ihrem dienstlichen Aufenthalt in der Bundesrepublik sowie die Mitglieder diplomatischer Missionen und konsularischer Vertretungen.[31] Diese dürfen im Allgemeinen weder von Gerichten noch von Behörden mit Zwangsmaßnahmen zur Beachtung der in der Bundesrepublik geltenden Gesetze angehalten werden.[32] 38

Diese Personen sind grds. den Eingriffen der Verwaltungsbehörden entzogen, sodass gegen sie von Amts wegen grds.[33] kein Verfahren eröffnet werden darf, das auf den Erlass eines belastenden VA abzielt. Umgekehrt können sie von sich aus ein Verwaltungsverfahren (etwa zur Erteilung einer Baugenehmigung) in Gang setzen;[34] denn nach dem Sinn und Zweck der Immunität sollen sie allein Schutz vor staatlichen Eingriffen seitens des Empfangsstaates genießen.[35] Bevor in einem Zweifelsfall nicht festgestellt wurde, dass der Einleitung eines Verwaltungsverfahrens keine Immunität des Beteiligten entgegensteht, darf die Behörde nicht tätig werden. 39

b) Stellung eines wirksamen Antrags beim Antragsverfahren

Bei Antragsverfahren ist für das Zustandekommen eines Verfahrensrechtsverhältnisses (Verfahrens-)Voraussetzung, dass ein verfahrensrechtlich wirksamer Antrag gestellt worden ist (zum Beginn s. § 9 Rdn. 37 f.); ab diesem Zeitpunkt ist der Antrag bei der Behörde anhängig. Erforderlich ist hierfür ein Begehren des Antragstellers, das 40

---

30 Zur deutschen Hoheitsgewalt und ihren Grenzen bei ausl. Hoheitsträgern s. z.B. BVerwG, Urt. v. 30.09.1988 – 9 CB 47/88, NJW 1989, 678 (keine Ladung und Vernehmung des indischen Verteidigungsministers); s.a. Stelkens/Bonk/Sachs/*Schmitz*, § 9 Rn. 142.

31 Dazu das Wiener Übereinkommen v. 18.04.1961 über diplomatische Beziehungen (WÜD, BGBl. II 1964, S. 957) und das Wiener Übereinkommen v. 24.04.1963 über konsularische Beziehungen (WÜK, BGBl. II 1969, S. 1585); zur Rechtsstellung der Mitglieder diplomatischer Missionen näher *Kempen/Hillgruber*, Völkerrecht, 2. Aufl. 2012, S. 180 ff.

32 Art. 43 Abs. 1 WÜK; Art. 31 Abs. 1 WÜD.

33 Zur ausnahmsw. zul. Einleitung vgl. Art. 32 WÜD und Art. 43 WÜK. Zur fehlenden Pflicht, als Zeuge zu erscheinen und auszusagen Art. 31 Abs. 2 WÜD.

34 Vgl. auch BVerwG, Urt. v. 29.02.1996, NJW 1996, 2744 (kein Sozialhilfeanspruch für Ausländer mit Diplomatenstatus). Vgl. zur bauplanungsrechtlichen Berücksichtigung terroristischer Gefahren, die von Konsulaten/Botschaften ausgehen können *Wittinger*, DVBl 2006, 17 und *dies.*, Anm. zu BVerwG, Urt. v. 25.07.2007 – 4 C 1.06 (DÖV 2007, 795), DÖV 2007, 786.

35 Der Vollstreckung einer Kostenentscheidung steht jedoch wieder die Immunität im Wege.

bestimmten begrifflichen Mindesterfordernissen genügen und der Behörde zugegangen sein muss; außerdem dürfen dem Antrag nicht bestimmte sonstige Unwirksamkeitsgründe entgegenstehen. Auch wenn ein verfahrensrechtlich unwirksamer Antrag vorliegt, ist es der (zuständigen) Behörde nach § 24 Abs. 3 grds. aber nicht gestattet, seine Entgegennahme zu verweigern.

aa) Begriffliche Mindesterfordernisse

41 Das Begehren muss eine auf dem natürlichen Willen des Antragstellers beruhende öffentlich-rechtliche (ggf. nur schlüssige)[36] Erklärung darstellen, durch die das Verlangen auf Erlass eines VA oder auf Abschluss eines örV hinreichend bestimmt zum Ausdruck kommt. Das ist dann der Fall, wenn die Behörde den Verfahrensgegenstand erkennen kann und sich in der Lage sieht, die (allgemeinen und besonderen) Sachentscheidungsvoraussetzungen, die Verfahrenshandlungsvoraussetzungen sowie die Sachlegitimation des Antragstellers bzw. Begründetheit des Antrags im Rahmen ihrer gesetzlichen Prüfungspflicht zu prüfen.[37] Dass die Sachentscheidungs- und Verfahrenshandlungsvoraussetzungen tatsächlich gegeben sind, ist keine Frage der Wirksamkeit, sondern Zulässigkeit des Antrags bzw. Verfahrens;[38] die Sachlegitimation des Antragstellers ist selbst (erst) i.R.d. Begründetheit eines Antrags zu prüfen.

bb) Zugang des Antrags

42 Ein Antrag wird der Behörde ggü. – entsprechend § 130 Abs. 3 i.V.m. Abs. 1 BGB – (vorbehaltlich der sonstigen Unwirksamkeitsgründe) in dem Zeitpunkt wirksam (und begründet ein Verfahrensrechtsverhältnis), in welchem er ihr zugeht. Zugegangen ist der Antrag, wenn er so in den Machtbereich der (zuständigen) Behörde gelangt ist, dass diese unter normalen Verhältnissen die Möglichkeit hat, von dem Inhalt des Antrags Kenntnis zu nehmen.[39]

43 Ist der Antrag lediglich an einen Hoheitsträger adressiert, der in mehrere Behörden untergegliedert ist, und verfügt dieser über eine zentrale Posteinlaufstelle oder ein zentrales Postfach, so ist ein Zugang bereits in dem Zeitpunkt zu bejahen, in dem er dieser zentralen Einheit zugeht; wird der Antrag aber an einen unzuständigen Hoheitsträger oder eine unzuständige Behörde innerhalb eines Hoheitsträgers gerichtet, so geht er grds. erst dann zu, wenn er in den Machtbereich der zuständigen Behörde gelangt.[40] Entscheidend ist innerhalb der zuständigen Behörde der Zugang bei der Post- oder Eingangsstelle (und nicht bei dem zuständigen Sachbearbeiter, es sei denn,

---

36 Vgl.: VGH Hessen, Urt. v. 27.02.1985 – I OE 50/81, NVwZ 1985, 498 (499); *Gusy*, BayVBl. 1985, 484 (485).

37 Vgl. auch: *Gusy*, BayVBl. 1985, 484 (485 f.); *Laubinger*, FS Ule 1987, S. 161 (178).

38 S. (für die Handlungsfähigkeit) *Laubinger/Repkewitz*, VerwArch 1994, 86 (99).

39 Ebenso Stelkens/Bonk/Sachs/*Schmitz*, § 22 Rn. 50 ff.

40 Dazu auch Stelkens/Bonk/Sachs/*Schmitz*, § 22 Rn. 54.

dieser erlangt zuerst die Möglichkeit der Kenntnisnahme, etwa weil ihm der Antrag persönlich übergeben wurde).

Ist durch die Stellung des Antrags eine Frist einzuhalten, so kommt es für die Fristwahrung zusätzlich darauf an, dass nach der Verkehrsanschauung mit einer demnächstigen Entnahme bzw. Abholung zu rechnen ist. Dabei liegt es in der Verantwortung des Antragstellers, dass der zu befördernde Antrag ordnungsgemäß frankiert und adressiert so rechtzeitig zur Post gegeben wird, dass er nach deren organisatorischen und betrieblichen Vorkehrungen bei regelmäßigem Betriebsablauf den Empfänger fristgerecht erreicht; ein Verstoß gegen diese Sorgfaltsanforderungen lässt die Voraussetzungen für eine Wiedereinsetzung in den vorigen Stand nach § 32 Abs. 1 entfallen. I.Ü. können die im Zivilrecht zum Zugang von Willenserklärungen geltenden Grundsätze insoweit grds. entsprechend angewendet werden. Der Antragsteller trägt – nach den allgemeinen Beweislastgrundsätzen – für den Zugang seines Antrags die (materielle) Beweislast. 44

Für die Antragstellung in elektronischer Form gilt § 3a; ausnahmsweise kann die persönliche Anwesenheit des Antragstellers erforderlich sein, etwa bei der Aushändigung von Urkunden.[41] 45

cc) Sonstige Unwirksamkeitsgründe und Anfechtbarkeit

Auch beim Vorliegen der begrifflichen Mindesterfordernisse und dem Zugang eines Antrags ist ein verfahrensrechtlich wirksamer Antrag z.B. nicht gegeben und damit ein Verfahrensrechtsverhältnis nicht zustande gekommen, wenn ein Antrag zwar gestellt, aber spätestens zu dem Zeitpunkt widerrufen wurde, in dem er der Behörde zugegangen ist,[42] wenn er ferner nach Zugang bei der Behörde – spätestens bis zum Abschluss des Verfahrens – (ausdrücklich oder konkludent) zurückgenommen wurde,[43] sich inhaltlich als Beleidigung[44] oder als Aufforderung zur Vornahme einer strafbaren Handlung erweist, offensichtlich nicht ernstlich gemeint ist oder ganz offensichtlich unbegründet ist[45] (etwa weil ein mehrmals abgewiesener Querulant trotz unveränderter Sach- und Rechtslage seinen Antrag zum wiederholten Male gestellt hat). 46

Umstritten ist die Anfechtbarkeit eines Antrags aufgrund von Willensmängeln gem. §§ 119 ff. BGB analog, die zu einer Unwirksam ex-tunc führt. Einerseits kann die für den Verwaltungsprozess geltende Unanfechtbarkeit nach §§ 119 ff. BGB analog[46] auf das Verwaltungsverfahren aus Gründen der Rechtssicherheit übertragen 47

41 Dazu auch Kopp/*Ramsauer*, § 3a Rn. 3.

42 Ebenso Stelkens/Bonk/Sachs/*Schmitz*, § 22 Rn. 66. Vgl. ferner *Gusy*, BayVBl. 1985, 484 (486).

43 So auch *Ziekow*, § 22 Rn. 10.

44 A.A. *Gusy*, BayVBl. 1985, 484 (486).

45 Um ein Leerlaufen der Antragsbefugnis als besonderer Sachentscheidungsvoraussetzung zu verhindern, ist hier ein tendenziell sehr strenger Maßstab anzulegen.

46 VGH Hessen, Beschl. v. 06.11.1985 – 10 TE 474/85, NJW 1987, 601 (602); BVerwG, Urt. v. 25.01.1995 – 11 C 29/93, NJW 1995, 1977 (1978).

werden,[47] weshalb die Rspr. für das Widerspruchsverfahren mit seiner Nähe zum Verwaltungsprozess die Nichtanfechtbarkeit annimmt.[48] Andererseits kann argumentiert werden, dass die strikten Anforderungen für den Prozess nicht zwingend für das Verwaltungsverfahren gelten und eine Anfechtbarkeit damit möglich sein müsse.[49] Entscheidend ist aber, dass der Antragsteller nicht ohne Rechtsschutz ist; denn die Rücknahme eines (verfahrensrechtlichen) Antrags, die ihren Rechtsgrund in der **Dispositionsmaxime** hat, hängt nicht vom Vorliegen eines besonderen Grundes ab und ist – vorbehaltlich spezialgesetzlicher Regelungen – in allen Fällen möglich.[50] Entgegen der Rechtslage bei den übrigen nichtbehördlichen Verfahrenshandlungen (vgl. Rdn. 129 ff.) besteht für eine Anfechtung analog §§ 119, 120, 123 BGB insoweit kein Rechtsschutzbedürfnis,[51] da auch eine Rücknahme das Verfahrensrechtsverhältnis für die Vergangenheit vernichtet und zur rückwirkenden Unwirksamkeit und Beseitigung der Anhängigkeit des Antrags führt.[52] Eine Ausnahme gilt allerdings dann, wenn die freie Rücknehmbarkeit durch gesetzliche Bestimmungen ausgeschlossen ist, die den Antragsteller an seinen Antrag binden.[53] Soweit ein Interesse an einer Anfechtung mit ex-tunc-Wirkung bezüglich der Verwaltungsgebühren angenommen wird,[54] hat der Bürger keinen Anspruch darauf, zu Lasten der Behörde, die mit der Antragstellung tätig geworden ist, von Kosten freigestellt zu werden.[55] Die Rücknahme ist bis zum Ende des Verfahrens möglich, also bis zur Bekanntgabe des verfahrensabschließenden VA,[56] nicht bis zum Eintritt der Unanfechtbarkeit des VA (dazu § 9 Rdn. 40).[57]

2. Folgen des Fehlens einer Verfahrensvoraussetzung im eigentlichen Sinne

48 Steht das Fehlen einer eigentlichen Verfahrensvoraussetzung dem Zustandekommen eines Verfahrensrechtsverhältnisses entgegen, so darf die Behörde keine Sachentscheidung treffen und ist auch nicht gehalten, einen Antragsteller formell zu bescheiden. Ein trotzdem erlassener VA ist rechtswidrig-aufhebbar (mit einer Heilungsmöglichkeit

47 Stelkens/Bonk/Sachs/*Schmitz*, § 22 Rn. 79.
48 BVerwG, Urt. v. 21.03.1979 – 6 C 10/78, BVerwGE 57, 342 (346 f.); VG HH, Urt. v. 09.06.2012 – 2 K 2178/09, juris.
49 Knack/Henneke/*Ritgen*, § 22 Rn. 83.
50 BVerwG, Urt. v. 15.051997 – 2 C 3/96, BVerwGE 104, 375, 377.
51 Im Ergebnis insoweit auch: Stelkens/Bonk/Sachs/*Schmitz*, § 22 Rn. 76, 78; Hk-VerwR/VwVfG/*Schwarz*, § 22 Rn. 54; anders: BVerwG, Urt. v. 10.12.1970 – II C 5.66, BVerwGE 37, 19; VGH BW, Beschl. v. 29.11.1990 – 4 S 2345/90, NVwZ-RR 1991, 490.
52 Anders – nur Wirkung ex nunc – Stelkens/Bonk/Sachs/*Schmitz*, § 22 Rn. 69.
53 Ebenso *Kluth*, NVwZ 1990, 608 (612 f.)
54 Knack/Henneke/*Ritgen*, § 22 Rn. 83; *Ziekow*, § 22 Rn. 11.
55 Vgl. § 11 VwKostG; in der Praxis kommt es bei der Rücknahme eines Antrags nicht selten zum Kostenverzicht seitens der Behörde oder jedenfalls zur Reduzierung der Kosten, vgl. zu den Gebühren für Amtshandlungen und dem in der Praxis relativ guten Gespür der Behörden für die Kostenfestsetzung Quaas/Zuck/*Kirchberg/Herrmann*, § 2 Rn. 303 ff. (305).
56 Wie hier Stelkens/Bonk/Sachs/*Schmitz*, § 22 Rn. 70.
57 So aber: Knack/Henneke/*Ritgen*, § 22 Rn. 86; Hk-VerwR/VwVfG/*Schwarz*, § 22 Rn. 50.

nach § 45 Abs. 1 Nr. 1) oder nichtig. In analoger Anwendung des § 25 (dessen unmittelbare Geltung wegen des Nichtzustandekommens eines Verfahrensrechtsverhältnisses entfällt) besteht eine Informationspflicht ggü. dem Antragsteller oder einem Dritten, wenn diesen ein berechtigtes Interesse an einer entsprechenden Unterrichtung zuzuerkennen ist.[58]

II. Die Sachentscheidungsvoraussetzungen

Das Vorliegen aller Sachentscheidungsvoraussetzungen (zusätzlich zu dem der eigentlichen Verfahrensvoraussetzungen – vgl. Rdn. 35 ff.) ist die Bedingung dafür, dass im Verfahren ein VA, der in der Sache eine Entscheidung trifft, ergehen bzw. ein örV abgeschlossen werden darf.[59] 49

1. Arten

Die Sachentscheidungsvoraussetzungen lassen sich danach einteilen, ob sie für alle Verfahren (sog. allgemeine Sachentscheidungsvoraussetzungen) oder nur (zusätzlich) für Antragsverfahren (sog. besondere Sachentscheidungsvoraussetzungen) erforderlich sind. 50

a) Die für alle Verfahren geltenden Sachentscheidungsvoraussetzungen

aa) Verwaltungstätigkeit, die auf den Erlass eines VA oder den Abschluss eines örV abzielt

Es muss eine auf den Erlass eines VA oder den Abschluss eines örV gerichtete öffentlich-rechtliche Verwaltungstätigkeit i.S.d. §§ 1 und 9 begehrt oder beabsichtigt sein. Kommen bei Wahrnehmung dieser Verwaltungstätigkeit wegen der Vorbehaltsklauseln des § 1 Abs. 1 bzw. Abs. 2 Satz 1 oder wegen der Ausnahmeregelungen des § 2 die Vorschriften des VwVfG ganz oder teilweise nicht zur Anwendung, so ist dadurch die Sachentscheidung oder der Vertragsabschluss nicht infrage gestellt. Für die Durchführung des Verfahrens gelten jedoch ausschließlich oder teilweise die einschlägigen spezialgesetzlichen Normen. Der Verwaltungsrechtsweg braucht dagegen im Anschluss an das Verwaltungsverfahren nicht eröffnet zu sein, weil das VwVfG auch dann zur Anwendung kommt, wenn der ordentliche Rechtsweg gegeben ist. 51

bb) Zuständigkeit der Behörde

Die Behörde, bei der das Verfahren anhängig ist, muss zur Entscheidung sachlich und örtlich zuständig sein. 52

---

58 Im Ergebnis ähnlich *Gusy*, BayVBl. 1985, 489, der allerdings auch beim unwirksamen Antrag § 25 unmittelbar anwenden will.

59 Zur Reihenfolge der Prüfung und zu den Sachentscheidungsvoraussetzungen etwa Stelkens/Bonk/Sachs/*Schmitz*, § 9 Rn. 142.

cc) Beteiligungs- und Handlungsfähigkeit

53 Die Beteiligten müssen die Beteiligungsfähigkeit nach § 11 und die Handlungsfähigkeit nach § 12 besitzen.[60]

dd) Die Verfahrensführungsbefugnis

54 Jeder Beteiligte, der im Verfahren ein Recht (einschließlich eines Gegenrechts wie der Einrede) geltend macht, muss die (der Prozessführungsbefugnis[61] im gerichtlichen Verfahren entsprechende) Verfahrensführungsbefugnis[62] besitzen. Anders als im Prozess, der ausschließlich unter der Dispositionsmaxime steht, gilt dieses Erfordernis im Verwaltungsverfahrensrecht nicht nur im Antragsverfahren.

aaa) Voraussetzungen

55 Die Verfahrensführungsbefugnis setzt voraus, dass derjenige, der ein Recht geltend macht, zur Geltendmachung dieses Rechts befugt ist (mit der Folge, dass ihm ggü. der die Sachentscheidung enthaltende VA zu ergehen hat).

bbb) Arten

56 Es gibt zwei Arten der Verfahrensführungsbefugnis, je nachdem, ob die Geltendmachung eines eigenen oder einem Dritten zustehenden Rechts in Betracht kommt. Grds. können in einem Verwaltungsverfahren nur eigene Rechte geltend gemacht werden. Ausnahmsweise kann ein Beteiligter aufgrund einer Verfahrensstandschaft (die der für den Prozess anerkannten Prozessstandschaft[63] entspricht) auch Rechte Dritter in eigenem Namen (und nicht als gesetzlicher oder bevollmächtigter Vertreter) geltend machen; insoweit kann rechtssystematisch zwischen gesetzlicher und gewillkürter Verfahrensstandschaft unterschieden werden.

57 Eine **gesetzliche Verfahrensstandschaft** ist dann gegeben, wenn eine Rechtsvorschrift einer rechtsfremden Person die Geltendmachung der Rechte Dritter im eigenen Namen überträgt. So nehmen die Insolvenzverwalter, Testamentsvollstrecker, Nachlassverwalter und Zwangsverwalter eine Verfahrensstandschaft wahr, wenn sie als Beteiligte kraft Amtes (die den Parteien kraft Amtes[64] im Prozessrecht entsprechen) die Rechte der Personen geltend machen, in deren Interesse sie tätig sind.

58 Eine **gewillkürte Verfahrensstandschaft** ist nur in einem Verfahren möglich, das dem Abschluss eines örV dient. Derjenige, der sie als Verfahrensbefugter in Anspruch

---

60 Vgl. *Laubinger/Repkewitz*, VerwArch 1994, 86 (99).

61 Kopp/Schenke, Vorb § 40 Rn. 23 ff.; vgl. auch BVerwG, Urt. v. 11.02.1981 – 6 P 20/80, NVwZ 1982, 38 (39 f.).

62 Enger (nur für das Antragsverfahren) Ule/Laubinger, § 19 Rn. 20. Gegen dieses Erfordernis *Schnell*, S. 85.

63 Kopp/Schenke, Vorb § 40 Rn. 24 ff.

64 Sodan/Ziekow/*Czybulka/Siegel*, § 62 Rn. 16.

nimmt, muss aufgrund einer hinreichenden (etwa in analoger Anwendung des § 185 BGB erteilten) Ermächtigung über den Anspruch, den er geltend macht, verfügen können. Er muss außerdem ein eigenes rechtliches Interesse an der Verfahrensführung (d.h. an der Geltendmachung des Rechts im eigenen Namen) besitzen.[65] Das ist z.B. der Fall, wenn jemand öffentlich-rechtliche Zahlungsansprüche eines Dritten deshalb geltend machen will, weil er diesem oder einem seiner Angehörigen ohne Rechtspflicht Geldbeträge zukommen ließ, die ihm im Fall einer Erfüllung der öffentlichrechtlichen Zahlungsansprüche zurückerstattet werden sollen.

Ausgeschlossen ist eine gewillkürte Verfahrensstandschaft in einem auf den Erlass 59
eines VA gerichteten Verwaltungsverfahren, es sei denn, es ist gesetzlich etwas anderes bestimmt.[66] Das ergibt sich aus dem Grundsatz, dass im Widerspruchsverfahren und im Verwaltungsprozess der Angriff gegen einen erlassenen VA oder gegen die Unterlassung eines VA nur von den unmittelbar betroffenen Personen mit der Behauptung der Verletzung eigener Rechte geführt werden kann.[67] Dieser Grundsatz strahlt auf die dem Widerspruchsverfahren und der Anfechtungs- bzw. Verpflichtungsklage vorausgehenden Verwaltungsverfahren aus. Während die Beteiligten kraft Amtes für die Geltendmachung der Rechte Dritter ein eigenes – gesetzlich verankertes – Verfahrensführungsrecht besitzen, ist eine gewillkürte Verfahrensstandschaft insoweit nicht zulässig.

ccc) Abgrenzung von der Beteiligungs- und der Handlungsfähigkeit sowie der Sachlegitimation

Die Verfahrensführungsbefugnis ist strikt zu unterscheiden von der Beteiligungsfä- 60
higkeit und der Handlungsfähigkeit einerseits und der Sachlegitimation andererseits. Zwar sind die beiden erstgenannten verfahrensbezogenen Qualitäten ebenso wie die Verfahrensführungsbefugnis (allgemeine) Sachentscheidungsvoraussetzungen, sie beziehen sich aber auf persönliche Eigenschaften der Beteiligten, während die Verfahrensführungsbefugnis die Geltendmachung bestimmter Rechte betrifft. Die Sachlegitimation ist im Gegensatz zur Verfahrensführungsbefugnis nicht Voraussetzung für die Zulässigkeit, sondern für die Begründetheit eines verfahrensrechtlichen Antrags. Ihre rechtliche Bedeutung beginnt erst dann, wenn die Zulässigkeit des Verfahrens feststeht und i.R.d. sachlichen Prüfung darüber zu entscheiden ist, ob dem Antragsteller das behauptete Recht tatsächlich zusteht.

b) Zusätzliche Sachentscheidungsvoraussetzungen im Antragsverfahren

In Antragsverfahren müssen neben den allgemeinen Sachentscheidungsvoraussetzun- 61
gen (vgl. Rdn. 50 ff.) zusätzlich besondere Sachentscheidungsvoraussetzungen erfüllt sein, damit ein wirksamer (vgl. Rdn. 40 ff.) Antrag auch zulässig ist und der Behörde eine Entscheidung über seine Begründetheit eröffnet.

---

65 Vgl. BVerwG, Beschl. v. 11.02.1981 – 6 P 20/80, NVwZ 1982, 38 (40).
66 Stelkens/Bonk/Sachs/*Schmitz*, § 22 Rn. 63.
67 Vgl. Kopp/Schenke, Vorb § 40 Rn. 24 f.

aa) Der ordnungsgemäß gestellte Antrag

62 Der Antragsteller muss einen ordnungsgemäßen (also nicht nur einen wirksamen – vgl. Rdn. 40 ff.) Antrag gestellt haben. Dies setzt u.a. voraus: die Einhaltung einer bestimmten Form, falls eine solche – wie z.B. nach § 64 – durch Rechtsnormen vorgeschrieben ist (sodass eine mündliche oder fernmündliche – ggf. auch eine durch schlüssiges Verhalten zum Ausdruck kommende[68] – Antragstellung nicht genügt), ferner die Verwendung eines bestimmten Formulars, sofern es auf gesetzlicher Grundlage verbindlich eingeführt ist, die Wahrung einer bestimmten gesetzlich vorgeschriebenen Frist für den Zugang des Antrags bei der Behörde (sofern diese Sachentscheidungsvoraussetzung ist und keine materielle Ausschlussfrist darstellt),[69] die Angabe des begehrten VA bzw. des angestrebten örV (ggf. unter Beifügung der erforderlichen Unterlagen, z.B. Bau- oder sonstige Pläne)[70] und das Fehlen unzulässiger Bedingungen, Befristungen oder sonstiger (Geltungs-) Vorbehalte.[71]

63 Soweit eine Begründung des Antrags nicht gesetzlich vorgeschrieben ist, ist sie für eine ordnungsgemäße Antragstellung nicht erforderlich.

bb) Die Antragsbefugnis

64 Ein Antrag ist nur dann zulässig, wenn es – in grds. entsprechender Anwendung des § 42 Abs. 2 VwGO – aus tatsächlichen oder rechtlichen Gründen nicht offensichtlich und eindeutig nach jeder Betrachtungsweise ausgeschlossen erscheint, dass das vom Antragsteller in seinem Antrag (ausdrücklich oder konkludent) geltend gemachte Recht bestehen oder ihm zustehen kann.[72]

65 An die Antragsbefugnis sind keine höheren Anforderungen als beim Sachbescheidungsinteresse zu stellen;[73] der beantragte VA muss lediglich die Rechtssphäre des Antragstellers betreffen. Insb. muss der Antragsteller sich weder (explizit oder konkludent) auf eine bestimmte Rechtsnorm berufen, noch muss er seinen Antrag begründen.[74] In besonders gelagerten (Extrem-)Fällen kann der Antrag aber bereits unwirksam sein (vgl. Rdn. 46).

---

68 VGH Hessen, Urt. v. 27.02.1985 – I OE 50/81, NVwZ 1985, 498 (499); vgl. Stelkens/Bonk/Sachs/*Schmitz*, § 22 Rn. 30.

69 *Martens*, NVwZ 1988, 684 (685 ff.).

70 Zur inhaltlichen Bestimmtheit eines Antrags vgl. BVerwG, Beschl. v. 28.05.1984 – 4 B 68/84, NJW 1984, 2481. Ebenso wie eine Klage (vgl. Kopp/Schenke, § 82 Rn. 8) darf auch der Antrag im VwVf nicht mit einer Bedingung verknüpft sein, deren Eintritt oder Nichteintritt außerhalb des Verfahrensrechtsverhältnisses liegt.

71 Stelkens/Bonk/Sachs/*Schmitz*, § 22 Rn. 76 f.

72 Zum Erfordernis der Antragsbefugnis z.B.: *Gusy*, BayVBl. 1985, 484 (486); Stelkens/Bonk/Sachs/*Schmitz*, § 9 Rn. 142, § 22 Rn. 63 ff.; a.A. *Schnell*, S. 81 ff.

73 Vgl. Kopp/*Ramsauer*, § 22 Rn. 69.

74 Zutreffend *Gusy*, BayVBl. 1985, 484 (486).

cc) Kein Verzicht und keine Verwirkung des Antragsrechts

Der Antragsberechtigte kann auf sein durch Rechtsvorschriften eingeräumtes Recht auf Stellung eines Antrags verzichten oder sein Antragsrecht nach Treu und Glauben (vgl. Einl. Rdn. 74) verwirken. 66

Ein **Verzicht** stellt eine nichtbehördliche, einseitige, empfangsbedürftige öffentlich-rechtliche Willenserklärung (hier: verfahrensrechtlicher Art) dar, die grds. der verfahrensleitenden Behörde – bestimmt und eindeutig – ggü. erklärt werden muss.[75] Er ist im Verwaltungsverfahrensrecht grds. möglich, soweit das Antragsrecht der Disposition des Einzelnen unterliegt. Von dem Verzicht auf sein (verfahrensrechtliches) Antragsrecht ist der Verzicht auf materiell subjektive öffentliche Rechte zu unterscheiden; jedoch kann einem erklärten »Verzicht«– je nach dem Ergebnis der Auslegung – entweder nur eine von beiden oder sogar beide Rechtswirkungen zukommen. 67

Das Antragsrecht ist **verwirkt**, wenn der Antragsberechtigte von seinem (gesetzlich eingeräumten) Antragsrecht längere Zeit nicht Gebrauch gemacht hat (sog. Zeitmoment) und die Behörde sich nach dem gesamten Verhalten des Antragsberechtigten darauf einrichten durfte und eingerichtet hat, dass der Antragsberechtigte auch in Zukunft keinen Antrag stellen werde (sog. Umstandsmoment). Rechtsgrund für diese Ausprägung des Grundsatzes von Treu und Glauben ist die illoyale Verspätung der Rechtsausübung, an die aber tendenziell strenge Anforderungen zu stellen sind.[76] 68

dd) Das Sachbescheidungsinteresse

aaa) Begriff

Begrifflich ist unter dem (für den Antragsteller erforderlichen) Sachbescheidungsinteresse[77] das schutzwürdige Interesse eines Beteiligten zu verstehen, dass ihm ggü. eine Sachentscheidung (durch Erlass eines VA) getroffen wird. 69

bbb) Funktion

Das Sachbescheidungsinteresse hat eine dem Rechtsschutzbedürfnis des Verwaltungsprozesses[78] entsprechende Funktion; es weist jedoch diesem ggü. einen erheblichen Unterschied auf, der in der Andersartigkeit des Verwaltungsverfahrens begründet ist. Während der Verwaltungsprozess Rechtsschutz gegen ein rechtswidriges Verhalten der 70

---

75 Dazu auch VGH Hessen, Beschl. v. 07.12.1994 – 4 TH 3032/94, NVwZ-RR 1995, 495 (496).

76 VG Bremen, Urt. v. 17.10.1995 – 2 A 95/94, NVwZ-RR 1996, 550 (551 f.); *Redeker*, NJW 1980, 1593 (1597 f.).

77 Der Terminus wurde von *Gierth* (DVBl 1967, 848 ff., insb. 851 f.) geprägt; bisweilen wird in diesem Zusammenhang auch von »Antragsinteresse« gesprochen. Vgl. ferner: OVG Schleswig-Holstein, Urt. v. 27.06.1995 – 1 L 89/94, NuR 1996, 478 (480); *Foerster*, NuR 1985, 58.

78 Vgl. dazu Kopp/Schenke, Vorb § 40 Rn. 30 ff.

Verwaltungsbehörden leisten soll, besteht die wesentliche Aufgabe des Verwaltungsverfahrens darin, ggü. dem Einzelnen gestaltend das geltende Recht anzuwenden. Dabei mögen – vor allem im Sicherheitsrecht – auch Gesichtspunkte rechtlichen Schutzes eine Rolle spielen. Doch stellt der in der Form gesetzesvollziehender VAe gewährte »Rechtsschutz« keine Rechtskontrolle dar. Deshalb ist es nicht angezeigt, das Interesse des Einzelnen am Erlass eines VA in gleicher Weise als »Rechtsschutzbedürfnis«[79] zu qualifizieren wie das schutzwürdige Interesse des Einzelnen am Ergehen einer (eine Verwaltungsmaßnahme überprüfenden) verwaltungsgerichtlichen Entscheidung.

ccc) Zweck

71 Die Sachentscheidungsvoraussetzung des Sachbescheidungsinteresses verfolgt den Zweck, die Verwaltung vor überflüssigem Handeln und damit vor sinnlosem Personal- und Sachaufwand zu bewahren,[80] ohne schutzwürdige Interessen des Antragstellers zu beeinträchtigen, da insoweit der VA seine bestimmungsgemäße Funktion nicht erfüllen kann.

ddd) Fehlen des Sachbescheidungsinteresses

72 Das Sachbescheidungsinteresse fehlt, wenn der Antragsteller z.B. nicht nur vorübergehend – aus tatsächlichen oder rechtlichen Gründen offensichtlich von der begehrten Entscheidung keinen Gebrauch machen kann,[81] er die begehrte Entscheidung nicht zur Verwirklichung seines Rechts benötigt oder er ohne ein gegenwärtiges rechtliches Interesse eine Entscheidung oder missbräuchlich[82] eine Sachentscheidung begehrt.[83]

eee) Abgrenzung der Antragsbefugnis und des Sachbescheidungsinteresses von der Verfahrensführungsbefugnis und der Sachlegitimation

73 Die Antragsbefugnis und das Sachbescheidungsinteresse sind zu unterscheiden von der Verfahrensführungsbefugnis (vgl. Rdn. 54 ff.) und von der materiell-rechtlichen Berechtigung (i.S.d. Sachlegitimation), von der die Begründetheit des Antrags abhängt.[84]

2. Die Unzulässigkeit des Verfahrens im Fall des Fehlens einer Sachentscheidungsvoraussetzung

74 Sind nicht alle (allgemeinen und ggf. auch besonderen) Sachentscheidungsvoraussetzungen gegeben, so ist ein eine Sachentscheidung treffender Verfahrensabschluss im Hinblick auf die Beteiligten, die der betreffende Mangel berührt, unzulässig.[85]

---

79 So Kopp/*Ramsauer* § 22 Rn. 77.
80 Vgl. *Gierth*, DVBl 1967, 848 f.
81 BVerwG, Urt. v. 24.10.1980 – 7 C 92/79, NJW 1981, 2426; OVG Nordrhein-Westfalen, Urt. v. 25.09.1996 – 11 A 3535/94, UPR 1997, 200.
82 Zum schikanösen Zweck VGH BW, Beschl. v. 15.08.1989 – 8 S 1863/89, UPR 1990, 68.
83 Zum Sachbescheidungsinteresse in der Rspr. näher *Wittreck*, BayVBl 2004, 193.
84 *Martens*, NVwZ 1986, 533 (537).
85 Stelkens/Bonk/Sachs/*Schmitz*, § 9 Rn. 139. Diff. Ule/Laubinger, § 19 Rn. 21.

a) Arten der Unzulässigkeit

Die vorläufige Unzulässigkeit ist gegeben, wenn die fehlende Sachentscheidungsvoraussetzung bis zu dem Zeitpunkt, in dem die Behörde die Entscheidung trifft, noch verwirklicht werden kann, mit anderen Worten der Mangel noch behoben werden kann (z.B. durch nachträgliche Antragstellung). Dies kann etwa bei der Antragstellung durch einen Handlungsunfähigen der Fall sein.[86] 75

Endgültig unzulässig ist ein Verfahren, wenn (z.B. bei fehlendem Sachbescheidungsinteresse) eine Behebung des Mangels nicht mehr in Frage kommt. 76

b) Konsequenzen der Unzulässigkeit für die Behörde

Bei einer vorläufigen Unzulässigkeit hat die Behörde auf die Beseitigung des vorhandenen Mangels hinzuwirken, während bei der endgültigen Unzulässigkeit das der Behörde aufgegebene Verhalten von der Art des Verfahrens abhängt: 77

In einem auf den Erlass eines VA gerichteten Antragsverfahren muss die Behörde den gestellten Antrag (als unzulässig) abweisen und in einer nach § 39 (ggf. auch nach § 69 oder § 74) notwendigen Begründung darlegen, worauf die Unzulässigkeit des Antrags beruht. In einem (auf den Erlass eines VA gerichteten) von Amts wegen eingeleiteten und in einem auf den Abschluss eines örV abzielenden Verfahren hat die Behörde hingegen das Verfahren einzustellen und die Beteiligten, die von der Einleitung des Verfahrens Kenntnis hatten, von der Einstellung zu unterrichten (vgl. § 9 Rdn. 43 ff.). 78

III. Die Verfahrenshandlungsvoraussetzungen

Das Vorliegen aller Verfahrenshandlungsvoraussetzungen[87] (vgl. auch Rdn. 128) ist Bedingung dafür, dass die Verfahrenshandlung im Verwaltungsverfahren rechtliche Bedeutung erlangen kann. 79

1. Verfahrenshandlungsvoraussetzungen für Beteiligte und Vertreter

Aufseiten der Beteiligten sind Verfahrenshandlungsvoraussetzung die Beteiligungsfähigkeit nach § 11 und die Handlungsfähigkeit nach § 12. **80**

Dem gesetzlichen Vertreter bzw. dem nach § 17 Abs. 4 Satz 3 oder § 18 Abs. 1 Satz 2 von der Behörde bestellten Vertreter eines Beteiligten muss die gesetzliche bzw. Vertretung von Amts wegen wirksam zustehen. Entsprechendes gilt für die gemeinsamen Vertreter nach § 17 Abs. 1 Satz 1 kraft Gesetzes mit der gemeinsamen Vertretung betrauten Unterzeichner einer gleichförmigen Eingabe sowie die nach § 17 Abs. 4 Satz 1 von den Unterzeichnern gleichförmiger Eingaben und nach § 18 Abs. 1 Satz 1 von Beteiligten bei gleichem Interesse auf eine Aufforderung der Behörde bestellten gemeinsamen Vertreter, die darüber hinaus auch nicht nach § 19 Abs. 2 i.V.m. § 14 Abs. 5 und 6 von der Behörde (wirksam) zurückgewiesen sein dürfen. **81**

86 *Laubinger/Repkewitz*, VerwArch 1994, 86 (99).
87 Ebenso Stelkens/Bonk/Sachs/*Schmitz*, § 9 Rn. 144.

82 Für den Bevollmächtigten[88] sind zusätzlich zur Handlungsfähigkeit nach § 12 Abs. 1 Nr. 1 noch die (wirksame) Verfahrensvollmacht nach § 14 Abs. 1 Satz 1, der verlangte schriftliche Nachweis der Vollmacht nach § 14 Abs. 1 Satz 3 sowie das Fehlen einer (wirksamen) Zurückweisung erforderlich.

83 Eine nur einem bestimmten Personenkreis (wie z.B. Rechtsanwälten) zustehende Verfahrenshandlungsvoraussetzung – wie etwa die im Prozessrecht durch Bestimmung eines Anwaltszwangs (§ 67 Abs. 1 VwGO) statuierte Postulationsfähigkeit (als die Fähigkeit, dem prozessualem Handeln die rechtserhebliche Erscheinungsform zu geben) – kennt das Verwaltungsverfahrensrecht nicht.

2. Rechtsfolgen bei fehlender Verfahrenshandlungsvoraussetzung

84 Fehlt (nur) aufseiten des Beteiligten (bzw. gesetzlichen Vertreters oder Bevollmächtigten eines Beteiligten) eine der Verfahrenshandlungsvoraussetzungen, so ist bezüglich der Rechtsfolgen zuerst zu unterscheiden zwischen der Vor- und der Entgegennahme von Verfahrenshandlungen.

a) Vornahme von nichtbehördlichen Verfahrenshandlungen

85 Die vorgenommenen (nichtbehördlichen) Verfahrenshandlungen können unzulässig oder unwirksam bzw. unbeachtlich sein.

aa) Unzulässigkeit

86 Unzulässig sind die vorgenommenen Verfahrenshandlungen, die (entsprechend den sog. Erwirkungshandlungen im Prozess) dazu bestimmt sind, die Behörde zu einer bestimmten Entscheidung zu veranlassen (wie etwa der Antrag auf Erlass eines VA); sie sind aber wirksam.

bb) Unwirksamkeit bzw. Unbeachtlichkeit

87 Verfahrenshandlungen, die (entsprechend den sog. Bewirkungshandlungen im Prozess) selbst die Rechtslage im Verfahren unmittelbar verändern sollen, sind unwirksam, soweit es sich um öffentlich-rechtliche Willens- oder Taterklärungen handelt, und ansonsten – da die übrigen Verfahrenshandlungen keine Wirksamkeit im Rechtssinne entfalten können – unbeachtlich.

b) Entgegennahme von behördlichen Verfahrenshandlungen

88 Behördliche Verfahrenshandlungen (wie z.B. die Hinzuziehung nach § 13 Abs. 2 oder die Bekanntgabe eines VA) sind unwirksam, soweit es sich um VAe, öffentlich-rechtliche Willens- oder Taterklärungen handelt, und i.Ü. unbeachtlich (vgl. auch Rdn. 100).

---

88 Zum verwaltungsrechtlichen Mandat näher Quaas/Zuck/*Kirchberg*/*Herrmann*, § 2 Rn. 11 ff. (67 ff.).

c) Heilungsmöglichkeiten

Das Fehlen einer Verfahrenshandlungsvoraussetzung kann u.U. nachträglich geheilt (oder genauer: als zulässig oder wirksam betrachtet bzw. beachtet) werden, mit der Folge, dass die Verfahrenshandlungsvoraussetzung entweder mit Wirkung ex tunc (von Anfang an) oder ex nunc (ab Heilung) vorliegt. Die Heilungsmöglichkeiten unterscheiden sich nach den jeweiligen Verfahrenshandlungsvoraussetzungen. 89

G. Die Verfahrenshandlungen

Die Verfahrenshandlung erfüllt eine wichtige Funktion im Verwaltungsverfahren, auch wenn sie noch keine eingehende dogmatische Behandlung erfahren hat. 90

I. Der allgemeine Begriff der Verfahrenshandlung

Allgemein sind als Verfahrenshandlungen alle rechtlich relevanten Handlungen zu verstehen, die der Einleitung oder dem Fortgang eines Verwaltungsverfahrens dienen. Den behördlichen Verfahrenshandlungen sind die (von den Beteiligten ausgehenden und damit den Prozesshandlungen vergleichbaren) nichtbehördlichen Verfahrenshandlungen gegenüberzustellen. 91

II. Die behördliche Verfahrenshandlung

1. Begriffsmerkmale

Die behördliche Verfahrenshandlung ist begrifflich 92
1) eine Handlung,
2) die einer verfahrensleitenden Behörde zuzurechnen ist,
3) sich auf ein bestimmtes Verwaltungsverfahren i.S.d. § 9 bezieht,
4) nach außen wirkt und
5) hinsichtlich des Verfahrensgegenstandes keine abschließende Entscheidung trifft.

a) Handlung

Als Handlung kommt – ebenso wie beim VA – nur ein vom natürlichen Willen eines Menschen beherrschtes Tun in Betracht, soweit nicht Rechtsvorschriften Ausnahmen (bezüglich der Verhaltensformen des Duldens oder Unterlassens) zulassen. Dabei steht die behördliche Ablehnung einer (Verfahrens-)Handlung (z.B.: Versagung rechtlichen Gehörs; Verweigerung der Akteneinsicht) ihrer Gewährung bzw. Vornahme gleich.[89] 93

b) Verfahrensleitende Behörde als Zurechnungsobjekt

Die Handlung muss einer verfahrensleitenden Behörde zugerechnet werden können. Das ist der Fall, wenn die Handlung von einem Amtsträger der Behörde vorgenommen 94

89 Vgl. auch Kopp/Schenke, § 44a Rn. 3.

wird, die das Verwaltungsverfahren als deren Herrin leitet oder (nach Eröffnung) leiten will.

95 Damit gehören zu den behördlichen Verfahrenshandlungen nicht Handlungen einer Behörde, die Beteiligte eines Verfahrens ist, solche der verfahrensleitenden Behörde vorgesetzten oder nachgeordneten Behörden, soweit diesen nicht durch Gesetz die Durchführung einzelner Verfahrensabschnitte übertragen ist und solche sonstigen Behörden, die (etwa durch die Anforderung einer Stellungnahme) in das Verfahren einbezogen sind.

c) Bezogenheit auf ein bestimmtes Verwaltungsverfahren

96 Die Handlung der verfahrensleitenden Behörde muss auf ein bestimmtes Verwaltungsverfahren i.S.d. § 9[90] bezogen sein, indem sie abzielt z.B. auf die Eröffnung eines Verwaltungsverfahrens, die Aussetzung eines Verwaltungsverfahrens (vgl. § 9 Rdn. 55 ff.) oder die Beendigung eines Verwaltungsverfahrens (z.B. durch Einstellung – vgl. § 9 Rdn. 43 ff.).

97 Mangels Bezogenheit auf ein bestimmtes Verwaltungsverfahren sind u.a. keine behördlichen Verfahrenshandlungen eine an potenzielle Antragsteller gerichtete Bekanntmachung der Behörde über die Voraussetzungen eines VA (z.B. ein Hinweis auf die Voraussetzungen einer Sperrzeitverkürzung), sowie Handlungen, die nur anlässlich bzw. bei Gelegenheit eines Verwaltungsverfahrens erfolgen (wie z.B. die Beschädigung von Sachen Beteiligter).

d) Außenwirkung

98 Die Handlung der Behörde muss nach außen gerichtet sein (näher § 9 Rdn. 17 ff.). Die Handlung muss auch – grds. – ggü. einem anderen Rechtsträger vorgenommen worden sein.[91] Ob der andere Rechtsträger mit der Behörde bereits durch ein Verfahrensrechtsverhältnis verbunden ist oder ob mit ihm überhaupt ein solches begründet werden soll, ist unerheblich.

e) Keine abschließende Entscheidung in der Sache

99 Die Handlung darf hinsichtlich des Verfahrensgegenstandes keine abschließende (d.h. materielle) Entscheidung treffen[92] (s. näher § 22, Rdn. 12), was z.B. der Fall ist, wenn einem Antrag durch Erlass des begehrten VA stattgegeben oder ein örV abgeschlossen wird.

---

90 Ebenso BVerwG, Urt. v. 27.05.1981 – 8 C 13/80, NJW 1982, 120.

91 So auch *Hill*, Das fehlerhafte Verfahren und seine Folgen im Verwaltungsrecht, 1986, S. 47.

92 Etwa auch Stelkens/Bonk/Sachs/*Schmitz*, § 9 Rn. 100, 114.

2. Rechtsnatur

Nach ihrer Rechtsnatur kann die behördliche Verfahrenshandlung ein **VA verfahrensrechtlicher Art**[93] sein (z.B. das Verlangen der Behörde zu Benennung eines Empfangsbevollmächtigten nach § 15 Satz 1), eine **öffentlich-rechtliche Willenserklärung** verfahrensrechtlicher Art (z.B. das Amtshilfeersuchen nach § 4 Abs. 1), eine **öffentlich-rechtliche Wissenserklärung** verfahrensrechtlicher Art (z.B. die Beglaubigung einer Abschrift oder Unterschrift nach § 33 – oder die Erteilung einer Auskunft nach § 25), eine **öffentlich-rechtliche Taterklärung** verfahrensrechtlicher Art (z.B. die Aufforderung zur Bestellung eines Vertreters nach § 16 Abs. 1 Nr. 3, § 17 Abs. 4 Satz 1 oder § 18 Abs. 1 Satz 1) oder **eine öffentlich-rechtliche Tathandlung (Realakt)**[94] verfahrensrechtlicher Art (z.B. die Gewährung von Akteneinsicht nach § 29), vgl. auch § 9 Rdn. 4. 100

Öffentlich-rechtliche Willenserklärungen[95] verfahrensrechtlicher Art sind auf die Herbeiführung eines rechtlichen Verfahrenserfolgs gerichtete Erklärungen, deren Rechtswirkung durch die Rechtsordnung anerkannt sein muss (wie z.B. auf Seiten der Beteiligten der Antrag auf Erlass eines VA oder auf Gewährung von Akteneinsicht oder eine Vollmachterteilung nach § 14 Abs. 1 Satz 1). Ihnen kann zugleich eine materiell-rechtliche Bedeutung zukommen,[96] was bspw. bei den Erklärungen zum Abschluss eines örV der Fall ist. 101

Für das Verfahren, das auf den Abschluss eines örV gerichtet ist, sind die Vorschriften des **BGB** gem. § 62 entsprechend anwendbar; für das auf den Erlass eines VA gerichtete Verfahren gibt es im VwVfG eine solche generelle Bestimmung nicht. Da eine unterschiedliche Behandlung je nach Verfahrensziel nicht überzeugt, sind für die Auslegung öffentlich-rechtlicher Willenserklärungen der Behörde die Bestimmungen des BGB (§§ 133, 157 BGB) entsprechend anwendbar.[97] Zur Anwendbarkeit der §§ 119 ff. BGB s. Rdn. 111. 102

Öffentlich-rechtliche Wissenserklärungen verfahrensrechtlicher Art sind auf einen tatsächlichen Erfolg gerichtete Erklärungen, die – erstens – entweder keine gesetzliche Rechtsfolge auslösen oder deren Rechtsfolgen mittelbar und kraft Gesetzes eintreten und – zweitens – verfahrensrelevante Tatsachen (wie die persönlichen oder finanziellen Verhältnisse Beteiligter) bekunden. 103

---

93 A.A. BVerwG, Urt. v. 27.05.1981 – 8 C 13/80, NJW 1982, 120. Dagegen zutreffend *Stelkens*, NJW 1982, 1137.

94 Die Tathandlung ist ein Auffangtatbestand für Verhaltensweisen, die nicht in die Kategorien VA, Willens-, Wissens- oder Taterklärung eingeordnet werden können, näher: *Peine/Siegel*, Rn. 832; Hoffmann-Riem/Schmidt-Aßmann/Voßkuhle/*Hermes*, § 39 Rn. 1 ff.

95 Zu den Rechtsfragen der Willenserklärung im Verwaltungsrecht *Kluth*, NVwZ 1990, 608.

96 Vgl. auch *Gusy*, BayVBl. 1985, 484 (489 f.).

97 BVerwG, Urt. v. 11.02.1983 – 7 C 70.80, NVwZ 1984, 36 f.; OVG Berlin-Brandenburg, Beschl. v. 31.12.2007 – OVG 5 N 15.05, Rn. 6, 11, WKRS 2007, 47503; s.a.: Knack/Henneke/*Ritgen*, § 9 Rn. 74 f.; *Kluth*, NVwZ 1990, 610.

104 **Öffentlich-rechtliche Taterklärungen** verfahrensrechtlicher Art sind auf einen tatsächlichen Verfahrenserfolg gerichtete Erklärungen, deren Rechtsfolgen unmittelbar und kraft Gesetzes eintreten (und somit – im Gegensatz zu Willenserklärungen – nicht von einem entsprechenden Willen des Erklärenden abhängen).

105 **Öffentlich-rechtliche Tathandlungen** verfahrensrechtlicher Art bewirken einen Verfahrenserfolg durch unmittelbare Wahrnehmung von Verfahrensrechten oder Erfüllung von Verfahrenspflichten (z.B.: Vorlage von beweiserheblichen Schriftstücken; Vornahme der Akteneinsicht).

3. Beispiele behördlicher Verfahrenshandlungen

106 Behördliche Verfahrenshandlungen sind z.B. im Hinblick auf die Eröffnung eines Verwaltungsverfahrens die Mitteilung über den beabsichtigten Erlass eines VA und die Erklärung des Einverständnisses zur Eröffnung von Verhandlungen, die auf den Abschluss eines örV gerichtet sind. Im Zusammenhang mit der (weiteren) Durchführung eines Verwaltungsverfahrens das Amtshilfeersuchen nach § 4 Abs. 1, die Hinzuziehung eines Dritten nach § 13 Abs. 2, die Zurückweisung eines Bevollmächtigten oder Beistandes nach § 14 Abs. 5 und 6, das Verlangen der Bestellung eines Empfangsbevollmächtigten, das Ersuchen der Bestellung eines Vertreters von Amts wegen, die Mitteilung nach § 17 Abs. 2 Satz 2, die Aufforderung nach § 17 Abs. 4 Satz 1 bzw. § 18 Abs. 1 Satz 1 sowie die Bestellung eines gemeinsamen Vertreters nach § 17 Abs. 4 Satz 3 bzw. § 18 Abs. 1 Satz 2, ferner die Entscheidung über die Eröffnung bzw. Durchführung eines Verwaltungsverfahrens nach § 22, das Verlangen der Vorlage einer Übersetzung fremdsprachiger Schriftstücke nach § 23 Abs. 2 Satz 1 und 2 sowie die Beschaffung einer Übersetzung solcher Schriftstücke nach § 23 Abs. 2 Satz 3, die Beratung sowie die Gewährung bzw. Verweigerung der Auskunft nach § 25, die verschiedenen Maßnahmen im Zusammenhang mit einer Beweisaufnahme nach § 26, die Anforderung und die Aufnahme einer Versicherung an Eides Statt nach § 27 Abs. 1 und 2, weiter die Gewährung bzw. Versagung des rechtlichen Gehörs nach §§ 28 und 66, die Gestattung bzw. Verweigerung der Akteneinsicht nach § 29, die Bestimmung von Terminen sowie die Festsetzung und Verlängerung von Fristen, die Ladung zur mündlichen Verhandlung nach § 67 Abs. 1 Satz 2 und die verfahrensleitenden Maßnahmen in einer mündlichen Verhandlung nach § 68, die Maßnahmen zur Vorbereitung und Durchführung des Anhörungsverfahrens nach § 73 im PfV, ebenso die Aussetzung eines Verwaltungsverfahrens (vgl. § 9 Rdn. 55 ff.) und die Beendigung eines Verwaltungsverfahrens (z.B. durch die Anordnung der Verfahrenseinstellung – vgl. § 9 Rdn. 43 ff.).

4. Form

107 Die Einhaltung einer bestimmten Form ist – vorbehaltlich einer besonderen gesetzlichen Regelung – für den Erlass der behördlichen Verfahrenshandlung nicht erforderlich.

5. Bedingungen oder sonstige Nebenbestimmungen

108 Im Gegensatz zu nichtbehördlichen Verfahrenshandlungen können bei behördlichen Verfahrenshandlungen VAe (verfahrensrechtlicher Art) in unmittelbarer Anwendung und öffentlich-rechtliche Willenserklärungen in entsprechender Anwendung des § 36 mit Bedingungen oder sonstigen Nebenbestimmungen versehen werden.[98]

6. Verfahren

109 Ob für den Erlass einer Verfahrenshandlung ein bestimmtes Verfahren zu beachten ist, hängt von der zu vollziehenden Verfahrensnorm und von der Rechtsnatur der behördlichen Verfahrenshandlung ab. Hat diese den Charakter eines VA, so ist vor ihrem Erlass gem. § 28 Abs. 1 eine Anhörung erforderlich, wenn die Gewährung einer Äußerungsgelegenheit im Zusammenhang mit der abschließenden Sachentscheidung zu spät käme. Das ist jedenfalls bei den nach § 44a Satz 2 VwGO selbstständig angreifbaren Verfahrenshandlungen (wie z.B. bei der Zurückweisung eines Bevollmächtigten oder Beistandes nach § 14 Abs. 5 und 6) stets der Fall.

7. Grundsätzliche Anwendbarkeit der §§ 43 bis 46 und 48 f. hinsichtlich Wirksamkeit und Bestandskraft bei behördlichen Verfahrenshandlungen mit VA-Charakter und nur eingeschränkte Anwendbarkeit der §§ 119 ff. BGB

110 Hinsichtlich ihrer Wirksamkeit und Bestandskraft folgen die behördlichen Verfahrenshandlungen den **§§ 43 bis 46 und 48 f.** mit der Maßgabe, dass den Besonderheiten dieser auf das Verfahren beschränkten verwaltungsrechtlichen Handlungsform Rechnung zu tragen ist. Die genannten Bestimmungen gelten für behördliche Verfahrenshandlungen mit VA-Charakter unmittelbar; auf Verfahrenshandlungen – die auch als öffentlich-rechtliche Willens-, Wissens- oder Taterklärungen dem VA näher stehen als einer Rechtshandlung des Zivilrechts und die als Verfahrensanordnung in einem auf einen VA-gerichteten Verfahren ergehen –, sind sie entsprechend anzuwenden. Behördliche Verfahrenshandlungen mit VA-Charakter oder Handlungen, die auf den Erlass eines VA gerichtet sind, können daher weder direkt noch analog nach §§ 119 ff. BGB angefochten werden (anders aber bei nichtbehördlichen Willenserklärungen, dazu Rdn. 130, mit Ausnahme des Antrags, dazu Rdn. 47).[99] Anders als im Falle der Auslegung (Rdn. 102) gehen die hier existierenden Spezialregelungen (§§ 43 bis 46 und 48 f.) vor.

111 Etwas anderes gilt für öffentlich-rechtliche Willenserklärungen der Behörde verfahrensrechtlicher Art, die auf den **Abschluss eines örV gerichtet** sind; hier sind über § 62

98 Zur Zul. von Nebenbestimmungen etwa *Detterbeck*, Allg. Verwaltungsrecht mit Verwaltungsprozessrecht, 14. Aufl. 2016, § 10 Rn. 643 ff.

99 Vgl. auch OVG Rheinland-Pfalz, Urt. v. 21.12.1983 – 2 A 50/83, DVBl 1984, 281 f. (im Erg. aber bejahend); a.A. Knack/Henneke/*Ritgen*, § 9 Rn. 74 ff. (76).

BGB die **§§ 119 ff. BGB entsprechend** anwendbar[100] (dazu auch § 62 Rdn. 14; zur Anwendbarkeit auf öffentlich-rechtliche Willenserklärungen unten, Rdn. 130), mit Ausnahme des § 123 Abs. 2 BGB[101], da die Behörde besonderen Verfahrenspflichten nach §§ 24 ff. unterliegt und sich nicht darauf berufen kann, ein Dritter habe die Täuschung verübt; handelt es sich bei dem Dritten um eine andere Behörde, kann zudem abweichend von § 123 Abs. 2 ggf. eine Wissenszurechnung im Verhältnis der Behörden untereinander in Frage kommen.[102]

112 Bezüglich des Verlustes der Rechtserheblichkeit einer behördlichen Verfahrenshandlung nach § 43 Abs. 2 ist zu berücksichtigen, dass häufig durch den Verfahrensfortgang eine Erledigung »auf andere Weise« eintritt.

113 Soweit Nichtigkeitsgründe nach **§ 44 Abs. 1 und 2** für behördliche Verfahrenshandlungen in Betracht kommen, führt die Nichtigkeit der Verfahrenshandlung zu einem Verfahrensfehler mit der Folge, dass die behördliche Verfahrenshandlung bis zum Abschluss des Verfahrens wirksam nachgeholt werden muss. Nach dem Rechtsgedanken des § 44a Satz 1 VwGO kann nur ein beschränkter Anspruch auf Feststellung der Nichtigkeit der behördlichen Verfahrenshandlung nach § 44 Abs. 5 Halbs. 2 anerkannt werden.

114 Bei rechtswidrigen (nicht nichtigen) behördlichen Verfahrenshandlungen ist i.R.d. **§§ 44 Abs. 3, 45 und 46** zunächst zu berücksichtigen, dass eine rechtmäßige Nachholung der fehlerhaften behördlichen Verfahrenshandlung bis zum Abschluss des Verwaltungsverfahrens die Heilung des Mangels bewirkt. Tritt die Heilung nicht bis zum Verfahrensabschluss ein, so haftet der Mangel als Verfahrensfehler der abschließenden Sachentscheidung an und bleibt allein im Zusammenhang mit dieser nach §§ 45 ff. beachtlich, wenn er sich nicht als Fehler einer nach § 44a Satz 2 VwGO selbstständig anfechtbaren behördlichen Verfahrenshandlung erweist.

115 Bei der Anwendung der §§ 48 ff. auf behördliche Verfahrenshandlungen ist zwischen den nach § 44a Satz 1 VwGO nur mit der Sachentscheidung und den nach § 44a Satz 2 VwGO selbstständig anfechtbaren Verfahrenshandlungen zu unterscheiden: Bei den nach § 44a Satz 1 VwGO nur mit der Sachentscheidung anfechtbaren behördlichen

---

100 OVG Berlin-Brandenburg, Beschl. vom 16.12.2015 – OVG 6 N 75.15, Rn. 4 (Anfechtung der Behördenerklärung gemäß § 123 Abs. 1 BGB), juris; Stelkens/Bonk/Sachs/*Bonk/Neumann/Siegel*, § 62 Rn. 27; Mann/Sennekamp/Uechtritz/*Mann*, § 62, Rn. 29.

101 Keine Anfechtung verfahrensrechtlicher Anträge (ohne Unterscheidung behördlicher und nichtbehördlicher) nimmt auch Stelkens/Bonk/Sachs/*Schmitz*, § 22, Rn. 78 f. an; a.A. (ohne Unterscheidung behördlicher und nichtbehördlicher Handlungen): Kopp/*Tegethoff*, § 62 Rn. 13; Knack/Henneke/*Ritgen*, § 9 Rn. 77; Stelkens/Bonk/Sachs/*Bonk/Neumann/Siegel*, § 62 Rn. 27; Mann/Sennekamp/Uechtritz/*Mann*, § 62, Rn. 27. Vgl. zur Anfechtung eines Prozessvergleichs wegen Inhaltsirrtums gemäß § 119 BGB BVerwG, Urt. v. 10.03.2010 – 6 C 15/09, Rn. 18, WKRS 2010, 13330.

102 Vgl. zur Anfechtung wegen arglistiger Täuschung gemäß § 123 Abs. 1 durch eine Behörde OVG HH, Beschl. v. 13.01.2004 – 1 Bf 450/03, Rn. 7, WKRS 2004, 12180.

Verfahrenshandlungen ist bis zum Erlass der Sachentscheidung die Rücknahme oder der Widerruf jederzeit möglich, soweit überhaupt eine Beseitigung der Verfahrenshandlung und nicht (wie bei Tathandlungen) nur eine Folgenbeseitigung infrage kommt; nach Erlass der abschließenden Sachentscheidung können diese Verfahrenshandlungen nicht mehr zum Gegenstand eines selbstständigen Rücknahme- bzw. Widerrufsverfahrens gemacht werden. Währenddessen unterfallen die nach § 44a Satz 2 VwGO selbstständig anfechtbaren behördlichen Verfahrenshandlungen (wie z.B. die Benennung als Zeuge) uneingeschränkt der Anwendung der §§ 48 ff., wenn sie einen aufhebbaren Inhalt haben.

8. Keine Umdeutung nach § 47

Eine Umdeutung nach § 47 kommt für fehlerhafte behördliche Verfahrenshandlun- 116
gen (auch bei VA-Charakter) nicht in Betracht, weil der mit der genannten Vorschrift verfolgte Zweck bei behördlichen Verfahrenshandlungen keine Rolle spielt und regelmäßig eine fehlerfreie Wiederholung der Verfahrenshandlung im Interesse des Grundsatzes der Einfachheit und Zweckmäßigkeit der Verfahrensdurchführung nach § 10 Satz 2 geboten ist (§ 10 Rdn. 16).

9. Rechtsschutz

Für den Rechtsschutz gegen behördliche Verfahrenshandlungen gilt § 44a VwGO 117
ohne Rücksicht darauf, welche Rechtsnatur die Verfahrenshandlung aufweist.

III. Die nichtbehördliche Verfahrenshandlung

1. Begriffsmerkmale

Begrifflich ist die – im Gegensatz zur behördlichen Verfahrenshandlung von einem 118
Beteiligten ausgehende und mit der Prozesshandlung vergleichbare – nichtbehördliche Verfahrenshandlung

1) eine Handlung,
2) die einem Beteiligten zuzurechnen ist,
3) sich auf ein bestimmtes Verwaltungsverfahren bezieht und
4) im Verhältnis zur verfahrensleitenden Behörde erfolgt.[103]

a) Handlung

Als Handlung kommt (wie bei der behördlichen Verfahrenshandlung) nur ein (akti- 119
ves) Tun in Betracht. Einem Dulden oder Unterlassen kann lediglich in besonders geregelten gesetzlichen Ausnahmefällen eine verfahrensrechtliche Wirkung zukommen (so z.B. wenn durch Gesetz bestimmt ist, dass die Unterlassung der fristgerechten Zahlung eines Kostenvorschusses als Antragsrücknahme gilt).

103 Vgl. auch Stelkens/Bonk/Sachs/*Schmitz*, § 9 Rn. 123.

b) Beteiligter als Zurechnungsobjekt

120 Die Handlung muss einem Beteiligten i.S.d. § 13 Abs. 1 zuzurechnen sein. Als Beteiligter ist jeder zu betrachten, der entweder bereits Beteiligter ist oder durch die Handlung Beteiligter wird. Personen, die – wie Zeugen und Sachverständige – zur verfahrensleitenden Behörde in keinem Verfahrensrechtsverhältnis stehen (werden), können keine Verfahrenshandlungen vornehmen.[104]

121 Die Handlung ist einem Beteiligten zuzurechnen, wenn sie vorgenommen wird vom handlungsfähigen Beteiligten selbst, von der für einen handlungsunfähigen Beteiligten vertretungsberechtigten Person nach § 12 Abs. 1, von einem Bevollmächtigten im Rahmen seiner Vollmacht nach § 14 Abs. 1, von einem Beistand unter den Voraussetzungen des § 14 Abs. 4 Satz 2, von einem nach § 16 von Amts wegen bestellten Vertreter, vom gemeinsamen Vertreter bei gleichförmigen Eingaben und bei gleichem Interesse nach den §§ 17 und 18.

c) Bezogenheit auf ein bestimmtes Verwaltungsverfahren

122 Die dem Beteiligten zuzurechnende Handlung muss auf ein bestimmtes Verwaltungsverfahren i.S.d. § 9 (vgl. § 9 Rdn. 16 ff.) bezogen sein. Das trifft zu, wenn sie ein Verfahrensrechtsverhältnis begründet (wie der Antrag auf Erlass eines VA – vgl. Rdn. 13, 40 ff. und § 9 Rdn. 38), der Geltendmachung bzw. Wahrnehmung von Verfahrensrechten dient (wie der Antrag auf Anhörung bzw. die Abgabe einer Äußerung) oder Verfahrenspflichten erfüllt (wie die Mitwirkung bei der Ermittlung des Sachverhalts nach § 26 Abs. 2 Satz 1).

123 Daher zählen nicht zu den nichtbehördlichen Verfahrenshandlungen Anfragen, die nicht von den Beteiligten eines bestimmten Verwaltungsverfahrens im Rahmen dieses Verwaltungsverfahrens gestellt werden, sowie Handlungen, die nur anlässlich bzw. bei Gelegenheit eines Verwaltungsverfahrens vorgenommen werden (wie Beleidigungen von Amtsträgern).

d) Vornahme im Verhältnis zur verfahrensleitenden Behörde

124 Die Handlung muss im Verhältnis zur verfahrensleitenden Behörde (bzw. der Behörde, die das Verfahren durchführen soll) erfolgen, und zwar entweder durch Vornahme ggü. der Behörde oder durch Entgegennahme einer behördlichen Verfahrenshandlung. Keine (nichtbehördlichen) Verfahrenshandlungen sind daher Handlungen zwischen Verfahrensbeteiligten oder im Verhältnis zu anderen Behörden.

---

104 Hieraus rechtfertigt sich auch der von *Laubinger*, FS-Ule 1987, S. 161 (171) geprägte Terminus der »Beteiligtenhandlung« für die nichtbehördliche Verfahrenshandlung, welcher damit aber die terminologische Orientierung an § 44a VwGO aufgibt.

2. Rechtsnatur

Nach ihrer Rechtsnatur sind nichtbehördliche Verfahrenshandlungen entweder **öffentlich-rechtliche Willenserklärungen** verfahrensrechtlicher Art, **öffentlich-rechtliche Wissenserklärungen** verfahrensrechtlicher Art, **öffentlich-rechtliche Taterklärungen** verfahrensrechtlicher Art oder **öffentlich-rechtliche Tathandlungen** (Realakte) verfahrensrechtlicher Art (vgl. Rdn. 100 ff.). Für die Auslegung nichtbehördlicher öffentlich-rechtlicher Willenserklärungen gelten – ebenso wie für die behördlichen (Rdn. 102) – §§ 133, 157 analog; ein Verbot, Willenserklärungen zugunsten eines Verfahrensbeteiligten erfolgsorientiert auszulegen, kennt das Bundesrecht nicht.[105] 125

3. Form und Inhalt

Die nichtbehördlichen Verfahrenshandlungen sind grds. formfrei, wenn nicht durch Rechtsvorschrift ihre Vornahme in einer bestimmten Form angeordnet ist. 126

Eine Frist, innerhalb derer eine nichtbehördliche Verfahrenshandlung vorzunehmen ist, kann gesetzlich oder (aufgrund einer Rechtsvorschrift) durch die Behörde bestimmt sein. Nichtbehördliche Verfahrenshandlungen sind grds. bedingungsfeindlich. 127

4. Verfahrenshandlungsvoraussetzungen

Voraussetzung zulässiger bzw. wirksamer nichtbehördlicher Verfahrenshandlungen sind bei den Beteiligten die Beteiligungsfähigkeit nach § 11 und die Handlungsfähigkeit nach § 12, bei den gesetzlichen oder Vertretern von Amts wegen die wirksame gesetzliche oder Vertretung von Amts wegen, bei den Bevollmächtigten zusätzlich zur Handlungsfähigkeit nach § 12 Abs. 1 Nr. 1 noch die (wirksame) Verfahrensvollmacht nach § 14 Abs. 1 Satz 1, der verlangte schriftliche Nachweis der Vollmacht nach § 14 Abs. 1 Satz 3 sowie das Fehlen einer (wirksamen) Zurückweisung. 128

5. Anfechtbarkeit wegen Willensmängeln

Auf nichtbehördliche Verfahrenshandlungen sind die §§ 43 bis 46 und §§ 48 ff. weder direkt noch – mangels Rechtsähnlichkeit bzw. Vergleichbarkeit der Interessenlage – analog anwendbar. Auch eine (freie) Rücknehmbarkeit – wie bei einem Antrag (vgl. Rdn. 47) – scheidet bei den übrigen nichtbehördlichen Verfahrenshandlungen aus, da diese von der Dispositionsmaxime insoweit nicht mehr umfasst wird. Soweit die Verfahrenshandlungen die (verfahrensrechtliche) Rechtslage unmittelbar gestalten, spricht auch dies aus dem Gedanken der Rechtssicherheit gegen die freie Rücknehmbarkeit der Widerruflichkeit.[106] 129

105 BVerwG, Urt. v. 12.12.2001 – 8 C 17/01, NJW 2002, 1137 (1139) (Auslegung von Anträgen und von bei der Behörde einzulegenden Rechtsbehelfen).

106 S.a. OVG Rheinland-Pfalz, Urt. v. 21.12.1983 – 2 A 50/83, NVwZ 1984, 316 (317).

130 Nichtbehördliche Verfahrenshandlungen können aber in entsprechender Anwendung der §§ 119 ff. BGB wegen Willensmängeln angefochten werden,[107] soweit sie den Charakter öffentlich-rechtlicher Willens- oder Taterklärungen aufweisen.[108] Das gilt jedenfalls so lange, als sich die Verfahrenshandlung nicht im Zuge des weiteren Verfahrensgangs verbraucht hat (was z.B. der Fall ist, wenn aufgrund eines Beweisantrags bereits eine Beweisaufnahme stattgefunden hat) und das Verwaltungsverfahren noch nicht abgeschlossen ist.[109] Nach Erlass eines verfahrensabschließenden VA kann der Anfechtungsgrund lediglich mit den gegen die Sachentscheidung statthaften Rechtsbehelfen geltend gemacht werden.[110]

131 Als Anfechtungsgrund kommen für Verfahrenshandlungen des Bürgers analog § 119, § 120 oder auch § 123 BGB in Frage,[111] anders als bei der behördlichen Verfahrenshandlung, für die die Anfechtung wegen Täuschung durch einen Dritten (§ 123 Abs. 2 BGB) nicht gilt (dazu bereits Rdn. 111). Für die Anfechtungsfrist ist – gleichgültig welcher Anfechtungsgrund analog BGB gegeben ist – § 121 BGB entsprechend anwendbar, sodass eine (wirksame) Anfechtung nur »unverzüglich« (d.h. nach Kenntnis des Anfechtungsgrundes ohne schuldhaftes Zögern) erfolgen kann.[112] Für die Anwendung der Jahresfrist des § 124 BGB ist im Verwaltungsverfahrensrecht aus Gründen der Rechtssicherheit und Rechtsklarheit kein Raum.[113] Die Anfechtung wirkt dabei – grds. – entsprechend § 142 Abs. 1 BGB ex tunc (von Anfang an).[114]

107 Für nichtbehördliche Verfahrenshandlungen: BVerwG, Urt. v. 10.12.1970 – II C 5.66, BVerwGE 37, 19; OVG Rheinland-Pfalz, WKRS 1983, 18712, NVwZ 1984, 316 (317); VGH Baden-Württemberg, Beschl. v. 29.11.1990 – 4 S 2345/90, NVwZ-RR 1991, 490. Die h.M. in der Lit. bejaht die Anwendung, ohne zwischen behördlicher Verfahrenshandlung und der des Bürgers zu unterscheiden: Knack/Henneke/*Ritgen*, § 9 Rn. 76; Kopp/*Tegethoff*, § 62, Rn. 13; Mann/Sennekamp/Uechtritz/*Mann*, § 62, Rn. 29. A.A. Stelkens/Bonk/Sachs/*Schmitz*, § 22 Rn. 78 f. Eine Anfechtung von Handlungen im Widerspruchsverfahren lehnt BVerwG, Urt. v. 21.03.1979 – 6 C 10/78, BVerwGE 57, 347 ab, dazu auch Rdn. 47. Vgl. zur Anfechtung eines Prozessvergleichs wegen Inhaltsirrtums gemäß § 119 ff. BVerwG, Urt. v. 10.03.2010 – 6 C 15/09, Rn. 18, WKRS 2010, 13330.

108 *Meyer/Borgs*, § 22 Rn. 8.

109 A.A.: BVerwG, Urt. v. 10.12.1970 – II C 5.66, BVerwGE 37, 19 (20); VGH Baden-Württemberg, Urt. v. 29.11.1990 – 4 S 2345/90, NVwZ-RR 1991, 490.

110 A.A. *Schnell*, S. 157. Zur Problematik des Nachschiebens von Anfechtungsgründen s. OVG Rheinland-Pfalz, Urt. v. NVwZ 1984 – 2 A 50/83, 316 (317).

111 Knack/Henneke/*Ritgen*, § 9 Rn. 77; Kopp/*Tegethoff*, § 62 Rn. 13; Mann/Sennekamp/Uechtritz/*Mann*, § 62, Rn. 30; *de Wall*, Die Anwendbarkeit privatrechtlicher Vorschriften im Verwaltungsrecht, 1999, S. 178 f.; zur Unbeachtlichkeit eines Motivirrtums VGH Baden-Württemberg, Urt. v. 29.06.2015 – 9 S 280/14, Rn. 164, WKRS 2015, 20679.

112 Ebenso: BVerwG, Urt. v. 10.12.1970 – II C 5.66, BVerwGE 37, 19 (20); VGH Baden-Württemberg, Urt. v. 29.11.1990 – 4 S 2345/90, NVwZ-RR 1991, 490 f.

113 So auch VGH Baden-Württemberg, Urt. v. 29.11.1990 – 4 S 2345/90, NVwZ-RR 1991, 490 f.; im Erg. wohl auch OVG Rheinland-Pfalz, Urt. v. 21.12.1983, NVwZ 1984, 316 (318: »Frist eher kürzer als ein Jahr«); a.A.: Knack/Henneke/*Ritgen*, § 9 Rn. 77; Kopp/*Tegethoff*, § 62 Rn. 13; Hk-VerwR/VwVfG/*Fehling*, § 62 Rn. 12.

114 Ebenso *Schnell*, S. 157.

Die das Verfahren leitende Behörde ist aber nach § 24 Abs. 1 Satz 2 Halbs. 2 an Beweisanträge, sonstige verfahrensrechtliche Erklärungen oder Vorbringen der Beteiligten nicht gebunden, da sie das Verfahren nach dem Grundsatz des Amtsbetriebs und dem Untersuchungsgrundsatz durchzuführen hat. So kann bspw. die Feststellung ungünstiger Tatsachen durch einen Beteiligten nicht dadurch verhindert werden, dass er einen bestimmten Beweisantrag zurücknimmt. 132

§ 9 Begriff des Verwaltungsverfahrens

Das Verwaltungsverfahren im Sinne dieses Gesetzes ist die nach außen wirkende Tätigkeit der Behörden, die auf die Prüfung der Voraussetzungen, die Vorbereitung und den Erlass eines Verwaltungsaktes oder auf den Abschluss eines öffentlich-rechtlichen Vertrags gerichtet ist; es schließt den Erlass des Verwaltungsaktes oder den Abschluss des öffentlich-rechtlichen Vertrags ein.

Übersicht

A. Allgemeines und Grundsätze

I. Zweck der Regelung

1 § 9 definiert als eine zentrale Norm des gesamten VwVfG das Verwaltungsverfahren als dessen Regelungsgegenstand und eröffnet dadurch insb. die verfassungsrechtlich garantierte (vgl. Einl. Rdn. 57 ff.) und durch Verfahrensrechte (z.B. Anhörung) abgesicherte Mitwirkung der beteiligten Personen an dem Verfahren. Denn die Überschrift des Teiles II (»Allgemeine Vorschriften über das Verwaltungsverfahren«) macht deutlich, dass die Legaldefinition des Verwaltungsverfahrens für den gesamten Teil II bedeutsam ist. I.Ü. konkretisiert § 9 den Begriff der öffentlich-rechtlichen Verwaltungstätigkeit nach § 1 Abs. 1 bis 3 und schränkt ihn im Hinblick auf das Verfahrensziel (VA oder örV) ein. Während die Teile III (über den VA) und IV (über den örV) Konkretisierungen des § 9 darstellen, ist dieser selbst wieder Anknüpfungspunkt für die Regelungen der Teile V und VI (über die besonderen Verfahrensarten) sowie des Teiles VII (über die ehrenamtliche Tätigkeit und die Ausschüsse), der in seinen §§ 81 und 88 auf das Verwaltungsverfahren ausdrücklich Bezug nimmt. Auch die §§ 3 bis 8 (über die örtliche Zuständigkeit und die Amtshilfe) sind einem Verwaltungsverfahren i.S.d. § 9 zugeordnet.

II. Analoge Anwendung

2 § 9 begrenzt das Verwaltungsziel auf den Erlass eines VA oder den Abschluss eines örV. Für sonstige öffentlich-rechtliche Handlungsformen gilt § 9 nicht. Umstritten[1] ist aber im Hinblick auf bestimmte Handlungsformen, ob eine analoge Anwendung in Frage kommt, namentlich für den Erlass von **Satzungen** oder **Rechtsverordnungen** oder für **schlicht hoheitliches[2] Handeln** (Tathandlungen/Realakte, vgl. Vorbem. 9 Rdn. 100), das nicht im Zusammenhang mit einem VA oder örV steht (z.B. behördliche Warnungen). Eine analoge Anwendung der §§ 9 ff. auf diese Handlungsformen muss differenziert betrachtet werden (s. zum informellen Handeln Rdn. 6):

3 Da der Gesetzgeber das VwVfG nicht auf Satzungen oder Rechtsverordnungen erstreckt hat (zur Forderung, dies zu ändern Einl. Rdn. 54) – anders als im LVwG

1 Dazu auch Kopp/*Ramsauer*, Einf. I Rn. 50 ff.

2 Zum Begriff ausführlich Hoffmann-Riem/Schmidt-Aßmann/Voßkuhle/*Hermes*, § 39 Rn. 20 ff.

Schleswig-Holstein (dazu Einl. Rdn. 43) –, ist eine analoge Anwendung der §§ 9 ff. auf diese Handlungsformen abzulehnen.[3]

Für schlicht-hoheitliches Handeln, das keinen regelnden Charakter hat, ergibt sich 4 bereits aus der Entstehungsgeschichte, dass diese Handlungsformen als noch in der Entwicklung betrachtet und deshalb nicht einbezogen wurden;[4] aufgrund dieser Lücke kann bei schlicht-hoheitlichem Handeln für jede Verfahrensregelung des VwVfG überprüft werden, ob diese zur Anwendung gelangt;[5] z.B. für § 28 ist dies zu bejahen. Dient das schlicht-hoheitliche Handeln der Vorbereitung eines VA oder örV, ist ein Verwaltungsverfahren i.S.d. § 9 gegeben (vgl. zur Verfahrenshandlung Vor 9 Rdn. 92 ff. und 118 ff.).

Handelt die Verwaltung in Formen des Privatrechts (verwaltungsprivatrechtliche, fis- 5 kalische und erwerbswirtschaftliche Tätigkeiten) ist zu unterscheiden; entstehungsgeschichtlich ist dieser Aspekt durchaus gesehen, aber nicht geregelt worden.[6] Im Hinblick auf verwaltungsprivatrechtliche Tätigkeiten, bei denen die Behörde zur Erfüllung öffentlicher Aufgaben das Privatrecht wählt, ist allerdings aufgrund des von der Rspr. anerkannten Ausschlusses, sich der Bindungen insbesondere der Grundrechte zu entziehen (keine »Flucht ins Privatrecht«),[7] das VwVfG jedenfalls dort heranzuziehen, wo es verfassungsrechtliche Grundprinzipien zum Ausdruck bringt, die das Privatrecht nicht kennt (etwa bei der Anhörung und Begründungspflichten).[8] Diese Bindungen folgen dabei nicht nur aus dem nationalen Grundgesetz, sondern resultieren auch aus den Grundsätzen einer guten Verwaltung aus Art. 41 Abs. 1 und 2 EU-GRC und aus den Anforderungen an ein faires Verfahren gem. Art. 6 Abs. 1 EMRK, die die nationalen Behörden beachten müssen (Einl. Rdn. 97 f. u. 111 und § 9 Rdn. 13).[9]

III. Informelles Verwaltungshandeln

Behörden handeln nicht nur einseitig durch Erlass eines VA oder durch ver- 6 bindliche Festlegungen in einem örV, sondern nutzen – z.B. im Umwelt-,

---

3 Ebenso: Knack/Henneke/*Ritgen*, Vor § 9 Rn. 8; Stelkens/Bonk/Sachs/*Schmitz*, § 1 Rn. 161, 181; *Ziekow*, § 9 Rn. 8; Bader/Ronellenfitsch/*Gerstner-Heck*, § 9 Rn. 2.1.; diff. Kopp/*Ramsauer*, Einf. I Rn. 50a und § 9 Rn. 4 f.

4 Amtl. Begr. zu § 9 Regierungsentwurf von 1973 (BT-Drucks. 7/910), S. 41 (»noch nicht als in ihrer Rechtsentwicklung und dogmatischen Verfestigung abgeschlossen«), krit. dazu *Meyer/Borgs*, § 9 Rn. 2.

5 Ebenso Stelkens/Bonk/Sachs/*Schmitz*, § 9 Rn. 4; s.a. im Erg. Knack/Henneke/*Ritgen*, Vor § 9 Rn. 15 (analoge Anw. oder auch als Ausdruck allg. Rechtsgedanken); a.A.: *Ziekow*, § 9 Rn. 8; Bader/Ronellenfitsch/*Gerstner-Heck*, § 9 Rn. 2.1.

6 Stelkens/Bonk/Sachs/*Schmitz*, § 1 Rn. 117.

7 Vgl. BVerfG, Urt. v. 22.02.2011, 1 BvR 699/06, NJW-RR 2011, 1043 (Fraport AG).

8 Ebenso: Knack/Henneke/*Ritgen*, Vor § 9 Rn. 13; *Ziekow*, § 9 Rn. 8 (Anwendung der Sicherungsmechanismen des VwVfG); Quaas/Zuck/*Kirchberg/Herrmann*, § 2 Rn. 2; a.A. Bader/Ronellenfitsch/*Gerstner-Heck*, § 9 Rn. 2.1.

9 Ebenso Kopp/*Ramsauer*, Einf. I Rn. 51a.

Wirtschaftsverwaltungs- und Baurecht – auch die Möglichkeit des **informellen Verwaltungshandelns.**[10] Das informelle Verwaltungshandeln kann begrifflich vom schlicht-hoheitlichen Handeln nicht eindeutig abgegrenzt werden,[11] so dass Empfehlungen, Warnungen und Informationen als hoheitliche Realakte auch dem informellen Handeln zugeordnet werden[12] und umgekehrt informelle Absprachen als Realakte[13]; vorwiegend geht es beim informellen Verwaltungshandeln um **(Vor)Absprachen, Agreements, Vorabstimmungen**[14] und auch um **Mediation.**[15] Informelles Verwaltungshandeln unterfällt also solches dem § 9 nicht unmittelbar; z.B. die Ergebnisse einer Mediation sind regelmäßig nicht rechtsverbindlich, auch nicht, wenn sie in eine von allen Seiten unterzeichnete Vereinbarung münden, die damit keinen örV darstellt.[16]

7 Dient (unselbstständiges) informelles Verwaltungshandeln lediglich der Vorbereitung eines VA oder örV, ist der Anwendungsbereich des § 9 gegeben (vgl. Rdn. 22); dies kann auch der Fall sein, wenn etwa von vorneherein beabsichtigt ist, ein Mediationsergebnis in ein förmliches Verfahren einzubeziehen.[17] Informelles Verwaltungshandeln kann aber auch eine selbstständige Funktion einnehmen und neben oder anstatt eines Verwaltungsverfahrens vorkommen.[18] Im Übrigen können die Verbindungen zwischen informellem Handeln und förmlichen Verfahren fließend sein,[19] etwa, wenn wie häufig Kontakte und informelle Vorabsprachen zwischen Behörde und Bürger **vor** Eröffnung eines Verwaltungsverfahrens stattfinden;[20] ferner können Vorabsprachen, anders als zunächst geplant, zum Erlass eines VA oder dem Abschluss eines örV führen oder im Gegenteil zu einem Scheitern einer bindenden Vereinbarung.[21]

8 Zu Recht wird – neben den Vorteilen einer an der Verwaltungseffizienz und der Konsensfindung orientierten Bandbreite an Gestaltungsmöglichkeiten[22] – auf die Gefahren, die das informelle Verwaltungshandeln – gerade in Form von selbstständigen

10 Dazu auch: Stelkens/Bonk/Sachs/*Schmitz*, § 9 Rn. 172 ff.; Knack/Henneke/*Ritgen*, § 9 Rn. 17.
11 Vgl. Hoffmann-Riem/Schmidt-Aßmann/Voßkuhle/*Fehling*, § 38 Rn. 14 ff.
12 So z.B. von: Stelkens/Bonk/Sachs/*Schmitz*, § 9 Rn. 183; Quaas/Zuck/*Kirchberg/Herrmann*, § 2 Rn. 142.
13 *Maurer/Waldhoff*, § 15 Rn. 14 f.
14 Vgl. Kopp/*Ramsauer*, Einf. I Rn. 74.
15 Zur Mediation in Verwaltungssachen Quaas/Zuck/*von Bargen*, § 10 Rn. 1 ff. (zur Mediation im Verwaltungsverfahren Rn. 46 ff.); zum MediationsG auch *Guckelberger*, NVWZ 2011, 390; ferner z.B.: *Schillinger*, Mediation in Verwaltungsrecht, 2003; *Rüssel*, Mediation in komplexen Verwaltungsverfahren, 2004.
16 Vgl. Quaas/Zuck/*von Bargen*, § 10 Rn. 51 f.
17 Vgl. *Ziekow*, § 9 Rn. 9.
18 S. auch Stelkens/Bonk/Sachs/*Schmitz*, § 9 Rn. 181 ff.
19 Ebenso Stelkens/Bonk/Sachs/*Schmitz*, § 9 Rn. 176. Vgl. ferner *Ziekow*, § 9 Rn. 10.
20 Dazu auch: Stelkens/Bonk/Sachs/*Schmitz*, § 9 Rn. 175 ff.; Knack/Henneke/*Ritgen*, Vor § 9 Rn. 19.
21 Vgl. *Ziekow*, § 9 Rn. 9.
22 Vgl. Stelkens/Bonk/Sachs/*Schmitz*, § 9 Rn. 173; s. ferner Quaas/Zuck/*von Bargen*, § 10 Rn. 53 ff..

Vorverhandlungen – birgt, hingewiesen:[23] auf die Außerachtlassung der Verfahrensanfordernisse, die das förmliche Verwaltungsverfahren vorschreibt, z.B. im Hinblick auf Dritte oder die Öffentlichkeit. Es kann nicht der Behörde und dem Bürger anheimgestellt werden, durch die Wahl des informellen Handelns über Förmlichkeit und die verfahrensrechtlichen Bindungen zu entscheiden[24] – oder diese außer Acht zu lassen. Es ist daher eine Vorverlagerung von Verfahrensregeln in das formelle Verfahren angezeigt,[25] sei es mittels einer analogen Anwendung der förmlichen Vorschriften[26] (z.B. der §§ 20, 21 und 28) oder mittels der Bindungen an ein faires Verfahren, das das Rechtsstaatsprinzip und die Grundrechte der Betroffenen[27] gebieten und die auch aus dem Recht auf eine gute Verwaltung (Art. 41 Abs. 1 und 2 EU-GRC) und auf ein faires Verfahren nach Art. 6 Abs. 1 EMRK folgen (Einl. Rdn. 96 ff. u. 111 und § 9 Rdn. 13).

IV. Europarecht und Verwaltungsverfahren

1. VwVfG als Vollzugsgrundlage für das Unionsrecht

Das VwVfG bildet (zusammen mit den VwVfGen der Länder) die entscheidende 9
rechtliche Grundlage für die Durchführung – den Vollzug – des Unionsrechts[28] (dazu und zur Europäisierung des VwVfG bereits Einl. Rdn. 86 f.). Abgesehen vom sog. direkten oder unionseigenen Verwaltungsvollzug des Unionsrechts durch die EU-Organe selbst, wird das Unionsrecht von den einzelnen Mitgliedstaaten (sog. indirekter Verwaltungsvollzug) vollzogen.[29] Diese Vollziehung des Unionsrechts durch die nationalen Behörden der EU-Mitgliedstaaten stellt den Regelfall dar. Beim indirekten Verwaltungsvollzug des Unionsrechts wird zwischen dem unmittelbaren und mittelbaren Vollzug unterschieden. Während beim unmittelbaren Verwaltungsvollzug die nationalen Behörden unionsrechtliches Eigenverwaltungsrecht[30] anwenden, wenden sie beim (in der Praxis wichtigeren) mittelbaren Verwaltungsvollzug ihre jeweils nationalen verwaltungsverfahrensrechtlichen Bestimmungen an, also das VwVfG (und die VwVfGe der Länder).

Das VwVfG gilt auch für die mitgliedstaatlichen Verfahrensphasen im Rahmen der 10
mehrstufigen Kooperationsverfahren,[31] z.B. bei der Festlegung von FFH-Gebieten

23 So: Knack/Henneke/*Ritgen*, Vor § 9 Rn. 19; Stelkens/Bonk/Sachs/*Schmitz*, § 9 Rn. 173.
24 Ebenso: *Ziekow*, § 9 Rn. 9; Stelkens/Bonk/Sachs/*Schmitz*, § 9 Rn. 182.
25 Vgl. Kopp/*Ramsauer*, § 9 Rn. 12a.
26 Knack/Henneke/*Ritgen*, Vor § 9 Rn. 19.
27 Vgl. z.B. Kopp/*Ramsauer*, Einf. I Rn. 75; für das Mediationsverfahren Quaas/Zuck/*von Bargen*, § 10 Rn. 54.
28 Zur Einteilung des Unionsrechts in Primär- und Sekundärrecht *Streinz*, Rn. 445 ff.
29 Etwa: Schwarze/*Hatje*, Art. 197 AEUV Rn. 1; *Streinz*, Rn. 589 ff.
30 Zu EU-Verordnungen und ihren Verfahrensregeln (z.B. im Zollkodex) näher: *Streinz*, Rn. 588; Knack/Henneke/*Ruffert*, Vor § 1 Rn. 79.; zu den bislang geringen primär- und sekundärrechtlichen Bestimmungen auch Kopp/*Ramsauer*, Einf. II Rn. 42.
31 Dazu insgesamt *Sydow*, Verwaltungskooperation in der Europäischen Union, 2004.

und Beihilfeverfahren[32] (s.a. Einl. Rdn. 85; s. aber zu fehlenden Außenwirkung i.S.d. § 9 Rdn. 21).

11 Die Pflicht der Mitgliedstaaten zum Vollzug des Unionsrecht folgt, abgesehen von Spezialvorschriften, aus Art. 197 Abs. 1 und Art. 291 Abs. 1 AEUV, wonach die Mitgliedstaaten verpflichtet sind, zur effektiven Durchführung des Unionsrechts Maßnahmen »nach innerstaatlichem Recht« zu ergreifen; dazu zählt auch, ihren nationalen Verwaltungsapparat zur Verfügung zu stellen. Aus dem »Grundsatz der loyalen Zusammenarbeit« (Art. 4 Abs. 3 EUV) resultiert die Pflicht der Mitgliedstaaten, den Vollzug des Unionsrechts so auszugestalten, dass bei der Anwendung des Verwaltungsverfahrensrechts die effektive Anwendung und Wirksamkeit des Unionsrechts nicht beeinträchtigt wird (Effizienzgebot); ferner dürfen die nationalen Behörden der Mitgliedstaaten beim Vollzug des Unionsrechts keine Unterschiede machen zu gleichartigen, rein nationalen Fällen, in denen ausschließlich nationale Vorschriften angewandt werden (Diskriminierungsverbot[33] oder Grundsatz der Gleichwertigkeit).[34] Diese Erfordernisse des Unionsrechts schränken die nationalen Behörden bei der Anwendung des VwVfG, einschließlich der §§ 9 ff., ein.

12 Bisher vom BVerfG und dem EuGH ungeklärt ist die Frage, ob die nationalen Verwaltungsbehörden bei Durchführung eines Verwaltungsverfahrens i.S.d. § 9 befugt sind, eine innerstaatliche Norm, die dem Unionsrecht entgegensteht, zu verwerfen (näher Einl. Rdn. 93 ff.). Vorgeschlagen wird, ein solches Recht der Behörde, jedenfalls bei einer »offensichtlichen« Kollision mit dem Unionsrecht, zu bejahen.[35] Wäre ein solches Recht endgültig anerkannt, sollte es im VwVfG in einem Abschnitt zum »Europäischen Verwaltungsrecht« (Einl. Rdn. 56 u. 92) geregelt werden.

2. §§ 9 ff. VwVfG und das »Recht auf eine gute Verwaltung« der EU-GRC

13 Nicht abschließend geklärt ist auch die Bedeutung der EU-GRC für das VwVfG, mit dem darin enthaltenen »Recht auf eine gute Verwaltung« (Art. 41 Abs. 1 und 2 EU-GRC, dazu bereits Einl. Rdn. 96 ff.). Die Vorschrift gilt, wie die EU-GRC insgesamt, zunächst für die EU selbst, nicht für die Mitgliedstaaten der EU bei der Anwendung rein nationalen Rechts. Die EU-GRC gilt aber auch bei der »Durchführung«[36] des Unionsrechts (Art. 51 Abs. 1 GRC). Darunter ist zumindest ein legislatives Handeln der Mitgliedstaaten und der administrative Vollzug von Verordnungen (und unmittelbar anwendbaren Richtlinien) zu verstehen. Die jüngste Rspr. des EuGH geht ferner von einer umfassenderen Bindung der Mitgliedstaaten an die

32 OVG Berlin-Brandenburg, Beschl. v. 17.10.2011 – OVG 10 S 22.11, WKRS 2011, 28019.
33 *Streinz,* Rn. 589 ff. (593).
34 Zu diesem Begriff und der Verwendung durch den EuGH in neuerer Zeit Schulze/Zuleeg/Kadelbach/*Gundel*, § 3 Rn. 194 m.w.N.
35 *Demleitner*, NVwZ 2009, 1525 (1529 ff.).
36 Zum Streit um den Inhalt dieses Begriffs: Schwarze/*Hatje*, Art. 51 GRC Rn. 15 ff.; Calliess/Ruffert/*Kingreen*, Art. 51 GRCh Rn. 7 ff.

EU-Grundrechte der Charta aus, wonach auch nationale Gesetze zur »Durchführung« des EU-Rechts ergangen sind, obwohl diese nationalen Vorschriften gar nicht zur Umsetzung einschlägiger EU-Richtlinien erlassen wurden.[37] Danach sind die Mitgliedstaaten, die nationale Vorschriften anwenden – z.B. im Bereich des Umwelt- oder Naturschutzrechts, das häufig europarechtliche Bezüge aufweist – an die EU-GRC gebunden; die gilt dann auch für eine nationale Behörde bei der Durchführung eines Verwaltungsverfahrens gem. § 9 zur verfahrensrechtlichen Realisierung eines solchen (Verwaltungs-) Gesetzes. Die weitere Entwicklung dieser EuGH-Rspr. bleibt derzeit abzuwarten. Zu den jüngeren Entwicklungen in der Rechtsprechung des BVerfG zur EU-Grundrechtecharta als alleinigem Prüfungsmaßstab der deutschen Verfassungsbeschwerde (für den Fall voll vereinheitlichten EU-Rechts) bereits Einl Rdn 93.

Vom Schutzumfang her sind die Einzelaspekte des »Rechts auf eine gute Verwaltung« in 14 Art. 41 Abs. 1 und 2 EU-GRC (zum Wortlaut Einl. Rdn. 96) – auch wenn im VwVfG kein ausdrückliches »Recht auf eine gute Verwaltung« existiert – für ein Verwaltungsverfahren gem. § 9 aus dem VwVfG selbst zu entnehmen (z.B.: zur Anhörung, § 28 VwVfG, zum Akteneinsichtsrecht für Beteiligte, § 29 VwVfG, zur Regelbearbeitungsfrist für Anträge, § 42a Abs. 2, dazu Einl. Rdn. 100); zur **Dauer** s. Rdn. 62 und § 10 Rdn. 17 f. Ergänzend ergeben sich einzelne Inhalte aus dem Verfassungsrecht (z.B. aus Art. 20 Abs. 2 und 3 GG, Art. 2 Abs. 1 GG) und aus der VwGO (z.B. zur Antragsbefugnis aus § 42 Abs. 2 VwGO analog), etwa für die Prüfung der Sachentscheidungsvoraussetzung in einem auf einen VA gerichteten Verfahren nach § 9. Da Art. 41 Abs. 1 und 2 damit keine neuen, in den Mitgliedstaaten unbekannten Rechte und Grundsätze »erfinden« und der EuGH jedenfalls bislang keinen eigenständigen Anwendungsbereich des Art. 41 Abs. 1 und 2 GRC eröffnet hat (Einl. Rdn. 103), ist inhaltlich im Vergleich zum nationalen Recht wohl nicht von höheren Anforderungen an ein Verwaltungsverfahren gem. § 9 auszugehen, die durch diese Vorschrift der EU-GRC indiziert würden.

3. Verwaltungsverfahren i.S.d. § 9 und EMRK

Anforderungen aus der EMRK ergeben sich für ein Verwaltungsverfahren i.S.d. § 9, 15 abgesehen von den Anforderungen an ein faires Verfahren aus Art. 6 Abs. 1 EMRK (Einl. Rdn. 111) vorrangig im Hinblick auf die **Dauer** eines Verwaltungsverfahrens nach Art. 6 Abs. 1 EMRK, dazu Rdn. 63 ff., § 10 Rdn. 18 und Einl. Rdn. 112 ff.

B. Die Vorschrift im Einzelnen: Begriff des Verwaltungsverfahrens

I. Tätigkeit einer Behörde

Nur öffentliche-rechtliche Verfahrenshandlungen und Maßnahmen von Behörden mit 16 dem Verfahrensziel VA oder örV unterfallen dem Verwaltungsverfahren gem. § 9 und eröffnen die Anwendung der Vorgaben für das Verfahren in §§ 10 ff. In § 1 Abs. 4

37 EuGH, Urt. v. 26.02.2013 – Rs. C-617/10 (Åklagare/Hans Åkerberg Fransson), abrufbar über: http://curia.europa.eu. Diese Auffassung des EuGH lehnt das BVerfG, Urt. v. 24.04.2013 – 1 BvR 121/07, Rn. 91, explizit ab.

wird für das VwVfG der Begriff der Behörde legaldefiniert. Für Handlungen von Behörden i.R.d. Verwaltungsprivatrechts gelten die §§ 9 ff. nicht direkt; es kommt aber eine analoge Anwendung der §§ 9 ff. bei verwaltungsprivatrechtlichem und bei schlicht-hoheitlichem Handeln in Betracht (dazu bereits Rdn. 2 ff).

II. Außenwirkung

1. Voraussetzungen

17 Das Verwaltungsverfahren gem. § 9 setzt eine nach außen wirkende Tätigkeit der Behörde voraus. Der Begriff der Außenwirkung ist strittig.[38] Eine Außenwirkung kommt – entsprechend der rechtsstaatlichen Funktion des § 9 – allen Maßnahmen im Verfahren zu, die objektiv die Rechtssphäre von Betroffenen – sei es mit oder ohne Regelungscharakter, sei es unmittelbar[39] oder mittelbar – berühren,[40] ohne Rücksicht darauf, ob sie unmittelbar oder nach § 44a Satz 1 VwGO erst mit der Sachentscheidung einer verwaltungsgerichtlichen Nachprüfung unterzogen werden können.[41] Dieser Begriff der Außenwirkung ist daher nicht identisch mit dem Merkmal der unmittelbaren Rechtswirkung nach außen bei § 35 Satz 1, sondern geht darüber hinaus.[42] Denn er umfasst auch die Fälle der **mittelbaren** Außenwirkung,[43] d.h. alle verwaltungsinternen Maßnahmen, die den Inhalt des verfahrensabschließenden VA oder örV beeinflussen (können) und damit letztlich – allgemein[44] – die Rechtssphäre des Bürgers[45] (ausgenommen sind daher rein interne Vorbereitungshandlungen, dazu näher Rdn. 19).

18 Zu den Maßnahmen mit Außenwirkung gehören demnach nicht nur die als VAe erlassenen oder als örVe zustande gekommenen Sachentscheidungen, sondern auch behördliche Verfahrenshandlungen, die der Feststellung des Sachverhalts, der Anhörung Beteiligter, der Hinzuziehung weiterer Personen als Beteiligte oder der Mitwirkung anderer Behörden dienen.[46] Teile eines (einheitlichen) Verwaltungsverfahrens der Behörde, die den verfahrensbeendigenden VA oder örV zu erlassen bzw. abzuschließen hat, können zudem auch sein die (konkrete, auf ein – anhängiges – Verwaltungsverfahren

38 Dazu auch Stelkens/Bonk/Sachs/*Schmitz*, § 9 Rn. 116 ff.

39 Für eine unmittelbare Einwirkung auf rechtlich geschützte Positionen der Beteiligten früher Kopp/*Ramsauer* bis 7. Aufl., auch *Meyer/Borgs*, § 9 Rn. 4; anders jetzt Kopp/*Ramsauer*, § 9 Rn. 10.

40 Ebenso Knack/Henneke/*Ritgen*, § 9 Rn. 13 (i.S. einer allg. Berührung). Anders: Stelkens/Bonk/Sachs/*Schmitz*, § 9 Rn. 121; Kopp/*Ramsauer*, § 9 Rn. 10.

41 Ähnlich *Ule/Laubinger*, § 19 Rn. 5.

42 Ebenso z.B.: *Obermayer*, FS Boorberg, 1986, S. 111 (112); Kopp/*Ramsauer*, § 9 Rn. 10; *Ziekow*, § 9 Rn. 6.

43 Ebenso: *Ziekow*, § 9 Rn. 6; Stelkens/Bonk/Sachs/*Schmitz*, § 9 Rn. 120.

44 Auch Knack/Henneke/*Ritgen*, § 9 Rn. 13 a.E.

45 S. *Laubinger*, VerwArch. 1985, 449 (468 f.).

46 Vgl. auch VGH Bayern, Urt. v. 08.12.1987 – 25 C 87.01145, NJW 1988, 1615 und Urt. v. 22.03.1988 – 21 B 87.03439, BayVBl. 1988, 404 (405).

i.S.d. § 9 bezogene) Weisung eines Vorgesetzten oder einer übergeordneten Behörde,[47] ferner die Mitwirkung weiterer Stellen innerhalb der verfahrensleitenden Behörde oder anderer Behörden[48] (z.B.: Einvernehmen, Zustimmung, Stellungnahmen, Anhörung), soweit sie – etwa wegen intra- bzw. interbehördlicher Verbindlichkeit oder durch Vermittlung von Fachwissen bzw. Ermittlung von Tatsachen – die Rechtssphäre von Betroffenen mittelbar berührt;[49] ausgenommen sind daher Mitwirkungsakte, soweit sie als VAe zu qualifizieren sind (da diese einem selbstständigen Verwaltungsverfahren i.S.d. § 9 zuzuordnen sind).[50] Außenwirkung kann auch entfalten die Beteiligung des Personalrates, unabhängig von der Art seiner Beteiligung (Mitbestimmung, Mitwirkung, Anhörung).[51]

2. Keine Außenwirkung

Ohne Außenwirkung sind die **nur innerdienstlichen Maßnahmen**, wie die im Rahmen eines Verwaltungsverfahrens vorgenommenen **rein internen Vorbereitungshandlungen**, die der internen Willensbildung dienen[52] (z.B.: die Ansetzung einer Beratung über das weitere Vorgehen in einer bestimmten Angelegenheit; eine nach außen noch nicht manifest gewordene Beratungsentscheidung; Ausarbeitungen von Entscheidungsentwürfen, deren mangelnde Außenwirkung auch aus § 29 Abs. 1 Satz 2 hervorgeht). Rein innerdienstliche Maßnahmen scheiden als behördliche Verfahrenshandlungen (Vorbem. § 9 Rdn. 92 ff.) aus, da von ihnen verfahrensrechtliche Wirkungen für Beteiligte oder Dritte erst dann ausgehen, wenn sie durch eine weitere behördliche Handlung eine Relevanz im Außenverhältnis erhalten (etwa dadurch, dass ein Entscheidungsentwurf zum Gegenstand einer Anhörung gemacht wird). Auch sonstige überhaupt nicht auf ein bestimmtes Verwaltungsverfahren bezogene organisatorische Maßnahmen (z.B. die Erstellung oder Einholung von Gutachten über eine Verwaltungsreform) wirken nicht nach außen; auch Aufgabenbeschreibung und Dienstpostenbewertung ergehen nach der Rspr. nur verwaltungsintern im Rahmen der Organisationsgewalt des Dienstherrn.[53] 19

Keine Außenwirkung haben nach der Rspr. ferner Verfahren, die von der **Europäischen Kommission** eröffnet werden und zu einer mitgliedstaatlichen Meldung eines 20

47 Vgl. Stelkens/Bonk/Sachs/*Schmitz*, § 9 Rn. 130.

48 Vgl. Stelkens/Bonk/Sachs/*Schmitz*, § 9 Rn. 127.

49 Im Ergebnis auch *Bäumler*, BayVBl. 1978, 492 (494 ff.); a.A. *Eibert*, BayVBl. 1978, 496.

50 Ebenso Stelkens/Bonk/Sachs/*Schmitz*, § 9 Rn. 129.

51 *Laubinger*, VerwArch. 1985, 449 (469). A.A. Knack/Henneke/*Ritgen*, § 9 Rn. 26. Nach BVerwG, Urt. v. 21.06.1982 – 6 P 13.79, BVerwGE 66, 15 (18) und Urt. v. 24.11.1983 – 2 C/82, BVerwGE 68, 189 (193 f.), handelt es sich bei der Beteiligung des Personalrats an einer beamtenrechtlichen Maßnahme um einen Vorgang nur interner Willensbildung.

52 Ebenso: Kopp/*Ramsauer*, § 9 Rn. 12; *Ziekow*, § 9 Rn. 6; Bader/Ronellenfitsch/*Gerstner-Heck*, § 9 Rn. 7.

53 BVerwG, Urt. v. 20.10.2016 – 2 A 2/14, BVerwGE 156, 193–199, Rn. 4, WKRS 2016, 32863.

FFH-Gebietes an die Kommission führen[54] oder in denen die Bundesrepublik zur Beantwortung einer Auskunft im Rahmen eines vorläufigen Beihilfeprüfverfahrens ersucht wird (Rdn. 10).[55] Die Meldung von Flächen und die Stellungnahme auf das Auskunftsverlangen werden nur als verwaltungsinterne Verfahrensschritte bewertet; die Stellungnahme entfaltet danach gegenüber dem (vermeintlichen) Beihilfeempfänger keine Außenwirkung und ist zudem nicht auf den Erlass eines VA gerichtet, sondern nur eine verwaltungsinterne Informationsermittlung.[56] Der vermeintliche Beihilfeempfänger ist danach z.B. nicht gem. § 28 (analog) anzuhören.

III. Erlass eines VA oder Abschluss eines örV als Ziel des Verwaltungshandelns

21 Entscheidend ist nach der Begriffsdefinition des § 9 die Finalität des Handelns der Behörde, das auf den Erlass eines VA oder den Abschluss eines örV gerichtet sein muss, ohne dass dessen Inhalt bereits konkretisiert oder eine Wahl zwischen den Handlungsformen des VA oder des örV bereits getroffen sein müsste. Ein Verwaltungsverfahren i.S.d. § 9 liegt aber dann nicht vor, wenn sowohl der Erlass eines VA als auch der Abschluss eines örV von vornherein ausgeschlossen ist[57] (zur analogen Anwendung auf andere Handlungsformen bereits Rdn. 2 ff.).

1. Erlass eines VA

22 Die Tätigkeit umfasst die Prüfung der Voraussetzungen für den Erlass eines VA, dessen Vorbereitung und – wie § 9 Halbs. 2 klarstellt – den Erlass selbst.

23 Zu den (rechtlichen) Voraussetzungen für den Erlass eines VA gehören sowohl die eigentlichen Verfahrensvoraussetzungen als auch die allgemeinen und besonderen Sachentscheidungsvoraussetzungen (vgl. vor § 9 Rdn. 52 ff.) sowie die materiellen Erlassvoraussetzungen.[58]

24 Zur Vorbereitung zählen in einem Verwaltungsverfahren u.a. die Prüfung der Verfahrenshandlungsvoraussetzungen (vgl. vor § 9 Rdn. 79 ff.) sowie alle (nach außen wirkenden) Maßnahmen, die der Prüfung der (rechtlichen) Voraussetzungen für den Erlass des VA vorausgehen und den hierfür erforderlichen Tatsachenstoff beibringen, insb. also die Ermittlungen, die der Klärung der Frage dienen, ob überhaupt bzw. unter welchen Modalitäten ein VA zu erlassen ist oder erlassen werden kann.[59] Unerheblich ist, ob der VA dann tatsächlich erlassen wird oder sein Erlass (etwa aufgrund des Ermittlungsergebnisses) unterbleibt.

---

54 BVerwG, Beschl. v. 07.04.2006 – 4 B 58/05, NVwZ 2006, 522.

55 OVG Berlin-Brandenburg, Beschl. v. 17.10.2011 – OVG 10 S 22.11, WKRS 2011, 28019.

56 OVG Berlin-Brandenburg, Ziff. 26 und 38, WKRS 2011, 28019.

57 Ebenso: Knack/Henneke/*Ritgen*, § 9 Rn. 31 ff.; Hk-VerwR/VwVfG/*Schwarz*, § 9 Rn. 44.

58 S. aber Stelkens/Bonk/Sachs/*Schmitz*, § 9 Rn. 133, die auch die tatsächlichen Ermittlungen hierzu rechnen.

59 Vgl. Stelkens/Bonk/Sachs/*Schmitz*, § 9 Rn. 161.

Beispiele für ein Verwaltungsverfahren i.S.d. § 9 bedingende VAe sind – neben dem Verfahren zum erstmaligen Erlass eines VA – die Umdeutung (§ 47), die Rücknahme (§ 48) und der Widerruf eines VA (§ 49),[60] das Wiederaufgreifen des Verfahrens (§ 51), die Entscheidung über einen förmlichen Rechtsbehelf (§ 79), wie den Widerspruchsbescheid,[61] sowie die Kostenfestsetzung nach § 80 Abs. 3 Satz 1. Das Verfahren zur Erstellung einer dienstlichen Beurteilung ist kein auf den Erlass eines Verwaltungsaktes gerichtetes Verwaltungsverfahren.[62] 25

2. Abschluss eines örV

Ziel der Tätigkeit kann auch der Abschluss eines subordinationsrechtlichen oder koordinationsrechtlichen örV sein. Eingeschlossen in das Verwaltungsverfahren sind auch hier die Prüfung der (rechtlichen) Voraussetzungen sowie die (tatsächliche) Vorbereitung des Vertragsabschlusses. 26

IV. Keine Verwaltungsverfahren i.S.d. § 9

Keine Verwaltungsverfahren i.S.d. § 9 (und auch nicht einem anderen Verwaltungsverfahren i.S.d. § 9 als unselbstständige Teile zuzuordnen) sind – ungeachtet der Frage einer eventuellen analogen Anwendung der §§ 9 ff., dazu Rdn. 2 ff. – z.B.: die der Vorbereitung und dem Erlass einer Rechtsverordnung bzw. Satzung dienende Tätigkeit mit Ausnahme der als VAe zu beurteilenden Mitwirkungsakte anderer Behörden,[63] die in den Formen des Privatrechts vorgenommenen[64] Tätigkeiten von Behörden, der Erlass interner Pläne wie der Flächennutzungspläne sowie der Programme und Pläne der Raumordnung und Landesplanung,[65] Maßnahmen der Raumordnung, der Erlass innerdienstlicher Rechtsakte bzw. Einzelweisungen ohne VA-Charakter (und ohne konkreten Bezug zu einem – anhängigen – Verwaltungsverfahren i.S.d. § 9, z.B.: Umsetzung eines Beamten; Weisungen militärischer Art über die Festlegung von Tiefflugzonen)[66] oder Verwaltungsvorschriften sowie der Abschluss von Verwaltungsvereinbarungen, ebenso verwaltungsinterne Beratungs- und Kontrollvorgänge wie 27

---

60 Ebenso Knack/Henneke/*Ritgen*, § 9 Rn. 32.

61 Kopp/*Ramsauer*, § 9 Rn. 23a; s. aber Stelkens/Bonk/Sachs/*Schmitz*, § 9 Rn. 209. Unentschieden BVerwG, Urt. v. 21.03.1979 – 6 C 10/78, NJW 1980, 135 (136). Zu den verfassungsrechtlichen Anforderungen an das VwVfG, wenn ein Vorverfahren gesetzlich ausgeschlossen ist BVerfG, Beschl. v. 17.04.1991 – 1 BvR 419/81, 1 BvR 213/83, BVerfGE 84, 34 (59) = NJW 1991, 2005 (2008).

62 BVerwG, Beschl. v. 17.02.2020 – 2 VR 2/20,juris.

63 Vgl. BVerwG, Urt. v. 21.11.1986 – 4 C 22/83, DVBl 1987, 481 (483) mit insoweit zustimmender Anm. von *Steiner*, DVBl 1987, 483 (484).

64 Zur Wahrnehmung von Verwaltungsaufgaben in dieser Form *Wolff/Bachof/Stober/Kluth*, Verwaltungsrecht Bd. II, 7. Aufl. 2010, § 92 Rn. 1 ff.

65 S. Knack/Henneke/*Ritgen*, § 9 Rn. 26.

66 S. BVerwG, Urt. v. 14.12.1994 – 11 C 18/93, NJW 1995, 1690 (1691).

die Rechnungsprüfung[67] und die verschiedenen Formen des tatsächlichen, schlicht-hoheitlichen Verwaltungshandelns.

V. Behandlung von Sonderfällen

28 Zielt ein Verwaltungsverfahren als solches nicht auf den Erlass eines VA oder auf den Abschluss eines örV ab, so können doch bestimmte in ihm getroffene Maßnahmen den Charakter eines VA haben und ein Verfahren i.S.d. § 9 bedingen.

1. Wahlverfahren

29 Richtet sich das Verfahren auf die Wahl einer gesetzgebenden Körperschaft oder eines kommunalen Vertretungskörpers, so dient es der Stimmabgabe des einzelnen Wählers (als Voraussetzung der Konstituierung des betreffenden Repräsentativorgans), die als Akt kollektiver Willensbildung keinen VA darstellt.[68] Keinem Verwaltungsverfahren i.S.d. § 9 sind auch die unmittelbar auf die Wahl gerichteten Maßnahmen von Wahlorganen zuzurechnen, auch wenn sie – wie z.B. die Eintragung in das Wahlverzeichnis – als VAe beurteilt werden müssen.[69] Sie sind untrennbarer Teil des Wahlverfahrens als einem Verfahren besonderer Art. Als Beispiele für Verwaltungstätigkeit i.S.d. § 9 kommt z.B. der Erlass von Maßnahmen in Betracht, die sich nicht auf ein konkretes Wahlverfahren beziehen (wie die Ablehnung eines Antrags auf Aufnahme in die Wählerverzeichnisse künftiger Bundestagswahlen durch eine Gemeinde). Das einer Wahl folgende Wahlprüfungsverfahren ist nur dann ein Verwaltungsverfahren i.S.d. § 9, wenn es einer Behörde (und nicht einem parlamentarischen Gremium als Verfassungsorgan) anvertraut ist und damit den Erlass eines das Wahlprüfungsverfahren abschließenden VA zum Ziel hat, wie z.B. im Kommunalbereich durch die Rechtsaufsichtsbehörde.[70]

2. Verfahren zur Vollziehung eines VA

30 Das Verfahren zur Vollziehung eines VA ist an sich nicht auf den Erlass eines VA gerichtet, sondern auf die Verwirklichung und ggf. Vollstreckung der im VA enthaltenen Regelung. Gleichwohl können in einem Vollziehungsverfahren weitere VAe erlassen werden, die als eine behördliche Tätigkeit i.S.d. § 9 an die Bestimmungen des VA gebunden sind.[71]

---

67 Ebenso Knack/Henneke/*Ritgen*, § 9 Rn. 25. Die aufgrund von Fehlfeststellungen der Rechnungsprüfung von der Rechtsaufsichtsbehörde ggü. der Behörde eines anderen Hoheitsträgers getroffenen Maßnahmen sind jedoch als VAe zu beurteilen und müssen daher in einem Verwaltungsverfahren nach § 9 erlassen werden.

68 Vgl. zum Recht des Bürgers, durch Wahlen die öffentliche Gewalt zu bestimmen, als elementarem Bestandteil des Demokratieprinzips, BVerfG, Urt. v. 25.07.2012 – 2 BvR 9/11, 2 BvF 3/11, 2 BvR 2670/11, NVwZ 2012, 1101 (negatives Stimmgewicht).

69 Vgl. Kopp/*Ramsauer*, § 35 Rn. 102.

70 In diesen Fällen werden aber regelmäßig spezialgesetzliche Vorschriften den Vorrang vor den LVwVfGen haben.

71 S.a. Stelkens/Bonk/Sachs/*Schmitz*, § 9 Rn. 215 ff.

Beim Vollzug von VAen, die den Schuldner einer öffentlich-rechtlichen Geldforderung zur Leistung auffordern (sog. Leistungsbescheide nach § 3 Abs. 2 Buchst. a) VwVG) ist zwar der Erlass weiterer – eine Tätigkeit i.S.d. § 9 darstellender – VAe möglich, diese sind jedoch im Hinblick auf vorrangige bundesrechtliche Regelungen nicht den Normen des VwVfG unterworfen. Der Vollzug dieser VAe erfolgt im Verwaltungsvollstreckungsverfahren nach den §§ 1 ff. VwVG. Während die einleitende Vollstreckungsanordnung nach § 3 Abs. 1 Halbs. 1 VwVG, die der Prüfung der Voraussetzungen der Vollstreckung dient, kein VA ist, können einzelne Vollstreckungsmaßnahmen, wie z.B. die Sachpfändung, den Charakter eines VA aufweisen, der einem Verwaltungsverfahren i.S.d. § 9 zuzurechnen ist.[72] Jedoch unterliegen die im Laufe eines Vollstreckungsverfahrens erlassenen VAe aufgrund der Vorbehaltsklausel des § 1 Abs. 1 nicht den Vorschriften des VwVfG, wenn entweder nach § 4 Buchst. a) VwVG Bundesbehörden Vollstreckungsbehörden sind oder nach § 4 Buchst. b) VwVG Vollstreckungsbehörden der Bundesfinanzverwaltung die Vollstreckung nach den Bestimmungen der AO vorzunehmen haben. Denn in beiden Fällen gelangen nach § 5 Abs. 1 VwVG i.V.m. den Bestimmungen der AO bundesrechtliche Sonderbestimmungen zur Anwendung[73] (vgl. auch § 2 Abs. 2 Nr. 1 VwVfG). 31

Beim Vollzug von VAen, die zu einem Handeln, Dulden oder Unterlassen verpflichten, werden regelmäßig weitere, einer Verwaltungstätigkeit i.S.d. § 9 zuzurechnende VAe erlassen. So sind i.R.d. nach den §§ 6 ff. VwVG durchzuführenden Verwaltungszwangsverfahrens die Androhung (§ 13 VwVG) und die Festsetzung eines Zwangsmittels (§ 14 VwVG) als VAe zu beurteilen.[74] Diese VAe unterliegen den Bestimmungen des VwVfG, soweit nicht nach § 1 Abs. 1 sondergesetzliche Normen, wie § 13 Abs. 1 Satz 1 VwVG (schriftliche Androhung eines Zwangsmittels), den Vorrang haben. Von den Regelungen des VwVfG anwendbar sind danach jedenfalls die Vorschriften über die Vertretung (§§ 14 bis 16), die ausgeschlossenen Personen (§ 20), die Besorgnis der Befangenheit (§ 21), die Akteneinsicht (§ 29) und die Fristen (§ 31). 32

3. Verfahren ggü. den in einem besonderen öffentlich-rechtlichen Abhängigkeitsverhältnis stehenden Personen

Auch gewisse Verfahren, die ggü. mehreren in einem besonderen öffentlich-rechtlichen Abhängigkeitsverhältnis stehenden Personen allgemeine Staats- und Verwaltungszwecke erfüllen (und damit nicht auf die Regelung von Einzelfällen abzielen), lassen sich nur unter bestimmten Umständen als Verfahren i.S.d. § 9 beurteilen. Zu diesen Verfahren zählen z.B. jene, die ein Beamtenverhältnis, Schul- und Hochschulverhältnis 33

72 BVerwG, Urt. v. 16.09.1977, BVerwGE 54, 316; näher zur Verwaltungsvollstreckung *Peine/Siegel*, Rn. 676 ff.

73 Stelkens/Bonk/Sachs/*Schmitz*, § 9 Rn. 215.

74 Str.: *Maurer/Waldhoff*, § 20 Rn. 24; *Peine/Siegel*, Rn. 702.

oder ein Anstaltsverhältnis von Untersuchungshäftlingen und Strafgefangenen zum Gegenstand haben[75],[76]

34 Keine Probleme wirft die Qualifikation derjenigen Maßnahmen auf, die ausschließlich oder vorwiegend auf eine rechtliche Regelung ggü. einer in den betreffenden Abhängigkeitsverhältnissen stehenden Personen abzielen oder kraft ausdrücklicher gesetzlicher Regelung vom Anwendungsbereich des VwVfG ausgenommen sind. Einem Verwaltungsverfahren i.S.d. § 9 zuzurechnen sind (als ausschließlich oder vorwiegend auf eine rechtliche Regelung zielende VAe) aber die die Rechtsstellung einer Person berührenden Maßnahmen, wie im Beamtenverhältnis die Ernennung, Versetzung, Abordnung und Entlassung eines Beamten sowie die Festsetzung des Besoldungsdienstalters, im Schulverhältnis die Entscheidungen über die Aufnahme in eine weiterführende Schule, das Aufsteigen in eine höhere Klasse sowie das Bestehen einer Abschlussprüfung, im Hochschulverhältnis die Zulassung zum Hochschulstudium sowie rechtserhebliche Prüfungsentscheidungen.

35 Schwierigkeiten ergeben sich für die verfahrensrechtliche Beurteilung derjenigen Maßnahmen, die primär auf die Verwirklichung der allgemeinen Staats- und Verwaltungszwecke gerichtet sind, d.h. keinen konkreten Bezug zu einem Verwaltungsverfahren i.S.d. § 9 aufweisen, gleichwohl aber den Charakter eines VA besitzen können. Zu solchen Maßnahmen gehören u.a. Weisungen für die Durchführung des (allgemeinen) Dienstbetriebs, Befehle i.R.d. Ausbildung und des Einsatzes von Einheiten der Bundeswehr und anderer, die äußere und innere Sicherheit Deutschlands gewährleistender Verbände (wie Bundesgrenzschutz, Zollverwaltung, Polizei) und die eine Wissensvermittlung begleitenden Anordnungen im Schul- und Hochschulbereich. Da diese Tätigkeiten nicht auf den Erlass eines VA (oder eines örV) abzielen, sind die Voraussetzungen eines Verwaltungsverfahrens i.S.d. § 9 nicht erfüllt. Mit der Annahme der Nichtgeltung des VwVfG wird der Frage, ob eine Maßnahme für die Inanspruchnahme von Rechtsschutz als VA zu qualifizieren ist, in keiner Weise vorgegriffen. Sollte sich eine Verfahrenshandlung entgegen der ursprünglichen (subjektiven) Meinung der Behörde bei einer (objektiven) rückschauenden Betrachtung doch als VA erweisen, so kann die Verletzung von Verfahrens- und Formvorschriften (des VwVfG) nach § 45 geheilt werden. Ein Verwaltungsverfahren i.S.d. § 9 wird aber z.B. dann ausgelöst, wenn die Behörde aufgrund der Nichtbeachtung einer Weisung (oder eines Befehls) durch einen Beamten (oder Soldaten) ein Disziplinarverfahren oder der Betroffene durch Erhebung eines Widerspruchs (gem. §§ 68 ff. VwGO) gegen eine ihm ggü. erlassene Anordnung ein Verwaltungsverfahren in Form des Widerspruchsverfahrens (für das nach § 79 die Vorschriften des VwVfG subsidiär gelten) in Gang setzt.[77]

---

75 S. zu den vom Anwendungsbereich des VwVfG ausgenommen Maßnahmen ggü. Gefangenen § 2 Abs. 3 Nr. 1 VwVfG.

76 Früher auch das Wehrdienstverhältnis, zur Aussetzung der Wehrpflicht s. das WehrRÄndG v. 28.04.2011, BGBl. I, S. 678, zum Gesetzentwurf näher *Walz*, UBWV 2011, 86.

77 Vgl. § 3 BDG zur ergänzenden Anwendung des VwVfG.

VI. Beginn und Ende des Verwaltungsverfahrens

Während § 22 zumindest Teilaspekte des Beginns des Verwaltungsverfahrens regelt, findet sich im VwVfG keine ausdrückliche Bestimmung über den Abschluss eines Verwaltungsverfahrens. Der genaue Zeitpunkt des Verfahrensbeginns und des Verfahrensendes ist strittig: 36

1. Verfahrensbeginn

Für die nach außen wirkende Verwaltungstätigkeit der Behörde ist die Aufnahme der Tätigkeit entscheidend,[78] in Fällen der mittelbaren Außenwirkung (vgl. Rdn. 17) die Aufnahme der verwaltungsinternen Tätigkeit. Da die Maßnahmen der Behörden keine unmittelbare Rechtswirkung nach außen entfalten müssen (i.S.d. § 35 Satz 1, vgl. auch § 22 Rdn. 8 ff.), ist nicht erforderlich, dass sie nach außen in Erscheinung treten, etwa durch eine förmliche Einleitungsentscheidung der Behörde.[79] Es bedarf nicht der Kenntnis des Betroffenen. Wäre eine Mitteilung erforderlich, läge es in der Sphäre der Behörde, die Anwendung des VwVfG und seiner Verfahrensregeln zu verhindern oder zu verzögern.[80] 37

Bei Antragsverfahren beginnt das Verfahren mit der Stellung eines verfahrensrechtlich wirksamen Antrages und dessen Zugang bei der zuständigen Behörde (vgl. vor § 9 Rdn. 42 ff. und 64 ff.);[81] mit dem Zugang wird ein Verfahrensrechtsverhältnis begründet. 38

2. Verfahrensende

a) Bei den auf den Erlass eines VA gerichteten Verfahren

Die auf den Erlass eines VA gerichteten Verfahren enden mit der letzten Einzelbekanntgabe oder der öffentlichen Bekanntgabe des verfahrensabschließenden VA,[82] der eine Sachentscheidung oder eine Verfahrenseinstellung enthalten kann. Hierauf deutet 39

---

78 Ebenso Stelkens/Bonk/Sachs/*Schmitz*, § 9 Rn. 105.

79 Dazu auch: Kopp/*Ramsauer*, § 9 Rn. 28; *Ziekow*, § 9 Rn. 15.

80 S. auch: Knack/Henneke/*Ritgen*, § 9 Rn. 40; Kopp/*Ramsauer*, § 9 Rn. 28; Hk-VerwR/VwVfG/*Schwarz*, § 9 Rn. 68.

81 Ebenso: Kopp/*Ramsauer*, § 9 Rn. 29; *Ziekow*, § 9 Rn. 15.

82 S. auch: BVerwG, Beschl. v. 31.08.1989 – 9 B 318/89, VBlBW 1990, 134 (135); VGH Bayern, Beschl. v. 08.12.1987 – 25 C 87.01145, NJW 1988, 1615; OVG Saarland, Urt. v. 24.07.1985 2 R 58/85, NVwZ 1987, 508; Stelkens/Bonk/Sachs/*Schmitz*, § 9 Rn. 193; *Ziekow*, § 9 Rn. 16; A.A. (Einheit von Ausgangs- und Widerspruchsverfahren bzw. Unanfechtbarkeit des VA): BVerwG, Urt. v. 16.10.2008 – 4 C 3/07, NVwZ 2009, 459 (»Fortführung« des VwVf im Widerspruchsverfahren), BVerwG, Urt. v. 18.04.1986 – 8 C 81.83, NVwZ 1987, 224 (225); Kopp/*Ramsauer*, § 9 Rn. 30, Rn. 44; Knack/Henneke/*Ritgen*, § 9 Rn. 83; Bader/Ronellenfitsch/*Gerstner-Heck*, § 9 Rn. 15; *Meyer/Borgs*, Rn. 12, 14; (ausführlich für Eintritt mit Unanfechtbarkeit) Mann/Sennekamp/Uechtritz/Sennekamp, § 9, Rn. 34. Wieder anders (mit Erlass, nicht mit Bekanntgabe des VA) *Ule/Laubinger*, § 20 Rn. 7 und § 53 Rn. 1 f.

auch § 9 letzter Halbs. hin, der als Teil des Verwaltungsverfahrens noch den Erlass des VA einbezieht, sowie die Zusammenschau dieser Regelung mit § 79. Ein **eventuell nachfolgendes Widerspruchsverfahren** stellt ein **selbstständiges Verwaltungsverfahren** dar. Das Widerspruchsverfahren sowie ein späteres verwaltungsgerichtliches Verfahren weisen nur insofern einen Zusammenhang mit dem Ausgangs(verwaltungs-)verfahren auf, als in allen Verfahren stets über die materiell-rechtliche Frage des Bestehens eines von dem Beteiligten geltend gemachten Anspruchs oder einer ihm auferlegten Verpflichtung entschieden wird.[83]

40 Entscheidender Zeitpunkt für den Abschluss eines Verwaltungsverfahrens ist also nicht der Eintritt der Bestandskraft des verfahrensabschließenden VA,[84] mit der Folge, dass das (Ausgangs-)Verwaltungsverfahren durch die Erhebung eines Widerspruchs mit dem Widerspruchsverfahren lediglich fortgesetzt wird und das Widerspruchsverfahren kein selbstständiges Verwaltungsverfahren darstellt.[85] Die konsequente Fortführung dieses Gedankens bedeutete, dass das Verwaltungsverfahren bei Beschreiten des verwaltungsgerichtlichen Rechtsweges über das Widerspruchsverfahren hinaus solange fortdauert, bis über das Begehren rechtskräftig und damit unanfechtbar entschieden ist.[86]

41 Da keine verfahrensmäßige Einheit von Ausgangsverwaltungsverfahren und Widerspruchsverfahren gegeben ist, ist z.B. für letzteres erneut ein Vertreter von Amts wegen nach § 16 zu bestellen oder ein Dritter als Beteiligter nach § 13 Abs. 2 hinzuzuziehen.

aa) Entscheidung in der Sache

42 In einem von Amts wegen betriebenen Verfahren ist die Entscheidung in der Sache der von der Behörde beabsichtigte (regelmäßig einen Eingriff darstellende) VA, in einem Antragsverfahren der vom Antragsteller begehrte VA oder dessen Versagung (wegen Unzulässigkeit oder Unbegründetheit des Antrags).

bb) Einstellungsverfügung

43 Die Einstellungsverfügung trifft keine Entscheidung in der Sache, sondern ordnet lediglich eine bestimmte Rechtsfolge (Beendigung) für das Verfahren an. Da sie ihrer

---

83 BVerwG, Beschl. v. 31.08.1989 – 9 B 318/89, VBlBW 1990, 134 (135).

84 So aber für ein Antragsverfahren BVerwG, Urt. v. 24.05.1995 1 C/94, BVerwGE 98, 313 = DVBl 1995, 861 (862); in diesem Sinne allgemein auch: Kopp/*Ramsauer*, § 9 Rn. 30, Rn. 44; Knack/Henneke/*Ritgen*, § 9 Rn. 83; Bader/Ronellenfitsch/*Gerstner-Heck*, § 9 Rn. 15.

85 BVerwG, Urt. v. 16.10.2008 – 4 C 3/07, NVwZ 2009, 459; BVerwG, Urt. v. 18.04.1986 – 8 C 81.83, NVwZ 1987, 224 (225).

86 So für eine Verpflichtungsklage BVerwG, Urt. v. 24.05.1995 1 C/94, BVerwGE 98, 313, wohl im Widerspruch zu dem (sich auf eine Anfechtungsklage beziehenden) Urt. des BVerwG v. 18.04.1986 – 8 C 81.83, NVwZ 1987, 224 (225).

Rechtnatur nach einen VA (mit lediglich verfahrensrechtlichem Inhalt) darstellt,[87] kann sie – vorbehaltlich gesetzlicher Sondervorschriften (so z.B.: §§ 69 Abs. 3, 74 Abs. 1 Satz 2) – gem. § 37 Abs. 2 Satz 1 auch formlos erfolgen.[88] Dies entspricht auch der im Verhältnis zum gerichtlichen Verfahren geringeren, in § 10 Satz 1 zum Ausdruck kommenden Formalisierung des Verwaltungsverfahrens.[89] Ein formeller (bescheidmäßiger) Beendigungsakt (mit Einstellungstenorierung, Kostenentscheidung und dgl.) ist daher grds. nicht erforderlich; die Behörde muss aber ggü. den Beteiligten hinreichend deutlich zum Ausdruck bringen, dass sie das Verfahren nicht weiter betreibt.[90] Soweit über die angefallenen Kosten des Verfahrens bisher nicht entschieden ist, bedarf es aber stets noch einer förmlichen Kostenentscheidung der Behörde, die einen VA darstellt.[91]

Mehrere Gründe können für die Einstellung des Verfahrens durch die Behörde maß- 44
geblich sein: Die Hauptsache erledigt sich (objektiv), wenn nach Einleitung des Verfahrens ein Ereignis eintritt, das die Erreichung des mit dem Verfahren angestrebten Zweckes ausschließt.[92] Die Erfüllung einer durch VA auferlegten Verpflichtung ist somit kein in diesem Sinne erledigendes Ereignis, sondern als Fall der Zweckerreichung gerade das Gegenteil. Die Erledigung der Hauptsache liegt in einem Antragsverfahren dann vor, wenn der (ursprünglich zulässige und begründete) Antrag – nach Anhängigkeit – unzulässig oder unbegründet wird, und in einem vom Amts wegen eingeleiteten Verfahren, wenn – nach Einleitung des Verfahrens – entweder die allgemeinen Sachentscheidungsvoraussetzungen (vgl. vor § 9 Rdn. 50 ff.) oder die materiellen Voraussetzungen für den Erlass eines VA wegfallen. Der nachträgliche Wegfall einer Verfahrensvoraussetzung im eigentlichen Sinne (vgl. vor § 9 Rdn. 35 ff.) bringt das (bereits begründete) Verfahrensrechtsverhältnis zum Erlöschen und lässt daher keinen Raum für eine Erledigung der Hauptsache (die stets ein bestehendes Verfahrensrechtsverhältnis voraussetzt), obgleich auch insoweit das Verfahren einzustellen ist. Ein erledigendes Ereignis kann die (nachträgliche) Änderung der Rechtslage (nach der z.B. für ein von einem Bürger verfolgtes Vorhaben keine behördliche Genehmigung mehr erforderlich ist) oder die (spätere) Veränderung der tatsächlichen Verhältnisse (etwa der Untergang der Sache, auf die sich das Verfahren bezieht) sein.

---

87 A.A.: Kopp/*Ramsauer*, § 9 Rn. 39; Knack/Henneke/*Ritgen*, § 9 Rn. 88. Für eine Verfahrensbeendigung ohne einen zumindest formlosen Einstellungs-VA: VGH Bayern, Beschl. v. 08.12.1987 – 25 C 87.01145, NJW 1988, 1615; Stelkens/Bonk/Sachs/*Schmitz*, § 9 Rn. 199.

88 Im Ergebnis auch VGH Bayern, Beschl. v. 08.12.1987 – 25 C 87.01145.

89 Vgl. auch VGH Bayern, Beschl. v. 08.12.1987 – 25 C 87.01145.

90 Im Ergebnis auch VGH Bayern, Beschl. v. 08.12.1987 – 25 C 87.01145. Str., vgl. Kopp/*Ramsauer*, § 9 Rn. 39; s.a. Knack/Henneke/*Ritgen*, § 9 Rn. 88 (empfehlenswerte Unterrichtung); Stelkens/Bonk/Sachs/*Schmitz*, § 9 Rn. 200 (Einstellungsmitteilung aus Zweckmäßigkeitsgründen).

91 Vgl. Knack/Henneke/*Ritgen*, § 9 Rn. 88.

92 Vgl. auch Stelkens/Bonk/Sachs/*Schmitz*, § 9 Rn. 199.

45 Für die Anerkennung eines Rechtsinstituts der Beendigung des Verwaltungsverfahrens durch übereinstimmende Erledigterklärung von Beteiligten und Behörde besteht weder in Antragsverfahren[93] noch in den übrigen Fällen der Beteiligung des § 13 Abs. 1 bzw. in Amtsverfahren ein Bedürfnis. Dies gilt umso mehr für das Rechtsinstitut einer einseitigen Erledigterklärung durch die Behörde in einem auf den Erlass eines VA von Amts wegen gerichteten Verwaltungsverfahren,[94] da der Behörde (wenn sie von dem Vorliegen eines erledigenden Ereignisses ausgeht) die Möglichkeit der Einstellung des Verfahrens zur Verfügung steht.[95]

46 In einem von Amts wegen betriebenen Verfahren stellt die Behörde fest, dass die rechtlichen Voraussetzungen für den Erlass des beabsichtigten VA fehlen (z.B. weil die von der Polizei zunächst angenommene Gefahr für die öffentliche Sicherheit und Ordnung nach pflichtgemäßer Prüfung tatsächlich nicht vorliegt). Der Wegfall dieser Voraussetzungen nach Einleitung des Verfahrens ist ein Fall der Erledigung der Hauptsache.

47 In einem Antragsverfahren nimmt der Antragsteller seinen Antrag zurück[96] oder es wird aufgrund besonderer Rechtsvorschrift eine Antragsrücknahme fingiert, mit der Folge, dass die Behörde zur Weiterführung des Verfahrens nicht mehr berechtigt ist. Soweit die Behörde in dieser Angelegenheit auch von Amts wegen tätig werden darf, ist sie aber durch die Antragsrücknahme nicht an der (auch sofortigen) Einleitung eines Verfahrens von Amts wegen gehindert.

48 Die Beteiligten und die Behörde kommen nach Beginn eines auf den Erlass eines VA gerichteten Verfahrens überein, die Angelegenheit durch Abschluss eines örV (etwa auch eines Vergleichsvertrages nach § 55) zu regeln.

49 Da die Einstellungsverfügung eine behördliche Verfahrenshandlung mit der Rechtsnatur eines VA (mit allein verfahrensrechtlichem Inhalt) ist, steht ihrer selbstständigen Anfechtbarkeit § 44a Satz 1 VwGO entgegen. Ein mit der Einstellung des Verfahrens nicht einverstandener Beteiligter muss daher den Erlass des sachentscheidenden VA notfalls mit der (als Rechtsbehelf gegen die Sachentscheidung statthaften) Verpflichtungsklage erzwingen.[97]

50 Die Verfahrenseinstellung ist – sowohl im Antrags- als auch im Verfahren von Amts wegen – jedem Beteiligten zu eröffnen, soweit er nicht ein Antragsteller ist, der selbst das (Antrags-)Verfahren durch Antragsrücknahme beendet hat; diese Einschränkung

---

93 Kopp/*Ramsauer*, § 9 Rn. 42; nur im kontradiktorischen Verhältnis auch Knack/Henneke/*Ritgen*, § 9 Rn. 90.

94 So aber VGH Bayern, Beschl. v. 27.11.1995 – 20 B 93.866, BayVBl. 1996, 312.

95 Vgl. Kopp/*Ramsauer*, § 9 Rn. 42 (einseitige Erledigterklärung mit nachfolgender Entscheidung der Behörde nur besondere Art der Einstellung des Verfahrens).

96 Etwa Kopp/*Ramsauer*, § 9 Rn. 40 f.

97 Zur Einstellung gegen den Willen des Antragstellers als konkludente Ablehnung des Antrags auf Verfahrensdurchführung: Kopp/*Ramsauer*, § 9 Rn. 40; *Ziekow*, § 9 Rn. 19.

gilt aber nicht, wenn der Antragsteller lediglich einen Tatbestand verwirklicht, an den eine besondere Rechtsvorschrift die Fiktion der Antragsrücknahme oder die Berechtigung der Behörde zu einer solchen Behandlung knüpft. Eine entsprechende Notwendigkeit zur Benachrichtigung der Beteiligten, die für das förmliche Verwaltungsverfahren in § 69 Abs. 3 ausdrücklich festgelegt ist, ergibt sich für das nichtförmliche Verwaltungsverfahren aus den allgemeinen Bekanntgabe-Regelungen der §§ 41, 43 Abs. 1 sowie aus rechtsstaatlichen Erwägungen.

b) Bei den auf den Abschluss eines örV gerichteten Verfahren

Diese Verfahren enden mit dem Abschluss eines Vertrages (vgl. auch § 9 letzter Halbs.) 51 oder auf andere Weise, indem die Zustimmung eines Dritten (nach § 58 Abs. 1) oder die Mitwirkung einer andere Behörde (nach § 58 Abs. 2) endgültig nicht erfolgt oder die Bereitschaft, über das Zustandekommen einer Vereinbarung zu verhandeln, von mindestens einem der potenziellen Vertragspartner widerrufen wird und damit die Vertragsverhandlungen endgültig scheitern;[98] im Fall der fehlenden Bereitschaft eines Verhandlungspartners ist der Zugang der entsprechenden Erklärung beim anderen Verhandlungspartner entscheidend für die Beendigung.

VII. Dauer eines Verwaltungsverfahrens

Die Dauer eines Verwaltungsverfahrens ist grds. von vornherein nicht oder jedenfalls 52 nicht genau bestimmbar. Immerhin kann eine Rechtsvorschrift eine zeitliche Begrenzung (ggf. mit Fiktionswirkung) vorsehen (vgl. § 42a). Die Dauer eines Verwaltungsverfahrens wird z.B. beeinflusst von der Art des Verfahrens (ein förmliches Verfahren beansprucht tendenziell mehr Zeit als ein nichtförmliches), dem Schwierigkeitsgrad der zu klärenden Sach- und Rechtsfragen, dem Verhalten der Beteiligten (etwa auch ihrer Akzeptanzbereitschaft) und auch der personellen und sachlichen Ausstattung sowie dem Grad der Arbeitsbelastung der das Verfahren durchführenden Behörde. Zu beachten sind die Anforderungen des Europarechts und der EMRK an die Verfahrensdauer (Rdn. 62 ff. und § 10 Rdn. 18):

1. Verlängerung der Dauer durch Stillstand des Verfahrens

Eine Verlängerung der Dauer des Verwaltungsverfahrens kann sich durch einen Still- 53 stand des Verfahrens ergeben, der entweder auf Gesetz (sog. Unterbrechung) oder auf einer behördlichen Verfahrenshandlung (sog. Aussetzung) beruhen kann. Für eine Anerkennung des Rechtsinstituts des Ruhens des Verfahrens (durch übereinstimmende Erklärungen der Beteiligten) neben der Aussetzung des Verfahrens ist aber kein Raum.[99]

98 S. auch *Ziekow*, § 9 Rn. 18.

99 Stelkens/Bonk/Sachs/*Schmitz*, § 9 Rn. 203. Missverständlich daher BVerwG, Beschl. v. 31.08.2000 – 11 B 30/00, NVwZ 2001, 94 (»faktisches Ruhen« des Verfahrens).

a) Unterbrechung des Verfahrens

54 Eine Unterbrechung des anhängigen Verwaltungsverfahrens tritt – in weitgehender (entsprechender) Anwendung der §§ 239 ff. ZPO – ein, wenn alle Voraussetzungen für eine Gesamtnachfolge in die verfahrensgegenständliche Position vorliegen, z.B. ein Beteiligter stirbt und das verfahrensrelevante Recht oder die verfahrensrelevante Pflicht auf den Erben übergeht[100] oder ein Insolvenzverfahren eröffnet wird.[101]

b) Aussetzung des Verfahrens

55 Für eine Aussetzung des Verwaltungsverfahrens ist kein Raum, soweit eine Unterbrechung des Verfahrens – wie bei den weitgehend (entsprechend) anwendbaren §§ 239 ff. ZPO – eintritt. Die Aussetzung hat ihre Rechtsgrundlage im Verfahrensermessen der Behörde i.V.m. dem Grundsatz der einfachen und zweckmäßigen Verfahrensgestaltung nach § 10 Satz 2 (vgl. § 10 Rdn. 16 ff.) sowie in den allgemeinen Rechtsgrundsätzen, die in den Bestimmungen der ZPO bzw. VwGO über die Aussetzung und Unterbrechung des Verfahrens sowie über das Ruhen des Verfahrens (§§ 148 ff., 239 ff. ZPO; §§ 94, 173 VwGO) ihre gesetzliche Regelung gefunden haben. Die Aussetzung steht im pflichtgemäßen (Verfahrens-)Ermessen der Behörde, sofern sie nicht nach einer Rechtsvorschrift zwingend geboten ist. Ein »Antrag« eines Beteiligten ist – auch bei analoger Anwendung des § 251 Abs. 1 Satz 1 erste Alternative ZPO – lediglich als Anregung an die Behörde zu qualifizieren.[102] Die Aussetzung dient der Effizienz der behördlichen Verwaltungstätigkeit (dazu Einl. Rdn. 60 ff. und § 10 Rdn. 19 ff.).

56 Anwendungsfälle der Aussetzung ergeben sich – in erster Linie – aus einer entsprechenden Anwendung der einschlägigen Prozessvorschriften.[103] Im Gegensatz zur zivil- und verwaltungsprozessuale Rechtslage kommt eine Aussetzung des Verwaltungsverfahrens aber nicht nur in den in der ZPO bzw. VwGO vorgesehenen und weitgehend entsprechend heranziehbaren Konstellationen in Betracht.

57 Unter dem Gesichtspunkt der Vorgreiflichkeit einer anderen Entscheidung kann die Behörde – in entsprechender Anwendung des § 94 VwGO[104] (der in seinem Wortlaut mit § 148 ZPO übereinstimmt) – das Verfahren aussetzen, wenn die zu treffende Entscheidung ganz oder z.T. von dem Bestehen oder Nichtbestehen eines Rechtsverhältnisses abhängt, das den Gegenstand eines Rechtsstreits bildet oder von einer

---

100 So auch OVG Bremen, Beschl. v. 14.02.1984 – 1 BA 91/83, NVwZ 1985, 917. A.A. (für Aussetzung des Verfahrens) Stelkens/Bonk/Sachs/*Schmitz*, § 9 Rn. 205.

101 Offengelassen von OVG Sachsen, Urt. v. 22.01.2003 – 1 B 301/02, NVwZ-RR 2003, 674 (für Konkursverfahren).

102 Vgl. OVG Sachsen-Anhalt, Urt. v. 29.11.1993 – 3 L 18/93, NVwZ 1994, 1227.

103 S. auch BVerwG, Beschl. v. 14.11.2000 – 8 B 187/00, DVBl 2001, 916 (917); a.A. *Ziekow*, § 9 Rn. 22.

104 A.A.: Stelkens/Bonk/Sachs/*Schmitz*, § 9 Rn. 203; *Ziekow*, § 9 Rn. 22; Mann/Sennekamp/Uechtritz/Sennekamp, § 9, Rn. 44.

anderen Verwaltungsbehörde festzustellen ist.[105] Aus Gründen der Verfahrenseffizienz ist – entsprechend § 47 Abs. 4 VwGO – wie eine Vorgreiflichkeit auch der Fall zu behandeln, dass ein verfassungsgerichtliches oder ein verwaltungsgerichtliches Normenkontrollverfahren anhängig ist, das der Überprüfung einer im anhängigen Verwaltungsverfahren anzuwendenden Norm dient.[106]

Auch im Fall der Rechts- oder Pflichtennachfolge kann eine Aussetzung des Verfahrens 58
zweckmäßig sein, wenn z.B. dem Nachfolger Zeit zur Einarbeitung in den Verfahrensstoff gegeben werden soll. Beim Tod eines Beteiligten kommt – wegen der dadurch eintretenden Unterbrechung des Verfahrens – eine Aussetzung grds. nur in den Fällen in Betracht, in denen der beteiligte Vorgänger einen Bevollmächtigten bestellt hatte und die Behörde nunmehr nach § 14 Abs. 2 zweiter Halbs. verfährt.

Eine Aussetzung kann weiter dann veranlasst sein, wenn sich ein Beteiligter als hand- 59
lungsunfähig erweist und die Bestellung eines gesetzlichen Vertreters einige Zeit beansprucht. Andere Fälle, die zur einer Aussetzung des Verfahrens führen können, sind in den §§ 149, 151 bis 154, 247 und 251 ZPO angeführt.

Eine Aussetzung zur Durchführung eines Musterverfahrens entsprechend § 93a 60
VwGO kommt in Verwaltungsverfahren wegen der insoweit spezielleren verwaltungsverfahrensrechtlichen Regelungen über Massenverfahren (wie z.B. §§ 17 bis 19 VwVfG) in aller Regel nicht in Betracht; außerhalb solcher Massenverfahren kann die Behörde im Rahmen ihres pflichtgemäßen Ermessens das Verwaltungsverfahren aussetzen, wenn z.B. über den Erlass eines VA mit »Breitenwirkung« und zugleich in Parallelverfahren über dieselbe Rechtsfrage zu entscheiden ist.[107]

Die Aussetzung stellt ihrer Rechtsnatur nach einen verfahrensrechtlichen VA der Be- 61
hörde dar, bei der das Verfahren anhängig ist. Dieser VA kann wegen § 44a Satz 1 VwGO aber nicht unmittelbar angefochten werden. Er ist nur mittelbar dadurch einer verwaltungsgerichtlichen Nachprüfung zuzuführen, dass der Betroffene mit einer Untätigkeitsklage gem. § 75 VwGO eine Verzögerung zu verhindern sucht. Die Aussetzung unterbricht (in entsprechender Anwendung des § 249 Abs. 1 ZPO) Fristen und führt zur Unzulässigkeit oder Unwirksamkeit bzw. Unbeachtlichkeit aller während der Dauer der Aussetzung vorgenommenen Verfahrenshandlungen (vgl. vor § 9 Rdn. 92 ff.). Beendet wird die Aussetzung durch eine (im pflichtgemäßen Verfahrensermessen stehende) behördliche Verfügung (als actus contrarius), die ebenso wie die Anordnung der Aussetzung ein verfahrensrechtlicher VA ist; sie kann, um eine Verwechslung mit den bereits anderweitig besetzten Begriffen der »Wiedereinsetzung« (§ 32), des »Wiederaufgreifens« (§ 51) und der prozessrechtlichen »Wiederaufnahme« zu vermeiden, als »Wiedereinstieg in das ausgesetzte Verfahren« bezeichnet werden.

105 Vgl. auch VGH Bayern, Beschl. v. 08.01.1996 – 20 C 95.2962, DÖV 1996, 886.
106 Ebenso *Steiner*, DVBl 1987, 483 (486.
107 Vgl. aber zu § 94 VwGO VGH Bayern, Beschl. v. 08.01.1996 – 20 C 95.2962, DÖV 1996, 886.

Die Behörde unterliegt dabei nicht den Beschränkungen der §§ 48 ff.; die Regelung des § 155 ZPO kann entsprechend angewendet werden.

2. Dauer eines Verwaltungsverfahrens und Europarecht: die Anforderungen des Unionsrechts und der EMRK

a) Art. 41 Abs. 1 EU-GRC

62 Art. 41 Abs. 1 EU-GRC enthält für das Recht der EU den zum Grundrecht erhobenen Anspruch des Bürgers auf ein Verwaltungsverfahren, das in einer angemessenen Dauer abgeschlossen wird (zur Frage der Bindung der Mitgliedstaaten und ihrer Behörden an die EU-GRC bereits Einl. Rdn. 97 f. und § 9 Rdn. 13). Eine konkrete zeitliche Vorgabe trifft die Vorschrift nicht. In Anlehnung an die vom EGMR entwickelten Kriterien zu Art. 6 Abs. 1 EMRK (dazu Einl. Rdn. 113) hat der EuGH in seiner Rspr. zur Feststellung einer angemessenen Dauer von Verfahren vor EU-Organen betont, dass die Angemessenheit der Verfahrenslänge nach den Umständen des Einzelfalles zu bestimmen ist (u.a. im Hinblick auf die Komplexität der Sache, das Verhalten des Betroffenen und auf das Verhalten der Behörden).[108] Für die Bearbeitung von **Anträgen** schreibt das Unionsrecht mit Art. 13 Abs. 3 und 4 der EU-Dienstleistungs-RL vor, dass Anträge unverzüglich und in einer vorgegebenen Frist zu bearbeiten sind, ansonsten wird die Genehmigung fingiert;[109] in § 42a Abs. 2 ist in Umsetzung der Dienstleistungs-RL die Regelbearbeitungszeit – sofern im Fachrecht keine Spezialvorgaben existieren – auf drei Monate festgelegt worden. Zur Bindung der Mitgliedstaaten an die EU-GRC s. bereits Rdn. 13.

b) Art. 6 Abs. 1 EMRK

63 Obwohl Art. 6 Abs. 1 EMRK nur zivilrechtliche und strafrechtliche Verfahren nennt, fallen auch verwaltungsgerichtliche Verfahren in seinen Anwendungsbereich (dazu bereits Einl. Rdn. 111).[110] Die Frage, ob ein – nur – zu langes Verwaltungsverfahren vom Schutz des Art. 6 Abs. 1 EMRK umfasst ist, hat den EGMR soweit ersichtlich noch nicht beschäftigt. In seiner Rspr. hat das Ausgangsverwaltungs- und Widerspruchsverfahren bislang aber als vorgelagerter Teil des verwaltungs- und verfassungsgerichtlichen Verfahrens eine Rolle gespielt. Wie der Rspr. des EGMR gerade in Verfahren gegen die Bundesrepublik Deutschland zu entnehmen ist, fallen Ausgangsverwaltungs- und Widerspruchsverfahren unter den Schutz von Art. 6 Abs. 1 EMRK; in neuerer Zeit hat der EGMR dies in einem Urt. aus dem Jahre 2010 bestätigt, worin es um die Beurteilung eines Verfahrens wegen Nichterteilung eines Waffenscheins ging, das von der

108 EuGH Rs. C-270/99 (P, Z/Parlament), Slg. 2001, I-9214, 9223 f. Rn. 23 f.; näher zu den Anforderungen und der Rspr. *Classen,* Gute Verwaltung im Recht der EU, 2008, S. 334 ff.

109 Dazu auch Knack/Henneke/*Ritgen*, § 10 Rn. 6.

110 Zum öffentlichen Recht zählen insoweit nach dem EGMR Fälle mit Bezug zu Zivilrechtspositionen, zum Berufs- und Eigentumsrecht, sozialversicherungsrechtliche und beamtenrechtliche Streitigkeiten, im Einzelnen *Grabenwarter/Pabel,* § 24 Rn. 7 ff.

Antragstellung bei der Verwaltung bis zur Entscheidung des BVerfG 15 Jahre dauerte.[111] Auch bei losgelöster Betrachtung von Verwaltungsverfahren i.S.d. § 9 gilt damit für diese das Verbot überlanger Dauer gem. Art. 6 Abs. 1 EMRK, sowohl für das Ausgangsverfahren als auch für sich ein ev. anschließendes Widerspruchsverfahren (s.a. Rdn. 39, Einl. Rdn. 112 und § 10 Rdn. 8).[112]

Die vom EGMR für die Bewertung der Dauer entwickelten Kriterien[113] können daher auch auf Verwaltungsverfahren i.S.d. § 9 angewendet werden: relevant sind für die Berechnung u.a. der Umfang des Falles, die zügige Bearbeitung durch die Behörde, ein ev. verfahrensverzögerndes Verhalten des beteiligten Bürgers und die Komplexität des Falles (vgl. Rdn. 52 zu den die Dauer bestimmenden Faktoren). 64

Aufgrund der Bindung an den Vorrang des Gesetzes haben die deutschen Verwaltungsbehörden Art. 6 Abs. 1 EMRK und seine Anforderungen an eine rechtsstaatliche, nicht überlange Verfahrensdauer somit im Verwaltungsverfahren zu beachten.[114] Ein Verstoß hiergegen ist verwaltungsgerichtlich mittels Untätigkeitsklage einklagbar (Einl. Rdn. 113 a.E.). 65

VIII. Verbindung und Trennung von Verfahren

Das VwVfG trifft keine ausdrückliche Regelung über die Verbindung und Trennung von Verfahren. Doch ist diese Entscheidung (die für die gesamte Dauer der Verfahren oder auch nur für einzelne Abschnitte erfolgen kann) in das der Behörde eingeräumte pflichtgemäße (Verfahrens-)Ermessen gestellt[115] (vgl. auch § 10 Rdn. 1 u. 24 ff.). Die diesbezüglich in der VwGO (§§ 44, 94) oder der ZPO (§§ 145, 147) bestehenden Beschränkungen sind – bis auf das Erfordernis der Zuständigkeit der Behörde bei der Verbindung von Verfahren – gerichtsspezifisch und auf das Verwaltungsverfahren nicht übertragbar.[116] Möglich ist dabei auch die Verbindung und Trennung von 66

111 EGMR, Beschwerdenr. 46344/06, Urt. v. 02.09.2010 (Rumpf/D), Rn. 41 ff. (abrufbar über die Entscheidungsslg. des EGMR im Internet (http://hudoc.echr.coe.int.). Sofern zum Nachweis einer uneinheitlichen Rspr. auf EGMR, Beschwerdenr. 47757/06, Urt. v. 08.10.2009 (Sopp/D), Rn. 29, verwiesen wird, wie von *Meyer-Ladewig*, EMRK-Kommentar, 3. Aufl. 2011, Art. 6 Rn. 194, hatte es in dem Verfahren kein Widerspruchsverfahren gegeben; der EGMR berechnete die Frist allerdings nicht ab Stellung des Antrags auf Hinterbliebenenrente bei der Berufsgenossenschaft, sondern erst ab Klageerhebung beim Sozialgericht.

112 Vgl. auch: Knack/Henneke/*Ruffert*, Vor § 1 Rn. 70; *Grabenwarter/Pabel*, § 24 Rn. 15.

113 Dazu: *Meyer-Ladewig*, EMRK-Kommentar, 3. Aufl. 2011, Art. 6 Rn. 199 ff.; *Grabenwarter/Pabel*, § 24 Rn. 70 ff.

114 Vgl. für Gerichtsverfahren, die wegen zu langer Verfahrensdauern gegen Art. 6 Abs. 1 EMRK verstoßen das Gesetz über den Rechtsschutz bei überlangen Gerichtsverfahren und strafrechtlichen Ermittlungsverfahren v. 24.11.2011 (BGBl. I, S. 2302) mit der darin festgelegten Verzögerungsrüge und dem Entschädigungsanspruch (§§ 198 ff. GVG, 178 VwGO).

115 Etwa Kopp/*Ramsauer*, § 9 Rn. 43 ff.

116 Stelkens/Bonk/Sachs/*Schmitz*, § 9 Rn. 201.

Antrags- und Amtsverfahren sowie von Anträgen mehrerer Beteiligter oder mehreren Anträgen eines Beteiligten.

67 Die Verbindung und Trennung von Verwaltungsverfahren stellt lediglich eine Maßnahme der Behörde dar, die den Amtsbetrieb der Verfahren berührt, aber die Rechtsstellung der Beteiligten der einzelnen Verfahren nicht zu ihrem Nachteil verändern darf.

C. Verfahrensvorschriften des Sozialrechts sowie Verwaltungsverfahrensrecht der Länder

68 § 9 und § 8 SGB X sind wortgleich. Die LVwVfGe der Länder enthalten überwiegend eine identische Regelung.[117] § 74 LVwG Schl-Holst begrenzt den örV allerdings auf den subordinationsrechtlichen Vertrag (gem. § 121 Satz 2 LVwG Schl-Holst).[118]

§ 10 Nichtförmlichkeit des Verwaltungsverfahrens

[1]Das Verwaltungsverfahren ist an bestimmte Formen nicht gebunden, soweit keine besonderen Rechtsvorschriften für die Form des Verfahrens bestehen. [2]Es ist einfach, zweckmäßig und zügig durchzuführen.

Übersicht Rdn.

117 Wortgleich mit: § 9 BW VwVfG, Art. 9 BayVwVfG, § 9 VwVfG Bbg, § 9 Brem-VwVfG, § 9 HmbVwVfG, § 9 HVwVfG, § 9 VwVfG M-V, § 9 VwVfG NW, § 9 S VwVfG, § 9 VwVfG LSA, § 9 ThürVwVfG; vgl. zu den LVwVGen auch Einl. Rdn. 43.

118 S. auch Knack/Henneke/*Ritgen*, § 9 Rn. 1.

A. Allgemeines und Grundsätze

I. Gegenstand der Regelung

§ 10 verankert diejenigen Verfahrensgrundsätze, die die Typik des Verwaltungsverfahrens (im Gegensatz zum gerichtlichen Verfahren) bestimmen: die Nichtförmlichkeit des Verfahrens und die Grundsätze der einfachen, zweckmäßigen und zügigen Verfahrensdurchführung. Zugleich normiert er als eine Art Generalklausel (i.V.m. § 40) das sog. Verfahrensermessen, wonach die Durchführung und Gestaltung des Verwaltungsverfahrens im pflichtgemäßen Ermessen der Behörde steht.[1] 1

II. Verfassungsrecht

§ 10 enthält wichtige Grundsätze eines effizienten Verwaltungsverfahrens, das ein Kernprinzip des Rechtsstaatsprinzips[2] – in einem auch formell verstandenen Sinne – darstellt (Einl Rdn. 60 ff. und 69). 2

III. Entstehungsgeschichte: Zügigkeit und Beschleunigungsregeln

Durch Art. 1 Nr. 1 **GenBeschlG** (vgl. Einl Rdn. 32) wurde der Grundsatz der Zügigkeit, der auch bereits zuvor ungeschrieben anerkannt war[3], zur besonderen Betonung seiner Bedeutung in § 10 Satz 2 ausdrücklich geregelt; zudem führte das GenBeschlG in Teil V einen neuen Abschnitt 1a ein, der für Genehmigungsverfahren in § 71b das Zügigkeitsgebot näher umriss und in den §§ 71c–71e weitere Beschleunigungspflichten der verfahrensleitenden Behörde festlegte. 3

---

1 S. auch *Hill*, NVwZ 1985, 449 (450 f.).

2 Zum Spannungsverhältnis zwischen Effizienz und Rechtsbindung der Verwaltung *Niedobitek*, DÖV 2000, 761.

3 Zu seiner schon bisherigen Geltung im Ergebnis z.B.: VGH Bayern, Urt. v. 21.05.1997 – 8 B 97.206, BayVBl. 1998, 118 (119); *Meyer/Borgs*, § 10 Rn. 6.

4 Das 4. **VwVfÄndG** v. 11.12.2008 ersetzte die durch das GenBeschlG eingefügten § 71a-71e und setzte die **EU-Dienstleistungsrichtlinie** um (vgl. Einl Rdn. 36). Mit der Verankerung der »einheitlichen Stelle« (§§ 71a–e)[4] wurde eine verwaltungsverfahrensrechtliche Vereinfachung zementiert. Zu § 42a s. Rdn. 7.

5 Das **PlanvereinheitlichungsG** v. 07.06.2013 (Gesetz zur Verbesserung der Öffentlichkeitsbeteiligung und Vereinheitlichung von Planfeststellungsverfahren) knüpft an die Motive des GenBeschlG zur Beschleunigung von Planungs- und Genehmigungsverfahren an und hat zum Ziel, die in den Fachgesetzen verteilten Beschleunigungsvorschriften in das VwVfG zu überführen und mehr Bürgerbeteiligung und Bürgerfreundlichkeit zu schaffen (dazu bereits Einl Rdn. 39, 69 u. 72). Es ändert u.a. die §§ 73 bis 75.

IV. Europarecht

6 Im Hinblick auf den in § 10 Satz 1 enthaltenen Grundsatz der Nichtförmlichkeit finden sich im Europarecht keine allgemeinen Vorgaben, die beim Vollzug des Unionsrechts durch das VwVfG zu beachten wären.[5]

7 Für das in § 10 im Sinne eines effizienten Verfahrens nunmehr (Rdn. 3) ausdrücklich geforderte zügige Verfahren enthält das VwVfG in § 42a Abs. 2 – in Umsetzung der EU-Dienstleistungs-RL – für die **Bearbeitung von Anträgen** die Regelbearbeitungszeit von drei Monaten, sofern im Fachrecht keine Spezialregelungen existieren.

8 Insgesamt sind davon abgesehen für die Dauer von Verwaltungsverfahren die **europarechtlichen Vorgaben** des Art. 41 Abs. 1 EU-GRC und des Art. 6 Abs. 1 EMRK[6] zu beachten. In Heranziehung der nach der Rspr. des EGMR zu Art. 6 Abs. 1 EMRK zur Feststellung einer angemessenen Verfahrensdauer entwickelten Kriterien – die auch für Art. 41 Abs. 1 EU-GRC gelten – sind die Umständen des Einzelfalles entscheidend, etwa die Komplexität des Falles, das Verhalten des Betroffenen und das der Behörden (dazu bereits Einl Rdn. 113 und § 9 Rdn. 63). Personalknappheit der Behörde kann eine lange Verfahrensdauer, auch mit Blick auf Art. 6 Abs. 1 EMRK, nicht per se rechtfertigen.[7] Ein Verstoß nationaler Verwaltungsbehörden gegen die Anforderungen aus Art. 41 Abs. 1 EU-GRC und des Art. 6 Abs. 1 EMRK an ein zügiges Verfahren ist verwaltungsgerichtlich im Wege der Untätigkeitsklage einklagbar (Einl Rdn. 113, zur Bindung der nationalen Behörden an Art. 41 EU-GRC Einl Rdn. 97 f. und § 9 Rdn. 13; zu den jüngeren Entwicklungen in der Rechtsprechung

---

4 Krit. zur künftigen praktischen Bedeutung der Figur und dem Umsetzungsaufwand *Palmen/Schönenbroicher*, NVwZ 2008, 1173 (1178).

5 Zu den nur vereinzelten Formvorschriften, etwa im Zollkodex, *v. Danwitz*, Europäisches Verwaltungsrecht, 2008, S. 540; s.a. Knack/Henneke/*Ritgen*, § 10 Rn. 6.

6 Ebenso Knack/Henneke/*Ritgen*, § 10 Rn. 6 und 30.

7 Thür VerfGH, Beschl. v. 15.03.2001 – VerfGH 1/00, NJW 2001, 2708 (2709), zu Entschädigungsverfahren.

des BVerfG zur EU-Grundrechtecharta als alleinigem Prüfungsmaßstab der deutschen Verfassungsbeschwerde, für den Fall voll vereinheitlichten EU-Rechts, Einl Rdn. 96.

B. Die Vorschrift im Einzelnen

I. Der Grundsatz der Nichtförmlichkeit des Verwaltungsverfahrens (Satz 1 erster HS)

Satz 1 erster HS legt das Prinzip der grundsätzlichen Nichtförmlichkeit des Verwaltungsverfahrens fest. Dieses ist dem Grundsatz der einfachen, zweckmäßigen und zügigen Verfahrensdurchführung nach Satz 2 immanent und i.R.d. pflichtgemäßen Betätigung des Verfahrensermessens zu beachten. 9

1. Der Sinn des Grundsatzes

Der Grundsatz der Nichtförmlichkeit soll ein Verfahren sicherstellen, das – von Formzwängen (z.B.: schriftliche Antragstellung; Erfordernis der mündlichen Verhandlung; Strengbeweis) befreit – im Interesse der Beteiligten und des öffentlichen Wohls eine effiziente Verwaltungstätigkeit und schnelle Entscheidungen ermöglicht.[8] Im Interesse der Beteiligten bedeutet, dass die Nichtförmlichkeit nicht nur aus Verwaltungssicht – als Erleichterung – zu bewerten ist; zu Recht wird auf den Bürger verwiesen, für den der Grundsatz auch nachteilige Auswirkungen haben kann, wenn z.B. behördeninterne Entscheidungsprozesse nicht nachvollziehbar werden und mangels Dokumentation etwa Vorgespräche mit Fachbehörden intransparent bleiben (zu den rechtlichen Grenzen unten, Rdn. 27, zum Informellen Verwaltungshandeln, § 9, Rdn. 6 f.).[9] 10

2. Der rechtsverbindliche Charakter des Satzes 1

Angesichts seiner verbindlichen Formulierung und seiner verfassungsrechtlichen Fundierung (Rdn. 2) ist Satz 1 als Rechtssatz (und nicht lediglich als ein Programmsatz) zu werten.[10] 11

3. Der Vorbehalt des Bestehens besonderer Rechtsvorschriften für die Form des Verfahrens (Satz 1 zweiter HS)

a) Arten solcher Rechtsvorschriften

Als besondere Rechtsvorschriften für die Form des Verfahrens kommen entweder Bestimmungen des VwVfG selbst (wie § 27 Abs. 4 und 5 über die Belehrung und die 12

---

8 Vgl. Amtl. Begründung S. 42; vgl. ferner etwa Knack/Henneke/*Ritgen*, § 10 Rn. 10. Vgl. auch VGH Hessen, Beschl. v. 13.08.2007 – 3 ZU 522/07, Ziff. 11, zum zul. Antrag durch E-Mail, WKRS 2007, 45843.

9 Mann/Sennekamp/Uechtritz/Sennekamp, § 10, Rn. 12.

10 Ebenso z.B.: *Hill*, NVwZ 1985, 449 (451); Kopp/*Ramsauer*, § 10 Rn. 1; *Ziekow*, § 10 Rn. 1; a.A.: *Meyer/Borgs*, § 10 Rn. 3; s.a. Amtl. Begründung S. 42 (»allgemeines Auslegungsprinzip«).

Anfertigung einer Niederschrift bei Abnahme einer Versicherung an Eides Statt) oder anderer Gesetze (wie z.B. hinsichtlich der Aushändigung einer Ernennungsurkunde nach § 10 Abs. 2 BBG) in Betracht.

b) Gegenstand der Formbindung

13 Die Formbindung kann sich entweder auf einzelne Verfahrenshandlungen (wie bei § 27 Abs. 4 und 5) oder grds. auf den gesamten Verfahrensablauf (wie bei den §§ 63 ff. und 72 ff.) erstrecken. Dabei ist bei der Anwendung der besonderen Rechtsvorschriften stets sorgfältig zu prüfen, wie weit der Vorbehalt reicht.[11]

c) Folgen der Formbindung für Behörde und Beteiligte

14 Die Formbindung verpflichtet grds. nur die Behörde, ausnahmsweise aber auch die Beteiligten (wie bei der Erhebung eines Widerspruchs nach § 79 VwVfG i.V.m. § 70 VwGO).

d) Die deklaratorische Bedeutung der Vorbehaltsklausel

15 Der in Satz 1 zweiter HS festgelegte Vorbehalt hat rein deklaratorische Bedeutung,[12] da die Formvorschriften des VwVfG als Spezialbestimmungen der generellen Norm des § 10 vorgehen und der Vorrang sonstiger normativer Formvorschriften sich bereits aus § 1 Abs. 1 und Abs. 2 Satz 1 ergibt.

II. Die Grundsätze der Einfachheit, Zweckmäßigkeit und Zügigkeit der Verfahrensdurchführung (Satz 2)

1. Die Grundsätze der Einfachheit und Zweckmäßigkeit

16 Ein Verwaltungsverfahren muss einfach und zweckmäßig gestaltet werden; dies bedeutet, dass die Behörde Störungen des Verfahrens nach Möglichkeit verhindern, beheben oder ausgleichen muss.[13] Die Behörde muss – im Verhältnis zur Bedeutung des Falles und zu den betroffenen Interessen – unnötige Maßnahmen unterlassen.[14] Der Erlass von Teilregelungen ist vom Grundsatz der Zweckmäßigkeit des Verfahrens auch ohne besondere Ermächtigung regelmäßig als Minus von der Ermächtigung umfasst, einen »vollständigen« Verwaltungsakt zu erlassen.[15]

---

11 S. *Hill*, NVwZ 1985, 449 (451).

12 Wie hier z.B. Knack/Henneke/*Ritgen*, § 10 Rn. 13.

13 Für Prüfungsverfahren BVerwG, Urt. v. 29.08.1990 7 C/90, NJW 1991, 442 (443). Vgl. auch BVerwG, Urt. v. 11.08.1993 – 6 C 2/93, NVwZ 1994, 486. S. auch *Ziekow*, § 10 Rn. 5.

14 *Obermayer*, FS Boorberg, 1977, 116; s.a. Kopp/*Ramsauer*, § 10 Rn. 15a.

15 BVerwG, Urt. v. 03.03.2016 – 6 C 64/14, Rn. 31, WKRS 2016, 15855.

2. Der Grundsatz der Zügigkeit

Ein Verwaltungsverfahren muss zügig, d.h. möglichst schnell durchgeführt werden.[16] 17 Die Behörde muss über Anträge in angemessener Frist entscheiden[17]; § 42a enthält die Regelbearbeitungsfrist von drei Monaten (Rdn. 4, 7 und 34). Auch Verfahren, die von Amts wegen eingeleitet werden[18], müssen zügig abgeschlossen werden; auch hier können § 42a und auch § 75 VwGO[19] mit der Dreimonatsfrist als Anhaltpunkt dienen. Die Angemessenheit der Frist hängt von den Umständen des Einzelfalles ab; besondere Umstände, die für eine kürzere Frist oder erschwerende, die für eine längere Dauer sprechen, sind daher zu berücksichtigen. Im Einzelnen muss die Behörde z.B. zwischen den einzelnen Verfahrenshandlungen jede unnötige Unterbrechung vermeiden[20] und überflüssige Verfahrensschritte unterlassen[21], etwa eine überflüssige[22] und unnötig aufwendige Beweiserhebung; der Bürger darf nicht mit unnötigen Kosten belastet werden.[23] Ferner muss die Behörde in eilbedürftigen Angelegenheiten unverzüglich entscheiden oder die Sache vorziehen.[24] Ein Recht auf Zuwarten und Beobachten der Behörde kann dann nicht gegeben sein, wenn der Antragsteller auf eine Entscheidung drängt.[25] Die Behörde kann auch gehalten sein, zur zügigen Verfahrensgestaltung zumindest zeitweise mehrere Personen mit der Erledigung eines Verfahrens zu betrauen (s.a. Rdn. 8).[26]

Auch aus dem **Europarecht** (Art. 41 Abs. 1 EU-GRC und Art. 6 Abs. 1 EMRK) ergibt sich die Anforderung, dass ein Verwaltungsverfahren in angemessener Frist durchgeführt werden muss und für deren Beurteilung die Umstände des Einzelfalles entscheidend sind (bereits Rdn. 8). 18

16 Zur Untätigkeit der Behörde und ihren Folgen *Leisner*, VerwA 91 (2000), 227 (237 zur Untätigkeitsklage).

17 Über parallele Anträge kann eine Behörde den Zeitpunkt der Entscheidungsreife und nicht den der Antragstellung für maßgeblich erachten OVG Berlin-Brandenburg, Beschl. v. 12.01.2016 – 6 N 55.15, Rn. 6 und 10, WKRS 2016, 10024 (kein Anspruch auf »Aktualitätsvorsprung« für Journalisten bei behördlichen Auskünften).

18 OVG Sachsen-Anhalt, Beschl. v. 13.05.2013 – 1 L 86/12, Rn. 10, juris.

19 Ebenso: Kopp/*Ramsauer*, § 10 Rn. 19; Bader/Ronellenfitsch/*Gerstner-Heck*, § 10 Rn. 17.

20 Ebenso *Bonk*, NVwZ 1997, 320 (323).

21 S. auch *Ziekow*, § 10 Rn. 6.

22 *Ule/Laubinger*, § 19 Rn. 13.

23 OVG Nordrhein-Westfalen, Urt. v. 11.12.2008 – 9 A 1304/05, DÖV 2009, 339 (Erstellung eines Wortlautprotokolls als Verfahrensermessensverstoß).

24 VGH Bayern, Urt. v. 21.05.1997 – 8 B 97.206, BayVBl. 1998, 118 (119).

25 VG Frankfurt, Urt. v. 26.06.2016 – 5 K 3718/15.F, Rn. 33, juris (Verpflichtung für das Bundesamt für Wirtschaft und Ausfuhrkontrolle zu Durchführung und Abschluss eines Genehmigungsverfahrens zur Ausfuhr von Wirtschaftsgütern).

26 OVG Sachsen-Anhalt, Beschl. v. 08.03.2013 – 1 E 93/12, Ziff. 7, juris.

III. Die Grundsätze als einheitliches Verfahrensprinzip (Effizienz)

1. Verfahrenseffizienz

19 Die Grundsätze der einfachen, zweckmäßigen und zügigen Verfahrensdurchführung sind als einheitliches Verfahrensprinzip zu qualifizieren, das als Effizienz (**Verfahrenseffizienz**) charakterisiert werden kann (Einl Rdn. 60 ff.). Bei dieser Betrachtungsweise betont die Grundregel des Satzes 2 die beiden Komponenten der Effizienz (Zweck und Mittel) – und zwar das sachbezogene Gebot der Einfachheit sowie das zeitbezogene Gebot der Zügigkeit die Mittel –, das Gebot der Zweckmäßigkeit (oder Sachdienlichkeit) die Zweckkomponente, ohne die notwendige Wechselbeziehung – mitunter auch Konkurrenz (Rdn. 20) – zwischen den beiden Bestandteilen zu negieren.

20 Zu den Unterprinzipien der Verfahrenseffizienz rechnen ferner die Maximen der Konzentration, der Nichtförmlichkeit nach Satz 1[27] (Rdn. 9 ff.) und der Billigkeit i.S.d. Verfahrensökonomie.[28] Auch die Grundsätze der Praktikabilität und Situationsgerechtigkeit gehören zu den Grundsätzen des effizienten Verfahrens. Sie können in Konkurrenz zu dem Zügigkeitsgebot oder dem effektiven Verfahren treten.[29]

2. Bedeutung und Auswirkungen der Verfahrenseffizienz

21 Die Verfahrenseffizienz soll der Verwaltung im Rahmen ihrer (auf die Gestaltung von Lebensverhältnissen durch »Leistung« und »Eingriff« – und nicht auf Rechtskontrolle – gerichteten) Kernfunktion ein Höchstmaß an Flexibilität sichern, das ihr unter sachgerechter Abwägung aller auf dem Spiele stehenden Belange eine bestmögliche Durchführung des Verfahrens ermöglicht. Doch darf die einfache, zweckmäßige und zügige Verfahrensdurchführung nicht zulasten einer gerechten Entscheidung gehen.

22 Die Verfahrenseffizienz verlangt insgesamt, dass im Interesse einer schnellen Entscheidung, einer möglichst geringen Belastung der Beteiligten und Dritter sowie der öffentlichen Gewalt selbst (im Hinblick auf den erforderlichen Personal- und Sachaufwand) zum einen alle zur Gewährleistung der gesetzmäßigen Entscheidung nicht notwendigen und daher überflüssigen Maßnahmen unterbleiben und zum andern die einzelnen behördlichen Verfahrenshandlungen (zeitlich, räumlich und organisatorisch) sinnvoll festgelegt, wirksam vorgenommen und in einer raschen Abfolge miteinander verbunden werden. Hierbei kann auch eine Verbindung und Trennung von Verfahren (vgl. § 9 Rdn. 68 f.) oder deren Stufung[30] in Betracht kommen.

---

27 Nach *Hill*, NVwZ 1985, 449 (450 f.) schließt Satz 1 hingegen Satz 2 ein.

28 S.a. Kopp/*Ramsauer*, § 10 Rn. 16a. Vgl. zur Verfahrensökonomie auch Stelkens/Bonk/*Schmitz*, § 10 Rn. 26.

29 OVG Niedersachsen, Beschl. v. 29.01.2016 – 11 OB 272/15, Rn. 7, WKRS 2016, 10314 (zur Aussetzung des Verwaltungsverfahrens).

30 § 10 ist insoweit lediglich die verwaltungsverfahrensrechtliche Grundlage, die aber dem (formellen und materiellen) Vorbehalt des Gesetzes nicht genügt; s. *Götz*, JuS 1983, 924 (927).

3. Ausnahmslos normativer Charakter

Der Grundsatz der Verfahrenseffizienz (vgl. Rdn. 16) hat insgesamt (und nicht nur hinsichtlich seines in Satz 1 verankerten Teilprinzips der grundsätzlichen Nichtförmlichkeit des Verfahrens – vgl. Rdn. 11) einen rechtsnormativen Charakter,[31] da seine Beachtung im Interesse der Beteiligten und der Behörde verfassungsrechtlich geboten ist (Rdn. 2 u. 11). 23

IV. Das Verfahrensermessen

§ 10räumt der Behörde das sog. Verfahrensermessen ein, wonach die Durchführung und Gestaltung des Verwaltungsverfahrens im pflichtgemäßen Ermessen der Behörde steht. Das Verfahrensermessen stellt einen besonderen Fall des (in § 40 teilweise geregelten) Ermessens der Verwaltung dar, da Gegenstand des Ermessens nicht eine materielle, sondern eine Entscheidung über die nähere Verfahrensgestaltung ist. Diese Entscheidung obliegt der Behörde, die für die Durchführung des Verfahrens zuständig ist. Nach dem Grundsatz pflichtgemäßer Ermessensausübung muss sich die Behörde – i.R.d. ihr gesetzten Grenzen – bei den Verwaltungsverfahren i.S.d. § 9 für diejenige Verfahrensgestaltung entscheiden, die ihr bei sachverständiger Würdigung unter allen möglichen Verfahrensgestaltungen als die bestmögliche bzw. geeignetste erscheint. In mehreren Vorschriften des VwVfG (wie etwa §§ 24 Abs. 1, 26 Abs. 1) wird das Verfahrensermessen näher konkretisiert.[32] 24

1. Gegenstand der Verfahrensgestaltung im pflichtgemäßen Ermessen

Gegenstand der im pflichtgemäßen Ermessen der Behörde liegenden Verfahrensgestaltung ist sowohl die einzelne (behördliche) Verfahrenshandlung (vgl. vor § 9 Rdn. 92 ff.) als auch der Ablauf des Verfahrens in seiner Gesamtheit[33] unter Einschluss der Form seiner Einleitung und seines Abschlusses. 25

Nichtbehördliche Verfahrenshandlungen (vgl. vor § 9 Rdn. 118 ff.) sind der behördlichen Verfahrensgestaltung entzogen. Nach dem Vorbehalt des Gesetzes sind sie stets formlos, wenn nicht eine Rechtsvorschrift ihre Formgebundenheit bestimmt. 26

2. Grenzen der Verfahrensgestaltung

Die Möglichkeiten der Verfahrensgestaltung sind durch das geltende Recht und den Grundsatz der pflichtgemäßen Ermessensbetätigung begrenzt.[34] Die Bindung der Behörde an das einschlägige materielle Recht wird dadurch nicht berührt. 27

---

31 Ebenso z.B.: *Bonk*, NVwZ 1997, 320 (323); *Hill*, NVwZ 1985, 449 (451); Kopp/*Ramsauer*, § 10 Rn. 1. Im Ergebnis ferner Stelkens/Bonk/*Schmitz*, § 10 Rn. 21 (Teilregelung einer Ermessensvorschrift); *Ule/Laubinger*, § 19 Rn. 13 (rechtlich verbindliche Last). Dagegen für einen Programmsatz i.S.d. Amtl. Begründung (S. 42) *Meyer/Borgs*, § 10 Rn. 3.

32 S.a. *Hill*, NVwZ 1985, 449 (451 ff.).

33 Ebenso Kopp/*Ramsauer*, § 10 Rn. 5.

34 Vgl. z.B.: Kopp/*Ramsauer*, § 10 Rn. 6 ff. (8); *Ziekow*, § 10 Rn. 1.

a) Rechtliche Grenzen

28 Die Behörde ist rechtlich gebunden an die Grundrechte, insb. den Gleichheitssatz, das Willkürverbot[35] und den Grundsatz der Verhältnismäßigkeit,[36] sowie die sonstigen verfassungsrechtlichen Mindestanforderungen an das Verfahren (vgl. Einl Rdn. 62 ff.), an die das Verwaltungsverfahren beherrschenden Verfahrensgrundsätze (vgl. vor § 9 Rdn. 17 ff.), ferner an gesetzliche Regelungen, die neben § 10 Satz 1 und 2 die Durchführung bzw. Gestaltung des Verfahrens betreffen (wie etwa §§ 13, 24 Abs. 2, 25, 28[37]) sowie an einschlägige Verwaltungsvorschriften.

b) Ermessenslenkung durch die Sätze 1 und 2

29 Die in den Sätzen 1 und 2 normierten Grundsätze sind – ggf. unter Anwendung des Grundsatzes der effizienzorientierten Auslegung der Verfahrensbestimmungen (vgl. Einl Rdn. 60 ff.) – bei der Durchführung aller Verwaltungsverfahren zu berücksichtigen. Der Ermessensspielraum der Behörde ist umso größer, je weniger sie hinsichtlich der Vornahme einzelner Verfahrenshandlungen oder der Gestaltung des gesamten Verfahrensablaufes durch besondere Rechtsvorschriften gebunden ist. Das Ermessen kann z.B. durch kommunale Satzungen gelenkt werden, die ihrerseits an § 10 Satz 2 zu messen sind.[38]

30 Ein subjektives öffentliches Recht auf eine bestimmte Verfahrensgestaltung bzw. -durchführung steht jedoch den Beteiligten nicht zu,[39] es sei denn, das der Behörde zustehende Verfahrensermessen ist im Einzelfall auf null reduziert.[40] Regelmäßig haben die Beteiligten aber – wegen grundrechtlicher Betroffenheit – einen Anspruch auf fehlerfreie Ausübung des Verfahrensermessens.[41]

V. Spezialregelungen

31 In **§ 3 Abs. 3** wird der Grundsatz der einfachen und zweckmäßigen Durchführung des Verfahrens fortentwickelt, indem ermöglicht wird, dass bei einem

---

35 Zur sachwidrige Verfahrensgestaltung nur bei willkürlichem Verhalten der Behörde, für das kein vertretbarer Grund vorliegt VG Freiburg, Urt. v. 13.06.2016 – 1 K 237/14, Rn. 24, juris (zur Verbindung oder Trennung von Widerspruchsverfahren).

36 Ebenso Stelkens/Bonk/*Schmitz*, § 10 Rn. 17.

37 Vgl.: *Hill*, NVwZ 1985, 449 (453 ff.); *Kunig/Rublack*, Jura 1990, 1 (5).

38 VGH Baden-Württemberg, Urt. v. 08.05.2019 – 5 S 1439/16, GewArch 2019, 320 f., WKRS 2019, 22702.

39 Etwa auch Knack/Henneke/*Ritgen*, § 10 Rn. 29; vgl. auch *Ziekow*, § 10 Rn. 10 (aber subjektiv öffentliches Recht im Hinblick auf das Zügigkeitsgebot).

40 Ebenso: Knack/Henneke/*Ritgen*, § 10 Rn. 29; Stelkens/Bonk/*Schmitz*, § 10 Rn. 18. Weitergehend Kopp/*Ramsauer*, § 10 Rn. 1.

41 S.a. *Hill*, NVwZ 1985, 449 (452).

Zuständigkeitswechsel die bisher örtlich zuständige Behörde für die Fortführung des Verfahrens örtlich zuständig bleibt.[42]

Für das förmliche Verwaltungsverfahren hat die Verfahrenseffizienz durch **§ 67 Abs. 3**, wonach das Verfahren möglichst in einem Verhandlungstermin zu erledigen ist, eine besondere gesetzliche Konkretisierung gefunden.[43] 32

Zu den durch das GenBeschlG eingeführten Beschleunigungsvorschriften, zu den jetzigen Regelungen in den **§§ 71a ff.** über eine einheitliche Stelle und zum **PlanvereinheitlichungsG** bereits Rdn. 5. 33

§ 42a Abs. 2 legt – in Umsetzung der EU-Dienstleistungs-RL – für die Bearbeitung von Anträgen die Regelbearbeitungszeit von drei Monaten fest, sofern im Fachrecht keine Spezialregelungen existieren (s. Rdn. 4 u. 7). 34

VI. Folgen der Verletzung des § 10 und Rechtsschutz

Eine Verletzung der in § 10 geregelten Grundsätze und damit ein Verfahrensfehler, der relevant ist, liegt nur dann vor, wenn sich die Verzögerung auf die abschließende Entscheidung ausgewirkt hat[44]; grundsätzlich wird keine Auswirkung auf die Sachentscheidung angenommen.[45] Eine Verletzung des § 10 kann zur Rechtswidrigkeit der Verfahrensgestaltung bzw. -durchführung führen, wenn dadurch die rechtlichen Grenzen des Verfahrensermessens überschritten sind.[46] Welche Folgen ein derartiger Verfahrensermessensfehler wiederum auf die Rechtmäßigkeit des (verfahrensabschließenden) materiellen VA hat, beantwortet sich – im Fall einer unzulässigen oder unterbliebenen Heilung des Fehlers – nach § 46[47]; auf die Rechtmäßigkeit eines örV ist er regelmäßig ohne Einfluss. Ein Verstoß gegen das Zügigkeitsgebot kann aber die Berücksichtigung der durch die Verzögerung eingetretenen Nachteile im Rahmen der Ermessensausübung als möglich, ggf. sogar als geboten erscheinen lassen.[48] 35

Eine Verletzung des Grundsatzes der Verfahrenseffizienz kann außerdem wegen Ermessensfehlern Schadensersatzansprüche wegen Verletzung einer drittbezogenen Amtspflicht auslösen[49], im Fall der Verzögerung der Entscheidung ohne zureichenden 36

42 Vgl. z.B.: BVerwG, Urt. v. 24.05.1995 – 1 C 7/94, DVBl 1995, 861 (862); OVG Sachsen-Anhalt, Beschl. v. 15.11.2012 – 1 L 28/12, juris.

43 S. auch zur Beachtung des § 10i.R.d. § 68 Abs. 3 und 4 VwVfG OVG Nordrhein-Westfalen, Beschl. v. 19.01.2000 – 8 A 1328/99.A, Ziff. 7, WKRS 2000, 32939.

44 BVerwG, Beschl. v. 21.09.2016 – 6 B 14/16, Rn. 14, WKRS 2016, 26449 (zum prüfungsrechtlichen Überdenkungsverfahren).

45 BVerwG, Beschl. v. 15.03.2017 – 10 C 1/16, Rn. 21, WKRS 2017, 15114 (zum Schlussbescheid über eine Subvention).

46 Auch Stelkens/Bonk/*Schmitz*, § 10 Rn. 17. Vgl. ferner VGH Bayern, Urt. v. 21.05.1997 – 8 B 97.206, BayVBl. 1998, 118 (119); vgl. aber *Ule/Laubinger*, § 19 Rn. 13.

47 Ebenso *Hill*, NVwZ 1985, 449 (452).

48 OVG Sachsen-Anhalt, Beschl. v. 13.05.2013 – 1 L 86/12, Rn. 10, juris.

49 S.a. *Bonk*, NVwZ 1997, 320 (323); vgl. ferner *Hermanns/Hönig*, DVBl 1998, 827 (828).

Grund die Voraussetzung für die Erhebung einer Untätigkeitsklage nach § 75 VwGO schaffen[50] (Rdn. 8), oder Anlass für ein aufsichtliches oder disziplinarrechtliches Einschreiten geben[51].

37 In den (Ausnahme-) Fällen einer Ermessensreduzierung auf null besteht zwar auch ein einklagbarer Anspruch auf eine bestimmte Verfahrensgestaltung bzw. -durchführung, der jedoch – wie das subjektive öffentliche Recht auf fehlerfreie Ausübung des Verfahrensermessens – wegen § 44a Satz 1 VwGO nicht selbstständig durchgesetzt werden kann[52] (vgl. Rdn. 30).

C. Verfahrensvorschriften des Sozialrechts sowie Verwaltungsverfahrensrecht der Länder

38 Eine dem § 10 vergleichbare Vorschrift enthält § 9 SGB X.[53]

39 § 10 ist wortgleich mit landesrechtlichen VwVfG-Regelungen.[54]

§ 11 Beteiligungsfähigkeit

Fähig, am Verfahren beteiligt zu sein, sind
1. natürliche und juristische Personen,
2. Vereinigungen, soweit ihnen ein Recht zustehen kann,
3. Behörden.

Schrifttum

Bachof, Teilrechtsfähige Verbände des öffentlichen Rechts, AöR 1958, 209; *Behm*, Die Rechtstellung ausländischer juristischer Personen im Verwaltungsprozess, DVBl 2009, 94; *Erichsen/Hoppe/v. Mutius*, System des verwaltungsgerichtlichen Rechtsschutzes – Festschrift für Christian-Friedrich Menger; *Ewald*, Zur Beteiligtenfähigkeit im Kommunalstreitverfahren, DVBl 1970, 237; *Hagmann*, Politische Wahlwerbung im öffentlichen Straßenraum, DÖV 2006, 323; *Jauernig*, Zur Rechts- und Parteifähigkeit der Gesellschaft bürgerlichen Rechts, NJW 2001, 2231; *Knöfel*, Rechtszuordnung und Publizität – Teilnahme der Gesellschaft bürgerlichen Rechts am Grundstücksverkehr, AcP 205, 645; *Schmidt*, Die BGB-Gesellschaft: rechts- und parteifähig, NJW 2001, 2231; *Schulz*, Die Parteifähigkeit nichtrechtsfähiger Vereine, NJW 1990, 1893 *Siegel*, Die Verfahrensbeteiligung von Behörden und anderen Trägern öffentlicher Belange, 2001; *Zilles/Kämper*, Kirchengemeinden als Körperschaften im Rechtsverkehr, NVwZ 1994, 109.

---

50 Ebenso Kopp/*Ramsauer*, § 10 Rn. 22a.

51 Auch *Ule/Laubinger*, § 19 Rn. 13.

52 Ebenso: *Hill*, NVwZ 1985, 449 (452); Stelkens/Bonk/*Schmitz*, § 10 Rn. 22. Vgl. aber *Hermanns/Hönig*, DVBl 1998, 827 (828).

53 Vgl. zur telefonischen Antragstellung als ausreichend zur Einleitung eines VwVf nach § 9 SGB X LSG Bayern, Urt. v. 24.11.1999 – L 18 VS 1/99, WKRS 1999, 13738.

54 Etwa: § 10 BW VwVfG, Art. 10 BayVwVfG, § 10 VwVfG Bbg, § 10 Brem-VwVfG, § 10 HmbVwVfG, § 10 HVwVfG, § 10 VwVfG M-V, § 10 VwVfG NW, § 10 SVwVfG, § 10 VwVfG LSA, § 75 LVwG Schl-Holst, § 10 ThürVwVfG.

Übersicht

Allgemeines und Grundsätze

I. Gegenstand der Regelung

1 § 11 bestimmt, wer die Fähigkeit besitzt, an einem Verwaltungsverfahren als Beteiligter nach § 13 teilzunehmen. Wer beteiligungsfähig ist, kann also in einem konkreten Verwaltungsverfahren Beteiligter sein (§ 13 Abs. 1) bzw. als Beteiligter hinzugezogen werden (§ 13 Abs. 2). Mit der Beteiligungsfähigkeit nicht verbunden ist die Handlungsfähigkeit nach § 12, also die Fähigkeit selbst oder durch einen selbst bestellten Bevollmächtigten wirksame Verfahrenshandlungen vorzunehmen. Die Beteiligungsfähigkeit nach § 11 und die Handlungsfähigkeit nach § 12 unterscheiden sich darin, dass ein Beteiligungsunfähiger in keiner Weise am Verwaltungsverfahren teilnehmen kann, während der nur Handlungsunfähige mit Hilfe eines Vertreters beteiligt sein kann. Beide Paragraphen regeln allgemeine Sachentscheidungsvoraussetzungen für das Verwaltungsverfahren.

2 Für das in den §§ 72 ff. geregelte förmliche Planfeststellungsverfahren gilt insoweit dasselbe. Nach § 73 Abs. 4 wird jeder, dessen Belange durch das beantragte Vorhaben berührt werden, mit der Erhebung der Einwendung Beteiligter, aber nur, wenn er beteiligungsfähig ist.

II. Der Begriff der Beteiligungsfähigkeit

3 Die Beteiligungsfähigkeit im Verwaltungsverfahren ist die Fähigkeit, als Rechtsträger in ein auf eine Sachentscheidung gerichtetes Verfahrensrechtsverhältnis einbezogen zu sein. Sie wird von der Innehabung eines bestimmten Rechtsstatus gem. Nr. 1 bis 3 abhängig gemacht und entspricht der Parteifähigkeit im Zivilprozess (§ 50 ZPO) und der Beteiligungsfähigkeit im Verwaltungsprozess (§ 61 VwGO). So stimmt auch § 11 mit § 61 VwGO bis auf die Abweichung in Nr. 3, wo die Einschränkung »sofern das Landesrecht dies bestimmt« hinzugefügt ist, überein.

Die Regelungen des § 11 haben zur Folge, dass grundsätzlich jede Einzelperson und jede Personenmehrheit, soweit sie Träger von Rechten und Pflichten sein kann, für das Verwaltungsverfahren beteiligungsfähig ist.

B. Die Vorschrift im Einzelnen

I. Natürliche und juristische Personen (Nr. 1)

4 Grundsätzlich sind nur natürliche (Rdn. 5 f.) oder juristische (Rdn. 7 ff.) Personen vollrechtsfähige Rechtsträger.

1. Die natürliche Person

5 Natürliche Personen sind stets beteiligungsfähig, gleichgültig ob sie geschäftsfähig sind oder nicht.[1] Eine natürliche Person ist – entsprechend § 1 BGB – der lebende Mensch mit Vollendung der Geburt.[2] Diesem ist die Leibesfrucht insoweit gleichgestellt, als ihr die Rechtsordnung ein Recht einräumt, das für das (konkrete) Verwaltungsverfahren von Bedeutung ist,[3] indem sie in entsprechender Anwendung der Grundsätze des bürgerlichen Rechts als rechtsfähig behandelt werden kann oder ihr nach öffentlichem Recht eigene Rechte zustehen können.[4]

---

1 Bader/Ronellenfitsch/*Gerstner-Heck*, § 11 Rn. 7.

2 Tiere sind – auch unter Berücksichtigung des § 90 Satz 1 BGB (wonach Tiere keine Sachen sind) – nicht beteiligungsfähig; vgl. auch für »Seehunde in der Nordsee« im Verwaltungsprozess VG Hamburg, Beschl. v. 22.09.1988 – 7 VG 2499/88, NVwZ 1988, 1058.

3 Das BVerwG (Beschl. v. 05.02.1992 – 7 B 13.92, NJW 1992, 1524) lehnte eigene Abwehrrechte der Leibesfrucht gegen den Betrieb einer kerntechnischen Anlage ab und verneinte daher im Atomrecht dessen Beteiligungsfähigkeit. Vgl. auch BVerwG, Urt. v. 09.08.1994 – 7 C 45.93, DVBl 1994, 1259.

4 Ebenso Knack/Henneke/*Ritgen*, § 11 Rn. 14; Kopp/Ramsauer, § 11 Rn. 4; Stelkens/Bonk/Sachs/*Bonk/Schmitz*, § 11 Rn. 13; *Ule/Laubinger*, Verwaltungsverfahrensrecht, § 15 IV 2 a)/§ 15 Rn. 24; *Ziekow*, § 11, Rn. 4. Zum Prozessrecht Schoch/Schneider/*Bier*, § 61 Rn. 3.

Die Beteiligungsfähigkeit der natürlichen Person endet mit deren Tod. Nach dem heutigen Stand der Medizin ist dies der Hirntod (nicht der Herztod), d.h. der vollständige und irreversible Zusammenbruch der Gesamtfunktion des Gehirns; rechtlich unerheblich ist hierbei, ob Kreislauf und Atmung noch künstlich aufrechterhalten bleiben oder wiederhergestellt wurden.[5] Ein noch nicht abgeschlossenes Verfahren kann nach dem Tod eines Beteiligten nur mit dem Erben bzw. einem Nachlassverwalter (als Beteiligtem kraft Amtes – vgl. Vorbem § 9; § 13 Rdn. 28) fortgeführt werden. 6

Für Personen, die nicht als solche, sondern in ihrer Funktion als Organ, Organteil oder Amtswalter mit eigenen Rechten ausgestattet sind, ist es strittig, ob insoweit Nr. 1 oder Nr. 2 anzuwenden ist.[6] Zum Teil wurde die Beteiligtenfähigkeit nach Nr. 1 bejaht, wenn es um die personenbezogene Ausführung der Funktion ging, da die Person auch in ihrer Funktion z.B. als Präsident eines Gerichtes, eine natürliche Person ist[7]. In den meisten Fällen wurde die Beteiligtenfähigkeit aber nach Nr. 2 bejaht, da es um die Kompetenzen des mit eigenen Rechten ausgestatteten Organs ging.[8] Nach der hier vertretenen Auffassung ist Nr. 1 nur dann anzuwenden, wenn die Person ein individuelles Recht auf oder aus dem Amt geltend machen kann. Soweit sie aber als Organ handelt, übt sie nur die mit ihrer Organstellung verbundenen Kompetenzen aus, so dass es auch auf die Beteiligtenfähigkeit des Organes nach Nr. 2 (analog) ankommt.[9] 7

2. Juristische Personen

Die juristischen Personen lassen sich in die vollrechtsfähigen Vereinigungen des Privatrechts und des öffentlichen Rechts untergliedern. Ihre Beteiligtenfähigkeit endet erst, wenn ihre Liquidation endgültig abgeschlossen ist.[10] 8

Als Beispiele für **juristische Personen des Privatrechts** können genannt werden die 9
1) rechtsfähigen (eingetragenen) Vereine (§ 21 BGB),
2) rechtsfähigen Stiftungen des Bürgerlichen Rechts (§ 80 BGB),

---

5 Vgl. zur Diskussion um das Hirntodkriterium: *Beckmann*, ZRP 1996, 219; *Kluth/Sander*, DVBl 1996, 1285 (1286); *Seewald*, VerwArch. Bd. 88, 1997, 199 (209); *Sengler/Schmidt*, DÖV 1997, 718 (719); *Wagner/Brocker*, ZRP 1996, 226.

6 Vgl. zum Streitpunkt: Bader/Ronellenfitsch/*Gerstner-Heck*, § 11 Rn. 8; Knack/Henneke/*Ritgen*, § 11 Rn. 15; Kopp/Ramsauer, § 11 Rn. 4; Schoch/Schneider/*Bier*, § 61 Rn. 3 und 7.

7 Vgl. zu § 61 Nr. 1 VwGO, VGH Baden-Württemberg, Urt. v. 05.12.1978 – X 2676/78, DÖV 1980, 573.

8 Vgl. zu § 61 Nr. 2 VwGO, OVG Berlin-Brandenburg, Beschl. v. 17.01.2006 – 7 S 67.05, LKV 2006, 565; OVG Bremen, Beschl. v. 03.11.2010 – 1 B 279/10, NordÖR 2011, 40; OVG Nordrhein-Westfalen, Urt. v. 10.09.1982 – 15 A 1223/80, NVwZ 1983, 485; VGH Hessen, Urt. v. 03.09.1985 – 2 OE 93/83, NVwZ 1986, 328; VGH Hessen, Urt. v. 29.11.1990 – 6 UE 2247/87, DVBl 1991, 777; Schoch/Schneider/*Bier*, § 61 Rn. 7 m.w.N.

9 Vgl. Knack/Henneke/*Ritgen*, § 11 Rn. 15; *Ziekow*, § 11 Rn. 4; *Ziekow*, NWVBl. 1998, 297 (300).

10 BGH, Urt. v. 05.04.1979 – II ZR 73/78, BGHZ 74, 212, zuletzt dazu VG Dresden, Urt. v. 05.12.2013 – 2 K 287/10, vgl. Kopp/Ramsauer, § 11 Rn. 8, 16.

3) Aktiengesellschaften, AG (§ 1 Abs. 1 Satz 1 AktG),
4) Kommanditgesellschaften auf Aktien, KG a.A. (§ 278 Abs. 1 AktG),
5) Gesellschaften mit beschränkter Haftung, GmbH (§ 13 Abs. 1 GmbHG),[11]
6) eingetragenen Genossenschaften (§ 17 Abs. 1 GenG),
7) Versicherungsvereine auf Gegenseitigkeit (§§ 15 ff. VAG),
8) Landesinnungsverbände (§ 80 Satz 1 HwO),
9) nach dem Gesetz (zu dem Übereinkommen vom 29.02.1968 über die gegenseitige Anerkennung von Gesellschaften und juristischen Personen) vom 18.05.1972[12] anerkannten ausländischen juristischen Personen des privaten Rechts.[13]

10 **Juristische Personen des öffentlichen Rechts** sind
1) die (rechtsfähigen)[14] Körperschaften,[15]
2) (rechtsfähigen) Anstalten[16]
3) (rechtsfähigen) Stiftungen des öffentlichen Rechts sowie
4) die nach dem Gesetz vom 18.05.1972 (vgl. Rdn. 8) anerkannten ausländischen juristischen Personen des öffentlichen Rechts.

3. Den juristischen Personen gleichgestellte (nicht vollrechtsfähige) Vereinigungen

11 Den juristischen Personen gleichzustellen sind die nicht voll rechtsfähigen Vereinigungen, denen eine – dem privaten oder öffentlichen Recht zugehörige – Rechtsvorschrift (oder Gewohnheitsrecht) die generelle Fähigkeit zuerkennt, im eigenen Namen zu klagen und verklagt zu werden.[17] Sind sie nämlich im Verwaltungsprozess (nach § 61 VwGO) beteiligungsfähig, so müssen sie zwangsläufig auch in dem einem Verwaltungsprozess vorausgehenden Verwaltungsverfahren die Beteiligungsfähigkeit besitzen. Die betreffenden Vereinigungen können daher nicht den Vereinigungen i.S.d.

---

11 S. zur (zivilprozessualen) Parteifähigkeit der sog. Vor-GmbH BGH, 28.11.1997, NJW 1998, 1079 (1080). Die Vorgesellschaft ist als notwendige Vorstufe zu der mit der Eintragung entstehenden juristischen Person ein bereits eigenständiges, körperschaftlich strukturiertes »Rechtsgebilde« mit eigenen Rechten und Pflichten und daher der juristischen Person gleichzustellen (vgl. Rdn. 10 f.). Vgl. aber (für § 61 Nr. 2 VwGO) VG Neustadt, Beschl. v. 25.01.1985 – 7 L 150/84, GewArch. 1986, 200.

12 BGBl. II 1972, S. 369.

13 Nicht aber die Zweigniederlassungen einer ausländischen Gesellschaft, OVG Mecklenburg-Vorpommern, Urt. v. 25.08.2010 – 2 L 155/04.

14 Vgl. zur nichtrechtsfähigen Körperschaft OVG Hamburg, Urt. v. 27.02.1995 – Bf III 159/93, NVwZ 1995, 1135.

15 Wie z.B. als Gebietskörperschaften der Bund, die einzelnen Länder und Gemeinden. Nicht dazu gehören die kommunalen Eigenbetriebe, VG Arnsberg, Urt. v. 06.10.2015 – 4 K 1510/15.

16 S. zu der in einigen Ländern erfolgten Ausgestaltung von anstaltlich organisierten Landesbanken/Girozentralen als »Kapitalgesellschaften des öffentlichen Rechts« *Becker*, DÖV 1998, 97.

17 So auch Kopp/Ramsauer, § 11 Rn. 6.

Nr. 2 zugerechnet werden. Denn ihre Beteiligungsfähigkeit ist immer gegeben und hängt (anders als die Beteiligungsfähigkeit der Vereinigungen nach Nr. 2) nicht davon ab, dass ihnen im Einzelfall ein verfahrensrelevantes eigenes Recht zustehen kann.

Entsprechende Vereinigungen des **Privatrechts** sind z.B.[18] die 12
1) Offenen Handelsgesellschaften, OHG (§ 124 Abs. 1 HGB),
2) Kommanditgesellschaften, KG (§ 161 Abs. 2 i.V.m. § 124 Abs. 1 HGB),[19]
3) Partnerschaftsgesellschaften Angehöriger freier Berufe (§ 7 Abs. 2 PartGG i.V.m. § 124 HGB),
4) Reedereien (§ 493 Abs. 3 HGB),
5) Gewerkschaften und Arbeitgeberverbände sowie deren Zusammenschlüsse (kraft Gewohnheitsrechts; vgl. auch § 10 ArbGG).

Der juristischen Person nicht gleichzusetzen ist nach der Rechtsprechung des BVerwG die Gesellschaft bürgerlichen Rechts. Sie wird weiterhin nach Nr. 2 behandelt.[20] Dies hat zur Konsequenz, dass die zuständige Behörde zu prüfen hat, ob die Gesellschaft bürgerlichen Rechts in dem jeweiligen Verfahren beteiligungsfähig ist und damit Adressat des VA sein kann. Es lässt sich aber berechtigterweise Fragen, ob diese Einordnung nicht angesichts der Rechtsprechung des BGH und BVerfG überholt ist.[21]

Entsprechende Vereinigungen des **öffentlichen Rechts** sind bspw. die politischen Parteien und ihre Gebietsverbände der jeweils höchsten Stufe (nach § 3 PartG) sowie die Fraktionen im Landtag. 13

II. Vereinigungen, soweit ihnen ein Recht zustehen kann (Nr. 2)

1. Der Begriff der Vereinigung

Vereinigungen sind zu einem bestimmten Zweck gebildete Zusammenschlüsse von natürlichen und bzw. oder juristischen Personen (nicht dagegen Vermögensmassen) mit einem Mindestmaß an Organisation, das ihre Abgrenzung zu anderen Personen bzw. Vereinigungen und eine (für die Handlungsfähigkeit nach § 12 bedeutsame) Repräsentanz aller Mitglieder durch bestimmte Personen gewährleistet. 14

---

18 Vgl. Kopp/*Ramsauer*, § 11 Rn. 6; Knack/Henneke/*Ritgen*, § 11 Rn. 17; Stelkens/Bonk/Sachs/*Bonk/Schmitz*, § 11 Rn. 14.

19 Vgl. auch VGH Baden-Württemberg, Beschl. v. 06.10.1995 – 10 S 1389/95, GewArch. 1996, 36. Bei einer GmbH und Co KG sind die Bescheide an die KG zu richten, VGH Hessen, Beschl. v. 25.04.1989 – 8 TH 4748/88.

20 Vgl. BVerwG, Urt. v. 17.08.2004 – 9 A 1.03; OVG Sachsen-Anhalt, Urt. v. 16.06.2005 – 2K 278/02; VGH Baden-Württemberg, Urt. v. 08.05.2012 – 8 S 1739/10, ZfBR 2012, 590.

21 Kopp/Ramsauer, § 11 Rn. 7, 13b; Knack/Henneke/*Ritgen*, § 11 Rn. 22; für den Zivilprozess BGH, Beschl. v. 04.11.1991 – II ZB 10/91, BGHZ 116, 86; zur Geltendmachung des Art. 14 GG, BVerfG, Beschl. v. 02.09.2002 – 1 BvR 1103/02, NJW 2002, 3533.

Erforderlich ist nach der Rechtsprechung eine feste, körperschaftähnliche Organisationsstruktur.[22]

15 Keine Vereinigungen sind demnach bloße, durch ein bestimmtes Ereignis veranlasste Ansammlungen von Menschen auf öffentlichen Straßen sowie die in einer Versammlung oder Demonstration zusammengekommenen Menschen (von denen aber jeder für sich als natürliche Person die Beteiligungsfähigkeit besitzt), da sie keine feste körperschaftsähnliche Organisationsstruktur aufweisen.[23] Bei Bürgerinitiativen oder Stammtischrunden bedarf es stets einer sorgfältigen Prüfung im konkreten Einzelfall, ob die Mindestanforderungen an eine Organisationsstruktur erfüllt sind.

2. Die Möglichkeit des Zustehens eines Rechts

16 Die Klärung der Frage, ob der Vereinigung ein Recht zustehen kann, richtet sich nach materiellem Recht.[24] Wird der Vereinigung durch eine Vorschrift des geschriebenen[25] oder ungeschriebenen Rechts die Fähigkeit zuerkannt, im eigenen Namen zu klagen oder verklagt zu werden, ist die Beteiligungsfähigkeit gegeben. Bei der Prüfung ist Folgendes zu beachten:

a) Verfahrensrelevanz des Rechts

17 Das möglicherweise zustehende Recht muss – dem »Soweit«-Satz der Nr. 2 entsprechend – durch Beziehung zum Verfahrensgegenstand (vgl. Vorbem. § 9) eine Verfahrensrelevanz aufweisen.[26] Die rechtssatzmäßige Zuerkennung eines Rechts an sich garantiert die Beteiligungsfähigkeit noch nicht;[27] stets muss noch das Kriterium der Verfahrensrelevanz erfüllt sein.

18 Eine Verfahrensrelevanz ist bspw. gegeben, wenn ein nichtrechtsfähiger Verein eine Gaststättenerlaubnis beantragt (vgl. Rdn. 27). Würde ein Fachbereich einer Universität eine solche Erlaubnis beantragen, so wäre er nicht beteiligungsfähig, da ihm Rechte

---

22 Vgl. VGH Bayern, Urt. v. 11.01.1984 – 21 B 83 A.2250, NJW 1984, 2116; OVG Nordrhein-Westfalen, Beschl. v. 30.04.1974 – VIII B 464/73, NJW 1975, 463. Erfüllt bei einer nichtrechtsfähigen Genossenschaft, die sich eine Satzung gegeben und einen Vorstand hat, BVerwG, Urt. v. 12.02.1997 – 11 A 66.95, NVwZ-RR 1998, 90.

23 Vgl. VGH Bayern, Urt. v. 11.01.1984 – 21 B 83 A.2250, NJW 1984, 2116; OVG Nordrhein-Westfalen, Beschl. v. 30.04.1974 – VIII B 464/73, NJW 1975, 463.

24 OVG Sachsen, Beschl. v. 02.12.1997 – 1 S 32/97, NVwZ 1998, 656; Stelkens/Bonk/Sachs/*Bonk/Schmitz*, § 11 Rn. 21.

25 Z.B. anerkannte Vereinigungen nach dem Umwelt-Rechtsbehelfsgesetz (UmwRG), danach braucht die Vereinigung nicht mal in eigenen Rechten verletzt sein. Sie können die materiell-rechtliche und verfahrensrechtliche Rechtmäßigkeit der Entscheidung anfechten.

26 Vgl. auch VGH Baden-Württemberg, Urt. v. 16.07.1969 – VI 734/66, VerwRspr. 21, 251; OVG Niedersachsen, Urt. v. 16.03.1978 – I A 111/76, NJW 1979, 735; OVG Nordrhein-Westfalen, Beschl. v. 30.04.1974 – VIII B 464/73, NJW 1975, 463.

27 A.A. Amtl. Begründung S. 42.

nur im Bereich der Forschung und Lehre (z.B. hinsichtlich der Durchführung von Promotions- und Habilitationsverfahren)[28] zustehen (können).

b) Möglichkeit des Rechtsbesitzes

19 Es muss weiterhin möglich erscheinen, dass die Vereinigung ein einschlägiges Recht besitzt, sie also Zuordnungsobjekt eines Rechtssatzes ist. Dementsprechend muss das Recht der Vereinigung als solcher – und nicht nur deren einzelnen Mitgliedern – zustehen können.[29]

20 Ob das Recht der Vereinigung tatsächlich zusteht, ist für die Beteiligungsfähigkeit unerheblich. Diese Frage spielt erst dann eine Rolle, wenn die Sachentscheidung selbst zu treffen ist (vgl. Vorbem. § 9).[30]

21 Die Rechtsinhaberschaft kann in der Möglichkeit begründet sein, dass der Vereinigung Grundrechte oder dingliche Rechte (wie etwa das Eigentum) zustehen, sie den Besitz an einer Sache innehat oder ihr durch eine Rechtsvorschrift[31] ein Recht auf ein bestimmtes behördliches Handeln eingeräumt ist. Nach § 13 Abs. 1 Nr. 2 ist Beteiligter aber auch derjenige, an den die Behörde einen Verwaltungsakt richten will oder gerichtet hat, und somit auch der Adressat eines belastenden VA. Diese dem Erlass des VA vorausliegende Pflichtenposition auf Seiten der Vereinigung muss daher für sie auch – rechtssystematisch zwingend – bereits allein die Beteiligungsfähigkeit vermitteln,[32] sodass § 11 Nr. 2 korrekterweise an sich lauten müsste: »Vereinigungen, soweit ihnen ein Recht zustehen oder eine Pflicht obliegen kann«. Der Wortlaut kann aber – ohne eine analoge Anwendung – durch die (erweiternde) Auslegung gewahrt werden, dass die mögliche Rechtsinhaberschaft auch (negativ) dadurch bedingt sein kann, dass die Behörde eine ihr gesetzlich eingeräumte Befugnis zum Einschreiten gegen eine Vereinigung (als solche und nicht nur gegen deren einzelne Mitglieder) in Anspruch nimmt und damit auf Seiten der Vereinigung das (durch Art. 2 Abs. 1 GG garantierte) Recht auf Unterlassung rechtswidriger Eingriffe relevant werden lässt.

---

28 Im Verwaltungsverfahren treten die Fachbereiche – ebenso wie andere teilrechtsfähige Vereinigungen des öffentlichen Rechts – bei Erfüllung ihrer Aufgaben als durch ihre Organe (»behördlich«) repräsentierte Hoheitsträger auf, mit der Folge, dass sie nicht zu den Beteiligten gehören.

29 OVG Saarland, Beschl. v. 25.11.1992 – 8 W 108/92, NVwZ 1993, 902; Knack/Henneke/*Ritgen*, § 11 Rn. 25 f. Vgl. auch zu § 61 VwGO: VGH Bayern, Urt. v. 22.10.1979 – 7.B-432/79, BayVBl. 1980, 244 (245); OVG Nordrhein-Westfalen, Beschl. v. 30.04.1974 – VIII B 464/73, NJW 1975, 463; Schoch/Schneider/*Bier*, § 61 Rn. 6.

30 Ebenso VGH Hessen, Beschl. v. 23.01.1997 – 4 TG 4829/96, NJW 1997, 1938; Knack/Henneke/*Ritgen*, § 11 Rn. 21.

31 S.a. OVG Saarland, Beschl. v. 25.11.1992 – 8 W 108/92, NVwZ 1993, 902 zur GbR.

32 Im Ergebnis ebenso OVG Saarland, Beschl. v. 25.11.1992 – 8 W 108/92, NVwZ 1993, 902; Stelkens/Bonk/Sachs/*Bonk/Schmitz*, § 11 Rn. 19.

22 Dass der Vereinigung durch einen Rechtssatz lediglich eine Kompetenz oder Wahrnehmungszuständigkeit zugewiesen wird,[33] reicht aber nicht aus, wenn diese
1) nicht als eine Rechtsposition des materiellen Rechts qualifiziert[34] oder
2) (wie u.U. in organschaftlichen Rechtsverhältnissen)[35] ihr gleichgestellt werden kann.[36]

23 Die Möglichkeit der Innehabung eines Rechts ist vom Standpunkt eines »Durchschnittsjuristen« aus zu beurteilen. Der Sinn dieser sprachlichen »Notlösung« zur Bezeichnung eines objektiven sachverständigen Beurteilers liegt in der Abgrenzung des Beurteilungsmaßstabes, der zwischen einer ohne juristischen Kenntnis durchgeführten oder (lediglich) oberflächlichen juristischen Prüfung auf der einen Seite und einer intensiven (wissenschaftlichen) Auseinandersetzung mit den aufgeworfenen (Rechts-) Fragen unter Ausschöpfung von relevanter Rechtsprechung und einschlägigem Schrifttum auf der anderen Seite liegt.

24 Danach ist die Möglichkeit der Innehabung eines Rechts dann als bestehend anzuerkennen, wenn ihre Annahme bei einer ersten – die Gesamtproblematik keineswegs auslotenden – Prüfung der Rechtslage wenigstens als nicht ganz ausgeschlossen erscheint.

25 Bürgerinitiativen werden stets als beteiligungsfähig anzusehen sein, wenn ihr Anliegen (wie z.B. die Verhinderung der Errichtung eines Atomkraftwerks) den Gegenstand einer behördlichen Entscheidung bildet. Nicht beteiligungsfähig ist eine Bürgerinitiative jedoch, soweit sie Ziele verfolgt, die mit dem Zweck ihres Zusammenschlusses nichts gemein haben. Desgleichen ist ein Elternbeirat nur dann beteiligungsfähig, wenn er im konkreten Fall Träger des geltend gemachten Rechts sein kann.[37]

3. Arten der Vereinigung

26 Bei Vereinigungen, denen ein Recht zustehen kann, handelt es sich z.B. um folgende Vereinigungen

33 Gleiches gilt i.d.R. auch für ein der Vereinigung zustehendes Anhörungsrecht (vgl. VGH Bayern, Urt. v. 22.06.1981 – 7 N 80 A.57, BayVBl. 1981, 719 [720]).

34 Vgl. VGH Bayern, Urt. v. 22.10.1979 – 7.B – 432/79, BayVBl. 1980, 244 (245); Urt. v. 22.06.1981 – 7 N 80 A.57, BayVBl. 1981, 719 (720).

35 Einem Organ ist die Beteiligungsfähigkeit zuzuerkennen, soweit ihm organschaftliche Befugnisse und Verpflichtungen zur eigenständigen Wahrnehmung übertragen worden sind (vgl. OVG Hamburg, Beschl. v. 20.01.1994 – Bs III 420/93, NVwZ-RR 1994, 587) oder ihm in bestimmten Bereichen eine partielle Unabhängigkeit zukommt (vgl. OVG Hamburg, Urt. v. 27.02.1995 – Bf III 159/93, NVwZ 1995, 1135).

36 Vgl. auch Stelkens/Bonk/Sachs/*Bonk/Schmitz*, § 11 Rn. 19.

37 Vgl. VGH Bayern, Urt. v. 22.10.1979 – 7.B – 432/79, BayVBl. 1980, 244 (245); Urt. v. 22.06.1981 – 7 N 80 A.57, BayVBl. 1981, 719 (720).

1) **des Privatrechts** wie die nichtrechtsfähigen Vereine nach § 54 BGB,[38] die Gesellschaften des Bürgerlichen Rechts nach den §§ 705 ff. BGB,[39] die Erbengemeinschaften nach den §§ 2032 ff. BGB[40] (nicht jedoch die Bruchteilsgemeinschaften nach den §§ 741 ff. BGB),[41] Wohnungseigentümergemeinschaft nach § 10 Abs. 6 WEG[42] die (mangels Eintragung in das Genossenschaftsregister) nicht rechtsfähige Genossenschaften[43] (vgl. § 13 GenG), die Bezirksverbände von Gewerkschaften sowie die Betriebsräte[44] und
2) **des öffentlichen Rechts** wie die auf gewissen Gebieten mit einer rechtlichen unselbstständig ausgestatteten öffentlich-rechtlichen Organe, z.B. die unabhängigen Verwaltungsausschüsse und die Personalräte,[45] die Fachbereiche wissenschaftlicher Hochschulen[46] sowie die Fraktionen (soweit sie nicht bereits unter Nr. 1 fallen – vgl. Rn. 12) und Kreis- und Ortsverbände politischer Parteien.[47]

4. Beispiele beteiligungsfähiger Vereinigungen in bestimmten Verfahren

Infolge einer Verfahrensrelevanz der einschlägigen Rechte ist die Beteiligtenfähigkeit gegeben für 27

1) einen nichtrechtsfähigen Verein im Verfahren zur Erteilung einer beantragten Gaststättenerlaubnis (nach § 2 Abs. 1 Satz 2 GastG) und in einem das Verbot

---

38 OVG Niedersachsen, Urt. v. 16.03.1978 – I A 111/76, NJW 1979, 735, Inanspruchnahme als Ordnungspflichtiger.

39 BVerwG, Urt. v. 17.08.2004 – 9 A 1.03. Auch die Vorgründungsgesellschaft, bei einem Zuwendungsbescheid zur Vereinsgründung, OVG Berlin (nach Zusammenlegung, früher OVG Brandenburg in Frankfurt [Oder]), Urt. v. 05.04.2001 – 2 A 53/98, NVwZ-RR 2002, 479.

40 Die Erbengemeinschaft ist Beteiligte, wenn es die Verwaltung des Nachlasses betrifft. Z.B. Rechtsmittel im Nachbarschaftsstreit VGH Baden-Württemberg, Beschl. v. 10.07.1991 – 8 S 1589/91, VBlBW 1992, 14. In der Regel ist die Erbengemeinschaft aber nicht beteiligungsfähig. Z.B. sind nur die einzelnen Miterben beteiligungsfähig beim Abgabenbescheid, OVG Sachsen-Anhalt, Beschl. v. 01.07.2008 – 4 O 305/08, NVwZ-RR 2008, 748, im Enteignungsverfahren, Knack/Henneke/*Ritgen*, § 11 Rn. 26 oder hinsichtlich einer jagdrechtlichen Angliederungsverfügung, OVG Niedersachsen, Urt. v. 04.09.2012 – 4 LA 181/11.

41 Vgl. auch VGH Bayern, Urt. v. 31.03.1978 – 40 II 75, BayVBl. 1979, 20.

42 Hinsichtlich des Grundstückes, da dieses gemeinschaftliches Eigentum darstellt, § 1 Abs. 5 WEG, und gem. § 21 Abs. 1 WEG gemeinschaftlich verwaltet wird, OVG Berlin-Brandenburg, Beschl. v. 07.08.2009 – 10 A 6.07, ZWE 2010, 50.

43 Vgl. BVerwG, Urt. v. 12.02.1997 – 11 A 66/95, NVwZ-RR 1998, 90.

44 Vgl. BVerwG, Urt. v. 24.10.1957 – II CO 6.56, BVerwGE 5, 293 (302).

45 Vgl. BVerwG, Urt. v. 24.10.1957 – II CO 6.56, BVerwGE 5, 293 (302) zum Betriebsrat.

46 Vgl. OVG Hamburg, Beschl. v. 21.04.1964 – Bf I 14/63, VerwRspr. 16, 828; VGH Baden-Württemberg, Urt. v. 16.07.1969 – VI 734/66, VerwRspr. 21, 251.

47 Weitere Einzelfälle, Kopp/Ramsauer, § 11 Rn. 13.

einer öffentlichen Versammlung im Freien betreffenden Verfahren (nach den §§ 14 ff. VersG),[48]

2) einen (nichtrechtsfähigen) Verein i.S.d. § 2 Abs. 1 VereinsG in einem ihn betreffenden Verbotsverfahren nach den §§ 3 ff. VereinsG,
3) eine Gesellschaft des bürgerlichen Rechts, die den selbstständigen Betrieb eines Handwerks als stehendes Gewerbe ausüben will, im Verfahren zur Eintragung in die Handwerksrolle (nach § 1 Abs. 1 Satz 2 i.V.m. § 7 Abs. 4 Satz 2 HwO),
4) eine Gesellschaft des bürgerlichen Rechts, die als Bauherrngemeinschaft gegründet wurde, in einem bauaufsichtlichen Genehmigungsverfahren oder Normenkontrollverfahren,[49]
5) eine Erbengemeinschaft (wenn in ihr Deutsche zur mehr als der Hälfte beteiligt sind) als Eigentümerin eines Seeschiffes in Verfahren, die das Recht zur Führung der Bundesflagge betreffen (nach § 2 Abs. 2 Buchst. b) Flaggenrechtsgesetz),[50]
6) einen Kreis- oder Ortsverband einer politischen Partei in einem auf die Gestattung der Benutzung gemeindlicher Räume gerichteten Verfahren.[51]

28 Nach früherer Rechtsprechung war eine Gesellschaft des bürgerlichen Rechts (GbR) nicht beteiligungsfähig in abfallrechtlichen Verfahren, da davon ausgegangen wurde, dass die Rechtsordnung der GbR keine Möglichkeit eröffnet, Grundeigentum zu erwerben, sodass ihr eine darauf fußende tatsächliche Sachherrschaft über gelagerten Abfall im Sinne eines Abfallbesitzes nicht zukommen konnte.[52] Heute geht man davon aus, dass auch die GbR Grundeigentum erwerben kann. So ist mittlerweile geklärt, dass ein Grundstück, das zum Gesellschaftsvermögen einer GbR gehört, materiell-rechtlich stets Eigentum der Gesellschaft und nicht (gesamthänderisch gebundenes) Eigentum der Gesellschafter ist[53] und die Eigentümerstellung der GbR für den Rechtsverkehr unzweifelhaft zum Ausdruck gebracht wird, wenn die Gesellschafter mit dem Zusatz »als Gesellschaft bürgerlichen Rechts« im Grundbuch eingetragen sind[54]. Insoweit ist durch die Behörde genau zu prüfen, wer Adressat der Ordnungsverfügung ist.

48 Vgl. VGH Bayern, Urt. v. 11.01.1984 – 21 B 83 A.2250, NJW 1984, 2116; OVG Nordrhein-Westfalen, Beschl. v. 30.04.1974 – VIII B 464/73, NJW 1975, 463. S.a. OVG Niedersachsen, Urt. v. 16.03.1978 – I A 111/76, NJW 1979, 735.

49 Vgl. zur Normenkontrolle BVerwG, Beschl. v. 15.04.2010 – 4 BN 41/09, ZfBR 2010, 583; VGH Hessen, Urt. v. 22.04.2010 – 4 C 306/09.N, ZfBR 2010, 590; zur Baugenehmigung VGH Hessen, Beschl. v. 23.01.1997 – 4 TG 4829/96, NJW 1997, 1938; Stelkens/Bonk/Sachs/*Bonk/Schmitz*, § 11 Rn. 22.

50 BGBl. I 1990, S. 1342.

51 Vgl. BVerwG, Urt. v. 18.07.1969 – VII C 56.68, BVerwGE 32, 333.

52 S. OVG Saarland, Beschl. v. 25.11.1992 – 8 W 108/92, NVwZ 1993, 902.

53 Vgl. BGH, Urt. v. 29.01.2001 – II ZR 331/00, BGHZ 146, 341.

54 BGH, Urt. v. 25.09.2006 – II ZR 218/05, NJW 2006, 3716.

III. Die Beteiligungsfähigkeit von Behörden (Nr. 3)

Nach Nr. 3 sind auch Behörden beteiligungsfähig, und zwar ohne Rücksicht darauf, ob sie – wie es § 61 Nr. 3 VwGO für das verwaltungsgerichtliche Verfahren verlangt – aufgrund einer landesrechtlichen Bestimmung beteiligungsfähig sind (vgl. auch Rdn. 3). Insbesondere sind sie zur Abgabe von Einwendungen in Genehmigungsverfahren berechtigt, die der entsprechenden Körperschaft zuzurechnen sind.[55] Der Schluss von der verwaltungsverfahrensrechtlichen Beteiligungsfähigkeit der Behörden auf ihre verwaltungsprozessuale ist – im Hinblick auf die auch nach Erlass des VwVfG unveränderte Fortgeltung des § 61 Nr. 3 VwGO – aber nicht zulässig. Auch handelt es sich bei den § 11 Nr. 3 VwVfG entsprechenden Vorschriften der Landes-Verwaltungsverfahrensgesetze nicht um landesrechtliche Bestimmungen der verwaltungsprozessualen Beteiligungsfähigkeit i.S.d. § 61 Nr. 3 letzter Halbs. VwGO. 29

1. Die Behörde

Der Behördenbegriff ist in § 1 Abs. 4 legaldefiniert (vgl. § 1). Die Beteiligungsfähigkeit einer Behörde hängt jedoch nicht davon ab, dass sie eine öffentlich-rechtliche Verwaltungstätigkeit ausübt (vgl. § 1) und dabei (nach den §§ 1 und 2) den Vorschriften des VwVfG unterworfen ist. Nicht erfasst vom Behördenbegriff i.S.d. Nr. 3 ist aber die verfahrensleitende Behörde in eben dieser Funktion, da sie insoweit nicht Beteiligte i.S.d. § 13 ist (vgl. § 13 Rdn. 27). 30

2. Die Bedeutung der Regelung

Die Bedeutung der Vorschrift liegt in ihrer verfahrensvereinfachenden Wirkung für den Fall, dass eine behördlich organisierte juristische Person nach § 13 Abs. 1 und 2 als Beteiligte (nämlich als Rechtsträger, dem ggü. ein VA zu erlassen oder mit dem ein örV abzuschließen ist) in Betracht kommt. Dann ist nicht dieser Rechtsträger Verfahrensbeteiligter, sondern an seiner Stelle diejenige Behörde seines Verwaltungsapparates, die für den betreffenden Gegenstand die sachliche und örtliche (vgl. § 3) Zuständigkeit besitzt. Freilich bleibt die beteiligte Behörde ein nichtrechtsfähiges nur hinsichtlich ihrer Verfahrensbeteiligung teilrechtsfähiges Organ des von ihr repräsentierten Hoheitsträgers, dem auch ihre Verfahrenshandlungen zuzurechnen sind.[56] 31

IV. Die Beteiligungsfähigkeit als Sachentscheidungs- und Verfahrenshandlungsvoraussetzung

Als (allgemeine) Sachentscheidungs- und Verfahrenshandlungsvoraussetzung ist die Beteiligungsfähigkeit – wie auch die Handlungsfähigkeit nach § 12 – stets von 32

55 OVG Niedersachsen, Beschl. v. 21.07.2011 – 12 ME 201/10; VG Trier, Beschl. v. 03.05.2013 – 5 L 324/13TR zum Deutschen Wetterdienst in Verfahren zur Genehmigung von Windkraftanlagen.

56 S.a. Knack/Henneke/*Ritgen*, § 11 Rn. 32; Kopp/Ramsauer, § 11 Rn. 14; Stelkens/Bonk/Sachs/*Bonk/Schmitz*, § 11 Rn. 25.

Amts wegen zu beachten. Eine besondere Prüfungspflicht der Behörde besteht aber nur beim Vorliegen entsprechender Anhaltspunkte für eine Beteiligungsunfähigkeit; Zweifeln ist von Amts wegen nachzugehen. Ansonsten darf die Behörde grds. vom Vorliegen der Beteiligungsfähigkeit ausgehen.

33 Vom anfänglichen oder späteren Fehlen der Beteiligungsfähigkeit ist der nachträgliche Wegfall eines Beteiligten etwa durch Tod einer natürlichen Person oder durch Zusammenschluss von juristischen Personen oder teilrechtsfähigen Vereinigungen im Laufe eines anhängigen Verfahrens zu unterscheiden.

1. Verfahren bei umstrittener Beteiligungsfähigkeit

34 Ist die Beteiligungsfähigkeit umstritten, so hat die Behörde von Amts wegen eine Klärung herbeizuführen.[57] Dies liegt darin begründet, dass es sich um eine Sachentscheidungsvoraussetzung handelt. Bis zur Entscheidung über das Bestehen bzw. Nichtbestehen der Beteiligungsfähigkeit ist diese – vorläufig (vgl. Rdn. 36) – als gegeben zu unterstellen.[58] Der (vermeintlich) Beteiligungsfähige kann Verfahrenshandlungen – vorläufig wirksam bzw. beachtlich oder zulässig (vgl. Rdn. 36) – vor- und entgegennehmen. Eine ablehnende Entscheidung ist ein verfahrensrechtlicher VA, gegen den nach § 44a Satz 1 VwGO ein Rechtsbehelf nur gleichzeitig mit der gegen die Sachentscheidung zulässigen verwaltungsgerichtlichen Klage geltend gemacht werden kann.

35 Die materielle (objektive) Beweislast für den Fall der Unaufklärbarkeit der zugrundeliegenden Tatsachen liegt aber nach allgemeinen Beweisgrundsätzen bei demjenigen, der als Beteiligungsfähiger anerkannt werden will.

2. Folgen fehlender Beteiligungsfähigkeit

36 Steht aufgrund der Ermittlungen der Behörde das Fehlen der Beteiligungsfähigkeit des Beteiligten fest, so berührt dies die Wirksamkeit bzw. Zulässigkeit der bisher im Laufe eines anhängigen Verwaltungsverfahrens von dem Beteiligungsunfähigen vor- und entgegengenommenen Verfahrenshandlungen ebenso wie die seiner künftigen Verfahrenshandlungen, es sei denn, der Mangel der fehlenden Beteiligungsfähigkeit konnte mit Wirkung ex tunc (von Anfang an) oder ex nunc (ab dem Zeitpunkt der Erfüllung des Heilungstatbestandes) geheilt werden.

37 Ist der Mangel der fehlenden Beteiligungsfähigkeit – wie bei natürlichen Personen und Behörden – nicht heilbar oder wird er – trotz Heilbarkeit – nicht (durch rügelose Fortführung des Verfahrens oder nachträgliche Zustimmung zur unzulässigen bzw. unwirksamen Verfahrenshandlung – vgl. §§ 12 Rdn. 71 f.) geheilt, so hat die Beteiligungsunfähigkeit unterschiedliche Auswirkungen, je nachdem, ob die Beteiligungsfähigkeit

57 So auch Knack/Henneke/*Ritgen*, § 11 Rn. 38.

58 S.a. Knack/Henneke/*Ritgen*, § 11 Rn. 38; Kopp/Ramsauer, § 11 Rn. 17; Schoch/Schneider/*Bier*, § 11 Rn. 11; BGH, Urt. v. 23.02.1990 – V ZR 188/88, NJW 1990, 1734.

als (allgemeine) Sachentscheidungsvoraussetzung (vgl. Rdn. 38 f.) oder als Verfahrenshandlungsvoraussetzung (vgl. Rdn. 40 ff.) zu prüfen ist.

a) Auswirkung auf die Sachentscheidung

In Bezug auf die Beteiligungsfähigkeit als Sachentscheidungsvoraussetzung verwehrt es die Beteiligungsunfähigkeit eines »Beteiligten« der Behörde, diesem ggü. eine Entscheidung in der Sache zu treffen (vgl. auch Vorbem. § 9). 38

Ein ggü. einem Beteiligungsunfähigen erlassener VA ist ebenso nichtig wie ein mit ihm abgeschlossener örV[59] (vgl. § 44; § 59). Der nichtige VA kann vom Beteiligungsunfähigen mit den in der Sache gegebenen Rechtsbehelfen angefochten werden.[60] 39

b) Auswirkung auf Verfahrenshandlungen

Ein Beteiligungsunfähiger kann nicht Beteiligter nach § 13 (vgl. § 13 Rdn. 3) und damit weder aktiv Verfahrenshandlungen vornehmen noch Adressat von Verfahrenshandlungen sein. Ein Verwaltungsverfahren darf gegen ihn nicht eingeleitet werden. So darf z.B. eine Bürgerinitiative nicht (durch VA) zu einer öffentlich-rechtlichen Abgabe herangezogen werden, wenn der Vereinigung in Hinsicht auf den Anknüpfungsgegenstand dieser Abgabe kein Recht zustehen kann. 40

Behördliche Verfahrenshandlungen, die ggü. einer beteiligungsunfähigen Person vorgenommen werden (z.B. die Hinzuziehung nach § 13 Abs. 2 oder die Bekanntgabe eines VA), sind unwirksam bzw. unbeachtlich. Das gleiche gilt für die von einem Beteiligungsunfähigen vorgenommenen (nichtbehördlichen) Verfahrenshandlungen. Sie sind darüber hinaus unzulässig, z.B. wenn ein Beteiligungsunfähiger den Erlass eines VA beantragt. Er kann durch den Antrag zwar ein Verfahrensrechtsverhältnis begründen,[61] da die Beteiligungsfähigkeit keine eigentliche Verfahrensvoraussetzung, sondern eine Sachentscheidungsvoraussetzung ist. Der Behörde ist es jedoch verwehrt, eine Sachentscheidung zu treffen. Sie hat dem Antragsteller die Unzulässigkeit des Antrags zu eröffnen, ohne auf sein (sachliches) Anliegen einzugehen.[62] 41

Gegebenenfalls ist ein (im Hinblick auf die mangelnde Beteiligungsfähigkeit des Antragstellers) unzulässiger Antrag als Anregung an die Behörde zu betrachten, ggü. einem Dritten einen VA von Amts wegen zu erlassen. Unter Berücksichtigung der für die Behandlung von Petitionen geltenden Rechtsgrundsätze ist der Antragsteller über das Veranlasste zu unterrichten, auch wenn er selbst keinen Anspruch auf 42

---

59 Ebenso Knack/Henneke/*Ritgen*, § 11 Rn. 39; Kopp/Ramsauer, § 11 Rn. 20; *Meyer/Borgs*, Rn. 1; Stelkens/Bonk/Sachs/*Bonk/Schmitz*, § 11 Rn. 9; *Ule/Laubinger*, § 15 IV 3/§ 15 Rn. 27.

60 Ebenso Kopp/Ramsauer, § 11 Rn. 20.

61 So auch Stelkens/Bonk/Sachs/*Bonk/Schmitz*, § 11 Rn. 7.

62 Ebenso Kopp/*Ramsauer*, § 11 Rn. 19; *Stelkens/Bonk/Sachs/Bonk/Schmitz*, § 11 Rn. 7; *Ule/Laubinger*, Verwaltungsverfahrensrecht § 15 IV 3/§ 15 Rn. 27.

behördliches Einschreiten besitzt (und wegen fehlender Beteiligungsfähigkeit auch nicht besitzen kann).

3. Verfahren bei erwiesener Beteiligungsunfähigkeit

43 Das weitere Vorgehen der Behörde richtet sich nach der Bedeutung, die dem Beteiligungsunfähigen für die Durchführung des Verfahrens zukäme, wenn er die Beteiligungsfähigkeit besäße. Die Bestellung eines Vertreters von Amts wegen nach § 16 kommt mangels eines zu vertretenen Beteiligungsfähigen aber nicht in Betracht.[63]

a) Falls der Beteiligungsunfähige als einziger Beteiligter in Betracht kommt

44 Wäre der Beteiligungsunfähige im Fall seiner Beteiligungsfähigkeit der einzige die Durchführung des Verfahrens legitimierende Beteiligte nach § 13 Abs. 1 Nr. 1 bis 3 (weil z.B. allein von seinem Antrag die Durchführung des Verfahrens abhinge oder allein ihm ggü. der Erlass eines VA in Betracht käme), so ist in einem auf den Erlass eines VA gerichteten Antragsverfahren sein Antrag (als unzulässig) abzuweisen, die sonstigen Verfahren sind nicht durchzuführen bzw. – wenn sich die Beteiligungsunfähigkeit erst im Laufe eines anhängigen Verfahrens ergibt – einzustellen. Dies gilt aber nicht bei aufgelösten juristischen Personen oder Vereinigungen nach Nr. 2 in Verfahren, die mit ihrer Auflösung in Zusammenhang stehen; denn insoweit sind diese als beteiligungsfähig anzusehen.

45 Die Verfahrensentscheidung der Behörde ist dem Beteiligungsunfähigen mitzuteilen, sofern ihm an ihrer Kenntnis ein berechtigtes Interesse zuzubilligen ist (etwa, weil er selbst den Erlass eines VA beantragt oder davon gewusst hat, dass gegen ihn ein Verfahren eingeleitet worden war). Die Voraussetzung des berechtigten Interesses ist unter Heranziehung der für die Behandlung von Petitionen geltenden Rechtsgrundsätze (vgl. auch Rdn. 42) tendenziell weit auszulegen.

b) Beim Vorhandensein Beteiligungsfähiger

46 Würde ein Verfahren nicht nur im Fall der Beteiligungsfähigkeit des Beteiligungsunfähigen zur Durchführung kommen (weil dieser nach § 13 Abs. 1 Nr. 4 zu den nach § 13 Abs. 2 hinzuzuziehenden Beteiligten gehörte), so ist das Verfahren ohne ihn durch- bzw. weiterzuführen. Soweit geboten (vgl. Rdn. 45), ist der Beteiligungsunfähige davon zu unterrichten, dass er an dem Verfahren nicht (mehr) beteiligt sein kann.

C. Verfahrensvorschriften des Sozialrechts sowie Verfahrensrecht der Länder

47 Der § 10 SGB X ist wortgleich mit § 11.

Die Regelungen in den Verwaltungsverfahrensgesetzen der Länder sind ebenfalls wortgleich oder nehmen auf das Verwaltungsverfahrensgesetz Bezug.

---

63 So auch Stelkens/Bonk/Sachs/*Bonk/Schmitz*, § 11 Rn. 8.

§ 12 Handlungsfähigkeit

(1) Fähig zur Vornahme von Verfahrenshandlungen sind
1. natürliche Personen, die nach bürgerlichem Recht geschäftsfähig sind,
2. natürliche Personen, die nach bürgerlichem Recht in der Geschäftsfähigkeit beschränkt sind, soweit sie für den Gegenstand des Verfahrens durch Vorschriften des bürgerlichen Rechts als geschäftsfähig oder durch Vorschriften des öffentlichen Rechts als handlungsfähig anerkannt sind,
3. juristische Personen und Vereinigungen (§ 11 Nr. 2) durch ihre gesetzlichen Vertreter oder durch besonders Beauftragte,
4. Behörden durch ihre Leiter, deren Vertreter oder Beauftragte.

(2) Betrifft ein Einwilligungsvorbehalt nach § 1903 des Bürgerlichen Gesetzbuchs den Gegenstand des Verfahrens, so ist ein geschäftsfähiger Betreuter nur insoweit zur Vornahme von Verfahrenshandlungen fähig, als er nach den Vorschriften des bürgerlichen Rechts ohne Einwilligung des Betreuers handeln kann oder durch Vorschriften des öffentlichen Rechts als handlungsfähig anerkannt ist.

(3) Die §§ 53 und 55 der Zivilprozessordnung gelten entsprechend.

Schrifttum

Coester, Zur sozialrechtlichen Handlungsfähigkeit des Minderjährigen, FamRZ 1985, 982; *Cypionka*, Fortfall der Entmündigung Volljähriger – Auswirkungen auf den Rechtsverkehr, NJW 1992, 207; *Ehlers*, Benutzung kommunaler Einrichtungen durch Minderjährige, DVBl 1986, 918; *Klüsener/Rausch*, Praktische Probleme bei der Umsetzung des neuen Betreuungsrechts, NJW 1993, 617; *Kohler/Gehrig*, Vertretung und Vertretungsmängel der Gemeinde im Privatrechtsverkehr, VBl. BW 1996, 441; *Laubinger*, Prozeßfähigkeit und Handlungsfähigkeit: in Ule-FS, 1987, S. 161; *Laubinger/Repkewitz*, Der Betreute im Verwaltungsverfahren und Verwaltungsprozeß, VerwArch. Bd. 85, 1994, 86; *Lemhöfer*, Das neue Betreuungsgesetz und das Beamtenrecht, ZBR 1992, 97; *Meyer*, Die Stellung des Minderjährigen im öffentlichen Recht (Münsterische Beiträge zur Rechtswissenschaft, Bd. 30), 1988; *Robbers*, Partielle Handlungsfähigkeit Minderjähriger im öffentlichen Recht, DVBl 1987, 709; *Scheffler*, Rechtsstellung und Vertretung der evangelischen Landeskirchen im staatlichen Bereich, NJW 1977, 740; *ders.*, Nochmals: Rechtsstellung und Vertretung der evangelischen Landeskirchen im staatlichen Bereich, NJW 1977, 1141; *Taupitz*, Von der entrechtenden Bevormundung zur helfenden Betreuung, JuS 1992, 9; *Zimmermann/Damrau*, Das neue Betreuungs- und Unterbringungsrecht, NJW 1991, 538.

Übersicht Rdn.

A. Allgemeines und Grundsätze

I. Gegenstand der Regelung

§ 12 regelt wer handlungsfähig ist und damit ein Verwaltungsverfahren selbst führen oder durch einen von ihm selbst bestellten Bevollmächtigten nach § 14 führen lassen kann. Gegenstand der Regelung im Einzelnen ist: 1

1) in Abs. 1 die Handlungsfähigkeit der in einem Verwaltungsverfahren gem. § 13 Beteiligten (vgl. § 13 Rdn. 10 ff.), und zwar
   a) in Nr. 1 und 2 die Voraussetzungen der Handlungsfähigkeit natürlicher Personen (Rdn. 4 ff.),
   b) in Nr. 3 und 4, welche (natürlichen) Personen für (am Verfahren beteiligte) juristische Personen, Vereinigungen und Behörden handlungsfähig sind[1] (Rdn. 28 ff.);
2) in Abs. 2 die Einschränkungen der Handlungsfähigkeit eines geschäftsfähigen Betreuten bei einem verfahrensrelevanten Einwilligungsvorbehalt nach § 1903 BGB (Rdn. 38 ff.);
3) in Abs. 3 die entsprechende Geltung der §§ 53 und 55 ZPO (Rdn. 80 ff.).

II. Zweck der Regelung

Die Vorschrift strebt durch die Anlehnung an Regelungen des bürgerlichen Rechts eine Harmonisierung der dort als Geschäftsfähigkeit und der im Verwaltungsverfahrensrecht als Handlungsfähigkeit bezeichneten Rechtsmacht an. Während Abs. 1 Nr. 1 und 2 dem umfassenden Schutz Minderjähriger[2] sowie sonstiger geschäftsunfähiger bzw. beschränkt geschäftsfähiger Personen dient, soll in den Fällen des Abs. 1 2

1 Die Nr. 3 und 4 des Abs. 1 sind insoweit missverständlich und irreführend formuliert.
2 BVerwG, Urt. v. 31.07.1984 – 9 C 156/83, NJW 1985, 576 (577).

Nr. 3 und 4 eindeutig klargestellt werden, wer die dort genannten Organisationen im Verwaltungsverfahren »repräsentiert« und zu handeln berechtigt ist.[3]

III. Begriff der Handlungsfähigkeit

3 Begrifflich ist die der Prozessfähigkeit des gerichtlichen Verfahrens[4] entsprechende Handlungsfähigkeit die Fähigkeit, Verfahrenshandlungen im Verwaltungsverfahren entweder **selbst** vor- und entgegenzunehmen[5] oder durch einen **selbst** bestellten Bevollmächtigten nach § 14 vor- und entgegennehmen zu lassen.[6] Ggü. dem die Prozessfähigkeit im Verwaltungsprozess ordnenden § 62 VwGO weist § 12 einige Unterschiede im Wortlaut und bedingt durch die Beteiligungsfähigkeit von Behörden nach § 11 Nr. 3 auch in der Sache auf.[7]

B. Die Vorschrift im Einzelnen

I. Voraussetzungen der Handlungsfähigkeit (Abs. 1)

1. Bei nach bürgerlichem Recht geschäftsfähigen natürlichen Personen (Nr. 1)

4 Nach Nr. 1 steht die Handlungsfähigkeit den natürlichen Personen zu, die nach bürgerlichem Recht (unbeschränkt) geschäftsfähig sind. Da das BGB (gesetzessystematisch) von der Geschäftsfähigkeit aller natürlichen Personen ausgeht, sind – vorbehaltlich des Abs. 3 i.V.m. § 53 ZPO (vgl. Rdn. 81 ff.) – unbeschränkt handlungsfähig diejenigen natürlichen Personen, die weder nach § 104 BGB geschäftsunfähig noch nach § 106 BGB in der Geschäftsfähigkeit beschränkt sind. Im Ergebnis sind also alle Personen handlungsfähig, die nach § 2 BGB mit Vollendung des achtzehnten Lebensjahres volljährig sind und für die nicht die Voraussetzungen der sog. natürlichen Handlungsunfähigkeit nach § 104 Nr. 2 BGB zutreffen.

5 Bei Ausländern beantwortet sich die Frage der Volljährigkeit gem. Art. 7 Abs. 1 EGBGB nach dem Recht ihres Heimatstaates. Darüber hinaus sind Ausländer nach Abs. 3 i.V.m. § 55 ZPO auch handlungsfähig, wenn sie nach deutschem Recht handlungsfähig sind. Es ist also ausreichend, wenn der Ausländer nach dem Recht des Heimatlandes oder nach deutschem Recht handlungsfähig ist.[8]

---

3 S.a. Knack/Henneke/*Ritgen*, § 12 Rn. 4; Stelkens/Bonk/Sachs/*Bonk/Schmitz*, § 12 Rn. 1.

4 Vgl. nur: Amtl. Begründung S. 42; Schoch/Schneider/*Bier*, § 62 Rn. 2.

5 Trotz seines ungenauen Wortlauts umfasst § 12 nach seinem Zweck auch die passive Handlungsfähigkeit (allgemeine Meinung). S.: Amtl. Begründung S. 43; BFH, Urt. v. 16.04.1997 – XI R 61/94, NVwZ-RR 1998, 470; VGH Bayern, Urt. v. 25.10.1983 – 11 B 83 A.496, NJW 1984, 2845; VG Trier, Urt. v. 16.09.2014 – 1 K 767/14.TR; *Laubinger*, Ule-FS, S. 161 (167); Stelkens/Bonk/Sachs/*Bonk/Schmitz*, § 12 Rn. 1, 4; *Ule/Laubinger*, Verwaltungsverfahrensrecht § 16 I/§ 16 Rn. 1.

6 Vgl. Kopp/Ramsauer, § 12 Rn. 1; Stelkens/Bonk/Sachs/*Bonk/Schmitz*, § 12 Rn. 1; *Ule/Laubinger*, Verwaltungsverfahrensrecht § 15 IV/§ 15 Rn. 23.

7 Vgl. Amtl. Begründung S. 43; *Laubinger*, Ule-FS, S. 161 ff.

8 Vgl. Bader/Ronellenfitsch/*Gerstner-Heck*, § 12 Rn. 6, 12.

6 Diese Rechtslage bei den in Bezug genommenen Vorschriften des bürgerlichen Rechts gilt aufgrund des Gesetzes zur Reform des Rechts der Vormundschaft und Pflegschaft für Volljährige (Betreuungsgesetz – BtG) vom 12.09.1990[9] seit dem 01.01.1992. In dieser Reform (vgl. auch Rdn. 38 ff.) wurde

1) das Recht der Geschäftsunfähigkeit und der beschränkten Geschäftsfähigkeit Volljähriger grundlegend umgestaltet,
2) die Entmündigung als rechtsgestaltender Staatsakt des Entzugs der Geschäftsfähigkeit durch Anordnung der Vormundschaft sowie die vorläufige Vormundschaft abgeschafft und
3) dementsprechend die (früheren) §§ 104 Nr. 3 (Geschäftsunfähigkeit wegen Geisteskrankheit Entmündigter) und 114 BGB (Gleichstellung wegen Geistesschwäche, Verschwendung, Trunksucht oder Rauschgiftsucht entmündigter oder nach § 1906 BGB unter vorläufige Vormundschaft gestellter Personen mit beschränkt geschäftsfähigen Minderjährigen) aufgehoben sowie § 1906 BGB gänzlich neu gefasst.[10]

7 Der Zustand der Bewusstlosigkeit oder der vorübergehenden Störung der Geistestätigkeit (z.B. bei völliger Trunkenheit) berührt nicht die Geschäftsfähigkeit[11] und damit auch nicht die Handlungsfähigkeit im Verwaltungsverfahren; entgegengenommene Verfahrenshandlungen sind wirksam, soweit der Normalzustand wieder eintritt.[12] Die in einem solchen Zustand vorgenommenen Verfahrenshandlungen sind jedoch in entsprechender Anwendung des § 105 Abs. 2 BGB unzulässig bzw. unwirksam[13] (vgl. Rdn. 68 ff.).

8 Eine Geschäftsunfähigkeit nach § 104 Nr. 2 BGB wegen eines die freie Willensbestimmung ausschließenden Zustandes krankhafter Störung der Geistestätigkeit nicht nur vorübergehender Art kann durchaus auch nur für einen bestimmten Verhaltensbereich etwa unter dem Gesichtspunkt der Querulanz[14] bestehen, sodass insoweit dann auch eine sog. **partielle Handlungsunfähigkeit** in damit im Zusammenhang

9 BGBl. I, S. 2002.

10 Vgl. dazu *Cypionka*, NJW 1992, 207; *Klüsener/Rausch*, NJW 1993, 617; *Taupitz*, JuS 1992, 9; *Zimmermann/Damrau*, NJW 1991, 538.

11 Vgl. dazu *Larenz/Wolf*, Allgemeiner Teil, § 6 Rn. 14 ff.

12 Vgl. OVG Nordrhein-Westfalen, Beschl. v. 24.08.2009 – 5 E 967/09, NWVBl. 2010, 108 betreffend eine alkoholisierte Person.

13 VGH Bayern, Urt. v. 25.10.1983 – 11 B 83 A.496, NJW 1984, 2845.

14 Querulanz schließt aber die Handlungsfähigkeit gem. § 12 Abs. 1 Nr. 1 i.V.m. § 104 Nr. 2 BGB nur dann aus, wenn sie auf eine psychische Erkrankung zurückzuführen ist, d.h. als wahnhafte Verfolgung eines nicht ernst zu nehmenden Verfahrensziels aus nichtigen oder unsinnigen Gründen, typischerweise mit Hilfe von umfangreichen, wirren, sich inhaltlich ständig wiederholenden Schriftsätzen. Vgl. OVG Nordrhein-Westfalen, Beschl. v. 19.12.1995 – 15 A 4370/95, NVwZ-RR 1996, 619 (620); zu weiteren Indizien VGH Hessen, 07.06.1995 – 1 TG 1808/95, NVwZ-RR 1996, 614. Vgl. ferner BVerwG, Urt. v. 05.06.1968 – V C 147.67, BVerwGE 30, 24 ff.; VGH Hessen, Urt. v. 01.06.1967 – V OE 13/67, NJW 1968, 70; *Dinger/Koch*, Querulanz in Gericht und Verwaltung, 1992.

stehenden Verwaltungsverfahren vorliegt.[15] Daher kann dieselbe natürliche Person (je nach dem einschlägigen Verfahrensgegenstand) einmal handlungsfähig und das andere Mal handlungsunfähig sein. Da die Handlungsfähigkeit in jedem Verwaltungsverfahren geprüft werden muss, bedeutet die in einem anderen Verfahren festgestellte partielle Handlungsunfähigkeit nicht ohne Weiteres eine solche in einem anhängigen Verfahren.[16] An die Prüfung der Voraussetzungen für die partielle Handlungsunfähigkeit sind tendenziell strenge Anforderungen zu stellen.[17] Eine nach dem Schwierigkeitsgrad des Verfahrensgegenstandes differenzierende sog. relative Handlungsunfähigkeit ist im öffentlichen Recht ebenso wenig anzuerkennen wie im Zivilrecht eine sog. relative Geschäftsfähigkeit.

2. Bei nach bürgerlichem Recht beschränkt geschäftsfähigen natürlichen Personen (Nr. 2)

9 Nach Nr. 2 sind handlungsfähig (auch) natürliche Personen, die nach bürgerlichem Recht in der Geschäftsfähigkeit beschränkt sind, soweit sie für den Gegenstand des Verfahrens entweder durch Vorschriften des bürgerlichen Rechts als geschäftsfähig oder durch Vorschriften des öffentlichen Rechts als handlungsfähig anerkannt sind (sog. **partielle Handlungsfähigkeit**). Nach der Reform des Rechts der Vormundschaft werden von dieser Regelung lediglich noch die Minderjährigen (d.h. die nicht nach § 2 BGB Volljährigen – vgl. Rdn. 4), die das siebente Lebensjahr vollendet haben (§ 106 BGB), erfasst.

a) Voraussetzungen der Handlungsfähigkeit

10 Die Minderjährigen (i.S.d. § 106 BGB) besitzen die Handlungsfähigkeit dann, wenn sie für den Gegenstand des Verfahrens durch Vorschriften des bürgerlichen Rechts als geschäftsfähig oder durch Vorschriften des öffentlichen Rechts als handlungsfähig anerkannt sind.

aa) Geschäftsfähigkeit nach bürgerlichem Recht (Erste Alternative)

aaa) §§ 112, 113 BGB

11 Nach den §§ 112 und 113 BGB sind Minderjährige, die das siebente Lebensjahr vollendet haben, aufgrund einer Ermächtigung des gesetzlichen Vertreters und im Fall des § 112 BGB einer zusätzlich erforderlichen Genehmigung des Familiengerichts geschäftsfähig für die Rechtsgeschäfte, die der Betrieb eines Erwerbsgeschäfts mit sich bringt, sowie für die Eingehung und Aufhebung eines Dienst- und Arbeitsverhältnisses und für die Erfüllung der sich aus einem solchen Rechtsverhältnis ergebenden Pflichten.

---

15 Ebenso Kopp/*Ramsauer*, § 12 Rn. 5; Stelkens/Bonk/Sachs/*Bonk/Schmitz*, § 12 Rn. 8. Vgl. auch VGH Hessen, 07.06.1995 – 1 TG 1808/95, NVwZ-RR 1996, 614.

16 Vgl. BVerwG, Beschl. v. 11.02.1969 – VI B 40.68, VerwRspr. 20, 639.

17 Vgl. ferner VGH Bayern, Beschl. v. 24.06.1974 – 69 I 74, BayVBl. 1974, 503.

Aus der bürgerlich-rechtlichen Geschäftsfähigkeit der Minderjährigen ergibt sich nach Nr. 2 eine Handlungsfähigkeit dieser Personen, falls eine der genannten Angelegenheiten Gegenstand des Verwaltungsverfahrens ist.[18] So besitzt z.B. der gem. § 112 Abs. 1 Satz 1 BGB zum selbstständigen Betrieb eines Erwerbsgeschäfts ermächtigte Minderjährige die Handlungsfähigkeit in einem Verfahren, das auf die Erteilung einer (für den Betrieb des betreffenden Gewerbes notwendigen) Konzession oder den Erlass einer (den Betrieb betreffenden) immissionsschutzrechtlichen Anordnung nach § 24 BImSchG gerichtet ist. 12

Die Bestimmung des § 113 BGB ist grds. (falls das einschlägige öffentliche Dienstrecht nicht etwas anderes bestimmt) auf öffentlich-rechtliche Dienstverhältnisse (z.B.: Beamtenverhältnisse; Dienstverhältnisse von Soldaten auf Zeit) über Nr. 2 anwendbar.[19] Die Ermächtigung umfasst nicht nur die Mitwirkung an der Begründung des Dienstverhältnisses, sondern auch alle daraus notwendiger- oder üblicherweise sich ergebenden Rechtshandlungen.[20] Die im Zivilrecht aus Gründen des Minderjährigenschutzes überwiegend vertretene Ausnahme der Anwendbarkeit des § 113 BGB auf (Berufs-) Ausbildungsverhältnisse ist aber auf öffentlich-rechtliche Dienstverhältnisse vergleichbarer Art, d.h. solche, die – ausschließlich oder zumindest auch – zum Zwecke der Ausbildung oder der Ableistung eines Vorbereitungsdienstes begründet werden (wie z.B. zunächst vorrangig beim Beamtenverhältnis auf Widerruf für Dienstanfänger im Bundesgrenzschutz), nicht übertragbar.[21] Denn es handelt sich insoweit um öffentlich-rechtliche ausgestaltete und durchnormierte Dienst- und Treueverhältnisse, die den Beamten in seiner Rechtsstellung eigenständig schützen und deshalb trotz ihrer Ausbildungsfunktion des mit der einschränkenden Auslegung des § 113 BGB bezweckten Schutzes nicht bedürfen.[22] 13

bbb) §§ 107, 108 BGB

Keine Handlungsfähigkeit für den Minderjährigen (i.S.d. § 106 BGB) begründet § 107 BGB,[23] weil nach dem Wortlaut des § 12 Abs. 1 Nr. 2 die Vorschriften 14

18 Vgl. Knack/Henneke/*Ritgen*, § 12 Rn. 20; Kopp/Ramsauer, § 12 Rn. 6; Stelkens/Bonk/Sachs/*Bonk/Schmitz*, § 12 Rn. 10. Zum Asylverfahren: BVerwG, Urt. v. 31.07.1984 – 9 C 156/83, NJW 1985, 576 (577).

19 S. BVerwG, Urt. v. 21.03.1996 – 2 C 30/94, DVBl 1996, 1143 (1144); *Robbers*, DVBl 1987, 710. Für eine entsprechende Anwendung des § 113 Abs. 1 und 2 BGB bereits vor Erlass des VwVfG: bei Beamtenverhältnissen BVerwG, Urt. v. 06.11.1969 – II C 110.67, BVerwGE 34, 168 (mit instruktiver Begründung); bei Dienstverhältnissen von Soldaten auf Zeit: BVerwG, Urt. v. 05.03.1970 – II WD 91.69, BVerwGE 43, 71 (73); OVG Nordrhein-Westfalen, Beschl. v. 31.10.1961 – III B 257/61, NJW 1962, 758; OVG Nordrhein-Westfalen, Urt. v. 11.05.1965 – I A 718/64, NJW 1965, 2420.

20 BVerwG, Urt. v. 21.03.1996 – 2 C 30/94, DVBl 1996, 1143 (1144). Vgl. auch OVG Nordrhein-Westfalen, Urt. v. 11.05.1965 – I A 718/64, NJW 1965, 2420.

21 BVerwG, Urt. v. 21.03.1996 – 2 C 30/94, DVBl 1996, 1143 (1144).

22 BVerwG, Urt. v. 21.03.1996 – 2 C 30/94, DVBl 1996, 1143 (1144).

23 Ebenso BVerwG, Beschl. v. 11.01.1982 – 1 B 151/81, NJW 1982, 539; BVerwG, Urt. v. 31.07.1984 – 9 C 156/83, NJW 1985, 576 (577); *Ehlers*, DVBl 1986, 918; *Laubinger*, Ule-FS, S. 161 (185).

des bürgerlichen Rechts ihn als geschäftsfähig für einen bestimmten Gegenstand bzw. Sachbereich anerkennen müssen. Diese Zuerkennung einer (gegenständlich beschränkten) Geschäftsfähigkeit wird dem Minderjährigen nur durch die Vorschriften der §§ 112, 113 BGB vermittelt, während die vorherige Zustimmung (Einwilligung) die Geschäftsfähigkeit des Minderjährigen nicht erweitert, sondern in erster Linie durch Statuierung eines Zustimmungsvorbehalts die Personen- und Vermögenssorge des gesetzlichen Vertreters ausgestaltet sowie – i.V.m. § 108 BGB – die Rechtsfolgen von ohne diese Zustimmung vorgenommenen Rechtshandlungen des Minderjährigen regelt. Dementsprechend verleiht die nachträgliche Zustimmung (Genehmigung) des gesetzlichen Vertreters nach § 108 BGB dem Minderjährigen nicht rückwirkend Geschäftsfähigkeit, sondern modifiziert lediglich die Rechtsfolgen des rechtsgeschäftlichen Handelns eines Minderjährigen (vgl. auch Rdn. 71 f.). Auch soweit nach § 107 BGB der Minderjährige zur Wirksamkeit einer Willenserklärung keiner Einwilligung des gesetzlichen Vertreters bedarf, also bei lediglich rechtlich vorteilhaften Willenserklärungen, wird ihm vom BGB keine partielle Geschäftsfähigkeit zuerkannt, da in diesen Fällen – neben dem Minderjährigen – noch der gesetzliche Vertreter wirksam an dessen Stelle handeln kann (vgl. auch Rdn. 21).

ccc) § 110 BGB

15 § 110 BGB ist wegen seiner Beschränkung auf »Taschengeldgeschäfte« zur Begründung einer Handlungsfähigkeit, die aus Gründen der Verfahrenseffizienz einheitlich für alle Verfahrenshandlungen und nicht nur für bestimmte Vermögenswerte vorliegen muss, untauglich und somit nicht anwendbar.

bb) Handlungsfähigkeit nach öffentlichem Recht (Zweite Alternative)

16 Das öffentliche Recht hat die Frage, unter welchen Voraussetzungen nach bürgerlichem Recht beschränkt Geschäftsfähige in einem Verwaltungsverfahren handlungsfähig sind, nicht allgemein geregelt.

17 Zur Herleitung der Handlungsfähigkeit ist ein allgemeiner Rückgriff auf die Grundrechte bzw. die sog. Grundrechtsmündigkeit, als rechtliche Fähigkeit, ein bestimmtes Grundrecht selbstständig auszuüben, nicht möglich.[24] Die (materielle) Grundrechtsträgerschaft und die (verfahrensrechtliche) selbstständige Wahrnehmungsbefugnis können nicht ohne Weiteres gleichgesetzt werden.[25]

---

24 Ebenso *Robbers*, DVBl 1987, 709 (713 f.); Stelkens/Bonk/Sachs/*Bonk/Schmitz*, § 12 Rn. 13; *Ule/Laubinger*, Verwaltungsverfahrensrecht § 16 II 3 b) bb)/§ 16 Rn. 13. A.A. VG Köln, 11.09.1984, NVwZ 1985, 217 (218); Kopp/Ramsauer, § 12 Rn. 9 f.

25 *Robbers*, DVBl 1987, 709.

aaa) Bestimmung durch Sondernormen

Beschränkt Geschäftsfähige sind nur dann als handlungsfähig anzusehen, wenn ihnen Sondernormen[26] für bestimmte Verwaltungsverfahren oder für die Vornahme bzw. Entgegennahme bestimmter Verfahrenshandlungen entweder explizit die Handlungsfähigkeit zuerkennen oder zumindest eine Rechtsstellung einräumen, die ihre Handlungsfähigkeit voraussetzt.[27] Ob letzteres der Fall ist, ist im Wege der Auslegung zu ermitteln.[28] Kriterien für die Annahme einer Handlungsfähigkeit sind u.a.:[29] 18

1) die Notwendigkeit einer persönlichen Mitwirkung beschränkt Geschäftsfähiger in einem bestimmten Verwaltungsverfahren (z.B.: Prüfungsverfahren),
2) die Tatsache, dass der beschränkt Geschäftsfähige notwendigerweise persönlich Adressat eines belastenden VA ist (z.B.: in einfachen Schulangelegenheiten[30]; Benutzerordnungen öffentlicher Einrichtungen[31]),
3) ein besonderes, höchstpersönliches Interesse (z.B. § 61 Abs. 2 PStG – Einsicht in Personenstandsbücher) oder höchstpersönliche Wertentscheidungen des beschränkt Geschäftsfähigen oder schwerwiegende Eingriffe in seine Persönlichkeitssphäre,[32]
4) die Tatsache, dass dem beschränkt Geschäftsfähigen ein selbstständiges (vom Willen des gesetzlichen Vertreters unabhängiges) Entscheidungsrecht eingeräumt ist (z.B.: § 5 RelKErzG – religiöse Kindererziehung),
5) übergeordnete öffentliche Interessen an der Erfüllung staatsbürgerlicher oder ordnungsrechtlicher Aufgaben.[33]

Eine sicherheitsrechtliche Vorschrift, nach der polizeiliche Maßnahmen gegen Minderjährige gerichtet werden können, räumt diesen keine Handlungsfähigkeit für die Entgegennahme des VA ein. Sie bestimmt lediglich, dass die betreffenden Maßnahmen auch dann wirksam erlassen sind, wenn sie nur den Minderjährigen und nicht deren gesetzlichen Vertretern eröffnet werden, was im Interesse der Effektivität polizeilichen Handelns geboten sein kann.[34] 19

---

26 Kommunale Satzungen reichen aus. Vgl. *Ehlers*, DVBl 1986, 918.

27 Ebenso Knack/Henneke/*Ritgen*, § 12 Rn. 21 f.; Stelkens/Bonk/Sachs/*Bonk/Schmitz*, § 12 Rn. 11.

28 Ebenso OVG Niedersachsen, Urt. v. 17.11.1981 – 11 A 88/80, DVBl 1982, 218 (219); Kopp/Ramsauer, § 12 Rn. 7; *Kunz*, NJW 1982, 2707; *Ule/Laubinger*, Verwaltungsverfahrensrecht § 16 II 3 b) bb)/§ 16 Rn. 12.

29 Vgl. auch die Beispiele bei *Robbers*, DVBl 1987, 710 f.

30 Nicht in Verfahren zur Durchsetzung der Schulpflicht, OVG Bremen, Beschl. v. 28.01.2004 – 1 S 21/04, NVwZ-RR 2004, 658.

31 Zur Benutzung von Bibliotheken und Heranziehung von Säumnisentgelten, OVG Bremen, Urt. v. 21.10.1997 – 1 BA 14/97, NJW 1998, 3583 bestätigt durch BVerwG, Beschl. v. 24.04.1998 – 3 B 23.98, Buchholz 316 § 12 VwVfG Nr. 3.

32 OVG Niedersachsen, Urt. v. 17.11.1981 – 11 A 88/80, DVBl 1982, 218 (219).

33 OVG Niedersachsen, Urt. v. 17.11.1981 – 11 A 88/80, DVBl 1982, 218 (219).

34 Vgl. Knack/Henneke/*Ritgen*, § 12 Rn. 23; betreffend polizeiliche Maßnahmen gegenüber Geisteskranken *Heintzen*, DÖV 2005, 1038 (1040).

bbb) **Fallgruppen**

20 Das öffentliche Recht erkennt bspw.[35] als handlungsfähig an in

1) § 10 Abs. 1 FeV Minderjährige mit Vollendung des 16. bzw. 17. Lebensjahres hinsichtlich der Erteilung der Fahrerlaubnis für die Klasse AM, A1 (Nr. 1 und 2) und den § 10 Abs. 3 FeV Minderjährige mit Vollendung des 15. Lebensjahres hinsichtlich des Führens eines Kraftfahrzeugs, für das eine Fahrerlaubnis nicht erforderlich ist,
2) nicht mehr in § 80 Abs. 1 AufenthG[36] oder § 12 Abs. 1 AsylVfG[37], nunmehr müssen sie volljährig sein, also das 18. Lebensjahr vollendet haben,
3) § 16 BJagdG Minderjährige mit Vollendung des 16. Lebensjahres hinsichtlich der Erteilung eines Jugendjagdscheins,[38]
4) den Vorschriften der Schulgesetze der Länder über die Ordnungsmaßnahmen (z.B. Art. 86 BayEUG) i.V.m. der § 28 VwVfG entsprechenden Bestimmung des jeweiligen Landes-Verwaltungsverfahrensgesetzes minderjährige Schüler hinsichtlich »schulischer Angelegenheiten einfacher Art« (z.B. »Nachsitzen« nach § 90 Abs. 3 Satz 1 SchG BW),[39]
5) § 61 Abs. 2 PStG Minderjährige über 16 Jahre, wenn sie als angenommene Kinder Einsicht in den Geburtseintrag bzw. in das Familienbuch oder die Erteilung einer Personenstandsurkunde aus dem Geburtenbuch bzw. aus dem Familienbuch begehren,[40]
6) § 5 RelKErzG Minderjährige nach Vollendung des 12. bzw. 14. Lebensjahres hinsichtlich des Rechts, nicht gegen den eigenen Willen in einem anderen Bekenntnis erzogen zu werden, bzw. der Befugnis zur Entscheidung darüber, zu welchem Bekenntnis sie sich halten wollen.[41]

b) **Ausschluss der gesetzlichen Vertreter im Fall der Handlungsfähigkeit beschränkt geschäftsfähiger Personen**

21 Soweit und solange beschränkt Geschäftsfähige nach Nr. 2 die Handlungsfähigkeit besitzen, sind ihre gesetzlichen Vertreter von Verfahrenshandlungen ausgeschlossen,

---

35 S. *Kunz*, ZblJugR Bd. 65, 1978, 212 (213 f.); *ders.* NJW 1982, 2707; *Robbers*, DVBl 1987, 710.

36 Geändert durch Gesetz vom 28.10.2015 (BGBl. I S. 1802).

37 Geändert durch Gesetz vom 20.10.2015 (BGBl. I S. 1722).

38 Ebenso Knack/Henneke/*Ritgen*, § 12 Rn. 22; *Robbers*, DVBl 1987, 712; Kopp/Ramsauer, § 12 Rn. 8; Stelkens/Bonk/Sachs/*Bonk/Schmitz*, § 12 Rn. 11.

39 VGH Baden-Württemberg, Urt. v. 12.04.1984 – 9 S 2757/83, DVBl 1985, 66. Bei einschneidenden Schulordnungsmaßnahmen ist die Anhörung der Eltern erforderlich (s. z.B.: Art. 86 Abs. 8 Satz 2 BayEUG; § 90 Abs. 7 SchG BW; vgl. auch Bayerischer VerfGH, Urt. v. 27.03.1980 – Vf. 4-VII-79, NJW 1980, 1838, OVG Bremen, Beschl. v. 28.01.2004 – 1 S 21/04, NVwZ-RR 2004, 658). Vgl. auch Knack/Henneke/*Ritgen*, § 12 Rn. 9.

40 So auch Stelkens/Bonk/Sachs/*Bonk/Schmitz*, § 12 Rn. 11; Knack/Henneke/*Ritgen*, § 12 Rn. 22.

41 Amtl. Begründung S. 43; OVG Niedersachsen, Urt. v. 17.11.1981 – 11 A 88/80, DVBl 1982, 218 (219).

wenn nicht eine gesetzliche Sonderregelung etwas anderes bestimmt.[42] Es besteht auch keine gesetzliche Verpflichtung, den gesetzlichen Vertreter zu informieren.[43]

Den gesetzlichen Vertretern bleibt es jedoch unbenommen, eine einmal nach § 112 bzw. § 113 BGB erteilte Ermächtigung (gem. § 112 Abs. 2[44] bzw. § 113 Abs. 2 BGB) zurückzunehmen und damit die Handlungsfähigkeit des Minderjährigen wieder zu beseitigen. Die bis dahin vorgenommenen Verfahrenshandlungen des Minderjährigen behalten aber ihre Wirksamkeit (bzw. Zulässigkeit oder Beachtlichkeit – vgl. auch Rdn. 68 ff.). 22

3. Handlungsunfähige natürliche Personen und deren Vertretung

Besitzen natürliche Personen die Handlungsfähigkeit weder nach Nr. 1 noch nach Nr. 2, so sind sie im Verwaltungsverfahren handlungsunfähig. Ggü. einem Handlungsunfähigen darf die Behörde ohne Einschaltung des gesetzlichen Vertreters kein Verwaltungsverfahren durchführen.[45] Handlungsunfähige können nur durch ihre gesetzlichen Vertreter (bzw. durch die von diesen bestellten Bevollmächtigten) wirksame Verfahrenshandlungen vor- und entgegennehmen. Entsprechend der Rechtslage im bürgerlichen Recht wird auch im öffentlichen Recht der gute Glaube an die Handlungsfähigkeit nicht geschützt.[46] 23

a) Handlungsunfähige natürliche Personen

Zu dem Kreis der handlungsunfähigen natürlichen Personen gehören – neben den Personen nach Abs. 3 i.V.m. § 53 ZPO (vgl. Rdn. 47 f., 81 ff.) – durch den Umkehrschluss von 24

1) Abs. 1 Nr. 1 die nach § 104 BGB Geschäftsunfähigen,
2) Abs. 1 Nr. 2 die Minderjährigen, die das siebente Lebensjahr vollendet haben (§ 106 BGB), in jenen Angelegenheiten, für die sie nicht nach Nr. 2 handlungsfähig sind,
3) Abs. 2 die geschäftsfähigen Betreuten, bei denen ein verfahrensrelevanter Einwilligungsvorbehalt nach § 1903 BGB angeordnet ist, soweit sie weder nach den Vorschriften des bürgerlichen Rechts ohne Einwilligung des Betreuers handeln können noch durch Vorschriften des öffentlichen Rechts als handlungsfähig anerkannt sind (vgl. Rdn. 51 ff.).

---

42 Vgl. BVerwG, Beschl. v. 11.06.1970 – VIII C 80.68, BVerwGE 35, 247 (248).

43 Bader/Ronellenfitsch/*Gerstner-Heck*, § 12 Rn. 11; a.A. Kopp/*Ramsauer*, § 12 Rn. 12.

44 Zur Wirksamkeit des Widerrufs ist hierbei aber die Genehmigung des Betreuungsgerichts erforderlich.

45 VGH Bayern, Urt. v. 25.10.1983 – 11 B 83 A.496, NJW 1984, 2845.

46 VGH Bayern, Urt. v. 25.10.1983 – 11 B 83 A.496, NJW 1984, 2845 keine Wirksamkeit der Fahrerlaubnisentziehung, auch wenn der Behörde die Handlungsunfähigkeit nicht bekannt war.

b) Die gesetzlichen Vertreter

aa) Person des gesetzlichen Vertreters

25 Gesetzliche Vertreter handlungsunfähiger natürlicher Personen sind z.B.

1) die (unbeschränkt geschäftsfähigen) Eltern gemeinsam für
   a) Kinder, wenn die Eltern bei Geburt der Kinder miteinander verheiratet sind (nach § 1626i.V.m. § 1629 Abs. 1 Satz 1 und 2 BGB),
   b) Kinder, wenn die Eltern bei der Geburt der Kinder zwar nicht miteinander verheiratet sind, aber ihnen die elterliche Sorge gemeinsam zusteht (nach § 1626a Abs. 1 i.V.m. §§ 1626, 1629 Abs. 1 Satz 1 und 2 BGB),
   c) gemeinschaftlich angenommene Kinder und für die angenommenen Kinder des Ehegatten (nach § 1754 Abs. 1 und 3 i.V.m. §§ 1626, 1629 Abs. 1 Satz 1 und 2 BGB),
   d) Kinder, wenn das Familiengericht (FamG) bei nicht nur vorübergehendem Getrenntleben der Eltern entschieden hat, dass die elterliche Sorge den Eltern gemeinsam zusteht, nachdem zuvor der Mutter das alleinige Sorgerecht zugestanden und das FamG dem Vater die elterliche Sorge allein übertragen hatte (nach § 1672 Abs. 2 Satz 1 i.V.m. § 1629 Abs. 1 Satz 3 erste Alternative BGB),
   e) Kinder, wenn das FamG bei nicht nur vorübergehendem Getrenntleben der Eltern die Übertragung der elterlichen Sorge auf den Vater gem. § 1672 Abs. 1 BGB aufgehoben hat, nachdem zuvor der Mutter das alleinige Sorgerecht zugestanden und das FamG dem Vater die elterliche Sorge allein übertragen hatte (nach § 1672 Abs. 2 Satz 2 i.V.m. § 1629 Abs. 1 Satz 3 erste Alternative BGB);
2) ein (unbeschränkt geschäftsfähiger) Elternteil allein für Kinder, wenn
   a) bei gemeinsamer elterlicher Sorge Gefahr im Verzug ist (nach § 1629 Abs. 1 Satz 4 BGB),
   b) ihm das FamG bei gemeinsamer elterlicher Sorge und fehlender Einigung der Eltern in einer einzelnen Angelegenheit oder in einer bestimmten Art von Angelegenheiten der elterlichen Sorge von erheblicher Bedeutung für die Kinder die Entscheidung übertragen hat (nach § 1628 Abs. 1 i.V.m. § 1629 Abs. 1 Satz 3 zweite Alternative BGB),
   c) ihm das FamG bei gemeinsamer elterlicher Sorge und nicht nur vorübergehendem Getrenntleben der Eltern[47] die elterliche Sorge allein übertragen hat (nach § 1671 BGB i.V.m. § 1629 Abs. 1 Satz 3 erste Alternative BGB),
   d) die elterliche Sorge des anderen Elternteils aus rechtlichen oder tatsächlichen Gründen ruht (nach §§ 1673, 1674, 1678 i.V.m. § 1629 Abs. 1 Satz 3 erste Alternative BGB), es sei denn, es liegt ein Fall der §§ 1626a Abs. 2, 1671 oder 1672 Abs. 1 BGB vor,

47 Gleichzustellen sind Eltern, die nie zusammengelebt haben. S. *Diederichsen*, NJW 1998, 1977 (1985).

e) bei gemeinsamer elterlicher Sorge der andere Elternteil verstorben ist, für tot erklärt wurde oder seine Todeszeit nach den Vorschriften des Verschollenheitsgesetzes festgestellt worden ist (nach § 1680 Abs. 1 BGB i.V.m. § 1629 Abs. 1 Satz 3 erste Alternative BGB bzw. § 1681 Abs. 1 i.V.m. §§ 1680 Abs. 1, 1629 Abs. 1 Satz 3 erste Alternative BGB),
f) ihm das FamG bei alleiniger elterlicher Sorge des anderen Elternteils gem. § 1671 oder § 1672 Abs. 1 BGB, der gestorben ist, für tot erklärt oder dessen Todeszeit nach den Vorschriften des Verschollenheitsgesetzes festgestellt wurde, die elterliche Sorge übertragen hat (nach § 1680 Abs. 2 Satz 1 i.V.m. § 1629 Abs. 1 Satz 3 erste Alternative BGB bzw. § 1681 Abs. 1 i.V.m. §§ 1680 Abs. 2 Satz 1, 1629 Abs. 1 Satz 3 erste Alternative BGB),
g) das FamG bei gemeinsamer elterlicher Sorge dem anderen Elternteil die elterliche Sorge entzogen hat (nach § 1680 Abs. 3, Abs. 1 i.V.m. § 1629 Abs. 1 Satz 3 erste Alternative BGB);

3) die (unbeschränkt geschäftsfähige) Mutter allein für ihre Kinder, wenn sie bei deren Geburt mit dem Vater der Kinder nicht verheiratet war und den Eltern die elterliche Sorge nicht gemeinsam gem. § 1626a Abs. 1 BGB zusteht (nach § 1626a Abs. 2 i.V.m. § 1629 Abs. 1 Satz 3 erste Alternative BGB);
4) der (unbeschränkt geschäftsfähige) Vater allein für Kinder, wenn
   a) ihm das FamG bei alleiniger elterlicher Sorge der Mutter und nicht nur vorübergehendem Getrenntleben die elterliche Sorge allein übertragen hat (nach § 1672 Abs. 1 i.V.m. § 1629 Abs. 1 Satz 3 erste Alternative BGB),
   b) ihm das FamG die elterliche Sorge übertragen hat, nachdem bei Ruhen der elterlichen Sorge der allein nach § 1626a Abs. 2 BGB sorgeberechtigten Mutter keine Aussicht bestanden hatte, dass der Grund des Ruhens wegfallen werde (nach § 1678 Abs. 2 i.V.m. § 1629 Abs. 1 Satz 3 erste Alternative BGB),
   c) ihm das FamG bei alleiniger elterlicher Sorge der Mutter nach § 1626a Abs. 2 BGB, die gestorben ist, für tot erklärt oder deren Todeszeit nach den Vorschriften des Verschollenheitsgesetzes festgestellt wurde, die elterliche Sorge übertragen hat (nach § 1680 Abs. 2 Satz 2 i.V.m. § 1629 Abs. 1 Satz 3 erste Alternative BGB bzw. § 1681 Abs. 1 i.V.m. §§ 1680 Abs. 2 Satz 2, 1629 Abs. 1 Satz 3 erste Alternative BGB),
   d) das FamG der Mutter, der die elterliche Sorge gem. § 1626a Abs. 2 BGB allein zugestanden hat, das Sorgerecht entzogen und ihm die elterliche Sorge übertragen hat (nach § 1680 Abs. 3, Abs. 2 Satz 2 i.V.m. § 1629 Abs. 1 Satz 3 erste Alternative BGB);
5) der Vormund (nach § 1793 BGB) für
   a) Minderjährige, die nicht unter elterlicher Sorge stehen (z.B. weil die Eltern verstorben sind – nach § 1773 Abs. 1 erste Alternative BGB),
   b) Minderjährige, deren gemeinsam sorgeberechtigten Eltern (bzw. deren allein sorgeberechtigten Elternteil) weder das Personensorge- noch das Vermögenssorgerecht zusteht (etwa, weil diese Rechte nach § 1673 Abs. 1 BGB ruhen – nach § 1773 Abs. 1 zweite Alternative BGB),
   c) Minderjährige, deren Familienstand nicht zu ermitteln ist (nach § 1773 Abs. 2 BGB);

6) der Betreuer[48] (§ 1902 BGB; vgl. auch § 1896 Abs. 2 BGB) in seinem Aufgabengebiet für
   a) (nach § 104 Nr. 2 BGB) geschäftsunfähige betreute Volljährige,
   b) geschäftsfähige betreute Volljährige;
7) der (von Abs. 3 i.V.m. § 53 ZPO – vgl. Rdn. 81 ff. – nicht erfasste) Ergänzungspfleger für Angelegenheiten, an deren Besorgung die Eltern (bzw. der allein sorgeberechtigte Elternteil) oder der Vormund verhindert sind (nach § 1909 Abs. 1 i.V.m. §§ 1915 Abs. 1, 1793 BGB).

bb) Rechtsstellung des gesetzlichen Vertreters

26 Der gesetzliche Vertreter ist – durch das Gesetz (z.B.: §§ 1629 Abs. 1, 1793 Satz 1, 1902, 1915 Abs. 1 BGB) – zur gerichtlichen und außergerichtlichen (und somit auch verwaltungsverfahrensrechtlichen) Vertretung des Handlungsunfähigen ermächtigt.

27 Er unterliegt aber den sich aus dem Gesetz ergebenden Beschränkungen. So darf etwa der Betreuer gem. § 1902 BGB den Betreuten nur in dem Aufgabenkreis vertreten, für den er bestellt ist (vgl. § 1896 Abs. 2 Satz 1 BGB). Eltern bzw. Vormund bedürfen zur Vornahme bestimmter Rechtsgeschäfte einer Genehmigung des Familiengerichts (§§ 1643, 1821, 1822 BGB) oder sind in bestimmten Fällen ganz von der Vertretung ausgeschlossen (§§ 1629 Abs. 2, 1795 BGB); entsprechendes gilt auch für Betreuer (§ 1908i Abs. 1 Satz 1 BGB) und Pfleger (§ 1915 Abs. 1 BGB).

4. Juristische Personen, Vereinigungen i.S.d. § 11 Nr. 2 (Nr. 3)

28 Diese Organisationen sind selbst stets geschäfts- und handlungsunfähig und daher im Rechtsverkehr, also auch im Verwaltungsverfahren, auf eine Vertretung durch ihre gesetzlichen (organschaftlichen) oder sonstigen Vertreter angewiesen.[49] Wer insoweit als Vertreter handeln darf, regeln die Nr. 3 für juristische Personen sowie Vereinigungen i.S.d. § 11 Nr. 2 und die Nr. 4 für Behörden (vgl. auch Rdn. 1).

29 Nach Nr. 3 handeln für juristische Personen und für Vereinigungen i.S.d. § 11 Nr. 2 (vgl. § 11 Rdn. 14 ff.) deren gesetzliche Vertreter oder besonders Beauftragte. Diese müssen die uneingeschränkte Handlungsfähigkeit nach Nr. 1 besitzen.

a) Gesetzliche Vertreter

30 Gesetzlicher Vertreter i.S.d. Nr. 3 sind die eine Organstellung einnehmenden natürlichen Personen, die nach geltendem (materiellem) Recht[50] (Gesetz, Rechtsverordnung

---

48 S. *Bienwald*, § 1896 BGB Rn. 241, 243; *Cypionka*, NJW 1992, 207 (209); *Taupitz*, JuS 1992, 9 (11). Vgl. auch BT-Drucks. 11/4528 S. 135.

49 Vgl. Knack/Henneke/*Ritgen*, § 12 Rn. 30 f.; Kopp/*Ramsauer*, § 12 Rn. 13; Stelkens/Bonk/Sachs/*Bonk/Schmitz*, § 12 Rn. 14; OVG Sachsen, Beschl. v. 10.11.2016 – 3 A 318/16.

50 Die Frage, welcher natürlichen Person im Einzelfall eine Organstellung zukommt, klären ggf. Auszüge aus dem Handels-, Genossenschafts- oder Vereinsregister.

oder Satzung) die betreffende juristische Person bzw. Vereinigung im allgemeinen Rechtsverkehr zu vertreten haben.[51]

Gesetzliche Vertreter von juristischen Personen, diesen verfahrensrechtlich gleichgestellten Vereinigungen und von Vereinigungen i.S.d. § 11 Nr. 2 des Privatrechts sind z.B. 31

1) der Vorstand[52] des rechtsfähigen eingetragenen Vereins (§ 26 Abs. 2 BGB) und der einem geschäftsführenden Gesellschafter gleichgestellte Vorstand des nicht rechtsfähigen Vereins (nach § 54i.V.m. § 714 BGB),
2) der Vorstand der rechtsfähigen Stiftung des bürgerlichen Rechts (nach § 86 Satz 1 i.V.m. § 26 Abs. 2 BGB),
3) der Vorstand der AG (nach § 78 Abs. 1 AktG),
4) der persönlich haftende Gesellschafter der KG a.A. (nach § 278 AktG i.V.m. den §§ 161 Abs. 2, 125 HGB),
5) der Geschäftsführer der GmbH (nach § 35 Abs. 1 GmbHG),
6) der Vorstand der eingetragenen Genossenschaft (nach § 24 Abs. 1 GenG),
7) der Vorstand des Landesinnungsverbandes (nach § 83 Abs. 1 Nr. 3 i.V.m. § 66 Abs. 3 Satz 1 HwO),
8) die Gesellschafter der offenen Handelsgesellschaft nach Maßgabe des Gesellschaftsvertrags (§ 125 HGB),
9) der persönlich haftende Gesellschafter der KG (nach § 161 Abs. 2 i.V.m. § 125 HGB),
10) die Partner einer Partnerschaftsgesellschaft Angehöriger Freier Berufe nach Maßgabe des Partnerschaftsvertrages (nach § 7 Abs. 3 i.V.m. § 125 Abs. 1, 2 und 4 HGB),
11) der geschäftsführende Gesellschafter der Gesellschaft des bürgerlichen Rechts nach Maßgabe des Gesellschaftsvertrags (nach § 714 BGB),
12) der Vorsitzende des Betriebsrats (nach § 26 Abs. 3 BetrVG).

Bei den juristischen Personen, diesen verfahrensrechtlich gleichgestellten Vereinigungen und den Vereinigungen nach § 11 Nr. 2 des öffentlichen Rechts sind – soweit gesonderte Regelungen für das Verwaltungsverfahren fehlen – die die Vertretung im verwaltungsgerichtlichen Verfahren regelnden Bestimmungen für das Verwaltungsverfahren entsprechend anzuwenden. Soweit solche Vorschriften nur Vertretungsbehörden bestimmen, ergibt sich die handlungsfähige Person aus Abs. 1 Nr. 4. 32

51 Knack/Henneke/*Ritgen*, § 12 Rn. 33; Stelkens/Bonk/Sachs/*Bonk/Schmitz*, § 12 Rn. 15; Vgl. auch zu den gesetzlichen Vertretern der evangelischen Landeskirchen und ihren selbstständigen Untergliederungen: *Chr. Meyer* HdbStKiR II, 1. Aufl., S. 97 f. Fn. 13; *ders.*, HdbStKiR I, 2. Aufl., S. 919 f. Fn. 46; *Scheffler*, NJW 1977, 740 ff., 1141; zur römisch-katholischen Kirche *Busch*, HdbStKiR I, 2. Aufl., S. 962 ff.

52 OVG Sachsen, Beschl. v. 16.05.2016 – 3 A 66/16. Bei einer gemeinsamen Vertretung durch zwei Vorstandsmitglieder müssen beide unterzeichnen.

b) Besonders Beauftragte

33 Besonders Beauftragte sind Personen, denen aufgrund einer Rechtsvorschrift, einer Satzungsbestimmung oder der Entscheidung eines zuständigen Organs die Vor- und bzw. oder Entgegennahme von Verfahrenshandlungen übertragen worden ist,[53] ohne dass sie gesetzliche (organschaftliche) Vertreter (vgl. Rdn. 30 ff.) sind. Diese mit ursprünglicher Handlungsfähigkeit ausgestatteten Beauftragten sind zu unterscheiden von den außenstehenden Bevollmächtigten i.S.d. § 14, die als Vertreter handlungsfähiger Personen für diese Verfahrenshandlungen vor- und entgegennehmen können (vgl. § 14 Rdn. 27 ff.).

5. Behörden (Nr. 4)

34 Nach Nr. 4 handeln für beteiligte Behörden die Behördenleiter, deren Vertreter oder Beauftragte.

a) Die Handlungsfähigkeit eines Amtsträgers

35 Während der Behördenleiter stets für die Behörde handlungsfähig ist, beschränkt sich die Handlungsfähigkeit der anderen Amtsträger bei

1) einem (»i.V.« handelnden) Vertreter auf die Fälle, in denen der Behördenleiter (z.B. wegen Krankheit oder dienstlicher Abwesenheit) zu handeln verhindert ist[54],
2) einem sonstigen (»i.A.« handelnden) Amtsträger auf die Fälle, in denen dieser entweder (allgemein) aufgrund des Geschäftsverteilungsplanes bzw. der Geschäftsordnung oder (in einem konkreten Fall) aufgrund einer besonderen Weisung des Behördenleiters (auch im Fall der Unzuständigkeit nach dem Geschäftsverteilungsplan) zum Handeln beauftragt ist.[55]

36 Sofern nicht der Behördenleiter selbst, sein Vertreter oder ein offensichtlich zuständiger Amtsträger für die Behörde am Verfahren mitwirkt, ist die Benennung des Beauftragten seitens des Leiters der beteiligten Behörde ggü. der das Verfahren durchführenden Behörde geboten. Die das Verfahren durchführende Behörde kann – entsprechend § 14 Abs. 1 Satz 3 (vgl. § 14 Rdn. 36 ff.) – von dem Beauftragten den schriftlichen Nachweis seiner Vollmacht verlangen.

---

53 Ebenso Knack/Henneke/*Ritgen*, § 12 Rn. 35. Das Wort »besonders« ist dabei nicht so zu verstehen, dass eine gesonderte Beauftragung vorliegen muss. Es genügt auch eine allgemeine Beauftragung Stelkens/Bonk/Sachs/*Bonk/Schmitz*, § 12 Rn. 16.

54 Unschädlichkeit, wenn der Staatssekretär nicht »in Vertretung« unterzeichnet, OVG Berlin-Brandenburg, Beschl. v. 12.04.2013 – DGH Bbg 1.13.

55 BVerwG, Beschl. v. 09.02.2016 – 2 B 84.14, Rn. 12 f.; Urt. v. 28.02.2013 – 2 C 3.12, BVerwGE 146, 98, Rn. 61.

b) Nicht handlungsfähige Amtsträger

Ein Amtsträger ist nicht für die Behörde handlungsfähig, wenn 37

1) er nicht handlungsfähig i.S.d. Nr. 1 ist,
2) er aufgrund einer gesetzlichen Bestimmung in der betreffenden Sache nicht handeln darf (wie z.B. nach § 20 VwVfG ausgeschlossene Personen),
3) er außerhalb des Aufgabenbereichs der Behörde tätig ist,
4) er offensichtlich keine Sachkunde besitzt (wie z.B. ein nur mit der Postverteilung, aber nicht mit Fragen des materiellen Verwaltungsrechts befasster Beamter) oder
5) der Behördenleiter einen anderen Amtsträger mit der Verfahrensführung beauftragt hat.

II. Partielle Handlungsfähigkeit eines geschäftsfähigen Betreuten bei verfahrensrelevantem Einwilligungsvorbehalt nach § 1903 BGB (Abs. 2)

Durch Art. 7 § 3 Nr. 1 Buchst. a) BtG (vgl. Rdn. 5) wurde § 12 Abs. 2 neu eingefügt. 38

1. Grundsätzliches zum Rechtsinstitut der (rechtlichen) Betreuung

Durch das BtG (vgl. Rdn. 5) wurde für Volljährige (§ 2 BGB) das Rechtsinstitut der 39
Betreuung eingeführt, das an die Stelle der Vormundschaft über Volljährige und der (früher in § 1910 BGB geregelten) Gebrechlichkeitspflegschaft getreten ist. I.Ü. blieben aber von der Reform die Vormundschaft über Minderjährige und die anderen Formen der Pflegschaft unberührt.[56]

Nach § 1896 Abs. 1 Satz 1 BGB bestellt das Betreuungsgericht (auf Antrag des zu 40
Betreuenden oder – vorbehaltlich der Regelung des § 1896 Abs. 1 Satz 3 BGB – von Amts wegen) für einen Volljährigen (§ 2 BGB) einen Betreuer, wenn dieser aufgrund einer psychischen Krankheit oder einer körperlichen, geistigen oder seelischen Behinderung seine Angelegenheiten ganz oder teilweise nicht besorgen kann. Gem. § 1896 Abs. 2 BGB darf ein Betreuer nur für Aufgabenkreise bestellt werden, in denen die Betreuung erforderlich ist (dies ist z.B. nicht der Fall, soweit die Angelegenheiten durch einen Bevollmächtigten ebenso gut wie durch einen Betreuer besorgt werden können).

2. Verhältnis der Geschäftsfähigkeit zum Rechtsinstitut der (rechtlichen) Betreuung

Die Voraussetzungen für die Anordnung einer Betreuung für Volljährige stellen nicht 41
darauf ab, ob der Volljährige nach § 104 Nr. 2 BGB geschäftsunfähig ist; jedoch geben Anzeichen auf das Vorliegen der sog. natürlichen Geschäftsunfähigkeit nach § 104 Nr. 2 BGB Veranlassung, die Voraussetzungen für die Anordnung (und den Umfang)

56 S. *Laubinger/Repkewitz*, VerwArch. Bd. 85, 1994, 86 (89 f.); *Lemhöfer*, ZBR 1992, 97; *Taupitz*, JuS 1992, 9; *Zimmermann/Damrau*, NJW 1991, 538.

einer Betreuung sorgfältig zu prüfen.[57] Die Geschäftsfähigkeit eines Volljährigen wird aber durch die Betreuung selbst weder beseitigt noch eingeschränkt.[58] Der geschäftsfähige Betreute kann, soweit kein Einwilligungsvorbehalt angeordnet ist, uneingeschränkt wirksam Verfahrenshandlungen vor- und entgegennehmen, selbst wenn das Verwaltungsverfahren gerade in den Aufgabenkreis fällt, für den der Betreuer (der die Stellung eines gesetzlichen Vertreters hat – vgl. Rdn. 25) bestellt worden ist.[59]

3. Voraussetzungen der partiellen Handlungsfähigkeit (Erster Halbs.)

42 Nach Abs. 2 ist ein geschäftsfähiger Betreuter (vgl. Rdn. 41) bei einem nach § 1903 BGB vom Betreuungsgericht angeordneten Einwilligungsvorbehalt (vgl. Rdn. 44 ff.), der den Gegenstand des Verfahrens betrifft (vgl. Rdn. 50), nur insoweit zur Vornahme von Verfahrenshandlungen fähig, als er nach den Vorschriften des bürgerlichen Rechts ohne Einwilligung des Betreuers handeln kann (vgl. Rdn. 52 ff.) oder durch Vorschriften des öffentlichen Rechts als handlungsfähig anerkannt ist (vgl. Rdn. 55 f.).

a) Nur geschäftsfähige Betreute

43 Abs. 2 erfasst nur geschäftsfähige Betreute, für die ein Einwilligungsvorbehalt angeordnet ist. Denn die nach § 104 Nr. 2 BGB bestehende Geschäftsunfähigkeit wird durch einen Einwilligungsvorbehalt nach § 1903 BGB nicht berührt (und ist selbst auch keine notwendige Voraussetzung für dessen Anordnung – vgl. auch Rdn. 41).

b) Einwilligungsvorbehalt nach § 1903 BGB

aa) Voraussetzungen

44 Nach § 1903 Abs. 1 Satz 1 BGB ordnet das Betreuungsgericht, soweit dies zur Abwendung einer erheblichen Gefahr für die Person oder das Vermögen des Betreuten erforderlich ist, an, dass der Betreute zu einer (wirksamen) Willenserklärung, die den Aufgabenkreis des Betreuers betrifft, dessen Einwilligung (d.h. nach der Legaldefinition des § 183 BGB dessen vorheriger Zustimmung) bedarf.

bb) Rechtsfolgen nach bürgerlichem Recht

45 Der Einwilligungsvorbehalt lässt (im Gegensatz zum früheren Rechtsinstitut der Entmündigung) zwar in der Person des Betreuten die Geschäftsfähigkeit als solche unberührt (vgl. auch Rdn. 41), modifiziert aber – auf gesetzlicher Grundlage – die dem Geschäftsfähigen zustehende Rechtsmacht, mit der praktisch möglichen Folge, dass im Ergebnis annähernd die Wirkungen einer (früheren) Entmündigung erreicht werden.

---

57 Zum Verhältnis von Betreuungsbedürftigkeit und Geschäftsunfähigkeit s. *Cypionka*, NJW 1992, 207 (208); *Klüsener/Rausch*, NJW 1993, 617 f.; *Taupitz*, JuS 1992, 9 (11 f.).

58 *Cypionka*, NJW 1992, 207 (209); *Klüsener/Rausch*, NJW 1993, 617 (619).

59 *Laubinger/Repkewitz*, VerwArch. Bd. 85, 1994, 86 (96).

Wie ein Vergleich zwischen den §§ 107 bis 113 BGB einerseits und § 1903 Abs. 1 Satz 2 (wonach die §§ 108 bis 113, 131 Abs. 2 und § 206 BGB entsprechend gelten), Abs. 2 und 3 BGB anderseits zeigt, wird durch die Anordnung eines Einwilligungsvorbehaltes nach § 1903 BGB die (zivilrechtliche) Rechtsstellung des Betreuten der eines beschränkt geschäftsfähigen Minderjährigen angenähert, jedoch mit dem Unterschied, dass beim Einwilligungsvorbehalt die Teilnahme des Betreuten am Rechtsverkehr nur in dem nach dem Grad seiner Behinderung erforderlichen Umfang, der kleiner sein kann als der Aufgabenkreis des Betreuers nach § 1896 BGB, – rechtlich (nicht nur faktisch) – eingeschränkt wird.[60] 46

cc) Rechtsfolgen nach öffentlichem Recht

Im öffentlichen Recht entspricht die Rechtsstellung des (geschäftsfähigen) Betreuten – weitgehend – einer natürlichen Person, die nach bürgerlichem Recht in der Geschäftsfähigkeit beschränkt ist[61] (vgl. auch Rdn. 8 ff.); diesem Betreuten steht daher lediglich eine (zudem unter dem Vorbehalt des Abs. 3 i.V.m. § 53 ZPO – vgl. Rdn. 81 ff. – stehende) partielle Handlungsfähigkeit zu. Dies erweist bereits ein Vergleich der weitgehend parallel aufgebauten Bestimmungen des Abs. 1 Nr. 2 und des Abs. 2. 47

Außerhalb des vom Einwilligungsvorbehalt erfassten Aufgabenkreises des Betreuers ist der Betreute, soweit nicht die sog. natürliche Geschäftsunfähigkeit nach § 104 Nr. 2 BGB vorliegt, – unter dem Vorbehalt des Abs. 3 i.V.m. § 53 ZPO (vgl. Rdn. 81 ff.) – uneingeschränkt (geschäfts- und) handlungsfähig. 48

Soweit der Betreute handlungsunfähig ist, kann nur sein Betreuer (in seinem Aufgabenkreis) Verfahrenshandlungen wirksam für den Betreuten vor- und entgegennehmen; fällt die Verfahrenshandlung jedoch nicht in den Aufgabenkreis des Betreuers, besteht die Möglichkeit 49

1) für das Betreuungsgericht, bei auch insoweit bestehender Betreuungsbedürftigkeit den Aufgabenkreis des Betreuers von Amts wegen zu erweitern, ggf. nachdem es hiervon von dem Betreuer in Kenntnis gesetzt wurde,
2) für die verfahrensleitende Behörde, nach § 16 Abs. 1 Nr. 4 ein Ersuchen an das Betreuungsgericht zu stellen, hierfür einen Vertreter von Amts wegen zu bestellen (vgl. § 16 Rdn. 36 ff.).

c) Verfahrensrelevanz des Einwilligungsvorbehalts

Weiterhin muss der vom Betreuungsgericht nach § 1903 BGB angeordnete Einwilligungsvorbehalt den Gegenstand des Verwaltungsverfahrens betreffen, d.h. Verfahrensrelevanz aufweisen (vgl. § 11 Rdn. 17 f.). 50

---

60 S. *Cypionka*, NJW 1992, 207 (209); *Taupitz*, JuS 1992, 9 (12).

61 Ebenso Stelkens/Bonk/Sachs/*Bonk/Schmitz*, § 12 Rn. 23; *Ule/Laubinger*, Verwaltungsverfahrensrecht § 16 II 2/§ 16 Rn. 6. Vgl. ferner *Lemhöfer*, ZBR 1992, 97 (98). Vgl. auch VG Kassel, Urt. v. 01.10.2009 – 1 K 76/08.KS, LKRZ 2010, 151 der grds. von einer Handlungsunfähigkeit ausgeht, soweit ein Betreuer bestellt ist (hier: Vermögenssorge).

4. Reichweite der partiellen Handlungsfähigkeit (Letzter Halbs.)

51 Die (partielle) Handlungsfähigkeit eines geschäftsfähigen Betreuten, der einem verfahrensrelevanten Einwilligungsvorbehalt nach § 1903 BGB untersteht, reicht nur soweit, als dieser
1) entweder nach den Vorschriften des bürgerlichen Rechts ohne Einwilligung des Betreuers handeln kann (vgl. Rdn. 52 ff.) oder
2) durch Vorschriften des öffentlichen Rechts als handlungsfähig anerkannt ist (vgl. Rdn. 55 f.).

a) Einwilligungsfreiheit nach den Vorschriften des bürgerlichen Rechts (Erste Alternative)

52 Nach den Vorschriften des bürgerlichen Rechts kann ein (geschäftsfähiger) Betreuter ohne Einwilligung seines Betreuers handeln
1) gem. § 1903 Abs. 1 Satz 2 BGB in den (entsprechend anwendbaren) Fällen der § 112 und § 113 BGB,
2) gem. § 1903 Abs. 2 BGB bei Willenserklärungen, die auf die Eingehung einer Ehe gerichtet sind, Verfügungen von Todes wegen und Willenserklärungen, zu denen ein beschränkt Geschäftsfähiger nach den Vorschriften des Vierten und Fünften Buches des BGB nicht der Zustimmung des gesetzlichen Vertreters bedarf.[62]

53 Entgegen dem Wortlaut des Abs. 2 (der insoweit einschränkend auszulegen ist) vermittelt – aus denselben Gründen wie bei einem beschränkt geschäftsfähigen Minderjährigen (vgl. Rdn. 14 f.) – weder § 1903 Abs. 1 Satz 2 i.V.m. § 110 BGB noch § 1903 Abs. 3 Satz 1 BGB (wonach der Betreute der Einwilligung des Betreuers nicht bei Willenserklärungen bedarf, die dem Betreuten lediglich einen rechtlichen Vorteil bringen) dem geschäftsfähigen Betreuten die (partielle) Handlungsfähigkeit.[63]

54 Die Regelung des § 1903 Abs. 3 Satz 2 BGB (wonach dies auch gilt, wenn die Willenserklärung eine geringfügige Angelegenheit des täglichen Lebens betrifft) ist zwar grds. auch auf Angelegenheiten des Verwaltungs- und Verwaltungsverfahrensrechts anwendbar, wird aber wegen des entscheidenden Kriteriums der Verkehrsauffassung insoweit nur einen geringen praktischen Anwendungsbereich haben; denn Verfahrenshandlungen wird in aller Regel mehr als nur geringfügige Bedeutung zukommen. Insoweit ist – zum Schutz des Betreuten – ein tendenziell strenger Maßstab anzulegen.

---

62 Gleichzustellen sind weitere höchstpersönliche Rechtsakte (wie etwa der Kirchenaustritt oder der Religionswechsel). S. *Palandt*, § 1903 BGB Rn. 6.

63 Wohl auch Stelkens/Bonk/Sachs/*Bonk/Schmitz*, § 12 Rn. 22. A.A. (für § 1903 Abs. 3 Satz 1 BGB): *Laubinger/Repkewitz*, VerwArch. Bd. 85, 1994, 86 (97); *Ule/Laubinger*, Verwaltungsverfahrensrecht § 16 II 2/§ 16 Rn. 6.

b) Handlungsfähigkeit nach den Vorschriften des öffentlichen Rechts (Zweite Alternative)

Soweit ersichtlich existieren bisher noch keine Sondervorschriften des öffentlichen Rechts, die einen geschäftsfähigen Betreuten, der einem Einwilligungsvorbehalt nach § 1903 BGB unterliegt, als partiell handlungsfähig anerkennen. 55

Grundsätzlich entsprechend anwendbar erscheinen jedoch – im Hinblick auf die weitgehende Gleichstellung mit einem Minderjährigen (vgl. Rdn. 46 f.) – diejenigen öffentlichrechtlichen Vorschriften, die einem Minderjährigen eine partielle Handlungsfähigkeit zuerkennen (vgl. Rdn. 16 ff.), es sei denn, der Regelungsinhalt lässt nach der Natur der Sache eine Analogie nicht zu, oder der Schutzzweck der Betreuung (als Rechtsinstitut oder in seiner konkreten Anordnung) steht ihrer Anwendung entgegen.[64] 56

III. Die Handlungsfähigkeit als Sachentscheidungs- und Verfahrenshandlungsvoraussetzung

Die Handlungsfähigkeit ist als (allgemeine) Sachentscheidungs- und als Verfahrenshandlungsvoraussetzung stets von Amts wegen zu beachten. Eine besondere Prüfungspflicht besteht jedoch nur, wenn sich aus irgendeinem Grund vernünftige Zweifel an der Handlungsfähigkeit eines Beteiligten ergeben,[65] insb. bei aus Erscheinung oder Auftreten zu schließenden Anhaltspunkten für eine Minderjährigkeit[66] oder Indizien für einen die freie Willensbestimmung ausschließenden Zustand krankhafter Störung der Geistestätigkeit, der nicht nur vorübergehender Natur ist (§ 104 Nr. 2 BGB); Zweifeln ist von Amts wegen nachzugehen.[67] Ansonsten darf die Behörde bei Volljährigen grds. vom Vorliegen der Handlungsfähigkeit ausgehen.[68] 57

1. Verfahren bei umstrittener Handlungsfähigkeit

Ist die Handlungsfähigkeit umstritten, so ist bis zur Klärung dieser Frage, die Handlungsfähigkeit – vorläufig – als gegeben zu unterstellen. Der vermeintlich 58

64 Vgl. *Laubinger/Repkewitz*, VerwArch. Bd. 85, 1994, 86 (97 f.).

65 BVerwG, Beschl. v. 30.08.1985 – 2 CB 40.83, DVBl 1986, 147. Vgl. zur Prüfungspflicht Stelkens/Bonk/Sachs/*Bonk/Schmitz*, § 12 Rn. 3.

66 Vgl. OLG Karlsruhe, Urt. v. 30.08.1979 – 4 U 230/77, Die Justiz 1980, 18 (zu § 11 BeurkG). Der Minderjährigkeit gleichzustellen sind die niedrigen Altersgrenzen in Sondervorschriften des öffentlichen Rechts, die auch beschränkt Geschäftsfähige als partiell handlungsfähig anerkennen.

67 Vgl. Bader/Ronellenfitsch/*Gerstner-Heck*, § 12 Rn. 21; Stelkens/Bonk/Sachs/*Bonk/Schmitz*, § 12 Rn. 3; *Ule/Laubinger*, Verwaltungsverfahrensrecht § 16 III 1/§ 16 Rn. 16.

68 Vgl. BVerwG, Beschl. 11.02.1994 – 2 B 173/93, NJW 1994, 2633.

handlungsunfähige Beteiligte kann selbst oder durch einen von ihm bestellten Bevollmächtigten Verfahrenshandlungen vor- und entgegennehmen.[69]

59 Sofern bei einem Beteiligten Anhaltspunkte für einen die freie Willensbestimmung ausschließenden Zustand krankhafter Störung der Geistestätigkeit i.S.d. § 104 Nr. 2 BGB vorliegen,[70] hat die Behörde i.R.d. Untersuchungsgrundsatzes (§ 24) nach pflichtgemäßem Ermessen darüber zu entscheiden, welcher Beweismittel sie sich zur Aufklärung dieser Frage bedient (vgl. § 26 Abs. 1).[71] Sie kann sich insb. einen unmittelbaren persönlichen Eindruck von dem Beteiligten verschaffen[72] oder seine Schriftsätze sowie sein sonstiges Verhalten auf das Vorliegen typischer Merkmale einer derartigen psychischen Erkrankung (vgl. auch Rdn. 7) untersuchen;[73] dabei ist es nicht ermessensfehlerhaft, von einer persönlichen Anhörung des betreffenden Beteiligten abzusehen, wenn sein bisheriges Verhalten eine ausreichende Tatsachengrundlage darstellt und von einer persönlichen Anhörung keine weitere Aufklärung des Sachverhalts zu erwarten ist.[74] Sofern die maßgeblichen Umstände des (Einzel-) Falles auch einem medizinisch nicht vorgebildeten Laien den eindeutigen Schluss auf das Vorliegen der auf medizinischen Gebiet liegenden tatsächlichen Voraussetzungen einer (vollständigen oder partiellen) Handlungsunfähigkeit gestatten, ist die Behörde nicht veranlasst, sich von dem mutmaßlich handlungsunfähigen Beteiligten gemäß seiner Mitwirkungslast nach § 26 Abs. 2 ein (privat-)ärztliches Attest vorlegen zu lassen[75] oder – soweit weniger aufwendige Beweismittel keinen Aufklärungserfolg versprechen – eine (mündliche oder schriftliche) Äußerung eines ärztlichen (i.d.R. psychiatrischen) Sachverständigen einzuholen, sondern kann ohne Weiteres eine Entscheidung über die Handlungsfähigkeit treffen.

60 Ist die Frage der Handlungsfähigkeit auch nach weiteren i.R.d. Untersuchungsgrundsatzes nach § 24 gebotenen und zumutbaren Ermittlungen der (verfahrensleitenden)

---

69 S. Kopp/Ramsauer, § 12 Rn. 19 ff.; *Meyer/Borgs*, § 12 Rn. 1; Stelkens/Bonk/Sachs/*Bonk/Schmitz*, § 12 Rn. 3, 5; *Ule/Laubinger*, Verwaltungsverfahrensrecht § 16 III 1/§ 16 Rn. 16. Vgl. auch BSG, Urt. v. 28.05.1957 – 3 RJ 98/54, BSGE 5, 176 (177).

70 Vgl. zur Prüfungspflicht: nur bei vernünftigen Zweifeln BVerwG, Beschl. v. 30.08.1985 – 2 CB 40.83, DVBl 1986, 146; VGH Bayern, Urt. v. 30.11.1983 – 15 N 80 A.586, BayVBl. 1984, 757. Vgl. ferner BGH, Urt. v. 05.12.1995 – XI ZR 70/95, NJW 1996, 918 und BFH, Beschl. v. 09.09.2004 – III B 165/03.

71 Vgl. auch BVerwG, Beschl. v. 11.02.1994 – 2 B 173.93, NJW 1994, 2633 (2634).

72 Vgl. BVerwG, Urt. v. 29.01.1963 – IV C 137.62, DVBl 1963, 249; VGH Bayern, Urt. v. 30.11.1983 – 15 N 80 A.586, BayVBl. 1984, 757.

73 Vgl. VGH Hessen, Beschl. v. 27.06.1995 – 1 TG 1808/95, NVwZ-RR 1996, 614; OVG Nordrhein-Westfalen, Beschl. v. 19.12.1995 – 15 A 4370/95, NVwZ-RR 1996, 619.

74 Vgl. OVG Nordrhein-Westfalen, Beschl. v. 19.12.1995 – 15 A 4370/95, NVwZ-RR 1996, 619.

75 Die Erholung eines Sachverständigengutachtens durch die Behörde gem. § 26 Abs. 1 Satz 2 Nr. 2 wird dabei allenfalls nur ausnahmsweise geboten sein (vgl. BVerwG, Beschl. v. 11.02.1994 – 2 B 173.93, NJW 1994, 2633 [2634]). Ein psychiatrisches Gutachten eingeholt, VG Frankfurt (Oder), Gerichtsbescheid v. 01.09.2011 – 8 K 637/09.

Behörde nicht aufklärbar, sodass die Handlungsfähigkeit des Beteiligten nicht zur Überzeugung der Behörde feststeht, mit anderen Worten der Behörde nicht überwindbare begründete Zweifel oder unausräumbare durchgreifende Bedenken verbleiben, ist im weiteren Verfahren ein volljähriger Beteiligter als handlungsfähig,[76] ein Minderjähriger hingegen als handlungsunfähig[77] zu betrachten. Dies ergibt sich daraus, dass nach der gesetzlichen Systematik die Geschäfts- und Handlungsfähigkeit eines Volljährigen die Regel, die (vollständige oder partielle) Geschäfts- und Handlungsunfähigkeit (§ 104 Nr. 2 BGB; § 12 Abs. 1 Nr. 1; vgl. auch § 12 Abs. 2) die Ausnahme bilden und – nach allgemeinen Grundsätzen[78] – die materielle Beweislast für eine Ausnahme denjenigen trifft, der daraus Rechte bzw. eine günstige Rechtsposition herleitet, sodass insoweit die Unaufklärbarkeit einer Tatsache zu seinen Lasten geht.[79]

Bei Ungewissheit über den Tag der Geburt gebietet es das auch in § 12 zum Ausdruck 61
kommende gesetzliche Prinzip eines umfassenden Schutzes Minderjähriger, von dem innerhalb des bekannten Geburtsjahres spätestmöglichen Geburtsdatum (also dem 31.12. des jeweiligen Jahres) auszugehen.[80] Ist aber auch das Geburtsjahr nach zumutbaren Ermittlungen nicht aufklärbar, so muss die Behörde bei (vernünftigen) Zweifeln an der Handlungsfähigkeit des Beteiligten in dem Verfahren von seiner Handlungsunfähigkeit ausgehen.

2. Folgen fehlender Handlungsfähigkeit

Steht aufgrund der Ermittlungen der Behörde die Handlungsunfähigkeit des Betei- 62
ligten fest, so berührt dies die Wirksamkeit bzw. Beachtlichkeit oder Zulässigkeit der von ihm bisher im Laufe des Verwaltungsverfahrens vor- und entgegengenommenen Verfahrenshandlungen ebenso wie die der künftigen Verfahrenshandlungen (vgl. Rdn. 66 ff.). Dies stellt aber keine Rückwirkung dar, da – objektiv – die Handlungsunfähigkeit von Anfang an bestanden hat, wenn sie tatsächlich nicht erst im Verlauf des Verfahrens eingetreten ist.

Fehlt die Handlungsfähigkeit, so ist – soweit der Mangel der fehlenden Handlungsfä- 63
higkeit nicht heilbar ist oder (trotz Heilbarkeit) nicht geheilt wird (vgl. Rdn. 71 f.) – die weitere Durchführung des Verfahrens infrage gestellt oder jedenfalls erheblich beeinträchtigt, wobei zwischen der Handlungsfähigkeit als Sachentscheidungs- und als Verfahrenshandlungsvoraussetzung zu differenzieren ist.

---

76 Ebenso BVerwG, Beschl. v. 11.02.1994 – 2 B 173.93, NJW 1994, 2633; BFH, Urt. v. 16.04.1997 – XI R 61/94, NVwZ-RR 1998, 470 (472). Vgl. ferner *Musielak*, NJW 1997, 1736. A.A. wohl *Robbers*, DVBl 1987, 717.

77 Vgl. auch VGH Bayern, Urt. v. 30.11.1983 – 15 N 80 A.586, BayVBl. 1984, 757.

78 Instruktiv hierzu *Musielak*, NJW 1997, 1736.

79 S. BVerwG, Beschl. v. 11.02.1994 – 2 B 173.93, NJW 1994, 2633.

80 BVerwG, Urt. v. 31.07.1984 – 9 C 156.83, NJW 1985, 576 (577). Ebenso Stelkens/Bonk/Sachs/*Bonk/Schmitz*, § 12 Rn. 7.

a) **Auswirkung auf Sachentscheidung**

64 Die mangelnde Handlungsfähigkeit verwehrt es der Behörde, ggü. einem handlungsunfähigen Beteiligten eine Entscheidung in der Sache zu treffen (vgl. Vorbem. § 9; § 11 Rdn. 41).

65 Ein ggü. einem Handlungsunfähigen erlassener VA (der nicht zumindest auch seinem gesetzlichen Vertreter bekannt gegeben wurde) erlangt – wie bei der Beteiligungsunfähigkeit (vgl. § 11 Rdn. 42) – keine Wirksamkeit.[81] Auch ein mit ihm abgeschlossener örV ist – schwebend (vgl. Rdn. 71 f.) – unwirksam (vgl. § 59).

b) **Auswirkung auf Verfahrenshandlungen**

66 Bei den Rechtsfolgen fehlender Handlungsfähigkeit als Verfahrenshandlungsvoraussetzung ist zwischen behördlichen und nichtbehördlichen Verfahrenshandlungen (vgl. Vorbem § 9) zu unterscheiden.

aa) **Unwirksamkeit bzw. Unbeachtlichkeit behördlicher Verfahrenshandlungen**

67 Behördliche Verfahrenshandlungen, die nur ggü. einer handlungsunfähigen Person vorgenommen werden (wie die Hinzuziehung nach § 13 Abs. 2 oder die Bekanntgabe eines VA), sind unwirksam, wenn es sich um VAe, öffentlich-rechtliche Willenserklärungen handelt (vgl. Rdn. 65), und ansonsten unbeachtlich[82] (vgl. auch § 11 Rdn. 45).

bb) **Nichtbehördliche Verfahrenshandlungen**

68 Die von einem Handlungsunfähigen vorgenommenen (nichtbehördlichen) Verfahrenshandlungen können unzulässig oder unwirksam bzw. unbeachtlich sein (vgl. auch § 11 Rn. 46).[83]

---

81 VG München, Beschl. v. 09.07.2015 – M 16 S 15.30913, Rn. 19. Nach dem VGH Baden-Württemberg, Urt. v. 02.11.2010 – 11 S 2079/10, VBl.BW 2011, 160 ist keine nachträgliche Heilung durch Kenntnisnahme des Betreuers möglich. Ebenso Bayerisches ObLG, Beschl. v. 21.06.1978 – BReg 3 Z 45/78, DÖV 1979, 62 (63); *Laubinger*, Ule-FS, S. 161 (180); Stelkens/Bonk/Sachs/*Bonk/Schmitz*, § 12 Rn. 4.

82 Im Ergebnis ebenso BFH, Urt. v. 16.04.1997 – XI R 61/94, NVwZ-RR 1998, 470; *Laubinger*, Ule-FS S. 161 (179 f.); *Ule/Laubinger*, Verwaltungsverfahrensrecht § 16 III 3 b)/§ 16 Rn. 19. S. für die Bekanntgabe eines VA auch: OVG Schleswig-Holstein, Urt. v. 07.05.1993 – 3 L 184/92, NVwZ-RR 1994, 484 (485); VG Freiburg, Beschl. v. 19.03.1991 – 1 K 41/91, InfAuslR 1991, 194 (195); *Lemhöfer*, ZBR 1992, 97 (98). Vgl. zur Zustellung eines VA: BVerwG, Urt. v. 03.12.1965 – VII C 90.61, NJW 1966, 1883.

83 *Laubinger*, Ule-FS, S. 161 (178 f.); *Ule/Laubinger*, Verwaltungsverfahrensrecht § 16 III 3 a)/§ 16 Rn. 18. Für die generelle Unwirksamkeit: *Meyer/Borgs*, § 12 Rn. 1; Stelkens/Bonk/Sachs/*Bonk/Schmitz*, § 12 Rn. 5. Vgl. auch BSG, Urt. v. 28.05.1957 – 3 RJ 98/54, BSGE 5, 176 (177).

aaa) Unzulässigkeit

Unzulässig sind die von einem Handlungsunfähigen vorgenommenen Verfahrenshandlungen, die (entsprechend den sog. Erwirkungshandlungen im Prozess) dazu bestimmt sind, die Behörde zu einer bestimmten Entscheidung zu veranlassen (wie etwa der Antrag auf Erlass eines VA).[84] Diese Verfahrenshandlungen sind jedoch wirksam,[85] sodass sie ein Verfahrensrechtsverhältnis begründen und damit ein Verwaltungsverfahren in Gang setzen können. Die weiteren Rechtsfolgen entsprechen denjenigen bei fehlender Beteiligungsfähigkeit (vgl. § 11 Rdn. 36 f.). 69

bbb) Unwirksamkeit bzw. Unbeachtlichkeit

Verfahrenhandlungen, die (entsprechend den sog. Bewirkungshandlungen im Prozess) selbst die Rechtslage im Verfahren unmittelbar verändern sollen, sind unwirksam, soweit es sich um öffentlich-rechtliche Willenserklärungen handelt, und ansonsten unbeachtlich, wenn sie von einem handlungsunfähigen Beteiligten vorgenommen werden[86] (vgl. auch § 11 Rdn. 38). Der Handlungsunfähige kann daher einen Antrag nicht wirksam zurücknehmen.[87] 70

cc) Heilung unzulässiger oder unwirksamer bzw. unbeachtlicher Verfahrenshandlungen

Behördliche oder nichtbehördliche Verfahrenshandlungen, die zunächst wegen der Handlungsunfähigkeit eines Beteiligten unzulässig oder unwirksam bzw. unbeachtlich waren, können nachträglich geheilt werden, wenn 71

1) der Handlungsunfähige seine Handlungsfähigkeit (erstmalig oder wieder) erlangt und dann – entsprechend § 108 Abs. 3 BGB – das Verfahren (hinreichend klar erkennbar) rügelos, d.h. unter Billigung bzw. Genehmigung der unzulässig oder unwirksam bzw. unbeachtlich vorgenommenen Verfahrenshandlungen, fortführt[88] (indem er z.B. von einem ihm im Zustande der Handlungsunfähigkeit bekannt gegebenen Verwaltungsakt später in handlungsfähigem Zustand Kenntnis erlangt),[89]

---

84 *Laubinger*, Ule-FS, S. 161 (175, 178 f.).

85 Ebenso *Laubinger*, Ule-FS, S. 161 (178); *Laubinger/Repkewitz*, VerwArch. Bd. 85, 1994, 86 (99).

86 *Laubinger*, Ule-FS, S. 161 (176, 179).

87 *Laubinger*, Ule-FS, S. 161 (179); *Ule/Laubinger*, Verwaltungsverfahrensrecht § 16 III 3 a)/ § 16 Rn. 18 a.E.

88 Ebenso OVG Schleswig-Holstein, Urt. v. 07.05.1993 – 3 L 184/92, NVwZ-RR 1994, 484 (485); Kopp/Ramsauer, § 12 Rn. 26; *Laubinger*, Ule-FS, S. 161 (181); *Ule/Laubinger*, Verwaltungsverfahrensrecht § 16 III 3 c)/§ 16 Rn. 20. Im Ergebnis auch: BVerwG, Urt. v. 05.03.1970 – II WD 91.69, BVerwGE 43, 71 (73 ff.).

89 BVerwG, Beschl. v. 11.02.1994 – 2 B 173.93, NJW 1994, 2633 (2634).

2) der in das Verfahren eingetretene gesetzliche Vertreter die Vor- bzw. Entgegennahme der unzulässigen oder unwirksamen bzw. unbeachtlichen Verfahrenshandlung – etwa entsprechend §§ 108 Abs. 1, 1903 Abs. 1 Satz 2 BGB – genehmigt[90] (vgl. auch Rdn. 14).

72 Die Genehmigung kann – aus Gründen der Verfahrenseffizienz und der Einfachheit des Verfahrens – nur für alle (unzulässigen bzw. unwirksamen) Verfahrenshandlungen von und ggü. einem Handlungsunfähigen im selben Verwaltungsverfahren gemeinsam erklärt werden[91] und ist an keine bestimmte Form gebunden, sodass sie auch durch schlüssiges Verhalten (etwa durch rügelose Hinnahme einer unzulässigen oder unwirksamen bzw. unbeachtlichen Verfahrenshandlung) erfolgen kann.[92]

3. Verfahren bei erwiesener Handlungsunfähigkeit

73 Die Behörde ist zunächst im Rahmen ihrer Aufklärungspflicht nach § 25 verpflichtet, auf die Einschaltung einer handlungsfähigen Person (gesetzlicher Vertreter oder dessen Bevollmächtigter[93]) hinzuwirken[94] und ggf. das Verfahren solange auszusetzen, bis eine handlungsfähige Person zur Verfügung steht. Bleibt ihr Bemühen erfolglos, so hat sie ihr weiteres Verhalten davon abhängig zu machen, wem die Handlungsfähigkeit fehlt und welches Verfahren durchzuführen ist.

a) Im Fall der Handlungsunfähigkeit einer natürlichen Person

74 Fehlt einer beteiligten natürlichen Person die Handlungsfähigkeit und ist für sie kein gesetzlicher Vertreter bestellt, so ist wie folgt zu verfahren:

aa) In einem von Amts wegen zu betreibenden Verfahren

75 Die Behörde hat in einem vom Amts wegen zu betreibenden Verfahren das Betreuungsgericht um die Bestellung eines geeigneten Vertreters zu ersuchen und zwar

1) unmittelbar nach § 16 Abs. 1 Nr. 4, wenn der Handlungsunfähige infolge einer psychischen Krankheit oder einer körperlichen, geistigen oder seelischen Behinderung im Verfahren nicht selbst tätig werden kann (vgl. § 16 Rdn. 36 ff.),

90 Ebenso BVerwG, Urt. v. 31.07.1984 – 9 C 156.83, NJW 1985, 576 (577); OVG Schleswig-Holstein, Urt. v. 07.05.1993 – 3 L 184/92, NVwZ-RR 1994, 484 (485); Kopp/Ramsauer, § 12 Rn. 26; *Laubinger*, Ule-FS, S. 161 (181); *Ule/Laubinger*, Verwaltungsverfahrensrecht § 16 III 3 c)/§ 16 Rn. 20.

91 Ebenso *Laubinger*, Ule-FS, S. 161 (182).

92 S. OVG Schleswig-Holstein, Urt. v. 07.05.1993 – 3 L 184/92, NVwZ-RR 1994, 484 (485).

93 Vgl. OVG Schleswig-Holstein, Urt. v. 07.05.1993 – 3 L 184/92, NVwZ-RR 1994, 484 (485).

94 Vgl. BVerwG, Urt. v. 03.12.1965 – VII C 90.61, NJW 1966, 1883.

2) in entsprechender Anwendung des § 16 Abs. 1,[95] wenn § 16 Abs. 1 Nr. 4 nicht einschlägig ist (weil z.B. einem Minderjährigen der gesetzliche Vertreter fehlt – vgl. § 16 Rdn. 4).

bb) In einem durch den handlungsunfähigen Beteiligten in Gang gesetzten Verfahren

In einem auf den Erlass eines VA gerichteten Antragsverfahren ist der durch den handlungsunfähigen Beteiligten gestellten Antrag (als unzulässig) abzuweisen, das von ihm in Gang gebrachte Verfahren zum Abschluss eines örV ist einzustellen, wenn ohne einen handlungsfähigen Beteiligten das Verfahren nicht mehr fortgeführt werden kann[96]. Stehen besonders schutzwürdige Interessen des handlungsunfähigen Beteiligten (etwa eines eine bestimmte Leistung begehrenden Geschäftsunfähigen i.S.d. § 104 Nr. 2 BGB) auf dem Spiele, so ist das Betreuungsgericht um die Bestellung eines Vertreters nach § 16 zu ersuchen (vgl. Rdn. 75). 76

cc) Bei Handlungsunfähigkeit eines nach § 13 Abs. 2 hinzugezogenen Beteiligten

Erweist sich ein nach § 13 Abs. 2 hinzugezogener Beteiligter als handlungsunfähig, so ist das Verfahren ohne ihn fortzuführen (vgl. § 11 Rdn. 53), sofern nicht nach § 16 die Bestellung eines Vertreters durch das Betreuungsgericht angezeigt erscheint (vgl. Rdn. 75). 77

b) Im Fall der Handlungsunfähigkeit einer für eine juristische Person, Vereinigung oder Behörde auftretenden Person

Ist die für eine juristische Person, Vereinigung oder Behörde auftretende Person (vgl. Rdn. 28 ff.) handlungsunfähig, so ist der Antrag (als unzulässig) abzuweisen bzw. das Verfahren einzustellen, wenn es der betreffende Beteiligte in Gang gebracht hat (vgl. Rdn. 76). 78

In einem von Amts wegen zu betreibenden Verfahren wird es regelmäßig möglich sein, zumindest den gesetzlichen Vertreter der juristischen Person bzw. Vereinigung oder den Behördenleiter zu ermitteln und damit eine handlungsfähige Person zu gewinnen. Sollte der gesetzliche Vertreter einer juristischen Person oder Vereinigung selbst nicht handlungsfähig sein (vgl. Rdn. 29 ff., 34 ff.), wäre das Betreuungsgericht nach § 16 um die Bestellung eines geeigneten Vertreters zu ersuchen (vgl. Rdn. 75). I.Ü. ist beim Fehlen einer für eine juristische Person bzw. Vereinigung handlungsfähigen Person zu prüfen, ob das Verwaltungsverfahren gegen einzelne Mitglieder durchzuführen ist. 79

---

95 Im Ergebnis ebenso *Laubinger*, Ule-FS, S. 161 (177 f.); *Meyer/Borgs*, § 12 Rn. 2; Vgl. auch Stelkens/Bonk/Sachs/*Bonk/Schmitz*, § 12 Rn. 25. Bei einer entsprechenden Anwendung von § 57 ZPO wäre die Behörde selbst zur Bestellung eines Vertreters ermächtigt, da sich eine Analogie nur auf den Tatbestand bezieht und die angeordnete Rechtsfolge unberührt lässt.

96 Vgl. auch *Ule/Laubinger*, Verwaltungsverfahrensrecht § 16 III 12/§ 16 Rn. 17.

IV. Entsprechende Geltung der §§ 53 und 55 ZPO (Abs. 3)

80 Durch Art. 7 § 3 Nr. 1 Buchst. b) BtG (vgl. Rdn. 6) wurde der bisherige Abs. 2, der die entsprechende Geltung der §§ 53 und 55 ZPO anordnet, in Abs. 3 umbenannt.

1. § 53 ZPO

81 Nach § 53 ZPO steht für den Rechtsstreit eine prozessfähige Person, wenn sie durch einen Betreuer oder Pfleger vertreten wird, einer nicht prozessfähigen Person gleich. Damit soll verhindert werden, dass im Prozess die (an sich) prozessfähige Person neben ihrem (nach § 1902 BGB bzw. den §§ 1915 Abs. 1, 1793 BGB zur gerichtlichen Vertretung berechtigten) Betreuer bzw. Pfleger auftritt und es u.U. zu widersprechenden Prozesshandlungen kommt.

82 Wegen der nach Abs. 3 entsprechenden Geltung dieser Regelung im Verwaltungsverfahren bedeutet das für die Rechtsstellung des Betreuten bzw. Pflegebefohlenen im Einzelnen:

a) Vertretung der (an sich) handlungsfähigen Person durch einen Betreuer bzw. Pfleger

83 Die (an sich) handlungsfähige[97] Person muss durch einen Betreuer (vgl. Rdn. 40) oder Pfleger vertreten sein. Als Pfleger i.S.d. § 53 ZPO kommt neben dem Pfleger i.S.d. §§ 1909 ff. BGB auch jede andere Person in Betracht, die eine dem Pfleger (i.S.d. §§ 1909 ff. BGB) entsprechende Stellung hat (z.B. ein Konkursverwalter).[98]

b) Tatsächlicher Eintritt des Betreuers bzw. Pflegers in das Verfahren

84 Handlungsunfähigkeit des Beteiligten ist nur dann gegeben, wenn der Betreuer bzw. Pfleger tatsächlich anstelle des (an sich) Handlungsfähigen (vgl. Rdn. 83) in das Verfahren eingetreten ist.[99] Verzichtet der Betreuer bzw. Pfleger auf eine Mitwirkung am Verfahren, so bleibt die Handlungsfähigkeit desjenigen, für den der Betreuer bzw. Pfleger bestellt ist, grds. unberührt.

c) Unbeschränkte Handlungsunfähigkeit während der Mitwirkung des Betreuers bzw. Pflegers am Verfahren

85 Der Betreute bleibt, solange der Betreuer bzw. Pfleger am Verfahren mitwirkt, handlungsfähig.[100] Der Betreuer kann aber das Verfahren an sich ziehen. Dann ist der

---

97 Die sog. natürliche Geschäftsunfähigkeit nach § 104 Nr. 2 BGB bleibt von der Regelung des § 53 ZPO unberührt.

98 *Meyer/Borgs*, § 12 Rn. 8.

99 VGH Hessen, Urt. v. 02.06.1960 – OS V 180/56, ESVGH 11, 187 (189). A.A. *Meyer/Borgs*, § 12 Rn. 8, wonach es bei einem nach öffentlichem Recht bestellten Vertreter nicht auf dessen tatsächliches Tätigwerden ankommen soll. Nach Kopp/Ramsauer (Rn. 17) soll § 53 ZPO auch dann gelten, wenn der Betreuer oder Pfleger die Führung des Verfahrens ablehnt.

100 Vgl. Kopp/Ramsauer, § 12 Rn. 15a.

Betreute nicht befugt Verfahrenshandlungen vor- oder entgegenzunehmen oder die Verfahrensführung des Betreuers bzw. Pflegers in irgendeiner Weise zu ergänzen. Die bereits vorgenommenen Verfahrenshandlungen des Betreuten bleiben wirksam.

2. § 55 ZPO

Gemäß der (dem internationalen Zivilprozessrecht zugehörigen) Bestimmung des § 55 ZPO gilt ein Ausländer, dem nach dem Recht seines Landes die Prozessfähigkeit fehlt, als prozessfähig, wenn ihm nach dem Recht des Prozessgerichts die Prozessfähigkeit zusteht. 86

a) Die allgemeine Handlungsfähigkeit eines Ausländers

Allgemein (d.h. nach den Grundsätzen des internationalen Verwaltungsverfahrensrechts – vgl. § 12 Abs. 1 i.V.m. Art. 7 EGBGB[101] – und in Ergänzung zu besonderen Rechtsvorschriften des Ausländer- und Asylrechts – vgl. Rdn. 20) ist ein Ausländer im Verwaltungsverfahren handlungsfähig, wenn er 87

1) nach dem Recht seines Heimatstaates handlungs- oder prozessfähig ist (auch wenn ihm nach deutschem Recht die Handlungs- oder Prozessfähigkeit fehlen würde),
2) zwar nach dem Recht des Heimatstaates nicht die Handlungs- oder Prozessfähigkeit besitzt, aber als Deutscher nach Abs. 1 Nr. 1 und 2 oder Abs. 2 handlungsfähig wäre.[102]

b) Die Handlungsfähigkeit bei mehrfacher Staatsangehörigkeit

Bei mehrfacher Staatsangehörigkeit ist für den Fall, dass eine davon die deutsche ist,[103] dieser im Allgemeinen der Vorzug zu geben (vgl. Art. 5 Abs. 1 Satz 2 EGBGB).[104] I.Ü. muss (entsprechend dem Grundsatz der effektiven Staatsangehörigkeit) das Recht des Staates berücksichtigt werden, dem der Beteiligte am engsten verbunden ist.[105] 88

c) Sonderregelungen für bestimmte Personengruppen

Folgende Gruppen von Personen, die nicht Deutsche i.S.d. Art. 116 Abs. 1 GG sind (vgl. Rdn. 88), unterliegen aufgrund gesetzlicher Sonderregelungen hinsichtlich ihrer Handlungsfähigkeit im Verwaltungsverfahren ausschließlich deutschem Recht 89

---

101 S.a. Palandt, Art. 7 EGBGB Rn. 3; modifizierend – über § 52 ZPO – *Ule/Laubinger*, Verwaltungsverfahrensrecht § 16 II 2/§ 16 Rn. 8.

102 Vgl. auch Bayerisches ObLG, Beschl. v. 21.06.1978 – BReg 3 Z 45/78, DÖV 1979, 62 (63); OVG Niedersachsen, Urt. v. 17.11.1981 – 11 A 88/80, DVBl 1982, 218.

103 Nach Art. 9 II Nr. 5 FamRÄndG stehen den deutschen Staatsangehörigen die Personen gleich, die ohne die deutsche Staatsangehörigkeit zu besitzen, Deutsche i.S.d. Art. 116 Abs. 1 GG sind (vgl. Palandt, Anh zu Art. 5 EGBGB Rn. 6 ff.).

104 Palandt, Anh zu Art. 5 EGBGB Rn. 3.

105 Das ist in aller Regel der Staat, in dem die betreffende Person ihren gewöhnlichen Aufenthalt hat (vgl. Art. 5 Abs. 1 Satz 1 EGBGB). S. Palandt, Anh zu Art. 5 EGBGB Rn. 2.

1) Ausländer, deren Heimatrecht auf deutsches Recht zurückverweist, nach Art. 4 Abs. 1 Satz 2 EGBGB,
2) verschleppte Personen und Flüchtlinge, die im Geltungsbereich des GG ihren gewöhnlichen Aufenthalt haben, nach Art. 1, 10a Buchst. a) des Gesetzes Nr. 23 der Alliierten Hohen Kommission vom 17.03.1950,[106]
3) heimatlose Ausländer nach § 4 des Gesetzes über die Rechtsstellung heimatloser Ausländer im Bundesgebiet vom 25.04.1951,[107]
4) Flüchtlinge i.S.d. Art. 1 Abschn. A des Abkommens über die Rechtsstellung der Flüchtlinge vom 28.07.1951[108] (Genfer Flüchtlingskonvention), die ihren Wohnsitz oder Aufenthalt in der BRD haben, nach Art. 12 des Abkommens,
5) Staatenlose i.S.d. Art. 1 Abs. 1 des Übereinkommens über die Rechtsstellung der Staatenlosen vom 28.09.1954,[109] die ihren Wohnsitz oder Aufenthalt in der BRD haben, nach Art. 12 Abs. 1 des Übereinkommens,
6) sonstige Staatenlose, die sich im Geltungsbereich des GG aufhalten, nach Art. 5 Abs. 2 EGBGB.

C. Verfahrensvorschriften des Sozialrechts sowie Verwaltungsverfahrensrecht der Länder

90 Der § 11 SGB X ist wortgleich mit § 12.

Die Regelungen in den Verwaltungsverfahrensgesetzen der Länder sind wortgleich oder nehmen auf das Verwaltungsverfahrensgesetz Bezug.

§ 13 Beteiligte

(1) Beteiligte sind

1. Antragsteller und Antragsgegner,

2. diejenigen, an die die Behörde den Verwaltungsakt richten will oder gerichtet hat,

3. diejenigen, mit denen die Behörde einen öffentlich-rechtlichen Vertrag schließen will oder geschlossen hat,

4. diejenigen, die nach Absatz 2 von der Behörde zu dem Verfahren hinzugezogen worden sind.

(2) [1]Die Behörde kann von Amts wegen oder auf Antrag diejenigen, deren rechtliche Interessen durch den Ausgang des Verfahrens berührt werden können, als Beteiligte hinzuziehen. [2]Hat der Ausgang des Verfahrens rechtsgestaltende Wirkung für einen Dritten, so ist dieser auf Antrag als Beteiligter zu dem Verfahren

106 AHKABl. S. 140, geändert durch Gesetz Nr. 48 vom 01.03.1951, AHKABl. S. 808. Vgl. dazu Palandt, Anh zu Art. 5 EGBGB Rn. 14.

107 BGBl. I, S. 269. Vgl. dazu Palandt, Anh zu Art. 5 EGBGB Rn. 17.

108 BGBl. II 1953, S. 559. Vgl. dazu Palandt, Anh zu Art. 5 EGBGB Rn. 19 ff.

109 BGBl. II 1976, S. 474. Vgl. dazu Palandt, Anh zu Art. 5 EGBGB Rn. 1 f.

hinzuzuziehen; soweit er der Behörde bekannt ist, hat diese ihn von der Einleitung des Verfahrens zu benachrichtigen.

(3) Wer anzuhören ist, ohne dass die Voraussetzungen des Absatzes 1 vorliegen, wird dadurch nicht Beteiligter.

Schrifttum

Alpert, Zur Beteiligung am Verwaltungsverfahren nach dem VwVfG des Bundes: Die Beteiligtenstellung des § 13 Abs. 1 VwVfG, 1999; *Bauer*, Die notwendige Hinzuziehung nach § 13 Abs. 2 Satz 2 VwVfG, 1996; *Benkel*, Die Verfahrensbeteiligung Dritter, 1996; *Dietlein*, Nachfolge im Öffentlichen Recht, 1999; *Dolde*, Zur Beteiligung der Naturschutzverbände im Planfeststellungsverfahren – § 29 I Nr. 4 BNatSchG ein »absolutes Verfahrensrecht«?, NVwZ 1991, 960; *Heitmann*, Die Rechtsnachfolge in verwaltungsrechtlichen Berechtigungen und Verpflichtungen einer Zivilperson von Todes wegen, 1970; *Kollmer*, Die verfahrensrechtliche Stellung der Beteiligten nach dem UVP–Gesetz, NVwZ 1994, 1057; *Kopp*, Der Beteiligtenbegriff des Verwaltungsverfahrensgesetzes in: Boorberg-FS, S. 159; *Martens*, Einführung in die Praxis des Verwaltungsverfahrens, 2. Teil. Die Beteiligten, JuS 1977, 809; *Mußgnug*, Die Beiladung zum Rechtsstreit um janusköpfige und privatrechtsrelevante Verwaltungsakte, NVwZ 1988, 33; *Otto*, Nachfolge in öffentlich–rechtliche Positionen des Bürgers, 1968; *Raeschke-Kessler/Eilers*, Die grundrechtliche Dimension des Beteiligungsgebots in § 13 II VwVfG – Zur Verfahrensbeteiligung als Grundrechtssicherung, NVwZ 1986, 37; *Kreppel*, Rechtsnachfolge in anlagenbezogene Zulassungsakte im Bereich des Umweltrechts, 1998; *Redeker*, Grund- gesetzliche Rechte auf Verfahrensteilhabe, NJW 1980, 1593; *Reimer*, Zur Rechtsnachfolge im öffentlichen Recht, DVBl 2011, 201; *Riedl*, Die Rechts- und Pflichtennachfolge im Verwaltungsrecht – Grundlagen und Zulässigkeit der Rechts- und Pflichtennachfolge auf Seiten des Privatrechtssubjekts, 1998; *Rumpf*, Die Rechtsnachfolge im öffentlichen Recht – Dargestellt am Beispiel des Baurechts, des Polizeirechts und des Organisationsrechts, VerwArch. Bd. 78, 1987, 269; *Siegel*, Die Verfahrensbeteiligung von Behörden und anderen Trägern öffentlicher Belange, 2001; *Spannowsky*, Probleme der Rechtsnachfolge im Verwaltungsverfahren und im Verwaltungsprozeß, NVwZ 1992, 426; *Stadie*, Rechtsnachfolge im Verwaltungsrecht, DVBl 1990, 501; *Tietzsch*, Anmerkung zu VG Berlin 10.04.1984, DVBl 1984, 1186, DVBl 1985, 410; *Willemer*, Rechts- und Pflichtennachfolge im Verwaltungsrecht, 1972.

Übersicht **Rdn.**

A. Allgemeines und Grundsätze

I. Gegenstand der Regelung

§ 13 regelt – neben der ergänzenden Bestimmung des § 73 Abs. 4 für das PfV (vgl. auch: § 73) –, wer in einem Verwaltungsverfahren i.S.d. § 9 1
1) Beteiligter ist (Abs. 1 – Rdn. 10 ff.) bzw. nicht ist (Abs. 3 – Rdn. 72 ff.) oder
2) durch Hinzuziehung Beteiligter wird (Abs. 2 – Rdn. 29 ff.).

II. Zweck der Regelung

§ 13 verfolgt als Grundgedanke den Zweck, dem Bürger die Teilnahme am Verwaltungsverfahren zu ermöglichen und auf diese Weise der Stellung des einzelnen als Subjekt (und nicht als Objekt) des Verfahrens Rechnung zu tragen.[1] Die Beteiligtenstellung ist die einfach-gesetzlich normierte Ausprägung des Rechtsstaatsprinzips im Verwaltungsverfahren (vgl. Rdn. 56). Daneben dient die Regelung 2
1) der Effizienz staatlichen Handelns, indem der einzelne als Informationsträger sein Wissen in das Verfahren einbringen kann und muss (vgl. Rdn. 5 f.),[2] sowie
2) der Akzeptanz staatlicher Entscheidungen, die Vollzugsfähigkeit zu gewährleisten und gerichtliche Auseinandersetzungen zu vermeiden.

III. Begriff des Beteiligten

Begrifflich sind Beteiligte diejenigen natürlichen bzw. juristischen Personen sowie diejenigen Vereinigungen und Behörden, die der verfahrensleitenden Behörde als Berechtigte oder Verpflichtete in einem Verfahrensrechtsverhältnis (vgl. Vorbem. § 9) gegenüberstehen. Dieser das Verwaltungsverfahrensrecht ebenso wie das Verwaltungsprozessrecht kennzeichnende (formelle) Beteiligtenbegriff[3] erfasst die in das Verfahren einbezogenen Rechtsträger nach den rein formellen Anknüpfungspunkten des Abs. 1 ohne Rücksicht darauf, ob auch die Sachentscheidung (nach materiellem Recht) in ihren Rechtskreis eingreift. Freilich soll die Regelung des § 13 – insb. des Abs. 2 – gewährleisten, dass alle diejenigen Rechtsträger Beteiligte sind, die von der 3

---

1 Ebenso Kopp/Ramsauer, § 13 Rn. 1 u. 3; Stelkens/Bonk/Sachs/*Bonk/Schmitz*, § 13 Rn. 1.
2 Ebenso Kopp/Ramsauer, § 13 Rn. 3; *Meyer/Borgs*, § 13 Rn. 8.
3 Vgl. Kopp/Ramsauer, § 13 Rn. 7 ff.; *ders.*, Boorberg-FS, S. 164; *Meyer/Borgs*, § 13 Rn. 2; Stelkens/Bonk/Sachs/*Bonk/Schmitz*, § 13 Rn. 3; *Ule/Laubinger*, § 15 I/§ 15 Rn. 2 und § 15 II/§ 15 Rn. 5.

Sachentscheidung betroffen (vgl. Rdn. 45 ff.) oder wenigstens in ihren rechtlichen Interessen berührt (vgl. Rdn. 32 ff.) werden.

IV. Die Rechtsstellung der Beteiligten

1. Rechtsstatus

4 Nach ihrem Rechtsstatus kommen als Beteiligte nur Rechtsträger i.S.d. § 11 in Betracht. Eine Behörde kann nur dann Beteiligter sein, wenn sie einen am Verfahren (z.B. als Antragsteller) beteiligten Hoheitsträger repräsentiert oder als teilrechtsfähige Vereinigung des öffentlichen Rechts einen solchen darstellt (vgl.: Rdn. 27).[4]

2. Verfahrensrechte und -pflichten

5 Die Beteiligten verfügen über die im VwVfG festgelegten **Verfahrensrechte**, die grds. (wie z.B. das Anhörungsrecht nach § 28) nur während des Verfahrens, ausnahmsweise aber auch noch nach Verfahrensabschluss in Anspruch genommen werden können[5] (sog. nachwirkende Verfahrensrechte). Dies gilt z.B. für das Recht auf Akteneinsicht nach § 29 (dessen Geltendmachung der Entscheidung über die Einleitung eines Widerspruchsverfahrens dienlich sein kann – vgl. aber § 29) oder für das Recht auf Unterlassung einer unbefugten Offenbarung der Geheimnisse eines Beteiligten nach § 30 (vgl. § 30).

6 Zudem haben die Beteiligten die ihnen gesetzlich auferlegten **Verfahrenspflichten** zu erfüllen (so z.B. die in § 26 Abs. 1 Satz 2 Nr. 2 verankerte Pflicht, sich vernehmen zu lassen oder schriftliche Äußerungen abzugeben).

3. Recht bzw. Pflicht zur Vor- und Entgegennahme der Verfahrenshandlungen

7 Die Beteiligten haben die notwendigen Verfahrenshandlungen selbst vor- und entgegenzunehmen oder diese durch einen Bevollmächtigten vor- und entgegennehmen zu lassen, wenn sie handlungsfähig sind (vgl. § 12 Rdn. 3 ff.). Fehlt ihnen die Handlungsfähigkeit, so können für sie nur handlungsfähige Personen i.S.d. § 12 handeln (vgl. § 12 Rdn. 25, 29, 34), die in dieser Funktion selbst weder Beteiligte sind noch zu Beteiligten werden.

4. Rechtliche Betroffenheit von behördlichen Verfahrenshandlungen

8 Jeder Beteiligte ist ohne Rücksicht auf seine Handlungsfähigkeit von den Verfahrenshandlungen rechtlich betroffen, die ihm ggü. die das Verfahren leitende Behörde vornimmt.

---

4 Ergänzende Bestimmung für die Behördenbeteiligung im Planfeststellungsverfahren § 73 Abs. 2 u. 8 VwVfG.

5 Vgl. auch Stelkens/Bonk/Sachs/*Bonk/Schmitz*, § 9 Rn. 30.

5. Kein Auftreten als Zeuge oder Sachverständiger

Der Beteiligtenstatus schließt ein Auftreten als Zeuge oder Sachverständiger aus.[6] 9

B. Die Vorschrift im Einzelnen

I. Die einzelnen Beteiligten (Abs. 1)

Abs. 1 bestimmt – im Anwendungsbereich des VwVfG für ein Verwaltungsverfahren 10
i.S.d. § 9 wer kraft Gesetzes Beteiligter ist. Ferner kann sich eine (ggf. auch nur partielle) Beteiligtenstellung aus spezialgesetzlichen Vorschriften des Bundes- oder Landesrechts (vgl. auch § 1 Abs. 1 und 2) ergeben, wie z.B. aus

1) § 63 BNatSchG für nach § 3 des Umwelt-Rechtsbehelfsgesetzes vom Bund anerkannte Vereinigungen. Diesen ist Gelegenheit zur Stellungnahme und zur Einsicht in die einschlägigen Sachverständigengutachten zu geben, u.a. bei Planfeststellungsverfahren[7],
2) § 10 Abs. 3 Satz 2 BImSchG für Einwender in einem immissionsschutzrechtlichen Genehmigungsverfahren,[8]
3) Art. 66 Abs. 2 Satz 1 BayBO für den Nachbarn im bauaufsichtlichen Genehmigungsverfahren (vgl. Rdn. 15).

1. Antragsteller und Antragsgegner (Nr. 1)

Antragsteller und Antragsgegner nach Nr. 1 kommen nur in einem auf den Erlass 11
eines VA gerichteten Antragsverfahren als Beteiligte in Betracht; dies sind nach § 22 grds. alle Verwaltungsverfahren, in denen die Behörde auf Antrag tätig werden muss bzw. darf (vgl. auch Rdn. 13). Für die auf den Abschluss eines örV (der durch inhaltlich entsprechende öffentlich-rechtliche Willenserklärungen – nämlich Antrag bzw. Angebot und dessen Annahme – zustande kommt) gerichteten Verfahren trifft Nr. 3 eine eigene Regelung.

---

6 Ebenso Kopp/*Ramsauer*, § 13 Rn. 7, Stelkens/Bonk/*Sachs*, § 13 Rn. 2.

7 Das in § 63 BNatSchG geregelte Mitwirkungsrecht verschafft den Vereinigungen eine selbstständig durchsetzbare, subjektive Rechtsposition, BVerwG, Urt. v. 07.12.2006 – 4 C 16.04, BVerwGE 127, 208; VGH Baden-Württemberg, Urt. v. 15.12.2011 – 5 S 2100/11, NuR 2012, 130, OVG Schleswig-Holstein, Urt. v. 15.12.2011 – 1 LB 19/10, NuR 2012, 282. Zur Verbandsklage *Calliess*, NJW 2003, 97; *Dolde*, NVwZ 1991, 960; *Gellermann*, NVwZ 2002, 1025; *Seelig/Gündling*, NVwZ 2002, 1033.

8 S. zur Einwendungserhebung und -präklusion, BVerwG, Beschl. v. 14.09.2010 – 7 B 15.10, NuR 2011, 53; BVerwG, Beschl. v. 17.06.2011 – 7 B 79.10, Buchholz 406.254 URG Nr. 3; BVerwG, Urt. v. 29.09.2011 – 7 C 21.09, NuR 2012, 119; VGH Bayern, Beschl. v. 22.03.2012 – 22 ZB 12.149, 22 ZB 12.151; VGH Bayern, Beschl. v. 09.06.2011 – 22 ZB 10.2192, 22 ZB 10.2395, UPR 2011, 456.

a) **Antragsteller**

12 Antragsteller ist derjenige,
1) der im eigenen Namen und Interesse[9] den Antrag auf Erlass eines VA (vgl. Vorbem § 9) stellt, oder
2) für den
   a) wegen eigener Handlungsunfähigkeit – eine handlungsfähige Person nach § 12 oder
   b) ein Bevollmächtigter nach § 14 den erforderlichen Antrag stellt.

13 Zu den Antragstellern gehört – entsprechend der Dispositionsmaxime (vgl. Vorbem. § 9) – sowohl derjenige, auf dessen Antrag die Behörde tätig werden muss oder kann, als auch derjenige, auf dessen Antrag sie allein tätig werden darf, wobei es in beiden Fällen gleichgültig ist, ob hinsichtlich der Durchführung des Verfahrens eine Verpflichtung oder ein Ermessen der Behörde besteht.[10] Bloße Anzeigen oder Anregungen an eine Behörde, ein Verfahren von Amts wegen (vgl. § 22 Satz 1) einzuleiten, sind hingegen keine Anträge;[11] dies gilt dann aber nicht, wenn die Behörde in den Fällen des § 22 Satz 1 – ausnahmsweise (vgl. § 22 Rdn. 31 ff.) – durch Ermessensreduzierung auf null zur Durchführung des Verfahrens verpflichtet ist.[12]

14 Die Beteiligung ist von dem Augenblick an gegeben, in dem der Antrag der Behörde zugeht[13] (vgl. Vorbem. § 9); denn erst zu diesem Zeitpunkt entfaltet er seine rechtliche Wirksamkeit. Das gilt selbst dann, wenn dem Antragsteller die Beteiligungs-[14] oder Handlungsfähigkeit fehlt,[15] weil er aus rechtsstaatlichen Gründen auch i.R.d. Zulässigkeitsprüfung über den Beteiligtenstatus verfügen muss, um als Träger

9 Ebenso Knack/Henneke/*Ritgen*, § 13 Rn. 18; *Meyer/Borgs*, § 13 Rn. 4. In diese Richtung auch: *VG Berlin*, DVBl 1984, 1186 (1187); Kopp/*Ramsauer*, § 13 Rn. 17; Stelkens/Bonk/Sachs/*Bonk/Schmitz*, § 13 Rn. 15. VG Münster, Urt. v. 19.04.2016 – 1 K 2787/14 verneint für einen Tierschutzverein, wegen Fehlens eigener Rechte oder rechtlich geschützter Interessen.

10 Im Ergebnis ebenso *Ule/Laubinger*, Verwaltungsverfahrensrecht § 15 II 1/§ 15 Rn. 6. A.A. (trotz desselben Ausgangspunktes): *Meyer/Borgs*, § 22 Rn. 5.

11 Ebenso Kopp/Ramsauer, § 13 Rn. 17; *Meyer/Borgs*, § 13 Rn. 4; Stelkens/Bonk/Sachs/*Bonk/Schmitz*, § 13 Rn. 13. A.A. wohl *J. Martens*, JuS 1977, 809.

12 Wohl auch Stelkens/Bonk/Sachs/*Bonk/Schmitz*, § 13 Rn. 15.

13 Ebenso Knack/Henneke/*Ritgen*, § 13 Rn. 8; Kopp/Ramsauer, § 13 Rn. 19; *Ule/Laubinger*, Verwaltungsverfahrensrecht § 15 II 1/§ 15 Rn. 7. A.A. (regelmäßig erst, wenn nach den Umständen des Einzelfalles eine Bearbeitung erwartet werden kann, spätestens mit dem nach außen erkennbaren Beginn der Durchführung des Verfahrens) Stelkens/Bonk/Sachs/*Bonk/Schmitz*, § 13 Rn. 16.

14 A.A. *König/Meins*, § 13 Rn. 2.

15 Ebenso *Laubinger/Repkewitz*, VerwArch. Bd. 85, 1994, 86 (99); *Ule/Laubinger*, Verwaltungsverfahrensrecht § 15 I/§ 15 Rn. 2; Stelkens/Bonk/Sachs/*Bonk/Schmitz*, § 13 Rn. 1.

verfahrensrechtlicher Rechte und Pflichten auftreten zu können. Die Beteiligung des Antragstellers endet mit Erlass des VA als dem Abschluss des Verfahrens[16].

b) Antragsgegner

15 Unter dem Antragsgegner wäre bei rein logisch-verbaler Gesetzesauslegung die das Verfahren leitende Behörde zu verstehen, weil sie allein den Antrag entgegennimmt und über ihn entscheidet. Da dieser Behörde jedoch keine Beteiligtenstellung zukommt (vgl. Rdn. 27), kann – nach der ratio legis – als Antragsgegner nicht sie,[17] sondern nur derjenige gemeint sein, gegen den die Behörde – in einem Antragsverfahren (vgl. Rdn. 11) – nach dem Willen des Antragstellers eine bestimmte (belastende) Maßnahme (in der Gestalt eines VA mit Doppelwirkung i.S.d. § 80a Abs. 2 VwGO) erlassen soll.[18] Ein Störer i.S.d. Polizei- und Ordnungsrechts, gegen den ein sicherheitsrechtliches Einschreiten verlangt wird, ist »Antragsgegner« (vgl. Rdn. 13). Anders als in der Vorauflage wird nunmehr die Rechtsauffassung vertreten, dass es für die Beteiligtenstellung nicht darauf ankommt, ob es im Ermessen der Behörde steht, aufgrund eines Antrages tätig zu werden. Wird von dem begehrten VA notwendigerweise ein Dritter (z.B. ein Nachbar i.S.d. Baurechts) betroffen, ohne dass dieser aus dem Antrag als Antragsgegner hervorgeht, so beginnt dessen Beteiligtenstatus erst mit der Hinzuziehung durch die Behörde nach Abs. 2.

16 Die Beteiligtenstellung des Antragsgegners beginnt[19] und endet zum selben Zeitpunkt wie diejenige des Antragstellers (vgl. Rdn. 14). Für eine unterschiedliche Behandlung besteht nach dem Gesetzeswortlaut kein Anhalt; vielmehr ist stets der Antrag der gemeinsame Anknüpfungspunkt.

---

16 Vgl. BVerwG, Urt. v. 01.07.1983 – 2 C 42.82, BVerwGE 67, 300 das zwischen eigentlichen Verwaltungsverfahren und Widerspruchsverfahren als neues Verfahren unterscheidet. A.A. BSG, Urt. v. 19.09.1979 – 9 RV 68/78, MDR 1980, 348; VG Köln, Beschl. v. 09.05.2016 – 7 L 1054/16; Knack/Henneke/*Ritgen*, § 13 Rn. 31 mit Unanfechtbarkeit des VA. Nach Stelkens/Bonk/Sachs/*Bonk/Schmitz*, § 13 Rn. 23 und *Ule/Laubinger*, Verwaltungsverfahrensrecht § 15 II 2/§ 15 Rn. 9 endet das Verwaltungsverfahren zwar mit Erlass des VA, jedoch offenbar nicht die Beteiligtenstellung nach Nr. 1.

17 Ebenso Knack/Henneke/*Ritgen*, § 13 Rn. 20; *König/Meins*, § 13 Rn. 7; Kopp/Ramsauer, § 13 Rn. 19; *Meyer/Borgs*, § 13 Rn. 5; Stelkens/Bonk/Sachs/*Bonk/Schmitz*, § 13 Rn. 18 f.; *Ule/Laubinger*, Verwaltungsverfahrensrecht § 15 II 1/§ 15 Rn. 6. A.A. *J. Martens*, JuS 1977, 809.

18 Ebenso *Ule/Laubinger*, Verwaltungsverfahrensrecht § 15 II 1/§ 15 Rn. 6; Stelkens/Bonk/Sachs/*Bonk-Schmitz*, § 13 Rn. 19. A.A. *Meyer/Borgs*, § 13 Rn. 5 (»nur ausnahmsweise«). Zweifelnd *Horn*, DÖV 1987, 20 (22).

19 Ebenso Knack/Henneke/*Ritgen*, § 13 Rn. 23; *Ule/Laubinger*, Verwaltungsverfahrensrecht § 15 II 1/§ 15 Rn. 7. A.A. Zugang der »offiziellen« Mitteilung der Behörde über die Eröffnung bei dem Antragsgegner: Kopp/*Ramsauer*, § 13 Rn. 19a; ähnlich Stelkens/Bonk/Sachs/*Bonk/Schmitz*, § 13 Rn. 20.

2. Diejenigen, an die die Behörde den VA richten will oder gerichtet hat (Nr. 2)

17 Die unter Nr. 2 Genannten sind die »Destinatäre« eines VA, der in einem von Amts wegen betriebenen Verfahren (vgl. auch Rdn. 13) erlassen werden soll bzw. erlassen worden ist.[20] Das sind von den »Adressaten« eines VA (i.S.d. § 41 Abs. 1 Satz 1) nur diejenigen, für die er i.S.d. § 41 Abs. 1 Satz 1 **erste** Alternative bestimmt ist,[21] nicht aber auch diejenigen, die i.S.d. § 41 Abs. 1 Satz 1 **zweite** Alternative lediglich von ihm betroffen sind.[22] Deren Beteiligtenstatus richtet sich nach § 13 Abs. 1 Nr. 4 i.V.m. Abs. 2. Wegen dieses im Verwaltungsverfahren geltenden formellen Beteiligtenbegriffs (vgl. Rdn. 3) ist der Kreis der Destinatäre nicht unbedingt mit dem Kreis der (materiell) Betroffenen (vgl. Rdn. 47 ff.) identisch.[23]

a) Zwei Arten von Adressaten

18 **Die erste Alternative der Nr. 2** ist einschlägig, wenn vor dem Erlass des VA die Vornahme besonderer Verfahrenshandlungen notwendig ist. Der (künftige) Adressat (vgl. Rdn. 17) hat – aus Gründen der Rechtssicherheit – dann die Beteiligtenstellung von dem Zeitpunkt an, in dem ihm die Behörde zu erkennen gibt, dass sie ihm ggü. einen VA erlassen will.[24] Entscheidend ist hierfür der objektive Adressatenhorizont;[25] dementsprechend ist eine lediglich interne Willensbildung der Behörde nicht ausreichend und eine ausdrückliche »offizielle« Mitteilung der Behörde nicht erforderlich. Seine Beteiligtenstellung endet mit dem Erlass des VA als Abschluss des Verwaltungsverfahrens[26].

19 **Die zweite Alternative der Nr. 2** trifft den Fall, dass dem Erlass des VA keine anderen Verfahrenshandlungen vorausgegangen sind. Unter dieser Voraussetzung wird der Adressat (vgl. Rdn. 17) in dem Zeitpunkt Beteiligter, in dem ihm der VA bekannt gegeben wird. Da aber der Erlass eines VA schon das Verwaltungsverfahren beendet und die Verfahrensdauer auch die Dauer der Beteiligtenstellung bestimmt, ist diese nur punktuell und erlischt unmittelbar (d.h. eine juristische Sekunde) nach ihrer Entstehung. Der zweiten Alternative der Nr. 2 kann also für die Durchführung des

20 Der Rechtsanwalt ist kein Beteiligter i.S.d. § 13 VwVfG, BVerwG, Beschl. 10.02.1981 – 7 B 26.81, NJW 1981, 2270.

21 So auch Stelkens/Bonk/Sachs/*Bonk/Schmitz*, § 13 Rn. 21.

22 BVerwG, Beschl. v. 10.01.2018 – 1 VR 14.17, Verbotsverfügung für den "Hell's Angels Motor Club e.V.«; A.A. VG Berlin, Urt. v. 10.04.1984 – 16 A 225.83, DVBl 1984, 1186 (1187).

23 Vgl. *Meyer/Borgs*, § 13 Rn. 6; Stelkens/Bonk/Sachs/*Bonk/Schmitz*, § 13 Rn. 21.

24 Ähnlich Kopp/Ramsauer, § 13 Rn. 21a.; *Meyer/Borgs*, § 13 Rn. 6; Stelkens/Bonk/Sachs/*Bonk/Schmitz*, § 13 Rn. 22.

25 S.a. Knack/Henneke/*Ritgen*, § 13 Rn. 25.

26 A.A. Knack/Henneke/*Ritgen*, § 13 Rn. 27; wohl auch *Meyer/Borgs*, § 13 Rn. 6. Nach Stelkens/Bonk/Sachs/*Bonk/Schmitz* § 13 (Rn. 23) und *Ule/Laubinger* Verwaltungsverfahrensrecht (§ 15 II 2/§ 15 Rn. 9) ist zwar das Verwaltungsverfahren mit Erlass des VA abgeschlossen, die Beteiligtenstellung bleibt aber auch danach bestehen.

Verwaltungsverfahrens keine Bedeutung zukommen,[27] zumal sich der (Wieder-) Erwerb der Beteiligtenstellung im Fall eines anschließenden Verfahrens entweder aus Nr. 1 (z.B. bei einem Widerspruchsverfahren nach § 79[28]) oder aus der ersten Alternative der Nr. 2 (z.B. bei einem von Amts wegen betriebenen Verfahren zur Rücknahme oder zum Widerruf des VA nach §§ 48 ff.) ergibt. Eine rechtliche Relevanz ist ihr dennoch nicht abzusprechen, da auch ein gewesener Beteiligter u.U. noch Verfahrensrechte in Anspruch nehmen kann (vgl. Rdn. 5).[29]

b) Über den Erlass des VA informierte Rechtsträger und Behörden als Nicht-Adressaten

Keine Adressaten eines VA und damit keine Beteiligten nach Nr. 2 sind diejenigen juristischen Personen bzw. Vereinigungen (des öffentlichen Rechts) und Behörden, denen ein VA nur im Interesse der Wahrnehmung ihrer eigenen Aufgaben (»cc«) zur Kenntnis gebracht wird. 20

3. Die Partner eines örV (Nr. 3)

a) Subordinationsrechtlicher örV

Da nach § 9 auch der Abschluss eines örV Gegenstand eines Verwaltungsverfahrens sein kann, erkennt Nr. 3 die Beteiligtenstellung – in Entsprechung zu der (auf VAe in von Amts wegen betriebenen Verfahren anwendbaren) Nr. 2 (vgl. Rdn. 17 ff.) – (auch) denjenigen zu, mit denen die Behörde einen (subordinationsrechtlichen – vgl. § 54) örV schließen will oder geschlossen hat.[30] Die Beschränkung auf subordinationsrechtliche örVe ergibt sich aus Wortlaut und Zweck der Regelung (vgl. Rdn. 2, 25). 21

Maßgeblich für den Beginn der Beteiligtenstellung des behördlichen Vertragspartners ist der Zeitpunkt, in dem sich Behörde und Vertragspartner über die Einleitung eines Vertrags(verhandlungs-)verfahrens bzw. über den Abschluss eines örV einig sind.[31] Durch ein Vertragsangebot des Bürgers wird aber weder nach Nr. 3 noch nach Nr. 1 (vgl. auch Rdn. 11) eine Beteiligtenstellung begründet. Die Beteiligtenstellung endet mit Abschluss des örV oder einem gleichzusetzenden Ereignis als dem Zeitpunkt der Beendigung des Verwaltungsverfahrens.[32] 22

---

27 A.A. Amtl. Begründung S. 43; Knack/Henneke/*Ritgen*, § 13 Rn. 11.

28 S.a. *Meyer/Borgs*, § 13 Rn. 6.

29 So auch *Ule/Laubinger*, Verwaltungsverfahrensrecht § 15 II 2/§ 15 Rn. 9.

30 S.a. Stelkens/Bonk/Sachs/*Bonk/Schmitz*, § 13 Rn. 24.

31 In der Lit. werden völlig unterschiedliche Zeitpunkte als relevant angesehen: nach außen erkennbare Vertragsverhandlungen (Stelkens/Bonk/Sachs/*Bonk/Schmitz*, § 13 Rn. 24); ernsthafte Erwägung des Vertragsschlusses (*Ule/Laubinger*, Verwaltungsverfahrensrecht § 15 II 3/§ 15 Rn. 10); Kontrahierungswille der Behörde (*Meyer/Borgs*, § 13 Rn. 7).

32 A.A. Knack/Henneke/*Ritgen*, § 13 Rn. 31. Vgl. auch *Meyer/Borgs*, § 13 Rn. 7 (»Die Beteiligung dauert fort, wenn das Verfahren mit Vertragsabschluss nicht beendet ist oder später wieder aufgenommen wird.«).

23 Wird der Vertragspartner erst mit dem Abschluss des örV Beteiligter, so ist eine Beteiligtenstellung ebenso punktuell wie die Beteiligtenstellung desjenigen, der erst mit dem Erlass eines VA Beteiligter geworden ist (vgl. Rdn. 19).

b) Koordinationsrechtlicher örV

24 Die Bestimmung der Nr. 3 regelt nur die Beteiligung beim Abschluss eines subordinationsrechtlichen örV (vgl. Rdn. 21). Wer in einem auf den Abschluss eines koordinationsrechtlichen örV gerichteten Verwaltungsverfahren Beteiligter ist, ergibt sich teils aus einem Umkehrschluss aus den Bestimmungen des Abs. 1, teils aus einer entsprechenden Anwendung der Nr. 3.

25 Da nach Abs. 1 der das Verfahren leitenden Behörde kein Beteiligtenstatus zukommt (vgl. Rdn. 27), sind die Behörden keine Beteiligten, die einen örV zwischen Hoheitsträgern (vgl. § 54) abschließen; denn sie leiten das Verfahren gemeinsam (vgl. § 54). Soll ein koordinationsrechtlicher Vertrag zwischen einem Hoheitsträger und einer Privatperson (vgl. § 54) oder – in den Fällen eines zulässigen örV zwischen Privaten (außerhalb des Anwendungsbereichs des § 9) – zwischen zwei Privatpersonen (vgl. § 54) geschlossen werden, so sind in entsprechender Anwendung der Nr. 3 beide Vertragspartner (im ersteren Falle auch die nicht mit der Verfahrensleitung betraute vertragsschließende Behörde) Beteiligte. Für den Zeitpunkt von Beginn und Ende ihrer Beteiligtenstellung gilt die Regelung der Nr. 3 (vgl. Rdn. 22) ebenfalls entsprechend.

4. Die Hinzugezogenen (Nr. 4)

26 Nach Nr. 4 sind Beteiligte weiterhin diejenigen, die nach Abs. 2 von der Behörde zu dem Verfahren (mit einem nach Nr. 1 bis 3 Beteiligten) hinzugezogen worden sind (vgl. Rdn. 29 ff.), und zwar vom Zeitpunkt ihrer Hinzuziehung (vgl. Rdn. 57) an. Die Hinzuziehung setzt seitens der Behörde einen konstitutiven Heranziehungsakt voraus. Dafür ist ein aktives Handeln der Behörde nach außen notwendig.[33] Aus der Gewährung von Akteneinsicht kann nicht automatisch auf eine Hinzuziehung geschlossen werden.[34]

5. Behörden als Beteiligte

27 Unter den Beteiligten des Abs. 1 ist die Behörde nicht angeführt, obgleich nach § 11 Nr. 3 Behörden beteiligungsfähig sind (vgl. § 11 Rdn. 32 ff.) und damit Beteiligte i.S.d. § 13 sein können (vgl. Rdn. 4). Die das Verfahren leitende Behörde ist (in dieser Funktion) daher weder Beteiligte in einem auf den Erlass eines VA noch in einem auf den Abschluss eines subordinations- oder koordinationsrechtlichen Vertrages

33 Dazu VG Minden, Urt. v. 28.10.2015 – 11 K 2054/14 mit Verweis auf OVG Nordrhein-Westfalen, Beschl. v. 05.10.2010 – 8 B 817/10, Rn. 15 f; VG Arnsberg, Beschl. v. 04.10.2016 – 8 L 1257/16.

34 VG Minden, Urt. v. 25.09.2013 – 11 K 1779/12.

gerichteten Verfahren. In letzteren Verfahren ist sie (kraft ihrer verfahrensleitenden Funktion) selbst imstande, in das Verfahren alle Beurteilungsgrundlagen einzubringen, die von ihrem Standpunkt aus eine Berücksichtigung beim Vertragsschluss verlangen. Einer nichtverfahrensleitenden Behörde kann aber eine Beteiligtenstellung nach Abs. 1 zukommen (vgl. auch Rdn. 25).

6. Beteiligte kraft Amtes

Nicht im VwVfG geregelt ist das Rechtsinstitut des Beteiligten kraft Amtes (der 28 rechtsdogmatisch den Beteiligten kraft Gesetzes – vgl. Rdn. 10 – zuzurechnen ist). Diese Beteiligtenstellung kommt jenen Personen zu, die in gesetzlicher Verfahrensstandschaft (vgl. auch § 16 Rdn. 8) in einem Verwaltungsverfahren Rechte Dritter in eigenen Namen geltend machen dürfen (z.B. Konkursverwalter).

II. Die Hinzuziehung (Abs. 2)

Im Gegensatz zu den Bestimmungen des Abs. 1 Nr. 1 bis 3, die – vorbehaltlich be- 29 sonderer Rechtsvorschriften (vgl. Rdn. 1, 10) – die Beteiligten kraft Gesetzes normieren, regelt Abs. 2 die sog. Hinzuziehung (zum Verfahren),[35] die in Anlehnung an den – das entsprechende Vorbild wirkende verwaltungsprozessuale Rechtsinstitut regelnden – § 65 VwGO oft auch »Beiladung« genannt wird.

1. Begriff der Hinzuziehung

Die Hinzuziehung ist die Begründung eines Beteiligtenstatus kraft einer besonderen 30 behördlichen Verfahrenshandlung (vgl. Vorbem. § 9). Dabei ist zwischen der sog. nicht notwendigen Hinzuziehung nach Satz 1 (vgl. Rdn. 32 ff.) und der sog. notwendigen Hinzuziehung nach Satz 2 (vgl. Rdn. 45 ff.) zu differenzieren.

2. Zweck der Hinzuziehung

Das Rechtsinstitut der Hinzuziehung zielt darauf ab, 31

1) den dadurch Beteiligten die Möglichkeit zur Wahrung ihrer (materiellen) Rechte bzw. rechtlichen Interessen unter Inanspruchnahme der jedem Beteiligten zustehenden Verfahrensrechte zu geben und
2) weitere Verfahren und möglicherweise einander widersprechende Entscheidungen über denselben Gegenstand zu vermeiden (vgl. auch Rdn. 2).[36]

---

35 Zur unterschiedlichen Bewertung der Regelung des Abs. 2 einerseits (zustimmend) *Schnell*, Der Antrag im Verwaltungsverfahren, S. 44, und andererseits (kritisch) *Horn*, DÖV 1987, 20 (22).

36 Vgl. auch BVerwG, Urt. v. 16.05.2000 – 3 C 2.00; BVerwG, Urt. v. 21.05.1997 – 11 C 1/97, NVwZ-RR 1998, 22 (23); OVG Rheinland_Pfalz, Urt. v. 19.05.1987 – 7 C 1/87, NVwZ 1988, 76; OVG Nordrhein-Westfalen, Beschl. v. 21.11.2016 – 15 B 1039/16; Stelkens/Bonk/Sachs/*Bonk/Schmitz*, § 13 Rn. 27.

3. Die nicht notwendige Hinzuziehung (Satz 1)

32 Nach Satz 1 kann die Behörde – i.R.d. sog. nicht notwendigen (»einfachen« bzw. »fakultativen«) Hinzuziehung[37] – von Amts wegen oder auf Antrag diejenigen (nicht bereits nach Abs. 1 Nr. 1 bis 3 Beteiligten) als Beteiligte hinzuziehen, deren rechtliche Interessen durch den Ausgang des Verfahrens berührt werden können.

a) Möglichkeit der Berührung rechtlicher Interessen als Voraussetzung (Zweiter Halbs.)

33 Unter Berücksichtigung der in Rechtsprechung und Schrifttum zu § 65 Abs. 1 VwGO entwickelten Ansichten setzt die Berührung rechtlicher Interessen voraus, dass der Ausgang des Verfahrens (nämlich nach § 9 zweiter Halbs. der Erlass des VA oder der Abschluss des örV) die Rechtsstellung eines Dritten irgendwie (im positiven[38] oder negativen Sinn) berührt.[39] Das trifft stets dann zu, wenn die Entscheidung eine rechtsgestaltende Wirkung für einen Dritten hat. Da aber dieser in Satz 2 geregelte Fall die Behörde (auf Antrag) zur Hinzuziehung verpflichtet (vgl. Rdn. 45 ff.), kann er i.R.d. Erörterung des Satzes 1 unberücksichtigt bleiben.

aa) Berührung durch Ausgang des Verfahrens

34 Eine nicht durch Satz 2 gedeckte (und damit nur von Satz 1 erfasste) Berührung rechtlicher Interessen ist gegeben, wenn der Ausgang des Verfahrens (nach § 9 zweiter Halbs.) den Rechtskreis eines Dritten (der auch ein Hoheitsträger bzw. eine Behörde sein kann – vgl. Rdn. 38) entweder mittelbar – in positiver oder negativer Weise – oder unmittelbar in positiver Weise (vgl. Rdn. 35, 46) betrifft. Eine mittelbare Einwirkung liegt insb. stets dann vor, wenn der Ausgang des Verfahrens für die Klärung einer anderen (nicht den Gegenstand des betreffenden Verfahrens bildenden) Rechtsfrage den Charakter einer rechtlich bindenden Vorentscheidung hat.[40] Die andere Rechtsfrage

37 Missverständlich (und daher zu vermeiden) sind die teilweise (so z.B.: VG Berlin, Urt. v. 10.04.1984 – 16 A 225.83, DVBl 1984, 1186 [1188]; *Kollmer*, NVwZ 1994, 1057 [1060]) hierfür gebrauchten Bezeichnungen »einfache Beteiligung«, »Kann-Beteiligung« und »gekorene Beteiligte«.

38 Ebenso Stelkens/Bonk/Sachs/*Bonk/Schmitz*, § 13 Rn. 36. Vgl. auch BVerwG, Urt. v. 24.11.1994 – 2 C 14/93, BayVBl. 1995, 348.

39 OVG Nordrhein-Westfalen, Urt. v. 23.11.1960 – IV A 485/58, GewArch. 1961, 206 (207). Vgl. auch VGH Bayern, Beschl. v. 18.02.1997 – 1 CS 96.4031; VGH Hessen, Urt. v. 29.10.1964 – OS V 351/62, DVBl 1965, 540 (541); Kopp/*Ramsauer*, § 13 Rn. 35; *Meyer/Borgs*, § 13 Rn. 9; *Ule/Laubinger*, Verwaltungsverfahrensrecht § 15 III 3 a)/§ 15 Rn. 15.

40 S.a. VG Berlin, Urt. v. 10.04.1984 – 16 A 225.83, DVBl 1984, 1186 (1188), m. abl. Anm. von *Tietzsch*, DVBl 1985, 410. Das hier wiedergegebene Verständnis des rechtlichen Interesses im verfahrensrechtlichen Sinne steht nicht der Tatsache entgegen, dass für die rechtliche Würdigung konkreter Rechtsbeziehungen zwischen dem einzelnen und der öffentlichen Gewalt dem rechtlichen bzw. rechtlich geschützten Interesse grds. neben dem subjektiven (öffentlichen) Recht keine eigenständige Bedeutung zukommt.

kann auch dem Privatrecht angehören; dies ergibt sich aus der möglichen Interdependenz von öffentlichem und privatem Recht. Eine mittelbare (nur) faktische Wirkung auf rechtliche Interessen eines Dritten (etwa im Sinne eines Musterverfahrens – vgl. § 93a VwGO) reicht aber nicht aus (vgl. auch Rdn. 41).

Hat der Ausgang des Verfahrens nicht eine lediglich mittelbare, sondern eine unmittelbare und zugleich nachteilige (Rechts-) Wirkung auf die rechtlichen Interessen eines Dritten, richtet sich die Hinzuziehung nach Satz 2[41] (vgl. Rdn. 45 ff.). 35

bb) Möglichkeit der Berührung

Nach Satz 1 ist die Möglichkeit des Berührens der rechtlichen Interessen einer Person durch den Ausgang des Verfahrens ausreichend; eine aktuelle Berührung, Betroffenheit oder Verletzung wird nicht gefordert. Die Möglichkeit der Berührung eigener rechtliche Interessen ist allerdings dann abzulehnen, wenn sie offensichtlich und eindeutig nach jeder (juristischen) Betrachtungsweise ausgeschlossen ist, mit anderen Worten: der Ausgang des Verfahrens auf den Rechtskreis eines Dritten unter keinem denkbaren rechtlichen Gesichtspunkt – weder begünstigend noch belastend, sei es unmittelbar oder mittelbar – zu wirken vermag. Für eine restriktive Auslegung, die strengere Anforderungen als bei dem insoweit vergleichbaren Fall der Klagebefugnis nach § 42 Abs. 2 VwGO stellt,[42] besteht weder nach dem Wortlaut noch nach der Systematik der Regelung Veranlassung, da der Behörde bei der Entscheidung über die einfache Hinzuziehung auf der Rechtsfolgenseite noch ein pflichtgemäßes Ermessen zusteht (vgl. Rdn. 43 f.). 36

cc) Eigene Interessen

Soweit nicht ein Fall einer (zulässigen) Verfahrensstandschaft (vgl. Vorbem. § 9) vorliegt, kann nur die Berührung eigener rechtlicher Interessen die Hinzuziehung rechtfertigen.[43] 37

Die Hinzuziehung ist aber z.B. auch gerechtfertigt durch das Interesse 38

1) einer Handwerkskammer an der Entscheidung der Frage, ob ein Gewerbetreibender ein Recht auf Erteilung einer Ausnahmebewilligung nach § 8 Abs. 1 HwO (zur Eintragung in die Handwerksrolle) hat, weil die Handwerkskammer nach § 6 HwO für die Eintragung zuständig ist,[44]
2) eines Architekten am Ausgang eines Baugenehmigungsverfahrens, wenn er im Fall einer Versagung der Baugenehmigung einen Schadensersatzanspruch des

41 A.A. offenbar *Kollmer*, NVwZ 1994, 1057 (1060).

42 So aber Stelkens/Bonk/Sachs/*Bonk/Schmitz*, § 13 Rn. 36.

43 S.a. VG Berlin, Urt. v. 10.04.1984 – 16 A 225.83, DVBl 1984, 1186 (1188); KG Berlin, Beschl. v. 23.09.2014 – 71 III 167/13; Stelkens/Bonk/Sachs/*Bonk/Schmitz*, § 13 Rn. 33; *Tietzsch*, DVBl 1985, 410.

44 Vgl. OVG Nordrhein-Westfalen, Urt. v. 17.04.1957 – IV B 925/56, GewArch. 1957, 85; OVG Nordrhein-Westfalen, Urt. v. 23.11.1960 – IV A 485/58, GewArch. 1961, 206 (207).

Bauwerbers zu befürchten hat[45] (nicht aber, wenn ihn lediglich aus beruflichen Gründen die Frage interessiert, ob bspw. eine bestimmte Baugestaltung nach Ansicht der Baugehmigungsbehörde genehmigungsfähig ist).

dd) Rechtliche Interessen

39 Als mögliche rechtliche Interessen (die materieller Natur sein müssen)[46] kommen insb. Grundrechte[47] und einfach-gesetzliche subjektive öffentliche oder private Rechte,[48] aber auch Rechtsbeziehungen des öffentlichen oder privaten Rechts (wie etwa schuldrechtliche Vertragsverhältnisse)[49] zwischen einem Beteiligten und dem Dritten oder ein Rechtsverhältnis zum Verfahrensgegenstand[50] in Betracht.

40 Unerheblich ist dabei aber, ob die Rechtsbeziehung des Dritten, die durch den Ausgang des Verfahrens berührt werden kann, zu einem Beteiligten nach Abs. 1 Nr. 1 bis 3 oder zu einem bereits zum Verfahren Hinzugezogenen nach Abs. 1 Nr. 4 (i.V.m. Abs. 2 Satz 1 oder Satz 2) besteht.[51] Eine derartige Unterscheidung zwischen Haupt- und Nebenbeteiligten ist dem VwVfG, insb. § 13 Abs. 1, fremd. Dem Bedenken, dass andernfalls der Kreis der Beteiligten nicht mehr eingrenzbar wäre, kann nach dem Gesetz nicht auf der Tatbestands-, sondern (allenfalls) auf der Rechtsfolgenseite i.R.d. pflichtgemäßen Ermessensausübung (vgl. Rdn. 43) durch die Behörde Rechnung getragen werden.[52]

41 Eine Berührung rechtlicher Interessen ist nicht gegeben, wenn allein wirtschaftliche, soziale, kulturelle, rein tatsächliche Interessen, behördliche Verwaltungsinteressen[53]

---

45 So auch *Meyer/Borgs*, § 13 Rn. 9. Vgl. ferner VGH Baden-Württemberg, Beschl. v. 16.01.1956 – 2 S 517/55, NJW 1956, 646 (Leitsatz).

46 Vgl. BVerwG, Urt. v. 21.05.1997 – 11 C 1.97, NVwZ-RR 1998, 22 (23).

47 Vgl. *Kollmer*, NVwZ 1994, 1057 (1060). Z. B. die Gemeinde unter Hinweis auf ihre Planungshoheit im bauaufsichtsrechtlichen Verfahren VGH Bayern, Beschl. v. 29.06.199 – 1 B 95.4059, BauR 2000, 90 bestätigt durch BVerwG, Urt. v. 14.04.2000 – 4 C 5.99, BauR 2000, 1312; a.A. VGH Baden-Württemberg, Beschl. v. 17.01.1997 – 5 S 2812/96, NVwZ-RR 1998, 389.

48 Ebenso VG Hannover, Beschl. v. 05.07.2019 – 7 B 1508/19; VG Berlin, Urt. v. 10.04.1984 – 16 A 225.83, DVBl 1984, 1186 (1188); Stelkens/Bonk/Sachs/*Bonk/Schmitz*, § 13 Rn. 32; *Tietzsch*, DVBl 1985, 410; *Ule/Laubinger*, Verwaltungsverfahrensrecht § 15 III 3 a) aa)/§ 15 Rn. 15.

49 Vgl. auch VGH Bayern, 27.11.1995, – 1 B 95.1193 –; *Mußgnug*, NVwZ 1988, 33 f.

50 Vgl. VGH Hessen, Beschl. v. 12.06.1986 – 5 TE 1549/86, NJW 1987, 1036.

51 So für die verwaltungsprozessuale Beiladung: VGH Bayern, 27.11.1995, – 1 B 95.1193 –; *Mußgnug*, NVwZ 1988, 33 (34 f.); a.A. VGH Hessen, Beschl. v. 12.06.1986 – 5 TE 1549/86, NJW 1987, 1036.

52 Vgl. VGH Hessen, Beschl. v. 12.06.1986 – 5 TE 1549/86, NJW 1987, 1036 (1037); *Mußgnug*, NVwZ 1988, 33 (35).

53 Ebenso Kopp/Ramsauer, § 13 Rn. 35; *Meyer/Borgs*, § 13 Rn. 9; Stelkens/Bonk/Sachs/*Bonk/Schmitz*, § 13 Rn. 32, 34; im Ergebnis auch *Ule/Laubinger*, Verwaltungsverfahrensrecht § 15 III 3 a) aa)/§ 15 Rn. 15. Vgl. ferner VGH Hessen, Urt. v. 29.10.1964 – OS V 351/62, DVBl 1965, 540 (541); OVG Nordrhein-Westfalen, Urt. v. 23.11.1960 – IV A 485/58, GewArch. 1961, 206 (207).

oder »Gemeinschaftsanliegen«[54] auf dem Spiel stehen. Ebenso sind Auswirkungen auf die Umwelt (wie etwa Menschen, Tiere und Pflanzen, Boden, Wasser, Atmosphäre, Luft, Klima und Landschaft sowie Kultur- und sonstige Sachgüter – vgl. § 2 Abs. 1 Satz 2 UVPG, § 1 BImSchG) nicht hinreichend, es sei denn, dadurch wird zugleich das Grundrecht auf Leben, körperliche Unversehrtheit oder Eigentum, die Berufsfreiheit oder eine sonstige verfassungsrechtlich oder (lediglich) einfachgesetzlich geschützte Interessenposition tangiert[55] (vgl. Rdn. 39). Eine (nicht notwendige) Hinzuziehung wird ferner z.B. nicht gerechtfertigt durch das Interesse

1) des Gläubigers eines (nach Abs. 1 Nr. 1 bis 3) Beteiligten am günstigen Ausgang des die Zahlung einer Geldleistung betreffenden Verfahrens, wenn eine Schmälerung der Liquidität des Beteiligten zu befürchten ist, die die Durchsetzbarkeit eigener Ansprüche infrage stellen würde,[56]
2) eines Gewerbetreibenden an der Versagung einer Konzession ggü. einem Dritten, wenn dieser als künftiger Konkurrent den eigenen Umsatz beeinträchtigen würde,
3) eines Dritten an der Klärung einer Rechtsfrage, die für ein anderes ihn betreffendes Verfahren von Bedeutung (aber ohne die Rechtswirkung einer bindenden Vorentscheidung – vgl. Rn. 34) ist,[57]
4) einer Handwerkskammer an gewerberechtlichen Entscheidungen der zuständigen Verwaltungsbehörde, wenn diese keine Auswirkungen auf eigene Kompetenzen der Handwerkskammer (etwa hinsichtlich einer Eintragung in die Handwerksrolle – vgl. aber Rdn. 38) haben,[58]
5) einer Körperschaft des öffentlichen Rechts an einer Entscheidung, die dem Vollzug der von der betreffenden Körperschaft erlassenen Rechtsnormen dient,[59]
6) eines Mieters in einem (auf seine Anzeige hin eingeleiteten) wohnungsaufsichtsrechtlichen Verfahren gegen den Verfügungsberechtigten (Hauseigentümer oder Vermieter) am Erlass von Verfügungen zur Behebung von Mängeln der von ihm bewohnten Wohnung,[60]

---

54 Vgl. Kopp, Boorberg-FS, S. 175 ff.

55 Ebenso *Kollmer*, NVwZ 1994, 1057 (1060). Vgl. auch (zu § 21 Abs. 1 BJagdG); *Laber*, NuR 1996, 14.

56 Vgl. VGH Hessen, Urt. v. 29.10.1964 – OS V 351/62, DVBl 1965, 540 (541).

57 Vgl. OVG Nordrhein-Westfalen, Urt. v. 28.10.1959 – III B 695/59, NJW 1960, 1488.

58 So auch *Meyer/Borgs*, § 13 Rn. 9. Vgl. ferner: OVG Nordrhein-Westfalen, Urt. v. 23.11.1960 – IV A 485/58, GewArch. 1961, 206 (207); VGH Baden-Württemberg, Beschl. v. 25.03.1970 – VI 172/70, GewArch. 1970, 167. Wenn in der erstgenannten Entscheidung die Anhörung der Handwerkskammer nach § 35 Abs. 4 Satz 1 GewO lediglich als eine der Allgemeinheit geschuldete Pflicht der Behörde (der kein Recht der Handwerkskammer entspricht) beurteilt wird, so ist damit das Fehlen einer rechtsgestaltenden Wirkung der Entscheidung festgestellt.

59 Vgl. OVG Nordrhein-Westfalen, Beschl. v. 09.04.1957 – VII B 159/57, VerwRspr. 9, 897 ff.

60 S. VG Berlin, Urt. v. 10.04.1984 – 16 A 225.83, DVBl 1984, 1186 (1188), m. abl. Anm. von *Tietzsch*, DVBl 1985, 410.

b) Die Hinzuziehung des Dritten von Amts wegen oder auf dessen Antrag

42 Im Unterschied zur Regelung der notwendigen Hinzuziehung in Satz 2 (vgl. Rdn. 51) ist die Entscheidung über die Hinzuziehung nach Satz 1 nicht von einem Antrag des Dritten[61] abhängig, sondern kann auch von Amts wegen erfolgen. Dies ist auch der Grund dafür, dass die verfahrensleitende Behörde nicht – wie bei der notwendigen Hinzuziehung nach Satz 2 zweiter Halbs. (vgl. Rdn. 53 ff.) – verpflichtet ist, einen Dritten, bei dem die Voraussetzungen für eine nicht notwendige Hinzuziehung vorliegen, von der Einleitung des Verfahrens zu benachrichtigen; die Behörde muss auch nicht die Stellung eines Antrags durch den Dritten von Amts wegen anregen.[62]

c) Die Hinzuziehung als Ermessensentscheidung der Behörde

43 Die Behörde entscheidet über die einfache Hinzuziehung im Rahmen ihres pflichtgemäßen (Verfahrens-) Ermessens[63] (vgl. § 10; § 40), mit der Folge, dass der den Beteiligtenstatus Begehrende nur ein – mit der Verpflichtungsklage durchsetzbares – formelles subjektives öffentliches Recht auf eine fehlerfreie Ermessensentscheidung über seinen Hinzuziehungsantrag hat (vgl. § 40). Eine Ermessensreduktion auf null, mit der Folge, dass dem in seinen rechtlichen Interessen Berührten ein Anspruch (in der Gestalt eines materiellen subjektiven öffentlichen Rechts) auf Hinzuziehung als Beteiligter ggü. der verfahrensleitenden Behörde zusteht, wird – abgesehen von dem in Satz 2 geregelten Fall der rechtsgestaltenden Wirkung des Verfahrensausgangs (vgl. auch Rdn. 51) – nur in äußerst seltenen Ausnahmefällen[64] in Betracht kommen.

44 Regelmäßig wird die einfache Hinzuziehung erst vorgenommen, wenn feststeht, dass für die Durchführung des Verfahrens alle Sachentscheidungsvoraussetzungen (vgl. Vorbem § 9) gegeben sind. I.R.d. pflichtgemäßen Ermessensausübung darf die Behörde insb. berücksichtigen, ob

1) der Dritte, über dessen Hinzuziehung zu entscheiden ist, sein (rechtliches) Interesse am Ausgang des Verfahrens auch ohne formelle Beteiligung am Verfahren ausreichend fördern kann (z.B. durch Unterstützung eines Beteiligten mit rechtlichen oder tatsächlichen Informationen),[65]

61 Für die Erforderlichkeit eines Antrages der bereits Beteiligten: Knack/Henneke/*Ritgen*, § 13 Rn. 40; *Ule/Laubinger*, Verwaltungsverfahrensrecht § 15 III 3 b)/§ 15 Rn. 16. Wie hier: Kopp/*Ramsauer*, § 13 Rn. 39, 46; Stelkens/Bonk/Sachs/*Bonk/Schmitz*, § 13 Rn. 38.

62 Nach *Kollmer* (NVwZ 1994, 1057 [1060]) soll dies offenbar nur dann gelten, wenn behördlicherseits davon ausgegangen werden kann, dass die möglicherweise zu Beteiligenden von der Einleitung des Verfahrens Kenntnis erhalten haben oder zumutbarerweise erhalten konnten.

63 Zu den Zweckmäßigkeitserwägungen hinsichtlich der einfachen Beiladung zum verwaltungsgerichtlichen Verfahren vgl. VGH Bayern, Beschl. 08.11.1976 – X 1537/76, NJW 1977, 1308.

64 Vgl. auch *Kollmer*, NVwZ 1994, 1057 (1060: »je nach Sachlage«).

65 Vgl. VGH Hessen, Beschl. v. 12.06.1986 – 5 TE 1549/86, NJW 1987, 1036 (1037).

2) bei der Hinzuziehung einer größeren Zahl von Personen eine zügige Durchführung des Verfahrens (vgl. § 10) gefährdet oder erheblich erschwert oder der Kreis der Beteiligten nicht oder nur schwer mehr eingrenzbar wäre (vgl. Rdn. 40),
3) die Hinzuziehung des Dritten für die Sachverhaltsaufklärung förderlich ist[66] (vgl. auch Rdn. 2),
4) der Dritte – bei Kenntnis des Verwaltungsverfahrens und seines Antragsrechts – sein Interesse an der Beteiligung durch Stellung eines Antrags auf Hinzuziehung dokumentiert hat,
5) durch die Hinzuziehung eines Dritten nicht willkürlich eine aus einer Vielzahl von Personen, die durch den Ausgang des Verfahrens in gleicher Weise berührt werden, herausgegriffen und am Verfahren mit allen diesbezüglichen Rechten beteiligt würde[67] (vgl. auch Rdn. 40),
6) einer Hinzuziehung des Dritten wichtige öffentliche oder private Belange (z.B. Betriebs-, Geschäfts- oder Privatgeheimnisse – vgl. § 30) entgegenstehen.[68]

4. Die notwendige Hinzuziehung (Satz 2)

Liegen die Voraussetzungen der sog. notwendigen (»obligatorischen«) Hinzuziehung[69] nach Satz 2 erster Halbs. vor (vgl. Rdn. 46 ff.), hat (vgl. Rdn. 52) die (verfahrensleitende) Behörde den Dritten auf dessen Antrag (vgl. Rdn. 51) zu dem Verfahren hinzuzuziehen (vgl. Rdn. 57 ff.). 45

a) Rechtsgestaltende Wirkung des Ausgangs des Verfahrens als Voraussetzung (Erster Halbs.)

Voraussetzung ist, dass der Ausgang des Verfahrens für einen Dritten eine rechtsgestaltende Wirkung hat oder haben kann[70] (vgl. auch Rdn. 36). Dies ist nur dann der Fall, 46

66 Vgl. *König/Meins*, § 13 Rn. 13.
67 Vgl. (zu § 65 Abs. 2 VwGO) VGH Bayern, Beschl. v. 19.02.1997 – 25 C 96.185.
68 S. *Tietzsch*, DVBl 1985, 410 (411).
69 Missverständlich (und daher zu vermeiden) sind die teilweise (so z.B.: VG Berlin, Urt. v. 10.04.1984 – 16 A 225.83, DVBl 1984, 1186 [1187]; *Kollmer*, NVwZ 1994, 1057 [1060]) hierfür gebrauchten Bezeichnungen »notwendige Beteiligung«, »Muß-Beteiligung« oder »gekorene Beteiligte«.
70 Vgl. BVerwG, Beschl. v. 29.06.2018 – 7 B 14.17; OVG Sachsen, Urt. v. 11.04.2019 – 3 A 505/17 (Kirche in Bezug auf Sonntagsarbeit); OVG Hamburg, Urt. v. 22.03.2005 – 3 Bf 294/04, NordÖR, 2006, 38.; VG Berlin, Urt. v. 10.04.1984 – 16 A 225.83, DVBl 1984, 1186; VG Köln, Urt. v. 10.06.2015 – 21 K 5400/14; Knack/Henneke/*Ritgen*, § 13 Rn. 47; Kopp/*Ramsauer*, § 13 Rn. 39; *Meyer/Borgs*, § 13 Rn. 10; *Schnell*, Der Antrag im Verwaltungsverfahren, S. 44; Stelkens/Bonk/Sachs/*Bonk/Schmitz*, § 13 Rn. 40; *Ule/Laubinger*, Verwaltungsverfahrensrecht § 15 III 4 a) bb)/§ 15 Rn. 17. Da das Verfahren noch nicht abgeschlossen ist, ist stets eine Prognose erforderlich, sodass aufgrund der ratio legis (vgl. Rdn. 2) die Möglichkeit der Rechtsgestaltung – entsprechend der Regelung des Satzes 1 (vgl. Rdn. 36) – entgegen des missverständlichen Wortlauts des Satzes 2 ausreichend sein muss.

wenn er unmittelbar (vgl. Rdn. 34 f.) die Rechtsstellung eines Dritten in irgendeiner Weise negativ betrifft bzw. betreffen kann, d.h. unmittelbar in die rechtlichen Interessen eines Dritten eingreift bzw. eingreifen kann[71] oder – mit anderen Worten – einen Dritten unmittelbar rechtlich beschwert bzw. beschweren kann.[72] Es muss also zumindest die Möglichkeit bestehen, dass der VA oder örV – gleichzeitig und unmittelbar (uno actu)[73] – öffentliche oder private Rechte eines Dritten entweder aufhebt oder in für ihn nachteiliger Weise ändert.[74] Gemäß dem Zweck der Regelung (vgl. Rdn. 2, 31) ist der Wortlaut des ersten Halbs. einschränkend dahin gehend auszulegen, dass eine notwendige Hinzuziehung ausscheidet, wenn der Ausgang des Verwaltungsverfahrens sich auf die Rechtstellung eines Dritten allenfalls in positiv gestaltender Weise, also zu dessen Gunsten, auswirken kann (etwa indem öffentliche oder private Rechte des Dritten begründet oder in für ihn vorteilhafter Weise geändert werden – vgl. auch Rdn. 34); in diesem Fall kommt aber eine einfache Hinzuziehung nach Satz 1 (vgl. Rdn. 32 ff.) in Betracht.

aa) Bei Erlass eines VA

47 Auf den VA bezogen trifft dies zu, wenn sich aus dem geltenden Recht ergibt, dass beim Erlass des VA ggü. dem Adressaten auch rechtlich geschützte – und nicht nur wirtschaftliche oder sonstige (vgl. Rdn. 39 ff.) – Interessen des Dritten zu berücksichtigen sind,[75] wie z.B.

1) bei einem VA **mit Drittwirkung,**[76] **der den Adressaten begünstigt, aber einen Dritten belastet bzw. belasten kann** (etwa im Fall des Nachbarn eines Bauwerbers bei der Erteilung der bauaufsichtlichen Genehmigung),[77]
2) **bei einem VA mit belastender Doppelwirkung**, der sowohl den Adressaten als auch einen Dritten belastet (etwa im Fall des Vertragspartners des Adressaten bei Erlass eines Untersagungsbeschlusses des Bundeskartellamtes nach § 37a Abs. 2 GWB, der in diese Vertragsbeziehungen eingreift[78]).

---

71 S.a. KG (Kartellsenat), Beschl. v. 15.03.1991 – Kart 15/90, WuW/E OLG 4753 (4759); Interessen berührt OVG Niedersachsen, Urt. v. 21.03.2013 – 7 LB 56/11.

72 Vgl. (zu § 65 Abs. 2 VwGO) VGH Bayern, Beschl. v. 19.02.1997 – 25 C 96.1853.

73 S. VG Berlin, Urt. v. 10.04.1984 – 16 A 225.83, DVBl 1984, 1186 (1187); *Meyer/Borgs*, § 13 Rn. 10.

74 Ähnlich *Meyer/Borgs*, § 13 Rn. 10. VG Bremen, Beschl. v. 27.09.2019 – 5 k 3737/17 unter Berufung auf OVG Nordrhein-Westfalen, Beschl. v. 12.06.2019 – 4 E 424/19. Weitergehend (auch die Begründung von Rechten Dritter einbeziehend): VG Berlin, Urt. v. 10.04.1984 – 16 A 225.83, DVBl 1984, 1186.

75 S. BVerwG, Urt. v. 28.01.1960 – I A 17.57, BVerwGE 10, 122 (123). Vgl. auch: BVerwG, Urt. v. 10.03.1964 – II C 97.61, BVerwGE 18, 124 (125 ff.); BVerwG, Urt. v. 07.12.1965 – II C 95.63, DÖV 1966, 796.

76 Nach der Terminologie der VwGO handelt es sich dabei um einen VA mit Doppelwirkung i.S.d. § 80a Abs. 1 VwGO.

77 Ebenso *Kollmer*, NVwZ 1994, 1057 (1060); Stelkens/Bonk/Sachs/*Bonk/Schmitz*, § 13 Rn. 42.

78 S. KG (Kartellsenat), Beschl. v. 15.03.1991 – Kart 15/90, WuW/E OLG 4753 (4759).

Dabei spielt es keine Rolle, dass der Ausgang des Verfahrens die Rechtsstellung des Dritten in Gestalt eines rechtsgestaltenden (d.h. – vgl. Rdn. 46 – rechtsändernden oder rechtsaufhebenden) VA berührt.[79] Trifft das Gesetz selbst hinsichtlich der Dritt- bzw. Doppelwirkung des VA keine eindeutige Regelung, so ist im Wege der Auslegung zu klären, ob den jedenfalls faktisch berührten Personen insoweit subjektive Rechte, insb. Grundrechte (vgl. auch Rdn. 56), zustehen oder nicht[80]. 48

In der Praxis kann als Anhaltspunkt davon ausgegangen werden, dass die Voraussetzung für eine notwendige Hinzuziehung nach Satz 2 dann gegeben ist, wenn der VA, dessen Erlass das Verwaltungsverfahren zum Ziele hat, die Rechtsstellung eines Dritten dergestalt berührt, dass dieser in einem anschließenden verwaltungsgerichtlichen Verfahren nach § 65 Abs. 2 VwGO notwendig beizuladen wäre.[81] Damit wird grds. auch der Rückgriff auf die entsprechende verwaltungsprozessuale Judikatur und Literatur eröffnet. 49

bb) Bei Abschluss eines örV

Die durch den Abschluss eines örV berührten Rechte eines Dritten sind – materiell – durch die Sonderregelung des § 58 Abs. 1 geschützt. Die Voraussetzung der Möglichkeit der rechtsgestaltenden Wirkung des Ausgangs des Verfahrens ist insoweit zu modifizieren. Die notwendige Hinzuziehung sichert diesen materiellen Schutz in verfahrensrechtlicher Hinsicht ab.[82] 50

b) Die Hinzuziehung des Dritten auf Antrag

Nach dem Wortlaut des ersten Halbs. ist der Dritte (nur) auf seinen Antrag[83] zu dem Verfahren hinzuzuziehen. Trotz dieser Gesetzesformulierung ist die Behörde nach Satz 1 bereits von Amts wegen stets zur Hinzuziehung des Dritten verpflichtet (vgl. Rdn. 42 f.), wenn für diesen eine ggü. dem Beteiligten nach Abs. 1 Nr. 1 bis 3 zu treffende Entscheidung rechtsgestaltende Wirkung hat[84]. Die eigenständige Rechtsschutzfunktion des Verwaltungsverfahrens wäre sonst nicht gewährleistet und die Regelungszwecke des § 13 (vgl. Rdn. 2, 31) würden unter Umständen nicht erreicht. 51

---

79 Ebenso BSG, Urt. v. 22.06.1983 – 12 RK 73/82, SGb. 1984, 112 (113).

80 Vgl. *Baumann*, BayVBl. 1982, 257, 292.

81 Vgl. (zur Parallelvorschrift des Art. I § 12 Abs. 2 Satz 2 SGB X) BSG, Urt. v. 22.06.1983 – 12 RK 73/82, SGb. 1984, 112 (113).

82 Im Ergebnis ebenso *Ule/Laubinger*, Verwaltungsverfahrensrecht § 15 III 4 a) aa)/§ 15 Rn. 17.

83 Für ein Antragsrecht auch der bereits Beteiligten: *Ule/Laubinger*, Verwaltungsverfahrensrecht § 15 III 4 b)/§ 15 Rn. 18.

84 So auch Kopp/*Ramsauer*, § 13 Rn. 46.

c) **Verpflichtung der Behörde zur Hinzuziehung**

52 Die Behörde ist auf Antrag des Dritten zu dessen Hinzuziehung zum Verfahren verpflichtet. Der Dritte hat somit ein materiell subjektives öffentliches Recht darauf, dass die Behörde seinem Antrag entspricht.

d) **Benachrichtigung des Dritten (Zweiter Halbs.)**

53 Nach dem zweiten Halbs. hat die verfahrensleitende Behörde den (nach dem ersten Halbs. hinzuzuziehenden) Dritten – soweit er ihr bekannt (oder zumindest mit zumutbarem Aufwand ermittelbar)[85] ist – von der Einleitung des Verfahrens zu benachrichtigen. Diese Regelung soll die Kenntniserlangung des Dritten sicherstellen, damit er die (grds. – vgl. Rdn. 51) eigenverantwortliche Entscheidung treffen kann, ob er einen Antrag auf Hinzuziehung zum Verfahren stellen will.[86] Daher ist eine Benachrichtigung des Dritten nicht erforderlich, wenn die Behörde nach den Umständen davon ausgehen kann, dass der Dritte von der Einleitung des Verfahrens anderweitig Kenntnis erhalten hat oder in zumutbarer Weise unschwer hätte erhalten können (etwa im Wege einer Öffentlichkeitsbeteiligung nach § 9 UVPG[87]); insoweit ist – unter Berücksichtigung des Grundgedankens des § 10 Satz 2 (vgl. § 10) – eine teleologische Reduktion des zweiten Halbs. geboten.

54 Für die Benachrichtigung (der mangels Regelungswirkung kein VA-Charakter zukommt) ist vom Gesetz keine Form vorgeschrieben,[88] sodass sie nach § 10 Satz 1 (vgl. § 10) auch mündlich bzw. fernmündlich erfolgen kann; zweckmäßigerweise (insb. aus Gründen des Nachweises) ist aber entweder die Schriftform oder zumindest eine Aktennotiz vorzunehmen.

55 Das Unterbleiben der Benachrichtigung stellt einen Fehler dar, der ebenso schwer wiegt wie die unterbliebene Hinzuziehung eines Dritten, der einen Antrag auf Hinzuziehung gestellt hat (vgl. Rdn. 68 ff.).[89]

e) **Bedeutung der Grundrechte**

56 Nach wie vor weitgehend dogmatisch ungeklärt ist die Bedeutung der Grundrechte in ihrer verfahrensrechtlichen Dimension für die Beteiligung von Betroffenen

85 Dies folgt aus der eigenständigen Rechtsschutzfunktion des Verwaltungsverfahrens, die nicht von der geübten Sorgfalt der Behörde abhängig sein darf.

86 So BSG, Urt. v. 22.06.1983 – 12 RK 73/82, SGb. 1984, 112 (114). S.a. *Ule/Laubinger*, Verwaltungsverfahrensrecht § 15 III 4 b)/§ 15 Rn. 18.

87 S. *Kollmer*, NVwZ 1994, 1057 (1060).

88 Ob eine formlose Benachrichtigung den Anforderungen genügt, wurde vom KG ([Kartellsenat], Beschl. v. 15.03.1991 – Kart 15/90, WuW/E OLG 4753 [4759]) – mangels Entscheidungserheblichkeit – offengelassen.

89 Vgl. (zur Parallelvorschrift des Art. I § 12 Abs. 2 Satz 2 zweiter Halbs. SGB X): BSG, Urt. v. 22.06.1983 – 12 RK 73/82, SGb. 1984, 112 (114); *Ehlers*, Die Verwaltung Bd. 17, 1984, 295 (305); *v. Wulffen*, SGb. 1984, 114 (115).

an einem Verwaltungsverfahren und insbesondere für das Institut der notwendigen Hinzuziehung. Doch geht die Tendenz der Rechtsprechung des BVerfG[90] und der Literatur[91] in die Richtung eines effektiven Grundrechtsschutzes durch Verfahrensregelungen. Dabei kommt der Bestimmung des Satzes 2 – neben der Effektuierung des Rechtsschutzes – die Funktion einer Transformationsnorm für den Grundrechtsschutz durch Verfahren zu,[92] mit anderen Worten: die Regelung des Satzes 2 besitzt »Verfassungsrelevanz«.[93] Insb. sind die Grundrechte der Art. 2 Abs. 1 i.V.m. Art. 1 Abs. 1 (allgemeines Persönlichkeitsrecht), Art. 2 Satz 2 Satz 1 (Recht auf Leben und körperliche Unversehrtheit) und Art. 14 Abs. 1 GG (Eigentumsrecht) zu beachten. Vor einem (unmittelbaren) Rückgriff auf das Verfassungsrecht sollte jedoch eine sorgfältige Prüfung und (verfassungskonforme) Auslegung des einfachgesetzlichen Rechts stehen.

5. Die Entscheidung über die Hinzuziehung als VA

Die Entscheidung über die Hinzuziehung ist eine behördliche Verfahrenshandlung 57
(vgl. Vorbem § 9) ggü. den bereits Beteiligten und dem Hinzugezogenen. Nur dem Hinzugezogenen ggü. stellt sie einen verfahrensrechtlichen VA dar, gleichgültig ob sie auf Antrag oder von Amts wegen erfolgt.[94]

a) Die Form der Hinzuziehung

Eine bestimmte Form ist für die Hinzuziehung nicht vorgesehen, weshalb sie auch 58
formlos erfolgen kann. Sie ist jedoch nur wirksam, wenn der Hinzuzuziehende den Willen der Behörde, ihm für ein bestimmtes Verfahren die Beteiligtenstellung einzuräumen, erkennen kann. Die Bekanntgabe eines verfahrensabschließenden VA an den Dritten reicht hierfür nicht aus, weil das Verwaltungsverfahren damit gem. § 9 zweiter Halbs. beendet ist und der Zweck der Hinzuziehung (vgl. Rdn. 31) im Ausgangsverfahren nicht mehr erreicht werden kann.[95] Vor der Entscheidung über die Hinzuziehung ist den bereits Beteiligten nicht nach § 28 Gelegenheit zur Äußerung zu geben, da zum einen die Hinzuziehung eines Dritten ihnen ggü. keinen VA darstellt (vgl. Rdn. 57) und zum andern ihre Rechtsstellung unberührt bleibt.[96]

---

90 BVerfG, Beschl. v. 20.12.1979 – 1 BvR 385/77, BVerfGE 53, 30; Beschl. v. 15.04.1985 – 1 BvR 233/81, 1 BvR 341/81, BVerfGE 69, 315.

91 Vgl. *Raeschke-Kessler/Eilers*, NVwZ 1986, 37 (38 f.); *Redeker*, NJW 1980, 1593 (1595 ff.).

92 Vgl. *Raeschke-Kessler/Eilers*, NVwZ 1986, 37 (39); *Redeker*, NJW 1980, 1593 (1595); Stelkens/Bonk/Sachs/*Bonk/Schmitz*, § 13 Rn. 39, 42.

93 BVerfG, Beschl. v. 20.12.1979 – 1 BvR 385/77, BVerfGE 53, 30.

94 Ebenso Knack/Henneke/*Ritgen*, § 13 Rn. 35; Kopp/*Ramsauer*, § 13 Rn. 28.

95 So auch *Ule/Laubinger*, Verwaltungsverfahrensrecht § 15 III/5/§ 15 Rn. 19. A.A.: Knack/Henneke/*Ritgen*, Rn. 34, Kopp/Ramsauer, § 13 Rn. 28.

96 Ebenso Kopp/*Ramsauer*, § 13 Rn. 29.

b) Die rechtswidrige Hinzuziehung

59 Liegen die gesetzlichen Voraussetzungen für die Hinzuziehung nicht vor, so ist sie zwar (jedenfalls vorläufig) wirksam, aber rechtswidrig. Die Behörde kann sie (ohne – wegen der Spezialität der Regelung des § 13 Abs. 2 – an die Vorschriften über die Rücknahme eines rechtswidrigen VA nach § 48 gebunden zu sein) jederzeit wieder aufheben. Der rechtswidrig Hinzugezogene kann sie (selbstständig) anfechten. § 44a Satz 1 VWGO steht der Zulässigkeit des Rechtsbehelfes nicht entgegen. Der offensichtlich zu Unrecht Hinzugezogene behält von Rechts wegen seine Stellung als Nichtbeteiligter i.S.d. § 44a Satz 2 VwGO.[97]

60 Dass der Hinzugezogene die Beteiligung an dem Verwaltungsverfahren von Anfang an nicht wollte oder später nicht mehr will und ggf. seinen Antrag auf Hinzuziehung zurücknimmt, lässt die (Wirksamkeit der) Hinzuziehung unberührt. Jedoch kann die Behörde sie jederzeit aufheben (vgl. Rdn. 59). Wollte der Dritte die Hinzuziehung nicht, so stehen dieselben Rechtsbehelfe wie bei einer rechtswidrigen Hinzuziehung zur Verfügung (vgl. Rdn. 59).

c) Rechtsmittel gegen die Versagung der Hinzuziehung

61 Die Versagung der (beantragten) Hinzuziehung kann (als belastender VA) von dem nicht hinzugezogenen Dritten mit Widerspruch und Verpflichtungsklage angegriffen werden.

aa) Bei nicht notwendiger Hinzuziehung

62 Das gilt einmal für die Versagung einer nicht notwendigen Hinzuziehung[98] (vgl. Rdn. 32 ff.). Diese ist in keinem Falle eine behördliche Verfahrenshandlung i.S.d. § 44a Satz 1 VwGO (gegen die Rechtsbehelfe nur gleichzeitig mit den gegen die Sachentscheidung zulässigen Rechtsbehelfen geltend gemacht werden können), da der nicht Hinzugezogene mangels einer Beteiligtenstellung die Sachentscheidung gar nicht anfechten kann.[99] Etwas anderes gilt nur dann, wenn der nicht Hinzugezogene bereits aufgrund spezialgesetzlicher Regelungen Beteiligter ist.[100]

---

97 Ebenso *Ule/Laubinger*, Verwaltungsverfahrensrecht, § 15 III 5/§ 15 Rn. 20; Kopp/Ramsauer, § 13 Rn. 32.

98 Vgl. BVerwG, Urt. v. 16.05.2000 – 3 C 2.00, NVwZ 2000, 1179 unter Bezugnahme auf BVerfG, Beschl. v. 08.01.1959 – 1 BvR 425/52, BVerfGE 9, 83 (88); Kopp/Ramsauer, § 13 Rn. 38; *Meyer/Borgs*, § 13 Rn. 13. A.A.: VGH Bayern, Beschl. v. 18.07.1988 – 22 AE 88.40074, 22 AE 88.40075, NVwZ 1988, 1054.

99 Im Ergebnis auch OVG Rheinland-Pfalz, Urt. v. 19.05.1987 – 7 C 1/87, NVwZ 1988, 76.; Kopp/Ramsauer, § 13 Rn. 38.

100 S. OVG Rheinland-Pfalz, Urt. v. 19.05.1987 – 7 C 1/87, NVwZ 1988, 76. Vgl. aber VGH Bayern, Beschl. v. 18.07.1988 – 22 AE 88.40074, 22 AE 88.40075, NVwZ 1988, 1054.

bb) Bei notwendiger Hinzuziehung

Auch die Versagung der notwendigen Hinzuziehung (vgl. Rdn. 45 ff.) ist für sich genommen mit den üblichen Rechtsmitteln anfechtbar,[101] obgleich der nicht Hinzugezogene – als ein in jedem Fall rechtlich Betroffener (vgl. Rdn. 46 ff.) – die Sachentscheidung anfechten kann. Doch entfällt die Anwendbarkeit des § 44a Satz 1 VwGO, da keine behördliche Verfahrenshandlung im Sinne dieser Bestimmung vorliegt;[102] denn die Versagung der Hinzuziehung ergeht ggü. dem Betroffenen nicht im Rahmen eines Verwaltungsverfahrens, sondern schließt ihn gerade von der Mitwirkung an einem solchen aus. 63

d) Rechtsmittel der Beteiligten nach Abs. 1 Nr. 1 bis 3

Verfahrensbeteiligte nach Abs. 1 Nr. 1 bis 3 sowie andere Hinzugezogene können die Hinzuziehung eines Dritten bzw. deren Versagung nur mit den gegen die Sachentscheidung gegebenen Rechtsbehelfen anfechten, weil die betreffende Entscheidung ihnen ggü. eine behördliche Verfahrenshandlung i.S.d. § 44a Satz 1 VwGO darstellt.[103] 64

6. Die Wirkung der Sachentscheidung ggü. den Hinzugezogenen

Die Wirkung der Sachentscheidung ggü. den Hinzugezogenen hängt davon ab, ob ein Fall der nicht notwendigen (vgl. Rdn. 66) oder der notwendigen (vgl. Rdn. 67) Hinzuziehung vorliegt. 65

a) Ggü. den nach Satz 1 Hinzugezogenen

Gegenüber den nach Satz 1 Hinzugezogenen, deren rechtliche Interessen berührt werden (ohne dass für sie der Ausgang des Verfahrens eine rechtsgestaltende Wirkung hat bzw. haben kann – vgl. Rdn. 46 ff.), weist die Sachentscheidung (wie ggü. jedermann) lediglich den Charakter einer Tatbestandswirkung auf, sodass sie (auch im Hinblick auf mögliche spätere Verfahren) als gegeben hingenommen werden muss und nicht mit Rechtsmitteln angefochten werden kann. Das folgt aus einer entsprechenden Anwendung des § 121 VwGO, wonach rechtskräftige Urteile die Beteiligten und ihre Rechtsnachfolger soweit binden, als über den Streitgegenstand (der nur Rechte, aber keine bloßen rechtlichen Interessen erfasst) entschieden worden ist.[104] 66

---

101 Ebenso Kopp/*Ramsauer*, § 13 Rn. 38; Stelkens/Bonk/Sachs/*Bonk/Schmitz*, § 13 Rn. 39.

102 A.A. (ohne Begründung) OVG Rheinland-Pfalz, Urt. v. 19.05.1987 – 7 C 1/87, NVwZ 1988, 76.

103 Ebenso Kopp/*Ramsauer*, § 13 Rn. 37; *Meyer/Borgs*, Rn. 13; Stelkens/Bonk/Sachs/*Bonk/Schmitz*, § 13 Rn. 39; *Ule/Laubinger*, Verwaltungsverfahrensrecht § 15 III 5/§ 15 Rn. 20.

104 Etwas anderes ergibt sich auch nicht aus BVerwG, Urt. v. 28.04.1972 – IV C 42.69, BVerwGE 40, 101 ff., Kopp/Ramsauer § 13 Rn. 49 und *Meyer/Borgs* § 13 Rn. 12, die die Bindungswirkung ggü. dem einfachen Beteiligten darin erblicken, dass dieser in einem späteren Verfahren die Richtigkeit der ergangenen Entscheidung insoweit nicht mehr bestreiten kann, als ihm nach der Verfahrenslage im Zeitpunkt der Hinzuziehung das entsprechende Vorbringen noch möglich gewesen wäre.

b) Ggü. den nach Satz 2 Hinzugezogenen

67 Gegenüber denjenigen Beteiligten, die nach Satz 2 hinzugezogen worden sind, wirkt die Sachentscheidung ebenso (»rechtsgestaltend«) wie ggü. den Beteiligten nach Abs. 1 Nr. 1 bis 3, mit der Folge, dass ihnen allen die üblichen Rechtsbehelfe zur Verfügung stehen.

7. Folgen einer unterlassenen Hinzuziehung

68 Die Folgen der unterlassenen Hinzuziehung für die Rechtmäßigkeit des VA sind verschieden für die notwendige (vgl. Rdn. 69 f.) und die nicht notwendige (vgl. Rdn. 71) Hinzuziehung.

a) Im Fall der notwendigen Hinzuziehung

69 Ist die notwendige Hinzuziehung eines Drittbetroffenen unterblieben, so leidet der VA an einem Verfahrensfehler und ist

1) nichtig, wenn es sich um einen schweren und offenkundigen Verfahrensfehler handelt.[105]
2) Ist dies nicht der Fall, dann ist der VA rechtswidrig und damit aufhebbar.[106]

70 Bei einem rechtswidrigen VA ist eine Nachholung der Hinzuziehung nach § 45 Abs. 1 und 2 möglich[107] (vgl. § 45). Dass dies in § 41 Abs. 1 Nr. 6 SGB X für die »erforderliche Hinzuziehung« ausdrücklich bestimmt ist, während das VwVfG eine derartige Regelung nicht kennt, spricht nicht gegen die Heilbarkeit der notwendigen Hinzuziehung durch Nachholung. In Ausnahmefällen kann die Geltendmachung dieses Verfahrensfehlers aber gegen den (auch im öffentlichen Recht herrschenden) Grundsatz von Treu und Glauben verstoßen.[108] Wird die Hinzuziehung nicht nachgeholt, so kann nach § 46 die Aufhebung des VA nur beansprucht werden, wenn nicht offensichtlich ist, dass die unterlassene Hinzuziehung die Entscheidung in der Sache nicht beeinflusst hat[109] (vgl. § 46).

---

105 Dazu OVG Sachsen, Beschl. v. 30.04.2014 – 1 B 475/13, Rn. 19.

106 OVG Nordrhein-Westfalen, Urt. v. 13.02.1985 – 11a ND 20/84, NVwZ 1988, 74; Knack/Henneke/*Ritgen*, § 13 Rn. 19; Kopp/Ramsauer, Rn. 42; Stelkens/Bonk/Sachs/*Bonk/Schmitz*, § 13 Rn. 46. Zur regelmäßigen Nichtigkeit tendierend *Ule/Laubinger*, Verwaltungsverfahrensrecht § 15 III 5/§ 15 Rn. 22. Für Nichtigkeit *Füßer*, DÖV 1997, 816 (821).

107 Vgl. VGH Bayern, Urt. v. 12.03.2007 – 22 A 06.40020; Ebenso *Kollmer*, NVwZ 1994, 1057 (1060); Kopp/Ramsauer, § 13 Rn. 51a; Stelkens/Bonk/Sachs/*Bonk/Schmitz*, § 13 Rn. 46; Knack/Henneke/*Ritgen*, § 13 Rn. 56.

108 S.a. *Kollmer*, NVwZ 1994, 1057 (1060 f.).

109 Vgl. BVerwG, Beschl. v. 25.03.2011 – 7 B 86.10; VGH Bayern, Urt. v. 12.03.2007 – 22 A 06.40020; S.a. Knack/Henneke/*Ritgen*, § 13 Rn. 56; *Meyer/Borgs*, § 13 Rn. 13; Stelkens/Bonk/Sachs/*Bonk/Schmitz*, § 13 Rn. 46; *Ule/Laubinger*, Verwaltungsverfahrensrecht § 15 III 5/§ 15 Rn. 22.

b) Im Fall der nicht notwendigen Hinzuziehung

Bei der nicht notwendigen Hinzuziehung bleibt die Unterlassung der Hinzuziehung ohne Folgen für die Rechtmäßigkeit des VA, da dieser keine Regelung ggü. dem nicht Hinzugezogenen darstellt.[110] An der Tatbestandswirkung des VA für den nicht Hinzugezogenen (vgl. Rdn. 66) ändert sich nichts. 71

III. Kein Beteiligtenstatus bei einer Anhörung ohne die Voraussetzungen des Abs. 1 (Abs. 3)

Nach § 13 Abs. 3 wird nicht Beteiligter, wer anzuhören ist, ohne dass die Voraussetzungen des Abs. 1 vorliegen. Dieses Anhörungsrecht ist nicht identisch mit dem Recht auf Gehör nach § 28, das nur den Beteiligten zusteht.[111] Sachverständige und Zeugen sind keine Beteiligten (vgl. Rdn. 9). 72

Es gibt indes Rechtsvorschriften, die bestimmten Behörden, (natürlichen bzw. juristischen) Personen oder Vereinigungen im Interesse einer sachgerechten Entscheidung eine Anhörung ermöglichen, ohne dass für sie dadurch subjektive öffentliche Rechte begründet werden (die dann eine rechtsgestaltende Wirkung der Sachentscheidung auslösen würden). Solche rein formalen Anhörungsrechte, die im Interesse einer gerechten Sachentscheidung einer Vervollständigung der behördlichen Beurteilungsgrundlagen dienen, können keinen Beteiligtenstatus vermitteln. Eine Beteiligtenstellung nach Abs. 1 Nr. 1 bis 3 bleibt davon unberührt.[112] Anders sieht es aus bei den Mitwirkungsrechten anerkannter Naturschutzverbände, da die Vorschrift des § 63 BNatSchG ein selbstständig einklagbares subjektiv öffentliches Recht auf Beteiligung einräumt[113]. 73

Für die Klärung der Frage, ob ein Anzuhörender ein Recht auf Hinzuziehung nach Abs. 2 hat, ist im Rahmen einer teleologischen Auslegung auf den Zweck der die Anhörung begründenden Vorschrift abzustellen.[114] 74

IV. Wegfall eines Beteiligten

Das VwVfG lässt die Frage des Rechtsschicksals des Verfahrens bei Wegfall eines Beteiligten oder dem davon grds. zu unterscheidenden Wegfall der Beteiligtenfähigkeit (vgl. § 11 Rdn. 36) ebenso unbeantwortet, wie die sich an den Wegfall eines Beteiligten im Laufe eines anhängigen Verfahrens anschließende Problematik der Nachfolge in die verfahrensrechtliche Rechtsstellung. 75

---

110 Ebenso *Kollmer*, NVwZ 1994, 1057 (1060); Knack/Henneke/*Ritgen*, § 13 Rn. 54.

111 S.a. Knack/Henneke/*Ritgen*, § 13 Rn. 63; *Ule/Laubinger*, Verwaltungsverfahrensrecht § 15 II 5/§ 15 Rn. 12.

112 Stelkens/Bonk/Sachs/*Bonk/Schmitz*, § 13 Rn. 47.

113 BVerwG, Urt. v. 07.12.2006 – 4 C 16.04, BVerwGE 127, 208 m.w.N.; VGH Hessen, Urt. v. 15.12.2011 – 5 S 2100/11, NuR 2012, 130; *Dolde*, NVwZ 1992, 960.

114 Vgl. auch Kopp/Ramsauer, § 13 Rn. 55, 55a.

76 Als Beispiele für den Wegfall eines Beteiligten sind zu nennen der Tod einer natürlichen Person, die Auflösung einer juristischen Person, der Zusammenschluss einer juristischen Person oder Vereinigung nach Nr. 2 mit einer anderen juristischen Person oder einer Vereinigung nach Nr. 2.

1. Problematik der Rechts- und Pflichtennachfolge

77 Lediglich an einer versteckten Stelle und in einem eher unbedeutenden Zusammenhang erwähnt das VwVfG bei den Regelungen über die Vollmacht in § 14 Abs. 2 den Rechtsnachfolger (vgl. § 14 Rdn. 48 f.). Insb. fehlt im VwVfG eine dem § 173 VwGO vergleichbare Verweisungsnorm, mit deren Hilfe das Gesetz eine entsprechende Anwendung derjenigen Vorschriften der ZPO anordnet, die – wie die §§ 239 ff., 265 f. ZPO – den Komplex der Nachfolge in die verfahrensrechtliche Position sowie das Rechtsschicksal des Verfahrens betreffen.

78 Die Behörde hat nach Bekanntwerden des Ereignisses, das möglicherweise eine Nachfolge in die verfahrensrechtlichen Rechte und Pflichten auslöst, sowohl in Antrags- als auch in Amtsverfahren – sei es in nichtförmlichen Verfahren oder in den Verfahren des Teiles V des VwVfG (z.B. Planfeststellungsverfahren) – zu prüfen, ob eine Rechts- und Pflichtennachfolge in Bezug auf die dem Verfahren zugrunde liegende materiell-rechtliche Position stattfindet.[115]

79 Für die weitere Prüfung hat die Behörde von den Grundsätzen auszugehen, dass
1) wenn eine Nachfolge in die materiell-rechtliche Position abzulehnen ist, eine Nachfolge in das verwaltungsverfahrensrechtliche Rechtsverhältnis bzw. Rechtsposition ebenfalls ausscheidet,[116]
2) wenn eine Nachfolge in die materiell-rechtliche Position anzunehmen ist, eine Nachfolge in das verwaltungsverfahrensrechtliche Rechtsverhältnis bzw. Rechtsposition ebenfalls zu bejahen ist.[117]

80 Die Rechts- und Pflichtennachfolge im Bereich des materiellen Rechts und des Verwaltungsverfahrensrechts wird sowohl im Grundsätzlichen wie in den Einzelheiten

115 Im Ergebnis auch Kopp/*Ramsauer*, § 13 Rn. 58 ff.; Stelkens/Bonk/Sachs/*Bonk/Schmitz*, § 13 Rn. 26.

116 S. VGH Bayern, Beschl. v. 13.08.1992 – 2 CS 92.1618, BayVBl. 1993, 24 f.; OVG Nordrhein-Westfalen, Beschl. v. 26.07.1968 – VII A 186/67, OVGE 24, 91; *Schuegraf*, BayVBl. 1966, 46 (49 f.). A.A. *Stadie*, DVBl 1990, 501 (507 f.).

117 S. BVerwG, Urt. v. 18.10.1976 – VI C 4.71, VerwRspr. 28, 416 (417); BVerwG, Beschl. v. 09.05.1989 – 7 B 185.88, NuR 1990, 162; BSG, Urt. v. 16.02.1984 – 1 RJ 54/83, NVwZ 1985, 71 (72); BGH, Urt. v. 22.06.1978 – III ZR 109/76, BGHZ 72, 56 (58); *Ihmels*, DVBl 1972, 481 (483); *Rumpf*, VerwArch. Bd. 78, 1987, 87 (91); *Schenke*, GewArch. 1976, 1 (7); *Schuegraf*, BayVBl. 1966, 46 (50); *Wallerath*, JuS 1971, 460 (464).

unterschiedlich behandelt.[118] Es ist aber davon auszugehen, dass eine (wirksame) Nachfolge in eine öffentlich-rechtliche Position (gleichgültig, ob es sich um ein Recht, eine Pflicht oder ein Rechtsverhältnis handelt) nur in Betracht kommt, wenn die Position nachfolgefähig und ein Nachfolgetatbestand gegeben ist

Die Nachfolgefähigkeit ist die materielle Eignung einer Rechtsposition für eine Zu- 81
ordnungsänderung oder anders ausgedrückt, es ist die objektbezogene Zulässigkeit des Übergangs von Rechten und/oder Pflichten von einem Rechts- bzw. Pflichtensubjekt auf ein anderes bei Vorliegen eines Nachfolgetatbestandes.[119] Sie ist – soweit sie nicht ausdrücklich gesetzlich geregelt ist – durch Auslegung der die Position betreffenden Rechtsnormen zu ermitteln.

Objektbezogen, und deshalb nachfolgefähig, sind Verfahren die grundstücks- und anlagenbezogene Rechte und Pflichten betreffen. In diesen Verfahren kommt es auf den Bestand, Zustand oder die Nutzung von Grundstücken, Gebäuden oder Anlagen an.[120] Hingegen sind Verfahren die personenbezogene Rechte und Pflichten betreffen, in der Regel nicht nachfolgefähig.[121]

Der Nachfolgetatbestand ist die auf einem bestimmten Rechtsakt beruhende Re- 82
gelung eines Übergangs eines Rechts oder einer Pflicht von einem Subjekt auf ein anderes, mit anderen Worten: der Rechtsgrund für den Eintritt eines Rechts- oder Pflichtennachfolgers.[122]

118 S. hierzu und zum Folgenden *Riedl*, Die Rechts- und Pflichtennachfolge im Verwaltungsrecht – Grundlagen und Zulässigkeit der Rechts- und Pflichtennachfolge aufseiten des Privatrechtssubjekts, 1998; *Reimer*, DVBl 2011, 201.

119 *Otto*, Die Nachfolge in öffentlich-rechtliche Positionen der Bürger, S. 34 ff, 64 f.; Kopp/Ramsauer, § 13 Rn. 58 und *Reimer*, DVBl 2011, 201 (202) verzichten auf die Nachfolgfähigkeit als selbstständige Voraussetzung, weil sie bei Vorliegen eines Nachfolgetatbestandes stets gegeben sei.

120 Vgl. z.B. Widerruf einer Baugenehmigung und Abrissverfügung, BVerwG, Urt. v. 22.01.1971 – IV C 62.66, NJW 1971, 1624; OVG Berlin, Beschl. v. 25.09.1987 – 2 B 66.85, DÖV 1988, 384; VGH Hessen, Beschl. v. 17.06.1997 – 14 TG 2673/95, NVwZ 1998, 1315. Vgl. ferner zur Rechtsnachfolge BVerwG, Beschl. v. 12.06.2006 – 3 B 181.05, NVwZ 2006, 1072.

121 Vgl. z.B. Zwangsmittelandrohungen, VGH Baden-Würtemberg, Urt. v. 27.06.1990 – 5 S 2180/89, NVwZ 1991, 686; OVG Nordrhein-Westfalen, Urt. v. 09.03.1979 – XI A 963/78, DÖV 1979, 834; baurechtliches Nutzungsverbot, OVG Hamburg, Urt. v. 14.12.1995 – Bf II 16/94, BauR 1997, 104. Vgl. auch Kopp/Ramsauer, § 13 Rn. 59 der zwischen höchstpersönlichen und sonstigen personenbezogenen Rechten unterscheidet. So können die Hinterbliebenen des verstobenen Erlaubnisinhabers von bestimmten Gewerbeerlaubnissen mit zeitlichen und teilweise sachlichen Einschränkungen weiter Gebrauch machen, z.B. § 46 GewO, § 10 GaststättenG und § 4 HandwO.

122 Insoweit ist aber bei der entsprechenden Anwendung zivilrechtlicher Nachfolgetatbestände bezüglich der Nachfolge in Pflichten und Rechtsverhältnisse der Vorbehalt des Gesetzes zu beachten, z.B.: § 1922 BGB analog; §§ 54 ff. VwVfG i.V.m. §§ 398 ff. BGB oder §§ 414 ff. BGB analog.

2. Keine Nachfolge in die materiell-rechtliche und verfahrensrechtliche Position

83 Ist die Frage der Rechts- oder Pflichtennachfolge in Bezug auf die materiell-rechtliche Position mangels Nachfolgefähigkeit zu verneinen, so muss hinsichtlich der Rechtsfolgen für das Verwaltungsverfahren zwischen der Gesamtnachfolge und den übrigen Fällen der Einzelnachfolge unterschieden werden.

Ein Fall der Gesamtnachfolge liegt vor, wenn der Beteiligte, dem ein Recht oder eine Pflicht zugeordnet ist, (z.B. durch Tod) gänzlich wegfällt. Ist demgegenüber der bisher Beteiligte noch vorhanden, aber ihm können nicht mehr die verfahrensgegenständlichen Rechte oder Pflichten zugeordnet werden, so handelt es sich um einen Fall der Einzelnachfolge.[123]

a) Gesamtnachfolge

84 Sind nicht nachfolgefähige Rechte und Pflichten des weggefallenen Beteiligten Gegenstand des Verfahrens, erledigt sich bei der Gesamtnachfolge das Verfahren in der Hauptsache – entsprechend dem verwaltungsgerichtlichen Verfahren[124] – ipso iure.[125] Das Verfahren kann und darf von Seiten der Behörde in der Hauptsache nicht mehr weiter betrieben werden.[126]

aa) Verfahren in der Hauptsache

85 Das Verfahren endet von selbst ohne Erklärungen der Beteiligten und ohne abschließende Entscheidung der Behörde, die aus diesem Grund die Sachentscheidungsvoraussetzungen nicht mehr zu prüfen hat. Ob die Behörde das auf diese Weise abgeschlossene Verfahren förmlich oder formlos für beendet erklärt bzw. einstellt, ist belanglos; denn diese Maßnahme stellt insoweit mangels Regelungswirkung keinen VA dar. Im förmlichen Verfahren müssen aber die übrigen Beteiligten nach § 69 Abs. 3 Satz 1 von diesem Verfahrensabschluss (formlos) benachrichtigt werden. Aus Gründen der Rechtsklarheit erscheint im nichtförmlichen Verwaltungsverfahren eine Mitteilung über die gesetzliche Beendigung des Verfahrens an die Beteiligten entsprechend § 69 Abs. 3 Satz 1 aber dann angezeigt bzw. empfehlenswert, wenn zwischen den Behörden und diesen bereits eine Kontaktaufnahme (z.B. Anhörung) stattgefunden hat.

86 Bereits erlassene VAe, die die nicht nachfolgefähige Position begründen, feststellen, modifizieren, entziehen oder sonst wie regeln, erledigen sich (kraft Gesetzes) mit dem Tod des Betroffenen und verlieren somit – gemäß der Auffangbestimmung des § 42 Abs. 2 letzte Alternative – ihre Wirksamkeit.

---

123 Vgl. dazu *Reimer*, DVBl 2011, 201 (204).
124 S. OVG Nordrhein-Westfalen, Urt. v. 15.10.1993 – 7 A 2994/91, NVwZ 1994, 696 (697); VGH Baden-Württemberg, Beschl. v. 16.02.1983 – 10 S 1178/80, NJW 1984, 195 (196).
125 Vgl. LSG Nordrhein-Westfalen, Urt. v. 11.05.1984 – L 8 J 181/82, RV 1985, 235 (236).
126 So auch *Spannowsky*, NVwZ 1992, 426.

bb) Kostenentscheidung

Soweit erforderlich ist aber noch eine Entscheidung hinsichtlich der (bisher angefallenen) Kosten des Verfahrens zu treffen; maßgeblich ist insoweit das Verwaltungskostenrecht. Nur in Bezug auf diesen reduzierten Verfahrensgegenstand setzt sich das Verfahren fort. Im Fall des Todes eines Beteiligten finden die Regelungen der §§ 239 ff. ZPO weitgehende entsprechende Anwendung (vgl. Rdn. 91 ff.); nur insoweit rückt seine Erbe – im Wege eines gesetzlichen Beteiligtenwechsels (vgl. auch Rdn. 90) – in die Beteiligtenstellung ein, und kann das Verfahren von dem Erben aufgenommen werden. 87

b) Einzelnachfolge

Existiert der Rechts- oder Pflichtenvorgänger noch, ist das Verfahren bei nicht nachfolgefähigen Rechten und Pflichten mit ihm ohne Verzögerung fortzusetzen. Für eine Unterbrechung oder Aussetzung des Verfahrens (vgl. § 9) ist kein Raum. 88

3. Nachfolge in die materiell-rechtliche und verfahrensrechtliche Position

Für alle Verfahrensarten und alle Arten der Nachfolge gilt: Liegen alle Voraussetzungen für eine Nachfolge in die verfahrensgegenständliche materiell-rechtliche und die verfahrensrechtliche Position vor, tritt eine Erledigung des Verwaltungsverfahrens nicht ein.[127] 89

a) Gesamtnachfolge

Stirbt während des Verwaltungsverfahrens ein Beteiligter oder scheidet er aus anderen Gründen aus, so kann das noch nicht abgeschlossene Verfahren – aus der Natur der Sache heraus – nur mit dem Rechts- oder Pflichtennachfolger fortgesetzt werden[128]. Kraft Gesetzes tritt der Gesamtrechtsnachfolger in die gesamte verfahrensrechtliche (Beteiligten-) Stellung des Erblassers ein. Der Rechts- bzw. Pflichtennachfolger übernimmt das Verwaltungsverfahren in dem verfahrensrechtlichen Zustand (z.B. in Bezug auf die Fristwahrung), in dem es sich zum Zeitpunkt des Todes des Vorgängers befand. 90

Das Verfahren wird – in weitgehend (entsprechender) Anwendung der §§ 239, 242 f., 246, 249 ZPO[129] – aber unterbrochen, d.h. es tritt kraft Gesetzes ein Stillstand des Verfahrens ein, unabhängig von einem Antrag eines Beteiligten, von einer Anordnung der Behörde oder der Kenntnis der Beteiligten oder der Behörde. Hintergrund der Unterbrechung im Fall des Todes eines Beteiligten ist die rechtliche Unsicherheit über 91

---

127 S. VGH Hessen, Urt. v. 30.10.1987 – 7 UE 48/84, UPR 1988, 348.

128 Vgl. AnwGH Celle, Beschl. v. 28.01.2016 – AGH 13/13, beim insolventen Rechtsanwalt der Insolvenzverwalter nach § 80 InsO.

129 Ebenso OVG Bremen, Beschl. v. 14.12.1984 – 1 BA 91/83, NVwZ 1985, 917; *Spannowsky*, NVwZ 1992, 426. A.A. (für eine Aussetzung) OVG Sachsen-Anhalt, Urt. v. 25.11.1993 – 3 L 18/93, NVwZ 1994, 1227. Offengelassen BVerwG, Beschl. v. 14.11.2000 – 8 B 187.00, NVwZ 2001, 319.

die Person des Beteiligten, da der Erbe, dem die Erbschaft angefallen ist, diese ausschlagen kann (§§ 1942 ff. BGB) und dann der Nächstberufene von Anfang an als Erbe gilt (§ 1953 Abs. 1 und 2 BGB).[130]

92 Der Lauf einer jeden Frist hört mit Eintritt der Unterbrechung auf und beginnt mit deren Beendigung von Neuem zu laufen. Während der Unterbrechung sind die von einem Beteiligten in Ansehung der Hauptsache ggü. der verfahrensleitenden Behörde vorgenommenen Verfahrenshandlungen entweder unzulässig oder unwirksam bzw. unbeachtlich und behördliche Verfahrenshandlungen unwirksam bzw. unbeachtlich (vgl. auch § 249 Abs. 1 und 2 ZPO); insoweit unterscheiden sich die Auswirkungen auf Verfahrenshandlungen nicht von dem Fall der fehlenden Beteiligungsfähigkeit (vgl. § 11 Rdn. 44 ff.). Die Unterbrechung tritt aber nicht ein, wenn eine Vertretung durch einen Bevollmächtigten stattfindet oder wenn gesetzlich etwas anderes bestimmt ist. Insoweit kommt aber u.U. eine Aussetzung des Verfahrens durch die Behörde in Betracht (vgl. § 9).

93 Zur Aufnahme des Verfahrens[131] durch den Erben bedarf es einer sog. »Eintrittserklärung«,[132] die ihrer Rechtsnatur nach als nichtbehördliche Verfahrenshandlung eine öffentlich-rechtliche Willenserklärung verfahrensrechtlicher Art darstellt. Bei einer Mehrheit von Erben kann ein Verwaltungsverfahren nach dem Tode des Antragstellers – entsprechend § 2039 Satz 1 BGB – durch einzelne Miterben aufgenommen werden.[133] Auch eine Aufnahme durch die verfahrensleitende Behörde bei Verzögerung der Aufnahme durch den Erben ist zulässig (§ 239 Abs. 2 bis 4 ZPO analog).

b) Einzelnachfolge

94 Die Regelungen der §§ 265, 266 ZPO können wegen insoweit fehlender Rechtsähnlichkeit von Zivil- bzw. Verwaltungsprozess und Verwaltungsverfahren nicht entsprechend angewendet werden.[134] Denn diese Vorschriften setzen ein Verhältnis der (direkten) Gegnerschaft zwischen zwei Beteiligten voraus, das im Verwaltungsverfahren grds. nicht gegeben ist (vgl. auch Rdn. 15).

95 Im Verwaltungsverfahren ist die Antragsbefugnis bzw. Verfahrensführungsbefugnis (vgl. Vorbem. § 9) als weitere Sachentscheidungsvoraussetzung bei Verfahren, die auf den Erlass eines VA gerichtet sind, zu beachten. Der Antragsteller muss eine eigene rechtliche Betroffenheit geltend machen, d.h. es muss die Möglichkeit bestehen,

---

130 Vgl. auch Kopp/Ramsauer, § 13 Rn. 63.

131 Die Möglichkeit einer Aufnahme des Verfahrens leugnen *Meyer/Borgs*, § 14 Rn. 21. Wieder anders *Spannowsky* (NVwZ 1992, 426 [427]), der in von Amts wegen eingeleiteten Verfahren eine Einstellung des Verfahrens befürwortet, wenn schutzwürdige Rechte des Rechtsnachfolgers nicht infrage stehen und die Durchführung des Verfahrens nicht im öffentlichen Interesse geboten ist.

132 *Haueisen*, DVBl 1971, 932 (933).

133 Vgl. auch BVerwG, Urt. v. 19.03.1956 – V C 265.54, BVerwGE 3, 208 (210).

134 Vgl. auch *Spannowsky*, NVwZ 1992, 426 (430).

dass das geltend gemachte Recht besteht und dem Antragsteller zusteht (vgl. Vorbem. § 9). Tritt der Nachfolger in die jeweilige materiell-rechtliche und verfahrensrechtliche Rechtsstellung des Vorgängers ein, wirkt also auch die Bestandskraft des VA zulasten des Nachfolgers, so würde die weitere Beteiligtenstellung des Rechtsvorgängers unter Ausschluss des Nachfolgers, die Rechte des Nachfolgers unangemessen verkürzen[135] (vgl. auch Vorbem. § 9). Eine sachgerechte Wahrung seiner Rechte ist dem Nachfolger aber nur dann möglich, wenn er sich rechtzeitig mittels seiner Verfahrensrechte mit dem Verfahrensstoff vertraut machen kann.[136]

Nach alledem erscheint es sachgerecht, dass der Rechts- bzw. Pflichtenvorgänger aus dem Verfahren ausscheidet und sein Nachfolger an seine Stelle tritt.[137] Ist insoweit ein Rückgriff auf die §§ 265 ff. ZPO aber ausgeschlossen, kann dieses Problem durch die Entwicklung eines eigenständigen verwaltungsverfahrensrechtlichen Rechtsinstituts der Beteiligtenänderung durch gesetzlichen Beteiligtenwechsel in Anlehnung an die entsprechenden zivil- und verwaltungsprozessualen Vorbilder der Parteiänderung durch Parteiwechsel gelöst werden. 96

In diesem Fall ist das Verfahren mit dem Rechts- bzw. Pflichtennachfolger fortzusetzen, sofern nicht eine Aussetzung (vgl. § 9) oder eine Einstellung des Verfahrens von Amts wegen (vgl. § 9) in Betracht kommt. 97

4. Widerspruchsverfahren

Im Widerspruchsverfahren (§§ 68 ff. VwGO) muss die Widerspruchsbehörde sowohl beim Anfechtungs- als auch beim Verpflichtungswiderspruch nach der Sach- und Rechtslage zum Zeitpunkt des Erlasses des Widerspruchbescheids und nicht des Ausgangs-VA entscheiden, sodass eine Nachfolge in die verfahrensrelevante materiellrechtliche Position stets zu beachten ist. 98

Eine ausdrückliche gesetzliche Regelung der Nachfolgeproblematik im Widerspruchsverfahren fehlt (wie im Ausgangsverfahren auch – vgl. Rdn. 75), insb. sind die speziellen Bestimmungen der VwGO nicht anwendbar, weil die VwGO – wegen der beschränkten Kompetenz des Bundesgesetzgebers nach Art. 74 Abs. 1 Nr. 1 GG – das Widerspruchsverfahren nur in Bezug auf seinen Charakter als Zulässigkeitsvoraussetzung bestimmter verwaltungsgerichtlicher Klagen (sog. Vorverfahren) regelt und regeln darf. 99

Wie beim Ausgangsverwaltungsverfahren (vgl. Rdn. 79 ff.) ist danach zu unterscheiden, ob eine (wirksame) Nachfolge in die materiell-rechtliche Position in den Fällen der Gesamt- und Einzelnachfolge stattfindet. 100

---

135 So auch *Spannowsky*, NVwZ 1992, 426 (430).

136 Vgl. zu diesem Begründungsweg für den Fall des Verwaltungsprozesses *Spannowsky*, NVwZ 1992, 426.

137 Gegen einen Eintritt des Einzelrechtsnachfolgers kraft Gesetzes (aber für ein Recht des Nachfolgers zur Weiterführung des stillstehenden Verfahrens durch entsprechende Willenserklärung): *Haueisen*, DVBl 1971, 932 (933); *Spannowsky*, NVwZ 1992, 426 (429 ff.).

C. Verfahrensvorschriften des Sozialrechts sowie Verwaltungsverfahrensrecht der Länder

101 Der § 12 SGB X ist wortgleich mit § 13.

Die Regelungen in den Verwaltungsverfahrensgesetzen der Länder sind ebenfalls wortgleich oder nehmen auf das Verwaltungsverfahrensgesetz Bezug.

§ 14 Bevollmächtigte und Beistände

(1) [1]Ein Beteiligter kann sich durch einen Bevollmächtigten vertreten lassen. [2]Die Vollmacht ermächtigt zu allen das Verwaltungsverfahren betreffenden Verfahrenshandlungen, sofern sich aus ihrem Inhalt nicht etwas anderes ergibt. [3]Der Bevollmächtigte hat auf Verlangen seine Vollmacht schriftlich nachzuweisen. [4]Ein Widerruf der Vollmacht wird der Behörde gegenüber erst wirksam, wenn er ihr zugeht.

(2) Die Vollmacht wird weder durch den Tod des Vollmachtgebers noch durch eine Veränderung in seiner Handlungsfähigkeit oder seiner gesetzlichen Vertretung aufgehoben; der Bevollmächtigte hat jedoch, wenn er für den Rechtsnachfolger im Verwaltungsverfahren auftritt, dessen Vollmacht auf Verlangen schriftlich beizubringen.

(3) [1]Ist für das Verfahren ein Bevollmächtigter bestellt, so soll sich die Behörde an ihn wenden. [2]Sie kann sich an den Beteiligten selbst wenden, soweit er zur Mitwirkung verpflichtet ist. [3]Wendet sich die Behörde an den Beteiligten, so soll der Bevollmächtigte verständigt werden. [4]Vorschriften über die Zustellung an Bevollmächtigte bleiben unberührt.

(4) [1]Ein Beteiligter kann zu Verhandlungen und Besprechungen mit einem Beistand erscheinen. [2]Das von dem Beistand Vorgetragene gilt als von dem Beteiligten vorgebracht, soweit dieser nicht unverzüglich widerspricht.

(5) Bevollmächtigte und Beistände sind zurückzuweisen, wenn sie entgegen § 3 des Rechtsdienstleistungsgesetzes Rechtsdienstleistungen erbringen.

(6) [1]Bevollmächtigte und Beistände können vom Vortrag zurückgewiesen werden, wenn sie hierzu ungeeignet sind; vom mündlichen Vortrag können sie nur zurückgewiesen werden, wenn sie zum sachgemäßen Vortrag nicht fähig sind. [2]Nicht zurückgewiesen werden können Personen, die nach § 67 Abs. 2 Satz 1 und 2 Nr. 3 bis 7 der Verwaltungsgerichtsordnung zur Vertretung im verwaltungsgerichtlichen Verfahren befugt sind.

(7) [1]Die Zurückweisung nach den Absätzen 5 und 6 ist auch dem Beteiligten, dessen Bevollmächtigter oder Beistand zurückgewiesen wird, mitzuteilen. [2]Verfahrenshandlungen des zurückgewiesenen Bevollmächtigten oder Beistandes, die dieser nach der Zurückweisung vornimmt, sind unwirksam.

Zu § 14: Geändert durch G vom 11.12.2008 (BGBl I S. 2418).

Schrifttum

Boujong, Vertretungsbefugnis und Vertretungsmängel im öffentlichen Recht, *WuV 1979, 48; Drescher,* Der übergangene Bevollmächtigte – Bekanntgabe eines Verwaltungsakts an den Betroffenen selbst trotz Bestellung eines Verfahrensbevollmächtigten, NVwZ 1988, 680; *Jäkel,* Grenzen des kommunalrechtlichen Vertretungsverbots für Rechtsanwälte – BVerfGE 41, 231, OVG Nordrhein-Westfalen, AnwBl 1976, 366 und OLG Hamm, DVBl 1978, 153, in: JuS 1979, 174; *ders.*, Anmerkung zu BVerfG 18.07.1979, DVBl 1980, 49, in: DVBl 1980, 829; *Kopp,* Die Prozeßvertretung durch Rechtslehrer an deutschen wissenschaftlichen Hochschulen vor den allgemeinen Verwaltungsgerichten und das Rechtsberatungsgesetz in: Ule-FS, S. 143; *Olschewski,* Kommunalrechtliche Vertretungsverbote für Rechtsanwälte, NJW 1976, 933; *Schenke,* Die Vertretungsbefugnis von Rechtslehrern an einer deutschen Hochschule im verwaltungsgerichtlichen Verfahren, DVBl 1990, 1151; *Schoch,* Rechtsbeistand beim Einstellungsgespräch von Beamtenbewerbern, NJW 1982, 545; *Sonnek,* Die gewillkürte Vertretung des Beteiligten im Verwaltungsverfahren nach § 14 VwVfG, 1983.

Übersicht **Rdn.**

A. Allgemeines und Grundsätze

I. Gegenstand der Regelung

1 § 14 regelt die Möglichkeit der an einem Verwaltungsverfahren Beteiligten sich in jeder Lage des Verfahrens durch einen von ihm ausgewählten sachkundigen Bevollmächtigten (Abs. 1) oder/und Beistand (Abs. 4) unterstützen zu lassen. Durch dieses

Recht kann ein rechtstaatliches Verfahren gewährleistet werden und »Waffengleichheit« hergestellt werden.[1]

Nicht Gegenstand der Bestimmung des § 14 ist das der Bevollmächtigung zugrunde liegende und von diesem rechtlich strikt zu trennende schuldrechtliche (sog. kausale) Rechtsverhältnis zwischen dem Vollmachtgeber und dem Bevollmächtigten, wie etwa ein (unentgeltliches) Auftragsverhältnis nach den §§ 662 ff. BGB oder ein (entgeltlicher) Geschäftsbesorgungsvertrag nach § 675 BGB.[2]

Im Einzelnen behandelt 2

1) Abs. 1 die Bevollmächtigung mit ihren Auswirkungen für den Bevollmächtigten und den Widerruf der Vollmacht (Rdn. 11 ff.),
2) Abs. 2 den Fortbestand der Vollmacht im Fall des Todes des Vollmachtgebers oder einer Veränderung seiner Handlungsfähigkeit bzw. seiner gesetzlichen Vertretung (Rdn. 46 ff.),
3) Abs. 3 die Bedeutung der Bestellung eines Bevollmächtigten für die Behörde (Rdn. 49 ff.),
4) Abs. 4 die Heranziehung eines Beistandes (Rdn. 56 ff.),
5) Abs. 5 bis 7 die Zurückweisung von Bevollmächtigten und Beiständen (Rdn. 67 ff.).

II. Ausnahmen vom Anwendungsbereich

In § 2 Abs. 2 Nr. 2 ist bestimmt, dass das VwVfG nicht für Maßnahmen des Richterdienstrechtes gilt (vgl. § 2). I.Ü. ist aber das Disziplinarrecht nicht allgemein von der Geltung des VwVfG ausgenommen. Doch steht der Anwendung des § 14 in bundesrechtlich geregelten Disziplinarverfahren die Vorbehaltsklausel des § 1 Abs. 1 entgegen, da die gesetzlichen Sonderregelungen der Disziplinarverfahren aufgrund ihres Sinnzusammenhangs das Recht, einen Beistand (oder Bevollmächtigten) beizuziehen, ausschließen, soweit sie nicht ausdrücklich diese Möglichkeit eröffnen.[3] 3

Ferner können Regelungen des Landesrechts (zum Schulwesen)[4] und auch Abkommen mit anderen Staaten[5] die Anwendung des § 14 VwVfG ausschließen.

1 Knack/Henneke/*Ritgen*, § 14 Rn. 7; Stelkens/Bonk/Sachs/*Bonk/Schmitz*, § 14 Rn. 2; z.B. VGH Baden Württemberg, Beschl. v. 25.11.2016 – 1 S 1750/16, Schreiben der Kraftfahrzeughaftpflichtversicherung für den Versicherten.

2 S.a. Stelkens/Bonk/Sachs/*Bonk/Schmitz*, § 14 Rn. 8.

3 Vgl. BVerwG, Beschl. v. 19.03.1976 – II WDB 1.76, NJW 1976, 2032; BDiszG, Beschl. v. 18.08.1989 – XVIII ZK 1/89, NVwZ-RR 1990, 424; Stelkens/Bonk/Sachs/*Bonk/Schmitz*, § 14 Rn. 5.

4 So ist nach dem SchulG NRW für den Bereich der Schulen der § 14 VwVfG NRW nicht anwendbar, VG Düsseldorf, Urt. v. 14.04.2010 – 18 K 4441/09.

5 Nach Art. 6 des deutsch-vietnamesischen Rückübernahmeabkommens hat der betroffene Ausländer keinen Anspruch nach § 14 Abs. 1 und 4 VwVfG auf Hinzuziehung eines Verfahrensbevollmächtigten, OVG Berlin, Beschl. v. 15.06.2006 – 8 S 39.06.

4 Nach § 2 Abs. 3 Nr. 2 gilt für die Tätigkeit der Behörden bei Leistungs-, Eignungs- und ähnlichen Prüfungen von Personen die Regelung des § 14 nicht.[6] Zu diesen Prüfungen gehören alle Fälle, in denen die Behörde der Sache nach die Leistung oder Eignung von Personen oder Ähnliches prüft (wie Einstellungsgespräche von Beamtenbewerbern, in denen deren Verfassungstreue festgestellt werden soll).[7] Hierbei kommt es darauf an, dass sich die Behörde in unmittelbarer, persönlicher und von Dritten nicht beeinflusster Rede und Gegenrede aus höchstpersönlichen Äußerungen und Tätigkeiten des Betroffenen ein Urteil bildet.[8]

5 Dagegen kann nach § 14 ein Beamter für ein Dienstgespräch mit seinem Vorgesetzten einen Bevollmächtigten (oder Beistand) hinzuziehen, wenn dieses Gespräch sein Dienstverhältnis betrifft und der Aufklärung eines bestimmten (ggf. dienstrechtliche Maßnahmen auslösenden) Sachverhalts dienen soll.[9]

6 Strittig ist der Fall, ob bei einer amtsärztlichen Untersuchung zur Feststellung der Dienstfähigkeit ein Beistand anwesend sein darf. Dabei wird die medizinische Untersuchung/Begutachtung über einen Krankheits- bzw. Gesundheitszustand unterschiedlich eingestuft.[10]

III. Zweck der Regelung

7 § 14 soll Klarheit darüber schaffen, unter welchen Voraussetzungen sich der Beteiligte – zur Gewährleistung eines fairen rechtsstaatlichen Verfahrens und damit einer »Waffengleichheit« mit der Behörde,[11] in Fortentwicklung des Anspruchs auf

---

6 Zur Frage, ob die von § 2 Abs. 3 Nr. 2 abweichende Formulierung in Art. 2 Abs. 3 Nr. 2 BayVwVfG (wonach das BayVwVfG für die Tätigkeit der Behörden bei Leistungs-, Eignungs- und ähnlichen Prüfungen nur gilt, »soweit nicht die Besonderheiten des Prüfungsverfahrens entgegenstehen«) eine andere Auslegung rechtfertigt, vgl. *Schoch*, NJW 1982, 545 (547 f.).

7 S. BVerwG, Urt. v. 28.04.1981 – 2 C 51/78, BVerwGE 62, 169; Knack/Henneke/*Ritgen*, § 14 Rn. 10; *Meyer/Borgs*, § 14 Rn. 4; Stelkens/Bonk/Sachs/*Bonk/Schmitz*, § 14 Rn. 5; *Ule/Laubinger*, Verwaltungsverfahrensrecht § 8 III 8/§ 8 Rn. 13; *Wagner*, DÖV 1988, 277 (278); ebenso für die Rechtslage vor Erlass des VwVfG, OVG Bremen, Beschl. v. 11.11.1975 – II B 40/75, NJW 1976, 770. Vgl. auch (für Beamte auf Probe) OVG Niedersachsen, Beschl. v. 26.01.1977 – V B 156/76, OVGE MüLü 32, 469. A.A.: OVG Hamburg, Beschl. v. 17.02.1975 – Bs I 15/75 u. Bs I 5/75, NJW 1976, 205; *Plagemann*, NJW 1977, 564; *Schoch*, NJW 1982, 545 (547 ff.).

8 BVerwG, Urt. v. 28.04.1981 – 2 C 51/78, BVerwGE 62, 169.

9 Ebenso Knack/Henneke/*Ritgen*, § 14 Rn. 11; Stelkens/Bonk/Sachs/*Bonk/Schmitz*, § 14 Rn. 5. Vgl. auch OVG Bremen, Beschl. v. 11.11.1975 – II B 40/75, NJW 1976, 772 (773 f.).

10 Vgl. Beistand möglich VG Münster, Beschl. v. 16.05.2012 – 4 L 113/12; A.A. OVG Hamburg, Beschl. v. 18.06.2006 – 1 Bs 102/06; OVG Rheinland-Pfalz, Beschl. v. 30.09.1999 – 2 B 11735/99.

11 Vgl. BVerfG, Beschl. v. 08.10.1974 – 2 BvR 747/73, BVerfGE 38, 105 (111); BDiszG, Beschl. v. 18.08.1989 – XVIII ZK 1/89, NVwZ-RR 1990, 424 (425); *Schoch*, NJW 1982, 545 (546 f.); Knack/Henneke/*Ritgen*, § 14 Rn. 7; Kopp/Ramsauer, § 14 Rn. 4; Stelkens/Bonk/Sachs/*Bonk/Schmitz*, § 14 Rn. 2.

rechtliches Gehör und zur Wahrung des allgemeinen Persönlichkeitsrechts und der sonstigen Grundrechte Beteiligter in ihrer verfahrensrechtlichen Dimension[12] (sog. Verfassungsrelevanz von Verfahrensvorschriften) – einer Vertretung oder Beratung durch andere (rechtskundige, sachkundige bzw. verhandlungsgewandte) Personen bedienen kann.

Eine solche Unterstützung des Beteiligten liegt auch im Interesse der Behörde, wenn 8
sie eine Konzentration und Beschleunigung des Verfahrens ermöglicht.[13] Die Regelung des § 14 ist allerdings nicht in Art. 103 Abs. 1 GG verfassungsrechtlich verankert, da diese Norm lediglich das rechtliche Gehör als solches, nicht jedoch gerade durch Vermittlung eines Bevollmächtigten oder Beistandes gewährleistet.[14]

B. Die Vorschrift im Einzelnen

I. Bevollmächtigung und Widerruf der Vollmacht (Abs. 1)

Abs. 1 regelt die Möglichkeit sich durch einen Bevollmächtigten vertreten zulassen, 9
die Bevollmächtigung und deren Widerruf.

1. Recht eines Beteiligten, sich vertreten zu lassen (Satz 1)

Satz 1 bestimmt als grundlegende Zulässigkeitsnorm, die ein allgemeines – im Ge- 10
richtsverfahren längst anerkanntes – rechtsstaatliches Prinzip auch für das Verwaltungsverfahren gewährleistet, dass sich ein Beteiligter durch einen Bevollmächtigten (d.h. einen gewillkürten Vertreter) vertreten lassen kann. Eine wirksame Verfahrensvollmacht ist Verfahrenshandlungsvoraussetzung für die von dem Bevollmächtigten vor- oder entgegengenommenen Verfahrenshandlungen.

a) Der Vollmachtgeber

Als Vollmachtgeber kommen infrage 11
1) jeder nach § 13 Abs. 1 und § 73 Abs. 4 Beteiligte,
2) der gesetzliche Vertreter eines Beteiligten (wenn Letzterer handlungsunfähig ist),
3) der (zur Erteilung einer Untervollmacht befugte) Bevollmächtigte.

Nach dem Gesetzeswortlaut kann sich nur ein Beteiligter, nicht aber auch ein Zeuge 12
(vgl. § 26) durch einen Bevollmächtigten vertreten lassen. Indessen ist dem Zeugen ein solches Recht unmittelbar durch die Verfassung (Art. 2 Abs. 1 i.V.m. Art. 1 Abs. 1 GG) jedenfalls dann gegeben, wenn der Zeuge in einem förmlichen Verfahren zur Aussage verpflichtet ist und sein Recht in Anspruch nimmt, »im Konflikt zwischen

12 Vgl. ferner *Meyer/Borgs*, § 14 Rn. 2; Stelkens/Bonk/Sachs/*Bonk/Schmitz*, § 14 Rn. 1; *Ule/Laubinger*, Verwaltungsverfahrensrecht, § 17 I/§ 17 Rn. 2.

13 Ebenso Amtl. Begründung S. 44; Knack/Henneke/*Ritgen*, Rn. 4.

14 S. nur BVerfG, Beschl. v. 08.10.1974 – 2 BvR 747/73, BVerfGE 38, 105 (111); *BDiszG*, Beschl. v. 18.08.1989 – XVIII ZK 1/89, NVwZ-RR 1990, 424.

Aussage- und Wahrheitspflicht und der Gefahr eigener Belastung bestimmte Angaben zu verweigern«.[15]

13 Da die Vollmachterteilung eine öffentlich-rechtliche Willenserklärung ist und auf das Verfahren einwirkt, muss der Vollmachtgeber nach § 12 Abs. 1 Nr. 1 oder 2 handlungsfähig sein.[16]

b) Die Person des Bevollmächtigten

14 Bevollmächtigter kann nur eine (nach § 12 Abs. 1 Nr. 1 handlungsfähige) natürliche Person oder (im Fall der Erteilung einer Gesamtvollmacht) eine Mehrheit von (nach § 12 Abs. 1 Nr. 1 handlungsfähigen) natürlichen Personen sein.[17] Die Bevollmächtigung einer juristischen Person lässt sich im Rahmen der Auslegung als Bevollmächtigung eines für Sie handlungsfähigen gesetzlichen Vertreters verstehen, da im Verwaltungsverfahren handlungsfähig nur ein natürliche Person sein kann.[18] Insoweit wird von den Verwaltungsgerichten eine Bevollmächtigung einer juristischen Person als unproblematisch angesehen.[19] Die Regelung des § 12 Abs. 1 Nr. 2 (die den nach bürgerlichem Recht in der Geschäftsfähigkeit beschränkten Personen unter bestimmten Voraussetzungen die Handlungsfähigkeit zuerkennt) gilt aber nicht für die Bevollmächtigten, sondern ausschließlich für die Beteiligten selbst. Da in einem Verwaltungsverfahren immer auch das öffentliche Interesse auf dem Spiele steht, ist die Bestimmung des § 165 BGB (über die Wirksamkeit der von einem beschränkt geschäftsfähigen Vertreter abgegebenen Willenserklärungen) nicht entsprechend anwendbar.[20]

15 Ein nicht handlungsfähiger Bevollmächtigter ist in entsprechender Anwendung des den Abs. 5 und 6 zugrunde liegenden allgemeinen Rechtsgedankens von der Behörde zurückzuweisen. Die von diesem als Bevollmächtigtem vor- oder entgegengenommenen Verfahrenshandlungen sind in ihrem Rechtsschicksal grds. den von einem

---

15 BVerfG, Beschl. v. 08.10.1974 – 2 BvR 747/73, BVerfGE 38, 105 (115). Ebenso *Schoch*, NJW 1982, 545 (549); im Ergebnis auch *Meyer/Borgs*, Rn. 4.

16 Ebenso Knack/Henneke/*Ritgen*, § 14 Rn. 17; *Meyer/Borgs*, § 14 Rn. 20; Stelkens/Bonk/Sachs/*Bonk/Schmitz*, § 14 Rn. 8; *Ule/Laubinger*, Verwaltungsverfahrensrecht, § 17 II 1/§ 17 Rn. 5.

17 Möglich ist auch die Bevollmächtigung mehrerer handlungsfähiger natürlicher Personen, von denen jeder für sich allein zur Vertretung des Beteiligten berechtigt ist (sog. Einzelvertretung). Vgl.: Stelkens/Bonk/Sachs/*Bonk/Schmitz*, § 14 Rn. 10.

18 Knack/Henneke/*Ritgen*, § 14 Rn. 16; Kopp/Ramsauer, § 14 Rn. 12; Stelkens/Bonk/Sachs/*Bonk/Schmitz*, § 14 Rn. 10.

19 Die insoweit notwendige Fähigkeit zur Vornahme von Verfahrenshandlungen wird juristischen Personen ausdrücklich gem. § 12 Abs. 1 Nr. 3 VwVfG durch ihre gesetzlichen Vertreter oder durch besonders Beauftragte vermittelt, OVG Berlin, Urt. v. 03.12.1990 – 7 B 85.88; OVG Sachsen, Beschl. v. 04.04.2000 – 1 B 282/99, SächsVBl 2000, 290; VG Braunschweig, Beschl. v. 08.02.2005 – 2 B 419/04.

20 Im Ergebnis ebenso *Meyer/Borgs*, § 14 Rn. 16; Stelkens/Bonk/Sachs/*Bonk/Schmitz*, § 14 Rn. 9.

handlungsunfähigen Beteiligten selbst vor- oder entgegengenommenen Verfahrenshandlungen gleichzustellen (vgl. § 12 Rdn. 66 ff.).

c) Die ordnungsgemäße Erteilung der Vollmacht

aa) Rechtsnatur der Vollmacht

Die Bevollmächtigung bzw. Erteilung der Vollmacht i.S.d. § 14 ist ein einseitiges öffentlich-rechtliches Rechtsgeschäft mit einer empfangsbedürftigen öffentlich-rechtlichen Willenserklärung. 16

bb) Verfahren grds. analog § 167 BGB

Nach § 167 Abs. 1 BGB ist **Adressat der Bevollmächtigung** der zu Bevollmächtigende (Innenvollmacht) oder der Dritte, dem ggü. die Vertretung stattfinden soll (Außenvollmacht). Dritte i.S.d. § 167 Abs. 1 BGB sind die das Verfahren leitende Behörde und darüber hinaus in einem auf den Abschluss eines örV gerichteten Verfahren jeder beteiligte Vertragspartner. 17

Unter dem Vorbehalt entgegenstehender Rechtsvorschriften (z.B.: § 110 Abs. 2 Satz 4 BauGB; § 123 FlurbG) kann die Bevollmächtigung – entsprechend § 167 Abs. 2 BGB – formlos, d.h. auch mündlich oder durch konkludente Handlung, erfolgen.[21] 18

Dieser Grundsatz wird für die Bevollmächtigung im Rahmen eines auf den Abschluss eines örV gerichteten Verfahrens nicht durch § 57 verdrängt, da diese Vorschrift nur den Vertragsabschluss und die die Bestandskraft eines örV berührenden Willenserklärungen der Schriftform unterwirft (vgl. § 57). 19

cc) Duldungs- und Anscheinsvollmacht

Grundsätzlich rechtfertigen die im Privatrecht in Bezug auf die Duldungs- und Anscheinsvollmacht entwickelten Rechtsgrundsätze die Annahme einer wirksamen Bevollmächtigung, da sie der Notwendigkeit des Vertrauensschutzes bei jedem rechtsgeschäftlichen Handeln Rechnung tragen. Dies gilt auch für die Vertretung unter Ehegatten, für die die deutsche Rechtsordnung weder eine gesetzliche Vertretungsmacht noch eine grundsätzliche Vermutung einer Vertretungsbefugnis oder einen generellen Rechtsschein einer (ein- oder wechselseitig erteilten) Vollmacht kennt;[22] es bestehen jedoch einzelne sondergesetzliche Regelungen.[23] 20

---

21 Ebenso Amtl. Begründung S. 44; Knack/Henneke/*Ritgen*, § 14 Rn. 21; *Meyer/Borgs*, § 14 Rn. 11; Stelkens/Bonk/Sachs/*Bonk/Schmitz*, § 14 Rn. 14; *Ule/Laubinger*, Verwaltungsverfahrensrecht § 17 II 2/§ 17 Rn. 7. Vgl. auch FG Mecklenburg-Vorpommern, Urt. v. 24.04.1996 – 1 K 102/95, NVwZ-RR 1997, 124 (125); OVG Sachsen-Anhalt, Beschl. v. 23.11.2016 – 1 L 117/16; OVG Nordrhein-Westfalen, Beschl. v. 08.07.2003 – 18 B 2172/02, NVwZ-RR 2004, 72.

22 S. BSG, Urt. v. 15.10.1981 – 5b/5 RJ 90/80, SGb. 1982, 403 (405).

23 Vgl. z.B. § 1357 BGB.

aaa) Voraussetzungen im bürgerlichen Recht

21 Liegen im bürgerlichen Recht die Voraussetzungen einer Duldungs- oder Anscheinsvollmacht vor, so ist die Rechtslage im Interesse des gutgläubigen Vertragspartners so zu beurteilen, als ob der (tatsächlich vollmachtlose) Vertreter wirksam bevollmächtigt wäre.[24]

22 Eine **Duldungsvollmacht** ist gegeben, wenn der zu Vertretende wissentlich das wiederholte Auftreten eines vollmachtlosen Vertreters duldet und der Dritte – nach Treu und Glauben – aus diesem Verhalten auf das Bestehen einer Vollmacht schließen darf.[25]

23 Eine **Anscheinsvollmacht** liegt vor, wenn der zu Vertretende das (i.d.R.) wiederholte und sich über einen bestimmten Zeitraum erstreckende Auftreten des angeblichen Vertreters zwar nicht kennt, aber bei pflichtgemäßer Sorgfalt hätte erkennen müssen und verhindern können und der Dritte nach Treu und Glauben annehmen darf, dass der vollmachtlos Vertretene das Auftreten des angeblichen Vertreters kennt und billigt bzw. zumindest duldet.[26]

bbb) Grundsätzliche Anwendbarkeit im Verwaltungsverfahren

24 Die genannten Rechtsgrundsätze der Duldungs- und Anscheinsvollmacht sind im Verwaltungsverfahren anwendbar, sofern nicht – ausnahmsweise – Sondernormen des öffentlichen Rechts entgegenstehen.[27]

dd) Vertretung ohne Vertretungsmacht

25 Für die Vertretung ohne Vertretungsmacht gelten grds. die §§ 177 bis 179 BGB entsprechend.[28] Die Behörde kann einen Vertreter ohne Vertretungsmacht vorläufig zulassen. Die von ihm vor- oder entgegengenommenen Verfahrenshandlungen sind schwebend unwirksam bzw. unbeachtlich oder schwebend unzulässig. Werden sie

---

24 Vgl. auch Knack/Henneke/*Ritgen*, § 14 Rn. 28; Kopp/Ramsauer, § 14 Rn. 22 und 22a; Stelkens/Bonk/Sachs/*Bonk/Schmitz*, § 14 Rn. 16.

25 Vgl. BVerwG, Urt. v. 25.02.1994 – 7 C 32/92, BVerwGE 95, 176; BGH, Urt. v. 14.05.2002 – XI ZR 155/01, NJW 2002, 2325 (2327), BGH, Urt. v. 22.10.1996 – XI ZR 249/95, NJW 1997, 312 (314); BGH, Urt. v. 15.10.1987 – III ZR 235/86, NJW 1988, 697 (698); OVG Nordrhein-Westfalen, Beschl. v. 08.07.2003 – 18 B 2172/02, NVwZ-RR 2004, 72.

26 Vgl. BGH, Urt. v. 11.05.2011 – VIII ZR 289/09, BGHZ 189, 346; BGH, Urt. v. 10.01.2007 – VIII ZR 380/04, NJW 2007, 987; BGH, Urt. v. 08.12.2005 – III ZR 99/05, NJW-RR 2006, 701.

27 Ebenso VGH Hessen, Beschl. v. 09.02.1987 – 4 TH 1615/84, NVwZ 1987, 898; OVG Nordrhein-Westfalen, Beschl. v. 08.07.2003 – 18 B 2172/02, NVwZ-RR 2004, 72; *Broß*, SGb. 1982, 406; Knack/Henneke/*Ritgen*, § 14 Rn. 30; Kopp/Ramsauer, § 14 Rn. 22a; Stelkens/Bonk/Sachs/*Bonk/Schmitz*, § 14 Rn. 16.

28 Ebenso Kopp/Ramsauer, § 14 Rn. 20; *Wolff/Bachof/Stober*, Verwaltungsrecht I § 35 Rn. 10. Im Ergebnis auch Stelkens/Bonk/Sachs/*Bonk/Schmitz*, § 14 Rn. 15.

nicht innerhalb der von der Behörde gesetzten (angemessenen) Frist[29] – nachträglich genehmigt wird[30] sind – wegen Fehlens einer Verfahrenshandlungsvoraussetzung – als endgültig unwirksam bzw. unbeachtlich oder endgültig unzulässig zu betrachten[31] (vgl. Rdn. 47). Auf Verlangen der Behörde ist die nachträgliche Genehmigung – entsprechend § 14 Abs. 1 Satz 3 – schriftlich nachzuweisen[32]. Unberührt hiervon bleibt die Befugnis der Behörde in unmittelbarer Anwendung des § 14 Abs. 1 Satz 3, von dem als Bevollmächtigten Auftretenden den schriftlichen Nachweis seiner Vollmacht zu verlangen.[33]

2. Ermächtigung zu allen Verfahrenshandlungen (Satz 2)

Inhalt und Umfang der Vollmacht regelt § 14 Abs. 1 Satz 2 im Wege einer widerleglichen Vermutung.[34] Die Vollmacht ermächtigt – unter dem Vorbehalt einer durch ihren Inhalt festgelegten Beschränkung – zu allen das Verwaltungsverfahren betreffenden Verfahrenshandlungen.[35] 26

a) Begriff der (nichtbehördlichen) Verfahrenshandlung

Dem Begriff der Verfahrenshandlung sind zuzuordnen: 27

1) i.R.d. **Aktivvertretung** die Abgabe von Erklärungen, die
   a) das Verfahren als solches – seine Eröffnung, Fortführung, Änderung und Beendigung – betreffen (wie der Antrag auf Eröffnung bzw. Einstellung des Verfahrens),
   b) von punktueller verfahrensrechtlicher Bedeutung sind (wie der Antrag auf Akteneinsicht),
   c) eine materiell-rechtliche Einwirkung auf den Verfahrensgegenstand besitzen (wie die Aufrechnung),
   d) eine Untervollmacht erteilen;
2) i.R.d. **Passivvertretung** die Entgegennahme von Erklärungen der Behörde (wie der Bekanntgabe eines VA nach § 41 Abs. 1 Satz 2)[36].

---

29 Diese Frist kann bis zum Zeitpunkt der Entscheidung der Behörde gesetzt werden; ist keine Frist gesetzt, so ist dies ebenfalls der letztmögliche Zeitpunkt für eine wirksame Genehmigung.

30 Ebenso *Ule/Laubinger*, Verwaltungsverfahrensrecht § 17 Rn. 7; wohl auch: Stelkens/Bonk/Sachs/*Bonk/Schmitz*, § 14 Rn. 15.

31 Dazu OVG Berlin-Brandenburg, Beschl. v. 06.02.2019 – OVG 11 N 15.15, Nachweis der Vollmacht hat innerhalb einer angemessenen Frist zu erfolgen.

32 BVerwG, Urt. v. 13.09.2001 – 7 C 30.00 zur Obliegenheit der Bestätigung – einer durch einen vollmachtlosen Vertreter vorgenommenen Verfahrenshandlung – nach Aufforderung der Behörde.

33 S. Knack/Henneke/*Ritgen*, § 14 Rn. 23.

34 A.A. (für Fiktion) OVG Hamburg, Urt. v. 01.10.1997 – Bf V 26/96, ZMR 1998, 384.

35 VG Düsseldorf, Beschl. v. 07.02.2011 – 6 L 38/11.

36 VG Düsseldorf, Beschl. v. 07.02.2011 – 6 L 38/11; VG Frankfurt, Beschl. v. 11.01.2011 – 9 L 2966/10.F.

28 Keine Verfahrenshandlungen i.S.d. Satzes 2 sind Prozesshandlungen, zu deren Vornahme nur eine (nach § 67 Abs. 3 VwGO – schriftlich – zu erteilende) Prozessvollmacht ermächtigt.[37] Auf ein nachfolgendes Widerspruchsverfahren erstreckt sich im Zweifel aber die Vollmacht[38] (vgl. auch Rdn. 33).

b) Schranken der Vollmacht

29 Sie ergeben sich aus[39]

1) besonderen Rechtsvorschriften,
2) der Natur der Sache und
3) ggf. aus dem Inhalt der Vollmacht.

30 Aufgrund **besonderer Rechtsvorschriften** ist es z.B. nicht möglich, dass öffentlich-rechtliche Organe zu Verfahrenshandlungen ermächtigt werden, für die sie keine normativ geregelte Zuständigkeit besitzen.

31 Aus der **Natur der Sache** folgt, dass die nur vom Beteiligten vornehmbaren höchstpersönlichen Verfahrenshandlungen (wie die Abgabe einer eidesstattlichen Versicherung nach § 27 oder die persönliche Anhörung nach § 26 Abs. 1 Satz 2 Nr. 2) von der Vollmacht nicht erfasst sind.

32 Beschränkungen können sich schließlich aus dem **Inhalt der Vollmacht** ergeben, weil diese nur bestimmte Verfahrenshandlungen oder -abschnitte einschließt bzw. solche ausschließt oder durch Zeit- oder Terminsbestimmungen begrenzt ist. Eine gegenständlich bestimmte Vollmacht umfasst im Zweifel auch die Befugnis, für den Vollmachtgeber in der betreffenden Sache an einem auf den Abschluss eines örV gerichteten Verfahren und an einem Widerspruchsverfahren mitzuwirken. Im Außenverhältnis (d.h. ggü. der Behörde und den anderen Verfahrensbeteiligten) ist eine inhaltliche Vollmachtsbeschränkung aber nur dann wirksam, wenn sie sich aus dem der Behörde zur Kenntnis gelangten Wortlaut der Bevollmächtigung (die bei einer Vollmachtsurkunde aufgrund des Akteneinsichtsrechts des § 29 auch den anderen Beteiligten zugänglich ist) ergibt oder der Behörde und den übrigen Beteiligten auf andere Weise bekannt geworden ist.[40] Eine lediglich im Innenverhältnis (ggü. dem Bevollmächtigten) vorgenommene Beschränkung beeinträchtigt die Wirksamkeit der Verfahrenshandlungen des Bevollmächtigten nicht, sondern löst allenfalls eine Schadensersatzpflicht ggü. dem Beteiligten als Vollmachtgeber aus.[41]

---

37 Ebenso Kopp/Ramsauer, § 14 Rn. 15; *Meyer/Borgs*, § 14 Rn. 10; Stelkens/Bonk/Sachs/*Bonk/Schmitz*, § 14 Rn. 12. Vgl. auch BSG, Urt. v. 15.08.1991 – 12 RK 39/90, NJW 1992, 196.

38 So auch Kopp/Ramsauer, § 14 Rn. 15.

39 Vgl. Kopp/Ramsauer, § 14 Rn. 16; *Meyer/Borgs*, § 14 Rn. 8 f.; Stelkens/Bonk/Sachs/*Bonk/Schmitz*, § 14 Rn. 13.

40 Vgl. OVG Hamburg, Urt. v. 01.10.1997 – Bf V 26/96, ZMR 1998, 384 f.

41 S.a. Stelkens/Bonk/Sachs/*Bonk/Schmitz*, § 14 Rn. 13.

c) Wirkung der Verfahrenshandlung eines Bevollmächtigten

Entsprechend § 164 Abs. 1 Satz 1 BGB wirkt die Verfahrenshandlung eines (wirksam bestellten) Bevollmächtigten unmittelbar für und gegen den vertretenen Beteiligten. 33

d) Recht des Beteiligten zur selbstständigen Vornahme von Verfahrenshandlungen

Durch das Handeln des Bevollmächtigten wird die Vornahme von Verfahrenshandlungen durch den Beteiligten selbst nicht ausgeschlossen; die Entgegennahme von Verfahrenshandlungen unterliegt aber den Beschränkungen des Abs. 3 (vgl. Rdn. 49 ff.). Widersprechen sich Erklärungen des Beteiligten und seines Bevollmächtigten, so ist grds. – wie bei unterschiedlichem Vorbringen des Beteiligten allein – die spätere Erklärung zu berücksichtigen, falls diese nach geltendem (materiellem bzw. Verfahrens-) Recht noch rechtlich relevant ist. I.Ü. ist die Behörde nach § 24 Abs. 1 verpflichtet, die im Verhalten des Bevollmächtigten und seines Vollmachtgebers liegenden Unklarheiten angemessen zu bewerten.[42] 34

3. Recht der Behörde, einen schriftlichen Nachweis der Vollmacht zu verlangen (Satz 3)

a) Art des Nachweises

Die Behörde kann nach Satz 3 – aus Gründen der Rechtssicherheit – vom Bevollmächtigten verlangen, dass er seine Vollmacht schriftlich nachweist. Der Bevollmächtigte hat dann – vorbehaltlich besonderer Rechtsvorschriften (z.B. § 123 FlurbG) – entweder eine vom Beteiligten entsprechend § 126 BGB ausgestellte (Vollmachtsurkunde vorzulegen oder diesen zu veranlassen, die Vollmacht zur Niederschrift der Behörde zu erklären.[43] 35

b) Inhalt des Nachweises

Die schriftliche (bzw. zur Niederschrift der Behörde gegebene) Vollmachtserklärung muss erkennen lassen 36
1) den Vollmachtgeber,
2) den Bevollmächtigten,
3) den Inhalt und den Umfang der Vollmacht sowie
4) den Zeitpunkt, ab dem die Bevollmächtigung gilt.

c) Rechtsschicksal des Verfahrens

Bis zum Nachweis der Vollmacht kann die als Bevollmächtigter auftretende Person zur Vornahme von Verfahrenshandlungen zugelassen werden (vgl. auch Rdn. 26). Wird in 37

---

42 Ebenso Kopp/Ramsauer, § 14 Rn. 8; Stelkens/Bonk/Sachs/*Bonk/Schmitz*, § 14 Rn. 7.
43 Ebenso Knack/Henneke/*Ritgen*, § 14 Rn. 23; Kopp/Ramsauer, § 14 Rn. 17; Stelkens/Bonk/Sachs/*Bonk/Schmitz*, § 14 Rn. 14.

einem von diesem in Gang gesetzten Antragsverfahren die Vollmacht nicht innerhalb der von der Behörde gesetzten (angemessenen – vgl. § 15 Rdn. 19; § 16 Rdn. 31) Frist[44] in der Sache (schriftlich) nachgewiesen, so ist der Antrag (als unzulässig) abzulehnen, wobei dem Bevollmächtigten nach dem im Verwaltungskostenrecht allgemein geltenden Veranlassungsprinzip die Kosten des Verfahrens auferlegt werden können.[45] Die von ihm vor- oder entgegengenommenen Verfahrenshandlungen sind – sowohl in Antrags- als auch in Verfahren von Amts wegen – wegen Fehlens einer Verfahrenshandlungsvoraussetzung als unwirksam bzw. unbeachtlich oder unzulässig zu betrachten (vgl. § 11 Rdn. 36 ff.; § 12 Rdn. 66 ff.), es sei denn, dass der Mangel – entsprechend § 177 Abs. 1 BGB – geheilt wird (vgl. auch Rdn. 45).

4. Wirksamkeit des Widerrufs der Vollmacht (Satz 4)

38 Der Widerruf der Vollmacht wird nach Satz 4 der Behörde ggü. erst wirksam, wenn er ihr zugeht. Da entsprechend den §§ 168 Satz 3, 167 Abs. 1 BGB der Widerruf entweder ggü. dem Bevollmächtigten (Innenverhältnis) oder ggü. der Behörde (Außenverhältnis) erklärt werden kann, wurde das für den Fall des Widerrufs im Innenverhältnis entstehende Rechtssicherheitsdefizit vom Gesetzgeber durch die Regelung des Satzes 4 ausgeglichen. Denn ein Widerruf ggü. der Behörde wird (analog § 130 Abs. 1 BGB) erst mit dessen Zugang bei der Behörde wirksam[46].

39 Satz 4 gilt entsprechend in den sonstigen Fällen des Erlöschens der Vollmacht im Innenverhältnis, z.B. durch Niederlegung (Verzicht) der Vertretung durch den Bevollmächtigten ggü. dem Vollmachtgeber.[47]

a) Begriff und Rechtsnatur des Widerrufs

40 Der Widerruf einer Vollmacht ist der actus contrarius zu deren Erteilung. Er stellt wie diese eine nichtbehördliche Verfahrenshandlung in Form eines einseitigen öffentlich-rechtlichen Rechtsgeschäfts mit einer empfangsbedürftigen öffentlich-rechtlichen Willenserklärung dar.

b) Art des Widerrufs

41 Mangels einer besonderen Formvorschrift kann die Vollmacht widerrufen werden
1) schriftlich oder
2) mündlich.

42 Es wird auch die Möglichkeit des Widerrufs durch konkludentes Handeln als ausreichend erwogen, z.B. dadurch, dass der Beteiligte selbst einen Rechtsbehelf einlegt oder

44 Vgl. auch Stelkens/Bonk/Sachs/*Bonk/Schmitz*, § 14 Rn. 14.
45 Kopp/Ramsauer, § 14 Rn. 17a.
46 OVG Berlin-Brandenburg, Beschl. v. 29.03.2016 – OVG 7 N 16.15.
47 Vgl. OVG Hamburg, Urt. v. 27.12.1984 – Bf V 32/84, NVwZ 1985, 350.

der Bevollmächtigte nicht mehr auftritt.[48] Dies ist aber in der Verwaltungspraxis als problematisch anzusehen, da es für die Behörde nicht eindeutig erkennbar ist, ob der Vollmachtgeber noch durch den Bevollmächtigten vertreten wird oder nur von seinem Recht Gebrauch gemacht hat, selbst zu handeln.[49] So rechtfertigt die Tatsache, dass der Vollmachtgeber von sich aus oder auf Anforderung mit der Behörde verhandelt, nicht die Annahme eines Widerrufs der Vollmacht.[50]

c) Zeitpunkt des Zugangs

Der Widerruf geht der Behörde in entsprechender Anwendung des § 130 Abs. 1 BGB zu, wenn diese von dem Widerruf Kenntnis nehmen kann und nach den Gepflogenheiten des Rechtsverkehrs auch Kenntnis nehmen muss. 43

d) Folgen eines Widerrufs im Innenverhältnis

Ein Widerruf der Vollmacht ggü. dem Bevollmächtigten, der nicht der Behörde zugeht, bindet den Bevollmächtigten im Innenverhältnis. Zwar kann der Bevollmächtigte im Außenverhältnis (der Behörde ggü.) weiter wirksame Verfahrenshandlungen vornehmen, doch ist er dem Vollmachtgeber schadensersatzpflichtig, wenn er den ihm ggü. ausgesprochenen Widerruf nicht beachtet. 44

5. Heilungsmöglichkeit

Der Mangel fehlender Vertretungsmacht bzw. des fehlenden Nachweises einer Bevollmächtigung kann durch nachträgliche Genehmigung seitens des nicht ordnungsgemäß vertretenen Beteiligten jederzeit – auch im verwaltungsgerichtlichen Verfahren – geheilt werden, soweit jedenfalls von Seiten der Behörde keine Frist zur Vorlage der Vollmacht gesetzt worden ist. Legt die Beteiligte auf Aufforderung der Behörde die Bevollmächtigung nicht offen, wird die Verfahrensverhandlung nicht genehmigt und ist unwirksam.[51] 45

II. Fortbestand der Vollmacht bei bestimmten die Person des Vollmachtgebers berührenden Ereignissen (Abs. 2)

1. Ereignisse, die die Vollmacht nicht aufheben (erster Halbs.)

Die Vollmacht wird – in enger Anlehnung an § 86 ZPO – zum einem durch den Tod des Vollmachtgebers und zum andern durch eine Veränderung der Handlungsfähigkeit 46

---

48 So Stelkens/Bonk/Sachs/*Bonk/Schmitz*, § 14 Rn. 17.

49 Deshalb muss es der Behörde zumindest mit notwendigen Eindeutigkeit mitgeteilt werden; OVG Nordrhein-Westfalen, Beschl. v. 09.08.2010 – 18 B 742/10, NJW 2010, 3179.

50 S. VGH Bayern, Urt. v. 17.10.1975 – 52 VI 71 – NJW 1976, 1117, m. zust. Anm. von *Redeker*, NJW 1976, 1118.

51 VG Augsburg, Urt. v. 08.10.2002 – Au 3 K 02.777, NJW 2003, 917. Eine weitergehende Heilungsmöglichkeit wird angenommen von Kopp/Ramsauer, § 14 Rn. 21.

des Vollmachtgebers oder seiner gesetzlichen Vertretung (etwa aufgrund § 104 Nr. 2 BGB i.V.m. § 12 Abs. 1 Nr. 1) nicht aufgehoben. Dies ist die Voraussetzung für die entsprechende Anwendbarkeit der Regelung des § 246 ZPO i.V.m. den §§ 239, 241 ZPO.

2. Beendigung der Bevollmächtigung

47 Die Bevollmächtigung bleibt bestehen, bis

1) sie widerrufen wird
   a) vom Rechts- oder Pflichtennachfolger (vgl. § 13 Rdn. 75 ff.),
   b) vom gesetzlichen Vertreter des handlungsunfähig gewordenen Beteiligten,
   c) vom neuen gesetzlichen Vertreter des handlungsunfähig gewordenen Beteiligten (nachdem der frühere gesetzliche Vertreter selbst handlungsunfähig geworden ist) oder
   d) vom handlungsfähig gewordenen Beteiligten;
2) der Bevollmächtigte
   a) die Vertretung (einseitig) – ggü. der Behörde[52] oder ggü. dem Vollmachtgeber[53] – niederlegt (vgl. Rdn. 39),
   b) stirbt,
   c) seine Handlungsfähigkeit verliert oder
   d) nach Abs. 5 oder Abs. 6 zurückgewiesen wird.

3. Recht der Behörde, einen schriftlichen Nachweis der Vollmacht zu verlangen (zweiter Halbs.)

48 Der für den Rechtsnachfolger (vgl. § 13 Rdn. 75 ff.) des Vollmachtgebers auftretende Bevollmächtigte hat nach dem zweiten Halbs. auf Verlangen der Behörde dessen Vollmacht schriftlich beizubringen. An einem solchen Nachweis wird der Behörde immer dann gelegen sein, wenn zu klären ist, ob der Bevollmächtigte tatsächlich noch aufgrund der vom Rechtsvorgänger erteilten Vollmacht auftreten kann oder ob der Rechtsnachfolger diese widerrufen bzw. inhaltlich geändert oder neu erteilt hat. Hinsichtlich der Einzelheiten kann auf die Ausführungen zur Regelung des Abs. 1 Satz 3 (vgl. Rdn. 36 ff.) mit der Maßgabe verwiesen werden, dass im Fall des nicht innerhalb der gesetzten Frist beigebrachten Nachweise (nur) die seit dem Zeitpunkt der Rechtsnachfolge von dem Bevollmächtigten vor- oder entgegengenommenen Verfahrenshandlungen als unwirksam bzw. unbeachtlich oder unzulässig zu behandeln sind.

---

52 Ebenso OVG Hamburg, Urt. v. 24.12.1987 – Bf V 32/84, NVwZ 1985, 350. Vgl. für das Prozessrecht auch: BVerwG, Urt. v. 26.06.1984 – 9 CB 1092/81, NVwZ 1985, 337.

53 Ebenso OVG Hamburg, Urt. v. 24.12.1987 – Bf V 32/84, NVwZ 1985, 350.

III. Bedeutung der Bestellung eines Bevollmächtigten für die Behörde (Abs. 3)

1. Pflicht der Behörde, sich grds. an den Bevollmächtigten zu wenden (Satz 1)

Nach Satz 1 soll sich die Behörde an den Bevollmächtigten wenden,[54] wenn ein solcher bestellt ist. Durch die »Soll-Vorschrift« wird zum Ausdruck gebracht, dass die Behörde grundsätzlich alle Verfahrenshandlungen ggü. dem Bevollmächtigten vorzunehmen hat, sofern nicht besondere Gründe einen unmittelbaren Kontakt mit dem Beteiligten nahelegen. Letzteres trifft vor allem in den Fällen des Satzes 2 sowie dann zu, wenn der Bevollmächtigte auf ein Ersuchen der Behörde nicht reagiert, nicht erreichbar ist oder in seinem Verhalten zu Beanstandungen Anlass gibt.[55] In diesen Fällen hat die Behörde den Bevollmächtigten zu informieren[56]. 49

Dieser regelmäßigen Pflicht der Behörde sich an den Bevollmächtigten zu wenden, steht kein entsprechendes subjektives öffentliches Recht des Bevollmächtigten ggü. Die Vorschrift des Satzes 1 dient – neben dem öffentlichen Interesse an einem effizienten Verfahren – allein dem Interesse des Beteiligten, der durch Bestellung eines Bevollmächtigten zu erkennen gibt, dass dieser für ihn das Verfahren betreiben soll und darauf vertrauen darf, dass grds. alle behördlichen Verfahrenshandlungen diesem ggü. vorgenommen werden. Dem Bevollmächtigten fehlt ein eigenes Interesse an der Vertretung, sodass nicht angenommen werden kann, dass die Sollvorschrift des § 14 Abs. 3 Satz 1 dem Individualinteresse des Bevollmächtigten zu dienen bestimmt ist; aus der BRAO ergibt sich nichts anderes.[57] 50

Abweichend von der Pflicht aus § 14 Abs. 3 Satz 1 besteht für die Bekanntgabe des Verwaltungsaktes nach § 41 Abs. 1 Satz 2 ein Ermessen der Behörde, ob sie diesen ggü. dem Bevollmächtigten vornimmt oder nicht[58]. § 41 Abs. 1 Satz 2 VwVfG ist als »Kann-Vorschrift« ausgestaltet worden und stellt nach der hier vertretenen Auffassung eine Sonderregelung dar, die für die Bekanntgabe des Verwaltungsakts den § 14 51

---

54 VG Berlin, Urt. v. 20.09.1983 – 12 A 1627/82, NVwZ 1984, 601; VK Münster, Beschl. v. 08.05.2018 – Vk 1–12/18; Kopp/Ramsauer, § 14 Rn. 25 ff.; Stelkens/Bonk/Sachs/*Bonk/Schmitz*, § 14 Rn. 21.

55 Vgl. VGH Hessen, Beschl. v. 31.05.1999 – 11 TG 1961/98, NVwZ 2000, 207; Kopp/Ramsauer, § 14 Rn. 26; Stelkens/Bonk/Sachs/*Bonk/Schmitz*, § 14 Rn. 22.

56 BVerwG, Urt. v. 10.07.1984 – 1 C 155.79, NJW 1985, 339.

57 BVerwG, Urt. v. 10.07.1984 – 1 C 155.79, NJW 1985, 339; VGH Hessen, Beschl. v. 31.05.1999 – 11 TG 1961/98, NVwZ 2000, 207.

58 BVerwG, Urt. v. 30.10.1997 – 3 C 35.96, BVerwGE 105, 288.

Abs. 3 verdrängt[59]. Insoweit stellt die Ergänzung, dass der Verwaltungsakt auch einem Bevollmächtigten bekanntgegeben werden kann, lediglich eine Erweiterung der der Behörde eröffneten Möglichkeiten dar. Mit dieser Auslegung wird auch die größtmögliche Rechtsklarheit erreicht, da die Behörde mit der Bekanntgabe an den Betroffenen jeder Diskussion darüber ausweichen kann, ob ein Bevollmächtigter – wirksam – bestellt worden ist oder nicht.[60]

2. Voraussetzungen für einen unmittelbaren Kontakt mit dem Beteiligten (Satz 2)

52 Die Behörde kann sich nach Satz 2 (immer) an den Beteiligten selbst wenden, soweit er zur Mitwirkung (z.B. nach § 26 Abs. 2) verpflichtet ist. Der Bereich ist weit zu fassen und kann sämtliche Auskünfte im individuellen Erfahrungsbereich des Beteiligten betreffen[61]. Wenn die Einvernahme des Beteiligten gesetzlich angeordnet ist, muss die Behörde auf dessen Mitwirkung bestehen.

3. Verständigung des Bevollmächtigten bei unmittelbarem Kontakt mit dem Beteiligten (Satz 3)

53 Dem Charakter der Soll-Vorschrift des Satzes 3 entsprechend ist die Behörde bei unmittelbarem Kontakt mit dem Beteiligten nach Satz 2 oder in den sonstigen Fällen, in denen dieses Vorgehen gerechtfertigt ist, – um Missverständnisse zu vermeiden – zur Verständigung des Bevollmächtigten verpflichtet, falls eine solche nicht aus besonderen Gründen untunlich oder überflüssig erscheint (etwa weil der Beteiligte selbst die Verständigung des Bevollmächtigten übernommen hat).[62] Die Regelung trägt der Tatsache Rechnung, dass der im Verfahren allgemein für den Beteiligten auftretende Bevollmächtigte im Interesse der ordnungsgemäßen Erfüllung seiner Aufgabe über alle Verfahrensereignisse unterrichtet sein muss. Satz 3 dient wie auch Satz 1 nicht dem

---

59 BVerwG, Urt. v. 30.10.1997 – 3 C 35.96, BVerwGE 105, 288; VGH Hessen, Urt. v. 10.08.1992 – 12 UE 2254/89, NVwZ-RR 1993, 432. Zu der gleichlautenden Bestimmung des § 37 Abs. 1 SGB X hat das Bundessozialgericht (Urt. v. 21.02.1985 – 11 RA 6/84, NVwZ 1986, S. 421) sich gleichfalls auf den Standpunkt gestellt, es handele sich um eine Sondervorschrift, die es in das Ermessen der Behörde stelle, ob sie den Bescheid dem Betroffenen oder seinem Bevollmächtigten bekanntgebe. Nach a.A. bleibt die Pflicht bestehen, da die in eine Sollvorschrift gekleidete Verpflichtung zur Einbeziehung des Bevollmächtigten in das Verwaltungsverfahren gem. § 14 Abs. 3 VwVfG bei dem wichtigsten Akt, der Endentscheidung, nicht suspendiert sein könne, VGH Baden-Württemberg, Beschl. v. 07.10.1986 – NC 9 S 550/86, VBlBW 1987, 297; *Meyer/Borgs*, § 41 Rn. 10; *Drescher*, NVwZ 1988, 680, 683.

60 BVerwG, Urt. v. 30.10.1997 – 3 C 35.96, BVerwGE 105, 288. Anders nach § 7 Abs. 1 Satz 2 VwZG, da hier eine gesetzliche Verpflichtung zur Zustellung an den bevollmächtigten besteht.

61 Vgl. Kopp/Ramsauer, § 14 Rn. 28; OVG Mecklenburg-Vorpommern, Beschl. v. 27.03.2017 – 1 LZ 92/17.

62 S. Amtl. Begründung S. 44. Vgl. VGH Hessen, Urt. v. 09.04.1984 – 11 UE 149/84, NVwZ 1984, 802; Kopp/Ramsauer, § 14 Rn. 29.

Individualinteresse des Bevollmächtigten und gewährt diesem daher kein subjektives öffentliches Recht auf Information.[63]

4. Unberührtbleiben der Vorschriften über die Zustellung an Bevollmächtigte (Satz 4)

Die Vorschriften über die Zustellung an Bevollmächtigte bleiben unberührt. Damit 54
sind z.B. nach § 7 Abs. 1 Satz 2 VwZG Zustellungen in jedem Fall ausschließlich an den Bevollmächtigten zu richten, wenn dieser eine schriftliche Vollmacht vorgelegt hat, andernfalls ist die Zustellung (an den Beteiligten) unwirksam.[64]

IV. Hinzuziehung eines Beistandes (Abs. 4)

Abs. 4 verankert das Recht des Beteiligten, sich zur Unterstützung bei Verhandlungen 55
(z.B. Erörterungsterminen) und Besprechungen eines Beistandes zu bedienen. Doch auch ein Zeuge, bei dem die Voraussetzung für die Bestellung eines Bevollmächtigten erfüllt sind (vgl. Rdn. 13), kann sich eines Beistandes bedienen.

1. Begriff des Beistandes

Beistand ist – entsprechend § 90 Abs. 1 ZPO[65] – jede (nach § 12 Abs. 1 Nr. 1 hand- 56
lungsfähige) natürliche Person, die der Beteiligte zu seiner Unterstützung bei der Vor- und bzw. oder Entgegennahme von Verfahrenshandlungen zuzieht. Eine Vertretungsbefugnis kommt dem Beistand aber nicht zu, da der Beistand nicht für den Beteiligten, sondern neben ihm tätig wird.[66]

2. Recht des Beteiligten zum Erscheinen mit einem Beistand (Satz 1)

a) Hinzuziehung als Beistand

Die Hinzuziehung bzw. Berufung eines Beistandes ist als empfangsbedürftige 57
öffentlich-rechtliche Willenserklärung (verfahrensrechtlicher Art) ein einseitiges öffentlich-rechtliches Rechtsgeschäft (sui generis). Einer förmlichen Berufung bedarf

63 BVerwG, Urt. v. 10.07.1984 – 1 C 155.79, NJW 1985, 339 (340). Er kann aber im Wege der Feststellungsklage vorgehen VGH Hessen, Urt. v. 09.04.1984 – 11 UE 149/84, NVwZ 1984, 802; vgl. ferner VGH Bayern, Urt. v. 17.10.1978 – 498 IX 76, BayVBl. 1979, 123; VG Berlin, Urt. v. 20.09.1983 – 12 A 1627/82, NVwZ 1984, 601.

64 Knack/Henneke/*Ritgen*, § 14 Rn. 45; Kopp/Ramsauer § 14 Rn. 31; Stelkens/Bonk/Sachs/*Bonk/Schmitz*, § 14 Rn. 24.

65 Vgl. Baumbach/Lauterbach/Albers/Hartmann, § 90 ZPO Rn. 3; Thomas/Putzo, § 90 ZPO Rn. 2. – Im BGB (§§ 1712 ff.) wird der Begriff des Beistands in einem anderen Sinn gebraucht (vgl. nur *Diederichsen*, NJW 1998, 1977 [1987]).

66 S. Knack/Henneke/*Ritgen*, § 14 Rn. 48; *Meyer/Borgs*, § 14 Rn. 24; *Schoch*, NJW 1982, 545 (547); Stelkens/Bonk/Sachs/*Bonk/Schmitz*, § 14 Rn. 26; *Ule/Laubinger*, Verwaltungsverfahrensrecht § 17 III/§ 17 Rn. 14.

es nicht, da die Mitnahme des Beistandes zum mündlichen Vortrag die Hinzuziehung als Beistand hinreichend deutlich zum Ausdruck bringt.[67] Durch besondere Rechtsvorschriften kann aber die Zuziehung eines Beistandes – unmittelbar oder nach ihrem Sinn und Zweck – ausgeschlossen sein.[68]

58 Die Bestellung eines Beistandes zum Bevollmächtigten ist jederzeit möglich. Sie liegt vor allem dann nahe, wenn sich die Verhandlungen mit der Behörde als unvorhergesehen schwierig erweisen.

aa) Der hinzuzuziehende Beteiligte

59 Wegen der Rechtsnatur der Hinzuziehung eines Beistandes bedarf der Beteiligte zu ihrer wirksamen Vornahme der Handlungsfähigkeit nach § 12 Abs. 1 Nr. 1 oder Nr. 2 (vgl. auch Rdn. 14).

bb) Der hinzugezogene Beistand

60 § 14 stellt an die Person des Beistandes keine ausdrücklichen Anforderungen, sondern räumt lediglich der Behörde in den Abs. 5 und 6 das Recht ein, den Beistand unter bestimmten Voraussetzungen zurückzuweisen (vgl. Rdn. 67 ff.). Da der Beistand zwar nicht selbstständig anstelle des Beteiligten, aber immerhin neben ihm im Verwaltungsverfahren mit den Rechtswirkungen des Satzes 2 auftreten kann (vgl. Rdn. 64 ff.), muss er – ebenso wie ein Bevollmächtigter (vgl. Rdn. 15) – nach § 12 Abs. 1 Nr. 1 handlungsfähig sein.[69]

61 Nach den Intentionen des Gesetzes soll der Beistand eine Person des Vertrauens für den Beteiligten sein; doch ist dies keine gesetzliche Voraussetzung. In der Praxis wird als Beistand regelmäßig entweder ein Familienangehöriger bzw. Verwandter oder eine sonst nahestehende Person oder ein Fachmann (z.B.: Architekt in einem Baugenehmigungsverfahren, Rechtsanwalt)[70] auftreten.[71]

b) Beistandsleistung

62 Der Beteiligte ist nach Satz 1 berechtigt, zu Verhandlungen und Besprechungen mit einem Beistand zu erscheinen. Um das Vorbringen des Beistandes gemäß Satz 2 entweder (stillschweigend) billigen oder (durch Widerspruch) ablehnen zu können, muss der Beteiligte grds. während der gesamten Ausführungen des Beistandes zugegen

---

67 Knack/Henneke/*Ritgen*, § 14 Rn. 50; *Meyer/Borgs*, § 14 Rn. 24; Stelkens/Bonk/Sachs/*Bonk/Schmitz*, § 14 Rn. 27.

68 Vgl. Amtl. Begründung S. 44; Stelkens/Bonk/Sachs/*Bonk/Schmitz*, § 14 Rn. 26.

69 Stelkens/Bonk/Sachs/*Bonk/Schmitz*, § 14 Rn. 29.

70 In aller Regel wird allerdings ein Rechtsanwalt als Bevollmächtigter des Beteiligten auftreten, sodass im Zweifel die Behörde ihn als Bevollmächtigten behandeln soll.

71 S.a. Knack/Henneke/*Ritgen*, § 14 Rn. 52; Stelkens/Bonk/Sachs/*Bonk/Schmitz*, § 14 Rn. 29.

sein.[72] Seine vorübergehende Abwesenheit schadet nur dann nicht, wenn er sich nach seiner Rückkehr über das inzwischen Vorgebrachte unterrichtet, sodass er nach Satz 2 verfahren kann.[73]

Aus Abs. 6 Satz 1 ergibt sich, dass der Beistand auch zum schriftlichen Vortrag betreffend den Gegenstand der mdl. Verhandlung (jedoch nicht selbstständig wie ein Bevollmächtigter) befugt ist.[74] 63

3. Bedeutung des vom Beistand Vorgetragenen (Satz 2)

Das vom Beistand Vorgetragene gilt nach Satz 2 als von dem Beteiligten vorgebracht, soweit dieser nicht unverzüglich widerspricht. Da der Beistand keine Vertretungsmacht besitzt, ist die Vor- und Entgegennahme von Verfahrenshandlungen allein Sache des Beteiligten. Deshalb gelten die vom Beteiligten gebilligten Unterstützungshandlungen des Beistandes als das Vorbringen des Beteiligten selbst. Wie die Billigung vorzunehmen ist, regelt das Gesetz nur für den mündlichen Vortrag des Beistandes und damit wegen der Möglichkeit auch eines schriftlichen Vortrages nur unvollkommen. 64

Beim mündlichen Vortrag in Gegenwart des Beteiligten wird die Billigung dadurch evident, dass der Beteiligte den Vortrag anhört und nicht unverzüglich, d.h. (entsprechend § 121 Abs. 1 Satz 1 BGB) ohne schuldhaftes Zögern, in aller Regel (nur)[75] noch bis zum Abschluss der betreffenden Verhandlung[76] widerspricht. Bei einem später eingelegten Widerspruch ist die Verfahrenslage so zu beurteilen, als ob der Beteiligte selbst widersprüchliche Auffassungen bekundet hätte. Falls der Beteiligte rechtzeitig widerspricht bzw. das Vorbringen des Beistandes berichtigt, sind allein seine Äußerungen maßgebend. 65

Ein schriftliches Vorbringen des Beistandes ist dem Beteiligten nur dann zuzurechnen, wenn dieser für die Behörde erkennbar (schriftlich, mündlich oder konkludent) seine Billigung zum Ausdruck bringt. Ein bloßes Nicht-Widersprechen ist ungenügend, da die Behörde – anders als beim mündlichen Vortrag in Gegenwart des Beteiligten – nicht aus dem Fehlen eines Widerspruchs auf eine Billigung schließen kann; aus den Umständen kann sich aber im Einzelfall durch Auslegung (mit einem tendenziell strengen Maßstab) eine konkludente Billigung durch den Beteiligten ergeben. 66

---

72 Ebenso *Meyer/Borgs*, § 14 Rn. 24; Stelkens/Bonk/Sachs/*Bonk/Schmitz*, § 14 Rn. 28; *Ule/Laubinger*, Verwaltungsverfahrensrecht, § 17 III/§ 17 Rn. 14.

73 Vgl. Stelkens/Bonk/Sachs/*Bonk/Schmitz*, § 14 Rn. 28.

74 Ähnlich Stelkens/Bonk/Sachs/*Bonk/Schmitz*, § 14 Rn. 26; *Knack/Henneke/Ritgen*, § 14 Rn. 49. A.A. abgeleitet aus Abs. 4: *Meyer/Borgs*, § 14 Rn. 24; *Ule/Laubinger*, Verwaltungsverfahrensrecht § 17 III/§ 17 Rn. 14.

75 Für »ganz besonders gelagerte Fälle« (etwa bei der Erörterung besonders schwieriger Fachfragen) wollen Stelkens/Bonk/Sachs/*Bonk/Schmitz* (Rn. 30) dem Beteiligten auch noch nach Abschluss der Verhandlung ein Widerspruchsrecht nach Satz 2 zuerkennen.

76 Ebenso Knack/Henneke/*Ritgen*, § 14 Rn. 51; Stelkens/Bonk/Sachs/*Bonk/Schmitz*, § 14 Rn. 30.

V. Zurückweisung im Fall der unbefugten Besorgung außergerichtlicher Rechtsdienstleistungen (Abs. 5)

67 Die Regelung des Abs. 5 wurden im Zuge des 4. Verwaltungsverfahrensänderungsgesetzes angepasst, da das RDG an die Stelle des Rechtsbereinigungsgesetzes (RBerG) getreten ist und das Recht der Rechtsberatung im Lichte der Rechtsprechung des Bundesverfassungsgerichtes neu geregelt hat.[77]

68 Abs. 5 verpflichtet die Behörde, Bevollmächtigte und Beistände zurückzuweisen, wenn sie entgegen § 3 des Rechtsdienstleistungsgesetztes (RDG) Rechtsdienstleistungen erbringen. Nach § 3 RDG ist die selbstständige Erbringung außergerichtlicher Rechtsdienstleistungen nur in dem Umfang zulässig, in dem sie durch dieses Gesetz oder aufgrund anderer Gesetze erlaubt wird.

1. Begriff der Rechtsdienstleistungen

69 Der Begriff Rechtsdienstleistungen ist in § 2 RDG definiert.

70 Nach § 2 Abs. 1 RDG ist jede Tätigkeit in konkreten fremden Angelegenheiten eine Rechtsdienstleistung, sobald sie eine rechtliche Prüfung im Einzelfall erfordert.

Eine rechtliche Prüfung ist anzunehmen, wenn die Prüfung über die bloße »einfache« Anwendung von Rechtsnormen auf einen Sachverhalt hinausgeht; also eine »besondere« Prüfung der Rechtslage im rechtstechnischen Sinn (mit juristischem Subsumtionsvorgang) vorgenommen wird. Damit scheiden allgemeine Rechtsauskünfte sowie Geschäftsbesorgungen im Rechtsverkehr, die keine besondere rechtliche Prüfung erfordern, aus. Sie stellen keine Fälle »substanzieller Rechtsanwendung« dar.[78]

Das Erfordernis der Einzelfallprüfung dient nach der Gesetzesbegründung der verfassungsrechtlich gebotenen Einengung des Begriffs der Rechtsdienstleistung.[79] So liegt keine Rechtsdienstleistung vor, wenn zwar eine vertiefte rechtliche Auseinandersetzung mit rechtlichen Fragestellungen stattfindet, diese sich aber nicht auf einen konkreten Einzelfall bezieht (z.B. im Rahmen einer Ratgebersendung).

Das Merkmal der konkreten fremden Angelegenheit dient zum einen der Abgrenzung zu Tätigkeiten in eigenen Angelegenheiten und zum anderen zur Abgrenzung von Tätigkeiten die sich an einen unbestimmten Personenkreis richten. Unter einer fremden Angelegenheit ist eine »wirtschaftlich« fremde Angelegenheit zu verstehen. Eigene Angelegenheit sind die Rechtsberatung durch gesetzliche Vertreter, Organe und Angestellte eines Unternehmens. Zudem ist die Tätigkeit nicht auf einen »konkreten« Sachverhalt gerichtet, wenn sie die Allgemeinheit oder einen unbestimmten Personenkreis anspricht.[80]

---

77 BT-Drucks. 16/3655, Begründung S. 26 ff.

78 BT-Drucks. 16/3655, S. 46, S. 35 in Anlehnung an BGH, Urt. 11.11.2004 – I ZR 213/01, NJW 2005, 969; BVerfG, Beschl. v. 15.01.2004 – 1 BvR 1807/98, NJW 2004, 672.

79 BT-Drucks. 16/3655, S. 47.

80 BT-Drucks. 16/3655, S. 48.

Ferner gehört nach § 2 Abs. 2 RDG zu den Rechtsdienstleistungen die Einziehung auf fremder Rechnung abgetretener Forderungen, soweit die Forderungseinziehung als eigenständiges Geschäft betrieben wird.[81] 71

Keine Rechtsdienstleistungen stellen die nach § 2 Abs. 3 RDG aufgeführten Leistungen dar. Die dort getroffene Regelung dient der Klarstellung und ist nicht abschließend. Von Bedeutung für das Verwaltungsverfahren kann insoweit sein, dass die Erstattung wissenschaftlicher Gutachten (Nr. 1) und die Mediation und jede vergleichbare Form der alternativen Streitbeilegung, sofern die Tätigkeit nicht durch rechtliche Regelungsvorschläge in die Gespräche der Beteiligten eingreift (Nr. 4) keine Rechtsdienstleistungen sind. 72

2. Erlaubte Rechtsdienstleistungen

Erlaubt sind Rechtsdienstleistungen nach § 5 RDG die in Zusammenhang mit einer anderen Tätigkeit stehen. Sie müssen aber als Nebenleistungen zum Berufs- und Tätigkeitsbild gehören. Die Vorschrift dient insoweit dazu, einerseits die Berufsausübung nicht spezifisch rechtsdienstleistender Berufe zu behindern, anderseits den erforderlichen Schutz der Rechtssuchenden vor unqualifizierten Rechtsrat zu gewährleisten.[82] Maßgebliches Kriterium ist die Einordnung als »Nebenleistung«. Eine Leistung ist nicht mehr als solche zu bezeichnen, wenn sie aus objektiver Sicht wesentlicher Teil der Hauptleistung ist.[83] Als Beispiele werden in Abs. 2 die Testamentsvollstreckung (Nr. 1), die Haus- und Wohnungsverwaltung (Nr. 2) und die Fördermittelberatung (Nr. 3) genannt. 73

Weiterhin erlaubt sind nach § 6 RDG unentgeltliche Rechtsdienstleistungen in familiärer, nachbarschaftlicher oder ähnlich enger persönlicher Beziehungen. Außerhalb dieses Personenkreises ist eine juristische Qualifikation (Befähigung zum Richteramt) erforderlich.[84] 74

Darüber hinaus sind noch Rechtsdienstleistungen von Vereinigungen und Genossenschaften im Rahmen ihres satzungsgemäßen Aufgabenbereichs, § 7 RDG, und von öffentlichen und öffentlich anerkannten Stellen im Rahmen ihrer Aufgaben und Zuständigkeitsbereichs, § 8 RDG, erlaubt. Zu letzteren gehören z.B. auch Behörden, juristische Personen des öffentlichen Rechts und Verbraucherzentralen.[85] 75

Nicht zuletzt ist natürlich Rechtsanwälten (§ 3 BRAO), Notaren (§ 24 BNotO), Patentanwälten (§ 3 PatAnwO), Steuerberatern (§§ 2 ff. SteuerberatungsG) und 76

81 BT-Drucks. 16/3655, S. 48.
82 BT-Drucks. 16/3655, S. 51.
83 Vgl. zur Abgrenzung der Nebenleistung BT-Drucks. 16/3655, S. 52 ff.
84 BT-Drucks. 16/3655, S. 57 ff.
85 BT-Drucks. 16/3655, S. 59 ff. und 61 ff.

Rechtslehrern an einer deutschen (wissenschaftlichen) Hochschule[86] (nach § 67 Abs. 1 VwGO) aufgrund der ausdrücklichen spezialgesetzlichen Regelung ihrer Rechtsdienstleistungsbefugnisse die Erbringung von Rechtsdienstleistungen erlaubt.

3. Zurückweisung bei Inhabern kommunaler Ehrenämter

77 Eine Zurückweisung von Personen, die kommunale Ehrenämter innehaben und daher nach (traditionellem)[87] Landeskommunalrecht Ansprüche Dritter gegen die Gebietskörperschaft nur als gesetzliche Vertreter geltend machen dürfen, ist durch die einschlägigen kommunalrechtlichen Vorschriften gedeckt.[88] Personen, die mit einem Inhaber eines kommunalen Ehrenamtes in einer Bürogemeinschaft stehen[89] oder durch eine Sozietät verbunden sind,[90] werden jedoch von dem Vertretungsverbot nicht erfasst, wenn sie ohne den von der Vertretung Ausgeschlossenen handeln.

VI. Zurückweisung wegen mangelnder Eignung (Abs. 6)

78 Während Abs. 5 eine Vorschrift strikten Rechts ist, »können« nach Abs. 6 Bevollmächtigte und Beistände wegen mangelnder Eignung und Fähigkeit von der Behörde zurückgewiesen werden.

1. Möglichkeit der Zurückweisung wegen Ungeeignetheit zum schriftlichen oder mündlichen Vortrag (Satz 1)

79 Nach Satz 1 können – unter dem Vorbehalt des Satzes 2 – Bevollmächtigte und Beistände zurückgewiesen werden

1) vom schriftlichen Vortrag, wenn sie hierzu ungeeignet sind (erster Halbsatz),
2) vom mündlichen Vortrag, wenn sie zum sachgemäßen Vortrag nicht fähig sind (zweiter Halbsatz).

---

86 Zu den »Rechtslehrern an einer deutschen Hochschule« i.S.d. § 67 Abs. 1 VwGO sind zu rechnen ordentliche Professoren (auch emeritierte oder pensionierte), außerplanmäßige bzw. außerordentliche Professoren, Honorarprofessoren (auch verabschiedete; s. BVerwG, Urt. v. 16.03.1977 – VIII C 17.76, BVerwGE 52, 161), sowie Privatdozenten, nicht jedoch Lehrbeauftragte (auch ehemalige; a.A. *Deumeland*, VR 1995, 91), Fachhochschullehrer (s.: OVG Nordrhein-Westfalen, Beschl. v. 14.12.1979 – VI B 1017/79, NJW 1980, 1590) und (wissenschaftliche) Assistenten (s. BVerwG, Beschl. v. 16.10.1970 – II C 50.68, NJW 1970, 2315).

87 BVerfG, Beschl. v. 21.01.1976 – 2 BvR 572/74, BVerfGE 41, 231; BVerfG, Beschl. v. 21.01.1976 – 2 BvR 572/74, NJW 1976, 954 (955).

88 BVerfG, Beschl. v. 18.09.1979 – 2 BvR 488/76, NJW 1980, 33 f. abweichende Meinung der Richter *Rottmann* und *Hirsch*, NJW 1980, 34 f.; BVerwG, Beschl. v. 25.01.1988 – 7 B 12/88, DVBl 1988, 791.

89 BVerfG, Beschl. v. 20.01.1981 – 2 BvR 632/78, BVerfGE 56, 99.

90 BVerfG, Beschl. v. 07.07.1982 – 2 BvR 1142/80, BVerfGE 61, 68; VGH Bayern, Beschl. v. 29.01.1980 – 14.C – 2218/79, NJW 1980, 1870 dazu *Prutsch*, VR 1981, 1.

a) Merkmale der Ungeeignetheit

Zum schriftlichen und mündlichen Vortrag ist vor allem derjenige ungeeignet, der den maßgeblichen Sachverhalt und die zur Entscheidung stehenden Rechtsfragen nicht erfassen kann oder sich nicht klar und sachlich ausdrückt oder dazu bereit ist.[91] Die bloße Ungewandtheit ist nicht ausreichend. Es ist ein tendenziell strenger Maßstab an das Merkmal der Ungeeignetheit anzulegen[92]. 80

Weiter kommt es darauf an, dass der schriftliche Vortrag in lesbarer Schrift vorgelegt und der mündliche Vortrag in einer verständlichen Sprache gehalten wird. Beim Vortrag in einer Fremdsprache ist § 23 zu beachten. Die Ungeeignetheit zum mündlichen Vortrag rechtfertigt nicht die Zurückweisung auch vom schriftlichen Vortrag (und umgekehrt).[93] 81

Die Eignungsbeurteilung ist unter Berücksichtigung aller Umstände – insb. auch der Schwierigkeiten des jeweiligen Falles – zu treffen. Ggf. hat die Behörde in Erfüllung ihrer Beratungs- und Auskunftspflicht nach § 25 sachliche und rechtliche Erläuterungen zu geben. Eine gewisse Nervosität oder Ungewandtheit im Auftreten und beim Vortrag muss zunächst mit Geduld hingenommen und darf nicht vorschnell als Unfähigkeit gewertet werden. Stets ist zu prüfen, ob Anregungen und Ermahnungen noch zu einem angemessenen Vortrag verhelfen. Erst wenn sich alle Belehrungsversuche der Behörde wegen mangelnder Kenntnisse oder Fähigkeiten oder wegen fehlenden guten Willens des Bevollmächtigten bzw. des Beistandes als erfolglos erweisen, darf dessen Ungeeignetheit angenommen werden.[94] 82

b) Keine Ermessensentscheidung der Behörde

Entsprechend der gesetzlichen Differenzierung in Satz 1 muss die Behörde über die Zurückweisung eines ungeeigneten Bevollmächtigten oder Beistandes gesondert für die beiden Vortragsarten (vgl. Rdn. 81) entscheiden. Eine Zurückweisung muss sich daher auf den mündlichen oder schriftlichen Vortrag beschränken, wenn die Ungeeignetheit nur insoweit besteht. Darüber hinaus kommt i.R.d. Verhältnismäßigkeit auch eine teilweise Zurückweisung nur für einen bestimmten Abschnitt oder bei einer der beiden Vortragsarten nur für einen bestimmten Einzelvortrag in Betracht. Entgegen dem insoweit ungenauen Wortlaut des Satzes 1 ist die Behörde bei mangelnder Eignung des Bevollmächtigten oder Beistandes aber zu dessen Zurückweisung verpflichtet. Denn das Vorliegen der Tatbestandsvoraussetzungen lässt auf der Rechtsfolgenseite keinen Raum mehr für eine pflichtgemäße Ermessensbetätigung. 83

---

91 Vgl. auch Knack/Henneke/*Ritgen*, § 14 Rn. 67; Kopp/Ramsauer, § 14 Rn. 38; Stelkens/Bonk/Sachs/*Bonk/Schmitz*, § 14 Rn. 39; *Ule/Laubinger*, Verwaltungsverfahrensrecht, § 17 IV 2/§ 17 Rn. 17.

92 Ebenso Knack/Henneke/*Ritgen*, § 14 Rn. 68; Stelkens/Bonk/Sachs/*Bonk/Schmitz*, § 14 Rn. 39.

93 Kopp/Ramsauer, § 14 Rn. 38; Stelkens/Bonk/Sachs/*Bonk/Schmitz*, § 14 Rn. 39.

94 Vgl. auch Stelkens/Bonk/Sachs/*Bonk/Schmitz*, § 14 Rn. 39.

2. Keine Zurückweisung von Personen, die zur Vertretung in verwaltungsgerichtlichen Verfahren befugt sind (Satz 2)

84 Personen, die zur Vertretung in verwaltungsgerichtlichen Verfahren befugt sind, können nicht zurückgewiesen werden, auch wenn sie nach der Überzeugung der Behörde ungeeignet erscheinen.

VII. Verfahren der Zurückweisung (Abs. 7)

85 Abs. 7 regelt das Verfahren der Zurückweisung und – lückenhaft (vgl. Rdn. 88 ff.) – deren Wirkung für die zurückgewiesenen Bevollmächtigten und Beistände.

1. Gesondertes Zurückweisungsverfahren

86 Über die Zurückweisung ist in einem gesonderten (Neben-) Verfahren zu entscheiden. Vor der Entscheidung ist dem Beteiligten und dem Bevollmächtigten bzw. Beistand nach § 28 Abs. 1 Gelegenheit zur Äußerung zu geben.[95]

2. Mitteilung an den Beteiligten (Satz 1)

87 Nach Satz 1 ist die Zurückweisung auch dem Beteiligten mitzuteilen.[96] Die Vornahme der Mitteilung stellt die Bekanntgabe des VA der Zurückweisung an den Beteiligten dar. Eine verspätete Mitteilung kann zu einer Schadensersatzpflicht der Behörde unter dem Gesichtspunkt der Amtspflichtverletzung führen.

3. Rechtswirkungen der Zurückweisung (Satz 2)

88 Ausdrücklich geregelt ist – im Interesse der Rechtssicherheit[97] – in Satz 2, dass nach der Zurückweisung alle weiteren Verfahrenshandlungen der Zurückgewiesenen unwirksam sind, während hingegen die vor der Zurückweisung vorgenommenen Verfahrenshandlungen unberührt bleiben[98].

89 Außerdem sind behördliche Verfahrenshandlungen, die ggü. einem zurückgewiesenen Bevollmächtigten – im Rahmen seiner Passivvertretung – vorgenommen werden, unwirksam bzw. unbeachtlich (vgl. auch § 11 Rdn. 38 ff.; § 12 Rdn. 67).

VIII. Rechtsnatur der Zurückweisung

90 Nach ihrer Rechtsnatur ist die Zurückweisung ein VA mit Doppelwirkung ggü. dem zurückgewiesenen Bevollmächtigten bzw. Beistand einerseits und dem Beteiligten (der die Vollmacht erteilt oder den Beistand hinzugezogen hat) andererseits.[99]

---

95 So auch Kopp/Ramsauer, § 14 Rn. 42.

96 VG Berlin, Urt. v. 17.12.2010 – 14 K 57.10.

97 S. BT-Drucks. 7/4494 S. 5.

98 Ebenso Knack/Henneke/*Ritgen*, § 14 Rn. 73; Kopp/Ramsauer, § 14 Rn. 44; *Ule/Laubinger*, Verwaltungsverfahrensrecht, § 17 IV 3/§ 17 Rn. 18; Stelkens/Bonk/Sachs/*Bonk/Schmitz*, § 14 Rn. 40.

99 Ebenso: VGH Bayern, Beschl. v. 21.09.1984 – 12 CS 84 A.1958, DVBl 1985, 530 (531).

Mit der Mitteilung an den Bevollmächtigten bzw. Beistand ist der VA nach § 43 Abs. 1 wirksam im Sinne von rechtlich existent. Für den Zurückgewiesenen tritt die in Abs. 7 Satz 2 vorgesehene Rechtsfolge ein, sodass der Beteiligte nicht mehr von dem Bevollmächtigten (wirksam) vertreten bzw. von dem Beistand unterstützt werden kann. Damit der Beteiligte sich auf die neue Lage einstellen kann, ist ggü. dem Beteiligten die Zurückweisung mitzuteilen. Der VA wird erst mit dem Zugang bei ihm wirksam[100]. 91

Gem. § 37 Abs. 2 Satz 1 ist die Zurückweisung an keine Form gebunden,[101] sodass auch eine Zurückweisung durch konkludentes Verhalten der (verfahrensleitenden) Behörde in Betracht kommt. Ob eine Zurückweisung tatsächlich vorliegt, ist durch Auslegung zu ermitteln und richtet sich – in erster Linie – nach dem Inhalt und der Tragweite des Verhaltens der Behörde im jeweiligen Einzelfall.[102] So rechtfertigt der Umstand, dass einem Bevollmächtigten im Rahmen eines Anhörungsverfahrens, an dem er in dieser Funktion teilgenommen hat, nicht Gelegenheit gegeben worden ist, zu jedem von ihm selbst bestimmten Zeitpunkt Fragen zu stellen und Erklärungen für den Vollmachtgeber abzugeben, nicht Annahme einer konkludenten Zurückweisung des Bevollmächtigten.[103] 92

IX. Rechtsbehelfe

Dem zurückgewiesenen Bevollmächtigten bzw. Beistand und dem Beteiligten stehen (im jeweils eigenen Namen) gegen die Zurückweisung die üblichen Rechtsbehelfe zur Verfügung.[104] Während der zurückgewiesene Bevollmächtigte bzw. Beistand zur unmittelbaren Anfechtung der (eine Verfahrenshandlung ggü. einem Nichtbeteiligten gem. § 44a Satz 2 VwGO darstellenden) Zurückweisung befugt ist, kann der Beteiligte nach § 44a Satz 1 VwGO einen Rechtsbehelf nur zugleich mit dem gegen die Sachentscheidung zulässigen Rechtsbehelf geltend machen[105]. 93

C. Verfahrensvorschriften des Sozialrechts sowie Verwaltungsverfahrensrecht der Länder

Der § 13 SGB X ist fast wortgleich mit § 14. Er weicht nur hinsichtlich der Zurückweisung in Abs. 6 ab und verweist (anstelle der Vorschriften der Verwaltungsgerichtsordnung) auf den § 73 Abs. 2 Satz 1 und 2 Nr. 3 bis 9 des Sozialgerichtsgesetzes. 94

---

100 Erst ab Bekanntgabe ggü. dem Beteiligten: VGH Bayern, Beschl. v. 21.09.1984 – 12 CS 84 A.1958, DVBl 1985, 530 (531); VG Berlin, Urt. v. 17.12.2010 – 14 K 57.10; Stelkens/Bonk/Sachs/*Bonk/Schmitz*, § 14 Rn. 40.

101 S.a. *Ule/Laubinger*, Verwaltungsverfahrensrecht, § 17 IV 3/§ 17 Rn. 18.

102 S. BVerwG, Beschl. v. 02.11.1990 – 9 B 121.90, NVwZ 1991, 487 (488).

103 S. BVerwG, Beschl. v. 02.11.1990 – 9 B 121.90, NVwZ 1991, 487 (488).

104 S. BVerwG, Beschl. v. 02.11.1990 – 9 B 121.90, NVwZ 1981, 487 (488); VGH Bayern, Beschl. v. 21.09.1984 – 12 CS 84 A.1958, DVBl 1985, 530 (531); Knack/Henneke/*Ritgen*, § 14 Rn. 74; Kopp/Ramsauer, § 14 Rn. 44; Stelkens/Bonk/Sachs/*Bonk/Schmitz*, § 14 Rn. 41.

105 Ebenso: VGH Bayern, Beschl. v. 21.09.1984 – 12 CS 84 A.1958, DVBl 1985, 530 (531).

95 Die Regelungen in den Verwaltungsverfahrensgesetzen der Länder weichen teilweise ab.

96 In § 79 LVwG des Landes Schleswig-Holstein sind abweichend von § 14 der Abs. 1 Satz 1 und Abs. 4 Satz 1 durch die Wendung »soweit es sich nicht um vertretbare Handlungen handelt« eingeschränkt. Dies bedeutet aber keine Änderung in der Sache wie die in § 79 LVwG parallel verwendete grammatikalische maskuline und feminine Form der Personen oder die Anfügung des (deklaratorischen) Abs. 8, wonach Rechtsvorschriften, nach denen die Vertretung durch Bevollmächtigte oder Beistände unzulässig oder eingeschränkt ist oder nach denen bestimmte Personen zu Bevollmächtigten oder Beiständen bestellt werden können, unberührt bleiben.

97 Ferner weicht der § 14 BremVwVfG vom § 14 ab, in dem er in Abs. 6 Satz 2 nicht auf den § 67 Abs. 2 Satz 1 und 2 Nr. 3 bis 7 VwGO verweist, sondern Personen nicht zurückweist, »die zur geschäftsmäßigen Besorgung fremder Rechtsangelegenheit befugt sind«. Die Grundlage der Bevorzugung dieser Personengruppe ist aber gerade mit dem Rechtsdienstleistungsgesetz entfallen.[106] Um Wertungswidersprüche zu vermeiden, kommt der Ausschluss ungeeigneter Personen nicht in Betracht, wenn sie zur Vertretung im verwaltungsgerichtlichen Verfahren befugt ist. Aus diesem Grund ist der Abs. 6 Satz 2 in § 14 neu gefasst worden und ein Verweis auf die VwGO vorgenommen worden. Dieser ist in Abs. 7 Satz 2 der Bremer Regelung enthalten. Dafür wurde der gesetzliche Hinweis, dass Verfahrenshandlungen des zurückgewiesenen Bevollmächtigten oder Beistands, die dieser nach der Zurückweisung vornimmt, unwirksam sind, als entbehrlich erachtet.

98 Die Regelung des § 14 HmbVwVfG enthält in Abs. 5 auch die Regelungen des § 14 Abs. 7. Die Regelung des Abs. 6 wurde nicht übernommen. Die fehlende Übernahme dieses Absatzes ist unschädlich, da der Abs. 6 nur klarstellt, dass ungeeigneter Vortrag zurückgewiesen werden kann.

§ 15 Bestellung eines Empfangsbevollmächtigten

[1]Ein Beteiligter ohne Wohnsitz oder gewöhnlichen Aufenthalt, Sitz oder Geschäftsleitung im Inland hat der Behörde auf Verlangen innerhalb einer angemessenen Frist einen Empfangsbevollmächtigten im Inland zu benennen. [2]Unterlässt er dies, gilt ein an ihn gerichtetes Schriftstück am siebenten Tage nach der Aufgabe zur Post und ein elektronisch übermitteltes Dokument am dritten Tage nach der Absendung als zugegangen. [3]Dies gilt nicht, wenn feststeht, dass das Dokument den Empfänger nicht oder zu einem späteren Zeitpunkt erreicht hat. [4]Auf die Rechtsfolgen der Unterlassung ist der Beteiligte hinzuweisen.

Landesrechtliche Vorschriften

106 Stelkens/Bonk/Schmitz/*Bonk/Schmitz*, § 14 Rn. 38.

Inhaltsgleich mit § 15 BW VwVfG, Art. 15 BayVwVfG, § 15 VwVfG Bbg, § 15 BremVwVfG, § 15 HmbVwVfG, § 15 HVwVfG, § 15 VwVfG MV, § 15 VwVfG NW, § 15 SVwVfG, § 15 VwVfG LSA, § 79a LVwG Schl Holst, § 15 ThürVwVfG.

Zu Berlin, Niedersachsen (§ 1 Abs. 2 NdsVwVfG), Rheinland Pfalz (§ 7 Abs. 1 VwVfG Rh Pf), Sachsen vgl. Einl Rdn. 58 ff.

Übersicht Rdn.

A. Allgemeines und Grundsätze

I. Gegenstand der Regelung

§ 15 regelt im Interesse der einfachen und zügigen Verfahrensabwicklung die Bestellung eines Empfangsbevollmächtigten auf Verlangen der Behörde. Unabhängig davon ist dem Beteiligten die Bestellung eines Empfangsbevollmächtigten jederzeit durch eine entsprechende Bevollmächtigung nach § 14 möglich. Der Empfangsbevollmächtigte i.S.d. VwVfG entspricht dem Zustellungsbevollmächtigten nach § 174 ZPO und § 56 Abs. 3 VwGO. 1

2 Der Empfangsbevollmächtigte ist ein rechtsgeschäftlich bestellter Vertreter mit der ausschließlichen Befugnis, für den Beteiligten Verfahrenshandlungen entgegenzunehmen, die in der Übersendung von Schriftstücken (Ladungen, Zustellungen, Mitteilungen, Schriftsätzen etc.) ihren Ausdruck finden.[1] Zur Vornahme von Verfahrenshandlungen, d.h. zur Aktivvertretung (vgl. § 14 Rdn. 28), ist er aber nicht berechtigt. I.Ü. findet die Vorschrift des § 14 Anwendung (vgl. auch Rdn. 24 f.).

3 Von dem in § 15 geregelten Verfahren zu unterscheiden ist ein Vorgehen der Behörde nach § 16 Abs. 1 Nr. 3 (vgl. § 16 Rdn. 25 ff.), das zwar sowohl hinsichtlich Voraussetzungen als auch Regelungszweck gewisse Ähnlichkeiten aufweist,[2] aber in den Rechtsfolgen deutlich abweicht und vom Gesetzgeber selbst als »mitunter zeitraubende und nicht immer adäquate Möglichkeit der Bestellung eines Vertreters« charakterisiert wird.[3] Diese beiden Verfahren stehen der Behörde grds. sowohl alternativ als auch nacheinander zur Verfügung.[4] Eine Ausnahme bildet in aller Regel allerdings der Fall des Verlangens zur Benennung eines Empfangsbevollmächtigten nach der Bestellung eines Vertreters von Amts wegen nach § 16 Abs. 1 Nr. 3; insoweit wäre das spätere Verlangen der Behörde gem. § 15 ermessensfehlerhaft. Auch die kumulative Anwendung beider Verfahren (für die auch kein Bedürfnis besteht) ist unzulässig.

II. Zweck der Regelung

4 § 15 dient einer zügigen Verfahrensabwicklung,[5] indem er

1) der Behörde die Möglichkeit gibt, von einem grds. schwer erreichbaren Beteiligten (bzw. gesetzlichen Vertreter eines Beteiligten – vgl. Rdn. 7) die Bestellung eines Bevollmächtigten zu verlangen, dem die für den Beteiligten bestimmten Schriftstücke zugehen können,
2) die Nichterfüllung des Verlangens mit der (widerlegbaren) gesetzlichen Vermutung verknüpft, dass ein an den Beteiligten gerichtetes Schriftstück diesen nach Satz 2 an einem bestimmten Tage zugegangen ist (sodass sich das umständliche Zustellungsverfahren nach den §§ 14 ff. VwZG erübrigt).

5 Die Vertretung durch einen Empfangsbevollmächtigten kann niemals die (aktive) Mitwirkung eines Beteiligten ersetzen. Ist eine solche erforderlich, so kommt nur (falls der Beteiligte keinen Bevollmächtigten nach § 14 bestellt hat) die Bestellung eines Vertreters von Amts wegen nach § 16 (Abs. 1 Nr. 3) in Betracht (vgl. auch Rdn. 12).

---

1 Ebenso Kopp/*Ramsauer*, § 15 Rn. 1; Stelkens/Bonk/Sachs/*Bonk/Schmitz*, § 15 Rn. 3.
2 Das Verlangen und die Fristsetzung nach § 15 Satz 1 sind jedoch nicht identisch mit der Aufforderung und Fristsetzung nach § 16 Abs. 1 Nr. 3.
3 So die Amtl. Begründung S. 44.
4 Ebenso Stelkens/Bonk/Sachs/*Bonk/Schmitz*, § 15 Rn. 2, § 16 Rn. 21.
5 Ebenso OVG Rheinland-Pfalz, Urt. v. 29.03.1993 – 13 A 12409/92, NJW 1993, 2457 hier: Die Behörde hat dem Beteiligten (im Ausland) die Bestellung eines Empfangsbevollmächtigten im Inland aufgegeben; Kopp/*Ramsauer*, § 15 Rn. 1. Nach Stelkens/Bonk/Sachs/*Bonk/Schmitz*, § 15 Rn. 3 dient § 15 maßgeblich auch dem rechtlichen Gehör.

B. Die Vorschrift im Einzelnen

I. Die Bestellung eines Empfangsbevollmächtigten (Satz 1)

1. Verlangen der Behörde

Der (das Verfahren leitenden) Behörde steht bei Vorliegen der in Satz 1 geregelten Voraussetzungen die Befugnis zu, von einem Beteiligten die Bestellung eines Empfangsbevollmächtigten – innerhalb der gesetzten (angemessenen) Frist – zu verlangen. 6

a) Voraussetzungen

aa) Beteiligtenstellung

Nach dem Gesetzeswortlaut kann die Bestellung nur einem Beteiligten (i.S.d. § 13 Abs. 1)[6] aufgegeben werden. Dies schließt nicht aus, dass ein entsprechendes Verlangen stattdessen an den gesetzlichen Vertreter des Beteiligten gerichtet wird, wenn dieser in seiner Person die (im Gesetz nur für den Beteiligten festgelegten) Tatbestandsvoraussetzungen des Satzes 1 (vgl. Rdn. 8) erfüllt. Soweit § 15 Rechte und Pflichten des Beteiligten regelt, handelt es sich also auch um Rechte und Pflichten des gesetzlichen Vertreters eines Beteiligten, der selbst nicht handlungsfähig ist. 7

bb) Ohne Wohnsitz, gewöhnlichen Aufenthalt, Sitz oder Geschäftsleitung im Inland

Der Beteiligte (vgl. Rdn. 7) muss – nach den Feststellungen der Behörde[7] –, wenn er eine natürliche Person ist, ohne Wohnsitz oder gewöhnlichen Aufenthalt, oder wenn er eine juristische Person bzw. eine dieser gleichgestellten Vereinigung (vgl. § 11 Rdn. 11 ff.) oder teilrechtsfähige Vereinigung des privaten oder öffentlichen Rechts (vgl. § 11 Rdn. 14 ff.) ist, ohne Sitz oder Geschäftsleitung im Inland[8] sein.[9] Ist der Aufenthaltsort eines Beteiligten überhaupt unbekannt, ist § 15 nicht anwendbar; die Fortsetzung des Verfahrens kann in diesem Fall nur durch die Bestellung eines Vertreters von Amts wegen nach § 16 Abs. 1 Nr. 2 erste Alternative (vgl. § 16 Rdn. 22 f.) gesichert werden.[10] 8

---

6 Zu einem Fall des § 13 Abs. 1 Nr. 2 vgl. OVG Rheinland-Pfalz, Urt. v. 29.03.1993 – 13 A 12409/92, NJW 1993, 2457.

7 Bloße Unkenntnis der Behörde reicht nicht aus (*Meyer/Borgs*, § 15 Rn. 2; Stelkens/Bonk/Sachs/*Bonk/Schmitz*, § 15 Rn. 10).

8 Die frühere Formulierung »Geltungsbereich des VwVfG« berücksichtigte die besondere rechtliche Situation der beiden deutschen Staaten und konnte – durch das 2. VwVfÄndG (vgl. Einl. Rn. 50) – durch den nach Herstellung der deutschen Einheit inhaltsgleichen Begriff des Inlands (d.h. Staatsgebiet der BRD) ersetzt werden. S. BT-Drucks. 13/8884.

9 Zu Recht weist *Ritgen* in Knack/Henneke, § 15 Rn. 9) darauf hin, dass § 15 nur zur Anwendung kommt, wenn der Beteiligte »trotzdem aber für eine gewisse Zeit erreichbar ist«, um ihm die Aufforderung zur Bestellung eines Empfangsbevollmächtigten bekannt zu geben. Doch ist dies keine (Tatbestands-) Voraussetzung für die behördliche Entscheidung, ein entsprechendes Verlangen zu stellen, sondern lediglich Voraussetzung für die rechtliche Existenz des VA (vgl. Rdn. 17).

10 Ähnlich Stelkens/Bonk/Sachs/*Bonk/Schmitz*, § 15 Rn. 11.

9 Es sind

1) der Wohnsitz[11] (nach § 7 BGB) der Ort der ständigen Niederlassung (zu dessen Begründung die tatsächliche Niederlassung erforderlich ist) verbunden mit dem Willen, den Ort zum ständigen Schwerpunkt der Lebensverhältnisse zu machen[12] – vgl. auch § 3),
2) der gewöhnliche Aufenthalt der Ort, an dem sich eine Person unter solchen Umständen aufhält, die ihren Aufenthalt als einen nicht nur vorübergehenden erscheinen lassen (vgl. § 3), ohne dass damit ein Wohnsitz begründet wird,[13]
3) der Ort des Sitzes bzw. der Geschäftsleitung der durch Rechtsvorschrift oder Rechtsgeschäft dazu bestimmte Ort bzw. der Ort, an dem die geschäftsleitenden Funktionen wahrgenommen werden (vgl. § 3).

cc) Kein gesetzlicher Vertreter oder (auch nur passiv) Bevollmächtigter im Inland

10 Ein gesetzlicher Vertreter (vgl. § 12 Rdn. 25, 30 ff.) oder ein (zumindest passiv) Bevollmächtigter im Inland (vgl. Rdn. 8) schließen – grds. – nach dem Zweck des § 15 (vgl. Rdn. 4) ein Vorgehen der Behörde nach dieser Vorschrift aus, wenn er ihr bekannt oder mit angemessenem Aufwand zu ermitteln ist.[14] Diese einschränkende Auslegung des Satzes 1 ist jedoch nicht geboten, wenn der Beteiligte sich zwar zur Einlegung von Rechtsbehelfen ständig eines Bevollmächtigten im Inland bedient, dieser sich aber weigert, an den Beteiligten gerichtete Schriftstücke von der Behörde in Empfang zu nehmen.[15]

b) Ermessensentscheidung

11 Ob die Behörde ein entsprechendes Verlangen stellt, ist ihrem pflichtgemäßen Ermessen anheimgegeben.[16] Die Behörde handelt dabei mit ihrem Benennungsverlangen regelmäßig ermessensfehlerfrei, wenn im gegebenen Fall kein Anlass besteht, von diesem Grundsatz abzuweichen, weil auch der konkret Beteiligte wegen seines Aufenthaltes im Ausland nicht ohne Weiteres erreichbar ist und ohne die Bestellung eines Empfangsbevollmächtigten die Durchführung des Verfahrens deshalb unangemessen verzögert würde.

---

11 Bei mehrfachem Wohnsitz schließt bereits einer im Inland § 15 aus (Stelkens/Bonk/Sachs/*Bonk/Schmitz*, § 15 Rn. 6).

12 Vgl. *Ule/Laubinger*, Verwaltungsverfahrensrecht, § 18 III/§ 18 Rn. 22.

13 S.a. Knack/Henneke/*Ritgen*, § 15 Rn. 13. Instruktiv zur Notwendigkeit der Auslegung des unbestimmten Gesetzesbegriffs »gewöhnlicher Aufenthalt« aus Sinn, Zweck und Regelungszusammenhang der jeweiligen Norm VGH Bayern, Urt. v. 29.05.1996 – 7 B 94.1063, DÖV 1997, 76 (78).

14 Enger (nur bei Kenntnis) *Meyer/Borgs*, § 15 Rn. 2. Ohne subjektive Komponente: *Ule/Laubinger*, Verwaltungsverfahrensrecht, § 18 III/§ 18 Rn. 22. Vgl. auch Stelkens/Bonk/Sachs/*Bonk/Schmitz*, § 15 Rn. 5.

15 *Vgl.* OVG Rheinland-Pfalz, Urt. v. 29.03.1993 – 13 A 12409/92, NJW 1993, 2457 (2458).

16 S.a. OVG Rheinland-Pfalz, Urt. v. 29.03.1993 – 13 A 12409/92, NJW 1993, 2457; Knack/Henneke/*Ritgen*, § 15 Rn. 17; Kopp/*Ramsauer*, § 15 Rn. 4; Stelkens/Bonk/Sachs/*Bonk/Schmitz*, § 15 Rn. 7.

Ein Vorgehen nach Satz 1 kommt aber nicht in Betracht, wenn (ausnahmsweise) die persönliche Mitwirkung des aufzufordernden Beteiligten durch Vornahme von Verfahrenshandlungen im weiteren Verlauf des Verwaltungsverfahrens erforderlich sein sollte; in diesem Fall steht der Behörde ein Vorgehen nach § 16 Abs. 1 Nr. 3 (vgl. § 16 Rdn. 25 ff.) zur Verfügung (vgl. auch Rdn. 5). 12

In Ausübung ihres Ermessens hat die Behörde zu erwägen, ob nicht trotz Verwirklichung des gesetzlichen Tatbestandes (vgl. Rdn. 7 ff.) die ständige und (relativ) schnelle Erreichbarkeit des Beteiligten anderweitig sichergestellt ist[17] (z.B. weil dieser einen festen Wohnsitz im Ausland hat, zu dem ein geregelter Postverkehr stattfindet – vgl. auch Rdn. 3). 13

c) Inhalt des Verlangens

Das Verlangen der Behörde muss den Beteiligten – unter hinreichender Bezeichnung des Verwaltungsverfahrens[18] und der Rechtsfolgen bei Unterlassung der Bestellung eines Empfangsbevollmächtigten[19] – auffordern, einen Empfangsbevollmächtigten (vgl. Rn. 23) zu benennen, d.h. 14

1) diesen mit Wohnsitz oder gewöhnlichem Aufenthalt im Inland (vgl. Rdn. 8) zu bestellen und
2) (mit Namen und Adresse) der Behörde zur Kenntnis zu geben.

Die Setzung einer angemessenen Frist sollte zusammen mit dem Verlangen der Behörde erfolgen. Will die Behörde erst nachträglich (d.h. nach der Aufforderung) eine Frist setzen, so ist aus Gründen der Rechtsklarheit in der Aufforderung ein Hinweis auf die besondere Rechtswirkung der nachträglichen Fristsetzung (vgl. Rdn. 18) erforderlich. 15

d) Keine Formbindung

Das Verlangen ist an keine Form gebunden.[20] Im Interesse der Rechtssicherheit sowie aus Beweisgründen ist jedoch (im Hinblick auf Satz 2) die Schriftform oder die Aufnahme einer Aktennotiz zweckmäßig;[21] u.U. ist auch eine Zustellung empfehlenswert. 16

e) Rechtsnatur

Das Verlangen (mit oder ohne Fristsetzung) ist seiner Rechtsnatur nach ein VA[22], der mit der Bekanntgabe an den Betroffenen (vgl. Rdn. 7) erlassen und damit rechtlich existent wird (vgl. § 43); Gleiches gilt auch für die nachträgliche Fristsetzung nach Abgabe des 17

---

17 S.a. Kopp/*Ramsauer*, § 15 Rn. 4; Stelkens/Bonk/Sachs/*Bonk/Schmitz*, § 15 Rn. 7; z.B. elektronische Kommunikation.

18 Nach Stelkens/Bonk/Sachs/*Bonk/Schmitz* (Rn. 9) müssen Inhalt und Umfang der Befugnisse des (Empfangs-) Bevollmächtigten von der Behörde substantiiert und daher das fragliche Verwaltungsverfahren vollständig und verständlich bezeichnet werden.

19 Kopp/*Ramsauer*, § 15 Rn. 6a wegen der Warnfunktion für den Beteiligten.

20 Ebenso Knack/Henneke/*Ritgen*, § 15 Rn. 18; *Meyer/Borgs*, § 15 Rn. 2.

21 So auch *Meyer/Borgs*, § 15 Rn. 2.

22 Ebenso *Knack/Henneke/Ritgen*, § 15 Rn. 18; Kopp/*Ramsauer*, § 15 Rn. 2a; Stelkens/Bonk/Sachs/*Bonk/Schmitz*, § 15 Rn. 5.

Verlangens (vgl. Rdn. 15). Eine Fiktion der Bekanntgabe – etwa im Wege der öffentlichen Zustellung nach § 15 VwZG – kann die Bekanntgabe des Verlangens nicht ersetzen, da sie nicht die Gewähr bietet, dass der Beteiligte von dem Inhalt des VA tatsächlich Kenntnis nimmt oder zumindest nehmen kann.[23] Ohne eine solche Möglichkeit wäre aber der Eintritt der Rechtsfolge des Satzes 2 (vgl. Rdn. 26 ff.) unbillig, da zur Bestellung des Empfangsbevollmächtigten außer dem Beteiligten niemand in der Lage ist.

2. Setzen einer angemessenen Frist

18 Für die Erfüllung des Verlangens ist dem Beteiligten (vgl. Rdn. 7) eine angemessene (vgl. Rdn. 19) Frist zu setzen.[24] Die Fristsetzung stellt ihrer Rechtsnatur nach – wie das Verlangen – einen VA dar und sollte zweckmäßigerweise zusammen mit dem Verlangen erfolgen (vgl. auch Rdn. 15). Wegen der Rechtsfolgen des Satzes 2, die an das Verstreichenlassen der gesetzten Frist durch den aufgeforderten Beteiligten anknüpfen, ist stets eine eindeutige Festlegung der Frist erforderlich; daher genügt es nicht, dass die Behörde den Beteiligten lediglich auffordert, »innerhalb angemessener Frist« einen Empfangsbevollmächtigten zu benennen, und nach Ablauf einer angemessenen (aber nicht eindeutig festgelegten) Frist nach Satz 2 (oder § 16 Abs. 1 Nr. 3) vorgeht. Erfolgt die Fristsetzung nicht zugleich mit der Erklärung des Verlangens, sondern zu einem späteren Zeitpunkt (vgl. Rdn. 15), so beginnt die Frist erst mit diesem zu laufen. Die Fristsetzung sollte dann – ebenso wie das Verlangen selbst (vgl. Rdn. 16) – aus Beweisgründen sowie im Interesse eindeutiger Feststellbarkeit des Fristablaufs schriftlich festgehalten werden.

19 Die Angemessenheit richtet sich nach den jeweiligen Umständen des Einzelfalls, wobei es entscheidend darauf ankommt, in welcher Zeit dem Beteiligten unter Berücksichtigung seines Aufenthaltsortes sowie seiner persönlichen, beruflichen und wirtschaftlichen Verhältnisse die Benennung eines Empfangsbevollmächtigten zugemutet werden kann.

20 Für die Berechnung dieser behördlich gesetzten Frist gilt § 31; insb. kann eine von der Behörde einmal gesetzte Frist jederzeit nach § 31 Abs. 7 von Amts wegen oder auf Antrag eines Beteiligten verlängert werden.[25]

3. Rechtsbehelfe

21 Obgleich das Verlangen eine behördliche Verfahrenshandlung darstellt, unterliegt es der unmittelbaren Anfechtung durch den Beteiligten[26] (vgl. Rdn. 7). Da seine Nachprüfung i.R.d. Hauptsachenentscheidung zu spät käme, ist – wegen des Gebots effektiven

---

23 I.Ü. scheitert die Vornahme einer öffentlichen Zustellung nach § 15 VwZG schon daran, dass weder der Aufenthaltsort des Empfängers unbekannt noch die Zustellung unausführbar (sondern der Beteilige nur schwer erreichbar) ist. Den Fall des unbekannten Aufenthaltsortes eines Beteiligten regelt § 16 Abs. 1 Nr. 2 erste Alternative (vgl. auch Rdn. 8).

24 S. Knack/Henneke/*Ritgen*, § 15 Rn. 19; Kopp/*Ramsauer*, § 15 Rn. 5; *Meyer/Borgs*, § 15 Rn. 3; Stelkens/Bonk/Sachs/*Bonk/Schmitz*, § 15 Rn. 8.

25 S.a. Stelkens/Bonk/Sachs/*Bonk/Schmitz*, § 15 Rn. 8.

26 Im Ergebnis ebenso Stelkens/Bonk/Sachs/*Bonk/Schmitz*, § 15 Rn. 5.

Rechtsschutzes nach Art. 19 Abs. 4 GG – die allgemeine Regelung des § 44a Satz 2 VwGO, trotz der fehlenden Vollstreckbarkeit, verfassungskonform auszulegen und anzuwenden[27].

4. Obliegenheit des Beteiligten, dem Verlangen der Behörde zu entsprechen

Der Beteiligte (vgl. Rdn. 7) muss dem Verlangen der Behörde entsprechen, wenn er 22
die in Satz 2 vorgesehenen Rechtsfolgen vermeiden will.

a) Person des Empfangsbevollmächtigten

Empfangsbevollmächtigter kann nur eine nach § 12 Abs. 1 Nr. 1 handlungsfähige 23
(vgl. § 14 Rdn. 15) natürliche Person sein, deren Wohnsitz oder gewöhnlicher Aufenthalt im Inland liegt (vgl. Rdn. 8 f.). Daher erfüllt die Angabe einer Deckadresse oder eines Postamtes für postlagernde Sendungen nicht das Verlangen der Behörde[28].

b) Vornahme der Bestellung

Die Bestellung des Empfangsbevollmächtigten erfolgt wie die Bestellung eines Bevoll- 24
mächtigten nach § 14 Abs. 1 Satz 1 (vgl. § 14 Rdn. 17 ff.). Anstelle eines Empfangsbevollmächtigten nach § 15 Satz 1 kann der Beteiligte auch einen Bevollmächtigten (mit umfassender Vollmacht i.S.d. § 14 Abs. 1 Satz 2 – vgl. § 14 Rdn. 26 ff.) bestellen.

c) Benennung ggü. der Behörde

Hat die Behörde vom Beteiligten die Bestellung eines Empfangsbevollmächtigten 25
verlangt, so muss ihr der Vollzug ihres Verlangens mitgeteilt und der Empfangsbevollmächtigte benannt werden.[29] Dies kann geschehen durch die (der Behörde ggü. vorzunehmende) Erteilung einer Außenvollmacht oder durch Mitteilung der Erteilung einer (ggü. dem Empfangsbevollmächtigten erklärten) Innenvollmacht (vgl. § 14 Rdn. 18).

II. Die Regelung des Zugangs von Schriftstücken im Fall der Unterlassung der Bestellung eines Empfangsbevollmächtigten (Satz 2)

1. Gesetzliche Vermutungen

Die Vorschrift des Satzes 2 stellt – gesetzestechnisch – eine widerlegbare und eine un- 26
widerlegbare gesetzliche Vermutung auf. Entgegen dem Wortlaut (»gilt … als zugegangen«) handelt es sich hier nicht um eine Fiktion.[30]

---

27 Vgl. Kopp/*Ramsauer*, § 15 Rn. 2a.

28 Ebenso Knack/Henneke/*Ritgen*, § 15 Rn. 20; Kopp/*Ramsauer*, § 15 Rn. 6; *Meyer/Borgs*, § 15 Rn. 2.

29 Die Angabe allein einer Adresse genügt nur dann, wenn aus anderen der Behörde bekannten Umständen (z.B. Akten aus anderen Verfahren) die Identität des Empfangsbevollmächtigten feststeht oder zumindest unschwer (d.h. mit geringem Verwaltungsaufwand) ermittelt werden kann.

30 So auch *Ule/Laubinger*, Verwaltungsverfahrensrecht, § 18 III/§ 18 Rn. 23 Fn. 35.

a) Widerlegbare Vermutung

27 Die Vermutung ist widerlegbar im Hinblick auf die Tatsache des Zugangs und den Zeitpunkt, soweit ein späterer als der siebente Tag nach der Aufgabe zur Post in Betracht kommt.[31] Weist der Beteilige nach,[32] oder steht nach objektiven Umständen (z.B. Rückkehr eines Briefes als unzustellbar) fest, dass ihn ein Schriftstück nicht oder zu einem späteren Zeitpunkt erreicht hat, so gilt das Schriftstück nicht am siebenten Tage nach der Aufgabe zur Post als zugegangen.[33] Für die Beurteilung der Rechtslage ist davon auszugehen, dass das Schriftstück – je nach dem erbrachten Nachweis – überhaupt nicht oder zu einem späteren Zeitpunkt zugegangen ist.

28 Die materielle Beweislast für die Widerlegung der Vermutung liegt bei dem (aufgeforderten) Beteiligten.[34]

b) Unwiderlegbare Vermutung

29 Die Vermutung ist unwiderlegbar im Hinblick auf den Zugang des Schriftstücks am siebenten Tag nach der Aufgabe zur Post unter der Voraussetzung, dass nicht der fehlende Zugang bzw. ein späterer Zugang nachgewiesen wird (vgl. Rdn. 27). In diesem Fall ist der für die Beurteilung der Rechtslage maßgebliche Zugangstag der siebente Tag nach der Aufgabe zur Post, auch wenn das Schriftstück tatsächlich schon früher zugegangen ist.

c) Voraussetzungen für den Eintritt der Vermutungen

30 Die Vermutungen treten nur ein, wenn

1) das Verlangen der Behörde und die Fristsetzung dem (aufgeforderten) Beteiligten ggü. wirksam geworden (vgl. Rdn. 17 f.; § 43),
2) der Hinweis nach Satz 3 (vgl. Rdn. 34) ordnungsgemäß erfolgt und
3) der Beteiligte innerhalb der ihm gesetzten Frist dem Verlangen der Behörde nicht nachgekommen ist.

31 Die materielle Beweislast für diese Voraussetzungen liegt bei der Behörde.[35] Keine Voraussetzung für den Eintritt der gesetzlichen Vermutungen ist, dass die Bestellung eines Empfangsbevollmächtigten aus Gründen unterblieben sein muss, die der aufgeforderte Beteiligte zu vertreten hat. Grund dafür ist der Zweck der Vorschrift, der keine behördliche Sanktion für ein bestimmtes Fehlverhalten des Beteiligten vorsieht, sondern allein der zügigen Verfahrensabwicklung dient (vgl. Rdn. 4).

---

31 Kopp/*Ramsauer*, § 15 Rn. 7.

32 Bloße Behauptungen oder Zweifel reichen nicht aus (s. Knack/Henneke/*Ritgen*, § 15 Rn. 30).

33 *Meyer/Borgs*, § 15 Rn. 3; Stelkens/Bonk/Sachs/*Bonk/Schmitz*, § 15 Rn. 12; *Ule/Laubinger*, Verwaltungsverfahrensrecht, § 18 III/§ 18 Rn. 23.

34 S. Kopp/*Ramsauer*, § 15 Rn. 7; Stelkens/Bonk/Sachs/*Bonk/Schmitz*, § 15 Rn. 12.

35 S.a. Stelkens/Bonk/Sachs/*Bonk/Schmitz*, § 15 Rn. 11.

Hat der aufgeforderte Beteiligte zwar einen Empfangsbevollmächtigten bestellt, widerruft (vgl. § 14 Rdn. 40 ff.) aber dessen Bestellung rechtzeitig, ohne einen Nachfolger für den Empfangsbevollmächtigten zu benennen, ist dies auf den Eintritt der Vermutungen ohne Einfluss.[36] 32

2. Zugangsregelung bei verspäteter Bestellung eines Empfangsbevollmächtigten

Hat der Beteiligte verspätet (also nicht innerhalb der ihm gesetzten angemessenen 33
Frist) einen Empfangsbevollmächtigten bestellt, so gelten für den Zugang der Schriftstücke vom Zeitpunkt der Benennung an (vgl. Rdn. 25) die allgemeinen Regeln. Satz 2 ist – nach der ratio legis (vgl. Rdn. 4) – lediglich anwendbar für die Beurteilung des Zugangs von Schriftstücken in der Zeit nach Ablauf der angemessenen Frist bis zur Benennung des verspätet bestellten Empfangsbevollmächtigten.

III. Hinweis auf die Rechtsfolgen des Satzes 2 (Satz 3)

Der Beteiligte ist nach Satz 3 auf die Rechtsfolgen der Unterlassung hinzuweisen. Zu 34
diesem Hinweis ist die (verfahrensleitende) Behörde – der eigenständigen Rechtsschutzfunktion des Verwaltungsverfahrens entsprechend – verpflichtet. Er muss stets mit der (möglicherweise auch nachträglichen – vgl. Rdn. 15) Fristsetzung nach Satz 1 erfolgen. Grund dafür ist, die Rechtsfolgen des Satzes 2 knüpfen daran an, dass der aufgeforderte Beteiligte dem Verlangen der Behörde nicht innerhalb der ihm gesetzten Frist nachgekommen ist und daher der Fristsetzung insoweit die maßgebliche Bedeutung zukommt und sollte schriftlich festgehalten werden (vgl. Rdn. 16, 18). Unterbleibt der Hinweis auf die Rechtsfolgen, so kommt Satz 2 nicht zur Anwendung, und es gelten für die Beurteilung des Zugangs eines Schriftstücks die allgemeinen Regeln.[37]

C. Verfahrensvorschriften des Sozialrechts sowie Verwaltungsverfahrensrecht der Länder

Die Regelung des § 15 ist wortgleich mit dem § 14 SGB X. 35

Die Regelungen in den Verwaltungsverfahrensgesetzen der Länder sind ebenfalls wortgleich oder nehmen auf das Verwaltungsverfahrensgesetz Bezug.

---

36 *Meyer/Borgs*, § 15 Rn. 2; Stelkens/Bonk/Sachs/*Bonk/Schmitz*, § 15 Rn. 13.
37 Ebenso Kopp/*Ramsauer*, § 15 Rn. 6a.

§ 16 Bestellung eines Vertreters von Amts wegen

(1) Ist ein Vertreter nicht vorhanden, so hat das Betreuungsgericht, für einen minderjährigen Beteiligten das Familiengericht auf Ersuchen der Behörde einen geeigneten Vertreter zu bestellen

1. für einen Beteiligten, dessen Person unbekannt ist;

2. für einen abwesenden Beteiligten, dessen Aufenthalt unbekannt ist oder der an der Besorgung seiner Angelegenheiten verhindert ist;

3. für einen Beteiligten ohne Aufenthalt im Inland, wenn er der Aufforderung der Behörde, einen Vertreter zu bestellen, innerhalb der ihm gesetzten Frist nicht nachgekommen ist;

4. für einen Beteiligten, der infolge einer psychischen Krankheit oder körperlichen, geistigen oder seelischen Behinderung nicht in der Lage ist, in dem Verwaltungsverfahren selbst tätig zu werden;

5. bei herrenlosen Sachen, auf die sich das Verfahren bezieht, zur Wahrung der sich in Bezug auf die Sache ergebenden Rechte und Pflichten.

(2) Für die Bestellung des Vertreters ist in den Fällen des Absatzes 1 Nr. 4 das Gericht zuständig, in dessen Bezirk der Beteiligte seinen gewöhnlichen Aufenthalt hat; im Übrigen ist das Gericht zuständig, in dessen Bezirk die ersuchende Behörde ihren Sitz hat.

(3) [1]Der Vertreter hat gegen den Rechtsträger der Behörde, die um seine Bestellung ersucht hat, Anspruch auf eine angemessene Vergütung und auf die Erstattung seiner baren Auslagen. [2]Die Behörde kann von dem Vertretenen Ersatz ihrer Aufwendungen verlangen. [3]Sie bestimmt die Vergütung und stellt die Auslagen und Aufwendungen fest.

(4) Im Übrigen gelten für die Bestellung und für das Amt des Vertreters in den Fällen des Absatzes 1 Nr. 4 die Vorschriften über die Betreuung, in den übrigen Fällen die Vorschriften über die Pflegschaft entsprechend.

Zu § 16: Geändert durch G vom 17.12.2008 (BGBl I S. 2586).

Schrifttum

Cypionka, Fortfall der Entmündigung Volljähriger – Auswirkungen auf den Rechtsverkehr, NJW 1992, 207; *Laubinger/Repkewitz,* Der Betreute im Verwaltungsverfahren und Verwaltungsprozeß, VerwArch. Bd. 85, 1994, 86; *Lemhöfer,* Das neue Betreuungsgesetz und das Beamtenrecht, ZBR 1992, 97; *Taupitz,* Von der entrechtenden Bevormundung zur helfenden Betreuung, JuS 1992, 9; *Zimmermann/Damrau,* Das neue Betreuungs- und Unterbringungsrecht, NJW 1991, 538.

Übersicht

A. Allgemeines und Grundsätze

I. Gegenstand der Regelung

Für Beteiligte, die abwesend, unbekannt oder aufgrund von Krankheit oder Behinderung nicht in der Lage sind, in dem Verwaltungsverfahren selbst tätig zu werden, regelt § 16 – vorbehaltlich von Sonderregelungen (etwa § 15 SGG X und § 81 AO für Sozial- und Finanzbehörden und spezialgesetzlichen Regelungen der § 207 BauGB und § 11b VermG) – die Bestellung eines Vertreters von Amts wegen durch das Betreuungsgericht bzw. bei Minderjährigen durch das Familiengericht. Ferner kann auch für verfahrensrelevante herrenlose Sachen ein Vertreter bestellt werden. Die Bestellung eines Vertreters auf Ersuchen der Behörde setzt aber in jedem Fall voraus, dass nicht bereits ein Vertreter vorhanden ist (vgl. Rdn. 10). Im Einzelnen bestimmen 1

1) Abs. 1 die Fälle, in denen das Gericht einen Vertreter zu bestimmen hat (Rdn. 3 ff.),
2) Abs. 2 das für die Bestellung örtlich zuständige Gericht (Rdn. 64 ff.),
3) Abs. 3 den Vergütungs- und Erstattungsanspruch des Vertreters gegen den Rechtsträger der Behörde, der um die Bestellung ersucht hat und den Ersatzanspruch der Behörde gegen den Vertretenen (Rdn. 70 ff.),
4) Abs. 4 die entsprechende Geltung der Vorschriften über die Betreuung in den Fällen des Abs. 1 Nr. 4 und der Pflegschaft in den übrigen Fällen (Rdn. 91 ff.).

II. Zweck der Regelung

§ 16 dient 2

1) der Wahrung der rechtlichen Interessen der Beteiligten, die hierzu aus besonderen Gründen selbst nicht in der Lage sind,
2) dem Interesse anderer Beteiligter an einem baldigen und sachgerechten Abschluss des Verfahrens,
3) der Wahrung der Rechte und Pflichten, die in Bezug auf eine verfahrensrelevante herrenlose Sache bestehen,
4) dem Interesse der Verwaltung an einer zügigen Durchführung des Verfahrens.[1]

Die Regelung bewegt sich im verfassungsrechtlichen Spannungsverhältnis zwischen dem aus dem Rechtsstaatsprinzip folgenden Gebot auf Gehör, das für das gerichtliche Verfahren in Art. 103 Abs. 1 GG seinen Niederschlag gefunden hat, und dem verfahrensrechtlichen Selbstbestimmungsrecht des Beteiligten nach Art. 2 Abs. 1 GG, der die Verfahrenshandlungen eines von ihm nicht bestellten Vertreters für und gegen sich gelten zu lassen.[2] Gleichwohl ist die Regelung des § 16 VwVfG verfassungsrechtlich unbedenklich.[3]

---

1 S.a. Knack/Henneke/*Ritgen,* § 16 Rn. 6; Stelkens/Bonk/Sachs/*Bonk/Schmitz,* § 16 Rn. 1 f.; *Ule/Laubinger*, Verwaltungsverfahrensrecht § 18 I 1/§ 18 Rn. 1; *Ziekow*, § 16 Rn. 1.

2 Knack/Henneke/*Ritgen*, § 16 Rn. 8; Kopp/Ramsauer, § 16 Rn. 5.

3 Bauer/Heckmann/Ruge/Schallbruch/*Preuß*, § 16 Rn. 3; Kopp/Ramsauer, § 16 Rn. 5; vgl. zum alten § 19 BDO BVerwG, Urt. v. 06.06.1989 – 1 D 76.88, DVBl 1989, 1156.

B. Die Vorschrift im Einzelnen

I. Die einzelnen Fälle, in denen das Betreuungs- bzw. Familiengericht auf Ersuchen der Behörde einen geeigneten Vertreter zu bestellen hat (Abs. 1)

1. Voraussetzungen der Vertreterbestellung durch das Betreuungs- bzw. Familiengericht

3 Eine Vertreterbestellung durch das Betreuungs- bzw. Familiengericht setzt – kumulativ – voraus

1) das Vorliegen eines Falles der Nr. 1 bis 5 (Rdn. 4 ff., 21 ff.),
2) das Nichtvorhandensein eines Vertreters (Rdn. 10 f.) und
3) das Ersuchen der Behörde auf Bestellung eines geeigneten Vertreters (Rdn. 12 ff.).

a) Gemeinsamkeiten der Fälle der Nr. 1 bis 5

4 Grundsätzlich kommt nur in einem Falle der Nr. 1 bis 5 die Bestellung eines Vertreters von Amts wegen aufgrund eines Ersuchens der Behörde in Betracht. Eine analoge Anwendung der Vorschrift ist nur in außergewöhnlichen Fällen für juristische Personen des öffentlichen Rechts veranlasst, wenn sie sonst handlungsunfähig wären.[4] Ansonsten ist eine Analogie zu den Einzelregelungen des § 16 (insb. Abs. 3 Sätze 2 und 3) nicht zulässig, da ansonsten die verfassungsrechtliche Grenze des rechtsstaatlichen Vorbehaltes des Gesetzes überschreiten würde.[5]

aa) Beteiligteneigenschaft

5 Die in Nr. 1 bis 4 genannten Personen müssen Beteiligte i.S.d. § 13 Abs. 1 (vgl. § 13 Rdn. 10 ff.) sein. Dabei ist es unerheblich, ob sie in einem laufenden oder künftigen Verwaltungsverfahren bzw. durch Hinzuziehung Beteiligte werden.[6] Ausgenommen sind nur Antragsteller eines im privaten Interesse durchzuführenden künftigen Antragsverfahren.[7] Die Bestimmung des § 16 soll lediglich die Durchführung eines anhängigen Verwaltungsverfahrens sowie die Einleitung eines im öffentlichen Interesse liegenden Verfahrens absichern, nicht jedoch die von dem entsprechenden Willen einer Person abhängige Einleitung eines dem privaten Interesse dienenden Verfahrens ermöglichen.

---

4 S.a. LG Görlitz, Beschl. v. 11.08.1993 – 2 T 128/93, LKV 1994, 72 (in einem kommunalaufsichtlichen Verfahren für eine Gemeinde ohne Einwohner und handlungsfähige Organe). Ebenso Stelkens/Bonk/Sachs/*Bonk/Schmitz*, § 16 Rn. 13; jegliche Analogie ablehnend *Ziekow*, § 16 Rn. 1.

5 Vgl. auch Stelkens/Bonk/Sachs/*Bonk/Schmitz*, § 16 Rn. 13.

6 Restriktiver *Laubinger/Repkewitz* (VerwArch. Bd. 85, 1994, 86 [98 f.]), nach denen Voraussetzung stets ein bereits anhängiges Verwaltungsverfahren ist.

7 Im Ergebnis (für den Antragsteller bei einem Verfahren, das nur auf Antrag durchgeführt werden darf) auch *Laubinger/Repkewitz*, VerwArch Bd. 85, 1994, 86 [98 f.]. Weitergehend *Meyer/Borgs*, § 16 Rn. 2.

Eine Ausnahme zum Erfordernis der Beteiligteneigenschaft stellt die gesetzliche Vertretung eines Beteiligten dar, da insoweit darauf abzustellen ist, dass ein Fall der Nr. 1 bis 4 in der Person des gesetzlichen Vertreters (und nicht des Beteiligten) vorliegt[8] (vgl. Rdn. 10). 6

Liegt der Fall der Nr. 1 bis 4 allein in der Person des Bevollmächtigten eines Beteiligten (und nicht auch bei diesem selbst) vor, ist dies nicht ausreichend.[9] Denn in diesen Fällen besteht nach § 14 Abs. 3 Satz 1 gerade keine Verpflichtung der Behörde, sich an den Bevollmächtigten zu wenden (vgl. § 14), sodass die Behörde Verfahrenshandlungen unmittelbar ggü. dem Beteiligten vornehmen darf. Will der Beteiligte dies vermeiden, muss er dafür Sorge tragen, dass die Hinderungsgründe in der Person des Bevollmächtigten (ggf. durch Bestellung eines neuen Bevollmächtigten) wegfallen. 7

Im Fall der Nr. 5 (vgl. Rdn. 52 ff.) wird der bestellte Vertreter selbst Beteiligter. Ihm kommt als einem Beteiligten kraft Amtes[10] (vgl. § 13 Rdn. 28) die Verfahrensführungsbefugnis durch gesetzliche Verfahrensstandschaft zu (vgl. Vorbem § 9). Seine Stellung im Verfahren entspricht der eines beteiligten Eigentümers einer vergleichbaren nicht herrenlosen Sache. 8

bb) Bestehen eines die Vertreterbestellung rechtfertigenden Grundes für eine gewisse Dauer

Der Grund für die Vertreterbestellung nach Nr. 1 bis 5 muss voraussichtlich noch so lange bestehen, dass den übrigen Beteiligten und der Behörde nicht zugemutet werden kann, mit der weiteren Durchführung des Verfahrens bis zum Wegfall dieses Grundes zu warten.[11] 9

cc) Nichtvorhandensein eines Vertreters

Es darf spätestens im Zeitpunkt der Vertreterbestellung durch das Betreuungs- bzw. Familiengericht kein (gewillkürter oder gesetzlicher) Vertreter vorhanden sein. Dies trifft z.B. zu, wenn 10

1) ein Beteiligter i.S.d. Nr. 2 bis 4 keinen Bevollmächtigten nach § 14 bestellt hat,
2) im Fall der Nr. 1 (vgl. Rdn. 21) für den unbekannten Beteiligten kein Pfleger nach § 1913 BGB bestellt ist, dessen Wirkungsbereich zum Tätigwerden im Verwaltungsverfahren berechtigt,

---

8 Ebenso *Ule/Laubinger*, Verwaltungsverfahrensrecht § 18 II/§ 18 Rn. 5. Stelkens/Bonk/Sachs/*Bonk/Schmitz*, § 16 VwVfG (Rn. 5) schränken die Anwendung auf die Tatbestände der Nr. 2 bis 4 ein; doch ist ein Fall der Nr. 1 (vgl. Rn. 28) insoweit rechtslogisch nicht ausgeschlossen.

9 A.A. Stelkens/Bonk/Sachs/*Bonk/Schmitz*, § 16 Rn. 5.

10 Nach Kopp/Ramsauer, § 16 VwVfG (Rn. 22) soll grds. eine Vertretung des früheren Eigentümers, nach *Ule/Laubinger* (§ 18 II 1 f.)/§ 18 Rn. 12) eine Vertretung des künftigen Eigentümers vorliegen. Dazu auch Knack/Henneke/*Ritgen*, § 16 Rn. 39.

11 Ebenso Kopp/Ramsauer, § 16 Rn. 9. Ähnlich Stelkens/Bonk/Sachs/*Bonk/Schmitz*, § 16 Rn. 8.

3) im Fall der Nr. 2 (vgl. Rdn. 22 ff.) kein Abwesenheitspfleger nach § 1911 BGB bestellt ist, der in dem (auf eine Vermögensangelegenheit des Beteiligten bezogenen) Verwaltungsverfahren tätig werden darf,
4) im Fall der Nr. 3 (vgl. Rdn. 25 ff.) kein Nachtragsliquidator entsprechend den § 66 Abs. 5 GmbHG oder § 273 Abs. 4 AktG bestellt ist, der in dem auf eine Vermögensangelegenheit der beteiligten Gesellschaft bezogenen Verwaltungsverfahren tätig werden darf,[12]
5) im Fall der Nr. 4 (vgl. Rdn. 36 ff.) kein Betreuer bestellt ist und der Gegenstand des Verwaltungsverfahrens in seinen Aufgabenkreis fällt[13] (vgl. § 1896 Abs. 2 Satz 1 BGB),
6) ein Fall der Nr. 1 bis 4 in der Person des gesetzlichen Vertreters eines Beteiligten gegeben ist[14] (vgl. Rdn. 6),
7) im Fall der Nr. 1 bis 5 nicht bereits ein Vertreter vom Amts wegen bestellt ist.

11 Diese gesetzlich festgelegte Nachrangigkeit der Vertreterbestellung nach § 16 insb. ggü. den zivilrechtlichen Rechtsinstituten der Pflegschaft und der Betreuung führt dazu, dass die Bestellung eines Pflegers oder Betreuers bei Vorliegen der einschlägigen Voraussetzungen weder bei bereits angeordneter Pflegschaft bzw. Betreuung noch bei der Prüfung ihrer erstmaligen Anordnung verweigert werden darf.[15] Insb. ist bei einer bereits angeordneten Betreuung die Möglichkeit einer Erweiterung des Aufgabenkreises des Betreuers nach § 1908d Abs. 3 BGB zu prüfen.

dd) Ersuchen der verfahrensleitenden Behörde an das Betreuungs- bzw. Familiengericht um eine Vertreterbestellung

12 Eine Vertreterbestellung bedarf schließlich eines Ersuchens[16] der das Verfahren leitenden Behörde an das nach Abs. 2 örtlich zuständige Betreuungsgericht.

13 Den Beteiligten des anhängigen Verwaltungsverfahrens steht kein Antragsrecht bezüglich der Bestellung eines Vertreters von Amts wegen nach § 16 zu,[17] jedoch können sie bei der verfahrensleitenden Behörde die Stellung eines derartigen Ersuchens[18] anregen, ohne dass den Beteiligten (insoweit) in diesen Verfahren der freiwilligen

12 So Thüringer OLG, Beschl. v. 22.08.2007 – 6 W 244/07, ZIP 2007, 1709. § 10 ZustErgG ist entfallen.
13 S. *Laubinger/Repkewitz*, VerwArch. Bd. 85, 1994, 86 (101 ff.).
14 Ebenso *Ule/Laubinger*, Verwaltungsverfahrensrecht § 18 II/§ 18 Rn. 5; für Nr. 2 bis 4 auch Stelkens/Bonk/Sachs/*Bonk/Schmitz*, § 16 Rn. 5.
15 Vgl. auch *Laubinger/Repkewitz*, VerwArch. Bd. 85, 1994, 86 (101 ff.).
16 Rechtstechnisch ist das »Ersuchen« des Abs. 1 nichts anderes als ein Antrag der verfahrensleitenden Behörde, doch verwendet das VwVfG für eine derartige Verfahrenshandlung einer Behörde (in § 4 VwVfG) den Terminus »Ersuchen«, während es bei Beteiligten von »Antrag« spricht.
17 S.a. Stelkens/Bonk/Sachs/*Bonk/Schmitz*, § 16 Rn. 6; *Ule/Laubinger*, Verwaltungsverfahrensrecht § 18 II 2/§ 18 Rn. 13.
18 S. RamsauerStelkens/Bonk/Sachs/*Bonk/Schmitz*, § 16 Rn. 6.

Gerichtsbarkeit eine förmliche Beteiligtenstellung oder bei Ablehnung ein Beschwerderecht zustünde.[19]

Obwohl es der Gesetzeswortlaut offen lässt, steht die Stellung des Ersuchens im pflichtgemäßen Ermessen der verfahrensleitenden Behörde. Dies liegt darin begründet, dass mit der Vertreterbestellung ein erheblicher Eingriff in die Verfahrensrechte des Beteiligten verbunden ist und deshalb nicht allein das Vorliegen der Tatbestandsvoraussetzungen die Behörde zur Stellung eines Ersuchens verpflichtet.[20] 14

Dies ist insb. der Fall, wenn
1) es sich bei dem Beteiligten um einen nach § 13 Abs. 2 Satz 1 Hinzugezogenen handelt,
2) der die Vertreterbestellung rechtfertigende Grund behebbar ist und der Fortführung des Verfahrens nach dem Wegfall dieses Grundes nichts im Wege steht.

Die Stellung eines Ersuchens kommt darüber hinaus in aller Regel nicht in Betracht, wenn die Voraussetzungen der Fälle des Abs. 1 unschwer (ggf. mithilfe eines geringem Verwaltungsaufwandes) zu beseitigen sind und die bis dahin entstehende zeitliche Verzögerung des Verfahrensablaufs dem betroffenen und den übrigen Beteiligten sowie der Behörde noch zugemutet werden kann.[21] Zur sachgerechten Ermessensausübung im Fall des Abs. 1 Nr. 5 gehört auch die Berücksichtigung des Wertes der herrenlosen Sache, mit der Folge, dass bei geringwertigen[22] Sachen ein Vorgehen nach § 16 im Regelfall ausscheidet.[23] 15

Dem betroffenen und den übrigen Beteiligten steht ein formelles subjektives öffentliches Recht auf eine fehlerfreie Ausübung des eingeräumten Ermessens zu, da in Abs. 1 auch ihre rechtlichen Interessen geschützt werden (vgl. Rdn. 2). In den Fällen, in denen eine Ermessensreduzierung auf null eingetreten ist, steht ihnen ein Anspruch auf Stellung des Ersuchens durch die Behörde zu. 16

Das Ersuchen enthält neben der Beantragung der Vertretung[24] 17
1) die Angabe des Verfahrensgegenstandes,
2) Angaben über die Stellung des betroffenen Beteiligten im Verwaltungsverfahren (vgl. Rdn. 5) bzw. über den Bezug der herrenlosen Sache zum Verwaltungsverfahren (vgl. Rdn. 54),

---

19 S.a. *Laubinger/Repkewitz*, VerwArch. Bd. 85, 1994, 86 (103). A.A. Stelkens/Bonk/Sachs/*Bonk/Schmitz*, § 16 Rn. 6.
20 Ebenso *Meyer/Borgs*, § 16 Rn. 2; Kopp/Ramsauer, § 16 Rn. 8.
21 Ähnlich Kopp/Ramsauer, § 16 Rn. 9; Stelkens/Bonk/Sachs/*Bonk/Schmitz*, § 16 Rn. 8.
22 Ob eine Sache geringwertig ist, beurteilt sich nicht allein nach seinem (absoluten) Wert, sondern auch nach der Bedeutung der berührten öffentlichen und privaten Interessen.
23 Weitergehend *Meyer/Borgs*, § 16 Rn. 14, die nur bei (entsprechend) wertvollen Sachen ein Vorgehen nach Nr. 5 für zulässig erachten.
24 So auch *Meyer/Borgs*, § 16 Rn. 6.

3) die Namen der übrigen Verfahrensbeteiligten, ggf. mit einem Hinweis auf deren – mit den Interessen der betroffenen Beteiligten nicht übereinstimmende – besondere Interessenlage,
4) die Angabe des nach Nr. 1 bis 5 gegebenen Falles (vgl. Rdn. 21 ff.),
5) die Feststellung des Nichtvorhandenseins eines Vertreters (vgl. Rdn. 10).

18 Die Beifügung eines Vorschlags für die Bestellung eines geeigneten Vertreters ist nicht erforderlich, kann aber zweckmäßig sein.

19 Nach seiner Rechtsnatur ist das Ersuchen als behördliche Verfahrenshandlung eine öffentlich-rechtliche Willenserklärung verfahrensrechtlicher Art (vgl. Vorbem. § 9).

20 Die Ablehnung bzw. Unterlassung der Stellung eines Ersuchens auf Anregung eines Beteiligten durch die Behörde stellt eine behördliche Verfahrenshandlung (vgl. Vorbem § 9) in Gestalt eines VA dar, der allerdings nach § 44a Satz 1 VwGO von dem Beteiligten nicht selbstständig, sondern nur gleichzeitig mit den gegen die Sachentscheidung zulässigen Rechtsbehelfen angegriffen werden kann.[25] Führt die Nichtbestellung eines Vertreters zu einer für die übrigen Beteiligten unzumutbaren Verfahrensverzögerung, so können diese die Bestellung eines Vertreters mittelbar dadurch erzwingen, dass sie eine auf den Erlass eines VA gerichtete Untätigkeitsklage erheben.

b) Spezielle Voraussetzungen der einzelnen Fälle

aa) Beteiligter, dessen Person unbekannt ist (Nr. 1)

21 Ein Beteiligter ist unbekannt, wenn sich für die Behörde nicht oder nicht eindeutig feststellen lässt, welche Person Träger der mit der feststehenden Beteiligtenstellung verbundenen Rechte und Pflichten ist.[26] Der unbekannte Beteiligte kann eine natürliche oder juristische Person, aber auch eine Personenmehrheit sein oder dieser angehören (z.B. einer Erbengemeinschaft).[27] Die Ermittlungen müssen in angemessenem Umfang geführt werden, was wiederum vom jeweiligen Einzelfall abhängt.[28] Regelmäßig dürfte eine jahrelanger Ermittlungsaufwand ebenso ausscheiden wie ein vollständiger Ermittlungsverzicht, es sei denn, es handelt sich um einen Fall der Gefahr im Verzug[29].

25 Ebenso auch *Ule/Laubinger*, Verwaltungsverfahrensrecht, § 18 II 2/§ 18 Rn. 13.
26 Vgl. Knack/Henneke/*Ritgen*, § 16 Rn. 16; Kopp/Ramsauer, § 16 Rn. 13; Stelkens/Bonk/Sachs/*Bonk/Schmitz*, § 16 Rn. 15.
27 Stelkens/Bonk/Sachs/*Bonk/Schmitz*, § 16 Rn. 15; *Ziekow*, § 16 Rn. 3.
28 Ähnlich wie hier: Kopp/Ramsauer, § 16 Rn. 12; Stelkens/Bonk/Sachs/*Bonk/Schmitz*, § 16 Rn. 15; *Ule/Laubinger*, Verwaltungsverfahrensrecht § 18 II 1 b)/§ 18 Rn. 8.
29 BVerwG, Urt. v. 05.05.2015 9 C 12.14, NVwZ-RR 2015, 683 (Rn. 19).

bb) Abwesender Beteiligter, dessen Aufenthalt unbekannt ist oder der an der Besorgung seiner Angelegenheiten verhindert ist (Nr. 2)

Ein in seiner Identität bekannter Beteiligter ist abwesend, wenn er sich nicht an dem Ort befindet, an dem die Behörde ihm ggü. eine behördliche Verfahrenshandlung vorzunehmen gedenkt oder an dem er seine Verfahrensrechte und -pflichten wahrzunehmen hat.[30] 22

Der Aufenthalt eines abwesenden Beteiligten ist unbekannt, wenn die Behörde auch nach Ermittlungen in angemessenem Umfang (wozu regelmäßig die Nachfrage bei den Meldebehörden ausreichen dürfte[31]) nicht feststellen kann, wie die betreffende Person zu erreichen ist (vgl. zur Problematik der Obdachlosigkeit[32]). 23

Der abwesende Beteiligte mit bekanntem Aufenthalt ist an der Besorgung seiner Angelegenheiten verhindert, wenn er nicht nur vorübergehend (vgl. Rdn. 9) aus objektiven triftigen Gründen tatsächlicher[33] oder rechtlicher Art von der Wahrnehmung seiner Verfahrensrechte und der Erfüllung seiner Verfahrenspflichten abgehalten ist (und nicht nur aus bloßem Desinteresse eine Mitwirkung verweigert). Das ist z.B. bei einem in seiner Bewegungsfreiheit (aus rechtlichen Gründen) behinderten Strafgefangenen der Fall, wenn das Verfahren nicht schriftlich abgewickelt werden kann und sich die persönliche Mitwirkung des Strafgefangenen auch nicht auf andere Weise erreichen lässt. Die Verhinderung darf nicht für einen nur unerheblich kurzen Zeitraum bestehen.[34] 24

cc) Beteiligter ohne Aufenthalt im Inland, der der Aufforderung zur Bestellung eines Vertreters innerhalb der ihm gesetzten Frist nicht nachgekommen ist (Nr. 3)

Das Vorgehen nach Nr. 3 ist zu unterscheiden von dem Verfahren nach § 15[35] (vgl. § 15 Rdn. 3). 25

aaa) Beteiligter ohne Aufenthalt im Inland

Ohne Aufenthalt[36] im Inland[37] ist ein Beteiligter, der sich außerhalb des Staatsgebiets der BRD aufhält und für den wegen der Notwendigkeit seiner aktiven Mitwirkung am 26

30 Vgl. Knack/Henneke/*Ritgen*, § 16 Rn. 19; Stelkens/Bonk/Sachs/*Bonk/Schmitz*, § 16 Rn. 17; *Ule/Laubinger*, Verwaltungsverfahrensrecht § 18 II 1 c)/§ 18 Rn. 9.

31 S.a. Stelkens/Bonk/Sachs/*Bonk/Schmitz*, § 16 Rn. 16. Vgl. ferner Kopp/Ramsauer, § 16 Rn. 14; *Meyer/Borgs*, § 16 Rn. 8.

32 Bader/Ronellenfitsch/*Birk*, § 16 Rn. 7.

33 Lediglich finanzielle Gründe sind aber nicht ausreichend (ebenso Kopp/Ramsauer, § 16 Rn. 15).

34 *Ziekow*, § 16 Rn. 4; vgl. auch Stelkens/Bonk/Sachs/*Bonk/Schmitz*, § 16 Rn. 18.

35 Knack/Henneke/*Ritgen*, § 16 Rn. 30; Stelkens/Bonk/Sachs/*Bonk/Schmitz*, § 16 Rn. 21.

36 Dass er seinen Wohnsitz oder gewöhnlichen Aufenthalt im Inland hat, ist jedoch nicht erforderlich (*Meyer/Borgs*, § 16 Rn. 9; Stelkens/Bonk/Sachs/*Bonk/Schmitz*, § 16 Rn. 19; *Ule/Laubinger*, Verwaltungsverfahrensrecht § 18 II 1 b)/§ 18 Rn. 10 Fn. 8).

37 Durch das 2. VwVfÄndG (vgl. Einl. Rn. 50) wurde die frühere Formulierung »Geltungsbereich des VwVfG« durch den Begriff »Inland« ersetzt.

Verfahren die Bestellung eines Empfangsbevollmächtigten nicht in Betracht kommt (vgl. § 15 Rdn. 5). Nichts anderes gilt für einen Beteiligten, der sich in der BRD nur vorübergehend während einer Zeitspanne aufhält, innerhalb derer das Verwaltungsverfahren nicht abgewickelt werden kann.[38] Andererseits ist ein Fall der Nr. 3 nicht schon dann gegeben, weil ein Beteiligter nur keinen Wohnsitz oder keinen gewöhnlichen Aufenthalt im Inland besitzt.

bbb) Behördliche Aufforderung zur Vertreterbestellung

– Ermessensentscheidung der Behörde

27 Ob die Behörde bei Vorliegen der Voraussetzungen den Beteiligten zur Bestellung eines Vertreters auffordert, liegt in ihrem pflichtgemäßen Ermessen, sodass bei einem Vorgehen nach Nr. 3 eine zweifache Ermessensentscheidung durch die Behörde zu treffen ist, und zwar bei der Aufforderung (mit Fristsetzung) an den Beteiligten und bei der Stellung des Ersuchens an das Gericht.

Bei der Ermessensentscheidung ist zu beachten, dass eine Vertreterbestellung von Amts wegen i.d.R. nicht notwendig ist, wenn der Beteiligte auch im Ausland problemlos im Wege der elektronischen Kommunikation nach § 3a zu erreichen ist und die Möglichkeit zur elektronischen Zustellung nach § 5 Abs. 5 VwZG oder per De-Mail nach § 5a VwZG besteht.[39]

– Inhalt

28 Die Behörde muss den Beteiligten ohne Aufenthalt im Inland – unter hinreichender Bezeichnung des Verwaltungsverfahrens – auffordern, einen Bevollmächtigten i.S.d. § 14[40] (mit Wohnsitz oder gewöhnlichem Aufenthalt im Inland) zu bestellen und den Bevollmächtigten (mit Namen und Adresse) der Behörde zur Kenntnis zu geben. Mit der Aufforderung sollte zweckmäßigerweise zugleich auch eine angemessene Frist gesetzt werden.

– Form

29 Eine besondere Form schreibt das Gesetz für die Aufforderung nicht vor; zweckmäßigerweise (vgl. § 15 Rdn. 16) sollte sie jedoch schriftlich erfolgen.[41] Auch eine Zustellung kann sich u.U. empfehlen.[42]

---

38 Vgl. *Ule/Laubinger*, Verwaltungsverfahrensrecht § 18 II 1 b)/§ 18 Rn. 10.

39 Bauer/Heckmann/Ruge/Schallbruch/*Preuß*, § 16 Rn. 6; Knack/Henneke/*Ritgen*, § 16 Rn. 27.

40 Die Aufforderung zur Benennung eines Empfangsbevollmächtigten (vgl. § 15 Rdn. 6 ff.) kann aber auch in bestimmten Fällen ausreichend sein (ebenso Stelkens/Bonk/Sachs/*Bonk/Schmitz*, § 16 Rn. 21; vgl. auch Bader/Ronellenfitsch/*Birk*, § 16 Rn. 9).

41 Ebenso *Meyer/Borgs*, § 16 Rn. 9; Stelkens/Bonk/Sachs/*Bonk/Schmitz*, § 16 Rn. 20.

42 Ebenso *Meyer/Borgs*, § 16 Rn. 9.

– Rechtsschutz

Im Gegensatz zu dem Verlangen mit Fristsetzung nach § 15 Satz 1, das als VA zu qualifizieren ist (vgl. § 15 Rdn. 17 f.; § 35), fehlt der behördlichen Aufforderung des § 16 Abs. 1 Nr. 3 der Regelungscharakter (vgl. § 35). Die Aufforderung ist nach § 44a Satz 1 VwGO von den Beteiligten nicht selbstständig, sondern nur mit dem gegen die Sachentscheidung zulässigen Rechtsbehelf angreifbar. 30

ccc) Setzung einer angemessenen Frist

Die Fristsetzung teilt die Rechtsnatur (und fehlende Anfechtbarkeit) der behördlichen Aufforderung (vgl. Rdn. 30) und sollte zweckmäßigerweise zusammen mit dieser und schriftlich erfolgen (vgl. Rdn. 29). Wird die Fristsetzung nicht mit der Aufforderung verbunden, beginnt die Frist frühestens mit Bekanntgabe der Fristsetzung zu laufen. Bei der Fristsetzung hat sich die Behörde grds. von denselben Erwägungen leiten zu lassen wie beim Verlangen der Bestellung eines Empfangsbevollmächtigten nach § 15 Satz 1[43] (vgl. § 15 Rdn. 11 ff.). Dies gilt auch bezüglich der Angemessenheit der von der Behörde gesetzten Frist, auch wenn § 16 Abs. 1 Nr. 3 diese Voraussetzung nicht ausdrücklich bestimmt. Denn nach dem Zweck des Gesetzes soll dem Beteiligten eine (letzte) Möglichkeit geboten werden, das Ersuchen der Behörde an das Gericht abzuwenden; die Bestellung eines Vertreters durch den Beteiligten ist aber der schnellere Weg, das Verwaltungsverfahren fortzuführen, als die in § 16 geregelte Vorgehensweise zur Bestellung eines Vertreters von Amts wegen.[44] 31

ddd) Hinweis auf die Rechtsfolgen

Ferner sollte ein Hinweis auf die Rechtsfolgen im Falle der Nichtbestellung eines Vertreters gegeben werden. Zwar schreibt Nr. 3 im Gegensatz zu § 15 Satz 3 nicht vor, dass der Beteiligte auf die (möglichen) Rechtsfolgen der Unterlassung hinzuweisen ist. Wegen der Vergleichbarkeit der Interessenlage der Beteiligten und der nach § 25 bestehenden Fürsorgepflicht der Behörde ist aber § 15 Satz 3 entsprechend anzuwenden.[45] 32

eee) Keine fristgerechte Befolgung

Der Beteiligte ohne Aufenthalt im Inland kann der Aufforderung der Behörde dadurch nachkommen, dass er 33

---

43 So auch Stelkens/Bonk/Sachs/*Bonk/Schmitz*, § 16 Rn. 20. Vgl. auch Knack/Henneke/*Ritgen*, § 16 Rn. 31; Kopp/Ramsauer, § 16 Rn. 18; *Meyer/Borgs*, § 16 Rn. 9; *Ule/Laubinger*, Verwaltungsverfahrensrecht § 18 II 1 d)/§ 18 Rn. 10.

44 Bader/Ronellenfitsch/*Birk*, § 16 Rn. 11 und Bauer/Heckmann/Ruge/Schallbruch/*Preuß*, § 16 Rn. 16 halten eine Frist von 4 Wochen regelmäßig für angemessen.

45 Vgl. auch Kopp/Ramsauer, § 16 Rn. 18. A.A. Bader/Ronellenfitsch/*Birk*, § 16 Rn. 14 der keine ausfüllungsbedürftige Lücke für eine Analogie sieht.

1) entweder dem Bevollmächtigten eine Innenvollmacht erteilt und dies (weil die Erteilung einer Innenvollmacht für die Behörde nicht erkennbar ist) der Behörde innerhalb der gesetzten Frist mitteilt oder
2) den Bevollmächtigten der Behörde ggü. innerhalb der gesetzten Frist durch eine Außenvollmacht zur Vertretung ermächtigt (vgl. § 14 Rdn. 17).

34 Hat der Beteiligte innerhalb der gesetzten Frist keine von beiden Möglichkeiten gewählt, darf die Behörde ein Ersuchen auf Bestellung eines Vertreters von Amts wegen an das Vormundschaftsgericht stellen. Bestellt der Beteiligte nach der gesetzten Frist einen Vertreter, so ist die Stellung des Ersuchens durch die Behörde bzw. die Bestellung eines Vertreters von Amts wegen durch das Vormundschaftsgericht unzulässig[46] und eine bereits erfolgte Vertreterbestellung wieder aufzuheben.[47] Dem Beteiligten sind in diesen Fällen die Kosten aufzuerlegen.[48]

35 Verweigert der Betroffene bereits vor Ablauf der gesetzten (angemessenen) Frist ernsthaft und endgültig die Bestellung eines Vertreters, so kann die Behörde sogleich (ohne den Fristablauf abwarten zu müssen) ein Ersuchen an das Gericht stellen, wenn i.Ü. das Ermessen pflichtgemäß ausgeübt worden ist.

dd) Beteiligter, der infolge einer psychischen Krankheit oder körperlichen, geistigen oder seelischen Behinderung nicht im Verwaltungsverfahren selbst tätig werden kann (Nr. 4)

36 Durch das Gesetz zur Reform des Rechts der Vormundschaft und Pflegschaft für Volljährige (Betreuungsgesetz – BtG) vom 12.09.1990[49] wurde die Nr. 4 an den Wortlaut des § 1896 BGB, der die Voraussetzungen der (rechtlichen) Betreuung regelt, angepasst. Diese Harmonisierungsabsicht des Gesetzgebers rechtfertigt es, zur Auslegung der Begriffe der psychischen Krankheit sowie der körperlichen, geistigen oder seelischen Behinderung – im Zweifel – auf die entsprechende zivilrechtliche Judikatur und Literatur zurückzugreifen.[50] Neben den Voraussetzungen der Nr. 4 müssen aber nicht (auch) die sonstigen Voraussetzungen für die Anordnung einer Betreuung nach § 1896 BGB vorliegen, da die Nr. 4 nicht lediglich ein Unter- bzw. Spezialfall einer Betreuung ist, sondern einen eigenen Tatbestand des Verwaltungsverfahrensrechts regelt.

46 Vgl. auch *Meyer/Borgs*, § 16 Rn. 9.
47 S. Knack/Henneke/*Ritgen*, § 16 Rn. 42; Kopp/Ramsauer, § 16 Rn. 10; Stelkens/Bonk/Sachs/*Bonk/Schmitz*, § 16 Rn. 21.
48 *Meyer/Borgs*, § 16 Rn. 9; Stelkens/Bonk/Sachs/*Bonk/Schmitz*, § 16 Rn. 21.
49 BGBl. I, S. 2002. Vgl. ferner: *Laubinger/Repkewitz*, VerwArch. Bd. 85, 1994, 86 ff.; *Lemhöfer*, ZBR 1992, 97 ff.
50 In diesem Sinne auch Knack/Henneke/*Ritgen*, § 16 Rn. 34; Kopp/Ramsauer, § 16 Rn. 20; *Laubinger/Repkewitz*, VerwArch. Bd. 85, 1994, 86 (99).

aaa) Medizinische Voraussetzungen

Die früher in Nr. 4 verwendeten Begriffe des körperlichen oder geistigen Gebrechens entsprachen nicht mehr der modernen medizinischen Terminologie[51] und trugen nach der Einführung des neuen Rechtsinstituts der Betreuung mit seinen in § 1896 BGB geregelten medizinischen Voraussetzungen die Gefahr einer divergierenden Auslegung in sich, die durch die Anpassung des Wortlauts in Nr. 4 verhindert wurde (vgl. Rdn. 36). 37

Die Abgrenzung zwischen den einzelnen medizinischen Voraussetzungen ist nicht immer einfach zu ziehen, im Zweifelsfalle ist daher der Schwerpunkt der Erkrankung bzw. Behinderung entscheidend und nicht (die in der Praxis oft schwierige) Kausalitätsfrage. I.Ü. ist bei § 16 die genaue Kategorisierung zu den einzelnen Alternativen mangels unterschiedlicher Rechtsfolgen – im Gegensatz zu § 1896 BGB – verfahrensrechtlich ohne (weiter gehende) Bedeutung. 38

Die medizinischen Voraussetzungen der Nr. 4 verhalten sich zur Regelung der natürlichen Geschäftsunfähigkeit in § 104 Nr. 2 BGB mit dem dort verwendeten Begriff des (nicht nur vorübergehenden) den freien Willen ausschließenden Zustands krankhafter Störung der Geistestätigkeit wie folgt: Die natürliche Geschäftsunfähigkeit (und damit – im Umkehrschluss aus § 12 – auch die Handlungsunfähigkeit) ist keine notwendige, aber eine hinreichende Bedingung für die Annahme eines nach Nr. 4 erforderlichen medizinischen Befundes, wobei sie entweder eine psychische Krankheit oder eine seelische Behinderung darstellen kann (vgl. Rdn. 48 f.). 39

– *Psychische Krankheit*

Nach der Amtlichen Begründung des BtG[52] sind als psychische Krankheiten zu qualifizieren 40

1) körperlich nicht begründbare (sog. endogene) Psychosen,
2) körperlich begründbare (sog. exogene) Psychosen, d.h. seelische Störungen als Folge von Krankheiten oder Verletzungen des Gehirns, von Anfallsleiden oder von anderen Krankheiten oder körperlichen Beeinträchtigungen,
3) Abhängigkeitskrankheiten, wie etwa Alkohol- oder Drogenabhängigkeiten,[53] sowie
4) Neurosen und Persönlichkeitsstörungen (sog. Psychopathien).[54]

– *Behinderungen körperlicher, geistiger oder seelischer Art*

Nach Nr. 4 kann nicht jede Behinderung (wie etwa soziale Behinderungen von unangepasstem Verhalten bis zur Neigung von Straftaten) Voraussetzung für die Bestellung eines 41

51 Vgl. BT-Drucks. 11/4528 S. 115 f.

52 BT-Drucks. 11/4528 S. 116. Vgl. ferner *Ule/Laubinger*, Verwaltungsverfahrensrecht § 18 II 1 e)/§ 18 Rn. 11.

53 Diese Termini sind an die Stelle der früher verwendeten Begriffe der Trunk- und Rauschgiftsucht getreten, da Sucht in der Medizin heute als Ausdruck einer psychischen Krankheit angesehen wird (s. BT-Drucks. 11/4528 S. 115).

54 Eine Beeinträchtigung der gesamten Hirnleistung ist als psychische Krankheit zu qualifizieren.

Vertreters von Amts wegen sein,[55] sondern nur eine solche, deren Ursache körperlicher, geistiger oder seelischer Art ist.

42 Die **Behinderung** kann **körperlich** bedingt sein,[56] was insb. zutrifft bei
1) Taubheit oder starker Schwerhörigkeit,
2) Blindheit oder starker Sehbehinderung,
3) Stummheit oder sonstigen schweren Sprachstörungen,
4) Altersleiden bzw. physischer Altersschwäche,[57]
5) bestimmten Lähmungen bzw. Erkrankungen, die die Bewegungsfähigkeit nahezu aufheben (wie z.B.: schwere Herzleiden; Arthrosen; Inkontinenz, die einen Dauerkatheder erforderlich macht).[58]

43 Eine **geistige Behinderung** ist bei einem Beteiligten anzunehmen, wenn er angeborene oder frühzeitig erworbene (frühkindliche) Intelligenzdefekte (verschiedener Schweregrade) besitzt.[59] Später durch äußere Einwirkungen (z.B. Unfall) oder Persönlichkeitsänderungen durch Psychosen oder Abhängigkeitskrankheiten entstandene Defizite sind entweder den psychischen Erkrankungen oder den seelischen Behinderungen zuzurechnen.

44 **Seelische Behinderungen** sind bleibende psychische Beeinträchtigungen, die Folge von psychischen Krankheiten (vgl. Rdn. 40) sind.[60] Hierunter fallen vor allem
1) Behinderungen, die nur Teilgebiete der geistigen Leistung betreffen,
2) Erscheinungen des (psychischen) Altersabbaus.

bbb) Unfähigkeit zum Tätigwerden im Verwaltungsverfahren und Ursächlichkeit der medizinischen Voraussetzungen hierfür

45 Aufgrund einer psychischen Krankheit oder einer körperlichen, geistigen oder seelischen Behinderung darf der Beteiligte nicht in der Lage sein, in dem Verwaltungsverfahren[61] selbst tätig zu werden.[62] Es genügt, wenn dem Beteiligten ein Tätigwerden

55 S. Palandt, § 1896 BGB Rn. 7.

56 Eine körperliche Behinderung kann von geistigen Behinderungen begleitet sein, die bereits selbst eine medizinische Voraussetzung für die Bestellung eines Vertreters von Amts wegen darstellen.

57 Ebenso *Laubinger/Repkewitz*, VerwArch. Bd. 85, 1994, 86 (100).

58 Vgl. auch *Laubinger/Repkewitz*, VerwArch. Bd. 85, 1994, 86 (100).

59 BT-Drucks. 11/4528 S. 116. S.a. Knack/Henneke/*Ritgen*, § 16 Rn. 34; *Ule/Laubinger*, Verwaltungsverfahrensrecht § 18 II 1 e)/§ 18 Rn. 11.

60 BT-Drucks. 11/4528 S. 116. S.a. *Laubinger/Repkewitz*, VerwArch. Bd. 85, 1994, 86 (100); *Ule/Laubinger*, Verwaltungsverfahrensrecht § 18 II 1 e)/§ 18 Rn. 11. Vgl. ferner Knack/Henneke/*Ritgen*, § 16 Rn. 34.

61 Dass er auch für andere Verfahren oder Aufgabenkreise insoweit unfähig zum Tätigwerden bzw. zur Wahrnehmung seiner Interessen ist, ist nicht erforderlich. Im Ergebnis ebenso Stelkens/Bonk/Sachs/*Bonk/Schmitz*, § 16 Rn. 24.

62 Neben dieser Voraussetzung bedarf es keiner Beschränkung auf Krankheiten und/oder Behinderungen »von einigem Gewicht«. Vgl. auch *Zimmermann/Damrau*, NJW 1991, 538 (539).

erheblich erschwert ist[63] und auch eine beratende Hilfestellung der Behörde nach § 25 keine wesentliche Erleichterung zu bringen vermag.[64]

Zuerst ist die Möglichkeit zu prüfen, ob der Beteiligte imstande ist, gem. § 14 einen Bevollmächtigten oder – soweit der sachgerechten Wahrnehmung der Interessen des Beteiligten im Verfahren damit genügt ist – einen Beistand zu ernennen. Die Bestellung eines Bevollmächtigten oder Beistandes setzt aber die Handlungsfähigkeit des Beteiligten voraus (vgl. § 14 Rdn. 15, 60), die in den Fällen des § 104 Nr. 2 BGB ausgeschlossen ist (vgl. § 12 Rdn. 4).[65] 46

Kann der Beteiligte trotz seiner körperlichen Behinderung einen Bevollmächtigten bestellen und sich mit diesem auseinandersetzen, so scheidet die Bestellung eines Vertreters von Amts wegen aus, sofern nicht die Unterlassung der Bestellung eines Bevollmächtigten durch eine psychische Krankheit oder durch eine geistige oder seelische Behinderung bedingt ist.[66] 47

Im Fall der natürlichen Geschäftsunfähigkeit nach § 104 Nr. 2 BGB (und damit der Handlungsunfähigkeit – vgl. § 12 Rdn. 4) ist die Unfähigkeit zum Tätigwerden im Verwaltungsverfahren und die Ursächlichkeit dieses medizinischen Befundes hierfür grds. gegeben,[67] es sei denn, der Beteiligte hat vor Eintritt der natürlichen Geschäfts- und Handlungsunfähigkeit wirksam einen Bevollmächtigten bestellt. Denn nach § 14 Abs. 2 wird eine Vollmacht nicht durch eine Veränderung der Handlungsfähigkeit des Beteiligten aufgehoben (vgl. § 14 Rdn. 46). 48

Jedoch ist die Geschäftsunfähigkeit nach § 104 Nr. 2 BGB keine notwendige Voraussetzung für die Bestellung eines Vertreters von Amts wegen. Entscheidend ist – in Anlehnung an die Regelungen der §§ 20 ff. StGB – stets, ob der Beteiligte unfähig ist, die Bedeutung und den Gegenstand des Verwaltungsverfahrens zu erkennen (sog. Einsichtsunfähigkeit) oder sich nach dieser Erkenntnis zu verhalten (sog. Steuerungsunfähigkeit), insb. Verfahrenshandlungen vor- und entgegenzunehmen.[68] 49

Bei der Kausalität der medizinischen Befunde für die Unfähigkeit zum Tätigwerden im Verwaltungsverfahren reicht Mitursächlichkeit neben anderen nichtmedizinischen Faktoren i.S.d. Nr. 4 (wie etwa sozialen Umständen oder fehlender Erfahrung im Umgang mit Behörden) aus. Auch die alternative oder kumulative Kausalität verschiedener relevanter medizinischer Befunde rechtfertigt die Bestellung eines Vertreters vom Amts wegen. 50

Obwohl § 1896 BGB als bürgerlich-rechtliche Regelung der Voraussetzungen der (rechtlichen) Betreuung in seinem Abs. 1 – neben den identischen medizinischen 51

63 Ebenso *Meyer/Borgs*, § 16 Rn. 13. Im Ergebnis auch Knack/Henneke/*Ritgen*, § 16 Rn. 34. Enger wohl *Ule/Laubinger*, Verwaltungsverfahrensrecht § 18 II 1 e)/§ 18 Rn. 11.
64 Ebenso Stelkens/Bonk/Sachs/*Bonk/Schmitz*, § 16 Rn. 23.
65 S.a. *Laubinger/Repkewitz*, VerwArch. Bd. 85, 1994, 86 (101).
66 Vgl. auch *Meyer/Borgs*, § 16 Rn. 13; Stelkens/Bonk/Sachs/*Bonk/Schmitz*, § 16 Rn. 24.
67 So auch (ohne Einschränkung) *Laubinger/Repkewitz*, VerwArch. Bd. 85, 1994, 86 (100 f.).
68 Ähnlich *Laubinger/Repkewitz*, VerwArch. Bd. 85, 1994, 86 (101).

Befunden (vgl. Rdn. 38 ff.) – zusätzlich fordert, dass der Volljährige deswegen seine Angelegenheiten (ganz oder teilweise) nicht besorgen kann, ist ein Rückgriff auf die zivilrechtliche Auslegung des Begriffs der Unfähigkeit zur Besorgung der eigenen Angelegenheiten für die in Nr. 4 bestimmte Unfähigkeit zum Tätigwerden im Verwaltungsverfahren nur »mit äußerster Vorsicht«[69] möglich (vgl. auch Rdn. 37), da die beiden Vorschriften nicht nur unterschiedliche Zwecke verfolgen, sondern sich auch in den Rechtsfolgen unterscheiden.

ee) Herrenlose Sache, auf die sich das Verwaltungsverfahren bezieht (Nr. 5)

52 Nach Nr. 5 kommt eine Vertreterbestellung in Betracht bei verfahrensbezogenen herrenlosen Sachen zur Wahrung der sich in Bezug auf die Sache ergebenden Rechte und Pflichten. Bei Ungewissheit über die Identität des Eigentümers[70] oder die Herrenlosigkeit einer Sache ist Nr. 5 aber nicht anwendbar.[71]

aaa) Vorliegen der Herrenlosigkeit

53 Herrenlosigkeit einer Sache ist gegeben
1) wenn an ihr nie Eigentum bestanden hat,
2) bei Grundstücken infolge einer Verzichtserklärung des bisherigen Eigentümers ggü. dem Grundbuchamt und der Eintragung des Verzichts im Grundbuch nach § 928 Abs. 1 BGB,
3) bei beweglichen Sachen infolge einer in der Absicht eines Eigentumsverzichts vorgenommenen Besitzaufgabe seitens des bisherigen Eigentümers nach § 959 BGB,
4) bei wilden Tieren nach Maßgabe des § 960 BGB,
5) bei Bienenschwärmen nach Maßgabe des § 961 BGB.

bbb) Bezogenheit des Verwaltungsverfahrens auf die herrenlose Sache

54 Diese Voraussetzung ist erfüllt, wenn die Sache durch die Sachentscheidung (eines konkreten Verwaltungsverfahrens) bzw. deren Vollzug rechtlich berührt wird.

ccc) Die sich in Bezug auf die Sache ergebenden Rechte und Pflichten

55 Die sich bezüglich der Sache ergebenden Rechte und Pflichten sind – ausschließlich – entweder öffentlich-rechtliche Rechte, die sonst dem Eigentümer zuständen, oder öffentlich-rechtliche Pflichten, die sonst der Eigentümer zu erfüllen hätte (z.B. Polizei- und Ordnungspflicht).[72]

---

69 *Laubinger/Repkewitz*, VerwArch. Bd. 85, 1994, 86 (100).

70 In diesem Fall kommt aber ein Vorgehen nach Nr. 1 in Betracht (s.a. Kopp/Ramsauer, § 16 Rn. 23; Stelkens/Bonk/Sachs/*Bonk/Schmitz*, § 16 Rn. 25).

71 S. Knack/Henneke/*Ritgen*, § 16 Rn. 40; Kopp/Ramsauer, § 16 Rn. 23; Stelkens/Bonk/Sachs/*Bonk/Schmitz*, § 16 Rn. 25.

72 S. Stelkens/Bonk/Sachs/*Bonk/Schmitz*, § 16 Rn. 26; *Ule/Laubinger*, Verwaltungsverfahrensrecht § 18 II 1 f.)/§ 18 Rn. 12.

Für die Wahrung der trotz der Aufgabe des Eigentums an einem Grundstück noch bestehenden dinglichen Rechte Dritter[73] bedarf es einer Vertreterbestellung nur, wenn für die Person des Dritten ein Fall des § 16 Abs. 1 Nr. 1 bis 4 gegeben ist. 56

2. Verpflichtung des Betreuungs- bzw. Familiengerichts zur Bestellung eines geeigneten Vertreters

Bei Vorliegen aller Tatbestandsvoraussetzungen nach Abs. 1 (vgl. Rdn. 3 ff.) und der örtlichen Zuständigkeit des Gerichts nach Abs. 2 (vgl. Rdn. 64 ff.) besteht – unbeschadet seines Prüfungsrechts und seiner Prüfungspflicht (vgl. Rdn. 59) – eine Verpflichtung des ersuchten Betreuungs- bzw. Familiengerichts zur Bestellung eines geeigneten Vertreters.[74] Es besteht kein Ermessensspielraum. 57

In den Fällen des Abs. 1 Nr. 4 steht dem Betreuungsgericht kein Wahlrecht zwischen der Bestellung eines Vertreters nach § 16 und eines Betreuers nach den §§ 1896 ff. BGB für das anhängige Verwaltungsverfahren zu. Unbeschadet davon ist es aber der verfahrensleitenden Behörde nicht verwehrt, bei dem Gericht die Bestellung eines Betreuers für den (ganzen) Aufgabenkreis, in den der Gegenstand des Verwaltungsverfahrens fällt (und nicht nur für den Verfahrensgegenstand), anzuregen.[75] 58

a) Prüfungsrecht und Prüfungspflicht des Betreuungs- bzw. Familiengerichts

Dem Gericht steht hinsichtlich der Voraussetzungen der Vertreterbestellung nach dem Sinn des § 16 ein Prüfungsrecht und -pflicht zu.[76] Gegenstand der Prüfung ist – neben den sich aus Abs. 4 ergebenden Anforderungen an die Auswahl des Vertreters – die Frage, ob die Voraussetzungen nach Abs. 1 erfüllt sind und die örtliche Zuständigkeit des Gerichts nach Abs. 2 gegeben ist. Das im Zusammenhang mit der Stellung des Ersuchens von der Behörde ausgeübte Ermessen kann dagegen vom Gericht nicht nachgeprüft werden. 59

b) Eignung des Vertreters

Geeignet ist ein Vertreter, wenn er den Verfahrensstoff beherrscht (oder sich zumindest kurzfristig in diesen einarbeiten kann) und die besonderen Bedürfnisse des zu vertretenen Beteiligten zu würdigen und wahrzunehmen versteht,[77] mit anderen Worten fähig ist, in dem konkreten Verwaltungsverfahren die Interessen des Beteiligten zu 60

---

73 Vgl. Palandt, § 928 BGB Rn. 3.

74 Ebenso Knack/Henneke/*Ritgen*, § 16 Rn. 47; *Laubinger/Repkewitz*, VerwArch. Bd. 85, 1994, 86 (103); *Meyer/Borgs*, § 16 Rn. 6; Stelkens/Bonk/Sachs/*Bonk/Schmitz*, § 16 Rn. 6, 9; *Ule/Laubinger*, Verwaltungsverfahrensrecht § 18 II 2/§ 18 Rn. 15.

75 S. *Laubinger/Repkewitz*, VerwArch. Bd. 85, 1994, 86 (103).

76 S.a. Kopp/Ramsauer, § 16 Rn. 25.

77 Vgl. Stelkens/Bonk/Sachs/*Bonk/Schmitz*, § 16 Rn. 9; *Ule/Laubinger*, Verwaltungsverfahrensrecht § 18 II 3/§ 18 Rn. 17.

vertreten.[78] Die von der Sonderregelung des § 207 BauGB für den von Amts wegen bestellten Vertreter vorgeschriebene Rechts- und Sachkunde ist bei § 16i.d.R. nicht Voraussetzung, kann aber nach den Umständen des Einzelfalls geboten sein.[79]

61 Ist für den Beteiligten bereits hinsichtlich anderer Angelegenheiten ein Pfleger oder Betreuer bestellt worden (vgl. Rdn. 10), so kann es – zur Vermeidung einer Zersplitterung der von dritten Personen wahrgenommenen Angelegenheiten des Beteiligten – angezeigt sein, diesen Pfleger oder Betreuer auch für das anhängige Verwaltungsverfahren als Vertreter von Amts wegen zu bestellen.

62 Ungeeignet als Vertreter sind Personen,
1) die nicht nach § 12 Abs. 1 Nr. 1 handlungsfähig sind oder auf die ein entsprechender Hinderungsgrund z.B. § 1781 Nr. 2 BGB zutrifft,
2) die im Fall ihrer Bevollmächtigung nach § 14 Abs. 5 und 6 (vgl. § 14 Rdn. 67 ff.) von der Behörde zurückzuweisen wären,
3) die nach einer Bestellung als Vertreter in ihrer Eigenschaft als Amtsträger der verfahrensleitenden Behörde nach § 20 Abs. 1 Satz 1 Nr. 3 von einer Mitwirkung am Verfahren ausgeschlossen wären (vgl. § 20),
4) die selbst im Verwaltungsverfahren Beteiligte mit entgegenstehendem Interesse sind oder solche Beteiligte vertreten.

II. Das für die Vertreterbestellung zuständige Betreuungsgericht bzw. Familiengericht (Abs. 2)

1. Sachliche Zuständigkeit des Gerichts

63 Aus Abs. 1[80] ergibt sich die sachliche Zuständigkeit des Betreuungsgerichts bzw. bei Minderjährigen des Familiengerichts für die Bestellung eines Vertreters von Amts wegen. Das Betreuungs- bzw. Familiengericht ist das Amtsgericht, in dessen Bezirk der Beteiligte seinen gewöhnlichen Aufenthalt hat; im Übrigen, in dessen Bezirk die antragstellende Behörde ihren Sitz hat.

2. Örtliche Zuständigkeit des Betreuungs- bzw. Familiengerichts (Abs. 2)

a) Für den Fall der Vertreterbestellung nach Abs. 1 Nr. 4, falls der Beteiligte über einen gewöhnlichen Aufenthalt im Inland verfügt (erster Halbs.)

64 Die Regelung betrifft die Vertretung eines psychisch Kranken bzw. eines körperlich, geistig oder seelisch Behinderten i.S.d. Abs. 1 Nr. 4 durch einen Vertreter von Amts wegen im Verwaltungsverfahren. Sie gilt nur, wenn dieser Beteiligte über einen gewöhnlichen Aufenthalt (vgl. § 3) im Inland (vgl. Rdn. 26) verfügt. Trifft dies nicht

78 *Laubinger/Repkewitz*, VerwArch. Bd. 85, 1994, 86 (107).
79 Ebenso Stelkens/Bonk/Sachs/*Bonk/Schmitz*, § 16 Rn. 9; wohl auch *Ule/Laubinger*, Verwaltungsverfahrensrecht § 18 II 3/§ 18 Rn. 17 Fn. 20.
80 Nicht erst aus Abs. 2, wie *Laubinger/Repkewitz* (VerwArch. Bd. 85, 1994, 86 [103]) annehmen.

zu, so richtet sich die örtliche Zuständigkeit des Vormundschaftsgerichts nach dem zweiten Halbs. (vgl. Rdn. 66 ff.).

Für die Bestimmung des örtlich zuständigen Betreuungs- bzw. Familiengerichts kommt es darauf an, wo sich im Zeitpunkt der gerichtlichen Entscheidung, d.h. der Vertreterbestellung, der gewöhnliche Aufenthalt des Beteiligten befindet. Das bedeutet, dass sowohl die ersuchende Behörde als auch das ersuchte Gericht bis zur Vertreterbestellung jeden Wechsel des gewöhnlichen Aufenthaltes berücksichtigen müssen, der die örtliche Zuständigkeit des Betreuungs- bzw. Familiengerichts berührt. 65

b) Das i.Ü. zuständige Betreuungs- bzw. Familiengericht (zweiter Halbs.)

Nach dem zweiten Halbs. ist i.Ü. (d.h. in allen nicht vom ersten Halbs. erfassten Fällen) das Betreuungs- bzw. Familiengericht zuständig, in dessen Bezirk die ersuchende Behörde ihren Sitz (vgl. § 3) hat. Denn in diesen Verfahren wird das Gericht in erster Linie mit der ersuchenden Behörde zu verhandeln haben. 66

Von dieser Regelung erfasst sind 67

1) die Fälle des § 16 Abs. 1 Nr. 1 bis 3 und Nr. 5 sowie
2) der Fall des Abs. 1 Nr. 4 unter der Voraussetzung, dass der psychisch kranke bzw. körperlich, geistig oder seelisch behinderte Beteiligte keinen gewöhnlichen Aufenthalt im Inland hat.

Darüber hinaus gilt der zweite Halbs. auch für das Zusammentreffen eines Falles des Abs. 1 Nr. 4 mit einem Fall des Abs. 1 Nr. 3 in der Person des betroffenen Beteiligten. Für einen psychisch kranken bzw. körperlich, geistig oder seelisch behinderten deutschen Beteiligten ohne gewöhnlichen Aufenthalt im Inland ist das Betreuungsgericht örtlich zuständig, in dessen Bezirk die ersuchende Behörde ihren Sitz hat. 68

Soll für einen psychisch kranken bzw. körperlich, geistig oder seelisch behinderten abwesenden Beteiligten nach Abs. 1 Nr. 4, der i.S.d. zweiten Alternative des Abs. 1 Nr. 2 an der Besorgung seiner Angelegenheiten verhindert ist, ein Vertreter bestellt werden, so ist im Interesse des zu Vertretenden die Zuständigkeitsnorm des ersten Halbs. als vorrangig (ggü. dem zweiten Halbs.) anzusehen, wenn der Unterbringungsort des psychisch kranken bzw. körperlich, geistig oder seelisch behinderten Beteiligten dessen gewöhnlichen Aufenthalt (im Inland) darstellt. 69

III. Vergütung und Erstattungsanspruch des Vertreters und Ersatzanspruch der Behörde (Abs. 3)

1. Anspruch des Vertreters auf angemessene Vergütung und auf Erstattung seiner baren Auslagen (Satz 1)

Nach Satz 1 hat der Vertreter gegen den Rechtsträger der Behörde, die um seine Bestellung ersucht hat, einen (öffentlich-rechtlichen) Anspruch auf eine angemessene Vergütung und auf die Erstattung seiner baren Auslagen. Die Regelung ist notwendig, weil insoweit die Bestimmungen des BGB nicht ausreichen, denn diese gewähren dem 70

Betreuer bzw. Pfleger nur ausnahmsweise einen Anspruch auf Vergütung. § 16 Abs. 3 Satz 1 geht daher als (abschließende) Spezialregelung den für die (rechtliche) Betreuung und Pflegschaft geltenden Bestimmungen im BGB vor. Der Anspruchsgegner ist hierbei deswegen nicht der Vertretene, weil es nach Auffassung des Gesetzgebers[81] dem Vertreter nicht zugemutet werden kann, sich zuerst mit diesem auseinanderzusetzen und die Behörde, die seine Bestellung veranlasst hat, erst dann in Anspruch zu nehmen, wenn der Anspruch ggü. dem Vertretenen nicht oder nicht in vollem Umfang befriedigt werden kann.

a) Angemessene Vergütung

71 Die von der Behörde nach Satz 3 zu bestimmende angemessene Vergütung richtet sich nach der Schwierigkeit des Verwaltungsverfahrens, dem Umfang der dem Vertreter obliegenden Aufgaben und dessen Qualifikation. Weiter sind die Bedeutung des Verfahrens für den vertretenen Beteiligten[82] sowie die aufgewendete Zeit des Vertreters für das Tätigwerden im Verfahren zu berücksichtigen. Will die Behörde ggü. dem Vertretenen nach Satz 2 einen Ersatzanspruch geltend machen (vgl. Rdn. 76 ff.), so hat sie auch dessen Einkommens- und Vermögenslage in die Beurteilung der Angemessenheit der dem Vertreter zuzuerkennenden Vergütung einzubeziehen.

b) Bare Auslagen

72 Mit der Beschränkung des Erstattungsanspruchs auf die baren Auslagen (d.h. Auslagen, die Bar – vgl. Rdn. 74 – entstanden sind)[83] ist klargestellt, dass der Arbeitsaufwand des Vertreters i.R.d. Erfüllung seiner Aufgaben nur bei der Bestimmung der angemessenen Vergütung Berücksichtigung finden kann. Der Begriff der baren Auslagen ist auch weniger weit als der in § 85 verwendete Begriff der notwendigen Auslagen, da bei § 16 Abs. 3 Satz 1 keine Kosten in Ansatz gebracht werden können, die durch die Inanspruchnahme Dritter (z.B. Vertretung, Begleitperson) entstanden und berechenbar sind. Der Vertreter hat die baren Auslagen ggü. dem Anspruchsgegner in geeigneter Form nachzuweisen. Zu den baren Auslagen gehören typischerweise Porto-, Telekommunikations- und Reisekosten sowie Kosten für Abschriften und Ablichtungen.[84]

73 Der Begriff der Erstattung von Auslagen setzt voraus, dass die Aufwendungen bereits getätigt wurden und lediglich eine nachträgliche Begleichung erfolgen soll. Eine Pflicht der Behörde zur Leistung eines Vorschusses sieht das VwVfG nicht vor;[85] angesichts der sich aus dem eindeutigen Wortlaut des Satzes 1 ergebenden Beschränkung auf eine »Erstattung« der baren Aufwendungen sowie aufgrund des Charakters der

81 S. Amtl. Begründung S. 45.

82 Insoweit ist auch der Wert der Sache als Indiz heranzuziehen. A.A. Knack/Henneke/*Ritgen*, § 16 Rn. 51; Stelkens/Bonk/Sachs/*Bonk/Schmitz*, § 16 Rn. 31.

83 Knack/Henneke/*Ritgen*, § 16 Rn. 52.

84 S. BVerwG, Urt. v. 22.04.2004 – 7 C 5.03, BVerwGE 120, 344 (Rn. 13); Bauer/Heckmann/Ruge/Schallbruch/*Preuß*, § 16 Rn. 21; Knack/Henneke/*Ritgen*, § 16 Rn. 52; *Meyer/Borgs*, § 16 Rn. 5; Stelkens/Bonk/Sachs/*Bonk/Schmitz*, § 16 Rn. 31.

85 Vgl. BVerwG, Urt. v. 02.07.2008 – 8 C 18.07, NVwZ-RR 2009, 46 (Rn. 28).

Vorschrift als abschließender Spezialregelung scheidet auch eine Analogie zu (dem einen Anspruch auf Vorschuss regelnden) § 669 BGB aus.

In barer Form wurden die Auslagen dann getätigt, wenn sie mit gültigen bzw. gesetzlichen Zahlungsmitteln (Münz- oder Papiergeld) oder in einer die Barzahlung im Geschäftsverkehr nach der Rechtsanschauung vertretenden Zahlungsweise (wie etwa mittels Euroscheck, Kreditkarte oder electronic ca.sh) beglichen wurden. 74

c) Anspruchsgegner

Anspruchsgegner ist der Hoheitsträger, für den die Behörde bei der Durchführung des Verwaltungsverfahrens tätig wird. So trifft z.B. die Vergütungs- und Erstattungspflicht das Land, wenn das Regierungspräsidium (z.B. als obere Naturschutzbehörde) um die Bestellung eines Vertreters ersucht hat. 75

2. Anspruch der Behörde auf Ersatz ihrer Aufwendungen gegen den Vertretenen (Satz 2)

a) Begriff der Aufwendungen

Aufwendungen der Behörde sind die Beträge, die tatsächlich an den Vertreter in Erfüllung des diesem nach Satz 1 zustehenden Anspruchs geleistet worden sind. Davon ausgenommen sind sachlogisch Aufwendungen auf deren Ersatz der Vertreter verzichtet hat. 76

b) Geltendmachung des Ersatzanspruchs als Ermessensentscheidung

Die Geltendmachung des Ersatzanspruchs steht – sowohl dem Grunde als auch der Höhe nach – im pflichtgemäßen Ermessen der Behörde. 77

Bei ihrer Ermessensentscheidung hat die Behörde zu berücksichtigen 78
1) Art und Umfang der Aufwendungen,
2) die Einkommens- und Vermögensverhältnisse des Vertretenen,
3) die Stellung des Vertretenen im Verwaltungsverfahren,
4) die Möglichkeit, die Aufwendungen nach Verwaltungskostenrecht als Auslagen einem anderen Beteiligten aufzuerlegen.[86]

3. Ermächtigung der Behörde zur Bestimmung der Vergütung des Vertreters und zur Feststellung der baren Auslagen des Vertreters sowie der eigenen Aufwendungen (Satz 3)

Satz 3 ermächtigt die Behörde, die nach Satz 1 und 2 notwendigen Entscheidungen durch VA zu treffen, indem sie die Vergütung des Vertreters bestimmt[87] und die baren Auslagen des Vertreters sowie die eigenen Aufwendungen feststellt. 79

86 Vgl. Amtl. Begründung S. 45.
87 Kritisch zu dieser Konstruktion, da der Vertreter dadurch in eine gewisse Abhängigkeit vom Wohlwollen der Behörde gerate, mit der Folge, dass er die Interessen des von ihm vertretenen Beteiligten nicht mit dem gebotenen Nachdruck der Behörde ggü. vertrete, *Laubinger/*

a) Bestimmung der Vergütung und Feststellung der baren Auslagen des Vertreters

80 Die Bestimmung der angemessenen Vergütung und die Feststellung der baren Auslagen des Vertreters erfolgt (soweit nicht der Vertreter auf den ihm zustehenden Anspruch verzichtet hat) – aufgrund der ratio legis – in den Fällen des Satzes 1 nur auf Antrag des Vertreters[88] und in den Fällen des Satzes 2 von Amts wegen. Dabei wird der sich aus Satz 1 allgemein ergebende Anspruch betragsmäßig genau festgelegt.

b) Feststellung der Aufwendungen der Behörde

81 Die Feststellung der Aufwendungen der Behörde kommt nur in Betracht, wenn und soweit eine Erstattung seitens des Vertretenen verlangt werden soll.

c) Der für die Vornahme der behördlichen Entscheidungen maßgebliche Zeitpunkt

82 Der für die Vornahme der behördlichen Entscheidungen maßgebliche Zeitpunkt ist verschieden, je nachdem ob die Ansprüche des Vertreters oder der Behörde festzusetzen sind.

aa) Hinsichtlich des Erstattungsanspruchs des Vertreters

83 Die Entscheidung über die dem Vertreter zustehenden Geldbeträge kann regelmäßig erst nach Beendigung der Vertretungstätigkeit getroffen werden. Mangels einer § 1836 Abs. 2 Satz 3 BGB entsprechenden Vorschrift ist die Behörde grds. nicht verpflichtet (wohl aber berechtigt), dem Vertreter Abschlagszahlungen zu leisten. Falls einzelne zu erstattende Barauslagen von beträchtlicher Höhe sind, sollten sie aber gleich nach Anfall festgesetzt und erstattet werden. Bei besonders schwierigen und langwierigen Verwaltungsverfahren ist – unter dem Vorbehalt einer abschließenden Bestimmung – die Vergütung ratenweise festzusetzen und zu gewähren.

bb) Hinsichtlich des Ersatzanspruchs der Behörde

84 Die Feststellung des Ersatzanspruches der Behörde kommt erst in Betracht, wenn diese ihren finanziellen Verpflichtungen ggü. dem Vertreter nachgekommen ist (vgl. Rdn. 95, 97).

d) Rechtsnatur und Rechtsschutz der behördlichen Entscheidungen

85 Die Entscheidungen der Behörde ergehen durch einen (ein eigenes Verwaltungsverfahren i.S.d. § 9 voraussetzenden) VA.[89]

Repkewitz, VerwArch. Bd. 85, 1994, 86 (115). Doch dürften diese Bedenken wegen des eröffneten Rechtsschutzes des Vertreters (vgl. Rn. 100) nicht durchgreifen.

88 So auch Knack/Henneke/*Ritgen*, § 16 Rn. 55.

89 S. Knack/Henneke/*Ritgen*, § 16 Rn. 54; Stelkens/Bonk/Sachs/*Bonk/Schmitz*, § 16 Rn. 31.

Dementsprechend steht **dem Vertreter** die Verpflichtungsklage zur Verfügung, die entweder auf die Bestimmung der Vergütung und Feststellung der baren Auslagen insgesamt oder auf eine Erhöhung der (bereits) bestimmten bzw. festgestellten Beträge zu richten ist. Falls der Rechtsträger der Behörde nach dem Erlass des Festsetzungsbescheids seinen Zahlungsverpflichtungen nicht nachkommt, verfügt der Vertreter über die allgemeine Leistungsklage als statthaften Rechtsbehelf. 86

Der Vertretene kann die Feststellung der von ihm der Behörde zu ersetzenden Aufwendungen mit der Anfechtungsklage angreifen. I.R.d. Widerspruchs- und Klageverfahrens ist die Angemessenheit der Vergütung des Vertreters und die Richtigkeit der Auslagenfeststellung inzidenter zu prüfen, weil die vom Rechtsträger der Behörde dem Vertreter geschuldeten Zahlungen das Ausmaß des Aufwendungsanspruchs bilden, den die Behörde gegen den Vertretenen geltend machen kann. 87

IV. Rechtsstellung des Vertreters von Amts wegen (Abs. 4)

1. Vertretungsbefugnis

Der Vertreter von Amts wegen kann mit Wirkung für und gegen den vertretenen Beteiligten in dem Verwaltungsverfahren, für das er bestellt worden ist, Verfahrenshandlungen vor- und entgegennehmen. Die Rechtsstellung des Vertreters von Amts wegen entspricht grds. derjenigen eines gesetzlichen Vertreters.[90] 88

Die Vertretung beschränkt sich aber grds. auf das Verwaltungsverfahren, für das sie bestellt worden ist, und erstreckt sich nicht auf ein anschließendes Widerspruchs- oder verwaltungsgerichtliches Verfahren, selbst wenn das Verwaltungsverfahren, für das sie bestellt worden ist, noch anhängig ist.[91] 89

Ist der Vertreter der Ansicht, dass die Einlegung eines (gerichtlichen oder außergerichtlichen) Rechtsbehelfs im wohlverstandenen Interesse des Vertretenen liegt, so hat er beim Vormundschaftsgericht in den Fällen des Abs. 1 Nr. 4 die Bestellung eines Betreuers und in den übrigen Fällen eines (Ergänzungs-) Pflegers anzuregen, wobei auch er selbst hierzu bestellt werden kann.[92] Die Bestellung eines Vertreters von Amts wegen für das Widerspruchsverfahren (der auch mit dem Vertreter im Ausgangsverfahren identisch sein kann) ist nur in einem bereits anhängigen Widerspruchsverfahren möglich. 90

2. Entsprechende Geltung der Vorschriften über die (rechtliche) Betreuung in den Fällen des Abs. 1 Nr. 4 und über die Pflegschaft in den übrigen Fällen (Abs. 4)

a) Vorschriften über die (rechtliche) Betreuung in den Fällen des Abs. 1 Nr. 4

In den Fällen des Abs. 1 Nr. 4 (vgl. Rdn. 36 ff.) gelten die Vorschriften über die (rechtliche) Betreuung entsprechend. Das sind zum einen – mit gewissen 91

90 S. *Meyer/Borgs*, § 16 Rn. 3; Stelkens/Bonk/Sachs/*Bonk/Schmitz*, § 16 Rn. 10.
91 Ebenso auch *Laubinger/Repkewitz*, VerwArch. Bd. 85, 1994, 86 (113, 117).
92 S. *Laubinger/Repkewitz*, VerwArch. Bd. 85, 1994, 86 (117).

Modifikationen – die einschlägigen Bestimmungen des BGB, zum anderen – ohne Einschränkungen – die Verfahrensvorschriften des FamFG in Betreuungssachen (§§ 271 ff. FamFG).[93]

aa) Bestellung des Vertreters

aaa) Anordnung der Vertretung

92 Die Anordnung der Vertretung erfolgt entsprechend der Anordnung der Pflegschaft durch eine Verfügung des Gerichts, in der das Verwaltungsverfahren, für das die Vertretung gelten soll, festgelegt und die Person des ausgewählten Vertreters bestimmt wird. Die Vorschrift des § 1899 BGB kann jedoch nicht analog angewendet werden, da dies sowohl dem Wortlaut des Abs. 1 als auch der ratio legis (vgl. Rdn. 2) widersprechen würde.[94]

93 Das Gericht ist bei der Auswahl eines geeigneten Vertreters (vgl. Rdn. 60 ff.) weder an eine Benennung der ersuchenden Behörde noch Dritter gebunden.

94 Schlägt allerdings der psychisch kranke oder körperlich, geistig oder seelisch behinderte Beteiligte eine Person als Vertreter vor, so muss das Gericht diesem Vorschlag entsprechen, wenn es sowohl der Wahrung der rechtlichen Interessen des Beteiligten als auch des Interesses anderer Beteiligter (an einem baldigen und sachgerechten Abschluss des Verfahrens) und dem Interesse der Verwaltung an einer zügigen Durchführung des Verfahrens entspricht[95] und der Vorgeschlagene geeignet ist; insoweit wird die Regelung des § 1897 Abs. 4 Satz 1 BGB zum einen durch § 16 Abs. 4, der nicht nur das Wohl des Beteiligten, sondern auch die anderen Regelungszwecke (vgl. Rdn. 2) berücksichtigen muss, und zum andern durch § 16 Abs. 1 modifiziert.

95 Schlägt der psychisch kranke oder körperlich, geistig oder seelisch behinderte Beteiligte vor, eine bestimmte Person nicht zu bestellen, soll hierauf das Gericht Rücksicht nehmen (entsprechend § 1897 Abs. 4 Satz 2 BGB).[96] Dies gilt auch dann, wenn die positiven und negativen Vorschläge des Beteiligten bereits vor Anhängigkeit des Verwaltungsverfahrens gemacht wurden, es sei denn, der Beteiligte will an diesen Vorschlägen erkennbar nicht mehr festhalten (§ 1897 Abs. 4 Satz 3 BGB analog).

96 Schlägt der psychisch kranke oder körperlich, geistig oder seelisch behinderte Beteiligte keine Person vor, die zum Vertreter bestellt werden kann (vgl. Rn. 108), so ist entsprechend § 1897 Abs. 5 BGB bei der Auswahl des Vertreters auf die verwandtschaftlichen und sonstigen persönlichen Bindungen des Beteiligten, insb. auf die (echten)

93 S. zu den Verfahrensregelungen des alten FGG *Laubinger/Repkewitz*, VerwArch. Bd. 85, 1994, 86 (108 ff.).

94 Ebenso *Laubinger/Repkewitz*, VerwArch. Bd. 85, 1994, 86 (108).

95 A.A. (nur auf das Wohl des Beteiligten abstellend) *Laubinger/Repkewitz*, VerwArch. Bd. 85, 1994, 86 (105).

96 Ebenso *Laubinger/Repkewitz*, VerwArch. Bd. 85, 1994, 86 (105).

Bindungen zu Eltern, Kindern und zum Ehegatten, sowie auf die Gefahr von Interessenkonflikten Rücksicht zu nehmen.[97]

Der vom Gericht ausgewählte Vertreter ist (analog § 1898 Abs. 1 BGB) verpflichtet, die Vertretung zu übernehmen, wenn er hierzu geeignet und ihm die Vertretung unter Berücksichtigung seiner familiären, beruflichen und sonstigen Verhältnisse zugemutet werden kann;[98] § 1784 BGB ist entsprechend anwendbar. Im Vergleich zur Betreuung ist aber bei der Vertretung nach § 16 in aller Regel ein – tendenziell – strengerer Maßstab an die Unzumutbarkeit anzulegen, da die Vertretung nur für ein bestimmtes anhängiges Verwaltungsverfahren erfolgt und damit die Belastungen des Vertreters eher sachlich überschaubar und zeitlich absehbar sind. Zur Bestimmung der Zumutbarkeit kann auf die Ablehnungsgründe des § 1786 Abs. 1 BGB zurückgegriffen werden (der auch gem. § 1915 Abs. 1 BGB die Ablehnung einer Pflegschaft rechtfertigen).[99] 97

Nicht entsprechend anwendbar ist aber § 1898 Abs. 2 BGB,[100] wonach der Ausgewählte erst dann zum Betreuer bestellt werden darf, wenn er sich zur Übernahme der Betreuung bereit erklärt hat; da bei der Bestellung eines Vertreters von Amts wegen nach § 16 – im Gegensatz zur Rechtslage bei der Betreuung – auch die Interessen der Beteiligten und der Verwaltung an einer zügigen Durchführung und baldigen Abschluss des Verfahrens geschützt werden sollen (vgl. Rdn. 2), darf es nicht in der Hand des Ausgewählten liegen, ob er die Vertretung übernehmen will. Der Zweck des § 1898 Abs. 2 BGB, der aus Rücksicht auf das angestrebte besonders enge und vertrauensvolle Verhältnis zwischen Betreutem und Betreuer auf eine durch Zwang herbeigeführte Übernahme der Betreuung verzichtet, trägt bei § 16 Abs. 1 Nr. 4 nicht eine entsprechende Anwendung; denn dort ist die Vertretung nur auf das anhängige Verwaltungsverfahren beschränkt. Darüber `hinaus wäre die Ungleichbehandlung zu den Fällen des Abs. 1 Nr. 1 bis 3 und 5 nicht gerechtfertigt. 98

Die Anordnung der Bestellung ist dem Vertreter bekannt zu machen (vgl. § 287 FamFG). 99

bbb) Vornahme der Bestellung und Überreichung der Bestellungsurkunde

In analoger Anwendung des § 289 FamFG wird grds. der Vertreter vom Gericht mündlich verpflichtet und erhält eine Urkunde über seine Bestellung, deren inhaltliche Anforderungen sich aus § 290 FamFG ergeben.[101] Entsprechend anwendbar ist auch die Regelung des § 289 Abs. 2 FamFG, wonach das Gericht in geeigneten Fällen mit dem Vertreter und dem vertretenen Beteiligten ein Einführungsgespräch führt. 100

97 So auch *Laubinger/Repkewitz*, VerwArch. Bd. 85, 1994, 86 (106).

98 Ebenso *Laubinger/Repkewitz*, VerwArch. Bd. 85, 1994, 86 (106 f.); Stelkens/Bonk/Sachs/*Bonk/Schmitz*, § 16 Rn. 32.

99 Vgl. aber *Laubinger/Repkewitz*, VerwArch. Bd. 85, 1994, 86 (107 f.).

100 A.A. *Laubinger/Repkewitz*, VerwArch. Bd. 85, 1994, 86 (107); im Ergebnis auch Stelkens/Bonk/Sachs/*Bonk/Schmitz*, § 16 Rn. 32.

101 S.a. *Laubinger/Repkewitz*, VerwArch. Bd. 85, 1994, 86 (111) zum alten FGG.

bb) Amt des Vertreters

aaa) Beginn der Vertretungsbefugnis

101 Die Vertretungsbefugnis beginnt nicht mit der Anordnung, sondern mit der Bestellung.

bbb) Ausschluss des Vertretenen von einem Tätigwerden im Verwaltungsverfahren

102 Analog § 12 Abs. 3 VwVfG i.V.m. § 53 ZPO steht ein handlungsfähiger Beteiligter, der durch einen Vertreter von Amts wegen in einem Verwaltungsverfahren vertreten wird, einem handlungsunfähigen Beteiligten gleich, d.h. er kann Verfahrenshandlungen in dem Verwaltungsverfahren wirksam weder vor- noch entgegennehmen.[102]

ccc) Führung der Vertretung

103 Der Vertreter hat nach Abs. 4 i.V.m. § 1901 Abs. 1 Satz 1 BGB das Verwaltungsverfahren, für das er bestellt worden ist, so zu betreiben, wie es dem Wohl (bzw. den Interessen) des vertretenen Beteiligten entspricht. Der Vertreter hat bei der Vornahme von Verfahrenshandlungen den Wünschen des vertretenen Beteiligten zu entsprechen, soweit dies dessen Wohl (bzw. Interessen) nicht zuwiderläuft und dem Vertreter zuzumuten ist (§ 1901 Abs. 2 Satz 1 BGB analog). Dies gilt – entsprechend § 1901 Abs. 2 Satz 2 BGB – auch für Wünsche, die der vertretene Beteiligte vor der Bestellung des Vertreters geäußert hat, es sei denn, dass er an diesen Wünschen erkennbar nicht festhalten will. Ehe der Vertreter im Verlaufe des Verwaltungsverfahrens wichtige Entscheidungen trifft, hat er sie mit dem vertretenen Beteiligten zu besprechen, sofern dies dessen Wohl (bzw. Interessen) nicht zuwiderläuft (§ 1901 Abs. 2 Satz 3 BGB analog).[103]

104 Werden dem Vertreter Umstände bekannt, die eine Aufhebung der Vertretung bzw. Entlassung des Vertreters von Amts wegen ermöglichen (vgl. Rdn. 110 ff.), so hat er dies – entsprechend § 1901 Abs. 5 Satz 1 BGB – dem Gericht mitzuteilen.

105 Diese Pflichten des Vertreters wirken nicht im Außenverhältnis, und ein Verstoß dagegen berührt die Vertretungsmacht nicht, sondern rechtfertigt allenfalls ein Einschreiten des Gerichts nach Abs. 4 i.V.m. den §§ 1908i Abs. 1 Satz 1, 1837 Abs. 1 bis 3 BGB.[104] Außerdem kann sich der Vertreter nach Abs. 4 i.V.m. §§ 1908i Abs. 1 Satz 1, 1833 BGB dem vertretenen Beteiligten ggü. schadensersatzpflichtig machen.[105]

---

102 Ebenso *Laubinger/Repkewitz*, VerwArch. Bd. 85, 1994, 86 (114); *Meyer/Borgs*, § 16 Rn. 3; Stelkens/Bonk/Sachs/*Bonk/Schmitz*, § 16 Rn. 10; *Ziekow*, § 16 Rn. 2. A.A.: Knack/Henneke/*Ritgen*, § 16 Rn. 42; Kopp/Ramsauer, § 16 Rn. 11 differenzierend.

103 S.a. *Laubinger/Repkewitz*, VerwArch. Bd. 85, 1994, 86 (113).

104 S. Palandt, § 1901 BGB, Rn. 2.

105 Ebenso Kopp/Ramsauer, § 16 Rn. 33.

I.Ü. sind gem. Abs. 4 i.V.m. § 1908i Abs. 1 Satz 1 BGB die Regelungen der §§ 1839 bis 1841, 1843, 1846 BGB über die Fürsorge und Aufsicht des Vormundschaftsgerichts entsprechend anwendbar.[106] 106

cc) Beendigung der Vertretung

Zwar ordnet Abs. 4 für den Fall des Abs. 1 Nr. 4 die entsprechende Geltung der Vorschriften über die (rechtliche) Betreuung nur für die Bestellung und das Amt des Vertreters an, doch beanspruchen die Vorschriften über die Beendigung der Betreuung zur Vermeidung einer sonst gegebenen Rechtslücke auch für die Vertretung entsprechende Geltung.[107] 107

Die Vertretung von Amts wegen nach § 16 für einen psychisch kranken bzw. körperlich, geistig oder seelisch behinderten vertretenen Beteiligten kann entweder kraft Gesetzes oder durch eine entsprechende Entscheidung des Vormundschaftsgerichts beendigt werden.[108] Diese Entscheidung kann die Vertretung als solche (durch Aufhebung der Vertretung) oder lediglich die bestimmte Person des Vertreters (durch Entlassung des Vertreters) betreffen. 108

aaa) Beendigung kraft Gesetzes

Gesetzliche Beendigungstatbestände sind 109
1) der (zwar nicht ausdrücklich im BGB geregelte, sich jedoch aus dem Wesen der Betreuung ergebende)[109] Fall des Todes des Betreuten, d.h. nach Abs. 4 des vertretenen Beteiligten i.S.d. Abs. 1 Nr. 4[110] sowie
2) (entsprechend zu den übrigen Fällen des Abs. 1[111]) der endgültige Abschluss des Verwaltungsverfahrens, für das der Vertreter bestellt wurde.[112]

106 S. Kopp/Ramsauer, § 16 Rn. 33; *Laubinger/Repkewitz*, VerwArch. Bd. 85, 1994, 86 (114 f.).

107 S. Knack/Henneke/*Ritgen*, § 16 Rn. 56; Kopp/Ramsauer, § 16 Rn. 33; Stelkens/Bonk/Sachs/*Bonk/Schmitz*, § 16 Rn. 32.

108 Dazu im Hinblick auf die Fortdauer der Vertretungsberechtigung, OLG Jena, Beschl. v. 22.04.2014 – 3 W 142/14.

109 Palandt, § 1908d BGB Rn. 1.

110 S.a. *Laubinger/Repkewitz*, VerwArch. Bd. 85, 1994, 86 (116).

111 Zwar nimmt § 1908i Abs. 1 BGB nicht auf § 1918 Abs. 3 BGB Bezug und regelt § 1908d BGB für die Betreuung die Aufhebung von Amts wegen allgemein, doch ist für den auf die Vertretung in einem bestimmten Verwaltungsverfahren festgelegten Vertreter von Amts wegen in den Fällen des Abs. 1 Nr. 4 eine sachliche Differenzierung zu den übrigen Fällen des Abs. 1 nicht erkennbar und nach Abs. 4 auch nicht gerechtfertigt. Vgl. auch Bader/Ronellenfitsch/*Birk*, § 16 Rn. 25.1; *Laubinger/Repkewitz*, VerwArch. Bd. 85, 1994, 86 (121).

112 VGH Baden-Württemberg, Urt. v. 13.12.2013 AGH 18/2011 (II), hier der Widerspruchsbescheid hinsichtlich eines Widerrufsverfahren nach §§ 32, 35 BRAGO i.V.m. § 16 Abs. 1 Nr. 4 VwVfG.

bbb) Aufhebung der Vertretung durch das Vormundschaftsgericht

110 Das Gericht hat nach Abs. 4 i.V.m. § 1908d Abs. 1 Satz 1 BGB von Amts wegen die Vertretung nach § 16 aufzuheben, wenn ihre Voraussetzungen weggefallen sind (oder bereits im Entscheidungszeitpunkt gar nicht vorlagen), d.h. wenn
1) der Vertretene nicht mehr Beteiligter im Verwaltungsverfahren ist (vgl. Rdn. 5 f.), insb. auch weil das Verwaltungsverfahren seinen endgültigen Abschluss gefunden hat,
2) bei dem Beteiligten nicht mehr ein Fall des § 16 Abs. 1 Nr. 4 gegeben ist (oder von Anfang an nicht gegeben war),
3) der Beteiligte (wirksam) einen Bevollmächtigten bestellt hat oder
4) für den Beteiligten ein gesetzlicher Vertreter bestellt ist.

111 Ein Antragsrecht eines Beteiligten (insb. des Vertretenen) oder der verfahrensleitenden Behörde besteht insoweit nach dem Gesetz nicht;[113] entsprechende Willensäußerungen sind als Anregungen an das Gericht auszulegen, von Amts wegen die Aufhebung der Vertretung zu prüfen.

ccc) Entlassung des Vertreters durch das Betreuungs- bzw. Familiengericht

112 Nach Abs. 4 i.V.m. § 1908b Abs. 1 Satz 1 BGB hat das Gericht von Amts wegen den Vertreter nach § 16 zu entlassen, wenn seine Eignung (vgl. Rdn. 60 ff.) nicht mehr gewährleistet ist oder ein anderer wichtiger Grund für die Entlassung vorliegt.

113 Der Vertreter kann nach Abs. 4 i.V.m. § 1908b Abs. 2 BGB auch selbst seine Entlassung verlangen, wenn nach seiner Bestellung Umstände eingetreten sind, aufgrund derer ihm die Betreuung nicht mehr zugemutet werden kann. Dies sind – entsprechend § 1889 Abs. 1 zweiter Halbs. BGB – insb. die Fälle, die bereits vor bzw. bei Anordnung der Bestellung die Ablehnung des Amtes des Vertreters gerechtfertigt hätten. Das Gericht ist entsprechend § 1908b Abs. 3 BGB berechtigt, aber nicht verpflichtet, den Vertreter zu entlassen, wenn der vertretene Beteiligte eine gleich geeignete Person, die sich der Bestellung zum Vertreter nicht entziehen kann, als neuen Vertreter vorschlägt; im Interesse einer zügigen Durchführung des anhängigen Verwaltungsverfahrens (vgl. Rdn. 2) sollte das Gericht von dieser Möglichkeit nur in Ausnahmefällen (etwa, wenn dadurch eine Beschleunigung des Verfahrens zu erwarten ist) Gebrauch machen.

114 Ein (förmliches) Antragsrecht eines Beteiligten (insb. des Vertretenen) oder der (verfahrensleitenden) Behörde auf Entlassung des Vertreters kennt das Gesetz nicht.[114]

115 Die entsprechende Anwendung der Vorschrift des § 1908c BGB, wonach durch das Vormundschaftsgericht ein neuer Vertreter zu bestellen ist, wenn der Vertreter stirbt oder entlassen wird, steht das Ersuchensrecht der Behörde nach Abs. 1 entgegen, sodass es der Behörde zukommt, ein erneutes Vorgehen nach § 16 zu prüfen.

---

113 Ebenso *Laubinger/Repkewitz*, VerwArch. Bd. 85, 1994, 86 (118).
114 So auch *Laubinger/Repkewitz*, VerwArch. Bd. 85, 1994, 86 (118).

b) Vorschriften über die Pflegschaft in den übrigen Fällen

In den Fällen des Abs. 1 – ausgenommen der Nr. 4 – gelten für die Bestellung und für das Amt des Vertreters die Vorschriften über die Pflegschaft entsprechend. Dies sind im Wesentlichen über die Verweisungsnorm des § 1915 Abs. 1 BGB die Vorschriften des BGB über die Vormundschaft[115] sowie die Verfahrensbestimmungen des FamFG mit Ausnahme der Regelungen über die örtliche Zuständigkeit, denen Abs. 2 vorgeht.[116] 116

c) Rechtsschutz gegen die Entscheidung des Vormundschaftsgerichts

aa) Durch den Richter

Gegen die Entscheidung des Richters ist statthafter Rechtsbehelf die (unbefristete) Beschwerde zum LG. Eine Beschwerdebefugnis steht zu 117

1) nach § 59 Abs. 2 bzw. § 303 Abs. 1 FamFG der Behörde bei Ablehnung ihres Ersuchens um Anordnung der Vertretung durch das Gericht,
2) nach § 59 Abs. 1 bzw. § 303 FamFG dem berufenen Vertreter und auch dem zu vertretenen Beteiligten selbst – jeweils – sowohl gegen die Anordnung der Vertretung als auch die Auswahl einer bestimmten Person durch das Gericht (nicht aber – wegen der finanziellen Konsequenzen für die Behörde nach § 16 Abs. 3 – gegen die Ablehnung einer Vertreterbestellung).[117]

Nicht beschwerdebefugt sind die übrigen Beteiligten an dem anhängigen Verwaltungsverfahren sowie (außenstehende) Dritte. 118

bb) Durch den Rechtspfleger

Statthafter Rechtsbehelf gegen die Verfügungen des Gerichts ist, wenn der Rechtspfleger entschieden hat, die Erinnerung nach § 11 RPflG. Die Erinnerungsbefugnis entspricht der Beschwerdebefugnis bei Entscheidungen gegen den Richter. Sie steht dem zu vertretenen Beteiligten als auch der als Vertreter bestimmten Person (im Hinblick auf dessen Übernahmepflicht entsprechend § 1915 Abs. 1 i.V.m. § 1785 BGB und deren Ablehnungsrecht entsprechend § 1915 Abs. 1 BGB i.V.m. § 1786 BGB) insb. im Fall der Versagung einer Anordnung der Vertretung der ersuchenden Behörde als auch im Fall der Anordnung der Vertretung zu. 119

115 Eine entsprechende Anwendung der Regelungen über die Betreuung (§§ 1896 bis 1908i) scheidet wegen des Wortlauts von Abs. 4, der deutlich zwischen Betreuung und Pflegschaft trennt, aus. So zutreffend *Laubinger/Repkewitz*, VerwArch. Bd. 85, 1994, 86 (111).

116 Vgl. Amtl. Begründung S. 45; *Ule/Laubinger*, Verwaltungsverfahrensrecht § 18 II 4 b)/ § 18 Rn. 20.

117 So zu Recht *Laubinger/Repkewitz*, VerwArch. Bd. 85, 1994, 86 (110 f.).

C. Verfahrensvorschriften des Sozialrechts sowie Verwaltungsverfahrensrecht der Länder

120 Der § 16 ist fast wortgleich mit dem § 15 SGB X. Die Nr. 5 des Abs. 1 fehlt im SGB X, da es keiner Regelung für herrenlose Sachen im Sozialrecht bedarf. Ferner enthält der Abs. 2 der Regelung im SGB X eine Zuständigkeitsregelung für Beteiligte die noch minderjährig sind, die klarstellt, dass das zuständige Gericht für Minderjährige das Familiengericht ist.

121 Die Regelungen in den Verwaltungsverfahrensgesetzen der Länder sind mit Ausnahme von Bayern, Mecklenburg-Vorpommern und Schleswig-Holstein wortgleich bzw. verweisen auf das VwVfG. In § 16 Abs. 1 Nr. 3 wird in den o.g. Bundesländern anstelle von »Inland« der Begriff im »Geltungsbereich des Grundgesetzes« verwendet, was aber in der Sache keinen Unterschied macht, da der Geltungsbereich des Grundgesetzes nach Art. 23 GG mit dem Inland identisch ist. Mit beiden Begriffen ist das gesamte Staatsgebiet der Bundesrepublik Deutschland gemeint.

§ 17 Vertreter bei gleichförmigen Eingaben

(1) [1]Bei Anträgen und Eingaben, die in einem Verwaltungsverfahren von mehr als 50 Personen auf Unterschriftslisten unterzeichnet oder in Form vervielfältigter gleich lautender Texte eingereicht worden sind (gleichförmige Eingaben), gilt für das Verfahren derjenige Unterzeichner als Vertreter der übrigen Unterzeichner, der darin mit seinem Namen, seinem Beruf und seiner Anschrift als Vertreter bezeichnet ist, soweit er nicht von ihnen als Bevollmächtigter bestellt worden ist. [2]Vertreter kann nur eine natürliche Person sein.

(2) [1]Die Behörde kann gleichförmige Eingaben, die die Angaben nach Absatz 1 Satz 1 nicht deutlich sichtbar auf jeder mit einer Unterschrift versehenen Seite enthalten oder dem Erfordernis des Absatzes 1 Satz 2 nicht entsprechen, unberücksichtigt lassen. [2]Will die Behörde so verfahren, so hat sie dies durch ortsübliche Bekanntmachung mitzuteilen. [3]Die Behörde kann ferner gleichförmige Eingaben insoweit unberücksichtigt lassen, als Unterzeichner ihren Namen oder ihre Anschrift nicht oder unleserlich angegeben haben.

(3) [1]Die Vertretungsmacht erlischt, sobald der Vertreter oder der Vertretene dies der Behörde schriftlich erklärt; der Vertreter kann eine solche Erklärung nur hinsichtlich aller Vertretenen abgeben. [2]Gibt der Vertretene eine solche Erklärung ab, so soll er der Behörde zugleich mitteilen, ob er seine Eingabe aufrechterhält und ob er einen Bevollmächtigten bestellt hat.

(4) [1]Endet die Vertretungsmacht des Vertreters, so kann die Behörde die nicht mehr Vertretenen auffordern, innerhalb einer angemessenen Frist einen gemeinsamen Vertreter zu bestellen. [2]Sind mehr als 50 Personen aufzufordern, so kann die Behörde die Aufforderung ortsüblich bekannt machen. [3]Wird der Aufforderung nicht fristgemäß entsprochen, so kann die Behörde von Amts wegen einen gemeinsamen Vertreter bestellen.

Schrifttum
Henle, Probleme der gemeinsamen Vertretung in Massenverfahren (§§ 17–19 VwVfG), DVBl 1983, 780; *Kopp*, Gesetzliche Regelungen zur Bewältigung von Massenverfahren, DVBl 1980, 320; *Schmel*, Massenverfahren vor den Verwaltungsbehörden und den Verwaltungsgerichten, 1982.

Übersicht **Rdn.**

A. Allgemeines und Grundsätze

I. Gegenstand der Regelung

§ 17 regelt gleichförmige Eingaben im Verwaltungsverfahren, und zwar 1

1) in Abs. 1 den Begriff und die ordnungsgemäße Abfassung gleichförmiger Eingaben sowie die Entstehung einer gemeinsamen Vertretung kraft Gesetzes (Rdn. 3 ff.),

2) in Abs. 2 das bei mangelhaften gleichförmigen Eingaben veranlasste Verfahren (Rdn. 55 ff.),
3) in Abs. 3 das Erlöschen der Vertretungsmacht des gemeinsamen Vertreters (Rdn. 95 ff.),
4) in Abs. 4 das weitere Verfahren nach Beendigung der Vertretungsmacht des gemeinsamen Vertreters (Rdn. 107 ff.).

II. Zweck der Regelung

2 Die Regelung des § 17 verfolgt den Zweck, bei standardisierten Einwendungen in sog. Massenverfahren[1] – mit Hilfe der Rechtsfigur des gemeinsamen Vertreters – die Zahl der Personen zu begrenzen, mit denen sich die Behörde unmittelbar auseinanderzusetzen hat.[2] Auf diese Weise sollte eine Verfahrensvereinfachung und -beschleunigung erreicht und vermieden werden, dass der Personal- und Sachaufwand der verfahrensleitenden Behörde allzu einseitig auf ein bestimmtes Verfahren konzentriert wird.[3]

Diese Verfahrensvereinfachung wird aber in der Praxis fast nie erreicht. In Massenverfahren werden aufgrund der zur Verfügung stehenden Technik und Organisation der Beteiligten in Internetforen die einzelnen Eingaben per Mausklick so modifiziert, dass das Kriterium der »Gleichförmigkeit« der Eingaben nicht mehr gewahrt ist.

Angesichts der anderen im VwVfG vorgesehenen Regelungen ist die geringe Praxistauglichkeit der Regelung aber unschädlich. Insbesondere die Zulässigkeit der öffentlichen Bekanntmachung nach den §§ 63 Abs. 3, 67 Abs. 1, 69 Abs. 2 u. 3, 73 Abs. 5 u. 6, 74 Abs. 5 VwVfG, die es ermöglicht auf individuelle Ladungen, Benachrichtigungen und Zustellungen zu verzichten und stattdessen die erforderliche Information durch öffentliche Bekanntmachungen vorzunehmen, ermöglicht es den Behörden auch Massenverfahren mit sehr vielen Beteiligten effektiv zu bewältigen.

---

1 Zum Begriff des Massenverfahrens: Kopp, DVBl 1980, 320 (321); *Schmel*, Massenverfahren vor den Verwaltungsbehörden und den Verwaltungsgerichten, S. 52 ff.; Stelkens/Bonk/Sachs/*Bonk/Schmitz*, § 17 Rn. 6; *Ule/Laubinger*, Verwaltungsverfahrensrecht, § 45 I 1/§ 45 Rn. 1.

2 BT-Drucks. 7/4494, S. 4. Vgl. auch BR-Drucks. 29/96 S. 12.

3 Zur verfassungsrechtlichen Beurteilung s. *Bonk*, NVwZ 1997, 320 (324); *Henle*, DVBl 1983, 780 (781); Knack/Henneke/*Ritgen*, § 17 Rn. 11; *Schmel*, S. 187 ff., 205 ff.; Stelkens/Bonk/Sachs/*Bonk/Schmitz*, § 17 Rn. 8; *Ule/Laubinger*, Verwaltungsverfahrensrecht, § 45 I 9/§ 45 Rn. 9.

B. Die Vorschrift im Einzelnen

I. Gemeinsame Vertretung aller Unterzeichner von gleichförmigen Eingaben (Abs. 1)

1. Begriff der gleichförmigen Eingaben (Satz 1 erster Halbs.)

Nach der Legaldefinition des Satzes 1 sind gleichförmig alle Anträge und Eingaben, 3
die in einem Verwaltungsverfahren von mehr als 50 Personen auf Unterschriftslisten oder in Form vervielfältigter gleich lautender Texte eingereicht worden sind.

a) Anträge und Eingaben

Anträge und Eingaben sind alle öffentlich-rechtlichen (Willens-) Erklärungen Betei- 4
ligter oder Dritter, mit denen auf eine behördliche Verfahrens- oder Sachentscheidung Einfluss genommen werden soll[4] (z.B. Anträge auf Erlass oder Unterlassung einer bestimmten Entscheidung oder auf Anordnung von Auflagen). Hierzu sind auch Petitionen i.S.d. Art. 17 GG zu rechnen,[5] die sich auf ein konkretes (anhängiges) Verwaltungsverfahren beziehen.

b) Einreichung in einem Verwaltungsverfahren

Die Anträge und Eingaben müssen in einem Verwaltungsverfahren i.S.d. § 9[6] (vgl. 5
§ 9) eingereicht worden sein. Auf administrative Normsetzungsverfahren zum Erlass von Rechtsverordnungen und Satzungen ist die Vorschrift nicht anwendbar.[7] Das Verwaltungsverfahren, auf das sich die Erklärungen beziehen, muss darüber hinaus bereits im Gange sein. Der ein Verwaltungsverfahren erst eröffnende Antrag kann keine (gleichförmige) Eingabe sein, auch wenn er von einer Vielzahl von Personen gestellt worden ist[8] (wie z.B. ein Antrag, mit dem die Nachbarn eines Industriebetriebes dessen Stilllegung verlangen).

---

4 Im Ergebnis ebenso *Ule/Laubinger*, Verwaltungsverfahrensrecht, § 45 II 1 a) aa) aaa)/§ 45 Rn. 14. Ähnlich Knack/Henneke/*Ritgen*, § 17 Rn. 16; Enger insoweit wohl auch Stelkens/Bonk/Sachs/*Bonk/Schmitz*, § 17 Rn. 14, die auf die Geltendmachung eines formellen oder materiellen Rechts abstellen. Vgl. aber auch Rdn. 17 ff.

5 S.a. *Meyer/Borgs*, § 17 Rn. 5.

6 Ebenso Knack/Henneke/*Ritgen*, § 17 Rn. 16. Die von *Meyer/Borgs* (Rn. 5) vertretene teleologische Beschränkung auf solche Verwaltungsverfahren, die die Öffentlichkeit oder nennenswerte Teile von ihr unmittelbar angehen und berühren (wie etwa im Bereich des Umweltschutzes), ist weder praktikabel noch geboten, da entgegen ihrer Befürchtung dem gemeinsamen Vertreter keine weiter gehende »Einmischung« in ein Verfahren ermöglicht wird, als dies bei »einzelnen Nichtbeteiligten« der Fall ist (s.a. *Ule/Laubinger*, Verwaltungsverfahrensrecht § 45 II 1 a) aa) bbb)/§ 45 Rn. 15).

7 OVG Berlin-Brandenburg, Urt. v. 23.05.2019 – OVG 2 A 4.19 zum Erlass eines Regionalplans.

8 Ebenso Stelkens/Bonk/Sachs/*Bonk/Schmitz*, § 17 Rn. 14.

c) Bestimmte Form und gleicher Inhalt

6 Die Anträge und Eingaben müssen sich aufgrund einer bestimmten Form als solche gleichen Inhalts erweisen.

aa) Unterzeichnung auf Unterschriftslisten

7 Sie können auf Unterschriftslisten unterzeichnet eingereicht werden. Das ist der Fall bei Erklärungen, die den Wortlaut des Antrags bzw. der Eingabe als Textteil mit einem Unterschriftenteil verbinden, wobei beide Teile zwar nicht auf demselben Blatt stehen,[9] jedoch für die Behörde erkennbar aufeinander bezogen sein müssen.

8 Grundsätzlich ist die Identität des Textteils erforderlich.[10] Zusätzliche Ausführungen einzelner Unterzeichner im Unterschriftenteil stellen aber die Identität der Erklärung dann nicht infrage, wenn sie den Inhalt des Textteils unberührt lassen.[11] Individuelle Streichungen bzw. Kürzungen im Textteil (mit Ausnahme der Korrektur von Rechtschreibfehlern) lassen jedoch – unabhängig von ihrer inhaltlichen Relevanz – insoweit die Gleichförmigkeit des Antrags bzw. der Eingabe entfallen.[12]

bb) Verwendung vervielfältigter gleichlautender Texte

9 Die Erklärungen können auch in Form vervielfältigter gleichlautender Texte eingereicht werden. Solche Erklärungen sind regelmäßig zunächst von einer Person oder Personengruppe entworfen und anschließend über das Internet einer Vielzahl von Personen zugänglich gemacht oder klassisch kopiert worden.

10 Den vervielfältigten Texten gleich zu stellen sind Formulierungen, die die einreichenden Personen (etwa als Teilnehmer der Versammlung einer Bürgerinitiative) nach dem Diktat eines Sprechers – jeweils für sich – zur Niederschrift aufgenommen haben.[13] Ob der geistige Urheber des Textes bekannt ist und die Erklärung mit unterzeichnet hat, spielt keine Rolle. Unwesentliche Abweichungen (vgl. Rdn. 8) sowie Schreibfehler in den vervielfältigten Texten sprechen nicht gegen das Vorliegen gleichlautender Texte.[14]

---

9 S. Stelkens/Bonk/Sachs/*Bonk/Schmitz*, § 17 Rn. 16.

10 S. KoppKopp/Ramsauer, § 17 Rn. 14; *Schmel*, Massenverfahren vor den Verwaltungsbehörden und den Verwaltungsgerichten, S. 68; Stelkens/Bonk/Sachs/*Bonk/Schmitz*, § 17 Rn. 16. In der Sache auch *Meyer/Borgs*, § 17 Rn. 4.

11 So auch *Henle*, DVBl 1983, 780 (783 f.). Ähnlich *Schmel*, Massenverfahren vor den Verwaltungsbehörden und den Verwaltungsgerichten, S. 68.

12 Vgl. auch Kopp/Ramsauer, § 17 Rn. 14; *Schmel*, Massenverfahren vor den Verwaltungsbehörden und den Verwaltungsgerichten, S. 68; Stelkens/Bonk/Sachs/*Bonk/Schmitz*, § 17 Rn. 16.

13 So auch *Schmel*, Massenverfahren vor den Verwaltungsbehörden und den Verwaltungsgerichten, S. 68.

14 So auch *Henle*, DVBl 1983, 780 (783 f.). Ähnlich *Meyer/Borgs*, § 17 Rn. 4. Knack/Henneke/*Ritgen*, § 17 Rn. 16; Stelkens/Bonk/Sachs/*Bonk/Schmitz*, § 17, Rn. 16.

Bei der Verwendung vervielfältigter gleichlautender Texte müssen diese von den Eingabestellern unterzeichnet sein[15] (vgl. auch Rdn. 41). Damit ist klargestellt, dass die Unterzeichner den Inhalt der Erklärung in ihren Willen aufgenommen haben. 11

d) Mindestzahl der Unterzeichner

Mindestens 51 unterzeichnungsbefugte Personen müssen die gleichförmige Eingaben einreichen (vgl. Rdn. 3 ff.). Entscheidend ist also als formaler Anknüpfungspunkt die Zahl der Unterzeichner und somit weder die Zahl der Eingaben insgesamt in einem Verfahren noch ein materielles Kriterium, wie etwa die Zahl der (unterschiedlichen) Begehren bzw. Einwendungen.[16] 12

aa) Voraussetzungen der Unterzeichnungsbefugnis

Zur Unterzeichnung einer gleichförmigen Eingabe sind nur Beteiligungsfähige (vgl. Rdn. 14 ff.) mit einer rechtlich geschützten Interessenposition (vgl. Rdn. 17 ff.) befugt. 13

aaa) Beteiligungsfähigkeit

Zunächst müssen die Unterzeichner beteiligungsfähig i.S.d. § 11 (vgl. § 11 Rdn. 4 ff.) sein,[17] da nur Rechtsträger auf die Durchführung eines Verwaltungsverfahrens einwirken können. 14

Im Rahmen ihrer Prüfungspflicht (vgl. Rdn. 26) darf aber die Behörde bei Fehlen gegenteiliger Anhaltspunkte sowie »im Zweifel« vom Vorliegen der (i.d.R. einfach feststellbaren) Beteiligungsfähigkeit ausgehen. Zu Nachforschungen ist sie insoweit nicht verpflichtet. Damit ist dem von § 17 angestrebten Rationalisierungseffekt – ohne dogmatische Friktionen – ausreichend Rechnung getragen.[18] 15

Handlungsfähigkeit nach § 12 (oder Geschäftsfähigkeit) der Unterzeichner ist aber nicht erforderlich,[19] da Anträge und Eingaben i.S.d. § 17 Abs. 1 Satz 1 auch lediglich Petitionscharakter haben können (vgl. Rdn. 4) und die Beurteilung der 16

15 Ebenso *Meyer/Borgs*, § 17 Rn. 4; Stelkens/Bonk/Sachs/*Bonk/Schmitz*, § 17 Rn. 15.

16 S.a. BT-Drucks. 7/4494 S. 6; Kopp/Ramsauer, § 17 Rn. 11; *Ule/Laubinger*, Verwaltungsverfahrensrecht § 45 II 1 a) aa) ccc)/§ 45 Rn. 16.

17 Ebenso *Meyer/Borgs*, § 17 Rn. 4, 5; *Schmel*, Massenverfahren vor den Verwaltungsbehörden und den Verwaltungsgerichten, S. 76 f. A.A. Knack/Henneke/*Ritgen*, § 17 Rn. 20 da es der angestrebten Verfahrensvereinfachung widersprechen würde, wenn die Behörde die Beteiligungsfähigkeit zu prüfen hätte.

18 Ebenso Kopp/Ramsauer, § 17 Rn. 12 und Stelkens/Bonk/Sachs/*Bonk/Schmitz*, § 17 Rn. 15, wonach die fehlende Beteiligtenfähigkeit bei Ersichtlichkeit oder Kenntnis von der Behörde zu berücksichtigen ist.

19 S. Knack/Henneke/*Ritgen*, § 17 Rn. 20. Differenzierter Kopp/Ramsauer, § 17 Rn. 12 und Stelkens/Bonk/Sachs/*Bonk/Schmitz*, § 17 Rn. 15, wonach bei ersichtlicher bzw. der Behörde bekannter Handlungsunfähigkeit der jeweilige Unterzeichner nicht mitgezählt werden soll; Letztere lehnen auch eine Verpflichtung der Behörde zu Nachforschungen ab.

Handlungsfähigkeit tendenziell schwieriger ist und eventuell mit aufwendigeren Ermittlungen verbunden wäre als die Frage der Beteiligungsfähigkeit (vgl. auch Rdn. 15).

bbb) Rechtlich geschützte Interessenposition hinsichtlich des Verfahrensgegenstandes

17 Weiter muss den Unterzeichnern im Hinblick auf den Verfahrensgegenstand (vgl. Vorbem § 9) eine rechtlich geschützte Interessenposition eingeräumt sein. Diese in Anlehnung an die Antragsbefugnis oder das Sachbescheidungsinteresse des Antragstellers zu fordernde einschränkende Voraussetzung soll die Behörde im anhängigen Verwaltungsverfahren – entsprechend der ratio legis (vgl. Rdn. 2) – vor überflüssigem Handeln und sinnlosem Personal- und Sachaufwand bewahren.

18 Dabei kommt es nicht darauf an, dass die Unterzeichner Beteiligte i.S.d. § 13 sind oder werden können.[20] Es genügt, wenn sie eine Position innehaben, die sie (etwa nach § 73 Abs. 4) zur Erhebung von Einwendungen berechtigen würde.[21]

19 Im Rahmen ihrer Prüfungspflicht (vgl. Rdn. 26) muss die Behörde dieser Voraussetzung aber nur insoweit nachgehen, als die Einräumung einer rechtlich geschützten Interessenposition für einen Unterzeichner offensichtlich ausgeschlossen ist[22] (vgl. auch Vorbem § 9).

bb) Feststellung der Personenzahl

20 Die Personenzahl ist anhand der Unterschriften der Unterzeichnungsbefugten (vgl. Rdn. 13 ff.) festzustellen.

21 Hinsichtlich der Unterzeichnung durch (gesetzliche oder bestellte) Vertreter ist entsprechend dem Zweck des § 17 (vgl. Rdn. 2) wie folgt zu differenzieren:[23]

22 Geht die Vertretung aus der Unterschrift oder der Namensangabe nicht hervor, ist die Unterschrift bei der Feststellung der Personenzahl als **eine** Unterschrift (ohne Rücksicht auf die Zahl der Vertretenen[24]) mitzuzählen, und zwar – nach dem Rechtsgedanken des § 164 Abs. 2 BGB – nicht für den Vertretenen, sondern für den Vertreter (selbst).

23 Wird hingegen das Vertretungsverhältnis durch einen entsprechenden Zusatz für die Behörde ohne Weiteres deutlich, so unterbleibt eine Anrechnung bei der Personenzahl. Der Vertreter kann in eigener Person wegen seines entgegenstehenden

---

20 S.a. BT-Drucks. 7/4494 S. 5; *Meyer/Borgs*, § 17 Rn. 5; *Ule/Laubinger*, Verwaltungsverfahrensrecht § 45 II 1 a) aa) ccc)/§ 45 Rn. 16.

21 Vgl. auch Stelkens/Bonk/Sachs/*Bonk/Schmitz*, § 17 Rn. 14.

22 Gegen eine Prüfungspflicht *Meyer/Borgs*, § 17 Rn. 5.

23 Für eine generelle Berücksichtigung: *Schmel*, Massenverfahren vor den Verwaltungsbehörden und den Verwaltungsgerichten, S. 75. Dagegen Stelkens/Bonk/Sachs/*Bonk/Schmitz*, § 17 Rn. 15.

24 Zum Problem der Unterzeichner eines Vertreters für mehrere Personen vgl. auch *Schmel*, Massenverfahren vor den Verwaltungsbehörden und den Verwaltungsgerichten, S. 75 f.

Vertretungswillens nicht bei den Unterzeichnern mitgezählt werden. Die Unterschrift kann aber auch nicht für den Vertretenen angerechnet werden, weil die Behörde wegen der ansonsten eintretenden unwiderleglichen Vermutung der gemeinsamen Vertretung und den u.U. sich daraus ergebenden Haftungsfolgen nach § 19 Abs. 3 i.V.m. § 17 Abs. 4 Satz 3 gezwungen wäre, das Vertretungsverhältnis und dessen Bestand, Wirksamkeit und Umfang zu überprüfen. Da eine entsprechende Anwendung des § 177 BGB aber dem Gesetzeszweck widerspräche, kann diese Frage im Verfahren nicht offenbleiben. Zu derartigen Nachforschungen ist die Behörde aber nicht verpflichtet.[25]

Soweit die Behörde eine gleichförmige Eingabe nach Abs. 2 Satz 3 in Ausübung ihres pflichtgemäßen Ermessens unberücksichtigt lässt (weil Unterzeichner ihren Namen oder ihre Anschrift nicht oder nur unleserlich angegeben haben), bleiben die betreffenden Unterschriften i.R.d. dann erforderlichen Prüfung der Rechtsfolgen bezüglich der übrigen Unterzeichner bei der Feststellung der Personenzahl außer Betracht.[26] 24

Nicht mitgezählt werden auch Unterzeichner, die (vor Einreichung der Anträge bzw. Eingaben) einen Bevollmächtigten nach § 14 bestellt haben,[27] wobei es keine Rolle spielt, ob der bestellte Bevollmächtigte die als gemeinsamer Vertreter bezeichnete Person ist oder nicht. Wollte sich jemand sowohl durch einen gemeinsamen Vertreter als auch durch einen Bevollmächtigten vertreten lassen, so wären Konfliktsituationen nicht ausgeschlossen, da der Bevollmächtigte weisungsgebunden, der gemeinsame Vertreter jedoch nach § 19 Abs. 1 Satz 3 an Weisungen gerade nicht gebunden ist (vgl. § 19 Rdn. 22 ff.). 25

cc) Reichweite der Prüfungspflicht der Behörde

Die Berechtigung der Unterzeichner zur Stellung einer gleichförmigen Eingabe ist – entsprechend dem Regelungszweck (vgl. Rdn. 2) – von der Behörde nur zu prüfen, wenn es möglich erscheint, dass weniger als 51 Personen die Erklärung eingereicht haben. Auch in diesem Fall bestehen aber für die Behörde sowohl hinsichtlich der Beteiligungsfähigkeit (vgl. Rdn. 14 f.) als auch der Innehabung einer rechtlich geschützten Interessenposition (vgl. Rdn. 17 ff.) nur eingeschränkte Anforderungen an die Untersuchung und die Sachverhaltsermittlung (vgl. auch Rdn. 68). 26

e) Einreichung bei der Behörde

Eine Erklärung kann nur dann eine gleichförmige Eingabe darstellen, wenn sie bei einer (zuständigen) Behörde eingereicht worden ist. Das trifft zu, wenn sie mit Willen der Absender so in den Machtbereich der das Verfahren leitenden oder einer zur 27

---

25 Vgl. auch Stelkens/Bonk/Sachs/*Bonk/Schmitz*, § 17 Rn. 15.

26 Ebenso *Meyer/Borgs*, § 17 Rn. 4; *Schmel*, Massenverfahren vor den Verwaltungsbehörden und den Verwaltungsgerichten, S. 77 ff. A.A.: Knack/Henneke/*Ritgen*, § 17 Rn. 21; Kopp/Ramsauer, § 17 Rn. 12; *Ule/Laubinger*, Verwaltungsverfahrensrecht § 45 II 1 a) aa) ccc)/§ 45 Rn. 16.

27 So auch Kopp/Ramsauer, § 17 Rn. 13. A.A. *Meyer/Borgs*, § 17 Rn. 4.

Entgegennahme berechtigten Behörde (wie z.B. der Anhörungsbehörde im Planfeststellungsverfahren) gelangt, dass der betreffenden Behörde eine Kenntnisnahme möglich ist (vgl. auch Vorbem. § 9). Die Einreichung bei einer danach unzuständigen Behörde genügt grds. nicht, da die Weiterleitung durch die unzuständige Behörde an die zuständige Behörde insoweit grds. keine Rechtspflicht, sondern lediglich ein nobile officium der Verwaltung darstellt (vgl. § 3; § 24).

28 Erwartet die Behörde aufgrund bestimmter Informationen in der Öffentlichkeit die Einreichung gleichförmiger Eingaben, so wird sie zweckmäßigerweise (z.B. ggü. den Organisatoren einer Unterschriftensammlung) auf die Voraussetzungen hinweisen, denen eine ordnungsgemäße gleichförmige Eingabe zu entsprechen hat.

f) Verfahren mit Anträgen und Eingaben ohne die Merkmale gleichförmiger Eingaben

29 Anträge und Eingaben ohne die Merkmale gleichförmiger Eingaben sind nicht als solche zu behandeln. Auch ihre Nichtberücksichtigung i.S.d. Abs. 2 scheidet aus (vgl. Rdn. 55); sie sind somit im weiteren Verfahren als Einzelanträge bzw. -eingaben – nach den allgemeinen Verfahrensvorschriften – zu behandeln, ohne dass die Regelungen der §§ 17 und 19 anwendbar sind. Es ist dann aber grds. ein **nobile officium** der Behörde, den Eingabestellern in entsprechender Anwendung des Abs. 2 Satz 2 die Nichtbehandlung als gleichförmige Eingaben durch ortsübliche Bekanntmachung mitzuteilen (vgl. Rdn. 81 ff.).

30 Eine Unterrichtung aller Unterzeichner über die Nichtbehandlung ihrer Eingaben bzw. Anträge als gleichförmige Eingaben ist aus rechtsstaatlichen Gründen geboten, wenn die Mindestzahl von 51 befugten Unterzeichnern nicht erreicht wird, weil die Behörde nach Abs. 2 Satz 1 oder Satz 3 gleichförmige Eingaben unberücksichtigt gelassen hat (vgl. Rdn. 59 ff., 64 ff.) oder Personen unterzeichnet haben, die einen Bevollmächtigten bestellt haben (vgl. Rdn. 25). In diesen Fällen konnten die Personen damit rechnen, dass ihre bei der Behörde eingereichten Erklärungen wegen einer Beteiligung von mindestens 51 Unterzeichnern als gleichförmige Eingaben beurteilt und behandelt werden.

2. Ordnungsgemäße Abfassung gleichförmiger Eingaben (Satz 1)

31 Gleichförmige Eingaben sind ordnungsgemäß abgefasst, wenn alle Unterzeichner die Erklärungen ordnungsgemäß unterzeichnet haben (vgl. Rdn. 32 ff.) und derjenige Unterzeichner, der als Vertreter der übrigen Unterzeichner vorgesehen ist, genau benannt ist (vgl. Rdn. 36 ff.).

a) Ordnungsgemäße Unterzeichnung

32 Alle Unterzeichner müssen – wie aus Abs. 2 Satz 3 hervorgeht (vgl. Rdn. 64 ff.) – ihren Namen und ihre Anschrift leserlich (vgl. Rdn. 66 ff.) angegeben haben. Eine Berufsangabe ist – mit Ausnahme des als gemeinsamen Vertreter vorgesehenen Unterzeichners (vgl. Rdn. 39 f.) – nicht erforderlich.

aa) Zweck der Vorschrift

Damit wird sichergestellt, dass die Behörde Kenntnis aller durch den gemeinsamen Vertreter vertretenen Unterzeichner erhält und ggf. an diese persönlich herantreten kann. Dies kann z.B. notwendige sein nach dem Erlöschen der gemeinsamen Vertretung nach Abs. 3 (vgl. Rdn. 95 ff.) oder für die Heranziehung zum Ersatz von Aufwendungen nach § 19 Abs. 3 Satz 2 und 3 (vgl. § 19 Rdn. 49 ff.). 33

bb) Namensangabe

Die Namensangabe hat neben dem Familiennamen wenigstens einen ausgeschriebenen Vornamen zu umfassen. Sie ist entweder durch eine (lesbare) Unterschrift oder durch eine der Unterschrift beigefügte lesbare Wiedergabe des Namens vorzunehmen. 34

cc) Angabe der Anschrift

Die Anschrift muss – mit Ort (einschließlich zugehöriger Postleitzahl), Straße samt Hausnummer oder ggf. Postfach – die Erreichbarkeit des Unterzeichners angeben. Ob sich die Anschrift auf den Wohnsitz nach § 7 BGB, den gewöhnlichen Aufenthalt i.S.d. § 3 Abs. 1 Nr. 3 Buchst. a) oder eine andere Örtlichkeit (etwa die Arbeitsstelle) bezieht, ist unerheblich. Entscheidend ist allein, dass unter der angegebenen Anschrift mit dem Unterzeichner Verbindung aufgenommen werden kann. Ausreichend kann daher auch eine Sammelkontaktadresse für mehrere Unterzeichner sein. 35

b) Ordnungsgemäße Bezeichnung des vorgesehenen gemeinsamen Vertreters

Der als Vertreter der übrigen Unterzeichner vorgesehene Unterzeichner muss als Vertreter (vgl. Rdn. 37 f.) unter Angabe seines Namens, seines Berufs und seiner Anschrift (vgl. Rdn. 39 f.) bezeichnet sein. 36

aa) Bezeichnung als Vertreter

Er ist als Vertreter der übrigen Unterzeichner zu bezeichnen. Nicht erforderlich ist dabei, dass der Begriff »Vertreter« (der selbst eine begriffliche Unschärfe aufweist – vgl. § 12 Rdn. 25 ff., 30 ff.) verwendet wird.[28] Insofern muss aus der gleichförmigen Eingabe selbst hervorgehen, dass dieser bestimmte Unterzeichner die Funktion eines gemeinsamen Vertreters (und nicht eines Bevollmächtigten) wahrnehmen soll. 37

Wollen die übrigen Unterzeichner eine nach Abs. 2 Satz 1 mögliche Nichtberücksichtigung ihrer Eingaben vermeiden, so haben sie sicherzustellen, dass die genannte Bezeichnung (sowie Name, Beruf und Anschrift des gemeinsamen Vertreters) deutlich 38

---

28 A.A. *Ule/Laubinger*, Verwaltungsverfahrensrecht § 45 II 1 a) bb) aaa)/§ 45 Rn. 19; offenbar auch *Meyer/Borgs*, § 17 Rn. 6.

auf jeder mit einer Unterschrift (die auch die Bezeichnung als Vertreter decken muss)[29] versehenen Seite vermerkt ist.

bb) Bezeichnung mit Namen, Beruf und Anschrift

39 Der vorgesehene gemeinsame Vertreter muss bezeichnet sein mit
1) seinem Namen (vgl. Rdn. 34),
2) seinem Beruf[30] (der gegenwärtig ausgeübten Tätigkeit, die zumindest einen nicht unerheblichen Beitrag zur Bestreitung des Lebensunterhalts leistet, sofern nicht ein Vermerk »ohne Beruf« angebracht ist) und
3) seiner Anschrift (vgl. Rdn. 35).

40 Das Erfordernis der Berufsangabe soll, da es bei den übrigen Unterzeichnern nicht gilt, offenbar nicht in erster Linie lediglich die Identifikation der Person des Vertreters sicherstellen,[31] sondern wegen der Rechtsstellung des gemeinsamen Vertreters, insb. dessen Weisungsungebundenheit (vgl. § 19 Rdn. 22 ff.), für die übrigen Unterzeichner eine gewisse (entsprechend dem Rahmen eines Massenverfahrens reduzierte) Informationsgrundlage darstellen,[32] mit deren Hilfe sie entscheiden sollen, ob sie sich selbst von dem vorgesehenen gemeinsamen Vertreter vertreten lassen wollen oder ggf. einen Bevollmächtigten mit der Wahrnehmung ihrer Interessen in diesem Verwaltungsverfahren beauftragen wollen.

cc) Unterzeichnung einer gleichförmigen Eingabe durch die als Vertreter bezeichnete Person

41 Die als Vertreter bezeichnete Person muss schließlich selbst eine eingereichte gleichförmige Eingabe unterzeichnet haben.[33] Sie muss entweder eine Unterschriftenliste mitunterzeichnet (vgl. Rdn. 7 f.) oder einen vervielfältigten gleichlautenden Text unterschrieben haben (vgl. Rdn. 9 ff.). Eine Einreichung der Eingabe durch sie (selbst) ist aber nicht erforderlich. Darüber hinaus muss sie unmissverständlich klargestellt haben, dass sie mit ihrer Benennung als gemeinsamer Vertreter durch die anderen Unterzeichner einverstanden ist.[34] Dies kann etwa durch die Setzung der Unterschrift

---

29 S.a. Kopp/Ramsauer, § 17 Rn. 8; *Schmel*, Massenverfahren vor den Verwaltungsbehörden und den Verwaltungsgerichten, S. 72; *Ule/Laubinger*, Verwaltungsverfahrensrecht § 45 II 1 a) bb) aaa)/§ 45 Rn. 19.

30 S.a. *Schmel*, Massenverfahren vor den Verwaltungsbehörden und den Verwaltungsgerichten, S. 72. A.A.: *Henle*, DVBl 1983, 780 (782). Differenzierend: Kopp/Ramsauer, § 17 Rn. 18 (unerheblich bei fehlender Verwechslungsgefahr); Stelkens/Bonk/Sachs/*Bonk/Schmitz*, § 17 Rn. 17 (unerheblich, wenn seine Identität ohne Schwierigkeiten feststellbar ist und keine Verwechslungsgefahr besteht).

31 So aber *Henle*, DVBl 1983, 780 (782).

32 So auch *Schmel*, Massenverfahren vor den Verwaltungsbehörden und den Verwaltungsgerichten, S. 72.

33 S. *Meyer/Borgs*, § 17 Rn. 6; *Schmel*, Massenverfahren vor den Verwaltungsbehörden und den Verwaltungsgerichten, S. 73 f.; Stelkens/Bonk/Sachs/*Bonk/Schmitz*, § 17 Rn. 18.

34 In diesem Sinne auch *Meyer/Borgs*, § 17 Rn. 6; *Schmel*, Massenverfahren vor den Verwaltungsbehörden und den Verwaltungsgerichten, S. 73.

unmittelbar unter die Bezeichnung als gemeinsamer Vertreter mit den erforderlichen Angaben (vgl. Rdn. 39) oder durch eine zusätzliche schriftliche Äußerung auf der Eingabe oder einem sonstigen Schriftstück geschehen sein. Eine Beschränkung ihrer Vertreterfunktion auf nur einige (andere) Unterzeichner ist unzulässig.

3. Geltung der als Vertreter bezeichneten Person als Vertreter der übrigen Unterzeichner (Satz 1)

Liegen gleichförmige Eingaben vor (vgl. Rdn. 3 ff.), so »gilt« für das Verfahren der als Vertreter Bezeichnete (vgl. Rdn. 37 ff.) als Vertreter der übrigen Unterzeichner. 42

a) Zeitpunkt des Eintritts der gesetzlichen (unwiderleglichen) Vermutung

Die als unwiderlegliche Vermutung[35] zu qualifizierende »Geltung« der gemeinsamen Vertretung tritt zu dem Zeitpunkt ein, in dem bei der Behörde alle gleichförmigen Eingaben eingereicht sind (vgl. Rdn. 27 f.). 43

b) Geltung der gemeinsamen Vertretung für das anhängige Verwaltungsverfahren

Die gemeinsame Vertretung gilt für das anhängige Verwaltungsverfahren, sodass sie mit dem Abschluss des Verfahrens (vgl. § 9) gleichfalls beendet ist. 44

c) Rechtsstellung des gemeinsamen Vertreters

Die Aufgaben des gemeinsamen Vertreters sind durch § 19 festgelegt. Ihm sind Vertretungsbefugnisse nur ggü. der Behörde, nicht aber auch ggü. anderen Verfahrensbeteiligten oder Dritten eingeräumt. Im Verfahren nimmt der gemeinsame Vertreter eine Doppelstellung ein, weil er einmal (nach § 19 Abs. 1 Satz 1) die Interessen der übrigen Unterzeichner sorgfältig wahrzunehmen hat und darüber hinaus als Unterzeichner der gleichförmigen Eingabe auch eigene Ziele verfolgt. 45

d) Kein Eintritt der gesetzlichen (unwiderleglichen) Vermutung im Fall der Bestellung als Bevollmächtigter eines Unterzeichners (letzter Halbs.)

Die unwiderlegliche Vermutung tritt nur ein, soweit der als Vertreter bezeichnete Unterzeichner nicht von den übrigen Unterzeichnern als Bevollmächtigter (§ 14) bestellt worden ist. 46

aa) Zweck der Vorschrift

Diese Vorschrift soll nach ihrem Zweck diejenigen Personen, die gleichförmige Eingaben einreichen wollen, auf die Möglichkeit der Bestellung eines Bevollmächtigten hinweisen, mit der sowohl einer Nichtberücksichtigung ihres Anliegens nach Abs. 2 Satz 1 und 3 als auch der Bestellung eines Vertreters von Amts wegen nach Abs. 4 47

35 So wohl auch *Maurer*, JuS 1976, 485 (490); Kopp/Ramsauer, § 17 Rn. 16.

Satz 3 vorgebeugt wird.[36] Zugleich verhindert sie eine Kollision zwischen der Rechtsstellung als weisungsgebundener Bevollmächtigter und als weisungsunabhängiger gemeinsamer Vertreter, gleichgültig ob diese Rechtsstellungen in einer Person vereinigt wären oder zwei Personen zukämen (vgl. Rdn. 48, 25).

bb) Die vom Ausschluss der gemeinsamen Vertretung erfassten Unterzeichner

48 Nach dem Wortlaut des Gesetzes gilt der Ausschluss von der gemeinsamen Vertretung nur für diejenigen Unterzeichner, die den als Vertreter bezeichneten Unterzeichner als Bevollmächtigten (i.S.d. § 14) bestellt haben. Eine teleologische Norminterpretation (vgl. Rdn. 47) verlangt jedoch den Nichteintritt der unwiderleglichen Vertretungsvermutung auch für den Fall, dass ein Dritter (der nicht zu den Unterzeichnern der gleichförmigen Eingaben gehört) bevollmächtigt worden ist.[37]

cc) Notwendigkeit der Vornahme einer Bevollmächtigung vor der Einreichung der gleichförmigen Eingabe

49 Eine die unwiderlegliche Vertretungsvermutung ausschließende Bevollmächtigung muss vor der Einreichung einer gleichförmigen Eingabe vorgenommen worden sein. Eine spätere Bevollmächtigung kann ggü. der Behörde nur dann Wirksamkeit erlangen, wenn der Vertretene zuvor der Behörde nach Abs. 3 Satz 1 das Erlöschen der Vertretungsmacht mitgeteilt hat[38] (vgl. Rdn. 95 ff.).

dd) Ausschließliche Vertretung der Unterzeichner durch einen Bevollmächtigten im Fall seiner Bestellung

50 Alle Unterzeichner, die vor der Einreichung der gleichförmigen Eingaben einzeln oder gemeinsam einen Bevollmächtigten bestellt haben, werden ausschließlich durch diesen vertreten und scheiden damit in Bezug auf die gleichförmigen Eingaben als Eingabensteller aus (vgl. Rdn. 25).

e) Rechtsbehelfe

51 Die Bestellung zum gemeinsamen Vertreter nach Abs. 1 Satz 1 beruht auf einer unwiderleglichen Vermutung des Gesetzes und kann daher nicht mit verwaltungsprozessualen Rechtsbehelfen angegriffen werden. Dies ist aus verfassungsrechtlicher Sicht unproblematisch, weil zur Bezeichnung des gemeinsamen Vertreters das (auch nach außen hin klargestellte) Einverständnis des dafür vorgesehenen Unterzeichners (vgl. Rdn. 41) sowie der übrigen Unterzeichner (vgl. Rdn. 32 ff.) erforderlich ist und der gemeinsame Vertreter nach Abs. 3 Satz 1 jederzeit seine Vertretungsmacht zum Erlöschen bringen kann (vgl. Rdn. 95 ff.).

---

36 Vgl. *Meyer/Borgs*, § 17 Rn. 6.
37 Wohl auch Kopp/Ramsauer, § 17 Rn. 13.
38 So auch Kopp/Ramsauer, § 17 Rn. 13. A.A. *Henle*, DVBl 1983, 780 (784).

4. Anforderungen an die Person des gemeinsamen Vertreters

a) Natürliche Person (Satz 2)

Da der Vertreter als Unterzeichner (wie die übrigen auch – vgl. Rdn. 14) beteiligungsfähig sein muss, wird durch die (in Satz 2 vorgeschriebene) Notwendigkeit einer natürlichen Person (vgl. § 11 Rdn. 5 f.) als (gemeinsamer) Vertreter der Kreis derjenigen, die als Vertreter bezeichnet werden können, weiter beschränkt. Dieses Erfordernis ergibt sich aber bereits aus der Bestimmung des Satzes 1, nach der als gemeinsamer Vertreter nur eine Person in Betracht kommt, die die gleichförmigen Eingaben selbst unterzeichnet hat und deren Beruf anzugeben ist[39] (vgl. Rdn. 39 ff.). 52

b) Eine einzelne Person

Gemäß dem Wortlaut des Abs. 1 und dem Zweck der Vorschrift (vgl. Rdn. 2) kann nur eine einzelne (natürliche) Person als Vertreter bezeichnet werden.[40] Für eine höhere absolute oder relative[41] zahlenmäßige Begrenzung gibt das Gesetz keinen praktikablen Maßstab. Die Benennung mehrerer Unterzeichner einer gleichförmigen Eingabe zusammen oder nebeneinander als gemeinsame Vertreter ist nicht zulässig (vgl. Rdn. 63). 53

c) Handlungsfähigkeit

Außerdem muss der Vertreter – im Gegensatz zu den übrigen Unterzeichnern (vgl. Rdn. 16) – wegen seiner Funktion (wie ein Bevollmächtigter – vgl. § 14 Rdn. 15) nach § 12 Abs. 1 Nr. 1[42] handlungsfähig sein (vgl. auch Rdn. 63). 54

II. Rechtsfolgen der Mangelhaftigkeit gleichförmiger Eingaben (Abs. 2)

Abs. 2 regelt eine besondere Reaktionsmöglichkeit der Behörde, die sog. Nichtberücksichtigung. Für den Fall, dass eine gleichförmige Eingabe an einem im Einzelnen aufgeführten (den gemeinsamen Vertreter oder die übrigen Unterzeichner betreffenden) Mangel leidet, kann die Behörde die Eingabe unberücksichtigt lassen. Die Nichtberücksichtigung ist begrifflich zu trennen von der sog. Nichtbehandlung als gleichförmige Eingaben, zu der die Behörde verpflichtet ist, wenn Anträgen und Eingaben die Merkmale gleichförmiger Eingaben fehlen (vgl. Rdn. 29 f., 92). 55

---

39 So auch Stelkens/Bonk/Sachs/*Bonk/Schmitz*, § 17 Rn. 18.

40 Ebenso Kopp/Ramsauer, § 17 Rn. 7; *Ule/Laubinger*, Verwaltungsverfahrensrecht § 45 II 1 a) bb) aaa)/§ 45 Rn. 19. A.A.: *Schmel*, Massenverfahren vor den Verwaltungsbehörden und den Verwaltungsgerichten, S. 74; wohl auch *Meyer/Borgs*, § 18 Rn. 4. *Henle* (DVBl 1983, 780 [783]) hält so viele Vertreter wie Eingabevordrucke für möglich; doch kann auch dies bei gleichförmigen Eingaben in Form vervielfältigter gleichlautender Texte zu dem befürchteten und nach dem Gesetzeszweck zu vermeidenden Extremfall führen, dass es so viele Vertreter wie Einwender geben kann.

41 S. *Henle*, DVBl 1983, 780 (783).

42 So auch *Ule/Laubinger*, Verwaltungsverfahrensrecht § 45 II 1 a) bb) aaa)/§ 45 Rn. 19.

1. Begriff der Nichtberücksichtigung

56 Die Behörde lässt in den Fällen des Satzes 1 und 3 die gleichförmigen Eingaben unberücksichtigt, indem sie diese insgesamt oder (falls wenigstens 51 mangelfreie Eingaben eingereicht worden sind) teilweise[43] als nicht eingereicht betrachtet und ggü. den Unterzeichnern der nicht berücksichtigten Eingaben (unter Mitteilung ihres Verhaltens nach Satz 2) keine Verfahrenshandlungen (mehr) vornimmt.[44]

57 Damit ist nicht ausgeschlossen, dass einzelne Unterzeichner auf ihren Antrag oder von Amts wegen als Beteiligte hinzugezogen werden, weil der Ausgang des Verfahrens ihre rechtlichen Interessen berührt (vgl. § 13 Rdn. 36 ff.). Mit der Einreichung einer (mangelhaften oder mangelfreien) gleichförmigen Eingabe ist ein solcher Antrag in aller Regel jedoch nicht gleichzeitig gestellt.

2. Rechtsnatur der Nichtberücksichtigung

58 Die Berücksichtigung einer (mangelfreien oder mangelhaften) gleichförmigen Eingabe für das weitere Verwaltungsverfahren stellt eine behördliche Verfahrenshandlung (vgl. Vorbem. § 9) dar, der mangels Regelungswirkung kein VA-Charakter zukommt. Die Nichtberücksichtigung einer mangelhaften gleichförmigen Eingabe ist ebensowenig ein VA, sondern ist als Ablehnung einer behördlichen Verfahrenshandlung (nämlich der Berücksichtigung der gleichförmigen Eingabe) dieser gleichgestellt (vgl. Vorbem. § 9). Sowohl auf die Berücksichtigung als auch auf die Nichtberücksichtigung ist daher § 44a VwGO anzuwenden (vgl. Rdn. 93 f.).

3. Tatbestände der Nichtberücksichtigung (Abs. 2 Satz 1 und 3)

a) Die den gemeinsamen Vertreter betreffenden Mängel (Abs. 2 Satz 1)

59 Nach Satz 1 kann die Behörde bei Mängeln, die – im weiteren Sinne – die Bezeichnung des gemeinsamen Vertreters betreffen, gleichförmige Eingaben unberücksichtigt lassen, wenn es an der »Deutlichkeit« der den Vertreter bezeichnenden Angaben nach Abs. 1 Satz 1 fehlt oder dem Erfordernis des Abs. 1 Satz 2 nicht entsprochen wird.

aa) Deutlichkeit der den Vertreter bezeichnenden Angaben nach Abs. 1 Satz 1 (Erste Alternative)

60 Die Bezeichnung eines Unterzeichners als Vertreter mit Angabe seines Namens, seines Berufs und seiner Anschrift (vgl. Rdn. 36 ff.) muss deutlich sichtbar auf jeder mit einer Unterschrift versehenen Seite enthalten sein. Das Gebot der Deutlichkeit setzt voraus, dass

---

43 Für die Möglichkeit der Nichtberücksichtigung nur eines Teiles der Eingaben auch *Meyer/Borgs*, § 17 Rn. 7.

44 Ähnlich Kopp/Ramsauer, § 17 Rn. 20; Stelkens/Bonk/Sachs/*Bonk/Schmitz*, § 17 Rn. 19; *Ule/Laubinger*, Verwaltungsverfahrensrecht § 45 I 1 b) aa)/§ 45 Rn. 22.

1) die Bezeichnung des Vertreters mit dessen notwendigen persönlichen Daten aufgrund ihrer schreibtechnischen Hervorhebung (Absetzung vom Text, besondere Schreibweise, Fettdruck, Einrahmung, Unterstreichung, Hintergrundschattierung etc.) jedem Unterzeichner, der auf der betreffenden Seite unterschrieben hat, bei nicht nur ganz oberflächlichem Lesen[45] auffallen musste,
2) der als Vertreter bezeichnete Mitunterzeichner unmissverständlich (vgl. Rdn. 41) zu erkennen gegeben hat, dass er mit der Übernahme der Vertretung aller Unterzeichner einverstanden ist.

Die Hervorhebung der Angaben nach Abs. 1 Satz 1 soll jedem Unterzeichnungswilligen noch Gelegenheit zur Abstandnahme von der Unterschriftsleistung für den Fall geben, dass er eine gemeinsame Vertretung durch den als Vertreter bezeichneten Unterzeichner ablehnt und es vorzieht, sein Anliegen selbst zu vertreten oder einen Bevollmächtigten zu bestellen. 61

bb) Erfordernis des Abs. 1 Satz 2 (Zweite Alternative)

Gleichförmige Eingaben entsprechen nicht dem Erfordernis des Abs. 1 Satz 2, wenn als Vertreter eine juristische Person oder eine (teil- oder nichtrechtsfähige) Vereinigung bezeichnet wird (vgl. Rdn. 52). Eine solche Bezeichnung kann auch nicht verstanden werden als Bezeichnung des jeweiligen gesetzlichen Vertreters der juristischen Person bzw. der (teilrechtsfähigen) Vereinigung, da diese Information nicht aus dem Text der gleichförmigen Eingabe selbst hervorgehen.[46] Der Vertreter müsste jeweils mithilfe von Informationen (z.B. öffentliche Register) ermittelt werden. 62

cc) Sonstige, gesetzlich nicht geregelte Mängel

In entsprechender Anwendung des Satzes 1 ist die Behörde wegen im Wesentlichen gleicher Interessenlage zur Nichtberücksichtigung gleichförmiger Eingaben (unter Beachtung ihrer Mitteilungspflicht nach Satz 2) befugt, wenn die Voraussetzungen für die Bestellung eines gemeinsamen Vertreters kraft Gesetzes nicht gegeben sind, weil 63
1) kein Unterzeichner, keine (nach § 12 Abs. 1 Nr. 1) handlungsfähige Person oder überhaupt niemand als Vertreter bezeichnet worden ist (vgl. Rdn. 36, 54),
2) mehrere Unterzeichner zusammen oder nebeneinander als Vertreter bezeichnet worden sind (vgl. Rdn. 53),
3) der als Vertreter bezeichnete Unterzeichner seine Vertretungsfunktion in unzulässiger Weise auf bestimmte Unterzeichner beschränkt hat (vgl. Rdn. 41),
4) die anzugebenden persönlichen Daten des als Vertreter bezeichneten Unterzeichners völlig fehlen (vgl. Rdn. 39).

45 Stelkens/Bonk/Sachs/*Bonk/Schmitz*, § 17 Rn. 20.
46 Ähnlich Stelkens/Bonk/Sachs/*Bonk/Schmitz*, § 17 Rn. 21.

b) Die die (übrigen) Unterzeichner betreffenden Mängel (Abs. 2 Satz 3)

64 Nach Abs. 2 Satz 3 kann die Behörde gleichförmige Eingaben unberücksichtigt lassen, wenn die Unterzeichner ihren Namen oder ihre Anschrift nicht oder unleserlich angegeben haben.

aa) Zweck der Vorschrift

65 Die Vorschrift soll der Behörde in Massenverfahren die Ermittlung von Namen und Anschrift einzelner Unterzeichner ersparen und keinen Unterzeichner der gemeinsamen Vertretung unterstellen, der sich nicht eindeutig zu erkennen gibt.[47]

bb) Die relevanten Mängel

66 Sie liegen im Einzelnen vor, wenn ein Unterzeichner

1) seinen Namen
   a) nicht oder unvollständig[48] (vgl. Rdn. 34) angegeben oder
   b) nicht leserlich geschrieben und die unleserliche Unterschrift auch nicht durch die Angabe seines Namens in leserlicher Schrift klargestellt hat oder
2) seine Anschrift
   a) nicht oder unvollständig (vgl. Rdn. 35) oder
   b) nicht leserlich vermerkt hat.

67 Angaben sind unleserlich, wenn sie von einem mit durchschnittlichen Fähigkeiten ausgestatteten Behördenangehörigen, der regelmäßig mit Anträgen und Eingaben befasst ist, nicht mühelos zur Kenntnis genommen werden können. Angaben, die nicht in deutscher Sprache (vgl. § 23 Abs. 1) abgefasst sind, können grds. (vgl. § 23) einer unleserlichen Angabe gleichgestellt werden.

68 Der fehlenden bzw. unleserlichen Angabe notwendiger persönlicher Daten ist gleichzuachten, wenn diese nicht in einem für jedermann erkennbaren räumlichen Zusammenhang mit der Unterschrift stehen. Es kann der Behörde nicht zugemutet werden, im Einzelnen nachzuprüfen, ob alle Unterzeichner ihren Namen und ihre Anschrift ordnungsgemäß angegeben haben.

4. Ermessensentscheidung

69 Die Frage, ob die gleichförmigen Eingaben nach Satz 1 oder 3 unberücksichtigt gelassen werden sollen, entscheidet die Behörde im Rahmen ihres pflichtgemäßen Ermessens (vgl. § 40) unter besonderer Berücksichtigung des Grundsatzes der Einfachheit, Zweckmäßigkeit und Zügigkeit der Verfahrensdurchführung (Effizienz) nach § 10 Satz 2 (vgl. § 10).

---

47 S.a. *Ule/Laubinger*, Verwaltungsverfahrensrecht § 45 I 1 b) bb)/45 Rn. 23.

48 So auch *Henle*, DVBl 1983, 780 (782).

Hinsichtlich des Ausmaßes der Nichtberücksichtigung unterscheiden sich aber die Befugnisnormen des Satzes 1 und 3 aufgrund der jeweils geregelten Mängelproblematik: Während nämlich nach Satz 3 die Nichtberücksichtigung nur insoweit zulässig ist, als die dort bestimmten Mängel vorliegen, ermächtigt Satz 1 – allerdings nur im Rahmen einer pflichtgemäßen Ermessensausübung – auch zur Nichtberücksichtigung der gleichförmigen Eingaben insgesamt. 70

a) Im Fall des Satzes 1

aa) Berücksichtigung mangelhafter gleichförmiger Eingaben insgesamt

Die Berücksichtigung mangelhafter gleichförmiger Eingaben insgesamt liegt nahe, wenn sich die Mängel auf die Bezeichnung des Vertreters beziehen, obgleich dieser für alle Unterzeichner in seiner Identität eindeutig feststehen dürfte.[49] Wegen der Rechtsstellung des gemeinsamen Vertreters, insb. dessen Weisungsungebundenheit (vgl. § 19 Rdn. 22 ff.), ist bei der Frage der Identifizierbarkeit (der Person des gemeinsamen Vertreters) – im Unterschied zur Regelung des Satzes 3 (vgl. Rdn. 67 f.) – nicht in erster Linie auf die Perspektive der Behörde, sondern der übrigen Mitunterzeichner der gleichförmigen Eingaben abzustellen (vgl. auch Rdn. 61). Bei einer fehlenden Angabe des Berufs ist aufgrund des Informationsgehaltes dieser Angabe im Einzelfall zu prüfen, welche Bedeutung die Angabe des Berufes angesichts der Möglichkeiten der Recherche im Internet über jede Person heute noch hat. So kann diese Information bei einer Bürgerinitiative oder Personen des öffentlichen Lebens eine vernachlässigbare Rolle spielen. 71

bb) Teilweise Berücksichtigung mangelhafter gleichförmiger Eingaben

Eine Berücksichtigung nur bestimmter mangelhafter gleichförmiger Eingaben erscheint jedenfalls dann geboten, wenn die Berücksichtigung (gerade) dieser Eingaben eine befriedende Wirkung verspricht oder im Fall einer Nichtberücksichtigung mit der Einreichung neuer mangelhafter Eingaben zu rechnen ist. 72

cc) Nichtberücksichtigung mangelhafter gleichförmiger Eingaben

Mangelhafte gleichförmige Eingaben verdienen insgesamt keine Berücksichtigung, wenn in ihnen offensichtlich rechtswidrige oder unzweckmäßige Maßnahmen verlangt werden. 73

b) Im Falles des Satzes 3

aa) Gesichtspunkte zugunsten einer Nichtberücksichtigung

Die Nichtberücksichtigung ist regelmäßig insoweit geboten, als für die Behörde eine Identifizierung der Unterzeichner, die die Mängel zu verantworten haben, nicht möglich ist oder nur mit großem Verwaltungsaufwand möglich wäre. 74

---

49 Vgl. auch *Henle*, DVBl 1983, 780 (782). Kopp/Ramsauer, § 17 Rn. 19.

bb) Gesichtspunkte zugunsten einer Berücksichtigung

75 Eine Nichtberücksichtigung ist ermessensfehlerhaft, soweit geringfügige Mängel einer Identifizierung durch die Behörde nicht im Wege stehen oder eine solche ohne Weiteres (d.h. mit geringem Verwaltungsaufwand) möglich ist (etwa, weil der Unterzeichner seine vollständigen Personalangaben in einem anderen der Behörde bereits vorliegenden Schriftstück vermerkt hat).

76 Als in diesem Sinne geringfügige Mängel kommen in Betracht
1) die Abkürzung oder das Fehlen des Vornamens,
2) die Unleserlichkeit einer Hausnummer,
3) die fehlende Postleitzahl beim Ortsnamen.

77 Im Fall einer der Unterschrift beigefügten (hand- oder maschinenschriftlichen) Wiedergabe des Namens (vgl. Rdn. 34) genügt die Unterschrift nur mit dem Familiennamen, es sei denn, es besteht für die Behörde aus ihr bekannten oder ohne Weiteres ersichtlichen Umständen Anlass, an der Identität der Person zu zweifeln.

5. Fortgang des Verfahrens

a) Im Fall der Berücksichtigung mangelhafter gleichförmiger Eingaben

78 Will die Behörde die mangelhaften gleichförmigen Eingaben berücksichtigen, so wird sie sich bei einem behebbaren Mangel zunächst unter Setzung einer (angemessenen – vgl. Rdn. 117) Frist durch einen entsprechenden Hinweis um eine Bereinigung der Mängel bemühen.[50]

79 Ist der Mangel nicht behebbar oder führt ein entsprechender Versuch nicht zum Erfolg, so kann die Behörde im weiteren Verfahren
1) einen (nur) ungenau oder lückenhaft bezeichneten (aber in seiner Identität doch feststellbaren) Vertreter als gemeinsamen Vertreter behandeln,
2) entsprechend Abs. 4 Satz 3 (vgl. Rdn. 135) verfahren, wenn nicht in allen gleichförmigen Eingaben ein einziger (nach § 12 Abs. 1 Nr. 1) handlungsfähiger Unterzeichner als (gemeinsamer) Vertreter bezeichnet ist.

b) Im Fall der Nichtberücksichtigung mangelhafter gleichförmiger Eingaben

80 Will die Behörde mangelhafte Eingaben – vollständig (vgl. Rdn. 73) oder teilweise (vgl. Rdn. 70, 72) – unberücksichtigt lassen, so muss die Behörde die von der Nichtberücksichtigung erfassten Unterzeichner
1) in den Fällen des Satzes 1 durch ortsübliche Bekanntmachung (vgl. Rdn. 81 ff.) oder individuell (vgl. Rdn. 87 f.),
2) in den Fällen des Satzes 3 – in erster Linie (vgl. Rdn. 89) – individuell von dem beabsichtigten Vorgehen in Kenntnis setzen (vgl. auch Rdn. 81).

---

50 So auch Kopp/Ramsauer, § 17 Rn. 19. Mit *Henle* (DVBl 1983, 780 [783]) ist eine mindestens zweiwöchige Frist für angemessen anzusehen.

aa) Mittels ortsüblicher Bekanntmachung (Satz 2)

Satz 2 umfasst – nach dem Sinn der Vorschrift (vgl. Rdn. 82) – nicht nur die vollzählige, sondern auch die teilweise Nichtberücksichtigung mangelhafter gleichförmiger Eingaben nach Satz 1. Nach der systematischen Stellung des Satzes 2 unterliegt eine Nichtberücksichtigung nach Satz 3 nicht der Voraussetzung der ortsüblichen Bekanntmachung[51] (vgl. auch Rdn. 89). Trotzdem sollte um den Mangel hingewiesen werden, um ihn ggf. beheben zu können. 81

aaa) Zweck der Vorschrift

Diese soll die von der Nichtberücksichtigung erfassten Unterzeichner darauf hinweisen, dass ihre Interessen im weiteren Verfahren nicht von einem gemeinsamen Vertreter wahrgenommen werden und sie keine Verfahrensbeteiligten mehr sind, sofern sie nicht nach § 13 Abs. 2 als Beteiligte hinzugezogen worden sind oder hinzugezogen werden. Sie soll die Unterzeichner mangelhafter gleichförmiger Eingaben darüber hinaus veranlassen, mangelfreie Eingaben nachzureichen. 82

bbb) Inhalt der Mitteilung

Die Mitteilung (vgl. auch Vorbem. § 9) muss enthalten 83

1) die genaue Bezeichnung der nicht berücksichtigten gleichförmigen Eingaben durch Angabe
   a) ihres wesentlichen Inhalts (ggf. unter Nennung ihres Initiators),
   b) der Form ihrer Einreichung (vgl. Rdn. 6 ff.),
   c) der Seiten bzw. der Unterzeichner, die von der Nichtberücksichtigung erfasst werden, falls die gleichförmigen Eingaben nur teilweise (vgl. Rdn. 72) und nicht insgesamt unberücksichtigt bleiben (vgl. Rdn. 70, 73),
2) die Angabe der Mängel, die die Nichtberücksichtigung bewirkt haben,
3) die Feststellung, dass die genannten gleichförmigen Eingaben im Verwaltungsverfahren unberücksichtigt bleiben, falls sie nicht mangelfrei nachgereicht werden.

Bei nur teilweiser Nichtberücksichtigung gleichförmiger Eingaben kann die Behörde bei behebbaren Mängeln in der Mitteilung eine angemessene[52] Frist zur mangelfreien Nachreichung der mangelhaften Eingaben setzen.[53] Wird die Frist ordnungsgemäß wahrgenommen, so erstreckt sich die Vertretungsmacht des in allen Eingaben bezeichneten Vertreters auch auf die Unterzeichner der nachgereichten Eingaben. 84

---

51 S. Kopp/Ramsauer, § 17 Rn. 21; *Schmel*, Massenverfahren vor den Verwaltungsbehörden und den Verwaltungsgerichten, S. 83; Stelkens/Bonk/Sachs/*Bonk/Schmitz*, § 17 Rn. 23.

52 S. *Henle*, DVBl 1983, 780 (783): mindestens 2 Wochen.

53 S.a. *Henle*, DVBl 1983, 780 (783); Kopp/Ramsauer, § 17 Rn. 21; *Meyer/Borgs*, § 17 Rn. 8; *Ule/Laubinger*, Verwaltungsverfahrensrecht § 45 II 1 b) aa)/§ 45 Rn. 22.

ccc) Ortsübliche Bekanntmachung der Mitteilung

85 Die Mitteilung bedarf der ortsüblichen Bekanntmachung, soweit sie nicht in einem förmlichen Verwaltungsverfahren oder in einem PfV erfolgt (vgl. § 63 Abs. 3; § 72 Abs. 2).[54] Die Bedingungen einer ortsüblichen Bekanntmachung richten sich nach dem für die erlassende Behörde geltenden bzw. von ihr selbst gesetzten Recht (vgl. § 41). In Betracht kommt z.B. die Veröffentlichung in einem Amtsblatt oder in einer örtlichen Tageszeitung für die Kreise bzw. Gemeinden, in denen die von der abschließenden Sachentscheidung (möglicherweise) Betroffenen ihren gewöhnlichen Aufenthalt bzw. ihren Sitz haben. Stammen darüber hinaus einige Unterzeichner aus einem anderen territorialen Bereich, so ist es grds. nicht notwendig, auch für diesen eine ortsübliche Bekanntmachung zu veranlassen.

ddd) Rechtsnatur der ortsüblichen Bekanntmachung

86 Nach ihrer Rechtsnatur ist die ortsübliche Bekanntmachung eine behördliche Verfahrenshandlung in Form einer schlicht-hoheitlichen Maßnahme (vgl. § 35) bzw. öffentlich-rechtlichen Tathandlung (vgl. Vorbem. § 9), da sie nur auf ein von der Behörde beabsichtigtes Verfahren hinweist. Sie stellt somit – anders als die ortsübliche Bekanntmachung des verfügenden Teils eines VA nach § 41 Abs. 4 Satz 1 (vgl. § 41) oder die öffentliche Bekanntmachung eines PfB nach § 74 Abs. 5 Satz 1 – keine Bekanntgabe eines Hoheitsaktes (mit Regelungscharakter) dar.

bb) Mittels individueller Benachrichtigung

aaa) Im Fall des Satzes 1

87 Entgegen des insoweit missverständlichen Wortlauts des Satzes 2 zweiter Halbs. ist die Behörde nicht gehindert, in Ersetzung oder (vollständiger oder teilweiser) Ergänzung der ortsüblichen Bekanntmachung den betroffenen Unterzeichnern die Nichtberücksichtigung ihrer Eingaben individuell mitzuteilen,[55] um besonderen Umständen des Einzelfalles Rechnung tragen zu können.[56] Denn die gesetzlich angeordnete ortsübliche Bekanntmachung dient nur dem Zweck, die aus rechtsstaatlichen Gründen gebotene Mitteilung mit geringem Verwaltungsaufwand vorzunehmen.

88 Der Inhalt der Mitteilung (ggf. mit einer Fristsetzung zur Beseitigung des behebbaren Mangels) entspricht dem der ortsüblichen Bekanntmachung mit der Modifikation,

---

54 S. Kopp/Ramsauer, § 17 Rn. 20a; Stelkens/Bonk/Sachs/*Bonk/Schmitz*, § 17 Rn. 22; *Ule/Laubinger*, Verwaltungsverfahrensrecht § 45 II 1 b) aa)/§ 45 Rn. 22.

55 Ebenso (für die Möglichkeit der Ergänzung und Ersetzung) Kopp/Ramsauer, § 17 Rn. 20a; *Ule/Laubinger*, Verwaltungsverfahrensrecht Fn. 68. Nach Knack/Henneke/*Ritgen*, § 17 (Rn. 32) kommt eine individuelle Benachrichtigung nur als Ergänzung der ortsüblichen Bekanntmachung in Betracht.

56 Vgl. auch zur ähnlichen Problematik des Verhältnisses der öffentlichen Bekanntmachung zur Individualzustellung in Massenverfahren *Bambey*, DVBl 1984, 374 (376 f.).

dass die Mängel auf die Person des jeweiligen zu benachrichtigenden Unterzeichners bezogen sein müssen.[57]

bbb) Im Fall des Satzes 3

Eine ortsübliche Bekanntmachung ist bei einer Nichtberücksichtigung nach Satz 3 nicht vorgeschrieben (vgl. Rdn. 81) und allenfalls lediglich ergänzend zu einer individuellen Benachrichtigung der Unterzeichner zulässig. Eine (insoweit vorgehende) Verpflichtung zur individuellen Benachrichtigung trifft die Behörde aus dem nach Art. 17 GG bestehenden Recht auf (sachliche) Verbescheidung – nach dem Gesetzeszweck (vgl. Rdn. 2) – nur, soweit ihr eine individuelle Benachrichtigung mit zumutbarem Ermittlungsaufwand möglich ist.[58] Wenn diese Personen aber gerade wegen schwerwiegender Mängel ihrer Unterzeichnung nicht angeschrieben und auch nicht (durch Umschreibungen) hinreichend bezeichnet werden können, scheidet ihre Benachrichtigung – sei es individuell, sei es durch ortsübliche Bekanntmachung (i.S.d. Satzes 2) – i.d.R. aus. 89

cc) Rechtsfolgen der Nichtberücksichtigung

Die Folgen der Nichtberücksichtigung sind verschieden, je nachdem, ob die für das Vorliegen gleichförmiger Eingaben erforderliche Mindestzahl von Eingabestellern gewahrt bleibt oder unterschritten wird. 90

aaa) Bei mindestens 51 Unterzeichnern

Haben nach wie vor mindestens 51 Unterzeichner ordnungsgemäß eine Eingabe eingereicht, so wirkt sich die Nichtberücksichtigung lediglich dahin gehend aus, dass die betreffenden Unterzeichner im weiteren Verfahren nicht als Eingabensteller der gleichförmigen Eingabe behandelt und daher in eine gemeinsame Vertretung nicht einbezogen werden. Grds. kommt aber die Behandlung einer derartigen mangelhaften gleichförmigen Eingabe als Einzelpetition i.S.d. Art. 17 GG in Betracht. 91

bbb) Bei weniger als 51 Unterzeichnern

Haben im Fall einer Nichtberücksichtigung weniger als 51 Personen Eingaben eingereicht, so liegen gleichförmige Eingaben nicht mehr vor (vgl. Rdn. 29). Für das weitere Verfahren gelten die Grundsätze der sog. Nichtbehandlung als gleichförmige Eingaben (vgl. Rdn. 30, 55). 92

6. Rechtsbehelfe

Sowohl die rechtswidrige Berücksichtigung als auch Nichtberücksichtigung von gleichförmigen Eingaben ist für einen Beteiligten gem. § 44a Satz 1 VwGO nicht 93

57 Wohl auch Kopp/Ramsauer, § 17 Rn. 20a.

58 Ähnlich Kopp/Ramsauer, § 17 Rn. 21; *Meyer/Borgs*, § 17 Rn. 9; *Schmel*, Massenverfahren vor den Verwaltungsbehörden und den Verwaltungsgerichten, S. 83 f.

selbstständig, sondern nur gleichzeitig mit den gegen die Sachentscheidung zulässigen Rechtsbehelfen angreifbar. Für nichtbeteiligte Unterzeichner eröffnet § 44a Satz 2 VwGO die allgemeine Leistungsklage als statthaften Rechtsbehelf.

94 Ist für die Zulässigkeit des gegen die Sachentscheidung eröffneten Rechtsbehelfs eine Klagebefugnis (in direkter oder entsprechender Anwendung des § 42 Abs. 2 VwGO) erforderlich, so ist er unzulässig, wenn die für die Unterzeichnungsbefugnis notwendige und im Hinblick auf den Gegenstand des Verwaltungsverfahrens eingeräumte rechtlich geschützte Interessenposition des Unterzeichners (vgl. Rdn. 17, 19) nicht die Qualität einer Klagebefugnis erreicht.

III. Erlöschen der Vertretungsmacht des gemeinsamen Vertreters (Abs. 3)

1. Erlöschen der Vertretungsmacht bei entsprechender Erklärung des Vertreters oder des Vertretenen (Satz 1)

95 Nach Satz 1 erlischt die Vertretungsmacht des (gemeinsamen) Vertreters, sobald der Vertreter oder der Vertretene dies der Behörde schriftlich erklärt, wobei der Vertreter eine solche Erklärung nur hinsichtlich aller Vertretenen abgeben kann.

a) Geltungsbereich der Erlöschensregelung

96 Diese Regelung gilt
1) **unmittelbar** für eine nach Abs. 1 Satz 1 kraft Gesetzes unwiderleglich vermutete Vertretungsmacht (vgl. Rdn. 42 ff.),
2) **entsprechend** für eine von den Unterzeichnern nach Abs. 4 Satz 1 vorgenommene Vertreterbestellung (vgl. Rdn. 121 ff.) und für eine Vertreterbestellung von Amts wegen nach Abs. 4 Satz 3 (vgl. Rdn. 125 ff.).[59]

b) Erlöschensvoraussetzungen

97 Satz 1 nennt die Erlöschensvoraussetzungen abschließend. Danach muss die Erklärung schriftlich sein und den eindeutigen Willen zur bedingungslosen Beendigung des Vertretungsverhältnisses zum Ausdruck bringen. Eine Begründung ist nicht erforderlich.[60] Da der Vertreter nach Satz 1 zweiter Halbs. die Erlöschenserklärung nur hinsichtlich aller Vertretenen abgeben kann,[61] ist eine auf bestimmte Vertretene beschränkte Erklärung unwirksam, mit der Folge, dass die Vertretung insgesamt bestehen bleibt.

98 Adressat der Erklärung kann nach Satz 1 erster Halbs. nur die Behörde sein. Erklärungen und Vereinbarungen zwischen dem gemeinsamen Vertreter und einzelnen oder

59 S.a. Knack/Henneke/*Ritgen*, § 17 Rn. 36; Kopp/Ramsauer, § 17 Rn. 24; Stelkens/Bonk/Sachs/*Bonk/Schmitz*, § 17 Rn. 32; *Ule/Laubinger*, Verwaltungsverfahrensrecht § 45 II 1 d)/§ 45 Rn. 25 a.E. (»zumindest analog«).
60 Ebenso Stelkens/Bonk/Sachs/*Bonk/Schmitz*, § 17 Rn. 24.
61 Kritisch hierzu Kopp/Ramsauer, § 17 Rn. 22.

allen sonstigen Unterzeichnern können daher die nach Abs. 1 Satz 1 (oder in den Fällen der entsprechenden Anwendung – vgl. Rdn. 96 – nach den jeweils einschlägigen Vorschriften) wirksam gewordene Vertretungsmacht nicht berühren.

c) Zeitpunkt des Erlöschens der Vertretungsmacht

Die Vertretungsmacht erlischt – entsprechend § 130 Abs. 1 Satz 1 i.V.m. Abs. 3 99
BGB – zu dem Zeitpunkt, in dem die schriftliche Erklärung der Behörde zugeht[62] (vgl. Vorbem § 9 Rn. 55 ff.). Entsprechend § 130 Abs. 1 Satz 2 und Abs. 3 BGB tritt das Erlöschen nicht ein, wenn der Behörde vorher oder gleichzeitig ein Widerruf der Erlöschenserklärung zugeht.

d) Mitteilung der Erlöschenserklärung an die Betroffenen durch die Behörde

Die Behörde hat kraft ihrer Befugnis zur Verfahrensleitung die Erlöschenserklärung 100
eines Vertretenen dem Vertreter mitzuteilen. Tritt die von einem Vertretenen beabsichtigte Erlöschenswirkung wegen eines Mangels der Erklärung nicht ein, so ist der Vertreter auch hiervon zu verständigen. Erlischt die Vertretungsmacht des Vertreters ggü. allen übrigen Unterzeichnern durch dessen Erklärung, so erhalten die übrigen Unterzeichner i.R.d. Verfahrens nach Abs. 4 vom Erlöschen der Vertretungsmacht Kenntnis.

2. Besondere Mitteilung des Vertretenen ggü. der Behörde (Satz 2)

Nach Satz 2 soll der eine Erlöschenserklärung abgebende Vertretene der Behörde zu- 101
gleich mitteilen, ob er seine Eingabe aufrechterhält und ob er einen Bevollmächtigten bestellt hat.

a) Zweck der Vorschrift

Diese Mitteilung soll der Behörde Klarheit darüber verschaffen, ob der Vertretene[63] 102

1) bei der notwendigen Bestellung eines neuen gemeinsamen Vertreters in ein Verfahren nach Abs. 4 einzubeziehen ist, weil er sich weiterhin zu den Unterzeichnern der gleichförmigen Eingaben rechnet oder
2) sich im weiteren Verfahren durch einen Bevollmächtigten vertreten lassen will, sofern er Beteiligter ist bzw. werden kann (und nicht mangels eines solchen Status im Fall der Nichtaufrechterhaltung seiner Eingabe aus dem Verfahren ausscheidet).

b) Rechtscharakter der Vorschrift

Da Adressat der Sollvorschrift nicht eine Behörde, sondern ein Einzelner ist, verpflich- 103
tet die Bestimmung – abweichend von der üblichen Bedeutung von an Behörden

---

62 Ebenso Stelkens/Bonk/Sachs/*Bonk/Schmitz*, § 17 Rn. 25; *Ule/Laubinger*, Verwaltungsverfahrensrecht § 45 II 1 c)/§ 45 Rn. 24.

63 Vgl. *Meyer/Borgs*, § 17 Rn. 11; Stelkens/Bonk/Sachs/*Bonk/Schmitz*, § 17 Rn. 26.

gerichteten Sollvorschriften (vgl. § 40) – nicht zu einem bestimmten Verhalten unter der Voraussetzung, dass keine besonderen Gründe entgegenstehen. Sie formuliert nur eine (verfahrensrechtliche) Obliegenheit des Vertretenen.[64] Die Nichtbeachtung dieser bloßen Ordnungsnorm hat (lediglich) zur Folge, dass der Vertretene in ein Verfahren nach Abs. 4 einbezogen wird.[65]

IV. Verfahren im Fall der Beendigung einer gemeinsamen Vertretung (Abs. 4)

1. Ermächtigung der Behörde zur Aufforderung der nicht mehr Vertretenen, einen gemeinsamen Vertreter zu bestellen (Satz 1)

104 Nach Satz 1 kann die Behörde nach Beendigung der Vertretungsmacht des Vertreters die nicht mehr Vertretenen (d.h. die wenigstens 51 Unterzeichner, die an ihren Eingaben festhalten und nach dem Wegfall der gemeinsamen Vertretung nicht mehr vertreten sind) auffordern, innerhalb einer angemessenen Frist einen gemeinsamen Vertreter zu bestellen.

a) Zweck der Vorschrift

105 Diese Bestimmung soll den Unterzeichnern der gleichförmigen Eingaben Gelegenheit geben, nach dem Wegfall der gemeinsamen Vertretung selbst eine Person ihres Vertrauens als gemeinsamen Vertreter zu bestellen (vgl. Rdn. 118 f.), ehe die Behörde selbst nach Satz 3 von Amts wegen einen neuen gemeinsamen Vertreter bestimmt (vgl. Rdn. 122 ff.).

b) Beendigung der Vertretungsmacht als Voraussetzung der Aufforderung

106 Die Beendigung der Vertretungsmacht – als Voraussetzung für die Aufforderung – kann auf **Gründen in der Person des bisherigen gemeinsamen Vertreters** beruhen, weil dieser

1) entweder der Behörde nach Abs. 3 Satz 1 das Erlöschen der Vertretungsmacht schriftlich mitgeteilt hat (vgl. Rdn. 95 ff.) oder
2) handlungsunfähig (vgl. § 12 Rdn. 23 ff.) oder
3) verstorben ist.[66]

107 Die gemeinsame Vertretung kann auch **durch Erklärungen Vertretener** nach Abs. 3 Satz 1 erster Halbs. erloschen sein, weil nicht mehr wenigstens 51 Unterzeichner gemeinsam vertreten wären.[67] Die Bestellung eines neuen gemeinsamen Vertreters

---

64 So auch *Ule/Laubinger*, Verwaltungsverfahrensrecht § 45 II 1 c)/§ 45 Rn. 24. Lediglich als »Bitte« charakterisieren *Meyer/Borgs*, § 17 Rn. 11, diese Bestimmung.

65 S.a. Knack/Henneke/*Ritgen*, § 17 Rn. 37; *Meyer/Borgs*, § 17 Rn. 11; Stelkens/Bonk/Sachs/*Bonk/Schmitz*, § 17 Rn. 26.

66 Vgl. Stelkens/Bonk/Sachs/*Bonk/Schmitz*, § 17 Rn. 28; *Ule/Laubinger*, Verwaltungsverfahrensrecht § 45 II 1 d)/§ 45 Rn. 25.

67 Ebenso *Meyer/Borgs*, § 17 Rn. 12; *Schmel*, Massenverfahren vor den Verwaltungsbehörden und den Verwaltungsgerichten, S. 85. A.A. Knack/Henneke/*Ritgen*, § 17 Rn. 36; Stelkens/

(entweder durch alle Unterzeichner selbst oder nach Satz 3 von Amts wegen) ist dann für die an den Eingaben festhaltenden Vertretenen
1) erforderlich, wenn die betreffenden Unterzeichner keinen Bevollmächtigten bestellt haben, sodass für die Unterzeichner der gleichförmigen Eingaben keine gemeinsame Vertretung vorhanden ist,
2) möglich und zweckmäßig, wenn der von den betreffenden Unterzeichnern bestellte Bevollmächtigte auch für die übrigen Unterzeichner als gemeinsamer Vertreter geeignet erscheint.

c) Aufforderung

aa) Ermessensentscheidung

Die Behörde hat bei Vorliegen der Voraussetzung (vgl. Rdn. 106 f.) im Rahmen ihres pflichtgemäßen Ermessens[68] (vgl. § 40) zu entscheiden, ob sie die nicht mehr Vertretenen zur Bestellung eines gemeinsamen Vertreters auffordern soll. Sie wird sich regelmäßig für eine solche Aufforderung entscheiden, wenn nach dem Zweck der Vorschrift (vgl. Rdn. 2) und dem Grundsatz der Einfachheit, Zweckmäßigkeit und Zügigkeit des Verfahrens nach § 10 Satz 2 (vgl. § 10) ein Interesse besteht, für alle Unterzeichner einen gemeinsamen Vertreter als Ansprechpartner zu gewinnen. 108

Ein solches Interesse wird vor allem dann gegeben sein, wenn 109
1) das Verfahren voraussichtlich noch längere Zeit in Anspruch nehmen wird,
2) die Anzahl der Unterzeichner die für das Vorhandensein gleichförmiger Eingaben notwendige Mindestzahl von 51 erheblich übersteigt,
3) unter den Unterzeichnern Personen von mäßigem Erkenntnisvermögen oder Querulanten vorhanden sind, mit denen unmittelbar zu verhandeln die Durchführung des Verfahrens im besonderen Maße erschweren würde.

bb) Keine Formbindung

Für die Aufforderung ist gesetzlich keine bestimmte Form vorgeschrieben. Doch ist in der Praxis Schriftform zweckmäßig (vgl. § 15 Rdn. 16; § 16 Rdn. 36; § 18 Rdn. 19). 110

cc) Inhalt

In der Aufforderung muss die Behörde die Unterzeichner zur Bestellung eines gemeinsamen Vertreters aus dem Kreise der Unterzeichner unter Angabe des Verfahrens auffordern. Die Setzung einer angemessenen Frist für die Bestellung ist zweckmäßigerweise mit der Aufforderung zu verbinden. Angesichts des offenen Wortlauts des Satzes 1 ist sie zwar kein notwendiger Bestandteil der Aufforderung, sodass sie wie 111

Bonk/Sachs/*Bonk/Schmitz*, § 17 Rn. 24; *Ule/Laubinger*, Verwaltungsverfahrensrecht § 45 II 1 d)/§ 45 Rn. 25.

68 Vgl. auch *König/Meins*, Rn. 22; *Ule/Laubinger*, Verwaltungsverfahrensrecht § 45 II 1 d)/§ 45 Rn. 25.

die Fristsetzung bei § 15 Satz 1 (vgl. § 15 Rdn. 15, 18), § 16 Abs. 1 Nr. 3 (vgl. § 16 Rdn. 35, 39) und § 18 Abs. 1 Satz 1 (vgl. § 18 Rdn. 22) nachträglich erfolgen kann. Dies wäre aber uneffektive.

dd) Rechtsnatur

112 Nach ihrer Rechtsnatur ist die Aufforderung zur Bestellung eines gemeinsamen Vertreters eine behördliche Verfahrenshandlung (vgl. Vorbem. § 9). Mangels Regelungscharakters ist sie nicht als VA, sondern als öffentlich-rechtliche Taterklärung verfahrensrechtlicher Art (vgl. § 9) zu qualifizieren. Sie ist nur eine Voraussetzung für die Rechtmäßigkeit der Bestellung eines gemeinsamen Vertreters von Amts wegen durch VA nach Satz 3 (vgl. Rdn. 122 ff.) und kann nach § 44a Satz 1 VwGO von den betroffenen Unterzeichnern nicht selbstständig, sondern nur mit dem gegen die Sachentscheidung zulässigen Rechtsbehelf angegriffen werden.

ee) Adressaten und Bekanntgabe

113 Sofern keine öffentliche Bekanntmachung nach Satz 2 vorgenommen wird (vgl. Rdn. 121), ist die Aufforderung an jeden einzelnen Unterzeichner zu richten.[69]

d) Setzung einer angemessenen Frist

114 Für die Bestellung des gemeinsamen Vertreters ist eine angemessene Frist zu setzen. Die Fristsetzung sollte zweckmäßigerweise zusammen mit der Aufforderung erfolgen (vgl. Rdn. 111). Der Beginn des Laufes der Frist richtet sich auch in den Fällen einer nachträglichen Fristsetzung nach dem Zeitpunkt der Bekanntgabe der Fristsetzung (und nicht der Aufforderung. Bei der Angemessenheit der Frist zu berücksichtigen[70]
1) die Zahl der Personen, die sich auf einen gemeinsamen Vertreter einigen sollen,
2) der Stand des Verfahrens und dessen voraussichtlicher Fortgang (etwa im Hinblick auf bereits geplante Verfahrenstermine),
3) der Dringlichkeitsgrad der zu treffenden behördlichen Entscheidung.

Als behördlich festgesetzte Frist kann sie nach § 31 Abs. 7 verlängert werden (vgl. § 31).

e) Hinweis auf die Rechtsfolgen

115 Im Gegensatz zu § 15 Satz 3 ist in Abs. 4 keine Verpflichtung der Behörde vorgesehen, die Betroffenen auf die Rechtsfolgen der Unterlassung hinzuweisen. Aufgrund der Vergleichbarkeit der Interessenlage der Betroffenen und der nach § 25 bestehenden Fürsorgepflicht der Behörde ist aber § 15 Satz 3 (vgl. § 15 Rdn. 34) entsprechend anzuwenden (vgl. auch § 16 Rdn. 40; § 18 Rdn. 23).

---

69 Ebenso Knack/Henneke/*Ritgen*, § 17 Rn. 38 *Ule/Laubinger*, Verwaltungsverfahrensrecht § 45 II 1 d)/§ 45 Rn. 25.

70 Vgl. Kopp/Ramsauer, § 17 Rn. 28; Stelkens/Bonk/Sachs/*Bonk/Schmitz*, § 17 Rn. 29.

f) Reaktionsmöglichkeiten der Unterzeichner

Neben der Bestellung eines nach § 12 Abs. 1 Nr. 1 handlungsfähigen gemeinsamen Vertreters können die aufgeforderten Unterzeichner einzeln, zu mehreren oder alle gemeinsam 116
1) einen Bevollmächtigten (i.S.d. § 14) bestellen,[71]
2) der Behörde ggü. erklären, dass sie das Verfahren künftig persönlich betreiben wollen oder
3) die Eingaben zurücknehmen.[72]

In diesen Fällen (ausgenommen die Bestellung eines gemeinsamen Vertreters) scheiden sie in ihrer Eigenschaft als Unterzeichner gleichförmiger Eingaben aus dem weiteren Verfahren aus. 117

g) Vornahme der Bestellung eines gemeinsamen Vertreters

Die Bestellung eines Unterzeichners als gemeinsamen Vertreter erfolgt (vgl. § 14 Rdn. 18) 118
1) **im Innenverhältnis** – mittels gleichgerichteter öffentlich-rechtlicher Willenserklärungen – in entsprechender Anwendung der für die Bevollmächtigung geltenden Vorschriften des BGB[73] (vgl. § 14 Rdn. 17 ff.) oder
2) **im Außenverhältnis** durch eine ggü. der Behörde abzugebende öffentlich-rechtliche (Willens-) Erklärung, dass ein gemeinsamer Vertreter bestellt worden ist (vgl. Rdn. 119).

Die ggü. der Behörde abzugebenden Erklärungen müssen in entsprechender Anwendung des Abs. 1 Satz 1 den gemeinsamen Vertreter mit Namen, Beruf und Anschrift bezeichnen sowie die bevollmächtigenden Unterzeichner erkennen lassen. Sie bedürfen daher der Schriftform. Erst mit dem Eingang aller Erklärungen bei der Behörde ist die Vertreterbestellung wirksam, sodass eine Sammlung der Erklärungen auf Seiten der Unterzeichner mit anschließender gemeinsamer Abgabe bei der Behörde empfehlenswert ist. 119

Der bestellte gemeinsame Vertreter hat die gleichen Befugnisse wie ein gemeinsamer Vertreter nach Abs. 1 Satz 1 (vgl. Rdn. 45; § 19 Rdn. 4). 120

2. Ortsübliche Bekanntmachung der Aufforderung, falls mehr als 50 Personen aufzufordern sind (Satz 2)

Wenn mehr als 50[74] Personen aufzufordern sind, eröffnet die Regelung des Satzes 2 der Behörde die Möglichkeit der ortsüblichen Bekanntmachung (vgl. Rn. 85) der 121

---

71 S.a. Kopp, DVBl 1980, 320 (323).

72 *Ule/Laubinger*, Verwaltungsverfahrensrecht § 45 II 1 d)/§ 45 Rn. 25.

73 Ebenso *Meyer/Borgs*, § 17 Rn. 12.

74 Durch Art. 1 Nr. 2 GenBeschlG (vgl. Einl Rn. 50 ff.) wurde in § 17 Abs. 4 Satz 2 die Grenzzahl für Massenverfahren von 300 auf 50 herabgesetzt. Nach der Gesetzesbegründung (BT-Drucks. 13/3995 S. 7 f.) hat die Praxis in den letzten Jahren, insb. bei Großvorhaben,

Aufforderung. Insoweit steht im (Verfahrens-) Ermessen der Behörde, ob sie die ortsübliche Bekanntmachung oder – in deren Ersetzung oder (vollständiger oder teilweiser) Ergänzung – die individuelle Aufforderung an die nicht mehr Vertretenen wählt.[75] Sofern keine ortsübliche Bekanntmachung nach Satz 2 vorgenommen wird, muss die Behörde die Betroffenen aber individuell auffordern. Für die ortsübliche Bekanntmachung genügt es, wenn die Adressaten der Aufforderung listenmäßig oder durch Bezugnahme auf den Gegenstand der gleichförmigen Eingaben angegeben werden. Im förmlichen Verwaltungsverfahren und im Planfeststellungsverfahren muss die Aufforderung durch öffentliche Bekanntmachung erfolgen (vgl. § 63 Abs. 3; § 72 Abs. 2).[76]

3. Ermächtigung der Behörde zur Bestellung eines Vertreters vom Amts wegen (Satz 3)

122 Satz 3 ermächtigt die Behörde zur Bestellung eines gemeinsamen Vertreters von Amts wegen, wenn der Aufforderung nicht fristgemäß entsprochen wird (vgl. Rdn. 104 ff.).

a) Voraussetzungen

123 Die Bestellung eines gemeinsamen Vertreters von Amts wegen setzt voraus, dass

1) noch gleichförmige Eingaben (von wenigstens 51 Unterzeichnern) vorliegen[77] (und die gesetzliche Mindestzahl nicht dadurch unterschritten ist, dass einige Eingabensteller einen Bevollmächtigten nach § 14 bestellt haben oder aus dem Kreis der Eingabensteller ausgeschieden sind, weil sie sich im weiteren Verfahren persönlich engagieren wollen – vgl. auch Rdn. 119),
2) die Behörde nach Satz 1 die nicht mehr Vertretenen zur Bestellung eines gemeinsamen Vertreters aufgefordert hat und
3) die aufgeforderten Personen nicht innerhalb der von der Behörde gesetzten (angemessenen) Frist einen Vertreter bestellt haben.

b) Ermessensentscheidung

124 Bei Vorliegen der Bestellungsvoraussetzungen hat die Behörde im Rahmen ihres pflichtgemäßen Ermessens (vgl. § 40) zu entscheiden, ob sie von Amts wegen einen gemeinsamen Vertreter bestellen oder mit den einzelnen Eingabestellern unmittelbar verhandeln soll. Dabei hat sie die gleichen Überlegungen anzustellen, wie bei einer Entscheidung der Frage, ob sie nach Satz 1 die nicht mehr Vertretenen zur Bestellung

---

gezeigt, dass sich in Verfahren einzelne Initiativen von jeweils unter 300 Einwendern bilden und in diesen Fällen die Einzelbenachrichtigung einen erheblichen, zeitverzögernden Aufwand für die Genehmigungsbehörden darstellt. Zugleich erfolgt damit eine Anpassung an die verwaltungsprozessualen Massenverfahren (s. §§ 56a, 65 Abs. 3, 67a, 93a, 121 Nr. 2 VwGO). Vgl. ferner *Bonk*, NVwZ 1997, 320 (323 f.); Kopp/Ramsauer, § 17 Rn. 31.

75 Vgl. auch *Bambey*, DVBl 1984, 374 (376).

76 Vgl. *Ule/Laubinger*, Verwaltungsverfahrensrecht § 45 II 1 d)/§ 45 Rn. 25.

77 Ebenso Knack/Henneke/*Ritgen*, § 17 Rn. 42; Kopp/Ramsauer, § 17 Rn. 27; *Meyer/Borgs*, § 17 Rn. 12. A.A. *Ule/Laubinger*, Verwaltungsverfahrensrecht § 45 II 1 d)/§ 45 Rn. 25.

eines gemeinsamen Vertreters auffordern soll (vgl. Rdn. 108 f.). Erfolgt die Bestellung des gemeinsamen Vertreters durch die Unterzeichner zwar erst nach Ablauf der von der Behörde gesetzten Frist, aber noch bevor die Entscheidung der Behörde über die Bestellung deren Machtbereich verlassen hat, kommt die Bestellung eines Vertreters von Amts wegen grds. nicht mehr in Betracht (vgl. auch § 18 Rdn. 30).

c) VA-Charakter der Bestellung

Die Bestellung eines gemeinsamen Vertreters von Amts wegen ist ihrer Rechtsnatur nach ein VA.[78] Er ist ggü. dem Vertreter und den zu Vertretenen zu erlassen. Einer inhaltlichen Beschränkung der Vertretungsmacht durch die Behörde steht § 19 Abs. 1 Satz 2 sowie der Zweck des § 17 (vgl. Rdn. 2) entgegen (vgl. auch § 18 Rdn. 28). 125

aa) Auswahl des gemeinsamen Vertreters aus dem Kreise der Unterzeichner

Dem Zweck des Rechtsinstituts der gemeinsamen Vertretung entsprechend (vgl.: Rdn. 2, 45) muss die Behörde einen geeigneten (vgl. § 18 Rdn. 31) Unterzeichner der gleichförmigen Eingaben zum gemeinsamen Vertreter bestimmen. Die Bestellung mehrerer gemeinsamer Vertreter ist nicht zulässig[79] (vgl. Rdn. 53). 126

bb) Inhalt

Der VA umfasst inhaltlich neben der Bestellung des gemeinsamen Vertreters die Bestimmung der von diesem zu vertretenen Unterzeichner. Nach dem Bestimmtheitsgebot des § 37 Abs. 1 ist zudem die Angabe des Verwaltungsverfahrens erforderlich, für das die Bestellung vom Amts wegen gilt (vgl. auch § 18 Rdn. 32). 127

cc) Form

Eine bestimmte Form des VA ist nicht vorgeschrieben. Doch ist Schriftlichkeit des VA zweckmäßig, um allen Legitimationsproblemen vorzubeugen (vgl. auch § 18 Rdn. 33). 128

dd) Anordnung der sofortigen Vollziehung

Eine (nach § 80 Abs. 3 Satz 1 VwGO schriftlich zu begründende) Anordnung der sofortigen Vollziehung der Vertreterbestellung kommt nach § 80 Abs. 2 Satz 1 Nr. 4 VwGO in Betracht, wenn eine große Zahl von Unterzeichnern zu vertreten ist und komplizierte Verfahrenshandlungen (wie die Durchführung eines Erörterungs- oder Anhörungstermins) unmittelbar bevorstehen. 129

78 S. Knack/Henneke/*Ritgen*, § 17 Rn. 47; Kopp/Ramsauer, § 17 Rn. 26; *Meyer/Borgs*, § 17 Rn. 13.
79 A.A. Stelkens/Bonk/Sachs/*Bonk/Schmitz*, § 17 Rn. 31.

ee) Bekanntgabe

130 Der VA ist nach § 41 dem dadurch bestellten gemeinsamen Vertreter sowie allen zu vertretenden Unterzeichnern bekannt zu geben. Mit der Bekanntgabe wird die Vertretung nach § 43 Abs. 1 wirksam.

d) Befugnisse des gemeinsamen Vertreters

131 Ist die Bestellung wirksam geworden, so hat der gemeinsame Vertreter die gleichen Befugnisse wie ein Vertreter, der die Vertretungsmacht kraft Gesetzes nach Abs. 1 Satz 1 (vgl. Rdn. 45) oder aufgrund einer Bestellung nach Abs. 4 Satz 1 (vgl. Rdn. 120) erhalten hat.

e) Rechtsschutz gegen die Bestellung eines gemeinsamen Vertreters von Amts wegen

132 Die Bestellung eines gemeinsamen Vertreters von Amts wegen kann mangels Rechtsschutzbedürfnisses weder von einem Vertretenen noch von dem Vertreter angefochten werden, weil sie die Vertretung jederzeit durch eine Erklärung nach Abs. 3 Satz 1 zum Erlöschen bringen können. So bedarf es auch keiner Prüfung der Frage, inwieweit für die Einlegung eines Rechtsbehelfs § 44a Satz 1 oder 2 VwGO maßgeblich wäre.

f) Erlöschen der Vertretungsmacht

133 Hinsichtlich des Erlöschens der Vertretungsmacht ist Abs. 3 entsprechend anzuwenden (vgl. Rdn. 96). I.Ü. kann die Behörde die gemeinsame Vertretung von Amts wegen (nach den §§ 48 ff.),[80] ggf. unter Bestellung eines anderen gemeinsamen Vertreters, aufheben.

134 Die Möglichkeit einer gemeinsamen Vertretung überhaupt entfällt, wenn die Mindestzahl von 51 zu vertretenden Eingabestellern unterschritten ist oder das Verwaltungsverfahren seinen (endgültigen) Abschluss (vgl. § 9) gefunden hat.

g) Entsprechende Anwendung des Satzes 3

135 Satz 3 ist entsprechend anzuwenden, wenn die Behörde gleichförmige Eingaben berücksichtigt, die die Angaben nach Abs. 1 Satz 1 nicht ordnungsgemäß enthalten (vgl. Rdn. 60, 66 ff.), keine natürliche (vgl. Rdn. 62) oder nicht nur eine einzige Person, einen Handlungsunfähigen oder keinen Unterzeichner (vgl. Rdn. 63) als gemeinsamen Vertreter bezeichnen (vgl. Rdn. 79). Hat die Behörde insoweit einen (von den anderen Eingabestellern ordnungsgemäß bezeichneten) gemeinsamen Vertreter bestimmt, so gilt dieser auch ggü. den Unterzeichnern der mangelhaften Eingaben als gemeinsamer Vertreter (kraft Gesetzes).

---

80 Vgl. Kopp/Ramsauer, § 17 Rn. 23.

C. Verfahrensvorschriften des Sozialrechts sowie Verwaltungsverfahrensrecht der Länder

Das SGB X enthält keine Regelung zum Umgang mit Vertretern bei gleichförmigen Eingaben. 136

Die Vorschriften zum Verwaltungsverfahren der Länder sind mit Ausnahme der aus Nordrhein-Westfalen und Schleswig-Holstein wortgleich oder verweisen auf das VwVfG. 137

In § 17 NWVwVfG sind abweichend von § 17 Abs. 1 Satz 1 VwVfG des Bundes in Abs. 1 Satz 1 die Worte »seinem Beruf« gestrichen. Insoweit entfällt in Nordrhein-Westfalen das Erfordernis der Berufsangabe. 138

Die Möglichkeit der ortsüblichen Bekanntmachung ist nach Abs. 4 Satz 2 der Bundesregelung bei mehr als 50 Personen eröffnet während § 80a Abs. 4 Satz 2 LVwG erst bei mehr als 300 Personen eine solche Vorgehensweise zulässt. Dadurch schränkt die Regelung die Möglichkeit der ortsüblichen Bekanntmachung unnötig ein und begründet erhöhten Verfahrensaufwand. 139

§ 18 Vertreter für Beteiligte bei gleichem Interesse

(1) [1]Sind an einem Verwaltungsverfahren mehr als 50 Personen im gleichen Interesse beteiligt, ohne vertreten zu sein, so kann die Behörde sie auffordern, innerhalb einer angemessenen Frist einen gemeinsamen Vertreter zu bestellen, wenn sonst die ordnungsmäßige Durchführung des Verwaltungsverfahrens beeinträchtigt wäre. [2]Kommen sie der Aufforderung nicht fristgemäß nach, so kann die Behörde von Amts wegen einen gemeinsamen Vertreter bestellen. [3]Vertreter kann nur eine natürliche Person sein.

(2) [1]Die Vertretungsmacht erlischt, sobald der Vertreter oder der Vertretene dies der Behörde schriftlich erklärt; der Vertreter kann eine solche Erklärung nur hinsichtlich aller Vertretenen abgeben. [2]Gibt der Vertretene eine solche Erklärung ab, so soll er der Behörde zugleich mitteilen, ob er seine Eingabe aufrechterhält und ob er einen Bevollmächtigten bestellt hat.

Schrifttum

Henle, Probleme der gemeinsamen Vertretung in Massenverfahren (§§ 17–19 VwVfG), DVBl 1983, 780; *Kopp*, Gesetzliche Regelungen zur Bewältigung von Massenverfahren, DVBl 1980, 320; *Schmel*, Massenverfahren vor den Verwaltungsbehörden und den Verwaltungsgerichten, 1982.

Übersicht Rdn.

A. Allgemeines und Grundsätze

I. Gegenstand der Regelung

§ 18 regelt die gemeinsame Vertretung der an einem Verwaltungsverfahren Beteiligten 1
(i.S.d. § 13), die bislang nicht vertreten waren, wenn bestimmte Voraussetzungen hinsichtlich der Mindestzahl von Beteiligten (vgl. Rdn. 7 f.) und dem Beteiligungsinteresse (vgl. Rdn. 9 ff.) vorliegen. Im Einzelnen bestimmt

1) Abs. 1 die behördliche Aufforderung an die Beteiligten zur Bestellung eines gemeinsamen Vertreters und die Befugnis zur Bestellung eines solchen Vertreters von Amts wegen (Rdn. 4 ff.),
2) Abs. 2 das Erlöschen der Vertretungsmacht des gemeinsamen Vertreters (Rdn. 41 f.).

II. Zweck der Regelung

§ 18 dient – ebenso wie § 17 (vgl. § 17 Rdn. 2) – dem Zweck, im Interesse der Ver- 2
fahrensvereinfachung und -beschleunigung die Personenzahl zu begrenzen, mit der sich die Behörde unmittelbar auseinanderzusetzen hat.[1]

III. Wesentliche Unterschiede zu § 17

Die Regelung des § 18 unterscheidet sich von § 17 im Wesentlichen dadurch, dass 3

1) Rechtsgrund der gemeinsamen Vertretung nicht eine Vielzahl gleichförmiger Eingaben (als formaler Anknüpfungspunkt), sondern eine Vielzahl nicht vertretener Beteiligter bei gleichem – jeweils in individuell formulierten Einzeleingaben zum Ausdruck gebrachten[2] – (Sach-) Interesse (als materiellem Anknüpfungspunkt) ist,[3]
2) die gemeinsame Vertretung nur durch einen Bestellungsakt und nicht (auch) als Rechtsfolge kraft Gesetzes eintritt,
3) die Notwendigkeit einer gemeinsamen Vertretung nicht aus einer Mindestzahl von 51 nicht vertretenen Unterzeichnern resultiert, sondern von der Behörde unter dem Gesichtspunkt der möglichen Beeinträchtigung einer ordnungsgemäßen Durchführung des Verwaltungsverfahrens besonders festzustellen ist,
4) Betroffene der Regelung – im Unterschied zum tendenziell weiteren Kreis von Unterzeichnern bei § 17 (vgl. § 17 Rdn. 18) – nur Beteiligte i.S.d. § 13 und Personen sind, die nach einer Spezialvorschrift als solche anzusehen sind (vgl. Rdn. 7).[4]

---

1 Vgl. BT-Drucks. 7/4494 S. 6; Knack/Henneke/*Ritgen*, § 18 Rn. 4; *Meyer/Borgs*, § 18 Rn. 1; Stelkens/Bonk/Sachs/*Bonk/Schmitz*, § 18 Rn. 1.

2 BT-Drucks. 7/4494 S. 6.

3 Vgl. *Meyer/Borgs*, § 18 Rn. 1; Stelkens/Bonk/Sachs/*Bonk/Schmitz*, § 18 Rn. 1.

4 Vgl. Knack/Henneke/*Ritgen*, § 18 Rn. 6; Stelkens/Bonk/Sachs/*Bonk/Schmitz*, § 18 Rn. 1.

B. Die Vorschrift im Einzelnen

I. Aufforderung zur Bestellung eines gemeinsamen Vertreters an die Beteiligten bei gleichem Interesse und Ermächtigung der Behörde zur Bestellung eines solchen (Abs. 1)

1. Befugnis der Behörde zur Aufforderung an die Beteiligten, einen gemeinsamen Vertreter zu bestellen (Satz 1)

4 Nach Satz 1 ist die Behörde berechtigt (und auch verpflichtet – vgl. Rdn. 18), nicht vertretene Beteiligte bei gleichem Interesse unter bestimmten Voraussetzungen zur Bestellung eines gemeinsamen Vertreters aufzufordern.

a) Voraussetzungen der Aufforderung

aa) Anhängigkeit eines Verwaltungsverfahrens i.S.d. § 9

5 Ein Verwaltungsverfahren i.S.d. § 9 (vgl. § 9) muss nach dem Wortlaut des § 18 bereits im Gange sein[5] (vgl. auch § 17 Rdn. 5). Die Aufforderung zur Bestellung eines gemeinsamen Vertreters kann daher nicht mit einer Verfahrenshandlung verbunden werden, die durch die Begründung eines Verfahrensrechtsverhältnisses erst das Verwaltungsverfahren eröffnet.

bb) Beteiligung von mehr als 50 Personen im gleichen Interesse ohne Vertretung

6 An diesem Verwaltungsverfahren müssen ohne Vertretung mehr als 50 Personen mit gleichem Interesse beteiligt sein. Bei der Feststellung dieser Mindestzahl werden aber diejenigen Beteiligten nicht berücksichtigt, die bereits vertreten werden (vgl. Rdn. 13).

aaa) Beteiligung von mehr als 50 Personen

7 Mehr als 50 Personen sind an einem Verwaltungsverfahren beteiligt, wenn mindestens 51 Personen jeweils die Rechtsstellung eines Beteiligten deswegen innehaben, weil sie
1) nach § 13 Abs. 1 Nr. 1 bis 3 Beteiligte kraft Gesetzes sind (vgl. § 13 Rdn. 10 ff.),
2) zum Verfahren nach § 13 Abs. 2 hinzugezogen worden sind (vgl. § 13 Rdn. 29 ff.) oder
3) nach einer Sondernorm selbst durch eine Verfahrenshandlung ihre Beteiligtenstellung begründet haben[6] (z.B. durch die Erhebung von Einwendungen nach § 73 Abs. 4 – vgl. § 13 Rdn. 1).

8 Die mehr als 50 Verfahrensbeteiligten müssen bereits (und immer noch) zu dem Zeitpunkt vorhanden sein, in dem die Aufforderung ergeht.[7] Nach dem Grundsatz

5 Ebenso *Ule/Laubinger*, Verwaltungsverfahrensrecht § 45 II 2 a) aa)/§ 45 Rn. 28. Wohl auch Kopp/*Ramsauer*, § 18 Rn. 2; Stelkens/Bonk/Sachs/*Bonk/Schmitz*, § 18 Rn. 2.

6 Im Ergebnis ebenso *Henle*, DVBl 1983, 780 (784 f.); Kopp/Ramsauer, § 18 Rn. 4; *Schmel*, Massenverfahren vor den Verwaltungsbehörden und den Verwaltungsgerichten, S. 101; *Ule/Laubinger*, Verwaltungsverfahrensrecht § 45 II 2 a) aa)/§ 45 Rn. 28.

7 S.a. *Henle*, DVBl 1983, 780 (785).

der Effizienz des Verwaltungsverfahrens (vgl. § 10), zur Vermeidung von unnötigem Formalismus und zur Sicherung eines sinnvollen Anwendungsbereichs des § 18 im Bereich der Massenverfahren[8] genügt es für die Hinzuziehung als Beteiligten nach § 13 Abs. 2, dass diese eine juristische Sekunde vor der Aufforderung der Behörde erfolgt; somit ist sie uno actu mit der Aufforderung nach § 18 Abs. 1 Satz 1 möglich.[9] Ob in der Aufforderung zugleich auch eine konkludente Hinzuziehung gesehen werden kann, bedarf aus der Sicht des objektiven Empfängerhorizonts – auch wegen der unterschiedlichen Rechtsnatur der beiden behördlichen Verfahrenshandlungen (vgl. Rdn. 20; § 13 Rdn. 57) – grds. näherer Feststellungen;[10] im Zweifel[11] kann die Frage jedoch bejaht werden.

bbb) Beteiligte bei gleichem Interesse in demselben Verfahren

Die Beteiligung muss **in demselben** – durch einen bestimmten Verfahrensgegenstand 9
(vgl. Vorbem. § 9) geprägten – **Verfahren** bestehen. Eine gemeinsame Vertretung i.S.d. § 18 kommt daher nicht in Betracht, wenn nur gleichartige VAe in größerer Zahl (vgl. § 28) erlassen werden sollen.

Die Beteiligten müssen ferner durch **die gleiche Beteiligtenstellung** oder jedenfalls durch 10
(im Hinblick auf die zu treffende Entscheidung) einander entsprechende Beteiligtenstellungen verbunden sein. So fehlt ein gleiches Interesse im Verhältnis

1) des Antragsgegners als Beteiligtem nach § 13 Abs. 1 Nr. 1 zu den nach § 13 Abs. 2 Satz 1 oder 2 als Beteiligte Hinzugezogenen,
2) der nach § 13 Abs. 2 Satz 1 hinzugezogenen Beteiligten zu den nach § 13 Abs. 2 Satz 2 hinzugezogenen Drittbetroffenen (vgl. § 13 Rdn. 46).

Dagegen können Drittbetroffene und Einwender, die ihre Beteiligtenstellung durch die 11
Erhebung von Einwendungen nach § 73 Abs. 4 selbst begründet haben (vgl. Rdn. 7), durchaus als Beteiligte bei gleichem Interesse beurteilt werden, wenn sie sachlich das gleiche Ziel verfolgen.[12]

Die Beteiligten müssen außerdem **denselben Verfahrensabschluss begehren**, nämlich 12
den Erlass oder die Versagung eines bestimmten VA, ggf. dessen Erlass unter bestimmten Nebenbestimmungen (z.B. mit der Anordnung bestimmter Schutzauflagen), oder den Abschluss oder Nichtabschluss eines örV, ggf. dessen Abschluss mit bestimmten

8 Vgl. *Schmel*, Massenverfahren vor den Verwaltungsbehörden und den Verwaltungsgerichten, S. 95 f.
9 Ebenso *Meyer/Borgs*, § 18 Rn. 1; *Schmel*, Massenverfahren vor den Verwaltungsbehörden und den Verwaltungsgerichten, S. 98; Stelkens/Bonk/Sachs/*Bonk/Schmitz*, § 18 Rn. 3. A.A. *v. Mutius*, DVBl 1978, 665 (674).
10 S.a. Stelkens/Bonk/Sachs/*Bonk/Schmitz*, § 18 Rn. 3.
11 Weitergehend (»im allgemeinen«) *Meyer/Borgs*, § 18 Rn. 1.
12 Vgl. auch Kopp/*Ramsauer*, § 18 Rn. 5 f.

Modifikationen.[13] Zur Auslegung ist maßgeblich auf das von den einzelnen Beteiligten angestrebte gemeinsame sachliche Ziel abzustellen.[14] Unschädlich sind dabei Unterschiede im Umfang der (potenziellen) Betroffenheit[15] und Interessendivergenzen bzw. Meinungsverschiedenheiten in Randbereichen der Argumentation (nicht jedoch in zentralen Punkten in tatsächlicher oder rechtlicher Hinsicht).[16]

ccc) **Keine Vertretung**

13 Die wenigstens 51 Beteiligten bei gleichem Interesse dürfen zudem nicht vertreten sein. Daher zählen bei der Feststellung der Beteiligtenzahl (vgl. Rdn. 7 f.) diejenigen Beteiligten nicht mit,[17] die bereits durch einen Vertreter nach § 17[18] (vgl. § 17 Rdn. 42 ff.) oder einen Bevollmächtigten nach § 14 Abs. 1 Satz 1 gemeinsam vertreten werden oder für sich allein einen Bevollmächtigten gem. § 14 Abs. 1 Satz 1 bestellt haben.[19] Vertreter in diesem Sinne sind aber nicht die gesetzlichen Vertreter[20] (vgl. § 12 Rdn. 25, 30 ff.), sodass insofern § 18 anwendbar ist.

cc) **Beeinträchtigung des Verwaltungsverfahrens im Fall der Nichtbestellung**

14 Der Eintritt der Rechtsfolge des Satzes 1 (vgl. Rdn. 17 ff.) hängt schließlich davon ab, dass sonst die ordnungsgemäße Durchführung des Verwaltungsverfahrens beeinträchtigt wäre. Das ist der Fall, wenn ohne die Bestellung eines gemeinsamen Vertreters die weitere Durchführung des Verfahrens erheblich behindert wäre,[21] weil die Behörde

---

13 Vgl. VGH Bayern, Beschl. v. 03.02.1997 – 2 CS 96.3563, BayVBl. 1998, 151; Knack/Henneke/*Ritgen*, § 18 Rn. 13; Kopp/Ramsauer, § 18 Rn. 5 f.; *Meyer/Borgs*, § 18 Rn. 2; Stelkens/Bonk/Sachs/*Bonk/Schmitz*, § 18 Rn. 4.

14 S. Stelkens/Bonk/Sachs/*Bonk/Schmitz*, § 18 Rn. 4; *Ule/Laubinger*, Verwaltungsverfahrensrecht § 45 II 2/§ 45 Rn. 28.

15 Vgl. VGH Bayern, Beschl. v. 03.02.1997 – 2 CS 96.3563, BayVBl. 1998, 151.

16 S.a. Knack/Henneke/*Ritgen*, § 18 Rn. 6; Stelkens/Bonk/Sachs/*Bonk/Schmitz*, § 18 Rn. 4.

17 Vgl. auch Kopp, DVBl 1980, 320 (323).

18 Ebenso Knack/Henneke/*Ritgen*, § 18 Rn. 7; Kopp/Ramsauer, § 18 Rn. 7; *Meyer/Borgs*, § 18 Rn. 3; *Schmel*, Massenverfahren vor den Verwaltungsbehörden und den Verwaltungsgerichten, S. 104; Stelkens/Bonk/Sachs/*Bonk/Schmitz*, § 18 Rn. 5; *Ule/Laubinger*, Verwaltungsverfahrensrecht § 45 II 2 a) aa)/§ 45 Rn. 28.

19 Ebenso *Meyer/Borgs*, § 18 Rn. 5; Stelkens/Bonk/Sachs/*Bonk/Schmitz*, § 18 Rn. 5; *Ule/Laubinger*, Verwaltungsverfahrensrecht § 45 II 2 a) aa)/§ 45 Rn. 28 – Während bei der insoweit wortgleichen, parallel gestalteten Sonderregelung des Art. 78 Abs. 2 Satz 3 BayBO 1994 (= Art. 71 Abs. 2 Satz 3 BayBO 1998) für Nachbarn im Baugenehmigungsverfahren in Bayern das VG Regensburg (Urt. v. 07.08.1996 – RO 8 S 96.1128 –) – wie hier – auch eine individuelle Bevollmächtigung für ausreichend erachtet, fordern der VGH Bayern (Beschl. v. 03.02.1997 – 2 CS 96.3563, BayVBl. 1998, 151 [152]) und *Jäde* in: Jäde/Weinl/Dirnberger, BayBO, Art. 78 Rn. 30, hierfür unter Hinweis auf die bezweckte Entlastung der Verwaltung die gemeinsame Vertretung aller Nachbarn.

20 Ebenso *Schmel*, Massenverfahren vor den Verwaltungsbehörden und den Verwaltungsgerichten, S. 104 f.

21 Es ist ein strenger Maßstab anzulegen. Vgl. Knack/Henneke/*Ritgen*, § 18 Rn. 16; *Kopp/Ramsauer*, § 18 Rn. 8; *Meyer/Borgs*, § 18 Rn. 3; *Schmel*, Massenverfahren vor den

unmittelbar mit einer Vielzahl nicht vertretener (möglicherweise wenig verfahrensgewandter) Beteiligter zu tun hätte.

aaa) Möglichkeiten einer Verfahrensbeeinträchtigung

Eine Verfahrensbeeinträchtigung durch die Nichtbestellung eines gemeinsamen Vertreters ist vor allem dann zu befürchten, wenn 15
1) trotz organisatorischer Vorkehrungen (wie etwa der Zurückstellung anderer nicht so dringender oder wichtiger Arbeiten)[22] die Arbeitskapazität der Behörde die Möglichkeit einer Auseinandersetzung mit jedem einzelnen nicht vertretenen Beteiligten ausschließt,[23]
2) bereits im bisherigen Verfahren die unmittelbare Auseinandersetzung der Behörde mit nicht vertretenen Beteiligten auf Schwierigkeiten gestoßen ist,
3) im weiteren Verfahren noch schwierige Verfahrenshandlungen zwischen der Behörde und den nicht vertretenen Beteiligten bevorstehen (z.B. zum Zwecke der Beweiserhebung),
4) die Mindestzahl von 51 nicht vertretenen Beteiligten erheblich überschritten ist und nicht erwartet werden kann, dass mit diesen keine weitere (persönliche) Auseinandersetzung erforderlich sein wird,
5) eine rasche Entscheidung und damit eine Verfahrensbeschleunigung dringend geboten ist.

bbb) Keine Verfahrensbeeinträchtigung

Die Nichtbestellung eines gemeinsamen Vertreters beeinträchtigt bspw. das weitere Verfahren nicht, wenn 16
1) dieses vor dem Abschluss steht oder weitere Verfahrenshandlungen ggü. oder von den nicht vertretenen Beteiligten nicht zu erwarten sind,
2) der das Verfahren betreibende Beteiligte mit den bei gleichem Interesse Beteiligten Verhandlungen zur gütlichen Beilegung von Meinungsstreitigkeiten führt oder führen will.

b) Aufforderung zur Bestellung eines gemeinsamen Vertreters als Rechtsfolge

Die Rechtsfolge des Satzes 1 besteht darin, dass die Behörde die nicht vertretenen Beteiligten – unter hinreichender Bezeichnung des Verwaltungsverfahrens (vgl. Rdn. 5) – auffordern kann, innerhalb einer angemessenen Frist einen gemeinsamen Vertreter zu bestellen (vgl. auch § 17 Rdn. 114 ff.). 17

Verwaltungsbehörden und den Verwaltungsgerichten, S. 103; Stelkens/Bonk/Sachs/*Bonk/Schmitz*, § 18 Rn. 6. Vgl. auch *Henle*, DVBl 1983, 780 (785).

22 Vgl. Knack/Henneke/*Ritgen*, § 18 Rn. 16.

23 Vgl. BT-Drucks. 7/4494 S. 6.

aa) Keine Ermessensentscheidung

18 Aufgrund des unbestimmten Rechtsbegriffs der Beeinträchtigung einer ordnungsgemäßen Durchführung des Verwaltungsverfahrens (vgl. Rdn. 14 ff.) steht der Behörde, wenn die Voraussetzungen des Satzes 1 vorliegen (vgl. Rdn. 5 ff.), trotz des insoweit ungenauen Gesetzeswortlauts (nach dem die Behörde auffordern »kann«) kein Ermessen hinsichtlich der Entscheidung über die Vornahme bzw. Unterlassung einer Aufforderung zu.[24] Vielmehr ist die Behörde zur Aufforderung verpflichtet. Denn steht für die Behörde fest, dass im Fall der Nichtbestellung eines gemeinsamen Vertreters die ordnungsgemäße Durchführung des Verfahrens beeinträchtigt wäre, so kommt nur die Aufforderung zur Bestellung eines gemeinsamen Vertreters und nicht auch deren Unterlassung in Betracht,[25] da keine Gesichtspunkte erkennbar sind, die im Einzelfall trotzdem ein Absehen von dem behördlichen Vorgehen nach § 18 Abs. 1 rechtfertigen könnten.

bb) Keine Formbindung

19 Obgleich von Gesetzes wegen keine bestimmte Form der Aufforderung notwendig ist, sollte sie – zweckmäßigerweise – schriftlich erfolgen[26] (vgl. auch § 15 Rdn. 18; § 16 Rdn. 29; § 17 Rdn. 110).

cc) Rechtsnatur der Aufforderung

20 Nach ihrer Rechtsnatur ist die Aufforderung – ebenso wie die Aufforderungen nach § 16 Abs. 1 Nr. 3 (vgl. § 16 Rdn. 30) und nach § 17 Abs. 4 Satz 1 (vgl. § 17 Rdn. 112) – eine behördliche Verfahrenshandlung (vgl. Vorbem. § 9), die mangels Regelungswirkung keinen VA[27] (vgl. § 35), sondern lediglich eine öffentlich-rechtliche Taterklärung verfahrensrechtlicher Art (vgl. Vorbem. § 9) darstellt. Diese ist Voraussetzung für die Rechtmäßigkeit der Bestellung eines gemeinsamen Vertreters nach § 18 Abs. 1 Satz 2 und nach § 44a Satz 1 VwGO von den Beteiligten nicht selbstständig, sondern nur mit dem gegen die Sachentscheidung zulässigen Rechtsbehelf angreifbar.

---

24 Im Gegensatz zu den Fällen der § 16 Abs. 1 Nr. 3 und § 17 Abs. 4 Satz 1 (vgl. § 16 Rdn. 34; § 17 Rdn. 118 f.).

25 Ebenso *Henle*, DVBl 1983, 780 (785); wohl auch *Meyer/Borgs*, § 18 Rn. 4. A.A. *Schmel*, Massenverfahren vor den Verwaltungsbehörden und den Verwaltungsgerichten, S. 105; Stelkens/Bonk/Sachs/*Bonk/Schmitz*, § 18 Rn. 6. Nach Kopp/Ramsauer, § 18 Rn. 11 sollte die Behörde im Zweifel eher auf dieses Vorgehen verzichten.

26 So auch Stelkens/Bonk/Sachs/*Bonk/Schmitz*, § 18 Rn. 7.

27 Ebenso *Henle*, DVBl 1983, 780 (785 f.); *Ule/Laubinger*, Verwaltungsverfahrensrecht § 45 II 2 a) bb)/§ 45 Rn. 29. S.a. (zum Parallelfall des § 17 Abs. 4 Satz 1): *Schmel*, Massenverfahren vor den Verwaltungsbehörden und den Verwaltungsgerichten, S. 88 f.

dd) Adressaten und Bekanntgabe

21 Die Aufforderung ist – auch bei einer großen Zahl nicht vertretener Beteiligter mit gleichem Interesse – an jeden einzelnen zu richten, da das Gesetz – anders als im Parallelfall des § 17 Abs. 4 Satz 2 – eine ortsübliche oder öffentliche Bekanntmachung nicht vorsieht.[28] Eine solche Anforderung steht dem Zweck der Regelung der Verfahrensbeschleunigung und -vereinfachung entgegen, da individuelle Aufforderung – trotz technischer Möglichkeiten (Serienbrief) – sehr aufwendig ist.

c) Setzung einer angemessenen Frist

22 Die Setzung einer angemessenen Frist für die Bestellung eines gemeinsamen Vertreters wird durch die gleichen Gesichtspunkte bestimmt wie die Fristsetzung nach § 17 Abs. 4 Satz 1 (vgl. § 17 Rdn. 114). Den Beteiligten muss in dem Zeitraum die Möglichkeit eingeräumt werden, einen gemeinsamen Vertreter zu bestimmen,[29] was aber auf der anderen Seite zu einer Verfahrensverzögerung führen kann.

d) Hinweis auf die Rechtsfolgen

23 Ebenso wie bei § 16 Abs. 1 Nr. 3 und § 17 Abs. 4 Satz 1 ist in Abs. 1 keine Verpflichtung der Behörde vorgesehen, die Betroffenen auf die (möglichen) Rechtsfolgen der Unterlassung hinzuweisen. Aufgrund der Vergleichbarkeit der Interessenlage der Betroffenen und der nach § 25 bestehenden Fürsorgepflicht der Behörde ist aber § 15 Satz 3 (vgl. § 15 Rdn. 34) entsprechend anzuwenden (vgl. auch § 16 Rdn. 32; § 17 Rdn. 115).

e) Bestellung des gemeinsamen Vertreters durch die Beteiligten

24 Der gemeinsame Vertreter ist in entsprechender Anwendung der für die Bevollmächtigung geltenden Vorschriften des BGB zu bestellen (vgl. § 17 Rdn. 118 f.). Er muss nach Satz 3 (vgl. Rdn. 38) eine natürliche Person sein, die nach § 12 Abs. 1 Nr. 1 handlungsfähig ist (vgl. auch § 14 Rdn. 14; § 17 Rdn. 116) und dem Kreis der nicht vertretenen Beteiligten zugehört (vgl. § 17 Rdn. 118). Seine Rechte und Pflichten richten sich nach § 19.

f) Verfahren bei Abstandnahme von einer Aufforderung zur Bestellung eines gemeinsamen Vertreters

25 Sind die Voraussetzungen für eine Aufforderung zur Bestellung eines gemeinsamen Vertreters nicht gegeben (vgl. Rdn. 5 ff.), so hat die Behörde Verfahrenshandlungen

---

28 Ebenso *Henle*, DVBl 1983, 780 (785); Knack/Henneke/*Ritgen*, § 18 Rn. 18; Kopp/Ramsauer, § 18 Rn. 10; *Meyer/Borgs*, § 18 Rn. 4; *Schmel*, Massenverfahren vor den Verwaltungsbehörden und den Verwaltungsgerichten, S. 105; *Ule/Laubinger*, Verwaltungsverfahrensrecht § 45 II 2 a) bb)/§ 45 Rn. 29.

29 Vgl. auch *Henle*, DVBl 1983, 780 (785); Knack/Henneke/*Ritgen*, § 18 Rn. 18; Kopp/Ramsauer, § 18 Rn. 10; Stelkens/Bonk/Sachs/*Bonk/Schmitz*, § 18 Rn. 8.

(weiterhin) ggü. jedem einzelnen der nicht vertretenen Beteiligten vor- und von diesem auch entgegenzunehmen.

2. Ermächtigung der Behörde zur Bestellung eines gemeinsamen Vertreters von Amts wegen (Satz 2)

26 Nach Satz 2 »kann« (vgl. Rdn. 29 f.) die Behörde von Amts wegen einen gemeinsamen Vertreter bestellen, wenn die zur Vertreterbestellung aufgeforderten Beteiligten der Aufforderung nicht fristgemäß nachkommen.

a) Voraussetzungen

27 Die zur Vertreterbestellung aufgeforderten Beteiligten dürfen die ihnen gesetzte (angemessene) Frist nicht eingehalten haben (vgl. auch Rdn. 30). Außerdem müssen im Zeitpunkt der Bestellung, also nach Ablauf der nach Satz 1 gesetzten Frist, noch die Voraussetzungen fortbestehen, an die die Aufforderung gebunden war. Es ist daher notwendig, dass

1) noch wenigstens 51 nicht vertretene Beteiligte (mit nach wie vor gleichem Interesse) vorhanden sind[30] (vgl. Rdn. 7 ff.) und
2) die Nichtbestellung eines gemeinsamen Vertreters (weiterhin) ordnungsgemäße Durchführung des Verwaltungsverfahrens beeinträchtigen würde (vgl. Rdn. 14 ff.).

b) Bestellung des gemeinsamen Vertreters von Amts wegen als VA

28 Nach seiner Rechtsnatur ist die Bestellung des gemeinsamen Vertreters von Amts wegen ein VA (mit Doppelwirkung) sowohl ggü. dem bestellten Vertreter als auch den von der gemeinsamen Vertretung erfassten Beteiligten.[31] Die Behörde kann die Vertretungsmacht – wegen der Regelung des § 19 Abs. 1 Satz 2 und des Zwecks des § 18 (vgl. Rdn. 2) – inhaltlich nicht beschränken.

aa) Verpflichtung der Behörde zur Bestellung

29 Die Behörde ist – entgegen des insoweit ungenauen Wortlauts (wonach die Behörde einen Vertreter bestellen »kann«) – zur Bestellung des gemeinsamen Vertreters verpflichtet[32] (vgl. auch Rdn. 18), wenn weiterhin ansonsten die ordnungsgemäße Durchführung des Verwaltungsverfahrens beeinträchtigt wäre (vgl. Rdn. 14 ff.).

30 Nach der ratio legis und dem Grundsatz der Effizienz des Verwaltungsverfahrens (vgl. § 10) muss die Behörde aber die Bestellung eines gemeinsamen Vertreters durch die

---

30 Ebenso *Meyer/Borgs*, § 18 Rn. 4; *Schmel*, Massenverfahren vor den Verwaltungsbehörden und den Verwaltungsgerichten, S. 106.

31 Für VA auch: *Henle*, DVBl 1983, 780 (786); Kopp/Ramsauer, § 17 Rn. 12; *Ule/Laubinger*, Verwaltungsverfahrensrecht § 45 II 2 a) cc)/§ 45 Rn. 30.

32 A.A. Knack/Henneke/*Ritgen*, § 18 Rn. 20; *Meyer/Borgs*, § 18 Rn. 4; *Schmel*, Massenverfahren vor den Verwaltungsbehörden und den Verwaltungsgerichten, S. 105; Stelkens/Bonk/Sachs/*Bonk/Schmitz*, § 18 Rn. 9.

Beteiligten bei gleichem Interesse grds. solange berücksichtigen, bis die Entscheidung der Behörde zur Bestellung eines Vertreters von Amts wegen noch nicht den Machtbereich der Behörde verlassen hat (vgl. auch § 17 Rdn. 124).

bb) Auswahl des gemeinsamen Vertreters von Amts wegen

Als gemeinsamer Vertreter von Amts wegen kann jede natürliche (nach § 12 Abs. 1 31
Nr. 1 handlungsfähige) Person aus dem Kreise der Beteiligten bei gleichem Interesse bestimmt werden (vgl. Rdn. 24, 38 ff.; § 17 Rdn. 126), die zur Wahrnehmung der Vertretung (vgl. § 19 Rdn. 7 ff.) nicht offenkundig ungeeignet sein darf. Weitergehende Anforderungen an die personale Auswahl (etwa hinsichtlich Vorbildung oder Qualifikation) würden die Behörde zu Ermittlungen nötigen, die dem Zweck der Regelung (vgl. Rdn. 2) zuwiderliefen. Um die sorgfältige Wahrnehmung der Interessen der Vertretenen durch den in Aussicht genommenen Vertreter (vgl. § 19 Rdn. 5 ff.) und den Zweck der Vertretung (vgl. Rdn. 2) nicht von vornherein in Frage zu stellen, sollte nur eine zur Mitarbeit bereite Person zum Vertreter bestellt werden,[33] zumal der Vertreter gem. § 18 Abs. 2 die Vertretungsmacht jederzeit erlöschen lassen kann (vgl. Rdn. 41).

cc) Inhalt des VA

Inhaltlich umfasst der VA neben der Bestellung des gemeinsamen Vertreters die Be- 32
stimmung der von diesem zu vertretenden Beteiligten sowie die Angabe des Verwaltungsverfahrens, für das die Bestellung gilt (vgl. auch § 17 Rdn. 127).

dd) Form des VA

Auch wenn eine bestimmte Form für die Bestellung gesetzlich nicht vorgesehen ist, 33
sollte sie in jedem Fall schriftlich (mit dem erforderlichen Inhalt – vgl. Rdn. 32) erfolgen, damit der gemeinsame Vertreter sich als solcher ausweisen und darüber hinaus eindeutig zur Kenntnis nehmen kann, welche Beteiligten in einem hinreichend bezeichneten Verwaltungsverfahren seiner gemeinsamen Vertretung unterliegen (vgl. auch § 17 Rdn. 128).

ee) Möglichkeit der Anordnung der sofortigen Vollziehbarkeit

Die Vertreterbestellung kann nach § 80 Abs. 2 Satz 1 Nr. 4 VwGO für sofort voll- 34
ziehbar erklärt werden, wenn sich dadurch weitere Verfahrensbeeinträchtigungen vermeiden lassen.

---

33 Vgl. BT-Drucks. 7/4494 S. 6; Stelkens/Bonk/Sachs/*Bonk/Schmitz*, § 18 Rn. 9.

ff) Bekanntgabe des VA

35 Der VA ist nach § 41 dem bestellten gemeinsamen Vertreter sowie den von ihm zu vertretenden Beteiligten bekannt zu geben (vgl. auch Rdn. 28). Er wird nach § 43 mit der Bekanntgabe wirksam.

gg) Keine Anfechtbarkeit der Bestellung

36 Die Bestellung des gemeinsamen Vertreters von Amts wegen ist (im Hinblick auf die Regelung des Erlöschens der Vertretungsmacht nach Abs. 2 Satz 1) mangels Rechtsschutzbedürfnisses – ebenso wie die Bestellung eines Vertreters von Amts wegen nach § 17 Abs. 4 Satz 3 (vgl. § 17 Rdn. 135) – weder für den Vertreter noch für die Vertretenen anfechtbar.[34]

c) Verfahren der Behörde bei Abstandnahme von der Bestellung eines gemeinsamen Vertreters von Amts wegen

37 Kommt die Bestellung eines gemeinsamen Vertreters von Amts wegen nicht in Betracht (vgl. Rdn. 27), so hat sie ggü. den nicht vertretenen Beteiligten ebenso zu verfahren wie bei der Abstandnahme von einer Aufforderung zur Bestellung eines gemeinsamen Vertreters nach Satz 1 (vgl. Rdn. 25).

3. Anforderungen an die Person des gemeinsamen Vertreters

a) Natürliche Person (Satz 3)

38 Nach Satz 3 kann – wie im Fall des § 17 Abs. 1 Satz 2 (vgl. § 17 Rdn. 52) – gemeinsamer Vertreter nur eine natürliche Person (vgl. § 11 Rdn. 5 f.) sein. Dies gilt sowohl für den von den Beteiligten selbst nach Satz 1 bestellten wie für den von der Behörde nach Satz 2 bestellten Vertreter (vgl. Rdn. 24, 28).

b) Eine einzelne Person

39 Die Bestellung einer Mehrzahl von Vertretern für dieselben Beteiligten ist nach dem Wortlaut des Abs. 1 und dem Zweck der Regelung (vgl. Rdn. 2) nicht möglich[35] (vgl. auch § 17 Rdn. 53).

c) Handlungsfähigkeit

40 Der gemeinsame Vertreter muss ferner – aufgrund seiner wahrzunehmenden Funktion (wie ein Bevollmächtigter – vgl. § 14 Rdn. 14) – gem. § 12 Abs. 1 Nr. 1 handlungsfähig sein (vgl. auch § 17 Rdn. 54).

---

34 Wie hier *Henle*, DVBl 1983, 780 (786). A.A. *Meyer/Borgs*, § 18 Rn. 4. Differenzierend *Ule/Laubinger* Verwaltungsverfahrensrecht § 45 II 2 a) cc)/§ 45 Rn. 30, die jeweils für die Vertretenen die (selbstständige) Anfechtbarkeit nach § 44a Satz 1 VwGO verneinen und für den gemeinsamen Vertreter nach § 44a Satz 2 VwGO bejahen.

35 A.A. Stelkens/Bonk/Sachs/*Bonk/Schmitz*, § 18 Rn. 9.

II. Erlöschen der Vertretungsmacht (Abs. 2)

Abs. 2 regelt das Erlöschen der Vertretungsmacht in wörtlicher Übereinstimmung mit § 17 Abs. 3. An dem Verständnis dieser Regelung (vgl. § 17 Rdn. 95 ff.) hat sich auch die Auslegung des Abs. 2 zu orientieren.[36] Unberührt bleibt die Befugnis der Behörde zur Aufhebung der Bestellung von Amts wegen nach den §§ 48 ff. 41

Endet die Vertretungsmacht des gemeinsamen Vertreters durch Erklärung des Vertreters oder eines Vertretenen mit der Folge, dass wenigstens 51 Beteiligte im gleichen Interesse an dem Verwaltungsverfahren, ohne vertreten zu sein, beteiligt sind, ist – entsprechend des Rechtsgedankens des § 17 Abs. 4 Satz 1 (vgl. auch § 17 Rdn. 105) – die Regelung des § 18 Abs. 1 erneut anwendbar[37] (vgl. Rdn. 4 ff.). Insofern wäre das Ergebnis der Bemühungen sehr unbefriedigend, aber wie *Ramsauer* zu Recht darauf hinweist, ist verfassungsrechtlich eine andere Ausgestaltung der Regelung nicht möglich.[38] 42

C. Verfahrensvorschriften des Sozialrechts sowie Verwaltungsverfahrensrecht der Länder

Das SGB X enthält keine Regelung zum Umgang mit Vertretern für Beteiligte bei gleichem Interesse. 43

Die Vorschrift ist wortgleich mit den Vorschriften der Länder zum Verwaltungsverfahrensrecht soweit nicht sowieso auf das Verwaltungsverfahrensrecht des Bundes verwiesen wird. § 18 HmbVwVfG ist »frei aus redaktionellen Gründen«. 44

§ 19 Gemeinsame Vorschriften für Vertreter bei gleichförmigen Eingaben und bei gleichem Interesse

(1) [1]Der Vertreter hat die Interessen der Vertretenen sorgfältig wahrzunehmen. [2]Er kann alle das Verwaltungsverfahren betreffenden Verfahrenshandlungen vornehmen. [3]An Weisungen ist er nicht gebunden.

(2) § 14 Abs. 5 bis 7 gilt entsprechend.

(3) [1]Der von der Behörde bestellte Vertreter hat gegen deren Rechtsträger Anspruch auf angemessene Vergütung und auf Erstattung seiner baren Auslagen. [2]Die Behörde kann von den Vertretenen zu gleichen Anteilen Ersatz ihrer Aufwendungen verlangen. [3]Sie bestimmt die Vergütung und stellt die Auslagen und Aufwendungen fest.

---

36 Vgl. auch *Henle*, DVBl 1983, 780 (786 f.); Knack/Henneke/*Ritgen*, § 18 Rn. 21; Kopp/Ramsauer, § 18 Rn. 13; *Meyer/Borgs*, § 18 Rn. 5; Stelkens/Bonk/Sachs/*Bonk/Schmitz*, § 18 Rn. 10; *Ule/Laubinger*, Verwaltungsverfahrensrecht § 45 II 2 b)/§ 45 Rn. 31.

37 So auch Kopp/Ramsauer, § 18 Rn. 14. Ähnlich Stelkens/Bonk/Sachs/*Bonk/Schmitz*, § 18 Rn. 10.

38 Kopp/Ramsauer, § 18 Rn. 14.

Schrifttum

Henle, Probleme der gemeinsamen Vertretung in Massenverfahren (§§ 17–19 VwVfG), DVBl 1983, 780; *Schmel*, Massenverfahren vor den Verwaltungsbehörden und den Verwaltungsgerichten, 1982.

Übersicht **Rdn.**

A. Allgemeines und Grundsätze

I. Gegenstand der Regelung

§ 19 enthält Vorschriften, die für den Vertreter bei gleichförmigen Eingaben nach § 17 und den Vertreter für Beteiligte bei gleichem Interesse nach § 18 (mit den in Abs. 2 und 3 geregelten Einschränkungen – vgl. Rdn. 32 f., 43 f.) gemeinsam gelten. Im Einzelnen bestimmt 1
1) Abs. 1 die Rechtsstellung des gemeinsamen Vertreters im Verwaltungsverfahren (Rdn. 3 ff.).
2) Abs. 2 die entsprechende Anwendung der die Zurückweisung von Bevollmächtigten und Beiständen regelnden Vorschriften des § 14 Abs. 5 bis 7 (Rdn. 32 ff.),
3) Abs. 3 den Anspruch auf angemessene Vergütung und auf Erstattung der baren Auslagen eines von der Behörde bestellten Vertreters (Rdn. 43 ff.).

II. Fragmentarische Regelung der Rechtsstellung des gemeinsamen Vertreters nach den §§ 17 ff. im Gesetz

In § 19 ist die Rechtsstellung des gemeinsamen Vertreters nach §§ 17 ff. nur fragmentarisch festgelegt, sodass zu ihrer näheren Bestimmung auf den Zweck des Rechtsinstituts der gemeinsamen Vertretung[1] (vgl. § 17 Rdn. 2; § 18 Rdn. 2) sowie auf allgemeine Grundsätze des Vertretungsrechts zurückzugreifen ist. 2

B. Die Vorschrift im Einzelnen

I. Rechte und Pflichten des gemeinsamen Vertreters (Abs. 1)

Abs. 1 befasst sich mit Rechten und Pflichten des gemeinsamen Vertreters (vgl. auch § 17 Rdn. 45). Hierbei ist zu unterscheiden zwischen dem der Vertretung zugrunde liegenden Rechtsverhältnis zwischen Vertretenen und Vertreter einerseits und der Vertretungsmacht andererseits. Während das kausale Rechtsverhältnis (das in Abs. 1 nur rudimentär in den Sätzen 1 und 3 angesprochen ist) je nach Konstellation durch Gesetz, VA oder Vertrag begründet sein kann und entweder dem öffentlichen Recht 3

1 Vgl. *Schmel*, Massenverfahren vor den Verwaltungsbehörden und den Verwaltungsgerichten, S. 124 ff.

oder dem Zivilrecht zuzurechnen ist (sog. Innenverhältnis), ist die in Satz 2 geregelte Vertretungsmacht stets öffentlich-rechtlicher Natur, die – je nach Konstellation (vgl. Rdn. 4) – auf Gesetz, VA oder öffentlich-rechtlicher empfangsbedürftiger Willenserklärung beruhen kann (sog. Außenverhältnis). Das Verhältnis der Vertretenen zu der Behörde ist aber in Abs. 1 nicht geregelt.

1. Anwendungsbereich dieser Vorschrift

4 Abs. 1 unterfallen alle gemeinsamen Vertreter nach den §§ 17 ff.,[2] nämlich

1) der bei gleichförmigen Eingaben nach § 17 Abs. 1 Satz 1 kraft Gesetzes bestimmte Vertreter (vgl. § 17 Rdn. 42 ff.),
2) der von den Unterzeichnern gleichförmiger Eingaben aufgrund behördlicher Aufforderung nach § 17 Abs. 4 Satz 1 bestellte Vertreter (vgl. § 17 Rdn. 118 ff.),
3) der von der Behörde für die Unterzeichner gleichförmiger Eingaben nach § 17 Abs. 4 Satz 3 von Amts wegen bestellte Vertreter (vgl. § 17 Rdn. 122 ff.),
4) der von den Beteiligten bei gleichem Interesse aufgrund behördlicher Aufforderung nach § 18 Abs. 1 Satz 1 bestellte Vertreter (vgl. § 18 Rdn. 24),
5) der von der Behörde für Beteiligte bei gleichem Interesse nach § 18 Abs. 1 Satz 2 von Amts wegen bestellte Vertreter (vgl. § 18 Rdn. 26 ff.).

2. Verpflichtung des Vertreters zur sorgfältigen Wahrnehmung der Interessen der Vertretenen (Satz 1)

a) Verpflichtung ggü. den Vertretenen

5 Die Verpflichtung zur sorgfältigen Interessenwahrnehmung obliegt dem gemeinsamen Vertreter ggü. den von ihm Vertretenen[3] und nicht ggü. der Behörde.

b) Interessen der Vertretenen

6 Die Interessen der Vertretenen ergeben sich

1) für die Unterzeichner gleichförmiger Eingaben nach § 17 aus deren Inhalt,
2) für Beteiligte bei gleichem Interesse nach § 18 aus deren Stellung im Verwaltungsverfahren und ihren den Abschluss des Verwaltungsverfahrens betreffenden Zielen (vgl. § 18 Rdn. 10 ff.).

---

2 Ebenso BT-Drucks. 7/4494 S. 6; Kopp/Ramsauer, § 19 Rn. 3; *Meyer/Borgs*, § 19 Rn. 1; *Schmel*, Massenverfahren vor den Verwaltungsbehörden und den Verwaltungsgerichten, S. 107; Stelkens/Bonk/Sachs/*Bonk/Schmitz*, § 19 Rn. 1; *Ule/Laubinger*, Verwaltungsverfahrensrecht § 45 II 3/§ 45 Rn. 32.

3 Vgl. *Kopp/Ramsauer*, § 19 Rn. 4; *Schmel*, Massenverfahren vor den Verwaltungsbehörden und den Verwaltungsgerichten, S. 108 f.; *Ule/Laubinger*, Verwaltungsverfahrensrecht § 45 II 3 a)/§ 45 Rn. 33.

c) Inhalt der Vertretungspflicht

Der Inhalt der Vertretungspflicht ist durch bestimmte Aufgaben und die bei der Erfüllung dieser Aufgaben zu beachtende Sorgfalt festgelegt. 7

Zur **Wahrnehmung der Interessen der Vertretenen** muss der Vertreter aktiv im Verwaltungsverfahren tätig werden, indem er 8
1) sich i.R.d. von den Vertretenen verfolgten Verfahrensziele in die einschlägige Materie einarbeitet,
2) über den Stand und Fortgang des Verfahrens die erforderlichen Informationen (ggf. auch durch die Einsichtnahme in die Akten) einholt,
3) durch sein Verfahrensverhalten (z.B. durch die Stellung von Anträgen oder durch die Beantwortung von Anfragen der Behörde) eine bestmögliche Durchsetzung der berechtigten Interessen der Vertretenen bewirkt.[4]

Die **Anforderungen an eine sorgfältige Interessenwahrnehmung** entziehen sich weitgehend einer abstrakten Umschreibung und bemessen sich nach den Umständen des jeweiligen Einzelfalles, insb. nach den in der jeweiligen Verfahrenslage gegebenen Bedürfnissen der Vertretenen und dem Leistungsvermögen des Vertreters. 9

d) Rechtsfolgen einer Pflichtverletzung

Die Rechtsfolgen einer Pflichtverletzung sind für drei verschiedene Rechtsverhältnisse (Vertreter – Vertretene; Vertreter – Behörde; Vertretene – Behörde) festzustellen: 10

Im Verhältnis zu den Vertretenen führt eine fahrlässige oder vorsätzliche Pflichtverletzung des Vertreters zu Schadensersatzansprüchen der Vertretenen 11
1) aus positiver Vertragsverletzung des der (gewillkürten) Vertretung zugrunde liegenden Rechtsverhältnisses,[5] i.d.R. eines (unentgeltlichen) Auftrags oder (entgeltlichen) Geschäftsbesorgungsvertrages, im Fall eines von den Vertretenen bestellten Vertreters,[6]
2) aus entsprechender Anwendung des § 16 Abs. 4 VwVfG i.V.m. den §§ 1915 Abs. 1, 1908i Abs. 1 Satz 1, 1833 BGB im Fall der Vertretung nach § 17 Abs. 1 Satz 1 und eines von Amts wegen bestellten Vertreters.[7]

Im Verhältnis zur Behörde können Pflichtverletzungen des Vertreters Anlass für ein Vorgehen der Behörde nach Abs. 2 (vgl. Rdn. 32 ff.) sein. 12

---

4 Vgl. auch Stelkens/Bonk/Sachs/*Bonk/Schmitz*, § 19 Rn. 4.

5 Dieses Rechtsverhältnis wird als zivilrechtlich qualifiziert (s. Stelkens/Bonk/Sachs/*Bonk/Schmitz*, § 19 Rn. 3; *Ule/Laubinger*, Verwaltungsverfahrensrecht § 45 II 3 d)/§ 45 Rn. 36).

6 Ebenso *Schmel*, Massenverfahren vor den Verwaltungsbehörden und den Verwaltungsgerichten, S. 118; *Ule/Laubinger*, Verwaltungsverfahrensrecht s. Fn. 5.

7 Ebenso Kopp/Ramsauer, § 19 Rn. 10; *Ule/Laubinger*, Verwaltungsverfahrensrecht s. Fn. 5; *Schmel*, Massenverfahren vor den Verwaltungsbehörden und den Verwaltungsgerichten, S. 117 f. A.A. *Schmitt/Glaeser*, Boorberg-FS, S. 12 Fn. 38.

13 **Im Verhältnis der Vertretenen zur Behörde** können bei den Vertretenen Amtshaftungsansprüche (nach Art. 34 GG i.V.m. § 839 BGB) entstehen, wenn die Behörde ein Verschulden bei der Auswahl des von Amts wegen bestellten Vertreters (vgl. § 17 Rdn. 126; § 18 Rdn. 31) trifft[8] oder wenn diese schuldhaft nicht nach Abs. 2 eingeschritten ist. Dabei ist ein Mitverschulden der Vertretenen gegeben, wenn diese das Fehlverhalten des Vertreters erkannt haben oder zumindest erkennen mussten, dessen Vertretungsmacht jedoch nicht nach § 17 Abs. 3 oder nach § 18 Abs. 2 zum Erlöschen gebracht haben.

3. Rechtsmacht des gemeinsamen Vertreters zur Vornahme aller das Verwaltungsverfahren betreffenden Verfahrenshandlungen (Satz 2)

14 Satz 2 bestimmt den Umfang der Vertretungsmacht des gemeinsamen Vertreters ggü. der Behörde im Verwaltungsverfahren, der durch Sondernormen (wie z.B. § 29 Abs. 1 Satz 3 für die Akteneinsicht) eine (weitere) Modifikation erfahren kann. Darüber hinaus sind grds. auch die aus Treu und Glauben abzuleitenden Grundsätze über den Missbrauch der Vertretungsmacht, die im Zivilrecht entwickelt wurden, auch im Verwaltungsverfahrensrecht anwendbar.

a) Umfang der Verfahrenshandlungen

15 Der Umfang der vom Vertreter vorzunehmenden und von ihm entgegenzunehmenden Verfahrenshandlungen ergibt sich aus den Einzelregelungen der §§ 17 ff. Schon im Hinblick auf die besonderen Zwecke der gemeinsamen Vertretung (vgl. § 17 Rdn. 2; § 18 Rdn. 2) kann der Umfang der gemeinsamen Vertretung – trotz des im Wesentlichen gleichen Wortlauts der Regelungen des Satzes 2 und des § 14 Abs. 1 Satz 2 – nicht ohne Weiteres mit den Befugnissen eines Bevollmächtigten nach § 14 (vgl. § 14 Rdn. 27 ff.) gleichgesetzt werden.[9]

aa) Aktivvertretung

16 Die gemeinsame Vertretung erfasst zunächst die Aktivvertretung, d.h. die Vornahme von Verfahrenshandlungen (vgl. Vorbem. § 9). Hierzu zählt die Einflussnahme auf die Verfahrensdurchführung durch Wahrnehmung der Verfahrensrechte des Vertretenen, insb.

1) die Teilnahme an Anhörungs-, Erörterungs-, Verhandlungs- oder Beweisterminen,
2) die Stellung von Beweisanträgen oder die Anregung von Beweisaufnahmen,
3) die Stellung von Auskunftsersuchen,

8 Vgl. Knack/Henneke/*Ritgen*, § 19 Rn. 12; Kopp/Ramsauer, § 19 Rn. 10; *Schmel*, Massenverfahren vor den Verwaltungsbehörden und den Verwaltungsgerichten, S. 116; Stelkens/Bonk/Sachs/*Bonk/Schmitz*, § 19 Rn. 5.

9 Gegen diese Gleichsetzung ähnlich wie hier: *Henle*, DVBl 1983, 786; *Schmel*, Massenverfahren vor den Verwaltungsbehörden und den Verwaltungsgerichten, S. 107 f. A.A. Knack/Henneke/*Ritgen*, § 19 Rn. 3; *Meyer/Borgs*, § 19 Rn. 2.

4) die Beantragung und Vornahme der Akteneinsicht.[10]

Der gemeinsame Vertreter kann jedoch keine die Vertretenen bindenden Erklärungen zur Beendigung der einzelnen Verfahrensrechtsverhältnisse abgeben.[11] Diese (für einen Bevollmächtigten nach § 14 nicht bestehende – vgl. § 14 Rdn. 28) Einschränkung der Vertretungsmacht als notwendiges Korrelat zur Weisungsunabhängigkeit des Vertreters nach Satz 3 (vgl. Rdn. 22 ff.) ergibt sich daraus, dass die gemeinsame Vertretung nach den §§ 17 ff. erst nach der Begründung der einzelnen Verfahrensrechtsverhältnisse eintritt bzw. eintreten kann. Zudem kann aus den Vorschriften des § 17 Abs. 3 Satz 2 und § 18 Abs. 2 Satz 2 zur Beendigung der Vertretungsmacht abgeleitet werden, dass die Erklärung über die Aufrechterhaltung der Eingaben den einzelnen Vertretenen vorbehalten bleibt. 17

bb) Passivvertretung

Zur gemeinsamen Vertretung gehört auch die Passivvertretung (d.h. die Entgegennahme von behördlichen Verfahrenshandlungen), soweit nicht Sondervorschriften etwas anderes bestimmen (vgl. Rdn. 20). Der Vertreter hat zunächst die mit der Aktivvertretung (vgl. Rdn. 16) im Zusammenhang stehenden behördlichen Verfahrenshandlungen entgegenzunehmen (wie z.B. die erteilten Auskünfte oder die Gestattung der Akteneinsicht). 18

Auch die Ladung zur mündlichen Verhandlung im förmlichen Verwaltungsverfahren nach § 67 Abs. 1 Satz 2 (vgl. § 67) und die (individuelle) Benachrichtigung über den Erörterungstermin im PfV nach § 73 Abs. 6 Satz 3 (vgl. § 73) haben ggü. dem gemeinsamen Vertreter zu erfolgen, der die Beteiligten bzw. die Einwender bei der mündlichen Verhandlung oder beim Erörterungstermin zu vertreten hat. Bei der öffentlichen Bekanntmachung der Ladung nach § 67 Abs. 1 Satz 3 bzw. einer Benachrichtigung nach § 73 Abs. 6 Satz 4 ist die betreffende Mitteilung an den gemeinsamen Vertreter für die von ihm Vertretenen als eine einzige Benachrichtigung zu werten (weshalb mindestens noch 50 weitere einzelne Benachrichtigungen ersetzt werden müssen, damit die Voraussetzungen einer öffentlichen Bekanntmachung gegeben sind). 19

Von der Passivvertretung ausgeschlossen ist aber die Bekanntgabe der das Verfahren abschließenden Entscheidung[12] (vgl. auch Rdn. 17). Dabei ist aber die fehlende 20

---

10 Vgl. auch Knack/Henneke/*Ritgen*, § 19 Rn. 6; Kopp/Ramsauer, § 19 Rn. 4; Stelkens/Bonk/Sachs/*Bonk/Schmitz*, § 19 Rn. 6; *Ule/Laubinger*, Verwaltungsverfahrensrecht § 45 II 3 a)/§ 45 Rn. 33.

11 A.A. Kopp/Ramsauer, § 19 Rn. 4; Knack/Henneke/*Ritgen*, § 19 Rn. 4; *Schmel*, Massenverfahren vor den Verwaltungsbehörden und den Verwaltungsgerichten, S. 111; Stelkens/Bonk/Sachs/*Bonk/Schmitz*, § 19 Rn. 6.

12 Ebenso *Schmel*, Massenverfahren vor den Verwaltungsbehörden und den Verwaltungsgerichten, S. 122; Stelkens/Bonk/Sachs/*Bonk/Schmitz*, § 19 Rn. 7; Ziekow, § 19 Rn. 4. A.A.: Bader/Ronellenfitsch/*Birk*, § 19 Rn. 4; Knack/Henneke/*Ritgen*, § 19 Rn. 6; Kopp/Ramsauer, § 19 Rn. 4a. Unentschieden *Ule/Laubinger*, Verwaltungsverfahrensrecht § 45 II 3 a)/§ 45 Rn. 33, die aber § 41 Abs. 1 Satz 2 nicht auf Vertreter i.S.d. §§ 16 bis 18 beziehen (§ 53 Abs. 1/§ 53 Rn. 3 a.E.).

Anführung des gemeinsamen Vertreters in der Bestimmung des § 41 Abs. 1 Satz 2 kein Hinweis auf die Unzulässigkeit einer Bekanntgabe eines VA an den gemeinsamen Vertreter,[13] weil diese Vorschrift auch den gesetzlichen Vertreter handlungsunfähiger Beteiligter und den von Amts wegen bestellten Vertreter nach § 16 unberücksichtigt lässt, obgleich es unbestreitbar ist, dass diesen ggü. ein für den Vertretenen bestimmter VA bekannt zu geben ist[14] (vgl. § 12 Rdn. 23; § 16 Rdn. 88, 102). In der Verwaltungspraxis ist die Notwendigkeit der Bekanntgabe der abschließenden Entscheidung an die Vertretenen aber unproblematisch. So kann die Behörde in den hier in Rede stehenden förmlichen Verwaltungsverfahren von der öffentlichen Bekanntmachung Gebrauch machen kann (§§ 69 Abs. 2 u. 3, 74 Abs. 5 VwVfG).

b) Wirkung der Verfahrenshandlungen für und gegen alle Vertretenen

21 Die von und ggü. einem gemeinsamen Vertreter im Rahmen seiner Vertretungsmacht vorgenommenen Verfahrenshandlungen (vgl. Rdn. 16, 18 f.) wirken unmittelbar für und gegen alle Vertretenen.

4. Weisungsungebundenheit des Vertreters (Satz 3)

a) Geltung nur im Verhältnis zu den Vertretenen

22 Die Weisungsungebundenheit des gemeinsamen Vertreters (Satz 3) gilt nur im Verhältnis zu den Vertretenen, während er – gleich den Beteiligten – an behördliche Verfahrenshandlungen gebunden ist (sodass er z.B. in einem Erörterungstermin eines PfV die Weisungen des Verhandlungsleiters zu befolgen hat).

b) Bedeutung der Weisungsunabhängigkeit

23 Die Weisungsunabhängigkeit bedeutet, dass der gemeinsame Vertreter bei der Ausübung seiner Befugnisse (vgl. Rdn. 16, 18 f.) durch die Vertretenen nicht auf ein bestimmtes Verhalten festgelegt werden kann und dass ein Verstoß gegen erteilte Weisungen die Wirksamkeit seiner (von der Vertretungsmacht erfassten) Handlungen für und gegen die Vertretenen nicht berührt. Insoweit ist die gemeinsame Vertretung – anders als die Bevollmächtigung (vgl. § 14 Rdn. 30, 33) – nicht einschränkbar.[15] Eine Weisung berührt daher weder das Innen- noch das Außenverhältnis (vgl. Rdn. 3) und ist somit stets unverbindlich (vgl. auch Rdn. 24).

24 Verletzt der gemeinsame Vertreter aber durch Nichtbeachtung einer ihm gegebenen Weisung (vgl. Rdn. 23) zugleich mit Verschulden die ihm nach Satz 1 auferlegte Pflicht (zur sorgfältigen Wahrnehmung der Interessen der Vertretenen – vgl. Rdn. 7 ff.), so

13 A.A. Stelkens/Bonk/Sachs/*Bonk/Schmitz*, § 19 Rn. 6.

14 A.A. für den Vertreter von Amts wegen nach § 16 *Ule/Laubinger*, Verwaltungsverfahrensrecht § 53 Abs. 1/§ 53 Rn. 3 a.E.

15 Ähnlich *Meyer/Borgs*, § 19 Rn. 2; *Ule/Laubinger*, Verwaltungsverfahrensrecht § 45 II 3 a)/§ 45 Rn. 33. Vgl. auch Knack/Henneke/*Ritgen*, § 19 Rn. 5; Kopp/Ramsauer, § 19 Rn. 8.

macht er sich im Fall eines den Vertretenen dadurch entstandenen Schadens ersatzpflichtig (vgl. Rdn. 11).

Auch die Behörde hat die Weisungsunabhängigkeit des gemeinsamen Vertreters zu respektieren. Sie ist daher – entsprechend ihrer Beratungspflicht nach § 25 – verpflichtet, den Vertreter über seine Unabhängigkeit aufzuklären, wenn sie feststellt, dass dieser gegen seine eigene Überzeugung nach einer Weisung (vgl. Rdn. 23) handeln will. Erklärungen, die der Vertreter unter dem Vorbehalt einer späteren Billigung seitens der Vertretenen abgibt, sind in jedem Fall von der Behörde zurückzuweisen. 25

c) Keine Befreiung von den allgemeinen Pflichten ggü. den Vertretenen

Mit der Weisungsunabhängigkeit ist keine Befreiung von den allgemeinen Pflichten eines Vertreters ggü. den von ihm Vertretenen, also im Innenverhältnis, verbunden (vgl. Rdn. 7 ff., 24). So hat der gemeinsame Vertreter insb. die Vertretenen über den jeweiligen Verfahrensstand und den mutmaßlichen Verfahrensfortgang sowie über die eigenen Aktivitäten zu informieren und im Übrigen laufenden Kontakt mit den Vertretenen zu halten.[16] Dass diese Verpflichtung nach den Umständen des Einzelfalles, insb. der Zahl der Vertretenen, unter dem Vorbehalt des Möglichen und Sachdienlichen steht, ist selbstverständlich und entspricht dem Grundgedanken der Regelungen der §§ 17 bis 19 zur Bewältigung des organisatorischen Problems der Massenverfahren.[17] 26

In welcher Weise der Vertreter diese Pflichten wahrnimmt, bleibt ihm weitgehend freigestellt. Für die erforderliche Kontaktpflege wird – sofern eine schriftliche Unterrichtung nicht angemessen erscheint – 27

1) ein Vertreter nach § 17 regelmäßig Veranstaltungen der von ihm vertretenen Interessengruppen (z.B. von Bürgerinitiativen) in Anspruch nehmen,
2) ein Vertreter nach § 18 die von ihm Vertretenen gemeinsam oder in Gruppen zusammenrufen.

5. Rechtsstellung der Vertretenen

Auch die Rechtsstellung der durch den gemeinsamen Vertreter Vertretenen muss – soweit keine Sondervorschriften (z.B. § 29 Abs. 1 Satz 3) bestehen – nach dem Zweck der gemeinsamen Vertretung (vgl. § 17 Rdn. 2; § 18 Rdn. 2) und nach den allgemeinen (die Rechte und Pflichten eines Vertretenen regelnden) Rechtsgrundsätzen bestimmt werden (vgl. auch Rdn. 2). 28

---

16 Ebenso Kopp/Ramsauer, § 19 Rn. 8; Stelkens/Bonk/Sachs/*Bonk/Schmitz*, § 19 Rn. 8. Ähnlich *Schmel*, Massenverfahren vor den Verwaltungsbehörden und den Verwaltungsgerichten, S. 109 f. Gegen eine Verpflichtung noch *Ule/Laubinger*, Verwaltungsverfahrensrecht s. Fn. 16.

17 Vgl. auch BT-Drucks. 7/4494 S. 6.

a) Kein Recht auf Teilnahme am Verfahren, soweit die Vertretung des Vertreters reicht

29 Die Vertretenen haben kein Recht auf Teilnahme am Verfahren, soweit die Aktiv- und Passivvertretung des gemeinsamen Vertreters reicht[18] (vgl. Rdn. 15 ff.). Insb. haben nach § 29 Abs. 1 Satz 3 nur die gemeinsamen Vertreter Anspruch auf Akteneinsicht (vgl. § 29). Die Abgabe (und Entgegennahme) von dem Verfahrensrechtsverhältnis beendenden Erklärungen steht aber allein[19] den Vertretenen zu (vgl. Rdn. 17, 20).

30 Eine entsprechende Anwendung des § 137 Abs. 4 ZPO, wonach in Anwaltsprozessen neben dem Anwalt auch der Partei selbst auf Antrag das Wort zu gestatten ist, widerspräche dem Grundgedanken der §§ 17 bis 19;[20] dies nimmt den Vertretenen aufgrund der Regelungen der § 17 Abs. 3 (vgl. § 17 Rdn. 95 ff.) und § 18 Abs. 2 (vgl. § 18 Rdn. 41 f.) trotz des fehlenden Weisungsrechts auch nicht die Möglichkeit, auf das Verfahren Einfluss zu nehmen.[21]

b) Möglichkeit der Behörde zur Einbeziehung der Vertretenen in das Verfahren

31 Die Behörde hat jedoch – im Rahmen ihres Verfahrensermessens – jederzeit die Möglichkeit, die Vertretenen auch in diesen Fällen (vgl. Rdn. 29) zusätzlich in das Verwaltungsverfahren einzubeziehen, wenn ihr dies zweckmäßig erscheint (vgl. auch § 29). So kann sie z.B.

1) die Unterzeichner einer gleichförmigen Eingabe nach § 17 zu einem Erörterungstermin laden und ihnen eine Wortmeldung gestatten oder
2) Beteiligte mit gleichem Interesse nach § 18 in die Sachverhaltsermittlung einschalten.[22]

II. Entsprechende Geltung des § 14 Abs. 5 bis 7 (Abs. 2)

1. Anwendungsbereich dieser Vorschrift

32 Abs. 2 erfasst – abweichend von Abs. 1 (vgl. Rdn. 4) – nur

1) den nach § 17 Abs. 1 Satz 1 kraft Gesetzes mit der gemeinsamen Vertretung betrauten Unterzeichner einer gleichförmigen Eingabe (vgl. § 17 Rdn. 42 ff.),

---

18 Im Ergebnis ebenso Knack/Henneke/*Ritgen*, § 19 Rn. 7; Kopp/Ramsauer, § 19 Rn. 5; *Meyer/Borgs*, § 19 Rn. 4; *Schmel*, Massenverfahren vor den Verwaltungsbehörden und den Verwaltungsgerichten, S. 124 ff.; Stelkens/Bonk/Sachs/*Bonk/Schmitz*, § 19 Rn. 6; *Ule/Laubinger*, Verwaltungsverfahrensrecht § 45 II 4/§ 45 Rn. 37.

19 Vgl. Kopp/Ramsauer, § 19 Rn. 7; *Ule/Laubinger* Verwaltungsverfahrensrecht § 45 II 4/§ 45 Rn. 37.

20 Ebenso Kopp/Ramsauer, § 19 Rn. 5; *Schmel*, Massenverfahren vor den Verwaltungsbehörden und den Verwaltungsgerichten, S. 124.

21 Im Ergebnis auch *Ule/Laubinger*, Verwaltungsverfahrensrecht § 45 II 4/§ 45 Rn. 37.

22 Ebenso Knack/Henneke/*Ritgen*, § 19 Rn. 8; Kopp/Ramsauer, § 19 Rn. 6; *Schmel*, Massenverfahren vor den Verwaltungsbehörden und den Verwaltungsgerichten, S. 125; Stelkens/Bonk/Sachs/*Bonk/Schmitz*, § 19 Rn. 6.

2) die nach § 17 Abs. 4 Satz 1 von den Unterzeichnern gleichförmiger Eingaben und nach § 18 Abs. 1 Satz 1 von Beteiligten bei gleichem Interesse auf eine Aufforderung der Behörde bestellten gemeinsamen Vertreter (vgl. § 17 Rdn. 118 ff.; § 18 Rdn. 24).

Die Vorschrift gilt dagegen nicht für die von Amts wegen nach § 17 Abs. 4 Satz 3 (vgl. § 17 Rdn. 122 ff.) oder § 18 Abs. 1 Satz 2 (vgl. § 18 Rdn. 26 ff.) bestellten Vertreter,[23] für deren Auswahl die Behörde verantwortlich ist (vgl. § 17 Rdn. 126; § 18 Rdn. 31). Erweisen sich diese als ungeeignet, so kommt nur die Aufhebung ihrer Bestellung in Betracht (vgl. § 17 Rdn. 133; § 18 Rdn. 41). I.Ü. hätte eine entsprechende Anwendung des § 14 Abs. 6 Satz 1 zur Folge, dass ein Fehler der Behörde bei der Auswahl des gemeinsamen Vertreters den Vertretenen zur Last fiele (vgl. auch § 14 Rdn. 91 ff.). 33

2. Die einzelnen entsprechend geltenden Bestimmungen

Bei der Anwendung der entsprechend geltenden Bestimmungen ist der Tatsache Rechnung zu tragen, dass gemeinsame Vertreter nach den §§ 17 ff. – regelmäßig anders als Bevollmächtigte – zum Kreis der Vertretenen gehören (vgl. § 17 Rdn. 36, 41, 118; § 18 Rdn. 24, 31). 34

a) § 14 Abs. 5

Die entsprechende Anwendung des § 14 Abs. 5 (wonach Bevollmächtigte und Beistände zurückzuweisen sind, wenn sie entgegen § 3 des Rechtsdienstleistungsgesetzes Rechtsdienstleistungen erbringen) ist vor allem für gemeinsame Vertreter bei gleichförmigen Eingaben nach § 17 von Bedeutung. In den Verwaltungsverfahren, in denen diese Vertreter tätig werden (z.B. in PfVen oder in Genehmigungsverfahren nach dem BImSchG), ist regelmäßig ein weit gefasster Personenkreis einwendungsberechtigt. So besteht in besonderem Maße die Gefahr, dass jemand eine Eingabe nur deshalb mitunterzeichnet, um mit der Vertretungsmacht für die übrigen Unterzeichner betraut zu werden um dann unter Umgehung des § 14 Abs. 5 Rechtsdienstleistungen zu erbringen. 35

Damit die Behörde im Interesse der Effizienz des Verfahrens (vgl. § 10) flexibel reagieren kann, ist ihr i. R. d. entsprechenden Anwendung des § 14 Abs. 5 ein Ermessen zuzuerkennen.[24] Bei einer Entscheidung über die Zurückweisung hat sie das Interesse an einer zügigen Verfahrensabwicklung mit dem Interesse der Beteiligten an einer sorgfältigen – nicht nur auf den Empfang eines Entgelts gerichteten – Wahrnehmung ihrer Interessen abzuwägen. Eine Zurückweisung des gemeinsamen Vertreters im Sinne einer fehlerfreien Betätigung des Ermessens wird immer dann geboten sein, wenn 36

23 A.A.: Knack/Henneke/*Ritgen*, § 19 Rn. 13; Kopp/Ramsauer, § 19 Rn. 11; *Meyer/Borgs*, § 19 Rn. 3.

24 A.A. *Schmel*, Massenverfahren vor den Verwaltungsbehörden und den Verwaltungsgerichten, S. 114.

die Behörde erfahren hat, dass der Vertreter für seine Tätigkeit ein Entgelt in unangemessener Höhe verlangt.

b) § 14 Abs. 6

37 Bei der Entscheidung über die Zurückweisung eines gemeinsamen Vertreters vom schriftlichen oder mündlichen Vortrag in entsprechender Anwendung des § 14 Abs. 6 **Satz 1** (vgl. § 14 Rdn. 79 ff.) hat die Behörde zu berücksichtigen, dass der mündliche Vortrag des gemeinsamen Vertreters nach § 17 in einem Erörterungstermin für vertretene Einwender ohne eine Beteiligtenstellung i.S.d. § 13 (vgl. § 17 Rdn. 18) die einzige Gelegenheit sein kann, ihre Einwendungen zur Geltung zu bringen.

38 Das in § 14 Abs. 6 **Satz 2** verankerte Verbot einer Zurückweisung von Personen, die zur geschäftsmäßigen Besorgung fremder Rechtsangelegenheiten befugt sind (vgl. § 14 Rdn. 84), gilt ohne Einschränkung für alle von Abs. 2 erfassten gemeinsamen Vertreter.

c) § 14 Abs. 7

39 Die entsprechende Anwendung des § 14 Abs. 7 (vgl. § 14 Rdn. 89 ff.) legt die besonderen Rechtsfolgen fest, die sich aus der Zurückweisung eines gemeinsamen Vertreters in entsprechender Anwendung des § 14 Abs. 5 und 6 ergeben (vgl. auch Rdn. 42).

40 In entsprechender Anwendung des § 14 Abs. 7 **Satz 1** ist die Zurückweisung jedem Vertretenen (einzeln) und dem gemeinsamen Vertreter mitzuteilen. Bei mehr als 50 erforderlichen Mitteilungen steht es im pflichtgemäßen Ermessen der Behörde, in entsprechender Anwendung des § 17 Abs. 4 Satz 2 den Weg der ortsüblichen Bekanntmachung (vgl. § 17 Rdn. 121) und im förmlichen Verwaltungsverfahren sowie in einem PfV in entsprechender Anwendung des § 63 Abs. 3 Satz 1 bzw. des § 72 Abs. 2 Satz 1 den Weg der öffentlichen Bekanntmachung zu wählen.

41 Entsprechend § 14 Abs. 7 **Satz 2** sind alle Verfahrenshandlungen des zurückgewiesenen gemeinsamen Vertreters, die dieser nach der Zurückweisung vornimmt, unwirksam bzw. unbeachtlich oder unzulässig (vgl. § 14 Rdn. 92). Von der Unwirksamkeit bzw. Unbeachtlichkeit sind nicht nur die vom gemeinsamen Vertreter – i.R.d. Aktivvertretung (vgl. Rdn. 16) – vorgenommenen Verfahrenshandlungen erfasst, sondern auch jene Verfahrenshandlungen, die die Behörde ggü. dem gemeinsamen Vertreter – i.R.d. Passivvertretung (vgl. Rdn. 18 f.) – vornimmt. Vor der Zurückweisung von dem gemeinsamen Vertreter vor- und entgegengenommene Verfahrenshandlungen bleiben wirksam.[25]

---

25 *Kopp/Ramsauer*, § 19 Rn. 13; *Schmel*, Massenverfahren vor den Verwaltungsbehörden und den Verwaltungsgerichten, S. 116.

3. Das weitere Verfahren nach Zurückweisung eines gemeinsamen Vertreters

Das weitere Verfahren nach Zurückweisung eines gemeinsamen Vertreters (und der dadurch bedingten Beendigung seiner Vertretungsmacht) richtet sich nach § 17 Abs. 4 Satz 1 bzw. § 18 Abs. 1 Satz 1[26] (vgl. § 17 Rdn. 104 ff.; § 18 Rdn. 4 ff.). Die Behörde kann die nicht mehr Vertretenen zur Bestellung eines (neuen) gemeinsamen Vertreters innerhalb einer angemessenen Frist auffordern und ggf. einen gemeinsamen Vertreter von Amts wegen bestellen, wenn die nicht mehr Vertretenen der Aufforderung nicht fristgemäß nachkommen (vgl. § 17 Rdn. 122 ff.; § 18 Rdn. 26 ff.). Die Aufforderung zur Bestellung eines neuen Vertreters wird zweckmäßigerweise mit der Mitteilung der Zurückweisung (vgl. Rdn. 40) verbunden. 42

III. Vergütungs- und Auslagenerstattungsanspruch eines von Amts wegen bestellten Vertreters (Abs. 3)

1. Anwendungsbereich dieser Vorschrift

In Abweichung von Abs. 1 (vgl. Rdn. 4) und 2 (vgl. Rdn. 32) findet Abs. 3 nur auf die nach § 17 Abs. 4 Satz 3 und § 18 Abs. 1 Satz 2 von Amts wegen bestellten Vertreter (vgl. § 17 Rdn. 122 ff.; § 18 Rdn. 26 ff.) Anwendung. 43

Die Frage einer Vergütung für einen nach § 17 Abs. 1 Satz 1 kraft Gesetzes mit der gemeinsamen Vertretung betrauten Unterzeichner einer gleichförmigen Eingabe sowie für einen nach § 17 Abs. 4 Satz 1 von den Unterzeichnern gleichförmiger Eingaben oder nach § 18 Abs. 1 Satz 1 von Beteiligten bei gleichem Interesse auf eine Aufforderung der Behörde bestellten gemeinsamen Vertreter richtet sich nach den dieser Vertretung zugrunde liegenden Rechtsverhältnissen zwischen dem Vertreter und den einzelnen Vertretenen (vgl. Rdn. 3, 11).[27] Soweit danach Ansprüche des Vertreters bestehen, richten sie sich gegen die einzelnen Vertretenen und müssen von dem Vertreter selbst verfolgt werden. 44

2. Ansprüche des Vertreters (Satz 1)

Nach Satz 1 hat – § 16 Abs. 3 Satz 1 entsprechend (vgl. § 16 Rdn. 70 ff.) – der von der Behörde bestellte Vertreter Anspruch auf angemessene Vergütung und auf Erstattung seiner baren Auslagen. Den damit verbundenen Verwaltungsaufwand hat der Gesetzgeber zugunsten des Vertreters in Kauf genommen, da es ansonsten der Behörde nicht oder nur unter großen Schwierigkeiten möglich wäre, einen geeigneten und zur Mitarbeit bereiten Vertreter zu gewinnen, wenn sie den in Aussicht genommenen Vertreter darauf verweisen müsste, Vergütung und Auslagen unmittelbar von den – unter Umständen sehr zahlreichen – Vertretenen einzutreiben.[28] 45

---

26 Ebenso *Ule/Laubinger*, Verwaltungsverfahrensrecht § 45 II 3 b)/§ 45 Rn. 34.
27 Ebenso Knack/Henneke/*Ritgen*, § 19 Rn. 15; Kopp/Ramsauer, § 19 Rn. 16; *Meyer/Borgs*, § 19 Rn. 5; Stelkens/Bonk/Sachs/*Bonk/Schmitz*, § 19 Rn. 11. Vgl. auch *Ule/Laubinger*, Verwaltungsverfahrensrecht § 45 II 3 c)/§ 45 Rn. 35.
28 S. BT-Drucks. 7/4494 S. 6.

a) Gegenstand der Ansprüche

46 Der von Amts wegen bestellte Vertreter hat Anspruch auf
1) die nach Satz 3 von der Behörde zu bestimmende angemessene Vergütung (vgl. § 16 Rdn. 71) und
2) den (gleichfalls nach Satz 3) von der Behörde festzustellenden Betrag der zu erstattenden baren Auslagen (vgl. § 16 Rdn. 72 f.).

b) Anspruchsgegner

47 Anspruchsgegner ist der Rechtsträger der Behörde, die den gemeinsamen Vertreter bestellt hat.[29] Bei Behörden mit Doppelfunktion ist derjenige Hoheitsträger Anspruchsgegner, für den die Behörde gehandelt hat[30] (vgl. auch § 16 Rdn. 75).

c) Durchsetzung der Ansprüche

48 Zur Durchsetzung der genannten Ansprüche steht dem von Amts wegen bestellten Vertreter die allgemeine Leistungsklage zur Verfügung, wenn die Beträge bereits nach Satz 3 durch VA (vgl. Rdn. 56) bestimmt bzw. festgestellt sind. Ist dies noch nicht der Fall, ist die Verpflichtungsklage der richtige Rechtsbehelf.

3. Ersatzanspruch der Behörde ggü. den Vertretenen (Satz 2)

49 Nach Satz 2 kann die Behörde von den Vertretenen zu gleichen Anteilen Ersatz ihrer Aufwendungen verlangen.

a) Gegenstand des Ersatzanspruchs

50 Der behördliche Ersatzanspruch geht auf Leistung des nach Satz 1 an den gemeinsamen Vertreter zu zahlende Vergütungs- und Erstattungsbetrages, der als behördliche Aufwendung (vgl. § 16 Rdn. 76) nach Satz 3 zu bestimmen bzw. festzustellen ist.

b) Geltendmachung des Ersatzanspruchs

aa) Dem Grunde nach im Rahmen pflichtgemäßen Ermessens

51 Die Geltendmachung des Ersatzanspruches steht dem Grunde nach (also bei der Frage des »Ob«) im pflichtgemäßen Ermessen der Behörde.[31] Bei der Ermessensausübung ist die Höhe des auf den einzelnen Vertretenen entfallenden Betrages ebenso zu berücksichtigen wie der mit der Geltendmachung des Ersatzanspruches verbundene Verwaltungsaufwand,[32] soweit nicht haushaltsrechtliche Bestimmungen ohnehin die Einziehung von Mindestbeiträgen verlangen.

---

29 S.a. *Kopp/Ramsauer*, § 19 Rn. 14; *Meyer/Borgs*, § 19 Rn. 5; Stelkens/Bonk/Sachs/*Bonk/Schmitz*, § 19 Rn. 11; *Ule/Laubinger*, Verwaltungsverfahrensrecht § 45 II 3 c)/§ 45 Rn. 35.
30 Ebenso Kopp/Ramsauer, § 19 Rn. 14.
31 S.a. Knack/Henneke/*Ritgen*, § 19 Rn. 16; Stelkens/Bonk/Sachs/*Bonk/Schmitz*, § 19 Rn. 12.
32 Vgl. *Meyer/Borgs*, § 19 Rn. 5.

Die Behörde muss ggü. allen Vertretenen ihr Ermessen einheitlich bestätigen. Einzelne Vertretene können nicht zulasten der übrigen bessergestellt oder von einer Erstattung überhaupt ausgenommen werden. Dagegen besteht die Möglichkeit, im Einzelfall einem Vertretenen aus Billigkeitsgründen die Zahlung des Erstattungsbetrages zu erlassen. 52

bb) Der Höhe nach zu gleichen Teilen als gebundene Entscheidung

Für die Berechnung der Anteile gilt für die Behörde – wenn sie einen Ersatzanspruch geltend macht (vgl. Rdn. 51) – (verpflichtend) Folgendes: 53

Zuerst ist die **Zahl der Anteile** anhand der Zahl der Vertretenen zu ermitteln (vgl. Rdn. 52). Dabei ist aber in Rechnung zu stellen, dass der gemeinsame Vertreter selbst zu dem Personenkreis der Vertretenen gehört (vgl. § 17 Rdn. 36, 41, 118; § 18 Rdn. 24, 31). Daher ist der auf ihn entfallende Aufwendungsanteil von der ihm zustehenden Gesamtvergütung abzuziehen. Vorzeitig aus dem Verfahren Ausgeschiedene sind zu berücksichtigen (und daher ersatzpflichtig), soweit bis zum Zeitpunkt ihres Ausscheidens eine Vergütung oder bare Auslagen bei dem Vertreter entstanden sind.[33] 54

Bezüglich der **Höhe der einzelnen Anteile** sind die Vertretenen nach Satz 2 zu gleichen Teilen heranzuziehen. Diese Verpflichtung stellt aber lediglich eine Konkretisierung des allgemeinen Gleichheitssatzes dar, der die Behörde nicht dazu zwingt, für alle Vertretenen zahlenmäßig identische Beiträge festzusetzen. So kann es durchaus geboten sein, das unterschiedliche Ausmaß des Interesses der einzelnen Vertretenen am Verfahrensausgang zu berücksichtigen.[34] Doch wird in aller Regel sowohl bei den Unterzeichnern gleichförmiger Eingaben nach § 17 als auch bei Beteiligtem bei gleichem Interesse nach § 18 eine messbare Differenzierung nur selten in Betracht kommen.[35] 55

cc) Durch Leistungsbescheid

Der einzelne Erstattungsanspruch ist von der Behörde durch Leistungsbescheid und damit durch VA geltend zu machen. 56

4. Bestimmung der Vergütung und der baren Auslagen des Vertreters sowie der eigenen Auslagen durch die Behörde (Satz 3)

Nach Satz 3 bestimmt die Behörde die (angemessene) Vergütung des gemeinsamen Vertreters und stellt dessen (bare) Auslagen sowie ihre eigenen (nach Satz 2 – vgl. Rdn. 49 ff. – umzulegenden) Aufwendungen fest (vgl. § 16 Rdn. 79 ff.). 57

---

33 S.a. *Meyer/Borgs*, § 19 Rn. 5.

34 Kopp/Ramsauer, § 19 (Rn. 15) erscheint die Vereinbarkeit dieser Regelung mit dem Gleichheitssatz des Art. 3 GG zweifelhaft, jedoch sieht er sich an einer anderen Auslegung durch den »klaren Wortlaut« gehindert. A.A. Knack/Henneke/*Ritgen*, § 19 Rn. 16.

35 Ähnlich Stelkens/Bonk/Sachs/*Bonk/Schmitz*, § 19 Rn. 10.

C. Verfahrensvorschriften des Sozialrechts sowie Verwaltungsverfahrensrecht der Länder

58 Das SGB X enthält keine Regelung zum Umgang mit Vertretern bei gleichförmigen Eingaben.

59 Die Vorschriften der Länder zum Verwaltungsverfahrensrecht sind wortgleich mit der Vorschrift des Bundes soweit nicht sowieso auf diese verwiesen wird.

§ 20 Ausgeschlossene Personen

(1) [1]In einem Verwaltungsverfahren darf für eine Behörde nicht tätig werden,
1. wer selbst Beteiligter ist;
2. wer Angehöriger eines Beteiligten ist;
3. wer einen Beteiligten kraft Gesetzes oder Vollmacht allgemein oder in diesem Verwaltungsverfahren vertritt;
4. wer Angehöriger einer Person ist, die einen Beteiligten in diesem Verfahren vertritt;
5. wer bei einem Beteiligten gegen Entgelt beschäftigt ist oder bei ihm als Mitglied des Vorstands, des Aufsichtsrates oder eines gleichartigen Organs tätig ist; dies gilt nicht für den, dessen Anstellungskörperschaft Beteiligte ist;
6. wer außerhalb seiner amtlichen Eigenschaft in der Angelegenheit ein Gutachten abgegeben hat oder sonst tätig geworden ist.

[2]Dem Beteiligten steht gleich, wer durch die Tätigkeit oder durch die Entscheidung einen unmittelbaren Vorteil oder Nachteil erlangen kann. [3]Dies gilt nicht, wenn der Vor- oder Nachteil nur darauf beruht, dass jemand einer Berufs- oder Bevölkerungsgruppe angehört, deren gemeinsame Interessen durch die Angelegenheit berührt werden.

(2) Absatz 1 gilt nicht für Wahlen zu einer ehrenamtlichen Tätigkeit und für die Abberufung von ehrenamtlich Tätigen.

(3) Wer nach Absatz 1 ausgeschlossen ist, darf bei Gefahr im Verzug unaufschiebbare Maßnahmen treffen.

(4) [1]Hält sich ein Mitglied eines Ausschusses (§ 88) für ausgeschlossen oder bestehen Zweifel, ob die Voraussetzungen des Absatzes 1 gegeben sind, ist dies dem Vorsitzenden des Ausschusses mitzuteilen. [2]Der Ausschuss entscheidet über den Ausschluss. [3]Der Betroffene darf an dieser Entscheidung nicht mitwirken. [4]Das ausgeschlossene Mitglied darf bei der weiteren Beratung und Beschlussfassung nicht zugegen sein.

(5) Angehörige im Sinne des Abs. 1 Nr. 2 und 4 sind:
1. der Verlobte, auch im Sinne des Lebenspartnerschaftsgesetzes,
2. der Ehegatte,
2a. der Lebenspartner,
3. Verwandte und Verschwägerte gerader Linie,

4. Geschwister,
5. Kinder der Geschwister,
6. Ehegatten der Geschwister und Geschwister der Ehegatten,
6a. Lebenspartner der Geschwister und Geschwister der Lebenspartner,
7. Geschwister der Eltern,
8. Personen, die durch ein auf längere Dauer angelegtes Pflegeverhältnis mit häuslicher Gemeinschaft wie Eltern und Kind miteinander verbunden sind (Pflegeeltern und Pflegekinder).

Angehörige sind die in Satz 1 aufgeführten Personen auch dann, wenn
1. in den Fällen der Nummern 2, 3 und 6 die die Beziehung begründende Ehe nicht mehr besteht;
1a. in den Fällen der Nummern 2a, 3 und 6a die die Beziehung begründende Lebenspartnerschaft nicht mehr besteht;
2. in den Fällen der Nummern 3 bis 7 die Verwandtschaft oder Schwägerschaft durch Annahme als Kind erloschen ist;
3. im Falle der Nummer 8 die häusliche Gemeinschaft nicht mehr besteht, sofern die Personen weiterhin wie Eltern und Kind miteinander verbunden sind.

Landesrechtliche Vorschriften

Die Verwaltungsverfahrensgesetze der Länder haben mit Ausnahme von Schleswig Holstein, dessen § 81 LVwG teils redaktionell teils inhaltlich abweicht, gleichlautende Vorschriften.

Schrifttum

Bergmann in Bergmann/Kenntner, Deutsches Verwaltungsrecht unter europäischem Einfluss, 2002, 15; *Borchmann*, Interessenkonflikt im Gemeinderecht, NVwZ 1982, 17; *Broß*, Ausgewählte Probleme des Kommunalrechts, VerwArch. Bd. 80, 1989, 143; *Gusy*, Neutralität staatlicher Öffentlichkeitsarbeit – Voraussetzungen und Grenzen, NVwZ 2015, 700; *Hammer*, Interessenkollision im Verwaltungsverfahren, insbesondere der Amtskonflikt, 1989; *Hassel*, Die Bedeutung des Unmittelbarkeitskriteriums für eine interessengerechte Anwendung der kommunalen Befangenheitsvorschrift, DVBl 1988, 711; *Herrmann/Tietze*, Ausschließung und Befangenheit von akademischen Mitarbeitern als Mitglieder einer Berufungskommission, LKV 2015, 337; *Jäde*, Befangenheit im Raumordnungsverfahren, BayVBl. 1986, 614; *Jäde*, Befangenheitsschranken behördlicher Beratungspflicht, BayVBl. 1988, 264; *Kahl*, 35 Jahre Verwaltungsverfahrensgesetz – 35 Jahre Europäisierung des Verwaltungsverfahrensrechts, NVwZ 2011, 449; *Kopp*, Befangenheit öffentlicher Amtsträger gemäß § 20 Abs. 1 Nr. 5 VwVfG bei gleichzeitiger Wahrnehmung eines Aufsichtsratsmandats?, WuV 1983, 226; *Krebs*, Zur Problematik des kommunalen Mitwirkungsverbots bei der Aufstellung von Flächennutzungsplänen, VerwArch. Bd. 71, 1980, 181; *Kuntze*, Allgemeines Verwaltungsrecht in Bergmann/Kenntner, Deutsches Verwaltungsrecht unter europäischem Einfluss, 2002, 133; *Maier*, Weisungen vorgesetzter Behörden gegenüber der Planfeststellungsbehörde – Möglichkeit und Schranken –, BayVBl. 1990, 647; *v. Mutius*, Voraussetzungen und Rechtsfolgen der Interessenskollision bei Mitwirkung an Entscheidungen im Bereich der kommunalen Bauleitplanung, VerwArch. Bd. 65, 1974, 429; *Scheuing*, Der Amtskonflikt als Ausschlußgrund im Verwaltungsverfahren, NVwZ 1982, 487; *Stahl*, Der Interessenswiderstreit im Gemeinderecht – Voraussetzungen, Rechtsfolge und Fragen des Rechtsweges, DVBl 1972, 764; *Tegethoff*, Die Entwicklung des Verwaltungsverfahrensrechts in der Rechtsprechung, NVwZ 2018, 1081; *Trute/Pfeifer*, Schutz vor Interessenkollisionen im

Rundfunkrecht, DÖV 1989, 192; *Wais*, Gefahr von Interessenkollisionen bei gleichzeitiger Wahrnehmung eines öffentlichen Amts und Aufsichtsratsmandats?, NJW 1982, 1263; *Wenzel*, Amtsausübung und Interessenkollision, DÖV 1976, 411; *Wolf*, Mitwirkungsverbote für Bezirksverordnete, LKV 2015, 208.

Übersicht **Rdn.**

A. Unbefangenheitsgebot

I. § 20 **kodifiziert** zusammen mit § 21 ein **Unbefangenheitsgebot, das alleine die persönliche Befangenheit von einzelnen Mitarbeitern meint und nicht etwa eine institutionelle Befangenheit einer Behörde, die die Rechtsordnung nicht kennt.**[1] Es folgt wie das mit ihm zusammenhängende Unparteilichkeitsgebot[2] aus dem Rechtsstaatsprinzip und dient der fairen und unparteilichen Verfahrensgestaltung.[3] Unionsrechtlich ist es im **Recht auf eine gute Verwaltung** (Art. 41 Abs. 1 der Charta der Grundrechte der EU; Amtsblatt C 326/391) verankert (vgl. Rdn. 159). 1

II. Die Wahrung der Unbefangenheit bedingt **strikte Sachbezogenheit** des amtlichen Handelns, **Neutralität** und **Fairness**[4] **und verbietet parteiliches, voreingenommenes und** sonst wie sachfremd eingestelltes **Tätigwerden, erst recht Handeln in eigener Sache.** 2

III. **Unbefangenheit** zu wahren heißt **nicht**, sich der Aufgabenerfüllung zu enthalten: Die Behörde muss alles erheblich erscheinende Material, auch Parteigutachten, mit dem ihm zukommenden Gewicht zur Würdigung heranziehen,[5] Sachzusammenhänge berücksichtigen[6] (vgl. § 24 Rdn. 176 ff.) und Grundrechtsschutz durch willkürfreies Verfahren gewährleisten. Das verpflichtet z.B. auch zu Hinweisen und Aufklärung ggü. Beteiligten (vgl. § 21 Rdn. 23). Die bloße Anhörung von Fachverbänden (hier: im Rahmen eines Zulassungsverfahrens von Marktständen) ohne Hinzutreten weiterer Umstände begegnet daher grundsätzlich keinen rechtlichen Bedenken.[7] § 28 wird in seinem Anwendungsbereich regelhaft nicht verdrängt. Eine aktive Rolle im Verwaltungsverfahren wird weder durch eine Anhörung noch durch bloße Lobbyarbeit vermittelt.[8] 3

B. Gegenstand der Regelung

§ 20 regelt in **Abs. 1 und 5** die **Eigenschaften**, die als solche die Unbefangenheit der Amtsausübung so infrage stellen, dass das **Betätigungsverbot** kraft Gesetzes eintritt, 4

---

1 BVerwG, Urt. v. 16.06.2016 – 9 A 4.15 (juris); OVG Schl.-Holst., Urt. v. 17.04.2018 – 15 KF 9/17, BeckRS 2018, 10140.

2 Die Pflicht zu unparteiischer Amtsführung zählt zu den hergebrachten Grundsätzen des Berufsbeamtentums: BVerfG, Entsch. v. 27.04.1959 – 2 BvF 2/58, NJW 1959, 1171 (1172) und Beschl. v. 28.05.2008 – 2 BvL 11/07, BVerfGE 121, 205.

3 OVG Nordrhein-Westfalen, Beschl. v. 20.07.2016 – 4 B 690/16, (juris) Rn. 32; VG Bremen, Beschl. v. 02.10.2012 – 5 V 1031/12 (juris); OLG Brandenburg, Urt. v. 19.07.2016 – Kart U 1/15 (juris) Rn. 47: »…als allgemeiner Rechtsgedanke aus dem Gleichbehandlungsgrundsatz, dem Diskriminierungsverbot sowie dem Transparenzgebot abzuleiten.«.

4 Näher dazu: *Zuck*, DRiZ 1988, 172 (178).

5 BVerwG, Beschl. v. 23.02.1994 – 4 B 35/94, NVwZ 1994, 688 (689).

6 VGH Bayern, Urt. v. 25.01.1994 – 22 B 92.499, BayVBl. 1994, 342 (343).

7 OVG Bremen, Beschl. v. 15.08.2019 – 2 LA 296/18, NVwZ-RR 2019, 1041.

8 VGH Bayern, Urt. v. 25.02.2013 – 22 B 11.2587, BayVBl 2014, 50; *Tegethoff*, NVwZ 2018, 1081 (1083).

während § 21 fallweise, aufgrund konkret aufgetretener Umstände die Möglichkeit zum Ausschluss eröffnet (vgl. § 21 Rdn. 10). **Abs. 2 und 3** nennen **Ausnahmen** von diesem Verbot. **Abs.** 4 regelt bei Ausschussmitgliedern das **Verfahren.**

5 § 20 normiert **keine subjektiven Rechte:** Der **Beteiligte** hat kein Recht auf Ablehnung bzw. Vollzug des Ausschlusses, der unbefangene **Amtswalter** kein klagefähiges Recht auf Einsatz in einem bestimmten Verfahren oder umgekehrt auf bindende Selbstablehnung.[9] Es ist verwaltungsinternen Mechanismen überlassen, den Ausschluss in die Praxis umzusetzen und für eine »saubere« Verwaltung zu sorgen. Der Beteiligte ist aber zur Vermeidung des Verlustes des Rügerechts im Rahmen seiner Mitwirkungsobliegenheiten gehalten, ihm bekannte Gründe frühzeitig geltend (Risiko der Präklusion)[10] und ggf. glaubhaft zu machen.[11]

6 Von den §§ 20, 21 **unberührt** bleibt das **innerdienstliche** Recht, z.B. in Grenzfällen Amtswalter aus dem Verfahren herauszunehmen, um Irritationen und Belastungen zu vermeiden.

7 Es gibt **kein Recht auf** den **gesetzlichen Beamten** entsprechend dem Anspruch auf den gesetzlichen Richter, auch wenn in Prüfungsverfahren die Chancengleichheit grds. die Beibehaltung der Prüfer für Nachkorrekturen gebietet (vgl. Rdn. 42, 153).[12]

8 **Sonderregeln** finden sich in § 71 Abs. 3 für das förmliche Verfahren vor Ausschüssen, im Wesentlichen inhaltsgleich in den §§ 82, 83, 15 AO und §§ 16, 17 SGB-X oder auch im Vergaberecht (§ 16 VgV) sowie in landesrechtlichen Vorschriften, etwa im Kommunalrecht.[13] § 79 erstreckt die Anwendung des § 20u.a. auf **Vorverfahren** nach § 68 VwGO (vgl. Rdn. 43). Diese gehen den Bestimmungen des VwVfG natürlich vor.[14]

C. Zweck der Regelung

9 § 20 soll ein **rechtsstaatliches, faires[15] Verfahren gewährleisten**, das Einwirken von naheliegend in der Person des Amtswalters vorhandenen sachfremden Sonderinteressen fernhalten und den »bösen Schein«[16] der Parteilichkeit bzw. Verquickung

9 VGH Bayern, Urt. v. 18.12.1991 – 3 B 91.656, BayVBl 1992, 469.

10 VGH Hessen, Urt. v. 18.05.2009 – 8 A 336/09, MedR 2010, 48 und OVG Rheinland-Pfalz, Urt. v. 15.01.1999 – 2 A 10946/98 8 (juris).

11 OVG Hamburg, Urt. v. 19.02.2001 – 2 Bs 370/00, NVwZ 2001, 1173.

12 Kopp/*Ramsauer*, § 20 Rn. 5 und 64; BVerwG, Urt. v. 29.08.1968 – II C 67.65, BVerwGE 30, 172 (178); st. Rspr. des BVerfG zum so genannten Überdenkungsverfahren; vgl. Beschl. v. 17.04.1991 – 1 BvR 419/89, BVerfGE 84, 34.

13 Vgl. etwa *Wolf*, LKV 2015, 208 zu Mitwirkungsverboten für Bezirksverordnete in Berlin.

14 VGH Bayern, Urt. v. 18.07.1991 – 13 A 89.1719, BayVBl 1992, 180.

15 Zum Grundsatz des fairen Verwaltungsverfahrens: BVerwG, Urt. v. 05.12.1986 – 4 C 13.85, BVerwGE 75, 214 und Urt. v. 27.07.1990 – 4 B 129.87, NVwZ 1991, 781 (782); zur Ableitung aus den Grundrechten vgl. BVerfG, Beschl. v. 13.11.1979 – 1 BvR 1022/78, BVerfGE 52, 380 (389).

16 BVerwG, Urt. v. 05.12.1986 – 4 C 13.86, BVerwGE 75, 214 (230).

verfahrensfremder Interessen mit dem Verfahren vermeiden, **ohne** umgekehrt **Raum für Obstruktion** durch Beteiligte zu bieten (Rdn. 114 f.).

10 Im Außenverhältnis zum Bürger erfahren die Bestimmungen durch die Regelungen der **Beamtengesetze** – z.B. §§ 60 Abs. 1, 61 Abs. 1 BBG – über die zu wahrende persönliche Integrität und Uneigennützigkeit bei der Amtsführung[17] ihre notwendige **Ergänzung**, zumal Straftatbestände wie die §§ 331, 332 StGB über Vorteilsannahme und Bestechlichkeit nur ausschnitthaft und mittelbar Schutz bewirken können.

11 Die Vorschrift soll das Vertrauen des **Beteiligten** in die Gesetz- und Rechtmäßigkeit der Entscheidung[18] und bei Prüfungen in die Chancengleichheit stärken, die **Allgemeinheit** vor der Gefährdung öffentlicher Interessen und den **Amtsträger** vor Konflikten wegen möglicher Vor- und Nachteile bewahren.[19]

D. Ausschlussnorm des Abs. 1

12 § 20 enthält ein **gesetzliches Betätigungsverbot** in den Fällen des **zwingenden** und **abschließenden,**[20] auf Erfahrungssätze gegründeten[21] **Kataloges** von Ausschlussgründen der Sätze 1 und 2.

13 Das Verbot trifft jeden Amtswalter, in dessen Person einer der **unwiderleglich die Befangenheit vermuten lassenden**, abstrakten **Gründe** des Abs. 1 vorliegt. Es gilt unabhängig davon, ob sich aus besonderen Umständen die konkrete Besorgnis der Befangenheit ableiten lässt (vgl. § 21 Rdn. 10, 14 ff.).

14 **Satz 1** befasst sich mit den drei konkretisierenden Tatbestandsvoraussetzungen (vgl. Rdn. 15, 19, 32) und einem durch **Satz 2** (Möglichkeit, einen unmittelbaren Vorteil oder Nachteil zu erlangen) ergänzten Katalog von Ausschlussgründen, wobei **Satz 3** (Zugehörigkeit zu einer Berufs- oder Bevölkerungsgruppe mit gemeinsamem und berührtem Interesse) eine Ausnahme von Satz 2 regelt.

I. Verwaltungsverfahren i.S.d. Vorschrift

15 Das Tätigkeitsverbot bezieht sich **innerhalb** des **Anwendungsbereiches** des **VwVfG** auf alle **Verwaltungsverfahren** (§ 9) **nichtförmlicher wie förmlicher Art** (§ 63 Abs. 2), was Planfeststellungsverfahren (§ 72 Abs. 1), Genehmigungsverfahren (§ 71a) und nach § 2 Abs. 3 Nr. 2 Prüfungsverfahren[22] einschließt, mit allen konkret hierauf bezogenen Handlungen (Rdn. 19 f.). Ebenso in universitären Berufungsverfahren.[23] Es

17 Unter dienstrechtlichem Aspekt vgl. *Wenzel*, DÖV 1976, 411.
18 Vgl. BVerwG, Beschl. v. 29.01.1985 – 7 B 4.85, NVwZ 1985, 576.
19 *Dagtoglou*, JZ 1971, 259.
20 VG Hannover, Beschl. v. 17.03.2011 – 2 B 550/11 (juris); Kopp/*Ramsauer*, § 20 Rn. 14.
21 BVerwG, Beschl. v. 11.12.1985 – 1 WB 141.84, BVerwGE 83, 87.
22 BVerwG, Beschl. v. 29.01.1985 – 7 B 4/85, NVwZ 1985, 576; VGH Baden-Württemberg, Urt. v. 10.03.1988 – 9 S 1141/86, DVBl 1988, 1122.
23 *Herrmann/Tietze*, LKV 2015, 337.

gilt auch für die Vergabekammer nach § 106 GWB.[24] Ist die Mitwirkung bestimmter Beteiligter (spezial-) gesetzlich vorgeschrieben, greift § 20 Abs. 1 nicht.[25] Das Verbot gilt erst ab Beginn des Verfahrens, nicht bereits im Vorfeld.[26]

16 **Außerhalb** des **Geltungsbereiches** des § 20 liegen die nicht zu einem Verwaltungsverfahren gehörenden schlicht hoheitlichen Handlungen und Realakte wie etwa Schulunterricht und dienstliche Beurteilungen (vgl. § 21 Rdn. 9), das Verfahrensvorfeld (Rdn. 20), fiskalisches, verwaltungsprivatrechtliches[27] und normsetzendes Handeln sowie Raumordnungsverfahren[28] und schließlich der Bereich staatlicher Öffentlichkeitsarbeit, der aber im Besonderen grundrechtlich beschränkt ist.[29]

17 Hier **gilt** vorbehaltlich spezieller Normen wie § 121 Abs. 3 SGB 9 das **ungeschriebene Recht**, das vor Befangenheit nicht schon bei deren Vermutung oder Besorgnis objektivrechtlich schützt (vgl. § 21 Rdn. 13). Die **analoge Anwendung** der §§ 20, 21 auf erkannte planwidrige Regelungslücken schließt das nicht aus.[30]

18 **Beteiligungsvorgänge** gehören zum Verwaltungsverfahren, sodass §§ 20, 21 auf die Mitwirkenden anzuwenden sind.[31] Das gilt z.B. für vorbereitende Entscheidungen,[32] auch für wichtige Hilfstätigkeiten,[33] nicht aber für rein technische vorbereitende Arbeiten.[34] Bindet das Ergebnis der Beteiligung, hat die **Unbefangenheit der Mitwirkenden** ohnehin dasselbe Gewicht für die Entscheidung.[35] Hier muss zur Vermeidung eines Wertungswiderspruches bei Fehlen spezieller Regelungen der Ausschlusskatalog des § 20 bzw. bei Besorgnis der Befangenheit § 21 analog gelten.

II. Vom Ausschluss erfasstes Tätigwerden

19 Es erfasst Handlungen, die aufgrund von Verfahrensnormen dem **Verwaltungsverfahren** (Rdn. 15) selbst **zugehören[36] und eine entscheidungsbezogene**, aktive Funktion

---

24 OLG Sachsen-Anhalt, Beschl. v. 31.01.2011 – 2 Verg 1/11 (juris).

25 VGH Hessen, Urt. v. 30.11.2011 – 6 A 2903/09, (juris, in DöV 2012, 365 nur Leitsatz).

26 Kopp/*Ramsauer* § 21 Rn. 8; OVG Thüringen, Beschl. v. 30.01.2008 – 2 EO 236/07, ThürVGRspr 2009, 49., VGH Hessen, Beschl. v. 18.03.2009 – 1 B 2642/08, RiA 2009, 229 und OVG Saarland, Beschl. v. 06.11.2009 – 1 B 481/09 (juris).

27 Vgl. v. *Zezschwitz*, NJW 1983, 1873 (1881).

28 Vgl. *Jäde*, BayVBl. 1986, 614 (§§ 20, 21 hier auch nicht analog).

29 Vgl. *Gusy*, NVwZ 2015, 700.

30 Für Analogie: Kopp/*Ramsauer*, § 20 Rn. 7.

31 Noch verneint für die Einigungsstelle des Personalrats (kein Ausschluss, eigenständiges Verfahren): BVerwG, Beschl. v. 21.06.1982 – 6 P 13.79, BVerwGE 66, 15; a.A. Laubinger, VerwArch. Bd. 76, 1985, 449 (463, 468 f.); VGH Hessen, Beschl. v. 04.10.1978 – BPV TK 13/78 (juris).

32 BVerwG, Urt. v. 18.05.2010 – 3 C 21/09, BVerwGE 137, 58.

33 VG Bremen, Beschl. v. 02.10.2012 – 5 V 1031/12 (juris).

34 VGH Baden-Württemberg, Urt. v. 09.12.2010 – 7 S 3291/08 (juris, in DöV 2011, 328 nur Leitsatz).

35 Vgl. als Beispiel dazu: VG Hannover, Beschl. v. 31.05.1985 – 6 D 20/85., NVwZ 1986, 960.

36 BVerwG, Urt. v. 05.12.1986 – 4 C 13.85, BVerwGE 75, 214 (229).

im Schutzbereich des § 20 (vgl. Rdn. 26) aufweisen. Das Verbot greift unabhängig davon, ob die Person nur ausschnitthaft tätig ist oder ihre Zuständigkeit überschreitet.

Zeitlich betrifft das Verbot Handlungen **ab Beginn** (§ 22 Rdn. 8) des Verwaltungsverfahrens, **nicht** dessen **Vorfeld**, die Phase **informeller Vorgespräche**; hier gilt grds. nur das Gebot der Sachlichkeit und Fairness mit Blick auf das mögliche künftige Verfahren.[37] 20

Für die **Erörterung** vor Antragstellung nach **§ 71c Abs. 2** gelten **§§ 20** und **21 analog**, da hier in Bezug auf ein konkret avisiertes Verfahren vorausgreifende Verfahrenssteuerung stattfindet. Dasselbe muss gelten in Bezug auf **Gutachter** (vgl. Rdn. 39), die die Behörde **zur Standortauswahl** vor einem Verwaltungsverfahren heranzieht[38] sowie für Anzeigeverfahren in Bezug auf die zu prüfende Anzeige (vgl. § 22 Rdn. 15 f.), nicht aber generell bei **Gutachten einer Behörde**, die in amtlicher Eigenschaft abgegeben werden.[39] Diese führen nicht zum Ausschluss uns auch nicht ohne weiteres zur Annahme von Befangenheit.[40] 21

1. Prüfungsmaßstab und Nachweis verbotenen Tätigwerdens

Es gilt ein **strenger Maßstab** mit einer am Schutzzweck der Vorschrift orientierten **abstrakten Beurteilung** aus der Sicht **ex ante**, da der Nachweis (Rdn. 25) konkreten und gewollten Einflussnehmens umso schwieriger ist, je mehr informell, nicht aktenkundig oder rein innerdienstlich geschieht. 22

Verboten ist jedes aktive Handeln, bei dem die Möglichkeit direkter bzw. indirekter Einflussnahme auf Verfahren und Ergebnis nicht ausgeschlossen erscheint (Rdn. 31).[41] Nicht betroffen sind rein technische oder sonstige Hilfstätigkeiten.[42] 23

Unerheblich ist, ob die Handlung ex post gesehen sich auf das Verfahrensergebnis ausgewirkt hat oder nicht (vgl. Rdn. 145), ob die Behörde mit oder ohne Ermessen 24

37 Näher Jäde, BayVBl. 1988, 264; a.A., §§ 20, 21 analog: Scheuing, NVwZ 1982, 487 (488); Kopp/*Ramsauer*, § 20 Rn. 7a. Im Kommunalrecht nimmt OVG Niedersachsen, Urt. v. 27.08.1981 – 1 C 5/80, NVwZ 1982, 200 ein Mitwirkungsverbot schon für Vorgespräche an.

38 Vgl. *Hoppe/Bleicher*, NVwZ 1996, 421 (423).

39 VG Berlin, Beschl. v. 24.07.2012 – 3 K 131.12 u.a. (juris), bestätigt durch OVG Berlin-Brandenburg, Beschl. v. 17.08.2012 – 3 M 69.12 (juris).

40 BVerwG, Beschl. v. 07.02.2011 – 4 B 48.10., ZfBR 2011, 575; VG Berlin, Beschl. v. 24.07.2012 – 3 K 131.12 u.a. (juris).

41 *Scheuing*, NVwZ 1982, 487 (490); vgl.: VGH Bayern, Beschl. v. 16.04.1981 – 20 CS 80 D. 61, NVwZ 1982, 510 (512) und Beschl. v. 18.12.1981 – 8 B 81 A 1128, NVwZ 1982, 508; für »konkrete und beabsichtigte Einflussnahme« siehe BVerwG, Urt. v. 30.05.1984 – 4 C 58.81, BVerwGE 69, 256; nach BVerwG, Urt. v. 18.05.2010 – 3 C 21.09, BVerwGE 137, 58 ist die Möglichkeit des Einflusses auf das Ergebnis entscheidend.

42 VGH Baden-Württemberg, Urt. v. 09.12.2010 – 7 S 3291/08 (juris; in DöV 2011, 328 nur Leitsatz); zur Bekanntgabe eines von einem Gremium verbindlich getroffenen Beschlusses durch einen ›Ausgeschlossenen‹ VG Potsdam, Beschl. v. 20.02.2013 – 2 L 233/12 (juris).

handelt, ob sie nur einzelne Maßnahmen, z.B. eine Beweiserhebung in Amtshilfe durchführt oder der Eingriff in den Entscheidungsprozess verfahrensführend bzw. in Aufsichtsfunktion[43] erfolgt.

25 Im Fall der **Beweisführung** hierüber sind Erfahrungssätze (vgl. § 24 Rdn. 129) und typische Verwaltungsabläufe mit zu berücksichtigen.[44]

2. Erlaubte Tätigkeiten trotz Ausschlussgrund

26 Das sind solche, die den **Schutzzweck** des § 20 **nicht berühren** (Rdn. 27, 30) oder bei denen besondere Umstände dem Ausschlussgrund gegenüberstehen, sodass das **Restrisiko** befangenen Handelns (zunächst) **hinnehmbar** geringfügig ist (Rdn. 28, 30), nämlich:

27 – Die Wahrnehmung gesetzlicher Aufgaben mit äußerlichem Bezug zum Verfahren, wenn es **verfahrensbezogen** bei **erkennbar passivem** Verhalten verbleibt wie z.B. bei Aktenvorlage nur zur Kenntnisnahme durch den Vermerk »gesehen«, bei Anwesenheit in einer Besprechung nur zur Information sowie bei darauf beschränktem persönlichen Kontakt (vgl. Rdn. 31);[45]

28 – der **Massenvorgang** mit **rein routinemäßiger** Sachbehandlung wie z.B. bei polizeilicher Verkehrsregelung oder gebührenpflichtiger Zulassung zur Benutzung öffentlicher Einrichtungen;

29 – die **neutrale Verrichtung** im Verfahren[46] ohne funktional vorgesehenen, eigenständigen Einfluss auf dessen Gang und Entscheidung wie Schreibdienst, Registratur, Fahrdienst, weisungsgebundene Schriftführung,[47]

30 – nicht aber etwa Beglaubigungen oder eigenverantwortliche Protokollführungen.

3. Ausgeschlossene Tätigkeiten

31 Hierzu zählen z.B.: Mitwirkung an der **Meinungsbildung**[48] **oder planerischen Gestaltung**, auch wenn der Einfluss von politischen Ebenen ausgeht;[49] Mitwirkung an der **Entscheidung** und deren Vorbereitung durch Vernehmung von Zeugen oder andere **Sachaufklärungen**[50] **bzw. durch Teilnahme an einer Antragskonferenz** nach § 71e

43 BVerwG, Beschl. v. 05.12.1986 – 4 C 13.85, BVerwGE 75, 214 (229 f.) und Urt. v. 30.05.1984 – 4 C 58.81, BVerwGE 69, 256.

44 VGH Bayern, Beschl. v. 16.04.1981 – 20 CS 80 D.61, NVwZ 1982, 510 (512).

45 BVerwG, Urt. v. 05.12.1986 – 4 C 13.85, BVerwGE 75, 214 m.w.N.; *Scheuing*, NVwZ 1982, 487 (491).

46 Vgl. OVG Rheinland-Pfalz, Urt. v. 29.11.1989 – 10 C 18/89, NVwZ-RR 1990, 271 (Planausfertigung).

47 Anders, wenn wie im Prozess der Urkundsbeamte im Konfliktfall seine Auffassung im Protokoll niederzulegen hat.

48 BVerwG, Urt. v. 30.05.1984 – 4 C 58.81, BVerwGE 69, 256.

49 Vgl. (zum Abwägungsgebot): BVerwG, Urt. v. 05.12.1986 – 4 C 13.85, BVerwGE 75, 214.

50 Amtl. Begründung S. 45; erst recht bei letztverantwortlicher Unterzeichnung der Entscheidung: BVerwG, Urt. v. 18.12.1987 – 4 C 9.86, BVerwGE 78, 347.

sowie **Besprechungen** als Sachbearbeiter oder Leiter; aufsichtliche oder innerdienstliche **Weisungen** und ähnliche, eine bestimmte Sachbehandlung **nahelegende Äußerungen,**[51] auch wenn als Hinweis oder Vermerk deklariert; stillschweigende oder ausdrückliche Zustimmung zur Sachbehandlung ausdrückende Kenntnisnahmen (vgl. Rdn. 27); **Würdigungen** zur Sach- und Rechtslage.

III. Subjekte des Ausschlusses

§ 20 erfasst mit den Ausschlussgründen **nur** die **natürliche Einzelperson**, die **funktional** ein **Amt für** die **Behörde** wahrnimmt.[52] Dienstrechtlicher Status und Zugehörigkeit zur entscheidungszuständigen Behörde sind irrelevant.[53] Für jede Person im Behördenaufbau – z.B. Minister – gilt das Verbot, ganz gleich ob beamtet, angestellt, in Amtshilfe,[54] beliehen, aufsichtlich, ehrenamtlich oder für eine die federführende unterstützende Behörde handelt.[55] Es gibt aber keine institutionelle Befangenheit einer ganzen Behörde.[56] 32

1. Konflikte innerhalb einer Institution

§ 20 **regelt nicht** die Konfliktlagen aufgrund Zusammentreffens von Funktionen oder Personenidentität **innerhalb** einer **Behörde oder** eines **Rechtsträgers.** Soweit hier das Abwägungsgebot gilt, muss die Verfahrensgestaltung dem **Fairnessgebot** (Rdn. 2) als Voraussetzung einer gerechten Abwägung genügen.[57] 33

Funktional konfliktträchtig ist z.B. das Zusammentreffen von Vorhabenträger und Planfeststellungsbehörde[58] (vgl. § 14 Abs. 1 WaStrG) oder von Anhörungs- und Planfeststellungsbehörde.[59] Gleichwohl gilt auch hier, dass es keine institutionelle Befangenheit gibt. Im Einzelfall kann § 21 einschlägig sein. 34

---

51 BVerwG, Urt. v. 30.05.1984 – 4 C 58.81, BVerwGE 69, 256; vgl. auch: BVerwG, Urt. v. 08.02.1977 – V C 071.75, BVerwGE 52, 47. Zu Planungsverfahren: *Maier*, BayVBl. 1990, 647.

52 BVerwG, Beschl. v. 31.03.2006 – 8 B 2.06, Buchholz 316 § 20 VwVfG Nr. 9 und OVG Niedersachsen, Beschl. v. 06.06.2006 – 11 ME 52/06, NdsVBl 2007, 83.

53 BVerwG, Urt. v. 30.05.1984 – 4 C 58.81, BVerwGE 69, 256.

54 Vgl. dazu *Wais*, NJW 1982, 1263 (1265).

55 Vgl. BVerwG, Urt. v. 05.12.1986 – 4 C 13.85, BVerwGE 75, 214; Stelkens/Bonk/*Sachs*, § 20 Rn. 26; zu ehrenamtlich Tätigen: Knack/Henneke, § 20 Rn. 15.

56 BVerwG, Beschl. v. 31.03.2006 – 8 B 2.06, Buchholz 316 § 20 VwVfG Nr. 9 und Beschl. v. 31.03.2006 – 8 B 2.06, ZoV 2006, 187, sowie OVG Niedersachsen, Beschl. v. 06.06.2006 – 11 ME 52/06, NdsVBl 2007, 83 und VG Stuttgart, Urt. v. 13.02.2007 – 5 K 4532/04 (juris); *Tegethoff*, NWvZ 2018, 1081 (1083), m.w.N.

57 Vgl. BVerwG, Urt. v. 05.12.1986 – 4 C 13.85, BVerwGE 75, 214; BVerwG, Urt. v. 27.07.1990 – 4 C 26.87, NVwZ 1991, 781. Vgl. auch: Kopp/*Ramsauer*, § 20 Rn. 12, 12a.

58 BVerwG, Beschl. v. 09.04.1987 – 4 B 73.87, NVwZ 1987, 886 (m.w.N.).

59 Vgl. zum Luftverkehrsrecht: BVerwG, Beschl. v. 02.10.1979 – 4 N 1.79, BVerwGE 58, 344.

35 **Belange** treffen aufeinander, wenn es z.B. um die Wirtschaftlichkeit einerseits und die Erfüllung öffentlicher Verkehrsbedürfnisse[60] andererseits geht, wie bei der ehemaligen Deutschen Bundesbahn.

36 Personenidentität kann z.B. zwischen der planenden und der für den Planfeststellungsbeschluss verantwortlichen **Person**[61] **bestehen.**

2. Nicht unmittelbar erfasste Personen

37 Hierzu zählt, wer **für** die **Behörde** als Beweismittel (Rdn. 38, 39) oder in anderer Hilfsfunktion (Rdn. 40) tätig ist. Bei reinen Hilfstätigkeiten fehlt es an dem Merkmal eines möglichen Ergebniseinflusses.[62] Nicht erfasst sind auch von den **Beteiligten** als **Helfer** zugezogene, z.B. Sprachhelfer (§ 23 Rdn. 55) und Privatgutachter; für diese, dem Beteiligteninteresse dienenden Personen gelten die §§ 20 und 21 auch nicht analog.

38 Der **Zeuge** soll seine höchstpersönlichen Wahrnehmungen bekunden (§ 26 Rdn. 44). Er ist deshalb **nicht** als befangen **ablehnbar.** Ggf. hat er ein Zeugnisverweigerungsrecht. In der Beweiswürdigung müssen die Situation des Zeugen und etwaige parteiische Angaben erkannt und eingeordnet werden.

39 Die Aufgabe, Wissen so objektiv wie möglich (vgl. § 26 Rdn. 49) einzusetzen, und die vom Sachverstand ausgehende, entscheidungsprägende Wirkung der gutachtlichen Wertung rechtfertigen die **analoge Anwendung** der **§§ 20, 21** auf behördlich beauftragte **Sachverständige** auch im nichtförmlichen Verfahren (vgl. § 26 Rdn. 58). Das Angewiesensein auf einen unbefangenen, neutralen Gutachter ist hier nicht geringer als im förmlichen Verfahren. Ein Ablehnungsrecht wird auch bei Gutachtern damit nicht eröffnet (Rdn. 114). Die Verweisung in § 65 auf die ZPO, statt durch § 63 Abs. 2 auf §§ 20 und 21 zeigt, dass letztere nicht unmittelbar gelten.[63] Zum **behördlichen Sachverständigen** siehe Rdn. 21 m.w.N. Die Behörde ist aber nicht gehindert, in beigezogenen Akten befindliche **privatgutachterliche** Stellungnahmen bei der Überzeugungsbildung zu berücksichtigen.[64]

40 **Dolmetscher** haben Sprachwissen auf die fremdsprachige Äußerung mit einer dem Gutachter vergleichbaren persönlichen Verantwortlichkeit anzuwenden und unter Offenlegung der Interpretationsmöglichkeiten richtig zu übertragen. Daher **gelten**

60 Vgl. BVerwG, Beschl. v. 24.08.1987 – 4 B 129.87, DVBl 1987, 1267.

61 BVerwG, Beschl. v. 24.08.1987 – 4 B 129.87, DVBl 1987, 1267 (1269); VGH Bayern, Urt. v. 23.08.1985 – 11 B 83 A.2163, BayVBl. 1986, 241 (242 f.).

62 Vgl. Rdn. 18 und 20; OVG Saarland, Beschl. v. 06.11.2009 – 1 B 481/09 (juris) sowie VGH Baden-Württemberg, Urt. v. 09.12.2010 – 7 S 3291/08, (juris; in DöV 2011, 328 nur Leitsatz).

63 Für unmittelbare Geltung: Kopp/Ramsauer, § 26 Rn. 13a.

64 VGH Baden-Württemberg, Urt. v. 04.06.2002 – 8 S 460/01, NVwZ-RR 2003, 412 und zum gerichtlichen Verfahren VGH Baden-Württemberg, Beschl. v. 29.04.2002 – 10 S 2367/01, NVwZ 2002, 1260.

die **§§ 20, 21** für behördlich herangezogene Dolmetscher **analog,**[65] **im förmlichen Verfahren i.V.m. § 63 Abs. 2.** Für die Gleichstellung mit Sachverständigen spricht auch § 191 GVG. Jede Übertragung enthält eine Bewertung des Fremdsprachigen (vgl. § 23 Rdn. 60). Für herangezogene Übersetzer gilt Entsprechendes.

3. Fälle der Vorbefassung mit der Angelegenheit

Die **Vorbefassung** mit der Angelegenheit in **verfahrensrechtlich vorgesehener Funktion** – auch als Zeuge oder herangezogener Sachverständiger – bewirkt nach § 20 **keinen Ausschluss.** Abs. 1 nennt die Ausschlussgründe abschließend; vgl. aber Abs. 1 Satz 1 Nr. 6 (Rdn. 68). Die Regelung des § 41 Nr. 6 ZPO bzw. § 54 Abs. 2 VwGO wurde nicht in das VwVfG übernommen.[66] Im Einzelfall greift § 21. Es muss aber bei der Vorbefassung um **dieselbe Sache** gegangen, d.h. die Aufgabenstellung muss identisch sein.[67] 41

Diese **Grundsätze treffen zu** bei Mitwirkung im vorherigen Verwaltungsverfahren in identischer Angelegenheit, **z.B.**: bei erneutem Antrag nach Rücknahme des vorherigen; im Verhältnis von Ausgangs- und Vorverfahren vor allem in Fällen des § 73 Abs. 1 Satz 2 Nr. 3 VwGO; bei erneutem Prüfungsversuch und identischem Vorsitzenden bzw. weiterem Prüfer; bei Nachkorrektur einer Prüfungsarbeit durch dieselben Prüfer (vgl. § 21 Rdn. 25). Hier besteht sogar Anspruch auf Überdenken durch den vorbefassten Prüfer.[68] 42

IV. Der Katalog der Ausschlussgründe des Satzes 1

Satz 1 knüpft in allen Nummern rein **formal** an bestimmte **persönliche Eigenschaften** im Verhältnis zu einem Beteiligten (Nr. 1 bis 5) oder zum Verfahrensgegenstand (Nr. 6) an, die ein – zum Interessenkonflikt mit dem Amt führendes – persönliches Interesse am Verfahrensausgang unwiderleglich vermuten lassen. 43

Dabei **wirken** in den Fällen des § 20 Abs. 1 Satz 1 Nr. 2, Nr. 4 bzw. Nr. 6 je i.V.m. Abs. 5 Satz 2 ehemalige persönliche Eigenschaften **zeitlich nach**, indem sie – erst dann oder noch – im nachfolgenden Verfahren Ausschlusswirkung entfalten. 44

1. Beteiligte (Nr. 1)

Der Ausschluss nach Nr. 1 beruht auf dem Gedanken, dass **niemand in eigener Sache unbefangen** entscheiden wird. Satz 3 ist auf Fälle, in denen seine Voraussetzungen bei Beteiligten nach Nr. 1 vorliegen, schon deshalb nicht analog anwendbar. 45

---

65 Wohl für unmittelbare Geltung: Kopp/Ramsauer, § 20 Rn. 13a; divergierend: Stelkens/Bonk/Sachs, § 20 Rn. 25.

66 Vgl. amtl. Begründung S. 46.

67 OVG Niedersachsen, Urt. v. 08.03.2006 – 7 KS 145/02 u.a., DVBl 2006, 1044.

68 BVerwG, Urt. v. 24.02.1993 – 6 C 35.92, BVerwGE 92, 132 und Urt. v. 09.07.1982 – 7 C 51.79, DVBl 1983, 90; insoweit kritisch: Kopp, DVBl 1991, 989 f.

46 Nr. 1 impliziert, dass das Verwaltungsverfahren **anhängig** sein muss und in die betreffende Person aktuell beteiligt ist.[69]

47 Wer **Beteiligter** ist, ist § 13 Abs. 1 zu entnehmen; so z.B. der Antragsteller im Gegensatz zu dem, der ein Offizialverfahren nur anregt (vgl. § 22 Rdn. 26).

48 Ab **Hinzuziehung** beginnt im Fall des § 13 Abs. 1 Nr. 4 die Beteiligtenstellung in dem Verfahren. Vorher können die sonstigen Ausschlussgründe und § 21 greifen. Wer hinzugezogen werden will, ist in seinem Verfahren auf Hinzuziehung natürlich Beteiligter.

49 Im Planfeststellungsverfahren steht der **Einwender** nach § 73 Abs. 4 einem Beteiligten gleich und der **Betroffene** ist Beteiligter ab Hinzuziehung nach § 13 Abs. 2 Satz 2.

2. Angehöriger eines Beteiligten (Nr. 2)

50 Hinter der Nr. 2 steht die Erwägung, dass der Amtswalter sich der Befangenheit erzeugenden Wirkung der **nahen familiären Beziehung** zum Beteiligten nicht wird entziehen können.

51 Angehöriger ist, wer unter eine der Alternativen der **Legaldefinition** des Angehörigen in **Abs. 5** fällt (vgl. Rdn. 120). Für **Lebensgefährten** eines Beteiligten hat der Gesetzgeber mit Wirkung vom 07.06.2013 die Nummern 2a und 6a eingefügt[70] und damit der Tatsache Rechnung getragen, dass die **eingetragene Partnerschaft** i.S.d. Lebenspartnerschaftsgesetzes vom 01.08.2001 (BGBl I 2001, 266) hier der Ehe gem. § 11 Abs. 1 LPartG gleichzustellen ist.

3. Vertreter eines Beteiligten (Nr. 3)

52 Diese Norm **löst** den **Loyalitätskonflikt** des Vertreters, der die Interessen des Vertretenen und des Amtes wahrzunehmen hätte, also auch eine Vertretungsbefugnis in **amtlicher Eigenschaft.**[71] Die Vertretungsbefugnis als solche begründet ebenso wie tatsächliches Vertreten (in zumindest vermeintlicher Befugnis) die Konfliktlage.

53 Nr. 3 erfasst **jede spezielle** oder darüber hinausgehende, im konkreten Verfahren verwendbare, **allgemeine Vertretungsbefugnis** unabhängig davon, ob sie tatsächlich wahrgenommen wird. Erstreckt sie sich nicht wenigstens z.T. auf den Verfahrensgegenstand, können etwaige Vor- und Nachteile in Bezug auf andere Gegenstände der Vertretungsmacht nur zur Anwendung von § 21 führen.

54 In den Schutzbereich der Nr. 3 fällt jede Vertretung, die – anders als die Empfangsvollmacht – eine **aktive Einflussnahme** im Verfahren **bezweckt:** gesetzlich fingierte Vertreter (§ 17); gesetzliche Vertreter nicht handlungsfähiger Personen und Vereinigungen;

---

69 In diesem Sinn zu § 41 Nr. 3 ZPO: VGH Bayern, Beschl. v. 27.05.1981 – 20 B 80 D 36, BayVBl. 1981, 723.

70 Durch das Gesetz zur Verbesserung der Öffentlichkeitsbeteiligung und Vereinheitlichung von Planfeststellungsverfahren vom 31.05.2013, BGBl. I, 1388.

71 So auch Kopp/Ramsauer § 20 Rn. 21.

amtliche Vertreter beteiligter Behörden (vgl. § 12); gewillkürte Vertreter mit umfassender oder beschränkter Vollmacht (vgl. § 14); gerichtlich bzw. behördlich bestellte Vertreter (vgl. §§ 16, 18 Abs. 1).

Auf Vertreter in **amtlicher Eigenschaft** ist **Nr. 5 Halbs.** 2 nach h.M. **analog** anwendbar. Mit der Aufgabe der Organtätigkeit entfällt dieser Ausschlussgrund; er hat keine Nachwirkungen.[72] Ist die Anstellungskörperschaft Beteiligte, greift Halbs. 2. 55

Ist die **Anstellungskörperschaft** des Vertreters die von ihm zu vertretende Beteiligte, gilt das ebenso. Zulässig sind also Genehmigungen des Landrats für den Landkreis oder des Oberbürgermeisters für die Stadt. 56

4. Angehöriger eines Vertreters eines Beteiligten (Nr. 4)

Wie bei Nr. 2 gilt, dass **familiäre Nähe** einem unbefangenen Wirken im Verfahren im Wege steht, wobei sich diese Nähe hier auf Vertreter eines Beteiligten bezieht. 57

Enger als bei **Nr. 3** ist nur der Vertreter gemeint, der für einen Beteiligten im konkreten Verfahren **tatsächlich auftritt.** Wie die Nr. 3 greift Nr. 4 auch, wenn der Vertreter ohne Vertretungsmacht, aber vom Amtswalter unerkannt ohne sie, auftritt; der Mangel ändert nichts am Bestehen der Konfliktlage. 58

Jede von Nr. 3 erfasste **Art der Vertretung** genügt auch bei Nr. 4 (Rdn. 54), wobei irrelevant ist, ob die Vertretung auf verfahrensbezogener oder allgemeiner Vertretungsmacht i.S.d. Nr. 3 beruht. Wer **Angehöriger** ist, folgt aus Abs. 5 (Rdn. 120 ff.). 59

5. Bei einem Beteiligten tätige Person (Nr. 5)

Nr. 5 betrifft den, der rechtlich bindend zu einem Beteiligten in einer (neben-)**beruflichen Interessenbindung**, steht, die ein **Abhängigkeitsverhältnis** bedeuten kann, und die weder unter Nr. 3 fällt noch formell beendet ist.[73] Nachwirkungen einer früheren derartigen Tätigkeit kennt die Nr. 5 nicht, sie werden ggf. von Nr. 6 bzw. § 21 erfasst. 60

Wer **Beteiligter** ist, ergibt sich aus § 13. Das kann eine Körperschaft des öffentlichen Rechts, etwa eine Universität oder eine Gemeinde sein.[74] Unerheblich ist, ob der Beteiligte nach Nr. 5 (auch) öffentliche Interessen wahrzunehmen hat. 61

Die **erste Alternative** meint Personen, auch des öffentlichen Dienstes[75], in **entgeltlich abhängiger**, nicht notwendig weisungsgebundener Tätigkeit: ein Arbeitsverhältnis, 62

---

72 BVerwG, Urt. v. 05.12.1986 – 4 C 13.85, BVerwGE 75, 214 und Urt. v. 18.12.1987 – 4 C 9.86, BVerwGE 78 347; Kopp/Ramsauer, § 20 Rn. 27.

73 Das Ausscheiden aus dem Organ bzw. der Beschäftigung ist maßgebend, nicht das Ruhen der Funktion: BVerwG, Urt. v. 05.12.1986 – 4 C 13.85, BVerwGE 75, 214 und Urt. v. 18.12.1987 – 4 C 9.86, BVerwGE 78, 347.

74 Vgl. dazu VG Sigmaringen, Urt. v. 25.05.1977 – III 596/77, DVBl 1978, 154 (156) und VGH Baden-Württemberg, Urt. v. 19.01.1987 – 7 S 2103/86 (juris).

75 Zur Flughafen München GmbH: BVerwG, Urt. v. 30.05.1984 – 4 C 58.81, BVerwGE 69, 256.

eine Nebentätigkeit oder sonstige dienstvertragliche Beziehung, dem Normzweck nach auch ein freiberufliches, z.B. beratendes Verhältnis im Fall wirtschaftlich so starker Bindung, dass sich faktische Abhängigkeit ergibt;[76] nicht: Tätigkeiten gegen Aufwandsersatz.

63 Die **zweite Alternative** erstreckt sich auf **leitende** sowie **kontrollierende Funktionen** von Amtswaltern im Vorstand, Aufsichtsrat oder funktional gleichwertigen Organen[77] Beteiligter wie etwa einem Gemeinderat[78] oder Kirchenvorstand. Ein reines Beratungs- oder Förderungsorgan genügt nicht. Auf Entgeltlichkeit bzw. Aufwandsentschädigungen kommt es nicht an.

64 Auch der **institutionelle Amtskonflikt** – z.B. in der Person eines Ministers, der die Aufsicht über die Planfeststellungsbehörde innehat und zugleich in seiner amtlichen Eigenschaft Aufsichtsrat bei der Antragstellerin ist – fällt unter Nr. 5, wobei der **zweite Halbs.** der Nr. 5 **nicht analog** anwendbar ist.[79] Auch trifft der Ausschluss hier nur **einzelne** Personen (vgl. Rdn. 67, 56).

65 Die Tätigkeit in **amtlicher Eigenschaft** genügt unabhängig vom persönlichen Interesse und davon, inwieweit die öffentliche Hand Geschäftsanteile einer in Privatrechtsform betriebenen Beteiligten hält.

66 § 65 Abs. 1 Nr. 3 **BHO** ist **nicht lex specialis** zur Nr. 5, die nur das Verwaltungsverfahren betrifft, aber den haushaltsrechtlich geforderten Einfluss nicht berührt. Der Rechtslage ist durch angepasste Entsendepraxis der Behörden Rechnung zu tragen.

67 Mit der **Ausnahme** im **zweiten Halbs.** werden Interessenskollisionen toleriert, um **Verfahren sonst lahmgelegter** (z.B. kommunaler) **Behörden** zur Erfüllung staatlicher Aufgaben wie Ordnungsverfügungen, Baugenehmigungen etc. ggü. der Kommune als Anstellungskörperschaft des Amtswalters zu **ermöglichen.**[80]

6. Vorbefassung außerhalb amtlicher Eigenschaft (Nr. 6)

68 Leitgesichtspunkt ist die naheliegende Befangenheit bei **privater vorheriger Befassung** mit einer Angelegenheit, während die Vorbefassung in amtlicher Eigenschaft (vgl. Rdn. 64) als gesetzlich übertragene Aufgabe grds. unbedenklich ist.

69 Die unter Nr. 6 fallenden Aktivitäten können **vor** oder **während** des Bezugsverfahrens liegen. Die Norm bewirkt den **zeitlich unbegrenzten** Ausschluss und damit

---

76 Vgl. Stelkens/Bonk/Sachs, § 20 Rn. 35.

77 So für Verwaltungsrat: BVerwG, Urt. v. 18.12.1987 – 4 C 9/86, BVerwGE 78, 347.

78 VGH Baden-Württemberg, Urt. v. 19.01.1987 – 7 S 2103/86 (juris) und OVG Niedersachsen, Urt. v. 27.08.1981 – 1 C 5/80, NVwZ 1982, 200.

79 BVerwG, Urt. v. 30.05.1984 – 4 C 58.81, BVerwGE 69, 256.; VGH Bayern, Beschl. v. 16.04.1981 – 20 CS 80 D.61, NVwZ 1982, 510; a.A. Kopp, WuV 1983, 226 (244 ff.); für eine engere Auslegung der Nr. 5: VGH Bayern, Beschl. v. 18.12.1981 – 8 B 81 A 1128, NVwZ 1982, 508.

80 VGH Bayern, Beschl. v. 16.04.1981 – 20 CS 80 D.61, NVwZ 1982, 510 und Urt. v. 23.08.1985 – 11 B 83 A.2163, BayVBl. 1986, 241.

»**Nachwirkung**« ehemaliger tatsächlicher Vertretung bzw. Betätigung nach Nr. 3 bzw. 5. Sie wird ergänzt durch § 21.[81]

Die **Angelegenheit** i.S.d. Nr. 6 ist ein Vorgang, der zumindest als Vorfrage oder teilweise nochmals zu behandeln ist und dabei so **eng** mit der **Vorbefassung** im **Zusammenhang** steht, dass diese das amtliche Handeln unmittelbar beeinflussen kann. Es bedarf der Verfahrensidentität bzw. bei Folgeverfahren zumindest sachlicher Teilidentität des zu behandelnden Gegenstandes. 70

Von Entgeltlichkeit unabhängig trifft das zu bei Erstattung von **Privatgutachten**, Beratung von Beteiligten sowie auf **sonstige Funktionen**, deren Interesse mit dem des Amtes kollidiert oder Überschneidungen in den Sachfragen aufweist. Die Behandlung von Parallelfällen[82] sowie wissenschaftliche Äußerungen als solche genügen grds. nicht. Zu amtlichen Gutachten siehe Rdn. 21. 71

Das private Handeln muss **zeitlich** der **amtlichen Befassung** mit der Sache im Verfahren **vorgelagert** sein, d.h. vor Beginn oder während des Verfahrens dann, wenn vor dem Eintritt in die Sachbearbeitung ein Mitarbeiterwechsel stattfand. Beginnt der Amtsträger während der Sachbehandlung in der Angelegenheit eine private Tätigkeit, schließt Nr. 3 bzw. 5 oder § 21 die Lücke. 72

V. Dem Beteiligten gleichgestellte Personen (Satz 2)

Satz 2 **ergänzt Satz 1** um einen **weiteren Ausschlussgrund:** Wer konkret aufgrund des Verfahrens einen Vor- oder Nachteil zu erwarten hat, ist der Sache nach so beteiligt und befangen wie der formell Beteiligte nach Satz 1. Befangenheit wird **unwiderleglich vermutet.** 73

Ausgeschlossen wird ein Amtswalter, wenn er selbst (Nr. 1), sein Angehöriger (Nr. 2), die von ihm (Nr. 3) bzw. einem seiner Angehörigen (Nr. 4) vertretungsweise betreute Person oder sein Dienst- bzw. Arbeitgeber oder Organträger[83] (Nr. 5) den Vor- oder Nachteil zu erwarten hat. 74

1. Vorteil oder Nachteil

Begrifflich ist das **jede denkbare** rechtliche, wirtschaftliche oder immaterielle **Besser- oder Schlechterstellung**, die aus dem Handeln im Verfahren – z.B. dem Einblick in Geschäftsunterlagen – oder aus der Sachentscheidung folgen kann. Es besteht keine Identität mit dem Nachteilsbegriff des § 47 VwGO.[84] Es kommt auf den Standpunkt eines objektiven Beobachters an,[85] d.h. es bedarf eines Mindestmaßes an objektiven 75

81 BVerwG, Urt. v. 05.12.1986 – 4 C 13.85, BVerwGE 75, 214.
82 VG Karlsruhe, Urt. v. 21.12.1994 – 10 K 2641/94, NVwZ 1996, 616.
83 Als Beispiel BVerwG, Urt. v. 18.12.1987 – 4 C 9.86, BVerwGE 78, 347.
84 Ebenso VGH Bayern, Urt. v. 08.03.1985 – 20 B 81 D.1 u.a., BayVBl. 1985, 399 (404); v. *Mutius*, VerwArch. Bd. 65, 1974, 429 (434).
85 VG Berlin, Urt. v. 24.04.2012 – 21 K 396.11 (juris) unter Hinweis auf OVG Nordrhein-Westfalen, Urt. v. 24.01.1995 – 5 A 1746/91, NWVBl 1995, 223.

Kriterien; der Vor- oder Nachteil darf nicht erst auf der Grundlage von Sachverständigengutachten zu ermitteln sein.[86]

76 **Beispiele** sind: Änderung der Lärmbelastung durch das Vorhaben,[87] Veränderung der Grundstückssituation (eigenes, Mietobjekt oder Grundstück der Gesellschaft, in deren Aufsichtsrat der Betroffene ist) durch Bauleitplanung;[88] Standortentscheidung;[89] Nutzungsbeschränkung oder Wertänderung der im Plangebiet belegenen Immobilie durch Schutzgebietsausweisung[90] bzw. Standortverlagerung eines Unternehmens;[91] Planaufstellung mit Ermöglichung einer Betriebserweiterung;[92] Festlegung von Betriebsarten im Bebauungsplan mit Ausstrahlungswirkung außerhalb des Plangebiets;[93] Ansehensgewinn oder -verlust durch das Verfahren oder dessen Ergebnis;[94] konkret drohende Haftung.

2. Unmittelbarkeit bzw. Sonderinteresse

77 Nur der **unmittelbare** Vor- oder Nachteil führt zum Ausschluss. Es gilt, **einerseits** den »bösen Schein« zu vermeiden und **andererseits** durch dieses Kriterium den Kreis der Betroffenen, dem Schutzzweck der Norm gemäß, sinnvoll zu begrenzen. Fehlt die Unmittelbarkeit, schließt dies Satz 2 aus, nicht aber § 21.

78 **Begrifflich** wird Unmittelbarkeit als Berührung eines individuellen **Sonderinteresses verstanden,** d.h. als in der Person begründete Beziehung zum Verfahrensgegenstand,[95] **derzufolge jemand einen Vor- oder Nachteil erwarten kann.** Unerheblich ist, zu welchem Zeitpunkt der Vor- oder Nachteil wirksam wird.

79 Die **Abgrenzung** erfolgt in **wertender Gesamtbetrachtung der Umstände** des Falles aus Sicht der Verkehrsauffassung,[96] orientiert am Normzweck; Maß des Betroffenseins und Nähe zum Verfahrensgegenstand sind dabei wichtige Indizien dafür, ob die Unbefangenheit nachteilig berührt sein kann. Verfolgte bzw. berührte Belange einer

---

86 BVerwG, Urt. v. 05.12.1986 – 4 C 13.85, BVerwGE 75, 214.

87 VGH Bayern, Urt. v. 08.03.1985 – 20 B 81 D.1 u.a., BayVBl. 1985, 399 (404).

88 VGH Baden-Württemberg, Urt. v. 21.11.1996 – 3 S 2956/95, NVwZ-RR 1998, 63; OVG Rheinland-Pfalz, Urt. v. 29.11.1989 – 10 C 18/89, NVwZ-RR 1990, 271.

89 So zum Flughafen München: VGH Bayern, Urt. v. 08.03.1985 – 20 B 81 D.1 u.a., BayVBl. 1985, 399 (403).

90 Vgl. VGH Baden-Württemberg, Urt. v. 18.03.1993 – 1 S 570/92, NVwZ-RR 1993, 504.

91 VGH Baden-Württemberg, Urt. v. 05.12.1991 – 5 S 976, 91, NVwZ-RR 1993, 97.

92 BVerwG, Beschl. v. 15.04.1988 – 4 N 4.87, BVerwGE 79, 200.

93 OVG Nordrhein-Westfalen, Urt. v. 21.03.1988 – 10a NE 14/86, NVwZ-RR 1988, 113; OVG Nordrhein-Westfalen, Urt. v. 24.02.1995 – 10a NE 40/90, NVwZ-RR 1996, 220 und OVG Rheinland-Pfalz, Urt. v. 29.11.1989 – 10 C 18/89, NVwZ-RR 1990, 271.

94 Z.B. für Anwaltssozietät: VG Minden, Urt. v. 24.08.1988 – 10 K 645/88, NVwZ 1989, 689 (691).

95 Vgl. VGH Baden-Württemberg, Urt. v. 18.03.1993 – 1 S 570/92, NVwZ-RR 1993, 504.

96 VGH Baden-Württemberg, Urt. v. 18.03.1993 – 1 S 570/92, NVwZ-RR 1993, 504.

Gruppe (Satz 3, vgl. Rdn. 88) oder der Allgemeinheit – z.B. im Umweltschutz – genügen nicht.[97]

Beispiele fehlender Unmittelbarkeit sind: die vage Androhung einer Inzahlungnahme;[98] die Standortverlagerung bei zu erwartender unwesentlicher Lärmauswirkung im bisherigen Standortbereich (vgl. Rdn. 76); die nicht ins Gewicht fallende Änderung der Lärmbelastung wegen erheblicher anderweitiger Lärmvorbelastung;[99] die aus der Entscheidung allgemein folgende Möglichkeit zur Verkehrsberuhigung, wenn ein Konzept hierfür noch fehlt.[100] 80

3. Kausalität des Tätigwerdens

Ausgehend vom **angestrebten Ziel** sind – begrenzt durch die Kausalität (Rdn. 84) – die durch weiteres Handeln Dritter **vermittelbaren Erfolge** einzubeziehen. Mit dem »bösen Schein« des **Einwirkens** und dessen Kausalität als rein handlungsbezogenes Unmittelbarkeitskriterium (Rdn. 83) erfasste man dagegen nur die durch das Tätigsein, ohne zusätzliches Handeln Dritter erzielbaren Vor- und Nachteile. 81

Beide Aspekte gelten: Wer handelnd etwas bewegen kann, hat am Vorgang das befangen machende Gestaltungsinteresse. Doch es genügt, dass etwas mitbewegt wird, was sich als Baustein zum eigentlich erstrebten Fernziel darstellt. 82

Notwendig und hinreichend ist die **Mitwirkung an** einem **»Etappenziel«**, z.B. der Festlegung des Ersatzstandortes als Voraussetzung für die Aufgabe des alten Standorts und die Lärmreduzierung dort als eigentliches Ziel. Der Ausschluss lässt sich direkt begründen, wenn man schon das Etappenziel als unmittelbaren Vorteil wertet (vgl. Rdn. 81).[101] 83

Bei **Handlungsketten** muss die **Erreichung** des **Endziels** als weitere Folge des Mitwirkens **konkret** und **adäquat kausal möglich** sein; hinreichende Wahrscheinlichkeit genügt.[102] Zielerreichende Folgehandlungen Dritter in diesem Kausalitätsrahmen reichen dann aus.[103] 84

Das gilt **z.B.** für die Erteilung der Gewerbeerlaubnis an den einzigen Konkurrenten eines Angehörigen des Amtswalters, auch wenn Einbußen erst durch das Verhalten der 85

97 Z.B. für Bürgerinitiative: VG Hannover, Beschl. v. 26.08.1988 – 9 D 33/88, NVwZ 1989, 688.

98 VGH Bayern, Beschl. v. 16.11.1981 – 3 B 81 A.1911, BayVBl. 1982, 85.

99 VGH Baden-Württemberg, Urt. v. 05.12.1991 – 5 S 976/91, NVwZ-RR 1993, 97.

100 VGH Baden-Württemberg, Urt. v. 28.06.1996 – 8 S 113/96, NVwZ-RR 1997, 183.

101 OVG Rheinland-Pfalz, Urt. v. 13.06.1995 – 7 A 10875/94, NVwZ-RR 1996, 218 (219).

102 VGH Baden-Württemberg, Urt. v. 18.03.1993 – 1 S 570/92, NVwZ-RR 1993, 504; Kopp/Ramsauer, § 20 Rn. 37, 39; anders, mit einem engeren Unmittelbarkeitsbegriff: OVG Nordrhein-Westfalen, Urt. v. 10.03.1989 – 19 A 892/88, NVwZ-RR 1990, 43.

103 VGH Bayern Urt. v. 08.03.1985 – 20 B 81 D.1 u.a., BayVBl. 1985, 399 (404); Kopp/Ramsauer, § 20 Rn. 37. Von einem engeren Unmittelbarkeitsbegriff aus (für Gemeinderatsbeschluss) a.A. OVG Nordrhein-Westfalen, Urt. v. 10.03.1989 – 19 A 892/88, NVwZ-RR 1990, 43.

Kunden Realität werden,[104] nicht aber für bloße Hoffnungen auf Folgehandlungen wie z.B. auf einen Auftrag im Zuge des Projektes.[105]

VI. Von der Gleichstellung ausgenommene Personen (Satz 3)

86 Satz 3 nimmt rein **kollektive Vor- und Nachteile** einer Berufs- oder Bevölkerungsgruppe als nicht von individuellem Sonderinteresse getragene Wirkungen aus dem Anwendungsbereich des Satzes 2 aus. Andernfalls könnte der Ausschluss größerer Personenkreise auch die Arbeitsfähigkeit einer Behörde beinträchtigen.[106]

87 Satz 3 regelt **nur** eine **Ausnahme von Satz 2.** Sie betrifft nicht den, der unter eine Nummer des Satzes 1 fällt.[107] Ebenso wenig schließt Satz 3 die Anwendung des § 21 aus.[108]

88 Eine Personenmehrheit kann (muss nicht) ein **Gruppeninteresse** aufweisen. Es ist geprägt durch eine allgemeine, im Wesentlichen gleiche und daher **nicht differenzierungsbedürftige** Interessenbeziehung zum Verfahrensgegenstand. Die Abgrenzung vom Sonderinteresse erfolgt nach objektiven Kriterien (Rdn. 79).

89 Der als Gruppenmitglied von Satz 3 erfasste **einzelne** ist nach Satz 2 **dennoch ausgeschlossen, wenn** ein individuelles Sonderinteresse, das über gruppenspezifische Merkmale hinausgeht, hinzukommt: so z.B. bei einem Vereinsmitglied, das als Amtswalter dem Verein eine Subvention gewährt, wenn ihm das Prestige und die Wahl zum Vereinsfunktionär verheißt.[109]

90 **Auswirkungen nur auf ein Mitglied** einer Gruppe begründen ein **Sonderinteresse.** Andernfalls könnte durch eine Gruppenbildung Satz 2 umgangen werden wie im Beispiel des einzigen Gastwirts am Ort (aus der Gruppe der Gastwirte), dessen Angehöriger über die Erteilung der Erlaubnis für den Konkurrenten entscheidet.[110] Bei vom Gesetz vorgeschriebener Beteiligung bestimmter Organisationen gilt § 20 Abs. 1 nicht.[111] Ist in der Verwaltungspraxis eine Beteiligung von Verbänden der betr. Gruppe (z.B. Schausteller bei Marktzulassung) vorgesehen – was zulässig ist –, muss ggf. auf die Anonymität der Unterlagen geachtet werden.[112]

---

104 Vgl.: Kopp/Ramsauer, § 20 Rn. 37.

105 VGH Baden-Württemberg, Urt. v. 28.06.1996 – 8 S 113/96, NVwZ-RR 1997, 183.

106 Amtl. Begründung S. 46.

107 Ebenso: Kopp/Ramsauer, § 20 Rn. 39.

108 VGH Bayern, Urt. v. 08.03.1985 – 20 B 81 D.1 u.a., BayVBl. 1985, 399 (403); Kopp/Ramsauer, § 20 Rn. 43.

109 Zur Kollisionslage für Vereinsvorstand im Gemeinderat: VGH Hessen, Beschl. v. 20.01.1995 – 6 TG 66/95, NVwZ-RR 1995, 689.

110 Ebenso Knack/Henneke, § 20 Rn. 26.

111 VGH Hessen, Urt. v. 30.11.2011 – 6 A 2903/09, juris.

112 VG Bremen, Beschl. v. 02.10.2012 – 5 V 1031/12, juris, unter Hinweis auf VG Stuttgart, Urt. v. 21.03.2002 – 4 K 449/02, juris und VG Berlin, Urt. v. 24.04.2012 – 21 K 396.11, juris.

E. Ausnahmen vom Anwendungsbereich des Abs. 1 (Abs. 2)

Abs. 2 erklärt **Abs. 1** insgesamt **unanwendbar** auf **Wahlen** zu und **Abberufungen** von einem **Ehrenamt** in der Verwaltung, für die das VwVfG nach §§ 1 und 2 gilt. Das können v. a. Wahlen nach § 92 sein. Für die administrative **Durchführung politischer Wahlen** (z.B. Kommunalwahlen) geht das spezielle Recht vor, sodass § 20 nicht anwendbar ist.[113] 91

Die Norm übernimmt die aus Bereichen mit politischem Bezug **hergebrachte Rechtsauffassung**, dass jeder das Recht hat, für die eigene Person zu stimmen, ganz gleich ob geheim oder offen. 92

Wahl ist **begrifflich** der Gesamtakt mehrerer Personen, durch den kraft Abstimmung jemandem eine Funktion übertragen oder, bei Abwahl, genommen werden soll. **Nicht anwendbar** ist Abs. 2 als eng auszulegende Ausnahme von Abs. 1 auf die Wahl betreffende weitere Entscheidungen, die keine Wahlakte sind, wie über Ob und Wann oder über die Gültigkeit der Wahl.[114] 93

Die **Abberufung** i.S.d. Abs. 2 ist **nur** die **Abwahl** als Wahlakt, nicht aber die Absetzung durch eine Aufsichtsbehörde und hat daher mit der Abberufung nach § 86 nichts zu tun. 94

F. Handlungsbefugnis bei Gefahr im Verzug (Abs. 3)

Das Handlungsverbot nach Abs. 1 **darf** die Handlungsfähigkeit der **Verwaltung nicht blockieren.** Abs. 3 **beseitigt** unabhängig von Klärungsvorgängen (Rdn. 102 ff.; 108 ff.) bei Ausschlusslage und Gefahr im Verzug (nur) dieses **Verbot.** Durch Abs. 3 werden weder materiellrechtliche Eingriffsbefugnisse eingeräumt noch Handlungspflichten begründet.[115] 95

Die **Gefahr** i.S.d. Norm kann **materielle Rechtsgüter**, um die es in dem Verfahren geht, und das **Verfahrensrecht**, z.B. zu sichernde Beweise, deren Verlust droht, betreffen. Auch eine Gefahr, die **während** eines Verfahrens auftritt (z.B. die Einsturzgefahr eines Gebäudes, betr. dessen Abbruch wegen Illegalität das Verfahren läuft) **oder** die zur Gefahrabwehr zum sofortigen **Beginn** des Verfahrens zwingt. 96

Im Verzug ist die Gefahr, wenn nur sofortiges Handeln zur Minderung oder Behebung der Gefahr geeignet ist und jedes Zögern den **Eintritt** des drohenden, **erheblichen Nachteils** bedeuten kann. Daran fehlt es, solange zeitlich Spielraum besteht, einen anderen handlungsbefugten Amtswalter zu dem aus Sicht ex ante noch rechtzeitigen Eingreifen zu veranlassen.[116] 97

---

113 BVerwG, Urt. v. 27.11.2002 – 8 C 2.02, NVwZ 2003, 619.
114 Kopp/Ramsauer, § 20 Rn. 46.
115 Nur das Verbot tritt zurück (Amtl. Begründung S. 46).
116 H.M. Kopp/Ramsauer, § 20 Rn. 48 (m.w.N.).

98 **Unaufschiebbar** sind nur die nach Art und Maß der Gefahr gebotenen Sofortmaßnahmen, d.h. in der Regel vorläufige. Es können ganz ausnahmsweise abschließend regelnde sein. Vertretungsmöglichkeiten dürfen nicht bestehen, da diese vorgehen.[117] Bei einem »Eingriff« in ein laufendes Verfahren ist unter gleich geeigneten Maßnahmen die zu ergreifen, die ex ante das Verfahren am wenigsten beeinflusst; Raum für Ermessen ist kaum denkbar.

99 **Rechtmäßiges Handeln** nach Abs. 3 steht im Verfahren, auf das sich der Ausschluss bezieht, dem Handeln nicht Ausgeschlossener gleich und bedarf keiner Bestätigung oder Wiederholung (vgl. Rdn. 137).

G. Verfahren zur Klärung des Ausschlusses einer Person

100 Nur für **Ausschussmitglieder** regelt das Gesetz in **Abs.** 4 bei in Betracht kommendem Ausschluss die **Verfahrensweise.** Es stellt die Möglichkeit zur sachnächsten, unaufwendigsten internen Prüfung und Entscheidung darüber, ob im Kollegium ein gesetzliches Handlungsverbot zu vollziehen ist, zur Verfügung.

101 Bei **einzeln** tätigen Amtswaltern muss auf die **allgemeinen Strukturen**, auf Vorgesetzte bzw. aufsichtlich handelnde Stellen zurückgegriffen werden. Für Beteiligte gibt das Gesetz keine Möglichkeit, den Ausschluss geltend zu machen (Rdn. 114 ff.). Allerdings besteht die Obliegenheit zu frühzeitiger (unverzüglich nach Kenntnis des Grundes) Mitteilung, da sonst ein Rügerecht im Rahmen der Überprüfung der Maßnahme (des Verwaltungsaktes) verloren gehen kann (Präklusion; vgl. Rdn. 5).[118]

I. Verfahren bei Ausschussmitgliedern (Abs. 4)

102 **Satz 1 verpflichtet** jedes Ausschussmitglied **zur Selbstanzeige**, das seinen Ausschluss für möglich oder gegeben hält bzw. dem ggü. das ernsthaft geäußert wird, sowie jedes nicht selbst betroffene Mitglied zur **Anzeige**, dem ein solcher Fall konkret vorgetragen wird oder dem er sich aufdrängt. **Adressat** ist der Vorsitzende. Ist er selbst betroffen, muss er seinen Stellvertreter informieren.

103 Nach **Satz 2 entscheidet** der **Ausschuss**, nicht der Vorsitzende allein oder der Betroffene durch Selbstablehnung (vgl. Rdn. 5) bzw. Verzicht. Die Entscheidung fällt durch **Beschluss** nach § 91 ohne Beurteilungs- oder Ermessensspielraum. Fehlt es offensichtlich an einem Ausschlussgrund, ist ein Beschluss entbehrlich.[119]

104 Der Beschluss ist seiner **Rechtsnatur** nach für die Beteiligten ein Verwaltungsinternum. Ob er für das Ausschussmitglied ein VA ist, hängt von seinem Anstellungsverhältnis zur Körperschaft ab. Für Beamte und Angestellte im öffentlichen Dienst

117 Kopp/Ramsauer, § 20 Rn. 49.

118 Mit Hinweisen auf VGH Hessen, Urt. v. 18.05.2009 – 8 A 336/09, MedR 2010, 48, OVG Rheinland-Pfalz, Urt. v. 15.01.1999 – 2 A 10946/98 8 (juris) und OVG Hamburg, Urt. v. 19.02.2001 – 2 Bs 370/00, NVwZ 2001, 1173.

119 Wie Kopp/Ramsauer, § 20 Rn. 51.

z.B. ist der Beschluss Teil der Weisungs- bzw. Direktionsbefugnis und i.d.R. nicht anfechtbar.[120] Er bestätigt den Ausschluss kraft Gesetzes deklaratorisch und gebietet dem Mitglied, die Ausübung der Mitgliedsrechte im konkreten Verfahren einzustellen.

Satz 3 verbietet dem Betroffenen, an dieser **Entscheidung mitzuwirken**; hierzu gehört deren Beratung.[121] Zur Aufklärung der Sache hat er sich **dienstlich** auf Befragen zu **äußern.** Könnte die Entscheidung seine Rechte verletzen, ist er **zu hören.** 105

Satz 4 untersagt dem Mitglied ab Vorliegen des Beschlusses die **Anwesenheit und Mitwirkung** bei allen auf das Verfahren bezogenen Handlungen des Ausschusses. Seiner Anwesenheit bei späteren öffentlichen Sitzungen im **Publikum**, d.h. außerhalb des dem tagenden Ausschuss vorbehaltenen Sitzungsbereiches, steht nichts entgegen. 106

Ob und durch wen er **vertreten** wird, folgt dem für den Ausschuss geltenden Recht. Kann danach auch bei Unterschreiten der gesetzlichen Mindestzahl der Mitglieder nicht für Vertretung gesorgt werden, endet die Ausschusstätigkeit in dem betreffenden Verfahren, bis ein neuer Ausschuss konstituiert ist. 107

II. Klärung des Ausschlusses in sonstigen Fällen

Geht es nicht um ein Ausschussmitglied (Rdn. 100), sind die **Verfahrensregeln des § 21 Abs. 1 analog**[122] anzuwenden. Diese Normen sind allgemeine Regeln für die Klärung der Besorgnis der Befangenheit und daher im Fall des § 20 zur Lückenfüllung geeignet (vgl. § 21 Rdn. 8, 29). 108

Analog **§ 21 Abs. 1 Satz 1** ist der Amtswalter zur innerdienstlichen **Selbstanzeige** des von ihm erwogenen **bzw.** zur **Anzeige** des ihm ggü. ernstlich behaupteten Ausschlusses **verpflichtet**; für betroffene Behördenleiter gilt **§ 21 Abs. 1 Satz 2** analog (vgl. § 21 Rdn. 49). Anhaltspunkten für einen Ausschluss ist von Amts wegen nachzugehen. Der Amtswalter hat sich dienstlich zu äußern; zur Erledigung in **Eigenregie** ist er grds. nicht befugt (§ 21 Rdn. 33). 109

Bis zu einer **Weisung** in Bezug auf das weitere Verhalten hat der betroffene Amtswalter bei in Betracht kommendem Ausschluss sich vorläufig auf **Handlungen nach Abs. 3** zu beschränken,[123] da er dienstrechtlich für die Rechtmäßigkeit seines Handelns verantwortlich und verpflichtet ist, Verwaltungsmehraufwand und Verfahrensfehler zu vermeiden. Die Behörde bleibt handlungsfähig durch den Vertreter im Amt. 110

Die ergehende **Weisung** ist der **Rechtsnatur** nach kein VA.[124] Sie bindet im Aufsichtsverhältnis bzw. innerdienstlich, auch wenn der Amtswalter vom Ausschluss ausgeht 111

---

120 So zu Recht Kopp/Ramsauer § 20 Rn. 52a unter Hinweis auf BVerwG, Urt. v. 30.01.1993 – 2 B 156.93, NVwZ 1994, 785.

121 So Kopp/Ramsauer, § 20 Rn. 51 und VGH Baden-Württemberg, Urt. v. 05.11.1985 – 14 S 1236/85, VBlBW 1987, 70 zum Gemeinderat.

122 Ebenso Kopp/Ramsauer, § 20 Rn. 59.

123 Kopp/Ramsauer, § 20 Rn. 59.

124 Siehe Rdn. 104; VGH Bayern, Urt. v. 18.12.1991 – 3 B 91.656, BayVBl. 1992, 469.

und die Weisung ergeht, das Verfahren fortzuführen oder im umgekehrten Fall (vgl. Rdn. 155).

112 Die **Vertretung** des ausgeschlossenen Amtsträgers richtet sich nach dem Organisationsrecht der Behörde. Notfalls wird ein Vertreter durch die weisungsbefugte Stelle bestimmt.

113 In **zweifelsfreien Fällen** wird der Amtswalter dem Ausschluss selbst durch Aktenvermerk und Aktenvorlage beim Vertreter im Amt bzw. beim Vorgesetzten folgen und der **Behördenleiter** analog § 21 Abs. 1 Satz 2 sich unter Aktenvorlage an den Vertreter enthalten.

III. Ablehnung Ausgeschlossener durch Beteiligte

114 Das Gesetz räumt außerhalb der §§ 65 Abs. 1 und 71 Abs. 3 nach h.M. **kein Ablehnungsrecht** ein (Rdn. 5),[125] »weil eine missbräuchliche Ausnutzung eine dem schnellen Abschluss des Verwaltungsverfahrens abträgliche Verschleppung befürchten lassen müsste«.[126]

115 Der Beteiligte hat deshalb auch **keinen Anspruch auf gesonderten**, förmlichen **Bescheid** über sein Ablehnungsgesuch. Er wird auf die nachträgliche Kontrolle der Sachentscheidung auf Rechtmäßigkeit und Rechtsverletzung verwiesen (Rdn. 157).

116 Unbenommen bleibt, Ausschlussgründe vorzubringen und zu deren Prüfung **anzuregen.** Formlose Rechtsbehelfe zu ergreifen, kommt infrage, wenn erhebliches Vorbringen zu § 20 pflichtwidrig übergangen wird. Ein informeller Bescheid ist daher tunlich. Zum eventuellen Rügeverlust siehe Rdn. 5, 101 und 117 f.

117 Der Beteiligte **verliert** das **Recht zur Geltendmachung** des Ausschlusses im Prozess bei einem nichtförmlichen Verfahren **nicht automatisch** dadurch, dass er sich nicht unverzüglich darauf beruft. Er verliert es aber möglicherweise oder wird präkludiert, wenn er ihm bekannte Gründe nicht alsbald geltend macht.[127]

118 § 71 Abs. 3 Satz 3, der eine zeitgebundene Rügelast normiert, ist speziell für das förmliche Verfahren vor Ausschüssen geschaffen worden und im nichtförmlichen Verfahren nicht ohne weiteres analog anwendbar (vgl. § 21 Rdn. 38). Der Beteiligte ist aber nach richtiger Auffassung zur Vermeidung des Verlustes des Rügerechts im Rahmen seiner Mitwirkungsobliegenheiten gehalten, ihm bekannte Gründe frühzeitig geltend zu machen (Risiko der Präklusion) und ggf. glaubhaft zu machen.[128]

---

125 Kopp/Ramsauer § 20 Rn. 3.

126 So zu § 21: Amtl. Begründung S. 47; vgl.: BVerwG, Urt. v. 12.03.1987 – 2 C 36.86, NVwZ 1988, 66.

127 Vgl. Rdn. 5 m.w.N.

128 VGH Hessen, Urt. v. 18.05.2009 – 8 A 336/09, MedR 2010, 48 und OVG Rheinland-Pfalz, Urt. v. 15.01.1999 – 2 A 10946/98 8 (juris); Kopp/Ramsauer § 20 Rn. 3a.

In Betracht kommt, dass das **Fachrecht** diese Rechtslage auch für den Ausschluss nach § 20 modifiziert (vgl. § 21 Rdn. 43) oder im Einzelfall unzulässige Rechtsausübung vorliegt. 119

H. Angehörige i.S.d. Abs. 1 (Abs. 5)

Abs. 5 ergänzt Abs. 1 Satz 1 Nr. 2 und 4 durch die **Legaldefinition** des **Angehörigen.** Bei Amtswaltern, die keiner Ziffer dieser Regelung bzw. deren Satz 2 zugehören, oder deren Verlobtsein (Rdn. 112) zweifelhaft bleibt, kommt es auf § 21 an. Das gilt z.B. für den Vetter. 120

Satz 1 nennt in einem **abschließenden Katalog** die **Kategorien** der Angehörigen, wobei die verwendeten Begriffe familiärer Beziehungen im Wesentlichen wie die des BGB zu verstehen sind. 121

Die Definition in Satz 1 ist **nicht analog** auf außerhalb ihres Kataloges stehende Personen anwendbar. 122

Satz 2 erweitert diesen **Personenkreis**, indem er trotz Wegfalles der begründenden Umstände die Ausschlusstatbestände **nachwirkend** aufrecht hält, sodass z.B. trotz Scheidung oder Auflösung der Lebenspartnerschaft der ehemalige Partner oder Schwager des Beteiligten weiterhin als Angehöriger gilt. 123

Die **Angehörigeneigenschaft** ist **im Einzelnen** wie folgt begrifflich und dem Umfang nach im Zusammenspiel beider Sätze des Abs. 5 zu bestimmen: 124

Verlobt nach **Nr. 1** sind die, die einander ernstlich, wirksam und aktuell gültig die Ehe versprochen haben (§ 1297 BGB). Ob das zutrifft, ist den Umständen zu entnehmen. Allgemeingültige Kriterien gibt es nicht. Dauer und Intensität einer Beziehung sowie ein Zusammenleben können Ausdruck für diesen Status sein. Er ist in Satz 2 nicht erwähnt und wirkt daher nach Auflösung des Verlöbnisses nicht nach. 125

Ehegatte nach **Nr. 2** ist, wer in bestehender Ehe lebt. **Satz 2 Nr. 1** bezieht die geschiedene (§ 1564 BGB), für nichtig erklärte (§ 23 EheG) und aufgehobene Ehe (§ 29 EheG) mit ein. Gleichbehandelt wird die eingetragene Lebenspartnerschaft (vgl. Nr. 2a). 126

Verwandte (§ 1589 Satz 1 BGB) und **Verschwägerte** (§ 1590 Abs. 1 BGB) **gerader Linie** der **Nr. 3** sind unabhängig vom Grad der Beziehung Angehörige. 127

Leiblich verwandt (§ 1589 Satz 1 BGB) sind Vater, Mutter, Großvater, Großmutter usw., Sohn, Tochter, Enkel, Urenkel usw., wobei es bei Kindern nicht auf die Ehelichkeit der Abstammung ankommt, sowie **rechtlich** diejenigen, die als Kind angenommen worden sind, wobei **Satz 2 Nr. 2** entgegen §§ 1755, 1756 BGB die unterschiedlich erlöschende, bisherige Verwandtschaft und Schwägerschaft fortwirken lässt. 128

Verschwägert (§ 1590 Abs. 1 BGB) sind Schwiegermutter und -vater, Schwiegergroßeltern usw., Schwiegersohn und -tochter, Ehegatten der Enkel usw.; **Satz 2 Nr. 2** lässt diesen Status fortwirken (Rdn. 126). 129

130 **Geschwister** nach **Nr.** 4 sind die Verwandten zweiten Grades in der Seitenlinie, die einen oder beide Elternteile gemeinsam haben: Bruder, Schwester, Halbbruder, Halbschwester oder kraft Annahme als Kind Adoptivbruder bzw. -schwester. Der Geschwisterstatus wirkt gemäß **Satz 2 Nr.** 2 nach, wenn eines als Kind angenommen worden ist (vgl. Rdn. 128).

131 **Kinder der Geschwister** (**Nr.** 5) sind die in der Seitenlinie im dritten Grad verwandten Neffen und Nichten, wobei Geschwister alle Personen der Nr. 4 sind. Auch Kinder von halbbürtigen und Adoptivgeschwistern fallen unter Nr. 5. Der Status aus Nr. 5 gilt nach Annahme als Kind gemäß **Satz 2 Nr. 2** fort (vgl. Rdn. 128).

132 Mit **Ehegatten der Geschwister** erfasst **Nr. 6** Schwippschwager und Schwippschwägerin **und** mit **Geschwistern der Ehegatten** Schwager und Schwägerin. Die Geschwister bestimmt die Nr. 4, den Ehegatten die Nr. 2. In beiden Varianten der Nr. 6 wirken diese Gegebenheiten fort, wenn **Satz 2 Nr. 1** oder bzw. und dessen **Nr. 2** erfüllt ist (vgl. Rdn. 126, 128).

133 **Geschwister der Eltern** nach **Nr.** 7 sind als Verwandte dritten Grades in der Seitenlinie Onkel und Tante. Deren Kinder – Vetter und Kusinen – erfasst Abs. 5 nicht (vgl. Rdn. 116). Die Geschwister bestimmt Nr. 4. Der Status der Nr. 7 wirkt nach **Satz 2 Nr. 2** fort.

134 **Nr. 8** bezieht **Pflegeeltern** und **Pflegekinder** in den Kreis der Angehörigen ein und **definiert** deren **Begriff** für das Verwaltungsverfahrensrecht. Pflegeverhältnis kann unabhängig vom rechtlichen Grund jede nach den konkreten Umständen den Kriterien der Nr. 8 genügende Beziehung sein.

135 **Satz 2 Nr. 3** erstreckt diesen Status auf die Zeit nach Ende der häuslichen Gemeinschaft, solange die innere Verbundenheit wie zwischen Eltern und Kind fortbesteht; denkbar z.B. bei auswärtigem Studium oder trotz eigenem Hausstand.

I. Rechtsfolgen für die Sachentscheidung bei Verfahrensfehlern im Zusammenhang mit der Ausschlussvorschrift

136 Für die verbotene Mitwirkung z.B. bei Planungen nach Fachgesetzen (z.B. BauGB)[129] bzw. allgemein **im Kommunalrecht**[130] gilt das jeweilige **Fachrecht.** In allgemeinen Verwaltungsverfahren führt ein Verstoß gegen Mitwirkungsverbote aus § 20 grundsätzlich zur Fehlerhaftigkeit der Amtshandlung und in Ausnahmefällen zur Nichtigkeit. **Ermessensentscheidungen** unter Mitwirkung eines ausgeschlossenen Amtsträgers

129 Vgl.: BVerwG, Beschl. v. 15.04.1988 – 4 N 4.87, BVerwGE 79, 200, OVG Rheinland-Pfalz, Urt. v. 30.11.1988 – 10 C 8/88, NVwZ 1989, 674; OVG Niedersachsen, Urt. v. 27.08.1981 – 1 C 5/80, NVwZ 1982, 200.

130 Vgl. die Kommentierungen zum Kommunalrecht der Länder und: OVG Rheinland-Pfalz, Urt. v. 29.11.1989 – 10 C 18/89, NVwZ-RR 1990, 271; OVG Nordrhein-Westfalen, Urt. v. 10.03.1989 – 19 A 892/88, NVwZ-RR 1990, 43; VGH Baden-Württemberg, Beschl. v. 27.02.1989 – 3 S 308/87, NVwZ 1990, 588; *Broß*, VerwArch. Bd. 80, 1989, 143 (149 ff.); *v. Mutius*, VerwArch. Bd. 65, 1974, 429.

können nicht fehlerfrei sein. **Planungsentscheidungen** oder andere, die eine Abwägung voraussetzen, werden abwägungsfehlerhaft.[131]

Grundsatz ist, dass die Mitwirkung einer ausgeschlossenen Person nur dann zur **Rechtswidrigkeit** führt, wenn sich der Mangel **kausal** auf die Entscheidung ausgewirkt haben kann (das ist bei Ermessens- und Planungsentscheidungen i.d.R. der Fall; vgl. Rdn. 136). Rein technische oder sonstige Hilfstätigkeiten gehören nicht hierzu.[132] Bei umfangreicheren Verfahren genügt es im Regelfall, den fehlerhaften Schritt mit einem unbefangenen Amtswalter nachzuholen. Es muss nicht das komplette Verfahren wiederaufgerollt werden.[133] 137

Wird der Ausschluss nach Verfahrensabschluss bemerkt, kann die **Widerspruchsbehörde im Vorverfahren** durch nochmalige Sachprüfung den Mangel beheben.[134] 138

I. Folgen der Mitwirkung Ausgeschlossener für einen Verwaltungsakt

1. Der VA ist nach § 44 Abs. 1 **nichtig**, wenn der einzelne Amtswalter bzw. das Ausschussmitglied als **Beteiligter** oder **ihm Gleichgestellter** im Schutzbereich des § 20 (Rdn. 26) mitgewirkt hat und darin offenkundig ein besonders schwerer Fehler liegt.[135] 139

Im **Ausschuss** genügt für Nichtigkeit allein die Teilnahme an der Beratung, ebenso bei offener Stimmabgabe allein die Beteiligung an der Abstimmung, da in diesen Fällen der **bestimmende Einfluss** des Ausgeschlossenen **offenkundig** möglich war. 140

Beschränkt sich die Teilnahme auf eine verdeckte Stimmabgabe, so ist Nichtigkeit gegeben, wenn ohne dieses Mitglied die **Beschlussfähigkeit** gefehlt hätte oder ohne dessen Votum das Erreichen der **Mindeststimmenzahl** nicht feststeht. 141

Erlässt der **Amtswalter in eigener Sache** einen VA, ist er stets nichtig, auch wenn der VA zwingendem Recht folgt; § 44 lässt Erwägungen wie bei § 46 nicht zu. Die Aktenbeiziehung in **unzulässiger Vertretung** des Sachbearbeiters macht den VA nicht nichtig, wohl aber jede Tatsachenfeststellung in eigener Sache (Hilfstätigkeit ohne Ergebniseinfluss; vgl. Rdn. 137). Weist ein **bestochener** Amtswalter den Untergebenen an, einen bestimmten VA zu erlassen,[136] ist auch § 44 Abs. 2 Nr. 5 bzw. 6 erfüllt. 142

---

131 BVerwG, Urt. v. 18.05.2010 – 3 C 21.09, BVerwGE 137, 58 und schon Urt. v. 05.12.1986 – 4 C 13.85, BVerwGE 75, 214; s.a. OVG Saarland Urt. v. 29.03.2012 – 2 C 252/10, juris und zur Marktzulassung VG Bremen, Beschl. v. 02.12.2012 – 5 V 1031/12, juris.

132 VGH Baden-Württemberg, Urt. v. 09.12.2010 – 7 S 3291/08, juris; VG Bremen, Beschl. v. 02.10.2012 – 5 V 1031/12, juris.

133 BVerwG, Urt. v. 18.05.2010 – 3 C 21.09, BVerwGE 137, 58 und schon Urt. v. 05.12.1986 – 4 C 13.85, BVerwGE 75, 214; s.a. Kopp/Ramsauer, § 20 Rn. 67.

134 Vgl., auch: BVerwG, Urt. v. 18.12.1987 – 4 C 9.86, BVerwGE 78, 37 und Beschl. v. 05.06.1992 – 7 B 81.92, Buchholz 316 § 46 VwVfG Nr. 15; OVG Berlin, Beschl. v. 20.07.1989 – 2 B 6.88, NVwZ-RR 1990, 138.

135 Das dürfte im Falle der Beteiligtenstellung des Amtswalters (Nr. 1) fast immer der Fall sein; Kopp/Ramsauer, § 20 Rn. 66c.

136 Vgl. VG Berlin, Beschl. v. 10.02.1988 – Disz 76.85, NVwZ 1988, 757.

143 Die **Ausschlussgründe** der **Nr. 2 bis 6** führen regelmäßig zur **Aufhebbarkeit** des VA (§ 44 Abs. 3 Nr. 2). Nichtigkeit erfordert einen sonstigen, besonders schweren Fehler, z.B. einen grob willkürlichen, auf den ersten Blick unhaltbaren VA zugunsten eines Angehörigen (vgl. § 21 Rdn. 57 f.). Es gilt die Vermutung der Gültigkeit nach § 44 Abs. 1, solange der Rechtsmangel nicht besonders schwerwiegend ist. Daran fehlt es etwa, wenn – in diesem Kontext – der Mangel der Mitwirkung eines befangenen Amtsträgers unbeachtlich ist, da die Widerspruchsbehörde die verfahrensfehlerhaft zustande gekommene Ausgangsentscheidung nach einer Neubewertung des Sachverhalts im Ergebnis bestätigt und der mögliche Einfluss des befangenen Amtsträgers auf diese Widerspruchsentscheidung ausgeräumt ist.[137]

144 Der Verstoß gegen § 20 ist **Verfahrensfehler.** Er verletzt das objektive Recht und kann zugleich die Pflicht aus § 24 zur objektiven **Sachverhaltsfeststellung** verletzen; so z.B., wenn einen herangezogenen Gutachter oder Dolmetscher ein Ausschlussgrund trifft (vgl. Rdn. 39 f.).

145 Es gilt das oben (Rdn. 136, 137) Gesagte, dass **Kausalität** (Einflussmöglichkeit auf das Ergebnis) vorliegen muss, um zur Aufhebbarkeit zu kommen. Das ergibt sich nicht zuletzt aus § 46. Kausalität ist gegeben, wenn **konkret** die **Möglichkeit** besteht, dass ohne verbotenes Mitwirken anders entschieden worden wäre,[138] was durch die in § 20 vermutete Befangenheit **nicht mitvermutet** wird.

146 Nach § 75 Abs. 1a **liegt Kausalität** mit der Folge des Abwägungsfehlers **vor** bei verantwortlicher Unterzeichnung des Planfeststellungsbeschlusses durch einen Ausgeschlossenen, dessen Einfluss auch im Vorverfahren nicht ausgeschlossen war.[139]

147 Kausalität **fehlt** bei Nichtbefolgung der Weisung des Ausgeschlossenen[140] und dann, wenn ohne die Mitwirkung sich kein anderer Sachverhalt ergeben hätte. Die Beweislast trifft die Behörde.

II. Folgen der Mitwirkung Ausgeschlossener für einen örV

148 Ein **subordinationsrechtlicher** öffentlich-rechtlicher Vertrag ist nach § 59 Abs. 2 Nr. 1 nur nichtig, **wenn** ein **VA** nach § 44 Abs. 1 **nichtig** wäre (vgl. Rdn. 139), also dann, wenn der Ausgeschlossene als **Beteiligter** oder **ihm gleichgestellt** auf den Vertrag hingewirkt hat durch maßgebende Willenserklärungen oder Mitgestaltung des Inhaltes.

149 Ausschlussgründe nach Abs. 1 Satz 1 Nr. 2 bis 6 bzw. i.V.m. Abs. 1 Satz 2 führen im Mitwirkungsfall angesichts § 59 Abs. 2 Nr. 2 als solche nicht zur Nichtigkeit; sie ist nur nach § 59 Abs. 1, etwa bei hinzutretender Sittenwidrigkeit des Handelns denkbar.

---

137 OVG Sachsen-Anhalt, Beschl. v. 11.12.2017 – 2 L 33/16VG, NVwZ-RR 2018, 677; Neustadt a.d. Weinstraße, Urt. v. 07.01.2020 – 5 K 474/19, BeckRS 2020, 1209.

138 Siehe die Nachweise in Fn. 123.

139 BVerwG, Urt. v. 18.12.1987 – 4 C 9.86, BVerwGE 78, 37; s.a. Rdn. 136.

140 BVerwG, Urt. v. 30.05.1984 – 4 C 58.81, BVerwGE 69, 256; Kopp/Ramsauer, § 20 Rn. 70.

Ein **koordinationsrechtlicher** Vertrag ist im Fall des § 20 Abs. 1 Satz 1 Nr. 1 (bzw. gleichgestellt) nicht nach § 59 Abs. 1 nichtig, da keiner der im BGB normierten Nichtigkeitsgründe vorliegt, auf die § 59 Abs. 1 verweist. 150

Im BGB ist das Insichgeschäft nicht gesetzlich verboten, sondern nach § 177 BGB schwebend unwirksam, also auch nicht von vornherein sittenwidrig. Da § 59 nicht auf § 20 verweist, ist § 20 als handlungsbezogenes, **individuelles** Betätigungsverbot auszulegen und **nicht** als **Verbot** des **Insichgeschäfts** bzw. als Verbot seines **Ergebnisses.** 151

III. Folgen der Nichtmitwirkung für die Sachentscheidung

Für den Beteiligten ist der Fall des zu Unrecht oder aufgrund Vorwandes[141] nicht mitwirkenden bzw. für ausgeschlossen gehaltenen Amtswalters bzw. Ausschussmitgliedes grundsätzlich Verwaltungsinternum, das nicht ohne weiteres zu einer Rechtsverletzung führt (vgl. Rdn. 5 und 7). 152

Da grundsätzlich kein Anspruch auf den »gesetzlichen Beamten« (Rdn. 7) bzw. die Ausschussbesetzung besteht, liegt ein **Verfahrensfehler** nur vor, wenn sich aus dem Fachrecht etwas anderes ergibt (z.B. Überdenken im Prüfungsrecht durch den früheren Prüfer). Für § 44 Abs. 1 genügt nicht, dass die zu Unrecht ausgeschlossene Person keinen Einfluss ausüben konnte; bei Ausschluss von kommunaler Mandatsausübung mag das zur Unwirksamkeit von Ratsbeschlüssen führen. 153

J. Rechtsschutzmöglichkeiten

Der einzelne **Amtswalter** kann mit allgemeiner **Leistungsklage auf Herausnahme** aus dem Verfahren klagen, das er im Ausschlussfall kraft Weisung fortführen soll. Als Beamter hat er Anspruch auf Bewahrung vor unzumutbarem und gesetzeswidrigem Verhalten, das aus seiner Konfliktlage erwächst (vgl. § 65 Abs. 1 BBG). 154

Keinen Rechtsschutz hat er **gegen** seine **Entfernung** aus dem Verfahren,[142] da er keinen Anspruch auf Dienst in einem bestimmten Verfahren hat (Rdn. 5) und die Herausnahme für sich allein keinen Vorwurf oder Makel bedeutet (vgl. § 21 Rdn. 19). 155

Ein **Ausschussmitglied** kann den Beschluss nach richtiger Auffassung (Rdn. 104) genauso wenig anfechten wie die Beteiligten. Den ggü. dem Beteiligten ergangenen VA kann es erst Recht nicht anfechten, da dieser seine Rechte nicht berührt. 156

Der **Beteiligte** kann den Verfahrensfehler gem. § 44a **Satz 1 VwGO** regelmäßig nur i.R.d. Rechtsbehelfe gegen die Sachentscheidung geltend machen, es sei denn, es drohten irreparable Folgen bei Abwarten dieser Entscheidung.[143] Auch den 157

141 Dies kann Befangenheit nach § 21 signalisieren; vgl. auch: VGH Baden-Württemberg, Urt. v. 18.10.1986 – 5 S 1719/85, NVwZ 1987, 1103.

142 VGH Bayern, Beschl. v. 18.12.1991 – 3 B 91.656, BayVBl. 1992, 469.

143 OVG Saarland, Beschl. v. 06.11.2009 – 1 B 481/09, juris und VG Hannover, Beschl. v. 31.05.1985 – 6 D 20/85, NVwZ 1986, 960; weiterhin: *Kirchhof*, VerwArch. Bd. 66, 1975, 370 (382); *Kösling*, NVwZ 1994, 455 (456).

Ausschussbeschluss über den Ausschluss eines Mitgliedes kann der Beteiligte als Internum nicht isoliert angreifen.

K. Unionsrecht

158 Das **Unbefangenheitsgebot** im Sinne unparteilich neutralen, fairen und sachlichen Handelns (Rdn. 1 f.) nebst Verbot des Handelns in eigener Sache ist ein tragendes Element jeden rechtsstaatlichen Verfahrens und gehört zu den **Grundsätzen** des **Unionsrechts. Art. 41 Abs. 1** der **Charta der Grundrechte der EU**[144] spricht in diesem Zusammenhang von dem Recht auf unparteiische und gerechte Behandlung der Sache.[145]

159 Aufbauend auf der Rechtsprechung des EuGH postuliert Art. 41 Abs. 1 der Charta mit seiner Überschrift ein **Recht auf eine gute Verwaltung** und stellt damit einen weiteren Schritt auf dem Weg der Unitarisierung dar.[146] Damit wird nicht nur das Verfahren der Unionsorgane angesprochen, sondern daraus folgt für den **direkten europäischen Vollzug** und für den **direkten und indirekten mitgliedstaatlichen Vollzug,**[147] dass ein hoher verfahrensrechtlicher Standard einzuhalten ist. Zu diesem gehört auch der Grundsatz der Neutralität und Fairness des Verwaltungsverfahrens (vgl. Rdn. 2) und damit der Ausschluss mit hoher Wahrscheinlichkeit befangener Amtsträger aus dem Verwaltungsverfahren. Die in § 20 Abs. 1 festgeschriebene unwiderlegliche Vermutung (Rdn. 15) dürfte aber nicht in jeder Nuance unionsrechtlich vorgegeben sein.

160 **Unionsrechtlich** ist es im Hinblick auf den Grundsatz des Anwendungsvorrangs des Gemeinschaftsrechts[148] denkbar, den Zweck der Ausschlusstatbestände des § 20 oder der Einbeziehung der Besorgnis der Befangenheit in § 21 **durch spezielles Organisationsrecht** dem Unbefangenheitsgebot genügend zu erfüllen, z.B. durch Weisungs- und Aufsichtsbefugnisse mit hoher Überwachungsdichte zugunsten unbefangenen Handelns.

161 Dass die mit der Stringenz des Katalogs verbundene Starrheit der Rechtsanwendung zur **Kollision** mit Gemeinschaftsrecht führen könnte – so z.B. durch § 20 Abs. 1 Satz 1 Nr. 5, wenn als Folge internationaler Verflechtung von Institutionen und Unternehmen beim mitgliedstaatlichen Vollzug von Gemeinschaftsrecht **europäische institutionelle Amtskonflikte** auftreten – liegt eher fern, da § 20 den (deutschen) Amtswalter trifft, nicht aber diskriminierend EU-Bürger.

162 Bei **Besorgnis der Befangenheit** hält § 21 den unionsrechtlich geforderten Standard ein. Da er für alle Beteiligten gilt, trifft seine Anwendung EU-Bürger nicht nachteilig.

---

144 Amtsblatt 2007 C 303/01.

145 So schon EuGH, Urt. v. 21.11.1991 – C -269/90, NVwZ 1992, 358; Kopp/Ramsauer, § 20 Rn. 6a m.N.

146 *Kahl*, NVwZ 2011, 449 (455) m.N.

147 Vgl. auch *Kuntze* in Bergmann/Kenntner, 137 ff. und 151 ff.

148 *Bergmann* in Bergmann/Kenntner, 54 f.

§ 21 Besorgnis der Befangenheit

(1) [1]Liegt ein Grund vor, der geeignet ist, Misstrauen gegen eine unparteiische Amtsausübung zu rechtfertigen, oder wird von einem Beteiligten das Vorliegen eines solchen Grundes behauptet, so hat, wer in einem Verwaltungsverfahren für eine Behörde tätig werden soll, den Leiter der Behörde oder den von diesem Beauftragten zu unterrichten und sich auf dessen Anordnung der Mitwirkung zu enthalten. [2]Betrifft die Besorgnis der Befangenheit den Leiter der Behörde, so trifft diese Anordnung die Aufsichtsbehörde, sofern sich der Behördenleiter nicht selbst einer Mitwirkung enthält.

(2) Für Mitglieder eines Ausschusses (§ 88) gilt § 20 Abs. 4 entsprechend.

Landesrechtliche Vorschriften

Die Verwaltungsverfahrensgesetze der Länder haben abgesehen von Schleswig-Holstein, dessen § 81a LVwG teils redaktionelle teils inhaltliche Abweichungen aufweist, gleichlautende Bestimmungen.

Schrifttum

Besche, Die Besorgnis der Befangenheit im Verwaltungsverfahren – insbesondere im Prüfungswesen, DÖV 1972, 636; *v. Golitschek*, Bewertung der Prüfungsleistungen in juristischen Staatsprüfungen und deren gerichtliche Kontrolle, BayVBl. 1994, 300; *Herrmann/Tietze*: Ausschließung und Befangenheit von akademischen Mitarbeitern als Mitglieder einer Berufungskommission, LKV 2015, 337; *Jäde*, Befangenheitsschranken behördlicher Beratungspflicht, BayVBl. 1988, 264; *Kirchhof*, Die Bedeutung der Unbefangenheit für die Verwaltungsentscheidung, VerwArch. Bd. 66, 1975, 370; *Kopp*, Die Neubewertung fehlerhaft bewerteter Prüfungsaufgaben, BayVBl. 1990, 684; *Kopp*, Die Ablehnung befangener Amtsträger im Verwaltungsverfahrensrecht, BayVBl. 1994, 109; *Kösling*, § 21 VwVfG und der Rechtsschutz des Betroffenen, NVwZ 1994, 455; *Zuck*, Befangenheit als Fehlerquelle für ein faires Verfahren, DRiZ 1988, 172.

Übersicht

A. Gegenstand der Regelung

1 § 21 **ergänzt** die **Kodifizierung** des **Unbefangenheitsgebots** in § 20 durch eine Regelung zur Fernhaltung bzw. Herausnahme möglicherweise befangener Amtsträger aus dem Verwaltungsverfahren.

2 Entsprechende **Vorschriften** enthält § 83 AO und § 17 SGB X. Spezielle Regelungen finden sich etwa in den §§ 65 Abs. 1 Satz 2 und 71 Abs. 3 für das förmliche Verfahren und den Gemeindeordnungen.[1] § 79 erstreckt die Anwendung des § 21u.a. auf **Vorverfahren** nach § 68 VwGO. **Unionsrechtlich** gilt das Unbefangenheitsgebot als Teil des in **Art. 41 Abs. 1** der **Charta der Grundrechte der EU** (Amtsblatt 2007 C 303/01) festgeschriebenen **Rechts auf eine gute Verwaltung** (§ 20 Rdn. 158 f.).

3 § 21 **regelt** das **behördeninterne Prüfverfahren**, wenn sich im Verwaltungsverfahren konkret Anhalt für die Besorgnis der Befangenheit oder befangenes Handeln des Amtswalters ergibt. Er ist als **Instrument** der **Selbstreinigung der Verwaltung** konzipiert.

4 Im Einzelnen bestimmt **Abs. 1 Satz 1** die zwei Anknüpfungspunkte, die verfahrensrechtlich Anlass zur Prüfung der Befangenheit geben, und **Satz 2** das zugehörige Verfahren, **Abs. 2** sodann die spezielle Verfahrensweise im Fall eines Ausschussmitgliedes.

B. Zweck der Regelung und systematische Einordnung

5 § 21 soll den **Schutz** des rechtstaatlichen, fairen Verfahrens im Anschluss an § 20 **vervollständigen** und andererseits **keinen Raum** für **Obstruktion** bieten (vgl. § 20 Rdn. 9, 114).

6 Im Verhältnis zu § 20 erfüllt § 21 eine **Auffang-** und **Lückenschließungsfunktion bei den Ausschlussgründen,** indem mit der Besorgnis der Befangenheit derjenige Ausschlussgrund generalklauselartig normiert wird, der im Grunde genommen – verstärkt zu unwiderleglichen Vermutungen[2] – auch den enumerativen Befangenheitsgründen des § 20 Abs. 1 innewohnt.

7 § 21 Abs. 1 Satz 1 ist **im Überschneidungsbereich subsidiär** zu § 20 Abs. 1[3] und **erfasst** die Fälle, die keinem Betätigungsverbot kraft Gesetzes unterliegen: so auch die sprichwörtliche »Vetternwirtschaft« – falls sie nicht dem § 20 Abs. 1 Satz 2 genügt – bzw. den Vetter (vgl. § 20 Rdn. 120), wenn jeweils ein konkreter Grund für die Besorgnis der Befangenheit hinzukommt.[4]

---

1 VGH Baden-Württemberg, Urt. v. 15.06.2016 – 5 S 1375/14, BauR 2016, 2032, m.w.N.
2 Amtl. Begründung S. 47.
3 Ebenso Stelkens/Bonk/*Sachs*, § 21 Rn. 2 f; s.a. VG Aachen, Urt. v. 23.01.2008 – 6 K 807/06 (juris).
4 Vgl. Kopp/Ramsauer, § 21 Rn. 12 und BVerwG, Urt. v. 24.10.2002 – 1 DB 10/02, ZBR 2003, 94.

§ 21 Abs. 1 ist als allgemeine Regelung für die Klärung der Besorgnis der Befangenheit anzusehen und gilt daher analog, wenn außerhalb eines Ausschusses zu klären ist, ob ein gesetzlicher Ausschluss vorliegt (vgl. § 20 Rdn. 108). 8

C. Anwendungsvoraussetzungen des § 21 im Vergleich zu § 20

Auf die Erläuterungen **zu § 20** wird verwiesen hinsichtlich des **übereinstimmenden Verständnisses** 9

1) des Kreises der für die Behörde tätig werdenden Personen, wonach die Vorschrift nur für den einzelnen **Amtswalter**, nicht aber institutionell für Behörden (keine »institutionelle Befangenheit«)[5] oder deren »Ämter«, wohl aber analog für **Dolmetscher** und **Sachverständige** gilt (§ 20 Rdn. 39 f.); damit gilt auch, dass die Erstattung eines amtlichen oder privaten Gutachtens für das weitere Verfahren nicht grundsätzlich einen Befangenheitsgrund darstellt,[6]
2) der Wendung »**in einem Verwaltungsverfahren**«, d.h. in allen, in denen allgemeines Verfahrensrecht anwendbar ist,[7] generell aber erst ab dessen Beginn (vgl. § 20 Rdn. 15, 20),[8] d.h. insbesondere nicht bei Tätigkeiten im Vorfeld,[9]
3) des **Tätigwerdens** als aktives entscheidungsbezogenes Handeln (keine bloßen Hilfstätigkeiten und Möglichkeit der Ergebnisbeeinflussung) im Verfahren nebst Analogie bei Erörterungen gem. § 71c Abs. 2 vor Antragstellung sowie Anzeigeverfahren (§ 20 Rdn. 19 ff.).

Im **Gegensatz zu § 20** gebietet § 21, Verhaltensumstände **festzustellen**, d.h. die subjektive Besorgnis reicht nicht aus; es bedarf konkreter Tatsachen,[10] die die **Besorgnis** der Befangenheit bzw. den Ausschluss rechtfertigen, während in § 20 Befangenheit von den Umständen des Falles abstrahiert vermutet wird (Rdn. 13). 10

Wegen der Anknüpfung an konkrete Umstände des jeweiligen Falles **entfällt** die in § 20 notwendige **Restriktion** des Anwendungsbereiches durch das Kriterium des Schutzbereichs der Norm (§ 20 Rdn. 19, 26). 11

---

5 Siehe hierzu die Nachweise bei Rdn. 32 zu § 20.

6 BVerwG, Beschl. v. 07.02.2011 – 4 B 48/10, ZfBR 2011, 575; VGH Baden-Württemberg, Urt. v. 04.06.2002 – 8 S 460/01, NVwZ-RR 2003, 412 und zum gerichtlichen Verfahren VGH Baden-Württemberg, Beschl. v. 29.04.2002 – 10 S 2367/01, NVwZ 2002, 1260.

7 Also z.B. auch im Vergabeverfahren nach GWB: OLG Sachsen-Anhalt, Beschl. v. 31.01.2011 – 2 Verg 1/11 (juris).

8 Nach BVerwG, Urt. v. 12.03.1987 – 2 C 36/86, NVwZ 1988, 66 und Urt. v. 23.09.2004 – 2 A 8/03, Buchholz 232 § 23 BBG Nr. 43 fällt die Besorgnis der Befangenheit des Beurteilers eines Beamten nicht unter § 21, da Beurteilungen keine Verwaltungsakte seien; diese könne nur bei tatsächlicher Befangenheit im Gerichtsverfahren als rechtswidrig erkannt werden.

9 Kopp/Ramsauer, § 21 Rn. 8; OVG Thüringen, Beschl. v. 30.01.2008 – 2 EO 236/07, ThürVGRspr 2009, 49 und VGH Hessen, Beschl. v. 18.03.2009 – 1 B 2642/08, RiA 2009, 229 (zum Ausschreibungs- und Auswahlverfahren im öffentlichen Dienst, auf das verwaltungsverfahrensrechtliche Grundsätze anwendbar sind.

10 BVerwG, Urt. v. 13.10.2011 – 4 A 4001.10, BVerwGE 141, 1; Kopp/Ramsauer, § 21 Rn. 15.

D. Besorgnis der Befangenheit

12 **Vergleichbar** etwa § 54 Abs. 1 VwGO,[11] dessen Judikatur und Schrifttum zum Verständnis herangezogen werden kann, **definiert** § 21 den **Begriff** dieses Ausschließungsgrundes generalklauselartig als den »Grund, der geeignet ist, Misstrauen gegen eine unparteiische Amtsausübung zu rechtfertigen« (vgl. Rdn. 14). Nicht erforderlich ist demnach tatsächliche Befangenheit.

13 Mit dem Ausschließungsgrund »**Besorgnis** der Befangenheit« **dehnt** § 21 den **Schutz** vor Befangenheit objektivrechtlich ggü. dem außerhalb des VwVfG – z.B. bei dienstlichen Beurteilungen[12] – geltenden Recht **aus**, das sich auf den **Schutz vor** tatsächlich **gegebener** Befangenheit beschränkt. Allerdings besteht **kein durchsetzbarer Anspruch** auf Herausnahme eines befangenen Amtswalters. § 21 Abs. 1 enthält **kein formelles Ablehnungsrecht**, sondern gibt den Beteiligten nur die Möglichkeit, durch entsprechendes Vorbringen den betroffenen Amtsträger zu veranlassen, die Entscheidung des Behördenleiters einzuholen.[13] Im Hinblick auf § 44a VwGO ist der Beteiligte grundsätzlich auf die nachträgliche Rechtskontrolle beschränkt[14] (zu Rügeobliegenheit und ggf. Präklusion siehe Rdn. 43; zum ausnahmsweisen Rechtsschutz Rdn. 62).

I. Grund für die Besorgnis der Befangenheit

14 Diese Voraussetzung wird allgemein verstanden als **gegenständlich vernünftiger** und individuell in der Person des Amtsträgers vorhandener **Grund**, der einen Beteiligten von seinem Standpunkt aus befürchten lassen kann, der Amtsträger werde nicht unparteiisch und ausschließlich sachbezogen entscheiden.[15] Wird die Fehlerhaftigkeit eines Verwaltungsakts wegen Besorgnis der Befangenheit geltend gemacht, so ist für die Prüfung, ob die Besorgnis begründet ist, **auf denjenigen Bediensteten** der Behörde abzustellen, **der den Verwaltungsakt unterschrieben** und damit die **Verantwortung für den Erlass übernommen** hat.[16]

15 **Maßgebend** ist das Vorliegen objektiver **Tatsachen**, die aus Sicht eines erfahrenen, vernünftig denkenden Menschen **geeignet** sind, den **subjektiven Zweifel** Beteiligter **rational** zu rechtfertigen, der Amtswalter werde nicht objektiv, mit gebotener innerer Distanz bzw. sachlich eingestellt entscheiden.[17]

---

11 Mangels Regelungslücke ist § 54 Abs. 3 VwGO nicht analog anwendbar: BVerwG, Urt. v. 05.12.1986 – 4 C 13/85, BVerwGE 75, 214; Kopp/Ramsauer, § 21 Rn. 16.

12 BVerwG, Urt. v. 12.03.1987 – 2 C 36/86, NVwZ 1988, 66.

13 OVG Sachsen, Urt. v. 12.06.2019 – 4 C 7/18, DVBl 2020, 439.

14 Allg.M.; BFH, Beschl. v. 29.05.2012 – IV B 70/11 (juris); OVG Saarland, Beschl. v. 06.11.2009 – 1 B 481/09 (juris); Kopp/Ramsauer, § 21 Rn. 23.

15 Amtl. Begründung S. 47; Kopp/Ramsauer, § 21 Rn. 14.

16 VGH Baden-Württemberg, Urt. v. 25.05.1992 – 7 S 1687/90, NuR 1994,32; OVG Sachsen, Urt. v. 12.04.2019 – 4 A 282/17, BeckRS 2019, 27092.

17 BVerwG, Urt. v. 13.10.2011 – 4 A 4001/10, BVerwGE 141, 1; VGH Baden-Württemberg, Urt. v. 09.12.2010 – 7 S 329/08 (juris); Kopp/Ramsauer, § 21 Rn. 16.

Vorgebrachte **Besorgnis** der Befangenheit ist **aus Sicht** des **Beteiligten** anhand seines Vorbringens kritisch zu prüfen. Angeblich **aufgetretene** Befangenheit ist in rein **objektiver** Betrachtung festzustellen (gemischt subjektiv-objektiver Maßstab).[18] Es geht auch um die Vermeidung des »bösen Scheins«. 16

Die **Kombination zukunftsbezogener** Besorgnis mit dem Anspruch **auf** lediglich **nachträgliche** Rechtskontrolle ist rechtsstaatlich hinnehmbar, bedarf aber ggf. der Ausnahmen, die in der Rechtsprechung zu § 44a VwGO, zum Prüfungsrecht und zum Thema einer Rügeobliegenheit mit eventuellem Rügeverlust (Rdn. 43) erarbeitet worden sind. 17

Es gibt daher nur bei ausdrücklicher gesetzlicher Regelung (z.B. in förmlichen Verfahren, vgl. § 71 Abs. 3) ein Ablehnungsrecht mit Anspruch auf Entscheidung. Aber auch ansonsten wird häufig eine Obliegenheit angenommen mit der Folge der Präklusion bei nicht rechtzeitiger Geltendmachung (s.a. § 20 Rdn. 5, 101, 118). 18

II. Fälle der begründeten Besorgnis bzw. Befangenheit

Eine allgemeine Gewichtung der Qualität der Gründe von § 21 gegenüber § 20 **existiert nicht.** § 20 schließt, im Gegensatz zu § 21, auch solche Personen aus, deren tatsächliches Verhalten nicht an Befangenheit denken ließe. Gleichwohl geht bei den Gründen in § 21 **nicht** um **»minder schwere Fälle«**, sondern um nicht ausformulierte, regelhaft auch nicht sinnvoll ausformulierbare Konstellationen. Die Abgrenzung hat stets die konkreten Umstände normativ zu berücksichtigen. 19

Beispiele i.S.d. des § 21 sind: Unsachliche oder gar verletzende **außerdienstliche Äußerungen** mit Verfahrensbezug oder solche, die eine **einseitige Festlegung** vor Klärung der Sache erkennen lassen;[19] unsachliche **Bemerkungen** zu Vorbringen oder Anträgen; vorangegangene behördliche **Beratung** (Befassung reicht nicht)[20] in Bezug auf den späteren Verfahrensgegenstand[21]; unzutreffende Rechtsausführungen führen allerdings nicht zu Befangenheit.[22] Festlegungen in einer fehlerhaften Beurteilung, die **Unzugänglichkeit** des Beurteilers für neue Erkenntnisse nicht ausschließbar erscheinen lassen;[23] außerhalb des § 20 Abs. 1 angesiedelte **wirtschaftliche Interessen,**[24] etwa bei objektivem Anschein einer gesellschaftsrechtlichen, arbeitsrechtlichen oder zumindest bürogemeinschaftlichen Verbindung zwischen dem amtswaltenden Rechtsanwalt auf Seiten einer Rechtsanwaltskammer und einem seine Zulassung begehrenden 20

18 BVerwG, Urt. v. 12.03.1987 – 2 C 36/86, NVwZ 1988, 66; Kopp/Ramsauer, § 21 Rn. 16.

19 Kopp/Ramsauer, § 21 Rn. 17 unter Hinweis auf BVerwG, Urt. v. 09.12.1992 – 6 C 3/92, BVerwGE 91, 262; s.a. VG Münster, Urt. v. 20.12.2004 – 10 K 2220/04 (juris).

20 VG Berlin, Beschl. v. 24.07.2012 – 3 K 131.12, bestätigt durch OVG Berlin-Brandenburg, Beschl. v. 17.08.2012 – 3 M 69.12 (beide juris) zum Sachverständigen.

21 Jäde, BayVBl. 1988, 264; Schulze-Fielitz, DVBl 1994, 657 (660, 667).

22 VGH Hessen, Urt. v. 21.05.2012 – A 1156/11 (juris).

23 VGH Hessen, Beschl. v. 01.08.2012 – 9 A 2384/11.Z (juris) mit der Maßgabe, dass drastische Äußerungen als solche noch keinen Befangenheitsgrund darstellen.

24 Vgl. BVerwG, Urt. v. 14.06.1963 – VII C 44.62, BVerwGE 16, 150.

Rechtsanwalt;[25] eine **besondere kollegiale Nähe;**[26] **ideologisierende Wertungen** und der Verstoß gegen die **Pflicht** zu politischer Mäßigung und Zurückhaltung; **Freundschaft oder Feindschaft** (nicht nur schweres persönliches **Zerwürfnis** oder **Antipathie**).[27]

III. Fälle nicht begründeter Besorgnis bzw. Befangenheit

21 **Eigenschaften**, z.B. die Zugehörigkeit zu einer Nation, Religion, Partei, sozialen Gruppe, Berufsgruppe, Verein oder Club, Geschlecht, sind für sich **keine Befangenheitsgründe.** § 20 regelt abschließend die Eigenschaften, die als solche den Ausschluss bewirken.

22 **Ungenügend** sind auch **rein subjektive Vorstellungen** ohne tatsächlichen Anhalt wie Gefühle, Vermutungen, Ahnungen, Überempfindlichkeiten oder z.B. der Argwohn ggü. dem, der die Beurteilung erstellt wegen dessen kritischer Einschätzung des Arbeitsverhaltens bzw. wegen dienstlich bedingter Spannungen.[28]

23 **Beispiele** aus der Judikatur für das **Fehlen des Grundes** sind: **Aufklärung** Beteiligter, wenn Grundrechtsschutz oder der Grundsatz des fairen Verfahrens das gebietet und formale Unparteilichkeit zum quasi willkürlichen Verhalten würde;[29] **außerdienstliche Äußerungen** zur Sach- und Rechtslage, wenn sie nicht tendenziös wirken, z.B. durch den Eindruck der Festlegung vor einer mündlichen Verhandlung nach § 67; **vorherige Befassung** mit der Sache[30] als Sachbearbeiter in der Vorinstanz oder **wiederholte** Befassung mit ihr nach Aufhebung und Zurückverweisung; Betroffensein von **Beschwerden** des Untergebenen; **Gespräche** mit einzelnen Beteiligten;[31] **Selbstablehnung** als solche (vgl. Rdn. 26); **Terminierung** einer Erörterung in die Kernarbeitszeit statt den Abend;[32] **Verfahrensdauer,**[33] **wissenschaftliche** Äußerung mit von

25 AGH Baden-Württemberg, Urt. v. 29.06.2018 – AGH 38/18, NJW-RR 2019, 53.

26 *Herrmann/Tietze*, LKV 2015, 337 (340 f.); OVG Berlin-Brandenburg, Beschl. v. 26.05.2008 – 4 S 4.08; OVG Hamburg, Beschl. v. 09.10.1998 – 1 Bs 214/98, juris, Rn. 8.

27 Vgl. VGH Hessen, Urt. v. 29.05.1969 – V OE 6/69, DöV 1970, 645. Gelegentliches berufliches Zusammenwirken, auch freundschaftliche Kontakte genügen als solche nach richtiger Auffassung nicht: OVG Mecklenburg-Vorpommern, Beschl. v. 21.04.2012 – 2 M 14/10 (juris); s.a. VG Sigmaringen, Beschl. v. 04.03.2003 – 1 K 2491/02 (juris).

28 BVerwG, Urt. v. 12.03.1987 – 2 C 36/86, NVwZ 1988, 66.

29 BVerfG, Beschl. v. 24.03.1976 – 2 BvR 812/74, BVerfGE 42, 64 (74, 78).

30 VG Berlin, Beschl. v. 24.07.2012 – 3 K 131.12, bestätigt durch OVG Berlin-Brandenburg, Beschl. v. 17.08.2012 – 3 M 69.12 (beide juris) zum Sachverständigen. Anders im Wehrbeschwerderecht: BVerwG, Beschl. v. 11.12.1985 – 1 WB 141/84, BVerwGE 83, 87.

31 VGH Bayern, Urt. v. 08.03.1985 – 20 DB 81 D. 1 u.a., BayVBl. 1985, 399. Zu den Grenzen vgl.: *Jäde*, BayVBl. 1988, 264 (265 f.).

32 VGH Baden-Württemberg, Urt. v. 21.10.1988 – 5 S 1088/88, NVwZ-RR 1989, 354 (355).

33 Vgl. BVerwG, Beschl. v. 11.12.1985 – 1 WB 141/84, BVerwGE 83, 87. Zum gerichtlichen Verfahren vgl.: OVG Nordrhein-Westfalen, Beschl. v. 16.12.1992 – 18 A 130/89, NJW 1993, 2259.

der des Beteiligten abweichender Ansicht, es sei denn, es entsteht der Eindruck der Vorabfestlegung.[34]

IV. Befangenheit in Prüfungsverfahren

Bei Befangenheit mitwirkender Prüfer ist neben der Rechtsstaatlichkeit des Verfahrens **auch** die **Chancengleichheit** (Art. 3 Abs. 1 GG) **verletzt.** § 21 ist gem. § 2 Abs. 3 Nr. 2 in Prüfungsverfahren im Geltungsbereich des VwVfG anzuwenden. Dabei beschäftigt dieser Befangenheitsgrund die Rechtsprechung immer wieder neu (vgl. Rdn. 26 f.). 24

Grundsätzlich sind **dieselben Prüfer** für **Nachkorrekturen** heranzuziehen. Art. 12 Abs. 1 GG gebietet bei berufsbezogenen Prüfungen zur Effektuierung des Grundrechtsschutzes verfahrensrechtlich ein wirksames verwaltungsinternes Verfahren des »**Überdenkens**«[35] der Bewertung, das der Chancengleichheit genügt.[36] Damit ist klar, dass die »Vorbefassung« des Prüfers als solche keine Befangenheit begründet. 25

1. Ungenügende Gründe für die Besorgnis bzw. Befangenheit

Beispiele sind: **Selbstablehnung** des Prüfers im Hinblick auf eine erneute Prüfungsentscheidung, nachdem die erste wegen Fehlers des Prüfers aufgehoben wurde;[37] die **statistisch** höhere **Misserfolgsquote** bei einem Prüfer im Vergleich zu anderen;[38] **wissenschaftliche Meinungsunterschiede** unter Prüfern und **Kompetenzzweifel;**[39] **die Tatsache der erneuten Beurteilung durch dieselben Prüfer** an sich (»Überdenken«) sowie die **Fehlerhaftigkeit** deren **erster Korrektur;**[40] **das Festhalten am Ergebnis** der vorherigen Korrektur nach **Nachkorrektur;**[41] Prüfung der Sachgerechtigkeit des Aufbaues anhand der **Musterlösung**, ohne die Bewertung formal und inhaltlich auf die Einhaltung dieses Schemas zu verengen;[42] Nachkorrektur in Kenntnis des unterdessen laufenden **Prozesses** in dieser Sache;[43] deutliche **Prüferbemerkungen**, sofern das 26

---

34 So zu Recht Kopp/Ramsauer, § 21 Rn. 17a; s.a. BVerwG, Urt. v. 24.02.1993 – 6 C 38/92, NVwZ 1993, 686.

35 Verfassungsrechtlich geboten: BVerfG st. Rspr., vgl. Beschl. v. 17.04.1991 – 1 BvR 419/81 u.a., BVerfGE 84, 34 m.w.N.; BVerwG Urt. v. 24.02.1993 – 6 C 35/92, BVerwGE 92, 132, Urt. v. 24.02.1993 – 6 C 38/92, NVwZ 1993, 686 und VGH Hessen, Urt. v. 21.05.2012 – A 1156/11 (juris).

36 Zusammenfassend: *v. Golitschek*, BayVBl. 1994, 300 (301).

37 BVerwG, Beschl. v. 29.01.1985 – 7 B 4/85, NVwZ 1985, 576 (Abitur).

38 BVerwG, Beschl. v. 06.11.1987 – 7 B 198/87, NVwZ 1988, 439.

39 VGH Baden-Württemberg, Urt. v. 10.03.1988 – 9 S 1141/86, DVBl 1988, 1122.

40 St. Rspr.: BVerwG, Beschl. v. 19.05.2016 – 6 B 1.16, juris Rdn. 19; v. 11.07.1996 – 6 B 22.96, NVwZ-RR 1997, 103 m.w.N. und VGH Hessen, Urt. v. 21.05.2012 – 9 A 1156/11 (juris).

41 St. Rspr. BVerwG, Beschl. v. 11.07.1996 – 6 B 22/96, NVwZ-RR 1997, 103 m.w.N.

42 BVerwG, Beschl. v. 28.02.1996 – 6 B 65/95, NVwZ-RR 1996, 505 (506).

43 BVerwG, Urt. v. 24.02.1993 – 6 C 32/92, NVwZ 1993, 689 (690) und Urt. v. 24.02.1993 – 6 C 38/92, NVwZ 1993, 686 (688).

Gebot der Sachlichkeit nicht verlassen wird;[44] sehr **kritische Kommentierung** von Leistungen im Unterricht, auch kurz vor der Abiturprüfung.[45]

2. Ausreichende Gründe für die Besorgnis bzw. Befangenheit

27 Beispiele sind: objektiv feststellbare Voreingenommenheit anhand darauf hindeutender Anhaltspunkte[46] wie **sachfremde Korrekturanmerkungen,**[47] **wobei lediglich harte Randbemerkungen an schriftlichen** Arbeiten eher zulässig, in der **mündlichen** Prüfung harte Äußerungen in Stil und Umgang hingegen eher unvertretbar und im Übrigen unprofessionell sind;[48] erst recht Befangenheit nahelegende **sexuelle Zudringlichkeiten** des Prüfers bzw. ungebührliches und **unangemessenes Verhalten;**[49] **im Hinblick auf eine Nachkorrektur** (»**Überdenken**«) **die Festlegung vorab**, dass eine Änderung der Bewertung nicht in Betracht komme,[50] nicht aber die **bloße Kenntnis** des beanstandeten Erstgutachtens seitens des Zweitprüfers;[51] unzulässiges **Beurteilungsgespräch** unter Prüfern vor abschließender Bewertung;[52] situationsbedingte Befangenheit, wenn ein Prüfer im Bewertungsstreit mit Mitprüfern über die Note **um des Friedens willen einlenkt.**[53] Aber – nach angreifbarer Auffassung – etwa auch bei **Zusammenleben von Erst- und Zweitprüfer** in eheähnlicher Lebensgemeinschaft aufgrund der Weite des Beurteilungsspielraums des alleine Bewertenden.[54]

E. Allgemeine Verfahrensweise bei Amtsträgern (Abs. 1)

28 Die Festlegung des **behördeninternen Prüfverfahrens** bildet den **zweiten Regelungsschwerpunkt** des Abs. 1. Grundsatz ist eine verwaltungsinterne Entscheidung durch den **Behördenleiter.** Diese ist **kein** anfechtbarer **Verwaltungsakt.**[55]

29 Während **Satz 2** die **Besonderheiten** bestimmt, wenn der Behördenleiter selber betroffen ist (Rdn. 49), regelt **Satz 1** die **Grundstruktur** der Verfahrensweise und Entscheidung, wenn die Besorgnis der Befangenheit der Überprüfung bedarf. Sie ist analog auf zu klärende Fälle des § 20 übertragbar (Rdn. 8).

---

44 BVerwG, Urt. v. 24.02.1993 – 6 C 35/92, BVerwGE 92, 132 und VGH Hessen, Beschl. v. 01.08.2012 – 9 a 2384/11.Z (juris).

45 VGH Baden-Württemberg, Beschl. v. 20.09.1994 – 9 S 2484/93, NVwZ-RR 1995, 275.

46 BVerwG, Beschl. v. 11.07.1996 – 6 B 22/96, NVwZ-RR 1997, 103.

47 Vgl. z.B. VGH Baden-Württemberg, Urt. v. 20.09.1988 – 9 S 1929/88, NJW 1989, 1379.

48 Zu dieser Differenzierung: BVerwG, Urt. v. 20.09.1984 – 7 C 57/83, BVerwGE 70, 143.

49 Hält die Prüfungsbehörde den Sachverhalt nicht ausreichend fest, trägt sie die materielle Beweislast für einen ordnungsgemäßen Prüfungsablauf OVG Nordrhein-Westfalen, Urt. v. 27.02.1997 – 22 A 7462/95, NVwZ-RR 1997, 714.

50 BVerwG, Urt. v. 24.02.1993 – 6 C 38/92, NVwZ 1993, 686.

51 Vgl. VGH Baden-Württemberg, Urt. v. 20.09.1988 – 9 S 1929/88, NJW 1989, 1379.

52 Dies gebietet den Prüferaustausch unabhängig von Befangenheit: BVerwG, Urt. v. 03.12.1981 – 7 C 30 und 31/80, NJW 1983, 407.

53 Vgl. *BVerfG*, Kammerbeschl. V. 16.01.1995 – 1 BvR 1505/94, NVwZ 1995, 469 m.w.N.

54 VG Gelsenkirchen, Urt. v. 04.11.2015 – 4 K 3886/14, juris Rn. 16 ff.

55 Allg.M. zuletzt BFH, Beschl. v. 29.05.2012 – IV B 70/11 (juris) m.w.N.

I. Einleitung der Befangenheitsprüfung (Satz 1)

1. Sie erfolgt alternativ **von Amts wegen**, weil »ein Grund vorliegt«, oder **auf Betreiben von Beteiligten** oder Einwendern (§ 73 Abs. 4), die einen Grund substantiiert behaupten. Der Vorgesetzte des Amtsträgers muss sich aufdrängenden Anhaltspunkten von Amts wegen nachgehen. Der Amtsträger selber ist bei Tatsachen i.S.v. Abs. 1 (Rdn. 15) zur Unterrichtung des Behördenleiters verpflichtet. 30
2. Die **Geltendmachung** durch den Beteiligten **bezweckt**, als **Anregung** der Behörde die nicht ohne weiteres erkennbaren oder von ihr nicht wahrgenommenen Gründe zur Prüfung vorzulegen (Rdn. 37), ohne dass nur Vorgebrachtes zu berücksichtigen wäre. Ein ggf. durchsetzbarer **Anspruch** auf Durchführung des Prüfverfahrens **besteht nicht** (vgl. auch § 20 Rdn. 114 f, 157).[56] 31
3. Der **Amtsträger** ist **stets verpflichtet**, die Prüfung einzuleiten ganz gleich, ob er den Grund für gegeben, oder für möglicherweise sogar missbräuchlich behauptet hält. Nur offensichtlich **rein querulatorische** oder nach Bescheid **rein wiederholende** Ablehnungen können ohne Prüfverfahren zur Akte genommen werden. 32
4. Die Einleitung der Prüfung geschieht durch »**Selbstanzeige**« **oder Mitteilung** des (vorgebrachten) Grundes an den Behördenleiter oder seinen dafür Beauftragten. Auch die Selbstanzeige erlaubt grds. **nicht** deren weitere Sachbehandlung in **Eigenregie** im Sinne eines Selbstausschlusses (vgl. Rdn. 34, 49). 33

II. Entscheidung über die Besorgnis der Befangenheit (Satz 1)

Es handelt sich um ein **konstitutives Mitwirkungsverbot** im Einzelfall (vgl. dazu § 20 Rdn. 12 f.), das die zuständige Stelle ohne Ermessens- oder Beurteilungsspielraum[57] bei begründeter Besorgnis bzw. tatsächlicher Befangenheit anordnen muss. Bei Anlass wird zugleich ein neuer zuständiger Amtsträger bestimmt. 34

Ihrer **Rechtsnatur** nach ist die Anordnung nach Satz 1 ggü. dem **Amtswalter** kein VA, sondern eine **innerdienstliche Weisung** im Dienstbetrieb[58] ebenso wie diejenige, die ihn wegen verneinten Ausschließungsgrundes anweist, das Verfahren fortzuführen, obwohl er sich für befangen hält (vgl. Rdn. 64). 35

Im Verhältnis zum **Beteiligten** ist weder die Anordnung noch die gegenteilige Entscheidung VA, da es sich um eine **interne** Prüfung handelt und – anders als bei § 71 Abs. 3 – kein Anspruch auf förmliche Entscheidung über die Ablehnung besteht, sodass ihm ggü. keine Regelung gesetzt wird. Allerdings gilt auch hier § 44a VwGO, dass nämlich Rechtschutz dann möglich ist, wenn bei Abwarten irreparable Folgen drohen (vgl. § 20 Rdn. 157 m.N.). 36

---

56 H.M., vgl. OVG Saarland, Beschl. v. 06.11.2009 – 1 B 481/09 (juris) und VG Hannover, Beschl. v. 31.05.1985 – 6 D 20/85, NVwZ 1986, 960 (jeweils m.N.); weiterhin: *Kirchhof*, VerwArch. Bd. 66, 1975, 370 (382); *Kösling*, NVwZ 1994, 455 (456).

57 Kopp/Ramsauer, § 21 Rn. 20; Knack/Henneke, § 21 Rn. 11.

58 Kopp/Ramsauer § 20 Rn. 52a unter Hinweis auf BVerwG, Urt. v. 30.01.1993 – 2 B 156/93, NVwZ 1994, 785.

III. Ablehnungsgesuch des Beteiligten und Rügeverlust

37 Der Beteiligte hat wie bei § 20 kein förmliches Ablehnungs- oder Antragsrecht. Er ist aber zur Vermeidung des Verlustes des Rügerechts im Rahmen seiner Mitwirkungsobliegenheiten gehalten, ihm bekannte Gründe frühzeitig geltend zu machen (Risiko der Präklusion)[59] und ggf. glaubhaft zu machen.[60] Er kann **die interne Prüfung nur anregen** und wird auf den nachträglichen Rechtsschutz (vgl. Rdn. 62 f.) verwiesen.

38 Es ist im Gesetz **keine allgemeine Rügeobliegenheit während** des Verfahrens normiert. Sie folgt aus der allgemeinen Mitwirkungslast[61] bei der Sachaufklärung nach § 26 Abs. 2 Satz 1.

39 Die Zukunftsbezogenheit der **Besorgnis** legt **rasches Rügen** im **Eigeninteresse** ohnehin nahe. Bei nachweislich aufgetretener Befangenheit wird eine Ermessensentscheidung oder eine mit Beurteilungsspielraum ohne weiteres rechtswidrig. Bei gebundenen Entscheidungen kommt es darauf an, ob sich die Befangenheit (etwa bei der Sachverhaltsaufklärung) auf das Ergebnis **ausgewirkt** hat. Das folgt schon aus § 46, der auch im Zusammenhang mit § 21 anwendbar ist.[62]

40 Bei Beurteilung aus Sicht des Beteiligten (Rdn. 16) kann ohnehin interessenwidriges Zuwarten die **Plausibilität** später behaupteter Besorgnis und ihrer Gründe infrage stellen.

41 An **Verwirkung** des Rechts zur Geltendmachung von Befangenheit im Rechtsschutzverfahren ist daneben nur **ausnahmsweise** zu denken.[63] Sie erfordert neben dem **Zeitmoment** insbesondere, aufseiten der Behörde Vertrauen in die Nichtgeltendmachung begründende **Umstände**. Etwa wenn der Beteiligte sich erst nach missliebiger Entscheidung auf § 21 beruft, nachdem er zuvor Befangenheit nur pauschal, nicht näher prüfbar, in den Raum gestellt hat.

42 Die Chancengleichheit veranlasst bei **Prüfungen**, Verfahrensfehler rasch zu klären und verpflichtet den Prüfling zur **raschen Rüge.**[64] Das etwaige Zögern kann ausnahmsweise **anzuerkennende Gründe** haben, die die individuelle Chancengerechtigkeit berühren. Auch ist es abhängig von der subjektiven Stärke und Belastbarkeit in der Prüfungssituation, wie man mit etwaigen Anzeichen für zu besorgende Befangenheit

---

59 VGH Hessen, Urt. v. 18.05.2009 – 8 A 336/09, MedR 2010, 48 und OVG Rheinland-Pfalz, Urt. v. 15.01.1999 – 2 A 10946/98 8 (juris).

60 OVG Hamburg, Urt. v. 19.02.2001 – 2 Bs 370/00, NVwZ 2001, 1173.

61 VG Sigmaringen, Urt. v. 30.01.2003 – 2 K 2245/02 (juris); so auch Stelkens/Bonk/Sachs, § 21 Rn. 6; Kopp/Ramsauer, § 21 Rd. 3; inzw. h.M.

62 So auch Kopp/Ramsauer, § 21 Rn. 29.

63 A.A.: Kopp/Ramsauer, § 21 Rn. 4: Rügeverlust im gerichtlichen Verfahren bei nicht rechtzeitigem Vorbringen im Verwaltungsverfahren; so auch: VG Düsseldorf, Beschl. v. 25.01.2019 – 3 L 2586/18.A, BeckRS 2019, 750.

64 Heute h.M.: VGH Baden-Württemberg, Beschl. v. 03.07.2012 – 9 S 2189/11, VBlBW 2013, 97; VG Gießen, Urt. v. 29.11.2012 – 8 K 2269/11 (juris), jeweils m.w.N.); s.a. Stelkens/Bonk/Sachs, § 21 Rn. 6, Kopp/Ramsauer, § 21 Rn. 11.

umzugehen vermag und inwieweit die Sorge vor einer Belastung des weiteren Ablaufes (auch vor den Mitprüflingen) mitspielt. Ein etwaiges Zögern muss plausibel gemacht werden. **Während einer mündlichen Prüfung** ist die Geltendmachung grundsätzlich **unzumutbar.**[65] Bei behaupteten **Mängeln der Ausbildung** besteht die Obliegenheit, dies **vor der Prüfung** geltend zu machen, will man den Einwand nicht verlieren.[66] An die Annahme einer Befangenheit sind wegen der Chancengleichheit und den Grundsätzen des »Überdenkens«[67] (vgl. § 20 Rdn. 42) besonders hohe Anforderungen zu stellen.[68]

Eine zeitgebundene **Rügelast** mit Rügeverlust (**Präklusion;**[69] vgl. zu den Ausschlussgründen § 20 Rdn. 5, 101 und 118) ist zwar außerhalb von Sondervorschriften wie § 71 Abs. 3 oder § 65 Abs. 1 Satz 2 i.V.m. § 406 Abs. 2 ZPO nicht ausdrücklich vorgesehen, wird aber in der Rechtsprechung zu Recht angenommen (Rdn. 17 f., 37). **Für Prüflinge** wird sie im Hinblick auf den Grundsatz der Chancengleichheit besonders postuliert (Rdn. 42). 43

IV. Verhalten des Amtsträgers vor und nach der Entscheidung

Ablehnungsgesuch und Befangenheitsprüfung von Amts wegen bewirken **kein vorläufiges Handlungsverbot** für die Zeit bis zum Ergebnis der internen Überprüfung. Den Abgelehnten trifft aber die Pflicht der Mitteilung an den Behördenleiter. 44

§ 21 gebietet **nicht** den **sofortigen Abbruch** der laufenden Verfahrenshandlung, z.B. einer Erörterung,[70] weil Besorgnis der Befangenheit in Rede steht; eine Regelung wie in § 47 ZPO fehlt. 45

Eine allgemeine Rechtspflicht, die weitere Betätigung **vorläufig ruhen** zu lassen, folgt weder aus allgemeinen Grundsätzen, noch aus § 20, wo der Ausschluss unabhängig von interner »Klärung« kraft Gesetzes gilt (§ 20 Rdn. 12). 46

Fehlt eine Regelung in der Behörde, **befindet** der **Amtswalter** zunächst selber, ob er sich **vorläufig** der Mitwirkung enthält. Unsubstantiierte oder erkennbar nur auf Verzögerung oder Verdunkelung von Feststellungen zielende Ablehnungsgesuche dürfen nicht von den gebotenen Ermittlungen abhalten.[71] Maßnahmen, die **§ 20 Abs. 3** genügen, sind in jedem Fall rechtens (vgl. § 20 Rdn. 95). 47

---

65 VGH Baden-Württemberg, Beschl. v. 19.06.2001 – 9 S 1164/01, NVwZ 2002, 235.

66 VGH Baden-Württemberg, Beschl. v. 03.07.2012 – 9 S 2189/11, VBlBW 2013, 97.

67 BVerwG, Urt. v. 24.02.1993 – 6 C 35/92, BVerwGE 92, 132 und Urt. v. 09.07.1982 – 7 C 51/79, DVBl 1983, 90.

68 BVerwG, Urt. v. 13.10.2011 – 4 A 4001/10, NVwZ 2012, 432.

69 So außer den bei Rdn. 42 genannten Entscheidungen schon VGH Baden-Württemberg, Urt. v. 10.03.1988 – 9 S 1141/86, DVBl 1988, 1122 und Beschl. v. 20.09.1994 – 9 S 2484/93, NVwZ-RR 1995, 275.

70 VGH Baden-Württemberg, Urt. v. 21.10.1988 – 5 S 1088/88, NVwZ-RR 1989, 354 (355); *Rockitt*, UPR 2016, 435 ff., Ziff. 7.

71 Vgl. Amtl. Begründung S. 47.

48 **Nach Herausnahme** aus dem Verfahren gilt für den betroffenen Amtswalter **§ 20 Abs. 3 analog,**[72] wenn er als allein greifbarer Bediensteter mit Gefahr im Verzug konfrontiert wird.

V. Betroffensein des Behördenleiters (Satz 2)

49 Satz 2 bestimmt für den Fall etwaiger Befangenheit des Behördenleiters (Rdn. 51) abweichend von Satz 1

1) die Aufsichtsbehörde als **zuständige Stelle** für die Entscheidung und Adressaten der Selbstanzeige bzw. Mitteilung (Rdn. 51);
2) die **Befugnis** des **Behördenleiters, sich** bei zu bejahender Besorgnis der Befangenheit in eigener Kompetenz (vgl. Rdn. 33) weiterer Mitwirkung zu **enthalten**, was durch Aktenvermerk dokumentiert und Aktenvorlage beim Vertreter im Amt vollzogen wird.

50 Für den Behördenleiter und das weitere Verfahren gelten **ab** der **Mitteilung** an die Aufsichtsbehörde die **allgemeinen Regeln** wie für jeden Amtsträger (vgl. Rdn. 44 ff.). Sich zu enthalten ist bei neuen Gesichtspunkten trotz zuvor erfolgter Mitteilung möglich.

51 **Aufsichtsbehörde** ist die Dienst-, Rechts- oder Fachaufsichtsbehörde in Abhängigkeit vom zu prüfenden Befangenheitsgrund, eine unnötig komplizierte Regelung.[73] **Behördenleiter** ist im Vertretungsfall dessen Vertreter im Amt und bei kollegialer Leitung jedes Mitglied.

F. Verfahrensweise bei Ausschussmitgliedern (Abs. 2)

52 Abs. 2 ist **anzuwenden**, wenn auf bloße Anregung, Selbstanzeige oder von Amts wegen der Befangenheit von Ausschussmitgliedern nachzugehen ist. §§ 63 Abs. 2, 71 Abs. 3 regeln nur für förmliche Ausschussverfahren das Ablehnungsrecht Beteiligter und anknüpfend daran das Verfahren.

53 Abs. 2 **verweist** – ebenso wie § 71 Abs. 3 Satz 4 – uneingeschränkt **auf § 20 Abs. 4**, sodass die dortigen Erläuterungen entsprechend gelten (§ 20 Rdn. 102 ff.). Anders als dort ordnet der **Beschluss** das **Mitwirkungsverbot** für den Einzelfall hier **konstitutiv** an (vgl. § 20 Rdn. 104). Dem Ausschussmitglied ggü. kann der Beschluss je nach dem anwendbaren Recht VA sein,[74] dem Beteiligten ggü. ist er ein Internum. Wie § 20 gilt § 21 auch für die Vergabekammer nach GWB,[75] nach OLG Düsseldorf selbst im

72 Kopp/Ramsauer, § 21 Rn. 21.

73 Kopp/Ramsauer, § 21 Rn. 22; vgl. auch Stelkens/Bonk/Sachs, § 21 Rn. 24.

74 Kopp/Ramsauer, § 21 Rn. 25b unter Hinweis auf VG Hannover, Beschl. v. 19.06.2003 – 6 B 2398/03 (juris); zu weit Knack/Henneke, § 21 Rn. 12.

75 Siehe § 20 Rdn. 15 mit Hinweis auf OLG Sachsen-Anhalt, Beschl. v. 31.01.2011 – 2 Verg 1/11 (juris) und OVG Hamburg, Beschl. v. 30.06.2005 – 1 Bs 182/05, NVwZ 2005, 1447; *Summa* in: Heiermann/Zeiss/Summa, jurisPK-Vergaberecht, 5. Aufl. 2016, § 157 GWB Rdn. 15.

Ministererlaubnisverfahren,[76] nicht aber für personalvertretungsrechtliche Einigungsstellen.[77]

G. Fehlerfolgen für Sachentscheidungen im Kontext des § 21

Wird Befangenheit während des Verfahrens bemerkt, ist die **Behebung** von Verfahrensfehlern nach Prüfung der Auswirkungen durch **Wiederholung** bzw. **Bestätigung** von Handlungen möglich (vgl. § 20 Rdn. 137 m.N.). Das ergibt sich schon aus § 46. In Prüfungsverfahren gebietet die Neubewertung nicht generell den Austausch aller Prüfer. 54

Für einen **subordinationsrechtlichen örV** ist **Nichtigkeit** nach §§ 59 Abs. 2 Nr. 1 i.V.m. 44 Abs. 1 denkbar. Die Befangenheit selbst kann ebenso genügen wie ihre Auswirkung im Regelungsinhalt. Die Befangenheit lässt sich nicht allgemein in die Gewichtungen des § 44 Abs. 3 Nr. 2 einordnen (vgl. Rdn. 58). Ein schwerer und offenkundiger Fehler nach § 44 Abs. 1 muss aber vorliegen. 55

Bei einem **koordinationsrechtlichen örV** ist **Nichtigkeit** nur nach § 59 Abs. 1 denkbar, wenn die Befangenheit z.B. zu sittenwidrigem Verhalten oder zur Kollusion führt (vgl. § 20 Rdn. 150 f.). 56

Nichtigkeit eines **VA** nach § 44 Abs. 1 ist im Einzelfall im Zusammenhang mit oder wegen der Befangenheit des Amtswalters, eines Ausschussmitglieds oder des gesamten Ausschusses denkbar (vgl. Rdn. 58), wenngleich wenig wahrscheinlich. 57

§ 44 Abs. 3 Nr. 2 entfaltet **keine Sperrwirkung** gegen eine Nichtigkeit, wenn mit einem Ausschluss nach § 20 Abs. 1 Satz 1 Nr. 2 bis 6 bzw. Satz 2 konkret feststellbar schwerwiegende Befangenheit nach § 21 zusammentrifft. Die Subsidiarität des § 21 bezieht sich nur auf den Ausschluss, nicht aber auf Rechtsfolgen für den VA. 58

Ein **Verstoß** gegen § 21 – d.h. die Mitwirkung eines befangenen Amtswalters macht den **VA** bzw. **PfB** i.d.R. **rechtswidrig.** Zur Unbeachtlichkeit dieses **Verfahrensfehlers** bzw. zur Heilung (§ 46) und zu weiteren, **materiell rechtlichen Auswirkungen** wird auf die entsprechenden Erläuterungen zu § 20 verwiesen (§ 20 Rdn. 144 ff.). 59

Grundsatz ist, dass ein **VA erst** dann **aufzuheben** ist, wenn sich die Mitwirkung des befangenen Amtswalters auf das Ergebnis ausgewirkt haben kann.[78] Das gilt sogar bei Prüfungen.[79] Die Prüfung der **Kausalität** entfällt auch bei tatsächlicher Befangenheit und einer Handlung, die keines weiteren Vollzuges bedarf, nicht.[80] Irrelevant ist für **60**

---

76 OLG Düsseldorf, Beschl. v. 12.072016 – VI-Kart 3/16 (V), juris Rdn. 45; hierzu *Säcker*, BB 2016, 1859 (1860 f.).

77 BVerwG, Urt. v. 24.11.1983 – 2 C 9/82 mit dem Argument, dass die Beteiligung des Personalrats insgesamt kein Verwaltungsverfahren darstelle.

78 BGH, Beschl. v. 23.09.2016 – AnwZ (Brfg) 34/16, ZIP 2017, 28 –30.

79 VGH Bayern, Urt. v. 12.09.1990 – 3 B 90.00061, DVBl 1991, 759.

80 BVerwG, Urt. v. 12.03.1987 – 2 C 36/86, NVwZ 1988, 66 (»… voreingenommen war und dadurch die Beurteilung beeinflusst und deshalb rechtsfehlerhaft sein kann«).

die Folgenbeurteilung, ob die fehlerhafte Mitwirkung behördenintern z.B. auf Nichterkennen der Befangenheit, Nichtanzeige, weisungswidrigem Handeln oder auf einer Fehlentscheidung über die Ausschließung beruht.[81] Eine Besorgnis der Befangenheit von am Baugenehmigungsverfahren beteiligten Amtsträgern kann nur zu einer **Verletzung Drittbetroffener** in eigenen Rechten führen, wenn und soweit die Baugenehmigung (auch) gegen zu ihren Gunsten drittschützendes materielles Recht verstößt.[82]

61 Die rechtswidrige Ausschließung und **unterbliebene Mitwirkung** des Amtswalters oder Ausschussmitgliedes ist regelmäßig nur ein für den VA folgenloses Internum (vgl. § 20 Rdn. 152) und betrifft nicht die Rechte Dritter (kein Anspruch auf den gesetzlichen und den unbefangenen Amtswalter; vgl. § 20 Rdn. 7).

H. Rechtsschutzmöglichkeiten

62 Der **Beteiligte** kann den Verfahrensfehler regelmäßig nur i.R.d. Rechtsschutzes zur Sachentscheidung geltend machen (§ 44a Satz 1; vgl. § 20 Rdn. 157).[83] Bei unzumutbaren Nachteilen durch die Mitwirkung eines befangenen Amtswalters ist ausnahmsweise Rechtsschutz möglich.[84]

63 Dies beruht auf dem Anspruch auf Gewährleistung **effektiven Rechtsschutzes.**

64 Der einzeln tätige **Amtswalter** kann dann gegen die Belassung im Verfahren mit allgemeiner Leistungsklage vorgehen, wenn und soweit sein dienstliches Verhältnis ihm eigene Rechte zubilligt[85] (vgl. § 20 Rdn. 154); seine Ausschließung kann er nicht angreifen.[86]

65 Dem **Ausschussmitglied** steht die Anfechtungsklage gegen die unzutreffende Ausschließung und die Verpflichtungsklage bei verweigerter Ausschließung nur offen, wenn das anwendbare Fachrecht dies vorsieht (vgl. § 20 Rdn. 156).[87]

---

81 OVG Schleswig-Holstein, Urt. v. 07.04.1992 – 3 L 78/91, NVwZ-RR 1993, 395.

82 VGH Baden-Württemberg, Beschl. v. 02.10.2019 – 3 S 1470/19, juris; VG Freiburg Urt. v. 11.12.2019 – 4 K 1618/19, BeckRS 2019, 35430.

83 BVerwG, Beschl. v. 21.03.2019 – 1 WB 38.18, BeckRS 2019, 11492; OVG Schleswig-Holstein, Urt. v. 07.04.1992 – 3 L 78/91, NVwZ-RR 1993, 395; OVG Saarland, Beschl. v. 06.11.2009 – 2 M 14/10 (juris), OVG Nordrhein-Westfalen, Beschl. v. 10.01.2000 – 18 A 4228/95, DVBl 2000, 572; *Kösling*, NVwZ 1994, 455 (456); Kopp/Ramsauer, § 21 Rn. 23; Stelkens/Bonk/Sachs, § 21 Rn. 26.

84 Siehe die Kommentierung zu § 44a und VG Hannover, Beschl. v. 31.05.1985 – 6 D 20/85, NVwZ 1986, 960 sowie VG Freiburg, Urt. v. 23.05.2012 – 1 K 350/10 (juris) zu psychologischen Belastungen in einer Prüfung.

85 Kopp/Ramsauer, § 21 Rn. 24.

86 BVerwG, Beschl. v. 30.11.1993 – 2 B 156/93, NVwZ 1994, 785 (nur Remonstration möglich); *Kösling*, NVwZ 1994, 455 (457 f.).

87 Ebenso Kopp/Ramsauer, § 21 Rn. 25b unter Hinweis auf VG Hannover, Beschl. v. 19.06.2003 – 6 B 2398/03 – (juris).

§ 22 Beginn des Verfahrens

[1]Die Behörde entscheidet nach pflichtgemäßem Ermessen, ob und wann sie ein Verwaltungsverfahren durchführt. [2]Dies gilt nicht, wenn die Behörde auf Grund von Rechtsvorschriften
1. von Amts wegen oder auf Antrag tätig werden muss;
2. nur auf Antrag tätig werden darf und ein Antrag nicht vorliegt.

Schrifttum

Bell, Zur »Beachtlichkeit« von Folgeanträgen, NVwZ 1995, 24; *Berger*, Der Antrag als verfahrens- und materiellrechtliches Institut, DVBl 2009, 401; *Bulling*, Zur Frage des mangelnden Antrages bei antragsbedürftigen begünstigenden Verwaltungsakten, DÖV 1962, 378; *Dölker*, Baugenehmigung ohne Antrag und stillschweigende Baugenehmigung?, BayVBl. 1974, 400; *Gusy*, Der Antrag im Verwaltungsverfahren, BayVBl. 1985, 484; *Gregor*, Der OK-Vermerk des Telefaxsendprotokolls als Zugangsnachweis, NJW 2004, 2885; *Hablitzel*, Zur Dogmatik des Antrages beim mitwirkungsbedürftigen Verwaltungsakt, BayVBl. 1974, 392; *Hartmann*, Zur Widerruflichkeit und Anfechtbarkeit von öffentlichrechtlichen Willenserklärungen am Beispiel der Nachbarunterschrift gem. Art. 73 BayBO, DÖV 1990, 8; *Kirchhof*, Der Verwaltungsakt auf Zustimmung, DVBl 1985, 651; *Kischel*, Formelle und materielle Illegalität im Recht der Gefahrenabwehr, DVBl 1996, 185; *Kluth*, Rechtsfragen der verwaltungsrechtlichen Willenserklärung, NVwZ 1990, 608; *Krause*, Die Willenserklärungen des Bürgers im Bereich des öffentlichen Rechts, VerwArch Bd. 61, 1970, 297; *Martens*, Die Rechtsprechung zum Verwaltungsverfahrensrecht (I. Anträge im Verwaltungsverfahren), NVwZ 1986, 533 und NVwZ 1988, 684; *Pöcker*, Rechtsschutzfragen bei Verteilungsentscheidungen der öffentlichen Hand, NVwZ 2003, 688; *Rolshoven*, Wer zuerst kommt mahlt zuerst? – Zum Prioritätsprinzip bei konkurrierenden Genehmigungsanträgen, NVwZ 2006, 516; *Sarnighausen*, Zum Nachbaranspruch auf baubehördliches Einschreiten, NJW 1993, 1623; *Schnell*, Der Antrag im Verwaltungsverfahren, 1986; *Stelkens*, Der Antrag – Voraussetzung eines Verwaltungsverfahrens und eines Verwaltungsaktes?, NuR 1985, 213; *Voßkuhle*, Wer zuerst kommt, mahlt zuerst! – Das Prioritätsprinzip als antiquierter Verteilungsmodus einer modernen Rechtsordnung, Die Verwaltung 1999, 21.

Übersicht

A. Allgemeines und Grundsätze

I. Gegenstand und Abgrenzung der Regelung

1 § 22 regelt in grundsätzlicher Weise die **Befugnis der Behörde** zur Durchführung eines Verwaltungsverfahrens. Die Vorschrift enthält die Voraussetzungen, nach denen sich der **Entscheidungsspielraum** der Behörde in Bezug auf die **Eröffnung** von Verwaltungsverfahren richtet, ohne damit zum Erlass von VAen zu ermächtigen.

2 **Satz 1** stellt den **Grundsatz** auf, dass die Behörde über »Ob« und »Wann« der Verfahrenseröffnung nach Ermessen befindet. **Satz 2** bestimmt **drei Ausnahmen** hiervon, nämlich in **Nr. 1 zwei Fälle**, die zur Verfahrenseröffnung zwingen, und in **Nr. 2 eine** mit einem Verbot der Einleitung bestimmter Verfahren.

3 Die §§ 86 AO und 18 SGB-X sind inhaltsgleich. § 69 VwGO geht im Widerspruchsverfahren als Sondervorschrift dem § 22 vor.

4 **Nicht definiert** wird, entgegen dem durch die amtliche Überschrift erweckten Eindruck, der **zeitliche Beginn** des Verwaltungsverfahrens (Rdn. 12). Dieser ergibt sich, wenn auch nur mittelbar, aus § 9 VwVfG.

5 **Nicht erfasst** wird auch die **Fortführung** von Verwaltungsverfahren nach gerichtlicher Aufhebung des VA; solche leben wieder auf und die Behörde muss sie zu Ende führen, ohne dass es eines Antrags dazu bedarf oder Ermessen bestünde.[1]

6 Vom Verfahrensbeginn **zu trennen** ist die **Bearbeitungsfolge** bei Anträgen mehrerer Personen zu einem Gegenstand. Hierzu gilt das **Prioritätsprinzip**, von dem Abweichungen geboten sein können bzw. mit willkürfreien Erwägungen möglich sind.[2]

1 Näher *Gaentzsch*, Redeker-FS II, 405 (412 f.).
2 BVerwG, Urt. v. 07.09.1989 – 7 C 44 und 45.88, NJW 1990, 1376 (PBefG); BVerwG, Urt. v. 27.04.1984 – 1 C 24.87, NVwZ 1984, 585 (GewO); Stelkens/Bonk/Sachs/*Schmitz*, § 22 Rn. 60 f.; Kopp/Ramsauer, § 22 Rn. 34; *Rummer*, NJW 1988, 225; *Voßkuhle*, Die Verwaltung Nr. 31 (1999), 21 (23 ff.).

II. Zweck der Regelung

Der Zweck der Regelung besteht darin, mittels Verknüpfung der maßgebenden Verfahrensgrundsätze – der Offizial- bzw. Dispositionsmaxime mit dem Opportunitäts- bzw. Legalitätsprinzip – die verfahrensrechtlichen Grundstrukturen, von denen die Verfahrenseröffnung abhängt aufzuzeigen (vgl. Rdn. 22). 7

Nach der in Satz 1 verankerten **Offizialmaxime** wird das Verwaltungsverfahren von Amts wegen eingeleitet. Dies bedeutet, sofern in Rechtsvorschriften nichts anderes geregelt ist, obliegt die Eröffnung des Verwaltungsverfahrens allein der Behörde. 8

Das ebenfalls in Satz 1 enthaltene **Opportunitätsprinzip** besagt, dass die Entscheidung der Eröffnung des Verwaltungsverfahrens im Ermessen der Behörde steht. 9

In Satz 2 Nr. 1 wird das Opportunitätsprinzip durch das Legalitätsprinzip ersetzt. Das **Legalitätsprinzip** besagt, dass von Gesetzes wegen die Pflicht der Behörde besteht, ein Verwaltungsverfahren zu eröffnen. 10

Schließlich wird in Satz 2 Nr. 2 die Offizialmaxime durch die Dispositionsmaxime ersetzt. Nach der **Dispositionsmaxime** liegt es grundsätzlich in der Hand der Beteiligten, ob das Verwaltungsverfahren durch ihren Antrag eröffnet werden kann. 11

III. Zeitlicher Beginn des Verwaltungsverfahrens

Das Verwaltungsverfahren beginnt grundsätzlich mit dem **Entschluss der Behörde,** ein solches durchzuführen (Satz 1). Der Versuch, den Verfahrensbeginn allgemein am Entstehen eines Verfahrensrechtsverhältnisses bzw. gekoppelt an die Beteiligtenstellung (§ 13) festzumachen, scheitert.[3] Denn die Behörde kann z.B. zur Feststellung Beteiligter nach § 13 Abs. 1 Nr. 2 erste Alternative bereits umfangreich (nach außen) tätig geworden sein; das gehört zum Aktions- und Prüfprogramm im Verfahren des § 9. 12

Ist ein **örV** das Ziel, beginnt das Verfahren zum vorher **verabredeten** Zeitpunkt. Wird die Behörde initiativ, beginnt es mit ihrem **Entschluss**, es durchzuführen, sonst mit **Eingang des Angebotes.** 13

Geht es **von Amts wegen** um den Erlass eines VA, beginnt das Verwaltungsverfahren **ab** dem **Entschluss**, dessen Erlass zu prüfen und nicht erst mit einer Handlung der Behörde, die unmittelbar nach außen wirkt;[4] denn mit ihm setzt der in § 9 erfasste **Entscheidungsprozess** ein. Würde ein unmittelbares Handeln nach außen verlangt, läge im sofortigen Erlass des VA der Beginn und das Ende des Verfahrens; die Anwendbarkeit der §§ 10 ff., so z.B. der §§ 20 ff. auf die Entscheidungsphase bedürfte besonderer Begründung. 14

---

3 Bader/Ronellenfitsch/*Heßhaus*, § 22 Rn. 1.

4 Vgl. Bader/Ronellenfitsch/*Heßhaus*, § 22 Rn. 1; Stelkens/Bonk/Sachs/*Schmitz*, § 9 Rn. 105 ff. und § 22 Rn. 4 (»Beginn mittelbar aus § 22 abzulesen«); Amtl. Begründung S. 41. Ausreichend, aber nicht notwendig mit der ersten nach außen wirkenden Maßnahme, Kopp/Ramsauer, § 22 Rn. 17. Nach außen wirkende Tätigkeiten, *Ziekow*, § 22 Rn. 2.

15 Wird ein Antrag gestellt, beginnt ab **Zugang**[5] **des Antrags** auf Erlass eines VA bei der Behörde das Verwaltungsverfahren unabhängig davon, ob der Antrag unwirksam oder sonst wie unzulässig ist.[6] Diese Auffassung beruht darauf, dass der Antrag zu bescheiden ist (vgl. § 24 Abs. 3). Es wäre eine gesetzlich von § 9 nicht gewollte Förmelei, den Beginn zusätzlich an einen Entschluss der Behörde zu koppeln.[7]

16 Bei ordnungsrechtlichen **Anzeigeverfahren** beginnt das Verwaltungsverfahren sofern und sobald die **Behörde sich entschließt**, den Erlass eines VA zu prüfen, der je nach Fachrecht auf z.B. eine Feststellung zur Genehmigungsbedürftigkeit (§ 15 BImSchG) bzw. zur Notwendigkeit eines Baugenehmigungsverfahrens oder auf Einschreiten gegen das Vorhaben zielt.[8] Aufgrund der Anzeige selbst beginnt noch kein Verwaltungsverfahren, weil die Behörde untätig bleiben kann.

IV. Rechtsnatur der Entscheidung über die Verfahrensdurchführung und Verhalten bei unwirksamem Antrag

17 Im Fall des örV ist die Ablehnung des Antrags, ein Vertragsverfahren durchzuführen, ebenso wie die positive Mitteilung eine öffentlich-rechtliche **Willenserklärung** und Verfahrenshandlung im Wege eines informellen Bescheides (Rdn. 101). Mit ihr kann ein materielles Vertragsangebot verbunden sein.

18 Im Fall des VA ist die **positive Mitteilung**, das Verfahren durchzuführen, eine **Verfahrenshandlung**, für die § 44a Satz 1 VwGO gilt. Mit einer materiellrechtlichen Regelung verbunden, ist sie ein selbstständig anfechtbarer VA, so z.B. die Bekanntmachung des Umlegungsbeschlusses, die die Verfügungs- und Veränderungssperre nach § 51 BauGB auslöst.

19 Bei einer von Amts wegen erfolgenden Prüfung, ob ein Verfahren zum Erlass eines VA durchgeführt wird, ist der negative Entschluss (Ablehnung) nur ein **Internum.**[9] **Die Ablehnung auf** einen sprachlich den Anforderungen genügenden (vgl. Rdn. 93, 97) **Antrag** hin ist indes **VA**, der zugleich den begehrten VA versagt, auch wenn es »als unzulässig« (vgl. Rdn. 96, 99) geschieht. Der Weg führt zur Verpflichtungsklage.

20 Die **Weigerung** sich mit dem Antrag zu befassen, führt ebenso wie das bloße »Nichtbetreiben« des Verfahrens zur Untätigkeitsklage (vgl. § 24).

5 Vgl. *Kopp/Ramsauer*, § 22 Rn. 18; BVerwG, Urt. v. 14.10.1959 – IV C 420.58, NJW 1960, 213 (»Beginn« des Verfahrens). A.A. Stelkens/Bonk/Sachs/*Schmitz*, § 22 Rn. 55.

6 Vgl. Kopp/Ramsauer, § 22 Rn. 18.

7 Die falsche Überschrift des § 22 zeigt im Umkehrschluss, dass auch § 9 den Beginn nicht regelt (vgl. Amtl. Begründung S. 47 a.E.). § 9 klammert interne Verfahren und Vorgänge ohne Wirkung für die Entscheidung aus wie Entwürfe, Vorberatungen und Vorbereitungen (Amtl. Begründung S. 41).

8 Zum Baurecht: *Ortloff*, NVwZ 1995, 112 (118); zum BImSchG vgl.: *Zöttl*, NVwZ 1998, 234. –Ein Verwaltungsverfahren kann ohne VA enden, deshalb ist es unerheblich, ob die Negativmitteilung ein VA ist oder nicht.

9 Vgl. Stelkens/Bonk/Sachs/*Schmitz*, § 22 Rn. 8.

Will bzw. darf die Behörde bei einem sprachlich genügenden, **unzulässigen Antrag** (Rdn. 99), wenn Heilung ausbleibt (vgl. Rdn. 78), das Verfahren nicht als Offizialverfahren führen, muss sie dennoch den Antrag **durch VA** als unzulässig (vgl. Rdn. 19) zurückweisen.[10] 21

B. Die Vorschrift im Einzelnen

I. Im Ermessen stehendes Verfahren von Amts wegen (Satz 1)

Die Regelung des Satzes 1 verbindet die **Offizialmaxime mit dem Opportunitätsprinzip** zu dem Grundsatz, dass »nach pflichtgemäßem Ermessen« die »Behörde entscheidet, »ob und wann« sie ein Verfahren durchführt. In der Praxis überwiegen aber die in Satz 2 Nr. 1 und 2 geregelten Fallgruppen (Rdn. 37) und nicht dieser Grundsatz. Ab Verfahrenseinleitung gelten die Untersuchungsmaxime (§ 24) und im Gegensatz zum Parteibetrieb der Amtsbetrieb. 22

1. Bedeutung und Anwendungsbereich des Grundsatzes aus Satz 1

Nach der **Offizialmaxime** hat die Behörde über Einleitung, Durchführung und Gegenstand des Verfahrens zu entscheiden. Sie befindet **von Amts wegen** über Ob, Wann und Gegenstand des Verfahrens, ohne, wie nach der Dispositionsmaxime, an das Beteiligtenverhalten gebunden zu sein. 23

Nach dem **Opportunitätsprinzip** (vgl. Rdn. 9) steht diese Entscheidung im pflichtgemäßem **Ermessen**, was es ermöglicht, situationsangemessen und flexibel die Belange der Allgemeinheit zu wahren, während nach dem Legalitätsprinzip (vgl. Rdn. 10) mit der Verfahrenseinleitung und -durchführung reagiert werden muss. 24

Nennt das Gesetz den Antrag nicht, kann es in Bezug auf Satz 1 bei der **Auslegung** nur darum gehen, ob ein Fall des Satzes 2 Nr. 1 oder des Satzes 1 vorliegt (Rdn. 27) bzw. um die Frage, ob im Fall des Satzes 1 auch ein Antrag ein Verfahren mit dem begehrten Ziel auslöst (Rdn. 26, 32). Jedenfalls bezweckt Satz 1 nicht, eine entsprechende Verfahrenseinleitung durch Antrag von vornherein zu unterbinden. 25

Ein **Antrag auf Einschreiten**, der nicht nur eine den Vollzugsanlass zeigende Anregung ist (vgl. Rdn. 32, 84 f.), löst ein Verfahren dem Antragsteller ggü. aus. Der Antrag berührt aber nicht die Geltung des Satzes 1 in Bezug auf das begehrte Einschreiten bzw. die Verfahrenseinleitung ggü. dem Dritten, sofern kein Fall nach Satz 2 Nr. 1 oder eine Ermessensreduzierung vorliegt (Rdn. 33). 26

Satz 1 erfasst nur Verfahren, deren **Sachentscheidung grds. ebenfalls im Ermessen** steht. **Beispiele** finden sich zu Widerruf und Rücknahme begünstigender VAe, z.B. in den §§ 48, 49 (vgl. Rdn. 47) oder in § 15 Abs. 3 GastG, weiter in den polizei- und ordnungsrechtlichen Generalklauseln und in anderen Kompetenznormen 27

10 A.A. formlos: *Gusy*, BayVBl. 1985, 484 (489).

dieser Rechtsmaterien wie den §§ 5 und 19 GastG oder §§ 17 Abs. 1 und 20 Abs. 1 BImSchG und § 13 Abs. 1 TKG.[11]

28 Unter Satz 1 fällt auch das **Wiederaufgreifen** eines Verfahrens im weiteren Sinn[12] (vgl. Rdn. 34) und das Prüfen eines Einschreitens auf eine vorgeschriebene **Anzeige** – etwa eines Abbruchsvorhabens – hin.

29 Auf **Vertragsverfahren** passt Satz 1 nur eingeschränkt und zwar insofern, als die Behörde nach ihrem Ermessen ein Vertragsverfahren beginnen kann. Der Sache nach macht das aber nur Sinn, wenn bereits ein korrespondierendes Interesse etwaiger Beteiligter vorhanden ist, sodass die Ermessensausübung maßgeblich an diese Prämisse gebunden ist. Satz 1 ist ersichtlich auf Verfahren mit dem Ziel des Erlasses eines VA zugeschnitten.

2. Voraussetzungen der Ermessensentscheidung

30 Für die Einleitung des Verfahrens aufgrund einer Ermessensentscheidung müssen folgende **Voraussetzungen** erfüllt sein:
1) sachliche und örtliche Zuständigkeit der Behörde;
2) kein unzulässig gegen einen Eximierten (von einer gesetzlichen Pflicht Befreiten) gerichtetes Verfahren;
3) kein Ausschluss der Beteiligungsfähigkeit des in Aussicht genommenen Adressaten des VA bzw. Partners des örV, wobei dessen Namhaftmachung nach Verfahrenseröffnung genügt;
4) kein vorheriger wirksamer Verzicht auf die Verfahrenseinleitung und keine Verwirkung des Rechtes der Behörde hierzu;[13]
5) tatsächliche Anhaltspunkte, denen zufolge als materieller konkreter Anlass eine bestimmte Sachentscheidung in Betracht kommt;
6) kein Fall eines zulässigen oder unabdingbaren, zur Verfahrensdurchführung zwingenden Antrages (Rdn. 26);
7) keine Rechtspflicht zur Verfahrensdurchführung nach Satz 2 Nr. 1 oder aufgrund Ermessensreduzierung (Rdn. 33 f.);
8) ein Verfahrensgegenstand, bei dem der Erlass des VA im Ermessen steht (Rdn. 27) bzw. bei dem für einen örV Abschlussfreiheit uneingeschränkt gegeben ist;
9) kein Verbot der Verfahrenseinleitung, vgl. z.B. § 49 Abs. 1.

---

11 BVerwG, Urt. v. 21.09.2018 – 6 C 50.16, BVerwGE 163, 136.

12 Vgl. BVerwG, Beschl. v. 15.09.1992 – 9 B 18.92, NVwZ-RR 1993, 667 m.w.N.

13 Vgl. zur Verwirkung: BVerwG, Urt. v. 07.02.1974 – III C 115.71, BVerwGE 44, 339 (343); zum Verzicht: BVerwG, Urt. v. 21.10.1983 – 8 C 174.81, DVBl 1984, 192. Vgl. auch Kopp/Ramsauer, § 22 Rn. 16, der davon ausgeht, dass die Behörde auf ihr formelles Recht zur Einleitung des Verfahrens weder verzichten noch dieses verwirken kann.

3. Ermessensreduzierungen

Ein Anspruch auf fehlerfreie Ermessensentscheidung kann ausnahmsweise durch **Ermessensreduzierung auf null**[14] zu einem Anspruch auf eine bestimmte Verfahrensdurchführung verdichtet sein. Mit solchen Ansprüchen korrespondiert **verfahrensrechtlich** ein **Antragsrecht,**[15] gerichtet auf ermessensfehlerfreie Entscheidung darüber, ob die Behörde i.S.d. Begehrens überhaupt weiter tätig wird oder das ablehnt. Ausnahmsweise kann damit auch ein Anspruch auf antragsgemäße Verfahrensdurchführung verbunden sein, wenn der Antragsteller in einem rechtlich geschützten Individualinteresse berührt ist. 31

Die Befugnis zur Einleitung des Verfahrens von Amts wegen bedeutet in diesen Fällen, dass die Behörde aber auch ohne Vorliegen eines Antrages oder bei späterer Rücknahme des Antrages tätig werden kann oder sogar muss.[16] 32

Geht es wie meist um den Antrag auf Einschreiten (Rdn. 26) gegen Nachbarn,[17] besteht ein **Anspruch auf Einschreiten**, wenn wesentliche, d.h. grundrechtlich geschützte Rechtsgüter wie Leben oder Gesundheit auf dem Spiel stehen, die besonderer Gefahr oder hoher Intensität der Störung ausgesetzt sind;[18] weiterhin im Fall unzumutbarer Beeinträchtigung bzw. Rücksichtslosigkeit bei der Verletzung nachbarschützender Normen.[19] 33

Rechtsprechung des *BVerwG* zur Ermessensreduzierung bezüglich der Verfahrensdurchführung bzw. zum Einschreiten findet sich u.a. im Bauordnungs-,[20] Immissionsschutz-[21] und Straßenverkehrsrecht[22], Regulierung nach dem TKG[23] sowie außerhalb des § 51 zum Wiederaufgreifen im weiteren Sinn.[24] Gewöhnlich 34

---

14 Grundlegend BVerwG, Urt. v. 18.08.1960 – I C 42.59, DVBl 1961, 125 m. Anm. *Bachof.*

15 Vgl. BayVerfGH, Urt. v. 03.12.1993 – Vf. 108-VI-92, NVwZ-RR 1994, 631; Kopp/Ramsauer, § 22 Rn. 23.

16 Kopp/Ramsauer, § 22 Rn. 24.

17 Zu Ermessensgesichtspunkten, u.a. dem der Folgenbeseitigung und zur etwaigen Umkehrung des Regel-/Ausnahmeverhältnisses zugunsten der Pflicht zum Einschreiten: OVG Nordrhein-Westfalen, Urt. v. 17.05.1983 – 7 A 330/81, NJW 1984, 883; *Di Fabio*, VerwArch. Bd. 86, 1995, 214 (217 ff.). – Zum allgemeinen Einschreiten wegen Ozonbelastung: VG Frankfurt, 21.05.1996 – 6 E 2571/95, NVwZ-RR 1997, 92.

18 Zu grundrechtlichen Schutzpflichten, Ermessensreduzierung und Untermaßverbot beim Schutz: *Di Fabio*, VerwArch. Bd. 86, 1995, 214 (221 f.).

19 Näher zur obergerichtlichen Kasuistik: *Sarnighausen*, NJW 1993, 1623.

20 BVerwG, Urt. v. 04.06.1996 – 4 C 15.95, NVwZ-RR 1997, 271; BVerwG, Beschl. v. 24.05.1988 – 4 B 93.88, NVwZ 1988, 824; OVG Berlin, Urt. v. 14.05.1982 – 2 B 57/79, NJW 1983, 777; OVG Bremen, Beschl. v. 12.02.1991 – 1 B 78/90, NVwZ 1991, 1006.

21 BVerwG, Urt. v. 25.02.1969 – I C 7.68, DVBl 1969, 586.

22 BVerwG, Beschl. v. 03.07.1986 – 7 B 141.85, DÖV 1986, 928 (Anbringung von Verkehrszeichen).

23 BVerwG, Urt. v. 21.09.2018 – 6 C 50.16, BVerwGE 163, 136.

24 BVerwG, Beschl. v. 22.10.1984 – 8 B 56.84, NVwZ 1985, 265; OVG Nordrhein-Westfalen, Urt. v. 31.05.1985 – 14 A 1057/84, NVwZ 1986, 134.

besteht aber **kein Anspruch** auf eine bestimmte Verfahrensgestaltung bzw. auf eine bestimmte Maßnahme unter mehreren rechtlich möglichen und vertretbaren Alternativen.

35 Betrifft der Antrag auf Einschreiten einen Gegenstand der Genehmigungsfreistellung bzw. eines die präventive Kontrolle durch ein Genehmigungsverfahren ersetzenden Anzeigeverfahrens, so gebietet es der davon unberührt zu wahrende materielle Nachbarschutz, dieses Manko repressiv durch **Senkung der Anspruchsschwelle** auszugleichen, soweit die Nachbarbeteiligung bzw. Prüfung der Nachbarbelange noch nicht stattfand.[25]

36 Eine bindende **Zusicherung** nach § 38 **oder** das **Versprechen** in einem örV, einen VA zu erlassen oder zu unterlassen oder einen (weiteren) örV abzuschließen, **bindet** zugleich ein etwaiges **Ermessen** bezüglich der Führung des zugehörigen Verfahrens; auf dessen Führung kann sich die Zusage auch unmittelbar beziehen.

II. Regelung des Satzes 2

37 Satz 2 kombiniert in der **ersten Alternative** die Offizialmaxime mit dem Legalitätsprinzip, in der **zweiten Alternative** die Dispositionsmaxime (vgl. aber Rdn. 51) mit dem Legalitätsprinzip und fügt mit **Nr. 2** ein an die Dispositionsmaxime anknüpfendes **Verbot** der Verfahrensführung ohne Antrag an. Ab Verfahrenseinleitung gilt unabhängig vom Weg dahin stets die Untersuchungsmaxime aus § 24 Abs. 1 und der Amtsbetrieb (vgl. Rdn. 22).

1. Einleitung von Amts wegen oder auf Antrag

38 Oft finden sich Fälle, in denen das Gesetz einen **Antrag nicht erwähnt.** Dann bedarf es zur Abgrenzung der von Satz 2 erfassten Fälle untereinander der Auslegung[26] des Gesetzes, ob ein Verfahren (rein) von Amts wegen (Rdn. 46) oder (auch) auf Antrag geführt werden muss (Rdn. 49) oder gar nur auf Antrag geführt werden darf (Rdn. 55).

39 Zu den Gesetzen ohne ausdrückliche Erwähnung eines Antrages gehören z.B. Gesetze, die drittschützend sind, also auch den Interessen des betroffenen Bürgers dienen und damit einen materiellen Anspruch auf ein bestimmtes Handeln oder jedenfalls auf ermessensfehlerfreie Entscheidung einräumen.

40 Eine Einleitung des Verfahrens **von Amts wegen** wird in der Regel vorgenommen, wenn **öffentliche Belange**, z.B. Abgaben, Gefahrenabwehr und Ordnungs- bzw. Überwachungsaufgaben den Gegenstand bilden. Die Einleitung des Verfahrens erfolgt auf

---

25 OVG Sachsen, Beschl. v. 22.08.1996 – 1 S 473/96, NVwZ 1997, 922; VGH Bayern, Beschl. v. 26.07.1996 – 1 CE 96.2081, NVwZ 1997, 923; auch zur These der Anhebung der Eingriffsschwelle: *Uechtritz*, NVwZ 1996, 640 (643) m.w.N.; *Kraft*, VerwArch. Bd. 89, 1998, 264 (287).

26 Vgl. Stelkens/Bonk/Sachs/*Schmitz*, § 22 VwfVG Rn. 15, 23.

Antrag, wenn es um **Individualinteressen**, z.B. Vorhaben, berufliche Zulassung etc. geht, insb. dann, wenn ein materieller Anspruch auf Erlass des dem Interesse folgenden VA besteht. Da ein VA nur in einem Verwaltungsverfahren erlassen werden kann, bedingt in diesen Fällen die materiellrechtliche Pflicht zum Erlass des VA automatisch die Pflicht zur Einleitung des Verwaltungsverfahrens.

Ausnahmsweise treten beide Alternativen der Nr. 1 in der auszulegenden Rechtsvorschrift **nebeneinander** auf (vgl. Rdn. 51), wenn Individual- und Gemeinwohlinteressen je für sich das Recht zur Verfahrensinitiative begründen (z.B. § 10 HandwO, Eintragung in die Handwerksrolle).[27] Selbst der Fall des Erlasses eines VA **allein** im öffentlichen Interesse ist als Seltenheit denkbar.[28] 41

2. Rechtsvorschriften

Zu den Rechtsvorschriften im Sinne aller Alternativen des Satzes 2 gehören **förmliche Gesetze, Rechtsverordnungen** und **Satzungen,**[29] nicht aber vertragliche Zusagen, Abreden, Zusicherungen nach § 38[30] sowie Verwaltungsvorschriften, die als Richtlinien bzw. Erlasse die Pflicht zum Tätigwerden nur mittels verwaltungsinterner Ermessensbindung bei Anwendung des Opportunitätsprinzips auslösen (vgl. Rdn. 22, 56). 42

Innerhalb des Satzes 2 **Nr. 1 erste Alternative** zählen dazu auch: 43

1) **Soll-Vorschriften**, die als materiellrechtliche Regelungen bei gegebenem Anhalt die Behörde zur Prüfung der Voraussetzungen für den Erlass eines VA und so auch zur Einleitung eines Verwaltungsverfahrens verpflichten, so z.B. § 20 Abs. 2 BImSchG[31] und § 25 Abs. 2 BImSchG;[32] 44
2) **Kann-Vorschriften**, die mit »kann« lediglich die Kompetenzeinräumung betonen und die Behörde ohne Ermessen zur Wahrnehmung der Befugnis verpflichten, so etwa § 342 Abs. 1 LAG,[33] nicht hingegen § 16 Abs. 3 HandwO, der im Hinblick auf etwaige Ausnahmen von der Regel der Behörde grds. ein Ermessen belässt.[34]

---

27 Knack/Henneke/*Ritgen*, § 22 Rn. 25.

28 Beispiel einer Ausnahme im Denkmalschutzrecht (VA auf Antrag im öffentlichen Interesse): OVG Nordrhein-Westfalen, Urt. v. 16.12.1987 – 11 A 2015/84, NVwZ-RR 1989, 64 (66) bestätigt durch BVerwG, Urt. v. 18.12.1991 – 4 C 23.88, NVwZ 1992, 1197; Entgeltgenehmigung nach § 28 TKG, OVG Nordrhein-Westfalen, Beschl. v. 04.10.2001 – 13 A 5146/00, NVwZ 2002, 228; vgl.: Stelkens/Bonk/Sachs/*Schmitz*, § 22 VwfVG Rn. 15.

29 Vgl. Amtl. Begründung S. 32.

30 A.A. *Ule/Laubinger*, Verwaltungsverfahrensrecht § 20 I 2 (1) Rn. 2.

31 BVerwG, Urt. v. 15.12.1989 – 7 C 35.87, NVwZ 1990, 963 (966).

32 BVerwG, Urt. v. 24.09.1992 – 7 C 6.92, DVBl 1993, 159.

33 BVerwG, Urt. v. 07.02.1974 – III C 115.71, BVerwGE 44, 339 (342).

34 So die jetzt h.M.: VGH Hessen, Urt. v. 20.02.1990 – 11 UE 2161/85, NVwZ 1991, 280 (m.w.N.).

3. Der Fall der Nr. 1 erste Alternative

45 Hier geht es **regelmäßig** um durch **VA** vorzunehmende **Rechtseingriffe.** Die Pflicht zur Verfahrensführung kann sich nicht nur aus dem Gesetzesvollzug, sondern auch aus dem Haushaltsrecht ergeben.[35]

46 Für solche Verfahren ist mit Nr. 1 **zu verlangen**, dass es einer Rechtsvorschrift bedarf (Rdn. 42), die ohne Ermessen oder gar Antrag – eventuell aber ausgelöst durch eine Anzeige – zur Verfahrenseinleitung zwingt.

47 **Beispiele** sind Widerruf und Rücknahme begünstigender VAe (§ 47 WaffG) und Untersagungen (§ 24 HandwO, § 35 Abs. 1 GewO). Ferner gehören dazu auch Vorschriften, die die Regelung, aber nicht die Verfahrensdurchführung in das Ermessen stellen (§ 4 Abs. 2 LadSchlG,[36] §§ 10 Abs. 1 und 13 Abs. 1 BSeuchenG). Ein weiteres Beispiel ist auch die Pflicht zur Leistung von Sozialhilfe.

48 In Bezug auf einen **örV** wäre ein Fall dieser Alternative nur denkbar, wenn ein Gesetz zwingend (also ohne Antragserfordernis) die Durchführung eines Vertragsverfahrens (mit Abschlusszwang) vorsähe.

4. Der Fall der Nr. 1 zweite Alternative

49 Voraussetzung für die zweite Alternative ist eine Rechtsvorschrift (Rdn. 42), die zur beantragten Verfahrensdurchführung **zwingt** unabhängig davon, ob Anspruch auf ermessensfehlerfreie oder antragsgemäße Entscheidung besteht. Die Rechtsvorschrift muss dem Bürger ein subjektives Recht auf ein Tätigwerden der Behörde einräumen.[37] Einschränkend kann das Fachrecht die **Unbeachtlichkeit** des Antrags vorsehen. Dann bleibt dieser Antrag unbehandelt. Er kann aber Anlass für ein anderes Verfahren sein.[38]

50 Entweder **nennt** das **Gesetz** den **Antrag** (Rdn. 86), **oder** dieses Erfordernis bzw. Recht zur Antragstellung ergibt sich durch **Auslegung**, wofür die genannten Kriterien (Rdn. 39 f.) als Hilfe dienen. Nicht hierher gehören Anzeigeverfahren, bei denen die Anzeige nur als potenzieller Anstoß zum Handeln von Amts wegen dient.

51 Fälle der **zweiten** Alternative der Nr. 1 können **zugleich** solche der **Nr. 2** (Rdn. 55 f.), aber auch solche der **ersten** Alternative sein; zu Letzteren gehören die §§ 10 Abs. 1 und 16 Abs. 3 HandwO, wonach die Behörde auf Antrag wie auch von Amts wegen tätig werden muss.

---

35 BSG, Urt. v. 03.09.1986 – 9a RV 10/85, NJW 1987, 1846 (1847); Stelkens/Bonk/Sachs/*Schmitz*, § 22 VwfVG Rn. 7. Zur Abgabenerhebungspflicht BVerfG, Urt. v. 27.06.1991 – 2 BvR 1493/89, BVerfGE 84, 239 = NJW 1991, 2129.

36 BVerwG, Urt. v. 16.02.1989 – 3 C 35.86, NJW 1990, 787.

37 VGH Hessen, Beschl. v. 05.06.2018 – 4 A 1902/17.Z.

38 Vgl. § 29 AsylVfG i.V.m. §§ 35 und 71 Abs. 4 AsylVfG, wo der unbeachtliche Asylantrag Auslöser für die Abschiebungsandrohung ist. – Vgl., auch zur Entwicklung dieses Begriffes der »Unbeachtlichkeit«: *Bell*, NVwZ 1995, 24 (25 f.).

Sozialhilfe setzt nach § 5 BSHG von Amts wegen ab Kenntnis der Behörde ein. Ein Antrag vermittelt hier nur die Kenntnis (vgl. Rdn. 47), die die Behörde bei Anlass zur weiter gehenden umfassenden, insofern dann von Amts wegen zu besorgenden Erledigung des Anliegens verpflichtet. 52

Beispiele der 2. Alt. der Nr. 1 betreffen vor allem Genehmigungen (§ 6 Abs. 1 AuslG), Erlaubnisse (§§ 3 und 7 BtMG), Bewilligungen (§ 8 HandwO), statusbezogene VAe, den Ausgleich von Nachteilen (§ 48 Abs. 3 und § 49 Abs. 6), Leistungen und die Gewährung von Dokumenten (z.B. Pass). Weiter gehören hierher die förmlichen Rechtsbehelfe vor Verwaltungsbehörden und die Prüfung des Wiederaufgreifens (§ 51 Abs. 1). 53

In Bezug auf einen **örV** ist diese Alternative nur so denkbar, dass auf Antrag hin die normierte (Rdn. 42) Pflicht zur Durchführung eines Vertragsverfahrens besteht, was wiederum nur bei Abschlusszwang einen Sinn ergäbe (vgl. Rdn. 48). 54

5. Der Fall der Nr. 2

Nr. 2 erfasst nur Fälle, für die die **Dispositionsmaxime ausnahmslos** gilt. Daher ist ausgeschlossen, dass Fälle der Nr. 2 zugleich Fälle der Offizialmaxime, d.h. der Nr. 1 erste Alternative oder des Satzes 1 sind. Grundsätzlich regeln die maßgeblichen Vorschriften das Antragserfordernis ausdrücklich (z.B. Baugenehmigungsverfahren nach den LBauO). Das Antragserfordernis muss sich aber nicht immer ausdrücklich aus der Vorschrift ergeben. Es kann auch aus dem Sinn und Zweck der Vorschrift oder dem Sachzusammenhang ableitbar sein[39], z.B. wenn in der Bestimmung eine Genehmigungspflicht vorgesehen ist (§ 2 GastG, § 7 f. AEG[40]). 55

Die möglichen **Fallvarianten** der Nr. 2 sind demnach Kombinationen aus strikter Dispositionsmaxime und Legalitätsprinzip, was zugleich Nr. 1 zweite Alternative erfüllt (Rdn. 41), sowie – eben nicht als einziger Anwendungsfall der Nr. 2 – solche aus Dispositionsmaxime und Opportunitätsprinzip[41] (Rdn. 64). 56

Vertragsverfahren, die die Behörde kraft Rechtsvorschrift (Rdn. 42) nur auf Initiative Beteiligter hin führen dürfte, sind nicht ersichtlich. Eine derartige Abrede wäre keine Rechtsvorschrift, sondern Ergebnis der Disposition. 57

a) Antragserfordernis und Sperrwirkung

Das Fehlen des kraft Rechtsvorschrift (Rdn. 42) zwingend für die Verfahrensdurchführung vorausgesetzten verfahrensrechtlichen Antrages hat Sperrwirkung. Es verbietet als verfahrensrechtliche Schranke die entsprechende Verfahrenseinleitung von Amts wegen.[42] 58

---

39 Kopp/Ramsauer, § 22 Rn. 27.

40 VG Magdeburg, Beschl. v. 17.03.2015 – 3 A 250/12.

41 Vgl. Stelkens/Bonk/Sachs/*Schmitz*, § 22 VwfVG Rn. 25.

42 Vgl. dazu Kopp/Ramsauer, § 22 Rn. 27, weil allein das Interesse des Einzeln Anlass für das Verfahren ist. Siehe auch OVG Nordrhein-Westfalen, Beschl. v. 15.09.2014 – 11 A 624/14,

59 Geschieht es dennoch, ist das Verfahren einzustellen, wenn die Antragsnachholung scheitert. Liegt der Antrag unbehebbar unwirksam (Rdn. 97 f.) vor, greift die Sperrwirkung. Ist er nur unzulässig (Rdn. 99), greift sie nicht, aber der Antrag ist ohne weitere Ermittlungen zurückzuweisen (Rdn. 19).

60 Unter die Sperre der Nr. 2 fällt **nicht** das – nach Satz 1 von Amts wegen mögliche – Verfahren auf Klärung der Antrags- und Genehmigungsbedürftigkeit eines Verhaltens[43] mit der Option nachfolgenden Einschreitens und dieses – eventuell auf Antrag hin angestoßene – Einschreiten selbst (Rdn. 74).

61 **Drittbetroffene** können die **Sperre** der Nr. 2 mit dem Ziel der Verfahrensdurchführung, nur dann **überwinden**, wenn ihnen ausnahmsweise verfahrensrechtlich ein dahin gehendes **Antragsrecht** mit Anspruch auf Durchführung des Verfahrens losgelöst von der Berührung ihrer materiellen Rechte zuzuerkennen ist. Dazu bedarf es eines entsprechenden **individualschützenden Zwecks** der **verfahrensrechtlichen** Normen.[44] Das materielle Recht bestimmt sodann inhaltlich, worauf sich das Verfahren richtet (Genehmigung, Auflagen, Abwehr).

62 Jenseits dieser Ausnahme bleibt der Drittbetroffene indes auf die Abwehrrechte oder das Verlangen des ordnungsrechtlichen Einschreitens verwiesen (Rdn. 26).

63 **Beispiele für Nr. 2** sind unter anderem[45] die förmlichen Rechtsbehelfe nach § 79, der Antrag auf Versuchsgenehmigung nach § 8 TierSchG[46] und zahlreiche Fälle, die auch unter Nr. 1 zweite Alternative fallen (vgl. Rdn. 51) wie etwa der Asylantrag.

64 Beispiele der Kombination von **Disposition und Opportunität** sind die §§ 8 und 9 BImSchG; dort bezieht sich das Ermessen angesichts des § 6 BImSchG nur auf die weitere Verfahrensdurchführung. Ferner gehören dazu die Baugenehmigungsverfahren nach den Landesbauordnungen.[47]

---

zum Antragserfordernis für eine Sondernutzungserlaubnis für das Aufstellen von Altkleidersammelcontainern.

43 *J. Martens*, NVwZ 1988, 684. – Zur vorbeugenden Feststellungsklage zur Klärung der Genehmigungsbedürftigkeit zum einen: BVerwG, Urt. v. 30.05.1985 – 3 C 28.84, NVwZ 1986, 35; zum anderen: BVerwG, Urt. v. 30.05.1985 – 3 C 53.85, BVerwGE 71, 318 (319).

44 **Verneint** für Planfeststellungsverfahren je zum FStrG: BVerwG, Urt. v. 15.01.1982 – 4 C 26.87, NJW 1982, 1546 (1548); BVerwG, Urt. v. 22.02.1980 – IV C 24.77, NJW 1981, 239; zum WHG: BVerwG, Urt. v. 29.05.1981 – IV C 97.77, NJW 1981, 2769; zum BImSchG: BVerwG, Urt. v. 05.10.1990 – 7 C 55 u. 56.89, NVwZ 1991, 369 (371). – **Bejaht** zum LuftVG für die Gemeinde angesichts Planungshoheit: BVerwG, Urt. v. 22.06.1979 – IV C 40.75, NJW 1980, 718; BVerwG, Urt. v. 16.12.1988 – 4 C 40.86, NVwZ 1989, 750 (754); zu §§ 9a, 9b AtG für Drittbetroffene: BVerwG, Urt. v. 09.03.1990 – 7 C 23.89, NVwZ 1990, 967.

45 Vgl. VGH Hessen, Urt. v. 07.09.1993 – 11 UE 984/92, NVwZ-RR 1994, 342 (Denkmalschutzrecht).

46 OVG Rheinland-Pfalz, Beschl. v. 16.10.1985 – 7 B 73/85, NVwZ 1986, 576.

47 Kopp/Ramsauer, § 22 Rn. 27.

b) Konkludenter Antrag, erlaubnispflichtige Sachlage und Antragspflicht

Ob ein Verhalten wenigstens **konkludent** einen **Antrag** darstellt und welchen Inhalt er hat, ergibt die **Auslegung** analog § 133 BGB gemäß dem Empfängerhorizont (Rdn. 84 f.). 65

Die herbeigeführte **erlaubnispflichtige Sachlage** gestattet ohne zusätzliche Indizien nicht den Schluss auf den verfahrens- oder materiellrechtlichen Antragswillen;[48] ggf. ist einzuschreiten (Rdn. 60, 74). 66

Das verfahrensrechtliche Antragserfordernis begründet **keine Pflicht zur Antragstellung.** VwVfG und allgemeines Ordnungsrecht normieren sie nicht. Es liegt in der Disposition des Einzelnen, ob er den Antrag auf ein Verfahren stellt (vgl. Rdn. 69).[49] 67

Die §§ 24 und 26 gestatten es nur, dem Beteiligten **im schon laufenden** Verfahren (vgl. Rdn. 74) dem Beteiligten entsprechend seiner Mitwirkungslast oder -pflicht (§ 26) die Vorlage von Unterlagen aufzugeben, keinesfalls aber die Antragstellung an sich. 68

VwVfG und Ordnungsrecht **ermächtigen nicht zur Erzwingung** der Antragstellung.[50] Ausnahmen, vgl. Baugebot nach § 176 BauGB,[51] setzen eine gesetzliche Regelung und Ermächtigung hierzu voraus. Zu unterscheiden ist die den Antrag herbeiführende rechtsaufsichtliche Ersatzvornahme einer gebotenen Antragstellung. 69

c) Materielles Aufdrängungsverbot

Dem Beteiligten darf eine materielle Rechtsgestaltung nicht durch VA **aufgedrängt** werden,[52] wenn deren Rechtmäßigkeit von seiner Mitwirkung abhängt und diese nicht als **materielles Begehren** bzw. als erklärte Zustimmung zu der entsprechenden Regelung vorliegt, die durch VA zu treffen wäre. 70

Zu **unterscheiden** ist, dass diese materielle Mitwirkung an so einer Rechtsgestaltung in einem verfahrensrechtlichen Antrag (vgl. Rdn. 86) auf Durchführung des (zugehörigen) Verfahrens regelmäßig konkludent mit enthalten sein wird (Rdn. 91). 71

48 Vgl. Stelkens/Bonk/Sachs/*Schmitz*, § 22 VwfVG Rn. 37; a.A. *Hablitzel*, BayVBl. 1974, 392 (396); ihm widersprechend: *Dölker*, BayVBl. 1974, 400 (401).

49 *Stelkens*, NuR 1985, 213 (215). – Das gilt im Prozessrecht entsprechend, vgl.: OVG Nordrhein-Westfalen, Urt. v. 14.01.1994 – 7 A 2002/92, NVwZ-RR 1995, 187 (189).

50 OVG Nordrhein-Westfalen, Urt. v. 28.10.1986 – 11 A 1814/84, DÖV 1987, 601; OVG Niedersachsen, Beschl. v. 07.07.1992 – 7 M 2954/92, NVwZ-RR 1993, 7, 8; VGH Hessen, Urt. v. 07.09.1993 – 11 UE 984/92, NVwZ-RR 1994, 342, 343; Kopp/Ramsauer, § 22 Rn. 28; Ziekow, § 22 Rn. 16; *Stelkens*, NuR 1985, 213 (215).

51 Vgl. BVerwG, Urt. v. 15.02.1990 – 4 C 41.87, NVwZ 1990, 658 (663). Vgl. dazu auch Kopp/Ramsauer, § 22 VwVfG Rn. 28.

52 *Stelkens*, NuR 1985, 213 (215, 218 f.).

72 Das Aufdrängungsverbot strahlt aus: Es stützt **reflexhaft** die Geltungskraft des **verfahrensrechtlichen** Antragserfordernisses bzw. der Dispositionsmaxime, die durch Aufdrängung des begünstigenden bzw. Rechte einräumenden VA unterlaufen würde.

73 Für das **Ordnungsrecht** bedeutet das Verbot, dass weder isoliert Einzelfragen durch VA von Amts wegen geregelt werden dürfen, die nur in einem Genehmigungsverfahren auf Antrag relevant wären,[53] noch ein formell illegaler Zustand mittels Genehmigung von Amts wegen legalisiert werden darf (vgl. Rdn. 65).[54]

74 Scheidet die Duldung[55] eines illegalen Zustandes aus, ist **verhältnismäßiges Einschreiten** nach materiellem Recht veranlasst,[56] etwa die Auferlegung der Vorlage von Unterlagen als erste Maßnahme einer Gefahrabwehr, die Untersagung, Stilllegung oder deren Androhung, eventuell verknüpft mit der aufschiebenden Bedingung einer Antragstellung im Hinblick auf ein etwaiges Interesse Beteiligter am gegebenen Zustand.[57]

75 Auch in der **Leistungsverwaltung** ersetzt der Erlass des VA den fehlenden erforderlichen Antrag nicht.[58] Die zeitabschnittsweise Weiterbewilligung einer Leistung verlangt einen erneuten Antrag.

76 Eine **Ausnahme** macht das BVerwG beim Wohngeld für die Zeit des Rechtsstreits über den Ablehnungsgrund und wenn die Behörde den im Antrag erfassten Regelzeitraum zerlegt und Wohngeld zunächst für eine kürzere Zeitspanne bewilligt hat.[59]

d) Rechtsfolgen für den Verwaltungsakt bei fehlendem Antrag nach Nr. 2

77 Der VA ist bei Fehlen eines wirksamen verfahrensrechtlichen Antrages angesichts der Heilbarkeit des Mangels (Rdn. 78) nur **formell rechtswidrig** und bei zugleich

53 Vgl. OVG Nordrhein-Westfalen, Urt. v. 02.02.1983 – 11 A 2515/80, NJW 1983, 2834.

54 Ebenso VGH Bayern, Urt. v. 10.09.1991 – 19 BZ 90.30695, NVwZ-RR 1992, 328; Bader/Ronellenfitsch/*Heßhaus*, § 22 Rn. 39; *Ziekow*, § 22 Rn. 16; offenlassend BVerwG NJW 1982, 2273; a.A. früher BVerwG, Urt. v. 15.06.1960 – VIII C 20.60, BVerwGE 11, 18 (20); BVerwG, Urt. v. 20.11.1964 – VI C 138.62, BVerwGE 20, 35 (36).

55 Sie wirkt nicht legalisierend: BVerwG, Urt. v. 04.06.1996 – 4 C 15.95, NVwZ-RR 1997, 271.

56 Zum Einschreiten bei formeller Illegalität: *Kischel*, DVBl 1996, 185; zur Verwirkung und Unverhältnismäßigkeit des Einschreitens bei Altlasten: *Kothe*, VerwArch. Bd. 88, 1997, 456 (480, 487).

57 Vgl. *Kischel*, DVBl 1996, 185 (192 f.); VGH Hessen, Beschl. v. 26.07.1994 – 4 TH 1779/93, NVwZ 1995, 922; VGH Hessen, Urt. v. 07.09.1993 – 11 UE 984/92, NVWZ-RR 1994, 342 (343); OVG Niedersachsen, Beschl. v. 07.07.1992 – 7 M 2954/92, NVwZ-RR 1993, 7 (8).

58 BVerwG, Urt. v. 22.08.1962 – V C 25.61, DÖV 1962, 868.

59 BVerwG, Urt. v. 23.01.1990 – 8 C 58.89, NVwZ 1990, 1078 (1080); BVerwG, Urt. v. 02.05.1984 – 8 C 94.82, NVwZ 1985, 35; BVerwG, Urt. v. 10.03.1966 – VIII C 338.63, NJW 1966, 1723.

bestehender materieller Mitwirkungsbedürftigkeit auch **materiell rechtswidrig**, selten – z.B. der Statusakt der Beamtenernennung – nichtig.[60]

§ 45 Abs. 1 Nr. 1 ermöglicht verfahrensrechtlich die **Heilung des** Fehlens eines wirksamen Antrages nicht aber fristbezogener Folgen bei einer (wie meist) nur rechtswidrig aufhebbaren Sachentscheidung.[61] Mit der Nachholung läge dann auch die materielle Willenserklärung konkludent mit vor (vgl. Rdn. 90). 78

Die Nachholung kann auch im Nachreichen der anfangs verlangten Übersetzung des fremdsprachigen Antrages bestehen, wenn nicht schon im vorherigen Erlass des VA das Absehen von der Übersetzung zu sehen ist (§ 23). 79

§ 46 ist hier nicht **anwendbar:** Ohne Antrag als Verfahrensvoraussetzung ist eine Sachentscheidung unzulässig.[62] Die Sperrwirkung stünde sonst nur auf dem Papier. Eine **Ausnahme** ist zwar denkbar bei erzwingbarem Antrag (vgl. Rdn. 69); aber ohne Erzwingung bliebe es materiellrechtlich bei einem aufgedrängten VA (vgl. Rdn. 70). 80

III. Der Antrag

Das VwVfG knüpft zwar mit diversen Regelungen, so auch mit § 22 Satz 2 an den Antrag an und regelt **punktuell** antragsbezogene Fragen, z.B. in den §§ 23, 24 Abs. 3, 25 Satz 1, 45 Abs. 1 Nr. 2, 64 oder 71c Abs. 2. Es enthält aber weder eine **Normierung** seines Begriffs, noch sonst eine in sich geschlossene Regelung weiterer wesentlicher Grundfragen im Umgang mit diesem für die Praxis so wesentlichen Institut des Verfahrensrechtes.[63] 81

Unter Beachtung gegebener wesensmäßiger Unterschiede der verschiedenen **Antragstypen** (vgl. Rdn. 86, 88) wird man mit der nötigen Vorsicht das **bürgerliche Recht Lücken füllend** heranziehen können. 82

1. Begriff, Abgrenzung und Auslegung

Begrifflich ist ein Antrag die vom Antragsteller an eine Behörde gerichtete, empfangsbedürftige Willenserklärung (vgl. Rdn. 85), mit der bezogen auf einen bestimmten Gegenstand des Verwaltungsrechts ein bestimmtes Ziel verfolgt wird,[64] das je nach Antragserfordernis und Antragsinhalt unterschiedlich ist (vgl. Rdn. 86, 88). 83

---

60 Vgl. OVG Nordrhein-Westfalen, Urt. v. 08.07.1988 – 6 A 1716/87, NVwZ-RR 1990, 90; *Stelkens*, NuR 1985, 213 (220 f.).

61 Vgl. *Gusy*, BayVBl. 1985, 484 (490); VGH Hessen, Urt. v. 27.02.1985 – I OE 50/81, NVwZ 1985, 498.

62 Vgl. dazu VGH Bayern, Urt. v. 15.03.1991 – 23 B 90.2230, NVwZ-RR 1992, 157 (158); *Stelkens*, NuR 1985, 213 (221); zu § 46 unklar: VGH Hessen, Urt. v. 07.09.1993 – 11 UE 984/92, NVwZ-RR 1994, 342 (344).

63 Zum Antrag eingehend *Stelkens*, NuR 1985, 213.

64 Fehlt ihm die Bestimmtheit, kann der ergehende VA nichtig sein; so für PfB: VGH Hessen, Beschl. v. 28.08.1986 – 5 TH 3071/84, NVwZ 1987, 987 (990); für Vorbescheid: OVG Nordrhein-Westfalen, Urt. v. 20.06.1985 – 7 A 308/81, NVwZ 1986, 580; zum Teilungsantrag mit Alternativen zur Auswahl: BVerwG, Beschl. v. 28.05.1984 – 4 B 68.84,

84 **Informelle Kontakte, Hinweise, Anzeigen, Anregungen** und **Petitionen** sind keine Anträge,[65] auch wenn sie so bezeichnet werden. Wird aber unter einer Anzeige oder Eingabe ein subjektives Recht verfolgt, so liegt ein Antrag vor, z.B. auf Einschreiten gegen den Nachbarn oder auf Leistung von Sozialhilfe ganz gleich, ob das Recht materiell antragsabhängig ist (Rdn. 88).

85 **Anträge** sind **analog §§ 133, 157 BGB auszulegen.** Es ist zu ermitteln, was nach Verkehrssitte und Treu und Glauben erkennbar Ausdruck gefunden hat.[66] Vom Empfängerhorizont aus ist der wirkliche Wille zu erforschen, so wie er sich aus dem Inhalt der Erklärung und sonstigen Umständen, z.B. dem verwendeten Formular, der Adressierung und dem Verhalten des Antragstellers ergibt.[67] Ungenauigkeiten im vorgegebenen Antragsformular gehen zu Lasten der Behörde.[68] Es besteht für die Behörde insbesondere bei widersprüchlichem Sprachgebrauch die Pflicht, dem Inhalt des Antrags nachzugehen.[69] Möglich ist auch eine **Umdeutung** analog § 140 BGB.[70]

2. Rechtliche Bedeutung des Antrags

86 Als **Verfahrenshandlung** zielt der Antrag entweder **verfahrenseinleitend**, in § 22 Satz 2 erfasst,[71] auf die Durchführung eines Verwaltungsverfahrens nach § 9 mit vielfältigen Rechtswirkungen (Rdn. 97 ff.) oder **in einem** solchen Verfahren auf einzelne Verfahrenshandlungen wie z.B. auf einen Beweisantrag (§ 24 Abs. 1 Satz 2), das Verlangen einer Antragskonferenz (§ 71e) oder auf schriftliche Auskunft (§ 71c Abs. 1) ab.

NJW 1984, 2481; zur Bezugnahme auf ungenügende Pläne: OVG Nordrhein-Westfalen, Beschl. v. 14.06.1991 – 3 A 960/86, NVwZ-RR 1992, 209.

65 BVerwG, Urt. v. 16.02.1989 – 3 C 35.86, NJW 1990, 787.

66 BVerwG, Urt. v. 10.07.1963 – VI C 91.60, BVerwGE 16, 198 (203); BVerwG, Urt. v. 03.03.2005 – 2 C 13.04, NVwZ-RR, 2005, 591 (592); VGH Hessen, Urt. v. 27.02.1985 – I OE 50/81, NVwZ 1985, 498; OVG Nordrhein-Westfalen, Urt. v. 15.03.1989 – 17 A 1129/85, NVwZ 1990, 676; OVG Thüringen, Beschl. v. 26.07.2002 – 4 E0 331/02, NVwZ-RR 2003, 232; Kopp/Ramsauer, § 22 Rn. 59. – Zum Antrag, der eine gesetzliche Fiktion auslösen soll, vgl.: BVerwG, Urt. v. 15.01.1982 – 4 C 94.79, NJW 1982, 2787.

67 VGH Hessen, Urt. v. 07.09.1993 – 11 UE 984/92, NVwZ-RR 1994, 342 (343). – § 116 Satz 1 BGB gilt analog. Grundsatz der Meistbegünstigung: *Krause*, VerwArch. Bd. 61, 1970, 297 (322 ff.), kritisch *Stelkens*, NuR 1985, 213 (219); *Kluth*, NVwZ 1990, 611.

68 OVG Mecklenburg-Vorpommern, Beschl. v. 04.03.2002 – 2 L 170/01, NVwZ-RR 2003, 5.

69 BVerwG, Urt. v. 03.03.2005 – 2 C 13.04, NVwZ-RR 2005, 591 (592).

70 VGH Hessen, Urt. v. 07.09.1993 – 11 UE 984/92, NVwZ-RR 1994, 342; OVG Nordrhein-Westfalen, Urt. v. 15.03.1989 – 17 A 1129/85, NVwZ 1990, 676 (677) jedoch kein Antrag in einen Widerspruch; OVG Nordrhein-Westfalen, Urt. v. 10.05.1984 – 14 A 1822/80, NVwZ 1984, 655, Umdeutung eines Antrags gem. § 51 VwVfG in einen Widerspruch gem. § 68 VwGO; *Ziekow*, § 22 Rn. 8.

71 Ebenso Stelkens/Bonk/Sachs/*Schmitz*, § 22 VwfVG Rn. 18; *Ule/Laubinger*, Verwaltungsverfahrensrecht, § 20 I 3 Rn. 5.

Beispiele für Anträge **rein** verfahrensrechtlicher Natur sind neben solchen auf einzelne Verfahrenshandlungen (Rdn. 86) auch der Antrag auf polizeiliches Einschreiten und der, der noch ohne Angebot auf Durchführung eines Vertragsverfahrens zielt. 87

Materiellrechtlichen Gehalt hat der Antrag bezüglich eines **örV** als Entstehensvoraussetzung des Vertrages, d.h. als Angebot, und bezüglich eines **VA** als Rechtmäßigkeits- oder Wirksamkeitsvoraussetzung eines mitwirkungsbedürftigen VA,[72] etwa als Zustimmung zur Regelung[73] bei der Ernennung zum Beamten bzw. als Entstehensvoraussetzung von Rechten,[74] Leistungsansprüchen[75] oder einer Genehmigungsfiktion.[76] 88

Beispiele für Anträge **rein** materiellrechtlicher Natur sind die im Verfahren auf Abschluss eines **örV** gemachten Vertragsangebote sowie Anträge, die auf Hinweis der Behörde isoliert bzw. ergänzend die Zustimmung zu einem zunächst nicht (so) gewollten mitwirkungsbedürftigen **VA** ausdrücken. 89

Nach außen hin einheitlich erscheinende Anträge können eine **Doppelnatur** aufweisen. D.h. beide Arten von Willenserklärungen (formell- und materiellrechtlicher Natur) weisen differenziert zu prüfenden Rechtsfolgen auf.[77] 90

Beispiel hierfür ist der auf Gestaltung des materiellen Rechts zielende Antrag auf Erlass eines VA,[78] wenn er, wie meist, neben dem Begehren der Verfahrensdurchführung konkludent das materielle Einverständnis mit der angestrebten Regelung verkörpert. 91

Entsprechendes gilt in Bezug auf den **örV** für den Antrag auf ein Vertragsverfahren, wenn er zugleich das materielle Angebot der vorgestellten vertraglichen Regelung mit ausdrückt. 92

3. Wirksamkeit und Zulässigkeit des Antrags

Die Wirksamkeit des verfahrensrechtlichen Antrages unterliegt **antragsbezogen** folgenden **Voraussetzungen**, wobei Mängel zu Nr. 1), 2) und 4) einen informellen Bescheid erfordern: 93

1) Vorliegen der begrifflichen Mindesterfordernisse (Rdn. 83);

---

72 Vgl. VGH Hessen, Urt. v. 07.09.1993 – 11 UE 984/92, NVwZ-RR 1994, 342 (343).

73 Vgl. zum VA auf Zustimmung: *Kirchhof*, DVBl 1985, 651 (653 ff.).

74 Z.B. materiellrechtlicher Einberufungsschutz nach § 3 Abs. 2 KDVNG: VG Hamburg, Beschl. v. 26.03.1992 – 10 W 924/92, NVwZ-RR 1992, 425; Rangstelle auf einer Vormerkliste für Taxikonzession: BVerwG, Urt. v. 07.09.1989 – 7 C 44 und 45.88, 7 C 44.88, 7 C 45.88, NJW 1990, 1376.

75 BVerfG, Beschl. 25.06.1974 – 1 BvR 187/73, BVerfGE 37, 363 (388, 392); *Gusy*, BayVBl. 1985, 484 (489).

76 Vgl. OVG Mecklenburg-Vorpommern, Beschl. v. 28.11.1994 – 3 M 119/94, MDR 1995, 692.

77 Stelkens/Bonk/Sachs/*Schmitz*, § 22 VwfVG Rn. 19; a.A., Willenserklärung mit Doppelfunktion: Knack/Henneke/*Ritgen*, § 22 Rn. 29; Ziekow, § 22 Rn. 6; *Gusy*, BayVBl. 1985, 484 (486). – Vgl. auch: *Hartmann*, DÖV 1990, 8; *J. Martens*, NVwZ 1986, 533.

78 Vgl. BVerfG, Beschl. 25.06.1974 – 1 BvR 187/73, BVerfGE 37, 363 (390 ff.); OVG Rheinland-Pfalz, Urt. v. 16.10.1985 – 11 A 16/84, NVwZ 1986, 576 (578).

2) bei Fremdsprachigkeit Erfüllung der sprachlichen Anforderungen,[79] meist mittels Übersetzung (§ 23);
3) Zugang bei der erkennbar als Adressat gewollten Behörde[80] und kein spätestens gleichzeitig zugehender Widerruf;[81]
4) keine Unbeachtlichkeit[82] kraft Gesetzes, wobei eine von Amts wegen veranlasste Entscheidung das Anliegen des informellen Bescheids inzident, Art. 17 GG genügend, miterledigen kann (Rdn. 49).

94 Der verfahrensrechtliche Antrag ist **nicht anfechtbar**[83] aber jederzeit ab Eingang verfahrensbeendend vor Erlass des VA **rücknehmbar.**[84] Ebenso ist der Abbruch eines Vertragsverfahrens durch Scheitern der Verhandlungen stets möglich.

95 Das **materielle Vertragsangebot** ist **anfechtbar**, solange es bindet, was die freie Rücknehmbarkeit ausschließt; die materielle **Zustimmung** zu einem VA ist vor dessen Erlass **rücknehmbar.**[85] Wird die Rücknahme danach erklärt, kann sie als auf Vornahme des actus contrarius gerichtetes Begehren zu verstehen sein, z.B. als Antrag auf Entlassung aus dem soeben, mit Zustimmung, durch Ernennung begründeten Beamtenverhältnis.

96 **Zulässigkeitserfordernisse**, weil **Sachentscheidungsvoraussetzungen** im Verfahren auf Erlass eines VA, sind:
1) Wahrung gesetzlicher Fristen durch den Antrag;[86]
2) Beachtung der gesetzlich zwingend, nicht durch Ordnungsnorm[87] vorgeschriebenen Form oder Formularverwendung (§ 24);[88]

---

79 A.A. Zulässigkeitserfordernis: Stelkens/Bonk/Sachs/*Schmitz*, § 23 VwfVG, Rn. 19.

80 Vgl. dazu Stelkens/Bonk/Sachs/*Schmitz*, § 22 VwfVG Rn. 50. Nach *Kirchhof*, DVBl 1985, 651, (653, 658) setzt nur die materiellrechtliche Wirkung den Zugang bei der zuständigen Behörde voraus.

81 Vgl. Stelkens/Bonk/Sachs/*Schmitz*, § 22 VwfVG Rn. 66.

82 Zur rechtlichen Einordnung der Unbeachtlichkeit nach § 29 AsylVfG vgl. *Kanein/Renner*, § 29 AsylVfG Rn. 2 f., 17 f.

83 Ebenso Stelkens/Bonk/Sachs/*Schmitz*, § 22 VwfVG Rn. 78; BVerwG, Urt. v. 21.03.1979 – 6 C 10.78, NJW 1980, 135 (für Rücknahme des Widerspruchs); *Gusy*, BayVBl. 1985, 484 (486). – A.A.: OVG Rheinland-Pfalz, Urt. v. 21.12.1983 – 2 A 50/83, NVwZ 1984, 316; VGH Baden-Württemberg, Beschl. v. 29.11.1990 – 4 S 2354/90, NVwZ-RR 1991, 490; BVerwG, Urt. v. 10.12.1970 – II C 5.66, BVerwGE 37, 19; *Kluth*, NVwZ 1990, 608 (614).

84 So schon *Bulling*, DÖV 1962, 378 (379). – Zur abzulehnenden streitigen Rücknahme nach Erlass des VA m.w.N.: Stelkens/Bonk/Sachs/*Schmitz*, § 22 VwfVG Rn. 70.

85 Vgl., unter Hinweis auf § 183 BGB: *Stelkens*, NuR 1985, 213 (219 f.).

86 Kopp/Ramsauer, § 22 Rn. 45 f.; Knack/Henneke/*Ritgen*, § 22 Rn. 50; *Ziekow*, § 22 Rn. 9.

87 Vgl. BVerwG, Urt. v. 14.10.1959 IV C 420.58, NJW 1960, 213; Stelkens/Bonk/Sachs/*Schmitz*, § 24 VwfVG Rn. 89; *Ziekow*, § 22 Rn. 9.

88 Vgl. BVerwG, Beschl. v. 28.05.1984 – 4 B 68.84, NJW 1984, 2481. – Zur Schriftform bei modernen Kommunikationsmitteln: BVerwG, Beschl. v. 19.12.1994 5 B 79.94, NJW 1995, 2121 (Btx); BSG, Beschl. 15.10.1996 – 14 BEg 9/96, NJW 1997, 1254 (PC-Modem, Fax). Zur Schriftform Bauer/Heckmann/Ruge/Schallbruch/*Skrobotz*, § 22 Rn. 18 f.; Knack/Henneke/*Ritgen*, § 22 Rn. 42 ff.

3) Einhaltung sonstiger Formalien, die über Ordnungserfordernisse hinausgehen wie die Angabe der ladungsfähigen Adresse,[89] die Unterschrift[90], die Beifügung einer Begründung und die Vollständigkeit[91] der als Minimum vorgeschriebenen Unterlagen;[92]
4) Handlungsfähigkeit, Antragsbefugnis und Sachbescheidungsinteresse;
5) weder Verwirkung[93] noch Verzicht[94] oder Rechtsmissbrauch in Bezug auf das Antragsrecht;
6) ausnahmsweise, vgl. § 23 AsylVfG, höchstpersönliches, also Vertretung ausschließendes Handeln;
7) keine unzulässige Bedingung im Antrag, was Hilfs- und Alternativanträge sowie Antragshäufung nicht verbietet, solange der Antrag bestimmt bleibt.[95]

4. Rechtswirkungen des Antrags auf Verfahrensdurchführung

Der Antrag **auf** Erlass eines **VA** entfaltet verschiedene Rechtswirkungen: 97

Fehlt die noch **anzufordernde Übersetzung** (vgl. § 23), bewirkt der Antrag **lediglich:** 98
1) ein Verfahrensrechtsverhältnis und damit die Stellung als Beteiligter nach § 13 Abs. 1 Nr. 1;
2) eine verfahrensrechtliche Beachtlichkeit des Antrages (§ 23);
3) den Anspruch auf informellen Bescheid mit Hinweis auf den zu behebenden Sprachmangel (§ 23; vgl. § 24).[96]

Liegt der Behörde ein sprachlich genügender Antrag, mit weiteren **Mängeln** vor, die zu seiner **Unzulässigkeit** (Rdn. 19) führen würden, bewirkt der Antrag trotzdem: 99

---

89 Einerseits VGH Hessen, Beschl. v. 21.12.1988 – 4 TG 2070/88, NJW 1990, 138; andererseits VGH Hessen, Beschl. v. 30.05.1989 – 12 TH 1658/89, NJW 1990, 140; *Gusy*, JuS 1992, 28. – Zum Zweck der Angabe der Anschrift auch: *Decker*, VerwArch. Bd. 86, 1995, 266 (272 ff.).

90 VG Köln, Gerichtsbescheid v. 24.03.2015 – 16 K 4868/14.

91 Vgl. Stelkens/Bonk/Sachs/*Schmitz*, § 22 VwfVG Rn. 43 f.; BVerwG, Urt. v. 07.09.1987 – 6 C 30.86, BVerwGE 78, 93 (96); VGH Baden-Württemberg, Beschl. v. 22.06.1990 – 4 S 2257/89, NVwZ-RR 1991, 55.

92 Bei Nachweisen zu Anspruchsvoraussetzungen führt die Nichtvorlage zur Unbegründetheit, wenngleich »ohne weitere Sachbehandlung«, vgl. BVerwG, Urt. v. 18.09.1996 – 6 C 10.95, NVwZ-RR 1997, 355.

93 BVerwG, Urt. v. 25.01.1974 – IV C 2.72, BVerwGE 44, 294 (298); auch zur Einlegung des Widerspruchs: VGH Bayern, Urt. v. 31.03.1993 – 20 B 92.1859, NVwZ-RR 1994, 241 (243).

94 VGH Baden-Württemberg, Urt. v. 01.04.1982 – 5 S 278/82, NVwZ 1983, 229; OVG Saarland, Beschl. v. 14.03.1983 – 2 R 14/82, NVwZ 1984, 657.

95 BVerwG, Urt. v. 25.10.1988 – 9 C 18.88, NVwZ 1989, 476; BVerwG, Beschl. v. 28.05.1984 – 4 B 68.84, NJW 1984, 2481; Stelkens/Bonk/Sachs/*Schmitz*, § 22 VwfVG Rn. 77.

96 Stelkens/Bonk/Sachs/*Schmitz*, § 22 VwfVG Rn. 53.

4) die Anhängigkeit des Verfahrens, was während dessen Dauer zur Unzulässigkeit weiterer gleicher Anträge führt,[97] die nicht nur im laufenden Verfahren der Mangelbehebung dienen;
5) den Beginn des Verwaltungsverfahrens (Rdn. 13);[98]
6) das Vorliegen der Verfahrensvoraussetzung des § 22 Satz 2 Nr. 2 (Rdn. 55, 58).
7) die Festlegung von Gegenstand und Ziel des Verfahrens,[99] woran die Bindung der Behörde an den Antrag anknüpft (Rdn. 102).

100 Ist der **Antrag wirksam und zulässig**, kommt hinzu:
8) das Vorliegen dieser Zulässigkeits- bzw. Sachentscheidungsvoraussetzung, auch für ein folgendes Rechtsbehelfsverfahren;
9) bei Rechtzeitigkeit eine Fristwahrung oder deren Beginn.[100]

101 Sind die Mindesterfordernisse des Antrages und sein Zugang (vgl. Rdn. 93) gegeben und ist dem sprachlichen Erfordernis genügt, bewirkt der Antrag im bereits bestehenden Verfahrensrechtsverhältnis:[101] Anhängigkeit, Verfahrensbeginn, Anspruch auf informellen Bescheid über die Verfahrensdurchführung und Bestimmung von Gegenstand und Ziel des Verfahrens.

102 Hinsichtlich der **Bindung an den Antrag** ist zwischen Antragsteller und der Behörde zu unterscheiden.[102] Die Bindung der Behörde reicht verfahrensrechtlich so weit wie umgekehrt die Dispositionsmaxime zugunsten des Bürgers und begrenzt durch den Antrag die Reichweite der Sachaufklärung im konkreten Verfahren (vgl. § 24). Materiellrechtlich kann es aber geboten sein, Fragen einzubeziehen, die nicht Antragsgegenstand sind, so aufgrund des Abwägungsgebotes bei einem Änderungsantrag nach § 76 Abs. 1.[103]

103 Vor Erlass des Verwaltungsaktes ist es dem Antragsteller möglich, den Antrag gegenüber der Behörde zurückzunehmen oder abzuändern. Die Rücknahme oder Änderung bedarf grundsätzlich der gleichen Form wie die Antragstellung.[104] Ob die Rücknahme noch nach Erlass bis zur Bestandskraft des Verwaltungsaktes erfolgen kann, hängt vom jeweiligen Fachrecht ab.[105] Grundsätzlich kann der Antrag aber nach Erlass des

---

97 Vgl. OVG Sachsen, Urt. v. 07.04.2009 – 4 A 415/08, ZFSH/SGB 2009, 355; *Gusy*, BayVBl. 1985, 484 (486); Kopp/*Ramsauer*, § 22 Rn. 21, auch der unzulässige Antrag entfaltet eine Sperrwirkung, soweit nicht nach § 44 nichtig.
98 Vgl. Kopp/Ramsauer, § 22 Rn. 30.
99 Knack/Henneke/*Ritgen*, § 22 Rn. 28.
100 *Gusy*, BayVBl. 1985, 484 (488).
101 Vgl. auch Stelkens/Bonk/Sachs/*Schmitz*, § 9 VwfVG Rn. 128.
102 Vgl. VGH Bayern, Urt. v. 12.09.1983 – 19 B 80 A.1418, BayVBl. 1984, 438; *Obermayer*, in: Boorberg-FS, S. 128; *Gusy*, BayVBl. 1985, 484 (487, 490).
103 BVerwG, Urt. v. 05.12.1986 – 4 C 13.85, NVwZ 1987, 578 (579).
104 BVerwG, Beschl. v. 06.03.1992 – 4 CB 2.91, NVwZ-RR 1993, 275.
105 Dazu Kopp/Ramsauer, § 22 Rn. 85.

Verwaltungsaktes noch zurückgenommen werden, während die Änderung des Antrages nur bis zum Erlass des Verwaltungsaktes möglich ist.[106]

Nach Rücknahme des Antrages darf die Behörde das Verwaltungsverfahren nicht fortführen. Sie ist insoweit an das Vorliegen eines wirksamen Antrages gebunden.[107] 104

C. Verfahrensvorschriften des Sozialrechts sowie Verwaltungsverfahrensrecht der Länder

§ 18 SGB X enthält eine mit § 22 wortgleiche Regelung. Dasselbe gilt für die Verwaltungsvorschriften der Länder, soweit sie eigene Regelungen enthalten. 105

D. Europarecht

Im Fall des **mitgliedstaatlichen Vollzuges** von EU-Recht folgt die Verfahrenseinleitung dem nationalen Verwaltungsverfahrensrecht, ggf. unter Beachtung vorrangiger Vorgaben des EU-Rechtes. **Direkter Vollzug** durch Organe der EU, etwa die Kommission, ist die Ausnahme.[108] 106

Alternativen zu den in § 22 genannten Arten der Verfahrenseinleitung sind im EU-Recht weder strukturell noch modellhaft ersichtlich. 107

So werden auch im direkten Vollzug von EU-Recht Verfahren von Amts wegen und Antragsverfahren unterschieden. Im Regelfall entscheiden die Organe der Gemeinschaft nach pflichtgemäßem Ermessen über die Einleitung des Verfahrens. Im Falle einer den Vorschriften entsprechenden Antragstellung können die Organe der Gemeinschaft auch zur Einleitung eines Verwaltungsverfahrens verpflichtet werden.[109] Für den indirekten Vollzug von EU-Recht gilt nichts anderes.[110] 108

§ 23 Amtssprache

(1) Die Amtssprache ist deutsch.

(2) [1]Werden bei einer Behörde in einer fremden Sprache Anträge gestellt oder Eingaben, Belege, Urkunden oder sonstige Dokumente vorgelegt, soll die Behörde unverzüglich die Vorlage einer Übersetzung verlangen. [2]In begründeten Fällen kann die Vorlage einer beglaubigten oder von einem öffentlich bestellten oder beeidigten Dolmetscher oder Übersetzer angefertigten Übersetzung verlangt werden. [3]Wird die verlangte Übersetzung nicht unverzüglich vorgelegt, so kann die Behörde auf Kosten des Beteiligten selbst eine Übersetzung beschaffen. [4]Hat die Behörde

106 Bader/Ronellenfitsch/*Heßhaus*, § 22 Rn. 37; *Ziekow*, § 22 Rn. 10.
107 VG Düsseldorf, Urt. v. 22.12.2011 – 4 K 2334/11.
108 Vgl. *Ehlers*, DVBl 1991, 605 (609); *Grabitz*, NJW 1989, 1776 (1777).
109 Vgl. v. Danwitz, Europäisches Verwaltungsverfahren, S. 414 f.
110 Vgl. auch Kopp/Ramsauer, § 22 Rn. 8.

Dolmetscher oder Übersetzer herangezogen, erhalten diese in entsprechender Anwendung des Justizvergütungs- und -entschädigungsgesetzes eine Vergütung.

(3) Soll durch eine Anzeige, einen Antrag oder die Abgabe einer Willenserklärung eine Frist in Lauf gesetzt werden, innerhalb deren die Behörde in einer bestimmten Weise tätig werden muss, und gehen diese in einer fremden Sprache ein, so beginnt der Lauf der Frist erst mit dem Zeitpunkt, in dem der Behörde eine Übersetzung vorliegt.

(4) [1]Soll durch eine Anzeige, einen Antrag oder eine Willenserklärung, die in fremder Sprache eingehen, zu Gunsten eines Beteiligten eine Frist gegenüber der Behörde gewahrt, ein öffentlich-rechtlicher Anspruch geltend gemacht oder eine Leistung begehrt werden, so gelten die Anzeige, der Antrag oder die Willenserklärung als zum Zeitpunkt des Eingangs bei der Behörde abgegeben, wenn auf Verlangen der Behörde innerhalb einer von dieser zu setzenden angemessenen Frist eine Übersetzung vorgelegt wird. [2]Andernfalls ist der Zeitpunkt des Eingangs der Übersetzung maßgebend, soweit sich nicht aus zwischenstaatlichen Vereinbarungen etwas anderes ergibt. [3]Auf diese Rechtsfolge ist bei der Fristsetzung hinzuweisen.

Zu § 23: Geändert durch G vom 05.05.2004 (BGBl I S. 718).

Landesrechtliche Vorschriften

Die Verwaltungsverfahrensgesetze der Länder haben gleichlautende Vorschriften mit Ausnahme von Brandenburg und Sachsen, die in § 23 Abs. 5 VwVfG Bbg bzw. § 3 Sächs (Vorläufiges) VwVfG Regelungen für Angehörige des sorbischen Volkes geschaffen haben, weiterhin § 23 Abs. 2 Satz 2 BWVwVfG, der den »Urkundenübersetzer« anführt, und § 82a Abs. 2 Satz 1 LVwG Schl-Holst, der eine Kann-Vorschrift enthält.

Schrifttum

von Ebner, Ist für Ausländer die Verwaltungssprache deutsch?, DVBl 1971, 341; *Jessnitzer*, Dolmetscher und Übersetzer, Rpfleger 1982, 365; *ders.*, Dolmetscher – Ein Handbuch für die Praxis der Dolmetscher, Übersetzer und ihre Auftraggeber im Gerichts-, Beurkundungs- und Verwaltungsverfahren, 1982; *Kirchhof* in: *Isensee/Kirchhof* Bd. 1, § 18, Deutsche Sprache; *Roellecke*, Grundrecht auf richtiges Deutsch? Zur Unwesentlichkeit der Rechtschreibung, NJW 1997, 2500; *Schneider*, Deutsch als Gerichtssprache, MDR 1979, 534; *Tormin*, Reform des Dolmetscherwesens bei Gerichten und Behörden, ZRP 1987, 422; *Vogler*, Deutsch als Amtssprache für ein Rechtshilfeersuchen?, NJW 1985, 1764.

Übersicht

A. Gegenstand und Abgrenzung der Regelung

§ 23 bestimmt in **Abs. 1**, § 184 GVG folgend Deutsch als Amtssprache. In **Abs. 2** 1
geht es um die Reaktion der Behörde auf vorgelegte fremdsprachige Schriftstücke und um die Entschädigung von Übersetzungsleistungen. Fristbezogene Rechtswirkungen fremdsprachiger Äußerungen regelt **Abs. 3** in Bezug auf von der Behörde zu wahrende Fristen und **Abs. 4** bezüglich der vom Fremdsprachigen zu wahrenden Interessen.

Nicht geregelt ist der Umgang mit mündlichen Äußerungen Fremdsprachiger, der Ein- 2
satz von Sprachmittlern und Sprachkenntnissen durch die Behörde und ihre Sprache ggü. dem Ausland.[1] Der Grundsatz des § 23 Abs. 1 gilt aber auch für mündliche Äußerungen.[2]

Die Wahl des Ausdrucks ist nicht an § 23 zu messen, sondern am beiderseitigen Inte- 3
resse der Kommunikationspartner an eindeutiger, präziser, richtiger Vermittlung eines Sinngehaltes. Dabei hat jeder aus Art. 2 Abs. 1 GG das Recht (Rdn. 11, 33), sich sinngetreu auszudrücken. Für Behördenbedienstete kann das interne (Dienst-) Recht die Schreibweise anordnen.[3]

Kein Thema des § 23 ist die **Ausdrucksweise.** Um sie geht es z.B. bei der **Recht-** 4
schreibreform. Wer an der hergebrachten Schreibweise festhält, verlässt die Amtssprache nicht.

§ 23 lässt von Amts wegen wahrzunehmende **Vollzugspflichten** sowie **§ 24 unbe-** 5
rührt. Auch auf eine fremdsprachige Mitteilung hin hat die Behörde ein gebotenes Offizialverfahren zu beginnen; nur für die Akten ist die Information noch übersetzt festzuhalten.[4] Im Rahmen der Entwicklung der Europäischen Union und angesichts

1 Vgl. hierzu bei Amtshilfe: *Jellinek*, NVwZ 1982, 535 (538 f.).
2 Stelkens/Bonk/Sachs, § 23 Rn. 23.
3 Die Auffassung der 3. Aufl. (Rn. 4) wird ausdrücklich aufgegeben.
4 Stelkens/Bonk/Sachs, § 23 Rn. 20, 33.

der internationalen Zusammensetzung der Gesellschaft könnte ein Ignorieren fremdsprachiger Äußerungen geradezu pflichtwidrig sein.

6 Weiterhin kann zur **Sachaufklärung** gem. § 24 die Beschaffung der Übersetzung einer bedeutsam erscheinenden Äußerung in die Amtssprache wie umgekehrt die Feststellung eines fremdsprachigen Wortlautes geboten sein (vgl. Rdn. 57).

B. Sprachregelungen des nationalen, des Unions- sowie des Völkerrechts

7 Spezielle sprachbezogene **nationale** Vorschriften enthalten – dem § 23 vorgehend – die §§ 87 AO und 19 SGB-X. § 5 Abs. 1 BeurkG befasst sich mit der **Urkundensprache**, § 17 AsylG speziell mit dem **Sprachmittler**, der im Asylverfahren von Amts wegen zu stellen ist.

8 Für das gerichtliche Verfahren regelt § 184 GVG, teils i.V.m. § 55 VwGO die **Gerichtssprache** und in den §§ 185 bis 191 GVG weitere Einzelfragen der Materie, unter anderem zum Dolmetscher und zu tauben bzw. stummen Personen.

9 Auf **unionsrechtlicher** Ebene regelt anknüpfend an Art. 217 EGV die VO Nr. 1 des Rates vom 15.04.1958[5] die **Amtssprachen der Gemeinschaft.** Dazu gehören grundsätzlich alle Sprachen der Vertragsstaaten.

10 Das Recht der Europäischen Union kennt **weitere Amtssprachen**, die im Rahmen des direkten Vollzugs sämtlich akzeptiert sind. Beim indirekten Vollzug sowie im Rahmen des nationalen Rechts ist es zulässig, die nationale Sprache als einzige Amtssprache zu bestimmen.[6] Über das **Diskriminierungsverbot aus Art. 18 AEUV** ist eine Behörde aber gehalten, vorhandene Sprachkenntnisse zu nutzen und ggf. einen Sprachmittler beizuziehen. Angesichts der Globalisierung in der Umgangssprache, die oft mit einer Anglisierung einhergeht, können Äußerungen ohnehin dann nicht unbeachtet bleiben, wenn sie sich in diesem Rahmen bewegen.[7] Weiterhin ist **§ 8b** zu beachten, soweit es um Ersuchen im Rahmen der Europäischen Verwaltungszusammenarbeit geht.

11 Neben Bestimmungen auf europäischer Ebene ist das nach Art. 25 GG mit Vorrang geltende, **ungeschriebene Völkerrecht** zu beachten, wonach jeder das Recht hat, seine Sprache zu benutzen, indes der Staat berechtigt ist, sein Funktionieren als Gemeinwesen (vgl. Rdn. 13) gerade auch bezüglich der Verwaltung mittels seiner Staatssprache(n) zu sichern.[8]

---

5 ABl EG S. 385.

6 Kopp/Ramsauer, § 23 Rn. 4b; Stelkens/Bonk/Sachs, § 23 Rn. 78.

7 So zu dem im Bauordnungsrecht von der Behörde benützten Begriff ›showroom‹ OVG Nordrhein-Westfalen, Urt. v. 08.04.2005 – 10 B 2502/04, ÖffBauR 2005, 92.

8 Siehe hierzu BVerfG, Kammerbeschl. v. 21.05.1987 – 2 BvR 1170/83, NJW 1988, 1462; vgl. auch Stelkens/Bonk/Sachs, § 23 Rn. 7.

C. Geltungsbereich der Vorschrift und analoge Anwendung

§ 23 gilt im von § 1 und § 2 gezogenen Rahmen für **Verwaltungsverfahren** nach § 9 und für **bestimmte Rechtsbehelfsverfahren** nach § 79, z.B. für Vorverfahren nach § 68 VwGO, nicht aber, wo Fremdsprachen oder Elemente davon als Fach- bzw. Unterrichtssprachen nur Prüfungsgegenstand sind. 12

Außerhalb des Geltungsbereichs des § 23 und vorbehaltlich etwaiger spezieller gesetzlicher Vorschriften zur Amtssprache gilt weiterhin der historisch gewachsene, **ungeschriebene Rechtssatz** (Rdn. 20 f.), dass die Staats- bzw. Amtssprache deutsch ist. 13

Eine **analoge Anwendung der Abs. 2, 3 oder 4**, v.a. der Regelung über die Wahrung von Fristen und über Entschädigung von Dolmetschern ist nicht angebracht. Eine unverschuldete Fristversäumnis, die auch auf Sprachunkenntnis beruhen kann, ist über Wiedereinsetzung (§ 32) zu berücksichtigen.[9] § 23 Abs. 2 Satz 1 ist im Fall der Erörterung vor Verfahrensbeginn nach § 71c Abs. 2, dessen systematischer Stellung, Sinn und Zweck zufolge (vgl. § 20 Rdn. 21) auf fremdsprachig vorgelegte Unterlagen **analog** anwendbar. 14

Im Privatrecht unterliegt die Sprachwahl grds. der Disposition. 15

D. Zweck der Regelung

Er liegt bei **Abs. 1** in der **Kodifizierung** als solcher, um Konflikten um die Sprachwahl vorzubeugen bzw. sie zu lösen, **ohne** dabei dem **flexiblen Umgang** mit fremdsprachigen Sachverhalten **im Weg zu stehen**, der in einer globalisierten Welt geboten ist. 16

Abs. 2 dient bei Sprachkollision der **Durchsetzung** der Amtssprache ggü. Fremdsprachen, auf die die Behörde in den auf Initiative Beteiligter vorgelegten Schriftstücken stößt, sowie flankierend der einheitlichen **Entschädigung** behördlich herangezogener Sprachmittler. 17

Mit **Abs. 3 und 4** soll **Rechtssicherheit** hinsichtlich der **fristbezogenen** Rechtswirkungen fremdsprachig eingehender Schriftstücke geschaffen werden. 18

Nicht bezweckt ist es, den Einsatz von Fremdsprachkenntnissen seitens der Behörde zu unterbinden oder an die Fremdsprache unter Verstoß gegen Art. 3 Abs. 3 GG gar Rechtsnachteile zu knüpfen. Für **EU-Ausländer** ist das **Diskriminierungsverbot** zu beachten (Rdn. 10). 19

E. Amtssprache (Abs. 1)

Der **Begriff** Amtssprache erklärt die **deutsche** Sprache **ggü.** der **Fremdsprache** für verbindlich (Rdn. 22, 26) und in Bezug auf den Äußerungsinhalt für maßgeblich[10] (Rdn. 24, 27), wobei er diesen Sinngehalt auf das **Amt**, d.h. auf die Sprachbenutzung im Rechtsverkehr **vor** und **von** Behörden i.S.d. § 1 Abs. 4 bezieht. 20

---

9 So auch Stelkens/Bonk/Sachs, § 23 Rn. 12 und *Kopp/Ramsauer*, § 23 Rn. 3a.

10 Vgl. Amtl. Begründung S. 48.

21 Abs. 1 regelt weder Rechtsfolgen noch Verhaltensgebote[11], sondern **steuert indirekt** das Verhalten, indem er dem Fremdsprachigen die **Verständigungs-** und **Verstehenslast**[12] im Verfahren und der Behörde die Verantwortung für den Einsatz der deutschen Sprache als Verstehensmaßstab zuweist. Aus der Berücksichtigung fremdsprachiger Eingaben als solcher folgt nicht die Rechtswidrigkeit des Behördenhandelns, da § 23 nicht dem Rechtsschutz des Beteiligten, sondern der Funktionsfähigkeit der Verwaltung dient.[13]

I. Rechtliche Bedeutung der Amtssprache

22 Ihre Verwendung ist für den **Beteiligten** in dem Sinn **verbindlich**, dass grds. er dafür zu sorgen hat, dass seine Äußerung zumindest übersetzt der Behörde in Deutsch vorliegt, um so auch eine **Voraussetzung für** die mit ihr bezweckte, z.B. zeitliche (Rdn. 80, 83) **Rechtswirkung** (vgl. aber Rdn. 42) zu erfüllen.

23 Das Sprachverständnis des Amtsträgers zu berücksichtigen, ist sinnvoll, aber nicht zu verlangen. Was er versteht, darf er aber nicht ignorieren.

24 Die **Behörde** ist innerstaatlich für die Umsetzung der mit Abs. 1 generell geregelten **Maßgeblichkeit** der Amtssprache **im Einzelfall** in dem Sinn verantwortlich, dass sie für die **bindende Vorgabe** des sprachlichen Verstehensmaßstabs zu sorgen hat, um subjektive, sprachabhängige Interpretations- bzw. Inhaltsvarianten auszuschließen.

25 Nicht erforderlich ist es umgekehrt, alle Fremdsprachen der Amtssprache gleichzustellen.

26 Abs. 1 räumt als **Kollisionsregel** für die **Kommunikation** wie für die **Interpretation** von Äußerungen der **Amtssprache Vorrang** ein sowohl bei Vorliegen einer Äußerung in fremder und in Amtssprache (vgl. Rdn. 29) als auch bei Aufeinandertreffen verschiedener Sprachen unter und zwischen miteinander in Kontakt tretenden Behörden, Beteiligten (vgl. Rdn. 37, 53) und Dritten.

27 Abs. 1 verkörpert die **Risikoregel**, dass der (aktive) **Verwender** der Fremdsprache das Risiko in seiner Sphäre liegender Verständigungsmängel trägt, auch wenn sie erst in der Übersetzung hervortreten (vgl. Rdn. 32) und dass (passiv) der fremdsprachige **Empfänger** einer Äußerung in Deutsch für deren richtiges Verstehen die Verantwortung trägt.

28 Der Beteiligte darf darauf **vertrauen**, dass seine fremdsprachig hingenommene (vgl. Rdn. 44) Äußerung seiner Sprache gemäß verstanden worden ist und er so behandelt wird, als hätte er sich in Amtssprache geäußert. Umgekehrt gilt sein **Empfängerhorizont** bei Äußerungen der Behörde bzw. Dritter in seiner Sprache.

---

11 Vgl. zu § 184 GVG als einer lex imperfecta: Schneider, MDR 1979, 534.

12 Hieran anknüpfend: Amtl. Begründung S. 100. Art. 3 Abs. 3 GG gebietet keine andere Wertung; vgl.: BVerfG, Beschl. v. 25.09.1985 – 1 BvR 881/85, NVwZ 1987, 785 und Beschl. v. 17.05.1983 – 2 BvR 731/80, BVerfGE 64, 135.

13 VG Stuttgart, Urt. v. 14.10.2010 – 1 K 478/09 (juris).

II. Verhältnis der Übertragung zur fremdsprachigen Urfassung

Nach Abs. 2 Satz 1 bzw. 3 bewirkte oder unabhängig davon vorgelegte Übersetzungen bzw. mündliche Übertragungen in die Amtssprache **verkörpern** das **Vorbringen** und sind daher, auch wenn sie Fehler enthalten, solange für dessen Verständnis maßgebend, bis sich der Behörde **Richtigkeitszweifel** aufdrängen, denen nach Abs. 2 Satz 2 bzw. § 24 nachzugehen ist. 29

Um einen **Verfahrens-** bzw. **Sachaufklärungsfehler** zu vermeiden, muss die Behörde, wenn sie die Übertragung in Auftrag gibt (vgl. Rdn. 35), für eine sprachlich qualifizierte Übertragung durch Wahl einer geeigneten Übertragungsperson sorgen (vgl. Rdn. 61). 30

Übersetzungen bzw. mündliche Übertragungen sind anstelle (Rdn. 28) der fremdsprachigen Äußerungen **nach** den **allgemeinen Regeln** zu **würdigen.** 31

Drängt sich die Unrichtigkeit nicht auf, trägt das **Risiko** eines nicht in die Sphäre der Behörde fallenden (vgl. Rdn. 30) **Übertragungsfehlers**, der grundlegenden Risikoregel folgend (Rdn. 27), wer die Äußerung ins Verfahren einführt, ganz gleich wer die Übertragung initiiert hat. 32

III. Sprachwahl aus Sicht Beteiligter, Amtsträger und Dritter

Jeder hat aus Art. 2 Abs. 1 GG und der zu achtenden Würde der Person das **Grundrecht**, seine Muttersprache oder andere **Sprache in freier Wahl** zu benutzen (vgl. Rdn. 13). **§ 23 schränkt** dieses Recht der Beteiligten, Auskunftgeber, Zeugen usw. **nicht ein**, sondern knüpft daran an. 33

Das Grundrecht gibt **keinen Anspruch auf Verwendung oder Hinnahme** der Fremdsprache durch die Behörde oder andere (vgl. Rdn. 37, 45) und befreit den Beteiligten nicht von der verfahrensrechtlichen Verständigungs- bzw. Verstehenslast (Rdn. 21). Verständnisschwierigkeiten sind ggf. bei Wiedereinsetzung zu berücksichtigen. Schließlich geht es auch um den Anspruch der Beteiligten auf rechtliches Gehör (§ 28).[14] Den Sprachunkundigen treffen allerdings Sorgfaltspflichten dahingehend, sich um eine Übersetzung zu bemühen, wenn er ein erkennbar amtliches Schriftstück erhält.[15] 34

Rechtsstaatliches Handeln und Grundrechtsschutz durch Verfahren sichern die **Instrumente** aus Abs. 2 Satz 1 und 3, Abs. 4, die Pflichten aus §§ 24, 25 und 28, Fristverlängerungen nach § 31 Abs. 7, die Wiedereinsetzung nach § 32 sowie die schon im Vorfeld des Verfahrens einsetzende **Betreuungspflicht** der Behörde bei dem auf Hinweise angewiesenen Fremdsprachigen.[16] 35

14 VG Potsdam, Urt. v. 04.03.2012 – 6 K 1564/09 (juris); zum Grundrechtsbezug Stelkens/Bonk/Sachs, § 23 Rn. 11 f.

15 BVerwG, Beschl. v. 17.12.1993 – 1 B 177/93, Buchholz 310 § 60 VwGO Nr. 187 und schon Beschl. v. 14.04.1978 – 1 B 113/78, Buchholz 310 § 58 VwGO Nr. 37.

16 Ähnlich Stelkens/Bonk/Sachs, § 23 Rn. 11 f.; s.a. Kopp/Ramsauer, § 23 Rn. 2.

36 Das **Gebot** des **fairen Verfahrens**[17] ist zu berücksichtigen; es kann die Behörde zur Zuziehung eines Dolmetschers (Rdn. 56 f.) bzw. zur von Amts wegen einzuholenden Übersetzung zwingen (Rdn. 81). Bringt der Sprachunkundige eine Person mit, die als Dolmetscher fungiert und die nicht ersichtlich ungeeignet ist, muss die Behörde keinen eigenen Dolmetscher beauftragen.[18]

37 Deutsch- wie fremdsprachige **Beteiligte, Bevollmächtigte, Beistände, Zeugen oder** sonstige in das Verfahren einbezogene Dritte sowie der Amtsträger haben **Anspruch** darauf, dass sie die **Äußerung** des Fremdsprachigen **in Deutsch empfangen** können, d.h. in mündlicher Verhandlung, in Anhörungen nach § 26 Abs. 1 Satz 2 Nr. 2 oder § 28, ebenso wie im Schriftverkehr und sonstigen Kontakt.

38 Der Anspruch steht zur **Disposition** einvernehmlicher Benutzung bzw. Hinnahme der Fremdsprache. Das kann vorläufig, unter Vorbehalt der Sprachbeherrschung, oder endgültig verzichtend sowie für einzelne Handlungen oder darüber hinaus geschehen (vgl. Rdn. 44, 53). Die Auslegungsregeln für Willenserklärungen gelten. Es geht nicht um ein Prinzip, sondern um das Funktionieren der Verwaltung bei gleichzeitiger Sicherung des Anspruchs auf rechtliches Gehör.[19]

39 Für den **Amtsträger** setzt das Gesetz die Beherrschung der deutschen Sprache voraus. Für eingehende Schriftstücke schränken die Abs. 2 bis 4 das **Verfahrensermessen** des Amtsträgers hinsichtlich der Frage der Hinnahme ein.

40 Die **Aktenführung** ist unabhängig davon – schon wegen des Akteneinsichtsrechts nach § 29, Vertretungsfällen und der Dienstaufsicht – stets nachvollziehbar in Amtssprache vorzunehmen.[20] Fremdsprachige Urkunden hat die Behörde übersetzen zu lassen. Sie muss sie aber zu Beweiszwecken im Original zu behalten und einordnen.

IV. Beachtlichkeit und Wirksamkeit fremdsprachiger Äußerungen

41 **Unabhängig von Sprachkenntnissen in der Behörde und** von mündlicher oder schriftlicher **Form gilt** für jede der Behörde zugehende fremdsprachige Äußerung:

42 Sie ist **beachtlich.**[21] Bei EU-Ausländern ist das Diskriminierungsverbot zu beachten, wenn es um Grundfreiheiten geht.[22] § 24 Abs. 3 **gebietet** als **Sachbehandlung** deren Entgegennahme, die Prüfung, ob insoweit auf die Verwendung der Amtssprache verzichtet (Rdn. 44), die Übertragung in diese von Amts wegen veranlasst oder vom Fremdsprachigen gefordert wird bzw. den dazu auffordernden informellen Bescheid,

17 So z.B. bei dargelegter finanzieller Notlage des Asylbewerbers, vgl.: BVerwG, Beschl. v. 09.02.1996 – 9 B 418/95, NJW 1996, 1553.

18 OVG Niedersachsen, Urt. v. 23.09.1999 – 1 L 215/97, NVwZ 1999, 1013.

19 VG Stuttgart, Urt. v. 14.10.2010 – 1 K 478/09 und VG Potsdam, Urt. v. 27.03.2012 – 6 K 1564/09 (beide juris).

20 Grupp, VerwArch. Bd. 80, 1989, 44 (49).

21 Stelkens/Bonk/Sachs, § 23 Rn. 30. Vgl. zu § 184 GVG: BVerwG, Beschl. v. 09.02.1996 – 9 B 418/95, NJW 1996, 1553; Schneider, MDR 1979, 534.

22 Siehe Rdn. 10, sowie Stelkens/Bonk/Sachs, § 23 Rn. 78 und Kopp/Ramsauer, § 23 Rn. 4c.

andernfalls die Fortsetzung der Sachbehandlung. Bei **Schriftform** gilt für diese Erstbefassung Abs. 2 und 4, sodann noch Abs. 2 Satz 3.

Die **fremdsprachige** Äußerung ist abgesehen von besonders geregelten Wirkungen – wie z.B. in Abs. 4, ihrer Beachtlichkeit (Rdn. 42) oder als Grundlage einer Weiterleitungspflicht zur Antragstellung im Asylverfahrensrecht – ohne die berechtigt verlangte Übertragung oder sonstige Erfüllung der sprachlichen Anforderungen (Rdn. 44, 78) grundsätzlich als formell **unzulässig** anzusehen.[23] Als **Tatsache** kann aber z.B. eine Zeugenaussage oder Urkunde nicht als unbeachtlich angesehen werden.[24] 43

Die Verwendung der Amtssprache ist als **Wirksamkeitsvoraussetzung** einer Verfahrenshandlung **verzichtbar.** Der Verzicht stellt die Äußerung einer in Amtssprache rechtlich gleich, ist konkludent möglich, muss aber zweifelsfrei erkennbar sein. Er kann sich in vorbehaltloser weiterer Sachbehandlung ohne unverzüglich (Rdn. 82) angeforderte Übertragung äußern. 44

V. Äußerungen der Behörde in Amtssprache

Auf Befolgung oder **Beachtung gerichtete** Äußerungen der Behörde sind in der Amtssprache zu verfassen. Das betrifft Entscheidungen, VAe, Verfahrenshandlungen z.B. Mitwirkungsverlangen und Fristsetzungen, sowie Willenserklärungen und örVe. 45

Situationsbedingt gelten Ausnahmen: Ein Polizist darf den Platzverweis in Englisch androhen bzw. anordnen, wenn so Verständigung und Gefahrabwehr am effektivsten gelingen. Zu Offizialverfahren siehe Rdn. 5. 46

Der Fremdsprachige **muss** die Äußerung in Amtssprache nach § 23 grds. **hinnehmen.** Die Verwendung der Fremdsprache durch die Behörde kann er nicht beanspruchen und auch für die **Übersetzung** zu sorgen, ist daher **seine Sache,** wenn nicht Betreuungspflichten – etwa im Hinblick auf ein Grundrecht – oder das Fairnessgebot die Übersetzung gebieten (Rdn. 35). 47

Über **Rechtsbehelfe** muss die Behörde – vorbehaltlich anderer gesetzlicher Regelungen wie z.B. in § 31 Abs. 1 AsylG für die Entscheidung über Schutzgesuche) – nur **in Amtssprache belehren.**[25] Die Rechtbehelfsfrist wird in Lauf gesetzt. 48

Fristversäumnisse wegen Sprachproblemen müssen bei der **Wiedereinsetzung** berücksichtigt werden.[26] Hierbei sind auch die Sorgfaltspflichten des Sprachunkundigen zu beachten (Rdn. 34).[27] 49

---

23 So richtig Stelkens/Bonk/Sachs, § 23 Rn. 32.

24 So zu Recht: Stelkens/Bonk/Sachs, § 23 Rn. 31.

25 BVerwG, Beschl. v. 14.04.1978 – 1 B 113/78, Buchholz 310 § 58 VwGO Nr 37; Urt. v. 09.08.2018 – 1 C 6.18, DÖV 2019, S. 39.

26 BVerwG, Urt. v. 09.08.2018 – 1 C 6.18, DÖV 2019, S. 39. VG Düsseldorf, Urt. v. 11.04.2012 – 22 K 6259/11.A (juris).

27 In Bezug auf Asylbewerber: BVerfG, 02.06.1992, NVwZ 1992, 1080.

50 Die von Beteiligten gewünschte behördliche **Niederschrift** über eine fremdsprachige Äußerung kann auch bei zu wahrender Frist und etwaiger Pflicht zur Aufnahme nur in Amtssprache beansprucht werden.[28] Eigenveranlasste Niederschriften hat die Behörde ohnehin in Amtssprache zur Akte zu bringen (vgl. Rdn. 40).

51 Auch informelle Äußerungen, individuelle oder allgemeine Hinweise, z.B. in **Merkblättern** sind fremdsprachig möglich und oft zur Verwaltungsvereinfachung sinnvoll; auch **Formulare**, wenn sie zugleich deutsch gefasst sind.

VI. Kommunikation mit Fremdsprachigen

52 Abs. 1 **verbietet** es mit dem Begriff »Amtssprache« der Behörde **nicht**, schriftlich oder mündlich – z.B. in Gesprächen, Diskursen über Sach- und Rechtsfragen, Ermittlungen, auch nach § 26, oder Anhörungen nach § 28 – **sich fremdsprachig zu äußern** vorbehaltlich einer für das weitere Verfahren notwendigen Festlegung eines Inhalts in Deutsch (vgl. Rdn. 45). Ebensowenig steht die Vorschrift einer **Verwertung fremdsprachiger Erkenntnismittel** entgegen, deren Verwertung gerade in Asylverfahren sogar rechtlich geboten sein kann.[29]

53 **Voraussetzung** ist aber, dass **alle** an so einem Termin in einer verfahrensrechtlich zulässigen Rolle teilnehmenden Personen von der Amtssprache **absehen** (Rdn. 37)[30], was durch Erklärung ex nunc beendet werden kann. Die Essenz des Vorganges ist in Amtssprache aktenkundig zu machen.

54 Wenn kein Sprachmittler von Amts wegen zuzuziehen ist (Rdn. 56) und die Fremdsprache nicht akzeptiert wird, muss die Behörde **analog Abs. 2 Satz 1** sofort im Gespräch (vgl. Rdn. 82) **auffordern**, mit einem Sprachhelfer seiner Wahl sich erneut zu äußern.

55 Der Sprachhelfer ist als »Empfänger und Sender« aufseiten des Fremdsprachigen verschieden von einem behördlich zugezogenen Sprachmittler oder Dolmetscher (vgl. Rdn. 59 f.).

VII. Zuziehung eines Dolmetschers von Amts wegen

56 Diese Maßnahme ist jenseits ausdrücklicher Anordnungen wie in § 17 AsylG **Pflicht** der Behörde, **wenn** die **Aufklärungspflicht** (Rdn. 5), der **Rechtsschutz** oder **Grundrechte** das gebieten bzw. die **Mitwirkung** des fremdsprachigen Beteiligten nur so zu verlangen ist und die Verständigung in Deutsch ungenügend[31] gelingt bzw. in dessen Sprache unterbleibt (Rdn. 52).

---

28 Ebenso Stelkens/Bonk/Sachs, § 23 Rn. 39.

29 VGH Bad.-Württ., Beschl. v. 11.05.2017 – A 11 S 1002/17, NVwZ-RR 2017, 630.

30 Kopp/Ramsauer, § 23 Rn. 6.

31 Inwieweit der Ausländer hierfür Deutsch »beherrschen« muss, hängt vom Fall ab; vgl.: BVerwG, Beschl. v. 11.09.1990 – 1 CB 6/90, NJW 1990, 3102.

Im Flughafenverfahren (§ 18a AsylG) gelten die gleichen Anforderungen wie bei § 17 AsylG an die Qualifikation des Sprachmittlers.[32] 57

Die Dolmetscherzuziehung kann geboten sein bei Verhandlungen nach § 68; fallweise bei Gewährung rechtlichen Gehörs nach § 28 oder nur so sachgerecht möglichen Ermittlungen durch Anhörung bzw. Vernehmung nach § 26 Abs. 1 Satz 2 Nr. 2. 58

Der behördlich herangezogene Dolmetscher muss den allgemeinen **Anforderungen wie** ein **Dolmetscher vor Gericht** genügen, den Text lückenlos, richtig und der Denkweise und Mentalität gemäß übertragen. Die **Entschädigung** erfolgt gemäß **JVEG** (vgl. Rdn. 95 ff.). 59

§§ **20, 21** sind **analog** anzuwenden (vgl. § 20 Rdn. 40). Der Dolmetscher ist einem Sprachsachverständigen vergleichbar[33] und wirkt durch Art und Inhalt der Übertragung mittelbar auf die Entscheidung ein. 60

Die Nichtbeachtung der Anforderungen und Verwertung der Übersetzung eines Befangenen oder Ausgeschlossenen ist **Verfahrens- und** eventuell auch **Sachaufklärungsfehler** wie auch das Unterlassen der Zuziehung oder das Übergehen gerügter Übertragungsfehler (vgl. Rdn. 32); §§ 45 und 46 gelten. 61

Wer die **Dolmetscherkosten tragen** muss, regelt Abs. 2 Satz 3 nicht. Es gelten die allgemeinen Grundsätze. Ist die Behörde zur Dolmetscherzuziehung verpflichtet (Rdn. 56 f.), trägt sie die nicht nach materiellem Kostenrecht abwälzbaren Kosten; Abs. 2 Satz 3 ist nicht analog anwendbar. 62

Ansonsten kann der Beteiligte belastet werden, wenn er trotz Hinweises keinen Sprachhelfer gestellt, sich aber zur Kostenübernahme bereit erklärt hat. Fehlt es auch daran, trägt er das Risiko mangelnder Kommunikation.[34] 63

VIII. Deutsch als Amtssprache

Deutsch umfasst die **Hochsprache** und ausgehend vom grenzüberschreitenden deutschen Sprachraum alle ihre regionalen **Dialekte.** Verstehen Beteiligte oder Amtsträger die verwendeten Dialekte nicht, ist auf die verbindende Hochsprache analog § 23 bzw. den allgemeinen Grundsätzen durch Übersetzung zurückzugreifen. 64

Sprachen, die im Allgemeinen nicht verstanden werden, genügen nicht. Auch die **Gebärdensprache** Gehörloser und Stummer entspricht einer Fremdsprache in der unmittelbaren Kommunikation von Person zu Person und ist insofern rechtlich wie diese zu behandeln. 65

Für die **sorbische Sprache** ist in § 4 BbgVwVfG und § 9 des sächsischen Sorbengesetzes[35] die Wirksamkeit von Erklärungen und Anträgen sowie die Kostentragungspflicht 66

32 Im Einzelnen dazu: BVerfG, Urt. v. 14.05.1996 – 2 BvR 1516/93, BVerfGE 94, 166.
33 Vgl. BVerwG, Beschl. v. 29.08.1984 – 9 B 1124/82, NJW 1985, 757.
34 Vgl. auch Stelkens/Bonk/Sachs, § 23 Rn. 59.
35 Vom 30.04.1999, SächsGVBl 1999, 161.

der Behörde für Übersetzungen und Dolmetscher geregelt. Auf Bundesebene ist in § 184 GVG die entsprechende Anpassung erfolgt.[36]

67 In Schleswig-Holstein gibt es für die **dänische Sprache** keine Gleichstellung. **Friesen** sind als Volksgruppe wie auch **Sinti** und **Roma** keine schutzbedürftige nationale Minderheit; sie beherrschen Deutsch.

68 Die Amtssprache erstreckt sich auch auf **schriftliche Äußerungen** (vgl. Rdn. 2 f.), regelt aber nicht **Unterschriften** – sie können z.B. in arabischer Schrift gesetzt werden – wie **Schriftarten.**

69 Lesbarkeitsanforderungen stellt § 23 nicht auf, verlangt aber »Sprache«, also die **unmittelbare Kommunikation** in Wort oder Schrift, was für auf **Datenträgern** vorgelegte Informationen nicht zutrifft. Zur elektronischen Kommunikation vgl. § 3a.

F. Herbeiführung einer Übersetzung (Abs. 2)

70 Anknüpfend an die Verständigungslast (Rdn. 21, 27) geben **Satz 1** und ihn ergänzend **Satz 2** unter Einschränkung des Ermessens (Rdn. 39) der Behörde das Recht, eine Übersetzung anzufordern, hilfsweise gemäß **Satz 3** diese auf Kosten des Fremdsprachigen zu beschaffen und die hierzu herangezogene Person nach **Satz 4** zu entschädigen.

71 Abs. 2 erfasst nach § 24 Abs. 3 entgegenzunehmende **Schriftstücke jeglicher Art**, nicht nur die in Satz 1 genannten, auch Beweismittel (»Belege und Urkunden«) und diejenigen, für die Abs. 3 und 4 weitere Vorschriften enthalten.

72 Abs. 2 Satz 1 **verdeutlicht** die **Beachtlichkeit** fremdsprachig eingehender Schriftstücke. Er folgt mit dem Übersetzungsverlangen der prinzipiellen Lastenverteilung wie auch Abs. 2 Satz 3 bei der Kostentragung.[37]

I. Übersetzungsverlangen der Behörde (Satz 1)

73 Dieses Verlangen ist nach dem Gesetz der **Regelfall** (Rdn. 76). Gemeint ist eine »einfache Übersetzung« (zur qualifizierten siehe Rdn. 88 f).

74 Satz 1 gilt nicht, wenn die Behörde initiativ wird und z.B. nach § 26 Abs. 1 Satz 2 Nr. 3 das Schriftstück anfordert und heranzieht.

75 Als **schlicht hoheitliche** Verfahrenshandlung aktualisiert das Verlangen die Verständigungslast (Rdn. 21, 27). § 44a Satz 1 VwGO gilt.

1. Satz 1 als Soll-Vorschrift

76 Für den **Regelfall verpflichtet** Satz 1 dazu, die Übersetzung vom Verwender des fremdsprachigen Schriftstückes zu verlangen. **Im Einzelfall** kann davon **abgesehen** werden.

---

36 Durch Art. 17 Nr. 8 des Ersten Rechtspflegebereinigungsgesetzes vom 10.01.2006, BGBl. I S. 866.

37 So auch ausdrücklich zu Abs. 4 Satz 2: Amtl. Begründung S. 100.

Damit bleibt flexibles, situationsangemessenes Handeln möglich. Offenere Regelungen enthalten § 87 Abs. 2 AO und in Schleswig-Holstein § 82a Abs. 1 LVwG. 77

Gründe für ein Absehen vom Verlangen nach Ermessen (Rdn. 39) sind z.B.: Eilbedürftigkeit wegen Ermittlungen nach §§ 24 und 26; Ausnahmen wie unmittelbares Verstehen des Inhalts. 78

Hierher gehören auch Sachlagen, in denen Schriftstücke den fachsprachlichen **internationalen Standard** repräsentieren, wenn dessen Beherrschung von der Behörde ihren Aufgaben nach erwartet werden darf (z.B. bei technischem Englisch).[38] 79

Unzulässig ist das **Verlangen**, wenn die Behörde jenseits zuzumutender Mitwirkung des Beteiligten sich das Schriftstück vorlegen lässt oder sie es in nach § 26 Abs. 1 Satz 2 Nr. 3 beigezogenen Akten vorfindet oder Unverhältnismäßigkeit gegeben wäre. 80

Dasselbe gilt, wenn ein **rechtsstaatlich faires Verfahren** ohne eigene Beschaffung der Übersetzung nicht gegeben wäre (vgl. Rdn. 35), so z.B. bei asylrelevanten Dokumenten, wenn der Ausländer ihre Bedeutsamkeit aber auch seine finanzielle Not vorbringt. 81

2. Unverzügliches Verlangen der Übersetzung

»Unverzüglich« bezieht sich auf das Übersetzungsverlangen und besagt, dass dieses »**ohne schuldhaftes Zögern**« (§ 121 Abs. 1 Satz 1 BGB) geschehen muss, was bei Mündlichkeit meist nur sofortig möglich sein wird. 82

Auch ohne ausdrückliche Regelung wie in § 19 Abs. 2 Satz 1 SGB X ist es **zweckmäßig**, das Verlangen mit einer **Frist zur Vorlage** der Übersetzung zu verbinden, vor allem dann, wenn ein Fall des Abs. 4 Satz 1 denkbar ist, der den Hinweis nach Abs. 4 Satz 3 erfordert. 83

3. Rechtsfolgen bei nicht unverzüglichem Übersetzungsverlangen oder Nichtvorlage der Übersetzung

Bei **berechtigtem Absehen** vom Übersetzungsverlangen oder einer Pflicht hierzu, ist das Schriftstück für die Rechtswirkungen der Abs. 3 und 4 und auch i.Ü. **wie** eines **in Amtssprache** zu behandeln (vgl. Rdn. 44). 84

Bei **Unterlassen** oder **nicht unverzüglichem** Verlangen ist **Vertrauen** auf den Anschein der Akzeptanz des Schriftstückes möglich (vgl. Rdn. 28). Bei zu wahrenden gesetzlichen Fristen ist **Wiedereinsetzung** nach § 32, bei behördlicher Frist rückwirkend deren Verlängerung nach § 31 Abs. 7, i.Ü. **Amtshaftung** bei finanziellen Schäden wegen Verzögerung, und **Folgenbeseitigung** denkbar. 85

Die trotz unterbliebenem Verlangen **vorgelegte Übersetzung** ist für die Behörde verbindlich (Rdn. 29). 86

38 Vgl. Stelkens/Bonk/Sachs, § 23 Rn. 52; s.a. OVG Nordrhein-Westfalen, Urt. v. 08.05.2005 – 10 B 2502/04, ÖffBauR 2005, 92.

87 **Unterbleibt** die **Vorlage** der **angeforderten** Übersetzung und die Behörde wendet Satz 3 nicht an (Rdn. 90), **endet** die verfahrensrechtliche **Beachtlichkeit** (Rdn. 42) des Schriftstückes und es verbleibt bei seiner Unzulässigkeit, **es sei denn**, die Behörde würde bei erkanntem Inhalt durch Nichtbeachtung eine **Pflicht zum Gesetzesvollzug** verletzen. Weitergehende Rechtsfolgen kann das Fachrecht vorsehen.

II. Verlangen einer qualifizierten Übersetzung (Satz 2)

88 Für dieses schlicht hoheitliche Handeln (Rdn. 70, 74) gelten **dieselben Maßgaben wie bei Satz 1** (Rdn. 76 ff., 82 f.). Die Behörde ist hierzu berechtigt, wenn aus Sicht ex ante die **tatsächliche** oder **rechtliche Bedeutung** des **Inhaltes** des Schriftstückes oder der **Sache** die präzise Kenntnis des Wortlautes oder Sinnes erfordert; dazu muss die Bedeutung wenigstens grob erkannt worden sein. Das Vorliegen einer Übersetzung oder ein vorheriges Handeln nach Satz 1 ist nicht Voraussetzung, aber möglich.

89 Die **Qualifizierung** beruht auf der **Beglaubigung** der Übereinstimmung des Inhaltes der Übersetzung mit dem fremdsprachigen Original durch eine dazu kompetente Stelle **oder** auf der **Vornahme** der Übersetzung durch einen für die betreffende Fremdsprache **öffentlich bestellten**, **allgemein beeidigten Dolmetscher** oder **Übersetzer**; die Übersetzung eines dem nicht genügenden Sprachmittlers genügt nicht.

III. Beschaffung der Übersetzung auf Kosten des Beteiligten durch die Behörde (Satz 3)

90 Diese Maßnahme steht **im Ermessen** der Behörde und **setzt voraus**, dass ein berechtigtes (Rdn. 80, 88) Vorlageverlangen nach Satz 1 oder 2 nicht unverzüglich erledigt wird.

91 **Macht** die Behörde von der Ermächtigung **keinen Gebrauch**, gelten für den Sachstand die **allgemeinen Regeln** (Rdn. 29 ff.).

92 **Unverzüglich** heißt wie bei Satz 1 »ohne schuldhaftes Zögern«. Eine **Fristsetzung** (Rdn. 83) zeigt den zeitlichen Spielraum und fördert die Prüfung.

93 Die bei Selbstbeschaffung **dem Beteiligten zu belastenden Kosten** der Übersetzung und ihrer Beschaffung enthalten den Entschädigungsbetrag nach Satz 4 und Verwaltungsgebühren für den Beschaffungsvorgang. Sie sind nach Kostenrecht **durch VA** festzusetzen und notfalls vollstreckungsrechtlich beizutreiben.

94 Satz 3 **gilt nicht**, wenn die Behörde zur Beschaffung der Übersetzung selbst verpflichtet ist, weil ein Verlangen nach Satz 1 unzulässig ist, eine Ausnahme gemacht wird (Rdn. 78 f.) oder es um das Dolmetschen mündlicher Äußerungen geht.

IV. Entschädigung für Dolmetscher und Übersetzer (Satz 4)

95 Satz 4 regelt die Entschädigung **nur** für die **von der Behörde herangezogenen Dolmetscher** bzw. **Übersetzer.**

§ 9 JVEG regelt die Entschädigung für **Dolmetscher.** Für **Übersetzer** enthält **§ 11 JVEG** eine eigene abschließende Regelung. 96

Die **Vereinbarung** einer Entschädigung ist **nur nach** § **14 JVEG** möglich. 97

Satz 4 **gilt auch für** die Heranziehung des Dolmetschers durch die Behörde der **mündlichen Übertragung** des gesprochenen Wortes oder der Äußerungen im direkten Kontakt mit Gehörlosen bzw. Stummen. 98

Die **Kostentragungspflicht** des **Beteiligten** für die nach JVEG zu leistende Entschädigung folgt aus Satz 3 bzw. materiellem Kostenrecht (Rdn. 93), das auch **Dritte** einbeziehen kann (vgl. z.B. § 66 AufenthG). Beteiligte tragen die Kosten für angeforderte Übersetzungen selbst vorbehaltlich einer **Erstattungsgrundlage** wie etwa § 80. 99

G. Fristbeginn bei Eingang fremdsprachiger Schriftstücke (Abs. 3)

Er ist nur von Belang bei einer Rechtsvorschrift, die die **Behörde** binnen normierter Zeitspanne zum Handeln verpflichtet bzw. zur zeitgebundenen Prüfung eines Einschreitens zwingt. 100

Um zu garantieren, dass die Behörde die **Frist ausschöpfen** kann, stellt Abs. 3 den **Beginn mit** dem Zeitpunkt des **Zuganges** der **Übersetzung** klar unabhängig davon, wer sie beschafft hat. 101

Fristen i.S.d. Abs. 3 sind solche, die 102
1) eine **Handlung** binnen Frist strikt **vorschreiben;**
2) die **Entscheidung** erzwingen, ob es ab Fristablauf bei einer gesetzlich vorgesehenen **Genehmigungswirkung** sein Bewenden haben soll.

Mit Abs. 3 **hat** es **nichts zu tun**, wenn Normen **Mindestfristen** zwischen **Anzeige** und **Ausführung** des Vorhabens legen. 103

H. Zeitpunkt der Abgabe von Äußerungen (Abs. 4)

Im Interesse der Rechtssicherheit regelt Abs. 4 Satz 1 eine **Ausnahme von der Grundregel** des lediglich klarstellend normierten Abs. 4 Satz 2. Der Abgabezeitpunkt wird **durch** eine gesetzliche **Fiktion vorverlegt** auf den des Einganges des fremdsprachigen Schriftstückes. 104

Voraussetzung ist eine Anzeige, ein Antrag oder eine Willenserklärung in Fremdsprache, die zugunsten eines Beteiligten (auch) der Wahrung einer Frist, Erhebung eines öffentlich-rechtlichen Anspruches bzw. dem Begehren einer Leistung sowie die Erfüllung des behördlichen Verlangens, eine nach Abs. 2 Satz 1 oder 2 geforderte Übersetzung binnen gesetzter, angemessener Frist beizubringen. 105

Angemessen ist die bei zumutbarem Bemühen für die Beibringung der Übersetzung genügende Frist. Sie kann nach § 31 Abs. 7 Satz 1 vor Ablauf bzw. nach dessen Satz 2 106 rückwirkend nach Ablauf verlängert werden. Eine unangemessen kurze Frist ist zu verlängern oder neu zu bestimmen.[39]

107 Die **verspätet** vorgelegte Übersetzung kann die Unzulässigkeit des Vorbringens bzw. Rechtsbehelfes wegen Fristversäumung bedeuten. Bei völligem **Ausbleiben** bleibt die fremdsprachige Äußerung ohne Wirkung (Rdn. 43). Liegt die Verspätung an zu knapper Frist, gilt für den **Rechtsschutz** § 44a Satz 1 VwGO.

108 Die **Regelfolge nach Satz 2**, dass der Zeitpunkt des Einganges der Übersetzung maßgebend ist, **gilt nicht bei** abweichender zwischenstaatlicher Vereinbarung[40] und bei **fehlender**, nach Satz 3 gebotener **Belehrung.**

109 Zur **Behebung** des **Mangels** ist es geboten, erneut, nun aber verbunden mit dem Hinweis, eine Frist zu setzen; Satz 3 lässt ein Nachschieben nicht genügen, wie der Wortlaut zeigt. Selbst bei unklarer Zugehörigkeit zu Abs. 4 bei Eingang ist daher Fristsetzung **stets mit Belehrung** angezeigt.

I. Unionsrecht

110 In Verfahren mit fremdsprachigen Bürgern aus Mitgliedstaaten der Gemeinschaft in Materien des nationalen Rechts **findet § 23 Anwendung.** Fremdsprachige Schriftstücke sind beachtlich (Rdn. 41 ff., 72, 79). Da das **Gesetz** in § 23 **selbst** zwischen Deutsch und Fremdsprache(n) **differenziert**, wird das Diskriminierungsverbot des Art. 18 AEUV durch § 23 nicht verletzt.

111 Das Gemeinschaftsrecht und die daraus folgende Pflicht zu europafreundlichem Verhalten verpflichtet die Behörde ggf. bei EU-Bürgern als Beteiligten **von Amts wegen**, über § 23 hinaus, für die **Übersetzung** aus der Fremdsprache zu sorgen und weiter eigene Fremdsprachkenntnis einzusetzen (siehe Rdn. Rdn. 10).

112 Geht es um den **indirekten Vollzug** von **Gemeinschaftsrecht**, gilt im Verfahren vor deutschen Behörden § 23 in genannter Weise (Rdn. 10 und 110 f.) vorbehaltlich vorgehenden Gemeinschaftsrechts. Im **direkten Vollzug** durch Organe der EU bzw. im Schriftverkehr zwischen der Gemeinschaft und ihren Mitgliedern bzw. Personen unter der Hoheitsgewalt eines Mitglieds gelten die Amtssprachen der Gemeinschaft (Rdn. 9).

§ 24 Untersuchungsgrundsatz

(1) [1]Die Behörde ermittelt den Sachverhalt von Amts wegen. [2]Sie bestimmt Art und Umfang der Ermittlungen; an das Vorbringen und an die Beweisanträge der Beteiligten ist sie nicht gebunden. [3]Setzt die Behörde automatische Einrichtungen zum Erlass von Verwaltungsakten ein, muss sie für den Einzelfall bedeutsame tatsächliche Angaben des Beteiligten berücksichtigen, die im automatischen Verfahren nicht ermittelt würden.

---

39 Kopp/Ramsauer, § 23 Rn. 14.

40 Vgl. z.B. Art. 46 des Abkommens zwischen der BRD und der Republik Türkei über Soziale Sicherheit vom 13.09.1965, BGBl. I 1169; Stelkens/Bonk/Sachs, § 23 Rn. 69.

(2) Die Behörde hat alle für den Einzelfall bedeutsamen, auch die für die Beteiligten günstigen Umstände zu berücksichtigen.

(3) Die Behörde darf die Entgegennahme von Erklärungen oder Anträgen, die in ihren Zuständigkeitsbereich fallen, nicht deshalb verweigern, weil sie die Erklärung oder den Antrag in der Sache für unzulässig oder unbegründet hält.

Schrifttum

Berg, Zur Untersuchungsmaxime im Verwaltungsverfahren, DV 9 (1976), 161; *Berg*, Die verwaltungsrechtliche Entscheidung bei ungewissem Sachverhalt, 1980; *Braun Binder*, Vollautomatisierte Verwaltungsverfahren im allgemeinen Verwaltungsverfahrensrecht? – Der Gesetzentwurf zur Modernisierung des Besteuerungsverfahrens als Vorbild für vollautomatisierte Verwaltungsverfahren nach dem VwVfG, NVwZ 2016, 960; *dies.*, Vollständig automatisierter Erlass eines Verwaltungsaktes und Bekanntgabe über Behördenportale, DÖV 2016, 891; *v. Harbou*, Abschied vom Einzelfall – Perspektiven der Digitalisierung von Verwaltungsverfahren, JZ 2020, 340; *Hill*, Verfahrensermessen der Verwaltung, NVwZ 1985, 449; *Hüsch*, Verwertungsverbote im Verwaltungsverfahren, 1991; *Kaufmann*, Untersuchungsgrundsatz und Verwaltungsgerichtsbarkeit, 2002; *Nierhaus*, Beweismaß und Beweislast – Untersuchungsgrundsatz und Beteiligtenmitwirkung im Verwaltungsprozeß, 1989; *Piendl*, Die verwaltungsprozessuale Bedeutung des § 113 Abs. 3 VwGO, 1998; *Schmitz/Prell*, Rechtsstaatliche Standards für E-Verwaltungsakte und E-Bekanntgabe im VwVfG, NVwZ 2016, 1273; *Schromek*, Die Mitwirkungspflichten der am Verwaltungsverfahren Beteiligten – ein Grenze des Untersuchungsgrundsatzes?, 1989; *Schneider*, Nachvollziehende Amtsermittlung bei der Umweltverträglichkeitsprüfung, 1990; *Sendler*, Normkonkretisierende Verwaltungsvorschriften im Umweltrecht, UPR 1993, 321; *Siegel*, Automatisierung des Verwaltungsverfahrens – zugleich eine Anmerkung zu §§ 35a, 24 I 3, 41 IIa VwVfG –, DVBl 2017, 24; *Spilker*, Behördliche Amtsermittlung, 2015; *Wittkopp*, Sachverhaltsermittlung im Gemeinschaftsverwaltungsrecht, 1999.

Übersicht **Rdn.**

A. Allgemeines und Grundsätze

Ausgehend von der Charakterisierung von Verwaltungsverfahren als »planvoll gegliederte[n] Vorgänge[n] der Informationsgewinnung und Informationsverarbeitung, die in der Verantwortung eines Trägers öffentlicher Gewalt ablaufen«,[1] kommt der im Wesentlichen die Ermittlung des Sachverhalts betreffenden Vorschrift des § 24 **zentrale Bedeutung im VwVfG** zu. **Abs. 1** schreibt den Untersuchungsgrundsatz fest; dieser wird auch als Inquisitionsmaxime bezeichnet.[2] **Abs. 2** äußert sich zum Kreis der zu berücksichtigenden Umstände. **Abs. 3** schließlich geht über die Ermittlung des Sachverhalts hinaus und betrifft den Umgang der Behörde mit an sie herangetragenen Erklärungen und Anträgen. Mit § 24 hat der Gesetzgeber im Jahr 1976 allgemeine, bis dahin schon ungeschrieben geltende Rechtsgrundsätze kodifiziert. Die lange Zeit in ihrer ursprünglichen Fassung geltende Vorschrift wurde mit Wirkung vom 01.01.2017 um Abs. 1 Satz 3 (dazu Rdn. 175) ergänzt[3] (vgl. Art. 20 Nr. 2 des Gesetzes zur Modernisierung des Besteuerungsverfahrens vom 18.07.2016, BGBl I 1679). 1

§ 24 gilt entsprechend seiner Stellung in Teil II des VwVfG für die **in § 9 genannten**, in den Anwendungsbereich des VwVfG fallenden **Verwaltungsverfahren** und über die Anordnung in § 79 Halbs. 2 auch in **Vorverfahren**. Die Vorschrift erfasst demnach zwar zentrale Bereiche der staatlichen Verwaltungstätigkeit, gilt für sie aber nicht umfassend. Einer analogen Anwendung jenseits ihres gesetzlich geregelten Anwendungsbereichs bedarf es freilich nicht.[4] Denn in nicht vom VwVfG oder Fachgesetzen (vgl. Rdn. 7) erfassten Tätigkeitsbereichen gelten die in § 24 kodifizierten Grundsätze ungeschrieben fort. 2

In engem sachlichen Zusammenhang mit § 24 stehen insbesondere die §§ 26 und 28.[5] Für förmliche Verwaltungsverfahren wird § 24 ergänzt durch die §§ 65 ff. und für Planfeststellungsverfahren durch § 73. 3

Unanwendbar ist § 24 mangels eines durch einen Verfahrensgegenstand vorgegebenen Prüfprogramms im **Vorfeld** von Verwaltungsverfahren. Auch die **Wahrnehmung materieller Kompetenzen** ist von § 24 zu trennen. 4

1 *Schmidt-Aßmann*, Das Allgemeine Verwaltungsrecht als Ordnungsidee, 2. Aufl. 2004, Kap. 6 Rn. 47. Zur rechtsstaatlichen Dimension der Klärung der Sachlage s. Isensee/Kirchhof/*Schmidt-Aßmann*, Handbuch des Staatsrechts, Band II, 3. Aufl. 2004, § 26 Rn. 76.

2 Vgl. Erichsen/Ehlers/*Pünder*, Allgemeines Verwaltungsrecht, 14. Aufl. 2010, § 14 Rn. 24; *Spilker*, Behördliche Amtsermittlung, S. 11.

3 Zum Gesetzgebungsverfahren vgl. *Schmitz/Prell*, NVwZ 2016, 1273 (1274).

4 So aber Kopp/*Ramsauer*, 20. Aufl. 2019, § 24 Rn. 4.

5 Die aufgrund des Untersuchungsgrundsatzes durchgeführte Sachverhaltsermittlung ersetzt – selbstverständlich – nicht die Anhörung nach § 28 VwVfG, VGH Mannheim, Beschl. v. 08.07.2019 – 4 S 1168/19, juris Rn. 18.

5 **Abs. 1** zielt darauf, dass die Behörde eine Sachentscheidung – wie vom Prinzip der Gesetzmäßigkeit der Verwaltung gefordert[6] – auf der Grundlage des wahren Sachverhalts erlässt. Insbesondere soll die Behörde ihre Pflicht zur Ermittlung des Sachverhalts unbeeinträchtigt durch die Interessen der Beteiligten wahrnehmen. **Abs. 2 und Abs. 3** dienen als **Gegengewicht** zu der durch Abs. 1 der Behörde eingeräumten starken Rechtsstellung: **Abs. 2** soll ein rechtsstaatswidrig einseitiges bzw. schablonenhaftes Vorgehen und **Abs. 3** ein schon den Beginn der Sachbehandlung ergreifendes Fehlverhalten im Ansatz unterbinden, das sich aus einem überzogenen Verständnis des Abs. 1 entwickeln könnte.

B. Die Vorschrift im Einzelnen

I. Untersuchungsgrundsatz (Abs. 1)

6 Die Formulierung des Abs. 1 ist bewusst an diejenige des **§ 86 Abs. 1 VwGO** angelehnt. Während der **verwaltungsprozessuale Untersuchungsgrundsatz**[7] vor allem vor dem Hintergrund der **Rechtsschutzgarantie des Art. 19 Abs. 4 Satz 1 GG**[8] zu sehen ist, basiert der **verwaltungsverfahrensrechtliche Untersuchungsgrundsatz** des § 24 dagegen im Wesentlichen auf dem Grundsatz der **Gesetzmäßigkeit der Verwaltung**,[9] obgleich die Feststellung des wahren Sachverhalts auch verfahrensrechtlichen Schutz für individuelle Rechte, insbesondere Grundrechte bedeutet.[10] Für die Behörde steht die **Umsetzung materiellen Verwaltungsrechts** im Einzelfall im Vordergrund, für das Gericht hingegen die streitentscheidende Richtigkeitskontrolle.

7 **Spezialregelungen** des Untersuchungsgrundsatzes enthalten z.B. § 21 BDG und § 116 Abs. 1 FlurbG. Ihn konkretisierende bzw. modifizierende Normen, z.B. § 24 Abs. 1 AsylG und § 36 Abs. 1 BRAO, kommen hinzu.

1. Begriff und Abgrenzung zu anderen Verfahrensgrundsätzen

8 Die Geltung des Untersuchungsgrundsatzes bedeutet, dass die Behörde in eigener Verantwortung[11] und damit dem Willen und der Bindung an das Vorbringen der Beteiligten rechtlich entzogen die aus ihrer Sicht entscheidungserheblichen Tatsachen aufklären und würdigen und den materiell wahren Sachverhalt (vgl. Rdn. 16 ff.) feststellen muss.

---

6 Vgl. *Spilker*, Behördliche Amtsermittlung, S. 52 ff.

7 Vgl. dazu etwa BVerwG, Urt. v. 30.01.2013 – 9 C 11.11, juris Rn. 29.

8 Vgl. Schoch/Schneider/Bier/*Schmidt-Aßmann/Schenk*, VwGO, Einleitung Rn. 2 ff., 152 ff.

9 Vgl. auch VGH Mannheim, Beschl. v. 08.07.2019 – 4 S 1168/19, juris Rn. 8, OVG Bautzen, Urt. v. 28.02.2019 – 1 A 292/17, juris Rn. 31. Zum Grundrechtsschutz durch Verfahren ausführlicher Merten/Papier/*Schmidt-Aßmann*, Handbuch der Grundrechte in Deutschland und Europa, Band II, 2006, § 45.

10 Vgl. nur BVerfG, Beschl. v. 20.12.1979 – 1 BvR 385/77, BVerfGE 53, 30 (62 ff.) = NJW 1980, 759 (762 f.) und BVerfG, Beschl. v. 01.07.1987 – 2 BvR 478, 962/86, BVerfGE 76, 143 (161 f.) = NVwZ 1988, 237 (240).

11 Vgl. BVerwG, Urt. v. 05.02.1970 – VIII C 172.67, BVerwGE 35, 50 (51).

Dem Gegenbegriff der **Verhandlungsmaxime**[12] entspricht es, wenn – wie im Zivilprozess – die Beteiligten bindend durch Behaupten den Stoff, durch Bestreiten dessen Klärungsbedürftigkeit, durch Zugestehen oder Nichtbestreiten dessen Geltung als wahr und durch Beweisangebote das Ob und Wie der Tatsachenfeststellung bestimmen können. Nicht verwechselt werden darf der Untersuchungsgrundsatz mit der auf die Verfahrenseinleitung und die Verfügung über den Verfahrensgegenstand bezogenen **Offizialmaxime**, nach der von Amts wegen – nach Legalität oder Opportunität – darüber zu entscheiden ist, ob, wann und mit welchem Gegenstand ein Verfahren geführt werden soll,[13] und der **Dispositionsmaxime**, nach der diese Entscheidung an die Initiative Beteiligter gebunden ist.[14] 9

2. Verhältnis zu materiellen Handlungskompetenzen

§ 24 weist die Ermittlungskompetenz im Verwaltungsverfahren zu. Er **ermächtigt nicht zu einem Eingriff in Rechte** und regelt auch nicht die Art und Weise des Vorgehens.[15] Andererseits **steht** § 24 **Eingriffsakten nicht entgegen**, auch wenn sie dem Adressaten einen Beitrag zu einer Tatsachenfeststellung bzw. Gefahrerforschung abverlangen und dieser Beitrag in einem weiteren Verwaltungsverfahren zur Gefahrbeseitigung zu verwerten wäre (vgl. Rdn. 11). Ebenso wenig kann aus **§ 26 Abs. 2** eine derartige oder auf bloße Duldung zielende Beschränkung materiellrechtlicher Befugnisse abgeleitet werden. 10

Der Einsatz von Eingriffsbefugnissen durch Verwaltungsakt bedingt seinerseits ein Verwaltungsverfahren. Erfolgt er im Vorlauf oder aus Anlass eines (dadurch zu fördernden) weiteren Verwaltungsverfahrens, bewirkt er dort amtskundig (§ 26 Rdn. 7) verwertbare Erkenntnisse, sofern und soweit sich Erkenntnisse über Tatsachen ergeben. 11

Materiellrechtlichen Befugnissen kann speziell oder zusätzlich eine **Funktion** bei der Sachaufklärung **in einem Verwaltungsverfahren** zukommen (vgl. z.B. § 16 Abs. 2 Satz 1 IfSG: »zur Durchführung von Ermittlungen«). 12

3. Behörde als Untersuchungsführer

§ 24 zwingt die Behörde nicht generell zu eigenen Ermittlungen, wohl aber zur eigenen Würdigung gewonnener Informationen; denn sie allein stellt den Sachverhalt fest (vgl. Rdn. 8). Rechtliche und sachliche Erfordernisse sind maßgeblich dafür, ob die Behörde selbst ermitteln muss. Beispielsweise bleibt für Amtshilfe dann wenig Raum, wenn es auf den persönlichen Eindruck von einem Zeugen ankommt. Ermittlungen, 13

12 Vgl. Jauernig/*Hess*, Zivilprozessrecht, 30. Aufl. 2011, § 25 (insb. Rn. 11 ff.).
13 Vgl. § 22 Rdn. 8 und Erichsen/Ehlers/*Pünder*, Allgemeines Verwaltungsrecht, 14. Aufl. 2010, § 14 Rn. 16.
14 Vgl. § 22 Rdn. 11 und Jauernig/*Hess*, Zivilprozessrecht, 30. Aufl. 2011, § 24.
15 Vgl. nur Kopp/*Ramsauer*, § 24 Rn. 2b sowie *Spilker*, Behördliche Amtsermittlung, S. 74 f.

welche die Wahrnehmung hoheitlicher Aufgaben einschließen, darf sie ohne gesetzliche Grundlage Privaten nicht als »**Verwaltungshelfern**« übertragen.

14 **Nachgeordnet** ist es eine Frage der **Effektivität** (vgl. Rdn. 45) und, ob gesetzlich der **Zugriff** auf **Dritte** und **Beteiligte** eröffnet ist, wer handelt. Ermittlungen nicht zur Entscheidung zuständiger Amtsangehöriger, die Bündelung von Maßnahmen bei einer federführenden Behörde (z.B. nach § 31 UVPG), die Antragskonferenz und die Mitwirkung Beteiligter nach § 26 Abs. 2 deuten die Fülle der Möglichkeiten an.

15 Kann die Behörde nicht selbst ermitteln, muss sie pflichtgemäß versuchen, andere (Rdn. 52 ff.) heranzuziehen. Die **§§ 24** und **26** bieten aber **keine Grundlage**, Beteiligte bzw. Dritte **zur Mitwirkung** zu **verpflichten** (vgl. Rdn. 10).

4. Zu ermittelnder Sachverhalt

16 **Idealvorstellung** ist es, nur die zum Verfahrensgegenstand gehörigen Tatsachen, diese aber vollständig als den **wahren Sachverhalt** zu ermitteln und durch Würdigung aus der Summe der Informationen herauszufiltern.[16] Die **Verwirklichung** stößt auf die **Grenzen** des Wahrnehmungs-, Erkenntnis-, Erinnerungs- und Wiedergabevermögens, je überlagert von der Bindung der Wahrnehmung, ihrer Würdigung und Wiedergabe an Interessen, Interessiertheit, Erfahrungen und Einflüssen des Augenblicks.[17] Dazu kommt das unterschiedliche Vermögen der Ermittlungspersonen, die Wahrheit (aus anderen) herauszuholen.

17 Diese Defizite sowie bestimmte Regelungsziele – auch solche, die dem Interesse an der Wahrheit vorgehen – führen dazu, dass **Rechtsvorschriften steuernd**, **Defizite überbrückend** auf die Tatsachenfeststellung einwirken: z.B. durch Regelung des Beweismaßes, Beweisregeln, Erkenntnisgewinnungs- und Verwertungsverbote, Präklusion, Schätzung, Vermutung von Tatsachen sowie Beweislastregeln.

18 **Ergebnis** ist regelmäßig ein **rechtlich geformter Sachverhalt**, den die Behörde »feststellt« und der Entscheidung zugrunde legt, bestehend aus »echten« und nach Rechtsanwendung als vorhanden bzw. nicht gegeben unterstellten Tatsachen.

5. Rechtsnatur der Ermittlung des Sachverhalts

19 Die **Beweiswürdigung** als behördeninterner Erkenntnisprozess wird erst in der Begründung des Verwaltungsakts nach außen sichtbar. Darin unterscheidet sie sich von einer Vielzahl von **Ermittlungshandlungen** zur Informationsgewinnung. Diese sind Verfahrenshandlungen. Ob sie Verwaltungsakte sind, ist am Maßstab des § 35 zu beurteilen. Als Verwaltungsakte werden Ermittlungshandlungen regelmäßig einzuordnen sein, wenn sie in Rechte Beteiligter oder Dritter eingreifen oder Rechtspflichten

16 Vgl. auch Schoch/Schneider/Bier/*Dawin*, § 86 Rn. 20 ff.

17 Zur Problematik beim Zeugenbeweis etwa Jauernig/*Hess*, Zivilprozessrecht, 30. Aufl. 2011, § 53 Rn. 29.

festsetzen (§ 26 Rdn. 94). Keine Verwaltungsakte sein dürften hingegen Amtshilfeersuchen oder Aufforderungen, die nur eine Mitwirkungslast betreffen.

Verwaltungsakte sind beispielsweise:[18] ein Gebot, einem Sachverständigen das Betreten eines Grundstücks zu ermöglichen;[19] die Anordnung der Vorführung gem. § 44 Abs. 2 WPflG;[20] ein durchsetzbares Auskunftsverlangen.[21] 20

Keine Verwaltungsakte sind beispielsweise: die Heranziehung als Sachverständiger;[22] ein Auskunftsersuchen; die Anordnung der Beibringung eines ärztlichen Gutachtens gem. § 11 Abs. 2 Satz 1 FeV (vgl. § 11 Abs. 8 Satz 1 FeV).[23] 21

6. Kosten der Sachaufklärung

Grundsätzlich trägt die **Behörde** die Kosten ihrer Ermittlungen, es sei denn, eine – durch § 24 und § 26 nicht gegebene – Grundlage des allgemeinen oder speziellen Kostenrechts eröffnet die Kostenauferlegung auf **Beteiligte**[24] (z.B. § 52 Abs. 4 BImSchG, § 21 AtG). Aufzuerlegen sind die Kosten der Maßnahmen, die die Behörde aus ex ante-Sicht für erforderlich halten durfte. Ohne adäquaten Anlass oder erkennbar befangene Gutachter zuzuziehen, wäre ermessensfehlerhaft und eine Kostenauferlegung infolgedessen rechtswidrig.[25] 22

Die Kosten seiner Mitwirkung trägt der **Beteiligte**, es sei denn, das Gesetz gewährt ihm einen Anspruch auf Erstattung (z.B. § 30 Satz 2 BImSchG). 23

Auch mitwirkende **Dritte** tragen im Grundsatz im Verhältnis zur Behörde den Aufwand ihrer Mitwirkung. Hiervon machen § 26 Abs. 3 Satz 2 zugunsten eines herangezogenen Zeugen oder Sachverständigen und § 23 Abs. 2 Satz 4 zugunsten eines herangezogenen Dolmetschers oder Übersetzers eine Ausnahme. Weitere Ausnahmen kann das Fachrecht vorsehen. 24

7. Pflicht zur Sachaufklärung (Abs. 1 Satz 1)

Abs. 1 Satz 1 verpflichtet die Behörde zur Aufklärung des Sachverhalts unter den Voraussetzungen der **Ermittelbarkeit** (Rdn. 26) und der **Ermittlungsbedürftigkeit** (Rdn. 31) zugehöriger Tatsachen und wird ergänzt durch Satz 2, der der Behörde bei 25

---

18 Nach neuerer Rechtsprechung nicht die Untersuchungsanordnung nach § 44 Abs. 6 BBG, vgl. *Battis*, Bundesbeamtengesetz, 5. Aufl. 2017, § 44 Rn. 13 m. N.

19 Vgl. VGH Hessen, Beschl. v. 10.09.1991 – 14 R 2081/91, NVwZ 1992, 391.

20 BVerwG, Urt. v. 19.07.1989 – 8 C 79.87, BVerwGE 82, 243 (244).

21 Vgl. OVG Nordrhein-Westfalen, Urt. v. 24.04.1990 – 8 A 1662/88, NVwZ 1990, 1192 (1193).

22 Vgl. OVG Nordrhein-Westfalen, Beschl. v. 11.04.1995 – 13 B 549/95, NVwZ-RR 1995, 703.

23 Hentschel/König/*Dauer*, Straßenverkehrsrecht, 44. Aufl. 2017, § 11 FeV Rn. 25 m.w.N. (auch zur gegenteiligen Auffassung in der Literatur).

24 S. nur Kopp/*Ramsauer*, § 24 Rn. 10e.

25 Vgl. z.B. VGH Bayern, Urt. v. 02.06.1995 – 22 B 93/875, NVwZ-RR 1996, 431 (432).

Erfüllung der Pflicht ein Verfahrensermessen einräumt (Rdn. 89). Die Pflicht besteht vom **Beginn** (vgl. § 22 Rdn. 12) bis zum **Ende** des Verwaltungsverfahrens. Sie lebt auf, wenn und soweit die Behörde nach gerichtlicher Aufhebung neu entscheiden muss. Unabhängig davon besteht eine Befugnis zur Sachaufklärung im Rahmen weiteren Gesetzesvollzugs und bei prozessualer Mitwirkung.

a) **Ermittelbarkeit der Tatsachen**

26 Die Ermittelbarkeit der Tatsachen setzt einen **konkreten Anhalt**[26] für die Tatsachen und in Bezug auf die Handlungsmöglichkeiten und Erkenntnismittel der Behörde einen **geeigneten**[27] **Ermittlungsansatz** voraus. Ein Aufklärungserfolg, zumindest die Ermittlung von Indizien, muss erreichbar bzw. darf nicht aus zeitlichen oder anderen Gründen als Zufall, aussichtslos (Rdn. 30), bloße Hoffnung auf künftige Leistungen wissenschaftlicher Forschung (vgl. Rdn. 42) oder als Ausforschung theoretischer Möglichkeiten erscheinen.

27 **§ 36 Abs. 2 Nr. 5** und **§ 74 Abs. 3** ermöglichen es nicht, von angemessenen, gegenwärtig führbaren Ermittlungen abzusehen (vgl. Rdn. 42), sondern erlauben Entscheidungsvorbehalte, wenn Ermittlungsansätze (z.B. zu Umweltauswirkungen) erst künftig entstehen bzw. verhältnismäßiges Ermitteln zulassen und dies die Zulassung des Vorhabens nicht hindert (§ 36 Rdn. 25) bzw. im Planfeststellungsverfahren dem Abwägungsgebot genügt[28]. Davon ist zu unterscheiden: Kann mittels Auflage nach **§ 36 Abs. 2 Nr. 4** dem genügend fachkundigen Adressaten hinreichend bestimmt, durch Bezugnahme auf ein Regelwerk das Ziel vorgegeben werden, bedarf dieses keiner weiteren Ermittlung und Darstellung.[29]

28 **Vorläufige Verwaltungsakte** und **Verwaltungsakte unter Vorbehalt der Nachprüfung** (vgl. § 165 AO, § 11 GastG bzw. § 164 AO) verlangen, dass die für ihren Erlass notwendigen Feststellungen überzeugungsgewiss getroffen werden. Hierfür kann sich die Behörde auch auf Angaben des mitwirkenden Beteiligten stützen. Ein rechtlich zugelassenes Vorziehen des Verwaltungsakts und Hintenanstellen bestimmter, an sich, jedenfalls künftig möglicher Feststellungen bzw. Prüfung prägt die Vorläufigkeit bzw. allgemein den Nachprüfungsvorbehalt in Abgrenzung zur Schätzung (vgl. Rdn. 126), die von einer bleibenden Aufklärungslücke ausgeht.

29 Ermittlungen sind nur innerhalb der **Hoheitsgewalt** möglich, sofern nicht **völkerrechtlich** weiter gehende Befugnisse eingeräumt sind bzw. Amts- und Rechtshilfe gewährt wird, was bei Fehlen wenigstens analog anwendbarer, vertraglicher Regelungen eine Sache zwischenstaatlicher Höflichkeit ist. Deutsche Hoheitsgewalt gilt bei

---

26 S. BVerwG, Urt. v. 20.03.1990 – 9 C 12.89, NVwZ 1990, 1066 (1068); OVG Münster, Beschl. v. 20.12.2018 – 8 B 1018/18, juris Rn. 18; im Hinblick auf § 86 Abs. 1 Schoch/Schneider/Bier/*Dawin*, § 86 Rn. 61 f.

27 Vgl. z.B. BVerwG, Urt. v. 22.09.1988 – 2 C 35.86, NJW 1989, 1297; im Hinblick auf § 86 Abs. 1 Schoch/Schneider/Bier/*Dawin*, § 86 Rn. 62.

28 Vgl. BVerwG, Urt. v. 18.06.1997 – 4 C 3.95, NVwZ-RR 1998, 292 (296) m.w.N.

29 Vgl. BVerwG, Beschl. v. 22.04.1996 – 11 B 123.95, NVwZ-RR 1997, 278.

Vernehmung deutscher Staatsangehöriger durch **deutsche Auslandsvertretungen**. Der Versuch einer Ladung im Ausland oder Vernehmung dort ist daher bei gegebener Verhältnismäßigkeit zu machen, wenn die Maßnahme geeignet und das Erkenntnismittel erreichbar ist.[30]

Untauglichkeit von Erkenntnis- und Beweismitteln bedeutet Aussichtslosigkeit dieser Ermittlungen. Bei Zeugen ist das nur ausnahmsweise, z.B. bei Abhängigkeit von anderen Ermittlungen denkbar.[31] § 27 bleibt zu prüfen. 30

b) Ermittlungsbedürftigkeit von Tatsachen

Ermittlungsbedürftig sind **entscheidungserhebliche Tatsachen**. Dies sind sie, sobald 31 und solange sie – je nach Verfahrensstand – das Entscheidungsergebnis beeinflussen können. Die entscheidungserheblichen Tatsachen legen den Rahmen der Aufklärungspflicht aus § 24 fest. Was erheblich ist, ergibt sich aus den ausgehend vom Verfahrensgegenstand anzuwendenden Normen. **Nicht ermittlungsbedürftig** sind Tatsachen, die neben der Sache liegen, die dahinstehen können (etwa wenn ein Antrag bereits aus anderen Gründen unbegründet ist), für deren Vorliegen jeglicher Anhalt fehlt (vgl. Rdn. 26) und deren Wahrunterstellung möglich ist (vgl. Rdn. 34).

Den **Beteiligten** trifft eine **Substantiierungslast**, will er Erheblichkeit erzielen. Sie ist 32 Teil seiner allgemeinen Mitwirkungslast (§ 26 Rdn. 82 ff.) und orientiert sich hinsichtlich ihrer Reichweite danach, was ihm möglich und zumutbar ist. Das schließt ein, dass sich der Beteiligte mit Kritik z.B. durch Konkretisierung oder Ergänzung seines Vorbringens auseinandersetzen muss.[32] Substantiiert ist nur dasjenige Vorbringen, das konkreten Anhalt für die betreffende Tatsache und ihre Relevanz liefert.[33]

Nur **klärungsbedürftige Tatsachen** sind aufzuklären, also nicht solche, die offenkun- 33 dig (vgl. § 26 Rdn. 6), erschöpfend ermittelt bzw. durch unerschütterte Tatsachenfolgerung (vgl. Rdn. 129 ff.), gesetzliche Vermutung (vgl. Rdn. 170 ff.), Vergleichsvertrag oder Schätzung festgestellt sind. Entsprechendes gilt für rechtlich bindend (vgl. Rdn. 143) kraft der Tatbestandswirkung eines Verwaltungsakts (vgl. § 35 Rdn. 5), öffentlich-rechtlichen Vertrags bzw. Urteils oder gesetzlicher Festlegung – z.B. in Bedarfsplänen[34] – vorgegebene Tatsachen. Das **Zugestehen von Tatsachen** beseitigt nicht automatisch die Klärungsbedürftigkeit, sondern nur, wenn es überzeugt (Rdn. 117). Ein **Anerkenntnis** (vgl. § 307 ZPO) betrifft nicht Tatsachen, sondern Ansprüche.

---

30 Zur Ungeeignetheit BVerwG, Beschl. v. 09.05.1983 – 9 B 10466.81, NJW 1984, 574; zur Unerreichbarkeit BVerwG, Beschl. v. 30.09.1988 – 9 CB 47.88, NJW 1989, 678.

31 Vgl. BVerwG, Urt. v. 19.09.1986 – 4 C 47 – 52.84, NVwZ 1987, 405.

32 Vgl. zur VwGO BVerwG, Beschl. v. 25.01.1988 – 7 CB 81.86, NJW 1988, 1746; auch Schoch/Schneider/Bier/*Dawin*, § 86 Rn. 77.

33 Vgl. zur VwGO BVerwG, Beschl. v. 30.09.1988 – 9 CB 47.88, NJW 1989, 678.

34 Zum Bedarfsplan für die Bundesfernstraßen s. BVerwG, Urt. v. 23.03.2011 – 9 A 9.10, juris Rn. 18; zum Bedarfsplan für die Bundesschienenwege s. BVerwG, Urt. v. 17.12.2009 – 7 A 7.09, NVwZ 2010, 584 (586).

c) Wahrunterstellung von Tatsachen

34 Bei der Wahrunterstellung wird der Inhalt der Sachentscheidung bestimmt, der sich bei unterstelltem Vorliegen einer bestimmten – noch nicht ermittelten – Tatsache ergeben würde. Ziel der Wahrunterstellung ist, sich das Ermitteln derjenigen Tatsachen erst einmal zu ersparen, die aus dem Kreis der zunächst erheblich erscheinenden Tatsachen herausgefiltert werden können, weil sie bis auf Weiteres für das Verfahrensergebnis rechtlich nicht kausal werden und daher dahinstehen können.[35] Jeder mögliche Einfluss auf die Sachentscheidung zwingt dazu, die Wahrunterstellung aufzugeben und zu ermitteln.[36] Daher steht sie im Einklang mit dem Untersuchungsgrundsatz und wird § 10 Satz 2 gerecht.

35 **Zulässig** ist sie, wenn die zu unterstellende Tatsache als zur Sache gehörig zunächst erheblich wirkt, ihre Unrichtigkeit sich weder aufdrängt noch feststeht, sie die Sachentscheidung im Ergebnis weder allein noch zusammen mit weiteren als wahr unterstellten Tatsachen berührt, auch nicht mittelbar als Indiz, sie keine Nachteile für Dritte bewirken kann und bei planerischer Abwägung in ihrem Bedeutungsgehalt als Belang gegenüber anderen Belangen keiner weiteren Klärung bedarf.[37] **Nachteilige Rechtsfolgen für denjenigen Beteiligten**, der die Tatsache zu seinen Gunsten behauptet, sind möglich, wenn sowohl das unterstellte Vorliegen als auch Nichtvorliegen zur gleichen Rechtsfolge führen.

8. Anforderungen an die Sachaufklärung und ihre Grenzen

36 Vorneweg ist bei einem Antrag gegebenenfalls die Übertragung in die Amtssprache veranlasst (§ 23 Rdn. 42). Dann sind ausgehend vom Sachantrag oder der verfolgten Aufgabe die voraussichtlich im Verfahren und für die Entscheidung maßgebenden Vorschriften (einschließlich des ausländischen oder lokalen Rechts[38]) zu ermitteln. Schließlich sind aus dem rechtlichen Prüfprogramm die zu klärenden erheblichen Tatsachen (Rdn. 31) und die Grenzen der Ermittlungstätigkeit abzuleiten.

37 Anfänglich spekulative Elemente der Beurteilung sind unter laufend aktualisierter Würdigung (Rdn. 113) wie rechtlicher Prüfung in einem prozesshaften Geschehen nach § 24, das die Änderung des Prüfprogramms bzw. weitere Ermittlungen bedingen kann, durch ermittelte Tatsachen oder ein non liquet (Rdn. 118) zu ersetzen. Lediglich Schlusspunkt ist der in der Entscheidung festgestellte Sachverhalt (Rdn. 18).

a) Unionsrechtliche Vorgaben

38 Unionsrechtliche Vorgaben sind bei der Bestimmung des Prüfprogramms (Rdn. 36) und beim Ermitteln und Würdigen zu beachten. Beim mitgliedstaatlichen (indirekten) Vollzug des Unionsrechts gilt das nationale Verfahrensrecht, d.h. auch die §§ 24,

35 Vgl. BVerwG, Beschl. v. 30.09.1988 – 9 CB 47.88, NJW 1989, 678 (679).
36 Zur VwGO Schoch/Schneider/Bier/*Dawin*, § 86 Rn. 120.
37 Vgl. BVerwG, Urt. v. 27.03.1980 – 4 C 34.79, DVBl 1980, 999.
38 Vgl. zum Verwaltungsprozess Schoch/Schneider/Bier/*Dawin*, § 86 Rn. 29 ff.

26 und 27, soweit nicht unionsrechtliche Vorschriften existieren bzw. im Kollisionsfall der Anwendungsvorrang der ungeschriebenen Grundsätze des Unionsverfahrensrechts greift (vgl. auch Rdn. 189 f.).[39] Der Vollzug darf Unionsinteressen nicht diskriminieren und die Durchführung des Unionsrechts nicht übermäßig erschweren oder unmöglich machen (»effet utile«).[40]

b) Allgemeine Grundsätze der Ermittlungstätigkeit

Ausgehend vom typischen Lebenssachverhalt (vgl. Rdn. 40) ist allen erheblich vorgebrachten (Rdn. 32) sowie sich aufdrängenden Tatsachen nachzugehen.[41] Sie fallen unter das Berücksichtigungsgebot des Abs. 2 und dessen Gegenstück, das Selektionsverbot (Rdn. 176 ff.), auch wenn der Ermittlungsablauf nach Ermessen (Rdn. 89 ff.) gestaltet werden darf. Hinzu kommen vorgeschriebene sowie für die Bestimmtheit des Verwaltungsakts unerlässliche, daher in ihm auch nicht auf Dritte oder Adressaten abwälzbare Ermittlungen. 39

Erfahrungssätze (Rdn. 129) sind als Bausteine der Sachaufklärung von Beginn an und solange vorläufig heranzuziehen, bis sich Tatsachen aufdrängen, die ihre Anwendung infrage stellen. Endgültig fließen sie ein nach ergebnislosem Ermitteln ernsthaft in Betracht kommender Alternativen.[42] 40

Liquide Erkenntnisse sind stets einzubeziehen. Die Behörde darf auch **präsentes Wissen** aus anderen, auch beendeten Verfahren als **amtskundig** heranziehen und übernehmen, wenn nicht neuere Erkenntnisse bzw. Umstände es infrage stellen[43] oder die Verwertung verboten ist (vgl. Rdn. 79). 41

Die Ermittlungsansätze sind sachgerecht, nach aktuellem Stand der Erkenntnis (Rdn. 144), der Materie genügend (Rdn. 60) und erschöpfend (Rdn. 25 ff.) zu verfolgen. Letzteres gilt in dem Sinn, dass das materielle Prüf- und Abwägungsprogramm im erforderlichen und ausreichenden Differenzierungsgrad, frei von Fehlern wie der Verletzung subjektiver Rechte – etwa durch die Feststellung des Nichterreichens aktueller Bagatell-Grenzwerte[44] – abgearbeitet wird. 42

39 Näher zum Vollzug des Unionsrechts Terhechte/*S. Augsberg*, Verwaltungsrecht der Europäischen Union, 2011, § 6.

40 Zu den Besonderheiten bei nationalem Verwaltungshandeln im Anwendungsbereich unionaler Richtlinien Hoffmann-Riem/Schmidt-Aßmann/Voßkuhle/*Ruffert*, Grundlagen des Verwaltungsrechts, Band I, 2. Aufl. 2012, § 17 Rn. 128 ff.

41 Zum verwaltungsgerichtlichen Verfahren vgl. etwa BVerwG, Beschl. v. 07.05.2013 – 2 B 147.11, juris Rn. 7, Beschl. v. 21.05.2013 – 8 B 85.12, juris Rn. 19 und Beschl. v. 28.05.2013 – 7 B 46.12, juris Rn. 4.

42 Vgl. Stelkens/Bonk/Sachs/*Kallerhoff/Fellenberg*, § 26 Rn. 28 ff.

43 VGH Bayern, Gerichtsbescheid v. 17.08.1994 – 22 A 93.40047, NVwZ-RR 1995, 136 (137).

44 Dazu etwa VGH Baden-Württemberg, Urt. v. 28.03.1995 – 10 S 1052/93, NVwZ-RR 1995, 639 (644 f.).

43 **Risikoermittlungen** folgen den allgemeinen Grundsätzen (vgl. Rdn. 39), ggf. unterstützt von Regelwerken (Rdn. 86), soweit normierte Grenzwerte fehlen. Die Berührung des Grundrechts aus Art. 2 Abs. 2 Satz 1 GG gebietet es, hinreichend konservative Annahmen (vgl. Rdn. 124) den Schädlichkeits- bzw. Risikogrenzen zugrunde zu legen und das Besorgnispotenzial auszuloten, statt nur der »herrschenden Meinung« zu folgen.

44 Grundsätzlich genügen **informell**, wenngleich mit Mitteln des § 26 **gewonnene Erkenntnisse**. Erst die Beweisbedürftigkeit bzw. ein Beweissicherungsinteresse veranlasst die **Beweiserhebung** (vgl. § 26 Rdn. 6). Das **Beweisverfahren** (§ 26 Rdn. 4) entspricht vorbehaltlich spezieller Beweisnormen i.Ü. dem informellen Vorgehen.

45 Der **Grundsatz der Unmittelbarkeit** der Erhebungen **gilt nicht** (vgl. § 26 Rdn. 20). **§ 10 Satz 2** ist Richtschnur: Es ist einfach, zweckmäßig, nur soweit geboten, zügig und mit Blick auf effektiv erscheinende Alternativen zu ermitteln. Zeitnah, das Eintreten der Entscheidungsreife fördernd (vgl. Rdn. 52), ist die Behebung von Unklarheiten und Widersprüchen sowie die gebotene Mitwirkung Beteiligter durch geeignete Hinweise anzustreben (vgl. § 25 Rdn. 26 ff.).

c) Ermittlungsgrundsätze bei Planfeststellungsverfahren

46 Das Abwägungsgebot prägt das Ermitteln: Die abzuwägenden Belange, deren Erheblichkeit erkennbar ist, weil sie sich aufdrängen oder Betroffene sie zeitgerecht vorgebracht haben,[45] sind aufzuklären.[46] Kostenaspekte zählen dazu,[47] auch voraussichtliche künftige Entwicklungen. Die Ermittlung der Bedeutung abzuwägender privater und öffentlicher Belange erfordert es, Auswirkungen sich aufdrängender alternativer Konzepte zu untersuchen.[48] Erfahrungswerte und Indikatoren können die Untersuchungen erleichtern. Der Maßstab von Zeichnungen und Plänen muss die Belange so abbilden, dass ihre Bedeutung erkennbar ist.

47 Nach Maßgabe des Fachrechts sind Ermittlungen zu infrage kommenden Trassen- bzw. Standortvarianten anzustellen, die verbindlichen raumbezogenen Vorgaben nicht widersprechen.[49] Eine Abschnittsbildung gebietet die Vorausschau auf Folgeabschnitte und Zwangspunkte; zu untersuchen sind die mit Blick auf die Gesamtplanung konzeptionell als vorzugswürdig in Betracht kommenden Varianten.[50] Von der Abwägung der Null-Variante befreit ein Bedarfsplan nicht.

48 Das Nichtbeachten oder Ausscheiden von Varianten, welche die Planungsziele unter geringeren Opfern entgegenstehender Belange realisieren, wäre fehlerhaft.[51]

---

45 Vgl. Erichsen/Ehlers/*Pünder*, Allgemeines Verwaltungsrecht, 14. Aufl. 2010, § 15 Rn. 20.
46 S. etwa BVerwG, Beschl. v. 07.12.1988 – 7 B 98.88, NVwZ-RR 1989, 241.
47 S. etwa BVerwG, Urt. v. 24.11.2011 – 9 A 23.10, NVwZ 2012, 557 (563 f.).
48 Vgl. BVerwG, Urt. v. 24.11.2011 – 9 A 23.10, NVwZ 2012, 557 (564).
49 Vgl. BVerwG, Urt. v. 16.03.2006 – 4 A 1001.04, NVwZ 2006, 1055 (1056).
50 Vgl. etwa BVerwG, Beschl. v. 05.12.2008 – 9 B 28.08, NVwZ 2009, 320 (322).
51 Vgl. etwa BVerwG, Urt. v. 24.11.2011 – 9 A 23.10, NVwZ 2012, 557 (564 f.).

Umgekehrt fehlt der für § 24 notwendige Ermittlungsanlass bei prophylaktisch, quasi auf Vorrat angelegter, flächendeckender Standortsuche.[52]

Alternativen sind umso intensiver zu ermitteln, je gravierender die Planung sich auf das Gemeinwohl bzw. private Belange auswirkt, wodurch wiederum andere, auch folgenträchtige Varianten umso eher (sich anbietend, aufdrängend) ins Blickfeld rücken. Es ist mindestens so intensiv hinsichtlich der Alternativen zu ermitteln, dass sie dem Variantenspektrum entsprechend fehlerfrei gegeneinander abgewogen werden können.[53] 49

Die enteignungsrechtliche Vorwirkung[54] (§ 75 Rdn. 11) gebietet, die standortspezifischen Vorzüge einer Variante zu ermitteln, um den Zugriff auf fremden Grund rechtfertigen zu können.[55] 50

Planfeststellungsverfahren erfordern regelmäßig ein **gestuftes Vorgehen.** Das Abarbeiten einer Stufe befreit allerdings nicht von **rückschauender Richtigkeitskontrolle** tragender Annahmen und Kriterien und deren Korrektur, wenn sich die Gefahr eines Abwägungsfehlers aufdrängt; aufgrund einer **Grobanalyse** dürfen **fernliegende Alternativen** vorläufig, bis zu einer Korrektur bzw. bis sie sich erneut aufdrängen, ausgeklammert werden.[56] 51

d) Mitwirkung Beteiligter

Die Heranziehung Beteiligter erfolgt im öffentlichen Interesse an der Aufklärung des wahren Sachverhalts (§ 26 Rdn. 82 f.). Sie greift vor allem Mitwirkungslasten bzw. -pflichten auf und wird flankiert durch rechtliche Instrumente, die bei mangelnder Mitwirkung verbleibende Aufklärungslücken schließen helfen bzw. die Entscheidung ermöglichen (vgl. § 26 Rdn. 92), ohne die Aufklärungspflicht als solche zu berühren; die Mitwirkung Beteiligter markiert daher keine allgemeine Grenze der Amtsermittlung.[57] Mangels Eigeninitiative des Beteiligten kann aber für die Behörde der Anlass zu dessen weiterer Heranziehung fehlen oder wegen dessen fruchtloser Heranziehung drängen sich andere Ermittlungen nicht auf (Rdn. 39) bzw. sind nicht geboten (vgl. § 26 Rdn. 92) oder nicht angemessen (Rdn. 60) durchzuführen, weil hierzu unerlässliche Informationen über Umstände aus der Sphäre des Beteiligten ausbleiben.[58] Dann wird die Nichtverfolgung entfernter, aufwändigerer Ansätze regelmäßig dem Beteiligten gegenüber **verhältnismäßig** sein, es sei denn, die Behörde kann die 52

52 *Dolde*, NVwZ 1996, 526 (530).
53 Vgl. BVerwG, Beschl. v. 09.09.1996 – 11 VR 31.95, NVwZ-RR 1997, 210 (211).
54 Dazu auch *Eichberger*, FS Steiner, 2009, 152 ff.; *Hettich*, in: Linien der Rechtsprechung des Bundesverfassungsgerichts, 2009, 431 ff.
55 Vgl. BVerwG, Urt. v. 24.11.2011 – 9 A 23.10, NVwZ 2012, 557 (564 f.).
56 BVerwG, Beschl. v. 09.09.1996 – 11 VR 31.95, NVwZ-RR 1997, 210 (211).
57 In diesem Sinn auch Stelkens/Bonk/Sachs/*Kallerhoff/Fellenberg*, § 26 Rn. 44.
58 S. z.B. OVG Nordrhein-Westfalen, Urt. v. 06.09.1993 – 11 A 694/90, NVwZ-RR 1994, 386.

Erkenntnisse, etwa weil liquide (Rdn. 41), mit ebenso geringem Aufwand (Rdn. 61) selbst beschaffen.[59]

e) **Mitwirkung Dritter**

53 Die Behörde muss Dritte (Rdn. 15) einschalten, wenn es **gesetzlich vorgeschrieben** oder im **Benehmen** mit einer anderen Behörde zu entscheiden ist.[60]

54 Ein **Sachverständiger** ist etwa heranzuziehen, wenn die Behörde mangels eigener Sachkunde[61] (vgl. Rdn. 115) nicht selbst ermitteln kann[62] oder wenn ohne einen solchen Prognosen nicht nachvollziehbar darzulegen wären, weiterhin zur Beratung bei schwer trennbaren Tatsachen- und Wertungsaspekten, zur besseren Einschätzung von Standpunkten oder zur Verfahrensförderung. Nicht anders liegt der Fall, dass die »anerkannten Regeln der Technik«, auf die das Gesetz verweist, durch Richtlinien nicht (genügend) geklärt sind[63] (vgl. Rdn. 86).

55 Bei der Sachaufklärung hat der Einsatz eigener Sachkunde bzw. der Amtshilfe Vorrang vor dem Einsatz Sachverständiger. Bei der Beweiserhebung ist unter Abwägung aller Aspekte (wie Beweissicherung, Streitvermeidung, Kostenminimierung, Beschleunigung) hierüber zu entscheiden, wenn nicht die Mitwirkung eines Sachverständigen vorgeschrieben ist.[64]

f) **Verhältnis der Mitwirkung Beteiligter zu der Dritter**

56 Für das **Ermitteln** (»Erheben«) **personenbezogener Daten** gilt der grundsätzliche Vorrang der Beschaffung beim Betroffenen. Für **sonstige Ermittlungen** besteht – vorbehaltlich spezieller Normen – kein Vorrang der Mitwirkung Beteiligter vor derjenigen Dritter,[65] sondern Verfahrensermessen (Rdn. 89 ff.).

g) **Aktenführung**

57 Zur Sachaufklärung gehört, nicht zuletzt zur Vermeidung von Informationsverlusten, die **Pflicht**,[66] das wesentliche Verfahrensgeschehen und die erzielten Erkenntnisse (Daten) unter Beachtung datenschutzrechtlicher Bestimmungen und in einem dem jeweiligen Fall angemessenem Umfang (§ 26 Rdn. 21) in Akten (vgl. § 26 Rdn. 68) zu

---

59 Vgl. OVG Nordrhein-Westfalen, Beschl. v. 28.04.2014 – 10 A 1018/13, juris Rn. 12 ff. zu einer Inanspruchnahme nach Bauordnungsrecht.

60 S. auch Kopp/*Ramsauer*, § 24 Rn. 10d unter dem Stichwort »Kooperative Amtsermittlung«.

61 Für ein Beispiel eigener Sachkunde s. VGH Hessen, Urt. v. 20.02.1990 – 11 UE 2161/85, NVwZ 1991, 280 (281); vgl. auch BVerwG, Beschl. v. 23.05.2013 – 9 B 10.13, juris Rn. 7.

62 Vgl. VGH Bayern, Beschl. v. 13.01.2014 – 14 CS 13.1790, juris Rn. 17.

63 Hinsichtlich des Verwaltungsprozesses s. BVerwG, Urt. v. 07.06.1996 – 8 C 23.94, NJW 1997, 880 (883).

64 Vgl. auch Stelkens/Bonk/Sachs/*Kallerhoff/Fellenberg*, § 26 Rn. 69.

65 Vgl. etwa OVG Nordrhein-Westfalen, Urt. v. 10.11.1993 – 25 A 1237/92, NVwZ 1995, 186 (187).

66 S. BVerfG, Beschl. v. 06.06.1983 – 2 BvR 244, 310/83, NJW 1983, 2135.

dokumentieren (speichern) und zur Nutzung verfügbar zu halten. Die Aktenführung dient der **Effektivität**, **Transparenz** und (bei Sachbearbeiterwechsel) der **Kontinuität** der Sachbehandlung sowie ihrer **Prüf- und Nachvollziehbarkeit** und damit der Gesetzmäßigkeit des Verwaltungshandelns sowie – etwa in Prüfungsangelegenheiten – dem effektiven Grundrechtsschutz. **Mängel** können sich bis hin zu dem Schluss auf die Rechtswidrigkeit der Entscheidung auswirken.

Es gilt das Gebot historischer **Folgerichtigkeit**, **Vollständigkeit** und sachlicher **Richtigkeit** des Akteninhalts.[67] Was rechtmäßig Aktenbestandteil geworden ist, darf vorbehaltlich speziellen Datenschutzrechts nicht aus der Akte entfernt werden, nur weil es sich später als unrichtig herausstellt.[68] Die neue – richtige – Erkenntnislage muss aktenkundig werden (vgl. § 20 Abs. 1 BDSG). Im Hinblick auf das Berücksichtigungsgebot (vgl. Rdn. 176) dürfen sachbezogene, rechtmäßig erlangte Informationen der Akte nicht vorenthalten werden. 58

Die Art und Weise der Führung und Aufbewahrung der Akten folgt dem für die Behörde geltenden Organisationsrecht. Für eine korrekt geführte Akte gilt die **Vermutung der Vollständigkeit**.[69] Es besteht kein Anspruch auf einen bestimmten Akten- oder Protokollinhalt (vgl. § 26 Rdn. 21). Das Selektionsverbot und die Entgegennahmepflicht nach Abs. 3 (Rdn. 180 ff.) gebieten es aber, eingehende Schriftstücke unabhängig von Abs. 2 zum zugehörigen Vorgang zu nehmen. 59

h) Verhältnismäßigkeit des Ermittlungsaufwands

Prüfprogramm (Rdn. 36) und Beweiswürdigungsregeln bestimmen den gebotenen **Mindesteinsatz** der **Ressourcen** Personal, Zeit, Sachen und Finanzen. Die Verwaltung darf ihn ohne Ermächtigung **nicht unterschreiten**, wo es zulasten Beteiligter, Drittbetroffener oder strikter Normvollzugspflichten ginge. In den übrigen Fällen ist unter Berücksichtigung des Maßes an möglichem Erkenntnisgewinn die Pflicht zu wirtschaftlicher, sparsamer Verwaltung abzuwägen gegen die mit dem Aufwand zu verfolgenden bzw. berührten sonstigen öffentlichen Interessen.[70] 60

Rechtsverletzende Aufklärungslücken liegen umso ferner, je mehr der Beteiligte **Anlass zu** Rechtsnachteile vermeidender **Mitwirkung** (Rdn. 52) hatte. Sie bestimmt den gebotenen Aufwand mit.[71] 61

Instrumente zur Aufwandsbegrenzung sind – neben speziellen Ermächtigungen wie in § 7 Abs. 2 Nr. 3 AsylG – jedenfalls auch: Vergleichsverträge (vgl. aber Rdn. 80) bei unklarem Sachverhalt und Schätzbefugnisse[72] (Rdn. 128); § 27; das 62

67 Vgl. auch *Schoch*, IFG, 2. Aufl. 2016, § 2 Rn. 41 ff.
68 BVerfG, Beschl. v. 06.06.1983 – 2 BvR 244, 310/83, NJW 1983, 2135.
69 OVG Rheinland-Pfalz, Urt. v. 02.10.1991 – 7 A 10880/91, NVwZ 1992, 384.
70 S. etwa BVerwG, Urt. v. 05.05.2015 – 9 C 12.14, juris Rn. 20 und Stelkens/Bonk/Sachs/*Kallerhoff/Fellenberg*, § 24 Rn. 36 f.; vgl. auch BVerwG, Beschl. v. 08.05.2019 – 9 B 20.18, juris Rn. 4.
71 Vgl. etwa BVerwG, Beschl. v. 21.10.1987 – 7 B 162.87, NJW 1988, 1104.
72 Vgl. BVerfG, Beschl. v. 31.05.1988 – 1 BvR 520/13, NJW 1989, 666 (667).

Opportunitätsprinzip; das Verfahrensermessen in Bezug auf Handlungsalternativen und deren Aufwand (Rdn. 89); unter Behörden § 5 Abs. 1 Nr. 5 und Abs. 3 Nr. 2; Verwaltungsakte mit zulässigem Vorbehalt der Nachprüfung bzw. Vorläufigkeitsvermerk (vgl. Rdn. 28).

63 **Materielle Aufwandsschranke** kann das Gebot effektiver Gefahrabwehr sein. Wo die Pflicht zu wirtschaftlicher und sparsamer Verwaltung greift, darf ihr kein solches Gewicht beigemessen werden, dass dadurch die vom Normgeber gewollte Wirkung des anzuwendenden Gesetzes unterlaufen wird. Umgekehrt verbietet auch sie Ermittlungen, sobald Entscheidungsreife eingetreten ist.

64 **Massenvorgänge** mit geringer Rechtsberührung erlauben, wenn das öffentliche Interesse gewahrt bleibt, zunächst die **Konzentration** auf die Prüfung der Plausibilität des Vorbringens Beteiligter.[73]

65 **Typisierungen** (Rdn. 85) und **Formulare** sind zulässig, wenn Abs. 2 und 3 sowie Art. 3 Abs. 1 GG beachtet und atypische Sachverhalte erfasst werden.[74] Formularzwang bedarf nach vorzugswürdiger Auffassung einer gesetzlichen Grundlage (z.B. § 46 Abs. 3 BAföG). Davon ist der Zweck vieler Formulare zu unterscheiden, durch Fragen auf den relevanten Stoff hinzuweisen und so die Mitwirkung zu lenken.

i) Verhältnismäßigkeit gegenüber Beteiligten

66 Eingreifende Ermittlungen müssen für sich sowie in ihrer Gesamtheit nach Verfahrensgegenstand und -ziel, gegebenenfalls im Sinn eines gestuften, dem Erkenntnisprozess folgenden Vorgehens, gegenüber dem Beteiligten verhältnismäßig sein. Hieran fehlt es z.B. bei zur Sachaufklärung ungeeigneten Rechtseingriffen,[75] bei nicht erforderlichen Maßnahmen wie Routineanfragen beim Verfassungsschutz bei Prüfung der Übernahme in den Vorbereitungsdienst,[76] bei Maßnahmen auf Vorrat oder bei sich nicht aufdrängenden, mangels konkreten Anlasses überflüssigen Maßnahmen. Gleiches gilt für übermäßige Nachforschungen: z.B. in der Privatsphäre zur Wohnsitzprüfung im Melderecht[77] oder in Bezug auf die Intimsphäre einer Ehe zur rein ausländerrechtlichen Ermittlung, ob eine Scheinehe vorliegen könnte.[78] Auch unzumutbare oder unzulässig in das Persönlichkeitsrecht eingreifende Mitwirkungsverlangen sind unverhältnismäßig.

67 Verhältnismäßig ist die außerhalb des § 24 liegende Wahrnehmung materieller Überwachungskompetenzen, unabhängig davon, dass darin stets auch ein Ermitteln liegt,

---

73 Zum Melderecht s. BVerwG, Urt. v. 15.10.1991 – 1 C 24.90, NJW 1992, 1121.

74 Zu Art. 3 GG s. BVerfG, Beschl. v. 08.10.1991 – 1 BvL 50/86, NJW 1992, 423; zum atypischen Fall s. BVerwG, Urt. v. 25.10.1978 – 8 C 55.75, NJW 1979, 666.

75 Vgl. BVerwG, Urt. v. 15.12.1981 – 1 C 108.78, NVwZ 1982, 440 (441).

76 Vgl. BVerfG, Beschl. v. 22.05.1975 – 2 BvL 13/73, NJW 1975, 1641 (1644).

77 VGH Hessen, Urt. v. 13.11.1990 – 11 UE 4950/88, NVwZ-RR 1991, 357.

78 Näher dazu *Weichert*, NVwZ 1997, 1053 (1055). Vgl. auch BVerwG, Urt. v. 30.03.2010 – 1 C 7.09, NVwZ 2010, 1367 (1368).

welches zur Vorbeugung vor Gefahren geschieht, weil es dann im Verhältnis zur Gefahrenabwehr, etwa zur sonst veranlassten Entziehung der Gewerbeerlaubnis, den geringeren Eingriff darstellt.

9. Verbotene Wege der Sachaufklärung

Im Rechtsstaat ist trotz rechtsstaatlich gebotener Ermittlung der Wahrheit kein Raum zur Sachaufklärung um jeden Preis. Ermittlungen, für die nicht die erforderliche gesetzliche Grundlage existiert (Rdn. 10), die als Durchsuchung oder Nachschau nicht dem Art. 13 GG genügen oder die Verhältnismäßigkeit gegenüber Beteiligten (Rdn. 66) nicht wahren, sind ebenso unzulässig wie Verstöße gegen Ermittlungs- bzw. Verwertungsverbote (Rdn. 69, 72), die für Beweiserhebungen wie für sonstige Ermittlungen gelten. Die Anerkennung eines berechtigten öffentlichen Interesses an rechtsstaatswidrigen Vorgehensweisen bei den Ermittlungen wäre selbst rechtsstaatswidrig, ist aber zu trennen von der Frage, ob und inwieweit so gewonnene Erkenntnisse verwertbar sind (vgl. Rdn. 72 ff.). 68

a) Ermittlungsverbote

Verbote der Informationsbeschaffung können auf drei Ebenen bestehen: Denkbar ist zunächst, dass bestimmte **Ermittlungsgegenstände** (Tatsachen) **dem Zugriff entzogen** werden: Hierzu zählen etwa – uneingeschränkt – getilgte und tilgungsreife Eintragungen nach §§ 51, 63 BZRG sowie Gegenstände des Beratungs- (vgl. § 43 DRiG) und Wahlgeheimnisses oder – eingeschränkt durch begrenzte Zugriffsbefugnisse – Gegenstände des Daten- und Geheimnisschutzes nach §§ 41, 61 BZRG und § 30 StVG. 69

Denkbar ist weiterhin, dass **Erkenntnis-** und **Beweismittel vor der Heranziehung bzw. Verwendung geschützt** werden: Beteiligte durch Mitwirkungs- bzw. Auskunftsverweigerungsrechte, Zeugen und Auskunftgeber durch Zeugnis- bzw. Auskunftsverweigerungsrechte und Vorrangregelungen wie § 7 Abs. 2 Satz 1 AsylG; Datenbestände durch Übermittlungssperren (vgl. § 41 StVG) oder ausdrückliche Verwendungsverbote. Vorrangige öffentliche Informationsinteressen schränken, anders als im Strafprozess, das Recht, sich nicht belasten zu müssen, ein (vgl. § 26 Rdn. 24). 70

Denkbar ist schließlich, dass **Methoden der Informationsgewinnung untersagt** werden: z.B. zum Schutz der Würde des Menschen nicht hinnehmbare Vernehmungstechniken (vgl. § 136a StPO) oder unter Verstoß gegen Art. 2 Abs. 1 GG in die Privatsphäre eindringende Methoden wie heimliche Tonbandaufnahmen oder das heimliche Mithörenlassen eines Telefonats.[79] 71

b) Verwertungsverbote

Bei Bestehen eines Verwertungsverbots dürfen bestimmte Erkenntnisse nicht zum Gegenstand der Würdigung bzw. zur Grundlage der Entscheidung gemacht werden. 72

79 Vgl. z.B. BVerfG, Beschl. v. 07.04.1998 – 2 BvR 1827/97, NJW 1998, 1938.

Solche Verbote können **Rechtsvorschriften** ausdrücklich aussprechen. Beispiele sind §§ 51, 63 Abs. 4 BZRG,[80] § 153 Abs. 5 und 6 GewO oder § 136a Abs. 3 Satz 2 StPO. Verwertungsverbote aus **Grundrechten** folgen speziell aus dem Recht auf informationelle Selbstbestimmung und dem am eigenen Wort, wenn bei der gebotenen Abwägung (Rdn. 73) das überwiegende Allgemeininteresse an der Verwertung oder deren Verhältnismäßigkeit fehlt oder Art. 2 Abs. 1 GG bzw. Art. 1 Abs. 1 GG verletzt wird.[81]

73 Dem **Ermittlungsverbot** folgt grundsätzlich das Verwertungsverbot, soll es nicht leerlaufen. § 24 bewirkt keinen Vorrang der Verwertung. Durch Abwägung berührter Güter und Belange bzw. die Kernbereichsprüfung zu Art. 2 Abs. 1 GG ergibt sich, ob das Verwertungsinteresse im Einzelfall wegen zu wahrender vorrangiger Rechtsgüter durchgreift (vgl. Rdn. 70), vgl. z.B. § 41 StVG oder den Fall, dass ein rechtswidrig verlangtes Eignungsgutachten die Tatsache fehlender Kraftfahreignung ergibt.[82] Bei Nichtbelehrung über Schweigerechte (Rdn. 70) setzt ein Verwertungsverbot zudem voraus, dass die Pflicht zu Angaben oder bei deren Freiwilligkeit der Eindruck der Pflicht unaufgeräumt gegeben war.

74 Besteht ein Verwertungsverbot, so hindert dieses nicht daran, die Information zu verwerten, wenn sie aufgrund einer fehlerfreien, vom vorherigen Fehler unbeeinflussten, späteren oder zeitlich parallel stattfindenden Ermittlung gewonnen worden ist. Je nach Verbot kann ein Betroffener auch auf den durch das Verbot bezweckten Schutz verzichten.

75 Geht die Information aus einem fehlerhaften, bestandskräftigen Verwaltungsakt hervor, steht deren Verwertung ebenso nichts entgegen wie dann, wenn nur im Nachhinein eine Voraussetzung der rechtens erfolgten Informationsgewinnung entfällt, aber eine Verwertungsgrundlage fortbesteht.[83]

c) Verwertung von Informationen aus privater Hand, Amtshilfe, Datenaustausch, Know-how Dritter

76 Bei unbefugt **privat** beschafften bzw. an die Behörde weitergegebenen **Informationen** (etwa Tagebuchnotizen) hängt die Verwertbarkeit ebenso von einer Güterabwägung bzw. Kernbereichsprüfung (Art. 2 Abs. 1 GG) ab (vgl. Rdn. 73).

77 Bei **Informations-** und **Datenaustausch** müssen die beteiligten Behörden je für sich mit den Daten rechtmäßig Umgang gehabt, d.h. sie auf gesetzlicher Grundlage erlangt,

---

80 Zu Ausnahmen s. BVerwG, Urt. v. 13.12.1994 – 1 C 19.92, NVwZ 1995, 1101 (§ 52 Abs. 1 Nr. 1 BZRG) und Urt. v. 26.03.1996 – 1 C 12.95, NJW 1997, 336 (§ 52 Abs. 1 Nr. 4 BZRG).

81 Vgl. BVerfG, Beschl. v. 14.09.1989 – 2 BvR 1062/87, BVerfGE 80, 367 (tagebuchartige Aufzeichnungen; Beschl. v. 19.12.1991 – 2 BvR 382/85, NJW 1992, 815 (mitgehörtes Telefonat.

82 Str., vgl. BVerwG, Beschl. v. 19.03.1996 – 11 B 14.94, NZV 1996, 332; Stelkens/Bonk/Sachs/*Kallerhoff/Fellenberg*, § 24 Rn. 32 ff.

83 Vgl. BVerfG, Beschl. v. 18.08.1987 – 2 BvR 400/86, NJW 1988, 1075.

gespeichert, übermittelt bzw. empfangen haben. Insbesondere ist der Zweckbezug zu wahren, so vor allem, wenn eine Behörde von sich aus Erkenntnisse weitergibt.[84]

Bei **Amtshilfe** muss die ersuchende Behörde zur erbetenen Informationsgewinnung 78
und die ersuchte Behörde zur Durchführung der Ermittlungen dem Bürger gegenüber befugt sein (§ 7). Die Amtshilfe regelt nur den Zugriff auf Verwaltungsleistungen anderer Behörden, räumt aber keine Ermittlungsbefugnis ein und unterliegt nach § 5 Abs. 2 Satz 1 Nr. 1 und Satz 2 selbst der Voraussetzung datenschutzgerechten Handelns.

Die Verwertung von **Know-how Dritter** in Verfahren anderer Beteiligter ist ohne er- 79
teilte Zustimmung oder Ermächtigung hierzu unzulässig, wenn es sich um forschungs- oder produktionsrelevante Unterlagen handelt, die einen Entwicklungs- und Marktvorsprung repräsentieren. In der behördeninternen Verwendung zum mittelbaren Vorteil eines Konkurrenten liegt ein Eingriff in die Grundrechte (Art. 12, 14 GG).[85] Eine gesetzliche Verwendungsermächtigung enthält z.B. § 17 GenTG. Erst wenn Know-how überholt, weil Allgemeingut der Branche geworden ist, darf es auch von Behörden als amtskundig (§ 26 Rdn. 7) frei verwendet werden.

10. Instrumente zur Reduzierung des Ermittlungsaufwands

Eine **tatsächliche Verständigung**, wie sie der Bundesfinanzhof im Steuerrecht im Prin- 80
zip anerkannt hat,[86] ist kein eigenständiges Institut zulässiger Aufwandsreduzierung. Als bindende Abrede über Tatsachen (im Steuerrecht etwa über die Höhe von Einnahmen) verstößt sie gegen die Sachaufklärungspflicht aus § 24 und den Grundsatz der Gesetzmäßigkeit der Verwaltung und umgeht das non liquet, es sei denn, sie erfüllt die Kriterien eines zulässigen Vergleichsvertrags oder erweist sich als unter Mitwirkung des Beteiligten zustande gekommene zulässige Tatsachenvermutung oder Schätzung.

Auch das sogenannte **intendierte Ermessen** (§ 40 Rdn. 14) erlaubt keine Reduzierung 81
des Ermittlungsaufwands. Unter Berufung hierauf darf die vor einer Entscheidung gebotene Sachaufklärung nicht abgekürzt werden.[87]

a) Kooperatives Handeln und Verwaltungsprivatisierung

Kooperation vor einer Sachentscheidung kann nicht zuletzt der Eingrenzung der Er- 82
mittlungsbedürftigkeit von Tatsachen sowie der Bewältigung von Konfliktlagen im Ordnungsrecht und bei komplexen Vorhaben (z.B. solchen mit Umweltrelevanz oder politischem Gewicht) dienen.[88] Als schlichtes Verwaltungshandeln erfasst § 25 sie

84 Zu einer polizeilichen Mitteilungen im Allgemeininteresse s. BVerwG, Urt. v. 15.04.1988 – 7 C 100.86, NJW 1988, 1863 (Alkoholabhängigkeit eines Fahrers).

85 Vgl. *Papier*, NJW 1985, 12 (13).

86 S. BFH, Urt. v. 31.07.1996 – XI R 78/95, NJW 1997, 1870.

87 Vgl. etwa Kopp/*Ramsauer*, § 24 Rn. 20.

88 Vgl. auch *Kaufmann*, Untersuchungsgrundsatz und Verwaltungsgerichtsbarkeit, 2002, S. 10 f.

nur punktuell. Etwa auf Vorabwürdigung von Vorhaben gerichtet, kann Kooperation keine Bindung wie öffentlich-rechtliche Verträge (§§ 54 ff.) oder Zusagen (§ 38) begründen. Sie kann lediglich ein gewisses Vertrauen in das amtspflichtgemäße Handeln der Behörde bei Auskünften und Erörterungen zum Vorhaben – z.B. zu Inhalt und Umfang der Mitwirkungslast – und hierzu widerspruchsfreiem künftigem Verhalten (§ 242 BGB) hervorrufen. Eine Klarstellung der Prämissen und Grenzen der Kooperation ist dem Bürger gegenüber daher stets geboten. Nicht unproblematisch kann Kooperation vor allem in Bezug auf die Unparteilichkeit im Verfahren, die Effektivität der Beteiligungsrechte und den Rechtsschutz der von ihr ausgeschlossenen Dritten sowie wegen der Gefahr der Anmaßung eines »Untersuchungsspielraums« mit anknüpfender Disposition über die Intensität gebotener Sachaufklärung sein (vgl. Rdn. 91).[89]

83 Das **UVPG** normiert das kooperativ angelegte **Scoping-Verfahren** (§ 15 UVPG). Es verlagert Sachaufklärungsschritte zu Umweltauswirkungen gemäß dem behördlich festgelegten Untersuchungsrahmen auf den Vorhabenträger, der bezüglich der nach § 16 UVPG vorzulegenden Unterlagen die Mitwirkungslast hat, eigene Vorermittlungen anzustellen, wenngleich diese § 24 unberührt lassen.[90] Die Behörde erfüllt ihre Pflicht aus § 24 durch die Festlegung des Untersuchungsrahmens, dann durch »nachvollziehende Amtsermittlung«,[91] über die zur Sicherung der Sachgerechtigkeit und Qualität der Feststellungen des Vorhabenträgers hinauszugehen ist, sowie durch eigene Ermittlungen, vgl. § 24 Abs. 1 Satz 3 UVPG. Die Bewertung und Verantwortung behält sie in der Hand.

84 Kooperation und Mitwirkung dienen als verfahrensrechtliche Mittel der Verwaltungsprivatisierung und Entlastung öffentlicher Ressourcen, indem Vorhabenträger in der Projekt- wie Kontrollphase auf eigene Kosten Ermittlungen zu Projektauswirkungen bzw. zum Nachweis der Einhaltung von Vorgaben vorzuweisen haben (z.B. zu Statik, Wärme- und Schallschutz). Einher geht, dass verwaltungsexterne Stellen die dazu nötige Sachkunde ökonomischer auf aktuellem Stand vorhalten können als Behörden.

b) Regelsätze und Pauschalierungen

85 Typisierend gebildete, von Zeit zu Zeit der Entwicklung angepasste Regelsätze und Pauschalierungen in Normen oder Verwaltungsvorschriften erlauben es der Behörde, im Einzelfall anstelle konkreter Tatsachenermittlung von lediglich generalisierend ermittelten, realitätsnahen Werten auszugehen, wenn nicht Besonderheiten des Falls ein Abweichen gebieten.[92] Regelsätze und Pauschalierungen sollen die Bewältigung von in großer Zahl vorkommender Verfahren in einer gleichheitsgerechten Weise gewährleisten[93] (vgl. Rdn. 64 f., Rdn. 179). Die Ermittlungen beschränken sich zunächst auf

89 Zu informellen Verfahren und insb. auch deren Grenzen Stelkens/Bonk/Sachs/*Schmitz*, § 9 Rn. 172 ff.

90 Vgl. Schink/Reidt/Mitschang/*Reidt*/*Augustin*, UVPG/UmwRG, § 15 UVPG Rn. 1 ff.

91 Vgl. Kopp/*Ramsauer*, § 24 Rn. 9.

92 Vgl. insb. BVerfG, Urt. v. 09.02.2010 – 1 BvL 1, 3, 4/09, BVerfGE 125, 175 (252 ff.) zu Regelleistungen nach dem SGB II.

93 BVerfG, Urt. v. 09.02.2010 – 1 BvL 1, 3, 4/09, BVerfGE 125, 175 (253).

das Vorliegen derjenigen Hilfstatsachen, die die Anwendung der generalisierten Werte bedingen. Je nach Mitwirkung des Beteiligten ist weiterhin etwaigen sich aufdrängenden Besonderheiten des Falls nachzugehen.

c) Technische Regelwerke

In Bezug auf § 24 ersparen technische Regelwerke die Ermittlung von Standards im Einzelfall. Sie fußen auf wissenschaftlich fundierten Erfahrungssätzen (vgl. Rdn. 132), Prognosen und Annahmen. Sie sind im Verwaltungsvollzug unverzichtbar. Sie operationalisieren normierte Vorsorgebegriffe an den Grenzen des Wissens und andere unbestimmte Rechtsbegriffe – es sind dies im Wesentlichen die »Regeln der Technik«, der »Stand der Technik« und der »Stand der Wissenschaft und Technik« – durch verfahrensübergreifend ermittelte Standards.[94] Der Begriff des »**antizipierten Sachverständigengutachtens**«[95] ist im Zusammenhang mit Regelwerken wie der TA-Luft wenig glücklich. Regelwerke fixieren abstrakt-generell Werte und sind daher keine Sachverständigengutachten (§ 26 Rdn. 32), auch wenn sie natürlich einen Stand wissenschaftlicher Erkenntnis wiedergeben. 86

Vor allem im Bereich der umweltrechtlichen Vorsorge (§ 5 Abs. 1 Nr. 2 BImSchG) wirken Regelwerke durch Festlegung von Grenzwerten hinzunehmender Restrisiken normkonkretisierend[96] im Spannungsfeld widerstreitender Interessen und Belange bei zugleich offener Entwicklung des Stands von Wissenschaft und Technik. Richtwerte wirken nur als Indizien und Orientierungshilfen. DIN-Vorschriften kann die Bedeutung einer tatsächlichen Vermutung zukommen.[97] 87

Regelwerke in Richtlinien der Verwaltung sind Verwaltungsvorschriften. Normkonkretisierende Funktion hat das Bundesverwaltungsgericht etwa der TA-Luft im Hinblick auf § 5 Abs. 1 BImSchG zuerkannt.[98] Die einheitliche Anwendung im Vollzug ist Ziel der Standardisierungsfunktion normkonkretisierender Verwaltungsvorschriften. Die Gerichte müssen daher deren Verbindlichkeit für die Verwaltung beachten, d.h. deren Festlegungen grundsätzlich hinnehmen vorbehaltlich der Prüfung auf Besonderheiten des Einzelfalls, Überholtsein durch Erkenntnisfortschritt, Einhaltung der Vorgaben des Gesetzes und Entstehung in einem qualifizierten Verfahren.[99] Auch andere technische Regelwerke sind daraufhin zu prüfen, ob sie, ihrer Kategorie gemäß, 88

94 Vgl. Hoffmann-Riem/Schmidt-Aßmann/Voßkuhle/*Ruffert*, Grundlagen des Verwaltungsrechts, Band I, 2. Aufl. 2012, § 17 Rn. 76 f.; *Maurer*, Allgemeines Verwaltungsrecht, 18. Aufl. 2011, § 24 Rn. 25a.

95 Vgl. BVerwG, 17.02.1978 – 1 C 102.76, BVerwGE 55, 250 (256) unter Hinweis auf *Breuer* DVBl 1978, 28 (34 ff.).

96 Zum Begriff s. BVerwG, Urt. v. 19.12.1985 – 7 C 65.82, NVwZ 1986, 208 (213).

97 So bezüglich Regeln der Technik etwa BVerwG, Beschl. v. 30.09.1996 – 4 B 175/96, NVwZ-RR 1997, 214 (215).

98 Vgl. BVerwG, Beschl. v. 21.03.1996 – 7 B 164.95, NVwZ-RR 1996, 498 (zu Nr. 1) und Beschl. v. 10.01.1995 – 7 B 112.94, NVwZ 1995, 994 (zu Nr. 2). Zur TA-Lärm s. aus jüngerer Zeit BVerwG, Urt. v. 29.11.2012 – 4 C 8.11, NVwZ 2013, 372 (373).

99 Vgl. hierzu *Maurer*, Allgemeines Verwaltungsrecht, 18. Aufl. 2011, § 24 Rn. 25a f.

dem aktuellen Stand der Wissenschaft und Technik bzw. dem Stand der Technik noch entsprechen.

11. Verfahrensermessen (Abs. 1 Satz 2)

89 Satz 2 konkretisiert Satz 1 durch ein Verfahrensermessen im Rahmen der Aufklärungspflicht und konturiert mit beiden Halbsätzen den objektivrechtlichen Untersuchungsgrundsatz gegenüber Einflussnahmen Beteiligter: Diese haben grundsätzlich kein Recht auf bestimmte Ermittlungen oder deren Abfolge. § 26 Abs. 1 Satz 1 folgt diesem Konzept (vgl. § 26 Rdn. 12). Ermessen besteht nur in der Gestaltung des Ermittlungsablaufs. Erst dessen Eigendynamik erschließt das Normverständnis. Durch das Verfahrensermessen soll die Behörde flexibel und effektiv (§ 10 Satz 2) dieser Dynamik im Interesse der Sachaufklärung und hierzu optimierter Verfahrensgestaltung folgen können.

a) Art und Umfang der Ermittlungen (erster Halbsatz)

90 Die Behörde steuert durch **Prioritätenbildung** – d.h. durch Zurückstellen und Vorziehen von Erkenntnismitteln bzw. Fragestellungen – und durch Bestimmung der **Prüfungsreihenfolge** gleichrangiger Merkmale die Ermittlungen. Entscheidungsreife und Ermittlungsaufwand stets im Blick behaltend, erlaubt das die Konzentration auf neuralgisch erscheinende Tatsachen[100] ebenso wie ein Herantasten (vgl. aber Rdn. 82). Nur das vorläufige Selektieren unter Erkenntnismitteln ist erlaubt (vgl. Rdn. 178) und zugleich unverzichtbares Instrument der Behörde, die damit – abhängig von den Ermittlungsergebnissen – mittelbar den Umfang der Ermittlungen lenkt; nur rückschauend erweist sich die Effizienz der ex ante getroffenen Auswahl. Alternativlosigkeit reduziert das Ermessen auf null.

91 Das Verfahrensermessen unterliegt **Beschränkungen:** Die Aufklärungspflicht bestimmt nach Maßgabe des materiellen Rechts (Rdn. 60) und verfassungsrechtlicher Rechte, ob, was und wie intensiv zu ermitteln ist; der Einsatz der Instrumente der Vorläufigkeit bzw. des Vorbehalts der Nachprüfung (vgl. Rdn. 28) ist gebunden an eine gesetzliche Grundlage. Verengend wirkt auch die mögliche Beweiskraft der Erkenntnismittel.

92 Die Vorgehensweise wird gelenkt etwa durch das den §§ 24, 26 vorgehende Datenschutzrecht bei Auswahl der Erkenntnismittel zu personenbezogenen Daten (Rdn. 56), durch den partiellen Vorrang eigener Sachkunde bzw. der Amtshilfe (Rdn. 55), durch strikt vorgeschriebene Maßnahmen wie die persönliche Anhörung des Asylbewerbers gem. § 24 Abs. 1 Satz 3 AsylG oder durch die für Ermittlungen geltenden Grenzen und Verbote (Rdn. 68).

93 Das Ziel muss erreicht werden: die Überzeugung (Rdn. 117) von der Tatsache[101] oder ein non liquet (Rdn. 118). Genügt das gewählte Mittel nicht dem Beweismaß, sind

100 Vgl. BVerwG, Urt. v. 18.05.1990 – 7 C 3.90, NVwZ 1991, 362.
101 Vgl. VGH Mannheim, Beschl. v. 08.07.2019 – 4 S 1168/19, juris Rn. 8.

die weiteren Ermittlungsansätze gemäß dem ersten Halbsatz sukzessive, schließlich erschöpfend (Rdn. 42) abzuarbeiten. Überzeugende Feststellungen im ersten Anlauf erübrigen (jedenfalls zunächst) weitere.

b) Vorbringen und Beweisanträge (zweiter Halbsatz)

Der zweite Halbsatz betont den Vorrang der Bestimmung über die Ermittlungen von 94 Amts wegen (Rdn. 89) vor dem Interesse des Beteiligten, diese durch Vorbringen und Beweisanträge mit zu steuern bzw. die Würdigung der Informationen an seine Sicht zu binden (vgl. Rdn. 100). Unter dem Primat des positiven Prinzips des Satzes 1, den wahren Sachverhalt festzustellen, ermittelt die Behörde ihn mit den Mitteln und in der Prüfungsreihenfolge zu Tat- und Rechtsfragen, die sie für veranlasst hält, bei einem Antrag gemäß dessen Auslegung in den durch die Bindung an ihn gezogenen Grenzen.

Die Vorschrift setzt das Recht des Beteiligten, etwas vorzubringen und Beweisanträge 95 zu stellen, voraus. Der Sache nach sind Beweisanträge nur Anregungen zur Sachaufklärung, bedürfen also gewöhnlich keiner isolierten Verbescheidung außerhalb der Sachentscheidung. Auch Beweisermittlungsanträge – d.h. solche, die Vermutungen über Tatsachen oder zur Erreichbarkeit eines Beweismittels enthalten – sind Anregungen, die zu prüfen sind (vgl. Rdn. 32).

Nur bei materieller Beweislast des Beteiligten und alternativlos gebotener, bestimmter 96 Ermittlung kann ausnahmsweise ein durchsetzbarer Anspruch auf die beantragte Beweiserhebung bestehen (Rdn. 148); aus der Normierung einer Pflicht zur Befolgung von Beweisanträgen ergibt sich ein solcher nicht, wenn die Beweislast der Behörde dahinter steht.

12. Würdigung der Erkenntnisse (Beweiswürdigung)

Die Würdigung der Erkenntnisse erfolgt idealtypisch auf der **zweiten Stufe** der Suche 97 nach dem wahren Sachverhalt. Sie begleitet die auf Stoffsammlung zielende Ermittlungstätigkeit (Rdn. 39) und endet mit der Feststellung des Sachverhalts (Rdn. 37), soweit sich kein non liquet (Rdn. 118) ergibt, das zur Festlegung des Sachverhalts nach Beweislast (Rdn. 156) zwingt. Aus der Sicht des Entscheidungsträgers klärt die Beweiswürdigung, ob er die fraglichen Tatsachen dem geforderten Beweismaß (Rdn. 119) gemäß persönlich für gewiss hält (Rdn. 117), aus der Sicht Beweisbelasteter, ob die Behörde den Beweis für geführt hält.

Wechselseitige Beeinflussung prägt das Verhältnis der Ermittlungen zur Würdigung 98 gewonnener Erkenntnisse (vgl. Rdn. 113). Die Aufklärungspflicht kann Nachermittlungen gebieten. Unklarheiten, Widersprüche, Lücken, Verständigungs- und Verständnisprobleme, die sich oft erst durch die Würdigung herausstellen, sind nicht durch »freie Überzeugung« (vgl. Rdn. 114) kompensierbar, sondern sind so weit wie möglich weiter aufzuklären.

a) Freie Beweiswürdigung

99 Der Grundsatz der freien Beweiswürdigung gilt im Verwaltungsverfahren als ungeschriebener Grundsatz.[102] Für das Verwaltungsprozessrecht ist er in § 108 Abs. 1 Satz 1 VwGO formuliert. Er gilt im Ausgangspunkt überall, wo es um die Tatsachenfeststellung geht. Frei zu würdigen besagt, dass die Behörde selbst, nur auf die Überzeugungskraft des gesammelten Stoffs konzentriert, darüber befindet, ob sie eine Tatsache für erwiesen erachtet (für wahr hält), und dass sie nicht nach starren Beweisregeln oder interessengebundenen Wertungsvorgaben entscheidet.

100 Als Stoff stehen alle zulässig verwertbaren (vgl. Rdn. 72) Ermittlungsergebnisse und Umstände des Verfahrens zur Verfügung (vgl. § 69 Abs. 1). Von ihnen ist sachlich zutreffend[103] Kenntnis zu nehmen. Die Behörde darf sich etwa auch überzeugende Gutachten, die andere Behörden oder Beteiligte als Parteigutachten eingeholt haben, durch Würdigung zu eigen machen.[104]

101 Persönliche Glaubwürdigkeit und sachbezogene Glaubhaftigkeit entziehen sich vorfixierten Wertungen, auch wenn immanente und fallbezogene Unterschiede der Objektivierungsleistung der Beweismittel (vgl. Rdn. 103 ff.) zu bedenken sind. Zeuge statt Beteiligter zu sein, bedeutet unbeschadet aussagepsychologischer Kriterien keinen Wahrheitsbonus (vgl. Rdn. 107). Mündliche Angaben können schriftlichen vorzuziehen sein.[105] Eine beigefügte Versicherung an Eides statt hebt die Glaubhaftigkeit von Angaben nicht automatisch (§ 27 Rdn. 11 ff.).

102 Frei würdigt nur, wer sich sein eigenes Urteil bildet. Dazu gehört es, Gutachten unter Einsatz vorhandener eigener Sachkunde nachzuvollziehen, statt sie sich ungeprüft zu eigen zu machen, sowie bei fachlichen Streitfragen andere Ansichten einzubeziehen, statt ungeprüft der herrschenden Meinung zu folgen.[106] Mit nachvollziehbarer Begründung kann eigene Sachkunde vom Gutachten abweichende Folgerungen tragen.[107] Bei unausgleichbar fehlender Basis für eine persönlich fundierte Wertung binden ausnahmsweise nachvollziehbare, nicht erschütterte fachgutachtliche Feststellungen, etwa in einer Prüfungsbewertung, im Sinn einer – erschütterbaren – Richtigkeitsvermutung.[108]

---

102 Vgl. Stelkens/Bonk/Sachs/*Kallerhoff/Fellenberg*, § 24 Rn. 14.

103 Z.B. nicht aktenwidrig, s. BVerwG, Urt. v. 02.02.1984 – 6 C 134.81, BVerwGE 68, 338 (340).

104 S. z.B. BVerwG, Beschl. v. 23.02.1994 – 4 B 35.94, NVwZ 1994, 688 (689).

105 Vgl. VGH Baden-Württemberg, Beschl. v. 22.06.1990 – 4 S 2257/89, NVwZ-RR 1991, 55.

106 Vgl. Stelkens/Bonk/Sachs/*Kallerhoff/Fellenberg*, § 24 Rn. 17; auch BVerwG, Beschl. v. 10.10.2012 – 4 B 29.12, juris Rn. 9; zur faktischen Bindung vgl. hinsichtlich des Verwaltungsprozesses Schoch/Schneider/Bier/*Rudisile*, § 98 Rn. 104 f.

107 S. z.B. VGH Hessen, Urt. v. 20.02.1990 – 11 UE 2161/85, NVwZ 1991, 280 (284).

108 Vgl. zur Bewertung einer Habilitationsleistung BVerwG, Urt. v. 16.03.1994 – 6 C 1.93, NVwZ 1994, 1209 (1211 f.).

b) Tatsache, Objektivität und Beweiswert von Beweismitteln

Erklärtes Ziel der Sachaufklärung bzw. Beweiserhebung ist es, Tatsachen festzustellen, d.h. die nach dem Maßstab menschlicher – und damit immer subjektiv gebundener – Erkenntnismöglichkeiten real gegebenen Geschehnisse und Zustände der Umwelt und des menschlichen Seelenlebens zu erkennen.[109] Ob gewonnene Erkenntnisse eine (gesuchte) Tatsache repräsentieren, ist das Thema der Beweiswürdigung. Maßstab hierfür ist, ob und inwieweit ihre Verifizierung, d.h. ihre Objektivierung – als Abkoppelung vom subjektivem Eindruck – gelingt. Diese Nachvollziehbarkeit unterscheidet die Tatsache vom Werturteil, wie umgekehrt abstrakte Objektivität von Tatsachen durch Beweis nicht vermittelt wird, auch nicht durch Sachverständige. 103

Der **Beweiswert** eines Erkenntnis- bzw. Beweismittels davon ab, inwieweit es geeignet ist, etwas zur Objektivierung beizutragen. Im Grundsatz gilt: 104

Der **Sachverständige** ist ein Instrument zur planvollen Objektivierung: Sein fach- und methodengerechtes Handeln und die so – etwa durch Augenschein, Experiment – erkannten Anknüpfungstatsachen eröffnen es Dritten, seine Schlüsse nachzuprüfen, wenn neben Wissen und Methodik – erst recht bei Wertungen – wissenschaftliche, ergebnisoffene Sachbezogenheit (§ 26 Rdn. 49 ff.) bestimmend war. 105

Der **Zeuge** berichtet ausschließlich selbst Erlebtes. Verifizierung folgt hier aus Tatsachen seines Aussageverhaltens, der Stimmigkeit seiner Angaben im Verhältnis untereinander sowie zur Erfahrungswelt und Tatsachenlage um ihn herum, dies insbesondere in Bezug auf die von Dritten beizubringenden bzw. zu beschaffenden, seine Aussage stützenden Indizien (wie entsprechende Erlebnisberichte oder Detailangaben). 106

Für Aussagen der **Beteiligten** gilt dasselbe wie beim Zeugen, allerdings mit dem Akzent primärer Unsicherheit wegen der Interessensbindung (vgl. Rdn. 101) durch den Status als Beteiligter. 107

Für **Auskünfte** gilt, dass sie je nach Quellennähe, Verlässlichkeit richtiger Informationsweitergabe und Erreichbarkeit von zur Überprüfung tauglichen Daten variierenden Beweiswert haben, was z.B. gerade bei Auskünften des Auswärtigen Amts in Asylsachen[110] kritisch zu bedenken ist. Die Abkoppelung der Information von ihrer Bindung an die persönliche Wahrnehmung kann bei entfernten und bis zur Quelle schwer nachvollziehbaren Informationspfaden den Beweiswert beeinträchtigen. 108

Beim **Augenschein** als persönlicher, zur Beweisfrage planvoll eingesetzter unmittelbarer Wahrnehmung ist das meist hohe Maß der Objektivierung – von Sinnestäuschung abgesehen – evident. Auch bei hoher Arbeitsbelastung gilt daher die Faustformel: Im Zweifel für den Augenschein! 109

Bei **Urkunden** hängt der Beweiswert von ihrer Art ab (Rdn. 142). Hier überlagern rechtliche Aspekte die Würdigung der in der Urkunde mittels Verkörperung der 110

109 Vgl. *Vierhaus*, Beweisrecht im Verwaltungsprozess, 2011, Rn. 55 ff.
110 Vgl. dazu BVerwG, Urt. v. 22.01.1985 – 9 C 52.83, NVwZ 1986, 35.

Gedankenerklärung von der persönlichen Wahrnehmung bzw. Erinnerung abgekoppelten und insofern – ebenfalls (Rdn. 108) – neutralisierten Tatsacheninformation.

c) **Grenzen freier Beweiswürdigung**

111 Das **Willkürverbot** gebietet als allgemeine Schranke jeder Beweiswürdigung deren rational nachvollziehbare Vornahme. Geknüpft an das Überzeugungsgebot (Rdn. 116) bindet es jedes subjektive Überzeugtsein wie auch den Zweifel an rationale Grundlagen: Hierzu gehören die Denk- und Naturgesetze, ausnahmslos geltende allgemeine Erfahrungssätze (vgl. Rdn. 132) und unumstrittene Geschichtstatsachen.[111] Hinzu kommen normative Beurteilungsrahmen, gesetzliche Bindungen sowie Beweis- und Beweismaßregeln.

112 Das **Selektionsverbot** gilt als objektives, auf den Gegenstand der Würdigung bezogenes Kriterium hier ebenfalls (vgl. Rdn. 177): Der gesamte Entscheidungsstoff ist einzubeziehen und jeder sich als erheblich aufdrängende Aspekt ist mit zu erwägen.[112]

113 Vorweggenommen abschließendes, Stoff ausgrenzendes Würdigen ist unzulässig, vorläufiges, die Ermittlungen begleitendes Würdigen geboten zur Klärung, ob es weiterer Ermittlungen bedarf (Rdn. 37). Stets ist selbstkritisch zu prüfen, ob und inwieweit eigene stille Prämissen bzw. der subjektive Blick auf die Realität die umfassende Würdigung unzulässig verengen.

114 Falsch verstandene Freiheit ist es, wenn man sich über die Klärungsbedürftigkeit hinwegsetzt und Ermittlungen unterlässt, da sie nach Lage der Dinge die Überzeugung nicht ändern könnten,[113] oder weil man vom Gegenteil der substantiiert (vgl. Rdn. 31 f.) unter Beweis gestellten Tatsache schon bzw. »frei« (Rdn. 98) überzeugt ist.[114] Nur bei untauglichen Beweismitteln (Rdn. 30) bzw. ungeeignetem Beweisantritt kann in engen Grenzen im genannten Sinn argumentiert werden (kaum bei Benennung eines Zeugen,[115] eher noch bei einer Auskunft).

115 Das **Spekulationsverbot** untersagt als subjektives, auf die Person dessen, der würdigt, bezogenes Kriterium Mutmaßungen, gewagte gedankliche Schlüsse und Annahmen bzw. theoretische Modelle anstelle konkreter, beweismaßgerechter Tatsachenfeststellungen. Nur rational nachvollziehbare Erwägungen tragen die Würdigung. Das gilt vor allem für Prognosegrundlagen (z.B. zur Verfolgungsgefahr im Asylrecht),[116] für

---

111 Vgl. *Vierhaus*, Beweisrecht im Verwaltungsprozess, 2011, Rn. 337. Eine solche Tatsache ist beispielsweise die Judenverfolgung im Dritten Reich, s. BVerfG, Beschl. v. 13.04.1994 – 1 BvR 23/94, BVerfGE 90, 266 (249).

112 Vgl. hinsichtlich des Verwaltungsprozesses Schoch/Schneider/Bier/*Dawin*, § 108 Rn. 28 ff.

113 Vgl. bereits BVerwG, Urt. v. 18.11.1955 – II C 180.54, BVerwGE 2, 329.

114 Vgl. etwa BVerwG, Urt. v. 19.09.1986 – 4 C 47-52/84, NVwZ 1987, 405 (406); Beschl. v. 04.09.2008 – 2 B 61.07, NVwZ 2009, 597 (598).

115 Nur bei »eindeutiger und nahezu absoluter Gewissheit«, so BVerwG, Urt. v. 11.12.1981 – 4 C 71.79, NVwZ 1982, 244.

116 Vgl. *Rothkegel*, NVwZ 1992, 313. Aus der Rechtsprechung vgl. BVerwG, Beschl. v. 06.03.2013 – 4 BN 39.12, juris Rn. 8.

die eigene Sachkunde,[117] die wie bei Sachverständigen als Fundament eigener Ermittlungen und Würdigung ohne Beurteilungsspielraum vorliegen und nachvollziehbar sein muss, anstatt nur in Selbstüberschätzung behauptet zu sein, für Erfahrungssätze (Rdn. 129 ff.), die genügend verlässlich sein müssen (andernfalls das non liquet [Rdn. 118] umgangen würde) und deren Quellen prüfbar und schlüssig darzulegen sind.[118]

d) Überzeugungsgebot und non liquet

Das Überzeugungsgebot gilt im Ausgangs- wie im Vorverfahren und ebenso für den Richter im Prozess. Es besagt, dass alle Feststellungen nur auf gewonnener Überzeugung beruhen dürfen. Es ist vom Beweismaß (Rdn. 119) zu unterscheiden. **116**

Überzeugt ist, wer sich **subjektiv gewiss** ist. Dies kann auch der Fall sein, wenn man sich dazu durchringen musste. Als persönliches Fazit des für wahr Erachtens bezieht es sich auf Tatsachen bzw. den Sachverhalt im rechtlich geforderten, objektiven Gewissheitsgrad des Vorliegens.[119] Gegenstücke zur subjektiven Gewissheit sind nicht überwundene Unsicherheiten bzw. fortwirkende Zweifel. Sie lassen subjektiv nur mehr oder weniger für möglich bzw. wahrscheinlich halten, ob die fragliche Tatsache beweismaßgerecht vorliegt; wer da behauptet, überzeugt zu sein, spekuliert ebenso wie derjenige, der die Spekulation zur Begründung nimmt (vgl. Rdn. 115). **117**

Nicht auszuräumende Bedenken gegen das beweismaßgerechte (Rdn. 119 ff.) Vorliegen einer Tatsache hindern deren Feststellung als Sachverhalt. Ein solches **non liquet**[120] zwingt zu der rechtlichen Entscheidung, ob die Tatsache zu unterstellen ist (Rdn. 156), es sei denn, ihre Schätzung ist zulässig oder das Gesetz normiert, geknüpft an das non liquet, die materiell- (vgl. § 26 Rdn. 92) bzw. verfahrensrechtlichen Folgen. **118**

e) Beweismaß

Der verlangten Überzeugung (Rdn. 117) als innerer Tatsache korreliert als Beweisanforderung das Beweismaß. Es kennzeichnet den normativ bzw. richterrechtlich verlangten objektiven **Gewissheitsgrad** einer Tatsache; auf deren Feststellung in ihrem Gewissheitsgrad richten sich die Ermittlungen und die Würdigung. **119**

Dem sog. **Regelbeweismaß** wird genügt, wenn alle bei vernünftiger Betrachtung zu beachtenden objektiven Zweifelsgründe des Falls, so es sie konkret gibt, durch für die Tatsache sprechende Gesichtspunkte überwunden sind. Absolute Richtigkeitsgewähr gibt es nicht. Als Abstand von imaginärer absoluter Gewissheit oder als theoretischer Wahrscheinlichkeitsgrad lässt sich dieses Beweismaß nicht brauchbar definieren.[121] **120**

---

117 Vgl. *Kohnert*, NVwZ 1998, 136 (138).

118 BVerwG, Beschl. v. 25.02.1982 – 9 B 3184.80, NVwZ 1982, 683.

119 Vgl. Schoch/Schneider/Bier/*Dawin*, § 108 Rn. 39.

120 Dazu auch Schoch/Schneider/Bier/*Dawin*, § 108 Rn. 92 ff.

121 Vgl. BVerwG, Urt. v. 29.11.1977 – 1 C 33.71, NJW 1978, 2463 (»Überzeugungsgewissheit«); Urt. v. 16.04.1985 – 9 C 109.84, NVwZ 1985, 658 (660) (»Grad an Gewissheit,

121 **Beweismaßreduzierungen** dienen der Beweiserleichterung aus gebotenem Anlass. Eine Beweismaßreduzierung zugunsten der Behörde kann beispielsweise das Verfahren bei Gefahren für bedeutende Rechtsgüter beschleunigen, eine solche zugunsten eines beweisbelasteten Beteiligten kann etwa die Geltendmachung von Grundrechten (Gewissensfreiheit, Asyl) bei unverschuldeter Beweisnot (Rdn. 135) erleichtern. Als Ausnahmen vom Regelbeweismaß tasten sie das Überzeugungsgebot (Rdn. 116) nicht an,[122] können aber eine Reduzierung des Ermittlungsaufwands bewirken.

122 Nicht auf Gewissheit (Rdn. 120) des Vorliegens einer Tatsache, sondern auf nur unsicheres, indes glaubhaftes oder wahrscheinliches Vorliegen bei einzuräumenden Unsicherheitsgründen bezieht sich hier die Überzeugung.

123 Wahrscheinlichkeit als Element materieller Gefahrbegriffe – z.B. im Asyl-, Polizei- oder Umweltrecht – ist zu unterscheiden von Wahrscheinlichkeit als Beweismaß (Rdn. 122), subjektivem für wahrscheinlich halten (Rdn. 117) und Instrumenten verfahrensrechtlich erleichterter Tatsachenfindung (Rdn. 133).

124 **Beweismaßverschärfungen** führen zu einem Gewissheitsmaßstab an das Überzeugtsein, der überwindbare Zweifels- und Unsicherheitsgründe nur in reduziertem Maß oder gar nicht zulässt. Begriffe wie »Gewähr bieten« (§ 7 Abs. 1 Nr. 2 BBG) und »sicherstellen« (§ 6 Nr. 1 BImSchG) lassen schon geringste Zweifel durchgreifen, verengen also die Zone erlaubten Überzeugtseins zugunsten der Beweislastzone bzw. des non liquet.

125 Der Begriff »**offensichtlich**« (§§ 25, 44 und 46) lässt nicht zu, dass erst noch ernste Bedenken zu überwinden sind. Er fordert ein leicht erkennbares – evidentes, sich aufdrängendes – Ergebnis der Würdigung, ob eine Tatsache der Außenwelt vorliegt bzw. ein Kausalzusammenhang besteht.

f) Schätzung von Tatsachen

126 Schätzen[123] bedeutet, für existente Tatsachen (z.B. Einkommen) deren unsichere Quantitäten ersatzweise – widerleglich – durch möglichst zutreffende Werte festzulegen. Mit den Methoden der Tatsachenfeststellung (Rdn. 129 ff.) werden die Schätzgrundlagen ermittelt. Schätzen ist dem Wesen nach Approximation an die wahre Tatsache durch Würdigung der Indizien bei überzeugungsgewiss zu erfüllendem Beweismaß größtmöglicher Richtigkeitswahrscheinlichkeit, begleitet von der Überzeugung, die richtige Quantitätstatsache nur zufällig exakt damit treffen zu können.

127 Die Schätzung überbrückt Beweisnot und vermeidet als gerichtlich voll nachprüfbare[124] Tatsachenfindung das non liquet und die daran geknüpfte der Existenz der

---

der den Zweifeln Schweigen gebietet«); OVG Münster, Urt. v. 27.02.2019 – 19 A 1999/16, juris Rn. 28 (»mit an Sicherheit grenzender Wahrscheinlichkeit«).

122 BVerwG, Urt. v. 16.04.1985 – 9 C 109.84, NVwZ 1985, 658 (660).

123 Zur Zulässigkeit einer Schätzung vgl. auch § 287 ZPO.

124 Für einen »gewissen Spielraum« aber BVerwG, Urt. v. 16.08.1985 – 8 C 120 – 122.83, NJW 1986, 1122 (1124).

Grundtatsache widersprechende Beweislastentscheidung (Verneinung der Quantität an sich). Die Schätzung dient so der Durchführbarkeit der Verwaltungsaufgabe und der annähernden Gleichbehandlung in Fällen, in denen trotz nur ungenauer Entscheidungsbasis nach Beweislast sonst eindeutig ungerecht zu entscheiden wäre. Sie kann zu einer Schätzungsnachteile vermeidenden Mitwirkung motivieren. Der Schätzwert ist bei Bekanntwerden der wahren Quantität vor Erlass oder – bei Rechtsbehelfen – vor Bestandskraft der Entscheidung, durch jene zu ersetzen. Unsubstantiiertes Bestreiten erschüttert fundierte Schätzwerte nicht und gebietet keine neuen Ermittlungen.

Die Schätzung erfordert, soll sie einen Rechtseingriff tragen, stets eine gesetzliche 128
Ermächtigung[125] und in sonstigen Fällen die sich ungerecht auswirkende Ungewissheit[126] bei zugleich fehlendem Gebot, die Quantität präzise festzustellen, ein an sich gegebenes non liquet wegen unverhältnismäßiger (Rdn. 62) oder fehlender Ermittelbarkeit der quantitativen, in Maßeinheiten erfassbaren Tatsache, und tragfähige Schätzgrundlagen, auf die die Sachaufklärung ohne »Reduzierung« im Umfang sich verlagert.[127]

g) Erfahrungssätze, Anscheinsbeweis, Indizienbeweis, Tatsachenvermutungen

Ohne Rückgriff auf die Erfahrung kommt die Behörde bei der Feststellung des Sach- 129
verhalts nicht aus. Er schließt Lücken, die als non liquet (Rdn. 118) bleiben würden, wenn nur unmittelbar wahrgenommene Zustände, Geschehnisse und Zusammenhänge als Tatsachen feststellbar wären. Insofern hilft er notorischer Beweisnot ab. Der Vorgang besteht darin, dass Tatsachen, auch solche mit Indizwert, im Weg der Beweiswürdigung und Schlussfolgerung aus Erfahrungssätzen ermittelt werden, die im konkreten Fall anwendbar sind, da die Merkmale ihrer typisierten Sachverhalte und die ermittelten Tatsachen übereinstimmen.

Anwendungsvoraussetzungen sind die Existenz des auf typisches Geschehen ge- 130
gründeten, aktuell gültigen, eindeutig und jederzeit formulier- und überprüfbaren Erfahrungssatzes, und zur Überzeugung (Rdn. 116) festgestellte Indizien, die als Anknüpfungstatsachen den Schluss auf die Typizität des Falls und so auf die gesuchte (Erfahrungs-) Tatsache begründen.[128]

Der **Anwendungswert des Erfahrungssatzes** beruht auf seiner Aussagekraft, dem 131
Wahrscheinlichkeitswert seines Zutreffens im Einzelfall, den die voneinander unabhängig beobachtete Häufigkeit des Vorgangs bzw. Zustands in typischer Lage trägt.[129] Betrifft er willensgebundenes Verhalten, ist er schon durch substantiiertes Vorbringen

125 Vgl. BVerwG, Urt. v. 16.08.1985 – 8 C 120 – 122.83, NJW 1986, 1122 (1124).

126 Vgl. bei der Gewährung von Sozialleistungen BVerwG, Urt. v. 30.11.1972 – VIII C 81.71, BVerwGE 41, 220 (226).

127 Vgl. hinsichtlich des Verwaltungsprozesses z.B. BVerwG, Urt. v. 01.03.1995 – 8 C 36/92, NJW 1995, 2303 (2307).

128 Vgl. zur notwendigen Feststellung von Indizien BVerwG, Urt. v. 01.09.1994 – 3 C 1.92, BVerwGE 96, 337 (342).

129 Vgl. Stelkens/Bonk/Sachs/*Kallerhoff/Fellenberg*, § 26 Rn. 28.

individuellen Handelns zu erschüttern; Fälle individueller Entscheidungen sind damit nicht erfassbar. Für eine statistische Betrachtungsweise ist auch kein Raum.

132 Allgemeine Erfahrungssätze, z.B. Naturgesetze, sind ausnahmslos gültig und wie Rechtssätze strikt zu beachten (vgl. Rdn. 111). Sonstige Erfahrungssätze sind wegen des reduzierten Beweiswerts widerleglich, so auch besondere Erfahrungssätze, wie sie technischen Regelwerken zugrunde liegen können, sowie die durch das Bundesverwaltungsgericht so genannten »Erfahrungstatsachen«.[130] Auf ein atypisches Geschehen hindeutende Indizien erschüttern deren Wahrscheinlichkeitswert oder weisen in Bezug auf einen Erfahrungssatz auf seine Unanwendbarkeit hin.

133 Lediglich exponierte Fälle der Anwendung von Erfahrungssätzen sind der zur Kausalitäts- und Verschuldensfeststellung entwickelte, auf den Richtigkeitsanschein des Wahrscheinlichen (Typischen) gestützte Anscheinsbeweis und der Indizienbeweis,[131] dessen Name nur die Indizienfeststellung in Beweisaufnahmen assoziiert. Auch Begriffe wie Tatsachenvermutung, Erfahrungstatsache und Regelvermutung beschreiben Fälle der Anwendung widerleglicher Erfahrung.

134 Beispiele widerleglicher Erfahrungstatsachen sind die größere Richtigkeitsgewähr amts- bzw. vertrauensärztlicher Belege gegenüber privatärztlichen Attesten[132] oder die Richtigkeit rechtskräftiger strafrichterlicher Feststellungen.[133]

h) Individuelle Beweisnot

135 Stark erschwerte oder fehlende Verfügbarkeit von Beweismitteln prägt die Fälle individueller Beweisnot. Davon betroffene Materien wie das Asylrecht[134] sowie – wegen der zu bewältigenden Massenvorgänge – das Steuerrecht haben den Blick auch (vgl. Rdn. 121) auf Erfahrungssätze (Rdn. 129) gelenkt. Feststellungen erleichternd wirkt die Erfahrung, dass schlüssiges, durch nichts infrage gestelltes Vorbringen naheliegend auch richtig (wahr) ist, wobei Indizien, die hier den Kern der Sachaufklärung bilden, diese Folgerung tragen müssen, z.B. die Widerspruchsfreiheit,[135] der Detaillierungsgrad oder das Fehlen Zweifel weckender Indizien (etwa mit dem Erfahrungswert unvereinbares Verhalten).[136]

136 **Verursacht** die **Behörde** die Beweisnot des beweisbelasteten, korrekt mitwirkenden Beteiligten (weil sie z.B. die Vornahme beantragter, gebotener, nicht nachholbarer Feststellungen unterlässt) oder führt der **Beteiligte** eine solche herbei (vgl. Rdn. 138 ff.),

130 Vgl. etwa BVerwG, Urt. v. 22.04.1994 – 8 C 29.92, NJW 1995, 542 (544).
131 S. z.B. BVerwG, Urt. v. 19.01.1990 – 4 C 28.89, NJW 1990, 1681.
132 Vgl. BVerwG, Beschl. v. 27.08.1992 – 6 33.92, NVwZ-RR 1993, 252.
133 Vgl. OVG Rheinland-Pfalz, Urt. v. 09.05.1989 – 6 A 124.88, NJW 1990, 1553 (1554).
134 Vgl. etwa *Marx*, AsylVfG, 8. Aufl. 2014, Einführung vor § 78 Rn. 5 und 48.
135 S. z.B. BVerwG, Urt. v. 21.06.1988 – 9 C 12.889, NVwZ 1988, 1136 (1138).
136 S. z.B. BVerwG, Beschl. v. 04.06.1996 – 9 C 110.95, NVwZ-RR 1996, 706.

sind die Möglichkeiten der Würdigung unter Zuhilfenahme geeigneter Erfahrungssätze[137] auszuschöpfen (vgl. Rdn. 168).

Überzeugendem Vorbringen kann bei Fehlen widerstreitender Indizien unmittelbar gefolgt werden. Bei Beweisbedürftigkeit sind das Verhalten, seine Gründe, die vereitelte Erfolgswahrscheinlichkeit und die Kenntnis- und Sachlage umfassend zu würdigen. 137

i) Mitwirkungsverhalten Beteiligter

Das Mitwirkungsverhalten der Beteiligten ist umfassend zu würdigen und berührt Beweismaß und Beweislast nicht. Ohne entsprechenden Rechtssatz bewirkt auch das zu würdigende, der Behörde den Beweis vereitelnde Verhalten weder eine Beweislastumkehr (Rdn. 169) noch eine Beweismaßreduzierung.[138] 138

Das Mitwirkungsverhalten lässt im Einzelfall auf Erfahrungssätze gestützte Schlüsse zu: In Kenntnis der Verfahrenslage (vermeintlich) günstig Erscheinendes vorzubringen und Nachteiliges nicht, liegt nahe. Allerdings sind stets die in Betracht kommenden Gründe des Verhaltens umfassend in die Würdigung einzubeziehen. 139

Dem Beteiligten nachteilige Schlüsse erfordern, dass er zurechenbar gezielt beweisvereitelnd eingreift oder immerhin bewusst fahrlässig[139] in angemessener Frist (§ 26 Rdn. 89), ohne Erzwingbarkeit (§ 26 Rdn. 97), nicht mitwirkt und die gesuchte Tatsache nicht anders verhältnismäßig (Rdn. 61) feststellbar ist. Ein Hinweis auf die Folgen mangelnder Mitwirkung[140] bzw. die widerspruchsfrei begründete, den Mitwirkungsbedarf aufzeigende Aufforderung[141] ist geboten, es sei denn, dem Beteiligten, um dessen Kenntnis- und Zugriffssphäre es geht, ist die Lage bewusst. Bei Fremdsprachigkeit muss der Hinweis in Übersetzung bzw. verständlicher Sprache erfolgen. Die gebotene, mögliche, zumutbare[142] Mitwirkung muss ohne nachvollziehbaren Grund (vgl. § 25 Abs. 4 Satz 5 AsylG), wie etwa die Wahrnehmung eines Weigerungsrechts (§ 26 Rdn. 91), dem eigenen Interesse an substantiierter Entkräftung belastender Umstände bzw. am Erfolg des gestellten Antrags zuwider unterblieben sein. 140

j) Gesetzliche Beweisregeln, Beweiskraft von Urkunden, Bindung an Entscheidungen Dritter

Würdigungs- bzw. Beweisregeln binden abweichend von freier Beweiswürdigung (Rdn. 99) das Ergebnis der Würdigung oder schreiben die Berücksichtigung 141

137 Zur Würdigung bei »Neubewertungsnot« bzw. »Begründungsnot« wegen Zeitablaufs bei Prüfungen s. BVerwG, Beschl. v. 11.04.1996 – 6 B 13.96, NVwZ 1997, 502 bzw. Urt. v. 06.09.1995 – 6 C 18.93, NJW 1996, 2670 (2675).

138 Vgl. BVerwG, Urt. v. 29.06.1999 – 9 C 36.98, NVwZ 2000, 81 (82).

139 Vgl. Stelkens/Bonk/Sachs/*Kallerhoff/Fellenberg*, § 24 Rn. 18.

140 Gesetzlich vorgesehen z.B. in § 11 Abs. 8 Satz 2 FeV; vgl. ferner für das Sozialverwaltungsverfahren § 66 Abs. 3 SGB I.

141 Vgl. z.B. VGH Baden-Württemberg, Beschl. v. 11.01.1991 – 9 S 2907/89, NVwZ-RR 1992, 354 (355).

142 Vgl. nur *Kopp/Ramsauer*, § 26 Rn. 43.

bestimmter Umstände vor (z.B. § 25 Abs. 4 Satz 5 AsylG). Gesetzliche Beweismaßnormen liefern nur den Beweismaßstab für die Würdigung.

142 Die formelle Beweiskraft lässt den durch eine **Urkunde** wiedergegebenen Vorgang bzw. Inhalt in gesetzlich bestimmter Hinsicht als bewiesen erscheinen; hierfür gelten die §§ 415 bis 419 ZPO analog,[143] § 418 ZPO indes nur dann, wenn die ausstellende Behörde nicht zu ihren Gunsten mit der Urkunde Beweis führen will.[144] Die materielle Beweiskraft betrifft die Bedeutung der Urkunde für außerhalb ihrer formellen Beweiskraft liegende Tatsachenfeststellungen wie die sachliche Richtigkeit der in ihr beurkundeten Erklärung; insoweit gilt die freie Würdigung.

143 Das eigenständige Würdigen (Rdn. 102) ist eingeschränkt bei **gesetzlicher Bindung an Feststellungen Dritter** (vgl. z.B. § 4 Abs. 5 Satz 1 und 4 StVG[145] oder § 35 Abs. 3 GewO).[146]

144 Ergibt in **gestuften Verfahren** die Würdigung, dass aufgrund neuer Erkenntnisse einer geänderten Sachlage Rechnung zu tragen ist, kann die Bindungswirkung einer Teilgenehmigung bzw. eines Vorbescheids durch Widerruf beseitigt werden.[147] Bei **Änderungsvorhaben** entfällt hingegen die Bindungswirkung der Ausgangsgenehmigung, soweit die Auswirkungen der Änderung reichen, und es ist insoweit, dem etwaigen Erkenntnisfortschritt (z.B. zur Schadensvorsorge im Atomrecht) folgend zu ermitteln und zu würdigen.[148]

13. Konsequenzen fehlerhafter Sachverhaltsfeststellung

145 Neben Folgen in Bezug auf einzelne Ermittlungsschritte (Rdn. 146) bzw. die Sachentscheidung (Rdn. 153 ff.) ist denkbar: Nichtfestsetzbarkeit von Kosten (Rdn. 22), Amtshaftung, bei Rechtsverletzung jenseits einer Sachentscheidung Anspruch auf vorbeugende Unterlassung,[149] Folgenbeseitigung, die aber gefährdet ist, wenn möglicher Rechtsschutz nach § 44a Satz 2 VwGO trotz drohender irreparabler Folge (z.B. Bestandskraft des Verwaltungsakts) nicht gesucht wird.

---

143 Ebenso *Kopp/Ramsauer*, § 26 Rn. 34.

144 Vgl. BVerwG, Urt. v. 16.03.1984 – 4 C 52.80, NJW 1984, 2962.

145 Vgl. z.B. VGH Bayern, Beschl. v. 27.04.2012 – 11 CE 12.583, juris Rn. 4 und VGH Baden-Württemberg, Beschl. v. 03.11.2013 – 10 S 1933/13, NJW 2014, 487 (488); jeweils zu § 4 Abs. 3 StVG a.F.

146 Zur Bindungswirkung von Strafurteilen im beamtenrechtlichen Disziplinarverfahren s. BVerwG, Beschl. v. 01.03.2013 – 2 B 78.12, NVwZ-RR 2013, 559 und Beschl. v. 15.03.2013 – 2 B 22.12, NVwZ-RR 2013, 557.

147 Vgl. BVerwG, Beschl. v. 12.07.1993 – 7 B 177.92, NVwZ-RR 1994, 16.

148 Vgl. BVerwG, Urt. v. 21.08.1996 – 11 C 9.95, NVwZ 1997, 161.

149 Vgl. BVerwG, Urt. v. 18.04.1985 – 3 C 34.84, BVerwGE 71, 183; OVG Nordrhein-Westfalen, Urt. v. 10.11.1993 – 25 A 1237/92, NVwZ 1995, 186.

a) Rechtsschutz in Bezug auf einzelne Ermittlungshandlungen

146 Ermittlungsschritte sind von **Beteiligten** (vgl. § 44a Satz 2 VwGO) dann isoliert anfechtbar, wenn Rechtsschutz nach dessen Satz 1, über zu beachtendes Verfahrensrecht hinaus, für ein materielles Recht zu spät käme bzw. ein Rechtseingriff jenseits der Sachentscheidung nur so vermeidbar wäre.[150] § 44a Satz 1 VwGO gilt gegenüber den von der Sachentscheidung nicht berührten **Dritten**, z.B. Zeugen oder Sachverständigen, ohnehin nicht.

147 Die **Erzwingung von Ermittlungen** durch Beteiligte scheitert regelmäßig am fehlenden Anspruch[151] (Rdn. 89), ferner an § 44a Satz 1 VwGO, der Vornahmebegehren einschließt. Auch Dritten gewährt § 24 keine isoliert durchsetzbaren subjektiven Verfahrensrechte. Das materielle Recht enthält ebenfalls grundsätzlich keine isolierten Ermittlungsansprüche. Soweit ausnahmsweise eine rechtlich selbstständig geschützte Verfahrensposition auf Durchführung eines Verfahrens besteht, beruht das nicht auf § 24.

148 Als **Ausnahme** ist einstweiliger Rechtsschutz und Leistungsklage auf bestimmte Ermittlungen der Behörde für beweisbelastete, geboten (durch Beweisantrag) mitwirkende Beteiligte denkbar, wenn insoweit das Verfahrensermessen auf null reduziert ist (Rdn. 96) und Einbußen ihrer materiellen Rechte nur so vermeidbar sind; Rechtsverwirklichung hat Vorrang vor etwaiger Folgenbeseitigung etc. Daneben steht die **isolierte, gerichtliche Beweissicherung** nach § 173 VwGO i.V.m. §§ 485 ff. ZPO. Wo diese einem künftigen Verwaltungsverfahren vorgreifend wirkt, sind strengste Anforderungen an das berechtigte Interesse hieran zu stellen.

b) Fehlerkategorien

149 **Überzogene Ermittlungen** können zu einem unzutreffenden Sachverhalt mit Folgen wie bei einem Ermittlungsdefizit führen, eher aber zu sonstigen Folgen (Rdn. 145). Die Nichtigkeit des Verwaltungsakts kommt bei sittenwidrig beschafftem Sachverhalt in Betracht.

150 Bei **Ermittlungsdefiziten** droht – vorbehaltlich behördlicher Fehlerbehebung bzw. Unbeachtlichkeit (Rdn. 151) – bei Verletzung subjektiver Rechte des Klägers gerichtlich die Aufhebung des Verwaltungsakts, bei Planfeststellungsbeschlüssen jedenfalls die Feststellung der Rechtswidrig- und Nichtvollziehbarkeit.[152]

151 **Fehler bei der Sachaufklärung** sind **Verfahrensfehler.**[153] Sie führen zur formellen Rechtswidrigkeit des Verwaltungsakts. Da verletzbare subjektive Verfahrensrechte regelmäßig fehlen, kommt es zu Fehlerfolgen für die Sachentscheidung nur bei

---

150 Ausführlich zu Ausnahmen von § 44a Satz 1 Schoch/Schneider/Stelkens/Schenk, § 44a Rn. 25 ff.; eingehend zu § 44a VwGO *Eichberger*, Die Einschränkung des Rechtsschutzes gegen behördliche Verfahrenshandlungen, 1986.

151 Vgl. nur Kopp/*Ramsauer*, § 26 Rn. 1a.

152 Vgl. z.B. BVerwG, Urt. v. 14.07.2011 – 9 A 12.10, BVerwGE 140, 149.

153 Vgl. VGH Bayern, Beschl. v. 13.01.2014 – 14 CS 13.1790, juris Rn. 17.

Verletzung materieller Rechte. Aufklärungsdefizite sind nur durch Nachholung zuzüglich Wiederholung[154] berührter Verfahrens- und Abwägungsvorgänge **heilbar.** Die **Unbeachtlichkeit** regelt § 46.

152 **Beweiswürdigungsfehler** gehen dem Erlass des Verwaltungsakts voraus, sind also **Verfahrensfehler** und ziehen dasselbe Rechtsfolgenspektrum nach sich wie Aufklärungsfehler, wenn sie einen entscheidungskausal unzutreffend festgestellten Sachverhalt ergeben und die Verletzung subjektiver Rechte hinzukommt.

c) Fehlerfolgen für die Sachentscheidung

153 Bei rechtlich gebundenen Verwaltungsakten oder Ermessensreduzierung auf null gilt § 46.[155] Hier behebt das Gericht Aufklärungsmängel bis zur Spruchreife (vgl. § 86 VwGO). Bei einem erheblichen Ermittlungsdefizit erlaubt **§ 113 Abs. 3 VwGO** eine Aufhebung womöglich zutreffender Verwaltungsakte, betont also (insofern sachgerecht) die originäre Ermittlungsfunktion der Behörde.[156]

154 **Ermessens-**, **prognose-** bzw. **beurteilungs**relevante Fehler im zugrunde gelegten Sachverhalt führen bei deshalb subjektive Rechte verletzendem Verwaltungsakt ohne gerichtliche Defizitbehebung zur Aufhebung, wenn andernfalls gerichtlich in den normativ eröffneten Spielraum der Verwaltung einzugreifen wäre.[157] Über das Fachrecht hinaus eröffnet aber **§ 114 Satz 2 VwGO** Abhilfe während des Prozesses, wenn **Abwägungen** nur zu **ergänzen** sind, sei es auch nach defizitbehebender Sachaufklärung.

155 Rechte verletzende **Abwägungsfehler** im **Planfeststellungsverfahren** wegen unzutreffend zugrunde gelegtem Sachverhalt führen nach § 75 Abs. 1a so weit wie möglich zu einer **ergänzenden Fehlerbehebung** anstatt zur Aufhebung des Planfeststellungsbeschlusses, die bei infrage gestellter Gesamtkonzeption des Plans oder eines abtrennbaren Teils davon greift.[158]

14. Beweislast

156 Bei einem **non liquet** (Rdn. 118) muss die Behörde, um ihre Pflicht zur Sachentscheidung erfüllen zu können, festlegen, ob sie von der ungewissen Tatsache oder dem Gegenteil ausgeht. Was gilt, bestimmen die **Beweislastnormen**, die die Rechtsgrundlage (nur) für die Schließung der Sachverhaltslücke sind.[159] Für die Behörde sind sie Entscheidungsnormen im Verfahren. Rechtsträgern zeigen sie indirekt verhaltenssteuernd

---

154 Vgl. BVerwG, Urt. v. 31.03.1995 – 4 A 1.93, NVwZ 1995, 901.

155 Auch Erichsen/Ehlers/*Pünder*, Allgemeines Verwaltungsrecht, 14. Aufl. 2010, § 14 Rn. 64.

156 Dazu Schoch/Schneider/Bier/*Riese*, § 113 Rn. 173 ff.

157 Vgl. etwa BVerwG, Beschl. v. 05.05.1988 – 7 B 8.88, NJW 1988, 2911 (hinsichtlich der Ermessensausübung); BVerwG, Urt. v. 28.08.1996 – 6 C 15.94, NJW 1997, 602 (hinsichtlich eines Beurteilungsspielraums).

158 Vgl. etwa BVerwG, Urt. v. 14.07.2011 – 9 A 12.10, BVerwGE 140, 149 (insb. 164 f.); ferner BVerwG, Urt. v. 24.11.2011 – 9 A 23.10, NVwZ 2012, 557 (564 ff.).

159 Schoch/Schneider/Bier/*Dawin*, § 108 Rn. 94.

an, wen die Entscheidung rechtlich wie treffen würde (Rdn. 158).[160] Ihre Aussage wird bestimmt durch die Materie des zu prüfenden (Gegen-) Rechts, der sie zugehören. Auch wenn deshalb naturgemäß das materielle Recht im Blickpunkt steht, gibt es die objektive Beweislast auch im Verfahrensrecht, z.B. wenn es um die Handlungsfähigkeit nach § 12 geht,[161] bzw. überall dort, wo trotz Tatsachenungewissheit zu entscheiden ist.

Die **§§ 24 und 26 regeln** die **Beweislast nicht.**[162] Die fehlerhafte Zuordnung der Beweislast in der Sachentscheidung ist kein Verfahrensfehler, sondern ein materieller Fehler; § 46 ist deshalb nicht anwendbar. 157

a) Objektive und subjektive Beweislast

Die objektive Beweislast (Feststellungslast) trägt derjenige, für den die Nichterweislichkeit einer Tatsache in Bezug auf ein (behauptetes) Recht rechtlich nachteilig ist (Rdn. 156). Vor der Anwendung der Beweislastnorm bzw. einer Entscheidung nach Beweislast müssen die Instrumente der Sachaufklärung und Würdigung pflichtgemäß erschöpft worden sein, ohne zu einem Feststellungserfolg geführt zu haben (Rdn. 93). 158

Die zivilprozessual geprägte subjektive Beweislast (Beweisführungslast) ist die jedenfalls den objektiv Beweisbelasteten treffende Last, im Verfahren aktiv Beweis zur Feststellung des Sachverhalts anzubieten, um Erfolg zu haben.[163] Im Verwaltungsverfahrensrecht gilt Folgendes: 159

Bezogen auf die **Behörde** geht eine Beweisführungslast in der Aufklärungspflicht auf, die sich auf die für den Beteiligten günstige Beweismittel erstreckt (vgl. Abs. 2) und unabhängig davon zur Beweiserhebung zwingt, ob jemand und wer Beweis anbietet. Ist der Behörde die Sachaufklärung von Amts wegen verwehrt, weil ihr keine Ermittlungsmöglichkeiten zur Verfügung stehen, und hat der **Beteiligte** die materielle Beweislast, ist Raum für eine ihn treffende Beweisführungslast:[164] Er muss dann, um mit seinem Begehren Erfolg zu haben, Beweismittel anbieten, auf die er allein Zugriff hat bzw. die die Behörde übersieht.[165] Ein **normiertes Beispiel** bietet § 48 Abs. 3 BauGB, der dem Beteiligten die Glaubhaftmachung (vgl. § 27) bestimmter Tatsachen aufgibt. 160

Diese Beweisführungslast unterscheidet sich von der gleichnamigen prozessrechtlichen Last in der Reichweite der Folgen, da im Prozess der materiell Beweisbelastete, der den Beweis nicht führt (anbietet), schon deswegen verliert, selbst wenn ein vom Gegner angebotener Beweis erhoben werden könnte; Letzteres würde im Verwaltungsverfahren aber zur Beweiserhebung führen. Diese Last beruht auch nicht auf 161

160 Vgl. Schoch/Schneider/Bier/*Dawin*, § 108 Rn. 96 ff.
161 Dazu BVerwG, Beschl. v. 11.02.1994 – 2 B 173.93, NJW 1994, 2633.
162 Stelkens/Bonk/Sachs/*Kallerhoff/Fellenberg*, § 24 Rn. 55.
163 Vgl. Jauernig/*Hess*, Zivilprozessrecht, 30. Aufl. 2011, § 50 Rn. 4.
164 Vgl. aber etwa BVerwG, Urt. v. 27.11.1980 – 2 C 38.79, NJW 1981, 1386 (1389); Stelkens/Bonk/Sachs/*Kallerhoff/Fellenberg*, § 26 Rn. 56.
165 Vgl. z.B. VGH Bayern, Beschl. v. 13.05.1986 – 20 CS 86.00338, NVwZ 1986, 942 (946).

dem Beibringungsgrundsatz, sondern ist Ausprägung der Mitwirkungslast (vgl. § 26 Rdn. 82 ff.), also ein dem Untersuchungsgrundsatz zuarbeitendes, in ihn integriertes Verfahrensprinzip.

b) Beweislastnorm und Beweislastverteilung

162 Grundsätzlich ist die ungeklärte (Rdn. 156) Tatsache und das zugehörige Tatbestandsmerkmal als nicht gegeben anzusehen, so dass die Beweislast trägt, wer aus dieser Tatsache die günstige Rechtsfolge hätte herleiten können (sog. **Beweislastgrundregel**).[166] Daraus folgt: Die Beweislast trifft denjenigen, der eine Leistung oder Vergünstigung beantragt, und die Behörde, die einen Rechtseingriff beabsichtigt, jeweils in Bezug auf die den Anspruch bzw. Eingriff tragenden Tatsachen.[167] Für das Vorliegen rechtshindernder, -hemmender und -vernichtender Tatbestände trägt die Beweislast, wer mit ihnen ein Gegenrecht zur Abwehr des Eingriffs bzw. zur Versagung der Vergünstigung geltend macht.[168]

163 Die Zuordnung einer Norm zu den Kategorien rechtsbegründend, -hindernd, -hemmend oder -vernichtend ergibt ihre Auslegung und Einordnung in die Beziehung von Ausgangs- und Sondertatbestand, ohne dass damit die Zuweisung der Beweislast rechtlich stets geklärt wäre. Ob im Einzelfall jene Grundregel oder ihr Gegenteil gilt, bzw. wen die Beweislast trifft, ergibt sich – auch bei Fehlen besonderer Zuweisungsnormen – aus der Entscheidung des Gesetzgebers, die nachzuvollziehen ist.[169] Folgende Beweislastkriterien aus der diskutierten Vielzahl sind von Bedeutung:

164 Der Garantie wirksamen Rechtsschutzes, dem Gleichheitssatz – bei Prüfungen unter dem Aspekt der Chancengleichheit[170] – und dem Rechtsstaatsprinzip[171] ist Rechnung zu tragen und zu klären, wem das Risiko einer der wahren Sachlage konträren Beweislastentscheidung eher zuzumuten ist; dazu ist das Gewicht der hypothetisch jeweils betroffenen Interessen und Folgen zu prüfen, Regel-Ausnahme-Beziehungen und Beweismöglichkeiten nach Verantwortungs- und Zugriffssphären sind zu beachten.[172] Im Disziplinarrecht gilt der Grundsatz »in dubio pro reo« (vgl. § 32 Abs. 1 Nr. 1 BDG: Einstellung des Disziplinarverfahrens, »wenn ein Dienstvergehen nicht erwiesen ist«).

---

166 Vgl. nur BVerwG, Beschl. v. 31.07.1989 – 7 B 104.89, NVwZ 1990, 65; Urt. v. 27.11.1980 – 2 C 38.79, NJW 1981, 1386 (1389).

167 Z.B. BVerwG, Beschl. v. 18.03.1992 – 2 B 126.91, NVwZ-RR 1993, 205 (hinsichtlich eines Anspruchs).

168 Z.B. BVerwG, Urt. v. 23.02.1979 – 4 C 86.76, NJW 1980, 252 (Bestandsschutz); OVG Rheinland-Pfalz, Urt. v. 12.12.2012 – 10875/12, DVBl 2013, 316 (318).

169 Vgl. z.B. BVerwG, Urt. v. 30.03.2010 – 1 C 7.09, NVwZ 2010, 1367 (1368 f.).

170 Z.B. BVerwG, Beschl. v. 11.04.1996 – 6 B 13.96, NVwZ 1997, 502.

171 Vgl. BVerwG, Beschl. v. 31.07.1989 – 7 B 104.89, NVwZ 1990, 65 (hinsichtlich unklarer Prüfungsmängel).

172 In diesem Sinne auch etwa Stelkens/Bonk/Sachs/*Kallerhoff/Fellenberg*, § 24 Rn. 55.

Für **Drittbetroffene** gelten im Verwaltungsverfahrensrecht dieselben Grundsätze.[173] Für den Anspruch auf **Einschreiten** zur Gefahrenabwehr oder zum **Schutz vor Risiken** trägt der Nachbar die Beweislast, ebenso für Tatsachen, die drittschützende Versagungsgründe bzw. entsprechend geschützte Belange in der Abwägung gegen einen beantragten Verwaltungsakt bzw. Planfeststellungsbeschluss tragen sollen. Für die den begehrten Verwaltungsakt bzw. den Planfeststellungsbeschluss tragenden Tatsachen trägt sie der Antragsteller bzw. Vorhabenträger. Entsprechendes gilt für **Konkurrenten-Fälle.** 165

Letztlich bleibt dem Rechtsanwender trotz der Beweislastgrundregel und den genannten Kriterien nichts anderes übrig, als vorrangig zu prüfen, ob hinsichtlich der konkret sich stellenden Beweislastfrage bereits eine einschlägige Gerichtsentscheidung, insbesondere des Bundesverwaltungsgerichts existiert. Häufig enthalten auch Kommentierungen Hinweise zur Beweislastverteilung. 166

c) Beweislastumkehr

Dieser Begriff beschreibt den Fall einer der eingangs genannten Grundregel (Rdn. 162) entgegengesetzten Beweislastverteilung, die sich aufgrund Gesetzes, als weitere Folge einer gesetzlichen Vermutung (vgl. Rdn. 170 ff.) oder aufgrund weiterer Beweislastkriterien (vgl. Rdn. 164) ergeben kann. Sie gilt z.B. zulasten Beteiligter bei Rücknahme eines unlauter bzw. durch verschwiegene Umstände erwirkten Verwaltungsakts in Bezug auf dessen Rechtswidrigkeit, wenn nur der Beteiligte die wahren Umstände hätte angeben können[174]; hiervon zu unterscheiden ist seine Beweislast für die Vertrauensgrundlage, die sich schon aus § 48 Abs. 2 Satz 3 ergibt. Beweislastumkehr gilt bei Widerruf eines Verwaltungsakts, wenn der auferlegte Nachweis der Verwendung der Zuwendung im Verantwortungsbereich des Beteiligten unterblieben ist.[175] 167

Beweisnot, etwa beim Negativbeweis (dass etwas nicht geschehen ist), ist mit den Mitteln der Würdigung bzw. mit Beweiserleichterungen, die weit reichen können, zu bewältigen (vgl. Rdn. 135 ff.).[176] 168

Beweisvereitelung besagt, dass einer Person, die die Beweislast trägt, der Nachweis beschnitten wird. Eine solche Situation führt – unabhängig davon, ob sie auf dem Verhalten der Behörde oder eines Beteiligten beruht – nicht generell zur Beweislastumkehr.[177] Wenn nicht das Gesetz die Entscheidung vorschreibt (vgl. § 26 Rdn. 92), ist durch Klärung der Gründe und Würdigung der Umstände die Lage zu bewältigen. Die objektiven und subjektiven Gründe können so weit auseinanderliegen, dass es schon deshalb die Beweislastumkehr nicht als allgemeine Regel geben kann.[178] 169

---

173 Vgl. BVerwG, Urt. v. 19.09.1969 – IV C 18.67, DVBl 1970, 62 (64).
174 BVerwG, Urt. v. 05.09.1991 – 3 C 64.88, NVwZ 1992, 772.
175 OVG Nordrhein-Westfalen, Urt. v. 02.05.1994 – 8 A 3885/93, NVwZ 1996, 610 (612 f.).
176 Dazu aus Schoch/Schneider/Bier/*Dawin*, § 108 Rn. 56 ff.
177 Vgl. auch BVerwG, Beschl. v. 12.12.2000 – 11 B 76.00, NJW 2001, 841 (842).
178 Ebenfalls dazu ausführlicher Schoch/Schneider/Bier/*Dawin*, § 108 Rn. 77 ff.

»Beweisvereitelung« der Behörde oder des Beteiligten bei eigener Beweislast führt zum non liquet, falls die so geschaffene Aufklärungslücke nicht mehr zu schließen ist.[179]

d) Gesetzliche Tatsachenvermutungen

170 **Unwiderlegliche Vermutungen** sind nach dem hier zugrunde gelegten Verständnis Regelungen, die die Annahme eines Ausnahmefalls von dem vermuteten Merkmal – z.B. von der Befangenheit des Amtswalters gem. § 20 oder von dem Nichtvorliegen eines Eingriffs in Natur und Landschaft (§ 14 Abs. 3 BNatSchG) – nicht zulassen, wenn die Vermutungsbasis aufgrund der zu ermittelnden Anknüpfungstatsachen überzeugend feststeht. Die Auslegung ergibt, ob von einer derartigen unwiderleglichen Vermutung auszugehen ist.[180] Im Zweifel ist materieller Gerechtigkeit, Rechtsstaatlichkeit bzw. Verhältnismäßigkeit folgend nur eine widerlegliche Vermutung anzunehmen,[181] unabhängig davon, ob sich die Vermutungsnorm auf eine Mitwirkungslast oder behördliches Ermittlungshandeln bezieht.

171 **Widerleglichkeit** besagt, dass die Möglichkeit offensteht, einen Ausnahmefall darzulegen und nachzuweisen, der die Unanwendbarkeit der Vermutungsnorm bedingt. Um »Widerlegung« von kraft Würdigung gefundenen Tatsachenvermutungen (Rdn. 132 f.) geht es daher dem Wesen nach nicht, sondern um eine mehr oder weniger weitreichende Umkehr der Darlegungs- bzw. Beweislast (vgl. Rdn. 174). **Beispiele** widerleglicher Vermutungen sind § 5 Abs. 2 WaffG, § 27 Abs. 3 Satz 1 AsylG (Sicherheit vor Verfolgung) oder § 19 Abs. 1 Satz 2 Nr. 1 BeamtVG[182].

172 Normierte widerlegliche Vermutungen[183] setzen kein non liquet voraus, regeln keine Ausnahmen von § 24 und befreien nicht von der Aufklärungspflicht, auch wenn sie Mitwirkungslasten Beteiligter aufgreifen. Dadurch kann aber die Schwelle für die Aufnahme amtswegiger Ermittlungen angehoben sein (so etwa in Art. 16a Abs. 3 Satz 2 GG, der eine vorausgegangene Darlegung von bestimmter Qualität verlangt). Die Widerleglichkeit bedingt im Verfahren zunächst die Vorläufigkeit der Vermutung. Bleibt die Sachaufklärung mangels gebotener Mitwirkung oder mangels Aufklärungserfolg aus, dann füllt die Vermutung auch im Ergebnis die Lücke mit ihrem normierten Inhalt, der insofern abweichend von reinen Beweislastnormen ein anderer als deren Ja/Nein zur ungeklärten Tatsache sein und selbst an ermittelte bzw. feststehende Tatsachen anknüpfen kann.

---

179 Vgl. zu einem Fall, in dem die Behörde ihrer Aufklärungsverpflichtung nicht nachgekommen ist und dem Betroffenen eine mangelnde Mitwirkung bei der Ermittlung des Sachverhalts nicht vorgeworfen werden kann, VGH Baden-Württemberg, Urt. v. 07.01.2015 – 6 S 1280/13, VBlBW 2015, 389.

180 Vgl. z.B. BVerwG, Beschl. v. 26.03.2013 – 3 B 90.12, juris Rn. 9 f.

181 Vgl. zu einem Fall des Grundrechtsverstoßes bei Unwiderleglichkeit BVerfG, Beschl. v. 29.06.1995 – 1 BvR 1800/94, NVwZ 1996, 57.

182 Dazu BVerwG, Urt. v. 28.01.2016 – 2 C 21.14, BVerwGE 154, 137 und VGH Baden-Württemberg, Urt. v. 15.06.2016 – 4 S 1562/15, VBlBW 2016, 463.

183 Zu einer von der Rechtsprechung angenommenen widerleglichen Vermutung s. etwa BVerwG, Beschl. v. 06.03.2013 – 4 BN 39.12, juris Rn. 13.

Die gesetzliche Vermutung wirkt durch Rechtsanwendung als Tatsachenfeststellung. Zur vermuteten Tatsache ist zu ermitteln, sobald ein Anhaltspunkt für eine abweichende Sachlage besteht, da die feststellbare Wahrheit Vorrang hat.[184] Gleiches gilt, wenn die Verfahrenslage von der Vermutungsbasis, z.B. zum Mitwirkungsverhalten, abweicht. Denn stets muss die Vermutungsbasis zur Überzeugung und rechtlich dem Normzweck gemäß zutreffend vorliegen. 173

Mittels Auslegung ist der Inhalt der Vermutung und das Beweismaß für den Ausnahmefall zu klären. Widerlegen kann erfordern: substantiierte Darlegung (so bei § 41 Abs. 2 in Bezug auf Zugang und Zugangszeitpunkt [§ 41 Rdn. 37 f.]), Glaubhaftmachung (vgl. § 27 Abs. 3 AsylG),[185] die Beweislast für Zweifel setzende Tatsachen oder gar, die Beweislast voll umkehrend, Beweis des Gegenteils.[186] 174

15. Untersuchungsgrundsatz beim Einsatz automatischer Einrichtungen (Abs. 1 Satz 3)

Der jüngst Abs. 1 angefügte Satz 3 (vgl. Rdn. 1) ist im Zusammenhang mit dem neuen § 35a (»Ein Verwaltungsakt kann vollständig durch automatische Einrichtungen erlassen werden, sofern dies durch Rechtsvorschrift zugelassen ist und weder ein Ermessen noch ein Beurteilungsspielraum besteht.«) zu sehen. Abs. 1 Satz 3 stellt nach der Vorstellung des Gesetzgebers klar, dass der Untersuchungsgrundsatz auch beim Einsatz automatischer Einrichtungen gilt; auch bei unvorhergesehenen Fallgestaltungen dürften keine falschen Ergebnisse erzielt werden.[187] Dass es einer solchen Klarstellung bedurfte, erscheint nicht zwingend; denn der Annahme, beim Einsatz automatischer Einrichtungen müsste die Behörde Besonderheiten des Einzelfalls nicht berücksichtigen, steht bereits Abs. 2 entgegen.[188] In der Verwaltungspraxis muss Vorbringen eines Beteiligten (zunächst einmal) dazu führen, dass eine weitere Bearbeitung außerhalb des automatisierten Verfahrens erfolgt.[189] Je nach Relevanz des Vorbringens kommt eine Rückführung in dieses Verfahren in Betracht.[190] Ein Verwaltungsakt, der nach einer solchen Rückführung erlassen wird, ist dann allerdings kein solcher i.S. von § 35a.[191] 175

184 Vgl. BVerwG, Urt. v. 28.01.2016 – 2 C 21.14, BVerwGE 154, 137 (140 ff.).
185 Näher *Marx*, AsylVfG, 8. Aufl. 2014, § 27 Rn. 16 ff.
186 Vgl. Jauernig/*Hess*, Zivilprozessrecht, 30. Aufl. 2011, § 50 Rn. 27.
187 Vgl. Beschlussempfehlung und Bericht des Finanzausschusses, BT-Drucks. 18/8434, S. 122.
188 Vgl. auch den Hinweis von *Siegel* (DVBl 2017, 24 [27]), dass beim Erlass automatisierter Verwaltungsakte das besondere Risiko bestehe, dass die Sachverhaltsermittlung eingeengt werde und bestimmte Angaben unentdeckt blieben.
189 BT-Drucks. 18/8434, S. 122.
190 Vgl. *Schmitz/Prell*, NVwZ 2016, 1273 (1277) auch *v. Harbou*, JZ 2020, 340 (343).
191 *Schmitz/Prell*, NVwZ 2016, 1273 (1277).

II. Berücksichtigungspflicht (Abs. 2)

176 Abs. 2 drückt mit der Berücksichtigungspflicht ein **Wesensmerkmal des Untersuchungsgrundsatzes** positiv aus (Rdn. 39), das sich auf alle möglicherweise entscheidungserheblichen Umstände in der Ermittlungs- und Würdigungsphase erstreckt. Die Norm enthält keine Meistbegünstigungsregel[192] zugunsten Beteiligter. Sie vermittelt auch keinen **Drittschutz** (vgl. Rdn. 147). Die Erwähnung der für die Beteiligten günstigen Umstände spitzt das Gebot ohne weitergehenden Gehalt lediglich verbal auf Beteiligte zu.

177 Negativ gewendet als **Selektionsverbot** begegnet Abs. 2 einer ständigen Crux der Ermittlungs- und Würdigungspraxis und ist daher – nicht nur rechtsstaatlich selbstverständlich – Gegengewicht zu der bei Ermittlungsbeginn oft unvermeidlichen, von Abs. 1 Satz 2 durchaus gewollten Prioritätenbildung (Rdn. 90).

178 Verboten ist die vorweggenommene, endgültige Selektion[193] von Erkenntnis- und Beweismitteln. Die Behörde darf nicht der festzustellenden Sachlage zuwider den Entscheidungsstoff beschränken. Die Prioritätenbildung bzw. »Auswahl« unter den zu klärenden Tatsachen und den verfügbaren Erkenntnismitteln darf stets nur als vorläufig verstanden werden (Rdn. 90). Das gilt auch im Fall eines Verwaltungsakts unter Zurückstellung zu klärender Fragen bzw. an sich veranlasster Ermittlungen (vgl. Rdn. 91). Auch Beweisermittlungsanträge (Rdn. 95) sind auf Substanz, insbesondere darauf abzuklopfen, ob sie auf Erweiterung der Tatsachenbasis für eine Prognose abzielen (d.h. dann doch Beweisanträge sind).[194]

179 Abs. 2 **gilt für** die Ebene der vorläufigen **Beweiswürdigung** vor Abschluss der Ermittlungen und erst recht für die abschließende Würdigung. Er verbietet nur solche **Typisierungen**, die in Ausprägung des Selektionsverbots die Sachgerechtigkeit der Entscheidung verlassen, indem an Besonderheiten des Falls oder allgemein »vorbeitypisiert« wird (vgl. Rdn. 65, 85).

III. Entgegennahmepflicht (Abs. 3)

180 Die Entgegennahmepflicht besteht sowohl **vor Beginn** als auch **während des Verwaltungsverfahrens.** Abs. 3 hängt daher systematisch sowohl mit § 22[195] als auch mit § 24 Abs. 1 Satz 2 Halbs. 2[196] und § 26 Abs. 2 zusammen. Denn Abs. 3 verbietet im laufenden Verfahren, insofern dem Abs. 2 folgend, die Selektion durch Annahmeverweigerung in Bezug auf Vorbringen und Beweisanträge Beteiligter.[197] Auf Art. 17 GG zurückgehend[198] und an sich selbstverständlich[199] soll Abs. 3 garantieren, dass die

192 Stelkens/Bonk/Sachs/*Kallerhoff/Fellenberg*, § 24 Rn. 63.
193 Im Hinblick auf den Verwaltungsprozess BVerwG, Urt. v. 20.03.1990 – 9 C 91.89, NVwZ 1990, 878.
194 Vgl. zum Asylprozess BVerwG, Beschl. v. 18.06.1993 – 2 BvR 1815/92, NVwZ 1994, 60.
195 Vgl. Stelkens/Bonk/Sachs/*Kallerhoff/Fellenberg*, § 24 Rn. 66.
196 Vgl. *Kopp/Ramsauer*, § 24 Rn. 57.
197 Vgl. OVG Saarlouis, Beschl. v. 23.11.2017 – 2 D 698/17, juris Rn. 11.
198 Vgl. OVG Saarlouis, Beschl. v. 23.11.2017 – 2 D 698/17, juris Rn. 11.
199 Stelkens/Bonk/Sachs/*Kallerhoff/Fellenberg*, § 24 Rn. 66.

Behörde an sie herangetragene Äußerungen annimmt (Rdn. 181), von ihnen Kenntnis nimmt (Rdn. 185) und über sie in einem rechtsstaatlich geordneten Verfahren entscheidet (Rdn. 187).

1. Erklärungen und Anträge

Erfasst werden Äußerungen jeglicher Art mit nicht von vornherein auszuschließendem Sachbezug zu einem Verwaltungsverfahren, insbesondere materiell- und verfahrensrechtliche Anträge, Unterlagen, Aufzeichnungen, Stellungnahmen, Bitten und Anregungen. **Anzunehmen** ist auch etwa formwidriges oder formularmäßiges, aber inhaltlich lückenhaftes Vorbringen, ein als verfristet oder aus anderen Gründen als unzulässig, als missbräuchlich, als unschlüssig oder – vgl. § 29 AsylG – als unbeachtlich zu qualifizierender Antrag[200] sowie fremdsprachiges Vorbringen. **Zurückgewiesen** werden darf offenkundig falsch adressiertes, unzureichend frankiertes,[201] querulatorisches[202] und schon beschiedenes[203] Vorbringen. Querulatorisches und schon beschiedenes Vorbringen muss freilich nach den Umständen bei Zugang als ausschließlich sachfremd bzw. schon umfassend behandelt zu erkennen sein; ansonsten entfällt die Pflicht zur weiteren Sachbehandlung erst zum Zeitpunkt der entsprechenden Erkenntnis (vgl. Rdn. 188). 181

2. Zuständigkeit der Behörde

Nach dem Regelungszusammenhang stellt Abs. 3 allein das strikte Selektionsverbot (Rdn. 180) klar, ohne zugleich ein Zurückweisungsrecht bei Unzuständigkeit zu regeln oder vorauszusetzen: Erkennbar einer anderen Behörde zugedachtes darf, der unzuständigen Behörde zugedachtes darf nicht zurückgewiesen werden, was die einvernehmliche Rückgabe auf Hinweis hin nicht hindert; ansonsten ist über die Zulässigkeit rechtlich geordnet zu entscheiden. 182

Zur **Weiterleitung** und Erteilung der **Abgabenachricht** besteht auch bei fristgebundenem Vorbringen oder fehlgelaufenem Rechtsbehelf jedenfalls grundsätzlich **keine** Pflicht;[204] es wäre regelmäßig nur ein erlaubtes Entgegenkommen. Die dahin gehende Pflicht setzt eine **gesetzliche Anordnung** voraus (vgl. z.B. § 14 Abs. 2 Satz 2 AsylG). Folglich begründet der bloße **Abgabeantrag** diese Pflicht nicht. 183

---

200 Vgl. auch – hinsichtlich Asylanträge – BVerfG, Beschl. v. 25.02.1981 – 1 BvR 413, 768 und 820/80, NJW 1981, 1436 (1438).

201 Stelkens/Bonk/Sachs/*Kallerhoff/Fellenberg*, § 24 Rn. 66.

202 *Kopp/Ramsauer*, § 24 Rn. 59.

203 Insoweit ist eine Abgrenzung zu »neuem« Vorbringen (das etwa auf die Aufhebung der ergangenen Entscheidung gerichtet ist) erforderlich.

204 Stelkens/Bonk/Sachs/*Kallerhoff/Fellenberg*, § 24 Rn. 81. – Zur entsprechenden Problematik im verwaltungsgerichtlichen Verfahren vgl. etwa Schoch/Schneider/Bier/*Ortloff/Riese*, § 81 Rn. 4 und *Rudisile* § 124a Rn. 36.

3. Zugangsermöglichung

184 Dass Vorbringen in die Verfügungsgewalt der Behörde gelangt, darf nicht sachlich ungerechtfertigt bzw. unzumutbar erschwert werden. Für mündliches Vorbringen sind angemessene, zumutbar einzuhaltende Publikumsverkehrszeiten vorzusehen. Für Schriftverkehr ist ein der Behörde eindeutig zugeordneter Briefkasten, für Fristsachen ein Nachtbriefkasten zu unterhalten, nicht aber ein Nachtdienst.[205] Die Entgegennahme durch die innerdienstlich zuständige Person zu fordern, wäre unzumutbar.[206] Zur Bestätigung des Zugangs ist die Behörde nur in gesetzlich vorgeschriebenen Fällen verpflichtet (vgl. z.B. § 2 Abs. 6 Satz 1 KDVG).

4. Pflicht zur Befassung mit dem Vorbringen

185 Entgegenzunehmendes, auch wiederholendes Vorbringen muss die Behörde inhaltlich zur Kenntnis nehmen, sich mit ihm in der Sache auseinandersetzen[207] und den Umständen entsprechend tätig werden, gegebenenfalls einen Bescheid erteilen (Rdn. 187). Der wirkliche Wille des Erklärenden in den Grenzen des (konkludent) Erklärten ist maßgebend (vgl. § 22 Rdn. 85). In zeitlicher Hinsicht verfügt die Behörde über einen Bearbeitungsspielraum; das Zügigkeitsgebot des § 10 Satz 2 sowie das Willkürverbot und die Verhältnismäßigkeit sind bei der Bearbeitung zu beachten.[208] Ein Amtshaftungsanspruch wegen unangemessen langer Bearbeitungsdauer ist denkbar.[209] Rechtsschutz gegen die Untätigkeit der Behörde bietet die Klage gem. § 75 VwGO.[210] Vgl. im Übrigen auch die Genehmigungsfiktion des § 42a.

186 Die Vollständigkeit eingereichter Unterlagen sowie, ob Formularen (vgl. Rdn. 65) lückenlos und richtig ausgefüllt worden sind,[211] sind vorab zu prüfen. Wegen solcher Mängel darf die Sachprüfung bei nur verwaltungsintern vorgesehenen Formularen nicht abgelehnt werden.[212]

---

205 Vgl. bereits BVerfG, Beschl. v. 11.02.1976 – 2 BvR 652/75, NJW 1976, 747. Verfügt die Behörde – wie heute allgemein üblich – über einen Telefaxanschluss und ergibt sich dies aus den normalerweise verwendeten Briefköpfen der Behörde oder aus ihrem Internetauftritt, so steht dem Erklärenden bzw. Beantragenden auch dieser Weg offen und er kann darauf vertrauen, dass dieses Gerät auch nach Dienstschluss für eingehende Sendungen empfangsbereit gehalten wird (vgl. auch Schoch/Schneider/Bier/*Meissner/Schenk*, § 57 Rn. 32 f.).

206 Für Gerichte BVerfG, Beschl. v. 03.10.1979 – 1 BvR 726/78, NJW 1980, 580.

207 Vgl. BVerwG, Beschl. v. 14.04.1992 – 1 C 48.89, NVwZ 1992, 682 (684); zu wiederholendem Vorbringen OVG Bremen, Beschl. v. 06.10.1981 – 2 B 55.81, NVwZ 1982, 50.

208 Vgl. BVerfG, Beschl. v. 26.02.1985 – 2 BvR 1145/83, BVerfGE 69, 161 (168, 173) = NJW 1985, 2019 f.

209 Vgl. BGH, Urt. v. 23.09.1993 – III ZR 54/92, NVwZ 1994, 405.

210 Stelkens/Bonk/Sachs/*Kallerhoff/Fellenberg*, § 24 Rn. 72.

211 Vgl. BVerwG, Urt. v. 24.06.1976 – I C 56.74, NJW 1977, 772.

212 Stelkens/Bonk/Sachs/*Kallerhoff/Fellenberg*, § 24 Rn. 85.

5. Pflicht zur Bescheidung

Auf das Vorbringen ist in angemessener Zeit (Rdn. 185) zu reagieren. Gegebenenfalls gesetzlich vorgesehene Fristen sind zu beachten. Ein wirksamer Antrag darf nicht unbeschieden bzw. unerledigt bleiben. Die Reaktion auf fremdsprachiges Vorbringen regelt § 23 Abs. 2 Satz 1 und 2. 187

Eine Pflicht zur Erteilung eines Bescheids besteht nicht, wenn der Erklärende eine Reaktion nicht erwarten kann, sei es aufgrund seiner Funktion im Verfahren, sei es nach Treu und Glauben wegen des Inhalts der Äußerung, so bei rein querulatorischem oder offenkundig nicht auf die Erteilung eines Bescheids abzielendem Vorbringen (vgl. Rdn. 181). 188

C. Unionsrecht

Der **Untersuchungsgrundsatz** ist im Grundsatz – als Ausprägung des Grundsatzes ordnungsgemäßer Verwaltung[213] – auch ein **ungeschriebener Grundsatz** des Verwaltungsverfahrensrechts der Union (vgl. Rdn. 38).[214] Ob und gegebenenfalls inwieweit er auch dem durch Art. 41 GR-Charta gewährleisteten Recht auf eine gute Verwaltung zuzuordnen ist, ist noch nicht abschließend geklärt.[215] Zentrale, ihn konstituierende Elemente sind auch im Unionsrecht die Aufklärungspflicht der Behörde und das Berücksichtigungsgebot.[216] 189

Auch ein **Verfahrensermessen** der Behörde bei der Sachaufklärung (Rdn. 89 ff.) gehört zum Konzept der Sachverhaltsfeststellung, ist also wesensmäßig dem Untersuchungsgrundsatz ebenso zuzurechnen wie die **Mitwirkungslast** der Beteiligten als mit ihm verzahntes Prinzip (vgl. Rdn. 161; § 26 Rdn. 82 ff.). 190

D. Verwaltungsverfahrensrecht der Länder

Die Verwaltungsverfahrensgesetze der Länder enthielten bis zur Einfügung des Abs. 1 Satz 3 gleichlautende Vorschriften. Nach und nach ist mit einer Anpassung an die aktuelle Fassung zu rechnen. 191

---

213 Vgl. Meyer/*Magiera*, Charta der Grundrechte der Europäischen Union, 3. Aufl. 2011, Art. 41 Rn. 5; Schwarze/*Voet van Vormizeele*, EU-Kommentar, 3. Aufl. 2012, Art. 41 GR-Charta, Rn. 3.

214 Vgl. Terhechte/*Fehling*, Verwaltungsrecht der Europäischen Union, 2011, § 12 Rn. 27. Zum sog. Eigenverwaltungsrecht der Union auch Hoffmann-Riem/*Schmidt-Aßmann*/Voßkuhle, Grundlagen des Verwaltungsrechts, Band I, 2. Aufl. 2012, § 5 Rn. 35 ff.

215 Terhechte/*Fehling*, Verwaltungsrecht der Europäischen Union, 2011, § 12 Rn. 28. Vgl. auch *Gärditz*, DÖV 2010, 453 (464).

216 Vgl. z.B. EuGH, Urt. v. 21.11.1991 – C-269/90, NVwZ 1992, 358.

§ 25 Beratung, Auskunft, frühe Öffentlichkeitsbeteiligung

(1) [1]Die Behörde soll die Abgabe von Erklärungen, die Stellung von Anträgen oder die Berichtigung von Erklärungen oder Anträgen anregen, wenn diese offensichtlich nur versehentlich oder aus Unkenntnis unterblieben oder unrichtig abgegeben oder gestellt worden sind. [2]Sie erteilt, soweit erforderlich, Auskunft über die den Beteiligten im Verwaltungsverfahren zustehenden Rechte und die ihnen obliegenden Pflichten.

(2) [1]Die Behörde erörtert, soweit erforderlich, bereits vor Stellung eines Antrags mit dem zukünftigen Antragsteller, welche Nachweise und Unterlagen von ihm zu erbringen sind und in welcher Weise das Verfahren beschleunigt werden kann. [2]Soweit es der Verfahrensbeschleunigung dient, soll sie dem Antragsteller nach Eingang des Antrags unverzüglich Auskunft über die voraussichtliche Verfahrensdauer und die Vollständigkeit der Antragsunterlagen geben.

(3) Die Behörde wirkt darauf hin, dass der Träger bei der Planung von Vorhaben, die nicht nur unwesentliche Auswirkungen auf die Belange einer größeren Zahl von Dritten haben können, die betroffene Öffentlichkeit frühzeitig über die Ziele des Vorhabens, die Mittel, es zu verwirklichen, und die voraussichtlichen Auswirkungen des Vorhabens unterrichtet (frühe Öffentlichkeitsbeteiligung). Die frühe Öffentlichkeitsbeteiligung soll möglichst bereits vor Stellung des Antrags stattfinden. Der betroffenen Öffentlichkeit soll Gelegenheit zur Äußerung und zur Erörterung gegeben werden. Das Ergebnis der vor Antragstellung durchgeführten frühen Öffentlichkeitsbeteiligung soll der Behörde spätestens mit der Antragstellung, im Übrigen unverzüglich mitgeteilt werden. Satz 1 gilt nicht, soweit die betroffene Öffentlichkeit bereits nach anderen Rechtsvorschriften vor der Antragstellung zu beteiligen ist. Beteiligungsrechte nach anderen Rechtsvorschriften bleiben unberührt.

Zuletzt geändert durch das Gesetz zur Verbesserung der Öffentlichkeitsbeteiligung und zur Vereinheitlichung von Planfeststellungsverfahren (PlVereinG) vom 31.05.2013 (BGBl. I S. 1388)

Schrifttum

Appel, Staat und Bürger in Umweltverwaltungsverfahren, NVwZ 2012, 1361; Bierwirth, Auskünfte an und über den Anzeigeerstatter im Verwaltungsverfahren, BayVBl. 1989, 587; *Burgi*, Das Bedarfserörterungsverfahren: Eine Reformoption für die Bürgerbeteiligung bei Großprojekten, NVwZ 2012, 277; *Burgi/Durner*, Modernisierung des Verwaltungsverfahrensrechts durch Stärkung des VwVfG, 2012; *Dolde*, Neue Formen der Bürgerbeteiligung?, NVwZ 2013, 769; *Füßer/Kindler*, Die Möglichkeiten zur Effektivierung des Erörterungstermins, im Rahmen des geltenden Rechts, UPR 2012, 168; *Groß*, Stuttgart 21: Folgerungen für Demokratie und Verwaltungsverfahren, DÖV 2011, 510; *Guckelberger*, Formen von Öffentlichkeit und Öffentlichkeitsbeteiligung im Umweltverwaltungsrecht, VerwArch 2012, 31; *Guckelberger*, Bürokratieabbau durch Abschaffung des Erörterungstermins?, DÖV 2006, 97; *Jäde*, Befangenheitsschranken behördlicher Beratung, BayVBl. 1988, 264; *Jochum*, Auskunfts- und Hinweispflichten bei der Wahrnehmung hoheitlicher Aufgaben, NVwZ 1987, 460; *Hien*, Partizipation in Planungsverfahren, UPR 2012, 128; *Held*, Individualrechtsschutz bei fehlerhaftem Verwaltungsverfahren, NVwZ 2012, 461; *Knauff*, Öffentlichkeitsbeteiligung im Verwaltungsverfahren, DÖV 2012, 1; *Knemeyer*, Auskunftsanspruch und behördliche Auskunftsverweigerung, JZ 1992, 348; *Krappel*, Die Mitwirkung von Umwelt- und Naturschutzvereinigungen aus Sicht des Vorhabenträgers, NuR 2012, 836; *Müller-Waack*, Die Auskunftspflicht der Verwaltungsbehörden im Zusammenhang mit Verwaltungsverfahren, 1980; *Oebbecke*, Beratung durch Behörden, DVBl 1994, 147; *Pietzner Müller*, Herstellungsanspruch und Verwaltungsgerichtsbarkeit, VerwArch. Bd. 85, 1994, 603; *Riese/Dieckmann*, Der Erörterungstermin – Bestandsaufnahme und Reformvorschlag, DVBl 2010, 1343; *Schink*, Öffentlichkeitsbeteiligung – Beschleunigung – Akzeptanz, DVBl 2011, 1377; *Schmitz/Prell*, Planungsvereinheitlichungsgesetz, NVwZ 2013, 745; *Schoch*, Folgenbeseitigung und Wiedergutmachung im öffentlichen Recht, VerwArch. Bd. 79, 1988, 1; *Stender-Vorwachs*, Neue Formen der Bürgerbeteiligung?, NVwZ 2012, 1061; *Wulfhorst*, Konsequenzen aus »Stuttgart 21«: Vorschläge zur Verbesserung der Bürgerbeteiligung, DÖV 2011, 581; *Ziekow*, Von der Reanimation des Verfahrensrechts, NVwZ 2005, 263; *Ziekow*, Gutachten D zum 69. DJT, Neue Formen der Bürgerbeteiligung? Planung und Zulassung von Projekten in der parlamentarischen Demokratie, 2012; *Ziekow*, Frühe Öffentlichkeitsbeteiligung, NVwZ 2013, 754.

Übersicht **Rdn.**

A. Allgemeines und Grundsätze

I. Gegenstand der Regelung

1 § 25 regelt **Fürsorge-** und **Betreuungspflichten** der Behörde im Verwaltungsverfahren[1] und im Vorfeld von Verwaltungsverfahren. Darüber hinaus entspricht die Regelung dem heutigen Grundverständnis einer »**guten Verwaltung**«, die den Bürger hilft, berät und informiert und insoweit gewährleistet, dass die **Verwaltungsverfahren effizient** und **transparent** geführt werden. In der Vorschrift enthaltende Instrumente sind die Beratung, die Auskunft und die Erörterung im Vorfeld des Antrages sowie die nunmehr im Abs. 3 vorgesehene frühzeitige Bürgerbeteiligung.

2 Im Einzelnen regelt der **Abs. 1** in **Satz 1** die **Beratung** (Rdn. 14 ff.) in Bezug auf Erklärungen sowie Anträge und in **Satz 2** die **Auskunft** (Rdn. 38) über Rechte und Pflichten Beteiligter.

1 BVerwG, Urt. v. 08.12.1995 – 8 C 37.93, NJW 1997, 71 (75).

Der im Rahmen des vierten VwVfÄndG im Jahr 2009 eingefügte **Abs. 2** regelt die **Erörterung des Antrages** im **Vorfeld der Antragstellung** (Rdn. 54 ff). Es geht in Satz 1 um die Erörterung der zu erbringenden Nachweise und Unterlagen sowie der Möglichkeiten der Verfahrensbeschleunigung (Rdn. 56 ff.). Satz 2 regelt die Auskunft über die voraussichtliche Verfahrensdauer und die Vollständigkeit der Antragsunterlagen (Rdn. 72 ff.) 3

Der durch das Gesetz zur Verbesserung der Öffentlichkeitsbeteiligung und zur Vereinheitlichung von Planfeststellungsverfahren (PlVereinG) vom 31.05.2013 eingeführte **Abs. 3** enthält Regelungen zur Ausgestaltung der **frühzeitigen Bürgerbeteiligung** und regelt deren Rechtsfolgen (Rdn. 99 ff.). 4

Spezielle Vorschriften enthalten: 5

1) **im VwVfG** die §§ 68 Abs. 2 Satz 2 und 73 Abs. 6 Satz 6;
2) **außerhalb** des VwVfG vor allem der inhaltsgleiche § 89 AO und die §§ 13 ff. SGB-I, die keine allgemeinen, über das Sozialrecht hinausreichenden Grundsätze repräsentieren.[2] Beratungspflichten sind auch als Ausfluss der Fürsorgepflicht des Dienstherrn aus dem Beamtenrecht[3] sowie den Geschäftsordnungen der Länder[4] zu entnehmen. Ferner gehören dazu, das Umweltinformationsgesetz (UIG), die Informationsfreiheitsgesetze und das Verbraucherinformationsgesetz (VIG) die Informations- bzw. Auskunftsrechte enthalten.

II. Zweck der Regelung

Der Zweck der Regelung entspricht dem Selbstverständnis der Verwaltung bürgernah und als »Helfer des Staatsbürgers«,[5] rechtstaatlich fair, auf Effektivität bedacht zu sein: § 25 soll **Einbußen an Rechten** des Bürgers, die aus Unkenntnis und Unerfahrenheit im Umgang mit Behörden entstehen, ebenso **entgegenwirken** wie der **Abwälzung** von in der Verantwortung der Verwaltung wurzelnden Unsicherheiten und **Risiken** auf den Bürger.[6] 6

Zunehmend rückt dabei die dem Bürger und der **Effektivität** der Verwaltung dienende straffe Verfahrensführung sowie die Entlastung der Behörde von eigener Sachaufklärung mittels Akzentuierung und Optimierung der Mitwirkung Beteiligter in 7

---

2 Vgl. Stelkens/Bonk/Sachs/*Kallerhoff*, § 25 Rn. 5.

3 BVerwG, Urt. v. 30.01.1997 – 2 C 10.96, BVerwGE 104, 55 durch eine tatsächlich Auskunftspraxis kann sich ein Anspruch auf Auskunft bzw. Beratung aus Art. 3 Abs. 1 GG ergeben.

4 OVG Nordrhein-Westfalen, Beschl. v. 28.08.1997 – 15 A 3432/94, NVwZ 1999, 1252 für eine Ratsfraktion.

5 St. Rspr. BGH, Urt. v. 17.05.1984 – III ZR 86/83, NJW 1985, 1335 (1337); vgl.: Amtl. Begründung S. 49.

6 BVerwG, Urt. v. 22.10.1993 – 6 C 10.92, NVwZ 1994, 575 (577).

den Blickpunkt. Das behördliche Interesse an frühzeitiger Steuerung des Verhaltens (zukünftiger) Beteiligter korrespondiert mit deren Interesse an der beschleunigten Realisierung ihrer Vorhaben.

8 Die **Beschleunigungsgesetzgebung** hat diese Ziele mit der Regelung des **Abs. 2** durch die vor Verfahrensbeginn einsetzende **Erörterung des Antrages** (Rdn. 54 ff.) aufgegriffen. Die vor Antragstellung beginnende Erörterung soll dem zukünftigen Antragsteller verlässliche Orientierung bieten und der Behörde vorausgreifendes Mitsteuern mittels klarer Vorgaben und umfassender Information ermöglichen,[7] ohne eine neue Verfahrensart zu schaffen.[8] Das Ziel ist eine **Verfahrensbeschleunigung** zu erreichen und das Verfahren effektiv zu gestalten.

9 Bei Großvorhaben, deren Auswirkungen über ihre unmittelbare Umgebung hinausgehen, werden die bestehenden Formen der Öffentlichkeitsbeteiligung im Genehmigungs- oder Planfeststellungsverfahren als nicht mehr ausreichend empfunden. Um dem Interesse an frühzeitiger Beteiligung und Mitsprache zu entsprechen, hat der Gesetzgeber mit dem **Abs. 3** die Möglichkeit der frühzeitigen Bürgerbeteiligung vorgesehen. Diese hat zum Ziel die Planung von Vorhaben in einem frühen Stadium zu **optimieren**, **Transparenz** zu schaffen und sie **Akzeptanz** von Genehmigungs- und Planungsentscheidungen zu fördern.[9]

B. Die Vorschrift im Einzelnen

I. Die Regelung des Abs. 1

1. Regelungsstruktur

10 Die Sätze 1 und 2 unterscheiden sich im konkreten Auslöser für das betreuende Handeln der Behörde.

11 **Satz 1** knüpft an die behördliche Erkenntnis an, dass etwas fehlt oder unrichtig vorliegt, und schließt daran die **von Amts wegen initiierte Beratung** bzw. Anregung der Behörde an, während **Satz 2** bei der **Auskunft** die **Initiative des Beteiligten** voraussetzt.

12 Dahinter steht die Erwägung, dass offensichtliche (Rdn. 32) Mängel des (zukünftigen) Beteiligten, um des Rechts willen ein fürsorgendes Handeln der Behörde gebieten, während das, was der Beteiligte als rechtliches Problem ansieht, sein Vorstelligwerden erfordert.

13 **Berührungspunkt** beider Sätze sind die **Rechte und Pflichten Beteiligter.** Über sie wird **von Amts wegen** beraten und **auf Frage** Auskunft erteilt und so dem Beteiligten von zwei Seiten der Zugang zum nötigen Wissen gewährt.

---

7 Vgl. schon *Eberle*, Vw Bd. 17, 1984, 439 (446 f.); weiterhin: *Krumsiek/Frenzen*, DÖV 1995, 1013 (1022 f.); BT-Drucks. 13/3995 S. 9.

8 Ebenso *Schmitz/Wessendorf*, NVwZ 1996, 955 (959).

9 BT-Drucks. 17/9666 S. 1.

2. Beratungspflicht (Satz 1)

Die Beratung beruht auf Äußerungen, die den Bürger oder schon Beteiligten **anregen**, ein bestimmtes **Verhalten vorzunehmen.** Die Behörde soll nach Satz 1 zur Stellung von Anträgen oder Erklärungen bzw. deren Berichtigung anregen. 14

Der Satz 1 basiert auf der **Grundvorstellung**, dass es Sache der Behörde ist, alle in Betracht kommenden gesetzlichen Bestimmungen auf ihre Anwendbarkeit zu prüfen und initiativ zu werden, wenn sie auf einen in Satz 1 geregelten Fall stößt. Ist z.B. ein Antrag offensichtlich fehlerhaft, hat die Behörde auf ein solches Defizit und deren Beseitigung hinzuweisen.[10] 15

Die verfahrensführende Behörde darf den Bürger oder Beteiligten **nicht sehenden Auges** oder in **formalistisch enger** Sichtweise in eine Situation geraten lassen, die für ihn Nachteile bzw. Schäden nach sich zieht,[11] z.B. weil ein Antrag erst gar nicht gestellt wird. Dementsprechend regelt Satz 1 die aus konstruktiven Anregungen bestehende Beratung von Amts wegen. 16

a) Soll-Vorschrift des Satzes 1

Beim Satz 1 handelt es sich um eine »Soll-Vorschrift«, die die Behörde **im Regelfall** zur Vornahme der Beratung **verpflichtet.**[12] Nur **aus besonderem Grund** ist dieses Handeln überflüssig; so z.B., wenn die rechtsunkundige Person einen genügend kundigen Bevollmächtigten einschaltet; wenn sie sich trotz der Anregungen uneinsichtig zeigt und sich nichts sagen lassen will; wenn etwas Gegenstand der Beratung wäre, womit ein vernünftiger Antragsteller sich ohnehin vor der Antragstellung befasst haben wird;[13] wenn jener erkennbar im Wissen des Fehlens von Unterlagen säumig bleibt und nicht weiter mitwirkt;[14] wenn die Behörde bereits auf den Mangel hingewiesen bzw. fruchtlos Anregung erteilt hat und sich nur wiederholen könnte oder wenn sie nach den Umständen Kenntnis voraussetzen darf. 17

b) Voraussetzungen der Beratungspflicht nach Satz 1

Voraussetzung für die Beratung ist, dass **a)** vor oder während eines laufenden Verwaltungsverfahren, **b)** einem Beteiligten gegenüber, **c)** der auf die Beratung angewiesen ist, **d)** sich ein in Satz 1 bezeichneter, konkreter Anlass zur Beratung für die das Verfahren führende Behörde ergibt. 18

10 BVerwG, Urt. v. 10.11.2016 – 8 C 11.15, Zertifizierung vor Antragstellung.
11 Vgl. Amtl. Begründung S. 49. – Weiterhin: BVerwG, Urt. v. 27.11.1963 – V C 25.63, BVerwGE 17, 178 (181); BGH, Urt. v. 06.04.1960 – III ZR 38/59, NJW 1960, 1244.
12 *Kopp/Ramsauer*, § 25 Rn. 10.
13 BGH, Urt. v. 11.01.1979 – III ZR 120/77, NJW 1979, 1043 (1045).
14 VGH Hessen, Urt. v. 25.02.1985 – VIII OE 30/82, NVwZ 1985, 915.

aa) Vor und während des Verwaltungsverfahrens

19 Die Anhängigkeit des Verfahrens ist keine Voraussetzung für die Beratungspflicht der Behörde, da der Wortlaut der Vorschrift auch die Anregung zur Stellung von verfahrenseröffnenden Anträgen umfasst.[15] Es bedarf allerdings immer eines Bezuges zu einem konkreten oder künftigen Verwaltungsverfahren.[16]

20 Nach Beendigung des Verfahrens besteht keine Pflicht zur Speicherung von im Verfahren erteilten Informationen oder zur künftigen Anpassung der Mitteilung bei künftiger Änderung der Rechtslage.[17] Mit Beginn eines neuen (Vor-) Verfahrens entsteht die Pflicht aus § 25 Satz 1 – ebenso aus Satz 2 – erneut.[18]

bb) Adressat der Beratung

21 Adressaten der Beratung können zukünftige oder bereits **Beteiligte** nach § 13 bzw. **Einwender** nach § 73 Abs. 4 sein. Bei **Vertretung** wird sich die Behörde nach Maßgabe des § 14 Abs. 3 an den Bevollmächtigten wenden, der die Betreuung nur namens des Vertretenen und ohne eigenes Recht entgegennimmt.[19]

22 Auf **Dritte**, z.B. **Zeugen**, bezieht sich die Pflicht des Satzes 1 nicht.[20] Hier gelten allgemeine Rechtsgrundsätze.

cc) Angewiesensein auf die Beratung

23 Der **einzelne Adressat** kann, weil in besonderem Maß abhängig von der Behörde, zur effektiven Rechtswahrnehmung auf Beratung **angewiesen** sein; so z.B. dienstrechtlich der Beamte oder der sozial Hilfsbedürftige. Einzubeziehen sind individuelle Vorkenntnisse, Status und Verständigungsprobleme. Unbeholfenheit oder Schwierigkeiten der Sache können ausnahmsweise die Leistung von Formulierungs- bzw. Rechenhilfe gebieten.

24 Jedem Adressaten ggü. gilt das Gebot **verständlicher,**[21] **eindeutiger**, **richtiger** und **vollständiger** Erklärung[22] und der Klarstellung, wo eigene Unsicherheit und Unkenntnis einsetzt.[23] Umso mehr gilt das, wenn der Adressat von Erklärungen der

---

15 *Kopp/Ramsauer*, § 25 Rn. 11; Stelkens/Bonk/Sachs/*Kallerhoff*, § 25 Rn. 24; *Ziekow*, § 25 Rn. 2.

16 OVG Berlin-Brandenburg, Urt. v. 07.10.2016 – OVG 6 B 58.15.

17 Vgl. auch BSG, Urt. v. 25.01.1996 – 7 RAr 60/94, MDR 1996, 1270.

18 Stelkens/Bonk/Sachs/*Kallerhoff*, § 25 Rn. 29.

19 BVerwG, Urt. v. 05.06.1984 – 5 C 73.82, NJW 1984, 2590; BVerwG, Urt. v. 10.07.1984 – 1 C 155/79, NJW 1985, 339.

20 Ebenso BVerwG, Urt. v. 20.02.1990 – 1 C 42/83, NJW 1990, 2761.

21 Vgl. z.B. OLG Bbg, Beschl. v. 30.01.1995 – 8 W 4/95, NJW 1995, 1843.

22 St.Rspr. BGH, Urt. v. 06.02.1997 – III ZR 241/95, NVwZ 1997, 1243 f.; BGH, Urt. v. 16.01.1992 – III ZR 18/90, NJW 1992, 1230 (1231); BGH, Urt. v. 10.07.1980 – III ZR 23/79, NJW 1980, 2573 (2574).

23 BGH, Urt. v. 13.06.1991 – III ZR 76/90, NJW 1991, 3027; BSG, Urt. v. 17.11.1970 – 1 RA 233/68, NJW 1971, 822.

Behörde ersichtlich Dispositionen abhängig macht.[24] Das genannte Gebot gilt unabhängig davon, ob die Behörde zur Beratung verpflichtet ist, allein anknüpfend an die tatsächliche Vornahme.[25]

Informationen und Anregungen **aufzudrängen, verfehlt** den Sinn und Zweck der Vorschrift **ebenso** wie eine in der Informationserteilung liegende **Übernahme** oder **Befreiung** des mündigen Bürgers von eigenen **Lasten** wie die Beachtung eigener Kenntnisse,[26] zumutbare Eigeninitiative[27] und sorgfältige Wahrnehmung eigener Belange z.B. der anwaltlichen Fristenkontrolle.[28] 25

dd) Beratungsanlass

Beratungsanlass ist in Abgrenzung zu allgemeiner Aufklärungsarbeit **unabdingbar** und **besteht nur, wenn** ein Antrag oder eine Erklärung »offensichtlich nur versehentlich oder aus Unkenntnis unterblieben oder unrichtig abgegeben oder gestellt« worden ist. 26

Antrag i.S.d. Satzes 1 ist jedes schlüssige oder ausdrückliche Begehren ggü. der Behörde, das verfahrensrechtlich auf eine Entscheidung bzw. auf einzelne Verfahrenshandlungen zielt oder materiellrechtlicher Mitwirkung dient (§ 22 Rdn. 83 ff.). 27

Erklärungen umfassen als Oberbegriff die ausdrücklich erwähnten Anträge und sind zu verstehen als Äußerungen zu Tatsachen bzw. Rechten wie insb. Stellungnahmen, Willens- und Wissenserklärungen (vgl. § 24 Abs. 1 Satz 2 Halbs. 2, Abs. 3 und § 26 Abs. 2 Satz 2) und die Vorlage aussagekräftiger Unterlagen.[29] 28

Unterblieben sind die angesichts des ersichtlich verfolgten Anliegens im Aussagegehalt fehlenden bzw. nicht feststellbaren Anträge und Erklärungen, was auch auf unvollständige, ungenaue bzw. lückenhafte zutreffen kann. Ein Beispiel ist die Rücknahme eines Antrages ohne den ihn nur ergänzenden Antrag.[30] 29

Unrichtig sind formell bzw. materiell fehlerhafte Anträge und Erklärungen, die das angesteuerte Ziel verfehlen. Fehlerquellen sind Formwidrigkeiten, überholte oder unpassende Formulare, die Adressierung an die unzuständige Behörde, das Fehlen der Unterschrift[31] und sachliche Fehler wie Widersprüche, unhaltbares oder lückenhaftes Vorbringen. 30

Versehen oder Unkenntnis meint die menschliche Unzulänglichkeit, die dem Normzweck folgend großzügig zuzugestehen ist. Die Grenze ist überschritten, wo der 31

---

24 Vgl. BGH, Urt. v. 17.05.1984 – III ZR 86/83, NJW 1985, 1335 (1337).

25 OLG Bbg, Urt. v. 20.06.1995 – 2 U 13/94, DtZ 1996, 381.

26 Vgl. OLG München, Urt. v. 17.09.1992 – 1 U 1641/92, NVwZ-RR 1993, 171.

27 Vgl. zum Beamtenrecht: BGH, Urt. v. 27.10.1983 – III ZR 189/82, NVwZ 1985, 936 (937).

28 BVerwG, Urt. v. 21.10.1975 – VI C 170.73, BVerwGE 49, 252 (256); *Kopp/Ramsauer*, § 25 Rn. 10.

29 Vgl. Knack/Henneke/*Ritgen*, § 25 Rn. 54; *Kopp/Ramsauer*, § 25 Rn. 13.

30 OVG Niedersachsen, Urt. v. 24.02.1982 – 9 A 29/80, MDR 1983, 784.

31 VGH Baden-Württemberg, Urt. v. 25.09.1992 – 5 S 415/91, NVwZ-RR 1994, 133.

Beteiligte von ihm erkannte oder »ins Auge springende« Interessen und Belange im Verfahren nicht wahrnimmt; dann entfällt die Pflicht.

32 **Offensichtlich** ist ein Versehen oder Unkenntnis für einen Mangel ursächlich, wenn für fachkundige Durchschnittsbetrachter dies ohne Weiteres erkennbar ist. Dies kann sich auch durch Nachdenken, schlussfolgernd oder durch sich aufdrängende sofortige Nachfrage erweisen.[32] So ist es ein Erfordernis »guter Verwaltung«, dass die Behörde den Bürger nicht sehenden Auges unklare oder für ihn ungünstige Anträge stellen lässt, sondern hierzu die erforderlichen Hinweise gibt.[33] Dabei darf von der in der Behörde vertretenen Rechtsauffassung ausgegangen werden.[34]

33 An der Offensichtlichkeit fehlt es aber, wenn die Behörde trotz wohlwollender Würdigung die Ursache erst **ermitteln** müsste. Somit begrenzt dieses Merkmal den Pflichtenkreis aus Satz 1. Zudem wird bei Massenverfahren eine individuelle Prüfung jedes einzelnen Antrages die Kapazitäten der jeweiligen Behörde überschreiten, weshalb in diesen Verfahren von einer Vorprüfung abgesehen werden kann.[35]

c) Gegenstand und Umfang der Beratung

34 Im Rahmen der Beratung werden dem Adressaten von der Behörde **erkannte verfahrensbezogene Mängel** seines Verhaltens **offengelegt.** Die Behörde weist dabei auf etwaige Folgen unterbleibender Mängelbehebung hin. In der Beratung können auch von der Behörde verursachte Missverständnisse behoben werden. Ebenso kann die Anhörung nach § 28 damit verbunden werden.[36]

35 **Gegenstände** der Beratung sind insb.: die Handhabung von Formularen (vgl. Rdn. 97), fehlende Unterschriften,[37] Inhalt und Zweck des Antrages,[38] relevante Gesetze und VwVen, Fristen im Rechtssinne,[39] Mitwirkungslasten nach § 26 Abs. 2, die Rechtslage in Abhängigkeit von bestimmten Tatsachen und über das Verfahren hinausgehende Folgen wie z.B. der Anspruchsausschluss bei alternativ zur Wahl stehenden Ansprüchen.[40]

---

32 Vgl. OVG Sachsen, Beschl. v. 12.07.2018 – 2 B 15.18; Stelkens/Bonk/Sachs/*Kallerhoff*, § 25 Rn. 32.

33 *Kopp/Ramsauer*, § 25 Rn. 12.

34 OVG Nordrhein-Westfalen, Beschl. v. 14.04.2011 – 15 A 592/11, etwas anderes gilt nur, wenn die relevanten Fragen gerade streitig sind.

35 *Kopp/Ramsauer*, § 25 Rn. 12 unter Bezugnahme auf OVG Hamburg, Beschl. v. 23.01.2012 – 3 Bs 224/11, für das Verfahren auf Zulassung zu einem zulassungsbeschränkten Studiengang.

36 Vgl. OVG Nordrhein-Westfalen, Urt. v. 01.07.1983 – 4 A 248/82, DÖV 1983, 986.

37 OVG Nordrhein-Westfalen, Beschl. v. 12.10.2017 – 4 A 2395/15; OVG Sachsen, Beschl. v. 12.07.2018 – 2 B 15.18.

38 Vgl. BSG, Urt. v. 25.04.1978 – 5 RJ 18/77, NJW 1979, 1519.

39 VGH Baden-Württemberg, Beschl. V. 08.02.2017 – 6 S 768/16.

40 BVerwG, Urt. v. 28.11.1974 – V C 16.73, BVerwGE 47, 225 (227 f.).

Die Beratung ist mit Blick auf den **Empfängerhorizont** zu erfüllen, da der Adressat grds. auf die Äußerung der Behörde **vertrauen** darf.[41] Die Behörde muss daher vom Empfängerhorizont aus einschätzen, wie z.B. die Auskunft aufgefasst werden kann und ihre Erklärung darauf einstellen.[42] 36

Der Umfang der Beratung bestimmt sich nach dem vermuteten Kenntnisstand und den Fähigkeiten des (künftigen) Beteiligten und des Verhältnisses des konkreten Falles (z.B. dem Verfahrensstand).[43] Dabei bedarf es einer umso umfangreicheren Beratung, je geringer die Kenntnisse und Fähigkeiten des Beteiligten und je komplexer bzw. fortgeschrittener das Verfahren ist. 37

3. Auskunftspflicht (Satz 2)

Auskunft ist jede **auf** eine **Anfrage** reagierende Mitteilung über Tatsachen, Rechte oder Pflichten gegenüber dem Fragesteller.[44] **Satz 2** regelt insoweit nur **die Mitteilung über** die im jeweiligen Verwaltungsverfahren zustehenden **Rechte** und obliegenden **Pflichten** der Beteiligten. Von Satz 2 nicht umfasst sind Tatsachenauskünfte, so dass Geheimhaltungspflichten nicht tangiert werden. 38

a) Anspruch auf Auskunft nach Satz 2

Die **Auskunftspflicht** nach Satz 2 besteht – soweit erforderlich – **uneingeschränkt.** Jeder Beteiligte hat einen Anspruch auf Auskunft. 39

Die Auskunft ist **formlos** möglich. **Schriftlichkeit** ist aber erlaubt und kann bei konkretem Angewiesensein geboten sein. 40

b) Voraussetzungen der Auskunftspflicht nach Satz 2

Die **Voraussetzungen** der Auskunftspflicht unterscheiden sich teilweise zu denen des Satzes 1 (Rdn. 18). So wird z.B. die Anhängigkeit des Verwaltungsverfahrens vorausgesetzt (Rdn. 42). Darüber hinaus kommen besondere Voraussetzungen hinzu (Rdn. 43 ff.). Zu den Voraussetzungen im Einzelnen zählen: 41

---

41 St. Rspr. BGH, Urt. v. 15.11.1990 – III ZR 302/89, NJW 1991, 1168 (1170); vgl. auch im Hinblick auf § 48: BVerwG, Urt. v. 06.06.1991 – 3 C 46.86, BVerwGE 88, 278 = NVwZ 1992, 473 (474 f.).

42 BGH, Urt. v. 10.07.1980 – III ZR 23/79, NJW 1980, 2573 (2574); BGH, Urt. v. 13.06.1991 – III ZR 76/90, NJW 1991, 3027; OLG Saarbrücken, Urt. v. 18.03.1994 – 4 U 308/93 – 54, 4 U 308/93, NVwZ 1995, 199.

43 OVG Nordrhein-Westfalen, Beschl. v. 19.04.2007 – 13 A 2975/06, juris Rn. 4.

44 Ebenso *Ule/Laubinger*, Verwaltungsverfahrensrecht § 26 II 2a) Rn. 7; *Oebbecke*, DVBl 1994, 147. A.A., nicht nur auf Verlangen: Stelkens/Bonk/Sachs/*Kallerhof*, § 25 Rn. 39.

aa) Anhängigkeit des Verwaltungsverfahrens

42 Das konkrete **Verwaltungsverfahrens,**[45] auf das sich die Auskunft bezieht, muss bereits **anhängig** sein. Dies folgt aus der Wendung des Satzes 2 »im Verwaltungsverfahren«.[46]

bb) Anfrage, als Anlass für eine Auskunft

43 Anlass für eine Auskunft kann im Gegensatz zur Beratung nur eine **Anfrage eines Beteiligten** i.S.d. § 13 VwVfG sein.[47] Es bedarf also eines auf Klärung der Rechte und Pflichten Beteiligter zielendes »Auskunftsverlangen« bzw. »Vorstelligwerden« bei der Behörde.[48]

cc) Erforderlichkeit der Auskunft, Missbrauchsverbot

44 Das Kriterium der Erforderlichkeit **begrenzt** die **Reichweite der Auskunftspflicht** unter zwei Aspekten:

45 Inhaltlich kann Auskunft nur über Rechte und Pflichten verlangt werden, die nach dem Verfahrensstand überschaubar und daher für eine Auskunft geeignet und greifbar sind. Die Auskunft muss der Behörde auch **tatsächlich möglich** sein.[49]

46 Die Behörde hat keine Spekulationen anzustellen über das, was sich erst noch herauskristallisiert. Auskünfte auf prognostischer Basis über den Ausgang und die Dauer des Verfahrens und Darstellungen zu streitigen, komplizierten Rechtsfragen – Problemhinweis genügt – sind nicht geschuldet.

47 Wird eine Auskunft erteilt, so muss sie richtig, vollständig und unmissverständlich sein.[50]

48 Der zweite Aspekt ist das »**Angewiesen sein**« auf die Auskunft als konkreter Anlass. Der Beteiligte muss auf die Informationen angewiesen sein; also es muss ein konkret begründetes Interesse an der Auskunft bestehen.[51] Dabei kann er nicht mehr verlangen, als er zur Durchsetzung seiner Rechte tatsächlich benötigt.[52]

---

45 BVerwG, Urt. v. 16.09.1980 – I C 52.75, BVerwGE 61, 15 (24); VGH Bayern, Urt. v. 01.08.1984 – 5 B 84 A.702, BayVBl. 1984, 758; VGH Baden-Württemberg, Urt. v. 05.02.1979 – I 3199/78, NJW 1979, 2117.

46 Vgl. Amtl. Begründung S. 49 a.E.(»auf das Verwaltungsverfahren begrenzt«).

47 BVerwG, Urt. v. 02.07.2003 – 3 C 46.02, BVerwGE 118, 270, zur Voraussetzung der Beteiligtenstellung für den Auskunftsanspruch nach § 25 Abs. 1 Satz 2 VwVfG. Dazu auch Knack/Henneke/*Ritgen*,§ 25 Rn. 82.

48 Vgl. OVG Niedersachsen, Beschl. v. 14.01.2014 – 7 MS 103/13; *Oebbecke*, DVBl 1994, 147 (150); Stelkens/Bonk/Sachs/*Kallerhoff*, § 25 Rn. 39; *Ziekow*, § 25 Rn. 11.

49 Vgl. Knack/Henneke/*Ritgen*,§ 25 Rn. 80.

50 *Ziekow*, § 25 Rn. 12 mit Bezug auf OLG Zweibrücken, NVwZ-RR 2001, 79 (80).

51 BVerwG, Urt. v. 20.08.2003 – 8 C 13.02, juris Rn. 15.

52 Knack/Henneke/*Ritgen*, § 25 Rn. 78; *Kopp/Ramsauer*, § 25 Rn. 16; *Ziekow*, § 25 Rn. 12.

Weder im Umkehrschluss aus Satz 1 noch aus »erforderlich« in Satz 2 folgt, dass Auskunft nur bei unverschuldeter Unkenntnis zu erteilen wäre. Statt subjektiver Verschärfung gilt dem Normzweck gemäß auch hier, dass **versehentliche Unkenntnis nicht schadet.** 49

Z.B. darf auf Frage nach der Mitwirkungslast die Auskunft nicht generell wegen Verschuldens – zumal unter Verstoß gegen § 24 Abs. 1 Satz 1 – versagt werden. Grenze der Entschuldbarkeit und Auskunftspflicht kann nur das **Missbrauchsverbot** sein.[53] 50

c) Gegenstand und Umfang der Auskunft

Gegenstand der Auskunft können nur Informationen hinsichtlich der (Verfahrens-) **Rechte** bzw. (Verfahrens-) **Pflichten** des Beteiligten im laufenden Verfahren sein. Der **Verfahrensbezug** beinhaltet eine Beschränkung auf Verfahrensrechte und -pflichten, wie Form und Fristen. Von der Auskunftspflicht werden damit Fragen ohne prozeduralen Bezug zum laufenden Verfahren und dessen Gegenstand ausgenommen.[54] 51

Die im Verfahren tätige Behörde soll **nicht** angelegentlich und funktionswidrig, quasi als **Auskunftsbüro** für allgemeine Rechtsauskünfte herhalten müssen. Aus diesem Grund wird der konkrete Verfahrensbezug als Voraussetzung für das Auskunftsbegehren gefordert. Es besteht keine allgemeine Rechtsberatungspflicht. 52

Satz 2 erfasst **keine Tatsachenauskünfte**, zu denen auch solche über gegenwärtige Absichten gehören.[55] 53

II. Die Regelung des Abs. 2

Die Regelung des Abs. 2 schreibt nunmehr allgemein vor, was bis dahin nach § 71c (a.F.) nur für Genehmigungsverfahren für Vorhaben wirtschaftlicher Unternehmungen galt: Bereits vor der Antragstellung sollen einzelne Fragen mit dem Antragsteller erörtert werden, um durch vollständige und zügige Vorlage der erforderlichen Unterlagen eine schnelle Durchführung des Verwaltungsverfahrens zu ermöglichen. Darüber hinaus besteht ein Anspruch auf Mitteilung der voraussichtlichen Verfahrensdauer und auf Auskunft über die Vollständigkeit der Unterlagen. 54

1. Regelungsstruktur

Der Abs. 2 besteht aus zwei Sätzen die an unterschiedliche Zeitpunkte im Verfahren anknüpfen und verschiedene Pflichten der Behörde regeln. Nach **Satz 1** besteht für die Behörde eine Pflicht **vor Antragstellung** mit dem zukünftigen Antragsteller zu 55

---

53 Vgl. BVerwG, Urt. v. 31.01.1974 – II C 36.70, NJW 1974, 1440 (1444).

54 Wie hier: OVG Nordrhein-Westfalen, Beschl. v. 22.07.2010 – 12 A 758/09, juris Rn. 3; Kopp/Ramsauer, § 25 Rn. 15; Stelkens/Bonk/Sachs/*Kallerhoff*, § 25 Rn. 39; *Ziekow*, § 25 Rn. 11; a.A. *Ule/Laubinger*, Verwaltungsverfahrensrecht § 26 II 2b) Rn. 10; Vgl. zu § 89 AO: BVerwG, Urt. v. 13.02.1987 – 8 C 25.85, BVerwGE 77, 38.

55 Vgl. *Jochum*, NVwZ 1987, 460 (461). Dazu auch OVG Nordrhein-Westfalen, Beschl. v. 17.02.2015 – 4 B 1479/14.

erörtern, welche Nachweise und Unterlagen er beizubringen hat (1. Alt.) und welche Möglichkeiten der Verfahrensbeschleunigung bestehen (2. Alt.). In **Satz 2** wird die Pflicht der Behörde **im Verfahren** geregelt, Auskunft über die voraussichtliche Verfahrensdauer und die Vollständigkeit der Unterlagen zu geben.

2. Erörterungspflicht (Satz 1)

56 Der Wortlaut der Regelung des Satz 1 »die Behörde erörtert« indiziert eine Verpflichtung der Behörde zur Erörterung.

a) Anspruch auf Erörterung nach Satz 1

57 Bei der in Satz 1 enthaltenden Verpflichtung, handelt es sich um eine Rechtspflicht die einem Anspruch auf Erörterung entspricht.[56]

b) Voraussetzungen der Erörterungspflicht

aa) Zukünftiger Antragsteller

58 Anspruch auf Erörterung hat nur der zukünftige Antragsteller, also die Person, die eine konkrete Antragstellung in einem Verwaltungsverfahren in Betracht zieht.[57]

bb) Vor Antragstellung

59 Um die Erörterungspflicht auszulösen, bedarf es noch nicht eines Antrages. Ein Verwaltungsverfahren i.S.v. § 9 muss noch nicht eröffnet sein. Bei der Erörterungspflicht handelt es sich aber auch um keine vom Verfahren losgelöste allgemeine Beratungspflicht.[58] Dementsprechend ist es notwendig, dass der zukünftige Antragsteller sich über den konkreten Antragsgegenstand im Klaren ist, also auch wirklich die Absicht hat ein entsprechendes Verwaltungsverfahren zu führen.[59] Im günstigsten Fall liegt bereits ein Entwurf der Antragsunterlagen vor. Es handelt sich insoweit um eine das anschließende Verwaltungsverfahren vorbereitende Erörterung.

cc) Anfrage, als Anlass für die Erörterung

60 Anlass für eine Erörterung wird in der Regel eine **Anfrage des zukünftigen Antragstellers** sein. Allerdings ist es nach dem Sinn und Zweck der Regelung (Rdn. 8) nicht ausgeschlossen, dass es die Behörde von Amts wegen für erforderlich hält, auf den zukünftigen Antragsteller zuzugehen und eine Erörterung vor der Antragstellung durchzuführen. Allerdings ist es nicht Aufgabe einer Behörde sich vorsorglich Gedanken zu machen, welche Anträge für Personen oder Gesellschaften dienlich wären, die bereits früher Anträge bei ihr gestellt haben.[60]

---

56 Kopp/Ramsauer, § 25 Rn. 17a.
57 Kopp/Ramsauer, § 25 Rn. 18.
58 *Ziekow*, § 25 Rn. 15.
59 Vgl. auch Kopp/Ramsauer, § 25 Rn. 18.
60 OVG Berlin-Brandenburg, Urt. v. 07.10.2016 – OVG 6 B 58.15.

dd) Erforderlichkeit

Die Anforderungen an die Erforderlichkeit sind grundsätzlich ähnlich wie im Abs. 1 (vgl. Rdn. 44). 61

Die Anforderungen an die Erforderlichkeit sind (angesichts der Komplexität der den Verfahren zugrunde liegenden Regelungsmaterien) grundsätzlich gering, weil der entsprechende Sachverstand nicht immer vorausgesetzt werden kann.[61] 62

Dementsprechend ist eine Erörterung als erforderlich anzusehen, wenn der konkrete Fall hierzu Veranlassung gibt. Dabei kann hinsichtlich der Erforderlichkeit zwischen den beiden Alternativen in Satz 1 unterschieden werden. 63

Eine Veranlassung für eine Erörterung ist gegeben, wenn nicht unmittelbar ersichtlich ist, welche Nachweise und Unterlagen der Antragsteller im Zuge des Verwaltungsverfahrens einzureichen hat (1. Alt.). Eine Erörterungspflicht kann daher im Zweifel nur bei einfachen Standardverfahren entfallen. Bei komplexen Genehmigungsverfahren hingegen, wird trotz Vorgaben zu Unterlagen in gesetzlichen Regelungen und untergesetzlichen Regelwerken grundsätzlich eine Erörterungspflicht bestehen.[62] 64

Ferner ist eine Veranlassung gegeben, wenn das Anliegen erkennbar eilbedürftig ist und der Einzelfall Möglichkeiten der Verfahrensbeschleunigung bietet, die der zukünftige Antragsteller noch nicht ergriffen bzw. erkannt hat (2. Alt.). Dies wird in der Regel bei komplexen Genehmigungsverfahren der Fall sein.[63] 65

c) Gegenstand und Umfang der Erörterungspflicht

Gegenstand der Erörterungspflicht der Behörde sind die zu erbringenden Nachweise und Unterlagen (1. Alt.) sowie die Möglichkeiten der Verfahrensbeschleunigung (2. Alt.).[64] Es geht dabei um keine allgemeine Beratung, sondern um die Erörterung eines konkreten, bereits durch den zukünftigen Antragssteller konkretisierten Antragsgegenstand. 66

Umfang sowie Art und Weise der Erörterung stehen im Verfahrensermessen der Behörde, wobei hier unter Erörterung ein mündlicher, wechselseitiger Gedankenaustausch verstanden wird, also mehr als nur den schriftlichen Austausch von Meinungen beinhaltet.[65] 67

aa) Nachweise und Unterlagen

Im Rahmen der Erörterung geht es darum, in einem wechselseitigen Gedankenaustausches zu bestimmen, welche Nachweise und Unterlagen benötigt werden (Umfang). 68

---

61 BT-Drucks. 13/3995 S. 9; Kopp/Ramsauer, § 25 Rn. 21a; *Ziekow*, § 25 Rn. 17.

62 Knack/Henneke/*Ritgen*, § 25 Rn. 98.

63 Knack/Henneke/*Ritgen*, § 25 Rn. 98.

64 OVG Schleswig-Holstein, Urt. v. 19.12.2018 – 4 LB 10/18.

65 Insoweit zu weit Kopp/Ramsauer, § 25 Rn. 21, der auch Internet-Chat, Austausch von E-Mails usw. für ausreichend hält.

Dadurch kann der Antragsteller auf der einen Seite davor bewahrt werden, dass das Verfahren durch Nachforderung immer weiterer Unterlagen unnötig in die Länge gezogen wird und auf der anderen Seite »überflüssige« Unterlagen erstellt werden, die für den Ausgang des Verwaltungsverfahrens aus Sicht der Behörde keine Bedeutung haben. Die Behörde muss sich dabei im Vorfeld der Erörterung Gedanken machen, welche Nachweise und Unterlagen für die Entscheidung über den Antragsgegenstand von Bedeutung sein könnten, da ihre Auskünfte für den Antragsteller von großer Bedeutung sind und deshalb richtig und vollständig sein müssen.[66]

69 Allerdings ist der Antragsteller auch nach der Erörterung nicht vor weiteren Nachforderungen geschützt, da diese keine Bindungswirkung für das gesamte Verfahren entfalten kann. Die Behörde kennt zu diesem Zeitpunkt noch nicht die Qualität der Unterlagen, die nach Erfahrung des Autors aber in Genehmigungsverfahren die entscheidende Rolle spielt und meist Anlass für Nachforderungen bildet. Insoweit muss es den Akteuren vor allem darum gehen, zumindest zeitintensive Nachforderungen neuer Unterlagen (z.B. Kartierungen) im Verwaltungsverfahren zu vermeiden.

bb) Möglichkeiten der Verfahrensbeschleunigung

70 Gegenstand der Pflicht ist eine Erörterung mit den zukünftigen Antragsteller über die Möglichkeiten der Verfahrensbeschleunigung, nicht die verbindliche Abklärung dieser Punkte.[67]

71 Sinn und Zweck der Erörterung ist es dem Antragsteller – soweit möglich – unterschiedliche Verfahrensvarianten aufzuzeigen, die es diesem ermöglichen die günstigste Variante unter mehreren zulässigen zu wählen. Dabei sollte der Antragssteller, sofern es ihm möglich ist, in Vorbereitung auf den Termin selbst Möglichkeiten der Verfahrensbeschleunigung prüfen (z.B. durch logistische Unterstützung), um im Gespräch mit der verfahrensführenden Behörde alle Möglichkeiten der Verfahrensbeschleunigung ausschöpfen zu können.

3. Auskunftspflicht (Satz 2)

72 Satz 2 regelt die Pflicht der Behörde Auskunft über die voraussichtliche Verfahrensdauer und die Vollständigkeit der Antragsunterlagen zu geben.

a) Soll-Vorschrift des Satzes 2

73 Beim Satz 2 handelt es sich um eine »Soll-Vorschrift«, die die Behörde **im Regelfall** zur Vornahme der Auskunft **verpflichtet.**[68]

66 Kopp/Ramsauer, § 25 Rn. 19; Knack/Henneke/*Ritgen*, § 25 Rn. 100.
67 BT-Drucks. 13/3995 S. 9.
68 *Ziekow*, § 25 Rn. 19 mit Bezugnahme auf *Schmidt/Prell*, NVwZ 2009, 1 (10).

b) Voraussetzungen der Auskunftspflicht

aa) Der Verfahrensbeschleunigung dienend

Die Auskunft muss zur Verfahrensbeschleunigung beitragen. Dies wird in der Regel der Fall sein. Nach *Schmidt/Prell* ist dies nur nicht der Fall, wenn das Verwaltungsverfahren, z.B. durch eine mündliche Anhörung des Antragstellers geprägt ist oder eine Komplexität aufweist, die eine vorherige abstrakte Auskunft ausschließt. 74

bb) Vorliegen des Antrages

Die Auskunftspflicht setzt voraus, dass ein Antrag bereits vorliegt, also das konkrete Verwaltungsverfahren auf das sich die Auskunft bezieht, muss bereits anhängig sein.[69] 75

c) Gegenstand und Umfang der Auskunftspflicht

aa) Vollständigkeit

Die Behörde soll »unverzüglich Auskunft nach Eingang des Antrages über die Vollständigkeit der Antragsunterlagen geben«. Hierdurch wird der Antragssteller in die Lage versetzt fehlende Unterlagen und Nachweise sofort nachzureichen.[70] Dementsprechend müssen die Antragsunterlagen nach deren Eingang ohne schuldhaftes Zögern[71] geprüft werden, um den Antragsteller mitteilen zu können, ob diese vollständig sind. Bei Feststellung der Unvollständigkeit ist konkret darzulegen, welche Unterlagen bzw. Nachweise fehlen, um den Antrag bearbeiten zu können. Insoweit ist auch der Prüfungsmaßstab der Behörde begrenzt. Es geht um die Feststellung der formalen Vollständigkeit und nicht die »Richtigkeit« der Unterlagen. Mit der Feststellung der Vollständigkeit der Unterlagen wird nur zum Ausdruck gebracht, dass alle Unterlagen und Nachweise vorliegen, die es der Behörde grundsätzlich ermöglichen, die Genehmigungsfähigkeit des Vorhabens zu prüfen bzw. Betroffenen, ob ihre Belange berührt werden (sog. Anstoßfunktion).[72] Die Vollständigkeitsprüfung dient als erste Stufe des Verfahrens dazu ein ordnungsgemäßes Anhörungsverfahren zu gewährleisten und eine umfassende Arbeitsgrundlage für das Verwaltungsverfahren sicherzustellen.[73] Ob die Darlegungen in den Unterlagen und Nachweisen inhaltlich ausreichend sind, ist nicht Gegenstand der Prüfung der Vollständigkeit. Es handelt sich hierbei um eine **formale Prüfung.** Die Feststellung der Vollständigkeit schließt insoweit keine späteren Nachforderungen der genehmigenden Behörde im Verwaltungsverfahren aus. So muss sich 76

---

69 Knack/Henneke/*Ritgen*, § 25 Rn. 112.
70 So auch Knack/Henneke/*Ritgen*, § 25 Rn. 113.
71 Kopp/Ramsauer, § 25 Rn. 22.
72 Zu den Unterlagen die in einem Planfeststellungsantrag enthalten sein müssen, BVerwG, Urt. v. 24.10.1967 – IV C 229.65, BVerwGE 28, 139 (140) Bauwerksverzeichnis; BVerwG, Beschl. v. 12.01.1994 – 4 B 136.93 – Buchholz 407.4, § 19 FStrG Nr. 6 S. 1 f. Grunderwerbsverzeichnis; BVerwG, Urt. v. 12.12.1996 – 4 C 2994, BVereGE 102, 331 (338) Darstellung der Vorhabenvarianten.
73 BVerwG, Urt. v. 22.02.1980 – 4 C 24.77 – DVBl 1980, 996.

der Antragsteller auch nach Feststellung der Vollständigkeit darauf einstellen, dass ggf. noch Unterlagen oder Nachweise oder deren Ergänzung nachgefordert werden können. Dies widerspricht auch nicht dem Ziel der Regelung eine Verfahrensbeschleunigung zu erreichen, da bei Feststellung des Fehlens bestimmter Unterlagen der Antragsteller »unverzüglich« in die Lage versetzt wird, nachzulegen.

bb) Verfahrensdauer

77 Ebenfalls ohne schuldhaftes Zögern soll die Behörde dem Antragsteller Auskunft über die voraussichtliche Verfahrensdauer geben, um den Antragsteller in die Lage zu versetzen unternehmerische bzw. finanzielle Dispositionen zu treffen.[74] Die Angaben zur Verfahrensdauer müssen abhängig vom Vorhaben und dessen Komplexität so genau wie möglich abgeschätzt werden. Dies setzt voraus, dass die Behörde für jedes Vorhaben einen Verfahrensablaufplan erarbeitet, der den wesentlichen Verfahrensschritten Zeiteinheiten zuordnet. Wird dies gemacht, kann die Behörde auch bei späteren Verzögerungen im Genehmigungsprozess reagieren und den Antragsteller rechtzeitig informieren.

C. Rechtsnatur des Verhaltens der Behörde

78 Eine Beratung, Erörterung oder Auskunft regelt nichts. Als **Wissenserklärung** ist jede dieser Handlungen Realakt schlicht hoheitlicher Natur.[75]

79 Der **Entschluss**, der ihnen vorausgeht, ist nur dann **VA, wenn** es um die gesonderte Entscheidung über die Vornahmepflicht geht; die Behörde wird ansonsten die Handlung unmittelbar vornehmen.

80 Umgekehrt ist die **Versagung** als eine Verneinung der Pflicht bzw. des Anspruches auf Vornahme ein **VA.**[76]

81 Mangels geäußertem Verpflichtungswillen in Bezug auf ihren Inhalt, enthalten die Auskünfte im Rahmen der Beratung und Erörterung keine Zusicherung[77] (i.S.d. § 38) und sind mangels Regelung auch nicht als Vorbescheid anzusehen.[78] Berührungspunkte mit dem Bedürfnis nach vorläufiger bzw. vorsorglicher Regelung sind denkbar.[79]

---

74 Knack/Henneke/*Ritgen*, § 25 Rn. 113, der den Begriff »unverzüglich« verwendet.

75 Kopp/Ramsauer, § 25 Rn. 22a; Knack/Henneke/*Ritgen*, § 25 Rn. 116.

76 BVerwG, Urt. v. 21.03.1986 – 7 C 71.83 und 7 C 73.84, NJW 1986, 2329 und 2331; *Ule/Laubinger*, § 26 II 2b) Rn. 7.

77 Zur Abgrenzung vgl.: BGH, Beschl. v. 28.09.1995 – III ZR 202/94, NVwZ-RR 1996, 66 m.w.N. Knack/Henneke/*Ritgen*, § 25 Rn. 116.

78 Vgl. BGH, Urt. v. 05.05.1994 – III ZR 28/93, NJW 1994, 2087 (zur Rechtsnatur zweifelhaft).

79 Vgl. *Losch*, NVwZ 1995, 235 (237).

D. Rechtsfolgen und Rechtsschutz bei Pflichtverletzungen

Die Konsequenzen der Pflichtverletzung liegen selten im direkten Rechtsschutz i.S.d. Erzwingung von Beratung oder Auskunft, sondern sind **weitestgehend mittelbarer Art.** Sie knüpfen an das fehlerhafte Beratungsverhalten an und dienen dem Ziel, dessen Auswirkungen zu beseitigen oder Schadensersatz zu gewähren. 82

Eine **unmittelbare** isolierte gerichtliche Geltendmachung eines Beratungsfehlers ist wegen § 44a VwGO ausgeschlossen. Er kann nur im Zusammenhang mit der Sachentscheidung geltend gemacht werden. Insoweit gilt aber, auch wenn die Verletzung einer Pflicht aus § 25 ein **Verfahrensfehler** ist, dass dieser wegen fehlender Kausalität nach **§ 46** unbeachtlich ist. Ein Verhalten kann nur Auswirkungen auf die Rechtmäßigkeit der Entscheidung haben, wenn die Möglichkeit nicht auszuschließen ist, dass er sich auf das Ergebnis der Entscheidung über den Antrag ausgewirkt hat.[80] Dies ist bei fehlerhafter Auskunft oder Beratung durch die Behörde in der Regel nicht der Fall. 83

Nur ausnahmsweise ist die **unmittelbare** isolierte **Durchsetzung** der Verfahrenshandlung nach Versagung durch **Verpflichtungsklage**[81] **denkbar,** da es drohender irreparabler Folgen bedarf, um bei unterbliebener Auskunft § 44a Satz 2 VwGO anwenden zu können. Erkennt der Beteiligte selbst den Beratungsbedarf i.S.d. Satzes 1, wird er um Auskunft nachsuchen, wenn die Erledigung noch aussteht. 84

I. Amtshaftung

Ansprüche auf Schadensersatz können auf § 839 BGB i.V.m. Art. 34 GG gestützt werden und sind auf Schadensersatz in **Geld** gerichtet. 85

Ein Anspruch aus Amtshaftung **setzt** eine schuldhaft[82] als Amtspflicht verletzte Beratungspflicht und einen dadurch verursachten Schaden des Betreffenden voraus. Zudem muss das Amtsgeschäft seiner rechtlichen Bestimmung und dem Zweck nach jedenfalls auch dazu bestimmt sein, dem **Schutz** der konkret berührten Interessen des Geschädigten zu **dienen,** sodass dieser selbst als Adressat der Amtspflicht anzusehen ist.[83] 86

80 Vgl. dazu auch OVG Niedersachsen, Beschl. v. 09.07.2007 – 2 ME 444/07 – NVwZ-RR 2007, 766.

81 BVerwG, Urt. v. 21.03.1986 – 7 C 71.83, BVerwGE 74, 115 (118).

82 Zum Verschuldensmaßstab: BGH, Beschl. v. 28.09.1995 – III ZR 202/94, NVwZ-RR 1996, 65.

83 BGH, Urt. v. 16.02.1995 – III ZR 135/93, NJW 1995, 1828 (1829); verneint bei mündlicher Zusage eines Bauvorbescheides: BGH, Urt. v. 16.01.1992 – III ZR 18/90, NJW 1992, 1230 (1231 f.); dazu abgrenzend bejaht bei Auskunftsschreiben statt Vorbescheid: BGH, Urt. v. 05.05.1994 – III ZR 28/93, DVBl 1994, 1134 (1135). – Zur culpa in contrahendo bei Abschluss eines örV: BGH, Urt. v. 08.06.1978 – III ZR 48/76, NJW 1978, 1802 (1805).

87 Die Haftung begrenzend bzw. ausschließend tritt **§ 254 BGB** hinzu[84] und weiter **§ 839 Abs. 3 BGB,**[85] wonach Amtshaftung ggü. dem Primärrechtsschutz grds. subsidiär ist.

88 Haftung besteht **z.B.** bei Verschweigen greifbarer Wirksamkeitsbedenken gegen eine Bauvorschrift, wenn der Hinweis darauf die Überprüfung des Vorhabens und seiner Risiken nahegelegt hätte;[86] bei unzutreffender Bescheinigung im Bezug auf ein Kaufgrundstück, dieses sei als Bauland ausgewiesen und liege im Innenbereich der Auskunft gebenden Gemeinde.[87]

89 **Haftungsfreizeichnung** ist **nicht möglich.** Die Behörde kann nur sachlich richtig ihre Auskunft als unverbindlich bezeichnen, die sie nicht verbindlich geben kann und durch korrekte Pflichterfüllung einer Haftung die Grundlage entziehen.[88]

III. Folgenbeseitigung und Herstellung

90 Der **im Sozialrecht entwickelte**, verschuldensunabhängige – dort auch bei Fehlern anderer, von der verfahrensführenden Behörde eingeschalteter Behörden – denkbare **Herstellungsanspruch**[89] **gilt im Verwaltungsrecht nicht allgemein.**[90]

91 Er schließt Regelungslücken im Gesetz, richtet sich auf **Naturalrestitution** – nicht Schadensersatz – i.R.d. fachrechtlich **rechtmäßig möglichen** Verwaltungshandelns[91] und zielt **auf Gewährung** des Zustands, der sich bei von Anfang an rechtmäßiger Amtshandlung und daran anknüpfendem Verhalten des Bürgers ergäbe.

92 Der verschuldensunabhängige **Folgenbeseitigungsanspruch** zielt **auf Beseitigung** eines noch andauernden rechtswidrigen Zustandes.

---

84 Jeweils zur Bebaubarkeit: BGH, Urt. v. 10.07.1980 – III ZR 23/79, NJW 1980, 2573 (2575; »gezielte Frage«); BGH, Urt. v. 17.04.1980 – III ZR 167/78, NJW 1980, 2576 »Prüfung von Planunterlagen«; zur Nichtanfechtung eines VA als Mitverschulden: BGH, Urt. v. 15.11.1990 – III ZR 302/89, NJW 1991, 1168 (1169 f.).

85 Zu dessen Auslegung: BGH, Urt. v. 15.11.1990 – III ZR 302/89, NJW 1991, 1168 Anm. *Nierhaus,* JZ 1992, 209.

86 BGH, Urt. v. 20.10.1977 – III ZR 142/75, DVBl 1978, 146.

87 OLG Bbg, Urt. v. 20.06.1995 – 2 U 13/94, DtZ 1996, 381.

88 Ebenso: *Müller-Waack*, Die Auskunftspflicht der Verwaltungsbehörden im Zusammenhang mit Verwaltungsverfahren, S. 240 f.; vgl. auch *Jochum*, NVwZ 1987, 460 (463).

89 BSG, Urt. v. 12.10.1979 – 12 RK 47/77, BSGE 49, 76 (77 ff.); BSG, Urt. v. 25.08.1993 – 13 RJ 27/92, BSGE 73, 56 (59 f.); BSG, Urt. v. 22.10.1996 – 13 RJ 23/95, BSGE 79, 168 (171 ff.)– Zur Dogmatik des Anspruches: *Pietzner/Müller*, VerwArch. Bd. 85, 1994, 603 (604 f.); *Schoch*, VerwArch. Bd. 79, 1988, 1 (25 ff., 54 ff.).

90 BVerwG, Urt. v. 08.12.1995 – 8 C 37.93, BVerwGE 100, 83 = NJW 1997, 71 (75); BVerwG, Urt. v. 18.04.1997 – 8 C 38.95, NJW 1997, 2966; BVerwG, Urt. v. 24.03.1988 – 3 C 48.86, BVerwGE 79, 192 (194); VGH Hessen, Beschl. v. 01.11.2010 – 11 A 686/10 – NVwZ-RR 2011, 442; OVG Niedersachsen, Beschl. v. 09.07.2007 – 2 ME 444/07 – NVwZ-RR 2007, 766; Kopp/Ramsauer, § 25 Rn. 25; *Ziekow*, § 25 Rn. 10.

91 BVerwG, Urt. v. 18.04.1997 – 8 C 38.95, NJW 1997, 2966 m.w.N., zum Wohngeldrecht.

Er **setzt** weiter einen den Zustand adäquat verursachenden, hoheitlichen Eingriff in die Rechtsstellung des Betroffenen **voraus** und führt im **Umfang** des dadurch berührten Schutzzweckes der haftungsbegründenden Norm zur Beseitigung.[92]

Als **Naturalrestitution** ist Folgenbeseitigung **nur im Rahmen** an sich **zulässigen** Verwaltungshandelns möglich; erlaubt ist also nicht, sich über gesetzliche Bindungen hinwegzusetzen.[93] 93

Ihre Folge ist, dass fiktiv der der Rechtszustand angenommen wird, der durch das pflichtwidrige Handeln verhindert wurde bzw. ohne das pflichtwidrige Handeln eingetreten wäre: **z.B.** die versäumte Antragsfrist als gewahrt;[94] die Antragsrücknahme als geschehen[95] oder nicht geschehen.[96] 94

Sonstige Formen der Folgenbeseitigung sind **z.B.**: die Verwertung des Fehlers im Rahmen bestehenden Ermessens[97] bzw. Zubilligung von Vertrauensschutz bei § 48,[98] bei einer Auskunft über Tatsachen bzw. Wertungen die Mitteilung an den Auskunftsempfänger, dass diese zulasten eines Dritten rechtswidrig war[99] oder die Zahlung einer Entschädigung, soweit Naturalrestitution ausscheiden muss, wobei § 254 BGB mindernd wirken kann.[100] 95

Als **Rechtsgrund** gelten Treu und Glauben und Vertrauensschutz, die sich auf die Rechtspflicht zu rechtsstaatlicher, gesetzesgemäßer Verfahrensgestaltung[101] bzw. Aufgabenerfüllung beziehen; dahinter stehen allerdings grundrechtliche Abwehransprüche.[102] 96

---

92 Näher dazu, auch zur Frage der Folgenbeseitigung durch Geldentschädigung: BVerwG, Urt. v. 19.07.1984 – 3 C 81.82, NJW 1985, 817 (819); BVerwG, Urt. v. 26.08.1993 – 4 C 24.91, 1994, 275 (280); vgl. auch: *Schoch*, VerwArch. Bd. 79, 1988, 1 (23, 49 f.).

93 BVerwG, Urt. v. 08.12.1995 – 8 C 37.93, BVerwGE 100, 83 = NJW 1997, 71 (75); BVerwG, Urt. v. 24.03.1988 – 3 C 48.86, BVerwGE 79, 192 (194).

94 BVerwG, Urt. v. 15.07.1959 – V C 80.57, BVerwGE 9, 89 (91 ff.); BVerwG, Urt. v. 19.06.1963 – IV C 146.62, BVerwGE 16, 156 (159); BGH, Urt. v. 27.06.1985 – IX ZR 17/85, NVwZ 1985, 938. – Für behördliche Verfahrensfrist: BVerwG, Urt. v. 22.10.1993 – 6 C 10.92, NVwZ 1994, 575 (576); a.A. VGH Baden-Württemberg, Beschl. v. 16.12.1993 – 10 S 1508/93, NVwZ 1995, 278. – Bei versäumter gesetzlicher Frist gilt § 32. – Zur Rspr. bei gesetzlicher Ausschlussfrist: BVerwG, Urt. v. 18.04.1997 – 8 C 38.95, NJW 1997, 2966 (2969); *Pietzner/Müller*, VerwArch. Bd. 85, 1994, 603 (619 f.).

95 OVG Niedersachsen, Urt. v. 24.02.1982 – 9 A 29/80, MDR 1983, 784.

96 So »nach Treu und Glauben«: BVerwG, Urt. v. 26.10.1966 – V C 2.65, BVerwGE 25, 183 (184 f.).

97 Vgl. OVG Nordrhein-Westfalen, Urt. v. 31.05.1985 – 14 A 1057/84, NVwZ 1986, 134.

98 BVerwG, Urt. v. 10.03.1994 – 3 C 32.92, BVerwGE 95, 213 (226 f.).

99 Vgl. BVerwG, Urt. v. 12.10.1971 – VI C 99.67, BVerwGE 38, 336 (345 f.); vgl. auch: § 35 Abs. 8 BGSG.

100 BVerwG, Urt. v. 14.04.1989 – 4 C 34.88, NJW 1989, 2484.

101 Vgl. BVerwG, Urt. v. 22.10.1993 – 6 C 10.92, NVwZ 1994, 575.

102 Zur Dogmatik: *Schoch*, VerwArch. Bd. 79, 1988, 1 m.w.N.

E. Formulare

97 Sie dienen behördlicher Aufwandsreduzierung und müssen in ihrer **Gestaltung** und im **Inhalt** den **aus** § 25 abzuleitenden **Anforderungen** genügen, die ausgehend vom **Empfängerhorizont** eines »Normalbürgers«[103] im Umgang mit ihm gelten. Es besteht entsprechender **Vertrauensschutz**, der einen Anspruch auf **Folgenbeseitigung** (Rdn. 92) bei Fehlern nach sich zieht.

98 Formulare dürfen den Benutzer nicht irreführen, müssen insb. unmissverständlich, eindeutig,[104] lückenlos vollständig[105] alle naheliegend erheblichen Gesichtspunkte umfassen.[106] Der Benutzer muss sich darauf verlassen können, bei erschöpfender und richtiger Ausfüllung alles Erforderliche getan zu haben.[107] Sollten im Formular einzelne Punkte kritisch sein, sind Vorkehrungen zu veranlassen, Fehler aufgrund dieser Punkte zu vermeiden.[108]

F. Die Regelung des Abs. 3

99 Der Abs. 3 sieht in Ergänzung zu den behördlichen Pflichten in den Abs. 1 und 2 seitens der verfahrensführenden Behörde eine »Hinwirkungspflicht« zur Durchführung einer frühzeitigen Bürgerbeteiligung durch den zukünftigen Antragsteller vor.

I. Anlass und Ziel der Regelung

100 Anlass für den Abs. 3 waren die anhaltenden Demonstrationen in den Jahren 2010/2011 gegen das genehmigte Projekt »Stuttgart 21« und die daraufhin erfolgte Bundesratsinitiative des Landes Baden-Württemberg.[109] Begründet wurde die ergänzende Regelung mit dem »Empfinden«, dass die bestehenden Formen der Öffentlichkeitsbeteiligung nicht mehr ausreichend seien. So sei ein zunehmendes Interesse der Bürgerinnen und Bürger an frühzeitiger Beteiligung und Mitsprache zu erkennen.[110]

101 Ziele der Regelung sind: die Planung von Vorhaben zu optimieren, Transparenz zu schaffen und die Akzeptanz von Genehmigungs- und Planfeststellungsentscheidungen zu fördern.[111] Auf diese Weise soll unterbunden werden, dass sich nach Abschluss des Verfahrens ein Widerstand gegen das Vorhaben bildet, der das Vorhaben bei seiner Realisierung blockiert. Weitere Funktionen der Öffentlichkeitsbeteiligung sind: die Gewinnung von Informationen über das Vorhaben, effektivere Gestaltung des Verfahrens durch frühzeitiges Erkennen von Konflikten, demokratische Teilhabe am

---

103 BVerwG, Urt. v. 22.10.1993 – 6 C 10.92, NVwZ 1994, 575 (576 f.).
104 BVerwG, Urt. v. 22.10.1993 – 6 C 10.92, NVwZ 1994, 575 (576 f.).
105 BVerwG, Urt. v. 10.03.1994 – 3 C 32.92, BVerwGE 95, 213 (226 f.).
106 BVerwG, Urt. v. 25.10.1978 – VIII C 55.75, BVerwGE 56, 354 = NJW 1979, 666.
107 Vgl. schon BVerwG, Urt. v. 14.10.1959 – IV C 136.58, BVerwGE 10, 12 (15).
108 *Jochum*, NVwZ 1987, 460 (462).
109 BR-Drucks. 135/11.
110 BT-Drucks. 17/9666, S. 1.
111 BT-Drucks. 17/9666, S. 1; BR-Drucks. 171/12, S. 2.

Verwaltungshandeln durch Mitwirkung und Einflussnahme und Kontrolle der Verwaltung sowie ihrer Entscheidung.[112]

Ob die Regelung letztendlich diese Ziele erfüllen kann, ist offen, denn eine gesetzliche Regelung bewirkt noch keine gute Bürgerbeteiligung.[113] Die Möglichkeit des Vorhabenträgers selbst an die Öffentlichkeit heranzutreten, bestand auch schon vor der Regelung des Abs. 3 und wurde bzw. wird auch durch viele Vorhabenträger in Form von Informationsveranstaltungen und Moderationsverfahren genutzt. Ferner rufen im planerischen Alltag nur selten Verwaltungsverfahren ein derartiges Interesse in der Bevölkerung hervor und meist erst zum Zeitpunkt in dem das Projekt durch Bauarbeiten sichtbar wird.[114] Ein weiterer Punkt ist, dass sich der Bürgerprotest in der Regel gegen das »Ob« des Projektes richtet und diese Frage zum Zeitpunkt der Bürgerbeteiligung – auch einer frühen Bürgerbeteiligung – nicht mehr zur Disposition steht.[115] So wird bei den gestuften Infrastrukturvorhaben, über die Frage des »Ob« schon Ebene der Bedarfsplanung durch den Gesetzgeber endgültig entschieden (vgl. z.B. § 1 Abs. 2 FStrAbG). Im Bundesministerium für Verkehr, Bau und Stadtentwicklung wurde das Problem erkannt und ein »Handbuch für eine gute Bürgerbeteiligung« herausgegeben. Das Handbuch berücksichtigt insbesondere die schon vorhandenen Regelungen zur Bürgerbeteiligung im gestuften Verfahren[116] und zeigt Möglichkeiten der Verbesserung der Beteiligung für die einzelnen Verfahrensstufen auf. 102

II. »Hinwirkungspflicht« der Behörde

Die zuständige Behörde wird in Satz 1 verpflichtet, bei Vorliegen der Voraussetzungen nach Satz 1 bei dem künftigen Antragsteller in geeigneter Form auf die Durchführung der frühen Öffentlichkeitsbeteiligung hinzuwirken.[117] Der Abs. 3 knüpft dabei an die nach Abs. 2 bereits bestehenden, dem Verwaltungsverfahren vorgelagerten Beratungspflichten an,[118] da die Behörde so von dem Vorhaben vor Antragstellung Kenntnis erlangt. Soweit die Behörde von dem Vorhaben vor Antragstellung nicht erfährt, läuft die Vorschrift leer.[119] Eine vor der Antragstellung erforderliche Anzeigepflicht des Antragstellers könnte dies unterbinden. 103

Die »Hinwirkungspflicht« der Behörde korreliert aber mit keiner Verpflichtung zur Durchführung seitens des Antragsstellers, da sie die Bereitschaft zum Zusammenwirken 104

112 Zu den Funktionen, *Appel*, NVwZ 2012, 1361 (1362), *Groß*, DÖV 2011, 510 (511).

113 Siehe *Burgi/Durner*, Modernisierung des Verwaltungsverfahrensrechts durch Stärkung des VwVfG, 2012, S. 177 f.; *Krappel*, NuR 2012, 836 (838 f.).

114 Vgl. auch *Knauff*, DÖV 2012, 1 (1)

115 S.a. *Burgi*, NVwZ 2012, 277 (278).

116 Die förmliche Öffentlichkeitsbeteiligung für die Bedarfsplanung ist in § 19b Abs. 1 i.V.m. § 14i UVPG, für die Linienbestimmung in § 15 Abs. 1 UVPG und für das Raumordnungsverfahren in § 16 Abs. 1 UVPG und § 15 Abs. 3 Satz 3 ROG geregelt.

117 BT-Drucks. 17/9666, S. 17; BR-Drucks. 171/12, S. 26.

118 BR-Drucks. 171/12, S. 27.

119 Zur Problematik, *Ziekow*, Stellungnahme zur Anhörung des Innenausschusses des Deutschen Bundestages am 18.02.2013, Ausschussdrucks. 17(4)655.

voraussetzt.[120] Dies ist wichtig, da der Erfolg einer Beteiligung immer den Willen voraussetzt, sich ernsthaft mit dem Vortrag der Bürger auseinander zu setzen. Sie darf keine lästige Pflicht sein, um zielführend zu sein.[121] Zudem kann der Antragsteller am besten beurteilen, ob und wann seine Planung insoweit konkretisiert ist, dass eine Öffentlichkeitsbeteiligung sinnvoll ist. Die frühe Öffentlichkeitsbeteiligung soll kein Selbstzweck sein oder ein Verfahrenshindernis darstellen. Die verfahrensführende Behörde kann dem Antragsteller nur empfehlen eine frühzeitige Bürgerbeteiligung durchzuführen und ihm Hinweise für erfolgreiche Durchführung geben.

II. Voraussetzungen

105 In den Anwendungsbereich des Abs. 3 fallen nach Satz 1 alle Vorhaben die nicht nur unwesentliche Auswirkungen auf die Belange einer größeren Zahl von Dritten haben können. Dies ist in der Regel bei planfeststellungspflichtigen Infrastrukturvorhaben anzunehmen.[122] Aber auch immissionsschutzrechtliche Genehmigungsverfahren (wie z.B. bei Kraftwerksvorhaben) oder Baugenehmigungsverfahren (z.B. Einzelhandel oder Kindertagesstätten) können Auswirkungen auf die Belange einer größeren Zahl von Dritten haben. Anhaltspunkt, welche Vorhaben zu betrachten sind, kann nach Auffassung von *Schink* die Spalte 1 der Anlage 1 des UVPG geben.[123]

106 Die Regelung ist sehr offen formuliert und lässt der Behörde Spielraum bei der Annahme der Tatbestandsvoraussetzungen. »Nicht nur unwesentliche Auswirkungen« liegen vor, wenn die Schwelle der Wesentlichkeit überschritten ist. Dies ist anzunehmen, wenn konkrete Beeinträchtigungen abwägungserheblicher Belange Dritter zu erwarten sind. Wann eine »größere Zahl« erreicht ist, wird u.a. auch von der Art und Intensität der Betroffenheit abhängen.[124]

III. Betroffene Öffentlichkeit

107 Der Begriff der »betroffenen« Öffentlichkeit in Satz 1 ist in § 2 Abs. 6 UVPG definiert und geht zurück auf Art. 2 Nr. 5 AK der Aarhus-Konvention (AK).[125] Nach § 2 Abs. 6 UVPG gehört zur »betroffenen Öffentlichkeit« jede Person und Vereinigungen, deren Belange durch die Entscheidung über das Vorhaben berührt werden, also wahrscheinlich betroffen sind. Danach gehören zu der betroffenen Öffentlichkeit die durch das Vorhaben wahrscheinlich betroffenen Teile der Bevölkerung, betroffene Träger öffentlicher Belange und sonstige betroffene Beteiligte (anerkannte Vereinigungen). Die nur interessierte Öffentlichkeit ist ausgenommen.[126] Die Einschränkung der

120 BT-Drucks. 17/9666, S. 15, 17, kritisch dazu *Hertel/Munding*, NJW 2012, 2622 (2624).
121 *Groß*, DÖV 2011, 510 (512).
122 BT-Drucks. 17/9666, S. 17.
123 *Schink*, DVBl 2011, 1377 (1384).
124 Vgl. dazu Kopp/Ramsauer, § 25 Rn. 33.
125 *Guckelberger*, VerwArch. 2012, 31 (40).
126 Anders vorgesehen in der Bundesratsinitiative des Landes Baden-Württemberg, BR-Drucks. 135/11; *Ziekow*, Gutachten D zum 69. DJT, Neue Formen der Bürgerbeteiligung? Planung und Zulassung von Projekten in der parlamentarischen Demokratie, 2012.

Öffentlichkeit auf die wahrscheinlich Betroffene beruht auf der Erwägung, dass der Erfolg einer Erörterung mit einer unbegrenzten Anzahl von Teilnehmern zweifelhaft ist, da bei Großveranstaltungen eine vernünftige Verfahrensgestaltung kaum möglich ist[127] bzw. die eigentlichen Betroffenen kaum zu Wort kommen, da die entsprechenden Interessenvertreter viel Zeit binden.

IV. Umfang und Gegenstand der frühen Öffentlichkeitsbeteiligung

Gegenstand der frühen Öffentlichkeitsbeteiligung ist nach dem Wortlaut des Satzes 1 die Unterrichtung über Ziele des Vorhabens, die Mittel es zu verwirklichen und die voraussichtlichen Auswirkungen. Dazu soll der betroffenen Öffentlichkeit Gelegenheit zur Äußerung und Erörterung gegeben werden. 108

Hinsichtlich Umfang und Gestaltung wird dem Antragsteller freier Raum gelassen. 109 Ein Gesichtspunkt bei den Durchführungen sollte die Wahrung der Effektivität des Verfahrens nach § 10 VwVfG sein. Die frühe Bürgerbeteiligung ist möglichst einfach, zweckmäßig und zügig durchzuführen, in dem bereits vorhandene Verfahrensschritte genutzt werden, z.B. der Scopingtermin. Eine zusätzliche Erörterung ist stets mit erheblichem Aufwand verbunden. Insoweit kann auch darüber nachgedacht werden, dafür auf die Erörterung im Planfeststellungsverfahren weitestgehend zu verzichten und nur noch Einzelerörterungen mit stark betroffenen Bürgern durchzuführen.

Die von *Knauff* vorgeschlagene Verkürzung der Zeiten der Auslegung durch eine IT- 110 basierte Öffentlichkeitsbeteiligung und die Verkürzung der Fristen für die behördliche Vorbereitung als Instrumente der weiteren Beschleunigung/zur Reduzierung der Verfahrensdauer erscheinen unrealistisch.[128] Schon heute werden die gesetzlichen Fristen nicht eingehalten. Zudem kann nicht generell davon ausgegangen werden, dass jeder Betroffene über einen Internetzugang verfügt. Richtig ist aber, dass durch eine entsprechende Internetpräsens und Information eine gute Bürgerbeteiligung erreicht werden kann.

Die Ergebnisse der frühen Öffentlichkeitsbeteiligung sind der verfahrensführenden 111 Behörde mit der Antragsstellung mitzuteilen (Satz 4). Eine detaillierte Dokumentationspflicht geht damit nicht einher.[129] Ferner ist im Änderungsantrag der Fraktionen CDU/CSU und FDP die Pflicht ergänzt worden die betroffene Öffentlichkeit über das Ergebnis der durchgeführten frühen Öffentlichkeitsbeteiligung zu informieren.[130]

127 Dazu *Stender-Vorwachs*, NVwZ 2012, 1061 (1062).
128 *Knauff*, DÖV 2012, 1 (7).
129 *Stender-Vorwachs*, NVwZ 2012, 1061 (1062). Anders die Forderung von *Ziekow*, Gutachten D zum 69. DJT, Neue Formen der Bürgerbeteiligung? Planung und Zulassung von Projekten in der parlamentarischen Demokratie, 2012, S. 84 ff.
130 Änderungsantrag der Fraktionen CDU/CSU und FDP, Ausschussdrucks. 17(4) 655.

IV. Zeitpunkt

112 Die Öffentlichkeitsbeteiligung soll frühzeitig (Satz 1), möglichst bereits vor Stellung eines Antrages (Satz 2) stattfinden. Der Gedanke einer möglichst frühzeitigen Beteiligung der Bürger beruht darauf, dass die Beteiligung meist zu spät einsetzt und sich schon auf eine festgelegte Planung bezieht. Die frühe Öffentlichkeitsbeteiligung soll vorher ansetzen, um der Öffentlichkeit eine Möglichkeit zur Mitwirkung zu geben. Eine »Mitplanung« der Bürger ist aber schon rechtlich ausgeschlossen und kann nicht Ziel der Regelung sein.[131] Die Planung obliegt nach den entsprechenden Fachgesetzen dem jeweiligen Vorhabenträger.

113 Als Zeitpunkt für eine frühe Bürgerbeteiligung wird vielfach der Scopingtermin vorgeschlagen. Da dieser eine Beteiligung von Bürgern nicht vorsieht, kann es zweckmäßig sein, eine den Scopingtermin ergänzende Bürgerveranstaltung durchzuführen.[132]

V. Ausnahme nach Satz 5

114 Nach Satz 5 bedarf es keiner frühen Öffentlichkeitsbeteiligung, wenn die betroffene Öffentlichkeit bereits nach anderen Rechtsvorschriften vor der Antragsstellung zu beteiligen ist. Damit wird klargestellt, dass auf eine frühe Öffentlichkeitsbeteiligung nach diesem Gesetz nicht noch einmal hingewirkt werden muss, wenn eine entsprechende Öffentlichkeitsbeteiligung aufgrund anderer Rechtsvorschriften bereits erfolgt ist.[133] Dazu gehört z.B. die Regelung des § 3 Abs. 1 BauGB.

VI. Klarstellung nach Satz 6

115 Bei der Regelung des Satz 6, dass die Beteiligungsrechte nach anderen Rechtsvorschriften unberührt bleiben, handelt es sich um eine klarstellende Regelung. So kann die frühe Öffentlichkeitsbeteiligung auch keine Präklusionswirkung entfalten.[134]

G. Landesrechtliche Vorschriften

116 Die Verwaltungsverfahrensgesetze der Länder haben gleichlautende Vorschriften bzw. verweisen auf die Bundesregelung.

---

131 *Hien*, UPR 2012, 128 (131).

132 BMVBS, Handbuch für eine gute Bürgerbeteiligung, 2012, S. 60; *Krappel*, NuR 2012, 836 (839); *Schink*, DVBl 2011, 1377 (1384); *Wulfhorst*, DÖV 2011, 581 (584); BT-Drucks. 17/9666, S. 17 dem ROV vorgelagert.

133 BT-Drucks. 17/9666 S. 17.

134 BR-Drucks. 171/12 S. 29.

§ 26 Beweismittel

(1) [1]Die Behörde bedient sich der Beweismittel, die sie nach pflichtgemäßem Ermessen zur Ermittlung des Sachverhalts für erforderlich hält. [2]Sie kann insbesondere
1. Auskünfte jeder Art einholen,
2. Beteiligte anhören, Zeugen und Sachverständige vernehmen oder die schriftliche oder elektronische Äußerung von Beteiligten, Sachverständigen und Zeugen einholen,
3. Urkunden und Akten beiziehen,
4. den Augenschein einnehmen.

(2) [1]Die Beteiligten sollen bei der Ermittlung des Sachverhalts mitwirken. [2]Sie sollen insbesondere ihnen bekannte Tatsachen und Beweismittel angeben. [3]Eine weitergehende Pflicht, bei der Ermittlung des Sachverhalts mitzuwirken, insbesondere eine Pflicht zum persönlichen Erscheinen oder zur Aussage, besteht nur, soweit sie durch Rechtsvorschrift besonders vorgesehen ist.

(3) [1]Für Zeugen und Sachverständige besteht eine Pflicht zur Aussage oder zur Erstattung von Gutachten, wenn sie durch Rechtsvorschrift vorgesehen ist. [2]Falls die Behörde Zeugen und Sachverständige herangezogen hat, erhalten sie auf Antrag in entsprechender Anwendung des Justizvergütungs- und -entschädigungsgesetzes eine Entschädigung oder Vergütung.

Schrifttum

Skouris, Grundfragen des Sachverständigenbeweises im Verwaltungsverfahren und im Verwaltungsprozeß, AöR 107 (1982), 215; *Vierhaus*, Beweisrecht im Verwaltungsprozess, 2011; *Voßkuhle*, Behördliche Betretungs- und Nachschaurechte – Versuch einer dogmatischen Klärung –, DVBl 1994, 611. Vgl. auch die Literaturhinweise zu § 24.

Übersicht

A. Allgemeines

I. Gegenstand der Regelung

1 § 26 steht in einem engen sachlichen Zusammenhang mit § 24. Die Vorschrift enthält in Abs. 1 eine allgemeine Regelung über Beweismittel. Zu der bereits in Abs. 1 genannten Heranziehung von Zeugen und Sachverständigen äußert sich Abs. 3 eingehender. In Abs. 2 beschäftigt sich die Vorschrift mit der Mitwirkung der Beteiligten.

2 Das Verfahren der Beweiserhebung (Rdn. 4) ist in § 26 nahezu ungeregelt geblieben. Hierzu enthält das VwVfG an anderer Stelle einige Sondervorschriften: für förmliche Verfahren in § 65 über Zeugen und Sachverständige, in § 66 Abs. 2 über die Rechte Beteiligter, in § 68 Abs. 4 über die Niederschrift bei Beweiserhebungen und in § 71 Abs. 1 Satz 2 über das Recht Beteiligter zur Beanstandung von Fragen.

II. Zweck der Regelung

Abs. 1 verfolgt das Ziel, die im Untersuchungsgrundsatz (§ 24) verkörperten Grundsätze ausdrücklich auf die Ebene der Beweiserhebung als besonderen Abschnitt der Sachaufklärung zu erstrecken und das Spektrum der Beweismittel zu konkretisieren. Zweck des **Abs. 2** ist es, als weiteres wesentliches Erkenntnismittel – und wohl deshalb in § 26 und nicht in § 24 angesiedelt – die Mitwirkung Beteiligter in grundsätzlicher Weise zu normieren. **Abs. 3** äußert sich zur Mitwirkungspflicht von Zeugen und Sachverständigen und zu deren Entschädigung bzw. Vergütung. 3

III. Rechtsrahmen der Beweiserhebung im Verwaltungsverfahren

Die Beweiserhebung ist nur fragmentarisch geregelt, nämlich bezüglich des behördlichen Ermessens (Rdn. 12), der Arten von Beweismitteln (Rdn. 32) und einer etwaigen Pflicht zur Mitwirkung der Zeugen und Sachverständigen (Rdn. 102). Die allgemeinen Strukturmerkmale des Beweisverfahrens folgen vor allem aus dem Wesen des Beweises im Unterschied zu informeller Erkenntnisgewinnung, im Umkehrschluss aus Sonderregeln des Fachrechts und des förmlichen Verfahrens und aus den Grundsätzen der allgemeinen Ermittlungstätigkeit nach § 24. Kennzeichnend für die Beweiserhebung nach § 26 im Unterschied zur gerichtlichen Beweiserhebung ist die Nichtförmlichkeit im Anschluss an § 10 Satz 2 (Rdn. 15) sowie ihr Hauptzweck, das rechtsgestaltende Handeln der Behörde vorzubereiten (vgl. § 24 Rdn. 6). Fehlen Vorschriften, verbietet es sich daher, Normen des Prozessrechts ohne Nachweis planwidriger Lücken analog anzuwenden;[1] sie können allerdings – wie § 244 Abs. 3, 4 StPO[2] – Anhalt bieten für im Verwaltungsverfahren ungeschrieben geltende Rechtsgrundsätze. 4

B. Die Vorschrift im Einzelnen

I. Beweismittel (Abs. 1)

1. Beweisgegenstand

Nur **Tatsachen** (vgl. § 24 Rdn. 103) einschließlich Hilfstatsachen (Indizien) bilden den festzustellenden Sachverhalt und können daher Gegenstand des Beweises sein. Bestimmte Tatsachen (wie etwa die »Eignung«) lassen sich nur mittels Hilfstatsachen feststellen. Die Beweiszugänglichkeit einer Tatsache fehlt, wenn kein geeignetes (§ 24 Rdn. 30) Beweismittel zur Verfügung steht. Aus wissenschaftlicher Forschung erhofftes, künftiges Tatsachenwissen kann nicht Beweisgegenstand bzw. -ziel sein[3] (vgl. § 24 Rdn. 42). Eine **subjektive Wertung**, eine **Abwägung** oder die Wahrnehmung eines **Spielraums** sind nicht durch Beweiserhebung nachvollziehbar (vgl. § 24 Rdn. 103). Bei der Einschätzung von **Kunst** kann der Kunstwert eines Werks in Bezug auf einzelne Kunstbelange Gegenstand eines Gutachtens sein.[4] 5

---

1 Vgl. Stelkens/Bonk/Sachs/*Kallerhoff/Fellenberg*, 9. Aufl. 2018, § 26 Rn. 3.
2 Vgl. im Zusammenhang mit § 86 Abs. 2 Schoch/Schneider/Bier/*Dawin*, § 86 Rn. 101 ff.
3 Vgl. VGH Baden-Württemberg, Urt. v. 14.05.1996 – 10 S 1/96, NVwZ 1997, 90 (95).
4 Vgl. BVerwG, Urt. v. 28.08.1996 – 6 C 15.94, NJW 1997, 602.

2. Beweisbedürftigkeit von Tatsachen

6 Der Ermittlungsbedürftigkeit (§ 24 Rdn. 31 ff.) entspricht auf der Beweisebene die Beweisbedürftigkeit der Tatsache. Sie ist Voraussetzung jeder Beweiserhebung und vom Beweissicherungsinteresse (Rdn. 8) zu trennen. Sie liegt vor, wenn mittels eines Nachweises zu überwindende Zweifels- bzw. Unsicherheitsgründe vorliegen, z.B. widerstreitendes Vorbringen oder ungereimt wirkende Umstände.[5] Sie fehlt zwingenden, allgemeinen Erfahrungssätzen (vgl. § 24 Rdn. 132), allgemein anerkannten technischen Normen[6] und den – allgemein- oder amtskundig – offenkundigen Tatsachen (die meist nicht einmal ermittlungsbedürftig sind).

7 **Allgemeinkundig** sind Tatsachen, die verständige und erfahrene Menschen in der Regel ohnehin kennen oder von denen sie sich aus allgemein zugänglichen, zuverlässigen Quellen unschwer überzeugen können.[7] Die Veröffentlichung einer Tatsache als solche beweist ihre Allgemeinkundigkeit nicht. Behörden- bzw. **amtskundig** sind amtlich veranlasst in Erfahrung gebrachte, präsente Tatsachen, auch wenn es des aktualisierenden Einlesens in die verfügbaren Informationen bedarf.[8] Amtskundige Kenntnisse können eigene Sachkunde vermitteln (§ 24 Rdn. 55, 102). Amtskundigkeit fehlt den lediglich aktenkundigen, d.h. in Akten zwar vorhandenen, aber nicht unmittelbar greifbaren Informationen, da nach ihnen erst gesucht werden müsste. Gleiches gilt, wenn es der neuerlichen Beweiswürdigung[9] der Information oder erst der Vermittlung Dritter für den Zugriff hierauf bedarf.

3. Beweissicherung

8 Bei konkretem Beweissicherungsinteresse – da mit Verlust oder wesentlicher Erschwerung der Erreichbarkeit bzw. Benutzbarkeit des Beweismittels oder nach Sachlage mit bestimmten Einwänden zu rechnen ist – kann die Aufklärungspflicht aus § 24 es gebieten, diese Beweiserhebung im laufenden Verfahren vorzuziehen, wenn sich die Beweisbedürftigkeit wenigstens konkret abzeichnet.

9 **Isolierte Beweissicherungen** (d.h. solche außerhalb bzw. vor einem Verwaltungsverfahren) – sei es auf Vorrat oder fallbezogen – bedürfen einer gesetzlichen Grundlage. Eine solche kann in Aufgabenzuweisungs- oder Befugnisnormen der überwachenden Verwaltung zu finden sein;[10] die §§ 24 und 26 enthalten sie nicht (vgl. Rdn. 11). Im reinen Antragsverfahren verstieße die isolierte Beweissicherung ohne Vorliegen eines

---

5 Vgl. Kopp/*Ramsauer*, 20. Aufl. 2019, § 24 Rn. 21; auch Schoch/Schneider/Bier/*Dawin*, § 86 Rn. 51 (in Abgrenzung zu dem durch die Verhandlungsmaxime geprägten Zivilprozess).

6 § 28 kann den Hinweis auf ihr Vorhandensein vor ihrer Verwertung gebieten. Vgl. aber BVerwG, Urt. v. 23.02.1982 – 7 C 76.79, NJW 1982, 2617 (2620) (keine Hinweispflicht des Gerichts).

7 Vgl. nur Stelkens/Bonk/Sachs/*Kallerhoff/Fellenberg*, § 26 Rn. 23.

8 Vgl. Stelkens/Bonk/Sachs/*Kallerhoff/Fellenberg*, § 26 Rn. 23.

9 Vgl. hinsichtlich gerichtskundiger Tatsachen BVerwG, Beschl. v. 22.08.1989 – 9 B 207.89, NVwZ 1990, 571.

10 S. Stelkens/Bonk/Sachs/*Kallerhoff/Fellenberg*, § 26 Rn. 12.

Antrags (vgl. Rdn. 11) gegen die Sperrwirkung des § 22 Satz 2 Nr. 2 (§ 22 Rdn. 58). Zeigt sich bei einem Offizialverfahren schon vor dessen in Aussicht genommenen Beginn ein Beweissicherungsinteresse, wird die Gesetzesvollzugsaufgabe die vorgezogene Verfahrenseinleitung mit der Beweissicherung als erster Handlung veranlassen, wenn für isoliertes Handeln kein Raum ist.[11]

Behördliche Beweissicherungen folgen nicht den Grundsätzen gerichtlicher Beweis- 10 sicherungsverfahren. Denn sie dienen gem. §§ 24 und 26 dem Regelungs- und Gestaltungsinteresse der Behörde, gerichtliche indes der Vermeidung, Beilegung oder Klärung des Streits anderer.

Der **isolierte Beweissicherungsantrag** gehört nicht zu einem gesetzlich vorgesehenen 11 Verfahren, ist aber zu behandeln (vgl. § 24 Abs. 3), wenngleich nicht als Beginn eines Verwaltungsverfahrens. §§ 24 und 26 sind unanwendbar. Selbst wenn noch Unterlagen fehlen, ist der sofortige Sachantrag auf Erlass eines Verwaltungsakts (etwa auch auf Einschreiten gegen Dritte) die zuzumutende und notwendige Basis zur Prüfung und Rechtfertigung des mit ihm zu verbindenden, sonst unstatthaft unzulässigen Beweisantrags (§ 24 Rdn. 95).

4. Erforderlichkeit der Beweismittel und Verfahrensermessen

Die Behörde bestimmt gem. Abs. 1 Satz 1 über die Wahl unter den zur Verfügung 12 stehenden Beweismitteln; ihr steht dabei das allgemein schon in § 24 Abs. 1 Satz 2 geregelte Verfahrensermessen zu und sie ist an Beweisanträge Beteiligter nicht gebunden (vgl. § 24 Rdn. 89 ff.). Aus zu gewährendem rechtlichen Gehör lassen sich keine Beweiserhebungspflichten (vgl. Rdn. 19) herleiten.

Wie auf der Ebene informeller Ermittlungen kommt es für die Ermessensausübung 13 bei der Wahl des Beweismittels auf die Beurteilung der Behörde aus Sicht ex ante an (vgl. § 24 Rdn. 90). Sich aufdrängende Beweismittel dürfen nicht ignoriert werden (vgl. § 24 Rdn. 39), Beweisanträge Beteiligter sind zu berücksichtigen. Auf die Eignung des Beweismittels zur Beweisführung in Bezug auf Beweisgegenstand und -ziel (Rdn. 5; vgl. § 24 Rdn. 103 ff.) ist zu achten.

Bei der Auswahl unter Beweismitteln sind wie bei § 24 die **Grenzen des Ermessens** zu beachten, insb. Beweiserhebungs- und Verwertungsverbote, die Verhält- 14 nismäßigkeit gegenüber Beteiligten (§ 24 Rdn. 68) und normierte Pflichten zu bestimmten Maßnahmen (§ 24 Rdn. 174). Auch hier steuert die Aufklärungspflicht, inwieweit Ermessen besteht oder unter Ermessensreduzierung auf Null ein bestimmtes Beweismittel heranzuziehen und wie intensiv Beweis zu erheben ist (vgl. § 24 Rdn. 42).

11 Vgl. aber Stelkens/Bonk/Sachs/*Kallerhoff/Fellenberg*, § 26 Rn. 12 (Beweissicherung vor Antragstellung).

5. Beweiserhebung im nichtförmlichen Verfahren

15 Die Beweiserhebung im nichtförmlichen Verfahren (vgl. § 10) wird beherrscht von den Grundsätzen der **Einfachheit** und **Zweckmäßigkeit** sowie des **Freibeweises.** Letzterer befreit die Behörde von einem bestimmten, unabdingbaren Verfahren der Einführung und Verwendung von Beweismitteln als Voraussetzung ihrer Verwertbarkeit (vgl. Rdn. 73). Neben spezialgesetzlichen Normen und der Pflicht, das Verfahrensermessen fehlerfrei auszuüben, bestehen allerdings Anforderungen an das Verfahren aus der Aufklärungspflicht und dem zu wahrenden Geheimnis-[12] und Datenschutz sowie nachgenannte Grundsätze.

a) Beweisanordnungen, Rechtsnatur, Fehlerfolgen, Rechtsschutz

16 Förmliche Beweisanordnungen sind regelmäßig nicht erforderlich. Ist die Maßnahme zugleich ein Verwaltungsakt gegenüber Dritten oder Beteiligten, weil z.B. eine erzwingbare Regelung gesetzt wird, sind die für seinen Erlass geltenden Normen zu beachten. Beweisanordnungen gegenüber Beteiligten müssen, um der Verhältnismäßigkeit zu genügen, Zweck, Erforderlichkeit und Angemessenheit der Maßnahme nachvollziehbar darstellen, wenn der Beteiligte im Rahmen seiner Mitwirkung für einen Nachweis sorgen soll wie etwa bei der Aufforderung, zur Behebung der Eignungszweifel ein Fahreignungsgutachten beizubringen (§ 24 Rdn. 66).

17 In der Regel liegt es im Aufklärungs- und Verfahrensinteresse, Zeugen, erst recht Sachverständigen, das Beweisthema vorab mitzuteilen und mit Hinweis auf die Entschädigungsregelung formlos zum Erscheinen zur mündlichen Anhörung zu bitten. Eine Vorladung, die das Erscheinen zum gesetzten Termin verbindlich anordnet, ist ein Verwaltungsakt (vgl. Rdn. 102).

18 Beweisanordnungen sind ihrer Rechtsnatur nach Verfahrenshandlungen, im Einzelfall zugleich Verwaltungsakte (vgl. § 24 Rdn. 19 ff.). Auf die Erläuterungen zu § 24 wird verwiesen in Bezug auf die Folgen fehlerhaft überzogener oder unterbliebener Beweiserhebungen sowie hinsichtlich des Rechtsschutzes (§ 24 Rdn. 145 ff.); Beweiserhebungen unterscheiden sich insoweit nicht von sonstigen Ermittlungen.

b) Grundsatz der Beteiligten-Öffentlichkeit

19 Der Grundsatz der Beteiligten-Öffentlichkeit **gilt** im Umkehrschluss zu § 66 Abs. 2 **nicht.**[13] Daher ist eine Benachrichtigung von dem Termin grundsätzlich nicht veranlasst und auch bei zugelassener Anwesenheit ein Frage- oder gar Beanstandungsrecht wie nach § 71 Abs. 1 Satz 2 nicht eingeräumt. **Ausnahmen** gebietet die Aufklärungspflicht, wenn die Beweiserhebung das Beisein oder die Mitwirkung Beteiligter erfordert, etwa zur Aufklärung von Widersprüchen einer Zeugenaussage, bei

---

12 Vgl. z.B. OVG Nordrhein-Westfalen, Beschl. v. 11.04.1995 – 13 B 549/95, NVwZ-RR 1995, 703.

13 Ebenso etwa Stelkens/Bonk/Sachs/*Kallerhoff/Fellenberg*, § 26 Rn. 13 f.

Begutachtungen oder einem Augenschein in Räumen Beteiligter.[14] Auch kann der effektive Schutz der Grundrechte bzw. effektives rechtliches Gehör die Beteiligten-Öffentlichkeit fordern.[15] Im Übrigen ist es eine Frage der Effektivität und des Fingerspitzengefühls, ob die Anwesenheit und ein Fragerecht zugestanden werden. Das liegt umso näher, je schwieriger es wäre, bei der Anhörung nach § 28 das Beweisergebnis darzustellen bzw. je mehr es auf die konstruktive Mitwirkung des Beteiligten ankommt.

c) Unmittelbarkeit der Beweiserhebung

Der **im Prozessrecht geltende Grundsatz** der Unmittelbarkeit der Beweiserhebung besagt, dass die Beweisaufnahme vor demjenigen stattzufinden hat, der die Sachentscheidung trifft (vgl. § 96 Abs. 1 Satz 1 VwGO[16]). Er ist **kein Grundsatz des Verwaltungsverfahrensrechts**[17] (vgl. § 24 Rdn. 45) und zu unterscheiden von der Beteiligten-Öffentlichkeit (Rdn. 19) sowie dem aus der **Aufklärungspflicht** folgenden Gebot, von einem Beweismittel unmittelbar Kenntnis zu nehmen, wenn es auf den persönlichen Eindruck, etwa von einem Augenscheinsobjekt oder einem Zeugen ankommt. 20

d) Protokollierung der Beweisergebnisse

Anders als in förmlichen bzw. Planfeststellungsverfahren aufgrund § 68 Abs. 4 bzw. § 73 Abs. 6 Satz 6 gibt es im nichtförmlichen Verfahren, von Sondervorschriften abgesehen (vgl. § 25 Abs. 7 AsylG), keine allgemeine Protokollierungspflicht mit einem bestimmten Mindestinhalt. Aus der Pflicht zur Aktenführung (§ 24 Rdn. 57 ff.) folgt sie nicht. Die Aufklärungspflicht und Erfordernisse der Nachvollziehbarkeit bzw. Würdigung des Ergebnisses bedingen unter Berücksichtigung der Verhältnismäßigkeit des Aufwands (§ 24 Rdn. 60) den Mindestinhalt, der bei Beweiserhebungen – bei mündlichen Prüfungen gegebenenfalls nachträglich (s. sogleich) – zu dokumentieren ist. Im Übrigen besteht Verfahrensermessen orientiert am Zweck des Protokolls und sonstigen Möglichkeiten, den Vorgang nachzuvollziehen. Die Protokollierung (z.B. einer Zeugenaussage) kann an eine prozessförmige Protokollierung[18] heranreichen, denkbar z.B. bei einer Beweissicherung. Es besteht grundsätzlich kein Anspruch auf eine Abschrift des schriftlich fixierten Beweisergebnisses. Bei Prüfungsgesprächen ist deren sofortige sowie minutiöse Protokollierung weder tunlich noch geboten,[19] soweit nicht später die Nachvollziehbarkeit der Bewertung davon tragend abhängt. 21

---

14 Das gilt z.B. für die ordnungsrechtliche Nachschau im Gaststätten- und Gewerberecht, die zur Sicherung des Überraschungsmomentes nur auf die Benachrichtigung von dem Termin verzichtet; vgl. BVerwG, Urt. v. 02.03.1971 – I C 37.69, BVerwGE 37, 283 (291 f.).

15 Vgl. Kopp/*Ramsauer*, § 26 Rn. 8a.

16 Dazu *Vierhaus*, Beweisrecht im Verwaltungsprozess, 2011, Rn. 299 ff.

17 Vgl. Stelkens/Bonk/Sachs/*Kallerhoff/Fellenberg*, § 26 Rn. 12.

18 Vgl. hinsichtlich einer Zeugenaussage Sodan/Ziekow/*Dolderer*, § 105 Rn. 54 ff.

19 Vgl. BVerfG, Beschl. v. 14.02.1996 – 1 BvR 961/94, NVwZ 1997, 263; zur nachträglichen Protokollierung BVerwG, Urt. v. 06.09.1995 – 6 C 18.93, NJW 1996, 2670.

e) **Auskunfts- und Aussageverweigerungsrechte**

22 Fachgesetze können besondere Schweigerechte zugunsten **Beteiligter** (Rdn. 99), **Zeugen** (Rdn. 104) und Auskunft gebender **Dritter** (Rdn. 38) normieren. In Betracht kommt dies speziell im Ordnungsrecht als Gegenstück zu normierten Auskunftspflichten (vgl. z.B. § 39 Abs. 1 Satz 2 WaffG) und in der Sache vor allem zum Schutz vor ahndungsrelevanter Belastung der eigenen Person oder naher Angehöriger. Fehlt die Äußerungspflicht, überlagert der Grundsatz der Freiwilligkeit der Angaben zur Sache die deshalb insoweit regelmäßig ungeschrieben bleibenden, besonderen Schweigerechte.[20] Diese sind aber bei der Würdigung des Schweigens entgegen einer Mitwirkungslast zu beachten (Rdn. 91).

23 Darüber hinaus gilt für **personenbezogene Daten** jenseits normierter Pflichten und Erhebungsbefugnisse, dass diese Daten bei privaten Dritten nur auf von ihnen erkannt freiwilliger Basis bzw. beim Betroffenen nur mit Einwilligung erhoben werden dürfen.

24 **Fehlt** eine **ausdrückliche Regelung** über das Schweigerecht, gilt: Auf das verfassungsrechtlich gewährleistete Recht, sich oder nahe Angehörige nicht belasten zu müssen, dürfen sich **Zeugen** (vgl. Rdn. 104) und **Dritte** uneingeschränkt berufen. Bei **Beteiligten**, die als Beweismittel bzw. nach Abs. 2 mitwirken, ist im Fall der Pflicht zur Äußerung das öffentliche Interesse an pflichtgemäßer Information gegen das Schweigeinteresse abzuwägen.[21] Bei Vorrang der Pflicht besteht nur strafprozessual ein Verwertungsverbot und vorgelagert die Geheimhaltungspflicht der Behörde. Im Fall der Mitwirkungslast steht das Schweigen frei (Rdn. 22).

f) **Belehrung von Beteiligten, Zeugen und Auskunftgebern**

25 Das Rechtsstaatsgebot gebietet die Belehrung über ein **besonderes Schweigerecht** (Rdn. 22) nur, wenn fallbezogene Umstände dessen Vorliegen bzw. die Konfliktlage des Befragten konkret nahelegen ganz gleich, ob es förmlich normiert ist (vgl. Rdn. 104), ob bis dahin freiwillig oder pflichtig Angaben gemacht wurden und ob weitere Angaben erzwingbar wären. Auf das **allgemeine Schweigerecht** bzw. die Freiwilligkeit (Rdn. 22) muss die Behörde nur hinweisen, wenn der Befragte erkennbar irrig von seiner Pflicht ausgeht und zudem auf den Hinweis ausnahmsweise konkret angewiesen ist.

26 Bei der Erhebung **personenbezogener Daten** beim Betroffenen ist dieser auf eine Auskunftspflicht bzw. die Freiwilligkeit seiner Angaben hinzuweisen (§ 4 Abs. 3 Satz 2 BDSG).

27 Ein rechtstaatliches **Gebot der Fairness** ist es, vor Beginn der Anhörung des Beteiligten nach § 26 Abs. 1 Satz 2 Nr. 2 ihn auf den **Beweiszweck** hinzuweisen, wenn sich das nicht aufgrund des Themas von selbst versteht und der Eindruck einer – z.B. nur damit verbundenen – Anhörung nach § 28 im Raum steht.

20 Vgl. Stelkens/Bonk/Sachs/*Kallerhoff/Fellenberg*, § 26 Rn. 74.
21 Vgl. BVerfG, Beschl. v. 13.01.1981 – 1 BvR 116/77, NJW 1981, 1431.

Ansonsten ist eine Belehrung im Bereich freiwilliger Angaben nur bei erkennbarer, zusätzlicher **Betreuungsbedürftigkeit** im Einzelfall (vgl. § 25) geboten.[22] Bleibt eine Belehrungspflicht unbeachtet, kann ein **Verwertungsverbot** bestehen (vgl. § 24 Rdn. 73). 28

g) Rechte des Beteiligten

Außerhalb seiner Heranziehung nach Nr. 2 steht dem Beteiligten insbesondere das in § 24 Abs. 1 Satz 2 Halbs. 2 angesprochene **Beweisantragsrecht** zu, dem die Pflicht der Behörde zur Entgegennahme und Berücksichtigung, aber grundsätzlich keine Pflicht zur Befolgung korrespondiert (vgl. Rdn. 12; § 24 Rdn. 94 ff.). Der Beweisantrag muss hinreichend substantiiert sein (§ 24 Rdn. 32), was bei Benennung von Zeugen neben dem Thema grundsätzlich auch deren Anschrift umfasst. Der Beteiligte hat weiterhin, wenn ihm die **Anwesenheit bei der Beweiserhebung** gestattet wurde (Rdn. 19), grundsätzlich Anspruch auf **Teilnahme seines Bevollmächtigten** (vgl. § 14).[23] Das Recht zu qualifizierter Prüfung eines Gutachtens kann die **Aktenüberlassung an** den vom Beteiligten dazu eingeschalteten **Privatgutachter** einschließen.[24] 29

Zur effektiven Wahrnehmung rechtlichen Gehörs bzw. bei sonstigem Angewiesensein kann ein Anspruch auf Auskunft über Quellen, Entstehung und Grundlagen von Gutachten[25] und auch Auskünften[26] (vgl. Rdn. 34 f.) bestehen, ebenso über die als Gutachter, Auskunftgeber, Zeuge oder Dolmetscher herangezogenen Personen, soweit das zur sachgerechten Prüfung der inhaltlichen und persönlichen Verlässlichkeit des Beweismittels nötig ist (vgl. Rdn. 49), es sei denn, vorrangige Rechtsgüter, z.B. Datenschutz, gebieten Ausnahmen. 30

Der Beteiligte hat **kein Ablehnungsrecht** bei ausgeschlossen oder befangen erscheinenden **Gutachtern** (vgl. Rdn. 58) und **Dolmetschern.** Das folgt für das nichtförmliche Verfahren im Umkehrschluss zu § 65 Abs. 1 Satz 2. 31

6. Beweismittel (Abs. 1 Satz 2)

Abs. 1 Satz 2 zählt in Anlehnung an das Prozessrecht – nicht abschließend (Rdn. 73) – die wichtigsten Arten von Beweismitteln auf. Zu den Beweismitteln gehören alle Erkenntnismittel, die durch ihre sinnliche Wahrnehmbarkeit die Möglichkeit eröffnen, sich vom Vorliegen von Tatsachen – ggf. über Indizien – zu überzeugen.[27] Beweiseignung hierzu muss vorliegen (Rdn. 13). Von Beweismitteln zu unterscheidende Instrumente auf der Ebene der Beweiswürdigung sind die Anwendung 32

22 Vgl. BVerwG, Beschl. v. 17.03.1994 – 3 B 12.94, NVwZ-RR 1995, 113.
23 Vgl. Stelkens/Bonk/Sachs/*Kallerhoff/Fellenberg*, § 26 Rn. 15.
24 OVG Rheinland-Pfalz, Beschl. v. 11.12.1996 – 7 B 13243/96, NJW 1997, 2342 (Überlassung einer Führerscheinakte).
25 Vgl. BVerwG, Urt. v. 12.02.1997 – 11 A 66.95, NVwZ-RR 1998, 90 (91).
26 Vgl. aber zu Auskünften des Auswärtigen Amtes im Asylprozess BVerwG, Urt. v. 22.01.1985 – 9 C 52.83, NVwZ 1986, 35.
27 Vgl. auch Stelkens/Bonk/Sachs/*Kallerhoff/Fellenberg*, § 26 Rn. 21.

von Erfahrungssätzen (vgl. § 24 Rdn. 129), die Schätzung (vgl. § 24 Rdn. 126) und andere Wege gedanklichen Schließens auf Tatsachen. »Antizipierte Sachverständigengutachten« sind keine Sachverständigengutachten bzw. sonstigen Beweismittel, sondern auf der Ebene der Würdigung als widerlegliche Erfahrungssätze solange zu berücksichtigen, wie ihre Aussage nicht wegen entgegenstehender Tatsachen zu bezweifeln ist (§ 24 Rdn. 87).

a) Auskünfte jeder Art (Abs. 1 Satz 2 Nr. 1)

33 Begrifflich ist die Auskunft nach Nr. 1 jede bezüglich ihrer Informationsquelle neutralisierte Mitteilung über erfragte Tatsachen. Bei ihr geht es weder – wie beim Zeugen – um die Wiedergabe der persönlichen Wahrnehmung noch – wie beim Gutachten – darum, die Mitteilung bzw. das Maß ihrer Richtigkeit auf eine vorherige persönliche, verifizierende Untersuchung und Überprüfung zu gründen, die über das bloße Heranziehen der Informationsquelle hinausreicht (zum Beweiswert vgl. § 24 Rdn. 108). Eine Auskunft kann grundsätzlich formfrei erteilt werden. Bei Schriftform der Auskunft besteht kein Anspruch auf Vernehmung des Verfassers.[28]

34 Die Auskunft kann andere Beweismittel in deren Beweisfunktion, die an einen spezifischen, quellenbezogenen (Rdn. 33) Erkenntniswert gebunden ist, nicht ersetzen.[29] Umgekehrt kann ein Gutachter oder Zeuge die – neutralisierte – Auskunftgeberfunktion mit wahrnehmen. Der Auftragsinhalt entscheidet, ob ein Gutachten oder eine sachverständige Auskunft verlangt wird. Eine rein prozessrechtliche Frage ist es, ob im Verwaltungsverfahren Auskunft gebende Behördenangehörige (Rdn. 35) vor Gericht diese Rolle behalten oder als Zeugen bzw. Beteiligte gehört werden müssen.

35 **Auskunftgeber** kann grundsätzlich jeder sein, auch der dadurch mitwirkende (Rdn. 82) Beteiligte. Für Behörden geben die in § 12 Abs. 1 Nr. 4 genannten Funktionsträger die nach außen gerichteten Auskünfte; beauftragt sind z.B. auch die nach der Geschäftsverteilung als Sachbearbeiter damit betrauten Personen.

36 Eine **Auskunftspflicht** besteht nur aufgrund einer Rechtsvorschrift:

1) für **Behörden** bei Amtshilfepflicht nach Maßgabe des Daten- und Geheimnisschutzes (vgl. § 24 Rdn. 69) sowie nach diesem Schutz einschränkenden Normen,
2) für **Beteiligte** als Mitwirkungspflicht (Rdn. 96),
3) für **Dritte** z.B. nach § 22 Abs. 1 GastG

jeweils vorbehaltlich eines **Weigerungsrechts** (vgl. z.B. § 22 Abs. 3 GastG; Rdn. 99).

37 **Falschauskünfte** sind zu würdigen und können zur Versagung von Vertrauensschutz (§§ 48, 49), zur Ahndung mit Bußgeld oder Strafe oder – im Fall einer behördlichen Auskunft – zur Amtshaftung führen.

28 Vgl. BVerwG, Urt. v. 22.01.1985 – 9 C 52.83, NVwZ 1986, 35 (36).
29 Vgl. aber Stelkens/Bonk/Sachs/*Kallerhoff/Fellenberg*, § 26 Rn. 21.

b) Anhörung oder Einholung schriftlicher Äußerungen Beteiligter (Abs. 1 Satz 2 Nr. 2)

Die Anhörung eines Beteiligten oder die Einholung einer schriftlichen Äußerung von ihm ist neben der Einholung einer Auskunft bei ihm oft das einzige Mittel mit Beweisfunktion, das Tatsachen aus seiner Sphäre erschließt. Eine mündliche Anhörung ist geboten, wenn es auf den persönlichen Eindruck ankommt (vgl. § 25 Abs. 1 Satz 1 AsylG). Zum **Beweiswert** der Äußerung eines Beteiligten vgl. § 24 Rdn. 107. Die Anhörung oder die Einholung einer schriftlichen Äußerung nach Abs. 1 Satz 2 Nr. 2 ist – anders als die Einholung einer Auskunft – darauf gerichtet, dass der Beteiligte eigene Wahrnehmungen bekundet, im Gegensatz zum Zeugen in eigener Sache. Prüfungsartige Anhörungen zur Feststellung der Eignung verlassen diesen Rahmen genauso wie Rechte wahrende Anhörungen nach § 28,[30] die wie auch Auskünfte nach Nr. 1 mit der Anhörung nach Nr. 2 verbunden bzw. in Gemengelage vorkommen können.[31] 38

Die Pflicht, vor der Behörde auszusagen, schließt die Pflicht, zu diesem Zweck bei ihr zu erscheinen, nicht automatisch ein, wie nicht zuletzt Abs. 2 Satz 3 zeigt; sie muss vielmehr ausdrücklich normiert sein (Rdn. 94). Ansonsten besteht insoweit nur eine Mitwirkungslast. 39

Es gelten die **Wahrheitspflicht** sowie für **Weigerungsrechte** die allgemeinen Regeln (Rdn. 22 ff.), gegebenenfalls landesrechtliche Vorschriften. Eine **Beeidigung** findet nicht statt. Für die **Versicherung an Eides statt** gilt § 27. 40

Die Behörde kann verpflichtet sein, Grundrechtsschutz durch Verfahren zu gewähren, d.h. durch Vorkehrungen hinsichtlich der Art und Weise der Anhörung, so etwa in den sog. Flughafenverfahren im Asylrecht durch Wahl des Zeitpunkts der Anhörung und Zuziehung eines Dolmetschers.[32] 41

Falsche Angaben können als Betrug bzw. Ordnungswidrigkeit, nicht aber als Aussagedelikt zu ahnden sein, unterliegen freier Würdigung (vgl. § 24 Rdn. 138) und bewirken eventuell die Versagung von Vertrauensschutz (§§ 48, 49) und weitere Rechtsnachteile. 42

Nach Nr. 2 **zu befragender Beteiligter** kann sein, wer unter § 13 fällt oder nach § 12 Abs. 1 Nr. 3 oder 4 für einen nicht handlungsfähigen Beteiligten auftritt. Wer für einen solchen Beteiligten im Vernehmungszeitpunkt überhaupt oder im Vergleich zum Zeitpunkt des aufzuklärenden Vorganges in anderer Funktion agiert, ist Zeuge. Da es bei Nr. 2 um eigene Wahrnehmungen geht, ist eine Vertretung des zu Befragenden ausgeschlossen. 43

30 Als Beispiel für den Unterschied s. OVG Bremen, Beschl. v. 05.11.1982 – 2 B 110/82, NJW 1983, 1869.

31 Vgl. Stelkens/Bonk/Sachs/*Kallerhoff/Fellenberg*, § 26 Rn. 43.

32 Dazu im Einzelnen BVerfG, Urt. v. 14.05.1996 – 2 BvR 1516/93, NVwZ 1996, 678 (682).

c) Vernehmung oder Einholung schriftlicher Äußerungen von Zeugen (Abs. 1 Satz 2 Nr. 2)

44 Zeuge ist, wer in fremder Sache (vgl. Rdn. 38) eigene Wahrnehmungen bekunden soll.[33] Behauptungen zu bestätigen, ist ein möglicher Zweck, aber nicht Begriffsmerkmal, da sich Zweifel bzw. Unsicherheiten (Rdn. 6) nicht auf (streitige) Behauptungen beziehen müssen. Befragung und Aussage können jeweils mündlich oder schriftlich erfolgen.[34] Zum Beweiswert vgl. § 24 Rdn. 106.

45 Der behördenfremde bzw. mit dem Verfahren nicht (vgl. Rdn. 71) selbst betraute, der Behörde angehörende **Augenscheinsgehilfe** ist im Verfahren meist (vgl. aber Rdn. 34) Zeuge. Bedarf es besonderer Sachkunde zu einer Wahrnehmung, ist derjenige, der sie macht, **sachverständiger Zeuge** (vgl. § 414 ZPO).

46 Als Zeuge scheidet aus, wer in eigener Sache (Rdn. 43) oder vor sich selbst aussagen müsste. Letzteres betrifft Personen, die im Zeitpunkt der Befragung befugt sind, in das konkrete Verfahren mittels einer Weisung einzugreifen, sowie den aufgrund allgemeiner oder Einzelzuweisung zuständigen Sachbearbeiter.[35] Solche Personen äußern sich zur Akte innerdienstlich; es gilt Freibeweis (Rdn. 73).

47 Die **Rechte und Pflichten** des Zeugen, auch den Anspruch auf **Entschädigung**, konkretisiert Abs. 3 (Rdn. 101); ansonsten gelten allgemeine Regeln. Eine Pflicht zum Erscheinen folgt nicht automatisch aus der Pflicht zur Aussage, sondern muss normiert sein (vgl. Rdn. 102). Es gilt die **Wahrheitspflicht**. Der Zeuge hat das Recht, zuerst im Zusammenhang frei zu berichten, bevor Fragen gestellt werden. Eine **Beeidigung** erfordert eine gesetzliche Grundlage (vgl. z.B. § 116 Abs. 2 FlurbG). Für die Abnahme einer **Versicherung an Eides statt** gilt § 27. **Aussagedelikte** sind nur vor einer zur Abnahme des Eides bzw. zur eidlichen Vernehmung zuständigen Stelle denkbar.

48 Über **Schweigerechte** (vgl. Rdn. 22) ist nur im Einzelfall zu **belehren** (Rdn. 25). **Schweigepflichten** (z.B. des Beamten nach § 67 Abs. 1 BBG) sind bis zur Erteilung der Aussagegenehmigung[36] bzw. Entbindung von der Schweigepflicht zu beachten, obgleich Verstöße kein Verwertungsverbot bedeuten.

d) Vernehmung oder Einholung schriftlicher Äußerungen von Sachverständigen (Abs. 1 Satz 2 Nr. 2)

49 Sachverständiger nach Nr. 2 ist, wer aufgrund Auftrags (Heranziehung) der ermittelnden Behörde in deren Verwaltungsverfahren auftragsgemäß zu klärenden Tatsachen über die bloße Wieder- oder Weitergabe der (aufgesuchten oder durch Wahrnehmung erfahrenen) Informationsquellen hinausgehend persönlich verantwortlich (nicht

33 *Vierhaus*, Beweisrecht im Verwaltungsprozess, 2011, Rn. 67.

34 Vgl. dazu auch VGH Baden-Württemberg, Beschl. v. 22.06.1990 – 4 S 2257/89, NVwZ-RR 1991, 55 (56).

35 Vgl. auch Stelkens/Bonk/Sachs/*Kallerhoff/Fellenberg*, § 26 Rn. 72.

36 Dazu *Battis*, Bundesbeamtengesetz, 4. Aufl. 2009, § 67 Rn. 8; zum Rechtsschutz gegen die Versagung *ders.*, a.a.O. § 68 Rn. 8 f.

unbedingt nur eigenhändig) mittels einer auf Objektivierung dieser Tatsachen zielenden Auffindung, Untersuchung bzw. Überprüfung von Erkenntnisansätzen nachspürt. Als Bedingung der Heranziehung ist die besondere, d.h. erheblich über dem Durchschnitt des Allgemeinwissens liegende Sachkunde[37] zu fordern; auch bei fehlender Sachkunde für die gestellte Aufgabe unterfällt der herangezogene Gutachter allerdings den Regeln des Sachverständigenbeweises. Zum Beweiswert vgl. § 24 Rdn. 105.

aa) Abgrenzung von anderen Funktionen

Mangels Auftrags nicht Sachverständiger ist, wer unmittelbar aufgrund gesetzlicher Funktion oder Aufgabe[38] (z.B. nach § 91 Abs. 1 Nr. 2 HandwO), in – rechtlich vorbehaltlich § 4 Abs. 2 Nr. 2 vorrangiger (§ 24 Rdn. 55) – Amtshilfe, als nach § 13 Abs. 2 hinzugezogener Beteiligter oder als nach § 63 BNatSchG zu hörender Naturschutzverband mitwirkt. Mangels behördlichen Auftrags nicht Sachverständiger ist ein Privatgutachter (vgl. § 20 Abs. 1 Nr. 6). 50

Nicht im **Verwaltungsverfahren der ermittelnden Behörde** handelt, wer eigene, gesetzlich übertragene Vollzugsaufgaben erfüllt, z.B. ein in der Sache selbst zur Entscheidung berufener Prüfer. **Tatsachen spürt nicht nach**, wer in einer das Recht anwendenden Funktion tätig oder sachverständiger Auskunftgeber (Rdn. 33 f.) bzw. sachverständiger Zeuge (Rdn. 45) ist. 51

bb) Gutachtensauftrag, Durchführung und Arten von Gutachten

Der Gutachtensauftrag der Behörde mit seinen Vorgaben (Rdn. 61) bestimmt den Rahmen der Untersuchung. Innerhalb des Untersuchungsrahmens entscheidet der Gutachter nach pflichtgemäßem Ermessen über die Untersuchungsschritte. Die für behördliches Ermitteln maßgebenden Grundsätze gelten: vor allem die Verhältnismäßigkeit[39] (§ 24 Rdn. 66), die Wahrung des Geheimnisschutzes,[40] das Fehlen einer allgemeinen Befugnis zu Rechtseingriffen (§ 24 Rdn. 10) und die Beachtung der Beteiligten-Öffentlichkeit in Ausnahmefällen (Rdn. 19). Der Gutachtensauftrag überträgt keine Befugnisse; der Gutachter nimmt sie, soweit solche bestehen, für die Behörde handelnd wahr, die sie aber gegebenenfalls selbst durchsetzen muss.[41] 52

Die Aufklärungspflicht zwingt – ohne dass insoweit Ermessen eingeräumt ist (etwa analog § 412 Abs. 1 ZPO[42]) – zur Erholung eines **Obergutachtens**, wenn sich die 53

---

37 Vgl. nur Kopp/*Ramsauer*, § 26 Rn. 31.

38 Kraft Gesetzes mitwirkende Behörden sind auch dann nicht Sachverständige, wenn in freier Würdigung ihren Äußerungen eine entsprechende Qualität zukommt, vgl. Stelkens/Bonk/Sachs/*Kallerhoff/Fellenberg*, § 26 Rn. 71.

39 VGH Bayern, Urt. v. 12.07.1982 – 11 B 81 A.2204, BayVBl. 1982, 694 (zur Fahrprobe zwecks Prüfung der Kraftfahreignung).

40 Vgl. OVG Nordrhein-Westfalen, Beschl. v. 11.04.1995 – 13 B 549/95, NVwZ-RR 1995, 703.

41 VGH Hessen, Beschl. v. 06.12.1995 – 14 A 992/92, NVwZ-RR 1997, 75.

42 Vgl. hinsichtlich des Verwaltungsprozesses Schoch/Schneider/Bier/*Rudisile*, § 98 Rn. 174 ff.

Überprüfung eines Gutachtens aufdrängt (vgl. § 24 Rdn. 98), weil es von falschen Voraussetzungen ausgeht oder unlösbare Widersprüche[43] enthält, weil an der Sachkunde bzw. an deren Ausreichen oder an der Unparteilichkeit des Gutachters Zweifel bestehen, weil neue Erkenntnisse bzw. überlegene Forschungsmittel verfügbar sind oder weil das Gutachten sonst – z.B. durch ein widersprechendes Privatgutachten – erschüttert bzw. überholt ist.[44]

54 Der Begriff des **Zweitgutachtens** ist unscharf. Dient es der Überprüfung des Erstgutachtens, ist es ein Obergutachten. Behandelt es neue bzw. zusätzliche Fragen, ist es ein Erstgutachten zu den weiteren Aspekten; dessen Erholung beruht auf der Gesetzesvollzugsaufgabe (z.B. Überwachungsaufgabe) oder verfahrensrechtlich auf § 24 Abs. 1 oder Spezialvorschriften (wie § 20 AtG).

cc) **Person des Sachverständigen und Mehrfachtätigkeit**

55 Sachverständige können sein: (einzelne oder mehrere) natürliche Personen,[45] Behörden sowie öffentliche und private Institutionen,[46] die durch die für sie verantwortlich handelnden Personen auftreten. Auf eine öffentliche Bestellung des Gutachters (vgl. § 36 GewO) kommt es nicht an.[47]

56 Bei einem einzelnen Gutachter stößt jede **Mehrfachtätigkeit** an die Grenzen der §§ 20 und 21 (Rdn. 59). Vorbefassung bzw. wiederholte Befassung aufgrund Heranziehung ist prinzipiell kein Hindernis für eine erneute Heranziehung und die Verwertung von Gutachten in einem nachfolgenden Prozess. Zu unterscheiden hiervon ist die grundsätzlich zulässige und im Rahmen des § 24 bisweilen gebotene Verwertung eines außerhalb des Verfahrens erstatteten Gutachtens.

57 Eine erschöpfende Sachaufklärung kann die **parallele Begutachtung** zu einem Thema im Einzelfall gebieten: z.B. zur umfassenden Ermittlung des Spektrums der Risiken und deren Grenzen auf wissenschaftlich divergierenden Wegen der Erfassung und Beurteilung (etwa im Atom-, Gentechnik- sowie Immissionsschutzrecht). Die **arbeitsteilige Auftrennung eines Themas** bedeutet auch bei Berührungspunkten bzw. Überschneidungen zu beantwortender Fragen noch keine Identität der Gutachtensaufträge. Insoweit kommt es auf den Gegenstand und das Ziel der Aufträge, auf Divergenzen

43 Nicht bei ausgeräumtem Widerspruch, s. BVerwG, Urt. v. 26.04.1985 – 8 C 74.83, NVwZ 1987, 48.

44 Vgl. etwa BVerwG, Urt. v. 06.02.1985 – 8 C 15.84, NJW 1986, 2268 (2269); Beschl. v. 27.03.2013 – 10 B 34.12, juris Rn. 4; Beschl. v. 23.05.2013 – 9 B 10.13, juris Rn. 8.

45 Zu einem Team gehören der Leiter und Spezialisten, nicht Hilfskräfte wie Labor- und Schreibpersonal. Deren Arbeitsergebnisse muss der Gutachter verantwortlich prüfen, bevor er sie in das Gutachten übernimmt.

46 Deren Leiter, der für das Gutachten nach außen auch verantwortlich zeichnet, bestimmt den Sachbearbeiter.

47 Stelkens/Bonk/Sachs/*Kallerhoff/Fellenberg*, § 26 Rn. 66.

wissenschaftlicher Standpunkte, auf Differenzierungen in der Methode (vor allem bei Prognosen) und auf maximierte Richtigkeitsgewähr an.[48]

dd) Unparteilichkeit und Unbefangenheit

§§ 20 und 21 gelten für behördlich herangezogene Gutachter **im nichtförmlichen Verfahren analog.**[49] **Im förmlichen Verfahren** gilt **§ 65 Abs. 1 Satz 2**, der auf § 406 Abs. 1 Satz 1 und über diese Vorschrift auf § 42 ZPO verweist. Bei Behörden und Institutionen als Gutachtern bezieht sich die Prüfung auf deren Mitarbeiter unter Einbeziehung der institutionellen Rahmenbedingungen, die den Freiraum für eine unabhängige Begutachtung garantieren müssen.[50] Das **Fehlen eines** dem § 65 Abs. 1 Satz 2 entsprechenden **Ablehnungsrechts** des Beteiligten berührt weder die Pflicht, **von Amts wegen** eine Ausschlusslage zu beachten, noch die Pflicht, bei Besorgnis der Befangenheit analog § 21 den Gutachter aus dem Verfahren herauszunehmen. Die analoge Anwendung des § 21 bedarf konkreter Umstände. Die bekannt kritische wissenschaftliche Sicht eines Gutachters genügt nicht. Er ist Teil des Spektrums wissenschaftlicher Meinungen, die zu berücksichtigen gerade zu Risikofragen geboten ist. Bewusst unzutreffende, vorbehaltlos vorweg abschließend wirkende Wertungen oder gar Äußerungen wie »Atomkraftwerks-Betreiber sind Terroristen« reichen aus.[51] Interessenverflechtungen mit Unternehmen und Verbänden sind fallbezogen zu würdigen. 58

Bei **privater Vorbefassung** gelten die Grundsätze des **§ 20 Abs. 1 Satz 1 Nr. 6** (§ 20 Rdn. 68). Bei engem Sachzusammenhang führen z.B. Privatgutachten, frühere Beratungstätigkeiten im laufenden bzw. bei Objektidentität im früheren Verfahren zum Ausschluss. Lediglich wiederholtes Auftreten bestimmter fachlicher Fragen genügt nicht; auch nicht die wiederholte Heranziehung durch die Behörde (Rdn. 56), erst recht nicht bei Anlass zu kontinuierlicher, langfristiger, objektbegleitender[52] Tätigkeit der Gutachter. 59

ee) Rechte und Pflichten des Sachverständigen

Eine **Pflicht zur Begutachtung** besteht nicht allgemein, sondern nur nach Maßgabe des Abs. 3 (Rdn. 102). Die öffentliche Bestellung nach § 36 GewO als solche begründet sie nicht. Wird der Gutachtensauftrag ohne Pflicht hierzu übernommen, besteht ab Auftragsannahme die vertragliche Pflicht zur Begutachtung und es gilt **Werkvertragsrecht.** 60

Sachverhaltsvorgaben binden den Gutachter, da die Behörde den Sachverhalt feststellt (vgl. § 24 Rdn. 8) und diese Aufgabe nicht auf Gutachter übertragbar ist.[53] Hält die Behörde bei Widerspruch zur Erkenntnislage des Gutachters an den Vorgaben fest, 61

48 Vgl. VG Karlsruhe, Urt. v. 21.12.1994 – 10 K 2641/94, NVwZ 1996, 616 (619).
49 Vgl. Stelkens/Bonk/Sachs/*Kallerhoff/Fellenberg*, § 26 Rn. 84.
50 Vgl. VG Karlsruhe, Urt. v. 21.12.1994 – 10 K 2641/94, NVwZ 1996, 616 (620).
51 Vgl. OVG Niedersachsen, Urt. v. 02.12.1994 – 7 K 5895/92, NVwZ 1996, 606 (609).
52 VG Karlsruhe, Urt. v. 21.12.1994 – 10 K 2641/94, NVwZ 1996, 616 (620).
53 Vgl. BVerwG, Urt. v. 22.09.1988 – 2 C 35.86, NJW 1989, 1297.

muss er der Wahrheitspflicht gemäß, je nach Sachlage seiner Sicht folgend zusätzlich alternativ oder ausschließlich so begutachten.

62 Der Sachverständige darf **Hilfskräfte** bzw. **wissenschaftliche Mitarbeiter** gutachtliche Arbeiten durchführen lassen, muss aber in der Schlussformel unter dem Gutachten eindeutig zum Ausdruck bringen, dass er für das Gutachten aufgrund eigener Prüfung die volle persönliche Verantwortung übernimmt;[54] er zeichnet, außer bei Gemeinschaftsgutachten, allein.

63 Zu den **sonstigen Rechten und Pflichten** (vgl. auch Rdn. 52 ff.) des Sachverständigen im Verfahren – Anwesenheit, Weigerungsrecht, Belehrung, Beeidigung, Anwendbarkeit des § 27 –, zu Folgen **falscher Begutachtung** und zur **Entschädigung** ist auf die für Zeugen dargestellten Grundsätze zu verweisen. Die **Berufung auf** den allgemein geleisteten **Eid** ist ohne Belang, es sei denn, der Eid wäre zulässig verlangt worden.

e) Beiziehung von Urkunden und Akten (Abs. 1 Satz 2 Nr. 3)

64 Beiziehung ist die grundsätzlich formlose Anforderung der bei anderen verfügbaren Urkunden und Akten zu Beweiszwecken. Daneben können Fachgesetze den Weg zur Beschaffung von Unterlagen mittels Durchsuchung (Rdn. 77) und Beschlagnahme (Rdn. 69) eröffnen.

65 **Behördliche Urkunden und Akten** werden innerdienstlich im Instanzenzug oder im Wege der Amtshilfe (§ 5 Abs. 1 Nr. 4) und unter Beachtung der Vorschriften über den Datenverkehr und Datenschutz beigezogen. **Beteiligte** und **Dritte** sind zur Vorlage nur aufgrund einer dies ausdrücklich vorsehenden Vorschrift verpflichtet (vgl. z.B. § 15 Abs. 2 Nr. 4, 5 AsylG). Ansonsten bleibt nur der Weg, die Mitwirkung anzuregen.

66 **Urkunden** im Sinne des Abs. 1 Satz 2 Nr. 3 sind schriftliche Gedankenäußerungen unabhängig von der Erkennbarkeit des Ausstellers, vom Beweiswert als öffentliche oder private Urkunden (vgl. § 24 Rdn. 110, 142), vom Zweck der Schriftform, der Herstellungsart (z.B. EDV-Ausdruck) und der Herkunft. **Ausfertigungen**, **Abschriften** und erkennbar das Original vertretende **Fotokopien**[55] sind wie Urkunden zu behandeln. Im Verfahren eingeholte schriftliche Gutachten und Zeugenaussagen fallen ihrer Funktion nach unter Nr. 2, auch wenn sie für sich gesehen Urkundsqualität aufweisen.

67 **Augenscheinsobjekte** sind in der Regel schematische bzw. bildhafte Skizzen, Zeichnungen, technische Messprotokolle und Pläne ebenso wie Beweiszeichen, denen die Schriftlichkeit fehlt.

---

54 Vgl. BVerwG, Urt. v. 28.02.1992 – 8 C 48.90, NVwZ 1993, 771.

55 Vgl. Kopp/*Ramsauer*, § 26 Rn. 33a; ihre Beweiskraft ist von der des Originals unabhängig zu würdigen.

Akte ist der unter einem bestimmten übergeordneten Ordnungskriterium geschaffene Vorgang, der nach weiteren Kriterien ihm zugeordnete, bestimmte Urkunden, Augenscheinsobjekte und Daten zu einem Vorgang zusammenfasst.[56] Darin aufgenommene, den schriftlichen Akteninhalt erläuternde Pläne, Fotos, Belege usw. sind Aktenbestandteil. 68

Asservate sind vor allem zu Beweiszwecken amtlich aufbewahrte, in Beschlag genommene oder sichergestellte Sachen wie entnommene Proben; Nr. 3 erfasst sie nicht, wohl aber Nr. 4. 69

f) Augenschein (Abs. 1 Satz 2 Nr. 4)

Augenschein im Sinn der Nr. 4 ist nur die gezielt angesetzte Beweismaßnahme der persönlichen Sinneswahrnehmung von Tatsachen auf jegliche, nicht nur optische Weise. Die Behörde nimmt sie im Verfahren selbst oder mittels Amtshilfe vor. Beiläufige und verfahrensunabhängig gemachte Wahrnehmungen sind »Augenschein« nur im natürlichen Sinn und Gegenstand der Zeugen- und Beteiligtenanhörung bzw. innerdienstlicher Vermerke (Rdn. 73). 70

Der **Zeuge** vermittelt durch Bericht seiner Wahrnehmungen das Ergebnis seines »Augenscheins«. Auch der **Augenscheinsgehilfe** ist daher Zeuge, es sei denn, er wurde in Beteiligtenfunktion (Rdn. 45) tätig. **Sachverständige Wahrnehmungen** im Rahmen des Gutachtensauftrags sind Teil des Gutachtens.[57] Dem **Urkundenbeweis** unterliegt der Inhalt einer schriftlichen Gedankenäußerung im Unterschied zu ihrer äußeren Existenz. 71

Die **Durchführung des Augenscheins** erfordert bisweilen eine Besichtigung bzw. Nachschau (Rdn. 80) oder eine Durchsuchung (Rdn. 77) in der Rechtssphäre Dritter oder Beteiligter. § 24 und § 26 ermächtigen dazu nicht (Rdn. 75), auch nicht zum Betreten, falls dieses Recht nicht freiwillig eingeräumt wird. 72

g) Sonstige Beweismittel, Freibeweis

Die nicht abschließende Aufzählung der wichtigsten Beweismittel in Abs. 1 Satz 2 ist Ausdruck der Geltung des Grundsatzes des Freibeweises (Rdn. 15, 32). Er gewährt Freiraum für die Heranziehung von Beweismitteln, die der Strengbeweis dem Verfahren nach »so nicht« bzw. als Beweismittel »gar nicht« zulässt. Das gilt speziell für alle nur innerdienstlich einzuführenden Erkenntnisse in Auskunfts- oder Zeugenfunktion (vgl. Rdn. 35, 46). Auch beiläufige Wahrnehmungen der Behörde im Verfahren werden so einbezogen. 73

---

56 Kopp/*Ramsauer*, § 26 Rn. 35.

57 Vgl. hinsichtlich der sensorischen Prüfung von Wein durch eine Prüfungskommission BVerwG, Urt. v. 25.11.1993 – 3 C 38.91, NVwZ 1995, 707 (708 f.).

74 **Beispiele** für der Art nach den Nr. 1 bis 4 nicht prägnant zuzuordnende Beweismittel des Freibeweises sind:

1) die Durchführung eines – über Auskunftserteilung und Anhörung nach Nr. 1 bzw. 2 hinausgehenden – prüfungsähnlichen Gesprächs[58] oder eines Kolloquiums[59] zur Feststellung zu klärender besonderer Fachkunde bzw. persönlicher Eignung;
2) die Versicherung an Eides statt nach § 27;
3) die unmittelbare Verwertung des Inhalts eines Presseberichts über ein Geschehen im Ausland, dessen Nachweis bei Strengbeweis eine amtliche Auskunft, Zeugen- oder Beteiligtenvernehmung erfordern würde;
4) die Heranziehung von Dokumentationen in Asylverfahren zur Verfolgungssituation.

h) Eingreifende Beweiserhebungen vor Ort

75 Die §§ 24 und 26 ermächtigen zu solchen Maßnahmen nicht. Sie bedürfen stets einer Rechtsgrundlage, soweit sie nicht freiwillig zugelassen werden, gleich, ob es um eine Durchsuchung (Rdn. 77), um eine Besichtigung bzw. Nachschau[60] (Rdn. 80) oder um sich an das Betreten, Suchen oder Besichtigen anschließende Maßnahmen geht; letztere werden auch von Durchsuchungs- oder Nachschaubefugnissen nicht mit gedeckt. Solche Rechtsgrundlagen werden nicht selten durch Mitwirkungspflichten ergänzt, die dem Beteiligten über die Duldung hinaus die aktive Unterstützung abverlangen (vgl. Rdn. 96) oder wegen der Grundrechtsrelevanz besonders strenge Voraussetzungen enthalten (Rdn. 77, 80).

76 **Beispiele** für Maßnahmen vor Ort sind: Entnahme von Proben (vgl. Rdn. 96), Messungen (z.B. zur Ermittlung von Emissionen [§ 52 Abs. 2 Satz 1 BImSchG]), Einsichtnahme in Aufzeichnungen, Bücher, Messprotokolle und Unterlagen (z.B. nach § 22 Abs. 2 GastG), Boden- und Grundwasseruntersuchungen (§ 209 Abs. 1 BauGB).

aa) Durchsuchung

77 Durchsuchungen setzen die Befugnis dazu durch förmliches **Gesetz** – wie § 15 Abs. 4 AsylG – voraus. Für die Durchsuchung von **Wohnungen** (s. Rdn. 79) bildet Art. 13 Abs. 2 GG den Ausgangspunkt: Außer bei Gefahr im Verzug bedarf die Durchsuchung ausdrücklicher vorheriger richterlicher Anordnung,[61] für die bei Fehlen einer speziellen Regelung das Verwaltungsgericht zuständig ist. **Gefahr im Verzug** liegt vor,

---

58 Vgl. BVerwG, Urt. v. 22.12.1994 – 3 C 8.93, NJW 1996, 798 (801) zu §§ 24, 26 als Grundlage der Durchführung eines Prüfungsgesprächs.

59 Vgl. VGH Baden-Württemberg, Beschl. v. 21.09.1990 – 9 S 1138/89, NVwZ-RR 1992, 141.

60 Dazu *Voßkuhle*, DVBl 1994, 611.

61 Die Notwendigkeit einer richterlichen Anordnung besonders betonend BVerfG, Urt. v. 20.02.2001 – 2 BvR 1444/00, BVerfGE 103, 142 (151 ff.).

wenn die richterliche Anordnung nicht beschafft werden kann, ohne dass der Zweck der Durchsuchung wegen des mit der Beschaffung verbundenen Zeitverlusts gefährdet wird.[62]

Durchsuchen ist die durch das aktive Überwinden von beim Betroffenen vorhandenen Sichthindernissen gekennzeichnete, gezielte Suche nach aufzuspürenden Personen, Sachen oder sonstigen tatsächlichen Gegebenheiten, die der Betroffene (z.B. der Wohnungsinhaber) vor der Behörde geheim halten möchte[63] (vgl. Rdn. 80). Der Begriff erfasst Vorgänge wie das Öffnen von Behältnissen, Räumen und Schränken bzw. das Beiseiteschieben von Gegenständen, die vor dem »Blick hinter die Kulissen« Sichtschutz bieten. 78

Wohnung ist nach dem Zweck des Art. 13 Abs. 2 GG auch der Betriebs- oder Geschäftsraum,[64] weiterhin das befriedete Besitztum, z.B. Hofräume, umzäunte Grundstücke, Gärten (vgl. Rdn. 80). 79

bb) Nachschau und Besichtigung

Diese für die allgemeine Überwachungstätigkeit ebenso wie für die Sachaufklärung im Verwaltungsverfahren wichtigen Instrumente ermöglichen nur die Feststellung unmittelbar offen sichtbarer tatsächlicher Verhältnisse (vgl. Rdn. 78). Es ist zu differenzieren:[65] Bei **reinen Betriebs- und Geschäftsräumen** einschließlich des jeweiligen Grundstücks genügt eine durch Gesetz eingeräumte, nach Zweck, Gegenstand und Umfang genügend bestimmte Kompetenz zur Nachschau; in einem hierzu normierten Betretungsrecht ist sie mitenthalten.[66] Voraussetzung ist ihre Erforderlichkeit zur Erreichung eines legitimen Zwecks, die Vornahme in der regulären Betriebszeit[67] und die Information desjenigen vor Ort, der das Hausrecht ausübt. Solche Kompetenzen geben z.B. § 17 Abs. 2 HandwO, § 52 Abs. 2 und 3 BImSchG oder § 22 Abs. 2 GastG. Hinsichtlich **Räume der Privatsphäre**, auch bei geschäftlicher Mitbenutzung, bedarf es zur Nachschau einer den engen Rahmen des Art. 13 Abs. 7 GG wahrenden Ermächtigung der Gefahrenabwehr. 80

---

62 Vgl. BVerfG, Urt. v. 20.02.2001 – 2 BvR 1444/00, BVerfGE 103, 142 (154): »Gefahr im Verzug ist (...) immer dann anzunehmen, wenn die vorherige Einholung der richterlichen Anordnung den Erfolg der Durchsuchung gefährden würde.«

63 BVerfG, Beschl. v. 05.05.1987 – 1 BvR 1113/85, BVerfGE 75, 318 (327) = NJW 1987, 2500 (2501): Für die Durchsuchung ist »das ziel- und zweckgerichtete Suchen staatlicher Organe nach Personen oder Sachen oder zur Ermittlung des Sachverhalts kennzeichnend; es soll etwas aufgespürt werden, was der Inhaber der Wohnung von sich aus nicht herausgeben oder offenlegen will. Zum verfassungsrechtlichen Begriff der Durchsuchung gehört also, dass der Wohnungsinhaber den Sachverhalt, um dessen Ermittlung es sich handelt, geheimhalten möchte.«.

64 Vgl. BVerfG, Urt. v. 27.02.2008 – 1 BvR 370, 595/07, BVerfGE 120, 274 (309).

65 Zur Problematik s. Sachs/*Kühne*, Art. 13 GG Rn. 51 f.

66 Vgl. BVerfG, Beschl. v. 15.03.2007 – 1 BvR 2138/05, NVwZ 2007, 1049 (1050).

67 Vgl. bereits BVerfG, Beschl. v. 13.10.1971 – 1 BvR 280/66, BVerfGE 32, 54 (76 f,) = NJW 1971, 2299 (2301).

81 Fehlt eine ausreichende Rechtsgrundlage, bleibt nur die freiwillige Mitwirkung des Beteiligten im Rahmen seiner Mitwirkungslast. Das gilt auch, wenn trotz Kompetenznorm der Befugnisrahmen überschritten werden soll, z.B. durch Nachschau in Betriebsräumen außerhalb gewöhnlicher Betriebszeiten.

II. Mitwirkung der Beteiligten (Abs. 2)

82 Die Mitwirkung des Beteiligten ist für eine zutreffende Aufklärung des Sachverhalts neben den Ermittlungen von Amts wegen von grundlegender Bedeutung. Sie ist systematisch primär § 24 zuzuordnen. Lediglich bei Beweisbedürftigkeit von Tatsachen trifft sie mit Beweismitteln wie Auskunft oder Anhörung zusammen. Abs. 2 lässt im Zusammenspiel der Sätze 1 und 2 keine Regelungslücken erkennen. Mitwirkungsnormen wie die §§ 60 ff. SGB I sind unter Geltung des allgemeinen Verwaltungsverfahrensverfahrensrechts daher nicht analog anwendbar.[68] Die Rechtsentwicklung lässt einen Ausbau der Mitwirkung durch Verlagerung primärer Sachaufklärung auf die Beteiligten erkennen (vgl. § 24 Rdn. 83).

83 **Zweck der Mitwirkung** ist es, der Behörde im Interesse einer sachgerechten Entscheidung die zutreffende und umfassende Erfassung des Sachverhalts zu ermöglichen bzw. zu erleichtern. Gerade dort, wo es um zu klärende Zweifelspunkte geht, soll mit ihr der kritische Diskurs zwischen Beteiligten und Behörden als effizienter Klärungsmodus gefördert werden.

1. Mitwirkungslast (Abs. 2 Satz 1)

84 Die Soll-Vorschrift des Satzes 1 bringt zum Ausdruck, dass den Beteiligten im Grundsatz – nur (vgl. Rdn. 94) – eine verfahrensrechtliche Last[69] (Rdn. 85) trifft, was sowohl für die Eingriffs- wie für die Leistungsverwaltung gilt. Satz 1 lässt das Verfahrensermessen der Behörde in Bezug auf die Einbeziehung Beteiligter in die Sachaufklärung unberührt. Der Beteiligte hat Anspruch auf eine fehlerfreie Ermessensausübung.[70] Die Aufklärungspflicht gebietet es der Behörde, Anstoß zur Mitwirkung zu geben, wenn sich die Mitwirkung ihr den Umständen nach als Klärungsansatz aufdrängt (§ 24 Rdn. 39, 52).

a) Wesen der Mitwirkungslast, Mitwirkungsfristen

85 Die in Satz 1 geregelte Last bedeutet: Dem Beteiligten steht es frei, ob er dem Appell der Norm zur Mitwirkung folgt. Auch im »Regelfall« verpflichtet die Soll-Vorschrift

---

68 Vgl. Stelkens/Bonk/Sachs/*Kallerhoff/Fellenberg*, § 26 Rn. 1.

69 Ebenso Stelkens/Bonk/Sachs/*Kallerhoff/Fellenberg*, § 26 Rn. 46; vgl. auch Kopp/*Ramsauer*, § 26 Rn. 40 (Mitwirkung stellt »eine Pflicht bzw Obliegenheit [iS einer Last, die nicht erzwingbar ist]« dar.).

70 Ebenso Stelkens/Bonk/Sachs/*Kallerhoff/Fellenberg*, § 26 Rn. 45.

nicht zur Mitwirkung. Für den Einwender im Planfeststellungsverfahren existiert die Mitwirkungslast als Einwendungslast.[71]

Satz 1 räumt keine besonderen Verfahrensrechte ein und weist dem Beteiligten auch keine rechtliche Verantwortung für die Entscheidung zu, welcher Sachverhalt als festgestellt anzusehen ist, wohl aber eine rechtliche Verantwortung für die Einbringung seiner Sphäre in die Stoffsammlung. 86

Die durch eine Mitwirkung dem Beteiligten gebotene Chance zur Wahrnehmung subjektiver Rechte und Interessen mag zur Mitwirkung motivieren, ist dem Normzweck nach aber nur ein Begleiteffekt, dessen Realisierung dem Engagement des Beteiligten überlassen bleibt. Dies zeigt sich besonders dort, wo es, wie im Prüfungsrecht, auf unaufgefordert eigeninitiatives Mitwirken ankommt. 87

Satz 1 erlaubt weder Eingriffe zu Ermittlungszwecken, die auf Mitwirkung zielen (vgl. Rdn. 94), noch deren Durchsetzung bzw. Erzwingung[72] und begründet auch keine allgemeine Pflicht zur Verfahrensförderung.[73] Die Motivation aufgrund des eigenen Interesses bzw. der Gefahr möglicher Nachteile bei Nichtmitwirkung steuert das Verhalten des Beteiligten. 88

Die Rechtsnatur als Last hindert Fristsetzungen der Behörde im Bemühen, die Mitwirkung herbeizuführen, nicht. Sie dienen der Feststellung der Mitwirkungsbereitschaft bzw. der auf Verfahrensabschluss zielenden Verfahrensförderung (vgl. § 24 Rdn. 52). Der Ablauf einer solchen Frist kann aber nicht zu einem Rechtsverlust führen; eine solche Folge bedarf einer gesetzlichen Grundlage.[74] Ihrer Natur nach ist diese Fristsetzung schlichtes Verwaltungshandeln im Rahmen des § 24. 89

b) Grenzen der Mitwirkungslast

Die Grenzen der Mitwirkungslast folgen aus allgemeinen Grundsätzen, insbesondere aus Gesichtspunkten der Verhältnismäßigkeit, und verbieten für den Beteiligten nachteilige Konsequenzen seiner Nichtmitwirkung, befreien ihn aber nicht davon, die Behörde auf die ihm Grenzen setzenden, seine Mitwirkung hindernden Umstände hinzuweisen, wenn sich diese der Behörde weder aufdrängen (vgl. § 24 Rdn. 52) noch sie ihr schon bekannt sind. 90

Beispielsweise (vgl. auch § 65 SGB I) ist die Grenze erreicht, wenn 91

1) sich dem Beteiligten die Erheblichkeit der Mitwirkung nicht aufdrängen muss und es des Hinweises der Behörde hierzu bedarf;[75]

---

71 Vgl. *Oexle*, Das Rechtsinstitut der materiellen Präklusion in den Zulassungsverfahren des Umwelt- und Baurechts, 2001, 17 ff.; auch *Niedzwicki*, Präklusionsvorschriften des öffentlichen Rechts, 2007, 38 ff.

72 Vgl. Kopp/*Ramsauer*, § 26 Rn. 40.

73 Ebenso Stelkens/Bonk/Sachs/*Kallerhoff/Fellenberg*, § 26 Rn. 47.

74 Vgl. BVerwG, Urt. v. 18.09.1996 – 6 C 10.95, NVwZ-RR 1997, 355.

75 Vgl. VGH Bayern, Urt. v. 11.12.1989 – 11 B 86.00597, BayVBl 1990, 630.

2) der Beteiligte der Behörde etwas aufdrängen müsste, worauf diese erkennbar keinen Wert legt;[76]
3) die Erkenntnis- und Handlungssphäre des Beteiligten endet;[77]
4) Mitwirkung nicht geboten ist, so z.B. die erneute Ausfüllung umfangreicher Formulare nur zur Arbeitserleichterung der Behörde, die Bezug nehmend ebenso gut die Altakten beiziehen könnte;[78]
5) die Mitwirkung unzumutbar (§ 24 Rdn. 66) ist, so bei nachvollziehbar gemachter, momentaner Überlastung, ahndungsrelevanter Belastung von Angehörigen bzw. Selbstbelastung (vgl. Rdn. 22 ff.) und anderen anzuerkennenden Weigerungsgründen.

c) **Folgen mangelnder Mitwirkung**

92 Die Gesetzgebungspraxis und die Rechtsprechung halten eine Vielzahl nachteiliger Konsequenzen einer ganz oder teilweise unterbliebenen bzw. nicht zeitgerechten Mitwirkung bereit, die erwartet bzw. verlangt werden durfte (vgl. Rdn. 90 f.). Ohne Anspruch auf Vollständigkeit sind das insbesondere folgende:
1) Zurückstellung und Ablehnung eines Antrags,[79] bei Vereitelung der Sachentscheidung seiner weiteren Bearbeitung;
2) Fiktion der Rücknahme des Antrags, z.B. nach § 33 Abs. 1 AsylG;
3) Erlass eines nachteiligen Verwaltungsakts aufgrund einer die Nichtmitwirkung aufgreifenden bzw. deswegen – z.B. nach Art. 16a Abs. 3 Satz 2 GG – fortgeltenden gesetzlichen Vermutung oder daran anknüpfenden speziellen Befugnis – wie in § 11 Abs. 8 FeV – bis hin zur Leistungsentziehung (vgl. § 66 Abs. 1 SGB I);[80]
4) Heranziehung als Störer, wenn ein Hinweis auf die Verantwortlichkeit Dritter unterbleibt;[81]
5) formelle und – insbesondere – materielle[82] Präklusion (z.B. § 73 Abs. 4 Satz 3; § 73 Rdn. 122 ff.);
6) nachteilige Beweiswürdigung, wie sie z.B. nach § 25 Abs. 4 Satz 5 AsylG bzw. bei unberechtigt (vgl. Rdn. 90 f.) verweigerter Mitwirkung in Betracht kommt (§ 24 Rdn. 138);
7) non liquet (§ 24 Rdn. 118) und Entscheidung nach materieller Beweislast;

76 Vgl. BVerwG, Urt. v. 06.06.1991 – 3 C 46.86, NVwZ 1992, 473 (474 f.).
77 Vgl. BVerwG, Urt. v. 07.11.1986 – 8 C 27.85, NVwZ 1987, 404.
78 Stelkens/Bonk/Sachs/*Kallerhoff/Fellenberg*, § 26 Rn. 51.
79 Vgl. BVerwG, Urt. v. 18.09.1996 – 6 C 10.95, NVwZ-RR 1997, 355.
80 Vgl. auch in prozessualer Hinsicht BSG, Urt. v. 01.07.2009 – B 4 AS 78/08 R, BSGE 104, 26: »Gegen die Versagung einer Sozialleistung wegen fehlender Mitwirkung ist grundsätzlich nur die reine Anfechtungsklage gegeben. «
81 Vgl. OVG Niedersachsen, Urt. v. 06.09.1993 – 11 A 694/90, NVwZ-RR 1994, 386.
82 Vgl. nur BVerwG, Urt. v. 09.07.2008 – 9 A 14.07, NVwZ 2009, 302 und Urt. v. 14.07.2011 – 9 A 12.10, NVwZ 2013, 50.

8) Schätzung quantitativer Größen (§ 24 Rdn. 127) auf der Basis der mangels Mitwirkung mehr oder weniger notleidenden Schätzgrundlagen;83
9) Verneinung der Schutzwürdigkeit, wenn es um die Rücknahme (§ 48) oder den Widerruf (§ 49) einer Vergünstigung oder um das Behaltendürfen einer vorläufig bzw. unter dem Vorbehalt weiterer Nachprüfung durch Verwaltungsakt zugestandenen Geldleistung geht;
10) Annahme von Mitverschulden nach § 254 BGB bei Schadensersatzansprüchen aus Amtshaftung;[84]
11) Nichterhebung der vom Beteiligten alternativ angebotenen Beweise, mit denen er die Mitwirkung an der rechtmäßig angeordneten, unerlässlichen Beweiserhebung umgehen will;[85]
12) Nachteile vor Gericht, so z.B. die Ablehnung der gerichtlichen Nachholung von im Verwaltungsverfahren mangels Mitwirkung nicht getroffenen Feststellungen[86] oder Kostenfolgen im Prozess (vgl. §§ 155 Abs. 4, 156 VwGO).[87]

2. Arten der Mitwirkung (Abs. 2 Satz 2)

Satz 2 konkretisiert Satz 1 und prägt die Mitwirkung als eine im Rahmen des Untersuchungsgrundsatzes bestehende, auf das Vorbringen bezogene Darlegungslast[88] und – bei Beweisbedürftigkeit – als Beweisantrittslast. Sie gibt dem Beteiligten Anlass, seinem Interesse folgend »seine« Beweismittel zu benennen und verdichtet sich im Einzelfall zur Beweisführungslast (§ 24 Rdn. 160 f.); die objektive Beweislast (§ 24 Rdn. 158) lässt Satz 2 unberührt. Funktional wirkt Satz 2 als § 24 Abs. 1 Satz 2 (Halbs. 2), Abs. 2 vorgelagerte Norm, die dem Zweck dient, das Manko amtswegiger Sachaufklärung zu kompensieren, das darin besteht, dass die Behörde ohne Mitwirkung Beteiligter in deren Kenntnis- und Informationssphäre kaum vordringen kann, wenn Eingriffskompetenzen bzw. durchsetzbare Pflichten dazu fehlen. Satz 2 schließt andere, vom Vorbringen und Beweisantritt verschiedene Formen der Mitwirkung (vgl. auch Rdn. 96) natürlich nicht aus. 93

3. Mitwirkungspflichten Beteiligter (Abs. 2 Satz 3)

Satz 3 macht die gegenüber Satz 1 als »weitergehend« bezeichnete, verfahrensrechtliche Pflicht zur Mitwirkung Beteiligter davon abhängig, dass eine Norm des geschriebenen Rechts[89] die Pflicht und ihre Erzwingung unmittelbar gesetzlich bzw. mittels 94

83 Vgl. z.B. OVG Mecklenburg-Vorpommern, Urt. v. 15.11.1995 – 6 L 36/95, NVwZ-RR 1997, 61.
84 Stelkens/Bonk/Sachs/*Kallerhoff/Fellenberg*, § 26 Rn. 56.
85 Vgl. BVerwG, Beschl. v. 30.11.1992 – 11 B 63.92, NJW 1993, 1542.
86 Vgl. VGH Baden-Württemberg, Beschl. v. 11.01.1991 – 9 S 2907/89, NVwZ-RR 1992, 354.
87 Schoch/Schneider/Bier/*Olbertz*, § 155 Rn. 27.
88 Vgl. OVG Bautzen, Urt. v. 28.02.2019 – 1 A 292/17, juris Rn. 31.
89 Ungeschriebene Pflichten erfasst Satz 3 nicht; vgl. Stelkens/Bonk/Sachs/*Kallerhoff/Fellenberg*, § 26 Rn. 57.

einer durch Verwaltungsakt umzusetzenden Ermächtigung vorsieht. Satz 3 ermächtigt nicht dazu, Pflichten aufzuerlegen. Die zwischen Lasten und Pflichten differenzierende Regelungstechnik folgt dem Grundsatz der Verhältnismäßigkeit.[90] Mitwirkungspflichten basieren auf so starken öffentlichen Interessen an der Information, dass es bei bloßen Nachteilen für den Nichtmitwirkenden (Rdn. 92) sein Bewenden nicht haben kann.

a) Pflichtenkatalog

95 Ihn enthält das Fachrecht. Er ist abzugrenzen, weil teils nur verfahrensrechtliche Lasten konkretisiert (vgl. § 25 Abs. 4 Satz 5 und Abs. 5 Satz 3 AsylG), teils aber materiellrechtliche Pflichten, z.B. in der überwachenden Verwaltung, zu finden sind, die wiederum für sich oder (auch) im Rahmen eines Verwaltungsverfahrens aktuell werden können (vgl. § 24 Rdn. 10 f.).

96 Die wichtigsten Arten von Mitwirkungspflichten – ein Teil von ihnen schränkt den Daten- bzw. Geheimnisschutz ein – sind:

1) **Erteilung einer Auskunft** (vgl. z.B. § 17 Abs. 1 HandwO und § 22 Abs. 1 GastG), gegebenenfalls auch mittels Formular (vgl. § 24 Rdn. 65);
2) **Beibringung** von Gutachten, z.B. nach § 29a BImSchG;
3) **Vorlage** bzw. **Aushändigung** von Urkunden, Unterlagen, Gegenständen oder zu führenden Büchern, z.B. nach § 208 Satz 1 Nr. 2 und 3 BauGB;
4) **eigene Ermittlungen** des Betreibers, um Auskunfts- bzw. Belegpflichten nachkommen zu können, vgl. §§ 26 ff. BImSchG;[91]
5) **Duldung sachbezogener** Eingriffe wie Nachschau (Rdn. 80), Vornahme von Messungen, Untersuchungen oder Probenentnahmen vor Ort, z.B. nach § 209 Abs. 1 BauGB, bis hin zur **Unterstützung** solcher Vorgänge;
6) persönliche **Anwesenheit**, z.B. nach § 208 Satz 1 Nr. 1 BauGB, § 116 Abs. 1 Satz 1 FlurbG oder § 15 Abs. 1 Satz 4 WPflG;
7) **Duldung personenbezogener** Eingriffe wie Untersuchungen, erkennungsdienstliche Maßnahmen und Behandlungen, vgl. § 15 Abs. 2 Nr. 7 AsylG, § 17 Abs. 4 WPflG.[92]

b) Durchsetzung der Mitwirkung

97 Die Durchsetzung der Mitwirkung erfolgt im Fall einer durch Verwaltungsakt konkretisierten Pflicht mit den Mitteln der **Verwaltungsvollstreckung** (vgl. § 208 Satz 2 BauGB), insbesondere durch Festsetzung eines Zwangsgelds. Bei unmittelbar gesetzlich geregelten Mitwirkungspflichten sind im betreffenden Fachgesetz regelmäßig

---

90 In diese Struktur fügt sich die materielle Beweislast als Instrument verhältnismäßiger, mittelbarer Verhaltenssteuerung bei Mitwirkungslasten sinnvoll ein.

91 Vgl. OVG Nordrhein-Westfalen, Urt. v. 03.09.2007 – 8 A 2264/05, juris Rn. 32 ff.

92 Vgl. VGH Bayern, Beschl. v. 19.05.1988 – 25 CS 88/00312, NJW 1988, 2318 (Duldung einer Blutentnahme für einen Aids-Test).

Bußgeldbewehrungen vorhanden, bisweilen auch **unmittelbar ausführbare** Befugnisse, z.B. in § 15 Abs. 4 AsylG ein Durchsuchungsrecht.

c) Grenzen der Mitwirkung, Weigerungsrechte

Die Grenzen der Mitwirkung ergeben sich primär aus der fachrechtlichen Norm, die die Mitwirkung vorschreibt, und weiterhin aus dem Grundsatz der Verhältnismäßigkeit (vgl. § 24 Rdn. 66), der schon für das Verhältnis Last – Pflicht von Bedeutung ist (vgl. Rdn. 94). 98

Weigerungsrechte, aus deren Kreis die Aussageverweigerungsrechte Beteiligter (Schweigerechte) nur einen Ausschnitt darstellen, regelt ebenfalls primär das Fachrecht (z.B. § 17 Abs. 3 HandwO). Normierte Weigerungsrechte sind eng auszulegen, mithin nur auf in Bezug genommene Mitwirkungsarten anwendbar.[93] Ergänzend sind sie den allgemeinen Rechtsgrundsätzen zu entnehmen und dann mit dem öffentlichen Interesse an der Information abzuwägen. Geht es um eine juristische Person, ist das etwaige Weigerungsrecht auf deren gesetzliche Vertreter zu beziehen (vgl. § 12 Abs. 1 Nr. 3). 99

Wo **Zustimmungserfordernisse** für die eingreifende Ermittlungshandlung bestehen, ist ihnen das entsprechende Weigerungsrecht immanent. Bedarf z.B. eine ärztliche Untersuchung der Zustimmung, wie etwa nach § 17 Abs. 6 WPflG,[94] entspricht dem ein Weigerungsrecht des Beteiligten. 100

II. Zeugen und Sachverständige (Abs. 3)

Abs. 3 knüpft an Abs. 1 Satz 2 Nr. 2 an. Er regelt in Satz 1 die Pflicht zur Aussage bzw. zur Erstattung eines Gutachtens durch Verweisung auf eine solche ausdrücklich vorsehende Gesetze sowie in Satz 2 die Entschädigung von Zeugen und Sachverständigen durch Verweisung auf das JVEG. Satz 2 setzt – entgegen seiner Stellung in Abs. 3 nach Satz 1 – nicht den Fall des Satzes 1 für eine Entschädigung voraus. 101

1. Zeugen- und Sachverständigenpflicht (Abs. 3 Satz 1)

Eine Rechtsvorschrift, die eine Pflicht zur Erstattung eines Gutachtens bzw. zur Aussage festlegt, ist insbesondere § 65 Abs. 1 Satz 1. Abs. 3 Satz 1 geht nicht davon aus, dass die Pflicht, vor der Behörde auszusagen, die Pflicht dort zur Vernehmung zu erscheinen, uneingeschränkt als Voraussetzung einschließt, wie § 65 Abs. 2 im Umkehrschluss zeigt. Beim Vollzug von Landesrecht gelten Pflichten im Sinn des Abs. 3 auch für Bürger anderer Bundesländer.[95] Polizeiliche Generalklauseln sind keine verfahrensrechtlichen Normen und tragen daher keine ihrem Wesen nach verfahrensbezogene Aussagepflichtigkeit von Zeugen. 102

---

93 Vgl. etwa BVerwG, Urt. v. 09.08.1983 – 1 C 7.82, NVwZ 1984, 376.

94 BVerwG, Urt. v. 23.05.1986 – 8 C 10.84, NVwZ 1987, 323.

95 Vgl. BVerwG, Urt. v. 19.05.1988 – 7 C 37.87, NJW 1988, 1924 (zur Vorladung vor den Untersuchungsausschuss eines Länderparlaments).

103 Der aussagepflichtige Zeuge hat bei rechtsstaatlicher, fairer Vernehmung das Recht, einen Zeugenbeistand zuzuziehen, Schweigerechte (Rdn. 22 ff.) und ist gegebenenfalls zu belehren (Rdn. 25).

104 § 65 verweist nur für das förmliche Verfahren auf die **Zeugnis- und Gutachtensverweigerungsgründe der ZPO**. Lässt außerhalb förmlicher Verfahren auch das **Fachrecht**, auf das Abs. 3 verweist, diese Rechte ungeregelt, bleibt für nicht erzwingbare (freiwillige) Zeugenaussagen und Gutachten eine gewollte Gesetzeslücke (wegen fehlender Normierungsbedürftigkeit), die zeigt, dass der Gesetzgeber von der **ungeschriebenen Existenz** dieser Rechte jedenfalls in ihrem die Verfahrensordnungen übergreifenden **Kernbestand** allgemein und gerade bei Pflichtigkeit ausgeht, vgl. nur §§ 52 bis 55 StPO (vgl. Rdn. 24).

2. Entschädigungs- bzw. Vergütungsregelung (Abs. 3 Satz 2)

105 Vorbehaltlich spezieller Regelungen (z.B. § 21 Abs. 2 AtG) wird ein Zeuge oder ein Sachverständiger nach dem **JVEG** entschädigt bzw. vergütet. Die Aussicht auf eine Entschädigung bzw. Vergütung soll vor allem bei Freiwilligkeit die Mitwirkungsbereitschaft fördern. Die Vergütung oder Entschädigung wird durch Verwaltungsakt[96] festgesetzt; sie ist für die Behörde Teil ihres Ermittlungsaufwands. Eine analoge Anwendung des JVEG z.B. auf die Erteilung von Auskünften und oder die Vorlage von Urkunden durch Dritte ist ausgeschlossen.

106 Die Gewährung der Entschädigung bzw. Vergütung setzt voraus:

1) die Heranziehung als **Zeuge** (Rdn. 44) oder als **Sachverständiger** (Rdn. 49) in einem Verwaltungsverfahren (unabhängig von einer Pflicht nach Abs. 3 Satz 1, vgl. Rdn. 101);
2) die Heranziehung **durch die Behörde**; die Entgegennahme unverlangter Mitwirkung, auch wenn sie, wie ein Parteigutachten, verwertet wird, genügt ebenso wenig wie die Vernehmung mitgebrachter präsenter Zeugen oder die Verwertung von Aussagen oder Gutachten aus anderen Verfahren durch Aktenbeiziehung;
3) einen – auch bei Behörden nicht verzichtbaren – **Antrag**, der verfahrensrechtlich das Entschädigungsverfahren in Gang setzt;
4) Einhaltung der **Frist für die Geltendmachung** (vgl. § 2 Abs. 1 JVEG).

Hinsichtlich der **Höhe der Entschädigung** bzw. **der Vergütung** sei auf § 8 Abs. 1 bzw. § 19 Abs. 1 JVEG verwiesen.

C. Verwaltungsverfahrensrecht der Länder

107 Folgende Verwaltungsverfahrensgesetze der Länder enthalten abweichende Vorschriften: § 26 Abs. 1 BWVwVfG, § 26 Abs. 1 HmbgVwVfG und § 26 Abs. 1 VwVfG NW durch Bezugnahme auf den jeweiligen § 3b (Datenschutz); § 2a Abs. 2 VwVfG Bln, der § 26 Abs. 2 Satz 3 um eine Datenschutzklausel und ein Auskunftsverweigerungsrecht Beteiligter ergänzt; § 5 VwVfG Bbg durch eine Regelung zu personenbezogenen Daten, Betriebs- und Geschäftsgeheimnissen; § 26 Abs. 2 Satz 4 HmbgVwVfG,

96 Ebenso Stelkens/Bonk/Sachs/*Kallerhoff/Fellenberg*, § 26 Rn. 87.

§ 26 Abs. 2 Satz 4 VwVfG M-V und § 26 Abs. 2 Satz 4 NW (Normierung eines Auskunftsverweigerungsrechts).

§ 27 Versicherung an Eides statt

(1) [1]Die Behörde darf bei der Ermittlung des Sachverhalts eine Versicherung an Eides statt nur verlangen und abnehmen, wenn die Abnahme der Versicherung über den betreffenden Gegenstand und in dem betreffenden Verfahren durch Gesetz oder Rechtsverordnung vorgesehen und die Behörde durch Rechtsvorschrift für zuständig erklärt worden ist. [2]Eine Versicherung an Eides statt soll nur gefordert werden, wenn andere Mittel zur Erforschung der Wahrheit nicht vorhanden sind, zu keinem Ergebnis geführt haben oder einen unverhältnismäßigen Aufwand erfordern. [3]Von eidesunfähigen Personen im Sinne des § 393 der Zivilprozessordnung darf eine eidesstattliche Versicherung nicht verlangt werden.

(2) [1]Wird die Versicherung an Eides statt von einer Behörde zur Niederschrift aufgenommen, so sind zur Aufnahme nur der Behördenleiter, sein allgemeiner Vertreter sowie Angehörige des öffentlichen Dienstes befugt, welche die Befähigung zum Richteramt haben oder die Voraussetzungen des § 110 Satz 1 des Deutschen Richtergesetzes erfüllen. [2]Andere Angehörige des öffentlichen Dienstes kann der Behördenleiter oder sein allgemeiner Vertreter hierzu allgemein oder im Einzelfall schriftlich ermächtigten.

(3) [1]Die Versicherung besteht darin, dass der Versichernde die Richtigkeit seiner Erklärung über den betreffenden Gegenstand bestätigt und erklärt: »Ich versichere an Eides statt, dass ich nach bestem Wissen die reine Wahrheit gesagt und nichts verschwiegen habe.« [2]Bevollmächtigte und Beistände sind berechtigt, an der Aufnahme der Versicherung an Eides statt teilzunehmen.

(4) [1]Vor der Aufnahme der Versicherung an Eides statt ist der Versichernde über die Bedeutung der eidesstattlichen Versicherung und die strafrechtlichen Folgen einer unrichtigen oder unvollständigen eidesstattlichen Versicherung zu belehren. [2]Die Belehrung ist in der Niederschrift zu vermerken.

(5) [1]Die Niederschrift hat ferner die Namen der anwesenden Personen sowie den Ort und den Tag der Niederschrift zu enthalten. [2]Die Niederschrift ist demjenigen, der die eidesstattliche Versicherung abgibt, zur Genehmigung vorzulesen oder auf Verlangen zur Durchsicht vorzulegen. [3]Die erteilte Genehmigung ist zu vermerken und von dem Versichernden zu unterschreiben. [4]Die Niederschrift ist sodann von demjenigen, der die Versicherung an Eides statt aufgenommen hat, sowie von dem Schriftführer zu unterschreiben.

Übersicht

A. Allgemeines und Grundsätze

I. Gegenstand und Zweck der Regelung

1 Während **Abs. 1** die für jede Versicherung an Eides statt geltenden Voraussetzungen ihres Einsatzes im Verwaltungsverfahren bestimmt, regeln die **Abs. 2 bis 5** die wesentlichen Einzelheiten des Verfahrens für die **Aufnahme zur Niederschrift** der Behörde (vgl. dazu Rdn. 47 ff.), nämlich **Abs. 2** die zur Aufnahme befugten Amtsträger, **Abs. 3** den Inhalt der Versicherung und den Kreis der zur Teilnahme berechtigten Personen, **Abs. 4** die der Abgabe der Versicherung voranzustellende Belehrung und **Abs. 5** den Inhalt der Niederschrift in Bezug auf den weiteren Ablauf des Aufnahmevorganges. Die Vorschrift sieht – wie auch das gesamte Gesetz – keine Abnahme von Eiden im Verwaltungsverfahren vor.[1]

2 In erster Linie besteht der Zweck der Vorschrift darin, die vor Erlass des VwVfG gängige Praxis der **Abnahme** eidesstattlicher Versicherungen **ohne gesetzliche Grundlage** zu **beenden** und gleichzeitig so den **Strafbarkeitsanforderungen** bei falscher Versicherung an Eides statt zu genügen, um letztlich den Beweiswert der Versicherung auf die eigentlich ihr zugedachte Ebene zu heben.[2] Auch dient die Vorschrift der **Vereinheitlichung** der Anwendungsvoraussetzungen und Verfahrensweise.

1 Knack/Henneke/*Ritgen*, § 27 Rn. 37.
2 Vgl. Amtl. Begr. S. 50.

II. Anwendungsbereich und analoge Anwendbarkeit

Den Anwendungsbereich der Vorschrift bestimmen im **Grundsatz** die §§ 1 und 2, allerdings weiter **eingeengt** durch § 27 Abs. 1 Satz 1, der die Anwendung seiner weiteren Regelungen an die Zulässigkeit der Versicherung an Eides statt bindet (Rdn. 23). Besondere Normen gehen oftmals nur allgemein von der Zulässigkeit oder der Erforderlichkeit der Versicherung an Eides statt aus und beschränken sich darauf, dieses zu regeln. Diese Normen werden dann typischerweise durch das Regelwerk des § 27 bzw. der entsprechenden landesrechtlichen Bestimmungen ergänzt. 3

Der **Umkehrschluss** aus § 2 Abs. 3 Nr. 2 legt nahe, § 27 in den anderen Fällen des § 2 auch nicht analog anzuwenden. Indes gelten die Voraussetzungen für eine wirksame (Rdn. 74) eidesstattliche Versicherung vom **Strafrecht ausstrahlend** auch im Verwaltungsrecht, was die **Kodifizierung** in § 27 nur belegt.[3] 4

Dem entspricht es, zumindest **Abs. 1 Sätze 1 und 3 analog** auf diese Fälle des § 2 anzuwenden, wenn in den Fachgesetzen für dort durch Rechtsvorschrift vorgesehene Versicherungen an Eides statt noch Regelungslücken bleiben. Auch in anderen Materien wird darüber hinaus eine Analogie – jedenfalls zu Abs. 2 und 4 – zu befürwortet.[4] 5

Die Analogie ist aber **kein Weg**, um dort, wo das Gesetz nur von »**Glaubhaftmachung**« spricht, auch die **Zulässigkeit** der Versicherung an Eides statt hierfür **zu konstruieren**; dazu bedarf es der in § 27 geforderten besonderen Vorschrift (vgl. Rdn. 23, 28). 6

III. Funktion im System der Sachaufklärung

Die Versicherung an Eides statt hat im Verwaltungsverfahren für die Behörde die Funktion eines **Beweismittels** im Rahmen der Sachaufklärung nach den §§ 24 und 26, wie sich aus den Wendungen »bei der Ermittlung des Sachverhalts« und »zur Erforschung der Wahrheit« in Abs. 1 Satz 1 bzw. Satz 2 ergibt. Mit ihr kann die **Anhörung** nach **§ 26 Abs. 1 Satz 2 Nr. 2 verbunden** sein, in der die zu versichernden Tatsachen erst erfragt werden. 7

Die Versicherung an Eides statt gehört zu den in § 26 Abs. 1 **nicht** ausdrücklich **erwähnten** Beweismitteln (vgl. § 26 Rdn. 74). Aufgrund der ihre Heranziehung einengenden Voraussetzungen sieht der Gesetzgeber aber in § 27 folgerichtig eine den **§ 26 Abs. 1 Satz 1 einschränkende** Regelung.[5] Bei Redlichkeit des Erklärenden bzw. wegen des erheblichen Risikos der Entdeckung falscher Angaben ist die Versicherung ein wirksames, wenig aufwändiges und verhältnismäßiges Aufklärungsmittel, wenn über das Vorliegen einer von mehreren in Betracht zu ziehenden Sachverhaltsvarianten zu befinden ist. 8

---

3 Vgl. Amtl. Begr. S. 50.
4 Vgl. Kopp/*Ramsauer*, § 27 Rn. 5; Kopp/*Ramsauer*, § 27 Rn. 3.
5 Amtl. Begründung S. 50 (dort zu § 22 des Entwurfes).

9 **Beispiel** hierfür ist **§ 5 StVG,**[6] der sich mit dem Abhandenkommen vorzuweisender Papiere befasst. Der Handlungspflichtige entscheidet unter dem Druck des Strafrechts, ob seine Behauptung eines Abhandenkommens bekräftigt.

10 Allgemein ist die Versicherung an Eides statt ein Mittel der **Glaubhaftmachung** behaupteter Tatsachen in der gemeinhin mit ihr gedanklich verbundenen **Auffangfunktion.** Hier dient sie vor allem der Abhilfe bei anders nicht zu bewältigender Beweisnot Beteiligter, ohne vom Nachweis völlig zu befreien.

IV. Beweiswert und Strafbarkeit

11 Der Beweiswert beruht auf dem Glaubhaftigkeitseinsatz des Versichernden, den er durch **Eingehung** der **strafrechtlichen Verbindlichkeit** leistet und dessen **Gewicht** maßgeblich davon abhängt,

1) dass der Erklärende erkennbar im Wissen und eingedenk der strafrechtlichen Konsequenzen handelt, weshalb die Belehrung über die strafrechtlichen Folgen nach Abs. 4 von nicht zu unterschätzender Bedeutung ist und
2) welches Risiko künftiger Entdeckung falscher Angaben besteht.

12 Vor diesem Hintergrund spricht alles für die **persönliche Abnahme** zur Niederschrift nach Abs. 2 bis 5 bzw. für die Aufforderung an den Versichernden, persönlich hierzu bei der Behörde zu erscheinen.[7] Ihr kann aber auch in den anderen zulässigen Fällen des Zustandekommens einer Versicherung durch den Einsatz von **Formularen** (vgl. Rdn. 66 ff.) Rechnung getragen werden, die die zu bekräftigende Tatsache, die Belehrung gem. Abs. 4 und die Formel aus Abs. 3 enthalten.

13 Die **Strafdrohung** bei Vorsatz liegt bei Freiheitsstrafe bis zu 3 Jahren oder Geldstrafe (§ 156 StGB) bzw. bei Fahrlässigkeit bis zu einem Jahr oder Geldstrafe (§ 163 StGB). Strafbarkeit **setzt voraus**, dass die Versicherung nach Zuständigkeit, Verfahren und Gegenstand überhaupt gefordert bzw. eingesetzt werden darf, denn nur dann ist sie rechtlich – in ihrer Beweisfunktion – nicht wirkungslos; dass ihre Abgabe auch explizit verlangt wurde, wird nicht vorausgesetzt (Rdn. 72).[8]

14 Es gilt **uneingeschränkt** der Grundsatz der **freien Beweiswürdigung** (§ 24 Rdn. 22). Eine generell größere Beweiskraft zugunsten eidesstattlich versicherten ggü. einfachen (abweichenden) Angaben gibt es nicht.[9] Dort, wo es an zur Überprüfung der Angaben geeigneten anderen Würdigungsaspekten mangelt, bekommt die Versicherung aber zentrales Gewicht.

---

6 OVG Nordrhein-Westfalen, Beschl. v. 23.10.2014 – 16 F 180/14, NWVBl 2015, 187.

7 Vgl. den Wortlaut des § 95 Abs. 2 Satz 1 AO.

8 Zu diesem nach st. Rspr. eingeschränkten Schutzbereich der §§ 156, 163 StGB BGH, Beschl. v. 18.01.2011 – 4 StR 611/10 – juris und WKRS 2011, 10231 m.w.N.

9 Stelkens/Bonk/Sachs/*Bonk/Kallerhoff*, § 27 Rn. 21; Bader/Ronellenfitsch/*Herrmann*, § 27 Rn. 6.

Mit ihr verbindet sich keine allgemeine Wahrheitsvermutung. Da nur etwas bekräftigt wird, was der Betreffende subjektiv für wahr hält, steht sie insofern einer Zeugen- oder Beteiligtenaussage (vgl. § 26 Rdn. 38 ff. und 44 ff.) nahe. Sie kann die Heranziehung von Erfahrungswissen erleichtern (§ 24 Rdn. 46), um so zur **Überzeugung** des beweismaßgerechten (§ 24 Rdn. 141) Vorliegens der zu beweisenden Tatsache zu gelangen.[10] 15

Einer konkret nicht zugelassenen oder unzuständig abgenommenen Versicherung an Eides statt, kommt nicht der mit ihr andernfalls verbundene hervorgehobene Beweiswert zu. Sie ist aber für die Beweiswürdigung gleichwohl nicht völlig unerheblich. 16

V. Heranziehung und Verfahrensermessen

Die Behörde hat nach Abs. 1 Satz 1 grundsätzlich kein **Verfahrensermessen**, ob sie das Instrumentarium der Versicherung an Eides statt überhaupt in die Sachaufklärung einbeziehen will, wenn diese normativ **konkret** als Aufklärungsmittel **zugelassen** ist (Rdn. 24) *und* deren Einsatz im konkreten Fall zur Sachaufklärung erforderlich ist. 17

Ist dieses Mittel normativ vorgesehen, **schränkt** Abs. 1 Satz 2 die die Handlungsmöglichkeiten nur durch den Grundsatz der Subsidiarität (Rdn. 29) **ein.** 18

§ 27 befasst sich mit der gem. §§ 156 und 163 StGB strafbewehrten **Versicherung an Eides statt.** Sie ist dem **Begriff** nach die auf Verlangen der Behörde – im Unterschied zum mündlich, mit feierlichem Betonung abzuleistenden Eid – schriftlich niedergelegte, den Erklärenden aber ebenfalls unmittelbar **strafrechtlich bindende Bekräftigung, subjektiv wahrheitsgemäß** die in Bezug genommenen Angaben über Tatsachen gemacht zu haben. 19

Abnahme, Aufnahme und Abgabe sind in der Vorschrift wiederholt verwendete **Begriffe**, die Folgendes bedeuten: 20

Abgabe (vgl. Abs. 5 Satz 2 sowie § 156 StGB) ist die auf den Versichernden bezogene **Erklärungshandlung mit Zugang** bei der zuständigen Behörde, sei es zur Niederschrift durch Unterzeichnung des Genehmigungsvermerks oder durch Übergabe der verlangten Versicherung als Schriftstück.

Abnahme (vgl. Abs. 1 Satz 1) ist aus der Sicht der Behörde die dem Vorgang der Abgabe spiegelbildlich entsprechende **behördlich gewollte Entgegennahme** der Versicherung an Eides statt (vgl. zur Frage, ob bei ungewollt geschehenem Zugang eine Abnahme vorliegt Rdn. 72 f.). Deren vorherige ausdrückliche Anforderung ist auch kein Begriffsmerkmal der Abnahme, wie schon der Wortlaut des Abs. 1 Satz 1 zeigt.

Aufnahme (vgl. Abs. 2 bis 5) ist die **schriftliche Niederlegung** der Versicherung unabhängig davon, ob die Versicherung eigenhändig durch den Versichernden erstellt, diese durch einen Dritten (z.B. einen Notar gem. § 22 Abs. 2 BNotO bzw. einen

10 Lässt das Gesetz die Versicherung an Eides statt zu, wird unter dem Aspekt der Überzeugungsgewissheit das Beweismaß reduziert.

Konsularbeamten) formuliert oder zur Niederschrift der zuständigen bzw. einer hierauf beschränkt in Amtshilfe zulässig tätig werdenden Behörde aufgenommen wurde.

B. Die Vorschrift im Einzelnen

I. Voraussetzungen für den Einsatz des Beweismittels (Abs. 1)

21 Abs. 1 ist in seiner Gesamtheit die **zentrale Bestimmung** des § 27, da er die Verwendbarkeit der Versicherung an Eides statt zum einen in grundsätzlicher Weise **strikt** (Rdn. 23) und zum anderen fallorientiert in ihrer **spezifischen** Funktion im Verfahren (Rdn. 34 ff.) steuert.

22 Er bezieht sich auf **jegliche Art ihrer Abnahme**, wobei er sich nicht mit dem Kreis derer befasst, die als Erklärende (Rdn. 40) auftreten können.

1. Normativ vorgesehenes Mittel (Satz 1)

23 Gemäß Satz 1 muss eine **besondere Rechtsvorschrift** – ein förmliches Gesetz oder eine Rechtsverordnung, nicht aber eine Satzung[11] – die Abnahme für den jeweiligen Gegenstand und in dem betreffenden Verfahren **ausdrücklich**, hinreichend konkret[12] vorsehen.

24 Satz 1 ist insofern eine **offene**, normativ **ausfüllungsdürftige** Vorschrift. Daraus folgt, dass § 27 selbst diese Vorschrift nicht sein kann, wie auch eine Vorschrift, die eine Befugnis zur Abnahme von Eiden regelt, schon begrifflich dem nicht genügt.[13]

25 Notwendig ist, dass das Gesetz ausdrücklich oder durch Verweisung auf die Versicherung an Eides statt als **Rechtsinstitut** Bezug nimmt.

26 Vorschriften i.S.d. Satzes 1 sind z.B. § 5 Satz 1 und 2 StVG, § 36 Abs. 2 BWahlG oder § 9 Abs. 2 PStG.

27 Fordert das Gesetz (wie in § 48 Abs. 3, § 106 Abs. 3 BauGB oder § 32 Abs. 2) vom Beteiligten **Glaubhaftmachung**, muss er dieser **Last** folgend Beweismittel anbieten, die sein Vorbringen plausibel machen, wenn es aus Sicht der Behörde daran mangelt.

28 Solche Vorschriften reduzieren zwar das Beweismaß, enthalten aber **keine inzidente Zulassung** der Versicherung an Eides statt i.S.d. Satzes 1 als Mittel der Glaubhaftmachung (vgl. Rdn. 6).

2. Subsidiarität (Satz 2)

29 Abs. 1 Satz 2 fordert für den Einsatz der Versicherung an Eides statt im Regelfall, dass eine seiner drei Varianten vorliegt. Ihnen zufolge ist die Versicherung an Eides statt grds. anderen Beweismitteln ggü. **subsidiär.** Unionsrecht kann hingegen die

---

11 Vgl. Amtl. Begründung S. 100.

12 Beispiele gesetzlicher Ermächtigungen *Fischer*, StGB 66. Aufl., § 156 Rn. 4 ff.

13 So ausdrücklich Amtl. Begründung S. 50; Knack/Henneke/*Ritgen*, § 27 Rn. 5.

Gleichbehandlung mit anderen Beweismitteln verlangen.[14] Geht ein vorrangiges Beweismittel ungenutzt verloren, ist dieser Umstand zu würdigen, das Mittel des § 27 aber nicht ausgeschlossen. Ein **Verstoß berührt die Wirksamkeit nicht.**[15] Das Prinzip der Subsidiarität gilt nicht für die »angebotene« Versicherung.

Nichtvorhandensein und **Ergebnislosigkeit** anderer Beweismittel sind jeweils Fälle erschöpfter Beweismöglichkeiten (die hierzu gehörigen zumutbaren Mitwirkungshandlungen der Beteiligten nach § 26 Abs. 2 eingeschlossen), in denen nunmehr das non liquet (§ 24 Rdn. 118) droht, wenn keine Versicherung an Eides statt zugelassen wird. 30

Unverhältnismäßigkeit des Aufwands meint den im Vergleich zu sonstigen Beweismitteln großen Verwaltungsaufwand (der sich auch unverhältnismäßig ggü. dem Beteiligten auswirken kann) in Relation zur weniger aufwändigen Versicherung an Eides statt bei zudem jeweils in etwa gleicher Chance eines objektivierbaren Erkenntniswert- bzw. Aufklärungszuwachses. 31

Die **Aufklärungspflicht gebietet**[16] **in den Fällen des Satzes 2 in Ausschöpfung der Ermittlungsansätze grds. das Verlangen** einer rechtlich als Mittel zur Verfügung stehenden Versicherung (Rdn. 24 ff.), wenn die Behörde andernfalls zu Lasten des Beteiligten von einem non-liquet ausgehen müsste. Ein Erklärungswilliger hat aber keinen selbstständig durchsetzbaren Anspruch auf diese Beweiserhebung (Rdn. 46). 32

Aus besonderem Grund, d.h. im Falle einer Atypik darf die Behörde – ohne dabei sich aufdrängende Ermittlungen zu umgehen (vgl. § 24 Rdn. 69) – **abweichend von der Regel** des Satzes 2 die Versicherung einem anderen Beweismittel vorziehen oder von ihr absehen. 33

3. Aufklärungszweck, Zuständigkeit, Eidesfähigkeit (Sätze 1 und 3)

Die behördliche Anforderung der Versicherung muss gemäß Satz 1 **bei der Sachverhaltsermittlung**, also im laufenden Verfahren für dessen Ermittlungszweck erfolgen. Für ein anderes, z.B. parallel laufendes oder gar künftiges Verfahren darf die Versicherung nicht verlangt werden. 34

Die **allgemeinen Erfordernisse** der Beweiserhebung (§ 24 Rdn. 44) müssen vorliegen, vor allem die Eignung zur Sachaufklärung,[17] die Beweisbedürftigkeit des Gegenstandes der Versicherung (vgl. § 26 Rdn. 6) und die Wahrung der Verhältnismäßigkeit ggü. dem Beteiligten. 35

Die Behörde muss gemäß Satz 1 **durch Rechtsvorschrift** – auch Satzung[18] – **zur Abnahme zuständig erklärt** sein. Eine VwV oder sonstige Regelung, die nicht Rechtsnorm ist, genügt nicht. 36

14 EuGH, Urt. v. 25.05.2000 – C-424/98, juris und WKRS.
15 Kopp/*Ramsauer*, § 27 Rn. 8.
16 A.A. Stelkens/Bonk/Sachs/*Bonk/Kallerhoff*, § 27 Rn. 10 nur pflichtgemäßes Ermessen.
17 Ein positiver Beitrag zur Sachaufklärung darf nicht von vornherein ausgeschlossen sein.
18 Vgl. Amtl. Begründung S. 100, etwa auch Knack/Henneke/*Ritgen*, § 27 Rn. 7; a.A. Stelkens/Bonk/Sachs/*Bonk/Kallerhoff*, § 27 Rn. 6.

37 Bei Fehlen einer speziellen Zuständigkeitsregelung gerade auch für die Abnahme **impliziert** die normative Zulassung der Versicherung an Eides statt als Beweismittel (Rdn. 24), dass die zur Führung des Verfahrens normativ bestimmte Behörde auch für die Abnahme zuständig ist; vgl. z.B. § 5 Satz 2 StVG.

38 Auch hier gilt, dass die gesetzlich vom Beteiligten geforderte bloße Glaubhaftmachung **keine inzidente oder konkludente Zuständigskeitsbestimmung** der Behörde gerade auch zur Abnahme einer Versicherung an Eides statt enthält (Rdn. 28). Mangels Regelungslücke ist § 294 ZPO nicht analog anwendbar[19] und dessen Heranziehung eine **Umgehung** des strikten Satzes 1.

39 Die **aufgeforderte Person** darf nach Satz 3 **nicht eidesunfähig** sein. Mit § 393 ZPO meint dieser Begriff »Personen, die zur Zeit der Vernehmung das sechzehnte Lebensjahr noch nicht vollendet oder wegen mangelnder Verstandesreife oder wegen Verstandesschwäche von dem Wesen und der Bedeutung des Eides keine genügende Vorstellung haben«. Was in Bezug auf den Eid zutrifft, kann für die Versicherung an Eides statt nicht anders beurteilt werden.

4. Subjekte der abzugebenden Erklärung

40 Die Anforderung der Abgabe der Versicherung wendet sich gewöhnlich nur an den **Beteiligten** im Verfahren (vgl. auch § 95 Abs. 1 AO). Als höchstpersönliche Handlung erlaubt die Abgabe der Versicherung an Eides statt zudem **keine Vertretung** des betreffenden.

41 Der Begriff ist zwar offen für die **Einbeziehung Dritter.** Indes ermächtigt § 27 nicht zur Umgehung der Normen über die Eidesabnahme. Die Versicherung von einem **Zeugen** zwecks Bekräftigung der Aussage zu verlangen, scheidet ohne gesetzliche Ermächtigung gem. Abs. 1 Satz 1 aus. Zur Gewährleistung wahrer Angaben sieht das Gesetz die wirkungsvollere eidliche Vernehmung des Zeugen vor, soweit das geboten erscheint (vgl. auch § 94 AO).

II. Rechtsnatur von Verlangen und Abnahme der Versicherung an Eides statt, Vollstreckung, Fehlerfolgen, Rechtsschutz

42 Der **Rechtsnatur** nach ist ein **Verlangen** gemäß Satz 1 **kein VA**, da nur zu einer Mitwirkungshandlung aufgefordert wird, die vorzunehmen dem Beteiligten freisteht.[20] Die **Abnahme** der Versicherung ist ein schlicht hoheitlicher **Realakt.**

43 Angesichts der Entschließungsfreiheit des Versichernden ist das Verlangen auch ohne ausdrückliche Regelung wie in § 95 Abs. 6 AO **nicht vollstreckbar**, was auch widersinnig wäre: Denn der Versichernde verwirklicht den Beweiszweck gleichwertig durch

19 A.A. die h.M. zum BauGB *Battis/Krautzberger/Löhr*, § 48 Rn. 14 und § 106 Rn. 5; *Ernst/Zinkahn/Bielenberg*, § 48 Rn. 12 und § 106 Rn. 23.

20 Wie hier auch Knack/Henneke/*Ritgen*, § 27 Rn. 6.

Weigerung oder Erfüllung des Verlangens.[21] Zur Beweiserhebung gehört die Ergebnisoffenheit in Bezug auf dessen Verhalten.

Die Versicherung an Eides statt ist auch **kein Instrument zur Vollstreckung materieller Pflichten**, z.B. zur Herausgabe des Führerscheins im Fall des § 5 Satz 1 StVG, auch wenn deren Erfüllung im Einzelfall an sich angeordnet wird. 44

Unterbleibt verfahrensfehlerhaft das gebotene (Rdn. 32) Verlangen bzw. die Abnahme der Versicherung, liegt ein **Ermittlungsdefizit** mit etwaigen Fehlerfolgen (§ 24 Rdn. 153 ff.) vor. Um ein relevantes Ermittlungsdefizit geht es auch, wenn wegen eines **Würdigungsfehlers** (Rdn. 16) eine unwirksame, z.B. unzulässig oder unzuständig verlangte Versicherung die Sachentscheidung mitträgt. 45

Rechtsschutz auf oder wegen Abnahme einer Versicherung an Eides statt besteht in Bezug auf § 27 nur i.R.d. § 44a Satz 1 VwGO als Rüge fehlerhafter Sachaufklärung. Da die Abgabe der Versicherung gewöhnlich nachholbar ist, liegt ein irreparabler Rechtsverlust fern. 46

III. Verfahren der Aufnahme der Versicherung an Eides statt zur Niederschrift vor der Behörde

Das Verfahren ist in seinen wesentlichen Teilen **in Abs. 2 bis 5 geregelt** und weicht teilweise von den Verfahrensregeln in § 95 Abs. 2 bis 5 AO ab, während § 23 Abs. 2 bis 5 SGB X eine im Wortlaut identische Vorschrift enthält. Die allein auf die Aufnahme durch die zuständige Behörde bezogenen Normen finden auf verlangte, aber in zulässiger Weise **anders zustande gekommene** (Rdn. 66) Versicherungen an Eides statt **keine Anwendung**;[22] wegen des Regelungszusammenhangs ist insbesondere auch **Abs. 3 Satz 1 unmittelbar nicht anwendbar** (vgl. Rdn. 68). 47

1. Zur Aufnahme befugte Personen (Abs. 2)

Abs. 2 Satz 1 beschränkt den zur Aufnahme befugten Personenkreis grds. auf kraft Amtsstellung oder Ausbildung dafür **qualifizierte Amtsträger:** Die zum Richteramt bzw. höheren Verwaltungsdienst qualifizierten Personen (vgl. §§ 5 Abs. 1, 110 Satz 1 DRiG) oder den Behördenleiter bzw. dessen allgemeinen – d.h. gemäß Geschäftsverteilung im Fall der Verhinderung des Behördenleiters »i. V.« und nicht »i. A.« handelnden – Vertreter, die nicht die Befähigung zum Richteramt haben müssen. 48

Abs. 2 Satz 2 gibt dem Behördenleiter bzw. dessen allgemeinen Vertreter das **Recht**, in schriftlicher Form, fallbezogen oder generell **Behördenangehörige** zur Aufnahme der Versicherung zu **ermächtigen**, womit das auch im Beweisinteresse liegende 49

---

21 Ebenso Stelkens/Bonk/Sachs/*Bonk/Kallerhoff*, § 27 Rn. 10; vgl. auch § 95 Abs. 6 und 328 AO, der mit dem Verlangen zusätzlich die Tatbestandsvoraussetzung für eine Schätzung nach § 162 Abs. 2 Satz 1 AO auslöst.

22 OLG Düsseldorf, Beschl. v. 06.08.1990 – 5 Ss 256/90 u.a. – NVwZ-RR 1991, 281; Stelkens/Bonk/Sachs/*Bonk/Kallerhoff*, § 27 Rn. 11.

Ziel des Satzes 1, durch Einsatz eines leitenden Bediensteten die Bedeutsamkeit des Vorgangs aufzuzeigen, eher konterkariert wird; Abs. 2 gewährleistet keine Mindest-Aufnahmequalität.

50 Von der Zuziehung eines **Schriftführers** geht das Gesetz als selbstverständlich aus, wie Abs. 5 Satz 4 zeigt (vgl. Rdn. 63), ohne die Aufnahme der Versicherung hieran zu binden.

2. Anwesenheitsrechte (Abs. 3 Satz 2)

51 Abs. 3 Satz 2 gibt **Bevollmächtigten** und **Beiständen** gem. § 14 Abs. 1 bzw. 4 des versichernden Beteiligten bzw. eines etwaigen sonstigen Versichernden nur einen Anspruch auf Anwesenheit (vgl. Rdn. 41) bei der Aufnahme der Versicherung vergleichbar der Funktion eines Aussage- oder Zeugenbeistandes.

52 Mit dieser Regelung soll **darüber hinaus keine Beteiligtenöffentlichkeit** hergestellt werden.[23] Bezweckt ist, dass der Betreffende begleitend auf eine vollständige und richtige Verfahrensweise, insb. in Bezug auf die Belehrung und die korrekte Wiedergabe der zu bekräftigenden Angaben hinwirkt und in unklaren oder kritischen Situationen dem Erklärenden beratend zur Seite steht.

3. Belehrungspflichten (Abs. 4)

53 Abs. 4 Satz 1 schreibt als Teil des Gesamtvorgangs der Aufnahme i.S.d. Abs. 2 Satz 1 die **Belehrung** des Versichernden vor. »Vor der Aufnahme« bedeutet in Abs. 4 so viel wie vor Beginn des in Abs. 5 Satz 2 und (weiterhin) Satz 3 geregelten zusammengesetzten Bekräftigungsaktes. Vor der Niederschrift der zu bekräftigenden, nicht schon formularmäßig vorliegenden Tatsachenerklärung muss noch nicht belehrt werden.

54 **Inhaltlich** ist über die **Bedeutung** der Versicherung an Eides statt als Mittel der Wahrheitsfindung für das Beweisthema und über die **Strafbarkeit** ihrer vorsätzlich oder fahrlässig falschen Abgabe, tunlichst unter konkreter Nennung der Strafrahmen der §§ 156 bzw. 163 StGB (vgl. Rdn. 13) zu belehren und zu erläutern, dass die Versicherung »**falsch**« wäre bei einer Erklärung über Tatsachen, die die Wahrheit anders, **unrichtig**, darstellen oder aufgrund verschwiegener Umstände **unvollständig** wiedergeben. Aus Fürsorge und zur Sicherung des Beweiswertes sollte bei Zweifeln, ob die Belehrung verstanden wurde, nochmals belehrt werden.

55 In kritischen, **Tatverdacht** begründenden Fällen sollte **zusätzlich**, tunlichst protokolliert, über die **§§ 158 und 163 Abs. 2 StGB** belehrt werden, die bei dort näher geregelter **rechtzeitiger Berichtigung** falscher Angaben die Möglichkeit der Strafmilderung, des Absehens von Strafe bzw. die Straflosigkeit vorsehen.[24] Diese gesetzlich nicht

23 Wie hier Kopp/*Ramsauer*, § 27 Rn. 14; Knack/Henneke *Ritgen*, § 27 Rn. 29; a.A. Stelkens/Bonk/Sachs/*Bonk/Kallerhoff*, § 27 Rn. 23.

24 Nach § 158 Abs. 2 StGB ist die Berichtigung »verspätet, wenn sie bei der Entscheidung nicht mehr verwertet werden kann oder aus der Tat ein Nachteil für einen anderen entstanden ist oder wenn schon gegen den Täter eine Anzeige erstattet oder eine Untersuchung eingeleitet worden ist«.

vorgeschriebene Belehrung bewahrt nicht selten vor strafrechtlichen Folgen und dient zugleich dem Sachaufklärungsinteresse; § 24 verpflichtet daher dazu.

Die Belehrung ist nach ihrer Vornahme gem. Abs. 4 Satz 2 in der **Niederschrift** zur Beweissicherung festzuhalten, tunlichst unter stichwortartiger Erwähnung ihres wesentlichen Inhaltes. Rein formelle Angaben nach Abs. 5 Satz 1 (Rdn. 60) sind der Abfolge gemäß, die im Prinzip der einer Vernehmung entspricht, vorneweg zu protokollieren. 56

4. Notwendiger Inhalt der Versicherung an Eides statt (Abs. 3 Satz 1)

Abs. 3 Satz 1 nennt den **vorgeschriebenen Wortlaut** der bei Aufnahme zur Niederschrift der Behörde zu verwendenden **Formel.** Sie muss in der Niederschrift grundsätzlich **ohne Abweichungen** verwendet werden und auf die zugehörige Erklärung des Versichernden zur Sache Bezug nehmen, die ihrerseits nicht unmittelbar zu Protokoll erklärt werden muss; auch § 95 Abs. 3 Satz 1 AO geht davon aus. Allerdings ist die Verwendung des genauen Wortlauts nicht Wirksamkeitsvoraussetzung, sofern sich aus der verwendeten Formulierung ohne jeden Zweifel entnehmen lässt, dass der Betreffende eine eidesstattliche Versicherung abgeben wollte.[25] 57

Es genügt die Beifügung der **Erklärung zur Sache** als Anlage oder die **Bezugnahme** auf ein sie enthaltendes Aktenstück. Beginn und Ende dieser Erklärung müssen aber bezeichnet sein. Sie kann von einem Dritten stammen; der Versichernde muss sie sich dann aber eindeutig ausgedrückt zu Eigen gemacht haben. Sie kann in geeigneten Fällen auch formularmäßig vorgegeben sein. 58

Von der Erklärung zur Sache werden – mit strafrechtlich geschützter (Rdn. 13) Wahrheitspflicht – nur die Tatsachen versichert, die gesetzlich als **Gegenstand zugelassen** oder **gefordert** sind.[26] 59

5. Weiterer vorgeschriebener Inhalt der Niederschrift und Ablauf des Aufnahmevorganges (Abs. 5)

Eingangs (Rdn. 56) sind nach **Satz 1** zu vermerken: Die **Namen** der Anwesenden (tunlichst mit dem Zusatz ihrer hierbei ausgeübten Funktion), der **Ort** durch Angabe des Amtsgebäudes, der Dienststelle oder der Adresse und der **Tag** als Datumsangabe (tunlichst ergänzt um den Zeitpunkt des **Beginnes**). 60

Ist nach vermerkter **Belehrung** (Rdn. 53 f.) dann die Versicherung an Eides statt mit der vorgeschriebenen **Formel** (Rdn. 57) protokolliert worden, muss die Niederschrift gemäß **Satz 2** dem Versichernden **zur Genehmigung** nach seiner Wahl **vorgelesen oder** auf Verlangen zur Durchsicht **vorgelegt** werden; die Art der gewählten Verfahrensweise sollte zur Beweissicherung des Herganges vermerkt werden. Dem Versichernden 61

25 Knack/Henneke/*Ritgen*, § 27 Rn. 26; Kopp/*Ramsauer*, § 27 Rn. 15.
26 Vgl. zu § 5 StVG OLG Frankfurt am Main, Beschl. v. 02.10.1997 – 1 Ss 212/97 – NStZ-RR 1998, 72.

wird so zu Korrekturzwecken die Prüfung der Übereinstimmung der Niederschrift mit dem von ihm gewollten Inhalt und Umfang der Versicherung ebenso ermöglicht wie das kritische Überdenken gemachter Angaben bzw. seines Tuns an sich.

62 Wird sodann die Niederschrift genehmigt, ist das gemäß **Satz 3** zu vermerken und der **Genehmigungsvermerk** von dem Versichernden (Rdn. 40 f.) zu **unterschreiben**, womit die Versicherung an Eides statt abgegeben bzw. abgenommen ist. Kommt es endgültig zu keiner Unterschrift, weil der Versichernde sie erkennbar nicht leisten will, ist die **Weigerung** zu vermerken und das Protokoll nach Satz 4 abzuschließen.

63 Gemäß **Satz 4** stehen am Schluss, die Niederschrift förmlich abschließend, die **Unterschriften** des aufnehmenden Amtsträgers und des Schriftführers als Bestätigung dafür, dass die Niederschrift dem wesentlichen Ablauf des gesamten Vorganges entspricht.

6. Sonstiger Inhalt der Niederschrift

64 Für diesen gesetzlich nicht geregelten Inhalt der Niederschrift gilt als **Leitlinie:** Alles das, was die **Wirksamkeit** (Rdn. 74) der Versicherung an Eides statt **betrifft** und sich nicht aus Rechtsnormen ergibt (wie Zulassung und Gegenstand der Versicherung und die Zuständigkeit der Behörde), ist **tunlichst** zu vermerken. Das gilt z.B. für während der Aufnahme auftretende Bedenken gegen die Handlungsfähigkeit des Versichernden.

65 Was für die **Beweiswürdigung** erheblich erscheint, sollte **zweckmäßigerweise** vermerkt werden, vor allem dann, wenn derjenige, der später die Sachentscheidung zu treffen und die Versicherung an Eides statt zu würdigen hat, nicht der aufnehmende Amtsträger ist. Der Vermerk außerhalb des Protokolls zur Akte genügt. **Hinweise** auf Vorgänge, die eine Notiz wert sind, finden sich im jeweiligen Sachzusammenhang.

III. Verlangte, nicht zur Niederschrift der Behörde abgenommene Versicherung an Eides statt

66 Hierbei handelt es sich um die zugelassenen Fälle, in denen die Versicherung an Eides statt aufgrund behördlichen Verlangens **durch Dritte oder** den **Versichernden selbst** aufgenommen und anschließend der Behörde vorgelegt und überlassen wird. Der Vorlage des Originales steht die **Ausfertigung** der notariell aufgenommenen Versicherung oder eine **beglaubigte Abschrift** i.S.d. § 33 gleich.

67 Im Interesse des **Beweiswertes** sollte dem Versichernden, wenn von ihm die Abgabe verlangt wird, nahe gelegt werden, die **Formel** des Abs. 3 Satz 1 zu verwenden; gleichermaßen sollte, auch wenn eine gesetzliche Pflicht nicht besteht, in diesem Zusammenhang eine schriftliche Belehrung im Sinne von Abs. 4 erteilt werden; wird sie unterlassen, berührt das nicht die Wirksamkeit,[27] kann aber den Beweiswert

27 OLG Düsseldorf, Beschl. v. 06.08.1990 5 Ss 256/90 – NVwZ-RR 1991, 281; Kopp/*Ramsauer*, § 27 Rn. 18; Stelkens/Bonk/Sachs/*Bonk/Kallerhoff*, § 27 Rn. 28; Knack/Henneke/*Ritgen*, § 27 Rn. 32.

beeinträchtigen. In geeigneten Fällen können auch hier **Formulare** verwendet werden, die insb. die Belehrung und die Formel wiedergeben.

Die Verwendung einer im Sinn von Abs. 3 Satz 1 auch nur möglicherweise **abweichenden Formel** kann die **Unwirksamkeit** der Versicherung nach sich ziehen: 68

Fehlt die Aussage »**und nichts verschweigen**« wäre lediglich die inhaltliche Richtigkeit einer Erklärung nicht aber deren Vollständigkeit versichert. 69

Fehlt das Wort »**reine**« (Wahrheit), ist aber gleichwohl regelmäßig eine umfassende inhaltlich Richtigkeit mitumfasst, die Versicherung gemäß dem gesetzlich definierten Sinngehalt noch eindeutig, also wirksam abgegeben. 70

Die **Abnahme** einer solchen Versicherung ist schon mit der **Entgegennahme** durch einen Bediensteten in Botenfunktion bzw. mit dem **Zugang** des betreffenden Schriftstücks im Posteinlauf der Behörde bewirkt, ohne dass es auf dessen Vorlage bei einer Person i.S.d. Abs. 2, der nur bei Aufnahme zur Niederschrift der Behörde gilt,[28] oder auf Vorlage beim Sachbearbeiter ankommt. 71

IV. Unverlangt abgegebene »Versicherung an Eides Statt«

Eine unverlangt abgegebene (und nicht nach den Abs. 2 bis 5 erstellte) Versicherung an Eides statt ist zunächst geeignet, eine Strafbarkeit zu begründen, sofern die sonstigen Voraussetzungen vorlagen (Zuständigkeit der Behörde zur Abnahme gerade im konkreten Verfahrensgegenstand und Zulässigkeit eines behördlichen Verlangens, vgl. Rdn. 24 ff., 36); ihren Charakter als qualifiziertes Mittel der Glaubhaftmachung und damit der Beweisführung verliert sie nicht allein deshalb, weil sie unverlangt eingereicht wird, *sofern* sie die zuständige Behörde (auch konkludent) als solche abnimmt.[29] Ein Erfordernis dahin gehend, dass ein Verlangen zwingend der Erstellung und der Einreichung vorangehen muss und eine Abnahme allein nicht ausreichen kann, ist normativ nicht niedergelegt worden. Wenn Abs. 1 den Gesichtspunkt des »Verlangens« anspricht, so ist dies kein besonderes Wirksamkeitserfordernis; vielmehr wird hier nur der Aspekt der behördlichen Verfahrens- und Handlungskompetenz in den Blick genommen, weshalb diesem auch keine qualifizierte Schutzfunktion für den Abgebenden zukommt. Es ist begrifflich ohne weiteres möglich, auch eine unverlangt eingereichte Versicherung abzunehmen. 72

Eine derartige Versicherung kann auch verwaltungsverfahrensrechtlich als Versicherung an Eides statt verwertet werden und hat nicht den Charakter als einfaches Mittel der Glaubhaftmachung, sofern selbstverständliche bestimmte formelle und inhaltliche Mindestvoraussetzungen erfüllt sind (vgl. Rdn. 74 ff.). Eine andere, nicht von vornherein zu verneinende Frage geht allerdings dahin, ob wegen der oftmals dann nicht 73

28 Vgl. OLG Düsseldorf, Beschl. v. 06.08.1990 – 5 Ss 256/90 – NVwZ-RR 1991, 281.

29 Kopp/*Ramsauer*, § 27 Rn. 8; Knack/Henneke/*Ritgen*, § 27 Rn. 32; *Fischer*, StGB, 59. Aufl., § 156 Rn. 4 und 9; Schönke/Schröder/Lackner/Bosch, StGB, 29. Aufl., § 156 Rn. 8 und 19; a.A. Stelkens/Bonk/Sachs/*Bonk/Kallerhoff*, § 27 Rn. 10.

erfolgten Belehrung im Sinne von Abs. 4 der Beweiswert tendenziell gemindert sein kann, wenn hierdurch nicht sichergestellt ist, dass der die Versicherung Abgebende umfänglich über die strafrechtlichen Folgen im Bilde war.

V. Wirksamkeitserfordernisse der Versicherung an Eides statt

74 Die Wirksamkeit der zur Niederschrift durch die zuständige Behörde erstellte Versicherung an Eides statt unterliegt folgenden **Voraussetzungen:**

1) generelle **Zulassung als Beweismittel** zu dem betreffenden Gegenstand und Verfahren gem. Abs. 1 Satz 1 (Rdn. 24);
2) **Zuständigkeit** der sie verlangenden oder abnehmenden Behörde, Abs. 1 Satz 1 (vgl. Rdn. 36);
3) **Eidesfähigkeit** des Versichernden, Abs. 1 Satz 3 (Rdn. 39);
4) **Eindeutigkeit** und **Bestimmtheit** der Versicherung (vgl. Rdn. 7);
5) **gesetzesgemäßer Gegenstand** der Versicherung (vgl. Rdn. 59);
6) **Aussage** gemäß der Formel des **Abs. 3 Satz 1** (vgl. Rdn. 57);
7) Abgabe vor einer **befugten Person** nach Abs. 2 (Rdn. 48);[30]
8) ordnungsbemäße **Belehrung** nach Abs. 4 Satz 1 (Rdn. 53)[31] und
9) **persönliche Unterschrift** (vgl. Rdn. 62) des Versichernden im Anschluss an die Versicherung, näher geregelt in Abs. 5 Satz 3.

75 Die Nichterfüllung der **formellen Erfordernisse** in Abs. 3 und Abs. 5 Sätze 1, 2 und 4 sowie auch die **Nichtbeachtung des Abs. 1 Satz 2**[32] **und der Verlust der Niederschrift** lassen die Wirksamkeit unberührt. Sie betreffen lediglich den **Beweiswert**, teils auch Gesichtspunkte der Strafbarkeit wie Vorsatz, Fahrlässigkeit und Irrtumsprobleme. Da die Abnahme der Versicherung ebenso gut ohne Niederschrift und ohne deren Formalien möglich ist, scheiden sie als Wirksamkeitserfordernisse der abzunehmenden Erklärung aus.

76 Soweit die Versicherung an Eides statt nicht im Wege der Niederschrift durch die zuständige Behörde erstellt wird, gelten die oben (Rdn. 74) bezeichneten Voraussetzungen Ziffern 6 bis 8 nicht.

VI. Anwendbarkeit im Vorverfahren

77 Bei Prüfung der **Wiedereinsetzung** in die versäumte **Widerspruchsfrist** gilt nach § 79i.V.m. §§ 70 Abs. 2, 60 Abs. 2 Satz 2 und 173 VwGO die Vorschrift des **§ 294 ZPO** für die Glaubhaftmachung des Wiedereinsetzungsvorbringens, der hierzu die

30 Stelkens/Bonk/Sachs/*Bonk/Kallerhoff*, § 27 Rn. 21; Kopp/*Ramsauer*, § 27 Rn. 13; Knack/Henneke/*Ritgen*, § 27 Rn. 24.

31 Stelkens/Bonk/Sachs/*Bonk/Kallerhoff*, § 27 Rn. 27; Knack/Henneke/*Ritgen*, § 27 Rn. 30.; Kopp/*Ramsauer*, § 27 Rn. 18a; a.A. 3. Aufl. Rn. 85, der Gegenschluss aus dem Umstand, dass die Versicherung an Eides statt auch durch Dritte oder den Versichernden selbst aufgenommen bzw. erstellt werden darf, ist aber nicht ausreichend tragfähig.

32 OLG Stuttgart, Beschl. v. 01.03.1996 – 2 Ss 635/95 – NStZ-RR 1996, 265; Kopp/*Ramsauer*, § 27 Rn. 8.

Versicherung an Eides statt zulässt.[33] In der normierten Zuständigkeit als Widerspruchsbehörde i.V.m. der gesetzlichen Zulassung dieses Beweismittels liegt zugleich die Regelung der Abnahmezuständigkeit.

Zur **sonstigen Sachaufklärung** während des Vorverfahrens ist § 27 über § 79 dann **anwendbar**, wenn anderweitig die Abnahme der Versicherung an sich und die Abnahmezuständigkeit der Widerspruchsbehörde normiert ist (vgl. Rdn. 24 und 36). 78

C. Vorschriften des Sozialrechts und Verwaltungsverfahrensrecht der Länder

Die Verwaltungsverfahrensgesetze der Länder haben gleichlautende Vorschriften. Lediglich § 1 Abs. 3 Nr. 1 NdsVwVfG regelt zusätzlich eine Ermächtigung zum Erlass von VOen zur Festlegung einzelner Gegenstände in bestimmten Verfahren, hinsichtlich derer Versicherungen an Eides Statt abgenommen werden können, sowie zur Bestimmung der für die Abnahme zuständigen Behörden. In § 23 SGB X findet sich eine weitgehend inhaltsgleiche Bestimmung. 79

§ 27a Öffentliche Bekanntmachung im Internet

(1) [1]Ist durch Rechtsvorschrift eine öffentliche oder ortsübliche Bekanntmachung angeordnet, soll die Behörde deren Inhalt zusätzlich im Internet veröffentlichen. [2]Dies wird dadurch bewirkt, dass der Inhalt der Bekanntmachung auf einer Internetseite der Behörde oder ihres Verwaltungsträgers zugänglich gemacht wird. [3]Bezieht sich die Bekanntmachung auf zur Einsicht auszulegende Unterlagen, sollen auch diese über das Internet zugänglich gemacht werden. [4]Soweit durch Rechtsvorschrift nichts anderes geregelt ist, ist der Inhalt der zur Einsicht ausgelegten Unterlagen maßgeblich.

(2) In der öffentlichen oder ortsüblichen Bekanntmachung ist die Internetseite anzugeben.

Schrifttum

Bennemann, Öffentliche Bekanntmachung im Internet, LKRZ 2012, 270; *Schmitz/Prell*, Planungsvereinheitlichungsgesetz, NVwZ 2013, 745; *Stüer*, Das Planungsvereinheitlichungsgesetz, DVBl 2013, 700.

Übersicht

33 Vgl. BVerwG, Beschl. v. 16.10.1995 – 7 B 163/95, NJW 1996, 409.

A. Allgemeines

1 § 27a ist durch das Planungsvereinheitlichungsgesetz vom 31.05.2013[1] in das Gesetz neu eingefügt worden. Die Vorschrift geht zurück auf eine Empfehlung des federführenden BT-Innenausschusses. Der Regierungsentwurf hatte eine entsprechende Vorschrift noch nicht vorgesehen.

2 Die Vorschrift soll die **Öffentlichkeitsbeteiligung stärken**, indem sie im Einzelnen den Zugang zu den hierfür erforderlichen Informationen erleichtert.[2] Dabei bezieht sich § 27a auf staatliche Bekanntmachungen sowie Antragsunterlagen insbesondere von öffentlichkeitswirksamen Vorhaben. Mit der zusätzlichen Veröffentlichung im Internet soll der Tatsache Rechnung getragen werden, dass sich immer größere Teile der Bevölkerung im Internet informieren. Die Publikationswirkung einer Veröffentlichung im Internet ist aufgrund ihrer Dauer schon heute oftmals größer als eine Bekanntmachung in den herkömmlichen Bekanntmachungsformen (Amtsblätter, Tageszeitungen). Letztlich stärkt die Kenntnisnahmemöglichkeit unabhängig von räumlicher Nähe oder Einschränkungen durch Öffnungszeiten daher den gesellschaftlichen Diskurs und damit das Demokratieprinzip.[3] Die Nutzung des Internets ist Teil der aktiven Informationsvorsorge, wie sie das Informationsfreiheitsrecht kennt (vgl. § 11 Abs. 3 IFG, § 10 UIG, § 6 Abs. 1 Satz 2 VIG).[4]

3 Abzugrenzen ist § 27a von Rechtsvorschriften, die die Möglichkeit einer **öffentlichen Bekanntmachung im Internet** vorsehen (vgl. etwa § 10 Abs. 3 Satz 1 BImSchG für das immissionsschutzrechtliche Genehmigungsverfahren, § 73 Abs. 1a EnWG für Entscheidungen der BNetzA oder § 15 EGovG).[5] Solche Vorschriften sehen das Internet als mögliche Art der öffentlichen Bekanntmachung vor. § 27a regelt hingegen eine zusätzliche Kenntnisnahmemöglichkeit. Der Gesetzgeber wollte eine »zusätzliche« Veröffentlichungspflicht treffen und nicht bestehende Veröffentlichungen im Internet regeln oder gar einschränken.[6] Diese Rechtsvorschriften bleiben daher von § 27a unberührt.[7] Für Unterlagen zum

1 BGBl. I, S. 1388.
2 So die Beschlussempfehlung des Innenausschusses, BT-Drucks. 17/12525, S. 17; eingehend zu den Zwecken Knack/Henneke/*Ritgen*, § 27a Rn. 24 ff.
3 Mann/Sennekamp/Uechtritz/*Engel/Pfau*, § 27a Rn. 3; Knack/Henneke/*Ritgen*, § 27a Rn. 1.
4 Dazu Stelkens/Bonk/Sachs/*U. Stelkens*, § 27a Rn. 13 ff.; Knack/Henneke/*Ritgen*, § 27a Rn. 1.
5 Ausführlich dazu mit Beispielen Stelkens/Bonk/Sachs/*U. Stelkens*, § 27a Rn. 2 ff.; Knack/Henneke/*Ritgen*, § 27a Rn. 7 ff.
6 *Stüer*, DVBl 2013, 700 (703).
7 OVG Rheinland-Pfalz, Beschl. v. 25.07.2017 – 8 B 10987/17, NuR 2018, 45.

FNP und B-Plan sieht § 4a Abs. 4 BauGB eine Spezialvorschrift vor, die § 27a verdrängt.[8]

B. Die Vorschrift im Einzelnen

I. Öffentliche Bekanntmachung (Abs. 1 Satz 1 und 2)

Abs. 1 Sätze 1 und 2 regeln im Einzelnen die Veröffentlichung von Bekanntmachungen im Internet. Aus der systematischen Stellung der Vorschrift im Abschnitt »Verfahrensgrundsätze« des Verwaltungsverfahrensgesetzes ergeben sich für die Auslegung der Vorschrift keine Einschränkungen. Die Vorschrift gilt auch außerhalb von Verwaltungsverfahren, d.h. des Anwendungsbereichs des § 9.[9] Erfasst werden daher etwa auch die Bekanntmachungen im Raumordnungsverfahren oder bei Erlass von Luftreinhalte- oder Lärmaktionsplänen (zur Bauleitplanung s. Rdn. 3). 4

1. Erfasste Bekanntmachungen

Von § 27a erfasst werden alle Bekanntmachungen, die von staatlichen Stellen in amtlicher Funktion vorgenommen werden. Eine Bekanntmachung bezieht sich auf die Veröffentlichung von amtlichen Informationen gegenüber einer unbeschränkten Anzahl von Bürgern. Dabei ist die gesetzgeberische Terminologie nicht immer einheitlich. Zwischen »Bekanntmachung« und »Bekanntgabe« besteht kein Unterschied (vgl. § 41 Abs. 4). Maßgeblich ist allein, dass es sich um eine öffentliche oder ortsübliche Bekanntmachung handelt. Nicht erfasst wird damit die Individualbekanntgabe eines VA gem. § 41 Abs. 1 gegenüber dem Adressaten oder Einzelpersonen.[10] 5

Unerheblich für den Anwendungsbereich des § 27a ist es ferner, ob die Bekanntmachung sich auf ein Vorhaben bezieht, für die die Durchführung einer Öffentlichkeitsbeteiligung vorgeschrieben ist. Auch wenn nach Sinn und Zweck der Vorschrift und nach ihrer Entstehungsgeschichte eine solche Auslegung naheliegt, hat dies keinen Niederschlag im Gesetzeswortlaut gefunden. Erfasst werden demnach bspw. auch vorhabenunabhängige Bekanntmachungen, etwa von Tagesordnungen des Gemeinderats, einer Behörde oder anderen staatlichen Organen.[11] 6

2. Anordnung durch Rechtsvorschrift

Die Bekanntmachung muss durch Rechtsvorschrift angeordnet sein. Als Rechtsvorschrift kommen sowohl Gesetze als auch Verordnungen oder Satzungen in Betracht. 7

---

8 A. A. wohl *Stüer*, DVBl 2013, 700 (703); Stelkens/Bonk/Sachs/*U. Stelkens*, § 27a Rn. 20.

9 Stelkens/Bonk/Sachs/*U. Stelkens*, § 27a Rn. 19 f.; Knack/Henneke/*Ritgen*, § 27a Rn. 34 ff.; *Stüer*, DVBl 2013, 700 (703); *Schmitz/Prell*, NVwZ 2013, 745 (749); a.A. Kopp/*Ramsauer*, § 27a Rn. 2; Mann/Sennekamp/Uechtritz/*Engel/Pfau*, § 27a Rn. 6.

10 Vgl. Knack/Henneke/*Ritgen*, § 27a Rn. 39 f.

11 Vgl. *Stüer*, DVBl 2013, 700 (703); *Ziekow*, § 27a Rn. 2. Allerdings bedarf es für Gemeindeorgane der Umsetzung einer entsprechenden landesrechtlichen Vorschrift, da sie vom VwVfG nicht erfasst werden.

Notwendig ist eine **abstrakt-generelle Regelung.** Nicht ausreichend sind dagegen Verwaltungsvorschriften oder sonstiges Innenrecht, das nur die Behörde bindet. Insoweit reichen auch technische oder private Regelwerke nicht aus. Eine **Anordnung** liegt nur vor, wenn die Rechtsvorschrift die Bekanntmachung zwingend vorschreibt. Stellt sie die Bekanntmachung in das Ermessen der Behörde (z.B. §§ 41 Abs. 3, 74 Abs. 5), fehlt es hieran.[12] Unerheblich ist, ob in der Anordnung die Form der Bekanntmachung näher geregelt ist oder ob das Bundesrecht nur auf eine »ortsübliche Bekanntmachung« verweist, die durch das Landes- bzw. Ortsrecht näher konkretisiert wird. Das Landes- bzw. Ortsrecht kann im letzteren Fall allerdings nicht ausschließlich die Bekanntmachung durch Internet vorschreiben mit der Folge, dass § 27a keine Anwendung fände. Das Bundesrecht setzt insoweit eine schriftliche Bekanntmachung voraus.[13]

8 **Beispiele** für eine öffentliche oder ortsübliche Bekanntmachung finden sich im Planfeststellungsverfahren (§ 72 Abs. 2, § 73 Abs. 5, Abs. 6 Satz 2 bis 5 und Abs. 7, § 74 Abs. 4 und 5), im immissionsschutzrechtlichen Genehmigungsverfahren (§ 10 Abs. 3 Satz 1 und Abs. 4, Abs. 7 Satz 2 und 3 und Abs. 8, § 17 Abs. 1a BImSchG), im Zustellungsrecht (§ 10 VwZG), bei der Aufstellung von Bebauungsplänen (§ 3 Abs. 2 Satz 2 und 5, § 4a Abs. 3 Satz 2, § 10 Abs. 3 Satz 1, 3 bis 5 BauGB), beim Satzungserlass von Gemeinden nach den Gemeinde- und Kommunalordnungen oder dem Erlass von Polizeiverordnungen nach den Polizeigesetzen der Länder.[14] Soweit Länderbehörden oder die Gemeinden die Bekanntmachung auf länderrechtlicher Grundlage vornehmen, bedarf es einer § 27a entsprechenden Ländervorschrift.

3. Pflicht zur Veröffentlichung

9 Liegen die Voraussetzungen vor, **soll** die Behörde den Inhalt der Bekanntmachung zusätzlich im Internet veröffentlichen. Bei der Veröffentlichungspflicht handelt es sich demnach nicht um eine zwingende Rechtspflicht. Die Formulierung als »Soll«-Vorgabe hat der Gesetzgeber bewusst gewählt, um dem Umstand Rechnung zu tragen, dass noch nicht alle Behörden über die erforderliche Technik verfügen und nicht alle Unterlagen in brauchbarer Form im Internet dargestellt werden können.[15] Die zu Verwaltungsakten ergangene Rechtsprechung, nach der eine Soll-Bestimmung grundsätzlich eine Rechtspflicht beinhaltet, von der nur in atypischen Ausnahmefällen unter

---

12 Mann/Sennekamp/Uechtritz/*Engel/Pfau*, § 27a Rn. 1; a.A. Stelkens/Bonk/Sachs/*U. Stelkens*, § 27a Rn. 31; Knack/Henneke/*Ritgen*, § 27a Rn. 48; Kopp/*Ramsauer*, § 27a Rn. 6.

13 So für § 4a Abs. 4 Satz 1 BauGB OVG Niedersachsen, Beschl. v. 04.05.2012 – 1 MN 218/11, BauR 2012, 1208 (1209 ff.); offenlassend OVG Niedersachsen, Beschl. v. 29.11.2013 – 1 MN 157/13, BauR 2014, 503; Stelkens/Bonk/Sachs/*U. Stelkens*, § 27a Rn. 35; a.A. Knack/Henneke/*Ritgen*, § 27a Rn. 41.

14 Vgl. Stelkens/Bonk/Sachs/*U. Stelkens*, § 27a Rn. 30; Mann/Sennekamp/Uechtritz/*Engel/Pfau*, § 27a Rn. 4; Knack/Henneke/*Ritgen*, § 27a Rn. 44 f.

15 So die Beschlussempfehlung und Bericht des Innenausschusses, BT-Drucks. 17/12525, S. 17.

Ausübung des Ermessens abgesehen werden kann,[16] lässt sich auf § 27a Abs. 1 Satz 1 nicht ohne Weiteres übertragen. Zu der hier geregelten Veröffentlichungspflicht bestehen substanzielle Unterschiede, da die Veröffentlichungspflicht nicht im Ermessen der Behörde steht. Man wird die Soll-Bestimmung so auszulegen haben, dass es sich grundsätzlich um eine Veröffentlichungspflicht für die Behörde handelt, sofern sie über die notwendigen technischen Voraussetzungen verfügt, die Pflicht zu erfüllen. Nur für den Fall, dass die technischen Voraussetzungen nicht gegeben sind, entfällt die Veröffentlichungspflicht. Die Behörde kann sich daher nicht unter Berufung auf außergewöhnliche Schwierigkeiten oder hohe Kosten von der grundsätzlichen Veröffentlichungspflicht befreien.[17] Für Gemeinden steht die Veröffentlichung in verfassungskonformer Auslegung des § 27a stets im Ermessen, da ansonsten ein Verstoß gegen das Aufgabenübertragungsverbot des Art. 84 Abs. 1 Satz 7 GG vorliegt.[18]

Die Veröffentlichung des Bekanntmachungsinhalts hat auf der **Internetseite der Behörde** oder **ihres Rechtsträgers** zu erfolgen (Abs. 1 Satz 2). Trotz der missverständlichen Formulierung besteht **kein Wahlrecht** der Behörde. Verfügt die Behörde selber über eine Internetseite, so ist der Inhalt der Bekanntmachung zwingend auf dieser Internetseite zu veröffentlichen. Die Behörde kann sich ihrer Veröffentlichungspflicht nicht dadurch entziehen, dass sie den Inhalt der Bekanntmachung auf der Internetseite ihres Verwaltungsträgers veröffentlicht. Insoweit besteht nur die Möglichkeit einer zusätzlichen Veröffentlichung. Die Möglichkeit der Veröffentlichung auf der Internetseite des Verwaltungsträgers kommt daher nur dann zum Tragen, wenn die Behörde über keine eigene Internetseite verfügt.[19] Eine Veröffentlichungspflicht auf **Internetseiten Dritter** ist nicht vorgesehen. Aus Sicht des Bürgers mag es zwar sinnvoll sein, wenn etwa auf der Internetseite einer von einem Vorhaben betroffenen Gemeinde ein Link auf die Internetseite der zuständigen Behörde oder ihres Verwaltungsträgers enthalten ist.[20] Eine rechtliche Pflicht hierzu besteht aber nicht. Nähere Anforderungen an die Gestaltung der Internetseite enthält § 27a nicht.[21] 10

Die Veröffentlichung des Bekanntmachungsinhalts im Internet muss **identisch** sein mit dem Bekanntmachungstext. Etwaige in der Zwischenzeit entdeckte Fehler – mit Ausnahme offensichtlicher Unrichtigkeiten – dürfen nicht korrigiert werden. Lässt die Rechtsvorschrift verschiedene Arten der Bekanntmachung zu (z.B. gem. § 41 Abs. 4 Veröffentlichung nur des verfügenden Teils des VA), darf im Internet nicht die andere 11

16 Vgl. etwa zu § 17 BImSchG BVerwG, Urt. v. 29.03.2007 – 7 C 9/06, BVerwGE 128, 278 (289 f.); Urt. v. 15.12.1989 – 7 C 35/87, BVerwGE 84, 220 (232 f.).

17 *Ziekow*, § 27a Rn. 5 sieht weitergehend die Behörden zur Schaffung der Voraussetzungen verpflichtet an.

18 Mann/Sennekamp/Uechtritz/*Engel/Pfau*, § 27a Rn. 7.

19 A.A. Kopp/*Ramsauer*, § 27a Rn. 7; Bader/Ronellenfitsch/*Prell*, § 27a Rn. 18; Knack/Henneke/*Ritgen*, § 27a Rn. 63.

20 So *Schmitz/Prell*, NVwZ 2013, 745 (749).

21 Dazu eingehend Stelkens/Bonk/Sachs/*U. Stelkens*, § 27a Rn. 43 ff.; Knack/Henneke/*Ritgen*, § 27a Rn. 67 ff.

Bekanntmachungsart veröffentlicht werden.[22] Ergänzende »freiwillige« Informationen sind möglich.[23]

II. Veröffentlichung von Unterlagen (Abs. 1 Satz 3)

12 Abs. 1 Satz 3 erweitert die Veröffentlichungspflicht für Bekanntmachungen auf die zur Einsicht auszulegenden Unterlagen. Die Erweiterung beruht auf der Erkenntnis, dass das Informationsbedürfnis der Öffentlichkeit durch die Bekanntmachung allein, in der ggf. ein Zulassungsvorhaben allenfalls kursorisch beschrieben wird, nicht erfüllt wird. Vielmehr bedarf es in aller Regel einer Einsicht in die Vorhabensunterlagen, um sich nähere Kenntnisse von dem Vorhaben zu machen.[24]

13 Voraussetzung ist, dass sich die von Abs. 1 Satz 1 erfasste **Bekanntmachung auf die Unterlagen bezieht.** Dies ist etwa bei Planunterlagen im Rahmen eines Planfeststellungsverfahrens (§ 73 Abs. 5) sowie bei Antragsunterlagen im Rahmen eines immissionsschutzrechtlichen Genehmigungsverfahrens (§ 10 Abs. 3 Satz 1 BImSchG) der Fall. Ebenso gilt dies für die Bekanntmachung des Planfeststellungsbeschlusses (§ 74 Abs. 4 Satz 2),[25] nicht aber des Bebauungsplans, da nur der Plan selber ausgelegt wird. Ausreichend ist auch, wenn die Rechtsvorschrift für die Bekanntmachung die Angabe verlangt, wo der VA und seine Begründung eingesehen werden kann (z.B. § 41 Abs. 4 Satz 2).[26] Nicht hierher gehört der Fall, dass die Behörde nur den verfügenden Teil eines VA bekanntgemacht hat. Aus Abs. 1 Satz 3 folgt dann keine Pflicht, den vollständigen VA zu veröffentlichen.[27]

14 Ferner müssen die Unterlagen **zur Einsicht auszulegen** sein. Die Auslegung muss demnach gesetzlich angeordnet sein. Eine Auslegung in Ausübung einer behördlichen Ermessensausübung genügt nicht (vgl. Rdn. 7). Unerheblich ist die Dauer der Auslegung. Erfasst wird demnach auch ein Planfeststellungsbeschluss, auch wenn er nur für die Dauer von zwei Wochen bei den Gemeinden auszulegen ist (s. § 74 Abs. 4 Satz 2).

15 Die Veröffentlichungspflicht der Unterlagen ist ebenso wie bei Bekanntmachungen als **»Soll«-Vorschrift** ausgestaltet. Dem Grunde nach besteht demnach eine unbeschränkte Veröffentlichungspflicht der erfassten Unterlagen im Internet. Sie entfällt, wenn die Behörde oder ihr Rechtsträger über **keine eigene Internetseite** verfügt (Rdn. 9 f.). Darüber hinaus soll die »Soll«-Formulierung auch ermöglichen, von der Veröffentlichung der Unterlagen abzusehen, soweit überwiegende Interessen entgegenstehen. Der Gesetzgeber hat insoweit ausdrücklich als Beispiel den berechtigten Schutz von **Betriebs- und Geschäftsgeheimnissen** nach § 30 (vgl. § 30 Rdn. 14 ff.) und den besonderen Vorschriften des Fachrechts (vgl. etwa die §§ 20 Abs. 4, 21 Abs. 3 Satz 2,

22 Stelkens/Bonk/Sachs/*U Stelkens*, § 27a Rn. 40.
23 Knack/Henneke/*Ritgen*, § 27a Rn. 59.
24 Mann/Sennekamp/Uechtritz/*Engel/Pfau*, § 27a Rn. 12.
25 *Stüer*, DVBl 2013, 700 (703).
26 Knack/Henneke/*Ritgen*, § 27a Rn. 74.
27 A.A. Stelkens/Bonk/Sachs/*U. Stelkens*, § 27a Rn. 42; wohl auch Knack/Henneke/*Ritgen*, § 27a Rn. 59.

22 Abs. 5 NABEG) genannt.[28] Darüber hinaus kommt auch der Datenschutz etwa von namentlich genannten Eigentümern im Grunderwerbsverzeichnis in Betracht.[29] Das Verzeichnis kann nur in anonymisierter Form im Internet veröffentlicht werden. Ebenso können einzelne Unterlagen nicht in brauchbarer Form im Internet dargestellt werden.[30] Dagegen dürften Urheberrechte regelmäßig nicht durchgreifen.[31] Zur **zeitlichen Dauer** der Veröffentlichung äußert sich § 27a nicht explizit. Man wird dies auf die gesetzlich angeordnete Dauer der Auslegung zu beschränken haben.[32]

Dem **Umfang** nach bezieht sich die Veröffentlichungspflicht nur auf das Einstellen der erfassten Unterlagen in das Internet. Die Planbetroffenen haben daher keinen Anspruch darauf, dass ihnen die Planunterlagen auf Datenträgern (CD-Rom) überlassen werden. 16

Nicht näher geregelt ist die Frage, wer **Adressat** der Veröffentlichungspflicht ist. Dies hat insbesondere bei Planfeststellungsverfahren große praktische Bedeutung. Die Bekanntmachungen für die Planauslegung nehmen nämlich die Gemeinden vor, in denen sich das Planvorhaben auswirken wird (§ 73 Abs. 2), nicht aber die Planfeststellungsbehörde oder die Anhörungsbehörde. Die Systematik legt es nahe, jeweils diejenige Behörde als verpflichtet anzusehen, die auch die Bekanntmachung vornehmen muss, hier also die Gemeinden. Sachgerechter erscheint es unter Berücksichtigung von Sinn und Zweck dagegen, die Anhörungsbehörde, bei der auch die Planunterlagen vom Vorhabenträger eingereicht werden müssen (vgl. § 73 Rdn. 11), als zur Veröffentlichung verpflichtet anzusehen.[33] 17

III. Angaben zur Internetseite in der Bekanntmachung (Abs. 2)

Abs. 2 sieht ergänzend vor, dass in der Bekanntmachung die Internetseite anzugeben ist. Der Gesetzgeber ist davon ausgegangen, dass sich nicht in allen Gebietskörperschaften einschlägige Internetseiten so etabliert hätten, dass sie wie eine örtliche Tageszeitung oder der gemeindliche Aushang gezielt als Informationsquelle für öffentliche Bekanntmachungen genutzt würden. Um den Zugang zu öffentlichen Bekanntmachungen im Internet zu erleichtern, müsse deshalb in der herkömmlichen Bekanntmachung die Adresse der betreffenden Internetseite angegeben werden.[34] Diese Begründung überzeugt insoweit kaum, als der Bürger sich den Bekanntmachungstext 18

28 Vgl. die Beschlussempfehlung und Bericht des Innenausschusses, BT-Drucks. 17/12525, S. 17 f.; Knack/Henneke/*Ritgen*, § 27a Rn. 84 f.; krit. Stelkens/Bonk/Sachs/*U. Stelkens*, § 27a Rn. 66 ff.

29 Vgl. *Stüer*, DVBl 2013, 700 (703).

30 Mann/Sennekamp/Uechtritz/*Engel/Pfau*, § 27a Rn. 12.

31 Stelkens/Bonk/Sachs/*U. Stelkens*, § 27a Rn. 62.

32 Knack/Henneke/*Ritgen*, § 27a Rn. 70; Bader/Ronellenfitsch/*Prell*, § 27a Rn. 19; a.A. Mann/Sennekamp/Uechtritz/*Engel/Pfau*, § 27a Rn. 12: zeitlich unbegrenzt; diff. Stelkens/Bonk/Sachs/*U. Stelkens*, § 27a Rn. 54 ff.

33 Ebenso Kopp/*Ramsauer*, § 27a Rn. 7; *Ziekow*, § 27a Rn. 6.

34 So die Beschlussempfehlung und Bericht des Innenausschusses, BT-Drucks. 17/12525, S. 18.

kaum ein zweites Mal im Internet ansehen wird. Für zukünftige Bekanntmachungen dürfte sich der Bekanntheitsgrad der Internetseite dagegen tatsächlich verbessern lassen.[35] Für die Angabe ist ein Hinweis auf die Homepage ausreichend. Einer genaueren Angabe auf die Unterseite bedarf es nicht.[36]

IV. Fehlerfolge

19 Über die Rechtsfolgen einer unterlassenen gebotenen Veröffentlichung oder einer fehlerhaften Veröffentlichung schweigt das Gesetz. Daraus, dass der Gesetzgeber in Abs. 1 Satz 1 ausdrücklich betont hat, dass die Veröffentlichung im Internet »zusätzlich« zur öffentlichen oder ortsüblichen Bekanntmachung hinzutritt, lässt sich ableiten, dass Fehler bei der Veröffentlichung nach § 27a die Wirksamkeit der öffentlichen oder ortsüblichen Bekanntmachung unberührt lassen sollen. Dies folgt zudem aus Abs. 1 Satz 4, nach dem – vorbehaltlich einer anderslautenden fachrechtlichen Vorschrift – der Inhalt der zur Einsicht ausgelegten Unterlagen und nicht die im Internet veröffentlichten Unterlagen maßgeblich sein sollen. Maßgeblich für die Wirksamkeit der Bekanntmachung ist demnach allein das Erfüllen der gesetzlichen Anforderungen an die öffentliche oder ortsübliche Bekanntmachung.[37] Umgekehrt bedeutet dies auch, dass Fehler der öffentlichen oder ortsüblichen Bekanntmachung nicht durch eine Veröffentlichung im Internet geheilt werden können. Ist der Bekanntmachungstext etwa nicht in den gebotenen regionalen Tageszeitungen und damit nicht ordnungsgemäß ortsüblich bekannt gemacht worden, kann die Behörde sich nicht als »Ausgleich« auf die Veröffentlichung im Internet berufen.[38] Fehlt in der Bekanntmachung der Hinweis nach Abs. 2, berührt dies die Wirksamkeit der Bekanntmachung nicht.[39]

20 Schwieriger zu beurteilen sind die Fälle, in denen die Angaben in der öffentlichen oder ortsüblichen Bekanntmachung und die Angaben im Internet voneinander abweichen und sich widersprechen. Werden etwa die Planunterlagen fälschlich nicht den gesamten Auslegungszeitraum eines Monats (§ 73 Abs. 3 Satz 1) in das Internet eingestellt, lässt dies die Planauslegung unberührt. Etwas anderes kann dann gelten, wenn in der ortsüblichen Bekanntmachung auf die Einsichtnahmemöglichkeit im Internet hingewiesen wird. Dann kann die Bekanntmachung grob irreführend sein, so dass auch

35 So auch Knack/Henneke/*Ritgen*, § 27a Rn. 78; Bader/Ronellenfitsch/*Prell*, § 27a Rn. 16.

36 Kopp/*Ramsauer*, § 27a Rn. 13; weitergehend Stelkens/Bonk/Sachs/*U. Stelkens*, § 27a Rn. 47, 52.

37 Stelkens/Bonk/Sachs/*U. Stelkens*, § 27a Rn. 26, 69; *Stüer*, DVBl 2013, 700 (703); a.A. Mann/Sennekamp/Uechtritz/*Engel/Pfau*, § 27a Rn. 15 ff.; Kopp/*Ramsauer*, § 27a Rn. 14, die aber regelmäßig Unbeachtlichkeit nach § 46 annehmen.

38 Ebenso Stelkens/Bonk/Sachs/*U. Stelkens*, § 27a Rn. 69; Knack/Henneke/*Ritgen*, § 27a Rn. 54 ff.; s.a. OVG Niedersachsen, Beschl. v. 04.05.2012 – 1 MN 218/11, BauR 2012, 1208 (1209 ff.); a.A. wenn die Veröffentlichung im Internet rechtskonstitutiv ist BGH, Beschl. v. 17.01.2013 – V ZB 53/12, NJW-RR 2013, 915.

39 Stelkens/Bonk/Sachs/*U. Stelkens*, § 27a Rn. 53.

die Planauslegung insgesamt verfahrensfehlerhaft ist.[40] Ggf. kommen auch Schadensersatzansprüche aus enttäuschtem Vertrauen in Betracht.[41]

V. Rechtsschutz

§ 27a vermittelt **keinen Drittschutz.** Die Veröffentlichungspflicht ist eine objektivrechtliche Pflicht der Behörde. Der Einzelne hat keinen Anspruch auf eine Veröffentlichung im Internet. Dies gilt selbst dann, wenn er von einem Vorhaben unmittelbar betroffen ist.[42] 21

C. Verfahrensvorschriften des Sozialrechts sowie Verwaltungsverfahrensrecht der Länder

Die Länder-VwVfG enthalten § 27a entsprechende Vorschriften. Im Sozialrecht fehlt eine entsprechende Regelung. Eine analoge Anwendung kommt in Betracht.[43] 22

§ 28 Anhörung Beteiligter

(1) Bevor ein Verwaltungsakt erlassen wird, der in Rechte eines Beteiligten eingreift, ist diesem Gelegenheit zu geben, sich zu den für die Entscheidung erheblichen Tatsachen zu äußern.

(2) Von der Anhörung kann abgesehen werden, wenn sie nach den Umständen des Einzelfalls nicht geboten ist, insbesondere, wenn
1. **eine sofortige Entscheidung wegen Gefahr in Verzug oder im öffentlichen Interesse notwendig erscheint;**
2. **durch die Anhörung die Einhaltung einer für die Entscheidung maßgeblichen Frist in Frage gestellt würde;**
3. **von den tatsächlichen Angaben eines Beteiligten, die dieser in einem Antrag oder einer Erklärung gemacht hat, nicht zu seinen Ungunsten abgewichen werden soll;**
4. **die Behörde eine Allgemeinverfügung oder gleichartige Verwaltungsakte in größerer Zahl oder Verwaltungsakte mit Hilfe automatischer Einrichtungen erlassen will;**
5. **Maßnahmen in der Verwaltungsvollstreckung getroffen werden sollen.**

(3) Eine Anhörung unterbleibt, wenn ihr ein zwingendes öffentliches Interesse entgegensteht.

Die Verwaltungsverfahrensgesetze der Länder haben gleichlautende Vorschriften.

---

40 Vgl. VGH Bayern, Beschl. v. 07.01.2002 – 22 ZB 01/1781, juris Rn. 3; Kopp/*Ramsauer*, § 27a Rn. 14; ähnlich Stelkens/Bonk/Sachs/*U. Stelkens*, § 27a Rn. 72 f.

41 Knack/Henneke/*Ritgen*, § 27a Rn. 88; Bader/Ronellenfitsch/*Prell*, § 27a Rn. 27; Stelkens/Bonk/Sachs/*U. Stelkens*, § 27a Rn. 72.

42 Knack/Henneke/*Ritgen*, § 27a Rn. 87; Bader/Ronellenfitsch/*Prell*, § 27a Rn. 26; a.A. Stelkens/Bonk/Sachs/*U. Stelkens*, § 27a Rn. 71.

43 Stelkens/Bonk/Sachs/*U. Stelkens*, § 27a Rn. 28.

Übersicht Rdn.

A. Allgemeines

1 Die Bestimmung regelt in Abs. 1 die grundsätzliche Pflicht der Behörde, die Beteiligten (§ 13) eines Verwaltungsverfahrens (§ 9) vor dem Erlass eines VAes (§ 35), der in Rechte der Beteiligten eingreift, anzuhören, indem den Beteiligten Gelegenheit gewährt wird, sich zu den für die Entscheidung erheblichen Tatsachen zu äußern, und die Behörde verpflichtet wird, eine erfolgte Äußerung bei der zu treffenden Entscheidung zu berücksichtigen. In Abs. 2 sind die Voraussetzungen normiert, unter denen von einer solchen Anhörung abgesehen werden kann. Abs. 3 beinhaltet ein Anhörungsverbot.

2 Damit hat der Gesetzgeber das aus dem **rechtsstaatlichen Grundsatz des fairen Verfahrens** sich ergebende **Recht auf Gehör**[1], das für das gerichtliche Verfahren in Art. 103 Abs. 1 GG seinen Niederschlag gefunden hat, für das Verwaltungsverfahren ausdrücklich normiert. Auch schon vor Erlass des VwVfG war dies als ungeschriebener Rechtssatz des allgemeinen Verwaltungsrechts im Wesentlichen anerkannt[2]. Eine

1 BVerfG, Beschl. v. 18.01.2000 – 1 BvR 321/96, BVerfGE 101, 397.

2 BT-Drucks. 7/910, S. 51, BVerwG, Urt. v. 01.10.1963 – IV C 2.63 – DVBl 1965, 26 (28).

weitere verfassungsrechtliche Wurzel findet sich in dem in Art. 1 Abs. 1 GG gebotenen **Schutz der Menschenwürde**, da durch die Anhörung der Bürger nicht mehr bloßes Objekt behördlicher Entscheidungen ist[3], sondern an diesen partizipiert. Das Anhörungsrecht findet schließlich seine Grundlage auch in den **materiellen Grundrechten, nämlich als deren verfahrensrechtliche Vorwirkung**[4].

Die Anhörung bezweckt, indem sie den Beteiligten informiert und ihm die Möglichkeit gibt, sich zu äußern, seine Rechte zu wahren und auf die beabsichtigte behördliche Entscheidung Einfluss zu nehmen. Insofern ist die Anhörung eine grundsätzlich notwendige **Voraussetzung für den Schutz subjektiver Rechte**[5]. Die Anhörung dient daneben aber auch der Aufklärung und Vervollständigung des Sachverhalts und ist damit zugleich **Voraussetzung für eine richtige Entscheidung**[6]. Die Anhörung vermag schließlich auch einen gewissen Befriedungseffekt auszulösen und das Vertrauen zwischen Bürger und Verwaltung stärken[7]. 3

Entsprechende Regelungen finden sich in § 66 für das förmliche Verwaltungsverfahren, in § 73 für das Planfeststellungsverfahren, in § 71 VwGO für den Fall der reformatio in peius im Widerspruchsverfahren, in § 24 SGB X für das Sozialverwaltungsrecht und in § 91 AO für das Abgabenrecht. 4

Anhörungsregelungen finden sich auch im **Fachrecht**: § 32 Abs. 1 VermG, § 57 FlurbG, § 23 Abs. 1 Satz 2 WPflG, § 55 OWiG, § 19 Abs. 1 SchutzBerG, §§ 24 Abs. 1 Satz 3 – 5, 25, 34 Abs. 1 S 2 AsylG, §§ 47, 109 BBG, § 10 Abs. 3 bis 6 BImSchG. Da § 28 subsidiär ist (§ 1 Abs. 1) muss jeweils geprüft werden, ob das Fachrecht die Anhörung abschließend regelt oder ob § 28 ergänzend heranzuziehen ist. Diese Frage stellt sich insbesondere bei der ergänzenden Heranziehung der Ausschlussgründe der Abs. 2 und 3. 5

Zu unterscheiden von Anhörungsregelungen sind Regelungen, die nicht den Schutz subjektiver Rechte bezwecken, sondern alleine der Aufklärung des Sachverhaltes dienen wie die **Anhörung Dritter gem. § 13 Abs. 3**, die **Vernehmung der Beteiligten gem. § 26 Abs. 1 Nr. 2.** 6

In den Fällen, in denen die Behörde zu einer Anhörung nicht verpflichtet ist und kein Anhörungsverbot besteht, bleibt es ihr unbenommen, die Beteiligten anzuhören. Dies ist oft empfehlenswert, weil durch die Darlegung des maßgeblichen Sachverhalts und der Rechtsgrundlagen dem Betroffenen verständlich gemacht werden kann, warum die beabsichtigte Entscheidung getroffen wird und damit ein **Befriedungseffekt** erzielt werden kann. Darüber hinaus wird vermieden, dass der Betroffene alleine deshalb von Rechtsbehelfen Gebrauch macht, weil er sich übergangen fühlt. 7

3 BVerfG, Beschl. v. 18.01.2000 – 1 BvR 321/96 – BVerfGE 101, 397–410.
4 VGH Hessen, Urt. v. 27.02.2013 – 6 C 825/11, DVBl 2013, 726–731.
5 *Weides,* JA 1984, 648.
6 BVerfG Beschl. v. 08.01.1959 – 1 BvR 396/55, BVerfGE 9, 89 (95).
7 BT-Drucks. 7/910, S. 51.

8 Die Gewährung rechtlichen Gehörs durch eine Anhörung ist auch **europarechtlich** geboten. Sie ist in einem Verfahren, das zu einer den Betroffenen beschwerenden Maßnahme führen kann, ein ungeschriebener **fundamentaler Grundsatz des Unionsrechts** und selbst dann sicherzustellen, wenn es keine einschlägigen Verfahrensregeln gibt[8]. Für den unmittelbaren Vollzug von Unionsrecht durch die Organe und Einrichtungen der Union ist dies nun auch in **Art. 41 Abs. 2 Buchst. a der Grundrechte-Charta als Element des Rechts auf eine gute Verwaltung garantiert.** Hiernach hat jede Person ein Recht darauf, dass ihre Angelegenheiten von den Organen, Einrichtungen und sonstigen Stellen der Union unparteiisch, gerecht und innerhalb einer angemessenen Frist behandelt werden, wobei dieses Recht insbesondere das Recht jeder Person umfasst, gehört zu werden, bevor ihr gegenüber eine für sie nachteilige individuelle Maßnahme getroffen wird. Dieses Recht kann Beschränkungen unterworfen werden, sofern diese tatsächlich dem Gemeinwohl dienenden Zielen entsprechen, die mit der fraglichen Maßnahme verfolgt werden und keinen im Hinblick auf den verfolgten Zweck unverhältnismäßigen und untragbaren Eingriff darstellen, der die so gewährleisteten Rechte in ihrem Wesensgehalt antastet.[9]

9 Der Vollzug von Unionsrecht durch die Organe der Mitgliedstaaten richtet sich nach dem nationalen Verfahrensrecht, wobei aber die europarechtlichen Verfahrensgrundsätze zu beachten sind. Nach gefestigter Rechtsprechung des EuGH haben die Mitgliedstaaten ihr nationales Recht unionsrechtskonform auszulegen und darauf zu achten, dass sie sich nicht auf eine Auslegung stützen, die mit den allgemeinen Grundsätzen des Unionsrechts kollidiert.[10] Die **Auslegung des § 28 wird in diesem Bereich europarechtlich geprägt**. Dies gilt insbesondere für die Frage, ob eine Anhörung auch dann geboten ist, wenn ein Antrag abgelehnt werden soll. Das Unionsrecht fordert eine Anhörung allgemein in einem Verfahren, das zu einer den Betroffenen beschwerenden Maßnahme führen kann[11], während § 28 dies nur vor dem Erlass eines Verwaltungsaktes, der in die Rechte eines Beteiligten eingreift, fordert. Das Unionsrecht verpflichtet deshalb auch zu einer Anhörung bei der Ablehnung einer beantragten Vergünstigung[12]. Vollzug des Unionsrechts ist auch, wenn nationale Bestimmungen, die auf einer EU-Richtlinie beruhen, ausgeführt werden. Die Rechtsfolge einer Verletzung des Grundsatzes auf Anhörung durch eine mitgliedstaatliche Behörde bemisst

8 EuGH, Urt. v. 13.02.1979 – C 85/76 (Hoffmann-LaRoche/Kommission) Slg 1979, 00461; Urt. v. 10.07.1986 – 234/84 (Königreich Belgien/Kommission), Slg 1986, 2263, EuGH, Urt. v. 24.10.1996 – C-32/95 (Kommission der Europäischen Gemeinschaften/Lisrestal) Slg 1996, I-05373; EuGH, Urt. v. 22.11.2012 – C-277/11, NVwZ 2013, 59; EuGH, Urt. v. 05.11.2014 – C-166/13 (Mukarubega/Präfekt des Departements Seine-Saint-Denis), NVwZ-RR 2014, 978; EuGH, Urt. v. 11.12.2014 – C-249/13 (Boudjlida/Präfekt des Departements Pyrénées-Atlantiques), NVwZ-RR 2015, 233.

9 EuGH, Urt. v. 11.12.2014 – C-249/13 (Boudjlida/Präfekt des Departements Pyrénées-Atlantiques), NVwZ-RR 2015, 233.

10 EuGH, Urt. v. 22.11.2012 – C-277/11, NVwZ 2013, 59 m.w.N.

11 EuGH, Urt. v. 21.11.1991 – C-269/90 (Technische Universität München/Hauptzollamt München-Mitte), Slg 1991, I-5469–5503.

12 Kopp/Ramsauer, § 28 Rn. 11a m.w.N.

sich, wenn es kein kodifiziertes Unionsrecht hierzu gibt, nach dem Recht der Mitgliedstaaten. Das so gefundene Ergebnis ist dann aber noch an den unionsrechtlichen Kriterien der Äquivalenz und Effektivität zu messen.[13]

B. Die Vorschrift im Einzelnen

I. Verpflichtung der Behörde zur Anhörung eines Beteiligten (Abs. 1)

1. Voraussetzungen der Anhörungspflicht

Die Anhörungspflicht wird durch jeden bevorstehenden Erlass eines in die Rechte eines Beteiligten eingreifenden VAes ausgelöst. 10

a) Bevorstehender Erlass eines VAes

Nur das Handeln der Behörde durch Erlass eines VAes kann die Anhörungspflicht des § 28 Abs. 1 begründen. Vor Realakten, dem Erlass von Satzungen und Rechtsverordnungen – die schon nicht im Rahmen eines Verwaltungsverfahrens gem. § 9 erfolgen- müssen Beteiligte daher grundsätzlich nicht gem. § 28 Abs. 1 gehört werden.[14] Eine **analoge Anwendung** ist nur dann geboten, wenn die beabsichtigte Maßnahme in gleicher Weise wie ein Verwaltungsakt in die Rechte des Betroffenen eingreift, die Maßnahme also grundrechtsrelevant ist. Das BVerfG hat in seinem Beschluss vom 26.06.2002 zu **staatlicher Informationstätigkeit** im Bereich des Verbraucherschutzes die Rechtmäßigkeit der Verbreitung von Informationen, deren Richtigkeit noch nicht abschließend geklärt ist, von der sorgsamen Nutzung der verfügbaren Informationsquellen abhängig gemacht, zu der gegebenenfalls auch die Anhörung der Betroffenen zählen könne.[15] 11

Keine Anhörung findet vor dem Abschluss eines **örVs** statt. Beim Zustandekommen eines örVs ist der Bürger gleichberechtigter Vertragspartner, so dass er seine Vorstellungen zum Vertragsinhalt zum Ausdruck bringen kann[16]. Die durch einen örV möglicherweise betroffenen Dritten sind durch das Zustimmungserfordernis des § 58 Abs. 1 hinreichend geschützt. Es ist nicht geboten, ihnen bereits während den Vertragsverhandlungen Gelegenheit zu geben, ihrem Anliegen Geltung zu verschaffen. 12

Ebenso wenig lösen **vorbereitende Maßnahmen** – etwa die Anordnung ein medizinisch-psychologisches Gutachten beizubringen – die Anhörungspflicht aus. Denn nur vor einer das Verfahren abschließenden Entscheidung ist eine Anhörung geboten[17]. 13

---

13 EuGH, Urt. v. 11.12.2014 – C-249/13 (Boudjlida/Präfekt des Departements Pyrénées-Atlantiques), NVwZ-RR 2015, 233.

14 BVerwG, Urt. v. 23.05.1989 – 7 C 2/87, NJW 1989, 2272 für die Warnung vor Jugendsekten; VGH Hessen, Beschl. v. 24.01.2003 – 11 TG 1982/02, NVwZ 2003, 1000 für den Verfassungsschutzbericht; a.A. *Hochhuth*, NVwZ 2003, 30 (analoge Anwendung).

15 BVerfG, Beschl. v. 26.06.2002 – 1 BvR 558/91 – 1 BvR 1428/91, NJW 2002, 2621 (2624).

16 *Weides*, JA 1984, 649.

17 BVerwG, Urt. v. 15.12.1989 – 7 C 52/88, NJW 1990, 2667; VG Neustadt an der Weinstraße, Urt. v. 06.02.2013 – 3 K 620/12, BeckRS, 47165.

14 § 28 gilt ferner nicht für **verwaltungsinterne Mitwirkungsakte** anderer Behörden oder juristischer Personen (Beispiel: Zustimmung der Ausländerbehörde zur Visumserteilung).

15 Die **Anordnung der sofortigen Vollziehung gem. § 80 Abs. 2 Nr. 4 VwGO** ist kein VA[18], sondern setzt diesen voraus, so dass die Anhörungspflicht nach § 28 nicht ausgelöst wird. Für eine entsprechende Anwendung ist kein Raum. Die formellen Anforderungen an die Anordnung der sofortigen Vollziehung sind in § 80 Abs. 2 Nr. 4 und Abs. 3 VwGO und in § 80a Abs. 1 und 2 VwGO abschließend normiert. Auch rechtsstaatliche Gründe erfordern nicht die Anhörung des Betroffenen, da dieser vor dem Erlass des VAes gehört wird und auch mit der Möglichkeit einer Sofortvollziehungsanordnung rechnen muss[19].

16 Nicht anwendbar ist § 28 auch auf die **unmittelbare Ausführung** einer polizeilichen Maßnahme, da diese ohne Adressat erfolgt.

17 Wird jedoch **Unionsrecht vollzogen**, ist die Anhörungspflicht nicht auf den Fall des eingreifenden Verwaltungsaktes beschränkt, da die Anhörung als fundamentaler Grundsatz des Gemeinschaftsrechts **vor jeder Maßnahme, die den Betroffenen beschweren kann,** geboten ist[20]. Dies gilt nach dem Beschluss des OVG Berlin/Brandenburg vom 17.10.2011 nicht bei der Beantwortung eines Auskunftsersuchens, das die Europäische Kommission im Rahmen eines vorläufigen Beihilfeprüfverfahrens an die Bundesrepublik Deutschland gerichtet hat, weil dies allein der Information der Kommission dient, ohne dass damit bereits ein Eingriff in Rechte der Antragstellerin verbunden wäre.[21]

b) Eingriff in Rechte eines Beteiligten

18 Die Rechtspflicht zur Anhörung besteht nach dem Wortlaut nur für diejenigen VAe, die in Rechte eines Beteiligten eingreifen. Dies ist nach der Rechtsprechung des BVerwG der Fall, wenn durch den VA die **bisherige Rechtsstellung des Beteiligten**

18 BVerwG, Urt. v. 12.05.1966 – II C 197.62, BVerwGE 24, 92.

19 OVG Rheinland-Pfalz, Beschl. v. 25.11.1987 – 12 B 112/87, NVwZ 1988, 748; OVG Rheinland-Pfalz, Beschl. v. 13.05.2014 – 8 B 10342/14, NVwZ-RR 2014, 721; OVG Niedersachsen, Beschl. v. 28.04.1989 – 1 OVG B 114/88, DVBl 1989, 887; Beschl. v. 31.01.2002 – 1 MA 4216/01; VGH Baden-Württemberg, Beschl. v. 11.06.1990 – 10 S 797/90, NVwZ-RR 1990, 561; OVG Schleswig-Holstein, Beschl. v. 02.09.1992 – 3 M 34/92, NVwZ-RR 1993, 587; OVG Sachsen, Beschl. v. 26.08.1992, NVwZ 1993, 488; OVG Sachsen, Beschl. v. 25.06.2012 – 4 B 128/12 – juris; a.A. OVG Niedersachsen, Beschl. v. 10.06.1992 – 7 M 3839/91, NVwZ-RR 1993, 585; OVG Bremen, Beschl. v. 25.03.1999 – 1 B 65 – 99, NordÖR 1999, 284 (285); VGH Baden-Württemberg, Beschl. v. 19.04.2018 – 11 S 311/18 – ESVGH 68, 196–197 für den Fall einer nachträglichen isolierten Anordnung.

20 Siehe Rdn. 9.

21 OVG Berlin/Brandenburg, Beschl. v. 17.10.2011 – OVG 10 S 22.11, juris.

zu seinem Nachteil verändert, ihm eine rechtliche Verpflichtung auferlegt, insbesondere von ihm ein Tun oder Unterlassen gefordert wird (Umwandlung eines status quo in einen status quo minus).[22] Unzweifelhaft sind dies Ordnungsverfügungen und VAe, die eine früher gewährte Rechtsposition für nichtig erklären, zurücknehmen, widerrufen oder sonst zum Nachteil des Beteiligten verändern. Dagegen genügt es hiernach nicht, wenn der **Erlass eines VAes abgelehnt** wird, der erst eine Rechtsposition gewähren soll, weil hierdurch dem Beteiligten nichts genommen wird, was bisher bereits zu seinem Rechtsbestand gehörte, sondern etwas vorenthalten wird, was erst durch den Bewilligungsakt zur rechtlich verfestigten Position gehört haben würde.[23] Eine Vielzahl von Stimmen in der Literatur befürwortet dagegen in unterschiedlichen Modifikationen eine Anhörung auch vor der beabsichtigten Versagung einer beantragten Vergünstigung.[24] Das OVG Bremen hat sich dem in seiner Entscheidung vom 22.03.2018 für den Fall einer Verlängerung bzw. Wiedererteilung einer Taxigenehmigung vor dem Hintergrund von Art. 12 Abs. 1 GG angeschlossen[25]. Dem ist zuzustimmen. Die Differenzierung ist zwar griffig, wird aber der wirklichen Problematik nicht gerecht. Gerade im Bereich der der Präventivkontrolle dienenden Erlaubnis steht dem Bürger – anders als bei einer Ausnahmebewilligung – von vornherein ein materielles subjektives Recht zu. Die Erlaubnis hat lediglich den Charakter einer Unbedenklichkeitsbescheinigung, dass das Recht ausgeübt werden darf.[26] Die Ablehnung der Genehmigung ist der Sache nach daher eine Verbotsverfügung. Eine Unterscheidung zwischen dem generellen präventiven Verbot und des Verbots im Einzelfall erscheint deshalb nicht sachgerecht. Unzweifelhaft gilt dies, soweit Unionsrecht vollzogen wird.[27] Die Anhörungspflicht ist unionsrechtlich nicht auf den Fall des Eingriffs in eine bestehende Rechtsposition beschränkt, sondern gilt in allen Fällen, in denen die Maßnahme den Betroffenen beschweren kann. Eine Beschwer des Betroffenen kann sich aber gerade auch aus der Ablehnung einer begehrten Vergünstigung ergeben.

Einem Eingriff in die Rechte eines Beteiligten steht die Berührung der rechtlichen 19
Interessen eines nach § 13 Abs. 2 Satz 1 als Beteiligten Hinzugezogenen gleich.

22 BVerwG, Urt. v. 14.10.1982 – 3 C 46/81, BVerwGE 66, 184, (186); BVerwG, Urt. v. 15.12.1983 – 3 C 27/82, BVerwGE 68, 267.

23 BVerwG, Urt. v. 14.10.1982 – 3 C 46/81, BVerwGE 66, 184, (186); OVG Berlin/Brandenburg, Urt. v. 22.06.2011 – OVG 10 B 1.11 –, juris; OVG Sachsen, Urt. v. 20..08.2015 – 3 A 59/13, juris; OVG Mecklenburg-Vorpommern, Beschl. v. 23.06.2014 – 3 M 58/14, juris; offengelassen von VGH Baden-Württemberg, Urt. v. 12.08.2014 – 9 S 1722/13, ESVGH 65, 189–190.

24 Kopp/Ramsauer, § 28 Rn. 26a, 27 m.w.N.; vermittelnd: *Weides*, JA 1984, 648 (651 f.) *Laubinger* VerwArch 1984, 55 (73).

25 OVG Bremen, Beschl. v. 22.03.2018 – 1 B 26/18 –, juris. Rn. 20

26 *Weides*, JA 1984, 648, (652).

27 Siehe Rdn. 9.

2. Die Anhörung

a) Die dem Beteiligten zu gewährende Äußerungsmöglichkeit

20 Die Behörde hat dem Beteiligten Gelegenheit zu geben, sich zu den für die Entscheidung erheblichen Tatsachen zu äußern. Die Pflicht trifft die Behörde, die beabsichtigt, den Verwaltungsakt zu erlassen. Die Anhörung gehört auch im Rahmen der Auftragsverwaltung nach Art. 85 GG zur unentziehbaren Wahrnehmungskompetenz der ausführenden Landesbehörde.[28] Die Anhörung erfordert, dass die Behörde dem Beteiligten die für seine Äußerung notwendigen Informationen zukommen lässt. Hierzu muss die Behörde den Beteiligten von der **Einleitung eines Verfahrens in Kenntnis setzen** und ihm **alle entscheidungserheblichen Tatsachen mitteilen,** soweit sie ihm nicht bekannt sind oder ersichtlich ist, dass er deren Entscheidungserheblichkeit nicht kennt. Der erfolglose Versuch, eine Person anzurufen, genügt deshalb nicht.[29] Es genügt auch nicht, dass der Betroffene aus den Medien erfahren hat, dass eine bestimmte Entscheidung ihm gegenüber beabsichtigt ist.[30] Entscheidungserheblich sind alle Tatsachen, die der von der Behörde beabsichtigte VA voraussetzt. Hierzu gehören auch alle **Umstände, die für die Ermessensausübung von Bedeutung** sind.[31] Für die Beurteilung der Entscheidungserheblichkeit kommt es auf die **rechtliche Einschätzung der Behörde** an.[32] Denn das Anhörungsgebot bezweckt alleine, dem Beteiligten Gelegenheit zu geben auf die beabsichtigte behördliche Entscheidung Einfluss zu nehmen. Die Behörde hat den Beteiligten auch über die wesentlichen **Ermittlungsergebnisse,** insbesondere die Ergebnisse einer Beweiserhebung nach § 26 Abs. 1 (Auskünfte Dritter, mündliche und schriftliche Äußerungen anderer Beteiligter, von Zeugen und Sachverständigen, des Inhalts beigezogener Urkunden und Akten sowie des Resultats einer Augenscheinnahme) zu informieren. Hierfür genügt regelmäßig die Gewährung der Akteneinsicht.

21 Die Behörde muss den Beteiligten auch auf den **Inhalt der geplanten Entscheidung** so genau hinweisen, dass ihm klar ist, weshalb und wozu er sich äußern soll.[33] Denn nur dann kann er sich zielgerichtet zu den Tatsachen äußern, die die Behörde als entscheidungserheblich ansieht.

22 Grundsätzlich ist die Behörde auch verpflichtet, auf die **Rechtsgrundlagen der beabsichtigten Entscheidung und auf ihre rechtliche Auffassung** hinzuweisen, soweit

---

28 BVerwG, Beschl. v. 20.12.2013 – 7 B 18/13, DVBl 2014, 303; VGH Hessen, Urt. v. 27.02.2013 – 6 C 825/11, DVBl 2013, 726–731.

29 VG Düsseldorf, Urt. v. 28.09.2010 – 19 K 5851/09 –, juris = BeckRS 2011, 51422.

30 BVerwG, Beschl. v. 20.12.2013 – 7 B 18/13, DVBl 2014, 303; VGH Hessen, Urt. v. 27.02.2013 – 6 C 825/11, DVBl 2013, 726–731.

31 OVG Sachsen, Beschl. v. 14.02.2013 – 1 A 354/11, juris.

32 BVerwG, Urt. v. 14.10..1982 – 3 C 46/81, BVerwGE 66, 184, (186); a.A. Kopp/*Ramsauer* § 28 Rn. 33.

33 BVerwG, Beschl. v. 17.08.2017 – 9 VR 2/17, NVwZ 2018, 268; Beschl. v. 20.12.2013 – 7 B 18/13, DVBl 2014, 303; BGH, Urt. v. 04.06.1992 – III ZR 39/91, NJW 1992, 2769; VG Oldenburg, Urt. v. 11.01.2012 – 11 A 90/11, juris.

deren Kenntnis zum Verständnis der entscheidungserheblichen Tatsachen für die Beteiligten wesentlich ist. Zu weiteren rechtlichen Darlegungen ist die Behörde dagegen nicht verpflichtet.[34]

Eine Stellungnahme des Beteiligten ist nicht erforderlich. Die Behörde muss eine solche nur ermöglichen. Ein ausdrücklicher Hinweis der Behörde an den Beteiligten, dass dieser sich zu den entscheidungserheblichen Tatsachen äußern könne, ist entbehrlich, wenn der Beteiligte ohnehin weiß, dass er sich äußern kann. 23

b) Art und Weise der Anhörung

Wie die Anhörung durchgeführt wird, ist weitgehend dem **Ermessen** der Behörde überlassen. 24

aa) Form der Anhörung

Die Anhörung ist **formfrei** und kann anders als im förmlichen Verwaltungsverfahren gem. § 67 schriftlich erfolgen.[35] 25

Eine **mündliche Anhörung** ist nur geboten, wenn sie entweder durch Spezialvorschriften (z.B. §§ 67 Abs. 1, 73 Abs. 4) vorgeschrieben ist oder, wenn z.B. bei einem sehr komplizierten Sachverhalt zu erwarten ist, dass der Beteiligte durch die Abgabe einer schriftlichen Äußerung alleine seine Stellungnahme nicht genügend klar und vollständig zum Ausdruck bringen kann. Andererseits kann ein Gespräch nur dann als Anhörung angesehen werden, wenn -bei einem Einverständnis von Behörde und Beteiligten über einen derartigen Charakter des Gesprächs- der wesentliche Inhalt der Äußerungen des Beteiligten aktenkundig gemacht wird.[36] 26

Die Anhörung kann auch durch die **Gewährung umfassender Akteneinsicht** erfolgen. Die Behörde muss dies dann für den Beteiligten ausdrücklich klarstellen.[37] Im Übrigen gehört eine Akteneinsicht zur Anhörung nur, wenn sie beantragt worden ist. Die Behörde ist im Rahmen der Anhörung indessen nicht verpflichtet, auf die Möglichkeit der Akteneinsicht gesondert hinzuweisen.[38] Soweit die Behörde zur Gestattung der Akteneinsicht nicht verpflichtet ist, gehört die vollständige Akteneinsicht nicht zu einer ordnungsgemäßen Anhörung.[39] 27

Die Anhörung kann auch dann in **deutscher Sprache** erfolgen, wenn der Beteiligte keine oder nur unzureichende Kenntnisse der deutschen Sprache besitzt. Nötigenfalls muss er sich die Äußerungen der Behörde auf eigene Kosten übersetzen lassen.[40] Im Rahmen einer mündlichen Anhörung ist es grundsätzlich Sache des der deutschen 28

34 Kopp/*Ramsauer* § 28 Rn. 30 m.w.N.
35 BVerwG, Urt. v. 25.08.1982 – 8 C 35/80, NJW 1983, 1689.
36 VGH Hessen, Beschl. v. 04.12.1986 – 4 TH 1500/86, NJW 1987, 1965.
37 BVerwG, Urt. v. 15.12.1983 – 3 C 27/82, NVwZ 1984, 577.
38 OVG Rheinland-Pfalz, Urt. v. 22.11.2011 – 8 A 10443/11, LKRZ 2012, 164.
39 VGH Hessen, Beschl. v. 06.11.2012 – 6 B 1267/12, LKRZ 2013, 127.
40 BVerwG, Beschl. v. 14.08.1974 – I B 3.74, DÖV 1974, 788.

Sprache Unkundigen, für die Anwesenheit eines Dolmetschers zu sorgen. Bei einer spezialgesetzlichen Anordnung einer mündlichen Anhörung ist die Behörde dagegen zur Hinzuziehung eines Dolmetschers verpflichtet.

bb) Zeitpunkt der Anhörung

29 Die Anhörung erfolgt **nach dem Abschluss der behördlichen Ermittlungen**, wenn der Sachverhalt hinreichend aufgeklärt ist, und die Behörde eine **abschließende Entscheidung beabsichtigt.**[41] Im Ermittlungsstadium findet keine Anhörung statt, insbesondere nicht zu einem etwaigen Beweisergebnis. Denn der Beteiligte muss zu allen entscheidungserheblichen Tatsachen gehört werden. Diese stehen aber erst nach dem Abschluss der behördlichen Ermittlungen fest. Treten durch die Anhörung oder zu einem späteren Zeitpunkt weitere oder andere entscheidungserhebliche Tatsachen zu Tage (z.B. im Widerspruchsverfahren), muss der Beteiligte zu ihnen nochmals gehört werden. Handelt sich nur um eine unwesentliche Änderung von Tatsachen oder handelt es sich um Tatsachen, die der Beteiligte selbst vorgebracht hat, ist keine erneute Anhörung erforderlich.

30 Dem Beteiligten muss **genügend Zeit** verbleiben, sich durch ein Studium des Verfahrensstoffes und der einschlägigen Rechtsvorschriften mit den entscheidungserheblichen Tatsachen vertraut zu machen, seine Stellungnahme zu überlegen und gegebenenfalls einen Bevollmächtigten mit seiner Vertretung zu beauftragen oder einen Übersetzer einzuschalten.[42] Die **Setzung einer hiernach angemessenen Frist** ist zulässig und wird sich häufig empfehlen, um Unklarheiten zu vermeiden. Die **Länge der Frist** hat sich einerseits an Umfang, Schwierigkeit und Dauer der gegebenenfalls erforderlichen Erkundigungen, andererseits an der Dringlichkeit einer Entscheidung zu bemessen.[43] Eine unangemessen kurze Frist steht der Unterlassung der Anhörung gleich. Will der Betroffene für die Fristbemessung Gesichtspunkte geltend machen, die die Behörde bei der Fristsetzung nicht kannte, wie z.B. Urlaub oder bevorstehender Krankenhausaufenthalt, muss er vor Fristablauf die **Verlängerung der Frist gem. § 31 Abs.** 7 beantragen. Der rechtzeitig gestellte Fristverlängerungsantrag ist noch vor Ablauf der Frist zu bescheiden. Vor Ablauf einer gesetzten Frist darf die Behörde nur dann entscheiden, wenn der Beteiligte sich bereits erkennbar abschließend zur Sache geäußert hat.[44] Geht eine Stellungnahme nach Fristablauf aber noch vor der behördlichen Entscheidung ein, muss die Behörde sie berücksichtigen, da die Frist Vortrag des Beteiligten nicht präkludiert.[45] Setzt die Behörde keine Frist, ist es nicht zu beanstanden, wenn sie nach einem Monat entscheidet.[46]

41 VGH Baden-Württemberg, 27.06.1990 – 10 S 1129/90, NVwZ-RR 1990, 542.

42 OVG Nordrhein-Westfalen, Beschl. v. 16.12.1977 – IV B 2122/77, NJW 1978, 1764, (1765); VGH Baden-Württemberg, Urt. v. 06.04.1987 – 13 S 3263/86, NVwZ 1987, 1087; BSG Urt. v. 23.08.2005 – B 4 RA 29/04, SozR 4 – 2600 § 313 Nr. 4.

43 BSG, Urt. v. 06.08.1992 – 8/5a RKnU 1/87, BSGE 71, 104.

44 VGH Hessen, Beschl. v. 16.07.1990 – 13 TH 1690/90, NVwZ-RR 1991, 225.

45 VGH Baden-Württemberg, Urt. v. 06.04.1987 – 13 S 3263/86, NVwZ 1987, 1087.

46 VGH Baden-Württemberg, Urt. v. 06.04.1987 – 13 S 3263/86, NVwZ 1987, 1087.

c) Anzuhörende Personen

Die Anhörung muss sich an einen individuellen Adressaten richten.[47] Anzuhören sind die **Beteiligten, in deren Rechte der VA eingreift.** Wer Beteiligter ist, ergibt sich aus § 13 Abs. 1. Dies ist nur derjenige, der tatsächlich von der Behörde an dem Verfahren beteiligt wird. 31

Die Behörde hat sich in folgenden Fällen an den **Vertreter** des Beteiligten zu wenden: 32
- Der Beteiligte ist gem. § 12 Abs. 1 Nr. 1 und 2 handlungsunfähig. Anzuhören ist sein gesetzlicher Vertreter. Zu beachten ist aber eine mögliche spezialgesetzliche Handlungsfähigkeit.
- Für den Beteiligten ist gem. § 16 Abs. 1 ein Vertreter von Amts wegen bestellt worden.
- Der Beteiligte hat für das Verfahren einen Bevollmächtigten bestellt (§ 14 Abs. 3 Satz 1). An den Beteiligten kann die Behörde sich anstelle des Bevollmächtigten nur wenden, wenn der Beteiligte zur Mitwirkung verpflichtet ist (§ 14 Abs. 1 Satz 2).

Anstelle des Beteiligten **kann** die Behörde **dessen Vertreter** bei gleichförmigen Eingaben gem. § 17 Abs. 1 bzw. dessen Vertreter bei gleichem Interesse gem. § 18 Abs. 1 **anhören.** 33

Der Behörde steht es frei neben einem Bevollmächtigten nach § 14 oder einem Vertreter nach §§ 17, 18 zusätzlich den vertretenen Beteiligten zu hören. 34

d) Berücksichtigung der Äußerung des Beteiligten durch die Behörde

Die Anhörungspflicht schließt ein, dass die Behörde ein etwaiges Vorbringen des Beteiligten **zur Kenntnis nimmt** und **bei ihrer Entscheidung in Erwägung zieht.**[48] Die Behörde hat daher in einer erforderlichen schriftlichen Begründung auf den Kern eines neuen Vorbringens einzugehen.[49] Dies ist insbesondere bei der Nachholung der Anhörung gem. § 45 Abs. 1 Nr. 3 erforderlich. Die Behörde muss dann hinreichend deutlich machen, dass sie angesichts des Vorbringens des Betroffenen geprüft hat, ob sie den Verwaltungsakt aufrechterhält, also eine nochmalige Entscheidung getroffen hat. Dies kann gegebenenfalls einer Heilung des Mangels durch eine bloße Klage- oder Antragserwiderung entgegenstehen[50]. 35

---

47 BVerwG, Beschl. v. 20.12.2013 – 7 B 18/13, DVBl 2014, 303.

48 BVerfG, Beschl. v. 06.08.2002 – 2 BvR 2357/00, NVwZ-RR 2002, 802 (zu Art. 103 Abs. 1 Grundgesetz); BVerwG, Urt. v. 17.08.1982 – 1 C 22/81, BVerwGE 66, 111 (unter Hinweis auf BVerfG, v. 02.12.1969 – 2 BvR 320/69, BVerfGE 27, 248 (252)); Beschl. v. 18.02.1991 – 7 B 15/91, NVwZ-RR 1991, 337; VGH Hessen, Beschl. v. 04.12.1986 – 4 TH 1500/86, NVwZ 1987, 510.

49 OVG Nordrhein-Westfalen, Beschl. v. 16.12.1977 – IV B 2122/77, NJW 1978, 1764, (1765).

50 BVerwG, Urt. v. 22.03.2012 – 3 C 16/11 –, BVerwGE 142, 205–219; VGH Bayern, Beschl. v. 13.11.2017 – 15 ZB 16.1885 –, juris Rn. 10

II. Möglichkeit des Absehens von einer Anhörung (Abs. 2)

36 Abs. 2 will die Anhörungspflicht aus Gründen der **Verwaltungseffizienz (Nr. 1, 2, 5)** und **Verwaltungspraktibilität (Nr. 3 und 4)** auf ein vertretbares Maß beschränken.

37 Nach Abs. 2 kann nach pflichtgemäßem **Ermessen** von der Anhörung abgesehen werden, wenn sie **nach den Umständen des Einzelfalls nicht geboten** ist. Die Bestimmung verbindet damit einen unbestimmten Rechtsbegriff mit einer Ermessensregelung. Der unbestimmte Rechtsbegriff unterliegt der vollen gerichtlichen Nachprüfung. In den Nrn. 1 bis 5 werden Fälle aufgezählt, in denen eine Anhörung nach den Umständen des Einzelfalls nicht geboten ist. Die Aufzählung ist nicht abschließend, wie die Formulierung »insbesondere wenn« zeigt. Liegt einer der enumerierten Fälle vor, oder ist die Anhörung aus sonstigen Gründen des Einzelfalls nicht geboten, hat die Behörde im Rahmen der Ausübung ihres pflichtgemäßen Ermessens zu prüfen, ob sie trotzdem eine Anhörung durchführt.[51] Hierbei sind jeweils Schwere und Intensität des Eingriffs zu berücksichtigen. Je erheblicher der Eingriff und je bedeutsamer das vom Eingriff betroffene Rechtsgut desto eher wird eine Pflicht zur Anhörung anzunehmen sein.

38 Die Entscheidung, von der Anhörung abzusehen, ist eine **nicht selbstständig anfechtbare Verfahrenshandlung gem. § 44a VwGO**, da es sich um eine Entscheidung handelt, die den äußeren förmlichen Gang des Verfahrens betrifft. Es ist daher nicht erforderlich, sie gesondert vorab mitzuteilen und zu begründen. Die Gründe, die für die Behörde maßgeblich gewesen sind, von einer Anhörung abzusehen, sind nach der überwiegenden Rechtsprechung der Instanzgerichte jedoch **in dem das Verfahren in der Sache abschließenden VA darzulegen,** wenn dieser einer Begründung gem. § 39 Abs. 1 bedarf.[52] Das BVerwG hat es in seiner Entscheidung vom 29.04.1983 für ausreichend angesehen, dass die Ermessenserwägungen erst im gerichtlichen Verfahren dargelegt werden.[53] Praktische Bedeutung dürfte diese Frage keine haben, da eine etwaige Verletzung des § 39 VwVfG auch noch im gerichtlichen Verfahren geheilt werden kann. Spätestens dort hat die Behörde ihre maßgeblichen Ermessenserwägungen darzulegen. Sie trägt die materielle Beweislast für die Rechtmäßigkeit des von ihr erlassenen belastenden VAs, so dass dieser im gerichtlichen Verfahren aufgehoben werden kann, wenn es sich mangels entsprechender Angaben der Behörde nicht feststellen lässt, ob diese in einer rechtmäßigen Weise von der Anhörung abgesehen hat.

---

51 BVerwG, Urt. v. 29.04.1983 – 1 C 5/83, NVwZ 1983, 742; VGH Hessen, Urt. v. 27.02.2013 – 6 C 825/11, DVBl 2013, 726 –731; VG Oldenburg, Urt. v. 11.01.2012 – 11 A 90/11, juris.

52 OVG Nordrhein-Westfalen, Beschl. v. 16.12.1977 – IV B 2122/77, NJW 1978, 1764; Urt. v. 26.05.1981 – 18 A 383/81, NVwZ 1982, 326; OVG Bremen: Beschl. v. 01.11.1979 – OVG I B 41/79, DÖV 1980, 180 (181), VGH Hessen, Beschl. v. 23.09.2011 – 6 B 1701/11, NVwZ-RR 2012, 163 – 165; Beschl. v. 20.05.1988 – 4 TH 3616/87, NVwZ-RR 1989, 113; VGH Hessen, Urt. v. 06.05.2015 – 6 A 493/14, DVBl 2015, 1067–1068; a.A. VGH Baden-Württemberg, Urt. v. 30.11.1981 – A 13 S 655/81, DÖV 1981, 971 (973).

53 BVerwG, Urt. v. 29.04.1983 – 1 C 5/83, NVwZ 1983, 742.

1. Die Generalklausel

Die Anhörung kann unterbleiben, wenn sie nach den Umständen des Einzelfalls nicht geboten ist. 39

Hierbei muss es sich um **Umstände** handeln, **die den in Nrn. 1 bis 5 genannten Fällen gleichrangig sind.** Im Rahmen der Generalklausel kommen hierfür nur **Interessen der Beteiligten selbst oder Dritter** in Betracht, da öffentliche Interessen, die einer Anhörung entgegenstehen, abschließend in Nr. 1 und Abs. 3 geregelt sind. Dies kann die durch eine Wahnvorstellung erzeugte und wahrscheinlich durch eine Anhörung gesteigerte **Selbstmordgefahr** sein.[54] Dann ist es zum Schutz des Lebens und der Gesundheit notwendig, dem psychisch Erkrankten diese Tatsachen vorzuenthalten. Seine verfassungsrechtliche Rechtfertigung findet dies in der Tatsache, dass wegen der psychischen Erkrankung die freie Willensentschließung nicht mehr gewährleistet ist und in diesem Falle der Vorrang der staatlichen Schutzverpflichtung vertretbar ist.[55] Im Allgemeinen muss es jedoch dem Bürger überlassen bleiben zu entscheiden, welche Kenntnisse er für seine Lebensführung für erforderlich hält. Behördliche Bevormundung braucht er nicht zu dulden. Dies ist mit dem Grundrecht auf freie Entfaltung der Persönlichkeit grundsätzlich nicht vereinbar. Die bloße Gefahr gesundheitlicher Schädigung kann daher das Absehen von der Anhörung nicht begründen.[56] Dies ist auf Grenzfälle der schweren Lebensgefährdung psychisch erkrankter Personen, deren freie Willensentschließung beeinträchtigt ist, zu beschränken. 40

Auch ein ausdrücklicher **Verzicht des Beteiligten** kann ein Absehen begründen.[57] Wurde ein Hoheitsträger in einem Klageverfahren rechtskräftig dazu verpflichtet, gegenüber dem Beigeladenen dieses Verfahrens eine Ordnungsverfügung zu erlassen, bedarf es regelmäßig keiner Anhörung des Betroffenen vor Erlass der Ordnungsverfügung.[58] Nicht zulässig ist es, von der Anhörung abzusehen, weil es ausgeschlossen erscheint, dass durch sie neue Erkenntnisse gewonnen werden. 41

2. Die in Nrn. 1 bis 5 aufgezählten Fälle

Die Anhörung kann in den in Nrn. 1 bis 5 genannten Fällen unterbleiben. Auch wenn einer der dort genannten Fälle vorliegt, hat die Behörde im Einzelfall unter Ausübung ihres Ermessens zu entscheiden, ob sie trotzdem eine Anhörung durchführt. Ein generelles Absehen von der Anhörung ohne Abwägung der entgegenstehenden Interessen des Beteiligten an einer Anhörung ist grundsätzlich unzulässig. Eine generelle Ermessensrichtlinie in Bezug auf eine durch typische Umstände gekennzeichnete »Untergruppe« kann jedoch mit § 28 VwVfG vereinbar sein; freilich muss die 42

54 OVG Nordrhein-Westfalen, Beschl. v. 13.09.1973 – I B 511/73, OVGE MüLü 29, 102.

55 BVerfG, Beschl. v. 07.10.1981 – 2 BvR 1194/80, BVerfGE 58, 224 ff; BVerwG, Urt. v. 27.04.1989 – 3 C 4/86, NJW 1989, 2960.

56 BVerwG, Urt. v. 27.04.1989 – 3 C 4/86, NJW 1989, 2960; VGH Bayern, Urt. v. 05.09.1989 – 25 B 88.01631, NVwZ 1990, 775 (777).

57 BSG, Urt. v. 29.11.2007 – B 13 R 48/06 R, BSGE 99, 227.

58 VG Neustadt, Beschl. v. 04.11.2010 – 4 L 1070/10.NW, juris, BeckRS 2010, 55917.

Ermessensrichtlinie Raum lassen für die Berücksichtigung atypischer Sachverhalte.[59] Die Beachtung des Verhältnismäßigkeitsgrundsatzes kann dazu führen, dass nur hinsichtlich bestimmter Punkte eine Anhörung unterbleiben darf oder nur eine vorläufige Entscheidung getroffen werden darf.

a) Notwendigkeit einer sofortigen Entscheidung (Nr. 1)

43 Nach Nr. 1 kann von einer Anhörung abgesehen werden, wenn eine sofortige Entscheidung wegen **Gefahr in Verzug** oder im öffentlichen Interesse notwendig erscheint. Es handelt sich hierbei um unbestimmte Rechtsbegriffe, die der vollen gerichtlichen Überprüfung unterliegen. Für die Beurteilung maßgeblich ist eine **ex-ante** Betrachtung. Es ist nicht erforderlich, dass eine sofortige Entscheidung ex-post objektiv notwendig gewesen ist, sondern es genügt, dass die Behörde aufgrund der ihr bekannten Tatsachen eine sofortige Entscheidung für notwendig halten durfte.[60]

aa) Gefahr in Verzug

44 Der Begriff Gefahr in Verzug ist im Hinblick auf den mit dieser Vorschrift verfolgten Zweck dahin zu verstehen, dass eine solche Gefahr dann anzunehmen ist, **wenn durch eine vorherige Anhörung auch bei Gewährung kürzester Anhörungsfristen ein Zeitverlust einträfe, der mit hoher Wahrscheinlichkeit zur Folge haben würde, dass die durch den VA zu treffende Regelung zu spät käme, um ihren Zweck noch zu erreichen.**[61] Maßgebend ist im Einzelfall jeweils, dass aus einer ex ante Sicht keine Zeit mehr für eine Anhörung bleibt.[62] Dies ist nicht bei jeder Anordnung der sofortigen Vollziehung des Verwaltungsaktes nach § 80 Abs. 2 Nr. 4 VwGO der Fall, da der Zeithorizont verschieden ist.[63] Der Grundsatz der Verhältnismäßigkeit insbesondere das darin zum Ausdruck kommende Übermaßverbot gebietet, dass die ohne vorherige Anhörung getroffene Regelung **auf diejenigen Maßnahmen beschränkt wird, deren Vornahme ohne jegliche Verzögerung erforderlich** ist.[64] Infolgedessen kann es im Einzelfall geboten sein, zum Zwecke der sofortigen Abwehr einer drohenden Gefahr zunächst ohne vorherige Anhörung nur eine vorläufige Maßnahme zu ergreifen und erst nach der Anhörung die endgültige Regelung zu treffen.[65]

---

59 BVerwG, Urt. v. 29.04.1983 – 1 C 5/83, NVwZ 1983, 742.
60 BVerwG, Urt. v. 15.12.1983 – 3 C 27/82, NVwZ 1984, 577; Urt. v. 18.10.1988 – 1 A 89/83, NJW 1989, 993.
61 BVerwG, Urt. v. 15.12.1983 – 3 C 27/82, NVwZ 1984, 577; Urt. v. 18.10.1988 – 1 A 89/83, NJW 1989, 993, Urt. v. 22.03.2012 – 3 C 16/11, NJW 2012, 2823.
62 OVG Thüringen, Beschl. v. 09.08.1996 – 2 EO 669/96, NVwZ-RR 1997, 287.
63 VGH Hessen, Beschl. v. 04.12.1986 – 4 TH 1500/86, NVwZ 1987, 510.
64 BVerwG, Urt. v. 15.12.1983 – 3 C 27/82, NVwZ 1984, 577.
65 BVerwG, Urt. v. 15.12.1983 – 3 C 27/82, NVwZ 1984, 577; BVerwG, Urt. v. 22.03.2012 – 3 C 16/11, NJW 2012, 2823.

bb) sonstige öffentliche Interessen

Das öffentliche Interesse umfasst jene Fälle, in denen eine sofortige Entscheidung also einer Entscheidung ohne vorheriger Anhörung nicht aus zeitlichen, sondern aus **sachlichen** Gründen notwendig ist. 45

Dies ist vor allem dann der Fall, wenn der mit der beabsichtigten Maßnahme bezweckte Erfolg durch die mit einer Anhörung verbundene Unterrichtung des Betroffenen über den bevorstehenden Eingriff selbst bei Gewährung kürzester Fristen gefährdet oder beeinträchtigt würde, weil die durch konkrete tatsächliche Hinweise begründete Möglichkeit besteht, dass durch den **Ankündigungseffekt** der Anhörung die Maßnahme beeinträchtigt oder vereitelt wird. Bei einer Vereinsauflösung kann dies darin bestehen, dass Vermögensgegenstände, nicht veröffentlichte Unterlagen, Propagandamaterial, Infrastruktur beiseitegeschafft werden. Hierfür genügt in aller Regel, dass es tatsächliche Hinweise auf das Vorhandensein von nennenswerten Vermögensgegenständen oder Beweismaterial gibt.[66] Bei einer Abschiebungsanordnung nach § 58a AufenthG kann durch eine vorherige Anhörung die Gefahr bestehen, dass der Betroffene untertaucht[67]. 46

Auch **gewichtige Geheimhaltungsinteressen** können es im Einzelfall erlauben, von einer Anhörung abzusehen, so z.B. wenn aus Verteidigungsinteressen nicht bekannt werden soll, dass bestimmte Maßnahmen getroffen werden sollen. 47

In Betracht kommen auch **die öffentlichen Interessen, die die Anordnung der sofortigen Vollziehung gem. § 80 Abs. 2 Nr. 4 VwGO** rechtfertigen können. Denn ist sogar die Beseitigung der aufschiebenden Wirkung eines Rechtsbehelfs gerechtfertigt, so muss auch die für den Beteiligten weniger bedeutsame Verpflichtung der Behörde, ihn anzuhören, entfallen können.[68] Die Anordnung der sofortigen Vollziehung befreit die Behörde aber **nicht automatisch** von ihrer Anhörungspflicht. Es handelt sich um zwei verschiedene Rechtsfragen, die getrennt voneinander zu prüfen sind.[69] Erforderlich ist immer, dass durch eine vorherige Anhörung dieses öffentliche Interesse gerade durch die Anhörung gefährdet würde. 48

Dagegen können bloße Zweckmäßigkeitsgesichtspunkte, Kosten- oder Rationalisierungsgründe eine Ausnahme von der Anhörungspflicht nicht rechtfertigen. 49

---

66 BVerwG, Urt. v. 18.10.1988 – 1 A 89.83, BVerwGE 80, 299 (303 f); Urt. v. 13.04.1999 – 1 A 3.94, NVwZ-RR 2000, 70 und v. 27.11.2002 – 6 A 4.02 – NVwZ 2003, 986; Beschl. v. 10.01.2003 – 6 VR 13.02, Buchholz 402.45 VereinsG Nr. 38 S. 61 f.; Urt. v. 03.12.2004 – 6 A 10.02, NVwZ 2005; v. 05.08.2009 – 6 A 3.08, BVerwGE 134, 275 Rn. 13; Urt. v. 01.09.2010 – 6 A 4.09, NVwZ-RR 2011, 14 und v. 18.04.2012 – 6 A 2.10, NVwZ-RR 2012, 648; Beschl. v. 29.01.2013 – 6 B 40/12, NVwZ 2013, 521; Urt. v. 04.11.2016 – 6 A 4/09, NVwZ-RR 2011, 14.

67 BVerwG, Beschl. v. 13.07.2017 – 1 VR 3/17- NVwZ 2017, 1531.

68 BT-Drucks. 7/910, S. 51.

69 OVG Nordrhein-Westfalen Beschl. v. 16.12.1977 – IV B 2122/77, NJW 1978, 1764; OVG Rheinland-Pfalz, Beschl. v. 17.01.1979 – 2 B 268/78, DÖV 1979, 606; VGH Hessen, Beschl. v. 04.12.1986 – 4 TH 1500/86, NJW 1987, 474.

50 Bei der Ausübung des durch Nr. 1 2. Alternative eröffneten **Ermessens** ist der Grundsatz der Verhältnismäßigkeit zu beachten. Die Behörde muss das gegebene öffentliche Interesse am Unterlassen der Anhörung gegen das Interesse des Beteiligten an seiner Anhörung abwägen. Ein Anhörungsverzicht ist auf das notwendige Maß zu beschränken.

b) Infragestellung der Einhaltung einer für die Entscheidung maßgeblichen Frist (Nr. 2)

51 Nach Nr. 2 kann eine Anhörung entfallen, wenn durch die Anhörung die Einhaltung einer für die Entscheidung maßgeblichen Frist in Frage gestellt würde. Es handelt sich um eine Sonderregelung für die Eilbedürftigkeit der Entscheidung wegen drohender Fristversäumung. Gedacht ist vor allem an die kraft Gesetzes oder aufgrund einer sonstigen Rechtsvorschrift in Lauf gesetzten **Fristen, nach deren Ablauf die Behörde ihre Entscheidung nicht mehr oder nur unter Inkaufnahme eines bestimmten Nachteils erlassen kann oder beispielsweise eine Genehmigungsfiktion eintritt.** Fristen, die von einer anderen Behörde, einem Gericht oder von andere Beteiligten gesetzt wurden, sind dagegen für die Entscheidung in der Sache in der Regel nicht maßgeblich, da deren Versäumung die Entscheidung nicht beeinflussen kann.[70] Deshalb kann auch der Ablauf der zur Erhebung der Untätigkeitsklage berechtigenden Drei-Monats-Frist des § 75 Satz 2 VwGO eine Unterlassung der Anhörung nicht rechtfertigen. Der Fristablauf zeitigt lediglich prozessuale und keine materiell-rechtliche Folgen.

52 Keine Fristen enthalten gesetzliche Bestimmungen, die ein unverzügliches Handeln der Behörde verlangen.

53 Bei der Ausübung des **Ermessens** ist zu berücksichtigen, ob die Behörde möglicherweise durch eigenes Verschulden den Zeitdruck herbeigeführt hat. In diesem Fall ist es der Behörde in der Regel verwehrt, sich auf Nr. 2 zu berufen. Dies kann dann dazu führen, dass die Behörde auf den Erlass des VAs verzichten muss.

c) Kein Abweichen von den Angaben eines Beteiligten zu seinen Ungunsten (Nr. 3)

54 Nach Nr. 3 kann aus verfahrensökonomischen Gründen von der Anhörung abgesehen werden, wenn von den tatsächlichen Angaben eines Beteiligten, die dieser in einem Antrag oder einer Erklärung gemacht hat, nicht zu seinen Ungunsten abgewichen werden soll. Denn in diesem Fall gibt es keinen Grund, dem Beteiligten Gelegenheit zu geben, diese Tatsachen noch einmal vorzutragen. Die Anhörung ist als bereits geschehen zu betrachten.[71] Die Behörde kann demnach von der Anhörung absehen, wenn sie entweder von den Angaben des Beteiligten **nicht abweichen will** oder aber die **Abweichung zu Gunsten** des Beteiligten erfolgt. Die Behörde weicht nur dann nicht von den Angaben des Beteiligten ab, wenn es sich dabei umfassend um die

70 A.A. Kopp, § 28 Rn. 62a.
71 BT-Drucks. 7/910, S. 52.

entscheidungserheblichen Tatsachen handelt, also keine weiteren Tatsachen ihrer Entscheidung zu Grunde legen will.

Im Rahmen der **Ermessensausübung** ist zu berücksichtigen, ob es naheliegt, dass der Beteiligte neue für ihn noch günstigere Tatsachen vorbringen oder seine früheren Angaben ergänzen bzw. korrigieren wird. Dies kann der Fall sein, wenn eine Genehmigung auch aufgrund einer alternativen Voraussetzung zulässig ist, zu der der Beteiligte noch nicht vorgetragen hat, weil er darauf vertraut hat, die vorgetragenen Gründe reichten aus. Zu berücksichtigen ist ebenso, ob der Beteiligte möglicherweise bestimmte Fragen im Antragsformular missverstanden hat. 55

d) Erlass von Allgemeinverfügungen und ähnlicher VAe (Nr. 4)

Nach Nr. 4 kann aus verwaltungspraktischen Gründen von einer Anhörung abgesehen werden, wenn die Behörde eine Allgemeinverfügung oder gleichartige VAe in größerer Zahl oder VAe mit Hilfe automatischer Einrichtungen erlassen will. Der Gesetzgeber wollte damit bei VAen mit einer Vielzahl von Beteiligten und bei weitgehend schematisch erlassenen VAen die Behörde von der Schwierigkeit befreien, alle Beteiligte vorher anzuhören, wenn es auf die individuellen Verhältnisse des Einzelfalls nicht ankommt. Der Effektivität der Verwaltung wird Vorrang vor dem Anhörungsrecht der Beteiligten gegeben. Dies erscheint rechtsstaatlich unbedenklich, weil die individuellen Besonderheiten keine Rolle spielen, so dass eine Anhörung keine neuen Gesichtspunkte ergeben wird.[72] 56

Allgemeinverfügungen sind VAe, die für eine Mehrzahl von Personen die gleiche Regelung enthalten (wie z.B. eine an alle Anlieger einer bestimmten Straße gerichtete Aufforderung, vor ihrem Anwesen bestimmte Vorkehrungen zu treffen). Für die Praxis von besonderer Relevanz sind die Verkehrszeichen, die als Allgemeinverfügungen angesehen werden.[73] 57

VAe sind gleichartig, wenn sie in einem schematischen Verfahren ergehen und auf **eine Rechtsgrundlage** und **einen Sachverhalt** ohne individuelle Unterschiede gestützt werden. Dies trifft zum Beispiel zu für Aufforderungen an mehrere Personen, sich zu einer Pflichtimpfung oder zur Schuleinschreibung einzufinden. Dagegen ist die Bemessung von Anliegerbeiträgen regelmäßig individuell verschieden bemessen. Hängen mehrere in einer gleichen Sache zu treffende Entscheidungen von unterschiedlichen individuellen Voraussetzungen ab, so handelt es sich nicht um gleichartige VAe. 58

Eine **größere Zahl** ist gegeben, wenn die Behörde auf einmal oder während eines bestimmten Zeitraums so viele Entscheidungen trifft, dass dies insgesamt -gemessen an Größe und Leistungsfähigkeit der Behörde – als »größere Zahl« von VAen betrachtet werden kann. 59

72 VGH Bayern, Beschl. v. 19.02.1988 – 8 B 86.01328, BayVBl 1988, 496.
73 BVerwG, Urt. v. 09.06.1967 – VII C 10.66, BVerwGE 27, 181 (182).

60 Mit Hilfe **automatischer Einrichtungen** erlassene VAe sind solche VAe, bei denen die Subsumtion unter die anzuwendende Rechtsnorm automatisch erfolgt. Keine VAe dieser Art liegen daher vor, wenn der Einsatz eines EDV-Programms auf vorbereitenden Überlegungen beruht oder eine im herkömmlichen Verfahren erlassene Entscheidung lediglich automatisch vervielfältigt wird. Dagegen muss es sich nicht um eine größere Zahl von VAen handeln. Im Rahmen der Ermessensausübung ist dieser Umstand jedoch zu berücksichtigen. Je geringer die Zahl der zu erlassenden VAe ist, desto eher wird eine Pflicht zur Anhörung anzunehmen sein.

61 Für alle drei Arten von VAen gilt, dass im **Einzelfall** geprüft werden muss, welche sachlichen Gründe der Anhörung entgegenstehen. Hierbei werden technische und finanzielle Schwierigkeiten alleine die **Ermessensentscheidung** nicht tragen können, wenn wesentliche Rechte des Beteiligten auf dem Spiel stehen und nicht auszuschließen ist, dass die Anhörung zu einer anderen Beurteilung der Dinge führt. Von einer Anhörung kann auch dann nicht ermessensfehlerfrei abgesehen werden, wenn ersichtlich ist, dass in einem Massenverfahren hinsichtlich eines Beteiligten besondere Umstände vorliegen, die es nahelegen ihn zu hören. Dies ist der Fall, wenn der Verwaltungsakt einzelne Bürger erkennbar in besonderer Weise betrifft und diese ohne Schwierigkeiten identifizierbar und kontaktierbar sind[74].

e) **Maßnahmen in der Verwaltungsvollstreckung** (Nr. 5)

62 Nach Nr. 5 kann von der Anhörung abgesehen werden, wenn Maßnahmen in der Verwaltungsvollstreckung getroffen werden sollen. Dies soll die **Effektivität der Vollstreckung** sichern. Denn der Beteiligte könnte durch die Aufforderung, sich zur Sache zu äußern, gewarnt werden und die der Vollstreckung unterliegenden Gegenstände beiseiteschaffen. Eine konkrete Gefahr der Vollstreckungsvereitlung muss jedoch nicht bestehen. Sie gehört nicht zu den tatbestandlichen Voraussetzungen.[75]

63 Maßnahmen in der Verwaltungsvollstreckung sind alle der Vollstreckung wegen Geldforderungen und der Erzwingung von Handlungen, Duldungen oder Unterlassungen dienenden VAe, die den Vorschriften des VwVfG unterliegen. Nicht erfasst werden daher Maßnahmen zur Vollstreckung wegen Geldforderungen, die aufgrund des Verwaltungsvollstreckungsgesetzes des Bundes ergehen, da das VwVG insoweit eine abschließende Regelung enthält, so dass das VwVfG gem. § 1 Abs. 1 VwVfG keine Anwendung findet. Dagegen sind die Zwangsmittelandrohung und Zwangsmittelfestsetzung zur Erzwingung von Handlungen, Duldungen und Unterlassungen im VwVG nicht abschließend geregelt, so dass diese VAe -soweit nicht sondergesetzliche Normen Vorrang haben- den Bestimmungen des VwVfG unterliegen. Auf die asylrechtliche Abschiebungsandrohung ist § 28 nicht mehr anwendbar, da § 34 Abs. 1 Satz 2 AsylG die Behörde von einer Anhörung befreit.

74 VGH Baden-Württemberg, Beschl. v. 09.12.2019 – 1 S 2580/19, juris Rn. 25.
75 BVerwG, Urt. v. 29.04.1983 – 1 C 5/83, NVwZ 1983, 742 (744).

Anwendbar ist die Bestimmung auch auf die Fälle, in denen **Grund- und Vollzugsakt zusammenfallen** (z.B. § 6 Abs. 2 VwVG).[76] Davon zu unterscheiden ist die sogenannte unmittelbare Ausführung, die mangels Verwaltungsaktsqualität bereits keine Anhörungspflicht auslösen kann. 64

Andere auf die Durchsetzung von Rechten gerichtete Maßnahmen werden von der Bestimmung **nicht erfasst.** So kann die Behörde bei der Rückforderung einer Konzessionsurkunde (nach Rücknahme einer Genehmigung) nicht von einer Anhörung des Beteiligten absehen. Dies ist erst dann möglich, wenn der VA der Rückforderung selbst vollstreckt werden soll. 65

Unerheblich ist, ob dem Vollstreckungsakt ein GrundVA vorausgegangen ist, zu dem der Beteiligte bereits gehört wurde, oder eine sich unmittelbar aus dem Gesetz sich ergebende Pflicht vollstreckt wird. Denn bei der Vollstreckung gesetzlicher Pflichten kann – etwa aus Gründen der Effektivität der Vollstreckung – ein Verzicht auf eine Anhörung ebenso geboten sein wie bei der Vollstreckung eines VAes.[77] 66

Bei der **Ermessensausübung** ist -neben der immer zu beachtenden Schwere und Intensität des Eingriffs- zum einen zu berücksichtigen, ob mit Einwendungen gegen die Zulässigkeit oder gegen die Art und Weise der Vollstreckung zu rechnen ist. Zum anderen sind die aus Rechtsgründen gebotene Beschleunigung der Vollstreckung und die Gefahr einer Vollstreckungsvereitlung relevant.[78] Die Behörde ist deshalb nicht gehindert in der Regel von einer vorherigen Anhörung abzusehen. Ein Absehen von der Anhörung wird sich nur ausnahmsweise als unverhältnismäßig darstellen, wenn weder eine Vollstreckungsvereitlung droht noch eine Beschleunigung der Vollstreckung geboten ist aber mit Einwendungen des Beteiligten zu rechnen ist.[79] 67

III. Unterbleiben der Anhörung im Falle eines entgegenstehenden zwingenden öffentlichen Interesses (Abs. 3)

Abs. 3 normiert ein **Anhörungsverbot** für den Fall, dass der Anhörung ein zwingendes öffentliches Interesse entgegensteht. Während nach Abs. 2 Nr. 1 von der Anhörung nach pflichtgemäßem Ermessen abgesehen werden kann, wenn eine sofortige Entscheidung notwendig erscheint, verpflichtet Abs. 3 die Behörde zur Unterlassung der Anhörung im öffentlichen Interesse (auch) für den Fall, dass keine sofortige Entscheidung geboten ist. Daraus folgt, dass es sich um besonders schwerwiegende öffentliche Interessen handeln muss. Zwingende einer Anhörung entgegenstehende öffentliche Interessen sind die Sicherheit der Bundesrepublik Deutschland wie beispielsweise bei der Sicherstellung eines bestimmten Geldbetrages wegen des Verdachts der Terrorismusfinanzierung[80], die Abwehr von erheblichen Nachteilen für das Wohl des Bundes 68

---

76 OVG Nordrhein-Westfalen, Beschl. v. 22.12.2015 – 4 A 593/15; juris.

77 BVerwG, Urt. v. 29.04.1983 – 1 C 5/83, NVwZ 1983, 742 (743).

78 BVerwG, Urt. v. 29.04.1983 – 1 C 5/83, NVwZ 1983, 742 (744); OVG Nordrhein-Westfalen, Beschl. v 23.12.2019 – 4 A 743/17 –, juris Rn. 10.

79 VGH Baden-Württemberg, Urt. v. 30.04.2014 – 11 S 244/14, InfAuslR 2014, 365.

80 VG Köln, Beschl. v. 17.05.2019 – 14 L 1066/19 –, juris

oder Landes i.S.v. § 5 Abs. 2 Nr. 2 wie von erheblichen Gefahren für eine Vielzahl von Personen oder Sachwerten wie in Katastrophenfällen.

69 Es handelt sich um einen unbestimmten Rechtsbegriff, der der vollen gerichtlichen Überprüfung unterliegt.

IV. Folgen einer Verletzung der Anhörungspflicht

70 Die Anhörungspflicht ist verletzt, wenn die gebotene Anhörung **unterlassen** worden ist oder wenn die Anhörung **nicht ordnungsgemäß durchgeführt** worden ist. Im Einzelfall kann durch die Verletzung anderer Verfahrensrechte wie der unterlassenen Hinzuziehung gem. § 13 Abs. 2 oder der zu Unrecht versagten Akteneinsicht nach § 29 zugleich die Anhörungspflicht verletzt sein.

71 Der ohne ordnungsgemäße Anhörung erlassene VA ist mit einem Verfahrensfehler behaftet und daher rechtswidrig. In der Regel führt dies nicht zur Nichtigkeit, sondern zur bloßen **Aufhebbarkeit des VAs.** Das Unterlassen der Anhörung ist kein besonders schwerer Fehler, da das Gesetz selbst eine Entscheidung ohne Anhörung vorsieht. Auf Rechtsbehelf hin ist der VA aber nur dann aufzuheben, wenn die unterbliebene Anhörung nicht in den zeitlichen Grenzen des § 45 Abs. 2 gem. § 45 Abs. 1 Nr. 3 **geheilt** wird und der VA auf dem Fehler **beruhen kann** (§ 46).[81]

72 Die unterlassene gebotene ordnungsgemäße Anhörung rechtfertigt gem. § 45 Abs. 3 die **Wiedereinsetzung in den vorigen Stand**, wenn die Versäumung der Anfechtungsfrist hierauf beruht.

73 Die Verletzung der Anhörungspflicht ist eine **Amtspflichtverletzung** gem. Art. 34 GG, § 839 BGB und kann eine Schadensersatzpflicht des Rechtsträgers der Behörde auslösen.

C Parallelvorschriften

74 **§ 24 SGB 10** und **§ 91 AO** entsprechen weitestgehend § 28 VwVfG. Der in § 24 SGB 10 aufgenommene Katalog der Ausnahmetatbestände ist jedoch abschließend. Als besonderer Ausnahmetatbestand kennt § 24 SGB 10 noch die Anpassung einkommensabhängiger Leistungen an geänderte Lebensverhältnisse und die Aufrechnung bzw. Verrechnung. Im Anwendungsbereich des SGB 10 bedeutet eine erforderliche aber unterlassene und auch nicht nachgeholte Anhörung immer die Aufhebung des Verwaltungsaktes, da § 42 SGB 10 die unterlassene Anhörung ausdrücklich von der Unbeachtlichkeitsregel ausnimmt.

81 BVerwG, Urt. v. 17.08.1982 – 1 C 22/81, NVwZ 1983, 284; Urt. v. 14.10.1982 – 3 C 46/81, NJW 1983, 2044; Urt. v. 15.12.1983 – 3 C 27/82, NVwZ 1984, 577; Beschl. v. 18.02.1991 – 7 B 15/91, NVwZ-RR 1991, 337.

§ 29 Akteneinsicht durch Beteiligte

(1) Die Behörde hat den Beteiligten Einsicht in die das Verfahren betreffenden Akten zu gestatten, soweit deren Kenntnis zur Geltendmachung oder Verteidigung ihrer rechtlichen Interessen erforderlich ist. Satz 1 gilt bis zum Abschluss des Verwaltungsverfahrens nicht für Entwürfe zu Entscheidungen sowie die Arbeiten zu ihrer unmittelbaren Vorbereitung. Soweit nach den §§ 17 und 18 eine Vertretung stattfindet, haben nur die Vertreter Anspruch auf Akteneinsicht.

(2) Die Behörde ist zur Gestattung der Akteneinsicht nicht verpflichtet, soweit durch sie die ordnungsgemäße Erfüllung der Aufgaben der Behörde beeinträchtigt, das Bekanntwerden des Inhalts der Akten dem Wohl des Bundes oder eines Landes Nachteile bereiten würde oder soweit die Vorgänge nach einem Gesetz oder ihrem Wesen nach, namentlich wegen der berechtigten Interessen der Beteiligten oder dritter Personen, geheim gehalten werden müssen.

(3) Die Akteneinsicht erfolgt bei der Behörde, die die Akten führt. Im Einzelfall kann die Einsicht auch bei einer anderen Behörde oder bei einer diplomatischen oder berufskonsularischen Vertretung der Bundesrepublik Deutschland im Ausland erfolgen; weitere Ausnahmen kann die Behörde, die die Akten führt, gestatten.

Die landesrechtlichen Vorschriften sind mit Ausnahme von § 88 LVwG Schl.Holst. und Art. 29 Bay VwVfG gleich.

Übersicht

A. Allgemeines

1 Die Bestimmung regelt in Abs. 1 die grundsätzliche Pflicht der Behörde, den Beteiligten (§ 13) eines Verwaltungsverfahrens (§ 9) Einsicht in die das Verfahren betreffenden Akten zu gestatten, soweit deren Kenntnis zur Geltendmachung oder Verteidigung ihrer rechtlichen Interessen erforderlich ist. In Abs. 2 sind die Voraussetzungen normiert, unter denen von der Gestattung der Akteneinsicht abgesehen werden kann. Abs. 3 trifft Regelungen zum Ort der Akteneinsicht. Inzident verpflichtet die Vorschrift die Behörden, vollständige und wahrheitsgetreue Akten zu führen.[1]

2 Das Akteneinsichtsrecht des § 29 ist zu unterscheiden von den Ansprüchen auf Informationsgewährung, wie sie im Umweltinformationsgesetz (UIG), Informationsfreiheitsgesetz (IFG) und dem Verbraucherinformationsgesetz (VIG) vorgesehen sind. Diese dienen dem freien Zugang zu Informationen für jedermann. In § 29 ist die Akteneinsicht dagegen als **Instrument des rechtlichen Gehörs** für die Beteiligten eines Verwaltungsverfahrens konzipiert. § 29 normiert einen subjektiv öffentlichen Anspruch eines an einem Verwaltungsverfahren Beteiligten auf Einsicht in die behördlichen Akten. Akteneinsicht für Personen, die nicht Beteiligte des Verwaltungsverfahrens, in deren Akte Einsicht begehrt wird, sind, regelt die Vorschrift ebenso wenig wie die Akteneinsicht außerhalb eines laufenden Verwaltungsverfahrens. Insofern begründet die Vorschrift eine am individuellen Rechtsschutz ausgerichtete beschränkte Aktenöffentlichkeit. Die verfahrensunabhängigen Informationsansprüche nach dem Umweltinformationsgesetz (UIG), dem Informationsfreiheitsgesetz (IFG) und dem Verbraucherinformationsgesetz (VIG) bilden dagegen einen selbstständigen Streitgegenstand[2]

3 Die Vorschrift findet ihre **verfassungsrechtlichen Wurzeln** im **Rechtsstaatsprinzip** und der **Menschenwürde.** Durch den Zugang zu den der Behörde vorliegenden Informationen ist der Bürger nicht mehr bloßes Objekt eines geheimen behördlichen Verfahrens. Er kann sich von der Entscheidungsgrundlage Kenntnis verschaffen und kann zur Verteidigung seiner Rechte Einfluss nehmen. Insofern verschafft die Akteneinsicht zugleich eine Voraussetzung für die Anhörung gem. § 28. Zum anderen vermag die

1 BVerfG, Beschl. v. 06.06.1983 – 2 BvR 244, 310/83, NJW 1983, 2135.
2 BVerwG, Beschl. v. 01.10.2019 – 3 A 4/18 –, juris.

Behörde, indem sie Akteneinsicht gewährt, ihre Entscheidung transparenter, verständlicher gestalten. Die Akteneinsicht dient damit zugleich der Legitimation der behördlichen Entscheidung.

Zur Ausübung des **Rechts auf informationelle Selbstbestimmung**, welches fordert, dass der Bürger weiß, wer was wann und bei welcher Gelegenheit über ihn weiß,[3] hat der Gesetzgeber dagegen kein Akteneinsichtsrecht, sondern einen verfahrensunabhängigen Anspruch auf Auskunft des Bürgers über die zu seiner Person gespeicherten Daten geschaffen (§ 34 BDSG). Der Auskunftsanspruch aus dem Bundesdatenschutzgesetz schließt ein etwaig ebenfalls bestehendes Akteneinsichtsrecht nach § 29 nicht aus. 4

Spezialregelungen, die den subsidiären (§ 1 Abs. 1) § 29 verdrängen, finden sich in: § 110 BBG, § 36 Abs. 6 u. 7 ZDG, § 29 Abs. 7 und 8 SG. 5

Hinsichtlich nicht personenbezogener Daten **außerhalb des Anwendungsbereichs des § 29** besteht kein Recht auf Akteneinsicht, soweit keine entsprechenden Spezialregelungen vorhanden sind. Ein Grundrecht auf Informationszugang kennt das GG nicht, da Art. 5 Abs. 1 Satz 1 GG diesen auf frei zugängliche Quellen beschränkt[4]. Als Nebenanspruch einer konkreten Rechtsbeziehung oder aus einem sonstigen berechtigten Interesse folgt lediglich ein **Anspruch auf fehlerfreie Ermessensausübung.**[5] Ein berechtigtes Interesse besteht z.B. dann, wenn die Akteneinsicht zur Wahrnehmung von Rechten erforderlich ist oder ein wissenschaftliches Interesse besteht. Das berechtigte Interesse ist jeweils glaubhaft zu machen.[6] Das Ermessen reduziert sich auf null, wenn ohne Auskunftsgewährung, der Betroffene seine Grundrechte nicht geltend machen kann.[7] Durch die Informationsfreiheitsgesetze des Bundes und der Länder hat der allgemeine Anspruch auf ermessensfehlerfreie Entscheidung an Bedeutung verloren. Soweit der Gesetzgeber Informationsfreiheitsgesetze geschaffen hat, ist der Anspruch auf Informationszugang außerhalb des Anwendungsbereichs des § 29 abschließend geregelt[8]. 6

Die Gewährung von Akteneinsicht ist auch **europarechtlich** geboten. Unabhängig von einem Verfahren gewährt Art. 42 der EU-Grundrechtscharta und Art. 15 Abs. 3 des Vertrags über die Arbeitsweise der Europäischen Union (AEUV) das **Recht auf Zugang zu Dokumenten der Organe, Einrichtungen und sonstigen Stellen der Union.** Hiernach haben die Unionsbürgerinnen und Unionsbürger sowie jede natürliche oder 7

3 BVerfG, Urt. v. 15.12.1983 – 1 BvR 209/83 u.a., NJW 1984, 419.

4 BVerfG, Urt. v. 24.01.2001 – 1 BvR 2623/95, BVerfGE 103, 44/59 ff.; BVerwG, Beschl. v. 27.05.2013 – 7 B 43.12, NJW 2013, 2538/2539; a.A.: *Wegener*, Der geheime Staat, 2006, S. 390 ff.

5 BVerwG, Urt. v. 30.06.1983 – 2 C 76/81, DVBl 1984, 53 (55); Urt. v. 01.07.1983 – 2 C 42/82, NVwZ 1984, 445 (446); Urt. v. 05.06.1984 – 5 C 73/82, NJW 1984, 2590; VGH Bayern, Urt. v. 17.02.1998 – 23 B 95.1954, NVwZ 1999, 889.

6 BVerwG, Urt. v. 05.06.1984 – 5 C 73/82, NJW 1984, 2590.

7 BVerwG, Urt. v. 02.07.2003 – 3 C 46/02, NJW 2003, 2696.

8 OVG Berlin-Brandenburg, Urt. v. 22.03.2018 – OVG 12 B 5.17 –, juris Rn. 14 m.w.N.

juristische Person mit Wohnsitz oder satzungsmäßigem Sitz in einem Mitgliedstaat das Recht auf Zugang zu den Dokumenten der Organe, Einrichtungen und sonstigen Stellen der Union, unabhängig von der Form der für diese Dokumente verwendeten Träger. Dieses Recht besteht unabhängig von einem Verwaltungsverfahren und ist in der VO (EG) Nr. 1049/2001 (Transparenzverordung) weiter geregelt.

8 Das Recht auf Akteneinsicht in einem Verfahren ist zum Teil ausdrücklich sekundärrechtlich geregelt, so z.B. im Beamtenrecht Art. 26 Beamtenstatut; im Fusionskontrollverfahren Art. 18 der Verordnung Nr. 4064/89; im Antidumpingrecht Art. 7 der Verordnung Nr. 2423/88. Im Übrigen ist es als Element des rechtlichen Gehörs ein **allgemeiner Grundsatz des ungeschriebenen unionsrechtlichen Verfahrensrechts.**[9] Für den unmittelbaren Vollzug von Unionsrecht durch die Organe und Einrichtungen der Union ist dies nun auch **in Art. 41 Abs. 2 Buchst. b der Grundrechte-Charta** als Element des Rechts auf eine gute Verwaltung garantiert. Hiernach hat jede Person das **Recht auf Zugang zu den sie betreffenden Akten unter Wahrung des berechtigten Interesses der Vertraulichkeit sowie des Berufs- und Geschäftsgeheimnisses. Beim Vollzug von Unionsrecht bleibt § 29 anwendbar, da dessen Akteneinsichtsrecht nicht hinter der unionsrechtlichen Regelung zurückbleibt.**

B. Die Vorschrift im Einzelnen

I. Verpflichtung der Behörde zur Gestattung der Akteneinsicht (Abs. 1)

1. Voraussetzungen der Pflicht zur Gestattung der Akteneinsicht

9 Die Behörde hat den Beteiligten Einsicht in die das Verfahren betreffende Akte zu gestatten, soweit deren Kenntnis zur Geltendmachung oder Verteidigung ihrer rechtlichen Interessen erforderlich ist. Dies setzt einen entsprechenden Antrag voraus[10]

a) Beteiligte eines Verwaltungsverfahrens

10 Der Anwendungsbereich des VwVfG muss eröffnet sein. Es muss sich also um eine öffentlich-rechtliche Verwaltungstätigkeit handeln (§ 1 Abs. 1 Nr. 1). Ein Akteneinsichtsrecht bei fiskalischer Tätigkeit, wie beispielsweise beim Verkauf bundeseigener Grundstücke, eröffnet § 29 deshalb nicht[11]. Das Einsichtsrecht besteht **nur für die Dauer eines Verwaltungsverfahrens.** § 29 gewährt ein formelles verfahrensabhängiges Recht und keinen materiellen Anspruch außerhalb eines Verwaltungsverfahrens.[12] Dies ergibt sich aus dem Wortlaut der Vorschrift (»…die das Verfahren betreffenden Akten…«) und ihrer systematischen Stellung im Teil II des Gesetzes (Allgemeine

---

9 EuGH, Urt. v. 13.02.1979 – C-85/76 (Hoffmann-La Roche/Kommission), Slg 1979, 461–601; EuGH, Urt. v. 09.11.1983 – C-322/81(Nederlandsche Banden-Industrie-Michelin/Kommission), Slg 1984, 3461–3547.

10 HessVGH, Beschl. v. 06.11.2018 – B 1752/18, juris Rn. 2.

11 BVerwG, Urt. v. 27.11.2014 – 7 C 12/13, BVerwGE 150, 383.

12 BVerwG, Urt. v. 30.06.1983 – 2 C 76/81, DVBl 1984, 53 (55); Urt. v. 01.07.1983 – 2 C 42/82, NVwZ 1984, 445 (446); Urt. v. 20.02.1990 – 1 C 42/83, NVwZ 1990, 1164.

Vorschriften über das Verwaltungsverfahren). Dieser Auslegungsbefund wird durch den Zweck der Bestimmung, individuellen Rechtsschutz in einem Verwaltungsverfahren zu ermöglichen, bestätigt. Aus Abs. 1 Satz 2, wonach bis zum Abschluss des Verwaltungsverfahrens keine Einsicht in Entwürfe zu Entscheidungen sowie in Arbeiten zu ihrer unmittelbaren Vorbereitung zu gestatten ist, lässt sich nichts Gegenteiliges herleiten.[13] Diese Vorschrift besagt nur, dass in die dort genannten Unterlagen erst im Rahmen eines weiteren Verwaltungsverfahrens Einsicht genommen werden kann. Das Einsichtsrecht beginnt damit frühestens mit der Einleitung des Verfahrens nach § 22 und endet mit seinem Abschluss gem. § 9 durch den Erlass eines Verwaltungsaktes oder dem Zustandekommen eines öffentlich-rechtlichen Vertrags. Das Verwaltungsverfahren endet nicht erst mit der Unanfechtbarkeit des erlassenen Verwaltungsaktes, sondern bereits mit dessen Bekanntgabe.[14] Erst der Widerspruch leitet ein neues Verfahren, das Widerspruchsverfahren, ein. Während des Widerspruchverfahrens besteht dann wieder das Akteneinsichtsrecht gem. § 29. **Zwischen Bekanntgabe und Erhebung des Widerspruchs besteht daher kein Anspruch auf Akteneinsicht.**[15] Diese Einschränkung erscheint nicht unzumutbar. Die Akteneinsicht dient der Geltendmachung oder Verteidigung rechtlicher Interessen, wenn eine behördliche Entscheidung bevorsteht. Solange kein Widerspruch erhoben worden ist, ist eine Entscheidung, auf die Einfluss genommen werden könnte, nicht zu erwarten. Die Akteneinsicht könnte lediglich der Prüfung der Erfolgsaussichten des Widerspruchs dienen. Hierzu ist ein Akteneinsichtsrecht nicht zwingend geboten, da der Betroffene in der Regel vor Erlass des Erstbescheids Gelegenheit hatte, die Akte zu studieren. Die Prüfung der Erfolgsaussichten eines Rechtsbehelfs kann aber ein berechtigtes Interesse darstellen, das einen Anspruch auf fehlerfreie Ermessensausübung hinsichtlich der Gewährung der Akteneinsicht begründet[16] (s. Rdn. 6 und 13). Der **Behörde ist es deshalb unbenommen Akteneinsicht zu gewähren.** Dies ist auch empfehlenswert, weil durch die Kenntnis der Entscheidungsgrundlagen dem Betroffenen verständlich gemacht werden kann, warum die Entscheidung getroffen worden ist und damit die Einlegung von Rechtsbehelfen vermieden werden kann.

Eine Verpflichtung der Behörde zur Gestattung der Akteneinsicht besteht nur gegen- 11
über **Beteiligten gem. § 13 Abs. 1.** Beteiligte sind Antragsteller, Antragsgegner, Adressaten eines Verwaltungsaktes und die Vertragspartner eines öffentlich-rechtlichen Vertrages. Der Rechtsanwalt eines Beteiligten hat daher nur ein abgeleitetes aber kein originäres Einsichtsrecht[17]. Andere Personen, deren rechtliche Interessen durch den Verfahrensausgang berührt werden können (§ 13 Abs. 2) sind gem. § 13 Abs. 1 Nr. 4 nur dann Beteiligte, wenn sie von der Behörde zu dem Verfahren hinzugezogen worden sind. Der Beteiligte kann sein Akteneinsichtsrecht von einem Bevollmächtigten gem. § 14 ausüben lassen. Für die nach § 12 handlungsunfähigen Beteiligten muss die

---

13 BVerwG, Urt. v. 30.06.1983 – 2 C 76/81, DVBl 1984, 53 (55).
14 BVerwG, Urt. v. 30.06.1983 – 2 C 76/81, DVBl 1984, 53 (55).
15 A.A. *Kopp/Ramsauer*, § 29, Rn. 23.
16 BVerwG, Urt. v. 02.07.2003 – 3 C 46/02, BVerwGE 118, 270.
17 BVerwG, Beschl. v. 10.02.1981 – 7 B 26/81, NJW 1981, 2270.

Akteneinsicht -als nicht-behördliche Verfahrenshandlung- durch die gesetzlichen Vertreter bzw. deren Bevollmächtigte vorgenommen werden. Ist gem. § 16 ein Vertreter von Amts wegen bestellt, so kann er das Akteneinsichtsrecht des Beteiligten ausüben.

12 Beteiligte eines Verwaltungsverfahrens von **mehr als fünfzig Personen**, die durch einen Vertreter gem. § 17 oder § 18 vertreten werden, sind gem. § 29 Abs. 1 Satz 3 von der Akteneinsicht ausgeschlossen. Nur die gemeinsamen Vertreter haben Anspruch auf Akteneinsicht. Zweck dieser Sonderregelung ist es, einerseits die Behörde zu entlasten und andererseits den Vertretenen eine Kenntnis des Akteninhalts durch ihren gemeinsamen Vertreter zu vermitteln. Würden alle Vertretenen selbst die Akteneinsicht begehren, wäre die Behörde regelmäßig nach Abs. 2 Satz 1 zur Versagung berechtigt, weil durch die Vielzahl Einsichtnehmender die ordnungsgemäße Erfüllung der Aufgaben der Behörde beeinträchtigt wäre. Der Behörde bleibt es unbenommen einzelnen Vertretenen Akteneinsicht zu gestatten, da die Regelung sie nur entlasten soll.

13 **Nichtbeteiligten** ist nach pflichtgemäßem Ermessen Akteneinsicht zu gewähren, wenn sie ein **berechtigtes Interesse** an der Akteneinsicht nachweisen.[18] Nur bei Vorliegen eines berechtigten Interesses besteht ein subjektives **Recht auf fehlerfreie Ausübung des Ermessens.** Der Begriff des »berechtigten Interesses« ist weitergehender als der des »rechtlichen Interesses« Ein berechtigtes Interesse muss sich nicht auf ein bereits vorhandenes Recht stützen; es genügt vielmehr jedes nach vernünftiger Erwägung durch die Sachlage gerechtfertigte Interesse, das auch wirtschaftlicher Art sein kann. Ein berechtigtes Interesse besteht im Vorfeld eines Verfahrens für einen potentiell Verfahrensbeteiligten, um sachgerecht die Frage prüfen und entscheiden zu können, ob und in welchem Umfang er sich um eine behördliche Genehmigung (Konzession) bewirbt.[19]

b) Erforderlichkeit der Akteneinsicht zum Zweck der Wahrung rechtlicher Interessen des Beteiligten

14 Der Beteiligte muss die Akteneinsicht zur **Wahrung seiner rechtlichen Interessen** begehren. Als solche sind alle rechtlich geschützten Belange des Beteiligten zu verstehen, die entweder als subjektive Rechte oder »nur« als rechtliche Interessen i.S.d. § 13 Abs. 2 Satz 1 vom Ausgang des Verwaltungsverfahrens berührt werden. Der Begriff des rechtlichen Interesses ist enger als der des berechtigten Interesses, das Voraussetzung für eine Akteneinsicht nach behördlichem Ermessen außerhalb eines Verwaltungsverfahrens ist. Berechtigtes Interesse kann jedes vernünftige und sachgerechte Interesse rechtlicher, wirtschaftlicher[20] und ideeller Art[21] sein. Demgegenüber setzt das

18 BVerwG, Urt. v. 16.09.1980 – 1 C 89.79, BVerwGE 61, 40; Urt. v. 23.06.1982 – 1 C 222.79 –, Buchholz 316 Nr. 2 zu § 29 VwVfG; Urt. v. 05.06.1984 – 5 C 73/82 –, Buchholz 316 Nr. 6 zu § 29 VwVfG; OLG Frankfurt, Beschl. v. 09.10.2003 – WpÜG 2/02, NJW-RR 2004, 1194.

19 BVerwG, Urt. v. 02.07.2003 – 3 C 46/02, BVerwGE 118, 270.

20 BVerwG, Urt. v. 28.10.1970 – VI C 55.68, BVerwGE 36, 218 (226) zu § 43 Abs. 1 VwGO.

21 BVerwG, Urt. v. 24.02.1961 – IV C 111.60, BVerwGE 12, 86.

rechtliche Interesse **eine im Zivilrecht oder Öffentlichen Recht wurzelnde Rechtsposition** voraus, **auf die die behördliche Entscheidung einwirken kann.** Sie ist erst dann gegeben, wenn die Einsichtnahme bezweckt, eine tatsächliche Unsicherheit über ein Rechtsverhältnis zu klären, ein rechtlich relevantes Verhalten nach dem Ergebnis der Einsichtnahme zu regeln oder eine gesicherte Grundlage für die Verfolgung eines Anspruches zu erhalten. Akteneinsicht braucht daher nicht gestattet zu werden, wenn der Beteiligte lediglich die Beachtung der Rechte anderer oder eines öffentlichen Interesses (z.B. an einer ordnungsgemäßen Aktenführung) überprüfen will. Kein eigenes rechtliches Interesse stellt es dar zur Vorbereitung einer Klage geeignete Betroffene, die Verwaltungsverfahren Einwendungen erhoben haben, zu ermitteln und sich deren Ausführungen zu eigen zu machen[22].

Die Aktenkenntnis muss für den Beteiligten zur Wahrung seiner rechtlichen Interessen **erforderlich** sein. Das trifft stets zu, wenn der Beteiligte bei noch unsicherem Verfahrensausgang die Kenntnis des Akteninhalts für sein weiteres Verfahrensverhalten verwerten kann. Dies ist nur dann zu verneinen, wenn feststeht, dass die Kenntnis der Akten unter keinem denkbaren Gesichtspunkt für den Ausgang des Verfahrens von Bedeutung sein kann. Nicht erforderlich ist deshalb, dass die zuständige Behörde bereits eine negative Entscheidung konkret in Aussicht gestellt hat[23]. Unerheblich ist auch, ob zu erwarten ist, dass der Beteiligte nach Kenntnis der Akten (weitere) Ausführungen macht oder (neue) Anträge stellt. Es ist nicht zu verlangen, dass die Akteneinsicht eine Verbesserung der Rechtsposition des Beteiligten bringt. Ausreichend ist, dass durch die Einsicht möglicherweise größere Klarheit über den bisherigen Sach- und Streitstand entsteht. 15

Der Beteiligte muss allerdings sein rechtliches Interesse und die Erforderlichkeit der Akteneinsicht derart substantiiert darlegen, dass eine Beeinträchtigung rechtlicher Interessen möglich erscheint und das Begehren sich nicht als offensichtlich rechtsmissbräuchlich darstellt.[24] Die Anforderungen hieran dürfen nicht überspannt werden. Bei der Einleitung eines gegen den Beteiligten gerichteten Verfahrens versteht es sich in aller Regel von selbst, dass dieser ein Interesse daran hat, die Umstände zu kennen, die zu dem behördlichen Vorgehen führen.[25] 16

2. Inhalt der Verpflichtung

Inhalt der behördlichen Verpflichtung ist die Gestattung der Einsicht in die das Verfahren betreffenden Akten. Das Recht zur Akteneinsicht umfasst von vornherein nicht die Erteilung von Auskünften durch die Behörde. Es beinhaltet ebenso wenig den Anspruch, dass die Behörde erhobenes Datenmaterial ergänzend auswertet oder 17

22 BVerwG, Beschl. v. 01.10.2019 – 3 A 4/18 –, juris.
23 VGH Bayern, Beschl. v. 07.01.2020 – 8 ZB 18.1652, juris Rn. 13.
24 VGH Baden-Württemberg, Urt. v. 24.10.1983 – 10 S 902/82, NJW 1984, 1911; OVG Rheinland-Pfalz, Urt. v. 06.09.1983 – 7 A 27/83, NJW 1984, 1914, jeweils zu § 26 Abs. 5 StVZO.
25 VGH Bayern, Urt. v. 05.09.1989 – 25 B 88.01631, NVwZ 1990, 775 (777).

zusätzliche Statistiken, Schaubilder oder Diagramme anfertigt. Erst recht umfasst das Akteneinsichtsrecht nicht die Befugnis der Verfahrensbeteiligten, von der Behörde eine (rechtliche, tatsächliche oder ökonomische) Einschätzung zu einer bestimmten Frage zu erhalten[26].

a) Die das Verfahren betreffenden Akten

18 Die das Verfahren betreffenden Akten bestehen aus **allen Unterlagen**, die im Zusammenhang mit einem bestimmten Verwaltungsverfahren i.S.d. § 9 bei der das Verfahren leitenden Behörde angefallen oder von dieser nach § 26 Abs. 1 Nr. 3 beigezogen worden sind.

19 Der Begriff der Akte ist **nicht auf die papiergebundenen schriftlichen Vorgänge begrenzt.** Ebenso wie Bild-und Tonträger umfasst er auch Mikrofiches, Mikrofilme und ähnliche technische Medien, auf denen Vorgänge festgehalten werden.[27] Denn der Begriff der Akte in § 29 VwVfG bezweckt, alle Informationen, die eine Behörde sammelt und speichert zu umschreiben. Eine Differenzierung nach der technischen Art der Informationsspeicherung verbietet sich daher. Deshalb sind auch Vorgänge, die in einem EDV-System gespeichert sind, Bestandteile der Behördenakten oder ersetzen diese, wenn die Akte elektronisch geführt wird. Nach § 6 Satz 1 E-GovernmentG sollen die Behörden des Bundes ihre Akten elektronisch führen. Soweit es sich hierbei aber um Dateien als Sammlung personenbezogener Daten einer Vielzahl von Personen handelt, betreffen sie kein konkretes Verwaltungsverfahren. Ohne jegliche Bedeutung ist auch die Form, in der die Informationsträger verwahrt werden. Es ist gleichgültig, ob sie für das Verfahren in einem bestimmten Ordner zusammengefasst sind oder auf andere Vorgänge oder Ablagestellen verteilt sind. Deshalb gehören auch die Handakten des Rechtsamts einer Behörde zur Akte.[28]

20 Akten betreffen das Verfahren, wenn sie bei der das Verfahren leitenden Behörde in Bezug zu der zu treffenden Sachentscheidung angefallen oder von dieser nach § 26 Abs. 1 Nr. 3 beigezogen worden sind. Wann Unterlagen einen hinreichend engen Bezug zu der im Verfahren zu treffenden Entscheidung haben, ist vom Einzelfall abhängig.[29] In der Regel gehören hierzu auch die Vorakten in derselben Angelegenheit. Dagegen gehören Akten aus Parallel-und Musterverfahren grundsätzlich nicht dazu, es sei denn die Behörde hat gerade darin die maßgeblichen rechtlichen und tatsächlichen Prüfungen angestellt. Zu den Akten zählen nicht das auf das jeweilige Verwaltungsverfahren anzuwendende geltende Recht, Verwaltungsvorschriften[30], die einem Gesetz- oder Verordnungsgebungsverfahren zu Grunde gelegten Vorgänge oder die

26 OLG Düsseldorf, Beschl. v. 23.08.2017 – VI-Kart 5/16 (V), juris Rn. 48.

27 BVerfG (3. Kammer des Ersten Senats), Beschl. v. 25.09.1990 – 1 BvR 1555/87, NJW 1991, 2952 (2953).

28 VG Göttingen, Urt. v. 11.02.2009 – 1 A 393/06, juris.

29 Zum Personalaktenbegriff nach BBG vgl. BVerwG, Urt. v. 30.06.1961 – II C 177.58, NJW 1961, 1986 (1987); BVerwG, Urt. v. 01.07.1983 – 2 C 42/82, NVwZ 1984, 445 (446).

30 VGH Baden-Württemberg, Beschl. v. 11.07.2019 – 6 S 2759/18, juris Rn. 13.

einschlägige Fachliteratur. Beigezogene Akten einer anderen Behörde unterliegen ohne Einschränkung der Akteneinsicht. Indem diese ihre Akten zur Verfügung stellt, erklärt sie sich zugleich mit einer Akteneinsicht einverstanden. Dagegen hat der Beteiligte aus § 29 keinen Anspruch, dass bestimmte Akten anderer Behörden beigezogen werden. § 29 bezieht sich nur auf die Akten, die sich bei der verfahrensleitenden Behörde befinden. Welche Akten benötigt werden, bestimmt die Behörde im Rahmen ihrer Sachaufklärungspflicht.

Entscheidungsentwürfe und Arbeiten zu ihrer unmittelbaren Vorbereitung nimmt § 29 Abs. 1 Satz 2 von der Pflicht zur Einsichtsgestattung aus. Der Behörde ist es allerdings nicht verwehrt, dem Beteiligten auch in diese Teile der Akte Einsicht zu gestatten. Mit dieser Beschränkung soll verhindert werden, dass es im Hinblick auf unverbindliche Vorentwürfe zu Auseinandersetzungen kommt, die möglicherweise für die abschließende Entscheidung keine Bedeutung mehr haben, weil sie z.B. nicht die Billigung des Behördenleiters finden. Zugleich soll dem Sachbearbeiter dadurch eine unbefangene Entscheidung ermöglicht werden. 21

Entwürfe zu Entscheidungen sind jene Schriftstücke, in denen die zu treffende Entscheidung -wie der zu erlassende Verwaltungsakt- noch keine endgültige -vom unterzeichnungsberechtigten Amtsträger unterschriebene- Festlegung gefunden hat. 22

Arbeiten zur unmittelbaren Vorbereitung von Entscheidungen sind alle Aktenteile, die unmittelbar mit dem Entscheidungsprozess zusammenhängen. Dies sind z.B. Weisungen und Stellungnahmen von Aufsichtsbehörden im Hinblick auf die zu treffende Entscheidung, Beschlussvorschläge, an die entscheidungsberechtigten Gremien und deren Beratungsprotokolle, Stellungnahmen mitzeichnungsberechtigter bzw. ressortmäßig betroffener Amtsträger, Entscheidungsvorschläge von Personen, die bei der Behörde zur Ausbildung beschäftigt sind. 23

Diese **Beschränkung des Akteneinsichtsanspruchs gilt nur bis zum Abschluss des Verwaltungsverfahrens.** Maßgeblicher Zeitpunkt hierfür ist beim Erlass eines Verwaltungsaktes dessen Bekanntgabe gegenüber zumindest einem Beteiligten. Dies bedeutet, dass in einem neuen Verfahren – wie z.B. dem Widerspruchsverfahren – auch in diese Aktenteile Einsicht gestattet werden muss. Nach dem Erlass der Entscheidung, zu dessen Vorbereitung diese Unterlagen dienten, braucht die Unbefangenheit des Sachbearbeiters nicht mehr geschützt werden, vielmehr ist es in einem Widerspruchsverfahren für den Beteiligten gerade wichtig, den Meinungsbildungsprozess nachzuvollziehen, um etwaige Ermessensfehler rügen zu können. 24

b) Gestattung der Einsicht

Mit der Gestattung der Einsicht gibt die Behörde dem Beteiligten bzw. dessen Vertretern eine angemessene Gelegenheit, vom Inhalt der das Verfahren betreffenden Akten **Kenntnis** zu nehmen und sich dabei über das Gelesene **Notizen** zu machen oder kurze **Auszüge aus den Akten** anzufertigen. Werden die Akten ganz oder zum Teil elektronisch geführt, hat die Behörde in Anwendung des § 8 E-Government-Gesetz zu entscheiden, ob sie einen Aktenausdruck erteilt, sie die Akten für den 25

Einsichtbegehrenden am Bildschirm bereitstellt, sie die Akten als elektronisches Dokument übermittelt oder sie den elektronischen Zugang auf den Inhalt der Akten gestattet.

26 Der **Umfang** der behördlichen Verpflichtung zur Gestattung der Akteneinsicht ist auf die Aktenteile beschränkt, **deren Kenntnis zur Wahrung der rechtlichen Interessen des Beteiligten erforderlich ist.** Denn nur »soweit« ist Akteneinsicht zu gewähren. Ausgeschlossen sind damit Aktenbestandteile, die unter keinem ersichtlichen Aspekt der Rechtsverfolgung oder Rechtsverteidigung dienen, weil sie z.B. keinen erkennbaren Verfahrensbezug aufweisen. Insofern kann auf die obigen Ausführungen (Rdn. 14–16) Bezug genommen werden. Aktenteile, deren Kenntnis für die Wahrung der rechtlichen Interessen erkennbar ohne jede Bedeutung ist, kann die Behörde daher vor der Einsichtnahme aussondern. Es empfiehlt sich jedoch, die gesamte Akte zur Verfügung zu stellen, um den Eindruck zu vermeiden, wesentliche Unterlagen zu unterdrücken und den Bürger bei der Verfolgung seiner Rechte zu behindern, soweit hierdurch nicht Rechte und Geheimhaltungsinteressen Dritter betroffen werden.

II. Fälle, in denen die Behörde nicht zur Akteneinsicht verpflichtet ist (Abs. 2)

1. Allgemeines

27 Abs. 2 nennt abschließend die Fälle, in denen die Behörde nicht zur Gestattung der Akteneinsicht verpflichtet ist. Die Vorschrift normiert damit **Verweigerungsgründe.** Die Behörde braucht **kein Ermessen** dahingehend auszuüben, ob sie trotzdem gem. § 29 VwVfG Akteneinsicht gewährt.[31] Der Gesetzgeber hält die Behörde schon dann für berechtigt, die Akteneinsicht zu verweigern, wenn die Tatbestandsvoraussetzungen des Abs. 2 vorliegen. Dem Verfahrensbeteiligten steht kein Recht auf ermessensfehlerfreie Entscheidung zu. Dies zeigt unter anderem ein Vergleich mit § 28 Abs. 2 VwVfG, in dem die Ausnahmen zur Anhörungspflicht normiert sind. Dort kann die Behörde bei dem Vorliegen eines Ausnahmefalls von der Anhörung absehen, womit sie zur rechtmäßigen Ausübung ihres Ermessens verpflichtet wird. In § 29 Abs. 2 hat der Gesetzgeber dagegen keine ähnliche Formulierung gewählt, sondern einen anspruchsausschließenden Tatbestand geschaffen. Die Verweigerungsgründe des Abs. 2 vernichten den Akteneinsichtsanspruch aus Abs. 1. Sie lassen sich daher auch als »negative« Tatbestandsmerkmale des Abs. 1 lesen. Ein Anspruch auf fehlerfreie Ermessensausübung kann sich daher aus § 29 VwVfG nicht ergeben. Raum für ein aus allgemeinen Grundsätzen abgeleitetes Recht auf fehlerfreie Ermessensausübung (vgl. Rdn. 6) besteht nicht, da in einem Verwaltungsverfahren das Akteneinsichtsrecht abschließend durch § 29 VwVfG geregelt wird. Andererseits **verbietet § 29 Abs. 2 VwVfG der Behörde nicht schlechthin, Akteneinsicht zu gestatten.** Dies ist nur im letzten der genannten drei Fälle so, da hier der Vorgang aufgrund anderer gesetzlicher Vorschriften oder Grundrechte Dritter geheim gehalten werden muss. Eine Beeinträchtigung der ordnungsgemäßen Erfüllung ihrer Aufgaben (1. Alt.) darf die Behörde dagegen hinnehmen. Verfährt sie in einer gleichmäßigen Verwaltungspraxis dergestalt, erwächst

31 A.A. *Kopp/Ramsauer*, § 29, Rn. 25.

dem Beteiligten dann aus Art. 3 Abs. 1 GG ein Recht auf fehlerfreie Ermessensausübung. Gleichermaßen ist die Behörde durch einen Verweigerungsgrund nicht gehindert, den Beteiligten insbesondere im Zusammenhang mit einer gebotenen Anhörung vom wesentlichen Akteninhalt Kenntnis zu geben, wenn dabei vorgehende Rechte Dritter nicht verletzt werden.

2. Die einzelnen Verweigerungsgründe

a) Beeinträchtigung der ordnungsgemäßen Erfüllung der Aufgaben der Behörde

Durch die Gestattung der Akteneinsicht darf die ordnungsgemäße Erfüllung der Aufgaben der Behörde nicht beeinträchtigt werden. 28

Beeinträchtigung ist mehr als die bloße Gefährdung, die § 5 Abs. 3 Nr. 3 VwVfG für die Verweigerung der Amtshilfe genügen lässt. Sie liegt erst dann vor, wenn die Aufgabenerfüllung wesentlich, aktuell und unmittelbar und nicht nur aller Wahrscheinlichkeit nach durch die Gestattung der Akteneinsicht Schaden nimmt. 29

Die ordnungsgemäße Erfüllung der Aufgaben der Behörde kann dadurch behindert werden, dass eine **Vielzahl von Beteiligten** in die Akten Einsicht nehmen will, so dass Personal und Diensträume in einem außergewöhnlichen Umfang belastet würden. Beeinträchtigt wird die Aufgabenerfüllung dadurch erst dann, wenn entweder andere Verfahren deshalb nicht zügig genug durchgeführt werden können oder das anhängige Verfahren zu Lasten des öffentlichen Interesses bzw. der Interessen anderer Beteiligter unangemessen verzögert würde.[32] In sogenannten Masseverfahren nach §§ 17, 18 VwVfG ist deshalb gem. § 29 Abs. 1 Satz 3 der Akteneinsichtsanspruch auf den gemeinsamen Vertreter beschränkt. Eine unangemessene Verzögerung durch die Akteneinsicht eines Einzelnen ist dagegen kaum denkbar. Die Behörde kann sich nicht auf die Beeinträchtigung ihrer Aufgabenerfüllung berufen, wenn sie durch geeignete organisatorische Maßnahmen (z.B. Vervielfältigung vielgefragter Aktenteile, Bestimmung von festen Zeiten für die Akteneinsicht, Vorbereitung besonderer Räume) abgewandt werden kann. 30

Die ordnungsgemäße Aufgabenerfüllung der Behörde kann auch gerade dadurch beeinträchtigt werden, dass durch den mit der Akteneinsicht verbundenen Ankündigungseffekt der **Erfolg des Verwaltungsverfahrens** in Frage gestellt würde.[33] Dies ist vor allem im Bereich des Polizeirechts der Fall, wenn die Gefahr besteht, dass der Beteiligte durch die Kenntnis des Akteninhalts sich der gegen ihn beabsichtigten Maßnahme entzieht. Der Erfolg des Verwaltungsverfahrens kann aber auch dadurch beeinträchtigt werden, dass durch die Akteneinsicht ein gebotenes sofortiges Tätigwerden der Behörde verhindert würde. Eine solche Gefahr in Verzug erfordert, dass durch die Gestattung der Akteneinsicht ein solcher Zeitverlust einträte, dass die durch den Verwaltungsakt zu treffende Regelung zu spät käme, um ihren Zweck noch zu erreichen. 31

32 VGH Baden-Württemberg, Urt. v. 28.05.1975 – IV 43/74, DVBl 1974, 817 (819).
33 VGH Bayern, Urt. v. 05.09.1989 – 25 B 88.01631, NVwZ 1990, 775 (778).

32 Eine Beeinträchtigung der ordnungsgemäßen Aufgabenerfüllung ist auch dadurch möglich, dass **geheimhaltungsbedürftige Namen von Informanten**, auf deren Angaben die Behörde angewiesen ist, bekannt würden. Diese Vertraulichkeit erfordert aber in der Regel nur, die Identität des Informanten geheim zu halten.[34]

b) Entstehung eines Nachteils für das Wohl des Bundes oder eines Landes durch Bekanntwerden des Inhalts der Akten

33 Das Bekanntwerden des Inhalts der Akten darf dem Wohle des Bundes oder eines Landes keine Nachteile bereiten. Diese **Staatswohlklausel** deckt sich weitgehend mit der Verweigerung der Aktenvorlage in gerichtlichen Verfahren (§§ 99 Abs. 1 Satz 2 VwGO, 119 Abs. 1 SGG, 86 Abs. 2 FGO), der Verweigerung der Aussagegenehmigung für Beamte (§ 68 Abs. 1 BBG) wie für die in Ausschüssen ehrenamtlich Tätigen (§ 84 Abs. 3 VwVfG), der Aussageverweigerung des Bundespräsidenten (§§ 54 Abs. 3 StPO, 376 Abs. 4 ZPO), dem Verbot der Beschlagnahme amtlicher Schriftstücke (§ 96 StPO) und der Verweigerung der Amtshilfe (§ 5 Abs. 2 Nr. 2 VwVfG).

34 Das Wohl des Bundes oder eines Landes umfasst die äußere und innere Sicherheit, die öffentliche Sicherheit und Ordnung und das freundschaftliche Verhältnis zu anderen Staaten und zu internationalen Organisationen. Nicht geschützt ist das Wohl von Gemeinden und anderen juristischen Personen des öffentlichen Rechts wie auch das Wohl der jeweiligen Regierung.

35 Dem Wohl des Bundes oder eines Landes wird ein Nachteil bereitet, wenn die genannten staatlichen Interessen mit hinreichender Wahrscheinlichkeit durch die Gestattung der Akteneinsicht beeinträchtigt würden. Die bloße Möglichkeit des Eintritts eines Nachteils genügt nicht. Andererseits ist im Hinblick auf die Unwägbarkeiten im Sicherheitsbereich eine an Sicherheit grenzende Wahrscheinlichkeit nicht zu fordern. Anders als für das Verbot der Amtshilfe in § 5 Abs. 2 Nr. 2 VwVfG ist es nicht erforderlich, dass der zu erwartende Nachteil erheblich ist. Dies kann dazu führen, dass Akten zwar im Wege der Amtshilfe der das Verfahren leitenden Behörde vorgelegt, aber nicht den Beteiligten zugänglich gemacht werden dürfen.

36 Die Beurteilung der Frage, ob dem Wohl des Bundes oder eines Landes ein Nachteil entstehen würde, obliegt anders als nach § 99 Abs. 1 Satz 2 VwGO oder § 96 StPO nicht der obersten Aufsichts- oder Dienstbehörde, sondern der aktenführenden Behörde.

c) Vorgänge die nach einem Gesetz oder ihrem Wesen nach geheim gehalten werden müssen

37 Die Verpflichtung zur Gestattung der Akteneinsicht entfällt, soweit die Vorgänge nach einem Gesetz oder ihrem Wesen nach, namentlich wegen der berechtigten Interessen der Beteiligten oder dritter Personen, geheim gehalten werden müssen. Eine derartige

34 VGH Bayern, Urt. v. 05.09.1989 – 25 B 88.01631, NVwZ 1990, 775 (778).

dem Schutz öffentlicher und privater Geheimhaltungsinteressen dienende Klausel findet sich auch in § 99 Abs. 1 Satz 2 VwGO und § 5 Abs. 2 Satz 2 VwVfG. Damit wird klargestellt, dass die Pflicht der Behörde zur Gestattung der Akteneinsicht diese nicht befugt, geheim zu haltende Vorgänge zu offenbaren.

Nach einem **Gesetz** müssen Vorgänge geheim gehalten werden, wenn der Behörde bzw. ihren Amtsträgern durch Rechtsvorschrift -und nicht nur durch eine Verwaltungsvorschrift- eine Geheimhaltungspflicht auferlegt und eine Befugnis zur Offenbarung (wie etwa durch Zustimmung des Inhabers des Geheimhaltungsanspruchs) nicht besteht. 38

Rechtsvorschriften, aus denen sich eine Geheimhaltungspflicht ergibt, sind z.B. Art. 10 GG, § 30 AO, § 139b Abs. 1 Satz 3 GewO, § 9 KWG, § 16 BStatG, §§ 67 ff. SGB-X[35]. Hierher gehören auch Weitergabeverbote nach dem Bundesdatenschutzgesetz. Grundsätzlich liegt jedoch ein berechtigtes Interesse an der Kenntnis der durch Akteneinsicht zu übermittelnden Daten i.S.v. § 25 Abs. 2 Satz 1 Nr. 3 BDSG vor. Geheimhaltungspflichten ergeben sich auch aus den im Bundesverfassungsschutzgesetz, Bundesnachrichtendienstgesetz und Militärischen Abschirmdienstgesetz statuierten Auskunftsverboten. Die am Verwaltungsverfahren Beteiligten sind durch § 30 VwVfG vor einer Preisgabe ihrer zum persönlichen Lebensbereich gehörenden Geheimnisse sowie Betriebs-und Geschäftsgeheimnisse geschützt.[36] 39

Ihrem **Wesen** nach sind Vorgänge geheim zu halten, wenn das öffentliche Interesse oder das berechtigte Interesse Beteiligter bzw. Dritter an der Geheimhaltung das Informationsinteresse des Einsichtbegehrenden Beteiligten überwiegt. Die Abwägung unterliegt der vollständigen gerichtlichen Kontrolle, da sie im Rahmen eines unbestimmten Rechtsbegriffs vorzunehmen ist. Der Behörde stehen weder ein Beurteilungs- noch ein Ermessensspielraum zu. 40

Das **berechtigte Interesse Dritter** kann das Informationsinteresse des Einsichtbegehrenden überwiegen, wenn der Vorgang die **Privat-und Intimsphäre unbeteiligter Dritter** betrifft. Zu denken ist hierbei an ärztliche und psychologische bzw. psychiatrische Gutachten, familiäre Ereignisse und Einkommensverhältnisse. Die zum persönlichen Lebensbereich Beteiligter gehörenden Tatsachen dürfen bereits nach einem Gesetz (§ 30 VwVfG) nicht offenbart werden. 41

Ebenso sind **Betriebs-und Geschäftsgeheimnisse unbeteiligter Dritter**, die nicht den Schutz des § 30 VwVfG genießen, gegen das Informationsinteresse abzuwägen. 42

Auch die **Interessen des Einsichtbegehrenden selbst** können in wenigen Ausnahmesituationen der Gestattung der Einsicht entgegenstehen. Dies ist der Fall, wenn Leib und Leben des Einsichtbegehrenden hierdurch schwer gefährdet würden, so z.B., wenn er hierdurch Tatsachen erführe, die eine bereits bestehende Selbstmordgefahr steigerten. Dann ist es zum Schutz des Lebens und der Gesundheit notwendig, ihm 43

35 Zu § 67 SGB X: BVerwG, Urt. v. 04.09.2003 – 5 C 48/02, NJW 2004, 1543.
36 A.A. *Knack*, § 29 Rn. 23.

diese Tatsachen vorzuenthalten. Seine verfassungsrechtliche Rechtfertigung findet dies in der Tatsache, dass wegen der psychischen Erkrankung die freie Willensentschließung nicht mehr gewährleistet ist und in diesem Falle das Übergewicht der staatlichen Schutzverpflichtung vertretbar ist.[37] So versagte das Oberverwaltungsgericht des Landes Nordrhein-Westfalen einem Beteiligten die Einsicht in seine Krankengeschichte, da man eine Verstärkung der vorhandenen Selbstmordpsychose befürchtete.[38] Im Allgemeinen muss es jedoch dem Bürger überlassen bleiben zu entscheiden, welche Kenntnisse er für seine Lebensführung für erforderlich hält. Behördliche Bevormundung braucht er nicht zu dulden. Dies ist mit dem Grundrecht auf freie Entfaltung der Persönlichkeit grundsätzlich nicht vereinbar. Die bloße Gefahr gesundheitlicher Schädigung kann daher die Verweigerung der Akteneinsicht nicht begründen.[39] Dies ist auf Grenzfälle der schweren Lebensgefährdung psychisch erkrankter Personen, deren freie Willensentschließung beeinträchtigt ist, zu beschränken.

44 Das Interesse Dritter wie auch das öffentliche Interesse ist berührt, wenn durch die Gestattung der Akteneinsicht die Identität von Behördeninformanten offenbart würde. Personenbezogene Daten sind grundsätzlich ihrem Wesen nach geheimhaltungsbedürftig. Bei personenbezogenen Daten besteht ein privates Interesse an der Geheimhaltung, das grundrechtlich geschützt ist. Der **Schutz des Informanten** ist insbesondere dann angezeigt, wenn dieser Nachteile befürchten muss, sollte der Beteiligte von seiner Tätigkeit erfahren. Aber auch im öffentlichen Interesse kann eine Geheimhaltung angezeigt sein. In vielen Verwaltungsbereichen sind die Behörden auf Informationen aus der Bevölkerung angewiesen, die sie vielfach nur dann erhalten, wenn Vertraulichkeit gewährleistet ist. Nicht jede öffentliche Aufgabe rechtfertigt indes die Annahme, Informationen von Seiten Dritter seien zur Erfüllung einer öffentlichen Aufgabe unerlässlich. Die Aufgabe, auf die die behördlichen Ermittlungen ausgerichtet sind, muss vielmehr dem Schutz gewichtiger Rechtsgüter dienen. Der Geheimhaltungsgrund des Informantenschutzes setzt eine öffentliche Aufgabe voraus, deren Erfüllung durch die Preisgabe der Identität des Dritten ernstlich gefährdet oder erheblich erschwert würde.[40] Diese Vertraulichkeit erfordert aber in der Regel nur, die Identität des Informanten geheim zu halten und Einsicht in die insoweit anonymisierten Vorgänge zu gewähren.[41] Sollten sich auch aus anonymisierten Aktenteilen Rückschlüsse auf die Person des Informanten ergeben, ist in Abwägung mit den Interessen des Einsichtsbegehrenden festzustellen, ob ein berechtigtes Interesse an einer Geheimhaltung besteht.[42] Die Interessen des Informanten stehen dann entgegen, wenn ernsthaft zu befürchten ist, dass der Einsichtbegehrende in unerlaubter Weise -etwa

37 BVerfG, Beschl. v. 07.10.1981 – 2 BvR 1194/80, BVerfGE 58, 224 ff; BVerwG, Urt. v. 27.04.1989 – 3 C 4/86, NJW 1989, 2960.

38 OVG Nordrhein-Westfalen, Beschl. v. 13.09.1973 – I B 511/73, OVGE MüLü 29, 102.

39 BVerwG, Urt. v. 27.04.1989 – 3 C 4/86, NJW 1989, 2960; VGH Bayern, Urt. v. 05.09.1989 – 25 B 88.01631, NVwZ 1990, 775 (777).

40 BVerwG, Beschl. v. 22.07.2010 – 20 F 11/10, NVwZ 2010, 1493 zu § 99 VwGO.

41 BVerwG, Urt. v. 27.02.2003 – 2 C 10/02, NJW 2003, 3217 zu § 99 VwGO; VGH Bayern, Urt. v. 05.09.1989 – 25 B 88.01631, NVwZ 1990, 775 (778).

42 BVerwG, Beschl. v. 22.07.2010 – 20 F 11/10, NVwZ 2010, 1493.

tätlich- gegen den Informanten vorgeht[43] oder die Preisgabe der Identität des Dritten gewichtige öffentliche Belange ernstlich gefährden würde. Der Geheimhaltungsgrund entfällt jedoch, wenn ausreichende Anhaltspunkte dafür vorliegen, dass der Informant die Behörde wider besseres Wissen oder leichtfertig falsch informiert hat.[44] Dem Betroffenen muss es dann möglich sein, sich auf strafrechtlichem Weg oder durch eine Klage auf Widerruf zu Wehr zu setzen.

Im **öffentlichen Interesse** können weiterhin nachrichtendienstliche Feststellungen 45
und Ermittlungen von der Akteneinsicht ausgenommen sein, soweit ihre Offenlegung Rückschlüsse auf Organisation, Arbeitsweise oder Personal der Staatsschutzbehörde zulässt.[45]

Prüfungsakten einschließlich der Voraufzeichnungen, Korrekturbemerkungen und 46
Schlussbeurteilungen der Prüfer sind ihrem Wesen nach nicht geheim zu halten.[46] Dem Prüfling wird sonst die Möglichkeit genommen, auf etwaige Beurteilungsfehler hinzuweisen.

3. Reichweite der Verweigerungsgründe

Der anspruchsvernichtende Verweigerungsgrund kann den gesamten Akteninhalt be- 47
treffen oder sich auf Aktenteile beschränken (z.B. Angaben über einen Behördeninformanten, Geschäftsgeheimnisse eines Konkurrenten). Die Behörde muss dann diese Teile aussondern oder schwärzen und im Übrigen Akteneinsicht gewähren. Auf die Unvollständigkeit der Akten sollte hingewiesen werden. Ebenso kann der Verweigerungsgrund auf einen bestimmten Zeitraum oder auf einen bestimmten Beteiligten begrenzt sein. Die Behörde ist durch einen Verweigerungsgrund nicht gehindert, den Beteiligten – insbesondere im Zusammenhang mit einer gebotenen Anhörung – vom wesentlichen Akteninhalt Kenntnis zu geben, wenn dabei vorgehende Rechte Dritter nicht verletzt werden.

III. Ort und Form der Akteneinsicht (Abs. 3)

1. Ort der Akteneinsicht

Nach § 29 Abs. 3 Satz 1 VwVfG erfolgt die Akteneinsicht bei der Behörde, die die 48
Akten führt.

43 VGH Bayern, Urt. v. 05.09.1989 – 25 B 88.01631, NVwZ 1990, 775 (778).

44 BVerwG, Urt. v. 27.02.2003 – 2 C 10/02, NJW 2003, 3217; Beschl. v. 22.07.2010 – 20 F 11/10, NVwZ 2010, 1493 zu § 99 VwGO; VGH Bayern, Urt. v. 05.09.1989 – 25 B 88.01631, NVwZ 1990, 775 (778); VG Gießen, Urt. v. 19.03.1991 – I/1 E 760/90, NVwZ 1992, 401.

45 VGH Hessen, Beschl. v. 04.02.1977 – VI TE 444/76, NJW 1977, 1844 (1845); VGH Bayern, Beschl. v. 12.02.1990 – 5 C 89.198, NVwZ 1990, 778 (779) zu § 99 VwGO.

46 BVerwG, Urt. v. 09.12.1992 – 6 C 3/92, NVwZ 1993, 677; Urt. v. 16.03.1994 – 6 C 1/93, NVwZ 1994, 1209.

49 Die Behörde ist damit nur zur Gestattung der Akteneinsicht in ihren **Amtsräumen** verpflichtet. Der Beteiligte kann nicht beanspruchen, dass ihm die Akten mitgegeben oder übersandt werden[47]. Denn die Akten werden in den meisten Fällen ständig bei der Behörde benötigt. Dies **gilt auch für den Rechtsanwalt**, der mit der Wahrnehmung der Interessen eines Beteiligten beauftragt worden ist. Eine dem § 100 Abs. 2 Satz 3 VwGO entsprechende Regelung, dass die Akten dem bevollmächtigten Rechtsanwalt zur Mitnahme in seine Wohnung oder Geschäftsräume übergeben werden können, ist nicht Gesetz geworden. Der Rechtsanwalt hat auch als Organ der Rechtspflege keinen eigenen Anspruch auf Akteneinsicht.[48] Das Recht des Rechtsanwalts gem. § 3 Abs. 2 BRAO als Vertreter in Rechtsangelegenheiten aller Art vor Gerichten und Behörden aufzutreten, ist abhängig von dem Recht des Vertretenen und schafft daher keine darüberhinausgehenden Ansprüche. Der Behörde ist es allerdings **nicht verboten, ihre Akten dem Rechtsanwalt mitzugeben oder zu übersenden.** Abs. 3 Satz 2 Halbs. 2 erlaubt der Behörde, Ausnahmen von dem Grundsatz des Abs. 3 Satz 1 zu gestatten. Bei der Ausübung ihres Ermessens hat die Behörde die konkrete Beeinträchtigung des Verfahrens und die konkrete Gefahr eines Verlusts der Akten gegen den Mehraufwand des Rechtsanwalts an Zeit und Fahrtkosten, die dieser nicht nach RVG an seinen Mandanten weitergeben kann, und der Beschränkung seiner Arbeitsmöglichkeiten in der Behörde, wo ihm in der Regel weder technische Hilfsmittel noch Literatur zur Verfügung stehen, abzuwägen. Bei Akten mit sensiblen personenbezogenen Informationen wie vor allem bei Personalakten eines Beamten wird eine Aktenüberlassung in der Regel nicht in Betracht kommen, weil die Gefahren eines Verlustes und eines etwaigen Missbrauchs zu schwer wiegen.[49] Im Übrigen empfiehlt sich eine großzügige Handhabung. Eine frühzeitige Übergabe der Verwaltungsakten an den Rechtsanwalt schließt es von vornherein aus, dass der Beteiligte es im Hinblick auf § 100 Abs. 2 Satz 3 VwGO auf einen Verwaltungsprozess ankommen lässt. Zudem wird das Verwaltungsverfahren nicht durch Streitigkeiten über Randfragen belastet. Die Aktenübersendung ist – unabhängig davon, ob die Akteneinsicht als solche kostenfrei ist – kostenpflichtig. Die Kosten hierfür hat der Berechtigte – als Aufwendung für die seiner Sphäre zuzuordnenden Rechtsverfolgung – auch dann zu tragen, wenn spezielle Verfahrenskostenregelungen fehlen[50].

50 Um dem Einsichtbegehrenden eine weite Anreise zu ersparen, sieht Abs. 3 Satz 2 Halbsatz 1 vor, dass die Einsicht auch an einem anderen Ort nämlich **bei einer anderen Behörde** oder -wenn der Beteiligte im Ausland lebt- bei einer diplomatischen oder berufskonsularischen Vertretung der Bundesrepublik Deutschland erfolgen darf. Hierüber entscheidet die aktenführende Behörde nach pflichtgemäßem

47 VGH Baden-Württemberg, Beschl. v. 23.10.2013 – 11 S 1720/13, ESVGH 64, 82.
48 BVerwG, Beschl. v. 10.02.1981 – 7 B 26/81, NJW 1981, 2270.
49 BVerwG, Urt. v. 28.08.1986 – 2 C 51/84, NJW 1987, 1214.
50 BVerwG, Beschl. v. 27.06.2013 – 3 C 20/12, AUR, 2014, 73; VGH Baden-Württemberg, Beschl. v. 23.10.2013 – 11 S 1720/13, ESVGH 64, 82 unter Bezugnahme auf BVerfG, Beschl. v. 06.03.1996 – 2 BvR 386/96, NJW 1996, 2222.

Ermessen. Bei größeren Entfernungen zwischen dem Wohnort des Beteiligten und dem Sitz der aktenführenden Behörde wird eine Ablehnung dieses Antrags jedoch in aller Regel ermessensfehlerhaft sein. Soll die Einsicht bei einer anderen Behörde stattfinden, so ist diese unter Übersendung der Akten um die entsprechende Amtshilfe zu ersuchen.

Als aktenführende Behörde kommt grundsätzlich nur die Behörde in Betracht, die ein bestimmtes Verwaltungsverfahren durchführt bzw. durchgeführt hat und zu der der einsichtnehmende Beteiligte in einem Verfahrensrechtsverhältnis steht bzw. gestanden hat. Dies gilt auch für die von der Behörde beigezogenen Akten einer anderen Behörde. Etwas Anderes gilt nur, wenn ein Verwaltungsverfahren vor einem Ausschuss nach § 88 stattfindet, dessen laufende Geschäfte von einer anderen Behörde geführt werden. Keine aktenführenden Behörden sind solche Behörden, die entweder nur die Aufgabe haben Akten bzw. Aktenteile zur Einsicht auszulegen (wie die Gemeinden im Planfeststellungsverfahren nach § 73 Abs. 2 Satz 1) oder Akten bzw. Aktenteile aufzubewahren. 51

2. Form der Einsicht

In welcher Weise Einsicht in die Akten genommen werden kann, bestimmt die Behörde nach pflichtgemäßem Ermessen. Insbesondere steht es ihr frei, Einsicht nur im Beisein eines Mitarbeiters zu gestatten, um von vornherein unzulässige Manipulationen auszuschließen. Werden die Akten elektronisch geführt, hat die Behörde in Anwendung des § 8 E-Government-Gesetz zu entscheiden, ob sie einen Aktenausdruck erteilt, sie die Akten für den Einsichtbegehrenden am Bildschirm bereitstellt, sie die Akten als elektronisches Dokument übermittelt oder sie den elektronischen Zugang auf den Inhalt der Akten gestattet. 52

Der Berechtigte hat grundsätzlich einen Anspruch auf Aktenauszüge oder Überlassung von Kopien. Wegen der häufig langen Dauer der Verfahren ist es für ihn erforderlich, die in den Akten enthaltene Information nicht nur zu lesen, sondern auch zu speichern. Dies gilt in besonderem Maße bei umfangreichen Akten oder bei komplizierten technischen Sachverhalten. Andernfalls würde dem Beteiligten die Verfolgung seiner Rechte ohne triftigen Grund erschwert. Bei der Herstellung dieser Kopien müssen aber die Möglichkeiten der Behörde berücksichtigt werden. Sie hat daher nach pflichtgemäßem Ermessen darüber zu entscheiden, ob sie selbst Ablichtungen fertigt oder dem Einsichtnehmenden gestattet, sich Abschriften herzustellen. Hierbei hat die Behörde die konkrete Beeinträchtigung des Verfahrens, die Gefahr des Verlustes der Akte und deren Geheimhaltungsbedürftigkeit zu berücksichtigen. Sind derartige Gefahren zu besorgen, sollte die Behörde Ablichtungen anfertigen lassen oder Fotokopien vielgefragter wichtiger Aktenteile bereithalten. Die Anfertigung von Fotokopien von Plänen, Zeichnungen oder Fotografien im Verwaltungsverfahren kann nicht unter Hinweis auf den urheberrechtlichen Schutz verweigert werden. Denn gem. §§ 45 Abs. 1 UrhG, 24 KunstUrhG ist es zulässig, einzelne Vervielfältigungsstücke von Werken zur Verwendung in Verfahren vor einem Gericht, einem Schiedsgericht oder einer 53

Behörde herzustellen oder herstellen zu lassen. Die Kosten hierfür hat der Berechtigte – als Aufwendungen für die seiner Sphäre zuzuordnende Rechtsverfolgung – auch dann zu tragen, wenn spezielle Verwaltungskostenregelungen fehlen.[51]

IV. Folgen eines Verstoßes gegen § 29

54 Die fehlerhafte Versagung oder Gestattung der Akteneinsicht führt stets dazu, dass der das Verfahren abschließende Verwaltungsakt mit einem Verfahrensfehler behaftet ist.

1. Folgen der unzulässigen Verweigerung der Akteneinsicht

55 Der das Verfahren abschließende **Verwaltungsakt ist verfahrensfehlerhaft ergangen und damit rechtswidrig.** In der Regel führt dies nicht zur Nichtigkeit, sondern zur bloßen Aufhebbarkeit des Verwaltungsaktes. Die unzulässige Verweigerung der Akteneinsicht ist kein besonders schwerer Fehler, weil das Gesetz selbst in bestimmten Fällen dem Beteiligten eine Akteneinsicht verwehrt. Auf Rechtsbehelf hin ist der Verwaltungsakt aber nur dann aufzuheben, wenn die unterbliebene Gewährung der Akteneinsicht nicht in den zeitlichen Grenzen des § 45 Abs. 2 entsprechend § 45 Abs. 1 Nr. 3 geheilt wird und der Verwaltungsakt auf dem Fehler beruhen kann, weil eine andere Entscheidung in der Sache hätte getroffen werden können (§ 46). Eine **Heilung in analoger Anwendung des § 45 Abs. 1 Nr. 3** ist möglich, weil die Nachholbarkeit der Anhörung die Nachholbarkeit aller Verfahrenshandlungen umschließt, die in einem unmittelbaren Zusammenhang mit der Anhörung stehen. Mit der rechtswidrigen Versagung der Akteneinsicht geht in aller Regel auch eine Verletzung des Rechts auf Gehör einher. Voraussetzung ist demnach, dass eine unterlassene Anhörung nachzuholen ist und diese die Einsicht in die Akten voraussetzt.

2. Folgen einer rechtswidrig gewährten Akteneinsicht

56 Auch in diesem Fall ist der das Verfahren abschließende Verwaltungsakt **verfahrensfehlerhaft ergangen und damit rechtswidrig.** Dieser Fehler kann jedoch in aller Regel nicht mit Rechtsbehelfen gegen den verfahrensabschließenden Verwaltungsakt geltend gemacht werden. Soweit öffentliche Interessen berührt sind, fehlt es an einer Verletzung subjektiver Rechte. Soweit Geheimhaltungsinteressen von Beteiligten und Dritten verletzt worden sind, geschah dies durch die Gewährung der Akteneinsicht und nicht durch den Erlass des verfahrensabschließenden Verwaltungsaktes. Möglich sind aber Schadensersatz-und Folgenbeseitigungsansprüche.

51 BVerwG, Beschl. v. 27.06.2013 – 3 C 20/12, AUR 2014, 73.

V. Rechtsbehelfe

1. Gegen die Verweigerung der Akteneinsicht

a) In einem Verwaltungsverfahren

aa) Beteiligte

Die Verweigerung der Akteneinsicht in einem laufenden Verwaltungsverfahren gegenüber einem Beteiligten gem. § 29 ist eine **behördliche Verfahrenshandlung**, die gem. **§ 44a Satz 1 VwGO nicht selbstständig anfechtbar** ist.[52] Nach dieser Vorschrift können Rechtsbehelfe gegen behördliche Verfahrenshandlungen nur gleichzeitig mit den gegen die Sachentscheidung zulässigen Rechtsbehelfen geltend gemacht werden. Durch diese Regelung soll im Interesse der Verfahrensökonomie verhindert werden, dass der Abschluss von noch bei den Behörden anhängigen Verwaltungsverfahren durch gesonderte, lediglich auf das Verfahren bezogene Rechtsbehelfe erschwert oder verzögert wird und die Gerichte mit Streitfällen befasst werden, obwohl das behördliche Verfahren noch nicht abgeschlossen ist und noch offen ist, inwieweit die Sachentscheidung den Betroffenen überhaupt beschwert.[53] Deshalb ist der Begriff »Rechtsbehelf gegen Verfahrenshandlungen« nicht auf Anfechtungsklagen beschränkt, sondern in einem umfassenden Sinne zu verstehen. Es ist deshalb auch unerheblich, ob die Verweigerung der Akteneinsicht in einem Verwaltungsverfahren ein Verwaltungsakt ist oder nicht[54]. 57

Dies gilt auch für den **Erlass einstweiliger Anordnungen nach § 123 VwGO.**[55] Auch die einstweilige Anordnung ist ein Rechtsbehelf im Sinne von § 44a VwGO. Denn darunter versteht man jedes von der Rechtsordnung in einem Verfahren zugelassene Gesuch, mit dem eine behördliche Entscheidung angefochten werden kann. Dieser sich aus dem Wortlaut ergebende Befund wird dadurch bestätigt, dass im Wege der einstweiligen Anordnung nicht etwas gewährt werden kann, was im Klageweg unerreichbar ist.[56] Eine einstweilige Anordnung kann nur auf einen rechtlichen Erfolg gerichtet sein, der auch im Rahmen einer Verpflichtungsklage, allgemeinen Leistungs- bzw. Unterlassungsklage oder Feststellungsklage erreicht werden könnte. Denn sie dient alleine der Sicherung des Rechtsschutzes im Hauptsacheverfahren. Es ist daher unerheblich, dass ein Verfahren auf Erlass einer einstweiligen Anordnung das Verwaltungsverfahren nicht im gleichen Maße verzögert wie ein Klageverfahren. 58

---

52 BVerwG, Urt. v. 12.04.1978 – 8 C 7/77, NJW 1979, 177; Urt. v. 22.09.2016 – 2 C 16/15, IÖD 2017, 55; BSG, Urt. v. 10.12.1992 – 11 RAr 71/91, BB 1993, 1443; OVG Sachsen-Anhalt, Beschl. v. 05.01.2012 – 8 R 14/11 –, juris.

53 VGH Bayern: Beschl. V. 18.05.1995 – 7 CE 95.1069, BayVBl 1995, 631.

54 BVerwG, Urt. v. 22.09.2016 – 2 C 16/15, IÖD 2017, 55.

55 VGH Bayern: Beschl. V. 18.05.1995 – 7 CE 95.1069, BayVBl 1995, 631; a.A. *Kopp/Ramsauer*, § 29 Rn. 44.

56 BVerwG, Beschl. v. 21.03.1997 – 11 VR 2/97, NVwZ-RR 1997, 663; VGH Bayern, Beschl. v. 18.05.1995 – 7 CE 95.1069, BayVBl 1995, 631.

59 Dieser Ausschluss des unmittelbaren Rechtsschutzes des Beteiligten in einem Verwaltungsverfahren gegenüber der ihm verweigerten Akteneinsicht ist mit dem grundrechtlich verbürgten **Anspruch auf effektiven Rechtsschutz (Art. 19 Abs. 4 GG)** vereinbar. Der Beteiligte kann die ihm rechtswidrig versagte Akteneinsicht gegen den verfahrensabschließenden Verwaltungsakt geltend machen, wenn er durch diesen beschwert ist. Nur wenn **unzumutbare Nachteile**, die durch die Verweigerung der Akteneinsicht entstanden sind, **in dem späteren Rechtsbehelfsverfahren nicht mehr vollständig beseitigt werden können**, kommt eine gerichtliche Vorab-Entscheidung in Betracht.[57]

60 Beruft sich die Behörde im gerichtlichen Verfahren gegen den ohne Akteneinsicht ergangenen Verwaltungsakt auf die Geheimhaltungsbedürftigkeit oder Vertraulichkeit von Akten oder Aktenbestandteilen sieht § 99 Abs. 2 VwGO das **in-camera-Verfahren** vor. Ein Antrag nach § 99 Abs. 2 VwGO ist aber nur dann zulässig, wenn das Gericht die Entscheidungserheblichkeit der begehrten Unterlagen – grundsätzlich in Form eines Beweisbeschlusses oder einer vergleichbaren Äußerung – festgestellt hat.[58]

bb) Dritte

61 Nicht am Verfahren beteiligte Dritte, die in einem Verwaltungsverfahren Einsicht in die Akten begehren, müssen, wenn sie das Verfahrensrecht des § 29 in Anspruch nehmen wollen und sich nicht auf eine Ermessensentscheidung (vgl. hierzu Rdn. 13) verweisen lassen wollen, zunächst **durch Rechtsbehelfe erreichen, Beteiligte des Verfahrens zu werden.** Voraussetzung für eine Verfahrensbeiladung ist, dass der Ausgang des Verfahrens rechtsgestaltende Wirkung für den Dritten hat (§ 13 Abs. 2 Satz 2) oder dessen rechtliche Interessen zumindest von dem Ausgang des Verfahrens berührt werden können (§ 13 Abs. 2 Satz 1). Die Versagung der Hinzuziehung kann als belastender VA mit Widerspruch und Verpflichtungsklage angegriffen werden. Der Ausschlusstatbestand des § 44a Satz 1 VwGO greift nicht ein, weil die Versagung der Beiladung gegenüber einem nicht am Verfahren Beteiligten ergeht (§ 44a Satz 2 VwGO).

b) Außerhalb eines Verwaltungsverfahrens

62 Gegen die Versagung der Akteneinsicht außerhalb eines laufenden Verwaltungsverfahrens können unmittelbar Rechtsbehelfe eingelegt werden, da der Ausschlusstatbestand des § 44a VwGO nicht eingreift. Statthaft sind der **Widerspruch** und die **Verpflichtungsklage**, weil die Gestattung der Akteneinsicht und damit auch deren Verweigerung ein VA und nicht nur eine schlichte Handlung der Verwaltung ist.[59] Ein

57 BVerfG (2. Kammer des Ersten Senats), Beschl. v. 24.10.1990 – 1 BvR 1028/90, NJW 1991, 415 (416); BVerwG, Beschl. v. 14.08.2000 – 11 VR 10/00, NVwZ-RR 2000, 760; Urt. v. 22.09.2016 – 2 C 16/15, IÖD 2017, 55.

58 BVerwG, Beschl. v. 12.01.2006 – 20 F 12/04 –, BVerwGE 125, 40 – 44.

59 BVerwG, Urt. v. 25.02.1969 – I C 65/67, NJW 1969, 1131 (1132) für die Auskunft des Amtes für Verfassungsschutz, VGH Bayern, Urt. v. 01.08.1984 – 5 B 84 A 702, BayVBl 1984, 758.

möglicher Rechtsanspruch zielt auf die Gestattung der Akteneinsicht und nicht nur auf die tatsächliche Ermöglichung der Einsichtnahme in einer bestimmten Weise. Die Behörde entscheidet im Einzelfall verbindlich über das Bestehen oder Nichtbestehen eines Rechts auf Akteneinsicht, weil sie im Rahmen der Gewährung von Akteneinsicht außerhalb eines Verwaltungsverfahrens Ermessen ausübt. Der rechtliche Schwerpunkt liegt deshalb nicht in der Gewährung der Akteneinsicht als solcher, sondern in der hierdurch zum Ausdruck gebrachten Ermessensentscheidung der Behörde.

2. Gegen die Gestattung der Akteneinsicht

Beteiligte eines Verwaltungsverfahrens und Dritte, deren Interessen auf Geheimhaltung unter Verstoß gegen Abs. 2 verletzt werden, steht als Schutz vor unbefugter Offenbarung ihrer Geheimnisse durch die Behörde die **vorbeugende Unterlassungsklage**[60] und bei schon erfolgter Offenbarung die **Feststellungsklage** zur Verfügung. Dem steht § 44a VwGO nicht entgegen.[61] Denn die Verletzung der Geheimhaltungspflicht hat gegenüber der zu treffenden Sachentscheidung einen eigenständigen Charakter und führt zu einer selbstständigen Beschwer, die durch die Aufhebung der Verwaltungsentscheidung nicht beseitigt werden könnte und daher auch hinsichtlich des Rechtsschutzes nicht mit ihr in Verbindung gebracht werden kann. 63

C. Parallelvorschriften

Eine entsprechende Regelung findet sich in **§ 25 SGB X für das Sozialverwaltungsrecht.** Im Unterschied zu § 29 Abs. 2 kann nach § 25 Abs. 3 SGB X die Akteneinsicht nur verweigert werden, wenn Vorgänge wegen der berechtigten Interessen der Beteiligten oder dritter Personen geheim gehalten werden müssen. Eine spezielle Regelung sieht § 25 Abs. 2 SGB X vor, wenn gesundheitliche Verhältnisse betroffen sind Die Fertigung von Abschriften ist in § 25 Abs. 5 SGB X ausdrücklich geregelt. § 83 SGB X sieht einen allgemeinen Auskunftsanpruch hinsichtlich der Sozialdaten vor. Im **Steuerfestsetzungsverfahren** besteht **kein Recht auf Akteneinsicht**[62]. Im Einzelfall kann jedoch nach Ermessen der Finanzbehörde Akteneinsicht gewährt werden.[63] Im **Planfeststellungsverfahren** ist gem. § 72 Abs. 1 Akteneinsicht nach Ermessen zu gewähren. 64

D. Akteneinsicht nach dem Umweltinformationsgesetz (UIG), Informationsfreiheitsgesetz (IFG) und Verbraucherinformationsgesetz (VIG)

UIG, IFG und VIG gewähren Zugang zu Informationen unabhängig von einem Verwaltungsverfahren. Sie bezwecken nicht den Schutz des rechtlichen Gehörs im Verwaltungsverfahren, sondern dienen dem freien Zugang zu Informationen, der Transparenz der Verwaltung, der Markttransparenz und einer Stärkung der bürgerlichen 65

60 BVerwG, Urt. v. 18.04.1985 – 3 C 34/84, NJW 1985, 2774 (2775).
61 BVerwG, Beschl. v. 14.08.2000 – 11 VR 10/00, NVwZ-RR 2000, 760.
62 BT-Drucks. 7/4292 S, 24 f.
63 BFH, Beschl. v. 04.06.2003 – VII B 138/01, BFHE 202, 231, BStBl II 2003, 790.

Beteiligung. Eine mögliche Form der Informationsgewährung ist dabei die Akteneinsicht. Die Behörde kann aber auch in anderer Form die gewünschte Information gewähren.

66 Nach § 4 UIG hat jeder Anspruch auf freien Zugang zu Informationen über die Umwelt, die bei einer Behörde oder gleichgestellten Personen des Privatrechts vorhanden sind. Informationen über die Umwelt (umweltrelevante Daten) sind alle Daten über den Zustand der Umweltmedien Boden, Wasser, Luft sowie des Naturhaushalts und über Tätigkeiten, die zu einer Beeinträchtigung dieser Schutzgüter führen können (§ 3 Abs. 2 Umweltinformationsgesetz).

67 Nach dem Informationsfreiheitsgesetz, das durch die Transparenzverordnung der EU (VO (EG) Nr. 1049/2001) angestoßen worden ist, hat jeder Anspruch auf amtliche Informationen, die bei einer Behörde vorhanden sind. Dies gilt nicht, soweit öffentliche Belange entgegenstehen, auf laufende Verfahren Rücksicht genommen werden muss oder personenbezogene Daten sowie Geschäfts- und Betriebsgeheimnisse geschützt werden müssen.

68 Das Verbraucherinformationsgesetz regelt Informationsansprüche auf dem Gebiet des Lebens- und Futtermittelrechts.

69 Der Anspruch nach dem IFG kann parallel zu dem Akteneinsichtsbegehren nach § 29 VwVfG geltend gemacht werden, denn bei dem Auskunftsanspruch, der auf der Grundlage der §§ 1 und 7 IFG erhoben wird, handelt es sich um einen allgemein und von jedermann zu erhebenden Anspruch, der mit dem aus der Stellung eines (eventuell) Beteiligten oder Betroffenen eines Verwaltungsverfahrens nicht verwechselt oder gleichgesetzt werden darf.[64] Zu unterscheiden hiervon sind wiederum presserechtliche Auskunftsansprüche. Es sollte deshalb immer hinreichend klargemacht werden, welche Ansprüche geltend gemacht werden.

70 Über diese Informationsfreiheitsgesetze hinaus gehen das Hamburgische Transparenzgesetz v. 19.06.2012 (HmbgTG)[65], das Landestransparenzgesetz Rheinland-Pfalz vom 27.11.2015 (LTranspG)[66], das Thüringer Transparenzgesetz vom 10.10.2019 (ThürTG), nach denen die Behörden verpflichtet sind, ohne einen konkreten Antrag Informationen durch Veröffentlichung im Internet allgemein zugänglich zu machen (§ 10 Abs. 2 HmbgTG, § 7 LTranspG, § 5 ThürTG).

§ 30 Geheimhaltung

Die Beteiligten haben Anspruch darauf, dass ihre Geheimnisse, insbesondere die zum persönlichen Lebensbereich gehörenden Geheimnisse sowie die Betriebs-und Geschäftsgeheimnisse, von der Behörde nicht unbefugt offenbart werden.

---

64 VGH Hessen, Beschl. v. 15.12.2011 – 6 B 1926/11, ESVGH 62, 140.

65 Hamburgisches GVBl. I 2012, 271.

66 GVBl. 2015, 383.

Die Landesverwaltungsverfahrensgesetze von Bayern, Bremen, Hessen, Mecklenburg-Vorpommern, Niedersachsen, Rheinland-Pfalz, Sachsen-Anhalt, Schleswig-Holstein, Thüringen sowie des Saarlandes enthalten gleichlautende Bestimmungen. In Baden-Württemberg, Berlin, Brandenburg, Hamburg und Nordrhein-Westfalen ist statt dessen ein § 3a eingefügt worden, der wie die Datenschutzgesetze alle personenbezogenen Daten und nicht nur Geheimnisse erfasst und zum Teil ausdrücklich einen Vorrang der landesdatenschutzrechtlichen Bestimmungen normiert.

Übersicht **Rdn.**

A. Allgemeines

Die Bestimmung enthält den **Grundsatz des allgemeinen Verwaltungsgeheimnisses**, 1
der als Anspruch der an einem Verwaltungsverfahren Beteiligten auf Wahrung ihrer Geheimnisse gegenüber der Behörde unter dem Vorbehalt der Befugnis zur Offenbarung formuliert ist. Dem subjektiv-öffentlichen Recht entspricht eine objektive Rechtspflicht der Behörde. Im Unterschied zu den dienstrechtlichen Verschwiegenheitspflichten (z.B. § 67 BBG) und den strafrechtlichen Bestimmungen (§§ 203, 353 StGB), die sich an den Amtsträger wenden, verpflichtet § 30 die Behörde als Organ der Verwaltung zum Schutz der Geheimnisse. Zugleich gibt die Vorschrift einen klagbaren Anspruch. Dem liegt der Gedanke zugrunde, dass diejenigen, die an einem Verwaltungsverfahren beteiligt sind und hierbei verpflichtet sind, der Behörde Angaben über ihre Person zu machen, einen Anspruch darauf haben, dass die Behörde diese nicht unbefugt an Dritte weitergibt. Das Verwaltungsgeheimnis ist somit das **Gegenstück zur Mitwirkungspflicht (§ 26 Abs. 2)** des Beteiligten.

2 Dies findet seine **verfassungsrechtlichen Wurzeln** im allgemeinen Persönlichkeitsrecht des Art. 2 Abs. 1 i.V.m. Art. 1 Abs. 1 GG, wie in dem nach Art. 14 Abs. 1 GG gebotenen Schutz privater und geschäftlicher Geheimnisse. Insofern wird hier einfachgesetzlich der **Anspruch auf informationelle Selbstbestimmung**, den das BVerfG in seinem Volkszählungsurteil[1] dem allgemeinen Persönlichkeitsrecht entnommen hat, gewährleistet. Das Grundrecht verbürgt die Befugnis des Einzelnen, grundsätzlich selbst über die Preisgabe und Verwendung seiner persönlichen Daten zu bestimmen, weil die moderne Datenverarbeitung in einer bisher unbekannten Weise die Möglichkeiten einer Einsicht- und Einflussnahme erweitert hat. Dies gilt ebenso für die manuelle Datenverarbeitung (Karteien und Akten), weil mit dem Recht auf informationelle Selbstbestimmung eine Gesellschaftsordnung und Rechtsordnung nicht vereinbar ist, in der die Bürger nicht mehr wissen, wer was wann bei welcher Gelegenheit über sie weiß, zumal manuell erhobene Daten jederzeit in integrierte Informationssysteme eingelesen werden können.[2] In seinem Flick-Ausschuss-Urteil hat das BVerfG klargestellt, dass die grundrechtliche Verbürgung nicht auf die zwangsweise Informationserhebung beschränkt ist, sondern auch die Weitergabe der Informationen erfasst.[3] Auf der Ebene der Europäischen Menschenrechtskonvention schützt Art. 8 EMRK (Recht auf Achtung des Privat- und Familienlebens) vor einer unbefugten Preisgabe. Der Begriff »Privatleben« i.S.d. Art. 8 EMRK schließt die beruflichen und geschäftlichen Tätigkeiten natürlicher und juristischer Personen nicht aus.[4]

3 Vor dem Hintergrund der **Informationsfreiheits- und Transparenzgesetze** (IFG, UIG, VIG, IFG der Länder, Hamburgische Transparenzgesetz v. 19.06.2012, Landestransparenzgesetz Rheinland-Pfalz v. 11.11.2015, Thüringer Transparenzgesetz vom 10.10.2019) wie auch kommunaler Informationsfreiheitssatzungen[5] und der vielfältigen Möglichkeiten im Internet Informationen zu verteilen, gewinnt der Geheimnisschutz der Verfahrensbeteiligten verstärkt Bedeutung.[6] Das Transparenzgebot wendet sich von seiner Zielrichtung zwar nur gegen Geheimnisse staatlicher Strukturen und nicht gegen die Privatheit des Bürgers. Private Geheimnisse werden aber in Verwaltungsverfahren Teil des staatlichen Prozesses, auf den das Transparenzgebot zielt. Die **Forderung nach Publizität von Verwaltungsprozessen** und der Schutz der Privatheit geraten so in einen Konflikt, der wertend im Einzelfall zu lösen ist. So sieht § 5 Abs. 1 Satz 1 IFG vor, dass Zugang zu personenbezogenen Daten nur gewährt werden darf, soweit das Informationsinteresse des Antragstellers das schutzwürdige Interesse des Dritten am Ausschluss des Informationszugangs überwiegt oder der Dritte eingewilligt hat. Bei Betriebs-und Geschäftsgeheimnissen findet nach IFG dagegen keine

1 BVerfG, Urt. v. 15.12.1983 – 1 BvR 209/83, 1 BvR 269/83, 1 BvR 362/83, 1 BvR 420/83, 1 BvR 440/83, 1 BvR 484/83, BVerfGE 65, 1–71.
2 BVerfG, Urt. v. 15.12.1983 – 1 BvR 209/83, 1 BvR 269/83, 1 BvR 362/83, 1 BvR 420/83, 1 BvR 440/83, 1 BvR 484/83, BVerfGE 65, 1 (42, 43).
3 BVerfG, Urt. v. 17.07.1984 –2 BvE 11/83, 2 BvE 15/83, BVerfGE 67, 100–146.
4 EGMR, Urteile »Niemietz/Deutschland« v. 16.12.1992, Serie A Nr. 251-B, § 29.
5 Vgl. VGH Bayern, Beschl. v. 27.02.2017 – 4 N 16.461, juris..
6 *Roßnagel,* Konflikte zwischen Informationsfreiheit und Datenschutz, MMR 2007, 16.

Abwägung statt. Nach § 6 Abs. 1 Satz 2 IFG darf Zugang zu Betriebs- oder Geschäftsgeheimnissen nur gewährt werden, soweit der Betroffene eingewilligt hat.[7]

Neben dem Individualrechtsschutz dient die Vorschrift zugleich dazu, dass **Vertrauensverhältnis** zwischen Bürger und Behörde zu stärken. Denn das Maß der Bereitschaft des einzelnen, der Behörde Geheimnisse zu offenbaren, hängt unlösbar damit zusammen, inwieweit jener davon überzeugt ist, dass die Behörde diese Erkenntnisse für sich behalten wird. § 30 hat also von seiner Funktion her einen doppelten Aspekt: Die Vorschrift stellt einmal die personenbezogenen Daten des Einzelnen in dessen Interesse unter Schutz. Zum anderen ist sie aber Garant dafür, dass die Bevölkerung der Verwaltung vertrauen kann und dient in dieser Funktion der eigenen Arbeit der Verwaltung. Der Geheimnisschutz ist auch **europarechtlich** geboten. Er ist in einem Verfahren, das zu einer den Betroffenen beschwerenden Maßnahme führen kann, ein **fundamentaler Grundsatz des Unionsrechts** und selbst dann sicherzustellen, wenn es keine einschlägigen Verfahrensregeln gibt[8]. Für den unmittelbaren Vollzug von Unionsrecht durch die Organe und Einrichtungen der Union ist dies nun in **Art. 8** als auch in **Art. 41 Abs. 2 Buchst. b der Grundrechte-Charta** als Element des Rechts auf eine gute Verwaltung garantiert. Nach Art. 8 hat jede Person das Recht auf Schutz der sie betreffenden personenbezogenen Daten. Diese dürfen nur nach Treu und Glauben für festgelegte Zwecke und mit Einwilligung der betroffenen Person oder auf einer sonstigen gesetzlich geregelten legitimen Grundlage verarbeitet werden. 4

Nach Art. 41 Abs. 2 Buchst. b Grundrechte-Charta sind Vertraulichkeit sowie die Berufs- und Geschäftsgeheimnisse von der Verwaltung zu wahren. 5

Sekundärrechtlich ist die Richtlinie zum Schutz natürlicher Personen bei der Verarbeitung personenbezogener Daten und zum freien Datenverkehr 2002/58/EG zu erwähnen. Diese lässt in Art. 7 Buchst. e die Datenübermittlung innerhalb des öffentlichen Bereichs zu, falls sie für die Wahrnehmung einer Aufgabe erforderlich ist, die in Ausübung öffentlicher Gewalt erfolgt und dem für die Verarbeitung Verantwortlichen oder dem Datenempfänger übertragen wurde. 6

Spezialregelungen, die den gem. § 1 Abs. 1 subsidiären § 30 verdrängen finden sich in: § 10 Abs. 2 BImSchG, § 7 Abs. 4 AtomG, § 9 KWG, § 16 BStatG, § 10 UVPG, § 43 StUG, 17a GenTG, § 22 Abs. 2 ChemG, § 6 Abs. 1 Satz 2 IFG, § 9 UIG. 7

Das **Verhältnis zum Datenschutzrecht** stellt sich wie folgt dar: Aufgabe der DatenschutzgrundVO und des BDSG ist es, den Einzelnen davor zu schützen, dass er durch den Umgang mit seinen personenbezogenen Daten in seinem Persönlichkeitsrecht und in seinen sonstigen Grundrechten und Grundfreiheiten[9] nicht beeinträchtigt wird. Geheimnisse des persönlichen Lebensbereichs, Betriebs- und Geschäftsgeheimnisse und die sonstigen Geheimnisse sind personenbezogene Daten (Artikel 4 Nr. 1 8

---

7 Siehe hierzu: *Tyczewski/Elgeti,* Der Schutz von Betriebs- und Geschäftsgeheimnissen im Informationsfreiheitsrecht, NWVBl 2006, 281.

8 EuGH, Urt. v. 14.02.2008 – C-450/06 (Varec SA/Belgien), Slg. I 2008, 601 m.w.N.

9 Vgl. den 2. Erwägungsgrund zur DS-GVO.

DS-GVO), die dem Datenschutzrecht unterfallen. Datenschutzrechtlich besteht ein allgemeines Datengeheimnis, dass die Erhebung, Verarbeitung und Nutzung personenbezogener Daten nur zulässig sind, wenn eine Rechtsvorschrift sie erlaubt oder anordnet oder soweit der Betroffene eingewilligt hat. Da das Datenschutzrecht nur personenbezogene Daten zum Gegenstand hat (Art. 4 Nr. 1 und 2 DS-GVO) werden die Betriebs- und Geschäftsgeheimnisse juristischer Personen im Verwaltungsverfahren durch § 30 geschützt. Bei der Verarbeitung personenbezogener Daten im Rahmen der Ermittlung des Sachverhalts verdrängt das BDSG die Vorschriften des VwVfG (§ 1 Abs. 3 BDSG). Damit wird ausdrücklich klargestellt, dass der Untersuchungsgrundsatz des Verwaltungsverfahrensrechts (§ 24), der der Behörde prinzipiell bei der Wahl der Mittel der Informationsbeschaffung frei Hand lässt, vom datenschutzrechtlichen Vorrang der Erhebung beim Betroffenen überlagert wird. Der Vorrang des BDSG ist allerdings nicht auf die Sachverhaltsermittlung beschränkt, sondern gilt grundsätzlich im gesamten Verwaltungsverfahren.[10] Das BDSG soll das Grundrecht auf informationelle Selbstbestimmung auch und gerade im Verwaltungsverfahren, das einen großen Teil behördlichen Handelns ausmacht, schützen. Wo umgekehrt das VwVfG allerdings wie in § 30 speziellere Regelungen zur Verarbeitung personenbezogener Daten enthält, bleiben diese anwendbar, wobei bei der Abgrenzung der befugten von der unbefugten Offenbarung das BDSG heranzuziehen ist.

B. Die Vorschrift im Einzelnen

I. Anspruch auf Geheimhaltung mit Offenbarungsvorbehalt

10 Nach § 30 haben die Beteiligten (§ 13) eines Verwaltungsverfahrens (§ 9) Anspruch darauf, dass ihre Geheimnisse insbesondere die zum persönlichen Lebensbereich gehörenden Geheimnisse sowie die Betriebs- und Geschäftsgeheimnisse, von der Behörde nicht unbefugt offenbart werden. Die Vorschrift räumt den Beteiligten einen Rechtsanspruch auf Geheimniswahrung ein, der lediglich durch eine in dieser Vorschrift nicht im Einzelnen geregelte Offenbarungsbefugnis eingeschränkt ist.

1. Anspruchsberechtigte und Anspruchsgegner

11 Der Geheimhaltungsanspruch besteht ausdrücklich für **Beteiligte eines Verwaltungsverfahrens.** Wer Beteiligter ist, ergibt sich aus § 13 Abs. 1. Der Anspruch erlischt nicht mit dem Ende der Beteiligtenstellung, sondern besteht aufgrund des bezweckten Schutzes des Persönlichkeitsrechtes des Beteiligten grundsätzlich unbeschränkt. Der Anspruch ist damit auch nicht auf die Dauer des Verwaltungsverfahrens i.S.d. § 9 beschränkt.

12 Aufgrund seines Schutzzweckes muss § 30 auch **Geltung für Dritte** beanspruchen, deren Geheimnisse im Zusammenhang mit einem Verwaltungsverfahren zur Kenntnis der Behörde gelangt sind. Der Geheimhaltungsanspruch steht deshalb auch Zeugen,

---

10 Simitis, § 1 BDSG a.F. Rn. 307; Bergmann/Möhrle/Herb, § 1 BDSG a.F. Rn. 63; a.A. Schaffland/*Wiltfang*, § 1 BDSG Rn. 36, Auernhammer, § 1 BDSG Rn. 18.

Sachverständigen und Informanten der Behörde sowie jenen Personen zu, deren Geheimnisse der Behörde ohne unmittelbare Kontaktaufnahme bekanntgeworden sind (z.B. Familienangehörigen von Beteiligten). Die Notwendigkeit einer solchen extensiven Auslegung des Beteiligtenbegriffs i.S.d. § 30 ergibt sich aus dem verfassungsrechtlichen Schutz des Geheimnisbereichs. Sie wird durch die Regelung des § 29 Abs. 2 bestätigt, nach der eine Akteneinsicht auch wegen der Geheimhaltungsinteressen Dritter versagt werden kann (vgl. § 29 Rdn. 41, 43). Vor der Preisgabe von Informationen, die nicht in einem Verwaltungsverfahren gewonnen worden sind, schützt § 30 dagegen nicht.[11]

Anspruchsgegner der über einen Geheimhaltungsanspruch verfügenden Personen ist die zur Geheimhaltung verpflichtete **Behörde als Organ der Verwaltung und nicht der einzelne Amtsträger.** Die Pflicht zur Geheimhaltung obliegt zunächst der verfahrensleitenden Behörde, unabhängig davon, ob sie die Daten des Geheimnisses selbst ermittelt oder von anderen zur Verfügung gestellt bekommen hat. Andere Behörden unterliegen der Geheimhaltungspflicht, soweit ihnen im Zusammenhang mit einem Verwaltungsverfahren – etwa im Rahmen der Amtshilfe oder einer vorzubereitenden fachlichen Stellungnahme – Geheimnisse Berechtigter bekannt werden, Im Rahmen der Amtshilfe ist die ersuchte Behörde gem. § 5 Abs. 2 Satz 2 insbesondere zur Vorlage von Urkunden oder Akten sowie zur Erteilung von Auskünften nicht verpflichtet, wenn die Vorgänge nach einem Gesetz oder ihrem Wesen nach geheim gehalten werden müssen. 13

2. Geheimnis als geschütztes Rechtsgut

Geschütztes Rechtsgut sind die Geheimnisse der Berechtigten. Der Begriff des Geheimnisses umfasst in Anlehnung an den strafrechtlichen Geheimnisbegriff[12] **alle sich auf eine bestimmte Person und dessen Lebens- oder Betriebsverhältnisse beziehende Tatsachen, die nur einem begrenzten Personenkreis bekannt sind und an deren Nichtverbreitung der Rechtsträger ein berechtigtes Interesse hat.**[13] Es handelt sich um einen gerichtlich überprüfbaren unbestimmten Rechtsbegriff. 14

Die Tatsache muss sich auf eine **bestimmte** oder **bestimmbare Person beziehen.** Zusammenfassungen von Angaben bzw. aggregierte oder anonymisierte Daten wie z.B. statistische Mitteilungen über die Herkunftsländer von Asylantragstellern fallen nicht unter den Geheimnisbegriff, weil sie keinen Bezug und auch keine Beziehbarkeit zu einzelnen Personen aufweisen. Es muss sich deshalb um eine Angaben zu einer einzelnen bestimmten oder bestimmbaren Person, eine sogenannte **Einzelangabe,** handeln. Durch Verfremdung, Zusammenfassung oder Anonymisierung lässt sich somit die Geheimniseigenschaft bestimmter Vorgänge aufheben, so dass eine Mitteilung zulässig wird. 15

11 HessVGH, Beschl. v. 20.11.19 – 8 B 1938/19, juris.
12 § 203 StGB.
13 OLG Köln, Beschl. v. 04.07.2000 – Ss 254/00, NJW 2000, 3656.

16 Die das Geheimnis bildenden Tatsachen sind solche die über die Bezugsperson etwas aussagen. Eine genauere Eingrenzung der in Frage kommenden Angaben ist nicht möglich. Insbesondere fallen hierunter die persönlichen, familiären und wirtschaftlichen Verhältnisse. Beispielhaft seien hier genannt: persönliche Grunddaten wie Name, Anschrift, Geburtsdatum, Alter, Nationalität, Familienstand, Telefonnummer, Familiendaten wie Angaben über Angehörige, Daten über Wohnverhältnisse wie die Inhaberschaft einer Sozialwohnung, wirtschaftliche Daten wie die Einkommenshöhe, Schulden, Unterhaltsverpflichtungen, gesundheitliche Verhältnisse wie vorhandene oder bereits überwundene Krankheiten.

17 Die Tatsachen dürfen nur einem **begrenzten Personenkreis bekannt** sein. Es darf sich daher um keine allgemeinkundige Tatsache handeln. Allgemeinkundig ist eine Tatsache, die einer beliebig großen Anzahl von Menschen bekannt oder ohne weiteres zuverlässig wahrnehmbar ist. Sobald Tatsachen – wenn auch unbefugt – in einer offensichtlich zuverlässigen Berichterstattung wie z.B. in einer Tageszeitung Erwähnung gefunden haben, sind sie als allgemeinkundig zu betrachten.

18 Die Person, auf die sich die Tatsache bezieht, muss ein **berechtigtes Interesse an deren Nichtverbreitung** haben. Für die Feststellung des berechtigten Interesses ist ein objektiver Maßstab maßgeblich. Er wird bestimmt durch das verfassungsrechtlich vorgeprägte allgemeine Verständnis dessen, was andere nichts angeht und die in § 30 beispielhaft aufgeführten beiden Geheimnisarten, die einen Schluss auf andere gleichfalls der Geheimhaltung unterliegenden Tatsachen zulassen. Es ist hierbei kein zu enger Maßstab anzulegen.

19 § 30 erfasst die Geheimnisse, die der Behörde im Zusammenhang mit einem Verwaltungsverfahren i.S.d. § 9 bekanntgeworden bzw. aus anderweitig bei der Behörde vorhandenen Erkenntnisquellen in dieses eingeführt worden sind. Dabei ist es unerheblich, auf welche Weise die Behörde von den geheimen Tatsachen Kenntnis erlangt hat. Auch das private Wissen eines Behördenbediensteten unterfällt dem der Behörde obliegenden Geheimnisschutz, wenn es in das Verfahren eingebracht worden ist. Insoweit ist ein Unterschied zur strafrechtlichen Schweigepflicht gegeben, die nur dann besteht, wenn einem einzelnen Schweigepflichtigen in der Eigenschaft, in der er in § 203 StGB als Angehöriger einer Berufsgruppe aufgeführt ist, ein Geheimnis »anvertraut worden« oder »sonst bekannt geworden« ist. Eine solche Einschränkung ist hier nicht angebracht, da die Geheimhaltungspflicht nach § 30 nicht eine Einzelperson betrifft, sondern die Verwaltung als solche.

20 Als Geheimnisarten, die insbesondere von der Behörde nicht unbefugt offenbart werden dürfen, nennt das Gesetz **die zum persönlichen Lebensbereich gehörenden Geheimnisse sowie die Betriebs-und Geschäftsgeheimnisse.**

21 Die erstgenannten Geheimnisse umfassen zunächst die Tatsachen, die den **Bereich privater Lebensgestaltung** ausmachen. Hierzu gehören die private Lebensführung, das Geschlechtsleben sowie die religiösen Überzeugungen. Ihnen sind weiter zuzurechnen die sonstigen das Leben des Einzelnen als Privatperson bestimmenden Umstände wie Abstammung, Familienstand, Gesundheitszustand, Wohnverhältnisse, persönlicher

Umgang, Einkommens- und Vermögensverhältnisse. Für diese Tatsachen, die zusammen die Persönlichkeit eines Menschen prägen, besteht immer ein berechtigtes Interesse auf Geheimhaltung.

Die **Betriebs- und Geschäftsgeheimnisse** umfassen die nicht offenkundigen, sondern nur einem begrenzten Kreis bekannten Tatsachen, die sich auf einen bestimmten Gewerbebetrieb beziehen und an deren Geheimhaltung der Unternehmer ein schutzwürdiges wirtschaftliches Interesse hat.[14] Betriebsgeheimnisse betreffen die technische Seite des Unternehmens wie z.B. Produktionsverfahren, Entwicklungs- und Forschungsprojekte. Geschäftsgeheimnisse betreffen die kaufmännische Seite des Unternehmens. Zu ihnen zählen Geschäftsverbindungen, Ertragslage, Kreditwürdigkeit, Kalkulationsunterlagen, Marktstrategien sowie Kundenlisten. Voraussetzung ist immer ein berechtigtes wirtschaftliches Interesse des Unternehmens. Dieses wird anerkannt, wenn die Offenlegung der Information geeignet ist, exklusives technisches oder kaufmännisches Wissen den Konkurrenten zugänglich zu machen und so die Wettbewerbsposition des Unternehmens nachteilig zu beeinflussen[15], das Bekanntwerden der Tatsache also geeignet ist, die Wettbewerbsposition eines Konkurrenten zu fördern oder die Stellung des eigenen Betriebs zu schmälern oder wenn es geeignet ist, dem Geheimnisträger wirtschaftlichen Schaden zuzufügen. Für den Geheimnisbegriff ist nicht allein die subjektive Einschätzung des Geheimnisinhabers maßgeblich. Erforderlich ist vielmehr ein berechtigtes Interesse aus Sicht eines objektiven, verständigen Betrachters Ein berechtigtes Interesse fehlt demgegenüber, wenn die Offenlegung nicht geeignet ist, exklusives technisches oder kaufmännisches Wissen den Marktkonkurrenten zugänglich zu machen und die Wettbewerbsposition zu beeinflussen.[16] Zum Begriff des Geschäftsgeheimnisses vergleiche auch die Definition in Art. 2 Nr. 1 der Geschäftsgeheimnisrichtlinie (Richtlinie [EU] 2016/943 des Europäischen Parlaments und des Rates vom 08.06.2016 über den Schutz vertraulichen Know-hows und vertraulicher Geschäftsinformationen [Geschäftsgeheimnisse] vor rechtswidrigem Erwerb sowie rechtswidriger Nutzung und Offenlegung, ABl. L 157 vom 15.06.2016, S. 1) wie auch die zum 26.04.2019 getretene Legaldefinition des § 2 Nr. 1 des Gesetzes zum Schutz von Geschäftsgeheimnissen[17]. Es ist grundsätzlich Sache des Geheimnisinhabers, die oben genannten Voraussetzungen für das Vorliegen eines Betriebs- oder Geschäftsgeheimnisses zu erläutern. Dies kann etwa auch durch typische Beispiele oder Umschreibungen erfolgen. 22

Als **sonstige Geheimnisse** kommen die übrigen geheimen Tatsachen außerhalb des engeren persönlichen und wirtschaftlichen Lebensbereichs in Betracht, wie z.B. der berufliche Werdegang, Bildungsabschlüsse, Prüfungsleistungen, disziplinarrechtliche 23

---

14 BVerfG, Beschl. v. 14.03.2006 – 1 BvR 2087/03 u.a., BVerfGE 115, 205 (230 f.); BVerwG, U.v. 23.02.2017 – 7 C 31.15 –, NVwZ 2017, 1775 = juris Rn. 64 m.w.N.

15 BVerwG, U.v. 23.02.2017 – 7 C 31.15 –, NVwZ 2017, 1775 = juris Rn. 64 m.w.N.

16 BVerwG, Beschl. v. 19.01.2009 – 20 F 23/07, NVwZ 2009, 1114.

17 Zur Anwendbarkeit und zur Frage der Verbindlichkeit der Definitionen in der Richtlinie Goldhammer, NVwZ 2017, 1809/1810 und zur Frage der Anwendbarkeit im öffentlichen Recht Wiebe, NVwZ 2019, 1705/1706 f.

Maßregelungen, die Zugehörigkeit zu bestimmten Organisationen und die für den wirtschaftlichen Werdegang eines Unternehmens maßgeblichen Genehmigungs- Aufsichts- oder kartellrechtlichen Verfahren.

3. Offenbarung als Verletzungshandlung

24 Verletzungshandlung ist die Offenbarung des Geheimnisses.

25 **Begrifflich** ist die Offenbarung jedes der verpflichteten Behörde zuzurechnende Verhalten, das ein Geheimnis einer innerhalb oder außerhalb der Behörde stehenden nicht mit dem Verfahren im Rahmen ihrer Zuständigkeit befassten Person zur Kenntnis bringt, der diese Tatsache bisher noch nicht oder jedenfalls nicht sicher bekannt war.

26 Neben jeglichen Formen **aktiven Handelns** wie etwa der schriftlichen oder mündlichen Mitteilung, der Gewährung von Akteneinsicht kann eine Offenbarung auch durch **Unterlassen** erfolgen. Zu denken ist hier daran, dass ein Bediensteter es versäumt, Akten zu verschließen, so dass Unbefugte Einblick nehmen können. Die Offenbarung kann auch durch die Unterlassung der erforderlichen Sicherheitsvorkehrungen erfolgen. Denn die Geheimhaltungspflicht gebietet dem verantwortlichen Behördenleiter, durch geeignete organisatorische Maßnahmen und hieran anschließender Dienstaufsicht dafür zu sorgen, dass die einzelnen Bediensteten der Behörde nicht unbefugt Geheimnisse weitergeben können oder solche auf sonstige Weise zur Kenntnis Dritter gelangen.

27 **Zurechenbar** ist der Behörde stets **jedes dienstliche Verhalten** ihrer Amtsträger, auch wenn diese etwa wegen mangelndem Verschulden disziplinar- oder strafrechtlich nicht zur Verantwortung gezogen werden können.

28 Durch die Mitteilung des Geheimnisses an **Personen, die dieses bereits kennen**, wird es nicht offenbart. Ist die Tatsache dem Dritten aber noch nicht sicher bekannt, darf sie weder ausdrücklich noch sinngemäß bestätigt werden, weil eine solche Bestätigung einer Offenbarung gleichkommt. In Zweifelsfällen sollte sich die Behörde einer bestätigenden oder dementierenden Mitteilung deshalb enthalten.

29 Offenbart wird das Geheimnis auch, wenn es einer **innerhalb der Behörde** stehenden Person, die es nicht aus dienstlichen Gründen wissen muss, mitgeteilt wird. Dies folgt aus dem Zweck der Norm, den Einzelnen davor zu schützen, dass er durch den Umgang mit seinen Geheimnissen, in seinen Grundrechten beeinträchtigt wird. § 30 verbietet daher jedes sachlich nicht gebotene Verbreiten geheimer Informationen.[18] Aus dem Umstand, dass die Geheimhaltungspflicht der Behörde und nicht dem einzelnen Amtsträger persönlich auferlegt ist, kann nicht geschlossen werden, dass eine Offenbarung innerhalb der Behörde unmöglich ist. Ein für die Sache nicht zuständiger Amtsträger ist nicht Behörde i.S.d. § 30. Der gesetzgeberische Zweck gebietet, den Begriff im funktionellen und nicht im organisatorischen Sinn zu verstehen.

18 BVerwG, Urt. v. 28.08.1986 – 2 C 51/84, NJW 1987, 1214.

4. Befugnis zur Offenbarung

Ein Geheimhaltungsanspruch ist nicht gegeben, soweit die geheimhaltungspflichtige Behörde zur Offenbarung befugt ist. Wann eine derartige Befugnis besteht ist in § 30 -anders als in § 35 SGB I i.V.m. §§ 67 ff. SGB X für das Sozialgeheimnis und in § 30 AO für das Steuergeheimnis – **nicht näher geregelt.** Die Offenbarungsbefugnis kann sich zum einen daraus ergeben, dass der Berechtigte der Offenbarung zustimmt. Soll die Weitergabe eines Geheimnisses hingegen im vorrangigen Allgemeininteresse erfolgen, bedarf es wegen der darin liegenden Berührung des durch Grundrechte gewährleisteten Schutzes privater bzw. geschäftlicher Geheimnisse einer hierzu ermächtigenden Rechtsvorschrift als gesetzliche Grundlage.[19] Fehlt eine bereichsspezifische befugnisgebende Rechtsvorschrift oder ist diese unzureichend kann die Offenbarungsbefugnis jedenfalls solange mittels Rückgriff auf die durch Abwägung festzustellenden vorrangigen Interessen der Allgemeinheit gefunden werden, bis der Gesetzgeber in der ihm zuzubilligenden Zeit abschließende Rechtsvorschriften erlässt, welche der Entwicklung der Verfassungsinterpretation Rechnung tragen. 30

Eine **Anhörung** des Betroffenen vor der Offenbarung gem. § 28 ist nicht erforderlich, da es sich um keinen Verwaltungsakt i.S.v. § 35 handelt. Der Offenbarung fehlt es am Regelungscharakter.[20] 31

a) Zustimmung des Berechtigten

Eine behördliche Offenbarungsbefugnis kann sich aufgrund einer Zustimmung des Berechtigten ergeben, weil dieser über sein Geheimhaltungsinteresse verfügen kann. Dies ist der »Idealfall« einer zulässigen Offenbarung. Die Verwaltung sollte sich, um Konflikte -insbesondere in nicht eindeutigen Fällen- zu vermeiden, um die Einwilligung des Betroffenen bemühen. 32

Die **Zustimmungsberechtigung** liegt beim Inhaber des Geheimhaltungsanspruchs. Bezieht sich ein Geheimnis auf mehrere bestimmte Personen, so ist die Behörde nur bei Zustimmung aller Berechtigten zur Offenbarung befugt. Die Zustimmungsbefugnis ist **höchstpersönlicher Natur.** Sie erlischt mit dem Tode des Berechtigten. Weder die Erben noch die nächsten Angehörigen können die Einwilligung erteilen. 33

Die Erteilung der Zustimmung kann **ausdrücklich** als auch durch **konkludentes Handeln** erfolgen. Aus dem Verhalten des Zustimmungsberechtigten muss aus der Sicht eines objektiven Dritten der Schluss gezogen werden können, dass der Berechtigte an der Wahrung seines Geheimnisses nicht interessiert ist. Dies ist z.B. der Fall, wenn der Berechtigte an vorbereitenden Maßnahmen zur Offenbarung des Geheimnisses mitwirkt oder er sich an die Presse wendet. Dagegen kann in der freiwilligen Mitteilung noch kein Einverständnis mit der Weitergabe gesehen werden. Es sei denn 34

19 BVerfG, Urt. v. 15.12.1983 – 1 BvR 209/83, 1 BvR 269/83, 1 BvR 362/83, 1 BvR 420/83, 1 BvR 440/83, 1 BvR 484/83 –, BVerfGE 65, 1.

20 *Kunkel*, VBlBW 1992, 47.

die Offenbarung ist erforderlich, um den mit der freiwilligen Mitteilung erkennbar verfolgten Zweck des Berechtigten zu erreichen.

35 Die Zustimmung muss einen **konkreten Einzelfall** betreffen. Formularmäßige Erklärungen, die sich auf eine Vielzahl von möglichen Anwendungsfällen beziehen, sind nicht wirksam. Die Zustimmung ist zu einem jeweils konkret anstehenden Einzelfall einzuholen.

36 Die Zustimmung muss **vor der Offenbarung** erfolgen. Eine nachträgliche Genehmigung kann den Mangel einer unzulässigen Offenbarung nicht mehr heilen.[21] § 67 SGB X als auch § 51 BDSG schreiben mit dem Begriff »Einwilligung« (vgl. § 183 BGB) zwingend vor, dass eine Offenbarung nur dann zulässig sein kann, wenn der Betroffene vor der Offenbarung zustimmt. Im Interesse einer weitgehenden Deckung des Geheimnis- bzw. Datenschutzes ist dies auch auf § 30 zu übertragen.

37 Die Einwilligung kann **jederzeit widerrufen** werden. Bereits erfolgte Offenbarungen werden dadurch aber nicht nachträglich wieder unzulässig.

b) Offenbarungsbefugnis aufgrund einer Rechtsvorschrift

38 Der Behörde kann eine Offenbarungsbefugnis ausdrücklich durch Rechtsvorschrift eingeräumt sein. Eine solche Vorschrift muss den verfassungsrechtlich geforderten Anforderungen der **Normenklarheit** und **Verhältnismäßigkeit** genügen und deshalb insbesondere die Voraussetzungen und den auf das unerlässliche Maß zu beschränkenden Umfang der Offenbarungsbefugnis klar und erkennbar und gegebenenfalls durch bereichsspezifische Zweckbindungen regeln.[22] Liegen konkrete Zweckbindungsregeln für die Weitergabe von Geheimnissen vor, ist auch die vom BVerfG geforderte »Amtshilfefestigkeit« gewährleistet.[23]

aa) Mitteilungs- und Veröffentlichungspflichten

39 Offenbarungsbefugnisse ergeben sich aus gesetzlich angeordneten Mitteilungs- und Veröffentlichungspflichten insbesondere gegenüber Strafverfolgungsbehörden und Registern.

40 Mitteilungspflichten **gegenüber Strafverfolgungsbehörden** sind z.B. angeordnet in:

§ 139b Abs. 7 GewO, § 116 Abs. 1 AO, § 163 Abs. 2 StPO, § 90 AufenthG.

Mitteilungspflichten **gegenüber Registern** sind z.B. angeordnet in:

§ 153a GewO und § 20 BZRG, § 6 Ausländerzentralregistergesetz.

---

21 A.A. Stelkens/Bonk/Sachs/*Sachs*, § 30 Rn. 17; Kopp/Ramsauer, § 30 Rn. 15.

22 BVerfG, Urt. v. 15.12.1983 – 1 BvR 209/83, 1 BvR 269/83, 1 BvR 362/83, 1 BvR 420/83, 1 BvR 440/83, 1 BvR 484/83 –, BVerfGE 65, 1 (44 ff.).

23 *Wilde*, BayVBl. 1986, 233.

Eine gesetzliche Mitteilungspflicht ist auch die Pflicht der Behörden gem. § 99 Abs. 1 VwGO, Urkunden oder Akten vorzulegen und Auskünfte zu erteilen. § 99 VwGO steht anders als § 29 Abs. 2 nicht unter dem Vorbehalt des § 30. Die oberste Aufsichtsbehörde kann die Aktenvorlage aber verweigern, wenn die Verwaltungsvorgänge ihrem Wesen nach geheim zu halten sind. Rechtsschutz gegen diesen Sperrvermerk eröffnet § 99 Abs. 2 VwGO durch das »in camera«-Verfahren. 41

Veröffentlichungspflichten bestehen insbesondere im Bereich der telekommunikationsrechtlichen und energiewirtschaftsrechtlichen Regulierungsverfahren

Eine Veröffentlichungspflicht sieht § 21a Abs. 6 Satz 1 Nr. 2 EnWG vor. Die Vorschrift ermächtigt aber nur zur Veröffentlichung solcher unternehmensbezogenen Daten eines Netzbetreibers, die keine Betriebs- und Geschäftsgeheimnisse i.S.d. § 71 EnWG i.V.m. § 30 VwVfG sind.[24]

Ebenso sieht § 30 Abs. 2 PostG eine Pflicht zur Veröffentlichung mitzuteilender Entgelte vor[25].

bb) Auskunftspflichten

Offenbarungsbefugnisse ergeben sich aus gesetzlich angeordneten Auskunftspflichten. 42
Solche bestehen z.B. in §§ 35, 37, 38, 39 Abs. 1 bis 3, 40 StVG.

cc) Amtshilfepflicht

Die **Amtshilfepflicht des § 4 Abs. 1 schafft alleine keine Offenbarungsbefugnis.**[26] 43
Gem. § 5 Abs. 2 Satz 2 ist die ersuchte Behörde zur Amtshilfe gerade nicht verpflichtet, wenn die Vorgänge nach einem Gesetz geheim gehalten werden müssen. § 30 ist ein derartiges Gesetz. Die Geheimhaltungspflicht geht der Amtshilfepflicht vor. Amtshilfe ist im Rahmen der bestehenden Befugnisse zu leisten. Dieses Institut soll diese nicht erweitern. Hierfür spricht auch § 203 Abs. 2 Satz 2 Halbs. 2 StGB, wonach bloße Einzelangaben nicht aber Geheimnisse anderen Behörden oder sonstigen Stellen für Aufgaben der öffentlichen Verwaltung -also im Wege der einfachen Amtshilfe- bekanntgegeben werden dürfen, soweit dies gesetzlich nicht untersagt ist. Die Weitergabe von Geheimnissen an andere Behörden für Aufgaben der öffentlichen Verwaltung ist damit strafbewehrt. Dies ist auf die behördliche Geheimhaltungspflicht in § 30 zu übertragen. Die Einheit der Rechtsordnung gebietet, dass eine Handlung, die für den Amtsträger strafbewehrt ist auch der Behörde nicht erlaubt sein darf. Dies führt nicht dazu, dass die Staatsgewalt nicht mehr effektiv ausgeübt werden kann. **Die Befugnis zur Weitergabe von Daten, auch soweit sie dem Geheimnisschutz des § 30 unterliegen, folgt aber aus datenschutzrechtlichen Bestimmungen.** Für den Anwendungsbereich des BDSG ist in § 25 BDSG eine umfassende Regelung für die Datenübermittlung an öffentliche Stellen geschaffen worden. Eine Datenübermittlung nach

24 BGH, Beschl. v. 11.12.2018 – EnVR 1/18 –, juris, Rn. 23.
25 OVG Nordrhein-Westfalen, Beschl. v. 15.06.2018 – 13 B 802/17 –, juris.
26 A.A. *Knack*, § 30 Rn. 10.

Maßgabe der datenschutzrechtlichen Bestimmungen im Wege der Amtshilfe ist deshalb nicht unbefugt i.S.v. § 30.[27]

44 Soweit der Anwendungsbereich der datenschutzrechtlichen Bestimmungen nicht eröffnet ist und spezielle Befugnisnormen fehlen, ist eine Übermittlung von Geheimnissen im Wege der Amtshilfe zulässig, wenn das öffentliche Interesse das Geheimhaltungsinteresse überwiegt. Im Rahmen dieser **Güterabwägung** ist auch zu berücksichtigen, dass die ersuchende Behörde ebenfalls an die Geheimhaltungspflicht gebunden ist.

dd) Informations- und Auskunftsanspruch der Presse

45 Der landesrechtliche Informations- und Auskunftsanspruch der Presse (z.B. § 3 hess. PresseG), wonach die Behörden verpflichtet sind, der Presse die gewünschten Auskünfte zu erteilen, begründet keine Befugnis zur Offenbarung von Geheimnissen, sondern verbürgt nur das Recht auf sachgemäße und wahrheitsgemäße Auskunft. Die Pressefreiheit des Art. 5 Abs. 1 Satz 2 GG findet gem. Art. 5 Abs. 2 GG ihre Schranke in den allgemeinen Gesetzen und damit im Geheimnisschutz des § 30. Das Informationsinteresse der Öffentlichkeit kann den Geheimnisschutz jedoch im Einzelfall im Rahmen einer Güterabwägung zurücktreten lassen. Insbesondere ist hierbei zu prüfen, ob das Informationsinteresse nicht auch ohne Beeinträchtigung der Grundrechte des Betroffenen z.B. durch Anonymisierung befriedigt werden kann.

c) Offenbarungsbefugnis aufgrund einer Güterabwägung

46 Eine Offenbarungsbefugnis kann sich im Einzelfall durch Abwägung aufgrund hiernach höherrangiger Rechtsgüter ergeben,[28] wenn etwa eine bereichsspezifische befugnisgebende Norm (noch) fehlt oder insoweit lediglich eine unzureichende, weit gefasste Generalklausel vorhanden ist. Für die Feststellung einer solchen im **überwiegenden Allgemeininteresse** bestehenden Befugnis können die hierzu außerhalb des allgemeinen Verwaltungsverfahrensrechts vorhandenen Rechtsvorschriften -natürlich unter Beachtung ihrer Besonderheiten- als Anhaltspunkte für die Abwägung herangezogen werden; so etwa die §§ 30 bis 31a AO und §§ 35, 67 bis 78 SGB X. Denn mit § 30 ist kein strengerer Geheimnisschutz bezweckt.

47 Danach besteht diese Befugnis dann, wenn dies zur Wahrung eindeutig höherrangiger Rechtsgüter der Allgemeinheit oder einzelner unter Beachtung des Verhältnismäßigkeitsgrundsatzes dem schutzwürdigen Geheimhaltungsinteresse vorgeht. Je stärker bei der vorzunehmenden Güterabwägung die private Sphäre des Geheimhaltungsgeschützten berührt ist, desto strengere Maßstäbe sind an die Befugnis der Offenbarung zu legen. Die Offenbarung ist auf das zwingend notwendige Maß zu beschränken, so dass Anonymisierungen oder Schwärzungen geboten sein können.

---

27 VGH Hessen, Beschl. v. 04.02.2003 – 10 TG 3112/02, NVwZ 2003, 755.

28 BVerfG, Beschl. v. 15.01.1970 – 1 BvR 13/68, BVerfGE 27, 353; BVerwG, Urt. v. 04.06.1970 – II C 5.68, BVerwGE 35, 225; OVG Niedersachsen, Urt. v. 18.07.1996 – 7 A 9/96, NJW 1997, 2468.

Zugunsten Dritter kann die Offenbarung bestimmter Geheimnisse dann erfolgen, wenn von diesen durch die Offenbarung eine Gefahr für Leib und Leben abgewendet werden soll. Dies kann im Einzelfall z.B. behördliche Warnhinweise rechtfertigen. 48

II. Folgen einer unbefugten Offenbarung und Rechtsschutz

1. Auswirkungen auf das Verwaltungsverfahren

a) Rechtswidriger Geheimnisverrat durch die verfahrensleitende Behörde

Offenbart die Behörde während des auf den Erlass eines Verwaltungsakts gerichteten Verfahren unbefugt ein Geheimnis eines Beteiligten, ist der erlassene **Verwaltungsakt mit einem Verfahrensfehler behaftet und daher rechtswidrig.** In der Regel führt dies nicht zur Nichtigkeit, sondern zur bloßen Aufhebbarkeit des Verwaltungsakts. Die unbefugte Offenbarung ist im Regelfall kein besonders schwerer Verfahrensfehler. Anfechtungsbefugt sind der Adressat der Sachentscheidung und der durch den Geheimnisverrat betroffene Dritte. Auf Rechtsbehelf hin ist der Verwaltungsakt nach § 46 aber nur dann aufzuheben, wenn nicht offensichtlich ist, dass die Verletzung die Entscheidung in der Sache nicht beeinflusst hat. In den meisten Fällen wird dies zu verneinen sein, weil die unbefugte Offenbarung regelmäßig nur bei Gelegenheit eines Verwaltungsverfahrens stattfindet und der Verwaltungsakt nicht auf der unbefugten Offenbarung beruht.[29] 49

Eine **sachentscheidungserhebliche Befangenheit** im Sinne von § 21 Abs. 1 wird nur ausnahmsweise vorliegen. Die unbefugte Offenbarung eines Geheimnisses besagt lediglich, dass diese Handlung rechtswidrig war. Hieraus kann nicht ohne Hinzutreten weiterer Umstände das Misstrauen abgeleitet werden, der Amtsträger sei nicht gewillt, unparteiisch, nur von sachlichen Erwägungen geleitet, zu handeln.[30] 50

b) Rechtswidrig erlangte Kenntnis der verfahrensleitenden Behörde

Verwertet die Behörde bei dem Erlass eines Verwaltungsaktes eine Tatsache, die sie durch einen Geheimnisverrat einer anderen Behörde erfahren hat, ist der Verwaltungsakt nur dann mit einem Verfahrensfehler behaftet, wenn die Verletzung der Geheimhaltungspflicht zu einem **Verwertungsverbot** geführt hat. Der Verstoß gegen das Verwertungsverbot führt aber gem. § 46 nur dann zur Aufhebung des Verwaltungsakts, wenn dieser sonst nicht oder nicht mit diesem Inhalt hätte erlassen werden können. 51

2. Auswirkungen außerhalb des Verwaltungsverfahrens

Neben den Auswirkungen auf ein konkretes Verwaltungsverfahren und auf dessen Sachentscheidung kann die (beabsichtigte) unbefugte Offenbarung von Geheimnissen **Unterlassungs-, Folgenbeseitigungs- und Schadensersatzansprüche** auslösen. 52

29 A.A. *Kunkel*, VBlBW 1992, 47 (48).
30 A.A. *Knemeyer*, NJW 1984, 2241 (2247).

53 Gegen einen **bevorstehenden Geheimnisverrat** kann der Betroffene vor den Verwaltungsgerichten[31] eine **vorbeugende Unterlassungsklage** erheben. Bei Eilbedürftigkeit kann dieser Anspruch durch **einstweilige Anordnung gem. § 123 VwGO** gesichert werden. **§ 44a VwGO**, wonach Rechtsbehelfe gegen behördliche Verfahrenshandlungen nur gleichzeitig mit den gegen die Sachentscheidung zulässigen Rechtsbehelfen geltend gemacht werden können, gilt hier nicht.[32] Denn die Verletzung der Geheimhaltungspflicht hat gegenüber der zu treffenden Sachentscheidung einen eigenständigen Charakter und führt zu einer selbstständigen Beschwer, die durch die Aufhebung der Verwaltungsentscheidung nicht beseitigt werden könnte.

54 Bei schon erfolgter Offenbarung steht dem Betroffenen die **Feststellungsklage** zur Verfügung.[33]

55 Mit dem **Folgenbeseitigungsanspruch** kann der Betroffene verlangen, dass die Behörde, der gegenüber Geheimnisse unbefugt offenbart wurden, die entsprechenden Akten oder Aktenstücke an die offenbarende Behörde zurückleitet. Denn in der Aktenüberlassung dauert die Verletzung des Rechts des Betroffenen fort.[34]

56 Die Verletzung der Geheimhaltungspflicht kann **Schadensersatzansprüche aus Amtspflichtverletzung gem. Art. 34 Satz 2 GG, § 839 BGB auslösen**, die vor den Zivilgerichten geltend zu machen sind.

C. Parallelvorschriften

57 Entsprechende Regelungen finden sich in **§ 35 SGB I, §§ 67 bis 78 SGB X** für den Bereich der Sozialverwaltung. Danach hat jeder Anspruch darauf, dass die ihn betreffenden Sozialdaten von den Leistungsträgern nicht unbefugt erhoben, verarbeitet oder genutzt werden. Die Wahrung des Sozialgeheimnisses umfasst dabei die Verpflichtung, auch innerhalb des Leistungsträgers sicherzustellen, dass die Sozialdaten nur Befugten zugänglich sind. Im Bereich der Finanzverwaltung gilt das Steuergeheimnis des **§ 30 AO.** Im Unterschied zur verwaltungsverfahrensrechtlichen Regelung, werden in § 35 SGB I, §§ 67 bis 78 SGB X und in § 30 AO die Offenbarungsbefugnisse ausdrücklich bestimmt.

Abschnitt 2 Fristen, Termine, Wiedereinsetzung

§ 31 Fristen und Termine

(1) Für die Berechnung von Fristen und für die Bestimmung von Terminen gelten die §§ 187 bis 193 des Bürgerlichen Gesetzbuchs entsprechend, soweit nicht durch die Absätze 2 bis 5 etwas anderes bestimmt ist.

---

31 BVerwG, Beschl. v. 27.12.1967 – VI B 35.67, DÖV 1968, 429; BGH, Urt. v. 28.02.1978 – VI ZR 246/76, NJW 1978, 1860; VGH Hessen, Urt. v. 20.10.1987 – 9 OE 24/83, NVwZ 1988, 753.

32 BVerwG, Beschl. v. 14.08.2000 – 11 VR 10/00, NVwZ-RR 2000, 760.

33 OVG Berlin, Urt. v. 18.04.1978 – II B 13/77, NJW 1978, 1644.

34 *Kunkel*, VBlBW 1992, 47 (50).

(2) Der Lauf einer Frist, die von einer Behörde gesetzt wird, beginnt mit dem Tag, der auf die Bekanntgabe der Frist folgt, außer wenn dem Betroffenen etwas anderes mitgeteilt wird.

(3) [1]Fällt das Ende einer Frist auf einen Sonntag, einen gesetzlichen Feiertag oder einen Sonnabend, so endet die Frist mit dem Ablauf des nächstfolgenden Werktags. [2]Dies gilt nicht, wenn dem Betroffenen unter Hinweis auf diese Vorschrift ein bestimmter Tag als Ende der Frist mitgeteilt worden ist.

(4) Hat eine Behörde Leistungen nur für einen bestimmten Zeitraum zu erbringen, so endet dieser Zeitraum auch dann mit dem Ablauf seines letzten Tages, wenn dieser auf einen Sonntag, einen gesetzlichen Feiertag oder einen Sonnabend fällt.

(5) Der von einer Behörde gesetzte Termin ist auch dann einzuhalten, wenn er auf einen Sonntag, gesetzlichen Feiertag oder Sonnabend fällt.

(6) Ist eine Frist nach Stunden bestimmt, so werden Sonntage, gesetzliche Feiertage oder Sonnabende mitgerechnet.

(7) [1]Fristen, die von einer Behörde gesetzt sind, können verlängert werden. [2]Sind solche Fristen bereits abgelaufen, so können sie rückwirkend verlängert werden, insbesondere, wenn es unbillig wäre, die durch den Fristablauf eingetretenen Rechtsfolgen bestehen zu lassen. [3]Die Behörde kann die Verlängerung der Frist nach § 36 mit einer Nebenbestimmung verbinden.

Übersicht

A. Allgemeines und Grundsätze

1 Die Vorschrift regelt die Berechnung von Fristen und Terminen, stellt aber keine Rechtsgrundlage für die Berechtigung der Verwaltung dar, Fristen zu setzen. Diese folgt vielmehr entweder aus einer besonderen gesetzlichen Berechtigung oder nach allgemeinen Rechtsgrundsätzen, nach denen die Behörde im Rahmen ihrer Verfahrensherrschaft Fristen festlegen darf.[1]

2 Von der Zulässigkeit solcher Fristsetzungen geht § 31 aus. Er sieht Fristen, die von der Behörde gesetzt werden können, ausdrücklich vor (Abs. 2, Abs. 7). Ihre Rechtfertigung finden die Fristen in dem aus dem Rechtsstaatsprinzip (Art. 20 Abs. 3, 28 Abs. 1 GG) folgenden Grundsatz der Rechtssicherheit und des Rechtsfriedens.[2]

3 Die Vorschrift findet sich zwar in Teil II. des Gesetzes und ist deshalb unmittelbar nur i.R.d. Verwaltungsverfahrens i.S.d. § 9 anzuwenden. Es entspricht aber allgemeiner Auffassung, sie analog auch auf die Berechnung sonstiger Fristen und Termine im Bereich der öffentlichen Verwaltung anzuwenden, also soweit das jeweilige VwVfG nach den §§ 1 und 2 anwendbar ist. Insoweit kommt der Vorschrift auch materiell-rechtliche Bedeutung zu. Sie kann deshalb z.B. auch bei der Auslegung eines örV herangezogen werden, sofern sich nicht aus dem Vertragsinhalt etwas anderes ergibt.

4 Die Norm gilt nach § 79 zweiter Halbs. auch für das in der VwGO geregelte Widerspruchsverfahren, weil § 70 Abs. 2 VwGO auf § 57 VwGO als der Parallelvorschrift für das gerichtliche Verfahren nicht verweist.[3]

5 Sie ist außerdem sowohl für die Berechnung von Fristen und Terminen, die die Beteiligten einzuhalten haben, als auch für Fristen, an die sich die Behörde halten muss (s. z.B. §§ 48 Abs. 4, 73 Abs. 3, 74 Abs. 4 Satz 2, 28 Abs. 2 Satz 1 BauGB), anzuwenden.

6 Unter einer Frist versteht man einen Zeitraum, dessen Beginn durch einen bestimmten Zeitpunkt, dessen Ende ebenfalls durch einen bestimmten Zeitpunkt oder eine vom Fristbeginn an zu berechnende Zeitspanne bestimmt wird und innerhalb derer eine bestimmte Handlung vorgenommen werden soll. Eine Frist kann allerdings auch dann vorliegen, wenn ein Zeitraum ohne festen Anfangstermin nur durch einen Endzeitpunkt bestimmt wird.[4] Der Zeitraum braucht nicht zusammenhängend zu sein (vgl. § 191 BGB). Eine Frist ist nur dann bestimmt, wenn sich ihr Ende exakt

1 BVerwG, Urt. v. 22.10.1993 – 6 C 10.92, NVwZ 1994, 575.
2 BVerfG, Beschl. v. 15.12.1982 – 2 BvR 893/79, NJW 1984, 2148.
3 Kopp/Ramsauer, § 31 Rn. 3.
4 BVerwG, Urt. v. 30.08.1973 – II C 21.71, BVerwGE 44, 45; BVerwG, Urt. v. 03.06.1988 – 8 C 79.86, NVwZ 1988, 1128; BVerwG, Urt. v. 25.08.2005 – 7 C 25.04, NVwZ 2005, 1424 (1425).

berechnen lässt. Daran fehlt es, wenn ein Beteiligter zur »unverzüglichen« Vornahme einer Handlung aufgefordert wird.[5]

Mit den Fristen beschäftigen sich die Abs. 1 bis 4 sowie 6 und 7.

Unter einem Termin versteht man einen bestimmten Zeitpunkt, an dem etwas geschehen soll. Mit ihm befassen sich die Abs. 1 und 5. 7

Bei den Fristen kann man verschiedene Arten unterscheiden. Je nachdem, ob die Länge der Frist in einem Gesetz, in einer VO oder in einer Satzung festgelegt bzw. von der Behörde selbst bestimmt worden ist, spricht man von gesetzlichen oder behördlichen Fristen. 8

Gesetzliche Fristen können regelmäßig, d.h. soweit in der jeweiligen Rechtsnorm nichts anderes bestimmt ist, nicht verlängert werden, während dies bei behördlichen Fristen immer möglich ist (Abs. 7). 9

Für die Einstufung einer Frist als gesetzliche Frist ist unerheblich, ob die Frist kraft Gesetzes zu laufen beginnt oder ob die Behörde deren Beginn zu bestimmen hat.[6] Deshalb gehört bspw. auch die Frist des § 73 Abs. 3 Satz 1 zu den gesetzlichen Fristen, obwohl der Fristablauf an eine behördliche Handlung (Auslegung von Unterlagen) geknüpft ist. Weitere Beispiele für gesetzliche Fristen sind §§ 32 Abs. 2 Satz 1, 48 Abs. 3 Satz 5, 51 Abs. 3, 10 Abs. 3 Satz 2 BImSchG. 10

Zu den gesetzlichen Fristen gehören auch die Fristen, die für einen ein Verwaltungsverfahren erst eröffnenden Antrag gelten. Ebenfalls gehören materiell-rechtliche Fristen – also Fristen, deren Ablauf nicht nur verfahrensrechtliche, sondern auch materielle Wirkung zukommt – wie z.B. Präklusionsvorschriften dazu.[7] Eine besondere Art der materiell-rechtlichen Fristen sind die Ausschlussfristen. Darunter sind die Fristen zu verstehen, bei denen die sonst bei gesetzlichen Fristen bestehende Möglichkeit der Wiedereinsetzung in den vorigen Stand (§ 32 Abs. 1) ausgeschlossen ist (vgl. § 32 Abs. 5). Die Verwendung dieses Begriffes ist keineswegs einheitlich. Manchmal werden auch Präklusionsfristen als materiell-rechtliche Ausschlussfristen bezeichnet. Hier wird der Begriff nur für Fristen verwendet, bei denen die Wiedereinsetzung ausgeschlossen ist.[8] 11

Beispiele für materiell-rechtliche Fristen sind §§ 73 Abs. 4,[9] 51 Abs. 3 sowie außerhalb des VwVfG §§ 70 Abs. 1 VwGO, 10 Abs. 3 Satz 2 BImSchG, Beispiele für Ausschlussfristen sind §§ 32 Abs. 3, 48 Abs. 4, 28 Abs. 2 Satz 1 BauGB, 111 SGB-X, 30a VermG. 12

5 OVG Nordrhein-Westfalen, Beschl. v. 12.07.1991 – 4 B 3581/90, NVwZ-RR 1993, 59.
6 BVerwG, Urt. v. 23.04.1985 – 9 C 7.85, NJW 1986, 207 (208).
7 BVerwG, Urt. v. 17.07.1980 – 7 C 101.78, NJW 1981, 359 (361). Vgl. auch Rdn. 50.
8 So auch BVerwG, Urt. v. 03.06.1988 – 8 C 79.86, NVwZ 1988, 1128.
9 Vgl. BVerwG, Urt. v. 17.07.1980 – 7 C 101.78, NJW 1981, 359 (361).

13 Soweit die Behörde einem Beteiligten eine Frist gesetzt hat, handelt es sich dabei nach herrschender Meinung um einen VA,[10] der allerdings gem. § 44a VwGO nicht selbstständig, sondern nur zusammen mit dem in der Sache ergangenen VA angefochten werden kann.[11] Die Bemessung der (behördlichen) Frist steht im pflichtgemäßem Ermessen der Behörde. Die Länge der gesetzten Frist muss im Hinblick auf die Vornahme der geforderten Handlung angemessen sein. Eine unangemessen kurze Frist ist rechtswidrig und muss nach Abs. 7 Satz 2 verlängert werden. Tut die Behörde dies nicht, kann sie sich deshalb nicht auf die Nichteinhaltung einer behördlichen Frist berufen.

14 Die Beteiligten haben das Recht, ihnen gesetzte Fristen bis zur letzten Sekunde auszuschöpfen. Für die Fristwahrung ist allein entscheidend, dass ein Schriftstück innerhalb der Frist tatsächlich in die Verfügungsgewalt des Empfängers gelangt ist.[12] Unerheblich ist dabei, ob bereits der zuständige Sachbearbeiter der Behörde davon Kenntnis genommen hat, sodass der Einwurf in einen Briefkasten der Behörde oder ein Postfach bzw. bei Übermittlung per Telefax das Vorliegen einer Kopie im Gerät des Empfängers ausreicht. Im letzteren Fall muss der Absender einen von seinem Gerät ausgedruckten Einzelnachweis vorliegen haben, der die ordnungsgemäße Übermittlung belegt.[13] Auf die gewöhnlichen Leerungszeiten der Briefkästen kommt es dabei genauso wenig wie auf die Dienststunden der Behörde an, da Fristen üblicherweise mit dem Ablauf eines Tages (vgl. § 186 BGB) – also um 24 Uhr – enden.

15 Die Behörden haben deshalb Vorkehrungen zu treffen, um die volle Ausnutzung der Fristen zu ermöglichen. Dazu gehört auch in Zeiten elektronischer Kommunikation nach § 3a die Einrichtung eines Nachtbriefkastens. Wenn der Zugang zu der Behörde durch ein Telefaxgerät eröffnet ist, hat sie auch nach Dienstschluss für dessen Funktionsfähigkeit zu sorgen, da die Verantwortung für Risiken und Unsicherheiten bei der Entgegennahme rechtzeitig eingegangener Schriftstücke nicht auf den Bürger abgewälzt werden darf, wenn die Ursache allein in der Sphäre der Behörde zu finden ist.[14] Dies bedeutet, dass in allen Fällen, in denen – wie etwa bei einem defekten Telefaxgerät – die Fristversäumung in den Verantwortungsbereich der Behörde fällt, die Frist als gewahrt gilt (gesetzliche Fiktion). Dementsprechend muss die Behörde auch, wenn sie keinen Nachtbriefkasten eingerichtet hat, das Risiko in Kauf nehmen, dass ein vor der Leerung des gewöhnlichen Briefkastens eingeworfener Brief als Frist wahrend anzusehen sein wird.[15]

---

10 BVerwG, Urt. v. 25.08.2005 – 7 C 25.04, DVBl 2005, 1588 (1590); Knack/Henneke/*Ritgen*, § 31 Rn. 44; a.A. Kopp/Ramsauer, § 31 Rn. 28a, 42.

11 Kopp/Ramsauer, § 31 Rn. 42.

12 BVerfG, Beschl. v. 03.10.1979 – 1 BvR 726/78, NJW 1980, 580.

13 BGH, Urt. v. 02.10.1991 – IV ZR 68/91, NJW 1992, 244; BGH, Beschl. v. 17.11.1992 – X ZB 20/92, NJW 1993, 732.

14 BVerfG, Beschl. v. 14.05.1985 – 1 BvR 370/84, NJW 1986, 244; BGH, Urt. v. 02.10.1991 – IV ZR 68/91, NJW 1992, 244 (245).

15 Knack/Henneke/*Ritgen*, § 31 Rn. 22.

Nach dem Rechtsgedanken der §§ 162, 163 BGB dürfen sich Behörden außerdem nicht auf die Versäumung einer (Ausschluss-) Frist berufen, wenn sie die Wahrung der Frist durch eigenes Fehlverhalten treuwidrig verhindert haben, sodass etwa die Antragstellung zu dem Zeitpunkt fingiert wird, in dem der Antrag ohne den Verstoß der Behörde gegen ihre Beratungspflicht gestellt worden wäre, sodass die Ausschlussfrist in einem solchen Fall gewahrt ist.[16]

Etwas anderes – nämlich die Beachtung der Dienstzeiten – muss aber von demjenigen verlangt werden, der sich zur Fristwahrung der aktiven Mitwirkung der Behörde bedient, etwa seinen Widerspruch zur Niederschrift bei der Behörde erhebt (vgl. § 70 Abs. 1 VwGO).[17] 16

Bei einer unzuständigen Behörde eingereichte Schriftstücke vermögen eine gesetzte Frist grds. nicht zu wahren. Einen wichtigen Ausnahmefall statuiert aber § 16 Abs. 2 Satz 2 SGB I.[18] Mangels Vorliegens einer dem § 16 Abs. 2 Satz 1 SGB I entsprechenden Vorschrift im VwVfG sind unzuständige Behörden nicht – auch nicht nach dem Rechtsgedanken des § 24 Abs. 3 – verpflichtet, sie nicht betreffende Schriftstücke an die zuständige Stelle weiterzuleiten. Es dürfte jedoch bürgerfreundlichem Verhalten entsprechen, dies regelmäßig ungeachtet einer Rechtspflicht zu tun. 17

Zur Fristwahrung durch ein fremdsprachiges Schriftstück s. § 23 Abs. 3 und 4. 18

B. Die Vorschrift im Einzelnen

I. Entsprechende Anwendung von Vorschriften des BGB (Abs. 1)

Abs. 1 erklärt für die Berechnung von Fristen und Terminen die Vorschriften der §§ 187 bis 193 BGB für entsprechend anwendbar, soweit sich nicht aus den Abs. 2 bis 5 etwas anderes ergibt. Entsprechend anwendbar sind diese Vorschriften auch bspw. nach §§ 222 Abs. 1 ZPO und § 57 Abs. 2 VwGO, sodass sie als Ausdruck eines allgemeinen Rechtsgedankens angesehen werden und deshalb auch im Verwaltungsrecht anzuwenden sind (und bereits vor Inkrafttreten des VwVfG angewendet wurden), soweit keine Sonderregeln oder besondere verwaltungsrechtliche Interessenlagen dem entgegenstehen.[19] Ihre Funktion ist es somit, eine einheitliche Handhabung rechtserheblicher Zeitbestimmungen sicherzustellen.[20] 19

1. Wortlaut der §§ 187 bis 193 BGB

Die §§ 187 bis 193 BGB lauten: 20

16 BVerwG, Urt. v. 18.04.1997 – 8 C 38.95, NJW 1997, 2966 (2969) m.w.N.
17 BVerfG, Beschl. v. 07.04.1976 – 2 BvR 847/75, NJW 1976, 1255.
18 Knack/Henneke/*Ritgen*, § 31 Rn. 43.
19 BVerwG, Urt. v. 19.12.1995 – 10 A 1.94, BVerwGE 100, 206 = NVwZ-RR 1997, 178.
20 Amtl. Begründung S. 54.

§ 187 BGB
(Fristbeginn)

(1) Ist für den Anfang einer Frist ein Ereignis oder ein in den Lauf eines Tages fallender Zeitpunkt maßgebend, so wird bei der Berechnung der Frist der Tag nicht mitgerechnet, in welchen das Ereignis oder der Zeitpunkt fällt.

(2) Ist der Beginn eines Tages der für den Anfang einer Frist maßgebende Zeitpunkt, so wird dieser Tag bei der Berechnung der Frist mitgerechnet. Das gleiche gilt von dem Tage der Geburt bei der Berechnung des Lebensalters.

§ 188
BGB (Fristende)

(1) Eine nach Tagen berechnete Frist endigt mit dem Ablauf des letzten Tages der Frist.

(2) Eine Frist, die nach Wochen, nach Monaten oder nach einem mehrere Monate umfassenden Zeitraume – Jahr, halbes Jahr, Vierteljahr – bestimmt ist, endigt im Falle des § 187 Abs. 1 mit dem Ablauf desjenigen Tages der letzten Woche oder des letzten Monats, welcher durch seine Benennung oder seine Zahl dem Tage entspricht, in den das Ereignis oder der Zeitpunkt fällt, im Falle des § 187 Abs. 2 mit dem Ablauf desjenigen Tages der letzten Woche oder des letzten Monats, welcher dem Tage vorhergeht, der durch seine Benennung oder seine Zahl dem Anfangstage der Frist entspricht.

(3) Fehlt bei einer nach Monaten bestimmten Frist in dem letzten Monate der für ihren Ablauf maßgebende Tag, so endigt die Frist mit dem Ablaufe des letzten Tages dieses Monats.

§ 189 BGB
(Halbes Jahr, Vierteljahr, halber Monat)

(1) Unter einem halben Jahre wird eine Frist von sechs Monaten, unter einem Vierteljahre eine Frist von drei Monaten, unter einem halben Monat eine Frist von fünfzehn Tagen verstanden.

(2) Ist eine Frist auf einen oder mehrere ganze Monate und einen halben Monat gestellt, so sind die fünfzehn Tage zuletzt zu zählen.

§ 190 BGB
(Fristverlängerung)

Im Falle der Verlängerung einer Frist wird die neue Frist von dem Ablaufe der vorigen Frist an berechnet.

§ 191 BGB
(Berechnung von Zeiträumen)

Ist ein Zeitraum nach Monaten oder nach Jahren in dem Sinne bestimmt, daß er nicht zusammenhängend zu verlaufen braucht, so wird der Monat zu dreißig, das Jahr zu dreihundertfünfundsechzig Tagen gerechnet.

§ 192 BGB
(Anfang, Ende des Monats)

Unter Anfang des Monats wird der erste, unter Mitte des Monats der fünfzehnte, unter Ende des Monats der letzte Tag des Monats verstanden.

§ 193 BGB
(Sonn- und Feiertage; Samstage)

Ist an einem bestimmten Tag oder innerhalb einer Frist eine Willenserklärung abzugeben oder eine Leistung zu bewirken und fällt der bestimmte Tag oder der letzte Tag der Frist auf einen Sonntag, einen am Erklärung- oder Leistungsorte staatlich anerkannten allgemeinen Feiertag oder einen Sonnabend, so tritt an die Stelle eines solchen Tages der nächste Werktag.

2. Abweichungen in den Abs. 2 bis 5

Abweichungen davon enthält zum einen Abs. 2, wonach der Lauf einer behördlichen Frist – anders als in § 187 Abs. 1 BGB festgelegt – nicht notwendig mit dem Tag, der auf die Bekanntgabe der Frist folgt, beginnen muss, sofern dies dem Betroffenen mitgeteilt wird. Zum anderen weichen die Abs. 3 bis 5 von § 193 BGB dahin gehend ab, dass das Fristende auch auf einen Samstag, Sonntag oder einen gesetzlichen Feiertag fallen kann bzw. Termine, die auf einen derartigen Tag fallen, einzuhalten sind. 21

3. Bestimmung des Fristbeginns (§ 187 BGB)

§ 187 BGB unterscheidet für den Fristbeginn, von der Ausnahmeregelung für die Berechnung des Lebensalters abgesehen, zwei nicht im Verhältnis von Regel und Ausnahme stehende Fallgruppen: 22

Die Fälle, in denen der Fristbeginn an einen im Verlauf eines Tages liegenden Anfangspunkt anknüpft, d.h. die Fälle, in denen für den Anfang einer Frist ein Ereignis oder ein in den Lauf eines Tages fallender Zeitpunkt entscheidend ist (Abs. 1) und die übrigen Fälle, d.h. die Fälle, in denen der Beginn des Tages für den Anfang einer Frist maßgebend ist (Abs. 2). Wichtigster Anwendungsfall für Abs. 1 ist der Zugang eines Schriftstückes. Wird also einem Bürger mit einem am 05.05.2020 zugegangenen Schreiben eine Frist von 3 Tagen zur Vornahme einer bestimmten Handlung gesetzt, so ist in die Berechnung der 05.05. nicht einzubeziehen. Die Frist endet deshalb am 08.05.2020 um 24 Uhr (vgl. § 188 Abs. 1 BGB).

Etwas anderes gilt dagegen nach Abs. 2, wonach der Beginn eines Tages der für den Anfang der Frist maßgebliche Zeitpunkt ist. Wichtigster Anwendungsfall im öffentlichen Recht ist die Berechnung der Auslegungsfrist von Plänen, bspw. der Bauleitpläne (§ 3 Abs. 2 Satz 1 BauGB) oder der i.R.d. Planfeststellungsverfahren erstellten Pläne (§ 73 Abs. 3 Satz 1). Die Planentwürfe sollen nach den genannten gesetzlichen Regelungen vom ersten Tag der bekannt gemachten Frist an zur Einsichtnahme öffentlich ausliegen, ohne dass es darauf ankommt, wann vorher der den Zustand des 23

»Ausliegens« herbeiführende Vorgang des »Auslegens« stattgefunden hat.[21] Die Monatsfrist eines seit dem 02.06.2020 ausliegenden Bebauungsplanes läuft deshalb bereits am 01.07.2020 ab (§ 188 Abs. 2 Halbs. 2 BGB).

24 Das Gleiche gilt gem. § 187 Abs. 2 Satz 2 BGB für die Berechnung des Lebensalters. Wer am 01. 10. geboren ist, vollendet deshalb bereits am 30.09. das Lebensjahr (vgl. § 188 Abs. 2 Halbs. 2 BGB). Wenn er Beamter ist, vollendet er somit auch am 30. 09. sein 66. Lebensjahr und tritt deshalb mit Ablauf des Monats September in den Ruhestand,[22] wenn er Geburtsjahr 1958 ist (vgl. § 51 Abs. 2 BBG).

4. Bestimmung des Fristendes (§§ 188, 193 BGB)

25 Für die Berechnung des Fristendes gilt § 188 BGB. Da Fristen nach dieser Vorschrift mit Ablauf eines Tages enden, enden sie erst um 24 Uhr des jeweiligen Tages.[23] Zu Problemen der Fristwahrung s.o. Rdn. 14 ff.

26 Zu beachten ist aber § 193 BGB, wonach sich die Frist bis zum nächsten Werktag verlängert, wenn der letzte Tag der Frist auf einen Samstag, Sonntag oder gesetzlichen Feiertag fällt. Wird deshalb ein VA am 11.03.2020 zugestellt, so würde die Widerspruchsfrist von einem Monat nach § 188 Abs. 2 BGB eigentlich am 11.04.2020 ablaufen. Doch da dieser Tag ein Samstag, der 12.04. ein Sonntag und der 13.04. ein gesetzlicher Feiertag (Ostermontag) ist, läuft die Frist erst am 14.04.2020 um 24 Uhr ab.

27 Während bei der Woche der jeweilige Wochentag der Tag ist, der »durch seine Benennung dem Tage entspricht, in den das Ereignis fällt« (§ 188 Abs. 2 BGB), ist bei dem Monat auf die jeweilige Zahl des Tages abzustellen. Da die Monate unterschiedlich lang sind, ist § 188 Abs. 3 BGB zu beachten. Eine am 31.01.2019 in Lauf gesetzte Frist endet deshalb bereits mit Ablauf des 29.02.2019. Umgekehrt endet aber eine am 29.02.2019 in Lauf gesetzte Monatsfrist mit Ablauf des 29.03.2019[24]

5. Zu den §§ 189 bis 192 BGB

28 Die §§ 189 bis 192 BGB beinhalten gesetzliche Definitionen einzeln aufgezählter Zeiträume und Zeitpunkte. § 191 BGB legt die Berechnung nicht zusammenhängender Zeiträume fest. § 190 BGB behandelt die Berechnung von Fristverlängerungen, die aber im Verwaltungsrecht durch Abs. 7 ergänzt (und teilweise modifiziert) wird. Wegen weiterer Einzelheiten der Auslegung kann auf die einschlägigen Kommentare zum BGB verwiesen werden.

---

21 GmSoBG, Beschl. v. 06.07.1972 – GmS – O 6 B 2/71, NJW 1972, 2035.
22 BVerwG, Urt. v. 26.08.1968 – VI C 3.68, BVerwGE 30, 167.
23 BVerfG, Beschl. v. 11.02.1976 – 2 BvR 652/75, NJW 1976, 747; BVerfG, Beschl. v. 03.10.1979 – 1 BvR 726/78, NJW 1980, 580.
24 BGH, Beschl. v. 23.11.1983 – IVa ZB 13/83, NJW 1984, 1358.

II. Abweichende Regelung des Fristbeginns (Abs. 2)

Abs. 2 regelt den Beginn von Fristen und weicht insoweit (teilweise) von § 187 Abs. 1 BGB ab. Die Vorschrift gilt nach ihrem Wortlaut nur für behördliche, nicht aber für gesetzliche Fristen. Genau wie § 187 Abs. 1 BGB bestimmt auch sie, dass der Lauf einer Frist erst am auf ihre Bekanntgabe folgenden Tag beginnt, der Tag der Bekanntgabe deshalb bei der Berechnung der Frist nicht einbezogen wird.[25] Allerdings kann die Behörde, wie sich aus dem zweiten Halbs. ergibt, etwas anderes bestimmen; eine solche Bestimmung geht deshalb vor. Voraussetzung für den Beginn der Frist ist aber eine ordnungsgemäße Bekanntgabe ggü. dem Adressaten. Da die behördliche Fristsetzung ein VA ist (s.o. Rdn. 13), kann hinsichtlich der Voraussetzungen einer wirksamen Bekanntgabe auf § 41 und die Kommentierung hierzu verwiesen werden. Mangelt es an einer ordnungsgemäßen Bekanntgabe oder an einer eindeutigen und bestimmten (s.o. Rdn. 6) Fristsetzung, kann sich die Behörde nicht auf die Versäumung der Frist berufen.[26] 29

Die Behörde kann den Fristbeginn aber auch abweichend (d.h. aber regelmäßig: bereits früher) bestimmen (Halbs. 2), wobei allerdings aus rechtsstaatlichen Gründen der Zeitpunkt der Bekanntgabe der frühestmögliche Zeitpunkt ist. Dies kann bspw. so erfolgen, dass festgelegt wird, dass eine nach Tagen bemessene Frist von heute 12 Uhr ab gelten soll. In Betracht kommt dies vor allem im Bereich der Gefahrenabwehr. In dringenden Fällen kann auch eine nach Stunden bemessene Frist bestimmt werden (vgl. hierzu Abs. 6). Abs. 2 gilt schließlich auch dann nicht, wenn durch Bundesgesetz etwas anderes bestimmt ist (vgl. §§ 1 und 2), etwa in § 4 Abs. 1 VwZG, sodass eine Frist, die einem Betroffenen in einem mittels eingeschriebenen Briefes zugestellten Schreiben gesetzt wird, auch dann erst mit dem dritten Tage nach der Aufgabe zur Post in Gang gesetzt wird, wenn der Empfänger das Schreiben bereits vorher erhalten hat.[27] 30

III. Abweichende Regelung des Fristendes (Abs. 3)

1. Fristende an einem Samstag, Sonntag oder gesetzlichen Feiertag (Satz 1)

Die Vorschrift des Abs. 3 modifiziert die in § 193 BGB niedergelegte Regelung. Ebenso wie § 193 BGB regelt Satz 1, dass eine Frist, deren Ende auf einen Sonntag, gesetzlichen Feiertag oder Samstag fällt, erst mit Ablauf des darauffolgenden Werktages endet (s. hierzu auch Rdn. 26). Anders als § 193 BGB gilt Abs. 3 aber nicht nur für die Abgabe von Willenserklärungen oder die Bewirkung von Leistungen, sondern für alle von einem Betroffenen geforderten Handlungen, etwa tatsächlicher Natur (Beispiel: Abriss eines Hauses). Abs. 3 Satz 1 ist auch angewandt worden auf die Frist zum Widerruf eines Prozessvergleichs[28] und auf die Bewerbungsfrist für den Antrag auf Zuweisung eines Studienplanes außerhalb der festgesetzten Kapazität.[29] 31

25 OVG Berlin-Brandenburg, Beschl. v. 18.11.2010 – 11 S 67/09, NVwZ-RR 2010, 97 (99).
26 BVerwG, Urt. v. 22.10.1993 – 6 C 10.92, NVwZ 1994, 575 (576).
27 BVerwG, Urt. v. 03.07.1987 – 8 C 28.85, NVwZ 1988, 63.
28 VGH Hessen, Beschl. v. 24.03.2000 – 11 TG 3096/99, NVwZ-RR 2000, 544.
29 OVG Niedersachsen, Beschl. v. 24.11.2005 – 2 NB 462/05, NVwZ-RR 2006, 258.

32 Welche Tage Feiertage sind, richtet sich nach den jeweiligen landesrechtlichen Vorschriften.[30] Abzustellen ist insoweit auf den Ort, wo die geforderte Handlung erbracht werden soll. Bei einer Abrissverfügung bspw. kommt es auf den Ort an, wo das Grundstück liegt. Soll dagegen ggü. der Behörde eine Erklärung abgegeben werden, kommt es auf den Sitz der Behörde an (bspw. bei Einlegung eines Widerspruchs).

33 Einziger bundesgesetzlich (durch den Einigungsvertrag) festgelegter Feiertag ist der 03.10. Keine gesetzlichen Feiertage sind der 24.12., 31.12 und – auch nicht im Rheinland – der Rosenmontag.[31]

34 Abs. 3 gilt dagegen nicht für Termine. Umstritten ist, ob Abs. 3 Satz 1 auf die gesetzlichen Fiktionen des § 41 Abs. 2 und des § 4 Abs. 1 VwZG anzuwenden ist oder nicht. Der Große Senat des VGH Bayern hat dies abgelehnt.[32] Zuzugeben ist dem VGH Bayern zwar, dass § 4 Abs. 1 VwZG (gleiches gilt für § 41 Abs. 2) keine Frist bestimmt, sondern einen Termin, da er ein Datum festschreibt, an dem etwas geschehen soll bzw. – wie hier – eine Rechtswirkung eintritt, sodass eine unmittelbare Anwendung des Abs. 3 Satz 1 ausscheidet. Die Vorschrift ist aber analog anzuwenden, weil die Interessenlage im Fall der Zugangsfiktion dieselbe ist wie bei einer tatsächlichen Bekanntgabe bzw. Zustellung.

2. Abweichende Bestimmung durch die Behörde (Satz 2)

35 Nach Satz 2 hat die Behörde die Möglichkeit, abweichend von Satz 1 zu bestimmen, dass die Frist bereits mit Ablauf des Sonn- oder Feiertages bzw. des Samstages endet. Dies kann allerdings nur für behördliche Fristen gelten, da die Behörde an gesetzliche Fristen gebunden ist, sie insb. nicht verkürzen darf. Voraussetzung für eine abweichende Bestimmung nach Satz 2 ist zum einen, dass die Behörde einen bestimmten Tag als Ende der Frist mitgeteilt hat und gleichzeitig auf Satz 2 Bezug genommen hat. Fehlt eine der beiden Voraussetzungen, verbleibt es bei der Bestimmung des Fristendes nach Satz 1. Zu denken ist hierbei ähnlich wie im Fall des Abs. 2 Halbs. 2 an Fristbestimmungen im Zusammenhang mit Maßnahmen der Gefahrenabwehr. Nur in Fällen, in denen eine Gefahr unaufschiebbar zu beseitigen ist, dürfte es angezeigt sein, dem Bürger die Vornahme einer Handlung an einem der in Satz 1 genannten Tage aufzuerlegen. Nur dann, wenn dies geboten erscheint, ist deshalb das der Behörde durch Satz 2 eingeräumte Ermessen ordnungsgemäß ausgeübt worden.

36 Über Satz 2 hinaus kommt Satz 1 auch in den Fällen der Abs. 4 und 6 nicht zur Anwendung.

---

30 Vgl. Übersicht in Knack/Henneke/*Ritgen*, § 31 nach Rn. 38; OVG Rheinland-Pfalz, Beschl. v. 27.06.2016 – 10 U 1263/15, NJW-RR 2017, 254.

31 Bader/Ronellenfitsch/*Michler*, § 31 Rn. 45; Kopp/Ramsauer, § 31 Rn. 30; Knack/Henneke/*Ritgen*, § 31 Rn. 37, jeweils m.w.N.

32 VGH Bayern, Beschl. v. 23.07.1990 – GrS 1/90 – 19 B 88.185, NJW 1991, 1250 (1251); ebenso OVG Niedersachsen, Beschl. v. 26.10.2006 – 7 PA 184/06, NVwZ 2007, 78 und Kopp/Ramsauer, § 31 Rn. 32.

IV. Regelung des Fristendes bei der Erbringung von Leistungen durch die Behörde (Abs. 4)

Nach Abs. 4 enden abweichend von § 193 BGB Zeiträume auch dann mit dem Ablauf des letzten Tages, wenn dieser ein Samstag, Sonntag oder Feiertag ist, sofern die Behörde für den Zeitraum Leistungen zu erbringen hat. Hauptanwendungsfall ist die Gewährung wiederkehrender Geldleistungen, insb. die Erbringung von Sozialleistungen und Leistungen aus der Sozialversicherung (für die allerdings die Parallelvorschrift des § 26 Abs. 4 SGB-X einschlägig ist) sowie die Zahlung der Beamtenbezüge. Auch wenn das Gesetz von Zeiträumen spricht, handelt es sich nach der oben (Rdn. 6) angegebenen Definition um Fristen. Bei der Regelung handelt es sich nicht um einen Wertungswiderspruch zu Abs. 3 Satz 1, weil es dort darum geht, dem Bürger keine Handlungspflichten an i.d.R. arbeitsfreien Tagen aufzuerlegen, während Abs. 4 die Gewährung behördlicher Leistungen betrifft. 37

V. Bestimmung von behördlichen Terminen (Abs. 5)

Abs. 5 betrifft von der Behörde gesetzte Termine (zur Definition s. Rdn. 7). Die Vorschrift stellt klar, dass behördliche Termine stets einzuhalten sind und nicht entsprechend § 193 BGB verschoben werden. Eines besonderen Hinweises auf die Vorschrift bedarf es anders als nach Abs. 3 Satz 2 bei der Terminsbestimmung nicht. Dem Betroffenen durfte aber wegen der genauen Angabe des Tages auch so klar sein, dass der Termin strikt einzuhalten ist. 38

Abs. 5 stellt keine Rechtsgrundlage für die Behörde dar, einen Termin auf einen der in ihm genannten Tage festzusetzen. Ihre Berechtigung hierzu ist vielmehr dem jeweiligen materiellen Recht zu entnehmen. Grds. wird man sagen können, dass eine derartige Terminbestimmung nur bei Vorliegen eines besonderen sachlichen Grundes, etwa eine besondere Dringlichkeit, in Betracht kommen wird.[33] 39

VI. Berechnung einer nach Stunden bestimmten Frist (Abs. 6)

Nach Abs. 6 werden – anders als nach § 222 Abs. 3 ZPO und § 57 Abs. 2 VwGO – bei einer nach Stunden bestimmten Frist Sonntage, gesetzliche Feiertage und Samstage einberechnet. Die Vorschrift ist gerade im Hinblick auf Fälle besonderer Dringlichkeit geschaffen worden[34] und damit vor allem für den Bereich der Gefahrenabwehr von Bedeutung. Sie gelangt zur Anwendung, wenn eine nach Stunden bestimmte Frist vor einem der genannten Tage beginnt, aber in eine solchen hineinreicht. Werden z.B. an einem Freitag um 23 Uhr die Bewohner eines Ortsteils wegen einer Explosionsgefahr zur Räumung ihrer Unterkünfte binnen 2 Stunden aufgefordert, so endet die Frist am Samstag um 1 Uhr. Regelmäßig wird eine solche Fristbestimmung gleichzeitig eine von Abs. 2 abweichende Festlegung des Fristbeginns enthalten. 40

33 Kopp/Ramsauer, § 31 Rn. 25.
34 Amtl. Begründung S. 54.

VII. Verlängerung von Fristen (Abs. 7)

1. Anwendungsbereich

41 Abs. 7 bestimmt, dass behördliche Fristen verlängert werden können. Die Vorschrift ist somit weder auf gesetzliche Fristen[35] noch auf Fristen anwendbar, die in örVen festgelegt sind. Gesetzliche Fristen können nur dann verlängert werden, wenn es das Gesetz ausdrücklich vorsieht. Bei der Versäumung einer gesetzlichen Frist kann aber u. U. eine Wiedereinsetzung in den vorigen Stand (§ 32) erfolgen.

2. Berechnung der verlängerten Frist

42 Die Berechnung richtet sich nach Abs. 1 i.V.m. § 190 BGB. Dabei zählen selbstverständlich Sonntage, Feiertage und Samstage mit, da die Verlängerung mit der bisherigen Frist eine Einheit bildet. Abs. 3 Satz 1 gilt hier also nicht.

3. Ermessen der Behörde

43 Die Entscheidung der Behörde, ob sie eine von ihr gesetzte Frist verlängert, steht in ihrem pflichtgemäßem Ermessen. Wie aus Satz 2 hervorgeht, welcher auf die »Billigkeit« der Verlängerung abstellt, hat die Behörde aber i.d.R. zugunsten des Betroffenen zu entscheiden, wenn nicht wesentliche Gesichtspunkte dagegen sprechen.[36] Das Ermessen ist insbesondere auch dann eröffnet, wenn ein Antrag auf Verlängerung einer behördlichen Frist nicht begründet wird.[37]

44 Nach Satz 2 kommt auch eine nachträgliche Verlängerung bereits abgelaufener Fristen in Betracht. Ein Antrag des Beteiligten ist hierfür nicht erforderlich, sie kann vielmehr auch von Amts wegen erfolgen.[38] Demzufolge ist es auch unerheblich, dass ein etwaiger Antrag erst nach Ablauf der Frist gestellt wurde.[39]

45 Eine Frist kann insb. rückwirkend verlängert werden, »wenn es unbillig wäre, die durch den Fristablauf eingetretenen Rechtsfolgen bestehen zu lassen«. Hierbei handelt es sich nicht um eine Voraussetzung der rückwirkenden Verlängerung, sondern vielmehr um den Gesichtspunkt, den die Behörde bei ihrer Entscheidung besonders zu berücksichtigen hat und bei deren Vorliegen zugunsten des Betroffenen zu entscheiden ist.[40]

---

35 BVerwG, Urt. v. 18.01.1996 – 2 C 13.95, DÖV 1996, 563.

36 BVerwG, Urt. v. 22.10.1993 – 6 C 10.92, NVwZ 1994, 575 (576).

37 Kopp/*Ramsauer*, § 31 Rn. 39; a.A. OVG Berlin-Brandenburg, Beschl. v. 12.09.2014 – OVG 6 N 68/13, NVwZ-RR 2014. 950 (951).

38 Vgl. VGH Baden-Württemberg, Beschl. v. 22.07.1994 – 10 S 1017/94, NVwZ-RR 1994, 625.

39 VG Frankfurt am Main, Urt. v. 04.07.1990 – III/3-E 2935/88, NVwZ-RR 1991, 453 (454).

40 BVerwG, Urt. v. 22.10.1993 – 6 C 10.92, NVwZ 1994, 575 (576); VG Frankfurt am Main, Urt. v. 04.07.1990 – III/3-E 2935/88, NVwZ-RR 1991, 453 (454).

Sie hat im Rahmen ihrer Entscheidung die damit für die Beteiligten verbundenen Konsequenzen abzuwägen. Ob ein Beteiligter die ihm gesetzte Frist schuldhaft versäumt hat, ist dabei grds. unerheblich. Unbillig meint nicht schuldlos, sondern unzumutbar oder unerträglich. Liegen dagegen Gründe vor, die bei einer gesetzlichen Frist zu einer Wiedereinsetzung in den vorigen Stand (§ 32) führen würden, ist das Ermessen der Behörde dergestalt auf »Null« reduziert, dass sie zu einer Verlängerung der Frist verpflichtet ist.[41] 46

4. Rechtsnatur der Fristverlängerung

Die Fristverlängerung ist ein VA. Dies ergibt sich insb. aus Satz 3, wonach sie mit einer Nebenbestimmung nach § 36 verbunden werden kann. Eine Fristverlängerung ist bspw. im Bereich der Gefahrenabwehr oftmals nur vertretbar, wenn gewisse vorläufige Sicherungsmaßnahmen getroffen werden. So kann z.B. der Abbruch eines Gebäudes u. U. nur hinausgeschoben werden, wenn Sicherungsvorkehrungen angeordnet werden können. Die selbstständige Anfechtbarkeit der Verlängerung ist allerdings nach § 44a VwGO ausgeschlossen. 47

Wird durch die Verlängerung einer Frist in Rechte eines Dritten eingegriffen, kann hierin ein VA mit Doppelwirkung liegen, welcher nur nach §§ 48 bis 50 zulässig ist. Auch eine Verkürzung behördlicher Fristen ist nur unter den Voraussetzungen der §§ 48, 49 möglich. 48

C. Verfahrensvorschriften des allgemeinen Sozialrechts sowie Verwaltungsverfahrensrecht der Länder

Die Parallelvorschrift für das sozialrechtliche Verfahren findet sich in § 26 SGB-X. Die Verwaltungsverfahrensgesetze der Länder enthalten wort- bzw. inhaltsgleiche Vorschriften. 49

D. Europarecht

Soweit im nationalen Vollzug Fristen und Termine zu beachten sind, sind die §§ 31, 32 regelmäßig anwendbar. Sie müssen allerdings wie alle Verfahrensregeln zwei Grundanforderungen erfüllen: Sie dürfen den gemeinschaftlichen Vollzug nicht ungünstiger als den innerstaatlichen Vollzug gestalten (Äquivalenzgrundsatz oder Diskriminierungsverbot) und sie dürfen die Verwirklichung von Gemeinschaftsrecht nicht praktisch unmöglich machen (Effektivitätsgrundsatz bzw. Effizienzgebot). Durch die Berechnung der Fristen nach § 31 und durch eine Wiedereinsetzung nach § 32 wird i.d.R. nicht gegen diese Ge- und Verbote verstoßen, es können sich jedoch Einschränkungen ergeben.[42] Das gilt namentlich für Präklusionsvorschriften nach der 50

41 VG Frankfurt am Main, Urt. v. 04.07.1990 – III/3-E 2935/88, NVwZ-RR 1991, 453 (454).

42 BVerwG, Beschl. v. 04.10.1999 – 1 B 55/89, NVwZ 2000, 193 (zur Widerspruchsfrist); Kopp/Ramsauer, § 31 Rn. 2a: Stelkens/Bonk/Sachs//Kallerhoff/Stamm, § 31 Rn. 58.

Entscheidung des EuGH vom 15.10.2015. Mit dieser Entscheidung hat der EuGH die deutschen Präklusionsnormen im Bereich des Art. 11 UVP-RL und des Art. 25 IE-RL für unvereinbar mit dem Unionsrecht erklärt.[43]

§ 32 Wiedereinsetzung in den vorigen Stand

(1) [1]War jemand ohne Verschulden verhindert, eine gesetzliche Frist einzuhalten, so ist ihm auf Antrag Wiedereinsetzung in den vorigen Stand zu gewähren. [2]Das Verschulden eines Vertreters ist dem Vertretenen zuzurechnen.

(2) [1]Der Antrag ist innerhalb von zwei Wochen nach Wegfall des Hindernisses zu stellen. [2]Die Tatsachen zur Begründung des Antrags sind bei der Antragstellung oder im Verfahren über den Antrag glaubhaft zu machen. [3]Innerhalb der Antragsfrist ist die versäumte Handlung nachzuholen. [4]Ist dies geschehen, so kann Wiedereinsetzung auch ohne Antrag gewährt werden.

(3) Nach einem Jahr seit dem Ende der versäumten Frist kann die Wiedereinsetzung nicht mehr beantragt oder die versäumte Handlung nicht mehr nachgeholt werden, außer wenn dies vor Ablauf der Jahresfrist infolge höherer Gewalt unmöglich war.

(4) Über den Antrag auf Wiedereinsetzung entscheidet die Behörde, die über die versäumte Handlung zu befinden hat.

(5) Die Wiedereinsetzung ist unzulässig, wenn sich aus einer Rechtsvorschrift ergibt, dass sie ausgeschlossen ist.

Übersicht Rdn.

43 EuGH (2. Kammer), Urt. v. 15.10.2015 – C-139/14, NVwZ 2015, 1665; vgl. auch Kopp/Ramsauer, § 31, Rn. 11.

A. Allgemeines und Grundsätze

1 § 32 regelt das Rechtsinstitut der Wiedereinsetzung in den vorigen Stand im Verwaltungsverfahren. Wiedereinsetzung bedeutet, dass jemand, der eine gesetzliche Frist unverschuldet versäumt hat, gleichwohl so behandelt wird, als ob er die Frist gewahrt hätte. Bedeutung kommt der Wiedereinsetzung vor allem auch im Rahmen gerichtlicher Verfahren (etwa im Bereich der Rechtsmittelfristen) zu, weshalb es entsprechende Vorschriften in den einzelnen Prozessordnungen gibt (vgl. nur §§ 60 VwGO, 233 ff. ZPO, 44 ff. StPO). § 32, der sich stark an diese Vorschriften anlehnt, soll eine möglichst einheitliche Regelung der Wiedereinsetzung gewährleisten. So gibt es einerseits – im Zuge der Bereinigung des Verwaltungsverfahrensrechts – nur noch wenige Spezialvorschriften, welche dem § 32 vorgehen (z.B. §§ 210 BauGB, 134 Abs. 3 und 4 FlurbG). Andererseits sind die Abs. 1 bis 4 mit § 60 Abs. 1 bis 4 VwGO praktisch identisch, denen sie bewusst nachgebildet sind. Zwar fehlt eine dem Abs. 1 Satz 2 entsprechende Vorschrift in der VwGO, doch gilt die dort getroffene Regelung über §§ 173 VwGO, 51 Abs. 2, 85 Abs. 2 ZPO auch im Verwaltungsprozess. Die weitgehende Übereinstimmung hat zur Folge, dass zur Auslegung des § 32 auf die Auslegung des § 60 VwGO und der Parallelvorschriften nebst der dazu ergangenen Rechtsprechung zurückgegriffen werden kann.

2 Mit dem Rechtsinstitut der Wiedereinsetzung in den vorigen Stand soll ein Ausgleich geschaffen werden zwischen der materiellen Einzelfallgerechtigkeit einerseits und der dem Interesse der Rechtssicherheit und des Rechtsfriedens sowie der Effektivität staatlichen Handelns dienenden Grundsatzes andererseits, dass gesetzliche Fristen einzuhalten sind.

B. Die Vorschrift im Einzelnen

I. Materielle Voraussetzungen der Wiedereinsetzung (Abs. 1)

3 Nach Abs. 1 Satz 1 ist einem Beteiligten, der ohne Verschulden verhindert gewesen ist, eine gesetzliche Frist einzuhalten, auf Antrag Wiedereinsetzung in den vorigen Stand zu gewähren. Unter den genannten Voraussetzungen besteht demnach ein

Rechtsanspruch auf Wiedereinsetzung. Im Gegenzug dazu hat aber weder die Behörde noch das später angerufene Verwaltungsgericht die Rechtsmacht, eine durch Fristablauf eingetretene materielle Ausschlusswirkung nachträglich wieder zu beseitigen, wenn Wiedereinsetzungsgründe zugunsten des Einwendungsführers nicht vorliegen.[1]

1. Anspruchsberechtigte

4 Als (vom Gesetz mit »jemand« bezeichneter) Anspruchsberechtigter kommt nur ein Verfahrensbeteiligter nach § 13 Abs. 1 oder ein nach § 13 Abs. 2 zu Beteiligender in Betracht. Dagegen ist § 32 auf den Fall einer Fristversäumung durch eine Behörde (z.B. nach § 48 Abs. 4) nach herrschender Meinung zu Recht nicht – auch nicht analog – anwendbar.[2] Etwas anderes gilt nur dann, wenn sie selbst Verfahrensbeteiligte ist und insoweit der das Verfahren betreibenden Behörde gegenübertritt (vgl. Rdn. 30).

2. Versäumung einer gesetzlichen Frist

5 Eine Wiedereinsetzung kommt nach Abs. 1 Satz 1 nur bei der Versäumung einer gesetzlichen Frist in Betracht. Gesetzliche Fristen sind Fristen (zur Definition des Begriffs Frist s. § 31 Rdn. 6), die in einem formellen Gesetz, einer VO oder einer Satzung festgelegt sind. Unerheblich ist dabei, ob die Frist kraft Gesetzes zu laufen beginnt oder ob die Behörde deren Beginn zu bestimmen hat.[3] Deshalb gehört z.B. auch die Frist des § 10 Abs. 3 Satz 2 BImSchG zu den gesetzlichen Fristen, obwohl der Fristablauf an eine behördliche Handlung (Auslegen von Unterlagen) geknüpft ist. Weitere Beispiele für gesetzliche Fristen sind §§ 32 Abs. 2 Satz 1 (s. Rdn. 34), 48 Abs. 3 Satz 5, 51 Abs. 3, 73 Abs. 4 Satz 1.

6 Zu den gesetzlichen Fristen gehören auch die Fristen, die für einen ein Verwaltungsverfahren erst eröffnenden Antrag gelten. Ebenfalls fallen auch materiell bedeutsame Fristen – also Fristen, deren Ablauf nicht nur verfahrensrechtliche, sondern auch materielle Wirkungen hat – unter Abs. 1 Satz 1 wie z.B. Präklusionsvorschriften.[4] Allerdings gibt es gesetzliche Ausschlussfristen, bei denen eine Wiedereinsetzung ausgeschlossen ist (Abs. 5; vgl. Rdn. 48 ff.). Gegen die Versäumung der in einem gerichtlichen Vergleich vereinbarten Widerspruchsfrist kann das Gericht eine Wiedereinsetzung in den vorigen Stand nicht gewähren.[5]

7 Nach dem eindeutigen Wortlaut gilt § 32 nicht für durch örV festgelegte Fristen und auch nicht für behördliche Fristen. Bei Versäumung einer behördlichen Frist kann aber eine Fristverlängerung nach § 31 Abs. 7 in Betracht kommen (vgl. § 31 Rdn. 41 ff.). Zu den behördlichen Fristen gehören auch die durch Verwaltungsvorschriften (und eine darauf beruhende Verwaltungspraxis) festgelegte Fristen.[6] Auf sie sind deshalb

---

1 BVerwG, Urt. v. 17.07.1980 – 7 C 101.78, NJW 1981, 359 (362).
2 Stelkens/Bonk/Sachs/Kallerhoff/Stamm, § 32 Rn. 9.
3 BVerwG, Urt. v. 23.04.1985 – 9 C 7.85, NJW 1986, 207 (208).
4 BVerwG, Urt. v. 17.07.1980 – 7 C 101.78, NJW 1981, 359 (361).
5 BVerwG, Beschl. v. 24.08.1999 – 4 B 72.99, Buchholz 310 § 60 VwGO Nr. 228.
6 BVerwG, Urt. v. 22.10.1993 – 6 C 10.92, NVwZ 1994, 575 (576).

nicht § 32 – auch nicht analog[7] –, sondern § 31 Abs. 7 anwendbar. Ebenso wenig kann § 32 bei der Versäumung von Terminen (vgl. hierzu § 31 Rdn. 7) angewendet werden. War jemand ohne Verschulden an der Einhaltung eines Termins gehindert, kann deshalb nur daran gedacht werden, dass die Behörde einen neuen Termin bestimmt.

3. Nichteinhaltung der Frist

Eine Wiedereinsetzung kommt in Betracht, wenn eine gesetzliche Frist versäumt worden ist. Voraussetzung hierfür ist deshalb zum einen, dass die Frist dem Beteiligten ggü. wirksam gesetzt worden ist, denn eine Frist, die noch gar nicht zu laufen begonnen hat, kann auch nicht versäumt werden. Zum anderen muss der Beteiligte nicht in der Lage gewesen sein, die von ihm geforderte Handlung vollständig bis zum Ablauf der Frist vorzunehmen. Die Hinderungsgründe sind dabei unerheblich. In Betracht kommen neben von den Beteiligten unbeeinflussbare Umstände wie z.B. Naturkatastrophen, Streiks, Krankheiten[8] oder unabwendbare Zufälle auch Irrtümer, Unkenntnis oder ein Irrtum über die Rechtslage. Nicht gehindert an der Fristwahrung ist deshalb, wer bei Kenntnis aller hierfür einschlägiger Umstände die Frist absichtlich verstreichen lässt (etwa weil er glaubt, eine – fristgebundene – Antragstellung biete wenig Aussicht auf Erfolg). Zwischen dem unverschuldeten Hindernis und der Fristversäumung muss ein Kausalzusammenhang bestehen.[9] 8

Aus einem ersten Hinderungsgrund ergibt sich ein weiterer, wenn die Folgen des ersten Hinderungsgrundes einer Einhaltung der Frist entgegenstehen. Das trifft z.B. zu, wenn einem schwer erkrankten Beteiligten nach seiner Genesung zur Wahrung der Frist nur eine so kurze Zeit verbleibt, dass er die Prüfung der Sach- und Rechtslage nicht mit der erforderlichen Sorgfalt vornehmen kann. 9

Entfällt der Hinderungsgrund weniger als 2 Wochen vor Fristende, so ist eine Fortdauer der Verhinderung nicht schon deshalb anzunehmen, weil dem zur Einhaltung der Frist Verpflichteten nicht die gesamte Zeit der für die Antragstellung geltenden Frist von 2 Wochen (Abs. 2 Satz 1) für die Fristwahrung zur Verfügung steht.[10] Vielmehr kommt es auf die Umstände des Einzelfalls an, ob der Beteiligte in der ihm noch verbliebenen Zeit unter Wahrung seiner berechtigten Interessen zur Fristwahrung imstande ist.[11] 10

4. Kein Verschulden an der Nichteinhaltung

Der Säumige muss ohne Verschulden an der Einhaltung der Frist gehindert sein. Verschulden liegt dann vor, wenn der Betroffene die gebotene und ihm nach den 11

7 So aber VGH Baden-Württemberg, Beschl. v. 16.12.1993 – 10 S 1508/93, NVwZ 1995, 278.
8 Vgl. zur unvorhersehbaren Erkrankung des Prozessbevollmächtigten VGH Bayern, Beschl. v. 18.07.2011 – 22 ZB 11.1250, BayVBl. 2012, 55; vgl. auch Rdn. 29.
9 BVerwG, Beschl. v. 10.08.2016 – 1 B 93.16, NWVBl. 2016, 496.
10 BVerwG, Beschl. v. 09.07.1975 – VI C 18.75, DÖV 1976, 168 (169).
11 BayVerfGH, Beschl. v. 30.10.1981 – Vf 128-VI/80, NJW 1982, 2660 (2661).

Umständen des Einzelfalles zumutbare Sorgfalt nicht eingehalten hat, also diejenige Sorgfalt außer Acht gelassen hat, die für einen gewissenhaften, seine Rechte und Pflichten sachgemäß wahrenden Verfahrensbeteiligten geboten und ihm nach den gesamten Umständen zuzumuten war. Ein Verschulden des Vertreters wird dem Vertretenen zugerechnet (Abs. 1 Satz 2, s. hierzu Rdn. 27 ff.).

12 Die Anforderungen an die Sorgfaltspflichten dürfen angesichts der Bedeutung der Wiedereinsetzung für den verfassungsrechtlich gewährleisteten Rechtsschutz der Betroffenen allerdings nicht überspannt werden.

13 Der Maßstab für die gebotene Sorgfalt bemisst sich objektiv danach, welches Verhalten von demjenigen zu fordern ist, der die gesetzliche Frist einzuhalten hat. Zumutbarkeit und Gebotenheit sind deshalb nach objektiven Maßstäben zu bemessen ohne Rücksicht auf individuelle Besonderheiten. Ob jemand zufällig besondere Sachkunde oder rechtliche Kenntnisse besitzt (oder es im Gegenteil daran gerade mangelt), ist somit unerheblich. Freilich sind an die Gruppe der Rechtskundigen besondere Anforderungen zu stellen, sodass etwa gefragt werden muss, ob ein Rechtsanwalt die üblicherweise einem Rechtsanwalt obliegenden Sorgfaltspflichten außer Acht gelassen hat. Umgekehrt sind z.B. bei Ausländern bestehende Sprach- und Verständigungsschwierigkeiten angemessen zu berücksichtigen. Allerdings kann die Unkenntnis der deutschen Sprache nur in Ausnahmefällen ein Verschulden entfallen lassen, weil die Amtssprache deutsch ist (§ 23). Einem Ausländer ist deshalb zuzumuten, sich möglichst umgehend um eine Übersetzung eines amtlichen Schreibens oder um Rechtshilfe zu bemühen.

14 Ein Verschulden liegt auch im Fall eines Mitverschuldens vor, also wenn nicht ausschließlich die Sorgfaltspflichtverletzung des Beteiligten zur Versäumung der Frist geführt hat, z.B. wenn er ein Schreiben zwar rechtzeitig, aber an die unzuständige Behörde gesandt hat, diese es aber erst nach Ablauf der Frist an die zuständige Stelle weiterleitet.[12]

a) Beispiele gegebenen Verschuldens

15 Vom Vorliegen eines Verschuldens muss in folgenden Fällen ausgegangen werden: ein per Post versandtes Schreiben ist unzulänglich adressiert oder nicht ausreichend frankiert worden;[13] der mit der Übermittlung eines Schreibens beauftragte Bote wurde fehlerhaft instruiert;[14] es wurde ein ungeeigneter oder unzuverlässiger Bote beauftragt;[15] der Beteiligte befindet sich in einem Irrtum über die Erfolgsaussichten eines Rechtsbehelfs[16] oder hat mangelnde Rechtskenntnisse.[17]

12 VGH Baden-Württemberg, Urt. v. 21.10.1993 – 5 S 2842/92, NVwZ-RR 1994, 474 (475).
13 BVerwG, Beschl. v. 31.01.1990 – 9 B 222.89, NJW 1990, 1747.
14 BVerwG, Beschl. v. 16.07.1980 – 6 B 63.79, DÖV 1981, 180.
15 BVerwG, Urt. v. 04.04.1962 – V C 84.61, BVerwGE 14, 109 (112); BVerwG, Urt. v. 08.05.1991 – 3 C 68.89, NJW 1992, 63 (64).
16 OVG Niedersachsen, Beschl. v. 20.11.2007 – 2 LA 626/07, NVwZ-RR 2008, 356.
17 BVerwG, Beschl. v. 07.10.2009 – 9 B 83.09, Buchholz 310 § 60 VwGO Nr. 266.

Nicht ohne Verschulden handelt auch, wer ein Schreiben so spät abschickt, dass es unter gewöhnlichen Umständen nicht mehr rechtzeitig bei dem Adressaten eintreffen kann, z.B. die Aufgabe eines Schreibens zur Post am letzten Tag der Frist. Gleichermaßen schuldhaft handelt, wer mit der Übermittlung eines fristgebundenen Schriftsatzes per Telefax nicht so rechtzeitig beginnt, dass unter gewöhnlichen Umständen mit der Übertragung des Schriftsatzes noch am Tage des Fristablaufs zu rechnen ist.[18] Wird eine Frist bis zum letzten Tag ausgeschöpft, gelten nach der Rechtsprechung des BGH für das »Mitternachtsfax« erhöhte Sorgfaltsanforderungen. Neben dem eigentlichen Zeitaufwand für die Sendungsübertragung muss ein »Sicherheitszuschlag« von ca. 20 Minuten als Reserve eingeplant werden.[19] Die Einplanung dieses Sicherheitszuschlages ist dabei nicht nur für den Fall geboten, dass der Zielanschluss belegt ist, sondern auch für allfällige sonstige Übertragungsprobleme.[20] Eher zweifelhaft scheint die Annahme einer Verpflichtung zur Versendung über das besondere elektronische Anwaltspostfach (beA) im Falle einer technischen Störung des Faxversandes, solange nur eine passive Nutzungspflicht besteht.[21] Nicht überzeugend ist auch die Auffassung, dass von einem Rechtsanwalt verlangt werden kann, dass er über den Internetauftritt des Gerichts eine etwa vorhandene weitere Telefaxnummer ermittelt, wenn es ihm trotz mehrfacher Anwahlversuche nicht gelingt, am letzten Tag der Frist einen Schriftsatz per Telefax an eine vom Gericht genannte Telefaxnummer zu übermitteln.[22] Ebenso wenig muss er eine dem Pressesprecher des Gerichts zugewiesene Telefaxnummer ausfindig machen, um den Schriftsatz zur Fristwahrung an diese Nummer zu versenden.[23] Der Bürger ist zwar berechtigt, ihm gesetzte Fristen »bis zur letzten Sekunde« auszuschöpfen. Er muss dann aber, je weiter der Zeitpunkt des Fristendes näherrückt, in tatsächlicher Hinsicht weitere Möglichkeiten der Vermeidung einer Fristversäumung in Betracht ziehen, die zu einem früheren Zeitpunkt weniger naheliegen. In diesem Sinne kann davon gesprochen werden, dass gegen Ende der Frist erhöhte Sorgfaltspflichten bestehen, was aber nicht bedeutet, dass sich die rechtlichen Anforderungen zum Ende der Frist hin verschärfen.[24] Besondere Sorgfaltspflichten treffen den Absender, namentlich einen Rechtsanwalt, bei einem Poststreik. Er hat sich bei Kenntnis des Poststreiks regelmäßig vor Absenden eines fristwahrenden Schriftsatzes über die 16

18 Vgl. OLG Saarbrücken, Beschl. v. 01.08.2013 – 5 U 368/12, MDR 2014, 179; BVerfG, Beschl. v. 15.01.2014 – 1 BvR 1656/09, NVwZ 2014, 1084; BGH, Beschl. v. 08.04.2014 – VI ZB 1/13, MDR 2014, 674; BVerwG, Beschl. v. 29.01.2015 – 9 BN 2.14, BayVBl. 2016, 319; BVerwG, Beschl. v. 29.06.2016 – 2 B 18.15, MDR 2017, 353 (354); BGH, Beschl. v. 06.12.2017 – XII ZB 335/17, MDR 2018, 223; BGH, Beschl. v. 27.09.2018 – IX ZB 67/17, MDR 2018, 1456.

19 BGH, Beschl. v. 23.10.2018 – III 54/18, NJW-RR 2018, 1529; so auch schon BVerfG, Beschl. v. 19.01.2014 – 1 BvR 1656/09, BVerfGE 135, 126 zur Einlegung von Verfassungsbeschwerden.

20 OVG Thüringen, Beschl. v. 06.03.2019 – 2 EO 768/18, NJW 2019, 2638 (2639).

21 So OLG Dresden, Beschl. v. 29.07.2019 – 4 U 879/19, NJW 2019, 3312.

22 So OLG Bremen, Beschl. v. 06.11.2018 – 4 UF 85/18, MDR 2019, 312. Einschränkend BGH, Beschl. v. 27.06.2017 – II ZB 22/16, MDR 2017, 1203.

23 BGH, Beschl. v. 26.01.2017 – I ZB 43/16, MDR 2017, 476.

24 BVerwG, Urt. v. 11.05.1973 – IV C 3.73, DÖV 1973, 647.

Auswirkungen am Versand- und Empfangsort zu informieren.[25] Wenn ein Schreiben in der Zeit eines allgemein bekannten Poststreiks abgesandt wird, ist die durch den Streik bedingte Fristversäumung nicht mehr unverschuldet, wenn das Schreiben auch per Telefax hätte übermittelt werden können, weil Absender und Empfänger über einen entsprechenden Anschluss verfügen.[26]

17 Die Versäumung einer Frist durch einen der deutschen Sprache nicht mächtigen Ausländer ist dann als verschuldet anzusehen, wenn er die ihm nach den Umständen des Einzelfalles zumutbaren Anstrengungen unterlassen hat, vom Inhalt eines die Frist in Lauf setzenden Schreibens Kenntnis zu erlangen, etwa durch Einholung einer Übersetzung[27] (s.a. Rdn. 13).

18 Verschulden liegt auch vor, wenn sich der Adressat eines Schriftstückes treuwidrig weigert, dieses entgegenzunehmen, weil er sich in diesem Fall so behandeln lassen muss, als ob ihm das Schreiben zugegangen wäre und er von seinem Inhalt Kenntnis genommen hätte. Gleiches gilt dann, wenn er ein durch Niederlegung zugestelltes Schreiben (§§ 3 Abs. 2 VwZG, 181 Abs. 1 ZPO) nicht an der dafür bestimmten Stelle abholt.

b) Beispiele fehlenden Verschuldens

19 Ein Verschulden ist in den folgenden Fällen zu verneinen: Der Betroffene war krankheitsbedingt weder zur Vornahme der geforderten Handlung noch zur Bestellung eines Bevollmächtigten in der Lage. Er hat die Frist versäumt, weil er urlaubsbedingt nicht zu Hause gewesen ist. Sofern er nicht ungewöhnlich lange (was ab einem Zeitraum von 4 Wochen oder länger zu erwägen ist) abwesend ist, ist er auch nicht verpflichtet, besondere Vorkehrungen hinsichtlich möglicher Zustellungen (etwa die Bestellung eines Empfangsbevollmächtigten) zu treffen; und zwar auch dann nicht, wenn Grund zu der Annahme besteht, dass in dieser Zeit Schreiben eingehen werden.[28] Ein Verschulden kann auch nicht darin gesehen werden, dass mehrere Wohnungsinhaber in einem kleinen Mietshaus nur einen gemeinsamen Briefkasten haben und ein Schreiben versehentlich von einem anderen Bewohner an sich genommen worden ist.[29]

20 Kein Verschulden liegt bei der Übermittlung eines Schreibens per Telefax vor, wenn der vom Gerät ausgedruckte und überprüfte Sendebericht eine ordnungsgemäße Übermittlung bestätigt hat.[30]

---

25 Vgl. BGH, Beschl. v. 18.02.2016 – V ZB 126/15, NJW 2016, 2730; BGH, Beschl. v. 12.05.2016 – V ZB 135/15, NJW 2016, 3789; BVerwG, Beschl. v. 29.06.2016 – 2 B 18.15, BayVBl. 2017, 353; BGH, Beschl. v. 26.01.2017 – 1 ZB 43/16, MDR 2017, 476.

26 So VGH Hessen, Beschl. v. 17.07.1992 – 9 TP 930/92, NJW 1993, 750.

27 BVerfG, Beschl. v. 02.06.1992 – 2 BvR 1401/91, 254/92, NVwZ 1992, 1080.

28 BVerfG, Beschl. v. 11.02.1976 – 2 BvR 849/75, BVerfGE 41, 332 (335); BVerfG, Beschl. v. 06.10.1992 – 2 BvR 805/91, NJW 1993, 847; vgl. auch BVerwG, Urt. v. 09.06.1989 – 6 C 49.87, NVwZ-RR 1990, 86 (87).

29 BVerwG, Urt. v. 28.08.1987 – 4 C 14.86, NJW 1988, 578.

30 BGH, Urt. v. 02.10.1991 – IV ZR 68/91, NJW 1992, 244; VGH Bayern, Beschl. v. 24.02.2005 – 1 CS 04.3045, NJW 2006, 169.

Unverschuldet sind Fristversäumungen immer dann, sofern sie auf ein Fehlverhalten eines Dritten (wobei es sich allerdings nicht um den Vertreter handeln darf, Abs. 1 Satz 2) zurückzuführen sind. Hierunter fällt z.B. der Fall, dass ein Schreiben im Wege der Ersatzzustellung (§§ 3 Abs. 2 VwZG, 178 ZPO) wirksam einem Dritten übergeben wurde, dieser es aber an den Betroffenen nicht weitergegeben hat.[31] Hierher gehören auch Verzögerungen, die aus dem Verantwortungsbereich der Behörde herrühren, z.B. Funktionsstörungen des Telefaxempfangsgerätes.[32] Behörden haben auch nach Dienstschluss für dessen Funktionsfähigkeit zu sorgen.[33] Auf eine fehlende Funktionsfähigkeit des Gerätes zurückzuführende Fristversäumnisse sind deshalb dann unverschuldet, wenn eine rechtzeitige anderweitige Übermittlung nicht mehr möglich oder unzumutbar ist.[34] 21

Dem Bürger sind Verzögerungen der Postbeförderung und -zustellung auch nach Wegfall des Postmonopols nicht zuzurechnen. Er muss seine ausreichend frankierte und ordnungsgemäß adressierte Briefsendung jedoch so rechtzeitig in einen Postkasten einwerfen oder zu einer Postfiliale/-agentur bringen, dass unter Berücksichtigung der üblichen Leerungs- und Brieflaufzeiten noch mit einem rechtzeitigen Eingang des Schreibens gerechnet werden kann.[35] Er kann regelmäßig davon ausgehen, dass im Bundesgebiet werktags aufgegebene Postsendungen grundsätzlich am folgenden Werktag ausgeliefert werden.[36] Hierbei darf er sich auf die bei der Post ausgehängten »Übersicht wichtiger Postlaufzeiten« verlassen.[37] Er ist deshalb grds. nicht verpflichtet, ein Schreiben gegen Fristende per Telefax zu übermitteln. Etwas anderes mag dann gelten, wenn dem Betroffenen bekannt ist, dass es infolge eines Streiks, dessen Ende nicht absehbar ist, zu Verzögerungen im Briefverkehr kommt.[38] Wann ein Schreiben 22

31 BVerwG, Urt. v. 09.10.1973 – V C 110.72, BVerwGE 44, 104 (108 f.).

32 BVerfG, Beschl. v. 21.06.2001 – 1 BvR 436/01, NJW 2001, 3473; jedoch keine vorschnelle Aufgabe der Übermittlung im Störungsfall, BGH, Beschl. v. 20.08.2019 – VIII ZB 19/18, NJW 2019, 3310.

33 BVerfG, Beschl. v. 14.05.1986 – 1 BvR 370/84, NJW 1986, 244, BGH, Urt. v. 02.10.1991 – IV ZR 68/91, NJW 1992, 244, NJW 1986, 244.

34 BGH, Beschl. v. 06.03.1995 – II ZB 1/95, NJW 1995, 1431; BVerwG, Beschl. v. 06.11.2007 – 3 B 60.07, Buchholz 310 § 60 VwGO Nr. 260.

35 BVerfG, Beschl. v. 22.09.2000 – 1 BvR 1059/00, NJW 2001, 744; BVerwG, Urt. v. 11.05.1973 – IV C 3.73, DöV 1973, 647; BVerwG, Urt. v. 08.05.1991 – 3 C 68.89, NJW 1992, 63 (64).

36 Vgl. BVerwG, Urt. v. 20.06.2013 – 4 C 2.12, BayVBl. 2014, 118 (119); OVG Nordrhein-Westfalen, Beschl. v. 13.02.2019 – 3d E 17/19.O, NRWE; vgl. auch Mann/Sennekamp/Uechtritz/Mattes, § 32 Rn. 27. Gem. § 2 Nr. 3 Postuniversaldienstleistungsverordnung müssen durchschnittlich mindestens 80 % der werktäglich aufgegebenen Briefe ihren inländischen Empfänger am ersten Werktag nach der Aufgabe erreichen. Die Deutsche Post erreicht dies sogar in 95 % der Fälle, vgl. www.deutschepost.de (Stichwort: Brieflaufzeiten). Vgl. auch OVG Nordrhein-Westfalen, Beschl. v. 25.07.2019 – 4 A 349/18.A, NJW 2019, 3738 (3739).

37 BVerfG, Beschl. v. 29.12.1994 – 2 BvR 106/93, NJW 1995, 1210; BFH, Urt. v. 21.12.1990 – VI R 10/86, NJW 1991, 1704.

38 VGH Hessen, Beschl. v. 17.07.1992 – 9 TP 930/92, NJW 1993, 750.

zur Post gegeben wurde, ist aus dem auf dem Umschlag angebrachten Poststempel ersichtlich. Den Verlust eines Schriftsatzes auf dem Postweg kann die Partei regelmäßig nicht anders glaubhaft machen als durch die Glaubhaftmachung der rechtzeitigen Aufgabe zur Post.[39]

23 Einen besonderen Fall der unverschuldeten Fristversäumnis wegen Fehlens der erforderlichen Begründung eines VA regelt schließlich noch § 45 Abs. 3.

5. Antrag auf Wiedereinsetzung

24 Nach Abs. 1 Satz 1 ist für die Wiedereinsetzung grds. ein Antrag erforderlich. Unter den Voraussetzungen des Abs. 2 Satz 4 kann sie auch von Amts wegen erfolgen. Der Antrag bedarf keiner besonderen Form. Insbesondere ist nicht erforderlich, dass der Begriff Wiedereinsetzung ausdrücklich verwendet wird. Es reicht vielmehr aus, wenn erkennbar ist, dass der Betroffene geltend macht, unverschuldet an der Einhaltung der Frist gehindert gewesen zu sein.

25 Für eine Wiedereinsetzung ist nicht erforderlich, dass in der Sache noch keine Entscheidung ergangen ist. Vielmehr würde eine aufgrund der Fristversäumnis ergangene Entscheidung gegenstandslos (s. Rdn. 46).

26 Liegen all diese Voraussetzungen vor und ist auch den Erfordernissen des Abs. 2 genüge getan worden, ohne dass der Ausnahmefall des Abs. 3 gegeben ist, so hat der Betroffene einen Rechtsanspruch auf Wiedereinsetzung.

6. Zurechnung des Vertreterverschuldens (Abs. 1 Satz 2)

27 Nach Abs. 1 Satz 2 ist das Verschulden eines Vertreters dem Vertretenen zuzurechnen. Dies gilt auch dann, wenn ein höchstpersönliches Recht des Vertretenen mit Verfassungsrang Verfahrensgegenstand ist wie z.B. das Asylrecht.[40]

a) Vertreter

28 Als Vertreter kommen in Betracht die gesetzlichen Vertreter eines nach § 12 Handlungsunfähigen, die nach § 16 von Amts wegen bestellten Vertreter, die gemeinsamen Vertreter nach den §§ 17 ff. sowie die Bevollmächtigten nach § 14 Abs. 1. Praktisch wichtigster Fall sind Rechtsanwälte. Die Zurechnung setzt voraus, dass ein eigenes Verschulden des Vertreters vorliegt. Das Verschulden einer Hilfsperson des Vertreters, die nicht dessen Vertreter ist, darf nicht dem Vertreter und damit mittelbar dem Vertretenen zugerechnet werden. Liegt ein Verschulden einer Hilfsperson, also z.B. eines Mitarbeiters eines Rechtsanwaltes vor, kann darin aber gleichzeitig ein eigenes

39 BGH, Beschl. v. 10.09.2015 – III ZB 56/14, MDR 2015, 1437. Vgl. zur Glaubhaftmachung bei Schriftsatzverlust auf dem Postweg auch OLG Koblenz, Beschl. v. 21.01.2016 – 5 U 1125/15, MDR 2016, 1169.

40 BVerfG, Beschl. v. 20.04.1982 – 2 BvL 26/81, NJW 1982, 2425; BVerwG, Beschl. v. 03.12.2002 – 1 B 429/02, NVwZ 2003, 868.

Verschulden des Vertreters liegen, etwa weil er sein Büro nicht richtig organisiert oder seine Mitarbeiter nicht ordnungsgemäß angelernt und überwacht hat (s. Rdn. 29). Die schuldhafte Verursachung einer Fristversäumung durch eine Kanzleiangestellte entlastet den bevollmächtigten Rechtsanwalt von eigenem Verschulden nur dann, wenn die Hilfsperson das Alleinverschulden trifft.[41]

b) Verschulden des Vertreters

Der für das Verschulden eines Vertreters anzulegende Maßstab richtet sich nach den 29
allgemeinen, auch für den Vertretenen geltenden Grundsätzen (vgl. Rdn. 11 ff.), sofern nicht für den Vertreter besondere Sorgfaltspflichten bestehen. Insb. an rechtskundige Personen, vor allem an Rechtsanwälte, können darüber hinausgehende Anforderungen gestellt werden. Bei ihnen ist zu fragen, ob sie die übliche Sorgfalt eines ordentlichen Anwaltes beachtet haben. Sie haben vor allem die Rechtslage zu kennen, weshalb diesbezügliche Irrtümer als verschuldet angesehen werden müssen. Sofern eine entsprechende Vollmacht erteilt worden ist, hat ein Rechtsanwalt, auch ohne die entsprechende Weisung seines Mandanten abzuwarten, Frist wahrend Rechtsbehelfe zu ergreifen, vor allem wenn unsicher ist, ob ihn bzw. seinen Mandanten Mitteilungen noch rechtzeitig erreichen. Eine erhebliche Arbeitsüberlastung des Rechtsanwalts kann eine Wiedereinsetzung nur dann ausnahmsweise rechtfertigen, wenn sie plötzlich und unvorhersehbar eingetreten ist und durch sie die Fähigkeit zu konzentrierter Arbeit erheblich eingeschränkt wird.[42] Ein Rechtsanwalt hat insbesondere organisatorische Vorkehrungen dafür zu treffen, dass Fristen eingehalten werden können.[43] Die Bearbeitung von Fristen darf grds. hierfür geschultem und bewährtem Büropersonal übertragen werden, soweit es sich um routinemäßige Verrichtungen handelt. Der Rechtsanwalt darf auch grds. davon ausgehen, dass von ihm erteilte Weisungen von seinem Personal beachtet werden. Sind für die Behandlung von Fristsachen jedoch Rechtsfragen bedeutsam, so hat der Anwalt persönlich die Klärung herbeizuführen. Auch die Berechnung nicht einfacher Fristen darf er nicht allein seinem Personal überantworten.[44] Er muss außerdem die zuverlässige Notierung der Fristen

---

41 BVerwG, Beschl. v. 12.06.2002 – 7 B 29.02, Buchholz 310 § 60 VwGO Nr. 245.

42 BGH, Beschl. v. 08.05.2013 – XII ZB 396/12, NJW 2013, 2035.

43 BVerwG, Beschl. v. 11.01.2012 – 9 B 55.11, NVwZ 2012, 580; BVerwG, Beschl. v. 25.03.2015 – 9 B 65.14, BayVBl. 2015, 688; BGH, Beschl. v. 23.01.2013 – XII ZB 167/11, MDR 2013, 930; BGH, Beschl. v. 13.01.2016 – XII ZB 653/14, MDR 2016, 344; BGH, Beschl. v. 12.06.2018 – II ZB 23/17, NJW 2018, 2895; vgl. auch *Bernau*, Die Rechtsprechung des BGH zur Wiedereinsetzung in den vorigen Stand, NJW 2012, 2004 (2005 ff.); ders. NJW 2013, 2001 (2003 ff.); ders. NJW 2014, 2007 (2008 ff.); ders. NJW 2015, 2004 (2006 ff.); ders. NJW 2016, 1999 (2001 ff.); ders., NJW 2017, 2001 (2004 ff.); *Rohwedder*, Die Rechtsprechung des BGH zur Wiedereinsetzung in den vorigen Stand, NJW 2018, 2019 (2021 ff.); ders., NJW 2019, 1990 (1992 ff.); *Vosseler*, Rechtsprechungsübersicht zur Wiedereinsetzung in den vorigen Stand; MDR 2018, 505 ff; MDR 2018, 576 ff.

44 BVerwG, Beschl. v. 18.06.2009 – 5 B 32.09, Buchholz 310 § 60 VwGO Nr. 265; BVerwG, Beschl. v. 17.04.2013 – 6 P 9.12, NJW 2013, 1617; VGH Baden-Württemberg,

in geeigneter Form (Fristenbuch, Fristenkalender) sicherstellen.[45] Die zu einer wirksamen Fristenkontrolle[46] erforderlichen Handlungen wie die Eintragung im Fristenkalender müssen dabei zum frühestmöglichen Zeitpunkt vorgenommen werden.[47] Ein Rechtsanwalt, der die Fristennotierung und -kontrolle mittels eines elektronischen Fristenkalenders abwickelt, muss den besonderen Gefahren des Datenverlustes bei der EDV-Nutzung Rechnung tragen; er ist aufgrund seiner anwaltlichen Sorgfaltspflicht unter anderem gehalten, durch entsprechende organisatorische Maßnahmen sicherzustellen, dass sowohl einem versehentlichen Löschen von Fristen durch sein Büropersonal als auch einem hierdurch bedingten Versäumen der fristwahrenden Handlung effektiv entgegen gewirkt wird.[48] Bei Computerstörungen kann die Sorgfaltspflicht des Rechtsanwalts die Umstellung auf eine manuelle Fristenkontrolle gebieten.[49] Wird die Handakte eines Rechtsanwalts allein elektronisch geführt, muss sie ihrem Inhalt nach der herkömmlich geführten entsprechen. Sie muss insbesondere zu Rechtsmittelfristen und deren Notierung ebenso wie diese verlässlich Auskunft geben können und darf keine geringeren Überprüfungsmöglichkeiten bieten als ihr analoges Pendant.[50] Sind einer Rechtsanwaltsfachangestellten in der Vergangenheit bei der Fertigung und Versendung fristgebundener Schriftsätze Fehler unterlaufen, so muss der Rechtsanwalt durch organisatorische Maßnahmen sicherstellen, dass sich solche nicht wiederholen.[51] Durch eine besondere Ausgangskontrolle[52] muss zudem sichergestellt werden,

---

Beschl. v. 12.06.2007 – 9 S 315/07, NVwZ-RR 2007, 819; OVG Nordrhein-Westfalen, Beschl. v. 20.12.2018 – 14 B 1475/18, NJW 2019, 1091.

45 BVerfG, Beschl. v. 30.05.2007 – 1 BvR 756/07, NJW 2007, 2839; BVerwG, Beschl. v. 23.05.2006 – 7 B 36.06, Buchholz 310 § 60 VwGO Nr. 258; BGH, Beschl. v. 17.01.2012 – VI ZB 11/11, MDR 2012, 486; BGH, Beschl. v. 23.01.2013 – XII ZB 559/12, MDR 2013, 616.

46 Vgl. BGH, Beschl. v. 26.11.2013 – II ZB 13/12; MDR 2014, 422; BGH, Beschl. v. 15.01.2014 – XII ZB 257/13, MDR 2014, 364; BGH, Beschl. v. 25.09.2014 – II ZR 47/14, NJW 2014, 3452; BGH, Beschl. v. 13.01.2015 – VI ZB 46/14, MDR 2015, 417; BGH, Beschl. v. 26.02.2015 – III ZB 55/14 MDR 2015, 481; BGH, Beschl. v. 10.02.2016 – VII ZB 36/15, NJW 2016, 1740; OVG Niedersachsen, Beschl. v. 24.03.2014 – 13 LA 23/14, NJW 2014, 1834; OVG Nordrhein-Westfalen, Beschl. v. 30.04.2015 – 6 A 456/15, NRWE; BGH, Beschl. v. 11.03.2020 – XII ZB 446/19 –, BeckRS 2020, 6253.

47 BVerwG, Beschl. v. 29.11.2004 – 5 B 105.04, NJW 2005, 1001.

48 OVG Saarland, Beschl. v. 20.05.2014 – 1 A 458/13, NJW 2014, 2602; OVG Nordrhein-Westfalen, Beschl. v. 24.07.2014 – 13 A 1181/14, NRWE; OVG Niedersachsen, Beschl. v. 02.08.2017 – 11 LA 142/17, NJW 2017, 3798; BGH, Beschl. v. 28.02.2019 – III ZB 96/18, NJW 2019, 1956; BAG, Beschl. v. 03.07.2019 – 8 AZN 233/19, NJW 2019, 2954.

49 BGH, Beschl. v. 27.01.2015 – II ZB 23/13, MDR 2015, 537.

50 BGH, Beschl. v. 09.07.2015 – XII ZB 709/13, MDR 2014, 1042.

51 BGH, Beschl. v. 13.01.2016 – XII ZB 653/14, MDR 2016, 344.

52 Vgl. zur Ausgangskontrolle fristgebundener Schriftsätze BGH, Beschl. v. 04.11.2014 – VIII ZB 38/14, NJW 2015, 253; BGH, Beschl. v. 09.12.2014 – VI ZB 42/13, MDR 2015, 112; BGH, Beschl. v. 06.05.2015 – VII ZB 19/14; NJW 2015, 2266; BGH, Beschl. v. 15.12.2015 – VI ZB 15/15, MDR 2016, 293; BGH, Beschl. v. 06.04.2016 – VII ZB 7/15, MDR 2016, 1040; BGH, Beschl. v. 30.05.2017 – VI ZB 54/16, MDR 2017, 837 (838); BGH, Beschl. v. 16.04.2019 – VI ZB 33/17, MDR 2019, 1082 (1083); BGH,

dass Frist wahrende Schriftsätze nicht nur gefertigt, sondern auch bestimmungsgemäß abgesandt werden. Der Büroablauf muss so organisiert sein, dass jedenfalls für Frist wahrende Schriftsätze, etwa durch Führung eines Postausgangsbuches oder durch einen Vermerk im Terminkalender, eine wirksame Ausgangskontrolle durchgeführt werden kann. Der Abgang Frist wahrender Schriftsätze muss so kontrolliert und vermerkt werden, dass er zweifelsfrei nachweisbar ist.[53] Deshalb darf im Fristenkalender das Fristende erst gelöscht werden, wenn die bestimmungsgemäße Absendung des Schriftstückes sichergestellt und zweifelsfrei nichts mehr zu veranlassen ist.[54] Bei Übermittlung eines Schriftstückes per Telefax kann das Heraussuchen und Eingeben der Faxnummer in das Faxgerät dem geschulten Personal eigenverantwortlich überlassen werden. Der Rechtsanwalt muss jedoch für eine Büroorganisation sorgen, die eine Überprüfung der per Telefax übermittelten Schriftstücke auch auf Verwendung einer zutreffenden Empfängernummer gewährleistet.[55] Generell muss deshalb sichergestellt werden, dass die Frist erst nach Kontrolle des von dem Telefaxgerät ausgedruckten Sendeberichtes gelöscht wird, wenn sich aus diesem eine ordnungsgemäße Übermittlung ergibt.[56] Eine wirksame Ausgangskontrolle setzt außerdem voraus, dass die Organisation des Betriebsablaufs so gestaltet ist, dass eine Fristversäumung infolge Absendung nicht unterschriebener Schriftsätze in allen – auch in außergewöhnlichen, aber voraussehbaren – Fällen vermieden wird.[57] Entsprechendes gilt mit Blick auf die

---

Beschl. v. 29.10.2019 – VIII ZB 103/18, 104/18, NJW 2020, 159; vgl. zur Ausgangskontrolle des elektronischen Postfachs beA bei fristgebundenen Schriftsätzen BGH, Beschl. v. 17.03.2020 – VI ZB 99/19 –, NJW 2020, 1809; vgl. zur Ausgangskontrolle fristwahrender Faxsendungen BGH, Beschl. v. 24.10.2013 – V ZB 154/12, MDR 2013, 176; BGH, Beschl. v. 11.12.2013 – XII ZB 229/13, MDR 2014, 240; BGH, Beschl. v. 27.10.2014 – XII ZB 255/14, MDR 2014, 1286; BGH, Beschl. v. 03.12.2015 – V ZB 72/15, MDR 2016, 294; BGH, Beschl. v. 10.02.2016 – VII ZB 36/15, MDR 2016, 543; BGH, Beschl. v. 23.02.2016 – II ZB 9/15, NJW 2016, 1664; BGH, Beschl. v. 25.02.2016 – III ZB 42/15, NJW 2016, 1742; BGH, Beschl. v. 01.03.2016 – VIII ZB 57/15, MDR 2016, 543; BGH, Beschl. v. 23.05.2017 – II ZB 19/16, MDR 2017, 966; BGH Beschl. v. 27.06.2017 – VI ZB 32/16, MDR 2017, 1073; vgl. zur Ausgangskontrolle auch *Koch*, Anforderungen an die Postausgangskontrolle i.R.d. Wiedereinsetzung in den vorigen Stand, NJW 2014, 2391 ff.

53 BVerwG, Beschl. v. 14.07.1988 – 2 C 6.88, Buchholz 310 § 60 VwGO Nr. 156.

54 BGH, Beschl. v. 27.03.2012 – II ZB 10/11, MDR 2012, 665; BGH, Beschl. v. 08.01.2013 – VI ZB 78/11, MDR 2013, 239; BFH, Beschl. v. 21.05.2019 – IX R 43/17, NJW 2019, 2648.

55 BVerwG, Beschl. v. 18.03.2004 – 6 PB 16.03, NVwZ 2004, 1007; VGH Bayern, Beschl. v. 05.12.2012 – 5 ZB 12.1758, NJW 2013, 1178; BGH, Beschl. v. 17.04.2012 – VI ZB 50/11, MDR 2012, 993; BFH, Urt. v. 24.04.2003 – VII R 47/02, NJW 2003, 2559; allgemein zu den Anforderungen an die Büroorganisation eines Rechtsanwalts bezüglich der Versendung fristgebundener Schriftstücke per Telefax BGH, Beschl. v. 14.11.2019 – IX ZB 18/19, NJW-RR 2020, 122.

56 BGH, Beschl. v. 24.03.1993 – XII ZB 12/93, NJW 1993, 1655; BGH, Urt. v. 29.04.1994 – V ZR 62/93, NJW 1994, 1879 (1880).

57 BVerwG, Beschl. v. 07.02.1992 – 2 B 92.91, Buchholz 310 § 60 VwGO Nr. 175; BGH Beschl. v. 17.10.2011 – Lw ZB 2/11, MDR 2012, 59; BGH, Beschl. v. 15.07.2014 – VI ZB 5/14, NJW 2014, 2961; BGH, Beschl. v. 17.12.2015 – V ZB 16/14, NJW 2016, 718.

Vermeidung von Fehladressierungen und -kuvertierungen.[58] Spezifische organisatorische Vorkehrungen erfordert das **besondere elektronische Anwaltspostfach (beA)** nach § 31a BRAO. Versendet ein Rechtsanwalt auf diesem Weg fristwahrende Schriftsätze an das Gericht, hat er das in seiner Kanzlei zuständige Personal dahingehend zu belehren, dass stets der Eingang der automatisierten Eingangsbestätigung zu kontrollieren ist.[59] Will ein Rechtsanwalt dem Gericht einen fristgebundenen Schriftsatz im Wege des elektronischen Rechtsvermerks über das besondere elektronische Anwaltspostfach (beA) übermitteln, muss das Ausbleiben einer automatisierten Eingangsbestätigung ihn zur Überprüfung und gegebenenfalls zur erneuten Übermittlung des Schriftsatzes veranlassen.[60] Wird ein aus dem besonderen elektronischen Anwaltspostfach (beA) versandter Schriftsatz von einem justizinternen Server nicht weitergeleitet, weil die Dateibezeichnung unzulässige Zeichen enthält, kann Wiedereinsetzung in den vorigen Stand von Amts wegen in Betracht kommen.[61] Eine **Erkrankung** entschuldigt einen Rechtsanwalt regelmäßig nicht. Er muss, namentlich wenn er Einzelanwalt ist, allgemein für diesen Vertretungsfall vorsorgen; insbesondere hat er für den Krankheitsfall geeignete Vorkehrungen zu treffen, dass Fristen auch dann eingehalten werden.[62] Auch bei einer unvorhersehbaren Erkrankung muss ein Rechtsanwalt zumindest alle ihm dann noch möglichen und zumutbaren Maßnahmen zur Wahrung der Frist ergreifen.[63] Der Aufenthalt in einer Reha-Klinik stellt keinen Wiedereinsetzungsgrund dar, weil für diesen Fall regelmäßig organisatorische Vorkehrungen getroffen werden können und müssen.[64]

30 Soweit § 32 auch für Behörden gilt (s. Rdn. 4), müssen auch sie sich gem. Abs. 1 Satz 2 das Verschulden von Mitarbeitern zurechnen lassen, die zu ihrer Vertretung im Verwaltungsverfahren und vor Verwaltungsgerichten berechtigt sind.[65] Auch die

---

58 Vgl. BGH, Beschl. v. 12.11.2013 – VI ZB 4/13, MDR 2014, 107; VGH Bayern, Beschl. v. 23.06.2014 – 14 ZB 12.2323, BayVBl. 2015, 30; OVG Berlin-Brandenburg, Beschl. v. 27.08.2015 – OVG 9 N 142/12 –, NVwZ 2016, 403; vgl. zur Pflicht des Rechtsanwalts zur persönlichen Überprüfung der Adressierung bei Nutzung automatisierter EDV-Verfahren zur Erstellung anwaltlicher Schriftsätze VGH Bayern, Beschl. v. 16.01.2014 – 14 B 13.2016, NJW 2014, 1195.

59 BAG, Beschl. V. 07.08.2019 – 5 AZB 16/19, NJW 2019, 2793.

60 OVG Sachsen-Anhalt, Beschl. v. 28.08.2019 – 2 M 58/19, NJW 2019, 3663.

61 BFH, Beschl. v. 05.06.2019 – IX B 121/18, NJW 2019, 2647.

62 BGH, Beschl. v. 27.09.2016 – XI ZB 12/14, MDR 2017, 106; BGH, Beschl. v. 10.04.2018 – VI ZB 44/16, MDR 2018, 1077; BGH, Beschl. v. 31.07.2019 – XII ZB 36/19, MDR 2019, 1209. Vgl. hierzu auch *Toussaint*, Fristversäumnis wegen Erkrankung des Rechtsanwalts, NJW 2014, 200 ff.

63 Vgl. BGH, Beschl. v. 22.10.2014 – XII ZB 257/14, NJW 2015, 171; BGH, Beschl. v. 20.12.2017 – XII ZB 213/17, MDR 2018, 295; BGH, Beschl. v. 18.01.2018 – V ZB 113/17, V ZB 114/17, NJW 2018, 1691 (1692); BGH, Beschl. v. 10.04.2018 – VI ZB 44/16, NJW 2018, 3190; OVG Nordrhein-Westfalen, Beschl. v. 03.05.2018 – 13 A 1141/18.A, NRWE; BGH, Beschl. v. 19.02.2019 – VI ZB 43/18, BeckRS 2019, 6978; BGH, Beschl. v. 16.04.2019 – VI ZB 44/18, MDR 2019, 955.

64 Vgl. VGH Bayern, Beschl. v. 16.01.2015 – 7 ZB 14.2138, NJW 2015, 1261.

65 BVerwG, Beschl. v. 06.06.1995 – 6 C 13.93, NVwZ-RR 1996, 60.

dargestellten Grundsätze über ein Organisationsverschulden von Rechtsanwälten gelten entsprechend für Behörden.[66] Auch eine Behörde muss hinreichende Vorkehrungen für eine wirksame Ausgangskontrolle in Fristsachen treffen, die gewährleisten, dass der tatsächliche Ausgang fristwahrender Schriftsätze sichergestellt ist und zweifelsfrei nachgewiesen werden kann.[67]

c) Zurechnung nach Beendigung des Vertretungsverhältnisses

Eine Zurechnung des Verschuldens ist nach Beendigung des Vertretungsverhältnisses 31 ausgeschlossen. Wurde deshalb ein Schreiben an einen nicht (mehr) Vertretungsberechtigten geschickt und hat dieser den Betroffenen darüber nicht unterrichtet, kann ihm dies nicht zugerechnet werden. Etwas anderes gilt allerdings dann, wenn erst nach Fristbeginn das Vertretungsverhältnis beendet worden ist, weil der Vertreter verpflichtet ist, den (bisher) Vertretenen vom Lauf der Frist zu informieren.[68]

II. Formelle Voraussetzungen der Wiedereinsetzung (Abs. 2)

1. Einhaltung der Antragsfrist von 2 Wochen (Satz 1)

Abs. 2 beinhaltet die formellen Voraussetzungen der Wiedereinsetzung (hinsichtlich 32 weiterer formeller Grenzen vgl. Abs. 3). Nach Satz 1 muss der Antrag innerhalb einer Frist von 2 Wochen nach Wegfall des Hindernisses gestellt werden. Die Berechnung der Frist erfolgt nach § 31; und zwar hinsichtlich des Fristbeginns nach § 31 Abs. 1 i.V.m. § 187 Abs. 1 BGB, da der Wegfall des Hindernisses ein in den Lauf eines Tages fallendes Ereignis ist, und hinsichtlich des Fristendes nach § 31 Abs. 1 i.V.m. § 188 Abs. 2 erste Alternative BGB (sofern nicht zusätzlich noch § 31 Abs. 3 Satz 1 anzuwenden ist).

Als Hindernisse kommen neben äußeren Umständen vor allem Unkenntnis vom Ab- 33 lauf der Frist oder auch ein diesbezüglicher Irrtum, etwa über die Berechnung des Fristendes,[69] in Betracht. Auch ein Irrtum über die Rechtslage oder mangelnde deutsche Sprachkenntnisse gehören hierher. Das Hindernis ist weggefallen, wenn der Beteiligte bzw. sein Vertreter bei Anwendung der ihnen unter den gegebenen Umständen zumutbaren Sorgfalt erkannt haben oder hätten erkennen können und müssen, dass die Frist versäumt worden ist. Eine besondere Bedeutung kommt in diesem Zusammenhang behördlichen Schreiben zu, mit denen das Datum des Eingangs von

66 Vgl. BVerwG, Beschl. v. 09.09.2005 – 2 B 44.05, Buchholz 310 § 60 VwGO Nr. 257; VGH Baden-Württemberg, Beschl. v. 25.08.2004 – 12 S 274/04, NVwZ-RR 2005, 761; VGH Baden-Württemberg, Beschl. v. 02.08.2006 – 4 S 2288/05, NVwZ-RR 2007, 137; OVG Nordrhein-Westfalen, Beschl. v. 26.07.2006 – 15 A 3600/05, NVwZ 2007, 115; OVG Nordrhein-Westfalen, Beschl. v. 30.11.2009 – 12 A 3256/08, NVwZ-RR 2010, 462; OVG Nordrhein-Westfalen, Beschl. v. 05.07.2012 – 3 A 967/08, NVwZ-RR 2012, 870; OVG Saarland, Beschl. v. 27.10.2004 – 1 VV 35/04, NVwZ–RR 2005, 448.

67 OVG Nordrhein-Westfalen, Beschl. v. 23.10.2014 – 6 B 1095/13, NRWE.

68 VGH Bayern, Urt. v. 13.12.1976 – Nr. 302 IX 76, BayVBl 1977, 221.

69 BVerwG, Urt. v. 08.03.1983 – 1 C 34.80, NJW 1983, 1923.

Schriftstücken bestätigt wird. Eines besonderen Hinweises in der Eingangsbestätigung auf die Säumnis bedarf es nicht, um mit ihrem Zugang die Frist des Abs. 2 Satz 1 in Lauf zu setzen.[70]

34 In Betracht kommt auch eine Wiedereinsetzung in die Frist des Abs. 2 Satz 1, etwa bei unverschuldeter Unkenntnis des Wegfalls des Hindernisses (»Wiedereinsetzung in die Wiedereinsetzung«).[71]

2. Antragstellung

35 Innerhalb der Frist des Satzes 1 ist der Antrag zu stellen. Dieser ist an keine bestimmte Form gebunden, insb. muss der Begriff Wiedereinsetzung in ihm nicht auftauchen. Es genügt, wenn aus dem Vorbringen des Beteiligten hervorgeht, dass er die Fristversäumung für unverschuldet hält. In Ausnahmefällen kann eine Wiedereinsetzung auch von Amts wegen erfolgen (Satz 4).

3. Antragsbegründung

36 Es genügt nicht, wenn innerhalb der Frist lediglich der Antrag gestellt wird. Vielmehr muss in dieser Zeit sowohl eine Begründung gegeben[72] als auch die versäumte Handlung nachgeholt werden (Satz 3). Nicht erforderlich innerhalb der 2-Wochen-Frist ist lediglich die Glaubhaftmachung der zur Begründung des Antrages vorgebrachten Tatsachen, denn diese kann nach Satz 2 sowohl bei der Antragstellung als auch im Verfahren über den Antrag erfolgen. Da Satz 2 nicht von der Begründung, sondern von der Glaubhaftmachung spricht, muss die Begründung innerhalb der Frist des Satzes 1 vorliegen. Sie kann ggf. noch nach Ablauf der Frist – etwa auf Aufforderung der Behörde – ergänzt werden, wobei allerdings das Nachschieben neuer, bisher nicht vorgebrachter Gründe für die Fristversäumnis ausgeschlossen ist.[73]

4. Glaubhaftmachung der Tatsachen zur Antragsbegründung (Satz 2)

37 Eine Tatsache ist glaubhaft[74] gemacht, wenn für ihre Richtigkeit eine überwiegende Wahrscheinlichkeit spricht.[75] Dabei können alle Beweismittel (§ 26) herangezogen werden, insb. schriftliche Äußerungen von Dritten (bspw. des behandelnden Arztes hinsichtlich eines Krankenhausaufenthaltes) oder auch des Beteiligten selbst. Wird zur Begründung eines Wiedereinsetzungsantrags geltend gemacht, ein fristwahrender Schriftsatz des Prozessbevollmächtigten sei nach Aufgabe zur Post verloren gegangen,

70 VGH Hessen, Beschl. v. 19.05.1992 – 13 TP 2474/91, NJW 1993, 748; BFH, Urt. v. 16.12.1988 – III R 13/85, NJW 1989, 2423 (2424).

71 BVerwG, Beschl. v. 05.09.1985 – 5 C 33.85, DVBl 1986, 287; BVerwG, Urt. v. 18.04.1997 – 8 C 38.95, NJW 1997, 2966 (2970).

72 BVerwG, Beschl. v. 09.07.1975 – VI C 18.75, NJW 1976, 74.

73 BVerwG, Beschl. v. 05.09.1975 – VI C 113.74, NJW 1976, 75.

74 Vgl. dazu mit Blick auf die Rechtsprechung des BGH zu §§ 233 ff. ZPO *Koch*, Die Glaubhaftmachung beim Antrag auf Wiedereinsetzung, NJW 2016, 2994 ff.

75 BVerwG, Beschl. v. 02.02.1972 – VI B 50.71, DÖV 1972, 798.

sind zur Glaubhaftmachung objektive Beweismittel notwendig. Als solche kommen insbesondere die Eintragung einer Frist in ein Fristenkontrollbuch, das Festhalten der Absendung des Schriftsatzes in einem Postausgangsbuch und die Löschung der Frist auf der Grundlage der Eintragung im Postausgangsbuch in Betracht.[76] Mittel der Glaubhaftmachung für die Übermittlung eines Schreibens per Telefax ist der schriftliche Sendebericht, der die ordnungsgemäße Übermittlung dokumentiert.[77] In Betracht kommen insoweit auch – von den Beteiligten vorgelegte – Versicherungen an Eides statt (§ 294 ZPO).[78] Der Behörde ist es allerdings verwehrt, eine solche von einem Beteiligten zu verlangen, da dies nach § 32 nicht vorgesehen ist (s. § 27 Abs. 1 Satz 1). Die Behörde ist andererseits auch nicht zur Durchführung einer Beweisaufnahme verpflichtet, weil der sonst im Verwaltungsverfahren geltende Untersuchungsgrundsatz hier zugunsten einer eingeschränkten Beweisführungs- und Darlegungslast des Beteiligten durchbrochen ist.

5. Nachholung der versäumten Handlung (Satz 3)

Nach Satz 3 ist innerhalb der 2-Wochen-Frist außerdem die versäumte Handlung nachzuholen. Der säumige Beteiligte darf deshalb nicht erst abwarten, ob die Behörde seinem Antrag auf Wiedereinsetzung stattgibt. Er muss sich vielmehr so verhalten, als ob die versäumte Frist erst 2 Wochen nach Wegfall des Hindernisses abläuft. Deshalb sind die hinsichtlich dieser Handlung bestehenden Formvorschriften (etwa ein Schriftformerfordernis) einzuhalten, damit von einer wirksamen Nachholung ausgegangen werden kann. 38

6. Wiedereinsetzung von Amts wegen (Satz 4)

Satz 4 eröffnet der zuständigen Behörde die Möglichkeit, Wiedereinsetzung auch ohne Antrag des Betroffenen von Amts wegen zu gewähren. Auch in diesem Fall müssen alle Voraussetzungen von Abs. 1 und Abs. 2 Satz 1 bis 3 vorliegen mit Ausnahme des Antrages. Insb. muss für die Behörde glaubhaft erkennbar sein, dass die Fristversäumnis nicht verschuldet worden ist, und die versäumte Handlung muss innerhalb der Frist des Satzes 1 nachgeholt worden sein. So kann Wiedereinsetzung dann zu gewähren sein, wenn ein Schreiben wenige Tage vor Fristablauf zur Post gegeben worden ist, aber gleichwohl erst danach bei der Behörde eingeht und der Tag der Einlieferung für sie durch den auf dem Briefumschlag angebrachten Poststempel erkennbar ist. 39

Der Behörde steht bei ihrer Entscheidung kein Ermessen zu. Die Verwendung des Begriffes »kann« soll vielmehr verdeutlichen, dass ihr eine entsprechende Befugnis zusteht.[79] 40

76 OVG Nordrhein-Westfalen, Beschl. v. 18.07.2012 – 6 A 1415/12, NVwZ-RR 2012, 872.
77 BGH, Beschl. v. 17.11.1992 – VII ZB 118/92, NJW 1993, 732; BGH, Beschl. v. 24.03.1993 – XII ZB 12/93, NJW 1993, 1655 (1656).
78 BVerwG, Beschl. v. 16.10.1995 – 7 B 163.95, NJW 1996, 409.
79 Kopp/Ramsauer, § 32 Rn. 50; Schoch/Schneider/Bier, VwGO, § 60 Rn. 66.

III. Keine Wiedereinsetzung nach mehr als einem Jahr (Abs. 3)

1. Auschlussfrist von einem Jahr

41 Nach Abs. 3 kann Wiedereinsetzung grds. nur innerhalb eines Jahres seit dem Ende der versäumten Frist gewährt werden. Dies gilt auch für die Wiedereinsetzung von Amts wegen, da Abs. 3 bestimmt, dass danach weder der Antrag auf Wiedereinsetzung gestellt noch die versäumte Handlung nachgeholt werden kann. Die Frist des Abs. 3 ist eine materielle Ausschlussfrist, sodass es unerheblich ist, ob der Beteiligte sie verschuldet versäumt hat oder nicht. Sie beginnt mit dem Ablauf der versäumten Frist.

2. Kein Ausschluss bei höherer Gewalt

42 Wenn die versäumte Frist allerdings infolge höherer Gewalt nicht eingehalten worden ist, so steht die Jahresfrist einer Wiedereinsetzung nicht entgegen. Der Begriff »höhere Gewalt« ist zwar enger zu verstehen als »ohne Verschulden«.[80] Er setzt aber kein von außen kommendes Ereignis voraus, sodass darunter ein Ereignis zu verstehen ist, das unter den gegebenen Umständen auch durch die größte, nach den Umständen des konkreten Falles vernünftigerweise von dem Betroffenen unter Anlegung subjektiver Maßstäbe zu erwartende und zumutbare Sorgfalt nicht abgewendet werden konnte. Deshalb kann z.B. auch eine durch Versehen des Büropersonals eines Rechtsanwaltes herbeigeführte Fristversäumnis im Ausnahmefall höhere Gewalt sein.[81] Höhere Gewalt ist weiterhin bei einer falschen, irreführenden Rechts(behelfs-)belehrung der Behörde anzunehmen, wenn gerade sie ursächlich für die Fristversäumnis war. Ebenso kann ein Fall höherer Gewalt durch ein sonstiges rechts- oder treuwidriges Verhalten der Behörde begründet werden, etwa wenn sie eine ihr obliegende Auskunfts-, Beratungs- oder Betreuungspflicht verletzt.[82] Der Verlust einer Briefsendung auf dem Postwege kommt als ein Fall höherer Gewalt im Sinne des europäischen Gemeinschaftsrechts in Betracht.[83]

43 Ist vom Vorliegen höherer Gewalt auszugehen, so hat dies zur Folge, dass die Ausschlussfrist nicht gilt. Die Entscheidung darüber, ob Wiedereinsetzung zu gewähren ist, hängt davon ab, ob die Voraussetzungen der Abs. 1 und 2 vorliegen. Die Frist des Abs. 2 Satz 1 beginnt nach dem Wegfall des durch höhere Gewalt geschaffenen Hindernisses zu laufen.

80 BVerwG, Urt. v. 10.12.2013 – 8 C 25.12, NVwZ 2014, 1237 (1240); VGH Baden-Württemberg, Urt. v. 10.12.2015 – 2 S 1516/14, VBlBW 2016, 205 (209).

81 BVerwG, Urt. v. 23.04.1985 – 2 B 43.85, NJW 1986, 207 (208).

82 BVerwG, Urt. v. 18.04.1997 – 8 C 38.95, NJW 1997, 2966 (2970).

83 BVerwG, Urt. v. 29.04.2004 – 3 C 27.03, NVwZ 2004, 995.

IV. Die Entscheidung über die Wiedereinsetzung

1. Zuständigkeit (Abs. 4)

Die Entscheidung über die Wiedereinsetzung ist gem. Abs. 4 von der Behörde zu treffen, die auch über die versäumte Handlung zu befinden hat. Dies gilt über den Wortlaut des Abs. 4 hinaus auch für eine Wiedereinsetzung von Amts wegen nach Abs. 2 Satz 4. 44

2. Form der Entscheidung

Die Behörde kann über die Wiedereinsetzung entweder ausdrücklich oder konkludent, insbesondere durch eine Entscheidung in der Sache, befinden. Dementsprechend kann die Entscheidung hierüber sowohl selbstständig als auch zusammen mit der Sachentscheidung ergehen. Sie stellt einen eigenständigen VA dar, dessen selbstständige Anfechtbarkeit allerdings nach § 44a VwGO ausgeschlossen ist.[84] Aus der Qualifizierung als VA folgt zudem, dass durch die Entscheidung Drittbetroffene zuvor gem. § 28 anzuhören sind.[85] 45

3. Rechtsfolgen der Entscheidung

Die Gewährung der Wiedereinsetzung hat zur Folge, dass die verspätete Handlung von der Behörde als Frist wahrend zu behandeln ist. Die Wiedereinsetzung ist sogar dann noch möglich, wenn in der Sache bereits eine abschließende (u. U. sogar bestandskräftige) Entscheidung ergangen ist. Diese wird dadurch gegenstandslos, sofern sie ausschließlich auf die Fristversäumnis gestützt worden ist.[86] Etwas anderes gilt allerdings dann, wenn eine für den Betroffenen negative Entscheidung sowohl auf die Nichteinhaltung der Frist als auch auf materielle Gründe gestützt worden ist.[87] 46

Die Entscheidung über die Wiedereinsetzung entfaltet für die später mit der Angelegenheit befassten Instanzen (Widerspruchsbehörde, Verwaltungsgericht) keine Bindungswirkung,[88] weil es eine dem § 60 Abs. 5 VwGO entsprechende Regelung in § 32 nicht gibt. Die Frage der Verfristung eines Rechtsbehelfs oder eines Antrags ist vielmehr regelmäßig als Vorfrage für die Entscheidung in der Sache selbst zu behandeln. 47

---

84 Knack/Henneke/Ritgen, § 32 Rn. 48; Kopp/Ramsauer, § 32 Rn. 59.

85 BVerfG, Beschl. v. 15.01.1980 – 2 BvR 920/79, NJW 1980, 1095; BVerfG, Beschl. v. 05.06.1984 – 1 BvR 29/84, BVerfGE 67, 154 (155 f.).

86 BVerwG, Beschl. v. 03.01.1961 – III ER 414.60, BVerwGE 11, 322; BVerwG, Beschl. v. 18.10.1989 – 2 B 75.89, NJW 1990, 1806.

87 BVerwG, Beschl. v. 18.10.1989 – 2 B 75.89, NJW 1990, 1806.

88 BVerwG, Urt. v. 13.02.1975 – V C 28.73, BVerwGE 48, 43 (48); BVerwG, Urt. v. 08.03.1983 – 1 C 34.80, NJW 1993, 1923; Knack/Henneke/*Ritgen*, § 32 Rn. 48; Kopp/Ramsauer, § 32 Rn. 61.

V. Ausschluss der Wiedereinsetzung (Abs. 5)

48 Nach Abs. 5 ist eine Wiedereinsetzung unzulässig, wenn sich aus einer Rechtsvorschrift ergibt, dass sie ausgeschlossen ist. Dies muss nicht notwendig ausdrücklich aus dem Wortlaut des jeweiligen Gesetzes hervorgehen. Es reicht vielmehr aus, wenn es Sinn und Zweck der Regelung ist, einen verspäteten Antragsteller endgültig von der Geltendmachung eines Rechtes auszuschließen,[89] etwa wenn die Einhaltung der Frist Anspruchsvoraussetzung ist.[90] Dies ist durch Auslegung der jeweiligen Bestimmungen zu ermitteln. Die Interessenabwägung zwischen Einzelfallgerechtigkeit und Rechtssicherheit ist in diesen Fällen durch den Gesetzgeber im Sinne eines Vorrangs des zuletzt genannten Gesichtspunktes entschieden worden (vgl. Rdn. 2). Dies ist vom Grundsatz her verfassungsrechtlich unbedenklich.[91]

49 Ein Ausschluss der Wiedereinsetzung muss durch Rechtsnorm erfolgen,[92] sodass eine VwV nicht ausreicht – und zwar auch nicht in einem nicht rechtsatzmäßig geregelten Bereich staatlicher Leistungsgewährung.[93] Beispiele für solche materiellen Ausschlussfristen: §§ 32 Abs. 3, 75 Abs. 3 Satz 2 Halbs. 2; 30a VermG,[94] §§ 81 AsylG und 92 Abs. 2 Satz 1 VwGO.[95]

50 Auch wenn eine Wiedereinsetzung gesetzlich ausgeschlossen ist, hat das BVerwG in Ausnahmefällen verspätete Handlungen gleichwohl als Frist wahrend angesehen; sei es, dass die Fristversäumnis auf höherer Gewalt beruhte, sodass Wiedereinsetzung gewährt wurde,[96] oder die Säumnis auf staatliches Fehlverhalten zurückzuführen war, sodass die Wahrung der Frist fingiert worden ist (vgl. § 31 Rdn. 15).

C. Verfahrensvorschriften des allgemeinen Sozialrechts sowie Verwaltungsverfahrensrecht der Länder

51 Die Parallelvorschrift für das sozialrechtliche Verfahren findet sich in § 27 SGB-X. Die Verwaltungsverfahrensgesetze der Länder enthalten mit § 32 wort- bzw. inhaltsgleiche Vorschriften.

---

89 BVerwG, Beschl. v. 20.12.1990 – 7 B 167.90, Buchholz 421. 2. Hochschulrecht Nr. 133; OVG Nordrhein-Westfalen, Beschl. v. 27.04.2004 – 13 A 3596/01, NVwZ-RR 2004, 842 (843).

90 BVerwG, Urt. v. 18.04.1997 – 8 C 38.95, NJW 1997, 2966 (2967 f.).

91 BVerfG, Beschl. v. 10.10.1978 – 2 BvL 10/77, BVerfGE 49, 260 (275).

92 BVerwG, Beschl. v. 20.12.1990 – 7 B 167.90, Buchholz 421.2 Hochschulrecht Nr. 133; BVerwG, Urt. v. 22.10.1993 – 6 C 10.92, NVwZ 1994, 575.

93 So aber VGH Baden-Württemberg, Beschl. v. 16.12.1993 – 10 S 1508/93, NVwZ 1995, 278.

94 BVerwG, Urt. v. 23.04.1985 – 9 C 7.85, NJW 1986, 207 (208) zu § 33 AsylVfG a.F.

95 BVerwG, Beschl. v. 25.11.2002 – 8 B 112.02, Buchholz 310 § 92 VwGO Nr. 17.

96 BVerwG, Urt. v. 23.04.1985 – 9 C 7.85, NJW 1986, 207.

D. Europarecht

Es ist auch europarechtlich geboten, die Möglichkeit der Wiedereinsetzung in eine gesetzliche Frist für den Fall der unverschuldeten Säumnis einzuräumen. Wegen der Grundsätze, die insoweit zu beachten und zu berücksichtigen sind, vgl. § 31 Rdn. 50. 52

Abschnitt 3 Amtliche Beglaubigung

Vorbemerkung zu § 33

Übersicht

A. Regelungsgegenstand und Zweck der §§ 33 ff.

Die Vorschriften der §§ 33 f. regeln gemeinsam mit § 70 BeurkG, §§ 128 ff. BGB sowie §§ 415 ff. ZPO und § 98 VwGO die Schaffung von Urkunden mit – ggü. Privaturkunden – erhöhter Beweiskraft. 1

Sie ermächtigen Behörden, nach pflichtgemäßem Ermessen amtliche Beglaubigungen vorzunehmen.[1] Die Ermächtigung ist nicht daran geknüpft, dass bei der beglaubigenden Behörde ein Verwaltungsverfahren durchgeführt wird, in welchem die gewünschte Beglaubigung erforderlich wird. Sie besteht vielmehr immer dann, wenn eine amtliche Beglaubigung verlangt wird.[2] Für diese Auslegung spricht der klare Wortlaut der Vorschriften. § 33 ermächtigt »jede« Behörde zur amtliche Beglaubigung von Urkunden. § 34 befugt Behörden Unterschriften zu beglaubigen, wenn das unterzeichnete Schriftstück bei einer Behörde oder sonstigen Stelle benötigt wird. Angesichts dieses klaren Wortlautes kann die Stellung der §§ 33 f. eine Beschränkung ihres Anwendungsbereiches auf Verwaltungsverfahren, die bei der beglaubigenden Behörde geführt werden, nicht rechtfertigen. Die Gesetzgebungskompetenz zum Erlass der §§ 33 ff. ergibt sich sodann unter dem Gesichtspunkt der Annexkompetenz aus der Zuständigkeit zur gesetzlichen Regelung des Verwaltungsverfahrens.[3] 2

Zweck der §§ 33 ff. ist es, eine eindeutige Rechtsgrundlage für die (in § 70 Satz 3 BeurkG[4] lediglich vorausgesetzte, aber nicht selbst geregelte) amtliche Beglaubigung 3

1 Begründung S. 55.
2 Stelkens/Bonk/Sachs/*Kallerhoff/Stamm*, § 33 Rn. 3.
3 Stelkens/Bonk/Sachs/*Kallerhoff/Stamm*, § 33 Rn. 1; Kopp/Ramsauer, § 33 Rn. 2.
4 Vgl. Art. 2 Nr. 33 Gesetz zur Neuordnung der Aufbewahrung von Notariatsunterlagen und zur Einrichtung des elektronischen Urkundenarchivs bei der Bundesnotarkammer sowie zur Änderung weiterer Gesetze; früher § 65 Satz 3 BeurkG.

zu schaffen.[5] Wirkung und Funktion amtlicher Beglaubigungen erschließen sich dann aber nicht aus §§ 33 f., sondern aus den §§ 415 ff. ZPO, die über § 98 VwGO auch im Verwaltungsprozess Anwendung finden.

4 Mit ihren Beweisregeln normieren die §§ 415 ff. ZPO Durchbrechungen des unter anderem in § 286 ZPO, § 108 VwGO niedergelegten Grundsatzes der freien Beweiswürdigung. Soweit danach die Beweiskraft einer öffentlichen Urkunde reicht, unterliegt sie nicht mehr der freien Beweiswürdigung durch das Gericht.[6] Im Ergebnis dient das Institut der amtlichen Beglaubigung der Schaffung erhöhter Rechtssicherheit im gerichtlichen und außergerichtlichen Verkehr mit Urkunden sowie bei der Überprüfung der Echtheit von Unterschriften.[7]

5 Soweit die §§ 33 f. die Übereinstimmung einer Abschrift mit einer Hauptschrift (§ 33) bzw. die Echtheit einer Unterschrift oder eines Handzeichens (§ 34) bezeugen, ist ihre Beweiskraft nach § 418 ZPO i.V.m. § 70 Satz 2 BeurkG zu bemessen. Eine amtliche Beglaubigung begründet danach, beschränkt auf den im Beglaubigungsvermerk genannten Verwendungszweck (§ 70 Satz 2 BeurkG, eingeschränkte Beweiskraft), vollen Beweis der durch sie bezeugten Tatsache. Ein Gegenbeweis ist nach Maßgabe des § 418 Abs. 2 ZPO regelmäßig zulässig. Im Ergebnis kehrt eine amtliche Beglaubigung also die (objektive) Beweislast für die von ihr bestätigten Tatsachen um.

6 Ausnahmsweise uneingeschränkte Beweiskraft kommt dagegen Abschriften zu, die die Behörde von ihren eigenen Urkunden oder von Urkunden anderer Verwaltungsbehörden in der dafür vorgeschriebenen Form fertigt (§ 70 Satz 3 BeurkG).

7 Die – von der Beweiskraft des Beglaubigungsvermerks selbst zu unterscheidende – Beweiskraft der amtlich beglaubigten Reproduktionen hängt von der Beweiskraft der jeweiligen Hauptschrift ab. Handelt es sich bei der Hauptschrift um eine öffentliche Urkunde i.S.d. § 415 Abs. 1 ZPO (vgl. Vorbem. Rn. 8), so kommt auch der Reproduktion – vorbehaltlich der §§ 415 Abs. 2 und 418 Abs. 2 ZPO – nach §§ 415 Abs. 1 und 418 Abs. 1 ZPO volle Beweiskraft hinsichtlich des durch die Behörde (zunächst in der Hauptschrift) beurkundeten Vorgangs bzw. der (zunächst in der Hauptschrift) bezeugten Tatsachen zu. Der Vorschrift des § 418 Abs. 1 ZPO kommt dabei insoweit Brückenfunktion zu, als sie die Wirkungen des § 415 Abs. 1 ZPO, die zunächst nur für das Original gelten, auf die Abschrift überträgt.

B. Begriff der amtlichen Beglaubigung

8 § 33 definiert den Begriff der amtliche Beglaubigung nicht selbst, sondern knüpft an die in § 70 Satz 1 BeurkG enthaltene Definition an. Eine amtliche Beglaubigung liegt danach vor, wenn eine Verwaltungsbehörde zum Zwecke der Verwendung in Verwaltungsverfahren oder für sonstige Zweck, für die eine öffentliche Beglaubigung nicht vorgeschrieben ist, die Echtheit einer Unterschrift oder eines Handzeichens oder die

5 Begründung, S. 55; Stelkens/Bonk/Sachs/*Kallerhoff/Stamm*, § 33 Rn. 2.
6 MüKo ZPO/*Schreiber*, § 415 Rn. 10.
7 Stelkens/Bonk/Sachs/*Kallerhoff/Stamm*, § 33 Rn. 2.

Richtigkeit der Abschrift einer Urkunde bezeugt, die nicht von einer Verwaltungsbehörde ausgestellt ist. Aus § 70 Satz 3 BeurkG folgt weiter, dass eine amtliche Beglaubigung auch vorliegt, wenn eine Verwaltungsbehörde eigene Urkunden oder Urkunden von anderen Behörden beglaubigt.[8]

Die amtliche Beglaubigung ist zu unterscheiden von der öffentlichen Beglaubigung i.S.d. §§ 129 BGB, 39 ff. BeurkG und der notariellen Beurkundung i.S.d. § 128 BGB. 9

Eine öffentliche Beglaubigung ist das Zeugnis einer Urkundsperson (grds. Notar) darüber, dass die Unterschrift oder das Handzeichen in seiner Gegenwart zu dem angegebenen Zeitpunkt von dem Erklärenden vollzogen oder anerkannt worden ist und die im Beglaubigungsvermerk namentlich angeführte Person und der Erklärende identisch sind.[9] Eine amtliche Beglaubigung stellt keine öffentliche Beglaubigung dar und kann eine solche auch nicht ersetzen.[10] 10

Anders als bei der öffentlichen Beglaubigung wird bei einer notariellen Beurkundung die Urkunde als solche, d.h. ihr gesamter Inhalt von der Urkundsperson in einem im BeurkG näher ausgestalteten Verfahren errichtet. Sie bezieht sich i.d.R. auf zivilrechtliche Verträge und ist grds. nur Notaren, ausnahmsweise Behörden und Gerichten vorbehalten.[11] Auch die Beurkundung kann die amtliche Beglaubigung nicht ersetzen.[12] 11

Die Rechtsinstitute amtliche Beglaubigung, öffentliche Beglaubigung und Beurkundung, die sich jeweils gegenseitig ausschließen, sind weiterhin zu unterscheiden von dem in § 415 ZPO geprägten Begriff der öffentlichen Urkunde. Hierunter ist eine Urkunde zu verstehen, die von einer öffentlichen Behörde innerhalb der Grenzen ihrer Amtsbefugnisse oder von einer mit öffentlichem Glauben versehenen Person innerhalb des ihr zugewiesenen Geschäftskreises in der vorgeschriebenen Form aufgenommen wurde. Danach handelt es sich bei amtlicher und öffentlicher Beglaubigung sowie bei der Beurkundung um öffentliche Urkunden. 12

C. Rechtsnatur der amtlichen Beglaubigung

Als behördliche Wissenserklärung ist die amtliche Beglaubigung ihrer Rechtsnatur nach kein VA,[13] sondern schlicht hoheitliches Verwaltungshandeln. Die Rechtswirkungen der Beglaubigung selbst ergeben sich nämlich direkt aus den §§ 415 ff. ZPO und werden nicht im Beglaubigungsvermerk geregelt. 13

Problematisch ist, ob die Entscheidung der Behörde über die Durchführung einer amtlichen Beglaubigung einen VA darstellt.[14] Zwar hat diese Frage an Bedeutung 14

8 *Pautsch/Hoffmann, § 33* Rn. 1.
9 Palandt/*Ellenberger*, § 129 Rn. 1.
10 Vgl. § 70 BeurkG, Stelkens/Bonk/Sachs/Kallerhoff/Stamm, § 33 Rn. 10.
11 § 67 BeurkG, §§ 41 ff. PStG.
12 OLG Zweibrücken NJW-RR 2014, 1128; Stelkens/Bonk/Sachs/Kallerhoff/Stamm, § 33 Rn. 10.
13 Stelkens/Bonk/Sachs/*Kallerhoff*, § 33 Rn. 3; *v. Campenhausen/Christoph*, DVBl 1987, 985.
14 Kopp/Ramsauer, § 33 Rn. 12, Ziekow § 33 Rn. 3, Stelkens/Bonk/Sachs/Kallerhoff/Stamm, § 33 Rn. 4.

verloren, seit das Vorliegen eines VA nicht mehr zwingende Voraussetzung verwaltungsgerichtlichen Rechtschutzes an sich ist. Sie kann jedoch angesichts der je nach Entscheidung in dieser Frage unterschiedlichen Prozessvoraussetzungen nicht völlig außer Acht gelassen werden.

15 Gegen eine allgemeingültige Lösung für dieses Problem spricht jedoch bereits die Vielgestaltigkeit der Lebenssachverhalte, die sich in Zusammenhang mit einer Beglaubigung ergeben können. In jedem Einzelfall ist daher gesondert zu prüfen, ob die Voraussetzungen des § 35 VwVfG erfüllt sind. Eine Aussage dergestalt, dass jede Ablehnung ein VA ist, jede Gewährung kein VA oder Ablehnung und Gewährung stets ein oder stets kein VA sind, ist daher nicht möglich.[15]

D. Kirchenrechtliche Probleme

16 Seit Erlass der §§ 33 f. stellt sich die Frage, ob Beglaubigungen, die von öffentlich-rechtlich verfassten Religionsgemeinschaften durchgeführt werden, amtlichen Beglaubigungen gleich stehen. Dagegen könnte man einwenden, dass die genannten Vorschriften eine abschließende Regelung enthalten, die andere als dort genannte Stellen von der Erteilung amtlicher Beglaubigungen per se ausschließt.[16]

17 Für die Qualifizierung der §§ 33 f. als abschließende Regelung der Kompetenz zur Erteilung amtlicher Beglaubigungen spricht zunächst ihr Wortlaut. Die Befugnis zur Erteilung einer Beglaubigung wird nämlich ausdrücklich ohne Ausnahme an die Eigenschaft einer Stelle als Behörde i.S.d. VwVfG bzw. an die gesonderte Nennung einer Behörde in einer Rechtsverordnung geknüpft.[17] Für eine abschließende Regelung spricht auch die Begründung der Vorschriften. Darin heißt es unter anderem, die Normierung der amtlichen Beglaubigung solle Möglichkeiten und Grenzen der amtlichen Beglaubigung abstecken.[18]

18 Gegen ein abschließendes Verständnis der §§ 33 f. streiten die Art. 140 GG i.V.m. 137 WRV, wenn ihnen zumindest für die öffentlich-rechtlichen Religionsgemeinschaften eine Art verfassungsfeste Institutsgarantie bezüglich des Rechts, amtliche Beglaubigungen auszustellen, entnommen werden könnte. Eine derartige Ansicht wird jedoch nicht einmal von den Vertretern eines Fortbestehens des kirchlichen Beglaubigungsrechts vertreten.[19]

19 Im Ergebnis enthalten daher die §§ 33 f. eine lediglich durch den Kompetenzbereich des jeweiligen Gesetzgebers begrenzte, abschließende Regelung der Möglichkeit amtliche Beglaubigungen auszustellen. Dies betrifft sowohl den Beglaubigenden als auch die materiellen Voraussetzungen einer amtlichen Beglaubigung unter Einbeziehung der beglaubigungsfähigen Tatsachen. Darüber hinaus besteht weder für

15 Stelkens/Bonk/Sachs/*Kallerhoff/Stamm*, § 33 Rn. 4.
16 *V. Campenhausen/Christoph*, DVBl 1987, 984.
17 A.A. *v. Campenhausen/Christoph*, DVBl 1987, 984, 986.
18 EVwVerfG S. 132; a.A. wohl *v. Campenhausen/Christoph*, DVBl 1987, 984, 986.
19 *V. Campenhausen/Christoph*, DVBl 1987, 984, 989 m.w.N.

öffentlich-rechtlich verfasste Religionsgemeinschaften noch für andere Personen oder über andere als die in §§ 33 f. genannten Tatsachen eine Beglaubigungsbefugnis.

§ 33 Beglaubigung von Dokumenten

(1) [1]Jede Behörde ist befugt, Abschriften von Urkunden, die sie selbst ausgestellt hat, zu beglaubigen. [2]Darüber hinaus sind die von der Bundesregierung durch Rechtsverordnung bestimmten Behörden im Sinne des § 1 Abs. 1 Nr. 1 und die nach Landesrecht zuständigen Behörden befugt, Abschriften zu beglaubigen, wenn die Urschrift von einer Behörde ausgestellt ist oder die Abschrift zur Vorlage bei einer Behörde benötigt wird, sofern nicht durch Rechtsvorschrift die Erteilung beglaubigter Abschriften aus amtlichen Registern und Archiven anderen Behörden ausschließlich vorbehalten ist; die Rechtsverordnung bedarf nicht der Zustimmung des Bundesrates.

(2) Abschriften dürfen nicht beglaubigt werden, wenn Umstände zu der Annahme berechtigen, dass der ursprüngliche Inhalt des Schriftstücks, dessen Abschrift beglaubigt werden soll, geändert worden ist, insbesondere wenn dieses Schriftstück Lücken, Durchstreichungen, Einschaltungen, Änderungen, unleserliche Wörter, Zahlen oder Zeichen, Spuren der Beseitigung von Wörtern, Zahlen und Zeichen enthält oder wenn der Zusammenhang eines aus mehreren Blättern bestehenden Schriftstücks aufgehoben ist.

(3) [1]Eine Abschrift wird beglaubigt durch einen Beglaubigungsvermerk, der unter die Abschrift zu setzen ist. [2]Der Vermerk muss enthalten
1. die genaue Bezeichnung des Schriftstücks, dessen Abschrift beglaubigt wird,
2. die Feststellung, dass die beglaubigte Abschrift mit dem vorgelegten Schriftstück übereinstimmt,
3. den Hinweis, dass die beglaubigte Abschrift nur zur Vorlage bei der angegebenen Behörde erteilt wird, wenn die Urschrift nicht von einer Behörde ausgestellt worden ist,
4. den Ort und den Tag der Beglaubigung, die Unterschrift des für die Beglaubigung zuständigen Bediensteten und das Dienstsiegel.

(4) Die Absätze 1 bis 3 gelten entsprechend für die Beglaubigung von
1. Ablichtungen, Lichtdrucken und ähnlichen in technischen Verfahren hergestellten Vervielfältigungen,
2. auf fototechnischem Wege von Schriftstücken hergestellten Negativen, die bei einer Behörde aufbewahrt werden,
3. Ausdrucken elektronischer Dokumente,
4. elektronischen Dokumenten,
   a) die zur Abbildung eines Schriftstücks hergestellt wurden,
   b) die ein anderes technisches Format als das mit einer qualifizierten elektronischen Signatur verbundene Ausgangsdokument erhalten haben.

(5) [1]Der Beglaubigungsvermerk muss zusätzlich zu den Angaben nach Absatz 3 Satz 2 bei der Beglaubigung

1. des Ausdrucks eines elektronischen Dokuments, das mit einer qualifizierten elektronischen Signatur verbunden ist, die Feststellungen enthalten,
   a) wen die Signaturprüfung als Inhaber der Signatur ausweist,
   b) welchen Zeitpunkt die Signaturprüfung für die Anbringung der Signatur ausweist und
   c) welche Zertifikate mit welchen Daten dieser Signatur zu Grunde lagen;
2. eines elektronischen Dokuments den Namen des für die Beglaubigung zuständigen Bediensteten und die Bezeichnung der Behörde, die die Beglaubigung vornimmt, enthalten; die Unterschrift des für die Beglaubigung zuständigen Bediensteten und das Dienstsiegel nach Absatz 3 Satz 2 Nr. 4 werden durch eine dauerhaft überprüfbare qualifizierte elektronische Signatur ersetzt.

[2]Wird ein elektronisches Dokument, das ein anderes technisches Format als das mit einer qualifizierten elektronischen Signatur verbundene Ausgangsdokument erhalten hat, nach Satz 1 Nr. 2 beglaubigt, muss der Beglaubigungsvermerk zusätzlich die Feststellungen nach Satz 1 Nr. 1 für das Ausgangsdokument enthalten.

(6) Die nach Absatz 4 hergestellten Dokumente stehen, sofern sie beglaubigt sind, beglaubigten Abschriften gleich.

(7) Jede Behörde soll von Urkunden, die sie selbst ausgestellt hat, auf Verlangen ein elektronisches Dokument nach Absatz 4 Nummer 4 Buchstabe a oder eine elektronische Abschrift fertigen und beglaubigen.

Übersicht

A. Allgemeines und Grundsätze

Die Bestimmung gründet auf § 25 EVwVerfG. Durch das Zweite Gesetz zur Änderung verwaltungsverfahrensrechtlicher Vorschriften (2. VwVfÄndG) vom 06.08.1998 (BGBl. I, S. 2022) wurde die Beglaubigungsfähigkeit von computertechnisch hergestellten Reproduktionen (§ 33 Abs. 4 Nr. 3) eingeführt. Mit dem Dritten Gesetz zur Änderung verwaltungsverfahrensrechtlicher Vorschriften (3. VwVfGÄndG) vom 21.08.2002 (BGBl I, S. 3322) hat der Gesetzgeber in Folge der Aufnahme der elektronischen Signatur (§ 3a) in das VwVfG die Beglaubigung elektronischer Dokumente neu geregelt. Mit dem Gesetz zur Förderung der elektronischen Verwaltung sowie zur Änderung weiterer Vorschriften (EGovG) vom 25.07.2013 (BGBl. I, S. 2749) wurde schließlich eine weitgehende Verpflichtung von Behörden zur Fertigung elektronischer Abschriften (§ 33 Abs. 7) von Dokumenten, die sie selbst ausgestellt haben eingeführt. 1

Die Vorschrift regelt Befugnis und Verfahren für die amtliche Beglaubigung. Nach § 33 kann eine zuständige Behörde die Reproduktion einer Urkunde mit einer amtlichen Beglaubigung, dem sogenannten »Übereinstimmungszertifikat« versehen. Die in §§ 415 ff. ZPO geregelte Folge ist eine erhöhte (formelle) Beweiskraft der Reproduktion im Hinblick auf die Übereinstimmung von Original und Reproduktion. 2

Abs. 1 enthält Bestimmungen über die zur Beglaubigung befugten Behörden und die zulässigen Beglaubigungsgegenstände, während Abs. 2 Beglaubigungsverbote normiert. Die Abs. 3 und 4 enthalten, differenziert nach dem Beglaubigungsgegenstand, Formvorschriften für die Durchführung der amtlichen Beglaubigung. Abs. 5 und 6 regeln besondere Vorschriften für (papierhafte) Abschriften von elektronischen Dokumenten und für elektronische Abschriften von papierhaften oder elektronischen Dokumenten. Abs. 7 schafft Ansprüche auf elektronische Abschriften. 3

B. Inhalt

I. Beglaubigungsbefugnis (§ 33 Abs. 1)

Abs. 1 regelt die Befugnis zur Vervielfältigung einer Urkunde in Abhängigkeit von ihrem Aussteller. Danach wird zwischen der Beglaubigung von Abschriften von Urkunden, die die Behörde selbst ausgestellt hat (Eigenurkunden, Abs. 1 Satz 1) und anderen Urkunden (Fremdurkunden, Abs. 1 Satz 2) unterschieden. 4

1. Befugnis zur Beglaubigung von Eigenurkunden (Satz 1)

Aus Satz 1 folgt der verwaltungstechnisch sinnvolle Grundsatz, dass jede Behörde, die eine Urkunde ausstellt, davon beglaubigte Abschriften herstellen darf.[1] 5

1 Vgl. *Mecke*, DNotZ 68, 597.

a) Behörde i.S.d. Satzes 1

6 Behörde i.S.d. Satzes 1 ist jede siegelführende (vgl. Abs. 3 Satz 2 Nr. 4) Bundesbehörde im weiteren Sinne (vgl. § 1), soweit die Ausstellung der zu beglaubigenden Urkunde im Rahmen einer Tätigkeit erfolgt ist, die nicht nach § 2 vom Anwendungsbereich des VwVfG ausgenommen ist. Anwälte sind zur Beglaubigung gem. § 33 nicht befugt.[2]

7 Landesbehörden kommen nicht (mehr) als Beglaubigungsbehörden i.S.d. § 33 in Betracht, nachdem alle Bundesländer ein eigenes Landes-Verwaltungsverfahrensgesetz erlassen haben. Für die Ausführung von Bundesrecht durch die Länder gilt danach das jeweilige Landes-Verwaltungsverfahrensgesetz (§ 1 Abs. 3).

b) Beglaubigungsgegenstand

8 Beglaubigungsgegenstand nach Satz 1 sind Abschriften von selbst ausgestellten Hauptschriften (Urschriften). Die Hauptschrift muss eine Urkunde sein.

9 Begrifflich ist unter einer Urkunde jede durch übliche oder vereinbarte Schriftzeichen verkörperte Gedankenerklärung zu verstehen, ohne Rücksicht darauf, ob und wie sie unterzeichnet ist, welches Schreib- bzw. Druckmaterial verwendet worden ist, welche Bedeutung sie hat und welchem Zweck sie dienen soll.[3] Auch mechanisch oder sonst technisch erzeugte Vervielfältigungen (z.B. Fotokopien) stellen danach, selbst wenn sie nicht unterschrieben sind, Urkunden dar.[4]

10 Die Hauptschrift muss von der beglaubigenden Behörde selbst ausgestellt worden sein. Probleme bereitet dieses Kriterium vor allem bei Zuständigkeitswechseln. Ist anstelle der Behörde, die die Urkunde im Rahmen ihrer Zuständigkeit ausgestellt hat, im Wege der Rechtsnachfolge oder des Kompetenzwechsels eine andere Behörde getreten, so ist die Urkunde der früher zuständig gewesenen Behörde als Eigenurkunde der nunmehr zuständigen Behörde zu betrachten. Wenn nämlich eine neue Behörde aufgrund Kompetenzwechsels schon zur Ausstellung eines weiteren Originals befugt wäre, muss sie erst recht zur Beglaubigung der Abschrift eines alten, von der Vorgängerbehörde ausgestellten Originals berechtigt sein.

11 Abschriften sind alle mit einer Hauptschrift im obigen Sinne inhaltlich übereinstimmenden Reproduktionen, die (anders als Durchschriften) in einem gesonderten Arbeitsgang handschriftlich, maschinenschriftlich oder mittels eines Druckverfahrens nachträglich hergestellt worden sind. Dabei spielt es keine Rolle, ob die die Beglaubigung begehrende Person, die beglaubigende Behörde selbst oder eine andere Behörde bzw. ein Dritter die Abschrift gefertigt oder ihre Fertigung veranlasst hat.

---

2 OVG Lüneburg NVwZ-RR 2016, 103 (104)

3 BGHZ 65, 300 (301); Baumbach/Lauterbach/Hartmann/Anders/Gehle, § 415 Anm. 1; *Eyermann/Schübel-Pfister*, § 96 Rn. 10.

4 Vgl. BVerwG, Beschl. v. 03.01.1986 – 9 B 399/85, Buchholz, 310 § 98 VwGO Nr. 29.

2. Befugnis zur Beglaubigung von Fremdurkunden (Satz 2)

Satz 2 beschränkt die Befugnis andere als eigene Urkunden zu beglaubigen auf bestimmte Behörden und zusätzlich auf bestimmte Verwaltungszwecke. 12

a) Zur Beglaubigung befugte Behörden

Die Beglaubigungsbefugnis ergibt sich, anders als für Eigenurkunden, nicht direkt aus dem Gesetz, sondern aus der Rechtsverordnung der Bundesregierung zur Bestimmung der zu Beglaubigungen befugten Behörden vom 13.03.2003.[5] In § 1 der genannten Verordnung wurden alle in § 1 Abs. 1 Nr. 1 bezeichneten Bundesbehörden ermächtigt, Beglaubigungen nach den §§ 33 und 34 vorzunehmen. 13

Da auch für die Anwendbarkeit des durch eine Rechtsverordnung des Bundes konkretisierten Satzes 2 die Einschränkung des § 2 gilt, steht die Beglaubigungsbefugnis nur denjenigen Bundesbehörden zu, deren Tätigkeit nicht von der Anwendung des VwVfG nach § 2 Abs. 2 oder 3 ausgenommen ist. 14

Den nach Landesrecht zuständigen Behörden konnte der Bundesgesetzgeber nur generell eine Beglaubigungsbefugnis zuerkennen. Sache der Landesgesetzgeber ist es, die im Einzelnen zuständigen Landesbehörden zu bestimmen. Allerdings kommen derzeit für den Vollzug des § 33 keine Landesbehörden in Betracht (vgl. Rdn. 7). 15

b) Beglaubigungsgegenstand

Tauglicher Beglaubigungsgegenstand i.S.d. Abs. 1 Satz 2 sind alle Abschriften von Urschriften, die nicht von der beglaubigenden Behörde ausgestellt worden sind. Dabei kommt es zunächst nicht darauf an, ob die Urschrift von einer anderen Behörde oder von einer »Nichtbehörde« gefertigt wurde. Allerdings ist bei nichtbehördlichen Urkunden die Beglaubigung einer Abschrift nur zulässig, wenn sie zur Vorlage bei einer Behörde benötigt wird. 16

Von einer anderen Behörde ausgestellt ist jede Urschrift, die von einer Behörde i.S.d. § 1 Abs. 4, einer ehemaligen Behörde des Deutschen Reiches oder einer Behörde der Alliierten (i.R.d. Ausübung deutscher Staatsgewalt nach der Beendigung des Zweiten Weltkrieges) stammt. Unerheblich ist es, ob die Urschrift von einer Bundes- oder Landesbehörde ausgestellt worden ist und ob die Ausstellung eine Tätigkeit dargestellt hat, die dem Anwendungsbereich des VwVfG unterfällt.[6] 17

Zu den behördlichen Urkunden sind auch solche (öffentlichen) Urkunden zu zählen, die von mit öffentlichem Glauben versehenen Personen i.S.d. § 415 Abs. 1 ZPO ausgestellt werden und diese Personen (wie z.B. die Standesbeamten) selbst einer Behörde angehören oder als Beliehene Behördencharakter besitzen. 18

5 BGBl. I, S. 361.
6 Kopp/Ramsauer, § 33 Rn. 15 ff.

19 Ausländische Urkunden sowie inländische Urkunden, die im Ausland verwendet werden sollen, werden aufgrund der vorrangigen Vorschriften der §§ 66 Abs. 1 Nr. 11 BeurkG i.V.m. dem einschlägigen Landesrecht und nach § 13 KonsularG durch Legalisation oder Apostille bestätigt.[7]

20 Abschriften nichtbehördlicher Urschriften können nur dann beglaubigt werden, wenn sie zur Vorlage bei einer Behörde benötigt werden. Nichtbehördliche Urschriften sind alle nicht i.S.d. Satzes 2 von einer Behörde ausgestellten Urschriften. Hierzu zählen alle Privaturkunden, aber auch Urschriften von Gerichten und Parlamenten der BRD.

21 Eine Abschrift wird zur Vorlage bei einer Behörde benötigt, wenn der die Beglaubigung Begehrende ein offensichtlich berechtigtes Interesse an der Vorlage der Abschrift bei der betreffenden Behörde (i.S.d. § 1) geltend macht. Ein solches Interesse liegt jedenfalls dann vor, wenn die Vorlage gesetzlich oder behördlich angeordnet wurde.

c) Beglaubigungsmonopol

22 Die Beglaubigungsbefugnis steht unter dem Vorbehalt der ausschließlichen Zuständigkeit (Beglaubigungsmonopol)[8] anderer Behörden zur Erteilung beglaubigter Abschriften aus amtlichen Registern und Archiven. Der Vorbehalt hat konstitutive Bedeutung, da er ein Beglaubigungsverbot für alle Behörden festlegt, die nicht das betreffende Register oder Archiv führen.

23 Das (auf Vorschlag des Bundesrats)[9] eingefügte Beglaubigungsmonopol soll verhindern, dass im Rechtsverkehr beglaubigte Abschriften von Auszügen aus sog. fortgeschriebenen amtlichen Registern bzw. Archiven verwendet werden. Nach den Erfahrungen der Verwaltungspraxis kann ein mit Datum versehener Beglaubigungsvermerk beim Empfänger leicht den Eindruck erwecken, der Inhalt der Urkunde entspreche dem Sachstand am Tage der Beglaubigung.[10]

24 Von dem Beglaubigungsmonopol sind insb. erfasst beglaubigte Abschriften aus Personenstandsbüchern nach § 62 PStG, aus dem Tarifregister nach § 16 Satz 2 TVG-DV und aus dem Liegenschaftskataster (z.B.: Art. 11 Abs. 2 BayVermKatG) sowie Führungszeugnisse aus dem Bundeszentralregister (§§ 30 ff. BZRG). Auch beglaubigte Auszüge aus dem Wasserbuch nach den einschlägigen landesrechtlichen Vorschriften (z.B. nach § 160 Abs. 1 Satz 2 NwLWG) fallen unter das Beglaubigungsmonopol.

25 Nach seinem Zweck (vgl. Rdn. 23) muss das Beglaubigungsverbot entsprechend auf beglaubigte Abschriften aus dem Grundbuch (§ 12 GBO), aus gerichtlichen Registern (z.B. Handelsregister, § 9 HGB) sowie für beglaubigte Abschriften aus dem Schuldnerverzeichnis nach § 882 g ZPO gelten.

7 Stelkens/Bonk/Sachs/*Kallerhoff/Stamm*, § 33 Rn. 22.
8 Stelkens/Bonk/Sachs/*Kallerhoff/Stamm*, § 33 Rn. 25.
9 Begründung, S. 101.
10 Begründung, S. 102.

3. Beglaubigung nach pflichtgemäßem Ermessen

Die Zuerkennung einer Beglaubigungsbefugnis zieht keine Beglaubigungspflicht nach sich. Die durch §§ 33 eingeräumte Befugnis begründet und begrenzt (vgl. Vorbem. § 33 Rdn. 16) lediglich eine gesetzliche Ermächtigung zur amtlichen Beglaubigung.[11] Sind die gesetzlichen Voraussetzungen des § 33 erfüllt, so hat die angegangene Behörde nach pflichtgemäßem Ermessen über die Durchführung der beantragten Beglaubigung zu entscheiden.[12] 26

Bei der Ausübung des Ermessens wird es auf die bisherige Verwaltungsübung, aber auch auf einen eventuellen Sachzusammenhang mit der von der Behörde wahrzunehmenden Verwaltungstätigkeit ankommen. Je enger der Zusammenhang zwischen begehrter Beglaubigung und der sonstigen Verwaltungstätigkeit der angegangenen Behörde, umso eher ist zugunsten einer Beglaubigung zu entscheiden.[13] Auch kann die Behörde in ihre Ermessenserwägungen eine eventuell bestehende Unsicherheit über die Echtheit der Urkunde einstellen. 27

Im Anwendungsbereich des Abs. 7 ist das Beglaubigungsermessen regelmäßig auf Erstellung elektronischer Abschriften reduziert. Ausnahmen kommen lediglich in Betracht, wenn der Behörde die technischen Voraussetzungen fehlen oder die Erstellung unverhältnismäßigen Aufwand auslösen würde.[14] 28

4. Beglaubigung für verwaltungsinterne Zwecke ohne Bindung an Abs. 1

Das Recht zur Beglaubigung einer Abschrift für rein verwaltungsinterne Zwecke – also für Zwecke die den Zuständigkeitsbereich derselben juristischen Person betreffen – wird von § 33 nicht berührt. Dieses Recht gründet in der allgemeinen (nur unter dem Vorrang – nicht aber dem Vorbehalt – des Gesetzes stehenden) Organisationsgewalt der Exekutive und ist daher nicht an die Bestimmungen des Abs. 1 gebunden.[15] 29

II. Beglaubigungsverbot (§ 33 Abs. 2)

Abs. 2 enthält ein Beglaubigungsverbot für die Behörde für den Fall der berechtigten Annahme einer nachträglichen Änderung des Schriftstück-Inhalts aus. Dadurch soll verhindert werden, dass anstelle einer mit Mängeln behafteten (und daher hinsichtlich ihres Beweiswertes nach § 419 ZPO zweifelhaften) Urkunde eine beglaubigte Abschrift benutzt wird, die die Mängel der Hauptschrift nicht mehr erkennen lässt.[16] 30

---

11 *V. Campenhausen/Christoph*, DVBl 1987, 984, 989, der von Aufgaben zuweisender Zuständigkeit mit teilweise verfahrensregelndem Charakter spricht.
12 Stelkens/Bonk/Sachs/*Kallerhoff/Stamm*, § 33 Rn. 20; Knack/Henneke/*Ritgen*, § 33 Rn. 9.
13 Stelkens/Bonk/Sachs/*Kallerhoff*, § 33 Rn. 19.
14 BT-Drucks. 17/11473, S. 50.
15 Kopp/Ramsauer, § 33 Rn. 5.
16 Begründung, S. 55.

31 Die Vorschrift schließt jedoch die Möglichkeit nicht aus, die Beglaubigung der Abschrift einer mangelhaften Hauptschrift nach § 42 Abs. 2 BeurkG von einem (die Mängel der Hauptschrift im Beglaubigungsvermerk feststellenden) Notar vornehmen zu lassen.

32 Voraussetzung für das Eingreifen des Beglaubigungsverbots ist es, dass Umstände die Annahme rechtfertigen, der ursprüngliche Inhalt der Hauptschrift (von der die Abschrift gefertigt wurde) sei nachträglich geändert worden. Die nachträgliche Änderung muss nicht mit Sicherheit feststehen. Auch ist die Behörde nicht verpflichtet, Nachforschungen anzustellen.[17] Es genügt, dass nach dem äußeren Erscheinungsbild der Abschrift eine nachträgliche Änderung der Hauptschrift als möglich erscheint.[18] Das ist stets der Fall, wenn die Hauptschrift einen der in Abs. 2 beispielhaft genannten Mängel aufweist.

III. Form der Beglaubigung (§ 33 Abs. 3)

33 Die Beglaubigung erfolgt nach Satz 1 durch einen unter die Abschrift zu setzenden Beglaubigungsvermerk (zur Beweiskraft und Rechtsnatur vgl. Vorbem. Rdn. 3 ff.). Der Beglaubigungsvermerk dient der Sicherung des Beweiswerts der Abschrift. Er muss daher derart unter die Abschrift gesetzt werden, dass für nachträgliche Einfügungen kein Raum mehr bleibt. Ist auf der Vorderseite der Abschrift kein Platz mehr, kann der Vermerk auf der Rückseite angebracht werden.[19] Bei Abschriften, die aus mehreren Blättern bestehen, muss der Vermerk lediglich einmal an den Schluss der Abschrift gesetzt werden. Die einzelnen Blätter sind derart miteinander zu verbinden, dass sie nicht ohne Beschädigung getrennt werden können. Die Verbindungsstellen sind zu siegeln.[20]

34 Satz 2 legt in Nr. 1 bis 4 den notwendigen Inhalt des Beglaubigungsvermerks fest. Nr. 1, 2 und 4 gelten für alle Beglaubigungen; Nr. 3 lediglich für Beglaubigungen von Abschriften, die von nichtbehördlichen Urkunden gefertigt wurden.

35 Die nach Nr. 1 erforderliche genaue Bezeichnung des Schriftstücks, dessen Abschrift beglaubigt wird, liegt dann vor, wenn die vorgelegte Hauptschrift näher bezeichnet ist durch Angabe ihres Ausstellers, des Tages ihrer Ausstellung, ihrer Art. (Urschrift, Ausfertigung, einfache oder beglaubigte Abschrift) und – wenn sie aus mehreren Blättern besteht – durch Angabe ihrer Seitenzahl. Eine auszugsweise Abschrift muss als solche gekennzeichnet werden.

36 Die Feststellung der Übereinstimmung von Abschrift und Hauptschrift nach Nr. 2 verlangt einen wörtlichen Vergleich beider Schriftstücke durch den zuständigen Bediensteten. Unter anderem kommt es darauf an, dass etwaige Ausfertigungs- oder Beglaubigungsvermerke aus der Hauptschrift in die Abschrift übernommen worden

17 Kopp/Ramsauer, § 33 Rn. 20.
18 BGH, NJW 1966, 1657 f.
19 Kopp/Ramsauer, § 33 Rn. 22.
20 Rundschreiben BMI vom 01.10.2004, GMBl. 2005 S. 4.

sind. Ein der Hauptschrift beigedrücktes Siegel muss auf der Abschrift durch das Wort Siegel oder die Buchstaben »L.S.« (locus sigilli) wiedergegeben sein.[21]

Nach Nr. 4 muss der Beglaubigungsvermerk neben dem Ort und dem Tag der Beglaubigung sowie dem (die Beweiskraft der Beglaubigung sichernden) Dienstsiegel (als Farbdruck- oder Prägesiegel, vgl. § 39 BeurkG) die eigenhändige Unterschrift des für die Beglaubigung zuständigen Bediensteten enthalten.[22] 37

Soll die Abschrift einer nicht von einer Behörde ausgestellten Urschrift beglaubigt werden, muss in den Beglaubigungsvermerk außerdem der Hinweis aufgenommen werden, dass die beglaubigte Abschrift nur zur Vorlage bei der angegebenen Behörde erteilt wird. 38

Das BMI hat für den Beglaubigungsvermerk nach § 33 Abs. 3 Satz 2 folgendes Muster empfohlen:[23] 39

»Hiermit wird amtlich beglaubigt, dass die vor-/umstehende Abschrift/Ablichtung mit der vorgelegten Urschrift/Ausfertigung/beglaubigten/einfachen Abschrift/Ablichtung/Ausdruck der/des

(Bezeichnung des Schriftstücks)

übereinstimmt.

Die Beglaubigung wird nur zur Vorlage bei

(Behörde)

erteilt.

Berlin, den

(Siegel)

Bundesministerium des Innern

Im Auftrag

(Unterschrift)«

IV. Beglaubigung von Reproduktionen (§ 33 Abs. 4)

Dem technischen Fortschritt bei der Speicherung von Daten und der Vervielfältigung von Urkunden trägt Abs. 4 i.V.m. Abs. 5 und Abs. 6 Rechnung, indem er die entsprechende Anwendung der Abs. 1 bis 3 auf die Beglaubigung anderer (keine Abschriften darstellenden) Reproduktionen von Urkunden anordnet. Die von Abs. 4 erfassten beglaubigten Vervielfältigungen, Negative und Computerausdrucke stehen danach den beglaubigten Abschriften gleich. 40

21 VG Gelsenkirchen, Beschl. v. 22.10.2015 – 6 L 1795.15 – juris Rn. 6.
22 VG Darmstadt, NVwZ-RR 2010, 954.
23 Rundschreiben BMI vom 01.10.2004, GMBl. 2005 S. 4.

41 Welche anderen Vervielfältigungen einer Urkunde neben der Abschrift beglaubigungsfähig sind, ergibt sich aus der Aufzählung in Abs. 4 Nr. 1 bis 4. Der dort genannte Katalog von beglaubigungsfähigen Vervielfältigungen ist entsprechend seinem Zweck, neue Vervielfältigungstechniken der Abschrift einer Urkunde gleichzustellen, weit auszulegen.[24]

42 Nr. 1 stellt Ablichtungen, Lichtdrucke und in ähnlichen technischen Verfahren hergestellte Vervielfältigungen der Abschrift gleich. Besonderheiten ergeben sich insoweit ggü. Abs. 1 und Abs. 3 nicht.

43 Bei der Überprüfung, ob der Beglaubigung ein Hindernis nach Abs. 2 entgegensteht, muss allerdings dem Umstand Rechnung getragen werden, dass die in Abs. 4 Nr. 1 genannten Vervielfältigungstechniken (z.B. Fotokopien) die Hauptschrift exakter Wiedergeben als Abschriften. Sofern danach ein Mangel der Hauptschrift, der bei einer Abschrift ein Beglaubigungsverbot auslösen würde, in der Vervielfältigung gleichermaßen wie in der Originalurkunde erkennbar ist, muss die Vervielfältigung dennoch beglaubigt werden. Abs. 2 greift in derartigen Fällen nicht ein, da eine Fälschung nicht zu besorgen ist.

44 Grundsätzlich von den bisherigen Beglaubigungsformen unterscheidet sich die Beglaubigung der nach Nr. 2 auf fotomechanischem Wege von Schriftstücken hergestellten Negative, die bei einer Behörde aufbewahrt werden. Im Fall der Nr. 2 erfolgt die Beglaubigung nämlich nicht auf Antrag eines Dritten, sondern von Amts wegen.

45 Die Vorschrift soll es Behörden ermöglichen, Akten in Form mikroverfilmter Urkunden Raum sparend aufzubewahren. Sie ist anwendbar, wenn das zu verfilmende Schriftstück eine vom VwVfG erfasste Verwaltungstätigkeit betrifft und das Negativ bei einer Behörde aufbewahrt werden soll. Beglaubigungsbefugt ist die Behörde, die zunächst für die Aufbewahrung der Urkunden zuständig war.

46 Der in Abs. 1 Satz 2 enthaltene Vorbehalt der ausschließlichen Zuständigkeit anderer Behörden zur Erteilung beglaubigter Abschriften aus amtlichen Registern und Archiven gilt im Hinblick auf die zunächst rein verwaltungsinterne Verwendung der beglaubigten Negative nicht. Auch das Beglaubigungsverbot ist (wie bei Abs. 4 Nr. 1, vgl. Rdn. 43) nur eingeschränkt anzuwenden. Der Beglaubigungsvermerk nach Abs. 3 ist auf dem Negativ oder auf dem Filmbehältnis anzubringen.[25]

47 Die klassische Mikroverfilmung, die der Gesetzgeber bei Erlass des § 33 Abs. 4 Nr. 2 vor Augen hatte, ist mittlerweile veraltet. An ihre Stelle ist die Erfassung von Dokumenten auf ein- oder mehrfach beschreibbaren Festplattenspeichern mithilfe eines Scanners getreten. Aufgrund der Vergleichbarkeit der technischen Abläufe wurde bisher Abs. 4 Nr. 2 auch auf eine derartige Erfassung von Dokumenten angewandt.[26]

24 Stelkens/Bonk/Sachs/*Kallerhoff/Stamm,* § 33 Rn. 32.
25 Meyer/Borgs, § 33 Rn. 11.
26 Stelkens/Bonk/Sachs/*Kallerhoff/Stamm,* § 33 Rn. 32.

Seit Inkrafttreten des 2. VwVfÄndG am 07.08.1998 sah § 33 Abs. 4 Satz 1 Nr. 3 ausdrücklich vor, dass auch mit Datenverarbeitungsanlagen hergestellte Ausdrucke von auf Datenträgern gespeicherten Daten nach § 33 Abs. 1 bis 3 beglaubigt werden können. Das elektronische Dokument muss mit einer qualifizierten elektronischen Signatur verbunden sein.[27] 48

Mit der Neufassung des § 33 Abs. 4 Satz 1 Nr. 3 und 4 durch das 3. VwVfÄndG wurde mit Inkrafttreten am 01.02.2003 auch die Möglichkeit der Beglaubigung von elektronischen Dokumenten geschaffen, die zur Abbildung eines Schriftstücks hergestellt wurden (Nr. 4 Buchstabe a)) oder ein anderes technisches Format als das mit einer qualifizierten elektronischen Signatur verbundene Ausgangsdokument (Nr. 4 Buchstabe b)) erhalten haben. Hierdurch soll dem zunehmenden Einsatz der Informationstechnik bei der Bearbeitung von Verwaltungsvorgängen und dem daraus resultierenden Bedürfnis an der Beglaubigung von Computerausdrucken Rechnung getragen werden.[28] 49

Die in § 33 nicht geregelte Beweiskraft amtlich beglaubigter Reproduktionen ist von der Beweiskraft des Beglaubigungsvermerks, die sich nach § 418 Abs. 1 ZPO richtet, zu unterscheiden. Die Beweiskraft der Reproduktion richtet sich grds. nach der Beweiskraft des Originals; unter Umständen eingeschränkt durch den Beglaubigungsvermerk (vgl. i.Ü. Vorbem. Rdn. 5 ff.). 50

V. Besondere Anforderungen an den Beglaubigungsvermerk (§ 33 Abs. 5)

Der mit dem 3. VwVfÄndG neu geschaffene Abs. 5 formuliert zusätzliche Formalia für Beglaubigungen die zu einem Medienbruch führen (Abs. 4 Nr. 3 und 4). 51

Werden qualifiziert signierte elektronische Dokumente ausgedruckt (Abs. 4 Nr. 3), muss der Beglaubigungsvermerk auch Angaben zu dem Inhaber der Signatur, dem Zeitpunkt der Signaturprüfung und den zugrundeliegenden Zertifikaten enthalten (Abs. 5 Satz 1 Nr. 1). 52

Werden elektronische Abschriften von Schriftstücken hergestellt (Abs. 4 Nr. 4 Buchstabe a)), wird der Beglaubigungsvermerk nach Abs. 3 teilweise durch eine qualifizierte elektronische Signatur ersetzt (Abs. 5 Satz 1 Nr. 2). 53

Werden elektronische Abschriften von elektronischen Dokumenten hergestellt (Abs. 4 Nr. 4 Buchstabe b)) und führt dieser Vorgang zum Verlust von Formatierungsmerkmalen, muss der Beglaubigungsvermerk auch die in Abs. 5 S. 1 Nr. 1 genannten Informationen zur Signatur des Originaldokuments enthalten. 54

27 Bader/Ronellenfitsch/Müller § 33 Rn. 17, Kopp/Ramsauer § 33 Rn. 31, Fehling/Störmer/Kastner/Schwarz § 33 Rn. 29.
28 BT-Drucks. 13/8884, S. 5.

VI. Gleichstellung elektronischer Reproduktionen (§ 33 Abs. 6)

55 Abs. 6 stellt klar, dass Reproduktionen von Dokumenten, die unter Abs. 4 fallen und die zusätzlichen Formalia des Abs. 5 einhalten, beglaubigten Abschriften gleichstehen.

VII. Elektronische Dokumente und Abschriften auf Verlangen (§ 33 Abs. 7)

56 Der mit dem Gesetz zur Förderung der elektronischen Verwaltung vom 25.07.2013 (BGBl. I S. 2749) neu geschaffene Abs. 7 regelt die regelmäßige Verpflichtung von Behörden elektronische Abschriften von Eigenurkunden zu fertigen und diese Abschriften zu beglaubigen. Aus der Gesetzesbegründung ist zu entnehmen, dass die Verpflichtung nicht besteht, wenn die Behörde nicht über die erforderlichen technischen Voraussetzungen zur Erfüllung der Verpflichtung verfügt, die Erfüllung der Verpflichtung unverhältnismäßigen Aufwand auslöst oder es an einem berechtigten Interesse des Antragstellers fehlt.[29]

VIII. Rechtsfolgen fehlerhafter Beglaubigungen

57 Bei der Beglaubigung einer Reproduktion können formelle (Zuständigkeit, Form), materielle (Verstoß gegen ein Beglaubigungsverbot, inhaltliche Abweichung zwischen Haupt- und Abschrift) aber auch Ermessensfehler auftreten. Es stellt sich die Frage, wie sich diese Fehler auf die Beweiskraft des Beglaubigungsvermerks und damit auch auf die der Abschrift auswirken. Es handelt sich hierbei primär nicht um eine Frage der Rechtmäßigkeit oder Rechtswidrigkeit des Verwaltungshandelns, welches der Erteilung des Beglaubigungsvermerks zugrunde liegt. Es kommt vielmehr darauf an, ob die Fehler sich nach §§ 415 ff. ZPO auf die dort festgelegte Beweiskraft auswirken. Dies ist im Einzelfall nach den jeweiligen Tatbestandsvoraussetzungen der §§ 415 ff. ZPO zu beurteilen. Fehler, die sich nicht auf das Vorliegen der genannten Tatbestandsvoraussetzungen auswirken (z.B. Ermessensfehler), hindern auch den Eintritt der Beweisregeln der §§ 415 ff. ZPO nicht. Regelmäßig wird jedoch ein Verstoß gegen die Voraussetzungen des § 33 auch den Eintritt der Rechtsfolgen der §§ 415 ff. ZPO hindern.[30]

58 Bei allen oben aufgezeigten Fehlern bleibt es der Behörde stets unbenommen, soweit vorhanden, den der Beglaubigung zugrunde liegenden VA nach § 48 zurückzunehmen und die beglaubigte Abschrift nach § 52 zurückzuverlangen. Liegt der Beglaubigung kein VA zugrunde, ist § 52 entsprechend anzuwenden.

---

29 BT-Drucks. 17/11473, S. 50.

30 Vgl. im Ergebnis auch Stelkens/Bonk/Sachs/*Kallerhoff/Stamm,* § 33 Rn. 31; Knack/Henneke/*Ritgen,* § 33 Rn. 16 f.; Kopp/Ramsauer, § 33 Rn. 26; Unwirksamkeit bei Fehlen des Dienstsiegels nimmt OVG Nordrhein-Westfalen, Beschl. v. 28.11.77 – XV A 725/76; VG Gelsenkirchen, Beschl. v. 01.10.2015 – 6z L 1905/15 – juris, Rn. 6.

C. Verfahrensvorschriften des Sozialrechts sowie Verwaltungsverfahrensrecht der Länder

Die Verwaltungsverfahrensgesetze der Länder enthalten inhaltsgleiche Vorschriften. 59
§ 91 ShLVwG enthält zusätzliche Vorschriften für auf fototechnisch hergestellte Kopien. Die Kompetenz zur Bestimmung der beglaubigungsbefugten Behörden variiert je nach Bundesland. Die Rechtslage im Sozialrecht entspricht mit § 29 SGB X inhaltlich weitgehend der des VwVfG.

§ 34 Beglaubigung von Unterschriften

(1) [1]Die von der Bundesregierung durch Rechtsverordnung bestimmten Behörden im Sinne des § 1 Abs. 1 Nr. 1 und die nach Landesrecht zuständigen Behörden sind befugt, Unterschriften zu beglaubigen, wenn das unterzeichnete Schriftstück zur Vorlage bei einer Behörde oder bei einer sonstigen Stelle, der auf Grund einer Rechtsvorschrift das unterzeichnete Schriftstück vorzulegen ist, benötigt wird. [2]Dies gilt nicht für

1. Unterschriften ohne zugehörigen Text,

2. Unterschriften, die der öffentlichen Beglaubigung (§ 129 des Bürgerlichen Gesetzbuchs) bedürfen.

(2) Eine Unterschrift soll nur beglaubigt werden, wenn sie in Gegenwart des beglaubigenden Bediensteten vollzogen oder anerkannt wird.

(3) [1]Der Beglaubigungsvermerk ist unmittelbar bei der Unterschrift, die beglaubigt werden soll, anzubringen. [2]Er muss enthalten

1. die Bestätigung, dass die Unterschrift echt ist,

2. die genaue Bezeichnung desjenigen, dessen Unterschrift beglaubigt wird, sowie die Angabe, ob sich der für die Beglaubigung zuständige Bedienstete Gewissheit über diese Person verschafft hat und ob die Unterschrift in seiner Gegenwart vollzogen oder anerkannt worden ist,

3. den Hinweis, dass die Beglaubigung nur zur Vorlage bei der angegebenen Behörde oder Stelle bestimmt ist,

4. den Ort und den Tag der Beglaubigung, die Unterschrift des für die Beglaubigung zuständigen Bediensteten und das Dienstsiegel.

(4) Die Absätze 1 bis 3 gelten für die Beglaubigung von Handzeichen entsprechend.

(5) Die Rechtsverordnungen nach Absatz 1 und 4 bedürfen nicht der Zustimmung des Bundesrates.

Übersicht

A. Allgemeines und Grundsätze

1 Die Bestimmung entspricht § 26 EVwVerfG 1963.

2 Die Vorschrift regelt Befugnis und Verfahren bei der amtlichen Beglaubigung von Unterschriften und Handzeichen in Schriftstücken, die zur Vorlage bei Behörden und insoweit gleichgestellten Stellen bestimmt sind. Ähnlich wie bei der amtlichen Beglaubigung von Abschriften stellt auch hier die Behörde eine Art »Übereinstimmungszertifikat« aus. Dieses betrifft – anders als in § 33 – jedoch nicht die inhaltliche Übereinstimmung zweier Schriftstücke, sondern lediglich die Identität einer Person, die eine Unterschrift leistet. Auch hier ist die Folge der Beglaubigung eine nach §§ 415 ff. ZPO erhöhte Beweiskraft der Urkunde, die die beglaubigte Unterschrift trägt (vgl. i.Ü. § 33 Rdn. 2 f. und Vorbem. 2 ff.).

3 Abs. 1 enthält Bestimmungen über die zur Beglaubigung befugten Behörden und formuliert zusammen mit den Abs. 2 und 3 die formalen und verfahrenstechnischen Anforderungen an eine Beglaubigung. In Abs. 4 wird die entsprechende Anwendung der Abs. 1 bis 3 für die Beglaubigung von Handzeichen angeordnet.

B. Inhalt

I. Beglaubigungsgegenstand, beglaubigungsbefugte Behörden (§ 34 Abs. 1 Satz 1)

4 Gegenstand einer Beglaubigung i.S.d. § 34 ist nach Abs. 1 Satz 1 Halbs. 1 eine Unterschrift auf einem Schriftstück, welches zur Vorlage bei einer Behörde benötigt wird.

1. Unterschrift

5 Begrifflich ist als Unterschrift jede eigenhändige Unterzeichnung[1] zu verstehen, die einen individuellen Schriftzug mit charakteristischen Merkmalen aufweist und sich als Wiedergabe eines Namens (Familien- bzw. Vor- und Familiennamens) darstellt.[2] Die Unterzeichnung muss nicht lesbar sein.[3] Es genügt vielmehr die Lesbarkeit einzelner Buchstaben,[4] sodass der Name des Unterzeichners von einem ihn kennenden Dritten aus dem Schriftbild herausgelesen werden kann.[5] Willkürliche Striche sind dagegen keine Unterschrift.[6]

---

1 BVerwGE 43, 113; BGHZ 24, 297; BGH, NJW 1959, 734.
2 BGH, NJW 1974, 1090.
3 BVerwGE 43, 113.
4 BGH, NJW 1974, 1090.
5 BGH, NJW 1959, 734.
6 BVerwGE 43, 113, BGH, NJW 1959, 734.

Eine beglaubigungsfähige Unterschrift liegt grds. nur vor, wenn die Unterzeichnung mit dem bürgerlichen Namen des Unterzeichners vorgenommen wird. Ein anderer Name (Pseudonym, Künstler-, Kloster- oder Bischofsname) kann jedoch beglaubigt werden, wenn für diese Namensführung ein guter Grund vorliegt und der benutzte Name im Rechtsverkehr gebräuchlich ist.[7] Hierauf ist im Beglaubigungsvermerk hinzuweisen. 6

Unterzeichnet ein Vertreter mit dem Namen des Vertretenen, so kann die Unterschrift nur beglaubigt werden, wenn das Bestehen des Vertretungsverhältnisses zweifelsfrei nachgewiesen ist.[8] Auch hier ist ein Hinweis im Beglaubigungsvermerk angezeigt. Der Einzelkaufmann kann mit seiner Firma, ein OHG-Gesellschafter und ein Komplementär mit der Gesellschaftsfirma unterzeichnen. 7

2. Schriftstück

Die Unterschrift muss dem Wortlaut nach unter einem Schriftstück stehen, das Schriftstück also räumlich abschließen.[9] Urkundenqualität im engeren Sinne (vgl. § 33 Rdn. 9) muss das Schriftstück jedoch nicht haben. Es genügt, wenn eine Gedankenerklärung auf andere Weise als durch Schriftzeichen (etwa als Plan oder Zeichnung) ausgedrückt ist.[10] 8

Beglaubigungsbefugnis besteht jedoch grds. nur für solche Schriftstücke, die bei einer Behörde vorzulegen sind. Gleiches gilt, wenn ein Schriftstück (mit der zu beglaubigenden Unterschrift) aufgrund einer Rechtsvorschrift bei einer sonstigen nichtbehördlichen Stelle vorzulegen ist. Das Erfordernis der Vorlagepflicht aufgrund einer Rechtsvorschrift bezieht sich – wie bereits aus seiner Position im Satz folgt – lediglich auf die Vorlage bei einer sonstigen Stelle.[11] Außerdem spricht für diese Interpretation, dass für die Vorlage eines Schriftstücks mit einer beglaubigten Unterschrift auch dann ein rechtliches Bedürfnis bestehen kann, wenn die Vorlage mit einer beglaubigten Unterschrift nicht gesetzlich angeordnet ist (vgl. § 33 Rdn. 21). 9

Notwendigkeit der Vorlage bei einer Behörde ist stets gegeben, wenn der Begehrende ein berechtigtes Interesse darlegt (vgl. § 33 Rdn. 21). 10

Nichtbehördliche Stellen i.S.d. Vorschrift können zunächst Organe und Institutionen eines Hoheitsträgers sein, die keine Behördenqualität i.S.d. § 1 Abs. 4 besitzen. In Betracht kommen aber auch alle Einrichtungen privatrechtlicher Art, d.h. im Ergebnis kommen alle Stellen in Betracht, für die sich aus Bundes- oder Landesrecht[12] eine Verpflichtung zur Vorlage von unterzeichneten Schriftstücken ergibt. 11

7 Stelkens/Bonk/Sachs/*Kallerhoff/Stamm*, § 34 Rn. 6.
8 Palandt/*Ellenberger*, § 126 BGB Rn. 8.
9 Palandt/*Ellenberger*, § 126 BGB Rn. 5.
10 Stelkens/Bonk/Sachs/*Kallerhoff/Stamm*, § 34 Rn. 5.
11 So auch Knack/Henneke/*Ritgen*, § 34 Rn. 4; Stelkens/Bonk/Sachs/*Kallerhoff/Stamm*, § 34 Rn. 9 f.; Kopp/Ramsauer, § 34 Rn. 2.
12 A.A. Kopp/Ramsauer, § 34 Rn. 2, der lediglich Verpflichtungen kraft Bundesrechts gelten lassen will.

3. Beglaubigungsbefugte Behörden

12 Die Beglaubigungsbefugnis für Unterschriften ergibt sich nicht direkt aus dem Gesetz, sondern bestimmt sich aus einer Rechtsverordnung der Bundesregierung, die nach Abs. 5 keiner Zustimmung des Bundesrates bedarf sowie aus Landesrecht (vgl. Abs. 1 Satz 1 Halbs. 1, Abs. 5).

13 Nach § 1 Nr. 2 der Verordnung der Bundesregierung zur Bestimmung der zu Beglaubigungen befugten Behörden vom 13.03.2003 (BGBl. I, S. 361) sind auch für den Vollzug des § 34 (ebenso wie für den Vollzug des § 33, vgl. § 33 Rdn. 13 f.) die in § 1 Abs. 1 Nr. 1 bezeichneten (Bundes-) Behörden ermächtigt. Die Zuständigkeit der Landesbehörden ergibt sich aus dem jeweiligen Landesrecht (vgl. aber § 33 Rdn. 15).

14 Wie in § 33 besteht jedoch für die befugte Behörde grundsätzlich (vgl. aber § 33 Abs. 7) keine Rechtspflicht zur Beglaubigung. Über ein entsprechendes Ersuchen hat die Behörde vielmehr nach pflichtgemäßem Ermessen zu entscheiden (vgl. § 33 Rdn. 26 f.; Vorbem § 33 Rdn. 16).

II. Beglaubigungsverbote (§ 34 Abs. 1 Satz 2)

15 Satz 2 verbietet die Beglaubigung von Unterschriften ohne zugehörigen Text (Nr. 1) sowie in Fällen, in denen die Unterschrift der öffentlichen Beglaubigung bedarf.

16 Die Beglaubigung von Unterschriften ohne zugehörigen Text (Abs. 1 Satz 2 Nr. 1) ist verboten, um der Gefahr des mit einer solchen Unterschrift verbundenen Missbrauchs entgegenzuwirken.[13] Eine solche Unterschrift ohne Text liegt bereits dann vor, wenn der Text eines Schriftstücks derart große Lücken aufweist, dass ein Missbrauch nicht auszuschließen ist. In den genannten Fällen kann lediglich der Notar gem. § 40 Abs. 5 BeurkG die Unterschrift öffentlich beglaubigen.

17 In Abs. 1 Satz 2 Nr. 2 ist die Beglaubigung von Unterschriften untersagt, die der öffentlichen Beglaubigung bedürfen. Die Vorschrift stellt klar, dass die amtliche Beglaubigung einer Unterschrift nach § 34 eine gesetzlich vorgeschriebene öffentliche Beglaubigung grds.[14] nicht zu ersetzen vermag. Eine öffentliche Beglaubigung ist z.B. für die Anmeldung zum Vereinsregister (§ 77 BGB) und zum Handelsregister (§ 12 Abs. 1 HGB) sowie für die Bewilligung bei Eintragungen ins Grundbuch (§ 29 Abs. 1 Satz 1 GBO) vorgeschrieben.[15]

III. Beglaubigungsbeschränkungen, Anwesenheitsgebot (§ 34 Abs. 2)

18 Im Interesse der Sicherung des Beweiswertes soll eine Unterschrift nur beglaubigt werden, wenn sie in Anwesenheit des beglaubigenden Bediensteten vollzogen oder

13 Begründung, S. 56.

14 Ausdrückliche Ausnahmen sind bspw. für die Gehaltsabtretung nach § 411 oder die Vollmachtsurkunde nach § 123 Abs. 2 FlurbG normiert.

15 Weitere Beispiele bei Palandt/*Ellenberger*, § 129 BGB Rn. 1 ff.

anerkannt wird, er die Echtheit der Unterschrift also aufgrund eigener Sinneswahrnehmung bestätigt.

19 Das Beglaubigungsverfahren muss danach regelmäßig entweder dadurch erfolgen, dass das Schriftstück erst in Gegenwart des beglaubigenden Bediensteten unterzeichnet wird oder aber der Antragsteller unter Vorlage des von ihm unterzeichneten Schriftstücks dem beglaubigenden Bediensteten die eigenhändige Leistung der Unterschrift versichert. Weder der Antragsteller noch der beglaubigende Bedienstete können sich dabei vertreten lassen.[16]

20 Da Abs. 2 als Sollvorschrift formuliert ist, können bei Vorliegen besonderer Gründe Ausnahmen vom Anwesenheitsgebot Abs. 2 gemacht werden. Ob eine derartige Ausnahme vorliegt, ist im Einzelfall anhand des Zwecks des Abs. 2 (vgl. Rdn. 18) zu ermitteln. Sie kann bspw. gegeben sein, wenn (z.B. bei Wiederholungsfällen) jeglicher Zweifel an der Echtheit der Unterschrift ausgeschlossen ist, dem Antragsteller ein persönliches Erscheinen unmöglich ist und die beglaubigte Unterschrift dringend benötigt wird.[17]

IV. Beglaubigungsvermerk (§ 34 Abs. 3)

21 Die Beglaubigung erfolgt nach Satz 1 durch Anbringung eines Beglaubigungsvermerks (zu Beweiskraft und Rechtsnatur vgl. Vorbem. § 33 Rdn. 3 f., 9 ff.). Der Vermerk dient der Sicherung des Beweiswerts der Unterschrift. Er ist daher unmittelbar bei der zu beglaubigenden Unterschrift anzubringen. Damit sollen Missbräuche durch spätere Einfügungen verhindert werden. Bildet die Unterschrift den räumlichen Abschluss einer Textseite, so kann der Beglaubigungsvermerk am Kopf der folgenden Seite angebracht werden. Mehrere Blätter sind so fest miteinander zu verbinden, dass sie nicht ohne Beschädigung getrennt werden können. Die Verbindungsstellen sind zu siegeln.[18]

22 Befinden sich die Unterschriften verschiedener Personen auf dem Schriftstück, ist in dem Beglaubigungsvermerk kenntlich zu machen, auf welche Unterschrift sich die Beglaubigung bezieht.

23 Satz 2 schreibt in Nr. 1 bis 4 den notwendigen Inhalt des Beglaubigungsvermerks vor. Im Einzelnen gilt Folgendes:

24 Die Bestätigung der Echtheit der Unterschrift nach Nr. 1 setzt die (grds. nur bei Beachtung des Anwesenheitsgebots, vgl. Rdn. 18 ff. mögliche) Überzeugung des beglaubigenden Bediensteten voraus, dass die Unterschrift von der nach Nr. 2 anzugebenen Person stammt.

16 Vgl. Stelkens/Bonk/Sachs/*Kallerhoff/Stamm*, § 34 Rn. 14.
17 Ebenso Stelkens/Bonk/Sachs/*Kallerhoff/Stamm*, § 34 Rn. 15; nach Kopp/Ramsauer, § 34 Rn. 7 genügt der Ausschluss von Zweifeln an der Echtheit.
18 Rundschreiben des BMI vom 01.10.2004, GMBl. 2005, S. 6.

25 Nach Nr. 2 ist – zur Sicherung des Beweiswerts der Beglaubigung – derjenige, der die Unterschrift geleistet hat, genau zu bezeichnen. Weiterhin ist anzugeben, ob sich der für die Beglaubigung zuständige Bedienstete Gewissheit über die Person des Unterzeichners verschafft hat und ob die Unterschrift in Gegenwart des beglaubigenden Bediensteten vollzogen oder anerkannt worden ist.

26 Die genaue Bezeichnung des Unterzeichners hat dessen Namen und ein weiteres sicheres Identifikationsmerkmal (z.B. Geburtsdatum, derzeitige Anschrift) zu enthalten. Erfolgt die Unterschrift mit einem Pseudonym (vgl. Rdn. 6), so muss dies vermerkt werden.

27 Gewissheit über die Person des Unterzeichners ist Gewissheit über seine Identität. Die Identitätsprüfung ist regelmäßig durch Einsichtnahme in ein Ausweispapier vorzunehmen, sofern die zu identifizierende Person dem beglaubigenden Bediensteten nicht persönlich bekannt ist. Im Beglaubigungsvermerk genügt die bloße Feststellung der Gewissheit.[19] Worauf sie sich gründet, muss nicht angegeben werden.

28 Wurde die Unterschrift nicht nach Abs. 2 in Gegenwart des beglaubigenden Bediensteten vollzogen oder anerkannt, muss zusätzlich angegeben werden, worauf sich die Überzeugung von der Echtheit der Unterschrift stützt.

29 Nr. 3 schreibt einen Hinweis vor, dass die Beglaubigung nur zur Vorlage bei der angegebenen Behörde oder Stelle bestimmt ist. Die Behörde bzw. sonstige Stelle, der nach Abs. 1 Satz 1 das Schriftstück mit der beglaubigten Unterschrift vorgelegt werden soll ist zu bezeichnen.

30 Der Abschlussvermerk nach Nr. 4 hat in der gleichen Weise wie bei der Beglaubigung der Abschrift nach § 33 Abs. 3 Nr. 4 (vgl. § 33 Rdn. 37) Ort und Tag der Beglaubigung sowie die Unterschrift des für die Beglaubigung zuständigen Bediensteten und das Dienstsiegel enthalten.

31 Das vom BMI in seinem Rundschreiben vom 01.10.2004[20] empfohlene Muster eines Beglaubigungsvermerks nach § 34 Abs. 3 Satz 2 hat folgenden Wortlaut:

»Die/Das vorstehende Unterschrift/Handzeichen ist von

(Vorname, Familienname, ggf. Geburtsname)

wohnhaft in

(Ort, Straße und Hausnummer)

persönlich bekannt – ausgewiesen durch

(Personalausweis, Pass)

vor mir vollzogen – anerkannt – worden.

Dies wird hiermit amtlich beglaubigt.

19 So auch Knack/Henneke/*Ritgen*, § 34 Rn. 15.
20 GMBl. 2005, S. 6.

Die Beglaubigung wird nur zur Vorlage bei

(Behörde oder Stelle)

erteilt.

Berlin, den

(Siegel)

Bundesministerium des Innern

Im Auftrag

(Unterschrift)«

V. Beglaubigung von Handzeichen (§ 34 Abs. 4)

Abs. 4 bestimmt, dass Handzeichen (Paraphen, Striche, Kreuze) ebenso wie Unterschriften in entsprechender Anwendung der Abs. 1 bis 3 beglaubigt werden können. Eine Beglaubigung ohne Vollzug oder Anerkennung des Handzeichens in Gegenwart des beglaubigenden Bediensteten wäre hinsichtlich der Möglichkeit einer Echtheitsbestätigung der Unterschrift mit einem zu großen Risiko verbunden. Die Sollvorschrift des Abs. 2 ist daher bei der Beglaubigung von Handzeichen als Mussvorschrift zu betrachten. 32

VI. Beweiskraft amtlich beglaubigter Unterschriften

Die Beweiskraft des Beglaubigungsvermerks nach § 34 richtet sich nach § 418 Abs. 1 ZPO. Sie ist zu unterscheiden von der Beweiskraft des Schriftstücks, welches die beglaubigte Unterschrift trägt. Seine Beweiskraft ändert sich durch die Beglaubigung der Unterschrift nicht (vgl. im Übrigen Vorbem. § 33 Rdn. 3 f.).[21] 33

VII. Rechtsfolgen fehlerhafter Beglaubigungen

Bei der Beglaubigung einer Reproduktion können formelle (Zuständigkeit, Form), materielle (Verstoß gegen ein Beglaubigungsverbot, inhaltliche Abweichung zwischen Haupt- und Abschrift) aber auch Ermessensfehler auftreten. Genügt der Beglaubigungsvermerk den (zwingenden) Anforderungen des § 34 Abs. 3 Satz 2 VwVfG nicht, nimmt die Rechtsprechung Nichtigkeit der Beglaubigung an.[22] Die Auswirkungen der übrigen Fehler bemessen sich im Einzelfall nach §§ 415 ff. ZPO. Regelmäßig wird auch ein sonstiger Verstoß gegen die Voraussetzungen des § 34 den Eintritt der Rechtsfolgen der §§ 415 ff. ZPO hindern. (vgl. im Einzelnen § 33 Rdn. 57 f.). 34

21 Stelkens/Bonk/Sachs/*Kallerhoff/Stamm*, § 34 Rn. 2.

22 OVG Niedersachsen, RdL 2013, 122; OVG Saarland, Beschl. v. 17.05.1993 – 8 R 91/91, u.a., juris, Rn. 31 ff.; VG Halle, Urt. v. 27.02.2009 – 3 A 124/06, juris, Rn. 38 ff.; OVG Nordrhein-Westfalen, DÖV 1978, 334.

35 Bei allen oben aufgezeigten Fehlern bleibt es der Behörde stets unbenommen, soweit vorhanden, den zugrunde liegenden VA nach § 48 zurückzunehmen und die Urkunde mit der beglaubigten Unterschrift nach § 52 zurückzuverlangen. Liegt der Beglaubigung kein VA zugrunde, ist § 52 entsprechend anzuwenden.

C. Verfahrensvorschriften des Sozialrechts sowie Verwaltungsverfahrensrecht der Länder

36 Das Sozialverfahrensrecht enthält mit § 30 SGB X eine inhaltsgleiche Regelung. Die Verwaltungsverfahrensgesetze der Länder enthalten weitgehend § 34 gleichlautende Vorschriften.

Teil III Verwaltungsakt

Abschnitt 1 Zustandekommen des Verwaltungsaktes

§ 35 Begriff des Verwaltungsaktes

[1]Verwaltungsakt ist jede Verfügung, Entscheidung oder andere hoheitliche Maßnahme, die eine Behörde zur Regelung eines Einzelfalls auf dem Gebiet des öffentlichen Rechts trifft und die auf unmittelbare Rechtswirkung nach außen gerichtet ist. [2]Allgemeinverfügung ist ein Verwaltungsakt, der sich an einen nach allgemeinen Merkmalen bestimmten oder bestimmbaren Personenkreis richtet oder die öffentlich-rechtliche Eigenschaft einer Sache oder ihre Benutzung durch die Allgemeinheit betrifft.

Schrifttum

Barczak, Typologie des Verwaltungsakts, JuS 2018, 238; *Baßlsperger*, VA und vorprozessualer Rechtsschutz im Beamtenrecht, ZBR 2005, 192; *Beaucamp*, Verwaltungsrechtliche Fragen rund um das Verkehrszeichen, JA 2008, 612; *ders.*, Duldungsentscheidungen im Verwaltungsrecht, DÖV 2016, 802; *Dietlein/Thiel*, Altes und Neues zum Vorbescheid, Die Verwaltung 2005, 211; *Druschel*, Die Verwaltungsaktbefugnis, 1999; *Emmerich-Fritsche*, Kritische Thesen zur Legaldefinition des VA, NVwZ 2006, 762; *Enders*, Der VA als Titel für die Anforderung der Kosten seiner Vollstreckung, NVwZ 2009, 958; *Heyle*, Die individuell-abstrakte Regelung des allgemeinen Verwaltungsrechts, NVwZ 2008, 390; *Jeremias*, Erfordernis einer Rechtsgrundlage für vom Adressaten beantragte feststellende VA? Plädoyer für eine Abkehr von der bisherigen höchstrichterlichen Rechtsprechung, DVBl 2014, 1047; *Jungkind*, Verwaltungsakte zwischen Hoheitsträgern, 2008; *Kluth*, Rechtsfragen der verwaltungsrechtlichen Willenserklärung, NVwZ 1990, 608; *Kracht*, Feststellender Verwaltungsakt und konkretisierende Verfügung – Verwaltungsakte zur präventiven Regelung, Konkretisierung und Durchsetzung gesetzlicher Rechte und Pflichten, 2002; *Kümper*, Anmerkung zu BVerwG, Urt. v. 06.04.2016 – 3 C 10.15, NJW 2016, 2356; *Kümper*, Das Verkehrszeichen als Quelle klassischer Probleme des Verwaltungs- und Verwaltungsprozessrechts, JuS 2017, 731 (Teil 1) und 833 (Teil 2); *Ladeur*, Die Zukunft des Verwaltungsakts, VerwArch 86 (1995), 511; *Losch*, Der vorsorgliche VA, NVwZ 1995, 235; *Morgenroth*, Aktuelle Entwicklungen zur Verwaltungsaktsqualität von Prüfungsentscheidungen, NVwZ-Extra 2017,1; *Neßler*, Der transnationale VA – zur Dogmatik eines neuen Rechtsinstituts, NVwZ 1995, 863; *Peine*, Sonderformen des VA, JA 2004, 417; *Rebler*, Das Verkehrszeichen – ein Grenzgänger des Verwaltungsrechts, DRiZ 2008, 210; *ders.*, Rund um das Verkehrszeichen – Einsatzbereich, Rechtsnatur und Bekanntgabe, DAR 2010, 377; *ders.*, Die Tatbestandswirkung von Verwaltungsakten im OWi-Verfahren, dargestellt am Beispiel rechtswidrig angeordneter Verkehrszeichen, BayVBl. 2017, 81; *ders.*, Zur Tatbestandswirkung und Feststellungswirkung von (rechtswidrigen) Verwaltungsakten, DVBl 2017, 1279; *Röben*, Funktionen des VA: Vom Gesetzesvollzug zur Gestaltung, VerwArch 2008, 46; *Sanden*, Der vorsorgliche VA, DÖV 2006, 811; *Schoch*, Die behördliche Befugnis zum Handeln durch VA, Jura 2010, 670; *Schröder*, VerlängerungsVA und ÄnderungsVA, NVwZ 2007, 532; *Siegel*, Der virtuelle Verwaltungsakt, VerwArch 2014, 241; *Struzina/Lindner*, Die Ablehnung eines Verwaltungsaktes – zur

Dogmatik des Versagungsaktes, VerwArch 2017, 266; *Voßkuhle*, Der relative VA – eine unzulässige Handlungsform, SächsVBl 1995, 54; *ders./Kaufhold*, Grundwissen – Öffentliches Recht: Der VA, JuS 2011, 34; *Winkler*, Normenumschaltende VA, DVBl 2003, 1490.

Übersicht **Rdn.**

A. Allgemeines und Grundsätze

Die Vorschrift enthält in Satz 1 eine **Definition** des VA. Der VA hat die Aufgabe, einen konkreten Sachverhalt (Einzelfall) durch eine hoheitliche Maßnahme einseitig zu regeln. Er unterscheidet sich damit einerseits von allgemeinen Vorschriften (Verordnung, Satzung) und andererseits von schlichthoheitlichen Rechtshandlungen (Abschluss eines öffentlich-rechtlichen Vertrages) und tatsächlichen Verwaltungshandlungen (Realakte). 1

Satz 2 beschreibt einen Sonderfall des VA, die **Allgemeinverfügung.** Hierbei handelt es sich um eine Maßnahme, die in mehreren Einzelfällen an einen bestimmten oder bestimmbaren Personenkreis gerichtet ist (Verkehrsampel) oder den rechtlichen Zustand einer Sache regelt (Widmung einer Straße). 2

Zur Historie des VA wird auf die 3. Auflage (§ 35 Rn. 3) verwiesen. Nach heutiger Rspr. bedarf die Verwaltung für das Vorgehen in der Handlungsform des VA einer gesetzlichen Ermächtigung (sog. **VA-Befugnis**). Eine solche muss allerdings nicht ausdrücklich geregelt sein. Es reicht aus, wenn sich die VA-Befugnis dem Gesetz im Wege der Auslegung entnehmen lässt.[1] Zum Erlass eines Leistungsbescheids ist die Behörde auch dann ermächtigt, wenn sie und der Bürger gerade mit Blick auf den geltend gemachten Anspruch in einem allgemeinen öffentlich-rechtlichen Über- und Unterordnungsverhältnis stehen.[2] Auch für **feststellende VA** (zur Abgrenzung von 3

1 BVerwG, Urt. v. 30.05.2018 – 6 A 3.16, BVerwGE 162, 179; Urt. v. 07.12.2011 – 6 C 39.10, BVerwGE 141, 243; Urt. v. 20.08.2014 – 6 C 15.13, WKWKRS 2014, 30612; Urt. v. 10.12.2014 – 1 C 11.14, BVerwGE 151, 102; VGH Baden-Württemberg, Urt. v. 09.11.2015 – 11 S 714/15, VBlBW 2016, 249; Urt. v. 22.02.2018 – 2 S 1860/17, Justiz 2019, 68; Urt. v. 16.01.2020 – 6 S 1006/19, juris; Beschl. v. 26.02.2016 – 9 S 2445/15, VBlBW 2016, 386; Beschl. v. 16.02.2017 – 10 S 1160/16, VBlBW 2017, 421; *Ewer*, AnwBl 2016, 721; Mann/Sennekamp/Uechtritz/*Windoffer*, § 35 Rn. 16.

2 BVerwG, Urt. v. 11.10.2012 – 5 C 20.11, NJW 2013, 405 m.w.N.; VGH Baden-Württemberg, Urt. v. 06.07.2016 – 4 S 2237/15, juris (Erstattung von Ausbildungskosten an die Bundeswehr); zur »Kehrseitentheorie« bei Rückforderung von Leistungen Bauer/Heckmann/Ruge/Schallbruch/*Ritgen* § 35 18.

Feststellungen ohne Regelungscharakter vgl. Rdn. 67) bedarf es einer gesetzlichen Grundlage, insbesondere dann, wenn etwas als rechtens festgestellt wird, was der Betroffene erklärtermaßen nicht für rechtens hält.[3] Zwar kann ein feststellender VA nicht vollstreckt werden. Gerade in der Verwendung der Rechtsform VA kann aber wegen dessen von der Frage der Rechtswidrigkeit unabhängigen Rechtswirksamkeit eine Belastung liegen, und sei es nur die Last, fristgerecht einen Rechtsbehelf einzulegen, um den Eintritt der Bestandskraft zu verhindern.[4] Schlechthin nicht von § 35 gedeckt ist ein sog. »**VA auf Vorrat**« (»**vorsorglicher VA**«), der keine eigenständige rechtliche Bedeutung hat und sich als »substratlos« erweist.[5]

4 Die Funktionen des VA erstrecken sich auf die Gebiete des materiellen Verwaltungsrechts, des Verwaltungsverfahrens-, des Verwaltungsvollstreckungs- und des Verwaltungsprozessrechts:

5 Im **materiellen** Verwaltungsrecht stellt der VA neben der Norm das wichtigste Regelungsinstrument dar, mit dem die Verwaltung für die ihrer Hoheitsgewalt unterworfenen Personen öffentlich-rechtliche Rechte und Pflichten begründet.[6] VA folgen grundsätzlich hinsichtlich ihrer Rechtmäßigkeit und Bestandskraft gemeinsamen Rechtsregeln, die großenteils im VwVfG (z.B. in den §§ 43 bis 51) festgelegt sind.[7] Der VA entfaltet Bindungswirkungen nicht nur für die erlassende Behörde (**Selbstbindungswirkung**),[8] sondern auch für andere Behörden und Gerichte (sog. **Tatbestandswirkung**).[9] Hinsichtlich der dem VA zugrunde liegenden Vorfragen bzw. Feststellungen gilt dies allerdings nur ausnahmsweise, wenn das besonders gesetzlich angeordnet ist (sog. **Feststellungswirkung**).[10]

---

3 BVerwG, Urt. v. 22.10.2003 – 6 C 23.02, BVerwGE 119, 123; Urt. v. 29.11.1985 – 8 C 105.83, BVerwGE 72, 265; Beschl. v. 10.10.1990 – 1 B 131.90, NVwZ 1991, 267; VGH Baden-Württemberg, Urt. v. 09.11.2015 – 11 S 714/15, VBlBW 2016, 249; Urt. v. 22.02.2018 – 2 S 1860/17, Justiz 2019, 68; Beschl. v. 26.02.2016 – 9 S 2445/15, VBlBW 2016, 386; Beschl. v. 16.02.2017 – 10 S 1160/16, VBlBW 2017, 421; *Barczak*, JuS 2018, 238 (240); Bauer/Heckmann/Ruge/Schallbruch/*Ritgen* § 35 Rn. 19; zum Antrag des präsumtiven Adressaten auf Erlass eines feststellenden VA siehe insb. VGH Baden-Württemberg, Urt. v. 06.07.2006 – 5 S 1280/05, VBlBW 2006, 429; *Jeremias*, DVBl 2014, 1047 m.w.N.

4 VGH Baden-Württemberg, Urt. v. 09.11.2015 – 11 S 714/15, VBlBW 2016, 249.

5 BVerwG, Urt. v. 29.05.2018 – 7 C 34.15, NVwZ-RR 2018, 961.

6 Vgl. Bauer/Heckmann/Ruge/Schallbruch/*Ritgen* § 35 Rn. 32 (Konkretisierungs- und Umsetzungsfunktion, Gestaltungsfunktion, Vollzugsfunktion).

7 Zum nur formellen VA und dessen fehlender materieller Bestandskraft vgl. aber BSG, Urt. v. 05.09.2006 – B 4 R 71/06 R, BSGE 97, 63; s.a. unten Rdn. 143.

8 Vgl. dazu Knack/*Henneke* vor § 35 Rn. 48 ff.; Stelkens/Bonk/*Sachs* § 43 Rn. 135 f.

9 Vgl. BVerwG, Urt. v. 21.06.2017 – 6 C 3.16, BVerwGE 159, 148; Knack/*Henneke* vor § 35 Rn. 53 ff.; Stelkens/Bonk/*Sachs* § 43 Rn. 154 ff.; zur Reichweite VGH Baden-Württemberg, Urt. v. 20.06.2018 – 9 S 652/16, juris.

10 Vgl. § 43 Rn. 15 f.; ferner Knack/*Henneke* vor § 35 Rn. 55; Stelkens/Bonk/*Sachs* § 43 Rn. 160 ff.; BVerwG, Urt. v. 01.09.2011 – 5 C 27.10, BVerwGE 140, 311 = DVBl 2012, 104 m.w.N.; Beschl. v. 18.12.2014 – 8 B 47.14, NVwZ 2015, 600; OVG Niedersachsen,

Die **verfahrensrechtliche** Bedeutung des VA ergibt sich aus seiner besonderen Zuordnung zu einem Verwaltungsverfahren i.S.d. VwVfG (nach § 9) sowie aus den Bestimmungen, die seinen Erlass (§§ 37, 41, 63 ff. und 73 ff.) und seine Überprüfung durch eine Behörde (§§ 48 bis 51 und 79) regeln.[11] 6

Im **Verwaltungsvollstreckungsrecht** spielt der VA eine Rolle als Vollstreckungsvoraussetzung (z.B. als Leistungsbescheid) und als eigentliche Vollstreckungsmaßnahme (z.B. als Androhung eines Vollstreckungsmittels).[12] 7

Im **Verwaltungsprozessrecht** ist das Vorliegen bzw. das Begehren eines VA Voraussetzung für die Statthaftigkeit der Anfechtungs- bzw. Verpflichtungsklage nach § 42 VwGO, der Nichtigkeitsfeststellungsklage nach § 43 Abs. 1 Alt. 2 VwGO und der Fortsetzungsfeststellungsklage nach § 113 Abs. 1 Satz 4 VwGO.[13] 8

B. Die Vorschrift im Einzelnen

Nach der gesetzlichen Begriffsbestimmung muss es sich um eine Verfügung, Entscheidung oder andere hoheitliche Maßnahme handeln. Die spezialgesetzlichen Vorschriften, die den Erlass eines VA vorsehen, nennen unterschiedliche Bezeichnungen: z.B. Anordnung, Bescheid, Beschluss, Erlass, Genehmigung, Ablehnung, Gebot oder Verbot. Dabei ergehen VA in vielen Fällen – vor allem, wenn sie nicht schriftlich erlassen werden – ohne jede Bezeichnung. Ob eine Maßnahme einer Behörde die Merkmale eines VA erfüllt, ist – so wie dies auch für den genauen Regelungsgehalt eines VA gilt[14] – **entsprechend §§ 133, 157 BGB** nach ihrem **objektiven Erklärungswert** zu beurteilen. Maßgebend ist, wie der Empfänger sie unter Berücksichtigung der ihm erkennbaren Umstände bei objektiver Würdigung verstehen muss; Unklarheiten gehen zu Lasten der Verwaltung (vgl. auch § 37 Rdn. 10).[15] Dabei sind nicht nur der Tenor, sondern auch die Begründung und die Umstände der Bekanntgabe zu berücksichtigen 9

Urt. v. 17.01.2013 – 7 LB 194/11, DVBl 2013, 456; zum disziplinarrechtlichen Verlustfeststellungsbescheid § 14 Abs. 1 Satz 1 LDG BW und dazu BVerwG, Urt. v. 21.04.2016 – 2 C 13.15, BVerwGE 155, 35.

11 Vgl. Bauer/Heckmann/Ruge/Schallbruch/*Ritgen* § 35 Rn. 34.

12 Vgl. Bauer/Heckmann/Ruge/Schallbruch/*Ritgen* § 35 Rn. 33 (Titel- oder Vollstreckungsfunktion).

13 Vgl. Bauer/Heckmann/Ruge/Schallbruch/*Ritgen* § 35 Rn. 35 (Rechtsschutzfunktion).

14 Vgl. BVerwG, Urt. v. 21.08.2018 – 1 C 21.17, BVerwGE 162, 382; Urt. v. 26.10.2017 – 8 C 18.16, BVerwGE 160, 193; Urt. v. 16.10.2013 – 8 C 21.12, BVerwGE 148, 146; BFH, Beschl. v. 21.08.2013 – I B 12/13, BFH/NV 2013, 1907; Urt. v. 27.10.2015 – VIII R 59/13, BFH/NV 2016, 726; OVG Sachsen, Urt. v. 09.07.2019 – 1 A 48/17, SächsVBl 2019, 325; VGH Hessen, Beschl. v. 19.12.2014 – 2 A 761/14.Z, WKWKRS 2014, 37018; VGH Baden-Württemberg, Urt. v. 08.09.2015 – 6 S 1426/14, VBlBW 2016, 74; VGH Baden-Württemberg, Urt. v. 20.06.2018 – 9 S 652/16, juris; Urt. v. 11.07.2017 – 5 S 2067/15, BauR 2017, 2148; Beschl. v. 16.02.2017 – 10 S 1160/16, VBlBW 2017, 421; Beschl. v. 30.01.2019 – 5 S 1913/18, VBlBW 2019, 415.

15 Vgl. BVerwG, Urt. v. 17.08.1995 – 1 C 15.94, BVerwGE 99, 101; Urt. v. 05.11.2009 – 4 C 3.09, BVerwGE 135, 209; Urt. v. 09.05.2012 – 6 C 3.11, BVerwGE 143, 87; Urt. v. 22.03.2017 – 5 C 4.16, BVerwGE 158, 258; Urt. v. 21.06.2017 – 6 C 3.16,

(siehe auch § 37 Rdn. 7).[16] In Betracht kommt auch, dass ein Schreiben erst kraft der gestaltenden Wirkung des Widerspruchsbescheids den Rechtscharakter eines VA erlangt.[17] Abzulehnen ist die Rechtsfigur des sog. **relativen VA**, also die Annahme, es gebe Maßnahmen, die gegenüber einer Person ein VA, im Verhältnis zu anderen Personen hingegen kein VA seien (»Doppelnatur«).[18]

10 Die Merkmale für einen VA nach Satz 1 sind folgende:
- eine hoheitliche Maßnahme (Rdn. 11),
- die eine Behörde trifft (Rdn. 31),
- als Regelung (Rdn. 34),
- eines Einzelfalles (Rdn. 75),
- auf dem Gebiet des öffentlichen Rechts (Rdn. 103),
- mit einer unmittelbaren Rechtswirkung nach außen (Rdn. 104).

I. Hoheitliche Maßnahme

11 Eine hoheitliche Maßnahme ist eine Anordnung bzw. Rechtsgestaltung oder Feststellung sowie deren Versagung, die auf dem Prinzip der **Über-** oder **Unterordnung** beruht.[19] Eine Maßnahme besteht regelmäßig in der Abgabe einer schriftlichen oder mündlichen Erklärung. Sie kann aber auch in anderer Weise erfolgen, und zwar durch Zeichengebung (z.B. ein Handzeichen eines den Verkehr regelnden Polizeibeamten)

BVerwGE 159, 148; BFH, Urt. v. 27.10.2015 – VIII R 59/13, BFH/NV 2016, 726; OVG Mecklenburg-Vorpommern, Beschl. v. 22.12.2000 – 2 L 38/99, NVwZ 2002, 104; OVG Niedersachsen, Beschl. v. 28.05.2015 – 5 LA 195/14, juris; Urt. v. 27.06.2016 – 9 LB 193/15, KStZ 2016, 177 (für einen Freistellungsbescheid nach § 155 Abs. 1 Satz 3 AO); Beschl. v. 31.08.2017 – 15 MF 19/17, RdL 2017, 338; VGH Baden-Württemberg, Urt. v. 12.04.2018 – 9 S 98/17, VBlBW 2018, 392; Urt. v. 15.10.2009 – 2 S 1457/09, DVBl 2010, 196; Urt. v. 08.03.2013 – 10 S 1190/09, WKRS 2013, 34259; Beschl. v. 15.12.2014 – 9 S 2073/14, WKRS 2014, 30014; Beschl. v. 10.07.2017 – 9 S 1253/17, WKRS 2017, 18042; Beschl. v. 23.01.2018 – 12 S 1952/17, ZKJ 2018, 162; OVG Nordrhein-Westfalen, Beschl. v. 19.06.2015 – 11 A 2946/13, juris; OVG Thüringen, Urt. v. 17.06.2015 – 1 KO 369/14, juris. Gegen eine Berücksichtigung des Empfängerhorizonts bei generellen VA *Reimer*, Juristische Methodenlehre, 2016, Rn. 149.

16 VGH Baden-Württemberg, Urt. v. 02.08.2012 – 1 S 618/12, VBlBW 2012, 473; VGH Baden-Württemberg, Urt. v. 20.06.2018 – 9 S 652/16, juris; Beschl. v. 30.01.2019 – 5 S 1913/18, VBlBW 2019, 415; OVG Niedersachsen, Beschl. v. 31.08.2017 – 15 MF 19/17, RdL 2017, 338; vgl. auch BVerwG, Urt. v. 31.05.2012 – 3 C 13.11, WKRS 2012, 18476 (Berücksichtigung der Begleitumstände); OVG Nordrhein-Westfalen, Beschl. v. 18.02.2013 – 6 B 1483/12, NWVBl 2013, 291 (Anordnung der sofortigen Vollziehung).

17 Vgl. BVerwG, Urt. v. 20.08.2014 – 6 C 15.13, Buchholz 451.551 FilmförderungsG Nr. 12.

18 Vgl. VGH Baden-Württemberg, Urt. v. 15.04.1997 – 10 S 4/96, NVwZ 1998, 416; *Barczak*, JuS 2018, 238 (242); *Voßkuhle*, SächsVBl 1995, 54; *Ziekow* § 36 Rn. 56.

19 Knack/*Henneke* § 35 Rn. 10; Bauer/Heckmann/Ruge/Schallbruch/*Ritgen* § 35 Rn. 58; näher Mann/Sennekamp/Uechtritz/*Windoffer*, § 35 Rn. 33 ff.; Stelkens/Bonk/Sachs/ *Stelkens* § 35 Rn. 104 ff.

oder durch konkludentes Verhalten (z.B. durch Anwendung körperlicher Gewalt seitens eines Polizeibeamten gegenüber einem Störer).

1. Untätigkeit und Fiktion

Eine behördliche Untätigkeit ohne die Merkmale eines konkludenten Verhaltens erfüllt nicht den dem VA zugeordneten Handlungsbegriff. Daher sind keine VA: 12
- die Nichtbescheidung eines Antrages (im Gegensatz zur Versagung einer Genehmigung),
- kraft Gesetzes eintretende Rechtsverluste (z.B. das Außerkrafttreten eines Planes nach § 75 Abs. 4),
- die (bloße) Duldung einer ohne Genehmigung errichteten genehmigungspflichtigen Anlage,
- die (bloße) Entgegennahme der Selbsterrechnung einer Abgabenschuld.

Etwas Anderes kann nur gelten, wenn durch Gesetz ausdrücklich das Schweigen wie ein VA gewertet wird. Das Schweigen kann als VA fingiert werden, und in einem solchen Fall finden grundsätzlich die Vorschriften Anwendung, die maßgebend wären, wenn die zuständige Verwaltungsbehörde einen entsprechenden VA ausdrücklich erteilt hätte.[20] Dies gilt insb. für die Rücknahme fiktiver Genehmigungen.[21] Die Konstruktion eines fingierten, der Genehmigungsbehörde zuzurechnenden VA setzt zumindest ein willensgetragenes Verhalten der betreffenden Behörde voraus (regelmäßig ein pflichtwidriges Unterlassen), an das die Fiktion anknüpfen kann.[22] 13

2. Handlung mit natürlichem Willen

Die Maßnahme beruht i.d.R. auf einer Handlung mit der Kundgabe eines **natürlichen Willens.** Über einen natürlichen Willen verfügt jeder Mensch, der zu finalem Verhalten imstande ist. Eine solche Fähigkeit fehlt lediglich dann, wenn der Wille eines Menschen durch absolute Gewalt von dem Willen eines anderen beherrscht wird, wenn der Handelnde (z.B. wegen Geisteskrankheit) sein Verhalten nicht steuern kann oder wenn das Verhalten nur einen vom Willen nicht beherrschten Reflex darstellt. 14

Ist ein natürlicher Wille gegeben, so schließen Willensmängel das Vorliegen einer Handlung nicht aus.[23] Eine Anordnung, die ein Amtsträger aufgrund eines Irrtums, einer Täuschung oder Drohung getroffen hat, ist trotz dieser Willensmängel eine Maßnahme und ggf. ein (wenn möglicherweise auch rechtswidriger) VA. 15

---

20 BVerwG, Beschl. v. 25.03.1970 – I WB 137.69, BVerwGE 43, 88; Stelkens/Bonk/Sachs/*Stelkens* § 35 Rn. 66 f.

21 BVerwG, Urt. v. 28.02.1975 – IV C 77.74, BVerwGE 48, 87; BVerwG, Urt. v. 12.08.1977 – IV C 20.76, NJW 1978, 338.

22 BVerwG, Urt. v. 30.06.2005 – 7 C 26.04, BVerwGE 124, 47 (verneint für § 4 Abs. 7 Satz 1 TEHG a.F., wonach kraft Gesetzes die neuen Anforderungen der §§ 5 und 6 Abs. 1 TEHG als Bestandteil früher erteilter immissionsschutzrechtlicher Genehmigungen anzusehen waren).

23 *Kluth*, NVwZ 1990, 608.

16 Der natürliche Wille einer Person als Handlungsgrundlage wird nicht durch die Zwischenschaltung technischer Einrichtungen infrage gestellt. VA können durchaus von **automatischen Einrichtungen** erstellt werden (§ 37 Abs. 4 und § 39 Abs. 2 Nr. 3). Dabei spielt es für die Rechtsnatur solcher Bescheide keine Rolle, ob sie aufgrund eines technischen Defekts unrichtig ausgedruckt sind. Ein Fehler im Ausfertigungsvorgang lässt den natürlichen Willen unberührt und wirkt sich lediglich auf die Rechtmäßigkeit der Maßnahme aus.

17 Um den Charakter einer Maßnahme aufzuweisen, muss die Handlung **zielgerichtet** sein, d.h. einen bestimmten rechtlichen Erfolg i. S. einer Regelung anstreben. Ob dann tatsächlich die beabsichtigte Regelung getroffen wird, ist für das Vorliegen einer Maßnahme unerheblich. Die Zielgerichtetheit fehlt, wenn der eingetretene Erfolg überhaupt nicht beabsichtigt war. So liegt keine Maßnahme vor, wenn eine Funkstreife einen Verkehrsunfall und damit einen Personen- oder Sachschaden verursacht. Dagegen liegt ein (wenn auch möglicherweise rechtswidriger) VA vor, wenn ein Beamter irrtümlich eine falsche Baugenehmigung erteilt.

3. Hoheitlicher Charakter einer Maßnahme

18 Hoheitlich ist eine Maßnahme, wenn eine natürliche Person als Amtsträger eines Hoheitsträgers handelt und sich dabei zumindest konkludent auf dessen öffentliche Gewalt beruft.

a) Amtsträger

19 Eine natürliche Person handelt als Amtsträger, wenn sie als solcher auftritt und dafür eine Legitimation besitzt. Diese Voraussetzungen erfüllen alle Personen, die
- dienstrechtlich in die Verwaltungsorganisation eines Hoheitsträgers eingegliedert sind (Rdn. 20),
- als natürliche Person mit öffentlicher Gewalt beliehen sind (Rdn. 21) oder
- kraft Gesetzes als Amtsträger gelten (Rdn. 22).

20 Dienstrechtlich in die Verwaltungsorganisation eines Hoheitsträgers eingegliedert sind die verfassungsrechtlich eingesetzten politischen Führungsorgane (Bundespräsident, Bundeskanzler, Ministerpräsidenten, Minister und Staatssekretäre) mit Verwaltungskompetenzen, die von einem Hoheitsträger in einem öffentlich-rechtlichen Dienstverhältnis angestellten (ernannten bzw. gewählten) Beamten, Richter und Soldaten, ferner die zu einem Hoheitsträger in einem privatrechtlichen Dienstverhältnis stehenden Angehörigen des öffentlichen Dienstes und die (privatrechtlichen) Arbeitnehmer eines Hoheitsträgers des Privatrechts (z.B. einer staatlich anerkannten Privatschule).

21 **Beliehene natürliche Personen** (vgl. dazu auch § 1 Rdn. 85) sind die außerhalb einer Verwaltungsorganisation stehenden Personen, denen zur Erfüllung von Staatsaufgaben

in eigenem Namen – wenn auch unter Aufsicht – Hoheitsbefugnisse von einem Hoheitsträger wirksam übertragen sind[24] (z.B. Jagdaufseher).

Eine Person gilt (ohne Rücksicht auf ihre dienstrechtliche Stellung) als Amtsträger 22 eines Hoheitsträgers, wenn eine Rechtsvorschrift dies anordnet (z.B. § 1310 Abs. 2 BGB, wonach als Standesbeamter auch gilt, wer – ohne Standesbeamter zu sein – das Amt eines Standesbeamten öffentlich ausgeübt und die Ehe in das Familienbuch eingetragen hat).

Keine Amtsträger sind die Inhaber von Ämtern, die nach privatem Recht die Interes- 23 sen Privater wahrzunehmen haben, mögen sie auch öffentlich bestellt sein. Dies gilt z.B. für den Insolvenzverwalter (nach §§ 56 ff. InsO), den Vormund (nach §§ 1773 ff. BGB) und den Pfleger (nach §§ 1909 ff. BGB).

b) Berufung auf die öffentliche Gewalt

Die handelnde Person muss sich auf die öffentliche Gewalt berufen. Das ist der Fall, 24 wenn sie für den von ihr repräsentierten Hoheitsträger eine Maßnahme »**einseitig verbindlich**« im Verhältnis öffentlich-rechtlicher Über- und Unterordnung erlässt, wobei eine Mitwirkung des Betroffenen durch Antragstellung oder Anhörung das Subordinationsverhältnis nicht infrage stellt.[25] Keine Rolle spielt es, ob dem handelnden Amtsträger (bzw. der Behörde und dem Hoheitsträger, für die er handelt) die in Anspruch genommene Kompetenz tatsächlich zusteht; denn die Einhaltung der Zuständigkeitsordnung ist nur Voraussetzung für die Rechtmäßigkeit eines Hoheitsaktes (und damit auch eines VA), nicht aber ein ihn konstituierendes Begriffsmerkmal. Die Berufung auf die öffentliche Gewalt wird nicht dadurch ausgeschlossen, dass eine Maßnahme (als privatrechtsgestaltender VA) auf Rechtsbeziehungen des Privatrechts einwirkt.

Für eine Berufung auf die öffentliche Gewalt sprechen 25

- die inhaltliche Ausformung einer Maßnahme als einseitig verbindliche Regelung (z.B. gebietender oder verbietender Art),
- die Androhung staatlicher Sanktionen (z.B. eine Geldbuße),
- die Beifügung einer Rechtsbehelfsbelehrung (vgl. § 37 Abs. 6) oder
- ein sonstiger Hinweis auf die Ausübung öffentlicher Gewalt (z.B. die Uniform eines den Verkehr regelnden Polizeibeamten).

---

24 OVG Nordrhein-Westfalen, Urt. v. 13./27.09.1979 – XVI A 2693/78, NJW 1980, 1406; Mann/Sennekamp/Uechtritz/*Windoffer*, § 35 Rn. 43. Auch juristische Personen können beliehen werden, vgl. z.B. § 8 Abs. 1 Satz 1 AkkStelleG und dazu OVG Berlin-Brandenburg, Urt. v. 14.12.2016 – 1 B 26.14, juris. Vgl. hingegen zu einem Fall unklarer Rechtsstellung mangels gesetzlicher Regelung: BVerfG, Beschl. v. 17.02.2016 – 1 BvL 8/10, DVBl 2016, 641 (»Agenturen« zur Akkreditierung von Studiengängen); dazu *Geis*, OdW 2016, 193 ff.; *Günther-Dieng*, HRZ 2016, 82; *Wilhelm*, NVwZ 2017, 35; *Müller-Terpitz*, RdJB 2017, 23.

25 Vgl. Knack/*Henneke* § 35 Rn. 17.

26 Ergeben sich Zweifel darüber, ob eine Maßnahme als hoheitlich oder nicht hoheitlich zu betrachten ist, so muss ihr Inhalt ausgelegt werden, und zwar nach ihrem objektiven Erklärungswert (vgl. oben Rdn. 9).[26] Sofern das öffentliche oder das private Recht eine Rechtsgrundlage zur Verfügung stellt, verlangt das Gebot einer gesetzeskonformen Interpretation eine Zuordnung zu dem entsprechenden Rechtsgebiet, es sei denn, dass der eindeutige, nach außen erkennbare Wille des handelnden Amtsträgers dagegen spricht. So ist etwa die Zuwendung eines bestimmten Geldbetrages seitens einer Stadt an einen Sportverein ein Hoheitsakt, wenn sie als Subvention im Vollzug des kommunalen Haushaltsplans erfolgt. Sie unterfällt jedoch dem Privatrecht, wenn sie sich als eine – freilich grundsätzlich unzulässige – Schenkung erweist.

27 Es kommt nicht auf den »inneren Willen« des handelnden Amtsträgers an, sondern allein darauf, wie der Empfänger die Erklärung der Behörde verstehen musste. Daher ist die Anforderung einer Abgabe in der Form einer Rechnung (ohne Rechtsmittelbelehrung), wenn sie sich bei objektiver Würdigung des Erklärungsinhalts als eine zivilrechtliche Zahlungsaufforderung darstellt, kein VA.[27] Dagegen ist eine behördliche Maßnahme, die für den Adressaten objektiv erkennbar als einseitig hoheitliche Regelung getroffen wird, auch dann ein (allerdings rechtswidriger und aufhebbarer VA), wenn sich die geltend gemachte Befugnis zur Regelung allein aus Privatrecht herleitet (wie etwa bei der Abberufung eines im Angestelltenverhältnis zu einer Gemeinde stehenden Rechnungsprüfers durch diese Gemeinde).[28]

c) **Hoheitliche Maßnahmen**

28 Beispiele hoheitlicher Maßnahmen sind
- die Zulassung zur Benutzung öffentlicher Einrichtungen[29] und anerkannter Privatschulen, sofern der Zulassungsanspruch auf öffentlichem Recht beruht;
- Hausverbote,[30] sofern sie nach ihrem objektiven Erklärungswert als Bescheid erlassen werden (indiziert z.B. bei einer Überschrift oder einer Rechtsbehelfsbelehrung, vgl. § 37 Abs. 6, wobei allerdings ggf. zum bloß formellen VA[31] abzugrenzen ist). Nur wenn dies nicht der Fall und die äußere Form »neutral« ist, kommt es für die Einordnung als zivilrechtlich oder als hoheitlich auf andere Umstände an. Eine hoheitliche Maßnahme ist dann gegeben, wenn das Hausverbot zur Wahrung der

---

26 Vgl. BVerwG, Urt. v. 17.08.1995 – 1 C 15.94, BVerwGE 99, 101; VGH Baden-Württemberg, Urt. v. 15.10.2009 – 2 S 1457/09, DVBl 2010, 196.

27 BVerwG, Urt. v. 06.03.1987 – 4 C 36.83, DVBl 1987, 906; vgl. auch VGH Baden-Württemberg, Urt. v. 15.10.2009 – 2 S 1457/09, DVBl 2010, 196.

28 BVerwG, Urt. v. 09.11.1984 – 7 C 5.84, NVwZ 1985, 264.

29 BVerwG, Urt. v. 18.07.1969 – VII C 56.68, BVerwGE 32, 334; BVerwG, Urt. v. 07.01.1972 – IV C 49.68, BVerwGE 39, 235; VGH Baden-Württemberg, Beschl. v. 11.05.1995 – 1 S 1283/95, DVBl 1995, 927.

30 Näher dazu *Günther*, DVBl 2015, 1147; *Kalscheuer/Jacobsen*, NVwZ 2020. 370; *Peters/Lux*, LKV 2018, 17.

31 BSG, Urt. v. 05.09.2006 – B 4 R 71/06 R, BSGE 97, 63; VGH Baden-Württemberg, Beschl. v. 20.10.2016 – 1 S 1662/16, juris; Stelkens/Bonk/Sachs/ *Stelkens* § 35 Rn. 105 und 16 f.; s.a. Rdn. 143.

Zweckbestimmung einer öffentlichen Einrichtung und insbesondere zur Abwehr von Störungen des Dienstbetriebes ausgesprochen wird (Sichtweise des Hausrechtsinhabers; dies gilt etwa nicht bei erwerbswirtschaftlichen Unternehmen der öffentlichen Hand wie z.B. staatlichen Brauereien oder gemeindlichen Ratskellern).[32] Daneben werden noch andere Abgrenzungskriterien vertreten. So wird insbesondere in der Rspr. teilweise danach unterschieden, ob der Betroffene in privatrechtlichen oder öffentlich-rechtlichen Rechtsbeziehungen zu der Behörde steht (Sichtweise des Adressaten).[33] Ob und ggf. welche Rechtsgrundlage ein hoheitliches Hausverbot deckt, ist eine andere Frage. Nach der Rspr. lässt sich seine Ausübung dem Grunde nach regelmäßig ohne besondere Gesetzesgrundlage unmittelbar auf die öffentlich-rechtliche Organisationsgewalt zurückführen; insbesondere beinhaltet die gesetzliche Zuweisung der Zuständigkeit für das Hausrecht zugleich eine entsprechende Befugnisnorm;[34]
- die sog. privatrechtsgestaltenden VA: hierzu gehören Zustimmungen zu Rechtsgeschäften des Privatrechts (z.B. zur Kündigung eines Schwerbehinderten), die Ausübung des Vorkaufsrechts (z.B. nach §§ 24 ff. BauGB[35] oder nach LWaldG[36]) die Genehmigung der Satzung einer Stiftung des Privatrechts.

Keine hoheitlichen Maßnahmen sind Handlungen von Privatpersonen, die keine Amtsträger eines Hoheitsträgers sind und auch nicht als solche gelten sowie Handlungen von Amtsträgern im Bereich des allgemeinen Privatrechts (z.B. bei Wahrnehmung der Aufgaben des Jugendamts als Amtsvormund nach §§ 55, 56 SGB VIII),[37] auch 29

32 VGH Hessen, Beschl. v. 29.11.1989 – 6 TH 2982/89, NJW 1990, 1250; OVG Nordrhein-Westfalen, Beschl. v. 04.01.1995 – 25 E 1298/94, NJW 1995, 1573; OVG Bremen, Beschl. v. 25.03.2013 – 1 B 33/13, NordÖR 2013, 264; OVG Sachsen-Anhalt, Beschl. v. 29.08.2017 – 3 O 161/17, WKRS 2017, 27208; Knack/*Henneke* § 35 Rn. 11; Mann/Sennekamp/Uechtritz/*Windoffer*, § 35 Rn. 57 f.

33 BVerwG, Urt. v. 13.03.1970 – VII C 80.67, BVerwGE 35, 103; BGH, Urt. v. 26.10.1960 – V ZR 122/59, BGHZ 33, 230; OVG Nordrhein-Westfalen, Beschl. v. 08.10.1997 – 25 B 2208/97, NJW 1998, 1425; zum Meinungsstand: Bader/Ronellenfitsch/*Wolff/Brink* § 35 Rn. 79 ff.; *Günther*, DVBl 2015, 1147.

34 Vgl. VGH Baden-Württemberg, Beschl. v. 15.02.2010 – 1 S 79/10; Beschl. v. 17.05.2017 – 1 S 893/17, NJW 2017, 3543; VGH Bayern, Urt. v. 23.02.1981 – 7 B 80 A.1522, 7 B 80 A.1948, BayVBl. 1981, 657; VGH Bayern, Beschl. v. 23.06.2003 – 7 CE 03.1294, NVwZ-RR 2004, 185; VG Saarland, Beschl. v. 26.07.2012 – 1 L 636/12, NJW 2012, 3803; LSG Niedersachsen-Bremen, Beschl. v. 16.07.2019 – L 11 AS 190/19 B ER, juris; zu dieser Problematik: Stelkens/Bonk/Sachs/*U.Stelkens* § 35 Rn. 134.

35 So noch zu § 24 BBauG: VGH Hessen, Urt. v. 11.02.1983 – IV OE 57/81, NVwZ 1983, 556.

36 So zu § 25 LWaldG BW: VGH Baden-Württemberg, Urt. v. 07.07.1982 – 5 S 2606/81, VBlBW 1983, 77; Urt. v. 12.09.1997 – 5 S 2498/95, NJW-RR 1998, 877; Urt. v. 12.02.2020 – 5 S 1070/19, WKRS 2020, 12363.

37 So noch zu den entspr. Regeln des JWG: OVG Nordrhein-Westfalen, Urt. v. 06.03.1978 – VIII A 1236/75, NJW 1979, 1220; **a.A.** OVG Hamburg, Urt. v. 10.03.1978 – Bf I 34/77, NJW 1979, 1219.

wenn dabei Vorschriften des öffentlichen Rechts zu beachten sind. Keine hoheitlichen Handlungen sind ferner Handlungen von Amtsträgern im Bereich des Fiskalrechts und des Verwaltungsprivatrechts.

d) Kirchliche Maßnahmen

30 Kirchliche Maßnahmen sind Hoheitsakte, sofern sie von den Kirchen als Beliehenen (z.B. im Bereich des Kirchensteuerrechts oder des kirchlichen Bestattungswesens; zur Beleihung vgl. auch Rdn. 21 sowie § 1 Rdn. 85) erlassen werden. Andere, nicht auf staatlicher Beleihung beruhende Anordnungen sind Maßnahmen rein kirchlichen Charakters, aber keine dem öffentlichen Recht des Staates zugehörigen Hoheitsakte.[38]

II. Erlass durch eine Behörde

31 Eine hoheitliche Maßnahme muss von einer **Behörde** getroffen sein. Eine Behörde ist nach § 1 Abs. 4 jede Stelle, die Aufgaben der öffentlichen Verwaltung wahrnimmt.[39] Insoweit kommen als Behörde in Betracht

- alle in die Verwaltungsorganisation eines Hoheitsträgers eingegliederten Verwaltungsstellen,
- die mit Aufgaben der öffentlichen Verwaltung betrauten Beliehenen (vgl. zu diesen Rdn. 21 sowie § 1 Rdn. 85),
- Gerichtsorgane bei der Wahrnehmung von Aufgaben der öffentlichen Verwaltung außerhalb des Verfahrens unabhängiger Gerichtsbarkeit,
- Verfassungsorgane im Rahmen ihrer verwaltungsrechtlichen Kompetenzen (z.B. der Bundespräsident bei der Verleihung von Auszeichnungen und Orden oder der Ernennung von Beamten, Richtern und Soldaten, ferner die Bundesregierung bei der Bewilligung der Auslieferung eines Ausländers[40] sowie etwa die Parlamentspräsidenten und die parlamentarischen Ausschüsse[41] bei der Verhängung ordnungsrechtlicher Maßnahmen).

32 Keine Behörden sind somit Verfassungsorgane, soweit sie eine rein verfassungsrechtliche Tätigkeit wahrnehmen (z.B. der Bundespräsident bei der Ernennung des Bundeskanzlers und die Parlamente bei der Verabschiedung von Gesetzen.) Keine Behörden sind ferner die Gerichte als unabhängige Spruchkörper im gerichtlichen Verfahren.

33 Nicht von Behörden erlassene Maßnahmen und damit keine VA sind folglich die rein **verfassungsrechtlichen Maßnahmen** (Wahl des Bundeskanzlers durch den Bundestag und seine Ernennung durch den Bundespräsidenten, die Ernennung der Bundesminister und Weisungen der Bundesregierung an die Länder nach Art. 84 Abs. 5 und Art. 85 Abs. 3 GG) und die im Verfahren unabhängiger Gerichtsbarkeit getroffenen Entscheidungen,

---

38 *Obermayer*, DVBl 1979, 446.

39 Vgl. zur Maßgeblichkeit dieses Behördenbegriffes Mann/Sennekamp/Uechtritz/*Windoffer*, § 35 Rn. 40; Bauer/Heckmann/Ruge/Schallbruch/*Ritgen* § 35 Rn. 60.

40 OVG Nordrhein-Westfalen, Entsch. v. 09.04.1963 – II A 833/62, DVBl 1963, 731.

41 OVG Nordrhein-Westfalen, Beschl. v. 23.09.1986 – 15 B 2039/86, DVBl 1987, 100.

auch wenn sie vom Einzelrichter erlassen werden oder – wie in den meisten Entscheidungen der freiwilligen Gerichtsbarkeit – rechtsgestaltenden und nicht streitentscheidenden oder strafenden Charakter haben. Keine VA sind weiterhin Maßnahmen juristischer Personen des Privatrechts im Zusammenhang mit der Erbringung von Leistungen der Daseinsvorsorge (z.B. Anschluss an das Stromnetz und Erteilung von »Gebühren«-Rechnungen) und kirchliche Maßnahmen außerhalb der Wahrnehmung von Staatsaufgaben. Keine Behörde ist auch die Schiedsperson nach § 132a Abs. 2 SGB V.[42]

III. Regelung

Eine Regelung ist eine Maßnahme, die nach ihrem objektiven Gehalt darauf gerichtet ist, eine verbindliche Rechtsfolge zu setzen. Dies ist der Fall, wenn Rechte des Betroffenen unmittelbar begründet, geändert, aufgehoben, mit bindender Wirkung festgestellt oder verneint werden.[43] Als VA kommen nur solche Regelungen in Betracht, die sich auf einen Einzelfall beziehen und eine unmittelbare Rechtswirkung nach außen haben. Zu den Regelungen, die keine VA sind, gehören Normen, Verwaltungsvorschriften, innerdienstliche Einzelweisungen sowie Eintragungen in öffentliche Register (z.B. Melderegister),[44] Listen und Bücher (vgl. auch Rdn. 57 und Rdn. 120). 34

Die als VA zu qualifizierenden Regelungen lassen sich danach unterscheiden, ob sie 35
- unmittelbar rechtsgestaltend das geltende Recht verändern,
- Tatbestandsvoraussetzungen für den Eintritt bestimmter Rechtsfolgen sind,
- als Bewertungen den Charakter von Qualifikationsnachweisen haben,
- als gesetzlich geregelte Beweismittel der Geltendmachung und Durchsetzung von Rechten dienen,
- einen Streit entscheiden,
- eine Verfahrensrelevanz aufweisen,
- den beantragten Erlass einer Regelung oder einer tatsächlichen Maßnahme versagen.

---

42 BSG, Urt. v. 25.11.2010 – B 3 KR 1/10 R, BSGE 107, 123; Urt. v. 25.03.2015 – B 6 KA 9/14 R, BSGE 118, 164.

43 Vgl. Bauer/Heckmann/Ruge/Schallbruch/*Ritgen* § 35 Rn. 63; die VA-Eigenschaft **verneinend**: BVerwG, Urt. v. 20.05.1987 – 7 C 83.84, BVerwGE 77, 268 (Eintragungen in das Verkehrszentralregister/jetzt Fahreignungsregister); Beschl. v. 19.06.2000 – 1 DB 13.00, BVerwGE 111, 246 (Aufforderung an einen Ruhestandsbeamten, sich zur Untersuchung der Dienstfähigkeit beim Gesundheitsamt einzufinden; Urt. v. 24.11.2011 – 7 C 12.10, BVerwGE 141, 196 = NJW 2012, 792 (Mitteilung über die Einleitung eines Eintragungsverfahrens nach dem KulturgutschutzG); Urt. v. 21.06.2017 – 6 C 3.16, BVerwGE 159, 148 (Mitteilung über Einstellung eines Verfahrens zur Entziehung des Doktorgrades); **streitig** bei der polizeilichen Gefährderansprache: VA-Eigenschaft **verneinend** OVG Niedersachsen, Urt. v. 22.09.2005 – 11 LC 51/04, NJW 2006, 391; VGH Baden-Württemberg, Urt. v. 07.12.2017 – 1 S 2526/16, VBlBW 2018, 316; *Hebeler*, NVwZ 2011, 1364 (1365); *Kreuter-Kirchhof*, AöR 139 (2014), 257 (277 f.); *Beaucamp*, JA 2017, 728; **bejahend hingegen** OVG Sachsen-Anhalt, Urt. v. 21.03.2012 – 3 L 341/11, NVwZ-RR 2012, 720; VGH Hessen, Beschl. v. 28.11.2011 – 8 A 199/11.Z, NVwZ-RR 2012, 344.

44 Vgl. OVG Niedersachsen, Beschl. v. 25.04.2014 – 11 ME 64/14, NdsVBl 2014, 321.

1. Unmittelbar rechtsgestaltende Regelungen

36 Unmittelbar rechtsgestaltende Regelungen sind Vergünstigungen, Belastungen und Statusakte sowie Einwirkungen auf Rechtsbeziehungen des Privatrechts.

a) Vergünstigungen

37 Eine Vergünstigung kann in der Verleihung einer Befugnis oder einer Auszeichnung, der Gewährung oder Festsetzung eines Anspruchs oder in der Beseitigung eines Eingriffs bestehen. Die Verleihung einer Befugnis erweitert die Handlungsfreiheit des Betroffenen. Wichtige Beispiele sind die auf Antrag zu gewährenden verwaltungsrechtlichen Erlaubnisse, Genehmigungen und Konzessionen, auch etwa die Bestellung zum Prüfer[45]. Die Gewährung bzw. Festsetzung eines Anspruchs berechtigt den Betroffenen, von der Behörde eine Leistung zu verlangen. Eine solche Regelung kann etwa zum Ausdruck kommen in einem Gehaltsbescheid, in der Zuerkennung oder Zahlung eines Subventionsbetrages oder in einer Zusicherung nach § 38.

38 Die **Verleihung eines Ordens** oder eines **Ehrenzeichens** durch ein Staatsorgan berechtigt den Ausgezeichneten zum Tragen der Auszeichnung und räumt ihm ggf. weitere Vergünstigungen ein.[46] Da im Rechtsstaat auch die Verleihung von Auszeichnungen dem Willkürverbot unterliegt, ist diese als »Regelung« und nicht als Gnadenakt oder als gerichtsfreier Hoheitsakt zu beurteilen. Wird der Entzug eines Ordens bzw. Ehrenzeichens als Eingriff in eine geschützte Rechtsposition und damit als VA gewertet, so muss konsequenterweise die Verleihung als Begründung dieser Rechtsposition und damit als VA betrachtet werden.[47]

39 Als Vergünstigung kommt ferner die Beseitigung oder Minderung einer Belastung in Betracht. Die Beseitigung des Eingriffs einer Behörde durch eine Behörde teilt (als »**actus contrarius**«) die Rechtsnatur des Eingriffs und ist somit eine Regelung wie dieser.

40 **Begnadigungen**, die aufgrund des dem Bundespräsidenten nach Art. 60 Abs. 2 GG und den Ministerpräsidenten nach den entsprechenden Bestimmungen des Landesverfassungsrechts zustehenden Begnadigungsrechts im Einzelfall eine Strafe erlassen, haben ebenso einen Regelungscharakter wie staatliche Ehrungen. Zwar wurde historisch betrachtet die Gnade nicht dem Bereich des Rechts zugeordnet.[48] Nach heutiger Meinung sind Begnadigungen im Regelfall dem Bereich der Verwaltung zuzuordnen. In einer rechtsstaatlich-demokratischen Verfassungsordnung ist das Begnadigungsrecht als eine insb. durch den Gleichheitssatz normativ gebundene Befugnis zu verstehen, die im Dienste der Einzelfallgerechtigkeit straf- und disziplinarrechtliche

---

45 VGH Baden-Württemberg, Urt. v. 08.02.2017 – 9 S 1128/16, VBlBW 2017, 380.

46 OVG Niedersachsen, Urt. v. 13.02.1962 – V A 140/60, OVGW 17, 485.

47 Vgl. Kopp/*Ramsauer* § 40 Rn. 46.

48 BVerfG, Beschl. v. 23.04.1969 – 2 BvR 552/63, BVerfGE 25, 352 (358 ff.) mit abweichender Meinung S. 363 ff.; BVerwG, Urt. v. 27.05.1982 – 2 C 50.80, NJW 1983, 187.

Entscheidungen zu annullieren vermag. Damit lässt es sich heute nicht mehr einem außerrechtlichen Gnadenwert zuordnen.[49]

Als Regelungen sind Gnadenakte dem Bereich des Verwaltungsrechts (und nicht des Verfassungsrechts) zuzurechnen, da sie von obersten Staatsorganen in deren Eigenschaft als Verwaltungsbehörden erlassen werden. Dies wird dadurch unterstrichen, dass der Bundespräsident und die Ministerpräsidenten als Träger des Gnadenrechts ihre Befugnisse weitgehend auf die zuständigen Minister übertragen haben. Gnadenentscheidungen, die sich auf den Erlass von Kriminalstrafen oder Geldbußen nach dem OWiG beziehen, sind aufgrund ihrer Sachbezogenheit Justiz-VA und damit nach § 2 Abs. 3 Nr. 1 vom Anwendungsbereich des VwVfG ausgenommen. Sie unterliegen nach § 23 EGGVG der Rechtskontrolle durch die Strafgerichte.[50] 41

b) **Belastungen**

Als Belastungen kommen Gebote, Rechtsbeeinträchtigungen, Verwaltungsstrafen, Ordnungsstrafen, Missbilligungen und Vollstreckungsmaßnahmen in Betracht. 42

Gebote verpflichten zu einem Tun, Dulden oder Unterlassen. Rechtsbeeinträchtigungen liegen vor, wenn durch Norm oder VA gewährte Befugnisse oder Ansprüche entzogen werden. Verwaltungsstrafen sind die von Verwaltungsbehörden im Interesse der Aufrechterhaltung der allgemeinen Sicherheit und Ordnung zur Ahndung von Verwaltungsunrecht (und nicht von Straftaten) verhängten Sanktionen wie Geldbußen wegen einer Ordnungswidrigkeit (mit Rechtsweg zu den ordentlichen Gerichten – §§ 68, 79 OWiG) oder bestimmte Rechtsnachteile mit Ordnungscharakter (z.B. eine Vorladung zum Verkehrsunterricht nach § 48 StVO). 43

Ordnungsstrafen werden von den Verwaltungsbehörden im Interesse der Ordnung öffentlich-rechtlicher Institutionen verhängt. Zu ihnen zählen Maßnahmen im schulischen Bereich (Ausschluss vom Unterricht, Überweisung in eine Parallelklasse, Ausschluss aus der Schule – z.B. § 90 SchulG BW) oder etwa Ordnungsgelder im Kommunalbereich, mit denen Pflichtwidrigkeiten von Gemeindebürgern geahndet werden (z.B. die unbegründete Ablehnung eines Ehrenamtes gem. § 16 Abs. 3 GemO BW). 44

Missbilligungen im Beamtenverhältnis verfolgen den gleichen Zweck wie Ordnungsstrafen. Sie sind VA[51] und unterliegen der Nachprüfung durch die Verwaltungsgerichte, sofern nicht nach einer Rechtsvorschrift ein anderer Rechtsweg eingeräumt ist. 45

Vollstreckungsmaßnahmen sind nur dann Regelungen (und damit VA), wenn sie eine eigene Rechtserheblichkeit besitzen. Dies ist der Fall, wenn sie selbstständig vollstreckungsrechtliche Pflichten festsetzen oder konkretisieren wie etwa bei der mit 46

49 Vgl. StGH Hessen, Urt. v. 28.11.1973 – P.St. 653, DVBl 1974, 940; Zusammenstellung der Meinungen bei *Weber*, JuS 1974, 455.

50 Vgl. dazu BVerfG, Beschl. v. 27.09.2012 – 2 BvR 1766/12, NJW 2013, 39, wonach aus der komplexen Rechtslage hinsichtlich der Justiziabilität von Gnadenentscheidungen folgt, dass eine Rechtsbehelfsbelehrung von Verfassungs wegen erforderlich ist.

51 BVerwG, Urt. v. 08.07.1970 – VI C 48.66, DVBl 1971, 577.

dem Erlass eines belastenden VA verbundenen oder ihm folgenden Androhung eines Zwangsmittels[52] oder bei der Festsetzung eines Zwangsmittels. Ein VA liegt auch vor, wenn bei einer Vollstreckung eine Sachpfändung vorgenommen wird.[53] Die eine Gemeinde treffende Ersatzvornahme durch eine staatliche Aufsichtsbehörde ist wegen ihres Eingriffs in das kommunale Selbstverwaltungsrecht stets ein VA gegenüber der Gemeinde.[54]

47 Keine Rechtserheblichkeit – also keine VA-Qualität – kommt der Vollstreckungsanordnung und dem Vollstreckungsauftrag i.S.d. § 3 VwVG zu,[55] ebenso bei der Mahnung.[56] Keine Rechtserheblichkeit haben ferner Bescheide über die »Festsetzung und Fälligkeit« eines Zwangsgeldes, wenn sich diese Konsequenzen als Rechtsfolgen kraft Gesetzes ergeben.

48 Umstritten ist, ob die **Anordnung der sofortigen Vollziehung** nach § 80 Abs. 2 Satz 1 Nr. 4 VwGO einen VA darstellt. Überwiegend wird dies zu Recht abgelehnt.[57] Es ist lediglich der Vollzug einer bereits gefassten Verfügung betroffen, ohne dass eine neue Rechtsfolge mit dem Ziel der Bestandskraft gesetzt wird.[58]

49 Auch in einer äußerlich als Realakt ausgestalteten Handlung – wie dem Ergreifen einer Kamera und der Herausnahme des Films durch Polizeibeamte – kann nach einer vor allem früher vertretenen Auffassung unausgesprochen zugleich ein VA (eine Polizeiverfügung mit einem Duldungsgebot) enthalten sein.[59] Dies bedarf allerdings einer kritischen Prüfung im Einzelfall, zumal es keiner »Hilfskonstruktion« bedarf, um den Rechtsweg zu eröffnen.[60] Kein VA ergeht bei der sog. **unmittelbaren Ausführung** (z.B. § 8 Abs. 1 Satz 1 PolG BW, § 16 Abs. 8 Satz 2 StrG BW, § 31 Abs. 2 Alt. 2 BestattG BW):[61] Diese hat gerade die Bedeutung, dass ein Grundverwaltungsakt, der im gestreckten Vollstreckungsverfahren erforderlich wäre, mangels einer Möglichkeit zur Bekanntgabe einer derartigen Verfügung entbehrlich ist.[62] Ein VA wird hier (wenn überhaupt) ausschließlich auf der Kostenebene erlassen (vgl. z.B. § 8 Abs. 2 PolG BW). Dies dürfte auch dann gelten, wenn der Betroffene zusätzlich im Nachhinein von der unmittelbaren

52 BVerwG, Urt. v. 02.12.1988 – 4 C 16.85, DVBl 1989, 362; VG Stuttgart, Urt. v. 18.11.2015 – 5 K 1265/14, WKRS 2015, 33430 (unter Abgrenzung zu dem nicht als VA anzusehenden unmittelbaren Zwang selbst, etwa in Gestalt eines Wasserwerfereinsatzes).
53 BVerwG, Urt. v. 16.09.1977 – VII C 13.76, BVerwGE 54, 314 = NJW 1978, 335.
54 Vgl. BVerwG, Beschl. v. 02.04.1993 – 7 B 38.93, DVBl 1993, 886.
55 BSG, Urt. v. 03.09.1986 – 9a RV 10/85, BSGE 60, 209 = NJW 1987, 1846.
56 OVG Rheinland-Pfalz, Beschl. v. 17.11.1981 – 1 B 60/81, NJW 1982, 2276.
57 Vgl. etwa Bader/*Funke-Kaiser*, VwGO, § 80 Rn. 46.
58 Offen BVerwG, Urt. v. 21.10.1968 – IV C 33.68, DVBl 1969, 269; VGH Baden-Württemberg, Urt. v. 27.06.1990 – 5 S 2180/89, NVwZ 1991, 686.
59 Vgl. VG Frankfurt, Urt. v. 12.02.1981 – IV/1 E 414/80, NJW 1981, 2372 m.w.N.
60 Vgl. VG Stuttgart, Urt. v. 18.11.2015 – 5 K 1265/14, WKRS 2015, 33430 m.w.N.
61 Vgl. zu letzterer Bestimmung VGH Baden-Württemberg, Urt. v. 15.11.2007 – 1 S 1471/07, ESVGH 58, 114.
62 Vgl. *Robbers*, DÖV 1987, 272 (275 f.): »regelungsersetzendes Verwaltungshandeln«.

Ausführung der Maßnahme »unterrichtet« wurde (vgl. § 8 Abs. 1 Satz 2 PolG BW), weil in der Unterrichtung kaum ein VA gesehen werden kann.[63]

c) Statusakte

Statusakte regeln den Rechtsstatus einer Person in einem öffentlich-rechtlichen Verband, indem sie Rechte bzw. Pflichten begründen (wie die Einbürgerung oder die Berufung in das Beamtenverhältnis), ändern (wie die Beförderung oder Versetzung eines Beamten oder die Änderung eines Familiennamens) oder aufheben (wie die Entlassung aus der deutschen Staatsangehörigkeit oder aus dem Beamtenverhältnis). 50

d) Privatrechtsgestaltende Verwaltungsakte

Schließlich sind auch privatrechtsgestaltende VA (hoheitliche) Regelungen, weil sie unter Berufung auf die öffentliche Gewalt auf privatrechtliche Rechtsbeziehungen einwirken (s.o. Rdn. 28). 51

2. Tatbestandsvoraussetzungen für den Eintritt bestimmter Rechtsfolgen

Hoheitliche Maßnahmen sind auch dann rechtserhebliche Regelungen, wenn sie – ohne unmittelbar rechtsgestaltend zu wirken – als Tatbestandsvoraussetzungen von Rechtsvorschriften bestimmte Rechtsfolgen auslösen. Dies ist z.B. der Fall bei der Bewertung kultureller Programme etwa als Voraussetzung von Steuererleichterungen,[64] bei der Festsetzung des Besoldungsdienstalters eines Beamten (aus der sich die Höhe der Bezüge ergibt),[65] bei Lebens- oder Wohnsitzbescheinigungen, an die ein Gesetz die einen Rechtsanspruch erfüllende Auszahlung eines Geldbetrages knüpft. 52

3. Bewertungen

Als Regelungen sind ferner Bewertungen anzusehen, die als im allgemeinen Rechtsverkehr anerkannte **Qualifikationsnachweise** die Chancen des beruflichen Fortkommens bestimmen. Soweit von ihnen der Erlass anderer hoheitlicher Maßnahmen (z.B. die Zulassung zur Hochschule) abhängt, sind sie zugleich Tatbestandsvoraussetzungen für den Eintritt bestimmter Rechtsfolgen (s.o. Rdn. 52). 53

a) Schulische und andere bildungsbezogene Leistungsnachweise

VA sind demnach die von öffentlich-rechtlichen Dienststellen (unter Einschluss staatlich anerkannter Ersatzschulen[66]) erteilten **abschließenden** Leistungsnachweise (vgl. zum 54

---

63 Vgl. allerdings zur Auslegung einer nachträglichen Rechtfertigung einer Maßnahme als feststellender VA VGH Baden-Württemberg, Urt. v. 01.04.1992 – 6 S 2203/90, VBlBW 1992, 337 (jedenfalls auf die hiesige Konstellation nicht übertragbar).

64 VGH Hessen, Entsch. v. 28.02.1962 – OS II 159/61, DVBl 1962, 605 (zur Bewertung eines Films durch die Filmbewertungsstelle Wiesbaden).

65 BVerwG, Urt. v. 18.06.1964 – VI C 30.62, BVerwGE 19, 19.

66 Vgl. dazu etwa § 10 Abs. 2 PSchG BW sowie VGH Baden-Württemberg, Urt. v. 26.03.2015 – 9 S 516/14, VBlBW 2015, 479.

Schul- und Hochschulrecht auch Rdn. 110). Dazu gehört die in einem (Schul- oder anderem) **Zeugnis** enthaltene Entscheidung über die Versetzung in die nächste Klasse oder die Verleihung einer Abschlussqualifikation (Abitur, Realschulabschluss, ebenso: Zeugnis über die Gesellen- oder Meisterprüfung, Diplom; Bestehens- oder Nichtbestehensbescheid).[67] Gleiches ist grundsätzlich anzunehmen für die Gesamtbewertung eines entsprechenden Zeugnisses, z.B. bei einer Staats- oder Hochschulprüfung.[68] Als VA angesehen werden können aber je nach den Umständen auch **Abschnitts-, Stations- und Zwischenzeugnisse.**[69] Vorab außerhalb eines Zeugnisses erteilte **Einzelbenotungen** (Vornoten, Vorzensuren) etwa aus Klassenarbeiten haben grundsätzlich keine VA-Qualität, denn sie bereiten die eigentliche Entscheidung lediglich vor und sind somit unselbstständige Verfahrenshandlungen.[70] Differenzierend zu betrachten sind insbesondere **einzelne Zeugnisnoten** in bestimmten Fächern in Abschluss- oder auch sonstigen Zeugnissen (auch etwa Klausurbewertungen im Rahmen einer Hochschulprüfung). Sie können bloße unselbstständige Bestandteile der Begründung für eine Regelung sein (dann kein VA), aber auch schon für sich genommen konkrete rechtliche Wirkungen entfalten (dann VA).[71] Ob eine Einzelnote in einem bestimmten Fach oder für einen bestimmten Ausbildungsabschnitt eine selbstständige Sachentscheidung darstellt, hängt vor allem von der Ausgestaltung des Prüfungsverfahrens durch die **Prüfungsordnung** ab, insb. davon, ob die Prüfung in einzelne Abschnitte gegliedert ist und ob der jeweiligen Einzelnote unmittelbar eine rechtliche Wirkung zukommt.[72] Einzelnoten eines schulischen Abschlusszeugnisses können etwa dann eine selbstständige Sachentscheidung darstellen, wenn gerade diese Noten Rechte des Betroffenen begründen, z.B. bei der Vergabe von Studienplätzen oder beim Zugang zum Beruf. Auch eine Note, die für das Bestehen oder Nichtbestehen einer Ausbildung oder Prüfung bzw. eine Versetzung

67 Vgl. BVerwG, Urt. v. 12.04.1991 – 7 C 36.90, BVerwGE 88, 111 zum negativen Prüfungsbescheid beim Abitur; Kopp/*Ramsauer* § 35 Rn. 100; Stelkens/Bonk/Sachs/*U.Stelkens* § 35 Rn. 204; jeweils m.w.N.

68 Vgl. OVG Nordrhein-Westfalen, Urt. v. 09.08.1974 – XV A 543/73, OVGE 30, 21 (23) für das Gesamtergebnis der ersten juristischen Staatsprüfung; Urt. v. 25.01.1985 – 15 A 2461/82, NVwZ 1985, 595 für eine berufsqualifizierende Prüfung.

69 Zu dem Stationszeugnis eines Rechtsreferendars vgl. VGH Bayern, Urt. v. 27.09.1995 – 3 B 95.491, BayVBl. 1996, 27 f.: nach Bestehen des Examens grds. keine Rechtswirkungen mehr, somit kein Rechtsschutzbedürfnis für eine Klage (zweifelhaft).

70 OVG Nordrhein-Westfalen, Urt. v. 17.04.1967 – V A 976/65, NJW 1967, 1772; Stelkens/Bonk/Sachs/*U.Stelkens* § 35 Rn. 204.

71 Vgl. BVerwG, Urt. v. 01.12.1978 – VII C 68.77, BVerwGE 57, 130 = DVBl 1979, 424; Beschl. v. 18.05.1982 – 1 WB 148.78, BVerwGE 73, 376; Beschl. v. 25.03.2003 – 6 B 8.03, DVBl 2003, 871; Urt. v. 23.05.2012 – 6 C 8.11, NJW 2012, 2901; Beschl. v. 21.12.2017 – 6 B 43.17, NVwZ 2018, 496; VGH Baden-Württemberg, Beschl. v. 14.12.1981 – 9 S 1092/80, DVBl 1982, 449; Urt. v. 11.04.1989 – 9 S 2047/88, ESVGH 39, 207 = DVBl 1989, 1262; Urt. v. 08.06.2015 – 9 S 2297/14, WKRS 2015, 18677; VGH Hessen, Urt. v. 31.08.1989 – 6 UE 2262/87, DVBl 1990, 546; Beschl. v. 08.12.2011 – 7 A 2621/10.Z, juris; Knack/*Henneke* § 35 Rn. 47; *Niehues/Fischer/Jeremias*, Prüfungsrecht, 6. Aufl. 2014, Rn. 818.

72 Vgl. BVerwG, Urt. v. 23.05.2012 – 6 C 8.11, NJW 2012, 2901.

nicht maßgeblich ist, kann im Einzelfall ein Verwaltungsakt sein.[73] Soweit Benotungen im Prüfungsbereich eine verbindliche Regelungswirkung zuzusprechen ist, geht diese jedoch regelmäßig mit einem gerichtlich nur beschränkt nachprüfbaren Bewertungsspielraum der Prüfer einher.[74]

b) Dienstliche Beurteilungen von Beamten

Ob die dienstliche Beurteilung von Beamten einen VA darstellt, war früher umstritten. Das BVerwG geht davon aus, dass eine dienstliche Beurteilung keine auf Rechtsverbindlichkeit angelegte Regelung enthält und deshalb kein VA ist (vgl. auch Rdn. 109).[75] Dies schließt jedoch die Zulässigkeit eines Antrags des Beamten auf Abänderung der Beurteilung nicht aus, wobei dann die Entscheidung der Behörde über diesen Antrag als VA anzusehen sein kann.[76] 55

Nach anderer Auffassung beinhaltet eine dienstliche Beurteilung jedenfalls dann eine Regelung, wenn sie nicht nur intern zu den Akten genommen wird, sondern dem Beamten eröffnet wird und für dessen Beförderung oder weitere Verwendung entscheidend ist[77] (s.a. Rdn. 109). 56

4. Bescheinigungen über öffentliche Eintragungen

Regelungscharakter kann weiter Bescheinigungen zuzuerkennen sein, die als gesetzlich geregelte Beweismittel der Geltendmachung und Durchsetzung von Rechten dienen. Demnach können etwa Bescheinigungen über eine bereits vorgenommene oder erst beabsichtigte Eintragung in **öffentliche Register**, Listen und Bücher VA sein, wenngleich eine solche Eintragung selbst meist nicht als VA beurteilt werden kann (z.B. die Eintragung im Fahreignungsregister nach § 28 StVG i.V.m. § 59 FeV[78]; § 10 HandwO; vgl. Rdn. 34 und 120). Die Eintragung einer Baulasterklärung in das Baulastenverzeichnis und die Löschung der Eintragung stellen keine VA dar.[79] Die Aufnahme 57

---

73 Vgl. ausführlich OVG Nordrhein-Westfalen, Beschl. v. 22.01.2001 – 19 A 1901/00, DVBl 2001, 823 m.w.N.; dort bejaht für eine Note, die nicht Grundlage der Entscheidung über die Zuerkennung des Berufsschulabschlusses, aber »gesondert« im Abschlusszeugnis aufzuführen war. Die Note treffe eine verbindliche Aussage über die fremdsprachliche Qualifikation, die für den Zugang zu einem Beruf und das weitere berufliche Fortkommen möglicherweise erheblich sei.

74 Zur Eingrenzung des Bewertungsspielraums BVerfG, Beschl. v. 17.04.1991 – 1 BvR 419/81, 1 BvR 213/83, BVerfGE 84, 34, und Beschl. v. 17.04.1991 – 1 BvR 1529/84, 1 BvR 138/87, BVerfGE 84, 59.

75 BVerwG, Urt. v. 28.01.2016 – 2 A 1.14, NVwZ 2016, 1654; Urt. v. 28.04.2009 – 2 A 8.08, NJW 2009, 2968 = DVBl 2009, 1249; ebenso: Kopp/*Ramsauer* § 35 Rn. 138; VGH Baden-Württemberg, Urt. v. 21.01.2016 – 4 S 1082/14, VBlBW 2016, 292; vgl. auch *Hug*, VBlBW 2017, 397.

76 Vgl. Kopp/*Ramsauer* § 35 Rn. 138 m.w.N.

77 Etwa *Obermayer*, RiA 1980, 121; *Schütz*, DÖD 1971, 121.

78 Vgl. BVerwG, Beschl. v. 15.12.2006 – 3 B 49.06, NJW 2007, 1299; Mann/Sennekamp/Uechtritz/*Windoffer*, § 35 Rn. 82.

79 VGH Baden-Württemberg, Urt. v. 04.02.2016 – 5 S 1140/14, BauR 2016, 1141; VGH Baden-Württemberg, Urt. v. 01.06.1990 – 8 S 637/90, NJW 1991, 2786; Mann/Sennekamp/Uechtritz/*Windoffer*, § 35 Rn. 83.

in die Warteliste für Organtransplantationen (§ 10 Abs. 2 Satz 1 Nr. 1 und 2 TPG) ist VA, ebenso die Streichung von der Liste.[80]

58 Ein im genannten Sinne rechtserhebliches Beweismittel können auch sog. **Negativatteste** sein;[81] unter Umständen kann eine Erklärung, ein Rechtsgeschäft bedürfe keiner Genehmigung, auch einer Genehmigung gleichgestellt werden.[82]

5. Verwaltungsrechtliche Streitentscheidungen

59 Verwaltungsrechtliche Streitentscheidungen sind Regelungen, die im Verhältnis zwischen der Behörde und einem Beteiligten oder zwischen mehreren Beteiligten untereinander ergehen können. Hier wird von einer Verwaltungsbehörde in einem prozessähnlichen Verfahren über eine streitige Rechtsfrage entschieden, insb. ein Anspruch zuerkannt oder aberkannt (z.B. Entscheidung der Enteignungsbehörde nach § 112 BauGB).

6. Verfahrenshandlungen

60 Verfahrenshandlungen mit bestimmter verfahrensrechtlicher Relevanz haben ebenfalls Regelungscharakter und können einen eigenständigen VA darstellen. Dazu gehören manche Verfahrenshandlungen, die nach § 44a Satz 2 VwGO der unmittelbaren Anfechtung unterliegen (z.B. das Verlangen nach Bestellung eines Empfangsbevollmächtigten nach § 15), oder die Doppelwirkung gegenüber Beteiligten und Dritten entfalten und für den Beteiligten nur gleichzeitig mit der Sachentscheidung, für den Dritten aber unmittelbar anfechtbar sind (§ 44a Satz 1 und 2 VwGO).

7. Versagungen

61 Regelungen sind schließlich solche Maßnahmen, die eine beantragte Regelung versagen. Die erstmalige Versagung eines VA hat selbst Regelungscharakter und ist als VA zu beurteilen. So ist die Versagung einer Konzession ebenso ein VA wie deren Erteilung. Weitere Versagungen eines VA treffen nur insoweit Regelungen, als die Behörde in eine erneute Sach- oder Rechtsprüfung eintritt, etwa auch indem sie über den Widerruf des VA bzw. das Wiederaufgreifen des Verfahrens (§ 49 Abs. 1 bzw.

---

80 Vgl. *Höfling/Lang*, NJW 2014, 3398; *Hufen*, JuS 2015, 574; unklar dagegen VG München, Urt. v. 26.06.2014 – M 17 K 13.808, NJW 2014, 3467 (mit dem Schwerpunkt auf der Meldung an Eurotransplant als angeblicher VA; siehe dazu § 13 Abs. 3 Satz 2 TPG sowie BVerfG, Nichtannahmebeschl. v. 06.07.2016 – 1 BvR 1705/15, GesR 2016, 580). Siehe auch *Kreße*, MedR 2016, 491 ff.

81 Vgl. etwa § 1 Abs. 2 Nr. 2 ZwVbG und § 5 ZwVbVO Berlin zum Zweckentfremdungsverbot.

82 BGH, Urt. v. 22.09.2009 – XI ZR 286/08, NJW 2010, 144. Vgl. aber auch § 58a SGB VIII: Anspruch auf »schriftliche Auskunft« zu Nachweiszwecken; § 32c GWB: Entscheidung der Kartellbehörde über fehlenden Anlass zum Tätigwerden; zum Negativattest nach § 3 Abs. 5 VermG: BGH, Urt. v. 11.10.2007 – III ZR 301/06, MDR 2008, 22; OLG Brandenburg, Urt. v. 14.12.2010 – 2 U 46/08, WKRS 2010, 29718 (Auskunft).

§ 51) entscheidet. Fehlt jegliche neue Sachbefassung (keine weitere Sachaufklärung, keine neue Begründung usw.) und damit das Merkmal der Regelung, wird teilweise von einer **wiederholenden Verfügung** gesprochen; in Abgrenzung von einem sonst anzunehmenden **Zweitbescheid.**[83] Das BVerwG fasst unter den Begriff der wiederholenden Verfügung allerdings auch VA, soweit sie sich auf die Ablehnung des Wiederaufgreifens des Verfahrens beschränken und damit eine Regelung rein verfahrensrechtlicher Natur beinhalten.[84] Die Versagung einer bloß tatsächlichen Maßnahme ist ebenso wenig ein VA wie deren Vornahme.

8. Keine Regelungen

Keine Regelungen sind 62
- Maßnahmen, die nur Regelungen vorbereiten (Rdn. 63),
- Feststellungen ohne Regelungscharakter (Rdn. 67),
- Vollstreckungsmaßnahmen ohne eigene Rechtserheblichkeit (Rdn. 68),
- Petitionsbescheide (Rdn. 69),
- Entscheidungen über Aufsichtsbeschwerden (Rdn. 70),
- schlicht-hoheitliche Maßnahmen (Rdn. 71),
- tatsächliche Handlungen, soweit sie nicht eine konkludente Regelung enthalten (Rdn. 74).

Zu den Maßnahmen, die nur Regelungen vorbereiten, aber selbst im Verhältnis der Behörde zum Betroffenen keine Regelungen darstellen, gehören im Beamtenrecht die der Ernennung vorgelagerte Auswahlentscheidung bzw. auch die sog. **Positiv-Mitteilung** an ausgewählte und die sog. **Negativ-Mitteilung** an nicht ausgewählte Bewerber.[85] Daneben zählen hierzu vor allem **gutachterliche Äußerungen** (Rdn. 64) und unselbstständige Verfahrenshandlungen (Rdn. 65). 63

Als gutachterliche Äußerung kommt in Betracht die Ermittlung des Verkehrswertes eines Grundstückes oder eines Rechtes an einem Grundstück durch Gutachterausschüsse nach § 194i.V.m. § 192 BauGB, soweit die Gutachten nach § 193 BauGB keine bindende Wirkung haben.[86] Gleiches gilt für Behördenberichte (z.B. Sprüche des Bundesoberseeamtes[87] und des Luftfahrt-Bundesamtes)[88] über Unfallursachen ohne Bindungswirkung und für Entscheidungen der amtlich anerkannten Sachverständigen 64

83 So etwa Mann/Sennekamp/Uechtritz/*Windoffer*, § 35 Rn. 89 f.; Bauer/Heckmann/Ruge/Schallbruch/*Ritgen*, § 35 Rn. 78.

84 Vgl. BVerwG, Beschl. v. 10.08.1995 – 7 B 296.95, ZOV 1995, 384.

85 VGH Baden-Württemberg, Beschl. v. 26.03.2019 – 4 S 177/19, juris; Beschl. v. 06.03.2018 – 4 S 189/18, NVwZ-RR 2018, 667; **a.A.** OVG Berlin-Brandenburg, Beschl. v. 10.01.2018 – 4 S 33.17, NVwZ-RR 2018, 578; OVG Nordrhein-Westfalen, Beschl. v. 26.11.2014 – 6 A 1784/12, WKRS 2014, 28263; Beschl. v. 09.05.2007 – 6 B 218/07, WKRS 2007, 52754: Konkurrentenmitteilung als VA.

86 BVerwG, Beschl. v. 29.11.1972 – IV B 102.72, DVBl 1973, 371.

87 BVerwG, Urt. v. 18.04.1969 – VII C 58.67, BVerwGE 32, 21.

88 BVerwG, Urt. v. 20.07.1962 – VII C 57.61, BVerwGE 14, 323.

oder Prüfer für den Kfz-Verkehr über die Befähigung eines Antragstellers zum Führen von Kfz nach § 15 FeV (die Erteilung bzw. Versagung des Führerscheins obliegt schließlich allein der zuständigen Verwaltungsbehörde).[89] Auch amtsärztliche Gutachten, sofern sie nur Beurteilungsgrundlage für die Entscheidung einer Behörde sind und keine bindende Wirkung haben und kommunale Mietspiegel[90] sind gutachterliche Äußerungen ohne Regelungscharakter.

65 **Unselbstständige Verfahrenshandlungen**, die von den einen VA darstellenden Verfahrenshandlungen unterschieden werden müssen, sind z.B. Entwürfe oder vorläufige Bescheide rein informatorischer Art[91] wie Besoldungsmitteilungen, die unter dem Vorbehalt der endgültigen Besoldungsfestsetzung ergehen.[92] Hiervon zu unterscheiden ist aber die als VA zu qualifizierende Zusicherung (§ 38). Um eine unselbstständige Verfahrenshandlung handelt es sich auch bei der Anordnung der Verwaltungsbehörde, nach der Fahrerlaubnis-Verordnung (z.B. § 11 Abs. 2, 3, §§ 13, 14, ggf. i.V.m. § 46 Abs. 3 FeV) zur Vorbereitung einer Entscheidung über die Entziehung der Fahrerlaubnis ein Gutachten beizubringen.[93] Fehlende Rechtswirkung nach außen wird auch angenommen bei der an einen Beamten gerichteten Anordnung (z.B. nach § 44 Abs. 6 BBG), sich zur Nachprüfung seiner Dienstfähigkeit und damit zur Vorbereitung einer abschließenden Sachentscheidung ärztlich untersuchen zu lassen.[94] Für die mit der Untersuchungsanordnung in Zusammenhang stehende Aufforderung, die Ärzte von der Schweigepflicht zu entbinden, gilt Entsprechendes.[95] Auch die berufsrechtliche Anordnung gegenüber einem Arzt, sich zur Klärung der gesundheitlichen Eignung untersuchen zu lassen, ist kein VA.[96]

---

89 OVG Niedersachsen, Entsch. v. 16.02.1967 – VI A 27/67, DÖV 1968, 135.

90 BVerwG, Urt. v. 26.01.1996 – 8 C 19.94, NJW 1996, 2046.

91 BVerwG, Urt. v. 25.10.1978 – VIII C 55.75, BVerwGE 56, 354 (357).

92 BVerwG, Urt. v. 19.12.1961 – II C 9.61, BVerwGE 13, 248 (249).

93 OVG Nordrhein-Westfalen, Beschl. v. 22.01.2001 – 19 B 1757/00 u. 19 E 886/00, NJW 2001, 3427; OVG Sachsen-Anhalt, Beschl. v. 14.09.2007 – 1 O 190/07, WKRS 2007, 49408; stRspr des BVerwG bereits zu § 15b StVZO a.F., z.B. Urt. v. 27.09.1995 – 11 C 34.94, BVerwGE 99, 249 = DVBl 1996, 165.

94 BVerwG, Urt. v. 26.04.2012 – 2 C 17.10, NVwZ 2012, 1483 (unmittelbare Außenwirkung verneinend); Beschl. v. 07.05.2013 – 2 B 147.11, WKRS 2013, 37894; Beschl. v. 10.04.2014 – 2 B 80.13, NVwZ 2014, 892 (»gemischte dienstlich-persönliche Weisung«); OVG Sachsen, Beschl. v. 22.06.2010 – 2 B 182/10, SächsVBl. 2010, 171 m.w.N.; OVG Bremen, Beschl. v. 03.12.2012 – 2 B 265/11, NordÖR 2013, 75; OVG Rheinland-Pfalz, Urt. v. 22.05.2013 – 2 A 11083/12, WKRS 2013, 37836; VGH Baden-Württemberg, Urt. v. 22.07.2014 – 4 S 1209/13, WKRS 2014, 19925; Beschl. v. 13.01.2020 – 4 S 2269/19, juris; OVG Nordrhein-Westfalen, Beschl. v. 01.10.2012 – 1 B 550/12, NVwZ-RR 2013, 198; OVG Saarland, Beschl. v. 18.09.2012 – 1 B 225/12, NVwZ-RR 2013, 477; **a.A.** etwa noch VGH Baden-Württemberg, Beschl. v. 07.08.2008 – 4 S 1068/08, DÖV 2008, 1058; VG Freiburg, Beschl. v. 14.11.2011 – 5 K 2009/11, IÖD 2012, 8.

95 BVerwG, Urt. v. 26.04.2012 – 2 C 17.10, NVwZ 2012, 1483; Beschl. v. 07.05.2013 – 2 B 147.11, WKRS 2013, 37894; VGH Baden-Württemberg, Urt. v. 22.07.2014 – 4 S 1209/13, WKRS 2014, 19925.

96 VGH Baden-Württemberg, Beschl. v. 15.12.2014 – 9 S 2073/14, WKRS 2014, 30014.

Keine unselbstständige Verfahrenshandlung stellt aber der **vorläufige VA** dar, der dem Zweck dient, bei begründeter Dringlichkeit bereits eine verbindliche Regelung unter dem Vorbehalt späterer endgültiger Entscheidung zu treffen. Bei einem vorläufigen VA erfolgt eine Regelung nur aufgrund einer summarischen Prüfung und steht unter dem Vorbehalt einer späteren genaueren Prüfung.[97] 66

Feststellungen ohne Regelungscharakter erschöpfen sich in der Verweisung auf eine bestehende Rechtslage, ohne als Gebote, Tatbestandsvoraussetzungen, Bewertungen oder Beweismittel im Rechtsverkehr erheblich zu sein. Dies gilt etwa für die Feststellung der Tatsache, dass aus einem anderen EU-Mitgliedsland eingeführtes Obst nicht den hierfür festgelegten Qualitätsnormen entspricht.[98] Abzugrenzen hiervon sind **feststellende VA**, deren Regelungsgehalt in einer verbindlichen Feststellung einer gesetzlich schon vorgesehenen Rechtsfolge besteht.[99] Ob ein feststellender VA vorliegt, ist mit Hilfe der allgemeinen Auslegungskriterien festzustellen (vgl. Rdn. 9), wobei auch das Klarstellungs- und Regelungsinteresse der Behörde von Bedeutung sein kann. Nicht entscheidend bei der Abgrenzung zur reinen Mitteilung ist, dass im Tenor der Begriff »Feststellung« nicht enthalten ist.[100] 67

Vollstreckungsmaßnahmen haben keine eigene Rechtserheblichkeit, wenn ihr Rechtsgehalt durch eine Rechtsfolge kraft Gesetzes oder durch einen vorausgegangenen VA vorweggenommen ist. 68

Petitionsbescheide treffen keine Regelungen, da der Petent nur ein mit der verwaltungsgerichtlichen Leistungsklage zu verfolgendes Recht darauf hat, dass seine Petition entgegengenommen, sachlich geprüft und in einer Weise beantwortet wird, die ihre Kenntnisnahme bestätigt und die Art ihrer Erledigung mitteilt.[101] 69

Die Entscheidung über eine **Aufsichtsbeschwerde**, mit der ein aufsichtliches Eingreifen gegenüber einer nachgeordneten Behörde begehrt wird, vollzieht keine Normen, die die Rechtsbeziehungen zwischen der Aufsichtsbehörde und dem Beschwerdeführer ordnen. 70

---

97 BVerwG, Urt. v. 19.11.2009 – 3 C 7.09, BVerwGE 135, 238 = NVwZ 2010, 643; Urt. v. 20.06.1991 – 3 C 58.89, NJW 1992, 328; OVG Nordrhein-Westfalen, Urt. v. 28.09.1990 – 15 A 708/88, DVBl 1991, 1365; Kopp/Ramsauer § 35 Rn. 178 ff.; Bauer/Heckmann/Ruge/Schallbruch/*Ritgen* § 35 Rn. 70; *Tiedemann*, DÖV 1981, 786; *Peine*, DÖV 1986, 849; Martens, DÖV 1987, 992; *Kemper*, Der vorläufige VA, 1990; *Bockey*, JA 1992, 161.

98 BVerwG, Urt. v. 10.05.1984 – 3 C 68.82, NJW 1985, 1302.

99 Vgl. BVerwG, Urt. v. 21.06.2017 – 6 C 3.16, BVerwGE 159, 148; Bauer/Heckmann/Ruge/Schallbruch/*Ritgen* § 35 Rn. 74 ff.; BVerwG, Urt. v. 20.08.2014 – 6 C 15.13, Buchholz 451.551 FilmförderungsG Nr. 12; VGH Baden-Württemberg, Beschl. v. 26.02.2016 – 9 S 2445/15, VBlBW 2016, 386 sowie hierzu *Würtenberger/Krohn*, OdW 2016, 203 ff.

100 VGH Baden-Württemberg, Beschl. v. 22.01.1997 – 11 S 2934/96, VBlBW 1997, 230; Beschl. v. 26.02.2016 – 9 S 2445/15, VBlBW 2016, 386.

101 BVerfG, Beschl. v. 22.04.1953 – 1 BvR 162/51, BVerfGE 2, 230; BVerwG, Urt. v. 28.11.1975 – VII C 53.73, DÖV 1976, 315. Zuletzt zum Rechtsweg zu den Verwaltungsgerichten gegen die rechtswidrige Behandlung einer Petition BVerfG, Beschl. v. 27.09.2011 – 2 BvR 1558/11, NVwZ-RR 2012, 1 m.w.N.

Sofern die angegangene Behörde der Beschwerde stattgibt oder diese abweist, reagiert sie auf eine bloße Anregung, ohne dem Beschwerdeführer eine Regelung vorzunehmen. Für die verwaltungsgerichtliche Durchsetzung eines informativen Bescheides nach den für den Rechtsschutz im Petitionswesen geltenden Regeln fehlt regelmäßig das Rechtsschutzbedürfnis, da für die Erzwingung einer Entscheidung in der Sache der Verwaltungsrechtsweg offenstand.

71 **Schlicht-hoheitlichen Maßnahmen** fehlt der Regelungscharakter, weil sie nicht auf den Eintritt einer Rechtsfolge, sondern auf einen lediglich tatsächlichen Erfolg abzielen. So machen öffentlich-rechtliche Hinweise (z.B. Ermahnungen oder nicht mit dem Erlass eines Hoheitsaktes verbundene Bekanntmachungen) und Berichtigungen auf eine bestehende Rechts- oder Sachlage oder auf den möglichen Eintritt bestimmter Rechtsfolgen aufmerksam, ohne Regelungscharakter zu besitzen. Auch die Verlängerung der Überstellungsfrist nach Art. 29 Abs. 2 Satz 2 Dublin-III-VO ist kein VA.[102]

72 Der Regelungscharakter fehlt auch bei öffentlich-rechtlichen Wissenserklärungen wie **Beglaubigungen** von Abschriften und Unterschriften, bei schriftlichen Bestätigungen eines VA nach § 37 Abs. 2 Satz 2 sowie bei Beratungen und Auskunftserteilungen. Dies gilt auch dann, wenn sich eine **Auskunftserteilung** nicht nach § 25 auf eine Rechtslage, sondern auf Tatsachen oder Personen bezieht.[103] Ohne Regelungsgehalt sind ferner öffentlich-rechtliche Tathandlungen wie z.B. die **Gewährung von Akteneinsicht** nach § 29 sowie die behördliche Aufforderung zur Bestellung eines Vertreters nach § 16 Abs. 1 Nr. 3, § 17 Abs. 4 Satz 1 und § 18 Abs. 1 Satz 1. Über eine Wissenserklärung hinaus geht aber die behördliche Feststellung der Nichtigkeit eines VA (§ 44 Abs. 5; § 44 Rdn. 65).[104] Kein VA ist die Empfangsbescheinigung für die Anzeige eines Gewerbes nach § 15 Abs. 1 GewO.[105] Die Erteilung der Genehmigungsurkunde nach § 15 Abs. 2 Satz 1 PBefG beinhaltet trotz der Nachweisfunktion keine Regelung.[106]

73 **Warnungen** vor Personen (etwa vor Lebensmittelsündern) erzeugen weder für diejenigen, die gewarnt werden sollen, noch für diejenigen, vor denen gewarnt wird, Rechte oder Pflichten. Sie ergehen nicht gegenüber Personen, vor denen gewarnt wird und können daher nicht (wie Verwaltungsstrafen, Ordnungsstrafen oder Missbilligungen) als eingreifende Regelungen verstanden werden. Den schutzwürdigen Interessen der Betroffenen, nicht durch unberechtigte Warnungen in ihren wirtschaftlichen Interessen beeinträchtigt zu werden, trägt die Möglichkeit der Erhebung einer verwaltungsgerichtlichen Leistungsklage Rechnung.

---

102 BVerwG, Beschl. v. 02.12.2019 – 1 B 75.19, juris.

103 BVerwG, Urt. v. 24.01.2018 – 6 A 8.16, NVwZ 2018, 590.

104 BFH, Urt. v. 20.08.2014 – X R 15/10, BFHE 247, 8 m.w.N. auch zur früheren Gegenansicht, die von einem rein deklaratorischen Charakter ausging.

105 VGH Baden-Württemberg, Urt. v. 06.06.2007 – 6 S 1590/06, VBlBW 2007, 471 m.w.N. auch zur Gegenansicht.

106 VGH Baden-Württemberg, Urt. v. 27.10.2016 – 12 S 2257/14, WKRS 2016, 27947 m.w.N.; Urt. v. 20.12.2016 – 12 S 1142/16, juris; **a.A.** VG Neustadt, Urt. v. 23.04.2012 – 3 K 804/11.NW, WKRS 2012, 24254.

Tatsächliche Handlungen sind keine Regelungen. Fügt etwa ein Funkstreifenbeamter durch unvorsichtiges Fahren einem Passanten einen Schaden zu, so handelt es sich um eine tatsächliche Handlung in Form einer schlichten Amtspflichtverletzung, an die sich zwar Rechtsfolgen haftungsrechtlicher Art anschließen können, die aber mangels Zielgerichtetheit keine hoheitliche Maßnahme und damit auch keine Regelung sein kann. 74

IV. Einzelfall

Ein weiteres Kennzeichen des VA ist, dass er einen Einzelfall regelt. Dieses Begriffsmerkmal dient der Abgrenzung zur Rechtsnorm, die eine unbestimmte Zahl von Fällen und eine unbestimmte Zahl von Personen betrifft und insoweit eine abstrakt-generelle Regelung darstellt.[107] Die Frage, ob ein VA oder eine Rechtsnorm vorliegt, hat dabei nicht nur theoretische Bedeutung. Während Verordnungen oder Satzungen durch amtliche Bekanntmachung wirksam werden, muss ein VA ausdrücklich dem Betroffenen gegenüber bekannt gegeben werden. Auch das VwVfG geht von der Notwendigkeit einer Unterscheidung zwischen VA und Rechtsnorm aus, indem es in seinem § 9 nur die auf den Erlass eines VA und den Abschluss eines öffentlich-rechtlichen Vertrages gerichteten Verwaltungsverfahren der Gesetzesgeltung unterstellt, nicht aber die Verfahren, die dem Erlass von Normen im Gewande einer Verordnung oder Satzung dienen. 75

Die Regelung eines Einzelfalles ist immer dann gegeben, wenn sich eine Maßnahme im Zeitpunkt ihres Erlasses an **bestimmte bzw. bestimmbare Personen** richtet ohne Rücksicht darauf, ob diese namentlich bezeichnet oder auf andere Weise in ihrer Individualität festgelegt sind. Entscheidend ist, ob der **Adressatenkreis** im Zeitpunkt der Regelung objektiv feststeht oder nicht, ob er geschlossen oder noch offen und erweiterungsfähig ist. So wird das Vorliegen einer Einzelfallregelung nicht dadurch infrage gestellt, dass beim Erlass eines VA in Großverfahren – etwa beim Erlass eines Planfeststellungsbeschlusses oder bei der Erteilung einer Genehmigung nach dem Atomgesetz – oft eine Vielzahl von Betroffenen zwar in der Rechtswirklichkeit als individuell bestimmte Personen vorhanden, der Behörde im Einzelnen jedoch gar nicht bekannt sind. 76

1. Betroffene

Zu den von der Regelung eines Einzelfalles durch VA Betroffenen gehören einerseits die **unmittelbaren Adressaten** und andererseits die als **Drittbetroffene** zu bezeichnenden Personen, soweit mit der Regelung auch deren Rechtskreis berührt wird. 77

Adressaten sind – als unmittelbar Betroffene – diejenigen Personen, an die sich eine Regelung formal richtet (z.B. indem ein bestimmtes Verhalten auferlegt wird). Von den Adressaten zu unterscheiden sind die Personen, denen der VA bekannt zu geben ist bzw. bekannt gegeben ist (s. § 41). Richtet sich eine Regelung an mehrere in einer 78

107 Vgl. Bauer/Heckmann/Ruge/Schallbruch/*Ritgen* § 35 Rn. 81.

Rechtsgemeinschaft stehende Personen, so liegt eine unteilbare Regelung gegenüber mehreren Mitbetroffenen vor.

79 Jemand ist Drittbetroffener, wenn für ihn eine formal an einer anderen gerichtete Regelung rechtsgestaltende Wirkung entfaltet (**Drittwirkung des VA**). Auch in diesem Fall liegt eine – gegenüber dem Adressaten und dem Drittbetroffenen – unteilbare Regelung vor.

80 Gegenüber einem Drittbetroffenen äußert ein VA andere – i.d.R. entgegengesetzte – Rechtswirkungen als gegenüber dem Adressaten. Begünstigt die Erteilung einer Baugenehmigung den Antragsteller und Adressaten, so belastet sie den Nachbarn als Drittbetroffenen, weil dieser nunmehr die Errichtung des Bauwerks zu dulden hat. Eine Drittbetroffenheit liegt vor, wenn der durch einen VA geschaffenen rechtlichen Begünstigung bzw. Belastung des einen zugleich eine rechtliche Belastung bzw. Begünstigung des anderen entspricht. Rein faktische oder nur mittelbare Auswirkungen genügen nicht. Die Drittbetroffenheit spielt vor allem eine Rolle im Bau-, Wasser-, Planfeststellungs-, Immissionsschutz- und Atomrecht (hinsichtlich der Nachbarn, Unterlieger und Umlieger als Eigentümer benachbarter Grundstücke), aber auch im Recht der öffentlichen Sicherheit und Ordnung (hinsichtlich der durch eine Rechtsverletzung gefährdeten Personen)[108] und im Zusammenhang mit der **Konkurrentenklage** im Beamtenrecht. Die Ernennung des in einem Stellenbesetzungsverfahrens erfolgreichen Bewerbers ist dem BVerwG zufolge ein VA mit Drittwirkung, der in die Rechte der unterlegenen Bewerber aus Art. 33 Abs. 2 GG eingreift.[109]

81 Der durch einen VA in seinen Rechten betroffene Dritte kann den VA anfechten. Für den Bereich des vorläufigen Rechtsschutzes enthält § 80a VwGO eine spezielle Regelung. Die Zulässigkeit einer verwaltungsgerichtlichen Klage des Dritten hängt nach der sog. »**Schutznormtheorie**« davon ab, dass dieser die Verletzung einer Rechtsnorm geltend machen kann, die allein oder zumindest auch dem Schutz seiner Interessen zu dienen bestimmt ist (Klagebefugnis, § 42 Abs. 2 VwGO).[110]

82 Eine Drittbetroffenheit ist zuzuerkennen: den Nachbarn eines Grundstückseigentümers beim Erlass eines gegen diesen gerichteten baupolizeilichen Verbots (soweit dabei gegen auch nachbarschützende Bauordnungsvorschriften verstoßen wurde);[111] den Nachbarn bzw. Unterliegern bei der Erteilung bau-[112] oder wasserrechtlicher[113] Genehmigungen, wenn Rechtsnormen nachbarschützender Art zu beachten sind; den Nachbarn der nach dem BImSchG genehmigungspflichtigen Anlagen;[114] den

108 Siehe z.B. VGH Baden-Württemberg, Urt. v. 11.10.2012 – 1 S 36/12, WKRS 2012, 26134 (Drittbetroffene beigeladen).
109 BVerwG, Urt. v. 04.11.2010 – 2 C 16.09, BVerwGE 138, 102 = DVBl 2011, 228.
110 Zum anzulegenden Maßstab vgl. BVerfG, Nichtannahmebeschl. v. 10.06.2009 – 1 BvR 198/08, NVwZ 2009, 1426.
111 BVerwG, Urt. v. 18.08.1960 – I C 42.59, BVerwGE 11, 95 (97).
112 BVerwG, Urt. v. 13.06.1969 – IV C 234.65, BVerwGE 32, 173; VGH Baden-Württemberg, Beschl. v. 23.09.1994 – 8 S 2380/94, VBlBW 1995, 190.
113 BVerwG, Urt. v. 11.11.1970 –IV C 102.67, BVerwGE 36, 248 (251).
114 OVG Nordrhein-Westfalen, Urt. v. 07.07.1976 – VII ZR A 1804/75.

Nachbarn einer genehmigungspflichtigen Abfallbeseitigungsanlage;[115] den Nachbarn von Betrieben, die aufgrund einer Erlaubnis nach § 7 SprengG Sprengstoffe verwenden, hinsichtlich eines ordnungsbehördlichen Einschreitens gegen solche Betriebe;[116] im Fall der Genehmigung atomrechtlicher Anlagen; den Umliegern, wenn sie eine Bedrohung von Leben oder Gesundheit geltend machen können;[117] bei Gemeinden, sofern ihre Planungshoheit oder die Erfüllung von Selbstverwaltungsaufgaben berührt wird (z.B. Unterhaltung der gemeindlichen Trinkwasserversorgung);[118] den vorhandenen Unternehmern im Fall der einem anderen Unternehmer erteilten Genehmigung bzw. einstweiligen Erlaubnis nach § 9 bzw. § 20 PBefG;[119] dem übergangenen Subventionsbewerber, dessen Interessen bei der Subventionsentscheidung durch Art. 2 Abs. 1 GG oder Art. 12 Abs. 1 GG geschützt sind;[120] dem übergangenen Bewerber um die Vergabe eines öffentlichen Amtes oder eines höherwertigen Dienstpostens im Rahmen eines öffentlich-rechtlichen Dienstverhältnisses;[121] den durch einen Planfeststellungsbeschluss in ihren subjektiven Rechten Betroffenen (s. § 73); bei einem Rückgabebescheid hinsichtlich von Restitutionsansprüchen nach § 30 des Gesetzes zur Regelung offener Vermögensfragen;[122] dem Denkmaleigentümer bei einer erheblichen Beeinträchtigung des Denkmals durch ein Vorhaben in der Umgebung.[123]

Eine Drittbetroffenheit fehlt: bei juristischen Repetitoren im Fall der Entscheidung 83
eines Justizprüfungsamtes gegenüber einem Prüfling, dass die Inanspruchnahme der Repetitoren bei der Anfertigung der häuslichen Arbeit untersagt wird;[124] bei zugelassenen Versicherungsunternehmen im Fall der Zulassung anderer Versicherungsunternehmen durch das Bundesaufsichtsamt für das Versicherungswesen;[125] bei Verkaufsstelleninhabern hinsichtlich der Erteilung einer Ausnahmebewilligung nach den Bestimmungen zum Ladenschluss an einen Konkurrenten;[126] bei Rechtsanwälten als Vertretern von Widerspruchsführern bezüglich der Kostenfestsetzung nach § 80 Abs. 3 VwGO;[127] bei Taxiunternehmern im Fall der Erteilung weiterer

115 VGH Baden-Württemberg, Beschl. v. 29.06.1994 – 10 S 2510/93, NVwZ 1995, 292.
116 BVerwG, Urt. v. 22.09.1976 – I C 9.71, MDR 1977, 253.
117 VGH Bayern, Urt. v. 09.04.1979 – 167 VI 77, DVBl 1979, 673.
118 VGH Bayern, Urt. v. 09.04.1979 – 167 VI 77, DVBl 1979, 673 (679).
119 BVerwG, Urt. v. 25.10.1968 – VII C 90.66, BVerwGE 30, 347 (349).
120 BVerwG, Urt. v. 30.08.1968 – VII C 122.66, BVerwGE 30, 191 = NJW 1969, 522.
121 BVerwG, Beschl. v. 22.04.1975 – I WB 189.72, I WB 227.72, BVerwGE 53, 23 (26).
122 BVerwG, Beschl. v. 23.12.1994 – 7 B 179.94, Buchholz 112 § 30 VermG Nr. 3.
123 BVerwG, Urt. v. 21.04.2009 – 4 C 3.08, BVerwGE 133, 347; OVG Berlin-Brandenburg, Beschl. v. 25.01.2011 – 2 S 93.10, WKRS 2011, 13797; OVG Hamburg, Beschl. v. 16.12.2015 – 2 Bs 218/15, BauR 2016, 997; vgl. auch *Guckelberger*, NVwZ 2016, 17; *Hornmann*, NVwZ 2011, 1235; *Pflüger*, BauR 2011, 1597; *Spennemann*, BauR 2012, 1872.
124 OVG Nordrhein-Westfalen, Entsch. v. 16.10.1968 – II A 524/67, DÖV 1969, 427.
125 BVerwG, Urt. v. 28.01.1960 – I A 17.57, BVerwGE 10, 122 (123).
126 BVerwG, Urt. v. 23.03.1982 – 1 C 157.79, BVerwGE 65, 167 = NJW 1982, 2513; **a.A.** OVG Bremen, Urt. v. 04.09.2001 – 1 D 307/01, NVwZ 2002, 873.
127 BVerwG, Beschl. v. 26.03.1986 – 4 B 44.86, NJW 1986, 2128.

Kraftdroschkengenehmigungen an Konkurrenten;[128] bei einem Wohnungsmieter, der sich gegen eine Zweckentfremdungsgenehmigung wenden will;[129] beim wasserrechtlichen Verbot der Errichtung von Anlagen im Gewässerrandstreifen;[130] bei Luftverkehrsgesellschaften im Fall der Genehmigung einer Entgeltordnung des Flughafenbetreibers nach § 19b Abs. 1 LuftVG.[131]

84 Besonderes gilt für sogenannte **dingliche VA** (und die **Rechtsnachfolge** bei diesen). Sie regeln nicht primär das Verhalten von Personen, sondern die Rechte, die eine Person an einer Sache haben kann, oder die Pflichten, die einer Person im Hinblick auf eine Sache obliegen. Jeder jeweilige Inhaber der Sache ist Betroffener i.S.d. § 41 Abs. 1 Satz 1 Alt. 2. Betroffen ist der gesamte Kreis von Personen, dem an der Sache Rechte oder Pflichten zukommen. Unter den Begriff des dinglichen VA fallen auch alle VA, die zwar konkret die Rechte und Pflichten einer bestimmten Person, z.B. des Eigentümers oder Besitzers, für eine konkrete Sache bestimmen, nach den gesetzlichen Vorgaben jedoch ohne Ansehen der Person des Verfügungsbefugten, insbesondere ohne Zuverlässigkeitsprüfung, sondern nur wegen der Sache, vor allem wegen ihrer Eigenschaften oder ihrer Belegenheit, ergehen.[132] Ein derart zumindest überwiegend durch sachbestimmte und weniger durch personale Bezüge gekennzeichneter VA erlaubt den Wechsel des Zuordnungssubjekts und ist daher übergangsfähig, d.h. der Nachfolge in das materielle Recht zugänglich. Tritt ein Übergangstatbestand ein, bewirkt dieser einen Übergang der Wirkungen des VA. Die Sache wird insoweit belastet bzw. begünstigt erworben. Ob ein VA dinglicher Natur ist (**Realkonzessionen**, auch sachbezogene Allgemeinverfügungen) oder nicht (Personalkonzessionen), ist dem Fachrecht durch Auslegung zu entnehmen. Beispiele: Untersagung, an einer bestimmten Örtlichkeit Sportwetten zu vermitteln;[133] Untersagung, über eine bestimmte Domain Glücksspiel zu veranstalten;[134] Baugenehmigung;[135] baurechtliche Beseitigungsanordnung;[136] baurechtliche Nutzungsuntersagung.[137]

---

128 OVG Nordrhein-Westfalen, Urt. v. 01.02.1980 – 13 A 1509/79, NJW 1980, 2323.

129 BVerwG, Urt. v. 22.04.1994 – 8 C 29.92, BVerwGE 95, 341 = NJW 1995, 542.

130 VGH Baden-Württemberg, Beschl. v. 11.10.2016 – 5 S 605/16, BauR 2017, 79.

131 OVG Berlin-Brandenburg, Urt. v. 22.06.2016 – 6 A 16.15, ZLF 2016, 426; **a.A.** *Hobe/Fremuth*, NVwZ 2017, 183.

132 VGH Baden-Württemberg, Urt. v. 04.07.2019 – 6 S 1269/18, ZfWG 2019, 475; vgl. auch *Barczak*, JuS 2018, 238 (242); Guckelberger, VerwArch 1999, 499.

133 VGH Baden-Württemberg, Urt. v. 04.07.2019 – 6 S 1269/18, ZfWG 2019, 475.

134 VG Hannover, Urt. v. 15.08.2016 – 10 A 2173/16, ZfWG 2016, 469.

135 Siehe § 58 Abs. 3 der Musterbauordnung sowie z.B. § 58 Abs. 2 LBO BW; vgl. auch OVG Nordrhein-Westfalen, Beschl. v. 16.07.2018 – 10 B 56/18, WKRS 2018, 25042; VG Freiburg, Urt. v. 23.11.1989 – 6 K 259/88, DVBl 1990, 1121; BGH, Urt. v. 06.05.1993 – III ZR 2/92, BGHZ 122, 317.

136 Abhängig vom Landesrecht: bejahend BVerwG, Urt. v. 22.01.1971 – IV C 62/66, NJW 1971, 1624; OVG Niedersachsen, Beschl. v. 15.11.2013 – 1 LA 65/13, BauR 2014, 1132; **a.A.** VGH Hessen, Beschl. v. 01.03.1976 – IV TH 7/76, DVBl 1977, 255.

137 Abhängig vom Landesrecht: bejahend VGH Hessen, Beschl. v. 01.12.2014 – 3 B 1633/14, BauR 2015, 636; **a.A.** OVG Hamburg, Urt. v. 14.12.1995 – Bf II 16/94, BauR 1997, 104; OVG Thüringen, Beschl. v. 20.12.2013 – 1 EO 312/13, ThürVBl 2015, 84.

2. Abgrenzung von Einzelfallregelung und normativer Regelung

Die Regelung eines Einzelfalles ist abzugrenzen von normativen Regelungen. Begrifflich sind Rechtsnormen Regelungen, die sich mit der Möglichkeit einer künftigen Tatbestandsverwirklichung an eine nach abstrakten Merkmalen bezeichnete Gattung von Personen wenden und daher für einen unbestimmten und auch nicht bestimmbaren Personenkreis rechtserheblich sind. Der normative Tatbestand ist einer Verwirklichung durch künftige Lebenssachverhalte zugänglich, sodass die jemals von der Norm betroffenen Personen einem weder bestimmten noch bestimmbaren, sondern stets erweiterungsfähigen Personenkreis zugehören. Wenn »jedermann« unter bestimmten Voraussetzungen und solange die Norm gilt bestimmte Ansprüche geltend machen kann oder bestimmte Gebote oder Verbote zu beachten hat, sind Zahl und Individualität aller Betroffenen ungewiss. 85

Eine Bestimmung, deren Tatbestand abgeschlossene Lebenssachverhalte ergreift, ist keine Norm, sondern eine Einzelfallregelung. Sie wendet sich an einen bestimmten oder doch bestimmbaren Personenkreis und kann nur ausnahmsweise im Rechtssetzungsverfahren erlassen werden. 86

a) Regelung durch Rechtssatz

Aufgrund der gebotenen Unterscheidung von Norm und Einzelakt ist den für »jedermann« verbindlichen Regelungen ein normativer Charakter zuzuerkennen. Um **Rechtsvorschriften** handelt es sich grundsätzlich bei Schutzbestimmungen und Nutzungsbeschränkungen, die sich auf Teile der Erdoberfläche beziehen. So hat etwa die Erklärung eines Gebietes zum Natur- oder Landschaftsschutzgebiet normative Qualität. Nach §§ 23 ff. BNatSchG sind diese Unterschutzstellungen rechtsverbindlich festzusetzen (ebenso wie die von Nationalparken und nationalen Naturmonumenten). In landesrechtlichen Bestimmungen ist denn auch die Regelung im Wege von Rechtsverordnungen vorgeschrieben (z.B. §§ 26 ff. NatschG BW). 87

Soweit die im Interesse des Naturschutzes erlassenen allgemeinen Nutzungsbeschränkungen Rechtsnormen sind, so gilt das Gleiche für jene allgemein verbindlichen Nutzungsbeschränkungen, die anderen Zwecken – etwa dem Wasserschutz, der militärischen Verteidigung oder der Sicherheit auf See – dienen.[138] Daher sind auch die Festsetzung eines Wasserschutzgebietes nach § 51 WHG,[139] die Regelung der Benutzung von Gewässern[140] sowie die Erklärung zum militärischen Sicherheitsbereich nach § 2 Abs. 2 UZwGBw Rechtsnormen, die im Wege einer Rechtsverordnung erlassen werden müssen.[141] 88

138 BVerwG, Urt. v. 23.10.1968 – IV C 101.67, BVerwGE 30, 287 (290).

139 So bereits zu § 19 WHG a.F.: BVerwG, Urt. v. 15.03.1968 – IV C 5.67, BVerwGE 29, 207.

140 BVerwG, Urt. v. 01.03.1967 – IV C 74.66, BVerwGE 26, 251.

141 *Obermayer*, NJW 1980, 2387.

89 Inwieweit die Unterstellung als Bau- oder Naturdenkmal durch Rechtsverordnung (vgl. etwa § 31 Abs. 1 NatSchG BW) oder durch VA als Allgemeinverfügung erfolgen kann, ist umstritten.[142]

90 Die Erklärung der **Allgemeinverbindlichkeit eines Tarifvertrages** erfolgt durch Rechtsverordnung. Diese Frage war lange umstritten. Inzwischen hat das BVerfG wiederholt entschieden, dass es sich um einen Rechtssetzungsakt eigener Art handelt.[143] Dies hat im Verhältnis des Staates zu den Tarifvertragsparteien die Folge, dass ihnen gegenüber die Ablehnung eines entsprechenden Antrages keinen VA, sondern die Ablehnung eines Antrages auf Erlass einer Rechtsverordnung darstellt.

91 Ferner hat die allgemeine Festsetzung von Gebührensätzen (z.B. Krankenhauspflegesätzen) seitens einer Behörde, sofern sie durch Hoheitsakt und nicht privatrechtlich durch den Erlass allgemeiner Geschäftsbedingungen erfolgt, für die betroffenen Personen in gleicher Weise wie jede Gebührenordnung rechtsnormativen Charakter.

b) Regelung durch VA

92 Keine normativen Regelungen, sondern VA – ggf. in der Form der Allgemeinverfügung (s.u. Rdn. 126) – sind z.B. Gebote an mehrere durch unmittelbare Ansprache bestimmte oder bestimmbare und daher abschließend feststehende Personen, auch wenn diese formal nur generell bezeichnet werden: So etwa bei der an »alle Teilnehmer einer Versammlung« gerichteten Anordnung, den Versammlungsraum sofort zu verlassen.

93 Die Rechtsnatur von **Verkehrszeichen** wurde früher kontrovers beurteilt. Teils wurde die Auffassung vertreten, es handele sich um Rechtsnormen, weil sie sich nicht an einen abschließend feststehenden, sondern an einen stets erweiterungsfähigen und daher weder bestimmten noch bestimmbaren Personenkreis richteten.[144] Demgegenüber wertete in der Vergangenheit zunächst das BVerfG das Verkehrszeichen als VA in der Form der **Allgemeinverfügung.**[145] Diese Auffassung vertritt nunmehr auch das BVerwG seit geraumer Zeit (s.a. Rdn. 129 sowie zur Bekanntgabe § 41 Rdn. 60).[146]

142 Vgl. *Gahlen*, NVwZ 1984, 687; eindeutig für die normative Beurteilung: 2. Aufl., § 35 Rn. 187.

143 BVerfG, Beschl. v. 24.05.1977 – 2 BvL 11/74, BVerfGE 44, 322 = NJW 1977, 2255; BVerfG, Beschl. v. 15.07.1980 – 1 BvR 24/74, 1 BvR 439/79, BVerfGE 55, 7 = NJW 1981, 215.

144 S. 2. Aufl., § 35 Rn. 189.

145 BVerfG, Entsch. v. 24.02.1965 – 2 BvR 682/64, NJW 1965, 2395; vgl. auch BVerfG, Beschl. v. 10.09.2009 – 1 BvR 814/09, NJW 2009, 3642.

146 Z.B. BVerwG, Urt. v. 24.05.2018 – 3 C 25.16, BVerwGE 162, 146; Urt. v. 06.04.2016 – 3 C 10.15, NJW 2016, 2353; Urt. v. 11.12.1996 – 11 C 15.95, BVerwGE 102, 316 = DVBl 1998, 93; BVerwG, Urt. v. 21.08.2003 – 3 C 15.03, NJW 2004, 698 = DVBl 2004, 518; BVerwG, Urt. v. 23.09.2010 – 3 C 37.09, BVerwGE 138, 21 = NJW 2011, 246; BVerwG, Urt. v. 15.12.2011 – 3 C 40.10, NJW 2012, 1608, st. Rspr.; ebenso etwa OVG Nordrhein-Westfalen, Beschl. v. 27.08.2019 – 8 A 2923/18, NWVBl 2020, 39; VGH Baden-Württemberg, Urt. v. 10.02.2011 – 5 S 2285/09, VBlBW 2011, 275; VGH Hessen, Beschl. v. 17.12.2015 – 2 A 57/15.Z, NVwZ-RR 2016, 541.

Ebenso ist die Regelung einer Verkehrsampel oder das Zeichen eines einzelnen Verkehrspolizisten als Allgemeinverfügung zu bewerten, weil dabei das Verkehrsverhalten der jeweils anwesenden Verkehrsteilnehmer geregelt wird.

Schließlich sind auch **Widmung, Einziehung und Umstufung** einer Straße, soweit sie Rechte und Pflichten hinsichtlich des Gebrauchs der Straße oder eines Anbaus an ihr auslösen, als Allgemeinverfügung zu qualifizieren.[147] 94

c) Rechtsnatur von Plänen

Pläne haben eine unterschiedliche Rechtsnatur, die von ihrer jeweiligen gesetzlichen Ausformung abhängt. Gesetzlich klargestellt ist der Normencharakter von **Bebauungsplänen**, indem § 10 BauGB bestimmt, dass diese als Satzung zu beschließen sind. Weniger klar erscheint die Rechtsnatur der **Flächennutzungspläne.** In der Rspr. wird der Normcharakter verneint.[148] Der Flächennutzungsplan wird aber auch nicht als VA angesehen, weil er lediglich eine interne Planungsrichtlinie darstellt und keine subjektiv-öffentlichen Rechte begründet.[149] Er wird insoweit als »hoheitliche Maßnahme besonderer Art«[150] oder als »Rechtsfigur eigener Art«[151] angesehen. Gleichwohl kommt ausnahmsweise eine prinzipale Normenkontrolle in entsprechender Anwendung des § 47 Abs. 1 Nr. 1 VwGO in Betracht.[152] 95

Andere gebietsbezogene Gesamtpläne sind Rechtsnormen, soweit ihnen (wie bei dem Bebauungsplan und im Gegensatz zum Flächennutzungsplan) eine Außenwirkung zukommt. **Planfeststellungsbeschlüsse**, die die auf die Herstellung bestimmter Anlagen gerichteten Fachpläne für verbindlich erklären, sind VA. 96

Geschäftsverteilungspläne der Behörden[153] sind entweder Verwaltungsvorschriften, soweit sie unter rein internen Gesichtspunkten die Erledigung der anfallenden Geschäfte durch die verschiedenen Ressorts festlegen, oder sie sind Rechtsnormen, soweit sie bestimmten Ressorts im Außenverhältnis Aufgaben übertragen (wie z.B. gemeindliche Geschäftsverteilungspläne nach Art. 37 Abs. 2 oder Art. 39 Abs. 2 bayGO). 97

---

147 VGH Baden-Württemberg, Beschl. v. 30.04.1994 – 1 S 1144/94, NVwZ 1995, 813, und Urt. v. 22.07.1991 – 1 S 1258/90, NVwZ 1992, 196; OVG Nordrhein-Westfalen, Urt. v. 28.11.1994 – 22 A 2478/93, NVwZ 1995, 814, und Beschl. v. 15.01.1987 – 15 A 563/84, NJW 1987, 2695.

148 BVerwG, Urt. v. 12.06.1970 – IV C 77.68, BVerwGE 35, 256; VGH Baden-Württemberg, Urt. v. 22.03.1973 – VIII 508/70, ESVGH 23, 188; OVG Nordrhein-Westfalen, Urt. v. 15.04.1971 – X A 994/70, OVGE 26, 249.

149 OVG Niedersachsen, Urt. v. 04.11.1970 – I A 132/70, DVBl 1971, 320.

150 OVG Niedersachsen, Urt. v. 04.11.1970 – I A 132/70, DVBl 1971, 320.

151 VGH Baden-Württemberg, Urt. v. 22.03.1973 – VIII 508/70, ESVGH 23, 188.

152 BVerwG, Urt. v. 26.04.2007 – 4 CN 3.06, BVerwGE 128, 382 für Darstellungen mit den Rechtswirkungen des § 35 Abs. 3 Satz 3 BauGB (hier: Konzentrationsfläche für Windenergieanlagen); Urt. v. 31.01.2013 – 4 CN 1.12, BVerwGE 146, 40; Urt. v. 13.12.2018 – 4 CN 3.18, DVBl 2019, 846.

153 Zum gerichtlichen Geschäftsverteilungsplan vgl. BVerwG, Beschl. v. 15.09.1987 – 7 N 1.87, DVBl 1988, 790 (offen).

d) Regelung eines Einzelfalles im Verordnungsverfahren

98 In einzelnen Fällen sind ausnahmsweise Regelungen eines Einzelfalles im Verordnungsverfahren durchzuführen. Grundsätzlich unterliegen die Behörden bei der Erfüllung ihrer Aufgaben nach dem Rechtsstaatsprinzip einem Formenzwang in der Weise, dass sie Rechtsnormen in dem mit einer allgemeinen Bekanntmachung abschließenden Verordnungsverfahren zu erlassen und Einzelfallregelungen als VA den Adressaten bekannt zu geben haben. Für die Anordnung der Vornahme einer bestimmten Regelung durch einen VA bzw. durch eine Verordnung hat der Gesetzgeber insoweit eine Wahlfreiheit, als es möglich ist, denselben verwaltungsrechtlichen Effekt sowohl durch eine normative Rechtsverordnung als auch durch einen VA zu erreichen.

99 Eine Einzelfallregelung ist auf das Verordnungsverfahren angewiesen, wenn sie zugleich einen normativen Akt darstellt. Trifft dies zu, so muss wegen der zusätzlichen Betroffenheit einer unbestimmten Personenmehrheit das mit einer allgemeinen Bekanntmachung abschließende Verordnungsverfahren gewählt werden.[154]

100 Beispiele für Maßnahmen, die mit der Regelung eines Einzelfalles eine normative Regelung verbinden, sind die von staatlichen Aufsichtsbehörden vorgenommenen **kommunalen Status-, Bestands- und Gebietsänderungen,**[155] die gegenüber den jeweiligen Gebietskörperschaften einen Einzelfall regeln und für die Bewohner der betroffenen Gebiete eine normative Wirkung haben, weil sie Tatbestandsmerkmale der allgemeinen Zuständigkeitsvorschriften – z.B. Status, Existenz oder Gebiet einer bestimmten Gemeinde – neu festlegen; ferner die Errichtung neuer Hoheitsträger mit Hoheitskompetenzen (z.B. einer Hochschule) im Verwaltungswege; schließlich die Festsetzung von Krankenhauspflegesätzen durch Staatsbehörden, soweit sie den Rechtskreis bestimmter kommunaler Krankenhausträger berührt.

101 Der Erlass solcher Maßnahmen im Verordnungs- bzw. Satzungsverfahren hat zur Folge, dass sich auch der Rechtsschutz nach den Regeln richtet, die für die Nachprüfung von Verordnungen gelten.

e) Formenmissbrauch

102 Wird eine ausschließlich und eindeutig die Merkmale eines VA erfüllende Maßnahme als Verordnung oder Satzung erlassen, so liegt ein Formenmissbrauch vor mit der Folge, dass der betreffende Hoheitsakt nichtig ist. Er kann – zur Entlastung des Betroffenen vom Risiko der richtigen Klagewahl – sowohl entsprechend seiner Form als Verordnung bzw. Satzung im **Normenkontrollverfahren** als auch entsprechend seiner eigentlichen Rechtsnatur als VA mit der Anfechtungs- bzw. Verpflichtungsklage verwaltungsgerichtlich nachgeprüft werden.

154 BayVerfGH, Entsch. v. 10.12.1971 – Vf. 34-VII-71-, BayVBl. 1972, 43.
155 Maunz/Obermayer/Berg/Knemeyer/*Obermayer*, Allgemeines Verwaltungsrecht, S. 287 ff.

V. Auf dem Gebiet des öffentlichen Rechts

Nach dem Gesetzeswortlaut muss die Behörde auf dem Gebiet des öffentlichen Rechts tätig werden. Damit ist jedoch kein eigenes Begriffsmerkmal angesprochen, sondern nur ein Kriterium des VA wiederholt, das bereits in seinem Charakter als einer hoheitlichen Maßnahme enthalten ist, da eine solche zwangsläufig auf dem Gebiet des öffentlichen Rechts getroffen wird. 103

VI. Unmittelbare Außenwirkung

Die Regelung muss auf eine unmittelbare Rechtswirkung nach außen gerichtet sein. Eine solche Außenwirkung liegt nur dann vor, wenn die Regelung nach ihrem objektiven Sinngehalt gerade dazu bestimmt ist, Außenwirkung zu entfalten. Eine nur mittelbare oder sich beiläufig ergebende Außenwirkung genügt nicht.[156] 104

1. Außenwirkung der Regelung

Mit seiner Außenwirkung unterscheidet sich der VA von behördeninternen Maßnahmen. Insoweit setzt eine Rechtswirkung nach außen die Betroffenheit eines anderen Rechtsträgers voraus, der mit dem von der handelnden Behörde repräsentierten Hoheitsträger nicht identisch ist. Das Vorliegen dieses Merkmals ist evident, wenn eine Regelung (z.B. die Erteilung einer gewerberechtlichen Konzession) gegenüber einem Privaten erfolgt, der in keiner Weise dem Gefüge der öffentlichen Gewalt angehört. Schwierigkeiten ergeben sich jedoch für die Beurteilung von Maßnahmen, die an die in einem besonderen öffentlich-rechtlichen Abhängigkeitsverhältnis stehenden Personen oder an nachgeordnete, aber einem anderen Hoheitsträger zugehörige Behörden gerichtet sind oder die unbeschadet ihrer Rechtserheblichkeit für nachgeordnete Organe desselben Hoheitsträgers für Dritte rechtlich relevant sind. 105

a) Maßnahmen in öffentlich-rechtlichen Abhängigkeitsverhältnissen

Seit langem umstritten ist die Rechtsnatur von Maßnahmen, die innerhalb der besonderen öffentlich-rechtlichen Abhängigkeitsverhältnisse erlassen werden. Nach der früher herrschenden Meinung wurde im **sog. besonderen Gewaltverhältnis** (Beamtenrecht, Schule, Hochschule, Wehrdienst und Strafvollzug) danach unterschieden, ob eine Maßnahme das Grundverhältnis oder das Betriebsverhältnis betraf. Während es sich danach bei Maßnahmen im **Grundverhältnis** (Begründung, Beendigung oder wesentliche Änderung des besonderen Gewaltverhältnisses) regelmäßig um einen VA mit Außenwirkung handelte, wurde bei Maßnahmen im **Betriebsverhältnis** (die Ausgestaltung des besonderen Gewaltverhältnisses im Einzelnen) kein VA angenommen.[157] Nach der Ablösung des besonderen Gewaltverhältnisses, die mit der zur Wesentlichkeitstheorie entwickelten Rspr. des BVerfG 106

156 Vgl. Bauer/Heckmann/Ruge/Schallbruch/*Ritgen* § 35 Rn. 82 ff.

157 Zum »besonderen Gewaltverhältnis«: *Obermayer*, VA und innerdienstlicher Rechtsakt, S. 84; *Ronellenfitsch*, DÖV 1981, 933; *Schenke*, JuS 1982, 906; *Loschelder*, Vom besonderen Gewaltverhältnis zur öffentlich-rechtlichen Sonderbindung, 1982.

begann,[158] ist die Annahme rechtsfreier Räume in öffentlich-rechtlichen Institutionen, in denen keine Rechtsakte im eigentlichen Sinne, sondern nur interne Dienstbefehle ergehen, ausgeschlossen. Daher müssen solche Maßnahmen als VA beurteilt werden, die den Charakter von Einzelfallregelungen gegenüber bestimmten Personen aufweisen.[159]

107 Im Beamtenrecht ist eine Außenwirkung gegeben, wenn sich eine Maßnahme an die selbstständige Rechtspersönlichkeit des Beamten richtet. Eine **innerdienstliche Weisung** ohne VA-Qualität liegt dagegen vor, wenn es sich um behördeninterne Maßnahmen handelt, die an den Beamten in seiner Eigenschaft als Amtsträger und Glied der Verwaltung gerichtet sind, die organisationsinterne Weisungen des Dienstherrn beinhalten und auf die Art und Weise der dienstlichen Verrichtung abzielen.[160]

108 Die Rspr. hat bisher eine Vielzahl von Maßnahmen als VA anerkannt. Im Beamtenrecht zählt dazu die Ernennung,[161] die Versetzung an eine andere Behörde,[162] die Abordnung,[163] die Entbindung von bestimmten Dienstaufgaben,[164] das Verbot der Führung der Dienstgeschäfte,[165] die Übertragung eines höher- oder unterwertigen Dienstpostens,[166] die Festsetzung des allgemeinen Dienstalters[167] und des Besoldungsdienstalters,[168] die Verlängerung der Probezeit,[169] die Ablehnung des Antrages auf Änderung einer dienstlichen Beurteilung,[170] die Zulassung zum Aufstieg,[171] die Ausstellung eines Dienstzeugnisses für einen ausscheidenden Beamten,[172] das Stationszeugnis für einen Referendar mit dem festgelegt wird, ob er das Ziel des Ausbildungsabschnitts erreicht hat.[173]

109 Kein VA ist aber die dienstliche (Regel- oder Anlass-) Beurteilung eines Beamten (vgl. oben Rdn. 55); ein VA liegt immer dann nicht vor, wenn eine Maßnahme lediglich die

158 BVerfG, Beschl. v. 14.04.1972 – 2 BvR 41/71, BVerfGE 33, 1 = NJW 1972, 811.
159 BVerwG, Urt. v. 22.05.1980 – 2 C 30.78, BVerwGE 60, 144 (146) = NJW 1981, 67.
160 Z.B. OVG Hamburg, Beschl. v. 30.06.2014 – 1 Bs 121/14, DVBl 2014, 1337 (Weisung gegenüber einem Lehrer, dessen Bewertung einer Klausur schulaufsichtlich prüfen zu lassen).
161 BVerwG, Urt. v. 05.10.1984 – 8 C 97.82, NVwZ 1986, 128.
162 BVerwG, Urt. v. 25.01.1967 – VI C 58.65, ZBR 1967, 208; VGH Hessen, Entsch. v. 17.02.1956 – OS I 90/54, ESVGH 6, 40.
163 OVG Niedersachsen, Entsch. v. 19.05.1953 – II B 37/53, VerwRspr 6, 691; OVG Nordrhein-Westfalen, Urt. v. 15.04.1980, 1 A 2255/77, juris.
164 BVerwG, Urt. v. 20.03.1962 – II C 6.60, BVerwGE 14, 85 = NJW 1962, 1313.
165 OVG Nordrhein-Westfalen, Beschl. v. 08.11.1961 – VIII B 619/61, DÖV 1962, 112.
166 OVG Niedersachsen, Beschl. v. 08.07.1980 – 5 B 56/80, DÖV 1981, 107; VGH Hessen, Urt. v. 12.05.1976 – I OE 90/74, HessVGRspr 1976, 70.
167 BVerwG, Urt. v. 18.06.1964 – VI C 30.62, BVerwGE 19, 19 (22); BVerwG, Urt. v. 14.11.1969 – VI C 79.65, BVerwGE 34, 193.
168 OVG Niedersachsen, Urt. v. 22.08.1958 – V A 46/58, DVBl 1958, 837.
169 VGH Hessen, Urt. v. 02.05.1984 – 1 OE 54/83, ZBR 1984, 250.
170 BVerwG, Urt. v. 09.11.1967 – II C 107.64, BVerwGE 28, 191; *Lässig*, DÖV 1983, 879.
171 VGH Bayern, Beschl. v. 24.02.1994 – 3 CS 94.297, ZBR 1995, 31.
172 BVerwG, Urt. v. 26.01.1961 – II C 45.59, BVerwGE 12, 29 = NJW 1961, 1131.
173 VGH Hessen, Urt. v. 04.02.1969 – I OE 69/68, DÖV 1969, 507.

Amtsführung des Beamten lenken soll.[174] Keine VA sind ferner die Umsetzung (Übertragung eines anderen Dienstgeschäftes),[175] die Anordnung, an einer Qualifizierungsmaßnahme teilzunehmen,[176] die Entscheidung der Justizverwaltung über die Verwendung eines Richters auf Probe im Rahmen des § 13 DRiG[177], die Entbindung von der Amtsausübung wegen Befangenheit,[178] eine Dienstpostenbewertung[179] und eine der Dienstpostenbewertung vorausgehende Aufgabenbeschreibung.[180]

Auch der Bereich des **Schul- und Hochschulrechts**, der früher als besonderes Gewaltverhältnis qualifiziert wurde, gehört heute nicht mehr dem verwaltungsinternen Bereich an.[181] Als VA werden angesehen die Entscheidung über die Aufnahme[182] und die Einweisung in eine Schule,[183] die Verweisung[184] und der Ausschluss[185] von der Schule, die Versetzung in die nächsthöhere Klasse bzw. die Nichtversetzung,[186] die Entscheidung über das Nichtbestehen der Abiturprüfung,[187] die Zulassung bzw. Nichtzulassung zum Abitur,[188] die Umsetzung in eine Parallelklasse als Schulstrafe,[189] die Ablehnung der Befreiung vom Schulsport aus religiösen Gründen,[190] die Zulassung zum Hochschulstudium[191] und die Verweigerung der Immatrikulation,[192] die Zulassung zur Promotion,[193] die Gesamtbewertung von Staatsexamen oder anderen akademischen Prüfungen. Die Frage, ob der Bewertung einer einzelnen Prüfungsleistung Regelungsqualität zukommt, ist anhand der jeweiligen Prüfungsordnung zu klären (vgl. zu Leistungsnachweisen auch Rdn. 54).[194] 110

174 BVerwG, Urt. v. 20.03.1962 – II C 6.60, BVerwGE 14, 84 = NJW 1962, 1313.

175 BVerwG, Urt. v. 19.11.2015 – 2 A 6.13, BVerwGE 153, 246; Urt. v. 22.05.1980 – 2 C 30.78, BVerwGE 60, 144 = NJW 1981, 67; OVG Nordrhein-Westfalen, Beschl. v. 18.07.1974 – XII B 422/74, DVBl 1975, 918.

176 OVG Nordrhein-Westfalen, Beschl. v. 10.01.2013 – 1 B 1334/12, WKRS 2013, 10082.

177 BVerwG, Urt. v. 26.09.1996 – 2 C 39.95, BVerwGE 102, 81 = DVBl 1997, 366.

178 BVerwG, Beschl. v. 30.11.1993 – 2 B 156.93, NVwZ 1994, 785.

179 BVerwG, Urt. v. 20.10.2016 – 2 A 2.14, juris.

180 BVerwG, Urt. v. 20.10.2016 – 2 A 2.14, juris.

181 Vgl. *Niehues/Fischer/Jeremias*, Prüfungsrecht, Rn. 814 ff.

182 BVerwG, Urt. v. 29.06.1957 – II C 105.56, BVerwGE 5, 153.

183 BVerwG, Beschl. v. 29.12.1958 – VII B 33.58, DVBl 1959, 366.

184 BVerwG, Urt. v. 10.12.1954 – II C 31.54, BVerwGE 1, 264 = NJW 1955, 645.

185 OVG Rheinland-Pfalz, Beschl. v. 27.09.2011 – 2 B 10912/11, WKRS 2011, 25112.

186 BVerfG, Urt. v. 10.12.1954 – II C 194.53, BVerwGE 1, 260 = NJW 1955, 646; BVerwG, Urt. v. 29.06.1957 – II C 105.56, BVerwGE 5, 153 = NJW 1958, 232.

187 BVerwG, Urt. v. 12.05.1961 – VII C 80.60, NJW 1962, 122.

188 BVerwG, Beschl. v. 11.12.1964 – VII ER 435.63, DÖV 1965, 638.

189 VGH Baden-Württemberg, Beschl. v. 04.07.1983 – 9 S 1243/83, VBlBW 1984, 156; anders grds. die Umsetzung/Zuweisung in eine bestimmte Klasse ohne Strafcharakter, vgl. VGH Bayern, Beschl. v. 10.09.2013 – 7 CS 13.1880, WKRS 2013, 60655.

190 VGH Bayern, Urt. v. 06.05.1987 – 7 B 86.01557, NVWZ 1987, 706.

191 BVerwG, Urt. v. 29.01.1960 – VII C 201.59, BVerwGE 10, 136 = NJW 1960, 1122; OVG Niedersachsen, Urt. v. 05.12.1961 – II A 108/60, OVGE 17, 461.

192 BVerwG, Urt. v. 24.10.1958 – VII C 104.57, BVerwGE 7, 287 = NJW 1959, 498.

193 OVG Hamburg, Entsch. v. 21.04.1964 – Bf I 14/63, MDR 1965, 76.

194 BVerwG, Urt. v. 23.05.2012 – 6 C 8.11, NJW 2012, 2901.

111 Im Bereich der Organisationsakte handelt es sich um einen VA bei der Schließung einer Schule,[195] bei der Auflösung von Oberstufenklassen und Einrichtung einer Oberstufenschule,[196] bei der jahrgangsweisen Umwandlung eines Gymnasiums in eine Gesamtschule,[197] bei der Erteilung eines Lehrauftrages durch die Hochschule.[198]

112 Keine VA sind Maßnahmen im inneren Schulbetrieb wie etwa die Benotung von Klassenarbeiten,[199] die Erteilung von Zeugnisnoten in einem Schulfach. Auch die einzelne Fachnote in einem Abschlusszeugnis hat i.d.R. keine VA-Qualität, es sei denn, das einzelne Fach hat eine besondere Bedeutung für den späteren beruflichen Werdegang (z.B. Deutschnote im Abitur).[200] Schließlich ist kein VA die Eintragung im Klassenbuch,[201] die Beendigung eines Schulversuchs,[202] die Auflösung von Klassen durch Verteilung der Schüler auf Parallelklassen.[203]

b) Maßnahmen gegenüber Behörden

113 Maßnahmen gegenüber Behörden haben eine Außenwirkung, soweit sie – einseitig verbindlich erlassen – eigene Rechte der betroffenen Behörde bzw. der durch diese repräsentierten Hoheitsträger berühren. So sind VA alle als Regelung eines Einzelfalls zu qualifizierenden staatsaufsichtlichen Hoheitsakte gegenüber Selbstverwaltungskörperschaften, wenn diese als eigenständige Rechtssubjekte betroffen werden.

114 Das ist stets der Fall, wenn Staatsbehörden gegenüber Kommunal- und Hochschulbehörden in Selbstverwaltungsangelegenheiten Widerspruchsbescheide[204] und aufsichtliche Weisungen[205] erlassen oder Satzungsgenehmigungen erteilen bzw. versagen.[206] Jede baurechtliche Entscheidung gegenüber einem Dritten ist ein VA gegenüber der zuständigen Gemeinde, wenn sie (wie die Erteilung einer Ausnahme oder Befreiung nach § 31 BauGB oder die Erklärung der Zulässigkeit eines Bauvorhabens nach § 36 BauGB) im Einvernehmen mit der Gemeinde zu treffen ist.[207]

195 BVerwG, Urt. v. 31.01.1964 – VII C 65.62, BVerwGE 18, 41; OVG Bremen, Beschl. v. 02.10.1985 – 1 B 39/85, NVwZ 1986, 1038.
196 VGH Hessen, Urt. v. 23.08.1982 – VI OE 11/78, NVwZ 1984, 114.
197 OVG Hamburg, Beschl. v. 07.09.1979 – Bs IV 10/79, NJW 1980, 2146.
198 BVerwG, Urt. v. 29.08.1975 – VII C 60.72, BVerwGE 49, 137 = NJW 1976, 437.
199 OVG Nordrhein-Westfalen, Urt. v. 17.04.1967 – V A 976/65, NJW 1967, 1772.
200 VGH Baden-Württemberg, Urt. v. 08.06.2015 – 9 S 2297/14, WKRS 2015, 18677; VGH Hessen, Urt. v. 26.11.1973 – VI OE 108/73, ESVGH 25, 170.
201 VGH Hessen, Entsch. v. 18.01.1961 – OS II 56/57, DÖV 1961, 796.
202 BVerwG, Beschl. v. 17.12.1975 – VII B 51.75, DVBl 1976, 635.
203 OVG Niedersachsen, Beschl. v. 06.11.1980 – 13 B 28/80, DVBl 1981, 54.
204 BVerwG, Urt. v. 21.06.1974 – IV C 17.72, BVerwGE 45, 207 (211).
205 BVerwG, Urt. v. 09.07.1964 – VIII C 29.63, BVerwGE 19, 121 = NJW 1965, 317.
206 BVerwG, Urt. v. 12.12.1969 – IV C 105.66, BVerwGE 34, 301 = DVBl 1970, 414.
207 BVerwG, Urt. v. 21.06.1974 – IV C 17.72, BVerwGE 45, 207 (212); BVerwG, Urt. v. 19.11.1965 – IV C 184.65, BVerwGE 22, 342.

Widerspruchsbescheide und aufsichtliche Weisungen in Auftragsangelegenheiten sind nur dann VA, wenn sie die betreffende Gebietskörperschaft in einer geschützten Rechtsstellung berühren.[208] Das trifft z.B. auf fachaufsichtliche Weisungen zu, die Gebietskörperschaften als selbstständigen Vermögensträgern unmittelbar eine Geldleistung abverlangen. 115

VA können gegenüber Organen desselben Hoheitsträgers ergehen, wenn diesen (als teilrechtsfähigen Verbänden des öffentlichen Rechts) in der betreffenden Angelegenheit eine unabhängige Rechtsstellung auch gegenüber vorgesetzten Organen zukommt (so etwa bei dem Fachbereich einer wissenschaftlichen Hochschule gegenüber der Hochschulleitung in Promotions- und Habilitationsangelegenheiten). Nur insoweit hat die Rechtsfigur des »In-sich-VA«, der den Bereich des Hoheitsträgers, für den die Behörde handelt, nicht verlässt, eine rechtsdogmatisch sinnvolle Bedeutung.[209] 116

VA gegenüber sonstigen Hoheitsträgern sind alle Entscheidungen, die nach geltendem Recht kraft öffentlicher Gewalt in den Rechtskreis eines solchen Hoheitsträgers eingreifen. Das gilt z.B. für Zusicherungen i.S.d. § 38 Abs. 1, wenn der Erlass des zugesicherten VA auf die Mitwirkung der Behörde eines anderen Hoheitsträgers oder eines Ausschusses angewiesen ist. 117

Keine VA sind Weisungen gegenüber Behörden und Organen desselben Hoheitsträgers, die dem hierarchischen Verwaltungsaufbau angehören. So ist die Weisung eines Ministeriums an eine nachgeordnete Behörde, den Antrag eines Bürgers in einer bestimmten Weise zu bescheiden, ebenso ein nur **verwaltungsinterner Vorgang** wie eine Auszahlungsanordnung (»Kassenanweisung«), die der Behördenleiter oder sein Beauftragter an die Kasse der betreffenden Behörde richtet.[210] Das Gleiche gilt für Weisungen an Behörden eines anderen Hoheitsträgers, die in der betreffenden Angelegenheit ausschließlich im Dienst der anweisenden Behörde (bzw. des von ihr repräsentierten Hoheitsträgers) tätig werden. Kommunale Selbstverwaltungskörperschaften nehmen im übertragenen Wirkungskreis Aufgaben des Staates wahr und werden daher durch Anordnungen, die die Erledigung dieser Aufgaben sicherstellen, grundsätzlich nicht in eigenen (Selbstverwaltungs-) Rechten betroffen.[211] Ebenso sind ministerielle Anordnungen gegenüber Hochschulbehörden, die sich auf staatliche Angelegenheiten (etwa die Haushalts- und Finanzverwaltung)[212] beziehen, keine VA. 118

208 BVerwG, Urt. v. 21.06.1974 – IV C 17.72, BVerwGE 45, 207 (211); VGH Bayern, Urt. v. 16.03.1978 – 140 XII 76, BayVBl. 1979, 305.

209 BVerwG, Urt. v. 14.02.1969 – IV C 215.65, BVerwGE 31, 263 (267); BVerwG, Urt. v. 21.06.1974 – IV C 17.72, BVerwGE 45, 207; OVG Rheinland-Pfalz, Entsch. v. 20.11.1969 – 3 C 14/67, DÖV 1970, 351.

210 BVerwG, Urt. v. 30.06.1966 – VIII C 42.63, BVerwGE 24, 253 (258); OVG Nordrhein-Westfalen, Urt. v. 17.12.1973 – XII A 1200/71, DÖV 1974, 599.

211 BVerwG, Urt. v. 21.06.1974 – IV C 17.72, BVerwGE 45, 207 (211); BVerwG, Urt. v. 09.07.1964 – VIII C 29.63, BVerwGE 19, 123 = NJW 1965, 317.

212 OVG Nordrhein-Westfalen, Urt. v. 25.10.1985 – 15 A 1940/83, DÖV 1986, 480.

c) Organisatorische Maßnahmen mit Außenwirkung gegenüber Dritten

119 Organisatorische Maßnahmen haben schließlich auch insoweit eine Außenwirkung, als sie Dritten gegenüber einer Regelung darstellen. So ist die Schließung, Verlegung oder Umwandlung[213] einer öffentlichen Schule (falls sie nicht durch Rechtsverordnung verfügt und damit als Rechtsfolge kraft Gesetzes wirksam wird) nicht nur eine verwaltungsinterne Maßnahme, die die Organisation des staatlichen Schulsystems betrifft, sondern auch ein VA gegenüber den die Schule besuchenden Schülern bzw. deren Erziehungsberechtigten.[214]

2. Unmittelbarkeit

120 Unmittelbar ist eine Rechtswirkung nach außen, wenn jemand als Rechtsträger von einer ihm gegenüber ergehenden Regelung betroffen wird. Eine Maßnahme ergeht gegenüber dem Betroffenen, wenn sie ihm oder im Fall der Drittbetroffenheit wenigstens einem Adressaten bekannt gegeben wird. Ein VA liegt somit auch gegenüber dem Drittbetroffenen vor, wenn der VA nur dem Adressaten bekannt gegeben worden ist. Keine VA sind grundsätzlich Eintragungen in öffentliche Register, Listen und Bücher, wenn sie nicht gegenüber den Betroffenen vorgenommen werden (vgl. auch Rdn. 34 und 57). Die unmittelbare Außenwirkung fehlt grundsätzlich bei der Abwahl oder Abberufung eines behördlichen Organs, weil die Rechtsfolge (Statusveränderung) nicht direkt an diese Entscheidung geknüpft ist.[215]

121 Das Vorliegen einer Regelung gegenüber dem Adressaten eines VA ist problematisch, wenn am Erlass des VA eine andere Behörde beteiligt ist. In einem solchen Fall ist der **Mitwirkungsakt** nur dann selbst ein VA, wenn er eine Rechtsanwendung gegenüber dem Adressaten darstellt.

a) VA-Erlass aufgrund von Weisungen

122 Weisungen, mit denen übergeordnete Behörden nachgeordnete zum Erlass eines VA gegenüber einem Dritten (z.B. zur Versagung einer Konzession) verpflichten, sind keine VA. Sie verwirklichen den Grundsatz der Weisungsgebundenheit aller nachgeordneten Organe einer Behördenorganisation, der im Interesse einer effektiven und gleichmäßigen Verwaltungstätigkeit weite Teile unserer Verwaltungsorganisation beherrscht. Relevanz für das Außenverhältnis gewinnen diese Weisungen erst dann, wenn die nachgeordneten Behörden im Vollzug der ihnen erteilten Weisung gegenüber einem Betroffenen eine Regelung erlassen (z.B. die beantragte Konzession versagen).[216]

---

213 OVG Hamburg, Beschl. v. 07.09.1979 – Bs IV 10/79, NJW 1980, 2146; OVG Nordrhein-Westfalen, Beschl. v. 30.01.1979 – V B 1614/78, DVBl 1979, 563.

214 BVerwG, Urt. v. 31.01.1964 – VII C 65.62, BVerwGE 18, 41; BVerwG, Beschl. v. 23.10.1978 – 7 CB 75/78, DVBl 1979, 352.

215 Vgl. VGH Baden-Württemberg, Beschl. v. 26.02.2016 – 9 S 2445/15, VBlBW 2016, 386; VG Bremen, Beschl. v. 16.05.2007 – 6 V 1005/07, WKRS 2007, 61889.

216 *Obermayer*, VA und innerdienstlicher Rechtsakt, S. 125.

b) Mehrstufiger VA

Ist nach einer gesetzlichen Vorschrift eine Behörde beim Erlass eines mehrstufigen VA[217] an die Mitwirkung (Vorentscheidung, Zustimmung, Genehmigung oder Erteilung des Einvernehmens) einer anderen Behörde gebunden, so ist im Wege der Gesetzesauslegung zu entscheiden, in welchem Verhältnis die mitwirkende Behörde zum Betroffenen steht. 123

Ein VA liegt vor, wenn die mitwirkende Behörde in einer **unmittelbaren Rechtsbeziehung** zum Betroffenen steht und ihr die ausschließliche Wahrnehmung bestimmter Aufgaben und die alleinige Geltendmachung besonderer Gesichtspunkte übertragen sind.[218] In diesem Sinne hat die Rspr. als selbstständig anfechtbare VA die Entscheidung des Prüfungsausschusses über das Bestehen der Fahrlehrerprüfung beurteilt[219] sowie die Zustimmung der Gemeindevertretung zum Hinausschieben der Polizeistunde nach § 4 Abs. 2 der ehemaligen rpPolVO.[220] 124

Die **Mitwirkung einer anderen Behörde** ist ein verwaltungsinterner Vorgang, der sich mangels VA-Qualität einer unmittelbaren verwaltungsgerichtlichen Anfechtung entzieht, wenn die andere Behörde nur unter innerdienstlichen Gesichtspunkten die Entscheidung der nach außen allein zuständigen Behörde lenken soll. Die nach außen entscheidende Behörde hat dann gegenüber dem Betroffenen ggf. eine rechtswidrige innerdienstliche Bindung zu vertreten mit der Folge, dass auf eine gegen sie erhobene Verpflichtungsklage auch die Rechtmäßigkeit der Mitwirkung seitens der anderen Behörde zu prüfen ist.[221] Das BVerwG hat der Zustimmung der obersten Landesstraßenbaubehörde nach § 9 Abs. 2 FStrG,[222] der Zustimmung der Luftfahrtbehörde nach § 12 Abs. 2 LuftVG[223] und dem Einvernehmen der Gemeinde nach § 36 BauGB[224] den Charakter eines VA abgesprochen und damit zu erkennen gegeben, dass es in diesen Fällen den Gesetzesvollzug gegenüber den Antragstellern lediglich im Akt der Genehmigungsbehörde und nicht auch im Akt der Zustimmungsbehörde erblickt. Entsprechendes gilt für die Zustimmung der Bundesagentur für Arbeit nach § 39 AufenthG bei einem Aufenthaltstitel, der einem Ausländer die Ausübung einer Beschäftigung erlaubt.[225] Erlässt eine nur zur internen Mitwirkung berufene Behörde einen VA gegenüber dem Betroffenen, so ist dieser rechtswidrig und im Anfechtungsverfahren ohne Weiteres aufzuheben. 125

---

217 *Engelhard*, Der mehrstufige VA und seine prozessuale Bedeutung, München 1974.
218 BVerwG, Urt. v. 19.01.1967 – VI C 73.64, BVerwGE 26, 31 (39).
219 VGH Bayern, Urt. v. 25.06.1973 – 45 VII 72, DÖV 1973, 826.
220 OVG Rheinland-Pfalz, Entsch. v. 14.07.1971 – 2 A 33/71, VerwRspr 23, 847.
221 BVerwG, Urt. v. 25.10.1967 – IV C 129.65, BVerwGE 28, 145 (147); BVerwG, Urt. v. 26.09.1969 – VII C 67.67, BVerwGE 34, 65 (69).
222 BVerwG, Urt. v. 17.09.1964 – I C 26.63, BVerwGE 19, 240; BVerwG, Urt. v. 28.05.1963 – I C 247.58, BVerwGE 16, 116 (118); BVerwG, Urt. v. 03.09.1963 – I C 151.59, BVerwGE 16, 301 (303).
223 BVerwG, Urt. v. 16.07.1965 – IV C 30.65, BVerwGE 21, 354.
224 BVerwG, Urt. v. 24.10.1967 – IV C 229.65, BVerwGE 28, 139; BVerwG, Urt. v. 19.11.1965 – IV C 184.65, BVerwGE 22, 342 (345).
225 Vgl. BVerwG, Urt. v. 08.12.2009 – 1 C 14.08, BVerwGE 135, 325 = DVBl 2010, 655.

C. Allgemeinverfügung

126 Die in Satz 2 genannte Allgemeinverfügung ist ein Unterfall des VA. Es sind drei Fallgruppen zu unterscheiden:
- die Regelung richtet sich an einen nach allgemeinen Merkmalen bestimmten oder bestimmbaren Personenkreis,
- die Regelung betrifft die öffentlich-rechtliche Eigenschaft einer Sache,
- die Regelung betrifft die Benutzung einer Sache durch die Allgemeinheit.

127 Die Allgemeinverfügung wird durch die Begriffsmerkmale des VA bestimmt, weist aber hinsichtlich des **Regelungsadressaten** einige Besonderheiten auf. Es handelt sich auch hier um eine hoheitliche Regelung eines Einzelfalls durch eine Behörde mit Außenwirkung. Während vor Erlass des VwVfG unter dem Begriff Allgemeinverfügung nur ein VA verstanden wurde, der sich an einen z.Zt. des Erlasses der Regelung objektiv feststehenden und individualisierbaren Personenkreis richtete, hat die gesetzliche Regelung in Satz 2 den Anwendungsbereich deutlich erweitert. Ferner gelten nun aufgrund der Eigenart der Allgemeinverfügung gegenüber den grundsätzlichen Rechtsvorschriften für den VA die folgenden Besonderheiten:
- gem. § 28 Abs. 2 Nr. 4 kann die Behörde beim Erlass einer Allgemeinverfügung von der Anhörung absehen;
- gem. § 41 Abs. 3 Satz 2 kann die Allgemeinverfügung öffentlich bekannt gegeben werden, wenn eine Bekanntgabe an die Beteiligten untunlich ist;
- gem. § 39 Abs. 2 Nr. 5 ist eine Begründung nicht erforderlich, wenn eine Allgemeinverfügung öffentlich bekanntgegeben wird.

I. Regelung an einen nach allgemeinen Merkmalen bestimmten Personenkreis

128 Während durch Rechtsvorschrift abstrakt eine unbestimmte Vielzahl von Fällen geregelt wird, liegt bei der Allgemeinverfügung eine Einzelfallregelung vor. Eine solche Einzelfallregelung kann einerseits getroffen werden durch ein Bündel von Einzelverfügungen (»Sammelverfügung«), die den Betroffenen jeweils gesondert zugestellt werden.[226] Die Allgemeinverfügung öffnet demgegenüber den Adressatenkreis und ermöglicht eine Regelung auch gegenüber einem bisher nur nach allgemeinen Kriterien bestimmten oder bestimmbaren Personenkreis. Damit wird die Zielsetzung deutlich, einen betroffenen Personenkreis dadurch zu individualisieren, dass die von der Regelung Betroffenen durch ihre Beziehung zu dem im Zeitpunkt des Erlasses bestimmten geregelten Sachverhalt gekennzeichnet sind. Der Personenkreis braucht damit nicht mehr konkret feststellbar zu sein. Es genügt, wenn der Kreis der Betroffenen gattungsmäßig benannt wird. Insoweit kommt auch eine Einzelfallregelung in Betracht, die etwa im Fall eines präventiven Demonstrationsverbotes einen noch nicht feststehenden Adressatenkreis erfasst.[227]

226 Vgl. OVG Niedersachsen, Beschl. v. 25.07.2007 – 5 ME 137/07, WKRS 2007, 40241; Kopp/Ramsauer § 35 Rn. 163 m.w.N.

227 Vgl. VGH Baden-Württemberg, Urt. v. 06.11.2013 – 1 S 1640/12, VBlBW 2014, 147.

Auch **Verkehrsregelungen und Verkehrszeichen** sind als Allgemeinverfügung anzusehen (s.a. Rdn. 93 sowie zur Bekanntgabe § 41 Rdn. 60). Es handelt sich hierbei um konkrete orts- und situationsbezogene Anordnungen, die verkehrsregelnde Ge- oder Verbote zum Inhalt haben.[228] Weiterhin werden als Allgemeinverfügung nach der ersten Variante angesehen: Erklärung eines Gebiets zum militärischen Sicherheitsbereich,[229] Anordnung an pharmazeutische Unternehmer, dass Fertigarzneimittel mit bestimmten Inhaltsstoffen nur noch in kindergesicherten Behältnissen oder Verpackungen in Verkehr gebracht werden dürfen,[230] Anordnung seuchenpolizeilicher (infektionsschutzrechtlicher) Maßnahmen über Rundfunk,[231] Bekanntgabe von Smog-Alarm,[232] Zuweisung aller Berufsschüler eines bestimmten Ausbildungsberufs an eine überörtliche Fachklasse.[233] 129

Z.T. wird die Auffassung vertreten, der Personenkreis müsse zum Zeitpunkt der Regelung objektiv feststehen (wie etwa bei einer an alle Teilnehmer einer Versammlung gerichteten Anordnung, den Versammlungsraum sofort zu verlassen) oder doch abschließend feststellbar sein (wie z.B. bei einer Räumungsverfügung an alle Bewohner eines durch Giftgas gefährdeten Stadtteils).[234] 130

II. Regelung hinsichtlich öffentlich-rechtlicher Eigenschaft oder Benutzung einer Sache

Durch die zweite und dritte Variante wird der Allgemeinverfügung jeder VA zugeordnet, der die öffentlich-rechtliche Eigenschaft einer Sache oder ihre Benutzung durch die Allgemeinheit betrifft. 131

Die Allgemeinverfügung nach Satz 2 zweite Variante wendet sich auf den ersten Blick nicht an Personen, sondern bezieht sich auf eine Sache. Gegenstand der Regelung ist jedoch der Umgang von Personen mit dieser Sache, sodass mit der getroffenen Entscheidung zugleich Rechte und Pflichten von Personen begründet werden. So wird durch **Widmung** einer Straße für den öffentlichen Verkehr geregelt, dass jedermann das Recht zum ungehinderten Gemeingebrauch einer bestimmten Verkehrsfläche in Anspruch nehmen kann. Als Allgemeinverfügung anerkannt sind die Widmung[235] und Benennung[236] von Straßen und Plätzen, die Widmung eines Grillplatzes,[237] 132

228 Vgl. BVerfG, Entsch. v. 24.02.1965 – 2 BvR 682/64, NJW 1965, 2395; BVerwG, Urt. v. 25.01.1995 – 11 C 29.93, BVerwGE 97, 323 m.w.N., st. Rspr.
229 BVerwG, Urt. v. 12.01.1990 – 7 C 88.88, BVerwGE 84, 247 = NJW 1990, 2076.
230 VG Berlin, Urt. v. 01.02.1982 – 14 A 368.80, DVBl 1983, 281.
231 BVerwG, Urt. v. 28.02.1961 – I C 54.57, BVerwGE 12, 87.
232 *Jarass*, NVwZ 1987, 95.
233 VGH Baden-Württemberg, Urt. v. 22.05.2013 – 9 S 1367/12, VBlBW 2013, 461.
234 BVerwG, Urt. v. 01.10.1963 – IV C 9.63, BVerwGE 18, 1 = NJW 1964, 1151; VGH Hessen, Urt. v. 25.04.1983 – VI N 5/82, NVwZ 1984, 116.
235 OVG Rheinland-Pfalz, Beschl. v. 28.11.1986 – 1 B 73.86, NJW 1987, 1284.
236 VGH Baden-Württemberg, Urt. v. 22.07.1991 – 1 S 1258/90, NVwZ 1992, 196.
237 VGH Baden-Württemberg, Urt. v. 11.04.1994 – 1 S 1081/93, NVwZ 1994, 920.

die Errichtung und Schließung eines Friedhofes,[238] die Eintragung in die Denkmalliste.[239]

133 Eine Allgemeinverfügung nach Satz 2 dritte Variante ist schließlich eine Regelung hinsichtlich der **Benutzung einer Sache** (worunter auch Grundstücke fallen[240]) durch die Allgemeinheit. Hierdurch können für eine unbestimmte Zahl von Personen Regelungen für eine Benutzung von Anstalten oder sonstigen Einrichtungen aufgestellt werden, sofern dies nicht in der Form einer Rechtsverordnung erfolgt.[241] In Betracht kommen Entscheidungen zu Wasserschutzgebieten auf der Grundlage von § 52 Abs. 1 Satz 1 WHG,[242] Regelungen hinsichtlich des Betriebs eines Verkehrsflughafens[243] oder etwa die konkrete Anordnung, dass auf einem Friedhof keine weiteren Bestattungen mehr vorgenommen werden dürfen.[244]

D. Besondere Formen des VA

134 VA können je nach Art und Inhalt in verschiedenen Formen erlassen werden:

135 **Teilgenehmigungen** (z.B. nach § 8 BImSchG), die ein Teilvorhaben (z.B. die Aushebung einer Baugrube) mit einer gewissen Bindungswirkung hinsichtlich der Pflicht zur Genehmigung des Gesamtvorhabens (z.B. der Errichtung eines Kernkraftwerkes)[245] genehmigen;[246]

136 **Vorbescheide** (z.B. nach § 9 BImSchG; vor allem aber: Bauvorbescheide nach den Landesbauordnungen, bei bauplanungsrechtlichem Inhalt auch Bebauungsgenehmigung genannt), die vorweg verbindlich feststellen, dass von allen für eine Genehmigung erforderlichen Voraussetzungen ganz bestimmte erfüllt sind,[247]

137 **Zusicherungen** nach § 38, die die Behörde unter dem Vorbehalt des § 38 Abs. 3 verpflichten, einen bestimmten VA später zu erlassen bzw. zu unterlassen;[248]

238 BVerwG, Beschl. v. 09.06.1992 – 7 B 59.92, NVwZ 1993, 674 (675).

239 OVG Nordrhein-Westfalen, Urt. v. 09.09.1994 – 10 A 1616/90, NVwZ-RR 1995, 314; als »feststellender VA«: VG Weimar, Urt. v. 08.12.1994 – 1 K 731/94.We, ThürVBl. 1995, 71.

240 BVerwG, Urt. v. 25.10.2018 – 7 C 22.16, BVerwGE 163, 308.

241 *Löwer*, DVBl 1985, 938.

242 BVerwG, Urt. v. 25.10.2018 – 7 C 22.16, BVerwGE 163, 308.

243 VGH Bayern, Urt. v. 31.03.1993 – 20 B 92.1859, NVwZ-RR 1994, 241.

244 BVerwG, Beschl. v. 09.06.1992 – 7 B 59.92, NVwZ 1993, 674.

245 VGH Baden-Württemberg, Beschl. v. 26.02.1979 – X 3908/78, ESVGH 29, 138 = NJW 1979, 2528.

246 Vgl. Bauer/Heckmann/Ruge/Schallbruch/*Ritgen* § 35 Rn. 73.

247 BVerwG, Urt. v. 11.01.1985 – 7 C 74.82, NVwZ 1985, 341; BVerwG, Urt. v. 09.07.1982 – 7 C 54.79, DVBl 1982, 960; Bauer/Heckmann/Ruge/Schallbruch/*Ritgen* § 35 Rn. 72.

248 Zur Abgrenzung vom Vorbescheid: OVG Berlin, Beschl. v. 27.03.1986 – 2 S 145.85, NVwZ 1986, 579.

mehrstufige VA, deren rechtmäßiger Erlass auf die Mitwirkung einer anderen Behörde (z.B. im Wege der Erteilung des Einvernehmens, der Genehmigung oder der Zustimmung) angewiesen ist;[249] 138

mitwirkungsbedürftige VA, deren rechtmäßiger Erlass eine Mitwirkung des Betroffenen (regelmäßig in der Form eines Antrages)[250] voraussetzen; 139

Dauer-VA, deren Rechtserheblichkeit sich nicht im Zeitpunkt ihres Erlasses erschöpft, sondern – wie im Fall der Untersagung eines Gewerbebetriebes nach § 35 Abs. 1 GewO – während der Wirksamkeit des VA ständig neu aktualisiert; in diesem Fall ist eine Anfechtungsklage grundsätzlich auch dann begründet, wenn zwar beim Erlass des VA die gesetzlichen Voraussetzungen gegeben waren, dessen Aufrechterhaltung zu einem späteren Zeitpunkt jedoch nicht mehr gerechtfertigt ist;[251] gerade für den Bereich der Gewerbeuntersagung ist dieser Schluss allerdings nicht gerechtfertigt, da hier Änderungen in den Verhältnissen nach dem Willen des Gesetzgebers einem gesonderten Wiedergestattungsverfahren nach § 35 Abs. 6 GewO vorbehalten sein sollen.[252] 140

Ketten-VAe im Sinne mehrerer aufeinanderfolgender gleichartiger VA (wenn etwa eine Ausnahmegenehmigung immer wieder nur befristet erteilt wird), die besondere Rechtsprobleme hinsichtlich des Bestandsschutzes aufwerfen;[253] 141

vorläufige VA im Sinne einer nach nur summarischer Prüfung der Sach- und Rechtslage ergangenen Regelung, die nach abschließender Prüfung der Voraussetzungen ihres Ergehens unter erleichterten Bedingungen beseitigt werden kann.[254] 142

E. Nicht-Verwaltungsakte

Keine VA sind Handlungen, denen der **Schein des VA** anhaftet, obgleich ihnen ein Wesensmerkmal fehlt. Zu ihnen zählen z.B. unter Berufung auf die öffentliche Gewalt vorgenommene Maßnahmen Privater, die nicht – wie Beliehene (vgl. zu diesen Rdn. 21 sowie § 1 Rdn. 85) – mit Hoheitsbefugnissen ausgestattet sind oder durch unmittelbaren Zwang bewirkte Entscheidungen, die nicht auf dem natürlichen Willen eines Amtsträgers beruhen und daher nicht als hoheitliche Maßnahmen qualifiziert werden können.[255] Gleichfalls kein VA liegt vor, wenn sich Hinweise auf diese Form 143

249 S.o. Rdn. 123; Bauer/Heckmann/Ruge/Schallbruch/*Ritgen* § 35 Rn. 78.
250 Vgl. dazu § 22 sowie die einschlägige Kommentierung.
251 BVerwG, Urt. v. 15.11.1967 – I C 43.67, BVerwGE 28, 205; für den konkreten Anwendungsfall allerdings überholt (s. nachfolgende Fn.).
252 StRspr seit BVerwG, Urt. v. 02.02.1982 – 1 C 146.80, BVerwGE 65, 1 = DVBl 1982, 694.
253 *Kloepfer*, DVBl 1972, 372.
254 VGH Baden-Württemberg, Beschl. v. 29.06.1994 – 10 S 2510/93, NVwZ 1995, 292.
255 Vgl. BVerwG, Urt. v. 23.08.2011 – 9 C 2.11, BVerwGE 140, 245; VGH Baden-Württemberg, Urt. v. 16.12.2009 – 1 S 3263/08, ESVGH 60, 160 (von einem privaten Unternehmen aufgestelltes Halteverbotsschild, dem keine Anordnung durch die Straßenverkehrsbehörde zugrundeliegt); zur Abgrenzung: BVerwG, Urt. v. 06.04.2016 – 3 C 10.15, NJW 2016, 2353 (Anordnung der Straßenverkehrsbehörde wird von privatem Veranstalter lediglich ausgeführt); *Kümper*, NJW 2016, 2356 m.w.N.

in dem Schreiben einer beauftragten GmbH (vgl. § 2 Abs. 3 Satz 1 KAG BW) lediglich an »versteckter« Stelle befinden und deshalb für den Empfänger die hoheitliche Handlungsform nicht erkennbar ist.[256] Bloß der Form nach als VA erlassene Erklärungen (sog. **formelle VA bzw. Anscheins-VA**) sind zwar keiner materiellen Bestandskraft fähig, aber gleichwohl wie VA anfechtbar.[257]

F. Verfahrensvorschriften des Sozialrechts sowie Verwaltungsverfahrensrecht der Länder

144 Die Verwaltungsverfahrensgesetze der Länder haben gleichlautende Vorschriften. In Sachsen ist für die landesbehördliche Tätigkeit das VwVfG des Bundes nach Maßgabe von § 1 Satz 1 SächsVwVfZG anwendbar, in Berlin, Niedersachsen und Rheinland-Pfalz greifen ebenfalls Verweisungen (§ 1 BlnVwVfG, NiedsVwVfG, RPLVwVfG). In § 106 LVwG ist das Wort »hoheitliche« durch »öffentlich-rechtliche« ersetzt. Eine vergleichbare Vorschrift enthält im Sozialrecht § 31 SGB X, im Abgabenrecht § 118 AO. Zum Justizverwaltungsakt siehe § 23 EGGVG.

G. Unionsrecht

145 Die Harmonisierung der Handlungsformen im Verhältnis der Mitgliedstaaten untereinander wie auch zwischen den Organen der EU und den Mitgliedstaaten kann noch nicht als abgeschlossen betrachtet werden. Im Unionsrecht ist für den **direkten Vollzug** des Europarechts mit dem **Beschluss** (Art. 288 Abs. 4 AEUV) jedoch ein Instrument verankert, das dem VA in vielerlei Hinsicht entspricht.[258] Beschlüsse sind in allen ihren Teilen verbindlich. Unterschieden wird zwischen adressatenspezifischen und adressatenunabhängigen Beschlüssen.[259] Sind Beschlüsse an bestimmte Adressaten gerichtet, so sind sie nur für diese verbindlich. Beschlüsse, die an einen bestimmten Adressaten gerichtet sind, werden denjenigen, für die sie bestimmt sind, bekannt gegeben und durch diese Bekanntgabe wirksam (Art. 297 Abs. 2 AEUV). Beschlüsse sind mit einer Begründung zu versehen (Art. 296 AEUV). Nach Maßgabe von Art. 299 AEUV können Beschlüsse vollstreckbare Titel sein. Beschlüsse können nach der st. Rspr. des EuGH in **Bestandskraft** erwachsen, wenn sie nicht fristgerecht

---

256 Vgl. VGH Baden-Württemberg, Urt. v. 15.10.2009 – 2 S 1457/09, DVBl 2010, 196 für ein als »Rechnung« bezeichnetes Schreiben einer Stadtwerke GmbH, das zugleich als Gebührenbescheid gemeint sein sollte; ähnlich OVG Nordrhein-Westfalen, Beschl. v. 31.01.2013 – 9 E 1060/12, WKRS 2013, 34250.

257 BSG, Urt. v. 05.09.2006 – B 4 R 71/06 R, BSGE 97, 63; VGH Baden-Württemberg, Beschl. v. 20.10.2016 – 1 S 1662/16, WKRS 2016, 27567; Beschl. v. 10.07.2017 – 9 S 1253/17, WKRS 2017, 18042; *Barczak*, JuS 2018, 238 (244); Bauer/Heckmann/Ruge/Schallbruch/Ritgen § 35 Rn. 4.

258 Vgl. Bauer/Heckmann/Ruge/Schallbruch/*Ritgen* § 35 Rn. 9.

259 Näher dazu etwa Grabitz/Hilf/*Nettesheim*, Das Recht der EU, Art. 288 AEUV Rdn. 172 ff.; Stelkens/Bonk/Sachs/*U.Stelkens* § 35 Rdn. 345 ff.; im früheren EU-Recht vor dem am 01.12.2009 in Kraft getretenen Vertrag von Lissabon wurde der adressatenspezifische Beschluss noch als »Entscheidung« bezeichnet.

angefochten werden.[260] Die Bestandskraft hat zur Folge, dass der Betroffene grundsätzlich die Rechtmäßigkeit eines Beschlusses nicht mehr in Frage stellen kann.

Im **indirekten Vollzug** des Europarechts ist der VA in seiner Ausprägung nach natio- 146
nalem Recht ein grundsätzlich zulässiges und viel genutztes Instrument.[261] Das Europarecht belässt den Mitgliedstaaten eine verfahrensrechtliche Autonomie zu seiner Umsetzung. Vorgaben folgen aber etwa aus dem **Effektivitätsgebot** (vgl. Art. 4 Abs. 3 EUV) und dem **Diskriminierungsverbot** (vgl. Art. 18 AEUV; ferner z.B. Art. 45 Abs. 2 AEUV). In Einzelfällen können daher aus europarechtlichen Gründen Modifizierungen der für VA vorgesehenen Regeln – z.B. hinsichtlich der Rücknehmbarkeit i.S.v. § 48 – geboten sein.[262]

Besondere Bedeutung kommt dem sog. **transnationalen VA** zu. Darunter versteht 147
man einen von einer nationalen Behörde erlassenen, aber über die staatlichen Grenzen hinaus wirkenden, auch von anderen Staaten anerkannten VA.[263] Der transnationale VA ist insbesondere Ausdruck einer vertieften Integration der EU und hat mittlerweile zahlreiche, vor allem durch EU-Sekundärrecht statuierte Anwendungsfelder wie das Fahrerlaubnisrecht[264] (vgl. Art. 2 RL 2006/126/EG: gegenseitige Anerkennung von Führerscheinen), das Recht der Anerkennung von Berufsabschlüssen (vgl. die RL 2005/36/EG) oder das Wertpapierrecht (vgl. Art. 17 RL 2003/71/EG: unionsweite Geltung gebilligter Prospekte).[265]

---

260 EuGH, Urt. v. 09.03.1994 – C-188/92 (Textilwerke Deggendorf gegen BRD), Slg. 1994, I-833 = DVBl 1994, 1122 Rn. 18; Urt. v. 30.01.1997 – C-178/95 (Wiljo), Slg. 1997, I-585 Rn. 21; Urt. v. 15.02.2001 – C-239/99 (Nachi Europe), Slg. 2001, I-1197 = DVBl 2001, 544.

261 Vgl. Bauer/Heckmann/Ruge/Schallbruch/*Ritgen*, § 35 Rn. 10.

262 Vgl. die Kommentierungen bei den jeweiligen Vorschriften sowie speziell zur Rücknahmeproblematik EuGH, Urt. v. 13.01.2004 – C-453/00 (Kühne amp Heitz), Slg. 2004, I-837 = DVBl 2004, 373; Urt. v. 19.09.2006 – C-392/04 und C-422/04 (i-21 Germany GmbH/Arcor), Slg. 2006, I-8559 = DVBl 2006, 1441; EuGH, Urt. v. 12.02.2008 – C-2/06 (Kempter), Slg. 2008, I-411 = NVwZ 2008, 870; BVerwG, Urt. v. 22.10.2009 – 1 C 26.08, BVerwGE 135, 137 = NVwZ 2010, 652.

263 Vgl. *Barczak*, JuS 2018, 238 (245); Mann/Sennekamp/Uechtritz/*Windoffer*, § 35 Rn. 31 f.

264 Vgl. *Rebler*, JuS 2018, 134.

265 Vgl. näher etwa *Becker*, DVBl 2001, 855; *Dünchheim*, DVP 2004, 202; *Sydow*, DÖV 2006, 66; weitere Beispiele bei Kopp/Ramsauer § 35 Rn. 34 ff.; aus der Rspr.: *OVG Niedersachsen*, Urt. v. 07.06.2012 – 13 LB 56/10, PharmR 2012, 366 (gegenseitige Anerkennung einer Arzneimittelzulassung nach § 25b AMG); ablehnend zur transnationalen Geltung von Glücksspielerlaubnissen VGH Bayern, Urt. v. 18.12.2008 – 10 BV 07.775, WKRS 2008, 38215; OVG Nordrhein-Westfalen, Urt. v. 08.12.2011 – 4 A 1965/07, NWVBl 2012, 271 m.w.N.

§ 35a Vollständig automatisierter Erlass eines Verwaltungsaktes

Ein Verwaltungsakt kann vollständig durch automatische Einrichtungen erlassen werden, sofern dies durch Rechtsvorschrift zugelassen ist und weder ein Ermessen noch ein Beurteilungsspielraum besteht.

Schrifttum

Ahrendt, Alte Zöpfe neu geflochten – Das materielle Recht in der Hand von Programmierern, NJW 2017, 537; *Bähr/Denkhaus*, Das Bayerische E-Government-Gesetz: Ein neuer Rechtsrahmen für die digitale Verwaltung in Bayern, BayVBl 2016, 1; *Baldauf*, Gesetz zur Modernisierung des Besteuerungsverfahrens – Kritische Betrachtung des Regierungsentwurfs, DStR 2016, 833; *Beirat Verwaltungsverfahrensrecht beim Bundesministerium des Innern*, Automatisiert erlassene Verwaltungsakte und Bekanntgabe über Internetplattformen – Fortentwicklung des Verfahrensrechts im Zeichen der Digitalisierung: Wie können rechtsstaatliche Standards gewahrt werden?, NVwZ 2015, 1114; *Berger*, Brauchen wir ein neues Verwaltungsrecht? – Funktionalität, Grundrechtsschutz, Teilhabe und Rechtsschutz im vollautomatisierten Verwaltungsverfahren, DVBl 2019, 1234; *dies.*, Der automatisierte Verwaltungsakt – Zu den Anforderungen an eine automatisierte Verwaltungsentscheidung am Beispiel des § 35a VwVfG, NVwZ 2018, 1260; *Braun Binder*, Vollautomatisierte Verwaltungsverfahren im allgemeinen Verwaltungsverfahrensrecht?, NVwZ 2016, 960; *dies.*, Vollständig automatisierter Erlass eines Verwaltungsaktes und Bekanntgabe über Behördenportale, DÖV 2016, 891; *dies.*, Ausschließlich automationsgestützt erlassene Steuerbescheide und Bekanntgabe durch Bereitstellung zum Datenabruf, DStZ 2016, 526; *Djeffal*, Das Internet der Dinge und die öffentliche Verwaltung – Auf dem Weg zum automatisierten Smart Government?, DVBl 2017, 808; *Guggenberger*, Einsatz künstlicher Intelligenz in der Verwaltung, NVwZ 2019, 844; *Heintzen*, Das gemeinsame Konzept von Bund und Ländern zur Modernisierung des Besteuerungsverfahrens, DÖV 2015, 780; *Maier*, Verfassungsrechtliche Aspekte der Digitalisierung des Besteuerungsverfahrens, JZ 2017, 614; *Martini/Nink*: Wenn Maschinen entscheiden … Persönlichkeitsschutz in vollautomatisierten Verwaltungsverfahren, NVwZ 2017, 681; *dies.*, Subsumtionsautomaten ante portas? – Zu den Grenzen der Automatisierung in verwaltungsrechtlichen (Rechtsbehelfs-)Verfahren, DVBl 2018, 1128; *Prell*, E-Government: Paradigmenwechsel in Verwaltung und Verwaltungsrecht?, NVwZ 2018, 1255; *Roth*, Der Regierungsentwurf zur Modernisierung des Besteuerungsverfahrens, SteuK 2016, 78; *Schmitz/Prell*, Neues zum E-Government – Rechtsstaatliche Standards für E-Verwaltungsakte und E-Bekanntgabe im VwVfG, NVwZ 2016, 1273; *Siegel*, Der virtuelle Verwaltungsakt, VerwArch 2014, 241; *ders.*, Automatisierung des Verwaltungsverfahrens – zugleich eine Anmerkung zu §§ 35a, 24 I 3, 41 IIa VwVfG –, DVBl 2017, 24; *Skrobotz*, Das elektronische Verwaltungsverfahren, 2005; *Stegmüller*, Vollautomatische Verwaltungsakte – eine kritische Sicht auf die neuen § 24 I 3 und § 35a VwVfG, NVwZ 2018, 353; *Ziekow*, Das Verwaltungsverfahrensrecht in der Digitalisierung der Verwaltung, NVwZ 2018, 1169.

Übersicht

A. Allgemeines und Grundsätze

1

Die Vorschrift wurde durch das Gesetz zur Modernisierung des Besteuerungsverfahrens vom 18.07.2016 mit Wirkung ab dem 01.01.2017 eingeführt.[1] Sie dient der Verfahrensbeschleunigung und Kostenreduzierung.[2] Während auch schon vor der Rechtsänderung »mit Hilfe« automatischer Einrichtungen zustande gekommene VA anerkannt waren (vgl. ausdrücklich § 28 Abs. 2 Nr. 4, § 37 Abs. 5 Satz 1, § 39 Abs. 2 Nr. 3 sowie zum Grundsatz der Nichtförmlichkeit des Verwaltungsverfahrens § 10 Satz 1), statuiert die Norm die Voraussetzungen dafür, den Erlass eines VA vollständig automatischen Einrichtungen zu überantworten.[3] Außerdem enthält die Regelung die Klarstellung, dass auf diese Weise überhaupt ein VA bewirkt werden kann, was sonst – allein gemessen an den Begriffsmerkmalen des § 35 – dogmatischen Zweifeln unterläge, weil automatische Einrichtungen nicht willensfähig sind.[4] Als Voraussetzungen für einen vollständig durch automatische Einrichtungen erlassenen VA sieht § 35a zweierlei vor: eine Zulassung im Fachrecht (Regelungsvorbehalt) sowie das Fehlen eines Ermessens oder eines Beurteilungsspielraums (gebundene Entscheidung). Fehlerfolge bei Missachtung der in § 35a normierten Voraussetzungen ist regelmäßig das Zustandekommen eines rechtswidrig-aufhebbaren VA.[5]

---

1 BGBl. I S. 1679.

2 Vgl. BT-Drucks. 18/8434, S. 122; Bader/Ronellenfitsch/*Prell* § 35a Rn. 20.

3 Allerdings gab es schon seit langem vollautomatisierte Regelungen auf einfachem Niveau wie z.B. bei Ampeln (vgl. § 37 StVO – Wechsellichtzeichen) oder Verkehrsleitsystemen, die der Gesetzgeber mit § 35a nicht in den Blick genommen hat und die deshalb (qua teleologischer Reduktion) unverändert außerhalb des Anwendungsbereichs der Norm zulässig bleiben, vgl. Stelkens/Bonk/Sachs/*Stelkens* § 35a Rn. 22; kritisch zum Ganzen *Stegmüller*, NVwZ 2018, 353 (356).

4 Vgl. BT-Drucks. 18/8434, S. 122; Bader/Ronellenfitsch/*Prell* § 35a Rn. 7; *Berger*, NVwZ 2018, 1260 (1262); *Schmitz/Prell*, NVwZ 2016, 1273 (1275); *Siegel*, DVBl 2017, 24 (25); kritisch indes *Stegmüller*, NVwZ 2018, 353 (355).

5 Mann/Sennekamp/Uechtritz/*Windoffer*, § 35a Rn. 31; Stelkens/Bonk/Sachs/*Stelkens* § 35a Rn. 55 f.; **hingegen** kritisch und von ungeklärten Folgen ausgehend *Stegmüller*, NVwZ 2018, 353 (356).

B. Die Vorschrift im Einzelnen

I. Vollständiger Erlass durch automatische Einrichtungen

2 Der VA wird im Rahmen von § 35a nicht von einem Bediensteten, sondern »vollautomatisiert« erlassen.[6] Anders ist dies bei den (schon in der Ursprungsfassung des VwVfG in §§ 28, 37, 39 angesprochenen) nur mit Hilfe automatischer Einrichtungen erlassenen VA.[7] Die bereits in den Gesetzesmaterialien zu den Bestimmungen über diesen reinen Hilfsmitteleinsatz enthaltene Wendung, die »Entscheidung« werde der Maschine überlassen,[8] war insoweit missverständlich und darf nicht über den Unterschied zu dem nur in § 35a gemeinten vollständigen Erlass eines VA durch automatische Einrichtungen hinwegtäuschen.

3 Begrifflich zu unterscheiden ist ferner der elektronisch erlassene VA (= elektronische VA) im Sinne von § 37 Abs. 2 Satz 1, dessen Besonderheit in der Form,[9] aber nicht in der Art der Entscheidungsfindung liegt.[10] Beim elektronisch erlassenen VA ist das für den Rechtsverkehr maßgebliche Originaldokument auf einem Datenträger elektronisch gespeichert.[11] Dieses muss aber keineswegs notwendig »durch« automatische Einrichtungen erlassen worden sein. Ebenso ein nur formell abzugrenzender Typus des VA ist der VA in elektronischer Form gem. § 3a Abs. 2 Satz 2, bei dem die Schriftform durch eine besonders rechtssichere Form des elektronischen Dokuments ersetzt wird.

4 Schließlich kennt das Gesetz noch die Kategorie des elektronisch übermittelten VA (§ 41 Abs. 2 Satz 2). Dieser kann auch ein schriftlich (also nicht elektronisch) und ein nicht durch automatische Einrichtungen erlassener VA sein, da lediglich die Art der Bekanntgabe kennzeichnend ist.[12]

5 Unter den Begriff der automatischen Einrichtungen fallen technische Systeme, die nach vorher festgelegten Parametern autonom, d.h. ohne weiteres menschliches Einwirken, funktionieren.[13] Erfasst sind EDV-Anlagen wie Großrechner oder auch Arbeitsplatz-PC.[14] Die Formulierung ist indes technikoffen und lässt daher auch Raum für die Anwendung auf neue Systeme, deren Aufbau und Funktionsweise dem Gesetzgeber noch nicht im Einzelnen vor Augen stand.[15] Maßgebend ist, dass alle Verfahrensschritte innerhalb der Verwaltung ohne personelle Bearbeitung erfolgen.[16]

---

6 Vgl. *Schmitz/Prell*, NVwZ 2016, 1273 (»Behördenmitarbeiter vollständig ersetzt«).
7 Vgl. Bader/Ronellenfitsch/*Prell* § 35a Rn. 2; Mann/Sennekamp/Uechtritz/*Schönenbroicher* § 37 Rn. 167; *Siegel*, DVBl 2017, 24 (25); Stelkens/Bonk/Sachs/*Stelkens* § 37 Rn. 71.
8 Vgl. BT-Drucks. 7/910, S. 59.
9 Zur besonderen Möglichkeit der Bekanntgabe mittels Abrufs vgl. § 41 Abs. 2a.
10 Vgl. ferner § 71e zur Abwicklung des Verfahrens über eine einheitliche Stelle in elektronischer Form.
11 Vgl. *Schmitz/Prell*, NVwZ 2016, 1273 (1274); *Siegel*, DVBl 2017, 24 (27).
12 Vgl. *Schmitz/Prell*, NVwZ 2016, 1273 (1274).
13 Vgl. Bader/Ronellenfitsch/*Prell* § 35a Rn. 5; *Schmitz/Prell*, NVwZ 2016, 1273 (1275).
14 Vgl. Stelkens/Bonk/Sachs/*Stelkens* § 37 Rn. 68.
15 Vgl. Bader/Ronellenfitsch/*Prell* § 35a Rn. 5; *Schmitz/Prell*, NVwZ 2016, 1273 (1275 f.).
16 Vgl. *Braun Binder*, NVwZ 2016, 960; *Schmitz/Prell*, NVwZ 2016, 1273 (1276).

Auf die Bekanntgabeform (z.B. Postversand oder Übergabe eines Ausdrucks; Bereitstellung und Abruf nach § 41 Abs. 2a) kommt es für die Anwendbarkeit des § 35a nicht an. Zwar schließt der Begriff »erlassen« im VwVfG grundsätzlich die Bekanntgabe ein, jedoch gilt dies im vorliegenden Zusammenhang angesichts des Schutzzwecks der Bestimmung nicht.[17] 6

II. Regelungsvorbehalt

Die Bestimmung des § 35a gibt keine Anwendungsfälle für den vollständigen Erlass eines VA durch automatische Einrichtungen vor, sondern erklärt eine Zulassung im Fachrecht (»durch Rechtsvorschrift zugelassen«) zur Voraussetzung.[18] Eine Ermächtigung durch Rechtsverordnung oder Satzung ist grundsätzlich ebenso ausreichend wie eine solche in einem förmlichen Gesetz.[19] 7

III. Kein Ermessen oder Beurteilungsspielraum

Der vollautomatische Erlass des VA ist nur statthaft, wenn der Behörde weder ein Ermessen noch ein Beurteilungsspielraum eingeräumt ist.[20] Ob dies der Fall ist, ist der jeweiligen Fachnorm im Wege der Auslegung zu entnehmen.[21] Ist das Ermessen bzw. der Beurteilungsspielraum der Behörde auf Null reduziert, so kommt dies einer gebundenen Entscheidung gleich.[22] Bei einem sog. intendierten Ermessen ist das hingegen nicht der Fall.[23] Bei gerichtlich voll überprüfbaren unbestimmten Rechtsbegriffen, die besonders schwierig auszufüllen sind, ist Zurückhaltung beim Gebrauch automatischer Einrichtungen geboten und je nach Komplexität auch rechtlich der Ausschluss des vollständigen Erlasses durch automatische Einrichtungen wie bei einem Ermessen oder Beurteilungsspielraum zu erwägen.[24] 8

IV. Wahrung von Verfahrensrechten

Unberührt bleiben auch beim vollständig automatisierten Erlass eines VA die aus dem VwVfG und sonstigem, insbesondere höherrangigem Recht abzuleitenden Verfahrensrechte der Beteiligten und -pflichten der Behörde. Insbesondere ist dem Untersuchungsgrundsatz Rechnung zu tragen. Der parallel zu § 35a eingeführte § 24 Abs. 1 Satz 3 ordnet deshalb an, dass die Behörde beim Einsatz automatischer Einrichtungen 9

17 Vgl. Bader/Ronellenfitsch/*Prell* § 35a Rn. 3; *Braun Binder*, DÖV 2016, 891 (895); *Schmitz/Prell*, NVwZ 2016, 1273 (1276); ebenso zu § 37: Stelkens/Bonk/Sachs/*Stelkens* § 37 Rn. 67.

18 Kritisch dazu *Stegmüller*, NVwZ 2018, 353 (355 ff.).

19 Vgl. Bader/Ronellenfitsch/*Prell* § 35a Rn. 11; *Siegel*, DVBl 2017, 24 (26); unklar *Braun Binder*, DÖV 2016, 891 (893 f.).

20 Kritisch dazu *Stegmüller*, NVwZ 2018, 353 (357).

21 Siehe dazu § 40 Rn. 11 ff. und 61 ff.

22 Vgl. aber zur Problematik, die Reduktion auf Null fehlerfrei festzustellen, *Braun Binder*, DÖV 2016, 891 (894). Differenzierend auch *Siegel*, DVBl 2017, 24 (26).

23 Ebenso *Siegel*, DVBl 2017, 24 (26).

24 Vgl. Bader/Ronellenfitsch/*Prell* § 35a Rn. 13; *Schmitz/Prell*, NVwZ 2016, 1273 (1276).

zum Erlass von VA für den Einzelfall bedeutsame tatsächliche Angaben des Beteiligten berücksichtigen muss, die im automatischen Verfahren nicht ermittelt würden. Bei individuellem Vortrag muss es eine Möglichkeit zur »Aussteuerung« und personellen Bearbeitung geben.[25] Besondere Schwierigkeiten kann das Akteneinsichtsrecht (§ 29) aufwerfen, weshalb eine nachvollziehbare Dokumentation auch der EDV-Abläufe zumindest ratsam ist.[26] Als ungeklärt anzusehen ist, ob die Verfahrensvereinfachungen in §§ 28, 37, 39 für mit Hilfe automatischer Einrichtungen erlassene VA im Anwendungsbereich des § 35a (erst recht) gelten.[27]

C. Verfahrensvorschriften des Sozialrechts sowie Verwaltungsverfahrensrecht der Länder

10 Das Instrument des vollständig automatisierten Erlasses eines VA war im Gesetzgebungsverfahren ursprünglich nur für das Besteuerungsverfahren nach der AO vorgesehen.[28] Später entschloss sich der Gesetzgeber, weitgehend übereinstimmende Regelungen auch in das VwVfG und in das SGB X aufzunehmen, um eine »möglichst einheitliche« Fortentwicklung der drei Verfahrensordnungen zu gewährleisten.[29] In § 31a SGB X ist nunmehr ebenfalls der vollständig automatisierte Erlass eines VA normiert, in § 155 Abs. 4 AO (bedeutungsgleich) »ausschließlich automationsgestützte« Maßnahmen. Abweichungen sind den unterschiedlichen Anwendungsbereichen und der Anpassung an den jeweils bestehenden Gesetzestext geschuldet.[30] In die Verwaltungsverfahrensgesetze der Länder werden dem § 35a entsprechende Bestimmungen erst nach und nach aufgenommen.

D. Unionsrecht

11 Mit Blick auf das Unionsrecht sind datenschutzrechtliche Vorgaben zu beachten. Nach Art. 22 Abs. 1 VO (EU) 2016/679 (Datenschutz-Grundverordnung, DS-GVO) besteht ein weitreichendes Recht, nicht einer ausschließlich auf einer automatisierten Verarbeitung beruhenden Entscheidung unterworfen zu werden (grundsätzliches Automationsverbot).[31] Dieses greift indes nach Art. 22 Abs. 2 lit. b VO u.a. dann nicht, wenn die Entscheidung aufgrund von Rechtsvorschriften zulässig ist und diese Rechtsvorschrift angemessene Maßnahmen zur Wahrung der Rechte und Freiheiten

25 Vgl. Bader/Ronellenfitsch/*Prell* § 35a Rn. 18; *Schmitz/Prell*, NVwZ 2016, 1273 (1277).

26 Vgl. Bader/Ronellenfitsch/*Prell* § 35a Rn. 19; *Schmitz/Prell*, NVwZ 2016, 1273 (1277).

27 Vgl. *Braun Binder*, DÖV 2016, 891 (895); *Siegel*, DVBl 2017, 24 (28); Stelkens/Bonk/Sachs/*Stelkens* § 35a Rn. 19 ff.; grds. bejahend Mann/Sennekamp/Uechtritz/*Windoffer*, § 35a Rn. 10 und 33; **hingegen** skeptisch *Berger*, NVwZ 2018, 1260 (1264).

28 Vgl. BT-Drucks. 18/7457.

29 Vgl. BT-Drucks. 18/8434, S. 120 und 122.

30 Vgl. BT-Drucks. 18/8434, S. 120 und 122.

31 Hierzu gibt es eine nationale Anpassungsgesetzgebung, so im Bund das Gesetz zur Anpassung des Datenschutzrechts an die Verordnung (EU) 2016/679 und zur Umsetzung der Richtlinie (EU) 2016/680 (Datenschutz-Anpassungs- und -Umsetzungsgesetz EU-DSAnpUG-EU) vom 30.06.2017, BGBl. I S. 2017. Art. 22 DS-GVO wird seither flankiert durch § 37 BDSG.

sowie der berechtigten Interessen der betroffenen Person enthalten.[32] Für das Eigenverwaltungsrecht der EU (Vollzug von EU-Recht durch EU-Organe) enthält Art. 24 Abs. 1 und Abs. 2 lit. b VO (EU) 2018/1725 entsprechende Regelungen.

§ 36 Nebenbestimmungen zum Verwaltungsakt

(1) Ein Verwaltungsakt, auf den ein Anspruch besteht, darf mit einer Nebenbestimmung nur versehen werden, wenn sie durch Rechtsvorschrift zugelassen ist oder wenn sie sicherstellen soll, dass die gesetzlichen Voraussetzungen des Verwaltungsaktes erfüllt werden.

(2) Unbeschadet des Absatzes 1 darf ein Verwaltungsakt nach pflichtgemäßem Ermessen erlassen werden mit

1. **einer Bestimmung, nach der eine Vergünstigung oder Belastung zu einem bestimmten Zeitpunkt beginnt, endet oder für einen bestimmten Zeitraum gilt (Befristung);**
2. **einer Bestimmung, nach der der Eintritt oder der Wegfall einer Vergünstigung oder einer Belastung von dem ungewissen Eintritt eines zukünftigen Ereignisses abhängt (Bedingung);**
3. **einem Vorbehalt des Widerrufs oder verbunden werden mit**
4. **einer Bestimmung, durch die dem Begünstigten ein Tun, Dulden oder Unterlassen vorgeschrieben wird (Auflage);**
5. **einem Vorbehalt der nachträglichen Aufnahme, Änderung oder Ergänzung einer Auflage.**

(3) Eine Nebenbestimmung darf dem Zweck des Verwaltungsaktes nicht zuwiderlaufen.

Schrifttum

Axer, Nebenbestimmungen im Verwaltungsrecht, Jura 2001, 748; *Becker*, Nebenbestimmungen im Europäischen Beihilfenrecht, 2010; *Bleckmann*, Zur Auflage im europäischen Beihilferecht, NVwZ 2004, 11; *Breuer*, Das rechtsstaatliche Koppelungsverbot, NVwZ 2017, 112; *Brüning*, Ist die Rechtsprechung zur isolierten Anfechtbarkeit von Nebenbestimmungen wieder vorhersehbar? NVwZ 2002, 1081; *Bünte/Knödler*, Beschäftigungserlaubnis für ausländische Arbeitnehmer als Nebenbestimmung, NVwZ 2010, 1328; *Erichsen*, Die selbständige Anfechtbarkeit von Nebenbestimmungen, VerwArch 66, 311; *Frenz*, Sonderbetriebsplan als aufschiebende Bedingung, NVwZ 2012, 1221; *ders.*, Umweltschutz durch Nebenbestimmungen, NuR 2017, 671; *Fricke*, Zur isolierten Anfechtbarkeit von Nebenbestimmungen – Ein Überblick über den aktuellen Meinungsstand und fortbestehende Unklarheiten, DÖV 2019, 48; *Hanf*, Rechtsschutz zu Inhalts- und Nebenbestimmungen zu VA, 2003; *Heitsch*, Neben- und Inhaltsbestimmungen bei begünstigenden VA: Kriterien für die Auswahl des passenden Regelungsinstruments, DÖV 2003, 367; *Hufen/Bickenbach*, Rechtsschutz gegen Nebenbestimmungen zum VA, JuS 2004, 867 und 966; *Labrenz*, Die neuere Rechtsprechung des BVerwG zum Rechtsschutz gegen Nebenbestimmungen – falsch begründet, aber richtig, NVwZ 2007, 161; *Marburger*, Nebenbestimmungen

32 Vgl. Mann/Sennekamp/Uechtritz/*Windoffer*, § 35a Rn. 4 und 37; *Martini/Nink*, NVwZ 2017, 681; Stelkens/Bonk/Sachs/*Stelkens* § 35a Rn. 58 ff.

zum VA im sozialrechtlichen Verwaltungsverfahren, ZfS 1992, 107; *Martin-Ehlers*, Rückforderung von Zuwendungen wegen Nichteinhaltung von vergaberechtlichen Auflagen, NVwZ 2007, 289; *Pape/Holz*, Rückforderung von Zuwendungen bei Vergaberechtsverstößen in der behördlichen Praxis, NVwZ 2011, 1231; *Pietzcker*, Rechtsschutz gegen Nebenbestimmungen – unlösbar? NVwZ 1995, 15; *Proelß*, Sicherstellung der naturschutzrechtlichen Ausgleichspflicht, NVwZ 2006, 655; *Reimer*, Wider den Begriff der »Nebenbestimmung«, Verwaltung 45 (2012), 491; *Sarnighausen*, Widerruf aufgrund rechtswidriger Widerrufsvorbehalte nach § 49 II Nr. 1 Alt. 2 VwVfG?, NVwZ 1995, 563; *Schmidt*, Rechtsschutz gegen Nebenbestimmungen, VBlBW 2004, 81; *Schmidt*, Zur Anfechtbarkeit von Nebenbestimmungen, NVwZ 1996, 1188; *Schulze-Werner*, Zulässigkeit von Nebenbestimmungen im Bereich der genehmigungsbedürftigen, stehenden Gewerbe, GewArch 2004, 9; *Sproll*, Rechtsschutz gegen Nebenbestimmungen eines VA, NJW 2002, 3221; *Sturm*, Isolierter Rechtsschutz gegen Nebenbestimmungen, VR 2004, 15; *Tegethoff*, Abgrenzung von Genehmigungsinhaltsbestimmung und Nebenbestimmung im Anlagenzulassungsrecht, UPR 2003, 416; *Tietzsch*, Nebenbestimmungen zur Sanierungsgenehmigung: Mietobergrenzen, NVwZ 2002, 435; *Traub*, Nebenbestimmungsfeindliche Verwaltungsakte, 2018; *Voßkuhle/Kaiser*, Grundwissen – Öffentliches Recht: Nebenbestimmungen, JuS 2012, 699; *Wagner*, Nebenbestimmungen zu VA – Grundlegendes am Praxisbeispiel, JA 2008, 866.

Übersicht **Rdn.**

A. Allgemeines und Grundsätze

1 Gegenstand der Regelung sind Zulässigkeit und Arten von **Nebenbestimmungen** zu VA. Die Zulässigkeit von Nebenbestimmungen ist festgelegt in Abs. 1 für VA, auf die ein Anspruch besteht und in Abs. 2 für die nach pflichtgemäßem Ermessen zu erlassenden VA. Die Regelung in Abs. 3 gilt für alle VA hinsichtlich der Bindung

an den Zweck des einzelnen VA. Die Arten der Nebenbestimmungen werden durch Abs. 2 bestimmt. Der Zweck des § 36 liegt darin, für Nebenbestimmungen zu VA eine selbstständige Rechtsgrundlage zu schaffen und damit gesetzlich die Streitfrage[1] zu klären, unter welchen Voraussetzungen ein VA mit einer (nicht schon spezialgesetzlich zugelassenen) Nebenbestimmung versehen werden darf.

B. Die Vorschrift im Einzelnen

Als Nebenbestimmung i.S.d. § 36 ist jede Bestimmung zu verstehen, die zusammen mit einem begünstigenden oder belastenden VA erlassen wird und diesen VA nach Abs. 2 modifiziert. Wie sich aus dem Wortlaut des Abs. 1 und insb. des Abs. 2 ergibt, muss die Nebenbestimmung zusammen mit dem VA als Hauptbestimmung erlassen werden. Eine nachträglich beigefügte Nebenbestimmung folgt als neuer selbstständiger VA den allgemeinen Regeln, die – dem Grundsatz der Gesetzmäßigkeit der Verwaltung entsprechend – den Erlass eines VA bestimmen. 2

I. Arten von Nebenbestimmungen

Eine Modifizierung des VA der Hauptbestimmung kann gem. Abs. 2 erfolgen durch 3
– Befristung,
– Bedingung,
– Widerrufsvorbehalt,
– Auflage oder
– Auflagenvorbehalt.

1. Befristung

Die Befristung lässt eine Begünstigung oder Belastung zu einem bestimmten Zeitpunkt beginnen, enden oder für einen bestimmten Zeitpunkt gelten.[2] Somit sind Befristungen danach einzuteilen, ob sie die Rechtswirkungen des VA als aufschiebende Befristungen zu einem bestimmten (zukünftigen) Zeitpunkt und nicht sofort mit seinem Erlass beginnen lassen, ob sie die Rechtswirkungen als auflösende Befristungen zu einem bestimmten (zukünftigen) Zeitpunkt enden und nicht bis auf Weiteres gelten lassen oder ob sie die Rechtswirkungen für einen bestimmten, durch zwei verschiedene (zukünftige) Zeitpunkte begrenzten Zeitraum festlegen. 4

Die für eine Befristung maßgeblichen (zukünftigen) **Zeitpunkte** sind in aller Regel kalendermäßig bestimmte oder doch bestimmbare Termine (z.B. der »erste Osterfeiertag« eines Jahres).[3] Sie lassen sich aber auch durch Ereignisse festlegen, die auf jeden Fall eintreten werden, obgleich der genaue Zeitpunkt ihres Eintretens noch nicht abzusehen ist. Solche Ereignisse sind z.B. die Versetzung eines Beamten in den Ruhestand, dessen Zeitpunkt sich zwar regelmäßig kraft Gesetzes aus der Vollendung eines 5

1 *Roellecke*, DÖV 1968, 335.
2 Vgl. Mann/Sennekamp/Uechtritz/*Weiß* § 36 Rn. 19.
3 *Brenner*, JuS 1996, 281.

bestimmten Lebensalters ergibt, aber wegen der Möglichkeit einer vorzeitigen Versetzung in den Ruhestand mit einer gewissen Unsicherheit behaftet ist. Ist der Eintritt des Ereignisses, von dem der Ablauf oder der Beginn einer Frist abhängt, hingegen völlig ungewiss, so handelt es sich nicht um eine Befristung, sondern um eine Bedingung. Es ist davon auszugehen, dass eine Befristung nur dann vorliegt, wenn die hinreichende Gewissheit besteht, dass das Ereignis eintritt.[4]

6 Der Zweck einer Befristung liegt darin, dem Adressaten nur zeitweilig eine Vergünstigung zu gewähren bzw. eine Belastung aufzuerlegen. Vergünstigungen werden in Angelegenheiten, die wie etwa das Führen von Schusswaffen nach § 10 Abs. 4 WaffG einem ständigen Wechsel der Bedürfnisse und Verhältnisse unterliegen,[5] nur befristet erteilt, um der Verwaltung von Zeit zu Zeit immer wieder die Möglichkeit zu geben, das Vorliegen der Genehmigungsvoraussetzungen nachzuprüfen.[6] Die Befristung einer Vergünstigung hat für die Behörde (ggü. der Beifügung eines Widerrufsvorbehalts) den Vorteil, dass der Betroffene nicht auf unbeschränkte Zeit über die Vergünstigung verfügt, sondern deren Wiedererteilung beantragen und dabei das Vorliegen der Genehmigungsvoraussetzungen nachweisen muss. Wird bei Fristablauf des jeweils früheren, auflösend befristeten VA ein neuer, wieder auflösend befristeter VA in Kraft gesetzt, so handelt es sich um einen sog. Ketten-VA.[7] Für die Entscheidung über einen jeweils folgenden Antrag spielen dann Gesichtspunkte des Vertrauensschutzes im Hinblick auf vorausgegangene Genehmigungserteilungen grds. keine Rolle.

7 Die in der Befristung angeordnete **Dauer der Rechtswirkung** eines VA ist von dessen Erlass und Wirksamkeit (als Wirksamwerden i.S.d. § 43) zu trennen. Auch ein aufschiebend befristeter VA ist mit seiner Bekanntgabe wirksam, sofern er nicht mit einem seine Nichtigkeit nach § 44 begründenden Fehler behaftet ist. Gänzlich von der Befristung i.S.d. § 36 zu unterscheiden ist die zur Befolgung eines VA gesetzte Handlungsfrist, die keine zeitliche Beschränkung des Geltungsanspruchs begründet und nur für die Vollstreckung Bedeutung hat.[8]

8 Schreibt ein Gesetz unter Bezugnahme auf den Zeitpunkt des Erlasses eines VA selbst zwingend eine bestimmte Befristung vor (wie etwa § 6 Abs. 1 PersonalausweisG), so hat die Angabe der Befristung nur deklaratorische Bedeutung.[9]

---

4 BVerwG, Urt. v. 10.07.1980 – 3 C 136.79, BVerwGE 60, 269 (275) = DVBl 1981, 263; vgl. dazu auch VGH Bayern, Urt. v. 18.05.1979 – 145 XI 76, BayVBl 1980, 49.

5 Vgl. BVerwG, Urt. v. 30.11.1954 – I C 148.53, BVerwGE 1, 246 (zum Personenbeförderungsrecht).

6 BVerwG, Urt. v. 18.12.1979 – I C 84.77, DÖV 1980, 646.

7 S. dazu § 35 Rdn. 140.

8 Vgl. VerfG Brandenburg, Beschl. v. 16.12.2016 – 36/16, juris.

9 BVerwG, Urt. v. 30.06.2005 – 7 C 26.04, BVerwGE 124, 47 = DVBl 2005, 1383 (zu Auflagen); Stelkens/Bonk/Sachs/*Stelkens* § 36 Rn. 33.

2. Bedingung

9 Eine Bedingung macht den Eintritt oder den Wegfall einer Vergünstigung oder Belastung von dem ungewissen Eintritt bzw. Nichteintritt eines **zukünftigen Ereignisses** abhängig.[10] Unter den Begriff Ereignis fallen nur von der Außenwelt wahrnehmbare Handlungen, Erklärungen oder Geschehnisse.[11] Ein Vorgang, der eine **rechtliche Bewertung** einschließt, kann daher kein Ereignis im genannten Sinne sein.[12] Der Unterschied zur Befristung liegt in der Ungewissheit darüber, ob das Ereignis eintreten wird.

a) Aufschiebende und auflösende Bedingung

10 Für eine Einteilung der Bedingungen ist darauf abzustellen, ob es sich handelt um eine aufschiebende oder auflösende Bedingung bzw. um eine kasuelle Bedingung oder eine Potestativbedingung. Der Gegensatz von aufschiebender und auflösender Bedingung betrifft die Frage, ob die Rechtswirkung mit dem Eintritt des zukünftigen Ereignisses beginnen oder enden soll. Bei einer aufschiebenden Bedingung (Suspensivbedingung) hängt der Beginn der Rechtswirksamkeit von dem Eintritt bzw. Nichteintritt des in der Bedingung genannten Ereignisses ab. So kann ein Bauwerber von einer Baugenehmigung, die unter der Bedingung des Erwerbs einer Grunddienstbarkeit (zur Sicherung der Zufahrt zu dem Baugrundstück) erteilt worden ist, erst nach Erfüllung dieser Bedingung (durch Eintragung der Grunddienstbarkeit in das Grundbuch) Gebrauch machen. Bei einer auflösenden Bedingung (Resolutivbedingung) führt der Eintritt des zukünftigen Ereignisses zur Beendigung der Rechtswirkung. Ist etwa eine straßenrechtliche Sondernutzungserlaubnis unter der Bedingung erteilt, dass die gegenwärtige Straßenführung nicht in einer bestimmten Weise geändert wird, so erlischt die Berechtigung bei Inangriffnahme einer solchen Änderung. In der Praxis verbreitet ist auch die auflösende Bedingung, wonach die Duldung eines vollziehbar ausreisepflichtigen Ausländers mit der Bekanntgabe eines Rückführungstermins erlischt (siehe aber Rdn. 32).[13]

11 Der Gegensatz von kasueller Bedingung und Potestativbedingung berührt die Frage, ob der Eintritt des Ereignisses in der Macht des Betroffenen liegt oder nicht. Gegenstand kasueller Bedingungen sind Ereignisse, auf deren Eintritt der Betroffene keinen Einfluss nehmen kann. Bei einer Potestativbedingung hängt der Eintritt des

10 BVerwG, Urt. v. 29.03.1968 – IV C 27.67, BVerwGE 29, 261; VGH Baden-Württemberg, Urt. v. 05.05.1994 – 5 S 2644/93, ESVGH 44, 262; Mann/Sennekamp/Uechtritz/*Weiß* § 36 Rn. 24.

11 BVerwG, Urt. v. 16.06.2015 – 10 C 15.14, BVerwGE 152, 211; Urt. v. 15.03.2017 – 10 C 1.16, GewArh 2017, 351.

12 BVerwG, Beschl. v. 31.07.2017 – 10 B 26.16, LKV 2017, 513; OVG Sachsen, Urt. v. 15.03.2018 – 1 A 107/17, SächsVBl 2018, 228; Urt. v. 09.07.2019 – 1 A 48/17, SächsVBl 2019, 325.

13 Vgl. dazu OVG Bremen, Beschl. v. 29.03.2011 – 1 B 57/11, 1 B 67/11, NordÖR 2011, 275 m.w.N.; VGH Baden-Württemberg, Urt. v. 24.02.2016 – 11 S 1626/15, VBlBW 2017, 39; VG Stuttgart, Beschl. v. 29.09.2009 – 11 K 3224/08, ZAR 2010, 5 = WKRS 2009, 35693.

Ereignisses von einem Tun oder Unterlassen des Betroffenen ab.[14] Um eine solche Bedingung handelt es sich z.B., wenn eine Konzession unter der aufschiebenden Bedingung erteilt wird, dass der Antragsteller bestimmte Schutzvorkehrungen trifft.

b) Zweck einer Bedingung

12 Der Zweck einer Bedingung besteht darin, den Beginn der Rechtswirkung einer Vergünstigung oder Belastung an den Eintritt eines **zukünftigen Ereignisses** und bei Dauer-VA den Fortbestand einer Vergünstigung an den Fortbestand der die Genehmigung voraussetzenden Verhältnisse zu binden. Bei einer aufschiebenden Bedingung ist der Eintritt eines zukünftigen Ereignisses eine zwingende Voraussetzung für die Inanspruchnahme einer Vergünstigung, so dass diese – anders als bei einer Auflage – ihre Rechtswirkung erst dann entfaltet, wenn das betreffende Ereignis eingetreten ist. Für den Adressaten bedeutet die Erteilung einer Genehmigung unter einer aufschiebenden (Potestativ-) Bedingung die Gewissheit, dass der Durchführung seines Vorhabens nichts mehr im Wege steht, wenn er den Eintritt des bedingenden Ereignisses bewirkt hat. Er kann somit Investitionen vornehmen, ohne das Risiko einzugehen, dass die Behörde die beantragte Genehmigung versagt. Der auflösenden Bedingung kommt eine tatbestandssichernde Funktion zu, da sie – bei Dauer-VA – den Fortbestand einer Vergünstigung an den Fortbestand der Erteilungsvoraussetzungen bindet. So bestimmt z.B. § 2 Abs. 2 AÜG ausdrücklich, dass die Erlaubnis zur gewerbsmäßigen Überlassung von Arbeitnehmern an Dritte unter Bedingungen erteilt werden kann, um sicherzustellen, dass die Erlaubnis nicht weitergilt beim Eintritt von Tatsachen, die die Versagung der Erlaubnis rechtfertigen würden.

13 Die Wirksamkeit des mit der Bedingung versehenen VA richtet sich allein nach den allgemeinen Vorschriften des § 43 und hat nichts zu tun mit dem Eintritt des zukünftigen Ereignisses. Erst dieser entscheidet dann im Fall der Wirksamkeit des VA darüber, ob die in der Vergünstigung bzw. Belastung bedingt angeordnete Rechtswirkung tatsächlich eintritt oder entfällt.[15] Die eventuelle spätere rechtliche Neubewertung kann kein die Bedingung auslösendes Ereignis sein (s. bereits Rdn. 9), zumal es sonst zu einer Umgehung der § 43 Abs. 2, § 48 Abs. 1 käme, wonach VA grundsätzlich auch bei Rechtswidrigkeit wirksam sind und nur unter engen Voraussetzungen zurückgenommen werden dürfen.[16]

c) Verhinderung des Bedingungseintritts

14 Verhindert die Behörde treuwidrig den Eintritt des bedingenden Ereignisses, so ist fraglich, ob der Betroffene die Vergünstigung in Anspruch nehmen kann. Nach der vom BVerwG vertretenen Auffassung ist auch im öffentlichen Recht der in § 162 Abs. 1 BGB enthaltene Grundsatz anzuwenden, dass bei Verhinderung des Eintritts

---

14 VGH Hessen, Beschl. v. 11.09.1991 – 3 TH 1762/91, 3 TH 1810/91, NVwZ-RR 1992, 469; Stelkens/Bonk/Sachs/*Stelkens* § 36 Rn. 76.

15 BVerwG, Urt. v. 29.03.1968 – IV C 27.67, BVerwGE 29, 261 (265).

16 Vgl. BVerwG, Urt. v. 16.06.2015 – 10 C 15.14, BVerwGE 152, 211.

einer Bedingung wider Treu und Glauben die Bedingung als eingetreten gilt.[17] Allerdings erscheint es angebracht, bei überwiegenden Gründen des öffentlichen Wohls trotz einer treuwidrigen Vereitelung des Bedingungseintritts nicht von der beschriebenen Fiktion auszugehen. Die Möglichkeit, Schadensersatzansprüche wegen Verletzung einer Amtspflicht geltend zu machen, bleibt unberührt.

d) Keine Bedingung

Keine Bedingungen sind gegeben bei der Bindung des Eintritts einer Rechtsfolge an einen vergangenen oder gegenwärtigen Sachverhalt, über den die Behörde in Unkenntnis ist[18] (z.B. bei der Gewährung einer Rente unter dem Vorbehalt, dass der Antragsteller bis zum Erlass des Rentenbescheids keine Erwerbstätigkeit verrichtet hat).[19] Andererseits ist es möglich, durch eine Bedingung die zukünftige Beseitigung der gegenwärtigen Ungewissheit zu regeln, z.B. wenn die Wirksamkeit eines VA von dem Ergebnis eines Sachverständigengutachtens abhängig gemacht wird.[20] 15

Für die **Abgrenzung** der Bedingung zur Auflage kann nicht allein auf die Bezeichnung abgestellt werden, da sich die Verwaltung bei der Verwendung der Begriffe »Bedingung« und »Auflage« oft nicht einer klaren Terminologie bedient. Ggf. muss im Wege der Auslegung ermittelt werden, ob eine Nebenbestimmung als Bedingung oder als Auflage zu beurteilen ist. 16

3. Widerrufsvorbehalt

Der Widerrufsvorbehalt gibt der Behörde die Möglichkeit, zu einem späteren Zeitpunkt durch einen neuen (widerrufenden) VA i.S.d. § 49 Abs. 2 Satz 1 Nr. 1 eine Vergünstigung endgültig oder vorläufig bis zu einer eventuellen Wiedergewährung aufgrund einer erneuten Prüfung der Sach- und Rechtslage zum Erlöschen zu bringen, wenn dies aus Rechtsgründen geboten ist.[21] Anders als die Befristung zwingt der Widerrufsvorbehalt die Behörde, aus eigener Initiative den Fortbestand der Erteilungsvoraussetzungen zu prüfen und dies nicht erst dann zu tun, wenn der Betroffene wegen des Ablaufs einer befristeten Erlaubnis einen neuen Genehmigungsantrag gestellt hat. 17

Aus dem Widerrufsvorbehalt muss unmissverständlich hervorgehen, dass sich die Behörde den ganzen oder teilweisen Widerruf des VA vorbehält. Die Verwendung des Begriffs »Widerrufsvorbehalt« ist nicht ausschlaggebend. Die für die Ausübung des Widerrufs maßgeblichen Voraussetzungen sind klar und eindeutig zum Ausdruck zu bringen.[22] Zulässig ist aber auch ein **unbeschränkter Vorbehalt** des »jederzeitigen« 18

17 BVerwG, Urt. v. 28.10.1983 – 8 C 39.82, BVerwGE 68, 159; **a.A.** *Schachel*, S. 132; differenzierend Stelkens/Bonk/Sachs/*Stelkens* § 36 Rn. 77.
18 BVerwG, Urt. v. 08.03.1990 – 3 C 15/84, BVerwGE 85, 24 = NJW 1991, 651.
19 BSG, Urt. v. 17.12.1969 – 5 RKn 25/67, BSGE 30, 218 = NJW 1970, 726.
20 Stelkens/Bonk/Sachs/*Stelkens* § 36 Rn. 76.
21 Vgl. Mann/Sennekamp/Uechtritz/*Weiß* § 36 Rn. 30.
22 BVerwG, Urt. v. 11.02.1982 – 2 C 9.81, DVBl 1982, 796.

Widerrufs, d.h. aus jedem sachlich tragfähigen Anlass.[23] Von einem unbeschränkten Widerrufsvorbehalt darf nach § 49 Abs. 2 Satz 1 Nr. 1 Alt. 2 auch aus anderen Gründen als denjenigen Gebrauch gemacht werden, die in dessen Begründung (sofern beispielhaft und nicht begrenzend gemeint) als möglicher Widerrufsanlass aufgeführt wurden.[24] Ein Widerruf darf auch wegen einer Rechtsänderung erklärt werden, aufgrund deren die Behörde den VA nicht mehr erlassen dürfte, ohne dass zusätzlich die Voraussetzungen von § 49 Abs. 2 Satz 1 Nr. 4 vorliegen müssten.[25] Steht nach einer spezialgesetzlichen Regelung die Gewährung einer Vergünstigung unter dem Vorbehalt des Widerrufs, so hat ein ggf. beigefügter Widerrufsvorbehalt nur deklaratorische Bedeutung.

4. Auflage

19 Die Auflage ist eine mit einem begünstigenden VA verbundene Anordnung, die dem Begünstigten ein mit den Mitteln des Verwaltungszwangs **selbstständig durchsetzbares Tun, Dulden oder Unterlassen** vorschreibt.[26] Zur Klarstellung ist darauf hinzuweisen, dass der Begriff der Auflage auch als Bezeichnung für bestimmte VA anderer Art vorkommt (§ 15 Abs. 1 VersG: versammlungsrechtliche Auflage;[27] Fahrtenbuchauflage gem. § 31a StVZO; polizeiliche Meldeauflage;[28] s.a. § 54a Abs. 1 AufenthG). Abgrenzungsschwierigkeiten zu den hier behandelten, als Nebenbestimmungen mit einem VA verbundenen Auflagen dürften sich dabei aber grds. nicht ergeben. Es gibt verschiedene Arten von Auflagen: Hauptanwendungsfall sind die Auflagen, die für die Dauer der Inanspruchnahme einer Vergünstigung erfüllt sein müssen, weil sie eine Voraussetzung für deren rechtmäßige Inanspruchnahme darstellen. Zu ihnen zählen z.B. alle mit einem Planfeststellungsbeschluss nach § 74 Abs. 2 Satz 2 verbundenen Auflagen, die von dem Begünstigten Vorkehrungen umwelt- und nachbarschützenden Charakters verlangen. Vorwirkende Auflagen beziehen sich auf Verpflichtungen, deren Erfüllung der Inanspruchnahme einer Genehmigung vorauszugehen hat. Folgeauflagen schließlich erfassen Verpflichtungen, die erst nach dem Auslauf der Rechtswirkung einer Vergünstigung erfüllt werden können und müssen. Um eine solche handelt es sich z.B. bei der Heimfallklausel, nach der im Fall des Erlöschens einer wasserrechtlichen Genehmigung die bautechnischen Anlagen auf den Staat zu übertragen sind.[29]

---

23 BVerwG, Urt. v. 12.09.2019 – 8 C 7.18, ZfWG 2020, 32.

24 BVerwG, Urt. v. 12.09.2019 – 8 C 7.18, ZfWG 2020, 32.

25 BVerwG, Urt. v. 12.09.2019 – 8 C 7.18, ZfWG 2020, 32.

26 BVerwG, Urt. v. 09.11.1995 – 4 C 25.94, BVerwGE 100, 31 = DVBl 1996, 259; BVerwG, Urt. v. 22.11.2018 – 7 C 11.17, NVwZ 2019, 886; VGH Baden-Württemberg, Urt. v. 11.12.2017 – 10 S 2263/16, NJW 2018, 1559; Mann/Sennekamp/Uechtritz/*Weiß* § 36 Rn. 34.

27 Vgl. Bauer/Heckmann/Ruge/Schallbruch/*Ritgen* § 36 Rn. 19; zur gesetzestechnischen Unbedenklichkeit des unterschiedlichen Begriffsverständnisses vgl. *Reimer*, Juristische Methodenlehre, 2016, Rn. 287.

28 Näher dazu *Schucht*, NVwZ 2011, 709; *Siegel*, NJW 2013, 1035 (1037 f.); *Benrath*, DVBl 2017, 868.

29 BVerwG, Urt. v. 21.10.1970 – IV C 165.65, BVerwGE 36, 146.

a) Zweck einer Auflage

Die Anordnung von Auflagen verfolgt vorwiegend den Zweck, Unzuträglichkeiten zu beseitigen oder zu mildern, die die Ausnutzung einer Erlaubnis für Dritte oder das öffentliche Wohl bewirkt. So ließen sich viele Konzessionserteilungen nicht rechtfertigen, wenn deren Inhabern keine Auflagen (etwa zum Schutz vor Lärmbelästigung) gemacht würden. Mit einer Auflage kann auch ein Versagungsgrund ausgeräumt werden, so z.B. wenn bei der Verkürzung der Sperrzeit einer bestimmten Gaststätte der Betreiber zur Unterlassung oder Beschränkung des Alkoholausschanks verpflichtet wird. 20

b) Unterschied zwischen Auflage und Bedingung

Die Auflage unterscheidet sich von der Bedingung dadurch, dass ihre Erfüllung keine Voraussetzung für den Eintritt der Vergünstigung ist. Der mit einer Auflage verbundene VA wird sofort rechtswirksam, unabhängig davon, ob die Auflage erfüllt wird oder nicht. Kommt der Begünstigte einer aus der Auflage resultierenden Verpflichtung nicht nach und nimmt er dennoch die Vergünstigung in Anspruch, so handelt er nicht ohne Erlaubnis. Er riskiert allerdings den Widerruf des VA nach § 49 Abs. 2 Satz 1 Nr. 2, falls die Behörde die Auflage nicht zwangsweise durchsetzt. 21

Für die Unterscheidung von Auflage und Bedingung ist grds. davon auszugehen, dass die Behörde an ihren eindeutig geäußerten Willen gebunden ist.[30] Hat sie unmissverständlich zum Ausdruck gebracht, dass sie eine Nebenbestimmung als Bedingung erlassen hat, so ist diese als solche zu betrachten. Das gilt auch dann, wenn eine Verpflichtung dieser Art üblicherweise als Auflage angeordnet wird oder wenn im gegebenen Fall nur eine Auflage, jedoch nicht eine Bedingung rechtmäßig wäre. Demnach ist die mit einer Baugenehmigung verbundene »Bedingung«, dass Einstellplätze für eine bestimmte Zahl von Kfz zu schaffen sind, ihrer Bezeichnung entsprechend als Bedingung (und nicht wie üblich als Auflage) zu verstehen, wenn sie klar anderen als Auflagen bezeichneten Nebenbestimmungen gegenübergestellt wird.[31] In diesem Fall stellt sie eine aufschiebende und auflösende Potestativbedingung dar, die den Bauwerber zur Inanspruchnahme der Baugenehmigung und damit zur Errichtung des geplanten Bauwerks erst dann berechtigt, wenn er alle Vorkehrungen dafür getroffen hat, dass die Einstellplätze im Zeitpunkt der Fertigstellung des Bauwerks zur Verfügung stehen. 22

Auf die **Bezeichnung** einer Nebenbestimmung als »Bedingung« bzw. »Auflage« kommt es jedoch allein nicht an, wenn sich die Behörde offensichtlich ungenau ausgedrückt hat.[32] Ist z.B. eine Verpflichtung ohne exakte Bezeichnung ihrer Qualität (etwa mit 23

30 BVerwG, Urt. v. 06.09.1988 – 1 C 15.86, BVerwGE 80, 164 = NJW 1989, 54; BVerwG, Urt. v. 12.01.1973 – VII C 3.71, BVerwGE 41, 305; BVerwG, Urt. v. 29.03.1968 – IV C 27.67, BVerwGE 29, 261 (265).

31 BVerwG, Urt. v. 29.03.1968 – IV C 27.67, BVerwGE 29, 261 (262).

32 BVerwG, Urt. v. 22.11.2018 – 7 C 11.17, NVwZ 2019, 886; Stelkens/Bonk/Sachs/*Stelkens* § 36 Rn. 87: Bezeichnung jedoch starkes Indiz, v. a. dann, wenn in dem VA eindeutig zwischen Auflagen und Bedingungen unterschieden wird.

der »Maßgabe«, bestimmte Vorkehrungen zu treffen) erlassen oder sind unter der Überschrift »Bedingungen und Auflagen« offensichtlich Nebenbestimmungen verschiedener Art wahllos aneinandergereiht worden, so ist in entsprechender Anwendung des § 133 BGB der mutmaßliche Wille der Behörde zu ermitteln.

24 Im Zweifel ist anzunehmen, dass eine Nebenbestimmung eine Bedingung darstellt, wenn das öffentliche Wohl oder die Interessen Dritter ohne vorherige Erfüllung der Verpflichtung die Inanspruchnahme der Vergünstigung nicht zulassen würden oder wenn unsicher ist, ob die zu sichernden Voraussetzungen überhaupt geschaffen werden können. Eine Auflage ist anzunehmen, wenn die Inanspruchnahme der Vergünstigung ohne vorherige Erfüllung der Verpflichtung aus Gründen des öffentlichen Wohls vertretbar erscheint.[33] Lässt sich eine Nebenbestimmung erst nach Inanspruchnahme der im Haupt-VA ausgesprochenen Begünstigung erfüllen, ist ebenfalls von einer Auflage auszugehen.[34]

5. Auflagenvorbehalt

25 Der Auflagenvorbehalt ermöglicht der Behörde die nachträgliche Aufnahme, Änderung oder Ergänzung einer Auflage durch einen späteren VA ohne Bindung an § 49 Abs. 2.[35] Freilich muss die Behörde – wie beim Widerrufsvorbehalt – angeben, unter welchen Voraussetzungen sie von dem vorbehaltenen Recht Gebrauch machen wird. Wird die spätere Auflage realisiert, ist eine Einschränkung des Ermessens durch Vertrauensschutz des Betroffenen, wie dies bei einer Aufhebung des VA durch Rücknahme oder Widerruf der Fall wäre, nicht gegeben.[36]

6. Modifizierende Auflage

26 Keine Auflage i.S.d. Abs. 2 Nr. 4 ist die sog. »modifizierende Auflage«.[37] Sie ist nicht in § 36 geregelt. Eine modifizierende Auflage soll dann vorliegen, wenn durch sie nicht eine zusätzliche Leistungspflicht begründet wird, sondern wenn durch sie der eigentliche Inhalt des VA verändert wird. Der Betroffene erhält nicht, was er beantragt hat, sondern in gewisser Hinsicht ein aliud. Es liegt also weniger eine modifizierende Auflage als eher eine **modifizierte Genehmigung** vor, die sich vom Antrag inhaltlich unterscheidet. So etwa, wenn in einer Baugenehmigung bestimmt ist, dass ein Dach nicht in der beantragten Form, sondern nur in einer gänzlich anderen Gestaltung zu errichten ist.[38] Die modifizierende Auflage ist eine qualitative Abänderung des VA, deren Erfüllung im Belieben des Adressaten steht. In der Literatur hat die modifizierende Auflage zwar eine gewisse Beachtung gefunden, wird aber als eigene Rechtsfigur

33 *Erichsen*, Jura 1990, 215.
34 Knack/*Henneke* § 36 Rn. 43.
35 Vgl. Mann/Sennekamp/Uechtritz/*Weiß* § 36 Rn. 40.
36 BVerwG, Beschl. v. 09.03.1988 – 7 B 34.88, DVBl 1988, 541 = NJW 1988, 2552.
37 BVerwG, Urt. v. 08.02.1974 – IV C 73.72, DÖV 1974, 380; BVerwG, Beschl. v. 03.05.1993 – 4 NB 15.93, NVwZ-RR 1994, 9; *Weyreuther*, DVBl 1969, 295; Bauer/Heckmann/Ruge/Schallbruch/*Ritgen* § 36 Rn. 17.
38 VGH Bayern, Entsch. v. 13.07.1973 – 36 I 70, BayVBl. 1973, 583.

weitgehend abgelehnt. Auch das BVerwG hat sich inzwischen zwar nicht ausdrücklich, aber doch in der Sache davon distanziert.

7. Keine Nebenbestimmungen

Keine Nebenbestimmungen i.S.d. § 36 sind Beifügungen ohne modifizierenden Charakter, wie etwa Unterrichtungen über die bestehende Rechtslage (so z.B. der Hinweis auf eine gesetzlich festgelegte Anzeigepflicht[39] oder die in einem Baubescheid aufgenommene »Bedingung«, dass das genehmigte Gebäude nur zu dem Zweck benutzt werden darf, zu dem es nach den der Baugenehmigung zugrunde liegenden Bauvorlagen bestimmt ist).[40] Ferner ist die lediglich prozessuale Rechte berührende Rechtsbehelfsbelehrung (vgl. § 37 Abs. 6) keine Nebenbestimmung. 27

Nachträglich vorgenommene Modifikationen stellen – auch wenn sie den sachlichen Gehalt einer Nebenbestimmung nach § 36 Abs. 2 aufweisen – einen selbstständigen VA dar, der als partieller Widerruf bzw. als partielle Rücknahme der Vergünstigung zu werten ist. Die Zulässigkeit eines solchen VA folgt den allgemeinen Regeln. Die nicht von § 36 Abs. 2 erfassten Modifikationen folgen den allgemeinen Regeln, die sich aus dem Grundsatz der Gesetzmäßigkeit der Verwaltung ergeben. Das bedeutet, dass ihre Zulässigkeit von einer spezialgesetzlichen Rechtsgrundlage abhängt. 28

II. Zulässigkeit von Nebenbestimmungen

Für die Zulässigkeit von Nebenbestimmungen kommt es darauf an, ob es sich um einen VA handelt, auf den ein Anspruch besteht oder ob der Erlass des VA im Ermessen der Behörde steht. 29

§ 36 Abs. 1 regelt abschließend, unter welchen Voraussetzungen ein gebundener begünstigender VA mit einer Nebenbestimmung versehen werden darf.[41] Auf den Erlass eines VA besteht ein Anspruch, wenn eine Vorschrift die Behörde zum Erlass dieses VA verpflichtet und die Entscheidung nicht dem Ermessen der Behörde überlässt. Ein Anspruch besteht aber auch, wenn die Behörde zwar gesetzlich zu einer Ermessensentscheidung befugt ist, im gegebenen Fall aber nur der Erlass eines bestimmten VA rechtmäßig ist, weil keine andere Entscheidung rechtlich zulässig ist (Ermessensreduktion auf Null). Unter diesen Umständen kann sich die Zulässigkeit einer Nebenbestimmung nach § 36 Abs. 1 Alt. 1 aus der Rechtsvorschrift einer **spezialgesetzlichen Regelung** ergeben. Beispiele: § 3 Abs. 2, § 5 GastG; § 33i Abs. 1 Satz 2 GewO; § 15 Abs. 3 PBefG; § 2 Abs. 4 Satz 2 StVG/§ 23 Abs. 2 Satz 1 FeV;[42] § 35 Abs. 4 TKG;[43] beim Visum und bei der Aufenthaltserlaubnis § 12 Abs. 2 AufenthG;[44] bei der Duldung § 61 Abs. 1 Satz 2 AufenthG; 30

39 BVerwG, Urt. v. 24.06.1976 – V C 39.74, BVerwGE 51, 55.
40 VGH Bayern, Entsch. v. 14.10.1975 – 117 II 72, BayVBl. 1976, 564 (565).
41 BVerwG, Urt. v. 09.12.2015 – 6 C 37.14, BVerwGE 153, 301.
42 VGH Baden-Württemberg, Urt. v. 11.12.2017 – 10 S 2263/16, NJW 2018, 1559.
43 Vgl. dazu BVerwG, Urt. v. 09.05.2012 – 6 C 3.11, BVerwGE 143, 87.
44 Vgl. hierzu BVerwG, Urt. v. 14.05.2013 – 1 C 16.12, BVerwGE 146, 271. Beispiele: Wohnsitzauflage; auflösende Bedingung des Verlusts des Krankenversicherungsschutzes (OVG Nordrhein-Westfalen, Beschl. v. 16.01.2017 – 2 B 354/16, juris).

beim Erlass des Einreise- und Aufenthaltsverbots – außer im Falle der Ausweisung – § 11 Abs. 2 Satz 2 AufenthG; bei der Befristung des Einreise- und Aufenthaltsverbots § 11 Abs. 2 Satz 5 AufenthG. Fachgesetze können das System des § 36 auch erweitern, so etwa § 56 Abs. 1 Satz 2 BBergG mit seiner Ermächtigung zu »nachträglichen« Auflagen.[45] Auch untergesetzliche Normen wie Rechtsverordnungen sind Rechtsvorschriften.[46] Eine Verwaltungsvorschrift ohne Außenwirkung stellt aber keine Rechtsvorschrift i.S.d. § 36 Abs. 1 Alt. 1 dar.[47]

31 Nach der zweiten Alternative des Abs. 1 ist eine Nebenbestimmung auch dann zulässig, wenn sie sicherstellen soll, dass die gesetzlichen Voraussetzungen des VA erfüllt werden. Im Interesse des Betroffenen eröffnet sich so ein Weg, Gründe für die Versagung auszuräumen.[48] Vor Erteilung einer Genehmigung müssen aber deren wesentliche Voraussetzungen bereits erfüllt und nicht lediglich zum Gegenstand einer Nebenbestimmung gemacht sein.[49] Sind noch nicht alle Voraussetzungen bei der Gewährung einer Vergünstigung erfüllt, so kann die Behörde die Vergünstigung z.B. mit einer aufschiebenden Befristung (etwa bis zur Vollendung eines bestimmten Lebensalters) oder mit einer aufschiebenden Bedingung (etwa dem Erwerb einer Grunddienstbarkeit zur Sicherung der Zufahrt zu dem Baugrundstück, falls ohne eine solche die Baugenehmigung nicht erteilt werden darf) versehen. Wird eine Bedingung gewählt, so muss der Eintritt des zukünftigen Ereignisses aus Gründen der Rechtssicherheit sowohl für die Behörde als auch für den Begünstigten eindeutig erkennbar sein. Zulässig wäre demnach eine Bedingung, die erfolgreiche, durch ein entsprechendes Zeugnis nachzuweisende Ablegung einer bestimmten Prüfung zur Pflicht macht. Unzulässig wäre eine Bedingung, die die Aneignung zusätzlicher Kenntnisse vorschreibt, ohne hierfür einen entsprechenden Nachweis zu fordern.

32 Liegen die Voraussetzungen eines gebundenen begünstigenden VA im Zeitpunkt seines Erlasses sämtlich vor, darf er nicht nach § 36 Abs. 1 Alt. 2 mit dem Vorbehalt des Widerrufs für den Fall versehen werden, dass diese Voraussetzungen künftig wegfallen.[50] Auch sonst ist eine Nebenbestimmung nach dieser Bestimmung nur zulässig, wenn sie sicherstellen soll, dass die Voraussetzungen für den Erlass des VA erfüllt werden, nicht hingegen dann, wenn sie nur sicherstellen soll, dass die Voraussetzungen erfüllt bleiben.[51] Die Nebenbestimmung hat im Fall des § 36 Abs. 1 Alt. 2 eine

45 Vgl. BVerwG, Urt. v. 22.11.2018 – 7 C 11.17, NVwZ 2019, 886.

46 OVG Berlin-Brandenburg, Urt. v. 14.12.2016 – 1 B 26.14, juris.

47 BVerwG, Urt. v. 19.09.2018 – 8 C 6.17, BVerwGE 163, 93.

48 OVG Nordrhein-Westfalen, Beschl. v. 06.10.2016 – 4 A 2188/13, WKRS 2016, 26249.

49 Vgl. OVG Niedersachsen, Urt. v. 14.08.1998 – 1 L 4038/96, juris; VG Stuttgart, Beschl. v. 05.11.2014 – 11 K 4208/14, InfAuslR 2015, 105.

50 BVerwG, Urt. v. 09.12.2015 – 6 C 37.14, BVerwGE 153, 301; a.A. noch VGH Baden-Württemberg, Urt. v. 24.10.2013 – 9 S 2430/12, VBlBW 2014, 457 m.w.N.

51 BVerwG, Urt. v. 19.09.2018 – 8 C 6.17, BVerwGE 163, 93; Urt. v. 22.11.2018 – 7 C 11.17, NVwZ 2019, 886; Urt. v. 09.12.2015 – 6 C 37.14, BVerwGE 153, 301; Urt. v. 10.07.1980 – 3 C 136.79, BVerwGE 60, 269 (für eine Befristung); BSG, Urt. v. 11.06.1987 – 7 RAr 105/85, BSGE 62, 32; OVG Berlin-Brandenburg, Urt. v. 14.12.2016 – 1 B 26.14, juris (für eine Befristung); OVG Nordrhein-Westfalen,

»**Überbrückungsfunktion**«, d.h. sie ist ein Mittel, das Fehlen von Voraussetzungen für den Erlass des VA zu überbrücken. Wären hingegen nach § 36 Abs. 1 Alt. 2 Nebenbestimmungen zulässig, um sicherzustellen, dass die gesetzlichen Voraussetzungen eines VA auch künftig erfüllt bleiben, würden die differenzierten Regelungen über den Widerruf rechtmäßig erlassener VA nach § 49 Abs. 2 Satz 1 unterlaufen.[52]

Belastende VA werden nicht von Abs. 1 erfasst, es sei denn, dass andere auf ihren 33 Erlass einen Anspruch haben (z.B. Drittbetroffene hinsichtlich eines sicherheitsrechtlichen Einschreitens gegen den Störer). Von diesem Fall abgesehen kommt es für die Zulässigkeit von Nebenbestimmungen bei belastenden VA allein darauf an, ob sie nach der einschlägigen gesetzlichen Regelung zulässig sind.

Abs. 2 bestimmt die Zulässigkeit von Nebenbestimmungen bei VA nach **pflichtgemäßem Ermessen.** 34 Die Vorschrift ist missverständlich formuliert. Ihr richtiges Verständnis hat sich an der Regelung des Abs. 1 zu orientieren. Regelt dieser die Zulässigkeit von Nebenbestimmungen bei solchen VA, auf deren Erlass ein Anspruch besteht, so muss Abs. 2 dahin gehend verstanden werden, dass ein nach pflichtgemäßem Ermessen zu erlassender VA stets mit einer Nebenbestimmung versehen werden kann, auch ohne dass die Voraussetzungen des Abs. 1 erfüllt sind.

III. Anordnung einer Nebenbestimmung als Ermessensentscheidung

Die Anordnung einer Nebenbestimmung ist eine an § 40 gebundene Ermessensent- 35 scheidung. I.R.d. Tatbestandsermessens ist zu prüfen, ob der VA überhaupt mit einer Nebenbestimmung zu versehen ist. Eine solche Notwendigkeit besteht immer dann, wenn nach sachverständiger Beurteilung durch die Behörde im gegebenen Fall der Zweck der gesetzlichen Regelung durch die Beifügung einer Nebenbestimmung am besten erreicht wird.

Nicht gedeckt durch den Zweck der gesetzlichen Regelung ist es z.B., wenn eine 36 Baugenehmigung davon abhängig gemacht werden soll, dass der Bauherr künftig auf gesetzmäßige weitere Baumaßnahmen verzichtet.[53] Eine Nebenbestimmung darf auch dann nicht angeordnet werden, wenn sie einer sinnvollen Ausnutzung einer Vergünstigung im Wege steht (wie z.B. eine mit einer Teilungsgenehmigung nach § 19 BauGB a.F. verbundene Auflage, die die Bebauung ausschließt).[54] Insgesamt dürfen

---

Urt. v. 23.09.1991 – 1 A 2744/88, DVBl 1992, 920; VG Freiburg, Urt. v. 21.11.2016 – 7 K 1599/16, juris (für eine auflösende Bedingung); Kopp/*Ramsauer* § 36 Rn. 42; **a.A.** VGH Baden-Württemberg, Urt. v. 24.02.2016 – 11 S 1626/15, VBlBW 2017, 39 (für eine auflösende Bedingung; ohne Befassung mit der Gegenansicht); Urt. v. 25.11.1987 – 6 S 2319/86, BWVPr 1988, 78; OVG Nordrhein-Westfalen, Urt. v. 17.03.1997 – 10 A 3895/96, NVwZ 1999, 556; **differenzierend** Mann/Sennekamp/Uechtritz/*Weiß* § 36 Rn. 72 (Nebenbestimmung allein für künftige Zwecke nur dann, wenn das materielle Recht die Dauerhaftigkeit bestimmter Voraussetzungen vorsieht; vgl. auch OVG Rheinland-Pfalz, Urt. v. 20.04.1989 – 1 A 40/87, DÖV 1989, 779); s.a. Rdn. 10.

52 BVerwG, Urt. v. 09.12.2015 – 6 C 37.14, BVerwGE 153, 301.

53 OVG Niedersachsen, Urt. v. 03.11.1977 – I A 28/76, NJW 1978, 2260.

54 BVerwG, Urt. v. 17.05.1966 – IV C 207.65, BVerwGE 24, 129 = DVBl 1966, 793.

hoheitliche Maßnahmen grds. nicht von zusätzlichen wirtschaftlichen Gegenleistungen abhängig gemacht werden.[55] Die Forderung einer Gegenleistung ist aber zulässig, wenn dadurch die Gewährung eines rechtlichen Vorteils erst ermöglicht wird oder wenn zwischen einer Sonderabgabe und dem entsprechenden VA ein unmittelbarer rechtlicher Zusammenhang besteht. Dies kann der Fall sein, wenn eine Baugenehmigung mit der Auflage erteilt wird, eine bestimmte Zahl von Kfz-Abstellplätzen auf dem Grundstück zu errichten oder anderenfalls einen Ausgleichsbetrag zu zahlen.[56]

37 Bei einem VA i.S.d. Abs. 1 ist darauf abzustellen, ob die durch die gesetzliche Zulassung einer Nebenbestimmung geschützten Interessen bzw. die Sicherstellung der gesetzlichen Voraussetzungen des VA eine Nebenbestimmung verlangen. So sind die Auflagen nach § 5 GastG anzuordnen, wenn sie zum Schutz der Gäste, der im Betrieb Beschäftigten oder zur Verhinderung schädlicher Umwelteinwirkungen erforderlich sind.

38 Bei einem VA i.S.d. Abs. 2 hat die Behörde zu prüfen, ob die Anordnung einer Nebenbestimmung notwendig ist, damit das auf den Erlass des VA bezogene Rechtsfolgeermessen in einer für alle Betroffenen bestmöglichen Weise betätigt werden kann. Wäre z.B. eine beantragte Konzession ohne die Anordnung einer Nebenbestimmung wegen unzumutbarer Belästigungen Dritter zu versagen, so ist eine Nebenbestimmung anzuordnen, wenn sie solche Belästigungen zu verhindern oder auf ein zumutbares Maß zu beschränken und damit die Erteilung der Konzession zu rechtfertigen vermag.

39 I.R.d. Rechtsfolgeermessens hat sich die Behörde für diejenige Nebenbestimmung zu entscheiden, die ihr unter allen an sich zulässigen Möglichkeiten am zweckmäßigsten erscheint. Ist (wie etwa in den §§ 5 und 11 GastG) die Art der Nebenbestimmung gesetzlich festgelegt, so darf nur eine Nebenbestimmung dieser Art gewählt werden. I.Ü. setzt eine vertretbare Entscheidung voraus, dass alle maßgeblichen Gesichtspunkte gegeneinander abgewogen worden sind und insb. der **Grundsatz der Verhältnismäßigkeit** die gebührende Berücksichtigung gefunden hat.

40 Prinzipiell kommt es darauf an, bei der Erteilung von Vergünstigungen alle dem öffentlichen Wohl oder den rechtlich geschützten Interessen Dritter drohenden Nachteile auszuschalten bzw. auf ein zumutbares Maß zu beschränken. Es muss dann von den Umständen des Einzelfalles abhängen, ob der VA mit einer bestimmten Befristung, Bedingung oder Auflage oder mit einem Widerrufs- bzw. Auflagenvorbehalt erlassen werden soll. Ferner sind Belastungen (ggf. durch Befristungen oder Bedingungen) insoweit einzuschränken, als dies zugunsten der Betroffenen mit dem Zweck der jeweiligen Maßnahme vereinbar ist.

41 Schließlich darf nach Abs. 3 eine Nebenbestimmung nicht dem Zweck des VA zuwiderlaufen. Nebenbestimmungen können also nur beigefügt werden, soweit sie durch

55 BVerwG, Urt. v. 06.07.1973 – IV C 22.72, BVerwGE 42, 338 = DVBl 1973, 800; BVerwG, Urt. v. 13.07.1979 – IV C 67.76, NJW 1980, 1294.

56 BVerwG, Urt. v. 30.08.1985 – 4 C 10.81, NJW 1986, 600.

den erlassenen VA gerechtfertigt sind.[57] Es genügt nicht, dass sie allgemeinen Verwaltungszwecken dienen, aber mit dem Zweck des konkret erlassenen VA nicht vereinbar sind. Diese Notwendigkeit ergibt sich aber im Wesentlichen bereits aus dem den Abs. 1 und 2 immanenten Gebot einer Ermessensentscheidung i.S.d. § 40.

I.Ü. ist die Anordnung von Nebenbestimmungen nur dann zulässig, wenn der Erlass 42
des VA und die Anordnung der Nebenbestimmung keine Rechtsvorschriften außerhalb des § 36 verletzt. Eine solche Verletzung würde vorliegen, wenn z.B. der Eintritt einer Vergünstigung von einer aufschiebenden Bedingung abhängig gemacht wird, die der Antragsteller erst nach einer rechtswidrigen Inanspruchnahme der Vergünstigung erfüllen kann oder wenn ein bedingungsfeindlicher VA (wie etwa die Verleihung der Staatsangehörigkeit, eine Namensänderung oder die Ernennung zum Beamten auf Lebenszeit) mit einer Bedingung versehen wird.

IV. Rechtsnatur von Nebenbestimmungen

Hinsichtlich der Rechtsnatur von Nebenbestimmungen wird weitgehend davon aus- 43
gegangen, dass die Befristung, die Bedingung und der Widerrufsvorbehalt **unselbstständige Teile** eines VA ohne eigene VA-Qualität sind, während Auflage und Auflagenvorbehalt eine **eigene Sachregelung** enthalten und daher selbst VA sind.[58] Diese Unterscheidung darf jedoch nicht darüber hinwegtäuschen, dass die Auflage ebenso eine materiellrechtlich mit einem VA unlösbar verbundene Nebenbestimmung ist wie die Befristung, die Bedingung oder der Widerrufsvorbehalt. Alle Nebenbestimmungen haben einen akzessorischen Charakter, sodass sie keine rechtliche Relevanz besitzen, wenn die Hauptbestimmung sich als nichtig erweist oder von der Behörde oder vom Verwaltungsgericht aufgehoben worden ist. Jede der genannten Nebenbestimmungen muss zusammen mit dem betreffenden VA erlassen werden, wenn es der Behörde aufgrund spezialgesetzlicher Regelungen oder im Hinblick auf § 36 Abs. 1 und 2 geboten erscheint.[59]

Als Teile eines VA folgen die Nebenbestimmungen den allgemeinen für VA gel- 44
tenden Rechtsregeln. Das bedeutet insb., dass sie nach § 37 Abs. 1 hinreichend bestimmt sein müssen, der Begründungspflicht nach § 39 unterliegen, nach § 43 Abs. 1 mit der Bekanntgabe des VA wirksam werden und an der Bestandskraft des VA teilnehmen.

57 OVG Nordrhein-Westfalen, Urt. v. 15.06.1984 – 4 A 2306/81, DVBl 1985, 532 = NJW 1985, 1042; Beispiele für Verstöße gegen das Koppelungsverbot bei *Breuer*, NVwZ 2017, 112 (114 f.).

58 Vgl. BVerwG, Urt. v. 08.03.1990 – 3 C 15.84, BVerwGE 85, 24 = NJW 1991, 651; BVerwG, Urt. v. 26.01.1990 – 8 C 69.87, NVwZ 1990, 855; OVG LSA, Urt. v. 11.08.1999 – A 1 S 642/98, NVwZ 2000, 585; Kopp/*Ramsauer* § 36 Rn. 31; Stelkens/Bonk/Sachs/*Stelkens* § 36 Rn. 19, 83.

59 Im Ergebnis wie hier: *Schenke*, JuS 1983, 183; *Fehn*, DÖV 1988, 203.

V. Rechtsschutz gegen Nebenbestimmungen

45 Die Frage, in welcher Weise Rechtsschutz gegen Nebenbestimmungen zu gewähren ist, ist seit jeher umstritten. Es geht dabei darum, ob eine belastende Nebenbestimmung isoliert angefochten werden kann (Anfechtungswiderspruch und -klage)[60] oder ob Verpflichtungswiderspruch und -klage, gerichtet auf den Erlass eines nebenbestimmungsfreien VA (also auf die Begünstigungsentscheidung ohne die beigefügte Einschränkung), die richtigen Rechtsbehelfe sind.

46 Möglich wäre die Wertung, dass Nebenbestimmungen stets als integrierende Bestandteile so untrennbar mit dem Haupt-VA verbunden sind, dass eine selbstständige Anfechtung nicht möglich ist. Es erscheint immerhin bedenkenswert, den Erlass eines begünstigenden VA mit einer belastenden Nebenbestimmung wie jede andere Teilablehnung zu behandeln und deshalb grundsätzlich nur die Verpflichtungsklage als statthaft anzusehen.[61] Dafür spricht auch, dass die Drittanfechtung eines VA (z.B. Nachbarklage gegen eine Baugenehmigung) kaum zu einer Teilaufhebung im Wege der Beifügung einer Nebenbestimmung führen kann. Vielmehr wäre eine solche Entscheidung keine zulässige Teilkassation, sondern überschritte die Grenze zur unzulässigen gerichtlichen Umgestaltung des Behördenhandelns. Der Drittanfechtende müsste ein Verpflichtungsbegehren erheben. Dann erscheint es immerhin konsequent, dem durch einen Haupt-VA Begünstigten ebenfalls nicht die Umgestaltung einer Behördenentscheidung im Anfechtungswege zuzubilligen.

47 In Rspr. und Literatur haben sich jedoch differenzierende Modelle durchgesetzt. Es wird zwischen Fällen unterschieden, in denen die Nebenbestimmung vom Haupt-VA abtrennbar sein und solchen, in denen es daran fehlen soll. Kriterium für die Abtrennbarkeit soll entweder die Art der Nebenbestimmung (etwa Auflage abtrennbar, Bedingung hingegen nicht) oder aber der Charakter des Haupt-VA (etwa Trennbarkeit bei gebundener Entscheidung, nicht aber bei Ermessens-VA) sein. Verschieden kann man auch beantworten, ob die gerichtliche Weiche für die Erfolgsaussicht des Rechtsbehelfs gegen eine belastende Nebenbestimmung bereits auf der Zulässigkeits- oder erst auf der Begründetheitsebene zu stellen ist. Ferner ist die Frage zu klären, inwieweit das Gericht die Aufhebung einer Nebenbestimmung davon abhängig machen muss, dass der übrig bleibende »Rumpf-VA« rechtmäßig bzw. noch »sinnvoll« oder vom Willen der Erlassbehörde gedeckt ist.

48 In der Praxis ist von der vom BVerwG als »gefestigt« bezeichneten Rspr. auszugehen, wonach »gegen belastende Nebenbestimmungen eines VA die **Anfechtungsklage gegeben**« (also grundsätzlich ohne Weiteres – zum Vorbehalt für Fälle einer »offenkundig ausscheidenden isolierten Aufhebbarkeit« siehe unten – ausnahmslos statthaft) ist.[62]

60 Zur Fortsetzungsfeststellungsklage nach Erledigung: VGH Baden-Württemberg, Urt. v. 24.02.2016 – 11 S 1626/15, VBlBW 2017, 39.

61 Vgl. *Labrenz*, NVwZ 2007, 161 ff. m.w.N. aus Rspr. und Lit. zum Stand und zur historischen Entwicklung der Diskussion; zu früheren Meinungen s.a. 3. Aufl.

62 BVerwG, Urt. v. 22.11.2000 – 11 C 2.00, BVerwGE 112, 221 unter Bezug auf Urt. v. 10.07.1980 – 3 C 136.79, BVerwGE 60, 269 <274>; Urt. v. 21.06.2007 – 3

Legt man diese Aussage zugrunde, so ist damit gleichwohl noch nicht entschieden, ob trotzdem ein Verpflichtungsantrag gestellt werden sollte. Denn die oben angesprochenen Differenzierungskriterien behalten ihre Bedeutung. Ihre Prüfung wird lediglich von der Zulässigkeits- auf die **Begründetheitsprüfung** verlagert. Ob eine Anfechtungsklage nämlich in der Sache zur isolierten Aufhebung der Nebenbestimmung führen kann, hängt nach dem BVerwG davon ab, ob der begünstigende VA ohne die Nebenbestimmung »sinnvoller- und rechtmäßigerweise bestehen bleiben kann«. Dies sei eine Frage der Begründetheit und nicht der Zulässigkeit des Anfechtungsbegehrens, »sofern nicht eine isolierte Aufhebbarkeit **offenkundig von vornherein** ausscheide«.[63] 49

Ausgehend von der angenommenen Rechtswidrigkeit einer Nebenbestimmung ist somit auf einer ersten Ebene zu beantworten, ob eine isolierte Aufhebbarkeit der Nebenbestimmung offenkundig von vornherein ausscheidet. In diesem Fall ist eine Anfechtungsklage bereits unstatthaft und nur eine Verpflichtungsklage zulässig. Auf einer zweiten Stufe ist danach zu fragen, ob der begünstigende VA ohne die Nebenbestimmung »sinnvoller- und rechtmäßigerweise bestehen bleiben kann«. Davon hängt es ab, ob eine Anfechtungsklage auch begründet ist oder aus materiell-rechtlichen Gründen (mangels Aufhebungsanspruchs) nur die Verpflichtungsklage Erfolg verspricht. Das Bestehen-bleiben-können im Sinne der zweiten Stufe wird in der obergerichtlichen Rspr. so interpretiert, dass die Nebenbestimmung mit den übrigen Teilen des VA nicht in einem untrennbaren Zusammenhang stehen darf. Die übrigen Teile des VA müssen selbstständig Bestand behalten können und dürfen durch die Aufhebung der Nebenbestimmung **keine andere Bedeutung** erlangen als ihnen ursprünglich zugekommen ist.[64] Die »Offenkundigkeit« fehlender Aufhebbarkeit gemäß der ersten Stufe ist gegeben, wenn sich nach den Umständen des Einzelfalles ohne Weiteres und unzweifelhaft ergibt, dass die Nebenbestimmung und die übrigen Teile des VA untrennbar miteinander verknüpft sind.[65] 50

C 39.06, NVwZ-RR 2007, 776; Urt. v. 19.09.2018 – 8 C 6.17, BVerwGE 163, 93; Urt. v. 06.11.2019 – 8 C 14.18, juris; Beschl. v. 31.01.2019 – 8 B 10.18, WKRS 2019, 13429; dieser Rspr. folgend OVG Berlin, Beschl. v. 07.05.2001 – 2 SN 6.01, NVwZ 2001, 1059; OVG Nordrhein-Westfalen, Beschl. v. 18.08.2003 – 20 B 233/03, NVwZ 2004, 1384; OVG Niedersachsen, Urt. v. 10.03.2004 – 1 LB 60/03, NVwZ-RR 2005, 394; OVG Bremen, Beschl. v. 29.03.2011 – 1 B 57/11, 1 B 67/11, NordÖR 2011, 275; VGH Baden-Württemberg, Urt. v. 11.12.2017 – 10 S 2263/16, NJW 2018, 1559; *Ziekow* § 36 Rn. 26; für vorbehaltlose Statthaftigkeit Mann/Sennekamp/Uechtritz/*Weiß* § 36 Rn. 125.

63 BVerwG, Urt. v. 22.11.2000 – 11 C 2.00, BVerwGE 112, 221 unter Bezug auf BVerwG, Urt. v. 19.01.1989 – 7 C 31.87, BVerwGE 81, 185 <186>; Urt. v. 17.02.1984 – 4 C 70.80, Buchholz 310 § 113 VwGO Nr. 137 S. 29 f.; Urt. v. 06.11.2019 – 8 C 14.18, juris; Beschl. v. 17.07.1995 – 1 B 23.95, NVwZ-RR 1996, 20; Beschl. v. 31.01.2019 – 8 B 10.18, WKRS 2019, 13429; kritisch zur Einschränkung bei Offenkundigkeit Mann/Sennekamp/Uechtritz/*Weiß* § 36 Rn. 126.

64 So OVG Nordrhein-Westfalen, Beschl. v. 18.08.2003 – 20 B 233/03, NVwZ 2004, 1384 unter Hinweis auf BVerwG, Beschl. v. 16.08.1995 – 1 B 25.95, GewArch 1996, 22; Beschl. v. 17.07.1995 – 1 B 23.95, NVwZ-RR 1996, 20; Urt. v. 17.02.1984 – 4 C 70.80, Buchholz 310 § 113 VwGO Nr. 137. Ähnlich OVG Niedersachsen, Urt. v. 10.03.2004 – 1 LB 60/03, NVwZ-RR 2005, 394 (Aufhebung eines Widerrufsvorbehalts zu einer Baugenehmigung).

65 So OVG Nordrhein-Westfalen, Beschl. v. 18.08.2003 – 20 B 233/03, NVwZ 2004, 1384 (offenkundige Untrennbarkeit bejaht bei einer auflösenden Bedingung im Abfallrecht;

51 Keine Nebenbestimmung im Sinne von § 36 und schon deshalb nicht den genannten Problemen des nebenbestimmungsbezogenen Rechtsschutzes unterworfen ist die in § 11 Abs. 2 Satz 3 AufenthG (vgl. auch § 7 Abs. 2 Satz 5 FreizügG/EU) geregelte **Befristung des Einreise- und Aufenthaltsverbots** im Falle der Ausweisung, Zurückschiebung oder Abschiebung eines Ausländers.[66] Dies gilt unabhängig davon, ob man die Befristungsentscheidung als einen eigenständigen, begünstigenden VA auslegen kann, der zum Einreise- und Aufenthaltsverbot hinzutritt, oder ob das befristete Einreise- und Aufenthaltsverbot insgesamt als einheitlicher belastender VA verstanden werden muss.[67]

52 Der Rechtsschutz eines Drittbetroffenen hängt davon ab, ob er eine ihn belastende Nebenbestimmung beseitigen oder eine ihn begünstigende erzwingen will. Gegen eine den Drittbetroffenen belastende Nebenbestimmung ist die Anfechtungsklage gegeben. Sie käme z.B. in Betracht, wenn dem Bauwerber mit der Erteilung der Baugenehmigung die Auflage gemacht würde, entlang der mit dem drittbetroffenen Nachbarn gemeinsamen Grundstücksgrenze Kfz-Stellplätze bereitzuhalten. Wegen fehlender oder unzureichender Schutzauflagen steht dem Drittbetroffenen die Verpflichtungsklage zur Verfügung, falls die bestehende Rechtsverletzung durch die begehrten Auflagen beseitigt werden kann.[68]

C. Verfahrensvorschriften des Sozialrechts sowie Verwaltungsverfahrensrecht der Länder

53 Die Verwaltungsverfahrensgesetze der Länder enthalten gleichlautende Vorschriften. In Sachsen ist für die landesbehördliche Tätigkeit das VwVfG des Bundes nach Maßgabe von § 1 Satz 1 SächsVwVfZG anwendbar, in Berlin, Niedersachsen und Rheinland-Pfalz greifen ebenfalls Verweisungen (§ 1 BlnVwVfG, NiedsVwVfG, RPLVwVfG). Für Schleswig-Holstein siehe § 107 LVwG. Die Parallelvorschrift im Sozialrecht enthält § 32 SGB X; im Abgabenrecht § 120 AO.

D. Unionsrecht

54 Die Zulässigkeit von Nebenbestimmungen beim direkten Vollzug von Unionsrecht bestimmt sich nach dem einschlägigen Primär- und Sekundärrecht und ist grds.

verneint für bestimmte »echte Auflagen«). Ähnlich OVG Berlin, Beschl. v. 07.05.2001 – 2 SN 6.01, NVwZ 2001, 1059 (offenkundige Untrennbarkeit bei aufschiebender Bedingung zu einer sanierungsrechtlichen Genehmigung).

66 Nach dem zum 21.08.2019 erfolgten gesetzlichen Systemwechsel mit dem Zweiten Gesetz zur besseren Durchsetzung der Ausreisepflicht vom 15.08.2019 (BGBl. I S. 1294) tritt das Einreise- und Aufenthaltsverbot nicht mehr kraft Gesetzes ein, sondern wird behördlich verfügt. Vgl. zur europarechtlichen Gebotenheit dieses Ansatzes BVerwG, Urt. v. 21.08.2018 – 1 C 21.17, BVerwGE 162, 382.

67 Vgl. dazu VGH Baden-Württemberg, Beschl. v. 13.11.2019 – 11 S 2996/19, WKRS 2019, 44288.

68 BVerwG, Urt. v. 17.11.1972 – IV C 21.69, BVerwGE 41, 180; **a.A.** VGH Baden-Württemberg, Beschl. v. 22.02.1972 – V 1167/70, ESVGH 23, 80.

anerkannt.[69] Im indirekten Vollzug kommt die Beifügung von Nebenbestimmungen ebenfalls in Betracht und bestimmt sich dann nach den Voraussetzungen des § 36. Besonderheiten können sich aus dem jeweiligen Fachrecht ergeben, z.B. Art. 9 RL 2008/1/EG (IVU-Richtlinie): Genehmigungsauflagen; Art. 11 RL 2006/123/EG (Dienstleistungsrichtlinie): Geltungsdauer der Genehmigung. Bestimmt eine Richtlinie, dass eine Genehmigung nur für einen begrenzten Zeitraum erteilt werden darf, ist der Umsetzungspflicht in nationales Recht nicht schon damit Genüge getan, dass es im Ermessen der Behörde steht, den VA nach § 36 zu befristen.[70]

§ 37 Bestimmtheit und Form des Verwaltungsaktes; Rechtsbehelfsbelehrung

(1) Ein Verwaltungsakt muss inhaltlich hinreichend bestimmt sein.

(2) [1]Ein Verwaltungsakt kann schriftlich, elektronisch, mündlich oder in anderer Weise erlassen werden. [2]Ein mündlicher Verwaltungsakt ist schriftlich oder elektronisch zu bestätigen, wenn hieran ein berechtigtes Interesse besteht und der Betroffene dies unverzüglich verlangt. [3]Ein elektronischer Verwaltungsakt ist unter denselben Voraussetzungen schriftlich zu bestätigen; § 3a Abs. 2 findet insoweit keine Anwendung.

(3) [1]Ein schriftlicher oder elektronischer Verwaltungsakt muss die erlassende Behörde erkennen lassen und die Unterschrift oder die Namenswiedergabe des Behördenleiters, seines Vertreters oder seines Beauftragten enthalten. [2]Wird für einen Verwaltungsakt, für den durch Rechtsvorschrift die Schriftform angeordnet ist, die elektronische Form verwendet, muss auch das der Signatur zu Grunde liegende qualifizierte Zertifikat oder ein zugehöriges qualifiziertes Attributzertifikat die erlassende Behörde erkennen lassen. [3]Im Fall des § 3a Absatz 2 Satz 4 Nummer 3 muss die Bestätigung nach § 5 Absatz 5 des De-Mail-Gesetzes die erlassende Behörde als Nutzer des De-Mail-Kontos erkennen lassen.

(4) Für einen Verwaltungsakt kann für die nach § 3a Abs. 2 erforderliche Signatur durch Rechtsvorschrift die dauerhafte Überprüfbarkeit vorgeschrieben werden.

(5) [1]Bei einem schriftlichen Verwaltungsakt, der mit Hilfe automatischer Einrichtungen erlassen wird, können abweichend von Absatz 3 Unterschrift und Namenswiedergabe fehlen. [2]Zur Inhaltsangabe können Schlüsselzeichen verwendet werden, wenn derjenige, für den der Verwaltungsakt bestimmt ist oder der von

---

69 EuGH, Urt. v. 23.10.1974 – C-17/74 (Transocean Marine Paint), Slg. 1974, 1063; Urt. v. 13.09.1995 – T-244/93, T-486/93 (Textilwerke Deggendorf gegen Kommission), Slg. 1995, II-2265 = EuZW 1996, 248; Urt. v. 31.03.1998 – C-68/94, Slg. 1998, I-1375; Bauer/Heckmann/Ruge/Schallbruch/*Ritgen* § 36 Rn. 4; näher Grabitz/Hilf/*Nettesheim*, Das Recht der EU, Art. 288 AEUV Rn. 190.

70 EuGH, Urt. v. 28.02.1991 – C-131/88, Slg 1991, I-825 = DVBl 1991, 863 Rn. 68 f. zur RL 80/68/EWG (Grundwasser-Richtlinie).

ihm betroffen wird, auf Grund der dazu gegebenen Erläuterungen den Inhalt des Verwaltungsaktes eindeutig erkennen kann.

(6) [1]Einem schriftlichen oder elektronischen Verwaltungsakt, der der Anfechtung unterliegt, ist eine Erklärung beizufügen, durch die der Beteiligte über den Rechtsbehelf, der gegen den Verwaltungsakt gegeben ist, über die Behörde oder das Gericht, bei denen der Rechtsbehelf einzulegen ist, den Sitz und über die einzuhaltende Frist belehrt wird (Rechtsbehelfsbelehrung). [2]Die Rechtsbehelfsbelehrung ist auch der schriftlichen oder elektronischen Bestätigung eines Verwaltungsaktes und der Bescheinigung nach § 42a Abs. 3 beizufügen.

Schrifttum

App, Zur Adressierung und Bekanntgabe von kommunalen Steuerbescheiden und Bescheiden über andere Kommunalabgaben, KStZ 2005, 205; *Beckermann*, Zur Erforderlichkeit einer Belehrung über die elektronische Form der Rechtsbehelfseinlegung, NVwZ 2017, 745; *Benrath*, Die Verständlichkeit des Verwaltungsakts, VerwArch 102 (2011), 547; *Ebnet*, Rechtsprobleme bei der Verwendung von Telefax, NJW 1992, 2985; *Haus*, Zugangsverweigerung und Bestimmtheitsgrundsatz, NVwZ 2002, 432; *Kersten*, Elektronische Kommunikation im Beamtenrecht, ZBR 2006, 35; *Klindt*, Verwaltungsverfahrensrechtliche Bestimmtheitserfordernisse behördlicher Rückrufanordnungen, NVwZ 2009, 891; *Kunig*, Zur hinreichenden Bestimmtheit von Norm und Einzelakt, Jura 1990, 495; *Linhart*, Der Bescheid, 4. Aufl. 2013; *Luch/Tischer*, Die öffentlich-rechtliche Schriftform und die hybride Kommunikation mittels E-Postbrief, DÖV 2011, 598; *Osterloh*, Hinreichende Bestimmtheit einer Auflage, JuS 1991, 158; *Pleiner*, Richtige und vollständige Rechtsbehelfsbelehrung eines Verwaltungsaktes – unzureichend bei Drittbekanntgabe?, NVwZ 2014, 776; *Redeker*, Der elektronisch übermittelte VA, NVwZ 1986, 545; *Robrecht*, Die schriftliche Begründung und Bestätigung des VA, SächsVBl 2005, 241; *Roßnagel*, Die elektronische Signatur im Verwaltungsrecht, DÖV 2001, 221; *ders.*, Das elektronische Verwaltungsverfahren, NJW 2003, 469; *ders.*, Auf dem Weg zur elektronischen Verwaltung – Das E-Government-Gesetz, NJW 2013, 2710; *Siegel*, Der virtuelle Verwaltungsakt, VerwArch 2014, 241; *Skrobotz*, Das elektronische Verwaltungsverfahren, 2005; *Starke*, Auswirkungen des elektronischen Rechtsverkehrs auf Rechtsbehelfs- und Rechtsmittelbelehrungen, LKV 2010, 358.

Übersicht

A. Allgemeines und Grundsätze

Gegenstand der Regelung ist in Abs. 1 die inhaltliche Bestimmtheit eines VA.[1] Insoweit handelt es sich um ein materielles Erfordernis, keine formelle Voraussetzung.[2] Daneben werden bestimmt in Abs. 2 Satz 1 die Form des Erlasses eines VA, in Abs. 2 Satz 2 die Notwendigkeit der schriftlichen oder elektronischen Bestätigung eines mündlichen VA auf Verlangen des Betroffenen, in Abs. 2 Satz 3, Abs. 3, 4 und 5 die Modalitäten eines elektronischen VA bzw. der Abfassung eines schriftlichen VA. In Abs. 6 wurde mit Wirkung ab 07.06.2013 eine Pflicht zur Rechtsbehelfsbelehrung eingeführt.[3] § 37 konkretisiert den Grundsatz der Gesetzmäßigkeit der Verwaltung und dient dabei vor allem der Rechtssicherheit und Rechtsklarheit.[4] Das Bestimmtheitserfordernis folgt aus dem Rechtsstaatsprinzip und hat insoweit Verfassungsrang.[5] 1

1 Zur entsprechenden Anwendbarkeit des Bestimmtheitsgebots auf die Baulasterklärung vgl. VGH Baden-Württemberg, Urt. v. 04.02.2016 – 5 S 1140/14, BauR 2016, 1141; OVG Nordrhein-Westfalen, Beschl. v. 30.10.2013 – 2 A 2554/12, BauR 2014, 541.

2 VGH Baden-Württemberg, Urt. v. 11.10.2012 – 1 S 36/12, WKRS 2012, 26134; ebenso zutreffend Kopp/*Ramsauer* § 37 Rn. 5; Mann/Sennekamp/Uechtritz/*Schönenbroicher* § 37 Rn. 10; **irrig a.A.** indes z.B. BVerwG, Urt. v. 19.06.2019 – 6 C 9.18, LKV 2019, 458 (»formell-rechtlich«); VGH Baden-Württemberg, Beschl. v. 10.06.2011 – 1 S 915/11, ESVGH 62, 27 = NJW 2011, 2532 (Eilverfahren zu der zuvor zitierten Hauptsache); Beschl. v. 02.10.2019 – 3 S 1470/19, juris; OVG Berlin-Brandenburg, Urt. v. 23.11.2006 – 5 B 11.05, LKV 2007, 370.

3 Art. 1 Nr. 5 des Gesetzes zur Verbesserung der Öffentlichkeitsbeteiligung und Vereinheitlichung von Planfeststellungsverfahren (PlVereinhG) vom 31.05.2013, BGBl. I S. 1388 (1389).

4 VGH Hessen, Beschl. v. 19.12.2014 – 2 A 761/14.Z, WKRS 2014, 37018.

5 BVerwG, Urt. v. 27.06.2012 – 9 C 7.11, BVerwGE 143, 222; Beschl. v. 09.07.2019 – 9 B 29.18, NVwZ-RR 2019, 924; VGH Baden-Württemberg, Urt. v. 06.09.2016 – 2 S 2168/14, WKRS 2016, 25207; Urt. v. 13.02.2017 – 2 S 1610/15, WKRS 2017, 10904; Mann/Sennekamp/Uechtritz/*Schönenbroicher* § 37 Rn. 1 und 8 f.

B. Die Vorschrift im Einzelnen

I. Hinreichende Bestimmtheit des VA (Abs. 1)

2 Nach Abs. 1 muss ein VA hinreichend bestimmt sein. Dies gilt für alle VA einschließlich etwaiger Nebenbestimmungen unabhängig von der Form des Erlasses. Die Vorschrift bezieht sich nicht auf Erklärungen, die wie Begründungen nach § 39 und Rechtsbehelfsbelehrungen nach § 37 Abs. 6, §§ 58 f. VwGO weder VA noch Teile eines solchen sind. Inhaltlich hinreichend bestimmt ist ein VA, wenn er die Adressaten (Bestimmtheit in **persönlicher** Hinsicht) und die für diese geltende Regelung (Bestimmtheit in **sachlicher** Hinsicht) eindeutig erkennen lässt.

1. Bestimmtheit hinsichtlich des Adressaten

3 Der Adressat eines VA muss einerseits hinreichend bestimmt bezeichnet sein, andererseits kann aber ein VA mit Blick auf die Bezeichnung des Inhaltsadressaten auslegungsfähig sein und die Auslegung etwaige Zweifel an der Bestimmtheit beseitigen. Dabei kommt es nicht darauf an, wie ein außenstehender Dritter, sondern allein wie der Betroffene selbst nach den ihm bekannten Umständen den VA unter Berücksichtigung von Treu und Glauben verstehen musste.[6] Die Adressaten müssen daher grundsätzlich namentlich genannt oder auf andere Weise in ihrer Individualität festgelegt sein.[7] Bei einem nicht schriftlich erlassenen VA genügt es, wenn der Adressat seitens des handelnden Amtsträgers durch unmittelbare Ansprache oder auf andere Weise (z.B. durch Zeichengebung i.R.d. Verkehrsregelung) bestimmt wird. Bei einem VA mit rechtsgestaltender Wirkung für einen Dritten muss auch der Drittbetroffene (vgl. § 35 Rdn. 79) als Adressat in Erscheinung treten, falls nicht gesetzlich etwas Anderes angeordnet ist.[8] Wenn der VA an **mehrere Personen** gerichtet wird, ist auf eine genaue Bezeichnung der Adressaten zu achten. Ein an eine »Erbengemeinschaft« gerichteter VA kann hinreichend bestimmt sein, wenn sich durch Auslegung ermitteln lässt, dass sich die Regelung an alle Miterben richten soll.[9] Für Abgabenbescheide besagt § 157 Abs. 1 Satz 2 AO, dass jeder Abgabenschuldner angegeben sein muss.[10] Andernfalls kann das zur Nichtigkeit wegen inhaltlicher Unbestimmtheit führen, etwa wenn einer der Ehepartner nicht auch mit Vor- und Zunamen genannt ist.[11] Jedenfalls bei

---

6 BVerwG, Urt. v. 27.06.2012 – 9 C 7.11, BVerwGE 143, 222; VGH Baden-Württemberg, Urt. v. 12.02.2020 – 5 S 1070/19, WKRS 2020, 12363.

7 BFH, Urt. v. 27.10.2015 – VIII R 59/13, BFH/NV 2016, 726. Zu einem ausländerrechtlichen Beförderungsverbot: BVerwG, Urt. v. 14.04.1992 – 1 C 48.89, DVBl 1992, 844 = NVwZ 1992, 682.

8 BVerwG, Urt. v. 07.06.1991 – 7 C 43.90, BVerwGE 88, 286 = DVBl 1992, 52.

9 OVG Schleswig-Holstein, Urt. v. 17.11.2011 – 1 LB 13/11, NordÖR 2012, 348.

10 Vgl. dazu BFH, Urt. v. 27.10.2015 – VIII R 59/13, BFH/NV 2016, 726 (Bescheid an Rechtsvorgänger zu Händen des Rechtsnachfolgers als Erben enthält hinreichende Bezeichnung).

11 VGH Baden-Württemberg, Urt. v. 23.05.1985 – 2 S 336/84, NVwZ 1986, 139; vgl. auch VGH Hessen, Urt. v. 07.09.1983 – V OE 100/81, NJW 1984, 1645 zu einem an eine Wohnungseigentümergemeinschaft gerichteten Abgabenbescheid (teilweise überholt aufgrund des geänderten WEG).

Nichtabgabenbescheiden ist aber eine etwas großzügigere Sicht angezeigt.[12] Unabhängig von der inhaltlichen Bestimmtheit ist bei juristischen Personen, Gesellschaften, Gemeinschaften und Personenmehrheiten vor allem auf eine korrekte Bekanntgabe (§ 41) zu achten.[13]

Richtet sich ein VA an mehrere Adressaten, so muss Klarheit über die Art und Weise der rechtlichen Betroffenheit jedes Einzelnen bestehen. Ein Leistungsbescheid hat z.B. deutlich zu machen, ob die Adressaten als Gesamt- oder als Bruchteilschuldner in Anspruch genommen werden.[14] Werden Eheleute aus verschiedenen Rechtsgründen verpflichtet (z.B. die Ehefrau als Grundstückseigentümerin und der Ehemann als Bauherr), so ist dies bei der Adressierung des VA zu berücksichtigen.[15] Bei einer personenbezogenen Allgemeinverfügung kann es genügen, dass der Adressatenkreis nach allgemeinen Merkmalen bestimmbar ist.[16] 4

2. Bestimmtheit hinsichtlich der Regelung

Das Bestimmtheitsgebot verlangt zum einen, dass der **Adressat in der Lage sein muss zu erkennen**, was von ihm gefordert wird, und zwar in dem Sinne, dass der behördliche Wille keiner unterschiedlichen subjektiven Bewertung zugänglich ist.[17] Der Inhalt der Regelung muss für die Beteiligten so vollständig, klar und unzweideutig erkennbar sein, dass sie ihr Verhalten danach richten können.[18] Zum anderen muss der Verwaltungsakt **Grundlage für Maßnahmen zu seiner zwangsweisen Durchsetzung** sein können. Im Einzelnen richten sich die Anforderungen nach den Besonderheiten des Einzelfalls, insbesondere nach dem Regelungsgehalt und dem verfolgten 5

12 Vgl. Knack/Henneke/*Ruffert* § 37 Rn. 25; Kopp/*Ramsauer* § 37 Rn. 10a; zu Auslegungsmöglichkeiten im Abgabenrecht BFH, Urt. v. 07.09.1995 – III R 111/89, NJW 1997, 151.

13 Vgl. dazu § 41 Rdn. 96 ff.

14 VGH Bayern, Urt. v. 15.09.1983 – 23 B 80 A.861, NJW 1984, 626; VGH Hessen, Urt. v. 07.09.1983 – V OE 100/81, NJW 1984, 1646.

15 BVerwG, Urt. v. 13.02.1976 – IV C 44.74, BVerwGE 50, 171 = NJW 1976, 1516.

16 Vgl. VGH Baden-Württemberg, Urt. v. 06.11.2013 – 1 S 1640/12, VBlBW 2014, 147.

17 Vgl. BVerwG, Urt. v. 26.10.2017 – 8 C 18.16, BVerwGE 160, 193; Urt. v. 26.10.2017 – 8 C 14.16, Buchholz 11 Art. 12 GG Nr. 305; Urt. v. 22.10.2015 – 7 C 15.13, NVwZ 2016, 308; Urt. v. 19.06.2019 – 6 C 9.18, LKV 2019, 458; Beschl. v. 09.07.2019 – 9 B 29.18, NVwZ-RR 2019, 924; OVG Niedersachsen, Beschl. v. 04.06.2019 – 8 ME 39/19, NVwZ-RR 2020, 38; VGH Baden-Württemberg, Urt. v. 11.07.2017 – 5 S 2067/15, BauR 2017, 2148; Beschl. v. 23.10.2017 – 9 S 1887/17, LMuR 2018, 27; Beschl. v. 30.01.2019 – 5 S 1913/18, VBlBW 2019, 415; Beschl. v. 02.10.2019 – 3 S 1470/19, juris; Beschl. v. 23.10.2019 – 9 S 2178/18, WKRS 2019, 42566.

18 Vgl. BVerwG, BVerwG, Urt. v. 22.10.2015 – 7 C 15.13, NVwZ 2016, 308; Urt. v. 16.10.2013 – 8 C 21.12, BVerwGE 148, 146; Urt. v. 02.07.2008 – 7 C 38.07, BVerwGE 131, 259; VGH Baden-Württemberg, Urt. v. 06.09.2016 – 2 S 2168/14, WKRS 2016, 25207; Urt. v. 13.02.2017 – 2 S 1610/15, WKRS 2017, 10904; Urt. v. 09.04.2019 – 8 S 1527/17, VBlBW 2019, 421; OVG Nordrhein-Westfalen, Beschl. v. 20.01.2017 – 4 B 57/17, WKRS 2017, 10248; OVG Sachsen, Urt. v. 16.03.2018 – 3 A 556/17, WKRS 2018, 16219; OVG Sachsen-Anhalt, Urt. v. 23.08.2017 – 2 K 66/16, WKRS 2017, 26789.

Zweck.[19] Je nach Grundrechtsrelevanz oder bei einer Strafbewehrung sind erhöhte Anforderungen zu stellen.[20] Die Regelung als maßgeblicher Inhalt eines VA muss widerspruchsfrei zum Ausdruck kommen und darf keiner unterschiedlichen Auslegung zugänglich sein, sodass sich der jeweilige Adressat auf sie einstellen kann. Besteht eine Regelung in einem Gebot, so muss sie das Verlangte klar und sicher erkennen lassen.[21] **Unbestimmte Begriffe** dürfen verwendet werden,[22] jedoch dann nicht, wenn die Feststellung ihrer Bedeutung auch im Wege der Interpretation nicht möglich ist. Die Umschreibung eines Verbots durch einen unbestimmten Rechtsbegriff, die für die Inhaltsbestimmung einer Verordnung genügen kann, ist möglicherweise für einen VA nicht ausreichend.[23]

6 Eine Verletzung des Bestimmtheitsgebotes liegt etwa vor

- im Abgabenrecht und im Bereich sonstiger Zahlungen: bei einem Gebührenbescheid über einen nicht aufgeschlüsselten Pauschalbetrag, wenn der zugeordnete Zeitabschnitt nicht erkennbar ist; bei einem Leistungsbescheid, dem sich nicht entnehmen lässt, wofür die Leistung konkret gefordert wird;
- im Ausländer-/Asylrecht: bei der Mitteilung an einen Asylbewerber, der einem anderen Bundesland zugewiesen werden soll, sich bei der dortigen »zentralen Anlaufstelle« einzufinden;
- im Baurecht: bei der Aufforderung zur Errichtung von Einstellplätzen auf einem Baugrundstück oder »in dessen Nähe«; bei einer Untersagung der Nutzung eines Grundstückes »als Holzlagerplatz«, wenn nicht erkennbar ist, ob damit eine reine Nutzungsuntersagungs- oder auch eine Beseitigungsverfügung gemeint ist; bei der

---

19 BVerwG, Urt. v. 26.10.2017 – 8 C 18.16, BVerwGE 160, 193; Urt. v. 26.10.2017 – 8 C 14.16, Buchholz 11 Art. 12 GG Nr. 305; Urt. v. 16.10.2013 – 8 C 21.12, BVerwGE 148, 146; Urt. v. 19.06.2019 – 6 C 9.18, LKV 2019, 458; Beschl. v. 13.10.2010 – 7 B 50.10 – WKRS 2010, 26789; Urt. v. 02.07.2008 – 7 C 38.07, BVerwGE 131, 259 m.w.N.; VGH Hessen, Beschl. v. 19.12.2014 – 2 A 761/14.Z, WKRS 2014, 37018 (betr. eine Ordnungsverfügung); VGH Baden-Württemberg, Urt. v. 30.06.2011 – 1 S 2901/10, DVBl 2011, 1305; Urt. v. 08.09.2015 – 6 S 1426/14, VBlBW 2016, 74; Urt. v. 11.07.2017 – 5 S 2067/15, BauR 2017, 2148; Beschl. v. 23.10.2017 – 9 S 1887/17, LMuR 2018, 27; OVG Niedersachsen, Beschl. v. 04.06.2019 – 8 ME 39/19, NVwZ-RR 2020, 38; OVG Sachsen-Anhalt, Beschl. v. 02.06.2015 – 2 M 32/15, WKRS 2015, 23641; OVG Nordrhein-Westfalen, Beschl. v. 03.06.2015 – 19 B 542/15, WKRS 2015, 25531; Urt. v. 17.06.2015 – 13 A 1215/12, ZUM 2015, 910; Urt. v. 12.08.2015 – 8 A 799/14, ZNER 2015, 480; Beschl. v. 20.01.2017 – 4 B 57/17, WKRS 2017, 10248; OVG Sachsen-Anhalt, Urt. v. 23.08.2017 – 2 K 66/16, WKRS 2017, 26789; Mann/Sennekamp/Uechtritz/*Schönenbroicher* § 37 Rn. 12 ff.

20 Vgl. VGH Baden-Württemberg, Beschl. v. 08.01.2013 – 11 S 1581/12, InfAuslR 2013, 193 = WKRS 2013, 10091; Urt. v. 08.09.2015 – 6 S 1426/14, VBlBW 2016, 74.

21 VGH Bayern, Urt. v. 08.02.1982 – 22.B – 1284/79, NJW 1982, 2570; VGH Hessen, Urt. v. 23.11.1988 – 5 UE 1040/84, NVwZ 1989, 484.

22 Vgl. für den Rekurs auf Begrifflichkeiten des VersG: VGH Baden-Württemberg, Urt. v. 06.11.2013 – 1 S 1640/12, VBlBW 2014, 147.

23 Vgl. BVerwG, Urt. v. 16.10.2013 – 8 C 21.12, BVerwGE 148, 146; VGH Baden-Württemberg, Beschl. v. 24.02.2014 – 6 S 1394/13, VBlBW 2014, 382 (Begriff »öffentliches Glücksspiel«).

Auflage, die Außenwände in einem landschaftlich unauffälligen Farbton zu gestalten; hingegen können in einer Baugenehmigung für gewerbliche Nutzungen zur Beschreibung auch generalisierende Begriffe wie »Wartungs- und Kundendienstarbeiten« verwendet werden; wenn der Baugenehmigung die maßgeblichen nachbarrechtsrelevanten betrieblichen Rahmenbedingungen nicht zu entnehmen sind (Verletzung des **nachbarrechtlichen Bestimmtheitserfordernisses**);
- im Bodenschutzrecht bei dem Gebot zur Herbeiführung eines bestimmten Sanierungszielwerten entsprechenden Reinheitsgrades des Grundwassers, wenn die Zielwerte »gewissermaßen in der Luft hängen«, weil die hierfür angeordnete Maßnahme offensichtlich nicht ausreicht; bei der Anordnung der Niederbringung von Grundwassermessstellen ohne hinreichende Angaben zu Zahl und Lage;
- im Glücksspielrecht bei der Untersagung, »öffentliches Glücksspiel im Sinne von § 3 GlüStV zu veranstalten, zu vermitteln, hierfür zu werben oder solche Tätigkeiten zu unterstützen«, da damit lediglich die gesetzliche Regelung wiedergegeben und deren Konkretisierung offengelassen wird.
- im grundstücksbezogenen Bereich bei einem VA, der das betreffende Grundstück nicht parzellenscharf bezeichnet;
- im Immissionsschutzrecht: bei der Anordnung zur Abänderung eines Ventilators in der Weise, dass er »geräuscharm« arbeitet; bei der Verfügung, den Lärm auf einer Kegelbahn zu beschränken; hingegen bedarf es in einer Baugenehmigung keiner Angabe der einzuhaltenden Lärmimmissionspegel wenn geregelt ist, auf welche Weise passiver Lärmschutz zu gewährleisten ist; auch ist eine Messanordnung hinreichend bestimmt, bei der zwar die Messstelle nicht vorgegeben, aber das Ziel des Messauftrags klar ist;
- im Polizeirecht: bei der Anordnung, einen Hund »innerhalb der geschlossenen Ortslage« an der Leine zu führen; bei einer jugendschutzrechtlichen Anordnung mit den ungenügend präzisierten Formulierungen »die problematischen Inhalte« und »alle entwicklungsbeeinträchtigenden Inhalte«; bei der Ordnungsverfügung, »Künftig ist diese rechtswidrige Inanspruchnahme des öffentlichen Straßenraums zu unterlassen« bezogen auf eine unbestimmte Anzahl von Bereichen im Stadtgebiet;
- im Vollstreckungsrecht: bei einer Zwangsgeldandrohung für »jeden Fall der Zuwiderhandlung«, ohne dass sich die Voraussetzungen aus dem Bescheid klar ergeben; ferner bei einer allein mit der Verpflichtung zu »unverzüglichem« Handeln verbundenen Zwangsgeldandrohung.

Eine Regelung muss auch **im Detail** genau sein, sodass der Adressat nicht gezwungen ist, eine noch erforderliche Ergänzung bzw. Ausfüllung von sich aus vorzunehmen. Zu unbestimmt sind daher etwa Anordnungen, 7
- die auf der Grundlage von § 16 Abs. 3 HwO die Fortsetzung des selbstständigen Betriebes des Steinmetz- und Steinbildhauer-Handwerks in der Betriebsstätte und bei Kunden des Betriebes untersagen, wenn Angaben in der Begründung darauf hindeuten, dass die Verfügung ausschließlich auf die »Ausführung von Natursteinarbeiten am Bau« sowie das »Aufstellen und Bearbeiten von Grabsteinen« zielt;

- die eine »möglichst vollständige« Vermeidung von Rauch, Ruß, Flugasche oder schwefliger Säure aufgeben (da beim Betreiben einer Feuerungsanlage eine Rauchentwicklung unabdingbar ist, die Emission schwefliger Säure aber durch den Vorbau von Filterungsanlagen auf ein Minimum reduziert werden kann);
- die das Verbot aussprechen, kleine und mittlere Wettbewerber dadurch unbillig zu behindern, dass Waren unter oder zum jeweils geltenden Einkaufspreis zuzüglich Umsatzsteuer angeboten und verkauft werden;
- die einen Sozialhilfeempfänger zur Leistung gemeinnütziger Arbeit ohne Angabe über deren Art, Umfang, zeitliche Verteilung und Entlohnung heranziehen.

8 Sind für die Herbeiführung eines durch VA aufgegebenen Zustands (z.B. einer Gefahrenbeseitigung) bestimmte Mittel anzuwenden, so müssen diese von der Behörde angegeben werden, wenn dies gesetzlich vorgeschrieben ist oder wenn die Mittelauswahl dem Adressaten aus besonderen Gründen nicht zugemutet werden kann. Eine solche Unzumutbarkeit liegt aber grds. nicht bei der Erfüllung nachbar- oder umweltschützender Auflagen bzw. Bedingungen im Gewerbe-, Immissionsschutz- und Atomrecht vor. Vom Betreiber einer technisch komplizierten Anlage kann erwartet werden, dass er – ggf. mithilfe von Sachverständigengutachten – selbst die Mittel feststellt, die einen von der Behörde verlangten Zustand bewirken.[24] So hat auch das BVerwG keine Bedenken dagegen erhoben, dass ohne Mittelangabe ein Planfeststellungsbeschluss über die Linienführung einer U-Bahn-Trasse die Sicherheit der beanspruchten Gebäude und die Beschränkung von Geräuschen und Erschütterungen auf das technisch vertretbare Mindestmaß verlangt hat[25] und dass in einem anderen Fall Geräuscheinwirkungen auf die Nachbarschaft eines Gewerbebetriebes über eine bestimmte Lautstärke hinaus untersagt worden sind.[26] Ein VA, der nur verbindlich festlegt, welches Ziel der Adressat erreichen muss, wobei ihm die **Wahl zwischen mehreren Mitteln** überlassen wird, leidet daher nicht notwendig an einem Bestimmtheitsmangel.[27]

9 Gegebenenfalls ist die hinreichende Bestimmtheit einer Regelung im Wege der **Auslegung** aufgrund einer entsprechenden Anwendung des § 133 BGB zu ermitteln.[28] Zur

---

24 Zu den Grenzen vgl. aber VGH Hessen, Beschl. v. 19.12.2014 – 2 A 761/14.Z, WKRS 2014, 37018.

25 BVerwG, Urt. v. 04.02.1966 – IV C 77.65, DÖV 1966, 571.

26 BVerwG, Urt. v. 24.06.1971 – I C 39.67, BVerwGE 38, 211 = DVBl 1971, 751.

27 BVerwG, Urt. v. 30.05.2018 – 6 A 3.16, BVerwGE 162, 179; OVG Bremen, Beschl. v. 04.03.2019 – 2 LA 12/17, WKRS 2019, 13384; OVG Niedersachsen, Beschl. v. 04.06.2019 – 8 ME 39/19, NVwZ-RR 2020, 38 (mit umfangreichen Überlegungen zur Differenzierung); OVG Sachsen-Anhalt, Urt. v. 23.08.2017 – 2 K 66/16, WKRS 2017, 26789; VGH Bayern, Beschl. v. 24.02.2017 – 10 ZB 15.1803 –, juris.

28 BVerwG, Urt. v. 26.10.2017 – 8 C 14.16, Buchholz 11 Art. 12 GG Nr. 305; Urt. v. 10.12.2015 – 3 C 7.14, BVerwGE 153, 335; Urt. v. 17.10.1975 – IV C 66.72, BVerwGE 49, 244 (247) = DVBl 1976, 715; BVerwG, Urt. v. 25.05.1965 – II C 132.62, NJW 1965, 1978; VGH Baden-Württemberg, Urt. v. 06.11.2013 – 1 S 1640/12, VBlBW 2014, 147; Urt. v. 08.09.2015 – 6 S 1426/14, VBlBW 2016, 74; Beschl. v. 02.10.2019 – 3 S 1470/19, juris; OVG Nordrhein-Westfalen, Urt. v. 17.06.2015 – 13 A 1215/12, ZUM 2015, 910; OVG Sachsen, Urt. v. 16.03.2018 – 3 A 556/17, WKRS 2018, 16219.

Beseitigung von Unklarheiten kann aus der **Gesamtheit der Umstände**, die den Erlass des VA kennzeichnen, eine Auslegungshilfe gewonnen werden.[29] Zuweilen lassen sich Zweifel durch die Berücksichtigung beigefügter Anlagen (Pläne, Erläuterungen usw.) oder mit Hilfe der Begründung des VA ausräumen. Die »Regelung« (§ 35 Satz 1) muss sich nicht unmittelbar und allein aus dem Entscheidungssatz ergeben. Es reicht aus, wenn sie sich aus dem gesamten Inhalt des Bescheides, insbesondere seiner Begründung sowie den weiteren, den Beteiligten bekannten oder ohne Weiteres erkennbaren Umständen, unzweifelhaft erkennen lässt.[30] Auch Tatsachen, die der Behörde oder dem Adressaten bekannt waren oder bekannt sein mussten, können zur Klarstellung beitragen.[31] Nicht hinreichend bestimmt ist ein VA in der Regel, wenn seine Präzisierung einen Rückgriff auf die Akten erforderlich macht; eine großzügigere Sicht kann aber bei VA angezeigt sein, mit denen einem Antrag entsprochen wird.[32] Insbesondere ist bei **Baugenehmigungen** die Bestimmung des Regelungsgehalts auch anhand des Bauantrags nebst den dazu gehörenden Bauvorlagen anerkannt.[33] In seiner **nachbarrechtlichen Ausprägung** verlangt das Bestimmtheitsgebot, dass sich einer Baugenehmigung nebst Bauvorlagen mit der erforderlichen Sicherheit entnehmen lässt, dass nur solche Nutzungen erlaubt sind, die Nachbarrechte nicht verletzen. Andernfalls besteht ein Abwehrrecht wegen nachbarrechtsrelevanter Unbestimmtheit (siehe auch Rdn. 10).[34]

---

29 BVerwG, Urt. v. 26.10.2017 – 8 C 14.16, Buchholz 11 Art. 12 GG Nr. 305; OVG Nordrhein-Westfalen, Urt. v. 17.06.2015 – 13 A 1215/12, ZUM 2015, 910; VGH Baden-Württemberg, Beschl. v. 23.10.2017 – 9 S 1887/17, LMuR 2018, 27; Beschl. v. 17.05.2017 – 1 S 893/17, NJW 2017, 3543; Auflistung zulässiger Hilfsmittel bei Mann/Sennekamp/Uechtritz/*Schönenbroicher* § 37 Rn. 18.

30 BVerwG, Urt. v. 10.12.2015 – 3 C 7.14, BVerwGE 153, 335; Urt. v. 25.04.2001 – 6 C 6.00, BVerwGE 114, 160 m.w.N.; VGH Baden-Württemberg, Urt. v. 11.10.2012 – 1 S 36/12, WKRS 2012, 26134; Urt. v. 08.09.2015 – 6 S 1426/14, VBlBW 2016, 74; Beschl. v. 11.07.2019 – 6 S 2759/18, WKRS 2019, 31623; Beschl. v. 02.10.2019 – 3 S 1470/19, juris; OVG Nordrhein-Westfalen, Beschl. v. 03.06.2015 – 19 B 542/15, WKRS 2015, 25531; Mann/Sennekamp/Uechtritz/*Schönenbroicher* § 37 Rn. 16.

31 Vgl. OVG Nordrhein-Westfalen, Beschl. v. 20.01.2017 – 4 B 57/17, WKRS 2017, 10248.

32 Vgl. OVG Nordrhein-Westfalen Urt. v. 12.08.2015 – 8 A 799/14, ZNER 2015, 480.

33 Vgl. BVerwG, Urt. v. 18.04.1996 – 4 C 17.94, NVwZ-RR 1997, 397; VGH Baden-Württemberg, Urt. v. 25.10.2002 – 5 S 1706/01, juris; Beschl. v. 30.01.2019 – 5 S 1913/18, VBlBW 2019, 415; Beschl. v. 02.10.2019 – 3 S 1470/19, juris; OVG Rheinland-Pfalz, Beschl. v. 22.06.2016 – 8 B 10411/16, BauR 2016, 1732; OVG Nordrhein-Westfalen, Beschl. v. 12.02.2015 – 2 A 616/14, BauR 2015, 948; Urt. v. 16.12.2014 – 7 A 2623/13, BauR 2015, 1119; Urt. v. 29.10.2012 – 2 A 2809/11, WKRS 2012, 28718 (dort auch zu der von manchen Gerichten gepflegten »Etikettenschwindel«-Judikatur; näher OVG Nordrhein-Westfalen, Beschl. v. 20.09.2007 – 10 A 4372/05, BauR 2008, 81: Ein Etikettenschwindel liege vor, wenn ein Bauvorhaben mit seinem Nutzungszweck unzulässig sei und deshalb eine zulässige Nutzung vorgeschoben werde).

34 Vgl. OVG Rheinland-Pfalz, Beschl. v. 22.06.2016 – 8 B 10411/16, BauR 2016, 1732; Beschl. v. 26.09.2013 – 8 A 10587/13.OVG, WKRS 2013, 47801; VGH Baden-Württemberg, Beschl. v. 30.01.2019 – 5 S 1913/18, VBlBW 2019, 415; zur Abgrenzung vgl. auch OVG Nordrhein-Westfalen, Beschl. v. 16.07.2018 – 10 B 56/18, WKRS 2018, 25042.

10 Lässt ein VA **mehrere Auslegungen** zu, so gehen Unklarheiten zu Lasten der Behörde (vgl. auch § 35 Rdn. 9).[35] Im Zweifel muss die Behörde die für den Adressaten günstigste Auslegung gegen sich gelten lassen. So kann z.B. die einem Beamtenanwärter bei der Übernahme von Lehrgangskosten auferlegte Rückzahlungspflicht für den Fall, dass er während der Folgezeit von fünf Jahren aus dem »Dienst« ausscheidet, nicht auch auf ein Ausscheiden aus dem Angestelltenverhältnis (in das er nach dem Nichtbestehen der Beamtenprüfung übernommen worden war) bezogen werden.[36] Ein vom objektiven Erklärungsinhalt abweichender Wille der Behörde, der im Wortlaut des VA keinen hinreichenden Ausdruck gefunden hat und auch nicht im Wege der Auslegung erkennbar wurde, ist unbeachtlich.

11 Sind gegenüber einem Adressaten **mehrere VA** derselben Behörde ergangen, ohne dass einer von ihnen aufgehoben, erledigt oder nichtig wäre, so dürfen die Regelungsgehalte dieser Regelungen einander nicht widersprechen.[37]

12 Beispiele für eine Verletzung des Bestimmtheitsgebots:
- Abgabenrecht und sonstige Zahlungen: Gebührenbescheid über einen nicht aufgeschlüsselten Pauschalbetrag, wenn der zugeordnete Zeitabschnitt nicht erkennbar ist;[38] Leistungsbescheid, dem sich nicht entnehmen lässt, wofür die Leistung konkret gefordert wird;[39]
- Ausländer-/Asylrecht: bei der Mitteilung an einen Asylbewerber, der einem anderen Bundesland zugewiesen werden soll, sich bei der dortigen »zentralen Anlaufstelle« einzufinden;[40] **hingegen** dürfen die Anforderungen an die Bestimmtheit einer Passverfügung nicht überspannt werden;[41]
- Baurecht: Aufforderung zur Errichtung von Einstellplätzen auf einem Baugrundstück oder »in dessen Nähe«;[42] Untersagung der Nutzung eines Grundstückes »als Holzlagerplatz«, wenn nicht erkennbar ist, ob damit eine reine Nutzungsuntersagungs- oder auch eine Beseitigungsverfügung gemeint ist;[43] Auflage, die Außenwände in einem landschaftlich unauffälligen Farbton zu gestalten;[44] wenn der Baugenehmigung die maßgeblichen nachbarrechtsrelevanten

35 Vgl. BVerwG, Urt. v. 12.01.1973 – VII C 3.71, BVerwGE 41, 306; Urt. v. 18.04.1997 – 8 C 43.95, BVerwGE 104, 301 (317); VGH Hessen, Beschl. v. 19.12.2014 – 2 A 761/14.Z, WKRS 2014, 37018; VGH Baden-Württemberg, Urt. v. 08.03.2013 – 10 S 1190/09, VBlBW 2013, 455 = WKRS 2013, 34259; Beschl. v. 10.07.2017 – 9 S 1253/17, WKRS 2017, 18042; OVG Nordrhein-Westfalen, Urt. v. 17.06.2015 – 13 A 1215/12, ZUM 2015, 910; Mann/Sennekamp/Uechtritz/*Schönenbroicher* § 37 Rn. 15 und 22.

36 BVerwG, Urt. v. 13.12.1973 – II C 18.73, BayVBl. 1974, 347.

37 Vgl. VGH Baden-Württemberg, Urt. v. 26.05.1987 – 11 S 1699/85, NVwZ 1988, 185.

38 VGH Hessen, Urt. v. 06.07.1995 – 5 UE 2132/90, NVwZ-RR 1996, 287.

39 OVG Nordrhein-Westfalen, Urt. v. 27.03.1995 – 1 A 2113/90, NWVBl. 1996, 69.

40 VGH Hessen, Beschl. v. 18.04.1985 – 10 TH 573/85, WKRS 1985, 27981.

41 OVG Niedersachsen, Beschl. v. 04.06.2019 – 8 ME 39/19, NVwZ-RR 2020, 38.

42 OVG Bremen, Entsch. v. 21.06.1955 – A 232/52, BA 76/54, DÖV 1956, 216.

43 VGH Baden-Württemberg, Beschl. v. 13.04.2011 – 8 S 668/11, WKRS 2011, 15389.

44 VGH Baden-Württemberg, Urt. v. 10.01.2013 – 8 S 2919/11, NVwZ-RR 2013, 451 = WKRS 2013, 10443.

Rahmenbedingungen nicht zu entnehmen sind (Verletzung des **nachbarrechtlichen Bestimmtheitserfordernisses**): Nachbarn können sich mit Erfolg gegen die Unbestimmtheit einer Baugenehmigung wenden, soweit sich die Unbestimmtheit gerade auf Merkmale des Vorhabens bezieht, deren genaue Festlegung zum Schutz ihrer subjektiven Rechte erforderlich ist;[45] **hingegen** können in einer Baugenehmigung auch generalisierende Begriffe wie »Wartungs- und Kundendienstarbeiten« verwendet werden;[46]

- Bodenschutzrecht: Gebot zur Herbeiführung eines bestimmten Sanierungszielwerten entsprechenden Reinheitsgrades des Grundwassers, wenn die Zielwerte »gewissermaßen in der Luft hängen«, weil die hierfür angeordnete Maßnahme offensichtlich nicht ausreicht;[47] Anordnung der Niederbringung von Grundwassermessstellen ohne hinreichende Angaben zu Zahl und Lage;[48]
- Gewerbe- und Wirtschaftsrecht: Untersagung (§ 16 Abs. 3 HwO), den selbstständigen Betrieb des Steinmetz- und Steinbildhauer-Handwerks fortzusetzen, wenn Angaben in der Begründung darauf hindeuten, dass die Verfügung ausschließlich auf die »Ausführung von Natursteinarbeiten am Bau« sowie das »Aufstellen und Bearbeiten von Grabsteinen« zielt;[49] Verbot, kleine und mittlere Wettbewerber dadurch unbillig zu behindern, dass Waren unter oder zum jeweils geltenden Einkaufspreis zuzüglich Umsatzsteuer angeboten und verkauft werden;[50] hingegen ist die Anordnung (Sprachauflage) hinreichend bestimmt, es müsse bei einem Transport eine Person anwesend sein, die »der deutschen Sprache mächtig« ist;[51]
- Glücksspielrecht: Untersagung, »öffentliches Glücksspiel im Sinne von § 3 GlüStV zu veranstalten, zu vermitteln, hierfür zu werben oder solche Tätigkeiten zu unterstützen«, wenn und soweit damit lediglich die gesetzliche Regelung wiedergegeben und deren Konkretisierung offengelassen wird;[52] **hingegen** kann eine Regelung durch die Benennung der Glücksspielarten (z.B. Online-Sportwetten, Online-Poker sowie Online-Casinospiele) und die Aufzählung bestimmter Internetseiten

45 OVG Nordrhein-Westfalen, Beschl. v. 12.02.2015 – 2 A 616/14, BauR 2015, 948; VGH Baden-Württemberg, Urt. v. 27.10.1995 – 5 S 268/95, VBlBW 1996, 105; Urt. v. 09.02.1993 – 5 S 1650/92, ESVGH 43, 142; Beschl. v. 19.07.2016 – 5 S 2220/15, BauR 2016, 173; Beschl. v. 30.01.2019 – 5 S 1913/18, VBlBW 2019, 415; Beschl. v. 02.10.2019 – 3 S 1470/19, juris.

46 VGH Baden-Württemberg, Urt. v. 17.11.1989 – 8 S 1172/89, UPR 1990, 390; dort auch zu Lärmgrenzwerten; zur Entbehrlichkeit einer Betriebsbeschreibung bei einem »typischen« Feuerwehrgerätehaus VGH Bayern, Beschl. v. 28.08.2017 – 9 ZB 14.1283, BayVBl 2918, 199.

47 VGH Baden-Württemberg, Urt. v. 08.03.2013 – 10 S 1190/09, VBlBW 2013, 455 = WKRS 2013, 34259.

48 VGH Hessen, Beschl. v. 19.12.2014 – 2 A 761/14.Z, WKRS 2014, 37018.

49 BVerwG, Urt. v. 29.09.1992 – 1 C 36.89, GewArch. 1993, 117.

50 OLG München, Beschl. v. 28.07.1983 – Kart 8/82, BB 1983, 1556.

51 VGH Baden-Württemberg, Urt. v. 15.05.2018 – 10 S 1801/17, NZV 2018, 522.

52 BVerwG, Urt. v. 16.10.2013 – 8 C 21.12, BVerwGE 148, 146. Zur Abgrenzung (hinreichend bestimmter Inhalt) vgl. VGH Baden-Württemberg, Beschl. v. 11.07.2019 – 6 S 2759/18, WKRS 2019, 31623.

hinreichend konkretisiert werden; ebenso können »Unterstützen, Vermittlung, Werbung« untersagt werden.[53]

- grundstücksbezogener Bereich: VA, der das betreffende Grundstück nicht parzellenscharf bezeichnet;[54] Beitragsbescheid, mit dem für zwei Buchgrundstücke ein einheitlicher Beitrag festgesetzt wird;[55] Heranziehung zum Wertausgleich (§ 25 BBodSchG, § 154 BauGB) ohne Erkennbarkeit, welcher einzelne Betrag für welches Buchgrundstück festgesetzt ist;[56]
- Immissionsschutzrecht: Anordnung zur Änderung eines Ventilators in der Weise, dass er »geräuscharm« arbeitet;[57] Verfügung, den Lärm auf einer Kegelbahn zu beschränken;[58] Anordnung der »möglichst vollständigen Vermeidung von Rauch, Ruß, Flugasche oder schwefliger Säure«;[59] **hingegen** bedarf es in einer Baugenehmigung keiner Angabe der einzuhaltenden Lärmimmissionspegel, wenn geregelt ist, auf welche Weise passiver Lärmschutz zu gewährleisten ist;[60] auch ist eine Messanordnung hinreichend bestimmt, bei der zwar die Messstelle nicht vorgegeben, aber das Ziel des Messauftrags klar ist;[61]
- Polizeirecht: Anordnung, einen Hund »innerhalb der geschlossenen Ortslage« an der Leine zu führen;[62] jugendschutzrechtliche Anordnung mit den Formulierungen »die problematischen Inhalte« und »alle entwicklungsbeeinträchtigenden Inhalte«;[63] Ordnungsverfügung des Inhalts, »künftig diese rechtswidrige Inanspruchnahme des öffentlichen Straßenraums zu unterlassen«, bezogen auf eine unbestimmte Anzahl von Bereichen im Stadtgebiet;[64] hingegen kann eine gegen einen sog. »Auto-Poser« gerichtete Untersagung hinreichend bestimmt sein, »bei der Benutzung von Fahrzeugen unnötigen Lärm oder vermeidbare Abgasbelästigungen« in einem bestimmten Stadtgebiet zu verursachen;[65]
- Sozialrecht: Heranziehung eines Hilfeempfängers zur Leistung gemeinnütziger Arbeit ohne Angaben über Art, Umfang, zeitliche Verteilung und Entlohnung;[66]

53 BVerwG, Urt. v. 26.10.2017 – 8 C 18.16, BVerwGE 160, 193; Urt. v. 26.10.2017 – 8 C 14.16, Buchholz 11 Art. 12 GG Nr. 305.
54 BVerwG, Urt. v. 11.04.1986 – 4 C 51.83, BVerwGE 74, 124 = NJW 1986, 2447; vgl. auch OVG Sachsen-Anhalt, Urt. v. 23.08.2017 – 2 K 66/16, WKRS 2017, 26789.
55 OVG Thüringen, Urt. v. 16.02.2018 – 4 KO 596/17, DWW 2019, 185; OVG Sachsen, Urt. v. 14.03.2018 – 5 A 184/15, SächsVBl 2018, 253; Urt. v. 23.07.2014 – 5 A 412/13, WKRS 2014, 28737.
56 VGH Baden-Württemberg, Urt. v. 26.03.2019 – 10 S 1252/16, DVBl 2019, 869.
57 OVG Nordrhein-Westfalen, Urt. v. 22.03.1961 – IV A 398/60, OVGE 16, 270.
58 BVerwG, Urt. v. 05. 11.1968 – I C 29.67, BVerwGE 31, 15.
59 OVG Nordrhein-Westfalen, Urt. v. 08.09.1975 – VII A 1194/74, DVBl 1976, 801.
60 VGH Baden-Württemberg, Beschl. v. 11.10.2006 – 5 S 1904/06, VBlBW 2007, 151.
61 OVG Sachsen-Anhalt, Beschl. v. 02.06.2015 – 2 M 32/15, WKRS 2015, 23641.
62 OVG Nordrhein-Westfalen, Urt. v. 26.01.1987 – 7 A 605/85, NVWZ 1988, 659.
63 OVG Nordrhein-Westfalen, Urt. v. 17.06.2015 – 13 A 1215/12, ZUM 2015, 910.
64 OVG Nordrhein-Westfalen, Beschl. v. 19.06.2015 – 11 A 2046/13, juris.
65 VG Karlsruhe, Urt. v. 17.12.2018 – 1 K 4344/17, VBlBW 2019, 424.
66 BVerwG, Urt. v. 13.10.1983 – 5 C 66.82, BVerwGE 68, 97 = NVwZ 1984, 243.

– Vollstreckungsrecht: Zwangsgeldandrohung für »jeden Fall der Zuwiderhandlung«, ohne dass sich die Voraussetzungen aus dem Bescheid klar ergeben;[67] Zwangsgeldandrohung, verbunden allein mit der Verpflichtung zu »unverzüglichem« Handeln;[68] **hingegen** ist eine Pfändungs- und Einziehungsverfügung hinreichend bestimmt, wenn sie den Schuldgrund der vollstreckbaren Forderung konkret angibt, auch wenn der zugrunde liegende Leistungsbescheid nicht benannt ist.[69]

3. Verstoß gegen das Bestimmtheitsgebot

Ein nicht im Wege der Auslegung behebbarer Verstoß gegen das Bestimmtheitsgebot führt zur Rechtswidrigkeit des VA im Sinne seiner Aufhebbarkeit,[70] unter den Voraussetzungen des § 44 auch zur Nichtigkeit. Wenn ein VA wegen inhaltlicher Unbestimmtheit **nicht vollstreckungsfähig** ist, schließt dies unabhängig davon, ob der Bestimmtheitsmangel »nur« zur Rechtswidrigkeit oder gar zur Unwirksamkeit des Verwaltungsakts infolge Nichtigkeit führt, Maßnahmen in der Verwaltungsvollstreckung aus.[71] Insoweit erfährt der Grundsatz des Verwaltungsvollstreckungsrechts, dass es für die Beurteilung der Rechtmäßigkeit einer Vollstreckungsmaßnahme auf die Rechtmäßigkeit einer Grundverfügung nicht ankommt, eine Ausnahme.[72] In Ausnahmefällen kann es als widersprüchliches Verhalten treuwidrig sein, sich auf die Unklarheit eines Bescheides zu berufen, den der Betroffene offensichtlich richtig verstanden und den er von Anfang an im gemeinten Sinne seinem Verhalten zugrunde gelegt hat.[73] 13

Regelmäßig ist ein nicht hinreichend bestimmter VA »bloß« rechtswidrig und aufhebbar.[74] Voraussetzung ist dabei, dass unbeschadet gewisser Unklarheiten der Inhalt der Regelung wenigstens **im Wesentlichen** zum Ausdruck kommt. Eine Heilung partieller Unklarheiten durch klarstellende Präzisierungen ist dann auch noch im gerichtlichen Verfahren möglich.[75] 14

---

67 OVG Sachsen-Anhalt, Beschl. v. 10.01.1995 – 4 M 7/94, NVwZ 1995, 614.

68 VGH Baden-Württemberg, Beschl. v. 13.01.1995 – 10 S 3057/94, VBlBW 1995, 284.

69 OVG Niedersachsen, Beschl. v. 20.11.2017 – 4 ME 285/17, NVwZ-RR 2018, 420; Beschl. v. 08.05.2019 – 4 LA 277/18, NVwZ-RR 2019, 846; **a.A.** VG Schleswig, Beschl. v. 23.03.2017 – 4 B 38/17, juris.

70 BVerwG, Urt. v. 26.10.2017 – 8 C 18.16, BVerwGE 160, 193; Urt. v. 26.10.2017 – 8 C 14.16, Buchholz 11 Art. 12 GG Nr. 305; Beschl. v. 09.07.2019 – 9 B 29.18, NVwZ-RR 2019, 924.

71 Vgl. VGH Baden-Württemberg, Urt. v. 10.01.2013 – 8 S 2919/11, VBlBW 2013, 341; *Schenk*, VBlBW 2018, 5.

72 VGH Baden-Württemberg, Urt. v. 10.01.2013 – 8 S 2919/11, NVwZ-RR 2013, 451 = WKRS 2013, 10443.

73 Dies offen lassend OVG Nordrhein-Westfalen, Beschl. v. 03.06.2015 – 19 B 542/15, WKRS 2015, 25531.

74 BVerwG, Beschl. v. 09.07.2019 – 9 B 29.18, NVwZ-RR 2019, 924.

75 BVerwG, Urt. v. 02.07.2008 – 7 C 38.07, BVerwGE 131, 259; VGH Baden-Württemberg, Beschl. v. 11.07.2019 – 6 S 2759/18, WKRS 2019, 31623 m.w.N.

15 Wenn der Mangel der Bestimmtheit einen **besonders schwerwiegenden und offensichtlichen Fehler** nach § 44 Abs. 1 darstellt, ist der VA – als besondere Ausnahme – nichtig.[76] Das ist z.B. immer der Fall bei einer Unbestimmtheit des Adressaten oder wenn eine Regelung so unklar ist, dass sich der Adressat überhaupt nicht auf sie einzustellen vermag (etwa wenn ein Planfeststellungsbeschluss die konkrete Ausführung baulicher Anlagen, die auf seiner Grundlage errichtet werden sollen, nicht zumindest nach Maßgabe eingereichter Bauvorlagen regelt).[77]

II. Form des Erlasses eines VA (Abs. 2)

16 Abs. 2 regelt die Form des Erlasses eines VA. Ein VA kann **schriftlich, elektronisch, mündlich** oder **in anderer Weise** (z.B. auch per Bekanntgabe in einem internetgestützten Informationssystem[78]) erlassen werden. Die damit grds. festgelegte Formfreiheit gilt unter der Voraussetzung, dass nicht eine bestimmte Form gesetzlich vorgeschrieben ist oder das Bestimmtheitsgebot eine bestimmte Form verlangt oder ausschließt.

1. Schriftlicher VA

17 Ein VA ist schriftlich erlassen, wenn eine von der Behörde durch Schriftzeichen (Wörter, Buchstaben, Zahlen, Schlüsselzeichen) handschriftlich oder maschinell festgelegte Regelung dem Adressaten bekannt gegeben wird im Wege einer unmittelbaren Aushändigung durch die Behörde oder einer Zusendung durch Boten (§ 41 Abs. 1), einer Übermittlung durch die Post (mit einfachem Brief, § 41 Abs. 2), einer Zustellung nach den Vorschriften des VwZG (wie z.B. durch §§ 69 Abs. 2 Satz 1 und 74 Abs. 4 vorgesehen) oder einer öffentlichen Bekanntmachung (§ 41 Abs. 4).

18 Die Schriftform i.S.d. Notwendigkeit der Bekanntgabe einer schriftlich festgelegten Regelung ist für bestimmte VA im Interesse der Rechtsklarheit und der Rechtssicherheit gesetzlich vorgeschrieben. So z.B. für den VA, der ein förmliches Verfahren abschließt (§ 69 Abs. 2), bei einer Konzessionserteilung nach § 3 Abs. 1 GastG, bei der asylrechtlichen Zuweisung nach § 50 Abs. 4 Satz 2 AsylG, bei der Entscheidung über einen Asylantrag nach § 31 Abs. 1 Satz 1 AsylG, bei ausländerrechtlichen Entscheidungen i.S.v. § 77 Abs. 1 Satz 1 AufenthG oder im Genehmigungsverfahren nach § 10 Abs. 7 BImSchG. Die erforderliche Schriftform ist kein Wesensmerkmal des VA, sondern Voraussetzung seiner Rechtmäßigkeit. Ihre Verletzung führt zur Rechtswidrigkeit im Sinne von Aufhebbarkeit oder Nichtigkeit. Die Schriftform kann auch ohne gesetzliche Anordnung geboten sein, etwa wenn dem VA ein schriftlicher Antrag zugrunde liegt.[79]

---

76 BVerwG, Beschl. v. 09.07.2019 – 9 B 29.18, NVwZ-RR 2019, 924.

77 VGH Hessen, Beschl. v. 28.08.1986 – 5 TH 3071/84, NVwZ 1987, 990.

78 BVerwG, Beschl. v. 21.12.2017 – 6 B 43.17, NVwZ 2018, 496.

79 Vgl. OVG Mecklenburg-Vorpommern, Beschl. v. 22.12.2000 – 2 L 38/99, NVwZ 2002, 104; Stelkens/Bonk/Sachs/*Stelkens* § 37 Rn. 50.

2. Elektronischer VA

Mit der ausdrücklichen Erwähnung in Abs. 2 Satz 1 erkennt das Gesetz den elektronischen VA als einen weiteren Typus an. Der »elektronische VA« unterliegt nicht den Anforderungen des »VA in elektronischer Form«, der nach Abs. 3 Satz 2 den »VA in vorgeschriebener Schriftform« ersetzen kann. Er muss nicht der »elektronischen Form« des § 3a Abs. 2 Satz 2 entsprechen. An einer gesetzlichen Definition fehlt es. Erforderlich sein dürfte, dass es sich um eine als elektronisches Dokument erzeugte und elektronisch übermittelte Entscheidung handelt.[80] In Betracht kommt vor allem der Erlass mit einfacher E-Mail. 19

3. Mündlicher VA

Mündliche VA ergehen in unmittelbarer Ansprache des Adressaten. Sie sind vor allem dann geboten, wenn die bestmögliche Erfüllung eines Gesetzeszwecks rasche Anordnungen verlangt (etwa im Polizei-, Straßenverkehrs- und Demonstrationsrecht).[81] Fernmündliche Erklärungen können einem mündlich erlassenen VA gleichstehen, wenn der Adressat den für eine Behörde anrufenden Amtsträger erkennen kann.[82] In einigen Fällen ist der fernmündliche VA ausdrücklich vorgesehen (§ 13 Abs. 4 ArbeitssicherstellungsG, § 18 VerkehrssicherstellungsG). Der Adressat kann bei berechtigtem Interesse jederzeit eine **schriftliche Bestätigung** des mündlich erlassenen VA verlangen. 20

4. VA in anderer Weise

In anderer Weise ist ein VA erlassen, wenn er durch **Zeichen** oder durch **konkludentes Handeln** zum Ausdruck kommt. Durch Zeichen vermittelte VA sind z.B. die Handzeichen der den Verkehr regelnden Polizeibeamten oder Alarmzeichen, die bestimmten Personen ein bestimmtes Verhalten abverlangen. Konkludent kommt ein VA etwa in der Anwendung körperlicher Gewalt durch einen Polizeibeamten zur Bewirkung eines Platzverweises[83] oder bei der Auszahlung einer beantragten Geldleistung ohne vorausgehende förmliche Bewilligung zum Ausdruck. Ein bloßes **Untätigbleiben** der Behörde ohne die Merkmale eines konkludenten Verhaltens kann aber unter keinen Umständen als VA gewertet werden. 21

5. Schriftliche oder elektronische Bestätigung eines mündlichen VA; schriftliche Bestätigung eines elektronischen VA

Satz 2 regelt die Pflicht der Behörde zur schriftlichen Bestätigung eines mündlichen VA. Angesichts des klaren Gesetzeswortlautes erstreckt sich die Bestätigungspflicht 22

80 Vgl. Knack/Henneke/*Ruffert* § 37 Rn. 43 ff. m.w.N. zum Streitstand; *Siegel*, DVBl 2017, 24 (27).
81 VGH Baden-Württemberg, Urt. v. 09.06.1988 – 1 S 1544/87, NVwZ 1989, 163.
82 OLG Hamm, Beschl. v. 19.04.1972 – 4 Ss 127/72, NJW 1972, 1769.
83 BVerwG, Urt. v. 09.02.1967 – I C 49.64, BVerwGE 26, 164 = DVBl 1967, 379.

jedenfalls grundsätzlich nur auf mündliche VA, nicht jedoch auch auf solche, die »in anderer Weise« erlassen worden sind.[84] Zur Stellung eines Bestätigungsverlangens berechtigt sind neben den Adressaten alle Drittbetroffenen, sofern der VA auch ihnen bekannt zu geben war.

23 Das Bestätigungsverlangen ist an zwei Voraussetzungen geknüpft. Zum einen hat der Betroffene ein **berechtigtes Interesse**, nachzuweisen. Ein solches ist immer dann gegeben, wenn der VA für Beweiszwecke benötigt wird oder wenn die Schriftform die Inanspruchnahme des Rechtsschutzes erleichtern soll. Zum anderen ist das Verlangen unverzüglich – d.h. ohne schuldhaftes Zögern – zu stellen, da die Behörde sonst möglicherweise nicht mehr in der Lage ist, die mündlich erlassene Regelung schriftlich exakt wiederzugeben.

24 Die schriftliche Bestätigung ist nach ihrer Rechtsnatur eine schlicht-hoheitliche Maßnahme ohne Regelungscharakter, soweit sie mit der mündlichen Regelung übereinstimmt. Der vorher erlassene mündliche VA bleibt der eigentliche VA. Weicht die schriftliche Bestätigung inhaltlich von dem mündlich erlassenen VA ab, ohne dass es sich um ein offensichtliches und für die Beteiligten erkennbares Versehen i. S. von § 42 handelt, ist sie als selbstständiger VA zu beurteilen, deren Rechtmäßigkeit sich nach den §§ 48 bis 51 beurteilt.[85] Ebenso wenig wie die schriftliche Bestätigung eines VA ist deren Versagung ein VA, da grds. nur die Versagung eines VA einen VA darstellt.

25 Der Betroffene hat bei Vorliegen der gesetzlichen Voraussetzungen ein materielles subjektives öffentliches Recht auf schriftliche Bestätigung, dass er mit der **allgemeinen Leistungsklage** durchsetzen kann. Wird das Verlangen verspätet – also nicht unverzüglich – gestellt, so kann ihm die Behörde nach Ermessen entsprechen.[86]

III. Einzelheiten der Schrift- und der elektronischen Form (Abs. 3)

26 Abs. 3 legt unter dem Vorbehalt des Abs. 4 bestimmte Modalitäten für die Abfassung eines schriftlichen oder elektronischen VA fest. Die Bestimmung wurde zuletzt mit Wirkung zum 01.08.2013 um Satz 3 betreffend den Versand per De-Mail-Nachricht ergänzt. Abs. 3 enthält keine allgemeinen verfahrensrechtlichen Grundsätze, die auch außerhalb seines Anwendungsbereichs zu beachten wären.[87]

1. Erkennbarkeit der erlassenden Behörde; Erfordernis der Unterschrift oder Namenswiedergabe

27 Die erlassende Behörde kann sich z.B. aus dem die Regelung selbst enthaltenden Schriftstück ergeben, wenn sie im Briefkopf, in der Regelung, in der Begründung

---

84 Ebenso Knack/Henneke/*Ruffert* § 37 Rn. 48; **a.A.** Kopp/*Ramsauer* § 37 Rn. 22; differenzierend Stelkens/Bonk/Sachs/*Stelkens* § 37 Rn. 91 ff.

85 Knack/Henneke/*Ruffert* § 37 Rn. 50.

86 *Robrecht*, SächsVBl 2005, 241 (245); Stelkens/Bonk/Sachs/*Stelkens* § 37 Rn. 85.

87 BVerwG, Beschl. v. 15.12.2016 – 5 P 9.15, BVerwGE 157, 117 (zum Personalvertretungsrecht).

oder in einem der Unterschrift angefügten Zusatz genannt ist. Die Behörde kann aber auch hinreichend deutlich aus einer beigefügten Anlage oder aus dem Briefumschlag hervorgehen.[88] Ungenügend ist es, wenn für die Identifizierung erst der Poststempel herangezogen werden muss, etwa weil als Absender nur »Das Landratsamt« ohne weitere Bezeichnung angegeben ist.

Der VA muss weiter die Unterschrift oder die Namenswiedergabe des Behördenleiters, seines Vertreters oder seines Beauftragten enthalten. Unter einer Unterschrift ist die eigenhändige Unterzeichnung mit dem eigenen Namen zu verstehen.[89] Sie soll zum Ausdruck bringen, dass ein fertiger VA – und nicht nur der Entwurf eines solchen – vorliegt und muss daher so erfolgen, dass der Name des Unterzeichners von einem Dritten, der ihn kennt, aus dem Schriftbild herausgelesen werden kann.[90] Wesentlich ist somit, dass es sich um einen individuellen Schriftzug mit charakteristischen Merkmalen handelt, der eine Unterscheidung von anderen Merkmalen ermöglicht. Die Unterschrift braucht nicht insgesamt lesbar zu sein, weshalb die Lesbarkeit einzelner Buchstaben ausreicht.[91] Ein willkürliches Handzeichen, das keinerlei Bezug auf den Namen erkennen lässt, genügt nicht,[92] ebenso wenig ein Namenszeichen (Paraphe).[93] Eine Paraphe kann aber als »Namenswiedergabe« (Rdn. 29) ausreichend sein.[94] 28

Die Namenswiedergabe ist der Unterschrift gleichgestellt. Sie kann maschinenschriftlich, mittels Faksimile oder handschriftlich vermerkt sein.[95] Die Frage, unter welchen Voraussetzungen der Behördenleiter, sein Vertreter oder sein Beauftragter handlungsberechtigt sind, beantwortet Abs. 2 nicht. Dies richtet sich nach dem allgemeinen verwaltungsrechtlichen Grundsatz, wonach regelmäßig jeder im Außenverhältnis kompetente Amtsträger zu entscheiden befugt ist. 29

Die Angabe des **Datums** ist nicht vorgeschrieben, da es für das Wirksamwerden eines VA nach § 43 Abs. 1 Satz 1 ausschließlich auf den Zeitpunkt der Bekanntgabe ankommt. Trotzdem sollte aus Zweckmäßigkeitsgründen – insb. im Hinblick auf die Regelung des § 41 Abs. 2 – bei einem schriftlichen VA niemals auf die Angabe des Datums und darüber hinaus der Adresse und der Telefonnummer der Behörde verzichtet werden. 30

Abs. 3 gilt entsprechend für die schriftliche Bestätigung eines VA nach Abs. 2 Satz 2. Da dies kein VA ist, kann ihre rechtmäßige Vornahme nur mit der allgemeinen Leistungsklage begehrt werden. 31

---

88 VGH Baden-Württemberg, Urt. v. 11.11.1987 – 9 S 2538/87, VBlBW 1988, 440.
89 BVerwG, Beschl. v. 25.08.1970 – I WB 136.69, BVerwGE 43, 113 (114).
90 BGH, Urt. v. 07.01.1959 – 2 StR 550/58, NJW 1959, 734.
91 VGH Bayern, Beschl. v. 18.07.1975 – Vf. 41-VI-74, NJW 1976, 182.
92 BVerwG, Beschl. v. 25.08.1970 – I WB 136.69, BVerwGE 43, 113.
93 BGH, Urt. v. 27.10.1987 – VI ZR 268/86, NJW 1988, 713.
94 BVerwG, Beschl. v. 18.07.2000 – 2 B 19.00, Buchholz 316 § 37 VwVfG Nr. 12; VGH Baden-Württemberg, Urt. v. 22.10.2019 – 1 S 450/17, juris.
95 Enger VGH Bayern, Urt. v. 30.08.1984 – 2 B 83 A.1265, NVwZ 1985, 430 (Namenswiedergabe maschinengeschrieben, faksimiliert oder gedruckt).

2. Erkennbarkeit der erlassenden Behörde bei Verwendung der elektronischen Form

32 Satz 2 ergänzt § 3a Abs. 2 Satz 2 für VA und fordert, dass hier das der Signatur zugrundeliegende qualifizierte **Zertifikat** oder ein zugehöriges qualifiziertes Attributzertifikat die erlassende Behörde erkennen lassen muss (§ 7 Abs. 1 Nr. 9 bzw. Abs. 2 SigG).

3. Erkennbarkeit der erlassenden Behörde bei De-Mail-Nachricht

33 Satz 3 wurde durch Art. 3 des Gesetzes zur Förderung der elektronischen Verwaltung sowie zur Änderung weiterer Vorschriften vom 25.07.2013 hinzugefügt; zum Inkrafttreten am 01.08.2013/01.07.2014 siehe dort Art. 31 Abs. 1 und 2.[96] Der Zusatz trägt den technischen Gegebenheiten der **De-Mail-Infrastruktur** Rechnung.[97] Die Versandart nach § 5 Abs. 5 De-Mail-Gesetz sieht vor, dass der akkreditierte Diensteanbieter im Auftrag des Senders bestätigt, dass er – der Sender – beim Versenden der Nachricht i.S.d. § 4 De-Mail-Gesetz sicher angemeldet war. Die **Bestätigung** erfolgt nach § 5 Abs. 5 Satz 1 De-Mail-Gesetz in der Nachricht selbst, konkret in den sogenannten Metadaten der Nachricht. Um dem Empfänger der Nachricht diese Bestätigung nachhaltig überprüfbar zu gestalten, ist der akkreditierte Diensteanbieter nach § 5 Abs. 5 Satz 3 verpflichtet, die Nachricht mit einer, und zwar »seiner« qualifizierten elektronischen Signatur zu versehen. Diese qualifizierte Signatur selbst enthält nicht die erlassende Behörde als Senderin. Dies ist nicht notwendig, weil sich die erlassende Behörde aus den Metadaten der Nachricht ergibt.

4. Folgen eines Verstoßes gegen Abs. 3

34 Die Formerfordernisse dienen der Rechtsklarheit und der Rechtssicherheit. Die Angabe der Behörde ist im Interesse des Betroffenen unerlässlich, falls dieser einen Rechtsbehelf einlegen will und dafür die verantwortliche Behörde und ggf. deren Aufsichtsbehörde kennen muss. Die Benennung des handelnden Amtsträgers ist ein Indiz dafür, dass es sich bei dem Schriftstück um einen fertigen VA handelt, der den Innenbereich der Behörde ordnungsgemäß verlassen hat. Außerdem ermöglicht sie dem Betroffenen die Kenntnis des verantwortlichen Amtsträgers, an den er sich wenden kann, wenn Rückfragen erforderlich sind. Sie gibt zudem darüber Aufschluss, ob ein im Außenverhältnis zuständiger Amtsträger gehandelt hat.

35 Die Folgen eines Verstoßes gegen Abs. 3 sind unterschiedlich, je nachdem, welches Formgebot verletzt worden ist. Lässt der VA die erlassende Behörde nicht erkennen, so

---

96 BGBl. I Nr. 43 S. 2749 ff. vom 31.07.2013. Der Bundesrat erteilte am 07.06.2013 seine Zustimmung gem. Art. 84 Abs. 1 Sätze 5und 6 GG (BR-Drucks. 356/13) zu dem Gesetz in der vom Innenausschuss geänderten Fassung (BT-Drucks. 17/11473 i.V.m. BT-Drucks. 17/13139).

97 Vgl. zum ganzen Absatz: »Minikommentar zum Gesetz zur Förderung der elektronischen Verwaltung sowie zur Änderung weiterer Vorschriften«; veröffentlicht unter http://www.bmi.bund.de/SharedDocs/Downloads/DE/Themen/OED_Verwaltung/Informationsgesellschaft/egovg_minikommentar.pdf.

ist er nach § 44 Abs. 2 Nr. 1 nichtig. Eine nachträgliche Ergänzung ist ausgeschlossen, der VA muss insgesamt neu erlassen werden. Das Fehlen der Unterschrift bzw. der Namenswiedergabe des handelnden Amtsträgers macht den VA rechtswidrig-aufhebbar und begründet ggf. einen Amtshaftungsanspruch, wenn dem Betroffenen wegen der genannten Fehlerhaftigkeit ein Schaden entsteht. Zur Nichtigkeit des VA führt es hingegen grds. nicht.[98]

IV. Vorschrift über dauerhafte Überprüfbarkeit der Signatur (Abs. 4)

Nach Abs. 4 kann für einen VA für die nach § 3a Abs. 2 erforderliche Signatur durch Rechtsvorschrift die dauerhafte Überprüfbarkeit vorgeschrieben werden. Dies soll sicherstellen, dass, soweit dies technisch möglich ist, **VA mit besonderer Bedeutung**, insbesondere DauerVA, **über lange Zeiträume beweiskräftig** bleiben. Denn beim VA kann sich noch nach Jahren oder Jahrzehnten die Notwendigkeit ergeben, auf das mit voller Beweiskraft versehene Original zurückzugreifen. Ist aus fachlichen Gründen die dauerhafte Überprüfbarkeit der qualifizierten elektronischen Signatur geboten, kann das Fachrecht diese besondere Anforderung in dem von Abs. 4 vorgegebenen Rahmen anordnen. § 37 Abs. 4 verdrängt dann die Generalklausel des § 3a Abs. 2.[99] Enthalten sind derartige Anordnungen in § 33 Abs. 5 Nr. 2 sowie § 69 Abs. 2 Satz 2. Was »dauerhafte Überprüfbarkeit« bedeutet, bestimmt sich dabei nach dem **Stand der Technik** und ist daher veränderlich. Der Gesetzgeber ging im Jahre 2002 von Folgendem aus: Die qualifizierte elektronische Signatur und das ihr zugrunde liegende qualifizierte Zertifikat sind dauerhaft überprüfbar, wenn der Zertifizierungsdiensteanbieter sicherstellt, dass die von ihm ausgestellten qualifizierten Zertifikate ab dem Zeitpunkt der Bestätigung des Erhalts seiner sicheren Signaturerstellungseinheit durch den Signaturschlüssel-Inhaber für den im jeweiligen Zertifikat angegebenen Gültigkeitszeitraum sowie **mindestens 30 Jahre** ab dem Schluss des Jahres, in dem die Gültigkeit des Zertifikats endet, in einem Verzeichnis gemäß den Vorgaben nach § 5 Abs. 1 Satz 2 SigG geführt werden. Der Zertifizierungsdiensteanbieter hat die Dokumentation i.S.d. § 10 SigG und § 8 SigV mindestens für diesen Zeitraum aufzubewahren. Signaturen nach § 15 Abs. 1 SigG erfüllen diese Anforderungen.[100] 36

V. Automatisierter VA (Abs. 5)

Abs. 5 regelt abweichend von Abs. 3 die Abfassung eines schriftlichen VA, der mithilfe von Datenverarbeitungsanlagen erlassen wird. Hierzu gehören nicht nur die maschinell vervielfältigten Bescheide, sondern auch VA, die mittels Datenverarbeitungsanlagen hergestellt werden, sodass schon die Regelung als solche automatisch zustande kommt (zur Abgrenzung vom vollständig automatisierten Erlass eines VA vgl. aber 37

98 OVG Nordrhein-Westfalen, Beschl. v. 30.01.2017 – 2 B 1226/16, WKRS 2017, 10253; VGH Baden-Württemberg, Urt. v. 22.10.2019 – 1 S 450/17, juris; VGH Bayern, Urt. v. 22.08.1986 – 23 B 85 A.446, NVwZ 1987, 729; FG Niedersachsen, Urt. v. 04.03.1992 – XIII 296/91, NVwZ-RR 1993, 229.

99 Begründung des Gesetzentwurfs der BReg., BT-Drucks. 14/9000, S. 33.

100 Begründung des Gesetzentwurfs der BReg., BT-Drucks. 14/9000, S. 33.

§ 35a Rdn. 1 ff.). Unter den Begriff der automatischen Einrichtungen fallen technische Systeme, die nach vorher festgelegten Parametern autonom, d.h. ohne weiteres menschliches Einwirken, funktionieren.[101] Erfasst sind EDV-Anlagen wie Großrechner oder auch Arbeitsplatz-PC.[102]

38 Nach Satz 1 können bei diesen VA Unterschrift bzw. Namenswiedergabe fehlen. Damit wird aus Gründen der Verfahrensökonomie eine von der Rspr. bereits akzeptierte Verwaltungsübung als rechtens bestätigt. Es soll sich bei dieser Formerleichterung um die Ausprägung eines allgemeinen Rechtsgrundsatzes für Massenverwaltungsverfahren handeln.[103] Kann ein VA aufgrund bestimmter ermittelter und geprüfter Daten nur einen bestimmten Inhalt haben, so wäre es bloßer Formalismus, das Erfordernis der Unterschrift bzw. Namenswiedergabe auch bei einem solchen VA zu verlangen. Dies würde vielmehr dem Rationalisierungseffekt zuwiderlaufen. Allerdings werden Unterschrift oder Namenswiedergabe bei einem mit einer Datenverarbeitungsanlage erlassenen VA dann wieder erforderlich, wenn der VA manuelle Änderungen enthält und nicht mehr ausschließlich von der Verwendung der elektronischen Datenverarbeitung geprägt wird.[104]

39 Satz 2 gestattet die Verwendung von Schlüsselzeichen. Als solche kommen Zahlen, Abkürzungen und Symbole in Betracht. Die Erläuterung dazu muss dem VA selbst beigefügt sein. Eine Verweisung auf Erläuterungen in Verwaltungsvorschriften, Richtlinien oder Satzungen, die nicht dem VA beigefügt sind, genügt nicht. Die Zeichen müssen jedenfalls von dem Empfänger verstanden werden können.[105] Dabei ist auf das Begriffs- und Erkenntnisvermögen abzustellen, das die von der betreffenden VA-Art Betroffenen im Durchschnitt aufweisen.[106]

VI. Rechtsbehelfsbelehrung (Abs. 6)

40 Die Pflicht zur Beifügung einer Rechtsbehelfsbelehrung für schriftliche und elektronische VA (zum Begriff Rdn. 19) wurde mit Wirkung ab 07.06.2013 in das VwVfG aufgenommen (dafür § 59 VwGO aufgehoben).[107] Laut Gesetzesbegründung geschah dies **im Interesse der Betroffenen und zur Verfahrensbeschleunigung** sowie wegen europarechtlicher Vorgaben. Weiter wurde darauf verwiesen, dass bereits § 59 VwGO für die Bundesbehörden und die VwVfGe der Länder Berlin und Schleswig- Holstein eine solche Belehrungspflicht vorsahen.[108] Zur Auslegung kann grds. auf die Literatur

---

101 Vgl. Bader/Ronellenfitsch/*Prell* § 35a Rn. 5; *Schmitz/Prell*, NVwZ 2016, 1273 (1275).

102 Vgl. Stelkens/Bonk/Sachs/*Stelkens* § 37 Rn. 68.

103 So OVG Saarland, Beschl. v. 21.11.2016 – 1 D 291/16, juris (für den Festsetzungsbescheid über den Rundfunkbeitrag).

104 BVerwG, Urt. v. 22.01.1993 – 8 C 57.91, NJW 1993, 1667.

105 BVerwG, Urt. v. 12.07.1972 – VI C 24.69, BVerwGE 40, 212 = DVBl 1972, 955.

106 BVerwG, Urt. v. 12.07.1972 – VI C 24.69, BVerwGE 40, 212 = DVBl 1972, 955.

107 Art. 1 Nr. 5 (und Art. 2) des Gesetzes zur Verbesserung der Öffentlichkeitsbeteiligung und Vereinheitlichung von Planfeststellungsverfahren (PlVereinhG) vom 31.05.2013, BGBl. I S. 1388 (1389); näher dazu *Schmitz/Prell*, NVwZ 2013, 745 (752 f.); *Stüer*, DVBl 2013, 700 (703).

108 Vgl. Gesetzentwurf der BReg., BT-Drucks. 17/9666, S. 14.

bzw. Rspr. zu **§§ 58, 59 VwGO** zurückgegriffen werden. Der Anfechtung »unterliegt« ein VA, wenn gegen ihn die Anfechtungsklage statthaft ist; erfasst sind aber auch ablehnende Entscheidungen, die zum Gegenstand einer Verpflichtungsklage gemacht werden können.[109] Das Fehlen der Rechtsbehelfsbelehrung macht den VA selbst nicht rechtswidrig. Für die Rechtsfolgen ist vielmehr auf § 58 VwGO abzustellen.[110]

Die **Form** der Rechtsbehelfsbelehrung gebietet nicht, diese mitzuunterschreiben. Bereits nach dem Wortlaut ist sie dem VA lediglich »beizufügen«. Ausreichend ist grundsätzlich die Abfassung in deutscher Sprache. Die deutsche Fassung ist bei mehrsprachiger Belehrung grundsätzlich auch gegenüber einem Fremdsprachler maßgeblich.[111] Die Belehrung darf nicht im Text »versteckt« erfolgen, da sie eine **Hinweisfunktion** (Warnfunktion) zu erfüllen hat.[112] 41

Der **(Mindest-) Inhalt** der Rechtsbehelfsbelehrung muss nur ordentliche Rechtsbehelfe (Widerspruch bzw. verwaltungsgerichtliche Klage) in den Blick nehmen, nicht außerordentliche wie etwa Eilrechtsschutz, Dienst- oder Fachaufsichtsbeschwerde. Das Gesetz erlegt der Belehrung – der prozessualen Regelung in § 58 Abs. 1 VwGO korrespondierend[113] – vier Mindestanforderungen auf: Zu belehren ist über den Rechtsbehelf, über die Behörde oder das Gericht (vgl. § 70 Abs. 1 bzw. §§ 45 ff., § 52 VwGO), bei denen der Rechtsbehelf einzulegen ist, über deren Sitz und über die Frist. Zur Angabe des Sitzes genügt grundsätzlich eine Angabe des Ortes (der Gemeinde, vgl. auch § 24 BGB, § 17 ZPO) ohne postalische Adresse oder Nennung einer größeren Gebietseinheit.[114] Bei der Frist kommt es auf die Angabe der Länge an (meist die Monatsfrist aus § 70 Abs. 1 bzw. § 74 Abs. 1 VwGO). Eine Hilfe bietet das mit Mustern versehene **Rundschreiben des Bundesministeriums des Innern.**[115] Nicht zum Mindestinhalt gehört eine Belehrung über den Beginn der Frist.[116] Dafür spricht, 42

109 Vgl. BT-Drucks. 17/9666, S. 18.

110 Vgl. BT-Drucks. 17/9666, S. 18. Vgl. zur Bedeutung einer fehlerhaften Belehrung etwa auch OVG Nordrhein-Westfalen, Beschl. v. 13.11.2014 – 2 B 1114/14, NVwZ-RR 2015, 172.

111 Vgl. BVerwG, Urt. v. 29.08.2018 – 1 C 6.18, BVerwGE 163, 26.

112 BVerwG, Urt. v. 30.04.2009 – 3 C 23.08, BVerwGE 134, 41; Beschl. v. 24.10.2012 – 1 B 23.12, NVwZ-RR 2013, 128, jeweils zu einer gerichtlichen Rechtsmittelbelehrung.

113 Vgl. VGH Bayern, Beschl. v. 26.07.2019 – 15 CS 19.1050, DVBl 2020, 370 (374).

114 BVerwG, Urt. v. 09.11.1966 – V C 196.65, BVerwGE 25, 261; Urt. v. 30.04.2009 – 3 C 23.08, BVerwGE 134, 41; OVG Niedersachsen, Beschl. v. 30.09.2019 – 9 LB 59/17, juris; OVG Rheinland-Pfalz, Beschl. v. 12.06.2019 – 8 A 11392/18, DRiZ 2019, 352; FG Schleswig-Holstein, Urt. v. 21.03.2018 – 1 K 205/15, EFG 2018, 809; **a.A.** – zu § 39 FamFG – BGH, Beschl. v. 23.06.2010 – XII ZB 82/10, NJW-RR 2010, 1297; – zu § 356 AO – Gosch/*Werth*, AO/FGO, Stand 01.05.2018, § 356 AO Rn. 16.

115 Rundschreiben »Belehrung über Rechtsbehelfe nach dem VwVfG vom 12.08.2013, GMBl. 2013, 1150.

116 BVerwG, Urt. v. 09.05.2019 – 4 C 2.18 und 4 C 3.18, ZfBR 2019, 687; Urt. v. 27.04.1990 – 8 C 70.88, NJW 1991, 508; OVG Niedersachsen, Beschl. v. 30.09.2019 – 9 LB 59/17, juris; VGH Baden-Württemberg, Urt. v. 23.01.2018 – 8 S 1294/17, VBlBW 2018, 324; Urt. v. 23.01.2018 – 8 S 1295/17, ESVGH 68, 148; Beschl. v. 07.03.2019 – 10 S 1817/18, WKRS 2019, 13381; Beschl. v. 07.03.2019 – 10 S 2025/18, VBlBW 2019, 382; **a.A.** *Sauerland*, VBlBW 2018, 399.

dass ein Bezug auf die Bekanntgabe bzw. Zustellung für einen rechtsunkundigen Adressaten ohnehin nur neue Fragen aufwirft. Ebenso entbehrlich ist eine Belehrung über die Form.[117] Anderes wäre schon wegen der Vielfalt zulässiger Einlegungsformen (z.B. elektronischer Art) häufig problematisch.

43 Ergänzende Hinweise bzw. Zusätze sind grundsätzlich unschädlich und können der Bürgerfreundlichkeit dienen, dürfen aber nicht abschreckend oder irreführend sein.[118] Der Hinweis in der Rechtsbehelfsbelehrung, dass die Klage »in deutscher Sprache abgefasst« sein muss, macht diese selbst dann nicht unrichtig, wenn alternativ zur schriftlichen Einreichung auch eine Erhebung zu Protokoll des Urkundsbeamten (§ 81 Abs. 1 Satz 2 VwGO) möglich ist.[119] Sofern über die Form belehrt wird, soll es nach verbreiteter Auffassung nicht erforderlich sein, auch auf eine – etwa nach § 55a VwGO – statthafte elektronische Übermittlung der Klageschrift hinzuweisen, da es sich lediglich um eine besondere Form der Übermittlung eines schriftlichen Dokuments oder jedenfalls um keinen weiteren »Regelweg« handele.[120] Bei Belehrung über die Möglichkeit der elektronischen Übermittlung bedarf es keiner Angabe einer E-Mail-Adresse.[121] Bemerkt die Behörde einen Fehler, kann sie die Rechtsbehelfsbelehrung berichtigen bzw. nachholen und damit den Fehler heilen, allerdings nicht rückwirkend.

C. Verfahrensvorschriften des Sozialrechts sowie Verwaltungsverfahrensrecht der Länder

44 Die Verwaltungsverfahrensgesetze der Länder sind weitgehend wortgleich.[122] In Sachsen ist für die landesbehördliche Tätigkeit das VwVfG des Bundes nach Maßgabe von § 1 Satz 1 SächsVwVfZG anwendbar; in Berlin, Niedersachsen und Rheinland-Pfalz greifen ebenfalls Verweisungen (§ 1 BlnVwVfG, NiedsVwVfG, RPLVwVfG), wobei § 3 BlnVwVfG unter bestimmten Voraussetzungen schon unabhängig von dem

117 Für die ganz h.M. vgl. etwa BVerwG, Urt. v. 27.02.1976 – IV C 74.74, BVerwGE 50, 248; Urt. v. 29.08.2018 – 1 C 6.18, BVerwGE 163, 26; OVG Rheinland-Pfalz, Beschl. v. 12.06.2019 – 8 A 11392/18, DRiZ 2019, 352; ferner OVG Nordrhein-Westfalen, Beschl. v. 01.12.2015 – 13 A 1266/14.A, AuAS 2016, 34, zu einer gerichtlichen Rechtsmittelbelehrung.

118 Allgemeine Auffassung, z.B. VGH Bayern, Beschl. v. 26.07.2019 – 15 CS 19.1050, DVBl 2020, 370 (374).

119 BVerwG, Urt. v. 29.08.2018 – 1 C 6.18, BVerwGE 163, 26, und v. 26.02.2019 – 1 C 39.18, juris; **a.A. noch** VGH Baden-Württemberg, Urt. v. 18.04.2017 – A 9 S 333/17, VBlBW 2017, 469.

120 OVG Niedersachsen, Beschl. v. 30.09.2019 – 9 LB 59/17, juris; vgl. auch OVG Bremen, Urt. v. 08.08.2012 – 2 A 53/12.A, NVwZ-RR 2012, 950; Urt. v. 17.08.2018 – 1 B 162/18, WKRS 2018, 52790; VGH Bayern, Beschl. v. 18.04.2011 – 20 ZB 11.349, juris; BSG, Urt. v. 14.03.2013 – B 13 R 19/12 R, NZS 2013, 676; **a.A.** OVG Rheinland-Pfalz, Urt. v. 08.03.2012 – 1 A 11258/11, WKRS 2012, 12535; *Beckermann*, NVwZ 2017, 745.

121 OVG Rheinland-Pfalz, Beschl. v. 12.06.2019 – 8 A 11392/18, DRiZ 2019, 352.

122 In Baden-Württemberg etwa zuletzt angepasst durch Gesetz v. 12.05.2015, GBl. S. 324 (325).

im Bund erst 2013 neu eingeführten § 37 Abs. 6 eine **Rechtsbehelfsbelehrung** vorschreibt. In Schleswig-Holstein enthält § 108 Abs. 5 LVwG eine zusätzliche Regelung hinsichtlich einer Rechtsmittelbelehrung. Im Sozialrecht gelten § 33 und § 36 SGB X, im Abgabenrecht § 119 und § 356 AO.

D. Unionsrecht

Der Bestimmtheitsgrundsatz ist ein allgemeiner Grundsatz des Unionsrechts.[123] Nach 45
der st. Rspr. des EuGH verlangt der Grundsatz der Rechtssicherheit, dass eine belastende Regelung klar und deutlich ist, damit der Betroffene seine Rechte und Pflichten unzweideutig erkennen und somit seine Vorkehrungen treffen kann.[124] Im direkten Vollzug spielt die Schriftlichkeit eine größere Rolle als § 37 dies vorsieht. Im indirekten Vollzug unterliegt § 37 keinen grundlegenden Modifizierungen. Eine schriftliche Bekanntgabe verlangt aber etwa Art. 6 Abs. 2 Satz 3 Zollkodex für zollrechtliche Entscheidungen. Eine besondere Formanforderung kennt ferner Art. 8 Abs. 1 RL 2006/123/EG (Dienstleistungsrichtlinie), wonach sicherzustellen ist, dass alle Verfahren und Formalitäten, die die Aufnahme oder die Ausübung einer Dienstleistungstätigkeit betreffen, »problemlos aus der Ferne und elektronisch« über den einheitlichen Ansprechpartner oder bei der zuständigen Behörde abgewickelt werden können.

§ 38 Zusicherung

(1) [1]Eine von der zuständigen Behörde erteilte Zusage, einen bestimmten Verwaltungsakt später zu erlassen oder zu unterlassen (Zusicherung), bedarf zu ihrer Wirksamkeit der schriftlichen Form. [2]Ist vor dem Erlass des zugesicherten Verwaltungsaktes die Anhörung Beteiligter oder die Mitwirkung einer anderen Behörde oder eines Ausschusses auf Grund einer Rechtsvorschrift erforderlich, so darf die Zusicherung erst nach Anhörung der Beteiligten oder nach Mitwirkung dieser Behörde oder des Ausschusses gegeben werden.

(2) Auf die Unwirksamkeit der Zusicherung finden, unbeschadet des Absatzes 1 Satz 1, § 44, auf die Heilung von Mängeln bei der Anhörung Beteiligter und der Mitwirkung anderer Behörden oder Ausschüsse § 45 Abs. 1 Nr. 3 bis 5 sowie Abs. 2, auf die Rücknahme § 48, auf den Widerruf, unbeschadet des Absatzes 3, § 49 entsprechende Anwendung.

(3) Ändert sich nach Abgabe der Zusicherung die Sach- oder Rechtslage derart, dass die Behörde bei Kenntnis der nachträglich eingetretenen Änderung die Zusicherung nicht gegeben hätte oder aus rechtlichen Gründen nicht hätte geben dürfen, ist die Behörde an die Zusicherung nicht mehr gebunden.

123 Vgl. Bauer/Heckmann/Ruge/Schallbruch/*Heckmann/Albrecht* § 37 Rn. 6 f.

124 EuGH, Urt. v. 09.07.1981 – C-169/80 (Gondrand und Garancini), Slg. 1981, 1931 Rn. 17; Urt. v. 20.05.2003 – C-108/01 (Prosciutto di Parma), Slg 2003, I-5121 Rn. 89; Urt. v. 11.06.2009 – C-170/08, Slg 2009, I-5127 Rn. 44.

Schrifttum

Bäcker, Bindendes, Allzubindendes – Zur Akzessorietät der öffentlich-rechtlichen Zusage, VerwArch 2012, 558; *Baumeister*, Die Zusicherung – ein Muster ohne Bindungswert? DÖV 1997, 229; *Bracher*, Die bauaufsichtliche Zusage der Duldung formell und materiell rechtswidriger baulicher Anlagen, ZfBR 1987, 127; *Erfmeyer*, Bindungswirkung rechtswidriger, allgemeiner Zusagen in entsprechender Anwendung der §§ 38 Abs. 2, 48 VwVfG, DVBl 1999, 1625; *Fiedler*, Funktion und Bedeutung öffentlich-rechtlicher Zusagen im Verwaltungsrecht, 1977; *Groh*, Die Zusicherung als sichere Handlungsform in der kooperierenden Verwaltung?, DÖV 2012, 582; *Guckelberger*, Behördliche Zusicherungen und Zusagen, DÖV 2004, 357; *Haentjens*, Zusagen im Planungsrecht – ein verlässliches Instrument?, LKV 2011, 17; *Hebeler/Schäfer*, »Versprechungen« der Verwaltung – Zusagen, Zusicherungen und ähnliche behördliche Erklärungen, Jura 2010, 881; *Heitkamp*, Zusagen des Vorhabenträgers – Form, Inhalt und Wirkung, UPR 2018, 432; *Kellner*, Vertrauensschutz in kleiner Münze – Staatshaftungsrechtliche Aspekte der Zusicherung nach § 38 VwVfG, NVwZ 2013, 482; *Kloepfer/Lenski*, Zusicherung im Zuwendungsrecht, NVwZ 2006, 501; *Lange*, Probleme des Vertrauensschutzes im Verwaltungsrecht, WiVerw 1979, 15 (29 ff.); *Pünder*, Die voreilige Subventionszusage, JA 2004, 467; *Stelkens*, Probleme der Zusicherung, NVwZ 1987, 471; *Werder/Dannecker*, Entwicklungen bei der verbindlichen Auskunft, BB 2013, 284; *Wieland/Tiedge*, Die »Freihalteerklärung« im Konkurrentenstreitverfahren – Praktische Relevanz und prozessuale Bedeutung, DÖD 2011, 221.

Übersicht **Rdn.**

A. Allgemeines und Grundsätze

I. Gegenstand der Regelung

1 Die Vorschrift regelt die Zusicherung (d.h. die **Zusage eines** später zu erlassenden oder zu unterlassenden **VA**) hinsichtlich
- ihres Begriffs und der besonderen Voraussetzungen ihrer Wirksamkeit;
- der Anhörung oder Mitwirkung anderer (Beteiligter, Behörde, Ausschuss) vor Abgabe der Zusicherung (Abs. 1 Satz 2);
- der entsprechenden Anwendung anderer für VA geltenden Vorschriften (Abs. 2);
- der Bedeutung einer Änderung der Sach- oder Rechtslage für die Verbindlichkeit der Zusicherung (Abs. 3).

II. Sinn und Zweck der Regelung

2 Die Vorschrift knüpft an die Lehre und Rechtsprechung[1] an, wonach die **Zusage eine hoheitliche Selbstverpflichtung der Behörde zu einem späteren Tun oder Unterlassen mit Bindungswillen** ist. Teilweise werden die Grundsätze übernommen – etwa bezüglich des Erfordernisses der Zuständigkeit der Behörde –, teilweise geht die Regelung über die bisherige Rechtslage hinaus, etwa hinsichtlich der nunmehr geforderten Schriftform der Zusage und ihrer grundsätzlichen Verbindlichkeit. Der **Gesetzgeber** wollte dieses als wichtig angesehene Instrument nicht allein den ungeschriebenen Grundsätzen des Verwaltungsrechts überlassen.[2] Er hat jedoch auch **wesentliche Fragen bewusst offengelassen**, z.B. die nach der Rechtsnatur der Zusicherung. Vor allem hat er **nur** einen Teilbereich der Zusagen öffentlich-rechtlicher Handlungen geregelt, nämlich die **Zusagen, die einen VA zum Gegenstand haben.**[3]

3 Das Institut der Zusicherung soll dem Umstand Rechnung tragen, dass der Erlass oder die Unterlassung eines VA erst zu einem späteren Zeitpunkt in Betracht kommen kann, aber dennoch aufseiten des Betroffenen gegenwärtig ein **berechtigtes Interesse** besteht, von der Behörde eine **verbindliche Zusage** über ihr künftiges Vorgehen **zu**

1 Vgl. etwa BVerwG, Urt. v. 19.01.1967 – VI C 73.64, BVerwGE 26, 31; BVerwG, Urt. v. 17.10.1975 – IV C 66.72, BVerwGE 49, 244 = DVBl 1976, 715; BVerwG, Urt. v. 12.09.1963 – II C 14.62, BVerwGE 16, 343 = DVBl 1964, 277; BVerwG, Urt. v. 24.06.1966 – VI C 72.63, DVBl 1966, 857.

2 BT-Drucks. 7/910, S. 59, 60.

3 Vgl. VGH Baden-Württemberg, Urt. v. 21.01.2016 – 4 S 1082/14, VBlBW 2016, 292 (nicht anwendbar auf dienstliche Beurteilung); Beschl. v. 06.11.2017 – 4 S 2064/17, juris (Zusagen auch außerhalb des Bereichs von § 38 möglich).

erhalten. Dies gilt vor allem, wenn der Erlass bzw. die Unterlassung eines VA im Ermessen der Behörde steht. Aber auch i.R.d. gebundenen Verwaltung kann – insb. bei einer unklaren oder umstrittenen Rechtslage – die Erteilung einer Zusicherung angebracht sein, damit sich der Antragsteller oder ein möglicherweise von einem VA Betroffener auf das künftige Verhalten der Behörde einzustellen vermag (etwa durch die Vornahme von Investitionen für ein bestimmtes Vorhaben).

III. Anwendungsbereich

4 § 38 macht keine Aussage zum Anwendungsbereich der Zusicherung i.R.d. §§ 1, 2. Es kann jedoch davon ausgegangen werden, dass eine Zusicherung grds. auch **im Bereich der gebundenen Verwaltung zulässig** ist; denn anderenfalls hätte der Gesetzgeber diese wichtige Einschränkung in der Vorschrift zum Ausdruck bringen müssen, zumal er in Abs. 2 und 3 eingehend die Frage der Bindungswirkung geregelt hat.[4] Der früher vielfach vertretenen Ansicht, Zusagen seien nur im Bereich der Ermessensverwaltung oder – darüber hinaus – allenfalls bei unbestimmten Rechtsbegriffen (mit Beurteilungsspielraum), bei unsicherer Sach- oder Rechtslage oder bei vergleichsfähigen Sachverhalten (§ 106 VwGO, § 55) zulässig, ist damit die Grundlage entzogen.

5 **Nicht zulässig** sind Zusicherungen, **wenn** sie **gesetzlich ausdrücklich ausgeschlossen** sind, etwa durch § 2 Abs. 2 BBesG oder § 3 Abs. 2 BeamtVG (vgl. § 1). Die Anwendbarkeit der Zusicherung kann aber auch wegen der **Eigenart eines** bestimmten **Regelungsbereichs** ausgeschlossen sein. Für Verkehrszeichen gilt das allerdings nicht.[5]

IV. Rechtsnatur der Zusicherung

6 Nach der Gesetzesbegründung[6] sollte die nach wie vor umstrittene Frage, ob die **Zusicherung** ein **VA** ist, bewusst nicht entschieden werden; deshalb spricht Abs. 2 auch nur von der »entsprechenden Anwendung« mehrerer für den VA geltender Regelungen. Während die obergerichtliche bzw. höchstrichterliche Rechtsprechung[7] die Frage meistens offen lässt, da die Regelungen über den VA ja ohnehin entsprechend anwendbar sind, stuft die Literatur die Zusicherung überwiegend als VA ein.[8] Da die Behörde mit der Abgabe der Zusicherung eine **bindende Selbstverpflichtung** bezüglich ihres späteren Verhaltens eingeht und dem Bürger damit einen Anspruch auf das zugesagte Verhalten einräumt, ist die **Zusicherung darauf gerichtet, eine Rechtsfolge zu setzen;**

---

4 So auch Stelkens/Bonk/Sachs/*Stelkens* § 38 Rn. 86.

5 BVerwG, Urt. v. 25.01.1995 – 11 C 29.93, BVerwGE 97, 323 = DVBl 1995, 746; **a.A.** noch OVG Niedersachsen, Urt. v. 13.09.1984 – 12 A 170/82, NJW 1985, 1043.

6 BT-Drucks. 7/910, S. 59.

7 Offengelassen etwa: BVerwG, Urt. v. 21.10.1983 – 8 C 174.81, DVBl 1984, 192 = NJW 1984, 2113; Urt. v. 29.08.1986 – 7 C 21.85, NVwZ 1987, 46; Urt. v. 31.03.1987 – 1 C 26.86, NJW 1987, 2180; VGH Baden-Württemberg, Urt. v. 02.07.1990 – 8 S 524/90, NVwZ 1991, 79; für VA: BVerwG, Urt. v. 23.05.1986 – 8 C 5.85, NVwZ 1986, 1011.

8 Etwa: Stelkens/Bonk/Sachs/*Stelkens* § 38 Rn. 33; Kopp/Ramsauer § 38 Rn. 8; Knack/*Henneke* § 38 Rn. 21 jeweils m.w.N.; Bauer/Heckmann/Ruge/Schallbruch/*Ritgen* § 38 Rn. 14; a.A. Mann/Sennekamp/*Uechtritz* § 38 Rn. 51 (besondere Handlungsform).

ihr kann der für den Begriff des VA erforderliche Regelungscharakter deshalb nicht abgesprochen werden. Bezüglich ihres Regelungsumfangs ist die Zusicherung – wie gerade Abs. 2 zeigt – auch verbindlich und abschließend, sie kann deshalb nicht unter Hinweis auf einen vermeintlich geringeren Grad an Verbindlichkeit oder eine »gewisse Vorläufigkeit« als verwaltungsrechtliche Willenserklärung ohne Regelungscharakter[9] oder Verwaltungsvorakt bezeichnet werden.[10] Der Formulierung in Abs. 2, bestimmte Regelungen über den VA fänden »entsprechende Anwendung«, kommt demnach nur klarstellende Bedeutung zu.

B. Die Vorschrift im Einzelnen

I. Begriff der Zusicherung und ihre Voraussetzungen (Abs. 1)

Satz 1 enthält eine **Legaldefinition** der Zusicherung und bestimmt, dass sie zu ihrer Wirksamkeit der Schriftform bedarf. Begrifflich ist die Zusicherung hiernach eine **von der zuständigen Behörde erteilte Zusage, einen bestimmten VA später zu erlassen oder zu unterlassen.** Im Einzelnen müssen folgende **Voraussetzungen** erfüllt sein: 7

1. Zusage im Sinne hoheitlicher Selbstverpflichtung

Eine Zusage liegt nur dann vor, wenn die Behörde sich mit Bindungswirkung zu einem späteren Verhalten verpflichtet.[11] Schon im Hinblick auf § 37 Abs. 1 ist die Behörde gehalten, sich klar und eindeutig zu erklären, wenn sie eine Zusicherung abgibt. Verbleiben Zweifel hinsichtlich des **Bindungswillens**, ist die Erklärung nach den auch im öffentlichen Recht anwendbaren Grundsätzen, die zu § 133 BGB entwickelt wurden, auszulegen. Entscheidend ist der erklärte Wille, wie ihn der Empfänger bei objektiver Betrachtung verstehen durfte.[12] Bringt die Behörde nur zum Ausdruck, dass sie einem Vorhaben wohlwollend gegenübersteht oder es fördern will, reicht dies nicht für die Annahme eines Bindungswillens. Gleiches gilt für das **bloße Inaussichtstellen** eines VA. In so gelagerten Fällen spricht vielfach schon der Umstand gegen 8

9 So *Jacobs*, Jura 1985, 234 (235) m.w.N.

10 So zutreffend: *Krebs*, VerwArch. 1978, 85 (89).

11 BVerwG, Urt. v. 19.01.1967 – VI C 73.64, BVerwGE 26, 31 (36) = DVBl 1967, 663; BVerwG, Urt. v. 20.06.2000 – 10 C 3.99, BVerwGE 111, 255; BVerwG, Beschl. v. 10.11.2006 – 9 B 17.06, juris; OVG Thüringen, Urt. v. 28.04.2015 – 4 KO 393/08, ThürVGRspr 2016, 93. Keine geringeren Anforderungen gelten für die behördliche Zusage einer Aussetzungsentscheidung nach § 80 Abs. 4 VwGO: OVG Sachsen, Beschl. v. 27.07.2016 – 5 B 117/16, juris.

12 BVerwG, Urt. v. 04.04.2012 – 4 C 8.09 u. a., BVerwGE 142, 234; OVG Sachsen, Beschl. v. 27.07.2016 – 5 B 117/16, juris; OVG Thüringen, Urt. v. 28.04.2015 – 4 KO 393/08, ThürVGRspr 2016, 93; Urt. v. 28.04.2015 – 4 KO 391/08, juris Rn. 91; Urt. v. 11.06.2015 – 4 KO 811/08, ThürVBl 2016, 93; OVG Schleswig-Holstein, Beschl. v. 27.04.2016 – 2 MB 3/16, WKRS 2016, 17897; VGH Baden-Württemberg, Urt. v. 21.01.2016 – 4 S 1082/14, VBlBW 2016, 292; Urt. v. 11.07.2017 – 5 S 2067/15, BauR 2017, 2148; Beschl. v. 06.11.2017 – 4 S 2064/17, juris.

einen Bindungswillen, dass es **an einem hinreichend konkretisierten VA fehlt, der zusicherungsfähig wäre**; es wird nur eine abstrakte Erklärung abgegeben.[13]

9 Durch den Bindungswillen unterscheidet sich die Zusicherung von der **Auskunft als einer Wissenserklärung** über tatsächliche Gegebenheiten **oder** der **Äußerung einer Rechtsansicht.** In der Praxis bereitet jedoch die **Abgrenzung** zwischen **Zusicherung und Auskunft** Schwierigkeiten, denn die Grenzen zwischen einer Erklärung über Tatsachen und einer bindenden Willenserklärung können fließend sein. Im Zweifel ist die Erklärung der Behörde unter Berücksichtigung aller Umstände (Verhalten der Behörde, Wortlaut, Begleitumstände, Zweck der Erklärung etc.) entsprechend § 133 BGB auszulegen.[14] Dabei kommt der **Bezeichnung keine ausschlaggebende Bedeutung** zu, denn es kann u. U. sowohl in einer als Auskunft bezeichneten Erklärung eine bindende Zusage liegen[15] als auch in einer als Zusage bezeichneten Erklärung eine Auskunft.[16] Eine **Auskunft bindet** die Behörde im Gegensatz zur Zusage **nicht**, auch nicht unter dem Gesichtspunkt von Treu und Glauben oder dem der Folgenbeseitigung.[17] Allerdings muss sie klar, unmissverständlich und vollständig erteilt werden, selbst wenn eine Pflicht zur Auskunftserteilung nicht bestand. Anderenfalls kann ein Schadensersatzanspruch wegen Amtspflichtverletzung (§ 839 BGB) bestehen.[18]

10 Keine Zusicherung sind i.d.R. **im Prozess abgegebene Erklärungen**, etwa die Mitteilung in einem Schriftsatz an das Gericht, eine Genehmigung werde in Kürze erteilt. Solche Äußerungen sind auf den Fortgang des Rechtsstreits gerichtet und sollen nur ausnahmsweise auch eine Änderung der materiellen Rechtslage herbeiführen.[19] Kommt der Wille der Behörde, sich hinsichtlich der materiellen Rechtslage zu binden, jedoch eindeutig zum Ausdruck, kann eine Zusicherung angenommen werden.[20]

2. VA als Gegenstand der Zusage

11 Die Zusage muss nach der Legaldefinition des Abs. 1 Satz 1 auf den Erlass oder die Unterlassung eines bestimmten VA zu einem späteren Zeitpunkt gerichtet sein.

13 OLG Düsseldorf, Urt. v. 21.01.1993 – 18 U 129/92, NVwZ-RR 1993, 452 (453).

14 BVerwG, Beschl. v. 10.11.2006 – 9 B 17.06, WKRS 2006, 27960; BGH, Urt. v. 16.01.1992 – III ZR 18/90, BGHZ 117, 83 = DVBl 1992, 560; OVG Nordrhein-Westfalen, Urt. v. 17.11.1983 – 4 A 1791/82, DVBl 1984, 1081 = NVwZ 1985, 118.

15 So im Fall BVerwG, Urt. v. 19.02.1981 – 8 C 27.81, BVerwGE 65, 61 = DVBl 1982, 552.

16 Vgl. BGH, Urt. v. 16.01.1992 – III ZR 18/90, BGHZ 117, 83 = DVBl 1992, 560; OLG Düsseldorf, Urt. v. 21.01.1993 – 18 U 129/92, NVwZ-RR 1993, 452 (454).

17 Vgl. Knack/*Henneke* § 38 Rn. 7; Kopp/Ramsauer § 38 Rn. 9.

18 Vgl. BGH, Urt. v. 16.01.1992 – III ZR 18/90, BGHZ 117, 83 = DVBl 1992, 560; sowie die Kommentierungen zu § 839 BGB.

19 BVerwG, Urt. v. 07.02.1986 – 4 C 28.84, BVerwGE 74, 15 = NJW 1986, 2267; OVG Nordrhein-Westfalen, Urt. v. 12.04.1989 – 3 A 1637/88, NVwZ-RR 1990, 435.

20 BVerwG, Urt. v. 25.01.1995 – 11 C 29.93, BVerwGE 97, 323 = DVBl 1995, 746; VGH Bayern, Urt. v. 10.02.1987 – 8 B 86.02977, 8 B 86.02979, DÖV 1987, 874.

a) Nicht verwaltungsaktbezogene Zusagen

Damit unterliegt die Vielzahl anderer Handlungsformen der Verwaltung (Realakt, örV, innerdienstliche Handlungen, privatrechtliche Erklärungen etc.), die ebenfalls Gegenstand einer Zusage sein können,[21] nicht der Regelung des § 38. Eine **analoge Anwendung** dieser Vorschrift **scheidet aus, da der Gesetzgeber bewusst nur die verwaltungsaktbezogene Zusage geregelt hat** und es deshalb an einer planwidrigen Lücke fehlt.[22] § 38 wird auch (noch) nicht als allgemeiner Rechtsgedanke angesehen werden können. Bei nicht verwaltungsaktbezogenen Zusagen ist deshalb weiterhin auf die vor der Kodifizierung des VwVfG entwickelten Grundsätze zurückzugreifen.[23] Hierbei werden sich oft keine Unterschiede zu einer entsprechenden Anwendung von § 38 ergeben, weil der Gesetzgeber viele zur Zusage entwickelte Grundsätze bei der Kodifizierung des VwVfG übernommen hat. Ist dies nicht der Fall, gelten aber nicht die Anforderungen des § 38. So bedürfen Zusagen, die nicht auf einen VA bezogen sind, z.B. nicht der Schriftform;[24] ihnen kommt allerdings auch nicht die starke Bindungswirkung des Abs. 2 zu. Sind sie rechtswidrig, ist die Behörde grds. nicht an sie gebunden, es sei denn, aufgrund außergewöhnlicher Umstände ist das Vertrauen des Betroffenen schutzwürdig.[25] 12

b) Abgrenzung zu endgültigen Sachentscheidungen

Nach Abs. 1 Satz 1 muss die Zusage darauf gerichtet sein, einen VA später zu erlassen oder zu unterlassen. Damit **stellt die Zusicherung nur** einen VA und **die** mit ihm erstrebte **Sachentscheidung** verbindlich **in Aussicht, trifft sie aber selbst nicht.** Hierdurch unterscheidet sich die Zusicherung von anderen Entscheidungsformen der Verwaltung mit Zukunftsbindung, die bereits eine abschließende gegenwärtige Sachentscheidung enthalten, die allerdings auf Teilfragen beschränkt sein kann. 13

Zu nennen ist insb. der **Vorbescheid** (vgl. § 7a AtG, § 9 BImSchG, § 57 LBO BW). So nimmt etwa der **Bauvorbescheid** (bei Klärung bauplanungsrechtlicher Fragen auch Bebauungsgenehmigung genannt) hinsichtlich der Zulässigkeit eines Vorhabens einen Ausschnitt aus dem feststellenden Teil der Baugenehmigung vorweg und entscheidet hierüber abschließend.[26] Der Bauvorbescheid setzt sich anders als die Zusicherung 14

---

21 Vgl. VGH Baden-Württemberg, Urt. v. 21.01.2016 – 4 S 1082/14, VBlBW 2016, 292.

22 Vgl. BT-Drucks. 7/910, S. 59; Knack/*Henneke* § 38 Rn. 35; anders (nach der Form differenzierend und für schriftliche Zusagen der Analogie zuneigend): Kopp/Ramsauer § 38 Rn. 6b-6d; offen: OVG Sachsen-Anhalt, Beschl. v. 09.12.2019 – 2 M 126/19, WKRS 2019, 51430.

23 BVerwG, Urt. v. 26.11.1987 – 2 C 53.86, NJW 1988, 783; VGH Baden-Württemberg, Urt. v. 16.10.1989 – 1 S 1056/88, NVwZ 1990, 892; Knack/*Henneke* § 38 Rn. 35; anders Kopp/*Ramsauer* § 38 Rn. 6b-6d.

24 Vgl. z.B. BVerwG, Urt. v. 19.01.1967 – VI C 73.64, BVerwGE 26, 31 = DVBl 1967, 663.

25 So BVerwG, Urt. v. 24.06.1966 – VI C 72.63, DVBl 1966, 857 (859), auch: BVerwG, Urt. v. 12.09.1963 – II C 14.62, DVBl 1964, 277.

26 BVerwG, Urt. v. 10.05.1968 – IV C 8.67, NJW 1969, 73; BVerwG, Urt. v. 17.03.1989 – 4 C 14.85, DVBl 1989, 673 = NVwZ 1989, 863 m.w.N.; vgl. auch Redeker, NVwZ 1998, 589.

der Bebaubarkeit auch gegenüber einer späteren Änderung der Sach- oder Rechtslage – etwa dem Inkrafttreten eines Bebauungsplans oder einer Veränderungssperre (vgl. § 14 Abs. 3 BauGB) – durch.[27] Ob ein **Vorbescheid**, eine **Zusicherung**[28] **oder sogar nur eine Auskunft**[29] **vorliegt, ist Frage der Auslegung** im Einzelfall, wobei es maßgeblich auf die tatsächlich getroffene Entscheidung ankommt.[30] Der Vorbescheid enthält auch keine konkludente Zusage, die Behörde werde ein Vorhaben später genehmigen, sondern seine Bindungswirkung beschränkt sich auf den Teilausschnitt des Genehmigungstatbestandes, auf den er sich bezieht.[31]

15 Keine Zusicherung ist auch die **Teilgenehmigung** (vgl. § 8 BImSchG, § 61 LBO BW), die einen Teil eines Vorhabens als rechtmäßig feststellt und insoweit die Bauausführung freigibt, denn sie trifft bereits **bezüglich** dieses **Teils des Vorhabens eine endgültige Sachentscheidung.** Im Gegensatz zum Vorbescheid setzt die Teilgenehmigung allerdings eine positive Beurteilung des Gesamtvorhabens voraus, denn sie bindet die Behörde auch hinsichtlich der endgültigen Genehmigung.[32]

16 Ebenfalls keine Zusicherung ist die sog. **Konzeptgenehmigung**, die definitiv das Konzept einer Anlage mit Bindungswirkung für nachfolgende (Teil-) Genehmigungen als genehmigungsfähig feststellt und als eine Form des Vorbescheides eingestuft wird.[33] Auch sie enthält eine abschließende Sachentscheidung, ist jedoch in ihrer Bindungswirkung der Zusicherung ähnlich.[34]

17 In ihrer Wirkung einer Zusicherung ähnlich war schließlich die frühere **Teilungsgenehmigung** nach §§ 19, 21 BauGB a.F.; auch sie enthielt aber bereits eine gegenwärtige Sachentscheidung und war deshalb keine Zusicherung.[35] Gleiches gilt für den **vorläufigen VA,**[36] mit dem Regelungen unter dem Vorbehalt einer späteren Prüfung vor allem im Subventionsrecht getroffen werden; auch dieser VA enthält etwa bezüglich der Gewährung einer Leistung eine gegenwärtige Sachentscheidung und sichert diese Leistung nicht erst für einen späteren Zeitpunkt zu.

---

27 BVerwG, Urt. v. 03.02.1984 – 4 C 39.82, BVerwGE 69, 1 = NJW 1984, 1473; OVG Niedersachsen, Urt. v. 05.03.1982 – 1 A 85/81, NJW 1982, 1772.

28 OVG Berlin, Beschl. v. 27.03.1986 – 2 S 145.85, NVwZ 1986, 579: kein Vorbescheid, nur Zusicherung.

29 OVG Nordrhein-Westfalen, Urt. v. 20.06.1985 – 7 A 308/81, NVwZ 1986, 580: lediglich Auskunft über die Bebaubarkeit.

30 *Degenhart*, DVBl 1981, 994 (997).

31 Vgl. Kopp/Ramsauer § 38 Rn. 13 m.w.N.

32 Für die Teilbaugenehmigung: Kopp/Ramsauer § 38 Rn. 14 m.w.N.

33 Vgl. für das Atomrecht: BVerwG, Urt. v. 11.01.1985 – 7 C 74.82, BVerwGE 70, 365 (372) = DVBl 1985, 401; BVerwG, Urt. v. 19.12.1985 – 7 C 65.82, BVerwGE 72, 300 = DVBl 1986, 190; BVerwG, Urt. v. 09.09.1988 – 7 C 3.86, BVerwGE 80, 207 = DVBl 1988, 1170.

34 Vgl. Kopp/*Ramsauer* § 38 Rn. 15.

35 Vgl. 3. Aufl. § 38 Rn. 17 Fn. 33 m.w.N.

36 Vgl. dazu § 35 Rn. 66 m.w.N. auch zur Kritik an dieser Handlungsform.

I.Ü. ist es Sache der Auslegung, ob nur eine Zusicherung vorliegt oder bereits die endgültige Entscheidung getroffen wurde. So kann im Einzelfall etwa in einer vermeintlichen Zulassung zu einer öffentlichen Einrichtung nur die Zusicherung dieser Zulassung liegen[37] oder in der vermeintlichen Zusicherung eines künftigen Abgabenverzichts ein Abgabenvorausverzicht.[38] 18

c) **Bestimmtheit des zugesagten VA**

Die **Zusicherung** muss sich – wie es in Abs. 1 Satz 1 heißt – **auf eine bestimmten VA beziehen.** Eine allgemeine Erklärung der Behörde, es werde gegen ein bestimmtes Vorhaben nicht eingeschritten, wird deshalb von § 38 nicht erfasst.[39] Allerdings kann hierin eine Zusage allgemeiner Art liegen, die durch § 38 nicht ausgeschlossen ist. Solche **Duldungszusagen** kommen oft im Bereich des Baurechts vor und müssen u. U. bei der Ermessensausübung beim Einschreiten aufgrund ordnungsbehördlicher Eingriffsnormen berücksichtigt werden.[40] Voraussetzung ist jedoch, dass es sich tatsächlich um eine Zusage handelt und nicht nur um die unverbindliche Mitteilung einer derzeit verfolgten Planungsabsicht.[41] Kommt nach Lage des Falles nur eine bestimmte Form des Einschreitens in Betracht – z.B. eine Abbruchsanordnung –, liegt in der Zusage, nicht einzuschreiten, eine Zusicherung, die auf das Unterlassen diese VA gerichtet ist. 19

An die Bestimmtheit der zugesicherten VA sind jedoch andererseits nicht die gleichen Anforderungen zu stellen, wie sie sich aus § 37 ergeben.[42] Ist in der Zusicherung klar umrissen, welcher VA erlassen werden soll, so können einzelne Konkretisierungen – etwa Nebenbestimmungen i.R.d. § 36 – auch noch im Verfahren auf Erlass des zugesicherten VA erfolgen.[43] Die **Zusicherung eines** bestimmten Teils eines ansonsten noch unbestimmten, **teilbaren VA** ist ebenso zulässig wie die Zusicherung **wahlweiser, jeweils aber bestimmter VA.**[44] Inhaltlich hinreichend bestimmt kann auch die gegenüber einem Nachbarn gegebene (allgemeine) Zusage sein, dem Bauherrn eine Baugenehmigung nur im Einklang mit dem objektiven, nicht nachbarschützenden Recht zu erteilen, wenn sie im Hinblick auf konkrete Einwände seitens des Nachbarn erfolgt.[45] Eine solche **Zusage kann dem Nachbarn die Geltendmachung nicht** 20

37 So BVerwG, Urt. v. 29.08.1986 – 7 C 21.85, NVwZ 1987, 46.

38 So BVerwG, Urt. v. 21.10.1983 – 8 C 174.81, NJW 1984, 2113.

39 *Fluck*, NuR 1990, 197 (199).

40 Vgl. BVerwG, Urt. v. 25.03.1965 – I C 27.63, DVBl 1965, 525; weitgehend: VGH Baden-Württemberg, Urt. v. 05.04.1990 – 5 S 1242/89, NJW 1990, 3163; OVG Nordrhein-Westfalen, Urt. v. 25.09.1990 – 11 A 1938/87, BauR 1991, 448.

41 So OVG Hamburg, Beschl. v. 15.12.1981 – Bs II 32/81, BauR 1982, 260 (263).

42 *Kloepfer/Lenski*, NVwZ 2006, 501 (502); Stelkens/Bonk/Sachs/*Stelkens* § 38 Rn. 14; zum Abgabenrecht vgl. aber § 205 Abs. 2 AO.

43 OVG Thüringen, Urt. v. 28.04.2015 – 4 KO 391/08, juris Rn. 96; Urt. v. 11.06.2015 – 4 KO 811/08, ThürVBl 2016, 93; Stelkens/Bonk/Sachs/*Stelkens* § 38 Rn. 14.

44 So zutreffend Stelkens/Bonk/Sachs/*Stelkens* § 38 Rn. 14.

45 Vgl. BVerwG, Urt. v. 17.10.1975 – IV C 66.72, BVerwGE 49, 244; eingehend zur Zusage auf Einhaltung objektiven Rechts: *Hailbronner*, DVBl 1979, 767.

nachbarschützender Vorschriften ermöglichen. Allerdings wird der Erklärung der Behörde, das (objektive) Recht einhalten zu wollen, oft kein Bindungswillen beigemessen werden können, weil dies aus ihrer Sicht selbstverständlich ist.

3. Zuständige Behörde

21 Die **Zuständigkeit** der die Zusage erteilenden Behörde ist entgegen dem missverständlichen Wortlaut der Vorschrift **nicht Begriffsmerkmal** der Zusicherung, **sondern Voraussetzung ihrer Wirksamkeit.**[46] Dies ergibt sich aus Abs. 2, wonach auf die Unwirksamkeit der Zusicherung, unbeschadet des Abs. 1 Satz 1, § 44 Anwendung finde: Hiermit wird klargestellt, dass abweichend von § 44 jede Verletzung der Zuständigkeit zur Nichtigkeit führt, auch wenn sie nicht offenkundig ist (§ 44 Abs. 1) oder sich auf eine Verletzung der besonderen Zuständigkeit für die belegene Sache bezieht (§ 44 Abs. 2 Nr. 3, Abs. 3 Nr. 1). Wird die Zusicherung von der **nicht zuständigen Behörde erteilt**, ist sie deshalb **nichtig.**

22 **Zuständig ist die Behörde, die für den Erlass des zugesicherten VA zuständig wäre,**[47] und zwar in sachlicher und örtlicher Hinsicht. Die Behördenzuständigkeit ist Voraussetzung der Wirksamkeit der Zusicherung. Anderes gilt hinsichtlich der Frage, ob die innerhalb der Behörde zuständige Person gehandelt hat: Die **Zusicherung eines Beamten, der** etwa nach der Geschäftsverteilung seiner Behörde **hierzu nicht befugt ist**, kann wirksam sein. Nach der vor Inkrafttreten des VwVfG geltenden Rechtsprechung war für die Verbindlichkeit erforderlich, dass der Bedienstete nach seiner »Stellung« bzw. »Rangstufe« innerhalb der Behörde zur Abgabe derartiger Erklärungen befugt war.[48] Davon ist grds. nach wie vor auszugehen. Die für die Wirksamkeit eines VA erforderliche Bekanntgabe (§§ 41, 43) setzt ohnehin den natürlichen Willen eines die Behörde repräsentierenden Amtsträgers voraus, den VA durch Bekanntgabe an den Betroffenen zu erlassen[49]; dieser Wille kann nur von einem Bediensteten gebildet werden, der nach seiner Stellung zum Erlass des VA grds. befugt ist.[50] Deshalb wird die Zusicherung in Fällen fehlender Handlungs- bzw. Vertretungsbefugnis schon mangels Bekanntgabe unwirksam sein. Wird die Zusage hingegen von einem **Bediensteten** erteilt, **der rein intern unzuständig** ist, obwohl er nach seiner Rangstufe innerhalb der Behörde grds. zur Abgabe von Erklärungen dieser Art befugt ist, wird die Behörde daran gebunden. Hätte der Gesetzgeber das Risiko der Unkenntnis behördeninterner Zuständigkeiten dem auf die Zusicherung vertrauenden Bürger aufbürden wollen,

46 Vgl. BVerwG, Urt. v. 29.08.1986 – 7 C 21.85, NVwZ 1987, 46; VGH Baden-Württemberg, Beschl. v. 30.08.2016 – 11 S 1660/16, WKRS 2016, 23958; BT-Drucks. 7/910, S. 60: die Unzuständigkeit führt zur Unwirksamkeit.

47 Vgl. VGH Baden-Württemberg, Urt. v. 12.02.2020 – 5 S 1070/19, WKRS 2020, 12363.

48 Vgl. etwa BVerwG, Urt. v. 08.03.1956 – I A 3.54, BVerwGE 3, 199 (203); Urt. v. 19.01.1967 – VI C 73.64, BVerwGE 26, 31 (36) = DVBl 1967, 663.

49 Vgl. Stelkens/Bonk/Sachs/*Stelkens* § 38 Rn. 65.

50 So BFH, Urt. v. 27.06.1986 – VI R 23/83, BFHE 147, 205 = NVwZ 1987, 632; VGH Baden-Württemberg, Urt. v. 12.02.2020 – 5 S 1070/19, WKRS 2020, 12363; vgl. auch Kopp/Ramsauer § 38 Rn. 18.

hätte er dies in § 38 zum Ausdruck bringen müssen. Die unklaren Begriffe »Stellung« bzw. »Rangstufe« bereiten jedoch Schwierigkeiten. Es fragt sich etwa, ob eine gesetzlich eingeräumte Vertretungsmacht die sichere Gewähr für die Möglichkeit einer wirksamen Zusicherung bietet. Dies dürfte grds. zu bejahen sein.

Auch bei **Gemeinden** ist die Zusicherung wirksam, wenn sie unter Missachtung der gemeindeinternen Zuständigkeit abgegeben wird, sofern das handelnde Organ zur Außenvertretung befugt ist, etwa wenn der Bürgermeister ohne die nach Kommunalrecht erforderliche Zustimmung der Gemeindevertretung eine Zusicherung erteilt.[51] Die Gemeinde ist allenfalls dann nach Treu und Glauben nicht an die Erklärung gebunden, wenn der Erklärungsempfänger bei gehöriger Sorgfalt die Überschreitung der Vertretungsmacht hätte erkennen können.[52] 23

4. Schriftform

Der Gesetzgeber hat die Schriftform in bewusster Abkehr von der bisherigen Rechtsprechung[53] mit der Begründung eingeführt, die weitreichenden Folgen der Zusicherung – vor allem im Hinblick auf die sich aus Abs. 2 ergebende Bindungswirkung – erforderten, dass die Behörde sich über deren Inhalt und Umfang klar werde und **keine übereilten Zusagen** erteile.[54] Darüber hinaus dient das Erfordernis der Schriftform der **Rechtssicherheit**; Streit ob und mit welchem Inhalt eine mündliche Zusage erteilt wurde, wird vermieden.[55] 24

Da die Zusicherung ein VA ist, ergeben sich die **Anforderungen an die Schriftform aus § 37 Abs. 3.** Auch mit der elektronischen Form i.S.d. § 3a Abs. 2 wird dem Schriftformerfordernis genügt.[56] Eine E-Mail ohne digitale Signatur wahrt dagegen nicht die für eine wirksame Zusicherung erforderliche Schriftform.[57] Nicht verwaltungsaktbezogene Zusagen, die von § 38 nicht erfasst werden, bedürfen nicht der Schriftform (vgl. Rdn. 12). Die Ablehnung eines Antrages auf Zusicherung bedarf nicht der 25

51 Zutreffend VGH Baden-Württemberg, Urt. v. 16.10.1989 – 1 S 1056/88, NVwZ 1990, 892 (893) m.w.N.; zustimmend Erichsen, Jura 1991, 109 (111); vgl. aber BVerwG, Urt. v. 29.08.1986 – 7 C 21.85, NVwZ 1987, 46 (keine wirksame Zusicherung, weil entgegen der gesetzlichen Kompetenzverteilung intern nicht der Gemeinderat entschieden hatte; allerdings fand die gesetzliche Vertretungsmacht des Bürgermeisters womöglich nur wegen einer verengten Sicht des Revisionsgerichts keine Berücksichtigung).

52 VGH Baden-Württemberg, Urt. v. 16.10.1989 – 1 S 1056/88, NVwZ 1990, 892 (893) m.w.N.

53 Vgl. BVerwG, Urt. v. 19.01.1967 – VI C 73.64, BVerwGE 26, 31 = DVBl 1967, 663; BGH, Urt. v. 20.12.1956 – III ZR 97/55, BGHZ 23, 36 (52) = NJW 1957, 539.

54 BT-Drucks. 7/910, S. 59, 60.

55 Vgl. VGH Baden-Württemberg, Beschl. v. 30.08.2016 – 11 S 1660/16, WKRS 2016, 23958.

56 *Schmitz/Schlatmann*, NVwZ 2002, 1281 (1289); *Roßnagel*, NJW 2003, 469 (472); allg. Meinung.

57 BVerwG, Beschl. v. 02.12.2016 – 2 C 19.15, Buchholz 316 § 38 VwVfG Nr. 22; OVG Niedersachsen, Beschl. v. 17.01.2005 – 2 PA 108/05, NVwZ 2005, 470; OVG Sachsen-Anhalt, Beschl. v. 09.12.2019 – 2 M 126/19, WKRS 2019, 51430.

Schriftform. Zum einen spricht Abs. 1 Satz 1 von der »erteilten« Zusage, zum anderen gebietet der Zweck der Schriftform, die Schutz- und Beweisfunktion, nicht die Erstreckung auf die Ablehnung,[58] mag sie im Einzelfall auch zweckmäßig sein.[59] Die **schriftliche Bestätigung des Adressaten** einer mündlichen Zusicherung genügt dem Formerfordernis nicht; bestätigt hingegen die Behörde schriftlich ihre zuvor gegebene mündliche Zusage, liegt hierin eine formgerechte Zusicherung.[60]

26 Über § 38 hinausgehende Anforderungen an die Form können sich aus dem **Fachrecht** ergeben. So bedarf die Zusicherung, durch die eine Gemeinde verpflichtet werden soll, nach Kommunalrecht unter Umständen der Unterschrift und des Dienstsiegels.[61] Ein Grundsatz des Inhalts, dass auch auf die Zusicherung die **Formvorschriften des zugesagten VA** anzuwenden sind, kann nicht aufgestellt werden. So bedarf z.B. die Zusicherung der Ernennung eines Beamten nicht der Aushändigung einer Urkunde. Eine in das **gerichtliche Protokoll** (vgl. § 105 VwGO) aufgenommene Erklärung erfüllt – sofern sie ausnahmsweise eine Zusicherung ist (vgl. Rdn. 10) – die Schriftform.[62] Denn aus dem Protokoll ergibt sich, welche Behörde die Zusicherung abgegeben und welcher Beamte für sie gehandelt hat. Das Protokoll wird zwar von diesem Beamten nicht unterschrieben, nach § 37 Abs. 3 reicht jedoch die Namenswiedergabe. Dem mit der Schriftform verbundenen Zweck, der Beweis- und Warnfunktion, wird Rechnung getragen, indem die Erklärungen in der Gerichtsverhandlung vorgelesen und genehmigt werden.[63]

5. Anhörung Beteiligter oder Mitwirkung anderer Behörden oder Ausschüsse (Abs. 1 Satz 2)

27 Nach Satz 2 darf die Zusicherung erst nach Anhörung (anderer) Beteiligter oder nach Mitwirkung einer Behörde oder eines Ausschusses ergehen, wenn deren Beteiligung vor dem Erlass des zugesicherten VA erforderlich wäre.

a) Zweck der Bestimmung

28 Der Zusicherung kann die vom Gesetzgeber beabsichtigte weitgehende Bindungswirkung (vgl. Abs. 2) nur dann zukommen, wenn auch die Beteiligten oder zur Mitwirkung berufenen Behörden des auf Erlass des zugesicherten VA gerichteten Verfahrens an die Zusicherung gebunden sind. Deren Bindung an die Zusicherung setzt aber ihre Beteiligung am Zusicherungsverfahren voraus, weil nur so die Bindung auf sie erstreckt werden

58 Vgl. Knack/*Henneke* § 38 Rn. 13; BVerwG, Urt. v. 23.05.1986 – 8 C 5.85, NVwZ 1986, 1011 allerdings ohne Begründung; zur Gegenansicht siehe folgende Fußnote.

59 Für die Schriftform bei Ablehnung: *Stelkens*, NVwZ 1987, 471; Stelkens/Bonk/Sachs/*Stelkens* § 38 Rn. 116 aus Gründen der Formenklarheit.

60 Zutreffend: Knack/*Henneke* § 38 Rn. 13.

61 Vgl. Knack/*Henneke* § 38 Rn. 13.

62 BVerwG, Urt. v. 25.01.2017 – 9 C 29.15, BVerwGE 157, 194; Beschl. v. 26.05.2003 – 8 B 73.03, NVwZ 2003, 997.

63 Vgl. BVerwG, Urt. v. 25.01.1995 – 11 C 29.93, BVerwGE 97, 323 = DVBl 1995, 746.

kann.[64] Die **vorgezogene Beteiligung** ist deshalb im Interesse des Zusicherungsempfängers und der Behörde erforderlich, **um die durch die Zusicherung gewollte Bindung nicht wieder zu gefährden.**[65] Sie liegt aber auch im Interesse des anzuhörenden Dritten bzw. der zu beteiligenden Behörde, weil die mit der Zusicherung eingegangene Bindung ihre Beteiligungs- oder Mitwirkungsrechte aushöhlen kann.

b) Umfang der Beteiligung

Das Recht zur Anhörung oder **Mitwirkung** muss **aufgrund einer Rechtsvorschrift** erforderlich sein. **Nicht ausreichend** ist demnach, wenn es sich nur aus einer **Verwaltungsvorschrift** ergibt oder die **Beteiligung nicht zwingend vorgeschrieben** ist, etwa bei Kann- oder Sollvorschriften.[66] Die Anhörung Beteiligter ist vor allem nach § 28 geboten, ergibt sich aber auch aus dem Fachrecht (z.B. § 10 Abs. 6 BImSchG; § 24 Abs. 3 HandwO; § 21 Abs. 7 JuSchG). Obwohl Satz 2 nur von Anhörung spricht, besteht Einigkeit,[67] dass dem Beteiligten im Zusicherungsverfahren alle Rechte zustehen, die ein Beteiligter auch sonst im Verwaltungsverfahren in Anspruch nehmen kann, etwa das Recht auf Akteneinsicht. 29

Die Mitwirkungspflicht anderer Behörden oder Ausschüsse ergibt sich aus dem Fachrecht (z.B. § 7 Abs. 4 AtG; § 36 BauGB; § 123 Abs. 2 BRRG; § 21 Abs. 6 JuSchG). Der Begriff der **Mitwirkung** ist **weiter gefasst** als in anderen Vorschriften des VwVfG, etwa § 58 Abs. 2; er umfasst die Abgabe einer Stellungnahme und die Beratung im Zuge einer normativ angeordneten Anhörung ebenso wie Einverständniserklärungen (Zustimmung, Einvernehmen, Benehmen).[68] Wird die **Mitwirkungshandlung** nach Ablauf einer bestimmten Frist **fingiert**, ist dies auch für die Zusicherung ausreichend.[69] 30

c) Folgen der Beteiligung

Haben die **Behörden oder Ausschüsse** im Zusicherungsverfahren mitgewirkt, sind sie auch im Verfahren auf Erlass des zugesicherten VA hieran gebunden. Eine **erneute Mitwirkung bei Erlass des zugesicherten VA ist nicht erforderlich**, sofern er sich i.R.d. Zusicherung hält und keine Anhaltspunkte für eine Änderung der Sach- und Rechtslage gegeben sind.[70] Ein im Zusicherungsverfahren **angehörter Bürger** wird an die Zusicherung nur gebunden sein, wenn sie ihm bekannt gegeben wird und er sie nicht anficht. Er sollte auch im Verwaltungsverfahren auf Erlass des zugesicherten VA angehört werden, allerdings muss die Behörde nur Anhaltspunkten für einen Wegfall der Bindung nach Abs. 3 nachgehen und kann i.Ü. auf die sich aus Abs. 1 ergebende Bindung verweisen.[71] 31

64 Vgl. Kopp/Ramsauer § 38 Rn. 27.
65 Stelkens/Bonk/Sachs/*Stelkens* § 38 Rn. 74.
66 Vgl. Knack/*Henneke* § 38 Rn. 15; Kopp/Ramsauer § 38 Rn. 25 und 27.
67 Vgl. Knack/*Henneke* § 38 Rn. 16; Kopp/Ramsauer § 38 Rn. 26.
68 Vgl. Kopp/Ramsauer § 38 Rn. 27.
69 So auch Stelkens/Bonk/Sachs/*Stelkens* § 38 Rn. 79.
70 Vgl. *Meyer/Borgs* § 38 Rn. 16.
71 Ebenso *Meyer/Borgs* § 38 Rn. 13.

32 **Unterbleibt die Beteiligung**, ist die Zusicherung – wie sich aus Abs. 2 i.V.m. § 45 Abs. 1 Nr. 3 bis 5, Abs. 2 ergibt – rechtswidrig-aufhebbar, eine **Heilung** ist durch Nachholung der Anhörung oder Mitwirkung möglich. Unterbleibt sie, kann der Betroffene nach § 46 die Aufhebung der Zusicherung nur verlangen, wenn eine andere Entscheidung in der Sache hätte getroffen werden können.

33 Eine **Zusicherung unter dem Vorbehalt der Rechte anzuhörender Dritter** oder mitwirkungsberechtigter Behörden oder Ausschüsse wird von Satz 2 nicht ausgeschlossen, da das Anhörungs- und Mitwirkungsrecht nach dieser Vorschrift nur dann gelten kann, wenn die Genannten an die Zusicherung gebunden sein sollen; dies ist bei einem solchen Vorbehalt aber gerade nicht der Fall. Da die Entscheidung, ob überhaupt eine Zusicherung erteilt wird, im Ermessen der Behörde steht (vgl. Rdn. 34, 35), ist sie auch befugt, eine Zusicherung unter einer solchen Einschränkung abzugeben.[72] Allerdings kann die Zusicherung unter einem solchen Vorbehalt für den Empfänger wertlos sein, was die Behörde bei ihrer Ermessensentscheidung über die Erteilung berücksichtigen muss. Die Rechtmäßigkeit des zugesagten VA hängt dann davon ab, dass vor seinem Erlass die (außerhalb des Satzes 2) vorgeschriebene Beteiligung erfolgt.

6. Anspruch auf Zusicherung?

34 § 38 regelt zwar die an eine Zusicherung zu stellenden Anforderungen, sagt aber nichts darüber aus, wann ihre Erteilung in Betracht kommt und ob hierauf ggf. sogar ein Anspruch besteht. Sofern sich aus dem materiellen Recht kein Anspruch oder Verbot ergibt, steht die Zusicherung **im Ermessen** der Behörde und es besteht – sofern Rechte des Antragstellers durch Erlass oder Unterlassen des zuzusichernden VA berührt werden können – ein **Anspruch auf fehlerfreie Ausübung** dieses Ermessens, das sich u. U. auch zu einem Anspruch verdichten kann (Ermessensreduzierung auf null).[73] Mit § 38 hat der Gesetzgeber der Verwaltung die Möglichkeit eröffnet, dem Bürger bindende Gewissheit über eine zukünftige Entscheidung einzuräumen und ist hinsichtlich der Bindungswirkung ausdrücklich[74] zugunsten des Bürgers von der bisherigen Rechtsprechung abgewichen (vgl. Rdn. 12). Dies spricht dafür, dass das Institut der Zusicherung auch Interessen des Bürgers dienen soll und ihm deshalb ein Anspruch auf fehlerfreie Ermessensausübung zusteht. Zum gleichen Ergebnis gelangt man, wenn auf das materielle Recht abgestellt wird, aus dem sich die Befugnis zur Erteilung der Zusicherung ergibt.[75]

35 Eine Ermessensausübung der Behörde, VA regelmäßig nur zuzusichern, wenn ihre Voraussetzungen offensichtlich vorliegen und in Zweifelsfällen eine Zusicherung

72 Vgl. Knack/*Henneke* § 38 Rn. 18; Kopp/Ramsauer § 38 Rn. 30.

73 Vgl. BVerwG, Urt. v. 31.03.1987 – 1 C 26.86, NJW 1987, 2180; a.A. BVerwG, Urt. v. 23.05.1986 – 8 C 5.85, NVwZ 1986, 1011.

74 Vgl. BT-Drucks. 7/910, S. 60.

75 Vgl. OVG Nordrhein-Westfalen, Urt. v. 12.05.1987 – 7 A 240/86, BRS 47 Nr. 137.

abzulehnen, ist nicht zu beanstanden.[76] Liegen die Voraussetzungen des begehrten VA nicht vor, ist dessen Zusicherung abzulehnen, Ermessen besteht in diesen Fällen nicht. Ein berechtigtes Interesse des Antragstellers ist ein Belang, der in die Abwägung i.R.d. Ermessensausübung einzustellen ist.[77] Wird dem Interesse, das hinter einer Zusicherung steht, bereits durch eine spezialgesetzliche Regelung Rechnung getragen – etwa mit dem Bauvorbescheid – ist die Ablehnung der Zusicherung im Hinblick darauf regelmäßig ermessensfehlerfrei; aus dem Fachrecht kann sich sogar ergeben, dass § 38 nicht anwendbar ist, weil er durch die Spezialregelung verdrängt wird.

7. Rechtsschutz

Fragen des Rechtsschutzes ergeben sich im Zusammenhang mit der Zusicherung in **verschiedenen Konstellationen.**[78] Der Adressat einer Zusicherung kann 36
- gegen die Versagung der Zusicherung bzw. die Nichtbescheidung eines Antrages auf Erteilung einer Zusicherung die Verpflichtungsklage,
- gegen die Nichteinhaltung der Zusicherung des Erlasses eines VA die Verpflichtungsklage,
- gegen die Nichteinhaltung der Zusicherung der Unterlassung eines VA (durch Erlass des betreffenden VA) die Anfechtungsklage gegen diesen VA,
- gegen die Aufhebung der erteilten Zusicherung die Anfechtungsklage,
- und bei Streit über den Wegfall der Bindung der Behörde an die Zusicherung nach Abs. 3 Feststellungsklage erheben.

Der **Erfolg einer Verpflichtungsklage** auf Erteilung einer Zusicherung setzt voraus, 37
dass dem Kläger ein Anspruch hierauf zusteht. Dies wird nur selten der Fall sein, weil die Zusicherung grds. im Ermessen steht (vgl. Rdn. 34, 35). Wird die Zusicherung nicht als VA angesehen (vgl. Rdn. 6), muss der Anspruch auf ihre Erteilung mit der allgemeinen Leistungsklage verfolgt werden.

Wird mit der Verpflichtungsklage auf die Erfüllung der Zusicherung, d.h. den Erlass 38
des VA, geklagt, ergibt sich der **Anspruch** (§ 113 Abs. 5 VwGO) **aus der erteilten Zusicherung.** Wird Anfechtungsklage gegen einen VA erhoben, dessen Unterlassung zugesichert wurde, ergibt sich der Aufhebungsanspruch (§ 113 Abs. 1 Satz 1 VwGO) ebenfalls aus der erteilten Zusicherung. Hier zeigt sich die **normative Ergänzungsfunktion** der Zusicherung, die für den zugesagten VA bzw. für die zugesagte Unterlassung eines VA neben dem geltenden Recht einen eigenen Rechtsgrund schafft. Besteht Streit, ob die Behörde im Hinblick auf Abs. 3 noch an die Zusicherung gebunden ist, kann **Feststellungsklage** erhoben werden, sofern der Zusicherungsempfänger noch nicht direkt auf ihre Erfüllung klagen kann (§ 43 Abs. 2 VwGO).

76 So OVG Nordrhein-Westfalen, Urt. v. 12.05.1987 – 7 A 240/86, BRS 47 Nr. 137.
77 Vgl. auch Kopp/Ramsauer § 38 Rn. 24 – 24a.
78 Vgl. auch die Darstellung bei Knack/*Henneke* § 38 Rn. 23 ff.

39 Neben dem Adressaten der Zusicherung können hiervon noch andere – Dritte – betroffen sein, etwa der Nachbar eines Baubewerbers, dem eine Baugenehmigung zugesagt wurde. In diesen **mehrpoligen Rechtsverhältnissen** kann der Drittbetroffene Anfechtungsklage gegen die Zusicherung erheben, wenn
- er in einem Anhörungs- bzw. Mitwirkungsrecht (vgl. Abs. 1 Satz 2) oder
- in einem sonstigen öffentlichen Recht verletzt wurde und
- wenn die unzuständige Behörde die Zusicherung erteilt hat.

40 Im Einzelnen sind folgende **Fallgestaltungen** denkbar: Dem Begünstigten wird eine Zusicherung erteilt, die in Rechte des Dritten eingreifen kann. Hier muss der Dritte mit der Anfechtungsklage bereits gegen die Zusicherung vorgehen, weil sie die Behörde bindet. Ferner kann die Behörde einem potenziell Belasteten zusichern, dass ein von einem anderen beantragten Erlass eines VA unterbleibt, es wird z.B. einem Eigentümer zugesichert, eine von seinem Nachbarn beantragte Baugenehmigung abzulehnen. Hier kann sich der Antragsteller mit der Anfechtungsklage gegen die Zusicherung wehren. Wird dem Nachbarn eines Bauherrn die Einhaltung objektiven Rechts bei der Genehmigungserteilung zugesagt, kann der Nachbar diese Zusage allgemeiner Art (vgl. Rdn. 20) nur im Anfechtungsprozess gegen die Baugenehmigung geltend machen.

II. Folgen von Rechtsfehlern (Abs. 2)

1. Grundsätzliche Verbindlichkeit der Zusicherung

41 Die allgemeine Bedeutung des Abs. 2 liegt in der Klarstellung, dass fehlerhafte Zusicherungen – entgegen der früheren Rechtsprechung[79] – hinsichtlich ihrer Rechtswidrigkeit grds. wie VA zu behandeln sind, d.h. je nach Fehlerart zwischen nichtigen (unwirksamen) und rechtswidrig-aufhebbaren Zusicherungen zu unterscheiden ist. Das Gebot der »entsprechenden« Anwendung erklärt sich aus der Tatsache, dass der Gesetzgeber keine Entscheidung über die Rechtsnatur der Zusicherung treffen (vgl. Rdn. 6) und die Möglichkeit ihrer anderweitigen Qualifikation (die dann die unmittelbare Anwendung ausgeschlossen hätte) offen halten wollte. Wird die Zusicherung jedoch – wie hier (vgl. Rdn. 6) – als VA angesehen, so sind ohne Rücksicht auf den Wortlaut des Abs. 2 alle Vorschriften des Teils III auf sie anzuwenden, soweit sich nicht aus der Natur der Sache oder der Sonderregelung des § 38 etwas Anderes ergibt.

2. Rechtmäßigkeit der Zusicherung

42 Maßgeblich für die Rechtmäßigkeit der Zusicherung ist der Grundsatz der Gesetzmäßigkeit der Verwaltung mit der Maßgabe, dass
- das zugesagte Verhalten und
- die Zusicherung als solche

79 Vgl. BVerwG, Urt. v. 12.09.1963 – II C 14.62, BVerwGE 16, 343 = DVBl 1964, 277; BVerwG, Urt. v. 24.06.1966 – VI C 72.63, DVBl 1966, 857; BVerwG, Urt. v. 14.11.1975 – IV C 84.73, BVerwGE 49, 359 (362): grds. keine Verbindlichkeit der rechtswidrigen Zusage.

mit dem geltenden Recht vereinbar sein müssen. Aufgrund der in Abs. 2 zum Ausdruck kommenden Bindung der Behörde an das zugesagte Verhalten wirkt dessen Rechtswidrigkeit auf die Zusicherung zurück und macht diese selbst rechtswidrig.[80] Das zugesagte Verhalten ist rechtmäßig, wenn nach (der bei Erteilung der Zusicherung möglichen Beurteilung) der künftigen Sach- und Rechtslage der Erlass bzw. die Unterlassung eines bestimmten VA – zu dem vorgesehenen späteren Zeitpunkt – gesetzlich gedeckt ist. Deshalb bedarf die auf den Erlass eines VA bezogene Zusicherung einer **vorweggenommenen Subsumtion** und ggf. auch einer vorweggenommenen Betätigung des Ermessens.

Ist die Behörde bei Vorliegen bestimmter Tatbestandsvoraussetzungen zum Erlass des (zuzusagenden) VA verpflichtet, so muss die Zusicherung auf der Feststellung beruhen, dass zu dem in Betracht kommenden späteren Zeitpunkt der VA tatbestandsmäßig gerechtfertigt ist. Steht der Erlass des (zuzusagenden) VA im Ermessen, ist die vorweggenommene Subsumtion durch eine **vorweggenommene Betätigung dieses Ermessens** zu ergänzen. Diese ist allerdings nur möglich, wenn die Behörde sicher sein kann, dass die für die (spätere) Ermessensentscheidung maßgeblichen Gesichtspunkte bereits im Zeitpunkt der Zusicherungserteilung erkennbar sind. 43

Auch für die **Zusicherung der Unterlassung** eines VA ist eine vorweggenommene Subsumtion und ggf. zusätzlich eine vorweggenommene Ermessensbetätigung erforderlich. Ist die Behörde zum Erlass eines VA (z.B. einer Gewerbeuntersagung) bei Vorliegen der Tatbestandsvoraussetzungen in jedem Fall verpflichtet, so lässt sich die Zusicherung der Unterlassung dieses VA nur darauf stützen, dass die für seinen Erlass erforderlichen Tatbestandsvoraussetzungen nicht gegeben sein werden. Steht der Erlass eines VA und damit auch seine Unterlassung im Ermessen der Behörde, so kann die Zusicherung der Unterlassung darüber hinaus auch erteilt werden, wenn ein Einschreiten nicht geboten ist. 44

Die **Zusicherung als solche** – d.h. abgesehen vom zugesagten Verhalten – **ist rechtmäßig**, wenn sie 45
- nicht gegen ein gesetzliches Zusicherungsverbot (z.B. § 2 Abs. 2 BBesG) verstößt,
- allen auf sie anwendbaren Vorschriften über den VA (vgl. Rdn. 41) entspricht (z.B. dem Bestimmtheitsgebot des § 37 Abs. 1)
- und die besonderen Rechtmäßigkeitsvoraussetzungen des § 38 erfüllt (Schriftform, Zuständigkeit, Anhörung und Mitwirkung).

3. Rechtswidrigkeit und Nichtigkeit der Zusicherung

Erfüllt die Zusicherung nicht die unter II. (Rdn. 42 ff.) genannten Voraussetzungen oder wurde bei ihrer Erteilung die Anhörungs- und Mitwirkungspflicht des Abs. 1 46

80 Vgl. Kopp/Ramsauer § 38 Rn. 23.

Satz 2 (vgl. Rdn. 27 ff.) missachtet, ist sie rechtswidrig. Sie bleibt dennoch wirksam (vgl. Rdn. 41), solange sie nicht von der Behörde zurückgenommen oder vom Verwaltungsgericht aufgehoben wurde, es sei denn sie ist nichtig.

47 Nach Abs. 2 findet auf die Unwirksamkeit der Zusicherung, unbeschadet des Abs. 1 Satz 1, § 44 Anwendung. Demnach ist eine rechtswidrige Zusicherung unwirksam, wenn die Voraussetzungen des § 44 vorliegen. Durch den Hinweis, dass Abs. 1 Satz 1 unberührt bleibt, wird klargestellt, dass die Zusicherung – über § 44 Abs. 2 Nr. 1 und 3 hinaus – **zwei spezielle Nichtigkeitsgründe** kennt, den **Mangel der Schriftform** und die **Unzuständigkeit** der zusichernden Behörde.

48 Nichtig und damit unwirksam ist die Zusicherung demnach, wenn
- die Schriftform fehlt (vgl. Rdn. 24, 25),
- eine unzuständige Behörde gehandelt hat (vgl. Rdn. 21 ff.) oder
- eine sonstige Rechtsverletzung (vgl. Rdn. 42 ff.) nach § 44 zur Nichtigkeit führt.

4. Heilung von Verfahrens- und Formfehlern

49 Nach Abs. 2 findet auf die Heilung von Mängeln bei der Anhörung Beteiligter und der Mitwirkung anderer Behörden oder Ausschüsse § 45 Abs. 1 Nr. 3 bis 5 sowie Abs. 2 entsprechend Anwendung. Die genannten Mängel können demnach bis zum Abschluss des Vorverfahrens bzw. des Klageverfahrens nachgeholt werden. Die ausdrückliche Bezugnahme auf bestimmte Alternativen des § 45 Abs. 1 ist vor dem Hintergrund der Entstehungsgeschichte des § 38 zu verstehen und sollte die anderen Heilungsmöglichkeiten (Nr. 1 und Nr. 2) nicht ausschließen. Da der Gesetzgeber zur Rechtsnatur der Zusicherung keine Aussage machen wollte, hat er die Vorschriften über den VA, die er für bedeutsam hielt, für entsprechend anwendbar erklärt. Der Bezugnahme in Abs. 2 kommt deshalb nur die Bedeutung zu, dass selbst das in Abs. 1 Satz 2 ausdrücklich genannte **Anhörungs- und Mitwirkungserfordernis nachgeholt werden kann. Andere Varianten des § 45 werden hierdurch nicht ausgeschlossen.**[81] In der Praxis wird diesen Varianten allerdings keine große Bedeutung zukommen: Eine Zusicherung ohne Antrag von Amts wegen ist kaum denkbar; der Bürger wird i.d.R. mit einem Begehren an die Behörde herantreten, und hierin wird meist ein – auch mündlich und konkludent möglicher – Antrag zu sehen sein. Eine Heilung nach § 45 Abs. 1 Nr. 2 wird im Hinblick auf § 39 Abs. 2 Nr. 1 nur in Betracht kommen, wenn dem Antrag auf Zusicherung nur teilweise entsprochen wird oder Dritte durch die Zusicherung in ihren Rechten beeinträchtigt werden.

50 **§ 45 Abs. 3** ist ebenfalls auf die Zusicherung **anwendbar.** Diese Vorschrift wurde nur versehentlich nicht in Abs. 2 aufgenommen, weil sie im Verlauf des Gesetzgebungsverfahrens erst später eingefügt wurde.[82]

81 Ebenso Knack/*Henneke* § 38 Rn. 28.
82 Knack/*Henneke* § 38 Rn. 28; Kopp/Ramsauer § 38 Rn. 32.

5. Rücknahme und Widerruf

Nach Abs. 2 findet auf die Rücknahme § 48 und auf den Widerruf, unbeschadet 51
Abs. 3, § 49 Anwendung. Auch hier zeigt sich die grundsätzliche Verbindlichkeit der Zusicherung (vgl. Rdn. 41), die Behörde ist an eine **wirksame – auch rechtswidrige – Zusicherung gebunden, solange sie nicht zurückgenommen oder widerrufen wurde.** Mit der Formulierung »unbeschadet des Abs. 3« wollte der Gesetzgeber zum Ausdruck bringen, dass diese **Sonderregelung § 49 Abs. 2 Nr. 3 und 4 vorgeht.**[83] **Entgegen dem Wortlaut dürfte Abs. 3 – sofern seine Voraussetzungen vorliegen – aber auch § 48 verdrängen,** denn der automatische Wegfall der Bindung nach dieser Vorschrift führt zur Erledigung (§ 43 Abs. 2) der Zusicherung und auch ein rechtswidriger VA, der sich erledigt hat, kann nicht mehr zurückgenommen werden.[84] Sofern §§ 48, 49 durch Spezialvorschriften verdrängt werden (vgl. § 48), sind diese auf die Zusicherung entsprechend anwendbar.

6. Anwendbarkeit weiterer Vorschriften des VwVfG

Im Hinblick auf den VA-Charakter der Zusicherung (vgl. Rdn. 6) sind auf sie weitere 52
in Abs. 2 nicht genannte Vorschriften des Teils III anzuwenden.

Der Zusicherung können **Nebenbestimmungen nach § 36** beigefügt werden. Zweck- 53
mäßig dürfte insb. eine **Befristung** sein, um Klarheit zu schaffen, wie lang die Behörde sich binden will, und um Streitigkeiten im Hinblick auf Abs. 3 zu vermeiden. Besteht für die Geltungsdauer des zugesagten VA eine **gesetzliche Befristung** (z.B. Bauvorbescheid und -genehmigung), gilt diese i.d.R. auch für die Zusicherung, selbst wenn sie nicht ausdrücklich in die Zusicherung aufgenommen wurde. Denn zum einen kann die Zusicherung nicht weiter reichen als der zugesagte VA, zum anderen wird auch der Bindungswille der Behörde in diesen Fällen nicht weiter reichen als die gesetzliche Frist.[85]

§ 37, insb. der Bestimmtheitsgrundsatz (Abs. 1) und die Schriftform (Abs. 3), gilt 54
ebenso für die Zusicherung (vgl. Rdn. 19, 20, 24 ff.) wie **§ 39.** Die **Begründungspflicht** wird im Hinblick auf § 39 Abs. 2 Nr. 1 allerdings nur zum Tragen kommen, falls die Behörde einen Zusicherungsantrag ablehnt bzw. ihm nur teilweise entspricht oder die Zusicherung Dritte in ihren Rechten beeinträchtigt (vgl. Rdn. 39).

§§ 40, 41, 42 und § 43 sind **anwendbar.** Für § 43 Abs. 2 und 3 ergibt sich dies auch 55
daraus, dass der Gesetzgeber von der grundsätzlichen Verbindlichkeit der Zusicherung ausgeht (vgl. Rdn. 41). § 43 Abs. 2 kann entnommen werden, dass sich die **Zusicherung mit dem Erlass des zugesagten VA erledigt** und deshalb bei einer späteren Aufhebung dieses VA kein Anspruch auf Neuerteilung aus dieser Zusicherung besteht.[86] Der Wegfall der Bindung nach Abs. 3 führt ebenfalls zur Erledigung der Zusicherung.

---

83 BR-Drucks. 7/910, S. 60.

84 Vgl. *Meyer/Borgs* § 38 Rn. 28, 34.

85 Ebenso Kopp/Ramsauer § 38 Rn. 38; vgl. auch VGH Bayern, Urt. v. 10.04.1978 – 68 XIV 75, BayVBl. 1978, 735.

86 Kritisch Stelkens/Bonk/Sachs/*Stelkens* § 38 Rn. 109.

56 **§ 46** gilt für die Zusicherung, jedoch geht Abs. 1 Satz 1 hinsichtlich der Schriftform und Zuständigkeit als speziellere Regelung vor. Da die Zusicherung im Ermessen steht (vgl. Rdn. 34, 35), werden die Voraussetzungen des § 46 allerdings selten vorliegen.

Schließlich sind die **§§ 47, 50 und 51 anwendbar.**[87]

III. Clausula rebus sic stantibus (Abs. 3)

1. Allgemeines

57 Die in Abs. 3 verankerte clausula rebus sic stantibus enthält in Anknüpfung an die bisherige Rechtsprechung[88] einen spezialgesetzlich geregelten Fall des auch im öffentlichen Recht geltenden Grundsatzes vom **Wegfall der Geschäftsgrundlage.**[89] Die Regelung gibt – ähnlich wie § 49 Abs. 2 Satz 1 Nr. 3 und Nr. 4 – dem öffentlichen Interesse an der Berücksichtigung einer nachträglichen Veränderung den Vorrang vor dem Vertrauen des Bürgers auf den Fortbestand der Zusicherung. Sie muss als **Korrektiv für die Zukunftsbindung** gesehen werden, die die Verwaltung mit der Zusicherung eingeht.[90]

58 Die **Bindung** an die Zusicherung **entfällt kraft Gesetzes** bei Vorliegen der Voraussetzungen des Abs. 3, einer ausdrücklichen Aufhebung bedarf es nicht.[91] Die Behörde sollte dem Bürger jedoch mitteilen, wenn die Bindung entfallen ist, insb. wenn er noch ersichtlich auf die Zusicherung vertraut (vgl. § 44 Abs. 5). Die Regelung **geht § 49 Abs. 2 Nr. 3 und 4 vor** (vgl. Rdn. 51), weshalb auch die Entschädigungsregelung dieser Vorschrift nicht anwendbar ist.[92] Ein nur **teilweiser Wegfall der Bindung** ist unter Beachtung des in § 44 Abs. 4 enthaltenen Gedankens möglich, wenn die Änderung nur einen Teil der Zusicherung betrifft, sofern dem verbleibenden Teil selbstständige Bedeutung zukommt und die Behörde ihn auch so erlassen hätte.[93] Ist die Bindungswirkung der Behörde an eine Zusicherung nach § 38 Abs. 3 einmal entfallen, lebt sie nicht wieder auf, wenn sich die Sachlage erneut ändert und dann wieder der Sachlage zum Zeitpunkt der Erteilung der Zusicherung entspricht.[94]

---

87 Kopp/Ramsauer § 38 Rn. 32.

88 BVerwG, Urt. v. 25.02.1965 – VIII C 80.63, BVerwGE 20, 292.

89 BVerwG, Urt. v. 25.01.1995 – 11 C 29.93, BVerwGE 97, 323 = DVBl 1995, 746; OVG Berlin, Beschl. v. 24.07.2003 – 5 S 8.03, DVBl 2003, 1333; zur Anwendbarkeit des Rechtsgedankens bei anderen Arten von Zusagen: VGH Baden-Württemberg, Urt. v. 21.01.2016 – 4 S 1082/14, VBlBW 2016, 292.

90 Vgl. BT-Drucks. 7/910, S. 60.

91 BVerwG, Urt. v. 25.01.1995 – 11 C 29.93, BVerwGE 97, 323 = DVBl 1995, 746.

92 Vgl. Kopp/Ramsauer § 38 Rn. 45.

93 So auch *Meyer/Borgs* § 38 Rn. 33.

94 OVG Hamburg, Beschl. v. 07.05.2019 – 4 Bf 139/16.Z, NJW 2019, 2488.

2. Voraussetzungen für den Wegfall der Bindung

a) Nachträgliche Änderung der Sach- und Rechtslage

Voraussetzung für den Wegfall der Bindung ist eine Änderung der Sach- und Rechtslage, d.h. 59

- die **tatsächlichen Umstände**, die für die Erteilung der Zusicherung maßgebend waren, oder
- die **Rechtsvorschriften**, nach denen sich die Rechtmäßigkeit des zugesagten VA bzw. der zugesagten Unterlassung richtet,

müssen sich **geändert** haben. **Nicht ausreichend** ist hingegen eine **geänderte Rechtsansicht** oder eine **Änderung der** (höchstrichterlichen) **Rechtsprechung** (vgl. § 51). Wird die Zusicherung gerade im Hinblick auf eine erwartete Änderung der Sach- oder Rechtslage erteilt, ist Abs. 3 nicht anwendbar, denn die Änderung wird gerade vom Bindungswillen umfasst; allerdings kommt eine Aufhebung nach §§ 48, 49 in Betracht.[95]

Die **Änderung** muss **nach Abgabe der Zusicherung** eingetreten sein. Ereignet sie sich vorher, ohne dass die Behörde davon Kenntnis nimmt, liegt kein Fall des Abs. 3 vor. 60

b) Wegfall der Geschäftsgrundlage

Die Änderung muss derart sein, dass die Geschäftsgrundlage der Zusicherung entfällt, weil die Behörde sie bei Kenntnis der nachträglich eingetretenen Änderung 61

- nicht gegeben hätte oder
- aus rechtlichen Gründen nicht hätte geben dürfen.

Die Behörde hätte die Zusicherung nicht gegeben, wenn sie bei Kenntnis der geänderten Sach- bzw. Rechtslage zu der Auffassung gekommen wäre, dass sie den VA nicht erlassen bzw. von der erstrebten Unterlassung eines VA nicht absehen würde. Es ist nicht maßgeblich, wie die Behörde bzw. der für sie handelnde Beamte bei entsprechender Kenntnis tatsächlich entschieden hätte. Maßgeblich ist vielmehr, ob die geänderte Lage bei **objektiver Würdigung** aller Umstände die Nichterteilung gerechtfertigt hätte.[96] 62

Die Behörde hätte unter Berücksichtigung der geänderten Sach- und Rechtslage die Zusicherung auf Erlass eines VA nicht geben dürfen, wenn dieser VA rechtswidrig wäre, weil 63

- die erforderliche Rechtsgrundlage fehlen würde bzw. der VA nicht von ihr gedeckt wäre oder
- sein Erlass auf einer fehlerhaften Ermessensausübung beruhen würde.

---

95 Vgl. Knack/*Henneke § 38* Rn. 32.
96 Vgl. auch OVG Berlin, Entsch. v. 16.12.2004 – 5 B 4.04, JZ 2005, 672.

Die Unterlassung eines bestimmten VA hätte nicht zugesichert werden dürfen, wenn dies rechtswidrig ist, weil
- der VA nach geltendem Recht erlassen werden muss oder
- der Erlass wie die Unterlassung zwar im Ermessen der Behörde steht, im gegebenen Fall aber die Unterlassung auf einem Ermessensfehler beruhen würde.

C. Verfahrensvorschriften des Sozialrechts sowie Verwaltungsverfahrensrecht der Länder

64 Die Verwaltungsverfahrensgesetze der Länder enthalten gleichlautende Vorschriften. In Sachsen ist für die landesbehördliche Tätigkeit das VwVfG des Bundes nach Maßgabe von § 1 Satz 1 SächsVwVfZG anwendbar, in Berlin, Niedersachsen und Rheinland-Pfalz greifen ebenfalls Verweisungen (§ 1 BlnVwVfG, NiedsVwVfG, RPLVwVfG). Für Schleswig-Holstein siehe § 108a LVwG. Im Sozialrecht gilt § 34 SGB X, im Abgabenrecht § 204 AO.

D. Unionsrecht

65 Im direkten Vollzug ist anerkannt, dass die Behörden der Union verbindliche Zusagen geben können.[97] Nach Art. 12 Abs. 1 Zollkodex erteilen die Zollbehörden nach bestimmten Maßgaben verbindliche Zolltarifauskünfte. Was den indirekten Vollzug anbelangt, gebietet Unionsrecht keine grundlegend modifizierte Anwendung von § 38.[98]

§ 39 Begründung des Verwaltungsaktes

(1) [1]Ein schriftlicher oder elektronischer sowie ein schriftlich oder elektronisch bestätigter Verwaltungsakt ist mit einer Begründung zu versehen. [2]In der Begründung sind die wesentlichen tatsächlichen und rechtlichen Gründe mitzuteilen, die die Behörde zu ihrer Entscheidung bewogen haben. [3]Die Begründung von Ermessensentscheidungen soll auch die Gesichtspunkte erkennen lassen, von denen die Behörde bei der Ausübung ihres Ermessens ausgegangen ist.

(2) Einer Begründung bedarf es nicht,
1. **soweit die Behörde einem Antrag entspricht oder einer Erklärung folgt und der Verwaltungsakt nicht in Rechte eines anderen eingreift;**
2. **soweit demjenigen, für den der Verwaltungsakt bestimmt ist oder der von ihm betroffen wird, die Auffassung der Behörde über die Sach- und Rechtslage bereits bekannt oder auch ohne Begründung für ihn ohne weiteres erkennbar ist;**
3. **wenn die Behörde gleichartige Verwaltungsakte in größerer Zahl oder Verwaltungsakte mit Hilfe automatischer Einrichtungen erlässt und die Begründung nach den Umständen des Einzelfalls nicht geboten ist;**

97 Vgl. EuGH, Urt. v. 11.05.1983 – C-303/81 (Klöckner-Werke gegen Kommission), Slg. 1983, 1507; EuG, Urt. v. 21.07.1998 – T-66/96, T-221/97, EuGSlgÖD 1998, II, 1305.
98 Vgl. Bauer/Heckmann/Ruge/Schallbruch/*Ritgen* § 38 Rn. 5.

4. wenn sich dies aus einer Rechtsvorschrift ergibt;
5. wenn eine Allgemeinverfügung öffentlich bekannt gegeben wird.

Schrifttum
Brehm, Nachbesserung der Bewertungsbegründung durch den Prüfer und Pflichten des Anwalts, NVwZ 2001, 880; *Dolzer*, Zum Begründungsgebot im geltenden Recht, DÖV 1985, 9; *Gern/Schönhoff*, Begründungspflicht kommunaler Kollegialentscheidungen, VBlBW 1985, 43; *Günther*, § 39 Abs. 1 S. 3 VwVfG und die Begründung von Entscheidungen mit Beurteilungsspielraum, NWVBl. 1991, 181; *Müller-Franken*, Die Begründung von Prüfungsentscheidungen bei Berufszugangsprüfungen, VerwArch 2001, 507; *Müller-Ibold*, Die Begründungspflicht im europäischen Gemeinschaftsrecht und im deutschen Recht, 1990; *Scheffer*, Begründungspflicht bei Personalentscheidungen, NVwZ 2007, 779; *Schoch*, Begründung von Verwaltungsakten, Jura 2005, 757; *Schwab*, Ausnahmen vom Begründungszwang am Beispiel des § 39 Abs. 2 Nr. 1 VwVfG, DÖD 1992, 9; *ders.*, Die Begründung bei Ermessens- und Beurteilungsentscheidungen, DÖD 1994, 80.

Übersicht

A. Allgemeines und Grundsätze

I. Gegenstand der Regelung

1 Die Regelung statuiert eine Begründungspflicht für schriftliche oder elektronische und schriftlich oder elektronisch bestätigte VA. Im Einzelnen befasst sich

– Abs. 1 Satz 1 mit der – unter dem Vorbehalt des Abs. 2 stehenden – **Begründungspflicht;**

– Abs. 1 Satz 2 und 3 mit den **Mindestanforderungen**, denen eine Begründung entsprechen muss;
– Abs. 2 mit den von der Begründungspflicht **ausgenommenen Fallgruppen.**

2 Gegenstand der Regelung ist – wie u. a. die Vorschrift über die Heilung von »Verfahrens- und Formfehlern« in § 45 Abs. 1 Nr. 2 zeigt – nur das **formelle Erfordernis** einer Begründung.[1] Ob diese sachlich zutreffend ist und der VA mit der Rechtslage übereinstimmt, ist eine Frage der materiellen Rechtmäßigkeit. Deshalb ist § 39 bereits Genüge getan, wenn die Behörde die Gründe mitteilt, die sie zu ihrer Entscheidung bewogen haben (Abs. 1 Satz 2) und ggf. für die Ermessensausübung maßgeblich waren (S. 3). Eine zur formellen Rechtswidrigkeit führende Verletzung der Begründungspflicht liegt umgekehrt nur vor, wenn die Behörde die aus ihrer Sicht maßgeblichen Gründe gar nicht, gemessen an Abs. 1 Satz 2 und 3 nur unzureichend oder gar nur vorgeschobene Gründe mitteilt.[2]

II. Verfassungsrechtliche Herleitung der Begründungspflicht und ihre Grenzen

3 Wie sich aus den **Gesetzesmaterialien** (BT-Drucks. 7/910, S. 60) ergibt, erfolgte die Aufnahme der Begründungspflicht in das VwVfG im Hinblick auf die Entscheidung des BVerfG vom 16.01.1957 (E 6, 33 [44] – Elfes), wonach der Bürger, in dessen Rechte eingegriffen wird, nach rechtsstaatlichen Grundsätzen einen Anspruch darauf hat, die Gründe hierfür zu erfahren, weil er nur dann seine Rechte sachgemäß verteidigen kann. Dem hat sich – worauf in den Materialien ebenfalls hingewiesen wird – auch das BVerwG[3] angeschlossen.

4 In Übereinstimmung mit diesem Ansatz wird die Begründungspflicht in der Rechtsprechung[4] und in großen Teilen der Literatur[5] verfassungsrechtlich aus dem Gebot effektiven Rechtsschutzes nach Art. 19 Abs. 4 Satz 1 GG hergeleitet. Dem ist beizupflichten. Zwar wird dem Bürger durch eine fehlende Begründung nicht die Möglichkeit genommen, die Entscheidung gerichtlich anzufechten; die Entscheidung, ob ein Rechtsmittel eingelegt werden soll, lässt sich jedoch sinnvoll nur treffen, wenn

1 Vgl. BVerwG, Urt. v. 17.08.2016 – 6 C 50.15, NampR 2017, 44; BVerwG; Beschl. v. 29.07.2019 – 2 B 19.18, WKRS 2019, 34091; VGH Baden-Württemberg, Urt. v. 12.08.2014 – 9 S 1722/13, WKRS 2014, 23691; VGH Baden-Württemberg, Urt. v. 18.05.2017 – 1 S 160/17, WKRS 2017, 15348; VGH Baden-Württemberg, Urt. v. 18.05.2017 – 1 S 1193/16, VBlBW 2017, 425; Mann/Sennekamp/Uechtritz/*Weiß* § 39 Rn. 25.

2 Vgl. *Schoch*, DÖV 1984, 401 (402, 403); Knack/Henneke/*Ruffert* § 39 Rn. 8.

3 BVerwG, Urt. v. 14.10.1965 – II C 3.63, BVerwGE 22, 215 (217); Urt. v. 15.06.1971 – II C 17.70, BVerwGE 38, 191.

4 Vgl. neben den in Fußnote 2 genannten Entscheidungen: BVerfG, Beschl. v. 29.10.1975 – 2 BvR 812/73, BVerfGE 40, 276 (286); BVerwG, Urt. v. 20.02.1990 – 1 C 42.83, BVerwGE 84, 375 (388); BVerwG, Urt. v. 21.10.1980 – 1 C 19.78, NJW 1981, 1917 (1918); VGH Hessen, Beschl. v. 03.01.1985 – 10 TH 2149/84, NVwZ 1985, 674; VGH Baden-Württemberg, Urt. v. 15.11.1988 – 10 S 751/88, VBlBW 1989, 335 (338).

5 Vgl. z.B.: *Dolzer*, DÖV 1985, 9 (12); *Schick*, JuS 1971, 1 (3); *Müller-Ibold*, S. 135 ff., 152; vgl. auch Mann/Sennekamp/Uechtritz/*Weiß* § 39 Rn. 5.

die Gründe für die Behördenentscheidung bekannt sind. Auch eine Begründung des Rechtsmittels ist ohne diese Kenntnis kaum möglich. Umgekehrt ist eine gerichtliche Kontrolle einer nicht begründeten Entscheidung schwer und bei Ermessensentscheidungen nicht möglich. Dies zeigt, dass effektiver Rechtsschutz als Vorwirkung im Verwaltungsverfahren die Begründung von Behördenentscheidungen erfordert.[6]

Daneben wird die Begründungspflicht auf eine Vielzahl weiterer Verfassungsprinzipien gestützt.[7] So ist es sicherlich zutreffend, diese Pflicht auch als Ausfluss des Rechtsstaatsgrundsatzes[8] zu begreifen. Denn bereits der Gedanke der Rechtssicherheit als Element dieses Grundsatzes gebietet i.d.R. eine – wenn auch eingeschränkte – Begründung, weil meist anhand des Ausspruchs allein der Umfang und damit die Bestandskraft eines VA nicht sicher festgestellt werden kann.[9] Auch der Grundsatz der Gesetzmäßigkeit der Verwaltung (Art. 20 Abs. 3 GG), ebenfalls Ausfluss des Rechtsstaatsprinzips, spricht unter dem Aspekt der Selbstkontrolle der Verwaltung für eine Begründung, eine Pflicht lässt sich hieraus jedoch nicht herleiten.[10] Zu rechtsstaatlichem Handeln gehört der Grundsatz des fairen Verfahrens. Unter diesem Gesichtspunkt erscheint eine Begründung geboten, weil ohne sie Maßnahmen der Verwaltung für den Bürger unverständlich sein können und er sein Verhalten nicht darauf einstellen kann.[11] 5

Weniger überzeugend ist die Berufung auf den Schutz der Menschenwürde (Art. 1 Abs. 1 GG),[12] weil Entscheidungen ohne Begründung den Bürger noch nicht zum Objekt staatlichen Handelns herabwürdigen. Auch aus dem Anspruch auf rechtliches Gehör lässt sich die Begründungspflicht nicht ohne Weiteres ableiten; zum einen gilt Art. 103 Abs. 1 GG nur für das gerichtliche Verfahren, zum anderen wird die Gewährung des Gehörs durch eine fehlende Begründung nicht entwertet.[13] Aus dem Gedanke des **Grundrechtsschutzes durch Verfahren** ergeben sich im Schutzbereich einzelner Grundrechte **besondere Anforderungen** an die Begründung, eine allgemeine Begründungspflicht kann hieraus allerdings nicht abgeleitet werden.[14] 6

Weniger Beachtung hat die gegensätzliche Frage gefunden, ob auch eine Einschränkung der Begründungspflicht verfassungsrechtlich untermauert werden kann. Grenzen der Begründungspflicht ergeben sich, wenn Grundrechte Dritter 7

6 Vgl. *Müller-Ibold*, S. 144 ff. unter Berufung auf BVerfG, Urt. v. 24.04.1985 – 2 BvF 2/83 u. a., BVerfGE 69, 1 (49); auch *Schick*, JuS 1971, 1 (3).
7 Vgl. VGH Baden-Württemberg, Beschl. v. 08.07.2019 – 4 S 1168/19, WKRS 2019, 31559.
8 Vgl. Knack/Henneke/*Ruffert* § 39 Rn. 10; Kopp/Ramsauer § 39 Rn. 5a; jeweils m.w.N.
9 Zutreffend *Müller-Ibold*, S. 142.
10 Vgl. *Müller-Ibold*, S. 138.
11 So *Müller-Ibold*, S. 138 ff.
12 Vgl. Kopp/Ramsauer § 39 Rn. 5a.
13 Zutreffend *Müller-Ibold*, S. 150.
14 Vgl. *Müller-Ibold*, S. 152 mit Beispielen aus der Rechtsprechung des BVerfG zu Art. 16 GG a.F.: BVerfG, Beschl. v. 25.02.1981 – 1 BvR 413/80 u. a., BVerfGE 56, 216 (236); zu Art. 2 Abs. 2 GG (körperl. Unversehrtheit): BVerfG, Beschl. v. 20.12.1979 – 1 BvR 385/77, BVerfGE 53, 30 (57) – Mülheim-Kärlich.

oder Geheimhaltungsinteressen des Staates berührt werden (s. Rdn. 64 ff.). Solche Einschränkungen werden sich aber auch – wie Müller-Ibold[15] zutreffend dargelegt hat – aus den ebenfalls aus der Verfassung ableitbaren Grundsätzen der Funktionsfähigkeit des Staates und der sparsamen Haushaltsführung ergeben. Jedenfalls wenn in bestimmten Fallgruppen aus den oben genannten Gründen des effektiven Rechtsschutzes oder des Rechtsstaatsprinzips bei generalisierender Betrachtung keine Begründung erforderlich scheint, verletzt der Gesetzgeber nicht den ihm zustehenden Spielraum, wenn er auf eine Begründungspflicht verzichtet.

8 Hiervon hat der Gesetzgeber[16] sich bei den in *Abs. 2* aufgeführten Fallgruppen leiten lassen: So soll etwa unter Rechtsschutzgesichtspunkten eine Begründung entbehrlich sein, wenn einem Antrag entsprochen wird (Nr. 1); kenne der Bürger die Auffassung der Behörde oder sei sie für ihn erkennbar (Nr. 2), bedürfe es ebenfalls keiner Begründung, damit er seine Rechte sachgemäß geltend machen könne (vgl. Rdn. 51 ff.).

III. Funktion der Begründung

9 Weitgehend übereinstimmend[17] werden vier Funktionen der Begründung genannt, die sich allerdings teilweise überlagern: Sie soll dem Betroffenen helfen, die Entscheidung der Behörde zu verstehen und damit besser zu akzeptieren (Befriedungsfunktion). Ist er hierzu nicht bereit, soll ihm die Begründung – wie bereits dargelegt (Rdn. 3, 4) – die Inanspruchnahme von Rechtsschutz erleichtern (Rechtsschutzfunktion*)*. Zudem dient die Begründung der Selbstkontrolle der Verwaltung, die sich bei der Abfassung der Begründung über die Tragweite ihrer Entscheidung nochmals vergewissern kann; die Begründung erleichtert aber auch die Kontrolle durch die Widerspruchsbehörde und sodann ggf. das Gericht *(*Kontrollfunktion*)*. Schließlich erläutert die Begründung den Ausspruch des Bescheides und konkretisiert damit den Regelungsgegenstand (Klarstellungs- und Beweisfunktion).

IV. Anwendungsbereich

10 Der Umfang der Geltung der Begründungspflicht bestimmt sich (zunächst) aus dem Anwendungsbereich des VwVfG nach §§ 1, 2. So gilt § 39 etwa nicht für Leistungs-, Eignungs- und ähnliche Prüfungen (§ 2 Abs. 3 Nr. 2). Mit dieser Regelung wollte der Gesetzgeber allerdings eine sich anderweitig ergebende Begründungspflicht nicht ausschließen. Bei berufsbezogenen Prüfungen ist eine Begründung im Hinblick auf Art. 12 Abs. 1 GG und Art. 19 Abs. 4 GG erforderlich.[18] Eine weitere Einschränkung enthält § 95 Satz 1 für den Verteidigungsfall.

11 Ist die Begründungspflicht besonders geregelt, gehen diese Vorschriften grds. § 39 vor. Ein wichtiges Beispiel ist § 73 Abs. 3 Satz 1 VwGO für den Widerspruchsbescheid.

15 S. 153 ff.
16 Vgl. BT-Drucks. 7/910, S. 60, 61.
17 *Dolzer*, DÖV 1985, 9 (10); Knack/Henneke/*Ruffert* § 39 Rn. 13.
18 BVerwG, Urt. v. 09.12.1992 – 6 C 3.92, BVerwGE 91, 262.

Weitere Regelungen enthalten etwa § 69 Abs. 2, § 74 Abs. 1, § 31 Abs. 1 Satz 2 AsylG, § 77 Abs. 1 AufenthG, § 24 Abs. 3 Satz 2 BauGB, § 10 Abs. 7 BImSchG, § 4 FlurbG, § 21 Abs. 8 JuSchG, § 12 Abs. 2 Satz 2 und 3 NABEG, § 3 Abs. 4 Satz 1 VereinsG, § 37 Abs. 2 WaStrG, § 80 Abs. 3 VwGO (für die Sofortvollzugsanordnung, die allerdings nach zutreffender Ansicht kein VA ist),[19] § 54 Abs. 4 Satz 4 LBO BW. Soweit diese Normen keine Aussage über Inhalt und Umfang der Begründung treffen, kann § 39 Abs. 1 grds. ergänzend herangezogen werden.[20] Ein Absehen von der Begründung in den Fallgruppen des Abs. 2 ist allerdings im Hinblick auf die besondere gesetzliche Statuierung der Begründungspflicht in den genannten Normen unzulässig.[21] Zum Ausschuss der Begründung durch besondere Rechtsvorschriften s. Rdn. 62 ff.

Da sich § 39 Abs. 1 Satz 1 nach Wortlaut und Systematik auf VA bezieht, ergibt 12
sich aus der Vorschrift keine Begründungspflicht für andere Handlungsformen der Verwaltung, wie etwa den Abschluss eines öffentlich-rechtlichen Vertrages, schlicht hoheitliches Handeln oder Willenserklärungen der Verwaltung im Bereich des Verwaltungsprivatrechts und der Fiskalverwaltung. § 39 ist grds. auch nicht als Ausdruck allgemeiner Rechtsgrundsätze entsprechend in anderen Bereichen anwendbar,[22] denn die verfassungsrechtlichen Gründe, die eine schriftliche Begründung von VA gebieten, sind auf andere Handlungsformen der Verwaltung in der Regel nicht übertragbar.[23] So ist etwa beim Abschluss eines öffentlich-rechtlichen Vertrages eine Begründung nicht erforderlich, weil dieser die Zustimmung des Bürgers voraussetzt und der Bürger die Gründe der Verwaltung zum Abschluss des Vertrages regelmäßig kennen wird. Einem Begründungserfordernis unterworfen sein kann lediglich eine Entscheidung, mit der die Behörde einen Vertragsschluss ablehnt. Bei schlicht hoheitlichem Handeln wird oft die fehlende Zielrichtung auf einen Adressaten und die geringe Intensität des Eingriffs sowie die praktische Undurchführbarkeit gegen eine Begründung sprechen. Im Bereich des Verwaltungsprivatrechts und der Fiskalverwaltung ist eine Begründung nicht geboten, weil die öffentliche Hand sich hier keiner besonderen Eingriffsmöglichkeiten bedient.[24] Für eine entsprechende Anwendung des § 39 besteht schließlich grds. auch kein Bedürfnis, weil die hinter ihm stehenden Rechtsgrundsätze in anderen Bereichen auch unmittelbar angewandt werden können. Diesen Weg geht auch die Rechtsprechung, wenn sie z.B. die Begründungspflicht für Prüfungsentscheidungen

---

19 S. § 35 Rn. 48.

20 Vgl. zu § 24 Abs. 3 Satz 2 BauGB: OVG Sachsen-Anhalt, Beschl. v. 11.03.2010 – 2 L 110/08, UPR 2011, 157; zu § 3 Abs. 4 Satz 1 VereinsG: BVerwG, Urt. v. 13.01.2016 – 1 A 2.15, WKRS 2016, 11144. Näher zum Verhältnis des § 39 zu spezialgesetzlichen Begründungspflichten Mann/Sennekamp/Uechtritz/*Weiß* § 39 Rn. 90 ff.

21 Vgl. Stelkens/Bonk/Sachs/*Stelkens* § 39 Rn. 15 und 75.

22 Vgl. aber Kopp/*Ramsauer* § 39 Rn. 10 ff.; Stelkens/Bonk/Sachs/*Stelkens* § 39 Rn. 17. Zur Begründungspflicht bei dienstlichen Beurteilungen: BVerwG, Urt. v. 28.01.2016 – 2 A 1.14, NVwZ 2016, 1654.

23 Zur Frage weiterer Differenzierungen siehe die Nachweise der vorstehenden Fußnote.

24 Ebenso *Müller-Ibold*, S. 166 ff.

u. a. aus Art. 19 Abs. 4 GG herleitet (Rdn. 10). Bei der Kündigung eines öffentlich-rechtlichen Vertrages sieht § 60 Abs. 2 Satz 2 nur für den dort geregelten Sonderfall eine Begründungspflicht vor; sonst besteht eine solche nicht.[25]

13 § 39 gilt ebenfalls nicht – auch nicht entsprechend[26] – für die **Untersuchungsanordnungen nach § 11 Abs. 2, 3 FeV** im Verfahren der Entziehung der Fahrerlaubnis, da sie im Gegensatz zu der Entziehung selbst kein VA ist. Allerdings unterliegt die Gutachtensanordnung den per Fachnorm (§ 11 Abs. 6 FeV) geregelten Anforderungen und muss aus sich heraus verständlich und bestimmt sein. Lässt sich der Gutachtensanordnung nicht zweifelsfrei entnehmen, welche Eignungszweifel auf welche Weise geklärt werden sollen, ist die Anordnung auch keine rechtmäßige Grundlage für den Schluss auf die Nichteignung des Betroffenen nach § 11 Abs. 8 Satz 1 FeV.[27]

14 Weder aus dem hinter § 39 stehenden Verfassungsgrundsatz (effektiver Rechtsschutz) noch sonst – etwa aus Art. 103 Abs. 1 GG oder aus Art. 17 GG selbst – ergibt sich eine Pflicht, Petitionsbescheide, die keine VA sind,[28] zu begründen. Die Petition muss lediglich zur Kenntnis genommen, sachlich geprüft und unter Angabe der Art der Erledigung beschieden werden.[29] Ebenfalls nicht begründungspflichtig sind Gnadenentscheidungen, weil sie der gerichtlichen Überprüfung – etwa im Hinblick auf § 40 – entzogen sind.[30] Schließlich besteht vorbehaltlich spezialgesetzlicher Regelungen (z.B. § 9 Abs. 8 BauGB) keine Begründungspflicht für Satzungen oder Rechtsverordnungen, selbst wenn sie in Grundrechte eingreifen und die Verwaltung die Gründe im Rechtsstreit offenlegen muss.[31]

15 Die Begründungspflicht des § 39 gilt sowohl für belastende VA, bei denen sie von Verfassungs wegen geboten ist (vgl. Rdn. 3), als auch für begünstigende VA. Sie gilt für gebundene Entscheidungen wie für Ermessensentscheidungen (Abs. 1 Satz 3) sowie für Entscheidungen, bei denen ein Beurteilungsspielraum besteht.[32] Auch

25 Kopp/*Ramsauer* § 39 Rn. 12 u. § 60 Rn. 15; Stelkens/Bonk/Sachs/*Stelkens* § 39 Rn. 21.

26 So aber Kopp/*Ramsauer* § 39 Rn. 12 unter verfehltem Hinweis auf OVG Rheinland-Pfalz, Beschl. v. 16.03.1994 – 7 B 10161/94, NJW 1994, 2436.

27 VGH Baden-Württemberg, Beschl. v. 20.04.2010 – 10 S 319/10, DAR 2010, 410; vgl. auch VGH Baden-Württemberg, Beschl. v. 10.12.2010 – 10 S 2173/10, VBlBW 2011, 196; Beschl. v. 30.06.2011 – 10 S 2785/10, NJW 2011, 3257.

28 BVerwG, Beschl. v. 01.09.1976 – VII B 101.75, NJW 1977, 118.

29 Vgl. BVerfG, Beschl. v. 15.05.1992 – 1 BvR 1553/90, NJW 1992, 3033; BVerwG, Beschl. v. 13.11.1990 – 7 B 85.90, NJW 1991, 936; BayVerfGH, Urt. v. 29.07.1987 – Vf. 22-VII-85, NVwZ 1988, 820; VGH Bayern, Beschl. v. 10.10.1979 – 849 XII 78, BayVBl. 1981, 211.

30 Vgl. BVerfG, Beschl. v. 23.04.1969 – 2 BvR 552/63, BVerfGE 25, 352 (361 ff.); BVerwG, Urt. v. 27.05.1982 – 2 C 50.80, DVBl 1982, 1147; OVG Berlin, Urt. v. 13.03.1983 – 3 B 76.81, NVwZ 1983, 681.

31 Vgl. BVerfG, Beschl. v. 22.10.1991 – 1 BvR 393/85 u. a., NVwZ 1992, 361 (362): KapazitätsVO.

32 BVerwG, Urt. v. 16.12.1971 – I C 31.68, BVerwGE 39, 197 (204); VGH Bayern, Beschl. v. 29.11.1989 – 25 CS 89.3171, BayVBl. 1990, 179 (181); zu den spezifischen Anforderungen an die Begründung dienstlicher Beurteilungen (zur Rechtsnatur § 35 Rdn. 55): BVerwG, Beschl. v. 21.12.2016 – 2 VR 1.16, juris.

Kollegialentscheidungen bedürfen der Begründung. Die Entscheidung begründet der Vorsitzende, er ist hierbei an die Mehrheitsmeinung gebunden. Erforderlichenfalls muss über die Begründung abgestimmt werden.[33]

B. Die Vorschrift im Einzelnen

I. Form und Umfang der Begründung (Abs. 1)

1. Schriftliche oder elektronische Form (Satz 1)

Nach Abs. 1 Satz 1 ist ein schriftlicher oder elektronischer sowie ein schriftlich oder elektronisch bestätigter VA mit einer Begründung zu versehen. Die dabei zu beachtende schriftliche oder elektronische Form dient der Klarstellungs- und Beweisfunktion (Rdn. 9) der Begründung. Sie gilt nicht für mündliche oder auf andere Weise – z.B. durch Zeichen – erlassene VA. Weil mündliche VA aber auf Verlangen schriftlich oder elektronisch zu bestätigen sind (§ 37 Abs. 2), kommt das Begründungserfordernis auch hier zum Tragen. Da der Wortlaut des § 39 keine Einschränkungen enthält, ist jeder schriftlich oder elektronisch bestätigte VA zu begründen, unabhängig davon, ob dies auf Verlangen des Betroffenen oder aus eigener Initiative der Behörde geschieht, ob ein Anspruch auf die Bestätigung besteht oder nicht. 16

Die Begründung des VA sollte zusammen mit dem verfügenden Teil bekannt gegeben werden. Dies folgt aus dem Zweck der Begründung und der Regelung des § 45 Abs. 1 Nr. 2, die klarstellt, dass ein ohne die erforderliche Begründung erlassener VA rechtswidrig ist. Wird die Begründung getrennt vom VA bekannt gegeben, so muss sie jedenfalls auf ihn Bezug nehmen und den Anforderungen des § 37 Abs. 3 entsprechen.[34] Die Rechtsbehelfsfristen beginnen auch beim Nachholen der Begründung mit der Bekanntgabe des verfügenden Teils zu laufen, allerdings kommt eine Wiedereinsetzung in Betracht (§ 45 Abs. 3). 17

Der Schriftform genügen auf Formularen vorgedruckte Begründungen, deren Relevanz für den Betroffenen durch Ankreuzung oder Unterstreichung kenntlich gemacht wird. Ferner – in entsprechender Anwendung von § 37 Abs. 4 Satz 2, der nur für den verfügenden Teil gilt – die Verwendung von Schlüsselzeichen, wenn der Betroffene aufgrund der dazu gegebenen Erläuterungen den Inhalt der Begründung eindeutig erkennen kann. Die Schriftform ist auch gewahrt bei der Bezugnahme auf Zeichnungen (z.B. zur Begründung der teilweisen Ablehnung eines Baugesuchs). Auf vorangegangene VA oder Schriftverkehr kann ebenfalls Bezug genommen werden, soweit dies dem Betroffenen zugänglich ist.[35] 18

---

33 *Dolzer*, DÖV 1985, 9 (17); *Gern/Schönhoff*, VBlBW 1985, 43; *Müller-Ibold*, S. 222 (223).
34 Ebenso *Meyer/Borgs* § 39 Rn. 3.
35 BVerwG, Beschl. v. 21.01.1987 – 1 B 213.86, NVwZ 1987, 504; hierzu *Müller-Ibold*, S. 192, 193.

2. Wesentliche tatsächliche und rechtliche Gründe (Satz 2)

a) Tragende Gründe

19 Die Formulierung knüpft nach der amtlichen Begründung[36] an die bisherige Rechtsprechung an, mit ihr solle verdeutlicht werden, dass die Behörde – ausgehend von der Rechtsschutzfunktion der Begründung – nur die tragenden Gründe mitteilen müsse; die Verwaltung brauche sich nicht ausdrücklich mit allen in Betracht kommenden Umständen und Einzelüberlegungen auseinanderzusetzen. In der amtlichen Begründung heißt es hierzu weiter, der Begründungszwang habe von Fall zu Fall unterschiedliche Tragweite; die Gründe seien nur in solcher Weise und in solchem Umfang mitzuteilen, dass der Betroffene seine Rechte sachgemäß verteidigen könne. Lägen die Gründe auf der Hand, könne eine sehr kurze Begründung reichen.

20 Welche Gründe wesentlich oder tragend sind, lässt sich nicht allgemeingültig sagen. Nach der ständigen Rechtsprechung des BVerwG[37] vor und nach Erlass des VwVfG, an die der Gesetzgeber angeknüpft hat, richten sich Inhalt und Umfang der Begründung nach den Besonderheiten des jeweiligen Rechtsgebietes und den Umständen des Einzelfalls. Dennoch gibt es einige grundsätzliche Anhaltspunkte für den Begründungsumfang:

21 Die Behörde muss – bereits nach dem Wortlaut – nur die Gründe angeben, die sie zu ihrer Entscheidung bewogen haben. Die Begründung muss sich also nicht mit allen Einzelheiten oder gar allen in Betracht kommenden Erwägungen auseinandersetzen.[38] Die Angabe weiterer als der für den Einzelfall entscheidenden Gründe ist nicht erforderlich.[39] Nur vorgeschobene Gründe sind nicht diejenigen, die die Behörde zur Entscheidung bewogen haben. Trägt bereits ein Grund die Versagung eines Antrages, sollten weitere entgegenstehende Gründe wegen der Funktion der Begründung, den Betroffenen zu überzeugen, dennoch genannt werden. Dies ist auch sinnvoll, um dem Betroffenen etwaige Anstrengungen zur Beseitigung des genannten Versagungsgrundes zu ersparen; zudem kann es zu einer unnötigen Einlegung von Rechtsbehelfen führen, wenn der Betroffene hinsichtlich des genannten Grundes anderer Auffassung ist, die weiteren zusätzlichen Versagungsgründe aber nicht kennt.

22 Neben der Darlegung der eigenen Gründe, die die Behörde zur Entscheidung bewogen haben, ist allerdings anerkannt, dass die Begründung sich auch mit dem wesentlichen Vorbringen des Betroffenen auseinandersetzen soll, soweit ihm nicht gefolgt wird.[40] Eine Entscheidung, die auf die vom Betroffenen – etwa bei der Anhörung

---

36 BT-Drucks. 7/910, S. 60.

37 BVerwG, Urt. v. 14.10.1965 – II C 3.63, BVerwGE 22, 215 (217); Urt. v. 15.06.1971 – II C 17.70, BVerwGE 38, 191 (194); Urt. v. 20.02.1990 – 1 C 42.83, BVerwGE 84, 375 (388); Urt. v. 27.11.2014 – 4 C 31.13, NVwZ 2015, 531.

38 Vgl. BVerwG, Urt. v. 27.11.2014 – 4 C 31.13, NVwZ 2015, 531; VGH Baden-Württemberg, Urt. v. 17.10.2017 – 9 S 2244/15, VBlBW 2018, 159.

39 Vgl. Knack/Henneke/*Ruffert* § 39 Rn. 31; Stelkens/Bonk/Sachs/*Stelkens* § 39 Rn. 61.

40 Vgl. VGH Baden-Württemberg, Urt. v. 28.07.1983 – 2 S 299/81, NuR 1984, 102 (103).

(§ 28) – vorgebrachten Erwägungen nicht eingeht, wird ihn kaum überzeugen können. Allerdings braucht auf ein querulatorisches oder abwegiges Vorbringen nicht eingegangen zu werden.[41]

Je bedeutender die Sache für den Betroffenen ist und je stärker ein VA in seine Rechte eingreift, desto eingehender muss er begründet werden.[42] Umgekehrt wird für einen ausschließlich begünstigenden VA eine kurze Begründung reichen (vgl. auch § 39 Abs. 2 Nr. 1). Eine nur formelhafte, allgemeine Begründung ohne Angaben zum konkreten Fall genügt in keinem Fall.[43] Ebenso nicht allein die Wiederholung des Gesetzestextes.[44] Bei typischen Fallgestaltungen kann sich die Behörde Standardformulierungen[45] und **Textbausteinen**[46] bedienen, sofern sie den Einzelfall treffen; auf beachtliche Abweichungen ist allerdings einzugehen. 23

Die Begründung muss für einen durchschnittlichen Adressaten verständlich sein. Ist der Betroffene anwaltlich vertreten, kann dies jedoch berücksichtigt werden. Gleiches gilt für Kenntnisse des Betroffenen über die Sach- und Rechtslage. Rechtfertigt dies unter bestimmten Umständen sogar den Ausschluss der Begründungspflicht (Abs. 2 Nr. 2), kann für den Umfang der Begründung bei Vorkenntnissen nichts Anderes gelten.[47] Auch eine Begründung mittels Verweises kommt in Betracht.[48] Im Abgabenrecht muss der Bescheid nicht sämtliche Angaben enthalten, die für die vollständige Überprüfung seiner Rechtmäßigkeit nötig wären.[49] 24

b) Sachverhalt und Rechtslage

Abs. 1 Satz 2 verlangt die Mitteilung der tatsächlichen und rechtlichen Gründe, die die Behörde zur Entscheidung bewogen haben. 25

Die tatsächlichen Gründe sind der – aus Sicht der Behörde – entscheidungserhebliche Sachverhalt, den sie nach §§ 24, 26 ermittelt hat. Bei der Darstellung ist eine Trennung von »Tatbestand« und rechtlichen Gründen, wie sie für Urteile vorgeschrieben ist (vgl. § 117 Abs. 2 VwGO), nicht zwingend, bei umfangreicheren Begründungen jedoch empfehlenswert.[50] Ist der Sachverhalt unstreitig, wird eine kurze Darstellung genügen; beruht die Entscheidung auf einer Beweiswürdigung, sollte der Sachverhalt eingehender dargestellt werden. Eine Bezugnahme auf vorausgegangene Anträge, 26

41 Vgl. *Müller-Ibold*, S. 202.
42 OVG Nordrhein-Westfalen, Urt. v. 13.10.1988 – 11 A 2734/86, NVwZ-RR 1989, 614.
43 OVG Niedersachsen, Urt. v. 14.12.1982 – 9 A 34/81, NJW 1984, 1138.
44 OVG Nordrhein-Westfalen, Urt. v. 13.10.1988 – 11 A 2734/86, NVwZ-RR 1989, 614.
45 Vgl. BVerwG, Urt. v. 01.03.1983 – 1 C 14.81, BVerwGE 67, 47 = NVwZ 1983, 476 (478).
46 VGH Baden-Württemberg, Urt. v. 18.05.2017 – 1 S 160/17, WKRS 2017, 15348; Urt. v. 18.05.2017 – 1 S 1193/16, VBlBW 2017, 425.
47 Eingehend: *Müller-Ibold*, S. 207 ff. m.w.N.
48 BVerwG, Urt. v. 17.08.2016 – 6 C 50.15, NampR 2017, 44.
49 BVerwG, Urt. v. 27.11.2014 – 4 C 31.13, NVwZ 2015, 531; OVG Thüringen, Beschl. v. 12.07.2002 – 4 ZEO 243/00, NVwZ-RR 2003, 229 = WKRS 2002, 24898.
50 So *Müller-Ibold*, S. 197; *Schick*, JuS 1971, 1 (6).

Schriftsätze, Gutachten etc. ist zulässig, allerdings sollte der Bescheid noch aus sich heraus verständlich sein, ohne dass der Betroffene umfangreiche Vergleiche mit seinen (oder ihm gar nur zugänglichen) Unterlagen anstellen muss. Schließlich ist hierbei zu bedenken, dass die Begründung eine zusammenfassende Fixierung der abschließenden Haltung der Behörde ist (Klarstellungs- und Beweisfunktion).[51]

27 Die rechtlichen Gründe sind die Subsumtion des Sachverhalts unter die entsprechenden Normen. Die Vorschriften, auf die die Behörde ihre Entscheidung stützt, sollten ausdrücklich genannt werden, u. U. kann es aber auch reichen, wenn sie sich aus der sonstigen Begründung ergeben.[52] Ob der Subsumtionsschluss näher dargelegt oder gar umfangreiche rechtliche Erörterungen angestellt werden müssen, ist Sache des Einzelfalls. Kann die Rechtsfolge bei festgestelltem Sachverhalt bereits der angewandten Vorschrift entnommen werden, genügt der Hinweis auf sie. Auch Entscheidungen mit Beurteilungsspielraum sind zu begründen, denn nur so können die Gerichte erkennen, ob die Behörde den Sachverhalt zutreffend ermittelt, welche Beurteilungsmaßstäbe sie angewandt hat und ob sich die Entscheidung i.R.d. Beurteilungsermächtigung hält.[53] Je eingeschränkter die gerichtliche Kontrolle ist, desto größere Bedeutung kommt der Begründung des VA zu.

28 Inwieweit verfahrensrechtliche Entscheidungen, die selbst keine VA, aber auf den Erlass eines VA gerichtet sind, der Begründung bedürfen, ist umstritten.[54] Gegen eine Begründungspflicht spricht, dass § 39 nach Wortlaut und Systematik nur eine Begründungspflicht für VA statuiert. Auch lässt sich eine Grundtendenz des VwVfG feststellen, reine Verfahrensentscheidungen nicht zu verselbstständigen (vgl. §§ 45, 46). Die Pflicht zur Begründung einzelner Verfahrensentscheidungen kann ferner wegen deren Vielzahl im Laufe eines Verwaltungsverfahrens die Behörde erheblich belasten. Gleichwohl lässt sich nicht jedes Verfahrensermessen, insbesondere nicht das Ermessen über den Verzicht auf die Anhörung (§ 28 Abs. 2), von einer Begründungspflicht freistellen. Der Adressat eines schriftlichen (bzw. elektronischen, schriftlich oder elektronisch bestätigten) VA hat grds. ein Recht darauf zu erfahren, warum der VA nicht begründet wurde.[55]

---

51 Vgl. *Müller-Ibold*, S. 199 ff.

52 BVerwG, Urt. v. 13.06.1985 – 2 C 56.82, BVerwGE 71, 354 = NVwZ 1985, 905: ausdrückliche Nennung der Rechtsgrundlage nicht erforderlich.

53 BVerwG, Urt. v. 16.12.1971 – I C 31.68, BVerwGE 39, 197 (204).

54 Zum Verfahrensermessen vgl. auch § 40 Rdn. 8.

55 Wie hier oder ähnlich: OVG Nordrhein-Westfalen, Beschl. v. 16.12.1977 – IV B 2122/77, NJW 1978, 1764 (1765); Urt. v. 26.05.1981 – 18 A 383/81, NVwZ 1982, 326; OVG Bremen, Beschl. v. 01.11.1979 – I B 41/79, DÖV 1980, 180; VGH Hessen, Beschl. v. 04.12.1986 – 4 TH 1500/86, NVwZ 1987, 510; Beschl. v. 20.05.1988 – 4 TH 3354/87, ESVGH 38, 243; Beschl. v. 20.05.1988 – 4 TH 3616/87, NVwZ-RR 1989, 113; OVG Saarland, Beschl. v. 08.12.1994 – 2 W 40/94, WKRS 1994, 14552; *Hill*, NVwZ 1985, 449 (454 f.) m.w.N. zum Streitstand; vgl. auch OVG Thüringen, Beschl. v. 09.08.1996 – 2 EO 669/96, NVwZ-RR 1997, 287 (288); Stelkens/Bonk/Sachs/*Bonk*/*Kallerhoff* § 28 Rn. 50 sowie *Stelkens*, ebenda, § 39 Rn. 54; Kopp/*Ramsauer* § 28

3. Begründung von Ermessensentscheidungen (Satz 3)

Nach Satz 3 soll die Begründung bei Ermessensentscheidungen erkennen lassen, von welchen Gesichtspunkten die Behörde bei dessen Ausübung ausgegangen ist. Da Ermessensgesichtspunkte bei einer Ermessensentscheidung zu den wesentlichen tatsächlichen und rechtlichen Gründen gehören, zu deren Mitteilung die Behörde schon nach Satz 2 verpflichtet ist,[56] unterstreicht die Vorschrift – auch im Hinblick auf die Möglichkeit der gerichtlichen Überprüfung (§ 114 VwGO) – nur die besondere Bedeutung der Begründung bei der Ermessensentscheidung. 29

Die Soll-Formulierung in Satz 3 besagt, dass i.d.R. die Darlegung der Ermessensgesichtspunkte erforderlich ist, nur in Ausnahmefällen kann von ihr abgesehen werden.[57] Im Hinblick auf die Bedeutung der Begründung (vgl. Rdn. 3 ff.) sind an die Annahme eines Ausnahmefalls strenge Anforderungen zu stellen. Nicht vereinbar mit der Systematik des § 39 und dem allgemeinen Verständnis einer Soll-Vorschrift ist es jedoch, Ausnahmen von der Begründungspflicht nur unter den Voraussetzungen des Abs. 2 zuzulassen.[58] Zudem zeigen die nachfolgenden Beispiele (Rdn. 34 ff.), dass die Rechtsprechung in einer Reihe von Fällen zu Recht Ausnahmen von der Begründungspflicht zulässt und der Soll-Vorschrift deshalb auch in der Praxis durchaus Bedeutung zukommt. 30

Mindestens erforderlich ist, dass die Behörde ihr Ermessen überhaupt ausgeübt hat und dies nach dem Wortlaut oder Inhalt des Bescheides erkennbar ist.[59] Darüber hinaus müssen jedoch die für die Abwägung wesentlichen Gesichtspunkte, das Für und Wider,[60] dargelegt werden. Die Begründung muss erkennen lassen, dass die Behörde die wesentlichen tatsächlichen Umstände in die Ermessensentscheidung einbezogen und wie sie die unterschiedlichen Belange gewichtet hat. Auch bei Ermessensentscheidungen richtet sich der Umfang der Begründung nach der Rechtsprechung des BVerwG, wonach die Besonderheiten des jeweiligen Rechtsgebietes und die Umstände des Einzelfalls maßgeblich sind (s. Rdn. 20): 31

Je **weiter** der **Ermessensspielraum** ist, desto **höhere Anforderungen** sind **an die Begründung** zu stellen;[61] zwar ist insoweit die gerichtliche Kontrolle eingeschränkter, sie bedarf jedoch zu ihrer Durchsetzung in stärkerem Maß der Begründung des 32

Rn. 45; **a.A.** VGH Baden-Württemberg, Urt. v. 21.10.1981 – A 13 S 464/81, DÖV 1981, 971 (973); VGH Hessen, Urt. v. 29.04.1982 – X OE 1292/81, ESVGH 32, 221 (223).

56 Vgl. *Meyer/Borgs* § 39 Rn. 30.

57 OVG Niedersachsen, Urt. v. 14.02.1982 – 9 A 34/81, NJW 1984, 1138; OVG Hamburg, Urt. v. 16.11.1982 – Bf VI 154/81, GewArch. 1983, 193 (194); VGH Baden-Württemberg, Urt. v. 17.10.2017 – 9 S 2244/15, VBlBW 2018, 159; Urt. v. 27.02.2006 – 6 S 1508/04, ESVGH 56, 169.

58 Vgl. aber: *Müller-Ibold*, S. 211 f.

59 BVerwG, Urt. v. 26.10.1978 – III C 18.77, BVerwGE 57, 1 (6); VGH Baden-Württemberg, Urt. v. 17.10.2017 – 9 S 2244/15, VBlBW 2018, 159.

60 BVerwG, Urt. v. 14.10.1965 – II C 3.63, BVerwGE 22, 215 (217); VGH Baden-Württemberg, Urt. v. 17.10.2017 – 9 S 2244/15, VBlBW 2018, 159.

61 Vgl. VGH Baden-Württemberg, Urt. v. 27.02.2006 – 6 S 1508/04, ESVGH 56, 169.

Bescheides. Zudem kommt den anderen Funktionen der Begründung (Akzeptanz bei dem Betroffenen; Selbstkontrolle der Verwaltung) bei weitem Ermessensspielraum der Behörde und eingeschränkter gerichtlicher Kontrolle größere Bedeutung zu.[62] Umgekehrt reicht bei einer **Ermessensreduzierung auf Null** ein Hinweis hierauf. Ferner ist der Umfang der erforderlichen Begründung von der **Intensität des Eingriffs** abhängig (vgl. Rdn. 23).

33 Die Abhängigkeit zwischen der Weite des Ermessens und dem Umfang der Begründungspflicht zeigt sich auch bei **Soll-Vorschriften.** Liegen keine Anhaltspunkte vor, die eine vom Regelfall abweichende Entscheidung rechtfertigen, genügt ein Hinweis auf die Vorschrift und die von ihr für den Regelfall vorgegebene Rechtsfolge.[63]

34 Eine aufgrund des gleichen Regel-Ausnahmeverhältnisses eingeschränkte Begründungspflicht besteht beim sog. **intendierten Ermessen.** Ist – wie das BVerwG[64] formuliert – die Richtung der Ermessensbetätigung so vorgezeichnet, dass ein bestimmtes Ergebnis dem Gesetz näher steht, sozusagen im Grundsatz gewollt ist und davon nur ausnahmsweise abgesehen werden kann, bedarf es keiner Abwägung des Für und Wider; damit entfällt zugleich eine entsprechende Begründungspflicht, ein Hinweis auf die gesetzliche Regelung und die Feststellung, dass im konkreten Fall keine Anhaltspunkte für ein Ausnahme vorliegen, genügt.

35 Ähnliche Einschränkungen nimmt die Rechtsprechung an, wenn die Verwaltung ihr Entschließungsermessen beim Einschreiten gegen einen rechtswidrigen Zustand ausübt. Je gravierender die Störung der öffentlichen Sicherheit ist, die zum Anlass des Einschreitens genommen wird, desto geringere Anforderungen sind an die Begründung für das »Ob« des Einschreitens zu stellen. Allerdings entbindet dies nicht von der Begründung des Auswahlermessens, etwa hinsichtlich des Störers oder der einzusetzenden Mittel.[65] In diesen Fällen wird der Begründungspflicht bereits dadurch genügt, dass die Behörde zum Ausdruck bringt, der beanstandete Zustand müsse wegen seiner Rechts- oder Ordnungswidrigkeit beseitigt werden.[66] Auch hier erlaubt das materielle Recht – wie beim intendierten Ermessen – der Behörde keine freie Abwägung des Für und Wider, sondern ein Einschreiten gegen den rechtswidrigen Zustand wird regelmäßig geboten sein. Hierauf beruht die Einschränkung der Begründungspflicht. Nur wenn im konkreten Fall greifbare Anhaltspunkte für ein Absehen vom Einschreiten vorliegen, bedarf es wieder einer entsprechenden Begründung. Gegen diese Rechtsprechung bestehen keine Bedenken. Oft wird auch für den Adressaten erkennbar sein, warum die Behörde in diesen Fällen einschreitet (Gedanke des Abs. 2 Nr. 2).

62 Vgl. BVerwG, Urt. v. 21.10.1980 – 1 C 19.78, BVerwGE 61, 105 = NJW 1981, 1917 (1918); *Müller-Ibold*, S. 214 ff.; *Dolzer*, DÖV 1985, 9 (14 ff.).

63 Vgl. Kopp/Ramsauer § 39 Rn. 29.

64 BVerwG, Urt. v. 05.07.1985 – 8 C 22.83, BVerwGE 72, 1 (6); auch: Urt. v. 01.08.1986 – 8 C 54.85, NVwZ 1987, 601; Urt. v. 01.10.1986 – 8 C 29.84, DVBl 1987, 241 = NJW 1987, 1564; Urt. v. 28.04.1983 – 2 C 89.81, DVBl 1983, 1105 (1107).

65 So VGH Hessen, Beschl. v. 23.12.1987 – 11 TH 3526/87, NJW 1988, 1281 (1283).

66 BVerwG, Urt. v. 30.08.1985 – 4 C 50.82, NJW 1986, 393 (394).

Keiner Darlegung in einer Ermessensbegründung bedürfen Belange, die nur im öffentlichen Interesse abzuwägen und zu berücksichtigen sind;[67] auf die Nichtanführung lediglich im Interesse der Behörde liegender Zweckmäßigkeitserwägungen kann sich der Betroffene nicht berufen.[68] Denn § 39 unterscheidet zwar nicht zwischen verschiedenen Ermessensüberlegungen, setzt aber eine Ermessensermächtigung im Interesse des Betroffenen voraus, weil nur in diesem Umfang ein Recht auf fehlerfreie Ermessensausübung besteht. 36

Keiner Begründung bedarf es, wenn die Behörde in ihrer Entscheidung bis zur Grenze der Willkür frei ist, etwa bei der Auswahl unter Gesamtschuldnern einer Abgabe unter Anwendung des § 421 BGB.[69] 37

Wird die Ausübung des Ermessens durch Verwaltungsvorschrift oder ständige Verwaltungspraxis gesteuert, genügt die Bezugnahme hierauf, nur auf Abweichungen im Einzelfall ist in der Begründung einzugehen.[70] Etwas anderes gilt jedoch, wenn das Ermessen durch eine Weisung einer übergeordneten Behörde ausgeübt wird; hier reicht ein Hinweis der den Bescheid erlassenden nachgeordneten Behörde auf diese Weisung zur Begründung nicht, denn die Verwaltung ist als Einheit im Außenverhältnis zum Adressaten zur Begründung verpflichtet. Gleiches gilt bei der Mitwirkung anderer Behörden beim Erlass eines VA. 38

Kein Grund für eine Ausnahme von der Begründungspflicht nach Satz 2 oder 3 ist die Eilbedürftigkeit einer Maßnahme. Es bestehen schon Zweifel, ob hierfür in der Praxis ein Bedürfnis besteht, weil in besonders eiligen Fällen der VA ohnehin mündlich ergehen wird und deshalb keiner Begründung bedarf. Jedenfalls hat der Gesetzgeber in § 39 Abs. 2 keine Ausnahme wie in § 28 Abs. 2 Nr. 1 vorgesehen, weil die Begründung nicht von einer die Entscheidung verzögernden Mitwirkung des Betroffenen abhängt. In Eilfällen wird allerdings eine kürzere Begründung zulässig sein als sonst.[71] 39

Eine Begründung nach Satz 3 ist auch erforderlich, wenn die Behörde eine Entscheidung mit Beurteilungsspielraum trifft (Rdn. 15, 27). 40

67 BVerwG, Urt. v. 12.02.1988 – 8 C 22.86, BVerwGE 79, 68 (72): Auswahlermessen bei Überhang an Wehrpflichtigen.

68 BVerwG, Urt. v. 26.10.1978 – III C 18.77, BVerwGE 57, 1 (6).

69 BVerwG, Urt. v. 22.01.1993 – 8 C 57.91, NJW 1993, 1667: Fehlbelegungsabgabe; vgl. VGH Bayern, Beschl. v. 28.06.1985 – 23 CS 84 A.1051, DVBl 1986, 777; aber VG Chemnitz, Beschl. v. 29.01.1997 – 1 K 1996/96, NVwZ-RR 1998, 414.

70 Vgl. BVerwG, Beschl. v. 10.08.1990 – 1 B 114.89, NJW 1991, 650 (651); BVerwG, Urt. v. 30.11.1982 – 1 C 25.78, BVerwGE 66, 268; BVerwG, Beschl. v. 04.10.1988 – 1 A 93.88, NVwZ-RR 1989, 330; VGH Baden-Württemberg, Urt. v. 15.03.1991 – A 14 S 2616/90, KStZ 1991, 110 (111); OVG Nordrhein-Westfalen, Urt. v. 28.10.1980 – 18 A 1211/79, NJW 1981, 936; OVG Nordrhein-Westfalen, Urt. v. 05.10.1983 – 17 B 1646/83, NVwZ 1984, 600.

71 Vgl. insgesamt *Müller-Ibold*, S. 187 ff., 220.

II. Wegfall der Begründungspflicht (Abs. 2)

41 Die Vorschrift befreit die Behörde im Interesse der Vereinfachung der Verwaltung vom Begründungszwang, wenn
- aufseiten des Betroffenen *kein berechtigtes Interesse* an der Erteilung der Begründung besteht (Nr. 1, 2);
- *verfahrensökonomische Gründe* die Erteilung einer Begründung untunlich erscheinen lassen (Nr. 3, 5);
- *Sondernormen* vom Begründungszwang entbinden (Nr. 4).

42 Die Vorschrift enthält kein Begründungsverbot. Es steht im Ermessen der Behörde, ob sie trotz fehlender Begründungspflicht eine Begründung gibt. Eine Begründung kann zweckmäßig sein, wenn ein Rechtsbehelfsverfahren zu erwarten ist, denn dann muss die Behörde den VA ohnehin begründen.[72] Abs. 2 gilt nicht für den Widerspruchsbescheid, weil die Begründungspflicht dort speziell (§ 73 Abs. 3 VwGO) geregelt ist (Rdn. 11). Inwieweit die isoliert nicht anfechtbare (§ 44a VwGO) Entscheidung, von einer Begründung aufgrund des Verfahrensermessens abzusehen, ihrerseits der Begründung bedarf, ist umstritten (vgl. Rdn. 28).

43 Abs. 2 ist nicht – auch nicht entsprechend – anwendbar, wenn sich die Begründungspflicht aus einer speziellen Norm ergibt (Rdn. 11). Die in Abs. 2 aufgeführten Ausnahmetatbestände sind abschließend, von der Begründung kann nicht in ähnlich gelagerten Konstellationen abgesehen werden. Dies ergibt sich aus der Formulierung der Vorschrift, die nicht – wie z.B. § 28 Abs. 2 – von »insbesondere« spricht und aus der Bedeutung der Begründungspflicht (Rdn. 3 ff.).[73]

44 Der Betroffene kann nicht – etwa um die Schilderung ehrenrühriger Tatsachen zu verhindern – wirksam auf die Begründung verzichten.[74] Wie sich aus den Gesetzesmaterialien[75] ergibt, wurde bewusst von einer entsprechenden Ausnahme abgesehen, weil dies zum Missbrauch durch einen Formularverzicht führen kann. Auch aus der Funktion der Begründung ergibt sich, dass der Betroffene hierauf nicht verzichten kann. Denn sie dient nicht nur seinem Interesse nach effektivem Rechtsschutz, sondern auch der Selbstkontrolle der Verwaltung. Zudem kann ihre Bedeutung zukommen für spätere Verfahren oder die Ermessenspraxis einer Behörde. Alle diese Belange stehen nicht zur Disposition des Betroffenen. Greift der VA in Rechte Dritter ein, kommt ein Verzicht zu dessen Lasten ohnehin nicht in Betracht. Allerdings ist in solchen Fällen eine kurze Begründung ausreichend, u. U. liegt auch ein Fall des Abs. 2 Nr. 2 vor.

45 Wegen der Bedeutung der Begründung ist die Vorschrift eng auszulegen. Auch bei Eingreifen eines Ausnahmetatbestandes sollte ein kurzer Hinweis auf die maßgebliche

---

72 Ebenso Mann/Sennekamp/Uechtritz/*Weiß* § 39 Rn. 42.

73 Vgl. Knack/Henneke/*Ruffert* § 39 Rn. 33 f.

74 Kopp/Ramsauer § 39 Rn. 34; *Müller-Ibold*, S. 188, 189; Mann/Sennekamp/Uechtritz/*Weiß* § 39 Rn. 44; **a.A.** etwa Stelkens/Bonk/Sachs/*Stelkens* § 39 Rn. 119.

75 BT-Drucks. 7/910, S. 61.

Rechtsgrundlage erfolgen.[76] Wie sich aus der Formulierung der einzelnen Ausnahmetatbestände ergibt (Nr. 1, 2: »soweit«), kann die Begründung nur in dem Umfang unterbleiben, in dem die Ausnahme greift; ist eine teilweise Begründung allerdings nicht mehr verständlich, muss in vollem Umfang begründet werden.[77]

1. Antragsgemäße Entscheidung (Nr. 1)

46 Nach dieser Vorschrift entfällt die Begründungspflicht u. a., wenn die Behörde einem Antrag entspricht und der VA nicht in Rechte eines anderen eingreift (1. Alt.). Nach den Gesetzesmaterialien[78] wurde eine Begründung unter dem Gesichtspunkt des Rechtsschutzes für entbehrlich gehalten, wenn einem Antrag in »vollem« Umfang entsprochen wird. Mit der Regelung verzichtet der Gesetzgeber auf die Kontroll- und Klarstellungsfunktion der Begründung. Dies ist entgegen vereinzelt geäußerter verfassungsrechtlicher Bedenken nicht zu beanstanden.[79]

47 Erforderlich ist ein Antrag, eine Anregung reicht nicht.[80] Die Vorschrift gilt angesichts ihres eindeutigen Wortlauts auch nicht, wenn die Behörde von Amts wegen zugunsten des Betroffenen tätig wird.[81] Soll die Begründung ganz entfallen, muss die Behörde dem Antrag in vollem Umfang entsprechen (»soweit entspricht«). Dies ist z.B. nicht gegeben, wenn nur dem Hilfsantrag entsprochen, der Hauptantrag jedoch abgelehnt wird; eine Begründung für die Ablehnung des Hauptantrages ist erforderlich.[82] Erforderlich ist ein Begründung auch, wenn einem nur unter Vorbehalt gestellten Antrag entsprochen wird (z.B. weil der Betroffene der Meinung ist, keine Erlaubnis zu benötigen).[83] Gewährt die Behörde ein aliud oder gibt einem von zwei alternativ gestellten Anträgen statt, ist eine Begründung der Ablehnung bzw. Auswahl erforderlich.[84] Bei einem unbestimmten Antrag, etwa auf Gewährung einer angemessenen Entschädigung, bedarf es einer Begründung, warum die gewährte Leistung bewilligt wird, damit der Betroffene nachvollziehen kann, ob die Gewährung rechtmäßig ist.[85]

48 Von der Begründung kann zudem nur abgesehen werden, wenn der antragsgemäß erlassene VA nicht in Rechte eines Dritten eingreift. Die Beeinträchtigung nur materieller oder ideeller Interessen des Dritten genügt nicht. Ist der Drittbetroffene allerdings mit dem Erlass des VA einverstanden, bedarf es keiner Begründung. Auch anderenfalls muss die Behörde den VA im Hinblick auf den Zweck der Begründung (Befriedung, Rechtsschutz) nur ihm – und nicht dem Antragsteller – ggü. begründen.[86]

---

76 Vgl. Knack/Henneke/*Ruffert* § 39 Rn. 34; Kopp/Ramsauer § 39 Rn. 32.
77 *Meyer/Borgs* § 39 Rn. 9; *Müller-Ibold*, S. 172.
78 BT-Drucks. 7/910, S. 61.
79 Ebenso Kopp/*Ramsauer* § 39 Rn. 35; *Müller-Ibold*, S. 176 f.; Zweifel äußert z.B. *Dechsling*, DÖV 1985, 714.
80 Ebenso Kopp/*Ramsauer* § 39 Rn. 36; **a.A.** *Müller-Ibold*, S. 175.
81 Vgl. *Dechsling*, DÖV 1985, 714 (719); *Müller-Ibold*, S. 175.
82 Vgl. *Müller-Ibold*, S. 176.
83 Vgl. Kopp/*Ramsauer § 39* Rn. 37.
84 Beispiele finden sich bei *Dechsling*, DÖV 1985, 714 (717 f.).
85 Vgl. Knack/Henneke/*Ruffert* § 39 Rn. 36.
86 A.A. *Müller-Ibold*, S. 176.

49 Folgt die Behörde einer Erklärung, bedarf es insoweit keiner Begründung (2. Alt.), denn der Betroffene wird seine eigene Erklärung kennen und muss die Gründe für das staatliche Handeln nicht aus der Begründung des VA erfahren.[87] Erklärungen sind insb. tatsächliche Angaben, die der Betroffene im Bewusstsein macht, dass die Behörde hieraus rechtliche Konsequenzen zieht.[88] In den Materialien wird als Beispiel die Steuererklärung genannt.[89] Es kann sich aber auch um (rechtliche) Äußerungen zum Inhalt des beabsichtigten VA handeln.[90]

50 Wegen der Formulierung »soweit die Behörde einer Erklärung folgt« kann vor dem Hintergrund des Zwecks der Begründung von ihr nur abgesehen werden, soweit der VA der mit der Erklärung verbundenen Entscheidungserwartung des Betroffenen entspricht, also günstige Schlüsse für ihn zieht.[91] Die Voraussetzungen der Vorschrift sind erfüllt, wenn die Behörde den Erklärungen des Beteiligten folgend eine Frist verlängert.[92]

2. Kenntnis der Auffassung der Behörde (Nr. 2)

51 Ist dem Betroffenen die Auffassung der Behörde bekannt (Alt. 1), bedarf es keiner Begründung, weil sie (vor allem) den Zweck verfolgt, den Bürger über die Gründe für den Erlass eines VA zu informieren, damit er seine Rechte sachgemäß geltend machen kann.[93] Diese Ausnahme knüpft an die bisherige Rechtsprechung an.[94]

52 Die Kenntnis des Betroffenen muss sich auf die Sach- und Rechtslage beziehen; hiermit sind die wesentlichen tatsächlichen und rechtlichen Gründe gemeint, die die Behörde nach Abs. 1 Satz 2 zu ihrer Entscheidung bewogen haben. Bei Ermessensentscheidungen ist auch die Kenntnis der Gesichtspunkte erforderlich, von denen die Behörde bei dessen Ausübung ausgegangen ist.[95] Maßgeblich ist die Kenntnis des Betroffenen von der Auffassung der Behörde. Die Behörde ihrerseits muss von dieser Kenntnis wissen, denn sonst kann sie nicht ermessensfehlerfrei auf die Begründung verzichten.

53 Die Kenntnis kann z.B. aus der Vorkorrespondenz, einer Besprechung, einem früheren Verwaltungsverfahren oder einer Gerichtsverhandlung[96] herrühren, sie braucht auch nicht von der Behörde selbst zu stammen und kann zufällig erworben sein.[97] Aus der Durchführung einer Anhörung (§ 28) ergibt sich nicht ohne Weiteres die Kenntnis des Betroffenen, denn er weiß noch nicht um die abschließende Haltung der

87 Vgl. hierzu kritisch *Dechsling*, DÖV 1985, 714 (716).
88 *Müller-Ibold*, S. 175.
89 BT-Drucks. 7/910, S. 61.
90 *Meyer/Borgs* § 39 Rn. 14.
91 Ebenso *Müller-Ibold*, S. 176.
92 Vgl. BVerwG, Urt. v. 07.12.2015 – 7 C 5.14, BVerwGE 153, 367.
93 BT-Drucks. 7/910, S. 61.
94 Vgl. z.B. *BVerwDG*, Urt. v. 14.10.1965 – II C 3.63, BVerwGE 22, 215 (218); BVerwG, Urt. v. 15.06.1971 – II C 17.70, BVerwGE 38, 191 (194).
95 Vgl. Kopp/Ramsauer § 39 Rn. 41: Parallelwertung in der Laiensphäre.
96 Vgl. BVerwG, Urt. v. 07.12.2015 – 7 C 5.14, BVerwGE 153, 367.
97 Str., wie hier Kopp/Ramsauer § 39 Rn. 41; **a.A.** *Müller-Ibold*, S. 178; *Schick*, JuS 1971, 1 (5).

Behörde unter Einbeziehung des Ergebnisses der Anhörung. I.Ü. hätte ansonsten die Begründungspflicht kaum praktische Bedeutung.

Allerdings kann die Behörde die Begründungspflicht nicht dadurch umgehen, dass sie dem Betroffenen kurz vor der Entscheidung telefonisch die Gründe mitteilt.[98] 54

Vom Begründungszwang ist die Behörde auch befreit, wenn ihre Auffassung über die Sach- und Rechtslage für den Betroffenen auch ohne Begründung ohne Weiteres erkennbar ist (Alt. 2). Wie bereits die strenge Formulierung zeigt, werden die Gründe »auf der Hand liegen« müssen, es muss auch ohne Begründung außer Zweifel stehen, warum so und nicht anders entschieden wurde.[99] Die Gründe müssen dem Betroffenen ohne weitere Erkundigungen und Rückfragen ersichtlich sein. Die Voraussetzungen der Vorschrift werden meist nur angenommen werden können, wenn die Sach- und Rechtslage einfach ist.[100] 55

Abzustellen ist auf ein durchschnittliches Verständnisvermögen. Weiß die Behörde, dass die Auffassungsgabe des Betroffenen dahinter zurückbleibt, kann sie die Vorschrift nicht anwenden. Umgekehrt können besondere Berufs-[101] und Lebenserfahrung[102] oder der Umstand berücksichtigt werden, dass ein Betroffener anwaltlich vertreten ist. 56

3. Gleichartige oder mithilfe automatischer Einrichtungen erlassene VA (Nr. 3)

Dieser Ausnahmetatbestand soll verhindern, dass die Behörde im Fall des Erlasses einer Vielzahl gleichartiger VA mit einem unzumutbaren Verwaltungsaufwand belastet wird. 57

Um gleichartige VA in größerer Zahl handelt es sich, wenn die Behörde gleichzeitig oder fortlaufend in einem schematischen Verfahren (z.B. i.R.d. Wehrerfassung) ggü. einer Vielzahl von Personen bei gleich gelagerten Sachverhalten dieselben Rechtsnormen zur Anwendung bringt. Das trifft vor allem auf Formularbescheide (z.B. Gehalts-Abgabenbescheide)[103] zu. Keine gleichartigen VA in größerer Zahl sind die ein Massenverfahren (i.S.d. § 17 f.) auslösenden VA, die für eine Vielzahl Drittbetroffener rechtserhebliche Entscheidungen (z.B. nach dem BImSchG oder dem AtG) treffen. 58

---

98 Knack/Henneke/*Ruffert* § 39 Rn. 38; Kopp/Ramsauer § 39 Rn. 41; *Schick*; JuS 1971, 1 (5); siehe aber auch *BFH*, Urt. v. 30.07.1980 – I R 148/79, BStBl. II 1981, 3.

99 Diese Formulierung gebraucht VGH Baden-Württemberg, Urt. v. 01.02.1983 – 10 S 1346/82, NVwZ 1983, 552 (554).

100 Ebenso *Müller-Ibold*, S. 178; VGH Baden-Württemberg, Beschl. v. 26.03.1997 – 8 S 3371/96, NVwZ 1998, 86: keine Erkennbarkeit bei geänderter Sachlage ggü. Besprechung.

101 VGH Baden-Württemberg, Urt. v. 01.02.1983 – 10 S 1346/82, NVwZ 1983, 552: Apotheker.

102 VGH Baden-Württemberg, Beschl. v. 20.10.1986 – 1 S 2501/86, DVBl 1987, 55: Angemessenheit der Ausreisefrist; a.A. VGH Hessen, Beschl. v. 17.08.1989 – 12 TH 2791/88, InfAuslR 1989, 299.

103 Weitere Beispiele bei Kopp/Ramsauer § 39 Rn. 46.

Ebenfalls selbstverständlich nicht ausreichend ist, dass ein in zeitlichen Abständen immer wieder in einer anderen Person sich verwirklichender Tatbestand geregelt werden muss.[104]

59 Auch für schriftliche VA, die mithilfe automatischer Einrichtungen erlassen werden, besteht im Interesse der Verwirklichung der damit angestrebten Vereinfachung der Verwaltung die Notwendigkeit einer Entlastung von der grundsätzlichen Begründungspflicht des Abs. 1. Automatische Einrichtungen sind Schreibautomaten, Vervielfältigungsanlagen und Datenverarbeitungsanlagen, nicht hingegen Schreibmaschinen (vgl. auch § 37 Rdn. 37).[105]

60 Bei den genannten VA kann die Begründung jedoch nur dann entfallen, wenn sie nach den Umständen des Einzelfalls nicht geboten ist. Ob dies zutrifft, ist aus rechtsstaatlichen Gründen allein nach dem berechtigten Interesse des Betroffenen zu entscheiden. Für ihn muss die Sach- und Rechtslage so offenkundig sein, dass er auf eine Begründung verzichten kann. In der amtlichen Begründung[106] heißt es, die Vorschrift gelte insb. für Formularbescheide, die ohne Weiteres aus sich heraus verständlich seien. Dies wird der Fall sein, wenn die Sach- und Rechtslage üblicherweise bekannt ist und zudem einzelfallbezogene Erwägungen ausscheiden (z.B. Müllgebühren, Hundesteuer). Betrifft die Entscheidung individuelle Schicksale, findet die Regelung keine Anwendung, selbst wenn die Begründung gleichförmig ist (Asylverfahren).[107] Zulässig ist aber die Verwendung gleicher Begründungen aufgrund von Formularen[108] oder Textbausteinen.

61 Soll der VA – wie es in der amtlichen Begründung heißt – ohne Weiteres aus sich heraus verständlich sein (Rdn. 60), werden meist auch die Voraussetzungen der Nr. 2 vorliegen. Der in Nr. 3 geregelten Ausnahme kommt deshalb nur eine begrenzte eigenständige Bedeutung zu.[109]

4. Besondere Rechtsvorschrift (Nr. 4)

62 Einer Begründung bedarf es nicht, wenn sich dies aus einer Rechtsvorschrift ergibt. Bei Rechtsvorschriften des Bundes folgt dies bereits aus § 1 Abs. 1; Nr. 4 kommt insoweit nur deklaratorische Bedeutung zu.[110] Eigenständige Bedeutung erlangt die Vorschrift insoweit, als auch der Landesgesetzgeber Ausnahmen zulassen kann, die im Bereich des VwVfG des Bundes gelten, soweit Landes- oder kommunale Behörden entscheiden.[111] Eine solche Vorschrift ist z.B. § 50 Abs. 4 Satz 3 AsylG bei der

---

104 Vgl. VG Stuttgart, Beschl. v. 29.09.2009 – 11 K 3224/08, ZAR 2010, 5.
105 Vgl. Knack/Henneke/*Ruffert* § 39 Rn. 45.
106 BT-Drucks. 7/910, S. 61.
107 Stelkens/Bonk/Sachs/*Stelkens* § 39 Rn. 96.
108 Vgl. BVerfG, Beschl. v. 16.10.1981 – 2 BvR 344/81, NJW 1982, 29 (30).
109 Vgl. *Müller-Ibold*, S. 181.
110 Knack/Henneke/*Ruffert* § 39 Rn. 47; Mann/Sennekamp/Uechtritz/*Weiß* § 39 Rn. 93; vgl. auch: BR-Drucks. 7/910, S. 61.
111 Ebenso Knack/Henneke/*Ruffert* § 39 Rn. 47.

Zuweisungsentscheidung im Rahmen der landesinternen Verteilung von Asylbewerbern.[112]

Nach dem Wortlaut der Vorschrift (»ergibt«) und der amtlichen Begründung[113] ist eine Begründung auch dann nicht erforderlich, wenn sich dies Sinn und Zweck der betreffenden Vorschrift entnehmen lässt. Die Ausnahme muss nicht ausdrücklich bestimmt sein.[114] Nach der Rechtsprechung bedarf z.B. der Umlegungsplan (§ 66 BauGB) keiner Begründung;[115] im Einberufungsbescheid muss die Auswahl zwischen mehreren Wehrpflichtigen nicht begründet werden.[116] An die Entbindung vom Begründungszwang im Wege der Auslegung sind jedoch angesichts der Bedeutung der Begründung (Rdn. 3 ff.) strenge Anforderungen zu stellen; so weist bereits die amtliche Begründung darauf hin, dass der Gesetzgeber solche Ausnahmen nur unter Beachtung des Rechtsschutzbedürfnisses des Betroffenen vorgesehen haben werde. 63

Einschränkungen der Begründungspflicht können sich auch aus den Grundrechten, insb. aus dem Recht auf informationelle Selbstbestimmung, ergeben. In der Begründung sollten keine privaten Daten oder Betriebs- und Geschäftsgeheimnisse offenbart werden, das Steuer- und Sozialgeheimnis sind zu wahren; dies gilt zumal, wenn der VA ggü. Drittbetroffenen begründet oder gar öffentlich bekannt gegeben wird und die Begründung zur Einsicht ausliegt. Insoweit sind die Grenzen des § 30 zu beachten, denn § 39 setzt die Befugnis zur Offenbarung voraus.[117] Allerdings ist der vollständige Ausschluss der Begründungspflicht die Ausnahme, meist wird eine weniger aussagekräftige Begründung genügen, um das geschützte Interesse an der Geheimhaltung zu wahren.[118] 64

Öffentliche Interessen können die Begründungspflicht z.B. im Bereich des militärischen Geheimschutzes oder des Verfassungsschutzes einschränken. Allerdings genügt auch hier – worauf das BVerwG hinweist[119] – nicht der pauschale Hinweis, dass militärische Vorhaben oder sicherheitsrelevante Daten stets geheimhaltungsbedürftig seien. Vielmehr sind daneben rechtlich geschützte Interessen der Betroffenen zu beachten und beide Belange zum Ausgleich zu bringen. Es genügt, wenn die Behörde 65

112 Zu § 22 AsylVfG a.F. VGH Hessen, Beschl. v. 03.01.1985 – 10 TH 2149/84, NVwZ 1985, 674.
113 BT-Drucks. 7/910, S. 61.
114 Ebenso Kopp/Ramsauer § 39 Rn. 50; zurückhaltend Stelkens/Bonk/Sachs/*Stelkens* § 39 Rn. 102 f.
115 BGH, Beschl. v. 28.02.1991 – III ZR 266/89, NVwZ 1991, 1022.
116 *BVerwG*, Urt. v. 12.02.1988 – 8 C 22.86, BVerwGE 79, 68. Anm.: Mit Inkrafttreten des Gesetzes zur Änderung wehrrechtlicher Vorschriften 2011 (Wehrrechtsänderungsgesetz 2011 – WehrRÄndG 2011) vom 28.04.2011 (BGBl. I S. 678) ist die Wehrpflicht ausgesetzt worden.
117 Vgl. Stelkens/Bonk/Sachs/*Stelkens* § 39 Rn. 103.
118 *Müller-Ibold*, S. 186.
119 BVerwG, Urt. v. 16.12.1988 – 4 C 40.86, BVerwGE 81, 95 (100 f.): Genehmigung eines Militärflugplatzes; Urt. v. 20.02.1990 – 1 C 42.83, BVerwGE 84, 375 (388 f.): sicherheitsrelevante Daten.

die Geheimhaltungsbedürftigkeit so einleuchtend darlegt, dass ihre Wertung unter Berücksichtigung rechtsstaatlicher Belange als triftig anzuerkennen ist, ohne allerdings die geheimhaltungsbedürftigen Tatsachen preiszugeben.

66 In Extremfällen kann die Offenlegung bestimmter Daten den Betroffenen stark gefährden und schränkt deshalb die Begründungspflicht ein oder lässt sie entfallen, etwa die Mitteilung von medizinischen Untersuchungsergebnissen an einen **Suizidgefährdeten.** Es kommt u. U. jedoch eine Begründung ggü. dem Vertreter des Betroffenen in Betracht.[120]

67 Keine Begründung ist schließlich bei der **Versetzung politischer Beamter** in den einstweiligen Ruhestand (§ 54 BBG, § 30 BeamtStG) erforderlich. Dies wird aus den hergebrachten Grundsätzen des Berufsbeamtentums abgeleitet.[121]

5. Öffentliche Bekanntgabe einer Allgemeinverfügung (Nr. 5)

68 Die Vorschrift beruht auf den gleichen Erwägungen, die zur Zulassung der öffentlichen Bekanntgabe einer Allgemeinverfügung nach § 41 Abs. 3 geführten haben.[122] Die Beifügung einer Begründung kann – wie die Bekanntgabe – auf erhebliche Schwierigkeiten stoßen, z.B. wenn der Adressatenkreis nicht feststeht oder die Verfügung eilbedürftig ist (§ 41 Rdn. 59 ff.).

69 In der amtlichen Begründung wird darauf hingewiesen, dass diese Ausnahme auf ähnlichen Gründen wie Abs. 2 Nr. 3 beruht. Hieraus und aus der Bedeutung der Begründung (Rdn. 3 ff.) folgt, dass eine **Begründung** der Allgemeinverfügung **nur entbehrlich** ist, **wenn** sie **aus sich heraus** auch ohne Begründung **verständlich** ist.[123] Zudem wird die Behörde nur dann ermessensfehlerfrei von der Begründung absehen, wenn eine Begründung nach den Umständen des Einzelfalls – etwa wegen der Eilbedürftigkeit der Vollziehung der Verfügung – untunlich ist.[124] Da gerade im Bereich der Gefahrenabwehr viele Verfügungen mündlich erlassen werden und deshalb keiner Begründung bedürfen, ist der Anwendungsbereich der Vorschrift eng.

70 Verbindet die Behörde – aus Gründen der Zweckmäßigkeit oder weil dies geboten ist – die öffentliche Bekanntgabe mit einer individuellen (vgl. § 41 Rdn. 56), so befreit Nr. 5 insoweit nicht vom Begründungszwang.[125] Die Vorschrift entbindet nicht von der nach § 80 Abs. 3 VwGO erforderlichen Begründung der Anordnung der sofortigen Vollziehung einer Allgemeinverfügung, allerdings muss die Begründung nicht mit dem Ausspruch öffentlich bekannt gemacht, sondern nur zur Einsicht ausgelegt werden (§ 41 Abs. 4 Satz 2).[126]

120 Vgl. hierzu *Müller-Ibold*, S. 189; Kopp/*Ramsauer* § 39 Rn. 45.
121 BVerwG, Urt. v. 29.10.1964 – II C 182.61, BVerwGE 19, 332 (336).
122 VGH Baden-Württemberg, Urt. v. 15.11.1988 – 10 S 751/88, NVwZ 1989, 978 (981).
123 Kritisch: *Müller-Ibold*, S. 182.
124 Vgl. Kopp/*Ramsauer* § 39 Rn. 54.
125 VGH Baden-Württemberg, Urt. v. 15.11.1988 – 10 S 751/88, NVwZ 1989, 978.
126 OVG Bremen, Beschl. v. 02.10.1985 – 1 B 39/85, NVwZ 1986, 1038.

III. Folgen einer Verletzung der Begründungspflicht

Die Begründungspflicht ist nur verletzt, wenn die Behörde die aus ihrer Sicht maßgeblichen Gründe überhaupt nicht oder gemessen an Abs. 1 nur unzureichend mitgeteilt hat sowie, wenn sie gar nur vorgeschobene Gründe angibt. **Ob die Begründung sachlich zutreffend** und der VA nach der Rechtslage gerechtfertigt **ist, gehört zur materiellen Rechtmäßigkeit** (Rdn. 2). 71

Der an einem solchen Fehler leidende **VA** ist **wegen Verstoßes gegen § 39 formell rechtswidrig**, allerdings – was sich auch aus § 45 Abs. 1 Nr. 2 ergibt – **grds. nicht nichtig.** Dieser Formfehler ist nach **§ 45 Abs. 1 Nr. 2, Abs. 2** unerheblich, wenn die erforderliche Begründung bis zum Abschluss des verwaltungsgerichtlichen Verfahrens nachgereicht wird. Der VA gilt dann als von Anfang an rechtmäßig. Nach **§ 87 Abs. 1 Satz 2 Nr. 7 VwGO** ist die Heilung einer unzureichenden Begründung auch noch im (vorbereitenden) Gerichtsverfahren möglich, wenn das Gericht der Behörde hierzu innerhalb einer Frist von drei Monaten die Gelegenheit gibt. Allerdings darf diese Möglichkeit vom Gericht nur eröffnet werden, wenn dadurch der Rechtsstreit nicht verzögert wird. Nach **§ 94 Satz 2 VwGO** kann das Gericht ferner die Verhandlung zur Heilung von Verfahrens- und Formfehlern aussetzen, allerdings unter der strengeren Voraussetzung, dass dies sachdienlich ist. 72

Auch wenn die fehlende Begründung nicht nachträglich – und sei es erst im Gerichtsverfahren (Rdn. 72) – gegeben wird, kommt eine Aufhebung des VA nach **§ 46** nicht in Betracht, wenn dies die Entscheidung in der Sache nicht beeinflusst hat. Dies ist regelmäßig bei gebundenen Entscheidungen der Fall, nicht bei Ermessensentscheidungen. Bei diesen ist die fehlende Begründung ein Indiz für einen (materiellen) Ermessensmangel, darf hiermit jedoch nicht gleichgesetzt werden. 73

Trotz fehlender oder unzureichender Begründung beginnt die **Rechtsbehelfsfrist** zu laufen; durch **§ 45 Abs. 3** wird jedoch das fehlende Verschulden für eine Wiedereinsetzung (§ 32) vermutet. 74

Eine zureichende **Begründung kann nur inzident gerichtlich erzwungen werden.** I.R.d. Anfechtungsklage führt dieser Mangel zur Aufhebung des Bescheides, außer es greift § 46 ein (§ 113 Abs. 1 Satz 1 VwGO). Besteht Ermessen, wird das Gericht die Behörde zur Bescheidung verpflichten (§ 113 Abs. 5 Satz 2 VwGO), und die Behörde muss dann ihre Ermessenserwägungen begründen. 75

Eine isolierte **Klage auf Begründung eines Bescheides** kommt nicht in Betracht. Dies ist dem Gedanken des § 44a VwGO zu entnehmen, wonach nur Sachentscheidungen angegriffen und erstrebt werden können. Auch § 46 zeigt, dass kein gerichtlich durchsetzbarer Anspruch auf eine Begründung unabhängig von der Sachentscheidung besteht. Auch die Nachholung oder Änderung einer Begründung eines Bescheides kann nicht beansprucht werden.[127] 76

127 Vgl. VGH Bayern, Urt. v. 09.01.1985 – 19 B 84 A.2387, BayVBl 1985, 278.

C. Verfahrensvorschriften des Sozialrechts sowie Verwaltungsverfahrensrecht der Länder

77 Die VwVfGe der Länder stimmen an sich weitgehend mit dem Bundesrecht überein, jedoch gibt es besondere Regelungen zum Anwendungsbereich (z.B. in § 2 Abs. 3 Satz 2 VwVfG LSA für Prüfungen und schulische Beurteilungen). In Berlin, Niedersachsen und Rheinland-Pfalz ist für die landesbehördliche Tätigkeit das VwVfG des Bundes nach Maßgabe von § 1 BlnVwVfG, NiedsVwVfG, RPLVwVfG anwendbar, in Sachsen nach Maßgabe von § 1 Satz 1 SächsVwVfZG; zu § 39 gibt es dort aber gem. § 2 Abs. 2 SächsVwVfZG eine Ausnahme (unanwendbar bei Berufungsverfahren im Hochschulbereich und an den Staatlichen Studienakademien der Berufsakademie). Das Landesverwaltungsgesetz Schleswig-Holstein regelt – abweichend von § 2 Abs. 3 Nr. 2 VwVfG – in § 109 Abs. 2, dass bei Leistungs-, Eignungs- und ähnlichen Prüfungen eine mündliche Begründung genügt, die auf Antrag, der nur innerhalb von zwei Wochen gestellt werden kann, schriftlich zu begründen ist. Im Sozialrecht gilt § 35 SGB X, im Abgabenrecht § 121 AO.

D. Unionsrecht

78 Die Begründungspflicht ist ein allgemeiner Grundsatz des Unionsrechts, der nicht an eine bestimmte Handlungsform wie die des VA geknüpft ist (vgl. auch Art. 41 Abs. 2 Grundrechtscharta).[128] Im direkten Vollzug sind die Rechtsakte nach Art. 296 Abs. 2 AEUV mit einer Begründung zu versehen. Im indirekten Vollzug erfüllt § 39 grds. die unionsrechtlichen Anforderungen. In Betracht kommt aber in bestimmten Fällen eine Pflicht zur Einschränkung des Ausnahmekatalogs des zweiten Absatzes.[129]

---

128 Vgl. Mann/Sennekamp/Uechtritz/*Weiß* § 39 Rn. 98; Bauer/Heckmann/Ruge/Schallbruch/*Ritgen* § 39 Rn. 7.

129 Vgl. BVerwG, Urt. v. 29.09.1998 – 1 C 8.96, NVwZ 1999, 303.

§ 40 Ermessen

Ist die Behörde ermächtigt, nach ihrem Ermessen zu handeln, hat sie ihr Ermessen entsprechend dem Zweck der Ermächtigung auszuüben und die gesetzlichen Grenzen des Ermessens einzuhalten.

Schrifttum

Alexy, Ermessensfehler, JZ 1986, 701; *Borowski*, Intendiertes Ermessen, DVBl 2000, 149; *Czermak*, Abschließendes zum Beurteilungsspielraum, NJW 1992, 2612; *Dolde*, Naturschutzfachliche Einschätzungsprärogative – Normkonkretisierung tut not!, NVwZ 2019, 1567; *Eichberger*, Gerichtliche Kontrolldichte, naturschutzfachliche Einschätzungsprärogative und Grenzen wissenschaftlicher Erkenntnis, NVwZ 2019, 1560; *Erbguth*, Anmerkungen zum administrativen Entscheidungsspielraum – Am Beispiel der Planfeststellung –, DVBl 1992, 398; *Ewer*, Beschränkung der verwaltungsgerichtlichen Kontrolldichte bei Anwendung unbestimmter Rechtsbegriffe, NVwZ 1994, 140; *Gärditz*, »Regulierungsermessen« und verwaltungsgerichtliche Kontrolle, NVwZ 2009, 1005; *Gassner*, Zur Rücknahme richterlicher Kontrolle einer Verwaltungsentscheidung im Falle ökologischer Erkenntnisdefizite – Der Beschluss des BVerfG vom 23.10.2018 im Lichte des Art. 20a GG, DVBl 2019, 1370; *Helmes*, Anmerkung zu einer Entscheidung des BVerfG, Beschluss vom 23.10.2018 (1 BvR 2523/13, 1 BvR 595/14), NVwZ 2019, 56; *Herdegen*, Beurteilungsspielraum und Ermessen im Vergleich, JZ 1991, 747; *Hill*, Verfahrensermessen der Verwaltung, NVwZ 1985, 449; *Jacob/Lau*, Beurteilungsspielraum und Einschätzungsprärogative – Zulässigkeit und Grenzen administrativer Letztentscheidungsmacht am Beispiel des Naturschutz- und Wasserrechts, NVwZ 2015, 241; *Kahl/Burs*, Beurteilungsspielräume der Verwaltung um Naturschutzrecht, DVBl 2016, 1157 (Teil 1) u. DVBl 2016, 1222 (Teil 2); *Klüsener*, Die Bedeutung der Zweckmäßigkeit neben der Rechtmäßigkeit in § 68 I 1 VwGO, NVwZ 2002, 816; *Kment/Vorwalter*, Beurteilungsspielraum und Ermessen, JuS 2015, 193; *Lange*, Ermessens- und Beurteilungsspielräume als Transformation von Innen- und Außenrecht, NJW 1992, 1193; *Mayen*, Das Regulierungsermessen in der Rechtsprechung des Bundesverwaltungsgerichts, in: Festschrift für Hans-Joachim Koch, 2014; *Muckel*, Begrenzung gerichtlicher Kontrolle durch den Erkenntnisstand der Fachwissenschaft, JA 2019, 156; *Pabst*, Intendiertes Ermessen und Normauslegung, VerwArch 2002, 540; *Pache*, Tatbestandliche Abwägung und Beurteilungsspielraum, 2001; *Papier*, Zur verwaltungsgerichtlichen Kontrolldichte, DÖV 1986, 621; *Redeker*, Verfassungsrechtliche Vorgaben zur Kontrolldichte verwaltungsgerichtlicher Rechtsprechung, NVwZ 1992, 305; *ders.*, Schlankere Verwaltungsgerichtsbarkeit?, NJW 1994, 1707; *Reidt*, Behördlicher Beurteilungsspielraum und Grundrechtsschutz, DÖV 1992, 916; *Rode*, § 40 VwVfG und die deutsche Ermessenslehre, 2003; *Sachs*, Verwaltung an den »Funktionsgrenzen der Rechtsprechung«, DVBl 2020, 311; *Schmidt-Eichstaedt*, Der Konkretisierungsauftrag der Verwaltung beim Vollzug öffentlich-rechtlicher Normen, DVBl 1985, 645; *Schröder*, Auswirkungen ökologischer Erkenntnisdefizite auf die verwaltungsgerichtliche Kontrolle, EurUP 2019, 91; *Schulze-Fielitz*, Neue Kriterien für die verwaltungsgerichtliche Kontrolldichte bei der Anwendung unbestimmter Rechtsbegriffe, JZ 1993, 772; *Seewald*, Die Gestaltungsfreiheit der Verwaltung – Ermessen und unbestimmter Rechtsbegriff, Jura 1980, 175; *Sendler*, Die neue Rechtsprechung des Bundesverfassungsgerichts zu den Anforderungen an die verwaltungsgerichtliche Kontrolle, DVBl 1994, 1089; *Sow*, Über Wissen und Nichtwissen im Verwaltungsrecht, DÖV 2019, 317; *Stüer*, Anmerkung zu BVerfG, Beschl. v. 23.10.2018 – 1 BvR 2523/13 – (Harzer Windmüller) und – 1 BvR 595/14 – (e.n.o. energie); DVBl 2019, 47; *Wahl*, Risikobewertung der Exekutive und richterliche Kontrolldichte – Auswirkungen auf das Verwaltungs- und das gerichtliche Verfahren, NVwZ 1991, 410; *Wimmer*, Ermessensdisproportionalität und die Frage nach einer eigenständigen Abwägungspflicht der Verwaltung, BayVBl 2019, 145.

Übersicht **Rdn.**

A. Allgemeines und Grundsätze

I. Gegenstand der Regelung

1 Gegenstand der fragmentarischen Regelung ist die Betätigung des Ermessens beim Erlass eines VA. Der **Begriff des Ermessens** wird dabei **vorausgesetzt.** Mit der Regelung hat der Gesetzgeber sich auf das zurückgezogen, was bereits im Jahr 1960 in § 114 VwGO normiert wurde. Angesichts der differenzierteren Regelung in § 73 LVwG Schl-Holst und der uneinheitlichen Lehre und Rspr. handelt es sich eher um eine **Minimalregelung.**[1] Keine Aussage trifft die Vorschrift etwa dazu, ob das Ermessen nur die Wahl der Rechtsfolge oder auch das Verständnis der Tatbestandsverwirklichung betrifft oder wie der Zweck des Ermessens zu bestimmen ist. Nicht geregelt ist ferner, inwieweit der Bürger einen Anspruch auf fehlerfreie Ausübung des Ermessens hat.

2 Mit § 40 hat der Gesetzgeber eine Vorschrift in das VwVfG aufgenommen, deren Verletzung zur materiellen Rechtswidrigkeit des VAs führt.[2] Die Bedeutung der Begründungspflicht (§ 39 Abs. 1 Satz 3) für die Ermessensausübung rechtfertigt die Aufnahme der Vorschrift in ein Verfahrensgesetz.[3]

II. Funktion und Begriff des Ermessens

3 Dem Grundsatz der Gesetzmäßigkeit der Verwaltung (Art. 20 Abs. 3 GG) wird am ehesten entsprochen, wenn durch Gesetz in Tatbestand und Rechtsfolge der Umfang behördlichen Handelns abschließend festgelegt ist und deshalb nur eine Entscheidung rechtmäßig sein kann **(gebundene Verwaltung).**[4] **Räumt eine Rechtsvorschrift der Behörde Ermessen ein, wird sie hingegen in die Lage versetzt, zwischen mehreren vom Gesetzgeber als rechtmäßig angesehenen Entscheidungen zu wählen.**[5] Grund für die Einräumung von Ermessen ist, dass bei der Vielfalt und Komplexität sowie der Dynamik zu regelnder Lebenssachverhalte der Gesetzeszweck oft durch eine strikte

1 Vgl. auch Knack/Henneke/*Ruffert* § 40 Rn. 20.
2 Vgl. Stelkens/Bonk/Sachs/*Sachs* § 40 Rn. 3.
3 So *Meyer/Borgs § 40* Rn. 1.
4 Vgl. Stelkens/Bonk/Sachs/*Sachs* § 40 Rn. 12.
5 Vgl. die Gesetzesbegründung, BT-Drucks. 7/910, S. 61. Näher zu Begriff, Abgrenzungen und Formen des Ermessens aus methodischer Sicht auch *Reimer*, Juristische Methodenlehre, 2016, Rn. 522 ff.

Bindung an Tatbestand und Rechtsfolge nicht zu verwirklichen wäre.[6] Bereits aus der rechtsstaatlichen Bindung der Verwaltung ergibt sich jedoch, dass die Behörde auch beim Handeln aufgrund einer Ermessensermächtigung nicht in souveräner Freiheit ihre eigenen Zwecke setzen und verfolgen darf; sie ist vielmehr verpflichtet, im Einzelfall die Entscheidung zu treffen, die dem Sinn der gesetzlichen Regelung am besten entspricht. Bei der Ermessensentscheidung komplettiert die Behörde ihren Verhaltensmaßstab im Einzelfall in Übereinstimmung mit der gesetzlichen Zielbestimmung und handelt hiernach.[7] Diese bereits durch das Grundgesetz vorgegebene Bindung der Verwaltung an den Zweck der Ermächtigung nimmt § 40 auf. Es besteht demnach **keine beliebige Wahlfreiheit** der Behörde, sondern Ermessen ist – was bereits in den Gesetzesmaterialien[8] als Allgemeingut einer an Recht und Gesetz orientierten Verwaltung bezeichnet wird – **stets pflichtgemäßes Ermessen.**

III. Standort des Ermessens im Normaufbau

4 Ermessen im Sinne von § 40 kann **nur auf der Rechtsfolgenseite der Norm** eingeräumt sein;[9] **auf Beurteilungsspielräume** im Bereich des Tatbestandes ist die Vorschrift **nicht anwendbar**, auch wenn eine strukturelle Ähnlichkeit beider Befugnisse der Verwaltung zur Letztentscheidung bestehen mag. Die Verwendung von Begriffen wie Tatbestands- oder Beurteilungsermessen dient deshalb nicht der gebotenen Unterscheidung beider Phänomene.[10] Die **Unterscheidung von Beurteilungsspielraum und Ermessen** wird vor dem Hintergrund der Geschichte der Ermessenslehre verständlich, in die die Kodifizierung des § 40 eingebettet ist. In den 1950er Jahren haben verschiedene Autoren[11] die Lehre vom Beurteilungsspielraum bei der Subsumtion eines Sachverhaltes unter einen durch einen unbestimmten Rechtsbegriff geprägten Tatbestand entwickelt. Dem »voluntativen« Verhaltensermessen wurde ein »kognitiver« Beurteilungsspielraum gegenübergestellt, der eingreife, wenn ein Tatbestand unbestimmte, auf eine Wertung angewiesene und daher ausfüllungsbedürftige Rechtsbegriffe (wie Eignung, Zuverlässigkeit, Gefahr, öffentliches Wohl, Bedürfnis, hervorragende Leistung usw.) enthalte. In einem solchen Fall verfüge die Behörde bei der Subsumtion über eine gewisse Beurteilungsfreiheit mit der Folge, dass sie nicht zur Vornahme des einzig richtigen Subsumtionsschlusses verpflichtet sei, sondern (nur) aufgrund einer pflichtgemäßen Beurteilung in vertretbarer Weise über die Verwirklichung des gesetzlichen Tatbestandes zu entscheiden habe. Von dieser Differenzierung zwischen Ermessen auf der Rechtsfolgenseite und Beurteilungsspielraum auf der Tatbestandsseite

---

6 S. zur Funktion des Ermessens *Bullinger*, JZ 1984, 1001 (1007).
7 VGH Baden-Württemberg, Urt. v. 17.10.2017 – 9 S 2244/15, VBlBW 2018, 159.
8 BT-Drucks. 7/910, S. 61 unter Berufung auf BVerfG, Urt. v. 03.02.1959 – 2 BvL 10/56, BVerfGE 9, 137 (147).
9 **A.A.** noch *Obermayer*, 2. Aufl., Rn. 11, 39; *ders.*, NJW 1963, 1177.
10 Vgl. auch Stelkens/Bonk/Sachs/*Sachs* § 40 Rn. 33.
11 Zusammenfassung der Entwicklung bei: *Bullinger*, JZ 1984, 1001.

geht bis heute die Rspr. des Bundesverfassungs-[12] und -verwaltungsgerichts[13] aus, sie entspricht auch der überwiegend vertretenen Ansicht in der Literatur,[14] wenngleich es auch Stimmen[15] gibt, die eine Trennung von Ermessen und Beurteilungsspielraum aufgeben möchten. Diese z.Zt. der Kodifizierung des VwVfG (und bis heute) herrschende Ansicht liegt der Vorschrift des § 40 zugrunde; sie erstreckt sich nach Wortlaut und Entstehungsgeschichte nur auf das Ermessen auf der Rechtsfolgenseite und nicht auf Beurteilungsspielräume.[16] Versuche, der Verwaltung im Gesetz, in der Prozessordnung, ausdrücklich eine gerichtlich nur begrenzt kontrollierbare Entscheidungsbefugnis bei Beurteilungsspielräumen auf Tatbestandsseite einzuräumen, hat es bereits vor Inkrafttreten der VwGO und des VwVfG sowie noch später gegeben, sie sind aber nicht Gesetz geworden.[17]

IV. Zulässigkeit von Ermessensermächtigungen

Die Einräumung von Ermessen durch den Gesetzgeber ist verfassungsrechtlich zulässig. Nach der Rspr. des BVerfG[18] fordern die Grundsätze des Rechtsstaates auch im Bereich der Einräumung von Ermessen, dass die *gesetzliche Ermächtigung* der Exekutive zum Erlass belastender VAe nach Inhalt, Gegenstand, Zweck und Ausmaß hinreichend bestimmt und begrenzt ist, sodass Eingriffe messbar und in gewissem Umfang für den Staatsbürger voraussehbar und berechenbar sind. Insb. fordert der Grundsatz der Gesetzmäßigkeit der Verwaltung eine näher bestimmte Ermächtigung der Exekutive, die es nicht ihr überlässt, die Grenzen der Freiheit zu bestimmen. Eine hinreichend konkrete Ermächtigung verlangt auch das Prinzip der Gewaltenteilung, denn ohne sie führt die Verwaltung nicht mehr das Gesetz aus, sondern entscheidet anstelle des Gesetzgebers. Dabei ist der Gesetzgeber gehalten, in für die Grundrechtsverwirklichung wesentlichen Bereichen[19] die Ermessensermächtigung enger zu fassen. Außerhalb des Vorbehaltsbereichs, etwa im reinen, nicht der Grundrechtssicherung dienenden Leistungsbereich, in dem haushaltsrechtliche Ermächtigungen ausreichen, unterliegt der Gesetzgeber weniger engen Bindungen.[20] Werden diese Prämissen 5

12 BVerfG, Beschl. v. 01.08.1978 – 2 BvR 1013/77 u. a., BVerfGE 49, 24 (66); Beschl. v. 08.08.1978 – 2 BvL 8/77, BVerfGE 49, 89 (133); Urt. v. 16.02.1983 – 2 BvE 1/83 u. a., BVerfGE 62, 1 (50); Beschl. v. 28.06.1983 – 2 BvR 539/80 u. a., BVerfGE 64., 261 (279); Beschl. v. 17.04.1991 – 1 BvR 419/81 u. a., BVerfGE 84, 34.

13 Ausdrücklich: **BVerwG**, Urt. v. 25.07.1985 – 3 C 25.84, BVerwGE 72, 38 (53).

14 Knack/Henneke/*Ruffert* § 40 Rn. 5; Stelkens/Bonk/Sachs/*Sachs* § 40 Rn. 32; jeweils m.w.N.

15 *Meyer/Borgs* § 40 Rn. 17 m.w.N.

16 Zutreffend Knack/Henneke/*Ruffert* § 40 Rn. 2.

17 Vgl. *Bachof*, JZ 1955, 97; *Redeker*, NJW 1994, 1707 (1708); *Ewer*, NVwZ 1994, 140; *Papier* DÖV 1986, 621 (623).

18 BVerfG, Beschl. v. 12.11.1958 – 2 BvL 4/56 u. a., BVerfGE 8, 274 (325); Urt. v. 03.02.1959 – 2 BvL 10/56, BVerfGE 9, 137 (148).

19 Hierzu: BVerfG, Beschl. v. 28.10.1975 – 2 BvR 883/73, BVerfGE 40, 237 (248); Beschl. v. 21.12.1977 – 1 BvL 1/75 u. a., BVerfGE 47, 46 (78).

20 Vgl. *Meyer/Borgs* § 40 Rn. 10.

beachtet, sind gesetzliche Ermächtigungen zur Ermessensausübung verfassungsrechtlich nicht zu beanstanden.

6 Nicht zulässig ist die Einräumung von Ermessen, wenn der Gesetzgeber die Grundrechtsausübung durch ein Verbot mit Erlaubnisvorbehalt kontrollieren will. Hier muss er die Voraussetzungen der Erlaubniserteilung festlegen und dem Grundrechtsträger bei deren Erfüllung einen Rechtsanspruch einräumen; stellt er die grundrechtlich geschützte Betätigung in das Ermessen der Verwaltung, ist dies verfassungswidrig.[21] Vorschriften, die nach ihrer Formulierung ein Ermessen einräumen, können im Hinblick auf grundrechtliche Gewährleistungen als zwingende Normen auszulegen sein. So hat das BVerwG[22] für § 35 Abs. 2 BBauG a.F. entschieden, dass die Genehmigung eines Vorhabens im Außenbereich, dem öffentliche Belange nicht entgegenstehen, nicht im Ermessen der Behörde steht, weil sich anderenfalls die Bestimmung des Inhalts des Eigentums nicht aus dem Gesetz ergäbe (Art. 14 Abs. 1 Satz 2 GG). Auch bei § 36 Abs. 2 Satz 3 BauGB spricht viel dafür, dass es sich trotz der Kann-Formulierung um eine bloße Befugnisnorm handelt, bei der auf der Rechtsfolgenseite kein Ermessen besteht, sondern eine gebundene Entscheidung zu treffen ist. Dem BGH zufolge wäre es mit dem nach Art. 14 GG geschützten Genehmigungsanspruch des Bauwilligen, dessen Vorhaben mit den materiell-rechtlichen Vorschriften in Einklang steht, nicht in Einklang zu bringen, wenn die Baugenehmigungsbehörde befugt wäre, unter Berufung auf ein ihr eingeräumtes Ermessen die rechtswidrige Verweigerung des Einvernehmens durch die Gemeinde nicht zu ersetzen.[23]

V. Anwendungsbereich

7 Nach seiner systematischen Stellung im VwVfG – Teil III »Verwaltungsakt« – bezieht sich § 40 auf den Erlass von VAen. Die Vorschrift gilt darüber hinaus entsprechend für andere Verwaltungsentscheidungen innerhalb des vom VwVfG erfassten Verwaltungsverfahrens, etwa hinsichtlich des Abschlusses eines öffentlich-rechtlichen Vertrages[24] oder der Vornahme einer Berichtigung nach § 42.

8 Die Vorschrift findet nicht nur Anwendung bei materiellen Ermessensentscheidungen, sondern auch auf das Verfahrensermessen. Hier ergänzt sie die verwaltungsverfahrensrechtliche Generalklausel des § 10 sowie die in vielen Einzelvorschriften enthaltenen Ermessensermächtigungen (§§ 24 Abs. 1 Satz 2, 26 Abs. 1 Satz 1, 28 Abs. 2). Für die Erstreckung von § 40 auf das Verfahrensermessen spricht, dass der Entwurf

---

21 BVerfG, Urt. v. 05.08.1966 – 1 BvF 1/61, BVerfGE 20, 150 (154); Beschl. v. 06.06.1989 – 1 BvR 727/84, BVerfGE 80, 136 (161); anders für den besonderen Bereich des Atomrechts: Beschl. v. 08.08.1978 – 2 BvL 8/77, BVerfGE 49, 89 (144).

22 BVerwG, Urt. v. 29.04.1964 – I C 30.62, BVerwGE 18, 247.

23 BGH, Urt. v. 16.09.2010 – III ZR 29/10, BGHZ 187, 51 = NVwZ 2011, 249; Urt. v. 25.10.2012 – III ZR 29/12, NVwZ 2013, 167; vgl. ferner VGH Baden-Württemberg, Beschl. v. 02.08.2011 – 8 S 1516/11, BauR 2011, 1954; jeweils m.w.N. zum Meinungsstand, sowie die ab 01.03.2015 geltende Neufassung von § 54 Abs. 4 LBO; dazu *Bohnert*, VBlBW 2015, 369.

24 Vgl. Stelkens/Bonk/Sachs/*Sachs* § 40 Rn. 47.

1973[25] von einer Ermächtigung der Behörde sprach, nach ihrem Ermessen »zu entscheiden«, während die Gesetz gewordene Fassung die Formulierung »handeln« verwendet. Ein Anspruch auf eine bestimmte Gestaltung des Verfahrens besteht nicht, jedoch u. U. ein Anspruch auf fehlerfreie Ausübung des Verfahrensermessens. Ermessensfehler werden allerdings in stärkerem Maße nach § 46 unbeachtlich sein als bei materiellen Ermessensentscheidungen.[26]

Entsprechend angewandt werden kann § 40 im Bereich des Verwaltungsprivatrechts.[27] 9
So steht es etwa im Ermessen, ob ein kommunaler Verband das Nutzungsverhältnis für eine öffentliche Einrichtung privat- oder öffentlich-rechtlich ausgestaltet und wie im Einzelnen diese ggf. privat-rechtliche Ausgestaltung aussieht.[28]

§ 40 greift nach seinem Wortlaut, der eine (gesetzliche) Ermächtigung zur Ermessens- 10
ausübung verlangt, nicht ein, wenn die Verwaltung im gesetzesfreien Raum tätig wird, was im Bereich der Leistungsverwaltung denkbar ist. Auch in diesem Bereich der »frei gestaltenden Verwaltung« bestehen jedoch rechtliche Bindungen verfassungsrechtlicher Art, die im Ergebnis der Bindung nach § 40 gleich kommen können, etwa die Selbstbindung der Verwaltung aufgrund des Gleichheitssatzes.[29] Nicht anwendbar ist § 40 auf den Erlass administrativer Rechtsnormen, die der gesetzgeberischen Gestaltungsfreiheit näher stehen als dem Ermessen.[30]

B. Ermessensvorschriften

I. Ausdruck des Ermessens im Gesetz

§ 40 verlangt bereits nach dem Wortlaut, dass die Behörde (gesetzlich) »ermäch- 11
tigt« ist, nach ihrem Ermessen zu handeln. Ob der Gesetzgeber die Handlung der Behörde in einer Norm bindet oder einen Handlungsspielraum einräumt, kann nur dem ggf. durch Auslegung zu ermittelnden Inhalt der betreffenden Rechtsnorm entnommen werden. Nur in seltenen Fällen (z.B. § 22 Satz 1 VwVfG; ferner neuerdings § 11 Abs. 3 Satz 1 AufenthG[31]) spricht der Gesetzgeber ausdrücklich davon, dass die

25 BT-Drucks. 7/910, S. 16.

26 Zum Verfahrensermessen: *Hill*, NVwZ 1985, 449; Knack/Henneke/*Ruffert* § 40 Rn. 39; zur Begründung des Verfahrensermessens vgl. auch § 39 Rdn. 28 m.w.N.

27 Ebenso Kopp/Ramsauer § 40 Rn. 4a; **a.A.** aber *BGH*, Urt. v. 17.06.2003 – XI ZR 195/02, BGHZ 155, 166 = NJW 2003, 2451: Zu den Grundsätzen des Verwaltungsprivatrechts gehörten das aus Art. 3 GG folgende Willkürverbot, das im Rechtsstaatsprinzip verankerte Übermaßverbot und das Grundrecht auf Gewährung rechtlichen Gehörs, nicht aber die in den §§ 40 und 49 VwVfG enthaltenen Regelungen im Einzelnen.

28 OVG Niedersachsen, Urt. v. 26.08.1976 – III A 137/74, NJW 1977, 450: Leistungsentgelte; auch OVG Nordrhein-Westfalen, Urt. v. 26.05.1983 – 4 A 1504/82, DVBl 1983, 1074: Zurückbehaltungsrecht.

29 Vgl. Knack/Henneke/*Ruffert* § 40 Rn. 34; Stelkens/Bonk/Sachs/*Sachs* § 40 Rn. 31 m.w.N.

30 Vgl. Stelkens/Bonk/*Sachs* § 40 Rn. 48: namentlich kommunale Satzungen (wie Haushalts-, Friedhofs-, Abfallsatzung).

31 Zu letzterer Vorschrift aber kritisch Bergmann/Dienelt/*Bauer*, Ausländerrecht, § 11 AufenthG Rn. 28 ff.

Behörde nach ihrem (pflichtgemäßen) Ermessen zu handeln habe. Schwierigkeiten ergeben sich daraus, dass es keine feststehenden Rechtsbegriffe gibt, deren Verwendung zwingend auf eine Ermessensermächtigung schließen ließe. Anhaltspunkte für ein Ermessen bilden Begriffe wie »kann«, »darf«, »ist befugt«, »hat die Wahl« oder »soll«. Auch bei Verwendung dieser Begriffe kann jedoch im Einzelfall kein Ermessen bestehen. Maßgeblich ist die Auslegung im Hinblick auf die Zielsetzung der Regelung, d.h. deren Sinn und Zweck.[32]

12 Insb. die Formulierung »kann« und »darf« wird oft nur als Kompetenz- bzw. Ermächtigungsnorm i.R.d. gebundenen Verwaltung gebraucht, was jeweils eine Frage der Auslegung ist.[33] Ferner sind Kann-Vorschriften u. U. verfassungskonform als zwingend auszulegen, etwa damit die Ausübung von Grundrechten nicht in das Ermessen der Behörde gestellt ist.[34] Umgekehrt können zwingend formulierte Vorschriften als Ermessensnormen zu verstehen sein.[35]

13 Für die Einräumung von Ermessen spricht es, wenn die Behörde zum Erlass eines VA ermächtigt ist, ohne dass die Voraussetzungen hierfür näher geregelt sind.[36]

II. Besondere Ermessensvorschriften

1. Sollvorschriften und intendiertes Ermessen

14 **Sollvorschriften** eröffnen der Behörde nur einen begrenzten Raum für die Ausübung des Ermessens. Bereits sprachlich steht das »Sollen« zwischen dem »Müssen« und dem »Können«. Hiermit im Einklang binden Sollvorschriften die Verwaltung im Regelfall und erlauben nur dann ein Abweichen von der gesetzlich vorgeschriebenen Rechtsfolge, wenn ein wichtiger Grund der vorgeschriebenen Handhabung entgegensteht, also in atypischen Fällen.[37] Atypisch sind solche Sachverhalte, die zwar vom abstrakten Rahmen des Gesetzes noch erfasst werden, nicht aber von Sinn und Zweck der Vorschrift.[38] Ein solcher Fall liegt jedenfalls nicht vor, wenn die entscheidenden

32 BVerwG, Urt. v. 26.03.1981 – 3 C 134.79, BVerwGE 62, 86 = DVBl 1981, 975 (977).

33 Vgl. BVerwG, Urt. v. 18.01.1963 – VII C 106.61, BVerwGE 15, 251 (254); Urt. v. 08.12.1965 – V C 21.64, BVerwGE 23, 25 (29); Urt. v. 07.02.1974 – III C 115.71, BVerwGE 44, 339 (342); BSG, Urt. v. 31.05.1990 – 8 RKn 22/88, NVwZ-RR 1991, 1; OVG Sachsen, Beschl. v. 03.11.2003 – 5 BS 172/03, WKRS 2003, 25391.

34 BVerwG, Urt. v. 29.04.1964 – I C 30.62, BVerwGE 18, 247.

35 Stelkens/Bonk/Sachs/*Sachs* § 40 Rn. 24 m.w.N.

36 VGH Bayern, Beschl. v. 19.11.1990 – 7 CE 90.1388, DÖV 1991, 941: Studienplatztausch; VGH Baden-Württemberg, Beschl. v. 12.11.1984 – 10 S 2552/84, NVwZ 1986, 1040: Kindergartenplatz.

37 BVerwG, Urt. v. 15.12.1964 – VI C 9.62, BVerwGE 20, 117 (118); Urt. v. 28.02.1973 – VIII C 49.72, BVerwGE 42, 26; Urt. v. 25.06.1975 – VIII C 77.74, BVerwGE 49, 16 (23); zum Begriff des »Sollens« in einer Satzungsermächtigung vgl. hingegen VGH Baden-Württemberg, Urt. v. 20.01.2010 – 2 S 1171/09, WKRS 2010, 10330.

38 Für § 9 Abs. 1 RuStAG BVerwG, Urt. v. 16.05.1983 – 1 C 28.81, DVBl 1983, 1002 = NJW 1984, 70 (71); Urt. v. 31.03.1987 – 1 C 29.84, BVerwGE 77, 164 = NJW 1987, 2174 (2178).

Gesichtspunkte auf eine größere oder gar überwiegende Zahl von Fällen zutreffen.[39] Die Frage, ob ein atypischer Fall vorliegt und der Behörde deshalb Ermessen eröffnet ist, unterliegt in vollem Umfang der gerichtlichen Nachprüfung, sie ist nicht Teil der Ermessensausübung.[40] Bei Sollvorschriften besteht nur eine reduzierte Begründungspflicht (s. § 39 Rdn. 33). Die Verpflichtung zur Ermessensausübung setzt erst ein, wenn ein Ausnahmefall vorliegt.

In Vorschriften des Verfahrensrechts wird mit der Soll-Formulierung oft nur zum Ausdruck gebracht, dass die Behörde oder das Gericht sich an bestimmte Bestimmungen halten muss, die Beteiligten hierauf jedoch keinen Anspruch haben und bei einem Verstoß kein Rechtsbehelf hierauf gestützt werden kann.[41] 15

Ein ähnlich eingeschränktes Ermessen wie bei Sollvorschriften besteht, wenn die Richtung der Ermessensbetätigung so vorgezeichnet ist, dass ein bestimmtes Ergebnis dem Gesetz näher steht, sozusagen im Grundsatz gewollt ist, und davon nur ausnahmsweise abgesehen werden kann, sodass es i.d.R. keiner Abwägung des Für und Wider bedarf. Entsprechend eingeschränkt ist in diesen Fällen auch die Begründungspflicht (sog. **intendiertes Ermessen**, s. § 39 Rdn. 34).[42] Die Kritik[43] an dieser Rspr., die die Gefahr sieht, dass gesetzlich eröffnete Ermessensspielräume von den Gerichten okkupiert werden, sollte zum Anlass genommen werden, strenge Anforderungen an die Annahme eines intendierten Ermessens zu stellen. 16

2. Kopplungsvorschriften

Eine Vielzahl von Vorschriften enthält einen unbestimmten Rechtsbegriff – mit oder ohne Beurteilungsspielraum – im Tatbestand und eine Ermessensermächtigung auf der Seite der Rechtsfolge. Bei diesen als Mischtatbestände oder Kopplungsvorschriften bezeichneten Normen unterliegt das jeweilige Normelement den entsprechenden Regeln,[44] d.h. der im Tatbestand verwandte unbestimmte Rechtsbegriff ist voll gerichtlich nachprüfbar, die im Ermessen stehende Rechtsfolge nur in den für Ermessensentscheidungen geltenden Grenzen (§ 114 Satz 1 VwGO). Das Ermessen auf der Rechtsfolgenseite ist erst eröffnet, wenn die im Tatbestand enthaltenen und durch unbestimmte Rechtsbegriffe umschriebenen Voraussetzungen verwirklicht sind. Erwägungen, die für die Subsumtion unter den unbestimmten Rechtsbegriff eine Rolle spielen oder Belange, die bei der Ausübung des Beurteilungsspielraums berücksichtigt werden, können hierbei auch in die Ermessensentscheidung einfließen.[45] 17

39 BVerwG, Beschl. v. 20.11.1989 – 4 B 163.89, NVwZ 1990, 556 für § 31 Abs. 2 Nr. 2 BauGB.
40 BSG, Urt. v. 16.01.1986 – 4b RV 25/85, DVBl 1987, 242 (244).
41 Vgl. auch Kopp/Ramsauer § 40 Rn. 44.
42 Z.B. VGH Bayern, Beschl. v. 22.03.2017 – 8 ZB 14.1350, BayVBl 2017, 560. Näher etwa Mann/Sennekamp/Uechtritz/*Schönenbroicher* § 40 Rn. 66 ff.
43 Stelkens/Bonk/Sachs/*Sachs* § 40 Rn. 30.
44 Stelkens/Bonk/Sachs/*Sachs* § 40 Rn. 36; s.a. Knack/Henneke/*Ruffert* § 40 Rn. 109.
45 VGH Hessen, Urt. v. 02.10.1989 – 8 UE 3318/88, GewArch. 1990, 70 (72).

18 **Beispiele** aus der Rspr. für solche Kopplungsvorschriften sind etwa § 3 Abs. 3 BÄO a.F. (Approbation eines Ausländers im »besonderen Einzelfall«; vgl. jetzt auch § 10 Abs. 3 Satz 1 BÄO),[46] §§ 1, 3 Abs. 1 NamensÄndG (Änderung des Familiennamens aus »wichtigem Grund«),[47] §§ 26, 27 BBG a.F. (Abordnung/Versetzung eines Beamten bei »dienstlichem Bedürfnis«; vgl. jetzt §§ 27, 28 BBG: »aus dienstlichen Gründen«),[48] § 135 Abs. 5 BauGB (Absehen von der Erhebung des Erschließungsbeitrages bei »unbilliger Härte«),[49] § 88a Abs. 3 Satz 1 Nr. 4 LBG SH a.F. (Gewährung von Altersteilzeit, wenn »dringende dienstliche Interessen« nicht entgegenstehen),[50] § 105e Abs. 1 GewO (Ausnahme vom Sonntagsbeschäftigungsverbot bei »täglichem Bedürfnis der Bevölkerung«)[51] sowie § 5 Abs. 1 Satz 3 TierSchG (Ausnahmegenehmigung bei »berechtigtem Grund«).[52] Den aufgeführten unbestimmten Rechtsbegriffen auf Tatbestandsseite folgt jeweils eine Ermessensermächtigung auf der Rechtsfolgenseite. Im Einzelfall kann das Ermessen durch den unbestimmten Rechtsbegriff in eine bestimmte Richtung intendiert sein, so wird etwa die Gemeinde nach § 135 Abs. 5 BauGB bei Vorliegen einer »unbilligen Härte« regelmäßig von der Erhebung des Erschließungsbeitrages abzusehen haben. Ähnlich gelagert ist § 28 Abs. 2 Nr. 1, wonach von einer Anhörung abgesehen werden kann, wenn eine sofortige Entscheidung wegen Gefahr im Verzug oder im öffentlichen Interesse »notwendig« erscheint. Liegen diese Tatbestandsvoraussetzungen vor, bleibt wenig Raum für eine Ermessensentscheidung, regelmäßig wird von der Anhörung abzusehen sein, wenngleich Ausnahmen denkbar sind, etwa eine die Entscheidung nicht verzögernde mündliche Anhörung.

19 Vereinzelt wurde in der Rspr. auf eine Unterscheidung von unbestimmtem Rechtsbegriff im Tatbestand und Ermessen in der Rechtsfolge verzichtet und von einer einheitlichen Ermessensentscheidung gesprochen. Grundlegend hierzu ist die Entscheidung des Gemeinsamen Senates der obersten Gerichtshöfe vom 19.10.1971[53] zu § 131 Abs. 1 Satz 1 AO a.F., wonach im Einzelfall Steuern erlassen werden können, wenn ihre Einziehung nach Lage des Falles unbillig wäre. Der Senat vertrat die Ansicht, dass eine auf die genannte Vorschrift gestützte Entscheidung nach den für das Ermessen geltenden Grundsätzen zu überprüfen sei. Der Begriff »unbillig« rage in den Ermessensbereich hinein und bestimme damit zugleich Inhalt und Grenzen der pflichtgemäßen Ermessensausübung. Die Entscheidung nach dieser Vorschrift stelle sich deshalb als eine einheitliche Ermessensentscheidung dar, wie sie in anderen Fällen durch den Begriff des billigen Ermessens zum Ausdruck gebracht werde. Die Grundsätze dieser Entscheidung wurden allerdings in der folgenden Rspr. – insb. des BVerwG[54] – nur selten aufgegriffen und auf anderen Normen übertragen. Wie die oben (Rdn. 18)

46 BVerwG, Urt. v. 21.05.1974 – I C 37.72, BVerwGE 45, 162 = DVBl 1974, 849.
47 BVerwG, Urt. v. 29.09.1972 – VII C 77.70, BVerwGE 40, 353.
48 BVerwG, Beschl. v. 30.09.1993 – 1 WB 29.93, BVerwGE 103, 4 = NVwZ 1995, 83.
49 BVerwG, Urt. v. 01.08.1986 – 8 C 54.85, NVwZ 1987, 601 (603).
50 BVerwG, Urt. v. 29.04.2004 – 2 C 21.03, BVerwGE 120, 382 = DVBl 2004, 1375.
51 BVerwG, Urt. v. 14.11.1989 – 1 C 14.88, NJW 1990, 1061.
52 VGH Baden-Württemberg, Urt. v. 21.12.1988 – 10 S 2961/86, NuR 1990, 169.
53 GemS *OGB*, Beschl. v. 19.10.1971 – GmS-OGB 3/70, BVerwGE 39, 355.
54 Aber BVerwG, Urt. v. 05.07.1985 – 8 C 22.83, BVerwGE 72, 1 (4).

zitierten Rechtsprechungsbeispiele zeigen, wird überwiegend klar zwischen Tatbestand und Rechtsfolge i. S. einer Kopplungsvorschrift unterschieden. Dieser dogmatisch klareren Tendenz ist beizupflichten. Nur wenn die besondere textliche Fassung einer Norm, deren Entstehungsgeschichte oder die sehr enge Verzahnung von Belangen, die sowohl in den unbestimmten Rechtsbegriff als auch in die Ermessensentscheidung fallen, eine nachvollziehbare Trennung kaum erlaubt, erscheint die Annahme einer einheitlichen Ermessensentscheidung – auch aus praktischen Erwägungen[55] – vertretbar.

III. Bezugspunkt des Ermessens

Die Ermessensentscheidung kann sich darauf beziehen, ob und welche Rechtsfolge die Behörde setzen will, ob sie eine zulässige, aber nicht erforderliche Maßnahme ergreifen oder unterlassen will (**Entschließungsermessen**) oder welche von mehreren zulässigen Maßnahmen sie auswählt (**Auswahlermessen**).[56] Zum Entschließungsermessen gehört auch, wann die Behörde handeln will, zum Auswahlermessen, gegen wen – z.B. gegen welchen Störer im Polizeirecht oder im Bodenschutzrecht[57] oder gegen welchen Gesamtschuldner bei einer öffentlich-rechtlichen Forderung[58] – sie vorgehen will. Eine Vorschrift kann sowohl eine Auswahl – als auch ein Entschließungsermessen einräumen; bei Vorschriften, die zum Handeln zwingen, kann die zu setzende Rechtsfolge in das Ermessen gestellt sein.[59] 20

C. Ermessensausübung

I. Ermessensfehler

§ 40 verpflichtet die Verwaltung, ihr Ermessen nach dem Zweck der Ermächtigung auszuüben und die gesetzlichen Grenzen des Ermessens einzuhalten. Diese Verpflichtung besteht aufgrund der Bindung der Verwaltung an Recht und Gesetz (Art. 20 Abs. 3 GG) ohnehin. Die Verwaltung ist sowohl gehalten, die Grenzen der Ermächtigungsgrundlage zu beachten als auch, ihr Ermessen pflichtgemäß, d.h. i.S.d. Gesetzes auszuüben; ein »freies« Ermessen ohne rechtliche Bindung besteht nicht (Rdn. 3).[60] 21

Die überwiegend vertretene Lehre[61] von den dreigeteilten Ermessensfehlern (**Ermessensnichtgebrauch, Ermessensfehlgebrauch, Ermessensüberschreitung**), die 22

---

55 Unter dem Gesichtspunkt der Pragmatik für eine grundsätzliche Beibehaltung der überkommenen Kategorisierung: Knack/Henneke/*Ruffert* § 40 Rn. 5.

56 Vgl. Wolff/Bachof/Stober/Kluth/*Stober*, Bd 1, § 31 Rn. 45; ferner etwa Knack/Henneke/*Ruffert* § 40 Rn. 31 m.w.N. Zu einem Auswahlermessen hinsichtlich der anzuwendenden Methode BVerwG, Urt. v. 25.02.2015 – 6 C 37.13, BVerwGE 151, 268.

57 OVG Niedersachsen, Urt. v. 31.05.2016 – 7 LB 59/15, NuR 2016, 701; VGH Bayern, Urt. v. 30.01.2018 – 22 B 16.2099, NVwZ-RR 2018, 606.

58 BVerwG, Urt. v. 02.02.2017 – 2 C 22.16, NVwZ-RR 2017, 546.

59 Vgl. z.B. für § 3 StVZO OVG Bremen, Beschl. v. 09.01.1990 – 1 B 108.89, NJW 1990, 2081.

60 Vgl. BT-Drucks. 7/910, S. 61.

61 Statt vieler: Wolff/Bachof/Stober/Kluth/*Stober*, Bd 1, § 31 Rn. 57 ff.; zu einem anderen Ansatz s. *Alexy*, JZ 1986, 701.

allerdings in der Terminologie teilweise erheblich abweicht, greift die in § 40 beschriebenen (äußeren) Grenzen des Ermessens auf und versucht, die auftretenden Ermessensfehler zu systematisieren bzw. – positiv gewendet – Grundsätze für eine ordnungsgemäße Ermessensausübung aufzuzeigen.[62]

1. Ermessensnichtgebrauch

23 Durch § 40 wird der Behörde zunächst die Pflicht auferlegt, ihr Ermessen überhaupt zu betätigen (s. den Wortlaut: »hat sie ihr Ermessen … auszuüben«). Eine Verletzung dieser Pflicht wird als Ermessensnichtgebrauch, -unterschreitung, -ausfall oder Ermessensmangel bezeichnet.

24 Oft geht die Behörde irrtümlich aufgrund falscher Gesetzesauslegung davon aus, ihr stehe kein Ermessen zu, sie habe ganz oder teilweise eine gebundene Entscheidung zu treffen.[63] Bestehen Zweifel, ob eine Vorschrift Ermessen eröffnet, besteht für die Behörde die Möglichkeit, die Entscheidung hilfsweise auch auf Ermessenserwägungen zu stützen.[64] Ermessen kann auch deshalb nicht ausgeübt werden, weil die Behörde sich durch eine rechtswidrige Richtlinie bzw. Verwaltungspraxis oder – wohl seltener – eine nichtige Rechtsvorschrift für gebunden hält.[65] Stützt die Behörde ihre Maßnahme unzutreffend auf eine gebundene Rechtsgrundlage und sieht die einschlägige Norm Ermessen vor, kommt es ebenfalls zu einem Nichtgebrauch des Ermessens.[66] Ein Ermessensmangel liegt ferner vor, wenn eine nachgeordnete Behörde nach Weisung einer vorgesetzten Stelle handelt, diese ihrerseits aber kein Ermessen ausgeübt hat oder jedenfalls nicht in Kenntnis aller wesentlichen Umstände.[67] I.Ü. ist die übergeordnete Behörde allerdings befugt, nachgeordneten Behörden fachliche Weisungen hinsichtlich der Ermessensausübung zu erteilen oder dieses selbst auszuüben (Rdn. 53).

25 Ob die Behörde sich ihres Ermessens bewusst war und dies ausgeübt hat, ergibt sich meist aus der nach § 39 Abs. 1 Satz 3 erforderlichen Begründung, die wenigstens ansatzweise erkennen lassen muss, ob und wie sie ihr Ermessen ausgeübt hat (s. § 39 Rdn. 31). Eine fehlende Begründung ist Indiz dafür, dass kein Ermessen ausgeübt wurde. Die fehlende Begründung darf jedoch nicht mit einem materiellen Ermessensmangel gleichgesetzt werden, denn die Ermessensausübung kann sich auch aus sonstigen Umständen, etwa aus der Behördenakte, ergeben; allerdings ist die Behörde verpflichtet, den Nachweis der Ermessensausübung zu erbringen.[68]

---

62 Zur speziellen Kontrolle des sog. »*Regulierungsermessens*« auf Abwägungsausfall, -defizit, -fehleinschätzung und -disproportionalität vgl. BVerwG, Urt. v. 02.04.2008 – 6 C 15.07 –, BVerwGE 131, 41; Urt. v. 25.09.2013 – 6 C 13.12, BVerwGE 148, 48; Kopp/*Ramsauer* § 40 Rn. 28 ff.

63 Statt vieler: BVerwG, Urt. v. 10.12.1987 – 5 C 32.85, BVerwGE 78, 314 (320); Beschl. v. 21.03.1990 – 9 B 276.89, NVwZ 1990, 774 m.w.N.

64 Dies ist nach BVerwG, Urt. v. 17.05.1982 – 1 C 128.80, DVBl 1982, 842 (843) zulässig.

65 SchlHOVG, Urt. v. 06.08.1992 – 3 L 17/91, NVwZ 1993, 911.

66 SchlHOVG, Urt. v. 16.07.1991 – 4 L 74/91, NVwZ-RR 1992, 338.

67 Vgl. OVG Nordrhein-Westfalen, Urt. v. 14.01.1992 – 10 A 111/88, BauR 1992, 347.

68 Stelkens/Bonk/Sachs/*Sachs* § 40 Rn. 80.

Die fehlende Ermessensausübung kann die Widerspruchsbehörde nachholen, wenn sie nicht ausnahmsweise auf die Kontrolle der Rechtmäßigkeit beschränkt ist (Rdn. 54). 26

2. Ermessensfehlgebrauch

Beim Ermessensfehlgebrauch oder -missbrauch verfehlt die Entscheidung den Zweck der Ermessensermächtigung, die Behörde übt ihr Ermessen – wie es § 40 formuliert – nicht entsprechend dem Zweck der Ermächtigung aus. Im Gegensatz zur Überschreitung der gesetzlichen Grenzen des Ermessens – »äußerer« Ermessensfehler – wird oft von einem »inneren« Ermessensfehler gesprochen.[69] Ein solcher Ermessensfehler liegt vor, wenn die Entscheidung zwar unter anderen Umständen oder aus anderen Gründen hätte ergehen können, sie aber bei den gegebenen Umständen, aufgrund der tatsächlich angestellten Erwägungen oder nach den tatsächlich maßgeblichen Motiven gegen den Zweck der Ermächtigung verstößt.[70] Der Verstoß gegen die »inneren« Ermessensgrenzen lässt sich anders als die Überschreitung der gesetzlichen Grenzen des Ermessen nicht am Entscheidungsergebnis erkennen, denn die Entscheidung hätte mit anderen Erwägungen oder aus anderen Motiven rechtmäßig ergehen können. Der Ermessensfehlgebrauch ist damit der eigentliche Ermessensfehler, der auf einem Verstoß gegen die besondere Struktur der Ermessensentscheidung beruht, während die Ermessensüberschreitung, d.h. die Missachtung der gesetzlichen Grenzen des Ermessens, sich von Rechtsverstößen i.R.d. gebundenen Verwaltung nicht unterscheidet. 27

a) Abgrenzung: Zweck der Ermächtigung – unzweckmäßige Entscheidung

Von einem Verstoß gegen den Ermächtigungszweck streng zu unterscheiden ist die bloß unzweckmäßige Entscheidung, die nicht nach § 40 VwVfG, § 114 VwGO rechtswidrig ist. Die Verwaltung ist – um nur einige Gesichtspunkte herauszugreifen – aus verschiedensten Gründen zu einem effizienten, kostenbewussten, zweckmäßigen und am Gemeinwohl orientierten Gesetzesvollzug verpflichtet. Diese Bindung besteht für die Behörde gegenüber ihrem Träger, nicht jedoch gegenüber dem Bürger, der Beteiligter eines Verwaltungsverfahrens ist, und wird deshalb gelegentlich als »innere« Ermessensbindung bezeichnet. Auf die Einhaltung solcher im öffentlichen Interesse liegender Belange hat der Betroffene kein Recht. Missachtet die Behörde sie oder gewichtet sie falsch, ist die Entscheidung rechtmäßig, solange der Ermächtigungszweck nicht verfehlt und die Grenzen des Ermessens eingehalten werden. Der Betroffene ist – in förmlicher Hinsicht – darauf beschränkt, die Zweckmäßigkeit i.R.d. Widerspruchsverfahrens nach § 68 VwGO überprüfen zu lassen oder aber die allgemeine Kontrolle jeder Verwaltungstätigkeit durch Aufsichtsbehörden, Rechnungshöfe oder gar die Volksvertretung und die öffentliche Meinung anzustoßen.[71] 28

---

69 Stelkens/Bonk/Sachs/*Sachs* § 49 Rn. 62.
70 Wolff/Bachof/Stober/Kluth/*Stober*, Bd 1, § 31 Rn. 61.
71 Vgl. Knack/Henneke/*Ruffert* § 40 Rn. 80 m.w.N.

b) Bestimmung des Zwecks der Ermächtigung

29 Zweck der Ermächtigung ist die Zielsetzung, die der Gesetzgeber mit der Regelung – insb. der Einräumung der Ermessensbefugnis – erreichen will. Bei der Ermessensentscheidung komplettiert die Verwaltung ihren Verhaltensmaßstab nach der gesetzlichen Zielbestimmung für den Einzelfall und handelt hiernach (Rdn. 3). Was Ziel der gesetzlichen Regelung ist, muss ggf. durch Auslegung ermittelt werden. Hierbei ist nicht auf eine isolierte Betrachtung der die Ermessensermächtigung enthaltenden Norm abzustellen, sondern auf die Gesamtheit der einen Sachverhalt betreffenden Regelungen unter Einbeziehung der allgemeinen Aufgabenstellung der handelnden Behörde. Anschaulich ist die Formulierung des BVerwG von der **vom Gesetzgeber gewollten Ordnung der Materie.**[72]

c) Beispiele für Ermessensfehlgebrauch

30 Welche Gesichtspunkte bei einer Ermessensentscheidung (nicht) berücksichtigt werden dürfen, weil sie dem Ermächtigungszweck (nicht) entsprechen, lässt sich – von wenigen Grundsätze abgesehen – nicht allgemein sagen, weil sich die nach der jeweiligen gesetzlichen Zielsetzung **zulässigen Belange je nach Regelungsmaterie unterscheiden.**

31 Unzulässig sind jedenfalls **unsachliche Motive** (persönlicher Art) wie Antipathie, Sympathie, Voreingenommenheit, Eigennutz, Laune, Willkür oder Schikane. Ein weiterer allgemeiner Grundsatz ist das für öffentlich-rechtliche Verträge in § 56 geregelte **Kopplungsverbot**, wonach die Behörde ihr Handeln nicht von Gegenleistungen abhängig machen darf, die nicht im sachlichen Zusammenhang mit ihrer Leistung stehen und nicht in ihre Zuständigkeit fallen.[73] Regelmäßig wird auch die Berücksichtigung **ressortfremder Gesichtspunkte** ermessensfehlerhaft sein, etwa wenn die Straßenbaubehörden andere als wegerechtliche Gesichtspunkte berücksichtigen[74] oder die Polizei aus anderen als polizeilichen (z.B. fiskalischen) Motiven einschreitet.[75] Allerdings sind hier Ausnahmen denkbar, z.B. dass die Berücksichtigung solcher Interessen gesetzlich vorgeschrieben ist. Eine differenzierte Betrachtung erfordern **fiskalische Interessen.** Sie sind jedenfalls beachtlich, wenn sie mit der zu treffenden Entscheidung in unmittelbarem Sachzusammenhang stehen, was insb. bei der Zuerkennung gesetzlich bzw. haushaltsrechtlich beschränkter Geldleistungen regelmäßig der Fall ist.[76] I.Ü. ist auf den jeweiligen Regelungsbereich abzustellen: Z.B. sollen bei der Versetzung eines Beamten in den Ruhestand fiskalische Erwägungen keine Rolle spielen dürfen.[77]

---

72 BVerwG, Urt. v. 08.10.1976 – VII C 54.73, BVerwGE 51, 164 (166); Urt. v. 15.12.1981 – 1 C 145.80, BVerwGE 64, 285 = DVBl 1982, 306 (307).

73 Vgl. Knack/Henneke/*Ruffert* § 40 Rn. 56 m.w.N.

74 VGH Bayern, Urt. v. 15.12.1983 – 8 B 80 A.340, NVwZ 1985, 207.

75 VG Magdeburg, Beschl. v. 15.06.1993 – 4 B 50/93, LKV 1993, 430 (431); näher Kopp/Ramsauer § 40 Rn. 50a.

76 BVerwG, Urt. v. 18.01.1963 – VII C 106.61, BVerwGE 15, 251 (254 ff.); Urt. v. 25.10.1978 – VIII C 55.75, BVerwGE 56, 354.

77 BVerwG, Urt. v. 02.07.1963 – II C 157.60, BVerwGE 16, 194 (196); aber auch OVG Niedersachsen, Urt. v. 18.08.1986 – 2 A 86/86, ZBR 1989, 204.

Beispiele für einen **Ermessensfehlgebrauch** sind die Versetzung eines politischen Beamten nach § 54 BBG (§ 36 BBG a.F.) in den Ruhestand aus Altersgründen,[78] die Umsetzung eines Beamten aus persönlichen oder parteipolitischen Gründen,[79] die Nutzungsuntersagung zur Durchsetzung privater Interessen,[80] die Erteilung einer Ausnahmegenehmigung nach dem LadenschlußG zur Abwehr polizeilicher Gefahren durch die Verödung einer Passage in den Abendstunden,[81] der Ausschluss vom Jahrmarkt wegen des Familienstandes des Gewerbetreibenden,[82] die Durchsetzung einer Abbruchsverfügung im Widerspruch zu einer Zusage[83] oder eine auf die formelle Illegalität gestützte Nutzungsuntersagung, wenn die Behörde die Anlage jahrelang geduldet hat.[84] 32

3. Ermessensüberschreitung

Bei der Ermessensüberschreitung hält die Behörde – wie es § 40 formuliert – die gesetzlichen Grenzen des Ermessens nicht ein. Zur Einhaltung dieser Grenzen ist sie bereits deshalb verpflichtet, weil die vollziehende Gewalt nach **Art. 20 Abs. 3 GG** an Recht und Gesetz gebunden ist (Rdn. 3, 21). Von seiner Struktur unterscheiden sich dieser Fehler nicht von denen der gebundenen Verwaltung (Rdn. 27). 33

a) Einhaltung der Ermessensermächtigung

Die Grenze des Ermessens ist überschritten, wenn die Entscheidung den Voraussetzungen der angewandten Ermächtigungsnorm nicht entspricht oder sonstige rechtliche Bindungen, insb. aufgrund von Verfassungsgrundsätzen oder Grundrechten, missachtet werden. 34

Das Ermessen wird z.B. überschritten, wenn die Tatbestandsvoraussetzungen der Ermessensnorm nicht vorliegen, etwa weil die Behörde den unbestimmten Rechtsbegriff in einer Kopplungsnorm verkennt; ferner wenn die Behörde eine Rechtsfolge wählt, die von der Ermessensermächtigung nicht gedeckt ist, z.B. die Festsetzung eines Zwangsgeldes i.H.v. 1.500 €, obwohl nur 2.000 DM (1.002,58 €) zulässig wären (§ 11 Abs. 3 VwVG). 35

b) Verfassungsgrundsätze

Gesetzliche Grenzen des Ermessens sind darüber hinaus aufgrund der Gesetzmäßigkeit der Verwaltung auch alle sonstigen Rechtsvorschriften, insb. sind **die Verfassungsgrundsätze und die Grundrechte bei der Ermessensausübung zu beachten.** Das 36

78 Vgl. OVG Nordrhein-Westfalen, Urt. v. 09.10.1973 – I A 949/72, DVBl 1974, 169.
79 OVG Saarland, Beschl. v. 23.12.1993 – 1 W 104/93, ZBR 1995, 47 (48).
80 OVG Berlin, Urt. v. 04.06.1982 – 2 B 115.81, NVwZ 1983, 481.
81 BVerwG, Urt. v. 23.03.1982 – 1 C 157.79, BVerwGE 65, 167 (169). Anmerkung: In allen Bundesländern außer Bayern gibt es mittlerweile eigene Gesetze über Ladenöffnungszeiten (vgl. die jetzige Fassung des Art. 74 Abs. 1 Nr. 11 GG).
82 BVerwG, Urt. v. 27.04.1984 – 1 C 26.82, NVwZ 1984, 585.
83 OVG Nordrhein-Westfalen, Beschl. v. 27.05.1992 – 10 B 1866/92, NVwZ 1993, 74.
84 VGH Bayern, Beschl. v. 24.10.1986 – 20 CS 86.02260, DVBl 1987, 1015.

BVerwG[85] geht davon aus, dass bei der Ermessensentscheidung die Grundrechte und die in ihnen verkörperte Werteordnung sowie (u. a.) die aus dem Rechtsstaatsprinzip hergeleiteten Grundsätze zu beachten sind. Andere Gerichte[86] betonen, dass die Ermessensentscheidung nicht zu einem Rechtsverstoß führen darf und leiten hieraus die Pflicht ab, umfassend Grundrechte und Verfassungsgrundsätze zu berücksichtigen. Allerdings sollten (auf verfassungsgemäßem Gesetz beruhende) Ermessensermächtigungen der Behörde nicht durch eine Überbetonung von Grundrechten und Verfassungsprinzipien in der Rspr. ausgehöhlt werden.[87]

37 Zu beachten sind insb. die aus dem Rechtsstaatsprinzip abgeleiteten Grundsätze wie das Willkürverbot,[88] der Grundsatz des Vertrauensschutzes[89] und insb. der Grundsatz der Verhältnismäßigkeit.[90] Daneben spielt das Sozialstaatsprinzip[91] (Art. 20 Abs. 1 GG) und vor allem der Gleichheitssatz (zur Selbstbindung Rdn. 40 ff.) eine Rolle. Der Gleichheitssatz gebietet eine gleichmäßige Handhabung des Ermessens, die Behörde darf den durch die Ermessensermächtigung eröffneten Spielraum differenzierter Entscheidungen nicht völlig systemlos, sprunghaft oder gar willkürlich ausfüllen. Der Gleichheitssatz kann verlangen, dass die Behörde bei der Ermessensausübung Normadressaten im Vergleich zu anderen Normadressaten nur dann anders behandelt, wenn zwischen beiden Gruppen Unterschiede von solcher Art und solchem Gewicht bestehen, dass eine Ungleichbehandlung gerechtfertigt ist. Insoweit geht der Gleichheitssatz über das Willkürverbot hinaus, das verletzt ist, wenn kein sachlicher Differenzierungsgrund vorliegt.[92] Auch das in Art. 20a GG eingeführte Staatsziel Umweltschutz[93] könnte bei Ermessensentscheidungen von Bedeutung sein.

c) Grundrechte

38 Neben den Verfassungsgrundsätzen ergeben sich aus den Grundrechten Grenzen der Ermessensausübung. Die Einwirkung der Grundrechte auf das Ermessen hängt von der jeweiligen Regelungsmaterie und dem betroffenen Grundrecht ab und lässt sich nur bedingt allgemein darstellen. Die Rspr. beschränkt sich i.d.R. auf das für den

---

85 BVerwG, Urt. v. 27.09.1978 – I C 48.77, BVerwGE 56, 254 (260); Urt. v. 19.05.1981 – 1 C 169.79, BVerwGE 62, 215 (220).

86 VGH Hessen, Beschl. v. 30.03.1983 – 2 TG 26/83, ESVGH 33, 223 = NJW 1983, 2280.

87 Zutreffend Knack/Henneke/*Ruffert* § 40 Rn. 61 m.w.N.

88 BVerfG, Beschl. v. 26.02.1985 – 2 BvR 1145/83, BVerfGE 69, 161 (168); BVerwG, Urt. v. 27.09.1978 – I C 48.77, BVerwGE 56, 254 (260).

89 BVerfG, Beschl. v. 26.09.1978 – 1 BvR 525/77, BVerfGE 49, 168 (184); BVerwG, Urt. v. 17.01.1980 – 3 C 116.79, BVerwGE 59, 284 = NJW 1980, 2763.

90 Statt vieler: BVerwG, Urt. v. 19.05.1981 – 1 C 169.79, BVerwGE 62, 215 (220); Urt. v. 22.04.1971 – VIII C 186.70, BVerwGE 38, 68 (70); Urt. v. 23.03.1971 – I C 54.66, BVerwGE 37, 344 (360 ff.).

91 BVerwG, Urt. v. 03.05.1973 – I C 35.72, BVerwGE 42, 148 (157); Urt. v. 30.01.1974 – VIII C 20.72, BVerwGE 44, 333 (337 ff.).

92 Zu Vorstehendem Stelkens/Bonk/Sachs/*Sachs* § 40 Rn. 91 ff. m.w.N.

93 Hierzu *Becker*, DVBl 1995, 713.

entscheidenden Fall Notwendige. Als Tendenz lässt sich jedoch Folgendes[94] sagen: In der Eingriffsverwaltung ist vor allem die Abwehrfunktion der Grundrechte berührt und dürfte i.d.R. eingriffsbegrenzend wirken. So ist bei polizeilichen Eingriffen i.R.d. Opportunitätsprinzips zu berücksichtigen, ob, mit welchen Mitteln und welcher Intensität z.B. bei einer Festnahme in die Freiheit der Person (Art. 2 Abs. 2 GG), die Unverletzlichkeit der Wohnung (Art. 13 GG) oder das Eigentum (Art. 14 GG) eingegriffen wird. Ebenso begrenzend wirkt das Grundrecht der Versammlungsfreiheit bei Versammlungs- und Demonstrationsverboten bzw. -auflagen oder der Schutz von Ehe und Familie (Art. 6 GG) bei Ausweisungen im Ausländerrecht. Soweit die Verwaltung ihre Ordnungsaufgabe auch durch begünstigende Maßnahmen erfüllt, etwa bei der Erlaubniserteilung im Bau- und Wirtschaftsrecht, werden die Grundrechte – insb. Art. 2, 12, 14 GG – eher begünstigungsfördernd wirken. Im Bereich der reinen Leistungsverwaltung kommt weniger den Grundrechten, die keine Leistungsrechte sind, Bedeutung zu als dem Sozialstaatsprinzip. Allerdings hat eine Auslegung der Grundrechte als Teilhaberechte zu einer erheblichen Einschränkung von Ermessens – bzw. Beurteilungsspielräumen geführt, s. etwa die Rspr. zu Art. 12 GG bei der Hochschulzulassung. Auch in diesem Bereich wirken Grundrechte damit eher begünstigungsfördernd.

Als **Beispiele** für den Einfluss einzelner Grundrechte auf die Ermessensausübung s. zu: 39

Art. 1 Abs. 1 GG:	Berücksichtigung der Menschenwürde bei der Gewährung von Sozialhilfe;[95] polizeirechtlicher Schutz des in Art. 1 Abs. 1 GG i.V.m. Art. 2 Abs. 1 GG verankerten allgemeinen Persönlichkeitsrechts von schwangeren Frauen gegenüber einer Ansprache durch »Gehsteigberater« vor einer Konfliktberatungsstelle[96]
Art. 5 GG:	Ausnahme vom Sonntagsbeschäftigungsverbot für Pressehandel;[97] Sondernutzung öffentlicher Straßen;[98]
Art. 6 GG	im Ausländer-[99] und Einbürgerungsrecht;[100]

94 So zutreffend *Stern*, Bd. III/1, § 74 II 4.

95 BVerwG, Urt. v. 10.12.1987 – 5 C 32.85, BVerwGE 78, 314 (319); OVG Nordrhein-Westfalen, Urt. v. 10.08.1990 – 24 A 2295/86, NVwZ-RR 1991, 437 (439).

96 VGH Baden-Württemberg, Urt. v. 11.10.2012 – 1 S 36/12, WKRS 2012, 26134.

97 BVerwG, Urt. v. 14.11.1989 – 1 C 29.88, BVerwGE 84, 86 (91).

98 BVerwG, Urt. v. 07.06.1978 – 7 C 6.78, BVerwGE 56, 56 (59); vgl. auch zum Erlaubnisvorbehalt als solchem VGH Baden-Württemberg, Urt. v. 31.01.2002 – 5 S 3057/99, VBlBW 2002, 297.

99 Z.B. BVerfG, Beschl. v. 12.05.1987 – 2 BvR 1226/83 u. a., BVerfGE 76, 1 (49 ff.); Beschl. v. 18.04.1989 – 2 BvR 1169/84, BVerfGE 80, 81 (93); Beschl. v. 09.01.2009 – 2 BvR 1064/08, NVwZ 2009, 387 (Duldung); BVerwG, Urt. v. 27.08.1996 – 1 C 8.94, BVerwGE 102, 12 = DVBl 1997, 186 (Aufenthaltserlaubnis); Urt. v. 27.10.1987 – 1 C 19.85, BVerwGE 78, 192 (207); Urt. v. 30.04.1985 – 1 C 33.81, BVerwGE 71, 228 (232 f.); Beschl. v. 31.08.1984 – 1 B 99.84, BVerwGE 70, 54 (56 f.); Urt. v. 11.06.1975 – I C 8.71, BVerwGE 48, 299 (302 f.); Urt. v. 23.10.2007 – 1 C 10.07 – BVerwGE 129, 367 = DVBl 2008, 189 (Ausweisung)

100 BVerwG, Urt. v. 27.09.1988 – 1 C 41.87, BVerwGE 80, 249 (254 ff.); Urt. v. 27.09.1988 – 1 C 52.87, BVerwGE 80, 233 (245 ff.); Urt. v. 14.11.1989 – 1 C 5.89, BVerwGE 84, 93 (98 ff.).

Art. 8 GG	Anmeldung, Verbot und Auflösung von Versammlungen und Demonstrationen;[101]
Art. 12 GG	Auswahlentscheidung unter potentiellen Markt-Beschickern gem. § 70 Abs. 3 GewO[102]
Art. 19 Abs. 4 GG	Auskunftserteilung über personenbezogene Daten;[103]
Art. 21 GG	Chancengleichheit der Parteien bei Wahlsendungen und dem Zugang zu öffentlichen Einrichtungen.[104]

Zur Bedeutung des Art. 12 Abs. 1 GG für den Beurteilungsspielraum im Prüfungsrecht sowie des Art. 33 Abs. 2 GG für den Beurteilungsspielraum im Beamtenrecht s. Rdn. 69 ff., 71.

d) Selbstbindung der Verwaltung

40 Handhabt die Verwaltung das ihr eingeräumte Ermessen – meist in Anwendung **ermessenssteuernder Verwaltungsvorschriften**[105] – im Sinne einer gefestigten, gleichmäßigen Verwaltungsübung, kann sie in gleich gelagerten Fällen wegen der Bindung an den **Gleichheitssatz** (Art. 3 Abs. 1 GG) ihr Ermessen nicht abweichend hiervon betätigen. Die Bildung einer gleichmäßigen Verwaltungspraxis wird vielfach zur Wahrung des Gleichheitssatzes geboten sein,[106] was die Rspr. etwa hinsichtlich des Einschreitens gegen illegale Anlagen immer wieder betont hat.[107] Normative Grundlage dieser Selbstbindung ist der Gleichheitsgrundsatz,[108] gelegentlich wird aber auch der Grundsatz des Vertrauensschutzes angeführt, vor allem wenn der Gleichheitssatz im Einzelfall nicht eingreift.[109] Durch die Selbstbindung erhalten Verwaltungsvorschriften,

---

101 BVerfG, Beschl. v. 14.05.1985 – 1 BvR 233/81 u. a., BVerfGE 69, 315 (Brokdorf); BVerwG, Urt. v. 29.10.1992 – 7 C 34.91, BVerwGE 91, 135 (148 – Bonner Hofgartenwiese); VGH Baden-Württemberg, Beschl. v. 29.03.1993 – 1 S 118/93, NVwZ-RR 1994, 87 (Ausschreitung gewaltbereiter Gruppen); VGH Hessen, Beschl. v. 22.04.1994 – 3 TH 1170/94, ESVGH 44, 260 = NVwZ 1994, 717 (»Cannabis-Weekend«)

102 VGH Baden-Württemberg, Urt. v. 27.02.2006 – 6 S 1508/04, ESVGH 56, 169

103 BVerwG, Urt. v. 20.02.1990 – 1 C 42.83, BVerwGE 84, 375 = NJW 1990, 2761 (Verfassungsschutz).

104 VGH Baden-Württemberg, Beschl. v. 18.02.1994 – 1 S 436/94, DÖV 1994, 569 (Überlassung der Stadthalle); OVG Hamburg, Beschl. v. 07.09.1993 – Bs III 337/93, NJW 1994, 70 (Wahlsendung).

105 Vgl. etwa OVG Nordrhein-Westfalen, Beschl. v. 29.05.2017 – 4 A 516/15, WKRS 2017, 14644.

106 BVerwG, Urt. v. 22.01.1969 – VI C 52.65, BVerwGE 31, 212 (214)

107 Z.B. BVerwG, Beschl. v. 22.04.1995 – 4 B 55.95, BRS 57 Nr. 248; Beschl. v. 19.02.1992 – 7 B 106.91 – NVwZ-RR 1992, 360; VGH Baden-Württemberg, Urt. v. 29.02.1996 – 8 S 3371/95, BauR 1996, 699; OVG Nordrhein-Westfalen, Urt. v. 19.12.1990 – 10 A 2077/87, NVwZ-RR 1991, 545; VGH Hessen, Beschl. v. 12.07.1985 – 4 TH 530/85, NVwZ 1986, 683.

108 *Stern*, Bd. III/1, § 74 II 5 b) m.w.N.

109 OVG Nordrhein-Westfalen, Urt. v. 30.01.1976 – IV A 986/74, BB 1976, 1534; VGH Baden-Württemberg, Urt. v. 12.06.1990 – 10 S 3081/89, NVwZ 1991, 1199; BGH,

die sich nicht an den Bürger wenden, sondern Anweisungen für die Bediensteten in der Verwaltung sind, in dem Sinne »Außenwirkung«, dass dem Betroffenen ein Anspruch auf Einhaltung der durch sie vermittelten Verwaltungspraxis auch in seinem Fall erwächst. Ein allgemeiner Anspruch auf Herausgabe oder Veröffentlichung von Verwaltungsvorschriften besteht gleichwohl nicht, die Einsichtnahme kommt nur für Verfahrensbeteiligte oder – darüber hinaus – bei berechtigtem Interesse nach pflichtgemäßem Ermessen der Behörde in Betracht. Nicht ausreichend ist etwa, dass der Interessierte als Rechtsanwalt auf einem bestimmten Rechtsgebiet tätig ist.[110]

Voraussetzung der Selbstbindung ist jedoch, dass die Verwaltungsübung bzw. die ihr zugrunde liegende Verwaltungsvorschrift selbst rechtmäßig ist, d.h. insb. sich i.R.d. Ermessensermächtigung hält und frei von Ermessensfehlern ist. Steht die Ermessensentscheidung zwar im Einklang mit der Verwaltungsvorschrift, ist diese aber fehlerhaft, liegt eine fehlerhafte Ermessensentscheidung vor.[111] Andernfalls würde eine rechtswidrige Verwaltungspraxis unter dem Gesichtspunkt der Gleichbehandlung das objektive Recht derogieren, was der Grundsatz der Gesetzmäßigkeit der Verwaltung (Art. 20 Abs. 3 GG) verbietet. Es besteht deshalb kein Anspruch des Betroffenen, dass die Behörde die fehlerhafte Praxis in seinem Fall fortsetzt, denn der Gleichheitssatz ist nur auf eine Gleichbehandlung im Recht ausgerichtet.[112] Eine rechtswidrige Verwaltungspraxis begründet auch keinen Vertrauensschutz. Die Verwaltung kann nicht gezwungen sein, wegen dieses Gesichtspunkts gegen das Gesetz zu handeln; allenfalls kommt ein Anspruch auf Schadensersatz in Betracht.[113] Auf die Selbstbindung kann sich der Betroffene zudem nur berufen, wenn die Ermessensermächtigung, auf der die Verwaltungspraxis beruht, auch seinen Interessen zu dienen bestimmt ist. Dies ist nicht der Fall, wo die Behörde bei der Ermessensausübung nur öffentliche Belange – wie bei der Einberufung von Wehrpflichtigen den Gesichtspunkte der optimalen Personalplanung – verfolgt.[114] 41

Maßgeblich für die Bindungswirkung einer Verwaltungsvorschrift ist deren tatsächliche – möglicherweise abweichende – Anwendung, weil der Vorschrift Rechtswirkung nach außen nur über ihre Anwendung auf der Grundlage des Gleichbehandlungsgrundsatzes zukommt. Eine Ermessensrichtlinie kann deshalb u. U. durch eine 42

Beschl. v. 13.10.1986 – NotZ 13/86, NJW 1987, 1329 (1331); vgl. zu einem weiteren Begründungsansatz auch Lange, NJW 1992, 1193.

110 BVerwG, Urt. v. 18.10.1984 – 7 C 10.81, NJW 1985, 1234 m.w.N.

111 BVerwG, Urt. v. 14.03.1985 – 5 C 145.83, BVerwGE 71, 139 (148); VGH Bayern, Beschl. v. 12.09.1990 – 12 CE 90.1602, NVwZ-RR 1991, 441.

112 BVerwG, Urt. v. 10.12.1969 – VIII C 104.69, BVerwGE 34, 278 (283); Urt. v. 22.01.1969 – VI C 52.65, BVerwGE 31, 212 (214); Urt. v. 19.06.1974 – VIII C 89.73, BVerwGE 45, 197 = NJW 1975, 180.

113 BVerwG, Urt. v. 10.12.1969 – VIII C 104.69, BVerwGE 34, 278 (284).

114 BVerwG, Urt. v. 19.06.1974 – VIII C 89.73, BVerwGE 45, 197 = NJW 1975, 180, die Grenze bildet die Willkür.

abweichende Praxis gegenstandslos werden.[115] Bedeutsam sind allerdings nur Abweichungen der Praxis von der Verwaltungsvorschrift, die von ihrem Urheber gebilligt oder jedenfalls geduldet werden.[116] Verwaltungsvorschriften sind nicht wie Rechtsvorschriften, sondern wie Willenserklärungen **nach § 133 BGB** auszulegen.[117] Bindungswirkung soll auch einer mit einer Verwaltungsvorschrift erst beabsichtigten (»antizipierten«) Verwaltungspraxis zukommen.[118] Der Gleichheitssatz verwehrt es der Behörde nicht, die Selbstbindung aus sachlichen Gründen für die Zukunft zu ändern, sofern die Änderung gleichzeitig auf alle neu Betroffenen Anwendung findet.[119]

43 Handelt die Behörde ohne weitere Ermessenserwägungen entsprechend der (rechtmäßigen) Richtlinie, ist dies kein Ermessensmangel. Allerdings endet die Ermessensbindung, wo bei ihrer strikten Beachtung wesentlichen Besonderheiten des einzelnen Falles nicht mehr Rechnung getragen würde. Wesentliche Abweichungen vom Regelfall, auf den die Richtlinie zugeschnitten ist, müssen daher bei der Ermessensausübung berücksichtigt werden. Die Behörde ist deshalb verpflichtet, bei Anwendung der Richtlinie zu prüfen, ob Besonderheiten vorliegen.[120]

44 Von Ermessensrichtlinien abzugrenzen sind die sog. »normkonkretisierenden Verwaltungsvorschriften«. Hier geht es grundsätzlich nicht um ein Ermessen; vielmehr um die Ausfüllung unbestimmter Rechtsbegriffe auf der Tatbestandsseite einer Norm. Die Konkretisierung wird von der Einzelentscheidung im jeweiligen VA in eine abstrakt generalisierende Regelung vorverlagert, um so die Einheitlichkeit des Verwaltungshandelns sicherzustellen.[121] Das Gesetz verweist auf ein außerhalb bestehendes Regelwerk (im Bereich des Umwelt- und Technikrechts z.B. mit der Formulierung »Stand der Technik«). Aufgrund dessen entfaltet das in Bezug genommene Regelwerk rechtliche Außenwirkung und ist selbst für die Gerichte verbindlich.[122]

---

115 BVerwG, Urt. v. 30.04.1981 – 2 C 8.79, DVBl 1981, 1062 = NVwZ 1982, 101; Urt. v. 07.05.1981 – 2 C 5.79, DVBl 1982, 195 (197).

116 BVerwG, Urt. v. 07.05.1981 – 2 C 5.79, DVBl 1982, 195 (197); Urt. v. 24.03.1977 – II C 14.75, BVerwGE 52, 193 (199); Beschl. v. 31.08.1988 – 1 WB 143.87, BVerwGE 86, 55 (58).

117 BVerwG, Urt. v. 07.05.1981 – 2 C 5.79, DVBl 1982, 195 (197); Urt. v. 24.03.1977 – II C 14.75, BVerwGE 52, 193 (199).

118 BVerwG, Urt. v. 07.05.1981 u. 24.03.1977 (vorstehende Fn.); kritisch hierzu Stelkens/Bonk/Sachs/*Sachs* § 40 Rn. 112.

119 BVerwG, Beschl. v. 20.03.1973 – I WB 217.72, BVerwGE 46, 89; Beschl. v. 13.02.1981 – 5 B 2.80, Buchholz 431.1 Architekten Nr. 7; BGH, Beschl. v. 13.10.1986 – NotZ 13/86, NJW 1987, 1329 (1330).

120 BVerwG, Urt. v. 18.09.1984 – 1 A 4.83, BVerwGE 70, 127 (142); Beschl. v. 10.08.1990 – 1 B 114.89, NJW 1991, 650 (651); Beschl. v. 24.04.1989 – 1 A 36.89, NVwZ 1989, 762.

121 So BVerwG, Urt. v. 28.10.1998 – 8 C 16.96, BVerwGE 107, 338 = DVBl 1999, 399; vgl. auch OVG Berlin-Brandenburg, Urt. v. 14.12.2016 – 1 B 26.14, juris.

122 Anwendungsfälle nach der Rspr.: BVerwG, Urt. v. 20.12.1999 – 7 C 15.98, BVerwGE 110, 216 = DVBl 2000, 810; Urt. v. 29.08.2009 – 4 C 2.07, BVerwGE 129, 209 = DVBl 2007, 1564: § 48 BImSchG i.V.m. TA Luft oder TA Lärm, BVerwG, Urt. v. 28.10.1998 – 8 C 16.96, BVerwGE 107, 338 = DVBl 1999, 399: § 7a WHG a.F. i.V.m. der Rahmen-AbwasserVwV; VGH Baden-Württemberg, Beschl. v. 14.11.2011 – 8 S 1281/11, GewArch

4. Hinreichende Tatsachengrundlage

Voraussetzung einer fehlerfreien Ermessensentscheidung ist zudem, dass die Behörde von zutreffenden Tatsachen ausgegangen ist sowie alle erheblichen Umstände ermittelt und berücksichtigt hat. Ist sie von Tatsachen ausgegangen, die nicht vorlagen, oder hat sie wesentliche Umstände nicht gekannt, war sie von vornherein nicht in der Lage, eine sachgerechte Ermessensentscheidung zu treffen.[123] Die Verpflichtung zur Sachverhaltsermittlung der Behörde ergibt sich aus § 24 und kann durch Grundrechte verstärkt werden.[124] Ob die Behörde die Entscheidung auch bei zureichender Tatsachenkenntnis hätte treffen dürfen, ist unerheblich, denn es ist grundsätzlich denkbar, dass sie bei vollständiger oder zutreffender Kenntnis des Sachverhalts zu einem anderen Ergebnis gekommen wäre. Eine unzureichende Tatsachengrundlage führt nur dann nicht zur Rechtswidrigkeit, wenn das Ermessen ausnahmsweise auf Null reduziert ist (vgl. § 46). 45

5. Verfahrensfehler

Ebenfalls fehlerhaft kann die Ermessensentscheidung bei Nichtbeachtung eines vorgeschriebenen Verfahrens sein. Verfahrensvorschriften schaffen die äußeren Voraussetzungen für eine möglichst sachgerechte Ermessensentscheidung und stellen – wie z.B. die Anhörung nach § 28 – oft sicher, dass die Ermessensentscheidung auf breiter Tatsachengrundlage unter Einschluss von Belangen des Beteiligten getroffen wird. Wie bei der Ermessensentscheidung auf unzureichender Tatsachengrundlage (Rdn. 45) ist es unerheblich, ob bei Einhaltung des erforderlichen Verfahrens dieselbe Entscheidung hätte getroffen werden dürfen, denn bei Ermessensentscheidungen ist meist nicht auszuschließen, dass auch eine andere Entscheidung ergangen wäre. Die Behörde muss deshalb das ordnungsgemäße Verfahren durchführen und eine neue Ermessensentscheidung treffen.[125] Unbeachtlich ist der Verfahrensfehler allerdings dann, wenn das Ermessen auf Null reduziert ist und deshalb in der Sache – wie bei der gebundenen Verwaltung – auch bei ordnungsgemäßem Verfahren keine andere Entscheidung hätte 46

2012, 125: § 21 Abs. 4 UVPG i.V.m. § 9 Abs. 5 RohrFLtgV i.V.m. der Technischen Regel für Rohrfernleitungen (TRFL). Zu verfassungsrechtlichen Grenzen vgl. BVerfG, Beschl. v. 31.05.2011 – 1 BvR 857/07, BVerfGE 129, 1.

123 Vgl. BVerfG, Beschl. v. 18.07.1979 – 1 BvR 650/77, BVerfGE 51, 386 (399 f.); BVerwG, Urt. v. 16.06.1970 – I C 47.69, BVerwGE 35, 291 (296 f.); BVerwG, Urt. v. 18.03.1983 – 1 C 99.78, NJW 1983, 1988: Ausweisung; BVerwG, Urt. v. 12.10.1989 – 2 C 22.87, BVerwGE 82, 356 (362), Entlassung eines Beamten; VGH Baden-Württemberg, Urt. v. 01.10.1991 –5 S 1823/90, NVwZ-RR 1992, 350, Störerauswahl; VGH Hessen, Beschl. v. 12.10.1987 –1 TG 2528/87, ZBR 1989, 378, Beförderungsentscheidung; aus dem Planungsrecht: BVerwG, Urt. v. 11.04.1986 – 4 C 53.82, DVBl 1986, 1007.

124 Z.B. BVerfG, Beschl. v. 14.11.1979 – 1 BvR 654/79, BVerfGE 52, 391 (407) für Art. 16 GG a.F. im Asyl- und Auslieferungsrecht.

125 BVerwG, Urt. v. 15.12.1983 – 3 C 27.82, BVerwGE 68, 267 (275), unterbliebene Anhörung; VGH Baden-Württemberg, Urt. v. 22.07.1991 – 1 S 1258/90, VBlBW 1992, 141 (143), fehlende Öffentlichkeit der Gemeinderatssitzung; VGH Bayern, Beschl. v. 16.10.1989 – 3 CE 89.02833, NVwZ 1990, 285.

getroffen werden können.[126] Ferner wird in der Rspr.[127] angenommen, dass ein Verfahrensfehler auch dann nicht zur Rechtswidrigkeit der Ermessensentscheidung führt, wenn im Einzelfall feststeht, dass er sich tatsächlich nicht auf das Entscheidungsergebnis ausgewirkt hat. Diese Rspr. wird durch die Neufassung des § 46 bestätigt, die auf die Kausalität des Form- und Verfahrensfehlers abstellt und die Aufhebung des VA ausschließt, wenn die Behörde bei Vermeidung des Fehlers dieselbe Entscheidung getroffen hätte. Allerdings muss die fehlende Kausalität offensichtlich sein, im Zweifel ist hiervon nicht auszugehen. Die Beweislast liegt bei der Behörde. Die unsubstantiierte Behauptung, sie hätte in jedem Fall so entschieden, ist nicht ausreichend.[128]

6. Sonstige Anforderungen

47 Nach der Rspr. des BVerfG ist die Ermessensausübung auch fehlerhaft, wenn die **Entscheidung nicht rechtzeitig getroffen wird.** Hinsichtlich der Gewährung von Urlaub für Strafgefangene hat das Gericht diesen Anspruch aus dem Ziel der Resozialisierung abgeleitet,[129] in anderen Entscheidungen wird eine allgemeine dogmatische Begründung nur angedeutet.[130]

II. Anspruch auf fehlerfreie Ermessensentscheidung

48 Unter dem Schlagwort »Anspruch auf fehlerfreie Ermessensentscheidung« wird die Frage behandelt, ob der immer bestehenden objektiven Verpflichtung der Verwaltung zur ordnungsgemäßen Ausübung des ihr eingeräumten Ermessens (Rdn. 21 ff.) zusätzlich ein subjektives Recht des Betroffenen entspricht, diese Pflicht geltend zu machen.[131] Besteht ein solches **subjektives Recht** eindeutig nicht, ist eine Klage des Betroffenen wegen fehlender **Klagebefugnis** (§ 42 Abs. 2 VwGO) bereits unzulässig.[132] Dies ist dann der Fall, wenn nach einer rechtlichen und tatsächlichen Betrachtung der konkreten Angelegenheit klar ist, dass kein Rechtssatz auch nur abstrakt zum Schutz des Betroffenen geeignet ist.[133] Erscheint ein subjektiver Schutz dagegen möglich, kann eine Klage zulässig sein, ohne dass es bereits auf der Zulässigkeitsebene einer abschließenden Klärung der für den subjektiven Schutz erforderlichen Voraussetzungen

---

126 Das BVerwG, Beschl. v. 15.01.1988 – 7 B 182.87, NVwZ 1988, 525 bejaht die Anwendung des § 46a.F. auch für diesen Fall.

127 VGH Bayern, Beschl. v. 16.04.1981 – 20 CS 80 D.61, NVwZ 1982, 510; BVerwG, Urt. v. 13.09.1978 – 8 C 18.78, BVerwGE 56, 230 (233).

128 Vgl. *Schmitz/Wessendorf*, NVwZ 1996, 955 (958).

129 BVerfG, Beschl. v. 26.02.1985 – 2 BvR 1145/83, BVerfGE 69, 161 (169 f.).

130 BVerfG, Beschl. v. 09.02.1982 – 2 BvL 6/78 u. a., BVerfGE 60, 16 (41 f.).

131 Eingehend zum Anspruch auf fehlerfreie Ermessensausübung: *Pietzcker*, JuS 1982, 106.

132 BVerfG, Beschl. v. 06.07.1989 – 1 BvR 290/87, NJW 1990, 2249; *BVerwG*, Urt. v. 12.09.1980 – 7 C 23.79, NJW 1981, 2075.

133 BVerfG, Beschl. v. 10.06.2009 – 1 BvR 198/08, NVwZ 2009, 1426; zum Maßstab bei der Beschwerdebefugnis im Rahmen einer Verfassungsbeschwerde vgl. BVerfG, Urt. v. 01.12.2009 – 1 BvR 2857/07 u. a., BVerfGE 125, 39 = DVBl 2010, 108.

bedarf.[134] Die Klage ist allerdings selbst bei objektiv fehlerhafter Ermessensausübung jedenfalls unbegründet, wenn es nach abschließender Beurteilung an einem subjektiven Schutz fehlt (§ 113 Abs. 1 Satz 1, Abs. 5 VwGO).[135]

1. Ableitung des Anspruchs

Ebenso wie § 40 das Bestehen von Ermessensermächtigungen voraussetzt und nicht 49
entbehrlich macht (Rdn. 11), begründet die Vorschrift selbst keine subjektiven Rechte auf ermessensfehlerfreie Entscheidung, sondern geht davon aus, dass die Rechtsordnung solche an anderer Stelle verleiht.[136] Auch der in Art. 19 Abs. 4 GG verbürgte Rechtsschutz setzt den Bestand einer subjektiven Rechtsposition voraus, begründet sie aber nicht.[137] **Der Anspruch auf fehlerfreie Ermessensausübung ergibt sich zumeist aus der zur Ermessensausübung ermächtigenden Norm.** Ob sich aus einer Norm ein solcher Anspruch ableiten lässt, bestimmt sich nach nahezu einhelliger Meinung in Rspr.[138] und Literatur[139] danach, ob sie nur dem öffentlichen Interesse dienen soll oder daneben zumindest auch dem Individualinteresse; nicht ausreichend ist allerdings eine bloße Reflexwirkung, d.h. die Begünstigung des Einzelnen lediglich aus Gründen des Interesses der Allgemeinheit (**Schutznormtheorie**). Im Bereich der leistenden Verwaltung, wo mangels gesetzlicher Regelung keine begünstigenden Ermessensermächtigungen bestehen, kommt ein Anspruch auf ermessensfehlerfreie Entscheidung aus dem Gleichheitssatz (Art. 3 Abs. 1 GG) in Betracht.[140] Auch der Anspruch auf fehlerfreie Ermessensausübung gewährt kein Recht, Belange geltend zu machen, die die Behörde nur im öffentlichen Interesse zu berücksichtigen hat und die eine Ermessensentscheidung deshalb nicht rechtswidrig, sondern nur unzweckmäßig machen (Rdn. 28).

Wann eine Norm auch den Einzelnen begünstigt, ist Frage der Auslegung. Zwingen- 50
de, verallgemeinerungsfähige Kriterien wurden bislang nicht überzeugend herausgearbeitet. Verbleiben bei der Auslegung Zweifel, ist der aus Art. 19 Abs. 4 GG hergeleitete Grundsatz anzuwenden, dass diejenige Interpretation des Gesetzes den Vorzug

134 BVerwG, Urt. v. 10.07.2001 – 1 C 35.00, BVerwGE 114, 356 = DVBl 2001, 1770.
135 BVerwG, Beschl. v. 10.11.1992 – 4 B 216.92, NVwZ-RR 1994, 9.
136 BT-Drucks. 7/910, S. 61. Vgl. auch BGH, Beschl. v. 14.07.2015 – KVR 55/14, NJW 2015, 3648.
137 Statt vieler: BVerfG, Urt. v. 17.12.1969 – 2 BvR 23/65, BVerfGE 27, 297 (305); Urt. v. 24.04.1985 – 2 BvF 2/83, BVerfGE 69, 1 (49); Beschl. v. 06.07.1989 – 1 BvR 290/87, NJW 1990, 2249.
138 Statt vieler: BVerfG, Urt. v. 17.12.1969 – 2 BvR 23/65, BVerfGE 27, 297 (307); Beschl. v. 06.07.1989 – 1 BvR 290/87, NJW 1990, 2249; BVerwG, Urt. v. 03.03.1987 – 1 C 15.85, BVerwGE 77, 70 (73); Urt. v. 15.11.1985 – 8 C 43.83, BVerwGE 72., 226 (229 f.); Urt. v. 01.12.1982 – 7 C 111.81, BVerwGE 66, 307 (308); Urt. v. 22.12.1980 – 7 C 84.78, BVerwGE 61, 256 (262).
139 Vgl. z.B. Knack/Henneke/*Ruffert* § 40 Rn. 80; Kopp/Ramsauer § 40 Rn. 32 ff., jeweils m.w.N.
140 Vgl. Stelkens/Bonk/Sachs/*Sachs* § 40 Rn. 143; **a.A.** BVerwG, 07.01.1972 – IV C 49.68, BVerwGE 39, 235 (238).

verdient, die dem Bürger einen Rechtsanspruch einräumt.[141] Anhaltspunkte liefert ein Blick in die umfangreiche Kasuistik. **Beispiele für einen Anspruch auf fehlerfreie Ermessensausübung** sind: Einbürgerungsentscheidung, obwohl für die Entscheidung staatliche Interessen maßgeblich sind;[142] Erlaubnis im Wasserrecht,[143] Gestaltung des Telefon-Ortsnetzes durch die Bundespost für eine Gemeinde,[144] Drittschutz im Baurecht für die Befreiung;[145] Entscheidung über ein außerhalb des Anwendungsbereichs von § 29 liegendes Akteneinsichtsrecht bei einem eigenen, gewichtigen und auf andere Weise nicht zu befriedigenden Interesse.[146] **Verneint** wurde ein Anspruch auf ermessensfehlerfreie Entscheidung in folgenden Fällen: Genehmigung des Versicherungstarifs durch das Bundesaufsichtsamt für den Versicherten;[147] Art. 33 Abs. 4 GG für die Ernennung zum Beamten;[148] Reaktivierung eines Beamten nach § 46 Abs. 1 und 2 BBG;[149] Zustimmung zur Mitwirkung im Katastrophenschutz;[150] Wegweiser auf einen Gewerbebetrieb;[151] Einschreiten der Polizei mittels Verwarnung und Bußgeldverfahren zugunsten vom Lärm betroffener Anwohner;[152] Zuweisung von Asylbewerbern;[153] Duldungsanordnung nach § 179 BauGB hinsichtlich des Nachbarn des Adressaten;[154] Benutzung einer Anstalt (Schleuse) für Nutzungen außerhalb des Anstaltszwecks (gewerblicher Verkauf);[155] Auswahlermessen bei der Einberufung von Wehrpflichtigen.[156]

2. Ermessensreduzierung auf Null

51 Im Einzelfall kann das Ermessen derart eingeschränkt sein, dass die **Wahl aller Rechtsfolgen bis auf eine ermessensfehlerhaft wäre** (sog. Ermessensreduzierung auf Null). Die Behörde muss dann diese eine Rechtsfolge setzen. Damit korrespondiert ein

141 BVerfG, Beschl. v. 06.07.1989 – 1 BvR 290/87, NJW 1990, 2249 m.w.N.
142 BVerwG, Urt. v. 21.10.1986 – 1 C 44.84, BVerwGE 75, 86 = NJW 1987, 856 (857); Urt. v. 01.07.1975 – I C 44.70, BVerwGE 49, 44 = NJW 1975, 2156.
143 BVerwG, Urt. v. 15.07.1987 – 4 C 56.83, BVerwGE 78, 40.
144 BVerwG, Urt. v. 12.09.1980 – 7 C 23.79, NJW 1981, 2075.
145 BVerwG, Urt. v. 19.09.1986 – 4 C 8.84, DVBl 1987, 476.
146 BGH, Beschl. v. 14.07.2015 – KVR 55/14, NJW 2015, 3648.
147 BVerwG, Urt. v. 25.11.1986 – 1 A 20.82, BVerwGE 75, 147 = NJW 1987, 1837; bestätigt: BVerfG, Beschl. v. 06.07.1989 – 1 BvR 290/87, NJW 1990, 2249.
148 VGH Baden-Württemberg, Urt. v. 18.03.1980 – IV 1631/79, NJW 1980, 1868 m. Anm. *Skouris*, NJW 1980, 2727.
149 VGH Baden-Württemberg, Beschl. v. 17.01.2017 – 4 S 1726/16, juris.
150 BVerwG, Urt. v. 29.06.1990 – 8 C 26.89, BVerwGE 85, 220 = NVwZ-RR 1991, 97.
151 BVerwG, Beschl. v. 02.08.1989 – 7 B 62.89, NJW 1990, 400.
152 OVG Nordrhein-Westfalen, Urt. v. 26.01.1982 – 4 A 2586/80, NVwZ 1983, 101.
153 OVG Nordrhein-Westfalen, Beschl. v. 28.11.1990 – 17 B 23316/90, DÖV 1991, 513 nur sehr eingeschränkt überprüfbar.
154 BVerwG, Beschl. v. 10.11.1992 – 4 B 216.92, NVwZ-RR 1994, 9.
155 BVerwG, Urt. v. 07.01.1972 – IV C 49.68, BVerwGE 39, 235.
156 BVerwG, Urt. v. 19.06.1974 – VIII C 89.73, BVerwGE 45, 197 = NJW 1975, 180.

Rechtsanspruch des Betroffenen auf diese Rechtsfolge.[157] Eine solche Beschränkung des Ermessens kann nur unter engen Voraussetzungen angenommen werden, andernfalls würde die Zielsetzung des Gesetzgebers unterlaufen, der mit der Ermessensermächtigung einen Gestaltungsspielraum für die Verwaltung eröffnen mochte. Umstände, die z.B. im Polizei- und Ordnungsrecht[158] zu einer Ermessensreduzierung führen können, sind die besondere Intensität und Schwere einer Störung bzw. ein hoher Gefährdungsgrad sowie die Wertigkeit des betroffenen Rechtsgutes, bei bedeutenden Rechtsgütern wie Gesundheit und Leben kann ein geringerer Störungs- bzw. Gefährdungsgrad eine Pflicht zum Einschreiten begründen als bei weniger bedeutenden Rechtsgütern. Ermessenseinschränkend bis zur Reduzierung auf Null können insb. Grundrechte[159] oder eine ständige Verwaltungsübung[160] wirken. Auf eine Ermessensreduzierung auf Null für den vom Gesetz vorgesehenen Regelfall läuft die Annahme eines intendierten Ermessens (Rdn. 16) hinaus.[161] Eine Ermessensreduzierung im Einzelfall kann sich ferner wegen Selbstbindung durch eine Zusage ergeben.[162] Ist das Entschließungsermessen (Rdn. 20) auf Null reduziert und die Behörde deshalb zum Einschreiten verpflichtet, kann es immer noch in ihrem Ermessen stehen, wie sie einschreitet (Auswahlermessen).

D. Kontrolle von Ermessensentscheidungen

Der Betroffene kann die Kontrolle eines im Ermessen der Behörde stehenden VAs 52
im **Widerspruchsverfahren** und nachfolgend im **Klageverfahren** erreichen. **Kontrollmaßstäbe und Kontrolldichte in diesen Verfahren unterscheiden sich grundlegend.**

I. Widerspruchsverfahren

Anders als dem Gericht nach § 114 VwGO obliegt der Widerspruchsbehörde nach 53
§ 68 Abs. 1 Satz 1 VwGO die Prüfung der Rechtmäßigkeit und Zweckmäßigkeit des VA. Aus dieser umfassenden Kontrolle und der verfahrensrechtlichen Einheit von Ausgangs- und Widerspruchsverfahren (§§ 68, 79 VwGO) ergibt sich, dass der **Widerspruchsbehörde** grundsätzlich die **volle Entscheidungskompetenz zusteht** wie der Ausgangsbehörde. Sie ist deshalb **befugt**, den von der Ausgangsbehörde erlassenen VA mit anderen rechtlichen oder tatsächlichen Erwägungen zu begründen und insb. deren Ermessenserwägungen in vollem Umfang abzuändern oder zu ersetzen, also **eine neue, eigene Ermessensentscheidung zu treffen.**[163] Die Widerspruchsbehörde kann

---

157 BVerwG, Urt. v. 17.08.1960 – VI C 371.57, BVerwGE 11, 92; Urt. v. 12.07.1963 – IV C 177.62, BVerwGE 16, 214 (219); Urt. v. 14.03.1984 – 6 C 107.82, BVerwGE 69, 90 (94); Urt. v. 22.12.1993 – 11 C 46.92, BVerwGE 95, 15 (19).

158 Vgl. die umfassende Darstellung, auch der geschichtlichen Entwicklung, bei *Drews/Wacke/Vogel/Martens*, § 24 8 m.w.N.; für das Baurecht *Sarnighausen*, NJW 1993, 1623.

159 BVerwG, Urt. v. 22.12.1993 – 11 C 46.92, BVerwGE 95, 15 (19 f.) zu Art. 12 GG.

160 VGH Hessen, Beschl. v. 20.01.1993 – 6 TG 158/93, NJW 1993, 2331.

161 VGH Hessen, Urt. v. 20.02.1990 – 11 UE 2161/85, NVwZ 1991, 280 (281) zu § 16 Abs. 3 Satz 1 HandwO.

162 VGH Baden-Württemberg, Beschl. v. 06.11.2017 – 4 S 2064/17, juris.

163 Vgl. Knack/Henneke/*Ruffert* § 40 Rn. 82.

deshalb etwa aus Gründen der »inneren« Ermessensbindung (Rdn. 28) eine andere Entscheidung treffen, weil sie diese für kostengünstiger, effizienter oder sonst mit dem Allgemeinwohl für besser vereinbar hält, oder sie kann anders entscheiden, weil sie dies gegenüber dem Widerspruchsführer für zweckmäßiger hält.[164]

54 Auch bei Ermessensentscheidungen ist Gegenstand der gerichtlichen Überprüfung der ursprüngliche VA in der Gestalt, die er durch den Widerspruchsbescheid erfahren hat (§ 79 Abs. 1 VwGO). Da die Widerspruchsbehörde die Ermessenserwägungen der Ausgangsbehörde ergänzen und eine eigene Ermessensentscheidung treffen kann, sind für die gerichtliche Prüfung die Ermessenserwägungen im Widerspruchsbescheid maßgeblich.[165] Hiernach kann der auf fehlerfreier Ermessensausübung beruhende **Ausgangsbescheid durch fehlerhafte Ermessenserwägungen im Widerspruchsbescheid rechtswidrig werden;**[166] **andererseits** können aber auch **Ermessensfehler der Ausgangsbehörde** einschließlich des Nichtgebrauchs des Ermessens **durch** eine ordnungsgemäße Ermessensausübung der **Widerspruchsbehörde »geheilt« werden.** Maßgeblich für die gerichtliche Kontrolle ist beim Anfechtungsbegehren in zeitlicher Hinsicht der Zeitpunkt des Erlasses des Widerspruchsbescheides.[167]

II. Gerichtsverfahren

55 Eine Überprüfung der Ermessensentscheidung durch das Verwaltungsgericht auf eine Klage des Betroffenen setzt zunächst voraus, dass ein Anspruch auf fehlerfreie Ermessensausübung zu seinen Gunsten immerhin möglich erscheint. Ansonsten ist die Klage wegen fehlender Klagebefugnis (§ 42 Abs. 2 VwGO) unzulässig (Rdn. 48).

56 Inhaltlich ist die Kontrolle des Gerichts durch **§ 114 Satz 1 VwGO** darauf beschränkt, ob die Behörde die Grenzen des Ermessens beachtet und ihr Ermessen entsprechend dem Zweck der Ermächtigung ausgeübt hat. Die Formulierung »auch« in § 114 Satz 1 VwGO ist entstehungsgeschichtlich begründet und hat nach der Kodifizierung des Ermessens in § 40 keine Bedeutung, sie ist keinesfalls im Sinne einer erweiterten Kontrollbefugnis zu verstehen.[168] Ob die Entscheidung (gegenüber dem Betroffenen) zweckmäßig ist und ob die Behörde die »innere« Ermessensbindung beachtet, d.h. eine am Allgemeinwohl orientierte Entscheidung getroffen hat, unterliegt hiernach nicht der gerichtlichen Überprüfung.

57 Ist die Ermessensentscheidung fehlerhaft, so hebt das Gericht sie beim **Anfechtungsbegehren** auf (§ 113 Abs. 1 Satz 1, 114 VwGO). Beim **Verpflichtungsbegehren** wird die Behörde zur **Neubescheidung** unter Beachtung der Rechtsauffassung des Gerichts

164 Vgl. Knack/Henneke/*Ruffert* § 40 Rn. 82.

165 BVerwG, Urt. v. 27.10.1987 – 1 C 19.85, BVerwGE 78, 192 (200); Urt. v. 13.11.1981 – 1 C 69.78, NJW 1982, 1413; Beschl. v. 19.08.1988 – 1 B 6.88, NVwZ 1989, 66.

166 Vgl. VGH Baden-Württemberg, Urt. v. 15.11.1989 – 6 S 2694/88, NVwZ 1990, 1085; auch VGH Hessen, Urt. v. 23.02.1988 – 9 UE 1965/85, NVwZ 1988, 743.

167 BVerwG, Urt. v. 16.10.1979 – I C 20.75, BVerwGE 58, 352 = NJW 1980, 2033; Urt. v. 25.03.1981 – 8 C 69.80, BVerwGE 62, 80 (81).

168 So zutreffend Schoch/Schneider/Bier/*Gerhardt*, § 114 Rn. 2.

verpflichtet (§ 113 Abs. 5 Satz 2 VwGO). Kommt wegen der Reduzierung des Ermessens auf Null (Rdn. 51) ausnahmsweise nur der Erlass eines bestimmten VA in Betracht, ist die Sache also spruchreif, kann das Gericht die Behörde zum Erlass des begehrten VA verpflichten. Gleiches gilt auch, wenn die erstrebte Leistung der Behörde kein VA und deshalb die Leistungsklage statthafte Klageart ist.[169]

Im verwaltungsgerichtlichen Verfahren können Ermessensfehler anders als im Widerspruchsverfahren (Rdn. 54) nur begrenzt »geheilt« werden. Jederzeit **zulässig ist die Konkretisierung** und Erläuterung **bereits angestellter Ermessenserwägungen. Erforderliche, aber im Verwaltungsverfahren unterlassene Ermessenserwägungen und Sachverhaltsfeststellungen können jedoch im Prozess nicht mit »heilender Wirkung« angestellt werden.**[170] Nach **§ 45 Abs. 1 Nr. 2, Abs. 2 n.F.** kann zwar eine erforderliche Begründung nunmehr noch im Gerichtsverfahren nachgeholt werden; diese Regelung betrifft jedoch nur die nach § 39 erforderliche formelle Begründung und trifft keine Aussage zur Korrektur materieller Ermessensfehler. Hat die Behörde erforderliche und wesentliche Ermessenserwägungen nicht angestellt und will diese im Prozess »nachschieben«, erlässt sie in Wirklichkeit einen neuen, geänderten VA.[171] Diese **Grenze für die Ergänzung von Ermessenserwägungen ist auch durch § 114 Satz 2 VwGO n.F. nicht erweitert worden.** Nach Wortlaut (»ergänzen«) und Entstehungsgeschichte ist **jedenfalls das (völlige) Auswechseln von Ermessenserwägungen und die erstmalige Betätigung des Ermessens im Prozess unzulässig.**[172] 58

Zu beachten ist aber, dass der Anspruch auf fehlerfreie Ermessensausübung beim Verpflichtungsbegehren auch noch im laufenden Verwaltungsstreitverfahren erfüllt werden kann, indem die **Behörde im Prozess die** im Verwaltungsverfahren getroffene fehlerhafte **Entscheidung durch einen neuen, nunmehr fehlerfreien (ablehnenden) VA ersetzt.** Der Kläger kann in diesem Fall den Rechtsstreit für erledigt erklären, um die Verfahrenskosten abzuwenden. Ein solcher VA kann u. U. auch ohne ausdrückliche Erklärung einem im Prozess eingereichten Schriftsatz der Behörde zu entnehmen sein.[173] Allerdings darf hierdurch die in § 68 VwGO vorgesehene Zweckmäßigkeitskontrolle durch eine von der Ausgangsbehörde verschiedene Widerspruchsbehörde nicht unterlaufen werden, denn der Betroffene erhält damit eine wesentlich umfassendere Prüfung als durch die Rechtskontrolle nach § 114 VwGO. Das »Nachschieben« von erforderlichen Ermessenserwägungen, das zur Änderung des VAs führt, ist deshalb nur zulässig, wenn Ausgangs- und Widerspruchsbehörde identisch sind (vgl. 59

---

169 Vgl. Knack/Henneke/*Ruffert* § 40 Rn. 88.

170 Näher etwa Bader/Funke-Kaiser/Stuhlfauth/v. Albedyll/*Stuhlfauth* VwGO § 114 Rn. 50 ff.

171 Vgl. BVerwG, Urt. v. 18.05.1990 – 8 C 48.88, BVerwGE 85, 163 (166).

172 Bader/Funke-Kaiser/Stuhlfauth/v. Albedyll/*Stuhlfauth* VwGO § 114 Rn. 55 m.w.N.; ausnahmsweise einschränkend allerdings BVerwG, Urt. v. 13.12.2011 – 1 C 14.10, BVerwGE 141, 253: Wenn sich aufgrund neuer Umstände die Notwendigkeit einer Ermessensausübung erst nach Klageerhebung ergebe, schließe es § 114 Satz 2 VwGO im Rechtsstreit um die Ausweisung eines Ausländers nicht aus, eine behördliche Ermessensentscheidung erstmals im gerichtlichen Verfahren zu treffen und zur gerichtlichen Prüfung zu stellen.

173 So BVerwG, Urt. v. 01.10.1986 – 8 C 29.84, DVBl 1987, 241 = NJW 1987, 1564.

§ 73 Abs. 1 Nr. 2, 3 VwGO) oder ein Widerspruchsverfahren nicht erforderlich ist (z.B. nach § 68 Abs. 1 Satz 2 Nr. 1 VwGO).[174]

60 Bei der gegen eine Ermessensentscheidung gerichteten Anfechtungsklage ist ebenfalls denkbar, dass die Behörde erforderliche Ermessenserwägungen erst während des Verwaltungsstreitverfahrens »nachschiebt« und damit den ursprünglichen VA ändert. Dem Kläger steht es dann frei, ob er sich im Wege der Klageänderung (§ 91 VwGO) auf den neuen VA einlässt oder den Rechtsstreit für erledigt erklärt, um die Kostenlast abzuwenden: Eines Vorverfahrens bedarf es jedenfalls dann nicht, wenn dessen Zweck bereits genügt ist oder er sich ohnehin nicht mehr erreichen lässt.[175]

E. Beurteilungsspielraum

61 Von dem auf der Rechtsfolgenseite eingeräumten Ermessen sind Beurteilungsspielräume im Bereich des Tatbestandes zu unterscheiden (Rdn. 4). **Ausgangspunkt** solcher Spielräume sind **unbestimmte Rechtsbegriffe**, die jedoch grundsätzlich gerichtlich voll überprüfbar sind und nur unter besonderen Voraussetzungen einen Beurteilungsspielraum der Verwaltung eröffnen.[176]

I. Unbestimmter Rechtsbegriff

62 Der Gesetzgeber gebraucht Tatbestandsmerkmale mit einem unterschiedlichen Grad an Bestimmtheit. So kann er z.B. auf die Vollendung eines bestimmten Lebensjahres, die Ablegung einer bestimmten Prüfung, den Eintritt eines bestimmten Ereignisses (»faktische Rechtsbegriffe«) abstellen, was der Rechtsanwendung im Allgemeinen keine besonderen Probleme aufgibt; ähnlich bestimmt bzw. leicht bestimmbar sind Begriffe wie »Tagesanbruch«, »Einbruch der Dunkelheit« oder »Handelsbrauch«, die sich aufgrund physikalischer oder sozialer Tatsachen präzisieren lassen. Daneben verwendet der Gesetzgeber jedoch auch sog. **unbestimmte Rechtsbegriffe** (besser wohl: Gesetzesbegriffe), **die der Auslegung bedürfen und deren Verständnis von wertenden Erwägungen abhängt.** Solche unbestimmten Rechtsbegriffe sind z.B.: Gefahr für die öffentliche Sicherheit und Ordnung (Generalklausel der Polizeigesetze), Belange der Bundesrepublik (§ 7 Abs. 1 Nr. 1 PaßG), Wohl der Allgemeinheit (§ 31 Abs. 2 Nr. 1 BauGB, § 6 Abs. 1 Satz 1 Nr. 3 WHG), schädliche Umwelteinwirkungen (§§ 3, 5 BImSchG), identitätsstiftend (§ 7 Abs. 1 Satz 1 Nr. 1 KGSG),[177] Innenentwicklung (§ 13a Abs. 1 Satz 1 BauGB),[178] Verunstalten (§ 11 Abs. 1 Satz 1 LBO BW),[179] dienstliche Gründe (§§ 27, 28 BBG), dienstliche Belange,[180] dienstliche Interessen

174 BVerwG, Urt. v. 13.11.1981 – 1 C 69.78, DVBl 1982, 304 = NJW 1982, 1413.

175 BVerwG, Urt. v. 18.05.1990 – 8 C 48.88, BVerwGE 85, 163 = DVBl 1990, 1350.

176 BVerwG, BVerwG, Urt. v. 16.05.2007 – 3 C 8.06, BVerwGE 129, 27; Urt. v. 04.11.2015 – 4 CN 9.14, NVwZ 2016, 864.

177 *Elmenhorst/Heimann*, NJW 2016, 3398 (3399) m.w.N.

178 BVerwG, Urt. v. 04.11.2015 – 4 CN 9.14, NVwZ 2016, 864.

179 VGH Baden-Württemberg, Beschl. v. 24.01.2017 – 3 S 1992/16, juris.

180 BVerwG, Urt. v. 29.04.2004 – 2 C 21.03, BVerwGE 120, 382 = DVBl 2004, 1375.

(Art. 62 § 3 Abs. 1 Satz 1 DienstRRefG BW)[181] oder die Zuverlässigkeit (§ 35 GewO, § 4 GaststättenG).[182]

Bei Auslegung und Ausfüllung dieser unbestimmten Rechtsbegriffe steht der Verwaltung **grundsätzlich kein Beurteilungsspielraum** zu.[183] Die Gerichte sind nicht darauf beschränkt, die Beurteilung der Behörde nur auf ihre Vertretbarkeit zu kontrollieren.[184] Nach der Rspr. des BVerfG ist die Auslegung unbestimmter Rechtsbegriffe vielmehr anerkannte Aufgabe der Gerichte.[185] Die Rechtsschutzgarantie des Art. 19 Abs. 4 GG schließt danach unbeschadet normativ eröffneter Ermessens- und Beurteilungsspielräume grundsätzlich eine Bindung der rechtsprechenden Gewalt an rechtliche oder tatsächliche Feststellungen seitens anderer Gewalten hinsichtlich dessen, was im Einzelfall rechtens ist, aus.[186] Der Gebrauch solcher Rechtsbegriffe ist gerade bei vielschichtigen Regelungsmaterien,[187] wegen der Komplexität und Dynamik[188] bestimmter Lebensbereiche oder aus Gründen der Einzelfallgerechtigkeit[189] nicht entbehrlich. Zwar ist der Gesetzgeber verpflichtet, Umfang und Grenzen von Eingriffsermächtigungen erkennen zu lassen und alle wesentlichen Entscheidungen selbst zu treffen, soweit sie einer gesetzlichen Regelung zugänglich sind. Diese Vorgaben müssen sich jedoch nicht aus dem Wortlaut des Gesetzes ergeben. Ausreichend ist, dass sie sich mithilfe allgemeiner Auslegungsgrundsätze[190] erschließen. Die Auslegungsbedürftigkeit einer gesetzlichen Regelung steht deshalb nicht der rechtsstaatlich 63

181 VGH Baden-Württemberg, Beschl. v. 15.01.2013 – 4 S 1519/12, WKRS 2013, 10506.

182 Weitere Beispiele aus der Rechtsprechung bei Stelkens/Bonk/Sachs/*Sachs* § 40 Rn. 157.

183 BVerwG, Beschl. v. 17.09.2015 – 2 A 9.14, NVwZ 2016, 327; Beschl. v. 15.09.2016 – 9 B 13.16, WKRS 2016, 26602; Urt. v. 22.09.2016 – 4 C 6.15, WKRS 2016, 31736. Näher zum methodischen Umgang mit unbestimmten Rechtsbegriffen etwa *Reimer*, Juristische Methodenlehre, 2016, Rn. 478 ff.

184 Anders früher die sog. Vertretbarkeitslehre, vgl. *Ule*, in: Jellinek-Gds, S. 309 ff.; ders. DVBl 1973, 756 und VerwArch. 1985, 15.

185 Statt vieler: BVerfG, Beschl. v. 10.10.1961 – 2 BvL 1/59, BVerfGE 13, 153 (164); Beschl. v. 16.11.1982 – 1 BvL 16/75 u. a., BVerfGE 62, 256 (275) m.w.N.; ebenso BVerwG, Urt. v. 27.11.2014 – 7 C 12.13, BVerwGE 150, 383; Urt. v. 25.11.1993 – 3 C 38.91, BVerwGE 94, 307 = NVwZ 1995, 707 (708); Urt. v. 01.03.1990 – 3 C 50.86, DVBl 1991, 46 = NVwZ 1991, 568 (569).

186 BVerfG, Beschl. v. 05.02.1963 – 2 BvR 21/60, BVerfGE 15, 275 (282); Beschl. v. 08.07.1982 – 2 BvR 1187/80, BVerfGE 61, 82 (111) m.w.N.; Beschl. v. 28.06.1993 – 2 BvR 539/80 u. a., BVerfGE 64, 261 (279); BVerwG, Beschl. v. 15.09.2016 – 9 B 13.16, WKRS 2016, 26602; Urt. v. 22.09.2016 – 4 C 6.15, WKRS 2016, 31736; Urt. v. 17.08.2016 – 6 C 50.15, NampR 2017, 44.

187 BVerfG, Beschl. v. 18.05.1988 – 2 BvR 579/84, BVerfGE 78, 205 (212); Beschl. v. 30.11.1988 – 1 BvR 1301/84, BVerfGE 79, 174 (195); Beschl. v. 14.11.1989 – 1 BvL 14/85 u. a., BVerfGE 81, 70 (88).

188 Vgl. BVerfG, Beschl. v. 17.04.1991 – 1 BvR 419/81 u. a., BVerfGE 84, 34 (50) = NJW 1991, 2005; BVerwG, Beschl. v. 17.09.2015 – 2 A 9.14, NVwZ 2016, 327.

189 BVerfG, Beschl. v. 09.05.1989 – 1 BvL 35/86, BVerfGE 80, 103 (108).

190 BVerfG, Beschl. v. 12.06.1990 – 1 BvR 355/86, BVerfGE 82, 209 (224 f.) m.w.N.

gebotenen Bestimmtheit (Art. 20 Abs. 3 GG) entgegen.[191] Dabei soll es ausreichen, wenn eine Vorschrift – wie die Generalklausel im Polizeirecht[192] – erst durch eine jahrelange Entwicklung in Rspr. und Lehre hinreichend präzisiert wurde.[193]

II. Normative Ermächtigung der Verwaltung zur Letztentscheidung

64 Trotz der durch Art. 19 Abs. 4 GG grundsätzlich gebotenen richterlichen Überprüfung unbestimmter Rechtsbegriffe (Rdn. 63) besteht die Befugnis des Gesetzgebers, der Verwaltung ausnahmsweise in bestimmten Bereichen die letztverbindliche Entscheidung zuzuweisen. Gesetzestechnisch geschieht dies zwar im Wege der Verwendung unbestimmter Rechtsbegriffe. Grundlage und Legitimation der Verwaltung zur gerichtlich nur begrenzt überprüfbaren Entscheidung ist aber nicht die Unbestimmtheit oder Offenheit eines Rechtsbegriffs, sondern der Wille des Gesetzgebers, Entscheidungen letztverantwortlich der Exekutive zu übertragen. Diese als »normative Ermächtigungslehre«[194] bezeichnete Auffassung hat zu Recht andere Begründungsansätze verdrängt, denn Beurteilungsspielräume der Verwaltung können nur durch die Entscheidung des Gesetzgeber gerechtfertigt werden, nicht durch normtheoretische Erwägungen oder bestimmte Eigenheiten eines Regelungsbereichs. Eine deutliche Ausprägung findet die Ermächtigungslehre vor allem in der Rspr. des BVerwG. Danach ist der jeweiligen Rechtsvorschrift die Entscheidung des Gesetzgebers zu entnehmen, ob der Verwaltung das abschließende Urteil über das Vorliegen der durch einen unbestimmten Gesetzesbegriff gekennzeichneten tatbestandlichen Voraussetzungen übertragen worden ist; i.R.d. rechtsstaatlichen Ordnung des Grundgesetzes ist es Aufgabe des Gesetzgebers, unter Beachtung der Grundrechte die Rechtspositionen zuzuweisen und auszugestalten, die Art. 19 Abs. 4 GG voraussetzt und gerichtlich schützt.[195] Gleiches hat das BVerwG in vorausgegangenen Entscheidungen[196] ausgeführt und jeweils geprüft, ob der anzuwendenden Ermächtigungsnorm im Wege der Auslegung eine solche Entscheidung des Gesetzgebers entnommen werden kann. In der Rspr. des BVerfG[197] kann dieser Ansatz als anerkannt gelten.

---

191 Statt vieler: BVerfG, Beschl. v. 09.11.1988 – 1 BvR 243/86, BVerfGE 79, 106 (120); Beschl. v. 09.05.1989 – 1 BvL 35/86, BVerfGE 80, 103 (108); Beschl. v. 14.11.1989 – 1 BvL 14/85 u. a., BVerfGE 81, 70 (88).

192 Hierzu: BVerfG, Beschl. v. 23.05.1980 – 2 BvR 854/79, BVerfGE 54, 143 (144 f.).

193 Eingehend zu Vorstehendem Stelkens/Bonk/Sachs/*Sachs* § 40 Rn. 152 ff. m.w.N.

194 Vgl. *Herdegen*, JZ 1991, 747; Knack/Henneke/*Ruffert* § 40 Rn. 7; *Papier*, DÖV 1986, 621 (624); *Schulz-Fielitz*, JZ 1993, 722 (777 ff.); *Wahl*, NVwZ 1991, 409, jeweils m.w.N.

195 BVerwG, Urt. v. 25.11.1993 – 3 C 38.91, BVerwGE 94, 307 = NVwZ 1995, 707 (708); Beschl. v. 17.09.2015 – 2 A 9.14, NVwZ 2016, 327; Urt. v. 22.09.2016 – 4 C 6.15, WKRS 2016, 31736.

196 BVerwG, Urt. v. 01.03.1990 – 3 C 50.86, DVBl 1991, 46 = NVwZ 1991, 568 (569); Urt. v. 26.06.1990 – 1 C 10.88, DVBl 1991, 49 = NVwZ 1991, 268 (269); Urt. v. 10.11.1988 – 3 C 19.87, BVerwGE 81, 12 (17).

197 Früher bereits etwa BVerfG, Beschl. v. 08.07.1982 – 2 BvR 1187/80, BVerfGE 61, 82 (111); Beschl. v. 10.12.2009 – 1 BvR 3151/07, DVBl 2010, 250; nunmehr insb. BVerfG, Beschl. v. 31.05.2011 – 1 BvR 857/07, BVerfGE 129, 1 (Investitionszulage).

Im Hinblick auf Art. 19 Abs. 4 GG ist die Einschränkung gerichtlicher Kontrolle durch die **Eröffnung von Beurteilungsspielräumen jedoch nur sehr begrenzt verfassungsrechtlich zulässig.** Ein behördliches Letztentscheidungsrecht setzt nach der Rspr. des BVerfG voraus, dass sich dies – erstens – ausdrücklich aus dem Gesetz ergibt oder durch Auslegung hinreichend deutlich zu ermitteln ist, dass – zweitens – ein hinreichend gewichtiger, am Grundsatz eines wirksamen Rechtsschutzes ausgerichteter Sachgrund vorliegt und dass – drittens – den Gerichten genügend Möglichkeiten und in diesem Rahmen auch die Pflicht zu einer substantiellen Kontrolle des behördlichen Handelns verbleiben.[198] Zwar setzt die Rechtsschutzgarantie den Bestand subjektiver Rechte voraus, gerade solche Rechte bestehen aber – wie die umfangreiche Rspr. (Rdn. 68 ff.) zeigt – in vielen Bereichen, in denen sich die Frage nach einem Beurteilungsspielraum stellt. Insbes. ist oft der für die Grundrechtsausübung wesentliche Bereich betroffen. So hat das BVerfG betont, die Intensität der gerichtlichen Kontrolle müsse der Durchsetzung des materiellen Rechts wirkungsvoll dienen, für diesen Zweck also geeignet und angemessen sein, und deshalb den bislang von der Rspr. angenommenen Umfang des Beurteilungsspielraums im Prüfungsrecht erheblich eingeschränkt (Rdn. 70).[199] 65

III. Kriterien für die Annahme eines Beurteilungsspielraums

Ein Beurteilungsspielraum liegt nach dem Gesagten (Rdn. 64) im Einzelfall dann vor, wenn der jeweiligen Ermächtigungsgrundlage die Entscheidung des Gesetzgebers entnommen werden kann, der Verwaltung Entscheidungen in einem bestimmten Bereich letztverantwortlich zuzuweisen. Da eine solche Befugnis nur selten ausdrücklich eröffnet wird – etwa durch Formulierungen wie »nach Einschätzung der Behörde« etc. – ist dies eine Frage der Auslegung. Zwingende, bereichsübergreifende Kriterien für die Annahme eines Beurteilungsspielraums sind bislang weder in der Rspr. noch der Literatur herausgearbeitet worden, es spricht auch einiges dafür, dass eine solche (abschließende) Systematisierung nicht gelingen wird. Gleichwohl hat insb. die Rspr. Kriterien aufgezeigt, die Anhaltspunkte für die Annahme eines Beurteilungsspielraums bilden bzw. denen – umgekehrt betrachtet – keine Aussagekraft in diesem Zusammenhang zukommt. Diese **aus bestimmten Fallgruppen abgeleiteten Kriterien** bemüht meist auch die Rspr. – insb. das BVerwG[200] –, wenn sie im Einzelfall dem Bestehen eines 66

---

198 BVerfG, Beschl. v. 31.05.2011 – 1 BvR 857/07, BVerfGE 129, 1; Beschl. v. 08.12.2011 – 1 BvR 1932/08, NVwZ 2012, 694; Beschl. v. 22.11.2016 – 1 BvL 6/14 u.a., WKRS 2016, 29879; BVerwG, Urt. v. 17.08.2016 – 6 C 50.15, NampR 2017, 44; Beschl. v. 10.12.2014 – 6 C 16.13, Buchholz 442.066 § 25 TKG Nr. 3 = WKRS 2014, 33099.

199 BVerfG, Beschl. v. 17.04.1991 – 1 BvR 419/81 u. a., BVerfGE 84, 34 (49); ferner Beschl. v. 17.04.1991 – 1 BvR 1529/84 u. a., BVerfGE 84, 59 (Antwort-Wahl-Prüfungsverfahren); zu den Grenzen gerichtlich nicht voll überprüfbarer Letztentscheidungsbefugnisse der Verwaltung nunmehr auch BVerfG, Beschl. v. 31.05.2011 – 1 BvR 857/07, BVerfGE 129, 1.

200 Z.B. BVerwG, Urt. v. 26.06.1990 – 1 C 10.88, NVwZ 1991, 268; Urt. v. 25.11.1993 – 3 C 38.91, BVerwGE 94, 307 = NVwZ 1995, 707; Urt. v. 01.03.1990 – 3 C 50.86, DVBl 1991, 46 = NVwZ 1991, 568; Urt. v. 16.05.2007 – 3 C 8.06, BVerwGE 129, 27;.

Beurteilungsspielraums nachgeht und es nicht bei einer »abstrakten« Auslegung der Ermächtigungsnorm belässt.

67 Für einen Beurteilungsspielraum spricht z.B. der planerisch gestaltende Charakter einer Entscheidung oder ihre Abhängigkeit von (wertenden) Prognosen; zudem u. U. die besondere Entscheidungssituation, etwa die Unvertretbarkeit und Unwiederholbarkeit von (mündlichen) Prüfungsentscheidungen, oder die besondere Entscheidungsstruktur, etwa bei einer Entscheidung durch ein unabhängiges, pluralistisch zusammengesetztes, besonders fachkundiges Kollegialorgan; ferner die Maßgeblichkeit von subjektiven, höchstpersönlichen Eindrücken, etwa bei der Leistungsbeurteilung durch Vorgesetzte.[201] Ist – insb. im Umwelt- und Technikrecht – eine von den Gerichten nur bedingt nachvollziehbare Risikoabschätzung zumal bei wissenschaftlich umstrittenen und komplexen Fragen mit prognostischen Elementen erforderlich, kann dies schließlich für einen Beurteilungsspielraum der Verwaltung sprechen.[202] Im regulierungsbehördlichen Bereich – etwa im Telekommunikationswesen – kann bei komplexen Verfahren ein Beurteilungsspielraum in Betracht kommen.[203] Kein hinreichendes Indiz ist hingegen die Abhängigkeit einer Entscheidung von Wertungen und Abwägungen. Hierzu sind die Gerichte in der Praxis bei der Anwendung unbestimmter Rechtsbegriffe oft berufen, ohne dass hieraus ein Beurteilungsspielraum abzuleiten ist,[204] denn andernfalls wäre praktisch jeder ausfüllungsbedürftige unbestimmte Rechtsbegriff mit einem Beurteilungsspielraum verbunden. Ähnliches gilt im Grundsatz für die Maßgeblichkeit außerrechtlich-fachwissenschaftlicher Fragen, bei denen das Gericht – im Gegensatz zur Behörde – über keinen eigenen Sachverstand verfügt, denn das Gericht ist – was das BVerfG in seiner Entscheidung zum Prüfungsrecht vom 17.04.1991[205] erneut betont hat – prinzipiell verpflichtet, fachspezifischen Fragen mithilfe von Sachverständigen nachzugehen. Allerdings **kann** – was das BVerfG in der Entscheidung offengelassen hat – **für einen Beurteilungsspielraum sprechen, dass die Rechtsprechung beim Nachvollzug einer Verwaltungsentscheidung an ihre »Funktionsgrenze«[206] stößt**, z.B. wenn eine Entscheidungssituation im Gerichtsverfahren

---

201 Zusammenstellung bei *Schulze-Fielitz*, JZ 1993, 772 (773); *Meyn*, JA 1980, 327 (329 ff.); vgl. auch BVerwG, Urt. v. 26.06.1990 – 1 C 10.88, NVwZ 1991, 268 (269); Urt. v. 14.10.2015 – 6 C 17.14, BVerwGE 153, 129; OVG Berlin-Brandenburg, Urt. v. 14.12.2016 – 1 B 26.14, juris.

202 BVerwG, Urt. v. 19.12.1985 – 7 C 65.82, BVerwGE 72, 300 (314 ff. – Wyhl); auch: *Wahl*, NVwZ 1991, 409. Nicht übertragbar auf die Aufgaben des Deutschen Wetterdienstes, vgl. BVerwG, Urt. v. 22.09.2016 – 4 C 6.15, WKRS 2016, 31736.

203 BVerwG, Urt. v. 25.02.2015 – 6 C 37.13, BVerwGE 151, 268; Urt. v. 01.04.2015 – 6 C 38.13, Buchholz 442.066 § 35 TKG Nr. 10; Urt. v. 01.04.2015 – 6 C 36.13, CR 2016, 269. Zu den Grenzen: BVerfG, Beschl. v. 22.11.2016 – 1 BvL 6/14 u.a., WKRS 2016, 29879; BVerwG, Urt. v. 17.08.2016 – 6 C 50.15, NampR 2017, 44.

204 Statt vieler: BVerwG, Urt. v. 10.11.1988 – 3 C 19.87, BVerwGE 81, 12 (17); Urt. v. 01.03.1990 – 3 C 50.86, DVBl 1991, 46 = NVwZ 1991, 568 (570); Urt. v. 25.11.1993 – 3 C 38.91, BVerwGE 94, 307 = NVwZ 1995, 707 (708).

205 BVerfG, Beschl. v. 17.04.1991 – 1 BvR 419/81 u. a., BVerfGE 84, 34 (54) = NJW 1991, 2005.

206 BVerwG, Beschl. v. 17.09.2015 – 2 A 9.14, NVwZ 2016, 327.

nicht rekonstruierbar ist (mündliche Prüfung).[207] Schließlich kann sich ein **Beurteilungsspielraum gerade aus dem Grundrechtsbezug** einer Verwaltungsentscheidung ergeben. So leitet das BVerfG in der genannten Entscheidung aus der Chancengleichheit aller Berufsbewerber einen Beurteilungsspielraum für prüfungsspezifische Wertungen her, weil der einzelne Bewerber bei voller gerichtlicher Nachprüfung die Möglichkeit einer vom Vergleichsrahmen unabhängigen Bewertung erhielte. I.d.R. wird beim Grundrechtsbezug einer Entscheidung jedoch gerade vor dem Hintergrund dieser Entscheidung des BVerfG besondere Zurückhaltung bei der Annahme eines Beurteilungsspielraums geboten sein. Im Zweifel sind unbestimmte Rechtsbegriffe durch die Gerichte voll zu überprüfen und räumen keinen Beurteilungsspielraum ein. I.Ü. **reicht der Spielraum nur soweit, wie dies** nach der einschlägigen Ermächtigungsgrundlage **unbedingt erforderlich ist**, z.B. umfasst er bei Prüfungsentscheidungen nach der genannten Rechtsprechung des BVerfG nur prüfungsspezifische Wertungen und nicht fachwissenschaftliche Fragen.

IV. Anwendungsbereiche

Bislang wurde in der Rechtsprechung[208] insb. in den nachstehend genannten Bereichen ein Beurteilungsspielraum anerkannt bzw. verneint. Wegen der Vielzahl der Anwendungsfelder können allerdings nur einige wesentliche Bereiche exemplarisch herausgegriffen werden, weitere Nachweise finden sich in der umfangreichen Literatur.[209] 68

1. Prüfungsentscheidungen

In der Rechtsprechung[210] seit Langem anerkannt ist ein Beurteilungsspielraum bei Prüfungsentscheidungen sowie prüfungsähnlichen Entscheidungen, insb. im Schulbereich.[211] Dabei ging die das BVerwG in seiner früheren, nicht mehr aktuellen Rechtsprechung noch von einer sehr begrenzten Kontrolle aus. Eine Korrektur von Prüfungsentscheidungen sei nur möglich, wenn Verfahrensfehler begangen, ein unzutreffender Sachverhalt zugrunde gelegt, anzuwendendes Recht oder allgemeine Bewertungsmaßstäbe verkannt sowie sachfremde oder sonst willkürliche Erwägungen angestellt worden seien (vgl. auch Rdn. 84). In Konkretisierung dieser abstrakten »Formel« ging das BVerwG davon aus, dass auch fachlich-wissenschaftliche Fragen in den Beurteilungsspielraum des Prüfers fielen und der gerichtlichen Kontrolle deshalb nicht unterlägen. Der Beurteilungsspielraum sei erst überschritten, wenn eine Entscheidung auf einer derart eklatanten und außerhalb jedes vernünftigen Rahmens 69

---

207 Vgl. *Schulze-Fielitz*, JZ 1993, 772 (778 f.).

208 BVerwG, Urt. v. 26.06.1990 – 1 C 10.88, NVwZ 1991, 268 (269) mit einem Überblick.

209 Z.B. bei Knack/Henneke/*Ruffert* § 40 Rn. 94 ff.; Kopp/Ramsauer § 40 Rn. 74 ff.; Stelkens/Bonk/Sachs/*Sachs* § 40 Rn. 175 ff.

210 Statt vieler: BVerwG, Urt. v. 14.07.1961 – VII C 25.61, BVerwGE 12, 359; Urt. v. 07.05.1971 – VII C 51.70, BVerwGE 38, 105 (110 f.); Urt. v. 20.09.1984 – 7 C 57.83, BVerwGE 70, 143; Urt. v. 09.12.1983 – 7 C 99.82, NJW 1984, 2650.

211 Z.B. Versetzung im Schulbereich BVerwG, Urt. v. 24.04.1959 – VII C 104.58, BVerwGE 8, 272; VGH Baden-Württemberg, Beschl. v. 28.09.1992 – 9 S 2187/92, DVBl 1993, 53.

liegenden Fehleinschätzung beruhe, dass sich ihr Ergebnis einem unbefangenen Dritten als gänzlich unhaltbar aufdrängen müsse.[212]

70 Diese Rechtsprechung ist inzwischen durch die Beschlüsse des BVerfG vom 17.04.1991 teilweise überholt. Im Beschluss zur ersten und zweiten juristischen Staatsprüfung[213] geht das Gericht davon aus, dass ein Beurteilungsspielraum nur durch den Grundsatz der **Chancengleichheit im Prüfungsrecht** gerechtfertigt ist, der es verbietet, dem einzelnen Prüfling im Gerichtsverfahren eine vom Vergleichsrahmen unabhängige Bewertung zu erteilen. Hierdurch ist jedoch **nur ein prüfungsspezifischer Beurteilungsspielraum** gerechtfertigt. Zutreffende Antworten und brauchbare Lösungen dürfen nicht als falsch bewertet werden und zum Nichtbestehen führen. Dies ist ein allgemeiner Bewertungsgrundsatz, der bei berufsbezogenen Prüfungen aus Art. 12 Abs. 1 GG folgt. Denn die Beschränkung des Berufszugangs ist mit Art. 12 Abs. 1 GG nur vereinbar, wenn sie verhältnismäßig ist; der Zugang zum Beruf darf nur verwehrt werden, wenn ein Bewerber den fachlichen Mindestanforderungen nicht genügt. Hiermit ist es **unvereinbar, die Kontrolle fachwissenschaftlicher Fragen bis zur Willkürgrenze zurückzunehmen.** Das Gericht muss sich ggf. sachverständiger Hilfe bedienen. Lässt sich die Richtigkeit einer Lösung nicht eindeutig bestimmen, gebührt dem Prüfer zwar ein Beurteilungsspielraum, dem Prüfling muss aber auch ein entsprechender **Antwortspielraum** zugestanden werden. Aus der Intensität des Grundrechtseingriffs und der begrenzten nachträglichen Kontrolle durch die Gerichte folgt, dass bei berufsbezogenen Abschlussprüfungen zudem **besondere Verfahrensgarantien** erforderlich sind. Der Prüfling muss schon im Verwaltungsverfahren die Möglichkeit haben, Einwendungen zu erheben und ein **Überdenken der Entscheidung** seitens der Prüfer zu erreichen, was allerdings nicht die vollständige Neubewertung von Prüfungsleistungen in einem Widerspruchsverfahren gebietet. In seiner Entscheidung zum Antwort-Wahl-Verfahrenhat das BVerfG diese Grundsätze bestätigt und die besondere Bedeutung verfahrensrechtlicher Vorkehrungen bei diesem Prüfungsverfahren betont sowie dem Prüfling einen Antwortspielraum bei streitigen wissenschaftlichen Fragen zugebilligt, der dem Entscheidungsspielraum des Prüfers entspricht.[214]

---

212 BVerwG, Beschl. v. 12.11.1979 – 7 B 228.79, DÖV 1980, 380; Urt. v. 20.09.1984 – 7 C 57.83, BVerwGE 70, 143 (149); Beschl. v. 04.08.1989 – 7 B 102.89, NVwZ 1990, 66; auch *Rozek*, NVwZ 1992, 343 (346).

213 BVerfG, Beschl. v. 17.04.1991 – 1 BvR 419/81 u. a., BVerfGE 84, 34 (54) = NJW 1991, 2005; hierauf *Niehues*, NJW 1991, 3001; *Reidt*, DÖV 1992, 916; *Becker*, NVwZ 1993, 1129; *Seebass*, NVwZ 1992, 609; *v. Mutius/Sperlich*, DÖV 1993, 45; *Czermak*, NJW 1992, 2612; *Pietzcker*, JZ 1991, 1084; *Hufen*, JuS 1992, 606; eingehend: *v. Golitschek*, BayVBl. 1994, 257, 300.

214 BVerfG, Beschl. v. 17.04.1991 – 1 BvR 1529/84 u. a., BVerfGE 84, 59 = NJW 1991, 2008.

71 Diese vom BVerfG in weiteren Entscheidungen[215] bekräftigten Grundsätze liegen nunmehr auch der inzwischen gefestigten **Rechtsprechung des BVerwG** zugrunde.[216] Danach sind fachliche Meinungsverschiedenheiten zwischen Prüfer und Prüfling der gerichtlichen Kontrolle nicht entzogen. Auf substantiierte Einwendungen hin muss notfalls mit sachverständiger Hilfe aufgeklärt werden, ob eine als falsch bewertete Lösung richtig oder jedenfalls vertretbar ist. Sofern prüfungsspezifische Bewertungen – z.B. bei der Gewichtung verschiedener Aufgaben untereinander, bei der Einordnung des Schwierigkeitsgrades der Aufgabenstellung oder bei der Würdigung der Qualität der Darstellung – zu treffen sind und deshalb ein Beurteilungsspielraum besteht, hat das Gericht in der schon früher üblichen Weise nur die Verletzung von dessen Grenzen zu überprüfen, etwa ob der Prüfer von falschen Tatsachen ausgegangen ist, allgemeine Bewertungsmaßstäbe missachtet oder sachfremde Erwägungen angestellt hat. Weiter gelten besondere Anforderungen an die Ausgestaltung des Prüfungsverfahrens, z.B. hinsichtlich der Begründung von Prüfungsentscheidungen[217] oder für die Art und Weise, wie der Prüfling Einwendungen geltend machen kann.[218]

72 Die nachträgliche Überprüfung einer Dissertation – etwa auf eine korrekte Zitierweise – ist nicht der Ebene einer inhaltlichen (Neu-) Bewertung zuzuordnen, sondern vielmehr der Frage, ob die Arbeit wissenschaftlichen Mindeststandards genügt.[219] Bei der Bewertung, ob ein **Plagiat** vorliegt, besteht deshalb kein prüfungsspezifischer Bewertungsspielraum; diese Beurteilung kann vielmehr durch jeden sachverständigen Dritten erfolgen.[220]

2. Beamtenrechtliche Entscheidungen

73 Eine Reihe von Entscheidungen im Beamtenrecht steht im Beurteilungsspielraum des Dienstherrn. Von großer praktischer Bedeutung ist der Beurteilungsspielraum bei dem nach Art. 33 Abs. 2 GG gebotenen **Eignungs- und Leistungsvergleich der**

---

215 BVerfG, Beschl. v. 10.10.1991 – 1 BvR 991/91, NVwZ 1992, 657; Beschl. v. 16.01.1995 – 1 BvR 1505/94, DVBl 1995, 1349 = NVwZ 1995, 469 (470).

216 Z.B. BVerwG, Urt. v. 21.10.1993 – 6 C 12.92, BayVBl. 1994, 443; Beschl. v. 05.03.2018 – 6 B 71.17, 6 PKH 6.17, NJW 2018, 2142; Beschl. v. 10.10.1994 – 6 B 73.94, NJW 1995, 977; vgl. auch *Barton*, NVwZ 2013, 555 m.w.N. aus der instanzgerichtlichen Rspr.

217 BVerwG, Urt. v. 09.12.1992 – 6 C 3.92, BVerwGE 91, 262.

218 BVerwG, Urt. v. 24.02.1993 – 6 C 35.92, BVerwGE 92, 132.

219 BVerwG, Beschl. v. 20.10.2006 – 6 B 67.06, Buchholz 316 § 48 VwVfG Nr. 116; VGH Baden-Württemberg, Beschl. v. 15.11.2019 – 9 S 307/19, WKRS 2019, 44285.

220 VGH Bayern, Urt. v. 04.04.2006 – 7 BV 05.388, BayVBl 2007, 281; VG Karlsruhe, Urt. v. 04.03.2013 – 7 K 3335/11, WKRS 2013, 35757.

Bewerber bei Einstellung und Beförderung,[221] **bei dienstlichen Beurteilungen,**[222] **bei der Entscheidung, ob ein Beamter sich während der Probezeit bewährt hat,**[223] **oder bei der Auswahl von Beamten für den Laufbahnaufstieg.**[224] Weitere Beispiele sind die Aufstellung von Wartelisten für Lehramtsbewerber[225] oder die vergleichende Beurteilung von Examensnoten bei Bewerbern aus verschiedenen Bundesländern,[226] die Einschätzung, ob ein Soldat ein Sicherheitsrisiko darstellt bei der Erteilung von Sicherheitsbescheiden,[227] die Entscheidung über das Vorliegen eines Sicherheitsrisikos gem. §§ 5 und 14 Abs. 3 SÜG;[228] die Beurteilung der Verfassungstreue[229] oder die Festlegung des Anforderungsprofils der zu besetzenden Stelle im Auswahlverfahren.[230] Ein weiter Beurteilungsspielraum bzw. **ein weites Ermessen** steht dem Dienstherrn regelmäßig **bei organisatorischen und verwaltungspolitischen Entscheidungen** zu, die ausschließlich im öffentlichen Interesse liegen und bei denen keine subjektiven Rechte des Beamten – auch nicht auf fehlerfreie Ermessensausübung – bestehen, etwa der Bewertung von Dienstposten oder der Gestaltung von Stellen- und Organisationsplänen. In vollem Umfang der gerichtlichen Überprüfung unterliegt der unbestimmte Rechtsbegriff »dienstliches Bedürfnis« bei der **Abordnung und Versetzung** (§§ 27, 28 BBG); allerdings steht die Rechtsfolge – Abordnung oder Versetzung – im Ermessen der Behörde[231] (Kopplungsvorschrift); zudem kann das »dienstliche Bedürfnis« von Faktoren geprägt werden, die in das verwaltungspolitische Ermessen oder den

---

221 BVerfG, Beschl. v. 04.02.1981 – 2 BvR 570/76 u. a., BVerfGE 56, 146 (163); BVerwG, Urt. v. 20.10.1983 – 2 C 11.82, BVerwGE 68, 109 (110); Beschl. v. 15.02.1990 – 1 WB 36.88, NVwZ-RR 1990, 489; Beschl. v. 27.03.1990 – 6 P 34.87, DVBl 1990, 873 = NVwZ 1990, 974; VGH Baden-Württemberg, Beschl. v. 10.03.2017 – 4 S 124/17, WKRS 2017, 20366.

222 Z.B. BVerwG, Urt. v. 28.01.2016 – 2 A 1.14, NVwZ 2016, 1654 (auch zu Richtlinien für die Abgabe dienstlicher Beurteilungen); Urt. v. 05.11.1998 – 2 A 3.97, BVerwGE 107, 360; Urt. v. 11.11.1999 – 2 A 6.98, NVwZ-RR 2000, 366; Urt. v. 02.03.2000 – 2 C 7.99, NVwZ-RR 2000, 621; Urt. v. 19.12.2002 – 2 C 31.01, DVBl 2003, 1545; Beschl. v. 18.06.2009 – 2 B 64.08 –, NVwZ 2009, 1314; VGH Baden-Württemberg, Beschl. v. 13.11.2014 – 4 S 1641/14, VBlBW 2015, 423 (auch zu Richtlinien für die Abgabe dienstlicher Beurteilungen); Beschl. v. 09.02.2016 – 4 S 2578/15, VBlBW 2016, 330; Beschl. v. 23.01.2017 – 4 S 2241/16, juris (auch zu Richtlinien für die Abgabe dienstlicher Beurteilungen).

223 BVerwG, Urt. v. 26.06.1969 – VIII C 63.66, BVerwGE 32, 237 (238 f.); Urt. v. 15.12.1976 – I WD 10.69, BVerwGE 43, 154 (166).

224 BVerwG, Urt. v. 22.09.1988 – 2 C 35.86, BVerwGE 80, 224 m.w.N.

225 BVerwG, Urt. v. 22.02.1990 – 2 C 13.87, NVwZ-RR 1990, 619.

226 OVG Nordrhein-Westfalen, Beschl. v. 28.02.1995 – 5 M 5913/94, DVBl 1995, 628.

227 BVerwG, Beschl. v. 12.01.1983 – 1 WB 60.79, BVerwGE 76, 52; Beschl. v. 12.12.1985 – 1 WB 8.85, BVerwGE 83, 90.

228 BVerwG, Beschl. v. 17.09.2015 – 2 A 9.14, NVwZ 2016, 327.

229 Statt vieler: BVerfG, Beschl. v. 22.05.1975 – 2 BvL 13/73, BVerfGE 39, 334 (354); BVerwG, Urt. v. 27.11.1980 – 2 C 38.79, BVerwGE 61, 176 (185 f.).

230 VGH Hessen, Beschl. v. 26.10.1993 – 1 TG 1585/93, DVBl 1994, 593.

231 Siehe hierzu BVerwG, Beschl. v. 18.02.2013 – 2 B 51.12, WKRS 2013, 33875 m.w.N.

Beurteilungsspielraum der Behörde fallen.[232] (Vor)prägende verwaltungspolitische Organisationsentscheidungen können auch bei gebundenen Entscheidungen eine gewisse Rolle spielen.[233] Bei der Feststellung der gesundheitlichen Eignung von Beamtenbewerbern steht dem Dienstherrn kein Beurteilungsspielraum zu.[234]

3. Entscheidungen durch fachkundige, weisungsfreie Gremien

Das BVerwG[235] hat einen Beurteilungsspielraum bei der Indizierung jugendgefährdender Schriften durch die Bundesprüfstelle angenommen, der sowohl die Frage der Eignung einer Schrift zur Gefährdung der Jugend als auch die Frage umfassen sollte, ob ein Werk der Kunst diene (früherer § 1 GjS, jetzt § 18 JuSchG). Begründet wurde dies mit dem wertenden Einschlag der Entscheidung, bei der mehrere Lösungen in gleicher Weise vertretbar sein könnten, sowie vor allem mit der im Gesetz vorgesehenen besonderen Zusammensetzung der Bundesprüfstelle, die Fachkenntnis auf dem Gebiet ethisch-pädagogischer Bewertung von Schriften mit dem Element gesellschaftlicher Repräsentanz verbinde und weisungsfrei sei. Zum Wesen der Entscheidung eines solchen Spruchkörpers gehöre die Unvertretbarkeit seiner Meinungsbildung. Es sei widersprüchlich, wenn das Gericht seine eigene, ggf. mithilfe von Sachverständigen gewonnene Einschätzung an die Stelle der Entscheidung der Prüfstelle setze. Mit Beschl. v. 27.11.1990 hat das BVerfG[236] festgestellt, dass sich die Bundesprüfstelle sowie die Fachgerichte i.R.d. Möglichen Gewissheit über die Jugendgefährdung verschaffen und auch die Gerichte prüfen müssten, ob die Indizierung mit der Kunstfreiheit vereinbar sei. Zwischen den widerstreitenden Gütern – Jugendschutz und Kunstfreiheit – müsse praktische Konkordanz hergestellt werden. Mit der Bindung der Gerichte an Art. 5 Abs. 3 Satz 1 GG sei ein Beurteilungsspielraum der Prüfstelle diesbezüglich unvereinbar. Mit dieser Entscheidung hat das Gericht – ähnlich wie später bei Berufszugangsprüfungen (Rdn. 70) – Beurteilungsspielräume im grundrechtsrelevanten Bereich eingeschränkt, gleichwohl aber ausdrücklich offengelassen, ob der Bundesprüfstelle noch ein Beurteilungsspielraum verbleiben könne. 74

Diese Entscheidung hat das BVerwG[237] dahin umgesetzt, dass nunmehr von den Gerichten uneingeschränkt zu prüfen sei, ob der Schutzbereich der Kunstfreiheit betroffen und – bejahendenfalls – wie dieser Belang zu gewichten sei, sowie die Eignung einer Schrift zur Jugendgefährdung. Damit unterliegt der gerichtlichen Kontrolle, was bei der Herstellung der praktischen Konkordanz – wie es das Gericht formuliert – in 75

232 Vgl. BVerwG, Urt. v. 25.01.1967 – VI C 58.65, BVerwGE 26, 65 (73 ff.); Urt. v. 07.03.1968 – II C 137.67, ZBR 1969, 47 (48).

233 VGH Baden-Württemberg, Beschl. v. 15.01.2013 – 4 S 1519/12, WKRS 2013, 10506.

234 BVerwG, Urt. v. 25.07.2013 – 2 C 12.11, BVerwGE 147, 244 = NVwZ 2014, 300; BVerwG, Urt. v. 30.10.2013 – 2 C 16.12, BVerwGE 148, 204 = NVwZ 2014, 372.

235 BVerwG, Urt. v. 16.12.1971 – I C 31.68, BVerwGE 39, 197; Urt. v. 03.03.1987 – 1 C 16.86, BVerwGE 77, 75 (insb. 78).

236 BVerfG, Beschl. v. 27.11.1990 – 1 BvR 402/87, BVerfGE 83, 130 = NJW 1991, 1471.

237 BVerwG, Urt. v. 26.11.1992 – 7 C 20.92, BVerwGE 91, 211; hierzu: *Kalm*, DÖV 1994, 23; *Redeker*, NVwZ 1992, 305; *Würkner*, NJW 1993, 1446.

die jeweilige Waagschale zu werfen ist, wobei der **Einschätzung der Prüfstelle** hinsichtlich beider Umstände der **Wert einer sachverständigen Aussage** beigemessen wird. Einen Beurteilungsspielraum sieht das Gericht hingegen bei der Abwägung zwischen Kunstfreiheit und Jugendschutz im Einzelfall, weil diese Entscheidung der Prüfstelle vom Gesetzgeber zugewiesen worden sei. Dies ergebe sich aus der Zusammensetzung der Prüfstelle (früherer § 9 Abs. 2 GjS, jetzt § 19 JuSchG), in der ein Element der Selbstverwaltung zum Ausdruck komme, das der institutionellen Grundrechtsabsicherung diene. Daneben wird angeführt, dass die Zusammensetzung der Prüfstelle eine gewisse »Staatsferne« und die pluralistische Meinungsbildung garantiere. Nach dieser Entscheidung des BVerwG, die im Einklang mit dem Beschluss des BVerfG stehen dürfte und Zustimmung verdient, kann ein – freilich eingeschränkter – Beurteilungsspielraum auch im grundrechtsrelevanten Bereich bestehen, wenn der Gesetzgeber eine Entscheidung einem weisungsfreien, fachkundigen Gremium zuweist.[238]

76 Ein Beurteilungsspielraum wurde ebenfalls anerkannt für die **Filmbewertungsstellen** der Länder, weil es nicht Sache der Gerichte sei, die Subjektivität des künstlerischen Werturteils durch eigene Erwägungen zu ersetzen.[239] Im Hinblick auf die Prüfungsrechtsprechung des BVerfG (Rdn. 70) hat der VGH Hessen[240] die Annahme eines Beurteilungsspielraums aufrechterhalten, weil die Bewertung eines Films und seine Einordnung in ein Bewertungsschema ebenso wie prüfungsspezifische Wertungen vom Erfahrungshorizont des Beurteilers abhingen. Ein Beurteilungsspielraum steht auch den Sortenausschüssen des Bundessortenamtes bei der Saatgutbewertung zu, weil sie eine wertende Entscheidung mit prognostischem Gehalt (Rdn. 67) treffen und als fachkundiges Kollegialorgan in justizähnlichem Verfahren entscheiden.[241] Ein Beurteilungsspielraum wurde weiter angenommen für die Zulassung zur Börse durch den Börsenvorstand[242] sowie für die Eintragung in eine Architektenliste durch einen Ausschuss nach Landesrecht.[243] Geprüft, im Ergebnis aber verneint hat die Rspr. einen Beurteilungsspielraum in manch anderen Fällen der Mitwirkung eines fachkundigen Gremiums, etwa im Rahmen der Körentscheidung nach dem TierzuchtG (in der damaligen Fassung)[244] und bei der Prüfung der Sachkunde für die Sachverständigenbestellung nach § 36 GewO[245] Ausschlaggebend hierfür war meist, dass dem Ausschuss lediglich beratende Funktion zukam und die Behörde die Entscheidung in eigener Verantwortung zu treffen hatte. Die behördliche Beurteilung, ob ein Wein

238 Kritischer: *Schulze-Fielitz*, JZ 1993, 772, 778 m.w.N.
239 So VGH Hessen, Urt. v. 22.10.1985 – IX OE 44/80, NJW 1987, 1436 = DÖV 1986, 661; OVG Berlin, Urt. v. 19.03.1987 – 5 B 15.85, NJW 1988, 365.
240 VGH Hessen, Urt. v. 23.01.1997 – 6 UE 1614/95, NJW 1998, 1426.
241 BVerwG, Urt. v. 25.06.1981 – 3 C 35.80, BVerwGE 62, 331 (337 ff.).
242 BVerwG, Urt. v. 07.11.1985 – 5 C 29.82, BVerwGE 72, 195 (200 ff.).
243 BVerwG, Urt. v. 13.12.1979 – 5 C 1.79, BVerwGE 59, 213 (216 ff.).
244 BVerwG, Urt. v. 01.03.1990 – 3 C 50.86, DVBl 1991, 46 = NVwZ 1991, 568.
245 BVerwG, Urt. v. 26.06.1990 – 1 C 10.88, DVBl 1991, 49 = NVwZ 1991, 268.

in Aussehen, Geruch und Geschmack frei von Fehlern ist, kann das Gericht nur eingeschränkt überprüfen.[246]

4. Prognoseentscheidungen, Risikoabschätzung

Angenommen wird eine Beurteilungsermächtigung verschiedentlich bei Entscheidungen, 77
die eine Prognose voraussetzen. U.a. mit dieser Begründung wurde ein Beurteilungsspielraum der Behörde im Bereich des Verkehrs- und Wirtschaftsrechts z.B. angenommen bei der Einschätzung, ob das örtliche Taxengewerbe durch Erteilung weiterer Genehmigungen beeinträchtigt wird (§ 13 Abs. 4 PBefG),[247] ob der Genehmigung von Linienverkehr öffentliche Verkehrsinteressen entgegenstehen (§ 13 Abs. 2 Nr. 3 PBefG),[248] welcher Bewerber um eine Güterfernverkehrsgenehmigung das Bedürfnis nach solchen Dienstleistungen am besten befriedigt (§ 10 Abs. 3 GÜKG a.F.),[249] oder bei der Beurteilung von Saatgut durch die Sortenausschüsse (Rdn. 76). Allerdings rechtfertigt allein der Umstand, dass eine Entscheidung auf einer Prognose beruht, nicht die Annahme eines Beurteilungsspielraums, denn im Grundsatz sind auch unbestimmte Rechtsbegriffen, die eine Prognose voraussetzen, gerichtlich voll überprüfbar, wie die Gefahrenbeurteilung im Polizeirecht[250] oder das Zuverlässigkeitsurteil im Gewerberecht zeigen.[251] Hinzutreten müssen demnach weitere Elemente, wie ein planerischer, verkehrs- oder wirtschaftspolitischer Einschlag der Prognose.

Eng mit Prognoseentscheidungen verbunden ist die Frage, ob der Exekutive in be- 78
stimmten Bereichen (Atom-, Gentechnik-, Pflanzenschutz- oder Arzneimittelrecht) ein Beurteilungsspielraum für die Abschätzung besonderer Risiken zukommt. Das BVerwG[252] hat für die nach § 7 Abs. 2 Nr. 3 AtG erforderliche Vorsorge einen Beurteilungsspielraum angenommen, der es den Gerichten verbiete, die der Verwaltung zugewiesene Bewertung wissenschaftlicher Streitfragen einschließlich der daraus folgenden Risikoabschätzung durch eigene Bewertungen zu ersetzen. Mit der Vorschrift habe der Gesetzgeber die Risikovorsorge der Verwaltung überantwortet, weil sie mit ihren Handlungsformen hierfür besser ausgerüstet sei als Legislative und Rechtsprechung, dies diene der Dynamisierung des Rechtsgüterschutzes. Das BVerfG scheint

246 BVerwG, Urt. v. 16.05.2007 – 3 C 8/06, BVerwGE 129, 27 = NJW 2007, 2790; anders noch Urt. v. 25.11.1993 – 3 C 38.91, BVerwGE 94, 307 = NVwZ 1995, 707.

247 BVerwG, Urt. v. 15.04.1988 – 7 C 94.86, BVerwGE 79, 208 (213 ff.); Urt. v. 07.09.1989 – 7 C 44.88 u. a., BVerwGE 82, 295 (299 ff.).

248 BVerwG, Urt. v. 28.07.1989 – 7 C 39.87, BVerwGE 82, 260 (264 ff.).

249 BVerwG, Urt. v. 07.10.1988 – 7 C 65.87, BVerwGE 80, 270 (275 ff.).

250 Vgl. BVerwG, Urt. v. 27.11.2014 – 7 C 12.13, BVerwGE 150, 383; zu einem Prognosespielraum des Polizeivollzugsdienstes bei der Beurteilung einer Wiederholungsgefahr i.R.d. Datenspeicherung vgl. aber VGH Baden-Württemberg, Urt. v. 10.02.2015 – 1 S 554/13, DVBl 2015, 506.

251 Vgl. Kopp/Ramsauer § 40 Rn. 72; Stelkens/Bonk/Sachs/*Sachs* § 40 Rn. 198.

252 BVerwG, Urt. v. 19.12.1985 – 7 C 65.82, BVerwGE 72, 300 (316 ff. – Wyhl); Urt. v. 22.10.1987 – 7 C 4.85, BVerwGE 78, 177 (180); Urt. v. 19.01.1989 – 7 C 31.87, BVerwGE 81, 185 (190 ff.) für § 7 Abs. 2 Nr. 5 AtG.

bereit, einen solchen Beurteilungsspielraum jedenfalls für den »Sonderfall«[253] der **atomrechtlichen Genehmigung** zu akzeptieren.[254] Dieser Ansatz dürfte nicht verallgemeinerungsfähig sein; er ist bislang auch in der Rspr. auf das Atomrecht beschränkt geblieben.[255]

5. Entscheidungen mit politischem Gehalt

79 Beurteilungsspielräume finden sich auch bei Entscheidungen mit politischem Gehalt, jedoch ist dies nur ein Indiz, ausschlaggebend bleibt die Ermächtigung durch den Gesetzgeber.[256] Vor allem bei Entscheidungen auf Regierungsebene besteht oft ein (weiter) Beurteilungsspielraum.[257] So steht etwa dem Bundesminister der Verteidigung ein Beurteilungsspielraum zu, ob es zur **Erfüllung des Verteidigungsauftrages** (Art. 87a GG) notwendig ist, von Vorschriften über das Verhalten im Luftraum bei **Tiefflügen** abzuweichen.[258] Auch bei Entscheidungen mit **wirtschaftspolitischem Einschlag** wird im Einzelfall ein Beurteilungsspielraum angenommen.[259] Nach § 71 Abs. 5 Satz 2 GWB ist die Nachprüfung der Würdigung der **»gesamtwirtschaftlichen Lage«** durch die Kartellbehörde dem Gericht ausdrücklich entzogen. Verneint wurde ein Beurteilungsspielraum z.B. für den Begriff »volkswirtschaftlich besonders förderungswürdig« i.S.d. (früheren) § 32 KohleG[260] oder für einzelne Förderkriterien nach dem InvestitionsZulG.[261]

6. Sonstige Fallgruppen

80 Einen eingeschränkten Beurteilungsspielraum gesteht das BVerfG[262] der Unterrichtsverwaltung bei der Frage zu, ob ein »besonderes pädagogisches Interesse« die **Zulassung einer privaten Grundschule** rechtfertigt (Art. 7 Abs. 5 GG). Maßgeblich hierfür war nicht die fachliche Kompetenz der Verwaltung, die Komplexität oder das prognostische Element der Entscheidung, sondern das Fehlen bestimmter Entscheidungsvorgaben im materiellen Recht: Gerichtliche Kontrolle könne nicht stattfinden, soweit das materielle Recht der Verwaltung in verfassungsrechtlich unbedenklicher

---

253 BVerfG, Beschl. v. 31.05.1988 – 1 BvR 520/83, BVerfGE 78, 214 (227).

254 BVerfG, Beschl. v. 08.08.1978 – 2 BvL 8/77, BVerfGE 49, 89 (136 ff.); Beschl. v. 08.07.1982 – 2 BvR 1187/80, BVerfGE 61, 82 (114 f.).

255 Vgl. Stelkens/Bonk/Sachs/*Sachs* § 40 Rn. 214.

256 Zutreffend Maunz/Dürig/*Schmidt-Aßmann*, Art. 19 IV Rn. 197.

257 Z.B. BVerfG, Urt. v. 16.02.1983 – 2 BvE 1/83 u. a., BVerfGE 62, 1 (50); Urt. v. 18.12.1984 – 2 BvE 13/83, NJW 1985, 603.

258 BVerwG, Urt. v. 14.12.1994 – 11 C 18.93, BVerwGE 97, 203 = NJW 1995, 1690.

259 Z.B. BVerwG, Urt. v. 21.01.1972 – VII C 29.70, DVBl 1972, 895 zu § 12 AWG.

260 OVG Nordrhein-Westfalen, Urt. v. 26.03.1976 – IV A 1400/75, DVBl 1976, 682.

261 BVerwG, Urt. v. 02.03.1978 – VII C 39.76, DVBl 1978, 635; Maunz/Dürig/*Schmidt-Aßmann*, Art. 19 IV GG Rn. 197 m.w.N.; zum InvestitionszulagenG vgl. auch BVerfG, Beschl. v. 31.05.2011 – 1 BvR 857/07, BVerfGE 129, 1.

262 BVerfG, Beschl. v. 16.12.1992 – 1 BvR 167/87, BVerfGE 88, 40 = DVBl 1993, 485; dem folgend BVerwG, Urt. v. 08.09.1999 – 6 C 21.98, DVBl 2000, 706; OVG *Sachsen*, Beschl. v. 11.07.2012 – 2 B 224/11, juris.

Weise Entscheidungen abverlange, ohne dafür hinreichend bestimmte Vorgaben zu enthalten. Die Verwaltung handele in solcher Lage kraft eigener Kompetenz.

Bei bestimmten Vergabe- oder Auswahlverfahren – etwa nach der Bodenabfertigungsdienst-Verordnung (BADV) – kommt nach der Rspr. den zuständigen Stellen sowohl bei der Bestimmung und Gewichtung der Zuschlagskriterien als auch bei der Auswahlentscheidung selbst ein Beurteilungs- und Bewertungsspielraum zu.[263] Auch das Telekommunikationsgesetz räumt der Bundesnetzagentur im Rahmen der Vergleichsmarktbetrachtung Beurteilungsspielräume ein.[264] 81

Keine eigenständige Bedeutung im Sinne eines weiteren Anwendungsbereichs haben Normen, die darauf angelegt sind, Vorgaben in sich aufzunehmen, die ihrerseits im Ermessen oder Beurteilungsspielraum der Behörde stehen (sog. **Faktoren oder Rezeptionsbegriffe**).[265] So kann z.B. das gerichtlich voll überprüfbare »dienstliche Bedürfnis« für die Abordnung oder Versetzung eines Beamten von Faktoren abhängen, die der Nachprüfung nicht oder nur eingeschränkt unterliegen, etwa Entscheidungen verwaltungspolitischer Art (Rdn. 73). Der Entscheidungsfreiraum der Behörde bezieht sich hierbei immer nur auf den Teil der Gesamtentscheidung, der im Beurteilungsspielraum oder Ermessen steht. Gerade die Rechtsprechung des BVerfG zum prüfungsspezifischen Bewertungsspielraum (Rdn. 70) hat deutlich gemacht, dass ein Beurteilungsspielraum immer nur streng auf das spezifisch hierauf angelegte Element einer Gesamtentscheidung beschränkt ist.[266] 82

V. Kontrolle von Beurteilungsentscheidungen

Besteht ein Beurteilungsspielraum, so ist eine **gerichtliche Kontrolle** der Verwaltungsentscheidung nicht ausgeschlossen, sondern nur darauf **beschränkt**, ob die Grenzen des Beurteilungsspielraums eingehalten worden sind. Die Rspr. hat den **Prüfungsumfang** in einer »Formel« zusammengefasst, die den Grundsätzen für die **Kontrolle von Ermessensentscheidungen** ähnelt. Ein Teil der Literatur geht sogar von der gleichen Fehlertypologie aus.[267] Nach der Rspr.[268] ist die Entscheidung aufgrund einer Beurteilungsermächtigung darauf zu überprüfen, ob die Behörde 83

---

263 BVerwG, Urt. v. 13.12.2012 – 3 C 32.11, NVwZ 2013, 507 m.w.N., Anm. v. *Giesberts/Kleve*, NVwZ 2013, 512 ff.

264 BVerwG, Beschl. v. 10.12.2014 – 6 C 16.13, Buchholz 442.066 § 25 TKG Nr. 3 = WKRS 2014, 33099.

265 Hierzu: Maunz/Dürig/*Schmidt-Aßmann*, Art. 19 IV GG Rn. 202.

266 Vgl. Stelkens/Bonk/Sachs/*Sachs* § 40 Rn. 209 f.

267 Z.B. Wolff/Bachof/Stober/Kluth/*Stober* Bd. 1, § 31 Rn. 28 ff.; *Herdegen*, JZ 1991, 747 (750 f.).

268 Vgl. BVerfG, Beschl. v. 22.11.2016 – 1 BvL 6/14 u.a., WKRS 2016, 29879; BVerwG, Urt. v. 17.08.2016 – 6 C 50.15, N&R 2017, 44; Urt. v. 28.01.2016 – 2 A 1.14, NVwZ 2016, 1654; Urt. v. 02.04.2008 – 6 C 15.07, BVerwGE 131, 41; Urt. v. 25.09.2013 – 6 C 13.12, BVerwGE 148, 48; Beschl. v. 10.12.2014 – 6 C 16.13, Buchholz 442.066 § 25 TKG Nr. 3 = WKRS 2014, 33099; Urt. v. 25.02.2015 – 6 C 37.13, BVerwGE 151, 268; VGH Baden-Württemberg, Urt. v. 10.02.2015 – 1 S 554/13, DVBl 2015, 506; auch Maunz/Dürig/*Schmidt-Aßmann*, Art. 19 IV GG Rn. 192 m.w.N.

84 – von einem zutreffenden und vollständig ermittelten Sachverhalt ausgegangen ist,
– Verfahrensvorschriften eingehalten hat,
– den anzuwendenden Begriff oder den gesetzlichen Rahmen, in dem sie sich frei bewegen kann, erkannt hat,
– allgemein gültige Bewertungsmaßstäbe beachtet hat,
– keine sachfremden Erwägungen angestellt hat.

85 Diese Grundsätze berücksichtigen, dass sich der Beurteilungsspielraum weder auf die **Feststellung des Sachverhaltes** noch auf die **Auslegung des unbestimmten Rechtsbegriffs** bezieht: Wie beim Ermessen unterliegt es der vollen gerichtlichen Überprüfung, ob die tatsächlichen Annahmen der Behörde zutreffend sind (Rdn. 45). Die Auslegung von unbestimmten Rechtsbegriffen ist ohnehin originäre Aufgabe der Rechtsprechung (Rdn. 63). Ein Beurteilungsspielraum besteht somit nur bei der Subsumtion des konkret festgestellten Sachverhaltes unter den Rechtsbegriff, also bei der Frage, ob der Sachverhalt im Einzelfall den gesetzlichen Tatbestand erfüllt.[269] Zur Konkretisierung der sehr abstrakten Grundsätze (Sachverhaltsermittlung, Verfahrensvorschriften, gesetzlicher Rahmen) kann auf die Ausführungen zum Ermessen (Rdn. 21 ff.) verwiesen werden, für den Beurteilungsspielraum gilt dies entsprechend. Von welchen Bewertungsmaßstäben auszugehen ist und wann eine Entscheidung aufgrund einer Beurteilungsermächtigung auf sachfremden Erwägungen beruht, lässt sich nicht allgemein, sondern nur im Hinblick auf den jeweiligen Bereich sagen, für den ein Beurteilungsspielraum angenommen wird. So hat etwa das BVerfG in seiner Entscheidung vom 17.04.1991 unter Abkehr von der bisherigen Rechtsprechung der Verwaltungsgerichte bei berufsbezogenen Prüfungen den allgemeinen Bewertungsgrundsatz aufgestellt, dass eine vertretbare und mit gewichtigen Argumenten folgerichtig begründete Lösung nicht als falsch bewertet werden darf (Rdn. 70).

86 Wie beim Ermessen (Rdn. 40 ff.) kann die Verwaltung sich bei der **Ausübung des Beurteilungsspielraums durch eine ständige Verwaltungspraxis binden.** Meist wird eine solche Praxis auf einer Richtlinie beruhen, die die Beurteilungsermächtigung inhaltlich ausfüllt, etwa die Beurteilungsrichtlinien im Beamtenrecht.[270] Ebenfalls wie beim Ermessen (Rdn. 53, 54) ist die **Widerspruchsbehörde** anders als die Gerichte grundsätzlich zur **vollständigen Nachprüfung der Beurteilungsentscheidung** befugt und kann ihre Entscheidung auch an die Stelle der Ausgangsbehörde setzen (§ 68 Abs. 1 Satz 1 VwGO). Eine Beschränkung auf eine Rechtmäßigkeitskontrolle kann für die Widerspruchsbehörde allerdings bestehen, wenn sie wie bei mündlichen Prüfungen[271] der Sache nach nicht in der Lage ist, die zu beurteilende Leistung nachzuvollziehen, oder wenn aufgrund bestimmter Vorschriften einem besonders zusammengesetzten

269 So bereits *Bachof*, JZ 1995, 97 (98 ff.); *Papier*, DÖV 1986, 621 (623 f.) m.w.N.
270 Hierzu BVerwG, Urt. v. 30.04.1981 – 2 C 8.79, NVwZ 1982, 101; allg.: Stelkens/Bonk/Sachs/*Sachs* § 40 Rn. 215 ff.
271 Vgl. BVerwG, Urt. v. 01.12.1978 – VII C 68.77, NJW 1979, 2417 (2420).

fachkundigen Gremium, z.B. einem Prüfungsausschuss,[272] die Beurteilungsermächtigung eingeräumt ist.

F. Verfahrensvorschriften des Sozialrechts sowie Verwaltungsverfahrensrecht der Länder

Die Verwaltungsverfahrensgesetze der Länder sind wortgleich. In Sachsen ist für die 87
landesbehördliche Tätigkeit das VwVfG des Bundes nach Maßgabe von § 1 Satz 1 SächsVwVfZG anwendbar, in Berlin, Niedersachsen und Rheinland-Pfalz greifen ebenfalls Verweisungen (§ 1 BlnVwVfG, NiedsVwVfG, RPLVwVfG). Das Landesverwaltungsgesetz von Schleswig-Holstein enthält in § 73 konkrete inhaltliche Vorgaben für die Ausübung des Ermessens und wurde der Bundesregelung nicht angepasst. Im Sozialrecht gilt § 39 SGB I, im Abgabenrecht § 5 AO. Zur gerichtlichen Überprüfung behördlichen Ermessens siehe § 114 VwGO, § 54 Abs. 2 SGG, § 102 FGO.

G. Unionsrecht

Die im deutschen Recht ausgeprägte Unterscheidung zwischen Ermessen, Beurtei- 88
lungsspielraum und Planungsermessen hat in das Unionsrecht keinen Eingang gefunden.[273] Eine dogmatische Fundierung wie die normative Ermächtigungslehre ist nicht in gleicher Weise konturiert. Die Organe der Union verfügen auch ohne eine spezielle Übertragung von Letztentscheidungsbefugnissen teils über **Entscheidungs- und Gestaltungsspielräume.** Dementsprechend ist die gerichtliche **Kontrolldichte eine andere.** Eine volle Nachprüfung durch den EuGH ist eher die Ausnahme; es kommt auf die Formulierung der jeweiligen Norm und auch auf die Eingriffsintensität an. All dies hindert im indirekten Vollzug allerdings grundsätzlich nicht an der Anwendung des § 40. Unionsrecht kann Bindungen des mitgliedstaatlichen Ermessens begründen, z.B. im Beihilferecht das Rücknahmeermessen (§ 48) beeinflussen.[274]

§ 41 Bekanntgabe des Verwaltungsaktes

(1) [1]Ein Verwaltungsakt ist demjenigen Beteiligten bekannt zu geben, für den er bestimmt ist oder der von ihm betroffen wird. [2]Ist ein Bevollmächtigter bestellt, so kann die Bekanntgabe ihm gegenüber vorgenommen werden.

(2) [1]Ein schriftlicher Verwaltungsakt, der im Inland durch die Post übermittelt wird, gilt am dritten Tag nach der Aufgabe zur Post als bekannt gegeben. [2]Ein

272 BVerwG, Urt. v. 20.07.1984 – 7 C 28.83, BVerwGE 70, 4 (9 ff.); VGH Bayern, Urt. v. 08.03.1982 – 22 B 81 A.2570, NJW 1982, 2685: Prüfungsausschuss nach BBiG.

273 Vgl. zur wechselnden Terminologie des EuGH etwa Urt. v. 09.06.1964 – C-94/63 (Bernusset gegen Kommission), Slg. 1964, 647; Urt. v. 14.07.1983 – C-144/82 (Armelle Detti), Slg. 1983, 2421; Urt. v. 18.10.2011 – C-34/10 (Bürstle/Greenpeace), JZ 2012, 142 Rn. 29; Urt. v. 19.12.2012 – C-534/10 (Brookfield und Elaris), Rn. 50; s.a. Mann/Sennekamp/Uechtritz/*Schönenbroicher* § 40 Rn. 18; Bauer/Heckmann/Ruge/Schallbruch/*Ritgen* § 40 Rn. 6 f.

274 Vgl. BVerwG, Urt. v. 17.02.1993 – 11 C 47.92, BVerwGE 92, 81 = DVBl 1993, 727.

Verwaltungsakt, der im Inland oder in das Ausland elektronisch übermittelt wird, gilt am dritten Tag nach der Absendung als bekannt gegeben. [3]Dies gilt nicht, wenn der Verwaltungsakt nicht oder zu einem späteren Zeitpunkt zugegangen ist; im Zweifel hat die Behörde den Zugang des Verwaltungsaktes und den Zeitpunkt des Zugangs nachzuweisen.

(2a) [1]Mit Einwilligung des Beteiligten kann ein elektronischer Verwaltungsakt dadurch bekannt gegeben werden, dass er vom Beteiligten oder von seinem Bevollmächtigten über öffentlich zugängliche Netze abgerufen wird. [2]Die Behörde hat zu gewährleisten, dass der Abruf nur nach Authentifizierung der berechtigten Person möglich ist und der elektronische Verwaltungsakt von ihr gespeichert werden kann. [3]Der Verwaltungsakt gilt am Tag nach dem Abruf als bekannt gegeben. [4]Wird der Verwaltungsakt nicht innerhalb von zehn Tagen nach Absendung einer Benachrichtigung über die Bereitstellung abgerufen, wird diese beendet. [5]In diesem Fall ist die Bekanntgabe nicht bewirkt; die Möglichkeit einer erneuten Bereitstellung zum Abruf oder der Bekanntgabe auf andere Weise bleibt unberührt.

(3) [1]Ein Verwaltungsakt darf öffentlich bekannt gegeben werden, wenn dies durch Rechtsvorschrift zugelassen ist. [2]Eine Allgemeinverfügung darf auch dann öffentlich bekannt gegeben werden, wenn eine Bekanntgabe an die Beteiligten untunlich ist.

(4) [1]Die öffentliche Bekanntgabe eines schriftlichen oder elektronischen Verwaltungsaktes wird dadurch bewirkt, dass sein verfügender Teil ortsüblich bekannt gemacht wird. [2]In der ortsüblichen Bekanntmachung ist anzugeben, wo der Verwaltungsakt und seine Begründung eingesehen werden können. [3]Der Verwaltungsakt gilt zwei Wochen nach der ortsüblichen Bekanntmachung als bekannt gegeben. [4]In einer Allgemeinverfügung kann ein hiervon abweichender Tag, jedoch frühestens der auf die Bekanntmachung folgende Tag bestimmt werden.

(5) Vorschriften über die Bekanntgabe eines Verwaltungsaktes mittels Zustellung bleiben unberührt.

Schrifttum

Albrecht/Zschiegner, Rechtswirkungen der öffentlichen Bekanntmachung von im vereinfachten Verfahren erteilten immissionsschutzrechtlichen Genehmigungen, UPR 2019, 134; *Allesch*, Zustellungsmängel und Wirksamkeit von Verwaltungsakten, NVwZ 1993, 544; *Beaucamp*, Rechtsfragen der Bekanntgabe nach § 41 VwVfG, JA 2016, 436; *Braun Binder*, Elektronische Bekanntgabe von Verwaltungsakten über Behördenportale, NVwZ 2016, 342; *dies.*, Vollständig automatisierter Erlass eines Verwaltungsaktes und Bekanntgabe über Behördenportale, DÖV 2016, 891; *dies.*, Ausschließlich automationsgestützt erlassene Steuerbescheide und Bekanntgabe durch Bereitstellung zum Datenabruf, DStZ 2016, 526; *Dederer*, Rechtsschutz gegen Verkehrszeichen, NZV 2003, 314; *Drescher*, Beweisfragen bei der Behauptung des Nichtzugangs eines mittels einfachen Briefs übersandten Verwaltungsakts (§ 41 II VwVfG), NVwZ 1987, 771; *ders.*, Der übergangene Bevollmächtigte – Die Bekanntgaben eines Verwaltungsakts an den Betroffenen selbst trotz Bestellung eines Verfahrensbevollmächtigen?, NVwZ 1988, 680; *Ehlers*, Anmerkung zu einer Entscheidung des BVerwG, Urteil vom 23.09.2010 (3 C 37.09; NJW

2011, 246) – Zur Anfechtungsfrist bei Verkehrszeichen, JZ 2011, 155; *Guckelberger*, Digitalisierung und ihre Folgen für die postalische Bekanntgabe von Verwaltungsakten, NVwZ 2018, 359; *Hauser*, Mobile Verkehrszeichen, DAR 1991, 324; *Hebeler*, Wann bestehen Zweifel am Zugang eines schriftlichen, mittels einfachem Brief übersandten Verwaltungsakts?, DÖV 2006, 112; *ders.*, Wirksamkeit von Verkehrszeichen nach dem Sichtbarkeitsgrundsatz, JA 2016, 957; *Keßler*, Wirksamkeit von Verkehrszeichen nach dem Sichtbarkeitsgrundsatz, jM 2016, 423; *Kintz*, Zustellung und Frist in der öffentlich-rechtlichen Arbeit, JuS 1997, 1115; *Kremer*, Der E-Mail-Verwaltungsakt, VR 2006, 114; *Kümper*, Anmerkung zu BVerwG, Urt. v. 06.04.2016 – 3 C 10.15, NJW 2016, 2356; *Preißer*, Die Bekanntgabe von Verwaltungsakten gegenüber Ehegatten: Ein Problem des öffentlichen Rechts?, NVwZ 1987, 867; *Rebler*, Rund um das Verkehrszeichen – Einsatzbereich, Rechtsnatur und Bekanntgabe, DAR 2010, 377; *Ruff*, Zum Nachweis der Bekanntgabe eines Abgabenbescheids bei bestrittenem Zugang, KStZ 2011, 201; *Siegel*, Der virtuelle Verwaltungsakt, VerwArch 2014, 241; *ders.*, Automatisierung des Verwaltungsverfahrens – zugleich eine Anmerkung zu §§ 35a, 24 I 3, 41 IIa VwVfG –, DVBl 2017, 24; *Stein*, Bekanntgabeformen von Verwaltungsakten, DVP 2006, 441.

Übersicht **Rdn.**

A. Allgemeines und Grundsätze

I. Gegenstand, Zweck und Anwendungsbereich der Regelung

1 Die Vorschrift befasst sich mit der Bekanntgabe des VA. **Im Einzelnen bestimmt sie:**
- in Abs. 1 die Personen, denen der VA bekannt zu geben ist;
- in Abs. 2 den Zeitpunkt der Bekanntgabe bei der Übermittlung eines schriftlichen VA durch die Post im Inland (Satz 1) und bei der elektronischen Übermittlung (Satz 2) sowie die Verpflichtung der Behörde zum Nachweis des Zugangs, wenn dessen Zeitpunkt zweifelhaft ist (Satz 3);
- in Abs. 3 und 4 die Zulässigkeit und Durchführung der öffentlichen Bekanntgabe;
- in Abs. 5, dass die Vorschriften über die Bekanntgabe eines VA durch Zustellung unberührt bleiben.

2 Nach der amtlichen Begründung ist ein VA erst dann ergangen, wenn der Adressat die Möglichkeit hatte, von ihm Kenntnis zu nehmen.[1] Die Vorschrift solle deshalb die **formellen Voraussetzungen des Wirksamwerdens**, die **Verpflichtung zur Bekanntgabe** und die **Art. der Bekanntgabe** regeln, während § 39 des Gesetzesentwurfs (= § 43) die materiellen Wirkungen normiere. **§§ 41, 43** sind **Folge des Rechtsstaatsprinzips** und des Gebots effektiven Rechtsschutzes, die es gebieten, dem Betroffenen hoheitliches

1 BT-Drucks. 7/910, S. 61, 62.

Handeln, das seinen Rechtskreis berührt, bekannt zu geben.[2] Das Bekanntgabeerfordernis stellt einen allgemeinen Grundsatz des Verwaltungsverfahrensrechts dar.[3]

Im Anwendungsbereichs des VwVfG ist ein VA nach dieser Vorschrift oder nach dem VwZG bekannt zu geben, sofern keine speziellere Regelung besteht. Eine **entsprechende Anwendung** auf andere Formen des Verwaltungshandelns – bloße Verfahrenshandlungen oder behördliche Willenserklärungen – ist jedoch **nicht möglich**, die Vorschrift ist in ihrer konkreten Ausgestaltung auch nicht Ausdruck eines allgemeinen Rechtsgedankens.[4] Insoweit kann **§ 130 BGB** herangezogen werden, dessen Grundsätze auch i.R.d. § 41 gelten.[5] 3

II. Begriff der Bekanntgabe

Begriff und Arten der Bekanntgabe des VAs werden – von den Teilregelungen der Abs. 2 bis 5 abgesehen – vom Gesetz vorausgesetzt. **Bekanntgabe** bedeutet die **Eröffnung eines VA an den Adressaten** oder Betroffenen **mit Willen der erlassenden Behörde, um diesem die Kenntnisnahme zu ermöglichen.**[6] 4

1. Bekanntgabewille der Behörde

Wesentliche Voraussetzung der Bekanntgabe ist deshalb der Bekanntgabewille der Behörde.[7] Erhält jemand **ohne den Willen der Behörde** von einer ihn betreffenden Regelung **Kenntnis**, so liegt **keine Bekanntgabe** vor;[8] selbst wenn dem Betroffenen 5

---

2 Vgl. BVerwG, Urt. v. 27.05.1983 – 4 C 40.81 u. a., BVerwGE 67, 206 = NJW 1984, 188; VGH Baden-Württemberg, Urt. v. 22.10.2019 – 1 S 450/17, juris. Zur Bekanntgabe von Normen: BVerwG, Urt. v. 10.10.2019 – 4 CN 6.18, juris.

3 VGH Baden-Württemberg, Urt. v. 18.10.2017 – 2 S 114/17, WKRS 2017, 28644.

4 Vgl. OVG Berlin-Brandenburg, Beschl. v. 31.07.2009 – OVG 10 S 36.08, WKRS 2009, 23609; Kopp/*Ramsauer*/*Tegethoff* § 41 Rn. 3 f.; Stelkens/Bonk/Sachs/*Stelkens* § 41 Rn. 10.

5 BVerwG, Beschl. v. 22.02.1994 – 4 B 212.93, Buchholz 316, § 41 VwVfG Nr. 2; VGH Bayern, Beschl. v. 26.07.2019 – 15 CS 19.1050, DVBl 2020, 370 (372); zur Anwendbarkeit des § 130 BGB auf die Versagung des Einvernehmens nach § 36 BauGB: VGH Bayern, Beschl. v. 27.10.2000 – 1 ZS/CS 00.2727, NVwZ-RR 2001, 364.

6 BVerwG, Urt. v. 23.07.1965 – VII C 175.64, BVerwGE 22, 14; OVG Nordrhein-Westfalen, Beschl. v. 13.11.2014 – 2 B 1114/14, NVwZ-RR 2015, 172; VGH Baden-Württemberg, Urt. v. 18.10.2017 – 2 S 114/17, WKRS 2017, 28644; Beschl. v. 07.03.2019 – 10 S 2025/18, VBlBW 2019, 382; VGH Bayern, Beschl. v. 26.07.2019 – 15 CS 19.1050, DVBl 2020, 370 (372).

7 Vgl. VGH Baden-Württemberg, Urt. v. 12.02.2020 – 5 S 1070/19, WKRS 2020, 12363; VGH Bayern, Beschl. v. 26.07.2019 – 15 CS 19.1050, DVBl 2020, 370 (372).

8 BVerwG, Urt. v. 19.02.2015 – 7 C 11.12, BVerwGE 151, 213; Urt. v. 18.04.1997 – 8 C 43.95, BVerwGE 104, 301; Urt. v. 29.04.1968 – VIII C 19.64, BVerwGE 29, 321 (323); Urt. v. 19.06.1963 – V C 198.62, BVerwGE 16, 165 für die Zustellung; Beschl. v. 02.12.2019 – 1 B 75.19, juris; VGH Baden-Württemberg, Urt. v. 22.10.2019 – 1 S 450/17, juris; VGH Bayern, Beschl. v. 30.12.1986 – 9 B 1851/79, BayVBl. 1987, 693 (694); OVG Nordrhein-Westfalen, Beschl. v. 13.11.2014 – 2 B 1114/14, NVwZ-RR 2015, 172; vgl. zu Bescheidentwürfen nach § 27a AsylG: VG Frankfurt (Oder), Beschl. v. 06.01.2010 – 7 L 319/09.A, juris; VG Trier, Urt. v. 30.05.2012 – 5 K 967/11.TR, juris.

das Schriftstück tatsächlich zugeht, kommt kein wirksamer VA zustande.[9] So liegt z.B. keine Bekanntgabe vor, wenn der (Entwurf des) VA
- versehentlich abgesandt wird;
- er dem Betroffenen bei Gewährung von Akteneinsicht zur Kenntnis gelangt;[10]
- bei Zuleitung zur Stellungnahme;
- bei Mitteilung durch einen Dritten ohne Willen der Behörde;
- bei Übersendung einer Zweitschrift seitens einer anderen Behörde, während die für den Erlass zuständige Behörde ihn zurückbehalten hat.[11]

6 Der Bekanntgabewille muss auch umfassen, wem der VA bekannt gemacht werden soll. Deshalb liegt z.B. keine wirksame Bekanntgabe vor, wenn
- der (Entwurf des) VA einem anderen Adressaten als dem von der Behörde bestimmten Adressaten zugeht;
- die Behörde einer anderen Behörde einen VA nur »nachrichtlich« übermittelt.[12]

7 Schließlich setzt der Bekanntgabewille den natürlichen **Willen eines die Behörde repräsentierenden Amtsträgers** voraus, der nach seiner Stellung in der Behörde grds. zum Erlass eines derartigen VA befugt ist. Nicht erforderlich ist hingegen, dass der Bedienstete auch intern nach der Geschäftsverteilung der Behörde zuständig ist.[13] Hier gelten die gleichen Grundsätze wie sie zu § 38 Abs. 1 entwickelt wurden (dort Rdn. 22 f.). Kein zwingendes Element des Bekanntgabewillens ist das Bewusstsein, mit der konkreten Form der Zuleitung (bereits) Rechtsfolgen auszulösen.[14]

8 Der **Wille** muss auch noch **im** maßgeblichen **Zeitpunkt der Bekanntgabe** an den Betroffenen **fortbestehen.** Wird er vorher aufgegeben, liegt keine wirksame Bekanntgabe vor. Allerdings muss der Beamte dies aus Gründen der Rechtssicherheit klar und eindeutig festhalten, etwa in einem Aktenvermerk.[15] Auf den Bekanntgabewillen wird i.d.R. aus der Unterschrift auf der bei den Behördenakten verbleibenden Urschrift geschlossen werden können.[16] Die den VA erlassende Behörde muss ihn nicht selbst bekannt geben, er kann mit deren Wissen und Wollen auch **durch eine anderen Behörde**[17] **oder einen Privaten bekannt gegeben** werden. Erst nach dem Abschluss der Bekanntgabe gezogene Schlüsse bzw. Willensänderungen der Behörde vermögen einen gegebenen Bekanntgabewillen nicht mehr in Frage zu stellen.[18]

---

9 OVG Nordrhein-Westfalen, Beschl. v. 01.03.1988 – 1 W 51/86, NJW 1989, 120.

10 BVerwG, Urt. v. 29.06.1990 – 8 C 22.89, BVerwGE 85, 213 = NVwZ 1991, 73; aber VGH Baden-Württemberg, Beschl. v. 07.12.1990 – 10 S 2466/90, NVwZ 1991, 1195: Heilung einer öffentlichen Bekanntmachung durch Akteneinsicht.

11 BVerwG, Urt. v. 29.04.1968 – VIII C 19.64, BVerwGE 29, 321.

12 BGH, Urt. v. 19.05.1988 – III ZR 213/86, NVwZ-RR 1989, 523.

13 BFH, Urt. v. 24.11.1988 – V R 123/83, BFHE 155, 466 = NVwZ 1990, 104; BFH, Urt. v. 27.06.1986 – VI R 23/83, BFHE 147, 205 = NVwZ 1987, 632.

14 OVG Niedersachsen, Beschl. v. 31.08.2017 – 15 MF 19/17, RdL 2017, 338.

15 BFH, Urt. v. 24.11.1988 – V R 123/83, BFHE 155, 466 = NVwZ 1990, 104.

16 Vgl. Stelkens/Bonk/Sachs/*Stelkens* § 41 Rn. 53 m.w.N.

17 VGH Bayern, Beschl. v. 30.12.1986 – 9 B 1851/79, BayVBl. 1987, 693 (694).

18 VGH Baden-Württemberg, Beschl. v. 07.03.2019 – 10 S 2025/18, VBlBW 2019, 382.

2. Möglichkeit der Kenntnisnahme

Eine wirksame Bekanntgabe setzt voraus, dass der Betroffene die Möglichkeit hat, den VA zur Kenntnis zu nehmen. Die Behörde muss ihn deshalb in seinen unmittelbaren Wahrnehmungsbereich bringen. Andererseits ist die Bekanntgabe auch dann bewirkt, wenn der Betroffene den VA tatsächlich nicht zur Kenntnis nimmt, etwa weil er seinen Briefkasten nicht leert, den Brief nicht öffnet oder ein Verkehrsteilnehmer z.B. das Handzeichen eines Polizeibeamten oder ein Halteverbotsschild[19] nicht sieht, weil er die im Straßenverkehr erforderliche Sorgfalt außer Acht lässt. **Wie bei § 130 BGB** genügt der Zugang,[20] d.h. der VA ist bekannt gegeben, wenn er **in den Bereich des Empfängers gelangt ist und dieser unter normalen Umständen Kenntnis von seinem Inhalt nehmen kann.**[21] Damit liegt § 41 die gleiche Risikoverteilung zugrunde, die im Zivilrecht die Empfangs- oder Zugangstheorie befürwortet und die sich mit § 130 BGB durchgesetzt hat. Zum Wirksamwerden einer Willenserklärung – hier des VA – reicht hiernach nicht allein die Erklärung oder deren Absendung, andererseits kommt es auch nicht auf die tatsächliche Kenntnisnahme an, maßgeblich ist vielmehr der Zugang. Die Gefahr des Verlusts der Erklärung trägt der Absender, d.h. die den VA erlassende Behörde, bis zum Zugang, also bis zur Einflusssphäre des Empfängers[22] (vgl. auch Rdn. 43). Diese Risikoverteilung ist auch i.R.d. § 41 sachgerecht, weil die Behörde die Wahl hat, die Art der Übermittlung zu bestimmen. 9

III. Arten der Bekanntgabe

§ 41 schreibt **keine bestimmte Art** der Bekanntgabe vor. Lediglich für schriftliche VA enthalten die Abs. 2 bis 5 die Form der Bekanntgabe. Soweit sie nicht im Einzelfall durch Vorschriften des VwVfG bestimmt wird (vgl. § 69 Abs. 2, § 74 Abs. 1 Satz 2) oder spezielle gesetzliche Regelungen bestehen – die z.B. die Zustellung anordnen (wie § 3 Abs. 4 Satz 1 VereinsG oder § 73 Abs. 3 Satz 1 VwGO) oder eine schriftliche/elektronische Übermittlung vorsehen (wie § 13 Abs. 1 NABEG) –, liegt die **Form der Bekanntgabe im Ermessen** der Behörde (§ 10).[23] Hierbei ist eine Form zu wählen, die dem Betroffenen angemessen Gelegenheit zur Kenntnisnahme gibt. Zugangsvoraussetzung beim Einsatz elektronischer Dokumente ist nach § 3a Abs. 1 eine Zugangseröffnung des Empfängers (vgl. dazu § 3a Rdn. 6 ff.).[24] Dies gilt entsprechend beim Telefax.[25] **Wählt die Behörde eine bestimmte Form der Bekanntgabe,** 10

19 OVG Nordrhein-Westfalen, Urt. v. 23.05.1995 – 5 A 2092/93, DVBl 1996, 575.

20 So BT-Drucks. 7/910, S. 62.

21 BVerwG, Beschl. v. 21.12.2017 – 6 B 43.17, NVwZ 2018, 496; VGH Baden-Württemberg, Urt. v. 18.10.2017 – 2 S 114/17, WKRS 2017, 28644; VGH Bayern, Beschl. v. 26.07.2019 – 15 CS 19.1050, DVBl 2020, 370.

22 Vgl. *Skouris*, VerwArch. 1974, 264 (267, 268).

23 BVerwG, Beschl. v. 21.12.2017 – 6 B 43.17, NVwZ 2018, 496; VGH Baden-Württemberg, Urt. v. 08.02.2017 – 9 S 1128/16, VBlBW 2017, 380; vgl. auch OVG Nordrhein-Westfalen, Beschl. v. 30.01.2017 – 2 B 1226/16, WKRS 2017, 10253.

24 Vgl. dazu OVG Nordrhein-Westfalen, Beschl. v. 13.11.2014 – 2 B 1114/14, NVwZ-RR 2015, 172.

25 OVG Berlin-Brandenburg, Beschl. v. 01.10.2008 – 5 NC 73.08, juris m.w.N.

muss sie die hierfür geltenden gesetzlichen **Vorschriften einhalten**; entscheidet sich die Behörde z.B. für die Zustellung, obwohl eine formlose Bekanntgabe möglich gewesen wäre (vgl. § 1 Abs. 2 VwZG), kann dies zur Unwirksamkeit der Bekanntgabe führen, wenn die Zustellungsvorschriften nicht eingehalten werden (s.a. Rdn. 79).[26]

11 Grundsätzlich lassen sich zwei Arten der Bekanntgabe unterscheiden, die **unmittelbare** Bekanntgabe ggü. dem Betroffenen und die – nur ausnahmsweise bei einer Vielzahl von Betroffenen zulässige – **öffentliche Bekanntgabe.** Unmittelbar ggü. dem Betroffenen kann ein VA z.B. **mündlich** – auch **fernmündlich** –, **durch Zeichen** oder **konkludent** ergehen. Schriftliche VA können z.B. durch **Boten**[27], die Aufgabe zur **Post**, durch **Telegramm, Fernschreiben**[28] **oder Telefax** bekannt gegeben werden. Die öffentliche Bekanntgabe erfolgt

- bei schriftlichen VA in einem durch Abs. 4 besonders geregelten – an eine ortsübliche Bekanntmachung gebundenen – förmlichen Verfahren (vgl. Rdn. 64 ff.),
- i.Ü. formlos durch Einschaltung der Massenmedien (Abdruck in der Presse, Durchsage im Rundfunk oder Fernsehen) oder auf andere Weise (z.B. mittels Lautsprecher).

IV. Dogmatische Bedeutung der Bekanntgabe

12 **Bis zur Bekanntgabe** ist der **VA** ein Internum, er ist **nicht existent**, d.h. er entfaltet nach außen keine Rechtswirkungen (vgl. § 43 Abs. 1 Satz 1), auch wenn er bereits erlassen wurde. Erlassen[29] ist der VA zwar bereits, wenn er die Behörde – z.B. durch Aufgabe zur Post bei schriftlichen VA, bei mündlichen fallen Erlass und Bekanntgabe zusammen – verlassen hat, wirksam wird er jedoch erst mit Zugang an den Betroffenen. Erst ab diesem Zeitpunkt ist auch die Verwaltung an ihn gebunden; will sie ihn aufheben, muss sie ihn zurücknehmen (§ 48) oder widerrufen (§ 49). Vor dem Zugang kann der VA entsprechend § 130 Abs. 1 Satz 2 BGB ohne Beachtung dieser Voraussetzungen aufgehoben werden.[30]

13 Die **Bekanntgabe des VA an** den (oder **einen**) **Adressaten führt nicht zur Wirksamkeit ggü. anderen** Adressaten oder von dem VA **Betroffenen**, denen er nach § 41 Abs. 1 Satz 1 ebenfalls bekannt zu geben wäre. Denn nach § 43 Abs. 1 Satz 1 wird er nur demjenigen ggü. wirksam, dem er auch bekannt gegeben wird. Dies schließt

---

26 OVG Rheinland-Pfalz, Beschl. v. 31.01.1983 – 11 B 215/82, DVBl 1983, 955: wirksame Bekanntgabe nur noch an den Bevollmächtigten (jetzt § 7 Abs. 1 Satz 2 VwZG); OVG Nordrhein-Westfalen, Beschl. v. 30.01.2017 – 2 B 1226/16, WKRS 2017, 10253; *Drescher*, NVwZ 1988, 680 (683) m.w.N.

27 Vgl. VGH Baden-Württemberg, Urt. v. 08.02.2017 – 9 S 1128/16, VBlBW 2017, 380 (Universität als Botin des Landesgesundheitsamts).

28 Vgl. Kopp/*Ramsauer/Tegethoff* § 41 Rn. 10.

29 Vgl. hierzu Kopp/*Ramsauer/Tegethoff* § 41 Rn. 18.

30 Einschränkend für dem Schriftformerfordernis unterliegende Verwaltungsakte FG Niedersachsen, Urt. v. 19.09.2006 – 13 K 40/06, EFG 2007, 78.

jedoch nicht aus, dass der Betroffene oder weitere Adressat ihn anficht, weil er mit der Bekanntgabe an auch nur einen Beteiligten bereits existent ist.[31]

Die Bekanntgabe des VA ist zudem Voraussetzung dafür, dass die **Rechtsbehelfsfristen** für Widerspruch und Klage (§§ 70, 74 VwGO) in Lauf gesetzt werden.[32] 14

B. Die Vorschrift im Einzelnen

I. Personen, denen der VA bekannt zu geben ist (Abs. 1)

Nach Abs. 1 Satz 1 ist der VA demjenigen bekannt zu geben, für den er bestimmt oder der von ihm betroffen ist. Diese Formulierung ist nicht alternativ zu verstehen, der VA muss beiden bekannt gegeben werden. 15

1. Adressat (Satz 1 Alt. 1)

Derjenige, **für den der VA** nach dieser Vorschrift **bestimmt** ist, ist der **Beteiligte, an den die Behörde den VA richten will** (vgl. § 13 Abs. 1 Nr. 2). Dies ist der **materielle Adressat**, der nach Ansicht der Behörde den Tatbestand einer Norm verwirklicht und an den sie sich deshalb mit einem belastenden oder begünstigenden VA mit feststellender oder gestaltender Wirkung unmittelbar richtet.[33] Ob die Behörde den VA zu Recht an einen bestimmten Adressaten gerichtet hat, ob er etwa den Tatbestand einer Norm tatsächlich erfüllt, ist dann eine Frage der Rechtmäßigkeit des VA, nicht der Bekanntgabe. 16

Aus der Vorschrift ergibt sich i.V.m. § 37 Abs. 1 auch die **Pflicht, den VA formell an den zu adressieren, für den er bestimmt ist** (zur Bekanntgabe ggü. mehreren Personen: Rdn. 96). Es genügt nicht, dass der Beteiligte nur aus dem Inhalt des an einen anderen Beteiligten adressierten Bescheides entnehmen kann, dass auch er Adressat des VA sein soll, etwa wenn im Eingang des Bescheides nur ein Ehepartner genannt wird.[34] Ist ein Adressat nicht im Bescheid aufgeführt, ist dieser an ihn nicht wirksam bekannt gegeben worden.[35] 17

2. Betroffener (Satz 1 Alt. 2)

Neben dem Adressaten ist der VA demjenigen bekannt zu geben, der von ihm betroffen wird. Dies ist der Fall, wenn ein **VA in die Rechte** oder rechtlich geschützten Interessen **eines Dritten eingreift.** Die Beeinträchtigung nur materieller oder ideeller Interessen genügt hingegen nicht. Als Anhaltspunkt, wann eine solche Betroffenheit vorliegt, kann die Rechtsprechung zu § 42 Abs. 2 VwGO herangezogen werden. 18

---

31 OVG Rheinland-Pfalz, Urt. v. 21.05.1985 – 7 A 125/84, NVwZ 1985, 666; vgl. auch Knack/Henneke/*Ruffert* § 41 Rn. 8; Kopp/*Ramsauer*/*Tegethoff* § 41 Rn. 15.

32 Vgl. zur Bedeutung der Rechtsbehelfsbelehrung in diesem Zusammenhang: OVG Nordrhein-Westfalen, Beschl. v. 13.11.2014 – 2 B 1114/14, NVwZ-RR 2015, 172.

33 Vgl. VGH Bayern, Beschl. v. 26.07.2019 – 15 CS 19.1050, DVBl 2020, 370 (372).

34 Vgl. Knack/Henneke/*Ruffert* § 41 Rn. 11.

35 Vgl. Knack/Henneke/*Ruffert* § 41 Rn. 9.

19 Der VA ist **nur dem beteiligten Betroffenen** (und Adressaten) **bekannt zu geben.** Hieraus folgt weder, dass der VA jedem nach § 13 Beteiligten bekannt zu geben ist, noch dass er einem nicht am Verwaltungsverfahren Beteiligten nicht bekannt gegeben werden dürfte. Stellt sich während des Verwaltungsverfahrens heraus, dass die Rechtsposition eines Beteiligten durch den zu erlassenden VA nicht berührt wird, wird die Behörde ihm den VA nicht bekannt geben und ihn nur vom Abschluss des Verfahren unterrichten. Stellt sich andererseits heraus, dass ein bislang am Verfahren nicht Beteiligter betroffen ist, wird die Behörde ihn vor Erlass des VA hinzuziehen, damit er seine Verfahrensrechte (z.B. Anhörung, Akteneinsicht) wahrnehmen kann.[36] Allein in der Bekanntgabe des VA an den Betroffenen kann jedoch keine Beiladung gesehen werden, weil diese Stellung dem Beteiligten Verfahrensrechte gerade vor einer Sachentscheidung einräumen soll.[37]

20 Der Adressat eines begünstigenden VA kann nicht verlangen, dass die Bekanntgabe an einen Drittbetroffenen[38] unterbleibt; er hat auch keinen Anspruch darauf, dass die Behörde den VA – z.B. eine Baugenehmigung – dem Drittbetroffenen bekannt gibt, um ihn auch diesem ggü. wirksam werden zu lassen.[39] § 41 statuiert zwar gerade auch im Interesse des Adressaten – und Betroffenen – eine Verpflichtung der Behörde zur Bekanntgabe (Rdn. 2, 16 ff.), hieraus kann jedoch **kein Anspruch auf Bekanntgabe an Dritte** hergeleitet werden. Allerdings kann der Drittbetroffene eine Bekanntgabe an sich verlangen und gegebenenfalls mit der Leistungsklage geltend machen.[40]

3. Bevollmächtigter (Satz 2)

21 Nach dieser Vorschrift kann die Bekanntgabe – vorbehaltlich spezieller fachgesetzlicher Regelungen, die persönliche Zustellung gebieten (§ 31 Abs. 1 Satz 4/§ 50 Abs. 5 Satz 1 AsylG; Bevollmächtigter erhält gem. § 31 Abs. 1 Satz 6 AsylG/§ 50 Abs. 5 Satz 1 AsylG nur einen Abdruck) – auch ggü. einem Bevollmächtigten vorgenommen werden, wenn ein solcher bestellt ist. Als Bevollmächtigter kommt sowohl ein solcher nach § 14 als auch ein Empfangsbevollmächtigter nach § 15 in Betracht.

22 Mit der Formulierung »kann« wird der Behörde **Ermessen eingeräumt**, ob sie den VA **an den Beteiligten oder seinen Bevollmächtigten** bekannt gibt.[41] Zwar heißt es in § 14 Abs. 3 Satz 1, dass die Behörde sich an den Bevollmächtigten wenden »soll«. Abs. 1 Satz 2 ist aber für die Bekanntgabe **eine speziellere, § 14 Abs. 3 Satz 1 verdrängende Regelung.**[42] Die Bestimmung weicht damit von dem ab, was nach § 67

36 Vgl. *Meyer/Borgs* § 41 Rn. 7.

37 Vgl. ebenso *Meyer/Borgs* § 41 Rn. 4.

38 Vgl. Stelkens/Bonk/Sachs/*Stelkens* § 41 Rn. 35.

39 So *Horn*, DÖV 1987, 20 (23); **a.A.** Stelkens/Bonk/Sachs/*Stelkens* § 41 Rn. 35; Kopp/*Ramsauer/Tegethoff* § 41 Rn. 33.

40 Allg. Meinung, vgl. etwa Kopp/*Ramsauer/Tegethoff* § 41 Rn. 33.

41 OVG Sachsen-Anhalt, Beschl. v. 22.05.2018 – 2 M 38/18, WKRS 2018, 23283; OVG Niedersachsen, Beschl. v. 29.11.2007 – 11 LA 172/07, InfAuslR 2008, 78; vgl. auch BFH, Urt. v. 03.02.2004 – VII R 30/02, BFHE 204, 403.

42 BVerwG, Urt. v. 30.10.1997 – 3 C 35.96, BVerwGE 105, 288; BFH, Urt. v. 05.10.2000 – VII R 96/99, BFHE 193, 41; *BSG*, Urt. v. 21.02.1985 – 11 RA 6/84, NVwZ 1986, 421;

Abs. 6 Satz 5 VwGO im Verwaltungsprozess und nach § 7 Abs. 1 Satz 2 VwZG für Zustellungen nach Vorlage einer schriftlichen Vollmacht gilt.

Die Behörde ist gehalten, ihr Ermessen pflichtgemäß auszuüben. Es kommt auch eine Ermessensreduzierung auf Null in Betracht, z.B. aus Gründen des Vertrauensschutzes bzw. zur Vermeidung von unbilligen Überraschungen. Bei fehlerhaftem Ermessensgebrauch und nachfolgender Fristversäumnis sind u. U. die Voraussetzungen für eine Wiedereinsetzung in den vorigen Stand (§§ 70 Abs. 2, 60 VwGO) erfüllt. Die Bekanntgabewirkung als solche wird aber selbst bei unrichtiger Ermessensausübung herbeigeführt.[43] 23

Da auch die Bekanntgabe an den Beteiligten, die an seinen Bevollmächtigten zu richten gewesen wäre, wirksam ist (Rdn. 22), beginnen damit Rechtsbehelfsfristen (§§ 70, 74 VwGO) zu laufen.[44] Bei der Entscheidung über eine **Wiedereinsetzung** kann diesem Umstand jedoch Rechnung getragen werden, denn der Beteiligte, der einen Bevollmächtigten bestellt hat, kann darauf vertrauen, dass die Behörde diesem den VA bekannt gibt.[45] 24

Wird das **Bevollmächtigungsverhältnis** nicht bereits **aus** dem Anschriftenfeld des **Bescheids** deutlich, muss es sich jedenfalls aus seinem (sonstigen) Inhalt zweifelsfrei **ergeben**, zumal wenn Bevollmächtigter kein Anwalt, sondern etwa ein Familienangehöriger ist.[46] 25

Die Erteilung der Vollmacht kann **konkludent** erfolgen. Auch eine **Anscheins- oder Duldungsvollmacht** ist denkbar. Hiervon geht die Rechtsprechung oft bei **Ehepaaren** aus, wenn ein Ehepartner ggü. der Behörde für beide auftritt.[47] Schließlich kann z.B. ein von der Behörde eingesetzter Kraftfahrer[48] oder ein im gleichen Hausstand lebendes **Familienmitglied**[49] **Empfangsbevollmächtigter** sein. Ohne konkrete Anhaltspunkte sollten solche Vollmachtserteilungen jedoch nicht angenommen werden. 26

Knack/Henneke/*Ruffert* § 41 Rn. 17; Kopp/*Ramsauer*/*Tegethoff* § 41 Rn. 34 und § 14 Rn. 30; Stelkens/Bonk/Sachs/*Stelkens* § 41 Rn. 35; a.A. VGH Baden-Württemberg, Beschl. v. 07.10.1986 – NC 9 S 550/86, VBlBW 1987, 297; *Drescher*, NVwZ 1988, 680.

43 Vgl. OVG Nordrhein-Westfalen, Urt. v. 28.11.1995 – 15 A 72/93, NVwZ-RR 1997, 77.

44 Ausführlich VGH Hessen, Urt. v. 10.08.1992 – 12 UE 2254/89, NVwZ-RR 1993, 432 (433, 434); OVG Nordrhein-Westfalen, Beschl. v. 21.12.1989 – 17 B 22593/89, NVwZ-RR 1990, 442.

45 *Drescher*, NVwZ 1988, 680 (683).

46 Vgl. *BSG*, Urt. v. 21.02.1985 – 11 RA 6/84, NVwZ 1986, 421; vgl. auch OVG Nordrhein-Westfalen, Urt. v. 14.12.1989 – 22 A 235/86, NVwZ-RR 1990, 451: Nennung allein des Bevollmächtigten im Anschriftenfeld.

47 Eingehend VGH Hessen, Beschl. v. 09.02.1987 – 4 TH 1615/84, NVwZ 1987, 898; VGH Baden-Württemberg, Urt. v. 29.09.1988 – 3 S 2976/87, NVwZ-RR 1989, 597.

48 VGH Bayern, Urt. v. 27.10.1981 – 8 B 1061/79, BayVBl. 1982, 213.

49 Vgl. BAG, Urt. v. 13.08.1992 – 2 AZR 22/92, NJW 1993, 1095.

27 Bei einer Bekanntgabe sowohl ggü. dem Beteiligten wie ggü. dessen Bevollmächtigten ist die **zuerst erfolgte Bekanntgabe maßgeblich.** Erfolgt die Bekanntgabe ggü. mehreren Bevollmächtigten eines Beteiligten, ist ebenfalls die zuerst erfolgte entscheidend für den Lauf der Rechtsbehelfsfristen,[50] denn mit ihr ist der VA bekannt gegeben/zugestellt (§§ 70, 74 VwGO) und eine **nochmalige spätere Bekanntgabe**/Zustellung **setzt keine erneute Frist in Lauf.**

4. Vertreter

28 Ist ein **Beteiligter**, an den die Behörde einen VA richten will, nach § 12 **nicht handlungsfähig**, ist der VA **dem Vertreter bekannt zu geben.** Die Behörde darf ggü. einem Handlungsunfähigen kein Verwaltungsverfahren durchführen und insb. keinen (belastenden) VA erlassen.[51] Ist ein Vertreter nicht vorhanden, muss die Behörde von Amts wegen einen bestellen (vgl. § 16). Die **Bekanntgabe an** einen **Handlungsunfähigen** ist **nicht wirksam**; ob der Behörde dieser Umstand bekannt ist, ist unerheblich.[52]

29 Bei **mehreren gesetzlichen Vertretern** genügt die Bekanntgabe an einen. Für die Zustellung ist das in **§ 6 Abs. 3 VwZG** ausdrücklich geregelt, dies gilt entsprechend für die Bekanntgabe. Die Bekanntgabe an **einen Elternteil** ist (auch bei gemeinsamem Sorgerecht) ausreichend (vgl. § 1629 Abs. 1 BGB).

30 Eine rückwirkende **Heilung durch Genehmigung des Vertreters** ist nur möglich, wenn die Behörde auch den Willen hatte, an ihn bekannt zu geben, ansonsten bleibt nur die erneute Bekanntgabe (mit Wirkung ex nunc). Erlangt der Adressat die Handlungsfähigkeit in engem zeitlichem Zusammenhang mit dem Zugang und besteht die Möglichkeit der Kenntnisnahme noch, tritt die Heilung in diesem Zeitpunkt ein.[53]

II. Bekanntgabe schriftlicher VA durch Aufgabe zur Post und elektronisch übermittelter VA (Abs. 2)

31 Abs. 2 dient dem Zweck, der Verwaltung den Nachweis des Zugangs zu erleichtern, normiert aber keinen allgemeinen, ohne weitere normative Grundlage auf andere Anwendungsfelder übertragbaren Rechtsgrundsatz.[54] Er befasst sich in Satz 1 mit der wohl **häufigsten Bekanntgabeform**, der Übermittlung schriftlicher VA im Inland durch die Post; in Satz 2 daneben mit der Bekanntgabe elektronisch übermittelter VA im Inland oder in das Ausland. Die Vorschrift des Abs. 2 enthält für die genannten Arten von VA **drei Regelungen:** Die Fiktion des Zugangs am dritten Tag nach Aufgabe zur Post bzw. nach Absendung bei elektronischer Übermittlung (genauer: die Fiktion,

---

50 Vgl. BVerwG, Beschl. v. 21.12.1983 – 1 B 152.83, NJW 1984, 2115 unter Berufung auf §§ 84, 189 ZPO.

51 BVerwG, Urt. v. 31.07.1984 – 9 C 156.83, DVBl 1985, 244.

52 VGH Bayern, Urt. v. 25.10.1983 – 11 B 83 A.496, NJW 1984, 2845; Entziehung der Fahrerlaubnis ggü. einem Geschäftsunfähigen; OVG Hamburg, Beschl. v. 18.08.1981 – Bs V 8/81, DVBl 1982, 218.

53 Vgl. VGH Baden-Württemberg, Urt. v. 20.02.1990 – 4 S 287/87, VBlBW 1991, 65.

54 VGH Baden-Württemberg, Urt. v. 18.10.2017 – 2 S 114/17, WKRS 2017, 28644.

dass der Zugang nicht vor diesem Termin erfolgt ist, kombiniert mit einer widerlegbaren Zugangsvermutung[55]), eine Ausnahme hiervon, falls der VA nicht oder später zugeht, sowie eine Beweislastregelung, wenn dies im Streit steht.

1. Übermittlung im Inland durch die Post

Nach dem ersten Satz gilt ein schriftlicher VA bei Übermittlung im Inland mit dem dritten Tag nach der Aufgabe zur Post als bekannt gegeben. Satz 2 befasst sich mit VA, die im Inland oder in das Ausland elektronisch übermittelt werden. Unter Übermittlung durch die Post ist die **Übermittlung im allgemeinen Briefverkehr** mit Ausnahme der in Abs. 5 erwähnten Zustellung (Rdn. 78 ff.) zu verstehen. Dabei spielt es keine Rolle, ob es sich um einfache Briefe oder Eilbriefe handelt. **Telegramme** und **Fernschreiben** scheiden nach dem Sinn der offensichtlich auf Briefe abstellenden Vorschrift ebenso aus wie die Übermittlung außerhalb des Postverkehrs (etwa durch die Behörde selbst). »Post« im Sinne des Gesetzes sind alle externen Postdienstleister, die über eine Lizenz nach §§ 5 ff. PostG für die Beförderung von Briefsendungen verfügen, nicht nur die Deutsche Post AG (funktionales Verständnis).[56] Die Einschaltung privater Dienstleister kann nur insoweit für die Zugangsvermutung innerhalb der Dreitagesfrist von Bedeutung sein, als bei manchen möglicherweise ein längerer Postlauf gegeben ist (»Zweifel«, siehe Rdn. 40).[57] 32

Eine Übermittlung findet im Inland statt, wenn sie innerhalb des **Bundesgebietes** erfolgt. **Außerhalb** dieses Bereichs **kommt** eine **Fiktion der Bekanntgabe** nach Abs. 2 **nicht in Betracht**, so dass die Behörde die Beweislast für die Tatsache und den Zeitpunkt des Zugangs trifft. Will sie dem entgehen, so kann sie von dem Betroffenen nach **§ 15 Satz 1** die Benennung eines Empfangsbevollmächtigten im Geltungsbereich dieses Gesetzes, d.h. im Inland, verlangen. Ist ein solcher benannt, so findet auf den Zugang eines an diesen (für den Betroffenen) durch die Post übermittelten VA Abs. 2 in vollem Umfang Anwendung. Kommt der Betroffene innerhalb einer angemessenen Frist dem Verlangen nicht nach, so gilt ein an ihn gerichtetes Schriftstück nach § 15 Satz 2 am siebten Tag nach der Aufgabe zur Post – also unter Einrechnung des Tages der Aufgabe zur Post am achten Tag – als zugegangen, wenn nicht feststeht, 33

---

55 Vgl. Stelkens/Bonk/Sachs/*Stelkens* § 41 Rn. 109; etwas anders: Knack/Henneke/*Ruffert* § 41 Rn. 34 ff. (unwiderlegbare Vermutung, dass der Zugang nicht vor diesem Termin erfolgt ist, kombiniert mit einer widerlegbaren Zugangsvermutung); *Ziekow* § 41 Rn. 11 (nur nach Maßgabe des Abs. 2 Satz 3 widerlegliche Vermutung); Bauer/Heckmann/Ruge/Schallbruch/*Ritgen* § 41 Rn. 21 (widerlegliche Fiktion).

56 Vgl. OVG Rheinland-Pfalz, Urt. v. 28.06.2002 – 2 A 10667/02, NVwZ-RR 2003, 4; OVG Berlin-Brandenburg, Beschl. v. 26.11.2014 – 10 N 27.12, juris; OVG Sachsen, Beschl. v. 05.09.2014 – 3 A 722/12, SächsVBl 2015, 44; BFH, Urt. v. 14.06.2018 – III R 27/17, BFHE 262, 193; Beschl. v. 18.04.2013 – X B 47/12, BFH/NV 2013, 1218; Stelkens/Bonk/Sachs/*Stelkens* § 41 Rn. 112; *Ziekow* § 41 Rn. 13; Bauer/Heckmann/Ruge/Schallbruch/*Ritgen* § 41 Rn. 80.

57 BFH, Urt. v. 14.06.2018 – III R 27/17, BFHE 262, 193.

dass das Schriftstück den Empfänger nicht oder zu einem späteren Zeitpunkt erreicht hat (vgl. § 15).

2. Fiktion der Bekanntgabe am dritten Tag nach Aufgabe zur Post bzw. nach Absendung bei elektronischer Übermittlung

34 Der VA gilt **grds. mit dem dritten Tag** nach der Aufgabe zur Post bzw. nach Absendung bei elektronischer Übermittlung **als bekannt gegeben, auch wenn er bereits früher zugeht.**[58] Der Tag der Bekanntgabe ist durch eine gesetzliche Fiktion festgelegt, die nur eine Ausnahme vorsieht, wenn der VA nicht oder später zugeht.[59] Die **Zugangsfiktion dient der Rechtssicherheit und Vereinfachung** vor allem im Hinblick auf die Rechtsbehelfsfristen. Mit dem Zeitpunkt eines tatsächlich früheren Zugangs ist der VA jedoch existent geworden und kann von der Behörde nicht etwa bis zum fiktiven Zeitpunkt seiner Bekanntgabe als noch unverbindlicher Entwurf betrachtet und aufgehoben werden.[60] **Zur Post aufgegeben** ist ein Brief mit der Einlieferung bei einem Postamt, im Fall des Einwurfs in den Briefkasten mit dessen Leerung, da erst dann regelmäßig in vergleichbarer Weise wie bei der Einlieferung beim Postamt mit der Bearbeitung zu rechnen ist.[61] Der Postausgang sollte verlässlich dokumentiert werden, da sonst mangels Nachweises der Aufgabe zur Post/Absendung die Zugangsvermutung nicht ausgelöst wird.[62] Umstritten ist, ob bereits die Sendung eines Telefax eine elektronische Übermittlung ist.[63]

35 Der **dritte Tag** nach Aufgabe zur Post ist unter Einrechnung dieses Tages der vierte Tag. Die Fiktion tritt **auch ein, wenn dieser Tag ein Sonntag, ein gesetzlicher Feiertag oder ein Sonnabend ist.**[64] **§ 31 Abs. 3**, wonach die Frist mit dem Ablauf des

58 Vgl. Kopp/*Ramsauer*/*Tegethoff* § 41 Rn. 40; *Ziekow* § 41 Rn. 12; Bauer/Heckmann/Ruge/Schallbruch/*Ritgen* § 41 Rn. 84.

59 Vgl. z.B. BVerwG, Urt. v. 23.07.1965 – VII C 170.64, BVerwGE 22, 11 zu § 4 VwZG; s.a. Stelkens/Bonk/Sachs/*Stelkens* § 41 Rn. 109 ff.

60 Vgl. Knack/Henneke/*Ruffert* § 41 Rn. 42.

61 **A.A.** beim Briefkasten: Mann/Sennekamp/Uechtritz/*Couzinet*/*Fröhlich* § 41 Rn. 89 (maßgebend bereits Einwurf, da Herrschaftsbereich der Post).

62 Zutreffend OVG Sachsen, Urt. v. 26.03.2003 – 5 B 638/02, SächsVBl 2004, 103; vgl. auch OVG Niedersachsen, Beschl. v. 28.05.2015 – 5 LA 195/14, juris; offen VGH Baden-Württemberg, Beschl. v. 29.04.1991 – 4 S 1601/89, VBlBW 1991, 471; a.A. BFH, Urt. v. 12.08.1981 – I R 140/78, BFHE 134, 213 (widersprüchliche Absendeangaben begründeten lediglich »Zweifel« an der Zugangsvermutung); OVG Nordrhein-Westfalen, Beschl. v. 12.08.1980 – 13 B 579/80, DVBl 1980, 1053 (jedenfalls in Massenverfahren sei ein Absendevermerk nicht erforderlich).

63 Bejahend Stelkens/Bonk/Sachs/*Stelkens* § 37 Rn. 66; verneinend für analoge Empfangsgeräte FG Köln, Urt. v. 11.03.2009 – 5 K 1396/05, EFG 2009, 1079.

64 Wie hier OVG Niedersachsen, Beschl. v. 26.10.2006 – 7 PA 184/06, NVwZ-RR 2007, 78; VGH Bayern, Beschl. v. 23.07.1990 – Gr S 1/90 – 19 B 88.185, NJW 1991, 1250 für § 4 BayVwZG; VGH Baden-Württemberg, Beschl. v. 19.11.1991 – 3 S 2492/91, VBlBW 1992, 138; *Rail*, BayVBl. 1986, 389; *Ziekow* § 41 Rn. 13; Bauer/Heckmann/Ruge/Schallbruch/*Ritgen* § 41 Rn. 83; **a.A.** BFH, Urt. v. 14.10.2003 – IX R 68/98, BFHE 203, 26 =

nächst folgenden Werktages endet, wenn das Fristende auf einen dieser Tage fällt, ist hier **nicht** – auch nicht analog – **anwendbar.** Durch die Fiktion wird ein Termin, d.h. ein rechtserhebliches Datum bestimmt, an dem eine Rechtswirkung eintritt. Es handelt sich nicht um eine Frist, d.h. einen bestimmten Zeitraum, innerhalb dessen eine bestimmte Handlung vorgenommen werden soll. Auf Termine ist § 31 Abs. 3 nicht anwendbar. Die Interessenlage gebietet keine entsprechende Anwendung, denn die Vorschrift belastet den Empfänger nicht in unzumutbarer Weise.[65] Zudem hat der Gesetzgeber mit Abs. 2 aus Praktikabilitätsgründen gerade eine pauschale Zeitdauer festgelegt; dem widerspricht eine Verlängerung in bestimmten Fällen.[66]

3. Keine Fiktion bei unterbliebenem oder verspätetem Zugang

Die **Zugangsfiktion gilt nicht, wenn der VA nicht oder zu einem späteren Zeitpunkt zugegangen ist.** Im letzten Fall kommt es dann auf den Zeitpunkt des tatsächlichen Zugangs an. 36

a) Einwendungen des Betroffenen und Beweislast der Behörde

Das Gesetz hat die Zugangsvermutung (vgl. Rdn. 31) mit drei »Stellschrauben« versehen, nämlich dem Erfordernis der Aufgabe zur Post/Absendung, sodann der Möglichkeit, die Vermutung zu erschüttern (»im Zweifel«) sowie schließlich der Möglichkeit, trotz eines zwischenzeitlichen Zweifels den Nachweis des Zugangs zu führen. Im Einzelnen: Zunächst knüpft die Zugangsvermutung tatbestandlich an die Aufgabe zur Post bzw. die Absendung an und erfordert daher einen entsprechenden Nachweis (siehe Rdn. 34). Die Bedeutung des § 41 Abs. 2 Satz 3 besteht darin, dass eine tatbestandlich zunächst bestehende Zugangsvermutung widerlegbar ist, wozu es einer zweistufigen Prüfung bedarf. Auf einer ersten Stufe müssen Zweifel am Zugang oder an der Rechtzeitigkeit des Zugangs aufkommen. Eine Prüfung erfolgt an sich von Amts wegen, jedoch nicht ohne jeden Anlass.[67] Deshalb muss im Streitfall der Betroffene Zweifel erst durch seine Darlegungen wecken. Sein Vortrag muss hinreichend sein, um die Zugangsvermutung zu erschüttern (näher hierzu Rdn. 38 – 37c). Die zweite Stufe zur Widerlegung der Zugangsvermutung besteht darin, dass es der Behörde nicht gelingt, den Zugang und dessen Zeitpunkt nachzuweisen (näher hierzu Rdn. 41). Die Behörde trägt insoweit die Beweislast. 37

Problematisch ist, wann ein Vortrag hinreichend ist, um Zweifel am Zugang oder an der Rechtzeitigkeit des Zugangs zu wecken. Bei der Beantwortung kann insbesondere danach unterschieden werden, ob der Einwand gegen die Zugangsvermutung lautet, 38

NJW 2004, 94; Knack/Henneke/*Ruffert* § 41 Rn. 35; Stelkens/Bonk/Sachs/*Stelkens* § 41 Rn. 133.

65 VGH Bayern, Beschl. v. 23.07.1990 – Gr S 1/90 – 19 B 88.185, NJW 1991, 1250.

66 Vgl. BFH, Urt. v. 05.03.1986 – II R 5/84, BFHE 146, 27.

67 Vgl. Stelkens/Bonk/Sachs/*Stelkens* § 41 Rn. 127; Bauer/Heckmann/Ruge/Schallbruch/*Rittgen* § 41 Rn. 86.

der VA sei nicht zugegangen (dazu Rdn. 39), oder ob behauptet wird, der Zugang sei verspätet erfolgt (dazu Rdn. 40).

39 Bei behauptetem **Nichtzugang** reicht nach der Rspr. des BVerwG grundsätzlich bereits ein »schlichtes Bestreiten« des Zugangs aus, um Zweifel an der Zugangsvermutung zu begründen.[68] Dem ist zuzustimmen, denn negative Tatsachen lassen sich schwerlich substantiiert darlegen (Grundsatz »negativa non sunt probanda«). Insbesondere kommt es auch nicht in Betracht, die Grundsätze des **Anscheinsbeweises** (prima-facie-Beweises) in der Weise anzuwenden, dass man zur Auslösung eines Zweifels die Darlegung eines atypischen Geschehensverlaufs verlangt.[69] Nach anderer Ansicht ist hingegen grundsätzlich ein qualifizierter Vortrag, d.h. eine nähere Substantiierung der Umstände des behaupteten Nichtzugangs erforderlich, um (»ernsthafte«) Zweifel zu wecken.[70]

68 BVerwG, Urt. v. 15.06.2016 – 9 C 19.15, BVerwGE 155, 241; ferner OVG Nordrhein-Westfalen, Urt. v. 28.11.1995 – 15 A 72/93, NVwZ-RR 1997, 77 (jeweils zu § 122 Abs. 2 AO und nur für Adressaten des VA, nicht aber für Dritte, die keine eigenen Erkenntnisse haben und den Zugang lediglich mit Nichtwissen bestreiten); VGH Bayern, Urt. v. 24.11.2011 – 20 B 11.1659, NVwZ-RR 2013, 169; OVG Mecklenburg-Vorpommern, Beschl. v. 25.01.2018 – 1 LZ 782/17, NVwZ-RR 2018, 715; OVG Nordrhein-Westfalen, Urt. v. 07.03.1994 – 22 A 1063/91, NVwZ 1995, 1228 (ebenfalls jeweils zu § 122 Abs. 2 AO); OVG Nordrhein-Westfalen, Urt. v. 03.09.2012 – 9 A 1565/09, NWVBl 2013, 60; Beschl. v. 21.06.2012 – 12 A 828/12, WKRS 2012, 35659; OVG Nordrhein-Westfalen, Urt. v. 29.04.2008 – 19 A 1863/06, WKRS 2008, 18590; VGH Baden-Württemberg, Urt. v. 05.11.2018 – 12 S 509/18, WKRS 2018, 40147; ebenso *Drescher*, NVwZ 1987, 771 (774); *Hebeler*, DÖV 2006, 112; *Ruff*, KStZ 2011, 201; Stelkens/Bonk/Sachs/*Stelkens* § 41 Rn. 128 (mangels einer Beweismaßvorgabe in § 41 Abs. 2); Knack/Henneke/*Ruffert* § 41 Rn. 37; *Tegethoff*, NVwZ 2018, 1081 (1083); *Ziekow* § 41 Rn. 12; Bauer/Heckmann/Ruge/Schallbruch/*Ritgen* § 41 Rn. 86; **offen** OVG Berlin-Brandenburg, Beschl. v. 26.09.2013 –10 M 2.12, juris.

69 So BVerwG, Urt. v. 15.06.2016 – 9 C 19.15, BVerwGE 155, 241; BFH, Urt. v. 14.03.1989 – VII R 75/85, BFHE 156, 66 (unter Aufgabe der gegensätzlichen früheren Rspr.); BFH Urt. v. 31.05.2005 – I R 103/04, BFHE 209, 416; Urt. v. 29.04.2009 – X R 35/08, BFH/NV 2009, 1777; BFH Beschl. v. 14.02.2008 – X B 11/08, BFH/NV 2008, 743 (jeweils zu § 122 Abs. 2 AO); OVG Mecklenburg-Vorpommern, Beschl. v. 25.01.2018 – 1 LZ 782/17, NVwZ-RR 2018, 715; VGH Baden-Württemberg, Urt. v. 18.10.2017 – 2 S 114/17, WKRS 2017, 28644; Urt. v. 05.11.2018 – 12 S 509/18, WKRS 2018, 40147; Stelkens/Bonk/Sachs/*Stelkens* § 41 Rn. 130; wohl irrig für einen Anscheinsbeweis nach Einzelfallumständen indes BGH, Beschl. v. 27.04.2017 – I ZB 91/16, NVwZ-RR 2017, 893.

70 So VGH Baden-Württemberg, Urt. v. 14.11.1984 – 11 S 2099/81, VBlBW 1985, 423 (für ein Einschreiben); OVG Berlin-Brandenburg, Beschl. v. 26.11.2014 –10 N 27.12, juris; OVG Nordrhein-Westfalen, Beschl. v. 12.08.1980 – 13 B 579/80, DVBl 1980, 1053; Beschl. v. 26.11.2014 – 6 A 1784/12, WKRS 2014, 28263; OVG Niedersachsen, Beschl. v. 15.03.2007 – 5 LA 136/06, NVwZ-RR 2007, 365 (wonach allerdings ein schlichtes Bestreiten bei Glaubhaftigkeit auch schon als substantiiert anzusehen sein kann); OVG Niedersachsen, Beschl. v. 03.08.2012 – 12 LA 180/11, WKRS 2012, 21136; OVG Rheinland-Pfalz, Urt. v. 10.10.1997 – 2 A 13324/96, WKRS 1997, 13444; OVG Sachsen-Anhalt, Beschl. v. 11.08.2015 – 4 M 103/15, LKV 2015, 522 (jedenfalls bei drei angeblich nicht zugegangenen Festsetzungsbescheiden, aber sonst vielfach zugegangenen Schreiben).

Lautet die Behauptung, der VA sei verspätet zugegangen, wird teilweise vertreten, mehr als schlichtes Bestreiten könne grundsätzlich auch in solchen Konstellationen zur Begründung von Zweifeln an der Zugangsvermutung nicht verlangt werden.[71] Hierfür spricht, dass es der Behörde unbenommen bleibt, die Zweifel gegebenenfalls wieder auszuräumen (zu dieser »zweiten Stufe« der Prüfung siehe Rdn. 41). Nach der Rspr. des BVerwG ist hingegen beim **Verspätungseinwand** grundsätzlich eine nähere Substantiierung geboten.[72] Die theoretischen Unterschiede der hier wiedergegebenen Ansichten relativieren sich in der Praxis erheblich.[73] Dies liegt zum einen daran, dass (zu Recht) Ausnahmen von den postulierten Grundsätzen anerkannt werden. Zum anderen ist auch der Begriff der »näheren Substantiierung« äußerst weich und lässt somit Spielräume für eine flexible Handhabung. Letztlich fließen so in das Merkmal des »Zweifels« ungeachtet unterschiedlicher Ausgangspunkte häufig bereits zahlreiche Einzelfallumstände ein. Zu semantischer Verwirrung trägt teils bei, dass in § 41 Abs. 2 Satz 3 mehrere logische Zeitebenen zum Tragen kommen; zunächst zu bejahende »Zweifel« können ausgeräumt werden und bestehen daher am Ende womöglich doch nicht mehr. 40

Bestehen – auf der ersten, soeben geschilderten Prüfungsstufe ermittelte – Zweifel an der Richtigkeit der Zugangsvermutung, so stellt sich die Frage, wie die beweisbelastete Behörde diese ausräumen, also trotz der Zweifel den Nachweis von Zugang und Zugangszeitpunkt führen kann. Hierfür gelten die allgemeinen Regeln der Tatsachenermittlung und Beweiswürdigung; auch Indizienbeweise sind zulässig.[74] So kann aus bestimmten Verhaltensweisen des Adressaten (z.B. unerklärliche widerspruchslose Hinnahme von Vollstreckungsmaßnahmen, Unterlassen von sich aufdrängenden Nachfragen, erst spät im Verfahren nachgeschobene Rüge, bei vermeintlicher Nichtbescheidung des Erstantrags ungereimte Neuantragstellung, angeblich jahrelang nicht bemerkte Zahlungseinstellung usw.) unter Umständen auf einen Zugang geschlossen 41

---

71 So Stelkens/Bonk/Sachs/*Stelkens* § 41 Rn. 128; Bauer/Heckmann/Ruge/Schallbruch/*Ritgen* § 41 Rn. 86; bei Fehlen eines ordnungsgemäßen Absendevermerks (falls dann überhaupt die Zugangsvermutung ausgelöst werde) auch VGH Baden-Württemberg, Beschl. v. 29.04.1991 – 4 S 1601/89, VBlBW 1991, 471.

72 BVerwG, Urt. v. 15.06.2016 – 9 C 19.15, BVerwGE 155, 241; Beschl. v. 24.04.1987 – 5 B 132.86, WKRS 1987, 19794; ebenso BFH, Urt. v. 14.06.2018 – III R 27/17, BFHE 262, 193; Beschl. v. 20.01.1999 – IV B 28/98, NVwZ 2000, 359; Urt. v. 07.11.1985 – V R 3/83, BFH/NV 1987, 274; FG Nürnberg, Urt. v. 16.05.2002 – IV 371/1999, EFG 2002, 946 (jeweils zu § 122 Abs. 2 AO); BSG, Urt. v. 23.05.2000 – B 1 KR 27/99 R, NZS 2001, 53 (zu § 4 VwZG); OVG Mecklenburg-Vorpommern, Beschl. v. 25.01.2018 – 1 LZ 782/17, NVwZ-RR 2018, 715; OVG Nordrhein-Westfalen, Urt. v. 28.03.1995 – 15 A 3217/94, NVwZ-RR 1995, 550 (jeweils zu § 122 Abs. 2 AO); OVG Nordrhein-Westfalen, Beschl. v. 07.03.2001 – 19 A 4216/99, NVwZ 2001, 1171; ebenso Knack/Henneke/*Ruffert* § 41 Rn. 28 (i.R.d. Möglichen und nicht bei fehlendem oder fehlerhaftem Ausgangsvermerk); *Ziekow* § 41 Rn. 12 (jedoch keine strengen Anforderungen).

73 Ebenso Bauer/Heckmann/Ruge/Schallbruch/*Ritgen* § 41 Rn. 86.

74 Vgl. BFH, Urt. v. 31.05.2005 – I R 103/04, BFHE 209, 416; FG Baden-Württemberg, Urt. v. 26.03.2003 – 2 K 453/01, EFG 2003, 906 (jeweils zu § 122 Abs. 2 AO); Stelkens/Bonk/Sachs/*Stelkens* § 41 Rn. 128 f.

werden.[75] Auch sonst ist Vorbringen kritisch auf seine Glaubhaftigkeit zu prüfen. Sind z.B. mehrere Bescheide nachweislich an die vom Adressaten als zutreffend bestätigte Anschrift versandt worden, ohne dass auch nur einer der Briefe als unzustellbar zurückgekommen ist, erscheint es lebensfremd, dass sämtliche Sendungen im Postbetrieb verlorengegangen sein könnten.[76] Eine die geschilderten Maßstäbe verlassende Begünstigung der Verwaltung hat auch in Massenverwaltungsverfahren zu unterbleiben. Will die Behörde beim Nachweis des Zugangs sicher gehen, sollte sie trotz des zunächst höheren Aufwands die förmliche Zustellung wählen.

b) Zugang in Einzelfällen

42 Zugegangen (mit der Rechtsfolge der Bekanntgabe) ist der VA, wenn er i.R.d. postalischen Briefdienstes in den Wahrnehmungsbereich des Betroffenen derart gelangt, dass er der Verfügungsgewalt Dritter entzogen ist und der Empfänger unter normalen Umständen Kenntnis von der Sendung nehmen kann.

43 Der Zugang wird regelmäßig durch den Briefboten dadurch bewirkt, dass dieser ein Schriftstück in den **Haus- bzw. Wohnungsbriefkasten** einwirft. **Zugegangen** ist der Brief dann, **wenn nach der Verkehrsanschauung mit der nächsten Entnahme zu rechnen ist**; der nachts eingeworfene Brief geht daher am nächsten Morgen bzw. mit dem Beginn der Geschäftsstunden zu. Bei Fehlen eines Briefkastens ist es ausreichend, wenn die Sendung unter der Wohnungstür durchgeschoben wird; das **Hinterlassen** des Schriftstücks in einem Bereich – etwa **im Treppenhaus** –, wo die Zugriffsmöglichkeit Dritter besteht, genügt nicht.[77]

44 Ein **Einschreibbrief** ist beim Übergabe-Einschreiben erst mit Aushändigung an den Empfänger zugegangen oder – wenn jemand seine Post vom Postamt abholen lässt – mit der Aushändigung an den Abholer. Der in den Briefkasten eingelegte **Benachrichtigungsschein** oder der in das Postschließfach eingelegte Auslieferungsschein enthält lediglich die Aufforderung der Post zur Abholung der Sendung, bis zur Aushändigung an den Empfänger verbleibt der Einschreibbrief im Machtbereich der Post.[78]

---

75 Vgl. BFH, Urt. v. 31.05.2005 – I R 103/04, BFHE 209, 416; OVG Nordrhein-Westfalen, Urt. v. 07.03.1994 – 22 A 1063/91, NVwZ 1995, 1228; FG Baden-Württemberg, Urt. v. 26.03.2003 – 2 K 453/01, EFG 2003, 906; FG Niedersachsen, Urt. v. 26.07.2000 – 4 K 609/95, EFG 2000, 1290 (jeweils zu § 122 Abs. 2 AO); LSG Baden-Württemberg, Urt. v. 23.04.2004 – L 1 KG 3408/02, NVwZ-RR 2004, 758 (zu § 37 Abs. 2 SGB X); VGH Bayern, Beschl. v. 24.10.2007 – 7 CE 07.2317, NVwZ-RR 2008, 220.

76 Vgl. VGH Bayern, Beschl. v. 06.07.2007 – 7 CE 07.1151, NVwZ-RR 2008, 252; OVG Saarland, Beschl. v. 07.11.2011 – 3 B 371/11, NVwZ-RR 2012, 131; OVG Sachsen, Beschl. v. 16.07.2012 – 3 A 663/10, juris (insoweit jeweils vom Beweis des ersten Anscheins ausgehend; vgl. dazu auch *Drescher*, NVwZ 1987, 771 [774]).

77 Vgl. Palandt/*Ellenberger*, § 130 Rn. 5 f.

78 BVerwG, Urt. v. 27.05.1983 – 7 C 79.81, NJW 1983, 2344; VGH Baden-Württemberg, Beschl. v. 19.11.1991 – 3 S 2492/91, VBlBW 1992, 138; *BSG*, Urt. v. 10.05.1990 – 12 RK 58/88, NJW 1991, 63.

Wird das Schriftstück in ein vom Betroffenen unterhaltenes **Postfach** eingelegt oder als postlagernde Sendung von der Poststelle zur Abholung bereitgehalten, so ist es in dem Zeitpunkt zugegangen, zu dem üblicherweise mit der Leerung des Postfachs bzw. der Abholung der postlagernden Sendung durch den Empfänger gerechnet werden kann.[79] 45

Bei Stellung eines **Nachsendeantrages** ist der Brief mit der vollzogenen Nachsendung an den neuen Aufenthaltsort zugegangen, eine Beförderung an die alte Adresse kann keinen Zugang bewirken.[80] 46

III. Bekanntgabe durch Abruf eines elektronischen VA

1. Abruf über öffentlich zugängliche Netze als Bekanntgabe (Satz 1)

Die in Abs. 2a vorgesehene Möglichkeit zur Bekanntgabe durch Abruf eines elektronischen VA[81] wurde durch das Gesetz zur Modernisierung des Besteuerungsverfahrens vom 18.07.2016 mit Wirkung ab dem 01.01.2017 eingeführt.[82] Die Behörde kann den VA z.B. auf einer Internetplattform (Behördenportal o.ä.) bereitstellen, so dass er von dem Adressaten jederzeit und von jedem Ort abgerufen werden kann.[83] Da der VA nicht übermittelt, sondern lediglich bereitgestellt wird, ist Voraussetzung die Einwilligung des Beteiligten. Die Einwilligung bedarf keiner besonderen Form. Aus Nachweisgründen empfiehlt sich eine behördliche Dokumentation. Die Einwilligung bindet die Behörde nicht, d.h. auch nach deren Erteilung steht die Art der Bekanntgabe im Ermessen der Behörde. Der Widerruf der Einwilligung durch den Beteiligten ist nach allgemeinen Regeln möglich.[84] Zusätzlich zur Bereitstellung muss die Behörde den Beteiligten über die Abrufmöglichkeit informieren.[85] Die Benachrichtigung ist selbst weder ein VA noch eine rechtsverbindliche Zusage.[86] In der Beschlussempfehlung des Finanzausschusses heißt es, dass die Benachrichtigung möglichst auf dem als besonders sicher geltenden Weg der De-Mail-Nachricht nach § 5 Abs. 5 De-Mail-Gesetz erfolgen sollte.[87] Mangels Verbreitung dieses Systems dürften in der Praxis andere Wege der Benachrichtigung dominieren. 47

79 Vgl. BVerwG, Urt. v. 11.05.1960 – V C 320.58, BVerwGE 10, 293; VGH Hessen, Urt. v. 11.01.1968 – V OE 123/67, NJW 1968, 1979.
80 Vgl. Palandt/*Ellenberger*, § 130 Rn. 6.
81 Vgl. zu dieser Form des VA-Erlasses die Kommentierung des § 37 Abs. 2 Satz 1.
82 BGBl. I, S. 1679.
83 BT-Drucks. 18/8434, S. 122.
84 Vgl. auch § 122a Abs. 2 AO, wo für das Besteuerungsverfahren der Widerruf ausdrücklich normiert ist.
85 Vgl. auch § 122a Abs. 4 AO, wo für das Besteuerungsverfahren die Benachrichtigung ausdrücklich normiert ist.
86 Vgl. *Schmitz/Prell*, NVwZ 2016, 1273 (1280).
87 BT-Drucks. 18/8434, S. 123.

2. Gewährleistungspflichten der Behörde (Satz 2)

48 Die Behörde muss durch geeignete Identifizierungsmittel sicherstellen, dass nur Berechtigte auf den VA zugreifen können. Identifizierungsmittel sind geeignet, wenn sie der Zuordnung des in der Handreichung des IT-Planungsrats (»Handreichung mit Empfehlungen für die Zuordnung von Vertrauensniveaus in der Kommunikation zwischen Verwaltung und Bürgerinnen und Bürger bzw. der Wirtschaft«) für die konkrete Verwaltungsdienstleistung jeweils festgelegten Vertrauensniveaus entsprechen.[88] Der VA muss für den Adressaten speicherbar sein, damit er im Rechtsverkehr verwendbar ist. Ein System mit reiner Lesefunktion ist deshalb nicht ausreichend.[89]

3. Bekanntgabefiktion (Satz 3)

49 Der VA gilt (erst) am Tag nach dem Abruf als bekannt gegeben. Der Gedanke hinter der Verschiebung auf den Folgetag ist, dass ein Abruf über das Internet auch am Ende eines Tages geschehen kann.[90] Zum Nachweis des Zugangs sollte die Behörde den erstmaligen Abruf protokollieren.

4. Beendigung der Bereitstellung (Satz 4)

50 Bei Nichtabruf des VA innerhalb von zehn Tagen nach Absendung der Benachrichtigung über die Bereitstellung wird diese beendet. Damit wird klargestellt, dass der Beteiligte von vornherein nur mit einer begrenzten Fortdauer der Bereitstellung rechnen kann. Belässt es die Behörde gleichwohl auch nach Ablauf der 10-Tages-Frist bei der Bereitstellung, führt aber auch ein späterer Abruf zu einer wirksamen Bekanntgabe.[91]

5. Folgen der Beendigung der Bereitstellung (Satz 5)

51 Wird der bereitgestellte VA nicht abgerufen, ist die Bekanntgabe nicht bewirkt. Der VA kann nach Beendigung der Bereitstellung erneut zum Abruf bereitgestellt oder auf andere (traditionelle) Weise bekannt gegeben werden. Die Anknüpfung der wirksamen Bekanntgabe an den auf freiwilliger Mitwirkung beruhenden Abruf soll die Akzeptanz der neuen Bekanntgabeart fördern.[92] Im Gegensatz zu diesem Modell der »Abrufvariante« steht die grundsätzlich weniger bürgerfreundliche »Fiktionsvariante«,

---

88 Vgl. BT-Drucks. 18/8434, S. 123; *Schmitz/Prell*, NVwZ 2016, 1273 (1278). Im Internet verfügbar unter http://www.it-planungsrat.de/SharedDocs/Downloads/DE/Projekte/eID/Handreichung_Vertrauensniveaus.pdf. Der VA muss für den Adressaten speicherbar sein, damit er im Rechtsverkehr verwendbar ist. Ein System mit reiner Lesefunktion ist deshalb nicht ausreichend.

89 BT-Drucks. 18/8434, S. 123; *Schmitz/Prell*, NVwZ 2016, 1273 (1278); zur Eigenverantwortung des Beteiligten für die tatsächliche Speichermöglichkeit auf seinem Gerät *Braun Binder*, DÖV 2016, 891 (897).

90 BT-Drucks. 18/8434, S. 123; *Braun Binder*, DÖV 2016, 891 (896); *Schmitz/Prell*, NVwZ 2016, 1273 (1278); *Siegel*, DVBl 2017, 24 (28).

91 Ebenso Bader/Ronellenfitsch/*Tiedemann* § 41 Rn. 82e.

92 Vgl. BT-Drucks. 18/8434, S. 123; *Schmitz/Prell*, NVwZ 2016, 1273 (1279).

die für das Besteuerungsverfahren in § 122a Abs. 4 AO sowie in Bayern in Art. 6 Abs. 4 EGovG (nicht jedoch im BayVwVfG) vorgesehen ist und mit einer Bekanntgabefiktion an die Absendung der Benachrichtigung über die Bereitstellung anknüpft.[93] Bayern und Nordrhein-Westfalen haben im Finanzausschuss des Bundesrats in einer Protokollerklärung zu dem Gesetzentwurf Bedenken gegen die Abrufvariante geäußert und angekündigt, die Erfahrungen mit dem Bundesrecht abzuwarten.[94]

IV. Öffentliche Bekanntgabe von VA (Abs. 3)

Da durch die öffentliche Bekanntgabe dem Betroffenen der VA häufig nicht tatsächlich bekannt wird, wurde diese Bekanntgabeform aus rechtsstaatlichen Gründen nur in den genannten beiden Fällen zugelassen.[95] Nach Satz 1 ist die öffentliche Bekanntgabe zulässig, wenn sie durch eine **Rechtsvorschrift** zugelassen ist (vgl. zu Beispielen § 27a Rdn. 8), nach Satz 2 auch dann, wenn die Bekanntgabe einer **Allgemeinverfügung** an die Beteiligten untunlich wäre. Ist durch Rechtsvorschrift eine öffentliche oder ortsübliche Bekanntmachung angeordnet, soll die Behörde deren Inhalt zusätzlich im Internet veröffentlichen (§ 27a Abs. 1 Satz 1). 52

1. Zulassung durch Rechtsvorschrift (Satz 1)

Wegen des Risikos, dass der VA bei öffentlicher Bekanntgabe dem Betroffenen nicht zur Kenntnis gelangt, und im Hinblick auf das Wesen des VA als einer für eine bestimmte Person geltenden und damit grds. ihr bekannt zu machenden Regelung, hat die Vorschrift **Ausnahmecharakter.** Für die Zulassung der öffentlichen Bekanntgabe durch eine Rechtsvorschrift müssen daher nach dem Rechtsstaatsprinzip triftige Gründe vorliegen, etwa die **Vielzahl oder die Schwierigkeit der Ermittlung der Betroffenen oder die besondere Eilbedürftigkeit einer Anordnung.** Durch die öffentliche Bekanntgabe wird zwar der Grundsatz des effektiven Rechtsschutzes tangiert, dem stehen jedoch gewichtige Verfassungsprinzipien gegenüber, nämlich die Funktionsfähigkeit der Verwaltung und die Rechtssicherheit, die die Zulassung dieser Bekanntgabeform rechtfertigen können.[96] Allein **Vereinfachungs- oder Praktikabilitätsgründe** reichen nicht, Grund der Zulassung muss immer die Bewältigung erheblicher Schwierigkeiten sein, die bei einer Einzelbekanntgabe auftreten würden.[97] Auch die öffentliche Bekanntmachung nach § 21a Abs. 1 Satz 1 der 9. BImSchV hat nicht nur die Wirkung einer unverbindlichen Information der Öffentlichkeit, sondern bewirkt die – fristauslösende – Bekanntgabe des Genehmigungsbescheids.[98] 53

---

93 Vgl. *Schmitz/Prell*, NVwZ 2016, 1273 (1279).

94 Vgl. *Schmitz/Prell*, NVwZ 2016, 1273 (1279).

95 Vgl. BT-Drucks. 7/910, S. 62.

96 Für die Zustellung von Planfeststellungsbeschlüssen: BVerfG, Beschl. v. 28.11.1984 – 1 BvR 1113/83, NJW 1985, 729; BVerwG, Urt. v. 27.05.1983 – 4 C 40.81 u. a., BVerwGE 67, 206 = NJW 1984, 188; zum Vereinsverbot: BVerwG, Beschl. v. 10.01.2018 – 1 VR 14.17, NVwZ 2018, 1485.

97 Vgl. Knack/Henneke/*Ruffert* § 41 Rn. 48.

98 OVG Nordrhein-Westfalen, Beschl. v. 24.09.2009 – 8 B 1343/09.AK, WKRS 2009, 26817; VGH Baden-Württemberg, Beschl. v. 07.03.2019 – 10 S 1817/18, WKRS

54 Als Rechtsvorschriften, die zur öffentlichen Bekanntgabe ermächtigen, kommen nicht nur förmliche Gesetze in Betracht, sondern auch **Gesetze im materiellen Sinne** im Range unterhalb von Parlamentsgesetzen, etwa Rechtsverordnungen.[99]

55 Entspricht die normative Zulassung einer öffentlichen Bekanntgabe nicht den genannten Grundsätzen, so ist sie verfassungswidrig mit der Folge, dass die betroffenen VA rechtswidrig-aufhebbar sind. Wird ein VA öffentlich bekannt gegeben, ohne dass eine Rechtsvorschrift dies zulässt, ist er unwirksam.[100]

56 Es kann zweckmäßig sein, neben der öffentlichen Bekanntgabe zusätzlich Einzelnen den VA individuell bekannt zu geben, um sicherzustellen, dass besonders Betroffene tatsächlich Kenntnis erlangen, oder um eine fehlgeschlagene öffentliche Bekanntgabe ihnen ggü. zu »heilen«.[101] Die individuelle Bekanntgabe neben der öffentlichen kann u. U. sogar rechtlich geboten sein.[102]

57 Abs. 3 gilt für alle denkbaren Formen des VA (mündlich, durch Zeichen etc.) und lässt alle Bekanntgabeformen zu, während Abs. 4 sich nur auf schriftliche VA bezieht. Beispiele für die Zulassung durch Rechtsvorschrift sind § 17 Wirtschaftssicherstellungsgesetz, § 18 Verkehrssicherstellungsgesetz, § 22 Wassersicherstellungsgesetz sowie § 45 Abs. 4 StVO, die die Bekanntmachung durch Presse und Rundfunk (Hörfunk, Fernsehen) zulassen. Die Behörde muss im Rahmen ihres Ermessens die Bekanntgabeform wählen, die am ehesten die Möglichkeit der Kenntnisnahme gewährleistet.

58 Bekanntgegeben sind nicht schriftliche VA bei der öffentlichen Bekanntgabe, wenn nach der Art und Weise der Bekanntgabe bei typisierender Betrachtung damit gerechnet werden kann, dass für die Empfänger die Möglichkeit der Kenntnisnahme bestand. Bei individueller Bekanntgabe – neben der öffentlichen – ist der VA mit Ersterer wirksam, die Rechtsbehelfsfristen beginnen bereits hiermit zu laufen. Den Zeitpunkt der öffentlichen Bekanntgabe schriftlicher VA bestimmt Abs. 4 (vgl. Rdn. 64 ff.).

2. Zulässigkeit bei der Allgemeinverfügung (Satz 2)

59 Auch ohne Zulassung durch eine Rechtsvorschrift darf die Allgemeinverfügung öffentlich bekannt gegeben werden, wenn eine Bekanntgabe an die Beteiligten untunlich ist. Untunlich bedeutet, dass die individuelle Bekanntgabe wegen der Natur des VA nicht möglich oder jedenfalls mit erheblichen Schwierigkeiten verbunden wäre,

---

2019, 13381; Beschl. v. 07.03.2019 – 10 S 2025/18, VBlBW 2019, 382; VG Koblenz, Zwischenurt. v. 16.07.2015 – 4 K 118/15.KO, WKRS 2015, 23980; VG Minden, Beschl. v. 22.05.2017 – 11 L 2085/16, ZNER 2017, 226; **a.A.** VG Ansbach, Beschl. v. 30.11.2011 – AN 11 K 11.01826, juris; *Albrecht/Zschiegner*, UPR 2019, 134.

99 VGH Baden-Württemberg, Beschl. v. 07.03.2019 – 10 S 1817/18, WKRS 2019, 13381; Beschl. v. 07.03.2019 – 10 S 2025/18, VBlBW 2019, 382.

100 VGH Bayern, Urt. v. 21.07.1977 – 9 IX 75, DVBl 1978, 181 (183: »unbeachtlich«).

101 So BVerwG, Urt. v. 07.09.1984 – 4 C 16.81, BVerwGE 70, 77 = NVwZ 1985, 39 für eine Schutzbereichsanordnung.

102 VGH Baden-Württemberg, Urt. v. 15.11.1989 – 10 S 751/88, NVwZ 1989, 978: Bekanntgabe einer Schutzbereichsanordnung an die Gemeinde.

etwa weil nicht mit Sicherheit feststellbar ist, wer betroffen ist.[103] In den Gesetzesmaterialien[104] wird als Beispiel angeführt, dass der Kreis der Beteiligten nicht feststellbar ist sowie der sog. adressatenlose VA. Untunlich wird die individuelle Bekanntgabe vor allem bei eilbedürftigen Verfügungen im Bereich der Gefahrenabwehr sein, wo sowohl der Kreis der Adressaten schwer feststellbar sein kann als auch die Gefahr besteht, dass durch eine zeitaufwendige Einzelbekanntgabe der Zweck der Verfügung vereitelt wird (Räumungsverfügung für einen gefährdeten Stadtteil). Die Untunlichkeit begründen ähnliche Umstände, die auch eine normative Zulassung nach Satz 1 rechtfertigen würden (Rdn. 53). Allein Vereinfachungs- und Praktikabilitätsgründe reichen nicht aus.[105] Anhaltspunkte, wann der Kreis der Adressaten so groß ist, dass eine Einzelbekanntgabe untunlich sein kann, lassen sich §§ 69, 74 entnehmen.

Für **Verkehrszeichen** gelten eigene Regeln: Nach der Rspr des BVerwG richtet sich die 60
Bekanntgabe eines VA in Form eines Verkehrszeichens (siehe § 35 Rdn. 93) nach den bundesrechtlichen Spezialvorschriften der Straßenverkehrs-Ordnung. Danach ist die Aufstellung des Verkehrsschildes eine besondere Form der öffentlichen Bekanntgabe (vgl. insb. § 39 Abs. 1 und § 45 Abs. 4 StVO). Sind Verkehrszeichen so **aufgestellt oder angebracht**, dass sie ein durchschnittlicher Kraftfahrer bei Einhaltung der nach § 1 StVO erforderlichen Sorgfalt schon »mit einem raschen und beiläufigen Blick« erfassen kann (**Sichtbarkeitsgrundsatz**), so äußern sie ihre Rechtswirkung gegenüber jedem von der Regelung »**betroffenen**« Verkehrsteilnehmer, gleichgültig, ob er das Verkehrszeichen tatsächlich wahrnimmt oder nicht.[106] An die Sichtbarkeit von Verkehrszeichen, die den ruhenden Verkehr betreffen, sind weniger strenge Anforderungen zu stellen als an die von solchen, die den fließenden Verkehr regeln.[107] Im ruhenden Verkehr gebietet die erforderliche Sorgfalt (§ 1 StVO) grundsätzlich, dass der Fahrer noch nach dem Abstellen des Fahrzeugs zumindest eine einfache Umschau

103 VGH Baden-Württemberg, Urt. v. 06.11.2013 – 1 S 1640/12, VBlBW 2014, 147.

104 BT-Drucks. 7/910, S. 62.

105 Da durch eine öffentliche Bekanntgabe Rechtsschutzmöglichkeiten eingeschränkt werden, kann die Verwaltung i.Ü. auch verpflichtet sein, dem durch eine Wiedereinsetzung oder ein Wiederaufgreifen Rechnung zu tragen, vgl. VGH Baden-Württemberg, Beschl. v. 09.12.2019 – 1 S 2580/19, juris.

106 BVerwG, Urt. v. 24.05.2018 – 3 C 25.16, BVerwGE 162, 146; Urt. v. 11.12.1996 – 11 C 15.95, BVerwGE 102, 316 = DVBl 1998, 93; Urt. v. 13.03.2008 – 3 C 18.07, BVerwGE 130, 383 = NJW 2008, 2867; Urt. v. 23.09.2010 – 3 C 37.09, BVerwGE 138, 21 = NJW 2011, 246; Urt. v. 06.04.2016 – 3 C 10.15, NJW 2016, 2353; OVG Berlin-Brandenburg, Urt. v. 22.06.2018 – 1 B 13.16, NJW 2018, 3470; OVG Nordrhein-Westfalen, Beschl. v. 27.08.2019 – 8 A 2923/18, NWVBl 2020, 39; VGH Baden-Württemberg, Beschl. v. 05.07.2019 – 10 S 1059/19, VRS 136 Nr. 30; vgl. auch *Ziekow* § 41 Rn. 14; Bauer/Heckmann/Ruge/Schallbruch/*Ritgen* § 41 Rn. 93.

107 BVerwG, Urt. v. 06.04.2016 – 3 C 10.15, NJW 2016, 2353; so zuvor bereits OVG Berlin-Brandenburg, Urt. v. 07.05.2015 –1 B 33.14, DAR 2015, 712 (vom BVerwG aufgehoben) m. Anm. *Koehl*, DAR 2015, 714; OVG Hamburg, Urt. v. 30.06.2009 – 3 Bf 408/08, NZV 2009, 524; VGH Baden-Württemberg, Urt. v. 20.01.2010 – 1 S 484/09, NJW 2010, 1898.

vornimmt (Umschaupflicht).[108] Zu einer darüber hinausgehenden Nachschau ist er nur verpflichtet (Nachschaupflicht), wenn hierfür nach den konkreten Umständen des Einzelfalls ein besonderer Anlass besteht.[109] Von dem VA »betroffen« wird ein Verkehrsteilnehmer aber stets erst dann, wenn er sich erstmalig der Regelung des Verkehrszeichens **gegenübersieht.** Erst dann wird die Anfechtungsfrist (§§ 70, 58 Abs. 2 VwGO) in Gang gesetzt.[110] Einzelfälle der verneinten Wirksamkeit: unkenntlich gewordene Farbmarkierung;[111] unklare Beschilderung mit einem Verkehrszeichen, das nur zu gewissen Zeiten gelten soll;[112] Verkehrsschild abweichend von der üblichen/gebotenen Gestaltung;[113] vollständig von Pflanzen verdeckt;[114] vollständig von Rost bedeckt;[115] vollständig von Schnee bedeckt.[116] Einzelfälle der bejahten Wirksamkeit: Bildseite verdreht;[117] höher als gewöhnlich angebracht;[118] unwesentliche Abweichung vom behördlich genehmigten Verkehrszeichenplan.[119]

61 Bei sog. **adressatenlosen VA** ist eine Einzelbekanntgabe nicht möglich. Für die häufigsten Fälle, die Widmung, Umstufung und Einziehung im Straßenrecht, ist eine öffentliche Bekanntmachung in den Fachgesetzen vorgeschrieben (vgl. z.B. § 2 Abs. 6 BFStrG), die § 41 vorgehen. Untunlich kann die individuelle Bekanntgabe ferner bei Benutzungsregelungen öffentlicher Einrichtungen (Park, Schwimmbad, Bücherei) sein, außer bei einem überschaubaren Nutzerkreis.

---

108 BVerwG, Urt. v. 24.05.2018 – 3 C 25.16, BVerwGE 162, 146.

109 BVerwG, Urt. v. 06.04.2016 – 3 C 10.15, NJW 2016, 2353.

110 BVerwG, Urt. v. 23.09.2010 – 3 C 37.09, BVerwGE 138, 21 = NJW 2011, 246; OVG Nordrhein-Westfalen, Beschl. v. 27.08.2019 – 8 A 2923/18, NWVBl 2020, 39; **a.A.** noch die vom BVerfG aufgehobene Entscheidung VGH Baden-Württemberg, Beschl. v. 02.03.2009 – 5 S 3047/08, JZ 2009, 738; ebenso – weiterhin – Kopp/*Ramsauer*/*Tegethoff* § 41 Rn. 47a, wo dem BVerwG wohl zu Unrecht entgegengehalten wird, Bekanntgabe und Beginn der Anfechtungsfrist liefen nach seiner Rspr. auseinander. Dieser Kritik sollte das BVerwG begegnen, indem es sich von seiner Entscheidung vom 11.12.1996 (Fn. 93) insoweit distanziert, als darin eine Bekanntgabe bejaht wurde, obwohl der Fahrzeughalter sich dem Verkehrszeichen nie gegenübersah. Zu dogmatischen Einwänden s.a. *Kümper*, NJW 2016, 2356.

111 OVG Nordrhein-Westfalen, Beschl. v. 25.11.2004 – 5 A 850/03 –, NJW 2005, 1142.

112 VG Düsseldorf, Gerichtsbesch. v. 23.04.2010 – 14 K 8083/09, WKRS 2010, 16734.

113 VG Aachen, Urt. v. 05.10.2005 – 6 K 805/03, ZfSch 2006, 177.

114 OLG Hamm, Beschl. v. 30.09.2010 – III-3 RBs 336/09, NZV 2011, 94; OLG Stuttgart, Beschl. v. 20.08.1998 – 1 Ss 514/98, Justiz 1998, 604.

115 OLG Oldenburg, Urt. v. 16.11.1967 – 1 U 87/67, VersR 1968, 1151.

116 BayObLG, Beschl. v. 16.05.1984 – 1 Ob OWi 127/84, NJW 1984, 2110. Vgl. aber auch OLG Köln, Beschl. v. 21.05.1993 – Ss 174/93 (Z) –, NZV 1993, 406 f. (Dauerparker muss die bei Tauwetter eingetretene Wiedererkennbarkeit gegen sich gelten lassen).

117 OLG Hamm, Beschl. v. 25.08.1970 – 5 Ss OWi 670/70, VerkMitt 1971, Nr. 7; VG München, Urt. v. 05.10.1989 – M 17 K 89.620, DAR 1990, 193. A.A. VG Berlin, Urt. v. 23.11.1988 – 4 A 759.85, NZV 1989, 168.

118 OLG Brandenburg, Urt. v. 12.03.2002 – 2 U 20/01, NZV 2002, 400.

119 OVG Nordrhein-Westfalen, Urt. v. 28.11.2000 – 5 A 4522/99, NJW 2001, 1961.

Bei der Entscheidung, ob, wie und vor allem mit welchem Inhalt ein VA öffentlich bekannt gegeben wird, sind berechtigte entgegenstehende Belange Dritter zu berücksichtigen. So kann etwa die Bekanntgabe personenbezogener Daten allenfalls dann zulässig sein, wenn sie unvermeidbar ist.[120] 62

Erweist sich die von der Behörde gewählte öffentliche Bekanntgabe als fehlerhaft, so ist der VA ebenso rechtswidrig-aufhebbar, wie wenn die öffentliche Bekanntgabe unzulässigerweise vom Gesetzgeber angeordnet wäre (Rdn. 55). 63

V. Verfahren der öffentlichen Bekanntgabe von schriftlichen oder elektronischen VA (Abs. 4)

Abs. 4 bestimmt, wie die öffentliche Bekanntgabe eines schriftlichen oder elektronischen VA – vorbehaltlich speziellerer Regelungen –[121] durchzuführen ist. Sie wird nach Satz 1 »dadurch bewirkt«, dass der verfügende Teil des VA ortsüblich bekannt gemacht wird. Diese Formulierung ist ungenau, weil 64

- in der ortsüblichen Bekanntmachung neben dem verfügenden Teil (wie sich aus Satz 2 ergibt) grds.[122] auch ein Hinweis darauf enthalten sein muss, wo der VA und seine Begründung eingesehen werden können (**Anstoßfunktion**[123]);
- zu einer öffentlichen Bekanntgabe neben der ortsüblichen Bekanntmachung des verfügenden Teils auch die Auslegung des VA zur Einsichtnahme gehört;
- die öffentliche Bekanntgabe tatsächlich erst mit dem Eintritt des in Satz 3 genannten bzw. nach Satz 4 festgelegten Tages bewirkt ist.

1. Ortsübliche Bekanntmachung des verfügenden Teils (Satz 1)

Der verfügende Teil des VA ist die jeweilige Regelung des Einzelfalls im Sinne von § 35 einschließlich etwaiger **Nebenbestimmungen** oder der **Anordnung der sofortigen Vollziehung.**[124] Er ist mit vollem Wortlaut bekannt zu geben, auch wenn die Regelung umfangreich ist; eine zusammenfassende Bezeichnung der Regelung genügt 65

120 Vgl. BVerfG, Beschl. v. 14.10.1987 – 1 BvR 1244/87, BVerfGE 77, 121 = NJW 1988, 403.

121 Vgl. BVerwG, Beschl. v. 10.01.2018 – 1 VR 14.17, NVwZ 2018, 1485 (§ 3 Abs. 4 Satz 2 VereinsG); VG Freiburg, Beschl. v. 15.02.2019 – 10 K 536/19, juris (§ 74 Abs. 5 Satz 2 VwVfG).

122 Ausnahme: Der VA wird ohnehin mit vollem Wortlaut, Begründung und Rechtsbehelfsbelehrung bekanntgemacht, vgl. VGH Baden-Württemberg, Urt. v. 22.10.2019 – 1 S 450/17, juris.

123 Vgl. BVerwG, Urt. v. 31.07.2012 – 4 A 5000.10 u.a., BVerwGE 144, 1, zum Planfeststellungsrecht; VGH Baden-Württemberg, Beschl. v. 07.03.2019 – 10 S 2025/18, VBlBW 2019, 382.

124 Vgl. Stelkens/Bonk/Sachs/*Stelkens* § 41 Rn. 167 ff.; **a.A.** für die Nebenbestimmungen (Hinweis auf das Vorhandensein genügend) VGH Baden-Württemberg, Beschl. v. 07.03.2019 – 10 S 2025/18, VBlBW 2019, 382 zu § 10 Abs. 8 Satz 2 BImSchG.

angesichts des eindeutigen Wortlauts der Vorschrift nicht.[125] Die Adressaten des VA müssen als Einzelne mit ihrem Namen oder auf andere Weise (z.B. als Eigentümer eines bestimmten Grundstücks) angeführt oder generell in einer Weise bezeichnet werden, die (etwa durch Hinweis auf einen Ortsplan oder das Grundstückskataster)[126] jeden Zweifel am Betroffenenkreis ausschließt. In zumindest entsprechender Anwendung des § 37 Abs. 3 muss der verfügende Teil die erlassende Behörde erkennen lassen und die Unterschrift bzw. Namenswiedergabe des Amtsträgers enthalten, der die Entscheidung zu verantworten hat (siehe hierzu § 37 Rdn. 27 ff.). Der Beifügung einer **Rechtsbehelfsbelehrung** bedarf es – auch nach der Einführung des § 37 Abs. 6 – nicht, da diese nach § 58 VwGO einen Annex des VA darstellt und daher mit dem zur Einsicht ausliegenden VA verbunden werden muss.[127] Anderes kann aber spezialgesetzlich angeordnet sein, wie in § 10 Abs. 8 Satz 2 BImSchG[128] oder in Art. 66 Abs. 2 Satz 4 BayBO.

66 Die Bedingungen einer ortsüblichen Bekanntmachung richten sich nach dem für die Behörde geltenden bzw. von ihr gesetzten Recht unter Berücksichtigung des territorialen Bereichs, in dem sich die Betroffenen befinden. Handelt es sich dabei um einen das Gebiet einer einzelnen Gemeinde überschreitenden Bereich (z.B. Landkreis oder Regierungsbezirk), so ist – in erweiternder Auslegung des Gesetzestextes – als »ortsübliche« Bekanntmachung auch diejenige anzusehen, die für den betreffenden Bereich üblich ist. Es kann auch eine Mehrzahl jeweils auf einzelne Gemeinden beschränkter ortsüblicher Bekanntmachungen gewählt werden. Publikationsmittel sind das Internet[129], amtliche Veröffentlichungsblätter, Tageszeitungen sowie in kleineren Gemeinden der Aushang an der Verkündungstafel.[130]

2. Angabe über Auslegung des VA zum Zweck der Einsichtnahme (Satz 2)

67 Nach Satz 2 ist in der ortsüblichen Bekanntmachung anzugeben, wo der VA und seine Begründung eingesehen werden können. Der Hinweis ist damit Bestandteil der öffentlichen Bekanntmachung. Der Vorschrift ist zu entnehmen, dass der VA auch tatsächlich zur Einsicht ausgelegt werden muss; unterbleibt dies, liegt keine wirksame Bekanntgabe vor, weil die Auslegung des VA ein wesentlicher Teil des

125 Vgl. aber BVerwG, Urt. v. 27.05.1983 – 4 C 40.81 u. a., BVerwGE 67, 206; zutreffend Stelkens/Bonk/Sachs/*Stelkens* § 41 Rn. 170: die Entscheidung ist jedenfalls nicht auf § 41 übertragbar.

126 Vgl. Kopp/*Ramsauer*/*Tegethoff* § 41 Rn. 51a.

127 VGH Baden-Württemberg, Urt. v. 22.10.2019 – 1 S 450/17, juris; vgl. auch BVerwG, Beschl. v. 24.09.1987 – 4 B 93.87, NVwZ 1988, 364 für § 18a IV FStrG.

128 Vgl. VGH Baden-Württemberg, Beschl. v. 07.03.2019 – 10 S 1817/18, WKRS 2019, 13381; Beschl. v. 07.03.2019 – 10 S 2025/18, VBlBW 2019, 382.

129 Vgl. etwa VGH Baden-Württemberg, Beschl. v. 09.12.2019 – 1 S 2580/19, juris; Beschl. v. 07.03.2019 – 10 S 2025/18, VBlBW 2019, 382; vgl. auch VGH Bayern, Beschl. v. 26.03.2014 – 22 CS 14.471, UPR 2014, 315. Zur Abgrenzung einer Verkündungsplattform von Datenbanken zu bloßen Informationszwecken: BVerwG, Urt. v. 10.10.2019 – 4 CN 6.18, juris.

130 Vgl. zu den Publikationsmitteln (aus damaliger Sicht): *Dolde*, NJW 1975, 21 (24).

Bekanntgabeverfahrens ist. Unterbleibt der Hinweis auf die Auslegung, liegt ebenfalls keine wirksame Bekanntgabe vor.

Zur Einsichtnahme auszulegen ist der gesamte VA nebst Begründung und Rechtsbehelfsbelehrung (zu letzterer nunmehr § 37 Abs. 6). Als Ort hierfür kommt jede Stelle in Betracht, über die die den VA erlassende Stelle die Verfügungsgewalt besitzt und die den Betroffenen zugänglich ist. Das kann ebenso ein Dienstraum sein wie eine vorübergehend angemietete Halle. 68

Für die Dauer der Auslegung ist die Bestimmung des Satzes 3 maßgeblich. Aus ihr ergibt sich, dass eine Einsichtnahme innerhalb der zwei Wochen möglich sein muss, die nach der ortsüblichen Bekanntmachung bis zu dem Zeitpunkt vergehen, in dem der VA als bekannt gegeben gilt.[131] Danach ist die Auslegung vom zweiten bis zum fünfzehnten Tag (einschließlich) erforderlich. Die Festlegung der täglichen bzw. wöchentlichen Auslegestunden muss so erfolgen, dass der Bürger hinreichend Gelegenheit hat, in zumutbarer Weise Einsicht zu nehmen. Die Einsichtsmöglichkeit kann auf die Stunden des Publikumsverkehrs festgelegt werden, sie muss nicht während aller Dienststunden – oder gar darüber hinaus – bestehen. Eine Auslegung an nur vier Vormittagen in der Woche genügt jedoch nicht,[132] während es als ausreichend anzusehen ist, dass für die Einsichtnahme wöchentlich insgesamt 33 Stunden zur Verfügung stehen, von denen acht auf zwei Nachmittage verteilt sind.[133] 69

Ein Rechtsanspruch auf Aushändigung einer schriftlichen Ausfertigung des VA steht den Betroffenen (anders als z.B. nach § 74 Abs. 5 Satz 4, § 10 Abs. 8 Satz 6 BImSchG; bei § 69 Abs. 2 Satz 6 mittlerweile ergänzt um den elektronischen Weg) nicht zu. Doch ist es ihnen unbenommen, sich selbst eine Abschrift des VA anzufertigen.[134] 70

3. Fiktion der Bekanntgabe 2 Wochen nach der ortsüblichen Bekanntmachung (Satz 3)

Nach dieser Vorschrift gilt der VA zwei Wochen nach der ortsüblichen Bekanntmachung als bekannt gegeben (vgl. hierzu § 31 Abs. 1 i.V.m. § 188 Abs. 2, § 187 Abs. 1 BGB).[135] Eines Hinweises auf den Eintritt der durch die öffentliche Bekanntmachung ausgelösten Bekanntgabefiktion bedarf es nicht.[136] 71

Erfolgt die Bekanntmachung durch Aushang an einer Verkündungstafel (Rdn. 66), so tritt die landes- bzw. ortsrechtlich bestimmte Dauer des Aushangs an die Stelle der (einmaligen) Bekanntmachung in einem amtlichen Veröffentlichungsblatt oder in einer Tageszeitung mit der Folge, dass die öffentliche Bekanntmachung dann während der gesamten Aushangzeit stattfindet und erst anschließend nach dem Ablauf 72

131 Vgl. auch *Mayr*, BayVBl. 1986, 262 (264).
132 Vgl. VGH Bayern, Beschl. v. 19.04.1974 – 103 I 73, NJW 1974, 1670.
133 Vgl. BVerwG, Urt. v. 07.04.1980 – 4 C 25.78, DVBl 1981, 99.
134 Vgl. *Meyer/Borgs* § 41 Rn. 30.
135 VGH Baden-Württemberg, Beschl. v. 07.03.2019 – 10 S 2025/18, VBlBW 2019, 382.
136 VGH Baden-Württemberg, Beschl. v. 07.03.2019 – 10 S 2025/18, VBlBW 2019, 382.

der vorgeschriebenen Aushangzeit die Frist des Satz 3 zu laufen beginnt.[137] Wird der Aushang vor dem Ablauf der vorgeschriebenen Aushangfrist abgenommen, so ist die Bekanntgabe unwirksam. Es empfiehlt sich, den Tag des Aushangs und der Abnahme auf dem Schriftstück zu vermerken.

73 Wird die Bekanntmachung mittels verschiedener Publikationsorgane, z.B. in mehreren Zeitungen, zu verschiedenen Zeiten vorgenommen, so beginnt die Frist von zwei Wochen am Tag nach der zeitlich letzten Bekanntmachung, da erst dann der Bekanntmachungsvorgang insgesamt abgeschlossen ist.[138] Ist entgegen der gesetzlichen Bekanntgabefiktion im verfügenden Teil oder in dem zur Einsichtnahme ausliegenden VA für die Bekanntgabe ein früherer oder späterer Zeitpunkt bestimmt, ist dies unbeachtlich, der VA gilt mit seiner Bekanntmachung zu dem im Gesetz fingierten Zeitpunkt als bekannt gegeben. Die Bekanntmachung ist wirksam.[139]

74 Aufgrund der Sonderregelung des § 95 Abs. 1 Satz 1 gilt nach der Feststellung des Verteidigungsfalls oder des Spannungsfalls der VA bereits mit dem auf die Bekanntmachung folgenden Tag als bekannt gegeben.

4. Bestimmung eines abweichenden Tages in einer Allgemeinverfügung (Satz 4)

75 In einer Allgemeinverfügung kann ein von dem nach Satz 3 für die Fiktion der Bekanntgabe maßgeblichen Tag abweichender Tag bestimmt werden,[140] jedoch frühestens der auf die Bekanntgabe folgende Tag. Der Zweck dieser Vorschrift besteht darin, in dringenden Fällen die Bekanntgabefiktion nach zwei Wochen auf ein für öffentlich bekannt gegebene VA rechtsstaatlich noch vertretbares Minimum zu beschränken.

76 Als abweichender Tag kann sowohl ein Tag vor als auch nach dem in Satz 3 genannten Zeitpunkt bestimmt werden, also nach der ortsüblichen Bekanntmachung der zweite bis vierzehnte Tag und vom sechzehnten Tag (diesen eingeschlossen) an jeder folgende. Die Anordnung des abweichenden Tages gehört in den ortsüblich bekannt zu machenden verfügenden Teil des VA, da dieser erst vom Zeitpunkt der (sich anders als nach Satz 3 nicht kraft Gesetzes ergebenden) Bekanntgabe an seine Verbindlichkeit entfalten kann.

77 Da die Bekanntgabe jedoch frühestens am auf die Bekanntmachung folgenden Tag eintreten kann, wird eine Bekanntgabe nach Abs. 4 in eiligen Fällen – etwa im Bereich der Gefahrenabwehr – ausscheiden.

---

137 So *Meyer/Borgs* § 41 Rn. 31.

138 Vgl. Kopp/*Ramsauer/Tegethoff* § 41 Rn. 54.

139 Vgl. aber Stelkens/Bonk/Sachs/*Stelkens* § 41 Rn. 185; Kopp/*Ramsauer/Tegethoff* § 41 Rn. 54: nur eine längere Frist ist unschädlich, bei kürzerer ist die Bekanntgabe unwirksam.

140 Vgl. z.B. VGH Baden-Württemberg, Urt. v. 06.11.2013 – 1 S 1640/12, VBlBW 2014, 147.

VI. Bekanntgabe mittels Zustellung (Abs. 5)

Nach Abs. 5 bleiben die Vorschriften über die Bekanntgabe mittels Zustellung unberührt. Damit ist klargestellt, dass die spezielleren Regelungen über die förmliche Zustellung § 41 vorgehen. § 41 kann nicht, auch nicht ergänzend bei der Zustellung herangezogen werden.[141] Die Zustellung richtet sich nach dem VwZG des Bundes, wenn Bundesbehörden oder sonstige in § 1 Abs. 1 VwZG des Bundes genannte Stellen das Verwaltungsverfahren betreiben. Für die Zustellung durch Landesbehörden gelten grds. die VwZGe der Länder, auch wenn sie Bundesgesetze ausführen.[142] Anders ist es nach § 73 Abs. 3 Satz 2 VwGO bei der Zustellung von Widerspruchsbescheiden.[143] 78

Ein VA wird durch Zustellung bekannt gegeben, wenn dies durch Rechtsvorschrift oder behördliche Anordnung bestimmt ist (§ 1 Abs. 2 VwZG). Solche Vorschriften sind z.B. §§ 69 Abs. 2, 74 Abs. 1 sowie in vielen Fachgesetzen enthalten (etwa § 31 Abs. 1 Satz 2 AsylG). Wählt die Behörde die Zustellung, ohne hierzu verpflichtet zu sein, so muss sie dennoch alle Förmlichkeiten des VwZG einhalten.[144] Sie muss etwa abweichend von Abs. 1 Satz 2 an den Bevollmächtigten zustellen, wenn dieser eine schriftliche Vollmacht vorgelegt hat (§ 7 Abs. 1 Satz 2 VwZG); richtet die Behörde den VA an den Beteiligten, ist er nicht wirksam.[145] Erhält der Bevollmächtigte jedoch nachweislich den Bescheid, kann dieser Zustellungsmangel nach § 8 VwZG geheilt sein.[146] Fehlt es indes nicht nur an der Einhaltung der Form, sondern bereits am Zustellungswillen, liegt kein der Heilung zugänglicher Zustellungsmangel vor.[147] In einer fehlgeschlagenen Zustellung kann eine wirksame Bekanntgabe liegen, wenn die Behörde dem Adressaten Kenntnis des VA verschafft.[148] 79

VII. Rechtsfolgen einer Verletzung von Bekanntgabevorschriften

1. Keine wirksame Bekanntgabe

Die Rechtsfolgen einer Verletzung der Bekanntgabevorschriften sind verschieden, je nachdem ob 80

141 Vgl. Kopp/*Ramsauer*/*Tegethoff* § 41 Rn. 56; Stelkens/Bonk/Sachs/*Stelkens* § 41 Rn. 199.
142 BVerwG, Urt. v. 19.01.1972 – V C 54.70, BVerwGE 39, 257; BVerwG, Urt. v. 09.12.1988 – 8 C 38.86, NVwZ 1989, 648 (649).
143 Vgl. etwa Bader/*Funke-Kaiser*, VwGO, § 73 Rn. 30.
144 Vgl. OVG Nordrhein-Westfalen, Beschl. v. 30.01.2017 – 2 B 1226/16, WKRS 2017, 10253.
145 OVG Rheinland-Pfalz, Beschl. v. 31.01.1983 – 11 B 215/82, DVBl 1983, 955; vgl. auch VGH Hessen, Urt. v. 29.05.1985 – 4 UE 3068/84, NVwZ 1986, 138.
146 BVerwG, Urt. v. 15.01.1988 – 8 C 8.86, NJW 1988, 1612; auch BFH, Urt. v. 28.08.1990 – VII R 59/89, NVwZ-RR 1991, 660.
147 Vgl. BVerwG, Beschl. v. 31.05.2006 – 6 B 65.05 –, NVwZ 2006, 943; OVG Nordrhein-Westfalen, Beschl. v. 24.07.2007 – 13 B 950/07, NVwZ-RR 2008, 294; Beschl. v. 30.01.2017 – 2 B 1226/16, WKRS 2017, 10253.
148 BVerwG, Urt. v. 24.01.1992 – 7 C 38.90, NVwZ 1992, 565; BVerwG, Beschl. v. 08.12.1995 – 11 B 132.95, WKRS 1995, 29732.

- der VA überhaupt wirksam bekannt gegeben und damit erlassen oder nicht existent ist;
- im Fall eines Erlasses des VA ein die Nichtigkeit bewirkender oder nur ein zur Aufhebbarkeit führender Fehler vorliegt.

81 Ist eine wirksame (den Erlass des VA auslösende) Bekanntgabe unterblieben, so ist der VA nicht existent (§ 43 Abs. 1). Das ist der Fall, wenn die Bekanntgabe überhaupt nicht oder so fehlerhaft vorgenommen worden ist, dass für den Betroffenen keine hinreichende Möglichkeit bestand, den VA in einer der jeweiligen Bekanntgabeart entsprechenden Weise zur Kenntnis zu nehmen. Eine in diesem Sinne fehlerhafte Bekanntgabe liegt z.B. vor, wenn bei einer unmittelbaren Bekanntgabe
- dem Betroffenen ein zur Post aufgegebener VA nicht zugegangen ist;
- der VA einem Anderen oder einem ehemaligen Bevollmächtigten, dessen Vollmacht bereits erloschen ist, zugeht (ggü. dem Adressaten fehlt der Bekanntgabevorgang, ggü. dem Anderen fehlt der Bekanntgabewille der Behörde);
- ggü. einem nicht Anwesenden ein VA mündlich mitgeteilt wird oder ein VA mündlich eröffnet wird, für den die Schriftform vorgeschrieben ist;[149]
- die Ausfertigung nicht mit der Urschrift übereinstimmt;
- der VA einem Handlungsunfähigen eröffnet wird (vgl. Rdn. 28).

82 Bei der öffentlichen Bekanntgabe liegt ein solcher Fehler z.B. vor, wenn
- der verfügende Teil nicht ortsüblich (sondern überhaupt nicht oder in einem unzulässigen Publikationsorgan) bekannt gemacht worden ist;
- im ortsüblich bekannt gemachten verfügenden Teil der Hinweis fehlt, wo der VA und seine Begründung eingesehen werden können (vgl. Rdn. 67).

83 Die fehlende Existenz des VA, die Folge eines der genannten schweren Fehler bei der Bekanntgabe ist, muss von der Nichtigkeit unterschieden werden, denn § 44 setzt einen erlassenen VA voraus.[150] Folgerichtig wird deshalb von einem »Nichtakt« im Gegensatz zum nichtigen VA gesprochen.[151] Teilweise werden beide Begriffe aber auch gleichgesetzt, weil weder der infolge eines Bekanntgabefehlers nicht wirksam gewordene noch der nichtige VA Rechtswirkungen entfaltet.[152]

84 Da kein VA zustande gekommen ist, scheidet eine Rechtskontrolle aufgrund eines Widerspruchs oder einer Anfechtungsklage aus. Etwa erteilte Rechtsbehelfsbelehrungen (vgl. § 37 Abs. 6) sind unbeachtlich. Für die verwaltungsgerichtliche Erzwingung eines nicht existent gewordenen VA ist die Verpflichtungsklage das geeignete Rechtsmittel.

---

149 Zu diesem und den folgenden Beispielen s. Kopp/*Ramsauer/Tegethoff* § 41 Rn. 24.

150 Vgl. Kopp/*Ramsauer/Tegethoff* § 41 Rn. 23 m.w.N.; Stelkens/Bonk/Sachs/*Stelkens* § 41 Rn. 224; s.a. VGH Baden-Württemberg, Urt. v. 15.10.2009 – 2 S 1457/09, DVBl 2010, 196 zur Abgrenzung eines Nicht-VA von einem nichtigen VA.

151 BVerwG, Urt. v. 21.11.1986 – 8 C 127.84, NVwZ 1987, 330; VGH Baden-Württemberg, Beschl. v. 07.12.1990 – 10 S 2466/90, NVwZ 1991, 1195.

152 So *Skouris*, VerwArch. 1974, 264 (276).

Behauptet die Behörde zu Unrecht den Erlass eines VA, so kann der Betroffene mit der *Feststellungsklage* nach § 43 Abs. 1 Alt. 1 VwGO die Feststellung des Nichtbestehens eines Rechtsverhältnisses (dass der VA nicht wirksam geworden und deshalb die durch seinen Erlass beabsichtige Regelung nicht eingetreten ist) erwirken.[153] Die Klage auf Feststellung der Nichtigkeit (§ 43 Abs. 1 Alt. 2 VwGO) ist nicht statthaft, weil der mangels wirksamer Bekanntgabe nicht erlassene VA nicht nichtig ist (vgl. Rdn. 83). 85

2. Fehlerhafte, aber wirksame Bekanntgabe

Die Rechtsfolge einer fehlerhaften (aber wirksamen) Bekanntgabe eines VA richtet 86
sich nach der Art des Fehlers. Besonders schwerwiegende und offenkundige Fehler i.S.d. § 44 Abs. 1 führen zur Nichtigkeit des VA. Sie sind z.B. gegeben, wenn,
- bei einer unmittelbaren Bekanntgabe eine gesetzliche Form (z.B. die Aushändigung einer Urkunde) nicht beachtet worden ist;
- bei einer öffentlichen Bekanntgabe für die Einsichtnahme des VA und seiner Begründung keine angemessene Zeit zur Verfügung stand (vgl. Rdn. 69);
- der VA in einer unzulässigen Art bekannt gegeben worden ist, weil die Behörde einen unmittelbar bekannt zu gebenden VA in einem Rechtsetzungsverfahren als Verordnung bzw. Satzung bekannt gegeben hat.

Minder schwere bzw. nicht offenkundige *Fehler* beeinträchtigen nicht die Wirksamkeit 87
des VA, machen ihn aber rechtswidrig-aufhebbar.[154] Das ist z.B. der Fall, wenn
- die öffentliche Bekanntgabe (anstelle der gebotenen unmittelbaren Bekanntgabe) aufgrund einer nichtigen Rechtsvorschrift (vgl. Rdn. 55) oder einer fehlerhaften Entscheidung der Behörde (vgl. Rdn. 63) vorgenommen worden ist;
- bei einer öffentlichen Bekanntgabe im verfügenden Teil ein mit Abs. 4 Satz 3 unvereinbarer Tag der Bekanntmachung bestimmt worden ist (vgl. Rdn. 73) oder der abweichende Tag nach S. 4 nicht im ortsüblich bekannt gemachten verfügenden Teil (Rdn. 76), sondern in dem zur Einsichtnahme ausgelegten VA enthalten ist.

VIII. Heilung von Bekanntgabefehlern

1. Entsprechende Anwendung des § 8 VwZG

Eine ausdrückliche Regelung über die Heilung von Bekanntgabefehlern, wie sie § 8 88
VwZG in Nachbildung von § 189 ZPO für die förmliche Zustellung vorsieht, fehlt im VwVfG. Der in dieser Vorschrift enthaltene Rechtsgedanke kann jedoch wegen der vergleichbaren Interessenlage auch außerhalb der förmlichen Zustellung angewandt werden. Erhält der Empfänger tatsächlich das Dokument oder auch nur verlässliche

153 BVerwG, Urt. v. 21.11.1986 – 8 C 127.84, NVwZ 1987, 330; VGH Baden-Württemberg, Beschl. v. 07.12.1990 – 10 S 2466/90, NVwZ 1991, 1195; VGH Baden-Württemberg, Urt. v. 15.10.2009 – 2 S 1457/09, DVBl 2010, 196 (dort auch zur Frage des prozessualen Übergangs von dem Begehren, die Nichtigkeit eines VA festzustellen, auf den Antrag, festzustellen, dass bereits kein VA vorliegt).

154 Vgl. Kopp/*Ramsauer*/*Tegethoff* § 41 Rn. 25.

Kenntnis von dessen Inhalt, werden Mängel des Bekanntgabevorgangs geheilt.[155] Darüber hinaus wird es bei der Bekanntgabe ausreichen, dass der Betroffene zuverlässig Kenntnis von dem VA hat; dass er im Besitz des Dokuments ist, verlangt § 8 VwZG nur im Hinblick auf die Besonderheit der Zustellung als Übergabe des Dokuments, während die Bekanntgabe keine Besitzverschaffung verlangt.[156]

89 Auch nach § 8 VwZG werden jedoch nur Mängel beim Zustellungsvorgang geheilt.[157] Diese Einschränkung ist bei der entsprechenden Anwendung i.R.d. § 41 zu berücksichtigen. So tritt etwa dann keine Heilung ein, wenn der Betroffene vom Bescheid Kenntnis erlangt, die Behörde ihm ggü. jedoch keinen Bekanntgabewillen (Rdn. 5 ff.) hat.[158] Eine Heilung ist auch nicht möglich bei der Bekanntgabe ggü. Handlungsunfähigen (vgl. Rdn. 28).

2. Unbeachtlichkeit von Bekanntgabefehlern im Einzelfall

a) Vornahme der geforderten Handlung oder Einlegung eines Rechtsbehelfs

90 Bekanntgabefehler können u. U. nicht mehr geltend gemacht werden, wenn der Betroffene die durch den VA geforderte Handlung bereits vorgenommen hat.[159] Denn dadurch gibt er (nach den Umständen des Einzelfalls) zu erkennen, dass er den VA erhalten hat und zur Kenntnis nehmen konnte. Dogmatisch lässt sich dies mit dem Rechtsgedanken des § 8 VwZG begründen oder mit einem Verlust des Rechts, den Bekanntgabefehler zu rügen.[160] Dies gilt jedoch nicht, wenn er die Leistung – z.B. eine Zahlung – unter Vorbehalt erbringt.

91 Auf ähnlichen Erwägungen beruht die Rspr.,[161] wonach der Betroffene sich nicht auf Bekanntgabe- oder Zustellungsmängel berufen kann, wenn er einen Rechtsbehelf eingelegt hat, ohne diesen Mangel zu rügen.

---

155 BVerwG, Urt. v. 25.02.1994 – 8 C 2.92, DVBl 1994, 810; BFH, Urt. v. 08.12.1988 – IV R 24/87, BFHE 155, 472 = NJW 1989, 2496; VGH Baden-Württemberg, Urt. v. 08.02.2017 – 9 S 1128/16, VBlBW 2017, 380; ebenfalls für entsprechende Anwendbarkeit des § 8 VwZG: Kopp/*Ramsauer*/*Tegethoff* § 41 Rn. 26; Stelkens/Bonk/Sachs/*Stelkens* § 41 Rn. 232; Bauer/Heckmann/Ruge/Schallbruch/*Ritgen* § 41 Rn. 110; *Ziekow* § 41 Rn. 21.

156 Vgl. BVerwG, Urt. v. 25.02.1994 – 8 C 2.92, DVBl 1994, 810.

157 Vgl. *Allesch*, NVwZ 1993, 544 m.w.N.

158 OVG Nordrhein-Westfalen, Beschl. v. 01.03.1988 – 1 W 51/86, NJW 1989, 120; BVerwG, Urt. v. 15.01.1988 – 8 C 8.86, NJW 1988, 1612; Stelkens/Bonk/Sachs/*Stelkens* § 41 Rn. 233; Bauer/Heckmann/Ruge/Schallbruch/*Ritgen* § 41 Rn. 110.

159 Vgl. Stelkens/Bonk/Sachs/*Stelkens* § 41 Rn. 238 m.w.N.; Bauer/Heckmann/Ruge/Schallbruch/*Ritgen* § 41 Rn. 109.

160 Vgl. VGH Baden-Württemberg, Urt. v. 08.02.2017 – 9 S 1128/16, VBlBW 2017, 380; Stelkens/Bonk/Sachs/*Stelkens* § 41 Rn. 238 (Verwirkung nur, wenn der Betroffene den VA gegenüber der Behörde erkennbar als gültig behandelt); Bauer/Heckmann/Ruge/Schallbruch/*Ritgen* § 41 Rn. 109 (Verwirkung/Treuwidrigkeit).

161 Vgl. VGH Bayern, Beschl. v. 20.07.1979 – 164 XII 77, BayVBl. 1979, 733; VGH Bayern, Urt. v. 25.10.1983 – 11 B 83 A.496, NJW 1984, 2845; OVG Nordrhein-Westfalen, Beschl. v. 01.03.1988 – 1 W 51/86, NJW 1989, 120 (121); v. 26.10.1994 – 22 B 997/94,

b) Berufung auf den Bekanntgabefehler als Verstoß gegen Treu und Glauben

Die Berufung auf eine fehlerhafte oder unterlassene Bekanntgabe kann sich bei Vorliegen besonderer Umstände als nach den Grundsätzen von Treu und Glauben unzulässige Rechtsausübung erweisen. 92

So geht die Rechtsprechung[162] im Baurecht davon aus, dass der Grundstücksnachbar sich bei anderweitiger Kenntnis oder Kennenmüssen der Baugenehmigung hinsichtlich der Widerspruchseinlegung nach Treu und Glauben wegen des besonderen nachbarschaftlichen Gemeinschaftsverhältnisses so behandeln lassen muss, als sei ihm die Genehmigung im Zeitpunkt der Kenntniserlangung amtlich bekannt gegeben. Ab Kenntnis oder Kennenmüssen beginnt die Widerspruchsfrist von einem Jahr zu laufen (§ 70i.V.m. § 58 Abs. 2 VwGO). 93

Vereitelt der Betroffene die Bekanntgabe oder Zustellung unter Verstoß gegen eine gesetzlich vorgeschriebene Melde- oder Mitwirkungsverpflichtung, kann er sich nach Treu und Glauben ebenfalls nicht auf eine verspätete oder ganz unterbliebene Bekanntgabe oder Zustellung berufen. Eine solche gesetzliche Pflicht ergibt sich z.B. aus § 24 Abs. 6 Nr. 1 und Nr. 2 WPflG, wonach der der Wehrüberwachung unterliegende Wehrpflichtige grds. jede Änderung der Wohnung melden und Vorsorge treffen muss, dass ihn die Mitteilungen der Wehrersatzbehörde erreichen. Kommt der Wehrpflichtige dem nicht nach, geht das BVerwG[163] davon aus, dass er sich nach § 162 Abs. 1 BGB so behandeln lassen muss, als habe er den Bescheid erhalten. Gleiches hat die Rechtsprechung[164] entschieden, wenn ein BAföG-Empfänger seiner ihm nach § 12 DarlehensVO auferlegten Mitteilungspflicht nicht nachkommt. Besonderes gilt im Asylverfahren. Dort muss der Ausländer Zustellungen und formlose Mitteilungen unter bestimmten Voraussetzungen auch ohne Zugang gegen sich gelten lassen (§ 10 Abs. 2 AsylG). Dies gilt aber insb. nur dann, wenn darauf bei der Antragstellung schriftlich und gegen Empfangsbestätigung hingewiesen wurde (§ 10 Abs. 7 AsylG). 94

Auch ohne eine auf einer besonderen (gesetzlichen) Vorschrift beruhende Verpflichtung wird im Einzelfall von einer gegen Treu und Glauben verstoßenden Vereitelung des Zugangs ausgegangen und der Betroffene so behandelt, als hätte er das Schriftstück erhalten oder ihm die Berufung auf den mangelnden Zugang verwehrt. Etwa 95

NVwZ 1995, 395 (396) (»Heilung«); VGH Baden-Württemberg, Urt. v. 29.09.1988 – 3 S 2976/87, NVwZ-RR 1989, 597, (598); VGH Hessen, Urt. v. 29.05.1985 – 4 UE 3068/84, NVwZ 1986, 138; eingehend: VGH Hessen, Urt. v. 11.03.1985 – V OE 5/82, NVwZ 1986, 137.

162 Z.B. BVerwG, Urt. v. 25.01.1974 – IV C 2.72, BVerwGE 44, 294; BVerwG, Beschl. v. 28.08.1987 – 4 N 3.86, BVerwGE 78, 85 = DVBl 1987, 1276; *D*, Urt. v. 15.09.1980 – 11 A 2306/78, NJW 1981, 598.

163 BVerwG, Urt. v. 22.05.1987 – 8 C 91.85, NVwZ 1987, 793; Urt. v. 29.06.1990 – 8 C 22.89, NVwZ 1991, 73. Anmerkung: Mit dem Gesetz zur Änderung wehrrechtlicher Vorschriften 2011 (Wehrrechtsänderungsgesetz 2011 – WehrRÄndG 2011) vom 28.04.2011 (BGBl. I S. 678) ist die Wehrpflicht ausgesetzt worden.

164 OVG Nordrhein-Westfalen, Beschl. v. 20.08.1987 – 16 A 1599/85, NVwZ-RR 1988, 57.

wenn der Empfänger rechtsmissbräuchlich das Abholen eines Einschreibbriefes unterlässt[165] oder sein Postfach nicht leert, obwohl er wegen seiner Berufsstellung und der Art seiner Geschäfte mit dem Eingang fristgebundener Erklärungen rechnen muss.[166]

IX. Bekanntgabe ggü. mehreren Personen

96 Richtet sich ein VA an mehrere Adressaten, ergibt sich aus Abs. 1 Satz 1 die Pflicht, ihn jedem bekannt zu geben, d.h. ihm die Möglichkeit der Kenntnisnahme zu verschaffen.[167] Diese Verpflichtung besteht auch, wenn die Beteiligten, denen der VA bekannt zu geben ist, in einer Rechtsgemeinschaft zueinander stehen. So ist z.B. bei Ehepaaren jedem Partner der VA bekannt zu geben. Bei nicht rechtsfähigen Personenvereinigungen – z.B. Erben-, Eigentümer- oder Bruchteilsgemeinschaft – ist grds. jedem Mitglied der Gemeinschaft der VA bekannt zu geben. Die BGB-Gesellschaft bedarf besonderer Betrachtung. Nach der neueren Rspr. besitzt die (Außen-) GbR Rechtsfähigkeit, soweit sie durch Teilnahme am Rechtsverkehr eigene Rechte und Pflichten begründet.[168] Die Bekanntgabe muss deshalb nicht immer an alle Gesellschafter erfolgen; die Bekanntgabe an den bzw. die **vertretungsberechtigten Gesellschafter** kann ausreichend sein.[169] Bei der Wohnungseigentümergemeinschaft kommt nach den im Jahre 2007 erfolgten Änderungen des WEG eine Bekanntgabe an den **Verwalter** in Betracht (vgl. § 10 Abs. 6, § 27 WEG). Eine wirksame Bekanntgabe mit Wirkung für und gegen eine Wohnungseigentümergemeinschaft liegt auch dann vor, wenn die Verfügung zwar an die persönliche Anschrift des Hausverwalters zugestellt wird, sich aber aus dem Inhalt des VA sicher entnehmen lässt, dass die Wohnungseigentümergemeinschaft als Inhaltsadressatin der in der Verfügung ausgesprochenen Pflichten in Anspruch genommen werden soll.[170]

97 Bei der Bekanntgabe durch Zustellung setzt dies nach einhelliger Auffassung grds. voraus, dass jedem Beteiligten die alleinige Verfügungsgewalt über eine Ausfertigung verschafft wird. Dies ergibt sich aus dem Wesen der Zustellung als der »Übergabe« eines Schriftstücks und ihrem Zweck, sicherzustellen, dass jeder Empfänger das Schriftstück in die Hand bekommt und solange behalten kann, wie er es für die Entscheidung über einen Rechtsbehelf und zur Vergewisserung über den Inhalt der auferlegten Pflichten benötigt.[171] Richtet sich ein VA an beide Eheleute, wird aber nur eine Ausfertigung übersandt, so ist die Zustellung deshalb unwirksam.[172] Die Zustellung ist auch nicht

---

165 BAG, Urt. v. 15.11.1962 – 2 AZR 301/62, BAGE 13, 313 = NJW 1963, 554.
166 VGH Hessen, Urt. v. 11.01.1968 – V OE 123/67, NJW 1968, 1979.
167 Zu den Anforderungen an die adressatenbezogene Bestimmtheit vgl. § 37 Rdn. 3 f.
168 BGH, Urt. v. 29.01.2001 – II ZR 331/00, BGHZ 146, 341 = NJW 2001, 1056; seither st. Rspr.
169 Vgl. BVerwG, Urt. v. 15.06.2016 – 9 C 19.15, BVerwGE 155, 241 (zur Bekanntgabe nach der AO); **a.A.** noch VG Gießen, Urt. v. 18.05.1989 – V/2 E 1553/87, NVwZ-RR 1990, 412.
170 Vgl. VGH Bayern, Beschl. v. 26.07.2019 – 15 CS 19.1050, DVBl 2020, 370.
171 Vgl. VGH Hessen, Urt. v. 11.03.1985 – V OE 5/82, NVwZ 1986, 137.
172 Allg. Meinung: *D*, Urt. v. 25.06.1986 – 8 A 92/85, NVwZ 1987, 899; *D*, Urt. v. 01.08.1989 – 12 K 3451/89, NVwZ-RR 1990, 525; VGH Baden-Württemberg,

ggü. einem Ehegatten wirksam, außer die Behörde hat (etwa im Anschriftenfeld der Zustellungsurkunde) bestimmt, an welchen Ehegatten die Übergabe erfolgen soll, denn sonst bliebe es dem Zufall überlassen, ggü. wem der VA wirksam wird.[173] Eine Heilung nach § 8 VwZG kommt nicht in Betracht, weil die Vorschrift nur Mängel beim Zustellungsvorgang und nicht die fehlende Übergabe heilt.[174] Allerdings kann nach der Rechtsprechung des BVerwG[175] in der fehlgeschlagenen Zustellung eine wirksame Bekanntgabe liegen, weil für die Bekanntgabe die Kenntnisnahme ausreicht, auch wenn nicht jeder in den Besitz einer Ausfertigung gelangt.

Nicht erforderlich ist es hingegen bei der formlosen Bekanntgabe eines schriftlichen VA, dass jeder Beteiligte eine eigene Ausfertigung erhält.[176] *Denn* die Bekanntgabe setzt anders als die Zustellung nur die Kenntnisnahme bzw. die Möglichkeit hierzu voraus, nicht aber die Übergabe einer Ausfertigung. Allerdings wird es sich gleichwohl empfehlen, für jeden Beteiligten eine solche beizufügen, weil sonst die Frage auftreten kann, ob ein Beteiligter die Möglichkeit hatte, zuverlässig Kenntnis von dem Bescheid zu nehmen, wofür die Behörde ggf. beweispflichtig ist.[177] Dies gilt zumal, wenn ein VA nicht einem (gemeinsam lebenden) Ehepaar, sondern etwa Mitgliedern einer Personenvereinigung oder sonstigen Beteiligten bekannt gegeben werden soll. 98

Ausreichend ist die Übersendung einer Ausfertigung jedenfalls, wenn mehrere Adressaten einen **gemeinsamen Bevollmächtigten** haben. Dies ist für die Zustellung in § 7 Abs. 1 Satz 3 VwZG ausdrücklich geregelt und sollte auch sonst für die Bekanntgabe gelten.[178] Die Beteiligten können sich auch gegenseitig bevollmächtigen. Die Vollmacht kann zudem konkludent erteilt werden oder sich aus Anscheins- oder Duldungsgesichtspunkten ergeben (Rdn. 26). 99

Urt. v. 29.09.1988 – 3 S 2976/87, NVwZ-RR 1989, 597; *D*, Urt. v. 29.05.1985 – 4 UE 3068/84, NVwZ 1986, 138; *Preißer*, NVwZ 1987, 867 (870) m.w.N.

173 Vgl. *D*, Urt. v. 01.08.1989 – 12 K 3451/89, NVwZ-RR 1990, 525; *Preißer*, NVwZ 1987, 867 (870).

174 Z.B. *D*, Urt. v. 12.06.1985 – 2 B 129.83, NVwZ 1986, 136; OVG *Rheinland-Pfalz*, Urt. v. 25.06.1986 – 8 A 92/85, NVwZ 1987, 899 (900); VGH Baden-Württemberg, Urt. v. 29.09.1988 – 3 S 2976/87, NVwZ-RR 1989, 597 (598); **a.A.** *D*, Urt. v. 11.03.1985 – V OE 5/82, NVwZ 1986, 137.

175 BVerwG, Urt. v. 24.01.1992 – 7 C 38.90, NVwZ 1992, 565; zustimmend Allesch NVwZ 1993, 544.

176 **A.A.** BFH, Urt. v. 11.12.1985 – I R 31/84, BFHE 146, 196 (Zusendung nur einer Ausfertigung würde aber dann genügen, wenn eine stillschweigende gegenseitige Bevollmächtigung angenommen werden kann, etwa weil beide Ehegatten die gemeinsame Einkommensteuererklärung unterschrieben haben); Kopp/*Ramsauer*/*Tegethoff* § 41 Rn. 28 und 30a m.w.N.

177 Vgl. auch VGH Hessen, Urt. v. 08.12.1992 – 11 UE 1486/88, DVBl 1993, 616 (617).

178 Ebenso Kopp/*Ramsauer*/*Tegethoff* § 41 Rn. 31 m.w.N.; für die Bekanntgabe »an eine Erbengemeinschaft über den bevollmächtigten RA«: OVG Schleswig-Holstein, Urt. v. 17.11.2011 – 1 LB 13/11, NordÖR 2012, 348; **a.A.** *Preißer*, NVwZ 1987, 867 (870).

100 Der Bundesminister der Finanzen hat für die Finanzverwaltung im Erlasswege[179] Grundsätze für die Bekanntgabe und Zustellung – insb. ggü. mehreren Adressaten – aufgestellt, deren Beachtung sich in der **Verwaltungspraxis** empfiehlt, um Fehler zu vermeiden.

C. Verfahrensvorschriften des Sozialrechts sowie Verwaltungsverfahrensrecht der Länder

101 Die Verwaltungsverfahrensgesetze der Länder enthalten im Wesentlichen gleichlautende Vorschriften. Einzelne Abweichungen bestehen in Hamburg (Abs. 1 S. 2 als Soll-Regelung, Abs. 4 schreibt eine Bekanntmachung im Amtlichen Anzeiger vor). Für Schleswig-Holstein siehe § 110 LVwG. In Sachsen ist für die landesbehördliche Tätigkeit das VwVfG des Bundes nach Maßgabe von § 1 Satz 1 SächsVwVfZG anwendbar, in Berlin, Niedersachsen und Rheinland-Pfalz greifen ebenfalls Verweisungen (§ 1 BlnVwVfG, NiedsVwVfG, RPLVwVfG). Zum nachträglich eingefügten Abs. 2a siehe die obige Kommentierung. Im Sozialrecht gilt § 37 SGB X, im Abgabenrecht § 122 AO.

D. Unionsrecht

102 Für den direkten Vollzug ordnet Art. 297 Abs. 2 UAbs. 2 AEUV an, dass Beschlüsse, die an keinen bestimmten Adressaten gerichtet sind, im ABl. der EU veröffentlicht werden und zu dem durch sie festgelegten Zeitpunkt oder anderenfalls am zwanzigsten Tag nach ihrer Veröffentlichung in Kraft treten. Die Beschlüsse, die an einen bestimmten Adressaten gerichtet sind, werden denjenigen, für die sie bestimmt sind, bekannt gegeben und durch diese Bekanntgabe wirksam (Art. 297 Abs. 2 UAbs. 3 AEUV). Die Bekanntgabe erfordert die Möglichkeit der Kenntnisnahme.[180] Erlangt der Adressat vollständige Kenntnis vom Wortlaut eines Beschlusses, so ist es unerheblich, ob die Zustellung fehlerhaft war.[181] Zur Klagefrist bestimmt Art. 263 Abs. 6 AEUV, diese laufe je nach Lage des Falles von der Bekanntgabe der Handlung, ihrer Mitteilung an den Kläger oder in Ermangelung dessen von dem Zeitpunkt an, zu dem der Kläger von dieser Handlung Kenntnis erlangt habe. Im indirekten Vollzug gibt es grds. kein Bedürfnis für eine modifizierte Anwendung des § 41. Art. 6 Abs. 2 Satz 3 Zollkodex gebietet eine schriftliche Bekanntgabe zollrechtlicher Entscheidungen.[182]

---

179 Anwendungserlass zur Abgabenordnung (AEAO), BMF-Schreiben vom 02.01.2008 (BStBl. I S. 26); zuletzt geändert durch das BMF-Schreiben vom 21.04.2008 (BStBl I S. 582), zuletzt geändert durch das BMF-Schreiben vom 17.07.2008 (BStBl. I S. 694); hier: zu § 122 AO.

180 *EuGDH*, Urt. v. 21.02.1973 – C-6/72 (Europemballage und Continental Can gegen Kommission), Slg. 1973, 215.

181 EuGH, Urt. v. 14.07.1972 – C-52/69 (Geigy gegen Kommission), Slg. 1972, 787 Rn. 18.

182 Vgl. dazu BFH, Urt. v. 23.02.2005 – VII R 32/04, BFHE 209, 176 = NVwZ-RR 2006, 160: nur bei einer Entscheidung auf einen schriftlichen Antrag.

§ 42 Offenbare Unrichtigkeiten im Verwaltungsakt

[1]Die Behörde kann Schreibfehler, Rechenfehler und ähnliche offenbare Unrichtigkeiten in einem Verwaltungsakt jederzeit berichtigen. [2]Bei berechtigtem Interesse des Beteiligten ist zu berichtigen. [3]Die Behörde ist berechtigt, die Vorlage des Dokuments zu verlangen, das berichtigt werden soll.

Schrifttum

Bilsdorfer, Die Korrekturvorschriften der Abgabenordnung, NJW 1982, 2408; *Birkenfeld*, Die Berichtigung von Steuerverwaltungsakten nach § 129 AO in der Rechtsprechung des Bundesfinanzhofs, DStR 1991, 729; *Gerber*, Berichtigung von Verwaltungsakten wegen offenbarer Unrichtigkeiten, BB 1985, 1597; *Jachmann*, Die Berichtigung offenbar unrichtiger Verwaltungsakte gemäß § 42 VwVfG, 1993; *Kraus*, Die Berichtigung von Verwaltungsakten wegen offenbarer Unrichtigkeit gemäß § 42 VwVfG und § 129 AO, ThürVBl 2007, 1; *Kuhfus*, Die Berichtigung offenbarer Unrichtigkeiten nach § 129 Abgabenordnung, 1999; *ders.*, Offenbare Unrichtigkeit i.S. des § 129 AO, EFG 2010, 546; *Musil*, Die Berichtigung von VA wegen offenbarer Unrichtigkeiten gemäß § 42 VwVfG und § 129 AO, DÖV 2001, 947; *Schmidt*, Korrekturen von Verwaltungsakten im Steuerprozeß, 1999.

Übersicht

A. Allgemeines und Grundsätze

Gegenstand der Regelung ist die Berichtigung einer offenbaren Unrichtigkeit in einem VA. Im Einzelnen wird geregelt: 1
- die **Berichtigungsbefugnis der Behörde** (Satz 1),
- das **Recht** des Beteiligten **auf Berichtigung** (Satz 2),
- das Recht der Behörde, die **Vorlage** des zu berichtigenden **Dokuments** zu verlangen (Satz 3).

Die Regelung **dient** der **Rechtsklarheit** wie der **Verwaltungsvereinfachung**, indem sie der Behörde die Möglichkeit gibt, offenbare – die Rechtmäßigkeit des VA nicht 2 berührende (Rdn. 12) – Unrichtigkeiten kurzerhand zu berichtigen, ohne dabei an die Vorschriften über den Erlass (§§ 41, 43 Abs. 1), die Rücknahme und den Widerruf (§§ 48, 49) sowie das Wiederaufgreifen des Verfahrens (§ 51) gebunden zu sein. Ihrem Wesen nach **berühren offenbare Unrichtigkeiten nicht die Rechtmäßigkeit des VA.**[1] Es kann dennoch im Interesse der Rechtsklarheit geboten sein, derartige Unrichtigkeiten zu beseitigen und das tatsächlich Gewollte klarzustellen. Die Vorschrift lehnt sich an **§ 118 VwGO** an, weshalb die hierzu entwickelten Grundsätze übertragbar sind.[2] Sie ist Ausdruck eines **allgemeinen Rechtsgedankens,**[3] der in sämtliche Prozessordnungen (§ 319 ZPO; § 118 VwGO; § 138 SGG; § 107 FGO) und Verwaltungsverfahrensgesetze (§ 38 SGB X; § 129 AO) eingegangen ist. Die Rechtsprechung zu diesen Vorschriften ist auf § 42 weitgehend übertragbar; für § 129 AO gilt dies allerdings nur mit Einschränkungen (Rdn. 8).

3 Da die Berichtigung nach ihrem Wesen die Regelung des VA nicht ändert, sondern **nur das von Anfang an Gewollte klarstellt**, kann es **kein Vertrauen in den Fortbestand eines offenbar unrichtigen VA** geben.[4] Mit dem Merkmal »**offenbar**« fließen allerdings das Vertrauen in den Fortbestand des VA schützende Gesichtspunkte insoweit ein, als auch die Korrektur eines unrichtigen VA nur möglich ist, wenn die Unrichtigkeit für den Betroffenen erkennbar war (Rdn. 11).

B. Berichtigung offenbarer Unrichtigkeiten (Satz 1)

4 Nach Satz 1 kann die Behörde nach pflichtgemäßem Ermessen[5] Schreibfehler, Rechenfehler und ähnliche offenbare Unrichtigkeiten jederzeit berichtigen. Erfasst werden alle Arten berichtigungsfähiger Unrichtigkeiten. Im Einzelnen kommt es darauf an, dass

- eine Unrichtigkeit vorliegt,
- diese offenbar ist und
- nicht wegen Verletzung einer Rechtsvorschrift die Rechtswidrigkeit des VA bewirkt.

I. Unrichtigkeit in einem Verwaltungsakt

5 Ein VA enthält eine Unrichtigkeit, wenn die Behörde beim Erlass eines schriftlichen VA in der Regelung selbst oder in einem begleitenden Zusatz **etwas Anderes zum**

1 So BT-Drucks. 7/910, S. 62; BFH, Urt. v. 08.03.1989 – X R 116/87, BFHE 156, 59 = NVwZ 1990, 702 (703); Bauer/Heckmann/Ruge/Schallbruch/*Ritgen* § 42 Rn. 1.

2 BT-Drucks. 7/910, S. 62.

3 Vgl. BVerwG, Urt. v. 11.06.1975 – VIII C 12.74, BVerwGE 48, 336 = NJW 1976, 532; BVerwG, Urt. v. 31.05.1979 – 3 C 75.78, VerwRspr. 31, 285 (286); OVG Bremen, Urt. v. 20.12.1973 – III A 55/72 u. a., DÖV 1974, 353 (354); VGH Baden-Württemberg, Urt. v. 12.04.2018 – 9 S 98/17, VBlBW 2018, 392; Mann/Sennekamp/*Uechtritz* § 42 Rn. 2.

4 Vgl. BT-Drucks. 7/910, S. 62; BVerwG, Urt. v. 12.07.1972 – VI C 24.69, BVerwGE 40, 212 (216) = DVBl 1972, 955.

5 VGH Baden-Württemberg, Urt. v. 12.04.2018 – 9 S 98/17, VBlBW 2018, 392.

Ausdruck gebracht hat, als sie zum Ausdruck bringen wollte (Auseinanderfallen von Wille und Erklärung).[6] Der Fehler kann sowohl in einer fehlerhaften Formulierung als **auch** in einer **Auslassung** liegen. In Betracht kommen unabsichtliche, versehentliche, unbewusste Fehler, die etwa auf **Verschreiben, Verrechnen, Vergreifen, Verlesen, Vertauschen** oder **Verwechseln** beruhen.[7] Die Unrichtigkeit darf aber nicht auf einem Fehler in der Willensbildung (Rdn. 6) beruhen, sondern nur darauf, dass die Behörde ihren **Willen fehlerhaft zum Ausdruck gebracht** hat.[8] Ist die Entscheidung ergangen, wie die Behörde dies gewollt hat, hält sie die Entscheidung aber nunmehr für fehlerhaft und will sie ändern, liegt kein Fall des § 42 vor, die Behörde ist an die Vorschriften der §§ 48 ff. gebunden. Von der Berichtigungsmöglichkeit darf **nicht** Gebrauch gemacht werden, **um** nachträglich entdeckte **Rechtsfehler zu beseitigen**,[9] denn die Vorschrift erlaubt keine Änderungen, die sich im Bereich der materiellen oder formellen Rechtmäßigkeit auswirken, sondern nur die Klarstellung des Gewollten.

Nicht unter § 42 fallende Fehler im Bereich der Willensbildung (vgl. Rdn. 5) liegen z.B. vor bei Rechtsirrtümern, d.h. wenn Rechtsvorschriften nicht angewandt oder falsch ausgelegt werden, bei unrichtiger Tatsachenwürdigung, unzutreffender Annahme eines in Wirklichkeit nicht vorliegenden Sachverhalts, mangelnder Sachaufklärung oder Nichtbeachtung feststehender Tatsachen bei der Entscheidungsfindung.[10] Allein die Möglichkeit, dass ein solcher Fehler vorliegt, schließt die Berichtigung aus; allerdings reicht die nur theoretisch bestehende Möglichkeit nicht, es müssen im Einzelfall konkrete Tatsachen vorliegen, die einen Fehler in der Willensbildung nicht ausgeschlossen erscheinen lassen.[11] Überprüft die Behörde ihren Bescheid – etwa auf Einwendung des Betroffenen – nochmals, muss auch ausgeschlossen werden, dass der 6

6 BVerfG, Urt. v. 19.07.1972 – 2 BvR 872/71, BVerfGE 34, 1 (7); BVerwG, Urt. v. 15.05.1970 – VI C 26.66, DÖV 1970, 747; VGH Baden-Württemberg, Urt. v. 12.04.2018 – 9 S 98/17, VBlBW 2018, 392; BGH, Beschl. v. 09.02.1989 – V ZB 25/88, BGHZ 106, 370 = NJW 1989, 1281; BSG, Urt. v. 31.05.1990 – 8 RKn 22/88, BSGE 67, 70 = NVwZ-RR 1991, 1.

7 Vgl. Knack/Henneke/*Ruffert* § 42 Rn. 8.

8 Vgl. VGH Baden-Württemberg, Urt. v. 12.04.2018 – 9 S 98/17, VBlBW 2018, 392; BSG, Urt. v. 31.05.1990 – 8 RKn 22/88, BSGE 67, 70 = NVwZ-RR 1991, 1; BFH, Urt. v. 09.12.1998 – II R 9/96, NVwZ 1999, 1378; BFH, Beschl. v. 30.01.2006 – III B 2/05, BFH/NV 2006, 910; *BFH*, Beschl. v. 22.05.2006 – X B 182/05, BFH/NV 2006, 1506; Bauer/Heckmann/Ruge/Schallbruch/*Ritgen* § 42 Rn. 18.

9 Vgl. LSG Schleswig, Beschl. v. 11.08.1980 – L 1 Sb 8/78, MDR 1980, 1052 für § 138 SGG; OLG Hamm, Beschl. v. 08.06.1970 – 21 W 15/70, MDR 1970, 1018 für § 319 ZPO.

10 Vgl. BFH, Urt. v. 10.09.1987 – V R 69/84, BFHE 150, 509 = BStBl. II 1987, S. 834 (835); BSG, Urt. v. 23.07.1970 – 8 RV 251/69, NJW 1970, 2079; BVerwG, Urt. v. 15.05.1970 – VI C 26.66, DÖV 1970, 747; Mann/Sennekamp/*Uechtritz* § 42 Rn. 7; ferner Fn. 10.

11 So BFH, Urt. v. 04.06.1986 – IX R 52/82, BFHE 147, 393 = BB 1987, 53; BFH, Urt. v. 11.05.1983 – III R 36/81, NVwZ 1984, 334 (335); auch: OVG Bremen, Urt. v. 20.12.1973 – III A 55/72 u. a., DÖV 1974, 353 (354); BFH, Urt. v. 28.09.1984 – III R 10/81, BFHE 142, 202 = NVwZ 1985, 448; BFH, Urt. v. 08.03.1989 – X R 116/87, BFHE 156, 59 = NVwZ 1990, 702 (703).

Fehler im Rahmen dieser Überprüfung wegen eines Rechtsirrtums nicht korrigiert wurde.[12] Lässt sich nicht aufklären, ob eine Unrichtigkeit vorliegt, trägt die Behörde die Beweislast, wenn die Berichtigung den Betroffenen beschwert; umgekehrt gehen Zweifel zulasten des Betroffenen, wenn er die Berichtigung begehrt.[13]

7 **Wer** die **Unrichtigkeit verursacht** oder verschuldet hat, der Betroffene oder die Verwaltung, ist **nicht erheblich.** Die Vorschrift findet etwa **auch** Anwendung, **wenn die Behörde** offenbar unrichtige **Angaben des Beteiligten** (etwa in einer Steuererklärung) in ihren Bescheid **übernimmt.**[14] **Unerheblich ist auch, ob der Fehler sich zugunsten der Behörde oder des Betroffenen auswirkt.**[15]

8 Nach dem Wortlaut des § 42 muss die Unrichtigkeit »in einem Verwaltungsakt« enthalten sein. Damit ist die Vorschrift **enger als § 129 AO**, wonach Unrichtigkeiten beseitigt werden können, die »beim Erlass eines Verwaltungsaktes unterlaufen« sind. Mit § 129 AO wollte der Gesetzgeber für das Besteuerungsverfahren als Massenverfahren jeden auch nicht **aus dem Bescheid zu ersehenden Fehler** erfassen, der lediglich auf einem mechanischen Versehen beruht, sofern nur die Möglichkeit eines Rechtsirrtums ausgeschlossen ist.[16] Die finanzgerichtliche Rechtsprechung[17] lässt deshalb die Berichtigung einer Vielzahl von Fehlern zu, die aus dem Bescheid nicht ersichtlich sind. Diese Rechtsprechung ist jedoch auf § 42 wegen seines anderen und eindeutigen Wortlauts nicht übertragbar.[18] Die Unrichtigkeit kann **sowohl im verfügenden Teil als auch in den Gründen des VA** enthalten sein.[19] Die Bezeichnung der Beteiligten, das Entscheidungsdatum, Angaben im Sachverhaltsteil etc. können unrichtig sein. Selbst der **Ausspruch des Bescheides** kann – wie der Urteilstenor[20] – berichtigt werden, wenn sich die gewollte Entscheidung klar aus der Begründung ergibt. Nicht unrichtig ist der VA, wenn dem Betroffenen eine **Ausfertigung bekannt gegeben** wird, **die von der Urschrift abweicht**; der VA gilt vielmehr mit dem bekannt gegebenen Inhalt (§ 43 Abs. 1 Satz 2) und kann nur nach §§ 48 ff. geändert werden.[21] § 42dürfte unmittelbar (sonst wäre jedenfalls von einer entsprechenden Anwendbarkeit auszugehen) formunabhängig, also etwa auch auf mündliche VA anwendbar sein.[22]

---

12 Vgl. BFH, Urt. v. 04.06.1986 – IX R 52/82, BFHE 147, 393 = BB 1987, 53.

13 Vgl. *Tipke/Kruse*, § 129 AO Rn. 16.

14 Vgl. BFH, Urt. v. 02.04.1987 – IV R 255/84, BFHE 149, 490.

15 BFH, Urt. v. 11.05.1983 – III R 36/81, NVwZ 1984, 334.

16 So BFH, Urt. v. 31.03.1987 – VIII R 46/83, BFHE 149, 478 = BStBl. II 1987, S. 588; BFH, Urt. v. 08.04.1987 – II R 236/84, BStBl. II 1988, S. 164; BFH, Urt. v. 11.05.1983 – III R 36/81, NVwZ 1984, 334; *Martens*, NVwZ 1990, 624 (628).

17 S. etwa die Entscheidungen in Fn. 15.

18 Vgl. Knack/Henneke/*Ruffert* § 42 Rn. 1.

19 Vgl. Mann/Sennekamp/*Uechtritz* § 42 Rn. 12.

20 Vgl. für Urteile: BGH, Urt. v. 12.01.1984 – III ZR 95/82, NJW 1985, 742; LSG Schleswig, Beschl. v. 11.08.1980 – L 1 Sb 8/78, MDR 1980, 1052.

21 Vgl. Mann/Sennekamp/*Uechtritz* § 42 Rn. 10; s.a. Kopp/Ramsauer § 42 Rn. 7.

22 Vgl. Mann/Sennekamp/*Uechtritz* § 42 Rn. 12.

II. Offenbare Unrichtigkeit

Nach den Gesetzesmaterialien ist die Unrichtigkeit **offenbar**, wenn der **Fehler »ins Auge springt«**, wenn der Widerspruch zwischen dem von der Behörde Gewollten und dem zum Ausdruck Gebrachten **ohne Weiteres erkennbar** ist.[23] Mit solchen und ähnlichen Formulierungen umschreibt auch die Rechtsprechung[24] das Merkmal »offenbar«. Die Tatsachen, die die Unrichtigkeit des VA offenkundig machen, müssen sich nicht sämtlich aus dem Bescheid selbst ergeben; auch die im Zusammenhang mit dem Erlass des VA stehenden Umstände sind zu berücksichtigen.[25] In Betracht kommen z.B. Angaben des Beteiligten in seinem Antrag, Anlagen zum Bescheid, vorausgegangener Schriftverkehr oder den Beteiligten bekannte Urkunden. Nicht offenbar ist die Unrichtigkeit, wenn erst auf nicht in das Verfahren eingebrachte Unterlagen zurückgegriffen werden muss oder der Betroffene erst Akteneinsicht nehmen müsste, um den Fehler zu erkennen.[26] 9

Maßstab ist nicht der Betroffene des konkreten Verfahrens und seine Erkenntnismöglichkeit,[27] sondern ein **verständiger Dritter[28] in der Lage des Betroffenen.[29]** Es kommt also weder darauf an, ob die Unrichtigkeit für den konkret Betroffenen im Einzelfall vor dem Hintergrund seiner individuellen Fähigkeiten erkennbar ist, noch darauf, ob sie orientiert an dem objektiven Empfängerhorizont eines Außenstehenden[30] offenbar ist. 10

Die Berichtigungsmöglichkeit nach § 42 steht im **Spannungsverhältnis zu § 43 Abs. 1 Satz 2**, weil der Betroffene grds. auf das Bekanntgegebene vertrauen darf, außer es wird etwas für ihn erkennbar Unrichtiges bekannt gegeben.[31] Ob eine Unrichtigkeit offenbar ist, beurteilt sich deshalb nicht aus der Sicht der Behörde.[32] Aus diesen Überlegungen ergibt sich auch die **Funktion des Merkmals »offenbar«: es begrenzt die Berichtigungsbefugnis unter Vertrauensschutzgesichtspunkten**, wenn der zu berichtigende Fehler für den Betroffenen nicht mehr ohne Weiteres erkennbar und deshalb nicht auszuschließen ist, dass er auf den Bestand des VA vertraut hat. 11

---

23 BT-Drucks. 7/910, S. 62.

24 Vgl. z.B.: BVerwG, Urt. v. 12.07.1972 – VI C 24.69, BVerwGE 40, 212 (216) = DVBl 1972, 955; OVG Bremen, Urt. v. 20.12.1973 – III A 55/72 u. a., DÖV 1974, 353 sowie Fn. 22.

25 BVerwG, Beschl. v. 23.10.1985 – 7 B 193.85, NVwZ 1986, 198; für § 319 ZPO: BGH, Urt. v. 12.01.1984 – III ZR 95/82, NJW 1985, 742; BGH, Beschl. v. 09.02.1989 – V ZB 25/88, NJW 1989, 1281.

26 Vgl. Kopp/*Ramsauer* § 42 Rn. 8 ff.

27 **So noch** in der zweiten Auflage § 42 Rn. 13 unter Berufung auf BVerwG, Urt. v. 15.05.1970 – VI C 26.66, DÖV 1970, 747.

28 BSG, Urt. v. 23.07.1970 – 8 RV 251/69, NJW 1970, 2079 (2080); BSG, Urt. v. 31.05.1990 – 8 RKn 22/88, BSGE 67, 70 = NVwZ-RR 1991, 1 (2): »verständiger« Leser.

29 Vgl. Kopp/*Ramsauer* § 42 Rn. 9.

30 Vgl. BVerwG, Beschl. v. 23.10.1985 – 7 B 193.85, NVwZ 1986, 198.

31 Vgl. Mann/Sennekamp/*Uechtritz* § 42 Rn. 16.

32 Vgl. Kopp/Ramsauer § 42 Rn. 9.

III. Kein die Rechtswidrigkeit des VA bewirkender Fehler

12 Der **Fehler darf nicht** wegen Verletzung einer Rechtsvorschrift die **Rechtswidrigkeit des VA bewirken.** So scheidet z.B. eine Berichtigung aus, wenn die nach § 37 Abs. 3 erforderliche Angabe der erlassenden Behörde oder die Unterschrift bzw. Namenswiedergabe des handelnden Amtsträgers unterblieben ist, obwohl die Behörde diese Formalität in den VA aufnehmen wollte. In diesen Fällen ist der **VA nichtig bzw. rechtswidrig-aufhebbar.**

IV. Schreib- und Rechenfehler sowie ähnliche Unrichtigkeiten

13 **Schreibfehler** sind die bei der handschriftlichen oder maschinellen Verwendung von Schriftzeichen (unter Einschluss von Ziffern) entstandenen Unrichtigkeiten.[33] Ein Schreibfehler liegt z.B. vor, wenn bei nur einer in Betracht kommenden Waffenbesitzkarte das Ausstellungsdatum versehentlich falsch bezeichnet ist,[34] ferner wenn etwa die Behörde den richtigen Vornamen des Adressaten eines VA angeben wollte, durch ein Versehen (etwa infolge eines Diktat- oder Hörfehlers) aber ein falscher Vorname verzeichnet wurde. Selbst wenn **Name oder Anschrift des Adressaten** auf dem Bescheid ganz **fehlen**, kommt eine Berichtigung in Betracht, sofern dies zweifelsfrei feststeht und ihm der VA auch zugeht.[35]

14 **Rechenfehler** sind die bei der Verknüpfung von Zahlen – insb. im Bereich der Grundrechenarten (Addition, Subtraktion, Multiplikation, Division) und des Prozentrechnens – entstandenen Fehler.[36]

15 Nach allgemeiner Meinung[37] **müssen auch Schreib- und Rechenfehler offenbar sein,** denn nur ein offensichtlicher, ohne Weiteres erkennbarer Schreib- und Rechenfehler rechtfertigt den Ausschluss des Vertrauensschutzes und die Möglichkeit jederzeitiger Berichtigung ohne Rücksicht auf die Bestandskraft.[38] Die vom BFH[39] zum insoweit gleichlautenden § 129 AO vertretene Auffassung, der Gesetzgeber gehe mit der Formulierung »ähnliche offenbare Unrichtigkeiten« davon aus, dass Schreib- und Rechenfehler immer offenbar seien, lässt sich durch die besondere Entstehungsgeschichte dieser Vorschrift und die Besonderheiten des Rechtsgebietes (Besteuerung als Massenverfahren bei dem gerade Rechenfehler – wie die Vielzahl der Rechtsprechung

33 Vgl. Mann/Sennekamp/*Uechtritz* § 42 Rn. 8; Bauer/Heckmann/Ruge/Schallbruch/*Ritgen* § 42 Rn. 21.

34 OVG Sachsen, Urt. v. 16.03.2018 – 3 A 556/17, WKRS 2018, 16219.

35 VGH Baden-Württemberg, Urt. v. 15.01.1990 – 1 S 3625/88, ESVGH 40, 193 = NJW 1990, 2270.

36 Vgl. Mann/Sennekamp/*Uechtritz* § 42 Rn. 8 (Verstöße gegen die mathematische Logik); Bauer/Heckmann/Ruge/Schallbruch/*Ritgen* § 42 Rn. 21.

37 Vgl. Knack/Henneke/*Ruffert* § 42 Rn. 11; Kopp/Ramsauer § 42 Rn. 10; Mann/Sennekamp/*Uechtritz* § 42 Rn. 15.

38 So BSG, Urt. v. 31.05.1990 – 8 RKn 22/88, BSGE 67, 70 = NVwZ-RR 1991, 1 für § 38 SGB X.

39 BFH, Urt. v. 08.04.1987 – II R 236/84, BFHE 149, 413 = BStBl. II 1988, S. 164.

zeigt – eine besondere Rolle spielen) erklären. Nicht offenbar werden hiernach regelmäßig Rechenfehler sein, die sich aus den im Bescheid dargelegten Berechnungen nicht ergeben.[40]

Ähnliche offenbare Unrichtigkeiten sind solche, die weder Schreib- noch Rechenfehler darstellen. Bspw. die falsche Bezeichnung einer Person oder eines Gegenstandes (soweit kein Schreibfehler), die Verwendung eines falschen Ausdrucks (Kündigung statt Entlassung bei einem Beamten; Bedingung statt Auflage etc.), die Verwendung eines falschen Zeichens bei VA, die formularmäßig oder mit EDV erlassen werden, die unrichtige Wiedergabe eines Beteiligtenvorbringens, das die Behörde richtig verstanden hat,[41] oder Auslassungen (wie die fehlende Versagung eines geltend gemachten Anspruchs im Ausspruch des VA, wenn sich dies aus der Begründung ergibt).[42] 16

C. Berichtigungsverfahren

I. Ermessen

§ 42 weicht insoweit bewusst von § 118 VwGO ab, als die Behörde – außer bei berechtigtem Interesse des Beteiligten (Rdn. 19) – nicht zur Berichtigung verpflichtet ist;[43] die Entscheidung hierüber steht vielmehr in ihrem Ermessen, das »kann« in Satz 1 ist nicht nur eine Kompetenznorm.[44] Die Behörde muss das hinter der Berichtigung stehende Interesse nach Rechtsklarheit mit den gegen sie sprechenden Belangen abwägen.[45] Während bei geringfügigen Fehlern – z.B. in der Schreibweise eines Namens – von einer Berichtigung abgesehen werden kann, sollten Fehler im Ausspruch des Bescheides, die seine Aussage sogar in das Gegenteil verkehren können, regelmäßig berichtigt werden. Gesichtspunkte des Vertrauensschutzes spielen hierbei keine Rolle, weil kein Vertrauen in den Bestand offenbarer Unrichtigkeiten besteht (Rdn. 3, 11). Da die Berichtigung ihrem Wesen nach die Regelung des VA nicht ändert, sind etwaige Rückforderungsansprüche nicht Folge der Berichtigung, sondern wären auch ohne sie geltend zu machen. Solche Folgen sind deshalb bei der Entscheidung über die Berichtigung nicht zu berücksichtigen, sondern fließen nur in die Entscheidung über die Rückforderung ein.[46] 17

Die Ermessensentscheidung muss grds. begründet werden; der Umfang der gebotenen Kenntlichmachung der Ermessenserwägungen richtet sich nach den konkreten 18

40 Vgl. BVerwG, Urt. v. 12.07.1972 – VI C 24.69, BVerwGE 40, 212 (216); BSG, Urt. v. 31.05.1990 – 8 RKn 22/88, BSGE 67, 70 = NVwZ-RR 1991, 1.

41 Vgl. *Schumacher*, NJW 1969, 967.

42 Vgl. BGH, Urt. v. 18.06.1964 – VII ZR 152/62, NJW 1964, 1858.

43 BT-Drucks. 7/910, S. 62; Bauer/Heckmann/Ruge/Schallbruch/*Ritgen* § 42 Rn. 4.

44 BSG, Urt. v. 31.05.1990 – 8 RKn 22/88, BSGE 67, 70 = NVwZ-RR 1991, 1 (2).

45 Ebenso Mann/Sennekamp/*Uechtritz* § 42 Rn. 34.

46 **A.A.** offenbar BSG, Urt. v. 31.05.1990 – 8 RKn 22/88, BSGE 67, 70 = NVwZ-RR 1991, 1 allerdings zu § 38i.V.m. § 50 Abs. 5 SGB X.

Umständen des Einzelfalles.[47] Oft sind an die Begründung keine hohen Anforderungen zu stellen, weil die offenbare Unrichtigkeit den Grund zur Korrektur regelmäßig in sich trägt.[48]

II. Berichtigungspflicht bei berechtigtem Interesse (Satz 2)

19 Bei berechtigtem Interesse des Beteiligten ist die Behörde zur Berichtigung verpflichtet. Beteiligte sind alle Adressaten und Drittbetroffene sowie sonstige Personen, die wegen Berührung ihrer rechtlichen Interessen nach § 13 Abs. 2 Satz 1 zum Verfahren hinzugezogen worden sind. Bei mehreren Beteiligten, etwa bei einem VA mit Doppelwirkung, reicht das Interesse eines Beteiligten; aus Gründen der Rechtsklarheit ist die Berichtigung ggü. allen Beteiligten vorzunehmen.[49]

20 Berechtigt ist jedes Interesse eines Beteiligten, das sich auf die Sicherung oder (faktische) Verbesserung[50] seiner mit dem Erlass des VA gewonnenen Rechtsstellung richtet. Ein solches Interesse ist stets gegeben, wenn nicht auszuschließen ist, dass sich bei der Berufung des Beteiligten auf den VA – ggü. anderen Behörden, Gerichten oder Privatpersonen – zu seinen Lasten Unklarheiten ergeben. So könnten z.B. dem mit einem falschen Vornamen bezeichneten Adressaten einer Baugenehmigung bei einer späteren das Baugrundstück betreffenden Rechtshandlung Schwierigkeiten erwachsen, die sich durch die Berichtigung vermeiden lassen. Hat sich der VA erledigt oder wurde er aufgehoben, kann wegen der Tatbestandswirkung für die Zeit seines Bestandes dennoch ausnahmsweise ein Interesse an seiner Berichtigung bestehen.[51]

III. Zuständigkeit, Zeitpunkt der Berichtigung

21 Die Berichtigungsbefugnis ist derjenigen Behörde eingeräumt, die für den Erlass des VA zuständig ist. Auch jede Aufsichtsbehörde kann die Berichtigung vornehmen, soweit dies von ihrer Weisungsbefugnis gedeckt ist. Haben sich seit Erlass des VA die Zuständigkeit selbst oder die sie begründenden Umstände geändert, so fällt die Berichtigungsbefugnis in die Kompetenz der nunmehr sachlich zuständigen Behörde. Ist ein VA von mehreren Behörden gemeinsam zu erlassen, so haben diese gemeinsam die Berichtigung zu verfügen. Ist eine Behörde beim Erlass des VA lediglich an die Mitwirkung einer anderen Behörde (in Form der Zustimmung bzw. Genehmigung oder durch Herstellen des Einvernehmens) gebunden, so ist die Berichtigung allein Sache der Behörde, die den VA förmlich erlassen hat.

---

47 Vgl. BVerwG, Urt. v. 31.05.1979 – 3 C 75.78, VerwRspr. 31, 285 (288); BSG, Urt. v. 31.05.1990 – 8 RKn 22/88, BSGE 67, 70 = NVwZ-RR 1991, 1 (2); *BFH*, Urt. v. 11.05.1983 – III R 36/81, NVwZ 1984, 334 (335).

48 Vgl. *Tipke/Kruse*, § 129 AO Rn. 31.

49 Ebenso Mann/Sennekamp/*Uechtritz* § 42 Rn. 35.

50 Vgl. BVerwG, Urt. v. 28.04.1967 – IV C 163.65, DVBl 1968, 220 zu § 113 Abs. 1 Satz 4 VwGO.

51 Ebenso Knack/Henneke/*Ruffert* § 42 Rn. 16; Mann/Sennekamp/*Uechtritz* § 42 Rn. 35.

Die Berichtigung kann im Hinblick auf ihre bloße Klarstellungsfunktion jederzeit, also auch nach Eintritt der Unanfechtbarkeit und nach einem Zeitablauf von mehreren Jahren, vorgenommen werden. Die Befugnis zur Berichtigung kann grds. nicht verwirkt werden.[52] Eine andere Frage ist, ob und wie lange die Behörde zur Rückforderung von Leistungen berechtigt ist, die sie aufgrund einer mit einer offenbaren Unrichtigkeit behafteten Anordnung erbracht hat.[53] Diese beantwortet sich nach dem im öffentlichen Recht anerkannten allgemeinen Erstattungsanspruch (vgl. auch § 49a zu den Fällen der Rücknahme, des Widerrufs bzw. der auflösenden Bedingung). 22

Die Berichtigung erfolgt auf Antrag oder von Amts wegen. Auch Berichtigungen nach Satz 2 setzen keinen Antrag voraus.[54] 23

IV. Rechtsnatur der Berichtigung und Rechtsschutz

Die Berichtigung ist eine schlicht-hoheitliche Maßnahme ohne Regelungscharakter, also kein VA (vgl. § 35).[55] In einem bereits erlassenen VA wird – ohne eine Änderung seines Inhalts – eine augenscheinliche Unstimmigkeit beseitigt. Berührt eine »Berichtigung« den Regelungsgehalt, so unterliegt sie nicht der Vorschrift des § 42, sondern stellt einen neuen VA dar, dessen Rechtmäßigkeit sich nach §§ 48 ff. richtet. Die Ablehnung der beantragten Berichtigung ist allerdings regelmäßig ein VA.[56] 24

Der Berichtigungsanspruch kann mit der allgemeinen Leistungsklage verwaltungsgerichtlich durchgesetzt werden. Da die Berichtigung kein VA ist, scheidet die Verpflichtungsklage aus. Greift der Betroffene die Berichtigung mit der Behauptung an, sie sei von § 42 nicht gedeckt, weil sie in Wirklichkeit eine Veränderung des Regelungsinhalts der Verfügung und damit objektiv einen belastenden VA darstelle, ist die Anfechtungsklage statthaft.[57] Für einen Rechtsbehelf gegen einen VA fehlt das Rechtschutzbedürfnis, wenn bereits eine Berichtigung ausreicht.[58] 25

Die Berichtigung ist nicht mit einer Rechtsbehelfsbelehrung (§ 37 Abs. 6) zu versehen, da sie nicht den Erlass eines neuen VA darstellt. Sie eröffnet auch keinen neuen Rechtsbehelf gegen den berichtigten VA.[59] 26

52 Offengelassen bei BVerwG, Urt. v. 31.05.1979 – 3 C 75.78, VerwRspr. 31, 285; **a.A.** Knack/Henneke/*Ruffert* § 42 Rn. 17; auch Fn. 44.

53 Was das *BSG*, Urt. v. 09.09.1965 – 4 RJ 269/64, NJW 1966, 125 nicht berücksichtigt.

54 Stelkens/Bonk/Sachs/*Sachs* § 42 Rn. 37.

55 BVerwG, Urt. v. 08.07.1965 – VIII C 302.63, BVerwGE 21, 316; Knack/Henneke/*Ruffert* § 42 Rn. 20; Kopp/*Ramsauer* § 42 Rn. 14; Stelkens/Bonk/Sachs/*Sachs* § 42 Rn. 35; Mann/Sennekamp/*Uechtritz* § 42 Rn. 21; Bauer/Heckmann/Ruge/Schallbruch/*Ritgen* § 42 Rn. 24.

56 Ebenso Stelkens/Bonk/Sachs/*Sachs* § 42 Rn. 43; Bauer/Heckmann/Ruge/Schallbruch/*Ritgen* § 42 Rn. 24; **a.A.** Knack/Henneke/*Ruffert* § 42 Rn. 20; Kopp/Ramsauer, § 42 Rn. 14; differenzierend je nach behördlicher Aussage Mann/Sennekamp/*Uechtritz* § 42 Rn. 24.

57 VG Aachen, Urt. v. 24.07.1991 – 3 K 1704/90, ZfB 1992, 47 (49); Mann/Sennekamp/*Uechtritz* § 42 Rn. 23.

58 Kopp/Ramsauer § 42 Rn. 18; vgl. auch Stelkens/Bonk/Sachs/*Sachs* § 42 Rn. 42.

59 Kopp/Ramsauer § 42 Rn. 18.

V. Form und Wirkung der Berichtigung/Vorlage des Dokuments (Satz 3)

27 Die Berichtigung kann – wie bei Urteilen (§ 118 Abs. 2 VwGO; § 319 Abs. 2 ZPO) – auf Urschrift und Ausfertigung des Bescheides vermerkt werden, sie kann aber auch formlos durch ein Schreiben an die Beteiligten erfolgen. Will die Behörde die Berichtigung auf den Ausfertigungen vermerken, kann sie nach Satz 3 die Vorlage des zu berichtigenden Dokuments verlangen.

28 Begrifflich ist die Vorlage die vorübergehende Überlassung des zu berichtigenden Dokuments an die Behörde zwecks Vornahme der Berichtigung.[60] Das Vorlageverlangen setzt voraus, dass die Behörde im Rahmen pflichtgemäßer Ermessensbetätigung eine Berichtigung für veranlasst hält oder ein Beteiligter ein berechtigtes Interesse an ihr geltend macht. Ermessensfehlerhaft wäre etwa ein Vorlageverlangen, um ein vergessenes Interpunktionszeichen einzufügen, dessen Auslassung den Sinn des VA unter keinen Umständen berührt. Das Vorlageverlangen ist an denjenigen zu richten, der im Besitz des Dokuments ist. Dies kann der Adressat, ein Drittbetroffener aber auch ein beliebiger Dritter sein, an den das Dokument weitergegeben wurde. Für die Vorlage ist dem Verpflichteten eine angemessene Frist zu setzen, sofern er das Dokument der Behörde nicht sofort zugänglich machen kann.

29 Das Vorlageverlangen ist ein mit der Anfechtungsklage angreifbarer VA, der von der Behörde mit Verwaltungszwang durchgesetzt werden kann.[61] Nach erfolgter Vorlage ist die Berichtigung unverzüglich vorzunehmen. Eine schuldhafte Verzögerung, die für den Beteiligten einen Schaden bewirkt, kann eine Amtshaftung begründen.

30 Die Berichtigung wirkt – wie es vielfach heißt – auf den Zeitpunkt des Erlasses zurück (ex tunc), weil sie nur das von Anfang an Gewollte zum Ausdruck bringt und den VA insoweit richtigstellt.[62] Diese Formulierung ist insofern nicht exakt, weil sich angesichts der lediglich **klarstellenden (deklaratorischen) Funktion**[63] der Berichtigung das Problem einer Wirkung nur für die Zukunft oder auch für die Vergangenheit überhaupt nicht stellt.

D. Verfahrensvorschriften des Sozialrechts sowie Verwaltungsverfahrensrecht der Länder

31 Die Verwaltungsverfahrensgesetze der meisten Länder haben § 42 wortgleich nachgebildet. In Sachsen ist für die landesbehördliche Tätigkeit das VwVfG des Bundes nach Maßgabe von § 1 Satz 1 SächsVwVfZG anwendbar, in einigen anderen Ländern greifen ebenfalls Verweisungen (§ 1 BlnVwVfG, NiedsVwVfG, RPLVwVfG). Für Schleswig-Holstein siehe § 111 LVwG. Zum Sozialrecht, zum Abgabenrecht sowie zu den ähnlichen Berichtigungsnormen im Gerichtsverfahrensrecht s. Rdn. 2. Unionsrechtliche Bedenken gegen § 42 bestehen grds. nicht.[64]

---

60 Vgl. Mann/Sennekamp/*Uechtritz* § 42 Rn. 39.
61 VGH Baden-Württemberg, Urt. v. 12.04.2018 – 9 S 98/17, VBlBW 2018, 392; Bauer/Heckmann/Ruge/Schallbruch/*Ritgen* § 42 Rn. 28.
62 So BVerwG, Urt. v. 12.07.1972 – VI C 24.69, BVerwGE 40, 212 (216).
63 VGH Baden-Württemberg, Urt. v. 12.04.2018 – 9 S 98/17, VBlBW 2018, 392.
64 Vgl. Mann/Sennekamp/*Uechtritz* § 42 Rn. 41; Bauer/Heckmann/Ruge/Schallbruch/*Ritgen* § 42 Rn. 5.

§ 42a Genehmigungsfiktion

(1) Eine beantragte Genehmigung gilt nach Ablauf einer für die Entscheidung festgelegten Frist als erteilt (Genehmigungsfiktion), wenn dies durch Rechtsvorschrift angeordnet und der Antrag hinreichend bestimmt ist. Die Vorschriften über die Bestandskraft von Verwaltungsakten und über das Rechtsbehelfsverfahren gelten entsprechend.

(2) Die Frist nach Absatz 1 Satz 1 beträgt drei Monate, soweit durch Rechtsvorschrift nichts Abweichendes bestimmt ist. Die Frist beginnt mit Eingang der vollständigen Unterlagen. Sie kann einmal angemessen verlängert werden, wenn dies wegen der Schwierigkeit der Angelegenheit gerechtfertigt ist. Die Fristverlängerung ist zu begründen und rechtzeitig mitzuteilen.

(3) Auf Verlangen ist demjenigen, dem der Verwaltungsakt nach § 41 Abs. 1 hätte bekannt gegeben werden müssen, der Eintritt der Genehmigungsfiktion schriftlich zu bescheinigen.

Übersicht Rdn.

A. Allgemeines

I. Grundsätze, Begriff und Abgrenzung

1 Die Vorschrift wurde durch das 4. VwVfÄndG[1] eingeführt und stellt erstmals ein allgemeines verfahrensrechtliches Regelungskonzept für eine Genehmigungsfiktion zur Verfügung. In einzelnen Fachgesetzen ist das Rechtsinstitut der Genehmigungsfiktion seit langem anerkannt;[2] das Verwaltungsverfahrensgesetz enthielt hierzu aber bislang keine Regelungen. Unter einer Genehmigungsfiktion ist eine Regelung zu verstehen, wonach **ein beantragter begünstigender VA nach Ablauf einer bestimmten Frist als erlassen gilt**, sofern innerhalb der Frist keine Entscheidung erfolgt ist. Die Genehmigungsfiktion setzt also ein auf den Erlass eines **begünstigenden VA** gerichtetes **Antragsverfahren** voraus. Dem Antragsteller obliegt eine erhöhte Verantwortung im Hinblick auf die Bestimmtheit, die Vollständigkeit und die Form des Antrags sowie die Einreichung bei der zuständigen Behörde. Die Fiktion ersetzt den Erlass des VA, das hierfür erforderliche Verwaltungsverfahren und die Bekanntgabe des VA; im Übrigen steht der fingierte VA in jeder Hinsicht einem tatsächlich erlassenen VA gleich. Das bedeutet insbesondere, dass die **Rechtmäßigkeit** des Verwaltungsakts **nicht fingiert** wird. § 42a regelt nicht, wann eine Genehmigungsfiktion eintritt. Die allgemeinen Grundsätze des § 42a gelten nur, wenn die Genehmigungsfiktion in einem Fachgesetz angeordnet ist, und nur insoweit, als dort nichts Abweichendes geregelt ist. Die sachgerechte Bestimmung der vorab festgelegten Bearbeitungszeiten kann nicht allgemein erfolgen, sondern bleibt dem Fachrecht vorbehalten.

2 Die Genehmigungsfiktion gestaltet die Rechtslage. Sie ist daher **zu unterscheiden** von der **gesetzlichen Vermutung**, bei der typischer Weise Ungewissheiten bei der Sachverhaltsermittlung überbrückt werden. Die Genehmigungsfiktion ist weiter zu unterscheiden von einem konkludent erlassenen VA. Bei dem **konkludenten VA** liegt ein Verhalten einer Behörde mit einem bestimmten Erklärungswert vor; der VA wird lediglich »auf andere Weise« i.S.d. § 37 Abs. 2 erlassen. Demgegenüber fehlt es bei der Genehmigungsfiktion an jeglichem Erklärungsverhalten der Behörde, es fehlt somit eine Maßnahme i.S.d. § 35 Satz 1. Zu unterscheiden ist auch die Fiktion verwaltungsinterner Mitwirkungshandlungen, die keine VA-Qualität haben.[3]

---

1 4. Gesetz zur Änderung verwaltungsverfahrensrechtlicher Vorschriften vom 11.12.2008 (BGBl. I, S. 2418).

2 Vgl. etwa § 15 Abs. 1 Satz 5 PBefG; §§ 6 Abs. 4, 10 Abs. 2, 22 Abs. 5, 145 Abs. 1 BauGB sowie die fingierten Baugenehmigungen in den Landesbauordnungen; Stelkens/Bonk/Sachs/*U. Stelkens*, § 42a Rn. 34.

3 Etwa des gemeindlichen Einvernehmens, § 36 Abs. 2 Satz 2 BauGB.

II. Unionsrecht

1. Unionsrechtliche Vorgaben

§ 42a dient in erster Linie der Umsetzung der **Dienstleistungsrichtlinie (DLR)**,[4] geht aber vom Regelungsgehalt und vom Anwendungsbereich her über diese hinaus. Die DLR bezweckt die Förderung der Dienstleistungs- und Niederlassungsfreiheit im europäischen Binnenmarkt u. a. durch Abbau, Vereinfachung und Beschleunigung von Verwaltungsverfahren.[5] Art. 13 Abs. 3 DLR schreibt für Genehmigungsverfahren die Einführung vorab festgelegter und bekannt gemachter angemessener Entscheidungsfristen für die Verwaltung vor, die einmalig verlängert werden können. Nach Ablauf dieser Fristen soll gem. Art. 13 Abs. 4 DLR grundsätzlich eine Genehmigungsfiktion eintreten, soweit nicht aus zwingenden Gründen des Allgemeininteresses, einschließlich eines berechtigten Interesses Dritter, Ausnahmen gerechtfertigt sind. Die Pflicht zur Umsetzung der verfahrensrechtlichen Vorgaben der DLR hat der Gesetzgeber zum Anlass genommen, neue Verfahrenselemente in das VwVfG aufzunehmen, die auch für andere Verfahren außerhalb des Anwendungsbereichs der DLR offenstehen.[6] Im Anwendungsbereich der DLR muss das Fachrecht die Genehmigungsfiktion anordnen, soweit nicht zwingende Gründe des Allgemeininteresses,[7] etwa die Pflicht zur Gewährleistung der öffentlichen Sicherheit und Ordnung, eine andere Regelung rechtfertigen. Außerhalb des Anwendungsbereichs der Dienstleistungsrichtlinie kann die Anordnung nach Zweckmäßigkeitskriterien erfolgen. Die Anordnung der Genehmigungsfiktion geht regelmäßig einher mit der Möglichkeit, das Verfahren über eine einheitliche Stelle abzuwickeln (§§ 71a ff.), ist aber nicht auf diese Verfahrensart beschränkt. 3

2. Umsetzung in nationales Recht

Die vom Gesetzgeber gewählte Regelungstechnik, wonach die Genehmigungsfiktion unter dem Vorbehalt einer gesonderten Anordnung steht, kehrt das Regel-Ausnahme-Verhältnis des Art. 13 Abs. 4 DLR um. Die Entscheidung, wie eine effiziente Umsetzung der DLR erfolgt, bleibt aber grundsätzlich dem nationalen Gesetzgeber überlassen, so dass hierin kein Vollzugsdefizit zu sehen ist.[8] Die Regelungstechnik des § 42a findet ihre Rechtfertigung in der Systematik des deutschen Verwaltungsverfahrensrechts, das zwischen dem allgemeinen und dem besonderen Verwaltungsrecht unterscheidet, sowie in der Verteilung der Gesetzgebungskompetenzen zwischen Bund und Ländern.[9] Der Gesetzgeber behält hierdurch die Entscheidungskompetenz, ob er 4

4 Richtlinie 2006/123/EG des Europäischen Parlaments und des Rates vom 12.12.2006 über Dienstleistungen im Binnenmarkt (ABlEU Nr. L 376, S. 36).
5 Vgl. Erwägungsgrund 43, *Abromeit/Droste*, DÖV 2013, 133 (135); *Uechtritz*, DVBl 2010, 684 (685 f.).
6 BT-Drucks. 16/10493 S. 13, S. 15.
7 Begriffsbestimmung und Regelbeispiele in Art. 4 Nr. 8 DLR.
8 *Abromeit/Droste*, DÖV 2013, 133 (137).
9 *Abromeit/Droste*, DÖV 2013, 133 (135).

außerhalb des Anwendungsbereichs der DLR eine Genehmigungsfiktion für gerechtfertigt hält, und ob er innerhalb ihres Anwendungsbereichs von dem hiernach verbleibenden Entscheidungsspielraum Gebrauch macht. Eine vollständige Umsetzung der DLR setzt bei der gewählten Umsetzungstechnik aber voraus, dass das gesamte nationale Verwaltungsrecht auf Bundes- und Länderebene daraufhin überprüft wird, ob die Einführung einer Genehmigungsfiktion erforderlich und gerechtfertigt ist, und ggf. eine entsprechende Gesetzesänderung erfolgt.[10] Die Systematik des § 42a birgt somit die Gefahr, dass die DLR in den einzelnen Fachgesetzen nicht rechtzeitig oder nicht vollständig umgesetzt wird.[11]

3. Unmittelbare Anwendbarkeit der DLR

5 Hat der Gesetzgeber die Einführung der Genehmigungsfiktion unterlassen, obwohl er hierzu unionsrechtlich verpflichtet ist, stellt sich die Frage, wie das Umsetzungsdefizit behoben werden kann. Es wird vorgeschlagen, § 42a richtlinienkonform dahingehend auszulegen, dass im Geltungsbereich der DLR eine Anordnung entbehrlich ist.[12] Eine solche Auslegung findet aber ihre Grenze am Wortlaut der Rechtsvorschrift und am klar erkennbaren Willen des Gesetzgebers und ist auch unionsrechtlich nicht geboten.[13] Vorzuziehen ist deshalb die überwiegende Auffassung, dass in einem solchen Fall eine unmittelbare Anwendung der DLR in Betracht kommt.[14] Die für die unmittelbare Anwendbarkeit erforderliche Bestimmtheit und Unbedingtheit der Richtlinie ist für den Regelfall des Art. 13 Abs. 4 Satz 1 DLR zu bejahen. Die DLR sieht zwar keine konkrete Entscheidungsfrist vor; insoweit kann aber die Regelfrist des § 42a Abs. 2 Satz 1 ergänzend herangezogen werden.[15] Problematisch ist insoweit, dass der Eintritt einer Genehmigungsfiktion nach der Regelungstechnik des VwVfG keines ausdrücklichen fachrechtlichen Ausschlusses, sondern einer positiven Anordnung bedarf.[16] Eine unmittelbare Anwendung der DLR scheidet deshalb aus, wenn der Gesetzgeber von der Anordnung einer Genehmigungsfiktion wegen zwingender Gründe des Allgemeininteresses bewusst abgesehen hat (siehe Rdn. 3). Ob der Gesetzgeber die Einführung einer Genehmigungsfiktion geprüft und verworfen hat, entzieht sich aber regelmäßig der Kenntnis des Rechtsanwenders. Auch steht dem Gesetzgeber bei der Bewertung der zwingenden Gründe des Allgemeininteresses in den Grenzen des Unionsrechts ein gewisser Spielraum zu. Die unmittelbare Anwendung des Art. 13 Abs. 4 DLR wird daher nur in engen Ausnahmefällen in Betracht kommen, wenn der Anwendungsbereich der DLR eindeutig eröffnet ist, es sich bei dem Fehlen der

---

10 Sog. »Normenscreening«, vgl. *Abromeit/Droste*, DÖV 2013, 133 (137).

11 Beispiele für Umsetzungsdefizite bei *Abromeit/Droste*, DÖV 2013, 133 (137 ff.).

12 *Abromeit/Droste*, DÖV 2013, 133 (141).

13 Vgl. BT-Drucks. 16/10493 S. 13, S. 15; Stelkens/Bonk/Sachs/*U. Stelkens*, § 42a Rn. 104.

14 *Bernhardt*, GewArch 2009, 100 (104); Kopp/*Ramsauer*, § 42a Rn. 8a; Knack/Henneke/*Schliesky*, § 42a Rn. 4, § 71a Rn. 11; a.A. aber Stelkens/Bonk/Sachs/*U. Stelkens*, § 42a Rn. 105.

15 Kopp/*Ramsauer*, § 42a Rn. 8a.

16 A.A. *Bernhardt*, GewArch 2009, 100 (104).

Anordnung einer Genehmigungsfiktion erkennbar um ein Versehen handelt und offensichtlich keine Allgemeininteressen entgegenstehen.

III. Bedeutung und Würdigung

6 Die Vorschrift bezweckt eine Beschleunigung der Genehmigungsverfahren, indem die Nichteinhaltung vorab festgelegter Bearbeitungsfristen durch den Eintritt der Fiktionswirkung sanktioniert wird. Sie dient damit auch der Transparenz und der besseren Planbarkeit von Vorhaben, weil der Antragsteller eine relative Sicherheit darüber erhält, wann er mit seinem Vorhaben voraussichtlich beginnen kann. Rechtspolitisch wird sich erweisen müssen, ob sich die zahlreichen unionsrechtlich gebotenen Genehmigungsfiktionen tatsächlich zu Gunsten der Betroffenen auswirken. Zum einen werden kontraproduktive Strategien des Unterlaufens befürchtet, etwa bei drohendem Fristablauf eine »Flucht in die Ablehnung«.[17] Dies hieße allerdings, den Verwaltungsbehörden von vorneherein ein rechtswidriges Verhalten zu unterstellen. Andererseits ist angesichts immer knapper werdender personeller Ressourcen nicht auszuschließen, dass Genehmigungsfiktionen auf Kosten der Rechtmäßigkeitskontrolle allein wegen allgemeiner Arbeitsüberlastung eintreten. Dies kann sich auch zum Nachteil der Antragsteller auswirken, etwa wenn es zu vermehrten Rücknahmen kommen sollte. Problematisch erscheinen Genehmigungsfiktionen aber vor allem deswegen, weil sich die »aktiv vorsorgende Prüfung der Risiken eines Vorhabens für die Individualinteressen und das Allgemeinwohl«[18] nicht in Formalitäten und bürokratischen Hindernissen erschöpft, sondern ein Gebot der aktiven Gefahrenvorsorge ist und zudem auf einen gerechten Ausgleich der widerstreitenden Individualinteressen zielt. Der Verzicht auf die präventive Prüfung eines Vorhabens geht vor allem auch zu Lasten betroffener Dritter, denen mangels Verwaltungsverfahren ihre Beteiligungsrechte genommen und die ggf. gezwungen werden, die Behörde nachträglich zum Einschreiten zu veranlassen, was wegen des insoweit bestehenden Ermessensspielraums oft erfolglos bleiben wird. Der drittbetroffene Bürger wird so in die Rolle des »Streithansels« gedrängt. Von der Anordnung der Genehmigungsfiktion sollte daher umso zurückhaltender Gebrauch gemacht werden, je komplexer die zugrundeliegende Materie und die in Ausgleich zu bringenden Interessen sind.[19]

B. Die Vorschrift im Einzelnen

I. Voraussetzungen und Wirkung (Abs. 1)

1. Voraussetzungen (Abs. 1 Satz 1)

7 Abs. 1 Satz 1 enthält die **Begriffsbestimmung** der Genehmigungsfiktion im Sinne der Fiktion eines beantragten begünstigenden Verwaltungsaktes durch Ablauf einer zuvor

17 *Eisenmenger*, Hk-VerwR, § 42a Rn. 10.
18 *Eisenmenger*, Hk-VerwR, § 42a Rn. 9 m.w.N.
19 Ähnlich *Jäde*, UPR 2009, 169 (172); zum Diskussionsstand: Mann/Sennekamp/*Uechtritz*, § 42a Rn. 11 ff.; Stelkens/Bonk/Sachs/*U. Stelkens*, § 42a Rn. 10 ff.

festgelegten Frist.[20] Die Vorschrift ist also nur auf **Antragsverfahren** anwendbar, die auf den Erlass einer **Genehmigung** gerichtet sind. Der **Begriff der Genehmigung** ist weit auszulegen; der Genehmigungsbegriff der DLR geht über das Begriffsverständnis nach nationalem Recht hinaus und erfasst auch Eintragungen in Berufsregister, Handwerksrollen oder Datenbanken.[21] Maßgeblich ist nicht die Bezeichnung als Genehmigung, sondern die Wirkung des beantragten Verwaltungsakts. Erfasst wird jede Gestattung, Erlaubnis oder Zulassung, durch die ein ohne die behördliche Entscheidung unzulässiges Tun legalisiert wird.[22] Hierzu gehören auch Genehmigungen, die Voraussetzung für das Wirksamwerden einen anderen Rechtsaktes sind, etwa Satzungsgenehmigungen. Nicht unmittelbar anwendbar ist § 42a, wenn ein begünstigender VA fingiert wird, der keine Genehmigung ist, etwa ein feststellender VA, eine straßenrechtliche Widmung oder eine Fiktion nach § 81 Abs. 3 und 4 AufenthG, wo nur ein vorläufiger Zustand bis zur endgültigen Entscheidung geregelt wird. Auch auf belastende VAe ist § 42a nicht anwendbar.[23] Es bestehen aber keine Bedenken dagegen, **einzelne Grundsätze** des § 42a **analog** anzuwenden, wenn sich aus dem Fachrecht nichts anderes ergibt, etwa bezüglich der Vollständigkeit der Unterlagen. Es ist unerheblich, ob es sich um eine gebundene Entscheidung handelt oder ob die Erteilung im Ermessen der Behörde steht. Unerheblich ist auch, ob es sich um ein präventives Verbot mit Erlaubnisvorbehalt und ein repressives Verbot mit Befreiungsvorbehalt handelt.[24] Maßgeblich ist, dass eine ordnungsgemäß erlassene behördliche Entscheidung die Tatbestandsmerkmale eines VA nach § 35 Satz 1 erfüllen würde. Um keine Genehmigung i.S.d. § 42a handelt es sich daher bei bloßen Anzeigepflichten, nach deren Vornahme der Betroffene sein Vorhaben unmittelbar umsetzen darf, bei der Fiktion interner Mitwirkungshandlungen wie etwa des gemeindlichen Einvernehmens nach § 36 Abs. 2 BauGB und bei Freigabeerklärungen. (siehe Rdn. 8). In Zweifelsfällen ist der Genehmigungsbegriff unionsrechtskonform weit auszulegen.

8 Da § 42a selbst nicht regelt, in welchen Fällen eine Genehmigungsfiktion eintritt, erfordert der Eintritt der Fiktion eine **Anordnung** durch eine Rechtsvorschrift im Fachrecht.[25] Hierbei kann es sich um ein formelles Gesetz oder eine Rechtverordnung handeln; auch eine Satzung reicht aus, wenn der Satzungsgeber hierzu gesetzlich ermächtigt worden ist. Eine Verwaltungsvorschrift genügt hingegen für die Anordnung des Fiktionseintritts als solche nicht.[26] Die Rechtsvorschrift kann auf § 42a Bezug

20 BT-Drucks. 16/10493 S. 15 f.

21 Vgl. Erwägungsgrund 39, Art. 4 Nr. Nr. 6 DLR.

22 Knack/Henneke/*Schliesky*, § 42a Rn. 5; Stelkens/Bonk/Sachs/*U. Stelkens*, § 42a Rn. 16 f.

23 Stelkens/Bonk/Sachs/*U. Stelkens*, § 42a Rn. 20 ff., zur straßenrechtlichen Widmung vgl. VG München, Urt. v. 24.01.2012 – M 2 K 11.5640 – m.w.N., juris; *Guckelberger*, DÖV 2010, 109 (112).

24 Diese Unterscheidung ist aber hilfreich für die Frage, ob zwingende öffentliche Interessen der Anordnung der Fiktion entgegenstehen, vgl. *Uechtritz*, DVBl 2010, 684 (687).

25 Etwa § 6a GewO; § 10 Abs. 1 HandwO; § 15 Abs. 1 Satz 5 PBefG; einen Überblick geben Kopp/*Ramsauer*, § 42a Rn. 10a, und Mann/Sennekamp/*Uechtritz*, § 42a Rn. 88 ff.

26 Mann/Sennekamp/*Uechtritz*, § 42a Rn. 21; anderes soll für die Festlegung der Entscheidungsfristen gelten, siehe Rdn. 15.

nehmen oder durch entsprechende Formulierungen die Fiktion selbst anordnen; nach den allgemeinen Grundsätzen des Verwaltungsverfahrensrechts sind dann alle weiteren rechtlichen Maßgaben dem § 42a zu entnehmen. Die Vorschrift findet deshalb auch auf die bei Inkrafttreten des § 42a bereits bestehenden fachrechtlichen Genehmigungsfiktionen Anwendung, soweit dort nicht Abweichendes geregelt ist.[27] § 42a gilt – wie das gesamte allgemeine Verwaltungsverfahrensrecht – subsidiär, d.h. fachgesetzliche Sonderregelungen genießen Vorrang. Allein die **Festlegung von Entscheidungsfristen** in einem Fachgesetz stellt **keine Fiktionsanordnung** dar.[28] Der Verstoß gegen vorgegebene Entscheidungsfristen zieht lediglich Sekundäransprüche nach sich und begründet die Zulässigkeit der Untätigkeitsklage.[29] Um **keine Genehmigungsfiktionen i.S.d. § 42a** handelt es sich bei bloßen **Anzeigepflichten**, nach deren Erfüllung der Betroffene sein Vorhaben unmittelbar umsetzen darf, und bei **Freigabeerklärungen.**[30] Wenn eine Genehmigung kraft Gesetzes als erteilt gilt oder die Verwirklichung eines angezeigten Vorhabens von der Behörde freigegeben wird, ist von vorneherein keine Entscheidung der Behörde erforderlich; es handelt sich mithin nicht um eine Genehmigungsfiktion i.S.d. § 42a, sondern um eine Genehmigungsfreistellung.[31] Um eine Genehmigungsfreistellung handelt es sich auch, wenn der Betroffene nach Ablauf einer bestimmten Entscheidungsfrist, innerhalb derer die Behörde sich nicht geäußert hat, mit seinem Vorhaben beginnen darf.[32] Keine Genehmigungsfiktion enthalten Bestimmungen in den Landesbauordnungen, wonach eine Baugenehmigung auch gegen den Rechtsnachfolger wirkt.

Weiter muss ein **hinreichend bestimmter Antrag** auf Erlass einer Genehmigung vorliegen. 9
Dies setzt voraus, dass Inhalt und Umfang der begehrten Genehmigung erkennbar sind. Da der Verwaltungsakt nicht erlassen, sondern fingiert wird, muss sich der Regelungsgehalt der fingierten Genehmigung aus dem Antrag in Verbindung mit den einschlägigen Genehmigungsvorschriften hinreichend genau bestimmen lassen. Das Bestimmtheitsgebot des § 37 Abs. 1 gilt auch für den fingierten VA. Anders als bei einem erlassenen VA, der bei fehlender Bestimmtheit in der Regel nur rechtswidrig ist, ist die Bestimmtheit des Antrags aber zwingende Voraussetzung für den Eintritt der Fiktion; fehlt es an der hinreichenden Bestimmtheit des Antrags, liegt nicht etwa eine rechtswidrige, weil unbestimmte fingierte Genehmigung, sondern überhaupt kein fingierter VA vor.[33] Zu berücksichtigen ist aber, dass die Behörde auch einen unbestimmten Antrag entgegennehmen und auf eine korrekte Antragstellung hinwirken muss (§ 24 Abs. 3, § 25 Abs. 1, § 71c Abs. 1 Satz 2). Auch dürfen an die

---

27 VGH Baden-Württemberg, Beschl. v. 30.07.2018 – 9 S 1272/18, juris; Stelkens/Bonk/Sachs/*U. Stelkens*, § 42a Rn. 32 ff.; einschränkend: Mann/Sennekamp/*Uechtritz*, § 42a Rn. 9.

28 Etwa § 32 Abs. 2 BRAO; § 10 Abs. 6a BImSchG; Stelkens/Bonk/Sachs/*U. Stelkens*, § 42a Rn. 30.

29 OVG Hamburg, Beschl. v. 05.08.2009 – 5 E 10/09, juris.

30 Z.B. § 15 Abs. 2 Satz 2 1. Alternative BImSchG; *Jarass*, DVBl 2009, 205 (211).

31 *Guckelberger*, DÖV 2010, 109 (112).

32 Vgl. etwa § 15 Abs. 2 Satz 2 2. Alternative BImSchG.

33 Mann/Sennekamp/*Uechtritz*, § 42a Rn. 27.

Bestimmtheit keine überzogenen Anforderungen gestellt werden. Da der fingierte VA einem ordnungsgemäß erlassenen VA gleichgestellt ist, genügt es, wenn sich sein Inhalt aus dem Antrag in Verbindung mit den einschlägigen Akten im Wege der Auslegung hinreichend bestimmen lässt.[34] Die Schriftform des Antrags ist zwar in vielen Fachgesetzen, aber im VwVfG nicht allgemein vorgeschrieben (vgl. § 22). Allerdings empfiehlt es sich, dass die Behörde aus Gründen der Rechtssicherheit darauf hinwirkt, dass der Antrag schriftlich oder zur Niederschrift der Behörde gestellt wird. Das Bestimmtheitserfordernis korrespondiert mit Abs. 2 Satz 2, wonach die Frist erst mit Eingang der **vollständigen** Unterlagen zu laufen beginnt (siehe Rdn. 16).

10 Voraussetzung für den Eintritt der Fiktion ist die **Nichtbescheidung** innerhalb der dafür festgelegten Frist. Keine Genehmigungsfiktion tritt ein, wenn die Genehmigung vor Fristablauf ausdrücklich erteilt oder abgelehnt wird. Hat die Behörde einen ablehnenden VA erlassen, der aber nach § 44 nichtig ist, tritt gleichwohl keine Fiktionswirkung ein, weil auch ein nichtiger VA zumindest einen Rechtsschein setzt.[35] Die Genehmigungsfiktion tritt mit **Fristablauf** ein, der Fristablauf ersetzt mithin die Bekanntgabe des fingierten VA. Es kommt nicht auf den (internen) Entscheidungszeitpunkt, sondern auf den **Zugang** der Entscheidung beim Empfänger vor Fristablauf an (§ 41). Die Entscheidungsfrist verkürzt sich daher um die für die Bekanntgabe benötigte Zeitspanne (siehe Rdn. 15). Geht eine ablehnende Entscheidung dem Adressaten erst nach Fristablauf zu, tritt die Fiktionswirkung ein; im verspäteten Ablehnungsbescheid kann nach seinem objektiven Erklärungswert in der Regel keine (Teil) Rücknahme der fingierten Genehmigung gesehen werden.[36]

2. Wirkung (Abs. 1 Satz 2)

a) Wirkung

11 Die Genehmigungsfiktion erfüllt nicht die Tatbestandsvoraussetzungen eines VA nach § 35 Satz 1, weil es an einer behördlichen Maßnahme fehlt. Satz 2 stellt aber klar, dass die Vorschriften über die **Bestandskraft** eines VA und über das **Rechtsbehelfsverfahren entsprechend** gelten. Die Genehmigungsfiktion hat somit die **gleiche Wirkung** wie ein entsprechender ordnungsgemäß erlassener und bekanntgegebener VA. Die Genehmigungsfiktion tritt an die Stelle des verfügenden Teil der realen Genehmigung, und zwar nicht nur, soweit es sich um eine rechtlich gebundene Entscheidung handelt, sondern auch, soweit es um die im Ermessen der Behörde stehenden Entscheidungselemente geht.[37] Die Genehmigungsfiktion hat daher keine weiterreichende Wirkung als der real erlassene VA; ersetzt werden lediglich die Entscheidung der Behörde nach

34 OVG Nordrhein-Westfalen, Beschl. v. 28.05.2019 – 4 B 672/18, GewArch 2019, 364.

35 Diese Auslegung entspricht Art. 13 Abs. 4 Satz 1 DLR, wonach die Fiktionswirkung davon abhängig ist, dass der Antrag nicht »beantwortet« ist; vgl. auch *Guckelberger*, DÖV 2010, 109 (112).

36 VGH Baden-Württemberg, Urt. v. 20.12.2016 – 12 S 1142/16, juris; BSG, Urt. v. 08.03.2016 – B 1 KR 25/15 R, juris; Stelkens/Bonk/Sachs/*U. Stelkens*, § 42a Rn. 47.

37 *Jäde*, UPR 2009, 169 (170).

Durchführung eines Verwaltungsverfahrens und die Bekanntgabe. Der fingierte VA ist deshalb gegenüber dem Adressaten und der Behörde ohne Bekanntgabe **wirksam** i.S.d. § 43 Abs. 1 Satz 1. **Anwendbar** sind auch die Regelungen über die Nichtigkeit (§§ 43 Abs. 3, 44), die Erledigung (§§ 43 Abs. 2) und die Aufhebung eines VA (§§ 48 ff. VwVfG). Die Genehmigungsfiktion kann nachträglich mit Nebenbestimmungen versehen (§ 36) und mit Rechtsmitteln (§§ 68 ff. VwGO) angegriffen werden. **Nicht anwendbar** oder bedeutungslos sind hingegen die Vorschriften über die Bekanntgabe (§ 41), die Form (§ 37 Abs. 2 bis 5) und die Heilung von Form- und Verfahrensfehlern (§§ 45, 46). **Nicht fingiert** wird insbesondere die **Rechtmäßigkeit** des Verwaltungsakts.[38] **Fehlende Verfahrenshandlungen** wie etwa die Einholung des Einvernehmens der Gemeinde, Öffentlichkeitsbeteiligung und Anhörungen hindern nicht den Fiktionseintritt.[39] Da ein ordnungsgemäßes Verwaltungsverfahren aber nicht stattgefunden hat und verfahrensrechtliche Rechtspositionen Dritter unberührt bleiben, können unterlassene Verfahrenshandlungen zur Rechtswidrigkeit des fingierten VA führen.[40] Die Fiktionswirkung tritt auch ein, wenn mehrere konkurrierende Anträge in gleicher Angelegenheit vorliegen. Ggfs. muss die Behörde eine der fingierten Genehmigungen zurücknehmen und das Auswahlermessen im Rücknahmeverfahren ausüben (siehe Rdn. 12).[41]

b) Rücknahme und Widerruf

Rücknahme und **Widerruf** des fingierten VA folgen grundsätzlich den allgemeinen 12
Regeln. Die Genehmigungsfiktion muss auch insoweit wie ein ordnungsgemäß zustande gekommener und bekannt gegebener VA behandelt werden.[42] Allein das Fehlen einer Entscheidung rechtfertigt aber regelmäßig weder die Rücknahme noch den Widerruf der fingierten Genehmigung, da die Regelung sonst leer liefe. Im Übrigen bezweckt die Vorschrift weder eine Besser- noch eine Schlechterstellung des Antragstellers. Nicht gefolgt werden kann der Auffassung, dass das Vertrauen des Adressaten auf den Bestand der Genehmigungsfiktion nur eingeschränkt schützenswert ist. Mangels Bekanntgabe ist allerdings zu prüfen, ob der Betroffene tatsächlich Kenntnis vom Eintritt der Genehmigungsfiktion hatte und diese schon ins Werk gesetzt hat; andernfalls fehlt ein schutzwürdiger Vertrauenstatbestand.[43] Zu weitgehend ist aber auch die gegenteilige Auffassung, dass die Rechtswidrigkeit des fingierten VA als solche nicht

---

38 BT-Drucks. 16/10493 S. 16; VGH Baden-Württemberg, Urt. v. 20.12.2016 – 12 S 1142/16, ESVGH 67,116; OVG Nordrhein-Westfalen, Beschl. v. 01.03.2019 – 13 B 1349/18, juris.

39 OVG Saarland, Urt. v. 09.03.2006 – 2 R 8/05, juris; gelegentlich regelt das Fachgesetz etwas anderes.

40 Etwa fehlendes Einvernehmen der Gemeinde; Knack/Henneke/*Schliesky*, § 42a Rn. 9; *Jäde*, UPR 2009, 169 (170).

41 VGH Hessen, Urt. v. 05.04.2011 – 2 A 1593/10, juris.

42 BT-Drucks. 16/10493 S. 16; OVG Mecklenburg-Vorpommern, Beschl. v. 06.02.2008 – 3 M 200/07, juris.

43 BVerwG, Urt. v. 28.02.1975 – IV C 77.74, BVerwGE 48, 87 (92); Stelkens/Bonk/Sachs/*U. Stelkens*, § 42a Rn. 64.

zur Rücknahme führen kann und der Zweck der DLR, die Entscheidung zu beschleunigen und dem Betroffenen Rechtsicherheit zu verschaffen, das Rücknahmeermessen der Behörde grundsätzlich eingeschränkt.[44] Dies würde darauf hinauslaufen, dass fingierten rechtswidrigen Genehmigungen ein erhöhter Bestandsschutz gegenüber einem tatsächlich erlassenen VA zukommt. Eine solche Intention lässt sich auch der DLR nicht entnehmen.[45] Ein prinzipieller Vorrang des Vertrauensschutzes vor dem Prinzip der Gesetzmäßigkeit der Verwaltung begegnet zudem rechtsstaatlichen Bedenken. Allerdings ist im Anwendungsbereich der DLR das **Aufhebungsermessen im Lichte des Unionsrechts** zu handhaben.[46] Das Prinzip der Gesetzmäßigkeit der Verwaltung ist mit dem Grundsatz der Effektivität des Unionsrechts abzuwägen. Sinn und Zweck der Genehmigungsfiktion dürfen daher nicht durch umgehende oder routinemäßige Rücknahmen unterlaufen werden. Eine weitere einschränkende Auslegung des Rücknahmeermessens ist hingegen nicht geboten.[47] Der Grundsatz der Verhältnismäßigkeit kann ferner gebieten, anstelle der Aufhebung **nachträgliche Nebenbestimmungen** zu erlassen.[48]

c) **Rechtsschutz**

13 Satz 2 stellt klar, dass im Hinblick auf Rechtsbehelfe die allgemeinen Regeln gelten. Der **Antragsteller** kann **Klage auf Feststellung** erheben, dass die Genehmigungsfiktion eingetreten ist, wenn die Behörde deren Eintritt bestreitet.[49] **Hilfsweise** kann er bei Vorliegen der übrigen Zulässigkeitsvoraussetzungen **Verpflichtungsklage** auf Erteilung der beantragten Genehmigung erheben für den Fall, dass das Verwaltungsgericht seiner Rechtsauffassung nicht folgt. Außerdem kommt eine **allgemeine Leistungsklage** auf Ausstellung einer Bescheinigung nach Abs. 3 in Betracht, in deren Rahmen der Eintritt der Genehmigungsfiktion dann inzident zu prüfen ist. Die **Feststellungsklage** ist im Hauptantrag **statthaft**, weil zwischen dem Antragsteller und der Genehmigungsbehörde ein streitiges Rechtsverhältnis besteht und er regelmäßig ein berechtigtes Interesse an der Feststellung des Fiktionseintritts hat. Die Feststellungsklage ist gegenüber den genannten Gestaltungsklagen **nicht subsidiär** i.S.d. § 43 Abs. 2 VwGO, weil sie unmittelbar zum Ziel führt. Demgegenüber entspricht die Klage auf Erteilung der Genehmigung nicht dem vorrangigen Rechtsschutzziel des Antragstellers, kann aber hilfsweise erhoben werden. Auch die Klage auf Ausstellung einer Bescheinigung nach Abs. 3 ist weder sachnäher noch wirksamer als eine

44 So *Ziekow*, GewArch 2007, 217 (222); ähnlich Knack/Henneke/*Schliesky*, § 42a Rn. 10; Kopp/*Ramsauer*, § 42a Rn. 19a.
45 Mann/Sennekamp/*Uechtritz*, § 42a Rn. 46 ff.; Stelkens/Bonk/Sachs/*U. Stelkens*, § 42a Rn. 62 f.
46 *Krajewski*, NVwZ 2009, 929 (934); *Guckelberger*, DÖV 2010, 109 (116),
47 Stelkens/Bonk/Sachs/*U. Stelkens*, § 42a Rn. 62; a.A. *Guckelberger*, DÖV 2010, 109 (116); *Krajewski*, NVwZ 2009, 929 (934); anders noch die Vorauflage.
48 BT-Drucks. 16/10493 S. 16; Stelkens/Bonk/Sachs/*U. Stelkens*, § 42a Rn. 63.
49 A.A. *Jäde*, UPR 2009, 169 (172); Bader/Ronellenfitsch/*Schemmer* § 42a Rn. 9.

Feststellungsklage. Den gesetzlichen Vorschriften lässt sich insoweit kein Rangverhältnis entnehmen.[50]

Ein **Drittbetroffener** kann **Widerspruch** und **Anfechtungsklage** erheben. Da der fingierte Verwaltungsakt den Drittbetroffenen aber nicht bekannt gegeben und nicht mit einer Rechtsbehelfsbelehrung versehen wird, gelten weder die Widerspruchs- und Klagefristen der §§ 70 Abs. 1, 74 Abs. 1 Satz 2 VwGO noch die Jahresfrist des § 58 Abs. 2 VwGO. In Betracht kommt allenfalls eine Verwirkung des Klagerechts.[51] Die Bestandskraft der fingierten Genehmigung kann aber durch die Ausstellung einer Bescheinigung an den Drittbetroffenen nach Abs. 3 herbeigeführt werden (siehe Rdn. 25). Steht die Erteilung der Genehmigung im Ermessen der Behörde, liegt bei Eintritt der Fiktion regelmäßig ein **Ermessensausfall** vor. Die Ermessensausübung kann im Widerspruchsverfahren nachgeholt werden;[52] ansonsten führt der Ermessensausfall zur Rechtswidrigkeit der fingierten Genehmigung und kann auf Anfechtungsklage eines Drittbetroffenen hin ggf. aufgehoben werden. Auch die Genehmigungsfiktion kann auf die Klage eines Dritten hin aber nur aufgehoben werden, wenn dieser in seinen subjektiven Rechten betroffen ist (vgl. § 113 Abs. 1 Satz 1 VwGO), d.h., wenn **drittschützende Normen** verletzt werden. Der Dritte kann sich daher nicht darauf berufen, dass die Voraussetzungen für den Eintritt der Genehmigungsfiktion nicht vorlagen, oder dass dem Antragsteller zu Unrecht eine Bescheinigung nach Abs. 3 ausgestellt wurde.[53] Widerspruch und Anfechtungsklage haben auch bei einer fingierten Genehmigung **aufschiebende Wirkung** (§ 80 Abs. 1 VwGO). Die Behörde kann nachträglich im Interesse des Antragstellers die sofortige Vollziehbarkeit nach § 80 Abs. 2 Satz 1 Nr. 4 VwGO anordnen. 14

II. Frist (Abs. 2)

1. Regelfrist

Abs. 2 Satz 1 bestimmt eine **Regelentscheidungsfrist** von **drei Monaten**, soweit in einer Rechtsvorschrift nichts Abweichendes bestimmt ist. Die sachgerechte Bestimmung der vorab festgelegten Bearbeitungszeiten bleibt mithin dem Fachrecht vorbehalten. Der fakultativen Dreimonatsfrist soll aber Signalwirkung zukommen;[54] durch ihre subsidiäre Geltung entlastet sie ferner die Fachgesetze von Detailregelungen. Das Fachrecht kann kürzere oder längere Fristen vorsehen; auch die DLR schreibt dem nationalen Gesetzgeber keine bestimmte Frist vor. Eine abweichende Fristbestimmung 15

---

50 OVG Thüringen, Urt. v. 18.09.2008 – 2 KO 1103/05, juris; VGH Hessen, Beschl. v. 20.12.2006 – 9 UE 1572/06, juris; VG Frankfurt, Urt. v. 01.03.2011 – 7 K 1008/08, juris; VG Neustadt, Urt. v. 24.09.2012 – 4 K 398/12.NW, juris; a.A. *Jäde*, UPR 2009, 169 (172).

51 *Schmitz/Prell*, NVwZ 2009, 1 (8); *Guckelberger*, DÖV 2010, 109 (116); zum Verhältnis von § 58 Abs. 2 VwGO und Verwirkung vgl. VGH Bad.-Württ., Urt. v. 14.05.2012 – 10 S 2693/09 – VBlBW 2012, 431.

52 Dies ist bei der Diskussion über die Abschaffung des Widerspruchsverfahrens zu bedenken.

53 OVG Hamburg, Beschl. v. 02.09.2010 – Bs 144/10, juris.

54 BT-Drucks. 16/10493 S. 16.

hat durch Rechtsvorschrift zu erfolgen. Der Auffassung, dass auch vorab bekanntgemachte behördliche Fristenpläne, soweit sie auf Rechtsvorschriften beruhen, maßgeblich sein können, kann angesichts des klaren Wortlauts des Gesetzes nicht gefolgt werden.[55] Die Frist ist nur gewahrt, wenn die Entscheidung der Behörde dem Antragsteller vor Fristablauf zugeht. Die materielle Beweislast trägt grundsätzlich die Behörde (§ 41 Abs. 2 Satz 3). **Zu beachten** ist, dass sich die tatsächlich zur Verfügung stehende Bearbeitungszeit durch die **Zugangsfiktion nach § 41 Abs. 2 Satz 1 und Satz 2** verkürzt, da eine ablehnende Entscheidung entsprechend früher abgesandt werden muss. Ist der Verwaltungsakt im Ausland bekannt zu geben, führt dies im Anwendungsbereich der Vorschriften über das **Verfahren über eine einheitliche Stelle** dazu, dass bei Versendung per Post durch die in § 71b Abs. 6 Satz 1 geregelte **Bekanntgabefiktion** die Bearbeitungszeit **effektiv um einen Monat verkürzt** wird. Dies ist bei der Bemessung der dem jeweiligen Genehmigungsverfahren angemessenen Frist vom Gesetzgeber zu berücksichtigen. Die Behörde muss die Möglichkeit haben, nach sorgfältiger Prüfung des Antrags eine ablehnende Entscheidung rechtzeitig vor Eintritt der Genehmigungsfiktion bekannt zu geben. Außerhalb des Verfahrens über eine einheitliche Stelle (vgl. § 71b Abs. 6 Satz 2) kann die Behörde mittels **Bestellung eines Empfangsbevollmächtigten nach § 15** die Bekanntgabe im Ausland ganz vermeiden oder die ablehnende Entscheidung mindestens sieben Tage vor Ablauf der Entscheidungsfrist absenden (§ 15 Satz 2).

2. Fristbeginn (Abs. 2 Satz 2)

16 Nach Abs. 2 Satz 2 beginnt der Fristlauf erst, wenn die erforderlichen Unterlagen **vollständig** vorliegen. Es handelt sich um eine **Ereignisfrist** mit der Folge, dass der erste Tag, d.h. der des Eingangs der vollständigen Unterlagen, nicht mitgerechnet wird (§ 187 BGB). Welche Unterlagen erforderlich sind, richtet sich nach dem jeweiligen materiellen Recht. Bestehen gesetzliche Regelungen über die erforderlichen Antragsunterlagen, sind diese einzuhalten.[56] Im Übrigen müssen der Behörde alle Unterlagen und Belege von Seiten des Antragsstellers vorliegen, die zur Prüfung der materiellrechtlichen Genehmigungsfähigkeit des Antrags im konkreten Einzelfall jeweils nötig sind; d.h. der Antragsteller muss alles für die Entscheidung über den Antrag seinerseits Erforderliche vorlegen. Dazu gehören ggf. auch Sachverständigengutachten, Sachkundenachweise, Pläne oder Nachweise, die zur Beurteilung der Zuverlässigkeit oder der finanziellen Leistungsfähigkeit eines Antragstellers nötig sind.[57] Maßgeblich ist die Prüffähigkeit, nicht die Entscheidungsreife. **Keine Antragsunterlagen** in diesem

55 BeckOK VwVfG/*Schemmer*, § 42a Rn. 10.1; wie hier unter Hinweis auf die Gesetzesbegründung *Schmitz/Prell*, NVwZ 2009, 1 (8); *Guckelberger*, DÖV 2010, 109 (115).

56 Z.B. die 9. BImSchV; landesrechtliche Bauvorlagenverordnungen, vgl. hierzu OVG Saarland, Urt. v. 09.03.2006 – 2 R 8/05, juris; § 15 Abs. 1 Satz 5 PBefG, vgl. hierzu BVerwG, Urt. v. 08.11.2018 – 3 C 26/16, BVerwGE 163, 321; VGH Baden-Württemberg, Urt. v. 27.10.2016 – 12 S 2257/14, juris; OVG Hamburg, Beschl. v. 18.11.2010 – 3 Bs 206/10, juris; VG Freiburg, Urt. v. 25.01.2012 – 1 K 46/10, juris.

57 OVG Saarland, Beschl. v. 14.01.2013 – 1 A 130/12, juris.

Sinne sind deshalb Verfahrensunterlagen, die aus Sicht der Behörde für die Entscheidungsreife erforderlich sind, aber nicht vom Antragsteller vorgelegt werden können, insbesondere behördliche Auskünfte wie etwa der Auszug aus dem Gewerbezentralregister, eine Auskunft des Kraftfahrt-Bundesamts u. a.[58] Diesbezügliche Verzögerungen dürfen nicht zu Lasten des Antragsstellers gehen; eventuell kann die Frist nach Abs. 2 Satz 2 verlängert oder die fingierte Genehmigung später zurückgenommen werden. Allgemein ist maßgeblich, ob die Herbeiführung der Entscheidungsreife dem **Einfluss des Antragsstellers entzogen** ist. Der Fristlauf beginnt, wenn die Unterlagen **objektiv vollständig** sind.[59] Dies ist gerichtlich voll überprüfbar; der Behörde kommt **kein Beurteilungsspielraum** zu.[60] Somit ist es ausgeschlossen, durch Nachforderung unnötiger Unterlagen den Fristbeginn hinauszuschieben. Bei sehr weit und unbestimmt gefassten Genehmigungsvoraussetzungen wird man der Behörde aber eine **gewisse Einschätzungsprärogative** einräumen müssen. Eine **Prüfung und Bescheinigung der Vollständigkeit** und des Fristbeginns ist in § 42a nicht ausdrücklich vorgesehen. Allerdings soll die Behörde den Antragsteller nach § 25 Abs. 2 Satz 1 schon vor Antragstellung beraten und ihm nach **§ 25 Abs. 2 Satz 2** unverzüglich Auskunft über die voraussichtliche Verfahrensdauer und die Vollständigkeit der Antragsunterlagen geben. Dies ist auch ein Gebot des fairen Verfahrens.[61] Innerhalb des **Verfahrens über eine einheitliche Stelle** hat die Behörde nach **§ 71b Abs. 4** dem Antragsteller unverzüglich mitzuteilen, welche Unterlagen nachzureichen sind; der Betroffene hat also einen Rechtsanspruch auf eine Unvollständigkeitsbescheinigung.[62] Darüber hinaus ist dem Antragsteller nach § 71b Abs. 3 eine Empfangsbestätigung auszustellen, die zweckmäßiger Weise auch die Bescheinigung der Vollständigkeit der Unterlagen umfassen sollte. Die **Bestätigung der Vollständigkeit** hat nur deklaratorischen Charakter und ist **kein VA.** Unterbleibt die Vollständigkeitsprüfung ohne zureichenden Grund oder erfolgt sie verspätet, hat dies keine Auswirkungen auf den Fristbeginn, weil es auf die **objektive Vollständigkeit** ankommt. Hat Behörde dem Antragsteller irrtümlich ausdrücklich bescheinigt oder konkludent zu verstehen gegeben, dass die Unterlagen vollständig sind, ist umstritten, ob dies zur Folge hat, dass sie sich nach Treu und Glauben nicht mehr auf die Unvollständigkeit der Antragsunterlagen berufen kann.[63] Zeigt sich erst im Laufe des Verfahrens, dass weitere Unterlagen erforderlich sind,

58 OVG Hamburg, Beschl. v. 18.11.2010 – 3 Bs 206/10, juris; VG Gelsenkirchen, Beschl. v. 11.12.2018 – 19 L 1909/18, juris; Kopp/*Ramsauer*, § 42a Rn. 26.

59 VGH Baden-Württemberg, Urt. v. 27.10.2016 – 12 S 2257/14, juris m.w.N.; Kopp/*Ramsauer*, § 42a Rn. 26; Mann/Sennekamp/*Uechtritz*, § 42a Rn. 58; ausführlich *Broscheit*, GewArch 2015, 209.

60 Stelkens/Bonk/Sachs/*U. Stelkens*, § 42a Rn. 76; a.A. OVG Thüringen, Urt. v. 18.09.2008 – 2 KO 1103/05, juris, zu § 123 Abs. 3 KomO TH: Bestimmungsrecht der Behörde.

61 Vgl. auch Art. 13 Abs. 6 DLR.

62 Zum Rechtsschutz siehe § 71b Rdn. 18.

63 Vgl. OVG Hamburg, Beschl. v. 18.11.2012 – 3 Bs 206/10, juris; Mann/Sennekamp/*Uechtritz*, § 42a Rn. 63: Fristbeginn mit Vollständigkeitsbescheinigung; a.A. Stelkens/Bonk/Sachs/*U. Stelkens*, § 42a Rn. 77.

ist dies aber regelmäßig ein zureichender Grund für die Verlängerung der Frist nach Abs. 2 Satz 3 (siehe Rdn. 20).[64]

17 Das Erfordernis der Vollständigkeit steht in engem Zusammenhang mit dem Erfordernis der **hinreichenden Bestimmtheit** des Antrags (siehe Rdn. 9). Beide Anforderungen sind aber nicht identisch. Unvollständige Unterlagen führen nur dann auch zur Unbestimmtheit, wenn sich deswegen der Inhalt der fingierten Genehmigung nicht hinreichend ermitteln lässt. Auch ein vollständiger Antrag kann nicht hinreichend bestimmt sein, etwa wenn er in sich widersprüchlich ist oder der Behörde mehrere Varianten eines Vorhabens zur Auswahl überlässt. Der Vollständigkeitsbegriff des Abs. 2 Satz 2 ist eher formal zu verstehen, während der Begriff der Bestimmtheit aus der materiell-rechtlichen Blickrichtung zu sehen ist.[65]

18 Der Antrag muss **wirksam** sein, d.h. grundsätzlich geeignet, ein Verwaltungsverfahren in Gang zu setzen. Es kann dahinstehen, ob die Erfüllung von **Formerfordernissen**, die eigenhändige **Unterschrift** oder die **elektronische Signatur** zur Vollständigkeit gehören oder ob die Wirksamkeit des Antrags vom Gesetzgeber als selbstverständlich vorausgesetzt wird. Ein Formverstoß führt zwar nicht dazu, dass die Behörde die Entgegennahme verweigern darf (vgl. § 24 Abs. 3). Der Fristlauf beginnt aber erst, wenn eventuelle Formerfordernisse erfüllt sind; ggf. hat die Behörde nach § 25 Abs. 1 auf einen korrekten Antrag hinzuwirken.[66] Bei **fremdsprachigen** Erklärungen beginnt die Frist gem. § 23 Abs. 2 und 3 erst mit Vorlage einer Übersetzung.

19 Der Fristlauf beginnt grundsätzlich erst dann, wenn der Antrag bei der **zuständigen Behörde** eingegangen ist. Dies gilt auch, wenn unzuständige Behörden zur Entgegennahme von Anträgen und zur Weiterleitung an die zuständige Behörde verpflichtet sind. Zu beachten ist aber die **Eingangsfiktion** beim Verfahren über eine **einheitliche Stelle**; dort beginnt der Fristlauf nach § 71b Abs. 2 VwVfG am dritten Tag nach Eingang der vollständigen Unterlagen bei der einheitlichen Stelle. Im Anwendungsbereich der Landesverwaltungsverfahrensgesetze gelten ebenfalls die dort genannten **Eingangsfiktionen.**[67]

3. Fristverlängerung (Abs. 2 Satz 3)

a) Voraussetzungen der Verlängerung

20 Nach Satz 3 kann die Frist ein (einziges) Mal angemessen verlängert werden, wenn dies wegen der Schwierigkeiten der Angelegenheit gerechtfertigt ist. Die Regelungen über die **Fristverlängerung** sollen nach dem Willen des Gesetzgebers sicherstellen, dass der Normzweck nicht durch wiederholtes oder ungerechtfertigtes Hinausschieben der Entscheidungsfrist vereitelt wird. Sie dient im Anwendungsbereich der

64 Ebenso *Eisenmenger*, Hk-VerwR, § 42a Rn. 21.
65 Vgl. *Jäde*, UPR 2009, 169 (171); *Uechtritz*, DVBl 2010, 684 (688); Broscheit, GewArch 2015, 209.
66 BeckOK VwVfG/*Schemmer*, § 42a Rn. 6.
67 Vgl. etwa § 94 Abs. 3 Satz 2 VwVfG BW: Einreichung bei der Gemeinde genügt.

Dienstleistungsrichtlinie zugleich der Umsetzung von Art. 13 Abs. 3 DLR. Die Verlängerungsmöglichkeit besteht nur **bei besonderen Schwierigkeiten im Einzelfall**, etwa bei einem ungewöhnlich hohen Umfang der Sache oder überdurchschnittlichen Problemen bei der tatsächlichen oder rechtlichen Klärung. Die generelle und typische Komplexität der Verfahrensart und der Rechtsmaterie fließt in die gesetzliche Festlegung der allgemeinen Entscheidungsfristen nach Satz 1 mit ein.[68] Eine besondere Komplexität weist die Angelegenheit auf, wenn im konkreten Fall atypischer Weise andere Stellen oder Dritte zu beteiligen sind, etwa weil der zuständigen Behörde die erforderliche Sachkunde fehlt. Ist die Beteiligung anderer Stellen gesetzlich vorgeschrieben, ist dies grundsätzlich bei der Festsetzung der Frist zu berücksichtigen. Nur außergewöhnliche Verzögerungen bei der Mitwirkung anderer Behörden können daher eine Verlängerung rechtfertigen.[69] Zeigt sich während der laufenden Frist, dass unvorhergesehener Weise weitere Unterlagen erforderlich sind, obwohl die Behörde zunächst von deren Vollständigkeit ausging, kann dies eine Verlängerung begründen.[70] Wie im Fachrecht können auch dem Antragsteller zuzurechnende Umstände eine Fristverlängerung rechtfertigen, etwa wenn der Antragsteller notwendige Angaben nicht macht, Unterlagen nicht nachreicht oder Änderungen am Antrag vornimmt.[71] Oft wird es in solchen Fällen bereits an der Vollständigkeit der Antragsunterlagen oder an der Bestimmtheit des Antrags fehlen, so dass der Fristlauf noch nicht begonnen hat (siehe Rdn. 16). Nach überwiegender Auffassung ist eine **allgemeine Arbeitsüberlastung** der Behörde kein Verlängerungsgrund, weil es sich hierbei nicht um eine Schwierigkeit der Angelegenheit handelt. Eine routinemäßige Verlängerung wegen allgemeiner Arbeitsüberlastung widerspricht dem Sinn und Zweck der Vorschrift.[72] Eine Verlängerung bei außergewöhnlicher Überlastung und unvorhersehbaren personellen Engpässen ist zwar genau genommen ebenfalls keine Schwierigkeit der Sache selbst. Im Hinblick auf die immer höher werdende Komplexität vieler Rechtsmaterien und die immer knapper werdenden personellen Ressourcen der Verwaltung sollte die Verlängerungsmöglichkeit aber insoweit großzügig ausgelegt werden.[73]

Die **Angemessenheit** der Verlängerung ist nach den Umständen des Einzelfalles zu bestimmen und hat sich an den Schwierigkeiten der Angelegenheit sowie an der Länge der Regelfrist zu orientieren. Maßgeblich ist, ob die Verlängerung eine hinreichend sorgfältige Prüfung des Antrags auf seine materiell-rechtliche Genehmigungsfähigkeit ermöglicht. Im Hinblick auf die Verantwortung der Behörde für die Rechtmäßigkeit der Entscheidung wird ihr insoweit ein weiter Beurteilungsspielraum einzuräumen

---

68 BVerwG, Beschl. v. 08.03.2006 – 4 B 75/05, DVBl 2006,236; Knack/Henneke/*Schliesky*, § 42a Rn. 15.

69 Str.; ähnlich wie hier *Jäde*, UPR 2009, 169 (171).

70 *Jarass*, DVBl 2009, 205 (206).

71 Vgl. etwa § 10 Abs. 6a Satz 2 BImSchG.

72 *Guckelberger*, DÖV 2010, 109 (116), Mann/Sennekamp/*Uechtritz*, § 42a Rn. 67.

73 Gegen überzogene Anforderungen auch OVG Schleswig-Holstein, Urt. v. 01.09.2005 – 1 LC 107/05, juris Rn. 71 ff.; *Jäde*, UPR 2009, 169 (171); a.A. wohl Knack/Henneke/*Schliesky*, § 42a Rn. 15; *Jarass*, DVBl 2009, 205 (206 f.), der zu Recht auf die Verpflichtung des Rechtsträgers zur Schaffung ausreichender Ressourcen hinweist.

sein. Es wird vertreten, dass eine Verlängerung, die die Regelfrist mehr als verdoppelt, regelmäßig nicht mehr angemessen ist.[74] Die Länge der Regelfrist kann jedoch für die Beurteilung der Angemessenheit nur ein Anhalt sein. Die besondere Komplexität der Sache und die Unvorhersehbarkeit eventuelle eintretender Verzögerungen können auch eine darüber hinausgehende Verlängerung rechtfertigen, zumal eine Fristverlängerung nur einmal zulässig ist. Ob die Verlängerung zu Recht erfolgt ist, ist objektiv zu beurteilen und gerichtlich voll nachprüfbar (siehe Rdn. 22).

21 Die Fristverlängerung ist **kein Verwaltungsakt.**[75] Ein Widerspruch des Antragstellers gegen die Verlängerung hat daher keine aufschiebende Wirkung i.S.d. § 80 Abs. 1 VwGO.[76] Die Verlängerung ist als **unselbstständige Verfahrenshandlung** gem. § 44a VwGO nicht gesondert anfechtbar.[77]

22 Strittig sind die **Rechtsfolgen einer materiell rechtswidrigen Verlängerung**, sei es, dass die Voraussetzungen für eine Verlängerung nicht gegeben waren, sei es, dass die Verlängerung nicht angemessen war. Nach zutreffender Ansicht tritt die Genehmigungsfiktion ein, wenn die Verlängerung nicht gerechtfertigt ist; d.h. eine rechtswidrige Verlängerung ist ipso iure unwirksam.[78] Die rechtswidrige Fristverlängerung wird auch nicht von den Heilungstatbeständen der §§ 45, 46 erfasst.[79] Hiergegen wird eingewandt, dass Gründe der Rechtssicherheit und -klarheit die Annahme der Unwirksamkeit ausschließen, weil der Eintritt der Fiktion nicht von der Auslegung der nicht einfach zu beantwortenden Frage abhängig gemacht werden kann, ob die Verlängerung sachlich gerechtfertigt war.[80] Nach dieser Ansicht bliebe die ungerechtfertigte Verlängerung wirksam, d.h. ihre Rechtswidrigkeit wäre ohne rechtliche Folgen. Eine Unwirksamkeit der Verlängerung ist deshalb jedenfalls dann anzunehmen, wenn die Behörde eine in einem Fachgesetz festgelegte Höchstfrist für die Verlängerung überschritten hat. In diesem Fall ist der Eintritt der Fiktionswirkung mit Ablauf der Höchstfrist eindeutig bestimmbar. Im Übrigen ist zu berücksichtigen, dass es sich bei der Verlängerung um eine unselbstständige Verfahrenshandlung handelt, so dass sich die bei fehlerhaften Verwaltungsakten gebotene Unterscheidung zwischen Nichtigkeit und bloßer Rechtswidrigkeit verbietet.[81] Rechtsunsicherheiten über die Rechtmäßigkeit

---

74 Knack/Henneke/*Schliesky*, § 42a Rn. 16; Mann/Sennekamp/*Uechtritz*, § 42a Rn. 68; wie hier Stelkens/Bonk/Sachs/*U. Stelkens*, § 42a Rn. 83.

75 Str., wie hier Kopp/*Ramsauer*, § 42a Rn.; BeckOK VwVfG/*Schemmer*, § 42a Rn. 13.1; Stelkens/Bonk/Sachs/*U. Stelkens*, § 42a Rn. 84; a.A. etwa *Jarass*, BImSchG § 10 Rn. 42.

76 A.A. *Jarass*, DVBl 2009, 205 (212).

77 VG Frankfurt, Urt. v. 01.03.2011 – 7 K 1008/08, juris; VGH Bayern, Beschl. v. 18.09.2000 – 1 B 99.674, juris; *Jarass*, BImSchG § 10 Rn. 42.

78 VG Karlsruhe, Beschl. v. 14.05.2018 – 3 K 471/18, juris; BeckOK VwVfG/*Schemmer*, § 42a Rn. 13.1; Mann/Sennekamp/*Uechtritz*, § 42a Rn. 71.

79 *Uechtritz*, DVBl 2010, 684 (691).

80 VGH Bayern, Beschl. v. 18.09.2000 – 1 B 99.674, juris; OVG Niedersachsen, Beschl. v. 25.01.1993, NVwZ 1994, 81; OVG Schleswig-Holstein, Urt. v. 01.09.2005 – 1 LC 107/05, juris Rn. 71 ff.; *Guckelberger*, DÖV 2010, 109 (116); Stelkens/Bonk/Sachs/*U. Stelkens*, § 42a Rn. 89 unter Hinweis auf die Rechtsprechung im Vergaberecht.

81 VG Karlsruhe, Beschl. v. 14.05.2018 – 3 K 471/18, juris.

der Verlängerung müssen daher im Klageverfahren beseitigt werden können. Ob die Verlängerung zu Recht erfolgt ist, unterliegt der vollen gerichtlichen Nachprüfung. Da die Fristverlängerung nach § 44a VwGO grundsätzlich nicht isoliert angefochten werden kann, erwächst sie nicht unabhängig von der Sachentscheidung in Bestandskraft. Wird die Genehmigung letztlich versagt, kann die Rechtmäßigkeit der Verlängerung daher im Rahmen der Versagungsgegenklage überprüft werden. War die Verlängerung nicht gerechtfertigt oder unangemessen lang, ist die Genehmigungsfiktion eingetreten und der ablehnende Bescheid zur Klarstellung aufzuheben.[82] Ferner ist in diesem Fall eine Klage auf Ausstellung einer Bescheinigung nach Abs. 3 erfolgreich. Auch eine allgemeine Feststellungsklage, dass die Genehmigungsfiktion trotz Fristverlängerung eingetreten ist, ist zulässig (siehe Rdn. 13). Die allgemeine Feststellungsklage, dass die Verlängerung rechtswidrig war, oder die Klage auf Aufhebung der Verlängerungsentscheidung sind hingegen nach § 44a VwGO ausgeschlossen.[83]

b) Form der Verlängerung

Nach Satz 4 ist die Verlängerung zu **begründen** und **rechtzeitig mitzuteilen.** Recht- 23
zeitig bedeutet Zugang der Mitteilung beim Antragsteller vor Ablauf der Frist. Die Frist kann deshalb **nicht nachträglich** verlängert werden.[84] Die Fristverlängerung kann auch (fern)mündlich erfolgen, die (ggf. nachträgliche) Begründung hat aber **schriftlich** oder **elektronisch** zu erfolgen und muss die wesentlichen Gründe und Erwägungen der Behörde erkennen lassen.[85] Im Hinblick auf die mit § 42a bezweckte Beschleunigung und Effektivität dürfen keine überzogenen Anforderungen an die Begründung gestellt werden. Die Verlängerung muss aber die Mitteilung enthalten, dass und weshalb die Frist verlängert wird; ferner muss sie die **Dauer der Fristverlängerung** konkret und eindeutig bezeichnen.[86] Verlängert die Behörde die Entscheidungsfrist, weil der Antragsteller noch weitere Unterlagen vorzulegen hat, soll die Benennung eines Entscheidungszeitraums entbehrlich sein, weil die Behörde nicht beeinflussen kann, wann der Antragsteller seine Mitwirkungspflichten erfüllt.[87] Dem ist nicht zuzustimmen, weil eine ad infinitum verlängerte Frist niemals angemessen ist. Bei einer solchen Fallgestaltung ist zunächst zu prüfen, ob der Fristlauf trotz der Unvollständigkeit der Unterlagen schon begonnen hat (siehe Rdn. 16). Ansonsten ist dem Antragsteller eine Frist zu Vornahme der Mitwirkungshandlung zu setzen, ggf. kommt eine Ablehnung seines Antrags wegen Nichterfüllung der Mitwirkungspflichten in Betracht. Eine **formell rechtswidrige Fristverlängerung** ist **unwirksam**.[88]

82 Eine »geltungserhaltende Reduktion« ist hingegen nicht praktikabel; ablehnend auch *Uechtritz*, DVBl 2010, 684 (691).
83 A.A. teilweise BeckOK VwVfG/*Schemmer*, § 42a Rn. 13.1.
84 OVG Hamburg, Beschl. v. 05.08.2009 – 5 E 10/09, juris.
85 Kopp/*Ramsauer*, § 42a Rn. 29; Stelkens/Bonk/Sachs/*U. Stelkens*, § 42a Rn. 86.
86 VG Neustadt, Urt. v. 23.04.2012 – 3 K 804/11.NW, juris.
87 VGH Bayern, Beschl. v. 28.05.2008 – 11 CS 07.2935, juris.
88 VGH Baden-Württemberg, Beschl. v. 30.07.2018 – 9 S 1272/18, juris.

4. Verzicht

24 Der Antragsteller kann auf die Einhaltung der Entscheidungsfrist **verzichten.**[89] Die Genehmigungsfiktion dient in erster Linie dem Interesse des Antragstellers an der Verfahrensbeschleunigung und an baldiger Rechtssicherheit. Sie steht daher ebenso zur Disposition wie der Verzicht auf die sich aus der Genehmigungsfiktion ergebenden Rechte selbst. Der Antragsteller kann ein überwiegendes Interesse an dem Erlass einer ordnungsgemäßen Genehmigung unter Durchführung eines Verwaltungsverfahrens haben, etwa wenn Drittbetroffene beteiligt sind. Das öffentliche Interesse an der Verfahrensbeschleunigung ist demgegenüber nachrangig.

III. Bescheinigung (Abs. 3)

25 Die Genehmigungsfiktion entspricht in ihrer Wirkung zwar grundsätzlich einem tatsächlich erlassenen und bekannt gegebenen Verwaltungsakt. Der Begünstigte hat aber mangels Bekanntgabe des Verwaltungsakts kein Dokument in Händen, mit dem er die fingierte Genehmigung belegen kann. Auch ein Drittbetroffener oder ein anderer Beteiligter kann ein Interesse an einer schriftlichen Bestätigung der fingierten Genehmigung haben. Abs. 3 gewährt deshalb nicht nur dem Begünstigten, sondern allen, denen der entsprechende Verwaltungsakt gem. § 41 bekannt zu geben wäre, einen Anspruch gegen die Behörde auf schriftliche **Bescheinigung** des Eintritts der Genehmigungsfiktion. Die Bescheinigung erfüllt zwar die Funktion der Bekanntgabe bei einem ordnungsgemäß erlassenen VA; anders als diese ist sie aber **keine Wirksamkeitsvoraussetzung** und holt den VA auch nicht nach. Der Antragsteller hat einen **Rechtsanspruch** auf Ausstellung einer Bescheinigung, und zwar nicht nur an sich selbst, sondern auch an betroffene Dritte. Da ein VA auch betroffenen Dritten bekanntzugeben ist, haben auch diese einen Anspruch auf Ausstellung der Bescheinigung.[90] Der Empfang der Bescheinigung markiert zugleich den spätesten Zeitpunkt der Kenntnisnahme der Genehmigungsfiktion,[91] was für die Frage der Anfechtungsfristen von Bedeutung ist. Aus diesem Grund kann es sinnvoll sein, dass die Behörde **von Amts wegen** dem Antragsteller und/oder Drittbetroffenen den Eintritt der Genehmigungsfiktion bescheinigt, weil die fingierte Genehmigung andernfalls zeitlich nahezu unbegrenzt, d.h. bis zum Eintritt eines Verwirkungstatbestands, angefochten werden kann.[92] Um die Anfechtungsfristen zu verkürzen, kann auch eine **Rechtsmittelbelehrung** beigefügt werden, weil diese nicht zwingend mit der anfechtbaren Entscheidung zu verbinden ist.[93]

---

89 Str., wie hier OVG Sachsen-Anhalt, Urt. v. 29.10.2009 – 2 L 200/07, juris; VGH Hessen, Beschl. v. 13.08.2007 – 3 ZU 522/07, juris; VGH Baden-Württemberg, Urt. v. 17.09.1986 – 3 S 2277/85, BauR 1986, 678; a.A. *Jäde*, UPR 2009, 169 (171); a.A. Mann/Sennekamp/*Uechtritz*, § 42a Rn. 72.

90 Kopp/*Ramsauer*, § 42a Rn. 31.

91 BT-Drucks. 16/10493 S. 16.

92 *Schmitz/Prell*, NVwZ 2009, 1 (9).

93 Vgl. etwa Bader/Funke-Kaiser/Stuhlfauth/*von Albedyll*, VwGO § 58 Rn. 11; a.A. Jäde, UPR 169 (172).

Nach wohl überwiegender Ansicht ist die Bescheinigung **kein feststellender VA.**[94] Auch wenn die Bescheinigung Rechtsicherheit und -klarheit schafft, hat sie nach ihrem objektiven Erklärungswert keinen Regelungsgehalt. Die Genehmigungsfiktion und ihre Rechtsfolgen treten unabhängig von ihrer Bescheinigung ein. Die Behörde will die Genehmigungsfiktion auch nicht nachholen oder ersetzen, sondern nur deklaratorisch eine von Gesetzes wegen eingetretene Rechtslage dokumentieren. Umgekehrt kann vom objektiven Erklärungswert her nicht davon ausgegangen werden, dass die Behörde die fingierte Genehmigung aufheben will, wenn sie die Ausstellung einer positiven Bescheinigung ablehnt. Die gegenteilige Auffassung, die von der VA-Qualität der Bescheinigung ausgeht, würde auch dazu führen, dass u. U. zwei widersprüchliche Entscheidungen vorliegen, die beide in Bestandskraft erwachsen können, etwa wenn die Behörde zu Unrecht den Eintritt einer Genehmigungsfiktion verneint. Dies würde schwierige Rechtsfragen dazu aufwerfen, welcher der beiden sich widersprechenden VAe für den Antragsteller maßgeblich ist, und welchem VA im Kollisionsfall der Vorrang einzuräumen ist.[95] Der Rechtsschutz des Antragstellers und der Drittbetroffenen wird nach der hier vertretenen Auffassung nicht beeinträchtigt, weil eine **allgemeine Leistungsklage** auf Ausstellung der Bescheinigung erhoben werden kann. Bestreitet die Behörde den Eintritt der Genehmigungsfiktion als solche, kommt darüber hinaus eine **Feststellungsklage** in Betracht, die auf die Feststellung gerichtet ist, dass die Genehmigungsfiktion eingetreten ist.[96] Schließlich kann **hilfsweise** auch **Verpflichtungsklage** auf Erteilung der beantragten Genehmigung erhoben werden (siehe im Einzelnen Rdn. 13). 26

C. Verfahrensvorschriften des Sozialrechts sowie Verwaltungsverfahrensrecht der Länder

Die Verwaltungsverfahrensgesetze der Länder haben die Regelung zur Genehmigungsfiktion durchgehend wortgleich übernommen,[97] soweit sie nicht ohnehin dynamisch auf das VwVfG verweisen. 27

Das SGB X kennt die allgemeine Genehmigungsfiktion nicht. Die DLR nimmt das Sozialrecht von ihrem Anwendungsbereich aus.[98] Zumindest genehmigungsfiktionsähnliche Regelungen enthält aber § 13 Abs. 3a Satz 6 SGB V für die Genehmigung krankenversicherungsrechtlicher Leistungen und § 18 Abs. 3 SGB IX für die Genehmigung von Leistungen zur Teilhabe.

---

94 Str., wie hier Kopp/*Ramsauer*, § 42a Rn. 30; Knack/Henneke/*Schliesky*, § 42a Rn. 18; Stelkens/Bonk/Sachs/*U. Stelkens*, § 42a Rn. 97; Mann/Sennekamp/*Uechtritz*, § 42a Rn. 81; a.A. – im Baurecht – OVG Saarland, Urt. v. 12.02.2009 – 2 A 256/08, juris; *Guckelberger*, DÖV 2010, 109 (117); BeckOK VwVfG/*Schemmer*, § 42a Rn. 15.

95 *Guckelberger*, DÖV 2010, 109 (117).

96 A.A. *Jäde*, UPR 2009, 169 (172).

97 In der Regel als § 42a, in Schleswig-Holstein als § 111a LVwG.

98 Vgl. Erwägungsgründe 27 und 29.

Abschnitt 2 Bestandskraft des Verwaltungsaktes

§ 43 Wirksamkeit des Verwaltungsaktes

(1) [1]Ein Verwaltungsakt wird gegenüber demjenigen, für den er bestimmt ist oder der von ihm betroffen wird, in dem Zeitpunkt wirksam, in dem er ihm bekannt gegeben wird. [2]Der Verwaltungsakt wird mit dem Inhalt wirksam, mit dem er bekannt gegeben wird.

(2) Ein Verwaltungsakt bleibt wirksam, solange und soweit er nicht zurückgenommen, widerrufen, anderweitig aufgehoben oder durch Zeitablauf oder auf andere Weise erledigt ist.

(3) Ein nichtiger Verwaltungsakt ist unwirksam.

Schrifttum

Allesch, Zustellungsmängel und Wirksamkeit von Verwaltungsakten, NVwZ 1993, 544; *Brünnigmann*, Aus der Praxis: Erledigung ist nicht gleich Erledigung, JuS 2017, 650; *Ehlers*, Rechtsfragen der Existenz, Wirksamkeit und der Bestandskraft von Verwaltungsakten, Festschrift Erichsen, 2004, 1; *Erfmeyer*, Die Erledigung des Verwaltungsakts »auf andere Weise« im Sinne des § 43 Abs. 3 VwVfG, VR 2002, 329; *Erichsen/Hörster*, Die Bekanntgabe von Verwaltungsakten, Jura 1997, 659; *Erichsen/Knoke*, Bestandskraft von Verwaltungsakten, NVwZ 1983, 185; *Exner*, Die Erledigung im Widerspruchsverfahren, JuS 2015, 521; *Fischer*, Geltungsdauer der Baugenehmigung, BauR 2014, 2022; *Gmeiner*, Die Antragsrücknahme nach Bekanntgabe des Verwaltungsaktes, VR 2019, 327; *Grünenwald*, Zum Zeitpunkt der ersten rechtlichen Wirksamkeit von Verwaltungsakten im SGB X, SGb. 2019, 472; *Herrmann*, Aus dem Leben eines Verwaltungsakts, ZJS 2011, 25; *Ipsen*, Verbindlichkeit, Bestandskraft und Bindungswirkungen von Verwaltungsakten, Die Verwaltung 1984, 169; *Knöpfle*, »Tatbestands- und Feststellungswirkung« als Grundlage der Verbindlichkeit von gerichtlichen Entscheidungen und Verwaltungsakten, BayVBl 1982, 225; *Labrenz*, Keine Erledigung durch Vollziehung – Eine vollstreckungsrechtliche Entscheidung des BVerwG und ihre Folgen für die Effektivität des Rechtsschutzes, NVwZ 2010, 22; *Lascho*, Die Erledigung des Verwaltungsaktes als materiellrechtliches und verwaltungsprozessuales Problem, 2001; *Lenze,* Die Bestandskraft von VAen nach der Rechtsprechung des EuGH, VerwArch. 2006, 49; *Ortloff*, Zur Bindungswirkung des baurechtlichen Vorbescheids bei nachfolgender Änderung der Sach- und Rechtslage, NVwZ 1983, 705; *Rebler*, Zur Tatbestandswirkung und Feststellungswirkung von (rechtswidrigen) Verwaltungsakten, DVBl. 2017, 1279; *Ph. Reimer*, Die Erledigung des VA, Verw 2015, 259; *Ruffert*, Die Erledigung des Verwaltungsakts auf andere Weise, BayVBl *2003*, 33; *Schenke*, Die Erledigung eines Verwaltungsakts im Sinne des § 43 Abs. 2 VwVfG, Festschrift Peine, 2016, 503; *Schmidt-de Caluwe*, Die Wirksamkeit des Verwaltungsakts, VerwArch. 1999, 49; *Schnapp/Cordewener*, Welche Rechtsfolgen hat die Fehlerhaftigkeit eines Verwaltungsakts?, JuS 1999, 39; *D. Schroeder*, Zur Dogmatik der Bindungswirkungen von Verwaltungsakten, DÖV 2009, 217; *Skouris*, Die amtliche Bekanntgabe als Wirksamkeitsvoraussetzung, VerwArch. 1974, 264; *Steinweg*, Zeitlicher Regelungsgehalt des Verwaltungsakts, 2006; Windoffer, Die Bestandskraft von Verwaltungsakten und ihre Überwindung durch Betroffene, Jura 2017, 1274.

Übersicht

A. Allgemeines und Grundsätze

I. Gegenstand der Regelung

1 Die Norm enthält Bestimmungen über den Beginn und die Dauer bzw. das Ende der Wirksamkeit eines VA. Abs. 1 regelt den Zeitpunkt des Eintritts der Wirksamkeit des VA, die Personen, denen gegenüber der VA wirksam wird, und den Inhalt, mit dem der VA wirksam wird. Abs. 2 bestimmt die Dauer bzw. das Ende der Wirksamkeit des VA. Abs. 3 stellt schließlich klar, dass der nichtige VA unwirksam ist.

II. Systematische Stellung

2 § 43 bildet die einleitende Vorschrift des Abschnitts 2 in Teil III zum VA (§§ 35 ff.). Der Abschnitt trägt die Überschrift »Bestandskraft des Verwaltungsaktes«, ohne den Begriff »Bestandskraft« in einer der nachfolgenden Bestimmungen ein zweites Mal zu verwenden, und reicht bis § 52. Hier werden zentrale Vorschriften des Verwaltungsrechts zur Wirksamkeit und vor allem zur Rechtsbeständigkeit von VAen getroffen. Neben der Ausgangsnorm zur Wirksamkeit des VA in § 43 bestimmt § 44 die Voraussetzungen der Nichtigkeit des VA, § 45 die Möglichkeiten der Heilung von Verfahrens- und Formfehlern, § 46 die (teilweise begrenzten) Folgen von Verfahrens- und Formfehlern sowie § 47 die Möglichkeit der Umdeutung eines fehlerhaften VA.

Sodann enthält der Abschnitt über die Bestandskraft von Verwaltungsakten die überaus bedeutsamen Vorschriften über die Aufhebung von VAen in den §§ 48, 49, 50 und 51. Spezielle Fälle von Erstattungs- und Herausgabeansprüchen bei Aufhebung oder Unwirksamwerden von VAen regeln schließlich die §§ 49a und 52.

3 Mit § 41, der Regelung über die Bekanntgabe des VA, steht § 43 in enger Verbindung. § 41 normiert, wenn auch unvollständig, die Voraussetzungen der Bekanntgabe. Diese bildet wiederum die Voraussetzung für das Wirksamwerden des VA nach § 43 Abs. 1 Satz 1.

III. Entstehungsgeschichte

4 § 43 entspricht bis heute praktisch unverändert dem Gesetz vom 25.05.1976[1], das insoweit wörtlich auf dem Gesetzentwurf vom 18.07.1973[2] basiert, ergänzt um den in Abs. 1 eingefügten Satz 2 auf der Grundlage des Berichts und Antrags des Innenausschusses vom 18.12.1975.[3] Lediglich im Zuge der Bekanntmachung der Neufassung vom 21.01.2003[4] erfolgte durch das jeweilige Trennen des Wortes »bekanntgegeben« in Abs. 1 Satz 1 und 2 eine Anpassung an die neue Rechtschreibung.

B. Die Vorschrift im Einzelnen

I. Wirksamkeit des VA

1. Begriff und Rechtsfolgen

a) Definition

5 Der Begriff der Wirksamkeit wird in § 43 nicht selbst definiert. Von Anfang an hat sich daher das Schrifttum um eine Definition bemüht, ohne dass im Ergebnis Einigkeit erreicht werden konnte. In vielen Bereichen des Verwaltungsrechts sind grundlegende Begriffe nicht geklärt. Dazu zählt neben dem der **Wirksamkeit** auch der Begriff der Existenz. Vorliegend wird ein VA als wirksam bezeichnet, der **rechtliche Geltung** besitzt. Anders ausgedrückt ist der VA wirksam, wenn die im VA enthaltene Regelung rechtlich gilt.

6 Nicht gefolgt wird hier zudem den Auffassungen, die im Anschluss an die Gesetzentwurfsbegründung, nach der § 43 (§ 39 EVwVfG) das Existentwerden und Existentbleiben des VA regelt[5], Wirksamkeit mit **Existenz** des VA gleichsetzen.[6] Das kann

---

1 BGBl. I S. 1253.
2 BT-Drucks. 7/910, S. 63.
3 BT-Drucks. 7/4494, S. 8 f.
4 BGBl. I S. 102.
5 BT-Drucks. 7/910, S. 63.
6 Obermayer/*Schäfer*, 3. Aufl., § 43 Rn. 1; *Erichsen/Hörster*, Jura 1997, 659; Hk-VerwR/*Schwarz*, § 43 Rn. 1; Knack/Henneke/*Peuker*, § 43 Rn. 9; dagegen wie hier etwa *Ehlers*,

schon deshalb nicht überzeugen, weil auch der nichtige VA existent ist (und deshalb auch Gegenstand von Widerspruch und Anfechtungsklage sein kann), aber gleichzeitig – nach der Regelung des § 43 Abs. 3 – unwirksam, also »nicht wirksam« ist. Die Gegenmeinung muss davon ausgehen, dass in § 43 unterschiedliche Wirksamkeitsbegriffe verwendet werden. Existent ist ein VA nach hier verwendeter Terminologie, wenn er zumindest einer Person gegenüber bekanntgegeben worden ist. Die **Bekanntgabe** führt also stets zur Existenz, aber nur grundsätzlich auch zur Wirksamkeit des VA.

b) Trennung von äußerer und innerer Wirksamkeit

7 Fast durchgängig geht das Schrifttum im Anschluss an die Rechtsprechung[7] heute davon aus, dass zwischen äußerer und innerer Wirksamkeit eines VA zu unterscheiden sei, wie dies schon die Gesetzentwurfsbegründung aus dem Jahr 1973 andeutet. Die **äußere Wirksamkeit** wird dabei als Rechtsbeständigkeit[8], als rechtliche Existenz[9] oder als Bindung des Adressaten oder Betroffenen an den VA[10] verstanden. Die **innere Wirksamkeit** eines VA soll schließlich gegeben sein, wenn der VA die in ihm enthaltenen materiellen Rechtswirkungen auch tatsächlich auslöst[11].

8 Unabhängig von der Kritikwürdigkeit einzelner Definitionen oder Umschreibungen erscheint die **Trennung zwischen innerer und äußerer Wirksamkeit insgesamt fragwürdig.** Ihr wird hier nicht gefolgt. Mit dem Eintritt der Wirksamkeit durch die Bekanntgabe des VA gem. § 41 wird der VA demjenigen gegenüber, dem er bekanntgegeben wurde, gem. § 43 Abs. 1 Satz 1 wirksam, sofern keine Nichtigkeit nach § 44 gegeben ist. Die Wirksamkeit tritt so ein, wie dies der VA (also dessen Regelung) vorsieht. Welche Rechtsfolgen ausgelöst werden, bestimmt der VA (sein Inhalt) selbst. Dazu gehört auch, dass der Zeitpunkt des Eintritts der Rechtsfolgen oder ihre Dauer durch den VA bestimmt werden können.[12] Wenn nach h.M. die innere und die äußere Wirksamkeit auseinanderfallen, so handelt es sich um nichts anderes als um Auswirkungen des Regelungsinhalts oder der im VA selbst enthaltenen Bedingungen oder Befristungen (gem. § 36 Abs. 2). Die Wirksamkeit (und damit die Geltung) des

---

FS Erichsen, S. 2 ff; *Maurer*, Allg VerwR, § 9 Rn. 66; *Schmidt-de Caluwe*, VerwArch. 1999, 49, 57 ff.; Wolff/Decker/*Wolff* § 43 Rn. 5 f.; Stelkens/Bonk/Sachs/*Sachs*, § 43 Rn. 165; BeckOK VwVfG/*Schemmer*, § 43 Rn. 6 ff.; wieder anders Mann/Sennekamp/Uechtritz/*Leisner-Egensperger*, § 43 Rn. 4: Gleichsetzung von formeller Wirksamkeit und Existenz.

7 Siehe nur BVerwG, Urt. v. 21.06.1961 – 8 C 398.59, BVerwGE 13, 1 (7); Urt. v. 01.02.1978 – 6 C 9.77, BVerwGE 55, 212 (215); Urt. v. 06.06.1991 – 3 C 46.86, BVerwGE 88, 278 (281); Urt. v. 20.04.2005 – 9 C 4.04, BVerwGE 123, 292 – juris Rn. 25; Urt. 19.04.2011 – 1 C 2.10, BVerwGE 139, 337 – juris Rn. 13.

8 Stelkens/Bonk/Sachs/*Sachs*, § 43 Rn. 164; ähnlich Wolff/Decker/*Wolff*, § 43 Rn. 3.

9 Knack/Henneke/*Peuker*, § 43 Rn. 9; wohl auch Pautsch/Hoffmann/*Pautsch*, § 43 Rn. 3.

10 Kopp/*Ramsauer*, § 43 Rn. 5; Hk-VerwR/*Schwarz*, § 43 Rn. 8.

11 Kopp/*Ramsauer*, § 43 Rn. 6; Hk-VerwR/*Schwarz*, § 43 Rn. 9; ähnlich *Ehlers*, FS Erichsen, S. 3.

12 BVerwG, Urt. v. 06.06.1991 – 3 C 46.86, BVerwGE 88, 278, 281 – juris Rn. 19.

VA besteht mit der ordnungsgemäßen Bekanntgabe von Anfang an ohne Einschränkung.[13] Alles andere ist eine Frage des Inhalts der Regelung.

c) Relative Wirksamkeit

9 Wie der Gesetzestext in Abs. 1 Satz 1 klarstellt, handelt es sich bei der Wirksamkeit stets um eine **relative Wirksamkeit in Bezug auf einzelne konkrete Personen.** Da der Eintritt der Wirksamkeit vom Zeitpunkt der Bekanntgabe gegenüber dem Adressaten oder anderen Betroffenen gem. § 41 abhängt, kann ein VA zu unterschiedlichen Zeitpunkten gegenüber verschiedenen Personen wirksam werden.

10 Ist ggü. einem Mitbetroffenen die notwendige Bekanntgabe eines bereits erlassenen VA unterblieben, so ist der VA ggü. allen Betroffenen wegen eines Verfahrensfehlers fehlerhaft. § 45 Abs. 1 und Abs. 2 sind entsprechend, § 46 unmittelbar anwendbar. Für den Betroffenen, dem der VA **nicht bekannt gegeben** worden ist, beginnen Rechtsmittelfristen nicht zu laufen; ihm ggü. **kann aus dem VA nicht vollstreckt werden.**

11 Ob ein VA auch gegenüber **Rechtsnachfolgern** wirksam ist, wird meist danach beurteilt, ob der VA höchstpersönliche Rechte oder Pflichten begründet oder nicht.[14] Da jedoch weitgehend keine Kriterien dafür existieren, wann ein Recht oder eine Pflicht als »höchstpersönlich« anzusehen ist, stellt sich die Zuordnung häufig als petitio principii dar. Notwendig ist deshalb neben einem grundsätzlich nachfolgefähigen Inhalt ein gesetzlicher Rechtsnachfolgetatbestand, aus dem die Anordnung des Übergangs des Rechts oder der Pflicht entnommen werden kann.[15]

d) Rechtsfolgen

aa) Bindungswirkung

12 Folge eines wirksamen VA ist es zunächst, dass die in ihm angeordneten Rechtsfolgen entsprechend dem Inhalt der Regelung gelten. So werden die **Beteiligten** (der Adressat und gegebenenfalls etwaige Dritte) durch den VA **berechtigt oder verpflichtet.**[16] Auch der Träger der erlassenden Behörde kann entsprechend berechtigt oder verpflichtet sein. Neben dieser unmittelbaren Folge der Wirksamkeit geht von dem wirksamen VA eine Bindungswirkung aus, die von dem vorausgehend beschriebenen unmittelbaren Regelungsinhalt des VA begrifflich getrennt werden sollte. Mit dieser Bindungswirkung ist gemeint, dass der **VA nach seinem Wirksamwerden nicht mehr unbegrenzt beseitigt bzw. aufgehoben werden darf.** Die Aufhebung erfolgt vielmehr nur noch im Rahmen eines Widerspruchs- oder Klageverfahrens oder unter den Voraussetzungen

---

13 Die hier vertretene Ansicht folgt damit der Ansicht von *Schmidt-de Caluwe*, VerwArch. 1999, 49, 54 ff., 62 ff.

14 Wolff/Decker/*Wolff*, § 43 Rn. 32; s.a. Kopp/*Raumsauer*, § 43 Rn. 13 ff.

15 Vgl. Kopp/*Ramsauer*, § 43 Rn. 13e, zur Rechtsnachfolge in polizeiliche Pflichten s. *Schenke*, Verwaltungsprozessrecht, Rn. 292; für das Baurecht s. *Guckelberger*, VerwArch. 1999, 459 ff.

16 Siehe auch *Ziekow*, § 43 Rn. 3.

der §§ 48 ff., die die begrenzte Aufhebbarkeit auch für die zuständige Behörde belegen. Zudem wird mit dem Begriff der Bindungswirkung auch der Umstand bezeichnet, dass die Behörde **gehindert** ist, bei Fortbestand des VA **abweichende Entscheidungen zu treffen.** Keine Voraussetzung der Bindungswirkung (oder materiellen Bestandskraft – Rdn. 13) ist die Unanfechtbarkeit des VA (formelle Bestandskraft).[17]

bb) Bestandskraft

Mit der hier vertretenen Bedeutung der Bindungswirkung ist der Begriff der **materiellen Bestandskraft** identisch, der in der Überschrift des Abschnitts 2 (§§ 43 bis 52) verwendet wird. Im Unterschied dazu ist unter der **formellen Bestandskraft** die Unanfechtbarkeit des Verwaltungsakts zu verstehen, also die fehlende Möglichkeit, den VA mit Widerspruch oder (Anfechtungs-) Klage anzugreifen. Die Voraussetzungen für die Unanfechtbarkeit werden allerdings nicht durch das VwVfG, sondern durch die Prozessrechtsvorschriften (etwa §§ 70, 74 VwGO) geregelt.[18] 13

cc) Vollziehbarkeit

Die Vollziehbarkeit eines VA ist die regelmäßige Folge eines wirksamen VA, die meist noch von besonderen Voraussetzungen abhängig ist (z.B. Fristen, Unanfechtbarkeit oder einer Anordnung der sofortigen Vollziehbarkeit). Die Vollziehbarkeit eines VA kann aufgeschoben oder ausgesetzt werden (vgl. § 80 VwGO); umstritten ist, ob Widerspruch und Anfechtungsklage nur die Vollziehbarkeit des VA oder auch dessen Wirksamkeit hemmen. Um die aufschiebende Wirkung auch bei rechtsgestaltenden VAen, die sich selbst »vollziehen«, angemessen erfassen zu können, reicht die vor allem von Teilen der Rechtsprechung befürwortete Annahme der fortdauernden Wirksamkeit bei bloßer Nichtvollziehbarkeit (Vollziehbarkeitstheorie[19]) nicht aus. Überzeugend ist im Ergebnis eine **eingeschränkte Wirksamkeitstheorie**, nach der die Wirksamkeit vorläufig gehemmt wird, was bedeutet, dass der VA während dieser Phase schwebend unwirksam ist. Nach Wegfall der aufschiebenden Wirkung tritt die Wirksamkeit wieder rückwirkend ein.[20] 14

e) Tatbestandswirkung

Soweit gesetzlich nichts anderes bestimmt ist, beschränkt sich die Verbindlichkeit von VAen ggü. anderen Behörden und Gerichten auf die Tatbestandswirkung. Diese hat zur Folge, dass der VA und die durch ihn für einen bestimmten Rechtsbereich getroffene Regelung von dem Betroffenen, von Dritten, Gerichten und Behörden während der Wirkungsdauer des VA als gegeben hinzunehmen und – von den Gerichten und Behörden – den eigenen Entscheidungen zugrunde zu legen ist, auch wenn sie den 15

17 So aber Mann/Sennekamp/Uechtritz/*Leisner-Egensperger*, § 43 Rn. 20.
18 Abzulehnen ist es, wenn Mann/Sennekamp/Uechtritz/*Leisner-Egensperger*, § 43 Rn. 17, die Unanfechtbarkeit verneint, wenn über den verfristeten Widerspruch entschieden wird.
19 BVerwG, Urt. v. 17.08.1995 – 3 C 17.94, BVerwGE 99, 109 – juris Rn. 32.
20 Kopp/Schenke, VwGO, § 80 Rn. 22 m.w.N.; *Schenke*, Verwaltungsprozessrecht, Rn. 948 ff.

VA für rechtswidrig halten.[21] Die Reichweite der Tatbestandswirkung eines VA wird durch dessen regelungsgehalt bestimmt.[22]

16 Keine Tatbestandswirkung steht in den Verfahren entgegen, in denen es um die Kontrolle der Rechtmäßigkeit des VA geht.[23] Dies gilt auch für die Zivilgerichte in Amtshaftungsfällen. Umstritten ist die Reichweite der Bindungswirkung in Form der Tatbestandswirkung von Ablehnungsbescheiden.[24]

f) Feststellungswirkung

17 Im Unterschied zur Tatbestandswirkung handelt es sich bei der Feststellungswirkung darum, dass tatsächliche oder rechtliche Feststellungen, auf denen der VA beruht, mit in die Bindungswirkung einbezogen werden.[25] Dabei kann es sich auch um vorgreifliche Rechtsfragen handeln, die nicht selbst Regelungsgegenstand des VA sind. Diese Feststellungswirkung besteht nur in den (Ausnahme-) Fällen, in denen sie gesetzlich angeordnet ist.[26]

2. Beginn der Wirksamkeit (Abs. 1 Satz 1)

a) Voraussetzungen des Wirksamwerdens

18 Nach Satz 1 wird ein VA ggü. demjenigen, für den er bestimmt ist oder der von ihm betroffen wird, in dem Zeitpunkt wirksam, in dem er ihm bekannt gegeben wird. Aus dieser Regelung, die vor allem auf den Zeitpunkt des Wirksamwerdens ausgerichtet ist, ist als Voraussetzung für das Wirksamwerden des VA die **Bekanntgabe** abzuleiten.

19 Die Bekanntgabe ist die **Eröffnung des VA an den Adressaten oder anderen Betroffenen mit dem Willen der erlassenden Behörde, dem Empfänger die Kenntnisnahme zu ermöglichen**[27]. Durch die Bekanntgabe informiert die Behörde den Betroffenen darüber, was sie als für ihn rechtens einseitig festgesetzt hat.[28]

20 Auch wenn der VA i.S.d. verfügenden Teils und seine Begründung wegen der Anforderungen des § 39 regelmäßig eine Einheit bilden, so bezieht sich die Anforderung der Bekanntgabe doch **nur** auf den **verfügenden Teil**, den VA selbst. Die Bekanntgabe ist

---

21 BVerwG, Urt. v. 28.11.1986 – 8 C 122.84 – 125.84, Buchholz 454.4 § 83 2. WoBauG Nr. 21; Urt. v. 27.10.1998 – 1 C 19.97, Buchholz 451.09 IHKG Nr. 13; Urt. v. 24.10.2001 – 8 C 32.00, Buchholz 428 § 1 Abs. 3 VermG Nr. 31 – juris Rn. 34; Kopp/*Ramsauer*, § 43 Rn. 16 ff.; *Rebler*, DVBl 2017, 1279; *Windoffer*, Jura 2017, 1275.

22 BVerwG, Urt. v. 11.12.2014 – 3 C 6.13, juris Rn. 18; VGH Baden-Württemberg, Urt. v. 20.06.2018 – 9 S 652/16, juris Rn. 26.

23 BGH, Urt. v. 15.11.1990 – III ZR 302/89, juris Rn. 12; *Windoffer*, Jura 2017, 1275.

24 BVerwG, Urt. v. 17.10.1989 – 1 C 18.87, juris Rn. 18; a.A. VGH Bayern, Beschl. v. 23.11.2015 – 1 ZB 15.1978, juris Rn. 5 ff.

25 S. auch *Rebler*, DVBl 2017, 1280.

26 BVerwG, Urt. v. 10.10.2006 – 8 C 23.05, Buchholz 428 § 1 Abs. 2 VermG Nr. 35 – juris Rn. 35; Kopp/*Ramsauer*, § 43 Rn. 27.

27 Siehe oben § 41 Rn. 4.

28 Stelkens/Bonk/Sachs/*U. Stelkens*, § 41 Rn. 1.

daher erfolgt und der VA auch dann wirksam geworden, wenn ihm keine Begründung beigefügt ist, was sich ebenfalls aus § 45 Abs. 1 Nr. 2 ableiten lässt.[29]

Die **Wirksamkeit** tritt gem. § 43 Abs. 1 Satz 1 **im Zeitpunkt der Bekanntgabe** ein. 21
Diesen Zeitpunkt regelt vor allem § 41 Abs. 2 und 4.

Keine Voraussetzung für die Wirksamkeit des VA ist seine **Rechtmäßigkeit.** Auch 22
rechtswidrige VAe sind grundsätzlich wirksam, wie § 43 Abs. 2 und 3, aber auch die §§ 44 Abs. 3, 45, 46 und 48 zeigen; nur der nichtige VA bildet eine Ausnahme.

Wirksam ist ein VA grundsätzlich auch, bei dem die nach dem Fachrecht **notwen-** 23
dige Zustimmung des Betroffenen fehlt. Zwar können Bundes- oder Landesgesetze des Fachrechts auch zusätzliche Wirksamkeitsvoraussetzungen aufstellen. Regelmäßig wird es sich aber (nur) um Rechtmäßigkeitsvoraussetzungen handeln. Daher handelt es sich in den in der Literatur diskutierten Fällen sog. **schwebender Unwirksamkeit**[30] regelmäßig richtigerweise um wirksame, aber rechtswidrige VAe, bei denen gegebenenfalls noch die Möglichkeit zur Heilung gem. § 45 besteht.

b) Inhalt des VA (Abs. 1 Satz 2)

Satz 2 bestimmt, dass der VA mit dem Inhalt wirksam wird, mit dem er bekannt ge- 24
geben worden ist. Nicht in den VA aufgenommene Nebenabreden, die dessen Inhalt ändern oder ergänzen, sind unwirksam. Eine abweichende Urschrift des VA, die bei den Behördenakten verblieben ist, ist mangels Bekanntgabe irrelevant. Der Inhalt des VA ist ggf. durch Auslegung zu ermitteln, d.h. es ist zu fragen, wie der Empfänger die Erklärung verstehen durfte. Unklarheiten gehen zulasten der Behörde.

Die Rechtswirkung beschränkt sich grundsätzlich (zur Ausnahme bei der Feststel- 25
lungswirkung s.o. Rdn. 17) auf die Regelung selbst, zu der die Begründung nicht gerechnet werden kann. Letztere kann nur zur Auslegung des Verfügungssatzes herangezogen werden.[31]

3. Dauer der Wirksamkeit eines VA (Abs. 2)

Nach Abs. 2 bleibt ein VA, der i.S.d. Abs. 1 wirksam geworden und nicht unwirksam 26
i.S.d. Abs. 3 ist, wirksam, solange und soweit er nicht zurückgenommen, widerrufen, anderweitig aufgehoben oder durch Zeitablauf oder auf andere Weise erledigt ist.

29 Zu den weiteren Voraussetzungen einer wirksamen Bekanntgabe siehe die Kommentierung zu § 41 Rn. 4 ff., insb. zum Bekanntgabewillen der Behörde und zum Zugang der Erklärung.

30 Stelkens/Bonk/Sachs/*Sachs*, § 43 Rn. 183; abzulehnen auch Mann/Sennekamp/Uechtritz/*Leisner-Egensperger*, § 43 Rn. 51; die Möglichkeit schwebender Unwirksamkeit generell verneinend etwa Kopp/*Ramsauer*, § 43 Rn. 37; *Ziekow*, § 43 Rn. 12.

31 Kopp/*Ramsauer*, § 43 Rn. 31; Hk-VerwR/*Schwarz*, § 43 Rn. 24; a.A. Knack/Henneke/*Peuker*, § 43 Rn. 30.

Abs. 2 bestimmt damit abschließend die Gründe für den Wegfall der Wirksamkeit des VA.[32]

27 Das Gesetz kennt zwei Fallgruppen der Beendigung der Wirksamkeit: **die Aufhebung und die Erledigung.** Für beide Fallgruppen werden mehrere Unterfälle genannt.

28 Nach der **ersten Alternative** der Vorschrift dauert die **Wirksamkeit** eines VA an **bis zu seiner Aufhebung** durch die Behörde durch Rücknahme oder Widerruf – gestützt auf §§ 48, 49, auf einschlägige spezialgesetzliche Regelungen oder im Rahmen eines Neuerlasses nach einem Wiederaufgreifen gem. § 51 – oder die anderweitige Aufhebung. Zu letzterer zählen vor allem die Aufhebung im Widerspruchsverfahren durch die Widerspruchsbehörde nach §§ 72, 73 VwGO bzw. das Verwaltungsgericht nach näherer Maßgabe von § 113 Abs. 1 oder Abs. 5 VwGO. Auch eine **Rechtswidrigkeitsfeststellung** im Rahmen einer Fortsetzungsfeststellungsklage gem. § 113 Abs. 1 Satz 4 VwGO ist nach Ansicht des BVerwG einem Aufhebungsurteil gleichzustellen.[33] Schließlich ist eine anderweitige Aufhebung ausnahmsweise sogar durch Gesetz denkbar.[34]

29 Nach der **zweiten Alternative** der Vorschrift kann ein VA (der nicht aufgehoben wurde) seine Wirksamkeit auch durch seine **Erledigung** verlieren. Von einer Erledigung ist auszugehen, wenn der VA seine regelnde Wirkung verloren hat.[35] Wie das Gesetz selbst vorgibt, kann eine Erledigung durch **Zeitablauf** eintreten, etwa bei auflösend befristeten oder bedingten Regelungen.[36] Neben dem Zeitablauf verweist das Gesetz nur auf die Möglichkeit der Erledigung »**auf andere Weise**«. Die Feststellung einer solchen Erledigung wirft viele Fragen auf. Anerkannt ist die Erledigung etwa bei einem **Wegfall des Regelungsobjektes**, was z.B. beim Wegfall einer Genehmigungspflicht im Hinblick auf den Genehmigungsbescheid gegeben ist.[37] Fällt dagegen im Wege der Rechtsänderung das Recht zur Genehmigungserteilung weg, so bleibt der VA grundsätzlich wirksam, kann aber evtl. aufgehoben werden.[38] Eine nachträgliche

32 A.A. Kopp/*Ramsauer*, § 43 Rn. 40 mit Verweis auf die Tatbestandsvoraussetzung »oder in anderer Weise«; richtigerweise bestätigt diese Variante nur den abschließenden Charakter der Regelung.

33 BVerwG, Urt. v. 20.11.1997 – 5 C 1.96, BVerwGE 105, 370 (372 f.); Urt. v. 31.01.2002 – 2 C 7.01, BVerwGE 116, 1 (3 ff.); Stelkens/Bonk/Sachs/*Sachs*, § 43 Rn. 202; Kopp/*Ramsauer*, § 43 Rn. 40b; Hk-VerwR/*Schwarz*, § 43 Rn. 34; BeckOK VwVfG/*Schemmer*, § 43 Rn. 47; Kopp/Schenke, VwGO, § 90 Rn. 8 m.w.N. Bei dieser Rechtsprechung dürfte es sich aber eher um einen rechtsdogmatisch missglückten Versuch zur Erzielung eines sinnvollen Ergebnisses handeln, das auch auf anderem Wege erreichbar gewesen wäre.

34 Stelkens/Bonk/Sachs/*Sachs*, § 43 Rn. 203.

35 Stelkens/Bonk/Sachs/*Sachs*, § 43 Rn. 204; *Erfmeyer*, VR 2002, 329 (331).

36 So für den zeitlich befristeten Unterrichtsausschluss eines Schülers OVG Nordrhein-Westfalen, Beschl. v. 18.04.2018 – 19 B 463/18, juris Rn. 2.

37 *Tegethoff*, NVwZ 2018, 1084.

38 Nicht überzeugend BVerwG, Urt. v. 28.02.2018 – 6 C 48.16, juris Rn. 22, mit der Annahme, Bescheide über die Befreiung von der Rundfunkgebührenpflicht seien gegenstandslos geworden, wenn der konkrete Befreiungstatbestand nicht vom neuen Rundfunkgebührenstaatsvertrag übernommen wurde.

Sach- oder Rechtslageänderung lässt die Wirksamkeit des VA grundsätzlich unberührt.[39] Anerkannt ist die Erledigung weiter bei Ersetzung eines vorläufigen durch einen endgültigen VA,[40] in Fällen einer inhaltlichen Überholung des VA durch eine neue Sachentscheidung, bei einem einseitigen Verzicht[41] oder in solchen Fällen von Änderungen der Sach- oder Rechtslage, in denen der VA gegenstandslos geworden ist.[42] Dazu zählen auch die Fälle, in den bei einem akzessorischen VA der HauptVA aufgehoben wird. Auch der Fall des **Wegfalls des Regelungssubjektes**, also des Adressaten des VA, kann zu einer Erledigung führen, wenn der VA keine Wirkungen für den Rechtsnachfolger auslöst[43]. Weiter sind die Fälle zu nennen, in denen der VA ausgehend von seinem Regelungsgehalt keine regelnde Wirkung mehr entfalten kann, sich seine Rechtswirkungen also erschöpft haben.[44] Eine Erledigung ist bspw. anzunehmen, wenn die Erteilung einer Genehmigung dadurch hinfällig wird, dass nach einem später erlassenen Gesetz die Genehmigungspflichtigkeit des Handelns wegfällt, der Begünstigte auf die Wahrnehmung seiner Rechte aus dem VA verzichtet[45] oder der durch einen höchstpersönlichen VA Berechtigte oder Verpflichtete verstirbt.[46] Eine (auch mehrjährige) Nutzungsunterbrechung einer Anlage führt nicht allein aufgrund Zeitablaufs zu einer Erledigung der Baugenehmigung.[47]

Umstritten sind die Rechtswirkungen einer Antragsrücknahme in einem Antragsverfahren nach Bekanntgabe des VA. Während teilweise von der Möglichkeit einer solchen Antragsrücknahme mit der Wirkung der Erledigung ausgegangen wird,[48] besteht eine solche Dispositionsmöglichkeit nach Bekanntgabe richtigerweise nicht mehr.[49] **30**

39 OVG Niedersachsen, Beschl. v. 21.04.2017 – 7 ME 20/17, juris Rn. 13.

40 BVerwG, Urt. v. 31.01.2017 – 6 C 2.16, juris Rn. 14.

41 BGH, Urt. v. 20.06.2016 – AnwZ (Brfg) 56/15, juris LS 1.

42 BVerwG, Urt. v. 17.08.2011 – 6 C 9.10, BVerwGE 140, 221 – juris Rn. 43; Urt. v. 09.05.2012 – 6 C 3.11, juris Rn. 19 ff.; Beschl. v. 06.10.2015 – 3 B 9.15, juris Rn. 7; OVG Berlin-Brandenburg, Urt. v. 08.11.2018 – OVG 2 B 4.17, juris Rn. 17; Stelkens/Bonk/Sachs/*Sachs*, § 43 Rn. 212; Waldhoff, JuS 2016, 767; bejaht auch von OVG Nordrhein-Westfalen, Beschl. v. 28.06.2016 – 7 A 1371/13, juris Rn. 33, für eine Baugenehmigung, bei der die bauliche Anlage so verändert wurde, dass keine Identität mit der ursprünglich genehmigten Anlage mehr gegeben war; ebenso OVG Saarland, Urt. v. 06.11.2018 – 1 A 170/16, juris Rn. 54, für eine Spielhallenerlaubnis durch eine bauliche Erweiterung der Spielhalle.

43 BVerwG, Urt. v. 29.04.2015 – 6 C 39.13, juris Rn. 14; *Ehlers*, FS Erichsen, S. 1 (7); Stelkens/Bonk/Sachs/*Sachs*, § 43 Rn. 210.

44 Stelkens/Bonk/Sachs/*Sachs*, § 43 Rn. 209 ff.

45 BVerwG, Urt. v. 15.12.1989 – 4 C 36.86, BVerwGE 84, 209 (211).

46 BVerwG, Urt. v. 23.01.1990 – 8 C 37.88, BVerwGE 84, 274.

47 OVG Nordrhein-Westfalen, Beschl. v. 18.04.2017 – 2 A 916/15, juris Rn. 16; OVG Sachsen, Beschl. v. 28.10.2019 – 1 B 7/19, juris Rn. 31 ff.

48 Kopp/*Ramsauer*, § 22 Rn. 90; Hk-VerwR/*Schwarz*, § 22 Rn. 50; Huck/Müller, § 22 Rn. 50.

49 *Gmeiner*, VR 2019, 327 f.; Stelkens/Bonk/Sachs/*Schmitz*, § 22 Rn. 71.

31 Häufig tritt die Erledigung mit **Wirkung ex nunc** und nicht ex tunc ein.[50] Unter dem Gesichtspunkt des Umfangs des Wegfalls der Wirksamkeit unterscheiden sich die Alternativen »Aufhebung« und »Erledigung« in § 43 Abs. 2 nicht generell. Auch die Aufhebung kann mit Wirkung ex nunc erfolgt sein. Genau genommen bleibt in diesen Fällen die Wirksamkeit des VA teilweise (in zeitlicher Hinsicht) erhalten, was auch im Wortlaut des Abs. 2 (»… bleibt wirksam, … soweit er nicht … aufgehoben oder … erledigt ist«) zum Ausdruck kommt.

32 Gerade aus der in ihrer Wirkung u. U. beschränkten Erledigung folgt auch die zentrale **Differenz zum Begriff der Erledigung in § 113 Abs. 1 Satz 4 VwGO.** Ein VA, der i.S.d. § 43 Abs. 2 als erledigt anzusehen ist, muss nicht notwendigerweise auch erledigt sein i.S.d. § 113 Abs. 1 Satz 4 VwGO. So ist der nur ex nunc erledigte VA gem. § 43 Abs. 2 erledigt, nicht aber auch im Hinblick auf § 113 Abs. 1 Satz 4 VwGO. Dieser Umstand wird häufig in der Diskussion um die Parallelität der Begriffe im materiellen Recht und im Prozessrecht nicht hinreichend beachtet, obwohl dieselbe Problematik doch auch bei einer Aufhebung eines VA mit Wirkung ex nunc gegeben ist, dort aber niemand vertreten würde, dass dieser VA (bzw. der weiterhin wirksame RestVA) nicht noch Gegenstand einer Anfechtungs- oder Verpflichtungsklage sein könnte. Aus diesem Grund tritt idR – entgegen der h.M.[51] – auch eine **Erledigung** i.S.d. § 43 Abs. 2 **durch Vollziehung oder Vollstreckung** des VA insoweit ein, als die Regelungswirkung hinsichtlich des Gebots, das zur Vollziehung oder Vollstreckung geführt hat, entfällt. Hier liegt nur keine Erledigung i.S.d. § 113 Abs. 1 Satz 4 VwGO vor. Ein weiterer, von beiden genannten Regelungen zusätzlich zu unterscheidender Erledigungsbegriff findet sich in § 161 Abs. 2 VwGO, die Erledigung des Rechtsstreits.[52]

33 Es geht bei der Annahme einer Erledigung i.S.d. § 43 Abs. 2 folglich nicht um eine »vollständige« Erledigung aller Regelungswirkungen des VA. Wie schon die Fälle der Aufhebung des VA ex nunc zeigen, können in den Fällen, in denen § 43 Abs. 2 von einer Erledigung spricht, aufgrund der (fortdauernden) Wirksamkeit für die Vergangenheit auch bei einem erledigten VA Regelungswirkungen fortbestehen. In § 43 Abs. 2 geht es folglich nicht um eine »absolute« Unwirksamkeit durch die Erledigung. Beschrieben wird mit dem Erledigungsbegriff in diesem Fall nur das Ende der Wirksamkeit der im VA enthaltenen Regelung für die Zukunft. Dass der VA z.B. weiterhin Rechtsgrundlage für seine Vollstreckung und den daran anknüpfenden Kostenerstattungsanspruch bleibt, ändert nichts daran, dass er nach § 43 Abs. 2 als erledigt zu bezeichnen ist. Dies belegt die Unterschiede zwischen den Erledigungsbegriffen in § 43 Abs. 2 und § 113 Abs. 1 Satz 4 VwGO.

50 *Ehlers*, FS Erichsen, S. 1 (7).

51 BVerwG, Urt. v. 25.09.2008 – 7 C 5.08, NVwZ 2009, 122 – juris Rn. 13; OVG Sachsen-Anhalt, Urt. v. 23.10.2019 – 2 L 51/17, juris Rn. 34; VGH Baden-Württemberg, Beschl. v. 17.01.2018 – 1 S 2794/17, juris Rn. 4; Kopp/*Ramsauer*, § 43 Rn. 41b; Stelkens/Bonk/Sachs/*Sachs*, § 43 Rn. 215; *Ziekow* § 43 Rn. 19; wohl ebenso *Brünnigmann*, JuS 2017, 651.

52 S. dazu – trotz der Behandlung des § 43 Abs. 2 VwVfG in Abgrenzung zu § 113 Abs. 1 Satz 4 VwGO – *Brünnigmann*, JuS 2019, 650 ff.

II. Unwirksamkeit eines nichtigen VA (Abs. 3)

Abs. 3, der besagt, dass ein nichtiger VA unwirksam ist, stellt entsprechend der herkömmlichen Auffassung über die rechtsdogmatische Behandlung nichtiger VAe klar, dass ein nichtiger VA von Anfang an keine materiellen Rechtswirkungen entfaltet.[53] Ein (geschütztes) Vertrauen in den Bestand des VA kann daher genauso wenig bestehen wie eine Bestandskraft des VA.[54] 34

Voraussetzung für die Anwendbarkeit dieser Bestimmung ist, dass ein VA erlassen und bekanntgegeben wurde. Die Gründe für die Nichtigkeit eines VA ergeben sich aus § 44 und besonderen Rechtsvorschriften (z.B. aus § 38 Abs. 1 Satz 1 für eine nicht von der zuständigen Behörde oder nicht schriftlich erteilte Zusicherung). 35

Unwirksamkeit als Rechtsfolge der Nichtigkeit bedeutet, dass der **VA für jedermann und jedes Hoheitsorgan auch ohne förmliche Beseitigung** durch eine Behörde oder ein Gericht **unverbindlich** ist. Sie ist eine Rechtsfolge der Rechtswidrigkeit des VA. Allerdings bleibt durch Abs. 3 die gesetzliche Möglichkeit, einen nichtigen VA rückwirkend zu bestätigen (vgl. etwa § 13 Abs. 2 BBG, § 11 Abs. 2 BeamtStG) sowie die Möglichkeit einer Umdeutung nach § 47 unberührt.[55] 36

Die Feststellung der Nichtigkeit eines VA kann nach § 44 Abs. 5 jederzeit von Amts wegen durch die für den Erlass des VA zuständige Behörde oder durch die Aufsichtsbehörde in Form eines Feststellungsbescheides erfolgen. 37

Nichtige VAe unterliegen wegen des ihnen anhaftenden Rechtsscheins der Verbindlichkeit einer Rechtskontrolle. Behauptet die Behörde die Verbindlichkeit eines nichtigen VA, so kann der Betroffene eine gerichtliche Klärung erzwingen und den dem VA anhaftenden Rechtsschein der Verbindlichkeit durch Erhebung einer **Nichtigkeitsfeststellungsklage nach § 43 Abs. 2 Satz 2 VwGO** oder – sofern die Klagefrist noch nicht abgelaufen ist – durch Erhebung einer **Anfechtungsklage nach § 42 Abs. 1 VwGO** beseitigen lassen. Angesichts der Unsicherheit der Beurteilung eines VA als nichtig ist generell zu einem Rechtsschutz durch Widerspruch und Anfechtungsklage zu raten. Wird ein nichtiger VA durch die Behörde oder das Gericht aufgehoben, so wird tatsächlich nur ein förmlicher VA mit seinem Rechtsschein aufgehoben, nicht aber (wie bei der Aufhebung eines rechtswidrigen, aber wirksamen VA) eine verbindliche Regelung. 38

Vom nichtigen VA ist der **Nicht-VA** zu unterscheiden, d.h. ein Akt, der dem Schein nach einen VA darstellt, dem aber einzelne Voraussetzungen des VA-Begriffs fehlen, 39

---

53 Obermayer/*Schäfer*, 3. Aufl., § 43 Rn. 27 ging – wie auch etwa Stelkens/Bonk/Sachs/*Sachs*, § 43 Rn. 222 – dabei davon aus, dass dem nichtigen VA nur die innere, nicht aber die äußere Wirksamkeit fehle; s. dazu oben Rn. 7 f.

54 BVerwG, Urt. v. 17.07.1980 – 7 C 109.78, NJW 1981, 363 – juris Rn. 17; unklar bleibt, was Mann/Sennekamp/Uechtritz/*Leisner-Egensperger*, § 43 Rn. 71, unter einer »abgeschwächten Wirkung« versteht, bei der wohl rechtliche und faktische Wirkungen vermischt werden.

55 Stelkens/Bonk/Sachs/*Sachs*, § 43 Rn. 226; a.A. Knack/Henneke/*Peuker*, § 43 Rn. 48.

wie etwa dem von einer Privatperson erlassenen VA.[56] Gegen diesen Nicht-VA ist die Anfechtungsklage mangels VA nicht zulässig.[57]

C. Verfahrensvorschriften des Sozialrechts und Verwaltungsverfahrensrecht der Länder

40 Das Sozialrecht enthält mit § 39 SGB X eine identische Parallelregelung. Das Landesrecht enthält keine abweichenden Regelungen.

§ 44 Nichtigkeit des Verwaltungsaktes

(1) Ein Verwaltungsakt ist nichtig, soweit er an einem besonders schwer wiegenden Fehler leidet und dies bei verständiger Würdigung aller in Betracht kommenden Umstände offensichtlich ist.

(2) Ohne Rücksicht auf das Vorliegen der Voraussetzungen des Absatzes 1 ist ein Verwaltungsakt nichtig,

1. **der schriftlich oder elektronisch erlassen worden ist, die erlassene Behörde aber nicht erkennen lässt;**
2. **der nach einer Rechtsvorschrift nur durch die Aushändigung einer Urkunde erlassen werden kann, aber dieser Form nicht genügt;**
3. **den eine Behörde außerhalb ihrer durch § 3 Abs. 1 Nr. 1 begründeten Zuständigkeit erlassen hat, ohne dazu ermächtigt zu sein;**
4. **den aus tatsächlichen Gründen niemand ausführen kann;**
5. **der die Begehung einer rechtswidrigen Tat verlangt, die einen Straf- oder Bußgeldtatbestand verwirklicht;**
6. **der gegen die guten Sitten verstößt.**

(3) Ein Verwaltungsakt ist nicht schon deshalb nichtig, weil

1. **Vorschriften über die örtliche Zuständigkeit nicht eingehalten worden sind, außer wenn ein Fall des Absatzes 2 Nr. 3 vorliegt;**
2. **eine nach § 20 Abs. 1 Satz 1 Nr. 2 bis 6 ausgeschlossene Person mitgewirkt hat;**
3. **ein durch Rechtsvorschrift zur Mitwirkung berufener Ausschuss den für den Erlass des Verwaltungsaktes vorgeschriebenen Beschluss nicht gefasst hat oder nicht beschlussfähig war;**
4. **die nach einer Rechtsvorschrift erforderliche Mitwirkung einer anderen Behörde unterblieben ist.**

(4) Betrifft die Nichtigkeit nur einen Teil des Verwaltungsaktes, so ist er im Ganzen nichtig, wenn der nichtige Teil so wesentlich ist, dass die Behörde den Verwaltungsakt ohne den nichtigen Teil nicht erlassen hätte.

---

56 Kopp/*Ramsauer*, § 43 Rn. 49.
57 Kopp/Schenke/*R.P. Schenke*, VwGO, § 42 Rn. 4.

(5) Die Behörde kann die Nichtigkeit jederzeit von Amts wegen feststellen; auf Antrag ist sie festzustellen, wenn der Antragsteller hieran ein berechtigtes Interesse hat.

Schrifttum

Discher, Die Peep-Show-Urteile des BVerwG, JuS 1991, 642; *Frank*, Rechtsfragen der Nichtigkeit von VAen (§§ 43 Abs. 3 44 VwVfG), 2014; *Fremuth*, Formelle Fehler des Verwaltungsakts und ihre Folgen, JA 2012, 844; *Gmeiner/Lorenz*, Das Merkmal des »Verlangens« in § 44 Abs. 2 Nr. 5 VwVfG, VR 2017, 371; *Hufen/Siegel*, Fehler im Verwaltungsverfahren, 6. Aufl., 2018; *Kirchberg*, Zur Sittenwidrigkeit von Verwaltungsakten, NVwZ 1983, 141; *Leisner*, Nichtigkeit eines VA (nur) bei Offensichtlichkeit der besonders schweren Fehlerhaftigkeit?, DÖV 2007, 669; *Roth*, Ungleichzeitige Parallelgesetzgebung – Verlust des Offenkundigkeitsmerkmals in § 44 Abs. 1 VwVfG?, NVwZ 1999, 388; *W.-R. Schenke*, Rechtsschutz gegen nichtige VAe, JuS 2016, 97; *Schnapp*, Die Nichtigkeit des VA -Qualität oder Qualifikation?, DVBl 2000, 247; *Stober*, Zur Teilnichtigkeit im öffentlichen Recht, JA 1979, 416; *Schladebach*, Der nichtige Verwaltungsakt, VerwArch. 2013, 188; *Will/Rathgeber*, Die Nichtigkeit von Verwaltungsakten gem. § 44 VwVfG, JuS 2012, 1057.

Übersicht **Rdn.**

A. Allgemeines und Grundsätze

I. Gegenstand der Regelung

1 § 44 regelt die Nichtigkeit eines VA, d.h. die Frage, wann ein wegen Verstoßes gegen formelles oder materielles Recht rechtsfehlerhafter VA nicht nur rechtswidrig-aufhebbar, sondern unwirksam ist (§ 43 Abs. 3). Die Nichtigkeit stellt eine **Rechtsfolge** im Fall **besonders schwerwiegender und offensichtlicher Rechtswidrigkeit** eines VA dar.

2 Der Zweck der Regelung besteht darin, in Fällen offensichtlicher schwerwiegender Rechtsverstöße dem VA von Anfang an, ohne dass es noch eines Tätigwerdens der Behörden oder Gerichte bedarf, die **Wirksamkeit abzusprechen.** Ist der rechtswidrige VA grundsätzlich wirksam, so sieht das Gesetz in § 44 davon Ausnahmen vor, in denen der Verstoß so eindeutig ist, dass es keinen Zweifel daran geben und damit die aus Gründen der Rechtssicherheit grundsätzlich »riskante« Rechtsfolge der Nichtigkeit der Regelung angeordnet werden kann. Für den praktischen Umgang mit § 44 bedeutet dies aus Sicht des Adressaten des VA gleichwohl, dass er sich bei einem belastenden VA zumindest in den Fällen des § 44 Abs. 1 nicht auf die Nichtigkeit »verlassen«, sondern den VA stets mit Widerspruch und Klage angreifen sollte. Der Anwendungsbereich des § 44 ist aus Gründen der Rechtssicherheit, die grundsätzlich die Wirksamkeit und Verbindlichkeit staatlichen Handelns verlangt, eng begrenzt (s.u. Rdn. 24).

3 Im Einzelnen behandeln Abs. 1 – generalklauselartig – unter dem Vorbehalt des Abs. 3 die Nichtigkeit eines VA wegen eines besonders schwerwiegenden Fehlers, was zudem offensichtlich sein muss (Rdn. 11 ff.), Abs. 2 spezielle Einzelfälle, in denen die Nichtigkeit eines VA unabhängig von weiteren Voraussetzungen angeordnet wird (Rdn. 27 ff.), Abs. 3 den Ausschluss der Nichtigkeit bei bestimmten Fehlerarten (Rdn. 49 ff.), Abs. 4 die rechtliche Folge der Nichtigkeit eines Teils eines VA (Rdn. 61 ff.) und Abs. 5 das Verfahren der Nichtigkeitsfeststellung durch die Behörde (Rdn. 65 ff.).

4 § 44 gilt nach § 1 Abs. 1 und Abs. 2 nur vorbehaltlich inhaltsgleicher oder entgegenstehender Bestimmungen. Als vorrangige Sondervorschriften sind – jenseits von § 125 AO und § 40 SGB X – etwa zu nennen § 13 BBG, § 11 BeamtStG und § 18 DRiG.

5 Die Regelung des § 44 erfasst nur VAe. Für den Widerspruchsbescheid gilt § 44 über § 79, für die Zusicherung nach § 38 Abs. 2. § 44 ist auf öffentlich-rechtliche Verträge nur insoweit anwendbar, wie § 59 Abs. 2 Satz 1 auf ihn mittelbar verweist. Rechtswidrige Rechtsnormen sind dagegen grundsätzlich und nicht erst unter den in § 44 genannten Voraussetzungen nichtig.

II. Systematische Stellung

6 § 44 steht in unmittelbarem systematischen Zusammenhang mit § 43, der in Abs. 3 die Unwirksamkeit des VA im Fall seiner Nichtigkeit anordnet. Umgekehrt bildet § 44 die negative Tatbestandsvoraussetzung für die Anwendung der §§ 45, 46; diese

setzen als Regelungen über die Unbeachtlichkeit von Rechtsfehlern einen VA voraus, bei dem die Rechtsfehler nicht zur Nichtigkeit geführt haben. Anderes gilt dagegen für die Regelungen des § 47 (s. § 47 Rdn. 12) und des § 48 (s. § 48 Rdn. 34).

III. Entstehungsgeschichte

Die Gesetzesmaterialien zur ursprünglichen Fassung des § 44 finden sich im Gesetz- 7
entwurf der Bundesregierung vom 18.07.1973.[1] Auf der Grundlage des Berichts und Antrags des Innenausschusses vom 18.12.1975[2] wurde § 44 schließlich in der ursprünglichen Fassung (nur mit neuer Nummerierung) Gesetz.

Seither hat § 44 folgende Änderungen erfahren: In Abs. 1 wurde durch Art. 1 Nr. 4 8
des 2. VwVfGÄndG v. 06.08.1998[3] das Wort »offenkundig« durch »offensichtlich« ersetzt. Die Änderung sollte die Regelung an die Begrifflichkeit in § 25 Satz 1 und § 46 anpassen und keine inhaltliche Änderung bewirken.[4] Durch Art. 1 Nr. 14 des 3. VwVfGÄndG v. 21.08.2002[5] wurde Abs. 2 Nr. 1 um die Wörter »oder elektronisch« ergänzt.[6] Schließlich erfolgte im Zuge der Bekanntmachung der Neufassung vom 21.01.2003[7] eine Anpassung an die neue Rechtschreibung.

IV. Bedeutung und Folgen der Nichtigkeit eines VA

Die Nichtigkeit eines VA bedeutet nach § 43 Abs. 3 dessen **Unwirksamkeit** mit der 9
Folge, dass der VA (auch ohne förmliche Aufhebung durch eine Behörde oder ein Gericht) für den Betroffenen, andere Hoheitsträger und Dritte nicht verbindlich ist (vgl. § 43 Rdn. 34 ff.).

Auch ein nichtiger VA ist **existent** geworden, sodass ihm der **Rechtsschein der Ver-** 10
bindlichkeit anhaftet. Deshalb kann er bis zu seiner Unanfechtbarkeit mit der Anfechtungs- bzw. Verpflichtungsklage und nach dem Eintritt der Unanfechtbarkeit noch unabhängig von Fristen entweder unmittelbar mit der Feststellungsklage nach § 43 Abs. 1 Alt. 2 VwGO oder mittelbar mit der Feststellungsklage nach § 43 Abs. 1 Alt. 1 VwGO verwaltungsgerichtlich überprüft werden.

Der nichtige VA ist **von Anfang an unwirksam.** Eine Heilung von Form- und Verfah- 11
rensfehlern, die zur Nichtigkeit des VA geführt haben, ist nicht möglich (§ 45 Abs. 1). Auch eine Unbeachtlichkeit solcher Form- und Verfahrensfehler, die zur Nichtigkeit geführt haben, kann nicht eintreten (§ 46). Ein nichtiger VA kann aber umgedeutet werden.[8]

1 BT-Drucks. 7/910, S. 63 ff. zu § 40 EVwVfG.
2 BT-Drucks. 7/4494.
3 BGBl. I 2022.
4 BT-Drucks. 13/8884, S. 5.
5 BGBl. I 3322.
6 Siehe dazu BT-Drucks. 14/9000, S. 34.
7 BGBl. I S. 102.
8 S. unten § 47 Rdn. 13; Stelkens/Bonk/Sachs/*Sachs*, § 47 Rn. 31.

12 Ein nichtiger VA ist **abzugrenzen von**
- einem **rechtswidrig aufhebbaren VA**, der wegen eines minder schweren bzw. nicht offensichtlichen Fehlers mit seinem Existentwerden Verbindlichkeit besitzt und diese grundsätzlich erst durch die Aufhebung seitens einer Behörde oder eines Gerichts verliert,
- einem **Nichtverwaltungsakt**, d.h. einem Akt, der nur dem Schein nach einen VA darstellt (vgl. § 43 Rdn. 39).

B. Die Vorschrift im Einzelnen

I. Generalklausel des Abs. 1

13 Nach Abs. 1 ist ein VA nichtig, soweit er an einem besonders schwerwiegenden Fehler leidet und dies bei verständiger Würdigung aller in Betracht kommenden Umstände offensichtlich ist.

1. Anwendungsbereich der Generalklausel und Verhältnis zu Abs. 2 und 3

14 Überwiegend geht die Literatur von der **Subsidiarität** des Abs. 1 gegenüber Abs. 2 und 3 aus.[9] Diese Ansicht trifft bei näherer Hinsicht jedoch nur für das Verhältnis **von Abs. 1 zu Abs. 3** zu. Schließt Abs. 3 für einen bestimmten Fehler die Rechtsfolge der Nichtigkeit aus, so ist der VA, auch wenn der Fehler besonders schwerwiegend und dieses auch offensichtlich ist, nicht nichtig, sondern lediglich aufhebbar.

15 Anderes gilt demgegenüber in den Fällen des Abs. 2. So sind **Abs. 1 und 2 unabhängig voneinander und nebeneinander anwendbar.**[10] Handelte es sich bei Abs. 2 um eine Spezialregelung, so wäre in den Fällen des Abs. 2 eine Sperrwirkung gegenüber Abs. 1 anzunehmen. Davon geht aber auch die Rechtsprechung nicht aus.[11] Bei der praktischen Anwendung des § 44 empfiehlt es sich gleichwohl, nicht nur Abs. 3, sondern auch Abs. 2 vor der Anwendung des Abs. 1 zu prüfen, weil das Vorliegen dieser Tatbestandsvoraussetzungen in der Regel einfacher festzustellen ist.

16 Liegt ein Nichtigkeitsgrund nach Abs. 2 vor, erübrigt sich die Anwendung des Abs. 1. Die Frage, ob der VA unter einem besonders schwerwiegenden Fehler leidet und dies zudem offensichtlich ist, kann dann auf sich beruhen.

---

9 Kopp/*Ramsauer*, § 44 Rn. 4a; Knack/Henneke/*Peuker*, § 44 Rn. 12; Obermayer/*Schäfer*, 3. Aufl., Rn. 12; a.A. Stelkens/Bonk/Sachs/*Sachs,* § 44 Rn. 99 ff.

10 Stelkens/Bonk/Sachs/*Sachs*, § 44 Rn. 100; Mann/Sennekamp/Uechtritz/*Leisner-Egensperger*, § 44 Rn. 31.

11 OVG Niedersachsen, Urt. v. 13.09.2012 – 7 LB 84/11, NVwZ-RR, 2013, 129 – juris Rn. 35; OVG Nordrhein-Westfalen, Urt. v. 14.09.1989 – 7 A 889/87, NVwZ-RR 1990, 341; VGH Baden-Württemberg, Urt. v. 30.10.1991 – 4 S 1597/91, VBlBW 1992, 257.

2. Auslegung des Abs. 1

Abs. 1 knüpft an die von Rechtsprechung und Lehre entwickelte Evidenztheorie an, nach der bis zum Inkrafttreten des VwVfG über die Frage der Nichtigkeit eines VA entschieden wurde.[12] Die Evidenztheorie stellt für die **Unterscheidung zwischen nichtigen und lediglich rechtswidrig aufhebbaren VAen** auf die Schwere eines Fehlers und dessen Offensichtlichkeit ab. Der Evidenztheorie liegt der Gedanke zugrunde, dass ein von einer Behörde erlassener VA nur dann keine Beachtung finden soll, wenn er erkennbar die an eine ordnungsgemäße Verwaltung zu stellenden Anforderungen in einem so erheblichen Maße verletzt, dass von niemandem erwartet werden kann, ihn als verbindlich anzuerkennen. Wenn die Frage nach der Rechtsfehlerhaftigkeit des VA jedoch zweifelhaft ist, die Rechtswidrigkeit also nicht evident ist, muss der VA aus Gründen der Rechtssicherheit (bis zu seiner Aufhebung) als wirksam angesehen werden. 17

Für die Auslegung des Abs. 1 geben die Vorschriften der Abs. 2 und 3 wichtige Hinweise, weil sie erkennen lassen, bei welchen (konkreten) Mängeln der Gesetzgeber die Nichtigkeit (Abs. 2) bzw. keine Nichtigkeit (Abs. 3) eines VA angenommen hat.[13] 18

Naheliegend, doch nicht unproblematisch ist der Versuch, die beiden Nichtigkeitsvoraussetzungen des Abs. 1 nach allgemeinen Merkmalen festzulegen. Rechtsprechung und Lehre bestimmen dagegen eher kasuistisch Fehlerarten, die dem in Abs. 1 verankerten Begriff eines besonders schwerwiegenden, offensichtlichen Fehlers zuzuordnen sind. 19

Der **Fehler muss sich stets auf den VA selbst**, nicht auf das Verhalten der Behörde bzw. des Behördenvertreters **beziehen.**[14] Abzustellen ist auf das **Gewicht** und die **Bedeutung des Fehlers.** Maßstab ist jeweils die Perspektive eines verständigen, mit den Umständen vertrauten Beobachters oder Bürgers.[15] Es genügt, wenn der Betroffene durch eine Parallelwertung in der Laiensphäre zu dem Ergebnis kommt, dass der VA unmöglich rechtens sein kann.[16] **Maßgeblicher Zeitpunkt für die Beurteilung** (und den Eintritt) der Nichtigkeit ist nicht der Zeitpunkt des Erlasses des VA[17], sondern stets der Prüfungszeitpunkt. Allerdings sind im Ergebnis wohl keine Fälle vorstellbar, in denen ein rechtmäßig erlassener VA nicht nur rechtswidrig, sondern auch noch 20

12 BVerwG, Urt. v. 22.02.1985 – 8 C 107.83, NJW 1985, 2658, Stelkens/Bonk/Sachs/*Sachs*, § 44 Rn. 102; s.a. BT-Drucks. 7/910, S. 63.

13 BVerwG, Urt. v. 22.02.1985 – 8 C 107.83, NJW 1985, 2658; Kopp/*Ramsauer*, § 44 Rn. 5; Stelkens/Bonk/Sachs/*Sachs*, § 44 Rn. 110.

14 BVerwG, Urt. v. 22.02.1985 – 8 C 107.83, NJW 1985, 2658; Urt. v. 17.10.1997 – 8 C 1.96, NVwZ 1998, 1061.

15 BVerwG, Urt. v. 17.10.1997 – 8 C 1.96, NVwZ 1998, 1061 – juris Rn. 28; Beschl. v. 11.05.2000 – 11 B 26.00, NVwZ 2000, 1040 – juris Rn. 8; Beschl. v. 05.04.2011 – 6 B 41/10, Buchholz 316 § 44 Nr. 102 – juris Rn. 4; Mann/Sennekamp/Uechtritz/*Leisner-Egensperger*, § 44 Rn. 12.

16 Kopp/*Ramsauer*, § 44 Rn. 9.

17 So aber BVerwG, Beschl. v. 05.04.2011 – 6 B 41/10, Buchholz 316 § 44 Nr. 102 – juris Rn. 4.

nichtig wird. Insofern kommt die hier vertretene Ansicht, dass maßgeblicher Zeitpunkt für die Beurteilung der Rechtmäßigkeit und Wirksamkeit eines VA stets der aktuelle Prüfungszeitpunkt ist, im Hinblick auf die Fälle der Nichtigkeit zum gleichen Ergebnis wie die Ansicht, es sei der Erlasszeitpunkt maßgeblich.

21 Besonders schwerwiegend sind nur solche Rechtsfehler, die **mit der Rechtsordnung auf keinen Fall vereinbar** sein können bzw. die für die Rechtsordnung **schlechthin unerträglich** sind[18]. Dies kann etwa der Fall sein, wenn der VA tragenden Verfassungsprinzipien oder den der Rechtsordnung immanenten Wertvorstellungen widerspricht.[19] Notwendig ist ein solcher Widerspruch aber nicht; auch ein Verstoß gegen einfaches Recht kann »schlechthin unerträglich« sein.[20] Es reicht dagegen nicht aus, dass der VA geltendem Recht widerspricht mit der Folge seiner Aufhebbarkeit, vielmehr muss es sich um eine **über die einfache Rechtswidrigkeit hinausgehende, qualifizierte Unvereinbarkeit mit der geltenden Rechtsordnung** handeln.[21] Die Anforderungen an eine ordnungsgemäße Verwaltung müssen in so erheblichem Maße verletzt sein, dass von niemandem erwartet werden kann, den VA als verbindlich anzuerkennen.[22] Dies wird etwa angenommen bei völliger inhaltlicher Unbestimmtheit.[23]

22 Auch das Fehlen einer gesetzlichen Ermächtigungsgrundlage für den VA (sog. gesetzloser VA) führt für sich allein nicht zur Nichtigkeit,[24] insbesondere nicht die Nichtigerklärung der Ermächtigungsgrundlage.[25] Dasselbe gilt für Fehler in der Ermessensausübung.[26]

23 Es besteht weitgehend Einigkeit darüber, dass die Nichtigkeit des rechtswidrigen VA nur als seltener Ausnahmefall anzusehen ist. Dabei spielt es grundsätzlich auch

---

18 BVerwG, Urt. v. 16.07.1970 – VIII C 23.68, NJW 1971, 578; Beschl. v. 11.05.2000 – 11 B 26.00, NVwZ 2000, 1040 (1041); Beschl. v. 05.04.2011 – 6 B 41/10, Buchholz 316 § 44 Nr. 102 – juris Rn. 4; VGH Baden-Württemberg, Urt. v. 22.10.2019 – 1 S 450/17, juris Rn. 53, OVG Nordrhein-Westfalen, Beschl. V. 03.07.2019 – 15 A 24/17, juris Rn. 7; Kopp/*Ramsauer*, § 44 Rn. 5.

19 BVerwG, Urt. v. 22.02.1985 – 8 C 107.83, NJW 1985, 2658.

20 So auch angedeutet bei Stelkens/Bonk/Sachs/*Sachs*, § 44 Rn. 104.

21 Hk-VerwR/*Schwarz*, § 43 Rn. 8.

22 BVerwG, Urt. v. 17.10.1997 – 8 C 1.96, NVwZ 1998, 1061; Beschl. v. 11.05.2000 – 11 B 26.00, NVwZ 2000, 1039 (1040); BFH, Beschl. v. 14.04.1989 – III B 5/89, NVwZ 1990, 800; OVG Nordrhein-Westfalen, Urt. v. 08.07.1988 – 6 A 1716/87, NVwZ-RR 1990, 90; VGH Baden-Württemberg, Urt. v. 22.10.2019 – 1 S 450/17, juris Rn. 53; VGH Bayern, Beschl. v. 26.01.2017 – 6 ZB 16.15129, juris Rn. 7; Stelkens/Bonk/Sachs/*Sachs*, § 44 Rn. 104.

23 OVG Nordrhein-Westfalen, Beschl. v. 20.05.2014 – 2 A 1690/13, juris Rn. 16; Beschl. v. 16.08.2017 – 14 A 2403/15, juris Rn. 7; Stelkens/Bonk/Sachs/*Sachs*, § 44 Rn. 113.

24 VGH Baden-Württemberg, Urt. v. 22.10.2019 – 1 S 450/17, juris Rn. 56; Stelkens/Bonk/Sachs/*Sachs*, § 44 Rn. 105.

25 OVG Thüringen, Beschl. v. 07.03.2019 – 3 ZKO 516/14, juris Rn. 9.

26 VGH Baden-Württemberg, Urt. v. 22.10.2019 – 1 S 450/17, juris Rn. 60.

keine Rolle, gegen welche Rechtsnorm der VA verstößt.[27] **Nichts anderes gilt auch für Verstöße gegen europäisches Unionsrecht.** Allein im Verstoß gegen das Unionsrecht liegt, ebenso wie bei einem sonstigen Rechtsverstoß, aus sich heraus noch kein besonders schwerwiegender und offensichtlicher Fehler.[28] Entsprechend stellen auch Verstöße gegen Verfahrensvorschriften, die der Grundrechtssicherung dienen, allein noch keinen Grund für die Annahme der Nichtigkeit dar.[29]

Die in der 3. Auflage der Kommentierung[30] erkennbare Tendenz zu einem eher wei- 24
teren Anwendungsbereich des § 44 wurde mit der 4. Auflage hier nicht fortgeführt. Aus Gründen der Rechtssicherheit kann es sich bei den Fällen der Nichtigkeit nach **§ 44 nur um besondere Ausnahmefälle** handeln. In den nicht von Abs. 2 erfassten Fällen kann die Nichtigkeit des VA nur im Einzelfall festgestellt werden. So werden etwa Zuständigkeitsfehler über Abs. 2 Nr. 3 hinaus nur in Extremfällen zur Nichtigkeit führen.[31] Abzulehnen ist auch die Ansicht, dass etwa die fehlende Beiladung eines Drittbetroffenen oder die fehlende Beschlussfähigkeit des die Entscheidung treffenden Ausschusses allein zur Nichtigkeit führten.[32]

Zusätzlich zur besonderen Schwere des Fehlers **müssen der Fehler und dessen Schwe- 25
re offensichtlich sein.**[33] Notwendig ist, dass die schwere Fehlerhaftigkeit des VA ohne weiteres ersichtlich ist[34], sie sich also **geradezu aufdrängt.**[35] Der Betroffene muss sofort bestimmen können, ob er den VA ohne das Risiko einer Sanktion missachten kann. Kenntnis der verletzten Rechtssätze ist nicht Voraussetzung. Die schwere Fehlerhaftigkeit muss dem VA »**auf die Stirn geschrieben**« sein.[36]

---

27 BVerwG, Urt. v. 26.08.1977 – VII C 71.74, NJW 1978, 508 – juris Rn. 21; Urt. v. 21.10.1983 – 8 C 174.81, NJW 1984, 2113, für einen Verstoß gegen Art. 20 Abs. 3 GG; Stelkens/Bonk/Sachs/*Sachs*, § 44 Rn. 103.

28 EuGH, Urt. v. 19.09.2006 – Rs. C-392/04, Slg. 2006 I-8559 Rn. 57; BVerwG, Beschl. v. 28.02.2000 – 1 B 78.99, Buchholz 316 § 44 Nr. 11; Beschl. v. 11.05.2000 – 11 B 26.00, NVwZ 2000, 1040 (1041); Urt. v. 14.02.2007 – 6 C 28.05, Buchholz 442.066 § 150 TKG Nr. 3; Urt. v. 16.12.2010 – 3 C 44.09, BVerwGE 138, 322 – juris Rn. 16.

29 A.A. Obermayer/*Schäfer*, 3. Aufl., § 44 Rn. 28.

30 Obermayer/*Schäfer*, 3. Aufl., § 44 Rn. 22 ff.

31 Tendenziell wohl a.A. Obermayer/*Schäfer*, 3. Aufl., § 44 Rn. 34 ff.

32 So aber Obermayer/*Schäfer*, 3. Aufl., § 44 Rn. 27, 29.

33 Krit. *Leisner*, DÖV 2007, 670 ff.; Mann/Sennekamp/Uechtritz/*Leisner-Egensperger*, § 44 Rn. 24 ff.; die gegen die Evidenz erhobenen verfassungsrechtlichen Einwände überzeugen nicht.

34 BVerwG, Beschl. v. 13.10.1986 – 6 P 14.84, BVerwGE 75, 62 – juris Rn. 20.

35 OVG Sachsen, Beschl. v. 24.08.2018 – 5 A 82/17, juris Rn. 29; Kopp/*Ramsauer*, § 44 Rn. 9.

36 OVG Niedersachsen, Urt. v. 08.03.1993 – 12 L 291/90, juris Rn. 15; Urt. v. 14.11.1996 – 3 L 5961/94, NdsVBl. 1997, 111 (112) – juris Rn. 11; OVG Nordrhein-Westfalen, Beschl. v. 16.02.2012 – 1 A 2219/10, juris Rn. 19; OVG Nordrhein-Westfalen, Urt. v. 24.01.2005 – 2 B 644/04, juris Rn. 31; VGH Baden-Württemberg, Beschl. v. 17.04.2000 – 4 S 1588/98, juris Rn. 17; Kopp/*Ramsauer*, § 44 Rn. 12; *Weber*, LKV 2017, 203 f.

26 Angesichts der für die Fälle der Abs. 1 notwendigen Einzelfallbetrachtung lassen sich auch nur wenige Grundsätze aufstellen, wann von einem offensichtlichen, besonders schwerwiegenden Fehler auszugehen ist. In der Literatur und Rechtsprechung werden vor allem folgende Umschreibungen gewählt: »absolute rechtliche Unmöglichkeit«[37] oder »völlig unverständlicher VA«.[38] Abzulehnen ist dagegen die Auffassung, nach der auch solche VAe als nichtig anzusehen sind, »die unter Missachtung grundrechtsbezogener Verfahrensvorschriften … zustande gekommen sind, … wenn Art und Gewicht des Fehlers offenkundig sind«.[39] Eine derart weite Auffassung hat nicht zu kalkulierende Konsequenzen, da nahezu alle Verfahrensvorschriften als »grundrechtsbezogen« angesehen werden können. Dies ist mit den Anforderungen der Rechtssicherheit unvereinbar.

II. Absolute Nichtigkeitsgründe (Abs. 2)

27 Abs. 2 bestimmt, wann ein VA ohne Rücksicht auf das Vorliegen der Voraussetzungen des Abs. 1 nichtig ist (absolute Nichtigkeitsgründe). Die Nichtigkeit tritt nach Abs. 2 ungeachtet der Voraussetzungen des Abs. 1 ein, also **auch** dann, **wenn der Fehler nicht offensichtlich ist.**[40]

1. Nichterkennbarkeit der erlassenden Behörde (Abs. 2 Nr. 1)

28 Nach Nr. 1 ist ein schriftlich erlassener VA nichtig, wenn er die erlassende Behörde nicht erkennen lässt. Schriftlich erlassen ist jeder VA, für den die Behörde die Schriftform gewählt hat, ohne Rücksicht darauf, ob sie dazu verpflichtet war oder nicht.

29 Einem schriftlich erlassenen VA kann ein schriftlich bestätigter VA nicht gleichgestellt werden. Ist ein VA mündlich rechtmäßig erlassen worden, so führt ein Mangel der schriftlichen Bestätigung nicht einmal mehr zur Rechtswidrigkeit des VA, geschweige denn zur Nichtigkeit. Lässt allerdings ein mündlicher VA die erlassende Behörde nicht erkennen, ist ebenfalls Nichtigkeit anzunehmen.[41]

30 Ein VA lässt die erlassende Behörde **nicht erkennen**, wenn dem Schriftstück oder einer ihm beigefügten Anlage **auch nicht im Wege der Auslegung** zu entnehmen ist, welche Behörde gehandelt hat. Ausreichend ist, dass sich für den Betroffenen die erlassende Behörde aus Briefkopf, Rubrum, Inhalt, Unterschrift, Stempel, Poststempel, Postzustellungsurkunde, Umschlag oder einem Begleitschreiben ohne weitere Ermittlungen entnehmen lässt. Die Erkennbarkeit der erlassenden Behörde fehlt auch dann, wenn eine Behörde angegeben ist, die den VA nicht erlassen hat.

---

37 Stelkens/Bonk/Sachs/*Sachs*, § 44 Rn. 113.

38 Kopp/*Ramsauer*, § 44 Rn. 10; Stelkens/Bonk/Sachs/*Sachs*, § 44 Rn. 113 f.; Hk-VerwR/*Schwarz*, § 44 Rn. 11; grds. zustimmend, im konkreten Fall aber ablehnend BVerwG, Urt. v. 25.08.2005 – 7 C 25.04, BVerwGE 124, 156 – juris Rn. 17 ff.

39 So aber Hk-VerwR/*Schwarz*, § 44 Rn. 11; etwas einschränkend auch Knack/Henneke/*Peuker*, § 44 Rn. 20.

40 BVerwG, Urt. v. 30.01.1990 – 1 C 26.87, BVerwGE 84, 314 – juris Rn. 13.

41 Knack/Henneke/*Peuker*, § 44 Rn. 35.

Da Nr. 1 die Nichtigkeit des VA nur bei einem Verstoß gegen die erste Alternative des § 37 Abs. 3 anordnet, ist ein VA, der (entgegen der zweiten Alternative des § 37 Abs. 3) nicht die Unterschrift oder die Namenswiedergabe des Behördenleiters, seines Vertreters oder seines Beauftragten enthält, nur als rechtswidrig-aufhebbar zu beurteilen.[42] 31

2. Unterbleiben der erforderlichen Urkundenaushändigung (Abs. 2 Nr. 2)

Nach Nr. 2 ist ein VA nichtig, der nach einer Rechtsvorschrift nur durch die Aushändigung einer Urkunde erlassen werden kann, aber dieser Form nicht genügt. Die Urkunde muss konstitutive Wirkung haben; ihre Aushändigung muss durch eine Rechtsvorschrift angeordnet sein. Abgesehen von den Fällen der Ernennung zum Beamten oder Richter (vgl. etwa § 10 Abs. 2 BBG, § 8 Abs. 2 BeamtStG, § 17 Abs. 1 DRiG), bei denen die Normen Sonderregelungen auch zur Nichtigkeit enthalten (s.o. Rdn. 4), gilt dies etwa für die Einbürgerung und für die Entlassung aus der Staatsangehörigkeit (§§ 16, 23, 26 Abs. 3 StAG). Verletzt die Nichtaushändigung einer Urkunde lediglich eine Verwaltungsvorschrift oder eine Verwaltungsübung, so ist Nr. 2 von vornherein nicht anwendbar. 32

Ein durch die Aushändigung einer Urkunde zu erlassender VA genügt nicht der gesetzlichen Form, wenn 33

1. überhaupt keine Urkunde ausgehändigt (und die Regelung nur mündlich oder in der üblichen Weise schriftlich bekannt gegeben) wird,
2. die Urkunde nicht mit Willen der zuständigen Behörde bzw. des für sie handelnden Amtsträgers unmittelbar in die Hände des die Urkunde vorbehaltlos annehmenden Adressaten gelangt[43] oder
3. die Urkunde nicht den gesetzlich vorgeschriebenen Inhalt aufweist (z.B. bei der Ernennung zum Beamten nicht nach § 10 Abs. 2 Satz 2 Nr. 1 BBG die Worte »unter Berufung in das Beamtenverhältnis« mit dem die Art des Beamtenverhältnisses bestimmenden Zusatz enthält).

Nicht unter Nr. 2 fallen VAe, bei denen die Ausstellung einer Urkunde nur Legitimations- oder Beweiszwecke hat (z.B. Reisegewerbekarte nach § 55 GewO, Gaststättenerlaubnis nach § 3 GaststättenG, Bauschein nach den einschlägigen Vorschriften der Landesbauordnungen). 34

3. Erlass außerhalb der durch § 3 Abs. 1 Nr. 1 begründeten örtlichen Zuständigkeit (Abs. 2 Nr. 3)

Die Verletzung der Vorschriften über die örtliche, sachliche oder funktionelle Zuständigkeit führt **i.d.R. nur zur Anfechtbarkeit des VA.** Eine Ausnahme regelt Nr. 3. 35

---

42 OVG Thüringen, Beschl. v. 29.03.1994 – 2 EO 18/93, NVwZ-RR 1995, 253; VGH Baden-Württemberg, Urt. v. 22.10.2019 – 1 S 450/17, juris Rn. 34 (Umkehrschluss); Knack/Henneke/*Peuker*, § 44 Rn. 35.

43 *Plog/Wiedow/Beck*, BBG § 6 Rn. 8.

Danach ist ein VA nichtig, den die Behörde außerhalb ihrer durch § 3 Abs. 1 Nr. 1 begründeten Zuständigkeit erlassen hat, ohne dazu ermächtigt zu sein. Die Vorschrift regelt die Rechtsfolge einer Verletzung der örtlichen Zuständigkeit für die belegene Sache. Die Regelung muss sich damit auf unbewegliches Vermögen oder ein ortsgebundenes Recht beziehen. Sie gilt entsprechend, wenn ein anderes Gesetz eine dem § 3 Abs. 1 Nr. 1 entsprechende Zuständigkeitsregelung enthält.[44]

36 Nichtigkeit tritt nicht ein, wenn die nach § 3 Abs. 1 Nr. 1 unzuständige Behörde zum Handeln außerhalb ihrer örtlichen Zuständigkeit ermächtigt war. Die Ermächtigung kann sich aus einer Sondernorm (vgl. etwa § 206 BauGB, § 3 FlurbG), durch Bestimmung der örtlichen Zuständigkeit durch die Aufsichtsbehörde nach § 3 Abs. 2 oder i.R.d. Notzuständigkeit nach § 3 Abs. 4 ergeben.[45]

4. Tatsächliche Unausführbarkeit (Abs. 2 Nr. 4)

37 Nach Nr. 4 ist ein VA nichtig, den aus tatsächlichen Gründen niemand ausführen kann. Die Vorschrift ist nach Entstehungsgeschichte sowie Sinn und Zweck auch auf feststellende und gestaltende VAe anzuwenden.[46]

38 Tatsächlich unausführbar ist jede **Anordnung, die** von dem Betroffenen **etwas objektiv Unmögliches verlangt** (z.B. Abbruch eines bereits abgebrochenen Gebäudes oder ein Handeln, das nach dem Stand von Wissenschaft und Technik nicht ausführbar ist).

39 Eine Baugenehmigung, die auf ein Baugesuch zurückgeht, in dem die Größe des Baugrundstücks unrichtig angegeben ist, ist nicht tatsächlich unausführbar, die Verwirklichung des Vorhabens ist – wenn auch möglicherweise materiell baurechtswidrig – grds. möglich. Etwas anderes gilt nur dann, wenn die Verwirklichung tatsächlich schlechthin unmöglich ist, weil etwa das genehmigte Vorhaben in seinen tatsächlichen Ausmaßen größer ist als das Grundstück.[47]

40 Die objektive tatsächliche Unmöglichkeit ist abzugrenzen vom **subjektiven Unvermögen**, das lediglich in der Person des Betroffenen begründet ist, weil er – im Gegensatz zu anderen – etwa aus wirtschaftlichen oder rechtlichen Gründen nicht in der Lage ist, den VA auszuführen. In einem solchen Fall kann Nichtigkeit nur nach Abs. 1 vorliegen. Bloßes Unvermögen liegt insb. vor, wenn die Unausführbarkeit des VA ihren Grund darin hat, dass der Verpflichtete rechtlich nicht allein verfügungsberechtigt ist (z.B. Abbruchverfügung gegen nur einen der Miteigentümer).[48]

41 Der objektiven Unmöglichkeit ist das subjektive Unvermögen auch für den Fall nicht gleichzustellen, dass die Ausführung des VA mit Belastungen und Risiken verbunden

---

44 Kopp/*Ramsauer*, § 44 Rn. 33.

45 Stelkens/Bonk/Sachs/*Sachs*, § 44 Rn. 142.

46 Stelkens/Bonk/Sachs/*Sachs*, § 44 Rn. 149.

47 Stelkens/Bonk/Sachs/*Sachs*, § 44 Rn. 143; Knack/Henneke/*Peuker*, § 44 Rn. 40; a.A. Kopp/*Ramsauer*, § 44 Rn. 37; *Stüer*, DÖV 1989, 671.

48 VGH Hessen, Beschl. v. 14.03.1983 – III TH 58/82, NJW 1983, 2282; ebenso *Beckermann/Wenzel*, DVBl 2017, 1346 (s. aber unten Rdn. 44).

ist, die im allgemeinen Rechtsverkehr keinem Menschen zumutbar sind. Es liegt entweder Nichtigkeit nach Abs. 1 oder bloße Rechtswidrigkeit (und schlichte Aufhebbarkeit) wegen Verstoßes gegen das Verhältnismäßigkeitsprinzip vor.[49]

Keine objektive Unmöglichkeit ist auch dann anzunehmen, wenn der Adressat des VA 42
bereits verstorben ist. In diesem Fall fehlt es schon an einer wirksamen Bekanntgabe.[50]

5. Verlangen der Begehung einer rechtswidrigen Tat (Abs. 2 Nr. 5)

Nach Nr. 5 ist ein VA nichtig, wenn er die Begehung einer rechtswidrigen Tat ver- 43
langt, die einen **Straf- oder Bußgeldtatbestand** verwirklicht. Nach dem eindeutigen Gesetzeswortlaut kommt es allein darauf an, dass die verlangte Handlung objektiv einen Straf- oder Bußgeldtatbestand erfüllt und rechtswidrig ist. Das Vorliegen des subjektiven Tatbestands oder eines Verschuldens ist nicht erforderlich. Eine entsprechende Anwendung von Nr. 5 auf VAe, die eine strafbare oder mit Bußgeld bewehrte Handlung gestatten (nicht verlangen), scheidet aus, weil dies dem Gesetzeswortlaut und dem Schutzzweck der Norm widersprechen würde.[51]

Problematisch sind Ordnungsverfügungen an einzelne Mitberechtigte, bei denen re- 44
gelmäßig nicht von der Nichtigkeit, sondern von der fehlenden Vollstreckbarkeit ausgegangen wird.[52] So stellt etwa die Beseitigungsverfügung gegenüber einem Miteigentümer eines Bauwerks bei fehlender Verfügung auch gegenüber den weiteren Miteigentümern die Verpflichtung zur Vornahme einer Straftat (§ 305 StGB) dar.[53] Wird gegenüber den übrigen Miteigentümern keine Duldungsverfügung erlassen, könnte in Form der Nichtigkeit gem. Abs. 2 Nr. 5 gerade mehr als ein bloßes Vollzugshindernis gegeben sein, das sich durch den nachträglichen Erlass der Duldungsverfügungen beseitigen ließe. Die Lösung einer Heilung des (materiellrechtlichen) Fehlers durch den nachfolgenden Erlass der Duldungsverfügungen[54] vermag – insbesondere auch im Hinblick auf die Annahme der Rückwirkung – nicht zu überzeugen. Erlässt die Behörde nachträglich die fehlenden Duldungsverfügungen (und wurde die Beseitigungsverfügung nicht aufschiebend bedingt von diesen Duldungsverfügungen abhängig gemacht), so wird die nichtige Beseitigungsverfügung nicht geheilt. Vielmehr ist die Beseitigungsverfügung neu zu erlassen.

49 Stelkens/Bonk/Sachs/*Sachs,* § 44 Rn. 144; a.A. Kopp/*Ramsauer,* § 44 Rn. 36.
50 Stelkens/Bonk/Sachs/*Sachs,* § 44 Rn. 143; a.A. BVerwG, Urt. v. 08.03.1977 – I C 15.73, NJW 1977, 1603.
51 Stelkens/Bonk/Sachs/*Sachs,* § 44 Rn. 150; Knack/Henneke/*Peuker,* § 44 Rn. 42; a.A. Kopp/*Ramsauer,* § 44 Rn. 43; *Gmeiner/Lorenz,* VR 2017, 371 ff.
52 *Beckermann/Wenzel,* DVBl 2017, 1345.
53 *Dies.,* DVBl 2017, 1346.
54 *Dies.,* DVBl 2017, 1349 ff.

6. Verstoß gegen die guten Sitten (Abs. 2 Nr. 6)

45 Nach Nr. 6 ist ein VA nichtig, der gegen die guten Sitten verstößt. Die Vorschrift knüpft an den **Rechtsgedanken des § 138 BGB** an. Der Begriff der guten Sitten ist ein unbestimmter ausfüllungsbedürftiger Rechtsbegriff.

46 Was als gute Sitten anzusehen ist, ist den **sozialethischen Wertvorstellungen** zu entnehmen, **die in der Rechtsgemeinschaft als maßgebliche Ordnungsvoraussetzungen anerkannt sind.** Kern des Ordnungsgefüges bildet das Wertesystem des Grundgesetzes, an das die Verwaltung über Art. 1 Abs. 3 GG gebunden ist (z.B. der Schutz und die Achtung der Menschenwürde[55]). Maßgeblich ist die vorherrschende sozialethische Überzeugung. Ein Verstoß gegen die guten Sitten ist anzunehmen, wenn eine erhebliche Abweichung von den vorherrschenden Wertvorstellungen vorliegt und diese Abweichung das »Anstandsgefühl aller billig und gerecht Denkenden« verletzt, d.h. im Widerspruch zu den Mindestanforderungen an ein anständiges, redliches Verhalten steht. Allein die Willkürlichkeit eines VA reicht dafür nicht aus.[56]

47 Die Sittenwidrigkeit eines Verwaltungsakts kann sich zum einen aus seinem Inhalt ergeben, weil er etwas Sittenwidriges als rechtmäßig feststellt oder weil er dem Bürger ein sittenwidriges Verhalten gebietet oder erlaubt.[57] Zum anderen kann bei rechtswidrigen Verwaltungsakten die Art und Weise des Zustandekommens, insbesondere das Verhalten der Behörde, zur Nichtigkeit führen.[58]

48 Der Nichtigkeitsgrund nach Nr. 6 ist sowohl gegeben, wenn die Behörde unmittelbar eine sittenwidrige Regelung trifft, als auch wenn die Behörde dem Betroffenen ein sittenwidriges Verhalten genehmigt[59] oder vom Betroffenen ein sittenwidriges Verhalten verlangt. Verwerfliches Verhalten der Behörde i. S. einer subjektiven Vorwerfbarkeit ist nicht erforderlich.

III. Nicht zur Nichtigkeit eines VA führende Fehler (Abs. 3)

49 Abs. 3 zählt die Fehlerkategorien auf, derentwegen ein VA nicht nichtig, sondern nur rechtswidrig-aufhebbar ist. Dies gilt wegen des Vorrangs der Negativklausel des Abs. 3 vor der Generalklausel des Abs. 1 selbst dann, wenn die in Abs. 3 aufgeführten Fehler besonders schwerwiegend und offensichtlich sind (oben Rdn. 14).

---

55 BVerwG, Urt. v. 30.01.1990 – 1 C 26.87, BVerwGE 84, 314 – juris Rn. 16.

56 A.A. Pautsch/Hoffmann/*Pautsch*, § 44 Rn. 13 unter Berufung auf BVerwG, Urt. v. 30.01.1990 – 1 C 26.87, BVerwGE 84, 314 – juris Rn. 16.

57 BVerwG, Beschl. v 11.02.1987 – 1 B 129.86, GewArch 1987, 297 (298); Urt. v. 30.01.1990 – 1 C 26.87, juris Rn. 14.

58 VGH Bayern, Beschl. v. 21.01.1999 – 1 ZS/CS 98.3340, juris Rn. 8 f.; Kopp/*Ramsauer*, § 44 Rn. 48.

59 Ein aktuelles Beispiel: Kfz-Kennzeichenzuteilung »…-HH 1933«, VG Düsseldorf, Beschl. v. 30.04.2019 – 6 L 175/19; *Hebeler*, JA 2019, 718.

1. Nichteinhaltung der Vorschriften über die örtliche Zuständigkeit (Abs. 3 Nr. 1)

Nach Abs. 3 Nr. 1 ist ein VA außer in den Sonderfällen des Abs. 2 Nr. 3 nicht schon deshalb nichtig, weil die Vorschriften über die örtliche Zuständigkeit nicht eingehalten wurden. Daraus folgt, dass der Verstoß gegen eine Regelung über die örtliche Zuständigkeit nur zur Nichtigkeit führt, wenn ein Fall des Abs. 2 Nr. 3 gegeben ist, also in einer Angelegenheit, die sich auf unbewegliches Vermögen oder ein ortsgebundenes Recht oder Rechtsverhältnis bezieht, eine andere als die Behörde entschieden hat, in deren Bezirk das Vermögen oder der Ort liegt. 50

In allen anderen Fällen sind die von einer örtlich unzuständigen, sachlich jedoch zuständigen Behörde erlassenen VAe lediglich rechtswidrig-aufhebbar. Nach § 46 kann die Verletzung von Vorschriften über die örtliche Zuständigkeit darüber hinaus unbeachtlich sein (§ 46 Rdn. 30). 51

2. Mitwirkung einer nach § 20 Abs. 1 Satz 1 Nr. 2 – 6 ausgeschlossenen Person (Abs. 3 Nr. 2)

Nach Nr. 2 führt die Mitwirkung einer nach § 20 Abs. 1 Nr. 2 – 6 ausgeschlossenen Person als solche nicht zur Nichtigkeit. Die Mitwirkung einer ausgeschlossenen Person führt lediglich zur Rechtswidrigkeit des VA.[60] Bei Mitwirkung eines nach § 20 Abs. 1 Nr. 1 ausgeschlossenen Amtsträgers, d.h. der mitwirkende Beamte ist selbst Beteiligter und handelt in eigener Sache, ist eine Nichtigkeit nicht ausgeschlossen, sondern kommt nach Abs. 1 in Betracht. Aus der Nichterwähnung in Abs. 3 ist aber auch nicht in einer Art Umkehrschluss zu folgern, dass dieser Fehler stets die Nichtigkeit begründet. Vielmehr müssen dafür die Voraussetzungen von Abs. 1 erfüllt sein. 52

Mitwirken i. S. v. Nr. 2 bedeutet, dass die ausgeschlossene Person die konkrete Möglichkeit hatte, Einfluss auf die Entscheidung zu nehmen. Die bloß abstrakte Möglichkeit einer Einflussnahme allein genügt nicht. Die in Nr. 2 zum Ausdruck kommende Bewertung der Fehlerhaftigkeit der unter der Mitwirkung eines Amtsträgers i. S. v. § 20 Abs. 1 Satz 1 Nr. 2 – 6 zustande gekommenen VAe zwingt dazu, auch jene VAe **nur als rechtswidrig-aufhebbar** anzusehen, die erlassen sind 53

(1) von einem **Amtsträger**, bei dem die Besorgnis der Befangenheit besteht, der aber nicht die nach § 21 Abs. 1 zuständige Stelle unterrichtet und nicht die Entscheidung über die Zulässigkeit seiner Mitwirkung im Verfahren eingeholt hat oder entgegen der Untersagung der Mitwirkung gehandelt hat oder

(2) von einem **Ausschuss** unter Mitwirkung eines Mitglieds, das nach § 71 Abs. 3 nicht hätte mitwirken dürfen.

3. Fehlender Beschluss eines Ausschusses (Abs. 3 Nr. 3)

Nach Abs. 3 Nr. 3 tritt Nichtigkeit nicht ein, wenn ein durch Rechtsvorschrift zur Mitwirkung berufener Ausschuss den für den Erlass des VA vorgeschriebenen Beschluss 54

60 BVerwG, Urt. v. 18.12.1987 – 4 C 9.86, BVerwGE 78, 347 – juris Rn. 40.

nicht gefasst hat oder nicht beschlussfähig war (vgl. § 45 Rdn. 53 ff.). Als Fall fehlender Beschlussfassung ist es auch anzusehen, wenn der Ausschuss nicht ordnungsgemäß besetzt war.[61]

55 Gemeint ist ein Ausschuss, der nicht selbst Behörde ist. Sobald ein Ausschuss selbst Behörde ist und bei einer anderen Behörde mitwirken muss, liegt ein Fall von Nr. 4 vor.[62]

56 Ein Ausschuss ist dann zur Mitwirkung berufen, wenn er am Erlass eines VA durch die Abgabe einer Einverständniserklärung (Genehmigung, Zustimmung, Einvernehmen, Benehmen) mitzuwirken hat oder vor Erlass des VA im Interesse des Betroffenen angehört werden muss. Dass unter »**Mitwirkung« nicht die Vornahme der Entscheidung selbst** verstanden werden kann, ergibt sich zwingend aufgrund einer am Gesetzeswortlaut und am Telos orientierten Auslegung der Nr. 3.

57 Die Mitwirkung muss immer in der Form eines Beschlusses erfolgen. Die Beschlussfähigkeit richtet sich nach dem für das Tätigwerden geltenden Recht (im Zweifel nach § 90).

58 Rechtsfolge der unterbliebenen Mitwirkung ist die Rechtswidrigkeit des VA. Der Fehler kann nach § 45 Abs. 1 Nr. 4 geheilt werden. Wegen des Vorrangs des Abs. 3 vor Abs. 1 tritt eine Nichtigkeit des VA auch dann nicht ein, wenn der Fehler besonders schwer und offensichtlich ist.[63]

4. Fehlende Mitwirkung einer Behörde (Abs. 3 Nr. 4)

59 Nach Abs. 3 Nr. 4 tritt Nichtigkeit ferner dann nicht ein, wenn die nach einer Rechtsvorschrift erforderliche Mitwirkung einer anderen Behörde unterblieben ist. Dies ist der Fall, wenn vor Erlass eines **mehrstufigen VA** die aufgrund einer Rechtsnorm und nicht nur einer Verwaltungsvorschrift gebotene Anhörung einer anderen Behörde bzw. die Einholung der Genehmigung, Zustimmung oder des Einvernehmens oder Benehmens einer anderen Behörde unterblieben ist.

60 Ist ein VA, der (z.B. nach § 3 Abs. 2 Satz 4) **von mehreren Behörden gemeinsam** erlassen werden muss, von nur einer dieser Behörden erlassen worden, so ist Nr. 4 nicht unmittelbar anwendbar. Die wesentlich gleiche Interessenlage rechtfertigt jedoch ihre entsprechende Anwendung. Rechtsfolge der unterbliebenen Mitwirkung ist die Rechtswidrigkeit des VA. Der Fehler ist nach § 45 Abs. 1 Nr. 5 heilbar.

IV. Teilnichtigkeit eines VA (Abs. 4)

61 Nach Abs. 4 ist bei Nichtigkeit nur eines Teils des VA dieser im Ganzen nichtig, wenn der nichtige Teil so wesentlich ist, dass die Behörde den VA ohne den nichtigen Teil nicht erlassen hätte. Damit geht das Verwaltungsverfahrensgesetz davon aus, dass die **Teilnichtigkeit die Regel** und die Gesamtnichtigkeit des VA die Ausnahme ist.

---

61 Stelkens/Bonk/Sachs/*Sachs*, § 44 Rn. 186.
62 Stelkens/Bonk/Sachs/*Sachs*, § 44 Rn. 183.
63 Stelkens/Bonk/Sachs/*Sachs*, § 44 Rn. 182; a.A. Kopp/*Ramsauer*, § 44 Rn. 57.

Eine Teilnichtigkeit liegt vor, wenn eine von mehreren in einem VA zusammengefassten Teilregelungen nichtig ist. Sie setzt voraus, dass der **VA teilbar** ist. Das ist insb. der Fall, wenn einem Betroffenen aus gleichem Rechtsgrund mehrere Begünstigungen zugesprochen oder Belastungen auferlegt werden und eine Begünstigung oder Belastung nichtig ist. Das Gleiche gilt, wenn eine mit einem wirksamen VA verbundene Nebenbestimmung nichtig ist. 62

Keine Teilnichtigkeit ist gegeben, wenn von zwei auf verschiedenen Rechtsgründen beruhenden VAen (etwa mehrere Genehmigungen oder Abgabenbescheide[64] sind formal in einem schriftlichen Bescheid zusammengefasst) einer nichtig ist. In diesem Fall wird von der Nichtigkeit des einen VA die Wirksamkeit des anderen VA nicht berührt. 63

Wesentlich ist der nichtige Teil des VA dann, **wenn der verbleibende Teil keine selbstständige Bedeutung** mehr hat **oder** wenn der verbleibende Teil **einen anderen Sinn** erhalten würde. Die Entscheidung der Frage, ob die Behörde den VA im Hinblick auf die Wesentlichkeit des nichtigen Teils auch ohne diesen erlassen hätte, hängt nicht von dem subjektiven oder hypothetischen Willen der Behörde, sondern von einer objektiven an Sinn und Zweck der jeweiligen Rechtsgrundlage orientierten Betrachtungsweise ab.[65] Es ist zu fragen, wie eine vernünftige Behörde bei Kenntnis der Sachlage entschieden hätte.[66] So ist die an sich wirksame Regelung gleichfalls nichtig, wenn sie die Behörde beim Vollzug eines bindenden Rechtssatzes nicht hätte erlassen dürfen bzw. beim Vollzug einer Ermessensnorm im Rahmen einer fehlerfreien Ermessensbetätigung nicht erlassen hätte. 64

V. Feststellung der Nichtigkeit durch die Behörde (Abs. 5)

Abs. 5 behandelt die Feststellung der Nichtigkeit durch die Behörde. Nach dem ersten Halbs. kann die Behörde die Nichtigkeit bzw. Teilnichtigkeit **jederzeit von Amts wegen** feststellen. Zuständig ist die gleiche Behörde, die nach § 51 Abs. 4 über das Wiederaufgreifen des Verfahrens zu entscheiden hätte. Eines förmlichen Feststellungsverfahrens bedarf es nicht. Ihrer **Rechtsnatur** nach ist die Feststellung der Nichtigkeit ein VA, der der Anfechtung unterliegt.[67] 65

Nach dem zweiten Halbs. ist die Nichtigkeit auf Antrag festzustellen, wenn der Antragsteller hieran ein berechtigtes Interesse hat. Ein **berechtigtes Interesse** kann geltend machen, wer Verfahrensbeteiligter ist oder wer ein wirtschaftliches oder rechtliches Interesse geltend machen kann (z.B. der Dritte bei einem VA mit Drittwirkung). Ein Betroffener wird regelmäßig dann ein berechtigtes Interesse haben, wenn der VA belastender Art ist oder die Feststellung der Nichtigkeit Beweiszwecken dienen soll (etwa als Nachweis dafür, dass eine durch den nichtigen VA gewährte Vergünstigung 66

64 VGH Baden-Württemberg, Urt. v. 23.05.1985 – 2 S 336/84, NVwZ 1986, 139.
65 Stelkens/Bonk/Sachs/*Sachs*, § 44 Rn. 192 f.
66 Kopp/*Ramsauer*, § 44 Rn. 62.
67 BSG, Urt. v. 23.02.1989 – 11/7 RAr 103/87, NVwZ 1989, 902 – juris Rn. 17; OVG Sachsen-Anhalt, Urt. v. 10.02.1994 – 2 L 13/93, juris Rn. 9; Stelkens/Bonk/Sachs/*Sachs*, § 44 Rn. 201; Kopp/*Ramsauer*, § 44 Rn. 66.

tatsächlich keine Wirksamkeit erlangt hat). Ob ein berechtigtes Interesse besteht, wenn der VA in der Sache auch noch erledigt ist, hängt von denselben Kriterien ab, **wie** sie auch für die Fortsetzungsfeststellungsklage gem. § 113 Abs. 1 Satz 4 VwGO gelten. Hier reicht **jedes nach vernünftigen Erwägungen anzuerkennende schutzwürdige Interesse rechtlicher, wirtschaftlicher oder ideeller Art.**[68]

67 Im Fall eines berechtigten Interesses hat der Antragsteller ein materielles subjektives öffentliches Recht auf die Feststellung der Nichtigkeit. Er kann wahlweise entweder einen Antrag nach Abs. 5 stellen oder sogleich bei dem Verwaltungsgericht **Feststellungsklage nach § 43 Abs. 1 Alt. 2 VwGO** oder, sofern die übrigen Voraussetzungen vorliegen, auch Anfechtungsklage erheben.[69] Soweit nach verbreiteter Meinung auch die Verpflichtungsklage auf Feststellung der Nichtigkeit des betreffenden VA durch feststellenden VA gem. § 44 Abs. 5 zulässig sein soll,[70] ist das angesichts der Möglichkeit der Nichtigkeitsfeststellungsklage nicht überzeugend.[71] Die Geltendmachung des Rechts ist an keine Frist gebunden. Ist der VA allerdings durch rechtskräftige gerichtliche Entscheidung bestätigt worden, steht diese Entscheidung einem Antrag auf Nichtigkeitsfeststellung entgegen.[72]

C. Verfahrensvorschriften des Sozialrechts und Verwaltungsverfahrensrecht der Länder

68 Im Sozialrecht existiert mit § 40 SGB X eine weitgehend identische Parallelregelung. In § 40 Abs. 2 SGB X fehlt lediglich eine mit § 44 Abs. 2 Nr. 3 übereinstimmende Norm, da der Gesetzgeber davon ausging, dass im Sozialrecht derartige Fallgestaltungen nicht vorkommen.[73]

69 Das Landesrecht enthält weitgehend identische, aber einzelne geringfügig abweichende Vorschriften: In Baden-Württemberg, Bayern und im Saarland wurde in Abs. 1 der entsprechenden Regelungen der Begriff »offenkundig« nicht wie im Bundesrecht durch »offensichtlich« ersetzt. In Bayern wird in Abs. 2 Nr. 3 der Text des § 3 Abs. 1 Satz 1 wiederholt und nicht lediglich darauf verwiesen. In Schleswig-Holstein enthält das LVwG mit § 113 Abs. 3 Nr. 5 eine Erweiterung des Negativkatalogs für einen Fall der sachlichen Unzuständigkeit im Polizeirecht.

---

68 Kopp/Schenke, VwGO, § 113 Rn. 129.

69 Kopp/Schenke, VwGO, § 43 Rn. 20; Schenke, JuS 2016, 97 (101 f.); NK-*Sodan*, VwGO, § 43 Rn. 70.

70 Kopp/*Ramsauer*, § 44 Rn. 69; Pautsch/Hoffmann/*Pautsch*, § 44 Rn. 20.

71 Kopp/Schenke, VwGO, § 43 Rn. 20.

72 Kopp/*Ramsauer*, § 44 Rn. 67 f.

73 BT-Drucks. 8/2034, S. 33.

§ 45 Heilung von Verfahrens- und Formfehlern

(1) Eine Verletzung von Verfahrens- oder Formvorschriften, die nicht den Verwaltungsakt nach § 44 nichtig macht, ist unbeachtlich, wenn
1. der für den Erlass des Verwaltungsaktes erforderliche Antrag nachträglich gestellt wird;
2. die erforderliche Begründung nachträglich gegeben wird;
3. die erforderliche Anhörung eines Beteiligten nachgeholt wird;
4. der Beschluss eines Ausschusses, dessen Mitwirkung für den Erlass des Verwaltungsaktes erforderlich ist, nachträglich gefasst wird;
5. die erforderliche Mitwirkung einer anderen Behörde nachgeholt wird.

(2) Handlungen nach Absatz 1 können bis zum Abschluss der letzten Tatsacheninstanz eines verwaltungsgerichtlichen Verfahrens nachgeholt werden.

(3) [1]Fehlt einem Verwaltungsakt die erforderliche Begründung oder ist die erforderliche Anhörung eines Beteiligten vor Erlass des Verwaltungsaktes unterblieben und ist dadurch die rechtzeitige Anfechtung des Verwaltungsaktes versäumt worden, so gilt die Versäumung der Rechtsbehelfsfrist als nicht verschuldet. [2]Das für die Wiedereinsetzungsfrist nach § 32 Abs. 2 maßgebende Ereignis tritt im Zeitpunkt der Nachholung der unterlassenen Verfahrenshandlung ein.

Schrifttum

Baumeister, Der Beseitigungsanspruch als Fehlerfolge des rechtswidrigen Verwaltungsakts, 2006, S. 347 – 381; *ders.*, Das fehlerhafte Verwaltungsverfahren und seine Bedeutung für den Verwaltungsakt, in: Korea Public Land Law Association (Hrsg.), Rechtsfragen des modernen öffentlichen Rechts, Festschrift für Jong Hyun Seok, Public Land Law Review 2009 (Vol. 43), S. 129 –143; *Beaucamp*, Heilung und Unbeachtlichkeit von formellen Fehlern im Verwaltungsverfahren, JA 2007, 117; *Bracher*, Nachholung der Anhörung bis zum Abschluß des verwaltungsgerichtlichen Verfahrens, DVBl 1997, 534; *Brischke*, Heilung fehlerhafter Verwaltungsakte im verwaltungsgerichtlichen Verfahren, DVBl 2002, 429; *Burgi*, Die dienende Funktion des Verwaltungsverfahrens: Zweckbestimmung und Fehlerfolgenrecht in der Reform, DVBl 2011, 1317; *Burgi/Durner*, Modernisierung des Verwaltungsverfahrensrechts durch Stärkung des VwVfG, 2012; *Durner*, Die behördliche Befugnis zur Nachbesserung fehlerhafter Verwaltungsakte, VerwArch. 2006, 345; *Fehling*, Der Eigenwert des Verfahrens im Verwaltungsrecht, VVDStRL 70 (2011), 278; *Fremuth*, Formelle Fehler des Verwaltungsakts und ihre Folgen, JA 2012, 844; *Grimm*, Verfahrensfehler als Grundrechtsverstöße, NVwZ 1985, 865; *Guckelberger*, Anhörungsfehler bei Verwaltungsakten, JuS 2011, 577; *Gurlit*, Der Eigenwert des Verfahrens im Verwaltungsrecht, VVDStRL 70 (2011), 227; *Heilmann*, Die Heilung von Anhörungsfehlern, DVP 2013, 141; *Heinrich*, Behördliche Nachbesserung von VAen im verwaltungsgerichtlichen Verfahren und Rechtsschutz der Betroffenen, 2015; *Held*, Individualrechtsschutz bei fehlerhaftem Verwaltungsverfahren, NVwZ 2012, 461; *Hufen*, Heilung und Unbeachtlichkeit von Verfahrensfehlern, JuS 1999, 313; *Hufen/Siegel*, Fehler im Verwaltungsverfahren, 6. Aufl., 2018; *Kischel*, Folgen von Begründungsfehlern, 2004; *Klinsing*, Sachrichtigkeit und Verfahrensgerechtigkeit, 2019; *Kment*, Nationale Unbeachtlichkeits-, Heilungs- und Präklusionsvorschriften und Relativierung von Verfahrensfehlern im Europäischen Verwaltungsverfahren und nach §§ 45, 46 VwVfG, 2005; *Krasney*, Zur Anhörungspflicht im Verwaltungsverfahren, NVwZ 1986, 337; *Laubinger*, Heilung und Folgen von Verfahrens- und Formfehlern, VerwArch. Bd. 72 (1981), 336; *Lindner/Jahr*, Der unzureichend begründete Verwaltungsakt, JuS 2013, 673; *Martin*, Heilung von Verfahrensfehlern im Verwaltungsverfahren, 2004; *Messerschmidt*, Zur Heilung und Folgenlosigkeit von Verfahrens- und Formfehlern bei Verwaltungsakten gem. §§ 45 und 46 VwVfG, NVwZ 1985, 877; *Meyer*, Die Kodifikation des Verwaltungsverfahrens und die Sanktion für Verfahrensfehler, NVwZ 1986, 513; *Quabeck*, Dienende Funktion des Verwaltungsverfahrens und Prozeduralisierung, 2010; *Pietzcker*, Verfahrensrechte und Folgen von Verfahrensfehlern, FS Maurer, 2001, 695; *Pünder*, Die Folgen von Verfahrensfehlern im Verwaltungsverfahren, Jura 2015, 1307; *Redeker*, Neue Experimente mit der VwGO? NWZ 1996, 521; *Roßnagel*, Verfahrensfehler ohne Sanktion? JuS 1994, 927; *Sachs*, Zur formellen Rechtswidrigkeit von VAen, VerwArch 97 (2006), 573; *Schenke*, Nachschieben von Gründen im Rahmen der Anfechtungsklage, NVwZ 1988, 1; *ders.*, »Reform« ohne Ende – Das Sechste Gesetz zur Änderung der Verwaltungsgerichtsordnung und anderer Gesetze (6. VwGOÄndG), NJW 1997, 81; *ders.*, Die Heilung von Verfahrensfehlern gem. § 45 VwVfG, VerwArch. 2006, 592; *Schlacke*, Die Bedeutung von Verfahrensfehlern im Umwelt- und Planungsrecht, UPR 2016, 478; *Schmitz/Wessendorf*, Das Genehmigungsverfahrensbeschleunigungsgesetz – Neue Regelungen im Verwaltungsverfahrensgesetz und der Wirtschaftsstandort Deutschland, NVwZ 1996, 955; *Schmieszek*, Sechstes Gesetz zur Änderung der Verwaltungsgerichtsordnung und anderer Gesetze, NVwZ 1996, 1151; *Schoch*, Heilung unterbliebener Anhörung im Verwaltungsverfahren durch Widerspruchsverfahren? NVwZ 1983, 249; *ders.*, Nachholung der Begründung und Nachschieben von Gründen, DÖV 1984, 401; *ders.*, Die Heilung von Anhörungsmängeln im Verwaltungsverfahren (§ 45 I Nr. 3 VwVfG), Jura 2007, 28; *Schwarze*, Die Rechtsprechung des EuGH zur Relevanz von Fehlern im Verwaltungsverfahren, FS Würtenberger, 2013, 1203; *Sodan*, Unbeachtlichkeit und Heilung von Verfahrens- und Formfehlern, DVBl 1999, 735; *Stein*, Fehlerhafte Verwaltungsakte und ihre Folgen, DVP 2009, 2; *Warg*, Nachträgliches Auswechseln der Bescheidbegründung – ein Fall des § 45 I Nr. 2 VwVfG?, Jura 2010, 819; *Weidemann/Rheindorf*, Die Heilung von Verfahrens- und Formfehlern – §§ 126 AO, 41 SGB X und 45 VwVfG im Vergleich, DVP 2010, 178.

Übersicht

A. Allgemeines und Grundsätze

I. Gegenstand und Zweck der Regelung

Gegenstand der Regelung ist die Unbeachtlichkeit bestimmter Verfahrensfehler (solcher i. S. v. Abs. 1 Nr. 1, 3, 4, 5) und Formfehler (i. S. v. Abs. 1 Nr. 2) für die Beurteilung der Rechtmäßigkeit eines VA. Das Gesetz spricht in der Überschrift von einer **Heilung des Fehlers.** Der Vorschrift liegt dabei die **Prämisse** zugrunde, **dass verfahrensfehlerhaft zustande gekommene wie auch unzureichend begründete VAe** ungeachtet der Frage, ob sie mit dem materiellen Recht in Einklang stehen, **rechtswidrig sind.**[1] Durch die Nachholung der versäumten Verfahrenshandlung oder der Begründung wird der Fehler beim Erlass des VA nachträglich unbeachtlich. 1

Während Abs. 1 im Einzelnen festlegt, in welchen Fällen eine Nachholung von fehlenden Handlungen möglich ist (Rdn. 11 ff.), regelt Abs. 2 die Frist, innerhalb der die Nachholung vorzunehmen ist (Rdn. 61 ff.). Abs. 3 bestimmt, wie sich das Fehlen der erforderlichen Begründung oder der erforderlichen Anhörung eines Beteiligten auf die Möglichkeit der Wiedereinsetzung in den vorigen Stand auswirkt (Rdn. 68). 2

Zweck der Regelung ist es, die kraft Gesetzes eintretende Folge des Unterlassens einer nach dem Gesetz notwendigen Verfahrenshandlung vor Erlass des VA oder der unzureichenden Begründung im VA aus Gründen der Verfahrensökonomie dann zu vermeiden, wenn kein inhaltlicher Mangel des VA vorliegt und daher keine andere Sachentscheidung veranlasst ist und der Verfahrens- oder Formfehler nachträglich behoben wurde. Die **Nachholung** der unterbliebenen Verfahrenshandlung oder Begründung **heilt den Fehler und führt die Rechtmäßigkeit des VA** (mit Wirkung ex nunc – Rdn. 23 ff.) **herbei.** Die Rechtswidrigkeitsfolge und die weiter aus ihr 3

1 S. auch Mann/Sennekamp/Uechtritz/*Emmenegger*, § 45 Rn. 38 ff. m.w.N.

resultierenden Konsequenzen (etwa die Pflicht zur Aufhebung) werden – jedenfalls mit Wirkung für die Zukunft – vermieden.

4 Welchen **verfahrensökonomischen Effekt** die Heilungsregelung besitzt, wird bisher kaum thematisiert, obwohl die Norm – neben § 46 – allgemein als Sinnbild der Verfahrensökonomie und der Abwertung der Bedeutung von Verfahrensregelungen anzusehen sein soll.[2] Die Regelungswirkung des § 45 lässt sich aber relativ einfach daran erkennen, welche Konsequenzen die Nichtexistenz der Norm hätte oder welche Rechtsfolgen für die von § 45 Abs. 1 nicht erfassten Verfahrensfehler gelten. Dabei zeigt sich schnell, dass die Behörde ohne einen Rückgriff auf § 45 gleichwohl die Möglichkeit zur Beseitigung des Fehlers durch Nachholung bzw. Neuvornahme der fehlerhaften Verfahrenshandlung und anschließende Wiederholung aller nachfolgenden Verfahrensschritte besitzt. In diesem Fall steht am Ende dieser Fehlerbeseitigung der Erlass eines neuen – fehlerfreien – VA. Der frühere fehlerhafte VA wurde damit – gegebenenfalls konkludent – aufgehoben. Der Unterschied zur Anwendung des § 45 besteht letztlich lediglich darin, dass es sich in den Fällen der Nachholung der fehlerhaften oder fehlenden Verfahrenshandlung im Rahmen des § 45 im Ergebnis um den identischen und **nicht um einen neuen VA handelt**[3]. Die daraus resultierenden Konsequenzen für die Verfahrensökonomie sind damit keineswegs so groß, wie die zahllosen Verweise darauf in der Literatur glauben machen wollen (näher unten im Zusammenhang mit den Anforderungen an das Verfahren der Nachholung Rdn. 17 ff.).

II. Systematische Stellung

5 § 45 steht im Abschnitt 2 in Teil III zum VA (§§ 35 ff.), den Regelungen über die »Bestandskraft des Verwaltungsaktes« (§§ 43 bis 52). Zusammen mit § 46 betrifft die Norm die Fehlerfolgen bei bestimmten Verfahrens- und Formverstößen. In Abgrenzung zu den (Sonder-) Fällen der Nichtigkeit des VA nach § 44 belegen die §§ 45, 46 und 47, dass nicht jeder Fehler beim Erlass des VA zu seiner Aufhebung führen muss. Die Heilung nach § 45 (infolge einer Nachholung der fehlerhaften Handlung oder Begründung) und die daraus resultierende Unbeachtlichkeit des Fehlers bilden neben der ipso iure bestehenden Unbeachtlichkeit nach § 46 und der Möglichkeit der Umdeutung gem. § 47 einen der Fälle begrenzter Fehlerfolgen beim VA. § 46 und § 47 kommen auch in den Fällen des § 45 Abs. 1 zur Anwendung.

6 Eine gewisse Form der Erweiterung von Heilungsmöglichkeiten eröffnet das in § 75 Abs. 1a S. 2 sowie in Regelungen des Fachplanungsrechts für Planfeststellungsbeschlüsse und Plangenehmigungen vorgesehene **ergänzende Verfahren**.[4] Im Unterschied zu § 45 Abs. 1 kennt dieses Verfahren keine Beschränkung auf einen Katalog heilbarer Fehler und ist zudem auch bei materiellrechtlichen Fehlern anwendbar.[5]

2 *Pünder*, Jura 2015, 1307, sieht die §§ 45, 46 gar als Geringschätzung des Verwaltungsverfahrens und als Ausdruck dessen, »was der Staat von seinen Bürgern hält«.

3 Vgl. ausführlich *Baumeister*, S. 347 ff., 354;.s.a. Stelkens/Bonk/Sachs/*Sachs*, § 45 Rn. 21; Mann/Sennekamp/Uechtritz/*Emmenegger*, § 45 Rn. 13.

4 S. *Baumeister*, S. 411 ff.

5 Mann/Sennekamp/Uechtritz/*Emmenegger*, § 45 Rn. 14.

III. Entstehungsgeschichte

Der Gesetzentwurf vom 18.07.1973[6] wies (in § 41 E-VwVfG) gegenüber der 1976 Gesetz gewordenen Fassung des § 45 zum einen in der Formulierung des Abs. 2 Unterschiede auf. Erst im Laufe des Gesetzgebungsverfahrens wurde zudem Abs. 3 eingefügt.[7] 7

Eine erste Änderung hat § 45 durch Art. 1 Nr. 3 GenBeschlG vom 12.09.1996[8] erfahren; die mit diesem Gesetz eingeführte Fassung des Abs. 2 lautete: »Handlungen nach Absatz 1 können bis zum Abschluss eines verwaltungsgerichtlichen Verfahrens nachgeholt werden.« Grundlage dieses Gesetzes war der Gesetzentwurf vom 06.03.1996.[9] Der Stellungnahme des Bundesrates, nach der eine Beschränkung der Heilung auf den Zeitraum bis zum Abschluss der letzten Tatsacheninstanz vorgeschlagen wurde[10], ist der Bundestag nicht gefolgt.[11] 8

Durch Art. 1 Nr. 15 des 3. VwVfGÄndG v. 21.08.2002[12] wurde die vom Bundesrat im Rahmen des GenBeschlG 1996 geforderte und durch den Bundestag zunächst abgelehnte Änderung vorgenommen: Das Wort »Abschluss« in Abs. 2 wurde durch die Wörter »Abschluss der ersten Tatsacheninstanz« ersetzt (BT-Drucks. 14/9000, S. 34: »Die derzeitige Fassung des § 45 Abs. 2 VwVfG berücksichtigt nicht hinreichend die Strukturen des Verwaltungsprozesses, wenn sie entgegen § 137 Abs. 2 VwGO die Berücksichtigung nachgeholter Verfahrenshandlungen – und damit tatsächlicher Entwicklungen – noch im Revisionsverfahren anordnet.«). 9

IV. Verfassungs- und Unionsrechtskonformität

Spätestens mit dem GenBeschlG vom 12.09.1996[13] ist eine umfangreiche Diskussion über die Vereinbarkeit der Regelungen der §§ 45, 46 mit dem GG sowie dem Unionsrecht entstanden.[14] Sämtliche Kritikpunkte lassen aber bis heute die für die Annahme der Verfassungswidrigkeit oder Unionsrechtswidrigkeit notwendige Präzision vermissen. Meist bewegt sich die Argumentation auf einer rechtspolitischen Ebene. Hintergrund der Bedenken ist regelmäßig die aus den Regelungen abgeleitete Geringschätzung des Verfahrensrechts als rein »dienendes Recht«, ohne dessen Eigenwert zu berücksichtigen.[15] Die darin enthaltene Kritik ist im Grundsatz nachvollziehbar; für 10

---

6 BT-Drucks. 7/910, S. 17.

7 BT-Drucks. 7/4494, S. 9.

8 BGBl. I S. 1354.

9 BT-Drucks. 13/3995, S. 8,

10 BT-Drucks. 13/3395, S. 11 (Anlage 2).

11 S. auch Gegenäußerung der Bundesregierung, BT-Drucks. 13/3395, S. 16 (Anlage 3).

12 BGBl. I S. 3322.

13 BGBl. I S. 1354.

14 Ausführlich im Hinblick auf § 45 *Baumeister*, S. 349 ff., 358 ff.; zu §§ 45, 46 *Burgi/Durner*, Modernisierung, S. 34 ff., mit eigenen Reformvorschlägen; s.a. Mann/Sennekamp/Uechtritz/*Emmenegger*, § 45 Rn. 24 ff.

15 Zum möglichen unterschiedlichen Bedeutungsgehalt der dienenden Funktion *Burgi/Durner*, Modernisierung, S. 29 ff.

§ 45 erscheint sie allerdings aufgrund der (oben Rdn. 4 kurz beschriebenen) begrenzten materiellrechtlichen Bedeutung der Rechtsfolgen des § 45 – auf der Basis der hier vertretenen Auslegung der Norm – weitgehend unberechtigt.[16]

B. Die Vorschrift im Einzelnen

I. Grundsätze der Heilung

11 Nach Abs. 1 ist die Verletzung der in Nr. 1, 3 – 5 genannten Verfahrensvorschriften unbeachtlich, wenn die jeweils unterbliebene Verfahrenshandlung nachgeholt wurde. Entsprechendes gilt für die gem. Abs. 1 Nr. 2 mögliche Nachholung der Begründung.

1. Analogiefähigkeit?

12 Vielfach wird angenommen, dass die Aufzählung als abschließend anzusehen sei.[17] Schon der Wortlaut der Regelung spricht dafür, dass die Aufzählung nicht nur Beispielcharakter hat.[18] Ob allerdings jeder Fall einer analogen Anwendung von vornherein auszuschließen ist, erscheint beim Blick auf bestimmte Einzelfälle doch fraglich.[19] So wird etwa eine Analogie zu Abs. 1 Nr. 5 für den Fall des fehlenden gemeindlichen Einvernehmens nach § 36 BauGB befürwortet.[20] Entsprechendes gilt für einen Ausschussbeschluss, der mangels Beschlussfähigkeit unwirksam war, später aber nachgeholt wurde.[21] Aus der Rechtsprechung bekannt geworden ist noch ein Fall der Analogie zu Abs. 1 Nr. 3, in dem eine mündliche Verhandlung in einem förmlichen Verfahren versäumt wurde.[22] Ebenso hat das BVerwG hinsichtlich des Versäumnisses einer Anfrage der Genehmigungsbehörde nach § 13 Abs. 2 Nr. 2 Buchst. c PBefG bei einem vorhandenen Unternehmer, ob er zur notwendigen Ausgestaltung seines Verkehrs bereit ist, eine Analogie zu § 45 Abs. 1 Nr. 3 für möglich gehalten, da es sich funktional um eine Anhörung handele.[23] Vor dem Hintergrund der im praktischen Ergebnis sehr begrenzten Folgen der Anwendbarkeit des § 45 (s.o. Rdn. 4) erscheint die Anerkennung der **Möglichkeit einer (eingeschränkten) analogen Anwendung überzeugend.** Voraussetzung ist allerdings, dass es sich nur um eine Analogie zu einem einzelnen konkreten Tatbestand aus Abs. 1 handelt. Gesamtanalogien in dem Sinne,

---

16 Ausführlich *Baumeister*, S. 350 ff. (betr. Verfassungsrecht), 358 ff. (betr. Europarecht); *Held*, NVwZ 2012, 461 (468) spricht von »geringeren Bedenken«.

17 Obermayer/*Schäfer*, 3. Aufl., § 45 Rn. 5 (jedenfalls im Grundsatz); Kopp/*Ramsauer*, § 45 Rn. 12; *Meyer/Borgs* § 45 Rn. 6; *Ziekow*, § 45 Rn. 2; zu weiteren Nachw. *Baumeister*, S. 372 Fn. 104; dagegen behauptet das BVerwG, Urt. v. 20.08.2008 – 4 C 11.07, BVerwGE 131, 352 – juris Rn. 24, dass die Möglichkeit zu Analogien bis zum Abschluss des Widerspruchsverfahrens einhellige Auffassung sei.

18 In diese Richtung aber Stelkens/Bonk/Sachs/*Sachs*, § 45 Rn. 151 ff.

19 Vgl. mit umfangreichen Differenzierungen Mann/Sennekamp/Uechtritz/*Emmenegger*, § 45 Rn. 52; für eine analoge Anwendung etwa auch BeckOK VwVfG/*Schemmer*, § 45 Rn. 11.

20 Stelkens/Bonk/Sachs/*Sachs*, § 45 Rn. 99.

21 Stelkens/Bonk/Sachs/*Sachs*, § 45 Rn. 93.

22 BVerwG, Urt. v. 18.10.1983 – 1 C 13.81, NVwZ 1984, 578 (579).

23 BVerwG, Urt. v. 24.06.2010 – 3 C 14.09, BVerwGE 137, 199 – juris Rn. 37.

dass § 45 auch auf Fälle Anwendung findet, bei denen es sich in der Sache um eine Erweiterung des Katalogs um neue Fallgruppen handelt, sind dagegen abzulehnen. Das muss auch für die Nachholung einer UVP-Vorprüfung angenommen werden;[24] hier hätte nach der Nachholung der VA neu erlassen werden müssen. Gleiches gilt auch im Fall der fehlenden Mitbestimmung des Personalrats bei der Einstellung oder Beförderung eines Beamten. Die Berufung auf einen »allgemeinen Rechtsgedanken des § 45 Abs. 1 VwVfG«, mit dem eine Heilung durch die Nachholung des Mitbestimmungsaktes des Personalrats begründet wird, ist angesichts der bewussten Begrenzungen des § 45 Abs. 1 nicht überzeugend.[25]

Im Fall der Nachholung der erforderlichen Hinzuziehung eines Beteiligten, wie er in der sozialverwaltungsrechtlichen Parallelnorm des § 41 Abs. 1 Nr. 6 SGB X enthalten ist, wäre damit die analoge Anwendung des § 45 Abs. 1 ausgeschlossen. Allerdings können nicht ausdrücklich genannte Verfahrensfehler dann unbeachtlich sein, wenn sie von einer nach Abs. 1 nachholbaren Handlung zwangsläufig erfasst werden (so kann z.B. die nachträgliche Anhörung auch die bisher unterlassene Hinzuziehung als Beteiligter i. S. v. § 13 Abs. 2 oder die verweigerte Akteneinsicht nach § 29 heilen[26]). Analogien kommen weiter in Betracht, wenn es sich um Fehler vergleichbarer oder minder schwerer Art wie die Heilbarkeit der in Abs. 1 genannten Fehler handelt (z.B. die unterlassene Anhörung eines Ausschusses oder einer Behörde in den Fällen der Nr. 4 und 5, vgl. Rdn. 53 ff.).[27] 13

2. Ausschluss der Heilung

Nicht heilbar nach § 45 sind Verstöße gegen die Vorschriften über die örtliche oder sachliche Zuständigkeit oder die Vorschriften über den Ausschluss bestimmter Personen.[28] Verfahrens- oder Formfehler, die den VA nach § 44 Abs. 1 oder Abs. 2 nichtig machen oder den VA erst gar nicht wirksam entstehen lassen, werden von § 45 Abs. 1 ebenfalls nicht erfasst. Gleichfalls nicht anwendbar ist § 45 auf materiellrechtliche Fehler.[29] 14

Nicht überzeugend erscheint es dagegen, die Heilung nach § 45 aufgrund von (vermeintlichen) Vorgaben der Verfassung oder des Europarechts für ausgeschlossen zu halten. Den grundsätzlich berechtigten Bedenken gegen zu weitgehende Heilungsmöglichkeiten ist nicht durch allenfalls unscharf definierte Voraussetzungen über die Nichtanwendung des § 45 Rechnung zu tragen. Richtigerweise sind (vor dem Hintergrund der Bedenken) Vorgaben für das Verfahren der Heilung selbst aufzustellen (zum Nachverfahren unten Rdn. 17 ff.). Die gegenteilige Auffassung übersieht 15

24 A.A. BVerwG, Urt. v. 20.08.2008 – 4 C 11.07, BVerwGE 131, 352 – juris Rn. 24.
25 A.A. OVG Bremen, Urt. v. 14.10.2015 – 2 B 158/15, juris Rn. 16.
26 Ebenso Kopp/*Ramsauer*, § 45 Rn. 24.
27 Ebenso *Messerschmidt*, NVwZ 1985, 878.
28 Stelkens/Bonk/Sachs/*Sachs*, § 45 Rn. 146; Kopp/*Ramsauer*, § 45 Rn. 9a; zur sachlichen Zuständigkeit VGH Baden-Württemberg, Urt. v. 07.03.2018 – 5 S 2639/15, juris Rn. 89.
29 Kopp/*Ramsauer*, § 45 Rn. 3.

regelmäßig die Konsequenzen einer vermeintlich strikten Begrenzung der Rechtsfolgen des § 45: Die Behörde kann regelmäßig, auch wenn ihr der Weg über § 45 versperrt ist, den VA nach einer (Teil-) Wiederholung des Verfahrens neu erlassen und den Fehler ohne weiteres auf diese Weise beseitigen. Im Unterschied dazu führt die Anwendbarkeit des § 45 lediglich dazu, dass es sich nach der Heilung um denselben und keinen neuen VA handelt.

16 Aus entsprechenden Überlegungen heraus ist es auch nicht angezeigt, die Anwendung des § 45 Abs. 1 für solche Fälle auszuschließen, in denen nach spezialgesetzlicher Regelung der Zweck der Mitwirkung nur durch **vorherige Mitwirkung** erreicht werden könne.[30] Die gegenteilige Meinung besitzt nur scheinbare Vorteile. Unter Beachtung der nachfolgend (Rdn. 17 ff.) dargestellten Anforderungen an das Nachverfahren können auch derartige Nachholungen grundsätzlich möglich sein. Auch im Fall der Nichtanwendung des § 45 und Aufhebung des VA kann die Situation einer »Erstentscheidung« faktisch nicht mehr hergestellt werden.

3. Grundsätze des Verfahrens der Nachholung (sog. Nachverfahren)

17 Abs. 1 erklärt eine Verletzung von Vorschriften für unbeachtlich, wenn die unterlassenen oder fehlerhaften Handlungen nachträglich, dh nach Erlass des VA, vorgenommen werden, also etwa der notwendige Antrag nachträglich gestellt wird (Nr. 1) oder die erforderliche Anhörung nachgeholt wird (Nr. 3). Das Gesetz äußert sich allerdings nicht zum **Verfahren der Nachholung**, insbesondere dazu, ob die isolierte Nachholung der fehlenden oder unzureichenden Verfahrenshandlung ausreicht für eine Fehlerheilung.

18 In der für eine Heilung nach § 45 erforderlichen Fortsetzung des Verwaltungsverfahrens nach dessen formalem Abschluss durch den Erlass des VA ist richtigerweise ein **Nachverfahren** zu sehen.[31] Weder zum Ablauf eines solchen Verfahrens noch zu dessen Abschluss finden sich in § 45 Vorgaben.

19 Für das Nachverfahren selbst folgen aus dem Ziel der Heilung, der Beseitigung des Fehlers, bestimmte **Anforderungen an das Verfahren**, die grundsätzlich über eine schlichte isolierte Nachholung der jeweiligen fehlenden oder fehlerhaften Verfahrenshandlung hinausgehen. So reicht es für eine wirkliche Beseitigung des Fehlers grundsätzlich nicht aus, wenn rein formal die Verfahrenshandlung nachgeholt wird. Notwendig ist es stets, auch die Konsequenzen aus den sich durch die Nachholung (und auch unabhängig von ihr) ergebenden zwischenzeitlichen Veränderungen der

30 So aber BVerwG, Urt. v. 01.12.1982 – 2 C 59.81, juris Rn. 18; OVG Niedersachsen, Beschl. v. 08.02.2018 – 11 ME 130/17, juris Rn. 21; Stelkens/Bonk/Sachs/*Sachs*, § 45 Rn. 97; Kopp/*Ramsauer*, § 45 Rn. 28, 32; BeckOK/*Schemmer*, § 45 Rn. 16.

31 Den Begriff des Nachverfahrens verwenden etwa OVG Nordrhein-Westfalen, Urt. v. 19.01.1981 – 4 A 2718/79, DVBl 1981, 689 (690); nachfolgend BVerwG, Urt. v. 17.08.1982 – 1 C 22.81, BVerwGE 66, 111; *Hufen*, NJW 1982, 2160 (2166); Wolff/Decker/*Wolff* § 45 Rn. 35; näher *Baumeister*, S. 365 ff.; von einem Nachholverfahren sprechen Kopp/*Ramsauer*, § 45 Rn. 41.

Rechts- und Sachlage zu berücksichtigen.[32] Ist etwa die Anhörung nachzuholen (Nr. 3), so müssen auch die Ergebnisse der Anhörung (etwaige neue Stellungnahmen oder neue Verhaltensweisen) Berücksichtigung finden. Wurde im Fall einer Gewerbeuntersagung der Betroffene nicht vorher angehört und führt nun die Nachholung der Anhörung dazu, dass der Betroffene seine Gewerbetätigkeit selbst »freiwillig« einstellt, so kann der ursprüngliche VA nicht aufrechterhalten werden. Hier zeigt sich, dass die Behörde **generell eine neue Sach- oder Rechtslage** bei ihrem nachfolgenden Verhalten **zu berücksichtigen** hat.[33] In dem Beispielsfall ist der Verfahrensfehler auch nicht geheilt worden.

Für den **Abschluss des Nachverfahrens** gelten folgende Grundsätze: Aus den Grund- 20
rechten der Beteiligten und aus dem Rechtsstaatsprinzip (insbesondere speziell aus der Gewährleistung von Rechtssicherheit und Rechtsklarheit) folgt die Notwendigkeit eines Aktes der Behörde, der das Nachverfahren nach außen erkennbar abschließt und die Beteiligten über den Ausgang informiert. Wurde nach Ansicht der Behörde das Nach- bzw. Heilungsverfahren erfolgreich abgeschlossen, ohne dass es zu einer Änderung des VA gekommen ist, so bedarf es der **schriftlichen Ergebnismitteilung**, einer Bekanntgabe des Ergebnisses des Nachverfahrens, auf die § 41 entsprechende Anwendung findet.[34] Bei dieser Mitteilung handelt es sich mangels Regelungscharakters nicht um einen VA. Rechtsschutz können Beteiligte, die nicht von einer Heilung ausgehen, mit den Rechtsbehelfen erreichen, die gegen den VA, der geheilt werden sollte, zulässig sind. Unter den Voraussetzungen des § 45 Abs. 3 besteht die Möglichkeit der Wiedereinsetzung (s. Rdn. 68 ff.). Im Rechtschutzverfahren ist bei Bedarf inzident zu prüfen, ob eine Heilung gem. § 45 eingetreten ist.

4. Abgrenzung der Heilung vom Neuerlass oder Änderungsbescheid

Im Unterschied zum Wiederaufgreifen des Verfahrens gem. § 51 oder zum Wieder- 21
aufgreifen im weiteren Sinne gem. §§ 48, 49 steht im **Fall des § 45 am Ende des Nachverfahrens keine neue Entscheidung.** Ist eine solche Entscheidung jedoch wegen einer neuen Rechts- oder Sachlage zu treffen, so handelt es sich nicht mehr um eine Heilung gem. § 45.

Für die Abgrenzung zwischen einem Neuerlass oder Änderungsbescheid einerseits und 22
einem geheilten VA andererseits ergeben sich daraus folgende Konsequenzen: Wird der **ursprüngliche VA** als Folge der Bemühungen um eine Heilung des Fehlers inhaltlich **modifiziert**, so handelt es sich um einen neuen, nicht um den früheren VA. Ein solcher Fall liegt eindeutig vor, wenn der Entscheidungssatz des VA (der Tenor)

---

32 Kein Ansatzpunkt in diese Richtung ist erkennbar etwa in VGH Hessen, Beschl. v. 13.01.2020 – 3 B 2373/19, juris Rn. 6 ff.; OVG Sachsen, Beschl. v. 25.11.2019 – 2 B 195/19, juris Rn. 15.

33 Ähnlich auch Obermayer/*Schäfer*, 3. Aufl., Rn. 75.

34 S. auch Mann/Sennekamp/Uechtritz/*Emmenegger*, § 45 Rn. 81, 89, 105; inzwischen auch BVerwG, Beschl. v. 18.04.2017 – 9 B 54.16, juris Rn. 4; OVG Nordrhein-Westfalen, Beschl. v. 11.06.2018 – 10 A 699/17, juris Rn. 5.

verändert wird. Entsprechendes gilt aber auch bei einer lediglich veränderten Begründung des VA, wenn der unveränderte Entscheidungssatz nunmehr auf Gründe gestützt wird, die die Regelung zuvor noch nicht getragen haben.

5. Rechtswirkung der Heilung: Rechtmäßigkeit ex nunc

23 Nach Abs. 1 ist der Rechtsfehler nach erfolgter Nachholung »unbeachtlich«; in der Überschrift der Regelung wird demgegenüber der Begriff der Heilung verwendet. Auch wenn die Folgen für die Rechtswidrigkeit oder Rechtmäßigkeit des VA nicht eindeutig geregelt werden, so ist nach einhelliger Auffassung davon auszugehen, dass bei einer erfolgreichen Heilung gem. § 45 **aus einem rechtswidrigen ein rechtmäßiger VA wird.**[35] Selbst wenn die Rechtsfolge des Rechtmäßigwerdens allein aus dem Begriff der Unbeachtlichkeit in Abs. 1 noch nicht abzuleiten ist, muss doch der Begriff der Heilung in diesem Sinne interpretiert werden.

24 Uneinigkeit besteht lediglich bei der Frage, ob die Rechtmäßigkeit ex nunc oder ex tunc eintritt. Das Meinungsspektrum teilt sich in etwa gleich große Lager.[36] Aus der höchstrichterlichen Rechtsprechung hat bislang nur das BSG (Großer Senat) im Hinblick auf die Parallelregelung des § 41 SGB X Stellung bezogen und sich für eine Heilung ex tunc ausgesprochen.[37] Überwiegend wird im Anschluss an die Begründung des Gesetzentwurfs[38] von der fehlenden **praktischen Relevanz** der Frage ausgegangen. Dies trifft jedoch nicht zu, wie verschiedene Beispiele zeigen. Fehlt im Zeitpunkt des VA-Erlasses die Mitwirkungshandlung einer anderen Behörde und hebt die erlassende Behörde den VA deshalb gem. § 48 (rechtmäßig) auf, so führte im Fall der Wirkung ex tunc die nach der Aufhebung nachgeholte Mitwirkung gem. § 45 Abs. 1 Nr. 5 zum rückwirkenden Rechtmäßigwerden des VA. Damit wäre dessen Aufhebung gem. § 48 ihrerseits rechtswidrig. Demgegenüber könnte die Rechtmäßigkeit der Rücknahme durch die Nachholung mit Wirkung ex nunc nicht mehr berührt werden.[39]

25 Ein anderes Beispiel für die Relevanz des Meinungsstreits stammt aus dem Sozialrecht, konkret aus dem Rentenversicherungsrecht.[40] Bei der behördeninternen Überprüfung

---

35 Stellv. *Maurer*, § 10 Rn. 39; Knack/Henneke/*Peuker*, § 45 Rn. 25; *Schoch*, NVwZ 1983, 249 (253); *Ule/Laubinger*, § 58 Rn. 3.

36 Für eine Wirkung **ex tunc** etwa: Knack/Henneke/*Peuker*, § 45 Rn. 22; *Kugele*, § 45 Rn. 4; *Maurer*, § 10 Rn. 39; Pautsch/Hoffmann/*Pautsch*, § 45 Rn. 3; Stelkens/Bonk/Sachs/*Sachs*, § 45 Rn. 18 ff.; für **ex nunc**: *Baumeister*, S. 375 ff.; *Hufen*, Rn. 613; *Kischel*, S. 160 f.; Kopp/*Ramsauer*, § 45 Rn. 14; Kopp/Schenke/*W.-R. Schenke/R. P. Schenke*, VwGO, § 113 Rn. 49, 59; Mann/Sennekamp/Uechtritz/*Emmenegger*, § 45 Rn. 128 ff.; *Meyer/Borgs*, § 45 Rn. 12; *Pünder*, Jura 2015, 1311 *Schenke*, VerwArch 2000, 598 f.; *Ule/Laubinger*, § 58 Rn. 16; *Wallerath*, Allgemeines Veraltungsrecht, § 7 Rn. 144.

37 BSG, Beschl. v. 06.10.1994 – GS 1/91, BSGE 75, 159.

38 S. BT-Drucks. 7/910, S. 65.

39 Zu diesem Beispiel *Meyer/Borgs*, § 45 Rn. 12; s. dazu und zu dem weiteren Beispiel aus dem Sozialrecht (Rdn. 25) *Baumeister*, S. 376 f.

40 Vgl. BSG, Beschl. v. 06.10.1994 – GS 1/91, BSGE 75, 159; Urt. v. 24.07.1980 – 5 RKn 9/79, juris.

eines bestandskräftigen Rentenbescheids wird durch den Rentenversicherungsträger festgestellt, dass bei der Ermittlung der für die Rentenhöhe maßgeblichen Entgeltpunkte für Beitragszeiten (§§ 66, 70 SGB VI) Beschäftigungszeiten im Beitrittsgebiet berücksichtigt, aber tatsächlich nicht ausreichend glaubhaft gemacht wurden (§§ 256b, 286b SGB VI). Daraufhin kürzt der Rentenversicherungsträger die Rente durch einen Änderungsbescheid, der – materiell rechtmäßig – auf die Rücknahmeregelung des § 45 SGB X (vgl. § 48 Abs. 1 Satz 2, Abs. 2) gestützt wird, mit Wirkung ab dem auf die Bekanntgabe des Änderungsbescheids folgenden Monat. Unterlassen wurde jedoch vor Erlass des Änderungsbescheids die erforderliche Anhörung des Rentners. Wird die Anhörung etwa im bzw. während des Widerspruchsverfahrens wirksam nachgeholt, ohne dass das Ergebnis der Anhörung zu einer Änderung des Bescheides Anlass gegeben hätte, so tritt die Wirkung der Heilung nach § 41 SGB X ein. Bei einer ex-tunc-Wirkung wird der VA von Anfang an rechtmäßig, so dass eine Aufhebung vollständig ausscheidet. Anderes gilt bei einer ex-nunc-Wirkung: Hier bestünde der Aufhebungsanspruch fort für die Monate der Geltung des VA bis zum Eintritt der Heilung. Folglich hätte der Rentner hier auch einen entsprechenden finanziellen Vorteil.

Neben einer Reihe weiterer Gründe[41] spricht vor allem der grundrechtlich verankerte Beseitigungsanspruch gegenüber einem rechtsverletzenden VA für eine Beschränkung der Heilungswirkung auf die Zukunft (**Heilung ex nunc**).[42] In diesem Fall bleibt auch die (zeitlich partielle) Aufhebung des VA bis zum Zeitpunkt der Heilung möglich. Inzwischen wir das Ergebnis der ex-nunc-Wirkung zusätzlich mit einer Risiko- und Interessenabwägung begründet, nach der die zwischen Erlass und Heilung eintretenden Rechtsfolgen zu Lasten der Behörde gehen sollen.[43] 26

II. Heilung einzelner Verfahrens- und Formfehler (Abs. 1)

1. Nachträgliche Antragstellung (Abs. 1 Nr. 1)

Steht ein mitwirkungsbedürftiger VA infrage und fehlt bei Erlass des VA der erforderliche Antrag, kann der VA nichtig oder auch nur rechtswidrig und aufhebbar sein. Ist der VA nichtig, scheidet eine Heilung nach § 45 Abs. 1 schon nach dem Wortlaut der Regelung aus. Bei fehlendem Antrag ist nach § 44 Abs. 1 **Nichtigkeit** des VA anzunehmen, **wenn dem Antrag** wegen der Tragweite der begehrten Entscheidung derart **zentrale Bedeutung zukommt**, dass von einem »besonders schweren Fehler« auszugehen ist, der zudem offensichtlich ist. 27

Unbeachtlich ist nach Nr. 1 das Fehlen eines durch Gesetz vorgeschriebenen und somit für den Erlass des VA zwingend erforderlichen Antrages, wenn dieser nachträglich gestellt wird. Der nachträgliche Antrag wird mit Zugang bei der Behörde wirksam. 28

41 S. dazu näher *Baumeister*, S. 379 ff.

42 S. neben den in Fn. 33 genannten auch *Hufen*, JuS 1999, 313 (318); *Schenke*, VerwArch. 2006, 592 (604 ff.); *ders.*, NVwZ 2015, 1341 (1342); *Schoch*, Jura 2007, 28 (32); a.A. etwa Hk-VerwR/*Schwarz*, § 45 Rn. 12; *Ziekow*, § 45 Rn. 4.

43 Mann/Sennekamp/Uechtritz/*Emmenegger*, § 45 Rn. 130.

Der Antrag kann auch stillschweigend/konkludent gestellt werden.[44] **Der Antrag muss sich**, soll der VA geheilt werden, **exakt mit dem VA decken.** Weicht der Antrag von der im VA enthaltenen Regelung ab, ist keine Heilung eingetreten.

29 Nr. 1 kommt auch dann zur Anwendung, wenn zwar eine **Antragstellung** vorliegt, diese aber wegen eines Mangels **nicht wirksam** geworden ist (z.B. der Antragsteller ist geschäftsunfähig oder nicht allein zur Antragstellung befugt). In einem solchen Fall ist mit der Beseitigung des Mangels (etwa durch nachträgliche Genehmigung des gesetzlichen Vertreters oder einer zur Mitwirkung bei der Antragstellung berufenen Person) der erforderliche Antrag nachträglich gestellt.[45]

30 Geheilt wird nur der Mangel der Antragstellung als solcher. Die **Versäumung einer materiellrechtlichen Antragsfrist** (etwa die Versäumung einer Ausschlussfrist bei Subventionen) wird durch die nachträgliche Antragstellung **nicht geheilt.** Insb. wirkt die Antragstellung nicht zurück auf den Zeitpunkt der Einleitung des Verfahrens oder den Zeitpunkt des Erlasses des VA. In Betracht kommt in diesen Fällen allenfalls eine Wiedereinsetzung nach § 32. Eine entsprechende Anwendung von § 184 BGB bei der Genehmigung von durch Vertreter gestellten Anträgen mit der Folge der Rückwirkung auf den Antragszeitpunkt, scheidet wegen des Zweckes von Ausschlussfristen aus.[46]

2. Nachträglich gegebene Begründung (Abs. 1 Nr. 2)

31 Nach Nr. 2 ist das Fehlen der erforderlichen Begründung unbeachtlich, wenn diese nachträglich gegeben wird. Danach kann ein VA, der wegen eines **formellen Begründungsfehlers** rechtswidrig ist, geheilt werden. **Materielle Begründungsfehler** sind nicht gem. § 45 heilbar (s.u. Rdn. 35, 36 ff.).

32 Ist die erforderliche Begründung unterblieben, ermöglicht Nr. 2 eine Heilung dieses Formfehlers durch nachträgliche Erteilung einer schriftlichen Begründung, die den Anforderungen des § 39 genügt. Dies gilt auch für die fehlende Begründung einer Ermessensentscheidung. Die Nachholung der erforderlichen Begründung kann i.R.d. jeweiligen Zuständigkeit sowohl durch die Ausgangsbehörde als auch die Widerspruchsbehörde erfolgen.

a) Fehlende oder fehlerhafte Begründung

33 Erforderlich ist eine Begründung nach § 39 Abs. 1 Satz 1 bei einem schriftlichen VA sowie bei einem schriftlich bestätigten VA; auf etwaige Begründungserfordernisse aus Bestimmungen außerhalb des VwVfG ist § 45 Abs. 1 Nr. 2 gleichermaßen anwendbar. Fehlt die Begründung, ohne dass ein Ausnahmefall nach § 39 Abs. 2 gegeben ist, liegt ein Formfehler vor, der den VA rechtswidrig macht.

---

44 VGH Hessen, Urt. v. 27.02.1995 – I OE 50/81, NVwZ 1985, 498; VGH Bayern, Urt. v. 07.06.1989 – 4 B 86.02596, BayVBl. 1990, 152.

45 Für eine analoge Anwendung Kopp/*Ramsauer*, § 45 Rn. 16.

46 Ebenso Kopp/*Ramsauer*, § 45 Rn. 17; Stelkens/Bonk/Sachs/*Sachs*, § 45 Rn. 32.

Die erforderliche Begründung fehlt, wenn der VA über **keine dem § 39** (oder anderen Vorgaben) **genügende Begründung** verfügt. Das ist zum einen der Fall, wenn der VA überhaupt keine Begründung enthält. Zum anderen fehlt die erforderliche Begründung auch dann, wenn die vorhandene Begründung die Anforderungen des § 39 Abs. 1 Satz 2 und 3 nicht erfüllt. Zu diesen Anforderungen zählt auch, dass die Behörde die wirklichen Gründe für den Erlass des VA in der Begründung nennt. Handelt es sich bei den angegebenen Gründen nicht um die wahren Gründe für den Erlass, so liegt ebenso ein formeller Begründungsfehler vor. Entsprechend kann die Nachholung der erforderlichen Begründung sogar in einem Auswechseln der angegebenen Gründe durch die tatsächlichen Gründe bestehen. 34

Nicht zu den Fällen der fehlenden erforderlichen Begründung i.S.d. § 45 Abs. 1 Nr. 2 zählt die **inhaltlich unrichtige Begründung**, bei der Gründe für den VA genannt werden, die ihn inhaltlich nicht tragen. Dabei kann es sich um fehlerhafte Angaben zum Sachverhalt oder auch unrichtige rechtliche Ausführungen handeln. Typisches Beispiel ist die Angabe einer falschen Rechtsgrundlage für den VA. Solche materiellen Begründungsfehler führen regelmäßig ebenfalls zur Rechtswidrigkeit, sofern es sich um Bestandteile der Begründung handelt, auf die der VA gestützt wird.[47] Sie sind allerdings nicht gem. § 45 heilbar.[48] 35

b) Abgrenzung zum Nachschieben von Gründen

Die Nachholung der Begründung, bei der es sich um die Behebung eines formellen Begründungsfehlers handelt, ist abzugrenzen vom sog. **Nachschieben von Gründen.** Dabei handelt es sich um einen Vorgang, bei dem die Behörde nach Erlass eines VA die (wahren) Gründe, die in der Begründung aufgeführt werden, **um andere Gründe ergänzt oder erweitert bzw. durch neue Gründe ersetzt.** Diese neuen Gründe werden regelmäßig vorgebracht, weil die bisher genannten den VA nach Ansicht der Behörde materiell nicht tragen oder dies zumindest unsicher ist. In diesem Fall lag, wenn die Gründe genannt worden waren, auf die der VA tatsächlich (zunächst) gestützt wurde, eine vollständige Begründung i.S.d. § 39 vor. Allein materiellrechtlich ist ein solcher VA rechtswidrig, weil die in der Begründung genannten Gründe keine (ausreichende) Grundlage für den VA darstellen. 36

Ersetzt die Behörde in diesem Fall die bisherigen Gründe durch neue, die zwar im Zeitpunkt des Erlasses des VA objektiv schon gegeben waren, auf die sich aber die Behörde zunächst nicht gestützt hat, liegt ein Nachschieben von Gründen und keine Nachholung der erforderlichen Begründung vor. Entsprechend scheidet auch eine 37

47 *Baumeister*, S. 166 ff.

48 BVerwG, Urt. v. 06.07.1990 – 4 A 1.87, BVerwGE 85, 223 (241); *Baumeister*, S. 361; Kopp/*Ramsauer*, § 45 Rn. 18; *Lindner*/*Jahr*, JuS 2013, 673 (676); Mann/Sennekamp/Uechtritz/*Emmenegger*, § 45 Rn. 91; *Ziekow*, § 45 Rn. 6; a.A. BeckOK VwVfG/*Schemmer*, § 45 Rn. 29; *Warg*, Jura 2010, 819 (820 f.).

Heilung gem. § 45 Abs. 1 Nr. 2 aus. Stattdessen handelt es sich um den **Neuerlass des VA** unter (regelmäßig konkludenter) Aufhebung des bisherigen VA.[49]

38 Auch wenn das vollständige oder teilweise Auswechseln der Begründung in der Regel auf ein Nachschieben von Gründen hindeutet, kann es sich folglich um ein **Nachholen** der erforderlichen Begründung handeln, **wenn bislang nicht die Gründe genannt wurden, die die Behörde zum Erlass des VA bewogen haben.** Soweit vielfach das Auswechseln der Begründung auf der Grundlage des § 45 Abs. 1 Nr. 2 nicht für möglich gehalten wird, wenn der VA in seinem Wesen verändert oder auf eine neue Rechtsgrundlage gestellt wird[50], so kann das so allgemein nicht überzeugen. Auch in diesem Fall muss vielmehr geprüft werden, ob nun die Gründe genannt wurden, die für die Behörde im Zeitpunkt des Erlasses des VA ausschlaggebend waren. Dann tritt auch hier eine Heilung nach § 45 Abs. 1 Nr. 3 ein. Im Zweifel ist dies von der Behörde nachzuweisen. Anderenfalls scheidet eine Heilung aus und es handelt sich um einen neuen (anderen) VA, dessen Rechtmäßigkeit neu zu prüfen ist.

39 Entgegen der hier vertretenen Auffassung wird die Thematik des Nachschiebens von Gründen in ständiger Rechtsprechung unter dem Stichwort der **Zulässigkeit des Nachschiebens von Gründen** behandelt.[51] Danach dürften neue Gründe für einen VA nach dem allgemeinen Verwaltungsverfahrensrecht nur nachgeschoben werden, wenn sie schon bei Erlass des VA vorlagen, dieser nicht in seinem Wesen verändert und der Betroffene nicht in seiner Rechtsverteidigung beeinträchtigt wird.[52] Durch die Verwendung des Begriffs der Zulässigkeit des Nachschiebens werden jedoch **falsche Weichenstellungen** vorgenommen, die einer Klärung der zentralen Fragestellungen hinderlich sind. Die Frage nach der Zulässigkeit suggeriert, dass das Nachschieben unter bestimmten Voraussetzungen als solches rechtswidrig sei. Tatsächlich steht aber nicht die Zulässigkeit des Nachschiebens von Gründen in Frage; vielmehr geht es um die **rechtliche Beurteilung der Folgen eines solchen Nachschiebens.** So ist zuerst zu fragen, ob das Nachschieben zu einem neuen VA oder zu einer Heilung des ursprünglichen führt. Sodann sind, wenn das Nachschieben in Zusammenhang mit einem Vorverfahren oder einem gerichtlichen Verfahren erfolgt, die Auswirkungen im jeweiligen Verfahren zu klären. Hier stellt sich vor allem die Frage, ob das Nachschieben in einem Prozess, der den ursprünglichen VA zum Gegenstand hat, zu berücksichtigen ist.[53]

---

49 Zur Abgrenzung von formellen und materiellen Begründungsfehlern ausf. *Baumeister*, S. 155 ff.

50 So etwa *Preusche*, DVBl 1992, 799; *Schwab*, DÖD 1994, 176.

51 Zuletzt etwa BVerwG, Urt. v. 20.06.2013 – 8 C 46.12, juris – LS 2, Rn. 31 ff.; Urt. v. 13.12.2011 – 1 C 14.10, BVerwGE 141, 253 – juris Rn. 11; ebenso Knack/Henneke/*Peuker*, § 45 Rn. 31.

52 St. Rspr., vgl. stellv. BVerwG, Urt. v. 14.10.1965 – 2 C 3.63, BVerwGE 22, 215 (218); Urt. v. 16.06.1997 – 3 C 22.96, BVerwGE 105, 55 (59); Urt. v. 29.01.2001 – 11 C 3.00, NVwZ-RR 2001, 470; Urt. v. 20.06.2013 – 8 C 46.12, juris – Rn. 32.

53 Zu Unrecht wohl nur als prozessrechtliches Problem angesehen wird das Nachschieben von Gründen z.B. von Hk-VerwR/*Schwarz*, § 45 Rn. 22.

40 Beide Fragenkomplexe werden mit der Frage nach der »Zulässigkeit des Nachschiebens von Gründen« alles andere als adäquat erfasst. Obwohl die Wurzeln dieser Rechtsprechung in die Zeit vor Erlass der VwGO zurückreichen[54] und bis weit in die siebziger Jahre im Verwaltungsprozess das Verständnis für eine Trennung von materiellem Recht und Prozessrecht kaum vorhanden war, hält die Rechtsprechung unverändert an den überkommenen Formeln fest.[55]

41 Inhaltlich ist zunächst festzustellen, dass das **Nachschieben von Gründen zu keiner Heilung des ursprünglichen VA führt.** § 45 Abs. 1 Nr. 2 findet auf die Fälle keine Anwendung und § 114 Satz 2 VwGO enthält eine prozessuale, keine materiellrechtliche Regelung. Beides wird heute im Grundsatz durch die Rechtsprechung auch anerkannt.[56] Richtigerweise handelt es sich beim Nachschieben von Gründen um den **Neuerlass eines VA**[57], dessen Rechtmäßigkeit sich nach dem materiellen Fachrecht sowie dem Verfahrensrecht und den Regelungen über die Aufhebung von Verwaltungsakten richtet. Dabei ist auch zu prüfen, ob die von der Behörde beabsichtigte Fehlerkorrektur rückwirkend erfolgen sollte und – gegebenenfalls dann auch – ob ein rückwirkender Erlass des VA möglich ist. Dass die Behörde grundsätzlich einen VA neu erlassen darf, wie sie auch grundsätzlich einen Änderungsbescheid erlassen darf, hat auch das BVerwG anerkannt.[58]

42 Auch kann nicht der Behörde das Recht abgesprochen werden, einer zunächst begründeten Klage die Grundlage durch die Erfüllung des geltend gemachten Anspruchs zu entziehen. So besteht für die Behörde grundsätzlich jederzeit die **Möglichkeit**, durch einen Änderungsbescheid (typischerweise mit Wirkung ex nunc) **den Anspruch auf Aufhebung des VA noch während des Prozesses zu erfüllen.** Der Kläger muss in diesem Fall gegebenenfalls seine Klage für erledigt erklären. Erfolgt diese Erklärung nicht, so ordnet § 114 Satz 2 VwGO (in den vom Wortlaut gezogenen Grenzen) an, dass sich die Klage auch auf den neuen VA erstreckt. Es handelt sich damit um eine gesetzliche Klageänderung[59], die sich allerdings entgegen verbreiteter Auffassung gerade auf neu erlassene VAe und nicht auf solche Fälle bezieht, in denen die ergänzte Begründung die Identität des ursprünglichen VA unberührt lässt. Abzulehnen ist demgegenüber die (unklare) Auffassung, § 114 Satz 2 VwGO »erlaube« das Nachschieben von Gründen für eine Ermessensentscheidung.[60]

43 Die vorausgehenden Überlegungen gelten auch für **gebundene VAe.** Tragen die im VA angegebenen Gründe den VA nicht, so ist dieser wegen der materiell fehlerhaften

54 S. nur BVerwG, Urt. v. 13.01.1965 – I C 59.54, BVerwGE 1, 311 (313); Urt. v. 28.11.1958 – V C 32.56, BVerwGE 8, 46 (54).
55 S. ausf. *Baumeister*, S. 384 ff.
56 BVerwG, Urt. v. 05.05.1998 – 1 C 17.97, BVerwGE 106, 351 (364); Urt. v. 20.06.2013 – 8 C 46.12, juris Rn. 32, 34; s. näher *Baumeister*, S. 400 ff.
57 Zutreffend BVerwG, Urt. v. 18.05.1990 – 8 C 48.88, BVerwGE 85, 163 (166).
58 BVerwG, Beschl. v. 19.08.1981 – 4 B 105.81, Bucholz 316 § 45 VwVfG Nr. 4; Urt. v. 14.12.1990 – 7 C 5.90, DVBl 1991, 393 f.
59 Kopp/Schenke, VwGO, § 114 Rn. 51; *Baumeister*, S. 404 ff. m.w.N.
60 So aber etwa BVerwG, Urt. v. 11.11.2010 – 5 C 12.10, NVwZ 2011, 760, juris Rn. 17.

Begründung rechtswidrig. Schiebt die Behörde nach Erlass des VA neue Gründe nach, tauscht sie etwa die Rechtsgrundlage für den VA aus, so tritt dadurch keine Heilung ein.[61] Das Nachschieben führt in diesem Fall zu einem Neuerlass eines (rechtmäßigen) VA mit gleichem Inhalt. Der ursprünglich erlassene besteht – vorbehaltlich anderer Entscheidungen der Behörde – für die Vergangenheit als rechtswidriger VA fort. Ein **Aufhebungsanspruch scheidet hier allerdings deshalb aus, weil der VA nicht auf dem Fehler beruht.**[62]

3. Nachträgliche Anhörung eines Beteiligten (Abs. 1 Nr. 3)

a) Grundlagen

44 Nach Nr. 3 ist das Fehlen der erforderlichen Anhörung eines Beteiligten unbeachtlich, wenn die Anhörung nachgeholt wird. Diese Regelung hat unter den Kritikern der Heilungsvorschrift des § 45 die größte Aufmerksamkeit erfahren.

45 Die **Anhörung** eines Beteiligten (§ 13) vor Erlass eines VA ist **erforderlich, wenn sie gesetzlich vorgeschrieben** ist (§§ 28 Abs. 1, 66, 73, § 24 SGB X, § 91 AO) und keine der gesetzlich geregelten Ausnahmen vorliegt, unter denen von der Anhörung abgesehen werden kann. § 45 Abs. 1 Nr. 3 inkorporiert somit sachlich sämtliche Anforderungen an eine Anhörung nach den jeweils maßgeblichen Normen.

46 Die Anhörungspflichten der Behörde im Verwaltungsverfahren haben den **Zweck**, dem Beteiligten im Verwaltungsverfahren tatsächliches und rechtliches Gehör zu verschaffen und dienen damit einerseits der Rechtsstaatlichkeit und andererseits auch der Sicherung materieller Grundrechte des Bürgers.[63] Beteiligter kann auch ein Dritter i. S. v. § 13 Abs. 2 sein.

47 Ob § 45 Abs. 1 Nr. 3 weit auszulegen ist[64] und damit alle Verfahrenshandlungen erfasst, deren vornehmlicher Zweck darin besteht, den Beteiligten rechtliches Gehör zu gewähren, kann im Ergebnis dahinstehen. Auf diese Fälle ist Nr. 3 entsprechend den vorausgehenden Ausführungen (oben Rdn. 12 f.) zumindest **analog anwendbar.**[65] Dies gilt etwa auch für die obligatorische mündliche Verhandlung nach § 67.[66] Die Nachholbarkeit der Anhörung schließt zudem die Möglichkeit ein, auch alle sonstigen Verfahrenshandlungen nachzuholen, die in einem unmittelbaren Zusammenhang mit der Anhörung stehen (Akteneinsicht nach § 29, Bestellung eines Vertreters von Amts wegen nach § 16, Zuziehung als Beteiligter nach § 13 Abs. 1).[67]

---

61 So aber die M.M. von *Warg*, Jura 2010, 819 ff., der in diesem Fall sogar von einer Nachholung gem. § 45 Abs. 1 Nr. 2 ausgeht.
62 *Baumeister*, S. 327 f.
63 *Messerschmidt*, NVwZ 1986, 877.
64 So Obermayer/*Schäfer*, 3. Aufl., § 45 Rn. 34; *Ziekow*, § 45 Rn. 11.
65 S. auch OVG Nordrhein-Westfalen, Urt. v. 09.12.2009 – 8 D 12/08.AK, NuR 2010, 583 (585), juris Rn. 106.
66 BVerwG, Urt. v. 18.10.1983 – 1 C 13.81, NVwZ 1984, 578.
67 Kopp/*Ramsauer*, § 45 Rn. 25.

b) Fehlen der erforderlichen Anhörung

Eine erforderliche Anhörung fehlt, wenn die vorgeschriebene Anhörung unterlassen oder fehlerhaft durchgeführt wurde. Fehlerhaft durchgeführt und damit nicht ausreichend ist die Anhörung, wenn die von den jeweils einschlägigen Bestimmungen (s.o. Rdn. 45) vorgegebenen Anforderungen nicht eingehalten wurden. Dazu zählen etwa die Fälle, in denen die Äußerungsfrist nicht ausreichend bemessen war oder dem Betroffenen der Sachverhalt bzw. die Gesichtspunkte, auf die der beabsichtigte VA gestützt werden sollte, nicht oder nicht in ausreichendem Umfang mitgeteilt worden sind. Wird eine von einem Beteiligten i.R.d. Anhörung abgegebene Stellungnahme von der Behörde bei der Entscheidung nicht ausreichend berücksichtigt, liegt gleichfalls ein Anhörungsfehler vor. In diesen Fällen **kann – zusätzlich – auch ein materieller** (nicht über § 45 heilbarer) **Fehler gegeben sein**, wenn die Behörde etwa aufgrund der fehlenden oder fehlerhaften Berücksichtigung der Stellungnahme des Beteiligten von einem unzutreffenden Sachverhalt ausgegangen ist. Nimmt der Beteiligte die ihm von der Behörde eingeräumte Möglichkeit, zu den entscheidungserheblichen Tatsachen Stellung zu nehmen, nicht wahr, liegt dagegen eine ordnungsgemäße Anhörung vor. 48

Ein VA, der ohne die erforderliche vorherige Anhörung eines Beteiligten ergangen ist, ist – wenn die Anhörung nicht nachgeholt wird – wegen dieses Verfahrensfehlers rechtswidrig. In diesem Fall unterliegt der VA bei einer Anfechtung wegen des Verfahrensfehlers der Aufhebung durch die zuständige Behörde oder das Gericht, sofern kein Ausnahmefall nach § 46 vorliegt. 49

c) Die Nachholung der Anhörung

Welche Anforderungen an die Nachholung zu stellen sind, wird gerade für die Anhörung intensiv diskutiert. Hintergrund dieser Diskussion ist die verbreitete Kritik an den Vorschriften der §§ 45, 46, aus denen häufig eine Geringschätzung des Gesetzgebers bzgl. des Verfahrensrechts abgeleitet wird. Vielfach wird deshalb für die Nachholung nach dem »**Grundsatz der realen Fehlerheilung**«[68] gefordert, dass »der Einzelne durch die nachgeholte Verfahrenshandlung so gestellt wird, wie er gestanden haben würde, wenn der Fehler nicht geschehen wäre«.[69] Auch wenn das hinter dieser Forderung stehende Anliegen berechtigt ist, damit die Nachholung nicht zu einer Farce verkommt, werden hier die Voraussetzungen für die wirksame Nachholung doch überspannt. Nähme man die Vorgabe ernst, müsste eine wirksame Nachholung stets ausscheiden. Die Nachholung kann nicht die längst vergangene Ausgangslage vor Erlass des VA als Voraussetzung haben. Eine neue, völlig offene Entscheidungssituation kann es nicht mehr geben. Richtigerweise ist deshalb für die Nachholung auch nicht mehr zu verlangen als für den rechtmäßigen Zweitbescheid oder Änderungsbescheid.[70] 50

---

68 BSG, Urt. v. 24.07.2001 – B 4 RA 2/01 R, SozR 3 – 8850 § 5 Nr. 5; Urt. v. 31.10.2002 – B 4 RA 15/01 R, SozR 3 – 1300 § 24 Nr. 22; der Begriff geht wohl zurück auf *Hufen*, NJW 1982, 2160 (2165); s.a. Mann/Sennekamp/Uechtritz/*Emmenegger*, § 45 Rn. 70 ff., 104.

69 *Hufen*, JuS 1999, 313 (315); s.a. *Roßnagel*, JuS 1994, 927 (930 f.); *Hatje*, DÖV 1997, 477 (484); Wolff/Decker/*Wolff*, VwVfG § 45 Rn. 8.

70 *Baumeister*, S. 362; vgl. auch *Guckelberger*, JuS 2011, 577 (579); *Schoch*, Jura 2007, 28 (29).

Entsprechend muss der **Zweck der Anhörung**, der in der Information des Betroffenen und in dessen Möglichkeit besteht, auf die Absichten der Behörde durch eine Stellungnahme oder auf andere Weise zu reagieren und sie bei ihrer Entscheidung zu beeinflussen, **noch im Wege der Nachholung erfüllt werden.**[71]

51 Daraus sind folgende **Anforderungen an eine wirksame Heilung** durch Nachholung der Anhörung abzuleiten:

(1) **Ausdrückliche Mitteilung der Behörde**, dass die Anhörung nachgeholt wird und der Betroffene sich innerhalb einer bestimmten Frist äußern kann. Sofern der VA nicht zugleich an einem formellen Begründungsmangel leidet, reicht hier der Verweis auf den bereits erlassenen VA, der dem Betroffenen ohnehin bekanntgegeben worden ist. Schlichte Äußerungen und Stellungnahmen von Beteiligten im gerichtlichen Verfahren stellen dagegen keine Anhörung dar.[72]

(2) **Beachtung und ergebnisoffene Prüfung** etwaigen Vorbringens des Betroffenen sowie **aller** seit dem Erlass des VA **zwischenzeitlich eingetretenen Veränderungen der Rechts- oder Sachlage.**

(3) Je nach Prüfungsergebnis **u. U. Wiederholung anderer Verfahrensschritte** (weitere Sachverhaltsermittlung, erneute Anhörung und Beteiligung anderer Betroffener, Behörden etc.).

(4) **Abschließende Entscheidung** (wie oben – Rdn. 17 ff. – dargelegt, bedarf es auch dann einer ausdrücklichen Mitteilung über den Ausgang des Nachverfahrens an den Betroffenen, dessen Anhörung nachgeholt wurde, wenn keine Änderung des VA eingetreten ist; aus dieser Mitteilung muss auch die Würdigung der Stellungnahme und etwaiger zwischenzeitlicher Veränderungen erkennbar sein).

52 Soweit die Nachholung der Anhörung, etwa wegen einer zwischenzeitlich eingetretenen Änderung der Sachlage, eine **abweichende Entscheidung** hervorruft, liegt **keine Heilung** des ursprünglichen VA, sondern der Erlass eines neuen VA vor. Dies ist sicher dann anzunehmen, wenn der Entscheidungssatz des VA verändert wurde, gilt aber auch dann, wenn der VA nunmehr auf neue, die Entscheidung bisher noch nicht tragende Gründe gestützt wird. Eine Heilung mit der Folge der Identität des VA kann nur angenommen werden, wenn die Entscheidung nicht auf neue Gründe gestützt wird.

4. Nachträgliche Beschlussfassung eines Ausschusses (Abs. 1 Nr. 4)

53 Nach Nr. 4 ist der unterbliebene Beschluss eines Ausschusses, dessen Mitwirkung für den Erlass des VA erforderlich ist, unbeachtlich, wenn der Beschluss nachträglich gefasst wird. Zur Auslegung des Begriffes Ausschuss ist § 88 heranzuziehen. Gemeint ist der **Beschluss eines Ausschusses**, der (vor allem **bei einem mehrstufigen VA**) zu der von einer anderen Behörde zu treffenden Entscheidung aufgrund einer

---

71 Insoweit richtig etwa *Bracher*, DVBl 1997, 534 (536); *Gromitsaris*, NWVBl. 1997, 101 (103); Knack/Henneke/*Peuker*, § 45 Rn. 38; Stelkens/Bonk/Sachs/*Sachs*, § 45 Rn. 74 ff.

72 BVerwG, Urt. v. 24.06.2010 – 3 C 14.09, BVerwGE 137, 199, juris – Rn. 37.

Rechtsvorschrift als Einverständniserklärung hinzutreten muss. Die Mitwirkung kann aber auch bei einem einstufigen VA vorgesehen sein.[73]

Nr. 4 greift ein, wenn der erforderliche Beschluss entweder nicht gefasst wurde, weil sich der Ausschuss mit der Angelegenheit nicht befasst hat, oder fehlerhaft ist, weil der Ausschuss nicht beschlussfähig war[74] oder an dem Beschluss eine Person mitgewirkt hat, die nach § 20 Abs. 1 oder Abs. 4 ausgeschlossen ist oder nach § 21 Abs. 2 i.V.m. § 20 Abs. 4 wegen Befangenheit nicht hätte mitwirken dürfen. 54

Wird der erforderliche Beschluss des Ausschusses nachträglich gefasst oder wird der fehlerhafte Beschluss nachträglich durch einen ordnungsgemäßen Beschluss ersetzt, bei dem der Ausschuss beschlussfähig bzw. ordnungsgemäß besetzt war, wird der Verfahrensfehler geheilt. 55

Auch die Versagung der Einverständniserklärung durch einen wirksamen Beschluss kann ein Fall fehlender Mitwirkung nach Nr. 4 sein.[75] Allerdings kann im Einzelfall die Anwendung des § 45 Abs. 1 daran scheitern, dass der VA, der trotz der Verweigerung der erforderlichen Einverständniserklärung durch den Ausschuss erlassen wurde, wegen eines besonders schwerwiegenden offenkundigen Fehlers als nichtig anzusehen ist. Da die Offensichtlichkeit aber stets aus der Perspektive des Adressaten zu beurteilen ist, müsste die Versagung des Einverständnisses nach außen erkennbar gewesen sein. Weiter scheidet die Nichtigkeit aus, wenn das Erfordernis des zustimmenden Ausschussbeschlusses nicht eindeutig war. 56

5. Nachträgliche Mitwirkung einer anderen Behörde (Abs. 1 Nr. 5)

Nach Nr. 5 ist das Fehlen der erforderlichen Mitwirkung einer anderen Behörde unbeachtlich, wenn die Mitwirkung nachgeholt wird. Gemeint ist die fehlende Mitwirkung einer Behörde i.R.d. Erlasses eines mehrstufigen VA. Die Pflicht zur Mitwirkung einer anderen Behörde muss sich aus einer Rechtsvorschrift ergeben. Die Verletzung einer lediglich durch Verwaltungsvorschrift angeordneten Mitwirkung ist für die Rechtmäßigkeit des VA ohne Bedeutung und bedarf daher auch nicht der Heilung.[76] 57

Ein Fall der Mitwirkung ist immer gegeben, wenn **einer anderen Behörde ein rechtlich relevanter Einfluss auf die Entscheidung eingeräumt** ist. Die Mitwirkung einer anderen Behörde kann in verschiedenen Formen vorgesehen sein, z.B. mit Zustimmung, im Einvernehmen, im Benehmen oder im Einverständnis. 58

Die Vorschrift ist wegen der gleichen Interessenlage auch (analog) anzuwenden, wenn die Mitwirkung einer anderen Körperschaft, wie etwa die der Gemeinde (z.B. § 36 BauGB) erforderlich ist oder eine im Vergleich zur Mitwirkung schwächere 59

73 S. Mann/Sennekamp/Uechtritz/*Emmenegger*, § 45 Rn. 112.

74 *Baumeister*, S. 372; Mann/Sennekamp/Uechtritz/*Emmenegger*, § 45 Rn. 114; Stelkens/Bonk/Sachs/*Sachs*, § 45 Rn. 93.

75 A.A. Obermayer/*Schäfer*, 3. Aufl., § 45 Rn. 54.

76 Kopp/*Ramsauer*, § 45 Rn. 32.

Beteiligungsform einer anderen Behörde (Anhörung, Benehmen) gesetzlich vorgesehen ist (oben Rdn. 12).

60 Wie im Fall von Nr. 4 (s.o. Rdn. 56) kommt die Nachholung grds. auch dann in Betracht, wenn eine nach Nr. 5 erforderliche **Mitwirkungshandlung** einer anderen Behörde **abgelehnt** worden ist, der betreffende VA aber trotzdem erlassen wurde. Zu prüfen ist hier allerdings, ob der VA nichtig sein kann.

III. Frist für die Heilung von Form- und Verfahrensfehlern (Abs. 2)

61 § 45 Abs. 2, der inzwischen zweimal geändert wurde (s.o. Rdn. 8 f.), erlaubt eine Heilung von Verfahrens- und Formfehlern durch Nachholung der in Abs. 1 genannten Handlungen (bzw. der Begründung) **bis zum Abschluss der letzten Tatsacheninstanz** eines verwaltungsgerichtlichen (Hauptsache-[77])Verfahrens. Nach der ursprünglichen Regelung ermöglichte § 45 Abs. 2 eine Heilung nur bis zum Abschluss des Widerspruchsverfahrens. Die ab dem 19.09.1996 geltende Regelung ließ die Heilung bis zum Abschluss des gesamten verwaltungsgerichtlichen Verfahrens (einschließlich der Revisionsinstanz) zu. Die aktuelle Rechtslage gilt seit dem 01.02.2003 (Art. 74 Abs. 2 des 3. VwVfGÄndG).

62 Die ursprüngliche zeitliche Begrenzung der Heilungsmöglichkeit bis zum Abschluss des Widerspruchsverfahrens verfolgte den **Zweck**, die **Aufgabenverteilung zwischen Verwaltung und Gericht klar abzugrenzen** und beruhte auf dem Gedanken, dass eine Nachholung der unterlassenen Verfahrenshandlung während des Gerichtsverfahrens den Zweck des Verwaltungsverfahrens – eine eigenverantwortliche und umfassende Prüfung der Sach- und Rechtslage – nicht mehr erfüllen kann, und die Gefahr besteht, dass die Behörde sich schon aus prozesstaktischen Gründen auf die Verteidigung der getroffenen Entscheidung beschränkt. Nach Abschluss des Widerspruchsverfahrens konnte nach bisherigem Recht der Verfahrensfehler nur in der Weise geheilt werden, dass die unterlassene Verfahrenshandlung nachgeholt und ein Zweitbescheid erlassen wurde, der dann im Wege der Klageänderung statt des verfahrensfehlerhaften VA in das laufende Klageverfahren eingeführt wurde.

63 Durch die Änderung des § 45 Abs. 2 wird eine Nachbesserung von Verwaltungsentscheidungen auch noch während des Gerichtsverfahrens ermöglicht. Die Gesetzesänderung wird durch die **Überlegung** gerechtfertigt, dass dann, **wenn der Behörde die Beseitigung materieller Mängel eines VA während des Gerichtsverfahrens erlaubt ist, es keinen Grund gibt, ihr die Möglichkeit zur Beseitigung von Verfahrens- und Formfehlern zu verwehren.**[78] Diese Überlegung überzeugt freilich nicht, da die Beseitigung materieller Mängel nicht zu einer Heilung des ursprünglichen VA, sondern zu einem neuen VA führt. Entsprechend wurde die Änderung des § 45 Abs. 2 vielfach kritisiert, da sie zu einer Abwertung des Verwaltungsverfahrensrechts führe. Wenn die

---

77 Nicht im Rahmen eines Eilverfahrens, s. Mann/Sennekamp/Uechtritz/*Emmenegger*, § 45 Rn. 145; Stelkens/Bonk/Sachs/*Sachs*, § 45 Rn. 108; *Ziekow*, § 45 Rn. 19.

78 *Redeker*, NVwZ 1996, 126.

Verletzung der Form- und Verfahrensvorschriften bei Erlass eines VA zunächst sanktionslos bleibe und eine Heilung von Form- und Verfahrensfehlern bis zum Abschluss eines verwaltungsgerichtlichen Verfahrens noch möglich sei, werde die Neigung der Behörden wachsen, die in Abs. 1 genannten Form- und Verfahrensvorschriften bei Erlass eines VA nicht mehr zu beachten und sich darauf zu verlassen, dass nach dem Verfahrensrecht gebotene Handlungen noch mit heilender Wirkung während des verwaltungsgerichtlichen Verfahrens nachgeholt werden können.[79] Ferner bestehe die Gefahr, dass sich die Behörde bei der Nachholung der Verfahrenshandlung nicht an dem Zweck der jeweiligen Verfahrensvorschrift orientiere, sondern bemüht sein werde, die bereits getroffene Entscheidung zu verteidigen.[80]

Trotz dieser im Grundsatz nicht unberechtigten Besorgnis der Entwertung des Ver- 64
fahrensrechts erscheint die **Regelung des § 45 einschließlich der aktuellen Frist des Abs. 2 konsequent und tragfähig.** Entscheidend ist insoweit der Vergleich mit der Rechtslage, wie sie ohne § 45 vorläge. In diesem Fall wäre zwar jede Heilung der betreffenden Verfahrensfehler ausgeschlossen, nicht aber die – zeitlich nicht begrenzte – Nachholung der fehlenden oder fehlerhaften Verfahrenshandlung mit anschließendem Neuerlass des VA (Zweitbescheid). Auch auf diese Weise könnte die Behörde gleichermaßen einer Klage gegen den verfahrensfehlerhaften VA die Grundlage entziehen. Einziger Unterschied wäre die fehlende Identität des VA mit dem ursprünglichen VA, so dass der neue VA auch nicht unmittelbar Klagegegenstand wäre, solange kein Anwendungsfall des § 114 Satz 2 VwGO vorliegt (dazu s.o. Rdn. 41 f. und unten Rdn. 86). Die gegen den ursprünglichen VA gerichtete Anfechtungsklage wäre aber nach dem Neuerlass mit dem Antrag auf Aufhebung für die Zukunft gleichermaßen unbegründet geworden. § 45 entwertet daher bei Erfüllung seiner Anforderungen keineswegs das Verfahrensrecht.

Die Nachholung der Handlungen bzw. der Begründung muss **bis zum Abschluss der** 65
letzten Tatsacheninstanz eines verwaltungsgerichtlichen Verfahrens erfolgen. Ein verwaltungsgerichtliches Verfahren wird abgeschlossen mit einer Entscheidung des Gerichts über die erhobene verwaltungsgerichtliche Klage, also durch Verkündung eines Urteils bzw. Zustellung eines Urteils, Gerichtsbescheids oder Vorbescheids. Daraus folgt, dass die Nachholung noch bis zur Verkündung bzw. Zustellung der verwaltungsgerichtlichen Endentscheidung erfolgen kann. Die Nachholung kann auch noch während des Berufungsverfahrens erfolgen.

Nach heutiger Rechtslage scheidet eine Nachholung mit heilender Wirkung nach Ab- 66
schluss der Tatsacheninstanzen aus. Allerdings kann die Möglichkeit der Nachholung gem. § 45 **auch noch nach Abschluss des Berufungsverfahrens erneut entstehen, wenn die Revision zur Zurückweisung an eine der Tatsacheninstanzen** führt.[81]

---

79 *Schenke*, NJW 1997, 81; Obermayer/*Schäfer*, 3. Aufl., § 45 Rn. 63.
80 Obermayer/*Schäfer*, 3. Aufl., § 45 Rn. 63.
81 Nach Ansicht der LSG Bayern, Urt. v. 22.07.2015 – L 1 LW 7/13 ZVW, juris Rn. 16, gilt das (für § 41 Abs. 2 SGB X) jedenfalls dann, wenn die Zurückverweisung aus noch aus einem anderen Grund als in Zusammenhang mit der unterbliebenen Anhörung erfolgt ist.

67 Die Nachholung gem. § 45 ist auch **nach Eintritt der Unanfechtbarkeit** des VA möglich, wenn keine verwaltungsgerichtliche Klage erhoben worden ist. In diesem Fall könnte die Heilung eine mögliche Rücknahme des VA nach § 48 ausschließen.

IV. Wiedereinsetzung bei Fristversäumnis wegen Begründungs- und Anhörungsfehlern (Abs. 3)

68 Abs. 3 regelt, unter welchen Voraussetzungen ein Betroffener, der die Widerspruchs- oder Klagefrist versäumt hat, bei Nachholung einer erforderlichen Begründung oder Anhörung durch die Behörde Wiedereinsetzung in den vorigen Stand verlangen kann. Das Gesetz **fingiert** in diesem Fall **das Nicht-Verschulden.** Die Vorschrift trägt dem Umstand Rechnung, dass der Betroffene die Entscheidung darüber, ob er einen Rechtsbehelf gegen einen VA einlegen will, erst treffen kann, wenn ihm die Begründung des VA bekannt ist, und er nach erfolgter Anhörung sichergehen kann, dass die Behörde sein tatsächliches und rechtliches Vorbringen zur Kenntnis genommen hat.

69 Nach Satz 1 gilt die Versäumung der Rechtsbehelfsfrist als nicht verschuldet, wenn durch die unterbliebene Handlung die Anfechtung des VA versäumt worden ist. Soweit die Vorschrift auf die »Anfechtung« eines VA abstellt, ist darunter dem Schutzzweck **entsprechend** auch ein **Widerspruch oder eine Verpflichtungsklage** auf Erlass eines begünstigenden VA zu verstehen.

70 Die Versäumung der Rechtsbehelfsfrist muss durch die unterbliebene Handlung verursacht worden sein. Die **Kausalität** zwischen dem Fehlen der Verfahrenshandlung und dem Unterlassen der Anfechtung wird anders als das Nicht-Verschulden nicht fingiert, sondern muss von dem Betroffenen zumindest glaubhaft gemacht werden. Da die Anforderungen nicht überspannt werden dürfen,[82] muss es ausreichen, dass nicht ausgeschlossen werden kann, dass der Betroffene den VA im Falle einer ordnungsgemäßen Begründung oder Anhörung auch rechtzeitig angefochten hätte. Eine solche Kausalität kann aber nur gegeben sein, wenn die Nachholung der Begründung bzw. der Anhörung die Frage der Rechtmäßigkeit des VA in einem neuen Licht erscheinen lässt, wenn der Betroffene etwa aus der nachgeholten Begründung entnehmen kann, dass die Behörde von einem falschen Sachverhalt ausgegangen ist oder i.R.d. nachgeholten Anhörung feststellt, dass die Behörde sein Vorbringen bisher nicht oder nur unvollständig zur Kenntnis genommen hat. Weiter muss die Wiedereinsetzung erfolgen, wenn das Nachverfahren (s.o. Rdn. 17 ff.) nicht vollständig erfolgt ist. Abzulehnen ist die Auffassung, dass allein das Fehlen der Begründung bzw. der Anhörung die Rechtsfolge des Satzes 1 auslösen kann, ohne dass eine Nachholung der unterbliebenen Handlung hinzukommen müsste.[83] Gegen eine solche Gesetzesauslegung spricht auch Satz 2, der hinsichtlich des Beginns der Wiedereinsetzungsfrist ausdrücklich an die Nachholung anknüpft.

---

82 S. nur Hk-VerwR/*Schwarz*, § 45 Rn. 45; Kopp/*Ramsauer*, § 45 Rn. 50; Mann/Sennekamp/Uechtritz/*Emmenegger*, § 45 Rn. 154; Stelkens/Bonk/Sachs/*Sachs*, § 45 Rn. 156.

83 Offen *Meyer/Borgs*, § 45 Rn. 38.

Satz 1 fingiert als **Rechtsfolge**, dass die Versäumung der Rechtsbehelfsfrist für die Einlegung des Widerspruchs bzw. der Klage nicht auf einem Verschulden des Betroffenen beruht. Damit ist kraft Gesetzes die **Tatbestandsvoraussetzung des § 60 VwGO erfüllt**, wonach auf Antrag Wiedereinsetzung in den vorigen Stand zu gewähren ist, wenn jemand ohne Verschulden gehindert war, eine gesetzliche Frist einzuhalten. 71

Satz 2 bestimmt, dass das für die **Wiedereinsetzungsfrist** nach § 32 Abs. 2 maßgebende Ereignis im Zeitpunkt der Nachholung der unterlassenen Verfahrenshandlung eintritt. Da nur die Versäumung der Widerspruchsfrist nach § 70 VwGO oder der Klagefrist nach § 74 VwGO in Betracht kommt, richtet sich – auch im Hinblick auf § 79 – die **Wiedereinsetzung nach § 60 VwGO**, nicht aber nach § 32. Da die Verweisung auf die letztgenannte Vorschrift offensichtlich auf einem Irrtum des Gesetzgebers beruht, ist sie im Wege der Auslegung so zu verstehen, dass sie tatsächlich auf § 60 Abs. 2 VwGO Bezug nimmt, dessen Wortlaut mit § 32 Abs. 2 identisch ist.[84] 72

Der Wegfall des Hindernisses, der die **2-Wochen-Frist** des § 60 Abs. 2 Satz 1 VwGO in Lauf setzt, ist der »**Zeitpunkt der Nachholung der unterlassenen Verfahrenshandlung**«. Schon deshalb ist ein präziser **Zeitpunkt** notwendig, der nur durch die **Bekanntgabe des Ergebnisses des Nachverfahrens** (s.o. Rdn. 17 ff., 51) gesetzt werden kann. Im Fall der nachgeholten Begründung ist es die Bekanntgabe der Begründung, bei der nachgeholten Anhörung die Bekanntgabe des Ergebnisses der Anhörung und der daraus gezogenen Konsequenzen. Die Einzelheiten des Fristlaufs bestimmen sich nach § 57 VwGO. 73

Die Anwendbarkeit des Satzes 2 entfällt, wenn wegen fehlender Bekanntgabe des VA etwa ggü. einem Drittbetroffenen eine Frist nicht in Lauf gesetzt worden ist und damit auch nicht versäumt werden konnte. 74

Fehlt dem ordnungsgemäß bekannt gegebenen VA neben der erforderlichen Begründung bzw. Anhörung auch die nach § 59 VwGO vorgeschriebene Rechtsmittelbelehrung, so bedarf es keiner Wiedereinsetzung, weil nach § 70 Abs. 2 i.V.m. § 58 Abs. 2 VwGO die Rechtsmittelfrist nicht zu laufen beginnt. Die in diesem Fall geltende Jahresfrist des § 70 Abs. 2 i.V.m. § 58 Abs. 2 VwGO läuft unabhängig von der Nachholung der Begründung oder Anhörung. Die Fiktion des fehlenden Verschuldens kann eine Wiedereinsetzung bei Versäumung der Jahresfrist nach § 58 Abs. 2 VwGO nicht begründen, weil bei ihrer Versäumung nach § 58 Abs. 2 Satz 2 VwGO eine Wiedereinsetzung ausschließlich für den Fall höherer Gewalt vorgesehen ist.[85] 75

V. Zuständigkeit und Möglichkeit der Heilung im Widerspruchsverfahren und im Prozess

Zuständig für die Entgegennahme eines nachgeholten Antrages nach Nr. 1 bzw. für die Nachholung einer Handlung nach Nr. 2 – 5 ist die **Ausgangsbehörde**, bei der das 76

84 Stelkens/Bonk/Sachs/*Sachs*, § 45 Rn. 154 ff.; Kopp/*Ramsauer*, § 45 Rn. 48; i.E. ebenso Mann/Sennekamp/Uechtritz/*Emmenegger*, § 45 Rn. 158.

85 Kopp/Schenke, VwGO, § 58 Rn. 16. f.

Verfahren anhängig ist bzw. zuletzt anhängig war. Die **Widerspruchsbehörde** kann die Handlung im Widerspruchsverfahren nachholen, wenn sie die Rechtmäßigkeit und Zweckmäßigkeit des erlassenen VA nachzuprüfen hat.[86] Auch insoweit gelten aber die Anforderungen des Nachverfahrens. Kann die Widerspruchsbehörde den VA nur auf seine Rechtmäßigkeit hin überprüfen, muss – um den Mangel noch zu heilen – die Ausgangsbehörde in einem Nachverfahren die fehlende Handlung nachholen.[87] Keine Kompetenz zur Nachholung hat das **Gericht**, auch nicht bei formellen Begründungsmängeln bei gebundenen Entscheidungen. Hier besteht allerdings regelmäßig kein Aufhebungsanspruch, so dass die Klage dann aus diesem Grund abzuweisen ist, nicht wegen fehlender Rechtswidrigkeit des VA.

77 Näher diskutiert wird die **Heilung im Widerspruchsverfahren** gerade für die ursprünglich versäumte **Anhörung.** Nach der Rechtsprechung des BVerwG[88] wird bei **gebundenen Entscheidungen** ein ursprünglicher Verstoß gegen das Gebot der Anhörung jedenfalls dann durch den Erlass des Widerspruchsbescheids geheilt, wenn der Widerspruchsbescheid das Widerspruchsvorbringen des Beteiligten würdigt, die uneingeschränkt entscheidungskompetente Widerspruchsbehörde die Äußerung des Widerspruchsführers also zur Kenntnis nimmt und bei der Entscheidung berücksichtigt. Dem ist dann nicht zuzustimmen, wenn die Widerspruchsbehörde nicht ausdrücklich auf die Nachholung der Anhörung hingewiesen hat.[89]

78 Bei **Ermessensentscheidungen** kann die Widerspruchsbehörde die von der Ausgangsbehörde unterlassene Anhörung nur dann nicht nachholen, wenn sie entgegen der Regel des § 68 Abs. 1 VwGO durch ein Gesetz etwa in Selbstverwaltungsangelegenheiten[90] auf die Prüfung der Rechtmäßigkeit beschränkt ist, also im Gegensatz zur Ausgangsbehörde die Frage der Zweckmäßigkeit des VA nicht beurteilen darf. In solchen Fällen fehlender Entscheidungskompetenz der Widerspruchsbehörde wird dem Anhörungsgebot nur genügt, wenn die für die Nachprüfung von Zweckmäßigkeitsüberlegungen allein zuständige Ausgangsbehörde die Widerspruchsschrift, in der sich der Beteiligte zu den für die Entscheidung erheblichen Tatsachen äußert, zur Kenntnis nimmt und **i.R.d. Abhilfeentscheidung berücksichtigt.** Allerdings ist diese Entscheidung dann dem Betroffenen in jedem Fall bekanntzugeben, da er die Möglichkeit zur Reaktion auf die Heilung haben muss. So muss er etwa den Widerspruch auch zurücknehmen können.

79 Andererseits wird die Nachholung der Anhörung **nicht bereits durch die bloße Durchführung des Widerspruchsverfahrens selbst** bewirkt.[91] Dem Anhörungsgebot ist nur

86 BVerwG, Urt. v. 18.10.1983 – 1 C 13.81, NVwZ 1984, 578.

87 Vgl. Kopp/*Ramsauer*, § 45 Rn. 42.

88 BVerwG, Urt. v. 17.08.1982 – 1 C 22.81, BVerwGE 66, 111; Beschl. v. 18.02.1991 – 7 B 15.91, NVwZ-RR 1991, 337.

89 A.A. aber etwa VGH Baden-Württemberg, Urt. v. 12.08.2014 – 9 S 1722/13, juris Rn. 49; OVG Niedersachsen, Urt. v. 10.01.2014 – 1 ME 158/13, juris Rn. 5 f.

90 BVerwG, Beschl. v. 18.02.1991 – 7 B 15.91, NVwZ-RR 1991, 337.

91 BVerwG, Urt. v. 17.08.1982 – 1 C 22.81, BVerwGE 66, 111.

dann genügt, wenn der Beteiligte Gelegenheit hatte, zu den entscheidungserheblichen Tatsachen Stellung zu nehmen, und darauf ausdrücklich hingewiesen wurde. Kann er aus dem bereits unter Verstoß gegen das Anhörungsgebot ergangenen VA nicht alle Tatsachen, die für die Entscheidung der Behörde wesentlich waren, klar erkennen, kann in der Einlegung des Widerspruchs allein nicht eine Nachholung der Anhörung gesehen werden. Die Ausgangsbehörde bzw. die Widerspruchsbehörde hat in solchen Fällen den Beteiligten die Tatsachen mitzuteilen, die für die Entscheidung maßgeblich waren bzw. maßgeblich sein werden.[92] Nur wenn der Beteiligte in einem solchen Verfahren **unmissverständlich auf die Nachholung der Anhörung aufmerksam gemacht** wird, tritt die Heilung auch dann ein, wenn er sich nicht oder nicht näher zur Sache geäußert hat.[93]

Während des Gerichtsverfahrens ist zur Nachholung der Anhörung wieder die Ausgangsbehörde zuständig. Die Nachholung der Anhörung erfolgt **keinesfalls durch das Gericht** und ist daher außerhalb des gerichtlichen Verfahrens durchzuführen. 80

Wird in einem verwaltungsgerichtlichen Eilverfahren nach §§ 80 Abs. 5 oder 123 VwGO festgestellt, dass eine gesetzlich gebotene Anhörung unterlassen wurde und der VA damit rechtswidrig ist, ist die Behörde nicht gehindert, die erforderliche Anhörung nachzuholen. Dies ergibt sich aus dem eindeutigen Wortlaut des Abs. 2, wonach die Nachholung bis zum Abschluss eines verwaltungsgerichtlichen Verfahrens und damit auch während der Dauer eines verwaltungsgerichtlichen Eilverfahrens möglich ist. Allerdings ist die Nachholung der Anhörung auch hier von der Verwaltungsbehörde und nicht vom Verwaltungsgericht vorzunehmen. Deshalb muss die Nachholung der Anhörung grds. außerhalb des verwaltungsgerichtlichen Verfahrens erfolgen.[94] Der bloße **Austausch von Schriftsätzen im Eilverfahren** (wie im Hauptsacheverfahren) **genügt daher nicht**, um dem Erfordernis der nachträglichen Anhörung zu genügen.[95] 81

Nicht zu überzeugen vermag die Auffassung, nach der im gerichtlichen einstweiligen Rechtsschutzverfahren bei der Prüfung der Erfolgsaussichten in der Hauptsache Verfahrensfehler keine Berücksichtigung finden, die nach § 45 Abs. 1 noch nicht geheilt sind, aber noch nachträglich, also auch noch während des gerichtlichen Hauptsacheverfahrens, geheilt werden können.[96] Allein die Möglichkeit einer Heilung ändert 82

---

92 *Schoch*, NVwZ 1983, 249; *Krasney*, NVwZ 1986, 337.

93 Vgl. BVerwG, Urt. v. 18.08.1977 – V C 8.77, BVerwGE 54, 276 (280); Urt. v. 25.04.1979 – 8 C 52.77, BVerwGE 58, 37 (43 f.); *Baumeister*, S. 370; Stelkens/Bonk/Sachs/*Sachs*, § 45 Rn. 85; a.A. wohl OVG Sachsen, Urt. v. 11.12.2019 – 4 A 1219/17, juris Rn. 29; OVG Nordrhein-Westfalen, Beschl. v. 27.08.2018 – 1 B 1078/18, juris Rn. 28.

94 VGH Hessen, Beschl. v. 04.12.1986 – 4 TH 1500/86, NVwZ 1987, 510; Beschl. v. 20.05.1988 – 4 TH 3616/87, NVwZ-RR 1989, 113.

95 BVerwG, Urt. v. 24.06.2010 – 3 C 14.09, juris Rn. 37; Urt. v. 17.03.2015 – 7 C 5.14, juris Rn. 17; Beschl. v. 18.04.2017 – 9 B 54.16, juris Rn. 4; OVG Nordrhein-Westfalen, Beschl. v. 27.06.2018 – 6 B 359/18, juris Rn. 9 ff.;

96 So aber etwa OVG Niedersachsen, Beschl. v. 24.05.2019 – 11 ME 189/19, juris Rn. 4; OVG Nordrhein-Westfalen, Beschl. v. 27.09.2019 – 13 B 1056/19, juris Rn. 18 (in Rn. 19 aber noch mit Hinweis auf § 46).

nichts an der im Zeitpunkt der Entscheidung bestehenden Rechtswidrigkeit.[97] Die genannte Rechtsprechung steht auch im Gegensatz zur Rechtsprechung in Fällen der Anwendbarkeit des § 4 Abs. 1b UmwRG, wonach im Hauptsacheverfahren satt der Aufhebung des VA die Feststellung der Rechtswidrigkeit und Außervollzugsetzung der Genehmigung erfolgt. Dies führt für das einstweilige Rechtsschutzverfahren ebenfalls zur Aussetzung der Vollziehung bzw. zur Widerherstellung der aufschiebenden Wirkung.[98]

83 In der Rechtsprechung wird die Nachholung der unterlassenen Anhörung teilweise für möglich gehalten, wenn die Stellungnahme der Behörde im einstweiligen Rechtsschutzverfahren nicht lediglich auf die Verteidigung des ohne vorherige Anhörung erlassenen VA gerichtet ist, sondern diese sich mit den im Aussetzungsverfahren geltend gemachten Einwänden des Beteiligten ernsthaft auseinandersetzt und ergänzende Erwägungen anstellt, die erkennen lassen, dass die Behörde die Argumente des Beteiligten geprüft und gewürdigt hat und zu dem Ergebnis gekommen ist, dass der VA aufrechterhalten bleibt. Diese Ansicht ist abzulehnen, weil sie die Gefahr birgt, dass das Verwaltungsverfahren und das dieses kontrollierende Gerichtsverfahren vermengt werden.

VI. Verfahrensrechtliche und prozessuale Folgen der Heilung und Kosten

84 Hat ein Betroffener Widerspruch gegen einen VA erhoben und hat der Widerspruch nur deshalb keinen Erfolg, weil ein Verfahrens- oder Formfehler wegen nachträglicher Heilung unbeachtlich geworden ist, ist der Rechtsträger der Behörde nach § 80 Abs. 1 Satz 2 i.V.m. § 80 Abs. 1 Satz 1 verpflichtet, dem Betroffenen die Aufwendungen im Vorverfahren zu erstatten.

85 Ist im Zeitpunkt der Heilung bereits eine Klage anhängig, so ist der (geheilte) VA wie zuvor der rechtswidrig erlassene VA aufgrund der Identität Gegenstand der Klage. Geht der Kläger ebenfalls von einer Heilung aus und war der Verfahrens- und Begründungsfehler einziger Grund für die Annahme der Rechtswidrigkeit des VA, so kann er dem Prozessverlust durch die Erledigungserklärung entgehen. In diesem Fall sind die Kosten des Verfahrens nach § 161 Abs. 2 VwGO der Behörde aufzuerlegen. Soweit ein fortbestehendes Interesse an der Feststellung der Rechtswidrigkeit des VA bis zu dessen Heilung besteht, kommt statt der Erledigungserklärung auch eine Umstellung des Klageantrags auf die Fortsetzungsfeststellungsklage gem. § 113 Abs. 1 Satz 4 VwGO in Betracht.[99]

86 Im speziellen Fall des Nachschiebens von Gründen (s.o. Rdn. 36 ff.), das zu einem Neuerlass des VA führt, ordnet **§ 114 Satz 2 VwGO** für Ermessensverwaltungsakte in Fällen der »Ergänzung« der Ermessenserwägungen eine **gesetzliche Klageänderung**

---

97 Kopp/Schenke/*W.-R. Schenke*, VwGO, § 80 Rn. 160.

98 OVG Nordrhein-Westfalen, Beschl. v. 08.02.2018 – 8 B 1621/17, juris Rn. 7; Beschl. v. 08.02.2018 – 8 B 1630/17, juris Rn. 7 m. Anm. *Spieler*, jurisPR-UmwR 3/2018 Anm. 4.

99 *Schenke*, NJW 1997, 81 (90).

an. In diesen Fällen ist der neue VA ipso iure Gegenstand der gegen den früheren VA erhobenen Klage. Will der Kläger die daraus resultierenden prozessualen Folgen vermeiden, weil er den neuen VA für rechtmäßig hält, so muss er die **Klage für erledigt erklären oder** (bei entsprechendem Feststellungsinteresse) seinen Antrag auf die **Fortsetzungsfeststellungsklage** umstellen. In den übrigen Fällen, auf die § 114 Satz 2 VwGO keine Anwendung findet, kann der Betroffene den neuen VA durch eine **Klageänderung nach § 91 VwGO** in seine Klage einbeziehen. Er kann aber auch im Hinblick auf den neuen (fehlerfreien) VA den Rechtsstreit in der Hauptsache für erledigt erklären. In diesem Fall sind die Kosten des Verfahrens nach § 161 Abs. 2 VwGO der Behörde aufzuerlegen.

C. Verfahrensvorschriften des Sozialrechts und Verwaltungsverfahrensrecht der Länder

87 Im **Sozialrecht** existiert mit **§ 41 SGB X** eine weitgehend identische Parallelregelung, die allerdings mit Abs. 1 Nr. 6 (»die erforderliche Hinzuziehung eines Beteiligten nachgeholt wird«) eine zusätzliche Verfahrenshandlung aufweist, deren Heilung durch Nachholung möglich ist. Nach § 12 Abs. 2 Satz 2 SGB X ist die Hinzuziehung eines Verfahrensbeteiligten vorgeschrieben, wenn der Ausgang des Verfahrens rechtsgestaltende Wirkung für einen Dritten hat.

88 Ein weiterer Unterschied zwischen dem VwVfG und dem SGB X betrifft die Regelung des Abs. 2, welche in § 41 SGB X lautet: »Handlungen nach Absatz 1 Nr. 2 bis 6 können bis zur letzten Tatsacheninstanz eines sozial- oder verwaltungsgerichtlichen Verfahrens nachgeholt werden.« Die Nachholung der Antragstellung gem. § 41 Abs. 1 Nr. 1 kann danach ohne zeitliche Grenze erfolgen. Insoweit entspricht die SGB-Regelung der bis zum 18.09.1996 geltenden Bestimmung im VwVfG. Die Literatur geht jedoch auch für die Antragstellung von einer Frist entsprechend den anderen Fällen aus.[100] Im Unterschied zum VwVfG wird schließlich in § 41 Abs. 3 SGB X nicht auf eine Vorschrift über die Wiedereinsetzung verwiesen.

89 Das **Landesrecht** enthält einzelne abweichende Regelungen: In Bayern wird (richtigerweise, s.o. Rdn. 72) nicht auf § 32 Abs. 2 verwiesen. In NRW lautet Abs. 2: »Handlungen des Absatzes 1 Nr. 2 bis 5 dürfen nur bis zum Abschluss der ersten Instanz eines verwaltungsgerichtlichen Verfahrens nachgeholt werden.« In Schleswig-Holstein enthält § 114 Abs. 1 Nr. 4 SHLVwG am Ende ein »oder«; weiter existiert folgender Abs. 2 Satz 2: »Handlungen, deren Nichtvornahme bis zum Abschluss des Widerspruchsverfahrens von einer oder einem Beteiligten geltend gemacht wurden, können im verwaltungsgerichtlichen Verfahren nicht nachgeholt werden«[101] und schließlich fehlt Abs. 3.

---

100 Kasseler Kommentar/*Steinwedel*, SGB X, § 41 Rn. 23; jurisPK-SGB X/*Schneider-Danwitz*, § 41 Rn. 42.

101 Zu den prozessualen Schwierigkeiten mit dieser Bestimmung s. Kopp/Schenke/*W.-R. Schenke*/*Ruthig*, VwGO, § 114 Rn. 51.

§ 46 Folgen von Verfahrens- und Formfehlern

Die Aufhebung eines Verwaltungsaktes, der nicht nach § 44 nichtig ist, kann nicht allein deshalb beansprucht werden, weil er unter Verletzung von Vorschriften über das Verfahren, die Form oder die örtliche Zuständigkeit zu Stande gekommen ist, wenn offensichtlich ist, dass die Verletzung die Entscheidung in der Sache nicht beeinflusst hat.

Schrifttum

Baumeister, Der Beseitigungsanspruch als Fehlerfolge des rechtswidrigen VA, 2006; *Burgi*, Die dienende Funktion des Verwaltungsverfahrens: Zweckbestimmung und Fehlerfolgenrecht in der Reform, DVBl 2011, 1317; *Burgi/Durner*, Modernisierung des Verwaltungsverfahrensrechts durch Stärkung des VwVfG, 2012; *Classen*, Strukturunterschiede zwischen deutschem und europäischem Verwaltungsrecht, NJW 1995, 2457; *Fehling*, Der Eigenwert des Verfahrens im Verwaltungsrecht, VVDStRL 70 (2011), 278; *Fremuth*, Formelle Fehler des Verwaltungsakts und ihre Folgen, JA 2012, 844; *Grimm*, Verfahrensfehler als Grundrechtsverstöße, NVwZ 1985, 865; *Gurlit*, Der Eigenwert des Verfahrens im Verwaltungsrecht, VVDStRL 70 (2011), 227; *Hill*, Verfahrensermessen der Verwaltung, NVwZ 1985, 449; *Hufen/Siegel*, Fehler im Verwaltungsverfahren, 6. Aufl., 2018; *Knauff*, Verfahrensrecht als Gestaltungsrecht, VerwArch. 2019, 388; *Krebs*, Kompensation von Verwaltungsverfahrensfehlern durch gerichtlichen Rechtsschutz, DVBl 1984, 109; *Laubinger*, Heilung und Folgen von Verfahrens- und Formfehlern, VerwArch Bd. 72, 1981, 336; *Ludwigs*, Die Verfahrensautonomie der Mitgliedstaaten, NVwZ 2018, 1417; *Messerschmidt*, Zur Heilung und Folgenlosigkeit von Verfahrens- und Formfehlern bei Verwaltungsakten gemäß §§ 45 und 46 VwVfG, NVwZ 1985, 877; *Meyer*, Die Kodifikation des Verwaltungsverfahrens und die Sanktion für Verfahrensfehler, NVwZ 1986, 513; *v. Mutius*, Grundrechtsschutz contra Verwaltungseffizienz im Verwaltungsverfahren, NJW 1982, 2150; *Pietzcker*, Verfahrensrechte und Folgen von Verfahrensfehlern, FS Maurer, 2001, 695; *Pünder*, Die Folgen von Verfahrensfehlern im Verwaltungsverfahren, Jura 2015, 1307; *Roßnagel*, Verfahrensfehler ohne Sanktion? JuS 1994, 927; *Sachs*, Zur formellen Rechtswidrigkeit von VAen, VerwArch 97 (2006), 573; *Schenke*, Der verfahrensfehlerhafte Verwaltungsakt gemäß § 46 VwVfG, DÖV 1986, 305; *ders.*, »Reform« ohne Ende – das Sechste Gesetz zur Änderung der Verwaltungsgerichtsordnung und anderer Gesetze (6. VwGOÄndG), NJW 1997, 81; *Schmitz/Wessendorf*, Das Genehmigungsverfahrensbeschleunigungsgesetz – Neue Regelungen im Verwaltungsverfahrensgesetz und der Wirtschaftsstandort Deutschland, NVwZ 1996, 955; *Seibert*, Die gerichtliche Kontrolle von Verfahrensvorschriften nach § 4 UmwRG, NVwZ 2019, 337.

Übersicht **Rdn.**

A. Allgemeines und Grundsätze

I. Gegenstand der Regelung

Gegenstand der Regelung ist der **Ausschluss des Aufhebungsanspruchs** gegenüber einem (nur) wegen eines Verfahrens-, Form- oder Zuständigkeitsfehlers rechtswidrigen, nicht nichtigen VA unter der Voraussetzung, dass offensichtlich ist, dass die Verletzung die Entscheidung in der Sache nicht beeinflusst hat. Die **Vorschrift schließt den** wegen Rechtswidrigkeit und Rechtsverletzung grundsätzlich bestehenden (von § 46 vorausgesetzten) **Aufhebungsanspruch** (oder auch **Beseitigungsanspruch**) damit unter der Voraussetzung **aus**, dass der VA im Ergebnis offensichtlich nicht auf dem Fehler beruht. § 46 stellt daher eine materiellrechtliche Regelung dar (s. Rdn. 20). 1

§ 46 soll der **Verfahrensökonomie** dienen. Die Regelung ist aber sehr umstritten, weil durch sie zumindest die Gefahr einer Entwertung von Verfahrensgarantien besteht. Es werden verfassungsrechtliche und unionsrechtliche Einwände erhoben (s.u. Rdn. 7 ff.). 2

II. Systematische Stellung und Abgrenzungen

§ 46 steht in engem Zusammenhang mit den §§ 45, 47 und 48. Während **§ 45** bei entsprechender Nachholung fehlender oder fehlerhafter Verfahrenshandlungen von einer Unbeachtlichkeit des (ursprünglichen) Fehlers ausgeht, weil der VA durch die Nachholung rechtmäßig wird, **ändert** die Erfüllung der Tatbestandsvoraussetzungen des **§ 46 nichts an der Rechtswidrigkeit des VA (und auch nichts an der subjektiven Rechtsverletzung**, s. Rdn. 43), sondern schließt nur den Aufhebungsanspruch aus. Die VAe, die nach § 45 geheilt werden können, fallen grundsätzlich auch in den Anwendungsbereich des § 46, der allerdings umgekehrt deutlich weiter ist als der des § 45. Für die Prüfung folgt daraus, dass die Anwendung des § 46 stets (auch) zu prüfen ist, wenn eine Heilung gem. § 45 – aus welchen Gründen auch immer – nicht 3 eingetreten ist. Nach hier vertretener Auffassung können §§ 45 und 46 wegen der ex-nunc-Wirkung der Heilung nach § 45 auch nebeneinander anwendbar sein, sofern der Betroffene auch für den Zeitraum, für den der VA nicht geheilt ist, ein berechtigtes Interesse an der Aufhebung des mit Wirkung für die Zukunft geheilten VA besitzt. Soweit die Heilungswirkung aber eingetreten ist, scheidet allerdings eine Anwendung des § 46 aus. Im Unterschied zu § 45 ist der von § 46 angeordnete Ausschluss des Aufhebungsanspruchs zudem in jeder Phase des Verfahrens, auch noch in der Revisionsinstanz, zu prüfen.

4 Zunächst einmal unabhängig nebeneinander stehen auch die Regelungen von § 46 und **§ 47.** Sie beschränken sich in ihrer Anwendbarkeit nicht gegenseitig. Unabhängig davon, ob der Aufhebungsanspruch gem. § 46 ausgeschlossen ist oder nicht, kann eine **Umdeutung nach § 47** grundsätzlich in Frage kommen. Sobald allerdings eine rechtmäßige Umdeutung erfolgt ist, ist kein Raum mehr für die Anwendung des § 46, weil der VA damit rückwirkend als von Anfang an rechtmäßig gilt.

5 Das Verhältnis von § 46 zu **§ 48** mit der dort enthaltenen grundsätzlichen Befugnis zur Rücknahme eines rechtswidrigen VA ist noch nicht abschließend geklärt. Vielfach wird – bei entsprechend starker Gegenmeinung – angenommen, dass **durch § 46 nur der Anspruch des Betroffenen auf Aufhebung ausgeschlossen werde, nicht aber das Recht der Behörde zur Aufhebung gem. § 48.**[1] Es sei allerdings im Rahmen der Ermessensentscheidung nach § 48 zu berücksichtigen, ob der VA nach der Aufhebung erneut erlassen werden müsste.[2] Dieser Auffassung ist im Ergebnis mit der Einschränkung zu folgen, dass bei der Ermessensentscheidung der Verfahrensfehler nicht als Beweggrund (Ermessensgesichtspunkt) für die Aufhebung berücksichtigt werden darf, weil dieses im Widerspruch zur Wirkung des § 46 stünde. Aus anderen Gründen kann der VA – wie auch ein rechtmäßiger VA gem. § 49 – aufgehoben werden.

III. Entstehungsgeschichte

6 § 46 hat seit seinem Erlass mit Gesetz vom 25.05.1976[3], das insoweit wörtlich auf den Gesetzentwurf vom 18.07.1973[4] zurückgeht, eine zentrale Änderung durch Art. 1 Nr. 4 GenBeschlG vom 12.09.1996[5] erfahren. Durch diese Änderung wurde der bisherige letzte Halbsatz (»**wenn keine andere Entscheidung in der Sache hätte getroffen werden können**«) durch die heutige Fassung – mit Ausnahme der nachfolgenden Anpassung an die neue Rechtschreibung – ersetzt. Der Bundesrat hatte im Gesetzgebungsverfahren statt der Ersetzung des letzten Halbsatzes eine Ergänzung der bisherigen Formulierung um einen weiteren Halbsatz vorgeschlagen (»oder wenn offensichtlich ist, dass die Verletzung die Entscheidung in der Sache nicht beeinflußt hat«).[6] Dies wurde in der Gegenäußerung der Bundesregierung mit der Begründung

1 S. BeckOK VwVfG/*Schemmer*, § 46 Rn. 7.
2 Knack/Henneke/*Peuker*, § 46 Rn. 44, 49; Stelkens/Bonk/Sachs/*Sachs*, § 46 Rn. 12.
3 BGBl. I S. 1253.
4 BT-Drucks. 7/910.
5 BGBl. I S. 1354.
6 BT-Drucks. 13/3995, S. 11 (Anlage 2).

zurückgewiesen, dass der eigene Vorschlag sprachlich kürzer und klarer gefasst sei und sachlich kein Unterschied zur vom Bundesrat vorgeschlagenen Fassung bestehe.[7] Später erfolgten nur noch einzelne Anpassungen an die neue Rechtschreibung durch die Bekanntmachung der Neufassung vom 21.01.2003.[8]

IV. Verfassungsmäßigkeit der Regelung

Gegen die Regelung des § 46 sind wegen des angeordneten Ausschlusses des Aufhebungsanspruchs eine Vielzahl von verfassungsrechtlichen **Bedenken** vorgebracht worden. Ein häufiger Kritikpunkt ist der Hinweis auf die **Entwertung der subjektiven Verfahrensrechte.**[9] Noch schärfer wurde formuliert, die Regelung bewirke einen **Widerspruch in der Rechtsordnung** und sei mit den rechtsstaatlichen Anforderungen an die Bindung der Verwaltung nicht zu vereinbaren.[10] Ähnliche Überlegungen, wenngleich ohne die Schlussfolgerung der Verfassungswidrigkeit stehen hinter den Aussagen, die Regelungen (gemeint sind §§ 45, 46) führten zu einem **laxeren Umgang mit Verfahrensvorschriften.**[11] Hinter allem steht die Kritik an der »dienenden Funktion des Verwaltungsverfahrens«, einem Topos, dem durchaus unterschiedliche Bedeutungsinhalte zugesprochen werden können.[12] Meist im Vordergrund steht aber eine Gleichsetzung der dienenden Funktion mit einer **Geringschätzung oder Missachtung des Verfahrensrechts.**[13] 7

Verfassungsrechtlich überzeugend sind diese Einwände gegen eine Regelung wie § 46 im Ergebnis allesamt nicht. In ihnen spiegeln sich auch zumeist eher rechtspolitische Auffassungen denn rechtsdogmatische Argumente. Der substantielle Gehalt der Kritik lässt sich durch eine entsprechende **(verfassungskonforme) Interpretation des § 46** aufgreifen und nutzbar machen. Eines der Ergebnisse daraus ist auch, dass die Interpretation des § 46a.F., wie sie durch die herrschende Meinung vorgenommen wurde, nicht überzeugen konnte. Auch wenn sie für die heutige, seit dem 19.09.1996 geltende Regelung nach dem Gesetzeswortlaut keine unmittelbare Bedeutung mehr hat, stützt sich die herrschende Meinung weiterhin darauf. 8

Ausgangspunkt aller Überlegungen muss folgende Erkenntnis sein: »**Verwaltungsverfahren können kein Selbstzweck sein**«[14], auch wenn ihnen zweifellos ein Eigenwert zuzusprechen ist. Dabei kann hier dahinstehen, ob de lege lata zwischen der instrumentellen (nur dienenden) oder nicht instrumentellen (entscheidungsexternen) 9

7 BT-Drucks. 13/3995, S. 16 (Anlage 3).
8 BGBl. I S. 102.
9 *Ehlers*, DV 1998, 53 f.; *Erichsen*, DVBl 1978, 569 (577); *Sodan*, DVBl 1999, 729 (738); *Schoch*, DV 1992, 21 (36), spricht von einem »Nachrang des Verfahrensrechts«.
10 *Niedobitek*, DÖV 2000, 761 (765 ff.); *Martin*, Heilung von Verfahrensfehlern im Verwaltungsverfahren, S. 178 f.
11 *Felix*, NZS 2001, 344; *Redeker*, NVwZ 1996, 523.
12 *Burgi/Durner*, S. 29 ff.; *Fehling*, VVDStRL 70 (2011), 278 (281 ff.); *Quabeck*, Dienende Funktion des Verwaltungsverfahrens und Prozeduralisierung, S. 8 f.
13 *Kahl*, VerwArch. 95 (2004), 1 (4), *Knauff*, VerwArch. 2019, 390.
14 *Fehling*, VVDStRL 70 (2011), 281.

Funktion[15] des Verwaltungsverfahrens wirklich ein Unterschied gemacht werden kann oder ob die Verfahrensbestimmungen nicht in der Regel beide Zielsetzungen vereinen. Sicher ist jedenfalls, dass jeder Einfluss, den ein Verfahrensfehler auf den Inhalt einer Entscheidung genommen hat, nicht nur zur Rechtswidrigkeit der Entscheidung, sondern auch zu deren Beseitigung führen muss, solange sich die Geltendmachung des Rechts auf Beseitigung durch Personen, die in ihren subjektiven Rechten verletzt wurden, nicht als rechtsmissbräuchlich darstellt. An diese Vorgaben aber hält sich die Regelung des § 46; bei entsprechender Berücksichtigung dieser Überlegungen im Rahmen der Auslegung der Bestimmung sind **sämtliche verfassungsrechtlichen Kritikpunkte zu entkräften.**[16]

10 Wird der Blick darüber hinaus auf die sachliche Rechtfertigungsgrundlage für den Ausschluss des Aufhebungsanspruchs gelenkt, so zeigt sich schnell der hinter § 46 stehende Grundgedanke: Die Vorschrift knüpft in ihrer heutigen Fassung (s.o. Rdn. 6) den Ausschluss des Aufhebungsanspruchs wegen des Fehlers daran an, dass der VA im Ergebnis **offensichtlich nicht auf dem Fehler beruht.** Derartige **Beruhensregeln** sind aus vielen Rechtsgebieten bekannt, vor allem aus dem Prozessrecht (vgl. §§ 137 Abs. 1, 144 Abs. 4 VwGO, § 561 ZPO). Auch bei Gehörsverletzungen nach Art. 103 Abs. 1 GG geht das BVerfG für den Anspruch auf Aufhebung eines Urteils vom Erfordernis des Beruhens des Urteils auf dem Gehörsverstoß aus.[17] Vergleichbare Anforderungen werden durch die Rechtsprechung auch bei Rechtsnormen[18] und im Wahlrecht[19] befürwortet. Entsprechendes gilt z.B. auch in zivilrechtlichen Rechtsgebieten wie dem Vereins- und Gesellschaftsrecht für Versammlungs- und Gremienbeschlüsse.[20] Hinzu kommt das **Beruhenserfordernis in § 79 Abs. 2 Satz 2 VwGO**, eine Regelung, die in unmittelbarem Zusammenhang mit § 46 steht. Diese Bestimmung schließt nach h. M. die Anwendung des § 46 auf Widerspruchsbescheide, die isoliert angegriffen werden, aus.[21]

11 Aus diesen Parallelnormen wird trotz des Fehlens des Begriffs »beruhen« im Text des § 46 einerseits schnell der Hintergrund der Norm ersichtlich. Darüber hinaus belegen Parallelnormen, dass der **Beruhenssatz** für sich gesehen **verfassungsrechtlich völlig unproblematisch** ist. Dies gilt nicht nur für die Bestimmungen zur Überprüfung von

15 So *Fehling*, VVDStRL 70 (2011), 281 ff.; *Burgi/Durner*, S. 29 ff.

16 Für die Verfassungsmäßigkeit inzwischen auch BVerfG, Beschl. v. 24.10.2017 – 1 BvR 1026/13, Rn. 47 f., und die verwaltungsgerichtliche Rechtsprechung; s. weiter *Keller*, NVwZ 2017, 1083; *Seibert*, NVwZ 2019, 344.

17 S. nur BVerfG, Beschl. v. 24.07.1957 – 1 BvR 535/53, BVerfGE 7, 95 (99); zuletzt Beschl. (1. Senat 1. Kammer) v. 14.08.2013 – 1 BvR 3157/11, juris Rn. 19; Beschl. (2. Senat 3. Kammer) v. 14.08.2013 – 2 BvR 425/12, juris Rn. 16.

18 BVerfG, Beschl. v. 10.05.1977 – 2 BvR 705/75, BVerfGE 44, 308 (313).

19 Stellv. BVerfG, Urt. v. 08.02.2001 – 2 BvF 1/00, BVerfGE 103, 111 (131, 133 f.); *Baumeister*, S. 260 m.w.N.

20 *Baumeister*, S. 261 ff.

21 VGH Baden-Württemberg, Urt. v. 05.08.1996 – 7 S 3383/94, ESVGH 46, 309; Kopp/Schenke/*W.-R. Schenke*, VwGO, § 79 Rn. 14; a.A. VGH Bayern, Urt. v. 17.07.1997 – 12 B 96.138, BayVBl. 1998, 502; Stelkens/Bonk/Sachs/*Sachs*, § 46 Rn. 87.

Gerichtsentscheidungen, sondern auch für den Fall des Widerspruchsbescheids nach § 79 Abs. 2 Satz 2 VwGO. Die sachliche Rechtfertigung des durch § 46 angeordneten Ausschlusses des Aufhebungsanspruchs ergibt sich aus folgenden Überlegungen: Der Aufhebungsanspruch hat seine **Grundlage in den Grundrechten**, die in ihrer Funktion als Abwehrrechte im Fall rechtswidriger Eingriffe die Reaktion in Form eines **Beseitigungs- bzw. Aufhebungsanspruchs** auslösen. Diese Reaktion bei subjektiven Rechtsverletzungen besteht aber nur im Hinblick auf das »Ergebnis« des rechtswidrigen Verhaltens, den Rechtsakt in Form einer Rechtsnorm, eines Gerichtsurteils oder eines VA, und nur dann, wenn sich das rechtswidrige Verhalten auch auf den Rechtsakt ausgewirkt hat. Gerade das ist aber für Verfahrensfehler nicht einfach feststellbar. Deshalb sehen einige Rechtsnormen in solchen Fällen die Voraussetzung des Beruhens vor. Zu prüfen ist danach, **ob der Fehler Einfluss auf das Ergebnis genommen haben *kann*.** Es ist dagegen keineswegs ausreichend für den Ausschluss des Aufhebungsanspruchs, dass ein VA gleichen Inhalts sofort wieder erlassen werden könnte.[22] Im Verhältnis zu anderen Beruhensvorschriften steigert § 46 die Anforderungen für den Ausschluss des Aufhebungsanspruchs zusätzlich dadurch, dass nicht allein das fehlende Beruhen ausreicht, sondern dass dieses Fehlen eines Zusammenhangs zwischen Fehler und Ergebnis in der Sache auch noch offensichtlich sein muss.

Vor dem Hintergrund dieser Überlegungen bestehen **grundsätzlich keine Zweifel an der verfassungsrechtlichen Zulässigkeit** des Ausschlusses des Aufhebungsanspruchs. Zu beachten ist jedoch, dass der fehlende Einfluss des Verfahrensfehlers auf das Ergebnis in der Sache nicht allein mit dem Hinweis auf den Umfang der materiellrechtlichen Bindung der Behörde bei ihrer Entscheidung beantwortet werden kann. **Auch im Fall so genannter gebundener Verwaltungsentscheidungen** – und nicht nur bei Ermessensentscheidungen – **können Verfahrensfehler die Sachentscheidung beeinflusst haben**, selbst wenn sich diese Entscheidung in dem konkreten Zeitpunkt der Entscheidung und vor dem Hintergrund der zu diesem Zeitpunkt gegebenen Sach- und Rechtslage rechtlich als einzig zulässige Entscheidung darstellt. Hier ist einmal zu berücksichtigen, dass das Verfahren das Verhalten von Beteiligten und damit auch die für die Entscheidung maßgebliche Sach- und Rechtslage beeinflussen kann. Weiter ist auch der Faktor Zeit in die Betrachtung einzubeziehen: Durch unterlassene Verfahrensschritte kann sich das Verfahren verkürzt haben, so dass die Entscheidung zu einem anderen Zeitpunkt getroffen wurde, als sie bei einem ordnungsgemäßen Verfahren hätte getroffen werden können bzw. getroffen worden wäre. Zu diesem anderen Zeitpunkt kann aber eine relevant abweichende Sach- oder Rechtslage vorgelegen haben, die wiederum zu einer abweichenden Entscheidung geführt hätte. 12

Unter Berücksichtigung dieser Überlegungen ist es vor dem Hintergrund des grundrechtlichen Erfordernisses des Aufhebungsanspruchs zwingend **notwendig, dass der Einfluss des Fehlers auf die Sachentscheidung ausgeschlossen werden kann.** Daraus ergeben sich wiederum Auswirkungen auf die Auslegung des § 46, die nachfolgend aufgezeigt werden. 13

22 So aber Hk-VerwR/Schwarz, § 46 Rn. 33.

V. Vereinbarkeit mit dem europäischen Unionsrecht

14 Eine zweite Argumentationslinie gegen die Regelung des § 46 wird mit dem Hinweis auf das höherrangige Recht der EU verfolgt. Zunächst herrscht die allgemeine Einschätzung vor, dem Verfahrensrecht komme im Unionsrecht eine ungleich größere Bedeutung zu, als dies für das nationale Recht gelte.[23] Diese Behauptungen stützen sich jeweils auf einzelne Judikate des EuGH, aus denen bei näherer Hinsicht nur dann entsprechende allgemeine Herleitungen folgerichtig erscheinen, wenn sie im Grunde schon vorher unterstellt wurden. Eine kritische Prüfung der vermeintlich wesentlich weiterreichenden Anforderungen im Unionsrecht lässt schnell erkennen, dass keine Rechtsordnung der Mitgliedstaaten der EU wie auch das EU-Eigenverwaltungsrecht ohne den Beruhensgrundsatz auskommt, der auch § 46 zu Grunde liegt. Auch in den Rechtsordnungen, die nicht verdächtigt sind, die Verfahrensregeln gering zu schätzen, **hat die Beruhensregel ihren festen Platz.**[24]

15 Die Gegenmeinung wird dennoch ohne nähere Begründung, ohne Auseinandersetzung mit der Rechtsprechung und entsprechenden Literatur und ohne weitere Belege uneingeschränkt wiederholt. Bei einer unvoreingenommenen detaillierten Analyse der Rechtsprechung des EuGH lässt sich schnell bemerken, dass der Beruhenssatz jenseits mancher Nivellierungen Teil aller Rechtsordnungen ist. Nur dann, wenn § 46 in einer extensiven Weise interpretiert wird, lassen sich berechtigterweise Gegensätze erkennen. Wird etwa darauf hingewiesen, dass in Frankreich eine Heilung *wesentlicher* Verfahrensfehler *grundsätzlich* für unzulässig gehalten werde,[25] so kann daraus kein Unterschied gegenüber der Rechtslage in Deutschland konstruiert werden. Gegenteilige Versuche basieren auf wenig tragfähigen Pauschalierungen.

16 Für das **EU-Eigenverwaltungsrecht** zeigt sich dies etwa in einer Reihe von Entscheidungen des EuGH im Rahmen von Nichtigkeitsklagen gem. **Art. 263 AEUV** (früher Art. 230 EGV), bei denen Verstöße gegen Verfahrensregelungen gerügt wurden. Nach Ansicht des EuGH stellt ein solcher Verstoß eine »**Verletzung wesentlicher Formvorschriften**« dar, wenn ihre Nichtbeachtung Einfluss auf den Inhalt des Rechtsakts gehabt haben könnte.[26] Dieser Einschätzung steht auch nicht entgegen, dass der EuGH in einigen Fällen, insbesondere bei einigen Fällen von Verletzungen des Anhörungsrechts, den Beruhenssatz nicht anwendet. Soweit hinter dieser Rechtsprechung ein Konzept steht, können die Judikate möglicherweise dadurch erklärt werden, dass es sich um Verstöße gegen sogenannte absolute Verfahrensrechte handelt. Da allerdings nicht in allen Fällen von Anhörungsfehlern von einer »Verletzung wesentlicher

---

23 So etwa der Grundton bei *Kahl*, VerwArch. 95 (2004), 1 ff.; *Ludwigs*, NVwZ 2018, 1418 f.

24 Ausführlich *Baumeister*, S. 281 ff.

25 *Ludwigs*, NVwZ 2018, 1417 f.

26 S. nur EuGH, Urt. v. 10.07.1980 – Rs. 30/78 (Distillers Company), Slg. 1980, 2229 (2264 Rn. 26); Urt. v. 20.03.1984 – Rs. 84/82 (Deutschland/Kommission), Slg. 1984, 1451 (1490); Urt. v. 07.01.2004 – Rs. C-204/00 P u. a. (Aalborg Portland), Slg. 2004, I-123 (Rn. 71 ff.); zu w. Nachw. *Baumeister*, S. 283 (Fußn. 245).

Formvorschriften« ausgegangen wurde[27], kann auch nicht allgemein angenommen werden, bei Anhörungsfehlern gelte der Beruhenssatz generell nicht.[28]

Trotz der Vielzahl gegenteiliger Behauptungen steht der in § 46 enthaltene Beruhenssatz nicht im Widerspruch zum Unionsrecht. Andererseits besitzt das Unionsrecht – wie das nationale Verfassungsrecht – eine zentrale Bedeutung für die Interpretation und Anwendung des § 46. So ist es auch denkbar, dass die Verletzung einzelner Verfahrensbestimmungen unabhängig vom Beruhen zu einer Aufhebung des fehlerhaften Rechtsakts führen muss. Um einen solchen sogenannten »**absoluten Verfahrensfehler**« handelt es sich etwa bei der Verletzung der Notifizierungspflicht im EU-Beihilfenrecht gem. Art. 108 Abs. 3 Satz 1 AEUV (früher Art. 88 Abs. 3 Satz 3 EGV). Derartige Fälle absoluter Verfahrensfehler ändern aber nichts an der Vereinbarkeit des § 46 mit dem Unionsrecht. 17

Diese Einschätzung wird zugleich gestützt durch die Rechtsprechung des BVerwG zu § 4 Abs. 1a UmwRG (s. dazu Rdn. 23). Die in § 4 Abs. 1a Satz 2 UmwRG enthaltene Vermutungsregel für eine Kausalität der Entscheidung auf dem Verfahrensfehler entspricht Vorgaben des EuGH für die Europarechtskonformität der Regelung.[29] Anders verhielte es sich nur, wenn dem durch die Entscheidung Betroffenen auch die Beweislast für die Ergebnisrelevanz des Verfahrensfehlers aufgebürdet würde.[30] Das hat der Gesetzgeber für § 4 Abs. 1a Satz 2 UmwRG gerade ausdrücklich ausschließen wollen.[31] Entsprechendes muss aber auch für § 46 gelten. Wird § 46 konsequent, also entsprechend seinem Wortlaut (s. Rdn. 33 ff.) so interpretiert, wie dies § 4 Abs. 1a Satz 2 UmwRG für die dortigen Fälle ausdrücklich vorgibt, entspricht dies in vollem Umfang den Vorgaben des Unionsrechts und weicht – entgegen mancher pauschal abweichender Stellungnahmen – auch nicht von den Rechtspositionen in anderen Mitgliedstaaten ab. Dass es Verfahrensfehler geben kann, auf denen die Entscheidung nicht beruht, also offensichtlich die Entscheidung in der Sache nicht beeinflusst hat, und die deshalb als unbeachtlich im Sinne des Ausschlusses des Aufhebungsanspruchs anzusehen sind,[32] befindet sich mit dem Unionsrecht in Übereinstimmung. Andererseits ist nicht zu übersehen, dass es Rechtsprechung gibt, bei der das Bemühen um die Aufrechterhaltung von verfahrensfehlerhaften VAen unverkennbar und die 18

27 S. nur stellv. EuGH, Urt. v. 10.07.2001 – Rs. C-315/99 P (Ismeri Europa), Slg. 2001, I-5281 (5324 f. Rn. 33 f.).

28 Zu pauschal daher *Kahl*, VerwArch. 95 (2004), 1 (23); Kopp/*Ramsauer*, § 46 Rn. 5a (in Rn. 5c aber wohl wieder zweifelnd).

29 EuGH, Urt. v. 07.11.2013 – C-72/12 (Altrip), juris Rn. 46 ff.; Urt. v. 15.10.2015 – C-137/14; dazu BVerwG, Urt. v. 21.01.2016 – 4 A 5.14, juris Rn. 41 ff.; Urt. v. 28.04.2016 – 9 A 9.15, juris Rn. 36; Beschl. v. 21.06.2016 – 9 B 65.15, juris Rn. 5, 21 f.; Urt. v. 09.02.2017 – 7 A 2.15, juris Rn. 33; Beschl. v. 28.12.2017 – 3 B 15.16, juris Rn. 7; Urt. v. 14.03.2018 – 4 A 5.17, juris Rn. 23; Beschl. v. 25.04.2018 – 9 A 16.16, juris Rn. 13.

30 EuGH, Urt. v. 15.10.2015 – C-137/14, juris Rn. 14; s. dazu BVerwG, EuGH-Vorlage v. 27.06.2017 – 1 C 26.16, juris Rn. 43.

31 BT-Drucks. 18/5927, 10.

32 BVerwG, Urt. v. 21.01.2016 – 4 A 5.14, juris Rn. 48 ff.; Urt. v. 14.06.2017 – 4 A 11.16, juris Rn. 22.

Interpretation von der tatrichterlichen Überzeugung des fehlenden Beruhens grenzwertig erscheint.[33]

B. Die Vorschrift im Einzelnen

I. Tatbestand

19 § 46 knüpft den Ausschluss des Anspruchs auf Aufhebung des VA an zwei Voraussetzungen:

(1) Ein nicht nichtiger VA muss unter Verletzung von Vorschriften über das Verfahren, die Form oder die örtliche Zuständigkeit zustande gekommen sein und

(2) die Verletzung hat die Entscheidung in der Sache offensichtlich nicht beeinflusst.

20 Keine Voraussetzung ist es dagegen, dass die Aufhebung des VA beansprucht wird.[34] § 46 enthält keine »prozessuale Konstellation«, sondern ist eine rein materiellrechtliche Vorschrift. Die Formulierung »kann nicht … beansprucht werden« bedeutet nichts anderes als »es besteht kein Anspruch«.

1. Kein Ausschluss der Anwendbarkeit des § 46

21 In § 46 ist als **negatives Tatbestandsmerkmal** vorausgesetzt, dass die Verletzung der Vorschriften über das Verfahren, die Form oder die örtliche Zuständigkeit nicht nach § 44 Abs. 1 oder nach § 44 Abs. 2 Nr. 1, 2 bzw. 3 zur **Nichtigkeit des VA** geführt hat.

22 Darüber hinaus darf die Anwendbarkeit des § 46 nicht durch **spezialgesetzliche Regelungen** ausgeschlossen sein. Der Gesetzgeber kann das Verwaltungsverfahren mit einer eigenen Schutzfunktion zugunsten einzelner so ausgestaltet haben, dass der Begünstigte unter Berufung allein auf einen ihn betreffenden Verfahrensmangel, d.h. ohne Rücksicht auf das Entscheidungsergebnis in der Sache, die Aufhebung einer behördlichen Entscheidung durchsetzen kann. In diesen Fällen wird von **absoluten Verfahrensrechten**[35] gesprochen, die vorliegen, wenn die Verfahrensvorschrift nach dem Gesetz so bedeutsam ist, dass ihre Verletzung einen absoluten Aufhebungsgrund darstellt. Derartige Verfahrensfehler führen selbst dann zur Aufhebung eines VA, wenn durch den Fehler die Entscheidung offensichtlich nicht beeinflusst wurde.

23 Ob ein absolutes Verfahrensrecht gegeben ist, muss in der Regel durch **Auslegung der Verfahrensvorschrift** ermittelt werden. Der Anerkennung eines absoluten Verfahrensrechts steht häufig die Annahme gleich, dass eine bestimmte Regelung als speziellere Norm die Anwendung des § 46 ausschließt. Auch wenn beides nicht identisch ist (s.u. Rdn. 48 ff.), führt der Ausschluss der Anwendbarkeit des § 46 im praktischen

33 Vgl. OVG Nordrhein-Westfalen, Urt. v. 11.09.2019 – 11 D 81/16.AK, juris Rn. 107 ff.; OVG Niedersachsen, Urt. v. 27.08.2019, 7 KS 24/17, juris Rn. 135.

34 So aber offenbar Mann/Sennekamp/Uechtritz/*Emmenegger*, § 46 Rn. 60; ebenso unzutreffend BVerwG, Urt. v. 09.05.219 – 2 C 1.18, juris Rn. 71.

35 S. näher Mann/Sennekamp/Uechtritz/*Emmenegger*, § 46 Rn. 102 ff.; Hk-VerwR/*Schwarz*, § 46 Rn. 21 f.

Ergebnis in der Regel auch dahin, dass der betreffende VA aufzuheben ist. Kein Fall einer spezielleren Norm, sondern ein absolutes Verfahrensrecht existiert im Fall des **§ 4 Abs. 1 Satz 1, Abs. 3 UmwRG**, der bei fehlender Umweltverträglichkeitsprüfung oder fehlender Vorprüfung der UVP-Pflichtigkeit ohne weitere Voraussetzungen einen Aufhebungsanspruch gegenüber der Entscheidung in dem entsprechenden Verfahren vorsieht.[36] Zudem hat der Gesetzgeber durch die Novelle vom 20.11.2015[37] mit dem neuen § 4 Abs. 1a S. 1 UmwRG die Anwendbarkeit des § 46 angeordnet für Verfahrensfehler, die nicht unter § 4 Abs. 1 UmwRG fallen. Dazu können vor allem die (häufigeren) Fälle der fehlerhaften Durchführung der Umweltverträglichkeitsprüfung, der fehlerhaften Öffentlichkeitsbeteiligung und weitere Fälle subsumiert werden, sofern diese nicht von § 4 Abs. 1 Satz 1 Nr. 3 UmwRG erfasst werden.[38] Zudem wird in § 4 Abs. 1a S. 2 UmwRG ergänzend angeordnet, dass bei Nichtaufklärung über die Beeinflussung der Sachentscheidung eine Beeinflussung vermutet wird. Diese Ergänzung ist nach der hier vertretenen Auslegung des § 46, nach der der Aufhebungsanspruch nur bei offensichtlich fehlendem Einfluss auf die Sachentscheidung ausgeschlossen ist, eigentlich überflüssig und kann daher nur als Klarstellung angesehen werden.

Als **weitere Fälle absoluter Verfahrensfehler** werden von der Rechtsprechung angesehen das Beteiligungsrecht der Gemeinde am luftverkehrsrechtlichen Genehmigungsverfahren[39], die Notwendigkeit des gemeindlichen Einvernehmens nach § 36 BauGB[40] und die Nichtöffentlichkeit einer Gemeinderatssitzung.[41] Beide Fälle erscheinen jedoch mit der Annahme eines absoluten Verfahrensfehlers nicht adäquat gelöst. **Naheliegender** erscheint es, **§ 46 anzuwenden**; dabei wird sich zeigen, dass durchaus die (konkrete) Möglichkeit einer anderen Entscheidung in der Sache bestand. Folglich ist der Aufhebungsanspruch – trotz grundsätzlicher Anwendbarkeit des § 46 – gerade nicht ausgeschlossen. Allgemein ist die Annahme absoluter Verfahrensfehler nur mit größter Vorsicht zu treffen. So hat das BVerwG auch seine frühere Rechtsprechung zum absoluten Verfahrensfehler im Fall der Verletzung der **Beteiligungsrechte eines Naturschutzvereins** aufgegeben. Spätestens mit der Begründung einer Möglichkeit zur (klageweisen) Durchsetzung eigener Beteiligungsrechte erschien dem BVerwG (zu Recht) die Notwendigkeit einer Ausnahme von § 46 nicht mehr 24

36 BVerwG, Urt. v. 20.12.2011 – 9 A 31.10, BVerwGE 141, 282 – juris Rn. 34; Beschl. v. 28.12.2017 – 3 B 15.16, juris Rn. 7.

37 BGBl. I S. 2069; dazu BT-Drucks. 17/10957.

38 BVerwG, Urt. v. 21.01.2016 – 4 A 5.14, juris Rn. 41, 43; Beschl. v. 21.06.2016 – 9 B 65.15, juris Rn. 5; Beschl. v. 28.12.2017 – 3 B 15.16, juris Rn. 7; *Bick*, jurisPR-BVerwG 16/2016 Anm. 3; *Ludwigs*, NVwZ 2016, 1260;.

39 BVerwG, Urt. v. 16.12.1988 – 4 C 40.86, BVerwGE 81, 95 (106); *Quaas*, NVwZ 2003, 649 (650 f.).

40 VGH Baden-Württemberg, Beschl. v. 13.09.2018 – 3 S 1465/18, juris Rn. 29 (in Rn. 30 mit einer unzutreffenden Bemerkung zum »Gedanken des § 46«).

41 VGH Baden-Württemberg, Urt. v. 23.06.2015 – 8 S 1386/14, juris Rn. 59 ff.

gerechtfertigt.[42] Abzulehnen ist auch die Auffassung, nach der es sich bei formellen Begründungsmängeln um absolute Verfahrensrechte handeln soll.[43]

25 Als lex specialis zu § 46 wird teilweise **§ 79 Abs. 2 Satz 2 VwGO** angesehen.[44] Bei näherer Hinsicht handelt es sich lediglich um eine prozessuale Parallelnorm und nicht um eine Sonderregelung, die die Anwendung des § 46 ausschließt. Das lässt sich schon damit begründen, dass prozessuale und materiellrechtliche Vorschriften in keinem Spezialitätsverhältnis zueinander stehen können. Anderenfalls käme § 79 Abs. 2 VwGO materiellrechtliche Wirkung zu, obwohl dafür teilweise die Gesetzgebungskompetenz fehlt. Diese Kompetenz lässt sich auch nicht aus der Annexkompetenz des Bundes für das Widerspruchsverfahren im Zusammenhang mit der Kompetenz für das Prozessrecht ableiten. Dort geht es lediglich um Verfahrensregeln, während § 46 eine materiellrechtliche Vorschrift darstellt.

2. Die einschlägigen Verfahrens-, Form- und Zuständigkeitsfehler

26 § 46 findet ausschließlich Anwendung auf Verstöße gegen Verfahrens- und Formvorschriften sowie auf Fehler der örtlichen Zuständigkeit. **Eine analoge Anwendung auch für andere formelle Fehler wird allgemein abgelehnt.**[45] Bei Verstößen gegen materielles Recht gilt § 46 nicht, auch wenn diese Verstöße mit Verfahrensfehlern zusammentreffen.[46] Geht die Behörde etwa von einem falschen Sachverhalt aus, wird der Sachverhalt fehlerhaft subsumiert oder der VA auf nicht tragfähige Gründe gestützt, so bleibt kein Spielraum für die Anwendung des § 46.

a) Verfahrensfehler

27 Nach § 46 kann die Aufhebung eines VA nicht allein deshalb beansprucht werden, weil er unter der Verletzung von Vorschriften über das Verfahren zustande gekommen ist. § 46 gilt für alle **Verstöße gegen formelles, das Verfahren regelndes Recht**, gleich ob sich dies aus den Vorschriften des Verwaltungsverfahrensgesetzes des Bundes (vgl. insb. §§ 9 bis 30 und 63 bis 71), den jeweils einschlägigen Verwaltungsverfahrensgesetzen der Länder oder den jeweils einschlägigen Fachgesetzen (vgl. etwa § 35 Abs. 4

42 BVerwG, Urt. v. 31.01.2002 – 4 A 15.01, NVwZ 2002, 1103 – juris Rn. 20; Urt. v. 14.11.2002 – 4 A 15.02, BVerwGE 114, 149 – juris Rn. 14; Urt. v. 19.03.2003 – 9 A 33.02, NVwZ 2003, 1120 – juris Rn. 18; Urt. v. 09.06.2004 – 9 A 11.03, BVerwGE 121, 72 – juris Rn. 48; VGH Baden-Württemberg, Urt. v. 15.12.2011 – 5 S 2100/11, NuR 2012, 130 – juris Rn. 63.

43 So aber *Kischel*, Folgen von Begründungsfehlern, 2004, S. 98 ff., 128; dagegen bereits *Baumeister*, S. 305 f.

44 VGH Baden-Württemberg, Urt. v. 05.08.1996 – 7 S 3383/94, ESVGH 46, 309; Kopp/Schenke/*W.-R. Schenke*, VwGO, § 79 Rn. 14; a.A. VGH Bayern, Urt. v. 17.07.1997 – 12 B 96.138, BayVBl. 1998, 502 – juris Rn. 18; Hk-VerwR/*Kastner*, VwGO, § 79 Rn. 16; Sodan/Ziekow/*Brenner*, VwGO, § 79 Rn. 53 f.

45 Kopp/*Ramsauer*, § 46 Rn. 14.

46 Stelkens/Bonk/Sachs/*Sachs*, § 46 Rn. 36; Kopp/*Ramsauer*, § 46 Rn. 10.

GewO) ergibt. Nicht anwendbar ist § 46 auf die bloße Verletzung von Verwaltungsvorschriften.[47]

Ebenso zählen zu den Verfahrensfehlern auch **Fehler bei der Sachverhaltsaufklärung.** 28
Selbst wenn diese nicht zu einem materiellen Fehler führen, etwa wenn die Behörde im Ergebnis trotz der Aufklärungsmängel (zufällig) vom richtigen Sachverhalt ausgeht, führt der Verstoß gegen § 24 – entgegen verbreiteter Ansicht – zur Rechtswidrigkeit des VA. Daraus folgt auch die grundsätzliche Anwendbarkeit des § 46. Einen Unterschied zu anderen Verfahrensfehlern gibt es allerdings im Hinblick auf das Tatbestandsmerkmal »offensichtlich« (s.u. Rdn. 40).

b) Formfehler

Nach § 46 kann die Aufhebung eines VA nicht allein deshalb beansprucht werden, 29
weil er unter der Verletzung der Vorschriften über die Form zustande gekommen ist. Während die Gesetzentwurfsbegründung zum Genehmigungsverfahrensbeschleunigungsgesetz allein Fehler bei der **Protokollführung** als Beispiel für einen Formfehler aufführt[48], dürften aber auch **Mängel bei der** gesetzlich vorgeschriebenen **Abfassung oder Bekanntgabe von VAen** zu den Formfehlern zu rechnen sein. In diesem Zusammenhang ist aber darauf zu achten, dass kein Fall des § 44 gegeben ist (denkbar ist hier zumindest § 44 Abs. 2 Nr. 2). Im Ergebnis sind deshalb auch Fehler gem. § 37 Abs. 2, 3 zu den Formfehlern zu zählen, auf die § 46 Anwendung finden kann.[49]

c) Zuständigkeitsfehler

Nach § 46 kann die Aufhebung eines VA nicht allein deshalb beansprucht werden, 30
weil er unter Verletzung von Vorschriften über die örtliche Zuständigkeit zustande gekommen ist.[50] § 46 erfasst Zuständigkeitsfehler i. S. v. § 44 Abs. 3 Nr. 3. Nicht von § 46 erfasst wird die Verletzung der Vorschriften über die Verbandskompetenz,[51] der funktionellen Zuständigkeit,[52] der sachlichen Zuständigkeit.[53]

---

47 Knack/Henneke/*Peuker*, § 46 Rn. 27; *Laubinger*, VerwArch. 72 (1981), 334.
48 BT-Drucks. 13/3995, S. 8.
49 Knack/Henneke/*Peuker*, § 46 Rn. 27; a.A. Kopp/*Ramsauer*, § 46 Rn. 21.
50 BVerwG, Beschl. v. 08.09.1994 – 11 B 73/94, NJW 1995, 346 – LS 2.
51 BVerwG, Urt. v. 10.12.1996 – 1 C 19/94, Buchholz 402.240 § 5 AuslG 1990 Nr 1; OVG Nordrhein-Westfalen, Urt. v. 03.10.1978 – XV A 1927/75, NJW 1979, 1057 – LS; Stelkens/Bonk/Sachs/*Sachs*, § 46 Rn. 42.
52 VGH Bayern, Urt. v. 27.06.1982 – 21 B 81 A.1353, BayVBl. 1983, 212; Stelkens/Bonk/Sachs/*Sachs*, § 46 Rn. 42.
53 VGH Hessen, Beschl. v. 14.11.1991 – 7 TH 12/89, NVwZ 1992, 393 (396) – juris Rn. 17; OVG Niedersachsen, Beschl. v. 11.01.2006 – 7 ME 288/04, NdsVBl. 2006, 198; OVG Nordrhein-Westfalen, Urt. v. 02.09.2009 – 11 D 33/08.AK, DVBl 2009, 1587 – juris Rn. 61; VGH Bayern, Beschl. v. 13.08.1996 – 20 CS 96.2369, NVwZ-RR 1997, 399; VGH Baden-Württemberg, Beschl. v. 17.12.2019 – 10 S 566/19; juris Rn. 15; Stelkens/Bonk/Sachs/*Sachs*, § 46 Rn. 43.

3. Offensichtlich fehlender Einfluss auf die Sachentscheidung

a) Entscheidung in der Sache

31 Unter der »Entscheidung in der Sache« ist die im konkreten VA getroffene Regelung zu verstehen.[54] Das gilt auch dann, wenn ein konkreter VA im Kontext mit anderen Entscheidungen steht, die gleichfalls durch den Fehler beeinflusst worden sein könnten.[55]

b) Einheitliche Kriterien bei gebundenen Entscheidungen und Ermessensentscheidungen

32 Obwohl die Gesetzesänderung des § 46 durch das Genehmigungsverfahrensbeschleunigungsgesetz ein Vierteljahrhundert zurückliegt, knüpft die überwiegende Auffassung noch immer an die ursprüngliche Fassung des Gesetzes an und differenziert zwischen gebundenen Entscheidungen und Ermessensentscheidungen.[56] Da diese Trennung im Gesetzeswortlaut keinerlei Rückhalt besitzt, stützen sich die Vertreter dieser Ansicht zentral auf die **Gesetzentwurfsbegründung zum Genehmigungsverfahrensbeschleunigungsgesetz**, nach der durch die Neuformulierung des letzten Halbsatzes in § 46 nicht mehr nur auf die Alternativlosigkeit des Entscheidungsinhalts, sondern auch auf die Kausalität des Verfahrens- oder Formfehlers für die Entscheidung abgestellt wird.[57] So heißt es in den Materialien: »Die Neuformulierung stellt lediglich eine Erweiterung der bisherigen Rechtslage dar, so dass hierzu ergangene Rechtsprechung und die Literatur auch zukünftig zur Interpretation und Handhabung dieser Vorschrift herangezogen werden können.«[58] Da nun bis zur Gesetzesänderung auf der Basis einer rein abstrakten Betrachtungsweise (ohne Blick auf den Einzelfall) bei einem gebundenen VA lediglich festgestellt wurde, dass keine andere Entscheidung in der Sache hätte getroffen werden können, wird diese Sichtweise bis heute weitgehend fortgesetzt oder zumindest auf die Unterschiede zwischen gebundenen Entscheidungen und Ermessensentscheidungen verwiesen.[59]

33 Wie die vorausgehenden Ausführungen zur Verfassungsmäßigkeit der Regelung jedoch gezeigt haben, ist **in allen Fällen eine konkrete Betrachtungsweise geboten**[60]

---

54 BVerwG, Urt. v. 05.12.1986 – 4 C 13.85; Stelkens/Bonk/Sachs/*Sachs*, § 46 Rn. 50.

55 BVerwG, Urt. v. 13.05.2019 – 3 B 2.19, juris Rn. 17.

56 So auch Obermayer/*Schäfer*, 3. Aufl., § 46 Rn. 22 ff.; *Pünder*, Jura 2015, 1313; vgl. den Hinweis auf die gebundene Entscheidung in BVerwG, Beschl. v. 13.11.2019 – 2 C 24/18, juris Rn. 3.

57 BT-Drucks. 13/3995, S. 8.

58 Ebd.

59 S. etwa OVG Niedersachsen, Beschl. v. 08.02.2018 – 11 ME 130/17, juris Rn. 22; OVG Nordrhein-Westfalen, Urt. v. 17.06.2015 – 13 A 1215/12, juris Rn. 54; Urt. v. 01.08.2018 – 6 A 1994/16, juris Rn. 29.

60 Vgl. etwa BVerwG, Urt. v. 16.06.2016 – 9 A 4.15, juris Rn. 19 f.; Urt. v. 28.04.2016 – 9 A 9.15, juris Rn. 36 f.; *Baumeister*, S. 296; *Guckelberger*, JuS 2011, 581; wohl auch *Ziekow*, § 46 Rn. 10; a.A. BeckOK VwVfG/*Schemmer*, § 46 Rn. 34 ff.; Hk-VerwR/*Schwarz*, § 46 Rn. 23; Mann/Sennekamp/Uechtritz/*Emmenegger*, § 46 Rn. 81, wenn auch grds. zustimmend (Rn. 72 ff.), mit Verweis auf das »Konzept umfassender materieller

und diese nach Ermessensentscheidungen und gebundenen Entscheidungen differenzierende Auffassung aufzugeben. Der Ausschluss des Aufhebungsanspruchs ist verfassungsrechtlich nur dann zu rechtfertigen, wenn der Fehler tatsächlich keinen **Einfluss auf die Entscheidung in der Sache** genommen hat. Gerade das ist aber – wie oben bereits angedeutet – **auch bei gebundenen Entscheidungen** entgegen verbreiteter Ansicht **keineswegs ausgeschlossen**. Abgesehen davon, dass dem Wortlaut einer Bestimmung stets größere Relevanz zukommt als den – mitunter unzureichenden – Vorstellungen des Verfassers des Gesetzentwurfs, wird die Beibehaltung der früheren Auffassung für die gebundenen Entscheidungen dem Umstand nicht gerecht, dass auch bei diesen ein Verfahrensfehler zu einer abweichenden Entscheidung in der Sache führen kann. Da dies möglich ist, muss aus verfassungsrechtlichen Gründen, nach denen **ein Ausschluss des Aufhebungsanspruchs nur bei feststehender fehlender Ergebnisrelevanz als gerechtfertigt angesehen** werden kann, generell eine konkrete Betrachtungsweise bei der Prüfung des offensichtlich fehlenden Einflusses auf das Ergebnis angewendet werden.

Richtigerweise ist damit in allen Fällen die **Möglichkeit des Beruhens in einer konkreten, auf jeden Einzelfall abstellenden Weise zu prüfen.**[61] So kann weder in den Fällen gebundener Entscheidungen mit dem pauschalen Hinweis auf die fehlende Relevanz des Fehlers, noch in den Fällen von Ermessensverwaltungsakten pauschal auf die grundsätzlich nicht auszuschließende Relevanz verwiesen werden.[62] Wie insbesondere praktische Fälle aus der Rechtsprechung belegen, können Verfahrensfehler, die den Betroffenen hindern, so zu reagieren, dass sich die maßgebliche Sach- und Rechtslage ändert, auch bei gebundenen Entscheidungen durchaus Einfluss auf das Ergebnis nehmen.[63] Zum anderen gibt es zahlreiche Fälle, in denen bei konkreter Einzelfallprüfung die Ergebnisrelevanz eines Verfahrensfehlers im Fall einer Ermessensentscheidung offensichtlich ausgeschlossen werden kann. 34

c) Offensichtlich fehlende Beeinflussung der Entscheidung in der Sache

§ 46 verlangt tatbestandlich ein offensichtliches Nichtberuhen der Entscheidung auf dem Fehler. Geprüft werden muss damit, ob der Sachverhalt konkrete **Anhaltspunkte** dafür enthält, **dass ohne den Fehler eine andere Entscheidung getroffen worden wäre.** Ob die in der Rechtsprechung typische Formulierung »Fehlende Ergebnisrelevanz ist dann gegeben, wenn keine konkrete Möglichkeit bestand, dass ohne den 35

Verwaltungskontrolle durch die Gerichte«; damit werden aus dem Verwaltungsprozess nicht überzeugende Schlüsse für das materielle Recht gezogen.

61 Zum Erfordernis der »konkreten Möglichkeit« – wenn auch nicht bezogen auf gebundene Entscheidungen – s. etwa BVerwG, Urt. v. 31.07.2012 – 4 A 7001.11 u. a., BVerwGE 144, 44 – juris Rn. 34 m.w.N.; VGH Baden-Württemberg, Urt. v. 15.12.2011 – 5 S 2100/11, NuR 2012, 130 – juris Rn. 63; *Ziekow*, § 46 Rn. 12.

62 So aber *Pünder*, Jura 2015, 1314.

63 *Baumeister*, S. 294; s. nur den Fall eines Anhörungsfehlers im Widerspruchsverfahren BVerwG, Beschl. v. 19.05.1999 – 8 B 61.99, NVwZ 1999, 1218 (1219); ebenso OVG Nordrhein-Westfalen, Beschl. v. 09.11.2010 – 13 A 867/10, juris Rn. 25.

Verfahrensfehler eine andere Entscheidung getroffen worden wäre.«[64] mit der hier vertretenen Ansicht ganz deckungsgleich ist, erscheint nicht eindeutig. Zentral ist, dass das Gesetz mit der Offensichtlichkeitsanforderung nicht den Nachweis der fehlenden Ergebnisrelevanz fordert, sondern umgekehrt die Ergebnisrelevanz anzunehmen ist, wenn das Gegenteil nicht feststeht. Für die Anwendung des § 46 muss das Gericht zweifelsfrei davon ausgehen, dass die Entscheidung ohne den Verfahrensfehler identisch ausgefallen wäre.[65] Hier sind in einer Gesamtschau Verlauf und Komplexität des konkreten Verwaltungsverfahrens, die Sachentscheidung, die rechtlichen Grundlagen einschließlich des Fachrechts, der Verfahrensfehler und das Maß der Bindung der Behörde beim Erlass des Verwaltungsakts zu bewerten.

36 Dem Umstand, ob es sich um eine Ermessensentscheidung oder eine gebundene Entscheidung handelt, kommt damit natürlich Relevanz zu. Im **Fall von gebundenen Entscheidungen** müssen deshalb **konkretere Anhaltspunkte für eine abweichende Entscheidung** existieren, als dies bei Ermessensentscheidungen verlangt zu werden braucht. Da sich diese Anhaltspunkte hier vor allem auf die Möglichkeit der Veränderung der Sachlage infolge eines Verhaltens des Betroffenen oder eines Dritten oder in Sonderfällen auch auf die zeitliche Verschiebung des Entscheidungszeitpunkts beziehen können, darf ein entsprechender, vom Betroffenen behaupteter abweichender Kausalverlauf nicht ganz fern liegen. Wenn der Betroffene etwa behauptet, er hätte sich bei ordnungsgemäßem Verfahrensablauf in einer bestimmten Weise verhalten und damit den Sachverhalt so verändert, dass die Voraussetzungen für den rechtmäßigen Erlass des Verwaltungsakts nicht mehr vorgelegen hätten, so ist, wenn ein entsprechendes Verhalten seinerseits nicht als fern liegend angesehen werden kann, der Tatbestand des § 46 nicht erfüllt und der Aufhebungsanspruch nicht ausgeschlossen. Folglich kann es nicht allein auf die Behauptung des Betroffenen ankommen. Der in Betracht gezogene **hypothetische Kausalverlauf** muss auch **aus der Perspektive eines objektiven Betrachters** nachvollziehbar sein. Wenn entsprechende Anhaltspunkte vorliegen, werden sie auch nicht allein dadurch entkräftet, dass die Behörde schlicht behauptet, die Entscheidung wäre selbst bei Beachtung der Verfahrensvorschriften nicht anders ausgefallen.[66] Insofern ist es demjenigen, der sich auf den Verfahrensfehler beruft, auch bei Ermessensentscheidungen zumindest anzuraten, konkrete Anhaltspunkte dafür zu liefern, dass die Entscheidung bei ordnungsgemäßem Verfahren anders hätte ausfallen können.[67] Sind solche Anhaltspunkte vorhanden, ist der Tatbestand des § 46

64 Stellv. BVerwG, Urt. v. 24.06.2010 – 3 C 14.09, juris Rn. 40; OVG Nordrhein-Westfalen, Urt. v. 31.01.2019 – 14 A 1981/18, juris Rn. 30.

65 BVerwG, Urt. v. 28.06.2018 – 2 C 14.17, juris Rn. 32 m. Anm. *v. d. Weiden*, jurisPR-BVerwG 23/2018 Anm. 6; nicht so strikt in der Formulierung BVerwG, Urt. v. 15.02.2018 – 9 C 1.17, juris Rn. 36.

66 *Baumeister*, S. 297; so auch *Hufen*, JuS 1999, 313 (318).

67 S. zur Annahme fehlender Anhaltspunkte etwa VGH Baden-Württemberg, Urt. v. 20.11.2018 – 5 S 2138/16, juris Rn. 134 f.; OVG Nordrhein-Westfalen, Urt. v. 17.11.2017 – 11 D 12/12.AK, juris Rn. 168 ff.; OVG Berlin-Brandenburg, Urt. v. 20.12.2018 – OVG 6 B 1.17, juris Rn. 20; mit wohl größeren Anforderungen an die Überzeugung BVerwG, Urt. v. 27.11.2018 – 9 A 8.17, juris Rn. 56; Urt. v. 09.11.2017 – 3

nicht erfüllt. Es kommt aber gerade nicht darauf an, dass der Verfahrensfehler die Entscheidung in der Sache beeinflusst hat.[68]

Auch die **Verfahrenskomplexität** kann einen gewissen Einfluss auf die Beurteilung des Beruhens bzw. des offensichtlichen Nichtberuhens besitzen; die These, die Relevanz von Verfahrensfehlern müsste nur bei komplexen Planungs- und Genehmigungsverfahren näher belegt werden[69], erscheint allerdings nicht überzeugend. Zwar mögen Verfahrensfehler in komplexen Verfahren durch andere Verfahrenshandlungen mitunter neutralisiert werden. Doch besteht gerade bei komplexen größeren Verfahren häufig gar keine Möglichkeit, die Auswirkungen des Fehlers für das weitere Verfahren und schließlich das Ergebnis im Fall eines fehlerfreien Verfahrens zu überblicken. In dieser Hinsicht wiederum wäre die Offensichtlichkeit der fehlenden Ergebnisrelevanz bei komplexen Verfahren also tendenziell seltener zu bejahen. 37

Für die Feststellung der fehlenden Ergebnisrelevanz kommt es für den Fall der Fehlerfreiheit des Verfahrens auf den **hypothetischen Ausgang des Verfahrens** durch die behördliche Entscheidung an. Konkret muss der anhand der getroffenen Entscheidung ableitbare Behördenwille in Beziehung gesetzt werden zu der bei einem abweichenden (rechtmäßigen) Verfahren hypothetisch eintretenden Sach- und Rechtslage. Daher kommt es insofern nicht auf den hypothetischen Behördenwillen an, indem gefragt wird, wie die konkret handelnde Behörde bei Vermeidung des Fehlers entschieden hätte. Vielmehr ist ein **am Maßstab des Rechts objektivierter Behördenwille** maßgeblich. 38

Damit die Prüfung nicht zu Mutmaßungen veranlasst und Zweifel vermieden werden, stellt das Gesetz mit dem einschränkenden Kriterium »**offensichtlich**« eine zusätzliche Hürde auf. Ausgeschlossen werden sollen damit »Vorläufigkeit, Subjektivität und fehlende Gewissheit« in der Beurteilung.[70] Im Ergebnis verlangt § 46 für den Ausschluss des Aufhebungsanspruchs mit der Voraussetzung des offensichtlich fehlenden Einflusses auf die Sachentscheidung umgekehrt gerade die **sichere, zweifelsfreie Annahme der fehlenden Ergebnisrelevanz.** Nur in diesen Fällen ist der Ausschluss des Aufhebungsanspruchs auch verfassungsrechtlich gerechtfertigt. 39

Unklar ist noch, inwieweit ggf. das Gericht Ermittlungen hinsichtlich der Ergebnisrelevanz anzustellen hat. In Anbetracht des Kriteriums der Offensichtlichkeit sind regelmäßig keine zusätzlichen Ermittlungen aufzunehmen, die über die Berücksichtigung der vorliegenden Unterlagen hinausgehen. In diesem Sinne gehen Zweifel zu Lasten der Behörde. Die oben (Rdn. 17, 23) bereits behandelte Regelung des § 4 Abs. 1a Satz 2 UmwRG stellt diesen Umstand ausdrücklich klar. Für § 46 gilt aber nichts anderes. Soweit es aber die Prüfung der materiellen Rechtmäßigkeit des VA erfordert, 40

A 4.15, juris Rn. 31; sehr knapp in der Begründung etwa BVerwG, Urt. v. 14.03.2018 – 4 A 5.17, juris Rn. 24; Urt. v. 09.02.2017 – 7 A 2.15 u.a., juris Rn. 34.

68 So jedoch *Spieler*, jurisPR-BVerwG 3/2018 Anm. 4 (C).

69 So *Bumke*, Relative Rechtswidrigkeit, 2004, S. 214.

70 So die Empfehlung des BRats-Ausschusses für Innere Angelegenheiten, BR-Drucks. 422/1/94, S. 5 f.; Stelkens/Bonk/Sachs/*Sachs*, § 46 Rn. 78 m. Fußn. 167.

Ermittlungen anzustellen, können die daraus gewonnenen Ergebnisse grundsätzlich auch für die Beurteilung der Ergebnisrelevanz des Verfahrensfehlers herangezogen werden. Dies gilt insbesondere für den **Verfahrensfehler der mangelnden Sachverhaltsaufklärung** (Verstoß gegen § 24). Da der Sachverhalt auch für die Frage der materiellen Rechtmäßigkeit ausschlaggebende Bedeutung besitzt, muss er ggf. im Nachhinein ohnehin vollständig aufgeklärt werden. Mit diesem Ergebnis kann auch festgestellt werden, ob dem Verfahrensfehler Ergebnisrelevanz zukommt.[71]

II. Rechtsfolge

41 Die Rechtsfolge des § 46 besteht darin, dass der Betroffene die Aufhebung des VA nicht allein wegen des Verfahrens-, Form- oder Zuständigkeitsfehlers verlangen kann und damit sein **Anspruch auf Aufhebung des VA** wegen dieser (aber auch nur wegen dieser) Mängel **ausgeschlossen** wird.[72]

42 Sind die Tatbestandsvoraussetzungen erfüllt, so ordnet § 46 an, dass die Aufhebung des Verwaltungsakts nicht beansprucht werden kann. § 46 schließt damit schon nach seinem Wortlaut den **Aufhebungsanspruch** aus, der die regelmäßige Folge einer subjektiven Rechtsverletzung darstellt, der aber **in § 46 nur vorausgesetzt**, nicht begründet wird. Andere Ausnahmen sind etwa mit Widerspruchs- oder Klagefristen aus Gründen der Rechtssicherheit verbunden.

43 Nicht ausgeschlossen wird dagegen die Rechtswidrigkeit des Verwaltungsakts.[73] Der Verfahrens-, Form- oder Zuständigkeitsfehler führt – unabhängig von seiner Ergebnisrelevanz – zur **Rechtswidrigkeit** des VA, wie auch an Regelungen wie §§ 44, 45 deutlich wird. Während die Rechtswidrigkeit von Verwaltungsakten, die von § 46 erfasst werden, fast einhellig befürwortet wird,[74] gilt dies nicht in gleicher Weise auch für die Annahme der **subjektiven Rechtsverletzung.** Im Gefolge der Begründung des Musterentwurfs zu einem Verwaltungsverfahrensgesetz aus dem Jahr 1963, wonach »der sachlich richtig beschiedene Bürger durch das fehlerhafte Verfahren nicht in seinen Rechten verletzt wird (vgl. § 113 Abs. 1 Satz 1 VwGO)«[75], vertritt eine Reihe von Autoren, dass § 46 die subjektive Rechtsverletzung ausschließe.[76] Auch in der Rechtsprechung tauchen Formulierungen auf, die eine solche Auffassung andeuten.[77]

---

71 *Baumeister*, S. 300 ff.

72 S. etwa Hk-VerwR/*Schwarz*, § 46 Rn. 30.

73 S. auch Mann/Sennekamp/Uechtritz/*Emmenegger*, § 46 Rn. 97; Hk-VerwR/*Schwarz*, § 46 Rn. 30.

74 In der Rechtsprechung wird das nicht immer deutlich, s. BVerwG, Urt. v. 09.05.2019 – 2 C 1.18, juris Rn. 70 f.

75 Musterentwurf EVwVfG 1963, Einzelbegründung zu § 36, S. 162.

76 *Ehlers*, DV 2004, 255 (265); *ders.*, Jura 2004, 176 (177 f.); *Hill*, Das fehlerhafte Verfahren, S. 406, 408; Hk-VerwR/Schwarz, § 46 Rn. 31; *Krebs*, DVBl 1984, 109 (111); wohl auch Obermayer/*Schäfer*, 3. Aufl., § 46 Rn. 39.

77 S. BVerwG, Beschl. v. 21.06.2016 – 9 B 65.15, juris LS 1; Urt. v. 21.01.2016 – 4 A 5.14, juris Rn. 44; OVG Nordrhein-Westfalen, Beschl. v. 24.10.2019 – 1 B 1051/19, juris Rn. 97.

Diese Ansicht überzeugt weder angesichts des Wortlauts des § 46 noch vor dem Hintergrund der Begründung einer materiellen Rechtsverletzung durch die Verletzung eines subjektiven Verfahrensrechts. § 46 schließt folglich auch die mit der Verletzung des objektiven Rechts im Fall des Grundrechtseingriffs verbundene subjektive Rechtsverletzung nicht aus.[78] Insofern ist bei allen formellen Anforderungen an den Erlass eines VA – vorbehaltlich abweichender gesetzlicher Regelungen – anzunehmen, dass jede dieser Anforderungen dem Schutz der Personen zu dienen bestimmt ist, die von dem VA im Ergebnis betroffen sind.[79]

Obwohl der VA auch bei Wegfall des Aufhebungsanspruches aufgrund von § 46 fehlerhaft und damit rechtswidrig bleibt,[80] ist seine Aufhebbarkeit wegen der in § 46 genannten Mängel durch die Behörde oder das Verwaltungsgericht ausgeschlossen. Widerspruch und Anfechtungsklage sind als unbegründet zurückzuweisen. Das Gericht oder die Widerspruchsbehörde prüfen nur, ob der Betroffene einen Anspruch darauf hat, dass der VA wegen der gerügten Fehler des Verwaltungsverfahrens aufgehoben wird. Ein vom Aufhebungsanspruch des Betroffenen unabhängiger eigener Entscheidungsspielraum im Hinblick auf die Aufhebung kommt dem Gericht nicht zu.[81] Unberührt bleibt allerdings die Möglichkeit der Erhebung einer Feststellungsklage in entsprechender Anwendung des § 113 Abs. 1 Satz 4 VwGO, wenn der Betroffene ein berechtigtes Interesse an der Feststellung der Rechtswidrigkeit hat.[82] 44

§ 46 lässt das grds. bestehende Ermessen der Behörde, den wegen des Fehlers rechtswidrigen VA nach § 48 zurückzunehmen, unberührt (s.o. Rdn. 5). Weist der VA neben einem der in § 46 genannten Mängel noch weitere formelle oder materielle Fehler auf, so ist der VA durch die Ausgangsbehörde (wie auch im Rechtsbehelfsverfahren durch die Widerspruchsbehörde oder das Gericht) wegen dieser Mängel aufzuheben. Die Widerspruchsbehörde kann den VA im Rahmen ihrer Befugnisse auch aus Zweckmäßigkeitsgründen aufheben. 45

Das seit langem intensiv diskutierte **Verhältnis des § 46 zu § 113 Abs. 1 Satz 1 VwGO** ist bis heute nicht allgemein geklärt. Dadurch, dass § 113 Abs. 1 Satz 1 VwGO normiert, dass der rechtswidrige und den Kläger dadurch in seinen Rechten verletzende VA aufgehoben wird, ist von seinem Wortlaut her kein Raum für Ausnahmen oder Beschränkungen, soweit der VA subjektive Rechte verletzt. Allein aus Gründen der Gesetzgebungskompetenz ist der Bundesgesetzgeber aber nicht in der Lage, materiellrechtliche Fragen, zu denen auch die Regelung des Aufhebungsanspruchs gegenüber VAen zählt, aus dem Bereich der Landesgesetzgebung zu normieren. Entsprechend 46

78 *Baumeister*, S. 209 ff., 212 ff.

79 Insoweit nicht überzeugend VGH Baden-Württemberg, Beschl. v. 25.04.2006 – 3 S 547/06, NVwZ-RR 2007, 82 – juris Rn. 6, wenn dort der Schutznormcharakter der sachlichen Zuständigkeit verneint wird; richtig ist dagegen die Annahme, dass aus § 46 nicht der Aufhebungsanspruch bei Nichterfüllung des Tatbestands abzuleiten ist.

80 Stelkens/Bonk/Sachs/*Sachs*, § 46 Rn. 1; *Messerschmidt*, NVwZ 1985, 877.

81 Stelkens/Bonk/Sachs/*Sachs*, § 46 Rn. 15; a.A. *Götz*, NJW 1976, 1425, 1429; *Degenhart*, DVBl 1981, 201 (206).

82 *Schenke*, DÖV 1986, 319; missverstanden von Hk-VerwR/*Schwarz*, § 46 Rn. 33.

kann § 113 VwGO keine materiellrechtlichen Regelungen dazu enthalten. Sollte nach dem materiellen Recht ein Aufhebungsanspruch trotz vorliegender Rechtsverletzung ausgeschlossen sein, wie dies bei Anwendbarkeit von § 46 der Fall ist, so ist auch bei der Anfechtungsklage gem. § 113 Abs. 1 Satz 1 VwGO die Aufhebung mangels Aufhebungsanspruchs ausgeschlossen. Dieses Ergebnis wird mitunter als **teleologische Reduktion des § 113 Abs. 1 Satz 1 VwGO** angesehen.[83] Dieser Auffassung ist im Ergebnis zuzustimmen. Bei § 113 VwGO handelt es sich um eine prozessrechtliche Norm ohne materiellrechtlichen Gehalt. In § 113 Abs. 1 Satz 1 VwGO werden nicht die materiellrechtlichen Voraussetzungen der Aufhebung durch das Gericht, also nicht die Begründetheitsvoraussetzungen der Klage normiert. Diese kann nur das materielle Recht aufstellen. Das Prozessrecht regelt nur den **Weg der Durchsetzung des materiellen Rechts.** Da der Wortlaut aber anderes signalisiert und zudem noch den Fall des Ausschlusses des Aufhebungsanspruchs nicht erfasst, ist sein Wortlaut dahingehend einschränkend zu interpretieren, dass die genannten Voraussetzungen »soweit der VA rechtswidrig und der Kläger dadurch in seinen Rechten verletzt ist« nur als Umschreibung für die Existenz eines materiellrechtlichen Aufhebungsanspruchs zu begreifen sind.[84] Im Ergebnis unterscheiden sich die verschiedenen Ansichten dazu kaum.

47 Da § 46 den Anspruch des Betroffenen auf Aufhebung des VA einschränkt, ist die Vorschrift Verteidigungsmittel der Behörde mit der Folge, dass diese die materielle Beweislast für das Vorliegen der Voraussetzungen des § 46 trägt.[85]

C. Ausschluss des Aufhebungsanspruchs durch den dolo-agit-Einwand

48 Wenig beachtet wurde bislang, dass neben dem geschriebenen § 46 auch in anderen Fällen der Aufhebungsanspruch ausgeschlossen sein kann. Vor allem darf **kein Umkehrschluss aus § 46** in dem Sinne gezogen werden, dass ein Verfahrensfehler, der auf die Entscheidung in der Sache Einfluss gehabt hat oder bei dem dies zumindest nicht auszuschließen ist, notwendigerweise zur Aufhebung des VA führen muss.

49 Die gegenteilige Ansicht, nach der zum Beispiel in Fällen fehlender Verbandskompetenz oder fehlender sachlicher oder instanzieller Zuständigkeit stets ein Aufhebungsanspruch gegeben sei,[86] ist abzulehnen. Ist § 46 nicht anwendbar, weil eine der Tatbestandsvoraussetzungen nicht erfüllt ist, so wird der grundsätzlich bestehende Aufhebungsanspruch lediglich durch 46 nicht ausgeschlossen. Ein darüber hinausgehender Gehalt im Sinne eines Umkehrschlusses kann § 46 nicht zugesprochen werden.

---

83 *Schenke*, DÖV 1986, 305 (310); Kopp/Schenke/*W.-R. Schenke*/*R. P. Schenke*, VwGO, § 113 Rn. 6, 55; *Schöbener*, DV 2000, 447 (481); krit. *Ehlers*, Jura 2004, 176 (177 f.); *M. Fischer*, Die verwaltungsprozessuale Klage im Kraftfeld zwischen materiellem Recht und Prozessrecht, 2011, S. 176 ff.

84 Die radikalere Lösung von *M. Fischer*, Die verwaltungsprozessuale Klage im Kraftfeld zwischen materiellem Recht und Prozessrecht, 2011, S. 185 f., erscheint deshalb nicht erforderlich.

85 Stelkens/Bonk/Sachs/*Sachs*, § 46 Rn. 2.

86 VGH Bayern, Beschl. v. 13.08.1996 – 20 CS 96.2369, BayVBl. 1997, 51.

Vielmehr kann der Aufhebungsanspruch (auch) in diesen Fällen durch den **dolo-agit-Einwand** ausgeschlossen sein.[87] Es entspricht nahezu allgemeiner Meinung, dass aus dem verfassungsrechtlich verankerten **Grundsatz von Treu und Glauben** auch im öffentlichen Recht der Einwand abgeleitet und einer Forderung entgegengehalten werden kann, dass als **treuwidrig** anzusehen ist, **etwas zu verlangen, was sogleich wieder zurückzugewähren ist (»dolo agit, qui petit, quod statim redditurus est«).**[88] Daraus folgt, dass die Geltendmachung des Anspruchs auf Aufhebung eines Verwaltungsakts treuwidrig ist, wenn der Verwaltungsakt sogleich wieder erlassen werden müsste.[89] In diesem Fall ist – auch ohne ausdrückliche Regelung – der Aufhebungsanspruch gegenüber dem VA ausgeschlossen. Dieser Ausschlussgrund steht unabhängig neben § 46. Zusätzlich kann der **dolo-agit-Einwand auch bei materiellrechtlich fehlerhaften VAen** zur Anwendung kommen. 50

D. Vorschriften des Sozialrechts und Verwaltungsverfahrensgesetze der Länder

Die sozialverwaltungsrechtliche Parallelregelung des § 42 SGB X enthält in Satz 1 seit dem 01.01.2001 eine mit § 46 identische Regelung. Zusätzlich enthält § 42 Satz 2 SGB X jedoch folgende abweichende Bestimmung: »Satz 1 gilt nicht, wenn die erforderliche Anhörung unterblieben oder nicht wirksam nachgeholt ist.« Das Verständnis dieser Sonderregelung bereitet erhebliche Probleme. 51

Nach nahezu allgemeiner Meinung wird über **§ 42 Satz 2 SGB X** dem Anhörungsfehler die Bedeutung eines sogenannten **absoluten Verfahrensfehlers** zugesprochen, der stets zur Aufhebung des Verwaltungsakts führen muss.[90] Nach dieser Ansicht vermittelt § 42 Satz 2 SGB X selbst einen Aufhebungsanspruch.[91] Diese Deutung erscheint bei näherer Hinsicht jedoch **nicht überzeugend.** Nach dem Wortlaut des § 42 Satz 2 SGB X ist lediglich die Anwendung des § 42 Satz 1 SGB X ausgeschlossen, also wird nur ein etwaiger Aufhebungsanspruch nicht ausgeschlossen. Das ist etwas anderes als die Anordnung der Aufhebung.[92] Insgesamt erscheint eine Auslegung, nach der § 42 Satz 2 SGB X im Fall eines Anhörungsfehlers selbst dann die Aufhebung des Verwaltungsakts anordnete, wenn der Verwaltung exakt sogleich wieder erlassen werden müsste (dolo-agit-Satz), 52

87 *Baumeister*, S. 249 ff., 329 ff.; krit. Mann/Sennekamp/Uechtritz/*Emmenegger*, § 46 Rn. 94.

88 S. dazu im Hinblick auf § 46 a.F. *Schenke*, DÖV 1986, 305 (314); dem folgend etwa *Hufen*, JuS 1999, 313 (318); Kopp/*Ramsauer*, § 46 Rn. 4 Fn. 8; *Ule/Laubinger*, § 58 Rn. 23. Dazu, dass allerdings schon die frühere Regelung des § 46 darauf nicht gestützt werden konnte, *Baumeister*, S. 249 ff.

89 In mehrfacher Hinsicht verfehlt OVG Sachsen, Beschl. v. 13.03.2019 – 3 A 1389/18, juris Rn. 10, wonach es für die Anwendung des § 46 darauf ankommen soll, ob der VA sofort in fehlerfreier Weise erlassen werden könnte.

90 BSG, Urt. v. 19.02.1992 – GS 1/89, BSGE 70, 133 (136); Urt. v. 19.09. 000 – B 9 SB 1/00 R, BSGE 87, 122 (123); Urt. v. 31.10.2002 – B 4 RA 15/01 R, SozR 3 – 1300 § 24 Nr. 22; Mann/Sennekamp/Uechtritz/*Emmenegger*, § 46 Rn. 108; *Pünder*, Jura 2015, 1315.

91 So ausdrücklich etwa jurisPK/*Leopold*, SGB X, § 42 Rn. 60.

92 A.A. aber der Große Senat des BSG, Urt. v. 19.02.1992 – GS 1/89, BSGE 70, 133 (136), der allerdings selbst Zweifel am Sinn der Regelung hegt; ebenso BSG, Urt. v. 15.06.2000 – B 7 AL 86/99 R, SozR 3 – 1300 § 24 Nr. 16; *Ehlers*, DV 1984, 295 (317).

nicht überzeugend. Richtigerweise schließt **§ 42 Satz 2 SGB X** deshalb nur die Anwendung des Satzes 1 aus, **ordnet aber nicht selbst die Aufhebung eines solchen VA** an. Damit kann die Aufhebung eines solchen VA aus anderen Gründen, also auch wegen des dolo-agit-Satzes ausgeschlossen sein (s. dazu oben Rdn. 45 ff.).[93]

53 Das Landesrecht enthält keine abweichenden Regelungen.

§ 47 Umdeutung eines fehlerhaften Verwaltungsaktes

(1) Ein fehlerhafter Verwaltungsakt kann in einen anderen Verwaltungsakt umgedeutet werden, wenn er auf das gleiche Ziel gerichtet ist, von der erlassenden Behörde in der geschehenen Verfahrensweise und Form rechtmäßig hätte erlassen werden können und wenn die Voraussetzungen für dessen Erlass erfüllt sind.

(2) [1]Absatz 1 gilt nicht, wenn der Verwaltungsakt, in den der fehlerhafte Verwaltungsakt umzudeuten wäre, der erkennbaren Absicht der erlassenden Behörde widerspräche oder seine Rechtsfolgen für den Betroffenen ungünstiger wären als die des fehlerhaften Verwaltungsaktes. [2]Eine Umdeutung ist ferner unzulässig, wenn der fehlerhafte Verwaltungsakt nicht zurückgenommen werden dürfte.

(3) Eine Entscheidung, die nur als gesetzlich gebundene Entscheidung ergehen kann, kann nicht in eine Ermessensentscheidung umgedeutet werden.

(4) § 28 ist entsprechend anzuwenden.

Übersicht Rdn.

93 *Baumeister*, S. 310 ff.

Schrifttum
Durner, Die behördliche Praxis zur Nachbesserung fehlerhafter VAe, VerwArch. 2006, 345; *Hufen/Siegel*, Fehler im Verwaltungsverfahren, 5. Aufl., 2013; *Laubinger*, Die Umdeutung von Verwaltungsakten, VerwArch. Bd. 78 (1987), 207, 345; *Leopold*, Die Umdeutung fehlerhafter VAe, Jura 2006, 895; *Lüdemann/Windthorst*, Die Umdeutung von Verwaltungsakten, BayVBl. 1995, 357; *Prutsch*, Konversion von Straßenbaubeiträgen nach Bundesbaugesetz und Kommunalabgabengesetz, DÖV 1981, 941; *Samalee*, Die Umdeutung fehlerhafter VAe, 1999; *Schenke*, Die Umdeutung von Verwaltungsakten, DVBl 1987, 641; *Weyreuther*, Zur richterlichen Umdeutung von Verwaltungsakten, DÖV 1985, 126; *Windthorst/Lüdemann*, Die Umdeutung von Verwaltungsakten im Verwaltungsprozeß, NVwZ 1994, 244; *Wirth*, Umdeutung fehlerhafter Verwaltungsakte, 1991.

A. Allgemeines und Grundsätze

I. Gegenstand und Zweck der Regelung

Die in § 47 geregelte **Umdeutung (Konversion) ermöglicht die Aufrechterhaltung eines fehlerhaften VA** dadurch, dass er in einen anderen (fehlerfreien) VA umgedeutet wird, an den die Behörde beim Erlass des fehlerhaften VA nicht gedacht hat, dessen Voraussetzungen aber vorliegen und den sie – wenn sie sich des Fehlers bewusst gewesen wäre – auch erlassen hätte, weil er die gleiche oder gleichartige Rechtsfolge wie der fehlerhafte VA herbeiführt. 1

Abs. 1 bis 3 behandeln die Zulässigkeit einer Umdeutung, wobei Abs. 1 die Voraussetzungen der Umdeutung festlegt, Abs. 2 ihre Zulässigkeit einschränkt und Abs. 3 ausschließt, dass eine gebundene Entscheidung in eine Ermessensentscheidung umgedeutet wird. Abs. 4 ordnet die entsprechende Anwendung von § 28 an und bestimmt damit, dass (unbeschadet einer Anhörung Beteiligter vor Erlass des fehlerhaften VA) noch eine besondere Anhörung vor der Vornahme der Umdeutung stattfinden muss. 2

Zweck der am Rechtsgedanken des § 140 BGB anknüpfenden Regelung ist es, unter Beachtung unabdingbarer rechtsstaatlicher Gerechtigkeits- und Verfahrensgarantien den mit dem fehlerhaften VA erstrebten Regelungserfolg aufrechtzuerhalten, ohne dass der fehlerhafte VA aufgehoben werden muss. 3

II. Systematische Stellung

§ 47 steht in inhaltlichem Zusammenhang mit anderen Regelungen, die die Aufrechterhaltung rechtswidriger VAe sichern sollen. § 47 soll, wie auch die Vorschriften §§ 45 (Heilung) und 46 (Unbeachtlichkeit von Fehlern), die Aufhebung von VAen wegen etwaiger Mängel vermeiden. § 47 kommt insb. in Fällen zur Anwendung, in denen die Heilbarkeit des Mangels nach § 45 oder die Unbeachtlichkeit eines Mangels nach § 46 ausscheidet. 4

Gleichzeitig bildet § 47 die Brücke zu den Regelungen der §§ 48 ff., die die Aufhebung von VAen zum Gegenstand haben. Während diese Bestimmungen sich 5 ausschließlich mit der Beseitigung von VAen oder Teilen der VAe befassen, ohne auf die Frage einzugehen, ob nachfolgend ein anderer VA an die Stelle des aufgehobenen tritt, begründet § 47 die **Befugnis der Behörde zu einer Umdeutung in einen anderen VA.** Zur Wirkung und zur Rechtsnatur der Umdeutung s.u. Rdn. 7 ff.

III. Entstehungsgeschichte

6 § 47 beruht auf § 43 E-VwVfG vom 18.07.1973[1]; im Gesetzgebungsverfahren haben die Abs. 1 und 3 allerdings Änderungen erfahren, die auf den Vorschlag des Bundesrates zurückgehen.[2] Geändert wurde § 47 nach Erlass des VwVfG lediglich im Rahmen der Anpassung an die neue Rechtschreibung durch die Bekanntmachung der Neufassung vom 21.01.2003.[3]

B. Die Vorschrift im Einzelnen

I. Rechtsnatur und Voraussetzungen der Umdeutung (Abs. 1)

1. Rechtsnatur der Umdeutung

7 § 47 selbst macht zur Rechtsnatur der Umdeutung keine eindeutige Aussage. Allerdings lässt sich aus der Regelung eine Reihe von Indizien ableiten, die zusammen mit der Rechtswirkung der Umdeutung zu dem Schluss führen, dass die **Umdeutung zum Erlass eines (anderen) VA** führt.[4] Die Umdeutung ist kein Erkenntnisakt, sondern ein Entscheidungsakt.[5] Die gegenteilige Ansicht beachtet nicht die vielfältigen Unterschiede zwischen § 140 BGB und § 47.

8 Als eine dritte Position kann die Auffassung angesehen werden, nach der die Umdeutung weder als eigener VA noch als bloßer Erkenntnisakt angesehen wird. Danach handelt es sich bei der Umdeutung um eine öffentlich-rechtliche Willenserklärung,

---

1 BT-Drucks. 7/910, S. 66 f.

2 BT-Drucks. 7/910, S. 103 (zu § 43 E-VwVfG); die Bundesregierung stimmte den Vorschlägen zu (S. 110).

3 BGBl. I S. 102.

4 Ebenso VGH Bayern, Urt. v. 04.10.1991 – 23 B 88.2143, NVwZ-RR 1992, 508; Knack/Henneke/*Peuker*, § 47 Rn. 28; *Lüdemann/Windthorst*, BayVBl. 1995, 359; *Meyer/Borgs*, § 47 Rn. 9, 17; *Schenke*, DVBl 1987, 641 ff.; *Ule/Laubinger*, § 60 Rn. 20; *Wirth*, S. 161; a.A. VGH Bayern, Urt. v. 02.07.2004 – 1 B 02.1006, BayVBl. 2005, 304 (308); *Hufen/Siegel*, Rn. 827; Pautsch/Hoffmann/*Pautsch*, § 47 Rn. 2; Stelkens/Bonk/Sachs/*Sachs*, § 47 Rn. 4; BeckOK VwVfG/*Schemmer*, § 47 Rn. 7; Obermayer/*Schäfer*, 3. Aufl., § 47 Rn. 5; Wolff/Decker/*Wolff*, § 47 Rn. 2; *Ziekow*, § 47 Rn. 1.

5 A.A. BVerwG, Beschl. v. 01.07.1983 – 2 B 176.81, NVwZ 1984, 645 – juris Rn. 6; Urt. v. 26.07.2006 – 6 C 20.05, juris Rn. 101; Urt. v. 18.01.2017 – 8 C 1.16, juris Rn. 17 f.; Urt. v. 19.09.2018 – 8 C 16.17, juris Rn. 24; OVG Nordrhein-Westfalen, Beschl. v. 04.02.2019 – 4 B 1137/18, juris Rn. 25 f.; OVG Mecklenburg-Vorpommern, Beschl. v. 17.05.2017 – 3 L 186/14, juris Rn. 8; OVG Niedersachsen, Urt. v. 02.12.2019 – 7 LB 36/18, juris Rn. 38; Hk-VerwR/*Schwarz*, § 47 Rn. 8; Kopp/*Ramsauer*, § 47 Rn. 8, 38; Pautsch/Hoffmann/*Pautsch*, § 47 Rn. 3; Stelkens/Bonk/Sachs/*Sachs*, § 47 Rn. 7, 38; BeckOK VwVfG/*Schemmer*, § 47 Rn. 7.

die aus einem rechtswidrigen einen rechtmäßigen VA macht, indem die Willenserklärung eine Veränderung des Inhalts des VA bewirkt.[6] Diese Auffassung erscheint allerdings schon deshalb nicht überzeugend, weil hier eine Maßnahme, die – nach der Auffassung selbst – eine Regelung ändert, nicht selbst als Regelung angesehen wird. Im Gegenteil liefert dieser Deutungsversuch selbst Argumente für den Regelungscharakter der Umdeutung und damit für die hier vertretene Ansicht, dass es sich bei der Umdeutung um den Erlass eines neuen VA handelt.

Eine der gravierenden **Differenzen** besteht in der Verwendung des Wortes »kann« in 9
§ 47, während in **§ 140 BGB** das andere Rechtsgeschäft »gilt«. § 47 Abs. 1 schafft damit eine Befugnis zur Umdeutung, während nach § 140 BGB das andere Rechtsgeschäft bereits vor und unabhängig von dem Erkenntnisakt des Gerichts ipso iure gilt. Allenfalls die analoge Anwendung des § 28, die in Abs. 4 angeordnet wird, könnte einen Hinweis darauf geben, dass das Gesetz den Umdeutungsakt nicht als VA anerkennt. Doch folgt auch aus Abs. 4, dass dieselben Grundsätze für das Verfahren der Umdeutung angewendet werden sollen, wie sie auch für den Erlass eines VA gelten.[7]

Die Wirkung der Umdeutung besteht darin, dass der bisherige fehlerhafte VA mit 10
seinem neuen Inhalt als von Anfang an fehlerfrei erlassen gilt.[8] Die Umdeutung nach § 47 stellt eine **rückwirkende Ersetzung des bisherigen Verwaltungsakts durch einen neuen VA** dar. In der Umdeutung ist zugleich auch eine Aufhebung des Teils der Regelung des VA enthalten, der nicht in den neuen VA aufgenommen wird.

Die Gegenmeinung behandelt die Umdeutung entsprechend einem Austausch der Be- 11
gründung eines gebundenen VA. So könnte die Umdeutung auch durch das Gericht vorgenommen werden, wenn den Beteiligten rechtliches Gehör gewährt wurde und diese in ihrer Rechtsverteidigung nicht beeinträchtigt werden.[9] Dabei sind die Unterschiede gravierend: Die Umdeutung führt zu einer **Änderung des Entscheidungssatzes**, der Regelung selbst. Diese neue Regelung war auch nicht bereits als Minus in der alten Regelung enthalten. Der einzige Zusammenhang besteht in dem gleichen Ziel, dem beide Regelungen nach Abs. 1 dienen müssen. Auch das Gesetz spricht von einem »anderen VA«. Wie im Fall des § 45 wird dieser andere VA als identisch mit dem alten VA fingiert, damit der neue (andere) VA auch rückwirkend an die Stelle des alten treten kann. Schließlich muss die Gegenmeinung zu dem merkwürdigen Ergebnis kommen, dass eine behördliche Umdeutung, die den gesetzlichen Voraussetzungen nicht entspricht, als unwirksam angesehen werden muss, obwohl den Betroffenen durch die Behörde die neue Regelung bekanntgegeben wurde. Das steht dem Prinzip der Rechtssicherheit und dem gesamten System der §§ 43 ff. diametral entgegen.[10] Zu

6 Mann/Sennekamp/Uechtritz/*Schulz*, § 47 Rn. 10 f., 68 ff., 82.
7 Ausf. *Schenke*, DVBl 1987, 641 ff.
8 So schon richtig *Meyer/Borgs*, § 47 Rn. 9.
9 BVerwG, Urt. v. 18.01.2017 – 8 C 1.16, juris Rn. 17 f.; ohne Prüfung entsprechender Voraussetzungen etwa BVerwG, Beschl. v. 29.11.2018 – 1 WB 20.18, juris Rn. 20.
10 Vgl. *Baumeister*, S. 390 ff.

den Auswirkungen der Beurteilung der Wirkung der Umdeutung und ihrer Rechtsnatur für die Unzulässigkeit der Umdeutung durch das Gericht s.u. Rdn. 31 f.

2. Anwendungsbereich des § 47 Abs. 1

12 Nach Abs. 1 kann ein fehlerhafter VA unter den dort genannten Voraussetzungen in einen anderen VA umgedeutet werden. § 47 erfasst seinem Wortlaut nach fehlerhafte und damit sowohl rechtswidrig-aufhebbare als auch nichtige VAe.[11] § 47 nimmt den nichtigen VA – anders als §§ 45, 46 – nicht von der Anwendung aus.[12] Für diese Auslegung spricht weiter die Entstehungsgeschichte des § 47.[13] Die Gegenansicht meint, das Prinzip der Rechtssicherheit verbiete, die in § 43 Abs. 3 geregelte schwerste Sanktion für die Fehlerhaftigkeit eines VA durch eine Umdeutungsmöglichkeit abzuschwächen.[14]

13 Ist ein VA nur z.T. fehlerhaft (z.B. die mit einer Genehmigung verbundene Auflage), kann der fehlerhafte Teil allein Gegenstand einer Umdeutung sein.

14 § 47 erlaubt eine Umdeutung sowohl bei Form- und Verfahrensfehlern als auch materiellen Fehlern des VA. Fehlerfreie Verwaltungsakte werden von § 47 schon nach dem Wortlaut nicht erfasst. Ein fehlerfreier VA kann nicht durch Umdeutung optimiert werden.

15 Nach dem Erlass des VwVfG mit seiner eindeutigen (auf die Umdeutung eines VA in einen anderen beschränkten) Regelung des § 47 ist es **nicht möglich, eine Umdeutung** auch im Verhältnis zwischen einem VA und einem anderen Rechtsakt als zulässig zu betrachten. So kann ein VA nicht in einen öffentlich-rechtlichen **Vertrag**, einen privatrechtlichen Vertrag **oder** eine **Rechtsverordnung** umgedeutet werden. Umgekehrt können ein öffentlich-rechtlicher Vertrag[15] oder eine VO nicht in einen VA umgedeutet werden.

16 Da § 47 nur die Umdeutung von VAen regelt, kann § 47 auch nicht herangezogen werden, wenn die Umdeutung einer öffentlich-rechtlichen Willenserklärung infrage steht. In Betracht kommt hier allerdings eine entsprechende Anwendung von § 140 BGB.[16]

17 Die Umdeutung eines VA nach § 47 ist **abzugrenzen von**
- der in entsprechender Anwendung des § 133 BGB vorzunehmenden Auslegung eines VA (zwecks genauerer Ermittlung seines Inhalts),

---

11 BVerwG, Urt. v. 23.11.1999 – 9 C 16.99, BVerwGE 110, 114 – juris Rn. 11; Knack/Henneke/*Peuker*, § 47 Rn. 9.

12 Stelkens/Bonk/Sachs/*Sachs*, § 47 Rn. 31; Kopp/*Ramsauer*, § 47 Rn. 2; VGH Baden-Württemberg, Urt. v. 03.01.1985 – 14 S 2605/83, NVwZ 1985, 349.

13 Amtl. Begründung BT-Drucks. 7/910, S. 67.

14 Knack/Henneke/*Peuker*, § 47 Rn. 9; *Meyer/Borgs*, § 47 Rn. 8; *Obermayer*, 2. Aufl., § 47 Rn. 7.

15 VGH Baden-Württemberg, Urt. v. 17.04.1990 – 5 S 1990/87, NVwZ-RR 1990, 225.

16 OVG Nordrhein-Westfalen, Urt. v. 15.03.1989 – 17 A 1129/85, NVwZ 1990, 676.

- der Berichtigung einer offenbaren Unrichtigkeit nach § 42, die den VA als solchen nicht berührt,
- dem **Nachschieben von Gründen**, d.h. der bestehende VA wird mit neuen Umständen tatsächlicher oder rechtlicher Art begründet (s. dazu § 48 Rdn. 33 ff.).

3. Voraussetzungen der Umdeutung

Das Gesetz nennt drei Voraussetzungen, unter denen – vorbehaltlich des Abs. 2 – die Umdeutung eines fehlerhaften VA in einen anderen VA zulässig ist. 18

a) Gleiche Zielrichtung des VA

Der andere VA muss auf das gleiche Ziel gerichtet sein, d.h. er muss die gleiche materiellrechtliche Tragweite haben wie der fehlerhafte VA.[17] Dies bedeutet, dass zwischen dem fehlerhaften VA und dem anderen VA keine wesentlichen rechtlichen Unterschiede bestehen dürfen.[18] Nicht erforderlich ist, dass völlige inhaltliche Identität besteht. Der andere VA muss hinsichtlich seiner Tragweite in dem fehlerhaften VA enthalten sein und daher **den gleichen oder gleichartigen rechtlichen Erfolg anstreben** wie dieser. Ob dann der rechtliche Erfolg des anderen VA hinter jenem des fehlerhaften VA zurückbleibt, ist unerheblich. 19

Die gleiche Zielrichtung mit der Folge der Zulässigkeit der Umdeutung ist nach der Rechtsprechung gegeben im Verhältnis 20
- eines Straßenbeitragsbescheides nach dem jeweiligen KAG zum fehlerhaften Erschließungsbeitragsbescheid,[19]
- der Feststellung des Erlöschens einer Baugenehmigung zum fehlerhaften Widerruf oder zur fehlerhaften Rücknahme einer Baugenehmigung,[20]
- der fristgebundenen Entlassung eines Beamten auf Probe zur fehlerhaften fristlosen Entlassung,[21]
- der Feststellung einer Nichtgeltung der Fahrerlaubnis zur fehlerhaften Aberkennung des Rechts, von einer ausländischen Fahrerlaubnis Gebrauch zu machen,[22]

---

17 Amtl. Begründung BT-Drucks. 7/910, S. 67.

18 BVerwG, Urt. v. 28.02.1975 – IV C 30.73, BVerwGE 48, 81 (85); auf den Gesichtspunkt der Wesensgleichheit abstellend Stelkens/Bonk/Sachs/*Sachs*, § 47 Rn. 34 ff.; BeckOK VwVfG/*Schemmer*, § 47 Rn. 21 ff.

19 OVG Nordrhein-Westfalen, Urt. v. 19.07.1990 – 3 A 2934/86, NWVBl. 1991, 296; a.A. BVerwG, Urt. v. 09.12.1988 – 8 C 72.87, NVwZ-RR 1989, 497: kein Fall der Umdeutung, sondern des Nachschiebens von Gründen.

20 VGH Bayern, Urt. v. 12.10.1989 – 26 B 86.02944, NVwZ-RR 1991, 117.

21 BVerwG, Urt. v. 24.09.1992 – 2 C 6.92, BVerwGE 91, 73.

22 OVG Saarbrücken, Urt. v. 08.05.2012 – 1 A 235/11, juris LS 1, Rn. 29; OVG Nordrhein-Westfalen, Urt. v. 22.02.2012 – 16 A 1456/08, DAR 2012, 416 – juris Rn. 39.

- der Entziehung einer EU-Fahrerlaubnis zur förmlichen Feststellung des Fehlens einer durch die EU-Fahrerlaubnis vermittelten Fahrberechtigung in Deutschland,[23]
- einer Genehmigung eines Bebauungsplans durch die höhere Verwaltungsbehörde nach § 11 BauGB zu einer Zustimmung nach § 125 Abs. 2 Satz 1 BauGB[24] und
- eines Widerspruchsbescheids zu einem Zweitbescheid.[25]

21 Die gleiche Zielrichtung fehlt (mit der Folge der Unzulässigkeit einer Umdeutung) im Verhältnis

- der Rücknahme einer nach § 19 Abs. 3 BauGB fingierten Teilungsgenehmigung zur Versagung einer solchen nach § 20 BauGB,[26]
- der Anordnung der Einstellung bestimmter Leistungen zur Rücknahme des diese Leistungen gewährenden begünstigenden VA,[27]
- eines Erschließungsbeitragsbescheids zur Duldung der Zwangsvollstreckung wegen einer auf dem Grundstück nach § 134 Abs. 2 BauGB ruhenden öffentlichen Last,[28]
- eines Haftungsbescheides im Steuerrecht zum Steuerbescheid,[29]
- eines Vorauszahlungsbescheides im Erschließungs- und Ausbaubeitragsrecht zum jeweiligen Beitragsbescheid,[30]
- eines Leistungsbescheides hinsichtlich der Kosten der Ersatzvornahme zum Haftungsbescheid,[31]
- eines Vollstreckungsaktes im Verhältnis zu einer ordnungsrechtlichen Verfügung,[32]
- eines Bescheides über Aussetzungszinsen zum Bescheid über Versäumniszuschläge,[33]
- des Adressaten eines VA zu seinem Rechtsnachfolger[34] und
- einer Ausweisungsverfügung nach §§ 53 ff. AufenthG zur Verlustfeststellung gem. § 6 Abs. 1 FreizügG/EU.[35]

---

23 OVG Rheinland-Pfalz, Urt. v. 23.04.2010 – 10 A 11232/09, DAR 2010, 535 – juris Rn. 38; a.A. VGH Baden-Württemberg, Urt. v. 09.09.2008 – 10 S 994/07, VBlBW 2008, 488.

24 BVerwG, Urt. v. 10.06.1981 – 8 C 15.81, BVerwGE 62, 300; a.A. *Obermayer*, 2. Aufl., Rn. 25.

25 VGH Baden-Württemberg, Urt. v. 22.02.1990 – 4 S 287/87, NVwZ-RR 1991, 493 (495).

26 BVerwG, Urt. v. 28.02.1975 – IV C 30.73, BVerwGE 48, 81 (85).

27 BVerwG, Urt. v. 11.11.1960 – IV C 277.59, BVerwGE 12, 9 (10).

28 BVerwG, Urt. v. 20.09.1974 – IV C 32.72, BVerwGE 47, 49 (55).

29 OVG Nordrhein-Westfalen, Urt. v. 08.11.1961 – III A 1404/58, OVGE 17, 115.

30 VGH Bayern, Urt. v. 04.10.1991 – 23 B 88.2143, NVwZ-RR 1992, 507; Beschl. v. 29.06.1993 – 6 B 93.784, NVwZ-RR 1994, 175; offen OVG Nordrhein-Westfalen, Beschl. v. 06.11.1996 – 15 B 369/96, NVwZ-RR 1998, 70.

31 OVG Nordrhein-Westfalen, Urt. v. 13.03.2018 – 16 A 373/15, juris Rn. 66 ff.

32 OVG Mecklenburg-Vorpommern, Beschl. v. 19.07.1994 – 3 M 12/94, NVwZ 1996, 488.

33 OVG Niedersachsen, Beschl. v. 31.01.1989 – 9 B 97/88, NVwZ-RR 1989, 499.

34 BFH, Urt. v. 22.04.1986 – VII R 123/80, NVwZ 1987, 534.

35 VGH Baden-Württemberg, Urt. v. 22.03.2010 – 11 S 1626/08, VBlBW 2010, 405 – juris LS 2, Rn. 39.

b) Gleiche Zuständigkeit, gleiches Verfahren und gleiche Form

Weitere Voraussetzung ist, dass der andere VA von der erlassenden Behörde im gleichen Verfahren und in der gleichen Form rechtmäßig hätte erlassen werden können. 22

Unter der **erlassenden Behörde** ist die Behörde zu verstehen, die den fehlerhaften VA erlassen hat. Rechtmäßig hätte der andere VA dann erlassen werden können, wenn im Zeitpunkt des Erlasses des fehlerhaften VA die für den Erlass des anderen VA erforderlichen Tatbestandsmerkmale erfüllt waren ohne Rücksicht darauf, ob die Behörde dies geprüft hatte oder nicht. 23

Der rechtmäßige Erlass des anderen VA in der geschehenen Verfahrensweise und Form ist an zwei Voraussetzungen gebunden: 24

(1) **Die Behörde, die den fehlerhaften VA erlassen hat, muss im Zeitpunkt des Erlasses dieses VA die Zuständigkeit für den Erlass des anderen (tatsächlich erst durch die Umdeutung erlassenen) VA besessen haben.** Die Umdeutung darf nicht zu einer Ausweitung der Zuständigkeit der erlassenden Behörde führen. Ob sie auch für den Erlass des fehlerhaften VA zuständig war, spielt keine Rolle. Es ist denkbar, dass Ursache der (eine Umdeutung nahelegenden) Fehlerhaftigkeit gerade die Unzuständigkeit war. Gleichgültig ist es auch, ob sich die Zuständigkeit für den Erlass des anderen VA nach dem Erlass des fehlerhaften VA geändert hat. Dieser Umstand beeinflusst aber die Zuständigkeit für die Vornahme der Umdeutung (s.u. Rdn. 29 ff.).

(2) **Die Behörde, die den fehlerhaften VA erlassen hat, muss beim Erlass des fehlerhaften VA die Verfahrens- und Formvorschriften eingehalten haben, die im Fall des Erlasses des anderen VA zu beachten gewesen wären.** Die gebotene Übereinstimmung hinsichtlich Verfahren und Form ist gegeben, wenn der fehlerhafte VA nach Form- und Verfahrensvorschriften erlassen worden ist, die mindestens ebenso streng sind, wie die für den Erlass des anderen VA maßgeblich gewesenen Form- und Verfahrensvorschriften. Die strengeren beim Erlass des fehlerhaften VA beachteten Form- und Verfahrensanforderungen schließen die weniger strengen ein, die den Erlass des anderen VA bestimmen.[36] 25

Die erforderliche Verfahrens- bzw. Formadäquanz fehlt z.B., wenn der andere VA 26

- nur nach Anhörung einer anderen Behörde hätte erlassen werden dürfen und diese nicht beim Erlass des fehlerhaften VA zu den entscheidungserheblichen Fragen gehört wurde oder
- erst nach erfolgloser Fristsetzung hätte erlassen werden dürfen und ohne Fristsetzung ergangen ist.[37]

---

36 Vgl. Knack/Henneke/*Peuker*, § 47 Rn. 12; Hk-VerwR/*Schwarz*, § 47 Rn. 16; *Ziekow*, § 47 Rn. 8.

37 VGH Bayern, Urt. v. 17.05.1982 – 7 B 80 A.1930, NVwZ 1983, 161.

c) Vorliegen der materiellrechtlichen Voraussetzungen des anderen VA

27 Schließlich müssen die Voraussetzungen für den Erlass des anderen VA erfüllt sein, d.h. der VA in der durch Umdeutung gewonnenen Gestalt muss auch i.Ü. rechtmäßig sein. Dies ist der Fall, wenn der andere VA **auch noch im Zeitpunkt der Umdeutung** erlassen werden kann, weil seine materiell-rechtlichen Voraussetzungen wie seine Verfahrens- und Formerfordernisse die gleichen geblieben sind bzw. keine (nunmehr seine Rechtswidrigkeit bedingende) gesetzliche Änderung erfahren haben.

28 Im Fall der Umdeutung einer **Ermessensentscheidung** in eine andere müssen auch die Ermessenserwägungen übereinstimmen, die für den fehlerhaften VA angestellt wurden und die für den anderen VA hätten angestellt werden müssen.

d) Befugnis zur Umdeutung

29 Wer zur Umdeutung befugt ist, ist im Gesetz nicht geregelt. Die behördliche Umdeutung kann immer nur die **Behörde** vornehmen, **die im Zeitpunkt der Umdeutung für den Erlass des anderen (neuen) VA zuständig ist.** Die Frage der Zuständigkeit für die Umdeutung ist deshalb strikt von der Frage zu trennen, ob die Umdeutung bei einem Zuständigkeitsfehler überhaupt zulässig ist. Dies wiederum hängt davon ab, ob die den fehlerhaften VA erlassende Behörde im Zeitpunkt des Erlasses für den anderen VA zuständig gewesen ist. Besteht der Fehler des ursprünglichen VA also gerade darin, dass eine unzuständige Behörde den VA erlassen hat, so ist die Umdeutung nur zulässig, wenn die für den fehlerhaften VA unzuständige Behörde für den anderen VA dagegen zuständig war.

30 Auch die **Widerspruchsbehörde** ist im Rahmen ihrer Zuständigkeit ab Nichtabhilfe bis zum Erlass des Widerspruchsbescheids im Rechtsbehelfsverfahren zur Umdeutung befugt.[38] Die **Rechtsaufsichtsbehörde** ist zur Umdeutung **nur befugt, soweit ihr ein Selbsteintrittsrecht zusteht.**

31 **Nach** der überwiegend in **der Rechtsprechung** vertretenen Auffassung **ist auch das Gericht zur Umdeutung eines fehlerhaften VA befugt.** Als zentrale Begründung für diese Auffassung wird darauf hingewiesen, dass die Befugnis des Gerichts schon in der Rechtsprechung des BVerwG vor Erlass des VwVfG anerkannt war. Hätte der Gesetzgeber die Umdeutung als einen nur der Behörde vorbehaltenen Entscheidungsakt konzipieren wollen, hätte er dies ausdrücklich klarstellen müssen.[39] Die Befugnis zur Umdeutung wird ausdrücklich auch dem Revisionsgericht zugesprochen.[40]

---

38 Stelkens/Bonk/Sachs/*Sachs*, § 47 Rn. 10.

39 BVerwG, Beschl. v. 01.07.1983 – 2 B 176.81, NVwZ 1984, 645; st. Rspr., vgl. BVerwG, Urt. v. 24.11.1998 – 9 C 53.97, BVerwGE 108, 30 (35); Urt. v. 29.10.2008 – 6 C 38.07, NVwZ 2009, 653 – juris Rn. 61; Beschl. v. 09.04.2009 – 3 B 116.08, juris LS 1 u. Rn. 4; Urt. v. 16.11.2015 – 1 C 4.15, juris Rn. 30; OVG Nordrhein-Westfalen, Beschl. v. 06.02.2013 – 14 A 273/12, juris Rn. 2 f.; VGH Baden-Württemberg, Urt. v. 03.01.1985 – 14 S 2605/83, NVwZ 1985, 349; Stelkens/Bonk/Sachs/*Sachs*, § 47 Rn. 11; Kopp/*Ramsauer*, § 47 Rn. 10; Obermayer/*Schäfer*, 3. Aufl., § 47 Rn. 30; Hk-VerwR/Schwarz, § 47 Rn. 27; Knack/Henneke/*Schulz*, § 47 Rn. 31.

40 BVerwG, Urt. v. 23.11.1999 – 9 C 16.99, BVerwGE 110, 111 (114); Urt. v. 26.07.2006 – 6 C 20.05, BVerwGE 126, 254 LS 5; Urt. v. 16.11.2015 – 1 C 4.15, juris Rn. 30.

Nach der überwiegend in der Literatur vertretenen Ansicht **kann richtigerweise nach Inkrafttreten des VwVfG eine gerichtliche Umdeutungsbefugnis nicht mehr angenommen werden.**[41] Diese Auffassung hängt entscheidend damit zusammen, dass es sich bei der Umdeutung um einen rechtsgestaltenden Akt und nicht lediglich um einen Erkenntnisakt handelt (s.o. zur Rechtsnatur Rdn. 7 ff.). Auf dieser Grundlage räumt § 47 der zuständigen Behörde eine Befugnis ein, deren Ausübung zudem im Ermessen steht (Abs. 1: »kann«). Die Ausübung einer behördlichen Ermessenskompetenz ist eine Verwaltungskompetenz. Wird diese durch ein Gericht ausgeübt, so stellt dies eine Durchbrechung des Gewaltenteilungsprinzips dar.[42] Das Erkennen in der Sache auch einzelne Gegenstimmen, die die gerichtliche Befugnis deshalb auf eine Analogie zu § 47 oder zu § 140 BGB stützen wollen.[43] Indem aber § 47 diese Aufgabe der Umdeutung der Verwaltung zugesprochen und darin einen Gestaltungsakt gesehen hat, scheidet die Übertragung der möglicherweise vor Erlass des VwVfG anerkannten gerichtlichen Befugnis auf die Zeit des VwVfG aus. Die **Auffassung der Rechtsprechung** ist deshalb uneingeschränkt **abzulehnen.**[44] 32

e) Inhalt der Umdeutung, zeitlicher Rahmen und Ermessensspielraum

In der Umdeutungserklärung muss zum Ausdruck kommen, welcher fehlerhafte VA ersetzt wird und durch welchen anderen VA die Ersetzung stattfindet. 33

Eine zeitliche Begrenzung gibt es für die Umdeutung, anders als für die Heilung nach § 45 Abs. 2, nicht. Die **Umdeutung kann** daher bis zur Aufhebung des fehlerhaften VA **jederzeit vorgenommen werden**, auch während des verwaltungsgerichtlichen Verfahrens und im Fall der Unanfechtbarkeit des fehlerhaften VA. Wird der fehlerhafte VA während eines gegen ihn eingeleiteten Widerspruchsverfahrens rechtmäßig in einen anderen VA umgedeutet (mit der Folge, dass allein deswegen der Widerspruchsbescheid als unbegründet zurückgewiesen wird), so hat der Widerspruchsführer die Kosten des Widerspruchsverfahrens dann nicht zu tragen, wenn er – sofern er vor Ergehen des Widerspruchsbescheids rechtzeitig informiert wurde – den Widerspruch für erledigt erklärt. In diesem Fall ist eine entsprechende Anwendung des § 80 Abs. 1 Satz 2 geboten.[45] 34

Die Behörde ist nicht zur Umdeutung verpflichtet. Wenn nach dem Wortlaut des Gesetzes der fehlerhafte VA in einen anderen VA umgedeutet werden »kann«, so bedeutet dies nur eine Ermächtigung der für die Umdeutung zuständigen Behörde. Ob diese die Umdeutung tatsächlich vornimmt, liegt in ihrem **Ermessen.**[46] Betroffene besitzen 35

41 *Schenke*, DVBl 1987, 641 (649) m.w.N.
42 Ausf. *Schenke*, DVBl 1987, 641 ff.
43 Kopp/*Ramsauer*, § 47 Rn. 35a.
44 Ebenso auch Schoch/Schmidt-Aßmann/Pietzner/*Gerhardt*, VwGO, § 113 Rn. 22; Kopp/Schenke/*W.-R. Schenke*/*R. P. Schenke*, VwGO, § 113 Rn. 79; *Wirth*, S. 161, jew. m.w.N.
45 A.A. Obermayer/*Schäfer*, 3. Aufl., § 47 Rn. 32.
46 Kopp/*Ramsauer*, § 47 Rn. 36; *Schenke*, DVBl 1987, 641 (648).

gegebenenfalls ein formelles subjektives Recht auf fehlerfreie Ausübung des Ermessens.[47] Die Behörde hat aber grundsätzlich auch die Möglichkeit, den fehlerhaften VA nach § 48 zurückzunehmen.

II. Ausschluss der Umdeutung (Abs. 2)

36 Abs. 2 schränkt die in Abs. 1 geregelte Möglichkeit der Umdeutung ein. Satz 1 regelt den Ausschluss der Umdeutung in zwei Fällen. Nach Satz 2 ist die Umdeutung in einem weiteren Fall ausgeschlossen.

37 (1) Der andere VA **darf** gem. Satz 1 Alt. 1 **nicht der erkennbaren Absicht der erlassenden Behörde widersprechen.** Wird aus Inhalt, Zweck oder Begründung des fehlerhaften VA oder anderweitig erkennbar, dass die Behörde den anderen VA nicht erlassen hätte, wenn sie sich der Fehlerhaftigkeit bewusst gewesen wäre, ist die Umdeutung ausgeschlossen. Für die Entscheidung der Frage, ob ein solcher Widerspruch vorliegt, kommt es allerdings nicht auf den tatsächlichen Willen der erlassenden Behörde an. **Entscheidend** ist allein, **ob** unter Würdigung aller Umstände des konkreten Falles **nach den Grundsätzen einer rechtsstaatlichen Verwaltung der andere VA**, der dieselbe Zielrichtung wie der erlassene aufweist, **hätte erlassen werden können.**[48]

38 (2) Weiter dürfen nach Satz 1 Alt. 2 die **Rechtsfolgen** des anderen VA **für den Betroffenen nicht ungünstiger** sein als die des fehlerhaften VA. Zu vergleichen ist die tatsächliche und rechtliche Situation des Betroffenen vor und nach der Umdeutung.[49] Ungünstiger ist eine Rechtsfolge, wenn ein vom fehlerhaften VA Betroffener durch den anderen (umgedeuteten) VA eine (im Verhältnis zum fehlerhaften VA) **stärkere Belastung oder geringere Vergünstigung** hinnehmen müsste, oder wenn ein vom anderen VA erstmals Betroffener belastet würde. Für die Entscheidung, ob eine Rechtsfolge ungünstiger ist, muss ihr rechtlicher Erfolg im Zusammenhang mit allen sonstigen, insb. auch wirtschaftlichen Auswirkungen berücksichtigt werden.

39 Ist die Rechtsfolge des anderen VA ungünstiger, kommt nur die Rücknahme des ursprünglichen VA – ggf. verbunden mit dem Neuerlass des ungünstigeren VA – in Betracht. Die Rechtsfolgen des anderen VA sind für den Betroffenen ungünstiger und schließen eine Umdeutung des ursprünglichen VA aus, wenn z.B. umgedeutet werden soll

- der Widerruf einer Baugenehmigung in die Rücknahme der Baugenehmigung[50] oder

47 Kopp/*Ramsauer*, § 47 Rn. 36; die Auffassung des Bestehens eines freien Ermessens, so Obermayer/*Schäfer*, 3. Aufl., § 47 Rn. 33 (anders Rn. 34), ist nicht haltbar; ebenfalls den Begriff des freien Ermessens verwendend Hk-VerwR/*Schwarz*, § 47 Rn. 30.

48 Kopp/*Ramsauer*, § 47 Rn. 24.

49 Stelkens/Bonk/Sachs/*Sachs*, § 47 Rn. 48.

50 OVG Nordrhein-Westfalen, Urt. v. 02.12.1987 – 11 A 408/86, NVwZ 1988, 942.

– eine Rücknahme oder ein Widerruf einer Genehmigung in eine Untersagungsverfügung.

(3) Die dritte Ausnahme von der Umdeutungsbefugnis folgt aus Abs. 2 Satz 2: Danach ist die Umdeutung unzulässig, **wenn der fehlerhafte VA nicht zurückgenommen werden dürfte.** Damit soll verhindert werden, dass durch die Umdeutung der Bestandsschutz eines VA unterlaufen wird. Deshalb ist die Umdeutung eines begünstigenden VA ausgeschlossen, wenn die Rücknahme des VA nach § 48 Abs. 2 oder wegen Versäumung der Frist des § 48 Abs. 4 nicht möglich wäre.[51] 40

III. Verbot der Umdeutung einer gebundenen Entscheidung in eine Ermessensentscheidung (Abs. 3)

Abs. 3 verbietet die Umdeutung einer Entscheidung, die nur als gesetzlich gebundene Entscheidung ergehen kann, in eine Ermessensentscheidung. Die Regelung beruht auf der Überlegung, dass eine Ermessensentscheidung nur dann fehlerfrei ist, wenn sich die Behörde des ihr eingeräumten Ermessensspielraums bewusst war und ihr Ermessen auch betätigt hat. Eine (rechtlich gebundene) Genehmigungsversagung kann daher nicht in eine Rücknahme der Genehmigung umgedeutet werden.[52] Aufgrund des genannten Zwecks der Vorschrift wird die Zulässigkeit einer Umdeutung einer gebundenen Entscheidung in eine Ermessensentscheidung aber dann befürwortet, wenn das Ermessen auf Null reduziert ist.[53] 41

Die **Umdeutung einer Ermessensentscheidung in eine andere Ermessensentscheidung ist zulässig**, wenn die Behörde, die den ursprünglichen VA erlassen hat, bereits alle Gesichtspunkte berücksichtigt hat, die auch bei der Ermessensentscheidung, in die umgedeutet werden soll, einzustellen sind.[54] Unzulässig ist wegen des unterschiedlichen Ermessensrahmens bspw. die Umdeutung eines Widerrufsbescheides in einen Rücknahmebescheid.[55] Den Ermessensentscheidungen sind gleichzustellen Entscheidungen, für die die Behörde einen **Beurteilungsspielraum** hat.[56] 42

IV. Anhörung vor Umdeutung in entsprechender Anwendung von § 28 (Abs. 4)

Mit der Anordnung der entsprechenden Anwendung des § 28 hat der Gesetzgeber zum Ausdruck gebracht, dass auch vor einer Umdeutung das nach § 28 erforderliche Anhörungsverfahren durchzuführen ist. Auf das vor Erlass des fehlerhaften VA durchgeführte Anhörungsverfahren kann nicht zurückgegriffen werden. Vielmehr muss die 43

51 Stelkens/Bonk/Sachs/*Sachs*, § 47 Rn. 53.

52 Für die Rechtslage vor Erlass des VwVfG BVerwG, Urt. v. 28.02.1975 – IV C 30.73, BVerwGE 48, 81.

53 BVerwG, Urt. v. 28.02.1975 – IV C 30.73, BVerwGE 48, 81; OVG Niedersachsen, Urt. v. 08.11.1988 – 9 A 11/87, NVwZ 1989, 582; Stelkens/Bonk/Sachs/*Sachs*, § 47 Rn. 57; a.A. *Obermayer*, 2. Aufl., § 47 Rn. 62.

54 Stelkens/Bonk/Sachs/*Sachs*, § 47 Rn. 43.

55 OVG Nordrhein-Westfalen, Urt. v. 02.12.1987 – 11 A 408/86, NVwZ 1988, 942.

56 Knack/Henneke/*Peuker*, § 47 Rn. 23.

Anhörung speziell zur beabsichtigten Umdeutung durchgeführt werden. Die Anhörung ist immer durchzuführen, auch wenn der andere VA nicht in die Rechte des Betroffenen eingreift. Fehlt die erforderliche Anhörung, ist die Umdeutung verfahrensfehlerhaft. Der Fehler kann in entsprechender Anwendung von § 45 geheilt werden bzw. nach § 46 unbeachtlich sein.

44 Im Fall der nach der Rechtsprechung zulässigen, nach hier vertretener Ansicht allerdings abzulehnenden Möglichkeit der Umdeutung durch das Gericht sollen die §§ 28, 45, 46 auf die Umdeutung nicht anwendbar sein. Es reiche, dass rechtliches Gehör nach den im Gerichtsverfahren geltenden Grundsätzen zu gewähren sei. Auch diese Ansicht belegt die fehlende Überzeugungskraft der Auffassung der Zulässigkeit der gerichtlichen Umdeutung.

C. Rechtsschutz gegen die Umdeutung

45 Wird die Umdeutung von der Behörde außerhalb eines Rechtsbehelfsverfahrens vorgenommen, ist nach hier vertretener Ansicht Rechtsschutz über den **Widerspruch** und die **Anfechtungsklage** zu suchen. Dass die Gegenmeinung wenig überzeugend ist, zeigt sich auch hier im Rechtsschutzverfahren: Nach deren Auffassung kommt eine Feststellungsklage in Betracht mit dem Ziel, »den durch die erfolgte Umdeutung fraglich gewordenen Inhalt des VA zu klären«.[57] Nach dieser Auffassung soll es also so sein, dass die durch die Behörde ausdrücklich erklärte Umdeutung im Fall ihrer Rechtswidrigkeit keine Wirkung besitzt und die Umdeutung sich nur als ScheinVA darstellt. Eine solche Auffassung widerspricht dem gesamten System, das durch die §§ 43 ff. geschaffen wird.

46 Erfolgt die Umdeutung im Rahmen eines Rechtsbehelfsverfahrens, so wird – ohne Klage- oder Antragsänderung der **umgedeutete neue VA zum Streitgegenstand.** In diesem Fall kann der Kläger bzw. Widerspruchsführer die Klage bzw. den Widerspruch für erledigt erklären, falls er von der Rechtmäßigkeit der Umdeutung ausgeht. Sofern ein Feststellungsinteresse besteht, kommt hier auch eine Fortsetzungsfeststellungsklage gem. § 113 Abs. 1 Satz 4 VwGO auf Feststellung der Rechtswidrigkeit des (ursprünglichen) VA bis zur Umdeutung in Betracht. In jedem Fall sind – bei ursprünglicher Begründetheit der Klage – dem Beklagten die Kosten aufzuerlegen. Liegen die Voraussetzungen der Umdeutung nicht vor, bleibt der VA fehlerhaft und ist ggf. aufzuheben.[58]

57 Obermayer/*Schäfer*, 3. Aufl., § 47 Rn. 53.
58 Stelkens/Bonk/Sachs/*Sachs*, § 47 Rn. 12; *Laubinger*, VerwArch. 1987, 352.

D. Verwaltungsvorschriften des Sozialrechts und Verwaltungsverfahrensrecht der Länder

Im **Sozialrecht** existiert mit § 43 SGB X eine identische Parallelregelung. Auch die Sozialgerichte gehen hier davon aus, dass sie über eine Befugnis zur Umdeutung verfügen.[59] Das Schrifttum ist gleichermaßen gespalten. 47

Das Landesrecht enthält keine abweichenden Regelungen. 48

§ 48 Rücknahme eines rechtswidrigen Verwaltungsaktes

(1) [1]Ein rechtswidriger Verwaltungsakt kann, auch nachdem er unanfechtbar geworden ist, ganz oder teilweise mit Wirkung für die Zukunft oder für die Vergangenheit zurückgenommen werden. [2]Ein Verwaltungsakt, der ein Recht oder einen rechtlich erheblichen Vorteil begründet oder bestätigt hat (begünstigender Verwaltungsakt), darf nur unter den Einschränkungen der Absätze 2 bis 4 zurückgenommen werden.

(2) [1]Ein rechtswidriger Verwaltungsakt, der eine einmalige oder laufende Geldleistung oder teilbare Sachleistung gewährt oder hierfür Voraussetzung ist, darf nicht zurückgenommen werden, soweit der Begünstigte auf den Bestand des Verwaltungsaktes vertraut hat und sein Vertrauen unter Abwägung mit dem öffentlichen Interesse an einer Rücknahme schutzwürdig ist. [2]Das Vertrauen ist in der Regel schutzwürdig, wenn der Begünstigte gewährte Leistungen verbraucht oder eine Vermögensdisposition getroffen hat, die er nicht mehr oder nur unter unzumutbaren Nachteilen rückgängig machen kann. [3]Auf Vertrauen kann sich der Begünstigte nicht berufen, wenn er

1. den Verwaltungsakt durch arglistige Täuschung, Drohung oder Bestechung erwirkt hat;
2. den Verwaltungsakt durch Angaben erwirkt hat, die in wesentlicher Beziehung unrichtig oder unvollständig waren;
3. die Rechtswidrigkeit des Verwaltungsaktes kannte oder infolge grober Fahrlässigkeit nicht kannte.

[4]In den Fällen des Satzes 3 wird der Verwaltungsakt in der Regel mit Wirkung für die Vergangenheit zurückgenommen.

(3) [1]Wird ein rechtswidriger Verwaltungsakt, der nicht unter Absatz 2 fällt, zurückgenommen, so hat die Behörde dem Betroffenen auf Antrag den Vermögensnachteil auszugleichen, den dieser dadurch erleidet, dass er auf den Bestand des Verwaltungsaktes vertraut hat, soweit sein Vertrauen unter Abwägung mit dem öffentlichen Interesse schutzwürdig ist. [2]Absatz 2 Satz 3 ist anzuwenden. [3]Der Vermögensnachteil ist jedoch nicht über den Betrag des Interesses hinaus zu ersetzen, das der Betroffene an dem Bestand des Verwaltungsaktes hat. [4]Der auszugleichende

---

59 BSG, Urt. v. 14.09.2010 – B 7 AL 21/09 R, NZS 2011, 753 – juris Rn. 21 m.w.N.; jurisPK-SGB X/*Leopold*, § 43 Rn. 63.

Vermögensnachteil wird durch die Behörde festgesetzt. [5]Der Anspruch kann nur innerhalb eines Jahres geltend gemacht werden; die Frist beginnt, sobald die Behörde den Betroffenen auf sie hingewiesen hat.

(4) [1]Erhält die Behörde von Tatsachen Kenntnis, welche die Rücknahme eines rechtswidrigen Verwaltungsaktes rechtfertigen, so ist die Rücknahme nur innerhalb eines Jahres seit dem Zeitpunkt der Kenntnisnahme zulässig. [2]Dies gilt nicht im Falle des Absatzes 2 Satz 3 Nr. 1.

(5) Über die Rücknahme entscheidet nach Unanfechtbarkeit des Verwaltungsaktes die nach § 3 zuständige Behörde; dies gilt auch dann, wenn der zurückzunehmende Verwaltungsakt von einer anderen Behörde erlassen worden ist.

Übersicht Rdn.

Schrifttum

Baumeister, Der Anspruch auf ein Wiederaufgreifen unanfechtbar abgeschlossener Verwaltungsverfahren, VerwArch. 83 (1992), 374; *ders.*, Die Novellierung der §§ 48, 49, 49a VwVfG, NVwZ 1997, 19; *ders.*, Der maßgebliche Zeitpunkt im Verwaltungsrecht und Verwaltungsprozessrecht, Jura 2005, 655; *ders.*, Rücknahmeermessen bei einem anfechtbaren rechtswidrigen VA?, FS Schenke, 2011, 601; *ders.*, § 44 SGB X – der Sonderfall des Sozialrechts, NVwZ 2019, 1499; *Broscheit*, Einhaltung der Rücknahmefreist durch Erlass oder Bekanntgabe der Rücknahmeentscheidung?, DVBl 2017, 1274; *Calmes-Brunet*, Rechtssicherheit und Vertrauensschutz im Verwaltungsrecht, JuS 2014, 1077; *Dickersbach*, Die Entwicklung des Subventionsrechts seit 1984, NVwZ 1993, 846; *ders.*, Die Rücknahme und der Widerruf von Zuwendungsbescheiden, GewArch. 1993, 177; *ders.*, Die Entwicklung des Subventionsrechts seit 1993, NVwZ 1996, 962; *Ehlers/Kallerhoff*, Die Rücknahme von VAen, Jura 2009, 823; *Finck/Gurlit*, Die Rückabwicklung formell unionsrechtswidriger Beihilfen, Jura 2011, 87; *Gass*, Beginn der Jahresfrist des § 48 IV VwVfG nach gerichtlicher Aufhebung eines Rückforderungsbescheids?, NVwZ 2016, 748; *Happe*, Zur innerstaatlichen Wirkung von Beihilfeentscheidungen gem. Art. 93 Abs. 2 EWGV, NVwZ 1993, 32; *ders.*, Rückforderung von Zuwendungen nach negativer Kommissionsentscheidung im Beihilfeverfahren, NVwZ 1998, 26; *Kahl*, Die Rückabwicklung europarechtswidriger Beihilfen, JA 1996, 857; *Kleinlein*, Der maßgebliche Zeitpunkt für die Beurteilung der Rechtmäßigkeit von Verwaltungsakten, VerwArch. Bd. 81, 1990, 149; *Kokott*, Nationales Subventionsrecht im Schatten der EG, DVBl 1993, 1235; *Martini*, Die Aufhebung von VAen nach §§ 48 ff. VwVfG, JA 2012, 762; JA 2013, 442; *ders.*, Die Aufhebung von VAen nach §§ 48 ff. VwVfG – Vertrauensschutz bei der Rücknahme (§ 48 II, III VwVfG), JA 2016, 830; *ders.*, Die Aufhebung von Verwaltungsakten nach §§ 48 ff. VwVfG – Rücknahmefrist (§ 48 IV VwVfG), JA 2017, 838; *Pache*, Rechtsfragen der Aufhebung gemeinschaftswidriger nationaler Beihilfebescheide, NVwZ 1994, 318; *Pagenkopf*, Zum Einfluß des Gemeinschaftsrechts auf nationales Wirtschaftsverwaltungsrecht, NVwZ 1993, 216; *Pickel*, Die Rücknahme von Verwaltungsakten nach dem SGB X, NVwZ 1987, 454; *Pieroth*, Interpretationsproblem § 48 IV VwVfG, NVwZ 1984, 481; *Rottenwallner*, Vertrauensschutz im Verwaltungsrecht, DVP 2015, 135; *Sachs/Wermeckes*, Die Neuregelung verwaltungsverfahrensrechtlicher Vorschriften zur Rückabwicklung fehlgeschlagener Subventionsverhältnisse, NVwZ 1996, 1185; *Schenke*, Die verwaltungsbehördliche Aufhebung nachträglich rechtswidrig gewordener Verwaltungsakte, DVBl 1989, 433; *ders.*, Rechtmäßigwerden rechtswidrig erlassener VAe, NVwZ 2015, 1341; *ders.*, Der maßgebliche Zeitpunkt für die Beurteilung von Verwaltungsakten im Rahmen der Anfechtungsklage, JuS

2019, 833; *Schenke/Baumeister*, Der rechtswidrig gewordene Verwaltungsakt – BVerwGE 84, 111, JuS 1991, 547; *Schoch*, Die Frist zur Rücknahme begünstigender Verwaltungsakte nach § 48 IV 1 VwVfG, NVwZ 1985, 830; *Schulze*, Vertrauensschutz im EG-Recht bei der Rückforderung von Beihilfen, EuZW 1993, 279; *Stade*, Zur Auslegung des § 48 Abs. 4 VwVflG, DÖV 1992, 247; *Struzina/Lindner*, Vertrauensschutz bei der Rücknahme von VAen nach § 48 III VwVfG, NVwZ 2016, 1295; *Suerbaum*, Die Europäisierung des nationalen Verwaltungsrechts am Beispiel der Rückabwicklung gemeinschaftsrechtswidriger staatlicher Beihilfen, VerwArch. 2000, 169; *Triantafyllou*, Zur Europäisierung des Vertrauensschutzes (insbesondere § 48 VwVfG), NVwZ 1992, 436; *Voßkuhle/Kaufhold*, Grundwissen – Öffentliches Recht: Rücknahme und Widerruf von VAen, JuS 2014, 695.

A. Allgemeines und Grundsätze

I. Gegenstand und Zweck der Regelung

1 Gegenstand des § 48 ist die Rücknahme eines rechtswidrigen VA. Dabei handelt es sich um einen Unterfall der Aufhebung eines VA, zu dem auch der von § 49 behandelte Widerruf eines rechtmäßigen VA zählt. Die Regelung stellt die Rechtsgrundlage für die Aufhebung auch unanfechtbarer VAe dar und ermöglicht damit zugleich die Durchbrechung der Bestandskraft.

2 Die Vorschrift besitzt im Verwaltungsrecht eine herausragende praktische Relevanz. Seit der Kodifizierung der allgemeinen Grundsätze des Verwaltungsrechts durch das VwVfG stellt § 48 einerseits der Verwaltung die **Ermächtigungsgrundlage für die Aufhebung rechtswidriger VAe** zur Verfügung. Gleichzeitig vermittelt § 48 umgekehrt auch den vom VA betroffenen Personen **subjektive Rechte.** Von zentraler Bedeutung ist die Regelung gerade auch im Hinblick auf den Widerstreit zwischen dem Grundsatz der Gesetzmäßigkeit der Verwaltung und dem Vertrauensschutz bzw. der Rechtssicherheit.

3 In Abs. 1 wird als Ausgangspunkt der allgemeine Grundsatz der Rücknehmbarkeit rechtswidriger VAe festgehalten, selbst wenn sie bereits unanfechtbar geworden sind. Diese weite Befugnis zur Rücknahme wird sodann für die begünstigenden VAe in den Abs. 2 bis 4 erheblich eingeschränkt. Abs. 5 schließlich bestimmt die für die Rücknahme zuständige Behörde.

4 **Zweck der Regelung** ist es, die Zulässigkeit der Rücknahme rechtswidriger VAe dem Grundsatz der Gesetzmäßigkeit der Verwaltung entsprechend im geschriebenen Recht zu verankern und dabei insb. die Rücknehmbarkeit rechtswidrig begünstigender VAe mit dem Grundsatz des Vertrauensschutzes in Einklang zu bringen und Ausgleichsansprüche Betroffener (hinsichtlich Voraussetzungen, Umfang und Durchsetzbarkeit) eindeutig gesetzlich festzulegen.

II. Systematische Stellung

5 § 48 leitet die zweite Hälfte des Abschnitts 2 »Bestandskraft des Verwaltungsaktes« ein. Während bei den unmittelbar vorausgehenden Bestimmungen der §§ 45, 46 und 47 die Zielrichtung auf der Aufrechterhaltung des VA liegt, haben die §§ 48 bis 52 die

Aufhebung oder Änderung eines VA sowie die daraus resultierenden Folgen (wie etwa Erstattungsansprüche) zum Gegenstand.

III. Entstehungsgeschichte

Die 1976 Gesetz gewordene Fassung des § 48 geht in weitem Umfang auf den Gesetzentwurf vom 18.07.1973[1] zurück. Auf Vorschlag des Bundesrates[2] sind zwei Änderungen gegenüber dem Entwurf 1973 vorgenommen worden: Der (inzwischen aufgehobene) Abs. 2 Satz 7 wurde umformuliert; neu eingefügt wurde Abs. 5 mit einer Zuständigkeitsregelung für die Rücknahme nach Unanfechtbarkeit des Verwaltungsaktes.[3] 6

Einige Änderungen hat § 48 sodann durch Art. 1 Nr. 2 des Gesetzes zur Änderung verwaltungsverfahrensrechtlicher Vorschriften vom 02.05.1996[4] erfahren: Vor dem Hintergrund der Übernahme des § 44a BHO in das VwVfG und im Rahmen der Schaffung des § 49a sind in Abs. 2 die Sätze 5 – 8 gestrichen und durch § 49a Abs. 1 und 2 ersetzt worden.[5] Darüber hinaus wurde Abs. 6, der Rechtswegregelungen enthielt, die als entbehrlich angesehen wurden,[6] aufgehoben. Später erfolgte nur noch eine einzelne Anpassung an die neue Rechtschreibung durch die Bekanntmachung der Neufassung vom 21.01.2003.[7] 7

B. Die Vorschrift im Einzelnen

I. Der Anwendungsbereich des § 48

1. Einschränkungen aus dem nationalen Recht

Der Anwendungsbereich des § 48 wird – wie bei allen anderen Vorschriften des VwVfG auch und im Subsidiaritätsgrundsatz des § 1 Abs. 1 festgehalten – durch speziellere Normen des Verwaltungsrechts beschränkt. Ob eine solche speziellere Norm existiert, ist regelmäßig durch Auslegung zu ermitteln. Trifft die Sonderregelung keine abschließende Regelung der Sachmaterie und erweist sich somit als lückenhaft, kommt eine ergänzende Anwendung von § 48 bzw. von einzelnen Teilregelungen des § 48 in Betracht.[8] 8

Als vorrangige Rechtsvorschriften des Bundes mit inhaltsgleichen oder entgegenstehenden Bestimmungen kommen bspw. in Betracht § 18 Abs. 1 AMG, §§ 73, 73b, 9

1 BT-Drucks. 7/910, S. 17, 67 ff.
2 BT-Drucks. 7/910, S. 103 f.
3 BT-Drucks. 7/4494, S. 9.
4 BGBl. I S. 656.
5 BT-Drucks. 13/1534, S. 6.
6 BT-Drucks. 13/1534, S. 6.
7 BGBl. I S. 102.
8 BVerwG, Urt. v. 08.08.1986 – 4 C 16.84, NVwZ 1987, 488.

73c AsylG, § 17 Abs. 2 AtG, § 14 BBG, § 12 BeamtStG, § 6 Abs. 4 BFDG, § 19 DRiG, § 12 BBG, 73 Abs. 2, 3 AsylVfG, § 15 Abs. 1 GastG, §§ 33d Abs. 4, 33e Abs. 2, 35 Abs. 6, 69b Abs. 2 GewO, § 26 Abs. 4 GWB, § 20 Abs. 3 LuftVG, § 10 MOG, § 21 Abs. 5 PAuswG, § 39 Abs. 3, 50 Abs. 1 PflSchG, § 52 Abs. 2 SaatG, § 17 Abs. 1 UAG, § 18 VerwRehaG, §§ 15 Abs. 4, 45 Abs. 1 WaffG, § 4 Abs. 2 ZDG. Auch die Regelungen zu verschiedenen Gesundheitsberufen enthalten Spezialregelungen zur Rücknahme: § 2 Abs. 2 AltPflG, §§ 4 Abs. 1, 9 Abs. 4, 11b Abs. 1, 14 Abs. 2 ApoG, § 3 Abs. 1 ErgThG, § 3 Abs. 1 HebG, § 2 Abs. 2 KPflG, § 3 Abs. 1 LogopG, § 3 Abs. 1 PharmTAG, § 3 Abs. 1 PsychThG, § 4 Abs. 1 ZHG. Die Sonderregelung des § 73 AsylG enthält keine Frist und schließt die Anwendbarkeit des § 48 Abs. 4 aus.[9]

10 Weitere Einschränkungen des Anwendungsbereichs des § 48 ergeben sich aus dem VwVfG selbst und zwar aus § 2 und für das Planfeststellungsverfahren durch die Vorschriften der §§ 75 Abs. 2, 76 und 77. Inwieweit nachrangig noch die Vorschriften der §§ 48, 49 Anwendung finden können, ist nicht abschließend geklärt. Nach überwiegender Ansicht sind die §§ 48, 49 VwVfG jedoch auch auf den **Planfeststellungsbeschluss** anwendbar.[10]

2. Einschränkungen aus dem europäischen Unionsrecht

11 In der Praxis bedeutsame Einschränkungen für die Anwendung des § 48können sich aus dem Recht der Europäischen Union (Unionsrecht) ergeben.[11] Der Vollzug des Unionsrechts erfolgt grundsätzlich durch die nationalen Behörden nach dem für sie geltenden nationalen Recht.[12] Allerdings kann das Unionsrecht ausdrückliche Sonderregelungen enthalten, die vorrangige Anwendung finden. Zusätzlich unterliegt der Vollzug des Unionsrechts dessen allgemeinen Vorgaben, für die ebenfalls Anwendungsvorrang besteht.[13]

a) Sonderregelungen durch EG-/EU-Verordnungen

12 Wird i.R.d. Vollzugs von materiellem Unionsrecht durch nationale Behörden ein VA auf der Grundlage von Vorschriften des Unionsrechts oder aufgrund von nationalen Vorschriften erlassen, die auf einer unionsrechtlichen Ermächtigung beruhen, richtet

9 BVerwG, Urt. v. 19.11.2013 – 10 C 27.12, BVerwGE 148, 254 – juris Rn. 48.

10 BVerwG, Urt. v. 31.07.2012 – 4 A 7001/11 u. a., BVerwGE 144, 44 – juris Rn. 22 f.; für § 49s. BVerwG, Urt. v. 21.05.1997 – 11 C 1.96, BVerwGE 105, 6 (12); Stelkens/Bonk/Sachs/*Bonk/Neumann*, § 72 Rn. 113 ff.; wohl a.A. BVerwG, Urt. v. 28.04.2016 – 4 A 2.15, BVerwGE 155, 81 – juris Rn. 42.

11 S. auch *Ziekow*, § 48 Rn. 60 ff.; Knack/Henneke/Peuker, § 48 Rn. 18 ff.

12 BVerwG, Urt. v. 10.12.2003 – 3 C 22.02, NVwZ-RR 2004, 413 (414) – juris Rn. 15 f.

13 EuGH, Urt. v. 21.09.1983 – Rs. 205 – 215/82 (Deutsche Milchkontor), Slg. 1983, 2633 Rn. 17, 25; grundlegend zum Anwendungsvorrang EuGH, Urt. v. 15.07.1964 – Rs. 6/64 (Costa/ENEL), Slg. 1964, 1253 (1269 f.).

sich die Rücknahme des VA nach dem einschlägigen Unionsrecht, soweit dort – wie etwa im Bereich des Agrar- und Zollrechts – aufgrund entsprechender Ermächtigungen im primären Unionsrecht (AEUV) **spezifische Regelungen** über die Rücknahme im sekundären Unionsrecht durch EU-/EG-Verordnungen getroffen worden sind.[14] Die unionsrechtlichen Verfahrensvorschriften gehen als unmittelbar geltende EU-/EG-Verordnungen (Art. 288 Abs. 2 AEUV) auch inhaltsgleichem nationalen Verfahrensrecht vor. Die Vorschriften des EU-Rechts etwa im Recht der Agrarmarktordnungen schließen meist das der Behörde nach § 48 Abs. 1 zustehende Ermessen aus, d.h. die Behörde ist verpflichtet, den rechtswidrigen VA zurückzunehmen.

b) Vollzug von Unionsrecht nach nationalem Recht

Fehlt es – wie regelmäßig – an einschlägigen unionsrechtlichen Verfahrensvorschriften, 13
richtet sich die Rücknahme von VAen, auch wenn sie ihre Grundlage im EU-Recht bzw. im zu seiner Umsetzung ergangenen nationalen Recht haben, nach den nationalen Verfahrensvorschriften, in Deutschland damit nach dem Verwaltungsverfahrensgesetz des Bundes oder eines der Länder. Es ist **Sache der innerstaatlichen Rechtsordnungen, das Verfahren zu regeln, innerhalb dessen der Schutz der Rechte gewährleistet wird, die sich aus dem Unionsrecht ergeben.** Die Aufgabe der Mitgliedstaaten besteht darin, im Rahmen ihrer jeweiligen Zuständigkeiten die Einhaltung des Unionsrechts sicherzustellen.[15] Begrenzungen erfährt diese Verfahrensautonomie vor allem aus zwei Grundsätzen, die ihrerseits wiederum aus dem **Grundsatz der loyalen Zusammenarbeit** gem. Art. 4 Abs. 3 EUV abgeleitet werden. So stehen nationale Regelungen unter den Vorgaben der Äquivalenz und der Effektivität.[16]

Nach dem **Äquivalenzgrundsatz** dürfen die Verfahrensregelungen nicht weniger 14
günstig gestaltet sein als bei entsprechenden Verfahren, die nur innerstaatliches Recht betreffen.[17] Das bedeutet auch, dass bei der Anwendung sämtlicher für Rechtsbehelfe geltenden Vorschriften einschließlich der vorgesehenen Fristen nicht danach

---

14 Beispielhaft sei verwiesen auf Art. 80 der VO Verordnung (EG) Nr. 1122/2009 der Kommission vom 30.11.2009 mit Durchführungsbestimmungen (...); zur einer der Vorgängerregelungen s. BVerwG, Urt. v. 26.08.2009 – 3 C 15.08, Buchholz 424.3 Förderungsmaßnahmen Nr 10 – juris Rn. 20.

15 EuGH, Urt. v. 12.02.2008 – Rs. C-2/06 (Kempter), Slg. 2008, I-411 Rn. 34; Urt. v. 13.01.2004 – Rs. C-453/00 (Kühne & Heitz), Slg. 2004, I-837 Rn. 20; Urt. v. 12.06.1990 – Rs. C-8/88 (Deutschland/Kommission), Slg. 1990, I-2321 Rn. 13.

16 EuGH, Urt. v. 04.10.2012 – Rs. C-249/11 (Byankow), Slg. 2012, I- Rn. 69; Urt. v. 13.03.2007 – Rs. C-432/05 (Unibet), Slg. 2007, I-2301 Rn. 39, 43; Urt. v. 19.09.2006 – Rs. C-392/04 u. C-422/04 (i21Germany und Arcor), Slg. 2006, I-8591 Rn. 57; s.a. BVerwG, Beschl. v. 21.06.2013 – 3 B 89.12, juris Rn. 7 f.

17 EuGH, Urt. v. 12.02.2008 – Rs. C-2/06 (Kempter), Slg. 2008, I-411 Rn. 57 m.w.N.; Urt. v. 19.09.2006 – Rs. C-392/04 u. C-422/04 (i21Germany und Arcor), Slg. 2006, I-8591 Rn. 58.

unterschieden wird, ob ein Verstoß gegen Unionsrecht oder gegen nationales Recht gerügt wird.[18]

15 Der **Effektivitätsgrundsatz** verlangt, dass die Ausübung der durch die Unionsrechtsordnung verliehenen Rechte durch die nationalen Verfahrensregelungen nicht praktisch unmöglich gemacht oder übermäßig erschwert wird.[19] Der EuGH hat die Vorgaben des Effektivitätsgrundsatzes hinsichtlich einer Pflicht zur Prüfung und Aufhebung bestandskräftiger unionsrechtswidriger (früher gemeinschaftsrechtswidriger) VAe wiederholt präzisiert. So sei »festzustellen, dass die Bestandskraft einer Verwaltungsentscheidung, die nach Ablauf angemessener Klagefristen oder (...) nach Erschöpfung des Rechtswegs eingetreten ist, zur Rechtssicherheit beiträgt und das Gemeinschaftsrecht daher nicht verlangt, dass eine Verwaltungsbehörde grundsätzlich verpflichtet ist, eine bestandskräftige Verwaltungsentscheidung zurückzunehmen.«[20] Gleichzeitig könnten besondere Umstände eine nationale Verwaltungsbehörde nach dem Grundsatz der loyalen Zusammenarbeit verpflichten, eine infolge der Erschöpfung des innerstaatlichen Rechtswegs bestandskräftige Verwaltungsentscheidung zu überprüfen, um einer später vom Gerichtshof vorgenommenen Auslegung einer einschlägigen Bestimmung des Unionsrechts Rechnung zu tragen.[21]

16 Insoweit hat der EuGH im Urteil »Kühne & Heitz« – wenn auch bezogen auf den konkreten Fall – folgende Kriterien aufgestellt, bei denen eine Überprüfung und Aufhebung einer bestandskräftigen unionsrechtswidrigen Verwaltungsentscheidung durch das Unionsrecht gefordert ist:

(1) Es besteht eine Befugnis der Verwaltungsbehörde nach nationalem Recht zur Rücknahme der betreffenden bestandskräftigen Verwaltungsentscheidung.

(2) Die Bestandskraft ist infolge eines Urteils eines nationalen Gerichts eingetreten, dessen Entscheidungen nicht mit Rechtsmitteln anfechtbar sind.

(3) Das Urteil beruhte auf einer Auslegung des Unionsrechts, die, wie ein später ergangenes Urteil des Gerichtshofes zeigt, unrichtig war und die erfolgt ist, ohne dass der Gerichtshof angerufen wurde, obwohl der Tatbestand der Vorlagepflicht erfüllt war.[22]

(4) Der Betroffene wandte sich, unmittelbar nachdem er Kenntnis von diesem Urteil des Gerichtshofes erlangt hatte, an die Verwaltungsbehörde.

---

18 EuGH, Urt. v. 19.09.2006 – Rs. C-392/04 u. C-422/04 (i21Germany und Arcor), Slg. 2006, I-8591 Rn. 62.

19 EuGH, Urt. v. 12.02.2008 – Rs. C-2/06 (Kempter), Slg. 2008, I-411 Rn. 57 m.w.N.; Urt. v. 19.09.2006 – Rs. C-392/04 u. C-422/04 (i21Germany und Arcor), Slg. 2006, I-8591 Rn. 58.

20 EuGH, Urt. v. 12.02.2008 – Rs. C-2/06 (Kempter), Slg. 2008, I-411 Rn. 37.

21 EuGH, Urt. v. 12.02.2008 – Rs. C-2/06 (Kempter), Slg. 2008, I-411 Rn. 38; Urt. v. 13.01.2004 – Rs. C-453/00 (Kühne amp Heitz), Slg. 2004, I-837 Rn. 27.

22 Die dritte Voraussetzung ist nachfolgend dahingehend präzisiert worden, dass vom Betroffenen nicht zu verlangen ist, dass er sich im Rechtsbehelfsverfahren auf Unionsrecht berufen hat; EuGH, Urt. v. 12.02.2008 – Rs. C-2/06 (Kempter), Slg. 2008, I-411 Rn. 44 f.

Die Rechtsprechung des EuGH zur Rücknahme unionsrechtswidriger VAe und zur Rückforderung unionsrechtswidrig erbrachter Geldleistungen geht dahin, dass durch Unionsrecht bestimmt wird, dass den nationalen Behörden zwar hinsichtlich der Frage, ob zu Unrecht gewährte Beihilfen zurückzufordern sind, kein Ermessensspielraum eingeräumt ist,[23] jedoch das Unionsrecht grds. nationalen Rechtsvorschriften nicht entgegensteht, die für den Ausschluss einer Rückforderung von zu Unrecht gewährten Geldleistungen auf Kriterien wie den **Vertrauensschutz**, den **Wegfall der Bereicherung**, den Ablauf der Jahresfrist des § 48 Abs. 4 oder den Umstand abstellen, dass die Verwaltung wusste oder grob fahrlässig nicht wusste, dass sie die fraglichen Geldleistungen zu Unrecht gewährte.[24] Der Grundsatz des Vertrauensschutzes ist Bestandteil der Rechtsordnung der Union, sodass es dieser Rechtsordnung nicht widerspricht, wenn nationales Recht berechtigtes Vertrauen und Rechtssicherheit schützt. 17

Vom BFH ist aus den Vorgaben des EuGH abgeleitet worden, dass das Unionsrecht der bisherigen Anwendung des § 48 nicht entgegensteht, wenn der Betroffene den VA hat bestandskräftig werden lassen, ohne den Rechtsweg vollständig auszuschöpfen.[25] Nach Ansicht des BVerwG ergibt sich aus der Rechtsprechung des EuGH, dass die bisherige nationale Rechtsprechung, nach der eine Rücknahme eines bestandskräftigen VA gem. § 48 Abs. 1 nur erfolgen muss, wenn seine Aufrechterhaltung schlechthin unerträglich ist, mit dem Unionsrecht in Einklang steht.[26] 18

Überzeugend ist die nationale Rechtsprechung nur insoweit, als sie die zwischenzeitliche EuGH-Rechtsprechung dahingehend versteht, dass diese in zutreffendem Umfang die Erfordernisse von Rechtssicherheit und Vertrauensschutz anerkennt, selbst wenn Unionsrecht verletzt wurde. Nicht überzeugend ist dagegen die extrem restriktive Judikatur zum Wiederaufgreifen iwS gem. § 51 Abs. 5 i.V.m. § 48 Abs. 1 Satz 1 bei bestandskräftigen belastenden VAen (s.u. Rdn. 58 ff.). Insoweit wird der Bestandskraft von VAen mitunter eine zu weitreichende Wirkung im Verhältnis zum Prinzip der Gesetzmäßigkeit der Verwaltung und zum Grundrechtsschutz der Betroffenen zugesprochen. 19

c) Rückforderung von unionsrechtswidrigen nationalen Beihilfen

Dieselben vorausgehend genannten Grundsätze gelten einerseits grundsätzlich auch für den speziellen Bereich der Rückforderung von unionsrechtswidrigen Beihilfen. Allerdings wendet der EuGH hier insoweit teilweise strengere Vorgaben an, als im Falle eines Ermessensspielraums dieser zugunsten der Rückforderung auszuüben ist. 20

Verstößt die Gewährung von Beihilfen durch nationale Behörden, auf die der Betroffene nach nationalem Recht einen Anspruch hat, gegen die unmittelbar und mit Anwendungsvorrang geltenden Vorschriften der Art. 107 ff. AEUV, ist die **Beihilfe** 21

23 EuGH, Urt. v. 21.09.1983 – Rs. 205 – 215/82 (Deutsche Milchkontor), Slg. 1983, 2633.
24 EuGH, Urt. v. 21.09.1983 – Rs. 205 – 215/82 (Deutsche Milchkontor), Slg. 1983, 2633.
25 BFH, Urt. v. 14.02.2012 – VII R 27/10, BFHE 237, 1 – juris LS 1, Rn. 12 ff.
26 BVerwG, Beschl. v. 21.06.2013 – 3 B 89.12, juris Rn. 13.

wegen des Verstoßes gegen das Unionsrecht zurückzufordern. Auch diese Rückforderung richtet sich – vorbehaltlich etwaiger Spezialregelungen – nach den Vorschriften des nationalen Rechts. Entsprechend dem Effektivitätsgrundsatz darf die Anwendung des nationalen Rechts die unionsrechtlich vorgeschriebene Rückforderung jedoch nicht praktisch unmöglich machen oder wesentlich erschweren.[27]

22 Der die unionsrechtswidrige Beihilfe gewährende begünstigende VA ist rechtswidrig i. S. v. § 48 Abs. 1. Mit Bestandskraft einer negativen Beihilfeentscheidung der Kommission nach Art. 108 Abs. 2 AEUV steht die materielle Rechtswidrigkeit der Beihilfe und des Beihilfebescheides auch innerstaatlich verbindlich fest.[28] Wegen der aus Art. 288 Abs. 4 AEUV folgenden Verbindlichkeit der Kommissionsentscheidung ist Deutschland zur Rückforderung verpflichtet und **das in § 48 Abs. 1 eingeräumte Ermessen ausgeschlossen.**[29]

23 Ein beihilfebegünstigtes Unternehmen kann sich nur dann nach § 48 Abs. 2 auf Vertrauensschutz berufen, wenn es sich vergewissert hat, dass die Beihilfe unter Beachtung des in Art. 108 Abs. 3 AEUV vorgeschriebenen Verfahrens gewährt wurde.[30] Eine solche **Überprüfung oder Überwachung des Verfahrens ist einem sorgfältigen Wirtschaftsunternehmen regelmäßig möglich.**[31] Ist das vorgeschriebene Überwachungsverfahren nicht durchgeführt worden, so ist das Vertrauen der Beihilfeempfänger nur ausnahmsweise schutzwürdig, wenn dafür besondere Umstände sprechen.[32] Zu denken ist in diesem Zusammenhang an Fälle, in denen eine Behörde eine falsche Auskunft gibt oder über die bloße Verwendung hinaus eine besonders starke Vertrauensbestätigung vorliegt.

24 Wenn aus der Rechtsprechung des EuGH[33] abgeleitet wird, dass sich ein beihilfebegünstigtes Unternehmen, wenn eine zur Rückforderung verpflichtende Kommissionsentscheidung vorliegt, nach nationalem Recht selbst dann nicht auf Entreicherung nach § 49a Abs. 2 berufen kann, wenn es nicht bösgläubig ist, so dürfte es sich um eine zu weitreichende Verallgemeinerung einer Einzelfallentscheidung handeln. Dabei ist zu beachten, dass der dem EuGH vorgelegte Sachverhalt kaum die Annahme fehlender Bösgläubigkeit des Begünstigten tragen dürfte. Unter diesem Eindruck hat der EuGH eine Aussage getätigt, die mit anderen Fällen in dieser Allgemeinheit nicht vereinbar erscheint. Deshalb spricht der Effektivitätsgrundsatz keinesfalls allgemein

---

27 EuGH, Urt. v. 20.03.1997 – Rs. C-24/95 (Alcan), Slg. 1997, I-1591 LS 1, Rn. 38; *Schulze*, EuZW 1993, 279.

28 EuGH, Urt. v. 09.03.1994 – Rs. C-188/92 (TWD Textilwerke Deggendorf), Slg. 1994, I-833 LS 1, Rn. 15 ff.; BVerwG, Urt. v. 17.02.1993 – 11 C 47.92, BVerwGE 92, 81 – juris Rn. 10.

29 BVerwG, Urt. v. 17.02.1993 – 11 C 47.92, BVerwGE 92, 81 – juris Rn. 14 ff.; Urt. v. 31.05.2012 – 3 C 12.11, NVwZ-RR 2012, 628 – juris Rn. 22.

30 BVerwG, Urt. v. 17.02.1993 – 11 C 47.92, BVerwGE 92, 81 – juris Rn. 16; Beschl. v. 28.09.1994 – 11 C 3.93, NVwZ 1995, 703 LS 2; *Ehlers*, DVBl 1991, 605 (612).

31 EuGH, Urt. v. 20.09.1990 – Rs. C – 5/89 (Kom./Deutschland), Slg. 1990, I-3437 Rn. 17.

32 EuGH, Urt. v. 20.09.1990 – Rs. C – 5/89 (Kom./Deutschland), Slg. 1990, I-3437 Rn. 16.

33 EuGH, Urt. v. 20.03.1997 – Rs. C-24/95 (Alcan), Slg. 1997, I-1591 LS 1, Rn. 38.

gegen die Anwendbarkeit des § 49a Abs. 2. Vielmehr sind die entsprechenden Unternehmen in der Regel bösgläubig (s. § 49a Rdn. 15).

Die Fristbestimmung des § 48 Abs. 4 muss so angewandt werden, dass die unionsrechtlich vorgeschriebene Rückforderung nicht unmöglich und das Unionsinteresse voll berücksichtigt wird.[34] 25

Die **Jahresfrist** für die nationale Behörde beginnt frühestens mit der Kenntnis der materiellen Unionswidrigkeit nach Art. 107 Abs. 1 AEUV zu laufen. Wird ein Verfahren nach Art. 108 Abs. 2 AEUV durchgeführt, steht die Unionsrechtswidrigkeit frühestens mit der Bekanntgabe der die Rückforderung gebietenden Entscheidung der EU-Kommission fest. Erst die Kommissionsentscheidung stellt klar, dass die Beihilfe nicht nur formell, sondern auch materiell unionsrechtswidrig gewesen ist und der für die Rückforderung zuständigen Behörde keine Ermessensfreiheit zusteht. 26

Wird die negative Kommissionsentscheidung vom Begünstigten oder der Bundesregierung vor dem EuGH **angefochten**, verschiebt sich der **Fristbeginn auf den Zeitpunkt der Bestandskraft der Kommissionsentscheidung.**[35] Wird eine positive, die Beihilfezahlung gestattende Kommissionsentscheidung im Wege der Konkurrentenklage erfolgreich vor dem EuGH angegriffen, und ist die Beihilfe zurückzuzahlen, ist auf den Zeitpunkt der EuGH-Entscheidung abzustellen.[36] Der Fristbeginn kann auch nach der Bestandskraft der Kommissionsentscheidung liegen, denn nach der Rechtsprechung des EuGH kann gegen eine bestandskräftige, die Rückforderung gebietende Kommissionsentscheidung noch die **absolute Unmöglichkeit, die Entscheidung durchzuführen**, geltend gemacht werden. Der Mitgliedstaat kann, wenn er bei der Durchführung der Kommissionsentscheidung auf unvorhergesehene und unvorhersehbare Schwierigkeiten stößt, diese Probleme der Kommission zur Beurteilung vorlegen und dabei geeignete Änderungen der Kommissionsentscheidung vorschlagen.[37] Der Lauf der Frist beginnt in diesen Fällen mit dem Eingang des Antwortschreibens der Kommission, weil spätestens in diesem Zeitpunkt Entscheidungsreife eingetreten ist.[38] 27

Ob über diesen Zeitpunkt hinausgehend im Fall der **Untätigkeit der nationalen Behörden** auf den Zeitpunkt der in einem von der Kommission eingeleiteten Vertragsverletzungsverfahren ergehenden EuGH-Entscheidung abzustellen ist, erscheint fraglich, denn zum einen stellt die Einleitung des Vertragsverletzungsverfahrens durch die Kommission ein mögliches künftiges Ereignis dar, von dem schon aus Gründen der Rechtssicherheit der Lauf der Frist nicht abhängig gemacht werden kann, zum anderen ist Verfahrensgegenstand des Vertragsverletzungsverfahrens nicht die Kommissionsentscheidung, sondern das Verhalten der nationalen Behörden, sodass neue 28

34 EuGH, Urt. v. 20.09.1990 – Rs. C – 5/89 (Kom./Deutschland), Slg. 1990, I-3437 Rn. 12.
35 *Pache*, NVwZ 1994, 318.
36 *Happe*, NVwZ 1993, 32 (35).
37 EuGH, Urt. v. 02.02.1989 – Rs. 94/87, Slg. 1989, 175 Rn. 10 f.
38 BVerwG, Beschl. v. 28.09.1994 – 11 C 3.93, NVwZ 1995, 703 – juris Rn. 24 ff.; *Dickersbach*, NVwZ 1996, 962 (969).

entscheidungserhebliche Erkenntnisse für die Frage der Rückforderung eher nicht zu erwarten sind.[39]

29 Eine andere Frage ist, ob nicht der Effektivitätsgrundsatz verlangt, dass in Fällen, in denen die Frist des § 48 Abs. 4 wegen bloßer (u. U. bewusster) Untätigkeit der nationalen Behörden verstreicht, **§ 48 Abs. 4 außer Anwendung** bleibt. Diese in der Vergangenheit vielfach diskutierte Frage dürfte dahingehend zu beantworten sein, dass die Norm im Grundsatz anzuwenden, im Fall eines kollusiven Zusammenwirkens zwischen der nationalen Behörde und dem Begünstigten dagegen aufgrund des Rechtsmissbrauchs keine Berücksichtigung finden kann.

II. Grundnorm der Rücknahme eines rechtswidrigen Verwaltungsaktes (Abs. 1 Satz 1)

1. Überblick

30 Abs. 1 regelt allgemein die Rücknahme eines rechtswidrigen VA. Der Begriff **Rücknahme** wird vom Gesetz nur für die **Aufhebung eines rechtswidrigen VA** verwendet. Die Rücknahme ist zu unterscheiden vom **Widerruf** eines VA, d.h. der **Aufhebung eines rechtmäßigen VA** (vgl. § 49). **Aufhebung** ist als Oberbegriff anzusehen und erfasst sowohl die Rücknahme als auch den Widerruf sowie die Beseitigung eines VA im Widerspruchs- oder Klageverfahren. Zur Frage der analogen Anwendbarkeit des § 49 auf rechtswidrige VAe s. § 49 Rdn. 13.

31 Nach Satz 1 kann ein rechtswidriger VA auch nach dem Eintritt der Unanfechtbarkeit ganz oder teilweise mit Wirkung für die Zukunft oder für die Vergangenheit zurückgenommen werden. Damit besteht durch die Vorschrift zunächst einmal grds. für alle rechtswidrigen VAe die Möglichkeit ihrer Aufhebung.

32 Diese Möglichkeit besteht nach der Grundregel des Satzes 1 sowohl unabhängig davon, ob der VA noch anfechtbar oder bereits unanfechtbar geworden ist, als auch ohne Rücksicht darauf, ob er einen begünstigenden oder nicht begünstigenden Regelungsinhalt besitzt. Mit der Einbeziehung auch der VAe, die wegen Ablaufs der Anfechtungsfristen bereits formell bestandskräftig geworden sind (s. § 43 Rdn. 13), handelt es sich bei § 48 um eine Regelung auch zur Durchbrechung der Bestandskraft. Hinsichtlich der sog. begünstigenden VAe enthält § 48 zur Gewährleistung des verfassungsrechtlich verankerten Vertrauensschutzes nach Satz 2 i.V.m. Abs. 2 bis 4 differenzierende Regelungen.

33 Satz 1 nennt für die Rücknahme – vorbehaltlich der Sonderregelungen für die Rücknahme begünstigender VAe – nur zwei Tatbestandsvoraussetzungen: Es muss sich um einen VA handeln (1), der rechtswidrig ist (2). Der Begriff des rechtswidrigen VA ist daher zu klären (nachfolgend 2). Wie der Teilsatz »auch nachdem er unanfechtbar geworden ist« belegt, werden sowohl (noch) anfechtbare VAe als auch unanfechtbar gewordene VAe erfasst (dazu 3). Als Rechtsfolge sieht Satz 1 vor, dass der VA »ganz

---

39 BVerwG, Beschl. v. 28.09.1994 – 11 C 3.93, NVwZ 1995, 703 – juris Rn. 26 ff.

oder teilweise mit Wirkung für die Zukunft oder für die Vergangenheit zurückgenommen werden« kann. Insoweit ist zu klären, ob bzw. inwieweit die Entscheidung eine Ermessensentscheidung darstellt (nachfolgend Rdn. 54).

2. Rechtswidrigkeit des Verwaltungsaktes

Gegenstand der Rücknahme kann nur ein rechtswidriger VA sein. Vorausgesetzt ist damit 34
einerseits ein VA; **Schein- oder Nicht-VAe scheiden als Gegenstand der Rücknahme aus.** Ob der VA dagegen wirksam oder **nichtig** ist, ist nicht erheblich.[40] Auch ein nichtiger VA kann aufgehoben werden.

Nach der Rechtsprechung ist § 48 analog anwendbar bei Aufhebung eines schlichthoheit- 35
lichen Verwaltungshandelns wie einer dienstlichen Beurteilung.[41]

Die zweite Voraussetzung ist die Rechtswidrigkeit des VA. Rechtswidrigkeit meint stets 36
einen »**Widerspruch zu Normen des Rechts**«.[42] Ein VA ist danach **rechtswidrig, wenn bei seinem Erlass gegen Recht verstoßen wurde oder die im VA enthaltene Regelung später gegen Recht verstößt.**[43] Als Recht, gegen das verstoßen wurde bzw. die im VA enthaltene Regelung verstößt, muss es sich um im Außenverhältnis geltendes Recht handeln. **Verwaltungsvorschriften** begründen als solche kein entsprechendes Recht. Nur in Verbindung mit dem Gleichheitssatz und einer Verwaltungsübung kann ein Verstoß gegen Regelungen im Innenrecht mittelbar die Rechtswidrigkeit des VA begründen.

Ein **rechtswidriger Erlass liegt bei jedem formellen oder materiellen Fehler im Zeit-** 37
punkt des Erlasses des VA vor. Entgegen zahlreichen Stellungnahmen wird die Rechtswidrigkeit durch jeden Fall eines Verstoßes beim Erlass bewirkt. Dies gilt auch für sämtliche Verstöße gegen Verfahrens-, Form- und Zuständigkeitsregelungen. Ebenso handelt es sich auch bei einem an einer offenbaren Unrichtigkeit nach § 42 leidenden VA um einen rechtswidrigen VA.[44]

Im Unterschied zu den formellen Verstößen braucht der inhaltliche Wider- 38
spruch aber nicht notwendigerweise schon im Zeitpunkt des Erlasses vorzuliegen. **Rechtswidrig ist der VA auch dann, wenn der inhaltliche Widerspruch erst nachträglich eingetreten ist.** Dass § 48 nicht nur auf den rechtswidrig erlassenen, sondern auch den rechtswidrig gewordenen VA Anwendung findet, entspricht der Auffassung der Rechtsprechung[45], während in der Literatur

---

40 Stelkens/Bonk/Sachs/*Sachs*, § 48 Rn. 57; a.A. Obermayer/*Schäfer*, 3. Aufl., § 48 Rn. 24.

41 BVerwG, Urt. v. 17.03.2016 – 2 A 4.15, juris Rn. 16.

42 *Kirchhof*, Unterschiedliche Rechtswidrigkeiten in einer einheitlichen Rechtsordnung, 1978, S. 5; *Baumeister*, Jura 2005, 655 (659 f.).

43 JurisPK-SGB X/*Baumeister*, § 44 Rn. 37; näher zum Rechtswidrigkeitsbegriff *Baumeister*, S. 126 ff.

44 *Baumeister*, S. 194 ff.; a.A. etwa Mann/Sennekamp/Uechtritz/*Suerbaum*, § 48 Rn. 45.

45 BVerwG, Urt. v. 28.06.2012 – 2 C 13.11, BVerwGE 143, 230 – juris Rn. 15; Urt. v. 09.05.2012 – 6 C 3.11, BVerwGE 143, 87 – juris Rn. 42 f.; Urt. v. 28.10.2004 – 2 C 13.03, NVwZ-RR 2005, 341 – 342 – juris Rn. 19; Urt. v. 22.09.1993 – 2 C 34.91,

überwiegend die Meinung vertreten wird, auf den rechtswidrig gewordenen VA sei § 49 anwendbar.[46]

39 Wie die Entscheidungen des BVerwG zeigen, entspricht die Auffassung der **Anwendbarkeit des § 48 auf rechtswidrig gewordene VA** einer ständigen Rechtsprechung. Obwohl die Fragestellung damit für die Praxis gelöst sein dürfte, wird dies von weiten Teilen der Literatur vor allem unter dem Schlagwort des »maßgeblichen Zeitpunkts« bis heute anders gesehen. Vor allem findet in weiten Teilen der Literatur weder eine differenzierte Auseinandersetzung mit der Judikatur des BVerwG noch mit den Argumenten für die Anwendbarkeit des § 48 statt. Die zentralen Argumente für die Möglichkeit des Rechtswidrigwerdens eines VA und für die Anwendbarkeit des § 48 auf rechtswidrig gewordene Verwaltungsakte sind deshalb kurz darzustellen.

40 Für die Anwendbarkeit des § 48 auf den rechtswidrig gewordenen VA spricht zunächst der **Wortlaut des § 48**, der den rechtswidrigen VA als Tatbestandsvoraussetzung nennt, nicht den rechtswidrig erlassenen VA. Demgegenüber trennt das SGB X im Rahmen der Normen über die Aufhebung von VAen zwischen dem rechtswidrig erlassenen und dem rechtswidrig gewordenen VA. Für diese beiden unterschiedlichen Fallkonstellationen sind einerseits in §§ 44, 45 SGB X die Bestimmungen für den rechtswidrig erlassenen VA und in § 48 SGB X für den rechtswidrig gewordenen VA enthalten. Das kommt nicht nur durch die Systematik, sondern auch durch § 44 Abs. 1 Satz 1 SGB X zum Ausdruck: »Soweit sich im Einzelfall ergibt, dass bei Erlass eines Verwaltungsaktes das Recht unrichtig angewandt oder von einem Sachverhalt ausgegangen worden ist, der sich als unrichtig erweist, und soweit deshalb Sozialleistungen zu Unrecht nicht erbracht oder Beiträge zu Unrecht erhoben worden sind, ist der Verwaltungsakt, auch nachdem er unanfechtbar geworden ist, mit Wirkung für die Vergangenheit zurückzunehmen«.[47]

41 Die §§ 48 ff. kennen diese Trennung nicht; insbesondere fehlt eine Bestimmung, die § 48 SGB X entspricht. Dem kann – entgegen verbreiteter Übung[48] – auch nicht **§ 49 Abs. 2 Nr. 3 und 4** entgegengehalten werden, die Fälle von Veränderungen der Sach- oder Rechtslage zum Gegenstand haben. Diese Regelungen erfassen gerade nur solche VAe, die durch die Veränderung nicht rechtswidrig geworden sind. Dass eine Veränderung der Sach- oder Rechtslage keinen Einfluss auf die Rechtmäßigkeit des rechtmäßig erlassenen VA besitzt, ist ohnehin der Regelfall. § 49 Abs. 2 Nr. 3 und 4 belegen genau genommen, dass allein der Wegfall der einem VA zugrundeliegenden Rechtmäßigkeitsvoraussetzungen, also der Sach- und Rechtslage, auf der der VA

NVwZ-RR 1994, 369 – juris Rn. 17; Urt. v. 26.05.1989 – 8 C 87.87, BVerwGE 82, 98 – juris Rn. 11 f.

46 Hk-VerwR/*Kastner*, § 48 Rn. 10, 28 f.; Pautsch/Hoffmann/*Pautsch*, § 48 Rn. 8, 26; grds. ebenso *Ziekow*, § 48 Rn. 6, der allerdings Ausnahmen für VAe mit Dauerwirkung machen will.

47 Näher zu § 44 SGB X *Baumeister*, jurisPK-SGB X, § 44 Rn. 1 ff.; *ders.*, NVwZ 2019, 1499.

48 Hk-VerwR/*Kastner*, § 48 Rn. 28 ff.; Mann/Sennekamp/Uechtritz/*Suerbaum*, § 48 Rn. 49 (mit umfangreichen Missverständnissen); Pautsch/Hoffmann/*Pautsch*, § 48 Rn. 9; *Ziekow*, § 48 Rn. 6.

aufbaut, prinzipiell noch nicht das Rechtswidrigwerden des VA nach sich zieht, sondern dass es hierfür zusätzlicher Voraussetzungen bedarf.[49]

Gleichfalls kein Argument gegen eine Anwendbarkeit des § 48 auf rechtswidrig gewordene VAe lässt sich aus § 49 Abs. 3 ableiten. Daraus folgt nur, dass verwendungszweckgebundene VAe (s. zum Begriff § 49 Rdn. 64) nicht durch die nicht entsprechende Verwendung der Leistung als rechtswidrig geworden anzusehen sind. Zudem ändert die Regelung nichts am weiterhin bestehenden Bedürfnis der Anwendung des § 48 auf rechtswidrig gewordene VAe.[50] 42

Der zentrale Grund dafür, dass § 48 auf rechtswidrig gewordene VAe Anwendung finden muss, ergibt sich aus dem Verfassungsrecht. Für den Fall des rechtswidrig gewordenen VA folgt aus den Grundrechten ein Beseitigungsanspruch gegenüber diesem VA. Diesem Beseitigungsanspruch kann regelmäßig nicht durch die alternative Anwendung des § 49 hinreichend Rechnung getragen werden. Nach § 49 Abs. 1 ist der Widerruf allein auf eine Wirkung für die Zukunft begrenzt, während **der verfassungsrechtlich fundierte Beseitigungsanspruch die Aufhebung eines ein Grundrecht verletzenden VA mit Wirkung ab dem Zeitpunkt der Rechtsverletzung verlangt.** Entfällt etwa bei einem eingreifenden VA mit Dauerwirkung eine der (zukunftsgerichteten) Tatbestandsvoraussetzungen für den Eingriff, so ist der VA rechtswidrig geworden und ein Beseitigungsanspruch entstanden, der die Aufhebung ab dem Zeitpunkt der Änderung verlangt. Diese Selbstverständlichkeit ist früher zum Beispiel im Polizeirecht im Anschluss an § 43 PrPVG teilweise ausdrücklich gesetzlich normiert worden, heute aber weitgehend in Vergessenheit geraten. Der verfassungsrechtlich geforderten Aufhebung des VA trägt eine nachträgliche Aufhebung durch einen Widerruf nach § 49 Abs. 1 mit Wirkung für die Zukunft nicht hinreichend Rechnung, weil der VA für die Zeit zwischen dem Rechtswidrigwerden und dem Aufhebungszeitpunkt seine Geltung behielte. Selbst wenn also der Gesetzgeber diese Konstellationen bei der Schaffung des VwVfG nicht im Blick gehabt und von der Anwendbarkeit des § 48 nur im Fall eines rechtswidrig erlassenen VA ausgegangen sein sollte, wäre die Regelung entsprechend verfassungskonform so zu interpretieren, dass § 48 auch auf rechtswidrig gewordene Vorhaben anzuwenden ist. 43

Soweit in der Literatur auf eine vermeintlich gegenteilige **Rechtsprechung des BVerwG** hingewiesen wird[51], beruht dies auf einer Fehlinterpretation der Aussagen des BVerwG. In keiner dieser Entscheidungen heißt es, dass § 48 nur und ausschließlich auf von Anfang an rechtswidrige VAe anwendbar sei. Die für die gegenteilige Rechtsprechung nach Erlass des VwVfG angeführten Beispiele enthalten einerseits 44

49 *Schenke/Baumeister*, JuS 1991, 547 (550).

50 Dazu bereits *Baumeister*, NVwZ 1997, 19 (21); a.A. Hk-VerwR/*Kastner*, § 48 Rn. 29; *Maurer*, § 11 Rn. 11; Mann/Sennekamp/Uechtritz/*Suerbaum*, § 48 Rn. 49.

51 *Ziekow*, § 48 Rn. 6 mit Verweis auf BVerwG, Beschl. v. 19.11.1953 – I B 95.53, BVerwGE 1, 35 (37); Urt. v. 29.11.1979 – 3 C 103.79, BVerwGE 59, 148 (160); Urt. v. 23.10.2007 – 1 C 10.07, BVerwGE 129, 367 – juris Rn. 17; Urt. v. 09.05.2012 – 6 C 3.11, BVerwGE 143, 87 – juris Rn. 42 f.; ebenso etwa Mann/Sennekamp/Uechtritz/*Suerbaum*, § 48 Rn. 48.

die Aussage, dass es für das Merkmal der Rechtswidrigkeit i.S.d. § 48 Abs. 1 Satz 1 grundsätzlich darauf ankomme, ob der VA zum Zeitpunkt seines Erlasses rechtswidrig war.[52] Diese Aussage aus den vorausgenannten Entscheidungen verschiedener Senate des BVerwG weicht in der Tat von den Formulierungen des 2. Senats ab, der in einer Reihe von Entscheidungen nach der grundsätzlichen Feststellung der Möglichkeit des Rechtswidrigwerdens von VAen klarstellt, dass in solchen Fällen § 48 und nicht § 49 zur Anwendung kommt.[53] Gleichwohl gibt es im Ergebnis keinen Dissens zwischen den Senaten des BVerwG. So wird gerade auch in der letzten, von der Gegenmeinung genannten Entscheidung des 6. Senats ausdrücklich zusätzlich klargestellt, dass auf VAe mit Dauerwirkung, die rechtswidrig geworden sind, § 48 Anwendung findet.[54]

45 In vielen Fällen wesentlich schwieriger zu beantworten ist die Frage nach den **Voraussetzungen für das Rechtswidrigwerden eines VA.** Regelmäßig wird die Möglichkeit des Rechtswidrigwerdens allein davon abhängig gemacht, dass es sich um einen **VA mit Dauerwirkung** (teilw. auch **Dauerverwaltungsakt** genannt) handelt. Dieser soll nachträglich rechtswidrig werden, »wenn die Voraussetzungen für seinen Erlass im maßgeblichen Zeitpunkt der Aufhebungsentscheidung infolge einer Änderung der Sach- oder Rechtslage nicht mehr vorliegen«.[55] Ähnliche Überlegungen liegen auch der Formulierung zugrunde, nach der für die rechtliche Beurteilung von Dauerverwaltungsakten grundsätzlich die jeweils aktuelle Sach- und Rechtslage maßgeblich sei.[56] Im Unterschied zum SGB X (dort § 48) findet sich im VwVfG der Begriff des VA mit Dauerwirkung nicht. Seine Relevanz im VwVfG ist daher auch unklar. VAe mit Dauerwirkung werden jedoch – nicht ganz zu Unrecht – als Beispiele für VAe genannt, die rechtswidrig werden können. Solange nicht angenommen wird, jeder VA mit Dauerwirkung werde bei einer Veränderung der Rechts- oder Sachlage rechtswidrig, ist gegen diese Einschätzung nichts einzuwenden. Auch im Kontext des § 51 Abs. 1 Nr. 1 spielen VAe mit Dauerwirkung eine zentrale Rolle für die Umschreibung von Fällen, in denen Veränderungen der Rechts- oder Sachlage Relevanz zukommen kann. Gleichzeitig ist es aber bis heute nicht gelungen, den VA mit Dauerwirkung begrifflich sicher zu bestimmen. Nach der zumeist genannten Definition handelt es sich um einen VA mit Dauerwirkung, »wenn sich der VA nicht in einem einmaligen Gebot oder Verbot oder einer einmaligen Gestaltung der Rechtslage erschöpft, sondern ein auf Dauer berechnetes oder in seinem Bestand vom VA abhängiges Rechtsverhältnis

52 BVerwG, Urt. v. 09.05.2012 – 6 C 3.11, BVerwGE 143, 87 – juris Rn. 43; Urt. v. 23.10.2007 – 1 C 10/07, BVerwGE 129, 327 – juris Rn. 17; Beschl. v. 07.07.2004 – 6 C 24.03, BVerwGE 121, 226 (229); so bereits Urt. v. 29.11.1979 – 3 C 103.79, BVerwGE 59, 148 (160).

53 BVerwG, Urt. v. 28.06.2012 – 2 C 13.11, BVerwGE 143, 230 – juris Rn. 15; Urt. v. 28.10.2004 – 2 C 13.03, NVwZ-RR 2005, 341 – juris Rn. 19.

54 BVerwG, Urt. v. 09.05.2012 – 6 C 3.11, BVerwGE 143, 87 – juris Rn. 43.

55 BVerwG, Urt. v. 09.05.2012 – 6 C 3.11, BVerwGE 143, 87 – juris Rn. 44.

56 BVerwG, Urt. v. 20.06.2013 – 8 C 46.12, BVerwGE 147, 81 – juris Rn. 33.

begründet bzw. inhaltlich verändert«.[57] Nach einer anderen Definition handelt es sich um einen VA, der »über den Zeitpunkt seiner Bekanntgabe hinaus Wirkungen entfaltet«.[58]

Auch wenn diese Definitionen teilweise recht unterschiedlich ausfallen, besteht gleichwohl in den meisten Fällen Einigkeit darüber, ob es sich bei einem konkreten VA um einen solchen mit Dauerwirkung handelt oder nicht. Eindeutig braucht es sich bei der Dauerwirkung nur um eine Wirkung für einen begrenzten Zeitraum zu handeln.[59] Typische Fälle von VAen mit Dauerwirkung sind im Verwaltungsrecht VAe, die wiederkehrende Leistungsgewährungen enthalten oder Genehmigungen bzw. Erlaubnisse aussprechen. Die Festsetzung von Ge- oder Verboten besitzt eine Dauerwirkung, wenn sich die Verhaltenspflicht nicht in einer einmaligen Handlung erschöpft.[60] **Keine VAe mit Dauerwirkung** sind etwa Bewilligungen einmaliger Leistungen, die Ablehnung von Leistungen (gleich ob einmalige oder wiederkehrende) oder die Aufhebung von VAen mit Dauerwirkung. Feststellende VAe können VAe mit Dauerwirkung sein.[61] 46

Auch wenn in diesen Fällen häufig ein Rechtswidrigwerden eintritt, so ist der Ansicht der Rechtsprechung, dass VAe mit Dauerwirkung bei Änderung der Sach- oder Rechtslage rechtswidrig werden, in dieser Allgemeinheit nicht zu folgen. Vielmehr kommt es für das **Rechtswidrigwerden** von VAen darauf an, ob die **Veränderung der Sach- oder Rechtslage in Bezug auf eine zukunftsgerichtete Tatbestandsvoraussetzung** eingetreten ist.[62] In allen Fällen, in denen der VA vollständig auf einer abgeschlossenen Sach- und Rechtslage beruht und sich nicht – auch nicht teilweise – auf eine zukunftsgerichtete Grundlage stützt, wird die Rechtmäßigkeit des VA von späteren Veränderungen nicht berührt. 47

Ein solcher Fall kann auch bei einem **VA mit Dauerwirkung** vorliegen. Dies lässt sich an Beispielen demonstrieren: Die Rechtmäßigkeit eines VA, der monatliche Leistungen für ein Jahr gewährt, kann davon abhängig sein, dass eine bestimmte Voraussetzung für jeden Monat der Leistungsgewährung fortlaufend erfüllt ist. In diesem Fall handelt es sich bei dieser Tatbestandsvoraussetzung um eine zukunftsgerichtete Tatbestandsvoraussetzung. Denkbar ist es aber auch, dass alle Tatbestandsvoraussetzungen 48

57 BVerwG, Beschl. v. 29.10.2014 – 9 B 32.14, juris Rn. 3; Beschl. v. 09.07.2013 – 3 B 100.12, juris Rn. 4; im Kontext des § 48 SGB X: BT-Drucks. 8/2034, 34; BSG, Urt. v. 16.02.1984 – 1 RA 15/83, BSGE 56, 165 – juris Rn. 23 f.;.

58 *Manssen*, ZfSH/SGB 1991, 225 (238); *Schnapp*, SGb. 1993, 1 ff.

59 S. BVerwG, Beschl. v. 29.10.2014 – 9 B 32.14, juris Rn. 3.

60 Das gilt etwa für Untersagungsverfügungen (z.B. BVerwG, Urt. v. 15.04.2015 – 8 C 6.14, BVerwGE 152, 39 – juris Rn. 22; Urt. v. 01.10.2015 – 7 C 8.14, BVerwGE 153, 99 Rn. 21; Urt. v. 30.06.2016 – 7 C 5.15, juris Rn. 15), eine Fahrtenbuchauflage (Urt. v. 28.05.2015 – 3 C 13.14, BVerwGE 152, 180 – juris Rn. 12), eine Anordnung der Teilzeitbeschäftigung (BVerwG, Beschl. v. 08.05.2013 – 2 B 24.13, juris Rn. 9 ff.) oder auch eine Wohnsitzauflage (BVerwG, Urt. v. 15.01.2013 – 1 C 7.12, BVerwGE 145, 305 – juris Rn. 9).

61 S. zur nicht einheitlichen Rspr. des BSG in dieser Frage *Schneider-Danwitz*, SGb. 2016, 409 (410 ff.).

62 *Baumeister*, Jura 2005, 655 (660 f.).

nur im Zeitpunkt des Erlasses des VA vorliegen müssen und spätere Veränderungen irrelevant sind. Ein Beispiel für einen VA, der **sowohl zukunftsgerichtete als auch vergangenheitsbezogene Tatbestandsmerkmale** aufweist, ist der BAföG-Bescheid. Auch wenn dieser nicht in den Anwendungsbereich des VwVfG, sondern den des SGB X fällt, lässt sich an ihm der Unterschied zur Auffassung der Rechtsprechung einfach demonstrieren. Bei diesem Bescheid zählen die Grenzen für das Einkommen des Berechtigten zu den zukunftsgerichteten Tatbestandsmerkmalen, weil diese Grenzen für jeden Monat der Geltung des Bescheides eingehalten werden müssen. Demgegenüber ist das Einkommen der Eltern vergangenheitsbezogen, so dass es hier keine Rolle spielt, ob sich deren Einkommen während des Bewilligungszeitraums verändert. Auch wenn Veränderungen der Sach- und Rechtslage insbesondere bei VA mit Dauerwirkung zu einem Rechtswidrigwerden führen können, kann daher allein aus der Art des VA kein Schluss auf das Rechtswidrigwerden gezogen werden. Zudem besteht die Möglichkeit des Rechtswidrigwerdens auch in Fällen nicht vollzogener VAe. Entscheidend ist immer, ob die Auslegung der Ermächtigungsgrundlage ergibt, dass ein **Tatbestandsmerkmal** auch noch nach dem Zeitpunkt des Erlasses fortwährend erfüllt sein muss, also in diesem Sinne »**zukunftsgerichtet**« ist.

49 Keine zukunftsgerichteten Tatbestandsmerkmale enthalten danach etwa Baugenehmigungen oder Planfeststellungsbeschlüsse[63]. Entfallen nach deren Erlass Tatbestandsvoraussetzungen durch eine Änderung der Rechts- oder Sachlage, so hat dies keine Auswirkung auf die Rechtmäßigkeit des VAs. Entsprechend kann eine Aufhebung auch nur nach § 49 Abs. 2 Nr. 3 oder 4 unter den dortigen Voraussetzungen mit Wirkung für die Zukunft erfolgen.

50 Die **materielle Beweislast** dafür, dass die Voraussetzungen für die Rücknahme vorliegen, trägt grds. die Behörde. Eine Ausnahme gilt dann, wenn die Nichterweislichkeit auf einem gegen die Grundsätze von Treu und Glauben verstoßenden unlauteren Verhalten beruht.[64] Besondere Beweisregeln können sich überdies aus den Fachgesetzen ergeben (vgl. etwa § 11 MOG).

51 Im Gegensatz zur Möglichkeit des Rechtswidrigwerdens von VAen (vor allem von VAen mit Dauerwirkung) **scheidet** die spiegelbildliche Konstellation des **Rechtmäßigwerdens** rechtswidrig erlassener VAe grundsätzlich **aus.**[65] Das gilt auch dann, wenn der VA im Hinblick auf die in ihm enthaltene Regelung mit dem höherrangigen Recht später (zu einem Zeitpunkt nach seinem Erlass) im Gegensatz zum Erlasszeitpunkt im Einklang steht. Bei einem VA, der im Zeitpunkt seines Erlasses wegen seines rechtswidrigen Regelungsinhalts als rechtswidrig anzusehen ist, besteht auch nach einer Änderung der Rechts- oder Sachlage das Verhaltensunrecht im Erlasszeitpunkt fort. Dies allein begründet bereits das Rechtswidrigkeitsurteil, ohne dass es auf

63 Vgl. BVerwG, Urt. v. 13.12.2007 – 4 C 9.06, BVerwGE 130, 83 – juris Rn. 83; Beschl. v. 22.06.2015 – 4 B 61.14 – juris Rn. 5.

64 BVerwG, Urt. v. 25.03.1964 – VI C 150.62, BVerwGE 18, 168 LS 1.

65 Dagegen die Möglichkeit des Rechtmäßigwerdens von DauerVAen andeutend BVerwG, Urt. v. 09.08.2016 – 4 C 5.15, juris Rn. 15.

den Regelungsinhalt ankommt, wie die Fälle der Verfahrensfehler belegen.[66] Ausnahmen von diesen Grundsätzen sind nur zu akzeptieren, wenn eine rückwirkende Änderung eintritt, die vor den Zeitpunkt des Erlasses des VA zurückreicht. Dies gilt etwa bei einem rückwirkenden Erlass einer zuvor fehlenden Rechtsgrundlage oder einer rückwirkenden Aufhebung eines die Rechtswidrigkeit des VA begründenden weiteren VA.[67] Schließlich kann auch die Heilung nach § 45 als Ausnahmefall angesehen werden; sie führt zum Rechtmäßigwerden des VA mit Wirkung ex nunc (s. § 45 Rdn. 23 ff.).[68]

Wenn demgegenüber der 8. Senat des BVerwG davon ausgeht, dass bei VAen mit Dauerwirkung das Nachschieben von (Ermessens-) Gründen bei veränderter Rechts- oder Sachlage zulässig sei und dadurch aus einem rechtswidrigen ein rechtmäßiger VA gemacht werden könne,[69] so wird die rechtliche Bedeutung des Nachschiebens von Gründen unzutreffend eingeschätzt.[70] Das Nachschieben von Gründen bewirkt den Erlass eines neuen VA, dessen Rechtmäßigkeit von der des ursprünglichen VA zu trennen ist. Eine Heilung des ursprünglichen VA tritt nicht ein.[71] 52

3. Unanfechtbarkeit

Die Rücknahme ist auch noch dann zulässig, wenn der VA unanfechtbar geworden ist. 53
Unanfechtbarkeit eines VA liegt vor, wenn er **mit Widerspruch oder Klage nicht mehr angegriffen werden kann**, weil der Betroffene eine Rechtsbehelfsfrist hat verstreichen lassen bzw. auf Einlegung eines Rechtsbehelfs verzichtet hat, oder eine rechtskräftige Entscheidung in der Sache ergangen ist. Eine Rücknahme ist allerdings dann nicht mehr möglich, wenn der VA, der zurückgenommen werden soll, in Befolgung eines rechtskräftigen Urteils oder eines wirksamen Vergleichs erlassen wurde, weil die Rechtskraft des Urteils bzw. der Vergleichsvertrag die Behörde bindet.

4. Rücknahme als Ermessensentscheidung?

Umstritten ist, ob die Rücknahme rechtswidriger VAe im Ermessen der Behörde 54
steht. Wegen der Verwendung des Wortes »kann« liegt die Annahme eines Ermessens nahe.[72] Eine solche Einschätzung übersieht jedoch die **notwendige Differenzierung zwischen unanfechtbaren und anfechtbaren VAen**.

---

66 S. *Baumeister*, S. 334; *ders.*, Das Rechtswidrigwerden von Normen, 1994, S. 175 ff.
67 S. auch *Schenke*, NVwZ 2015, 1341 ff.
68 S. auch *Schenke*, JuS 2019, 838 f.
69 BVerwG, Urt. v. 20.06.2013 – 8 C 46.12, juris Rn. 32 ff.
70 Krit. auch *Schenke*, NVwZ 2015, 1341 (1345 ff.).
71 S. näher *Baumeister*, S. 161 ff., 384 ff., 388.
72 So neben Obermayer/*Schäfer*, 3. Aufl., § 48 Rn. 27, auch Kopp/*Ramsauer*, § 48 Rn. 74, 77, 80; *Ludwigs*, DVBl 2008, 1164 (1168 f.); *Meyer/Borgs*, § 48 Rn. 2, 41, 48; Knack/Henneke/*Peuker*, § 48 Rn. 64; BeckOK VwVfG/*J. Müller*, § 48 Rn. 42; *Peine*, Allgemeines Verwaltungsrecht, Rn. 927; *Remmert*, VerwArch. 91 (2000), 209 (218); Stelkens/Bonk/Sachs/*Sachs*, § 48 Rn. 48, 61, 89 f.; § 50 Rn. 76 ff.; Mann/Sennekamp/Uechtritz/*Suerbaum*, § 48 Rn. 68.

55 Dass in den Fällen unanfechtbarer VA grundsätzlich kein Aufhebungsanspruch mehr besteht und nach § 48 deshalb die Rücknahme im Ermessen der Behörde steht, ist nicht bestritten. Anderes muss aber für VAe angenommen werden, die noch anfechtbar sind. Entgegen der genannten verbreiteten Meinung besteht **bei anfechtbaren belastenden rechtswidrigen VAen** gerade **kein Ermessensspielraum hinsichtlich der Frage der Aufhebung.**[73] Vielmehr ist die Regelung des § 48 Abs. 1 Satz 1 verfassungskonform so zu interpretieren, dass anfechtbare rechtswidrige belastende VA zwingend aufzuheben sind, während die Aufhebung nach Eintritt der Unanfechtbarkeit im Ermessen steht. Nach der Gesetzessystematik und der Entstehungsgeschichte der Vorschrift handelt es sich bei der »Kann«-Regelung zwar tatsächlich um eine Ermessensvorschrift (und nicht nur um eine reine Kompetenznorm). Der aus den Grundrechten ableitbare, also verfassungsrechtlich fundierte Beseitigungsanspruch zwingt jedoch dazu, eine grundsätzliche Pflicht der Verwaltung zu befürworten, nach der rechtswidrige belastende VAe aufgehoben werden müssen. Diese Pflicht endet mit Eintritt der Unanfechtbarkeit, was aus Gründen der Rechtssicherheit auch verfassungsrechtlich gerechtfertigt ist. Solange der VA jedoch noch anfechtbar ist, fehlt es an verfassungsrechtlich fundierten Gründen, den Beseitigungsanspruch und damit auch die Pflicht der Verwaltung zur Aufhebung einzuschränken. Eine andere Ansicht verträgt sich auch nicht damit, dass der betreffende VA im Rechtsbehelfsverfahren unbestritten aufzuheben ist. Da die Rechtsbehelfe (Widerspruch und Klage) nur der Durchsetzung des materiellen Rechts dienen, muss folglich auch außerhalb von Widerspruchs- und Klageverfahren eine materiellrechtliche Pflicht zur Aufhebung bestehen.

56 Mitunter wird angenommen, es bestehe kein Bedarf für einen Anspruch auf Rücknahme,[74] da schließlich ausreichende Rechtsbehelfe mit Widerspruch und Klage zur Verfügung stünden. Diese Auffassung macht die fehlende dogmatische Durchdringung des Individualrechtsschutzes deutlich, der gerade einen materiellrechtlichen Anspruch voraussetzt. Ohne diesen Anspruch gibt es keinen Rechtsschutz. Widerspruchs- und Klageverfahren dienen (von gesetzlich normierten Sonderfällen abgesehen) gerade ausschließlich der Durchsetzung materieller Rechte und sind nur so erklärbar. Da es aber unbestrittenermaßen einen Rechtsschutz gibt, muss es notwendigerweise einen – vorgelagerten – materiellrechtlichen Anspruch auf Aufhebung geben.[75]

5. Ermessensentscheidung über die Rücknahme eines unanfechtbaren rechtswidrigen belastenden VA

57 Während aus verfassungsrechtlichen Gründen eine Rücknahmepflicht für anfechtbare rechtswidrige belastende VA besteht (s.o. Rdn. 55), steht die Rücknahme von unanfechtbaren rechtswidrigen belastenden VA gem. Abs. 1 Satz 1 im Ermessen der Behörde. In diesem Fall besitzt der Betroffene nur noch einen **Anspruch auf eine fehlerfreie**

73 *Baumeister*, S. 225 ff; *ders.*, FS Schenke, S. 601 (605 ff.).

74 S. etwa *Ludwigs*, DVBl 2008, 1164 (1169); Knack/Henneke/*Peuker*, § 48 Rn. 77; Mann/Sennekamp/Uechtritz/*Suerbaum*, § 48 Rn. 68.

75 Ausf. *Baumeister*, FS Schenke, S. 601 (609 f.).

Ermessensentscheidung (sogenanntes formelles subjektives Recht).[76] Im Sozialrecht ist dieser Anspruch auch ausdrücklich in § 39 Abs. 1 Satz 2 SGB I geregelt. Welche Ermessenserwägungen die Behörde in diesem Fall anstellen darf, zählt zu den bis heute wenig geklärten Fragen des Verwaltungsrechts.

Die Thematik wird unter dem Stichwort des »**Wiederaufgreifens im weiteren Sinne (iwS)**« diskutiert. Das sogenannte Wiederaufgreifen im engeren Sinne (ieS) ist demgegenüber in § 51 ausdrücklich geregelt. Nach **§ 51 Abs. 5** bleiben die Vorschriften des § 48 Abs. 1 Satz 1 und des § 49 Abs. 1 unberührt. Daraus ist zu schließen, dass § 51 das Wiederaufgreifen nicht abschließend regelt. Gleichzeitig bestehen für das Wiederaufgreifen iwS auch keine Zulässigkeitsvoraussetzungen, wie sie für das Verfahren nach § 51 (Wiederaufgreifen ieS) gelten. Dies gilt insbesondere für die Antragsfrist gem. § 51 Abs. 3, die im Fall des Wiederaufgreifens iwS keine Anwendung findet.[77] 58

Die **Anfechtungsfristen** haben grundsätzlich den **Sinn**, einen anderenfalls fortdauernden Streit über die Rechtmäßigkeit eines VA und den daraus resultierenden Beseitigungsanspruch zu beenden. Das ist grundsätzlich nur möglich, wenn sich die Behörde im Fall der Geltendmachung der Rechtswidrigkeit eines VA nach Eintritt der Unanfechtbarkeit in der Regel auf die Unanfechtbarkeit berufen und die erneute rechtliche Überprüfung des VA ohne weitere Gründe ablehnen kann. 59

Die Frage, ob in den Fällen des Wiederaufgreifens iwS das **Verfahren und die von der Behörde zu treffenden Entscheidungen gestuft** sind wie im Fall des Wiederaufgreifens ieS, wird in der Rechtsprechung nicht einheitlich beantwortet. Wohl überwiegend wird von zwei Stufen ausgegangen: Auf der **ersten Stufe** ist eine **Ermessensentscheidung über das Wiederaufgreifen** zu treffen, auf der **zweiten Stufe** steht – bei einem Wiederaufgreifen und nach Feststellung der Rechtswidrigkeit des VA – die **Ermessensentscheidung über die Aufhebung** an.[78] Das zentrale Interesse aus der Perspektive des belasteten VA-Adressaten richtet sich auf die rechtlichen Bindungen und Grenzen bei der jeweiligen Ermessensausübung. Welche Ermessenserwägungen bei welcher der beiden Entscheidungen zulässig sind, ist nicht abschließend geklärt. 60

Hinsichtlich der Entscheidung über das Wiederaufgreifen iwS (Stufe 1) lässt sich aus dem Sinn der Anfechtungsfristen ableiten, dass sich die Behörde grundsätzlich nicht auf eine Überprüfung der Rechtmäßigkeit des VA einlassen muss und daher das Wiederaufgreifen (bzw. die Aufhebung des VA) rechtsfehlerfrei allein mit dem Hinweis auf die Unanfechtbarkeit des VA ablehnen kann. Da die Entscheidung über das 61

76 BVerwG, Urt. v. 20.03.2008 – 1 C 33.07, NVwZ 2008, 1024 – juris Rn. 12; Urt. v. 22.10.2009 – 1 C 15.08, BVerwGE 135, 121 – juris Rn. 26; Urt. v. 20.11.2018 – 1 C 25.17, juris Rn. 26; Urt. v. 21.06.2017 – 6 C 43.16, juris Rn. 9.

77 BVerwG, Urt. v. 22.10.2009 – 1 C 15.08, BVerwGE 135, 121 – juris Rn. 27.

78 So ausdrücklich auch BVerwG, Urt. v. 22.10.2009 – 1 C 15.08, BVerwGE 135, 121 – juris LS 1, Rn. 25 ff.; Urt. v. 13.12.2011 – 5 C 9.11, BayVBl. 2012, 478 – juris Rn. 29; Beschl. v. 02.04.2014 – 2 B 9.12, juris Rn. 10; a.A. OVG Nordrhein-Westfalen, Beschl. v. 25.06.2018 – 12 A 1313/14, juris Rn. 11; Stelkens/Bonk/Sachs/*Sachs*, § 51 Rn. 142.

Wiederaufgreifen iwS der Prüfung der Rechtmäßigkeit des VA vorgelagert ist, muss sich die Behörde grundsätzlich nicht (erneut) auf diese Prüfung einlassen.[79]

62 Während auf die fehlerfreie Ermessensentscheidung über das Wiederaufgreifen nach § 48 Abs. 1 Satz 1 ein Anspruch des Betroffenen besteht, wird dagegen ein Anspruch auf Wiederaufgreifen iwS in der Rechtsprechung nur anerkannt, wenn »**die Aufrechterhaltung des Bescheides schlechthin unerträglich wäre**«[80], »Umstände ersichtlich sind, die die Berufung der Behörde auf die Unanfechtbarkeit des Bescheides als einen Verstoß gegen die guten Sitten oder Treu und Glauben erscheinen lassen«[81] oder wenn die Überprüfung nach der Rechtsprechung des EuGH unionsrechtlich geboten ist.[82]

63 Die damit aufgestellten **Voraussetzungen für eine Ermessensreduktion auf Null** hinsichtlich der Entscheidung über das Wiederaufgreifen (Stufe 1) sind jedoch deutlich zu eng gefasst. Zumindest in dem von der Rechtsprechung genannten Fall, dass die **Aufrechterhaltung des Bescheides »schlechthin unerträglich«** ist, bezieht sich der Anspruch schon nach der Umschreibung des Falles nicht nur auf das Wiederaufgreifen (Stufe 1), sondern zugleich auf die Entscheidung über die Aufhebung des VA (Stufe 2).[83]

64 Richtigerweise sind daher Kriterien zu entwickeln, nach denen eine **Ermessensreduktion** allein hinsichtlich des Wiederaufgreifens (Stufe 1) eintritt. Nach hier vertretener Ansicht ist das zum einen immer dann der Fall, sobald etwa die **Rechtswidrigkeit des VA feststeht.** Hier bedarf es sogleich einer Entscheidung auf der zweiten Stufe, also darüber, ob der VA trotz seiner Rechtswidrigkeit aufrechterhalten werden kann bzw. soll. Ebenfalls **von einer Reduktion des Ermessens über das Wiederaufgreifen (Stufe 1) ist auszugehen, sobald neue objektive gewichtige, bisher noch nicht berücksichtigte Anhaltspunkte für die Rechtswidrigkeit des VA vorliegen** oder vorgetragen werden.[84] In diesem Fall muss die Behörde grundsätzlich noch einmal die Rechtmäßigkeit des VA unter dem neuen Gesichtspunkt prüfen. Bestehen Gründe unabhängig von der Rechtswidrigkeit des VA, aus denen heraus der VA selbst bei Rechtswidrigkeit nach Ansicht der Behörde aufrechterhalten werden soll, kann die Rechtmäßigkeitsprüfung gewissermaßen übersprungen und die Aufhebung auch mit entsprechender Begründung sogleich abgelehnt werden. Hier handelt es sich aber um eine Entscheidung

79 OVG Sachsen, Beschl. v. 17.04.2018 – 2 A 30/17, juris Rn. 6; *Baumeister*, VerwArch. 83 (1992), 374 (380).

80 BVerwG, Urt. v. 13.12.2011 – 5 C 9.11, BayVBl. 2012, 478 – juris Rn. 29; Urt. v. 22.10.2009 – 1 C 15.08, BVerwGE 135, 121 – juris Rn. 30; Urt. v. 20.03.2008 – 1 C 33.07, NVwZ 2008, 1024 – juris Rn. 12; Urt. v. 30.01.1974 – VIII C 20.72, BVerwGE 44, 333 (336) – juris Rn. 24; Urt. v. 19.10.1967 – II C 123.66, BVerwGE 28, 122 (127).

81 BVerwG, Urt. v. 30.01.1974 – VIII C 20.72, BVerwGE 44, 333 (336) – juris Rn. 24; Urt. v. 12.12.1967 – I C 30.67, DVBl 1968, 918 (919).

82 BVerwG, Urt. v. 22.10.2009 – 1 C 15.08, BVerwGE 135, 121 – juris Rn. 30.

83 So ausdrücklich etwa auch BVerwG, Urt. v. 20.03.2008 – 1 C 33.07, NVwZ 2008, 1024 – juris Rn. 13; Urt. v. 20.11.2018 – 1 C 25.17, juris Rn. 26; OVG Nordrhein-Westfalen, Beschl. v. 14.02.2020 – 4 A 1464/17, juris Rn. 17.

84 *Baumeister*, VerwArch. 83 (1992), 374 (381 ff.).

auf der zweiten Stufe, die nicht mehr pauschal mit der Unanfechtbarkeit des VA begründet werden kann. Auf die Bestandskraft, die die Behörde vor wiederholten Auseinandersetzungen mit der Frage der Rechtswidrigkeit des VA schützen soll, kann als Argument nicht mehr abgestellt werden, wenn die Rechtswidrigkeit des VA feststeht oder neue beachtliche Argumente für die Rechtswidrigkeit des VA vorliegen.

Die Ermessensentscheidung nach der Feststellung der Rechtswidrigkeit des VA hat die Schwere der mit dem VA verbundenen Belastung, gegebenenfalls spezieller Grundrechtseingriffe, zum öffentlichen Interesse, insbesondere im Hinblick auf den Gesichtspunkt der Rechtssicherheit und den Folgen der Ablehnung der Rücknahme wie auch der Aufrechterhaltung des VA, in Beziehung zu setzen. Für die Fälle, in denen die Aufrechterhaltung des VA z.B. »schlechthin unerträglich« wäre, ist das Ermessen »auf Null« reduziert.[85] 65

6. Rücknahme als VA

Die Rücknahme eines VA ist selbst ebenfalls wieder ein VA.[86] Sie erfolgt regelmäßig durch eine ausdrückliche Entscheidung. Eine **konkludente Rücknahme** ist aber nicht ausgeschlossen. Soweit sie in der Rechtsprechung in der Vergangenheit eher großzügig angenommen wurde,[87] ist das vor allem mit den Erfordernissen der Ermessensentscheidung (Ermessensbetätigung) und dem Begründungserfordernis nicht vereinbar. Im praktischen Ergebnis dürfte die konkludente Rücknahme nur in den Fällen einer Ermessensreduktion auf Null oder bei Befürwortung eines intendierten Ermessens angenommen werden können (s. in Zusammenhang mit dem Erstattungsbescheid auch § 49a Rdn. 19). 66

III. Rücknahme begünstigender Verwaltungsakte (Abs. 1 Satz 2, Abs. 2 bis 4)

Neben der Grundnorm des Abs. 1 Satz 1 enthält § 48 Sondervorschriften für die Rücknahme begünstigender VAe. Nach Abs. 1 Satz 2 gelten für einen VA, der ein Recht oder einen rechtlich erheblichen Vorteil begründet oder bestätigt hat (begünstigender VA), die einschränkenden Voraussetzungen der Abs. 2 bis 4. Hintergrund dieser Ausnahmevorschriften ist die Notwendigkeit der Berücksichtigung von Vertrauensschutz. 67

---

85 BVerwG, Urt. v. 10.10.2018 – 1 C 26.17, juris Rn. 31; Urt. v. 20.11.2018 – 1 C 23.17, juris Rn. 26; VGH Bayer, Beschl. v. 19.09.2019 – 6 ZB 19.767, juris Rn. 14; OVG Thüringen, Beschl. v. 07.03.2019 – 3 ZKO 516/14, juris Rn. 11; zu einem weiteren Fall der Ermessensreduktion auf Null (Aufhebung der Rücknahme eines Immatrikulationsbescheides) OVG Sachsen, Beschl. 24.08.2018 – 5 A 82/17, juris Rn. 58.

86 Stellv. BVerwG, Urt. v. 23.09.2004 – 2 C 37.03, BVerwGE 122, 58 (59) – juris Rn. 14; *Ehlers/Kallerhoff*, Jura 2009, 823 (824); Stelkens/Bonk/Sachs/*Sachs*, § 48 Rn. 242.

87 Vgl. BVerwG, Urt. v. 20.02.1981 – 7 C 60.78, BVerwGE 62, 1 (5); Urt. v. 21.07.1983 – 3 C 11.83, BVerwGE 67, 305 (307 f.); Urt. v. 13.12.1984 – 3 C 79.82, NVwZ 1985, 488 (489); Urt. v. 05.09.1991 – 3 C 64.88, NVwZ 1992, 772 (773); Urt. v. 26.07.2006 – 6 C 20.05, BVerwGE 126, 254 – juris Rn. 100; ebenso Stelkens/Bonk/Sachs/*Sachs*, § 48 Rn. 244, § 49a Rn. 38; Kopp/*Ramsauer*, § 48 Rn. 29; tendenziell ebenso Mann/Sennekamp/Uechtritz/*Suerbaum*, § 48 Rn. 100 ff.

Aus diesem Grund ist zwischen der Rücknahme belastender und der begünstigender VAe zu differenzieren.

1. Begünstigender VA

68 Ob es sich um einen begünstigenden VA handelt, lässt sich im Ergebnis nicht nach den Kriterien des Abs. 1 Satz 2 beurteilen.[88] Vielmehr kann die Abgrenzung zwischen begünstigenden und nicht begünstigenden VAen nur danach vorgenommen werden, ob die Aufhebung objektiv zugunsten des Betroffenen oder zu dessen Lasten erfolgt.[89] **Sobald die Aufhebung eine Belastung für eine Person (den Adressaten oder einen Dritten) darstellt, handelt es sich um die Aufhebung eines begünstigenden VA.** Entscheidend ist also nicht der Inhalt des VA (Begründung oder Bestätigung eines Rechts oder eines rechtlich erheblichen Vorteils), sondern die Frage, ob der VA zugunsten oder zulasten des Betroffenen geändert wird.[90] Die Notwendigkeit zu dieser Auffassung ergibt sich bei beabsichtigten Verschlechterungen der Rechtsposition des Betroffenen aus dem in diesem Fall zu berücksichtigenden Vertrauensschutz.

69 Teilweise werden entsprechende VAe auch als »gemischte« VAe oder MischVAe bezeichnet, die für den Adressaten zugleich begünstigend und belastend seien.[91] Für die Frage der Rücknahmevoraussetzungen und die der Anwendbarkeit des Abs. 1 Satz 2 kommt es bei diesen VAen gerade darauf an, ob die Aufhebung bzw. Änderung des VA eine Begünstigung darstellt, weil die Leistung verbessert bzw. erweitert wird. In diesem Fall liegen die Voraussetzungen von Abs. 1 Satz 2 nicht vor; die Rücknahme richtet sich allein nach Abs. 1 Satz 1.

70 Häufig erörtert wird auch die Frage von gegenläufigen Neben- oder Auswirkungen von VAen für deren Einordnung als begünstigend oder nicht begünstigend. So können begünstigende VAe auch belastende Nebenwirkungen haben und umgekehrt. Insoweit wird regelmäßig vertreten, dass diese Nebenwirkungen keine Relevanz für die Einordnung des VA als begünstigend oder belastend besitzen.[92] Insoweit sei zwischen der Regelung des VA und seinen weiteren Auswirkungen (oder Nebenwirkungen) zu trennen. Für die Frage der Einordnung als begünstigender oder nicht begünstigender VA im Rahmen der Aufhebung des VA ist nach hier vertretener Ansicht die (beabsichtigte) Neuregelung im Verhältnis zur bestehenden Regelung zu betrachten.

71 Gegen diese Ansicht ist angeführt worden, dass ein belastender VA keinen Vertrauensschutz dahingehend begründe, nicht einer noch stärkeren Belastung ausgesetzt zu

---

88 Das wird häufig nicht gesehen, s. etwa Mann/Sennekamp/Uechtritz/*Suerbaum*, § 48 Rn. 107 (möglicherweise aber angedeutet in Rn. 109); im Kontext des § 80 VwGO zutreffend etwa Hk-VerwR/*Bostedt*, VwGO, § 80 Rn. 20.

89 Näher JurisPK-SGB X/*Baumeister*, § 44 Rn. 57 ff.

90 Ansätze in diese Richtung auch bei Hk-VerwR/*Kastner*, § 48 Rn. 38.

91 VGH Baden-Württemberg, Urt. v. 24.04.2018 – 2 S 2327/17, juris Rn. 23; Stelkens/Bonk/Sachs/*Sachs*, § 48 Rn. 126.

92 OVG Sachsen, Beschl. v. 24.08.2018 – 5 A 82/17, juris Rn. 32; Stelkens/Bonk/Sachs/*Sachs*, § 48 Rn. 125.

werden. In diesem Fall könnten etwaige schutzwürdige Interessen auch im Rahmen der Ermessensentscheidung gem. Abs. 1 Satz 1 berücksichtigt werden.[93] Diese Auffassung überzeugt nicht. Ob ein schutzwürdiges Interesse an einer nicht noch stärkeren Belastung besteht, kann gleichermaßen im Rahmen der Abs. 2 oder 3 berücksichtigt werden. Zudem müsste die Gegenmeinung den Fall, in dem etwa die Gewährung einer Geldleistung durch die Gewährung einer höheren Geldleistung ersetzt werden soll, konsequenterweise nach Abs. 2 zu beurteilen versuchen. Eine sinnvolle Anwendung und Prüfung der Tatbestandsvoraussetzungen ist hier aber kaum vorstellbar.

2. Rücknahme leistungsgewährender Verwaltungsakte (Abs. 1 Satz 2, Abs. 2)

Abs. 2 befasst sich mit der Rücknahme leistungsgewährender VAe (VAe, die eine ein- 72
malige oder laufende Geldleistung oder teilbare Sachleistung gewähren oder hierfür Voraussetzung sind) und bestimmt im Einzelnen in Satz 1 die Unzulässigkeit der Rücknahme im Fall des gebotenen Vertrauensschutzes, in Satz 2 Regelfälle der Schutzwürdigkeit des Vertrauens, in Satz 3 Fälle der mangelnden Schutzwürdigkeit des Vertrauens und in Satz 4 die grundsätzliche Pflicht der Behörde zur Rücknahme des VA mit Wirkung für die Vergangenheit in den Fällen der mangelnden Schutzwürdigkeit nach Satz 3.

a) Rechtswidrige leistungsgewährende Verwaltungsakte (Abs. 2 Satz 1 Halbs. 1)

Nach Satz 1 darf ein rechtswidriger leistungsgewährender VA im Fall des gebotenen 73
Vertrauensschutzes nicht zurückgenommen werden. Gegenstand des Rücknahmeverbots ist ein VA, der eine **einmalige oder laufende Geldleistung oder teilbare Sachleistung gewährt oder hierfür Voraussetzung ist** (leistungsgewährender VA). Erfasst werden alle VAe, die Geld- oder teilbare Sachleistungen dem Grunde und/oder der Höhe nach festsetzen (zur Leistungsgewährung im Fall der Verschlechterung eines belastenden VA s.o. Rdn. 68).

Ein VA gewährt eine Leistung, wenn er eine **Anordnung** trifft, **die das Vermögen des** 74
Begünstigten unmittelbar vergrößert, sodass die Pflicht der Behörde zur Erbringung der Leistung von keinem weiteren Rechtsakt abhängt. Die Leistung kann auch darin bestehen, dass die Behörde auf eine vom Begünstigten geschuldete Leistung verzichtet.[94] Bezieht sich die Anordnung auf eine andere Leistung oder Feststellung und ist die Geldleistung nur mittelbare Folge, kann der VA nur nach Abs. 3 zurückgenommen werden.[95]

Um eine **einmalige oder laufende Geldleistung** handelt es sich, wenn eine Leistung 75
einmal oder für eine bestimmte Zeit zu bestimmten Terminen zu erbringen und in Geld beziffert oder bezifferbar ist. Zu den Geldleistungen zählen insb. die verschiedenen Formen einer wirtschaftlichen Unterstützung (wie Subventionen).

---

93 Stelkens/Bonk/Sachs/*Sachs*, § 48 Rn. 43 f., 132.
94 Kopp/*Ramsauer*, § 48 Rn. 86.
95 Insoweit a.A. Pautsch/Hoffmann/*Pautsch*, § 48 Rn. 37 f.; *Ziekow*, § 48 Rn. 46.

76 Eine **teilbare Sachleistung** ist jede sonstige Leistung, die für den Begünstigten einen Vermögenswert besitzt, für den Staat also nur eine finanzielle Belastung bedeutet[96] und der Menge, Anzahl oder Zeit nach teilbar ist. Gegenstand einer Sachleistung kann die Übereignung eines jeden körperlichen Gegenstandes oder dessen Gebrauchsüberlassung sein (z.B. die Überlassung von Wohnräumen oder Dienstwohnungen, die Gewährung von Bekleidung oder Heizmaterial). Keine Sachleistungen sind Dienstleistungen oder die Erteilung von Erlaubnissen.

77 **Teilbar** ist eine Sachleistung dann, wenn die zu leistende Sache im Wirtschaftsleben in beliebiger Zahl bzw. Menge vorhanden ist und damit einen bestimmten, allgemein bekannten Vermögenswert besitzt. So stellt das vom Gesetzgeber wenig glücklich verwendete Adjektiv »teilbar« tatsächlich nicht auf die Teilbarkeit der durch einen rechtswidrigen begünstigenden VA gewährten (konkreten) Sachleistung ab. Es verlangt vielmehr, dass diese aus einem bestimmten allgemeinen Komplex teilbarer Sachen erbracht wird. Eine Teilung ist in tatsächlicher oder zeitlicher Hinsicht denkbar.

78 Ein **VA ist die Voraussetzung für die Gewährung einer Leistung**, wenn er eine Tatbestandsvoraussetzung für die Entstehung eines Leistungsanspruchs darstellt, weil er eine Leistung nur dem Grunde nach gewährt oder zusammen mit anderen Tatbestandsvoraussetzungen einen Leistungsanspruch kraft Gesetzes entstehen lässt oder die Behörde zum Erlass eines eine Leistung gewährenden VA verpflichtet. VAe der letztgenannten Art sind z.B. die Festsetzung des Besoldungsdienstalters nach § 27 Abs. 2 BBesG, die Einweisung eines Beamten in eine Planstelle, die Erteilung von Sonderurlaub an einen Beamten unter Fortzahlung der Dienstbezüge,[97] die Zuerkennung oder Bestätigung einer Eigenschaft, die zum Empfang von Leistungen berechtigt, der Referenzmengenbescheid nach der Milchgarantiemengenverordnung, der zur abgabenfreien Anlieferung von Milch berechtigt,[98] die Härtefallbescheinigung nach § 9 Milchgarantiemengenverordnung[99] oder die Feststellung der Vertriebeneneigenschaft.

79 Keine Voraussetzung für die Gewährung einer Leistung (mangels unmittelbarer Kausalität zwischen VA und Leistungsgewährung) ist die Erteilung einer Erlaubnis, mit deren Inanspruchnahme für den Begünstigten eine Gewinnchance und die Aussicht auf Zuerkennung einer Subvention verbunden sind.

b) Vertrauen in den Bestand des Verwaltungsaktes (Abs. 2 Satz 1 Halbs. 2)

80 Die Rücknahme eines leistungsgewährenden VA ist ausgeschlossen, soweit der Begünstigte auf den Bestand des VA vertraut hat und sein Vertrauen schutzwürdig ist. Der Grundsatz des Vertrauensschutzes genießt Verfassungsrang.[100] Er schränkt das Rücknahmeermessen der Behörde aus Abs. 1 Satz 1 ein.

96 Kopp/*Ramsauer*, § 48 Rn. 88.
97 *Meyer/Borgs*, § 47 Rn. 55.
98 BVerwG, Urt. v. 18.04.1997 – 3 C 3.95, DVBl 1997, 1324 – juris Rn. 35 ff.; BFH, Urt. v. 30.10.1990 – VII R 101/89, BFHE 161, 156 – juris Rn. 11.
99 OVG Rheinland-Pfalz, Urt. v. 23.03.1990 – 8 A 77/89, Agrarrecht 1991, 258.
100 BVerfG, Beschl. v. 16.12.1981 – 1 BvR 898/79 u. a., BVerfGE 59, 128 (152).

In **subjektiver Hinsicht** muss der Begünstigte tatsächlich auf den Bestand des VA, d.h. auf die rechtlichen Auswirkungen des VA, vertraut haben. Ein Vertrauenstatbestand fehlt, wenn der Begünstigte den Inhalt des VA gar nicht kannte oder Zweifel an der Rechtmäßigkeit des VA hatte und mit der Möglichkeit einer Aufhebung des VA rechnete. Nach außen erkennbar ist das Vertrauen dadurch, dass der Begünstigte das Vertrauen in den Bestand des VA durch sein Verhalten betätigt, etwa weil er im Hinblick auf die Regelung des VA Dispositionen getroffen hat. 81

In **objektiver Hinsicht** muss das Vertrauen unter Abwägung mit dem öffentlichen Interesse an einer Rücknahme des VA **schutzwürdig** sein. Eine Schutzwürdigkeit des Vertrauens kann insb. zu bejahen sein, wenn die Voraussetzungen des Satzes 2 erfüllt sind, die Fehlerhaftigkeit des VA nicht vom Begünstigten verursacht worden ist,[101] der Einzug der Vergünstigung für den Begünstigten schwerwiegende existenzielle Folgen hätte,[102] seit Erlass des VA ein verhältnismäßig langer Zeitraum vergangen ist, der VA in einem mit besonderen rechtlichen Garantien ausgestatteten Verfahren zustande gekommen ist.[103] 82

In den genannten Fällen wird (vorbehaltlich der Fälle von Satz 3) regelmäßig – wie dies für die Fälle des Satzes 2 im Gesetz ausdrücklich festgelegt ist – eine (die Rücknahme des rechtswidrigen VA ausschließende) Schutzwürdigkeit des Vertrauens gegeben sein. Etwas anderes gilt nur dann, wenn dem für eine Rücknahme sprechenden öffentlichen Interesse – etwa zum Schutz eines überragend wichtigen Gemeinschaftsgutes – ein besonderes Gewicht zukommt. 83

Die **Schutzwürdigkeit des Vertrauens fehlt**, wenn der Begünstigte sich nach **Satz 3** nicht auf Vertrauen berufen kann oder aus einem anderen Grund keinen Vertrauensschutz verdient (z.B. wegen leichtfertiger Vermögensdispositionen[104] oder wegen eines nicht von Satz 3 erfassten sonstigen unredlichen Verhaltens). 84

Auf Vertrauensschutz können sich nur Personen berufen, denen auch Grundrechtsschutz zuzuerkennen ist. VAe ggü. Trägern der öffentlichen Verwaltung können ohne Rücksicht auf Vertrauensschutz zurückgenommen werden.[105] 85

c) Regelfälle schutzwürdigen Vertrauens (Abs. 2 Satz 2)

Satz 2 führt zwei Fallgruppen an, bei deren Verwirklichung das Vertrauen idR schutzwürdig ist. Zweck der Vorschrift ist es, mit der Nennung zweier exemplarischer Fallgruppen einen Hinweis darauf zu geben, unter welchen ähnlichen Umständen das 86

---

101 BVerwG, Urt. v. 12.05.1960 – III C 97.59, BVerwGE 10, 308.
102 BVerwG, Beschl. v. 23.04.1968 – III B 208.67, BVerwGE 29, 291.
103 BVerwG, Urt. v. 30.08.1961 – IV C 86.58, BVerwGE 13, 28.
104 *Meyer/Borgs*, § 48 Rn. 58.
105 BVerwG, Urt. v. 29.05.1980 – 5 C 11/78, BVerwGE 60, 208 (211); Urt. v. 27.04.2006 – 3 C 23.05, BVerwGE 126, 7 – juris Rn. 24; Urt. v. 16.06.2015 – 10 C 15.14, BVerwGE 152, 211 – juris Rn. 20; a.A. Kopp/*Ramsauer*, § 48 Rn. 85.

Vertrauen schutzwürdig ist.[106] Die Vorschrift soll verhindern, dass dem Begünstigten durch sein Vertrauen auf den Bestand des VA ein Vermögensschaden entsteht.[107]

87 Das Vertrauen ist i.d.R. schutzwürdig, wenn der Begünstigte die durch VA gewährte Leistung verbraucht hat. Ob ein **Verbrauch der Leistung** i.S.d. ersten Fallgruppe vorliegt, richtet sich nach den Kriterien, die auch zur Feststellung der Entreicherung im Zivilrecht gem. § 818 Abs. 3 BGB verwendet werden. Danach wird ein saldenmäßiger Vergleich des Aktiv- und Passivvermögens vor und nach der Transaktion, durch die der Verbrauch eingetreten sein könnte, vorgenommen (Saldotheorie).[108] Auf die zivilrechtliche Rechtsprechung zu § 818 Abs. 3 BGB kann insoweit zurückgegriffen werden.

88 Werden Leistungen etwa zur Schuldentilgung verwendet, so tritt damit gerade **kein Verbrauch** ein. Dasselbe gilt für Anschaffungen, die sich noch im Vermögen des Leistungsempfängers befinden. Auch das Ersparen von regelmäßigen Aufwendungen, die mit der Leistung getragen werden, ist nicht als Verbrauch anzusehen. Ein **Verbrauch** der Leistung ist demgegenüber beispielsweise anzunehmen, wenn die Lebensführung verbessert wird, also Aufwendungen getätigt werden, die ohne die Leistung nicht vorgenommen worden wären.

89 Der Begünstigte hat i.S.d. zweiten Fallgruppe eine **Vermögensdisposition** getroffen, wenn er über die gewährte Leistung verfügt hat oder im Hinblick auf die gewährte Leistung eine sein Vermögen berührende Verpflichtung eingegangen ist, und die getroffene Disposition nicht mehr oder nur unter unzumutbaren Nachteilen rückgängig gemacht werden kann.

90 Eine Vermögensdisposition i.S.d. zweiten Fallgruppe liegt etwa vor, wenn der Begünstigte im Hinblick auf den Bestand des leistungsgewährenden VA **seine Lebenshaltung auf ein bestimmtes Niveau eingerichtet** hat,[109] eine Vergütung für die endgültige Aufgabe der Milcherzeugung für die Gründung einer neuen Existenz in Form einer Pferdezucht verwendet hat, im Hinblick auf erteilte Einfuhrlizenzen Verträge über die Einfuhr von Waren geschlossen hat, eine nicht aussichtslose Rechtsverfolgung zur Durchsetzung eines vermögenswerten Anspruchs unterlassen hat.

91 Die Schutzwürdigkeit des Vertrauens bei irreversiblem Verbrauch der Leistung ist nur die Regel. Sie greift nicht ein, wenn **ausnahmsweise überwiegende öffentliche Interessen** eine Rücknahme verlangen,[110] oder wenn der Begünstigte wegen leichtfertiger Vermögensdispositionen (z.B. Spekulationsgeschäften) keinen Vertrauensschutz verdient.[111]

106 Stelkens/Bonk/Sachs/*Sachs*, § 48 Rn. 141.
107 Kopp/*Ramsauer*, § 48 Rn. 94.
108 BVerwG, Urt. v. 28.01.1993 – 2 C 15.91, juris Rn. 11.
109 BVerwG, Urt. v. 24.04.1959 – VI C 91.57, BVerwGE 8, 269.
110 Stelkens/Bonk/Sachs/*Sachs*, § 48 Rn. 146.
111 *Meyer/Borgs*, § 48 Rn. 58.

d) Ausschluss der Berufung auf Vertrauen (Abs. 2 Satz 3)

Satz 3 schließt eine Berufung auf Vertrauen unter bestimmten Voraussetzungen aus. 92
Das Gesetz nennt drei Fallgruppen:

aa) Unlautere Mittel (Abs. 2 Satz 3 Nr. 1)

Der Begünstigte kann sich nicht auf Vertrauen berufen, wenn er den VA durch **arglistige Täuschung, Drohung oder Bestechung** erwirkt hat. Eine **arglistige Täuschung** liegt vor, wenn der Begünstigte auf den Erklärungswillen der Behörde durch Herbeiführung oder Aufrechterhaltung eines Irrtums eingewirkt hat. Eine **Drohung** ist in der Ausübung psychischen Zwangs durch Erregung von Furcht vor einem künftigen Übel zu sehen. Eine **Bestechung** ist gegeben, wenn der Begünstigte einen Vorteil als Gegenleistung für den Erlass eines rechtswidrigen VA angeboten, versprochen oder gewährt hat. 93

Der VA ist durch eines der in Nr. 1 genannten **Mittel** erwirkt, wenn der Einsatz des Mittels dem Begünstigten zuzurechnen ist, weil er es **selbst** (ggf. durch die Einschaltung Dritter) **angewendet** hat **oder ein Dritter**, für dessen Verhalten der Begünstigte einzustehen hat (z.B. Bevollmächtigter),[112] **sich des Mittels bedient hat** und der Einsatz des unlauteren Mittels für die Rechtswidrigkeit des VA ursächlich war. Entscheidend ist, ob die Behörde ohne den Einsatz des unlauteren Mittels vom Erlass des VA abgesehen haben würde.[113] 94

Unklar ist, ob der Wegfall des Vertrauensschutzes nach Nr. 1 infolge des Einsatzes des unlauteren Mittels von dem Begünstigten bzw. von dem Dritten, für den der Begünstigte einzustehen hat, verschuldet sein muss.[114] Angesichts der Voraussetzungen des § 49a Abs. 2 Satz 2 für den Erstattungsanspruch spricht mehr dafür, dass es in § 48 nicht auf ein Verschulden ankommt. 95

bb) Unrichtige oder unvollständige Angaben (Abs. 2 Satz 3 Nr. 2)

Auf Vertrauen kann sich der Begünstigte weiter nicht berufen, wenn er (oder sein Vertreter) den VA durch Angaben erwirkt hat, die in wesentlicher Beziehung unrichtig oder unvollständig waren. Erfasst werden damit alle Angaben, die sich auf objektiv nachprüfbare Tatsachen beziehen und wegen ihrer Unrichtigkeit oder Unvollständigkeit zu einer rechtswidrigen Entscheidung geführt haben. Den unrichtigen Angaben stehen unvollständige Angaben dann gleich, wenn der Begünstigte aufgrund einer Rechtsvorschrift oder einer behördlichen Aufforderung zu einer (vollständigen) Angabe über eine entscheidungserhebliche Tatsache verpflichtet war. 96

112 BVerwG, Urt. v. 22.03.2017 – 5 C 4.16, juris Rn. 27 ff.; dazu *Eifert*, Jura (JK) 2017, 1345.

113 BVerwG, Urt. v. 25.10.1968 – VI C 95.67, BVerwGE 31, 1; Knack/Henneke/*Peuker*, § 48 Rn. 120.

114 So Obermayer/*Schäfer*, 3. Aufl., § 48 Rn. 62; Stelkens/Bonk/Sachs/*Sachs*, § 48 Rn. 156.

97 Auf ein Verschulden des Begünstigten bzw. seines Bevollmächtigten oder Vertreters kommt es nicht an. Der Wegfall des Vertrauensschutzes nach Nr. 2 stellt keine Sanktion für doloses Verhalten dar, sondern geht von der selbstverständlichen Verantwortung eines jeden Verfahrensbeteiligten bzw. der ihn vertretenden Person aus, bei der Ermittlung des Sachverhalts mitzuwirken.

98 Der Tatbestand der Nr. 2 ist auch dann erfüllt, wenn der Behörde die Unrichtigkeit bekannt war oder wenn die Unrichtigkeit bzw. Unvollständigkeit so offensichtlich war, dass die Behörde sie hätte erkennen und für eine Aufklärung nach § 24hätte sorgen müssen. Das gilt erst recht bei einem kollusiven Zusammenwirken zwischen dem Begünstigten und der Behörde. Hier kann kein schutzwürdiges Vertrauen entstehen.[115] Eine Mitverantwortung der Bewilligungsbehörde führt nicht zur Unanwendbarkeit des Tatbestands.[116] Anderes dürfte aber gelten, wenn die Behörde die Fehlerhaftigkeit der Angaben (z.B. durch unvollständige Antragsformulare) selbst herbeigeführt hat.

cc) Kenntnis der Rechtswidrigkeit oder grob fahrlässige Nichtkenntnis (Abs. 2 Satz 3 Nr. 3)

99 Der Vertrauensschutz entfällt schließlich, wenn der Begünstigte die Rechtswidrigkeit des VA kannte oder infolge grober Fahrlässigkeit nicht kannte. **Kenntnis der Rechtswidrigkeit** liegt vor, wenn der Begünstigte entsprechend seiner persönlichen Rechtskenntnisse die Rechtswidrigkeit erkannt hat oder – als Laie – nach der im Strafrecht entwickelten Parallelwertung in der Laiensphäre angenommen hat, dass der VA »nicht richtig« sein kann.

100 Da der Nachweis der Kenntnis in der Praxis nur selten möglich sein wird, kommt der 2. Alternative, der **grob fahrlässigen Nichtkenntnis der Rechtswidrigkeit**, die wesentlich größere praktische Bedeutung zu. Der im Gesetz verwendete Fahrlässigkeitsbegriff stimmt mit dem des § 276 Abs. 2 BGB überein.[117] Der Fahrlässigkeitsbegriff bezieht sich auf ein individuelles Verhalten. Entsprechend sind die persönlichen Umstände, die individuellen Kenntnisse und Erfahrungen des Handelnden maßgeblich dafür, ob ihm der entsprechende Fahrlässigkeitsvorwurf zu machen ist. »Grobe Fahrlässigkeit erfordert ein besonders schwerwiegendes und auch subjektiv schlechthin unentschuldbares Fehlverhalten, das über das gewöhnliche Maß an Fahrlässigkeit erheblich hinausgeht«[118]. Die Unkenntnis beruht auf **grober Fahrlässigkeit**, wenn **die im Verkehr erforderliche Sorgfalt in besonders schwerer Weise verletzt** worden ist (weil einfachste, ganz naheliegende Überlegungen nicht angestellt worden sind). Ob dies zutrifft, hängt von den Umständen des Einzelfalls, insb. vom Erkenntnisvermögen des Begünstigten,

115 Vgl. BVerwG, Urt. v. 24.07.2014 – 3 C 23.13, juris Rn. 33; *Liebler*, jurisPR-BVerwG 22/2014 Anm. 5.

116 BVerwG, Urt. v. 14.08.1986 – 3 C 9.85, BVerwGE 74, 357 (363 f.); Urt. v. 20.10.1987 – 9 C 255.86, BVerwGE 78, 139 (142 f.).

117 BVerwG, Beschl. v. 12.12.2007 – 2 B 93.07, Buchholz 316 § 48 Nr. 120 – juris Rn. 5.

118 BVerwG, Beschl. v. 12.12.2007 – 2 B 93.07, Buchholz 316 § 48 Nr. 120 – juris Rn. 6 m.w.N.

ab. An Personen mit juristischer Vorbildung sind im Allgemeinen strengere Anforderungen zu stellen als an andere. Bei komplizierten Berechnungen wird das Nichterkennen eines die Rechtswidrigkeit bedingenden Fehlers regelmäßig nicht auf grober Fahrlässigkeit beruhen. Dagegen ist grobfahrlässige Unkenntnis immer dann gegeben, wenn es der Begünstigte trotz stichhaltiger Hinweise auf die Rechtswidrigkeit des VA unterlassen hat, durch Rücksprache mit der Behörde oder auf andere Weise eine eindeutige Klärung zu suchen.

Grundsätzlich kann die Kenntnis oder grob fahrlässige Unkenntnis eines **Vertreters** 101
dem Begünstigten zuzurechnen sein. Es kommt aber dafür darauf an, in welcher Beziehung die Vertretungsfunktion bestand.

Ist nach Satz 3 eine Berufung auf Vertrauen ausgeschlossen, so besteht mangels Schutz- 102
würdigkeit des Vertrauens kein Rücknahmeverbot nach Satz 1. Die Behörde hat im Rahmen ihres Ermessens nach Abs. 1 Satz 1 über die Rücknahme zu entscheiden. Bei der Abwägung der für und gegen die Rücknahme sprechenden Gründe bleibt der Grundsatz des Vertrauensschutzes (als ein gegen die Rücknahme sprechender Grund) unberücksichtigt.

e) Rücknahme für die Vergangenheit in den Fällen des Satzes 3 (Abs. 2 Satz 4)

Satz 4 lenkt das der Behörde zustehende Rücknahmeermessen, in dem er für die Fälle 103
des Satzes 3 die Rücknahme des VA mit Wirkung für die Vergangenheit als Regel festlegt. Danach müssen besondere Gründe vorliegen, wenn eine Rücknahme nur für die Zukunft angeordnet oder von der Rücknahme überhaupt abgesehen werden soll. Neben diesem ausdrücklich gesetzlich geregelten Fall sind andere **Fälle intendierten Ermessens** nur sehr eingeschränkt anzunehmen. So gibt es im Zuwendungsrecht ebenfalls nicht allgemein ein intendiertes Ermessen.[119]

3. Rücknahme nicht leistungsgewährender Verwaltungsakte (Abs. 3)

a) Tatbestandsvoraussetzungen der Rücknahme nach Abs. 3

Abs. 3 gilt für diejenigen rechtswidrigen begünstigenden VAe, die nicht unter Abs. 2 104
fallen (dazu oben Rdn. 73 ff.). Dazu zählen z.B. alle Statusentscheidungen,[120] Erlaubnisse und Genehmigungen.

Im Unterschied zu Abs. 2 enthält Abs. 3 keine (über diejenigen in Abs. 1 Satz 1 hin- 105
ausgehenden) Tatbestandsmerkmale für die Rücknahme, sondern legt nur die Rechtsfolgen für den Fall der Aufhebung fest. Abs. 3 regelt den Ausgleichsanspruch eines erlittenen Vermögensnachteils bei der Rücknahme eines begünstigenden, aber nicht

119 BVerwG, Urt. v. 16.06.2015 – 10 C 15.14, juris Rn. 29; OVG Rheinland-Pfalz, Urt. v. 10.12.2019 – 6 A 10517/19, juris Rn. 31; a.A. OVG Nordrhein-Westfalen, Beschl. v. 15.08.2019 – 15 A 2792/18, juris Rn. 20.

120 Für die Bescheinigung nach § 15 Abs. 2 BVFG etwa BVerwG, Urt. v. 24.05.2012 – 5 C 18.11, juris Rn. 22 f.; OVG Sachsen, Urt. v. 24.04.2018 – 4 A 478/17, juris Rn. 29.

leistungsgewährenden VA, der nicht unter Abs. 2 fällt (z.B. die Rücknahme einer Erlaubnis). Die Vorschrift regelt nicht das »Ob«, sondern das »Wie« der Rücknahme. Ob ein solcher VA zurückgenommen werden kann, richtet sich ausschließlich nach § 48 Abs. 1 Satz 1 und Satz 2. Abs. 3 stellt eine bloße Abwicklungsregelung dar.

106 Da es sich auch im Fall des Abs. 3 um die Aufhebung begünstigender VAe handelt, ruft diese Regelung erhebliche Fragen im Hinblick auf den grundsätzlich verfassungsrechtlich geforderten Vertrauensschutz hervor. Im Gegensatz zu Abs. 2 soll dem Vertrauensschutz nach dem Wortlaut des Abs. 3 nur im Wege eines Ausgleichs des durch die Rücknahme entstandenen Vermögensnachteils Rechnung getragen werden. Diese Feststellung mutet merkwürdig an: Die auf Geld- und teilbare Sachleistungen gerichteten (und damit das Vermögen betreffenden) VAe werden bei schutzwürdigem Vertrauen nach Abs. 2 in ihrem Bestand geschützt, während bei den übrigen (häufig gerade nicht vermögensrelevanten) VAen dem Vertrauensschutz durch einen Vermögensschutz Rechnung getragen werden soll.[121] Soweit in der Rechtsprechung zur Begründung des Unterschieds zwischen Abs. 2 und Abs. 3 auf die stärkere Staatsbezogenheit der VAe nach Abs. 3 verwiesen wird, deren Aufrechterhaltung schwerer erträglich sei, als die der VAe nach Abs. 2,[122] vermag das die Nichtberücksichtigung des Vertrauensschutzes als Tatbestandsvoraussetzung für die Rücknahme nicht ausreichend zu legitimieren. Eine entsprechende **Befugnis zur Rücknahme** ist deshalb insoweit **nicht gegeben, als durch den Ausgleich des Vermögensnachteils das schutzwürdige Vertrauen nicht in vollem Umfang kompensiert wird.**[123] Deshalb fordert die nach Abs. 1 Satz 1 und 2 i.V.m. Abs. 3 notwendige Ermessensentscheidung über die Aufhebung aus verfassungsrechtlichen Gründen stets auch die Prüfung, ob einem schutzwürdigen Vertrauen ausreichend Rechnung getragen wird durch den Vermögensausgleich gem. Abs. 3. Ist das wegen eines immateriellen Schadens nicht der Fall, scheidet eine Rücknahme des VA aus.[124] Zu einem ähnlichen Ergebnis dürfte wohl die Auffassung kommen, die die Erwägungen des Abs. 2 auch bei Abs. 3 berücksichtigen will.[125] Die Rechtsprechung des BVerwG ist in dieser Frage uneinheitlich.[126]

---

121 S. auch *Struzina/Lindner*, NVwZ 2016, 1295 (1296).

122 BVerwG, Urt. v. 28.05.2015 – 1 C 24.14, BVerwGE 152, 164 – juris Rn. 29 mit Verweis auf BT-Drucks. 7/910, S. 71; Martini, JA 2016, 830 (832).

123 S. *Schenke*, DÖV 1983, 320 (322 f.), Mann/Sennekamp/Uechtritz/*Suerbaum*, § 48 Rn. 162.

124 *Schenke*, DÖV 1983, 320 (322 f.), *v. Danwitz*, Jura 1994, 281 (285 f.); Stelkens/Bonk/Sachs/*Sachs*, § 48 Rn. 182 f.

125 Hk-VerwR/*Kastner*, § 48 Rn. 58; Kopp/*Ramsauer*, § 48 Rn. 137.

126 Für den Ausschluss der Rücknahme bei schutzwürdigem Vertrauen BVerwG, Beschl. v. 30.09.2003 – 2 B 10.03, juris Rn. 5; Beschl. v. 14.04.2010 – 8 B 88.09, juris Rn. 9; Urt. v. 24.05.2012 – 5 C 17.11, BVerwGE 143, 161 – juris Rn. 27; a.A. BVerwG, Urt. v. 28.01.2010 – 3 C 17.09, BVerwGE 136, 43 – juris Rn. 25; Urt. v. 28.05.2015 – 1 C 24.14, BVerwGE 152, 164 – juris Rn. 29; zur Rspr. auch *Struzina/Lindner*, NVwZ 2016, 1295 (1297 f.).

b) Rechtsnatur des Ausgleichsanspruchs

Nach Abs. 3 Satz 1 hat die Behörde dem Betroffenen auf Antrag den erlittenen Vermögensnachteil auszugleichen. Die Vorschrift legt als öffentlich-rechtlichen Anspruch eigener Art einen Ausgleichsanspruch fest, der den Grundgedanken des Entschädigungsrechts mit den Erfordernissen des Vertrauensschutzes verbindet. Ausgleichsberechtigter als »Betroffener« i.S.d. Gesetzes ist derjenige, dem ggü. die Rücknahmeentscheidung ergeht und der dadurch die ihm durch den zurückgenommenen begünstigenden VA zuteil gewordene Vergünstigung verliert. Ausgleichspflichtiger ist der Hoheitsträger, dessen Behörde die Rücknahmeentscheidung erlässt. 107

c) Voraussetzungen des Ausgleichsanspruchs (Abs. 3 Sätze 1, 2)

Bei dem zurückgenommenen VA muss es sich um einen **begünstigenden VA** handeln, der kein leistungsgewährender VA i.S.d. Abs. 2 Satz 1 ist. Hierunter fallen insb. Erlaubnisse, Genehmigungen, Konzessionen, Status begründende und Status verbessernde VAe (Einbürgerung, Beamtenernennung, Beförderung) sowie Verwaltungsakte, die eine unteilbare Sachleistung gewähren. 108

Der Betroffene muss einen **Vermögensnachteil** erleiden. Ein solcher wird regelmäßig durch Aufwendungen bedingt sein, die er im Vertrauen auf den Bestand des VA gemacht hat und die durch die Rücknahme des VA zwecklos geworden sind. Kein Vermögensnachteil liegt insoweit vor, als die Aufwendungen eine Amortisation erfahren haben und angeschaffte Güter anderweitig verwendet (ggf. verkauft) werden können. 109

Berechnungsgrundlage ist das Vertrauensinteresse in dem Sinne, dass der Betroffene so zu stellen ist, wie er stehen würde, wenn er auf den Bestand des VA nicht vertraut hätte, d.h. es ist der Schaden zu ersetzen, den der Betroffene dadurch erlitten hat, dass er sich auf den Bestand des VA eingerichtet hat. Unmaßgeblich ist dagegen das – den entgangenen Gewinn einschließende – Bestandsinteresse, nach dem der Betroffene so zu stellen wäre, als ob der rechtswidrige VA aufrechterhalten worden wäre. Dieses ist lediglich nach Satz 3 als Obergrenze des erlittenen Vermögensnachteils von Bedeutung. 110

Schließlich muss der Betroffene den Vermögensnachteil dadurch erleiden, dass er auf den Bestand des VA vertraut hat. Dabei muss sein **Vertrauen** unter Abwägung mit dem öffentlichen Interesse **schutzwürdig** sein. 111

Das Vertrauen in den Bestand ist unter den gleichen Voraussetzungen anzunehmen wie im Zusammenhang mit dem Ausschluss der Rücknahme nach Abs. 2 Satz 1 (Rdn. 80 ff.). Für die Schutzwürdigkeit des Vertrauens sprechen dieselben Gesichtspunkte wie im Fall des Abs. 2 Satz 1 mit der Ausnahme, dass aus der Natur der Sache die Regelvermutung der Schutzwürdigkeit nach Abs. 2 Satz 2 nur für die Vornahme einer Vermögensdisposition zutrifft, die nicht mehr oder nur unter unzumutbaren Nachteilen rückgängig zu machen ist.[127] Die durch den auszugleichenden 112

127 Stelkens/Bonk/Sachs/*Sachs*, § 48 Rn. 193; a.A. *Johlen*, NJW 1976, 2155.

Vermögensnachteil bedingte finanzielle Belastung der öffentlichen Hand ist kein in die Abwägung einzustellendes öffentliches Interesse, da die Voraussetzungen des Ausgleichsanspruchs allein durch die Interessenlage des Betroffenen bestimmt werden.[128] Satz 2 ordnet die Anwendung von Abs. 2 Satz 3 an mit der Folge, dass im Fall der Verwirklichung eines der dort genannten Tatbestände, die für die Entstehung des Ausgleichsanspruchs erforderliche Schutzwürdigkeit des Vertrauens fehlt.

113 Ein schutzwürdiges Vertrauen kann (ganz oder teilweise) ausgeschlossen sein im Fall eines **Mitverschuldens** des Betroffenen. Ein entsprechendes Mitverschulden wird in der Rechtsprechung angenommen, wenn es der Betroffene schuldhaft versäumt hat, den Vermögensnachteil durch Einlegung eines Rechtsbehelfs[129] oder durch die Geltendmachung zivilrechtlicher Gewährleistungsansprüche[130] zu verhindern.

114 Erforderlich ist eine Kausalität zwischen dem schutzwürdigen Vertrauen auf den Bestand des VA und dem Vermögensnachteil. Ein Ausgleichsanspruch ist also nur dann gegeben, wenn dem Betroffenen der Nachteil nur deshalb entstanden ist, weil er vom Bestand des VA ausgegangen ist.

d) Geltendmachung und Inhalt des Ausgleichsanspruchs (Abs. 3 Sätze 2–5)

115 Der Betroffene muss den Ausgleich des Vermögensnachteils bei der Behörde, die die Rücknahmeentscheidung erlassen hat, ohne Bindung an eine bestimmte Form beantragen. Der **Antrag** muss diejenigen Tatsachen enthalten, die der Behörde eine genaue Festsetzung des Ausgleichsanspruchs ermöglichen. Nach Satz 5 kann der Anspruch nur innerhalb eines Jahres geltend gemacht werden, wobei die Frist beginnt, sobald die Behörde den Betroffenen auf sie hingewiesen hat. Der Hinweis erfolgt zweckmäßigerweise zugleich mit der Rücknahme des begünstigenden VA. Unterbleibt ein Hinweis der Behörde auf den Fristbeginn, so beginnt die Frist nicht zu laufen. Der Ausgleichsanspruch kann dann unbefristet geltend gemacht werden. Er verjährt jedoch bei fehlender Kenntnis in entsprechender Anwendung des § 199 Abs. 4 BGB nach 10 Jahren.[131] Für die Fristberechnung ist auf § 31 und die Möglichkeit der Wiedereinsetzung in den vorigen Stand bei unverschuldetem Fristversäumnis auf § 32 zu verweisen.

116 Nach Satz 3 ist der **Vermögensnachteil** nicht über den Betrag des Interesses hinaus zu ersetzen, das der Betroffene an dem Bestand des VA hat. Danach darf das zu ersetzende Vertrauensinteresse höchstens einen Betrag ausmachen, der dem Bestandsinteresse entspricht.

117 Über die Begründetheit des Antrages wird von der Behörde im **Festsetzungsverfahren** nach Satz 4 entschieden. Die Festsetzung ist ein begünstigender VA, der i.S.d. Abs. 2 Satz 1 eine einmalige Geldleistung gewährt. Wird der Antrag abgelehnt, kann

128 Stelkens/Bonk/Sachs/*Sachs*, § 48 Rn. 185.
129 OVG Sachsen, Beschl. v. 27.03.2009 – 3 B 625/07, juris Rn. 6.
130 BVerwG, Beschl. v. 01.02.2007 – 4 B 1.07, BauR 2007, 1392.
131 *Ziekow*, § 48 Rn. 46.

die Festsetzung mit der verwaltungsgerichtlichen Verpflichtungsklage erzwungen werden. Eine unmittelbar auf Zahlung gerichtete Leistungsklage wäre nicht zulässig, da das Gesetz davon ausgeht, dass der Geltendmachung des Anspruchs eine Festsetzung durch die Behörde vorauszugehen hat.[132]

4. Einschränkung der Rücknahme eines rechtswidrigen Verwaltungsaktes in zeitlicher Hinsicht (Abs. 4)

a) Zweck und Anwendungsbereich der Vorschrift

Abs. 4 begrenzt die Möglichkeit der Rücknahme eines rechtswidrigen VA in zeitlicher Hinsicht. Nach der unter dem Vorbehalt des Satzes 2 stehenden Vorschrift des Satzes 1 ist die Rücknahme nur innerhalb eines Jahres seit dem Zeitpunkt der Kenntnisnahme zulässig, wenn die Behörde von Tatsachen Kenntnis erhält, welche die Rücknahme eines rechtswidrigen VA rechtfertigen. 118

Die Regelung dient zum einen der Rechtssicherheit, weil sie – von der noch bestehenden Möglichkeit eines Wiederaufgreifens des Verfahrens nach § 51 abgesehen – die Unabänderlichkeit eines rechtswidrig begünstigenden VA nach Ablauf der Jahresfrist festschreibt, und zum anderen der Verfahrensökonomie, weil sie die Behörde zur Rücknahme des betreffenden VA innerhalb der Jahresfrist zwingt und damit einer Verschleppung des Rücknahmeverfahrens vorbeugt. Daneben ist die Vorschrift über Abs. 2 und 3 hinaus auch im Interesse des Vertrauensschutzes des Betroffenen geschaffen worden.[133] 119

Umstritten ist, ob die Jahresfrist (und damit die grundsätzliche Beschränkung der Rücknehmbarkeit) auch zugunsten von Trägern öffentlicher Gewalt Anwendung findet, die sich nicht auf einen Vertrauensschutz berufen können (s.o. Rdn. 85).[134] Dass es sich bei der Frist nach Abs. 4 um eine Vertrauensschutzregelung handelt, belegt Abs. 1 Satz 2. Daher tendiert das BVerwG zur die Nichtanwendbarkeit in Fällen von Trägern öffentlicher Gewalt auf beiden Seiten.[135] Da die Jahresfrist nicht allein dem (subjektiven) Vertrauensschutz, sondern auch dem (objektiven) Rechtsfrieden und der Rechtssicherheit dient, spricht mehr für die Geltung der Regelung auch im Verhältnis zu Trägern öffentlicher Gewalt. 120

Die Vorschrift gilt im Hinblick auf den Subsidiaritätsgrundsatz des § 1 Abs. 1 nur soweit nicht die einschlägigen Vorschriften der Fachgesetze inhaltsgleiche (vgl. etwa § 10 Abs. 1 MOG) oder entgegenstehende Regelungen enthalten. Ob die Bestimmungen des VwVfG ausgeschlossen sind, hängt davon ab, inwieweit die jeweilige 121

132 Stelkens/Bonk/Sachs/*Sachs*, § 48 Rn. 197.

133 Stelkens/Bonk/Sachs/*Sachs*, § 48 Rn. 202.

134 Für die Anwendbarkeit etwa OVG Nordrhein-Westfalen, Urt. v. 12.06.2007 – 15 A 371/05, juris Rn. 24 ff.; *Gass*, NVwZ 2016, 748 (749); Kopp/*Ramsauer*, § 48 Rn. 146 ff.; a.A. Stelkens/Bonk/Sachs/*Sachs*, § 48 Rn. 202.

135 BVerwG, Urt. v. 27.04.2006 – 3 C 23.05, juris (unter 4. a.E.); Beschl. v. 18.06.2019 – 10 B 18.18, juris Rn. 8; offenbar anders aber Urt. v. 16.06.2015 – 10 C 15.14, juris Rn. 19 f.

Sonderregelung abschließend ist. Trifft das Fachgesetz nur eine abweichende Regelung der Rücknahmegründe (z.B. für die Rücknahme einer Baugenehmigung) oder schließt es lediglich das Ermessen der Behörde aus, steht einer ergänzenden Anwendung des § 48 Abs. 4 nichts entgegen.[136] Auf die Rücknahme nach § 73 Abs. 2 AsylG findet die Frist keine Anwendung.[137]

122 Die Vorschrift ist nur auf rechtswidrig begünstigende VAe anwendbar, wie sich aus Abs. 1 Satz 2 eindeutig ergibt. Rechtswidrig belastende VAe können unbefristet jederzeit zurückgenommen werden.

123 Bei VAen mit Doppel- oder Drittwirkung ist § 48 Abs. 4 aufgrund der ausdrücklichen Regelung in § 50 für die Dauer des Rechtsbehelfsverfahrens nicht anwendbar. Um dem Rechtsbehelf eines Dritten abzuhelfen, kann die Behörde einen VA auch dann zurücknehmen, wenn die Frist des § 48 Abs. 4 bereits abgelaufen ist.

124 § 48 Abs. 4 findet ferner keine Anwendung auf **vorläufige VAe**, die das Behaltendürfen einer Leistung nur vorläufig etwa unter dem Vorbehalt einer Betriebsprüfung regeln.[138]

125 Streitig ist, ob § 48 Abs. 4 auch anwendbar ist, wenn die Behörde einen ihr von Beginn an vollständig bekannten Sachverhalt »nur« rechtlich unzutreffend gewürdigt hat, die Rechtswidrigkeit des VA also nicht auf einer unvollständigen oder fehlerhaften Tatsachengrundlage, sondern auf einem **Rechtsanwendungsfehler** beruht, sei es, dass sie den Sachverhalt rechtlich unrichtig würdigt oder den Inhalt des anzuwendenden Rechts verkennt.

126 Während die Rechtsprechung im Anschluss an den Beschluss des Großen Senats des BVerwG[139] überwiegend die Auffassung vertritt, dass § 48 Abs. 4 auch dann Anwendung findet, wenn die Behörde nachträglich erkennt, dass sie den bei dem Erlass des begünstigenden VA vollständig bekannten Sachverhalt rechtlich unrichtig gewürdigt und deshalb rechtswidrig entschieden hat, vertritt die Literatur überwiegend die Auffassung, dass § 48 Abs. 4 entsprechend seinem Wortlaut nur zur Anwendung kommt, wenn der Behörde nachträglich Tatsachen bekannt werden, die die Rücknahme rechtfertigen.[140] Das BVerwG stützt sich zur Begründung seiner, den Anwendungsbereich des § 48 Abs. 4 über den Wortlaut hinaus erweiternden Rechtsprechung insb. auf den rechtsstaatlichen Zwang zur Korrektur fehlerhafter VAe.

127 Obwohl die Kritik an der Rechtsprechung des BVerwG insb. wegen der methodischen Schwächen der Begründung weitgehend überzeugt, weil das BVerwG den zulässigen Rahmen der Interpretation einer Norm verlässt und damit letztlich die Entscheidung des Gesetzgebers korrigiert, hat sich die Entscheidung des BVerwG in Praxis und

136 VGH Baden-Württemberg, Urt. v. 06.12.1983 – 8 S 2215/83, NVwZ 1984, 382.

137 BVerwG, Urt. v. 19.11.2013 – 10 C 27.12, BVerwGE 148, 254 – juris Rn. 15.

138 BVerwG, Urt. v. 14.04.1983 – 3 C 8.82, BVerwGE 67, 99.

139 BVerwG, Beschl. v. 19.12.1984 – GrSen 1.84 u. 2.84, BVerwGE 70, 356.

140 *Pieroth*, NVwZ 1984, 681; *Schoch*, NVwZ 1985, 880; *Hendler*, JuS 1985, 947; Stelkens/Bonk/Sachs/*Sachs*, § 48 Rn. 223 ff.

Rechtsprechung durchgesetzt. Zudem sind seit geraumer Zeit auch in der Rechtsprechung des BVerwG Tendenzen sichtbar, die Jahresfrist mitunter auch zur Begrenzung der Rücknahmemöglichkeit zur Anwendung zu bringen.[141]

b) Beginn und Ende der Frist

Der Lauf der Jahresfrist beginnt nach der Rechtsprechung des BVerwG erst dann, wenn die Behörde die Rechtswidrigkeit ihrer Entscheidung erkennt und ihr sämtliche für die Rücknahmeentscheidung erheblichen Tatsachen vollständig bekannt sind.[142] Hierzu gehören auch alle Tatsachen, die im Fall des § 48 Abs. 2 ein Vertrauen des Begünstigten in den Bestand des VA entfallen lassen können, sowie die für die Ermessensausübung wesentlichen Umstände.[143] Die **Frist beginnt** demgemäß erst zu laufen, wenn die Behörde ohne weitere Sachaufklärung in der Lage ist, unter sachgerechter Ausübung ihres Ermessens über die Rücknahme des VA zu entscheiden. Zudem beginnt der Lauf der Frist erneut, wenn ein Rücknahmebescheid im Widerspruchs- oder Klageverfahren aufgehoben wurde.[144] Die Jahresfrist ist demnach für die Behörde keine Bearbeitungs-, sondern eine ab Entscheidungsreife laufende Entscheidungsfrist. 128

Eine Gegenmeinung vertritt die Auffassung, die Jahresfrist sei eine Bearbeitungsfrist, innerhalb der die erforderlichen Ermittlungen anzustellen und die interne Willensbildung der Behörde zum Abschluss zu bringen sei.[145] Zur Begründung wird darauf verwiesen, dass die Fristbestimmung bei der vom BVerwG gefundenen Auslegung keine praktische Bedeutung mehr habe und der Gesetzgeber den Behörden und den Bürgern in anderen Vorschriften kürzere Fristen setze, ohne auf die Möglichkeit vollständiger tatsächlicher oder rechtlicher Klärung Rücksicht zu nehmen. 129

Dieser Auffassung ist mit dem BVerwG entgegenzuhalten, dass es weder dem Vertrauensschutz des Bürgers noch der Rechtssicherheit dient, wenn die Behörde wegen des drohenden Fristablaufs gezwungen wird, vor Entscheidungsreife zu entscheiden, und die getroffene Entscheidung als Ermessensentscheidung wegen etwaiger Ermittlungs- oder Anhörungsmängel angreifbar ist, und die erforderlichen Ermittlungen und Anhörungen im Rechtsbehelfsverfahren nachgeholt werden müssen, oder die Entscheidung wegen der fehlenden Ermittlungen und Anhörungen gar der gerichtlichen Aufhebung wegen eines Ermessensfehlers unterliegt. 130

141 S. BVerwG, Urt. v. 23.01.2019 – 10 C 5.17, juris Rn. 34 ff. m. Anm. *Eifert*, Jura (JK) 2019, 902; *Seegmüller*, jM 2020, 24; *Waldhoff*, JuS 2019, 1135.

142 BVerwG, Beschl. v. 19.12.1984 – GrSen 1.84 u. 2.84, BVerwGE 70, 356; Beschl. v. 28.09.1994 – 11 C 3.93, NVwZ 1995, 703; Urt. v. 20.12.1999 – 7 C 42.98, BVerwGE 110, 226 (233); Urt. v. 27.04.2006 – 3 C 23.05, BVerwGE 126, 7 (14); Urt. v. 18.08.2010 – 8 C 39.09, juris Rn. 21; Urt. v. 23.01.2019 – 10 C 5.17, juris Rn. 31.

143 Stelkens/Bonk/Sachs/*Sachs*, § 48 Rn. 228 f.

144 BVerwG, Urt. v. 28.06.2012 – 2 C 13.11, BVerwGE 143, 230 – juris Rn. 30.

145 Knack/Henneke/*Peuker*, § 48 Rn. 98 f.; *Schoch*, NVwZ 1985, 844; wohl ebenso noch Stelkens/Bonk/Sachs/*Sachs*, § 48 Rn. 231.

131 Wird ein Rücknahmebescheid wegen fehlerhafter Ermessensausübung durch das Gericht aufgehoben, wird die Frist des § 48 Abs. 4 mit Rechtskraft des Urteils neu in Lauf gesetzt, weil die fristauslösende Entscheidungsreife erst mit Kenntnis der Entscheidungsgründe ausgelöst wird.[146] Entsprechendes gilt auch für den Fall, dass sich der dem Aufhebungsbescheid zugrundeliegende Grund ändert und anschließend durch die Behörde die Begründung ausgetauscht wird.[147]

132 Der Fristlauf gilt nur für solche Rücknahme- (und Widerrufs-) Gründe, für die Entscheidungsreife besteht. Nur diese Gründe werden durch Abs. 4 gesperrt.[148] Werden nachträglich neue Tatsachen bekannt, die mit den schon bekannten Tatsachen nicht identisch sind und die eine Rücknahme des VA rechtfertigen, wird für die Behörde eine weitere Rücknahmemöglichkeit eröffnet, für die die Frist des § 48 Abs. 4 noch nicht zu laufen begonnen hat.[149] Dasselbe gilt, wenn ein Rücknahme- oder Widerrufsgrund (etwa hinsichtlich zunächst anders eingeschätzter Gefahren) neu zu bewerten ist.[150]

133 Der Begriff Kenntnis bedeutet **positive Kenntnis.** Das Kennenmüssen genügt nicht.[151] Kenntnis erlangt die Behörde nach der Rechtsprechung des BVerwG, wenn der nach der innerbehördlichen Geschäftsverteilung zur Rücknahme des VA **konkret berufene Amtswalter** oder ein sonst innerbehördlich zur rechtlichen Überprüfung des VA berufener Amtswalter die die Rücknahme des VA rechtfertigenden Tatsachen feststellt.[152] Eine Gegenmeinung vertritt unter Hinweis auf den Wortlaut des § 48 Abs. 4 die Auffassung, dass es allein auf die Kenntnis der Behörde ankomme, d.h. den Zeitpunkt, zu dem die Tatsache bei der zuständigen Behörde aktenkundig wird.[153]

134 Abgesehen davon, dass diese Auffassung nicht praktikabel ist und zu Zufallsergebnissen führt, weil angesichts der arbeitsteiligen Struktur insb. der großen Behörden der erforderliche Informationsaustausch kaum zu realisieren wäre, übersieht sie, dass die Behörde als solche zu keiner Kenntnis fähig ist, und ihr nach allgemeinen Grundsätzen in Anlehnung an den Rechtsgedanken des § 166 BGB nur das Wissen zugerechnet werden kann, das die behördenintern zuständigen Amtswalter als sog. Wissensvertreter erworben haben.[154] Daher kann die Kenntnis eines unzuständigen Amtswalters oder der Aufsichtsbehörde der Behörde nicht zugerechnet werden. Allerdings kann es entgegen der Ansicht des BVerwG auch nicht auf die Kenntnis des konkret

---

146 BVerwG, Beschl. v. 20.05.1988 – 7 B 79.88, NVwZ 1988, 822; Beschl. v. 25.09.1998 – 3 B 109.98, juris.

147 OVG Rheinland-Pfalz, Urt. v. 23.08.2018 – 6 A 117307/17, juris Rn. 99.

148 BVerwG, Urt. v. 23.01.2019 – 10 C 5.17, juris Rn. 42.

149 BVerwG, Urt. v. 28.06.1982 – 6 C 92.78, BVerwGE 66, 65.

150 BVerwG, Urt. v. 23.01.2019 – 10 C 5.17, juris Rn. 42.

151 BVerwG, Urt. v. 24.01.2001 – 8 C 8.00, BVerwGE 112, 360 (362 f.); Stelkens/Bonk/Sachs/*Sachs*, § 48 Rn. 211; Kopp/*Ramsauer*, § 48 Rn. 155 (anders aber hinsichtlich der Rechtswidrigkeit); a.A. Knack/Henneke/*Peuker*, § 48 Rn. 102.

152 BVerwG, Urt. v. 24.01.2001 – 8 C 8.00, BVerwGE 112, 360 (363).

153 *Schoch*, NVwZ 1985, 880; *Pieroth*, NVwZ 1984, 864.

154 Stelkens/Bonk/Sachs/*Sachs*, § 48 Rn. 214 f.

zuständigen Amtswalters, sondern muss es auf die **Kenntnis in der Organisationseinheit** ankommen.[155]

Der für den Fristbeginn maßgebliche Zeitpunkt ist nach § 31 Abs. 1 i.V.m. § 187 Abs. 1 BGB der erste Tag nach dem Tage, an dem die Behörde über die Rücknahme entscheiden kann, weil Entscheidungsreife eingetreten ist. Diese tritt i.d.R. in dem Zeitpunkt ein, in dem die Stellungnahme des Betroffenen i.R.d. Anhörung nach § 28 zu der beabsichtigten Rücknahme des VA bei der Behörde eingeht. Geht allerdings die eingeforderte Stellungnahme nicht bis zu der gesetzten Frist ein, beginnt mit Ablauf der Stellungnahmefrist auch der Fristlauf des Abs. 4.[156] Die Frist endet nach § 31 Abs. 1 i.V.m. § 188 Abs. 2 Alt. 1 BGB nach einem Jahr mit dem Ablauf desjenigen Tages, welcher durch seine Zahl dem Tag entspricht, in den die Entscheidungsreife fällt. 135

Die Jahresfrist ist eine **Ausschlussfrist**. Eine Wiedereinsetzung in den vorigen Stand kommt daher nicht in Betracht.[157] Eine Verlängerung der Frist nach § 31 Abs. 7 ist ebenfalls nicht möglich, da die genannte Bestimmung nur die Verlängerung einer von der Behörde gesetzten Frist für zulässig erklärt. 136

Wenn in der Rechtsprechung vertreten wurde, dass der Lauf der Frist nicht dadurch gehemmt wird, dass die Behörde eine interne Weisung der vorgesetzten Behörde abwartet[158] oder, soweit der Vollzug von Unionsrecht infrage steht, eine Stellungnahme der Kommission der EU einholt, so stimmt diese Auffassung nicht mit der Rechtsprechung des BVerwG überein, nach der der Lauf der Frist erst dadurch in Gang gesetzt wird, dass die Behörde über alle maßgeblichen rechtlichen und tatsächlichen Umstände Kenntnis haben muss, die für die Rücknahmeentscheidung relevant sind. 137

Unklar ist hinsichtlich der Fristbestimmung auch, welches Ereignis als Rücknahme anzusehen ist und damit am Ende der Frist steht, so dass festgestellt werden kann, ob die Jahresfrist eingehalten wurde.[159] Denkbar ist grundsätzlich, dass auf den Zeitpunkt des Erlasses der Rücknahme oder auf den der Bekanntgabe der Rücknahme abzustellen ist. Da jedoch schon nach dem Text des Abs. 4 die »Rücknahme« erforderlich ist, kann nicht ihr Erlass, sondern nur die Bekanntgabe und der mit ihr verbundene Eintritt der Wirksamkeit (nicht aber der Zeitpunkt der Unanfechtbarkeit) relevant sein.[160] 138

Abs. 4 schließt eine **Verwirkung** der Rücknahmebefugnis für den Zeitraum vor Ablauf der Jahresfrist nicht aus. Sie ist bei einem – zum erheblichen Zeitablauf 139

155 Stelkens/Bonk/Sachs/*Sachs*, § 48 Rn. 213.

156 BVerwG, Urt. v. 23.01.2019 – 10 C 5.17, juris Rn. 36 m. Anm. *Seegmüller*, jM 2020, 27; OVG Sachsen-Anhalt, Beschl. v. 09.09.2019 – 1 L 61/17, juris Rn. 10.

157 Stelkens/Bonk/Sachs/*Sachs*, § 48 Rn. 205.

158 VGH Bayern, Urt. v. 17.09.1990 – 11 B 89.3205, NVwZ-RR 1991, 169.

159 S. *Broscheit*, DVBl 2017, 1274.

160 I.E. *Broscheit*, DVBl 2017, 1278 f.; offen gelassen von OVG Sachsen-Anhalt, Beschl. v. 24.05.2019 – 2 L 53/17, juris Rn. 15.

hinzutretenden – besonderen Verhalten der Behörde gegeben, das bei dem Begünstigten die Vorstellung erwecken kann, die Behörde werde von ihrer Rücknahmebefugnis keinen Gebrauch mehr machen.[161] Notwendig ist stets die Erfüllung beider Voraussetzungen: das Zeitmoment und das Umstandsmoment, nach dem Umstände gegeben sein müssen, welche eine Unvereinbarkeit mit dem Gedanken von Treu und Glauben verlangen.[162] Ein solcher Fall ist gegeben, wenn die Behörde die Ausübung ihres Rechts zur Rücknahme (oder – bei analoger Anwendung – zum Widerruf) unter Verstoß gegen Treu und Glauben während eines langen Zeitraums verzögert hat, so dass der Betroffene als Folge dieses Verhaltens darauf vertraut hat, dass von der Aufhebungsbefugnis kein Gebrauch mehr gemacht werde.[163] Das trifft nach der Rechtsprechung des BVerwG etwa in den Fällen zu, in denen die Behörde den Lauf der Jahresfrist nach Abs. 4 S. 1 durch »konzentriertes Nichtstun« verhindert hat.[164]

140 Einer von der Frist des Abs. 4 unabhängigen »Verjährung« unterliegt das Recht zur Rücknahme nicht.[165]

c) Keine Geltung der Jahresfrist in den Fällen des Abs. 2 Satz 3 Nr. 1 (Abs. 4 Satz 2)

141 Nach Satz 2 gilt die Jahresfrist nicht im Fall des Abs. 2 Satz 3 Nr. 1, also dann, wenn der Begünstigte den VA durch arglistige Täuschung, Drohung oder Bestechung erwirkt hat. Obgleich Abs. 2 Satz 3 Nr. 1 nur für leistungsgewährende VAe die Schutzwürdigkeit des Vertrauens und damit das Verbot der Rücknahme ausschließt, entfällt die Jahresfrist bei allen durch unlautere Mittel erwirkten begünstigenden VAen ohne Rücksicht darauf, ob sie leistungsgewährende VAe sind oder nicht. Denn Abs. 1 Satz 2 bezieht die Einschränkung auch des Abs. 4 auf alle begünstigenden VAe.[166] Zusätzlich kann Abs. 4 aufgrund von Vorgaben des EU-Rechts außer Anwendung bleiben (s.o. Rdn. 25 ff.).

IV. Zuständigkeit für die Rücknahme des rechtswidrigen Verwaltungsaktes (Abs. 5)

142 Abs. 5 bestimmt die für die Rücknahmeentscheidung örtlich zuständige Behörde. Die Grundsätze des Abs. 5 gelten nicht für die sachliche Zuständigkeit.[167] Diese richtet

161 BVerwG, Urt. v. 28.06.1982 – 6 C 92.78, BVerwGE 66, 65 – juris Rn. 22.

162 *Martini*, JA 2017, 840.

163 BVerwG, Beschl. v. 11.07.2018 – 8 B 45.17, juris Rn. 5 m.w.N.; *Seegmüller*, jurisPR-BVerwG 3/2020 Anm. 6.

164 BVerwG, Urt. v. 20.12.1999 – 7 C 42.98, BVerwGE 110, 226 – juris Rn. 27; Beschl. v. 29.08.2014 – 4 B 1.14, juris Rn. 9; Urt. v. 30.08.2018 – 2 C 10.17, juris Rn. 21; OVG Schleswig-Holstein, Urt. v. 19.12.2018 – 4 LB 10/18, juris Rn. 85.

165 BVerwG, Beschl. v. 10.08.2017 – 10 B 14.16., juris Rn. 6; OVG Nordrhein-Westfalen, Urt. v. 17.08.2018 – 1 A 2675/15, juris Rn. 62 f.

166 Stelkens/Bonk/Sachs/*Sachs*, § 48 Rn. 209.

167 BVerwG, Urt. v. 20.12.1999 – 7 C 42.98, BVerwGE 110, 226 (230); Stelkens/Bonk/Sachs/*Sachs*, § 48 Rn. 255; Kopp/*Ramsauer*, § 48 Rn. 164.

sich nach dem einschlägigen Fachrecht. Ist die sachliche Zuständigkeit im Fachrecht gesetzlich nicht geregelt, ist diejenige Behörde für die Aufhebung sachlich zuständig, die zum Zeitpunkt der Rücknahmeentscheidung für den Erlass des aufzuhebenden VA sachlich zuständig wäre.[168]

Nach dem ersten Halbs. entscheidet nach Unanfechtbarkeit des VA die nach § 3 zuständige Behörde, d.h. diejenige Behörde, die im Zeitpunkt der Rücknahmeentscheidung für den Erlass des zurückzunehmenden VA als (nach dem maßgeblichen Fachgesetz) sachlich zuständige Behörde nach § 3 örtlich zuständig ist. Die ausdrückliche Regelung der zuständigen Behörde hat nur klarstellende Funktion. Anlass für die Regelung ist, dass die Bestimmung des § 3 Abs. 3 nicht anwendbar ist, da sie eine Zuständigkeitsveränderung im Laufe eines Verwaltungsverfahrens voraussetzt, das Rücknahmeverfahren jedoch ein eigenes Verwaltungsverfahren und nicht nur die Fortsetzung des auf den Erlass des ursprünglichen VA gerichteten Verfahrens darstellt. Wegen der umfassenden Formulierung des Abs. 5 entscheidet die zum Zeitpunkt der Rücknahme zuständige Behörde auch dann, wenn der ursprüngliche VA von einer unzuständigen Behörde erlassen wurde. Die Anordnung einer Entscheidungsbefugnis der nach § 3 zuständigen Behörde für den Zeitraum nach Unanfechtbarkeit ist missverständlich formuliert. Sie kann nur bedeuten, dass diese Zuständigkeit auch nach Unanfechtbarkeit des VA gegeben ist.[169] 143

Nach dem zweiten Halbs. gilt die Bestimmung des ersten Halbs. auch dann, wenn der zurückzunehmende VA von einer anderen Behörde erlassen worden ist. Auch insoweit liegt nur eine Klarstellung vor, als die Zuständigkeit zum Erlass und damit gleichfalls für die Rücknahme eines VA immer von der gesetzlichen Regelung abhängt, die im Zeitpunkt des Erlasses des VA bzw. seiner Rücknahme gilt. 144

C. Verfahrensvorschriften des Sozialrechts und Verwaltungsverfahrensrecht der Länder

Das Sozialrecht enthält mit den **§§ 44 bis 49 SGB X** die Parallelnormen zu den §§ 48 bis 51. Im Unterschied zu den meisten anderen Parallelvorschriften des SGB X weisen die Regelungen über die Aufhebung von VAen erhebliche Differenzen auf. Die Rücknahme zum Gegenstand haben §§ 44, 45 SGB X. Im Unterschied zu § 48 ist hier die Rücknahme nicht begünstigender VAe und die begünstigender VAe nicht nur auf zwei getrennte Regelungen verteilt. Vor allem unterscheiden sich die Rechtsfolgen teilweise grundlegend. Zentral ist insoweit, dass die **Rücknahme eines rechtswidrigen nicht begünstigenden VA**, bei dem der Rechtsfehler dazu geführt hat, dass Sozialleistungen zu Unrecht nicht erbracht oder Beiträge zu Unrecht erhoben worden sind, auch nach Eintritt der Unanfechtbarkeit **nicht im Ermessen der Behörde** steht.[170] Vielmehr muss hier die Aufhebung auch bei einem unanfechtbaren VA noch mit Wirkung für 145

168 BVerwG, Urt. v. 30.08.2018 – 2 A 1.18, juris Rn. 17 m.w.N.; VGH Baden-Württemberg, Urt. v. 07.03.2018 – 5 S 2639/15, juris Rn. 77.

169 Stelkens/Bonk/Sachs/*Sachs*, § 48 Rn. 260.

170 Dazu *Baumeister*, NVwZ 2019, 1499.

die Vergangenheit erfolgen (§ 44 Abs. 1 Satz 1 SGB X). In den übrigen Fällen rechtswidriger nicht begünstigender VAe besteht nach § 44 Abs. 2 SGB X auch bei Unanfechtbarkeit noch eine Rücknahmepflicht mit Wirkung für die Zukunft, während nur die rückwirkende Aufhebung im Ermessen der Behörde steht. Auch wenn die daraus resultierenden Rechte durch die zeitlichen Grenzen einer 4-Jahres-Frist gem. § 44 Abs. 4 SGB X (oder weiter verkürzter spezialgesetzlicher Fristen) beschränkt sind, vermittelt das Sozialrecht den Betroffenen wesentlich weiterreichende Rechte, als dies für das allgemeine Verwaltungsrecht gilt.[171] Nicht zutreffend ist allerdings die Ansicht, die §§ 48 ff. seien »eher bestandskraftfreundlich«, während die §§ 44 ff. SGB X »eher bestandskraftfeindlich« seien.[172] Allein bei rechtswidrigen VAen zulasten des Bürgers ist eine »Bestandskraftfeindlichkeit« durch § 44 SGB X im Sozialverwaltungsrecht festzustellen.

146 Eine weitere wichtige Differenz besteht hinsichtlich des Anwendungsbereichs der Rücknahmevorschriften der §§ 44, 45 SGB X in Bezug auf **rechtswidrig gewordene VAe.** Anders als § 48 (s.o. Rdn. 37 f.) gelten die Rücknahmevorschriften jeweils nur für rechtswidrig erlassene, nicht für rechtswidrig gewordene VAe. Grund dafür ist die im SGB X existierende **Sonderregelung** für entsprechende Fälle in **§ 48 SGB X.** Hier werden die verschiedenen Fallkonstellationen differenziert geregelt.

147 Das **Landesrecht** enthält keine abweichenden Regelungen.

§ 49 Widerruf eines rechtmäßigen Verwaltungsaktes

(1) Ein rechtmäßiger nicht begünstigender Verwaltungsakt kann, auch nachdem er unanfechtbar geworden ist, ganz oder teilweise mit Wirkung für die Zukunft widerrufen werden, außer wenn ein Verwaltungsakt gleichen Inhalts erneut erlassen werden müsste oder aus anderen Gründen ein Widerruf unzulässig ist.

(2) [1]Ein rechtmäßiger begünstigender Verwaltungsakt darf, auch nachdem er unanfechtbar geworden ist, ganz oder teilweise mit Wirkung für die Zukunft nur widerrufen werden,
1. **wenn der Widerruf durch Rechtsvorschrift zugelassen oder im Verwaltungsakt vorbehalten ist;**
2. **wenn mit dem Verwaltungsakt eine Auflage verbunden ist und der Begünstigte diese nicht oder nicht innerhalb einer ihm gesetzten Frist erfüllt hat;**
3. **wenn die Behörde auf Grund nachträglich eingetretener Tatsachen berechtigt wäre, den Verwaltungsakt nicht zu erlassen, und wenn ohne den Widerruf das öffentliche Interesse gefährdet würde;**
4. **wenn die Behörde auf Grund einer geänderten Rechtsvorschrift berechtigt wäre, den Verwaltungsakt nicht zu erlassen, soweit der Begünstigte von der Vergünstigung noch keinen Gebrauch gemacht oder auf Grund des Verwaltungsaktes noch**

171 Vgl. näher jurisPK-SGB X/*Baumeister,* § 44 Rn. 1 ff.
172 So aber Hk-VerwR/*Kastner,* § 48 Rn. 2.

keine Leistungen empfangen hat, und wenn ohne den Widerruf das öffentliche Interesse gefährdet würde;

5. um schwere Nachteile für das Gemeinwohl zu verhüten oder zu beseitigen.

[2]§ 48 Abs. 4 gilt entsprechend.

(3) [1]Ein rechtmäßiger Verwaltungsakt, der eine einmalige oder laufende Geldleistung oder teilbare Sachleistung zur Erfüllung eines bestimmten Zwecks gewährt oder hierfür Voraussetzung ist, kann, auch nachdem er unanfechtbar geworden ist, ganz oder teilweise auch mit Wirkung für die Vergangenheit widerrufen werden,

1. wenn die Leistung nicht, nicht alsbald nach der Erbringung oder nicht mehr für den in dem Verwaltungsakt bestimmten Zweck verwendet wird;

2. wenn mit dem Verwaltungsakt eine Auflage verbunden ist und der Begünstige diese nicht oder nicht innerhalb einer ihm gesetzten Frist erfüllt hat.

[2]§ 48 Abs. 4 gilt entsprechend.

(4) Der widerrufene Verwaltungsakt wird mit dem Wirksamwerden des Widerrufs unwirksam, wenn die Behörde keinen anderen Zeitpunkt bestimmt.

(5) Über den Widerruf entscheidet nach Unanfechtbarkeit des Verwaltungsaktes die nach § 3 zuständige Behörde; dies gilt auch dann, wenn der zu widerrufende Verwaltungsakt von einer anderen Behörde erlassen worden ist.

(6) [1]Wird ein begünstigender Verwaltungsakt in den Fällen des Absatzes 2 Nr. 3 bis 5 widerrufen, so hat die Behörde den Betroffenen auf Antrag für den Vermögensnachteil zu entschädigen, den dieser dadurch erleidet, dass er auf den Bestand des Verwaltungsaktes vertraut hat, soweit sein Vertrauen schutzwürdig ist. [2]§ 48 Abs. 3 Satz 3 bis 5 gilt entsprechend. [3]Für Streitigkeiten über die Entschädigung ist der ordentliche Rechtsweg gegeben.

Übersicht

Schrifttum

Baumeister, Die Novellierung der §§ 48, 49, 49a VwVfG, NVwZ 1997, 19; *Berg*, Zur Zweckverfehlung im Subventionsrecht, GewArch. 1987, 1; *Birkemeyer/Meyer*, Rückforderungslage beim Widerruf einer Subventionsbewilligung im Rahmen der Insolvenz, NJW 2015, 2300; *Classen*, Zur Änderung der Sach- und Rechtslage nach Erlaß eines VA, DÖV 1989, 156; *Dorn*, Möglichkeiten der Veränderung bestandskräftiger Zuwendungsbescheide, DÖV 1988, 7; *Dickersbach*, Die Entwicklung des Subventionsrechts seit 1984, NVwZ 1993, 846; *ders.*, Die Rücknahme und der Widerruf von Zuwendungsbescheiden, GewArch, 1993, 177; *ders.*, Die Entwicklung des Subventionsrechts seit 1993, NVwZ 1996, 962; *Dommach*, Neuregelung der Rückforderung von Zuwendungen des Bundes, DÖV 1981, 122; *Eichberger*, Die Ausübung des Widerrufsvorbehalts im Wirtschaftsverwaltungsrecht, GewArch. 1983, 105; *Folnovic/Hellriegel*, Der Widerruf im Zuwendungsrecht – eine Systematik, NVwZ 2016, 638; *Götz*, Rückforderung von Subventionen, NVwZ 1984, 480; *Gröpl*, Das Gesetz zur Änderung verwaltungsverfahrensrechtlicher Vorschriften vom 2.5.1996, VerwArch. 1997, 23; *Jarass*, Die Rückforderung zweckwidrig verwendeter Subventionen, DVBl 1984, 855; *Johlen*, Ausgleichsansprüche bei der Rücknahme oder dem Widerruf begünstigender Verwaltungsakte,

NJW 1976, 2155; *Kiefer*, Können rechtswidrige VAe widerrufen werden?, NVwZ 2013, 1257; *Lacher*, Die haushaltsrechtlichen Regelungen für staatliche Zuwendungen, DÖV 1990, 630; *Sachs/Wermeckes*, Die Neuregelung verwaltungsverfahrensrechtlicher Vorschriften zur Rückabwicklung fehlgeschlagener Subventionsverhältnisse (§§ 49, 49a VwVfG), NVwZ 1996, 1185; *Schenke*, Die verwaltungsbehördliche Aufhebung nachträglich rechtswidriger VAe, DVBl 1989, 433; *Schenke/Baumeister*, Der rechtswidrig gewordene Verwaltungsakt, BVerwGE 84, 111, JuS 1991, 547; *Schoch*, Rechtsfragen der Entschädigung nach dem Widerruf atomrechtlicher Genehmigungen, DVBl 1990, 549; *Stober*, Zur Problematik des § 44a Abs. 1 BHO und des entsprechenden Länderrechts, DÖV 1984, 265; *Suerbaum*, Widerruf und Erstattung bei Geld- und Sachleistungsverwaltungsakten nach der Novellierung des Verwaltungsverfahrensrechts, VerwArch. 90 (1999), 361; *Weides*, Widerruf und Rückforderung von Zuwendungen des Bundes und der Länder, NJW 1981, 841; *ders.*, Widerruf von Zuwendungsbescheiden, Jus 1985, 364; *Zuleeg*, Zur zukünftigen Entwicklung des Subventionsrechts, DÖV 1984, 733.

A. Allgemeines und Grundsätze

I. Gegenstand und Zweck der Regelung

Gegenstand der Regelung ist der Widerruf eines rechtmäßigen VA (im Unterschied zu der – von § 48 behandelten – Rücknahme eines rechtswidrigen VA). Beim Widerruf handelt es sich wie bei der Rücknahme um einen Unterfall der Aufhebung des VA. 1

Im Einzelnen befassen sich Abs. 1 mit der Zulässigkeit des Widerrufs nicht begünstigender VAe, Abs. 2 mit den Voraussetzungen des Widerrufs begünstigender VAe und Abs. 3 mit einem Sonderfall des Widerrufs begünstigender VAe (den verwendungszweckgebundenen VAen). Abs. 4 hat mit der Regelung zum Zeitpunkt des Unwirksamwerdens des widerrufenen VA Rechtsfolgen des Widerrufs zum Gegenstand. Abs. 5 normiert die für den Widerruf örtlich zuständige Behörde, Abs. 6 den Entschädigungsanspruch des Betroffenen beim Widerruf eines begünstigenden VA. 2

Zweck der Regelung ist es, die Zulässigkeit des Widerrufs rechtmäßiger VAe im geschriebenen Recht zu verankern und dabei insb. die Notwendigkeit des Widerrufs begünstigender VAe mit den Erfordernissen des Vertrauens- und Grundrechtsschutzes in Einklang zu bringen sowie den Entschädigungsanspruch des Betroffenen beim Widerruf eines begünstigenden VA eindeutig festzulegen. Der Widerruf zielt im Gegensatz zur Rücknahme nicht auf die Beseitigung von VAen zum Zweck der Wiederherstellung rechtmäßiger Zustände. Der Widerruf stellt eine Reaktion insbesondere auf veränderte Umstände dar, die den Erlass des VA im Nachhinein nicht mehr als opportun erscheinen lassen. 3

II. Systematische Stellung

§ 49 bildet zusammen mit § 48 eine der beiden zentralen Ermächtigungsgrundlagen zur Aufhebung von VAen. Während bei den unmittelbar vorausgehenden Bestimmungen der §§ 45, 46 und 47 die Zielrichtung auf der Aufrechterhaltung des VA 4 liegt, haben die §§ 48 bis 52 die Aufhebung oder Änderung eines VA sowie die daraus resultierenden Folgen (wie etwa Erstattungsansprüche) zum Gegenstand.

5 Systematisch ist der in § 49 geregelte Widerruf eines rechtmäßigen VA von der Rücknahme eines rechtswidrigen VA nach § 48 abzugrenzen. In diesem Zusammenhang steht vor allem der Begriff des rechtswidrigen VA im Blickpunkt (s. § 48 Rdn. 34 ff.).

III. Entstehungsgeschichte

6 Die 1976 Gesetz gewordene Fassung des § 49 beruht mit zwei Ausnahmen auf dem Gesetzentwurf vom 18.07.1973.[1] Zum einen wurde der Verweis in Abs. 2 Satz 2 auf § 48 Abs. 4 eingefügt (und in Abs. 4 des Entwurfs gestrichen). Zum anderen wurde eine neue Zuständigkeitsregelung in Abs. 4 aufgenommen. Die beiden Änderungen gehen auf Vorschläge des Bundesrates zurück.[2]

7 Die erste Änderung des § 49 erfolgte durch Art. 1 Nr. 3 des Gesetzes zur Änderung verwaltungsverfahrensrechtlicher Vorschriften vom 02.05.1996.[3] Hier erfolgte vor dem Hintergrund der Übernahme des § 44a BHO in das VwVfG die zentrale Einfügung des neuen Abs. 3. Für einen Sonderfall wird hier erstmals auch ein Widerruf mit Wirkung für die Vergangenheit ermöglicht.[4] Die nachfolgenden Absätze werden dadurch zu den Abs. 4 bis 6. In Abs. 4 (neu) wird zudem das Wort »späteren« durch »anderen« ersetzt, weil der neue Abs. 3 gerade auch eine Aufhebung mit Wirkung für die Vergangenheit ermöglicht.

8 Im Rahmen der Neubekanntmachung durch Gesetz vom 21.01.2003[5] erfolgte schließlich nur noch eine Anpassung an die neue Rechtschreibung.

IV. Einschränkungen und Erweiterungen des Anwendungsbereichs des § 49

1. Einschränkungen aus dem nationalen Recht

9 Der Anwendungsbereich des § 49 ist aufgrund des Subsidiaritätsgrundsatzes des § 1 Abs. 1 eingeschränkt durch vorrangige Rechtsvorschriften des Bundes mit inhaltsgleichen oder entgegengesetzten Bestimmungen. Zahlreiche Beispiele finden sich in der Kommentierung zu § 48 (Rdn. 9).[6] Ein weiteres Beispiel bildet § 18 Abs. 3 BbergG.[7] Weitere Einschränkungen des Anwendungsbereichs des § 49 ergeben sich aus dem VwVfG selbst und zwar allgemein durch den Ausnahmekatalog des § 2 und für das Planfeststellungsverfahren durch die Vorschriften der §§ 75 Abs. 2, 76 und 77.

1 BT-Drucks. 7/910, S. 17, 67 ff.
2 BT-Drucks. 7/910, S. 104.
3 BGBl. I S. 656.
4 BT-Drucks. 13/1534, S. 6.
5 BGBl. I S. 102.
6 Zum Fall einer abweichenden Regelung im WaffG s. BVerwG, Urt. v. 26.03.1996 – 1 C 12.95, BVerwGE 101, 24 – juris Rn. 27.
7 OVG Schleswig-Holstein, Urt. v. 19.12.2018 – 4 LB 10/18, juris Rn. 18.

§ 49 findet auch auf Planfeststellungsbeschlüsse Anwendung. Allerdings genießt der Planfeststellungsbeschluss, wie sich aus § 75 Abs. 2 Satz 2 ergibt, erhöhte Bestandskraft. Ein Widerruf eines bestandskräftigen Planfeststellungsbeschlusses kann nur verlangt werden, wenn nachträgliche Schutzauflagen keine Abhilfe der mit dem Vorhaben verbundenen Folgen versprechen. 10

Trifft die jeweilige einschlägige Sonderregelung keine abschließende Regelung und erweist sich somit als lückenhaft, kommt eine ergänzende Anwendung des § 49 bzw. von einzelnen Teilregelungen in Betracht. 11

2. Einschränkungen aus dem Unionsrecht

Einschränkungen des Anwendungsbereichs des nationalen Verwaltungsrechts können sich auch unmittelbar aufgrund von Vorschriften des EU-Rechts bzw. den Grundsätzen ergeben, die aus dem Prinzip der loyalen Zusammenarbeit gem. Art. 4 Abs. 3 EUV abzuleiten sind. Aufgrund des Vorrangs des Unionsrechts können nationale Vorschriften im Kollisionsfall auch außer Anwendung bleiben. Erhebliche praktische Relevanz kommt diesen Fragen aber wohl nur in Verbindung mit rechtswidrigen (d.h. rechtswidrig erlassenen und rechtswidrig gewordenen) VAen zu, die in den Anwendungsbereich des § 48 fallen (s. dort Rdn. 11 ff.). Soweit aber doch einmal das Unionsrecht eine Aufhebung einer Leistungsbewilligung verlangt, die etwa in den Anwendungsbereich des § 49 Abs. 3 (z.B. im Fall einer zweckwidrigen Verwendung einer Beihilfe) fällt, so kann das Unionsrecht zu einer Ermessensreduktion im Wege einer unionsrechtskonformen Auslegung der nationalen Vorschriften führen. 12

3. Analoge Anwendbarkeit des § 49 auf rechtswidrige Verwaltungsakte

Mit der ganz überwiegenden Auffassung in Rechtsprechung[8] und Literatur[9] ist § 49 Abs. 1 bis 3 auch auf rechtswidrige Verwaltungsakte analog anwendbar. Da rechtmäßige VAe einen höheren Bestandsschutz genießen als rechtswidrige, indem die Aufhebungsvoraussetzungen enger gefasst sind als im Fall des § 48, spricht der Erst-recht-Schluss für eine entsprechende Anwendung.[10] Gleichzeitig kann in Einzelfällen auch ein Bedürfnis für eine solche Anwendung bestehen, wenn die Prüfung der Rechtmäßigkeit des VA erhebliche Schwierigkeiten aufwirft, die Voraussetzungen für den 13

8 BVerwG, Urt. v. 21.11.1986 – 8 C 33.84, NVwZ 1987, 498; Urt. v. 19.09.2000 – 9 C 12.00, BVerwGE 112, 80 (85 f.) – juris Rn. 13; BVerwG, Urt. v. 19.09.2018 – 8 C 16.17, juris Rn. 14.

9 Stelkens/Bonk/Sachs/*Sachs*, § 49 Rn. 6; Kopp/*Ramsauer*, § 49 Rn. 7; Knack/Henneke/*Peuker*, § 49 Rn. 26; Mann/Sennekamp/Uechtritz/*Suerbaum*, § 49 Rn. 50; *Ziekow*, § 49 Rn. 4; a.A. *Ehlers/Schröder*, Jurs 2010, 506; Ehlers/Pünder/*Ruffert*, Allgemeines Verwaltungsrecht, § 25 Rn. 1.

10 Soweit Knack/Henneke/*Peuker*, § 49 Rn. 26, aber Recht hat mit der These, es gäbe Fälle, bei denen eine Rücknahme wegen § 48 Abs. 2 ausgeschlossen und zugleich ein Widerruf nach § 49 Abs. 2 zulässig wäre, müsste auch nach hier vertretener Ansicht die Anwendung des § 49 ausgeschlossen sein.

Widerruf nach § 49 aber erkennbar erfüllt sind. In diesem Fall kann dann die Frage offenbleiben, ob der VA rechtmäßig oder rechtswidrig ist. Bei dieser entsprechenden Anwendung handelt es sich auch nicht um eine »nachträgliche Korrektur des Gesetzes«.[11]

14 Bei einer analogen Anwendung müssen – mit Ausnahme der Voraussetzungen der Rechtmäßigkeit des VA – die Voraussetzungen des § 49 erfüllt sein. So bedarf es eines Widerrufsgrundes nach Abs. 2. Für den Fall des Grundes der nachträglichen Änderung der Sachlage ist erforderlich, dass nachträgliche Tatsachen eingetreten sind, bei denen die Behörde – unabhängig von einem anderen Fehler, der zur Rechtswidrigkeit des VA geführt hat – berechtigt wäre, den VA nicht zu erlassen.[12]

B. Die Vorschrift im Einzelnen

I. Widerruf nicht begünstigender Verwaltungsakte (Abs. 1)

1. Gegenstand der Regelung

15 Nach Abs. 1 kann ein rechtmäßiger nicht begünstigender VA auch nach Eintritt der Unanfechtbarkeit ganz oder teilweise mit Wirkung für die Zukunft widerrufen werden, außer wenn ein VA gleichen Inhalts erneut erlassen werden müsste oder aus anderen Gründen ein Widerruf unzulässig ist.

16 Gegenstand des Widerrufs ist ein **rechtmäßiger nicht begünstigender VA**. Wie in Zusammenhang mit § 48 ausgeführt, ist die Abgrenzung zwischen begünstigenden und belastenden (nicht begünstigenden) VAen anhand der Wirkung der Aufhebung (zugunsten oder zulasten) vorzunehmen (oben § 48 Rdn. 68). Erfasst werden nicht nur VAe, die auf ein Tun, Dulden oder Unterlassen des Betroffenen gerichtet sind oder von dem Betroffenen eine Geld- oder Sachleistung verlangen, sondern auch die Ablehnung eines Anspruchs oder eine negative Feststellung.

17 **Rechtmäßig** ist der VA, **wenn er im Einklang mit dem Recht erlassen wurde und auch nachfolgend nicht inhaltlich in Widerspruch zur Rechtsordnung geraten ist** (s. zum Begriff der Rechtswidrigkeit § 48 Rdn. 35 ff.). Da § 49 auch auf rechtswidrige VAe entsprechend anzuwenden ist, kommt der Feststellung der Rechtmäßigkeit für die Anwendung des § 49 keine letztlich entscheidende Funktion zu. Der Widerruf ist wie auch die Rücknahme unabhängig davon zulässig, ob der VA unanfechtbar geworden ist oder nicht.

2. Voraussetzungen des Widerrufs gem. Abs. 1

18 Der Widerruf darf nicht bereits deshalb unzulässig sein, weil ein VA gleichen Inhalts erneut erlassen werden müsste oder ein anderer Grund dem Widerruf entgegensteht. Ein **VA gleichen Inhalts müsste erneut erlassen werden**, wenn der VA in Vollzug

---

11 So aber Obermayer/*Schäfer*, 3. Aufl., § 49 Rn. 7.

12 BVerwG, Urt. v. 19.09.2018 – 8 C 16.17, juris Rn. 15 m. Anm. *Seegmüller*, jurisPR-BVerwG 14/2019 Anm. 4 und *Stuttmann*, NVwZ 2019, 1852.

gebundenen Rechts ergangen ist und sich die für den Erlass des VA maßgebliche Sach- und Rechtslage nicht geändert hat, sodass nach dem Widerruf des VA ein VA gleichen Inhalts wieder erlassen werden müsste. Entscheidend ist allein, dass ein VA mit identischem Regelungsinhalt ergehen müsste. Dass ein VA mit gleicher Begründung ergehen müsste, ist nicht erforderlich. Gleiches gilt, wenn der VA eine Ermessensentscheidung enthält und die getroffene Ermessensentscheidung die einzig rechtmäßige war und weiterhin ist, weil sich das **Ermessen der Behörde auf Null reduziert** hat.

Aus anderen Gründen unzulässig ist der Widerruf, wenn sich die **Unzulässigkeit des Widerrufs aus gesetzlichen Bestimmungen** (ausreichend wäre auch Sinn und Zweck) oder **aus allgemeinen Rechtsgrundsätzen** ergibt. Im Hinblick auf die weite Fassung der Vorschrift kommen aber grds. alle rechtlich beachtlichen Gründe in Betracht. So kann der Widerruf ausgeschlossen sein, wenn sich die Behörde einem Dritten ggü. wirksam durch eine Zusicherung nach § 38 oder durch öffentlich-rechtlichen Vertrag verpflichtet hat, den Widerruf zu unterlassen. Unzulässig ist der Widerruf auch, wenn der Widerruf im Hinblick auf eine entgegenstehende ständige Verwaltungspraxis und der dadurch eingetretenen Selbstbindung der Verwaltung gegen den Gleichheitssatz des Art. 3 Abs. 1 GG verstoßen würde. 19

Greift ein Unzulässigkeitsgrund nicht ein und ist der rechtmäßig belastende VA damit frei widerruflich, hat die Behörde im Rahmen ihres **pflichtgemäßen Ermessens** über seinen Widerruf zu entscheiden. Der Widerruf ist an keine Frist gebunden. § 49 Abs. 2 Satz 2 i.V.m. § 48 Abs. 4 gilt nur für begünstigende VA. 20

Bei der **Ermessensbetätigung** hat die Behörde – abgesehen vom Grundsatz der Gesetzmäßigkeit der Verwaltung – die gleichen Gesichtspunkte zu berücksichtigen wie im Fall der Rücknahme eines rechtswidrig belastenden VA. Da ein Vertrauen des Betroffenen in den Bestand eines rechtmäßig belastenden VA regelmäßig nicht vorhanden oder mangels Vergünstigung nicht schutzwürdig sein wird, reicht jede sachliche Überlegung der Behörde aus, um den Widerruf des VA zu rechtfertigen. 21

Dem Betroffenen steht ein **formelles subjektives Recht auf fehlerfreie Ermessensentscheidung** zu, das sich zu einem materiellen subjektiven Recht verdichten kann, wenn der Widerruf die einzig rechtmäßige Ermessensentscheidung darstellt. Im Regelfall ist die Ablehnung des Widerrufs durch den Hinweis auf die Rechtmäßigkeit des VA und das Prinzip der Rechtssicherheit aber gerechtfertigt. 22

Der Widerruf kann **ganz oder teilweise** ausgesprochen werden. Er ist aber **nur mit Wirkung für die Zukunft** zulässig. Ein Widerruf für die Vergangenheit ist nach dem klaren Wortlaut von Abs. 1 ausgeschlossen. 23

II. Widerruf begünstigender Verwaltungsakte (Abs. 2)

1. Gegenstand und Reichweite der Regelung

Abs. 2 enthält die allgemeine Regelung zum Widerruf rechtmäßig begünstigender VAe. Nach Satz 1 darf ein solcher VA – auch nachdem er unanfechtbar geworden ist – ganz oder teilweise mit Wirkung für die Zukunft nur in den gesetzlich ausdrücklich genannten Fällen widerrufen werden. 24

25 Der Regelung liegt der Gedanke zugrunde, dass in den Widerrufsfällen der Nr. 1 – 5 das **öffentliche Interesse an der Beseitigung oder Änderung** des VA im Allgemeinen schwerer wiegt als das Interesse des Betroffenen am Bestand des VA und das entsprechende Vertrauensinteresse.

26 In den Fällen Nr. 1 und Nr. 2 rechtfertigt sich die Zurückdrängung des Vertrauensschutzes daraus, dass der Betroffene mit der Möglichkeit des Widerrufs rechnen musste, bzw. die Tatsachen, die den Widerruf auslösen, in seiner Sphäre liegen. In den übrigen Fällen der Nr. 3 – 5 liegt das prinzipielle Übergewicht des öffentlichen Interesses darin begründet, dass dem Gesichtspunkt des Vertrauensschutzes hier bereits vom Gesetzgeber insofern Rechnung getragen worden ist, als dieser in Abs. 5 einen Entschädigungsanspruch des Betroffenen für etwaige im Vertrauen auf den Bestand des VA erlittene Vermögensnachteile geschaffen, bzw. einen Widerruf für den Fall des Gebrauchmachens von der Vergünstigung ausgeschlossen hat (Nr. 4). Der Gesetzgeber hat den Gesichtspunkt des Vertrauensschutzes bereits in die Widerrufsregelung eingearbeitet. Die Nr. 1 – 5 stellen als Ausnahmetatbestände eine abschließende, nicht analogiefähige[13] Regelung dar, weshalb ein Widerruf aus anderen (nicht in Nr. 1 – 5 festgelegten) Gründen unzulässig ist.

2. Die einzelnen Widerrufsgründe (Abs. 2 Satz 1)

a) Zulassung des Widerrufs durch Rechtsakt (Abs. 2 Satz 1 Nr. 1)

27 Nach Nr. 1 kann ein rechtmäßig begünstigender VA widerrufen werden, wenn der **Widerruf durch Rechtsvorschriften zugelassen oder im Verwaltungsakt vorbehalten** ist.

28 Unter den Begriff der **Rechtsvorschrift** i.S.d. 1. Alt. von Nr. 1 fallen alle Normen der Fachgesetze des Bundes, ferner aber auch Rechtsverordnungen und Satzungen, nicht aber Verwaltungsvorschriften. Lässt ein Fachgesetz den Widerruf eines begünstigenden VA zu, hat dieses Vorrang vor § 49 Abs. 2 Satz 1 Nr. 1, und der Widerruf beurteilt sich ausschließlich nach diesem Fachgesetz. Insofern kommt Nr. 1 Alt. 1 nur wenig praktische Bedeutung zu.

29 Nach der zweiten Alternative von Nr. 1 ist der Widerruf zulässig, wenn er in dem zu widerrufenden VA vorbehalten ist. Damit knüpft die Vorschrift an § 36 Abs. 2 Nr. 3 an. Notwendig ist ein **wirksamer Widerrufsvorbehalt**; nicht ausreichend ist ein nichtiger oder ein gem. § 43 Abs. 2 erledigter Vorbehalt.

30 Nach der Entstehungsgeschichte soll der Widerruf aufgrund eines Widerrufsvorbehalts nur rechtmäßig sein, wenn auch die **Beifügung des Widerrufsvorbehalts ihrerseits rechtmäßig** war.[14] Dem ist ein Teil der Literatur gefolgt.[15] Dies bedeutet, dass

---

13 Ebenso Stelkens/Bonk/Sachs/*Sachs*, § 49 Rn. 35; Knack/Henneke/*Peuker*, § 49 Rn. 21, 46; a.A. Kopp/*Ramsauer*, § 49 Rn. 7.

14 Amtl. Begründung, BT-Drucks. 7/910, S. 72.

15 Knack/Henneke/*Peuker*, § 49 Rn. 52; *Maurer*, § 11 Rn. 41; *Erichsen/Brügge*, Jura 1999, 496 (498); differenzierend *Sarnighausen*, NVwZ 1995, 563 ff.

i.R.d. Widerrufsausübung stets auch zu prüfen wäre, ob die Beifügung des Widerrufsvorbehalts rechtmäßig war. Dieser Prüfung steht jedoch entgegen, dass dann, wenn der Begünstigte weder den Widerrufsvorbehalt noch den begünstigenden VA selbst mit Rechtsbehelfen angegriffen hat, der Widerrufsvorbehalt mit dem begünstigenden VA bestandskräftig wird und demgemäß entsprechend den Grundsätzen über die Bestandskraft von VAen die Frage der Rechtmäßigkeit des Widerrufsvorbehalts bei der Ausübung des Widerrufs richtigerweise grundsätzlich keine Rolle mehr spielt.[16]

Auch bei der Ausübung des Ermessens kann die Behörde grds. von der Gültigkeit des Widerrufsvorbehalts ausgehen und ist nicht gezwungen, in diesem Rahmen die Rechtmäßigkeit des Vorbehalts zu prüfen. Es stellt sich aber die Frage, ob die Rechtswidrigkeit eines bestandskräftigen Vorbehalts in jedem Fall unbeachtet bleiben kann. Entscheidend ist dafür die Reichweite der Bestandskraft. Wie im Zusammenhang mit dem Wiederaufgreifen i. w. S. dargelegt (s. § 48 Rdn. 58 ff.), muss entgegen der Rspr. des BVerwG nach hier vertretener Ansicht im Fall der Kenntnis von gravierenden (neuen) Einwänden gegen die Rechtmäßigkeit des VA bereits auf der 2. Stufe eine Ermessensentscheidung über die Aufhebung getroffen werden (s. § 48 Rdn. 63 f.). Entsprechendes muss auch für den Widerrufsvorbehalt gelten. Diese **Entscheidung über die Aufrechterhaltung des Vorbehalts** kann dann auch mit der Ermessensentscheidung über den Widerruf (auf der Grundlage des Vorbehalts) verbunden werden.[17] Damit hängt die Rechtmäßigkeit des Widerrufs in den Fällen des Gebrauchmachens von einem rechtswidrigen Widerrufsvorbehalt davon ab, ob und wie die Behörde die Frage der Aufrechterhaltung des Widerrufsvorbehalts in ihren Erwägungen fehlerfrei berücksichtigt hat. 31

Der Umstand, dass dem VA ein Widerrufsvorbehalt beigefügt ist, bedeutet für die Behörde zudem nicht, dass sie den VA frei widerrufen kann. Der Widerruf darf nur nach Maßgabe des Widerrufsvorbehalts unter Beachtung der dort ausdrücklich aufgeführten oder im Wege der Auslegung zu ermittelnden Beschränkungen oder Voraussetzungen ausgesprochen werden. Trifft der Widerrufsvorbehalt insoweit keine Regelung, darf der Widerruf nur ausgesprochen werden, soweit es zur Wahrung der Belange erforderlich ist, die durch das Gesetz geschützt werden, aufgrund dessen der VA erlassen wurde.[18] 32

---

16 BVerwG, Urt. v. 21.11.1986 – 8 C 33.84, NVwZ 1987, 498 – juris Rn. 10; Urt. v. 14.12.1989 – 3 C 30.87, NJW 1991, 766 – juris Rn. 15; OVG Nordrhein-Westfalen, Beschl. v. 13.12.2012 – 2 B 1250/12, NVwZ-RR 2013, 500 – juris Rn. 9 f.; *Eichberger*, GewArch. 1983, 104 (111); *Dickersbach*, GewArch. 1993, 177 (184); Kopp/*Ramsauer*, § 49 Rn. 37; Stelkens/Bonk/Sachs/*Sachs*, § 49 Rn. 40.

17 Im Ergebnis in ähnlicher Richtung etwa Kopp/*Ramsauer*, § 49 Rn. 37; Stelkens/Bonk/Sachs/*Sachs*, § 49 Rn. 41.

18 Ähnlich Stelkens/Bonk/Sachs/*Sachs*, § 49 Rn. 43.

b) Nichterfüllung einer mit dem VA verbundenen Auflage (Abs. 2 Satz 1 Nr. 2)

33 Nach Nr. 2 darf ein rechtmäßig begünstigender VA widerrufen werden, wenn mit dem VA eine Auflage verbunden ist, und der Begünstigte diese nicht oder nicht innerhalb einer ihm gesetzten Frist erfüllt. Erforderlich ist, dass dem zu widerrufenden VA eine Auflage i.S.d. § 36 Abs. 2 Nr. 4 beigefügt ist. Die Bezeichnung der Nebenbestimmung ist unerheblich. Wie im Fall des Widerrufsvorbehalts kommt es grds. auf die Wirksamkeit der Auflage an.

34 Ob die Beifügung der Auflage rechtmäßig war, ist nach Eintritt der Bestandskraft des VA grds. nicht mehr zu prüfen. Entsprechend den obigen Ausführungen zum Widerrufsvorbehalt muss gegebenenfalls bei der Ermessensentscheidung über den Widerruf auch über die Gründe für eine mögliche Rechtswidrigkeit der Auflage und über deren Aufrechterhaltung befunden werden (s.o. Rdn. 30 ff.). Entsprechend kann – bei fehlender Prüfung der Auflage – der Widerruf ermessensfehlerhaft sein.[19]

35 Die Auflage muss allerdings hinreichend bestimmt sein, d.h. ihr Entscheidungsgehalt muss für den Adressaten nach Inhalt und Umfang aus sich heraus erkennbar und verständlich sein.[20] Andernfalls kann dem Begünstigten nicht vorgeworfen werden, er habe die Auflage nicht erfüllt.

36 Nicht erfüllt ist eine Auflage, wenn der Betroffene das ihm auferlegte Gebot zu einem Tun, Dulden oder Unterlassen überhaupt nicht oder nur unzureichend befolgt. Auf ein Verschulden kommt es nicht an. Das fehlende Verschulden kann jedoch i.R.d. Ermessensentscheidung Berücksichtigung finden.[21]

37 I.R.d. zu treffenden Ermessensentscheidung ist insb. das Verhältnismäßigkeitsprinzip zu beachten. Das Übermaßverbot hindert den Widerruf, wenn eine nicht erfüllte Auflage nur eine unwesentliche Nebenpflicht betrifft und die Nichterfüllung dieser Auflage in Ansehung der Folgen des Widerrufs für den Begünstigten als geringfügig erscheint.[22]

38 Ist die Auflage mit einer Frist verbunden oder ergibt sich die Frist aus dem Inhalt des VA oder der Auflage, setzt der Widerruf des VA nicht eine erneute Fristsetzung voraus. Ist keine Frist bestimmt, muss die Behörde erst eine Frist setzen, um den Widerruf zu ermöglichen.[23]

39 Aber auch dann, wenn die Auflage befristet und eine Erfüllung der Auflage noch möglich ist, kann das Verhältnismäßigkeitsprinzip im Einzelfall gebieten, den Begünstigten vor dem Widerruf abzumahnen. Dies gilt allerdings dann nicht, wenn von einer Abmahnung kein Erfolg zu erwarten ist.[24]

---

19 Stelkens/Bonk/Sachs/*Sachs*, § 49 Rn. 49; *Berg*, GewArch. 1999, 1 (8); *Suerbaum*, VerwArch. 90 (1999), 361 (373 f.).

20 BVerwG, Urt. v. 26.01.1990 – 8 C 69.87, NVwZ 1990, 855.

21 Stelkens/Bonk/Sachs/*Sachs*, § 49 Rn. 53.

22 Knack/Henneke/*Peuker*, § 49 Rn. 53.

23 Stelkens/Bonk/Sachs/*Sachs*, § 49 Rn. 53; Knack/Henneke/*Peuker*, § 49 Rn. 54.

24 Stelkens/Bonk/Sachs/*Sachs*, § 49 Rn. 56.

c) Nachträgliche Tatsachenänderung (Abs. 2 Satz 1 Nr. 3)

Nr. 3 ermächtigt die Behörde zum Widerruf, wenn sie aufgrund nachträglich eingetretener Tatsachen berechtigt wäre, den VA nicht zu erlassen, und wenn ohne den Widerruf das öffentliche Interesse gefährdet wäre. Die Vorschrift ist nur einschlägig, wenn die jeweiligen Fachgesetze keine eigenständigen Widerrufsregelungen (wie z.B. § 15 Abs. 2 GastG) enthalten. Nr. 3 setzt voraus, dass sich die **Rechtslage seit Ergehen des VA nicht geändert** hat. Ist eine Änderung der Rechtslage eingetreten, kann der Widerruf nur nach Nr. 4 erfolgen.[25] 40

Die **Änderung der Tatsachen** kann sowohl durch ein Verhalten des Betroffenen als auch durch äußere Umstände, die nicht in die Sphäre des Betroffenen fallen, verursacht worden sein.[26] Nachträglich eingetreten und damit neu sind alle **Tatsachen, die nach Erlass des VA, d.h. seiner Bekanntgabe, eingetreten sind.**[27] Werden bestimmte Tatsachen, die im Zeitpunkt der Bekanntgabe des VA bereits eingetreten waren, der Behörde nachträglich bekannt, kommt ein Widerruf nach Nr. 3 nicht in Betracht.[28] Sofern der VA sich in Ansehung der nachträglich bekannt gewordenen Tatsachen als rechtswidrig erweist, ist § 48 anwendbar. Keine nachträglich eingetretenen Tatsachen liegen vor, wenn bereits bekannte Tatsachen von der Behörde etwa im Hinblick auf die Änderung ihrer eigenen Ermessenspraxis oder auf eine Änderung der Rechtsprechung rechtlich anders beurteilt werden.[29] 41

Zu den nachträglich veränderten Tatsachen können in Ausnahmefällen auch **Erkenntnisfortschritte im naturwissenschaftlich-technischen Bereich** zählen, die zu einer Neubewertung der schon bei Erlass des VA vorhandenen und von der Behörde bewerteten Sachlage zwingen. Auch wenn im Regelfall bessere oder revidierte Kenntnisse die Rechtswidrigkeit einer Entscheidung in der Vergangenheit belegen, so gilt das nicht, wenn die maßgebliche Rechtsgrundlage auf den aktuellen Stand von Wissenschaft und Technik verweist.[30] Ist die Entscheidung im Zeitpunkt des Erlasses dann auf diesem Kenntnisstand, so erweist sie sich als rechtmäßig auch dann, wenn spätere Erkenntnisfortschritte die Unrichtigkeit der damaligen Sachverhaltsannahmen belegen. Für solche Fälle handelt es sich bei der Weiterentwicklung der Kenntnisse um Sachlageänderungen. Insofern ist eine »geänderte Bewertung von Sachverhalten« stets genauer zu prüfen.[31] 42

---

25 OVG Berlin, Urt. v. 22.05.2003 – 6 B 17.03, LKV 2004, 33 – juris Rn. 30; Stelkens/Bonk/Sachs/*Sachs*, § 49 Rn. 68; *Schoch*, DVBl 1990, 549, 554.

26 BVerwG, Urt. v. 11.12.1990 – 6 C 33.88, NVwZ 1991, 577 – juris Rn. 27; Stelkens/Bonk/Sachs/*Sachs*, Rn. 59.

27 Knack/Henneke/*Peuker*, § 49 Rn. 58.

28 BVerwG, Urt. v. 11.12.1990 – 6 C 33.88, NVwZ 1991, 577 – juris Rn. 28 ff.; Stelkens/Bonk/Sachs/*Sachs*, § 49 Rn. 62.

29 BVerwG, Urt. v. 11.12.1990 – 6 C 33.88, NVwZ 1991, 577 – juris Rn. 33; Stelkens/Bonk/Sachs/*Sachs*, § 49 Rn. 62.

30 OVG Nordrhein-Westfalen, Urt. v. 09.07.1987 – 21 A 1556/86, NVwZ 1988, 173.

31 Vgl. BVerwG, Urt. v. 28.04.2016 – 4 A 2.15, juris LS 2, Rn. 36; *Külpmann*, jurisPR-BVerwG 15/2016 Anm. 3.

43 Die Behörde darf den VA nur widerrufen, wenn sie aufgrund der nachträglich eingetretenen Tatsachen berechtigt wäre, den VA nicht zu erlassen. Bei **gebundenen Entscheidungen** bedeutet dies, dass durch die Änderung der Tatsachen eine Voraussetzung für den Erlass des VA entfallen sein muss (z.B. sind Tatsachen eingetreten, die die Annahme der Unzuverlässigkeit des Begünstigten rechtfertigen). Bei **Ermessensentscheidungen** muss sich eine für die Ermessensausübung erhebliche Tatsache geändert haben, die die Behörde zu einer den Erlass des VA ablehnenden Ermessensentscheidung berechtigt.

44 Weitere Voraussetzung für die Ermächtigung der Behörde zum Widerruf ist, dass ohne den Widerruf das **öffentliche Interesse gefährdet** würde. Es genügt nicht, dass der Widerruf im öffentlichen Interesse liegt. Erforderlich ist vielmehr, dass der Widerruf zur Abwehr einer Gefährdung des öffentlichen Interesses, d.h. zur Beseitigung oder Verhinderung eines sonst drohenden Schadens für wichtige Gemeinschaftsgüter, geboten ist.[32] Notwendig ist immer eine konkrete Gefährdung. Weiter muss die Gefährdung in ursächlichem Zusammenhang mit den nachträglich eingetretenen Tatsachen stehen und die Wahrung des gefährdeten öffentlichen Interesses muss Ziel des jeweiligen Fachgesetzes sein und in den Aufgabenbereich der den Widerruf aussprechenden Behörde fallen.[33]

45 Es wird wohl allgemein angenommen, dass ein Widerruf nach Nr. 3 nicht möglich ist, wenn sich aus Sinn und Zweck einer gesetzlichen Regelung ergibt, dass ein VA von dem Fortbestand seiner Voraussetzungen unabhängig und ggü. einer nachträglichen Änderung der Sachlage bestandsfest sein soll. Als Beispiele werden dafür vor allem sog. gestaltende VAe (wie Baugenehmigung, Einbürgerung, Ernennung zum Beamten, Genehmigung bestimmter Rechtsgeschäfte) genannt.[34]

46 Im Gegensatz zu Nr. 4 ist nicht erforderlich, dass der Begünstigte von der Begünstigung noch keinen Gebrauch gemacht hat. Dieser Gesichtspunkt kann allerdings i.R.d. Ermessensausübung Bedeutung gewinnen.

d) Geänderte Rechtsvorschrift (Abs. 2 Satz 1 Nr. 4)

47 Nach Nr. 4 kann ein VA widerrufen werden, wenn die Behörde aufgrund einer geänderten Rechtsvorschrift berechtigt wäre, den VA nicht zu erlassen, soweit der Begünstigte von der Begünstigung noch keinen Gebrauch gemacht oder aufgrund des Verwaltungsaktes noch keine Leistungen empfangen hat, und wenn ohne den Widerruf das öffentliche Interesse gefährdet würde. Zentrale Voraussetzung für den Widerruf ist damit die eingetretene Änderung einer Rechtsvorschrift. Im Unterschied zu § 51 Abs. 1 Nr. 1 (Änderung der Rechtslage) muss sich die Änderung in Abs. 2 S. 1 Nr. 4 auf eine konkrete Rechtsvorschrift beziehen. Diese ist dann anzunehmen, wenn sich der Text eines Außenrechtssatzes, einer Rechtsnorm des unmittelbar anwendbaren

32 BVerwG, Urt. v. 24.01.1992 – 7 C 38.90, NVwZ 1992, 565 – juris Rn. 13.

33 Stelkens/Bonk/Sachs/*Sachs*, § 49 Rn. 72.

34 Obermayer/*Schäfer*, 3. Aufl., § 49 Rn. 43; Stelkens/Bonk/Sachs/*Sachs*, § 49 Rn. 67.

EU-Rechts oder des nationalen Rechts geändert hat. Nicht dazu zählt das Innenrecht (Verwaltungsvorschriften). Es reicht daher nicht aus, dass sich die Rechtslage ändert, etwa weil ein anderer, mit dem betreffenden VA in Verbindung stehender VA aufgehoben oder erlassen wurde, Verträge geschlossen wurden oder andere vorgreifliche Rechtsverhältnisse sich verändert haben.

Nr. 4 ermöglicht der Behörde unter den dort genannten Voraussetzungen die Anpassung eines begünstigenden VA an **geänderte Rechtsvorschriften**. Voraussetzung für einen Widerruf nach Nr. 4 ist, dass sich nach Erlass des VA die einschlägigen Rechtsvorschriften geändert haben. Als Änderung ist auch das erstmalige Ergehen einer Rechtsvorschrift in einem bisher ungeregelten Bereich anzusehen. Eine Änderung von Rechtsvorschriften liegt auch vor, wenn Rechtsnormen unwirksam werden oder ihre Geltung verlieren,[35] bestehendes nationales Recht wegen neuen vorrangigen Unionsrechts außer Anwendung bleibt oder sich Gewohnheitsrecht ändert.[36] 48

Eine Änderung von Rechtsvorschriften liegt **nicht** vor, **wenn** die **Rechtsprechung eine streitige Rechtsfrage erstmals klärt oder eine ständige Rechtsprechung sich ändert**[37] oder wenn das BVerfG, das Verfassungsgericht des Landes oder gem. § 47 VwGO das OVG eine Rechtsvorschrift für ungültig erklären.[38] Gleiches gilt, wenn bloße Verwaltungsvorschriften ohne Rechtssatzcharakter geändert werden.[39] 49

Die Behörde muss bei Zugrundelegung der nachträglich geänderten Rechtsvorschrift ermächtigt sein, den VA nicht zu erlassen. Bei **gebundenen Entscheidungen** bedeutet dies, dass der VA wegen der geänderten Rechtsvorschrift (etwa wegen der Verschärfung der Genehmigungsvoraussetzungen, die der Betroffene nicht erfüllt) nicht mehr erlassen werden dürfte. Bei **Ermessensentscheidungen** muss die Änderung der Rechtsvorschrift dazu führen, dass die Behörde bei Zugrundelegung der geänderten Rechtsvorschrift ihr Ermessen dahin betätigen würde, den VA abzulehnen. Führt die Änderung der Rechtsvorschrift allerdings zum Rechtswidrigwerden des VA (dazu § 48 Rdn. 38 ff.), so ist § 48 anwendbar – mit der Möglichkeit der rückwirkenden Aufhebung ab dem Eintritt der Rechtswidrigkeit. 50

Der Widerruf wegen Änderung einer Rechtsvorschrift ist aber nur zulässig, wenn der durch den VA Begünstigte von der Begünstigung **noch keinen Gebrauch gemacht** hat oder aufgrund des begünstigenden VA **noch keine Leistungen empfangen** hat. Der Begünstigte hat von der Begünstigung Gebrauch gemacht, wenn er begonnen hat, sie ins Werk zu setzen (z.B. durch Ausheben der Baugrube mit den erforderlichen Bauarbeiten begonnen hat) oder aber zumindest erhebliche Investitionen in das geplante und durch VA genehmigte Vorhaben erbracht hat. Ob die in Ausnutzung der Begünstigung begonnenen Maßnahmen wieder rückgängig gemacht werden können, 51

35 *Baumeister*, Das Rechtswidrigwerden von Normen, 1996, 269 ff., 272 ff.
36 Knack/Henneke/*Peuker*, § 49 Rn. 64, allerdings auch »allgemeine Rechtsgrundsätze« einbeziehend.
37 Kopp/*Ramsauer*, § 49 Rn. 50a; Knack/Henneke/*Peuker*, § 49 Rn. 65.
38 Kopp/*Ramsauer*, § 49 Rn. 51; a.A. Knack/Henneke/*Peuker*, § 49 Rn. 65.
39 BVerwG, Urt. v. 11.12.1990 – 6 C 33.88, NVwZ 1991, 577 – juris Rn. 33.

ist unerheblich.[40] Ein Gebrauchmachen von der Begünstigung ist zu verneinen, wenn nach Erlass des VA keine oder nur unbedeutende Maßnahmen ergriffen wurden, um die Begünstigung auszunutzen. Eine **Leistung ist empfangen**, wenn sie endgültig in das Vermögen des Begünstigten übergegangen ist. Nicht notwendig ist, dass die erhaltene Leistung ganz oder teilweise verbraucht wurde.[41]

52 Weitere Voraussetzung für einen Widerruf nach Nr. 4 ist, dass **ohne den Widerruf das öffentliche Interesse gefährdet** würde. Insoweit müssen die gleichen Voraussetzungen erfüllt sein wie bei der Gefährdung des öffentlichen Interesses nach Nr. 3 (vgl. Rdn. 44).

e) Verhütung oder Beseitigung schwerer Nachteile für das Gemeinwohl (Abs. 2 Satz 1 Nr. 5)

53 Nach Nr. 5 kann ein Widerruf erfolgen, um schwere Nachteile für das Gemeinwohl zu verhüten oder zu beseitigen. Dieser Widerrufsgrund beruht auf dem Grundsatz, dass die Interessen des einzelnen Bürgers ggü. dringenden Erfordernissen des Gemeinwohls grds. zurückzutreten haben.[42] Der Tatbestand eröffnet ein »Notstandsrecht«,[43] das in Ausnahmefällen bei fehlender anderweitiger Rechtsgrundlage einen Widerruf ermöglichen soll.

54 Schwere Nachteile für das Gemeinwohl liegen vor, wenn **über bloße Gefährdungen des öffentlichen Interesses hinausgehend** schwere Nachteile für das Gemeinwohl, d.h. für wichtige Gemeinschaftsgüter drohen. Zur Bestimmung der wichtigen Gemeinschaftsgüter ist an das materielle Verfassungsrecht anzuknüpfen. Anhaltspunkte zur Begriffsbestimmung bietet auch die Rechtsprechung des BVerfG zu Art. 12 GG zum Begriff der wichtigen Gemeinschaftsgüter.[44] Gewichtige Grundrechtsbeeinträchtigungen können schwere Nachteile für das Gemeinwohl auslösen.[45] Als wichtige Gemeinschaftsgüter kommen neben dem Schutz von Leben, körperlicher Unversehrtheit und Freiheit, die Volksgesundheit, die Sicherung der Volksernährung und die Erhaltung einer menschenwürdigen Umwelt in Betracht. Auch die Gefährdung des Lebens oder der Gesundheit einzelner kann als Gefährdung des Gemeinwohls zu werten sein.[46] Beispielweise können auch Situationen wie die Corona-Pandemie den Widerruf für Genehmigungen rechtfertigen.

55 Die Vorschrift ist auch anwendbar, wenn die Umstände, die zur Annahme einer Gemeinwohlgefährdung oder -beeinträchtigung führen, schon im Zeitpunkt des Erlasses des VA gegeben waren, der Behörde aber erst nachträglich bekannt werden.[47] Für den

40 Kopp/*Ramsauer*, § 49 Rn. 52.
41 Stelkens/Bonk/Sachs/*Sachs*, § 49 Rn. 75.
42 Kopp/*Ramsauer*, § 49 Rn. 54.
43 *Erichsen/Brügge*, Jura 1999, 496 (500), *Ehlers/Schröder*, Jura 2010, 824 (826); Mann/Sennekamp/Uechtritz/*Suerbaum*, § 49 Rn. 109.
44 Kopp/*Ramsauer*, § 49 Rn. 56; Knack/Henneke/*Peuker*, § 49 Rn. 71.
45 BVerwG, Urt. v. 21.05.1997 – 11 C 1.96, BVerwGE 105, 6 (14 f.).
46 Knack/Henneke/*Peuker*, § 49 Rn. 72; Kopp/*Ramsauer*, § 49 Rn. 56.
47 Kopp/*Ramsauer*, § 49 Rn. 54.

Fall, dass die schon bei Erlass bestehende Gemeinwohlgefährdung die Rechtswidrigkeit des VA bewirkt, kommt gegebenenfalls eine analoge Anwendung in Betracht (s.o. Rdn. 13). Bei der Ausübung des Ermessens beim Widerruf ist aber – wie in allen anderen Fällen – das Übermaßverbot zu beachten.

3. Widerruf als Ermessensentscheidung

Liegen die Voraussetzungen für den Widerruf eines rechtmäßig begünstigenden VA 56
vor, hat die Behörde nach **pflichtgemäßem Ermessen** über den Widerruf des VA zu entscheiden. Da Gesichtspunkte des Vertrauensschutzes in den Fällen der Nr. 3 – 5 bereits in die Widerrufsregelung eingearbeitet sind, ist das **Ermessen** der Behörde deshalb in diesen Fällen im Hinblick auf das öffentliche Interesse an einem Widerruf der Vergünstigung in Richtung auf einen Widerruf **intendiert**. Vertrauensschutzgesichtspunkte können i.R.d. Ermessensentscheidung nur dann zugunsten des Betroffenen zu Buche schlagen, wenn der ihm ohnehin bereits kraft Gesetzes zustehende Vertrauensschutz aus besonderen Gründen nicht ausreichend erscheint. Ein Ermessensfehler liegt nur vor, wenn die Behörde die ihr bekannten oder erkennbaren außergewöhnlichen Umstände des Falles, die eine andere Entscheidung als den Widerruf möglich erscheinen lassen, nicht in ihre Erwägungen eingestellt hat.[48]

Die Behörde muss gleichwohl auch bei Vorliegen von Widerrufsgründen der Nr. 3 – 5 57
stets prüfen, ob dem Widerruf nicht ausnahmsweise ein schutzwürdiges Vertrauen des Betroffenen entgegensteht. Fehlen in dem Widerrufsbescheid jegliche Ausführungen zu einem möglichen Vertrauensschutz des Betroffenen, ist der Bescheid regelmäßig ermessensfehlerhaft.

Die Behörde kann den rechtmäßig begünstigenden VA ganz oder – sofern er teilbar 58
ist – auch teilweise aufheben. Der Vertrauensschutz kann es gebieten, den Widerruf nur mit einer Übergangsregelung, die dem Betroffenen eine Anpassung an die geänderten Verhältnisse ermöglicht, auszusprechen.[49] Der Widerruf eines rechtmäßig begünstigenden VA **nach Abs. 2** ist **nur für die Zukunft** möglich. Soll ein rechtmäßig begünstigender VA für die Vergangenheit widerrufen werden, so bedarf es des Vorliegens der Voraussetzungen des durch Änderungsgesetz vom 02.05.1996[50] neu eingefügten Abs. 3. Die in der Literatur umstrittene Rechtsprechung des BVerwG, die in Fällen zweckwidriger Verwendung von öffentlichen Mitteln einen Widerruf für die Vergangenheit dadurch ermöglicht hat, dass sie das Behaltendürfen der Leistung von dem Wirksambleiben des Zuwendungsbescheides abhängig gemacht hat, ist nach der Einfügung des Abs. 3 hinfällig geworden, ein Widerruf für die Vergangenheit ist in diesen Fällen nur mehr nach Abs. 3 möglich.

48 BVerwG, Urt. v. 24.01.1992 – 7 C 38.90, juris Rn. 15; Urt. v. 08.04.1997 – 3 C 6.95, DVBl 1998, 145 m. zust. Anm. *Schwabe*.
49 Kopp/*Ramsauer*, § 49 Rn. 30.
50 BGBl. I S. 656.

4. Die entsprechende Anwendung der Fristbestimmung des § 48 Abs. 4 (Abs. 2 Satz 2)

59 Abs. 2 Satz 2 ordnet die entsprechende Geltung des § 48 Abs. 4 an. Somit ist der Widerruf eines rechtmäßig begünstigenden VA nur innerhalb eines Jahres seit dem Zeitpunkt zulässig, zu dem die Behörde von Tatsachen Kenntnis erhalten hat, die den Widerruf rechtfertigen. Der Lauf der Frist setzt nach der nicht unumstrittenen Rechtsprechung des BVerwG voraus (vgl. zum Streitstand § 48 Rdn. 128 ff.), dass der Behörde sämtliche, für die Widerrufsentscheidung erheblichen Tatsachen vollständig bekannt sind. Hierzu gehören auch all jene Gesichtspunkte, die für die nach § 49 Abs. 2 zu treffende Ermessensentscheidung Bedeutung besitzen. Die Frist beginnt mithin erst von dem Zeitpunkt zu laufen, ab dem bei objektiver Betrachtung keine Notwendigkeit mehr für weitere Überlegungen besteht.[51]

III. Widerruf rechtmäßig begünstigender verwendungszweckgebundener VAe (Abs. 3)

1. Entstehungsgeschichte des Abs. 3

60 Nach der bis zum 20.05.1996 geltenden Fassung des § 49 war der Widerruf eines rechtmäßig begünstigenden VA ausnahmslos nur mit Wirkung für die Zukunft nach Abs. 2 möglich. Ein solcher Widerruf reichte aber nicht aus, um öffentliche Mittel, die zur Erfüllung eines im öffentlichen Interesse liegenden bestimmten Zweckes gewährt worden waren, bei Zweckverfehlung der Mittel in dem gebotenen Umfang zurückfordern zu können. Der nach § 49 in der bisherigen Fassung mögliche Widerruf für die Zukunft konnte den Rechtsgrund für das Behaltendürfen einer gewährten Leistung nicht beseitigen. Die Rückforderung von Haushaltsmitteln muss aber auch für die Vergangenheit möglich sein, wenn der Empfänger der Mittel nicht nachweisen kann, dass die ihm gewährten Mittel entsprechend der konkreten Zweckbestimmung verwandt wurden. Um im Bereich der Zuwendungen i.S.d. § 23 BHO nicht zu rechts- und finanzpolitisch unerwünschten Ergebnissen zu kommen, die mit dem Erlass des Verwaltungsverfahrensgesetzes nicht beabsichtigt waren, wurde bereits durch das Zweite Gesetz zur Änderung der BHO vom 14.07.1980[52] die Vorschrift des § 44a BHO geschaffen, nach der abweichend von § 49 Abs. 2 in der bisherigen Fassung Zuwendungsbescheide auch mit Wirkung für die Vergangenheit widerrufen werden konnten.

61 In den Fällen außerhalb des Anwendungsbereiches des § 44a BHO und der landesrechtlichen Parallelbestimmungen bediente sich die Rechtsprechung bis zur Gesetzesänderung einer zweifelhaften These: Auch ohne einen Widerruf für die Vergangenheit könne die Leistung zurückverlangt werden, da das Behaltendürfen der bewilligten staatlichen Leistung voraussetze, dass der Zuwendungsbescheid innerhalb der Zeit, für die die Zweckbindung vorgesehen sei, wirksam bleibe. Der Widerruf des VA während

51 BVerwG, Urt. v. 24.01.1992 – 7 C 38.90, juris Rn. 17.
52 BGBl. I S. 955.

der Zeit der Zweckbindung führe dann dazu, dass er zwar nur für die Zukunft gelte, aber dennoch den Rückforderungsanspruch für die Vergangenheit auslöse, weil der Grund für das Behaltendürfen der Leistung wegfalle.[53]

Auf Anregung des Bundesrates[54] wurde die verwaltungsverfahrensrechtliche Sondervorschrift des § 44a BHO nunmehr durch das Änderungsgesetz vom 02.05.1996 in das Verwaltungsverfahrensgesetz integriert, nachdem bereits einige Bundesländer ihre Landesverwaltungsverfahrensgesetze entsprechend geändert hatten.[55] Im Vordergrund der Änderung stand die Aufhebung des § 44a BHO und die Ergänzung des § 49 durch einen Abs. 3, der den Widerruf eines rechtmäßigen VA, der eine verwendungszweckgebundene einmalige oder laufende Geldleistung oder teilbare Sachleistung gewährt oder hierfür Voraussetzung ist, bei Vorliegen bestimmter Voraussetzungen auch für die Vergangenheit ermöglicht. Die Änderungen wurden ergänzt durch eine Neuregelung des Erstattungsanspruchs in § 49a. 62

Die Änderungen haben die äußerst problematische Rechtsprechung des BVerwG,[56] die in der Sache den Widerruf auch für die Vergangenheit ermöglichte, hinfällig werden lassen. Dagegen hat die Einfügung des Abs. 3 den Meinungsstreit darüber, ob bei § 48 für die Beurteilung der Rechtswidrigkeit auf den Zeitpunkt des Erlasses des VA abzustellen ist oder ob die Vorschrift auch anzuwenden ist, wenn Umstände eintreten, die die Aufrechterhaltung des Bescheides rechtswidrig machen, entgegen einzelnen Stellungnahmen in keiner Weise erledigt.[57] Zudem sind aus der Änderung keine Argumente gegen die von der Rechtsprechung wie auch hier vertretene Ansicht ableitbar, dass § 48 auf rechtswidrig gewordene VAe anwendbar ist. Auch vor der Einführung des Abs. 3 hat niemand die These vertreten, eine nicht dem Verwendungszweck entsprechende Verwendung der Leistung durch den Begünstigten führe zur Rechtswidrigkeit des VA. 63

2. Gegenstand der Regelung

Abs. 3 regelt die **Möglichkeit des Widerrufs eines rechtmäßig begünstigenden VA, der eine einmalige oder laufende Geldleistung oder eine teilbare Sachleistung zur Erfüllung eines bestimmten Zwecks gewährt oder hierfür Voraussetzung ist, auch für die Vergangenheit.** Wie aus den in Abs. 3 Satz 1 Nr. 1 und 2 normierten Widerrufsgründen ersichtlich ist, wird hier nur ein Sonderfall leistungsgewährender VAe erfasst. Daher kann Abs. 3 auch nicht als Parallelnorm zu § 48 Abs. 2 Satz 1 angesehen werden. Von Abs. 3 werden nur Leistungen erfasst, die mit einem bestimmten Verwendungszweck verbunden sind. Der Leistungsempfänger hat die Leistungen – nach den Vorgaben des VA – in bestimmter Weise zu verwenden; es handelt sich um 64

53 BVerwG, Urt. v. 11.02.1983 – 7 C 70.80, NVwZ 1984, 36.
54 BT-Drucks. 8/3785.
55 Begründung zum Änderungsgesetz, BT-Drucks. 12/2297.
56 *Martens*, NVwZ 1985, 158.
57 *Baumeister*, NVwZ 1997, 19 (20); a.A. Obermayer/*Schäfer*, 3. Aufl., § 49 Rn. 70; *Dickersbach*, NVwZ 1996, 962 (964); w. Nachw. unter § 48 Rdn. 42.

verwendungszweckgebundene VAe. Damit fallen alle leistungsgewährenden VAe aus dem Anwendungsbereich heraus, bei denen der Zweck der Leistung nicht in einer bestimmten Verwendung durch den Leistungsempfänger besteht. So reicht es auch nicht aus, dass aus behördlicher Sicht mit der Leistung ein bestimmter Zweck verbunden ist[58] oder dass die Leistung aus einem bestimmten Grund gewährt wird. Die Leistung muss vielmehr zwingend zu einem bestimmten Zweck verwendet werden; sie ist **verwendungszweckgebunden**. Deshalb ist auch die mitunter anzutreffende Differenzierung zwischen Primär- und Sekundär- oder Fernzielen[59] irreführend. Welche Ziele mit der Leistung verfolgt werden, ist schlicht irrelevant für die Frage der Anwendbarkeit des Abs. 3. Es kommt ausschließlich auf die Vorgabe zu einer bestimmten Verwendung der Leistung an. Der **Anwendungsbereich** der Vorschrift ist wie der des früheren § 44a Abs. 1 BHO auf Zuwendungen i. S. v. § 23 BHO, d.h. **Geld- oder Sachleistungen zur Erfüllung bestimmter Zwecke**, beschränkt.[60] Die gegenteilige Annahme, nach der Abs. 3 immer einschlägig sei, wenn ein rechtmäßig begünstigender leistungsgewährender VA für die Vergangenheit widerrufen werden soll, während Abs. 2 immer einschlägig sei, wenn ein rechtmäßig begünstigender VA, gleich ob leistungsgewährend oder nicht, lediglich für die Zukunft widerrufen werden soll, entbehrt jeder Grundlage, weil sie nicht die Tatbestandsvoraussetzungen beachtet.

65 Der mit der gewährten Leistung verfolgte Zweck ergibt sich aus dem Bewilligungsbescheid und den dem Bewilligungsbescheid zugrunde liegenden Rechtsgrundlagen. Hierzu zählen insb. auch Verwaltungsvorschriften und Kommentierungen der Haushaltstitel im Haushaltsplan. Bei Unklarheiten ist der Bewilligungsbescheid nach den Grundsätzen auszulegen, die für Willenserklärungen allgemein gelten (§§ 133, 157 BGB). Maßgebend ist, wie der Empfänger nach den Umständen des Einzelfalls die Erklärung bei verständiger Würdigung zu deuten hatte. In diesem Rahmen ist aber auch das Bestimmtheitsgebot zu beachten, das verlangt, dass die Zweckbindung für den Betroffenen eindeutig erkennbar ist.[61] Sollen mittels der Leistung Gegenstände angeschafft werden, die einer zeitlichen Bindung unterliegen, erstreckt sich die Zweckbindung auch auf diese Gegenstände.

66 Abzugrenzen sind die verwendungszweckgebundenen Zuwendungsbescheide von vorläufigen Zuwendungsbescheiden oder solchen unter dem Vorbehalt späterer Regelung durch einen Schlussbescheid. Steht etwa die Höhe der zuwendungsfähigen Kosten des zu subventionierten Vorhabens noch nicht fest, so besteht für den Zuwendungsgeber u.U. die Möglichkeit, eine vorläufige Bewilligung oder eine Bewilligung unter dem Vorbehalt späterer Regelung vorzunehmen. Ob es sich um einen entsprechenden Bescheid handelt, ist durch Auslegung nach den Grundsätzen des §§ 133, 157 BGB zu bestimmen, also danach, »wie der Adressat den VA unter Berücksichtigung der ihm bekannten oder erkennbaren Umstände bei objektiver Auslegung verstehen musste«.[62]

58 So wohl aber Pautsch/Hoffmann/*Pautsch*, § 49 Rn. 31.
59 Mann/Sennekamp/Uechtritz/*Suerbaum*, § 49 Rn. 133.
60 A.A. Obermayer/*Schäfer*, 3. Aufl., § 49 Rn. 74.
61 OVG Rheinland-Pfalz, Urt. v. 16.04.1980 – 2 A 21/79, NJW 1981, 882.
62 BVerwG, Urt. v. 23.01.2019 – 10 C 5.17, juris Rn. 25 m.w.N.

Im Fall des VA i.S.d. § 49 Abs. 3 handelt es sich um einen VA, in dem die Höhe der Zuwendung abschließend bestimmt ist, bei dem aber unter den Voraussetzungen des Abs. 3 ein rückwirkender Widerruf mit der Folge der Erstattungspflicht gem. § 49a Abs. 1 erfolgen kann.

3. Die einzelnen Widerrufsgründe (Abs. 3 Satz 1)

Die beiden Widerrufstatbestände der Nr. 1 und 2 entsprechen im Ergebnis der durch das Änderungsgesetz aufgehobenen Vorschrift des § 44a Abs. 1 BHO. Den Widerrufsgründen ist eigen, dass sie sich auf Vorgänge beziehen, die erst nach dem Wirksamwerden der Bewilligungsbescheide eintreten bzw. unterbleiben und die Art und Weise der Verwendung staatlicher Leistungen durch den Empfänger betreffen. 67

a) Zweckwidrige Verwendung (Abs. 3 Satz 1 Nr. 1)

Nach Nr. 1 kann ein leistungsgewährender VA mit Wirkung für die Vergangenheit widerrufen werden, wenn die Leistung nicht, nicht alsbald nach der Erbringung oder nicht mehr für den in dem VA bestimmten Zweck verwendet wird. 68

Diese Vorschrift entspricht dem früheren § 44a Abs. 1 Satz 1, 1. Alt. i.V.m. Abs. 1 Satz 2 BHO. Sie erfasst drei Fallgruppen und zwar die Fälle, dass 69
- die gewährte Leistung von vornherein nicht für den bestimmten Zweck verwendet wird,
- die Leistung nicht alsbald nach Auszahlung zweckentsprechend verwendet wird oder
- die Zweckentfremdung erst später eintritt.

aa) Zweckwidrige Verwendung

Eine zweckwidrige Verwendung liegt vor, wenn die im Bewilligungsbescheid vorgesehene Verwendung von vornherein unterbleibt, die Leistungen also für andere Zwecke verwendet oder unwirtschaftlich verwendet werden. 70

bb) Nicht alsbaldige zweckentsprechende Verwendung

Eine zweckwidrige Verwendung liegt auch dann vor, wenn der Leistungsempfänger die **erhaltene Leistung nicht alsbald nach der Auszahlung für den vorgesehenen Zweck verwendet.** Das Merkmal der nicht alsbaldigen Verwendung liegt auch vor, wenn die Leistung verfrüht abgerufen oder vorübergehend zinsgünstig angelegt wird. In welchem Zeitraum die Mittel zu verwenden sind, ergibt sich meist aus den detaillierten Regelungen des Bewilligungsbescheides und den in Bezug genommenen Verwaltungsvorschriften. Alsbald heißt nach allgemeinen Grundsätzen, dass die Mittel jedenfalls innerhalb eines Zeitraums von 2 Monaten nach Auszahlung (so Vorl. VV Nr. 8.5.5 zu den früheren §§ 44, 44a BHO) zu verwenden sind. Die Einräumung eines zweimonatigen Zeitraums trägt dem Umstand Rechnung, dass auch bei sorgfältiger Planung und Durchführung eines Vorhabens geringfügige Verzögerungen der 71

Mittelverwendung nicht zu vermeiden und daher von dem Leistungsempfänger nicht zu vertreten sind. Wird für den Leistungsempfänger absehbar, dass sich die Mittelverwendung über diesen Zeitraum hinaus verzögert, ist er gehalten, die erhaltenen Mittel zurückzureichen bzw. die Behörde um eine Verlängerung der Verwendungsfrist zu bitten, wenn er vermeiden will, dass die Behörde Zinsen nach § 49a Abs. 4 verlangt.

cc) Nachträgliche Zweckverfehlung und Zweckentfremdung

72 Die Gründe, die zur **nicht mehr zweckentsprechenden Verwendung der Leistung** führen, können beliebiger Art sein und schließen nicht nur das Handeln oder Unterlassen des Leistungsempfängers ein. Die dritte Fallgruppe erfasst dem Wortlaut nach daher auch Fälle, in denen die Leistung zwar zweckentsprechend verwendet wird und i.R.d. Verwendungszweckes ein Wirtschaftsgut angeschafft wird, das aber ohne Verschulden des Leistungsempfängers untergeht oder wegen eines Schadens unbrauchbar wird. Auch in diesen Fällen wird die Leistung nicht mehr für den vorgesehenen Zweck verwendet, wenn der erworbene Gegenstand aus den genannten Gründen nicht mehr benutzt wird oder werden kann. Die Überbürdung des Verwendbarkeitsrisikos auf den Leistungsempfänger erscheint jedoch in diesen Fällen der unverschuldeten objektiven Unmöglichkeit der weiteren Verwendung des Wirtschaftsguts nicht sachgerecht, sodass die Vorschrift einschränkend dahin auszulegen ist, dass eine Zweckverfehlung jedenfalls dann nicht vorliegt, wenn die Leistung aus unvorhersehbaren und unabwendbaren Umständen (höhere Gewalt) nicht mehr zweckentsprechend verwendet werden kann.

73 Das **Risiko der wirtschaftlichen Verwendbarkeit** muss der Leistungsempfänger hingegen tragen. Der Umstand der fehlenden wirtschaftlichen Verwendbarkeit kann nur i.R.d. Ermessensentscheidung berücksichtigt werden, steht aber dem Widerruf an sich nicht entgegen.[63]

74 Eine **Zweckentfremdung** tritt z.B. später ein, wenn der Subventionszweck die Errichtung und Aufrechterhaltung einer Betriebsstätte für eine bestimmte Dauer verlangt, der Subventionsempfänger den Betrieb aber vor Ablauf der Bindungsfrist einstellt.[64]

b) Nichterfüllung einer Auflage (Abs. 3 Satz 1 Nr. 2)

75 Nach Nr. 2 kann ein leistungsgewährender VA mit Wirkung für die Vergangenheit widerrufen werden, wenn mit dem VA eine Auflage verbunden ist und der Begünstigte diese nicht oder nicht innerhalb einer ihm gesetzten Frist erfüllt hat. Diese Vorschrift entspricht dem früheren § 44a Abs. 1 Satz 1, 2. Alt. BHO. Nach dem Wortlaut stimmt sie abgesehen von der Rechtsfolge mit § 49 Abs. 2 Nr. 2 überein. Gleichwohl folgt aus der Systematik, der Entstehungsgeschichte und dem Zweck der Vorschrift, dass es sich nur um **Auflagen bzgl. verwendungszweckgebundener Leistungen** handeln kann.[65]

---

63 *Götz*, NVwZ 1984, 480.
64 OVG Niedersachsen, Urt. v. 10.04.1984 – 9 A 223/81, NVwZ 1985, 120.
65 Knack/Henneke/*Peuker*, § 49 Rn. 87.

Die Nichterfüllung einer Auflage ist gegeben, wenn der Begünstigte gegen Nebenbestimmungen verstößt, die nach § 36 Abs. 2 Nr. 4 Bestandteil des Bewilligungsbescheides geworden sind. Häufig wird den Leistungsempfängern in Form einer Auflage aufgegeben, bestimmte Verwendungsnachweise binnen einer Frist vorzulegen oder Mitteilungspflichten zu erfüllen. Kommt der Leistungsempfänger diesen Pflichten nicht oder nur verspätet nach, ist ein Widerruf zumindest grundsätzlich möglich. 76

4. Widerruf als Ermessensentscheidung

Liegen die Voraussetzungen der Widerrufsgründe vor, hat die Behörde nach pflichtgemäßem Ermessen zu entscheiden, ob sie den Bewilligungsbescheid widerruft. Die **Grundsätze der Wirtschaftlichkeit und Sparsamkeit**, die bei der Ausführung des Haushaltsplanes zu beachten sind (§ 7 BHO), führen zu keiner Ermessensreduzierung auf Null, **intendieren aber das Ermessen** dahin, dass im Regelfall die Entscheidung für den Widerruf ermessensfehlerfrei ist, wenn nicht atypische Gegebenheiten dargelegt werden.[66] Die öffentlichen Belange (wozu auch die Haushaltsbelange gehören) sind nach sachlichen Gesichtspunkten abzuwägen mit den privaten Interessen des Betroffenen. Auf Vertrauensschutz kann sich der Begünstigte wegen der ihm bekannten Zweckbindung der öffentlichen Mittel nur berufen, wenn er diese zweckentsprechend einsetzt. 77

Darüber hinaus sind die auch sonst relevanten Ermessensgesichtspunkte, wie vor allem das **Übermaßverbot** und eine **mögliche Selbstbindung der Verwaltung** zu beachten. Entsprechend ist ein vollständiger Widerruf der Leistungsgewährung dann grds. nicht möglich, wenn der Begünstigte die Leistung zumindest teilweise zweckentsprechend verwendet hat. Dies gilt allerdings nur, wenn die Teilerfüllung des Verwendungszwecks für sich gesehen von der Zwecksetzung zumindest auch intendiert ist.[67] 78

5. Entsprechende Anwendung der Fristbestimmung des § 48 Abs. 4 (Abs. 3 Satz 2)

Abs. 3 Satz 2 ordnet (wie auch Abs. 2 S. 2) die entsprechende Geltung des § 48 Abs. 4 an. Somit ist der Widerruf eines rechtmäßig begünstigenden VA mit Wirkung für die Vergangenheit nur innerhalb eines Jahres seit dem Zeitpunkt zulässig, zu dem die Behörde von Tatsachen Kenntnis erhalten hat, die den Widerruf rechtfertigen.[68] Der Lauf der Frist setzt nach der nicht unumstrittenen Rechtsprechung des BVerwG voraus (vgl. zum Streitstand § 48 Rdn. 128 ff.), dass der Behörde **sämtliche für die Widerrufsentscheidung erheblichen Tatsachen vollständig bekannt** sind. Hierzu gehören auch all jene Gesichtspunkte, die für die nach § 49 Abs. 3 zu treffende Ermessensentscheidung Bedeutung besitzen. Die Frist beginnt mithin erst von dem 79

66 BVerwG, Urt. v. 16.06.1997 – 3 C 22.96, BVerwGE 105, 55 – juris Rn. 14; Urt. v. 19.06.2019 – 10 C 2.18, juris Rn. 20 m. Anm. *Keller*, jurisPR-BVerwG 5/2020 Anm. 5.

67 Zu einem gegenteiligen Fall s. OVG Sachsen, Beschl. v. 19.02.2013 – 1 A 47/11, juris.

68 BVerwG, Urt. v. 23.01.2019 – 10 C 5.17, juris Rn. 31.

Zeitpunkt an zu laufen, ab dem bei objektiver Betrachtung keine Notwendigkeit mehr für weitere Überlegungen besteht.[69]

6. Beweislast und Rechtsfolge

80 Die Beweislast für die Voraussetzungen des Widerrufs eines rechtmäßigen VA hat grds. die Behörde zu tragen. Die Nichterweislichkeit der zweckentsprechenden Mittelverwendung geht jedoch zulasten des Leistungsempfängers, wenn die Nichterweislichkeit Folge seines pflichtwidrigen Verhaltens ist.[70]

81 Wird der ursprüngliche Bewilligungsbescheid mit Wirkung für die Vergangenheit widerrufen, fällt der Rechtsgrund für das Behaltendürfen der Leistung rückwirkend weg und es entsteht ein **Erstattungsanspruch** nach näherer Maßgabe des § 49a.

IV. Zeitpunkt des Unwirksamwerdens des widerrufenen VA (Abs. 4)

82 Nach Abs. 4 wird der widerrufene VA mit dem Wirksamwerden des Widerrufs unwirksam, wenn die Behörde keinen anderen Zeitpunkt bestimmt. Durch Gesetz zur Änderung verwaltungsverfahrensrechtlicher Vorschriften vom 02.05.1996 wurde § 49 Abs. 4 im Hinblick auf die Einfügung des § 49 Abs. 3, der einen Widerruf eines rechtmäßigen VA auch mit Wirkung für die Vergangenheit ermöglicht, geändert und in der Weise an die Neuregelung angepasst, dass das Wort »frühere« durch das Wort »andere« ersetzt wurde. Damit soll der Behörde die Möglichkeit gegeben werden, einen anderen, also nicht nur einen späteren, sondern auch einen früheren Zeitpunkt für das Wirksamwerden des Widerrufs zu bestimmen.

83 Der **Widerruf ist wirksam geworden**, wenn der den Widerruf anordnende VA durch **Bekanntgabe** ggü. dem Betroffenen seine rechtliche Existenz erlangt hat. Grds. wird der widerrufene VA mit dem Wirksamwerden des VA des Widerrufs unwirksam. Das bedeutet, dass er im Zeitpunkt der Bekanntgabe durch die mit dem Widerruf bewirkte Aufhebung seine rechtliche Existenz verliert und die in ihm enthaltene Regelung hinfällig wird (§ 43 Abs. 2).

84 Bestimmt die Behörde einen anderen Zeitpunkt für das Unwirksamwerden des widerrufenen VA, so ist der den Widerruf anordnende VA auch mit seiner Bekanntgabe ggü. dem Betroffenen rechtlich existent geworden. Die in ihm enthaltene Regelung lässt jedoch die Aufhebung des widerrufenen VA erst zu dem angegebenen anderen früheren oder späteren Zeitpunkt eintreten.

V. Zuständigkeit für den Widerruf des VA (Abs. 5)

85 Die Bestimmung der für die Widerrufsentscheidung (örtlich) zuständigen Behörde nach Abs. 5 entspricht der Regelung des § 48 Abs. 5, die die für die Rücknahmeentscheidung zuständige Behörde festlegt (näheres § 48 Rdn. 142).

---

69 BVerwG, Urt. v. 24.01.1992 – 7 C 38.90, juris Rn. 17.
70 OVG Nordrhein-Westfalen, Urt. v. 02.05.1994 – 8 A 3885/93, NVwZ 1996, 610 – LS 1.

VI. Entschädigungsanspruch des Betroffenen in den Fällen des Abs. 2 Nr. 3 – 5 (Abs. 6)

Abs. 6 behandelt den Entschädigungsanspruch des Betroffenen bei einem Widerruf des rechtmäßigen VA in den Fällen des Abs. 2 Satz 1 Nr. 3 – 5. Nach seiner Rechtsnatur ist der Entschädigungsanspruch ebenso wie der Ausgleichsanspruch nach § 48 Abs. 3 ein **öffentlich-rechtlicher Anspruch eigener Art**, der vom Gesetzgeber in Anlehnung an die Grundsätze über die Entschädigung bei Enteignung und enteignendem bzw. enteignungsgleichem Eingriff neu geschaffen wurde. Im Lichte der Rechtsprechung des BVerfG[71] ist die Regelung als **Eigentumsinhaltsbestimmung** i. S. v. Art. 14 Abs. 1 und 2 GG anzusehen, die aufgrund der Ausgleichsregelung die Zumutbarkeitsgrenze für die Betroffenen nicht übersteigt.[72] 86

1. Voraussetzungen des Entschädigungsanspruchs (Satz 1)

Nach Satz 1 hat die Behörde beim Widerruf eines begünstigenden VA in den genannten Fällen den Betroffenen auf Antrag für den Vermögensnachteil zu entschädigen, den dieser dadurch erleidet, dass er auf den Bestand des VA vertraut hat, soweit sein Vertrauen schutzwürdig ist. 87

Der Entschädigungsanspruch entsteht nur bei einem ausdrücklichen Widerruf des rechtmäßigen VA nach Abs. 2 Satz 1 Nr. 3 – 5, also bei einem Widerruf aufgrund nachträglich eingetretener Tatsachen (nach Nr. 3), aufgrund einer geänderten Rechtsvorschrift (nach Nr. 4) und zur Abwehr schwerer Nachteile für das Gemeinwohl (nach Nr. 5). 88

Die Beschränkung des Entschädigungsanspruchs auf diese drei Widerrufsgründe ist sachlich gerechtfertigt. Ein auf sie gestützter Widerruf kann einen besonders schweren (und deshalb grds. entschädigungspflichtigen) Eingriff in Vermögenswerte des Betroffenen darstellen. Während der Betroffene in den Fällen des Abs. 2 Satz 1 Nr. 1 und 2 (bei Zulassung des Widerrufs durch einen Rechtsakt bzw. Nichterfüllung einer Auflage) mit dem Widerruf rechnen muss, verliert er durch einen Widerruf nach Abs. 2 Satz 3 bis 5 eine ihm zuteil gewordene Rechtsposition allein aufgrund eines vorrangigen öffentlichen Interesses. Da die genannten Regelungen aufgrund ihrer – verfassungsrechtlich gebotenen – restriktiven Auslegung nur sehr selten einen legitimen Widerrufsgrund eröffnen werden, kommt dem Entschädigungsanspruch des Abs. 6 allerdings keine nennenswerte praktische Bedeutung zu. 89

Gem. § 38 Abs. 2 i.V.m. § 49 finden auch die Entschädigungsregelungen des § 48 Abs. 3 und des § 49 Abs. 6 auf **Zusicherungen** Anwendung. Demgegenüber ist ein solcher Verweis in § 38 Abs. 3 nicht enthalten. Wenn die Entschädigungsregelung auf den Fall des Wegfalls der Bindung an die Zusicherung infolge einer wesentlichen Änderung der Sach- oder Rechtslage keine Anwendung findet, entsteht jedoch ein Wertungswiderspruch zu den Fällen des § 38 Abs. 2. Dieser kann durch eine analoge 90

71 BVerfG, Beschl. v. 15.07.1981 – 1 BvL 77/78, BVerfGE 58, 300.
72 Kopp/*Ramsauer*, § 49 Rn. 78; *Schoch*, DVBl 1990, 550.

Anwendung der §§ 48 Abs. 3 und 49 Abs. 6 auf die Fälle des **§ 38 Abs. 3** ausgeräumt werden.[73]

91 Wenn der Betroffene auf den Bestand des VA vertraut hat, besteht der Entschädigungsanspruch nur, soweit sein **Vertrauen schutzwürdig** ist. Ein schutzwürdiges Vertrauen des Betroffenen ist in den Fällen des Abs. 2 Satz 1 Nr. 4 und 5 regelmäßig gegeben, weil von dem Betroffenen nicht erwartet werden kann, dass er das nach diesen Regelungen für den Widerruf ausschlaggebende öffentliche Wohl seinen Dispositionen zugrunde legt. In den Fällen des Abs. 2 Satz 1 Nr. 3 fehlt ein schutzwürdiges Vertrauen immer dann, wenn der Betroffene durch sein eigenes Verhalten den Widerruf bewirkt hat und der Widerruf für ihn damit voraussehbar war.

92 Weitere Voraussetzung eines Entschädigungsanspruchs ist, dass der Betroffene einen **Vermögensnachteil** erlitten hat, der durch das Vertrauen in den Bestand des VA ausgelöst wurde. Der Vermögensnachteil wird regelmäßig in Aufwendungen bestehen, die der Betroffene im Vertrauen auf den Bestand des VA gemacht hat und die durch den Widerruf des VA zwecklos geworden sind. Ersetzt wird nur das negative Interesse.

93 Schließlich muss der Betroffene einen **Antrag** stellen. Für die Antragstellung gelten die gleichen Grundsätze wie für die Stellung eines Antrages auf Ausgleich eines Vermögensnachteils bei der Rücknahme eines rechtswidrig begünstigenden VA nach § 48 Abs. 3 Satz 1 (§ 48 Rdn. 104). **Entschädigungsberechtigt** ist der vom Widerruf Betroffene, entschädigungsverpflichtet der Hoheitsträger, dessen Behörde den widerrufenen VA erlassen hat.

2. Entsprechende Geltung des § 48 Abs. 3 Satz 3 – 5 und Rechtsweg (Abs. 6 Sätze 2 und 3)

94 Nach Satz 2 gilt § 48 Abs. 3 Satz 3 – 5 entsprechend. Daraus folgt, dass nach § 48 Abs. 3 Satz 3 das **Bestandsinteresse** die Obergrenze für den Entschädigungsanspruch bildet, nach § 48 Abs. 3 Satz 4 der zu entschädigende Vermögensnachteil durch die Behörde festgesetzt und nach § 48 Abs. 3 Satz 5 der Anspruch nur innerhalb eines Jahres geltend gemacht werden kann.

95 Nach Satz 3 ist für **Streitigkeiten** über die Entschädigung der **ordentliche Rechtsweg** gegeben. Kann die Festsetzung der Entschädigung nur durch die verwaltungsgerichtliche Klage erzwungen werden, so haben über die Höhe der Entschädigung in jedem Fall die Zivilgerichte zu entscheiden.

---

73 Für eine solche analoge Anwendung Kopp/*Ramsauer*, § 38 Rn. 45; *Baumeister*, DÖV 1997, 229 (232 ff.); a.A. Stelkens/Bonk/Sachs/*U. Stelkens*, § 38 Rn. 108; Obermayer/*Schäfer*, 3. Aufl., § 49 Rn. 105; krit. auch Knack/Henneke/*Peuker*, § 49 Rn. 91.

C. Verfahrensvorschriften des Sozialrechts und Verwaltungsverfahrensrecht der Länder

Das Sozialrecht enthält mit den **§§ 44 bis 49 SGB X** die Parallelnormen zu den §§ 48 bis 51. Im Unterschied zu den meisten anderen Parallelvorschriften des SGB X weisen die Regelungen über die Aufhebung von VAen erhebliche Differenzen auf. Die Rücknahme zum Gegenstand haben §§ 44, 45 SGB X, der Widerruf nicht begünstigender VAe ist in **§ 46 SGB X**, der der begünstigenden VAe in **§ 47 SGB X** geregelt. 96

Inhaltlich weisen die §§ 46, 47 SGB X keine so deutlichen Unterschiede gegenüber § 49 auf, wie dies bei den Fällen der Rücknahme im Verhältnis von § 48 zu den §§ 45, 45 SGB X der Fall ist. § 46 SGB X entspricht in vollem Umfang § 49 Abs. 1 und 5. Beim Widerruf des begünstigenden VA enthält § 47 einzelne Abweichungen von § 49 Abs. 2 und 3: Die Widerrufsgründe des § 49 Abs. 2 Nr. 3 – 5 kennt § 47 nicht. § 47 Abs. 2 Satz 1 SGB X entspricht § 49 Abs. 3. Unterschiede bestehen allerdings insoweit, als § 47 Abs. 2 Satz 2 – 5 SGB X Vertrauensschutzerwägungen im Hinblick auf den Widerruf mit Wirkung für die Vergangenheit erforderlich macht. Diese Erwägungen finden sich im VwVfG erst in Zusammenhang mit dem Erstattungsanspruch gem. § 49a Abs. 2. 97

Das **Landesrecht** enthält keine abweichenden Regelungen. In Bayern wurde die mit § 49 Abs. 3 identische Einfügung als Art. 49 Abs. 2a vorgenommen, so dass die Absatzzählung eine andere ist. 98

§ 49a Erstattung, Verzinsung

(1) [1]Soweit ein Verwaltungsakt mit Wirkung für die Vergangenheit zurückgenommen oder widerrufen worden oder infolge Eintritts einer auflösenden Bedingung unwirksam geworden ist, sind bereits erbrachte Leistungen zu erstatten. [2]Die zu erstattende Leistung ist durch schriftlichen Verwaltungsakt festzusetzen.

(2) [1]Für den Umfang der Erstattung mit Ausnahme der Verzinsung gelten die Vorschriften des Bürgerlichen Gesetzbuchs über die Herausgabe einer ungerechtfertigten Bereicherung entsprechend. [2]Auf den Wegfall der Bereicherung kann sich der Begünstigte nicht berufen, soweit er die Umstände kannte oder infolge grober Fahrlässigkeit nicht kannte, die zur Rücknahme, zum Widerruf oder zur Unwirksamkeit des Verwaltungsaktes geführt haben.

(3) [1]Der zu erstattende Betrag ist vom Eintritt der Unwirksamkeit des Verwaltungsaktes an mit fünf Prozentpunkten über dem Basiszinssatz jährlich zu verzinsen. [2]Von der Geltendmachung des Zinsanspruchs kann insbesondere dann abgesehen werden, wenn der Begünstigte die Umstände, die zur Rücknahme, zum Widerruf oder zur Unwirksamkeit des Verwaltungsaktes geführt haben, nicht zu vertreten hat und den zu erstattenden Betrag innerhalb der von der Behörde festgesetzten Frist leistet.

(4) [1]Wird eine Leistung nicht alsbald nach der Auszahlung für den bestimmten Zweck verwendet, so können für die Zeit bis zur zweckentsprechenden Verwendung Zinsen nach Absatz 3 Satz 1 verlangt werden. [2]Entsprechendes gilt, soweit eine Leistung in Anspruch genommen wird, obwohl andere Mittel anteilig oder vorrangig einzusetzen sind. [3]§ 49 Abs. 3 Satz 1 Nr. 1 bleibt unberührt.

Übersicht

Schrifttum

Baumeister, Die Novellierung der §§ 48, 49, 49a VwVfG, NVwZ 1997, 19; *Dickersbach*, Die Entwicklung des Subventionsrechts seit 1984, NVwZ 1993, 846; *ders.* Rücknahme und Widerruf von Zuwendungsbescheiden, GewArch. 1993, 177; *ders.* Die Entwicklung des Subventionsrechts seit 1993, NVwZ 1996, 962; *Götz*, Rückforderung von Subventionen, NVwZ 1984, 480 *Sachs/Wermeckes*, Die Neuregelung verwaltungsverfahrensrechtlicher Vorschriften zur Rückabwicklung fehlgeschlagener Subventionsverhältnisse, NVwZ 1996, 1185; *Seegmüller*, Neuere Rechtsprechung des Bundesverwaltungsgerichts zum Subventionsrecht, DVBl 2018, 546; *Siebelt/Schröder*, Der Zeitpunkt der Entstehung von Zinsansprüchen gem. § 44a Abs. 3 Satz 1 BHO, BayVBl. 1996, 558; *Teuber*, Der Beginn der Verjährungsfrist zuwendungsrechtlicher Erstattungs- und Zinsansprüche, NVwZ 2017, 1814; *Weides*, Widerruf und Rückforderung von Zuwendungen des Bundes und der Länder, NJW 1981, 841; *Weidemann/Barthel*, Der Erstattungsanspruch aus § 49a VwVfG, DVP 2008, 328.

A. Allgemeines und Grundsätze

I. Gegenstand der Regelung

Die Vorschrift positiviert einen wichtigen **Ausschnitt der Anwendungsfälle des** (vor allem gewohnheitsrechtlich anerkannten) **allgemeinen öffentlich-rechtlichen Erstattungsanspruchs.** Die Norm bezieht sich auf die Erstattung von Leistungen, die aufgrund eines VA erbracht wurden, der mit Wirkung für die Vergangenheit aufgehoben oder auf andere Weise unwirksam geworden ist. 1

Abs. 1 normiert in Satz 1 die Voraussetzungen für die Entstehung des Erstattungsanspruchs und in Satz 2 das Erfordernis der Geltendmachung des Anspruchs durch schriftlichen VA. Den Umfang des Erstattungsanspruchs regelt Abs. 2, der auf die BGB-Regelungen über die Herausgabe einer ungerechtfertigten Bereicherung verweist. Nach den Abs. 3 und 4 werden Zinsansprüche begründet. 2

II. Systematische Stellung

Wie bereits die Platzierung des § 49a innerhalb der Regelungen über die Aufhebung des VA durch Rücknahme und Widerruf deutlich macht, steht die Regelung in direktem Zusammenhang mit der Aufhebung von VAen. Zugleich besteht ein Zusammenhang mit § 52, der einen speziellen Fall des Erstattungsanspruchs im Hinblick auf die Herausgabe von Urkunden normiert. 3

III. Entstehungsgeschichte

§ 49a wurde eingeführt durch Art. 1 Nr. 4 des Gesetzes zur Änderung verwaltungsverfahrensrechtlicher Vorschriften vom 02.05.1996.[1] § 49a ist das Resultat der Übernahme des § 44a BHO in das VwVfG.[2] 4

Mit Art. 13 Nr. 2 des Gesetzes zur Einführung einer Hüttenknappschaftlichen Zusatzversicherung und Änderung anderer Gesetze (HZvNG) vom 21.06.2002[3] wurde der Zinssatz in Abs. 3 an die Regelung des BGB angepasst sowie Abs. 4 neu gefasst.[4] 5

IV. Anwendungsbereich der Regelung

Unmittelbar erfasst § 49a **nur den Erstattungsanspruch des Staates gegen den Bürger hinsichtlich solcher Leistungen, die auf der Grundlage eines leistungsgewährenden VA erbracht wurden, der infolge von Rücknahme oder Widerruf eines begünstigenden VA mit Wirkung für die Vergangenheit aufgehoben oder infolge des Eintritts einer auflösenden Bedingung (rückwirkend) unwirksam geworden ist.** Inwieweit die enge Formulierung der Tatbestandsvoraussetzungen in Abs. 1 Satz 1 eine analoge Anwendung der Regelung auf andere Fälle des allgemeinen Erstattungsanspruchs 6

1 BGBl. I S. 656.
2 Vgl. BT-Drucks. 13/1534, S. 3, 6 f.
3 BGBl. I S. 2167.
4 Vgl. dazu BT-Drucks. 14/9007, S. 41.

ausschließt, ist umstritten (nachfolgend Rdn. 9 ff.; zu den Fällen der nicht rückwirkenden Aufhebung oder auflösenden Bedingung unten Rdn. 20 ff.).

7 Hinsichtlich der **Art der Leistung** enthält § 49a Abs. 1 Satz 1 keine Beschränkungen. Entsprechend können neben Geldleistungen auch (teilbare) Sachleistungen Inhalt der Leistungsgewährung gewesen sein.[5] In Betracht kommt jede einer Erstattung fähige Leistung.[6]

8 **Nicht erfasst** werden solche **Erstattungsansprüche, bei denen die zu erstattende Leistung nicht auf der Grundlage eines VA gewährt wurde.** Dazu zählen etwa die Leistungen auf der Grundlage eines (öffentlich-rechtlichen) Vertrags[7] oder Leistungen, die auf der (vermeintlichen) Grundlage einer gesetzlichen oder sonstigen normativen Grundlage ohne VA-Charakter erbracht wurden. Dies gilt auch in dem Fall, in dem eine Leistung (nach der Zwei-Stufen-Theorie) durch VA bewilligt und sodann auf vertraglicher Basis gewährt wurde.[8] Die sozialverwaltungsrechtliche Parallelnorm des § 50 SGB X besitzt hier aufgrund ihres Abs. 2 einen weiteren Anwendungsbereich.[9]

9 Umstritten ist auch der Fall, in dem die Leistung auf der Grundlage eines **nichtigen VA** erbracht wurde. Da auch der nichtige VA rücknehmbar ist, spricht jedoch alles für eine analoge Anwendung des § 49a.[10] Wesentlich schwieriger zu beantworten ist demgegenüber die Frage der Anwendbarkeit des § 49a auf **Leistungen auf der Basis sog. vorläufiger VAe.**[11] Je nach Qualifizierung dieser vorläufigen VAe ist aber auch eine andere Ansicht gut vertretbar: Werden vorläufige VAe als VAe begriffen, die unter einer auflösenden Bedingung stehen,[12] ergeben sich für die Anwendbarkeit des § 49a keine Probleme, da der Eintritt der auflösenden Bedingung gerade in § 49a Abs. 1 Satz 1 ausdrücklich genannt wird. Diese Auffassung erscheint i.E. vorzugswürdig.[13] Will man dem nicht folgen, erscheint eine analoge Anwendung konsequent. Die Gegenargumente, nach denen anderenfalls durch eine der vorläufigen Entscheidung gegenläufige endgültige Entscheidung jeglicher Vertrauensschutz ausgeschlossen werden könnte,[14] überzeugen nicht, weil das Problem des Vertrauensschutzes, falls ein solches im konkreten Fall bestehen sollte, nicht auf der (Sekundär-) Ebene des Erstattungsanspruchs, sondern im Rahmen der Zulässigkeit der »endgültigen Entscheidung« unter Beseitigung des vorläufigen VA zu lösen ist.

---

5 Knack/Henneke/*Peuker*, § 49a Rn. 16.

6 Stelkens/Bonk/Sachs/*Sachs*, § 49a Rn. 14.

7 Stelkens/Bonk/Sachs/*Sachs*, § 49a Rn. 6; BeckOK VwVfG/*Falkenbach*, § 49a Rn. 3.

8 BVerwG, Urt. v. 08.09.2005 – 3 C 50.04, NJW 2006, 536.

9 *Baumeister*, jurisPK-SGB X, § 50 Rn. 91 ff.

10 Kopp/*Ramsauer*, § 49a Rn. 4; *Seegmüller*, DVBl 2018, 550; dagegen allerdings *Suerbaum*, VerwArch. 90 (1999), 361 (383).

11 Für die analoge Anwendbarkeit des § 49a *Seegmüller*, DVBl 2018, 550; a.A. Stelkens/Bonk/Sachs/*Sachs*, § 49a Rn. 8; *Suerbaum*, VerwArch. 90 (1999), 361 (379 f.).

12 So *Erfmeyer*, DÖV 1998, 459 (463 f.).

13 BVerwG, Urt. v. 19.11.2009 – 3 C 7/09, BVerwGE 135, 238 – juris Rn. 24 ff.; Kopp/*Ramsauer*, § 49a Rn. 4.

14 S. Stelkens/Bonk/Sachs/*Sachs*, § 49a Rn. 8.

Weiter nicht geklärt ist bisher, ob auch die **Aufhebung des leistungsgewährenden VA im Rahmen eines Rechtsschutzverfahrens** einen Erstattungsanspruch gem. § 49a auslöst oder insoweit weiter auf den allgemeinen öffentlich-rechtlichen Erstattungsanspruch zurückzugreifen ist.[15] Diese Problematik stellt sich insbesondere in Fällen von Widersprüchen und Klagen Dritter. Ein sachlicher Grund für eine zwischen der behördlichen Aufhebung nach den §§ 48, 49 VwVfG und einer entsprechenden Aufhebung im Widerspruchsverfahren, insbesondere bei einer Aufhebung durch die Ausgangsbehörde, ist schlechterdings nicht ersichtlich. Entsprechendes muss schließlich auch für die gerichtliche Aufhebung gelten. Weshalb etwa der Begünstigte (wegen der bei einem allgemeinen öffentlich-rechtlichen Erstattungsanspruch nicht eintretenden Zinspflicht) in diesen Fällen bessergestellt werden soll, ist nicht nachvollziehbar. Wird etwa im Rahmen eines Konkurrentenrechtsschutzverfahrens die Begünstigung für den Empfänger wegen der Rechtswidrigkeit des VA aufgehoben, hatte die Behörde damit selbst schon unmittelbar nach dem Erlass die Pflicht zur Aufhebung gem. § 48, ohne dass zu diesem Zeitpunkt bereits ein schutzwürdiges Vertrauen entstanden sein konnte. Zusätzlich kann dafür auf § 50 verwiesen werden. 10

Nahezu einhellig abgelehnt wird demgegenüber die **analoge Anwendung des § 49a auf den Erstattungsanspruch des Bürgers gegen den Staat.**[16] Sämtliche Argumente, die auf die Auffassung des Gesetzgebers verweisen, nach der er diesen Fall nicht regeln wollte, sind zutreffend. Die Nichtanwendung des § 49a ist im Hinblick auf das Bestehen eines neben § 49a bestehenden allgemeinen Erstattungsanspruchs grds. auch unproblematisch. Schließlich kann der Bürger gegenüber dem Staat den allgemeinen Erstattungsanspruch geltend machen. Problematisch ist jedoch, dass der Gesetzgeber für den Erstattungsanspruch des Staates gegen den Bürger durch § 49a Abs. 3 neu einen beträchtlichen Zinsanspruch eingeführt hat, der beim allgemeinen öffentlich-rechtlichen Erstattungsanspruch gerade nicht existiert. Dass eine Zinspflicht des Staates – jenseits möglicher Schadensersatzansprüche – im Gegenzug nicht ebenfalls eingeführt wurde, wirft Fragen des Gleichheitssatzes auf. Dazu ist bis heute keine vollständig befriedigende Begründung vorgelegt worden, die die Ungleichbehandlung in dieser Allgemeinheit rechtfertigen könnte. Aus diesem Grund wird hier die Auffassung von der analogen Anwendbarkeit des § 49a Abs. 1 Satz 1, Abs. 3 auf die Erstattungsansprüche des Bürgers gegen den Staat, die nach Wegfall eines VA entstanden sind, weiterhin aufrechterhalten.[17] 11

Nach überwiegender Ansicht findet § 49a auch Anwendung auf **Erstattungsansprüche eines Hoheitsträgers gegen einen anderen.**[18] In diesem Fall handelt es sich auch 12

15 Gegen die Anwendbarkeit des § 49a etwa Stelkens/Bonk/Sachs/*Sachs*, § 49a Rn. 7; Knack/Henneke/*Peuker*, § 49a Rn. 20; *Suerbaum*, VerwArch. 90 (1999), 361 (383).

16 OVG Nordrhein-Westfalen, Urt. v. 30.09.1997 – 24 A 5373/94, juris Rn. 7; Beschl. v. 20.11.2003 – 4 A 2618/02, NVwZ-RR 2004, 317 – juris Rn. 20 f.; Stelkens/Bonk/Sachs/*Sachs*, § 49a Rn. 7; Knack/Henneke/*Peuker*, § 49a Rn. 19; *Suerbaum*, VerwArch. 90 (1999), 361 (383); BeckOK VwVfG/*Falkenbach*, § 49a Rn. 6.

17 *Baumeister*, NVwZ 1997, 19 (23).

18 Stelkens/Bonk/Sachs/*Sachs*, § 49a Rn. 13; Knack/Henneke/*Peuker*, § 49a Rn. 11; *Suerbaum*, VerwArch. 90 (1999), 361 (381).

um eine direkte Anwendung, da sich weder aus dem Wortlaut, noch aus der Gesetzessystematik oder der Entstehungsgeschichte gegenteilige Anhaltspunkte ergeben.

13 Die Vorschrift des § 49a findet nach Art. 6 Abs. 2 des Änderungsgesetzes auch auf VAe Anwendung, die vor Inkrafttreten des Änderungsgesetzes (dies ist nach Art. 6 Abs. 1 der 21.05.1996) erlassen worden sind.

14 **Sonderregelungen**, die § 49a vorgehen und den Erstattungsanspruch teilweise abweichend regeln, enthalten unter anderem § 12 Abs. 2 BBesG,[19] § 52 Abs. 2 BeamtVG, § 10 MOG, § 50 SGB X.

15 Das **Unionsrecht** steht im Fall der Rückforderung von zu Unrecht gezahlten Beihilfen der Anwendung des § 49a und damit insb. der Berufung auf den Wegfall der Bereicherung für den Fall der Gutgläubigkeit grds. nicht entgegen.[20] Mit dieser Einschätzung nicht übereinzustimmen scheinen auf den ersten Blick die Aussagen des EuGH in der Entscheidung »Alcan Deutschland«, nach denen die Rückforderung selbst dann noch erfolgen muss, wenn sich der Begünstigte mangels Bösgläubigkeit auf den Wegfall der Bereicherung berufen kann.[21] Bei näherer Hinsicht muss diese Aussage aber vor dem konkreten Sachverhalt gewürdigt und entsprechend relativiert werden. Konkret handelte es sich um ein kollusives Zusammenwirken zwischen Behörde und Leistungsempfänger. In diesem Fall wäre es mehr als naheliegend gewesen, dem begünstigten Unternehmen die Schutzwürdigkeit des Vertrauens abzusprechen. Wenn unter diesen Umständen das vorlegende BVerwG dem EuGH dargelegt hatte, dass nach deutschem Recht eine Berufung auf den Wegfall der Bereicherung möglich sei, war es aus der Sicht des EuGH nur konsequent, eine Berufung auf einen solchen Vertrauensschutz zu versagen. Wie eine Vielzahl nachfolgender Urteile des EuGH, wie auch das genannte Urteil »Oelmühle und Schmidt Söhne«[22] aus dem Folgejahr belegen, existiert kein wirklicher Widerspruch zwischen dem nationalen Recht und dem Unionsrecht.

B. Die Vorschrift im Einzelnen

I. Entstehung des Erstattungsanspruchs (Abs. 1 Satz 1)

1. Tatbestandsvoraussetzungen

a) Allgemeines

16 Abs. 1 begründet den Erstattungsanspruch für den Fall der Unwirksamkeit des VA vom Grunde her. Die Unwirksamkeit kann sowohl durch Rücknahme (§ 48 Abs. 2) oder durch Widerruf (§ 49 Abs. 3) für die Vergangenheit als auch durch Eintritt einer

19 BVerwG, Urt. v. 22.03.2017 – 5 C 5.16; *Eifert*, Jura (JK) 2017, 1346.

20 EuGH, Urt. v. 21.09.1983 – Rs. 205 – 215/82 (Deutsche Milchkontor), Slg 1983, 2633; Urt. v. 16.07.1998 – C-298/96 (Oelmühle und Schmidt Söhne), Slg. 1998, I-4767 Rn. 31.

21 EuGH, Urt. v. 20.03.1997 – Rs. C-24/95, Slg. 1997, I-1591 Rn. 54.

22 EuGH, Urt. v. 16.07.1998 – C-298/96 (Oelmühle und Schmidt Söhne), Slg. 1998, I-4767 Rn. 31.

auflösenden Bedingung (s. Rdn. 18) herbeigeführt worden sein (zu den weiteren Anwendungsfällen im Wege der Analogie s.o. Rdn. 9 ff.).

Der Erstattungsanspruch entsteht **unabhängig von** der Frage, ob der Leistungsempfänger die Unwirksamkeit zu vertreten hat. Das **Verschulden** hat lediglich Einfluss auf den Umfang der Erstattung.[23] 17

b) Auflösende Bedingung

Das Vorliegen einer auflösenden Bedingung setzt eine Nebenbestimmung i.S. von § 36 Abs. 2 Nr. 2 voraus. Damit muss es sich bei der Bedingung um »von der Außenwelt wahrnehmbare Handlungen, Erklärungen oder Geschehnisse, nicht hingegen nur zur Gedankenwelt eines Beteiligten gehörende Vorstellungen«[24] handeln. Entsprechend enthält Nr. 2.1 ANBest-K 2005 (Allgemeine Nebenbestimmungen zur Projektförderung an kommunale Körperschaften) keine solche auflösende Bedingung.[25] 18

c) Konkludente Aufhebung?

Nicht selten stellt sich die Frage, ob in der Geltendmachung eines Erstattungsanspruchs durch VA zugleich die konkludente Aufhebung (Rücknahme oder Widerruf) des der Leistung zugrundeliegenden VA zu sehen ist. Die Rechtsprechung schien bei der Annahme einer wirksamen konkludenten Aufhebung in der Vergangenheit häufig eher großzügig.[26] Einer konkludenten Aufhebung kann aber schon der Erstattungsbescheid entgegenstehen, sofern aus ihm zu entnehmen ist, dass die Behörde eine Aufhebung nicht für erforderlich gehalten hat, z.B. weil sie den ursprünglichen VA nicht (mehr) als Hindernis für die Rückforderung ansah.[27] Gegen die Möglichkeit, den Erstattungsbescheid als konkludente Aufhebung des leistungsgewährenden Bescheids zu begreifen, spricht zudem in aller Regel der Umstand, dass es sich bei der Aufhebung zumeist um eine Ermessensentscheidung handelt.[28] Kann dem Erstattungsbescheid nicht die Ermessensausübung im Hinblick auf die Aufhebung des leistungsgewährenden VA entnommen werden, weil dafür keine Begründung genannt wird, so wäre ein gleichwohl angenommener Aufhebungsbescheid – mangels ausreichender Begründung – schon deshalb rechtswidrig. Im Ergebnis scheidet die Annahme einer 19

---

23 Stelkens/Bonk/Sachs/*Sachs*, § 49a Rn. 15.

24 BVerwG, Urt. v. 16.06.2015 – 10 C 15.14, BVerwGE 152, 211 – juris LS und Rn. 12.

25 BVerwG, Urt. v. 16.06.2015 – 10 C 15.14, BVerwGE 152, 211 – juris Rn. 13 (gilt wegen gleichlautender Regelung auch für die ANBest-K 2015).

26 Vgl. BVerwG, Urt. v. 20.02.1981 – 7 C 60.78, BVerwGE 62, 1 (5); Urt. v. 21.07.1983 – 3 C 11.83, BVerwGE 67, 305 (307 f.); Urt. v. 13.12.1984 – 3 C 79.82, NVwZ 1985, 488 (489); Urt. v. 05.09.1991 – 3 C 64.88, NVwZ 1992, 772 (773); Urt. v. 26.07.2006 – 6 C 20.05, BVerwGE 126, 254 – juris Rn. 100; ebenso Stelkens/Bonk/Sachs/*Sachs*, § 48 Rn. 244, § 49a Rn. 38; Kopp/*Ramsauer*, § 48 Rn. 29; tendenziell ebenso Mann/Sennekamp/Uechtritz/*Suerbaum*, § 48 Rn. 100 ff.

27 Mann/Sennekamp/Uechtritz/*Suerbaum*, § 48 Rn. 101.

28 Zurückhaltend bei der Annahme einer konkludenten Aufhebung zu Recht auch BVerwG, Urt. v. 09.05.2012 -6 C 3.11, BVerwGE 143, 87 – juris Rn. 49.

konkludenten Aufhebung zwar nicht generell aus, doch ist sie nur bei ausreichenden Anhaltspunkten für eine Aufhebungsentscheidung zu befürworten.

20 In den beiden Fällen der Rücknahme und des Widerrufs besteht schon nach dem Wortlaut kein Zweifel daran, dass das Gesetz die **Aufhebung mit Wirkung für die Vergangenheit** fordert. Nur in diesem Fall kann der Rechtsgrund für das Behaltendürfen der Leistung, die in der Vergangenheit erbracht wurde, ganz oder teilweise entfallen. Das bedeutet nicht, dass der VA stets von Anfang an aufgehoben worden sein muss. Für einen Teilerstattungsanspruch kann auch eine Aufhebung mit Wirkung ab einem Zeitpunkt nach dem Erlass ausreichen. Notwendig ist aber stets, dass im Hinblick auf einzelne Teilleistungen eine Rückwirkung in der Hinsicht gegeben ist, dass die Leistungsgrundlage auf den Zeitpunkt der Erbringung der Leistung rückwirkend durch die Aufhebung entfällt.[29] In diesem Fall der zeitlichen Teilaufhebung kann der Erstattungsanspruch auch nur – wenn überhaupt – einen Teil der Leistungen erfassen. Wird etwa ein Bewilligungsbescheid, auf dessen Grundlage monatliche Leistungen erbracht werden, in dieser Hinsicht teilweise rückwirkend aufgehoben, so entsteht der Erstattungsanspruch auch nur für den Teil der Leistungen, die nach dem Zeitpunkt erbracht wurden, für den der VA aufhoben worden ist.

21 In der Literatur wird gleichwohl die Ansicht vertreten, dass auch eine Aufhebung mit Wirkung für die Zukunft den Rechtsgrund für das Behaltendürfen entfallen lasse und in diesen Fällen entweder § 49a analog anzuwenden oder auf den allgemeinen öffentlich-rechtlichen Erstattungsanspruch zurückzugreifen sei.[30] Diese Ansicht ist abzulehnen. Sie misst dem Tatbestandsmerkmal der Aufhebung mit Wirkung für die Vergangenheit nahezu keine Bedeutung zu. Auch die Annahme, für den Fall der Ablehnung der analogen Anwendung müsste auf den allgemeinen öffentlich-rechtlichen Erstattungsanspruch zurückgegriffen werden, überzeugt nicht. Vielmehr ist die Regelung des § 49a Abs. 1 Satz 1 als die gesetzliche Anerkennung des Grundsatzes anzusehen, dass eine Erstattung nur in Betracht kommt, wenn der Rechtsgrund auch rückwirkend beseitigt wird. Auf diese Weise hat das Gesetz der überaus bedenklichen Rechtsprechung aus der Zeit vor Einführung des § 49a eine klare Absage erteilt.[31] Der Rückgriff auf den allgemeinen öffentlich-rechtlichen Erstattungsanspruch steht zudem im Widerspruch zur dogmatischen Begründung dieses Anspruchs und seiner Tatbestandsvoraussetzungen.

22 Das Erfordernis der **Rückwirkung** gilt damit **auch für den dritten Fall, für die auflösende Bedingung.** Selbst wenn die Auflösung der Bedingung häufig nur eine Wirkung ex nunc besitzt und damit die Voraussetzung der Rückwirkung nicht erfüllt ist, kann schon im Vergleich zu den beiden anderen Tatbestandsvarianten für diesen Fall

29 Anders offenbar OVG Mecklenburg-Vorpommern, Urt. v. 10.01.2007 – 2 L 101/06, juris Rn. 28 ff.

30 Stelkens/Bonk/Sachs/*Sachs*, § 49a Rn. 9, 16, 19; *Suerbaum*, VerwArch. 90 (1999), 361 (386 f.); Hk-VerwR/*Kastner*, § 49a Rn. 2; BeckOK VwVfG/*Falkenbach*, § 49a Rn. 8; Mann/Sennekamp/Uechtritz/*Suerbaum*, § 49a Rn. 18 m.w. Nachw. in Fn. 18.

31 *Baumeister*, NVwZ 1997, 19 (23).

nichts anderes gelten.[32] Ansonsten handelte es sich bei § 49a Abs. 1 um eine in sich widersprüchliche Regelung. Dass damit nur in sehr wenigen Fällen auf diese Weise ein Erstattungsanspruch entstehen kann, ändert nichts an der Notwendigkeit der Rückwirkung.

2. Rechtsfolge

Der Erstattungsanspruch **entsteht kraft Gesetzes** mit der Rücknahme oder dem Widerruf des bewilligenden VA oder dem Eintritt der auflösenden Bedingung.[33] Der Erstattungsbescheid gem. Abs. 1 Satz 2 (Rdn. 31 ff.) ist daher nicht grds., sondern nur dann konstitutiv, wenn er einen nicht bestehenden Erstattungsanspruch festsetzt. Da in sämtlichen Fallkonstellationen eine Wirkung für die Vergangenheit gegeben sein muss, entsteht der Erstattungsanspruch rückwirkend zum (in der Vergangenheit liegenden) Zeitpunkt des Unwirksamwerdens des leistungsgewährenden VA,[34] Ohne dass damit allerdings ein Entstehen des Anspruchs i.S.d. Verjährungsregeln verbunden ist (unten Rdn. 28). Ab diesem Zeitpunkt entfällt der Rechtsgrund für das Behaltendürfen. 23

Wenn gegen die Rücknahme oder den Widerruf Rechtsbehelfe eingelegt werden, denen eine **aufschiebende Wirkung gem. § 80 Abs. 1 oder Abs. 5 VwGO** zukommt, so entsteht der Erstattungsanspruch in Konsequenz der eingeschränkten Wirksamkeitstheorie (s. § 43 Rdn. 14) rückwirkend nach Wegfall der aufschiebenden Wirkung von Widerspruch oder Klage. Eine andere Frage ist es, ob Rechtsbehelfe gegen den Rücknahme- oder Widerrufsbescheid, denen aufschiebende Wirkung zukommt, ebenfalls aufschiebende Wirkung gegenüber einem Erstattungsbescheid besitzen. Da es sich um einen eigenständigen VA handelt, kann nicht von einer automatischen Erstreckung der aufschiebenden Wirkung ausgegangen werden.[35] Der Betroffene ist gezwungen, auch gegen den Erstattungsbescheid vorzugehen. 24

Insolvenzrechtlich i.S.d. § 38 InsO ist der Erstattungsanspruch nach § 49a Abs. 1 bereits dann begründet, wenn zur Zeit der Eröffnung des Insolvenzverfahrens ein Widerrufsgrund nach § 49 Abs. 3 Satz 1 Nr. 1 oder Nr. 2 gegeben ist.[36] Die Rücknahme oder der Widerruf müssen noch nicht vorgenommen worden sein. Inhaltlich wird dies auch mit dem intendierten Ermessen im Fall des § 49 Abs. 3 (oben § 49 Rdn. 77) begründet. Danach ist der Widerruf im Regelfall die einzig rechtmäßige Ermessensbetätigung. Ob dieser Umstand aber einen wesentlichen Unterschied gegenüber den Fällen darstellt, in denen eine Möglichkeit zur Rücknahme nach § 48 Abs. 1 Satz 2, 25

32 Konsequent a.A. Stelkens/Bonk/Sachs/*Sachs*, § 49a Rn. 24; ebenso Kopp/*Ramsauer*, § 49a Rn. 8a; Hk-VerwR/*Kastner*, § 49a Rn. 5.

33 Kopp/*Ramsauer*, § 49a Rn. 9.

34 BVerwG, Beschl. v. 07.11.2001 – 3 B 117.01, BayVBl. 2002, 705; Teilurt. v. 21.10.2010 – 3 C 4.10, NVwZ 2011, 949 – juris Rn. 36 ff.

35 A.A. Obermayer/*Schäfer*, 3. Aufl., § 49a Rn. 11.

36 BVerwG, Urt. v. 26.02.2015 – 3 C 8.14, juris Rn. 17; Urt. v. 19.06.2019 – 10 C 2.18, juris Rn. 15 m. Anm. *Keller*, jurisPR-BVerwG 5/2020 Anm. 5; OVG Berlin-Brandenburg, Urt. v. 15.02.2018 – OVG 6 B 5.16, juris Rn. 33.

Abs. 2 besteht, dort aber nicht von einem intendierten Ermessen ausgegangen werden kann, muss bezweifelt werden. Im Ergebnis gelten die Ausführungen des BVerwG konsequent auch für die Fälle der Rücknahme nach § 48.

26 **Erstattungsberechtigt** ist der Hoheitsträger, der die Leistung auf eigene Rechnung erbracht hat. Das muss nicht notwendigerweise auch derjenige sein, der den begünstigenden VA erlassen hat.

27 **Erstattungspflichtig** ist der Begünstigte bzw. dessen Gesamtrechtsnachfolger.[37] Hat der Begünstigte die Leistung unentgeltlich einem Dritten zugewendet, ist unklar, ob dieser ebenfalls haftet. Das wäre denkbar, wenn § 822 BGB auf den öffentlichrechtlichen Erstattungsanspruch nicht entsprechend anwendbar ist.[38] In Fällen eines Schuldbeitritts wird der Beitretende selbst zum (weiteren) Schuldner, so dass auch er erstattungspflichtig ist. Da gesetzliche Erwerberhaftung gem. § 25 Abs. 1 Satz 1 HGB als gesetzlicher Schuldbeitritt zu qualifizieren ist, ist der Erwerber eines Handelsgeschäfts ebenfalls Erstattungsschuldner.[39] Für den Fall einer GbR als Zuwendungsempfänger haften ausgeschiedene Gesellschafter nur in Form der Nachhaftung gem. § 736 Abs. 2 BGB i.V.m. § 160 Abs. 1 HGB. Diese Nachhaftung stellt eine Haftung auf eine fremde Schuld dar, so dass die Erstattungspflicht der Gesellschaft nicht auf diese erstreckt werde.[40] Im Ergebnis richtet sich der Erstattungsanspruch gegen alle, die die Erstattung als eigene Schuld richten.

3. Entstehung und Verjährung des Erstattungsanspruchs

28 Der Anspruch entsteht im Zeitpunkt des Wirksamwerdens des Aufhebungsbescheides (Bekanntgabezeitpunkt). Auch wenn der Erstattungsanspruch durch eine rückwirkende Aufhebung bewirkt wird, so entsteht er doch erst mit seiner Durchsetzbarkeit. Der Erstattungsanspruch entsteht folglich mit dem Zeitpunkt des Eintritts der Wirksamkeit der Rücknahme, des Widerrufs, des Eintritts der auflösenden Bedingung oder des Schlussbescheids bei vorläufigen VAen.[41] Die Rückwirkung der Aufhebung ist dagegen für den Entstehungszeitpunkt irrelevant.[42] Dies entspricht auch der zivilrechtlichen Sichtweise für den bereicherungsrechtlichen Herausgabeanspruch in den Fällen des rückwirkenden Wegfalls des Rechtsgrundes (etwa durch Anfechtung des kausalen Rechtsgeschäfts). Danach entsteht der Anspruch, sobald er durch Klage geltend gemacht werden kann.[43]

---

37 OVG Nordrhein-Westfalen, Urt. v. 17.08.2018 – 1 A 2675/15, juris Rn. 39.

38 *Ule/Laubinger*, § 62 Rn. 23 (zu § 48 Abs. 2 a.F.); Stelkens/Bonk/Sachs/*Sachs*, § 49a Rn. 32; a.A. Obermayer/*Schäfer*, 3. Aufl., § 49a Rn. 16.

39 OVG Sachsen, Urt. v. 09.07.2019 – 1 A 48/15, juris Rn. 33.

40 BVerwG, Beschl. v. 08.06.2017 – 10 B 11.16, juris Rn. 5; OVG Sachsen, Urt. v. 26.01.2017 – 1 A 479/16, juris Rn. 38; *Seegmüller*, DVBl 2018, 550 f.;

41 BverwG, Urt. v. 15.03.2017 – 10 C 1.16, juris Rn. 17 f.

42 Anders offenbar OVG Sachsen, Urt. v. 25.10.2017 – 1 A 214/16, juris Rn. 47.

43 Allg. Meinung, s. etwa BGH, Urt. v. 08.04.2015 – IV ZR 103/15, juris Rn. 22; Urt. v. 16.10.2010 – IX ZR 121/09, juris Rn. 22; Urt. v. 17.07.2019 – VIII ZR 224/18, juris Rn. 16.

Der Erstattungsbescheid verjährt gem. § 195 BGB seit Inkrafttreten des Schuldrechtsmodernisierungsgesetzes[44] zum 01.01.2002 in drei Jahren[45] ab Entstehung des Anspruchs und Kenntnis (bzw. grob fahrlässige Nichtkenntnis) gem. § 199 Abs. 1 Nr. 1 und 2 BGB. 29

Mit der Eröffnung des Insolvenzverfahrens über das Vermögen des Schuldners des Erstattungsanspruchs werden Gerichtsverfahren gem. § 173 Satz 1 VwGO i.V.m. § 240 Satz 1 ZPO sowohl gegen den Erstattungsbescheid nach § 49a Abs. 1 Satz 2 als auch gegen den zugrundeliegenden Rücknahme-, Widerrufs- oder Schlussbescheids unterbrochen.[46] 30

4. Erstattungsbescheid (Abs. 1 Satz 2)

Satz 2 stellt klar, dass die zu erstattende Leistung durch VA (Leistungsbescheid) zurückgefordert werden muss. Die Geltendmachung des Erstattungsanspruchs durch Erhebung einer Leistungsklage ist damit ausgeschlossen. Eine notwendige Koppelung von Rücknahmebescheid und Erstattungsbescheid, wie sie noch in § 48 Abs. 2 Satz 8 a.F. enthalten war, sieht die Neufassung nicht mehr vor, da es im Einzelfall zweckmäßig sein kann, von einer solchen Verbindung abzusehen. 31

II. Umfang des Erstattungsanspruchs (Abs. 2)

Abs. 2 regelt den Umfang des Erstattungsanspruchs durch Verweisung auf die Vorschriften des BGB über die ungerechtfertigte Bereicherung (§§ 812 ff. BGB). Dabei handelt es sich nicht um eine Tatbestandsverweisung, sondern um eine Rechtsfolgeverweisung, sodass die einzelnen Anspruchsvoraussetzungen des § 812 BGB nicht vorliegen müssen. Zur Anwendung kommen nur die Rechtsfolgebestimmungen, die die Herausgabepflicht schlechthin bestimmen. 32

1. Verweisung auf §§ 812 ff. BGB (Abs. 2 Satz 1)

Die Herausgabepflicht ist nach Inhalt und Umfang durch §§ 818 bis 820 BGB näher bestimmt. Dabei ist zu unterscheiden zwischen der allgemeinen Haftung für die Erstattung der empfangenen Leistung nach § 818 Abs. 1 bis 3 BGB und den verschiedenen Fällen einer verschärften Haftung nach §§ 818 Abs. 4, 819 Abs. 1, 819 Abs. 2 und 820 BGB. 33

a) Allgemeine Haftung für die Erstattung der empfangenen Leistung

Nach § 818 Abs. 1 BGB ist das ohne Rechtsgrund Erlangte herauszugeben. Zu erstatten ist in erster Linie die Leistung selbst, soweit sie noch erstattungsfähig ist. 34

44 BGBl. I 2001 – 2001, 3138.
45 BVerwG, Urt. v. 15.03.2017 – 10 C 3.16, juris Rn. 16, 19 ff.; *Teuber*, NVwZ 2017, 1814 ff.
46 BVerwG, Beschl. v. 07.06.2018 – 6 B 1.18, juris Rn. 15.

35 Soweit das Erlangte selbst nicht mehr erstattungsfähig ist, geht der Erstattungsanspruch auf Leistung des Surrogats (§ 818 Abs. 1 BGB). Unter § 818 Abs. 1 BGB fallen allerdings nicht sog. rechtsgeschäftliche Surrogate, also das, was der Bereicherte durch Rechtsgeschäft anstelle des ursprünglichen Gegenstandes erworben hat.[47] Ist die Herausgabe nicht möglich, hat der Bereicherungsschuldner Wertersatz zu leisten (§ 818 Abs. 2 BGB). Entsprechend § 818 Abs. 1 BGB sind ferner die tatsächlich gezogenen Nutzungen zu erstatten. Hierzu gehören auch die tatsächlich gezogenen Zinsen.

36 Der Gewinn, der mithilfe der zu erstattenden Leistung erzielt worden ist, ist nicht als Nutzung i.S.d. § 818 Abs. 1 BGB zu erstatten, wenn die zu erstattende Leistung ohne Weiteres substituierbar gewesen wäre und der Bereicherungsschuldner geltend machen kann, er hätte denselben Gewinn auch unter Einsatz anderweitig zu beschaffender Gegenstände erzielt.[48]

b) Verschärfte Haftung für die Erstattung der empfangenen Leistung

37 Der analogen Anwendung der Vorschriften über die verschärfte Haftung kommt insb. im Hinblick auf die nunmehr in Abs. 3 geregelte Verzinsung des Erstattungsanspruchs kaum noch praktische Bedeutung zu. In **entsprechender Anwendung des § 818 Abs. 4 BGB** haftet der Erstattungspflichtige nach Unanfechtbarkeit des Leistungsbescheides verschärft nach den allgemeinen Bestimmungen des BGB. Die Erstattungspflicht kann sich nach §§ 292 Abs. 2, 987 BGB auch auf schuldhaft nicht gezogene Nutzungen erstrecken.

38 Nach **§ 819 Abs. 1 BGB** ist der Empfänger einer Geldleistung bei einem anfänglichen Mangel des rechtlichen Grundes oder beim späteren Wegfall des Rechtsgrundes für die empfangene Leistung vom Empfang bzw. von der Erlangung der Kenntnis vom Wegfall an zur Herausgabe verpflichtet, wie wenn der Anspruch auf Herausgabe zu diesem Zeitpunkt rechtshängig geworden wäre. Daraus folgt, dass der Begünstigte, wenn er positive Kenntnis vom anfänglichen Mangel bzw. vom Wegfall des Rechtsgrundes hat, verschärft haftet und ab diesem Zeitpunkt nach §§ 291, 288 Abs. 1 Satz 1 BGB Zinsen auf den Erstattungsbetrag zu leisten hat.[49] Nach **§ 820 BGB** tritt dieselbe Haftung ein, wenn die Bewilligung der Leistung aus einem Rechtsgrund erfolgt ist, dessen Wegfall schon damals von den Beteiligten als möglich angesehen wurde, und der Rechtsgrund später weggefallen ist.

2. Wegfall der Bereicherung (Abs. 2 Satz 2)

39 In entsprechender Anwendung des **§ 818 Abs. 3 BGB** ist die Verpflichtung zur Herausgabe oder zum Ersatz des Wertes **ausgeschlossen, soweit** der Begünstigte **nicht mehr bereichert** ist. Der Begriff Wegfall der Bereicherung ist nicht nach rechtlichen, sondern nach wirtschaftlichen Gesichtspunkten durch einen saldenmäßigen Vergleich

47 BVerwG, Urt. v. 20.06.1991 – 3 C 58.89, NJW 1992, 328 – juris Rn. 44.
48 BVerwG, Urt. v. 20.06.1991 – 3 C 58.89, NJW 1992, 328 – juris Rn. 44.
49 BVerwG, Urt. v. 07.02.1985 – 3 C 33.83, BVerwGE 71, 49 – juris Rn. 36.

des Aktiv- und Passivvermögens zu beurteilen (Saldotheorie).[50] Insoweit kann auf die zivilrechtliche Rechtsprechung zurückgegriffen werden.

Ein **Wegfall der Bereicherung** liegt vor, wenn der saldenmäßige Vergleich ergibt, dass die gewährte Leistung im Zeitpunkt der Aufhebung bzw. des Unwirksamwerdens des leistungsgewährenden VA nicht mehr im Vermögen des Begünstigten vorhanden ist. Dies ist z.B. der Fall, wenn der Begünstigte die Leistung verschenkt hat, Luxusausgaben getätigt oder die Leistung für eine verhältnismäßig geringfügige Verbesserung der Lebensführung ausgegeben hat[51] oder der Begünstigte im Hinblick auf die Leistung Aufwendungen getätigt hat, die nicht zu einem Vermögenszuwachs geführt haben, oder die geleistete Sache untergegangen, zerstört oder gestohlen ist und kein Schadensersatzanspruch gegen Dritte besteht.[52] 40

Besteht allerdings ein **Schadensersatzanspruch gegen Dritte**, ist dieser i.R.d. saldenmäßigen Vergleiches wertmäßig als Rechnungsposten im Vermögen des Erstattungspflichtigen zu berücksichtigen. Ist der Schadensersatzanspruch in seiner Durchsetzung dagegen zweifelhaft, kann er wertmäßig nicht berücksichtigt werden, denn es wäre unbillig, wenn der Bereicherungsschuldner mit dem Risiko der Durchsetzbarkeit der Forderung gegen den Dritten belastet wäre, während er seinerseits dem Bereicherungsgläubiger den vollen Nennwert zur Verfügung stellen müsste. Der Bereicherungsschuldner kann sich daher darauf beschränken, dem Bereicherungsgläubiger die Abtretung der Forderung anzubieten.[53] 41

Der zur Herausgabe verpflichtete Empfänger einer Leistung, kann sich dann nicht auf den Wegfall der Bereicherung berufen, wenn er mit dem Erlangten **Anschaffungen getätigt** hat oder den Betrag ganz oder teilweise zur Schuldentilgung verwendet hat, denn dann ist die Leistung wertmäßig noch im Vermögen des Begünstigten vorhanden.[54] 42

Ein **Hoheitsträger** kann sich ggü. einem anderen Hoheitsträger grds. nicht auf den Wegfall der Bereicherung berufen. § 818 Abs. 3 BGB ist nicht entsprechend anwendbar.[55] 43

Nach **Abs. 2 Satz 2** kann sich der Begünstigte abweichend von der zivilrechtlichen Regelung des § 819 BGB jedoch nicht auf den Wegfall der Bereicherung berufen, soweit er die Umstände, die zur Rücknahme, zum Widerruf oder zur Unwirksamkeit des VA geführt haben, kannte oder infolge grober Fahrlässigkeit nicht kannte. Es genügt schon Kenntnis der Umstände, die die Rechtswidrigkeit bewirken; nicht erforderlich ist die nach § 48 Abs. 2 Satz 3 Nr. 3 geforderte Kenntnis oder das Kennenmüssen der 44

50 BVerwG, Urt. v. 28.01.1993 – 2 C 15.91, NVwZ-RR 1994, 32 – juris 11 f.
51 Ebd.
52 BVerwG, Urt. v. 20.06.1991 – 3 C 58.89, NJW 1992, 328 – juris Rn. 44.
53 Ebd.
54 BVerwG, Urt. v. 28.01.1993 – 2 C 15.91, NVwZ-RR 1994, 32 – juris 11 f.
55 Knack/Henneke/*Peuker*, § 49a Rn. 26; anders für einen Sonderfall OVG Nordrhein-Westfalen, Urt. v. 20.03.2007 – 15 A 4729/04, juris Rn. 37 ff.

Rechtswidrigkeit.[56] Liegen die Voraussetzungen des Satzes 2 vor, hat der Leistungsempfänger die Leistung trotz Entreicherung in vollem Umfang zurückzuzahlen.

45 Der Wegfall der Bereicherung ist vom Erstattungspflichtigen als Einrede geltend zu machen.

III. Verzinsung des Erstattungsanspruchs (Abs. 3)

1. Beginn und Höhe der Verzinsung (Abs. 3 Satz 1)

46 Nach Satz 1 ist der zu erstattende Betrag vom Eintritt der Unwirksamkeit des VA mit **5 % über dem Basiszinssatz** jährlich zu verzinsen. Die Behörde muss die Zinsen verlangen, sie hat kein Ermessen. Sie kann allerdings, wenn die Voraussetzungen von Satz 2 gegeben sind, von der Geltendmachung des Zinsanspruches absehen (s.u. Rdn. 52).

47 Der variable Zinssatz, der an die Stelle des früheren festen Satzes (von 6 % nach § 44a Abs. 3 BHO oder von 4 % nach § 48 Abs. 3 Satz 6 a.F.) getreten ist, trägt den Schwankungen der Zinssätze Rechnung, die auf dem Kapitalmarkt für die Wiederbeschaffung von Finanzmitteln durch die öffentliche Hand gelten. Der an die Bedingungen des Kapitalmarkts angepasste Zinssatz soll auch verhindern, dass die Leistungsempfänger die erhaltenen Beträge vor oder anstelle ihrer sofortigen Verwendung zinsbringend anlegen.

48 Die **Zinspflicht beginnt mit dem Eintritt der Unwirksamkeit** des zurückgenommenen oder widerrufenen VA. Aufgrund der (notwendigen) Rückwirkung der Aufhebung des begünstigenden Bescheids tritt die Unwirksamkeit des bewilligenden VA rückwirkend ein. Die Zinspflicht beginnt in diesem Fall, soweit die Behörde nichts anderes bestimmt, mit dem Tag der Auszahlung der bewilligten Leistung.

49 Dem kann nicht entgegengehalten werden, dass ein Zinsanspruch nicht anfallen könne, solange noch keine fällige Verpflichtung des Schuldners bestehe. Diese Auffassung verkennt, dass der Zinsanspruch seinen Entstehungsgrund nicht im »Verzug« des Begünstigten mit der Rückzahlung der bewilligten Leistung, sondern in der »ungerechtfertigten Bereicherung« des Begünstigten durch die bewilligte Leistung hat und als solcher letztlich eine öffentlich-rechtliche Sonderregelung darstellt, die wie § 818 BGB den Nutzungsvorteil des ungerechtfertigten Vermögenszuwachses abschöpfen soll. Außerdem bliebe für Abs. 3 Satz 2 praktisch kein Anwendungsbereich, wenn der Zinsanspruch erst ab dem Zeitpunkt der Bekanntgabe der Aufhebung der Bewilligung entstünde, da mit der Aufhebung meist zugleich der Erstattungsanspruch geltend gemacht wird.

50 Widerspruch und Anfechtungsklage gegen den Rücknahme- oder Widerrufsbescheid sowie den Erstattungsbescheid und die damit verbundene **aufschiebende Wirkung**

56 BVerwG, Urt. v. 13.11.1997 – 3 C 33.96, BVerwGE 105, 354 – juris Rn. 34; Kopp/*Ramsauer*, § 49a Rn. 16.

der Rechtsbehelfe nach § 80 Abs. 1 VwGO hindern die rückwirkende Entstehung (nach Wegfall der aufschiebenden Wirkung) der Zinspflicht nicht (s.o. Rdn. 24).

Der Zinsanspruch ist von der Behörde durch VA geltend zu machen. Der Zinsanspruch **verjährt** wie der Erstattungsanspruch selbst (oben Rdn. 28) in entsprechender Anwendung von §§ 195, 199 Abs. 1 Nr. 1 BGB seit dem 01.01.2002 in drei Jahren.[57] Für den Beginn der Verjährung kommt es darauf an, wann die Behörde frühestens einen Zinsbescheid hätte erlassen können.[58] 51

2. Absehen von der Geltendmachung des Zinsanspruchs (Abs. 3 Satz 2)

Nach Satz 2 kann die Behörde von der Geltendmachung des Zinsanspruches insbesondere absehen, **wenn der Begünstigte die Umstände**, die zur Aufhebung oder zur Unwirksamkeit des VA geführt haben, **nicht zu vertreten** hat und überdies die ihm obliegende Erstattung innerhalb der festgesetzten Frist erbringt. Zu vertreten hat der Begünstigte jedes Verschulden, also Vorsatz und (auch leichte) Fahrlässigkeit (§ 276 BGB). Sofern der Begünstigte Dritte einschaltet, muss er für deren Verschulden nach § 278 BGB eintreten. Liegen die Voraussetzungen des Satzes 2 vor, hat die Behörde nach pflichtgemäßem Ermessen über das Absehen von der Zinsforderung zu entscheiden. 52

Abs. 3 Satz 1 bringt mit der ipso iure entstehenden Zinspflicht deutlich zum Ausdruck, dass der Grundsatz der sparsamen und wirtschaftlichen Haushaltsführung die Regelung prägt. Sofern aber ein Ausnahmefall i.S.v. Satz 2 vorliegt, bei dem die Behörde eine Ermessensentscheidung zu treffen hat, liegt kein intendiertes Ermessen in der Hinsicht vor, dass grundsätzlich nicht von der Zinsforderung abgesehen werden soll.[59] In dem durch das Gesetz selbst nur beispielhaft angeführten Fall des fehlenden Verschuldens bei gleichzeitiger fristgerechter Erstattung ist das Ermessen der Behörde so weit reduziert, dass nur das Absehen von der Geltendmachung des Zinsanspruchs rechtmäßig ist. Daher kann jedem Begünstigten, der die Rückforderung nicht zu vertreten hat, nur dazu geraten werden, den Erstattungsanspruch unabhängig davon unverzüglich zu erfüllen, ob er gegen die Rückforderung einen Rechtsbehelf eingelegt hat oder noch einlegen will.[60] Über die Fälle des fehlenden Vertretenmüssens hinaus kommt ein Absehen von der Zinsforderung in Sonderkonstellationen in Betracht. 53

57 BVerwG, Urt. v. 30.01.2013 – 8 C 2.12, NVwZ-RR 2013, 489 – juris Rn. 19; Urt. v. 15.03.2017 – 10 C 3.16, juris Rn. 16; OVG Sachsen, Urt. v. 10.03.2017 – 1 A 461/14, juris Rn. 51; ebenso für § 50 Abs. 2a SGB X jurisPK-SGB X/*Baumeister*, § 50 Rn. 129.

58 VGH Hessen, Urt. v. 13.05.2014 – 9 A 2289/12, juris LS 3 u. Rn. 64; OVG Sachsen-Anhalt, Urt. v. 26.09.2017 – 2 L 151/15, juris Rn. 15.

59 Offen gelassen, aber in der Tendenz ebenso BVerwG, Beschl. v. 30.01.2017 – 6 B 44.16, juris Rn. 10; a.A. OVG Berlin-Brandenburg, Beschl. v. 24.01.2018 – OVG 6 N 30.16, juris Rn. 16 mit inhaltlich unzutreffendem Hinweis auf BVerwG, Urt. v. 11.05.2016 – 10 C 8.15, juris Rn. 15.

60 *Baumeister*, NVwZ 1997, 19 (25).

IV. Zinsen bei verspäteter Verwendung (Abs. 4)

54 Abs. 4 sieht für den Fall, dass die Leistung nicht alsbald nach der Auszahlung für den bestimmten Zweck verwendet wird, die Möglichkeit vor, anstelle eines **Widerrufs** nach § 49 Abs. 3 Satz 1 Nr. 1, der **im Einzelfall unverhältnismäßig** sein kann, dem Begünstigten die Verpflichtung zur Verzinsung des empfangenen Betrages aufzuerlegen. Die Geltendmachung dieser Zwischen- oder Verzögerungszinsen setzt damit gerade nicht die Entstehung eines Erstattungsanspruchs voraus.[61]

55 Die Geltendmachung von Zinsen nach Abs. 4 setzt eine **nicht alsbaldige zweckentsprechende Verwendung** nach der Auszahlung voraus. Wann diese Voraussetzung erfüllt ist, kann grds. nur in Ansehung des konkreten Falles beurteilt werden. Maßgeblich sind dabei in erster Linie die Bestimmungen des Zuwendungsbescheides selbst.[62] Die alsbaldige Verwendung ist daher auch von der unverzüglichen Verwendung zu unterscheiden, weshalb es auch nicht darauf ankommt, ob es dem Begünstigten möglich war, die Zuwendung rechtzeitig bzw. früher zu verwenden. Der Umstand des **fehlenden Verschuldens** kann vielmehr als ein außergewöhnlicher Umstand im Rahmen der Ermessensentscheidung über die Geltendmachung der Zinsen zu berücksichtigen sein.[63] Zu berücksichtigen ist aber bei einer nicht alsbaldigen Verwendung nicht nur die Frage der Möglichkeit der Verwendung; zusätzlich ist auch einzubeziehen, ob ein Verschulden hinsichtlich der zu frühzeitigen Anforderung der Leistung oder des Unterlassens der zwischenzeitlichen Rückzahlung nach Feststellung, dass eine Verwendung aktuell nicht möglich ist.

56 Liegen die Tatbestandsvoraussetzungen des Abs. 1 Satz 1 vor, hat die Behörde eine **Ermessensentscheidung über die Erhebung von Zinsen** zu treffen. Zur Geltendmachung von Zwischenzinsen wird regelmäßig Anlass bestehen, wenn der Begünstigte die Leistung gewinnbringend anlegt. Damit kann im Einzelfall verhindert werden, dass der Begünstigte aus dem Umstand, dass er die Leistung nicht alsbald zweckentsprechend verwendet, auch noch wirtschaftliche Vorteile zieht.

57 Die **Jahresfrist des § 48 Abs. 4 gilt nicht** für die Geltendmachung des Zinsanspruchs.[64] Zum einen fehlt es im Gesetz an einer ausdrücklichen Verweisung, zum anderen sind die Regelungsgegenstände unterschiedlich, sodass auch eine entsprechende Anwendung der Jahresfrist nicht in Betracht kommt. In den Fällen des § 48 geht es darum, ob der Leistungsempfänger Mittel, die er womöglich schon ausgegeben hat, wieder herausgeben soll. Insoweit hat der Gesetzgeber aus Gründen der Rechtssicherheit und des Vertrauensschutzes des Begünstigten der Behörde eine Entscheidungsfrist von einem Jahr eingeräumt. Bei dem Anspruch aus Abs. 4 geht es hingegen lediglich um die Herausgabe von Zinsvorteilen, die der Leistungsempfänger auf Kosten des Leistungsgebers entweder tatsächlich erzielt hat oder hätte erzielen können.

---

61 BVerwG, Urt. v. 30.01.2013 – 8 C 2.12, NVwZ-RR 2013, 489 – juris Rn. 17.
62 BVerwG, Urt. v. 26.06.2002 – 8 C 30.01, BVerwGE 116, 332 – juris Rn. 24 ff.
63 BVerwG, Urt. v. 26.06.2002 – 8 C 30.01, BVerwGE 116, 332 – juris Rn. 38.
64 OVG Nordrhein-Westfalen, Urt. v. 19.03.1991 – 4 A 298/89, NVwZ-RR 1993, 16 – juris Rn. 13 ff. (betr. § 44a Abs. 3 BHO a.F.).

Das Zinsverlangen der Behörde hat zur **Folge**, dass der Begünstigte die erhaltene Leistung, ab dem Auszahlungstag zu verzinsen hat. Dies gilt auch dann, wenn die Behörde dem Begünstigten grds. entsprechend den Vorl. VV-BHO zu §§ 44, 44a BHO ab Auszahlung einen zweimonatigen Zeitraum zur alsbaldigen Verwendung der Mittel einräumt, denn der Umstand, dass sich die Mittelverwendung über zwei Monate hinaus verzögert, lässt auf Planungs- und Durchführungsmängel schließen, die der Leistungsempfänger zu vertreten hat und die ihn ggf. zur Rückgabe der Mittel veranlassen müssen.[65] 58

Die Höhe der Verzinsung richtet sich nach § 49a Abs. 3. Der Nachsatz (Abs. 4 Satz 3) stellt klar, dass auch dann, wenn Zinsen verlangt werden, später doch noch von der Widerrufsmöglichkeit des § 49 Abs. 3 Satz 1 Nr. 1 Gebrauch gemacht werden kann. 59

C. Verfahrensvorschriften des Sozialrechts und Verwaltungsverfahrensrecht der Länder

Das Sozialrecht enthält mit **§ 50 SGB X** eine allgemeine Regelung des Erstattungsanspruchs, die in wesentlichen Teilen auch § 49a entspricht. Im Unterschied zu § 49a Abs. 1 enthält die Parallelregelung keinen ausdrücklichen Hinweis darauf, dass der VA mit Wirkung für die Vergangenheit aufgehoben worden sein muss; im Ergebnis gilt aber nichts anderes als für § 49a.[66] Zudem enthält § 50 SGB X mit seinem Abs. 2 eine Regelung, die keine Entsprechung in § 49a besitzt. Danach wird auch ein Erstattungsanspruch für den Fall normiert, dass die Leistung ohne VA zu Unrecht erbracht wurde. In diesem Fall, in dem keine Vertrauensschutzgesichtspunkte bei der Aufhebung des VA berücksichtigt werden konnten, wird diese Berücksichtigung in die Entscheidung über den Erstattungsanspruch verlagert. 60

Die praktisch entsprechende Regelung zum **Erstattungsbescheid** (§ 49a Abs. 1 Satz 2) findet sich in § 50 Abs. 3 SGB X. Die Regelungen zur Verzinsung in § 49a Abs. 3 und 4 sind identisch mit denen in § 50 Abs. 2a SGB X. Über § 49a hinausgehend wird die Verjährung des Anspruchs in § 50 Abs. 4 SGB X sowie in Abs. 5 die entsprechende Anwendung der Regelungen in Fällen der Berichtigung offenbarer Unrichtigkeiten gem. § 38 SGB X (Parallelnorm zu § 42) normiert. Keine Entsprechung existiert für die Norm des § 49a Abs. 2 zum Umfang des Erstattungsanspruchs, bei dem auf die Regelungen des BGB über die ungerechtfertigte Bereicherung verwiesen wird. 61

Das **Landesrecht** enthält einzelne abweichende Regelungen: In MV, SH und im Saarland enthält der Hinweis auf den Basiszinssatz in Abs. 3 Satz 1 den Zusatz »nach § 247 des Bürgerlichen Gesetzbuchs«. In MV lautet Abs. 3 Satz 2: »Von der Geltendmachung des Zinsanspruchs nach Satz 1 ist abzusehen, wenn …«. In Bayern gilt nach Art. 49a Abs. 3 Satz 1 ein Zinssatz von 3 % über dem Basiszinssatz; in Thüringen gilt in Abs. 3 Satz 1 ein (fester) Zinssatz von 6 %. 62

65 OVG Nordrhein-Westfalen, Urt. v. 19.03.1991 – 4 A 298/89, NVwZ-RR 1993, 16 – juris Rn. 22.

66 Baumeister, jurisPK-SGB X, § 50 Rn. 75.

§ 50 Rücknahme und Widerruf im Rechtsbehelfsverfahren

§ 48 Abs. 1 Satz 2 und Abs. 2 bis 4 sowie § 49 Abs. 2 bis 4 und 6 gelten nicht, wenn ein begünstigender Verwaltungsakt, der von einem Dritten angefochten worden ist, während des Vorverfahrens oder während des verwaltungsgerichtlichen Verfahrens aufgehoben wird, soweit dadurch dem Widerspruch oder der Klage abgeholfen wird.

Schrifttum

Baumeister, Rücknahmeermessen bei einem anfechtbaren rechtswidrigen VA?, FS Schenke, 2011, 601; *Cornils*, Zur Anwendbarkeit des § 50 VwVfG: Wahlfreiheit der Verwaltung oder Vorrang des Widerspruchsverfahrens, VerwArch. 91 (2000), 485; *Degenhart*, Zum Aufhebungsanspruch des Drittbetroffenen beim verfahrensfehlerhaften VA, DVBl 1981, 201; *Gassner*, Die Rücknahme drittbelastender VAe im Rechtsbehelfsverfahren, JuS 1997, 794; *Gusy*, Bestandskraft und Konkurrentenklage, GewArch. 1988, 322; *Horn*, Der Aufhebungsanspruch beim VA mit Drittwirkung, DÖV 1990, 864; *Krausnick*, Grundfälle zu §§ 48, 49 VwVfG, JuS 2010, 594; *Lange*, Probleme des Vertrauensschutzes im Verwaltungsrecht, WiVerw. 1979, 15; *Lege*, Die behördliche Aufhebung von Verwaltungsakten nach Drittanfechtung – Auslegung, Änderung oder Streichung des § 50 VwVfG?, in: FS 100 Jahre SächsOVG, 2002, 359; *Remmert*, Die behördliche Aufhebung von Verwaltungsakten mit Doppelwirkung, VerwArch. 91 (2000), 209; *Schenke*, Rechtsprobleme des Konkurrentenrechtsschutzes im Wirtschaftsverwaltungsrecht, NVwZ 1993, 718; *ders.*, Der Folgenbeseitigungsanspruch bei Verwaltungsakten mit Drittwirkung, DVBl 1990, 328; *ders.*, Anspruch des Verletzten auf Rücknahme des VA vor Ablauf der Anfechtungsfristen, FS Maurer, 2001, 723.

Übersicht — Rdn.

A. Allgemeines und Grundsätze

I. Gegenstand und Zweck der Regelung

Gegenstand der Regelung ist eine Ergänzung oder auch Modifikation zu den §§ 48, 49 für Fälle, in denen ein begünstigender VA durch einen nicht begünstigten Dritten angefochten wird und die Ausgangsbehörde parallel zum Widerspruchs- und Klageverfahren die Aufhebung des VA vornehmen können soll. Für den Fall der Drittanfechtung ordnet die Regelung die Nichtgeltung der nach den §§ 48, 49 grds. zugunsten des begünstigten Adressaten geltenden Vertrauensschutzregelungen an. Die Vorschrift macht damit deutlich, dass ein durch VA begünstigter Adressat nicht auf den Bestand des VA vertrauen kann, solange ein Widerspruch oder eine Anfechtungsklage eines Dritten anhängig oder noch möglich ist, weil die Widerspruchs- oder Klagefrist noch nicht abgelaufen ist. 1

Nach der Gesetzentwurfsbegründung sollen durch § 50 die Handlungsmöglichkeiten der Verwaltung für den Fall der Anfechtung eines begünstigenden VA durch einen Dritten erweitert werden.[1] Die Verwaltung wird damit etwa im Fall der beabsichtigen Rücknahme des rechtswidrigen begünstigenden VA mit belastender Drittwirkung von der nach § 48 Abs. 1 Satz 2, Abs. 2 bis 4 grundsätzlich notwendigen Berücksichtigung eines schutzwürdigen Vertrauens des Begünstigten freigestellt. Anderenfalls, so die Annahme in der Gesetzentwurfsbegründung, wäre die Behörde etwa im Verwaltungsprozess gezwungen, untätig die gerichtliche Entscheidung abzuwarten.[2] 2

II. Systematische Stellung

§ 50 steht in unmittelbarem Zusammenhang mit den §§ 48, 49, die die Ermächtigungsgrundlagen für die Aufhebung eines VA durch Rücknahme oder Widerspruch enthalten. Indem § 50 in seinem Anwendungsbereich die Tatbestandsvoraussetzungen der §§ 48, 49 modifiziert, ist er als Teil der Ermächtigungsgrundlagen über die Aufhebung von VAen anzusehen. Aufgrund des gesetzlichen Tatbestands besteht darüber hinaus eine direkte Verbindung zu den Regelungen über das prozessuale Vorverfahren (§§ 68 ff. VwGO) sowie das Klageverfahren. 3

III. Entstehungsgeschichte

§ 50 geht weitgehend unverändert auf den Gesetzentwurf vom 18.07.1973[3] (§ 46 E-VwVfG) zurück. Über die Motivation für die Regelung gibt der Gesetzentwurf einen guten Überblick. Infolge der im Gesetzgebungsverfahren an den späteren §§ 48, 49 auf Vorschlag des Bundesrates vorgenommenen Änderungen sind auch die Folgeänderungen hinsichtlich der Verweise in § 50 übernommen worden.[4] 4

1 BT-Drucks. 7/910, S. 73 f.
2 BT-Drucks. 7/910, S. 74.
3 BT-Drucks. 7/910, S. 17, 73 f.
4 BT-Drucks. 7/4494, S. 9; die Änderungsvorschläge sind in BT-Drucks. 7/910, S. 104, 110, enthalten.

5 Erste redaktionelle Anpassungen hat § 50 durch das Gesetz zur Änderung verwaltungsverfahrensrechtlicher Vorschriften vom 02.05.1996[5] erfahren. Hier handelte es sich nur um Folgeänderungen zu den Änderungen der §§ 48, 49. Dabei wurde allerdings die Anpassung an die Streichung des § 48 Abs. 6 versäumt. Diese wurde nachgeholt durch Art. 1 Nr. 5 des 2. VwVfÄndG v. 06.08.1998[6], indem der Verweis »§ 48 Abs. 1 Satz 2 und Abs. 2 bis 4 und Abs. 6« durch »§ 48 Abs. 1 Satz 2 und Abs. 2 bis 4« ersetzt wurde.[7] Bei sämtlichen Änderungen handelte es sich jeweils um redaktionelle Folgeänderungen ohne beabsichtigte inhaltliche Veränderungen.

IV. Verfassungsrechtlicher Hintergrund des § 50

6 Die Regelung des § 50 steht im Kontext zentraler verfassungsrechtlicher Vorgaben, die sich teilweise nur schwer mit der Regelung vereinbaren lassen. Der VA mit Drittwirkung (zum Begriff unten Rdn. 18) zeichnet sich in seiner Grundkonstellation durch ein Dreiecksverhältnis aus begünstigtem Adressaten, belastetem Dritten und der den VA erlassenden Behörde aus. Die §§ 48, 49 haben demgegenüber im Grundsatz zweidimensionale Rechtsverhältnisse im Blick, das Verhältnis von begünstigtem oder belastetem Adressaten und der Behörde. Insoweit nimmt das Gesetz Abwägungen zur Schutzwürdigkeit des VA-Adressaten vor.

7 In allen Fällen, in denen weitere Personen an diesem Rechtsverhältnis unmittelbar oder mittelbar beteiligt sind, könnten die in den §§ 48, 49 enthaltenen gesetzlichen Abwägungen teilweise Probleme aufwerfen; jedenfalls ging davon der Gesetzgeber aus. Daher will § 50 die Anwendbarkeit solcher Regelungen ausschließen, die dem Vertrauensschutz des begünstigten Adressaten Rechnung tragen. Hintergrund dieser Beschränkung des Schutzes für den Begünstigten sind die berechtigten Interessen oder Rechte Dritter, in deren Rechte der betreffende VA eingreift. Dieses Anliegen bzw. diese Motivation für § 50 ist sachlich gerechtfertigt. Bei der konkreten Umsetzung sind allerdings manche Gesichtspunkte übersehen und viele Unklarheiten geschaffen worden.

8 Soweit ein Dritter durch eine Begünstigung an den VA-Adressaten in seinen Rechten betroffen ist, führt die Rechtswidrigkeit des VA zu einer Rechtsverletzung beim Dritten, die wiederum – als Grundrechtsverletzung – einen Beseitigungsanspruch hervorruft. Dieser **Beseitigungsanspruch** ist die Reaktion der Grundrechte in ihrer Funktion als Abwehrrechte.[8] Auch dieser Beseitigungsanspruch kann – regelmäßig auf gesetzlicher Grundlage – eingeschränkt sein: Die Anfechtungsfristen und die aus der Versäumung der Fristen resultierende Unanfechtbarkeit des VA sind die bekanntesten Beispiele dafür. Gründe der **Rechtssicherheit** oder auch der **Verfahrensökonomie** (wie etwa bei § 46) beschränken den Anspruch in verfassungskonformer Weise. Soweit entsprechend legitimierte Schranken des Anspruchs nicht vorliegen, besteht mit dem

5 BGBl. I S. 656.
6 BGBl. I S. 2022.
7 Zu den Hintergründen s. BT-Drucks. 13/8884, S. 5.
8 *Baumeister*, S. 21 ff.

gegen die zuständige Behörde gerichteten Anspruch zugleich eine Rechtspflicht der Behörde zur Beseitigung des Eingriffs, im vorliegenden Kontext also zur Aufhebung des VA. Diese schlichte Verknüpfung von Recht (des Verletzten) und Pflicht (der Behörde) schließt eine Berücksichtigung eines möglichen Vertrauens des Begünstigten in den Bestand des VA aus. Anders wäre dies nur, wenn das Vertrauen bereits im Zeitpunkt des rechtswidrigen Erlasses des VA eine vor den Grundrechten des Verletzten bereits legitimierte Beschränkung des Beseitigungsanspruchs darstellte. Richtigerweise geht davon aber bisher niemand aus. Erst nach Ablauf einer angemessenen Frist, innerhalb der der Verletzte von einer Möglichkeit des Rechtsschutzes keinen Gebrauch gemacht hat, kann ein schutzwürdiges Vertrauen des Begünstigten entstehen.

Daraus erschließt sich zugleich, warum die **Entscheidung der Behörde über die Rücknahme eines rechtswidrigen, noch anfechtbaren VA nicht im Ermessen** stehen kann (s. § 48 Rdn. 54 f.), unabhängig davon, ob es sich um einen VA mit Drittwirkung oder um einen einseitig belastenden Verwaltungsakt handelt. Zusätzlich ist noch darauf hinzuweisen, dass der Anspruch auf Aufhebung wie auch die Pflicht zur Aufhebung nicht davon abhängig sind, dass diese durch Widerspruch oder Klage geltend gemacht werden. Anspruch und Pflicht bestehen ipso iure. Ebenso wandeln sie sich nach Eintritt der Unanfechtbarkeit in ein formelles subjektives Recht bzw. in eine Pflicht zur fehlerfreien Ermessensentscheidung. 9

Vor diesem Hintergrund wird ein zentrales Problem der konkreten Regelung des § 50 deutlich: Nach seinem Wortlaut entfallen die Vertrauensschutzregelungen nur dann, **wenn der VA von einem Dritten angefochten worden ist.** Wie gesehen besteht die – uneingeschränkte – **Pflicht zur Aufhebung** des VA aber völlig unabhängig von der Geltendmachung durch einen Berechtigten. Damit stellt sich die Frage, wie in diesen Fällen, in denen der Tatbestand des § 50 nach dem Wortlaut der Regelung nicht erfüllt ist, zu verfahren ist. 10

Ein anderes Missverständnis des Gesetzgebers lässt sich aus der Gesetzentwurfsbegründung ableiten. Danach sollte § 50 dazu dienen, dass die Behörde im Fall eines gerichtlichen Verfahrens nicht untätig die Entscheidung abwarten muss, ohne selbst den VA trotz erkannter Rechtswidrigkeit aufheben zu können. Ausgehend von der sicheren Erkenntnis, dass das Gericht den rechtswidrigen rechtsverletzenden VA aufheben wird und aufheben muss, sollte nach der Gesetzentwurfsbegründung der Verwaltung dieselbe Kompetenz zugesprochen werden. Dass jedoch das Gericht nur dann den VA aufheben darf, wenn der Kläger einen materiellrechtlichen Anspruch auf die Aufhebung und demzufolge auch die Verwaltung eine Pflicht zur Aufhebung besitzt, wurde nicht gesehen. Stattdessen wurde das **Verhältnis von materiellem Recht und Prozessrecht gerade umgekehrt.** Wenn es also zutrifft, dass das Gericht den VA aufheben muss, so heißt das, dass die Verwaltung sowohl die Kompetenz als auch die Pflicht zur Aufhebung (gedanklich schon vorher) besessen haben und noch besitzen muss. 11

Während sich diese Überlegungen allesamt auf den rechtswidrigen VA beziehen, bleibt noch zu beantworten, weshalb § 50 auch für den **rechtmäßigen VA** im Falle seiner Anfechtung die Anwendung der Vertrauensschutzregelungen ausschließt. Das 12 wirft auch die Frage auf, welche Anforderungen an die Anfechtung durch den Dritten zu stellen ist.

13 Schon hier ist festzustellen: **§ 50 ist eine verunglückte Regelung.** Der Rechtsanwender steht bis heute bei der Auslegung der Norm vor erheblichen Schwierigkeiten. Während diejenigen im Zusammenhang mit rechtswidrigen VAen, auf die § 48 Anwendung findet, noch weitgehend sicher lösbar sind, kann eine sinnvolle Lösung für rechtmäßige VAe nur darin gesehen werden, § 50 auf diese Fälle erst gar nicht anzuwenden. Im Ergebnis spricht einiges dafür, dass es sich auch hinsichtlich der Fälle rechtswidriger VAe um eine **überflüssige Vorschrift** handelt. In der Rechtsprechung wird die Norm – wenn überhaupt – nur am Rande mitzitiert.[9]

B. Die Vorschrift im Einzelnen

I. Anwendungsbereich

1. Einschränkungen aus dem nationalen Recht

14 Der Anwendungsbereich des § 50 ist eingeschränkt durch vorrangige Rechtsvorschriften des Bundes mit inhaltsgleichen oder entgegenstehenden Bestimmungen (vgl. etwa § 21 Abs. 7 BImSchG) sowie das VwVfG selbst (vgl. §§ 2, 75 Abs. 2, 76 und 77).

2. Notwendige Erweiterungen?

15 In der Literatur wird vertreten, dass **§ 50 auch dann** zur (analogen) Anwendung komme, **wenn** die Ermächtigungsgrundlagen für die Aufhebung nicht in den §§ 48, 49 bestehen, sondern **andere speziellere Normen Anwendung finden.**[10] Diese Auffassung erscheint problematisch, was sich auch mittelbar daran zeigt, dass teilweise nicht von einer analogen Anwendung, sondern nur von einer Anwendung des Grundgedankens des § 50 gesprochen wird.[11] Der Grund für die Anwendung könnte nur sein, dass es anderenfalls zu Fällen kommt, bei denen eine Aufhebung trotz Rechtswidrigkeit des VA und Rechtsverletzung des Dritten nach den entsprechenden Rechtsgrundlagen nicht möglich wäre. Eine solche Situation scheint aber ausgeschlossen, zumal § 50 insoweit auch im Hinblick auf § 48 entbehrlich ist (s.u. Rdn. 23). Da ein Nachweis für einen Bedarf der Anwendung des § 50 bislang fehlt, ist die **»entsprechende« Anwendung abzulehnen.** Entsprechendes gilt auch für den Fall, dass es sich nicht um einen begünstigenden VA mit belastender Drittwirkung, sondern umgekehrt um einen **belastenden VA mit begünstigender Drittwirkung** handelt.[12]

---

9 Juris weist aktuell (März 2020) ganze 74 Entscheidungen nach, in denen § 50 genannt wird.

10 Knack/Henneke/*Meyer*, § 50 Rn. 5; Stelkens/Bonk/Sachs/*Sachs*, § 50 Rn. 1; BeckOK VwVfG/*Falkenbach*, § 50 Rn. 3.

11 Stelkens/Bonk/Sachs/*Sachs*, § 50 Rn. 1.

12 BVerwG, Beschl. v. 28.12.2010 – 8 B 57.10, juris Rn. 4 ff.; Beschl. v. 28.09.1994 – 11 C 3.93, NVwZ 1995, 703 – juris Rn. 22.

II. Die Tatbestandsvoraussetzungen

Damit die Rechtsfolgen des § 50 ausgelöst werden, bedarf es eines begünstigenden VA (1), der von einem Dritten angefochten worden ist (2). 16

1. Begünstigender Verwaltungsakt

Dem Zweck der Vorschrift entsprechend ist § 50 nicht auf einseitig begünstigende VAe, sondern nur auf **den Adressaten begünstigende VAe mit belastender Drittwirkung** anwendbar (zum Begriff der Begünstigung s. § 48 Rdn. 68 f.). Ob die belastende Wirkung von der Behörde bei Erlass des VA beabsichtigt war oder ob unbeabsichtigt in die Rechte Dritter eingegriffen wurde, ist unerheblich. Diese VAe unterfallen bei der Aufhebung den Sonderregelungen des § 48 Abs. 1 Satz 2, Abs. 2 bis 4 sowie des § 49 Abs. 2 bis 4, 6. Von deren Anwendung will § 50 gerade suspendieren. 17

Für diese Art der VAe wird teilweise der Begriff des VA mit Doppelwirkung, teilweise auch der des **VA mit Drittwirkung** verwendet. Üblicherweise wird im Verwaltungsrecht von einem VA mit Drittwirkung gesprochen. Der Gesetzgeber der VwGO verwendet seit 1990 allerdings für den Fall des VA mit Drittwirkung den des **VA mit Doppelwirkung** (§ 80 Abs. 1 Satz 2 VwGO). Vorliegend wird allerdings der Begriff des VA mit Drittwirkung beibehalten. 18

Kein VA mit Drittwirkung ist ein VA, bei dem eine oder mehrere Personen zugleich belastet und begünstigt werden. In diesen Fällen gelten §§ 48, 49 uneingeschränkt. Hier wird häufig auch von MischVAen gesprochen.[13] 19

2. Anfechtung durch einen Dritten

a) Dritter

Dritter ist, wer nicht Adressat des VA ist, sich aber gegenüber dem VA auf eine ihn schützende Norm berufen kann, also der von dem VA mit Drittwirkung Belastete. Kein Dritter ist der jeweils Begünstigte, auch wenn er sich gegen eine ihn treffende Belastung, z.B. durch eine Auflage, wendet.[14] 20

b) Anfechtung

Unter den Begriff der Anfechtung fallen der Widerspruch nach § 68 VwGO und die Anfechtungsklage nach §§ 42 Abs. 1, 113 Abs. 1 Satz 1 VwGO. Greift der Dritte den VA in anderer Weise (z.B. mit einer Aufsichtsbeschwerde, einem Wiederaufgreifensantrag nach § 51[15] oder einer Nichtigkeitsfeststellungsklage nach § 43 Abs. 1 VwGO) an, so kann die Rechtsfolge des § 50 nicht eintreten. 21

---

13 Stelkens/Bonk/Sachs/*Sachs*, § 50 Rn. 8.
14 Kopp/*Ramsauer*, § 50 Rn. 19.
15 Stelkens/Bonk/Sachs/*Sachs*, § 50 Rn. 65; Kopp/*Ramsauer*, § 50 Rn. 4.

22 Nach dem Wortlaut des § 50 muss der VA von einem Dritten **angefochten worden** sein. Die schlichte Möglichkeit der Anfechtung, die bei einem noch nicht bestandskräftigen VA gegeben ist, solange die Anfechtungsfristen noch nicht für alle Betroffenen verstrichen sind, reicht danach nicht aus. Durch die Beschränkung des Anwendungsbereichs auf diese Fälle werden von § 50 nicht sämtliche Fälle erfasst, in denen eine Aufhebungspflicht der Verwaltung – unabhängig von etwaigem Vertrauen des Begünstigten in den Bestand des VA – besteht. Aus diesem Grund ist vor dem vorausgehend geschilderten verfassungsrechtlichen Hintergrund des Beseitigungsanspruchs (s.o. Rdn. 8) zum Teil gefordert worden, § 50 auch auf noch anfechtbare VAe mit Drittwirkung anzuwenden.[16]

23 Mit der h.M. ist die **analoge Anwendung des § 50 auf Fälle bloßer Anfechtbarkeit abzulehnen.**[17] Die analoge Anwendung wäre mit zusätzlichen Problemen verbunden.[18] Vor allem aber führt auch die Nichtanwendung des § 50 keineswegs zu einem Ausschluss des Aufhebungsanspruchs. Die **Regelungen über den Vertrauensschutz** bei rechtswidrigen VAen in § 48 Abs. 1 Satz 2, Abs. 2 bis 4 **hindern die Aufhebung durch die Behörde in keiner Weise.** Ein Begünstigter, der noch mit der Anfechtung des begünstigenden VA rechnen muss, kann kein schutzwürdiges Vertrauen bilden, das letztlich der Rücknahme des rechtswidrigen VA entgegensteht. Aus diesem Grund kommt es für die Fälle der rechtswidrigen begünstigenden VAe nicht darauf an, ob § 50 anzuwenden ist oder nicht.[19]

24 Die **Anfechtung** durch Widerspruch oder Anfechtungsklage muss **zulässig** sein.[20] Insb. muss der Dritte klagebefugt i.S.d. § 42 Abs. 2 VwGO sein und die für die Einlegung des Rechtsbehelfs maßgebliche Frist darf noch nicht abgelaufen sein, oder bei abgelaufener Frist muss ein Wiedereinsetzungsgrund vorliegen. Auch darf der Rechtsbehelf nicht verwirkt sein.[21] Entsprechend reicht es aus, wenn ein begünstigender VA einem durch ihn belasteten Dritten durch die Behörde nicht bekannt gegeben worden ist und deshalb von dem Dritten ohne Säumnis erst nach tatsächlicher Kenntnisnahme angefochten wird.[22]

---

16 *Horn*, DÖV 1990, 864 (870 ff.); *Schenke*, DÖV 1983, 320 (329).

17 Kopp/*Ramsauer*, § 50 Rn. 17; Wolff/Decker/*Decker* § 50 Rn. 5; Knack/Henneke/*Peuker*, § 50 Rn. 23; Stelkens/Bonk/Sachs/*Sachs*, § 50 Rn. 68; Hk-VerwR/*Kastner*, § 50 Rn. 9; Mann/Sennekamp/Uechtritz/*Suerbaum*, § 50 Rn. 20.

18 *Schenke*, FS Maurer, 723 (736).

19 *Baumeister*, S. 232 f.; der Überlegung, dass sich damit zugleich eine intensive Beschäftigung mit § 50 im Hinblick auf rechtswidrige VAe eigentlich erübrigt, soll hier nicht weiter nachgegangen werden.

20 OVG Sachsen, Beschl. v. 26.08.1992 – I S 150/92, NVwZ 1993, 488 (LS 4); Knack/Henneke/*Peuker*, § 50 Rn. 23; Kopp/*Ramsauer*, § 50 Rn. 22; Maurer, § 11 Rn. 70; a.A. Stelkens/Bonk/Sachs/*Sachs*, § 50 Rn. 95: nicht offensichtlich unzulässig.

21 BVerwG, Urt. v. 25.01.1974 – IV C 2.72, BVerwGE 44, 294 – juris Rn. 28 ff.; Urt. v. 16.05.1991 – 4 C 4.89, NVwZ 1991, 1183 (Verwirkung des nachbarlichen Abwehrrechts).

22 BVerwG, Beschl. v. 10.02.1994 – 4 B 26.94, NVwZ 1994, 896.

Ist der den Dritten belastende VA hingegen bestandskräftig geworden, weil der Dritte die Widerspruchs- oder Anfechtungsfrist versäumt hat, kann er nur noch nach den dann uneingeschränkt geltenden §§ 48, 49 aufgehoben werden. 25

Besteht über die Notwendigkeit der Zulässigkeit des Rechtsbehelfs noch weitgehende Einigkeit, so gilt dies in keiner Weise mehr für die **Frage, ob der Widerspruch oder die Klage auch begründet sein müssen.** Eine solche Annahme erscheint auf den ersten Blick wenig naheliegend, erfasst § 50 doch gerade auch den Fall des § 49, also den Widerruf des rechtmäßigen VA. Zudem findet sich in der Gesetzesbegründung der Hinweis, dass durch § 50 im Falle des rechtmäßigen VA während des Widerspruchsverfahrens die Möglichkeit besteht, einen rechtmäßigen VA aus Zweckmäßigkeitsgründen aufzuheben.[23] 26

Gleichwohl ist mit dem BVerwG[24] und einer starken Auffassung in der Literatur zur fordern, dass der **Rechtsbehelf nicht nur zulässig, sondern auch begründet** sein muss.[25] Nach einer anderen Auffassung sollte der Rechtsbehelf zulässig und nicht offensichtlich unbegründet sein.[26] Der vom Gesetzgeber in den Materialien genannte Grund für die Einräumung einer Kompetenz auch in den Fällen rechtmäßiger VAe entspricht gerade nicht (mehr) der heutigen Auffassung vom Entscheidungsspielraum der Ausgangs- und der Widerspruchsbehörde im Widerspruchsverfahren. Vielmehr ist eine Aufhebung aus Zweckmäßigkeitserwägungen nur in den Fällen der einseitig belastenden VAe anerkannt, nicht dagegen in den Fällen der VAe mit Drittwirkung.[27] In diesen Fällen soll gerade das Vertrauen des Begünstigten so schutzwürdig sein, dass sich eine Aufhebung ohne Berücksichtigung der besonderen Schutztatbestände des § 49 Abs. 2 verbietet. Konsequent verbietet sich dann auch eine Widerrufsmöglichkeit nach § 49 Abs. 1, § 50. Die Auffassung, die nur die nicht offensichtliche Unbegründetheit des Rechtsbehelfs verlangt, vollzieht diesen Schritt nur unvollkommen. Allerdings zeigen diese Probleme einmal mehr, dass die Regelung des § 50 nicht ausreichend durchdacht ist. 27

III. Rechtsfolge

Ist der teilweise einschränkend auszulegende Tatbestand des § 50 erfüllt, so hat die Behörde die **Möglichkeit** (und im Fall des Aufhebungsanspruchs des Dritten auch die Pflicht), **den angefochtenen VA während des Vorverfahrens oder des** 28

23 BT-Drucks. 7/910, S. 74.

24 BVerwG, Urt. v. 15.02.1990 – 4 C 39.86, NVwZ 1990, 857 – juris Rn. 17; Urt. v. 18.05.1982 – 7 C 42.80, BVerwGE 65, 313 (321) – zu § 21 Abs. 7 BImSchG.

25 *Ule/Laubinger*, § 64 Rn. 1; *Maurer*, § 11 Rn. 70 f.; Kopp/*Ramsauer*, § 50 Rn. 24; Erichsen/Ehlers/*Ruffert*, Allg. VerwR, § 23 Rn. 40; *Cornils*, VerwArch. 91 (2000), 485; *Remmert*, VerwArch. 91 (2000), 209; *Reinhardt/Schwertner*, JuS 2002, 893 (897).

26 Hk-VerwR/*Kastner*, § 50 Rn. 10; Stelkens/Bonk/Sachs/*Sachs*, § 50 Rn. 95; Knack/Henneke/*Peuker*, § 50 Rn. 20.

27 *Erichsen*, Jura 1992, 650; Schoch/Schmidt-Aßmann/Pietzner/*Dolde/Porsch*, VwGO, § 68 Rn. 41; Kopp/Schenke, VwGO, § 68 Rn. 9.

verwaltungsgerichtlichen Verfahrens nach den §§ 48 Abs. 1 Satz 1, 49 Abs. 1 aufzuheben.[28] Die einschränkenden Regeln, nach denen der Vertrauensschutz des Begünstigten berücksichtigt werden muss, gelten nicht.

1. Aufhebung während des anhängigen Verfahrens

29 Während des Vorverfahrens oder während des verwaltungsgerichtlichen Verfahrens wird ein VA aufgehoben, wenn die Aufhebung zu einem **Zeitpunkt** erfolgt, in dem eines der genannten Verfahren eingeleitet, aber noch nicht abgeschlossen ist. Der Vertrauensschutz setzt erst wieder nach Abschluss des Verfahrens ein. Das Vorverfahren beginnt nach § 69 VwGO mit der Erhebung des Widerspruchs und endet mit Erlass eines Abhilfe- oder Widerspruchsbescheids oder anderweitig z.B. durch Rücknahme des Widerspruchs. Das Klageverfahren beginnt nach § 90 VwGO mit der Klageerhebung und endet mit der Rechtskraft einer gerichtlichen Entscheidung oder anderweitig durch Klagerücknahme, Hauptsacheerledigung oder Vergleich.

30 In Betracht kommt grds. nur eine Aufhebung durch die nach § 3 zuständige Behörde. Eine Zuständigkeit der Widerspruchsbehörde besteht im Fall der Durchführung eines Widerspruchsverfahrens ausnahmsweise nur dann, wenn diese zum Selbsteintritt berechtigt ist. I.Ü. richten sich die Befugnisse der Widerspruchsbehörde allein nach den allgemeinen verwaltungsprozessualen Regeln.

31 Ausgeschlossen ist auch die Anwendung des § 48 Abs. 4. Dies bedeutet, dass Rücknahme und Widerruf auch noch möglich sind, wenn die Behörde seit mehr als einem Jahr ohne weitere Sachaufklärung in der Lage ist, unter sachgerechter Ausübung des Ermessens über die Rücknahme des VA zu entscheiden (s. § 48 Rdn. 128).

32 Der Erstattungsanspruch des § 49a wird durch § 50 nicht ausgeschlossen, d.h., dass dann, wenn ein begünstigender VA auf Widerspruch oder Klage eines Dritten aufgehoben wird, der Begünstigte die erhaltene Leistung nach näherer Maßgabe des § 49a zu erstatten hat. Allerdings wird er sich i.R.d. § 49a Abs. 2 nicht auf den Wegfall der Bereicherung berufen können. Aufgrund der Anfechtung und auch der vorausgehenden Anfechtbarkeit fehlt es regelmäßig an der Möglichkeit der Entstehung eines schutzwürdigen Vertrauens.[29]

33 Wird der begünstigende VA aufgrund der Anfechtung des Dritten aufgehoben und ist der Vertrauensschutz des Begünstigten durch § 50 ausgeschlossen, bleibt es dem Begünstigten unbenommen, einen Amtshaftungsanspruch geltend zu machen.[30]

---

28 § 49 Abs. 1 wird hier – trotz der Nichtanwendbarkeit des § 50 auf rechtmäßige VAe – weiterhin genannt, weil auch rechtswidrige VAe nach § 49 aufgehoben werden können, s.o. § 49 Rdn. 13.

29 A.A. Obermayer/*Schäfer*, 3. Aufl., § 50 Rn. 30.

30 Stelkens/Bonk/Sachs/*Sachs*, § 50 Rn. 2.

2. Gebundene Entscheidung oder Ermessen?

Grundlage der Entscheidung sind die §§ 48, 49, soweit sie durch § 50 nicht ausdrücklich verdrängt werden. Da sämtliche Bestimmungen, die einen Vertrauensschutz des Begünstigten bewirken könnten, nach § 50 »nicht gelten«, kommt nur eine Aufhebung nach § 48 Abs. 1 Satz 1 oder § 49 Abs. 1 in Betracht. Ebenfalls keine Anwendung finden die Regelungen über Entschädigungsansprüche (§ 48 Abs. 3, § 49 Abs. 6). 34

Obwohl beide Bestimmungen einheitlich Kann-Regelungen enthalten, handelt es sich grds. nur im Fall des Widerrufs eines rechtmäßigen VA um eine Ermessensentscheidung. Gegenüber dem rechtswidrigen und rechtsverletzenden VA besteht (von wenigen Ausnahmen wie den Fällen der §§ 45, 46 abgesehen) gerade kein Ermessensspielraum. Hier hat der Betroffene einen materiellen Aufhebungsanspruch, dem eine Pflicht der Behörde zur Aufhebung korrespondiert.[31] 35

Die Behörde ist bei der Rücknahme oder dem Widerruf des begünstigenden VA aber nur insoweit von den Schranken der §§ 48, 49 befreit, als die Aufhebung notwendig ist, um die belastende Wirkung des VA für den Dritten zu beseitigen. 36

C. Verfahrensvorschriften des Sozialrechts und Verwaltungsverfahrensrecht der Länder

Das Sozialrecht enthält mit **§ 49 SGB X** eine mit § 50 inhaltlich übereinstimmende Regelung. Die Abweichungen ergeben sich durch die unterschiedlichen Gesetzesverweisungen, die aus dem gegenüber den §§ 48, 49 abweichenden Aufbau der §§ 44 bis 48 SGB X resultieren. Da zudem sozialrechtliche Streitigkeiten nicht nur vor den Sozialgerichten, sondern in einzelnen Bereichen auch vor den Verwaltungsgerichten ausgetragen werden, ergeben sich weitere sprachliche Unterschiede. 37

Das **Landesrecht** enthält kleine abweichenden Regelungen: In Hamburg ist weiterhin eine – irrtümliche – Bezugnahme auf § 48 Abs. 6 enthalten; in Bayern unterscheiden sich die Verweise auf § 49 wegen der abweichenden Absatzzählung (Abs. 2a statt 3); in SH wird der Begriff Widerspruchsverfahren statt Vorverfahren verwendet. 38

§ 51 Wiederaufgreifen des Verfahrens

(1) Die Behörde hat auf Antrag des Betroffenen über die Aufhebung oder Änderung eines unanfechtbaren Verwaltungsaktes zu entscheiden, wenn

1. **sich die dem Verwaltungsakt zu Grunde liegende Sach- oder Rechtslage nachträglich zu Gunsten des Betroffenen geändert hat;**
2. **neue Beweismittel vorliegen, die eine dem Betroffenen günstigere Entscheidung herbeigeführt haben würden;**

31 S. oben Rdn. 8 ff. und § 48 Rn. 48 ff.

3. Wiederaufnahmegründe entsprechend § 580 der Zivilprozessordnung gegeben sind.

(2) Der Antrag ist nur zulässig, wenn der Betroffene ohne grobes Verschulden außer Stande war, den Grund für das Wiederaufgreifen in dem früheren Verfahren, insbesondere durch Rechtsbehelf, geltend zu machen.

(3) [1]Der Antrag muss binnen drei Monaten gestellt werden. [2]Die Frist beginnt mit dem Tage, an dem der Betroffene von dem Grund für das Wiederaufgreifen Kenntnis erhalten hat.

(4) Über den Antrag entscheidet die nach § 3 zuständige Behörde; dies gilt auch dann, wenn der Verwaltungsakt, dessen Aufhebung oder Änderung begehrt wird, von einer anderen Behörde erlassen worden ist.

(5) Die Vorschriften des § 48 Abs. 1 Satz 1 und des § 49 Abs. 1 bleiben unberührt.

Schrifttum

Baumeister, Der Anspruch auf ein Wiederaufgreifen unanfechtbar abgeschlossener Verwaltungsverfahren, VerwArch. 83 (1992), 374; *ders.*, Der Beseitigungsanspruch als Fehlerfolge des rechtswidrigen VA, 2006; *Classen*, Zur Änderung der Sach- und Rechtslage nach Erlaß eines VA, DÖV 1989, 156; *Erfmeyer*, Die Befugnis der Behörde zum Erlaß von Folgebescheiden nach rechtskräftigem Urteil über den Erstbescheid, DVBl 1997, 27; *Kemper*, Rechtsfragen zum Anwendungsbereich des § 51 VwVfG, unter besonderer Berücksichtigung des Asylverfahrens, NVwZ 1985, 872; *Sachs*, Das Wiederaufgreifen des Verwaltungsverfahrens, JuS 1982, 264; *ders.*, Wiederaufgreifen des Verwaltungsverfahrens nach rechtskräftiger Klageabweisung – BVerwG NJW 1985, 280 –, JuS 1985, 447; *Sanden*, Das Wiederaufgreifen des Verfahrens nach § 51 VwVfG bei VAen mit Drittwirkung, DVBl 2007, 665; *Sasse*, Das Wiederaufgreifen des Verfahrens gemäß § 51 VwVfG, Jura 2009, 493; *Schenke*, Probleme der Bestandskraft von VAen, DÖV 1983, 333; *Schwabe*, Das Wiederaufgreifen unanfechtbarer VAe, JZ 1985, 545; *Selmer*, Wiederaufgreifen des Verwaltungsverfahrens von Amts wegen und auf Antrag, JuS 1987, 363; *Stelkens*, Die Änderung höchstrichterlicher Rechtsprechung als nachträgliche Änderung der Rechtslage i. S. des § 51 Nr. 1 VwVfG, NVwZ 1982, 492; *Thietz-Bartram*, Das Wiederaufgreifen des Verfahrens von sittenwidrigen VAen, LKV 2011, 152; *Traulsen*, Aktuelle Rechtsfragen des Wiederaufgreifens von Verwaltungsverfahren, VerwArch. 103 (2012), 337; *Windoffer*, Die Bestandskraft von Verwaltungsakten und ihre Überwindung durch Betroffene, Jura 2017, 1274; *Wolff*, Überschneidungen der Wiedereinsetzung in den vorigen Stand (§ 60 Abs. 1 VwGO) mit dem Wiederaufgreifen des Verfahrens, NVwZ 1996, 559.

Übersicht Rdn.

A. Allgemeines und Grundsätze

I. Gegenstand der Regelung

Gegenstand der Regelung ist das Recht eines Betroffenen auf ein Wiederaufgreifen des Verfahrens mit der Möglichkeit der Ersetzung eines unanfechtbaren VA durch einen neuen VA unter Berücksichtigung des Wiederaufgreifensgrundes (**Wiederaufgreifen im engeren Sinne**). 1

Zwar ist ein Wiederaufgreifen des Verfahrens beim Vorliegen eines unanfechtbaren VA auch im Rücknahme- und Widerrufsverfahren nach § 48 bzw. § 49 möglich (Wiederaufgreifen im weiteren Sinne), doch steht dem Betroffenen in einem solchen Verfahren lediglich ein formelles subjektives Recht auf fehlerfreie Entscheidung über das Wiederaufgreifen (Stufe 1) zu.[1] Ein subjektives Recht auf eine neue Sachentscheidung entsprechend der nunmehr zu berücksichtigenden Sach- und Rechtslage besitzt der Betroffene dagegen nur im Fall des Anspruchs auf ein Wiederaufgreifen i. e. S. nach § 51 Abs. 1 bis 3. 2

Das Verfahren nach § 51 stellt für Sonderfälle ein **Mittel zur Durchbrechung der Bestandskraft von VAen** dar. Es stellt dem Betroffenen einen außerordentlichen, im Hinblick auf Abs. 2 subsidiären Rechtsbehelf zur Verfügung, mit dem er aufgrund bestimmter Wiederaufgreifensgründe eine neue Sachentscheidung erreichen kann. Diese hat dann zugleich die Wirkung der Beseitigung des bisherigen VA. Für den Fall, dass ein Wiederaufgreifensgrund eine Aufhebung oder Änderung des unanfechtbaren VA 3

1 Zum Wiederaufgreifen i. w. S. s. § 48 Rdn. 58 ff.

rechtfertigt, erhält der Grundsatz der materiellen Rechtmäßigkeit Vorrang vor dem Grundsatz der Rechtssicherheit.

4 Das Wiederaufgreifen des Verfahrens i.e.S. unterscheidet sich vom **Wiederaufgreifen i. w. S.** in den Voraussetzungen und in den Rechtsfolgen. Das Wiederaufgreifen i.e.S. setzt grds. einen Antrag des Betroffenen, einen unanfechtbaren VA und das Vorliegen eines Wiederaufgreifensgrundes voraus und bezweckt eine neue Sachentscheidung auf der Basis der aktuellen Sach- und Rechtslage. Insofern handelt es sich nicht (nur) um eine Überprüfung der Rechtmäßigkeit des bestandskräftigen VA. Die mit dem Verfahren nach § 51 verbundenen Rechte des Betroffenen sind wesentlich weiterreichender als die des Betroffenen im Wiederaufgreifensverfahren i. w. S. nach § 51 Abs. 5 i. V. m. §§ 48, 49. Während es sich im Verfahren nach § 51 auf der Stufe der Prüfung der Zulässigkeit und Begründetheit des Antrags ausschließlich um gebundene Entscheidungen handelt, stellt die Entscheidung über das Wiederaufgreifen i.w.S. eine Ermessensentscheidung dar.

5 Andererseits ist die Ermessensentscheidung über das Wiederaufgreifen i. w. S. an keine Voraussetzungen geknüpft (Antragstellung, Fristen etc.). Dieses Verfahren zielt auch nicht auf die Fortsetzung des Verwaltungsverfahrens auf der Grundlage der aktuellen Sach- und Rechtslage, sondern auf die Prüfung des bestandskräftigen VA und der Gründe für und gegen eine Aufhebung. Im Fall des § 51 wird das durch den VA-Erlass abgeschlossene Verwaltungsverfahren wieder aufgegriffen und fortgesetzt.

6 Das **Verfahren nach § 51 vollzieht sich in zwei Stufen:**[2]

1. Stufe: Prüfung der **Zulässigkeit und Begründetheit des Antrags** auf Wiederaufgreifen nach Abs. 1, 2 und 3;

2. Stufe: **Neue Sachentscheidung** auf der Grundlage des aktuellen formellen und materiellen Rechts (bei positiver Entscheidung auf der ersten Stufe).[3]

II. Systematische Stellung

7 § 51 bildet die abschließende Regelung zu den Möglichkeiten der Durchbrechung der Bestandskraft von VAen. Er steht in engem Zusammenhang mit den §§ 48, 49, insbesondere dabei mit der Rücknahme nach § 48. Auch § 51 zielt nämlich vorrangig auf die Beseitigung rechtswidriger Verwaltungsentscheidungen.

8 Indem § 51 nicht direkt ein materielles Recht auf eine Änderung eines VA oder auf den Neuerlass einer Entscheidung gewährt, sondern diesem Recht ein Verfahren

---

2 Teilweise werden die Zulässigkeits- und Begründetheitsprüfung als zwei getrennte Stufen angesehen, so dass dann von einem dreistufigen Verfahren gesprochen wird, so z.B. Obermayer/*Schäfer*, 3. Aufl., § 51 Rn. 7; Stelkens/Bonk/Sachs/*Sachs*, § 51 Rn. 22; BeckOK VwVfG/*Falkenbach*, § 51 Rn. 9; wie hier für einen insgesamt zweistufigen Vorgang etwa *Sanden*, DVBl 2007, 665 (666); *Sasse*, Jura 2009, 493 (494 f.); Kopp/*Ramsauer*, § 51 Rn. 12a; *Windoffer*, Jura 2017, 1279.

3 Kopp/*Ramsauer*, § 51 Rn. 18.

vorschaltet, stellt sich einmal die Frage nach der Legitimität einer solchen Regelung. Gerade die Verfahrensanforderungen können Hindernisse aufstellen, die vor dem Hintergrund verfassungsrechtlicher Anforderungen legitimiert sein müssen.

III. Entstehungsgeschichte

§ 51 entspricht bis heute praktisch unverändert dem Gesetz vom 25.05.1976[4], das insoweit wörtlich auf den Gesetzentwurf vom 18.07.1973[5] zurückgeht. Lediglich im Zuge der Bekanntmachung der Neufassung vom 21.01.2003[6] erfolgte eine Anpassung an die neue Rechtschreibung. 9

B. Die Vorschrift im Einzelnen

I. Anwendungsbereich des § 51

Sonderregelungen für das Wiederaufgreifen von Verfahren außerhalb des Anwendungsbereichs des VwVfG schließen die Anwendbarkeit des § 51 aus, dies gilt z.B. für § 342 LAG. 10

Der Anwendungsbereich des § 51 innerhalb des Geltungsbereichs des VwVfG ist i.Ü. durch den Subsidiaritätsgrundsatz des § 1 eingeschränkt. Abweichendes Bundesrecht ergibt sich z.B. aus § 71 AsylG oder § 35 Abs. 6 GewO. Soweit die abweichenden Vorschriften keine abschließende Regelung treffen, können die Vorschriften des § 51 ergänzend zur Anwendung kommen. 11

Die Anwendbarkeit des § 51 entfällt, wenn sie durch Gesetz oder die Natur der Sache ausgeschlossen ist. Ein Anspruch auf Wiederaufgreifen ist für das Planfeststellungsverfahren durch § 72 Abs. 1 **gesetzlich ausgeschlossen.** 12

Ob über die gesetzlich geregelten Fälle hinaus die Anwendung des § 51 unter dem Gesichtspunkt »**Natur der Sache**« ausgeschlossen ist,[7] erscheint zweifelhaft. Der als Beispiel geschilderte Fall der Zustimmung zur Kündigung eines schwerbehinderten Arbeitnehmers durch die Hauptfürsorgestelle (heute: Integrationsamt gem. § 168 SGB IX) erscheint dafür jedenfalls nicht geeignet. Das hängt schon damit zusammen, dass für die Regelung des SGB IX das SGB X Anwendung findet und damit auch eine subsidiäre Geltung des VwVfG ausgeschlossen ist. Das SGB X enthält aber keine identische Regelung (s. unten Rdn. 88). 13

---

4 BGBl. I S. 1253.
5 BT-Drucks. 7/910.
6 BGBl. I S. 102.
7 So Obermayer/*Schäfer*, 3. Aufl., § 51 Rn. 12; ohne Widerspruch im Ergebnis auch Hk-VerwR/*Kastner*, § 51 Rn. 9.

II. Überblick zu den Voraussetzungen des Wiederaufgreifens im engeren Sinne (Abs. 1)

14 Nach Abs. 1 hat die Behörde auf Antrag des Betroffenen über die Aufhebung oder Änderung eines unanfechtbaren VA zu entscheiden, wenn ein Wiederaufnahmegrund nach Nr. 1 – 3 vorliegt.

1. Gegenstand des Wiederaufgreifensverfahrens

15 Gegenstand des Wiederaufgreifensverfahrens ist ein **unanfechtbarer VA.** Unanfechtbar i.S.d. Abs. 1 ist ein VA, wenn er nicht mehr mit Rechtsbehelfen angegriffen werden kann. Kann der VA noch mit Rechtsbehelfen angegriffen werden, ist der Antrag auf Wiederaufgreifen unzulässig. Ein Antrag auf Wiederaufgreifen, der während einer noch laufenden Rechtsbehelfsfrist gestellt wird, kann grds. in einen Widerspruch gegen den ergangenen VA umgedeutet werden.[8]

16 Beruht die Unanfechtbarkeit auf der **Rechtskraft** eines Urteils, ist ein Wiederaufgreifen nicht ausgeschlossen.[9] Die Voraussetzung der Unanfechtbarkeit des VA bedeutet lediglich, dass dieser nicht mehr mit Rechtsbehelfen angefochten werden kann, nicht jedoch seine sachliche Unabänderbarkeit.

17 Bei einem **gegen mehrere Personen** gerichteten VA mit einer unteilbaren Regelung genügt es, wenn der VA **ggü. dem antragstellenden Betroffenen unanfechtbar** geworden ist. Sein Antragsrecht wird nicht dadurch infrage gestellt, dass für andere Mitbetroffene die Unanfechtbarkeit noch nicht eingetreten ist.

18 Fehlt ein Bezug zu einem unanfechtbaren VA, liegt kein Antrag auf Wiederaufgreifen i. S. v. § 51, sondern ein Neuantrag vor.

19 Der unanfechtbare VA muss nicht selbst (ausschließlich) belastend sein. Zwar **zielt das Wiederaufgreifensverfahren stets auf eine für den Betroffenen günstigere Entscheidung** ab, dies schließt nicht aus, dass der zu überprüfende VA selbst ein VA mit Drittwirkung oder ein begünstigender VA sein kann, wenn der Betroffene eine stärkere Begünstigung oder die Beseitigung belastender Nebenbestimmungen anstrebt.[10] Im Kontext der Voraussetzungen des § 48 wurde aber bereits dargelegt, dass es sich in diesem Fällen um einen in diesem Sinne belastenden VA handelt (s. § 48 Rdn. 68 f.).

20 Als Gegenstand des Wiederaufgreifensverfahrens kommen sowohl rechtmäßige als auch rechtswidrige VAe in Betracht. Auch nichtige VAe können Gegenstand des Verfahrens nach § 51 sein. Tritt etwa bei nichtigen VAen mit Dauerwirkung in Bezug auf

8 OVG Nordrhein-Westfalen, Urt. v. 10.05.1984 – 14 A 1822/80, NVwZ 1984, 655; Kopp/*Ramsauer*, § 51 Rn. 11.

9 BVerwG, Urt. v. 13.09.1984 – 2 C 22.83, juris Rn. 16; Urt. v. 27.01.1994 – 2 C 12.92, juris Rn. 19; Kopp/*Ramsauer*, § 51 Rn. 15; Mann/Sennekamp/Uechtritz/*Engels*, § 51 Rn. 5; a.A. *Sachs*, JuS 1985, 447.

10 VGH Baden-Württemberg, Urt. v. 11.10.1985 – 5 S 1368/85, NVwZ 1986, 225; Kopp/*Ramsauer*, § 51 Rn. 14; a.A. *Meyer/Borgs*, § 51 Rn. 21.

ihren Regelungsgegenstand eine Veränderung der Sach- oder Rechtslage ein, so kann dies zu einer Aufhebungsverpflichtung unabhängig von der Möglichkeit einer Nichtigkeitsfeststellung führen. Die Anwendung des § 51 hat den gleichen Sinn wie auch die Anerkennung einer Aufhebungspflicht gegenüber nichtigen VAen. Solange die Nichtigkeit nicht gerichtlich festgestellt ist, erzeugt auch der nichtige VA häufig einen Rechtsschein, der durch eine Aufhebung des VA beseitigt werden kann. In der Praxis spielt es dann keine Rolle, ob der VA nur rechtswidrig-aufhebbar oder nichtig war.[11]

2. Das Antragserfordernis

a) Notwendigkeit der Einleitung des Verfahrens durch einen Antrag

Das Wiederaufgreifensverfahren wird eingeleitet durch einen Antrag des Betroffenen 21
(§ 51 Abs. 1). Der Antragsteller bestimmt durch den Antrag den Gegenstand des Wiederaufgreifensverfahrens. Die Behörde ist nicht befugt, andere als vom Antragsteller geltend gemachte Gründe für eine Wiederaufnahme ihrer Entscheidung zugrunde zu legen.[12] Eine reformatio in peius ist wegen der Abhängigkeit des neuen Verfahrens vom Antrag des Antragstellers im Verfahren nach § 51 unzulässig.[13]

b) Bedenken gegen das Antragserfordernis

Das von § 51 aufgestellte Antragserfordernis ist allerdings nicht unproblematisch. Dies 22
gilt zumindest für den Fall, dass der Behörde keine Kompetenz zur entsprechenden Entscheidung auch ohne Antrag zugesprochen wird und das Verfahren des Wiederaufgreifens unanfechtbar abgeschlossener Verwaltungsverfahren als antragsabhängig (i.S.d. § 22 Satz 2 Nr. 2) angesehen wird.

Die Schwierigkeiten mit einem solchen Antragserfordernis resultieren daraus, dass 23
von § 51 – zumindest durch § 51 Abs. 1 Nr. 1 – Fälle erfasst werden, in denen ein zunächst rechtmäßiger VA infolge einer Änderung der Sach- oder Rechtslage rechtswidrig wird und aufgehoben werden muss. Diese **Aufhebungspflicht** folgt aus den Grundrechten, die in ihrer Funktion als Abwehrrechte bei einem rechtswidrigen Eingriff einen Beseitigungsanspruch als Reaktion auslösen.[14] Den daraus zugleich resultierenden Anspruch muss die Verwaltung (im Rahmen ihrer Kompetenzen) erfüllen, solange nicht der Gesetzgeber den Anspruch (gerechtfertigt) einschränkt. Soweit § 51 einen solchen Fall eines grundrechtlich fundierten Beseitigungsanspruchs zum Gegenstand hat und gleichzeitig der Behörde durch das Antragserfordernis die Möglichkeit zur Erfüllung des verfassungsrechtlich geforderten Anspruchs nimmt, ergeben sich Legitimationsprobleme für das Antragserfordernis.[15]

---

11 Wohl auch *Thietz-Bartram*, LKV 2011, 152; a.A. Obermayer/*Schäfer*, 3. Aufl., § 51 Rn. 23.

12 BVerwG, Beschl. v. 11.12.1989 – 9 B 320/89, NVwZ 1990, 359.

13 Knack/Henneke/*Peuker*, § 51 Rn. 25.

14 *Baumeister*, S. 21 ff.

15 *Schenke*, DÖV 1983, 320 (331 f.); *Baumeister*, VerwArch. 83 (1992), 374 (390 ff.).

24 Bei näherer Hinsicht bestehen jedoch keine Bedenken gegen das Antragserfordernis in § 51, selbst wenn dies so verstanden wird, dass es sich hier um ein echtes Antragsverfahren handelt, das nicht auch von Amts wegen in Gang gesetzt werden kann. Das setzt aber voraus, dass die Behörde in den relevanten Fällen, in denen nachträglich ein Aufhebungsanspruch entstanden ist, von Amts wegen die Möglichkeit zur Aufhebung des VA besitzt. Diese Möglichkeit muss nicht zwingend im Rahmen des Verfahrens nach § 51, sondern kann auch auf andere Weise eröffnet sein. Genau das ist aber der Fall durch die Möglichkeit des Wiederaufgreifens i.w.S. gem. § 51 Abs. 5 i. V. m. § 48. Nur setzt das aber auch voraus, dass die Behörde sich dieser Möglichkeit und der Notwendigkeit der Aufhebung in diesen Fällen von Amts wegen auch bewusst ist. Nur so lässt sich auch vermeiden, dass die Behörde schlicht bestimmte Veränderungen mit Hinweis auf das Antragserfordernis ignoriert, obwohl dem Betroffenen diese Veränderungen möglicherweise gar nicht bekannt sind. Hier kommen vor allem Änderungen der Rechtslage oder auch Veränderungen der Sachlage, die nicht in der Sphäre des Betroffenen liegen, in Betracht.

III. Zulässigkeit und Begründetheit des Antrags

25 Ist der Antrag zulässig, hat die Behörde die Begründetheit des Antrags zu prüfen. Sie muss also feststellen, ob ein Wiederaufgreifensgrund tatsächlich vorliegt. In dem weiteren Verfahren hat die Behörde danach zu prüfen, ob der festgestellte Wiederaufgreifensgrund eine Aufhebung oder Abänderung des unanfechtbaren VA rechtfertigt.

26 Ist der Antrag unzulässig, ist er als unzulässig zurückzuweisen. Eine Prüfung, ob ein Wiederaufgreifensgrund gegeben ist und ob dieser die Aufhebung oder Abänderung des unanfechtbaren VA rechtfertigt, entfällt. Der Behörde ist es jedoch unbenommen, den VA nach § 48 zurückzunehmen oder nach § 49 zu widerrufen, wie § 51 Abs. 5 klarstellt.

1. Zulässigkeit des Antrags

a) Überblick zu den Voraussetzungen

27 Der Antrag muss auf das Wiederaufgreifen des Verfahrens gerichtet sein und erkennen lassen, welcher oder welche Wiederaufgreifensgründe geltend gemacht werden, welche Umstände für dessen Verwirklichung sprechen und welche neue Sachentscheidung begehrt wird.

28 Da der Antragsteller ein eigenes Recht geltend macht und nicht nur der Behörde eine bloße Anregung zur Aufhebung oder Änderung eines VA gibt, muss er die Verwirklichung der seinen Anspruch rechtfertigenden Tatbestandsvoraussetzungen glaubhaft machen. Sache der Behörde ist es dann, mit den ihr nach § 26 zur Verfügung stehenden Beweismitteln die Richtigkeit der Angaben im Einzelnen zu klären.

29 Der Antrag bedarf keiner bestimmten Form, da nach § 10 für das Verwaltungsverfahren der Grundsatz der Nichtförmlichkeit gilt und § 51 die Beachtung einer bestimmten Form nicht vorschreibt. Der Antrag ist grds. bei der Behörde zu stellen. Er kann

im Klageverfahren grds. nicht nachgeschoben werden.[16] Wird allerdings nach Antragstellung im Laufe eines Verfahrens unter Wahrung der 3-Monats-Frist des Abs. 3 ein neuer Wiederaufgreifensgrund nachgeschoben, bedarf es keines neuen Antrages. Der neue Wiederaufgreifensgrund kann, wenn die Behörde Gelegenheit zur Äußerung nach den Grundsätzen des rechtlichen Gehörs im Prozess hatte, in das laufende Verfahren einbezogen werden.[17]

Die Zulässigkeit des Antrages ist Voraussetzung für die Prüfung der Begründetheit des 30
Antrags. Der Antrag ist zulässig, wenn er
- auf Aufhebung oder Änderung eines unanfechtbaren VA abzielt,
- die allgemeinen Voraussetzungen für die Zulässigkeit von Verfahrenshandlungen erfüllt,
- die schlüssige Darlegung enthält, dass ein oder mehrere Wiederaufgreifensgründe nach Abs. 1 gegeben sind, die eine für den Antragsteller günstigere Entscheidung erwarten lassen,[18]
- in der durch Abs. 3 bestimmten Frist von 3 Monaten bei der nach Abs. 4 zuständigen Behörde gestellt worden ist,
- den nach Abs. 2 erforderlichen Nachweis enthält, dass der Betroffene ohne grobes Verschulden den Wiederaufgreifensgrund nicht im früheren Verfahren geltend gemacht hat,
- von einer Person gestellt ist, die durch den bestandskräftigen VA konkret und gegenwärtig beschwert ist oder eine Beschwer in absehbarer Zeit zu erwarten ist.[19]

Zur Antragstellung befugt ist jeder Betroffene, der durch den unanfechtbaren VA be- 31
schwert ist.[20] Das kann auch bei einem Drittbetroffenen der Fall sein, der durch eine dem unmittelbar Betroffenen gewährte Vergünstigung einen Nachteil erlitten hat.

b) Einschränkung der Zulässigkeit des Antrags (Abs. 2)

Abs. 2 ist § 582 ZPO nachgebildet mit dem Unterschied, dass nicht bereits leichte 32
Fahrlässigkeit, sondern nur grobes Verschulden den Antrag unzulässig macht. Abs. 2 schränkt die Möglichkeit der Durchbrechung der Bestandskraft im Interesse der Rechtssicherheit ein. Die Einschränkung der Zulässigkeit gilt nicht nur für die Fälle des § 580, sondern für alle Fälle des Abs. 1 Nr. 1 – 3.[21]

Die Vorschrift ist verfassungsrechtlich unbedenklich, wenn für die Fälle des Rechts- 33
widrigwerdens von VAen infolge einer Veränderung der Rechts- oder Sachlage eine Aufhebungspflicht (von Amts wegen) über § 48 anerkannt wird (s.o. Rdn. 21 ff.). Die Beschränkung der Überprüfbarkeit des Ergebnisses des Erstverfahrens und die damit

16 OVG Nordrhein-Westfalen, Urt. v. 22.04.1985 – 4 A 2750/83, NVwZ 1986, 51.
17 BVerwG, Urt. v. 27.01.1994 – 2 C 12.92, BVerwGE 95, 86.
18 BVerwG, Urt. v. 15.12.1987 – 9 C 285.86, BVerwGE 78, 332.
19 BVerwG, Urt. v. 23.07.1980 – 8 C 90.79, BVerwGE 60, 316 (326).
20 OVG Hamburg, Urt. v. 26.05.1992 – Bf VI 21/91, NVwZ-RR 1993, 320.
21 Knack/Henneke/*Peuker*, § 51 Rn. 52.

verbundene Begrenzung des Rechtsschutzanspruches sind grds. durch die Gesichtspunkte der Rechtssicherheit und Verfahrensökonomie gerechtfertigt.[22]

34 Nach Abs. 2 ist der Antrag nur zulässig, wenn der Betroffene **ohne grobes Verschulden außerstande war, den Grund für das Wiederaufgreifen in dem früheren Verfahren, insb. durch Rechtsbehelf, geltend zu machen.** Der Betroffene war zur Geltendmachung außerstande, wenn er den Wiederaufgreifensgrund nicht kannte, weil er kein sicheres Wissen über die den Wiederaufgreifensgrund bestimmenden Tatsachen besaß und sich ihm angesichts der ihm bekannten Tatsachen das Bestehen eines Wiederaufnahmegrundes auch nicht aufdrängen musste.[23]

35 Wiederaufgreifensgründe, die noch nicht eingetreten sind, müssen grds. noch nicht geltend gemacht werden, selbst wenn sie bereits vorhersehbar sind.[24] Die **Geltendmachung durfte nicht aus grobem Verschulden unterbleiben.** Grobes Verschulden liegt immer dann vor, wenn der Betroffene unter Verletzung der einem ordentlichen Verfahrensbeteiligten zumutbaren Sorgfaltspflicht die Behörde in dem früheren Verfahren nicht auf den Wiederaufgreifensgrund hingewiesen hat, dessen Vorhandensein er kannte oder der ihm bekannt sein musste.

36 **Kein grobes Verschulden** liegt vor, wenn sich der Betroffene aufgrund eines entschuldbaren Rechts- oder Tatsachenirrtums über die Erheblichkeit eines Beweismittels für das Verfahren geirrt hat. Das grobe Verschulden eines Bevollmächtigten oder Vertreters muss sich der Betroffene in entsprechender Anwendung des § 32 Abs. 1 Satz 2 zurechnen lassen.[25]

37 Als früheres Verfahren ist dabei das gesamte Verfahren bis zum Eintritt der Unanfechtbarkeit des VA, also einschließlich etwaiger Rechtsbehelfsverfahren anzusehen.[26] Daraus folgt, dass die Präklusion des Abs. 2 auch dann eintritt, wenn der Betroffene es unterlassen hat, ihm bekannte Wiederaufnahmegründe im Rechtsbehelfsverfahren vorzubringen.

38 Da § 51 Abs. 2 von dem Betroffenen verlangt, den Grund für das Wiederaufgreifen in dem früheren Verfahren geltend zu machen, gehört hierzu auch, dass der Betroffene im Fall einer Versäumung der Rechtsbehelfsfrist versucht, das frühere Verfahren durch einen Antrag auf Wiedereinsetzung in den vorigen Stand nach § 60 VwGO wieder zu eröffnen und den Grund für das Wiederaufgreifen in diesem Verfahren vorzutragen.[27]

39 Hat der Betroffene aus grobem Verschulden einen Wiederaufgreifensgrund in dem früheren Verfahren nicht geltend gemacht, ist ein auf diesen Wiederaufgreifensgrund

22 BVerfG, Beschl. v. 19.06.1986 – 2 BvR 569/86, NVwZ 1987, 487.
23 Stelkens/Bonk/Sachs/*Sachs*, § 51 Rn. 127.
24 Stelkens/Bonk/Sachs/*Sachs*, § 51 Rn. 129.
25 BVerfG, Beschl. v. 19.06.1986 – 2 BvR 569/86, NVwZ 1987, 487; Stelkens/Bonk/Sachs/*Sachs*, § 51 Rn. 130.
26 Stelkens/Bonk/Sachs/*Sachs*, § 51 Rn. 131.
27 *Wolff*, NVwZ 1996, 559.

gestützter Wiederaufgreifensantrag wegen Fehlens der besonderen Antragsvoraussetzung des Abs. 2 als unzulässig zurückzuweisen.[28]

c) **Antragsfrist (Abs. 3)**

Abs. 3, der § 586 ZPO nachgebildet ist, regelt als weitere Voraussetzung für die Zulässigkeit eines Wiederaufgreifensantrages eine Frist von drei Monaten. Die Ausschlussfrist soll die Möglichkeit zur Durchbrechung der Bestandskraft im Interesse der Rechtssicherheit eng begrenzen. Dazu, dass eine solche Begrenzung im Ergebnis für die Fälle des Rechtswidrigwerdens infolge einer Änderung der Rechts- oder Sachlage nicht möglich ist, s.o. Rdn. 22 ff. 40

Satz 2 bestimmt, dass **die Frist mit dem Tag beginnt, an dem der Betroffene von dem Grund für das Wiederaufgreifen Kenntnis erhalten hat.** Die Frist beginnt nach § 31 i.V.m. § 187 BGB am Tage nach der Kenntnisnahme des Wiederaufgreifensgrundes zu laufen, weil bei der Berechnung der Frist der Tag nicht mitgerechnet wird, in welchen das Ereignis fällt. Zwar spricht der Wortlaut des Abs. 3 dafür, dass der Lauf der Frist bereits mit dem Tage der Kenntnisnahme beginnt. Indessen liegen keine Anhaltspunkte dafür vor, dass eine von § 31 Abs. 1 abweichende Fristenregelung getroffen werden sollte. Offenbar wollte der Gesetzgeber mit der – nach der Wahl der Worte nicht exakten – Formulierung lediglich bestimmen, auf welches Ereignis für die Berechnung der Frist i.S.d. § 187 Abs. 1 BGB abzustellen ist. 41

Hat sich ein Ausländer nach Abschluss eines Asylverfahrens im Ausland aufgehalten, so hat er einen Asylfolgeantrag, mit dem er den Eintritt neuer Umstände während des Auslandsaufenthalts geltend macht, binnen drei Monaten nach Wiedereinreise zu stellen; die Frist kann nicht schon mit der Kenntnis der neuen Umstände beginnen, weil es rechtlich unmöglich ist, einen Asylantrag vom Ausland aus zu stellen. 42

Die Frist endet nach § 31 Abs. 1 i.V.m. § 188 Abs. 2 BGB mit dem Ablauf desjenigen Tages des dritten Monats, welcher durch seine Zahl dem Tage entspricht, an dem der Betroffene Kenntnis vom Wiederaufgreifensgrund erhalten hat. 43

Kenntnis erhält der Betroffene erst dann, wenn er eine sichere Kenntnis der Tatsachen gewinnt, die den Wiederaufgreifensgrund erfüllen. Nicht erforderlich ist, dass der Antragsteller diese Tatsachen rechtlich zutreffend als Gründe für ein Wiederaufgreifen erfasst.[29] Kennenmüssen, auch grob fahrlässige Unkenntnis, reichen nicht aus. 44

Die Kenntnis eines Wiederaufgreifensgrundes nach § 51 Abs. 1 Nr. 3 i.V.m. § 580 Nr. 2 – 3 ZPO muss die Tatsache der rechtskräftigen strafrechtlichen Verurteilung bzw. der Unmöglichkeit der Durchführung eines Strafverfahrens (gem. § 581 ZPO) umfassen. 45

Bei einer Mehrheit von Gründen für das Wiederaufgreifen ist die 3-Monats-Frist hinsichtlich jedes einzelnen Grundes zu wahren.[30] Ein einmal verfristeter Grund ist auch 46

28 A.A. Kopp/*Ramsauer*, § 51 Rn. 31: Frage der Begründetheit.
29 Stelkens/Bonk/Sachs/*Sachs*, § 51 Rn. 139.
30 BVerwG, Urt. v. 27.01.1994 – 2 C 12.92, BVerwGE 95, 86.

bei Zulässigkeit des Antrages wegen eines anderen Wiederaufnahmegrundes nicht mehr zu berücksichtigen.

47 Das Nachschieben eines neuen Wiederaufnahmegrundes im laufenden Verwaltungsstreitverfahren ist – nach Ablauf der 3-Monats-Frist – nicht möglich, weil nach dem Gesetz zunächst ein an die Frist des Abs. 3 gebundener Antrag bei der Behörde gestellt werden muss.[31]

48 Auch das Gericht ist wegen der erforderlichen vorgängigen, fristgebundenen Antragstellung nicht befugt, vom Betroffenen selbst (noch) nicht geltend gemachte Gründe für ein Wiederaufgreifen des Verfahrens seiner Prüfung eines Wiederaufnahmeantrages zugrunde zu legen.[32]

49 Die **Frist ist versäumt**, wenn der Betroffene nicht vor Ablauf der gesetzlichen Frist einen zulässigen Antrag gestellt hat. Da es sich bei der Frist des Abs. 3 um eine gesetzliche Frist handelt, ist bei unverschuldeter Versäumnis eine Wiedereinsetzung in den vorigen Stand nach § 32möglich.[33] Das **Antragsrecht kann auch verwirkt werden.** Nach Ablauf der Frist kann noch ein Antrag auf Wiederaufgreifen als Ermessensentscheidung (gem. § 51 Abs. 5 i.V.m. § 48) gestellt werden.

2. Begründetheit: Die einzelnen Wiederaufgreifensgründe (Abs. 1)

50 Das Gesetz nennt in Abs. 1 drei Wiederaufgreifensgründe. Die dort genannten Gründe sind wegen ihres Ausnahmecharakters als abschließende Regelung anzusehen.[34] Für die Begründetheit des Antrags ist es notwendig, dass neben dem Vorliegen von Wiederaufgreifensgründen diese dazu führen, dass bei einem Wiederaufgreifen eine günstigere Entscheidung für den Betroffenen erfolgen müsste. Insoweit muss zwischen den Gründen für die bestandskräftige (negative) Entscheidung und den Wiederaufgreifensgründen ein Zusammenhang bestehen. Wurde die bestandskräftige Ablehnungsentscheidung auf mehrere selbständige Gründe gestützt, so muss im Hinblick auf jeden dieser Gründe ein Wiederaufgreifensgrund bestehen.[35]

a) Nachträgliche Änderung der Sach- und Rechtslage (Abs. 1 Nr. 1)

51 Die dem VA zugrunde liegende Sach- und Rechtslage muss sich nachträglich zugunsten des Betroffenen geändert haben.

aa) Anwendbarkeit des Abs. 1 Nr. 1

52 Die Anwendbarkeit des Nr. 1 setzt voraus, dass der Betroffene nicht auf andere Weise seine ihm nach der Änderung der Sach- und Rechtslage zustehenden Rechte

31 BVerwG, Beschl. v. 11.12.1989 – 9 B 320/89, NVwZ 1990, 359.
32 BVerwG, Urt. v. 30.08.1988 – 9 C 47.87, NVwZ 1989, 161.
33 Hk-VerwR/*Kastner*, § 51 Rn. 15; Mann/Sennekamp/Uechtritz/*Engels*, § 51 Rn. 22.
34 Kopp/*Ramsauer*, § 51 Rn. 24.
35 BVerwG, Urt. v 20.11.2018 – 1 C 23.17, juris Rn. 9, 13 ff.; *Fricke*, jurisPR-BVerwG 5/2019 Anm. 6.

durchzusetzen vermag.[36] Eine solche anderweitige Durchsetzung ist möglich, wenn der Betroffene nach Versagung eines begünstigenden VA aufgrund einer Änderung der Sach- oder Rechtslage den Erlass eines begünstigenden VA nunmehr verlangen kann (z.B. Baugenehmigung nach Änderung des Bebauungsplans).[37] In diesen Fällen ergeht allerdings ein neuer Erstbescheid, der alte bestandskräftige Bescheid bleibt bestehen. Hintergrund ist, dass es sich bei Abs. 1 Nr. 1 um Fälle handeln muss, in denen der VA durch die Änderung der Sach- oder Rechtslage rechtswidrig geworden ist. Dies trifft regelmäßig nur auf VAe mit Dauerwirkung zu.[38]

Teilweise ist gesetzlich bestimmt, dass einer geänderten Sachlage durch den Erlass eines neuen VA Rechnung zu tragen ist (etwa durch die Wiedergestattung eines – nach § 35 Abs. 1 GewO untersagten Gewerbes – nach § 35 Abs. 6 GewO). 53

bb) Nachträgliche Änderung

Die Änderung der tatsächlichen oder rechtlichen Umstände muss nachträglich, d.h. nach Erlass des VA eingetreten sein. Nicht erforderlich ist es dagegen, dass die Änderung nach dem Eintritt der Unanfechtbarkeit eingetreten ist. Keine nachträgliche Änderung liegt vor, wenn ein bei Erlass des VA bereits gegebener Sachverhalt nachträglich bekannt wird oder von der Behörde nachträglich anders beurteilt wird.[39] 54

cc) Änderung der Sachlage

Die Änderung der Sachlage ist ein Wiederaufgreifensgrund, wenn sich nach Erlass des unanfechtbaren VA die entscheidungserheblichen Tatsachen in einer Weise geändert haben, dass eine für den Betroffenen günstige Entscheidung möglich wird. Die entscheidungserheblichen Tatsachen können (wie Lebensalter, Eignung, Zuverlässigkeit) in der Person des Betroffenen oder (wie öffentliches Wohl, Bedürfnis, Interessen Dritter, die Beseitigung eines präjudiziellen Urteils oder VA) außerhalb gelegen sein. Ausreichend, aber auch erforderlich ist, dass schlüssig ein Sachverhalt vorgetragen wird, der eine entscheidungserhebliche Veränderung des Sachverhalts darlegt. Ist die schlüssig dargelegte neue Sachlage beweisbedürftig, ist der Beweis im Wiederaufgreifensverfahren zu erheben. 55

Erheblich ist eine Änderung des Sachverhalts, wenn das materielle Recht die Rechtsfolgen des VA an den Fortbestand des beim Erlass des VA gegebenen Sachverhalts knüpft.[40] 56

36 BVerwG, Urt. v 10.10.2018 – 1 C 26.17, juris Rn. 18; Urt. v 20.11.2018 – 1 C 23.17, juris Rn. 13.

37 BVerwG, Urt. v. 14.03.1984 – 6 C 107.82, DÖV 1984, 679.

38 S. dazu näher *Baumeister*, Jura 2005, 655 (660 f.); Mann/Sennekamp/Uechtritz/*Engels*, § 51 Rn. 33; s.a. oben § 48 Rdn. 45 ff.

39 Stelkens/Bonk/Sachs/*Sachs*, § 51 Rn. 91; Knack/Henneke/*Peuker*, § 51 Rn. 32.

40 BVerwG, Urt. v. 28.02.1997 – 1 C 29.95, BVerwGE 104, 115 – juris Rn. 23; Knack/Henneke/*Peuker*, § 51 Rn. 32.

Änderungen des Sachverhalts sind daher vor allem bei VAen mit Dauerwirkung erheblich.[41]

57 Als eine Änderung der Sachlage ist es anzusehen, wenn
- bestimmte, schon beim Erlass des unanfechtbaren VA berücksichtigte Tatsachen, aufgrund neuer wissenschaftlicher Erkenntnisse anders zu bewerten sind (z.B. Schädlichkeit gewisser Stoffe; s.a. § 49 Rdn. 42)
- aufgrund ihrer Tatbestandswirkung zu berücksichtigende Urteile aufgehoben werden.[42]

58 Keine Änderung der Sachlage ist gegeben, wenn sich lediglich die Beweislage nachträglich zugunsten des Betroffenen ändert. In diesem Fall ist Abs. 1 Nr. 2 einschlägig.

dd) Änderung der Rechtslage

59 Eine Änderung der Rechtslage liegt nach Nr. 1 vor, wenn sich nach Erlass des unanfechtbaren VA eine für diese maßgebliche **Norm geändert** hat **mit der Folge**, dass aufgrund der neuen Rechtslage **eine für den Betroffenen günstigere Entscheidung** zu treffen wäre. Die Rechtslage muss sich tatsächlich schon geändert haben. Die bloße Aussicht auf eine Änderung der Rechtslage genügt nicht.

60 Entscheidungserheblich sind Rechtsänderungen unabhängig davon, ob sie die Rechtsgrundlage ex tunc oder ex nunc ändern. Auch bei einer Änderung mit Wirkung für die Zukunft sind die Voraussetzungen der Rechtslageänderung erfüllt.[43] Allerdings ist zunächst notwendig, dass die Rechtslageänderung auch eine solche zugunsten des Betroffenen darstellt. Das ist eine Frage des Fachrechts.[44]

61 Eine Änderung der Rechtslage wird bewirkt im Wege der **Rechtssetzung durch Aufhebung, Änderung oder Erlass einer entscheidungserheblichen Norm des materiellen Rechts oder einer anderen Regelung** (Abschluss eines Vertrages, Erlass eines VA). Eine **Änderung der Rechtsprechung** führt grds. keine Änderung der Rechtslage herbei.[45] Dabei macht es keinen Unterschied, ob es sich um die Änderung der Rechtsprechung erst- und zweitinstanzlicher Gerichte[46] oder um Entscheidungen des BVerfG, des BVerwG, eines anderen obersten Bundesgerichts, des EuGH oder des Europäischen Gerichtshofs für Menschenrechte handelt.[47] Die Rechtsprechung stellt die Rechtslage

---

41 *Sasse*, Jura 2009, 493 (494); *Sanden*, DVBl 2007, 665 (667); Stelkens/Bonk/Sachs/*Sachs*, § 51 Rn. 89; s.a. oben Rdn. 52.

42 BVerwG, Urt. v. 28.05.1969 – V C 52.67, BVerwGE 32, 124.

43 A.A. offenbar Obermayer/*Schäfer*, 3. Aufl., § 51 Rn. 50.

44 Ablehnend für Änderungen des Spätaussiedlergesetzes für solche Spätaussiedler, die bereits ihren Aufenthalt in Deutschland genommen haben, BVerwG, Urt. v. 10.10.2018 – 1 C 26.17, juris Rn. 26 ff.; Fricke, jurisPR-BVerwG 1/2019 Anm. 5.

45 BVerwG, Urt. v. 27.01.1994 – 2 C 12.92, BVerwGE 95, 86; Urt. v. 22.10.2009 – 1 C 15.08, BVerwGE 135, 121 – juris Rn. 21; VGH Bayern, Beschl. v. 28.03.2018 – 14 ZB 16.2354, juris Rn. 9.

46 BVerwG, Urt. v. 30.08.1988 – 9 C 47.87, NVwZ 1989, 161.

47 BVerwG, Beschl. v. 24.05.1995 – 1 B 60.95, NVwZ 1995, 1097.

nur fest und verändert sie nicht. Eine geänderte Rechtsprechung stellt sich lediglich als eine geläuterte Erkenntnis der Rechtslage dar. Das gilt allerdings dann nicht, wenn der Rechtsprechungsänderung ein Wandel des Rechts zugrunde liegt. Insofern ist jeweils die Begründung der Rechtsprechungsänderung zu prüfen.

Dies gilt auch für die Ungültigerklärung eines Rechtssatzes in einem prinzipalen Normenkontrollverfahren durch das BVerfG nach § 78 BVerfGG bzw. durch das Oberverwaltungsgericht nach § 47 VwGO, weil auch diese gerichtlichen Entscheidungen entsprechend ihrer Natur auf die Erkenntnis der Rechtslage und nicht deren Änderung ausgerichtet sind.[48] Anderes gilt nur dann, wenn die Nichtigerklärung darauf beruht, dass eine ursprünglich recht- bzw. verfassungsmäßige Rechtsnorm rechtswidrig bzw. verfassungswidrig geworden ist.[49] 62

Eine Änderung der Verwaltungspraxis stellt ebenfalls keine Änderung der Rechtslage dar. Dies gilt auch, wenn im Ermessensbereich durch Verwaltungsvorschriften eine Selbstbindung eingetreten ist. Art. 3 GG als Rechtsgrundlage wird bei einer Änderung der Verwaltungspraxis nicht geändert.[50] 63

Auch die richterliche Rechtsfortbildung stellt, solange sie nicht zum Gewohnheitsrecht geworden ist, keine Änderung der Rechtslage i. S. v. Nr. 1 dar, weil auch dieses Richterrecht unter dem Vorbehalt erneuter, besserer Erkenntnis steht.[51] Eine Änderung einer Rechtslage ist hingegen zu bejahen, wenn eine Norm (etwa ein Bebauungsplan) funktionslos und damit ungültig wird.[52] 64

b) Neue Beweismittel (Abs. 1 Nr. 2)

Beweismittel sind alle nach § 26 zulässigen Beweismittel. Hierzu gehören Schriftstücke, Urkunden, Zeugen, sachverständige Zeugen und Sachverständigengutachten. 65

Es muss sich um **neue** Beweismittel handeln. Neue Beweismittel beziehen sich stets auf (alte) Tatsachen, die z.Zt. des Erlasses des ursprünglichen VA schon vorlagen, dem Betroffenen aber nicht bekannt oder von ihm nicht oder nicht rechtzeitig beigebracht werden konnten und deshalb bei dem Erlass des ursprünglichen VA nicht berücksichtigt wurden.[53] Ob ein Beweismittel neu ist, ist aus der Sicht des Betroffenen zu beurteilen. Auf die Kenntnis der Behörde kommt es nicht an. 66

---

48 OVG Thüringen, Beschl. v. 07.03.2019 – 3 ZKO 516/14, juris Rn. 13 f.; Stelkens/Bonk/Sachs/*Sachs*, § 51 Rn. 101; Kopp/*Ramsauer*, § 51 Rn. 30.

49 *Baumeister*, Das Rechtswidrigwerden von Normen, 1996, S. 229 ff.; für den Wandel von Gewohnheitsrecht auch Mann/Sennekamp/Uechtritz/Engel, § 51 Rn. 28.

50 Stelkens/Bonk/Sachs/*Sachs*, § 51 Rn. 99; Hk-VerwR/*Kastner*, § 51 Rn. 10.

51 Stelkens/Bonk/Sachs/*Sachs*, § 51 Rn. 109; a.A. *Maurer*, JuS 1976, 29.

52 Kopp/*Ramsauer*, § 51 Rn. 30; zum funktionslosen Bebauungsplan s. *Baumeister*, GewArch. 1996, 318.

53 BVerwG, Urt. v. 21.04.1982 – 8 C 75.80, juris Rn. 10; Urt. v. 13.09.1984 – 2 C 22.83, juris Rn. 19; Urt. v. 27.01.1994 – 2 C 12.92, juris Rn. 24; Urt. v. 14.06.2017 – 8 C 7.16, juris Rn. 24.

67 Sachverständigengutachten sind nicht neu, wenn das »neue« Gutachten lediglich eine andere fachliche Beurteilung enthält.[54] Sie sind nur dann neu, wenn sie nach Abschluss des Erstverfahrens erstellt und neue, seinerzeit nicht bekannte Tatsachen verwerten, wenn sie selbst also auf neuen Beweismitteln beruhen.[55] Gegen diese Auffassung wird geltend gemacht, dass das VwVfG den Begriff »Beweismittel« in § 26 und § 51 einheitlich verwendet.[56]

68 Schließlich muss das neue Beweismittel eine für den Betroffenen günstigere Entscheidung herbeigeführt haben. Dies ist auf der Grundlage der den bestandskräftigen Bescheid tragenden Rechtsauffassung zu beurteilen, nicht auf der Grundlage der aktuellen Rechtsauffassung im Zeitpunkt der Wiederaufgreifensentscheidung und ebenfalls nicht auf der Grundlage der damaligen objektiven Rechtslage.[57] Bei gerichtlicher Bestätigung des bestandskräftigen Bescheides ergibt sich die maßgebliche Rechtsauffassung aus den tragenden Gründen der bestätigenden Gerichtsentscheidung.[58] Die Auswirkungen des neuen Beweismittels werden sich oft erst zum Abschluss des Wiederaufgreifensverfahrens herausstellen. Für das Vorliegen des Wiederaufgreifensgrundes nach Nr. 2 genügt ein hinreichender Anlass für die Annahme, dass die Vorentscheidung bei einer Berücksichtigung des betreffenden Beweismittels günstiger ausgefallen wäre. Ob die Nichtbeibringung des Beweismittels verschuldet war, ist unerheblich, da das Verschulden allein i.R.d. Prüfung der Zulässigkeit des Antrages nach Abs. 2 von Bedeutung ist.[59]

c) Wiederaufnahmegründe entsprechend § 580 ZPO (Abs. 1 Nr. 3)

69 Es müssen Wiederaufnahmegründe entsprechend § 580 ZPO gegeben sein. § 580 ZPO lautet: »Die Restitutionsklage findet statt:

1. wenn der Gegner durch Beeidigung einer Aussage, auf die das Urteil gegründet ist, sich einer vorsätzlichen oder fahrlässigen Verletzung der Eidespflicht schuldig gemacht hat;
2. wenn eine Urkunde, auf die das Urteil gegründet ist, fälschlich angefertigt oder verfälscht war;
3. wenn bei einem Zeugnis oder Gutachten, auf welches das Urteil gegründet ist, der Zeuge oder Sachverständige sich einer strafbaren Verletzung der Wahrheitspflicht schuldig gemacht hat;
4. wenn das Urteil von dem Vertreter der Partei oder von dem Gegner oder dessen Vertreter durch eine in Beziehung auf den Rechtsstreit verübte Straftat erwirkt ist;
5. wenn ein Richter bei dem Urteil mitgewirkt hat, der sich in Beziehung auf den Rechtsstreit einer strafbaren Verletzung seiner Amtspflichten gegen die Partei schuldig gemacht hat;

---

54 BVerwG, Beschl. v. 25.05.1981 – 8 B 89.80, NJW 1981, 2595.
55 BVerwG, Urt. v. 27.01.1994 – 2 C 12.92, NVwZ 1995, 388.
56 Stelkens/Bonk/Sachs/*Sachs*, § 51 Rn. 115.
57 BVerwG, Urt. v. 14.06.2017 – 8 C 7.16, juris Rn. 26.
58 BVerwG, Urt. v. 14.06.2017 – 8 C 7.16, juris Rn. 26.
59 Stelkens/Bonk/Sachs/*Sachs*, § 51 Rn. 114.

6. wenn das Urteil eines ordentlichen Gerichts, eines früheren Sondergerichts oder eines Verwaltungsgerichts, auf welches das Urteil gegründet ist, durch ein anderes rechtskräftiges Urteil aufgehoben ist;
7. wenn die Partei
   a) ein in derselben Sache erlassenes, früher rechtskräftig gewordenes Urteil oder
   b) eine andere Urkunde auffindet oder zu benutzen in den Stand gesetzt wird, die eine ihr günstigere Entscheidung herbeigeführt haben würde.«

Die entsprechende Anwendung des § 580 ZPO hat in der Praxis wenig Bedeutung. 70
Nach dem gleichfalls entsprechend[60] anzuwendenden § 581 ZPO, der den § 580 ZPO ergänzt, ist in den Fällen der § 580 Nr. 1 – 5 ZPO ein Wiederaufgreifensgrund nur gegeben, wenn wegen der dort genannten Straftaten eine rechtskräftige Verurteilung ergangen ist oder wenn die Einleitung oder Durchführung eines Strafverfahrens aus anderen Gründen als wegen Mangels an Beweisen nicht erfolgen kann.

Eine Wiederaufnahme in entsprechender Anwendung von § 580 Nr. 6 ZPO kommt 71
in Betracht, wenn ein VA auf einer bestimmten Beurteilung einer Vorfrage beruht, und das zuständige Gericht in einem rechtskräftigen Urteil bzw. die zuständige Behörde in einem unanfechtbaren VA die Vorfrage nachträglich anders beurteilt. Voraussetzung ist aber, dass die Entscheidung des Gerichts bzw. die der Behörde unmittelbare Auswirkung auf den VA hat.[61] Eine andere Beurteilung der gleichen Vorfrage durch ein Gericht oder eine Behörde in einem Parallelverfahren schafft hingegen keinen Wiederaufnahmegrund.

Eine entsprechende Anwendung von § 580 Nr. 7b ZPO entfällt, weil der Wiederauf- 72
nahmegrund des Auffindens oder der Benutzungsmöglichkeit einer anderen Urkunde bereits in dem Wiederaufgreifensgrund des § 51 Abs. 1 Nr. 2 enthalten ist.

3. Entscheidung der Behörde

Liegen die Voraussetzungen des Abs. 1 und damit ein Wiederaufnahmegrund vor, ist 73
der Wiederaufgreifensantrag begründet und die Behörde verpflichtet, über die Aufhebung oder die Abänderung des VA zu entscheiden. Ein Ermessen steht der Behörde nicht zu.

Rechtsgrundlage für die Entscheidung der Behörde sind die Rechtsvorschriften, die 74
den Erlass des unanfechtbaren VA bestimmt haben bzw. im Fall einer Änderung der Rechtslage nach Nr. 1 gegenwärtig bestimmen. Maßgeblich ist der im Wiederaufgreifensverfahren unter Berücksichtigung des Wiederaufgreifensgrundes festgestellte Sachverhalt.

Die Behörde hat ihrer Entscheidung unter Berücksichtigung des Wiederauf- 75
greifensgrundes die gleichen Erwägungen zugrunde zu legen, die nach dem

60 Ebenso Kopp/*Ramsauer*, § 51 Rn. 43; a.A. Stelkens/Bonk/Sachs/*Sachs*, § 51 Rn. 126; *Ziekow*, § 51 Rn. 17.
61 Knack/Henneke/*Peuker*, § 51 Rn. 50.

Gesetzmäßigkeitsprinzip allgemein den Erlass eines VA bestimmen. Demnach ist allein das jeweils anzuwendende materielle Recht ausschlaggebend mit der einen Einschränkung, dass eine reformatio in peius ausscheidet, weil das Wiederaufgreifen eine Änderung des unanfechtbaren VA nur i.R.d. gestellten Antrages zulässt.[62]

76 Bei Verwaltungsakten mit Doppelwirkung ist die Behörde nicht an die spezifischen Beschränkungen der §§ 48 ff. gebunden. Ist der unanfechtbare VA ein mitwirkungsbedürftiger VA, so bedarf es nicht eines gesonderten Antrages in der Sache, weil der Antrag auf Wiederaufgreifen des VA den Antrag in der Sache umschließt.

77 Personen, für die als weitere Betroffene der Ausgang des Verfahrens rechtsgestaltende Wirkung hat, sind nach § 13 Abs. 2 Satz 2 (erneut) beizuladen. Das gilt auch für den vom unanfechtbaren VA unmittelbar Betroffenen, wenn der Wiederaufgreifensantrag von einem Drittbetroffenen gestellt worden ist. Die Mitwirkung einer anderen mitwirkungsberechtigten Behörde ist sicherzustellen, sofern der unanfechtbare VA aufgehoben oder abgeändert werden soll.

78 Der Antrag auf Aufhebung oder Abänderung des unanfechtbaren VA ist als unbegründet zurückzuweisen, wenn der einschlägige (vom Antragsteller geltend gemachte) Wiederaufgreifensgrund den unanfechtbaren VA nicht berührt, weil dieser angesichts der nunmehr zu berücksichtigenden Sach- oder Rechtslage unverändert zu erlassen wäre.

79 Der unanfechtbare VA ist aufzuheben oder zu ändern, wenn
- bei der Anwendung strikten Rechts die auf den maßgeblichen Sachverhalt anzuwendenden Normen dies verlangen oder
- die Aufhebung oder Abänderung des VA im Fall einer Ermessensentscheidung bei pflichtgemäßer Ausübung des Ermessens geboten ist.

80 Erfolgt die Aufhebung bzw. Änderung im Wege der Anpassung an eine veränderte Sach- oder Rechtslage (nach Nr. 1), so ist der neuen Regelung stets nur eine Wirkung frühestens ab dem Zeitpunkt der Änderung, teilweise auch nur für die Zukunft zuzuerkennen. Beruht die Aufhebung oder Änderung auf einem Wiederaufgreifensgrund nach Nr. 2 oder 3, so ist eine Rückwirkung für die Vergangenheit anzuordnen, weil die neue Entscheidung bereits beim Erlass des unanfechtbaren VA gerechtfertigt gewesen wäre.

81 Liegen die Voraussetzungen des oder der geltend gemachten Wiederaufgreifensgründe nicht vor, ist der Wiederaufgreifensantrag als unbegründet abzuweisen.

82 Gegen den im Verfahren nach § 51 ergehenden VA sind die allgemeinen Rechtsbehelfe gegeben. Lehnt die Behörde das Wiederaufgreifen des Verfahrens ab, kommt nach erfolgloser Durchführung des Vorverfahrens nur eine Klage auf Aufhebung oder Abänderung des ursprünglichen VA in Betracht. Liegen die Voraussetzungen für ein Wiederaufgreifen des Verfahrens vor, hat das Gericht wegen seiner Pflicht, die Sache spruchreif zu machen, sogleich selbst in der Sache zu entscheiden, es sei denn, der

62 Kopp/*Ramsauer*, § 51 Rn. 19; Knack/Henneke/*Peuker*, § 51 Rn. 25; s.a. oben Rdn. 21.

Behörde ist Ermessen oder ein Beurteilungsspielraum eingeräumt. Eine Verpflichtungsklage, lediglich gerichtet auf Wiederaufnahme des Verfahrens, ist nicht statthaft.[63]

Greift die Behörde hingegen das Verfahren wieder auf, lehnt aber die begehrte Aufhebung oder Abänderung des bestandskräftigen VA nach erneuter Sachprüfung durch Erlass eines Zweitbescheides ab, wird der Rechtsweg wieder eröffnet und der Betroffene kann im Wege der Klage eine gerichtliche Überprüfung der neuen Sachentscheidung begehren. 83

IV. Zuständigkeit (Abs. 4)

Abs. 4 bestimmt die zuständige Behörde. Nach dem ersten Halbs. entscheidet die nach § 3 zuständige Behörde über den Antrag auf Wiederaufgreifen. Das ist die Behörde, die im Zeitpunkt der Antragstellung nach § 3 örtlich zuständig und nach den allgemeinen Regeln sachlich zuständig ist. § 3 Abs. 3, der bei der Änderung der die örtliche Zuständigkeit begründenden Umstände im Laufe des Verfahrens die örtlich zuständige Behörde bestimmt, ist nur dann einschlägig, wenn eine solche Änderung im Laufe des Wiederaufgreifensverfahrens eintritt. Denn bei diesem Verfahren handelt es sich um ein (im Verhältnis zum früheren Verfahren) neues Verfahren, weshalb eine im Laufe des früheren Verfahrens eingetretene Zuständigkeitsänderung die im Wiederaufgreifensverfahren gegebene Zuständigkeit nicht berühren kann. 84

Der zweite Halbs. lässt die Zuständigkeitsregelung des ersten Halbs. auch dann gelten, wenn der aufzuhebende oder abzuändernde VA von einer anderen Behörde erlassen worden ist. Diese sich unmittelbar nur auf die örtliche Zuständigkeit beziehende Regelung ist entsprechend auf die Zuständigkeit im Instanzenzug anzuwenden mit der Folge, dass in jedem Fall der Behörde der ersten Instanz die Durchführung des Wiederaufnahmeverfahrens obliegt. 85

Hat eine Widerspruchsbehörde den unanfechtbaren VA erlassen, so ist deren Entscheidungsbefugnis mit dem Abschluss des Widerspruchsverfahrens erloschen. Sie ist zum Wiederaufgreifen nicht befugt. 86

V. Verhältnis zu §§ 48, 49 (Abs. 5)

Durch den Hinweis auf die Unberührtheit der §§ 48, 49 in Abs. 5 gibt das Gesetz zu erkennen, dass das Wiederaufgreifen i. e. S. (nach § 51) und das Wiederaufgreifen i. w. S. nebeneinander stehen und sich beide nicht gegenseitig ausschließen. Liegen die Voraussetzungen für ein Wiederaufgreifen i.e.S. nicht vor, kann die Behörde das Verfahren auch nach § 51 Abs. 5 i.V.m. §§ 48, 49 wieder aufgreifen.[64] Zum Wiederaufgreifen i.w.S. s. § 48 Rdn. 58 ff. sowie oben Rdn. 4 f. 87

---

63 BVerwG, Urt. v. 10.02.1998 – 9 C 28.97, BVerwGE 106, 171; a.A. Kopp/*Ramsauer*, § 51 Rn. 53.

64 S. etwa BVerwG, Beschl. v. 02.04.2014 – 2 B 9.12, juris Rn. 10 m.w.N.

C. Verfahrensvorschriften des Sozialrechts und Verwaltungsverfahrensrecht der Länder

88 Das Sozialrecht enthält im SGB X keine Norm zum Wiederaufgreifen. Die Funktion des § 51 wird aber trotz der durchaus abweichenden Tatbestandsvoraussetzungen weitgehend durch § 48 SGB X übernommen; gleichzeitig ist damit nur ein Teil der von § 48 SGB X erfassten Fälle angesprochen. Dieser regelt die Aufhebung eines VA mit Dauerwirkung bei Änderung der Verhältnisse, sowohl zugunsten als auch zulasten des Betroffenen. Da zudem § 44 SGB X die Fälle rechtswidrig gewordener VAe nicht erfasst, besteht zwar eine der wichtigen Aufgaben des § 48 SGB X gerade darin, angemessene Ergebnisse für die Fälle des Rechtswidrigwerdens bei belastenden VAen zu erzielen. Diese Funktion kommt § 51 auch zu. Über die Fälle des Rechtswidrigwerdens belastender VAe hinaus normiert § 48 SGB X die Fälle des Rechtswidrigwerdens begünstigender VAe.

89 Die Regelung des § 48 SGB X ist nach den Materialien des Gesetzentwurfs angelehnt worden an die Bestimmungen des § 49 Abs. 2 Nr. 3 und 4 sowie § 51.[65] Ob aber tatsächlich Regelungen enthalten sind, die auch die Fälle der § 49 Abs. 2 Nr. 3 und 4 erfassen, erscheint zweifelhaft, wenn man – wie hier – auf die Fälle rechtswidrig gewordener VAe § 48 anzuwenden hat (s.o. § 48 Rdn. 38 ff.).

90 Das **Landesrecht** enthält kleine abweichenden Regelungen nur in SH: In § 118a LVwG wird neben der geschlechtsverdoppelnden Fassung (wie »des oder der Betroffenen«) in Abs. 1 Nr. 2 statt »haben würden« ein »hätten« verwendet. Diese Abweichungen dürften die Revisionsfähigkeit der Auslegung der Vorschrift gem. § 137 Abs. 1 Nr. 2 VwGO nicht beschränken.

§ 52 Rückgabe von Urkunden und Sachen

[1]Ist ein Verwaltungsakt unanfechtbar widerrufen oder zurückgenommen oder ist seine Wirksamkeit aus einem anderen Grund nicht oder nicht mehr gegeben, so kann die Behörde die auf Grund dieses Verwaltungsaktes erteilten Urkunden oder Sachen, die zum Nachweis der Rechte aus dem Verwaltungsakt oder zu deren Ausübung bestimmt sind, zurückfordern. [2]Der Inhaber und, sofern er nicht der Besitzer ist, auch der Besitzer dieser Urkunden oder Sachen sind zu ihrer Herausgabe verpflichtet. [3]Der Inhaber oder der Besitzer kann jedoch verlangen, dass ihm die Urkunden oder Sachen wieder ausgehändigt werden, nachdem sie von der Behörde als ungültig gekennzeichnet sind; dies gilt nicht bei Sachen, bei denen eine solche Kennzeichnung nicht oder nicht mit der erforderlichen Offensichtlichkeit oder Dauerhaftigkeit möglich ist.

65 BT-Drucks. 8/2034, S. 35.

Schrifttum

Weidemann/Barthel, Die Rückforderung von Urkunden und Sachen nach § 52 VwVfG, GewArch. 2012, 112.

Übersicht

A. Allgemeines und Grundsätze

I. Gegenstand und Zweck der Regelung

Gegenstand der Regelung ist in Ergänzung der Vorschriften über die Unwirksamkeit 1 und die Beseitigung der Wirksamkeit von VAen die **Rückgabe von Urkunden und Sachen**, die aufgrund eines (durch Rücknahme, Widerruf oder aus einem anderen Grund) unwirksam gewordenen VA erteilt wurden. Insofern wird hier ein Anspruch des Trägers öffentlicher Gewalt gegen den Bürger normiert, erteilte Urkunden und Sachen nach dem Wegfall des Grundes für die Erteilung zurückzugeben. Zusätzlich begründet das Gesetz umgekehrt einen Anspruch des Bürgers gegen den Staat auf Wiederaushändigung der Urkunden und Sachen in den Fällen, in denen keine Gefahr für einen unzulässigen Gebrauch der Urkunden und Sachen nach deren entsprechender Kennzeichnung mehr besteht.

Die in § 52 enthaltenen Ansprüche weisen zumindest eine enge Verwandtschaft mit 2 dem **allgemeinen öffentlich-rechtlichen Erstattungsanspruch** auf, als dessen spezielle Ausprägung die Norm trotz einiger Besonderheiten wohl angesehen werden kann. Andererseits handelt es sich bei der Rückforderung auch um eine **polizeiliche Gefahrenabwehrmaßnahme.**

Die Norm trägt dem Umstand Rechnung, dass nicht alle Gebiete des besonderen 3 Verwaltungsrechts Regelungen über die Herausgabe von Urkunden und Sachen enthalten und soll die bestehenden Lücken schließen. Soweit das einschlägige Fachrecht seinerseits Regelungen über die Herausgabe von Urkunden und Sachen trifft, die mit § 52 inhaltsgleich sind oder eine abweichende Regelung vorsehen, tritt § 52 zurück und kommt allenfalls ergänzend (wenn z.B. kein Wiederaushändigungsanspruch i. S. v. Satz 3 geregelt ist) zur Anwendung.[1]

4 Die Regelung bezweckt den Schutz öffentlicher und privater Interessen vor der missbräuchlichen Verwendung von Urkunden oder Sachen. Ziel ist der **Schutz des Rechtsverkehrs.**[2] Der Besitz an Gegenständen, die zum Nachweis von Rechten aus einem VA oder zur Ausübung dieser Rechte dienen, soll nach Wegfall der Rechte entzogen werden können, damit die Inhaber oder Besitzer keine Möglichkeit zu einer unberechtigten Verwendung mehr haben. Sofern diese Gefahr auch durch entsprechende Kennzeichnungen der Gegenstände (etwa das Ungültigmachen von Urkunden) beseitigt werden kann, werden die Gegenstände den Inhabern oder Berechtigten nach der Kennzeichnung wieder ausgehändigt. Damit enthält die Norm zugleich eine Ausprägung des im Übermaßverbot enthaltenen Erforderlichkeitsprinzips.

5 Satz 1 bestimmt, unter welchen Voraussetzungen und hinsichtlich welcher Gegenstände der Behörde ein Rückforderungsrecht zusteht (Rdn. 8 ff.), Satz 2, welche Personen zur Herausgabe verpflichtet sind (Rdn. 19 f.), und Satz 3, in welchen Fällen ein Wiederaushändigungsanspruch besteht (Rdn. 26 ff.).

II. Systematische Stellung

6 § 52 enthält die abschließende Vorschrift des Abschnitts über die »Bestandskraft des Verwaltungsaktes«. Seine Rechtsfolgen sind an bestimmte Fälle der Unwirksamkeit eines VA geknüpft; damit steht er in enger Beziehung zu den Regelungen der §§ 43, 44 sowie der über die Aufhebung des VA in den §§ 48 ff. Durch seinen Regelungsgegenstand, den Anspruch auf Herausgabe von Gegenständen, besteht eine inhaltliche Verknüpfung mit § 49a, der einen wichtigen Teil des allgemeinen öffentlich-rechtlichen Erstattungsanspruchs normiert.

III. Entstehungsgeschichte

7 § 52 entspricht bis heute praktisch unverändert dem Gesetz vom 25.05.1976[3], das auf den Gesetzentwurf vom 18.07.1973[4] sowie die vom Bundesrat vorgeschlagenen Änderungen durch Anfügung eines Satzes 3[5] zurückgeht. Mit Ausnahme einer Anpassung an die neue Rechtschreibung im Zuge der Bekanntmachung der Neufassung vom 21.01.2003[6] hat die Regelung bisher keine Änderung erfahren.

1 Vgl. etwa § 46 Abs. 1 WaffG; § 4 Abs. 1 Satz 1 OrdenG; § 17 Abs. 5 PBefG; § 12 PaßG; § 63 Abs. 4 AsylG; § 18 Abs. 1 Satz 1 BJagdG; § 3 Abs. 2 Satz 3 StVG i.V.m. § 47 Abs. 1 FeV; §§ 8 Abs. 3, 21 Abs. 7, 29 Abs. 4 FahrLG; § 35 Abs. 2 Satz 1 SprenG.

2 Kopp/*Ramsauer*, § 52 Rn. 1.

3 BGBl. I S. 1253.

4 BT-Drucks. 7/910.

5 BT-Drucks. 7/910, 104, 110; BT-Drucks. 7/4494, 9.

6 BGBl. I S. 102.

B. Die Vorschrift im Einzelnen

I. Rückforderung von Sachen oder Urkunden bei Unwirksamkeit des Verwaltungsaktes (Sätze 1 und 2)

1. Tatbestandsvoraussetzungen

a) Urkunden und Sachen

Nach Satz 1 kann die Behörde im Fall der Unwirksamkeit des VA bestimmte, aufgrund des VA erteilte Gegenstände zurückfordern. Diese Gegenstände sind die aufgrund des VA erteilten Urkunden oder Sachen, die zum Nachweis der Rechte aus dem VA oder zu deren Ausübung bestimmt sind. 8

Der Begriff der **Urkunde** ist weit gefasst. Ihm sind **alle schriftlichen Erklärungen einer Behörde zuzuschreiben, die im Rechtsverkehr eine Rechtserheblichkeit besitzen.** Eine besondere Form ist ebenso wenig notwendig wie die Bezeichnung als Urkunde.[7] Urkunden im Sinne von § 52 sind z.B.: Ausweise; Staatsangehörigkeitsurkunden; Urschriften und Ausfertigungen des unwirksam gewordenen VA sowie Bestätigungen oder Bescheinigungen, die sich auf dessen Erlass beziehen;[8] Einbürgerungsurkunden nach § 16 StAG; Entlassungsurkunden nach § 23 StAG; Bescheinigungen nach § 63 AsylG; Ernennungsurkunden nach 6 Abs. 2 BBG; Baugenehmigungen und Konzessionen; Prüfungszeugnisse aller Art; Approbationsurkunden; Handwerkskarte nach § 10 Abs. 2 HandwO.[9] 9

Sachen i.S.d. § 52 sind alle Gegenstände, die aufgrund von Rechts- oder Verwaltungsvorschriften im Rechtsverkehr eine Rechtserheblichkeit (insb. als Beweismittel) besitzen. Das ist z.B. der Fall bei Siegeln, Plaketten,[10] Schildern und anderen Markierungen, nicht jedoch bei Werkzeugen und Gerätschaften allgemeiner Art, auch wenn sie zur Ausübung einer erteilten Genehmigung bestimmt sind.[11] 10

Das Rückforderungsrecht bezieht sich nur auf solche Sachen bzw. Urkunden, die zum Nachweis der Rechte aus dem VA oder zu deren Ausübung gedient haben. Zum **Nachweis der Rechte aus dem VA** sind z.B. bestimmt: Prüfungszeugnisse, soweit sie zum Nachweis von schulischen oder akademischen Leistungen geeignet sind, oder Bescheinigungen über die Eintragung in öffentliche Register, Listen und Bücher. **Zur Ausübung der Rechte aus dem VA** bestimmt ist z.B. der Führerschein als Urkunde zur Ausübung des Rechts aus der Fahrerlaubnis (§ 22 Abs. 3 FeV). 11

Die Sache bzw. Urkunde muss schließlich **aufgrund des VA erteilt** worden sein. Das ist der Fall, wenn sie im Zuge oder infolge des Erlasses des VA als Essentiale des VA (wie z.B. eine beamtenrechtliche Ernennungsurkunde) oder als ein durch den VA legitimierter Gegenstand (wie z.B. ein Kfz-Kennzeichen) in den Besitz des Betroffenen 12

---

7 Knack/Henneke/*Peuker*, § 52 Rn. 15.
8 Stelkens/Bonk/Sachs/*Sachs*, § 52 Rn. 32.
9 Stelkens/Bonk/Sachs/*Sachs*, § 52 Rn. 33.
10 BT-Drucks. 7/910, S. 75.
11 Kopp/*Ramsauer*, § 52 Rn. 9.

gelangt ist. Dabei spielt es keine Rolle, ob die Behörde die Sache selbst ausgehändigt hat oder ob sich der Betroffene diese aufgrund des VA selbst beschafft hat.[12]

b) Unwirksamkeit des VA

13 Zur Entstehung eines Rückforderungsrechts der Behörde an den von Satz 1 erfassten Gegenständen ist es notwendig, dass der VA, aufgrund dessen die betreffenden Sachen erteilt worden sind, unanfechtbar widerrufen oder zurückgenommen oder dass seine **Wirksamkeit** aus einem anderen Grunde nicht oder **nicht mehr gegeben** ist. Notwendig ist insoweit das Vorliegen der Voraussetzungen des § 43 Abs. 2 (s. dazu § 43 Rdn. 26 ff.)

14 Die mangelnde Wirksamkeit kann somit beruhen auf der Rücknahme des VA nach § 48, dem Widerruf des VA nach § 49, der Nichtigkeit des VA von Anfang an, dem Unwirksamwerden eines (wirksam erlassenen, nicht nichtigen) VA durch Aufhebung im Rechtsbehelfsverfahren oder von Amts wegen oder dadurch, dass die in dem VA enthaltene Regelung ihre Erledigung findet. Da stets nur eine Unwirksamkeit mit Wirkung für die Zukunft erforderlich ist, bedarf die Rücknahme oder der Widerruf auch nur einer ex-nunc-Wirkung.

15 Da der VA **unanfechtbar widerrufen oder zurückgenommen** sein muss, darf die Widerrufs- oder Rücknahmeentscheidung nicht mehr mit einem Rechtsbehelf angreifbar sein. Fällt die Wirksamkeit eines VA durch Aufhebung im Widerspruchs- oder verwaltungsgerichtlichen Verfahren weg, darf der Widerspruchsbescheid oder das verwaltungsgerichtliche Urteil nicht mehr mit Rechtsmitteln angreifbar sein.

16 Nach überwiegender Auffassung ist eine auf § 52 gestützte Rückforderung auch dann zulässig, wenn der die Wirksamkeit des ursprünglichen VA aufhebende Widerrufs- oder Rücknahmebescheid zwar **noch nicht unanfechtbar** geworden, **aber sofort vollziehbar** ist. Ein solcher Fall liegt vor, wenn Widerspruch und Anfechtungsklage keine aufschiebende Wirkung besitzen (§ 80 Abs. 2 Satz 1 Nr. 1 – 3 VwGO) oder der Aufhebungsbescheid von der Behörde nach § 80 Abs. 2 Satz 1 Nr. 4 VwGO für sofort vollziehbar erklärt worden ist.[13]

17 Als Begründung für die Gleichsetzung von unanfechtbarer und sofort vollziehbarer Aufhebung wird angeführt, dass der Zweck der Rückforderung, die Vermeidung des Eindrucks der Fortgeltung eines Rechts, auf diese Fälle ebenfalls zuträfe und kein Anlass bestehe, die sonst stets bestehende Gleichsetzung von unanfechtbaren und sofort vollziehbaren Regelungen zu durchbrechen.[14] Diese Argumentation ist jedoch nicht überzeugend. Eine unmittelbare Anwendung des § 52 auf Fälle sofort vollziehbarer

---

12 Stelkens/Bonk/Sachs/*Sachs*, § 52 Rn. 35; a.A. *Meyer/Borgs*, § 52 Rn. 2 unter Hinweis auf den Wortlaut.

13 OVG Nordrhein-Westfalen, Urt. v. 15.05.1990 – 5 A 1692/89, NVwZ 1990, 1183; Stelkens/Bonk/Sachs/*Sachs*, § 52 Rn. 17; ausdrücklich auf beide Konstellationen bezogen auch *Ziekow*, § 52 Rn. 3.

14 Stelkens/Bonk/Sachs/*Sachs*, § 52 Rn. 17.

Rücknahme- oder Widerrufsbescheide stünde dem Wortlaut entgegen. Für eine Analogie bedarf es einer nicht beabsichtigten Lücke, die nur schwer begründbar sein dürfte. Dass der Gesetzgeber entgegen der – vor allem aus dem Vollstreckungsrecht bekannten – allgemein üblichen Gleichsetzung von unanfechtbaren und sofort vollziehbaren VAen ausdrücklich nur die unanfechtbare Aufhebung ausreichen lässt,[15] spricht gegen die Möglichkeit einer solchen Analogie. Das Gesetz will gerade keine Rückforderung und (endgültige) Kennzeichnung oder Vernichtung, bevor die Rechtslage nicht einigermaßen zuverlässig geklärt ist.

Zudem ist die Analogie auch nicht notwendig, um den damit bezweckten Erfolg, 18 nämlich die Sicherung eines zuverlässigen Rechtsverkehrs, zu erreichen. Sollte im Einzelfall eine unmittelbare Gefahr für den Rechtsverkehr durch die Gefahr des Missbrauchs von Beweisurkunden oder Sachen gegeben sein, so kann diesem auf dem Weg über die Eingriffsbefugnisse aus dem Polizei- und Ordnungsrechts und die entsprechenden Regelungen über die Sicherstellung oder Beschlagnahme begegnet werden.[16] Die dafür dann erforderliche konkrete Gefahr trägt der Situation im Rahmen eines anhängigen Rechtsschutzverfahrens mit grds. offenem Ausgang angemessen Rechnung.

2. Zur Herausgabe verpflichtete Personen (Satz 2)

Nach Satz 2 ist der Inhaber und, sofern er nicht Besitzer ist, auch der Besitzer der Urkunden oder Sachen zu ihrer Herausgabe verpflichtet. Die Herausgabepflicht trifft in erster Linie den **Inhaber der Sache oder Urkunde.** Inhaber ist derjenige, dem sie erteilt oder ausgehändigt worden ist.[17] Voraussetzung für die Herausgabepflicht des Inhabers ist, dass dieser sich tatsächlich im Besitz der Sache befindet oder aufgrund zumutbarer Bemühungen den Besitz wiedererlangen kann. 19

Befindet sich die Sache nicht im Besitz des Inhabers, so trifft die Herausgabepflicht 20 den **Besitzer** als denjenigen, der die tatsächliche Gewalt über die Sache ausübt. Herausgabepflichtig ist sowohl der berechtigte (z.B. der Erbe oder Rechtsnachfolger) als auch der unberechtigte Besitzer (z.B. der Finder einer Urkunde).

II. Rechtsfolge: Rückgabeanspruch

Als Rechtsfolge bestimmt das Gesetz einen Rückgabeanspruch der Behörde. Nach 21 Satz 1 kann die Behörde die Urkunden oder Sachen, die in Zusammenhang mit dem unwirksamen VA erteilt wurden, zurückfordern. Daraus wird allgemein geschlossen, dass die Behörde eine **Befugnis zur Festsetzung der Rückgabepflicht durch VA** hat.[18]

Zuständig ist die Behörde, die die Sachen erteilt hat. In entsprechender An- 22 wendung der §§ 48 Abs. 5, 49 Abs. 5 und § 51 Abs. 4 gilt bei der Änderung

15 Vgl. auch *Weidemann/Barthel*, GewArch. 2012, 112 (113).
16 *Weidemann/Barthel*, GewArch. 2012, 112 (113).
17 Knack/Henneke/*Peuker*, § 52 Rn. 18.
18 Knack/Henneke/*Peuker*, § 52 Rn. 20; Kopp/*Ramsauer*, § 52 Rn. 12; Stelkens/Bonk/Sachs/*Sachs*, § 52 Rn. 26.

zuständigkeitsbegründenden Umstände, dass die Behörde zuständig ist, die bei Erlass des Rückforderungsbescheids nach § 3 zuständig ist.[19]

23 Der Erlass des die Rückgabepflicht begründenden VA erfordert ein **eigenes Verwaltungsverfahren**, in dem auch die Betroffenen angehört werden müssen. Dieses Verfahren kann aber etwa mit dem über die Rücknahme oder den Widerruf des zugrundeliegenden VA verbunden werden. Das gilt auch für die Anhörung im Hinblick auf die (spätere) Herausgabepflicht von Gegenständen.[20] Die Rückforderungsanordnung kann bei Vorliegen eines öffentlichen Interesses nach § 80 Abs. 2 Satz 1 Nr. 4 VwGO für sofort vollziehbar erklärt werden.

24 Die Rückforderung liegt im **pflichtgemäßen Ermessen** der Behörde. Die Ausübung des Ermessens muss sich am Zweck des § 52 orientieren. Damit ist die Entscheidung grds. danach auszurichten, ob eine (zumindest abstrakte) Gefahr der missbräuchlichen Verwendung besteht. Eine solche scheidet etwa aus, wenn die betreffende Urkunde deutlich erkennbar durch Zeitablauf ungültig geworden ist. Umgekehrt kann sich die Rückforderung aufdrängen, wenn der Inhaber bzw. Besitzer in keinem Fall zum Gebrauch der Urkunde oder Sache berechtigt war und sein kann (bejaht für den Fall der versehentlichen Ausstellung eines Personalausweises an einen Ausländer[21]).

25 Der Rückforderungsbescheid ist im Wege der **Verwaltungsvollstreckung** nach § 6 Abs. 1 i.V.m. §§ 9 ff. VwVG durchsetzbar ist.[22] In diesem Fall wird das mögliche Zwangsmittel (zumindest zunächst) das Zwangsgeld sein.[23] Wenn der Rückgabepflichtige erklärt, nicht mehr im Besitz der Urkunde oder der Sache zu sein, besteht auch keine Möglichkeit, zur Glaubhaftmachung eine eidesstattliche Versicherung zu verlangen (anders nur in Schleswig-Holstein, s.u. Rdn. 32).

III. Wiederaushändigungsanspruch (Satz 3)

26 Satz 3 legt grds. einen Wiederaushändigungsanspruch fest. Nach dem ersten Halbs. kann der **Inhaber oder Besitzer verlangen**, dass ihm die Urkunden oder Sachen wieder ausgehändigt werden, nachdem sie von der Behörde als ungültig gekennzeichnet sind. Der Wiederaushändigungsanspruch ist Ausfluss aus dem im Übermaßverbot (Verhältnismäßigkeitsprinzip enthaltenen Grundsatz der Erforderlichkeit. Die Kennzeichnung ist ein milderes Mittel, das anzuwenden ist, wenn es genauso sicher den Erfolg, nämlich den Schutz vor einem Missbrauch herbeiführt.

27 **Auf die Wiederaushändigung besteht ein Anspruch.**[24] Ein schutzwürdiges Interesse ist nicht notwendig.[25] Ausgeschlossen ist der Anspruch hinsichtlich jener Sachen, bei

19 Stelkens/Bonk/Sachs/*Sachs*, § 52 Rn. 30.
20 Kopp/*Ramsauer*, § 52 Rn. 14.
21 OVG Nordrhein-Westfalen, Urt. v. 10.12.1985 – 18 A 10/85, NVwZ 1986, 936.
22 Stelkens/Bonk/Sachs/*Sachs*, § 52 Rn. 27.
23 Schenke/Graulich/Ruthig/*Baumeister*, Bundespolizeirecht, § 11 VwVG Rn. 8.
24 Kopp/*Ramsauer*, § 52 Rn. 15; Hk-VerwR/Kastner, § 52 Rn. 11.
25 Hk-VerwR/*Kastner*, § 52 Rn. 11; Kopp/*Ramsauer*, § 52 Rn. 15; Stelkens/Bonk/Sachs/*Sachs*, § 52 Rn. 41.

denen die Ungültigkeitskennzeichnung nicht oder nicht mit der erforderlichen Offensichtlichkeit oder Dauerhaftigkeit möglich ist. Bei einem berechtigten Interesse (z.B. aus zivilrechtlichen Gründen) muss die Behörde in diesem Fall des ausgeschlossenen Wiederaushändigungsanspruchs auf Verlangen des Betroffenen eine **Bestätigung über Art und Inhalt der eingezogenen Sachen** ausstellen.[26]

Anspruchsberechtigt ist nur derjenige, der die Sache der Behörde herausgegeben hat. 28
Ist dies der (berechtigte) Besitzer gewesen, so kann die Sache nicht vom Inhaber herausverlangt werden.[27]

Vor der Aushändigung der Sache durch die Behörde muss diese als ungültig gekenn- 29
zeichnet werden. Die **Kennzeichnung** muss der Sache oder Urkunde ihre Rechtserheblichkeit im Rechtsverkehr nehmen. Dies kann durch Lochung, Einprägung bestimmter Zeichen, Stempelung oder Anbringung eines Vermerks erfolgen.[28]

Der mit einer **allgemeinen Leistungsklage** durchsetzbare Wiederaushändigungsan- 30
spruch ist nicht von einem schutzwürdigen Interesse des Betroffenen an der Wiedererlangung des Gegenstandes abhängig.[29]

C. Verfahrensvorschriften des Sozialrechts und Verwaltungsverfahrensrecht der Länder

Das Sozialrecht enthält mit § 51 SGB X eine identische Vorschrift. 31

Das **Landesrecht** weist nur eine abweichende Regelung in Schleswig-Holstein 32
auf: Gem. § 118b Satz 3 LVwG SH kann die Behörde (zusätzlich) eine eidesstattliche Versicherung verlangen, wenn der bisherige Besitzer oder Inhaber erklärt, nicht mehr im Besitz der Urkunde oder Sache zu sein; § 52 Satz 3 ist dort § 118b Satz 4.

Abschnitt 3 Verjährungsrechtliche Wirkungen des Verwaltungsaktes

§ 53 Hemmung der Verjährung durch Verwaltungsakt

(1) [1]Ein Verwaltungsakt, der zur Feststellung oder Durchsetzung des Anspruchs eines öffentlich-rechtlichen Rechtsträgers erlassen wird, hemmt die Verjährung dieses Anspruchs. [2]Die Hemmung endet mit Eintritt der Unanfechtbarkeit des Verwaltungsaktes oder sechs Monate nach seiner anderweitigen Erledigung.

(2) [1]Ist ein Verwaltungsakt im Sinne des Absatzes 1 unanfechtbar geworden, beträgt die Verjährungsfrist 30 Jahre. [2]Soweit der Verwaltungsakt einen Anspruch auf

26 Stelkens/Bonk/Sachs/*Sachs*, § 52 Rn. 48; *Ziekow*, § 52 Rn. 7.
27 *Meyer/Borgs*, § 52 Rn. 5.
28 Knack/Henneke/*Peuker*, § 52 Rn. 25.
29 Stelkens/Bonk/Sachs/*Sachs*, § 52 Rn. 41; a.A. Kopp/*Ramsauer*, § 52 Rn. 11 unter Bezugnahme auf die amtl. Begründung (S. 75).

künftig fällig werdende regelmäßig wiederkehrende Leistungen zum Inhalt hat, bleibt es bei der für diesen Anspruch geltenden Verjährungsfrist.

Übersicht Rdn.

A. Allgemeines und Grundsätze

1 **Gegenstand der Regelung** sind die Auswirkungen von VAen auf die Dauer und den Ablauf der Verjährungsfristen für Ansprüche öffentlich-rechtlicher Rechtsträger. Abs. 1 regelt Hemmung der Verjährung des Anspruchs eines öffentlich-rechtlichen Rechtsträgers durch einen zur Feststellung oder Durchsetzung dieses Anspruchs erlassenen VA. Abs. 2 regelt die Dauer der Verjährungsfrist, wenn VAe nach Abs. 1 unanfechtbar geworden sind.

2 Die Vorschrift ergänzt die Vorschriften des BGB über die Verjährung von Ansprüchen (§§ 194 bis 218 BGB). Sie rezipierte ursprünglich im Wesentlichen die verwaltungsgerichtliche Rechtsprechung vor Inkrafttreten des VwVfG. Durch Gesetz vom 21.06.2002 (BGBl. I, S. 2137) wurde die Vorschrift an die veränderten Verjährungsvorschriften des BGB angepasst. Nach der Neuregelung hemmt der Erlass eines VA den Ablauf der Verjährungsfrist nur noch.

3 § 53 setzt das **Institut der Verjährung im öffentlichen Recht** voraus. **Öffentlich-rechtliche Vermögensansprüche verjähren** ebenso wie privatrechtliche Ansprüche. Auch öffentlich-rechtliche Geldansprüche zwischen Hoheitsträgern unterliegen der Verjährung.[1]

4 Ist ein öffentlich-rechtlicher Vermögensanspruch der öffentlichen Hand oder des Bürgers verjährt, führt dies nicht zum Erlöschen des Anspruchs. Die Verjährung gibt mangels Sonderbestimmung auch im öffentlichen Recht lediglich ein **Leistungsverweigerungsrecht** und ist nur dann zu berücksichtigen, wenn sich der Schuldner auf die Verjährung beruft.[2]

5 Die Einrede der Verjährung kann wegen unzulässiger Rechtsausübung ausgeschlossen sein, wenn der Schuldner durch pflichtwidrige, unzutreffende Angaben verhindert,

1 BVerwGE 28, 336.

2 BVerwG, NVwZ 1983, 740 (Verjährung ist nur auf Einrede zu berücksichtigen); so auch: Stelkens/Bonk/Sachs/*Sachs*, § 53 Rn. 6; *Dörr*, DÖV 1984, 12 (17); Wolff/Bachof/Stober/Kluth, § 37 Rn. 20; a.A. *Hänicke* NVwZ 1995, 148 (Verjährung ist von Amts wegen zu berücksichtigen); so auch BSGE 22, 173.

dass die Behörde rechtzeitig Schritte zur Unterbrechung der Verjährung unternimmt oder der Schuldner durch pflichtwidriges Verhalten der Behörde von der Klageerhebung abgehalten wird.[3]

Die **Verjährungsfristen** sind für einzelne Sachbereiche ausdrücklich gesetzlich geregelt 6
(die Kommunalabgabengesetze der Länder verweisen z.B. auf §§ 169 ff. AO (Festsetzungsverjährung) und §§ 228 ff. AO (Zahlungsverjährung), § 18 BGebG, § 72 Abs. 1 Satz 1 LBG BE).

Sofern spezialgesetzliche Regelungen fehlen, sind die Verjährungsvorschriften des 7
BGB (§§ 194 ff. BGB) auf öffentlich-rechtliche Vermögensansprüche grds. analog anzuwenden.[4] Maßgeblich sind jeweils die Verjährungsvorschriften die die größte Sachnähe zu den für den jeweiligen Anspruch maßgebenden Rechtsvorschriften aufweisen. Außerdem ist die jeweilige Interessenlage zu berücksichtigen.[5] Öffentlich-rechtliche Vermögensansprüche verjähren daher regelmäßig nach 3 Jahren (z.B. Ansprüche auf Rückzahlung zu viel gezahlter Dienstleistungsbezüge).[6] Die Verjährungsregelungen der AO als Sonderregelungen für den Bereich des Abgabenrechts können nicht als allgemeine Rechtsgrundsätze herangezogen werden.[7]

Öffentlich-rechtliche Vermögensansprüche können zudem wie jeder bürgerlich- 8
rechtliche Anspruch auch verwirkt werden. Das Rechtsinstitut der **Verwirkung** leitete sich aus dem Rechtsprinzip des Vertrauensschutzes ab. Verwirkung bedeutet, dass ein Recht nicht mehr ausgeübt werden darf, wenn seit der Möglichkeit der Geltendmachung längere Zeit verstrichen ist und besondere Umstände hinzutreten, die die verspätete Rechtsausübung als Verstoß gegen Treu und Glauben erscheinen lassen. Der Tatbestand der Verwirkung enthält mithin ein zeitliches Moment, nämlich die länger andauernde Untätigkeit des Anspruchsberechtigten und ein Umstandsmoment, nämlich ein bestimmtes Verhalten des Berechtigten und einen hierdurch ausgelösten Vertrauenstatbestand.[8]

Öffentlich-rechtliche Befugnisse, die nicht Vermögensansprüche zum Gegenstand ha- 9
ben, unterliegen nicht der Verjährung. Es kommt allenfalls eine Verwirkung der Befugnis[9] oder eine Versäumung einer Ausschlussfrist (z.B. § 48 Abs. 4) in Betracht. § 53 ist auf die Ausschlussfrist des § 48 Abs. 4 VwVfG auch nicht analog anwendbar.[10]

---

3 BVerwGE 23, 166; BVerwGE 66, 256; Stelkens/Bonk/Sachs/*Sachs*, § 53 Rn. 20; Kopp/Ramsauer, § 53 Rn. 25a; s.a. BVerwG, NVwZ 2014, 1671 und zuletzt: BVerwG, Urt. v. 16.03.2017 – 10 C 3.16.

4 BVerwGE 52, 16 (24); BVerwG, DVBl 1983, 504; Stelkens/Bonk/Sachs/*Sachs*, § 53 Rn. 5; Knack/Henneke/*Henneke*, Vor § 53 Rn. 4.

5 BVerwG, Urt. v. 21.03.2013 – 3 C 14/12, u. a., juris, Rn. 22.

6 BVerwG, Urt. v. 26.04.2012 – 2 C 4.11, juris Rn. 14; BVerwG, Urt. v. 16.03.2017 – 10 C 3.16; VG Berlin, Urt. V. 8.4.2019 – 5 K 92.17 – juris Rn. 25.

7 *Dörr*, DÖV 1984, 12 (15).

8 BFH, BStBl. II 1980, S. 126.

9 AllgM lehnt dies ab, z.B. VGH BW, DVBl 2013, 189; Kopp/Ramsauer, § 53 Rn. 15.

10 BVerwG, Urt. v. 28.06.2012 – 2 C 13.11 – BVerwGE 143, 230.

B. Die Vorschrift im Einzelnen

I. Hemmung der Verjährung durch Erlass eines Verwaltungsaktes (§ 53 Abs. 1 Satz 1)

10 Abs. 1 behandelt die Hemmung der Verjährung im Allgemeinen. Nach Satz 1 hemmt ein VA, der zur Feststellung oder Durchsetzung des Anspruchs eines öffentlich-rechtlichen Rechtsträgers erlassen wird, die Verjährung dieses Anspruchs.

Hemmung der Verjährung bedeutet – wie sich aus § 209 BGB ergibt –, dass der Zeitraum in dem die Verjährung gehemmt ist, bei der Berechnung der Verjährungsfrist unberücksichtigt bleibt.

11 Von der Hemmung der Verjährung ist die **Unterbrechung der Verjährung**; nach neuer Terminologie der **Neubeginn** der Verjährung (vgl. § 212 BGB) zu unterscheiden. Auch diese Vorschriften des BGB sind entsprechend anwendbar. Auch bei öffentlich-rechtlichen Ansprüchen kommt ein Anerkenntnis des Schuldners durch Sicherheitsleistung, Abschlagszahlung, Zinszahlung oder in sonstiger Weise in Betracht (§ 212 Abs. 1 Nr. 1 BGB).[11]

12 Die Verjährung einer öffentlich-rechtlichen **Zinsforderung** wird allerdings nicht dadurch gehemmt, dass der zugrunde liegende Rückforderungsbescheid angefochten ist, denn die Anfechtung lässt die Wirksamkeit des die Fälligkeit des Zinsanspruchs begründenden Rückforderungsbescheids unberührt.

13 Von der Hemmung der Verjährung nach § 53 werden nur öffentlich-rechtliche Ansprüche eines **öffentlich-rechtlichen Rechtsträgers** erfasst. Dazu zählen auch Beliehene.[12]

14 **Für Ansprüche von Privatpersonen** gegen einen öffentlich-rechtlichen Rechtsträger gilt Abs. 1 Satz 1 auch dann nicht, wenn sie wie im Fall des § 48 Abs. 3 Satz 4 durch VA festgesetzt werden.[13] Für die Hemmung der Verjährung von öffentlich-rechtlichen Ansprüchen von Privatpersonen gelten die Vorschriften des BGB (§§ 194 ff.) entsprechend, d.h. es muss Leistungsklage erhoben werden. Der Erhebung der Leistungsklage steht der Antrag auf Erlass eines Leistungs- oder Bewilligungsbescheides gleich.[14]

15 Der Anspruch des öffentlichen Rechtsträgers muss öffentlich-rechtlicher Natur sein, da nur ein solcher zulässigerweise durch VA durchgesetzt werden kann.

16 Dem **Privatrecht zuzuordnende Ansprüche der öffentlichen Hand** (z.B. Schadensersatzansprüche nach §§ 823 ff. BGB) verjähren allein nach Maßgabe der Vorschriften

11 VG Ansbach, Urt. v. 19.06.2008 – AN 14 K 06.4146, juris, Rn. 18; Auch eine Aufrechnungserklärung stellt ein Anerkenntnis in sonstiger Weise dar, vgl. VG Schwerin, Urt. v. 28.01.2014 – 3 A 979/13, BeckRS 2015, 46057.

12 Stelkens/Bonk/Sachs/*Sachs*, § 53 Rn. 43; BVerwG, Urt. v. 04.10.1994 – 1 C 41.92 – NJW 1995, 1913.

13 Knack/Henneke/*Henneke*; § 53 Rn. 3; a.A. für analoge Anwendung Kopp/Ramsauer, § 53 Rn. 23.

14 Stelkens/Bonk/Sachs/*Sachs*, § 53 Rn. 19; Kopp/Ramsauer, § 53 Rn. 28.

des BGB. Dies gilt auch dann, wenn eine privatrechtliche Forderung des Staates von der Behörde aufgrund besonderer Bestimmung selbst vollstreckt werden kann.[15] Darf der privatrechtliche Anspruch dagegen selbst durch VA festgesetzt werden, findet § 53 dagegen Anwendung.[16]

Schließlich muss der **Anspruch** überhaupt der **Verjährung unterliegen.** Das trifft zu für vermögensrechtliche Ansprüche, die auf Geldzahlung oder die Erbringung geldwerter Leistungen gerichtet sind. Ansprüche i.S.d. S. 1 sind z.B. Ansprüche auf Erstattung gewährter Leistungen nach § 48 Abs. 2 Satz 5 – 8, nach den allgemeinen Grundsätzen des öffentlich-rechtlichen Erstattungsanspruches sowie Ansprüche auf Zahlung von Verwaltungskosten. 17

Die **Hemmung** der Verjährung wird nach dem klaren neuen Wortlaut der Vorschrift nunmehr nicht nur durch Erlass eines VA zur **Durchsetzung** des Anspruchs, sondern auch durch den Erlass eines VA zur **Feststellung** des Anspruchs bewirkt. Allerdings führt ein Feststellender Bescheid nur dann zur Hemmung der Verjährung, wenn er zur Durchsetzung des Anspruchs führen soll.[17] 18

Hemmungswirkung kann nur eintreten, wenn die Verjährungsfrist bereits läuft, aber noch nicht abgelaufen ist. Ob dies der Fall ist, bestimmt sich nach den maßgeblichen Verjährungsvorschriften (Rdn. 6 f.). 19

Zur **Durchsetzung des Anspruchs erlassen** wird jeder **VA**, der einen bereits kraft Gesetzes, ö.r.V. oder VA Verpflichteten zur Erbringung der Leistung auffordert (z.B. Leistungsbescheid)[18]. DurchsetzungsVAe sind aber auch alle VAe, die im Vollstreckungsverfahren der Erzwingung der Anspruchserfüllung dient, wie z.B. die Vollstreckungsanordnung nach § 3 Abs. 1 VwVG, die Androhung eines Zwangsmittels nach § 13 Abs. 1 Satz 1 VwVG oder dessen Festsetzung nach § 14 Satz 1 VwVG. 20

Unter der Vorfassung war umstritten, ob VAe, die die Leistungspflicht lediglich feststellen, verjährungsunterbrechende Wirkung entfalten. Nunmehr hat der Gesetzgeber die Leistungspflicht feststellenden VAen ausdrücklich verjährungshemmende Wirkung beigemessen.[19] 21

Allerdings räumt Satz 1 keine selbstständige Befugnis zum Erlass eines VA ein, der (nur) der Unterbrechung der Verjährung dient. Er setzt vielmehr voraus, dass eine solche Befugnis aufgrund anderer Vorschriften gegeben ist. 22

Eine Hemmung tritt zudem nur ein, wenn der zur Durchsetzung des Anspruchs erlassene VA **wirksam** ist (§ 43 f.).[20] Ist der VA, der zur Durchsetzung des Anspruchs erlassen wurde, nichtig, tritt Hemmung daher nicht ein. Die Rechtswidrigkeit des VA 23

15 Stelkens/Bonk/Sachs/*Sachs*, § 53 Rn. 43; a.A. Kopp/Ramsauer, § 53 Rn. 23 nimmt analoge Anwendbarkeit des § 53 an, wenn der Anspruch des Bürgers durch VA festgestellt wurde.
16 Stelkens/Bonk/Sachs/*Sachs*, § 53 Rn. 43.
17 BVerwG, Beschl v. 14.12.2018 – 10 B 6.18 – juris Rn. 4
18 Stelkens/Bonk/Sachs/*Sachs*, § 53 Rn. 47.
19 Schmitz/Schlatmann, NVwZ 2002, 1293.
20 Stelkens/Bonk/Sachs/*Sachs*, § 53 Rn. 46; VG Berlin, Urt. v. 08.04.2019, juris Rn. 26.

im Sinne seiner Aufhebbarkeit hindert den Eintritt der Hemmung dagegen nicht, solange der VA nicht aufgehoben worden ist.

24 Die Rechtsfolge Hemmung fällt auch nicht weg, wenn der die Hemmung auslösende rechtswidrige VA später im Rechtsbehelfsverfahren aufgehoben wird. Dies folgt aus § 53 Abs. 1 Satz 2, der für diesen Fall den Ablauf der Verjährung sechs Monate nach der anderweitigen Erledigung des VA (i.e.S. hier seiner Aufhebung) anordnet.[21]

II. Dauer der Hemmung der Verjährung (§ 53 Abs. 1 Satz 2)

25 Nach Satz 2 **dauert** die **Hemmung fort, bis** der **VA unanfechtbar** geworden ist oder das Verwaltungsverfahren, das zu seinem Erlass geführt hat, **anderweitig erledigt** ist. Mit der **Regelung der Hemmungsdauer** wird **bestimmt**, wann die (gehemmte) Verjährungsfrist weiterläuft. Außerdem wird die (Rest-) Verjährungsfrist, für den Fall anderweitiger Erledigung des VA auf sechs Monate festgelegt.

26 **Unanfechtbar** ist der zur Durchsetzung des Anspruchs erlassene VA, wenn er mit Widerspruch bzw. Anfechtungsklage nicht mehr angegriffen werden kann. Dieser Zustand kann durch letztinstanzliches klageabweisendes Urteil, durch Ablauf der Rechtsbehelfsfristen, durch Rechtsbehelfsverzicht, aber auch durch Verwirkung der Rechtsbehelfe entstehen.

27 Die Formulierung **anderweitige Erledigung** des VA ist missverständlich. Sie erweckt bezogen auf den Halbs. 1 des § 53 Abs. 1 Satz 2 den Eindruck, Unanfechtbarkeit eines VA sei ein Unterfall der Erledigung i.S.d. § 43 Abs. 2. Dies trifft nicht zu (vgl. § 43). Die Bedeutung des Halbs. 2 des § 53 Abs. 1 Satz 2 erschließt sich aber mit Blick auf die Funktion des § 53 Abs. 1 Satz 1, der ein (in § 204 BGB nicht geregelter) Fall der Verjährungshemmung durch Rechtsverfolgung ist. Die Rechtsverfolgung endet mit rechtskräftiger Schaffung des Titels (i.e.S. Unanfechtbarkeit des Titel-VA) oder aber bei endgültigem Scheitern des Versuchs einen Titel zu schaffen (vgl. § 204 Abs. 2 BGB).

28 Anderweitige Erledigung ist also in allen Fällen gegeben, in denen der VA i.S.d. § 53 Abs. 1 Satz 1 nicht bestandskräftig wird. Dazu zählt mithin nicht nur die (gerichtliche) Aufhebung des VA, sondern auch die Beendigung eines (gerichtlichen) Streits über die Rechtmäßigkeit des VA durch Abschluss eines Vergleichsvertrages i. S. von § 55 oder eines gerichtlichen Vergleiches.[22] Grundsätzlich wird man unter den Begriff der anderweitigen Erledigung daher auch die Fallgruppen fassen müssen, in denen die Behörde den von ihr erlassenen Bescheid aus eigenem Antrieb aufhebt oder durch einen neuen VA ersetzt. Allerdings ist in diesen Fällen zu prüfen, ob in der Aufhebung bzw. der Ersetzung nicht zugleich ein (teilweiser) Verzicht der Behörde erklärt wird.

---

21 Stelkens/Bonk/Sachs/*Sachs*, § 53 Rn. 49; Knack/Henneke/*Henneke*, § 53 Rn. 8, HessVGH, Urt. v. 9.12.2011 – 8 A 909/11 – juris Rn. 51; VG Köln, Urt. v. 18.11.2015 – 3 K 6705/14 – juris Rn. 41, VG Berlin, Urt. v. 8.4.2019, juris Rn. 31.

22 Stelkens/Bonk/Sachs/*Sachs* § 53 Rn. 49.

III. Dauer der Verjährung nach Unanfechtbarkeit (§ 53 Abs. 2)

Entsprechend der Regelung des § 197 Abs. 1 Nr. 3 BGB ordnet § 53 Abs. 2 Satz 1 eine dreißigjährige Verjährungsfrist für Verpflichtungen an, die durch VA unanfechtbar festgestellt oder durchgesetzt werden. Die Vorschrift stellt den unanfechtbaren eine Verpflichtung feststellenden oder anordnenden VA mithin dem rechtskräftigen Urteil gleich. 29

Wie beim rechtskräftigen (Leistungs-)Urteil beginnt auch beim unanfechtbaren VA die Verjährungsfrist mit Eintritt der Unanfechtbarkeit gegenüber dem jeweiligen Schuldner zu laufen (vgl. § 201 BGB).[23] 30

Eine Ausnahme von der Grundregel des Abs. 2 Satz 1 legt Satz 2 fest. Betrifft der unanfechtbare VA i.S.d. § 53 Abs. 1 Satz 1 künftig fällig werdende, regelmäßig wiederkehrende Leistungen bleibt es bei der für diese Leistungen geltenden (regelmäßig kürzeren) Verjährungsfrist. 31

C. Verfahrensvorschriften des Sozialrechts sowie Verwaltungsverfahrensrecht der Länder

Eine § 53 vergleichbare Vorschrift enthält § 52 SGB X. Im Sozialverfahrensrecht ist die Verjährung von Ansprüchen auf Sozialleistungen zudem in § 45 SGB I und die Verjährung von Beitragspflichten in § 25 SGB IV geregelt. Die Verwaltungsverfahrensgesetze der Länder enthalten jeweils entsprechende Regelungen. Art. 53 Abs. 1 BayVwVfG regelt zusätzlich die Unterbrechung des Erlöschens des Anspruchs. 32

23 Knack/Henneke/*Henneke*, § 53 Rn. 14.

Teil IV Öffentlich-rechtlicher Vertrag

§ 54 Zulässigkeit des öffentlich-rechtlichen Vertrags

[1]Ein Rechtsverhältnis auf dem Gebiet des öffentlichen Rechts kann durch Vertrag begründet, geändert oder aufgehoben werden (öffentlich-rechtlicher Vertrag), soweit Rechtsvorschriften nicht entgegenstehen. [2]Insbesondere kann die Behörde, anstatt einen Verwaltungsakt zu erlassen, einen öffentlich-rechtlichen Vertrag mit demjenigen schließen, an den sie sonst den Verwaltungsakt richten würde.

Schrifttum

Ahlhaus, Verwaltungsrechtliche Verträge im Immissions- und Gewässerschutzrecht, 2010; *Bier*, Vertrag statt Beitragsbescheid? Erschließungsvertrag und Folgekostenvertrag in der neuen abgabenrechtlichen Rechtsprechung des Bundesverwaltungsgerichts, DVBl 2013, 541; *Birk*, Die neuen städtebaulichen Verträge nach dem BauGB und BauGBMaßnG, VBlBW 1994, 3; *Bultmann*, Wirtschaftsverwaltungsrecht im Grenzbereich zwischen wirtschaftlichem und hoheitlichem Handeln, NVwZ 2015, 944; *Chatziathanasiou/Towfigh*, Die Angemessenheit der Vertragserfüllungsbürgschaft bei städtebaulichen Verträgen, DVBl 2013, 84; *Christmann*, Der öffentlich-rechtliche Vertrag mit privaten Dritten im Lichte der Schuldrechtsreform, 2010; *Di Fabio*, Vertrag statt Gesetz? Gesetzesvertretende und gesetzesausfüllende Verwaltungsverträge im Natur- und Landschaftsschutz, DVBl 1990, 338; *Erbguth*, Zur Zulässigkeit von Vereinbarungen über die Tragung gesamtplanerisch bedingter Folgekosten zwischen Bauerwerber und Gemeinde, JZ 1993, 152; *Fluck*, Die Erfüllung des öffentlich-rechtlichen Verpflichtungsvertrages durch Verwaltungsakt, 1985; *Frenz*, Vertragsnaturschutz im neuen Gewand, NuR 2011, 257; *Gas*, Die gesetzliche Normierung des öffentlich-privaten Kooperationsvertrages – Handlungsbedarf im Gewährleistungsstaat, Verw 2012, 43; *Gellermann*, Der Vertragsnaturschutz, NuR 1991, 457; *Hill* (Hrsg.), Verwaltungshandeln durch Verträge und Absprachen, 1990; *Krautzberger*, Der Beitrag der städtebaulichen Verträge zur Lösung von städtebaulichen Problemen des Lärmschutzes, UPR 2009, 213; *Krautzberger*, Der Durchführungsvertrag beim Vorhaben- und Erschließungsplan nach § 12 BauGB, NotBZ 2010, 241; *Kunig*, Verträge und Absprachen zwischen Verwaltung und Privaten, DVBl 1992, 1193; *Manz*, Die Normierung des öffentlich-rechtlichen Kooperationsvertrages – Ein Beitrag zur Reform des öffentlich-rechtlichen Vertragsrechts, 2011; *Marnitz*, Die Gestaltung des öffentlich-rechtlichen Vertrags, NVwZ 2018, 1513; *Maurer*, Der Verwaltungsvertrag – Probleme und Möglichkeiten, DVBl 1989, 798; *Maurer/Hüther*, Die Praxis des Verwaltungsvertrages im Spiegel der Rechtsprechung, 1989; *Müller*, Öffentlich-rechtliche Dienstleistungskonzessionen künftig ein Beschaffungsvorgang?, NVwZ 2016, 266; *Müllmann*, Altlastensanierung und Kooperationsprinzip – der öffentlich-rechtliche Vertrag als Alternative zur Ordnungsverfügung, NVwZ 1994, 876; *Pauly*, Der Erschließungsvertrag im Spiegel der neueren Rechtsprechung, ZfIR 2012, 413; *Payandeh*, Verwaltungsvertrag und Verwaltungsaktbefugnis, DÖV 2012, 590; *Pitschas*, Mediation als kollaborative Governance – Institutionalisierte Konfliktmittlung durch Verwaltungsverfahren, DÖV 2011, 333; *Ruttloff*, Die Zulässigkeit von Vertragsstrafenklauseln in städtebaulichen Verträgen im Zusammenhang mit großflächigen Einzelhandelsprojekten, 2012; *Salzwedel*, Die Grenzen der Zulässigkeit des öffentlichen Vertrages, 1958; *Scherzberg*, Grundfragen des verwaltungsrechtlichen Vertrages, JuS 1992, 205; *Schimpf*, Der verwaltungsrechtliche Vertrag unter besonderer Berücksichtigung seiner Rechtswidrigkeit, 1982; *Schlemminger/Böhn*, Betragsmäßige Höchstbegrenzung der Sanierungsverpflichtung in Sanierungsverträgen, NVwZ 2010, 354;

Selmer, Rechtsprechungsübersicht – Grenzen der Kostenüberwälzung duch Erschließungs- und Folgekostenverträge, JuS 1993, 428; *Spannowsky*, Planungsrechtliche Steuerung von Vorhaben der Erneuerbaren Energien durch Verträge, UPR 2009, 201; *U. Stelkens*, »Hinkende« Verwaltungsverträge: Wirkungen und Rechtsnatur, DÖV 2009. 850; *U. Stelkens*, »Pacta sunt servanda« im deutschen und französischen Verwaltungsvertragsrecht, DVBl 2012, 609; *Stellhorn/Weßling*, Schulsponsoringverträge im Lichte des Schul- und Verwaltungsrechts, NVwZ 2014, 1488; *Stüer*, Der städtebauliche Vertrag DVBl 1995, 649; *Tschaschnig*, Die Nichtigkeit subordinationsrechtlicher Verträge nach dem Verwaltungsverfahrensgesetz, 1984; *Werndzio*, Einbeziehungsmöglichkeiten eines potenziellen Investors von Offshore Windenergieanlagen bei der Raumordnungsplanung nach § 18a ROG mittels öffentlich-rechtlichem Vertrag, UPR 2009, 132; *Zepf*, Vertragsdenkmalschutz, DÖV 2015, 518.

Übersicht **Rdn.**

A. Regelungszweck

1 § 54 regelt in Satz 1 Begriff und Zulässigkeit eines örV im Allgemeinen und in Satz 2 Begriff und Zulässigkeit eines bestimmten, durch §§ 55 und 56 näher konkretisierten subordinationsrechtlichen örV im Besonderen.

2 Der Gesetzgeber hat mit § 54 geregelt, dass es für örVe keiner ausdrücklichen Ermächtigung in einem Gesetz bedarf.[1] Sie sind zulässig, wenn kein Vertragsformverbot besteht. Der gegenteiligen sog. Normativen Ermächtigungslehre[2] hat der Gesetzgeber damit eine Absage erteilt.[3] Er hatte dabei praktische Bedürfnisse im Blick (flexibleres und schnelleres Handeln) und sah einen günstigen Einfluss dieser Handlungsform auf das Verhältnis öffentliche Verwaltung – Bürger.[4] Jedoch setzt das voraus, dass der Vertrag nicht allein der Effizienz der Verwaltung dient.[5] So ist eine durch örV getroffene Regelung nicht mehr anfechtbar und – über die Vollstreckungsklausel (§ 61) – einfach durchsetzbar. Sie erlaubt zudem Nebenbestimmungen, die in einem VA nicht zulässig wären (Vertragsstrafe). Von wesentlicher Bedeutung für den **Schutz der Interessen des grundrechtsberechtigten Bürgers gegenüber der insoweit verpflichteten Verwaltung** sind daher die Regelungen, die die vertraglichen Gestaltungsmöglichkeiten begrenzen, z.B. die §§ 55, 56.

B. Begriff und Zulässigkeit des örV (Satz 1)

I. Begriff des örV

3 Begrifflich ist ein örV dann gegeben, wenn ein zu schließender Vertrag auf die Begründung, Änderung und Aufhebung eines Rechtsverhältnisses des öffentlichen Rechts gerichtet ist. Die konkrete Ausgestaltung des örV hat sachgebietstypisch – und eben nicht beliebig – zu erfolgen. Ein professionelles Handling ist anzumahnen. Unklarheiten und die Vernachlässigung ausreichend vereinbarter Steuerungs- und

1 So schon u. a.: OVG Niedersachsen, Urt. v. 12.01.1956 – VI OVG – A 62/55, NJW 1957, 76.
2 Vgl. *Stern*, VerwArch. 1958, 106 ff.
3 Vgl. ausf. zu dieser Kontroverse vor Erlass des VwVfG: BT-Drucks. 7/910, S. 76 ff., m.w.N.
4 Vgl. BT-Drucks. 7/910, S. 77.
5 Vgl. dazu: *Maurer*, DVBl 1989, 807; *Bauer*, DÖV 1998, 89.

Überwachungsmöglichkeiten sind der Feind eines jedweden guten Vertragswerks, gerade wenn es um projekthafte Vertragsgegenstände geht.[6]

1. Vertrag

4 Ein Vertrag besteht aus übereinstimmenden Willenserklärungen. Im Zivilrecht sind auch Verträge anerkannt, die nicht auf einem derartigen Konsens, sondern auf dem Prinzip gegenseitiger Erwartungen beruhen, die sich aus sozialtypischem Verhalten, insbesondere der tatsächlichen Entgegennahme einer Leistung ergeben können[7] Im öffentlichen Recht kann die faktische Inanspruchnahme einer öffentlichen Einrichtung ein Benutzungsverhältnis begründen, ohne dass es auf das Vorliegen eines Vertrages ankommt.[8] So kann die Satzung der Einrichtung für das Benutzungsverhältnis u. a. an die tatsächliche Inanspruchnahme anknüpfen.[9] Ein örV wird dadurch nicht begründet, der Annahme eines faktischen Vertragsverhältnisses bedarf es nicht.[10] Daher stellt sich auch nicht die Frage der Einhaltung der Schriftform nach § 57.[11]

a) Vertragliche Willenserklärungen

5 Durch die Abgabe öffentlich-rechtlicher **Willenserklärungen rechtsgeschäftlicher Art** kann ein örV in der Weise zustande kommen, dass der eine Vertragspartner das Vertragsangebot des anderen annimmt. Die Entscheidung einer Behörde, mit ihrem Vertragspartner einen örV abzuschließen oder abzulehnen, hat nicht den Charakter eines VA, da sie keine Regelung i.S.d. § 35 darstellt.[12] Ein Vertragsschluss setzt zum einen übereinstimmende Willenserklärungen voraus. Zum anderen kommt ein wirksamer Vertrag nach § 62 Satz 2, § 154 Abs. 1 BGB nur zustande, wenn sich die Beteiligten über alle für den Vertragsabschluss maßgeblichen Punkte geeinigt haben.[13]

6 Von den auf einen örV bezogenen Willenserklärungen sind andere abzugrenzen, nämlich die sonstigen rechtsgeschäftlichen, nicht auf den Abschluss eines Vertrages gerichteten öffentlich-rechtlichen Willenserklärungen, die auf die Vornahme eines **einseitigen Rechtsgeschäfts** abzielen, wie z.B. die Erklärung des Verzichts auf ein subjektives öffentliches Recht oder die Beitrittserklärung zu einem öffentlich-rechtlichen Verband,

6 Instruktiv: *Marnitz*: Die Gestaltung des öffentlich-rechtlichen Vertrags, NVwZ 2018, 1513.
7 Vgl. BGH, Urt. v. 25.09.1985 – IVa ZR 22/84, BGHZ 95, 393 (399); Urt. v. 25.03.1982 – III ZR 159/80, NVwZ 1983, 58 (59); Urt. v. 14.07.1956 – V ZR 223/54, BGHZ 21, 319 (333 ff.).
8 BVerwG, Urt. v. 18.08.1976 – VII C 1/75, NJW 1977, 162. A.A. *Ehlers*, DVBl 1986, 919.
9 Vgl. vertiefend Stelkens/Bonk/Sachs/*Bonk*, § 54 Rn. 33, 45, m.w.N.
10 A.A. Vorauflage, § 54, Rn. 7.
11 Siehe dazu § 57 Rdn. 3.
12 Ebenso: Kopp/*Ramsauer*, § 54 Rn. 20; *Ehlers*, VerwArch. 1983, 119; *Friehe*, JZ 1980, 519.
13 Vgl. OVG Bremen, Beschl. v. 09.03.2009 – 1 A 138/08, juris Rn. 5.

7 die öffentlich-rechtlichen **Willenserklärungen verfahrensrechtlicher Art**, die den Eintritt eines Verfahrenserfolges bezwecken, wie z.B. der Antrag einer Gemeindebehörde auf Erteilung einer staatsaufsichtlichen Genehmigung oder der Antrag einer Privatperson auf Erlass eines VA,

8 die **Absprache:** Sie ist ein Konsens über künftiges Verhalten ohne Rechtsbindungswillen.[14] Sie ist gekennzeichnet durch die Erwartung, dass der andere sich entsprechend der informellen Absprache verhält; eine rechtliche Bindung, die gerichtlich durchsetzbar ist, wollen die Beteiligten jedoch vermeiden.[15]

b) Inhalt der Willenserklärungen

9 Alle Teile müssen den Willen haben, sich einvernehmlich zu binden. Ist bei einem subordinationsrechtlichen Vertrag (vgl. Rdn. 37 ff.) die das Verfahren leitende Behörde Vertragspartner eines Privaten, so muss sie eine Vereinbarung auf der Ebene rechtlicher Gleichordnung suchen. Da ihr die Verfahrensleitung verbleibt, ist die Behörde weiterhin berechtigt, i.R.d. Verfahrens, einseitig hoheitlich verfahrensleitende Anordnungen zu treffen (z.B. Anhörung Dritter). Jeder sonstige Vertragspartner muss den Willen haben, mit dem anderen Teil eine einvernehmliche Regelung zu erzielen und sich nicht einer einseitig hoheitlichen Regelungsmacht der das Verfahren leitenden Behörde zu unterwerfen.[16]

c) Abgrenzung zu anderen Rechtsakten

10 Der örV unterscheidet sich daher einerseits vom **mitwirkungsbedürftigen VA,**[17] der eine einseitige hoheitliche Maßnahme darstellt, auch wenn sein Erlass ein bestimmtes (»Mitwirkung« genanntes) Verhalten des Betroffenen (wie z.B. die Stellung des Antrages – vgl. § 39) voraussetzt, andererseits von der als VA zu qualifizierenden **Zusicherung** nach § 38.

11 Nicht auf einem örV beruhen ferner **einseitig** hoheitlich zustande gekommene öffentlich-rechtliche Schuldverhältnisse[18] wie **Benutzungsverhältnisse.** Diese können kraft Gesetzes (z.B. zwischen den Benutzern einer Straße und dem Träger der Straßenbaulast nach § 7 FStrG) oder aufgrund eines VA (z.B. zwischen den Benutzern einer Stadthalle und der verfügungsberechtigten Stadt) entstehen. Nicht auf einem örV beruhen auch **durch VA begründete Subventionsverhältnisse;**[19] einer

---

14 Dazu *Kunig*, DVBl 1992, 1195.
15 Vgl. Kopp/*Ramsauer*, § 54 Rn. 24 ff.
16 Zur Figur des »unfreiwilligen Vertrages« vgl. *Schilling*, VerwArch. 1996, 191.
17 Vgl. BVerwG, Urt. v. 28.06.1968 – VII C 118.66, NJW 1969, 809.
18 Vgl. auch: Stelkens/Bonk/Sachs/S*Bonk*, § 54 Rn. 44 ff.
19 Zu den Handlungsformen der Subventionsvergabe: BGH, Urt. v. 12.10.1971 – VI ZR 87/69, BGHZ 57, 130; zur vertraglichen Begründung von Subventionsverhältnissen s.: *Dorn*, DÖV 1988, 16; zur Konkurrentenklage gegen einen öffentlich-rechtlichen Subventionsvertrag s.: OVG Nordrhein-Westfalen, Urt. v. 22.09.1982 – 4 A 989/81, NVwZ 1984, 522; *Mertens*, NVwZ 1987, 111.

Subventionsbewilligung durch VA kann jedoch eine Abwicklung der Bewilligung durch privatrechtlichen[20] oder öffentlich-rechtlichen[21] Vertrag nachfolgen.[22]

Die Behörde kann mit dem Abschluss eines subordinationsrechtlichen Vertrages zugleich einen VA erlassen, z.B. zur Erfüllung des örV. Ihr Verhalten hat einen Doppelcharakter, es besteht aus einer Willenserklärung zum örV und dem Erlass eines VA. Der Erlass des VA kann Teil des örV selbst sein; er beurteilt sich auch dann nach § 35, erhält durch den örV jedoch einen zusätzlichen Rechtsgrund.[23] 12

Daneben kommt auch in Betracht, dass die Parteien die Regelung, die Gegenstand des VA sein könnte, in dem Vertrag selbst vornehmen. Es ist also z.B. nicht nur möglich, dass die Behörde sich vertraglich verpflichtet, eine Baugenehmigung zu erteilen. Es ist vielmehr ebenso möglich, die Baugenehmigung rechtsgeschäftlich im Vertrag zu vereinbaren, d. h. sie kann ihre Verpflichtung bereits im Vertrag selbst erfüllen (Verfügungsvertrag).[24] 13

d) Indizien für das Vorliegen eines Vertrages

Für die Entscheidung der Frage, ob die Erklärung einer Behörde als Beteiligung am Abschluss eines örV, als mitwirkungsbedürftiger VA oder als eine Zusicherung nach § 38 zu werten ist, kommt es auf den **Rechtsfolgewillen** an, der bei einer **objektiven Betrachtung den Erklärungen** der Vertragspartner zu entnehmen ist. 14

Indizien sind dabei die gewählten Bezeichnungen (wie »Verfügung«, »Anordnung« oder »Vertrag«, »Vereinbarung«), das gewählte Verfahren und die Gesamtumstände des Zustandekommens.[25] Die Nichteinhaltung der vorgeschriebenen Schriftform, etwa bei reiner Email-Kommunikation, spricht im Zweifel gegen den Willen der Behörde, dadurch einen Vertrag zu schließen.[26] 15

Ein **gerichtlicher Vergleich** nach § 106 VwGO hat eine **Doppelnatur**, neben Prozesshandlung ist er auch örV und insoweit an § 54 zu messen,[27] sofern er öffentlich-rechtlichen Charakter hat. 16

---

20 Vgl. nur BVerwG, Urt. v. 12.01.1955 – V C 107.54, BVerwGE 1, 308; BGH, Urt. v. 07.11.1983 – VII ZR 189/61, BGHZ 40, 206.

21 Vgl. nur BVerwG, Urt. v. 23.01.1962 – III C 203.60, BVerwGE 13, 307.

22 Vgl. weiterführend: Stelkens/Bonk/Sachs/*Bonk*, § 54 Rn. 47 ff.; *Maurer*, § 17 Rn. 3 ff.

23 Vgl. BVerwG, Urt. v. 18.07.2012 – 8 C 4.11, NVwZ 2013, 209 (212).

24 Ebenso: *Ule/Laubinger*, § 67 II; *Martens*, JuS 1978, 607; *Heberlein*, DVBl 1982, 766; *Püttner*, DVBl 1982, 124; *Fluck*, S. 35; *Schimpf*, S. 77; a.A. *Obermayer*, BayVBl. 1977, 548.

25 Vgl. BVerwG, Urt. v. 21.09.1966 – V C 155.65, BVerwGE 25, 72 (80).

26 OVG Bremen, Beschl. v. 03.02.2020 – 2 LA 170/19, BeckRS 2020, 1721.

27 VGH Hessen, Beschl. v. 17.01.2017 – 3 E 2889/16, juris; VG Berlin, Beschl. v. 28.10.2014 – 13 L 224.14 –, juris.

2. Rechtsverhältnis auf dem Gebiet des öffentlichen Rechts

a) Zuordnung zum öffentlichen Recht

17 Eine Gestaltung öffentlicher Rechtsverhältnisse liegt immer vor, wenn der Vertrag öffentlich-rechtliche Pflichten oder Rechte begründet, ändert oder aufhebt.[28] Dies ist insbesondere der Fall, wenn die Vereinbarung nach ihrem Gegenstand und Zweck einen vom öffentlichen Recht geordneten Sachbereich betrifft.[29] Maßgeblich ist der Gesamtinhalt des Vertrags.[30] Auf die Frage, ob der Vertrag im öffentlichen Interesse liegt, kommt es nicht an. Es gibt deshalb auch keine Vermutungsregel dahin, dass ein Vertrag, der im öffentlichen Interesse liegt, im Zweifel als örV zu qualifizieren wäre.[31] In vielen Bereichen hat die Behörde die Wahlfreiheit, ob sie einen örV oder einen privatrechtlichen Vertrag abschließt. Das Benutzungsverhältnis für eine öffentliche Einrichtung einer Kommune kann, während der Anspruch auf Zugang grundsätzlich nach den öffentlich-rechtlichen Vorschriften der Gemeindeordnung zu bestimmen ist, sowohl öffentlich-rechtlich als auch privatrechtlich ausgestaltet sein.[32] Subventionen können durch VA, örV oder privatrechtlichen Vertrag zugewendet werden.[33] Insoweit hat auch die Zweistufentheorie immer noch Bedeutung.[34]

b) Mögliche Inhalte öffentlich-rechtlicher Gestaltung

18 Als rechtliche **Gestaltung** kommt infrage die Konkretisierung oder Verschiebung verwaltungsrechtlicher Pflichten und Kompetenzen, die Auferlegung bzw. Übernahme öffentlich-rechtlicher Handlungs-, Unterlassungs- oder Duldungspflichten, die Erteilung einer Erlaubnis, die Verpflichtung einer Behörde zum Erlass bzw. zur Unterlassung eines VA, zur Erbringung einer sonstigen Leistung (etwa der Zahlung eines der Subventionierung dienenden Geldbetrages)[35] oder zur Vornahme einer organisatorischen Maßnahme, die Verpflichtung des Vertragspartners der Behörde zur Erbringung einer Gegenleistung oder zur Herstellung von Bedingungen, unter denen die Leistung der Behörde erfolgen oder z.B. eine Genehmigung realisiert werden soll. ÖrVe können

---

28 Vgl. BVerwG, Urt. v. 06.07.1984 – 4 C 24.80, NJW 1985, 989; BGH, Urt. v. 10.02.1983 – III ZR 151/81, NJW 1983, 2311 ff.

29 Vgl. BVerwG, Urt. v. 16.05.2000 – 4 C 4.99, BVerwGE 111, 162 (164); BVerwG, Urt. v. 24.08.1994 – 11 C 14.93, BVerwGE 96, 326 (329 f.); GemS-OGB, Beschl. v. 10.04.1986 – GmS-OGB 1/85, BGHZ 97, 312 (313 f.).

30 Vgl. BVerwG, Urt. v. 05.10.1965 – IV C 26.65, NJW 1966, 219.

31 So aber *Erichsen*, § 25 II; *Kawalla*, S. 24 ff., wonach das öffentliche Interesse eine Vermutung für den örV begründet, die nur durchbrochen werden kann, wenn sich aus den Umständen zweifelsfrei ergebe, dass ein privatrechtlicher Vertrag gewollt sei.

32 Vgl. BVerwG, Urt. v. 06.04.2005 – 8 CN 1.04, BVerwGE 123, 159 (161); Stelkens/Bonk/Sachs/*Bonk*, § 54 Rn. 45, m.w.N.

33 Vgl. Stelkens/Bonk/Sachs/*Bonk*, § 54 Rn. 112, m.w.N.

34 Vgl. Stelkens/Bonk/Sachs/*Bonk*, § 54 Rn. 48.

35 Zur Vergabe öffentlicher Aufträge in der Form eines örV vgl. *Zuleeg*, WuV 1984, 112 ff.; zu Beschaffungsmaßnahmen, denen lenkende Zielsetzungen zugrunde liegen, vgl. *v. Zezschwitz*, NJW 1983, 1873 ff.

die Bestimmung von Leistung und Gegenleistung im Sinne eines gegenseitigen Vertrages, die Festlegung einzelner, nicht unbedingt von einer »Gegenleistung« abhängiger Pflichten oder die gemeinsame Vornahme eines Verfügungsgeschäfts zum Inhalt haben. Danach kann ein öffentlich-rechtlicher Vertrag, in dem sich der Vertragspartner der Behörde zu einer Gegenleistung verpflichtet, geschlossen werden, wenn die Gegenleistung für einen bestimmten Zweck im Vertrag vereinbart wird und der Behörde zur Erfüllung ihrer öffentlichen Aufgaben dient, etwa weil die Mittelvergabe auch durch Verwaltungsakt hätte erfolgen können.[36]

c) Keine öffentlich-rechtliche Gestaltung

aa) Grundsatz

Nicht dem öffentlichen Recht zuzuordnen ist die **Übertragung der Erfüllung** einer öffentlich-rechtlichen Pflicht (im Innenverhältnis) auf einen Dritten, ohne dass dadurch nach öffentlichem Recht in der Person des Verpflichteten eine Änderung eintritt.[37] Beispiel: Ein Grundstückseigentümer überträgt zur Erfüllung der ihm obliegende Straßenreinigungspflicht die Durchführung der Straßenreinigung an ein Unternehmen; der Straßenbaulastträger beauftragt eine Baufirma mit Baumaßnahmen an der Straße. 19

Insb. die sog. **fiskalischen Hilfsgeschäfte** sind nicht öffentlich-rechtlicher Natur. Darunter versteht man Geschäfte der Materialbeschaffung, Reparaturverträge etc.,[38] die gleichwohl aufgrund ihrer Bedeutung und der Marktmacht der Verwaltung durchaus erhebliche Rechtsfragen aufwerfen können, die freilich nicht alleine öffentlich-rechtlich zu lösen sind.[39] Privatrechtlich sind auch solche Geschäfte, die aufgrund gesetzlich vorgegebener **Verdingungsordnungen** oder Vergabegrundsätze durchzuführen sind. Hilfsgeschäft in diesem Sinne ist auch die Einstellung von Arbeitern und Angestellten, weshalb **Arbeitsverträge** dem Privatrecht angehören. 20

Privatrechtlich sind auch die Geschäfte, die eine reine **Vermögensverwaltung** zum Gegenstand haben (z.B.: Bewirtschaftung eines staatlichen Waldbesitzes, Betrieb einer gemeindlichen Brauerei). 21

Für die Entscheidung, ob ein Vertrag dem öffentlichen Recht oder dem Privatrecht zuzuordnen ist, kommt es auf die objektive Beurteilung der getroffenen Vereinbarungen, nicht aber darauf an, wie die Vertragspartner selbst einen Vertrag beurteilen. Wird überhaupt kein Rechtsverhältnis des öffentlichen Rechts gestaltet (vgl. Rdn. 17 ff.), so kann auch der Wille der Vertragspartner dem betreffenden Vertrag keinen öffentlich-rechtlichen Charakter verleihen. 22

---

36 OVG Schleswig-Holstein, Beschl. v. 02.04.2019 – 4 LA 235/18, BeckRS 2019, 5383.
37 Vgl. BGH, Urt. v. 25.04.1960 – III ZR 81/59, NJW 1960, 1457.
38 Vgl. BGH, Urt. v. 26.10.1961 – KZR 1/61, NJW 1962, 196.
39 Vgl. *Bultmann*, NVwZ 2015, 944.

bb) Beispiele

23 **Als örVe sind zu beurteilen:**

Eisenbahnkreuzungsvereinbarungen nach § 5 Abs. 1 EKrG,[40] Garagen- und Stellplatzersatzverträge nach der Reichsgaragenordnung,[41] Ablösungsverträge über Erschließungsbeiträge nach § 133 Abs. 3 BauGB,[42] städtebauliche Verträge nach § 11 BauGB,[43] Folgekostenverträge bei der Ausweisung neuer Baugebiete[44], Verzicht auf bestimmte Nutzungen eines Baugrundstücks als Vorbedingung für das Einvernehmen nach § 36 BauGB,[45] Einigung im Enteignungsverfahren nach § 110 BauGB,[46] Vertrag über Prüfaufträge an öffentlich bestellten Prüfingenieur,[47] Vertrag zwischen Gemeinden über die Aufteilung von Steueraufkommen,[48] Vertrag zwischen Dienstherrn und Beamten über Studienförderung,[49] Verpflichtung zum späteren Eintritt in den öffentlichen Dienst,[50] Verbeamtungszusage für öffentlich Angestellten gegen monatliche Zahlung,[51] Ausbildungsfinanzierungsvertrag der katholischen Kirche mit einem Priesteramtskandidaten,[52] Vertrag über den Besuch einer Kindertagesstätte,[53] Mitbestimmungsvereinbarung zwischen einer Stadtverwaltung und künstlerischen Mitarbeitern,[54] Subventionsvertrag,[55] Rückzahlungsverpflichtung eines Stipendiums als Voraussetzung für die Einbürgerung,[56] Vertrag zwischen Gemeinde und Versorgungsunternehmen über Leitungsverlegung in öffentlichen Straßen,[57] Verträge nach dem »Einheimischenmodell«[58] (Rdn. 24), Bürgschaftserklärungen nach § 84

---

40 VGH Bayern, Urt. v. 20.03.2019 – 8 BV 17.862, BeckRS 2019, 6027; OVG Sachsen, Urt. v. 31.01.2019 – 3 A 436/16, DVBl 2019, 1556.

41 Vgl. BVerwG, Urt. v. 04.02.1966 – IV C 64.65, NJW 1966, 1936.

42 Vgl. BVerwG, Urt. v. 05.10.1965 – IV C 26.65, NJW 1966, 219.

43 Vgl. nur BVerwG, Beschl. v. 20.11.2012 – 4 B 7.12, BauR 2013, 444 (445).

44 Vgl. BVerwG, Urt. v. 06.07.1973 – IV C 22.72, NJW 1973, 1895; OVG Niedersachsen, Urt. v. 19.05.2011 – 1 LC 86/09, BauR 2012, 70; dazu: *Erbguth*, JZ 1993, 152; *Selmer*, JuS 1993, 428.

45 Vgl. VGH Baden-Württemberg, Urt. v. 16.04.2008 – 3 S 1771/07, BauR 2009, 611 (614 f.).

46 Vgl. nur BVerwG, Beschl. v. 29.03.2006 – 4 B 1.06, BRS 68 Nr. 212.

47 Vgl. OVG Thüringen, Urt. v. 19.12.2007 – 1 KO 1205/04, juris Rn. 52 ff.

48 A.A. BGH, Urt. v. 14.04.1976 – VIII ZR 253.74, NJW 1976, 1500.

49 Vgl. BVerwG, Urt. v. 26.11.1992 – 2 C 11.92, NVwZ 1993, 1193.

50 Vgl. BVerwG, Urt. v. 06.03.1986 – 2 C 41.85, NJW 1986, 2589.

51 Vgl. BVerwG, Beschl. v. 27.01.2005 – 2 B 94.04, DVBl 2005, 516; BVerwG, Urt. v. 20.03.2003 – 2 C 23.02, NVwZ-RR 2003, 874.

52 *Tiedemann*, DÖV 1981, 427. A.A. LG Hanau, Urt. v. 11.12.1979 – 2 S 231/79, DÖV 1981, 427.

53 Vgl. OVG Berlin-Brandenburg, Urt. v. 25.09.1975 – VI B 65.74, JR 1976, 216.

54 Vgl. VGH Hessen, Beschl. v. 18.04.1983 – IX TG 68/81, NJW 1984, 1139.

55 Vgl. OVG Nordrhein-Westfalen, Urt. v. 22.09.1982 – 4 A 989/81, NVwZ 1984, 522.

56 Vgl. BVerwG, Urt. v. 24.08.1994 – 11 C 14.93, BVerwGE 96, 326.

57 Vgl. BVerwG, Urt. v. 29.03.1968 – IV C 100.65, BVerwGE 29, 248.

58 Vgl. VGH Bayern, Urt. v. 11.04.1990 – 1 B 85 A.1480, NVwZ 1990, 979; nicht aber, wenn die öffentlich-rechtliche Zielsetzung der Gemeinde nicht Inhalt des Vertrages wird – BVerwG, Urt. v. 11.02.1993 – 4 C 18.91, NJW 1993, 2695.

AuslG,[59] Altlastensanierungsverträge,[60] Naturschutzverträge,[61] Vertrag der Gemeinde mit Bundesdruckerei über die Herstellung von Personalausweisen,[62] Vertrag der Bundesregierung mit der juris GmbH über die Dokumentation der höchstrichterlichen Rechtsprechung,[63] Verträge von Medienbetriebsgesellschaften mit Teilnehmern über Kabelanschlüsse,[64] Vertrag zwischen Bundespost und Bundesbahn über Kostentragung für Fernmeldeanlagen.[65]

Als privatrechtliche Verträge sind zu beurteilen: 24

Vereinbarung zwischen einem Künstler und dem staatlichen Veranstalter einer öffentlichen Kunstausstellung über die Überlassung von Bildern des Künstlers zum Zwecke ihrer Ausstellung,[66] eine Vereinbarung zwischen einer Erschließungsfirma und dem Bauherrn über die anteilige Erstattung der Kosten, die der Erschließungsfirma für die Herstellung eines Bürgersteigs entstanden sind,[67] eine Vereinbarung zwischen einer Erschließungsfirma und einer Sparkasse, die deren selbstschuldnerische Verbürgung ggü. der Gemeinde zwecks Sicherstellung der ordnungsgemäßen Erschließung zum Gegenstand hat,[68] eine Vereinbarung zwischen einem Hoheitsträger als Eigentümer eines Wasserlaufs und einem Dritten über die Höhe des Entgelts für die Wasserbenutzung (z.B. nach Art. 4 Satz 2 BayWG),[69] ein Abfallbeseitigungsvertrag nach § 3 Abs. 2 Satz 2 AbfG,[70] Vereinbarungen zwischen Krankenkassen bzw. deren Verbänden und Leistungserbringern im Gesundheitswesen,[71] Tausch von Studienplätzen,[72] Verzicht auf Grenzabstände in einem Vertrag zwischen Nachbarn,[73] ein Grundstückskaufvertrag in Durchführung des sog. Einheimischen-Modells, sofern dieses nicht Bestandteil des Vertrages ist,[74] Vereinbarung über die Verlegung eines öffentlichen

---

59 Vgl. VG Sigmaringen, Urt. v. 12.04.1995 – 3 K 486/94, AuAS 1995, 211; VG München, Urt. v. 01.09.1994 – M 15 K 93.2737, NVwZ-RR 1995, 608. Vgl. jetzt § 68 AufenthG.

60 Dazu *Müllmann*, NVwZ 1994, 876.

61 Dazu *Gellermann*, NuR 1991, 457; *Di Fabio* DVBl 1990, 338.

62 Vgl. VG Köln, Urt. v. 16.12.1992 – 8 K 3863/90, StädteT 1993, 287. A.A. VG Braunschweig, Urt. v. 08.12.1992 – 5 A 5414/90, StädteT 1993, 185.

63 Dazu *Berkemann*, VerwArch. 1996, 389.

64 Vgl. BayObLG, Urt. v. 22.10.2003 – 1Z RR 151/02, BayVBl. 2004, 758; BayObLG, Urt. v. 16.07.2001 – 5Z RR 73/98, juris Rn. 20 ff.

65 Vgl. VGH Hessen, Urt. v. 23.11.2007 – 7 UE 1422/07, juris.

66 Vgl. BVerwG, Urt. v. 30.04.1976 – VII C 58.74, VerwRspr. 28, 283 ff. = Buchholz 310, § 40 Nr. 156. A.A. *Schwarze*, JuS 1978, 94 ff.

67 Vgl. BGH, Urt. v. 08.11.1973 – VII ZR 246/72, BGHZ 61, 359 ff.

68 Vgl. BGH, Entsch. v. 05.05.1972 – V ZR 63/70, BGHZ 58, 386 ff.

69 Vgl. auch BGH, Urt. v. 25.06.1958 – V ZR 275/76, BGHZ 28, 34.

70 Vgl. OLG Bamberg, Urt. v. 08.11.1979 – 6 U 32/79, BayVBl. 1980, 695. Vgl. jetzt § 22 Satz 1 KrWG.

71 Vgl. GmS OGB, Beschl. v. 10.04.1986 – GmS-OGB 1/85, BGHZ 97, 312; a.A. *Krispel*, NJW 1986, 1525 ff.

72 Vgl. Stelkens/Bonk/Sachs/*Bonk*, § 54 Rn. 81; *OLG München*, Urt. v. 27.05.1977 – 19 U 3135/76, NJW 1978, 701.

73 Vgl. BGH, Urt. v. 14.10.1977 – V ZR 253/74, NJW 1978, 695.

74 Vgl. BVerwG, Urt. v. 11.02.1993 – 4 C 18.91, NJW 1993, 2695.

Kanals auf einem Privatgrundstück,[75] Vertrag zwischen Bundesnachrichtendienst und Vertrauensperson.[76]

d) Gemischte Verträge

25 Bei den sog. gemischten Verträgen steht einer dem öffentlichen Recht zuzuordnenden Leistung eine dem Privatrecht zuzuordnende Gegenleistung gegenüber. Das wird häufig bei **Austauschverträgen** der Fall sein, in denen die Behörde dem Vertragspartner z.B. einen öffentlich-rechtlichen Dispens erteilt, während sich der private Vertragspartner im Gegenzug verpflichtet, z.B. eine öffentliche Fläche zu begrünen. Ihre rechtliche Beurteilung ist umstritten. Nach der Rechtsprechung können Streitigkeiten über den Inhalt und die Wirksamkeit einzelner Klauseln im Hinblick auf die Gegenstände additiver Verträge verschiedenen Rechtswegen zugewiesen sein. Verträge müssen nicht notwendig von ein und derselben Rechtsqualität sein müssen, sondern können aus einer Mischung von privatrechtlichen und öffentlich-rechtlichen Bestandteilen bestehen.[77] Lediglich für das Verhältnis von Leistung und Gegenleistung ist dies ausgeschlossen.[78] Nach der überwiegenden Auffassung in der Literatur **bestimmt sich** der **Charakter des gesamten Vertrages** hingegen **grundsätzlich einheitlich**.[79] Eine Ausnahme soll nur dann gelten, wenn ein selbstständiger gültiger privatrechtlicher Vertrag mit einem örV nur äußerlich – ohne dass ein innerer Zusammenhang zwischen den öffentlich-rechtlichen und zivilrechtlichen Leistungspflichten besteht – in einer Urkunde zusammengefasst ist.[80] Für die Zuordnung des Gesamtvertrags zum öffentlichen oder Privatrecht soll es darauf ankommen, wo der Schwerpunkt des Vertrages liegt oder welcher Regelungsteil dem Vertrag sein Gepräge gibt.[81] Andere qualifizieren einen Vertrag stets als öffentlich-rechtlich, wenn eine öffentlich-rechtliche Regelung enthalten ist.[82]

3. Vertragspartner

26 Vertragspartner können Behörden und sonstige Beteiligungsfähige i.S.d. § 11 Nr. 1 und 2 (natürliche und juristische Personen sowie Vereinigungen) sein.

---

75 Vgl. VGH Bayern, Beschl. v. 22.12.1995 – 4 C 95.2906, NVwZ-RR 1996, 343.

76 Vgl. BVerwG, Beschl. v. 26.05.2010 – 6 A 5.09, NVwZ-RR 2010, 682 (683).

77 Vgl. BVerwG, Beschl. v. 27.01.2005 – 2 B 94.04, DVBl 2005, 516; BVerwG, Beschl. v. 24.02.1994 – 4 B 40.94, NVwZ 1994, 1012; BVerwG, Urt. v. 01.12.1989 – 8 C 44.88, BVerwGE 84, 183 (185); BVerwG, Urt. v. 01.02.1980 – 4 C 40.77, NJW 1980, 2538; BGH, Urt. v. 12.07.1971 – III ZR 252/68, BGHZ 56, 365 (368).

78 Vgl. BVerwG, Beschl. v. 24.02.1994 – 4 B 40.94, NVwZ 1994, 1012; BVerwG, Urt. v. 01.02.1980 – 4 C 40.77, NJW 1980, 2538.

79 Vgl. Kopp/*Ramsauer*, § 54 Rn. 29; Stelkens/Bonk/Sachs/*Bonk*, § 54 Rn. 76 ff; je m.w.N.

80 Vgl. Kopp/*Ramsauer*, § 54 Rn. 30; Stelkens/Bonk/Sachs/*Bonk*, § 54 Rn. 76.

81 Vgl. Stelkens/Bonk/Sachs/*Bonk*, § 54 Rn. 78; Kopp/*Ramsauer*, § 54 Rn. 31.

82 Vgl. Vorauflage, § 54 Rn. 33; Knack/*Henneke*, § 54 Rn. 13; ablehnend die Rspr., vgl. nur BVerwG, Urt. v. 01.12.1989 – 8 C 44.88, BVerwGE 84, 183 (185).

a) Behörden als Vertragspartner

Schließen Behörden mit den in § 11 genannten Beteiligten einen örV, so handeln sie nur für den Hoheitsträger, dem sie angehören, ihnen erwachsen aus dem Vertrag keine eigenen Rechte und Pflichten. Die Behörden nehmen beim Abschluss eines örV nur dann eigene Zuständigkeiten wahr, wenn sie mindestens teilrechtsfähig sind. 27

b) Private als Vertragspartner

Den Charakter eines örV können darüber hinaus auch gesetzlich geregelte Vereinbarungen haben, die **ausschließlich zwischen Privatpersonen**[83] abgeschlossen werden. Voraussetzung ist eine ausdrückliche gesetzliche Ermächtigung hierfür.[84] Das ist z.B. der Fall bei den zwischen den Beteiligten abgeschlossenen Verträgen über die Verteilung der Straßenbaulast an nicht ausgebauten Feld- und Waldwegen nach Art. 54 Abs. 1 Satz 2 i.V.m. Abs. 4 BayStrWG sowie bei den Vereinbarungen über die Abrundung von Jagdrevieren durch die Jagdberechtigten nach Art. 4 Abs. 2 BayJG oder bei der Einigung zwischen den Beteiligten eines Enteignungsverfahrens nach § 110 BauGB oder bei der Übertragung des Nutzungsrechts an einer Grabstätte.[85] Kein örV zwischen Privaten besteht dagegen, wenn den Privaten die Befugnis fehlt, den Vertragsgegenstand mit öffentlich-rechtlicher Wirkung zu regeln (Beispiel: Studenten tauschen Studienplätze an zwei verschiedenen Hochschulen[86]). 28

Die örVe zwischen Privaten sind jedoch vom Geltungsbereich des VwVfG ausgenommen, da sie nicht i.R.d. öffentlich-rechtlichen Verwaltungstätigkeit der Behörden (§ 1) zustande kommen.[87] Sofern keine wesentlich andere Interessenlage gegeben ist, dürfte einer analogen Anwendung der Vorschriften des VwVfG nichts im Wege stehen.[88] Denn die – erforderliche – spezialgesetzliche Grundlage für einen solchen örV zwischen Privaten zeigt, dass der Gesetzgeber einen solchen örV für zulässig hält, und indiziert damit, dass ein öffentlich-rechtliches Regelungsregime, mithin auch die §§ 54 ff. auch hier grundsätzlich angemessene Regelungen sind; anderes kann sich ergeben für Regelungen, die nach Inhalt oder Zweck allein an die Behördenstellung anknüpfen.[89] 29

83 Zur Problematik der zwischen Privaten geschlossenen örVe s.a. *Kasten/Rapsch*, NVwZ 1986, 768.

84 Vgl. Kopp/*Ramsauer*, § 54 Rn. 7; Stelkens/Bonk/Sachs/*Bonk*, § 54 Rn. 65.

85 Vgl. BVerwG, Urt. v. 12.06.1992 – 7 C 3.91, NJW 1992, 2908.

86 Vgl. Stelkens/Bonk/Sachs/*Bonk*, § 54 Rn. 81; OLG München, Urt. v. 27.05.1977 – 19 U 3135/76, NJW 1978, 701.

87 Ebenso *Lange*, NVwZ 1983, 321 f.; BVerwG, Urt. v. 12.06.1992 – 7 C 3.91, NJW 1992, 2908.

88 Offengelassen von BVerwG, Urt. v. 12.06.1992 – 7 C 3.91, NJW 1992, 2908.

89 Differenzierend ebenfalls Kopp/*Ramsauer*, § 54 Rn. 7a.

4. Abschlussermessen

a) Begriff des Abschlussermessens

30 Aus der Regelung des Satzes 1, wonach ein Rechtsverhältnis auf dem Gebiet des öffentlichen Rechts begründet, geändert oder aufgehoben werden »kann«, sowie aus dem Wesen des Vertrages (vgl. Rdn. 4 ff.) folgt, dass auch für den örV grds. **Abschlussfreiheit** besteht.

31 Die Behörde ist insoweit jedoch zu pflichtgemäßer Ermessensausübung verpflichtet, zumindest den Vorgaben des Gleichbehandlungssatzes nach Art. 3 Abs. 1 GG unter dem Aspekt der **Selbstbindung der Verwaltung** unterliegt sie.[90] Liegt ein solcher Fall nicht vor, besteht auch **kein Anspruch auf ermessensfehlerfreie Entscheidung der Behörde über die Wahl der Handlungsform.**[91]

b) Grenzen des Abschlussermessens

32 Eine Pflicht zum Abschluss eines örV kann sich aus der gesetzlichen Festlegung eines Abschlusszwanges oder aus vertraglicher Selbstbindung ergeben.

33 Ein in besonderen Rechtsvorschriften oder unmittelbar in der Verfassung verankerter gesetzlicher Abschlusszwang kann für jeden Vertragspartner oder im Fall eines subordinationsrechtlichen Vertrages nach Satz 2 (vgl. Rdn. 37 ff.) nur für die Behörde in Betracht kommen.

34 I.R.d. pflichtgemäßen Ermessensausübung ist auch der Grundsatz der Verhältnismäßigkeit in die Erwägungen einzubeziehen. Allerdings lässt sich aus dem **Übermaßverbot** nicht der Schluss ziehen, dass der Abschluss eines örV regelmäßig Vorrang vor einer Entscheidung durch VA hat.[92]

35 Ein Abschlusszwang gilt für alle möglichen Vertragspartner, wenn eine Rechtsnorm zwingend den Abschluss eines örV anordnet (wie z.B. Art. 16 Abs. 1 bay. KommZG hinsichtlich des Abschlusses einer Pflichtvereinbarung nach kommunalem Zweckverbandsrecht). Allein für Behörden bzw. Hoheitsträger besteht ein Abschlusszwang auf Antrag eines Dritten, wenn die Verweigerung des Vertragsschlusses (etwa wegen Verletzung des Gleichheitssatzes) rechtswidrig wäre. Ein Abschlusszwang kraft vertraglicher Bindung besteht dann, wenn eine solche zulässigerweise durch Abschluss eines örV eingegangen worden ist.

36 In bestimmten Fällen kann ein gesetzlich vorgeschriebener, aber nicht zustande gekommener örV durch die Entscheidung einer Behörde (z.B. nach Art. 16 Abs. 2 Satz 1 bayKommZG beim Nichtzustandekommen einer Zweckvereinbarung) oder eines Gerichts (z.B. nach Art. 13 Abs. 2 Satz 3 bayGO beim Nichtzustandekommen

---

90 Ebenso *Scherzberg*, JuS 1992, 209.

91 Kopp/*Ramsauer*, § 54 Rn. 16.

92 Ebenso *Scherzberg*, JuS 1992, 209. A.A. *Krebs*, DÖV 1989, 969, 974; *Di Fabio*, DVBl 1990, 338, 345.

einer vermögensrechtlichen Übereinkunft der von einer kommunalen Gebietsänderung betroffenen Gemeinden) ersetzt werden. Die Entscheidung der Behörde bzw. des Gerichts hat dieselbe Rechtswirkung wie ein von den Beteiligten selbst geschlossener örV.

5. Hauptarten des örV

a) Subordinationsrechtliche Verträge

37 Verträge nach **§ 54 Satz 2** werden sudordinationsrechtliche Verträge genannt. Für sie gelten die Regelungen der §§ 55, 56, 58 Abs. 2, 59 Abs. 2 und 61. Diese Vorschriften dienen zumindest teilweise (§§ 56, 61) dem Schutz der mit der Behörde kontrahierenden Bürger, sowie (im Fall des § 58 Abs. 2) öffentlichen Interessen, die durch Maßnahmen von Behörden mit Außenwirkung berührt werden. Ein subordinationsrechtlicher Vertrag liegt vor, **wenn die Behörde durch VA handeln könnte**.

38 § 54 Satz 2 gilt für jeden Vertrag zwischen einer Privatperson und einem Träger der öffentlichen Verwaltung auf einem Gebiet, auf dem ein hoheitliches Verhältnis der Über- und Unterordnung besteht; es kommt nicht darauf an, ob der konkrete Gegenstand der vertraglichen Vereinbarung »sonst« durch Verwaltungsakt geregelt werden könnte.[93]

39 Daneben gibt es andere spezialgesetzlich geregelte oder gesetzlich zugelassene subordinationsrechtliche Verträge wie die Enteignungs- und Entschädigungsverträge nach §§ 18, 28 Abs. 6 BauGB, § 18 SchutzBerG sowie – falls die das Verfahren leitende Behörde zugleich als Enteignungsbegünstigter auftritt – nach §§ 43 Abs. 2, 110 f. BauGB, § 51 Abs. 2 BLG und § 37 LBG.

b) Koordinationsrechtliche Verträge

40 Beim koordinationsrechtlichen Vertrag fehlt ein Über- und Unterordnungsverhältnis der Vertragspartner im Hinblick auf den Vertragsgegenstand. § 54 Satz 2 ist nicht anwendbar. Es handelt sich um Verträge zwischen Hoheitsträgern oder zwischen Hoheitsträgern und Bürgern über einen nicht einem Über- und Unterordnungsverhältnis unterliegenden Vertragsgegenstand.

41 Beispiele solcher Verträge sind: Eisenbahnkreuzungsvereinbarungen nach § 5 Abs. 1 EKrG,[94] und von Bundesfernstraßen und anderen Straßen zwischen dem Träger der Baulast der Bundesfernstraße und dem Träger der Baulast der anderen Straße gem. § 13 Abs. 6 FStrG; Vereinbarungen über die Übertragung der Verwaltung von Kreisstraßen auf den Staat (z.B. nach Art. 59 Abs. 1 BayStrWG)

93 Vgl. BVerwG, Urt. v. 20.03.2003 – 2 C 23.02, NVwZ-RR 2003, 874 (875); Urt. v. 16.05.2000 – 4 C 4.99, BVerwGE 111, 162 (165 f.).

94 VGH Bayern, Urt. v. 20.03.2019 – 8 BV 17.862, BeckRS 2019, 6027; OVG Sachsen, Urt. v. 31.01.2019 – 3 A 436/16, DVBl 2019, 1556.

42 Eingemeindungsverträge (z.B. nach § 8 Abs. 2 GemOBW)[95] und Zweckvereinbarungen über die gemeinsame Erfüllung einer kommunalen Aufgabe oder über die Übertragung einer solchen auf den Vertragspartner (z.B. nach Art. 8 BayKommZG); Verträge zwischen Kirchengemeinden und kommunalen Gebietskörperschaften über die Übertragung der Verwaltungsrechte an Friedhöfen.[96]

43 Verwaltungsvereinbarungen zwischen dem Bund und einem Land über die »Organleihe« einer Behörde des Bundes an das betreffende Land und die daraus erwachsenden Kosten.[97]

44 Vereinbarungen zwischen den beteiligten Körperschaften über die Abordnung oder Versetzung eines Beamten zu einem anderen Dienstherrn nach § 123 BRRG oder über die Übernahme der Beamten von Körperschaften, die vollständig oder teilweise in andere Körperschaften eingegliedert werden nach § 128 Abs. 2 Satz 2 und Abs. 3 Satz 2 BRRG.[98]

6. ÖrVe außerhalb des Anwendungsbereichs des VwVfG

45 Die Vorschriften der §§ 54 ff. finden nur Anwendung auf örVe, deren Gegenstand zugleich auch **Gegenstand einer Verwaltungstätigkeit** i.S.d. § 1 sein kann. Nicht unter die Regelungen des VwVfG fallen danach insb. folgende Verträge:

a) Völkerrechtliche Verträge

46 Das sind Verträge zwischen Völkerrechtssubjekten. Sie sind nicht Ausdruck einer Verwaltungstätigkeit. Auch Verwaltungsabkommen i.S.d. Art. 59 Abs. 2 Satz 2 GG gehören zu den völkerrechtlichen Verträgen.

b) Staatsverträge

47 Verträge zwischen Bundesländern oder zwischen dem Bund und den Ländern, die Gegenstände der Gesetzgebung betreffen, sind verfassungsrechtliche Verträge und unterfallen nicht §§ 54 ff.[99] Aus einem Vertrag zwischen Verfassungsorganen können sich jedoch auch Pflichten der Vertragspartner ergeben, die typischer Weise Verwaltungstätigkeiten darstellen, z.B. die sich aus dem Staatsvertrag über die Vergabe von Studienplätzen ergebende Pflicht der Vertragspartner zur Übersendung von Daten an die ZVS oder die Immatrikulation der von der ZVS zugewiesenen Studenten. Das

---

95 Vgl. VGH Bad.-Württ., Urt. v. 01.03.1977 – I 881/76, ESVGH 27, 150; VG Freiburg, Urt. v. 29.03.1974 – VS VII 98/74, DVBl 1974, 916.

96 Vgl. VGH Hessen, Urt. v. 10.11.1977 – V OE 29/75, ESVGH 28, 78 ff.

97 Wobei die Behörden des Bundes, die für das Land Landesaufgaben (Wasser- und Schifffahrtsverwaltung) wahrnehmen, unter der Verwaltungsherrschaft des Landes stehen, da eine »umgekehrte« Auftragsverwaltung (nämlich eine Verwaltung des Bundes im Auftrag eines Landes) verfassungsrechtlich unzulässig wäre. Vgl. BVerwG, Urt. v. 13.02.1976 – VII A 4/73, NJW 1976, 1468 ff.

98 Vgl. *Hoyer*, DVBl 1969, 837 f.

99 Vgl. Kopp/*Ramsauer*, § 54 Rn. 3a; Stelkens/Bonk/Sachs/*Bonk*, § 54 Rn. 70.

BVerfG hat diesen Staatsvertrag wegen der verwaltungsrechtlichen Qualität der sich aus ihm ergebenden Pflichten zu einem verwaltungsrechtlichen Vertrag erklärt[100] und die gerichtliche Zuständigkeit für die Entscheidung von Streitigkeiten zwischen den Ländern aus diesem Vertrag damit abgelehnt und der Verwaltungsgerichtsbarkeit zugewiesen.[101] Insb. die innerstaatliche Beteiligung der Parlamente, die Form des Abschlusses und die staatspolitische Bedeutung des Vertrages sprechen aber trotz der Beziehung seines Inhalts zu Verwaltungstätigkeiten dafür, auch diesen Vertrag den Staatsverträgen zuzuordnen, auf die §§ 54 ff. nicht Anwendung finden.[102]

c) Kirchenrechtliche Verträge

Nicht dem VwVfG unterfallen auch diejenigen Verträge, die gem. § 2 Abs. 1 die Tätigkeit der Kirchen, der Religionsgemeinschaften, Weltanschauungsgemeinschaften, ihrer Verbände und Einrichtungen betreffen, obwohl es sich dabei, sofern es sich bei der Religionsgemeinschaft um eine Körperschaft des öffentlichen Rechts handelt, auch um örVe handeln kann.[103] Anwendbar sind die §§ 54 ff. aber insoweit, als die Verträge Staatsaufgaben betreffen, die von den Kirchen als Beliehenen erledigt werden (vgl. § 2). 48

d) Abgabenrechtliche Verträge

Verträge der Finanzbehörden des Bundes oder Landes im Regelungsbereich der AO sind nach § 2 Abs. 2 Nr. 1 nicht vom VwVfG erfasst. Die AO kennt keine den §§ 54 ff. entsprechenden Regelungen. Abgabenrechtliche Verträge sind daher ausgeschlossen, sie verstoßen gegen § 85 AO (str., s. § 55 Rdn. 36). Das gilt ebenso für die Länder, deren VwVfGe die Anwendung des Gesetzes allgemein in Verfahren ausschließen, in denen die AO Anwendung findet. Das schließt in diesen Bundesländern die Anwendung der §§ 54 ff. auf kommunalabgabenrechtliche Verträge aus, weil die KAGe der Länder eine Verweisung auf die Vorschriften der AO enthalten.[104] 49

e) Sonstige ausgeschlossene Rechtsgebiete

Verträge im Lastenausgleichs- und Wiedergutmachungsrecht, über Leistungs-, Eignungs- und ähnliche Prüfungen und Verträge aus den übrigen in § 2 von der Geltung des VwVfG ausgenommenen Rechtsgebieten fallen nicht unter §§ 54 ff. 50

---

100 BVerfG, Urt. v. 07.04.1976 – 2 BvH 1/75, BVerfGE 42, 103.

101 BVerwG, Urt. v. 09.07.1976 – VII A 1.76, BVerwGE 50, 137.

102 Ebenso: Stelkens/Bonk/Sachs/*Bonk*, § 54 Rn. 70; Kopp/*Ramsauer*, § 54 Rn. 3a.

103 Dazu *Tiedemann*, DÖV 1981, 427 (Qualifikation eines Stipendienvertrages für Priesteramtskandidaten).

104 Vgl. hierzu *Allesch*, DÖV 1988, 103 ff.; OVG Nordrhein-Westfalen, Beschl. v. 27.03.1986 – 3 A 2776/84, NVwZ 1986, 779 f. Zur Anwendbarkeit der §§ 54 ff. auf Verträge nach der AO s. *Mohr*, NJW 1978, 790 ff.; zu Kommunalabgaben: *Heun*, DÖV 1989, 1053; *Jachmann*, BayVBl. 1993, 326. A.A. *Ehlers*, DVBl 1986, 532 ff. Für eine analoge Anwendung: Meyer/*Borgs*, § 54 Rn. 11.

f) Verträge zwischen privaten Rechtsträgern

51 Diese werden vom VwVfG nicht erfasst, da sie nicht i.R.d. öffentlich-rechtlichen Verwaltungstätigkeit einer Behörde zustande kommen (vgl. Rdn. 29).

g) Verträge über den Erlass von Rechtsnormen

52 Auf Verträge über den Erlass administrativer Rechtsnormen (im »Gewande« einer Rechtsverordnung oder Satzung) findet das VwVfG keine Anwendung, weil der Gesetzgeber bewusst darauf verzichtet hat, in die Regelungen des Gesetzes das Verordnungsverfahren, bei dem es sich um ein Rechtsetzungsverfahren und nicht um eine »öffentlich-rechtliche Verwaltungstätigkeit der Behörden« handelt,[105] miteinzubeziehen[106] (vgl. Rdn. 18).

II. Die Zulässigkeit des örV

1. Verbotsvorbehalt

53 Der Abschluss eines örV ist zulässig, soweit Rechtsvorschriften – gemeint sind Gesetze und Rechtsverordnungen, nicht aber Satzungen – nicht entgegenstehen. Nach inzwischen herrschender Meinung bezieht sich dieser Verbotsvorbehalt auf solche Rechtsnormen, die die **Handlungsform** des Vertrages ausschließen, und auf solche, die einen bestimmten **Vertragsinhalt untersagen.**[107]

54 Ein Verbot kann sich **in Bezug auf die vertraglich vereinbarten Leistungen** auch auf Voraussetzungen beziehen, die erbracht werden müssen, um diese zu erbringen.

55 Sieht man in § 54 nur ein V**ertragsformverbot**, folgt die Nichtigkeit von örVen, die gegen Inhaltsverbote verstoßen, aus § 59 Abs. 1 i.V.m. § 134 BGB.[108]

2. Zulässigkeit der Handlungsform

56 Der Vertrag ist als Handlungsform zulässig, wenn sich weder ausdrücklich noch nach dem Sinn und Zweck aus den gesetzlichen Bestimmungen, die den Vertragsgegenstand regeln, ergibt, dass eine entsprechende Regelung nicht durch Vertrag erfolgen darf. Daraus, dass der Gesetzgeber Begriffe wie Bescheid, Verfügung oder Ähnliches verwendet, kann im Regelfall nicht auf ein Handlungsformverbot geschlossen werden.[109]

---

105 A.A. wohl BVerfG, Urt. v. 22.11.1983 – 2 BvL 25/81, BVerfGE 65, 283.

106 Im Ergebnis wie hier *Birk*, NJW 1977, 1798. A.A.: Meyer/*Borgs*, § 54 Rn. 54 ff.; *Schimpf*, S. 83 f. Ebenso, aber eine entsprechende Anwendung der §§ 54 ff. befürwortend: *Ule/Laubinger*, § 67 I 4d).

107 Vgl. BVerwG, Urt. v. 26.11.1992 – 2 C 11.92, NVwZ 1993, 1193; ebenso Kopp/*Ramsauer*, § 54 Rn. 41, Stelkens/Bonk/Sachs/*Bonk*, § 54 Rn. 101, je m.w.N. A.A. *Kunig*, DVBl 1992, 1196; *Meyer*, NJW 1977, 1710.

108 So zutr. Kopp/*Ramsauer*, § 54 Rn. 41a; ausf. zur Auslegung von § 54 und § 59 Vorauflage, § 54 Rn. 64 – 66.

109 Ebenso: Knack/*Henneke*, § 54 Rn. 18; Kopp/*Ramsauer* § 54 Rn. 42 *Tschaschnig*, S. 143.

Aus dem VwVfG ergibt sich eine solche Entscheidung unmittelbar für **Leistungs-, Eignungs- und ähnliche Prüfungen** von Personen, jedenfalls für die sog. inneren Prüfungsangelegenheiten,[110] im Wege des Umkehrschlusses aus der Regelung des § 2 Abs. 3 Nr. 2, die die §§ 54 ff. nicht erwähnt und damit nicht für anwendbar erklärt,[111] ebenso für das **Abgabenrecht** (vgl. Rdn. 49, § 55 Rdn. 36) 57

Aus dem Wesen der Regelungsgegenstände ist z.B. für folgende Sachgebiete grds. ein Handlungsformverbot anzunehmen: im **Besoldungsrecht,**[112] bei der **Beamtenernennung,**[113] im Verfahren der **Wahlprüfung,**[114] im **Planfeststellungsverfahren**, weil die besondere Schutzbedürftigkeit der gefährdeten Rechtsgüter und die schwer bestimmbare Zahl potenziell Betroffener einem Vertragsschluss entgegenstehen.[115] Dieser Gesichtspunkt kann unter entsprechenden Umständen dem örV **im Bereich des BImSchG** ebenfalls entgegenstehen, muss es aber nicht.[116] Im Bereich des **Schulrechts gilt es im Leistungsrecht, nicht aber im Bereich des Schulsponsorings.**[117] 58

Die Handlungsformen des örV und des VA stehen in einem Ausschließlichkeitsverhältnis, sodass die Behörde ein und denselben Regelungsgegenstand nicht zugleich mit VA und örV regeln darf.[118] Unklarheiten darüber, ob eine Regelung der Handlungsform des örV oder des örV zuzuordnen sind, gehen zulasten der Behörde.[119] Ist eine Leistung aufgrund eines vertraglichen Anspruchs gewährt worden, darf er nicht durch VA zurückgefordert werden, es sei denn aufgrund einer ausdrücklichen Ermächtigungsgrundlage.[120] 59

3. Zulässigkeit des Vertragsinhaltes

a) Gesetzesvorrang

Die Behörde unterliegt dem **Grundsatz der Gesetzmäßigkeit** (Art. 20 Abs. 3 GG). Davon suspendieren auch nicht die §§ 54 ff. Daher darf die Behörde durch Vertrag keine Leistung versprechen, die nach der gegebenen Rechtslage von ihr zulässig nicht – bzw. nicht in dieser Form – erbracht werden kann.[121] Vergleichsverträge können jedoch unter bestimmten Voraussetzungen Leistungspflichten auch dann 60

---

110 Vgl. Stelkens/Bonk/Sachs/*Bonk*, § 54 Rn. 105.
111 Für die Zulässigkeit von Vergleichen im Prüfungsrecht: Kopp/*Ramsauer*, § 54 Rn. 43a.
112 Vgl. Kopp/*Ramsauer*, § 54 Rn. 43; *Tschaschnig*, S. 143 f.
113 Vgl. Kopp/*Ramsauer*, § 54 Rn. 43.
114 Vgl. Knack/*Henneke*, § 54 Rn. 18; *Tschaschnig*, S. 145. Vgl. auch VGH Bayern, Urt. v. 13.06.1979 – 4.B-660/79, DVBl 1980, 62.
115 Tschaschnig, S. 149 f.
116 BVerwG, Urt. v. 15.12.1989 – 4 C 45.87, NVwZ 1990, 665.
117 Vgl. *Stellhorn/Weßling*, NVwZ 2014, 1488.
118 VGH Hessen, Urt. v. 31.10.1989 – 11 UE 2363/84, NVwZ 1990, 879.
119 VGH Hessen, Urt. v. 31.10.1989 – 11 UE 2363/84, NVwZ 1990, 879.
120 BVerwG, Urt. v. 26.10.1979 – VII c 106.77, BVerwGE 59, 60; BVerwG, Urt. v. 24.01.1992 – 3 C 33.86, NVwZ 1992, 769.
121 Vgl. nur BVerwG, Urt. v. 14.11.1975 – IV C 84.73, BVerwGE 49, 359 (361); OVG Niedersachsen, Beschl. v. 28.10.2016 – 7 LA 78/16 –, juris Rn. 10, zur unzulässigen Umgehung eines Einziehungsverfahrens durch Prozessvergleich; OVG Thüringen,

begründen, wenn der Vergleichsinhalt mit der Gesetzeslage nicht vollständig übereinstimmt oder diese – wie in solchen Fällen oftmals – aufgrund eines streitigen Sachverhalts unklar bleibt (vgl. § 55 Rdn. 2 f.).[122] Der **konsensuale Mehrwert von Vergleichen** sollte nicht geringgeschätzt werden.[123] Zu beachten ist auch, dass das Gesetz selbst die **Möglichkeit** eröffnen kann, **von gesetzlichen Vorgaben**, die bei einseitiger Entscheidung strikt einzuhalten sind, **abzuweichen**, wenn es zu einer **einvernehmlichen Regelung** kommt (Beispiel: §§ 45 ff. BauGB,[124] § 11 BauGB[125]). Der Grundsatz der Gesetzmäßigkeit verbietet es der Behörde auch, an der Übernahme von Vertragspflichten durch Private mitzuwirken, zu deren Erfüllung diese sich rechtswidrig verhalten müssten. I.R.d. gebundenen Verwaltung werden der Behörde auch nicht insoweit Handlungsspielräume eröffnet, als es um die Ausfüllung unbestimmter Rechtsbegriffe geht. Unzutreffende Interpretationen solcher Rechtsbegriffe können also zur Rechtswidrigkeit des Vertrages führen.[126]

61 **Vertragsinhaltsverbote** müssen sich nicht aus expliziten Vorschriften ergeben. Sie können **im Wege der Auslegung aus einzelnen Regelungen, ganzen Regelungssystemen oder aus allgemeinen Rechts- oder Verfassungsprinzipien** entnommen werden (z.B. Gleichheitssatz). So können etwa Ansprüche auf Nachversicherung eines entlassenen Beamten nicht durch Vertrag in einer über das gesetzliche Maß hinausgehenden Höhe begründet werden.[127] Durch örV kann der Behörde nicht die Befugnis, Rückforderungsansprüche mittels Leistungsbescheid geltend zu machen, eingeräumt werden, da nach § 61 Abs. 1 Satz 1 nur die Unterwerfung unter die sofortige Vollstreckung zulässig ist.[128]

62 Soweit Rechtsvorschriften nicht entgegenstehen, können die Beteiligten in einem öffentlich-rechtlichen Vertrag Regelungen vereinbaren, **ohne dabei an die Vertragstypen des Zivilrechts gebunden zu sein**. Es ist deshalb unerheblich, ob ein an einen Vertragstyp des Zivilrechts angelehnter örV die dort entwickelten Voraussetzungen für einen solchen Vertrag erfüllt.[129]

b) Gesetzesvorbehalt

63 Die inhaltliche Ausgestaltung eines örV unterliegt nach der Rechtsprechung keinem Gesetzesvorbehalt. Für die vertragsschließende Behörde statuiert § 54 keinen

---

Urt. v. 11.08.2016 – 4 KO 116/12 –, juris, zur Grenze der Aufgabenzuständigkeit der Behörde als Begrenzung der Übertragung einer Aufgabe mittels örV auf Dritten.

122 Vgl. weitergehend *Scherzberg*, JuS 1992, 210: jeder Gesetzesverstoß, auch ein geringfügiger, ist der Behörde verboten; a.A. *Bleckmann*, NVwZ 1990, 601 (604).

123 *Zepf*, DÖV 2015, 518, zur Bedeutung im Denkmalschutzrecht.

124 Vgl. BVerwG, Urt. v. 06.07.1984 – 4 C 24.80, NJW 1985, 989 f.

125 Vgl. BVerwG, Beschl. v. 20.11.2012 – 4 B 7.12, BauR 2013, 444 (445), m.w.N.

126 A.A. *Scherzberg*, JuS 1992, 210.

127 Vgl. OVG Mecklenburg-Vorpommern, Beschl. v. 21.10.2009 – 2 L 283/06, juris Rn. 8.

128 Vgl. OVG Thüringen, Urt. v. 04.03.2010 – 3 KO 591/08, LKV 2010, 563; OVG Thüringen, Urt. v. 16.12.2009 – 3 KO 343/07, DVBl 2010, 1042.

129 Vgl. BVerwG, Beschl. v. 30.04.2008 – 7 B 6.08, juris Rn. 19.

speziellen Vorbehalt des Gesetzes. Es ist nicht erforderlich, dass jede der Vereinbarungen durch eine über § 54 hinausgehende spezielle Ermächtigung gedeckt ist.[130]

4. Wirksamkeit des örV

Zwischen der Zulässigkeit des Vertrages i.S.d. § 54 Satz 1 und seiner Wirksamkeit 64
(vgl. Rdn. 60 ff.) ist zu unterscheiden. Während die Regelung des § 54 Satz 1 festlegt, dass der Abschluss eines örV die Behörde nicht von ihrer Verpflichtung zur Beachtung des geltenden Rechts entbindet, bemessen sich die Rechtsfolgen eines Verstoßes hiergegen ausschließlich nach §§ 58, 59. Unter den dort genannten Voraussetzungen ist der örV nichtig. Nicht nichtige örVe sind und bleiben verbindlich.

C. Der örV nach Satz 2

I. Inhalt

Satz 2 regelt den subordinationsrechtlichen Vertrag (vgl. Rdn. 37–38). Sein Merk- 65
mal besteht nach dem Gesetzeswortlaut darin, dass die Behörde einen Vertrag mit demjenigen schließt, an den sie sonst (»anstatt«) einen VA richten würde. Das ist der Fall bei jedem Vertrag zwischen einer Privatperson und einem Träger der öffentlichen Verwaltung auf einem Gebiet, auf dem ein hoheitliches Verhältnis der Über- und Unterordnung besteht; es kommt nicht darauf an, ob der konkrete Gegenstand der vertraglichen Vereinbarung »sonst« durch Verwaltungsakt geregelt werden könnte.[131]

Der Wortlaut umfasst den Fall, dass die Regelung des Einzelfalls statt in einem VA 66
durch örV vorgenommen wird. (Beispiel: Einräumung eines vertraglichen Zahlungsanspruchs statt Erteilung eines Bewilligungsbescheides über eine Geldleistung). Unter Satz 2 fallen aber auch solche Verträge, in denen sich die Behörde verpflichtet, einen Verwaltungsakt zu erlassen (Beispiel: Verpflichtung zum Erlass einer Baugenehmigung).

Als mögliche behördliche Leistung kommt auch die Verpflichtung in Betracht, am 67
Erlass oder an der Unterlassung eines bestimmten VA einer anderen Behörde mitzuwirken, sofern eine solche Mitwirkung (wie z.B. die Zustimmung einer Gemeinde zu der von der Baugenehmigungsbehörde zu erteilenden Baugenehmigung)[132] gesetzlich notwendig ist.

130 Vgl. BVerwG, Urt. v. 15.12.1989 – 7 C 6.88, BVerwGE 84, 236; Kopp/*Ramsauer*, § 54 Rn. 44. A.A. Vorauflage § 54 Rn. 73 ff.: Es ist zwischen dem rechtsstaatlichen und dem demokratischen Gesetzesvorbehalt zu unterscheiden.

131 Vgl. BVerwG, Urt. v. 20.03.2003 – 2 C 23.02, NVwZ-RR 2003, 874 (875); Urt. v. 16.05.2000 – 4 C 4.99, BVerwGE 111, 162 (165 f.); Kopp/*Ramsauer*, § 54 Rn. 48; a.A. Vorauflage, § 54 Rn. 45, 79: § 54 Satz 2 ist nicht direkt anzuwenden, wenn Verwaltungsverfahren bei Scheitern eines Vertragsschlusses nicht durch VA abzuschließen ist (konkrete Betrachtungsweise), sondern nur analog.

132 BVerwG, Urt. v. 06.07.1993 – IV C 22.72, BVerwGE 42, 331.

II. Funktion

68 Die rechtliche Bedeutung des Satzes 2 liegt darin, dass er die Zulässigkeit eines örV klarstellt, der einen VA ersetzt oder der Vereinbarungen über den Erlass bzw. die Unterlassung eines VA als behördliche Leistung und über eine Gegenleistung des Vertragspartners der Behörde enthält, und darin, dass er einen besonderen Vertragstyp einführt, mit dem (gerade im Hinblick auf die Eigenart der behördlichen Leistung) bestimmte für die übrigen örVe, insb. für alle koordinationsrechtlichen Verträge nicht geltende Rechtsregeln (vgl. Rdn. 37–38) verbunden sind. Diese dienen dem Schutz der Bürger und der Verhinderung des Ausverkaufs von Hoheitsrechten.

69 Das Gesetz führt als mögliche Unterfälle des subordinationsrechtlichen Vertrages (nach Satz 2) die Vergleichsverträge nach § 55 und die Austauschverträge nach § 56 an. Für die Zulässigkeit eines Vertrages nach Satz 2 gelten die Sonderbestimmungen dieser Normen.

D. Auslegung des örV

70 Nach § 62 Satz 2, §§ 133, 157 BGB ist bei der Auslegung von Willenserklärungen eines örV nicht bei dem Buchstaben des Vertragstextes stehenzubleiben, sondern der Sinn der vertraglichen Regelung unter Berücksichtigung der Verkehrssitte zu erforschen. Es ist nicht der innere, sondern der erklärte Wille maßgebend, wie ihn der Adressat bei objektiver Würdigung verstehen konnte.[133] Etwaige Unklarheiten des allein von der Behörde formulierten und dem Bürger vorformuliert angebotenen Vertragsinhalts gehen zu Lasten der Behörde.[134] Eine Unklarheit liegt jedoch nicht vor, wenn die Auslegung ergibt, dass die Parteien dasselbe wollten, hierfür jedoch eine falsche Bezeichnung wählten (falsa demonstratio). Dann gilt das übereinstimmend Gewollte.[135]

E. Rechtswirkungen des örV

71 Für alle örVe gilt, dass sie eine das gesetzliche Verwaltungsrecht ergänzende Rechtsgrundlage für die Erbringung verwaltungsrechtlicher Leistungen darstellen[136] und hinsichtlich ihrer Bestandskraft ausschließlich den das Recht des örV bestimmenden Vorschriften unterworfen sind (vgl. Rdn. 64).

72 Für die subordinationsrechtlichen Verträge nach Satz 2 gilt außerdem, dass sie einen Vollstreckungstitel bilden, soweit sich die Vertragspartner nach § 61 der sofortigen Vollstreckung unterworfen haben.

73 Durch einen örV werden grundsätzlich nur die an ihm Beteiligten berechtigt und verpflichtet. Die Forderung des Gläubigers auf die Leistung besteht als relatives Recht

133 Vgl. BVerwG, Urt. v. 20.03.2003 – 2 C 23.02, NVwZ-RR 2003, 874 (874 f.); BVerwG, Urt. v. 19.01.1990 – 4 C 21.89, NJW 1990, 1926 (1928).
134 Vgl. BVerwG, Urt. v. 20.03.2003 – 2 C 23.02, NVwZ-RR 2003, 874 (874 f.).
135 Vgl. BVerwG, Beschl. v. 29.08.2007 – 2 B 47.07, juris Rn. 4 ff.
136 A.A. *Maurer*, DVBl 1989, 803.

lediglich gegenüber dem Schuldner.[137] Vereinbarungen mit dinglichem Charakter können auf denjenigen übergehen, der in die dingliche Verfügungsbefugnis eintritt.[138]

F. Beseitigung des örV

Der örV kann beseitigt oder geändert werden durch Anfechtung wegen Irrtums (vgl. § 62) oder wegen Täuschung bzw. Drohung (vgl. § 62), durch Rücktritt (vgl. § 62), durch einen neuen, die Voraussetzungen der §§ 54 ff. berücksichtigenden örV sowie durch eine Anpassung oder Kündigung nach § 60. 74

G. Rechtsschutz

Für Rechtsstreitigkeiten, die sich auf einen örV beziehen, ist nach § 40 Abs. 1 und 2 VwGO der Verwaltungsrechtsweg eröffnet, soweit nicht nach § 40 Abs. 1 Satz 1 VwGO ein anderer Rechtsweg in Betracht kommt (was z.B. dann zutrifft, wenn der Gegenstand eines örV die Zuständigkeit der ordentlichen Gerichtsbarkeit gem. §§ 217 ff. BauGB begründet).[139] 75

Für die Durchsetzung eines **Anspruchs auf Abschluss** eines örV im Verwaltungsrechtsweg (vgl. Rdn. 32) steht die allgemeine Leistungsklage zur Verfügung. Im Tenor eines stattgebenden Urteils ist die Verpflichtung zur Abgabe der zum Vertragsabschluss erforderlichen verwaltungsrechtlichen Willenserklärung rechtsgeschäftlicher Art (vgl. Rn. 8) auszusprechen. Die behördliche Willenserklärung gilt nach § 167 Abs. 1 Satz 1 VwGO i.V.m. § 894 Abs. 1 Satz 1 ZPO mit dem Eintritt der Rechtskraft des Urteils als abgegeben. 76

Für die Durchsetzung von **Ansprüchen aus einem örV**, die nicht auf den Erlass eines VA gerichtet sind, kommt ebenfalls nur die Leistungsklage in Betracht. Ist dagegen der örV auf den Erlass eines VA gerichtet, so muss die Verpflichtungsklage erhoben werden. 77

H. Verfahrensvorschriften des Sozialrechts sowie Verwaltungsverfahrensrecht der Länder; Unionsrecht

§ 54 ist mit den landesrechtlichen Vorschriften bis auf das schleswig-holsteinische Landesrecht identisch. § 121 LVwG Schl.-Holst. erklärt den öffentlich-rechtlichen Vertrag für zulässig, »…soweit Rechtsvorschriften dieser Handlungsform nicht entgegenstehen…«. 78

§ 53 Abs. 1 SGB X enthält eine § 54 entsprechende Bestimmung. Ergänzend regelt § 53 Abs. 2 SGB X, dass ein öffentlich-rechtlicher Vertrag über Sozialleistungen nur geschlossen werden kann, soweit die Erbringung der Leistungen im Ermessen des 79

137 Vgl. BVerwG, Beschl. v. 02.12.2009 – 4 B 74.09, BRS 74 Nr. 206.
138 Vgl. VGH Baden-Württemberg, Urt. v. 26.01.2005 – 5 S 1662/03, NVwZ-RR 2006, 81 (82 f.).
139 BGH, Urt. v. 25.11.1976 – III ZR 45/74, NJW 1977, 716.

Leistungsträgers steht. Entscheidend für die rechtliche Qualifizierung als öffentlich-rechtlich ist der Gegenstand der vertraglichen Regelung. Bei zwischen Bürgern geschlossenen Verträgen, die eine öffentlich-rechtliche Verpflichtung oder Berechtigung unmittelbar zum Gegenstand haben, handelt es sich jedenfalls dann um – zulässige – öffentlich-rechtliche Verträge i.S.d. § 53 Abs. 1 SGB X, wenn sie, wie das für die Abtretung einer laufenden Sozialleistung in § 53 Abs. 3 SGB X der Fall ist, spezialgesetzlich zugelassen sind.[140] Zu den örV nach § 53 SGB X zählen auch Normsetzungsverträge.[141] ÖrVe nach § 53 SGB X können nach § 151 BGB zustandekommen (vgl. § 57 Rdn. 27). Die Ablehnung des Vertragsabschlusses ist ein VA.[142] Wenn die Leistungerbringer erst nach Abschluss eines Versorgungsvertrags zur Leistungserbringung zugelassen werden, besteht – bei Erfüllung der Voraussetzungen hierfür – ein Anspruch auf Abschluss des Vertrages.[143] Zu den einem örV entgegenstehenden Rechtsvorschriften gehören vor allem die Grundrechte.[144]

80 § 54 ist mit Unionsrecht vereinbar,[145] die Auslegung und Anwendung der Norm in unionsrechtlichen Zusammenhängen ist jedoch im Einzelfall zu beleuchten.[146]

§ 55 Vergleichsvertrag

Ein öffentlich-rechtlicher Vertrag im Sinne des § 54 Satz 2, durch den eine bei verständiger Würdigung des Sachverhalts oder der Rechtslage bestehende Ungewissheit durch gegenseitiges Nachgeben beseitigt wird (Vergleich), kann geschlossen werden, wenn die Behörde den Abschluss des Vergleichs zur Beseitigung der Ungewissheit nach pflichtgemäßem Ermessen für zweckmäßig hält.

Schrifttum

Dolderer, Der Vergleich vor dem Verwaltungsgericht, FS Maurer 2001, 609; *Eisenlohr*, Der Prozessvergleich in der Praxis der Verwaltungsgerichtsbarkeit, 1999; *Erfmeyer*, Die Beseitigung einer Ungewißheit über den Sachverhalt durch Abschluß eines Vergleichsvertrages, DVBl 1998, 753; *Franke*, Der gerichtliche Vergleich im Verwaltungsprozess, 1995; *Meyer-Hesemann*,

140 So BSG, Urt. v. 27.11.1991 – 4 RA 80/90, BSGE 70, 37; a.A. Diering/Timme/Waschull/*Diering*, SGB X, § 53 Rn. 8: keine Anwendung auf Verträge unter Privaten.

141 St. Rspr., vgl. BSG, Urt. v. 08.04.1992 – 6 RKa 24/90, BSGE 70, 240 (243); Wulffen/*Engelmann*, SGB X, § 53 Rn. 4b ff.

142 Vgl. BSG, Urt. v. 15.01.1986 – 3/8 RK 5/84, BSGE 59, 258 (260); BSG, Urt. v. 27.01.1981 – 5a/5 RKn 14/79, BSGE 51, 126 (129).

143 Vgl. BSG, Urt. v. 29.05.2006 – 3 RK 23/95, BSGE 78, 233; Diering/Timme/Waschull/*Diering*, SGB X, § 53 Rn. 14.

144 So BSG, Urt. v. 25.06.1992 – 2 RU 24/91, BSGE 71, 27 (36); vgl. auch Wulffen/*Engelmann*; SGB X, § 53 Rn. 15: Rechtsstaatsprinzip, Verhältnismäßigkeitsprinzip, Gleichheitsgebot.

145 Bader/Ronellenfitsch/*Kämmerer* § 54 Rn. 3.

146 Kritisch etwa zur Anwendung auf (öffentlich-rechtliche) Dienstleistungskonzessionen i.R.d. zum 18.04.2016 umzusetzenden Konzessionsrichtlinie (RL 2014/24/EU): *Müller*, NVwZ 2016, 266.

Die Zulässigkeit gesetzesinkongruenter verwaltungsrechtlicher Vergleichsverträge und Prozeßvergleiche, DVBl 1980, 869; *v. Rintelen*, Der verwaltungsrechtliche Vergleichsvertrag, 2003; *Rittwage*, Vergleichsvereinbarungen bei der Vergabe öffentlicher Aufträge, NZBau 2007, 484; *Rößler*, Die tatsächliche Verständigung im Steuerrecht, DB 1985, 1861; *Tiedemann*, Der Vergleichsvertrag im kommunalen Abgabenrecht, DÖV 1996, 594.

Übersicht **Rdn.**

A. Allgemeines und Grundsätze

I. Inhalt

1 § 55 regelt den Begriff und die materiell rechtlichen Voraussetzungen des Vergleichsvertrages. Zwar wurde auch schon vor Inkrafttreten des VwVfG die Befugnis der Behörde zum Abschluss von Vergleichsverträgen anerkannt.[1] Der Gesetzgeber hat jedoch mit der Schaffung der Norm klargestellt, dass Vergleichsverträge auch angesichts des Grundsatzes der Rechtmäßigkeit der Verwaltung und des Gebots der Gleichbehandlung, die auch für öffentlich-rechtliche Verträge gelten, zulässig sind.[2] Er hat zugleich die Grenzen öffentlich-rechtlicher Vergleichsverträge normiert.

II. Anwendungsbereich

2 § 55 ist nur auf subordinationsrechtliche Verträge i.S.d. § 54 Satz 2 und im sachlichen Anwendungsbereich der §§ 1, 2 anwendbar. Ein Vergleichsvertrag nach § 55

1 Vgl. BVerwG, Urt. v. 19.01.1990 – 4 C 21.89, BVerwGE 84, 257 (262); Urt. v. 28.03.1962 – V C 100.61, NJW 1962, 1636.Vgl. vertiefend *Knack*, DVBl 1965, 709.

2 BT-Drucks. 7/910, S. 80.

liegt vor, wenn die allgemeinen Voraussetzungen eines subordinationsrechtlichen Vertrages nach § 54 Satz 2 und die besonderen Begriffsmerkmale des § 55 erfüllt sind (vgl. Rdn. 6 ff.).

Zu koordinationsrechtlichen Vergleichsverträgen vgl. Rdn. 38, zu kommunalrechtlichen Abgabenverträgen vgl. Rdn. 36 f.

III. Zweck

3 Der Vergleichsvertrag ermöglicht der Behörde und dem Bürger, eine Regelung zu finden, die nicht der Rechtslage entsprechen muss, um umfangreiche Ermittlungen und Rechtsbehelfsverfahren zu vermeiden, die außer Verhältnis zum Regelungsgegenstand stünden[3]. Diesem Zweck der Verfahrensökonomie dient das dem Vergleichsvertrag eigene »Privileg gesteigerter Unempfindlichkeit gegenüber Gesetzesverletzungen«.[4] Im Einvernehmen mit dem von einer Regelung unmittelbar Betroffenen soll es möglich sein, aus Kostengründen die Grundsätze der Rechtstaatlichkeit, insb. den Grundsatz der Gesetzmäßigkeit der Verwaltung (Art. 20 Abs. 3 GG) partiell außer Kraft zu setzen. Vergleichsverträge können daher unter bestimmten Voraussetzungen Leistungspflichten auch dann begründen, wenn der Vergleichsinhalt mit der Gesetzeslage nicht vollständig übereinstimmt.[5] Ein örV, durch den eine Leistungspflicht der Behörde begründet werden soll, ist jedoch nicht wirksam, wenn die im Vertrag vorgesehene Leistung nach der gegebenen Rechtslage von der Behörde zulässig nicht erbracht werden kann (vgl. § 54 Rdn. 60).[6] Bestimmungen des Haushaltsrechts sind dabei – grundsätzlich – keine Verbotsgesetze im Sinne des § 134 Abs. 1 BGB, die grundsätzlich zu einem Verbot eines Vergleichsvertrags führen, im Einzefall kann eine Nichtigkeit bei Sittenwidrigkeit über § 138 Abs. 1 BGB gegeben sein.[7]

IV. Prozessvergleich

4 Ein Prozessvergleich i.S.d. § 106 VwGO ist **zugleich Prozesshandlung und öffentlich-rechtlicher Vertrag** (Doppelnatur des Prozessvergleichs).[8] Als solcher ist er daher nur wirksam, wenn er die Wirksamkeitsvoraussetzungen des Prozessvergleichs und des öffentlich-rechtlichen Vertrags (nach § 54 Satz 2, § 55 für den subordinationsrechtlichen, nach § 55 entsprechend für den koordinationsrechtlichen Vergleichsvertrag) gleichermaßen erfüllt.

---

3 Vgl. BT-Drucks. 7/910, S. 80.

4 Vgl. BVerwG, Urt. v. 17.11.1975 – IV C 84.73, BVerwGE 49, 359 (364).

5 Vgl. BVerwG, Urt. v. 03.03.1995 – 8 C 32.93, BVerwGE 98, 58 (63); Urt. v. 01.12.1989 – 8 C 17/87, BVerwGE 84, 157 (165); Urt. v. 14.11.1975 – IV C 84.73, BVerwGE 49, 359 (364), m.w.N.

6 Vgl. BVerwG, Urt. v. 14.11.1975 – IV C 84.73, BVerwGE 49, 359 (361).

7 VGH Baden-Württemberg, Urt. v. 29.06.2015 – 9 S 280/14, BeckRS 2015, 48874.

8 St. Rspr., vgl. BVerwG, Urt. v. 18.07.2012 – 8 C 4.11, NVwZ 2013, 209 (212); Beschl. v. 27.10.1993 – 4 B 175/93, NJW 1994, 2306 (2307); Urt. v. 01.12.1989 – 8 C 17/87, BVerwGE 84, 157 (165); VGH Hessen, Beschl. v. 17.01.2017 – 3 E 2889/16 –, juris; VG Berlin, Beschl. v. 28.10.2014 – 13 L 224.14 –, juris.

Hingegen kann der materiell rechtliche Vertrag, auch wenn ein wirksamer Prozessvergleich wegen eines Verfahrensmangels nicht zustande kommt, wirksam sein. Denn auch ein prozessual unwirksamer Vergleich kann als materiell rechtliche Vereinbarung eine von der Rechtsordnung anerkannte Funktion erfüllen. Ob er als außergerichtliches Rechtsgeschäft Bestand haben kann, richtet sich nach dem hypothetischen Willen der Beteiligten.[9] 5

B. Der subordinationsrechtliche Vergleichsvertrag i.S.d. § 55

I. Vertrag nach § 54 Satz 2

Der Vertrag muss ein subordinationsrechtlicher Vertrag nach § 54 Satz 2 (vgl. § 54 Rdn. 65 ff.) sein. 6

II. Ungewissheit über den Sachverhalt oder die Rechtslage

Der Vertrag muss eine bei verständiger Würdigung des Sachverhalts oder der Rechtslage bestehende Ungewissheit beseitigen. Ungewissheit liegt vor, wenn die Beteiligten **vernünftige Zweifel** an der Sach- oder Rechtslage haben. Es kommt nicht nur auf die subjektiven Zweifel der Beteiligten an, sondern auch darauf, dass diese subjektiven Zweifel einer objektiven Betrachtungsweise standhalten.[10] Ungewissheiten, die auf objektiver Unaufklärbarkeit beruhen, sind keine i.S.d. § 55. Denn wenn die Ungewissheit auch nach Ausschöpfung aller Ermittlungsmöglichkeiten noch besteht, muss grundsätzlich nach Maßgabe der materiellen Beweislast entschieden werden.[11] 7

Der Ungewissheit ist immanent, dass die Parteien sich über die Sach- oder Rechtslage im Irrtum befinden können. Ein solcher **Irrtum** führt daher nicht per se zur Unwirksamkeit des Vergleichs. Zwar ist nach **§ 779 BGB**, der über § 62 Satz 2 Anwendung findet,[12] ein Vergleich unwirksam, wenn der nach dem Inhalt des Vertrags als feststehend zugrunde gelegte Sachverhalt – zu dem, da der Begriff weit verstanden wird, auch die maßgebliche Rechtslage gehören kann[13] – der Wirklichkeit nicht entspricht und der Streit oder die Ungewissheit bei Kenntnis der Sachlage nicht entstanden sein würde. Feststehend i.S.d. § 779 BGB sind diejenigen Umstände des ursprünglichen Rechtsverhältnisses, die die Parteien übereinstimmend als unstreitig oder gewiss ansehen.[14] **Keine Unwirksamkeit** liegt daher vor, wenn sich der Irrtum der Parteien auf 8

---

9 Vgl. BVerwG, Beschl. v. 27.10.1993 – 4 B 175/93, NJW 1994, 2306 (2307).

10 Vgl. BVerwG, Urt. v. 01.12.1989 – 8 C 17.87, BVerwGE 84, 157 (166); VGH Bayern, Beschl. v. 12.12.2005 – 23 ZB 05.2280, juris Rn. 9; Urt. v. 29.07.1987 – 23 B 86.02281, NVwZ 1989, 167 (168); VGH Baden-Württemberg, Urt. v. 29.06.2015 – 9 S 280/14, BeckRS 2015, 48874.

11 A.A. *Tschaschnig*, S. 57.

12 Vgl. BVerwG, Urt. v. 18.07.2012 – 8 C 4.11, NVwZ 2013, 209 (213); OVG Rheinland-Pfalz, Urt. v. 18.02.2010 – 1 A 10973/09, juris Rn. 68.

13 Vgl. OVG Rheinland-Pfalz, Urt. v. 18.02.2010 – 1 A 10973/09, juris Rn. 68; MüKo-BGB/*Habersack*, § 779 Rn. 64;.

14 Vgl. Erman/*Müller*, § 779 BGB Rn. 27, m.w.N.

Umstände bezieht, die zwischen ihnen bei Vertragsschluss als streitig oder ungewiss angesehen wurden und durch den Vergleich gerade beseitigt werden sollten.[15] Irrige Erwartungen über die Zukunft, etwa ein Irrtum über die künftige Rechtslage oder Rechtsprechung führen auch nicht zur Unwirksamkeit.[16]

9 Beim **Bürger** kommt es darauf an, dass seine Würdigung dem entspricht, was in seinem Rechtskreis erwartet werden kann.[17]

10 Hinsichtlich der **Behörde** ist darauf abzustellen, ob die bestehenden Unklarheiten vom Standpunkt eines »Durchschnittsjuristen«[18] aus betrachtet als eine Ungewissheit gewertet werden können, die für die Sachentscheidung von Bedeutung ist, mit angemessenen Mitteln in angemessener Zeit voraussichtlich nicht behoben werden kann,[19] aber grds. behebbar ist. Maßgeblich ist nicht nur das Wissen des jeweiligen Sachbearbeiters, sondern auch dasjenige ihrer Vorgesetzten.[20]

11 **Sämtliche**[21] **Vertragspartner** müssen sich der Zweifel und der daraus folgenden Ungewissheit **gemeinsam bewusst** sein und den Willen haben, angesichts dieser Ungewissheit und den damit verbundenen Chancen und Risiken eine gemeinsame Regelung zu treffen.[22]

12 Eine **Ungewissheit über den Sachverhalt** liegt vor, wenn die für die Sachentscheidung maßgeblichen Tatsachen ungeklärt sind und bis auf Weiteres nicht oder nicht mit angemessenem Aufwand feststellbar erscheinen. Dies setzt voraus, dass die Behörde die nach § 24 gebotene **Amtsermittlung in zumutbarem Umfang vorgenommen** hat.[23] Was zumutbar ist, kann nur im Einzelfall bestimmt werden.

13 Eine **Ungewissheit über den Bestand oder die Geltung von Gesetzesrecht** kann nur zu einem Vergleichsvertrag berechtigen, **wenn etwa das Bestehen von Gewohnheitsrecht oder ausländischem Recht ungewiss** ist oder die **Geltung vorkonstitutionellen Rechts wegen sehr schlechter Quellenlage nicht aufklärbar** ist. Denn im Grundsatz muss die Behörde aufgrund der Gesetzesbindung die anwendbaren Normen ermitteln.

14 Dieser Grundsatz gilt auch für die **Auslegung des Rechts**, jedoch nur in abgeschwächter Form. Nach dem Zweck des § 55, bei der Ungewissheit über die Rechtslage aus Gründen der Verfahrensökonomie einen Vergleichsvertrag zuzulassen, **kann eine**

---

15 OVG Rheinland-Pfalz, Urt. v. 18.02.2010 – 1 A 10973/09, juris Rn. 68; Erman/*Müller*, § 779 BGB Rn. 28, m.w.N.
16 Vgl. MüKo-BGB/*Habersack*, § 779 Rn. 63.
17 Vgl. Stelkens/Bonk/Sachs/*Bonk*, § 55 Rn. 33.
18 Vgl. Knack/*Henneke*, § 55 Rn. 4; Stelkens/Bonk/Sachs/*Bonk*, § 55 Rn. 34.
19 Vgl. BVerwG, Urt. v. 29.10.1963 – VI C 198–61, BVerwGE 17, 87 (94).
20 Vgl. VGH Bayern, Urt. v. 29.07.1987 – 23 B 86.02281, NVwZ 1989, 167 (168).
21 Ebenso BVerwG, Urt. v. 24.02.1978 – IV C 12.76, juris Rn. 36, insoweit in BVerwGE 55, 272 nicht abgedruckt; VGH Bayern, Urt. v. 29.07.1987 – 23 B 86.02281, NVwZ 1989, 167 (168). A.A. Meyer/*Borgs*, § 55 Rn. 9.
22 Vgl. BVerwG, Urt. v. 14.02.1975 – IV C 19.73, NJW 1975, 1751.
23 Vgl. OVG Thüringen, Beschl. v. 18.11.2008 – 4 EO 129/06, juris Rn. 14.

ungeklärte Gesetzesauslegung zum Vergleich berechtigen. Die Rechtslage ist daher ungewiss, wenn eine **Rechtsfrage nicht höchstrichterlich geklärt** ist und im **Schrifttum nicht einheitlich beantwortet** wird.[24] **Das allgemeine Prozessrisiko reicht insoweit jedoch nicht** aus.[25]

Es bedarf einer **Gesamtbetrachtung der Unwägbarkeiten** in der Sache – gerade auch bei komplexen Sachmaterien -[26] sowie des notwendigen **Aufwands zur Klärung in finanzieller, personeller und zeitlicher** (!) **Hinsicht**.[27] Auch eine Verkennung der Rechtslage ist keine Ungewissheit i.S.d. § 55.[28] 15

Keine Ungewissheit über die Rechtslage besteht, wenn der Behörde die Klärung der Frage schwerfällt, welcher von mehreren gleichermaßen vertretbaren und daher rechtmäßigen Entscheidungen sie unter dem Aspekt optimaler Zweckmäßigkeit den Vorzug geben soll. In diesen Fällen muss die Behörde lediglich im Rahmen ihres Rechtsfolgeermessens eine ermessensgerechte Entscheidung treffen. 16

III. Gegenseitiges Nachgeben

Die Ungewissheit muss durch gegenseitiges Nachgeben beseitigt werden. **Nachgeben ist das Abrücken von der eigenen Position, indem der eine dem anderen ein Zugeständnis irgendeiner Art macht, auch wenn es noch so geringfügig ist.**[29] Der Gegenstand des Nachgebens kann in rechtlich zulässigen Leistungen jeglicher Art bestehen. Ausreichend ist deshalb im Hinblick auf ein anfängliches Bestreiten eines Anspruchs auch, wenn lediglich das Bestehen einer Verpflichtung klargestellt bzw. ihr Inhalt und ihr Umfang modifiziert oder auch nur konkretisiert wird.[30] **Daher kann auch das Abrücken von der im Verfahren zunächst eingenommenen Position ein Nachgeben sein, selbst wenn diese Position nach der eindeutigen Rechtslage in keiner Weise bestand**. Die gegenteilige Auffassung, der Verzicht auf einen geltend gemachten, nach der Rechtslage aber eindeutig nicht bestehenden Anspruch sei kein Nachgeben i.S.d. § 55, so dass ein Nachgeben nur vorliege bei einem Abrücken von der im Verfahren günstigenfalls erreichbaren Position,[31] bezieht das Merkmal der »verständigen Würdigung« auch auf das Nachgeben; daher fehle es an Nachgeben bei einem nach verständiger Würdigung nicht bestehenden Anspruch. Das Merkmal der verständigen 17

---

24 Vgl. BVerwG, Urt. v. 11.01.1994 – 1 A 72.89, BVerwGE 95, 25 (31); Urt. v. 28.03.1962 – V C 110.61, NJW 1962, 1636.

25 Vgl. VGH Bayern, Urt. v. 29.07.1987 – 23 B 86.02281, NVwZ 1989, 167 (168).

26 Vgl. *Rittwage*, NZBau 2007, 484 zu vergaberechtlichen Vergleichen.

27 Bader/Ronellenfitsch/*Spieth* § 55 Rn. 37 ff.

28 Vgl. BVerwG, Beschl. v. 26.10.2006 – 7 B 19.06, juris Rn. 34.

29 Vgl. Knack/*Henneke*, § 55 Rn. 6. Ebenso Vorauflage, § 55 Rn. 19.

30 Vgl. OVG Nordrhein-Westfalen, Beschl. v. 20.08.2008 – 12 B 1170/08, juris Rn. 9 ff., zum Prozessvergleich. Ähnlich BSG, Urt. v. 17.05.1989 – 10 RKg 16/88, NJW 1989, 2565: Ein gegenseitiges Nachgeben liegt auch dann vor, wenn die Beteiligten durch beiderseitiges Entgegenkommen eine Vereinbarung über die Durchsetzbarkeit des dem Streit zugrundeliegenden materiell-rechtlichen Anspruchs treffen.

31 Vgl. Stelkens/Bonk/Sachs/*Bonk*, § 55 Rn. 42; Kopp/*Ramsauer*, § 55 Rn. 19.

Würdigung bezieht sich nach dem Wortlaut des § 55 aber nur auf die Ungewissheit über die Sach- oder Rechtslage. **Der Begriff des Nachgebens ist daher – wie auch im Zivilrecht – aus Sicht der Parteien zu verstehen,**[32] da nur hiermit eine dem jeweiligen Streitfall gerecht werdende Flexibilität in den Handlungsformen sichergestellt werden kann. Ein stark subjektiver Einschlag der Bewertungen der Situation durch die streitenden Parteien ist – wie auch die Befriedungsfunktion vergleichsweiser Regelungen – stets in Rechnung zu stellen. Eine vorgezogene objektivierte Bewertung der Rechtslage, die zum justizförmigen Verfahren zwingt, ist kein überlegener Lösungsmechanismus. Fehlt es am Nachgeben einer Seite, kann ein wirksamer Anerkenntnis- oder Verzichtsvertrag nach § 54 vorliegen.[33]

18 Ein **Nachgeben der Behörde** kann z.B. bestehen in der Verpflichtung, die Vornahme eines VA zu unterlassen, dessen Erlass zunächst beabsichtigt war, einen VA mit geringerer Belastung zu erlassen, einen bereits erlassenen VA ganz oder teilweise aufzuheben, einen zunächst versagten begünstigenden VA zu erlassen, einen VA zu erlassen, der den Betroffenen in stärkerem Maße begünstigt als der zunächst erlassene, oder sonstige Leistungen (z.B. auch Realakte) zu erbringen. Ein aufgrund eines Vergleichs erlassener VA kann mit der Begründung angefochten werden, er stimme nicht mit dem Vergleich überein oder für den Vergleich sei die Geschäftsgrundlage entfallen.[34]

19 Als ein **Nachgeben des Vertragspartners** der Behörde kommt u. a. in Betracht die Verpflichtung zur Rücknahme einer Klage[35] oder eines Widerspruchs, zur Abstandnahme von einer Schadensersatzforderung,[36] zur Vornahme eines Grundstückstausches,[37] zur Abgabe eines kausalen oder abstrakten Schuldanerkenntnisses[38] (z.B. hinsichtlich einer Abgabenschuld, deren Bestehen ungewiss ist), zur Erbringung sonstiger Leistungen, wie etwa die Sammlung und der Abtransport von auf seinem Grundstück lagernden Abfällen, die gem. § 3 Abs. 2 Satz 1 AbfG von der zuständigen Körperschaft zu beseitigen wären.[39]

20 Das Nachgeben muss gegenseitig sein, sodass das Nachgeben des einen Vertragspartners das Nachgeben des anderen bedingt. Das bedeutet jedoch **nicht**, dass die beiderseitigen Zugeständnisse **gleichwertig** sein müssen.[40]

32 Vgl. MüKo-BGB/*Habersack*, § 779 Rn. 26, m.w.N.
33 Vgl. OVG Nordrhein-Westfalen, Beschl. v. 20.08.2008 – 12 B 1170/08, juris Rn. 7.
34 VGH Baden-Württemberg, Beschl. v. 28.02.1997 – 9 S 1610/96, VBlBW 1997, 301.
35 BVerwG, Urt. v. 28.03.1962 – V C 100.61, NJW 1962, 1636; OVG Nordrhein-Westfalen, Entsch. v. 30.03.1973 – X A 754/71, DVBl 73, 696.
36 OVG Nordrhein-Westfalen, Entsch. v. 30.03.1973 – X A 754/11, DVBl 73, 696; OLG München, Urt. v. 19.12.1991 – 1 U 4476/91, NVwZ 1993, 100 (101).
37 Vgl. BVerwG, Urt. v. 30.04.1976 – VII C 63.75, NJW 1976, 2360.
38 Vgl. BVerwG, Urt. v. 14.02.1975 – IV C 19.73, NJW 1975, 1751; OVG Niedersachsen, Urt. v. 26.02.1976 – VI A 199/75, DÖV 1977, 208 ff.
39 VGH Baden-Württemberg, Urt. v. 07.08.1984 – 10 S 2137/83, UPR 85, 245 (247).
40 Ebenso *Ule/Laubinger*, § 68 II 2b).

Das gegenseitige Nachgeben muss sich auf die bestehende Ungewissheit beziehen[41] (**Konnexität**) und darf daher nicht zur Übernahme solcher (gesetzwidriger) Pflichten führen, deren »Gesetzwidrigkeit mit der beizulegenden Ungewissheit nichts zu tun hat«.[42] In diesem Rahmen ist allerdings auch die **Einbeziehung von Rechten und Pflichten möglich, die nicht Gegenstand des Verfahrens sind.**[43] Ist die durch das Nachgeben übernommene Verpflichtung des Vertragspartners der Behörde eine Gegenleistung, die keinen Bezug zur bestehenden Ungewissheit aufweist, so kann ein zulässiger Austauschvertrag nach § 56 gegeben sein, wenn dessen Tatbestandsvoraussetzungen vorliegen. 21

Konnexität zu einer bestehenden Ungewissheit besteht z.B., wenn bei einer Ungewissheit über die verunstaltende Wirkung eines Bauwerks der Eigentümer eine Umgestaltung zusichert und die Bauaufsichtsbehörde sich verpflichtet, unter Verzicht auf die zunächst beabsichtigte Beseitigungsanordnung die für die Umgestaltung erforderliche Baugenehmigung zu erteilen. 22

Keine Konnexität auf eine bestehende Ungewissheit liegt u.a. dann vor, wenn sich die Baugenehmigungsbehörde im Rahmen eines mit dem Bauwerber und dessen Nachbarn geschlossenen Vertrages dazu verpflichtet, dem Nachbarn für die Zurücknahme seiner gegen die Baugenehmigung erhobenen Klage eine Baugenehmigung zu erteilen, die rechtswidrig ist.[44] 23

IV. Beseitigung der Ungewissheit

Der Vertragsabschluss muss darauf gerichtet sein, die bestehende Ungewissheit zu beseitigen. Daher müssen sich die Ungewissheit und das Nachgeben auf ein und denselben Punkt beziehen. Daran fehlt es, wenn aus Anlass einer Ungewissheit einer der Beteiligten im Vertrag eine gesetzwidrige Leistung verspricht, die mit der beizulegenden Ungewissheit nichts zu tun hat; ein solcher Vertrag verstößt gegen § 55 VwVfG.[45] 24

Andere Ziele (wie z.B. die rechtswidrige Begünstigung des Vertragspartners) führen zur Rechtswidrigkeit der behördlichen Verfahrensentscheidung und damit auch des auf sie gestützten Vertrages. 25

V. Pflichtgemäßes Ermessen

Die Behörde hat hinsichtlich der Frage, ob sie einen Vergleichsvertrag schließen will, eine **Ermessensentscheidung** zu treffen. **Zweckmäßig** ist der Abschluss eines 26

41 Vgl. BVerwG, Urt. v. 17.11.1975 – IV C 84.73, BVerwGE 49, 359 (364 f.).
42 BVerwG, Urt. v. 17.11.1975 – IV C 84.73, BVerwGE 49, 359 (365); BVerwG, Urt. v. 28.03.1962 – V C 100.61, NJW 1962, 1636.
43 Ebenso Stelkens/Bonk/Sachs/*Bonk*, § 55 Rn. 44.
44 Vgl. BVerwG, Urt. v. 14.11.1975 – IV C 84.73, BVerwGE 49, 359 (364 f.).
45 Vgl. BVerwG, Urt. v. 03.03.1995 – 8 C 32.93, BVerwGE 98, 58 (63); Urt. v. 01.12.1989 – 8 C 17.97, BVerwGE 84, 157 (165); Urt. v. 14.11.1975 – IV C 84.73, BVerwGE 49, 359 (364 f.).

Vergleichsvertrages, wenn die Beseitigung der Ungewissheit einen **unangemessenen Aufwand an Zeit, Geld oder Kapazitäten** erfordern würde.[46]

27 **Unangemessen** ist der Aufwand, wenn er eine Belastung für die Behörde zur Folge hat, der gegenüber die Belastung der Rechtsordnung mit einer von ihr nicht gedeckten Regelung vergleichsweise geringfügig ist. So ist es z.B. zweckmäßig, einen Vergleichsvertrag zu schließen, wenn eine gesetzliche Geldleistung in Rede steht, die weit unter dem liegt, was eine weitere Sachverhaltsermittlung oder die Durchführung eines Gerichtsverfahrens kosten würde.

28 Ein maßgeblicher Gesichtspunkt für die Ermessensausübung kann auch sein, dass ein **bedeutsamer Rechtsanspruch des Bürgers** in Rede steht, der bei weiterer Sachaufklärung durch den **Zeitablauf vereitelt würde**. Oder auch der Umstand, dass mit einem Vergleichsvertrag die **drohende Verjährung einer im Streit stehenden Beitragspflicht verhindert** wird.[47]

29 In die Ermessenserwägung einzustellen ist der Gesichtspunkt der **Gleichbehandlung.**[48] Schließt die Behörde in einem Falle einen Vergleich, ist sie gehalten, dies in anderen gleich gelagerten Fällen zu tun, wenn nicht ein sachlicher Grund für eine unterschiedliche Behandlung vorliegt. Ein zulässiges Differenzierungskriterium kann im Verfahrensstand liegen. So führt ein Prozessvergleich oder ein Vergleich im Widerspruchsverfahren nicht dazu, dass die Behörde nun nachträglich alle Bürger gleichbehandeln muss, die keinen Rechtsbehelf eingelegt haben. Unzulässig ist auch ein willkürliches Abweichen von einer bestehenden Verwaltungspraxis.

30 Auch die rechtlich relevanten Ziele der Herstellung von **Rechtsfrieden** und von **Rechtssicherheit in angemessener Zeit** können den Vergleich im Kontext komplexer Materien rechtfertigen.[49] Die gegenteilige Auffassung überbewertet die Fähigkeit des streng justizförmigen Verfahrens zur Erreichung dieser Ziele in solchen Fällen.

VI. Widerrufsfrist

31 Es ist zulässig, einen Vergleichsvertrag mit Bedingungen und Befristungen zu versehen, solange der Inhalt der übernommenen Verpflichtungen noch hinreichend bestimmt ist.[50] In der Praxis am bedeutungsvollsten ist die Widerrufsfrist. Mit ihr steht der Vergleichsvertrag unter der aufschiebenden Bedingung der Unterlassung eines Widerrufs innerhalb der vereinbarten Frist. Da es sich um eine vertragliche Frist handelt, ist eine Wiedereinsetzung nach § 32 nicht möglich.[51] Es kann aber in

46 Ebenso *Ule/Laubinger*, § 68 II 2 b). A.A.: *Tschaschnig*, S. 55.
47 Vgl. BVerwG, Urt. v. 22.06.1979 – IV C 29.76, DÖV 1980, 48 (49).
48 Vgl. VGH Bayern, Urt. v. 09.02.1977 – 155 IV 76, BayVBl. 1977, 405 (406).
49 Vgl. BT-Drucks. 7/910, S. 77, zum öffentlich-rechtlichen Vertrag allgemein; ebenso *Schick*, S. 32; *Jachmann*, BayVBl. 1993, 326; a.A. *Tiedemann*, DÖV 1996, 602.
50 Vgl. VGH Baden-Württemberg, Beschl. v. 11.04.1998 – 1 S 1233/88, NVwZ 1988, 755 (756).
51 Vgl. BVerwG, Beschl. v. 24.08.1999 – 4 B 72.99, NVwZ-RR 2000, 255.

Ausnahmefällen nach Treu und Glauben unzulässig sein, sich auf den Eintritt der Frist zu berufen.[52]

VII. Wirksamkeit des Vergleichsvertrages

Die Wirksamkeit eines Vergleichsvertrages nach § 55 bemisst sich nach den Grundsätzen, die die Wirksamkeit eines örV überhaupt bestimmen (vgl. § 54 Rdn. 64). Die Berufung auf einen Vergleichsvertrag kann nur gegen Treu und Glauben verstoßen, insbesondere in Form einer unzulässigen Rechtsausübung, wenn besondere Umstände vorliegen und dabei das Festhalten am Vertrag zu einem mit der Gerechtigkeit schlechthin unvereinbaren Ergebnis führen würde oder mit einer früheren Handlungsweise eines Vertragsbeteiligten völlig unvereinbar wäre.[53] 32

Ist ein Vergleichsvertrag gem. § 59 Abs. 2 Nr. 3 nichtig (vgl. § 59), so muss – ggf. im Wege der Umdeutung (vgl. § 62), – geprüft werden, ob ein wirksamer Austauschvertrag nach § 56 vorliegt. Ebenso ist zu verfahren, wenn ein Begriffsmerkmal des Vergleichsvertrages i.S.d. § 55 fehlt, weil sich z.B. das Nachgeben nicht auf die bestehende Ungewissheit bezieht (vgl. Rdn. 21 ff.). 33

Läßt sich ein unzutreffender Weise als Vergleichsvertrag gem. § 55 gewerteter subordinationsrechtlicher Vertrag nicht als ein wirksamer Austauschvertrag nach § 56 betrachten, so ist er nichtig. § 55 legt abschließend fest, welche Begriffsmerkmale ein den Erlass bzw. die Unterlassung eines VA vereinbarender örV aufweisen muss, damit er als Vergleichsvertrag geschlossen werden kann. 34

Der Vergleichsvertrag hat die Rechtswirkungen eines subordinationsrechtlichen Vertrages (vgl. § 54 Rdn. 68 ff.) mit der Besonderheit, dass er durch die getroffene Vereinbarung eine ungewisse Rechtslage ersetzt und damit für die Regelung des betreffenden Falles eine neue (vom geltenden Verwaltungsrecht ggf. abweichende) Rechtsgrundlage zur Verfügung stellt. Der Vertrag bleibt daher auch wirksam, wenn es sich bei einer späteren Klärung der Ungewissheit herausstellt, dass die Vereinbarung objektiv rechtswidrig war. 35

C. Vergleiche in kommunalen Abgabenverträgen

Die Zulässigkeit von Vergleichen über Kommunalabgaben ist streitig. Soweit das jeweilige Landesrecht für das Abgabenrecht die Anwendung des VwVfG ausschließt und die AO Anwendung findet, ist § 55 zumindest direkt nicht anwendbar und § 85 AO zu beachten. Danach haben die Behörden die Abgaben nach Maßgabe der Gesetze gleichmäßig festzusetzen und zu erheben. Diese strikte Bindung an das Gesetz ist nach st. Rspr. des BVerwG im Abgabenrecht von besonderer und gesteigerter Bedeutung. Dies schließt aus, dass Abgabengläubiger und Abgabenschuldner von den gesetzlichen Regelungen abweichende Vereinbarungen treffen, sofern nicht das Gesetz dies ausnahmsweise gestattet. Dieser Grundsatz ist für einen Rechtsstaat so fundamental, 36

52 Offengelassen von BVerwG, Beschl. v. 24.08.1999 – 4 B 72.99, NVwZ-RR 2000, 255.
53 Vgl. OVG Rheinland-Pfalz, Urt. v. 18.02.2010 – 1 A 10973/09, juris Rn. 48.

dass seine Verletzung als Verstoß gegen ein gesetzliches Verbot zu betrachten ist, das Nichtigkeit zur Folge hat.[54] Wenn § 55 nicht anwendbar ist, hingegen § 85 AO gilt, sind auch Vergleichsverträge insoweit ausgeschlossen (str.).[55] Eine entsprechende Anwendbarkeit von § 55[56] scheidet angesichts des klaren Wortlauts des § 85 AO und des Verzichts der AO auf vergleichbare Regelungen wie §§ 54 ff. aus. Es bedarf vielmehr einer spezialgesetzlichen Ermächtigung für solche Verträge im Fachrecht, die Regelungen der §§ 54 ff. stellen insoweit keine ausreichende Grundlage dar.[57] Die Auffassung, vertragliche Vereinbarungen im kommunalen Gebühren- und Beitragsrecht seien nicht als Vereinbarungen, die gegen § 85 AO verstoßen, anzusehen,[58] überzeugt nicht; sie ist mit Wortlaut und Zweck des § 85 AO nur schwer zu vereinbaren. Von einem allgemeinen Rechtsgrundsatz, dass Vergleichsverträge zulässig sind, auszugehen,[59] ist aus demselben Grund abzulehnen. Ein solcher Grundsatz existiert gerade im Abgabenrecht nicht.[60]

37 Wenn das jeweilige Landesrecht nicht auf die AO verweist und Abgabenverträge zulässt, steht die strikte Bindung an das Gesetz nicht entgegen.[61]

D. Koordinationsrechtliche Vergleichsverträge

38 Auf koordinationsrechtliche Vergleichsverträge zwischen Hoheitsträgern ist § 55 entsprechend anwendbar, wenn diese einer vergleichbaren Gesetzesbindung unterliegen wie im Subordinationsverhältnis.[62] Besteht eine solche Gesetzesbindung nicht, sind auf solche Vergleichsverträge § 54 Satz 1, §§ 59, 60, 62 anzuwenden.[63]

E. Verfahrensvorschriften des Sozialrechts und des Steuerrechts sowie Verwaltungsverfahrensrecht der Länder; Unionsrecht

39 Das Verwaltungsverfahrensrecht der Länder ist inhaltsgleich.

---

54 Vgl. nur BVerwG, Urt. v. 27.01.1982 – 8 C 24.81, BVerwGE 64, 361 (363), m.w.N.; OVG Rheinland-Pfalz, Urt. v. 13.12.2011 – 6 A 10857/11, juris Rn. 24 f.; OVG Nordrhein-Westfalen, Beschl. v. 19.10.2015 – 14 B 1025/15, juris.

55 Ebenso Stelkens/Bonk/Sachs/*Bonk*, § 54 Rn. 124 ff., mit umfassenden Nachweisen auch zur Gegenauffassung. Vgl. auch Tiedemann, DÖV 1996, 564.

56 Dafür Kopp/*Ramsauer*, § 55 Rn. 5; dagegen: VGH Hessen, Urt. v. 15.02.1996 – 5 UE 2836/95, NVwZ 1997, 618 (620).

57 Vgl. BVerwG, Urt. v. 12.12.2012 – 9 C 12.11, NVwZ-RR 2013, 383 (385); ebenso Stelkens/Bonk/Sachs/*Bonk*, § 54 Rn. 126 f.; a.A. z.B. VGH Bayern, Beschl. v. 12.12.2005 – 23 ZB 05.2280, BayVBl. 2006, 767: § 55 VwVfG ist ausreichende gesetzliche Gestattung.

58 So OVG Thüringen, Beschl. v. 20.03.2007 – 4 L 470/06, juris Rn. 5, m.w.N.

59 So VGH Hessen, Urt. v. 15.02.1996 – 5 UE 2836/95, NVwZ 1997, 618 (620).

60 Vgl. VG Saarlouis, Urt. v. 22.11.20219 – 3 K 2307/17, BeckRS 2019, 34205.

61 Vgl. Stelkens/Bonk/Sachs/*Bonk*, § 54 Rn. 125.

62 Vgl. OVG Nordrhein-Westfalen, Urt. v. 30.10.2007 – 1 R 24/06, juris Rn. 67; Kopp/*Ramsauer*, § 55 Rn. 5.

63 Vgl. OVG Nordrhein-Westfalen, Urt. v. 30.10.2007 – 1 R 24/06, juris Rn. 67.

§ 54 Abs. 1 SGB X entspricht § 55 VwVfG. Zudem bestimmt § 54 Abs. 2 SGB X, dass § 53 Abs. 2 SGB X – wonach ein örV über Sozialleistungen nur geschlossen werden kann, soweit die Erbringung der Leistungen im Ermessen des Leistungsträgers steht – für den Vergleichsvertrag nach § 54 Abs. 1 SGB X nicht gilt. Auch im sozialgerichtlichen Verfahren hat der Prozessvergleich eine Doppelnatur.[64] Die Behörde ist beim Abschluss eines Prozessvergleichs an den Grundsatz der Gesetzmäßigkeit des Verwaltungshandelns gebunden und darf sich daher nicht zur Gewährung von Leistungen verpflichten, für welche die gesetzlichen Voraussetzungen nicht gegeben sind. Gleichwohl ist ein materiell-rechtlich unrichtiger Prozessvergleich nach der Rechtsprechung des BSG nicht bereits unwirksam, wenn sein Inhalt mit materiell-rechtlichen Vorschriften ganz oder teilweise im Widerspruch steht, sondern nur, wenn sein Inhalt gegen ein gesetzliches Verbot verstößt (§§ 134, 138 BGB)[65] oder ein Verwaltungsakt mit entsprechendem Inhalt nichtig wäre, weil er an einem besonders schweren formellen oder sachlich-rechtlichen sowie offenkundigen Fehler leidet.[66] Insbesondere wenn aufgetretene Meinungsverschiedenheiten zum materiellen Recht beigelegt werden, ist die Regelung wirksam, auch wenn sie inhaltlich dem objektiven Recht widerspricht.[67] 40

Die tatsächliche Verständigung im Steuerrecht – die gesetzlich nicht geregelt ist – unterfällt den §§ 54 ff. nicht, da es sich um eine Vereinbarung in einem Verfahren nach der AO handelt (vgl. § 2 Abs. 2 Nr. 1).[68] Die tatsächliche Verständigung ist nach ständiger Rechtsprechung des BFH zulässig und unter bestimmten Voraussetzungen auch bindend. Vereinbarungen dürfen jedoch nur über den der Steuerfestsetzung zugrunde zu legenden Sachverhalt, nicht dagegen über reine Rechtsfragen getroffen werden.[69] Die Bindungswirkung einer tatsächlichen Verständigung setzt voraus, dass sie Sachverhaltsfragen der Vergangenheit betrifft, die Sachverhaltsermittlung erschwert ist, auf Seiten der Finanzbehörde ein für die Entscheidung über die Steuerfestsetzung zuständiger Amtsträger beteiligt ist und die tatsächliche Verständigung nicht zu einem offensichtlich unzutreffenden Ergebnis führt.[70] 41

§ 55 ist mit Unionsrecht vereinbar. 42

64 Vgl. BSG, Urt. v. 17.05.1989 – 10 RKg 16/88, NJW 1989, 2565; BSG, Urt. v. 01.04.1981 – 9 RV 43/80, juris Rn. 23.
65 Vgl. BSG, Urt. v. 17.05.1989 – 10 RKg 16/88, NJW 1989, 2565.
66 Vgl. BSG, Urt. v. 01.04.1981 – 9 RV 43/80, juris Rn. 20.
67 Vgl. BSG, Urt. v. 17.05.1989 – 10 RKg 16/88, NJW 1989, 2565.
68 Vgl. jedoch Vorauflage, § 55 Rn. 5: Kein Vergleich nach § 55, jedoch örV nach § 54 Satz 1 und damit Vergleichsvertrag im weiteren Sinne.
69 Vgl. BFH, Beschl. v. 22.08.2012 – I B 86/11, I B 87/11, BFH/NV 2013, 6; Urt. v. 01.02.2001 – IV R 3/00, BFHE 194, 13.
70 Vgl. BFH, Urt. v. 08.10.2008 – I R 63/07, BFHE 223, 194.

§ 56 Austauschvertrag

(1) [1]Ein öffentlich-rechtlicher Vertrag im Sinne des § 54 Satz 2, in dem sich der Vertragspartner der Behörde zu einer Gegenleistung verpflichtet, kann geschlossen werden, wenn die Gegenleistung für einen bestimmten Zweck im Vertrag vereinbart wird und der Behörde zur Erfüllung ihrer öffentlichen Aufgaben dient. [2]Die Gegenleistung muss den gesamten Umständen nach angemessen sein und im sachlichen Zusammenhang mit der vertraglichen Leistung der Behörde stehen.

(2) Besteht auf die Leistung der Behörde ein Anspruch, so kann nur eine solche Gegenleistung vereinbart werden, die bei Erlass eines Verwaltungsaktes Inhalt einer Nebenbestimmung nach § 36 sein könnte.

Schrifttum

Abel, Zur Zulässigkeit des Rechtsbehelfsverzichts bei einvernehmlichem Verwaltungshandeln, BayVBl. 2008, 711; *Baars*, Die Sicherung der Erschließung von Außenbereichsvorhaben durch Abschluss eines Erschließungssicherungsvertrages, BauR 2013, 546; *Breuer*, Das rechtsstaatliche Koppelungsverbot, NVwZ 2017, 112; *Butzer*, Brauchen wir das Koppelungsverbot nach § 56 VwVfG?, DÖV 2002, 881; *Grzeszick*, Anspruch, Leistungen und Grenzen steuerungswissenschaftlicher Ansätze für das geltende Recht, VerwArch 2009, 105; *Grziwotz*, Anmerkung zur Entscheidung des BVerwG, Urteil vom 10.08.2011, 9 C 6.10 – Zur Angemessenheit gem. § 124 Abs. 3 S. 1 BauGB bei Übernahme von Fremdanliegerkosten im Erschließungsvertrag, MittBayNot 2012, 415; *Meyer*, Vertragsstrafe und Unterwerfungserklärung im öffentlichen Recht, JZ 1996, 78; *Mohr*, Austauschverträge mit Steuerbehörden, NJW 1978, 790; *Möllers*, Vereinbarkeit des Geschäftsmodells Außenwerbung mit dem verwaltungsrechtlichen Koppelungsverbot, LKV 2017, 289; *Reidt*, Klimaschutz, erneuerbare Energien und städtebauliche Gründe, BauR 2010, 2025; *U. Stelkens*, »Hinkende« Verwaltungsverträge, Wirkungen und Rechtsnatur, DÖV 2009, 850; *Walter*, Die Koppelungsgeschäfte der öffentlichen Hand, 1973.

Übersicht **Rdn.**

A. Inhalt und Zweck

§ 56 regelt in seinem Abs. 1 den Begriff[1] und die Zulässigkeit des Austauschvertrages als eines – neben dem Vergleichsvertrag nach § 55 festgelegten – weiteren **Unterfalles des subordinationsrechtlichen Vertrages** nach § 54 Satz 2. In Abs. 2 werden die besonderen Voraussetzungen geregelt, unter denen die Vereinbarung einer Gegenleistung zulässig ist, wenn auf die Leistung der Behörde ein Anspruch besteht (Rdn. 24 ff.). 1

Mit § 56 ist zunächst eine frühere Streitfrage entschieden und geklärt, dass sich eine Behörde im Wege des örV eine Gegenleistung auch dann versprechen lassen darf, wenn es hierfür keine gesetzliche Ermächtigung gibt.[2] Die Regelung lässt solche Gegenleistungen aber nur eingeschränkt zu. Zweck der Beschränkung ist es zum einen, den mit den Grundsätzen des öffentlichen Rechts unvereinbaren »Verkauf von Hoheitsakten«[3] zu verhindern. Zum anderen soll der Vertragspartner der Behörde vor einer nicht angebrachten Leistungsforderung der Behörde geschützt werden.[4] Damit soll das im Rechtsstaatsprinzip verankerte **Koppelungsverbot** mit seinen Teilaspekten des Rechtsmissbrauchsverbotes, des Übermaßverbotes und des Willkürverbotes gesichert werden.[5] 2

B. Begriff und Zulässigkeit des Austauschvertrages (Abs. 1)

I. Begriff des Austauschvertrages

Austauschvertrag i.S.d. § 56 ist jeder örV i.S.d. § 54 Satz 2 (vgl. § 54 Rdn. 65 ff.), in dem neben der Leistung einer Behörde die Gegenleistung des Vertragspartners vereinbart wird. Dabei muss es sich nicht notwendig um ein echtes **Synallagma** im Sinne eines »do ut des« von Leistung und Gegenleistung handeln. Möglich ist auch, dass durch die Gegenleistung überhaupt erst die Voraussetzung dafür geschaffen wird, dass die Behörde die Leistung rechtmäßig erbringen darf. Solche vertraglichen Abreden sind vor allem in Fällen von Bedeutung, in denen die Behörde durch einseitiges Handeln mangels gesetzlicher Grundlage die Voraussetzungen nicht erzwingen könnte, unter denen sie ihre Leistung erbringen darf. Austauschverträge sind auch solche, in denen kein Leistungsaustausch im engeren Sinne stattfindet, sondern in denen eine Art **Aufwendungsersatz** vereinbart wird (Beispiel: Stellplatz-Ablöse-Vereinbarung).[6] Schließlich liegt ein Austauschvertrag auch vor, wenn die Leistung der Behörde Bedingung oder Geschäftsgrundlage für die vertraglich vereinbarte Gegenleistung des 3

1 Der Begriff des Austauschvertrages geht auf *Salzwedel*, (S. 123 f.) zurück. Vgl. auch BVerwG, Urt. v. 14.02.1975 – IV C 19.73, NJW 1975, 1751.
2 Dies verneinte früher z.B.: *Menger/Erichsen*, VerwArch 1967, 174.
3 Vgl. BVerwG, Urt. v. 06.07.1973 – 4 C 22.72, BVerwGE 42, 331; vgl. dazu auch *Looman*, NJW 1996, 1439.
4 BT-Drucks. 7/910, S. 80.
5 Vgl. Stelkens/Bonk/Sachs//*Bonk*, § 56 Rn. 5; BVerwG, Urt. v. 13.07.1979 – 4 C 67.76, DÖV 1979, 756.
6 BVerwG, Urt. v. 13.07.1979 – 4 C 67.76, DÖV 1979, 756.

Bürgers ist (**hinkende Austauschverträge**),[7] nicht aber bei einem einseitigen Schuldanerkenntnis.[8]

4 Auch **Verfügungsverträge** können Austauschverträge sein. Das ist der Fall, wenn die Behörde z.B. in dem Vertrag selbst bereits einen Baudispens erteilt und sich die Gegenleistung lediglich versprechen lässt.[9] In Betracht kommt auch ein Verfügungsgeschäft seitens des Vertragspartners, also als Gegenleistung, z.B. ein Rechtsmittelverzicht.[10]

5 Auf koordinationsrechtliche Verträge (vgl. § 54 Rdn. 40) findet die Vorschrift hingegen keine Anwendung.

II. Zulässigkeit des Austauschvertrages

1. Die Behördenleistung

6 Als Behördenleistung kommen alle Leistungen in Betracht, die auch Regelungsgegenstand eines begünstigenden VA sein könnten, also Genehmigungen, Erlaubnisse, Befreiungen (Dispense) und Bewilligungen. In Betracht kommt auch das Versprechen, eine zulässige Belastung zu unterlassen.[11] Zulässig ist auch, dass die Behördenleistung nur stillschweigende Bedingung ist (vgl. Rdn. 3).

7 Die Leistung der Behörde ist unter den Voraussetzungen des § 54 zulässig. Daher darf die Behörde durch Vertrag keine Leistung versprechen, die nach der gegebenen Rechtslage von ihr zulässig nicht erbracht werden kann (vgl. § 54 Rdn. 60 ff.). Soweit die Behörde danach auch den Gleichheitssatz zu beachten hat (vgl. § 54 Rdn. 61), darf sie hinsichtlich der Gegenleistung den Vertragspartner nicht im Verhältnis zu Dritten (z.B. in der Vergangenheit oder Zukunft von einem entsprechenden VA Betroffenen) unvertretbar begünstigen oder benachteiligen.

2. Die Gegenleistung

8 Gegenleistungen sind nicht nur marktfähige Leistungen wie Geldzahlungen, Abtretung von Land, Übernahme bestimmter Handlungspflichten. In Betracht kommt auch der Verzicht z.B. auf die Stellung weiterer Bauanträge oder auf Rechtsmittel gegen einen Bescheid.

9 Die Gegenleistung ist zulässig, wenn vier Voraussetzungen erfüllt sind: Sie muss (1.) für einen bestimmten Zweck im Vertrag vereinbart sein, (2.) der Behörde zur

---

7 Vgl. BVerwG, Urt. v. 20.03.2003 – 2 C 23/02, NVwZ-RR 2003, 874; BVerwG, Urt. v. 16.05.2000 – 4 C 4.99, BVerwGE 111, 162: zumindest entsprechende Anwendung von § 56; a.A. wohl OLG Düsseldorf, Urt. v. 09.07.1992 – 10 U 2/92, NVwZ 1993, 405.

8 Vgl. BVerwG, Urt. v. 24.08.1994 – 11 C 14.93, NJW 1995, 1104.

9 Ebenso Meyer/*Borgs*, § 56 Rn. 5.

10 Vgl. VG Dresden, Urt. v. 16.03.1994 – 5 K 1916.93, RAnB 1995, 136.

11 OVG Niedersachsen, Beschl. v. 02.04.2019 – 4 LA 235/18, BeckRS 2019, 5383: Wenn also etwa die Mittelvergabe auch durch einen Verwaltungsakt erfolgen könnte, wie es bei Ausbildungsstipendien der öffentlichen Hand nicht unüblich ist; Meyer/*Borgs*, § 56 Rn. 9.

Erfüllung ihrer öffentlichen Aufgaben dienen (Satz 1), (3.) den gesamten Umständen nach angemessen sein und (4.) im sachlichen Zusammenhang mit der Behördenleistung stehen (Satz 2).

a) Zweckbindung (Satz 1)

Die Gegenleistung muss für einen bestimmten Zweck vereinbart sein. 10

Die Ausrichtung auf einen bestimmten Zweck ist gegeben, wenn die Verwendung der Gegenleistung hinreichend konkret festgelegt ist. Bei der Verpflichtung zur Zahlung einer bestimmten Geldsumme genügt eine allgemeine Zuordnung (etwa »für Schulbaumaßnahmen«), ohne dass die Verwendung im Einzelnen vereinbart werden müsste.[12] Überhaupt keine Zweckbestimmung liegt z.B. vor, wenn eine Gegenleistung als »Zuzugsabgabe« (d.h. als Abgabe für den Zuzug in das Gemeindegebiet) qualifiziert wird.[13] Der innere Zusammenhang zwischen Leistung und Gegenleistung muss durch die Zweckvereinbarung erkennbar werden.[14] 11

Soll eine Leistung (etwa eine Geldleistung) zugleich mehreren Zwecken dienen, so ist ihre prozentuale Aufteilung erforderlich.[15] Die Bestimmung alternativer Zwecke ist zulässig, sofern der Vertrag eindeutige Regeln für die endgültige Verwendung der Leistung enthält. Das ist z.B. der Fall, wenn einer von mehreren aufgeführten Zwecken nur beim Scheitern anderer Finanzierungsversuche berücksichtigt werden soll.[16] 12

Die Zweckbestimmung ist Bestandteil des Austauschvertrages, weshalb sie gem. § 57 der Schriftform bedarf und in die Vertragsurkunde aufgenommen werden muss. Damit wird sichergestellt, dass die tatbestandlich notwendige Ausrichtung auf einen bestimmten Zweck eindeutig zu erkennen ist und für die Prüfung der Wirksamkeit des Vertrages keine besonderen Beweisprobleme aufwirft. Unklare und mehrdeutige Formulierungen schaden aber nicht, wenn sie aus dem Kontext des Vertrages auslegungsfähig sind.[17] 13

b) Zur Erfüllung ihrer öffentlichen Aufgaben (Satz 1)

Aus dem vereinbarten Zweck muss sich ergeben, dass die Gegenleistung der Behörde zur Erfüllung ihrer öffentlichen Aufgaben dient. 14

Die Gegenleistung muss **für die vertragschließende Behörde selbst** bestimmt sein. Sie darf also nicht einer anderen Behörde zugutekommen, auch wenn diese dem gleichen 15

---

12 Vgl. BVerwG, Urt. v. 06.07.1973 – 4 C 22.72, BVerwGE 42, 331.
13 Vgl. BVerwG, Urt. v. 06.07.1973 – 4 C 22.72, BVerwGE 42, 331; BGH, Urt. v. 31.01.1975 – V ZR 45/73, NJW 1975, 1019 (1020).
14 Vgl. Stelkens/Bonk/Sachs/*Bonk*, § 56 Rn. 51, m.w.N.
15 Vgl. Kopp/*Ramsauer*, § 56 Rn. 9, m.w.N.
16 Vgl. Kopp/*Ramsauer*, § 56 Rn. 9a.
17 Vgl. BVerwG Urt. v. 16.05.2000 – 4 C 4.99, BVerwGE 111, 162 (167); BVerwG, Urt. v. 15.12.1989 – 7 C 6.88, BVerwGE 84, 236 (242 ff.).

Hoheitsträger angehört wie die vertragschließende Behörde.[18] Das setzt dem **örV zugunsten Dritter** Grenzen. Unzulässig ist z.B. eine Gegenleistung an eine mitwirkungspflichtige Behörde (§ 58 Abs. 2), sofern diese nicht selbst Vertragspartner ist. An Dritte darf die Gegenleistung nur dann gerichtet sein, wenn die Behörde selbst damit ihrer eigenen öffentlichen Aufgabe nachkommt. Beispiel: Vereinbarung einer immissionsrechtlichen Schutzmaßnahme zugunsten des Nachbarn i.S.d. § 5 Nr. 1 BImSchG, wenn die Behörde zuständige Immissionsschutzbehörde ist,[19] Verpflichtungserklärung zugunsten eines Ausländers nach § 68 AufenthG.[20]

16 Die Gegenleistung muss weiter **für die Erfüllung öffentlicher Aufgaben** Verwendung finden. Damit ist der Kreis jener Aufgaben angesprochen, die der Behörde zur Verwirklichung des öffentlichen Wohls innerhalb ihres Kompetenzbereichs auferlegt sind. Zu ihnen zählen stets der Vollzug des öffentlichen Rechts sowie die gesetzlich auferlegte Errichtung und Unterhaltung gemeinwohlbezogener Einrichtungen (etwa von Schulen, Krankenhäusern. Parkhäusern. Kinderspielplätzen), auch wenn diese unter Beteiligung des verantwortlichen Hoheitsträgers in den Formen des (Verwaltungs-)Privatrechts – z.B. als AG – betrieben werden,[21] unter Einschluss der fiskalischen Hilfsgeschäfte. Daher ist z.B. bei einem Austauschvertrag eine Gegenleistung zugunsten kommunaler Verkehrs- oder Energieversorgungseinrichtungen auch dann möglich, wenn diese im Auftrag der Gemeinde durch eine AG betrieben werden.

17 Keine öffentlichen Aufgaben sind dagegen die Errichtung und der Betrieb erwerbswirtschaftlicher Unternehmen der öffentlichen Hand (etwa eines gemeindlichen Ratskellers oder einer staatlichen Porzellanmanufaktur).[22]

c) Angemessenheit der Gegenleistung (Satz 2)

18 Die Notwendigkeit der Angemessenheit der Gegenleistung folgt aus dem verwaltungsrechtlichen Grundsatz der Verhältnismäßigkeit.[23].

19 Die Gegenleistung des Vertragspartners darf bei einer wirtschaftlichen Betrachtung des Gesamtvorganges nicht außer Verhältnis zu dem wirtschaftlichen Wert der von der Behörde zu erbringenden Leistung stehen und es darf keine Anhaltspunkte dafür geben, dass die Gegenleistung eine unzumutbare Belastung bedeutet. Das Angemessenheitsgebot umfasst daher objektive und subjektive Gesichtspunkte.[24] Die

---

18 Ebenso Kopp/*Ramsauer*, § 56 Rn. 11; Meyer/*Borgs*, § 56 Rn. 17. A.A. Stelkens/Bonk/Sachs/*Bonk*, § 56 Rn. 53: auch zur Erfüllung öffentlicher Aufgaben des Rechtsträgers der vertragsschließenden Behörde.

19 Im Ergebnis ebenso Meyer/*Borgs*, § 56 Rn. 17.

20 Vgl. VG München, Urt. v. 01.09.1994 – M 15 K 93.2737, NVwZ-RR 1995, 608; vgl. aber: OLG Düsseldorf, Urt. v. 09.07.1992 – 10 U 2/92, NVwZ 1993, 405.

21 Ebenso Meyer/*Borgs*, § 56 Rn. 16; Kopp/*Ramsauer*, § 56 Rn. 11.

22 Vgl. Kopp/*Ramsauer*, § 56 Rn. 11.

23 Vgl. Stelkens/Bonk/Sachs/*Bonk*, § 56 Rn. 54.

24 Vgl. BVerwG, Beschl. v. 20.11.2012 – 4 B 7.12, BauR 2013, 444; BVerwG, Urt. v. 25.11.2005 – 4 C 15.04, BVerwGE 124, 385 (391); BVerwG, Urt. v. 06.07.1973 – 4 C 22.72, BVerwGE 42, 331 (345); VGH Bayern, Beschl. v. 16.11.2009 – 4 BV 07.1902,

beiderseitigen Verpflichtungen müssen sich, wenn auch nicht gleichwertig, so doch in einem Verhältnis ungefährer Ausgewogenheit gegenüberstehen, zumal der Wert einer Leistung im öffentlich-rechtlichen Bereich – wie z.B. die Erteilung einer Baugenehmigung – oft nur schwer objektivierbar ist.[25] Die konkrete Höhe etwa einer Kostenbeteiligung kann ungeachtet der Bindung an gesetzliche Maßstäbe vertraglich und aus Gründen der Vereinfachung pauschalierend festgesetzt werden.[26]

d) Sachlicher Zusammenhang mit der Leistung (Satz 2)

Der sachliche Zusammenhang der Gegenleistung (Konnexität) mit der vertraglichen Leistung der Behörde ist erforderlich, weil nach dem **Koppelungsverbot** (vgl. Rdn. 2) ein örV keine Leistungen miteinander verknüpfen darf, die nicht schon ohnedies »im inneren Zusammenhang« zueinander stehen.[27] Insbesondere ist ausgeschlossen, hoheitliche Entscheidungen ohne entsprechende gesetzliche Ermächtigung von wirtschaftlichen Gegenleistungen abhängig zu machen, es sei denn, erst die Gegenleistung würde ein der Entscheidung entgegenstehendes rechtliches Hindernis beseitigen.[28] Der vom Gesetz verlangte »sachliche Zusammenhang« zwischen Leistung und Gegenleistung kann auch dann entfallen, wenn die vom Bürger zu erbringende Leistung einem anderen öffentlichen Interesse zu dienen bestimmt ist als die von der Behörde zu erbringende oder von ihr in Aussicht gestellte Leistung.[29] Der sachliche Zusammenhang muss bei »hinkenden Verträgen« (vgl. Rdn. 3) zu der stillschweigend vorausgesetzten Pflicht der Behörde bestehen.[30] 20

Ein sachlicher Zusammenhang ist immer dann gegeben, wenn die Gegenleistung es der Behörde ermöglicht oder erleichtert, die vom Vertragspartner begehrte Leistung (z.B. die Erteilung einer Genehmigung) zu erbringen. Fehlt es an einem sachlichen Zusammenhang, wird dieser nicht dadurch hergestellt, dass die Gegenleistung für den Vertragspartner günstiger ist als eine rechtmäßig mögliche Leistung.[31] 21

Das ist bspw. der Fall, wenn der durch die Befreiung von der **Stellplatzpflicht** Begünstigte eine Ablösungssumme zur Errichtung von Einstellplätzen zahlt, die die von seinem Bauvorhaben ausgehende Gefährdung des Verkehrs auszuräumen bestimmt und geeignet ist,[32] sich ein Beamter, dem für die Dauer eines längeren Ausbildungsurlaubs 22

---

juris Rn. 47; Stelkens/Bonk/Sachs/*Bonk*, § 56 Rn. 55, 55a; vgl. auch *Bielenberg*, DVBl 1967, 260.

25 Vgl. Kopp/*Ramsauer*, § 56 Rn. 14, m.w.N.

26 VG Dresden, Urt. v. 24.10.2013 – 3 K 1942/11 –, juris.

27 Vgl. *Breuer*, NVwZ 2017, 112.

28 Instruktiv: *Möllers*, LKV 2017, 289.

29 Vgl. BVerwG Beschl. v. 27.06.2006 – 5 B 108.05, juris Rn. 5; BVerwG, Urt. v. 16.05.2000 – 4 C 4.99, BVerwGE 111, 162 (169); BVerwG, Urt. v. 13.07.1979 – 4 C 67.76, DÖV 1979, 756.

30 Vgl. OVG Sachsen, Urt. v. 18.08.2011 – 1 A 355/09, juris Rn. 40.

31 Vgl. BVerwG, Beschl. v. 27.06.2006 – 5 B 108.05 – juris Rn. 10.

32 BVerwG, Urt. v. 13.07.1979 – 4 C 67.76, DÖV 1979, 756. Zur Zulässigkeit von örVen über die Ablösung der Stellplatz- oder Garagenbaupflicht vgl. *Ehlers*, DVBI. 1986, 529 ff.

im Ermessenswege die **Fortzahlung der Dienstbezüge** bewilligt wird, für den Fall vorzeitigen Ausscheidens aus dem Dienst zur Rückzahlung dieser Bezüge verpflichtet[33], bei der Einräumung eines Einvernehmensvorbehaltes für künftige Baumaßnahmen aus immissionsschutzrechtlichen Gründen bei Gewährung von Wirtschaftsförderung,[34] wenn sich ein Grundstückseigentümer in einem Bewirtschaftungsvertrag im Rahmen des Vertragsnaturschutzes zu Einschränkungen der Jagdausübung verpflichtet.[35] Oder wenn die Behörde sich als Stipendiengeberin den ersten Zugriff auf die von ihr geförderten Absolventen sichert, indem sie den Stipendiennehmer dazu verpflichtet, das Stipendium bei Nichtannahme eines Einstellungsangebot des Stipendiengebers nach Abschluss der mit dem Stipendium geförderten Ausbildung zurückzuzahlen,[36] auch, wenn eine Einbürgerung an die Rückforderung einer früher erteilten und auf eine spätere Berufstätigkeit im Ausland abzielenden Studienförderung geknüpft wird, wenn ansonsten der gesetzliche Zweck dieser Förderung, nämlich wissenschaftliche Kompetenzen für eine Tätigkeit im Ausland zu fördern, durch die Einbürgerung vereitelt würde.[37]

23 **Kein sachlicher Zusammenhang** besteht u. a., wenn für die Befreiung von einem Bauverbot die Abtretung eines Grundstücksstreifens vereinbart wird, der mit den Zwecken des Bauverbots in keinem Zusammenhang steht,[38] für das gemeindliche Einvernehmen zur Erteilung einer Ausnahmegenehmigung von den Festsetzungen des Bebauungsplans nach § 31 Abs. 2 BauGB dem Bauwerber Folgekosten abverlangt werden, die etwas anderes erfassen, als das, was das betreffende Bauvorhaben an Folgen auslöst,[39] wenn sich ein kommunaler Beamter verpflichtet, für den Zeitraum seiner Beurlaubung dem Dienstherrn die für ihn durch den Dienstherrn an einen kommunalen Versorgungsverband geleistete Umlage zu erstatten.[40] Unzulässig sind auch die Zahlungspflicht eines öffentlich Angestellten für eine Verbeamtungszusage[41] und die Einbeziehung von Außenbereichsgrundstücken in einen Bebauungsplan gegen eine Geldzahlung für einen gemeinnützigen Zweck.[42] Eine Gemeinde darf sich für die Erteilung des Einvernehmens zu einer Grundstücksteilung keine finanzielle Gegenleistung versprechen lassen.[43] Unerheblich ist, ob die Beteiligten die Unzulässigkeit

33 Vgl. BVerwG, Urt. v. 12.07.1972 – VI C 38.70, BVerwGE 40, 237.
34 Vgl. BVerwG, Urt. v. 15.12.1989 – 7 C 6.88, BVerwGE 84, 236.
35 Vgl. BVerwG, Beschl. v. 24.05.2007 – 7 B 12.07, NVwZ 2007, 1187.
36 OVG Niedersachsen, Beschl. v. 02.04.2019 – 4 LA 235/18, BeckRS 2019, 5383.
37 BVerwG, Urt. v. 24.08.1994 – 11 C 14.93, BVerwGE 96, 326 (335 f.); hierzu *Möllers*, a.a.O., 291.
38 So: BGH, Urt. v. 12.05.1972 – V ZR 105.70, DVBl 1972, 824 (freilich unter Verkennung des öffentlich-rechtlichen Charakters der betreffenden Vereinbarung – vgl. *Menger*, VerwArch. Bd. 64, 1973, 204 f.); *Willigmann*, DVBI. 1963, 231.
39 Vgl. BVerwG, Urt. v. 06.07.1973 – 4 C 22.72, BVerwGE 42, 331.
40 Vgl. VGH Baden-Württemberg, Urt. v. 05.11.1985 – 4 S 2864/83, VBlBW 1986, 462.
41 Vgl. BVerwG, Urt. v. 20.03.2003 – 2 C 23.02, NVwZ-RR 2003, 874.
42 Vgl. BVerwG, Urt. v. 16.05.2000 – 4 C 4.99, BVerwGE 111, 162.
43 Vgl. OVG Rheinland-Pfalz, Urt. v. 28.11.1991 – 1 A 10312/89, NVwZ 1992, 796.

der Leistung des Bürgers wegen fehlenden sachlichen Zusammenhangs erkannt haben oder nicht.[44]

C. Austauschvertrag bei Anspruch auf die behördliche Leistung (Abs. 2)

Besteht auf die Leistung der Behörde ein Anspruch, so kann nach Abs. 2 nur eine solche Gegenleistung vereinbart werden, die bei Erlass eines VA Inhalt einer Nebenbestimmung nach § 36 sein könnte. Diese Bestimmung soll vor allem den Rechtsunkundigen vor der Übernahme von Leistungspflichten schützen, die er nicht eingegangen wäre, wenn er gewusst hätte, dass er auf die Leistung der Behörde einen Anspruch hat.[45] Abs. 2 regelt einen Sonderfall des Austauschvertrages, für den auch die Vorschriften des Abs. 1 gelten. Insb. muss auch hier der Zweck der Gegenleistung im Vertrag geregelt sein (vgl. Rdn. 10 ff.). 24

I. Anspruch auf die Leistung

Auf die Leistung der Behörde besteht ein **Anspruch**, wenn der Vertragspartner der Behörde die betreffende Leistung im Wege einseitig-verbindlichen hoheitlichen Handelns als VA verlangen könnte. Das ist der Fall, wenn auf die Leistung ein materielles subjektives öffentliches Recht besteht oder ein formelles subjektives öffentlichen Rechts auf fehlerfreie Ermessensentscheidung, weil im gegebenen Fall die Gewährung der Vergünstigung die einzig mögliche ermessensfehlerfreie Entscheidung darstellen würde.[46] 25

II. Inhalt der Nebenbestimmung

Die Vereinbarung der Gegenleistung setzt voraus, dass sie bei Erlass eines VA Inhalt einer Nebenbestimmung nach § 36 sein könnte. Nach dem Grundsatz der Gesetzmäßigkeit der Verwaltung dürfen dem Vertragspartner der Behörde im Rahmen eines Austauschvertrages keine Lasten auferlegt werden, die er nicht auch i.R.d. Hoheitsverwaltung (etwa aufgrund einer mit dem betreffenden VA nach § 36 Abs. 2 Nr. 4 verbundenen Auflage) auf sich nehmen müsste. Der Verweis bezieht sich auf § 36 Abs. 1. **Die Gegenleistung ist also nur zulässig, wenn sie durch Rechtsvorschrift zugelassen ist oder sicherstellen soll, dass die gesetzlichen Voraussetzungen für den Anspruch erfüllt werden. Ein Austauschvertrag kann nicht geschlossen werden, wenn auf den Erlass einer begehrten behördlichen Leistung ein Anspruch besteht und ein die Leistung gewährender VA nicht nach § 36 Abs. 1 mit einer Nebenbestimmung versehen werden darf.** In einem solchen Falle ist es der Behörde nach dem Grundsatz der Gesetzmäßigkeit der Verwaltung verwehrt, eine Gegenleistung zu verlangen, die zum Gegenstand eines Austauschvertrages gemacht werden könnte. Sie hat die begehrte Leistung in jedem Fall durch VA zu gewähren. 26

44 Vgl. BVerwG, Urt. v. 16.05.2000 – 4 C 4.99, BVerwGE 111, 162; BVerwG, Urt. v. 20.03.2003 – 2 C 23.02, NVwZ-RR 2003, 874.

45 BT-Drucks. 7/910, S. 81.

46 Ebenso: Kopp/*Ramsauer*, § 56 Rn. 20a; Stelkens/Bonk/Sachs/*Bonk*, § 56 Rn. 36.

D. Wirksamkeit des Austauschvertrages

27 Wie beim örV allgemein ist zwischen Rechtmäßigkeit und Wirksamkeit des Austauschvertrages zu unterscheiden (vgl. § 54 Rdn. 64). Der Austauschvertrag ist rechtmäßig, wenn er nach § 56 zulässig ist und die übrigen Voraussetzungen der Rechtmäßigkeit eines örV (vgl. § 54 Rdn. 53 ff.) erfüllt. Unwirksam ist der Vertrag nur unter den Voraussetzungen des § 59, insb. bei Vorliegen einer unzulässigen Gegenleistung (§ 59 Abs. 2 Nr. 4).

28 Liegt wegen Fehlens einer Zulässigkeitsvoraussetzung (vgl. Rdn. 6 ff.) im Hinblick auf § 59 Abs. 2 Nr. 4 kein wirksamer Austauschvertrag vor, so ist zu prüfen, ob der Vertrag als ein wirksamer Vergleichsvertrag nach § 55 betrachtet werden kann.

E. Rechtsschutz

29 Für den Anspruch auf Abschluss eines Austauschvertrages, der sich insb. aus Art. 3 GG ergeben kann, steht grds. die allgemeine Leistungsklage zur Verfügung (vgl. § 54 Rdn. 30). Für eine solche Klage fehlt jedoch in den Fällen des Abs. 2 (vgl. Rdn. 24 ff.) regelmäßig das Rechtsschutzbedürfnis, da der Kläger mit einer Verpflichtungsklage nach § 42 VwGO den Erlass eines (mit einer Nebenbestimmung versehenen) VA erzwingen und damit in der Sache das gleiche Ergebnis bewirken kann, das ihm eine entsprechende Vereinbarung von Leistung und Gegenleistung im Rahmen eines Austauschvertrages einbringen würde.

30 Verwendet die Behörde die Gegenleistung entgegen dem vereinbarten Zweck (vgl. Rdn. 10 ff.), so kann der Vertragspartner Leistungsklage auf ordnungsgemäße Verwendung erheben oder auf Rückabwicklung aus dem Anspruch aus ungerechtfertigter Bereicherung.

F. Verfahrensvorschriften des Sozialrechts sowie Verwaltungsverfahrensrecht der Länder; Unionsrecht

31 Das Verwaltungsverfahrensrecht der Länder ist inhaltsgleich.

32 § 55 Abs. 1, 2 SGB X entspricht § 56 Abs. 1, 2. Ergänzend bestimmt § 55 Abs. 3 SGB X, dass § 53 Abs. 2 SGB X in den Fällen der Abs. 1 und 2 nicht gilt. Austauschverträgen kommt im Sozialrecht bisher eine geringe Bedeutung zu, mit Einführung der Eingliederungsvereinbarungen nach dem SGB II hat sich das geändert.[47] Diese unterfallen § 55 SGB X.[48] Den Anforderungen des § 55 Abs. 1 SGB I (Angemessenheit) genügt eine Eingliederungsvereinbarung nicht, in der zahlreiche Pflichten des Leistungsberechtigten geregelt werden, als Gegenleistungen des SGB II-Trägers aber nur Elemente angeführt werden, auf die der Leistungsberechtigte einen Rechtsanspruch hat.[49]

33 § 56 ist mit Unionsrecht vereinbar.

---

47 Vgl. Wulffen/*Engelmann*, SGB X, § 55 Rn. 3.

48 Vgl. LSG Darmstadt, Beschl. v. 17.10.2008 – L 7 AS 251/08 B ER, L 7 AS 252/08 B ER, L 7 AS 253/08 B ER, juris Rn. 43.

49 Vgl. LSG Celle, Beschl. v. 12.01.2012 – L 7 AS 242/10 B, juris Rn. 11.

§ 57 Schriftform

Ein öffentlich-rechtlicher Vertrag ist schriftlich zu schließen, soweit nicht durch Rechtsvorschrift eine andere Form vorgeschrieben ist.

Schrifttum

Grziwotz, Zur Frage der Urkundeneinheit bei öffentlich-rechtlichen Verträgen, DNotZ 2010, 551; *Habermehl*, Die Vertretung der Kommune, DÖV 1987, 144; *Ibagón-Ibagón*, Rechtsstaatliche Anforderungen an den Verwaltungsvertrag am Beispiel der Schriftlichkeit des Vertrages, 2011; *Schlemminger*, Schriftformrisiken beim Abschluss öffentlich-rechtlicher Verträge, NVwZ 2009, 223; *Weihrauch*, Verwaltungsrechtlicher Vertrag und Urkundeneinheit, VerwArch. Bd. 82, 1991, 543.

Übersicht **Rdn.**

A. Allgemeines und Grundsätze

I. Inhalt und Zweck

Im Gegensatz zur Rechtslage vor dem Inkrafttreten des VwVfG[1] bestimmt § 57, dass jeder dem Anwendungsbereich des Gesetzes unterworfene örV vorbehaltlich einer entgegenstehenden gesetzlichen Regelung an die Schriftform gebunden ist. 1

Die Schriftform hat Warn- und Beweisfunktion.[2] Sie zwingt die Vertragspartner dazu, die zu treffenden Vereinbarungen genau zu prüfen und den Vertragsabschluss nicht zu übereilen (**Warnfunktion**). Sie dient der **Beweissicherung**, die sich sowohl auf das 2

1 Dazu OVG Nordrhein-Westfalen, Urt. v. 31.08.1960 – III A 1401/59, DÖV 1961, 555 (557).

2 Vgl. BVerwG, Beschl. v. 28.01.2010 – 9 B 46.09, KStZ 2010, 56; Urt. v. 19.05.2005 – 3 A 3.04, NVwZ 2005, 1083 (1084) = DVBl 2006, 47 (48); Urt. v. 24.08.1994 – 11 C 14.93,

Vorliegen eines örV (**Abschlussklarheit**) wie auch auf dessen Inhalt (**Inhaltsklarheit**) erstreckt.[3]

II. Anwendungsbereich

3 Das Schriftformerfordernis des § 57 gilt für alle örV. Eine Einschränkung dahin, dass § 57 auf örV, die durch sozialtypisches Verhalten zustande kommen, z.B. durch faktische Inanspruchnahme einer öffentlichen Einrichtung, keine Anwendung findet,[4] ist mit dem Gesetzeswortlaut nicht vereinbar. Einer solchen Einschränkung bedarf es auch nicht, um Fälle faktischer Inanspruchnahme öffentlicher Einrichtungen angemessen zu lösen.[5]

4 Die Schriftform gilt sowohl für den erstmaligen **Abschluss** eines örV als auch beim Abschluss eines **Anpassungsvertrages** nach § 60 und eines Änderungs- bzw. **Aufhebungsvertrages**, auch wenn ein vor dem Inkrafttreten des VwVfG geschlossener örV berührt wird, der nicht an die Schriftform gebunden war, und auch für einen **Vorvertrag.**[6] Ebenso für einen **Übernahmevertrag**, durch den ein Dritter in die Rechte und Pflichten einer der Vertragsparteien eintritt.[7]

5 Die Schriftform ist weiter erforderlich für jede rechtsgestaltende Willenserklärung, die auf den Bestand eines örV einwirkt, so die **Einverständniserklärung** einer anderen Behörde nach § 58 Abs. 2, die Erklärung eines vertraglich vorbehaltenen oder gesetzlich eingeräumten **Rücktritts**, eine **Verzichtserklärung** gem. § 62 Satz 2 VwVfG i.V.m. § 397 BGB (vgl. § 60), die Unterwerfung unter die **sofortige Vollstreckung** nach § 61. Darüber hinaus ist die Schriftform noch einmal ausdrücklich angeordnet in § 58 Abs. 1 für die **Zustimmung eines Dritten** zu einem in seine Rechte eingreifenden Vertrag und in § 60 Abs. 2 für die Kündigung eines Vertrages nach § 60 Abs. 1.[8]

6 Keiner Schriftform bedarf die Unterbreitung von Vertragsangeboten. Formfrei sind auch die Anfechtungserklärungen wegen Irrtums und falscher Übermittlung (vgl. § 62) bzw. wegen Täuschung oder Drohung (vgl. § 62), weil die für das Rechtsgeschäft

---

BVerwGE 96, 326 (333). Der Gesetzgeber ging ausdrücklich nur auf die Beweisfunktion ein, vgl. BT-Drucks. 7/910, S. 81 (»auch Beweisgründe«).

3 Weitergehend nehmen die Vorauflage § 57 Rn. 2 und Stelkens/Bonk/Sachs/*Bonk*, § 57 Rn. 4 vier eigenständige Zwecke an. Die Inhaltsklarheit und Abschlussklarheit sind jedoch lediglich Bezugspunkt der Beweisfunktion.

4 So Vorauflage, § 57 Rn. 3; wohl auch Kopp/*Ramsauer*, § 57 Rn. 5. Unklar Stelkens/Bonk/Sachs/*Bonk*, § 54 Rn. 33: Benutzungsverhältnisse aufgrund faktischer Inanspruchnahme scheiden aus dem Anwendungsbereich der §§ 54 ff. mangels Schriftform aus, sofern es sich um örV handelt.

5 Siehe § 54 Rdn. 4.

6 Vgl. BVerwG, Urt. v. 24.03.2011 – 3 C 23.10 – NVwZ 2011, 1020, zum Änderungsvertrag. Ebenso Stelkens/Bonk/Sachs/*Bonk*, § 57 Rn. 9 ff.; Kopp/*Ramsauer*, § 57 Rn. 2; Knack/*Henneke*, § 57 Rn. 2.

7 VG Stuttgart, Urt. v. 12.06.2019 – 8 K 17717/17, BeckRS 2019, 18861.

8 Ebenso Knack/*Henneke*, § 57 Rn. 2.

geltenden Formvorschriften nicht auf die Anfechtung als einseitige Willenserklärung übertragbar sind.[9]

Der Formvorschrift des § 57 unterliegen auch nicht örV außerhalb des Anwendungsbereichs nach §§ 1, 2, z.B. nach Landesrecht, vom Anwendungsbereich des jeweiligen VwVfG ausgenommene kommunalabgabenrechtliche Verträge.[10] 7

B. Die Vorschrift im Einzelnen

I. Schriftform

Der Begriff der Schriftform i.S.d. § 57 ist im VwVfG nicht selbst geregelt. Nach § 62 Satz 2 gelten die **Vorschriften des BGB entsprechend**, insbesondere **§ 126 BGB**. Die gem. **§ 62 Satz 2** VwVfG entsprechende Anwendung bedeutet eine Übertragung der zivilrechtlichen Grundsätze unter Berücksichtigung des Normzwecks des § 57 VwVfG und der Besonderheiten des öffentlichen Rechts.[11] 8

1. Urkundlichkeit

Der Vertrag muss urkundlich festgelegt sein. Der Inhalt der Urkunde muss die **Vertragspartner** sowie **alle** vereinbarten Rechte und Pflichten, bei Austauschverträgen auch den **Zweck der Gegenleistung** erkennen lassen. Nicht aufgenommen werden müssen jene Nebenpflichten, die sich aus den Rechtsinstituten des Verschuldens bei Vertragsschluss und der positiven Vertragsverletzung oder sonst aus dem Grundsatz von Treu und Glauben ergeben.[12] 9

Die Vertragsurkunde trägt die **Vermutung der Vollständigkeit und Richtigkeit** in sich.[13] Damit ist bis zum Beweis des Gegenteils davon auszugehen, dass die Vertragsurkunde das zwischen den Parteien Vereinbarte zutreffend und umfassend wiedergibt. 10

Hiervon zu trennen ist die Frage, inwieweit im Rahmen einer (erläuternden oder ergänzenden) **Vertragsauslegung** außerhalb der Urkunde liegende Umstände heranzuziehen sind. Das Schriftformerfordernis verwehrt nicht eine sinnvolle Vertragsauslegung, die den wirklichen Willen der Parteien zu ermitteln hat. Ergibt hingegen die Auslegung einen Vertragssinn, der in der schriftlichen Urkunde nicht zum Ausdruck kommt, dann liegt ein Verstoß gegen die Formvorschrift vor, wenn das gefundene 11

---

9 A.A. Stelkens/Bonk/Sachs/*Bonk*, § 57 Rn. 11; Knack/*Henneke*, § 57 Rn. 2.

10 Vgl. OVG Nordrhein-Westfalen, Beschl. v. 27.03.1986 – 3 A 2776/84, NVwZ 1986, 779.

11 So in der Sache: BVerwG, Beschl. v. 28.01.2010 – 9 B 46.09, KStZ 2010, 56; Urt. v. 19.05.2005 – 3 A 3.04, NVwZ 2005, 1083 (1084) = DVBl 2006, 47 (48); Urt. v. 24.08.1994 – 11 C 4.93, BVerwGE 96, 326 (332 f.); ebenso Knack/*Henneke*, § 57 Rn. 5 f., m.w.N.; a.A. Vorauflage, § 57 Rn. 8.

12 Vgl. BVerwG, Beschl. v. 20.01.2010 – 9 B 31.09, Buchholz 316 § 54 VwVfG Nr 18, m.w.N.; BGH, Urt. v. 26.02.1970 – KZR 5/69, BGHZ 53, 304 (307 f.).

13 Vgl. BGH, Urt. v. 19.03.1980 – VIII ZR 183/79, NJW 1980, 1680.

Auslegungsergebnis nicht wenigstens in der Vertragsurkunde eine Andeutung gefunden hat.[14] Bei nicht in die Vertragsurkunde aufgenommenen mündlichen Absprachen ist davon auszugehen, dass die Vertragspartner sie nicht aufrechterhalten wollten.[15]

2. Unterzeichnung

12 Die Vertragsurkunde muss **eigenhändig** unterschrieben sein.[16] An die Stelle der eigenhändigen Unterschrift kann nach § 62 Satz 2 i.V.m. § 126 Abs. 1 BGB ein notariell beglaubigtes Handzeichen treten. Nach § 62 Satz 2 i.V.m. § 126 Abs. 4 BGB ist ein Ersatz der Schriftform durch **notarielle Beurkundung** zulässig.

13 Für die beteiligte Behörde kann der **Behördenleiter, dessen Vertreter oder ein sonstiger Handlungsfähiger** unterschreiben. Eine entsprechende Anwendung des § 37 Abs. 3, der für die Unterzeichnung eines VA lediglich die Namenswiedergabe des Behördenleiters bzw. seines Vertreters oder Beauftragten genügen lässt, scheidet bei der den örV als atypisches Regelungsinstrument prinzipiell kennzeichnenden Formenstrenge aus.[17]

14 Auf Seiten des Vertragspartners der Behörde hat dieser selbst oder ein von ihm Bevollmächtigter eine eigenhändige Unterschrift zu leisten. Ist der Vertragspartner handlungsunfähig, so muss für ihn ein nach § 12 handlungsfähiger Vertreter eigenhändig unterschreiben.

3. Urkundeneinheit

15 **§ 126 Abs. 2 Satz 1 BGB** bestimmt, dass bei einem Vertrag die **Unterzeichnung der Parteien auf derselben Urkunde** erfolgen muss. Grundsätzlich muss daher im Zivilrecht das gesamte formbedürftige Rechtsgeschäft in einer Urkunde enthalten sein. Besteht die Urkunde aus mehreren Blättern, muss sich aus der Urkunde deren Einheitlichkeit ergeben.[18] **Das Erfordernis der Urkundeneinheit gilt für den öffentlich-rechtlichen Vertrag**, wie das Bundesverwaltungsgericht in mehreren Entscheidungen dargelegt hat, **nur entsprechend dem Zweck des § 57.**[19] Bei der Übernahme einseitiger Verpflichtungen des Bürgers gegenüber der Verwaltung ist der Warn- und Beweisfunktion auch dann ausreichend Rechnung getragen, wenn die Annahmeerklärung der Verwaltung nicht auf die Verpflichtungserklärung gesetzt, sondern gesondert ausgesprochen wird. Denn einer Warnung für die Verwaltung und der Vermeidung

14 Vgl. BVerwG, Urt. v. 15.12.1989 – 7 C 6.88, NVwZ 1990, 665 (667); BGH, Urt. v. 08.12.1982 – IVa ZR 94/81, NJW 1983, 672 (673), zum Testament;. Kopp/*Ramsauer*, § 57 Rn. 9.

15 Ebenso Stelkens/Bonk/Sachs/*Bonk*, § 57 Rn. 16.

16 A.A. Stelkens/Bonk/Sachs/*Bonk*, § 57 Rn. 17; Knack/*Henneke,* § 57 Rn. 4: maschinenschriftliche Wiedergabe auf der Behördenseite mit Beglaubigungsvermerk reicht aus.

17 So auch *Ule/Laubinger*, § 69 IV 1; a.A. Knack/*Henneke*, § 57 Rn. 4, *Weihrauch*, VerwArch. Bd. 82, 1991, 543, 564.

18 Vgl. nur MüKo-BGB/*Einsele*, § 126 Rn. 8.

19 Strenger im Sinne einer festen körperlichen Verbindung noch Vorauflage, § 57 Rn. 11.

von Nachweisschwierigkeiten für den Bürger bedarf es mangels Ansprüchen gegen die Verwaltung nicht.[20] Jedenfalls bei Verwaltungsvereinbarungen zwischen Ländern ist nicht darüber hinaus erforderlich, dass beide Vertragserklärungen – namentlich die beiden Unterschriften – in ein und derselben Urkunde enthalten sind; ein Briefwechsel genügt, wenn die Zusammengehörigkeit der beiderseitigen Erklärungen aus den Umständen zweifelsfrei ersichtlich ist.[21] Ein komplexes Rechtsgeschäft, das aus mehreren miteinander zusammenhängenden Verträgen besteht und bei dem sich die Unterschriften der Vertragspartner jeweils auf derselben Urkunde befinden, muss nicht in einer einzigen Urkunde gegenständlich zusammengefasst werden muss. Die Warn- und Beweisfunktion wird nicht erschwert, wenn ein umfangreiches Vertragswerk sich in drei Vertragsurkunden befindet, die am gleichen Tage bei derselben Veranstaltung unterzeichnet werden.[22]

Mit dieser Rechtsprechung hat das Bundesverwaltungsgericht das Erfordernis der **Urkundeneinheit nicht aufgegeben,**[23] **sondern nur dem Zweck des § 57 entsprechend modifiziert.** Auch der Bundesgerichtshof hat in seiner sog. Auflockerungsrechtsprechung das frühere Erfordernis einer festen körperlichen Verbindung abgemildert. Danach ist dem Schriftformerfordernis genügt, wenn die einzelnen Blätter körperlich fest miteinander verbunden sind oder wenn sich die Einheit der Urkunde aus anderen eindeutigen Merkmalen ergibt, zu denen insbesondere fortlaufende Paginierung, fortlaufende Nummerierung der einzelnen Textabschnitte sowie über das jeweilige Seitenende fortlaufender Text zu rechnen sind.[24] Liegen mehrere Urkunden vor, ist der Form des § 126 BGB auch ohne feste körperliche Verbindung genügt, wenn alle Urkunden jeweils von allen Vertragspartnern unterschrieben sind oder sonst eine eindeutige Identifizierung, z.B. einer in Bezug genommenen Anlage möglich ist.[25] Das Bundesverwaltungsgericht nimmt auf diese Rechtsprechung nicht Bezug, sondern bestimmt das Erfordernis der Urkundeneinheit selbstständig anhand des Zwecks des § 57. Es handelt sich jedoch um parallele Entwicklungen der Rechtsprechung. 16

Am Erfordernis der Urkundeneinheit ist festzuhalten. Zum einen folgt es aus § 62 Satz 2, § 126 Abs. 2 BGB. Zum anderen gewährleistet es, dass sich der Inhalt des Vertrages aus der Urkunde ergibt und insoweit feststeht, dass dieser Inhalt von den Unterschriften der Vertragsparteien gedeckt ist und diesen zugeordnet werden kann.[26] Die Urkundeneinheit ist folglich Teil der Beweisfunktion des § 57. 17

20 So BVerwG, Urt. v. 24.08.1994 – 11 C 14.93, BVerwGE 96, 326 (333).

21 Vgl. BVerwG, Urt. v. 19.05.2005 – 3 A 3.04, NVwZ 2005, 1083 (1084) = DVBl 2006, 47 (48); a.A. Vorauflage, § 57 Rn. 15 mit Hinweis auf OVG Saarland, Beschl. v. 24.04.1990 – 1 R 77/89, juris Rn. 14; *Löwer*, WissR 1993, 233.

22 Vgl. BVerwG, Beschl. v. 28.01.2010 – 9 B 46.09, KStZ 2010, 56.

23 In diese Richtung jedoch: Kopp/*Ramsauer*, § 57 Rn. 9a; Stelkens/Bonk/Sachs/*Bonk*, § 57 Rn. 19 ff.; Knack/*Henneke*, § 57 Rn. 6.

24 Vgl. BGH, Urt. v. 18.12.2002 – XII ZR 253/01, NJW 2003, 1248; Urt. v. 24.09.1997 – XII ZR 234/95, BGHZ 136, 357.

25 Vgl. BGH, Urt. v. 21.01.1999 – VII ZR 93/97, NJW 1999, 1104 (1105); Erman/*Arnold*, § 126 Rn. 5 m.w.N.

26 Vgl. MüKo-BGB/*Einsele*, § 126 Rn. 9.

18 Die Unterschrift ist unmittelbar unter den Vertragstext zu setzten. Ist nur eine Urkunde aufgenommen, so muss diese – wenn nicht ein Briefwechsel o. ä. ausreicht – von allen Vertragspartnern gemeinsam unterzeichnet sein (§ 62 Satz 2 i.V.m. § 126 Abs. 2 Satz 1 BGB). Bei der Aufnahme mehrerer gleichlautender Urkunden genügt es, wenn jeder Vertragspartner die für den anderen Vertragspartner bestimmte Urkunde unterzeichnet (§ 62 Satz 2 i.V.m. § 126 Abs. 2 Satz 2 BGB).

II. Elektronische Form

19 Die Schriftform kann nach § 3a Abs. 2 Satz 1 durch die elektronische Form ersetzt werden. Die Möglichkeit, örV in elektronischer Form abzuschließen, setzt nicht voraus, das Erfordernis der Urkundeneinheit aufzugeben.[27] Der Vertragsschluss in elektronischer Form und das Erfordernis der Urkundeneinheit sind nicht unvereinbar, wie bereits § 126 Abs. 2 und 3 BGB zeigen. Auch bei elektronischen Dokumenten kann der Grundsatz der Einheitlichkeit der »Urkunde« Anwendung finden. Aus ihm folgt hier: Das gesamte formbedürftige Rechtsgeschäft muss grundsätzlich in einem elektronischen Dokument enthalten sein. Dass es sich um ein einheitliches Dokument handelt, ergibt sich in der Regel aus der Versendung des betreffenden elektronisch signierten Dokuments sowie aus dem inhaltlichen Zusammenhang des Textes. Handelt es sich hingegen um mehrere elektronische Dokumente, die zu verschiedenen Zeitpunkten versandt wurden, so muss sich die Einheitlichkeit des Dokuments etwa daraus ergeben, dass die eine elektronische Nachricht hinreichend konkret auf die andere verweist.[28]

III. Abweichende Formvorschriften

20 Der Grundsatz der Schriftform gilt nur, soweit nicht durch Rechtsvorschrift eine andere Form vorgeschrieben ist.

1. Rechtsvorschriften

21 Als Rechtsvorschrift kommt jede Rechtsnorm des öffentlichen Rechts in Betracht, also Gesetze, Rechtsverordnungen und Satzungen.[29] Denn § 57 unterscheidet nicht nach der Art der Rechtsvorschrift. Verwaltungsvorschriften[30] scheiden ebenso aus wie zivilrechtliche Bestimmungen, soweit diese nicht wie § 311b BGB für die Übertragung oder den Erwerb von **Grundstückseigentum** im öffentlichen Recht über § 62 Satz 2 analog anzuwenden sind.

---

27 So aber Stelkens/Bonk/Sachs/*Bonk*, § 57 Rn. 17a; Kopp/*Ramsauer*, § 57 Rn. 11a.

28 So zutreffend MüKo-BGB/*Einsele* § 126 Rn. 33.

29 Bezüglich Satzungen a.A. Stelkens/Bonk/Sachs/*Bonk*, § 57 Rn. 22a unter Hinweis auf den Begriff der Rechtsvorschrift in § 1; wie hier: *Maurer*, DVBl 1989, 798 (803); Kopp/*Ramsauer*, § 57 Rn. 4.

30 Ebenso *Ule/Laubinger*, § 69 IV 2.

2. Abweichende Form

Als abweichende Form kommt nur eine ggü. der einfachen Schriftform strengere Form in Betracht. Dies war die Intention des Gesetzgebers.[31] Der Wortlaut »vorschreibt« drückt dies auch aus. Da das VwVfG insgesamt und damit auch § 57 nur unter dem Vorbehalt inhaltsgleichen oder entgegenstehenden Bundesrechts anzuwenden ist, ist es theoretisch zwar auch denkbar, dass eine Spezialnorm, die den mündlichen Vertragsschluss ausdrücklich vorschreibt, dem § 57 vorgeht. Das wird wohl kaum je der Fall sein. 22

Die strengere Form kann darin bestehen, dass die Urkunde (wie bei einem **Enteignungsvertrag** nach § 110 Abs. 2 i.V.m. § 113 Abs. 2 BauGB oder nach § 37 Abs. 1 i.V.m. § 47 Abs. 3 und 4 LBG) bestimmte gesetzlich festgelegte Daten enthalten (**Entschädigungsvertrag** nach § 18 Abs. 3 SchutzBerG) oder gerichtlich bzw. notariell beurkundet sein muss. Die **Eigentumsübertragung** ist nur durch notariellen Vertrag möglich (vgl. Rdn. 21). Der **gerichtliche Vergleichsvertrag** ist gerichtlich zu protokollieren (§ 106 Satz 1 VwGO) und dessen (spätere) Annahme muss schriftlich erfolgen (§ 106 Satz 2 VwGO). Besondere Formvorschriften enthalten auch die Gemeindeordnungen für **kommunale Verpflichtungserklärungen** (z.B. § 71 Abs. 2 HGO).[32] Ein gerichtlicher Vergleich, der diese Vorschriften naturgemäß nicht beachtet, kann durch Zustimmungsbeschluss der Gemeindevertretung geheilt werden.[33] 23

IV. Rechtsfolgen formwidriger örVe

Ein Verstoß gegen die Schriftform führt nach § 59 Abs. 1 VwVfG i.V.m. § 125 BGB grds. zur Nichtigkeit des gesamten örV, sofern nicht nach § 59 Abs. 3 eine Teilnichtigkeit vorliegt (vgl. § 59). Eine Umdeutung (gem. § 62 Satz 2 i.V.m. § 140 BGB – vgl. § 62) wird, da für jeden örV das Schriftformerfordernis gilt, allenfalls dann relevant werden können, wenn teilweise die Schriftform erfüllt ist und sich dieser »Restvertrag« in einen anderen örV zulässigerweise umdeuten lässt.[34] 24

Die Nichtigkeit des örV führt in der Regel zur Rückabwicklung der fehlgeschlagenen Vereinbarung zugunsten des Bürgers. Gem. § 62 Satz 2, § 242 BGB kann der Grundsatz von Treu und Glauben der einseitigen Rückabwicklung eines nichtigen Austauschvertrages entgegenstehen. Dies folgt aber nicht bereits daraus, dass die Leistung der Behörde nicht mehr rückabzuwickeln ist. Es müssen vielmehr besondere, in der Person oder im Verhalten des die Erstattung begehrenden Bürgers liegende Umstände hinzutreten, die das Rückforderungsbegehren als treuwidrig erscheinen lassen.[35] Dies ist der Fall, wenn die Berufung auf den Formmangel unvertretbar wäre. Insoweit kann es von Belang sein, dass etwa die Vertragsparteien den Vertrag zumindest fahrlässig 25

---

31 Vgl. BT-Drucks. 7/910, S. 81; ebenso: Stelkens/Bonk/Sachs/*Bonk*, § 57 Rn. 22; a.A. Knack/*Henneke*, § 57 Rn. 10; Kopp/*Ramsauer*, § 57 Rn. 5.

32 *Habermehl*, DÖV 1987, 144.

33 VGH Hessen, Urt. v. 15.02.1996 – 5 UE 2836/95, NVwZ 1997, 618.

34 Vgl. hierzu auch Stelkens/Bonk/Sachs/*Bonk*, § 57 Rn. 28.

35 Vgl. BVerwG, Urt. v. 16.05.2000 – 4 C 4.99, BVerwGE 11, 162.

in fehlerhafter Form abgeschlossen, ihn aber gleichwohl als gültig behandelt und der Abrede gemäß erfüllt haben. Bedeutsam ist auch, ob ein öffentliches Interesse an der Vertragserfüllung besteht und in welchem Maße die Schutzzwecke der Schriftform tangiert sind.[36]

C. Verfahrensvorschriften des Sozialrechts sowie Verwaltungsrecht der Länder; Unionsrecht

26 Das Verwaltungsverfahrensrecht der Länder ist inhaltsgleich.

27 Der inhaltsgleiche § 56 SGB X sieht für öffentlich-rechtliche Verträge im Sozialrecht ebenfalls das Erfordernis der Schriftform vor. Das BSG legt das Schriftformerfordernis jedoch häufig einschränkend aus. So kann bei koordinationsrechtlichen öffentlich-rechtlichen Verträgen zwischen Leistungsträgern von dem Erfordernis der Urkundeneinheit abgesehen werden. Der mit dem Schriftformerfordernis des § 56 SGB X erstrebten Dokumentations- und Schutzfunktion komme hier nicht die Bedeutung zu wie bei subordinationsrechtlichen Verträgen. Ausreichend für die Erfüllung der Schriftform ist in diesen Fällen die willensmäßige Übereinstimmung schriftlich in verschiedenen Urkunden abgegebener Willenserklärungen.[37] Das Schriftformerfordernis gilt weder für Übertragungsverträge nach § 53 SGB I[38] noch für Verträge, bei denen ein Vertragspartner entsprechend § 151 Satz 1 BGB auf die Annahmeerklärung verzichtet hat.[39] Die Tatsache, dass die erforderlichen Unterschriften noch nicht geleistet sind, steht der Wirksamkeit einer erforderlichen Bekanntgabe des Vertrages nicht notwendig entgegen.[40]

28 Das Schriftformerfordernis ist mit Unionsrecht vereinbar.

§ 58 Zustimmung von Dritten und Behörden

(1) Ein öffentlich-rechtlicher Vertrag, der in Rechte eines Dritten eingreift, wird erst wirksam, wenn der Dritte schriftlich zustimmt.

(2) Wird anstatt eines Verwaltungsaktes, bei dessen Erlass nach einer Rechtsvorschrift die Genehmigung, die Zustimmung oder das Einvernehmen einer anderen Behörde erforderlich ist, ein Vertrag geschlossen, so wird dieser erst wirksam, nachdem die andere Behörde in der vorgeschriebenen Form mitgewirkt hat.

---

36 Vgl. OVG Sachsen, Urt. v. 18.09.2009 – 1 A 64/08, juris Rn. 29.

37 Vgl. BSG, Urt. v. 13.12.2011 – B 1 KR 9/11 R, juris Rn. 15; Urt. v. 26.09.1991 – 4/1 RA 33/90, BSGE 69, 238 (241).

38 Vgl. BSG, Urt. v. 15.06.2010 – B 2 U 26/09 R, juris Rn. 23 ff.

39 Vgl. BSG, Urt. v. 18.07.2006 – B 1 KR 24/05 R, BSGE 97, 6.

40 Vgl. BSG, Urt. v. 23.03.2011 – B 6 KA 9/10 R, juris Rn. 20.

Schrifttum

Dimaras, Anspruch »Dritter« auf Verfahrensteilhabe, 1987; *Friehe*, Die Konkurrentenklage gegen einen öffentlich-rechtlichen Subventionsvertrag, DÖV 1980, 673; *Grziwotz*, Städtebauliche Verträge zu Lasten Dritter?, NJW 1995, 1927; *Hellriegel*, Wirksamkeit drittbelastender öffentlich-rechtlicher Verträge ohne Zustimmung des Dritten (§ 58 Abs. 1 VwVfG), DVBl 2007, 1211; *Kahl*, 35 Jahre Verwaltungsverfahrensgesetz – 35 Jahre Europäisierung des Verwaltungsverfahrensrechts, NVwZ 2011, 449; *Knuth*, Konkurrentenklage gegen einen öffentlich-rechtlichen Subventionsvertrag, JuS 1986, 524; *Redeker*, Grundgesetzliche Rechte auf Verfahrensteilhabe, NJW 1980, 1593; *Staudenmayer*, Der Verwaltungsvertrag mit Drittwirkung, 1997.

Übersicht **Rdn.**

A. Allgemeines und Grundsätze

§ 58 regelt die **Zustimmung von Dritten und Behörden** und stellt damit eine zusätzliche Voraussetzung für die Wirksamkeit eines örV auf. Die Regelung soll – als Ausdruck eines allgemeinen Grundsatzes[1] – zum einen sicherstellen, dass **kein örV zulasten eines Dritten** geschlossen wird, in dessen Rechte der Vertrag eingreifen würde. Zum anderen soll die Regelung örVe zulasten einer anderen Behörde verhindern, wenn die andere Behörde am Erlass des vereinbarten VA zu beteiligen wäre und daher die Möglichkeit hätte, durch die Versagung ihrer Mitwirkung das Zustandekommen eines nach ihrer Auffassung rechtswidrigen oder unzweckmäßigen VA zu verhindern. Insoweit geht es um die Wahrung der **öffentlichen Kompetenzordnung.** 1

B. Die Vorschrift im Einzelnen

I. Die Zustimmung Dritter (Abs. 1)

1. Dritter

Abs. 1 lässt einen in Rechte eines Dritten eingreifenden örV erst dann wirksam werden, wenn der Dritte schriftlich zustimmt. Als Dritter kommt jedes beteiligungsfähige 2

1 Vgl. BVerwG, Urt. v. 23.11.2006 – 3 C 6.06, BVerwGE 127, 188 (195).

Subjekt i.S.d. § 11 in Betracht, das Träger von subjektiven Rechten sein kann. **Das können auch Behörden sein, sofern** sie z.B. **als privatrechtliche Eigentümer oder Besitzer in ihren Rechten betroffen** sein können, nicht aber, soweit die Verwaltungstätigkeit von Behörden betroffen ist.[2]

2. Eingriff in Rechte Dritter

3 Ein Eingriff in Rechte Dritter liegt vor, wenn der Vertrag den **Rechtsstatus eines Dritten objektiv – auch unbeabsichtigt – verschlechtert, vermindert oder sonst wie beeinträchtigt,**[3] **i.S. eines tatsächlich gegebenen rechtswidrigen Eingriffs.**[4] Die bloße Möglichkeit eines rw Eingriffs i.S.d. § 42 Abs. 2 VwGO genügt nicht.[5] Auch ein Vertrag, mit dem sich die Behörde erst zu einem Eingriff in die Rechte Dritter verpflichtet, ihn aber noch nicht vornimmt, bedarf der Zustimmung des Dritten.[6] Jedenfalls bei Verpflichtungsverträgen, die ein schlichtes Unterlassen der Behörde zum Gegenstand haben, kann in diesem Unterlassen, z.B. dem Dulden eines baurechtswidrigen Zustands, ein Eingriff in Rechte des Dritten liegen.[7] Verpflichtet sich ein Bürger zu einem bestimmten Handeln, z.B. zur Beseitigung einer baulichen Anlage, fehlt es an einem Eingriff, wenn er dadurch gegenüber dem Dritten, z.B. einem Miteigentümer, keine durchsetzbare Rechtsposition erlangt; die bloß mittelbare Auswirkung auf dessen Rechte reicht nicht aus.[8]

4 Hauptanwendungsfälle sind subordinationsrechtliche Verträge nach § 54 Satz 2 (vgl. § 54 Rdn. 65 ff.), in denen sich die Behörde ggü. dem Vertragspartner zur Vornahme oder Unterlassung eines VA (etwa zur Erteilung eines **Baudispenses** oder zur **Unterlassung einer Abbruchsanordnung**) mit rechtsgestaltender Wirkung für Dritte verpflichtet oder den Baudispens unmittelbar ausspricht oder die Unterlassungsverpflichtung unmittelbar eingeht. Könnte der Dritte einen VA gleichen Inhalts anfechten, spricht dies für einen Eingriff i.S.d. § 58 Abs. 1 VwVfG.[9] Nur Vertragsbestimmungen, die in

---

2 Vgl. BVerwG, Beschl. v. 04.11.1987 – 1 B 112.87, NJW 1988, 662 (663).

3 Vgl. OVG Nordrhein-Westfalen, Urt. v. 26.02.1991 – 11 A 1052/89, NVwZ-RR 1992, 277 (278).

4 OVG Berlin-Brandenburg, Beschl. v. 17.11.2015 – OVG 10 S 24.14 –, NVwZ-RR 2016, 325; VG Berlin, Beschl. v. 28.10.2014 – 13 L 224.14 –, juris.

5 OVG Berlin-Brandenburg, Beschl. v. 17.11.2015 – OVG 10 S 24/14, NVwZ-RR 2016, 325.

6 So Stelkens/Bonk/Sachs/*Bonk*, § 58 Rn. 15; Knack/*Henneke*, § 58 Rn. 6; wohl auch: BVerwG, Beschl. v. 04.11.1987 – 1 B 112.87, NJW 1988, 662 (663); a.A. *Ule/Laubinger*, § 69 V; *Knuth*, JuS 1986, 524.

7 Vgl. OVG Nordrhein-Westfalen, Urt. v. 11.11.1987 – 11 A 1160/86, NVwZ 1988, 370 (371).

8 Vgl. OVG Nordrhein-Westfalen, Urt. v. 26.02.1991 – 11 A 1052/89, NVwZ-RR 1992, 277 (278); VGH Bayern, Urt. v. 26.03.2004 – 25 B 01.382, BayVBl. 2005, 211; Kopp/*Ramsauer* § 58 Rn. 6; weitergehend *Hellriegel*, DVBl 2007, 1211 (1213): bloßer Verpflichtungsvertrag stets zustimmungsfrei, weil sich Aufhebungsanspruch des Dritten stets gegen Erfüllungsanspruch aus Vertrag durchsetzt.

9 VG Düsseldorf, Beschl. v. 15.09.2016 – 7 L 2411/16, NZBau 2017, 59; OVG Niedersachsen, Beschl. v. 12.11.2012 – 13 ME 231/12, NJOZ 2013, 1223;.

Rechte eines Dritten eingreifen, sind zustimmungsbedürftig. Verpflichtet sich bspw. die Behörde ggü. dem Vertragspartner, mit der Erteilung einer in die Rechte eines Dritten eingreifenden Baugenehmigung auch einen den Dritten nicht berührenden Dispens zu gewähren, so ist die Zustimmung des Dritten lediglich zur Baugenehmigung erforderlich. Ein Eingriff in Rechte des Konkurrenten sind **bei Subventionsverträgen** denkbar.[10] Ein Eingriff liegt jedoch nur vor, wenn die Subventionierung den Dritten in seiner Wettbewerbsfreiheit verletzt, weil sie willkürlich ist oder dem Subventionsempfänger die Möglichkeit zu einem ruinösen Wettbewerb verschafft.[11] Auch andere örVe, insb. koordinationsrechtliche Verträge, können Rechte Dritter berühren, so z.B. beamtenrechtliche Vereinbarungen zweier Hoheitsträger über die Abordnung oder Versetzung eines Beamten zu einem anderen Dienstherrn.

Die Übertragung einer durch öffentlich-rechtlichen Vertrag vorgenommene **Beleihung** vom bisher Beliehenen auf einen neuen Rechtsträger kann in Rechte des bisher Beliehenen eingreifen und daher dessen Zustimmung erfordern. Diese Vertragsübernahme kann durch dreiseitigen Vertrag oder durch Vertrag zwischen zwei Beteiligten erfolgen, die vom dritten Beteiligten genehmigt wird.[12] 5

3. Zustimmung

Die genannten Verträge bedürfen der Zustimmung des Dritten, der nach § 13 Abs. 2 Satz 2 notwendigerweise zu beteiligen ist. Erklärt sich der Dritte nicht, fehlt es an der Zustimmung. Das **Schweigen** innerhalb einer gesetzten angemessenen Frist **ist eine Verweigerung der Zustimmung.**[13] Die Zustimmung wird nicht dadurch entbehrlich, dass der Dritte gegen einen aufgrund des Vertrags erlassenen VA in der Rechtsbehelfsfrist keinen Rechtsbehelf eingelegt hat.[14] 6

Stimmt der Dritte unter der **Bedingung** zu, dass eine ihn belastende Vertragsbestimmung eine Änderung erfährt, so wird seine Zustimmung gem. § 62 Satz 2 VwVfG i.V.m. § 158 Abs. 1 BGB mit dem Eintritt der Bedingung, also mit der entsprechenden Änderung des Vertrages durch die Vertragspartner wirksam. 7

4. Schriftform

Die Zustimmung muss schriftlich erfolgen, d.h. durch eine Erklärung, die gem. § 62 Satz 2 VwVfG i.V.m. § 126 BGB eigenhändig durch Unterschrift oder mittels notariell beglaubigten Handzeichens des Dritten oder seines Vertreters unterzeichnet wird (vgl. § 57 Rdn. 8 ff.). Beim Mangel der Schriftform liegt keine wirksame Zustimmung vor. 8

---

10 Vgl. *Friehe*, DÖV 1980, 673; *Knuth*, JuS 1986, 524.

11 Vgl. OVG Nordrhein-Westfalen, Urt. v. 22.09.1982 – 4 A 989/81, NVwZ 1984, 522 (524 f.).

12 Vgl. BVerwG, Urt. v. 24.03.2011 – 3 C 23.10, NVwZ 2011, 1020 (1021 f.).

13 Vgl. Kopp/*Ramsauer*, § 58 Rn. 13; Stelkens/Bonk/Sachs/*Bonk*, § 58 Rn. 21; a.A. *Ziekow*, § 58 Rn. 7.

14 Vgl. VGH Bayern, Beschl. v. 21.06.2010 – 11 ZB 08.3247, juris Rn. 3.

9 Nach § 62 Satz 2 i.V.m. § 182 Abs. 1 BGB genügt es, wenn die Zustimmung nur ggü. einem Vertragspartner erklärt wird.[15] Dieser hat dann die sich aus dem Grundsatz von Treu und Glauben ergebende vertragliche Nebenpflicht, den anderen Teil vom Eingang der Zustimmung zu unterrichten.

II. Mitwirkung von Behörden (Abs. 2)

1. Behörde

10 Abs. 2 macht die Wirksamkeit eines örV, der anstatt eines auf die Mitwirkung einer anderen Behörde angewiesenen VA geschlossen wird, von der in der vorgeschriebenen Form erfolgenden Mitwirkung der anderen Behörde abhängig. Die Vorschrift umfasst auch den Fall, dass die vertragschließende Behörde in dem Vertrag nur die Verpflichtung zum Erlass eines VA übernehmen soll, sodass der Vertrag selbst den VA noch nicht ersetzt (vgl. § 54 Rdn. 66). § 58 Abs. 2 gilt entsprechend für Verträge, die sich auf mitwirkungsbedürftige Zusicherungen nach § 38 beziehen.[16]

11 § 58 Abs. 2 ist auch anwendbar auf **Ausschüsse, die selbstständig öffentlich-rechtliche Verwaltungstätigkeit ausüben.**[17]

2. Mitwirkung der Behörde

12 Das Gesetz nennt als Mitwirkungsformen die Genehmigung, die Zustimmung und das Einvernehmen. Entscheidend ist, dass die gesetzlich vorgesehene Mitwirkung der anderen Behörde eine Form der **Mitentscheidung** in dem Sinne sein muss, dass die vertragsschließende Behörde in ihrer Willensbildung nicht mehr frei ist.[18] Das ist nicht der Fall, wenn der mitwirkenden Behörde nur Anhörungsrechte (»Benehmen«) oder eine beratende (gutachterliche) Funktion zukommt oder wenn die Mitwirkung nicht auf Gesetz, sondern nur auf Verwaltungsvorschrift beruht.

3. Zustimmung

13 Die Mitwirkung der anderen Behörde hat sich (ebenso wie die Mitwirkung des Dritten nach Abs. 1 – vgl. Rdn. 4) nur auf die Teile des Vertrages zu beziehen, die den Erlass des die Mitwirkung der Behörde bedingenden VA zum Gegenstand haben oder den sonst zu erlassenden VA ersetzen.

---

15 Vgl. BVerwG, Urt. v. 24.03.2011 – 3 C 23.10, NVwZ 2011, 1020 (1022).

16 Vgl. BVerwG, Beschl. v. 04.11.1987 – 1 B 112.87, NJW 1988, 662 (663).

17 Ebenso Stelkens/Bonk/Sachs/*Bonk*, § 58 Rn. 26; Kopp/*Ramsauer*, § 58 Rn. 15; a.A. Vorauflage, § 58 Rn. 10: analoge Anwendung.

18 Ebenso Stelkens/Bonk/Sachs/*Bonk*, § 58 Rn. 27; Kopp/*Ramsauer*, § 58 Rn. 16; a.A. Knack/*Henneke:* maßgeblich ist der Wortlaut (Zustimmung, Genehmigung, Einvernehmen).

Die Mitwirkung kann auch bedingt erfolgen, z.B. durch die Erteilung der Zustimmung unter der **Bedingung**, dass die Verpflichtung zum Erlass des VA noch gewisse Modifikationen (etwa durch die Anordnung von Auflagen) erfährt. In einem solchen Falle wird dann die Zustimmung erst mit dem Eintritt der Bedingung wirksam (vgl. Rdn. 16). 14

4. Vorgeschriebene Form

Die Zustimmung der mitwirkenden Behörde muss nach § 58 Abs. 2 in der vorgeschriebenen Form erfolgen; dies ist die in der Vorschrift über die Mitwirkung beim Erlass des betreffenden VA vorgeschriebene Form.[19] Der Grundsatz der **Schriftform** nach § 57 für den Vertragsabschluss sowie für alle Inhalt und Bestandskraft des Vertrages berührenden Erklärungen bindet darüber hinaus aber auch die Mitwirkung einer anderen Behörde i.S.des Abs. 2 an die Schriftform (vgl. § 57 Rn. 5).[20] 15

III. Rechtswirkungen

Die Wirksamkeit des Vertrages i.S.d. Abs. 1 tritt nach § 62 Satz 2 VwVfG i.V.m. § 130 BGB in dem Zeitpunkt ein, in dem die Zustimmung des Dritten der Behörde oder dem Vertragspartner der Behörde zugeht. Ist die Zustimmung zu den vertraglichen Vereinbarungen bereits vor Vertragsabschluss erteilt worden, so wird der Vertrag sofort mit dem Vertragsabschluss wirksam. Die Wirksamkeit des Vertrages i.S.d. Abs. 2 tritt ein, wenn die Zustimmung der anderen Behörde wirksam erteilt worden ist. Die Zustimmung nach Abs. 1 oder 2 wirkt auf den Zeitpunkt des Vertragsschlusses zurück, § 62 Satz 2 i.V.m. § 184 Abs. 1 BGB.[21] 16

Bis zur Entscheidung des Dritten oder der mitwirkenden Behörde über die Zustimmung ist der Vertrag schwebend unwirksam.[22] Die Vertragspartner sind jedoch nach dem allgemeinen, auch das öffentliche Recht beherrschenden Grundsatz von Treu und Glauben an ihre Erklärungen gebunden. 17

Mit der Erteilung der Zustimmung wird der Vertrag im Verhältnis der Vertragspartner zueinander wirksam. Die Vertragspartner müssen die übernommenen Verpflichtungen erfüllen. Der Dritte muss das behördliche Verhalten, für das er seine Zustimmung erteilt hat, hinnehmen. Die andere Behörde i.S.d. Abs. 2 ist verpflichtet, dem vertraglich vorgesehenen Erlass des VA zuzustimmen. 18

---

19 Vgl. Stelkens/Bonk/Sachs/*Bonk*, § 58 Rn. 32.

20 Vgl. jedoch Stelkens/Bonk/Sachs/*Bonk*, § 58 Rn. 32: insoweit kein Erfordernis der Urkundeneinheit.

21 Vgl. Kopp/*Ramsauer*, § 58 Rn. 12; Stelkens/Bonk/Sachs/*Bonk*, § 58 Rn. 19. A.A. Knack/*Henneke*, § 58 Rn. 2.

22 Vgl. OVG Nordrhein-Westfalen, Urt. v. 22.09.1982 – 4 A 989/81, NVwZ 1984, 522 (524). Kopp/*Ramsauer*, § 57 Rn. 19.

19 Wird die Zustimmung nicht eingeholt, versagt oder nicht binnen eines angemessenen Zeitraums erteilt, so ist ein wirksamer Vertrag nicht zustande gekommen. Ist der Vertrag demnach endgültig gescheitert, enden i.d.R. auch die während der Zeit der schwebenden Unwirksamkeit bestehenden Treuepflichten der Parteien. Besteht nur für einen Teil des Vertrags ein Zustimmungserfordernis, kommt der Vertrag im Übrigen wirksam zustande, wenn dies im Einzelfall dem Willen der Parteien entspricht.[23]

20 Ist der Vertrag endgültig gescheitert, fehlt für etwa schon gewährte Leistungen der Rechtsgrund. Sie sind daher nach den allgemeinen Regeln über die Rückerstattung einer ungerechtfertigten Bereicherung zurückzugewähren, sofern nicht unabhängig vom Vertrag eine gesetzliche Leistungspflicht bestanden oder die Behörde ihre Leistung im Rahmen pflichtgemäßer Ermessensbestätigung rechtmäßig erbracht hat. Falls die Behörde die Unwirksamkeit des Vertrages nicht erkennt und in Erwartung der Gegenleistung eine Leistung erbringt, die sie nach geltendem Recht erbringen darf, aber nicht muss, kann der Vertragspartner in Ausnahmefällen nach **Treu und Glauben** daran gehindert sein, sich auf die Unwirksamkeit des Vertrages zu berufen und seine Leistung zu verweigern.[24]

IV. Rechtsschutz

21 Eine **Zustimmung des Dritten** kann mit der **allgemeinen Leistungsklage** nur dann eingeklagt – und nach § 173 VwGO i.V.m. § 894 Abs. 1 ZPO im Erfolgsfall ersetzt – werden, wenn ein **Anspruch auf die Zustimmung** besteht. Dies wird nur ausnahmsweise der Fall sein, wenn etwa aufgrund besonderer Umstände (z.B. im Hinblick auf eine früher eingegangene Verpflichtung) die **Zustimmungsverweigerung** offensichtlich **rechtsmissbräuchlich** ist[25]. Die Tatsache allein, dass der vertraglich vorgesehene Eingriff in die Rechte des Dritten rechtmäßig ist, genügt nicht. Zwischen zwei Bürgern kann sich der Anspruch ggf. aus Privatrecht ergeben, so dass vor den ordentlichen Gerichten zu klagen wäre.

22 Die **Zustimmung der mitwirkenden Behörde** kann **aufsichtlich oder** – falls die andere Behörde nicht dem gleichen Hoheitsträger angehört – mit einer auf die Verpflichtung zur Erteilung der Zustimmung gerichteten **Leistungsklage** verwaltungsgerichtlich erzwungen werden.[26] Voraussetzung ist, dass die Versagung der Zustimmung im Verhältnis der beiden Behörden zueinander **rechtswidrig** ist (etwa weil die zur Mitwirkung verpflichtete Behörde sich nicht auf eine gesetzlich vorgeschriebene Rechtskontrolle beschränkt oder ihr Ermessen fehlerhaft betätigt hat). Dies gilt auch

---

23 Vgl: Kopp/*Ramsauer*, § 58 Rn. 20; Stelkens/Bonk/Sachs/*Bonk*; § 58 Rn. 22.
24 Vgl. OVG Nordrhein-Westfalen, Urt. v. 06.10.1977 – III A 793/75, NJW 1978, 1542 (1543), zu einem Folgekostenvertrag nach BBauG.
25 Vgl. Stelkens/Bonk/Sachs/*Bonk*, § 58 Rn. 21; Kopp/*Ramsauer*, § 58 Rn. 14.
26 Vgl. Kopp/*Ramsauer*, § 58 Rn. 18, m.w.N.

dann, wenn die Verweigerung der Zustimmung durch die Aufsichtsbehörde erfolgt. Diese abschlägige Entscheidung ist ggü. beiden Partnern eine auf den Vertrag bezogene öffentlich-rechtliche Willenserklärung und deshalb trotz des Aufsichtsverhältnisses auch kein VA ggü. der Behörde.

Der den VA begehrende Vertragspartner der Behörde kann die Zustimmung der anderen Behörde gleichfalls mit der auf die Verpflichtung zur Erteilung der Zustimmung gerichteten **allgemeinen Leistungsklage** erwirken, sofern ihm ein **subjektives öffentliches Recht auf den Erlass des VA** zusteht. Dabei spielt es keine Rolle, ob die beim Erlass des VA erforderliche Mitwirkung der anderen Behörde als ein VA oder (nur) als eine für den Erlass des VA notwendige innerdienstliche Mitwirkungsmaßnahme zu werten ist. Die zum Vertrag zu erklärende Zustimmung der anderen Behörde ist ggü. dem Vertragspartner der vertragschließenden Behörde eine rechtsgeschäftliche Willenserklärung öffentlich-rechtlicher Art und keinesfalls ein VA, weshalb die Erhebung einer auf die Verpflichtung zum Erlass eines VA abzielenden Verpflichtungsklage ausscheidet. 23

C. Verfahrensrecht der Länder und des Sozialrechts; Unionsrecht

Das Verwaltungsverfahrensrecht der Länder ist inhaltsgleich. Das schleswig-holsteinische Recht enthält eine geschlechterneutrale Formulierung. 24

Der inhaltsgleiche § 57 SGB X sieht für öffentlich-rechtliche Verträge im Sozialrecht ebenfalls das Erfordernis der Zustimmung Dritter und von Behörden vor. Auf sog. Normsetzungsverträge ist die Vorschrift nicht anwendbar.[27] Ein Eingriff in Rechte Dritter liegt nach der Rechtsprechung des BSG vor, wenn sich Vertragspartner zu einem Verhalten verpflichten, durch das subjektiv-öffentlich-rechtliche Rechte Dritter beeinträchtigt werden. Dritter i.S.d. § 57 Abs. 1 SGB X kann daher nur ein Privatrechtssubjekt sein.[28] Wie bei § 58 Abs. 1 reicht auch bei § 57 Abs. 1 SGB X eine nur faktische Benachteiligung für einen Eingriff nicht aus.[29] 25

Das Zustimmungserfordernis ist mit Unionsrecht vereinbar, dogmatisch erheben sich diesbezügliche Fragen bei der konkreten Auslegung und Anwendung der Vorschrift.[30] 26

27 Vgl. BSG, Urt. v. 15.03.1995 – 6 RKa 36/93, BSGE 76, 48 (52).
28 Vgl. BSG, Urt. v. 28.04.2004 – B 6 AKA 8/03 R, BSGE 92, 283 (288).
29 Vgl. BSG, Urt. v. 05.07.2000 – B 3 KR 20/99 R, BSGE 87, 25 (30), zur Vereitelung künftiger Erwerbschancen; Urt. v. 17.01.1996 – 3 RK 2/95, BSGE 77, 219 (224).
30 Vgl. *Kahl*, NVwZ 2011, 449 (453 f.).

§ 59 Nichtigkeit des öffentlich-rechtlichen Vertrags

(1) Ein öffentlich-rechtlicher Vertrag ist nichtig, wenn sich die Nichtigkeit aus der entsprechenden Anwendung von Vorschriften des Bürgerlichen Gesetzbuchs ergibt.

(2) Ein Vertrag im Sinne des § 54 Satz 2 ist ferner nichtig, wenn
1. **ein Verwaltungsakt mit entsprechendem Inhalt nichtig wäre;**
2. **ein Verwaltungsakt mit entsprechendem Inhalt nicht nur wegen eines Verfahrens- oder Formfehlers im Sinne des § 46 rechtswidrig wäre und dies den Vertragschließenden bekannt war;**
3. **die Voraussetzungen zum Abschluss eines Vergleichsvertrags nicht vorlagen und ein Verwaltungsakt mit entsprechendem Inhalt nicht nur wegen eines Verfahrens- oder Formfehlers im Sinne des § 46 rechtswidrig wäre;**
4. **sich die Behörde eine nach § 56 unzulässige Gegenleistung versprechen lässt.**

(3) Betrifft die Nichtigkeit nur einen Teil des Vertrags, so ist er im Ganzen nichtig, wenn nicht anzunehmen ist, dass er auch ohne den nichtigen Teil geschlossen worden wäre.

Schrifttum

Gellermann, Verwaltungsvertragliche Subventionsverhältnisse im Spannungsfeld zwischen Beihilfekontrolle und Verwaltungsverfahrensrecht, DVBl 2003, 481; *Kersten*, Das Verwaltungsverfahrensgesetz im Spiegel der Rechtsprechung der Jahre 2004 bis 2012, Verw 2013, 87; *Lenz/Würtenberger*, BauGB-Verträge, 2011; *Werner*, Allgemeine Fehlerfolgenlehre für den Verwaltungsvertrag, 2008; *Ziekow/Siegel*, Entwicklung und Perspektiven des öffentlich-rechtlichen Vertrages, VerwArchiv 2004, 281.

Übersicht

A. Allgemeines und Grundsätze

Die Nichtigkeitsregelung des § 59 ist die vom Gesetzgeber als abschließend verstandene Antwort auf die Frage, **welche Rechtsfolgen rechtliche Mängel** für öffentlich-rechtliche Verträge haben. Die Norm hat drei zentrale Aussagegehalte. 1

I. Zentrale Aussagegehalte der Norm

Sie bringt erstens – im Umkehrschluss – zum Ausdruck, dass wirksam geschlossene öffentlich-rechtliche Verträge ungeachtet formeller oder inhaltlicher Rechtsmängel grundsätzlich wirksam sind (**Gültigkeit trotz Rechtsverstoßes**). 2

Die zweite – ebenfalls konkludente – Aussage liegt darin, dass die Vertragsparteien sich auch dann, wenn sie Rechtsfehler ihres Vertrages erkannt haben, vom Vertrag nicht einseitig lösen können, weder durch eine Kündigung oder ein vergleichbares Institut,[1] noch durch einen Hoheitsakt in Gestalt einer Rücknahme, wie dies § 48 für rechtswidrige Verwaltungsakte ermöglicht (**Vertragsbindung trotz Rechtswidrigkeit**). 3

Die Verteidigung der Rechtsordnung gegen den übereinstimmenden Willen der Vertragsparteien des öffentlich-rechtlichen Vertrages erfolgt drittens ausschließlich nach dem von § 44 VwVfG vertrauten Schema. Relevant sind danach nur bestimmte, vom Gesetz als besonders schwerwiegend angesehene Rechtsfehler. Diese schlagen dafür aber kraft Gesetzes und unabhängig von weiteren Erklärungen und Handlungen der Vertragsparteien oder Dritter durch.[2] Liegen solche Fehler vor, dann versagt das Gesetz dem gleichwohl geschlossenen öffentlich-rechtlichen Vertrag gegenüber jedermann, von Anfang an und – grundsätzlich – auch endgültig die Wirksamkeit (**Nichtigkeit als automatische Wirksamkeitsversagung bei besonders schwerwiegenden Rechtsmängeln**). 4

Die **Nichtigkeit** eines öffentlich-rechtlichen Vertrages **bedeutet** dessen **Unwirksamkeit.** Das ist zwar im Gesetz nicht ausdrücklich gesagt, insoweit gilt aber dasselbe wie bei nichtigen Verwaltungsakten (§ 43 Abs. 3). Einem nichtigen öffentlich-rechtlichen Vertrag fehlt die Wirksamkeit von Anfang an, weil das Gesetz auf keine anderen Zeitpunkte abstellt, etwa das Entdecken der Nichtigkeit oder die Ausübung eines Gestaltungsrechts. Etwas anderes kann sich nur dort ergeben, wo das Verwaltungsverfahrensgesetz den Nichtigkeitsgrund durch den Rückgriff auf das BGB gewinnt (§ 59 Abs. 1). 5

1 *Ziekow/Siegel,* VerwArchiv 2004, 281 (282).
2 Stelkens/Bonk/Sachs/*Bonk/Neumann/Siegel,* § 59, Rn. 45.

II. Verfassungskonformität

6 Dieses **Regelungskonzept ist verfassungskonform.**[3] Das Gesetz eröffnet den denkbaren Vertragsparteien, also insbesondere Behörden im Sinne von § 1 Abs. 4 und Privaten, den erforderlichen Spielraum, um das Instrument des Vertrages im Bereich des Verwaltungsverfahrensgesetzes effektiv nutzen zu können. Gerade in der klassischen Konstellation eines Vertrages zwischen einem grundrechtsberechtigten Bürger und einer Behörde führt der Abschluss des Vertrages im Sinne von § 54 grundsätzlich zu einer unmittelbaren Legitimation des Verwaltungshandelns durch den betroffenen Grundrechtsträger. Das Verwaltungsverfahrensgesetz vertraut deshalb an dieser Stelle wie das Grundgesetz sowohl auf den freiheitsberechtigten Grundrechtsträger wie umgekehrt darauf, dass die mit ihm paktierende Behörde ihre Bindung an Recht und Gesetz (Art. 20 Abs. 3 GG) auch dann einhält, wenn nicht jeder Verstoß zur Unwirksamkeit oder zur behördlichen Rücknehmbarkeit des öffentlich-rechtlichen Vertrages führt. Dieses Konzept hat sich **in der Praxis bewährt**, wie die wenigen bislang in der Rechtsprechung aufgetauchten Problemfälle zeigen.

III. Systematische Stellung

7 Die Norm des § 59 mit ihrem Regelungskonzept einer auf bestimmte Fehlerfallgruppen beschränkten Nichtigkeitsfolge bedarf zunächst einmal der systematischen Auslegung **im Zusammenhang der Vorschriften über den öffentlich-rechtlichen Vertrag in den §§ 54 bis 62.**

8 Der unmittelbare Anwendungsbereich ist beschränkt auf öffentlich-rechtliche Verträge im Sinne der Begriffsdefinition des § 54 Satz 1, also auf Verträge, die ein **Rechtsverhältnis auf dem Gebiet des öffentlichen Rechts** begründen, ändern oder aufheben (alles natürlich nur im Anwendungsbereich des Verwaltungsverfahrensgesetz ([§ 1; vgl. zu Einzelheiten § 54]).

9 Von vornherein außerhalb des Anwendungsbereichs von § 59 liegen die Fälle des § 58, weil sich hier die Unwirksamkeitsfrage noch gar nicht stellt. Zwar liegt in den Fällen des § 58 schon ein öffentlich-rechtlicher Vertrag vor, aber ihm fehlt es, weil die erforderliche schriftliche Zustellung eines Dritten oder die Mitwirkung einer anderen Behörde in der vorgeschriebenen Form noch aussteht, ohnehin an der Wirksamkeit. § 58 Abs. 1 und 2 behandeln **Fälle schwebender Unwirksamkeit** (vgl. § 58).

10 Aus der Regelung des § 60 lässt sich demgegenüber entnehmen, dass nach Abschluss des Vertrages eintretende Änderungen nur zu Ansprüchen auf Anpassung oder zu einem Kündigungsrecht führen können, also gerade nicht zu der in § 59 geregelten Nichtigkeit. Dieser systematische Zusammenhang bestätigt, dass es für die im

3 Kopp/Ramsauer/*Tegethoff*, § 59, Rn. 2; Stelkens/Bonk/Sachs/*Bonk/Neumann/Siegel*, § 59, Rn. 5.

Rahmen von § 59 vorzunehmende **Nichtigkeitsprüfung auf den Zeitpunkt des Vertragsabschlusses** ankommt.[4]

IV. Binnenstruktur der Norm

Die **Struktur der Vorschrift** erscheint einfach. Abs. 1 und 2 enthalten unterschiedliche Nichtigkeitsgründe, Abs. 3 eine von § 44 Abs. 4 abweichende Regelung zur Frage Teil- oder Gesamtnichtigkeit. Das führt gleichwohl zu erheblichen **Schwierigkeiten bei der Auslegung** und Anwendung des § 59. 11

Von entscheidender Bedeutung ist das **Verhältnis der Abs. 1 und 2 zueinander.** Abs. 1 hat gegenständlich den weiteren Anwendungsbereich, weil er jeden öffentlich-rechtlichen Vertrag erfasst, während Abs. 2 auf die – in der Praxis allerdings dominierenden – subordinationsrechtlichen Verträge im Sinne von § 54 Satz 2 beschränkt ist. Deshalb wäre es naheliegend, die Nichtigkeitsgründe des Abs. 2 als für subordinationsrechtliche Verträge abschließende, den Abs. 1 verdrängende Spezialregelung zu sehen. Das hätte dem historischen Willen des Gesetzgebers entsprochen[5] und zugleich das Nichtigkeitsrisiko beim Abschluss solcher Verträge verringert und besser vorhersehbar gemacht. 12

Wenn Rechtsprechung und Literatur trotzdem und unter Berufung auf den Wortlaut (»ist ferner nichtig«) auf den subordinationsrechtlichen Vertrag neben den differenzierten Nichtigkeitsgründen des Abs. 2 auch den pauschal an das BGB angelehnten Nichtigkeitskatalog nach Abs. 1 anwenden,[6] dann ist das auch Ausdruck einer nach wie vor deutlichen **Skepsis gegenüber dem Instrument des subordinationsrechtlichen Vertrags.** 13

Sachgerecht wäre es, **zwischen Vertragsformverboten und lediglich verbotenen Vertragsinhalten zu differenzieren.** § 59 Abs. 2 wäre danach als abschließende Regelung für auf den Inhalt der Verträge bezogene Fehler anzusehen und auf Abs. 1 wäre nur noch zurückzugreifen, wo es unter dem Aspekt der Nichtigkeit nicht um Fragen des Inhalts des Vertrages geht, etwa bei Vertragsformverboten (Beispiel: § 1 Abs. 3 Satz 2 Halbs. 2 BauGB; Ansprüche auf Aufstellung von Bauleitplänen können nicht durch Vertrag begründet werden). 14

Bislang hält die Rechtsprechung allerdings daran fest, auch die Inhalte subordinationsrechtlicher Verträge im Hinblick auf ihre Nichtigkeit oder Wirksamkeit am Maßstab des § 59 Abs. 1 i.V.m. § 134 BGB prüfen zu können.[7] Eine **Änderung dieser Rechtsprechung** oder ihre Korrektur durch den Gesetzgeber ist **überfällig.** 15

4 Vgl. OVG Nordrhein-Westfalen, Urt. v. 16.10.2003 – 9 A 3137/00, Rn. 39 bei juris, KampR 2004, 100.

5 Vgl. BT-Drucks. 7/910, S. 81 f., wonach § 134 BGB gar nicht zur Anwendung kommen sollte.

6 Bader/Ronellenfitsch/*Spieth*, § 59, Rn. 6; Kopp/Ramsauer/*Tegethoff*, § 59, Rn. 8.

7 BVerwG, Urt. v. 03.03.1995 – 8 C 32/93, Rn. 19 bei juris, BVerwGE 98, 58 (63).

B. Die Vorschrift im Einzelnen

I. Abs. 1 (Nichtigkeit nach Vorschrift des BGB)

16 Gegenstand des Abs. 1 sind **öffentlich-rechtliche Verträge.** Das lehnt sich an die Begriffsdefinition des § 54 Satz 1 an und ist deshalb auf Verträge innerhalb des Anwendungsbereichs des Verwaltungsverfahrensgesetzes (§ 1) beschränkt (vgl. dazu § 54).

17 Nicht erfasst sind aber alle Fälle, in denen sich die Wirksamkeitsfrage von vornherein nicht stellen kann. Dazu gehört die Fallgruppe der scheinbaren Verträge, die aber wegen eines **Einigungsmangels** gar nicht zustande gekommen sind (offener und versteckter Dissens, §§ 154, 155 BGB). Das betrifft zweitens Fälle **schwebender Unwirksamkeit**, wie sie das Verwaltungsverfahrensgesetz selbst kennt, wenn es an einer notwendigen Zustimmung eines Dritten oder einer Mitwirkung einer anderen Behörde noch fehlt. Hier ordnen § 58 Abs. 1 und 2 jeweils an, dass der Vertrag noch nicht wirksam ist, weshalb sich die von § 59 aufgeworfene Nichtigkeitsfrage auch noch gar nicht stellt. Weitere solche Fälle sind der Vertragsschluss durch eine handlungsunfähige Person (§ 12 i.V.m. § 108 Abs. 1 BGB) und durch einen Vertreter ohne Vertretungsmacht (§§ 177, 182 BGB), wobei sich die schwebende Unwirksamkeit hier jeweils aus der Verweisungsnorm des § 62 Satz 2 ergibt. Auch ein nach den §§ 119 ff. BGB anfechtbarer, aber **noch nicht angefochtener** öffentlich-rechtlicher **Vertrag** kann Gegenstand einer Nichtigkeitsprüfung nach § 59 Abs. 1 sein.

18 Voraussetzung für die Nichtigkeit des öffentlich-rechtlichen Vertrages ist nach § 59 Abs. 1, dass sich die **Nichtigkeit aus der entsprechenden Anwendung von Vorschriften des BGB** ergibt. Das ist bislang immer so verstanden worden, dass schon § 59 Abs. 1 selbst die entsprechende Anwendung aller thematisch einschlägigen Vorschriften des BGB anordnet. Sie hängt nicht von einer im Einzelfall vom Richter zu treffenden Entscheidung ab, ob durch Auslegung zu ermittelnde sachliche Voraussetzungen für eine entsprechende Anwendung vorliegen oder nicht.

19 **Praktische Bedeutung** haben dabei vor allen Dingen der Verstoß gegen ein gesetzliches Verbot (§ 134 BGB), Formmängel (§ 125 BGB), die Sittenwidrigkeit (§ 138 BGB) und andere Nichtigkeitsgründe des BGB. Allerdings gibt es seit der Schuldrechtsreform keine wegen Unmöglichkeit nichtigen öffentlich-rechtlichen Verträge mehr; solche Verträge begründen zwar keine Erfüllungs-, aber Sekundäransprüche (§§ 275, 311a Abs. 2 BGB). Lediglich Altverträge sind noch nach § 59 Abs. 1 i.V.m. § 306 BGB a.F. zu beurteilen.[8]

1. § 134 BGB (Verstoß gegen ein gesetzliches Verbot)

20 Besondere praktische Bedeutung hat in diesem Zusammenhang § 134 BGB. Danach ist ein Rechtsgeschäft, das gegen ein **gesetzliches Verbot** verstößt, nichtig, wenn sich nicht aus dem Gesetz etwas anderes ergibt. Der Gesetzgeber des Verwaltungsverfahrensgesetzes hat klar zum Ausdruck gebracht, dass auch im Hinblick auf § 134 BGB

---

8 Vgl. OVG Berlin-Brandenburg, Beschl. v. 20.01.2009 – 11 N 4.06, Rn. 14 f. bei juris.

nicht jeder einfache Gesetzesverstoß der vertragsschließenden Behörde zur Nichtigkeit des öffentlich-rechtlichen Vertrages führen kann und zwar schon deshalb nicht, weil ansonsten die differenzierteren Regelungen des Abs. 2 überspielt würden. Deshalb besteht zwar Einigkeit, dass auch über § 59 Abs. 1 i.V.m. § 134 BGB eine Nichtigkeit des öffentlich-rechtlichen Vertrages **nur bei einem sogenannten »qualifizierten Fall der Rechtswidrigkeit«** die Nichtigkeitsfolge greift[9], allerdings ist die Rechtsprechung mit der Annahme solch qualifizierter Rechtswidrigkeiten vergleichsweise flott bei der Hand. Es soll genügen, wenn sich durch Auslegung des jeweiligen Fachrechts ergibt, dass dieses zwingenden Charakter hat.[10]

Die **praktischen Anwendungsfälle in der neueren Rechtsprechung** sind allerdings überschaubar. Sie konzentrieren sich auf den Bereich des Abgaben- und Beamtenrechts. Im Einzelnen haben die Verwaltungsgerichte in den letzten Jahren wegen Verstoßes gegen ein gesetzliches Verbot für nichtig erklärt: 21

- Einen ohne die erforderliche Genehmigung der Kommunalaufsichtsbehörde geschlossenen **Gewährvertrag;**[11]
- einen **Erschließungsvertrag**, der die Übertragung der Erschließung auf eine sogenannte beherrschte Eigengesellschaft vorsieht, wegen Verstoßes gegen § 124 Abs. 1 BauGB;[12]
- einen vertraglichen **Gebührenverzicht** auf unbestimmte Zeit ohne rechnerische Berücksichtigung des wirtschaftlichen Werts der Gegenleistung;[13]
- einen Vertrag, mit dem das Ermessen eines Abwasserzweckverbandes beim **Erlass einer Abgabensatzung** zum Nachteil der übrigen Benutzer der öffentlichen Einrichtung, aber zugunsten des Vertragspartners gesteuert werden sollte;[14]
- eine vertragliche Regelung, wonach entgegen der Gebührenverordnung eines Landes anstelle der Bauaufsichtsbehörde der Bauherr **Gebühren an den Prüfingenieur** zahlen soll;[15]
- einen **Ablösevertrag**, bei dem der Ablösebetrag in Abweichung von den satzungsrechtlichen Bestimmungen der Gemeinde ermittelt worden ist;[16]
- einen kostenabwälzenden Vertrag über **Straßenausbaubeiträge;**[17]

9 Bader/Ronellenfitsch/*Spieth*, § 59, Rn. 10; Kopp/Ramsauer/*Tegethoff*, § 59, Rn. 10; Fehling/Kastner/Störmer/*Fehling*, § 59, Rn. 12; OVG Sachsen, Beschl. v. 18.01.2018 – 4 B 93/17, Rn. 15 bei juris; VG Köln, Urt. v. 03.12.2019 – 2 K 2417/18, Rn. 23 bei juris.

10 BVerwG, Urt. v. 03.03.1995 – 8 C 32/93, Rn. 19 bei juris, BVerwGE 98, 58 (63); BVerwG, Urt. v. 23.08.1991 – 8 C 61/90, Rn. 13 bei juris, BVerwGE 89, 7 (10); ähnlich VG Osnabrück, Urt. v. 23.05.2017 – 3 A 96/16, Rn. 43 bei juris.

11 VG Magdeburg, Urt. v. 17.01.2012 – 4 A 248/11, Rn. 23 bei juris.

12 BVerwG, Urt. v. 01.12.2010 – 9 C 8/09, Rn. 53 bei juris, BVerwGE 138, 244 (262).

13 VG Düsseldorf, Urt. v. 02.11.2010 – 5 K 8173/09, Rn. 46 bei juris.

14 OVG Sachsen-Anhalt, Beschl. v. 28.10.2009 – 4 K 470/08, Rn. 20 bei juris, NVwZ 2010, 396.

15 OVG Thüringen, Urt. v. 19.12.2007 – 1 KO 1205/04, Rn. 72 bei juris.

16 BVerwG, Beschl. v. 26.10.2006 – 7 B 19/06, Rn. 30 bei juris; VGH Baden-Württemberg, Beschl. v. 26.04.2007 – 2 S 2218/06, Rn. 6 ff. bei juris, NVwZ-RR 2007, 809.

17 OVG Rheinland-Pfalz, Urt. v. 27.04.2004 – 6 A 10035/04, Rn. 33 bei juris, NVwZ-RR 2005, 499.

- einen Vergleichsvertrag wegen der damit verbundenen unzulässigen Umgehung des **straßenrechtlichen Einziehungsverfahrens;**[18]
- einen **Austauschvertrag**, bei dem Anlieger »Spenden« als Gegenleistung für eine bauliche Maßnahme an einer öffentlichen Straße leisten;[19]
- einen **Stellplatzablösevertrag**, der die Ablösesumme unterhalb der in der Ablösesatzung festgelegten Beträge festlegt;[20]
- einen **Gebührenverzicht**, bei dem die Behörde außerhalb abgabenrechtlicher Tatbestände vertraglich ohne äquivalente Gegenleistung von einer Erhebung absieht;[21]
- eine vertragliche Gewährung von **beamtenrechtlichen Versorgungsbezügen** an einen auf eigenen Antrag ausgeschiedenen politischen Beamten wegen Verstoßes gegen § 3 Abs. 2 BeamtVG.[22]

22 Zunehmende Bedeutung gewinnt der Nichtigkeitsgrund des § 59 Abs. 1 i.V.m. § 134 BGB für das **europäische Beihilferecht.** Insoweit ist nicht nur anerkannt, dass das Durchführungsverbot aus Art. 108 Abs. 3 Satz 3 AEUV ein Verbotsgesetz i.S.v. § 134 BGB darstellt,[23] sondern dass Verstöße hiergegen grundsätzlich zur Nichtigkeit eines beihilfegewährenden öffentlich-rechtlichen Vertrages führen.[24]

23 **Verneint** worden ist eine Nichtigkeit nach § 59 Abs. 1 i.V.m. § 134 BGB bei einem wegen der Übernahme einer Baulast auf Vorrat gegen die Landesbauordnung verstoßenden Vertrag, weil baurechtliche Vorschriften grundsätzlich keine Verbotsnorm im Sinne von § 134 BGB sind.[25] Auch haushaltsrechtlichen Normen kommt nicht der Charakter eines Verbotsgesetzes zu[26]; für Verstöße gegen Art. 104a Abs. 1 GG wird das anders gesehen.[27]

24 Begrenzt wird das Nichtigkeitsrisiko auch dadurch, dass § 59 Abs. 1 i.V.m. § 134 BGB **nur für schon bei Vertragsschluss bestehende gesetzliche Verbote** gilt.[28] Nachträglich geschaffene gesetzliche Verbote lösen über § 62 Satz 2 die Rechtsfolgen der Unmöglichkeit nach §§ 275 ff. BGB aus.

---

18 OVG Niedersachsen, Beschl. v. 28.10.2016 – 7 LA 78/16, Rn. 12 bei juris.

19 OVG Berlin-Brandenburg, Urt. v. 05.06.2014 – 5 B 1.14, Rn. 19 bei juris.

20 OVG Rheinland-Pfalz, Urt. v. 13.11.2003 – 8 A 10878/03, Rn. 29 bei juris, NVwZ-RR 2004, 243.

21 OVG Nordrhein-Westfalen, Urt. v. 11.12.2019 – 9 A 1133/18, Rn. 81 ff. bei juris.

22 OVG Bremen, Urt. v. 18.12.2002 – 2 A 260/99, NordÖR 2003, 308.

23 BGH, Urt. v. 05.07.2007 – IX ZR 256/06, Rn. 33 bei juris.

24 S. OVG Berlin-Brandenburg, Urt. v. 18.12.2017 – OVG 6 B 3.17, Rn. 20, 58. bei juris mit Überlegungen zu einer Begrenzung der Nichtigkeit auf Teilregelungen des Vertrages.

25 Hessischer VGH, Urt. v. 01.12.2015 – 3 A 55/15.Z, Rn. 9 bei juris; VGH Baden-Württemberg, Urt. v. 01.10.2004 – 3 S 1743/03, Rn. 8 ff. bei juris, VBlBW 2005, 73.

26 VGH Baden-Württemberg, Urt. v. 29.06.2015 – 9 S 280/14, Rn. 152 bei juris.

27 Vgl. BVerwG, Urt. v. 14.06.2016 – 10 C 7/15, Rn. 16 bei juris, BVerwGE 155, 230 – zur Finanzierung des Projektes Stuttgart 21.

28 OVG Nordrhein-Westfalen, Urt. v. 16.10.2003 – 9 A 3137/00, Rn. 39 bei juris, KampR 2004, 100.

2. § 125 BGB i.V.m. § 57 (Formnichtigkeit)

Erhebliche Bedeutung hat die Formnichtigkeit öffentlich-rechtlicher Verträge nach § 125 BGB. Das liegt daran, dass die in § 57 enthaltene Formvorgaben auf die Anordnung einer Rechtsfolge verzichtet. Deshalb muss auf die **Nichtigkeitsregel in § 125 BGB** zurückgegriffen werden. § 125 Abs. 1 BGB sanktioniert zudem Verstöße gegen Formgebote, die über § 57 VwVfG hinausgehen und sich aus Fachrecht ergeben.[29] 25

Zwar wäre denkbar, dies über die Auffangklausel des § 62 Satz 2 zu konstruieren, auch um dem Thema der Anwendbarkeit von § 59 Abs. 1 auf subordinationsrechtliche Verträge i.S.v. § 54 Satz 2 zu entgehen. Mit solchen Feinheiten hält sich die **Rechtsprechung** nicht auf. Sie geht ohne weitere Begründung davon aus, dass **allein § 59 Abs. 1 einschlägig** ist und Formmängel i.S.v. § 57 über § 125 BGB zur Nichtigkeit des öffentlich-rechtlichen Vertrages führen.[30] Nichtigkeitsgefährdet sind deshalb im Hinblick auf § 311b BGB vor allem grundstücksbezogene Verträge. 26

Erhebliche praktische Bedeutung hat allerdings, ob und in welchem Umfang sich die jeweiligen Vertragspartner nach **Treu und Glauben** auf den Formmangel berufen können.[31] 27

3. § 138 BGB (Sittenwidrigkeit)

§ 59 Abs. 1 verweist auch auf den in § 138 BGB enthaltenen Nichtigkeitsgrund der Sittenwidrigkeit. Die **praktische Bedeutung** ist aber **überschaubar.** Zwar wird dieser Nichtigkeitsgrund gegenüber öffentlich-rechtlichen Verträgen vergleichsweise häufig gerichtlich geltend gemacht, in neuerer Zeit aber nahezu ausnahmslos ohne Erfolg.[32] 28

Das mag auch daran liegen, dass die **Sittenwidrigkeit** hier **überwiegend** von dem Vertragspartner der Behörde und damit **in einem privaten Interesse geltend gemacht** wird, während eine mit § 134 BGB begründete Nichtigkeit oftmals der Behörde gerade zugutekommt. Überraschend ist all das nicht. Zwar hat das Bundesverwaltungsgericht schon früh erkannt, dass verwaltungsrechtliche Verträge stärker als privatrechtliche Verträge dafür anfällig sind, dass ein im Vertrag vorgegebenes Machtgefälle ausgenutzt wird und infolge dessen von einer echten Freiheit der am Vertrag Beteiligten nicht gesprochen werden kann, es hat aber schon 1973 nichts dagegen einzuwenden 29

---

29 Bspw. kommunalrechtliche Vorschriften, die eine händische Unterschrift und das Dienstsiegel des Vertretungsorgans verlangen (VG Halle, Urt. v. 20.11.2018 – 6 A 398/15, Rn. 50 bei juris).

30 OVG Berlin-Brandenburg, Urt. v. 05.10.2010 – 5 B 9.08, Rn. 28 bei juris; Sächsisches OVG, Beschl. v. 26.03.2010 – 1 A 151/09, Rn. 6 bei juris.

31 Vgl. dazu differenzierend OVG Berlin-Brandenburg, Urt. v. 05.10.2010 – 5 B 9.08, Rn. 28 ff. bei juris; ausführlich und einen Rechtsmissbrauch bejahend VG Halle, Urt. v. 20.11.2018 – 6 A 398/15, Rn. 51 f. bei juris.

32 Vgl. OVG Nordrhein-Westfalen, Urt. v. 31.08.2016 – 2 A 1503/15, Rn. 43 bei juris – baurechtlicher Vergleichsvertrag; OVG Rheinland-Pfalz, Urt. v. 05.02.2003 – 8 A 10775/02, Rn. 17 bei juris – denkmalschutzrechtlicher Investorenvertrag; VG Magdeburg, Urt. v. 30.01.2003 – 9 A 585/00, Rn. 26 bei juris – Ablösevertrag für Abwassergebühren.

gehabt, dass die Gemeinde die Durchführung bestimmter Planungen von der Übernahme bestimmter Folgekosten seitens des Vertragspartners abhängig macht.[33]

30 Sittenwidrigkeit wird man deshalb nur dann annehmen können, wenn Behörden die ausweglose **Zwangslage** eines Privaten **ausbeuten** oder ihre Überlegenheit in relevanter Weise gegenüber dem Partner des öffentlich-rechtlichen Vertrages missbrauchen.[34] Denkbarer Nichtigkeitsgrund in derartigen Situationen kann daneben auch § 59 Abs. 2 Nr. 1 i.V.m. § 44 Abs. 2 Nr. 6 sein.[35] Die Rechtsprechung greift lieber auf § 59 Abs. 2 Nr. 4 zurück, der gleichfalls Konstellationen adressiert, in denen ein Machtgefälle in zu missbilligender Weise ausgenutzt wird.[36]

4. Andere Nichtigkeitsgründe

31 Auch alle anderen Nichtigkeitsgründe des BGB sind grundsätzlich anwendbar. Das betrifft etwa die Fälle **erfolgreicher Anfechtungen** öffentlich-rechtlicher Verträge (§§ 119 ff., 142 BGB)[37] und den Irrtum über die Vergleichsgrundlagen eines Vergleichsvertrages nach § 779 BGB[38] (Das gilt auch für öffentlich-rechtliche Verträge, die zugleich ein Prozessvergleich sind).[39]

II. Abs. 2 (Nichtigkeit bei subordinationsrechtlichen Verträgen)

32 Die praktische Bedeutung der vom Gesetzgeber spezifisch für subordinationsrechtliche Verträge nach § 54 Satz 2 in § 59 Abs. 2 festgelegten Nichtigkeitsgründe ist dadurch relativiert, dass die Verwaltungsgerichte in Fortführung der Rechtsprechung des Bundesverwaltungsgerichts § 59 Abs. 1 auch auf die Inhaltskontrolle von subordinationsrechtlichen Verträgen anwenden und deshalb eine Kontrolle schon im Maßstab des § 134 BGB vornehmen. Erhebliche Bedeutung hat aber der Nichtigkeitsgrund des § 59 Abs. 2 Nr. 4.

1. Verwaltungsakt mit Vertragsinhalt wäre nichtig (Nr. 1)

33 Der Nichtigkeitsgrund der Nr. 1 verfolgt eine einfache Philosophie. Da der subordinationsrechtliche Vertrag einen Verwaltungsakt ersetzt, sollen für die Nichtigkeit des

---

33 BVerwG, Urt. v. 06.07.1973 – IV C 22.72, Rn. 30 ff. bei juris, BVerwGE 42, 331 (342 f.) – zu Folgekostenverträgen.

34 VGH Baden-Württemberg, Urt. v. 08.10.1996 – 10 S 3/96, Rn. 46 bei juris; s.a. VG Weimar, Urt. v. 22.03.2006 – 1 K 3684/03.We, Rn. 44 bei juris.

35 VGH Hessen, Urt. v. 21.06.2018 – 3 A 2410/16, Rn. 49 bei juris.

36 *Breuer*, NVwZ 2017, 112 (115), auch mit dem Hinweis, dass § 138 BGB und § 59 Abs. 2 Nr. 4 nebeneinander stehen.

37 Vgl. OVG Berlin-Brandenburg, Urt. v. 01.07.2011 – 2 A 14.10, Rn. 38 ff. bei juris; VG Magdeburg, Urt. v. 28.09.2004 – 4 A 235/02, Rn. 29 bei juris.

38 Dazu restriktiv VG München, Urt. v. 21.12.1999 – 20 N 96.2625 u.a., Rn. 33 bei juris, NVwZ 2000, 1310 (1311).

39 BVerwG, Urt. v. 10.03.2010 – 6 C 15/09 u.a., Rn. 10 ff. bei juris, NJW 2010, 3048.

Vertrages zunächst einmal **dieselben Anforderungen** gelten **wie für die Nichtigkeit eines Verwaltungsaktes.**

Deshalb ist zu prüfen, ob ein Verwaltungsakt mit dem Inhalt des öffentlich-rechtlichen Vertrages an einem besonders schwerwiegenden Fehler leiden würde und dies bei verständiger Würdigung aller in Betracht kommenden Umstände offensichtlich ist (**Generalklausel des § 44 Abs. 1**).[40] 34

Dabei ist immer zu berücksichtigen, dass nach **§ 44 Abs. 3** bestimmte Rechtsfehler grundsätzlich nicht zur Nichtigkeit führen, etwa die Mitwirkung einer nach § 20 Abs. 1 Satz 1 Nr. 2 bis 6 ausgeschlossenen Person.[41] Die besonderen Nichtigkeitsgründe nach § 44 Abs. 2 sind zwar anders als § 44 Abs. 1 wertungsunabhängig, spielen aber im Hinblick auf öffentlich-rechtliche Verträge praktisch keine Rolle.[42] 35

2. Nichtigkeit bei beiderseitiger Kenntnis der Rechtswidrigkeit zum Zeitpunkt des Vertragsschlusses (Nr. 2)

Auch bei Nr. 2 stellt der Gesetzgeber wieder darauf ab, wie ein Verwaltungsakt mit dem Inhalt des Vertrages zu beurteilen wäre. Hier fragt er aber zur Verteidigung der Rechtsordnung danach, ob beiden Vertragsparteien bei Vertragsschluss bekannt war, dass ein solcher Verwaltungsakt rechtswidrig gewesen wäre. Die allgemeine Meinung geht, dem Wortlaut folgend, davon aus, dass nur **positive Kenntnis der Rechtswidrigkeit schadet**, nicht aber grob fahrlässige Unkenntnis, also ein »Kennenmüssen«.[43] 36

Da es für die Nichtigkeit auf den **Zeitpunkt des Vertragsabschlusses** ankommt, ist auch eine später erlangte Kenntnis der Rechtswidrigkeit irrelevant. Ebenso wenig führt zur Nichtigkeit des Vertrages, wenn die Rechtswidrigkeit nur einer der beiden Vertragsparteien bekannt war. Nach verbreiteter Ansicht soll es bei mehreren beteiligten Vertragspartnern genügen, wenn die Behörde und mindestens ein Vertragspartner anfängliche Kenntnis von der Rechtswidrigkeit hat;[44] praktische Bedeutung hat das aber nicht gewonnen. 37

Die seltene Einschlägigkeit der Norm spricht nicht gegen sie. Hier zeigt sich vielmehr, dass der Gesetzgeber bei subordinationsrechtlichen Verträgen genauso wie bei Verwaltungsakten eben nur bei wirklich schweren Rechtsverstößen die Unwirksamkeit anordnen will. Das ist auch der Grund dafür, warum **Rechts- oder Formfehler i.S.d. § 46** auch bei Kenntnis beider Vertragsparteien **unbeachtlich** sind. 38

---

40 Beispiel: VG München, Urt. v. 05.03.2018 – M 8 K 16.2803, Rn. 64 f. bei juris; OVG Niedersachsen, Urt. v. 27.11.2001 – 5 LB 1209/01, Rn. 9 ff. bei juris.

41 Vgl. dazu für einen öffentlich-rechtlichen Vertrag über die Durchführung eines Rettungsdienstes OVG Rheinland-Pfalz, Urt. v. 29.06.2004 – 7 A 12038/03, Rn. 33 bei juris.

42 Vgl. Kopp/Ramsauer/*Tegethoff*, § 59, Rn. 22.

43 Vgl. Bader/Ronellenfitsch/*Spieth*, § 59, Rn. 30; Kopp/Ramsauer/*Tegethoff*, § 59, Rn. 24.

44 Vgl. Bader/Ronellenfitsch/*Spieth*, § 59, Rn. 31.

3. Sonderregelungen für Vergleichsverträge (Nr. 3)

39 Nr. 3 enthält eine **Sonderregelung für Vergleichsverträge nach § 55.** Hier kombiniert der Gesetzgeber die aus Nr. 2 schon bekannte Rechtswidrigkeit außerhalb von Verfahrens- und Formfehlern i.S.d. § 46 wiederum mit einem zweiten Merkmal, wobei er hier nicht auf die Kenntnis der Rechtswidrigkeit abstellt, sondern darauf, dass die Voraussetzungen zum Abschluss eines Vergleichsvertrages objektiv nicht vorlagen.

40 Entscheidend ist deshalb, ob die **Sach- und Rechtslage** für die Vertragspartner **ungewiss i.S.v. § 55** war. Nur wenn das nicht der Fall war und die getroffene Regelung gleichwohl materiell rechtswidrig ist, bleibt dem geschlossenen Vertrag die Wirksamkeit versagt.[45] Die davon abweichende Sichtweise, die nur das Ermessen nach § 55 als Voraussetzung zum Abschluss des Vergleichsvertrages ansehen will,[46] hat sich in der Rechtsprechung nicht durchgesetzt. Sie ist auch dem Einwand ausgesetzt, keineswegs zu voraussehbareren Ergebnissen zu führen.

41 Wenn eine **Unsicherheit** zwar bei der Aushandlung des Vertragsinhalts noch bestand, zum Zeitpunkt des eigentlichen Vertragsabschlusses aber schon **weggefallen** war, dann führt das, wenn der Vertragsinhalt in der Gestalt eines Verwaltungsaktes rechtswidrig wäre, nach § 59 Abs. 2 Nr. 3 zur Nichtigkeit.[47]

4. Nichtigkeit bei unzulässiger Gegenleistung für die Behörde (Nr. 4)

42 Der Nichtigkeitsgrund der Nr. 4 soll den Bürger vor einer Übervorteilung durch die Behörde schützen. Deshalb sind Austauschverträge nach § 56 nichtig, wenn sich die Behörde im öffentlich-rechtlichen Vertrag eine Gegenleistung versprechen lässt, die über das hinausgeht, was § 56 hierfür erlaubt. Das ist ein vom Gesetzgeber des Verwaltungsverfahrensgesetzes viel besser als durch Rückgriff auf das abstrakte Verbot der Sittenwidrigkeit definierter **Schutz des Bürgers** davor, dass die Behörde ihre strukturell überlegene Position zur Erlangung unzulässiger Gegenleistungen ausnutzt. Weil hier ausnahmsweise einmal der private Vertragspartner der Behörde geschützt werden soll, ist es auch unerheblich, ob dieser die Unzulässigkeit der von ihm versprochenen Gegenleistung erkannt hat oder hätte erkennen müssen.

43 Nichtigkeit nach § 59 Abs. 2 Nr. 4 ist gerichtlich festgestellt worden:
- Bei einer vertraglichen **Vereinbarung zwischen Strafgefangenen und einer Justizvollzugsanstalt**, die auf eine willkürlich vorgenommene Leistungsbestimmung gestützt war;[48]

---

45 Vgl. Brandenburgischer Dienstgerichtshof für Richter, Urt. v. 11.12.2012 – DGH Bbg 4.12, Rn. 37 bei juris; OVG Rheinland-Pfalz, Urt. v. 13.12.2011 – 6 A 10857/11, Rn. 25 bei juris.

46 So etwa Bader/Ronellenfitsch/*Spieth*, § 59, Rn. 36; Kopp/Ramsauer/*Tegethoff*, § 59, Rn. 26.

47 BVerwG, Beschl. v. 26.10.2006 – 7 B 19/06, Rn. 34 bei juris.

48 OLG Naumburg, Beschl. v. 08.06.2012 – 2 Ws 96/12, Rn. 22 ff. bei juris.

- bei einem **Beitragsablösevertrag**, in dem der Ablösungsbetrag regelwidrig und zu Lasten des Beitragspflichtigen zu hoch ermittelt worden ist;[49]
- bei einem gegen das Koppelungsverbot des § 56 Abs. 1 Satz 2 verstoßenden sogenannten **hinkenden Austauschvertrag**, mit dem die Gemeinde beim Grundstückseigentümer den Planungsvorteil abgeschöpft hat;[50]
- bei einem **straßenrechtlichen Gestattungsvertrag**, mit dem die Behörde sich eine Zahlung für ein Nutzungsrecht versprechen ließ, welches dem Vertragspartner ohnehin kraft Gesetzes als Gemeingebrauch zustand;[51]
- bei einem Vertrag, in dem sich die Gemeinde im Zusammenhang mit der Erteilung ihres **Einvernehmens nach § 36 BauGB** als Gegenleistung erhebliche Nutzungseinschränkungen der privaten Grundstücke versprechen lässt, obwohl die privaten Vertragspartner als Bauherren einen uneingeschränkten Anspruch auf Erteilung des Einvernehmens nach § 36 Abs. 1 i.V.m. § 34 Abs. 1 BauGB hatten;[52]
- bei einem Vertrag nach § 146 Abs. 3 BauGB über die **Durchführung städtebaulicher Ordnungsmaßnahmen**, weil die Erstattung der dem Grundstückseigentümer dadurch entstehenden Kosten vollständig davon abhängig gemacht wurde, dass er Baumaßnahmen i.S.d. § 148 BauGB durchführt;[53]
- bei einer Vereinbarung, durch die das Land Niedersachsen sich von einem angestellten Lehrer eine monatliche **Zahlung als Gegenleistung für** die Zusage seiner späteren **Ernennung zum Beamten** versprechen lässt;[54]
- bei einem gegen das Koppelungsverbot des § 56 Abs. 1 Satz 2 verstoßenden Vertrag, in dem ein polizeidienstunfähiger Polizeivollzugsbeamter als »Gegenleistung« für seine Weiterverwendung einen umfassenden **Rechtsmittelverzicht** im Hinblick auf künftige Beförderungsentscheidungen erklärt.[55]

Eine Korrektur dieses vom Gesetz angeordneten Nichtigkeitsergebnisses kann **nur in extremen Fällen** in Betracht kommen, etwa über die Rechtsfigur der **Verwirkung.**[56] 44

III. Abs. 3 (Teilnichtigkeit des Vertrages)

Der Gesetzgeber hat sich mit seiner Nichtigkeitslösung in § 59 Abs. 1 und 2 grundsätzlich für ein »Alles-oder-Nichts-Prinzip«[57] entschieden. Dieses simple, aber eindeutige System führt im Regelfall zu sachgerechten Lösungen.[58] In bestimmten Fällen 45

49 OVG Rheinland-Pfalz, Urt. v. 13.12.2011 – 6 A 10857/11, Rn. 22 bei juris.
50 VG Osnabrück, Urt. v. 10.02.2009 – 1 A 275/07, Rn. 45 ff. bei juris.
51 OVG Berlin-Brandenburg, Beschl. v. 20.01.2009 – 11 N 4.06, Rn. 12 ff. bei juris.
52 VGH Baden-Württemberg, Urt. v. 16.04.2008 – 3 S 1771/07, Rn. 38 bei juris.
53 VG Trier, Urt. v. 18.04.2007 – 5 K 1006/06.TR, Rn. 24 bei juris.
54 VG Lüneburg, Urt. v. 25.04.2006 – 1 AA 14/06, Rn. 29 bei juris.
55 OVG Nordrhein-Westfalen, Urt. v. 25.03.2014 – 6 B 107/14, Rn. 9 bei juris; VGH Hessen, Urt. v. 21.06.2018 – 3 A 2410/16, Rn. 58 bei juris prüft bei einem Rechtsmittelverzicht Art. 19 Abs. 4 GG als Verbotsgesetz.
56 Vgl. OLG München, Urt. v. 12.01.2006 – 6 U 2659/05, Rn. 107 ff. bei juris.
57 Bader/Ronellenfitsch/*Spieth*, § 59 Rn. 42.
58 Vgl. BVerwG, Urt. v. 01.12.2010 – 9 C 8/09, Rn. 50 bei juris, BVerwGE 138, 244 (261).

besteht aber das Bedürfnis, die Nichtigkeitsfolge weiter einzuschränken, sie etwa auf einen Teil des Vertrages zu beschränken. Das greift das Gesetz in Abs. 3 ausdrücklich auf. Der Gesetzgeber hat dort die Gesamtnichtigkeit des Vertrages als Regelrechtsfolge bestimmt und eine **Beschränkung der Nichtigkeit auf Teile des Vertrages** nur dann angeordnet, wenn **ausnahmsweise** anzunehmen ist, dass der Vertrag auch ohne den nichtigen Teil geschlossen worden wäre.

46 Das Regel-Ausnahmeverhältnis ist also anders als bei der für Verwaltungsakte geltenden Regelung des § 44 Abs. 4, dafür aber entsprechend der Regelung des § 139 BGB. Das ist auch sachgerecht, weil es bei § 44 Abs. 4 allein auf die Sichtweise der den Verwaltungsakt erlassenen Behörde ankommt, während § 59 Abs. 3 auf den **übereinstimmenden Willen beider Vertragsparteien** abstellt. Dieser kann auch durch Auslegung ermittelt werden.

47 Auf diese Auslegung zielen auch die verbreiteten **salvatorischen Klauseln**, wonach die Unwirksamkeit einzelner, gegebenenfalls genau benannter Teile des Vertrages die Gültigkeit des Vertrags insgesamt unberührt lässt (zur Abdingbarkeit von § 59 Abs. 3).[59] Salvatorische Klauseln nützen aber dann nichts, wenn die Nichtigkeit wesentliche Vertragsbestimmungen betrifft.[60] Dann fehlt regelmäßig jeder Anhaltspunkt dafür, dass die Beteiligten einen Vertrag auch ohne diese wesentlichen Vertragsbestimmungen treffen wollten.[61]

48 Allerdings kommt eine Beschränkung der Nichtigkeit auf Teile des Vertrages nur dort in Betracht, wo der **Vertragsinhalt inhaltlich teilbar** ist.[62] Eine Teilbarkeit ist dann zu bejahen, wenn nach Abtrennung des vom Nichtigkeitsgrund betroffenen Teils ein Rest zurück bleibt, der als selbstständiges Rechtsgeschäft für sich bestehen kann.[63]

49 Für die **Abgrenzung zwischen Gesamt- oder Teilnichtigkeit** haben sich gewisse Leitlinien herausgebildet. So wird Teilnichtigkeit angenommen, wenn der Hauptzweck des Vertrags nicht betroffen ist.[64] Dagegen ist bei zur Nichtigkeit führenden Formmängeln grundsätzlich von Gesamtnichtigkeit auszugehen,[65] ebenso bei Betroffenheit wesentlicher Vertragsbestimmungen.[66]

IV. Keine Regelung zu den weitergehenden Folgen der Nichtigkeit eines öffentlich-rechtlichen Vertrages

50 Weder § 59 noch andere Vorschriften des Verwaltungsverfahrensgesetzes enthalten eine ausdrückliche Regelung der Folgen der Nichtigkeit verwaltungsrechtlicher

59 Vgl. OVG Niedersachsen, Urt. v. 19.05.2011 – 1 LC 86/09, DVBl 2011, 1182.
60 So auch VG Stade, Urt. v. 18.09.2018 – 4 A 2477/17, Rn. 73 bei juris.
61 Vgl. BVerwG, Urt. v. 01.12.2010 – 9 C 8/09, Rn. 50 bei juris, BVerwGE 138, 244 (261).
62 Vgl. OVG Sachsen-Anhalt, Beschl. v. 28.01.2008 – 4 L 357/05, Rn. 10 ff. bei juris.
63 VGH Baden-Württemberg, Urt. v. 26.06.2003 – 2 S 2567/01, Rn. 30 bei juris.
64 OVG Sachsen-Anhalt, Beschl. v. 28.01.2008 – 4 L 357/05, Rn. 12 bei juris.
65 Vgl. VG Göttingen, Urt. v. 08.09.2008 – 3 A 339/06, Rn. 58 bei juris.
66 Vgl. BVerwG, Urt. v. 01.12.2010 – 9 C 8/09, Rn. 50 bei juris, BVerwGE 138, 244 (261).

Verträge. Eine Heilung ist gesetzlich nicht vorgesehen. Allerdings kommt eine Umdeutung nach § 62 Satz 2 i.V.m. § 140 BGB in Betracht.[67] Davon abgesehen wird das **Rückgewährschuldverhältnis** bei öffentlich-rechtlichen Verträgen über die Rechtsfigur des öffentlich-rechtlichen Erstattungsanspruchs ausgefüllt (vgl. dazu § 62).[68] Einschränkungen können sich dabei vor allen Dingen unter dem Gesichtspunkt von Treu und Glauben ergeben.[69]

C. Verfahrensvorschriften des Sozialrechts sowie Verwaltungsverfahrensrecht der Länder

§ 58 SGB X enthält für das **Sozialverwaltungsverfahren** eine eigene – § 59 entsprechende – Regelung.[70] 51

Die Verwaltungsverfahrensgesetze der Länder sehen eine entsprechende Regelung vor. Lediglich **Schleswig-Holstein** hat mit § 126 LVwG eine teilweise abweichende Regelung getroffen, die neben die Nichtigkeitsgründe Unwirksamkeitsgründe stellt, welche aber nur innerhalb einer Ausschlussfrist von einem Monat nach Vertragsschluss geltend gemacht werden können (etwa bei einer Verletzung des Vertragsformverbotes (§ 126 Abs. 3 Satz 1 Nr. 2 i.V.m. Satz 2 LVwG)). Rechtspolitisch vorbildhaft für das Verwaltungsverfahrensgesetz und die Verwaltungsverfahrensgesetze der 15 anderen Länder ist das nicht. Gerade für Verstöße gegen das Vertragsformverbot ist die Nichtigkeit die angemessene Rechtsfolge. 52

D. Europarecht

Unionsrecht spielt bei § 59 insofern eine Rolle, als sich daraus gesetzliche Verbote im Sinne von § 134 BGB ergeben können, die über § 59 Abs. 1 zur Nichtigkeit des öffentlich-rechtlichen Vertrages führen. Praktische Bedeutung hat das vor allen Dingen im Bereich des europäischen **Beihilferechts.** 53

§ 60 Anpassung und Kündigung in besonderen Fällen

(1) [1]Haben die Verhältnisse, die für die Festsetzung des Vertragsinhalts maßgebend gewesen sind, sich seit Abschluss des Vertrags so wesentlich geändert, dass einer Vertragspartei das Festhalten an der ursprünglichen vertraglichen Regelung nicht zuzumuten ist, so kann diese Vertragspartei eine Anpasung des Vertragsinhalts an die geänderten Verhältnisse verlangen oder, sofern eine Anpassung nicht möglich oder einer Vertragspartei nicht zuzumuten ist, den Vertrag kündigen. [2]Die Behörde kann den Vertrag auch kündigen, um schwere Nachteile für das Gemeinwohl zu verhüten oder zu beseitigen.

---

67 Klassisch: BVerwG, Urt. v. 01.02.1980 – IV C 40.77, Rn. 40 bei juris, DVBl 1980, 688.

68 Weitergehende Überlegungen bei *Ziekow/Siegel,* VerwArchiv 2004, 281 (291 ff.).

69 Dazu näher Kopp/Ramsauer/*Tegethoff,* § 59, Rn. 35.

70 Zur Unwirksamkeit einer Vereinbarung zwischen Sozialhilfeträgern nach § 58 SGB X i.V.m. § 134 BGB, OVG Thüringen, Urt. v. 23.12.2011 – 3 KO 251/08, Rn. 60 bei juris.

(2) [1]Die Kündigung bedarf der Schriftform, soweit nicht durch Rechtsvorschrift eine andere Form vorgeschrieben ist. [2]Sie soll begründet werden.

Schrifttum

Haug, Volksgesetzgebung auf verfassungsrechtlichem Neuland – Rechtsfragen im Zusammenhang mit der baden-württembergischen Volksabstimmung über das »S 21-Kündigungsgesetz«, ZParl 2012, 446; *Kaminski*, Die Kündigung von Verwaltungsverträgen, 2005; *Lenz/Würtenberger*, BauGB-Verträge, 2011; *Payandeh*, Verwaltungsvertrag und Verwaltungsaktsbefugnis, DÖV 2012, 590; *Sanden*, Die Anpassung und Kündigung öffentlich-rechtlicher Verträge am Beispiel der Altlastensanierung, NVwZ 2009, 491; *Schlemminger/Böhn*, Betragsmäßige Begrenzung der Sanierungsverpflichtung in Sanierungsverträgen, NVwZ 2010, 354; *U. Stelkens*, »Pacta sunt servanda« im deutschen und französischen Verwaltungsvertragsrecht, DVBl 2012, 609; *Ziekow/Siegel*, Entwicklung und Perspektiven des Rechts des öffentlich-rechtlichen Vertrages, VerwArchiv 2004, 573.

Übersicht

A. Allgemeines und Grundsätze

I. Ausnahme vom Grundsatz der Pflicht zur Vertragserfüllung

1 Auch für öffentlich-rechtliche Verträge nach § 54 gilt der **Grundsatz der Erfüllungspflicht (pacta sunt servanda)**. Von den vertraglich eingegangenen Verpflichtungen können sich die Vertragsparteien nicht einseitig lösen, auch nicht unter Berufung auf zwischenzeitlich eingetretene Änderungen tatsächlicher oder rechtlicher Art. Diesen Grundsatz hat der Gesetzgeber durch die Regelung des § 60 unausgesprochen festgeschrieben, indem er hier lediglich in zwei Konstellationen eine Ausnahme vom Grundsatz der Erfüllungspflicht macht. In diesen »besonderen Fällen« kann sich eine Vertragspartei teilweise (Anpassung) oder ganz (Kündigung) von den ursprünglichen vertraglichen Regelungen lösen.

Dabei sind **zwei Fallgruppen** zu unterscheiden: **Abs. 1 Satz 1** enthält speziell für den öffentlich-rechtlichen Vertrag nach § 54 eine Ausgestaltung des allgemeinen Rechtsgedankens, dass eine unbeschränkte und vorbehaltslose vertragliche Vereinbarung und die sich daraus ergebenden Rechte und Pflichten unter dem Vorbehalt gleichbleibender Verhältnisse der gemeinsamen Geschäftsgrundlage stehen (clausula rebus sic stantibus). Demgegenüber enthält **Satz 2** ein problematischeres, jedenfalls aber begrenzungsbedürftiges spezielles Kündigungsrecht einer behördlichen Vertragspartei. Abs. 2 regelt bezogen auf die Kündigung Formalien. 2

§ 60 macht den Anspruch auf Vertragsanpassung bzw. des Kündigungsrechts von **mehreren ineinander verschachtelten tatbestandlichen Voraussetzungen abhängig, die allesamt wertungsoffen sind und deren richterliche Konkretisierung im Einzelfall schwer prognostizierbar ist.** Das ist durchaus gewollt, weil das Festgehaltenbleiben an den ursprünglichen vertraglichen Regelungen das zentrale Rechtsprinzip ist und Ausnahmen hiervon nur in ganz speziell gelagerten Fällen sachgerecht sind (»besonderen Fällen«). 3

II. Anwendungsbereich und entsprechende Anwendung

Unmittelbar anwendbar ist § 60 auf alle öffentlich-rechtlichen Verträge im Sinne von § 54, sofern diese nach Inkrafttreten des Verwaltungsverfahrensgesetzes am 01.01.1997 geschlossen worden sind. Das Bundesverwaltungsgericht dehnt das auch auf vor Inkrafttreten von § 60 geschlossene Altverträge aus, sofern diese noch nicht abgewickelte Dauerschuldverhältnisse zum Gegenstand haben; insoweit regelt § 60 ganz allgemein die Anpassung schon bestehender Verträge an grundlegend geänderte Verhältnisse.[1] 4

Für Altfälle wie für öffentlich-rechtliche Verträge nichtverfassungsrechtlicher Art außerhalb des Verwaltungsverfahrensgesetzes kann die Regelung des § 60 Abs. 1 Satz 1, sofern keine Spezialregelungen bestehen, grundsätzlich entsprechend herangezogen worden. § 60 Abs. 1 Satz 1 wird von der Rechtsprechung als **Ausdruck** des auch im öffentlichen Recht seit langem **anerkannten allgemeinen Grundsatzes** verstanden, wonach die strikte Vertragsbindung auch ohne entsprechende Vereinbarung angesprochen werden kann, wenn ein Festhalten an der Vereinbarung infolge einer wesentlichen Änderung der Vertragsgrundlagen einer oder mehrerer Vertragsparteien nicht zuzumuten wäre.[2] § 60 soll auf vertragsähnliche öffentlich-rechtliche Schuldverhältnisse wie etwa Schuldverhältnisse kraft Herkommens ebenfalls entsprechend anwendbar sein;[3] das BVerwG hat es aber gebilligt, dass ein Obergericht auf die Vereinbarung 5

1 VGH Baden-Württemberg, Urt. v. 14.11.2013 – 1 S 2388/12, Rn. 46 bei juris, VBlBW 2014, 350 (354); BVerwG, Urt. v. 05.02.2009 – 7 C 11/08, Rn. 28 bei juris, NVwZ-RR 2009, 590 (591 f.); BVerwG, Urt. v. 26.01.1995 – 3 C 21/93, Rn. 50 bei juris, BVerwGE 97, 332 (340).

2 BVerwG, Urt. v. 21.01.2015 – 9 C 1/14, Rn. 18 bei juris, BVerwGE 151, 171 (178); BVerwG, Urt. v. 18.07.2012 – 8 C 4/11, Rn. 46 bei juris, BVerwGE 143, 335.

3 Hessischer VGH, Beschl. v. 08.06.2007 – 7 UZ 2374/06, Rn. 18 bei juris, NVwZ-RR 2008, 293 (293 f.); für analoge Anwendung sogar gegenüber Nichtvertragsparteien VG Sigmaringen, Urt. v. 10.10.2007 – 3 K 102/06, Rn. 44 bei juris.

einer Verwaltungsgemeinschaft, die durch Gesetz angeordnet wurde, die Regeln über die Geschäftsgrundlagenstörung nicht angewandt hat.[4]

6 Aus diesem Grund hat die Rechtsprechung **keine weitere interpretative Einschränkung des Anwendungsbereichs** von § 60 akzeptiert. § 60 Abs. 1 Satz 1 gilt nicht nur für Dauerschuldverhältnisse oder sogenannte gestreckte, auf gewisse Zeit angelegte Vertragsbeziehungen, sondern kann bei entsprechender Beurteilung der Zumutbarkeitsfrage auch schon erfüllte Verträge erfassen.[5] Klar ausgeschlossen ist aber die Anwendung auf privatrechtliche Verträge, für die § 313 BGB greift. Auf einseitige öffentlich-rechtliche Rechtsgeschäfte ist § 60 Abs. 1 nicht anwendbar, sofern sie nicht atypischerweise ein Austauschverhältnis begründen.[6]

III. Subsidiäre Anwendung

7 Die Regelung des § 60 hat **Auffangcharakter**, und das unter mehreren Aspekten. Die Norm greift von vornherein dann nicht, wenn der öffentlich-rechtliche Vertrag nicht wirksam ist, etwa aus den Gründen der §§ 57 bis 59,[7] oder wenn vorrangige Regelungen des Unmöglichkeitsrechts greifen, was sich inhaltlich nach den über § 62 Satz 2 entsprechend anwendbaren Regelungen des BGB richtet.[8]

8 § 60 hindert die Parteien öffentlich-rechtlicher Verträge im Sinne von § 54 nicht daran, mögliche nach Vertragsschluss auftretende Probleme schon im Zeitpunkt des Vertragsschlusses zum Gegenstand von Gestaltungsmöglichkeiten zu machen, etwa durch **vertraglich vereinbarte Anpassungs- und Kündigungsrechte.** Solche Regelungen haben zwar keinen formellen Vorrang vor § 60, führen aber regelmäßig dazu, dass dessen tatbestandliche Voraussetzungen nicht vorliegen, insbesondere im Hinblick auf Abs. 1 Satz 1.[9]

9 Bei öffentlich-rechtlichen Verträgen im Sinne von § 54, die Dauerschuldverhältnisse begründen, ist zudem das gesetzliche, über § 62 Satz 2 i.V.m. **§ 314 BGB geltende Kündigungsrecht aus wichtigem Grund** zu beachten. Es ist unabhängig von den engeren Voraussetzungen des § 60 Abs. 1 Satz 1 und deshalb im Verhältnis zu ihm die vorrangige Regelung.[10]

---

4 Zudem lagen die Voraussetzungen einer Kündigung auch nicht vor nach BVerwG, Beschl. v. 15.06.2017 – 10 B 12/16, Rn. 7 bei juris.

5 BVerwG, Urt. v. 18.07.2012 – 8 C 4/11, Rn. 46 und 48 bei juris, BVerwGE 143, 335.

6 Vgl. BVerwG, Urt. v. 15.11.2012 – 7 C 15/12, Rn. 40 bei juris, NVwZ-RR 2013, 304 – zur Verzichtserklärung nach § 20 Abs. 3 der 13. BImSchV.

7 Vgl. die entsprechende Prüfungsreihenfolge bei BVerwG, Urt. v. 18.07.2012 – 8 C 4/11, Rn. 50 ff. bei juris, BVerwGE 143, 335, konkret zu Unwirksamkeitsgründen nach § 58 Abs. 1 und nach § 59 Abs. 1 i.V.m. §§ 119, 123 BGB sowie nach § 62 Satz 2 i.V.m. § 779 BGB; s.a. VG Gera, Urt. v. 16.09.2009 – 2 K 219/07 Ge, Rn. 38 bei juris, ThürVBl 2010, 211 (212).

8 Vgl. im Einzelnen Kopp/Ramsauer/*Tegethoff*, § 60, Rn. 13 f.

9 Vgl. BVerwG, Urt. v. 26.01.1995 – 3 C 21/93, Rn. 60 bei juris, BVerwGE 97, 331 (343).

10 Enger Stelkens/Bonk/Sachs/*Bonk/Neumann/Siegel*, § 60, Rn. 2; anderer Ansicht *Ziekow/Sie*gel, VerwArchiv 2004, 573 (574).

§ 60 hindert die Parteien eines öffentlich-rechtlichen Vertrages im Sinne von § 54 auch nicht daran, **nachträglich im beiderseitigen Einvernehmen** Vertragsinhalte anzupassen oder den Vertrag insgesamt aufzuheben. Das gilt sowohl in Fällen, in denen sich die für die Festsetzung des Vertragsinhalts maßgeblichen Verhältnisse nachträglich wesentlich geändert haben (Abs. 1 Satz 1) wie für den Fall der Verhütung oder Beseitigung schwerer Nachteile für das Gemeinwohl durch Lösung von dem Vertrag (Abs. 1 Satz 2). § 60 Abs. 1 Satz 1 kann auch verdrängt sein, wenn der öffentlich-rechtliche Vertrag Inhalt und Bestandteil eines durch ihn modifizierten Verwaltungsakts wird. Dann bestimmen sich nachträgliche Änderungen dieses bestandskräftigen Bescheides nach den §§ 48 ff.[11] 10

Schließlich erfasst § 60 Abs. 1 Satz 2 nur die verwaltungsbehördliche Kündigung eines Vertrages, **nicht** aber die **Aufhebung** oder Kündigung **durch den Gesetzgeber.**[12] 11

Zusammengefasst greift das Regime des § 60 nur für öffentlich-rechtliche Verträge nach § 54, die erstens wirksam sind, die zweitens für aufgetretene Probleme im ursprünglichen Vertragstext keine Regelungen enthalten und für die drittens solche Problemlösungen auch nicht im Nachhinein einvernehmlich vereinbart werden, sondern von deren ursprünglichen vertraglichen Regelungen sich eine der beiden Vertragsparteien einseitig ganz oder teilweise lösen will. 12

IV. Verfassungsrechtlicher Hintergrund

Die Regelung des § 60 Abs. 1 Satz 1 hat ein besonderes **Näheverhältnis zum Verfassungsrecht.**[13] Allerdings gibt es keinen ungeschriebenen verfassungsrechtlichen Grundsatz, wonach Verträge auf dem Gebiet des öffentlichen Rechts grundsätzlich unter dem Vorbehalt der clausula rebus sic stantibus stehen. Die in diesem Zusammenhang oft angeführte Entscheidung des Bundesverfassungsgerichts zum sogenannten Coburg-Vertrag hat die clausula rebus sic stantibus nur im Verhältnis zwischen dem Bund und den Ländern sowie unter den einzelnen Ländern als ungeschriebenen bundesverfassungsrechtlichen Grundsatz verstanden und angewandt[14]; für das Verwaltungsrecht hat das Bundesverfassungsgericht lediglich konstatiert, dass der Vorbehalt der clausula rebus sic stantibus ein ungeschriebener Rechtsgrundsatz des einfachen Rechts sein kann,[15] seine Geltung aber nicht als verfassungsrechtlich geboten verstanden.[16] 13

11 VG München, Urt. v. 27.08.2012 – M 22 K 11.2868, Rn. 18 bei juris.

12 VG Trier, Urt. v. 09.09.2014 – 1 K 711/14.TR, Rn. 58 bei juris.

13 S. BVerwG, Beschl. v. 15.06.2017 – 10 B 12/16, Rn. 8 bei juris zur – verneinten – Frage, ob die Garantie kommunaler Selbstverwaltung niederschwelligere Vertragslösungen bei Verwaltungsgemeinschaften verlangt.

14 BVerfG, Urt. v. 30.01.1973 – 2 BvH 1/72, Rn. 46 bei juris, BVerfGE 34, 216 (231 f.).

15 In diesem Sinne jetzt auch BVerwG, Urt. v. 18.07.2012 – 8 C 4/11, Rn. 56 bei juris, BVerwGE 143, 335.

16 BVerfG, Urt. v. 30.01.1973 – 2 BvH 1/72, Rn. 44 bei juris, BVerfGE 34, 216 (230).

14 **Materiell verfassungsrechtlich** ist aber das zentrale Steuerungskriterium des § 60 Abs. 1 Satz 1 die Unzumutbarkeit. Sie lehnt sich terminologisch an die dritte Stufe des Verhältnismäßigkeitsprinzips an, also an die Verhältnismäßigkeit im engeren Sinne (Zumutbarkeit).[17] Eine inhaltliche Übertragung erscheint jedenfalls im Verhältnis zum grundrechtsberechtigten Bürger verfassungsgeboten, zumal der öffentlich-rechtliche Vertrag nach § 54, besonders wenn er Verwaltungsakte ersetzt (§ 54 Satz 2), ein Akt öffentlicher Gewalt ist. Das wird dann besonders deutlich, wenn der grundrechtsberechtigte Bürger unter Berufung auf zwischenzeitlich eingetretene Veränderungen an einem von ihm abgeschlossenen öffentlich-rechtlichen Vertrag nicht mehr festgehalten werden will, der behördliche Vertragspartner aber auf die Erfüllung des Vertrages besteht.

B. Die Vorschrift im Einzelnen

I. Abs. 1 Satz 1 (clausula rebus sic stantibus)

1. Rechtsfolgen

15 Abs. 1 Satz 1 bestimmt, unter welchen Voraussetzungen eine Vertragspartei berechtigt ist, von der anderen Partei eine Anpassung der vertraglichen Verpflichtungen zu verlangen (**Anspruch auf Vertragsanpassung**) oder den Vertrag selbst zu kündigen (**Kündigungsrecht**). Dabei ist das Kündigungsrecht subsidiär, weil es nur greift, sofern eine Anpassung nicht möglich oder einer Vertragspartei nicht zuzumuten ist. Diese beiden Rechte stehen aber nicht nur in einem Stufenverhältnis, sondern haben auch eine unterschiedliche Rechtsnatur.

a) Kündigung

16 Das Kündigungsrecht ist ein **Gestaltungsrecht**,[18] das durch zugangsbedürftige öffentlich-rechtliche Willenserklärungen gegenüber allen anderen Vertragsparteien auszuüben ist[19] und zur nachträglichen Unwirksamkeit des Vertrages führt. Wird das Kündigungsrecht allerdings ausgeübt, ohne dass seine Voraussetzungen vorlagen, dann macht dies den öffentlich-rechtlichen Vertrag nicht unwirksam.[20]

17 Die Befugnis, einen Vertrag zu kündigen, ist grundsätzlich den Vertragsparteien vorbehalten.[21]

---

17 Vgl. BVerfG, Beschl. v. 09.03.1994 – 2 BvL 43/92 u.a., BVerfGE 90, 145 (173); s.a. BVerfG, Beschl. v. 08.06.2010 – 1 BvR 2011/07 u.a., Rn. 126, 129 bei juris, BVerfGE 126, 112 (156).

18 Fehling/Kastner/Störmer/*Fehling*, § 60, Rn. 21.

19 BVerwG, Urt. v. 18.07.2012 – 8 C 4/11, Rn. 54 bei juris, BVerwGE 143, 335.

20 BVerwG, Urt. v. 18.07.2012 – 8 C 4/11, Rn. 54 bei juris, BVerwGE 143, 335.

21 OVG Saarland, Urt. v. 02.03.2016 – 1 A 31/15, Rn. 74 f. bei juris.

b) Anpassung

Ganz anders liegt es bei der vorrangigen Anpassung des Vertragsinhalts an die geänderten Verhältnisse, die eine Vertragspartei verlangen kann. Das **Anpassungsverlangen** gestaltet den Vertragsinhalt nicht um,[22] sondern **ist lediglich Voraussetzung für die Durchsetzung des** vom Gesetz begründeten **materiellen Anspruchs auf Vertragsanpassung** an die geänderten Verhältnisse. Mit der Formulierung »kann diese Vertragspartei … verlangen« bringt das Gesetz zum Ausdruck, dass diese Vertragspartei einen Anspruch auf Abschluss eines entsprechenden Änderungsvertrages hat. Frühestens ab Zugang des ernsthaften Anpassungsverlangens bei der anderen Vertragspartei kann die Anpassung eines öffentlich-rechtlichen Vertrages an wesentlich geänderte Verhältnisse nach § 60 Abs. 1 Satz 1 verlangt werden.[23] 18

Dieser Anspruch muss nach ständiger Rechtsprechung des Bundesverwaltungsgerichts im Wege **allgemeiner Leistungsklage** durchgesetzt werden.[24] Bei einem Klagerfolg ersetzt das verwaltungsgerichtliche Urteil die fehlende Zustimmung der anderen Vertragspartei zu dem von der klagenden Vertragspartei gemachten Angebots auf Vertragsanpassung nach Maßgabe des Klageantrags (§ 173 VwGO i.V.m. § 894 ZPO). Bis zu diesem Zeitpunkt bleibt es aber bei den ursprünglichen vertraglichen Regelungen. Ansprüche, die sich aus dem anzupassenden Vertragsverhältnis ergeben, kann die klagende Vertragspartei als Stufenklage mit ihrer Klage auf Vertragsanpassung verbinden.[25] 19

Eine Vertragspartei, die einen Vertragsanpassungsanspruch hat oder zu haben glaubt, muss aber nicht zwangsläufig die Rolle des Klägers einnehmen. Sie kann diesen Anspruch auch als **rechtsvernichtende Einrede** gegen einen von der anderen Vertragspartei erhobenen Klaganspruch auf Erbringung der ursprünglich vertraglich vereinbarten Leistungen geltend machen[26] oder durch eine im Sinne von § 89 VwGO widerklagend erhobene allgemeine Leistungsklage.[27] 20

Die **Anpassung ist gegenüber der Kündigung vorrangig.** Das ergibt sich aus der gesetzlichen Formulierung »sofern eine Anpassung nicht möglich oder einer Vertragspartei nicht zuzumuten ist«. Da das Gesetz nicht darauf abstellt, ob die Anpassung der anderen Vertragspartei zuzumuten ist, kann sich die Nichtzumutbarkeit der Anpassung auch daraus ergeben, dass der auf eine Lösung vom Vertrag bedachten Partei eine bloße Anpassung nicht zuzumuten ist. Auch an dieser Stelle ist die Zumutbarkeitsschwelle ein Ausdruck von Treu und Glauben und nach vergleichbaren Wertungen zu bestimmen. Die Berechtigung zur Kündigung statt zu einer bloßen Anpassung ist 21

22 BVerwG, Beschl. v. 19.02.2003 – 9 B 85/02, Rn. 3 bei juris, NVwZ-RR 2003, 470 (471).
23 BVerwG, Urt. v. 18.10.2001 – 3 C 1/01, Rn. 26 bei juris, NVwZ 2002, 486 (488).
24 BVerwG, Urt. v. 21.01.2015 – 9 C 1/14, Rn. 18 bei juris, BVerwGE 151, 171 (178); BVerwG, Urt. v. 18.07.2012 – 8 C 4/11, Rn. 37 bei juris, BVerwGE 143, 335.
25 BVerwG, Urt. v. 26.01.1995 – 3 C 21/93, Rn. 55 bei juris, BVerwGE 97, 331 (341 f.).
26 BVerwG, Urt. v. 05.02.2009 – 7 C 11/08, Rn. 29 bei juris, NVwZ-RR 2009, 590 (592); BVerwG, Urt. v. 18.10.2001 – 3 C 1.01, Rn. 29 ff. bei juris, NVwZ 2002, 486 (488).
27 BVerwG, Urt. v. 18.10.2001 – 3 C 1/01, Rn. 28 bei juris, NVwZ 2002, 486 (488)

etwa bejaht worden, wenn der Wert der von der anderen Partei erbrachten Leistung schon aufgezehrt war.[28]

c) Ausübungsbegrenzung nach den Geboten von Treu und Glauben

22 Die Ausübung der sich aus § 60 ergebenden Gegenrechte unterliegt ihrerseits den Geboten von Treu und Glauben. Wird es nach Eintritt veränderter Verhältnisse jahrzehntelang nicht ausgeübt, kann es nicht mehr geltend gemacht werden (treuwidriges Hinauszögern).[29] Die Rechtsprechung neigt in solchen Fällen dazu, Verwirkung anzunehmen.[30]

2. Tatbestandsvoraussetzungen

23 Die eigentlichen Probleme des § 60 Abs. 1 Satz 1 liegen aber nicht auf der Rechtsfolgen-, sondern auf der Tatbestandsseite. Nach dem Wortlaut des Tatbestandes müssen sich die Verhältnisse, die für die Festsetzung des Vertragsinhalts maßgeblich gewesen sind, seit Abschluss des Vertrags so wesentlich geändert haben, dass einer Vertragspartei das Festhalten an der ursprünglichen vertraglichen Regelung nicht zumutbar ist. Diese ineinander verschachtelten Voraussetzungen lassen sich in Übereinstimmung mit dem Bundesverwaltungsgericht in **drei Voraussetzungen** aufgliedern:[31]

- Erstens muss es eine Änderung der Verhältnisse gegeben haben, die für die Festsetzung des Vertragsinhalts maßgeblich war (a).
- Zweitens muss diese Änderung der Verhältnisse rückblickend wesentlich sein (b).
- Und drittens muss in Folge dieser Änderung der Verhältnisse ein Festhalten an der ursprünglichen vertraglichen Regelung aktuell und in der Zukunft nicht zuzumuten sein (c).

a) Änderung der Verhältnisse

24 **Verhältnisse** i.S.d. § 60 Abs. 1 Satz 1 **sind** solche, welche die Vertragsparteien zwar **nicht zum Vertragsinhalt gemacht** haben, deren Bestand sie jedoch als gemeinsame Grundlage des Vertrags angenommen haben. Vertragsgrundlage sind dabei Vorstellungen von dem Vorhandensein oder dem künftigen Eintritt gewisser Umstände, sofern der Geschäftswille auf diesen Vorstellungen aufbaut. Solche Vorstellungen sind dann eine gemeinsame Grundlage des Vertrages, wenn beide Parteien dieselben Vorstellungen von dem Vorhandensein oder dem künftigen Eintritt gewisser Umstände hatten (**gemeinsame Vorstellungen**). Dasselbe gilt aber nach der Rechtsprechung des Bundesverwaltungsgerichts, wenn eine Partei eigene Vorstellungen von dem Vorhandensein oder dem künftigen Eintritt gewisser Umstände hat, diese Vorstellungen für

---

28 Vgl. OVG Nordrhein-Westfalen, Beschl. v. 16.11.2009 – 9 A 2045/08, Rn. 18 bei juris.
29 Zutreffend: Bader/Ronellenfitsch/*Spieth*, § 60, Rn. 17.
30 BVerwG, Urt. v. 05.02.2009 – 7 C 11/08, Rn. 37 bei juris, NVwZ-RR 2009, 590 (592).
31 BVerwG, Urt. v. 18.07.2012 – 8 C 4/11, Rn. 57 bei juris, BVerwGE 142, 335.

die andere Vertragspartei erkennbar waren und von ihr nicht beanstandet wurden (**erkennbare und nicht beanstandete Vorstellungen einer Vertragspartei**).[32]

Für die **praktische Anwendung** bedeutet das Zweierlei. Erstens muss geprüft werden, ob etwaige Vorstellungen über das Vorhandensein oder den künftigen Eintritt gewisser Umstände nicht sogar Vertragsinhalt geworden sind, weil dann **§ 60 Abs. 1 Satz 1** in Bezug auf sie nicht zur Anwendung kommt. Das macht eine **Analyse und Auslegung des Vertragstextes** erforderlich. Sofern vertragliche Regelungen bestimmte Umstände nicht ausdrücklich feststellen, sondern lediglich Konsequenzen aus ihnen ziehen, sind sie nicht Vertragsinhalt geworden, sondern kommen als Vertragsgrundlage im Sinne von Abs. 1 Satz 1 in Betracht.[33] Bei öffentlich-rechtlichen Verträgen im Zusammenhang mit großen Infrastrukturvorhaben werden regelmäßig Regelungen zum Umgang mit Kostensteigerungen getroffen, die deshalb – weil zum Vertragsinhalt gemacht – keine Verhältnisse im Sinne von § 60 Abs. 1 Satz 1 sein können.[34] 25

Die zweite Prüfungsstufe betrifft den **Ausschluss derjenigen Vorstellungen, die rein einseitig geblieben** und nicht gemeinsame Grundlage des Vertrages geworden sind. Das sind etwa Vorstellungen, die eine Vertragspartei bei den Vertragsverhandlungen zwar durchaus als für sie relevant angesehen hat, die für die andere Vertragspartei aber entweder nicht erkennbar waren, etwa weil diese Vorstellungen nicht ausdrücklich artikuliert worden sind, oder die nach entsprechender Artikulation durch eine Vertragspartei von der anderen Vertragspartei beanstandet und zurückgewiesen worden sind. Ob Vorstellungen in diesem Sinne gemeinsam waren, ergibt sich nicht aus dem Vertragstext, sondern muss aus den **Unterlagen über die Vertragsverhandlungen** abgeleitet werden. 26

Vorstellungen einer Behörde über eine gleichbleibend gute Haushaltslage bleiben regelmäßig rein einseitig.[35] Teilweise werden auch mit **viel** juristischer **Phantasie** im Nachhinein Vorstellungen entwickelt, die in den Vertragsverhandlungen nicht einmal eine Seite artikuliert hat. Hielte man es überhaupt für möglich, dass Landesregierungen bei einem Finanzierungsvertrag für ein großes Infrastrukturvorhaben eine während der Vertragsdauer bestehen bleibende »positive politische Gesamteinschätzung« zur Grundlage ihres Geschäftswillens machen können,[36] dann kann das zu Verhältnissen im Sinne von § 60 Abs. 1 Satz 1 nur werden, wenn diese Vorstellung vor Vertragsabschluss entsprechend artikuliert worden ist. 27

Bei der Anwendung dieser Grundsätze besteht die **Gefahr, vorschnell anzunehmen**, die Vertragsparteien hätten sich über bestimmte Umstände **keine Vorstellungen** 28

32 Vgl. zum Ganzen BVerwG, Urt. v. 18.07.2012 – 8 C 4/11, Rn. 57 bei juris, BVerwGE 143, 335; vgl. zuletzt auch BVerwG, Beschl. v. 25.01.2016 – 2 B83/15, Rn. 18 bei juris.

33 BVerwG, Urt. v. 18.07.2012 – 8 C 4/11, Rn. 58 bei juris, BVerwGE 143, 335.

34 Vgl. zum Finanzierungsvertrag zu Stuttgart 21 *Haug*, ZParl 2012, 446 (457).

35 VG Magdeburg, Urt. v. 25.04.2013 – 2 A 286/12, Rn. 39 bei juris.

36 So für den Finanzierungsvertrag für das Projekt Stuttgart 21 der 2011 amtierende baden-württembergische Justizminister *Stickelberger*, LT-Drucks. 15/528, S. 4 f.; hiergegen eingehend *Haug*, ZParl 2012, 446 (457 ff.).

gemacht. Für Verhältnisse i.S.d. § 60 Abs. 1 Satz 1 genügt es, wenn die Vertragsparteien tatsächlich Umstände oder rechtliche Bedingungen als gemeinsame Grundlage des Vertrages angenommen und deren Fortbestand fraglos vorausgesetzt haben. Nicht erforderlich ist, dass die Vertragsparteien schon gemeinsame Vorstellungen über konkrete, künftig eintretende Ereignisse oder deren Ausbleiben gehabt haben. Es genügt, wenn sie gemeinsam davon ausgegangen sind, dass ein bestimmter, für die Vereinbarung entscheidender tatsächlicher oder rechtlicher Zustand Bestand haben werde.[37]

29 Bei diesen Verhältnissen i.S.d. § 60 Abs. 1 Satz 1 muss sich eine Änderung ergeben haben. Diese **Änderungen** können sowohl **tatsächlicher wie rechtlicher Art** sein. Tatsächliche Änderungen liegen etwa vor, wenn Dritte nachträglich Zuordnungsanträge für ein Objekt stellen, welches nach den bei Vertragsschluss maßgeblichen Vorstellungen der Vertragsparteien einer Vertragspartei zuzuordnen war.[38] Auch Änderungen des Kosten- und Preisniveaus liegen im tatsächlichen Bereich.[39] Änderungen der subjektiven Einschätzung einer Partei, was ihren Interessen entspricht, sind unerheblich.[40]

30 Änderungen rechtlicher Bedingungen sind in erster Linie gesetzliche **Änderungen von Rechtsvorschriften.** Dazu gehören aber auch Rechtsfolgen nach schon bei Vertragsschluss bestehenden Rechtsvorschriften, wenn sie durch neue Tatsachen ausgelöst werden und nach überwiegender Auffassung auch Änderungen einer bisher ständigen Rechtsprechung.[41] Dasselbe gilt, wenn eine Norm für verfassungswidrig erklärt wird, auf der der geschlossene Vertrag beruht.[42] Generell gilt: Der Begriff der Änderung ist weit zu verstehen. Die im Hinblick auf die Rechtsfolge begrenzende Wirkung ergibt sich daraus, dass es sich nicht nur um eine Änderung der Verhältnisse handeln muss, sondern diese wesentlich und in ihren Folgen unzumutbar sein muss.

31 Das zeigt sich auch in **zeitlicher Hinsicht.** Im eigentlichen Sinne kann eine Änderung nur dann vorliegen, wenn sich tatsächliche oder rechtliche Verhältnisse nach Abschluss des Vertrages geändert haben. Das bringt § 60 Abs. 1 Satz 1 durch die Formulierung »seit Abschluss des Vertrages« auch deutlich zum Ausdruck. Deshalb besteht Einigkeit, dass die Vorschrift nur auf solche nach Abschluss des Vertrages eintretenden Änderungen unmittelbar anwendbar ist.

32 Einigkeit besteht aber im Anschluss an die Rechtsprechung des Bundesgerichtshofs zum Zivilrecht darin, § 60 Abs. 1 Satz 1 **singgemäß auch auf ein anfängliches Fehlen** von Umständen anzuwenden, von deren Vorhandensein die Vertragsparteien im

---

37 BVerwG, Urt. v. 18.07.2012 – 8 C 4/11, Rn. 60 bei juris, BVerwGE 143, 335; BVerwG, Beschl. v. 25.01.2011 – 2 B 73.10, Rn. 8 bei juris; s.a. BGH, Urt. v. 09.07.2008 – XII ZR 179/05, Rn. 40 bei juris, BGHZ 177, 193 (208).

38 BVerwG, Urt. v. 18.07.2012 – 8 C 4/11, Rn. 59 bei juris, BVerwGE 143, 335.

39 OVG Sachsen-Anhalt, Beschl. v. 10.03.2015 – 2 L 2/14, Rn. 32 bei juris.

40 VG Hamburg, Urt. v. 20.10.2011 – 17 K 1135/11, Rn. 23 bei juris.

41 Fehling/Kastner/Störmer/*Fehling*, § 60, Rn. 10.

42 Stelkens/Bonk/Sachs/*Bonk/Neumann/Siegel*, § 60, Rn. 20.

Sinne einer gemeinsamen Geschäftsgrundlage bei Abschluss des Vertrages ausgegangen sind.[43]

b) Wesentlichkeit der Änderung

Das Merkmal der Wesentlichkeit veranlasst eine rückwärtsgewandte Betrachtung. 33
Die Rechtsprechung hält eine Änderung dann für wesentlich, wenn die Parteien in Kenntnis des jetzt geänderten Umstandes den **Vertrag damals gar nicht oder nicht mit demselben Inhalt geschlossen hätten.**[44] Diese Voraussetzungen sind dann nicht erfüllt, wenn die Parteien im Vertrag Vorsorge für die eingetretene Änderung getroffen haben und diese Regelungen bei sachgerechter Auslegung des Vertrags abschließenden Charakter haben sollen.

Davon abgesehen ist die Frage der Wesentlichkeit aus der **Perspektive beider Ver-** 34
tragsparteien zu betrachten. Der Einwand einer Partei, sie hätte den Vertrag auch in Kenntnis der späteren Änderung unverändert geschlossen, steht der Wesentlichkeit der Änderung nicht entgegen, sofern bei lebensnaher Betrachtung davon auszugehen ist, dass jedenfalls die andere Vertragspartei auf andere Vertragsinhalte bestanden hätte.[45]

Beurteilungsmaßstab ist dabei nicht die gegenwärtige Interessenlage, sondern die Inte- 35
ressenlage zum Zeitpunkt des Vertragsabschlusses.[46] Eine Änderung ist dann wesentlich, wenn sie für eine Vertragspartei zu schwerwiegenden, bei Vertragsschluss nicht absehbaren Nachteilen führt, denen die Vertragspartner **billigerweise Rechnung getragen hätten, wenn sie die Entwicklung vorhergesehen hätten.**[47]

Es besteht die Gefahr, das Merkmal der Wesentlichkeit übermäßig stark mit dem erst 36
nachfolgenden Tatbestandsmerkmal der Nichtzumutbarkeit zu vermengen. Richtigerweise ist mit der Rechtsprechung des Bundesverwaltungsgerichts die **Wesentlichkeit von der Zumutbarkeitsfrage** klar zu **trennen.** Änderungen können wesentlich sein, ohne dass das Festhalten an den ursprünglichen vertraglichen Regelungen nicht mehr zuzumuten ist.[48]

c) Festhalten nicht zuzumuten

Erst wenn in diesem Sinne feststeht, dass die Vertragsparteien in Kenntnis der geän- 37
derten, für die Festlegung des Vertragsinhalts maßgeblichen Verhältnisse den Vertrag

---

43 OVG Niedersachsen, Beschl. v. 14.02.2003 – 7 LA 130/02, NVwZ 2003, 629 (629); OVG Nordrhein-Westfalen, Urt. v. 30.08.2000 – 9 A 5294/97, NVwZ 2001, 691 (692).
44 BVerwG, Urt. v. 18.07.2012 – 8 C 4/11, Rn. 57 bei juris, BVerwGE 143, 335.
45 BVerwG, Urt. v. 18.07.2012 – 8 C 4/11, Rn. 62 bei juris, BVerwGE 143, 335.
46 BVerwG, Beschl. v. 25.01.2011 – 2 B 73/10, Rn. 8 bei juris; s.a. BVerwG, Urt. v. 18.07.2012 – 8 C 4/11, Rn. 62, BVerwGE 143, 335.
47 BVerwG, Beschl. v. 25.01.2016 – 2 B 83/15, Rn. 11 bei juris; BVerwG, Beschl. v. 25.01.2011 – 2 B 73/10, Rn. 8 bei juris.
48 Beispiel: BVerwG, Urt. v. 05.02.2009 – 7 C 11/08, Rn. 32 f. bei juris, NVwZ-RR 2009, 590 (592).

nicht oder nicht mit seinem Inhalt abgeschlossen hätten, stellt sich überhaupt die Frage, ob einer Vertragspartei das Festhalten an der ursprünglichen vertraglichen Regelung nicht zumutbar ist. Das ist eine Frage von Treu und Glauben. Geboten ist eine **wertungsoffene rechtliche Würdigung**, die auf der Grundlage aller maßgeblichen Umstände des Einzelfalls vorzunehmen ist.[49] Dabei ist nicht auf das subjektive Empfinden einer Vertragspartei abzustellen, sondern ein objektiver Maßstab zugrunde zu legen.[50] Dazu gehören namentlich die Wertungen der Verfassung.[51]

38 Die neuere Rechtsprechung des Bundesverwaltungsgerichts arbeitet mit der Faustformel, die Folgen der nachträglichen Änderung müssten den **Risikorahmen überschreiten**, den ein Vertragspartner nach Treu und Glauben hinzunehmen hat.[52] Das lässt sich etwa wie folgt konkretisieren:

39 Auch erhebliche Nachteile sind ohne weiteres zumutbar, wenn sich in ihnen nur das für eine Vertragspartei **normale Vertragsrisiko** realisiert hat.[53] Ein solches normales Vertragsrisiko besteht etwa beim Ablösungsvertrag darin, dass der erzielte Ablösebetrag nicht exakt den Erschließungskosten entspricht.[54] Voraussetzung für eine Nichtzumutbarkeit im Sinne von § 60 Abs. 1 Satz 1 ist immer, dass die Folgen der nachträglichen Änderung den für solche Verträge typischen oder nach der konkreten Ausgestaltung maßgeblichen Risikorahmen überschreiten, was nur der Fall ist, wenn die Vertragspartner einer solchen Änderung der Umstände bei entsprechender Kenntnis billigerweise Rechnung getragen hätten.[55] Das ist etwa dann der Fall, wenn das Interesse einer behördlichen Vertragspartei darauf gerichtet war, einen Kaufpreis nicht zweimal auskehren zu müssen,[56] aber nicht, wenn sich die Haushaltslage einer vertragsschließenden Behörde verschlechtert.[57]

40 Zur Konkretisierung hat sich eine weitere Faustformel herausgebildet. Sie geht davon aus, dass die bei Vertragsschluss gegenseitig versprochenen Leistungen von den Parteien als gleichwertig beurteilt worden sind. Deshalb kann das Festhalten an dem unveränderten ursprünglichen Vertrag jedenfalls dann unzumutbar sein, wenn durch die nachträgliche tatsächliche Entwicklung oder eine nachträgliche Rechtsänderung ein **eklatantes Missverhältnis zwischen den gegenseitig versprochenen Leistungen entstanden** ist.[58] Speziell für öffentlich-rechtliche Verträge über Dauerschuldverhältnisse,

49 BVerwG, Urt. v. 18.07.2012 – 8 C 4/11, Rn. 65 bei juris, BVerwGE 143, 335.
50 BVerwG, Urt. v. 18.07.2012 – 8 C 4/11, Rn. 64 bei juris, BVerwGE 143, 335.
51 BVerwG, Urt. v. 05.02.2009 – 7 C 11/08, Rn. 33 bei juris, NVwZ-RR 2009, 590 (592).
52 BVerwG, Urt. v. 18.07.2012 – 8 C 4/11, Rn. 57 bei juris, BVerwGE 143, 335; BVerwG, Beschl. v. 25.01.2011 – 2 B 73/10, Rn. 8 bei juris.
53 BVerwG, Urt. v. 18.07.2012 – 8 C 4/11, Rn. 64 bei juris, BVerwGE 143, 335.
54 Sog. ablösetypisches Risiko, vgl. BVerwG, Urt. v. 21.01.2015 – 9 C 1/14, Rn. 19 bei juris, BVerwGE 151, 171 (178).
55 BVerwG, Urt. v. 18.07.2012 – 8 C 4/11, Rn. 64 bei juris, BVerwGE 143, 335.
56 BVerwG, Urt. v. 18.07.2012 – 8 C 4/11, Rn. 66 bei juris, BVerwGE 143, 335.
57 VG Magdeburg, Urt. v. 25.02.2013 – 2 A 286/12, Rn. 43 bei juris.
58 BVerwG, Urt. v. 18.07.2012 – 8 C 4/11, Rn. 65 bei juris, BVerwGE 143, 335; so auch BayVGH, Urt. v. 15.03.2019 – 22 A 17.40003, Rn. 39 bei juris.

die keine vertraglichen Anpassungsklauseln enthalten, muss berücksichtigt werden, dass solche Verträge immer in eine für die Partei nicht absehbare Zukunft hineinführen. Deshalb können beide Vertragsparteien nicht ernsthaft damit rechnen, eine bei Vertragsschluss von ihnen angenommene Gleichwertigkeit der auszutauschenden Leistungen werde für die ganze Vertragsdauer erhalten bleiben;[59] allerdings dürfte hier in vielen Fällen die vorrangige Kündigungsmöglichkeit nach § 62 Satz 2 i.V.m. § 314 BGB die Annahme einer Unzumutbarkeit im Sinne von § 60 Abs. 1 Satz 1 ausschließen.

Ausgeschlossen ist eine Unzumutbarkeit, wenn sich bei einer Vertragspartei nur ein von ihr bewusst übernommenes Risiko realisiert. Eine solche **Risikoübernahme** kann etwa darin liegen, dass ein abstraktes Schuldversprechen für die Kosten für Rekultivierung, Sanierung und Nachsorge einer Deponie übernommen wird ohne sicherzustellen, dass die entsprechenden Kosten durch Gebühren abgedeckt werden können.[60] Eine Risikoübernahme ist auch bejaht worden, wenn bei einem vertraglich vereinbarten Wechsel der Schulträgerfunktion der Übernehmer bewusst Beschränkungen seiner Gestaltungsmöglichkeiten akzeptiert hat, indem er auf die Einführung neuer Schulformen sowie Veränderungen der Schülerzahlen und der gewählten Schulformen nur dann mit der Abschaffung des dreigliedrigen Schulsystems reagieren darf, wenn dies gesetzlich vorgeschrieben ist und nicht schon dann, wenn es ihm erforderlich und sinnvoll erscheint.[61] Auch wer in einem öffentlich-rechtlichen Vertrag neben einem primär Verpflichteten Einstandspflichten übernimmt, kann sich nicht auf Unzumutbarkeit berufen, wenn der Primärpflichtige später nicht mehr zahlungsfähig ist. Denn die eigene Verpflichtung ist ja gerade für den Fall eingegangen worden, dass die Erwartung in die Zahlungsfähigkeit des Primärverpflichteten enttäuscht wird.[62] 41

Ein Festhalten an der ursprünglichen vertraglichen Regelung ist einer Vertragspartei auch dann zuzumuten, wenn sie die ihr durch Veränderung der Verhältnisse drohenden erheblichen Nachteile durch **andere** ihr gesetzlich zustehende **Gestaltungsmöglichkeiten** kompensieren kann.[63] Das können nicht nur Gestaltungsmöglichkeiten einer Behörde, sondern auch solche der anderen Vertragspartei sein, etwa nach § 62 Satz 2 i.V.m. **§ 314 BGB** bei Dauerschuldverhältnissen. Ebenfalls keine Unzumutbarkeit ist gegeben, wenn ein Partner der Vereinbarung die Veränderung der Verhältnisse oder die Umstände, unter denen er den Vertrag geschlossen hat, **selbst zu vertreten** hat oder wenn er die Möglichkeit hatte, ein für ihn untragbares und unzumutbares Ergebnis zu **vermeiden.**[64] 42

59 OVG Thüringen, Urt. v. 09.06.2010 – 2 KO 60/09, Rn. 34 bei juris – für universitäre Bleibevereinbarungen.
60 VG Magdeburg, Urt. v. 27.07.2005 – 1 A 105/05, Rn. 69 f. bei juris.
61 VG Lüneburg, Beschl. v. 16.11.2011 – 4 B 58/11, Rn. 24 bei juris.
62 BVerwG, Urt. v. 05.02.2009 – 7 C 11/08, Rn. 42 bei juris, NVwZ-RR 2009, 590 (593).
63 Vgl. BVerwG, Urt. v. 18.10.2001 – 3 C 1/01, Rn. 37 bei juris, NVwZ 2002, 486 (488).
64 OVG Rheinland-Pfalz, Urt. v. 29.09.2015 – 2 A 10736/14, Rn. 47 bei juris.

43 Die **Unzumutbarkeit** des Festhaltens an der ursprünglichen vertraglichen Leistung kann sich aber **auch nur auf Teile** der vereinbarten Verpflichtungen beziehen, etwa wenn bei einer vertraglich vereinbarten Geldzahlung nur ein Teilbetrag auf wesentlich veränderten Verhältnissen beruht.[65]

II. Abs. 1 Satz 2 (behördenseitige Kündigung zur Verhinderung schwerer Gemeinwohlnachteile)

44 Ein **Fremdkörper** ist das in Abs. 1 Satz 2 geregelte besondere Kündigungsrecht, das nur Behörden zustehen kann. Es ist tatbestandlich daran geknüpft, dass ohne Kündigung des öffentlich-rechtlichen Vertrages nach § 54 für das Gemeinwohl schwere Nachteile eintreten. Das Gesetz erfasst nach seinem Wortlaut sowohl Fälle, in denen diese schweren Nachteile erst noch zu verhüten sind, also nicht eingetreten sind, aber bevorstehen, wie Fälle, in denen die schweren Nachteile schon eingetreten sind, durch eine Kündigung des öffentlich-rechtlichen Vertrages aber beseitigt werden können.

45 Zentrales Tatbestandsmerkmal sind schwere Nachteile für das Gemeinwohl. Das ist vor dem Hintergrund der Bedeutung des Grundsatzes der Vertragsbindung gerade für die grundrechtsverpflichtete öffentliche Gewalt und nach der systematischen Stellung nach der clausula rebus extantibus Ausgestaltung in Satz 1 **ganz restriktiv auszulegen.** Eine Anwendung kommt **nur in Extremfällen** in Betracht, wenn ein weiteres Festhalten an der vertraglichen Regelung auch im Hinblick auf die Interessen der Vertragspartei unter keinem denkbaren Gesichtspunkt legitimiert ist.[66] Weil die Regelung des § 60 Abs. 1 Satz 2 für Extremfälle gedacht ist, ist sie auf Fälle der völligen Lösung vom Vertrag (Kündigung) beschränkt. Vertragsanpassungen kann auch eine Behörde nur im Rahmen von § 60 Abs. 1 Satz 1 verlangen. Deshalb spielt die Norm in der Rechtsanwendungspraxis auch keine nennenswerte Rolle; ihr Vorliegen ist von den Gerichten in neuerer Zeit ausnahmslos abgelehnt worden.[67]

46 Es versteht sich heute von selbst, dass ein allein mit der Abwendung schwerer Nachteile für das Gemeinwohl begründetes gesetzliches Kündigungsrecht im Fall seiner Ausübung einen nur bei Leistung eines **finanziellen Ausgleichs** verhältnismäßigen Eigentumseingriff darstellt.[68] Das folgt nicht nur aus Art. 14 Abs. 1 GG,[69] sondern auch aus der Rechtsprechung des Europäischen Gerichtshofs für Menschenrechte zu Art. 1 des 1. ZP zur EMRK.[70] Überwiegend wird angenommen, das Fehlen einer

65 BVerwG, Urt. v. 18.07.2012 – 8 C 4/11, Rn. 71 bei juris, BVerwGE 143, 335.

66 Vgl. auch: Bader/Ronellenfitsch/*Spieth*, § 60, Rn. 23.

67 OVG Nordrhein-Westfalen, Urt. v. 16.10.2003 – 9 A 3137/00, Rn. 70 bei juris; VG Gelsenkirchen, Urt. v. 19.12.2008 – 14 K 3814/08, Rn. 96 ff. bei juris; KampR 2004, 100 (104).

68 Fehling/Kastner/Störmer/*Fehling*, § 60, Rn. 2.

69 Vgl. die Nachweise bei Fehling/Kastner/Störmer/*Fehling*, § 60, Rn. 2.

70 Überblick bei *Meyer/Ladewig/v. Raumer*, in: Meyer-Ladewig, EMRK, 4. Aufl. 2017, Art. 1 ZP 1, Rn. 43 f.

ausdrücklichen Ausgleichsregelung im Gesetz sei hier hinnehmbar und die Lücke könne durch Rückgriff auf § 49 Abs. 6 geschlossen werden.[71]

III. Abs. 2 (Schriftform und Begründung)

Abs. 2 enthält **Formvorgaben**, die sich nach Wortlaut (Satz 1) und systematischem Zusammenhang (Satz 2) nur auf Fälle der Kündigung beziehen (nach Abs. 1 Satz 1 und Satz 2), nicht aber auf ein Anpassungsverlangen nach Abs. 1 Satz 1. Das Bundesverwaltungsgericht meint wohl, ohne das bisher dogmatisch begründet zu haben, dass auch das Anpassungsverlangen nach Abs. 1 Satz 1 schriftlich erfolgen muss.[72] Aus der Gesamtregelung des § 60 lässt sich das kaum ableiten. Für die **Schriftform** gelten **§ 37 Abs. 3 und § 126 BGB** entsprechend. Elektronische Kommunikation ist nach Maßgabe von § 3a Abs. 2 möglich. 47

Das **Begründungserfordernis** für die Kündigung ist nach Satz 2 als **Soll-Vorgabe** ausgestattet. Das wird überwiegend so verstanden, dass eine Begründung in mit § 39 Abs. 2 vergleichbaren Konstellationen entbehrlich ist, insbesondere wenn dem Empfänger der Kündigung die Auffassung des Kündigenden über die Sach- und Rechtslage schon bekannt oder auch ohne schriftliche Begründung für ihn ohne weiteres erkennbar ist (§ 39 Abs. 2 Nr. 2). Begründung bedeutet entsprechend § 39 Abs. 1 Satz 2, dass die wesentlichen tatsächlichen und rechtlichen Gründe mitzuteilen sind, welche den Kündigenden zur Kündigungserklärung bewogen haben. Entscheidend ist, dass auch eine ohne Begründung ausgesprochene Kündigung wirksam ist, weil sie jederzeit nachgeholt werden kann.[73] 48

§ 61 Unterwerfung unter die sofortige Vollstreckung

(1) [1]Jeder Vertragschließende kann sich der sofortigen Vollstreckung aus einem öffentlich-rechtlichen Vertrag im Sinne des § 54 Satz 2 unterwerfen. [2]Die Behörde muss hierbei von dem Behördenleiter, seinem allgemeinen Vertreter oder einem Angehörigen des öffentlichen Dienstes, der die Befähigung zum Richteramt hat oder die Voraussetzungen des § 110 Satz 1 des Deutschen Richtergesetzes erfüllt, vertreten werden.

(2) [1]Auf öffentlich-rechtliche Verträge im Sinne des Absatzes 1 Satz 1 ist das Verwaltungs-Vollstreckungsgesetz des Bundes entsprechend anzuwenden, wenn Vertragschließender eine Behörde im Sinne des § 1 Abs. 1 Nr. 1 ist. [2]Will eine natürliche oder juristische Person des Privatrechts oder eine nichtrechtsfähige Vereinigung die Vollstreckung wegen einer Geldforderung betreiben, so ist § 170 Abs. 1 bis 3 der Verwaltungsgerichtsordnung entsprechend anzuwenden. [3]Richtet sich die

---

71 Bader/Ronellenfitsch/*Spieth*, § 60, Rn. 24; Fehling/Kastner/Störmer/*Fehling*, § 60, Rn. 2; differenziert *Ziekow*, § 60, Rn. 14.

72 Vgl. BVerwG, Urt. v. 26.01.1995 – 3 C 21/93, Rn. 58 bei juris, BVerwGE 97, 331.

73 VGH Bayern, Urt. v. 26.07.1987 – 23 B 86.02281, BayVBl 1988, 721 (723); Kopp/Ramsauer/*Tegethoff*, § 60, Rn. 36; anderer Ansicht Fehling/Kastner/Störmer/*Fehling*, § 60, Rn. 27 unter Verweis auf die entsprechende Rechtslage nach dem BGB.

Vollstreckung wegen der Erzwingung einer Handlung, Duldung oder Unterlassung gegen eine Behörde im Sinne des § 1 Abs. 1 Nr. 2, so ist § 172 der Verwaltungsgerichtsordnung entsprechend anzuwenden.

Schrifttum

Lenz/Würtenberger, BauGB-Verträge 2011; *Meyer*, Vertragsstrafe und Unterwerfungserklärung im öffentlichen Recht, JZ 1996, 78; *Pabst*, Vertragsstrafeabreden im verwaltungsrechtlichen Vertrag unter AGB-Recht nach der Schuldrechtsreform, NWVBl 2005, 369; *Ziekow/Siegel*, Entwicklung und Perspektiven des Rechts des öffentlich-rechtlichen Vertrages, VerwArchiv 2004, 573.

Übersicht **Rdn.**

A. Allgemeines und Grundsätze

1 Öffentlich-rechtliche Verträge im Sinne von § 54 sind **keine Vollstreckungstitel.** Beide Vertragsparteien, Bürger wie Behörde, können vertraglich begründete Ansprüche nicht einseitig durch Vollstreckungsmaßnahmen oder durch Verwaltungsakte durchsetzen, sondern nur im Klageweg durch Erhebung von Leistungs- oder Verpflichtungsklagen. Einseitige Verfügungen, die im Verwaltungszwangsverfahren durchgesetzt werden können, sind grundsätzlich ausgeschlossen. Etwas anderes gilt nur dann, wenn die Behörde hierzu ausdrücklich gesetzlich ermächtigt ist.[1] Rechtliche Grundlage ist dann aber nicht der geschlossene öffentlich-rechtliche Vertrag, sondern das Gesetz selbst.

2 Die fehlende unmittelbare Vollstreckbarkeit von öffentlich-rechtlichen Verträgen nach § 54 hat der Gesetzgeber des Verwaltungsverfahrensgesetzes als grundsätzlich sachgerecht angesehen. Das gilt für den koordinationsrechtlichen Vertrag nach § 54 Satz 1, bei dem kein Vertragspartner dem anderen übergeordnet ist, uneingeschränkt. **Lediglich für den subordinationsrechtlichen Vertrag** im Sinne von § 54 Satz 2 hat der Gesetzgeber in § 61 den Vertragsparteien die »**Möglichkeit**«[2] **eröffnet**, die unmittelbare Vollstreckung aus dem Vertrag herbeizuführen. § 61 hat also Angebotscharakter.[3]

1 Grundlegend BVerwG, Urt. v. 19.02.1976 – IV C 44.74, Rn. 24 bei juris, BVerwGE 50, 171 (172 ff.).

2 So auch die Formulierung des BVerwG, vgl. Urt. v. 24.08.1994 – 11 C 14/93, Rn. 23 bei juris, BVerwGE 96, 326 (334).

3 Vgl. auch OVG Sachsen-Anhalt, Beschl. v. 10.03.2015 – 2 L 2/14, Rn. 26 bei juris – »freie Entscheidung des Vertragspartners«.

Die Unterwerfung unter die sofortige Zwangsvollstreckung nach § 61 Abs. 1 Satz 1 führt über die Regelungen des Abs. 2 zu einem **öffentlich-rechtlichen Vollstreckungsregime** nach den Vorgaben des Verwaltungsvollstreckungsgesetzes und der VwGO. 3

Dem Angebotscharakter von § 61 entsprechend nimmt die Vorschrift den Parteien nicht die Möglichkeit, sich in einer **Urkunde nach § 794 Abs. 1 Nr. 5 ZPO** für einzelne oder alle Verpflichtungen aus dem öffentlichen-rechtlichen Vertrag der sofortigen Vollstreckung zu unterwerfen. Das ist in der Rechtsprechung für vertragliche Pflichten, die der Bürger dem Staat gegenüber übernimmt, ausdrücklich anerkannt,[4] gilt aber auch für Pflichten, die der Staat gegenüber dem Bürger übernimmt.[5] Der durch § 61 Abs. 1 Satz 2 bezweckte, rechtspolitisch ohnehin fragwürdige besondere Schutz der Behörde wird im Fall des § 794 Abs. 1 Nr. 5 ZPO dadurch erreicht, dass die Urkunde vor einem deutschen Gericht oder vor einem deutschen Notar aufzunehmen ist. 4

§ 61 hat einen übersichtlichen Aufbau. **Abs. 1** regelt die **Voraussetzungen** für die Herbeiführung der sofortigen Vollstreckung der Verpflichtung aus einem öffentlich-rechtlichen Vertrag. **Abs. 2** enthält die **Rechtsfolgen**, indem er für das Vollstreckungsverfahren auf öffentlich-rechtliche Vorschriften verweist, die sonst nur für die Vollstreckung von Verwaltungsakten oder von verwaltungsgerichtlichen Entscheidungen gelten. 5

B. Die Vorschrift im Einzelnen

I. Unterwerfung unter die sofortige Vollstreckung

Nach Abs. 1 Satz 1 kann sich **jeder Vertragsschließende**, also entweder nur einer oder auch beide,[6] der sofortigen Vollstreckung aus einem öffentlich-rechtlichen Vertrag i.S.d. § 54 Satz 2 unterwerfen. Auch die Behörde kann sich der sofortigen Vollstreckung unterwerfen, was in der Praxis aber selten ist. Ohne eine solche Unterwerfung ist die Vollstreckung unmittelbar aus dem Vertrag grundsätzlich unzulässig. 6

Abs. 1 Satz 1 gilt ausdrücklich nur für öffentlich-rechtliche Verträge i.S.d. § 54 Satz 2. Deshalb kommt eine Unterwerfung unter die sofortige Vollstreckung nach § 61 **nur bei subordinationsrechtlichen Verträgen**[7] in Betracht. Das ist auch sachgerecht, weil hier im Regelfall durch den Vertrag Verwaltungsakte ersetzt werden, die ansonsten nach dem Verwaltungsvollstreckungsgesetz vollstreckbar wären (§ 3 Abs. 1, Halbs. 2, § 6 VwVG). Das ist bei koordinationsrechtlichen Verträgen anders und deshalb hat der Gesetzgeber für sie den Weg des § 61 VwVfG auch bewusst nicht eröffnet. Hier ist die Unterwerfung unter die sofortige Vollstreckung nicht möglich und kann mangels planwidriger Lücke auch nicht durch eine analoge Anwendung von § 61 erreicht 7

4 BVerwG, Urt. v. 24.08.1994 – 11 C 14/93, Rn. 23 bei juris, BVerwGE 96, 326 (334)).
5 So wohl auch Kopp/Ramsauer/*Tegethoff*, § 61, Rn. 2a.
6 BVerwG, Urt. v. 03.03.1995 – 8 C 32/93, Rn. 21 bei juris, BVerwGE 98, 58 (64).
7 Vgl. BVerwG, Urt. v. 03.03.2011 – 3 C 19.10, Rn. 22 bei juris, BVerwGE 139, 125 (131).

werden.[8] Vollstreckungsbedürfnisse können hier sachgerecht durch die Erstellung einer Urkunde nach § 794 Abs. 1 Nr. 5 ZPO befriedigt werden.[9]

8 Das **Gesetz sagt nicht, wie die Unterwerfung erfolgt.** Es wird weder ausdrücklich ein Schriftformerfordernis aufgestellt noch wird verlangt, dass die Unterwerfung schon im öffentlich-rechtlichen Vertrag, auf den sie sich bezieht, oder in einem weiteren öffentlich-rechtlichen Vertrag erfolgen muss. Die im Medium gehaltene Formulierung, wonach sich jeder Vertragsschließende unterwerfen kann, deutet darauf hin, dass die Unterwerfung eine Willenserklärung ist, die der Unterwerfende entweder einseitig oder im Rahmen einer Vereinbarung unter Mitwirkung des anderen Vertragsschließenden abgeben kann. Schriftlich müsste sie dann nur erfolgen, wenn sie unmittelbar in dem öffentlich-rechtlichen Vertrag, auf den sie sich bezieht, abgegeben wird, weil dann § 57 greift. Dasselbe würde gelten, wenn die Parteien des öffentlich-rechtlichen Vertrages zur Abgabe einer oder wechselseitiger Unterwerfungserklärung einen zusätzlichen Vertrag, etwa nachträglich, abschlössen, weil für diesen wiederum die Formvorschrift des § 57 gilt.

9 Diese Überlegung hat die Rechtsprechung aber verworfen. Das **Bundesverwaltungsgericht** meint, die Wahl der Formulierung »Vertragsschließende« anstelle von Vertragspartner oder Vertragspartei deutet darauf hin, dass die **Unterwerfung** unter die sofortige Vollstreckung **in den öffentlich-rechtlichen Vertrag selbst oder** zumindest **in eine Zusatzvereinbarung** zwischen den Vertragsparteien aufzunehmen sei. Solche vertraglichen Unterwerfungen meine das Gesetz in § 61 Abs. 2 Satz 1, wenn es dort von öffentlich-rechtlichen Verträgen i.S.d. Abs. 1 Satz 1 spricht.[10]

10 **Konsequenz** dieser Rechtsprechung ist, dass die **Unterwerfung** wegen des für öffentlich-rechtliche Verträge maßgeblichen § 57 **nur schriftlich** möglich ist. Das ist nach der Rechtsprechung des Bundesverwaltungsgerichts aber nur eine Mindestvoraussetzung, weil sich aus den §§ 57, 58 und 60 Abs. 2 Satz 1 eine allgemeine Regel ergeben soll, dass sämtliche die Wirksamkeit des öffentlich-rechtlichen Vertrages betreffende Erklärungen formbedürftig sind.[11]

11 Die Unterwerfungserklärung muss **hinreichend bestimmt** sein, um den sofort vollstreckbaren Vertragsinhalt in der für einen Vollstreckungstitel erforderlichen genauen Weise zu bezeichnen.[12] Sie kann beschränkt werden auf Teile des Vertrages, etwa auf einzelne Vertragsbestimmungen.[13] Sie kann sich beispielsweise nur auf die Beitreibung

---

8 Zutreffend Kopp/Ramsauer/*Tegethoff*, § 61, Rn. 4; a.A. Knack/Henneke/*Schliesky*, § 61 Rn. 3.

9 *Lenz/Würtenberger*, BauGB-Verträge, 2011, Seite 32; Kopp/Ramsauer/*Tegethoff*, § 61, Rn. 4; Fehling/Kastner/Störmer/*Fehling*, § 61 Rn. 5; *Ziekow/Siegel*, VerwArchiv 2004, 573 (581).

10 BVerwG, Urt. v. 03.03.1995 – 8 C 32/93, Rn. 22 bei juris, BVerwGE 98, 58 (66).

11 BVerwG, Urt. v. 03.03.1995 – 8 C 32/93, Rn. 22 bei juris, BVerwGE 98, 58 (67).

12 BVerwG, Urt. v. 03.03.1995 – 8 C 32/93, Rn. 22 bei juris, BVerwGE 98, 58 (68), Fehling/Kastner/Störmer/*Fehling*, § 61, Rn. 10.

13 BVerwG, Urt. v. 03.03.1995 – 8 C 32/93, Rn. 20 bei juris, BVerwGE 98, 58 (64).

einer Vertragsstrafe oder einer Genehmigungsgebühr beschränken. Die Vollstreckungsunterwerfung kann auch befristet oder bedingt werden.[14]

Abs. 1 Satz 1 enthält kein Verbot, die Sicherstellung der Erfüllung öffentlich- 12
rechtlicher Vertragspflichten anderweitig zu regeln. Die Vorschrift besagt lediglich, dass ohne eine solche Unterwerfung unter die sofortige Vollstreckung diese unmittelbar aus dem Vertrag selbst unzulässig ist.[15] Den Vertragspartnern stehen **auch andere Gestaltungsformen** zur Verfügung. Das betrifft neben der Erstellung einer Urkunde nach § 794 Abs. 1 Nr. 5 ZPO, deren Vollstreckung sich dann nach den Regeln der ZPO richte,[16] die **Vereinbarung von Sicherheitsleistungen**, wie insbesondere Vertragserfüllungsbürgschaften, Vertragsstrafen, pauschalierten Schadenersatzansprüchen etc.[17] Grundsätzlich möglich ist auch die Vereinbarung einer Verwaltungsaktsbefugnis in dem Vertrag.[18]

Gegen die Vollstreckung kann der Bürger sich mittels einer **Vollstreckungsgegenklage** 13
nach § 167 Abs. 1 Satz 1 VwGO i.V.m. §§ 767 ZPO und eines Antrags nach § 123 Abs. 1 VwGO zur Wehr setzen.[19]

II. Mitwirkung eines qualifizierten Behördenvertreters

Abs. 1 Satz 2 sieht die **Mitwirkung eines qualifizierten Behördenvertreters** vor. Die 14
Behörde muss dabei vertreten werden von dem Behördenleiter, dessen allgemeinen Vertreter oder einem sonstigen Angehörigen des öffentlichen Dienstes, wobei Letzterer die Befähigung zum Richteramt haben oder die Voraussetzungen des § 110 Satz 1 des Deutschen Richtergesetzes erfüllen muss (»Volljurist«).[20] Diese Voraussetzung muss in jedem Fall erfüllt sein, wenn die Behörde sich der sofortigen Vollstreckung unterwirft. Durch die Bevollmächtigung eines Bediensteten, der nicht zum Personenkreis des Abs. 1 Satz 2 gehört, kann das Vertretungsgebot nicht umgangen werden. Das bestätigt bei systematischer Auslegung auch der Vergleich mit der Regelung in § 27 Abs. 2 Satz 1 und 2.

Behördenleiter ist die mit der Leitung der jeweiligen Behörde beauftragte Person. Der 15
allgemeine Vertreter des Behördenleiters ergibt sich aus den Organisationsregeln der

---

14 Stelkens/Bonk/Sachs/*Bonk/Neumann/Siegel*, § 61, Rn. 12.

15 BVerwG, Urt. v. 03.03.2011 – 3 C 19.10, Rn. 22 bei juris, BVerwGE 139, 125 (131).

16 Vgl. BVerwGE 96, 326 (334); Knack/Henneke/*Schliesky*, § 61, Rn. 5; Bader/Ronellenfitsch/*Kämmerer*, § 61, Rn. 8; kritisch Fehling/Kastner/Störmer/*Fehling*, § 61, Rn. 4 f.

17 *Lenz/Würtenberger*, BauGB-Verträge, 2011, 32; Fehling/Kastner/Störmer/*Fehling*, § 61, Rn. 6.

18 BVerwG, Urt. v. 03.03.2011 – 3 C 19/10, Rn. 21 bei juris, BVerwGE 139, 125 (131); zu der erforderlichen Bestimmtheit einer solchen Vereinbarung vgl. VG Weimar, Urt. v. 21.03.2007 – 8 K 71/05 We, Rn. 23 bei juris.

19 BVerwG, Urt. v. 03.03.1995 – 8 C 32/93, Rn. 22 bei juris, BVerwGE 98, 58 (68).

20 Unsauber BVerwG, Urt. v. 03.03.1995 – 8 C 32/93, Rn. 22 bei juris, BVerwGE 98, 58 (68), wo pauschal von der Beteiligung eines »juristisch qualifizierten Behördenvertreters« gesprochen wird.

jeweiligen Behörde; erfasst werden der ständige Vertreter und der Abwesenheitsvertreter.[21] Die Voraussetzung der Befähigung zum Richteramt bzw. die Voraussetzungen des § 110 Abs. 1 DRiG gelten für den Behördenleiter und seinen allgemeinen Vertreter nicht. Die Befähigung zum Richteramt ergibt sich aus § 5 Abs. 1 DRiG.

16 Die Rechtsprechung legt § 61 Abs. 1 Satz 2 weit aus, obwohl die wörtliche Formulierung dafür spräche, dass die besondere Qualifikation für den Behördenvertreter nur bei eigenen Unterwerfungserklärungen der Behörde gilt. Das Bundesverwaltungsgericht hat erheblichen Begründungsaufwand getrieben, um zum gegenteiligen Ergebnis zu kommen.[22] **Nach dieser Rechtsprechung gibt es ohne Beteiligung eines hinreichend qualifizierten Behördenvertreters nie eine wirksame Unterwerfungserklärung**, auch keine des Bürgers.

17 Das Bundesverwaltungsgericht sieht, systematisch auch auf § 27 Abs. 2 abgestützt, in dem qualifizierten Behördenvertreter **eine Art »Notar«**, der ähnlich wie bei § 794 Abs. 1 Nr. 5 ZPO die Unterwerfungserklärung prüft und sicherstellt, dass die Erklärung inhaltlich ordnungsgemäß ist und auf einer korrekten Willensbildung des Schuldners beruht.[23] Eine einseitige Erklärung eines Bürgers, die der Behörde per Post oder in elektronischer Form zugeht, ist danach beispielsweise unwirksam.

18 Die restriktive Rechtsprechung des Bundesverwaltungsgerichts ist ersichtlich von dem Gedanken getragen, den Bürger vor der Abgabe unbedachter und unberatener Unterwerfungserklärungen unter die sofortige Vollstreckung zu bewahren. Sonderlich realistisch ist dieser Ansatz allerdings nicht, weil es im Normalfall gerade die Behördenspitze und die Behördenjuristen sind, die auf die Abgabe einer solchen Unterwerfungserklärung drängen. Der Effekt der Rechtsprechung liegt deshalb **weniger** in einem **vorbeugenden Schutz** des Bürgers **als** in der **Verweigerung der Rechtswirksamkeit** von ohne Mitwirkung eines qualifizierten Behördenvertreters abgegebenen Unterwerfungserklärungen von Bürgern.

19 Das Vertretungsgebot des Abs. 1 Satz 2 ist zwingend (»muss«). Es steht **nicht zur Disposition** der Parteien.

20 Ein Verstoß gegen Abs. 1 Satz 2 führt zur **Unwirksamkeit** der Unterwerfungsklärung. Der öffentlich-rechtliche Vertrag im Ganzen wird dadurch allerdings in der Regel nicht berührt, da die Unterwerfung unter die sofortige Vollstreckung **nicht** von solchem Gewicht ist, dass ihre Unwirksamkeit **das gesamte Vertragswerk** zum »Kippen« bringen könnte (Teilnichtigkeit im Sinne von § 59 Abs. 3).[24]

21 Ohne Beteiligung des jeweiligen Vertragspartners ist auch **keine Heilung** durch nachträgliche Genehmigung einer vertretungsberechtigten Person möglich. Die rechtlich

21 Knack/Henneke/*Schliesky* § 61, Rn. 11.
22 BVerwG, Urt. v. 03.03.1995 – 8 C 32/93, Rn. 20 ff. bei juris, BVerwGE 98, 58 (64 bis 73).
23 BVerwG, Urt. v. 03.03.1995 – 8 C 32/93, Rn. 23 f. bei juris, BVerwGE 98, 58 (69 und 71 f.).
24 OVG Nordrhein-Westfalen, Urt. v. 26.11.1996 – 14 A 1205/94, Rn. 14 bei juris; BVerwG, Urt. v. 03.03.1995 – 8 C 32/93, Rn. 32 bei juris, BVerwGE 98, 58 (76 f.).

wirkungslose Unterwerfung kann nur unter Mitwirkung eines qualifizierten Amtsträgers wiederholt werden.[25]

III. Durchführung der Vollstreckung

Abs. 2 regelt die Durchführung der Vollstreckung. Abs. 2 Satz 1 verweist auf öffentlich-rechtliche Verträge i.S.d. Abs. 1 Satz 1, worunter das Bundesverwaltungsgericht **subordinationsrechtliche Verträge** versteht, deren Bestandteil eine Unterwerfungserklärung ist.[26] Diese Einschränkung gilt wegen der gebotenen systematischen Auslegung auch für die Sätze 2 und 3 des Abs. 2. 22

Der Satz 1 und die Sätze 2 und 3 unterscheiden sich im Hinblick auf den **Vollstreckungsgläubiger.** Satz 1 regelt die Vollstreckung durch eine Behörde, Sätze 2 und 3 betreffen den Fall, dass eine natürliche oder juristische Person des Privatrechts Vollstreckungsgläubiger ist. 23

Die **Vollstreckung durch eine Behörde** nach Abs. 2 Satz 1 erfolgt durch Rückgriff auf das **Verwaltungs-Vollstreckungsgesetz**, das grundsätzlich nur auf Verwaltungsakte anwendbar ist, durch den Mechanismus des § 61 aber auf öffentlich-rechtliche Verträge erstreckt wird, die Verwaltungsakte ersetzen (§ 54 Satz 2). 24

Die entsprechende Anwendung ist so zu verstehen, dass die Unterwerfungsklausel **wie ein Verwaltungsakt** vollstreckt wird.[27] Dies betrifft nur den Fall, dass die Behörde ihre vertraglichen Ansprüche gegenüber dem privaten Vertragspartner vollstreckt,[28] weil das Verwaltungsvollstreckungsgesetz nur für die Vollstreckung von Ansprüchen der öffentlichen Hand gilt. 25

Abs. 1 Satz 1 gilt nur für eine Vollstreckung durch die in § 1 Abs. 1 Nr. 1 genannten Behörden (**Behörden des Bundes**, bundesunmittelbare Körperschaften, Anstalten und Stiftungen des öffentlichen Rechts). Für die Vollstreckung durch Landesbehörden gelten die Verwaltungsverfahrensgesetze der Länder. 26

Das Verwaltungs-Vollstreckungsgesetz des Bundes, das nach Abs. 2 Satz 1 entsprechend anwendbar ist, regelt insbesondere die Vollstreckung von **Geldforderungen** (§ 1 bis 5 VwVG) und die **Erzwingung von Handlungen**, Duldungen oder Unterlassungen (§ 6 bis 18 VwVG). 27

Abs. 2 Satz 2 regelt die **Vollstreckung des Bürgers (natürliche oder juristische Person des Privatrechts oder eine nichtrechtsfähige Vereinigung) gegen die öffentliche Hand wegen einer Geldforderung. Insoweit** ist § 170 Abs. 1 bis 3 VwGO entsprechend anzuwenden. Das bedeutet, dass auf Antrag des Gläubigers das Gericht des ersten Rechtszugs (Gericht, das für die Klage aus dem Vertrag zuständig ist) die Vollstreckung 28

25 BVerwG, Urt. v. 03.03.1995 – 8 C 32/93, Rn. 27 bei juris, BVerwGE 98, 58 (73 f.).
26 BVerwG, Urt. v. 03.03.1995 – 8 C 32/93, Rn. 22 bei juris, BVerwGE 98, 58 (67).
27 Vgl. VG Kassel, Beschl. v. 27.07.2007 – 7 G 931/07, Rn. 12 bei juris.
28 Knack/Henneke/*Schliesky*, § 61, Rn. 14.

verfügt. Es bestimmt die vorzunehmenden Vollstreckungsmaßnahmen und ersucht die zuständige Stelle um deren Vornahme.

29 **Abs. 2 Satz 3** regelt schließlich den Fall der Vollstreckung des Bürgers gegen die öffentliche Hand wegen der **Erzwingung einer Handlung**, Duldung oder Unterlassung. In diesen Fällen ist **§ 172 VwGO** entsprechend anwendbar. Das zuständige Verwaltungsgericht kann auf Antrag unter Fristsetzung gegen die Behörde ein Zwangsgeld bis 10.000 € androhen, festsetzen und von Amts wegen vollstrecken. Das Zwangsgeld kann wiederholt angedroht, festgesetzt und vollstreckt werden.

C. Verfahrensvorschriften des Sozialrechts sowie Verwaltungsverfahrensrecht der Länder

30 § 61 entspricht § 60 SGB X.

31 Die Landesverwaltungsverfahrensgesetze sehen grundsätzlich entsprechende Regelungen vor. Sie verweisen in Abs. 2 Satz 1 allerdings auf die jeweiligen Landesvollstreckungsgesetze.

§ 62 Ergänzende Anwendung von Vorschriften

[1]Soweit sich aus den §§ 54 bis 61 nichts Abweichendes ergibt, gelten die übrigen Vorschriften dieses Gesetzes. [2]Ergänzend gelten die Vorschriften des Bürgerlichen Gesetzbuchs entsprechend.

Schrifttum

Dötsch, Verjährung vermögensrechtlicher Ansprüche im öffentlichen Recht, DÖV 2004, 277; *Ruttloff*, Die Zulässigkeit von Vertragsstrafenklauseln in städtebaulichen Verträgen im Zusammenhang mit großflächigen Einzelhandelsprojekten, 2012; *Stumpf*, Die Verjährung öffentlich-rechtlicher Ansprüche nach der Schuldrechtsreform, NVwZ 2003, 1198.

Übersicht

A. Allgemeines

1 **§ 62** regelt als **Verweisungsnorm**, welche Rechtsvorschriften auf den öffentlich-rechtlichen Vertrag anzuwenden sind, wenn die Bestimmungen des Teiles IV (§ 54 bis § 61) nicht ausreichen. Dieser Verweis ist erforderlich, weil §§ 54 ff. bewusst nicht in vollem Umfang die im Zusammenhang mit Verträgen gebotenen Regelungen treffen.

Nach der Regelung des § 62 unterliegen öffentlich-rechtliche Verträge im Anwendungsbereich des Verwaltungsverfahrensgesetzes **drei verschiedenen Normengruppen**, die kaskadenartig gestaffelt sind. Maßgeblich sind in erster Linie die speziellen Regelungen der §§ 54 bis 61, in zweiter Linie (Satz 2) die übrigen Vorschriften des Verwaltungsverfahrensgesetzes und in dritter Linie Vorschriften des BGB (Satz 3). Weitere Modifikationen können sich aus dem Fachrecht, also dem jeweils einschlägigen besonderen Verwaltungsrecht ergeben;[1] das liegt aber außerhalb von § 62. 2

Wesentlich ist, dass der Gesetzgeber sich gegen ein starres, auf konkret benannte Teile des Verwaltungsverfahrensgesetzes oder Vorschriften des BGB bezogenes, sondern für ein **flexibles und entwicklungsfähiges System** entschieden hat. Damit verbundene Unschärfen und Auslegungsbedürfnisse nimmt das Gesetz in Kauf; wesentliche Anwendungsprobleme haben sich daraus bislang aber nicht ergeben. 3

Zwischen den Sätzen 1 und 2 besteht nicht nur ein Stufenverhältnis, sondern die dort jeweils angesprochenen Vorschriften haben eine **unterschiedliche Geltungsintensität.** Anwendbare andere Vorschriften des Verwaltungsverfahrensgesetzes gelten nach Satz 1 unmittelbar, Vorschriften des BGB gelten dagegen nach Satz 2 immer nur entsprechend. 4

Auch § 62 erfasst unmittelbar nur **öffentlich-rechtliche Verträge im** Anwendungsbereich des Verwaltungsverfahrensgesetzes und i.S.d. § 54. Das wirkt sich aber praktisch kaum aus, weil der Regelungsinhalt des § 62 als Ausdruck allgemeiner Rechtsgrundsätze verstanden wird. Deshalb werden die in Satz 1 und Satz 2 erfassten Vorschriften des Verwaltungsverfahrensgesetzes und des BGB auch für andere verwaltungsrechtliche Verträge entsprechend herangezogen, wenn für diese spezifischere fach- und verfahrensrechtliche Regelungen fehlen.[2] So sind etwa unter Hinweis auf den Rechtsgedanken des § 62 auf einen öffentlich-rechtlichen Vertrag auf dem Gebiet des Steuerrechts die BGB-Vorschriften entsprechend angewandt worden.[3] 5

B. Die Vorschrift im Einzelnen

I. Die Anwendbarkeit von übrigen Vorschriften des VwVfG

Nach Satz 1 gelten unter der Einschränkung des Soweit-Satzes die übrigen Vorschriften dieses Gesetzes. **Übrige Vorschriften** in diesem Sinne sind die Vorschriften des Verwaltungsverfahrensgesetzes mit Ausnahme der im Soweit-Satz genannten §§ 54 bis 61. Sie gelten für Verträge nach § 54 unmittelbar, nicht, wie nach Satz 2 die Vorschriften des BGB, nur entsprechend. 6

Die unmittelbare Geltung steht auch unter dem Vorbehalt des Soweit-Satzes. Dabei meint »etwas **Abweichendes**«, dass die jeweilige übrige Vorschrift des 7

1 Stelkens/Bonk/Sachs/*Bonk/Neumann/Siegel*, § 62, Rn. 1.
2 Kopp/Ramsauer/*Tegethoff*, § 62 Rn. 3.
3 FG Baden-Württemberg, Urt. v. 06.11.2006 – 6 K 170/04, Rn. 62 bei juris.

Verwaltungsverfahrensgesetzes doch nicht gilt. Das muss in den §§ 54 bis 61 nicht ausdrücklich so angeordnet sein, sondern kann sich aus einer wertenden Auslegung erst »**ergeben**«.

8 Durch die Verwendung des Worts »soweit« anstelle des Wortes »wenn« erreicht das Gesetz, dass eine »übrige Vorschrift« **auch nur modifiziert** oder in bestimmten Fallgruppen zur Geltung kommen kann.

9 Die Praxis arbeitet mit der **Faustformel**, dass alle spezifisch auf Verwaltungsakte bezogenen Vorschriften des Verwaltungsverfahrensgesetzes nach dem Soweit-Satz für Verträge nach § 54 nicht gelten, die anderen Vorschriften des Verwaltungsverfahrensgesetzes aber schon.[4] Für die allgemeinen Vorschriften über das Verwaltungsverfahren gilt das mit besonderer Berechtigung, weil der Vertrag nach § 54 aus einem Verwaltungsverfahren im Sinne von § 9 entsteht und dessen Ergebnis ist.[5]

10 Die Probleme liegen eher im **Detail.** So gilt etwa über § 62 Satz 1 auch die Regelung des § 29 über die Akteneinsicht. Die Akteneinsicht erfasst aber nur Akten, welche der behördliche Vertragspartner anlässlich des gemeinsamen Vertrages angefertigt hat und gilt nicht für Akten eines anderen Verwaltungsverfahrens.[6] Ausnahmsweise greifen die Gerichte auch im Zusammenhang mit Verträgen nach § 54 auf Vorschriften des Verwaltungsverfahrensgesetzes zurück, die speziell Verwaltungsakte betreffen, etwa bei dem Unwirksamwerden durch Erledigung auf § 43 Abs. 2[7] oder für die Steuerung eines durch Kündigung des Vertrages ausgelöstes Rückforderungsermessen auf §§ 40, 49 Abs. 3 Satz 1 Nr. 1 und Satz 2 i.V.m. § 48 Abs. 4.[8]

II. Ergänzende entsprechende Geltung von Vorschriften des BGB

11 Erheblich **größere Bedeutung** hat in der Praxis § 62 Satz 2. Die Norm sieht in Ergänzung der (anwendbaren) Bestimmungen des VwVfG auf den öffentlich-rechtlichen Vertrag die entsprechende Geltung von Vorschriften des BGB vor. Die Regelung unterstreicht das Rangverhältnis zwischen den für den öffentlich-rechtlichen Vertrag geltenden Vorschriften: Wenn die Vorschriften des Teils IV des VwVfG oder die übrigen anwendbaren Vorschriften des VwVfG nicht ausreichen, sollen die Vorschriften des BGB nach dem Willen des Gesetzgebers zur Anwendung kommen.

12 Durch § 62 Satz 2 kommt deutlich zum Ausdruck, dass Teil IV zwar den öffentlich-rechtlichen Vertrag als Rechtsinstitut regelt, aber **in wichtigen Bereichen** wie etwa dem Zustandekommen des Vertrages, der Vertragsabwicklung, dem Umgang mit möglichen Leistungsstörungen und der Rückabwicklung bewusst auf Lücke setzt und auf deren Schließung durch eine **Heranziehung des BGB.** Dabei ist zu berücksichtigen, dass die entsprechende Anwendung von Normen des BGB schon durch (andere)

4 Vgl. den Überblick bei Kopp/Ramsauer/Tegethoff, § 62, Rn. 5 bis 7.
5 Stelkens/Bonk/Sachs/*Bonk/Neumann/Siegel*, § 62, Rn. 1.
6 VG Oldenburg, Urt. v. 18.09.2002 – 7 A 341/99, Rn. 29 bei juris.
7 OVG Niedersachsen, Urt. v. 12.07.2001 – 10 L 3954/99, Rn. 69 bei juris.
8 VG Cottbus, Urt. v. 12.05.2009 – 7 K 1117/08, Rn. 33 bei juris.

Bestimmungen des VwVfG (z.B. § 59 Abs. 1) angeordnet sein kann. Darüber hinaus können Vorschriften des BGB als Ausdruck allgemeiner Rechtsgrundsätze auch ohne besondere Anordnung des Gesetzgebers Geltung besitzen.

Die Regelung in § 62 Satz 2 sieht eine **dynamische Verweisung** auf die Vorschriften des BGB in seiner jeweils geltenden Fassung vor,[9] die verfassungskonform ist.[10] Die Verweisung setzt allerdings voraus, dass § 62 Satz 2 bereits zum Zeitpunkt des Abschlusses des öffentlich-rechtlichen Vertrages in Kraft war.[11] 13

Die **Rechtsprechung** hat die entsprechende Geltung zu folgenden Vorschriften des BGB angenommen: 14

- die Bestimmungen über das **Zustandekommen** (§§ 145 ff. BGB)[12] **und die Auslegung von Verträgen** (§§ 133, 157 BGB);[13]
- die Vorschriften über die **Anfechtung** von Willenserklärungen (§§ 115 ff., 142 BGB),[14] auch im Hinblick auf die für Willensmängel bei Stellvertretung relevanten Personen (§ 166 BGB);[15]
- die **Unwirksamkeitsregelungen nach §§ 125, 134, 138 BGB** (dazu § 59);
- die **Schriftformerfordernisse** (§ 126 BGB);[16]
- die Anwendbarkeit von § 140 BGB (dazu § 59);
- die Anwendbarkeit von § 141 BGB (**Bestätigung** des nichtigen Rechtsgeschäfts nach Wegfall der Nichtigkeit);[17]
- die **Verjährungsvorschriften** (§§ 194 ff. BGB),[18] soweit keine Spezialvorschriften vorhanden sind.[19] Teilweise wird angenommen, es bedürfe nach dem seit dem 01.01.2002 geltenden neuen Verjährungsrecht einer Einzelfallprüfung von Fall zu Fall, ob und welche der neuen Verjährungsregelungen nach Wortlaut sowie Sinn und Zweck der Regelung am ehesten auf öffentlich-rechtliche Verträge ergänzend und entsprechend angewendet werden können;[20]

---

9 VG Sigmaringen, Beschl. v. 26.07.2010 – 8 K 273/10, Rn. 12 bei juris.

10 Kopp/Ramsauer/*Tegethoff*, § 62, Rn. 9.

11 Vgl. zu einem Altfall vor Inkrafttreten des BremVwVfG: VG Bremen, Urt. v. 21.12.2012 – 2 K 876/11, Rn. 78 bei juris.

12 Dazu OVG Bremen, BauR 2009, 857.

13 Vgl. BVerwGE, Urt. v. 04.12.2001 – 4 C 2/00, Rn. 39 bei juris, BVerwGE 115, 274; BVerwG, Urt. v. 19.01.1990 – 4 C 21/89, Rn. 36 bei juris, BVerwGE 84, 257 (264); OVG Niedersachsen, Beschl. v. 05.07.2019 – 10 LA 45/17, Rn. 15 bei juris.

14 BVerwG, Urt. v. 10.03.2010 – 6 C 15/09, Rn. 17 ff. bei juris, NJW 2010, 3048; s.a. § 49; BVerwG, Beschl. v. 29.03.2006 – 4 B 1/06, Rn. 3 bei juris.

15 Vgl. BVerwG, Urt. v. 10.03.2010 – 6 C 15/09, Rn. 15 bei juris, NJW 2010, 3048.

16 So in unklarer Abgrenzung zu § 57 VwVfG unter Berufung auf § 62 Satz 2 BVerwG, Beschl. v. 28.01.2010 – 9 B 46/09, Rn. 3 bei juris.

17 VG Berlin, Urt. v. 19.03.2013 – 26 K 6.13, Rn. 29 bei juris.

18 BVerwG, Urt. v. 18.07.2012 – 8 C 4/11, Rn. 82 bei juris, BVerwGE 143, 335.

19 OVG Bremen, Beschl. v. 17.02.2011 – 1 A 373/09; VG Bremen, Urt. v. 25.03.2011 – 2 K 2041/09, Rn. 73 bei juris.

20 VG Stuttgart, Urt. v. 04.08.2011 – 8 K 2557/10, Rn. 57 bei juris.

- die Regelung über **Befreiungsansprüche** (§ 257 BGB);[21]
- die Regeln der **nachträglichen Unmöglichkeit** (§§ 275, 326 BGB);[22]
- die im BGB niedergelegten **Grundsätze von Treu und Glauben, culpa in contrahendo** (cic)[23], die Regelungen über Leistungsbestimmungen nach **§§ 315 ff. BGB**[24] und die Regelungen der **§§ 339 ff. BGB** bezüglich **Vertragsstrafen;**[25]
- die **Verzinsungsregelungen**[26] und
- die Regelungen bezüglich des **Rücktritts nach §§ 346 ff. BGB.**[27]

15 Über § 62 Satz 2 gelten für öffentlich-rechtliche Verträge im Sinne von § 54 ergänzend und entsprechend **auch die Bestimmungen bezüglich der AGB-Kontrolle** in **§§ 305 ff. BGB**[28]. Für die grundsätzliche Anwendbarkeit der §§ 305 ff. BGB spricht, dass mit der Schuldrechtsnovelle die früher spezialgesetzlich geregelten Vorgaben des AGB-Rechts in das BGB aufgenommen worden sind und damit von der dynamischen Verweisung in § 62 Satz 2 dem Wortlaut nach erfasst sind.

16 Im Detail ist aber Vorsicht angebracht. Gerade bei der Kontrolle Allgemeiner Geschäftsbedingungen in Verträgen nach § 54 zeigen sich aber die **begrenzenden Wirkungen** des § 62. Im Sinne des »Soweit«-Satzes aus Satz 1 kann sich ergeben, dass § 59 Abs. 2 Nr. 1 einer aus §§ 305 ff. BGB abgeleiteten Unwirksamkeit von Regelungen eines Vertrags nach § 54 oder einzelner seiner Vertragsbestimmungen entgegensteht. Denn § 59 Abs. 2 Nr. 1 bestimmt, dass ein Vertrag i.S.d. § 54 Satz 2 nur dann nichtig ist, wenn ein Verwaltungsakt mit entsprechendem Inhalt nichtig wäre. Es besteht kein Anlass, dies durch einen auf § 62 Satz 2 gestützten Rückgriff auf die §§ 305 ff. BGB zu korrigieren.[29] Ob sich dagegen aus der Angemessenheitsvorgabe des § 56 Abs. 1 Satz 2 VwVfG, die sich auf das Verhältnis von Leistung und Gegenleistung bezieht, eine Sperrwirkung gegenüber einer ergänzenden Anwendung der §§ 305 ff. BGB ergibt, erscheint zweifelhaft.[30]

---

21 OVG Berlin-Brandenburg, Urt. v. 04.08.2011 – 11 B 12.10, Rn. 27 bei juris, im konkreten Fall aber als von den Parteien abbedungen angesehen.

22 VGH Baden-Württemberg, Urt. v. 29.06.2015 – 9 S 280/14, Rn. 168 bei juris.

23 OVG Sachsen-Anhalt, Beschl. v. 10.03.2015 – 2 L 2/14, Rn. 36 bei juris.

24 Siehe dazu BVerwG, Beschl. v. 29.10.2010 – 9 B 9/10, Rn. 2 bei juris, NVwZ 2011 m 125 (126).

25 BVerwG, Urt. v. 03.03.1995 – 8 C 32/93, Rn. 20 bei juris, BVerwGE 98, 58 (64).

26 VG Freiburg, Urt. v. 08.07.2015 – 1 K 849/13, Rn. 64 bei juris; VG Neustadt, Urt. v. 19.08.2014 – 5 K 1017/13.NW, Rn. 26 bei juris; VGH Baden-Württemberg, Urt. v. 18.10.1990 – 2 S 2098/89, NVwZ 1991, 583.

27 VG Stuttgart, Urt. v. 06.07.2010 – 12 K 416/10, Rn. 29 bei juris.

28 VG Sigmaringen, Beschl. v. 26.07.2010 – 8 K 273/10, Rn. 12 bei juris; offengelassen bei VG Bremen, Urt. v. 25.03.2011 – 2 K 2041/09 sowie OLG Köln, Beschl. v. 13.09.2012 – 19 U 49/12, Rn. 18 bei juris, BauR 2013, 482 (484 f.).

29 In diesem Sinne VG Bremen, Urt. v. 25.03.2011 – 2 K 2041/09, Rn. 59 bei juris; offen gelassen bei VG Stade, Urt. v. 18.09.2018 – 4 A 2477/17, Rn. 72 bei juris.

30 Vgl. dazu Stelkens/Bonk/Sachs/*Bonk/Neumann/Siegel*, § 62 Rn. 30 ff., insb. 33; siehe zur Regelung des § 11 Abs. 2 Satz 1 BauGB auch *Lenz/Würtenberger*, BauGB-Verträge, 2011, 26 f.

17 Bis zu einer höchstrichterlichen Klärung dürfte folgendes **praktisches Vorgehen** sachgerecht sein: Erstens die Geltung der §§ 305 ff. BGB grundsätzlich zu unterstellen. Zweitens das Vorliegen vorformulierter Vertragsbedingungen im Sinne von § 305 Abs. 1 Satz 1 BGB zu prüfen, was im Regelfall zu verneinen sein wird (§ 305 Abs. 1 Satz 3 BGB). Drittens die Anwendungseinschränkungen des § 310 Abs. 1 Satz 1 BGB (gegenüber Unternehmen und der öffentlichen Hand) sowie des § 310 Abs. 2 BGB (Energieversorgung) zu beachten.

18 Dagegen finden die **Kondiktionsregelungen nach §§ 812 ff. BGB** nach herrschender Meinung keine Anwendung,[31] weil die Rückabwicklung öffentlich-rechtlicher Verträge über die Rechtsfigur des öffentlich-rechtlichen Erstattungsanspruchs erfolgt. Selbst wenn man das anders sähe, wäre etwa eine Anwendung von § 817 Satz 2 BGB über § 62 Satz 2 ausgeschlossen, denn die Bestimmung widerspricht dem das öffentliche Recht prägenden Grundsatz der Gesetzmäßigkeit der Verwaltung, weil sie den durch gesetzwidrige Vermögensverschiebung erreichten Zustand festschreibt.[32]

19 Aus vergleichbaren Gründen finden auch die Regelungen über **Zurückbehaltungsrechte** nach den §§ 273 f. BGB über § 62 Satz 2 keine Anwendung.[33]

20 Schon nach dem ausdrücklichen Wortlaut von § 62 Satz 2 finden spezialgesetzliche Regelungen des Zivilrechts außerhalb des BGB, wie etwa das **HGB, keine Anwendung.**

C. Verfahrensvorschriften des Sozialrechts sowie Verwaltungsverfahrensrecht der Länder

21 Die Verwaltungsverfahrensgesetze der Länder enthalten eine § 62 entsprechende Regelung.

22 § 61 SGB X enthält für das Sozialverwaltungsverfahren eine Parallelbestimmung zu § 62.

31 BVerwG, Urt. v. 16.05.2000 – 4 C 4/99, Rn. 15 ff. bei juris; BVerwGE 111, 162 (164); OVG Mecklenburg-Vorpommern, Beschl. v. 10.02.2011 – 1 L 128/07, Rn. 6 bei juris; anderer Ansicht mit eingehender Begründung *Ziekow/Siegel*, VerwArchiv 2004, 281 (291 ff.).

32 BVerwG, Urt. v. 26.03.2003 – 3 C 4/02, Rn. 19 bei juris, NVwZ 2003, 993.

33 OVG Mecklenburg-Vorpommern, Beschl. v. 10.02.2011 – 1 L 128/07, Rn. 6 bei juris.

Teil V Besondere Verfahrensarten

Abschnitt 1 Förmliches Verwaltungsverfahren

Vorbemerkung zu § 63

1 Im V. Teil des VwVfG hat der Gesetzgeber für Verwaltungsverfahren, die schwerwiegende Eingriffe in die Rechtssphäre des Bürgers bewirken oder die sich mit dem allgemeinen in den vorherigen Abschnitten geregelten Verwaltungsverfahren nur schwer bewältigen lassen, zwei besondere Verfahrensarten geschaffen – das förmliche Verwaltungsverfahren (Abschnitt 1, §§ 63 bis 71) und das Planfeststellungsverfahren (Abschnitt 2, §§ 72 bis 78).

2 Nach ihrem Zweck stellen die genannten Vorschriften des VwVfG über das förmliche Verwaltungsverfahren und das Planfeststellungsverfahren von Sachvorschriften weitgehend abstrahierte, besondere Verfahrensmodelle dar, auf die der Gesetzgeber durch einfache Verweisung zurückgreifen kann, wenn die Tragweite einer Verwaltungsentscheidung eine Ausnahme vom regelmäßig durchzuführenden nichtförmlichen Verfahren nach §§ 9 ff. verlangt.

3 Der vom Gesetzgeber in beiden genannten besonderen Verwaltungsverfahren vorgeschriebene Ablauf ist dem des verwaltungsgerichtlichen Verfahrens stark angenähert. Vom allgemeinen nichtförmlichen Verfahren unterscheiden sie sich vor allem durch eine größeren Formstrenge,[1] erweiterte Verfahrensrechte der Beteiligten und die Verpflichtung zur Durchführung einer mündliche Verhandlung. Damit soll eine – im Verhältnis zum nichtförmlichen Verwaltungsverfahren – erhöhte Richtigkeit der auf sie gegründeten Ergebnisse sichergestellt werden.

4 Mit Inkrafttreten des Genehmigungsverfahrensbeschleunigungsgesetzes (GenBeschlG)[2] wurde in den V. Teil zusätzlich ein Abschnitt 1a (§§ 71a bis 71e) eingefügt, der Vorschriften zur Beschleunigung von Genehmigungsverfahren enthält, die einer wirtschaftlichen Unternehmung dienen.

5 Die genannten Vorschriften hat der Gesetzgeber durch das Vierte Gesetz zur Änderung verwaltungsverfahrensrechtlicher Vorschriften vom 17.12.2008[3] wieder gestrichen und an ihrer Stelle zur Umsetzung der Dienstleistungsrichtlinie[4] Vorschriften über ein Verfahren über eine einheitliche Stelle (§§ 71a bis 71e) geschaffen.

6 Das förmliche Verwaltungsverfahren i.S.d. Abschnitts 1 des Teiles V ist abzugrenzen von dem nicht-förmlichen Verwaltungsverfahren (§ 10), das die besonderen Sicherungen des förmlichen Verwaltungsverfahrens entbehrt und den förmlichen

1 Kopp/*Ramsauer*, § 63 Rn. 1a.
2 Gesetz zur Beschleunigung von Genehmigungsverfahren vom 12.09.1996 (BGBl. I, S. 1354).
3 BGBl. I S. 2418.
4 Richtlinie 2006/123/EG des Europäischen Parlaments und des Rats vom 12.12.2006, ABl. L 376/36 v. 27.12.2006.

Verwaltungsverfahren nach anderen Gesetzen, die nach den Vorbehaltsklauseln des § 1 Abs. 1 und Abs. 2 Satz 1 vor dem förmlichen Verwaltungsverfahren i.S.d. VwVfG ganz oder teilweise den Vorrang haben.

Es ist weiter abzugrenzen von dem in §§ 72 bis 78 geregelten Planfeststellungsverfahren. Das Planfeststellungsverfahren stellt keinen Unterfall des förmlichen Verwaltungsverfahrens dar. Als besonderes förmliches Verwaltungsverfahren folgt es vielmehr eigenen Regeln. 7

Das förmliche Verwaltungsverfahren ist schließlich von dem, in keinem Fall vom VwVfG erfassten, förmlichen Verfahren zum Erlass von Rechtsverordnungen oder Satzungen zu trennen. 8

Das nichtförmliche Verfahren, das förmliche Verfahren, das Planfeststellungsverfahren und das Normerlassverfahren stehen jeweils nebeneinander. Es kann dabei immer nur das eine oder das andere anwendbar sein. Der Rückgriff auf Vorschriften einer anderen Verfahrensart verbietet sich daher regelmäßig. 9

Völlig außerhalb der skizzierten Struktur der verschiedenen Verfahrensarten stehen die Vorschriften der §§ 71a – e über das Verfahren über eine einheitliche Stelle. Deren Anwendbarkeit kommt immer erst dann in Betracht kommt, wenn ein oder mehrere Verwaltungsverfahren im oben genannten Sinne durchzuführen sind. Erst wenn klar ist, welches bzw. welche der unter Rn. 5 skizzierten Verfahren anwendbar ist, ist in einem zweiten Schritt zu erörtern, ob zusätzlich die Vorschriften des Abschnitts 1a beachtet werden müssen. 10

§ 63 Anwendung der Vorschriften über das förmliche Verwaltungsverfahren

(1) Das förmliche Verwaltungsverfahren nach diesem Gesetz findet statt, wenn es durch Rechtsvorschrift angeordnet ist.

(2) Für das förmliche Verwaltungsverfahren gelten die §§ 64 bis 71 und, soweit sich aus ihnen nichts Abweichendes ergibt, die übrigen Vorschriften dieses Gesetzes.

(3) [1]Die Mitteilung nach § 17 Abs. 2 Satz 2 und die Aufforderung nach § 17 Abs. 4 Satz 2 sind im förmlichen Verwaltungsverfahren öffentlich bekannt zu machen. [2]Die öffentliche Bekanntmachung wird dadurch bewirkt, dass die Behörde die Mitteilung oder die Aufforderung in ihrem amtlichen Veröffentlichungsblatt und außerdem in örtlichen Tageszeitungen, die in dem Bereich verbreitet sind, in dem sich die Entscheidung voraussichtlich auswirken wird, bekannt macht.

Übersicht Rdn.

A. Allgemeines und Grundsätze

1 Die Abs. 1 und 2 der Vorschrift stimmen mit § 49 EVwVerfG 1963 überein. Abs. 3 wurde in Zusammenhang mit den Sonderregelungen über das Massenverwaltungsverfahren eingefügt.[1]

2 Die Eingangsvorschrift des ersten Abschnitts des fünften Teils des VwVfG definiert Inhalt und Stellung des förmlichen Verwaltungsverfahrens im Gefüge des VwVfG. Nach Abs. 1 handelt es sich dabei um ein Sonderverfahren, welches lediglich aufgrund ausdrücklicher gesetzlicher Anordnung stattfindet. Inhaltlich unterscheidet es sich vom allgemeinen Verwaltungsverfahren (§§ 9 ff.) durch die in §§ 64 bis 71 zusammengefassten Sonderregelungen, die nach Abs. 2 Vorrang vor den übrigen Vorschriften des VwVfG genießen. Abs. 3 enthält – an dieser Stelle systemwidrig – eine Regelung über die Art und Weise, wie die Mitteilung nach § 17 Abs. 2 Satz 2 und die Aufforderung nach § 17 Abs. 4 Satz 2 im förmlichen Verwaltungsverfahren jeweils bekannt zu machen ist.

3 Das förmliche Verwaltungsverfahren ist ein Modell eines – im Gegensatz zum allgemeinen Verwaltungsverfahren – stärker formalisierten und dadurch mit erhöhter Rechtsmäßigkeitsgewähr ausgestatteten Verwaltungsverfahrens, welches der Gesetzgeber anordnen kann, wenn er es für nötig hält, um gewichtige Interessen der Bürger oder der Allgemeinheit besser zu schützen, als es im Allgemeinen Verwaltungsverfahren der Fall wäre (Vorbem. § 63 Rdn. 2 f.).

1 BT-Drucks. 7/4494, S. 10.

B. Die Vorschrift im Einzelnen

I. Anordnung des förmlichen Verwaltungsverfahrens durch Rechtsvorschrift (§ 63 Abs. 1)

Nach Abs. 1 findet das förmliche Verwaltungsverfahren nach dem VwVfG statt, wenn es durch Rechtsvorschrift angeordnet ist. Dies gilt jedoch nur für den Erlass des Verwaltungsakts. Wird ein im förmlichen Verwaltungsverfahren ergangener Verwaltungsakt später ergänzt, ist dies regelmäßig ohne erneutes förmliches Verwaltungsverfahren möglich.[2] 4

1. Begriff des förmlichen Verwaltungsverfahrens

Begrifflich ist unter einem förmlichen Verwaltungsverfahren nach dem VwVfG ein Verwaltungsverfahren zu verstehen, auf das § 63 Abs. 3, die §§ 64 bis 71 sowie die nach § 63 Abs. 2 weiterhin geltenden Vorschriften des VwVfG (vgl. Rdn. 14 ff.) Anwendung finden. 5

Dieses Verwaltungsverfahren ist geprägt durch eine prozessförmige Ausgestaltung mit der Folge, dass die daran Beteiligten weitergehende Rechte genießen als im nicht-förmlichen Verwaltungsverfahren (vgl. Vorbem. § 63 Rdn. 2 f.).[3] 6

2. Anordnung durch Rechtsvorschrift

a) Rechtsvorschrift als einzige Anordnungsgrundlage

Nur die Anordnung durch eine Rechtsvorschrift verpflichtet die Behörde zur Anwendung der Bestimmungen des § 63 Abs. 2 und 3 sowie der §§ 64 bis 71. Rechtsvorschriften sind alle abstrakt-generellen Anforderungen für das Verhalten des Einzelnen mit Verbindlichkeitscharakter (Bundesgesetz, Bundesrechtsverordnung oder Satzung eines bundesunmittelbaren Hoheitsträgers)[4]. Beispiele für Rechtsvorschriften, die das förmliche Verwaltungsverfahren nach dem VwVfG anordnen, finden sich etwa im Bundesberggesetz vom 13.08.1980 (vgl. §§ 36, 105 BBergG).[5] 7

Gebietet eine Verwaltungsvorschrift die Beachtung der genannten Regelungen, so begründen diese – unbeschadet einer innerdienstlichen Verpflichtung der für die Durchführung des Verfahrens zuständigen Behörde – keine subjektiven öffentlichen Rechte für die Verfahrensbeteiligten.[6] Ihnen steht allenfalls ein formelles subjektives öffentliches Recht auf verfahrensrechtliche Gleichbehandlung zu, wenn die Behörde nach Maßgabe der Verwaltungsvorschriften im Rahmen ihres gesetzlichen Ermessensspielraums eine bestimmte Verwaltungsübung begründet hat. 8

---

2 BVerwG, Urt. v. 14.12.1990 – 7 C 5.90 – BVerwGE 87, 241 ff.

3 Stelkens/Bonk/Sachs/*Sachs/Kamp*, § 63 Rn. 5; Kopp/Ramsauer, § 63 Rn. 1a.

4 Stelkens/Bonk/Sachs/*Sachs/Kamp*, § 63 Rn. 28 f.; Kopp/Ramsauer, § 63 Rn. 9; Knack/Henneke/*Dürr*, § 63 Rn. 6 f.

5 Vgl. i.Ü. die Aufzählung bei Stelkens/Bonk/Sachs/*Sachs/Kamp*, § 63 Rn. 39 ff.

6 Stelkens/Bonk/Sachs/*Sachs/Kamp*, § 63 Rn. 28 f.

b) Notwendiger Erlass der Rechtsvorschrift nach dem Erlass des VwVfG

9 Die das förmliche Verwaltungsverfahren anordnende Rechtsvorschrift muss nach dem Erlass des VwVfG am 29.05.1976 erlassen worden sein. Nur eine solche Rechtsvorschrift war bzw. ist nämlich in der Lage, auf das VwVfG als ein in der Rechtswirklichkeit existentes Gesetz zu verweisen.[7] Im Gegensatz hierzu ist die Anwendung der §§ 72 ff. lediglich daran gebunden, dass (irgend-) ein Gesetz ohne Rücksicht auf den Zeitpunkt seines Erlasses ein PlfV vorsieht (vgl. § 72).

10 Für den Vollzug vor dem Erlass des VwVfG erlassener Gesetze können somit die Vorschriften des VwVfG über das förmliche Verwaltungsverfahren auch dann keine Anwendung finden, wenn diese Gesetze ihrem Wortlaut nach ein förmliches Verfahren vorsehen.[8] Allerdings ist gegen ihre Heranziehung zur Lückenfüllung im Rahmen einer Analogie nichts einzuwenden.

c) Ausdrücklicher Hinweis auf das förmliche Verwaltungsverfahren nach dem VwVfG

11 Rechtsvorschriften begründen die Geltung des § 63 Abs. 2 und 3 sowie der §§ 64 bis 71 nur dann, wenn ihre Auslegung ergibt, dass sie das förmliche Verwaltungsverfahren nach dem VwVfG – sei es insgesamt oder nur auf einzelne Vorschriften beschränkt – zur Anwendung gelangen lassen wollen.[9] Aus einer Verweisung auf das VwVfG alleine wird sich regelmäßig aber noch nicht schließen lassen, dass die Durchführung eines förmlichen Verwaltungsverfahrens angeordnet werden soll.[10]

d) Möglichkeit der Erstreckung auf nicht vom VwVfG erfasste Rechtsgebiete durch den Bundesgesetzgeber

12 Dem Bundesgesetzgeber steht es frei, die Anwendung der Vorschriften über das förmliche Verwaltungsverfahren durch eine § 2 modifizierende gesetzliche Regelung auch auf Rechtsgebiete des Bundesrechts zu erstrecken, die nicht vom VwVfG erfasst sind.

e) Anwendungsbefugnis des Landesgesetzgebers

13 Auch der Landesgesetzgeber könnte für den seiner Regelungsbefugnis unterworfenen Vollzug eines (Bundes- oder Landes-) Gesetzes die Vorschriften des VwVfG über das förmliche Verwaltungsverfahren für anwendbar erklären (mit der Folge, dass die für anwendbar erklärten Vorschriften als Landesrecht zu beurteilen wären). Ein Bedürfnis hierfür besteht jedoch nicht mehr, da alle Länder in ihren Verwaltungsverfahrensgesetzen über Regelungen verfügen, die dem Abschnitt 1 des Teiles V des VwVfG entsprechen. Eine Besonderheit stellt § 5 VwVfGBln dar, der bestimmt, dass das förmliche

7 Ebenso Kopp/Ramsauer, § 63 Rn. 7; Stelkens/Bonk/Sachs/*Sachs/Kamp*, § 63 Rn. 32. Auf den Zeitpunkt des Inkrafttretens des VwVfG stellt Knack/Henneke/*Dürr*, § 63 Rn. 3 ab.

8 BVerwG, BVerwGE 55, 299 (304) (zu einer entsprechenden Anwendung des § 69 Abs. 2 in einem Verfahren nach dem WPflG).

9 Kopp/Ramsauer, § 63 Rn. 3; Stelkens/Bonk/Sachs/*Sachs/Kamp*, § 63 Rn. 30.

10 Knack/Henneke/Dürr, § 63 Rn. 8; Stelkens/Bonk/Sachs/*Sachs/Kamp*, § 63 Rn. 31.

Verfahren in den Angelegenheiten stattfindet, die vom Senat durch Rechtsverordnung oder sonst durch Rechtsvorschriften bestimmt werden oder in den sonstigen Angelegenheiten in denen durch Rechtsvorschrift die Durchführung einer mündlichen Verhandlung vorgeschrieben ist.[11]

II. Die für das förmliche Verwaltungsverfahren geltenden Rechtsvorschriften (§ 63 Abs. 2)

14 Nach Abs. 2 gelten für das förmliche Verwaltungsverfahren die §§ 64 bis 71 und, soweit sich aus ihnen nichts Abweichendes ergibt, die übrigen Vorschriften des VwVfG.

1. §§ 64 bis 71

15 Die §§ 64 bis 71 bestimmen im Einzelnen die Schriftform der Anträge (§ 64), die (ausnahmslose, vgl. § 26 Abs. 3) Pflicht der Zeugen zur Aussage und der Sachverständigen zur Erstattung von Gutachten (§ 65), die (ausnahmslose, vgl. § 28 Abs. 2 und 3) Verpflichtung zur Anhörung von Beteiligten (§ 66), das grundsätzliche Erfordernis der mündlichen Verhandlung (§ 67) und deren Durchführung (§ 68), den für die Entscheidung maßgeblichen Verfahrensstoff, Form und Bekanntgabe der VAe sowie die Benachrichtigung der Beteiligten vom Abschluss des Verfahrens auf andere Weise (§ 69), den Wegfall des Vorverfahrens vor Erhebung der verwaltungsgerichtlichen Klage (§ 70) sowie die Rechtsstellung der Mitglieder eines Ausschusses, wenn das förmliche Verwaltungsverfahren vor einem solchen stattfindet (§ 71).

2. § 63 Abs. 3

16 Obgleich Abs. 2 wegen der für das förmliche Verwaltungsverfahren geltenden Vorschriften nur auf die nachfolgenden §§ 64 bis 71 verweist, gilt auch § 63 Abs. 3 für das förmliche Verwaltungsverfahren und geht insoweit den §§ 17 Abs. 2 Satz 2 und § 17 Abs. 4 Satz 2 als Spezialnorm in allen förmlichen Verwaltungsverfahren vor.

17 Die Geltung der Vorschrift für das förmliche Verwaltungsverfahren ergibt sich unmittelbar aus dieser Bestimmung selbst.

18 Der Umstand, dass § 63 Abs. 3 in § 63 Abs. 2 nicht genannt wird, ist darauf zurückzuführen, dass die Vorschriften über die sog. Massenverfahren, zu denen auch § 63 Abs. 3 gehört, erst im Laufe des Gesetzgebungsverfahrens eingefügt worden sind. Der Gesetzgeber hat dann davon abgesehen, die nunmehr in § 63 Abs. 3 festgelegte Regelung in einen eigenen Paragrafen innerhalb des Abschnitts 1 des Teiles V aufzunehmen, aber infolge eines Redaktionsversehens § 63 Abs. 2 nicht angepasst.

3. Übrige Gesetzesbestimmungen des VwVfG

19 Zu den übrigen (neben §§ 63 Abs. 3 bis 71) für das förmliche Verwaltungsverfahren geltenden Gesetzesbestimmungen zählen die Vorschriften des Teiles I und des Teiles

11 Vgl. zu den Landesgesetzen für die das förmliche Verwaltungsverfahren bisher angeordnet worden ist: Stelkens/Bonk/Sachs/*Sachs/Kamp*, § 63 Rn. 45.

II (§§ 20 f. ggf. nach Maßgabe des § 71 Abs. 3, vgl. § 71 Rdn. 39 ff.) mit Ausnahme der §§ 10 (vgl. Vorbem. § 63 Rdn. 2), 17 Abs. 2 Satz 2 und Abs. 4 Satz 2 (vgl. Rdn. 20 ff.), 26 Abs. 3 Satz 1 (vgl. § 65 Rdn. 2), 28 (vgl. § 66 Rdn. 3 f.), des Teiles III mit Ausnahme der §§ 37 Abs. 2 und 4 (vgl. § 69 Rdn. 25 ff.), 39 Abs. 1 Satz 1 und Abs. 2 Nr. 2 bis 5 (vgl. § 69 Rdn. 26 f.), 41 (vgl. § 69 Rdn. 32 ff.), des Teiles IV, und des Teiles VI für den Fall einer spezialgesetzlich angeordneten Nichtanwendbarkeit des § 70 und der Erhebung eines Widerspruchs gegen einen nicht von § 70 erfassten verfahrensrechtlichen VA (z.B. gegen die Ladung eines Zeugen, vgl. § 70 Rdn. 8 ff.), sowie des Teiles VII (die §§ 89 bis 93 ggf. nach Maßgabe des § 71, vgl. § 71 Rdn. 5 ff.) mit Ausnahme des § 90 Abs. 1 Satz 2 (vgl. § 71 Rdn. 15), des § 96.

III. Art der Bekanntgabe der Mitteilung nach § 17 Abs. 2 Satz 2 und der Aufforderung nach § 17 Abs. 4 Satz 2 (§ 63 Abs. 3)

20 Abs. 3 befasst sich mit der Bekanntgabe der Mitteilung nach § 17 Abs. 2 Satz 2 und der Aufforderung nach § 17 Abs. 4 Satz 2 im förmlichen Verwaltungsverfahren.

1. Notwendigkeit einer öffentlichen Bekanntmachung (Satz 1)

21 Nach Satz 1 ist in beiden Fällen eine dem § 67 Abs. 1 Satz 4 und dem § 69 Abs. 2 Satz 3 entsprechende öffentliche Bekanntmachung erforderlich. Dagegen sind im nicht-förmlichen Verwaltungsverfahren die Mitteilung nach § 17 Abs. 2 Satz 2 und die Aufforderung nach § 17 Abs. 4 Satz 2 nur »ortsüblich« und nicht »öffentlich« bekannt zu machen (wobei die Aufforderung auch unmittelbar an die einzelnen aufzufordernden Personen gerichtet werden kann).

22 Die öffentliche Bekanntmachung bietet wegen der dabei zu verwendenden Publikationsorgane (vgl. Rdn. 23 ff.) eine größere Sicherheit für die Erfassung des anzusprechenden Personenkreises als die ortsübliche Bekanntmachung.[12] I.Ü. könnte eine Vornahme der Aufforderung im Wege der Einzelaufforderung, wie sie nach § 17 Abs. 4 Satz 2 im nicht-förmlichen Verwaltungsverfahren bei 50 Personen und weniger geboten und bei mehr als 50 Personen immerhin zulässig ist, zu erheblichen Verfahrensverzögerungen führen.

2. Bewirkung der öffentlichen Bekanntmachung (Satz 2)

a) Bekanntmachung im amtlichen Veröffentlichungsblatt

23 Die Mitteilung bzw. die Aufforderung ist zunächst im amtlichen Veröffentlichungsblatt der Behörde bekannt zu machen. Welchem Publikationsorgan ein solcher amtlicher Charakter zukommt, bestimmt sich nach dem für die jeweilige Behörde geltenden Bundes- bzw. Landesrecht.

24 Amtliche Veröffentlichungsblätter sind z.B. der Bundesanzeiger und die Amtsblätter der Bundesminister, der (Bayerische) Staatsanzeiger und die Amtsblätter der Ministerien, Regierungen und Gebietskörperschaften.

12 BT-Drucks. 7/4494, S. 10.

Keine amtlichen Veröffentlichungsblätter von Behörden sind das Bundesgesetzblatt sowie die Gesetzblätter der Länder, die der Publikation von Gesetzen und Verordnungen sowie bestimmter Entscheidungen der Verfassungsgerichte dienen. Sofern eine Behörde über kein amtliches Veröffentlichungsblatt verfügt und auch nicht das Veröffentlichungsblatt einer anderen Behörde mitbenutzt, ist für die Bekanntmachung die Tageszeitung maßgebend, die die Funktion des amtlichen Veröffentlichungsblattes wahrnimmt.[13] 25

b) Zusätzliche Bekanntmachung in örtlichen Tageszeitungen

Außerdem muss grds. die Bekanntmachung in örtlichen Tageszeitungen erfolgen, die in dem Bereich verbreitet sind, in dem sich die Entscheidung voraussichtlich auswirken wird. 26

Den Auswirkungsbereich muss die Behörde feststellen. Das Merkmal der Verbreitung ist erfüllt, wenn eine Zeitung von einem großen Teil der Bevölkerung des betreffenden Bereichs gelesen wird. Örtliche Tageszeitungen sind auch überregionale Zeitungen,[14] wenn sie regelmäßig über Angelegenheiten des betreffenden Bereichs berichten. 27

Gibt es in einem Bereich mehrere Tageszeitungen mit einer angemessenen Auflage, so muss die Bekanntmachung in so vielen dieser Zeitungen vorgenommen werden, dass eine möglichst große Informationswirkung erzielt wird. Die Ansicht, eine Veröffentlichung müsse in allen Tageszeitungen vorgenommen werden,[15] wird insbesondere vom Wortlaut der Vorschrift gestützt, die nur von Veröffentlichungen in Tageszeitung»en«, nicht aber »den« Tageszeitungen spricht. Auch die Gegenansicht, die aus dem vom Gesetzgeber verwendeten Plural folgert, es würde immer die Veröffentlichung in zwei Tageszeitungen genügen,[16] überzeugt schon deswegen nicht, weil der vom Gesetzgeber verwendete Plural zwar zwei aber auch mehr Tageszeitungen meinen kann. Letztlich scheint eine Auslegung am Gesetzeszweck vorzugswürdig, die versucht, den Publikationsaufwand mit einer möglichst breiten Informationswirkung in einen Ausgleich zu bringen. Danach ist die Bekanntmachung immer in so vielen Tageszeitungen zu veröffentlichen, dass eine möglichst breite Publikationswirkung erzielt wird. 28

3. Unanwendbarkeit des Abs. 3 auf die Aufforderung nach § 18 Abs. 1 Satz 1

Angesichts der eindeutigen (auf die Mitteilung nach § 17 Abs. 2 und die Aufforderung nach § 17 Abs. 4 Satz 2 beschränkten) gesetzlichen Regelung ist Abs. 3 auf die Aufforderung zur Bestellung eines gemeinsamen Vertreters für Beteiligte bei gleichem Interesse nach § 18 Abs. 1 Satz 1 unanwendbar. Diese Aufforderung muss stets individuell ergehen und kann nicht durch eine öffentliche Bekanntmachung ersetzt werden.[17] 29

13 BT-Drucks. 7/4494, S. 10, Kopp/Ramsauer, § 63 Rn. 14.
14 A.A. Knack/Henneke/*Dürr*, § 63 Rn. 26.
15 Kopp/Ramsauer, § 63 Rn. 14a; *Meyer/Borgs*, § 63 Rn. 9.
16 Stelkens/Bonk/Sachs/*Sachs/Kamp*, § 63 Rn. 18; Knack/Henneke/*Dürr* § 63 Rn. 26.
17 Stelkens/Bonk/Sachs/*Sachs/Kamp*, § 63 Rn. 50; Knack/Henneke/*Dürr*, § 63 Rn. 23.

C. Verfahrensvorschriften des Sozialrechts sowie Verwaltungsverfahrensrecht der Länder

30 Die Landesverwaltungsverfahrensgesetze enthalten wortgleiche Vorschriften. Lediglich § 4 Abs. 1 VwVfGBln bestimmt über den Wortlaut der Bundesvorschrift hinaus, dass ein förmliches Verwaltungsverfahren auch dann stattzufinden hat, wenn der Senat dies durch eine VO oder sonstige Rechtsvorschrift bestimmt oder aber wenn eine Rechtsvorschrift in einer Angelegenheit eine mündliche Verhandlung vorschreibt.

§ 64 Form des Antrags

Setzt das förmliche Verwaltungsverfahren einen Antrag voraus, so ist er schriftlich oder zur Niederschrift bei der Behörde zu stellen.

Übersicht Rdn.

A. Allgemeines und Grundsätze

1 Die Vorschrift entspricht § 50 EVwVerfG 1963 und wurde unverändert aus dem RegE übernommen.

2 Die Vorschrift bestimmt die Form in der ein notwendiger Antrag auf Eröffnung eines förmlichen Verwaltungsverfahrens nach §§ 63 ff. gestellt werden muss. Sie verdrängt damit den für das nicht-förmliche Verwaltungsverfahren nach § 10 bestehenden Grundsatz, dass verfahrenseinleitende Anträge vorbehaltlich einer entgegenstehenden Rechtsvorschrift auch formlos (mündlich, fernmündlich oder konkludent) gestellt werden können (vgl. § 9).

3 Zweck der Regelung ist es, die Eröffnung des durch eine besondere Tragweite gekennzeichneten (vgl. § 63 Rdn. 3) förmlichen Verwaltungsverfahrens an einen eindeutigen Nachweis zu binden. Die Einhaltung der vorgeschriebenen Form der Antragstellung

ist auch einem mit den Modalitäten des Verfahrens nicht vertrauten Antragsteller zuzumuten, zumal der Gesetzgeber darauf verzichtet hat, eine nähere Bezeichnung des Antragsgegenstandes und eine hinreichende Begründung des Anliegens zu verlangen.[1]

B. Die Vorschrift im Einzelnen

I. Begriff des förmlichen Verwaltungsverfahrens

Der Begriff des förmlichen Verwaltungsverfahrens ist in § 63 Abs. 1 (vgl. § 63 Rdn. 5 f.) definiert. 4

II. Voraussetzung eines Antrags

Ein förmliches Verwaltungsverfahren setzt einen Antrag voraus, wenn es ohne einen solchen nicht eröffnet werden kann (vgl. § 22). Infolgedessen bezieht sich § 64 nur auf Anträge, die das Verfahren eröffnen. Die im Rahmen eines bereits eröffneten Verfahrens zu stellenden Anträge werden von ihm nicht erfasst.[2] 5

Ist ein das Verfahren eröffnender Antrag der Formvorschrift des § 64 unterworfen, so gilt das – dem Gesetzeszweck entsprechend (vgl. Rdn. 3) – gleichermaßen für die Rücknahme eines solchen Antrags.[3] 6

III. Stellung des Antrags schriftlich oder zur Niederschrift bei der Behörde

Der zur Eröffnung eines förmlichen Verwaltungsverfahrens notwendige Antrag ist entweder schriftlich oder aber zur Niederschrift bei der Behörde zu stellen. 7

1. Begriff des Antrags

Antrag (i.S.d. § 64) ist eine nicht-behördliche, öffentlich-rechtliche Willenserklärung (vgl. § 9), die auf die Vornahme einer in einem förmlichen Verwaltungsverfahren zu treffenden Sachentscheidung gerichtet ist (vgl. Rdn. 34 f.). Sie muss vom Antragsteller abgegeben werden und der zuständigen Behörde zugehen. 8

2. Form des Antrags

a) Schriftliche Antragstellung

Schriftlichkeit liegt vor, wenn der Antrag schriftlich abgefasst ist und den Antragsteller eindeutig erkennen lässt. 9

1 Begründung, S. 84.
2 Knack/Henneke/*Dürr*, § 64 Rn. 4.; Stelkens/Bonk/Sachs/*Sachs/Kamp*, § 64 Rn. 5; Kopp/Ramsauer, § 64 Rn. 3.
3 AllgM. z.B. Kopp/Ramsauer, § 64 Rn. 3.

aa) Schriftliche Abfassung

10 Schriftliche Abfassung setzt in Anlehnung an § 126 BGB voraus, dass der Antrag in einer Schrift, d.h. mit Schriftzeichen – nicht zwingend Handschriftzeichen – dargestellt wird. Es sind verschiedene Arten einer schriftlichen Abfassung denkbar.

11 Regelmäßig ist ein Antrag hand- oder maschinenschriftlich abgefasst. Diese Art der Antragstellung ist auch gegeben, wenn ein (Antrags-) Formblatt hand- oder maschinenschriftlich ausgefüllt ist.

12 Einer hand- oder maschinenschriftlichen Abfassung steht die mechanische Vervielfältigung einer solchen gleich,[4] falls der Antragsteller die Urschrift bei sich behält und die Zuordnung der Vervielfältigung durch weitere Beweisanzeichen (z.B. handschriftliche Absenderangabe auf dem Briefumschlag) eindeutig ist.

13 Zur Verwendung eines bestimmten Formblatts und zu dessen Beschaffung kann ein Antragsteller nur durch Rechtsvorschrift (nicht aber auch durch eine Verwaltungsvorschrift) verpflichtet werden.[5]

14 Dem Schriftformerfordernis genügt weiter die Antragstellung durch Telefax[6], Funkfax[7] oder Computerfax (mit eingescannter Unterschrift).[8]

16 Darüber hinaus gilt seit dem 3. VwVfÄndG für die elektronische Übermittlung § 3a Abs. 2. Die Vorschrift knüpft die Einhaltung der Schriftform durch elektronische Übermittlung an die Verwendung einer qualifizierten elektronischen Signatur. Hier ist nach neuerer obergerichtlicher Rechtsprechung zu unterscheiden zwischen dem Weg auf dem die Erklärung zu der Behörde gelangt und der Erklärung selbst. Bedeutsam ist dies bei der Versendung von pdf-Dokumenten per E-Mail. Hier soll es für die Wahrung der Schriftform ausreichen, dass die übersandte pdf-Datei qualifiziert elektronisch signiert ist. Die E-Mail muss dies nicht sein.[9]

17 Die Übermittlung einer normalen E-Mail (gegebenenfalls zusammen mit einem angehängten pdf-Dokument, das den eigentlichen Antragstext enthält) genügt danach für die Einhaltung des Schriftformerfordernisses auch dann nicht, wenn die Behörde über (dienstliche) E-Mail-Adressen verfügt und diese im Dienstbetrieb auch verwendet. Das folgt aus § 3a Abs. 2, der diesen Kommunikationsweg den dargestellten (Rdn. 16) besonderen Regelungen unterwirft. Mit Eingang der E-Mail auf dem E-Mail-Server der Behörde ist mithin kein wirksamer verfahrenseinleitender Antrag gestellt.

18 Anders zu betrachten kann der Fall sein, wenn die Behörde die E-Mail oder das der E-Mail angehängte pdf-Dokument ausdruckt. In diesem Fall entspricht das Ergebnis demjenigen beim Eingang eines Telefaxes. Ein Grund ab dem Moment des Ausdrucks

---

4 Vgl. BVerwGE 36, 296 ff.; BVerwG DÖV 74, 319.
5 Knack/Henneke/*Dürr*, § 64 Rn. 7; BVerwG NJW 77, 772.
6 BVerwG DVBl 1987, 634; BGH NJW 66, 1077; Kopp/Ramsauer, § 64 Rn. 10.
7 BVerwG NJW 2006, 1989.
8 BSG, Beschl. v. 15.10.1996 – 14 BEg 9/96, EWiR § 151 1/97, 235.
9 BVerwG, Urt. v. 07.12.2016 – 6 C 14/15, juris Rn. 22.

der E-Mail nicht von einem wirksamen schriftlichen Antrag auszugehen ist danach nicht mehr ersichtlich.[10]

Ob aus § 25 Abs. 1 VwVfG eine Verpflichtung der Behörde folgen kann, in derartigen Fällen das pdf-Dokument unverzüglich auszudrucken, ist bisher ungeklärt. 19

Unzulässig bleibt danach zurzeit lediglich die fernmündliche Antragstellung.[11] Auch hier kann man sich fragen, ob es sinnvoll ist, zwar die elektronische Übermittlung von Texten, die zuvor lediglich auf einem Computer des Absenders erstellt wurden, zuzulassen, das gesprochene Wort, welches durch dieselbe Leitung transportiert wird und welches statt durch einen Drucker durch einen Beamten zur Niederschrift aufgenommen werden könnte aber nicht. 20

Ein Antrag zur Niederschrift bei der Behörde muss daher zukünftig auch dadurch möglich sein, dass der Anrufer den Antrag fernmündlich einem Behördenbediensteten zu Protokoll gibt, der dann von diesem wörtlich niedergeschrieben und vorgelesen und das Vorgelesene vom Anrufer genehmigt wird. Auch unter dem Gesichtspunkt des allgemeinen Gleichheitssatzes macht es keinen Sinn an den überkommenen Einschränkungen bei der Niederschrift eines Antrags bei der Behörde festzuhalten,[12] bei dem Merkmal der Schriftlichkeit aber immer weitere Erleichterungen zuzulassen. 21

bb) Eindeutiges Erkennenlassen des Antragstellers

Ein Antrag muss den Antragsteller eindeutig erkennen lassen, sodass jeder Zweifel darüber ausgeschlossen ist, welche für die Antragstellung kompetente Person den Antrag gestellt hat. Dies wird durch eine eigenhändige Unterschrift sichergestellt. Allein sie bietet in aller Regel eine Garantie dafür, dass tatsächlich ein Antrag und nicht nur ein Antragsentwurf vorliegt.[13] 22

Die eigenhändige Unterschrift muss von einem nach § 12 Handlungsfähigen oder dessen Bevollmächtigten stammen, wenn der Antragsteller eine natürliche Person ist. Beim Antrag einer juristischen Person bedarf es der eigenhändigen Unterschrift der vertretungsberechtigten natürlichen Person.[14] 23

Die Unterschrift muss zwar nicht lesbar sein, aber doch charakteristische Merkmale enthalten, die auf die Person des Unterzeichners hindeuten.[15] Ist die Unterschrift nicht lesbar, so muss sich der Name des Unterzeichners aus anderen Umständen (etwa aus dem Briefkopf oder einer maschinenschriftlich unter die Unterschrift gesetzten Namensbezeichnung) ergeben. 24

---

10 OVG Münster, Beschl. V. 30.03.2015 – 14 A 2435/14, NVwZ-RR 2015, 923 Rn. 9 ff.
11 Kopp/Ramsauer, § 64 Rn. 12; a.A. OLG Düsseldorf NJW 1969, 1361 f.
12 A.A. Kopp/Ramsauer, § 64 Rn. 12; Stelkens/Bonk/Sachs/*Sachs/Kamp*, § 64 Rn. 12.
13 Kopp/Ramsauer, § 64 Rn. 6; vgl. BVerwGE 36, 288 f.; 13, 141 ff.; BFH NJW 70, 2232.
14 BVerwGE 3, 58; BGH NJW 1966, 1077.
15 Kopp/Ramsauer, § 64 Rn. 6; vgl. BGH NJW 1966, 1077; BVerwGE 43, 113 (114).

25 Der eigenhändigen Unterschrift stehen notariell beglaubigte Handzeichen (in entsprechender Anwendung des § 126 Abs. 1 BGB) gleich sowie mechanisch vervielfältigte Unterschriften, falls sie auf der Urschrift eigenhändig geleistet worden sind.[16]

26 Keine Unterschriften sind nicht notariell beglaubigte Handzeichen (Paraphen),[17] maschinengeschriebene Unterschriften[18] und Faksimile-Unterschriften, sofern sie nicht mit einem auf den Namen des Antragstellers verweisenden[19] amtlichen Beglaubigungsvermerk (vgl. § 34 Rdn. 4 ff.) versehen sind.[20]

27 Trotz fehlender eigenhändiger Unterschrift ist der Schriftform genügt, wenn sich aus dem Antrag allein oder aus ihm i.V.m. beigefügten Anlagen hinreichend sicher ergibt, dass der Antrag von einem bestimmten Antragsteller herrührt und mit dessen Willen der Behörde zugegangen ist.[21] Das trifft z.B. zu, wenn der nicht unterzeichneten Urschrift des Antrags eine eigenhändig bestätigte Abschrift oder ein eigenhändig unterzeichnetes Begleitschreiben beigefügt ist,[22] der in Maschinenschrift gesetzte Name des Antragstellers amtlich beglaubigt ist[23] oder die Art der Abfassung bzw. der Versendung des Antrags den sicheren Schluss zulässt, dass es sich nicht um den Entwurf eines Antrags handelt.[24]

28 Bei fernschriftlicher und telegrafischer Antragstellung oder bei Antragstellung mittels Computerfax bedarf es daher anstelle der eigenhändigen Unterschrift des mittelegrafierten bzw. ferngeschriebenen Namens der natürlichen Person, die Antragsteller ist oder eine antragstellende juristische Person vertritt.[25]

b) Antragstellung zur Niederschrift der Behörde

29 Die Stellung eines Antrags zur Niederschrift bei der Behörde tritt alternativ neben die schriftliche Antragstellung.

30 Sie wird dadurch bewirkt, dass der Antragsteller oder dessen Vertreter bei persönlicher Anwesenheit[26] oder telefonisch[27] (vgl. Rdn. 21) sein Begehren einem für dessen

16 Vgl. BVerwGE 36, 299 f.; BVerwG DöV 74, 319.
17 Kopp/Ramsauer, § 64 Rn. 6; vgl. BGH MDR 67, 906 f.
18 BVerwG, Urt. v. 26.08.1983 – 8 C 28/83, BayVBl. 1984, 251.
19 BVerwGE 36, 299 f.; (vorbehaltlos nur im Hinblick auf Behördenunterschriften).
20 Kopp/Ramsauer, § 64 Rn. 8.
21 Knack/Henneke/*Dürr*, § 64 Rn. 6; Kopp/Ramsauer, § 64 Rn. 8; vgl. BVerwGE 81, 32 (36).
22 BVerwG NJW 1966, 1043 (1044).
23 BVerwGE 10, 2 (beschränkt auf Anträge, die von Behörden – für einen Hoheitsträger – gestellt werden).
24 BGH, Urt. v. 09.12.1974 – III ZR 145/72, DVBl 1976, 497 f.; BSG, Beschl. v. 15.10.1996 – 14 BEg 9/96, EWiR § 151 1/97, 235 (Computerfax).
25 BVerwGE 3, 58; BGH NJW 1966, 1077; BSG, 28.10.1965, EWiR § 151 SGG 1/97, 235.
26 BVerwGE 17, 168 f.; VGH Bayern BayVBl. 71, 238; Stelkens/Bonk/Sachs/*Sachs*, § 64 Rn. 12 f.; Kopp/Ramsauer, § 64 Rn. 13; a.A. OLG Düsseldorf NJW 1969, 1361 f.; OLG Schleswig, MDR 1963, 1029 f.
27 A.A. vgl. Fn. 10; dafür *Meyer/Borgs*, § 64 Rn. 2.

Entgegennahme zuständigen Behördenbediensteten zur Niederschrift mitteilt und der Behördenbedienstete eine inhaltsgetreue – nicht notwendig wortgenaue – Niederschrift aufnimmt.

Kein zwingender Bestandteil der Antragstellung zur Niederschrift bei der Behörde ist es, dass die aufgenommene Niederschrift vom Protokollanten verlesen, der verlesene Text dann vom Antragsteller (bzw. dessen Vertreter) genehmigt und anschließend gemeinsam vom Protokollanten und vom Antragsteller (bzw. dessen Vertreter) unter Verwendung einer entsprechenden Formel (»vorgelesen und genehmigt«) unterzeichnet wird. Doch sollte ein solches Verfahren im Interesse der Rechtsklarheit stets Beachtung finden. 31

Eine Hilfe des protokollierenden Bediensteten bei der Stellung des Antrags – insb. hinsichtlich seiner Beschränkung auf das Wesentliche – ist zulässig, sofern der Antragsteller oder sein Vertreter die vorgeschlagene Formulierung in seinen Willen aufnimmt. 32

Für die Richtigkeit der Niederschrift als eine öffentlich-rechtliche Urkunde nach § 415 ZPO spricht eine widerlegliche Vermutung.[28] 33

3. Inhalt des Antrags

Aus dem Inhalt des Antrags muss hervorgehen, welche in einem förmlichen Verwaltungsverfahren als VA zu erlassende Sachentscheidung der Antragsteller begehrt. Weitere Angaben sind – vorbehaltlich ihrer Anordnung durch eine besondere Rechtsvorschrift – nicht erforderlich,[29] aber im Interesse einer zügigen Sachbehandlung zweckmäßig. 34

4. Beifügung von Anlagen

Anlagen sind beizufügen, wenn sie spezialgesetzlich (etwa entsprechend § 10 Abs. 1 Satz 2 BImSchG) verlangt sind. 35

5. Entgegennahmepflicht der Behörde

Die Behörde ist zur Entgegennahme aller Anträge verpflichtet, sofern diese nicht rechtsmissbräuchlich gestellt werden[30] (etwa in beleidigender Absicht oder querulatorisch). Darüber hinaus kann ein um eine Niederschrift nachsuchender Antragsteller bei außergewöhnlicher Belastung der Behörde auf die Möglichkeit einer schriftlichen Antragstellung verwiesen werden, wenn ihm dadurch kein Nachteil (z.B. durch Fristversäumung) entsteht. Während eine Antragstellung zur Niederschrift an die allgemeinen (durch Anschlag bekannt zu machenden) Dienststunden gebunden ist,[31] muss 36

28 *Wolff/Bachof* III, § 156 Rn. 57.
29 Kopp/Ramsauer, § 64 Rn. 17.
30 Kopp/Ramsauer, § 64 Rn. 15.
31 Kopp/Ramsauer, § 64 Rn. 15.

der fristgerechte Zugang schriftlicher Anträge jederzeit – ggf. durch die Bereithaltung eines Hausbriefkastens – gewährleistet sein.

IV. Ordnungsgemäße Antragstellung

37 Ein Antrag ist ordnungsgemäß gestellt, wenn er der der Formvorschrift des § 64 entspricht und der Behörde zugegangen ist. Schriftliche Anträge müssen dergestalt in den Machtbereich der Behörde gelangen, dass Kenntnisnahme möglich und zumutbar ist. Anträge zur Niederschrift müssen von einem zuständigen Behördenbediensteten aufgenommen worden sein.

38 Sind zusätzlich alle Verfahrensvoraussetzungen (z.B. Verfahrensfähigkeit, Bestimmtheit) erfüllt und die Antragsfrist eingehalten, ist der Antrag ordnungsgemäß (i. e. zulässig) gestellt und hat die Behörde das Verfahren durchzuführen und die erforderlichen Maßnahmen für eine Entscheidung über das Antragsbegehren zu treffen.

C. Verfahrensvorschriften des Sozialrechts sowie Verwaltungsverfahrensrecht der Länder

39 Die Landesverwaltungsverfahrensgesetze der Länder enthalten wortgleiche Vorschriften.

§ 65 Mitwirkung von Zeugen und Sachverständigen

(1) [1]Im förmlichen Verwaltungsverfahren sind Zeugen zur Aussage und Sachverständige zur Erstattung von Gutachten verpflichtet. [2]Die Vorschriften der Zivilprozessordnung über die Pflicht, als Zeuge auszusagen oder als Sachverständiger ein Gutachten zu erstatten, über die Ablehnung von Sachverständigen sowie über die Vernehmung von Angehörigen des öffentlichen Dienstes als Zeugen oder Sachverständige gelten entsprechend.

(2) [1]Verweigern Zeugen oder Sachverständige ohne Vorliegen eines der in den §§ 376, 383 bis 385 und 408 der Zivilprozessordnung bezeichneten Gründe die Aussage oder die Erstattung des Gutachtens, so kann die Behörde das für den Wohnsitz oder den Aufenthaltsort des Zeugen oder des Sachverständigen zuständige Verwaltungsgericht um die Vernehmung ersuchen. [2]Befindet sich der Wohnsitz oder der Aufenthaltsort des Zeugen oder des Sachverständigen nicht am Sitz eines Verwaltungsgerichts oder einer besonders errichteten Kammer, so kann auch das zuständige Amtsgericht um die Vernehmung ersucht werden. [3]In dem Ersuchen hat die Behörde den Gegenstand der Vernehmung darzulegen sowie die Namen und Anschriften der Beteiligten anzugeben. [4]Das Gericht hat die Beteiligten von den Beweisterminen zu benachrichtigen.

(3) Hält die Behörde mit Rücksicht auf die Bedeutung der Aussage eines Zeugen oder des Gutachtens eines Sachverständigen oder zur Herbeiführung einer wahrheitsgemäßen Aussage die Beeidigung für geboten, so kann sie das nach Absatz 2 zuständige Gericht um die eidliche Vernehmung ersuchen.

(4) Das Gericht entscheidet über die Rechtmäßigkeit einer Verweigerung des Zeugnisses, des Gutachtens oder der Eidesleistung.

(5) Ein Ersuchen nach Absatz 2 oder 3 an das Gericht darf nur von dem Behördenleiter, seinem allgemeinen Vertreter oder einem Angehörigen des öffentlichen Dienstes gestellt werden, der die Befähigung zum Richteramt hat oder die Voraussetzungen des § 110 Satz 1 des Deutschen Richtergesetzes erfüllt.

Übersicht Rdn.

A. Allgemeines und Grundsätze

Die Vorschrift gleicht § 51 EVwVerfG 1963 und dem RegE bis auf geringfügige sprachliche und inhaltliche Abweichungen. 1

§ 65 legt eine Pflicht der Zeugen zur Aussage sowie der Sachverständigen zur Erstattung von Gutachten fest und regelt die Durchsetzung dieser Pflicht. Die Vorschrift regelt eine Ausnahme von dem in § 26 Abs. 3 für das nicht-förmliche Verwaltungsverfahren angeordneten Grundsatz, wonach Zeugnis- und Sachverständigenpflichten nur bestehen, wenn sie ausnahmsweise ausdrücklich durch Rechtsvorschrift angeordnet 2 werden. Außerdem ermöglicht sie die Beeidigung von Aussagen oder Gutachten vor Gericht.

3 Im Hinblick auf die besondere Bedeutung der im förmlichen Verwaltungsverfahren zu treffenden Entscheidungen (vgl. § 63 Rdn. 3) und im Interesse einer vollständigen Sachaufklärung soll die Behörde anders als im nicht-förmlichen Verwaltungsverfahren die Möglichkeit erhalten, die Mitwirkung von Zeugen und Sachverständigen – ggf. auch gegen deren Willen – zu erzwingen.

B. Die Vorschrift im Einzelnen

I. Regelung der Zeugnis- und Gutachtenerstattungspflicht (§ 65 Abs. 1)

4 Abs. 1 normiert die Zeugnis- und Gutachtenerstattungspflicht. Sie baut auf den allgemeinen Regelungen zur Sachverhaltsermittlung der §§ 24 ff. auf und ergänzt diese Vorschriften.

1. Verpflichtung der Zeugen zur Aussage und der Sachverständigen zur Erstattung von Gutachten (Abs. 1 Satz 1)

5 Nach Satz 1 sind im förmlichen Verwaltungsverfahren (vgl. § 63 Rdn. 5 f.) Zeugen zur Aussage und Sachverständige zur Erstattung von Gutachten verpflichtet.

6 Die Behörde hat auf der Grundlage des in § 24 verankerten Untersuchungsgrundsatzes die Auswahl der Zeugen und Sachverständigen nach pflichtgemäßem Ermessen vorzunehmen.[1]

7 Die Heranziehung als Zeuge oder Sachverständiger ist ggü. dem Betreffenden ein (i.S.d. § 44a VwGO vollstreckbarer) VA, der als solcher einer Nachprüfung unterliegt (Zeugnispflicht bzw. Gutachtenerstattungspflicht). Für den Beteiligten hat sie den Charakter einer behördlichen Verfahrenshandlung, gegen die nach § 44a Satz 1 VwGO Rechtsbehelfe nur gleichzeitig mit den gegen die Sachentscheidung zulässigen Rechtsbehelfen geltend gemacht werden können.[2]

8 Die Zeugnispflicht ist die vorbehaltlich eines Zeugnisverweigerungsrechts gem. § 65 Abs. 1 Satz 2 i.V.m. §§ 383 ff. ZPO ggü. der Behörde bestehende öffentlich-rechtliche Pflicht einer jeden der deutschen Gerichtsgewalt unterworfenen und als Zeuge ordnungsgemäß geladenen Person vor der Behörde zu erscheinen, zur Person und zu den von der Behörde bezeichneten Tatsachen umfassend und wahrheitsgemäß auszusagen sowie die Aussage ggf. nach Abs. 3 zu beeiden.

9 Die Gutachtenerstattungspflicht ist die vorbehaltlich eines Gutachtenverweigerungsrechts gem. § 65 Abs. 1 Satz 2 i.V.m. § 408 ZPO ggü. der Behörde bestehende öffentlich-rechtliche Pflicht einer jeden zulässigerweise als Sachverständiger

1 Vgl. BVerwG NVwZ-RR 1992, 311 zum gerichtlichen Auswahlermessen.
2 So auch Kopp/Ramsauer, § 65 Rn. 4.

herangezogenen Person zur Vorbereitung und Erstattung eines mündlichen oder schriftlichen Gutachtens.

Die Pflicht zur Erstattung eines mündlichen Gutachtens umfasst auch die Pflicht, vor der Behörde bzw. vor dem nach Abs. 2 um die Vernehmung ersuchten Gericht zu erscheinen. 10

2. Die für die Mitwirkung von Zeugen und Sachverständigen entsprechend geltenden Vorschriften der ZPO (Satz 2)

Nach Satz 2 bestimmen sich Umfang und Grenzen der Mitwirkung von Zeugen und Sachverständigen nach den entsprechend geltenden Vorschriften der ZPO. Diese Bestimmungen der ZPO sind jedoch nur dann anwendbar, wenn sie sich nicht ausschließlich auf das gerichtliche Verfahren (wie z.B. § 375 ZPO) oder auf die einem Gericht zustehenden Befugnisse (wie z.B. die §§ 379 bis 381, 409 ZPO) beziehen und der betreffende Sachverhalt nicht im VwVfG (z.B. in § 65 Abs. 1 und 3 oder in § 66 Abs. 2) gesondert geregelt ist.[3] 11

Hinsichtlich der Pflicht als Zeuge auszusagen, sind § 376 ZPO über die Vernehmung von Richtern, Beamten, anderen Personen des öffentlichen Dienstes, Mitgliedern der Bundes- oder einer Landesregierung sowie des Bundespräsidenten, § 377 ZPO ohne Abs. 1 Satz 1 und Abs. 2 Nr. 3 über die Ladung der Zeugen, § 382 ZPO über den Ort der Vernehmung von Ministern und Abgeordneten sowie die §§ 383 bis 386 ZPO über das Recht der Zeugnisverweigerung entsprechend anwendbar. 12

Hinsichtlich der Pflicht, als Sachverständiger ein Gutachten zu erstatten, sind § 407 ZPO über die Pflicht zur Erstattung eines Gutachtens, § 408 Abs. 1 ZPO über das Gutachtenverweigerungsrecht, § 408 Abs. 2 ZPO über Mitglieder des öffentlichen Dienstes der Bundes- oder Landesregierungen sowie des Bundespräsidenten, § 411 Abs. 3 ZPO über das Erscheinen des Sachverständigen zur Erläuterung des schriftlichen Gutachtens sowie § 414 ZPO über den sachverständigen Zeugen entsprechend anwendbar. 13

Die Ablehnung von Sachverständigen (durch die Beteiligten) richtet sich nach § 406 ZPO.[4] 14

Nach § 406 Abs. 2 Satz 1 ZPO ist das Gesuch um Ablehnung des Sachverständigen bei dem Gericht oder Richter vor dem der Sachverständige ernannt ist, vor seiner Vernehmung, bei schriftlicher Vernehmung vor Einreichung des Gutachtens anzubringen. Nach diesem Zeitpunkt ist die Ablehnung gem. § 406 Abs. 2 Satz 2 ZPO nur zulässig, wenn glaubhaft gemacht wird, dass der Ablehnungsgrund vorher nicht geltend gemacht werden konnte. 15

Wird dieser Zeitpunkt versäumt, ist im förmlichen Verwaltungsverfahren die Anbringung eines Ablehnungsgesuchs nicht mehr zulässig. Die Prozessbeteiligten können in 16

3 Stelkens/Bonk/Sachs/*Sachs/Kamp*, § 65 Rn. 8 ff.
4 Vgl. dazu OVG Nordrhein-Westfalen NWVBl. 1992, 29.

diesen Fall vielmehr dem Einwand, ein im behördlichen Verfahren tätig gewesener Sachverständiger sei ausgeschlossen oder befangen gewesen, nur in der Weise zum Erfolg verhelfen, dass sie unter Hinweis auf die Mitwirkung dieses Sachverständigen die materielle Rechtswidrigkeit der behördlichen Entscheidung dartun.[5]

II. Verfahren zur Durchsetzung der Zeugnis- und Gutachtenerstattungspflicht (§ 65 Abs. 2)

17 Abs. 2 befasst sich mit dem Verfahren zur Durchsetzung der Zeugnis- und Gutachtenerstattungspflicht. Die Behörde bedient sich dabei – gleichsam in der Form der Organleihe – des Spruchkörpers eines Gerichts, um die gewünschte Aussage zu erhalten. Die Gerichte werden daher insoweit nicht als Rechtsprechungsorgane, sondern im Wege der – gesetzlich geregelten Amtshilfe tätig.[6]

1. Vernehmungsersuchen an das zuständige VG (Abs. 2 Satz 1)

18 Nach Satz 1 kann die Behörde das für den Wohnsitz oder den Aufenthaltsort des Zeugen oder des Sachverständigen zuständige Verwaltungsgericht um die Vernehmung ersuchen, wenn Zeugen oder Sachverständige unberechtigt die Aussage oder die Erstattung eines Gutachtens verweigern.

19 Der Begriff der Verweigerung ist weit. Jede Verletzung der Zeugnis- oder Begutachtungspflicht – sei sie auch geringfügig – zieht angesichts der fehlenden anderen Mittel der Behörde zur Aussageerzwingung die Annahme eine Aussageverweigerung nach sich.[7]

20 Nach § 376 Abs. 1 und 5 ZPO i.V.m. § 61 Abs. 1 und 2 sowie § 62 BBG (bzw. den entsprechenden beamtenrechtlichen Vorschriften des Landesrechts) dürfen Beamte und ehemalige Beamte nicht als Zeugen aussagen, wenn Gegenstand der Aussage eine Angelegenheit ist, die ihnen bei ihrer amtlichen Tätigkeit bekannt geworden ist, und für die Aussage nicht die Genehmigung des Dienstvorgesetzten vorliegt.

21 Richter und ehemalige Richter haben nach § 376 Abs. 1 und 5 ZPO i.V.m. § 46 DRiG, §§ 67 f. BBG (bzw. den entsprechenden die Rechtsstellung eines Richters bzw. eines Beamten regelnden Vorschriften des Landesrechts) ein Zeugnisverweigerungsrecht unter den gleichen Voraussetzungen wie ein Beamter.

22 Andere Personen des öffentlichen Dienstes haben nach den für sie geltenden Spezialregelungen grds. ein entsprechendes Zeugnisverweigerungsrecht (so die Angestellten und Arbeiter nach dem für sie geltenden Tarifvertrag).

23 Für gegenwärtige oder ehemalige Mitglieder der Bundes- oder einer Landesregierung besteht nach § 376 Abs. 2 und 5 ZPO i.V.m. §§ 6 f. Bundesministergesetz bzw. den

---

5 BVerwG NVwZ 1991, 1187; vgl. dazu Stelkens/Bonk Sachs/*Sachs/Kamp*, § 65 Rn. 19.

6 VG Magdeburg, Beschl. v. 14.02.2019 – 15 E 1.19, juris, Rn. 4; VG Lüneburg, Beschl. v. 04.01.2007 – 10 E 1.06, juris, Rn. 5.

7 Stelkens/Bonk/Sachs/*Sachs/Kamp*, § 65 Rn. 23; Knack/Henneke/*Dürr*, § 65 Rn. 4 f.

einschlägigen Vorschriften der Landesministergesetze (z.B. Art. 5 f. des bayerischen Gesetzes über die Rechtsverhältnisse der Mitglieder der Staatsregierung) die Pflicht zur Verweigerung des Zeugnisses unter gleichen Voraussetzungen wie für einen Beamten mit der Maßgabe, dass die Genehmigung von der Bundes- bzw. Landesregierung zu erteilen ist.

Der Bundespräsident oder ein Amtsvorgänger kann nach § 376 Abs. 4 und 5 ZPO das Zeugnis verweigern, wenn die Ablegung des Zeugnisses dem Wohl des Bundes oder eines deutschen Landes Nachteile bereiten würde. 24

§ 383 ZPO gewährt – unter Vorbehalt des § 385 ZPO – ein umfassendes Zeugnisverweigerungsrecht aus persönlichen Gründen für Verlobte, gegenwärtigen und ehemalige Ehegatten, bestimmte gegenwärtige und ehemalige Verwandte sowie Verschwägerte eines Beteiligten (Nr. 1 bis 3). Des Weiteren steht nach Nr. 4 Geistlichen in Ansehung des ihnen bei Ausübung der Seelsorge Anvertrauten, nach Nr. 5 den in den Massenmedien tätigen Personen hinsichtlich bestimmter ihnen beruflich bekannt gewordenen Tatsachen und nach Nr. 6 Geheimnisträgern kraft Amtes, Standes oder Gewerbes hinsichtlich der der Geheimhaltung unterliegenden Tatsachen ebenfalls ein Zeugnisverweigerungsrecht zu. 25

§ 384 ZPO verankert – gleichfalls unter dem Vorbehalt des § 385 ZPO – ein Auskunftsverweigerungsrecht aus sachlichen Gründen über Fragen, deren Beantwortung dem Zeugen oder einer ihm nahestehenden Person einen unmittelbaren vermögensrechtlichen Schaden verursachen, zur Unehre gereichen oder die Gefahr einer Verfolgung wegen einer Straftat oder einer Ordnungswidrigkeit zuziehen würde oder die ein Kunst- oder Gewerbegeheimnis berühren. 26

Nach § 408 Abs. 1 Satz 1 ZPO berechtigen dieselben Gründe, die einen Zeugen zur Zeugnisverweigerung berechtigen, auch einen Sachverständigen zur Verweigerung des Gutachtens. Damit ist – jeweils unter dem Vorbehalt des § 385 ZPO – ein Gutachtenverweigerungsrecht gegeben, wenn persönliche Gründe nach § 383 ZPO oder sachliche Gründe nach § 384 ZPO vorliegen. 27

§ 408 Abs. 2 Satz 1 ZPO regelt die Gutachtenverweigerungspflicht von Richtern, Beamten und anderen Personen des öffentlichen Dienstes durch Verweisung auf die beamtenrechtlichen Vorschriften. Nach diesen (auch für die Zeugenvernehmung) geltenden Vorschriften dürfen die genannten Personen ein Gutachten unter den gleichen Voraussetzungen nicht erstatten, unter denen es ihnen verwehrt ist, als Zeugen auszusagen (vgl. Rdn. 21 f.). 28

Nach § 408 Abs. 2 Satz 2 i.V.m. den für die Mitglieder des Bundes- oder einer Landesregierung geltenden Vorschriften (vgl. Rdn. 23), haben diese Personen eine Gutachtenverweigerungspflicht unter den gleichen Voraussetzungen wie ein Beamter. 29

Will die Behörde die für Personen des öffentlichen Dienstes und für Mitglieder der Bundes- oder einer Landesregierung bestehende Pflicht zur Verweigerung des Zeugnisses (vgl. Rdn. 20, 23) oder des Gutachtens (vgl. Rdn. 28, 29) beseitigen, so hat sie beim Dienstvorgesetzten bzw. bei der Bundes- oder Landesregierung eine Genehmigung zur 30

Aussage bzw. zur Erstattung des Gutachtens zu beantragen. Wird diese erteilt, so ist eine Verweigerung des Zeugnisses bzw. Gutachtens nicht mehr berechtigt.

31 Der Bundespräsident entscheidet selbst die Frage, ob er durch die Ablegung des Zeugnisses dem Wohl des Bundes oder eine deutschen Landes Nachteile bereiten würde (vgl. auch Rdn. 24).

32 Über die Frage, ob die Zeugnis bzw. Gutachtenverweigerung berechtigt ist, entscheidet das vernehmende Gericht (vgl. § 65 Abs. 4, Rdn. 63 ff.).

33 Adressat des Ersuchens ist (sofern dieses nicht nach Satz 2 an das AG gerichtet wird) das für den Wohnsitz oder den Aufenthaltsort des Zeugen oder des Sachverständigen zuständige Verwaltungsgericht. Der Wohnsitz bestimmt sich dabei nach § 7 BGB. Aufenthaltsort ist jener Ort, an dem sich jemand unter solchen Umständen aufhält, die seinen Aufenthalt als einen nicht nur vorübergehenden erscheinen lassen (vgl. § 3).

34 Für die Zuständigkeit des VG (bzw. – wie sich aus Satz 2 ergibt – einer am Ort errichteten Kammer) ist maßgebend der Wohnsitz bzw. Aufenthaltsort zum Zeitpunkt der Vernehmung maßgebend.

2. Vernehmungsersuchen an das zuständige AG (Abs. 2 Satz 2)

35 Nach Satz 2 kann auch das zuständige AG um die Vernehmung ersucht werden, wenn sich der Wohnsitz oder Aufenthaltsort des Zeugen oder des Sachverständigen nicht am Sitz des Verwaltungsgerichts oder einer besonders errichteten Kammer befindet.

36 Ist diese Voraussetzung erfüllt, so liegt es im Ermessen der Behörde, ob sie das nach Satz 1 zuständige Verwaltungsgericht oder das zuständige AG um die Vernehmung ersucht. Für eine Inanspruchnahme des AG kann dessen größere räumliche Nähe, für eine Inanspruchnahme des Verwaltungsgerichts dessen größere Sachkunde sprechen.

37 Gleiches gilt auch für die Frage, ob die Behörde überhaupt den Weg der Erzwingung der Aussage nach § 65 Abs. 2 bis 5 beschreitet.

3. Angabe des Gegenstandes der Vernehmung sowie der Namen und Anschriften der Beteiligten im Ersuchen (Abs. 2 Satz 3)

38 Nach Satz 3 hat die Behörde im Ersuchen (das nur von einem Amtsträger i.S.d. Abs. 5 gestellt werden darf) den Gegenstand der Vernehmung darzulegen sowie die Namen und Anschriften der Beteiligten anzugeben.

39 Die Bestimmung führt nur einen Teil des notwendigen Inhalts des Ersuchens an. Das Ersuchen muss darüber hinaus auch Namen und Anschrift der zu vernehmenden Zeugen oder Sachverständigen enthalten und die ersuchende Behörde erkennen lassen.

40 Die Angabe der Beteiligten ist erforderlich, weil sie zur Wahrung ihres in § 66 Abs. 2 verankerten Anwesenheits- und Fragerechts (vgl. § 66 Rdn. 16 ff.) nach Satz 4 zu benachrichtigen sind. Die Aufnahme eines Hinweises auf die Legitimation des (das Ersuchen stellenden) Amtsträgers ist zweckmäßig.

Das Ersuchen bedarf in entsprechender Anwendung des § 362 Abs. 1 ZPO der Schriftform (vgl. § 64 Rdn. 9 ff.). 41

Nach seiner Rechtsnatur ist das Ersuchen eine behördliche Verfahrenshandlung, die gegenüber dem Zeugen oder Sachverständigen keinen VA darstellt, weil bereits die vorausgegangene Heranziehung als Zeuge oder Sachverständiger das den Begriff des VA verwirklichende Merkmal der Regelung aufweist. 42

Das Ersuchen verpflichtet das angegangene Gericht zur Durchführung der Vernehmung. Rechtsgrund dieser Pflicht ist § 65 Abs. 2 und nicht die allgemeine Amtshilfepflicht nach § 4.[8] 43

4. Benachrichtigung der Beteiligten von den Beweisterminen (Abs. 2 Satz 4)

Die durch Satz 4 angeordnete Art der Benachrichtigung der Beteiligten von den Beweisterminen richtet sich danach, welches Gericht um die Vernehmung ersucht worden ist. 44

Das Verwaltungsgericht hat die Benachrichtigung nach §§ 97 Satz 1 i.V.m. 56 VwGO schriftlich durch Zustellung von Amts wegen vorzunehmen. 45

Das AG kann den Beteiligten den für die Beweisaufnahme bestimmten Termin nach § 495 i.V.m. § 375 Abs. 2 ZPO ohne besondere Form mitteilen. 46

5. Durchführung der Vernehmung

Auch für die Durchführung der Vernehmung sind die jeweils (für das ersuchte Gericht) geltenden Prozessordnungen maßgebend. 47

Eine Vernehmung durch das Verwaltungsgericht findet nach § 180 Satz 1 VwGO vor dem dafür im Geschäftsverteilungsplan bestimmten Richter statt. Nach § 98 VwGO gelten die die Beweisaufnahme regelnden Vorschriften der ZPO entsprechend. Das Ergebnis der Beweisaufnahme ist in entsprechender Anwendung des § 362 Abs. 2 ZPO in Urschrift der Behörde zu übersenden. 48

Anders als die Behörde verfügt das Gericht über die Möglichkeit, durch Zwangsmittel das Erscheinen eines Zeugen oder Sachverständigen zur mündlichen Vernehmung (durch Auferlegung der durch das Ausbleiben verursachten Kosten und Festsetzung eines Ordnungsgeldes oder einer Ordnungshaft in entsprechender Anwendung der §§ 380 und 402 ZPO) sowie die schriftliche Erstattung eines Gutachtens (durch Festsetzung eines Ordnungsgeldes nach § 411 Abs. 2) durchzusetzen. 49

Bei einer Vernehmung durch das AG sind die einschlägigen Vorschriften der ZPO unmittelbar anzuwenden. 50

8 Kopp/Ramsauer, § 65 Rn. 5; a.A. *Meyer/Borgs*, § 65 Rn. 8.

III. Beeidigungsersuchen an das zuständige Gericht (Abs. 3)

51 Abs. 3 berechtigt die Behörde, das zuständige Gericht um eine eidliche Vernehmung zu ersuchen.

52 Die Behörde selbst ist unter keinen Umständen befugt, selbst eine Beeidigung durchzuführen. Sie kann nur deren gerichtliche Vornahme beantragen.

1. Beeidigungsersuchen unter der Voraussetzung, dass die Behörde die Beeidigung für geboten hält

53 Die Behörde kann ein entsprechendes Ersuchen an das nach Abs. 2 zuständige Gericht stellen, wenn sie mit Rücksicht auf die Bedeutung der Aussage eines Zeugen oder des Gutachtens eines Sachverständigen oder zur Herbeiführung einer wahrheitsgemäßen Aussage die Beeidigung für geboten hält.

54 Der Behörde ist bei der Entscheidung über das Beeidigungsersuchen Ermessen eingeräumt, wenn sie nach sachverständiger Würdigung aller Umstände die Gebotenheit der Beeidigung aus einem der gesetzlich genannten Gründe annimmt (vgl. § 40).

55 Das Ersuchen ist nach seiner Rechtsnatur wie das Ersuchen nach Abs. 2 (vgl. Rdn. 42) eine behördliche Verfahrenshandlung. Die in ihr für die Zeugen und Sachverständigen enthaltene Regelung wird allerdings nicht von der vorausgegangenen Heranziehung als Zeuge oder Sachverständiger umfasst, sodass ihr insoweit der Charakter eines unmittelbar anfechtbaren (und wegen der Betroffenheit eines Nichtbeteiligten nicht von § 44a Satz 1 VwGO erfassten) VA zukommt.

56 Adressat des Ersuchens ist das nach Abs. 2 zuständige Verwaltungs- oder AG (vgl. Rdn. 33 f.).

57 Das Ersuchen kann mit dem Vernehmungsersuchen nach Abs. 2 verbunden werden, wenn die Behörde neben der gerichtlichen Vernehmung eines beweisunwilligen Zeugen oder Sachverständigen dessen Beeidigung für geboten hält.

58 Hat die Behörde bereits selbst Beweis erhoben, so kann sie nach Abs. 3 um die eidliche Vernehmung ersuchen, wenn sie eine solche nachträglich für geboten hält.

59 Das von einem Amtsträger i.S.d. Abs. 5 zu stellende Ersuchen bedarf – ebenso wie das Ersuchen nach Abs. 2 (vgl. Rdn. 41) – der Schriftform.[9] Es hat den Gegenstand der Beeidigung und ggf. (soweit es nicht mit einem Ersuchen nach Abs. 2 verbunden ist) Namen und Anschrift der zu vereidigenden Zeugen und Sachverständigen anzugeben.

2. Bindung des Gerichts an das Beeidigungsersuchen

60 Das Gericht ist an das Beeidigungsersuchen der Behörde gebunden[10] und hat – in Anbetracht der (durch die Spezialregelung des § 65 Abs. 3 bedingten) Unanwendbarkeit

---

9 AllgM. z.B. Stelkens/Bonk/Sachs/*Sachs/Kamp*, § 65 Rn. 8.
10 Knack/Henneke/*Dürr*, § 65 Rn. 19; Kopp/Ramsauer, § 65 Rn. 12.

des § 391 ZPO – keinen eigenen Entscheidungsspielraum hinsichtlich der Notwendigkeit oder Zweckmäßigkeit der Beeidigung.[11]

61 Vereidigt werden kann ein Zeuge oder Sachverständiger nur im Hinblick auf eine vom Gericht selbst durchgeführte Vernehmung. Soll eine vor der Behörde gemachte Zeugenaussage oder ein ihr ggü. erstattetes Gutachten Gegenstand der Beeidigung sein, so muss die zu beeidigende Vernehmung erneut vor Gericht stattfinden.

62 Die Beeidigung selbst richtet sich nach den §§ 392, 410 sowie 478 bis 484 ZPO.

IV. Entscheidung des Gerichts über die Rechtmäßigkeit einer Verweigerung des Zeugnisses, des Gutachtens oder der Eidesleistung (Abs. 4)

63 Nach Abs. 4 entscheidet das Gericht über die Rechtmäßigkeit einer Verweigerung des Zeugnisses, des Gutachtens oder der Eidesleistung.

1. Voraussetzung einer Gerichtsentscheidung

64 Eine solche Entscheidung ist veranlasst, wenn der Zeuge oder Sachverständige sich auch nur teilweise weigert vor der Behörde auszusagen bzw. ihr ggü. ein Gutachten zu erstatten oder der zur Eidesleistung aufgeforderte Zeuge oder Sachverständige die Rechtswidrigkeit der Beeidigung behauptet.

2. Entscheidung durch Beschluss

65 Die Entscheidung wird durch Beschluss getroffen. Dies ist für das Verwaltungsgericht ausdrücklich durch § 180 Satz 2 VwGO (dessen Neufassung auf § 97 Nr. 4 VwVfG beruht) angeordnet. Gleiches gilt für das AG, da mangels Anhängigkeit eines Zivilprozesses ein sonst erforderliches Zwischenurteil[12] entfällt.

3. Die entscheidungserheblichen Tatsachen

66 Zu entscheiden ist die Frage, ob der Zeuge oder Sachverständige berechtigterweise die Aussage bzw. die Erstattung des Gutachtens bzw. den Eid verweigert.

67 Ob die Benennung als Zeuge oder Sachverständiger und das Ersuchen um ihre eidliche Vernehmung durch die Vorschriften des VwVfG gedeckt ist, hat das Gericht nicht zu prüfen.

11 Vgl. Fn. 16.

12 *Rosenberg/Schwab*, § 123 V 3 – Eine entsprechende Anwendung des § 180 Satz 2 VwGO auf das Verfahren vor dem AG ausnahmsweise deshalb angebracht, weil diese Bestimmung zum Vollzug des § 65 Abs. 4 neu geschaffen wurde und eine entsprechende Regelung für das Verfahren vor dem AG fehlt.

4. Rechtsmittel gegen den Beschluss

68 Gegen den Beschluss des Verwaltungs- bzw. AG kann nach § 146 VwGO bzw. § 567 ZPO Beschwerde erhoben werden. Beschwerdeberechtigt ist der jeweils unterlegene Teil des vorangegangenen Verfahrens.

V. Ausschließliche Befugnis bestimmter Amtsträger zur Stellung der Ersuchen nach Abs. 2 und 3 (Abs. 5)

69 Nach Abs. 5 darf ein Ersuchen nach Abs. 2 oder 3 (zur Verhinderung eines Missbrauchs der der Behörde eingeräumten Befugnisse)[13] nur von bestimmten Amtsträgern gestellt werden.

70 Es sind dies der Behördenleiter (vgl. § 12), sein allgemeiner Vertreter (nämlich derjenige Amtsträger, der bei Abwesenheit des Behördenleiters dessen gesamte Befugnisse wahrnimmt) sowie Angehörige des öffentlichen Dienstes, die (nach § 5 DRiG durch Ablehnung zweier Prüfungen) die Befähigung zum Richteramt haben oder die Voraussetzungen des § 110 Satz 1 DRiG erfüllen.

71 Bei einem Verstoß gegen Abs. 5 ist das Ersuchen unzulässig und wird als solches vom Gericht verworfen.

C. Verfahrensvorschriften des Sozialrechts sowie Verwaltungsverfahrensrecht der Länder

72 Die Landesverwaltungsverfahrensgesetze sind wortgleich. In §§ 65, 132 LVwG Schl-Holst fehlt jedoch ein Hinweis auf die »besonders errichtete Kammer« eines VG. Die Verwaltungsverfahrensgesetze von Baden-Württemberg, Bayern, Bremen, Hessen und Thüringen erklären in einem Abs. 6 zusätzlich § 180 VwGO für anwendbar.

§ 66 Verpflichtung zur Anhörung von Beteiligten

(1) Im förmlichen Verwaltungsverfahren ist den Beteiligten Gelegenheit zu geben, sich vor der Entscheidung zu äußern.

(2) Den Beteiligten ist Gelegenheit zu geben, der Vernehmung von Zeugen und Sachverständigen und der Einnahme des Augenscheins beizuwohnen und hierbei sachdienliche Fragen zu stellen; ein schriftlich oder elektronisch vorliegendes Gutachten soll ihnen zugänglich gemacht werden.

Übersicht Rdn.

13 Begründung, S. 85.

A. Allgemeines und Grundsätze

1 Die Vorschrift entspricht bis auf die Verpflichtung, den Beteiligten ein Gutachten zugänglich zu machen, § 52 EVwVerfG 1963.

2 Im Interesse der erhöhten Gewährleistung einer rechtmäßigen Sachentscheidung erfahren die Rechte auf Akteneinsicht und Anhörung, die den Beteiligten nach § 28 f. im nicht-förmlichen Verwaltungsverfahren zustehen, im förmlichen Verwaltungsverfahren eine erhebliche Erweiterung und Stärkung.

3 § 66 erweitert das in § 28 für das nicht-förmliche Verwaltungsverfahren geltende rechtliche Gehör personell und inhaltlich. Personell steht das Anhörungsrecht nunmehr allen Beteiligten getroffen zu (Abs. 1) und nicht mehr nur denjenigen, in deren Rechte der VA eingreift. Inhaltlich sind Äußerungen zu allen die Entscheidung betreffenden Fragen und nicht nur bezüglich rechtserheblicher Tatsachen zulässig.

4 Außerdem wird die Verfahrensposition der Beteiligten in der Beweisaufnahme – gegenüber dem nicht-förmlichen Verwaltungsverfahren – gestärkt. Während sich ein Recht der Beteiligten auf Teilnahme an den Beweisterminen (mit der Befugnis, sachdienliche Fragen zu stellen) im nicht-förmlichen Verwaltungsverfahren (mit gewissen Einschränkungen) nur aus dem allgemeinen Verfahrensgrundsatz der Beteiligten-Öffentlichkeit ergibt, ist dieses Recht durch Abs. 2 Halbs. 1 für das förmliche Verwaltungsverfahren ausdrücklich und unbeschränkt gesetzlich festgelegt. Überdies steht das – im nicht-förmlichen Verwaltungsverfahren nur unter den Einschränkungen des § 29 Abs. 2 gewährte – Recht auf Zugänglichmachung schriftlicher Gutachten den Beteiligten in einer umfassenden Weise zu, soweit nicht besondere Gründe dagegen sprechen.

B. Die Vorschrift im Einzelnen

I. Gelegenheit für die Beteiligten zur Äußerung (Abs. 1)

5 Nach Abs. 1 ist den Beteiligten Gelegenheit zu geben, sich vor der Entscheidung zu äußern.

1. Beteiligte i.S.d. Abs. 1

6 Die Gelegenheit ist allen Beteiligten i.S.d. § 13 Abs. 1 zu geben, ohne Rücksicht darauf, ob der VA in ihre Rechte eingreift.[1] Damit haben auch diejenigen ein Äußerungsrecht, die durch den zu erlassenden VA begünstigt werden oder wegen Berührung ihrer rechtlichen Interessen zu dem Verfahren hinzugezogen worden sind, ohne dass für sie der Ausgang des Verfahrens nach § 13 Abs. 2 Satz 2 eine rechtsgestaltende Wirkung hat.

2. Bedeutung der Gelegenheit zur Äußerung

7 Gelegenheit zur Äußerung bedeutet die Möglichkeit, zu allen für die Entscheidung erheblichen Fragen Stellung zu nehmen – also nicht nur zu den rechtserheblichen Tatsachen, sondern auch zu den Rechtsfragen[2] – und zu den Äußerungen anderer Beteiligter und anderer Behörden.[3]

8 Zu diesem Zweck muss die Behörde ähnlich einem Gericht den Beteiligten die jeweiligen Äußerungen anderer Beteiligter zur Kenntnis bringen, um ihnen auch insoweit eine Äußerung zu ermöglichen.[4]

3. Rechtzeitige Gelegenheit zur Äußerung

9 Die Gelegenheit zur Äußerung muss so rechtzeitig gegeben werden, dass die Beteiligten mit ihrer Stellungnahme noch die Entscheidung beeinflussen können.[5] Findet eine mündliche Verhandlung statt, so wird die Äußerung regelmäßig nach deren Abschluss eingeholt werden, weil erst dann die erforderlichen Beurteilungsgrundlagen für die Abgabe einer Stellungnahme vorliegen. Die Gelegenheit zur Äußerung kann bereits im Lauf der mündlichen Verhandlung gegeben werden, sofern sich die Sache als entscheidungsreif erwiesen hat.

10 Ändert sich die erhebliche Sach- und Rechtslage nach der bereits erfolgten Anhörung noch wesentlich, kann die Behörde verpflichtet sein, die Anhörung zu wiederholen.[6]

11 Im Interesse einer zügigen Verfahrensdurchführung sollte die Behörde ihre Aufforderung zur Abgabe einer Äußerung jederzeit mit der Setzung einer angemessenen Frist verbinden.[7]

---

1 Knack/Henneke/*Dürr*, § 66 Rn. 3; Kopp/Ramsauer, § 66 Rn. 3.

2 Stelkens/Bonk/Sachs/*Sachs/Kamp*, § 66 Rn. 6; Kopp/Ramsauer, § 66 Rn. 3; Knack/Henneke/*Dürr*, § 66 Rn. 7.

3 Kopp/Ramsauer, § 66 Rn. 6; Knack/Henneke/*Dürr*, § 66 Rn. 6.

4 Knack/Henneke/*Dürr*, § 66 Rn. 6.

5 Stelkens/Bonk/Sachs/*Sachs*, § 66 Rn. 8; Knack/Henneke/*Dürr*, § 66 Rn. 4; VGH Baden-Württemberg ESVGH 10, 226; OVG Nordrhein-Westfalen ZfB 1998, 35.

6 BVerwGE 75, 214 (224); VGH Baden-Württemberg ESVGH 10, 226.

7 Knack/Henneke/*Dürr*, § 66 Rn. 4; Kopp/Ramsauer, § 66 Rn. 5.

4. Form der Äußerung

Es steht im freien (gerichtlich nicht nachprüfbaren) Ermessen der Behörde, ob sie den Beteiligten eine Gelegenheit zur mündlichen Äußerung oder zu einer Äußerung in schriftlicher Form geben will.[8] 12

5. Grundsätzliche Unzulässigkeit einer Beschränkung des Äußerungsrechts

Eine Beschränkung des Äußerungsrechts ist – vom Fall der Gefahr im Verzug (in dem nach § 67 Abs. 2 Nr. 5 die Durchführung einer mündlichen Verhandlung sogar unterbleiben kann) abgesehen – unzulässig. Angesichts des eindeutigen Gesetzeswortlauts scheidet eine entsprechende Anwendung des § 28 Abs. 2 und 3 aus.[9] 13

Doch entfällt nach dem auch das öffentliche Recht beherrschenden Grundsatz von Treu und Glauben eine Anhörungspflicht nach Abs. 1, wenn ein Beteiligter sich in einer nicht zur Sache gehörenden Weise äußert oder sein Äußerungsrechts zur Verzögerung oder Verhinderung der Entscheidung missbraucht.[10] 14

Gleiches gilt, wenn alle Beteiligten einvernehmlich auf eine Anhörung verzichten (vgl. § 67 Rdn. 52 f.).[11] 15

II. Grundsatz der Beteiligten-Öffentlichkeit (Abs. 2)

Abs. 2 legt in Anlehnung an die einschlägigen Bestimmungen des Prozessrechts (§ 357 ZPO, § 97 VwGO) den erweiterten Grundsatz der Beteiligten-Öffentlichkeit für das förmliche Verwaltungsverfahren fest. 16

1. Recht zur Teilnahme an Beweisterminen (Halbs. 1)

Nach Abs. 2 Halbs. 1 ist den Beteiligten Gelegenheit zu geben, der Vernehmung von Zeugen und Sachverständigen und der Einnahme des Augenscheins beizuwohnen und hierbei sachdienliche Fragen zu stellen. 17

Die Vorschrift gilt nur für Beweistermine der Behörde, nicht jedoch auch für Erhebungen eines Sachverständigen zur Vorbereitung seines Gutachtens.[12] 18

Der Beweistermin ist so festzusetzen, dass den Beteiligten eine Anwesenheit möglich und zumutbar ist. Sie sind in entsprechender Anwendung des § 67 Abs. 1 Satz 2 vom Beweistermin rechtzeitig schriftlich zu verständigen.[13] 19

---

8 Knack/Henneke/*Dürr*, § 66 Rn. 5; Kopp/Ramsauer, § 66 Rn. 4.

9 VGH Hessen UPR 1988, 354 (356); *Spranger*, NWVBl. 2000, 166; Stelkens/Bonk/Sachs/*Sachs/Kamp*, § 66 Rn. 3.

10 Kopp/Ramsauer, § 66 Rn. 5.

11 Stelkens/Bonk/Sachs/*Sachs/Kamp*, § 66 Rn. 3; Kopp/Ramsauer, § 66 Rn. 4; Ziekow, § 66 Rn. 2; *Spranger*, NWVBl. 2000, 166.

12 Begründung, S. 85; Stelkens/Bonk/Sachs/*Sachs/Kamp*, § 66 Rn. 10; Knack/Henneke/*Dürr*, § 66 Rn. 8; Kopp/Ramsauer, § 66 Rn. 8.

13 Knack/Henneke/*Dürr*, § 66 Rn. 9; Kopp/Ramsauer, § 66 Rn. 8.

20 Mit dem Anwesenheitsrecht während der Beweisaufnahme ist die Befugnis zur Stellung sachdienlicher Fragen verbunden. Sachdienlich sind solche Fragen, die geeignet sind, entsprechend dem Beweisgegenstand die Ermittlung des Sachverhalts zu fördern.[14] Im Zweifel entscheidet die Behörde über die Sachdienlichkeit einer Frage.[15] Ihre Entscheidung kann nach § 44a Satz 1 VwGO nur gleichzeitig mit der Sachentscheidung angefochten werden.[16]

21 Nimmt ein Beteiligter die Möglichkeit der Anwesenheit während des Beweistermins nicht wahr, so kann die Beweisaufnahme dennoch stattfinden. Die Verpflichtung der Behörde dem Beteiligten nach § 66 Abs. 1 eine Gelegenheit zur Äußerung zu geben, bleibt bestehen.

22 Die Benachrichtigung der Beteiligten von gerichtlichen Beweisterminen richtet sich nach § 65 Abs. 2 Satz 4.

23 Findet der Beweistermin außerhalb der mündlichen Verhandlung statt, so ist in entsprechender Anwendung des § 68 Abs. 4 eine Niederschrift anzufertigen (vgl. § 68 Rdn. 64 ff.).

2. Zugänglichmachung eines schriftlichen oder elektronischen Gutachtens (Halbs. 2)

24 Nach Abs. 2 Halbs. 2 soll den Beteiligten ein schriftliches oder elektronisches Gutachten zugänglich gemacht werden. Damit wird das rechtliche Gehör in Bezug auf Sachverständigengutachten verstärkt, die nicht in der mündlichen Verhandlung erstattet werden.

25 Gutachten sind Äußerungen, die die Behörde zur Klärung beweisbedürftiger Tatsachen von Sachverständigen eingeholt hat.

26 Die Behörde soll den Beteiligten die gefertigten schriftlichen oder elektronisch vorliegenden Gutachten zugänglich machen. Ihr ist damit die Befugnis eingeräumt, in Fällen, in denen ein besonderer Grund gegen den Zugang der Beteiligten zum Gutachten spricht, diesen zu verweigern.

27 Gründe, die gegen den Zugang der Beteiligten zum Gutachten sprechen, liegen u. a. dann vor, wenn nach der zweiten und dritten Alternative des § 29 Abs. 2 das Bekanntwerden des Gutachtens dem Wohl des Bundes oder eines Landes Nachteile bereiten würde[17] oder wenn der Beteiligte wegen seiner psychischen Konstitution bei Kenntnis des Gutachtens eine gesundheitliche Schädigung erleiden könnte.[18]

---

14 Stelkens/Bonk/Sachs/*Sachs/Kamp*, § 66 Rn. 13.

15 Stelkens/Bonk/Sachs/*Sachs/Kamp*, § 66 Rn. 13; Knack/Henneke/*Dürr*, § 66 Rn. 10; Kopp/Ramsauer, § 66 Rn. 9.

16 Kopp/Ramsauer, § 66 Rn. 9.

17 Verfassungsrechtliche Bedenken dagegen formuliert *Wimmer*, DVBl 1985, 777 unter dem Gesichtspunkt des rechtlichen Gehörs.

18 BVerwGE 82, 45.

Kein Grund für die Versagung der Zugänglichmachung ist der Umstand, dass diese die ordnungsgemäße Erfüllung der Aufgaben der Behörde i.S.d. § 29 Abs. 2 erste Alternative beeinträchtigen würde.[19] Bei einer Abwägung der widerstreitenden Interessen muss dem Interesse des Beteiligten auf Einsicht in das Gutachten der Vorrang vor dem Interesse der Behörde auf Abwehr einer Überbeanspruchung gegeben werden. Dies gilt nicht zuletzt im Hinblick darauf, dass der Sinn des § 66 Abs. 2 Halbs. 2 darin besteht, die Einsicht in ein schriftliches Gutachten auch in Fällen zu gewähren, in denen eine Akteneinsicht (nach § 29) nicht in Betracht kommt.[20] 28

Kann die Behörde von der Zugänglichmachung des Gutachtens absehen, so hat sie dem Beteiligten dennoch die darin enthaltenen entscheidungserheblichen Ausführungen mitzuteilen, um ihm Gelegenheit zur Äußerung zu geben.[21] 29

In welcher Form die Behörde Zugang zum Gutachten gewährt, steht in ihrem Verfahrensermessen. Sie muss jedoch mindestens den Beteiligten oder ihren Bevollmächtigten Mitteilung über das Vorliegen eines Gutachtens machen und dieses zur Einsicht oder zur Fertigung einer Vervielfältigung bereithalten.[22] Denkbar ist aber auch eine Aushändigung des Originals (gegen Rückgabe) oder einer Abschrift bzw. Vervielfältigung (zum Verbleib) an den Beteiligten oder seinen Bevollmächtigten.[23] 30

Die Zugänglichmachung muss so rechtzeitig erfolgen, dass der Beteiligte noch vor der abschließenden Entscheidung Stellung nehmen kann.[24] 31

III. Folgen der Verletzung von Anhörungspflichten

Eine Verletzung der Anhörungspflichten, die der Behörde nach § 66 auferlegt sind, führt gem. §§ 44 ff. zur Rechtswidrigkeit (Aufhebbarkeit) des VA, nicht aber zu dessen Nichtigkeit. 32

Die Verletzung ist dadurch möglich, dass die Behörde einem Beteiligten nicht oder nicht rechtzeitige Gelegenheit zur Äußerung gibt oder eine Äußerung nicht zur Kenntnis nimmt, oder aber zwar Gelegenheit gibt, einem Beweistermin beizuwohnen, aber bei einem solchen sachdienliche Fragen nicht zulässt oder deren mögliche Beantwortung unterlässt bzw. verhindert, oder schließlich ein schriftliches Gutachten ohne besonderen Grund nicht zugänglich macht. 33

Der Fehler kann nach § 45 Abs. 1 Nr. 3 i.V.m. § 45 Abs. 2 geheilt werden, wenn die fehlerfreie[25] Gewährung des rechtlichen Gehörs bis zur Erhebung der verwaltungsgerichtlichen Klage nachgeholt[26] wird. 34

---

19 Kopp/Ramsauer, § 66 Rn. 12.
20 Begründung, S. 85.
21 Knack/Henneke/*Dürr*, § 66 Rn. 12.
22 Stelkens/Bonk/Sachs/*Sachs/Kamp*, § 66 Rn. 20; Knack/Henneke/*Dürr*, § 66 Rn. 13.
23 Stelkens/Bonk/Sachs/*Sachs/Kamp*, § 66 Rn. 20; Knack/Henneke/*Dürr*, § 66 Rn. 13.
24 Knack/Henneke/*Dürr*, § 66 Rn. 13.
25 Knack/Henneke/*Dürr*, § 66 Rn. 15.
26 BVerwGE 61, 45, (47 ff.); BVerwGE 37, 307.

35 Entfällt die Heilung eines Fehlers, so ist die Aufhebung des VA (im verwaltungsgerichtlichen Verfahren) nach § 46 dann ausgeschlossen, wenn keine andere Entscheidung in der Sache hätte getroffen werden können.[27]

36 Die Unterlassung des vorgeschriebenen rechtlichen Gehörs kann nach § 44a Satz 1 VwGO nur gleichzeitig mit dem gegen die Sachentscheidung zulässigen Rechtsbehelf geltend gemacht werden.[28]

C. Verfahrensvorschriften des Sozialrechts sowie Verwaltungsverfahrensrecht der Länder

37 Die Landesverwaltungsverfahrensgesetze sind wortgleich.

§ 67 Erfordernis der mündlichen Verhandlung

(1) [1]Die Behörde entscheidet nach mündlicher Verhandlung. [2]Hierzu sind die Beteiligten mit angemessener Frist schriftlich zu laden. [3]Bei der Ladung ist darauf hinzuweisen, dass bei Ausbleiben eines Beteiligten auch ohne ihn verhandelt und entschieden werden kann. [4]Sind mehr als 50 Ladungen vorzunehmen, so können sie durch öffentliche Bekanntmachung ersetzt werden. [5]Die öffentliche Bekanntmachung wird dadurch bewirkt, dass der Verhandlungstermin mindestens zwei Wochen vorher im amtlichen Veröffentlichungsblatt der Behörde und außerdem in örtlichen Tageszeitungen, die in dem Bereich verbreitet sind, in dem sich die Entscheidung voraussichtlich auswirken wird, mit dem Hinweis nach Satz 3 bekannt gemacht wird. [6]Maßgebend für die Frist nach Satz 5 ist die Bekanntgabe im amtlichen Veröffentlichungsblatt.

(2) Die Behörde kann ohne mündliche Verhandlung entscheiden, wenn
1. **einem Antrag im Einvernehmen mit allen Beteiligten in vollem Umfang entsprochen wird;**
2. **kein Beteiligter innerhalb einer hierfür gesetzten Frist Einwendungen gegen die vorgesehene Maßnahme erhoben hat;**
3. **die Behörde den Beteiligten mitgeteilt hat, dass sie beabsichtige, ohne mündliche Verhandlung zu entscheiden, und kein Beteiligter innerhalb einer hierfür gesetzten Frist Einwendungen dagegen erhoben hat;**
4. **alle Beteiligten auf sie verzichtet haben;**
5. **wegen Gefahr im Verzug eine sofortige Entscheidung notwendig ist.**

(3) Die Behörde soll das Verfahren so fördern, dass es möglichst in einem Verhandlungstermin erledigt werden kann.

27 Knack/Henneke/*Dürr*, § 66 Rn. 15.
28 Kopp/Ramsauer, § 66 Rn. 10.

Übersicht

A. Allgemeines und Grundsätze

1 Inhalt und Formulierung des heutigen § 67 beruhen maßgeblich auf den 1963 und 1970 gefertigten Entwürfen zum Verwaltungsverfahrensgesetz. Abs. 1 Satz 1 – 3 entsprechen § 53 EVwVerfG 1963. Die Abs. 2 und 3 orientieren sich dagegen am EVwVerfG 1970. Lediglich Abs. 2 Nr. 5 und Abs. 1 Sätze 4 – 6 wurden im Gesetzgebungsverfahren zusätzlich eingefügt; letztere, um die Bewältigung von Massenverfahren zu erleichtern.[1]

2 Die Vorschrift wurde durch Art. 1 Nr. 2 des GenBeschlG[2] geändert. Ein Massenverfahren, für das die Verfahrenserleichterungen des Abs. 1 Satz 4 gelten, liegt nunmehr bereits ab 50 (früher 300) vorzunehmenden Ladungen vor. Die Änderung wirkt der vor der Änderung verbreiteten Praxis von Gegnern von Großverfahren entgegen, sich zu Verzögerungszwecken auf mehrere Gruppen von jeweils knapp unter 300 Einwendern aufzuspalten und so die Beschleunigungsmöglichkeiten der Behörde zu unterlaufen.[3]

3 Gegenstand des § 67 ist die mündliche Verhandlung im förmlichen Verwaltungsverfahren. Dieses Kernstück[4] des förmlichen Verwaltungsverfahrens ist dem gerichtlichen Verfahren nachempfunden. Es soll der Behörde eine besonders abgesicherte Entscheidungsgrundlage liefern und damit in erhöhtem Maße für die Rechtmäßigkeit der nach § 69 zu treffenden Verwaltungsentscheidung sorgen. Darüber hinaus dient das Gebot der Konzentration auf möglichst einen Verhandlungstermin der Beschleunigung des Verfahrens.

4 Der erste Absatz des § 67 enthält die grundsätzliche Verpflichtung der Behörde im förmlichen Verwaltungsverfahren eine mündliche Verhandlung durchzuführen. Ausnahmen davon sind in Abs. 2 für einige Fälle geregelt, in denen die Beteiligten kein Interesse an der Durchführung der Verhandlung haben bzw. die Entscheidung eilbedürftig ist. Abs. 3 formuliert schließlich das Ziel der Verfahrenskonzentration auf einen Verhandlungstermin.

5 Über das förmliche Verwaltungsverfahren hinaus kommt der Vorschrift im Planfeststellungsverfahren große Bedeutung zu. Gem. § 73 Abs. 6 ist sie nämlich auch bei Erörterungsterminen im Rahmen einer Planfeststellung zu befolgen. Im nichtförmlichen Verwaltungsverfahren kann die Vorschrift dagegen aufgrund des Ausnahmecharakters des förmlichen Verwaltungsverfahrens nicht analog angewandt werden.[5]

---

1 BT-Drucks. 7/4494, S. 10.

2 Gesetz zur Beschleunigung von Genehmigungsverfahren (Genehmigungsverfahrensbeschleunigungsgesetz) vom 12.09.1996, BGBl. I, S. 1354.

3 BT-Drucks. 13/3995, S. 7.

4 Knack/Henneke/*Dürr*, § 67 Rn. 2.

5 Kopp/Ramsauer, § 67 Rn. 3.

Das bedeutet jedoch nicht, dass eine mündliche Verhandlung im nicht-förmlichen Verwaltungsverfahren nicht zulässig wäre. Die Behörde kann im Rahmen ihrer Befugnis das Verfahren zweckmäßig zu gestalten, selbstverständlich auch mündliche Verhandlungen ansetzen.[6] Sie ist in einem solchen Fall aber nicht an den Regelungsgehalt des § 67 über die Art und Weise der mündlichen Verhandlung gebunden.[7]

B. Die Vorschrift im Einzelnen

I. Entscheidung nach mündlicher Verhandlung (Abs. 1)

1. Grundsätzliches Erfordernis der mündlichen Verhandlung (Abs. 1 Satz 1)

6 Nach Satz 1 ist die Durchführung einer mündlichen Verhandlung für die Behörde eine zwingende Formalie. Lediglich bei Vorliegen der in Abs. 2 aufgezählten Fallgruppen ist der Behörde Ermessen eingeräumt, eine solche zu unterlassen. Liegen die Ausnahmetatbestände des Abs. 2 vor, führt dies daher nicht stets und zwingend zum Fortfall einer mündliche Verhandlung. Die Behörde kann in diesen Fällen vielmehr nach pflichtgemäßem Ermessen auch zu der Entscheidung gelangen, dass trotz Vorliegens der Ausnahmetatbestände des Abs. 2 eine mündliche Verhandlung durchgeführt werden soll.

a) Begriff der mündlichen Verhandlung

7 Eine mündliche Verhandlung i.S.d. § 67 ist eine Besprechung vor und mit der das Verfahren leitenden Behörde. An ihr wirken die Beteiligten durch mündliche und schriftliche Beiträge mit.

b) Gegenstand der mündlichen Verhandlung

8 Ausgangspunkt für die, in der mündlichen Verhandlung zu erörternden Fragen, ist, wie sich bereits aus der Formulierung des Abs. 1 Satz 1 (»Die Behörde *entscheidet* nach mündlicher Verhandlung …«) ergibt, die jeweils zu treffende Entscheidung. Die vom materiellen Recht für diese Entscheidung vorgeschriebenen Tatbestandsvoraussetzungen begrenzen den Verhandlungsgegenstand positiv und negativ zugleich. Alle tatsächlichen und rechtlichen Aspekte, die damit in Zusammenhang stehen, sind in der mündlichen Verhandlung zu behandeln. Andere Fragen können und dürfen dagegen nicht diskutiert werden. Bereits gestellte Anträge und eingereichte Schriftsätze sind der mündlichen Verhandlung, zur Vermeidung von Wiederholungen, zugrunde zu legen.

c) Berechtigung der Beteiligten zur Anwesenheit und Abgabe von Äußerungen

9 Die Beteiligten sind zur Anwesenheit und zur Abgabe einer Äußerung in der mündlichen Verhandlung berechtigt, aber nicht verpflichtet. Ihr Erscheinen kann nach § 26

6 *Remmert* in: Maunz/Dürig, Art. 103 Abs. 1 Rn. 66; Wolff/Bachof/Stober/Kluth Bd. 3, § 156 Rn. 48 f.

7 Kopp/Ramsauer, § 67 Rn. 3.

Abs. 2 Satz 3 nur durch eine besondere Rechtsvorschrift angeordnet und erzwungen werden. Bleibt ein Beteiligter trotz ordnungsgemäßer Ladung der Verhandlung fern, kann auch in seiner Abwesenheit verhandelt werden. Weitergehende Rechtsfolgen können sich nur aus der genannten besonderen Rechtsvorschrift ergeben.

10 Problematisch ist in diesem Zusammenhang auch die Frage, ob ein Beteiligter, der der mündlichen Verhandlung fernbleibt, weiterhin ein Anhörungsrecht nach § 66 Abs. 1 hat.[8] Dagegen spricht, dass die korrekt durchgeführte mündliche Verhandlung selbst bereits eine Gelegenheit zur Äußerung darstellt.

11 Die Berechtigung zu Anwesenheit und Äußerung muss die Behörde bei der Planung und Vorbereitung der mündlichen Verhandlung berücksichtigen. Wählt sie einen Ort, einen Zeitpunkt oder eine Verfahrensweise, die einen oder mehrere Beteiligte der Möglichkeit beraubt, auf zumutbare Weise anwesend zu sein bzw. sich zu äußern, liegt keine ordnungsgemäße mündliche Verhandlung vor.

d) Zeit und Ort der mündlichen Verhandlung

12 Weder über Zeitpunkt noch über den Ort, an dem die mündliche Verhandlung stattzufinden hat, enthalten die §§ 63 ff. eine Regelung. Es steht daher im Verfahrensermessen der Behörde, wann und wo sie die mündliche Verhandlung durchführt, bzw. ob ein einmal festgelegter Ort oder Termin verlegt wird.[9] Die in § 67 festgelegten Ladungsfristen, das Ziel der Konzentration des Verfahrensstoffs und die Zahl der Beteiligten können dieses Ermessen allerdings einschränken.

13 Ist ein Beteiligter aus wichtigem Grund verhindert, der Ladung zu folgen und gelingt es ihm nicht ohne Weiteres für eine Vertretung zu sorgen, so hat die Behörde für die mündliche Verhandlung einen anderen Termin festzusetzen.[10] In diesem Fall ist das Ladungsverfahren erneut durchzuführen.

e) Entscheidung »nach« mündlicher Verhandlung

14 Da die Behörde nach mündlicher Verhandlung (und nicht wie das Verwaltungsgericht nach § 101 VwGO aufgrund einer mündlichen Verhandlung) entscheidet, ist sie, anders als das Gericht,[11] nicht verpflichtet, ihre Entscheidung ausschließlich auf das mündlich Verhandelte zu stützen. Darüber hinaus bestimmt § 69 Abs. 1 ausdrücklich, dass die Entscheidung unter Würdigung des Gesamtergebnisses des Verfahrens zu treffen ist (vgl. § 69 Rdn. 7 ff.).

---

8 Verneinend: Stelkens/Bonk/Sachs/*Sachs/Kamp*, § 67 Rn. 11.
9 Stelkens/Bonk/Sachs/*Sachs/Kamp*, § 67 Rn. 6.
10 Kopp/Ramsauer, § 67 Rn. 7; vgl. auch BVerwG JR 72, 78.
11 BVerwGE 87, 241; ebenso: Kopp/Schenke, VwGO, § 101 Rn. 1.

2. Ladung der Beteiligten (Abs. 1 Satz 2 – 6)

a) Der Grundfall der Ladung jedes einzelnen Beteiligten (Satz 2, 3)

Satz 2 bestimmt, dass die Beteiligten mit angemessener Frist schriftlich zu laden sind. 15
Sie ermöglicht dem Einzelnen die effektive Ausübung seines rechtlichen Gehörs. Die Vorschrift ist entsprechend auf die Benachrichtigung der Beteiligten von Beweisterminen anzuwenden (vgl. § 66 Rdn. 19).

aa) Begriff und Inhalt der Ladung

Ladung ist die von der Behörde an die Ladungsadressaten gerichtete Mitteilung über 16
den Termin der mündlichen Verhandlung verbunden mit der Anregung, bei dieser die den Beteiligten zustehenden Rechte wahrzunehmen. Sie muss Ort, Zeitpunkt und Gegenstand der mündlichen Verhandlung sowie den nach Satz 3 erforderlichen Hinweis enthalten.

bb) Ladungsadressaten

Nach dem Wortlaut des Gesetzes ist die Ladung an die Beteiligten zu richten. Für die- 17
se sind zu laden Bevollmächtigte, gesetzliche Vertreter, Vertreter von Amts wegen nach § 16, Vertreter bei gleichförmigen Eingaben und bei gleichem Interesse nach §§ 17 ff.

Soweit Personen, die wegen Berührung ihrer rechtlichen Interessen nach § 13 Abs. 2 18
zum Verfahren hinzugezogen werden sollen bzw. müssen, noch nicht vor der Ladung hinzugezogen worden sind, ist ihre (den Beteiligtenstatus bewirkende) Hinzuziehung zweckmäßigerweise mit der Ladung zu verbinden.

Die Notwendigkeit einer Ladung gemeinsamer Vertreter nach §§ 17 ff. folgt aus deren 19
allgemeinem Rechtsstatus (vgl. § 19). Diesem Ergebnis steht § 19 Abs. 2 nicht entgegen.[12] Zwar regelt diese Vorschrift den Rechtsstatus des gemeinsamen Vertreters durch eine partielle Verweisung auf das Recht des Bevollmächtigten. Über diese Verweisung hinaus kommt jedoch, soweit sinnvoll, auch eine sinngemäße Anwendung der übrigen, von der Verweisung nicht erfassten Vorschriften des § 14 und allgemeinen Grundsätze in Betracht.[13] Im Ergebnis gebietet § 19 Abs. 2 lediglich eine entsprechende Anwendung der Abs. 5 und 7 des § 14, ohne damit die Anwendbarkeit der für alle gesetzlichen Vertretungen geltenden Regel auszuschließen, wonach sich die Behörde grds. an den Vertreter (und nicht an den Vertretenen) zu wenden hat.

cc) Schriftform der Ladung

Da ein besonderer Zugang für die schriftliche Ladung nicht vorgeschrieben ist, 20
kann sie durch einen einfachen Brief vorgenommen werden.[14] Aus Gründen der

12 A.A. Stelkens/Bonk/Sachs/*Sachs/Kamp*, § 67 Rn. 15.
13 Kopp/Ramsauer, § 19 Rn. 11.
14 Stelkens/Bonk/Sachs/*Sachs/Kamp*, § 67 Rn. 8; Kopp/Ramsauer, § 67 Rn. 6; *Meyer/Borgs*, § 67 Rn. 5; *Ule/Laubinger*, § 36 Rn. 2.

Rechtssicherheit ist im Zweifel jedoch einer Zustellung nach dem VwZG der Vorzug zu geben. Bei einer Ladung in elektronischer Form ist § 3a Abs. 2 zu beachten.

21 Unterbleiben kann die schriftliche oder elektronische Ladung lediglich gegenüber Beteiligten, die bei einem vorausgegangenen Verhandlungstermin auf die schriftliche Ladung zu dem erneuten Verhandlungstermin verzichtet haben.[15]

dd) Einhaltung einer angemessenen Frist

22 Anders als das Gericht nach § 102 Abs. 1 VwGO ist die Behörde nicht an die Einhaltung einer Mindestfrist gebunden. Sie muss vielmehr lediglich eine angemessene Frist einhalten. Die Verwendung dieses unbestimmten Rechtsbegriffs schafft einerseits eine gewisse Flexibilität bei der Durchführung des Verwaltungsverfahrens, ist andererseits aber auch Quelle erheblicher Rechtsunsicherheit. Nachdem lange Zeit eine Frist von einer Woche für regelmäßig ausreichend gehalten wurde, ist seit einiger Zeit eine gewisse Tendenz zu ihrer Verlängerung zu beobachten.[16]

23 Mangels eindeutiger gesetzlicher Regelungen lässt sich eine in jedem Fall angemessene Frist wohl nicht benennen. Die Bestimmung der Angemessenheit hängt vielmehr von den Umständen ab, insbesondere von der Art der zu treffenden Entscheidung, dem Betroffenenkreis, der Zeit, die die Beteiligten voraussichtlich benötigen, um sich – möglicherweise unter Hinzuziehung eines Rechtsanwalts – auf die mündliche Verhandlung vorzubereiten. Angesichts der ständig steigenden Komplexität von Verwaltungsentscheidungen wird man daher zukünftig von einer eher längeren Frist ausgehen müssen. In Anlehnung an § 102 VwGO dürften zwei Wochen regelmäßig genügen.

24 Im Einverständnis aller Beteiligten kann die Frist jedoch stets auch kürzer angesetzt werden.[17]

ee) Hinweis auf die Möglichkeit einer Verhandlung bei Ausbleiben eines Beteiligten (Satz 3)

25 Nach Satz 3 hat die Behörde in der Ladung darauf hinzuweisen, dass bei Ausbleiben eines Beteiligten auch ohne ihn verhandelt und entschieden werden kann. Dem Ausbleiben eines Beteiligten steht es gleich, wenn der erschienene Beteiligte sich nicht an der Verhandlung beteiligt. Bleiben alle Beteiligten aus, so kann die Behörde eine neue mündliche Verhandlung ansetzen, soweit nicht das Ausbleiben der Beteiligten als Verzicht auf die Durchführung einer mündlichen Verhandlung anzusehen ist. Erschienene Zeugen und Sachverständige können auf jeden Fall gehört werden. In die nach § 68 Abs. 4 zu fertigende (vgl. § 68 Rdn. 64 ff.) Niederschrift ist die Feststellung

---

15 Kopp/Ramsauer, § 67 Rn. 6.

16 Für zwei Wochen: Kopp/Ramsauer, § 67 Rn. 7; für einen Monat: Knack/Henneke/*Dürr*, § 67 Rn. 4 Stelkens/Bonk/Sachs/*Sachs*/*Kamp*, § 67 Rn. 8 f.

17 Kopp/Ramsauer, § 67 Rn. 7.

aufzunehmen, dass wegen Ausbleibens aller Beteiligten eine mündliche Verhandlung nicht stattgefunden hat.

26 Über die Bedeutung des Hinweises nach Abs. 1 Satz 3 herrscht Uneinigkeit. Ein Teil der Literatur erblickt darin einen (heilbaren) Verfahrensfehler.[18] Ein anderer Teil der Literatur geht nur von einem Verfahrensfehler aus, wenn das Fehlen des Hinweises nicht unverzüglich gerügt wird.[19] Diese Betrachtung überhöht die Bedeutung des Hinweises. Es handelt sich bei dem Hinweis lediglich um ein nobile officium. Das Unterbleiben des Hinweises stellt daher keinen Verfahrensfehler dar. Keinesfalls verletzt das Unterlassen des Hinweises jedenfalls den Anspruch des Beteiligten auf rechtliches Gehör. Dieser beinhaltet nach § 66 nämlich lediglich einen Anspruch auf eine Gelegenheit zur Äußerung. Diese erhält der Beteiligte aber bereits durch die Mitteilung davon, dass eine Verhandlung angesetzt wurde. Ein Vertrauen darauf, dass die mündliche Verhandlung ohne sein Erscheinen nicht durchgeführt werde, ist rechtlich nicht geschützt.

ff) Folgen der Verhinderung eines Beteiligten bzw. der Verlegung des Verhandlungstermins

27 Wie bereits erörtert führt die Verhinderung eines Beteiligten bzw. seines Vertreters unter Umständen zur Verpflichtung der Behörde, den Verhandlungstermin zu verschieben. Das wird insb. dann der Fall sein, wenn der Beteiligte darlegt, dass ansonsten eine ordnungsgemäße Darlegung seiner Interessen nicht möglich ist.

28 Bei Verlegung des Verhandlungstermins ist, da das Gesetz nicht zwischen verschobener und erstmalig angesetzter Verhandlung unterscheidet, das Ladungsverfahren erneut durchzuführen.

b) Die Ersetzung von mehr als 50 Ladungen durch öffentliche Bekanntmachung (Abs. 1 Satz 4 – 6)

29 Satz 4 ermöglicht seit seiner Änderung durch Art. 1 Nr. 2 des GenBeschlG[20] (vgl. Rdn. 2) eine Substitution der Einzelladungen durch öffentliche Bekanntmachung, wenn mehr als 50 (früher 300) Ladungen, also mindestens 51 Ladungen, vorzunehmen sind. Gegen die Regelung und den mit ihr verbundenen Verzicht auf individuelle Ladungen wurden bereits vor der Änderung durch das GenBeschlG unter dem Gesichtspunkt des Art. 19 Abs. 4 GG verfassungsrechtliche Bedenken geäußert.[21] Diesen Bedenken ist jedoch im Ergebnis nicht zu folgen, da auch eine nach dieser Vorschrift korrekt durchgeführte öffentliche Bekanntmachung es den Beteiligten ermöglicht, von der Ladung zumutbar Kenntnis zu nehmen und ihre Rechte und Standpunkte

18 Stelkens/Bonk/Sachs/*Sachs/Kamp*, § 67 Rn. 35.
19 Kopp/Ramsauer, § 67 Rn. 7.
20 Gesetz zur Beschleunigung von Genehmigungsverfahren (Genehmigungsverfahrensbeschleunigungsgesetz) vom 12.09.1996, BGBl. I, S. 1354.
21 *Blümel*, Die Verwaltung 74, 332; *ders.*, in W. Weber-FS, S. 539 (561 f.).

effektiv zu vertreten.[22] Hieran hat sich auch durch die Verringerung der »Massenschwelle« von 300 auf 50 Ladungen nichts geändert. Die Regelung stellt nach wie vor einen angemessenen Ausgleich zwischen dem individuellen Rechtsschutzinteresse des Einzelnen einerseits und den Belangen einer effektiven Verwaltung andererseits dar.[23]

aa) Die Erforderliche Zahl von Ladungen

30 Abgestellt wird in § 67 nicht auf die Zahl der zu ladenden Personen, sondern auf die Zahl der an Beteiligte[24] auszufertigenden Ladungen. Dies folgt aus Sinn und Zweck der Vorschrift, die der Verwaltungsvereinfachung dienen soll.

31 Die Unterscheidung gewinnt Bedeutung, wenn die Zahl der Ladungen geringer ist als die Zahl der zu ladenden Personen (vgl. Rdn. 17 ff.). Das ist entweder der Fall, wenn ein Beteiligter zugleich Bevollmächtigter oder gesetzlicher Vertreter eines anderen Beteiligten ist, oder wenn ein geladener Vertreter nach §§ 17 ff. zugleich Bevollmächtigter bzw. gesetzlicher Vertreter einzelner Personen ist, die von ihm insgesamt (im Massenverfahren nach § 17 oder § 18) vertreten werden oder wenn ein Bevollmächtigter oder gesetzlicher Vertreter zugleich mehrere Beteiligte vertritt.

32 Soweit Beteiligte keinen Bevollmächtigten oder gesetzlichen Vertreter haben, müssen sie einzeln geladen werden. Ist mit der Ladung einer Person die Ladung einer anderen von ihr rechtsgeschäftlich oder gesetzlich vertretenen Person oder deren mehreren verbunden, so liegt nur eine einzige Ladung vor. Die Ladung eines gemeinsamen Vertreters nach §§ 17 ff. anstelle der von ihm Vertretenen (vgl. Rdn. 19) ist ebenfalls lediglich eine einzige Ladung, sodass außer ihr mindestens noch 50 weitere Einzelladungen ersetzt werden müssen, damit die Voraussetzungen einer öffentlichen Bekanntmachung nach Abs. 4 erfüllt sind.[25]

bb) Maßgebender Zeitpunkt für deren Berechnung

33 Für die Berechnung der Zahl der zu ladenden Beteiligten sind die Verhältnisse maßgebend, die der Behörde im Zeitpunkt der Absendung der Ladung bzw. der Veranlassung der öffentlichen Bekanntmachung[26] bekannt sind.

cc) Ersetzung als Ermessensentscheidung

34 Sind mehr als 50 Ladungen vorzunehmen, so kann die Behörde im Rahmen ihres Ermessens darüber entscheiden, ob sie einer Einzelladung oder der öffentlichen Bekanntmachung den Vorzug geben will.[27] Da jede Art der Ladung die berechtigten

22 Stelkens/Bonk/Sachs/*Sachs/Kamp*, § 67 Rn. 13; BVerwG, Urt. v. 27.05.1983 – 4 C 40/81, u. a., BVerwGE 67, 206, 209; BVerfG NJW 1985, 729.

23 BT-Drucks. 13/3995, S. 7 f.

24 Also nicht auch Landungen von Zeugen und Sachverständigen, ebenso: Stelkens/Bonk/Sachs/*Sachs*, § 67 Rn. 14; Kopp/Ramsauer, § 67 Rn. 10.

25 A.A. Stelkens/Bonk/Sachs/*Sachs/Kamp*, § 67 Rn. 15.

26 Stelkens/Bonk/Sachs/*Sachs/Kamp*, § 67 Rn. 16 stellt dagegen auf den Tag zuvor ab.

27 Stelkens/Bonk/Sachs/*Sachs/Kamp*, § 67 Rn. 17.

Interessen der Beteiligten berücksichtigt, ist eine Ermessensfehlerhaftigkeit der Wahl der Ladung (im Sinne einer Rechtswidrigkeit ggü. den Beteiligten) ausgeschlossen.

Gründe, die für eine öffentliche Bekanntmachung sprechen, sind u. a. eine Vermin- 35
derung des Verwaltungsaufwands, eine damit zusammenhängende Kostenersparnis sowie die Vermeidung von Ladungsfehlern (mit ihren negativen Folgen für das weitere Verfahren).[28]

Eine Einzelladung ist stets dann vorzunehmen, wenn die in Satz 5 angeordnete Min- 36
destfrist von 2 Wochen nicht mehr eingehalten werden kann, die Wahrung der für Einzelladungen erforderlichen angemessenen Frist i.S.d. Satzes 2 (vgl. Rdn. 22 ff.) aber noch möglich ist.

dd) Ersetzung durch »öffentliche Bekanntmachung« (Abs. 1 Satz 5 und 6)

Satz 5 schreibt genau vor, auf welche Weise die öffentliche Bekanntmachung bewirkt 37
werden muss. Inhaltliche Minimalvoraussetzungen für die Bekanntmachung sind dabei die Bekanntgabe des Verhandlungstermins und der Hinweis nach Satz 3.

Die Bekanntmachung ist vorzunehmen im amtlichen Veröffentlichungsblatt der Be- 38
hörde (vgl. § 63 Rdn. 24 f.) und außerdem in örtlichen Tageszeitungen, die in dem Bereich verbreitet sind, in dem sich die Entscheidung voraussichtlich auswirken wird (vgl. § 63 Rn. 26 ff.). Sofern vorhanden, muss die Bekanntmachung aufgrund des im Gesetzestext verwendeten Plurals mindestens in zwei Tageszeitungen erfolgen.[29]

Verfügt eine Behörde über kein amtliches Veröffentlichungsblatt, tritt an die Stelle 39
einer Bekanntmachung in einem solchen die Bekanntmachung in der Tageszeitung, die die Funktion eines amtlichen Veröffentlichungsblattes wahrnimmt.[30] Darüber hinaus bleibt die Verpflichtung zur Wiedergabe der Bekanntmachung in zwei weiteren örtlichen Tageszeitungen unberührt. Wird jedoch die Funktion eines amtlichen Veröffentlichungsblattes von der einzigen örtlichen Tageszeitung wahrgenommen, die in dem voraussichtlichen Auswirkungsbereich der Entscheidung verbreitet ist, so entfällt eine weitere Bekanntmachung.

Die Bekanntmachung muss mindestens 2 Wochen vorher, d.h. vor dem Verhand- 40
lungstermin, erfolgen. Letztmöglicher Bekanntmachungstermin ist somit der fünfzehnte Tag vor dem Verhandlungstermin als erster Tag der dem Verhandlungstermin vorausgehenden 2 Wochen.[31] Ist z.B. als Verhandlungstermin Mittwoch, der 20.02., bestimmt, so muss die öffentliche Bekanntmachung spätestens am Mittwoch, dem 06.02., erfolgen.

Satz 6 lässt für die Frist nach Satz 5 die Bekanntgabe im öffentlichen Veröffentli- 41
chungsblatt maßgebend sein. Diese Bestimmung soll den Beteiligten die Feststellung

28 Vgl. zu den Folgen von Ladungsfehlern Rdn. 74 ff.
29 Stelkens/Bonk/Sachs/*Sachs/Kamp*, § 67 Rn. 1.
30 Stelkens/Bonk/Sachs/*Sachs/Kamp*, § 67 Rn. 19; Kopp/Ramsauer, § 67 Rn. 11.
31 Kopp/Ramsauer, § 67 Rn. 11a.

der Wahrung bzw. Verletzung der gesetzlichen Frist von 2 Wochen dadurch erleichtern, dass sie nur den Zeitpunkt der Veröffentlichung im amtlichen Veröffentlichungsblatt feststellen und nicht auch die zusätzliche Bekanntmachung in einer bzw. in mehreren örtlichen Tageszeitungen verfolgen müssen.

42 Nimmt eine örtliche Tageszeitung die Funktion des amtlichen Veröffentlichungsblattes wahr, so ist die Bekanntmachung in ihr für die Frist nach Satz 5 maßgebend.

43 Der Hinweis nach Satz 3 ist rechtlich in gleicher Weise zu beurteilen wie bei einer Einzelladung (vgl. Rdn. 25 ff.).

II. Entscheidung ohne mündliche Verhandlung (Abs. 2)

44 Nach Abs. 2 kann die Behörde unter bestimmten Voraussetzungen ohne mündliche Verhandlung entscheiden. Dadurch soll verhindert werden, dass die mündliche Verhandlung zu einer leeren Formalität[32] erstarrt, wenn sie wegen des Einverständnisses der Beteiligten überflüssig ist (Nr. 1 bis 4) bzw. einer drohenden Gefahr nicht rechtzeitig begegnet werden kann (Nr. 5).

1. Voraussetzungen für die Entscheidung ohne mündliche Verhandlung

a) Entscheidung im Einvernehmen mit allen Beteiligten (Nr. 1)

45 Der Antrag muss auf eine Entscheidung i.S.d. § 69 gerichtet sein und die Zustimmung aller übrigen Beteiligten finden.

46 Ein Einvernehmen nur über einen Teil eines Antrags oder ein nur unter einigen Beteiligten erzieltes Einvernehmen genügt nicht. Ist eine Begünstigung beantragt und will die Behörde über den gestellten Antrag hinausgehen, so muss feststehen, dass alle Beteiligten damit einverstanden sind.

47 In welcher Form die Erklärung des Einvernehmens erfolgen muss, ist unklar. Nach dem reinen Wortlaut, der keine bestimmte Form verlangt, müsste auch konkludent erklärtes Einvernehmen genügen.[33] Aus Gründen der Rechtssicherheit empfiehlt es sich jedoch, die Erklärung des Einvernehmens ausdrücklich bestätigen zu lassen.

b) Keine Einwendung gegen die vorgesehene Maßnahme innerhalb einer hierfür gesetzten Frist (Nr. 2)

48 Unter Maßnahme i.S.d. Nr. 2 ist die Entscheidung nach § 69 zu verstehen. Die Wirkung der Nichterhebung von Einwendungen tritt jedoch nur ein, wenn die Behörde den Beteiligten den wesentlichen Inhalt der beabsichtigten Entscheidung mitgeteilt und gleichzeitig darauf hingewiesen hat, dass dagegen innerhalb einer bestimmten Frist Einwendungen vorgebracht werden können.

---

32 EVwVerfG 1963, S. 211 zu den dem § 67 Abs. 2 Nr. 1 bis 4 entsprechenden Bestimmungen des § 53 Abs. 2 EVwVerfG 63.

33 Knack/Henneke/*Dürr*, § 67 Rn. 12.

Ein Fall der Nr. 2 ist nicht gegeben, wenn ein Beteiligter von vornherein der vorgesehenen Maßnahme widerspricht. 49

Regelmäßig wird man in dem Fehlen von Einwendungen jedoch nicht auch zugleich einen Rechtsbehelfsverzicht erblicken können. 50

c) Keine Einwendung gegen die den Beteiligten durch die Behörde mitgeteilte Absicht, ohne mündliche Verhandlung zu entscheiden (Nr. 3)

In die Mitteilung der Behörde, über ihre Absicht ohne mündliche Verhandlung zu entscheiden, ist zweckmäßigerweise ein Hinweis darauf aufzunehmen, dass das Erfordernis der mündlichen Verhandlung den Grundsatz darstellt, von dem nur unter besonderen Voraussetzungen eine Ausnahme zulässig ist. Gesetzlich vorgeschrieben ist die Aufnahme eines solchen Hinweises nicht.[34] I.Ü. ist das Recht der Beteiligten auf die Durchführung einer mündlichen Verhandlung hinreichend dadurch gewahrt, dass ihnen die Erhebung von Einwendungen innerhalb einer bestimmten Frist anheimgestellt worden ist. Unter Umständen kann sich eine Belehrungspflicht jedoch aus § 63 Abs. 2 i.V.m. § 25 ergeben. 51

Der Unterschied zu Nr. 2 liegt darin, dass der Verzicht nicht auf der Kenntnis einer bestimmten (nämlich der vorgesehenen) Entscheidung beruht, sondern von der (allgemeinen) Annahme ausgeht, die Behörde werde die richtige Entscheidung treffen. 52

d) Verzicht aller Beteiligten auf eine mündliche Verhandlung (Nr. 4)

Der Fall der Nr. 4 unterscheidet sich von Nr. 3 lediglich dadurch, dass eine von der Behörde ausgehende Initiative entfällt. Diese geht stattdessen von den Beteiligten aus, die von sich aus den Verzicht erklären. 53

Dieser Verzicht ist – klar, eindeutig und vorbehaltlos[35] – schriftlich oder mündlich zur Niederschrift bei der Behörde (vgl. § 64 Rn. 9 ff.) zu erklären. Er ist, solange die Behörde noch nicht entschieden hat, widerruflich[36] und soll aktenkundig gemacht werden. 54

Trotz eines Verzichts der Beteiligten kann die Behörde die mündliche Verhandlung durchführen, wenn sie dies für geboten hält.[37] 55

---

34 Kopp/Ramsauer, § 67 Rn. 1; a.A. Stelkens/Bonk/Sachs/*Sachs/Kamp*, § 67 Rn. 25; Knack/Henneke/*Dürr*, § 67 Rn. 12.

35 Stelkens/Bonk/Sachs/*Sachs/Kamp*, § 67 Rn. 26; Kopp/Ramsauer, § 67 Rn. 16; Knack/Henneke/*Dürr*, § 67 Rn. 13; vgl. BVerwG, Urt. v. 22.11.1957 – IV C 161.56, BVerwGE 6, 18.

36 Kopp/Ramsauer, § 67 Rn. 17; vgl. auch *Kreitl*, Der Widerruf des Verzichts auf mündliche Verhandlung – Anwendbarkeit des § 128 Abs. 2 Satz 1 ZPO im Verwaltungsprozess, BayVBl. 82, 679 ff.; a.A. Stelkens/Bonk/Sachs/*Sachs/Kamp*, § 67 Rn. 26.

37 Ebenso *Ule/Laubinger*, § 36 Rn. 4.

e) Notwendigkeit einer sofortigen Entscheidung wegen Gefahr im Verzug (Nr. 5)

56 Der Begriff der Gefahr im Verzug ist derselbe wie in § 3.

57 Notwendig ist die sofortige Entscheidung jedoch nur dann, wenn die Einsparung, der für Ladung und mündliche Verhandlung erforderlichen Zeit, die vorhandene Gefahr beseitigt oder vermindert.

58 Das Recht der Beteiligten auf Äußerung nach § 66 Abs. 1 bleibt unberührt, sofern nach den Umständen noch eine Anhörung – wenn auch in einem zeitlich begrenzten Rahmen – möglich ist.[38]

2. Verzicht auf mündliche Verhandlung als Ermessensentscheidung

59 Eine Entscheidung darüber, ob die mündliche Verhandlung entfallen soll, trifft die Behörde nach ihrem (Rechtsfolge –) Ermessen. Die Beurteilung der Tatbestandsmerkmale der Nr. 5 Gefahr im Verzug und Notwendigkeit der Entscheidung erfolgt aus der ex ante Position eines vernünftig und verständig denkenden Beamten. Beurteilungsspielräume stehen der Behörde jedoch auch insoweit nicht zu.

60 Bei der Ausübung des Rechtsfolgeermessens ist die Frage zu prüfen, ob einer Durchführung der mündlichen Verhandlung aus Gründen der Rechtsklarheit der Vorzug zu geben ist. Ist die Behörde im Fall der Nr. 5 der Auffassung, dass eine sofortige Entscheidung notwendig ist, so muss sie auf die Durchführung der mündlichen Verhandlung verzichten. Bei der Entscheidung nach Nr. 5 ist sauber zu trennen zwischen einerseits der Feststellung des Tatbestands, der die beiden Schritte Vorliegen einer Gefahr und Möglichkeit der Abwendung der Gefahr durch Verzicht auf die mündliche Verhandlung beinhaltet, und auf der anderen Seite der Ausübung des Ermessens. In die Ermessensausübung muss das Interesse der Beteiligten an einer Durchführung der mündlichen Verhandlung und der Wunsch des Gesetzgebers an ihrer grundsätzlichen Durchführung sowie der Rang der gefährdeten Rechtsgüter eingestellt werden.

3. Verzicht auf Anhörung beim Wegfall der mündlichen Verhandlung nach Nr. 1 bis 4

61 Beim Wegfall der mündlichen Verhandlung aus Konsensgründen nach Nr. 1 und 2 ist das den Wegfall bewirkende Beteiligtenverhalten zugleich als Verzicht auf eine Anhörung i.S.d. § 66 (vgl. § 66 Rdn. 15) zu verstehen, sofern nicht ein gegenteiliger Wille deutlich geworden ist.

III. Konzentration des Verfahrens auf einen Termin (Abs. 3)

1. Der Grundsatz der Verfahrensförderung und -konzentration

62 Nach Abs. 3 soll die Behörde das Verfahren so fördern, dass es möglichst in einem Verhandlungstermin erledigt werden kann. Damit ist der bereits prozessrechtlich (in

38 Stelkens/Bonk/Sachs/*Sachs/Kamp*, § 67 Rn. 27; Knack/Henneke/*Dürr*, § 67 Rn. 14.

§ 87 Satz 1 VwGO und §§ 272 ff. ZPO) und spezialgesetzlich (z.B. in § 107 BauGB) verankerte Grundsatz der Verfahrensförderung und Verfahrenskonzentration – der den allgemeinen Verfahrensgrundsatz der einfachen und zweckmäßigen Verfahrensdurchführung konkretisiert (vgl. § 10 Satz 2) – auch für das förmliche Verwaltungsverfahren als verbindlich anerkannt.

Die Verwendung des Wortes »möglichst« in Abs. 3 deutet an, dass der Gesetzgeber Fälle anerkannt hat, in denen aufgrund der Komplexität des Sachverhalts, der Fülle des Beweismaterials und der Zahl der Beteiligten die Erzielung der Entscheidungsreife nicht in einem Termin möglich ist. Im Zweifel haben die sorgfältige Ermittlung des Sachverhalts und der Grundsatz des rechtlichen Gehörs Vorrang vor der Verfahrensförderung und -konzentration.[39] 63

2. Konsequenzen für die Vorbereitung der mündlichen Verhandlung

Bei der Vorbereitung der mündlichen Verhandlung ist auf die Erzielung von Entscheidungsreife in der anstehenden mündlichen Verhandlung hinzuarbeiten. Dieses Ziel verlangt im Einzelnen, dass die Behörde sich einen Überblick über alle entscheidungserheblichen Sach- und Rechtsfragen verschafft und dazu die gestellten Anträge, die eingereichten Schriftsätze sowie die einschlägige Rechtsprechung und Literatur zur Kenntnis nimmt. Außerdem muss sie etwa erforderliche Beweise durch Vernehmung von Zeugen, die Heranziehung von Sachverständigen[40] (ggf. im Wege der gerichtlichen Erzwingung nach § 65 Abs. 2) sowie durch die Einnahme des Augenscheins erheben. Schließlich müssen auch notwendige Urkunden beschafft und Stellungnahmen anderer sachverständiger Behörden einholt werden. 64

3. Konsequenzen für die Durchführung der mündlichen Verhandlung

Bei der Durchführung der mündlichen Verhandlung ist zunächst darauf zu achten, dass die Beteiligten über den Sachstand des Verfahrens, insb. über die Ergebnisse einer Beweisaufnahme unterrichtet werden und noch bestehende Unklarheiten beseitigt werden. 65

Steht ein komplexer Verfahrensstoff zur Diskussion, so kann (entsprechend der ausdrücklichen Regelung des § 18 Abs. 2 der 9. BImSchV) die zusammengefasste Erörterung bestimmter Sachfragen in einer vom Verhandlungsleiter zu bestimmenden Reihenfolge angebracht sein. I.Ü. ist die Vorgabe einer angemessenen Zeitdauer für die Erörterung bestimmter Sachbereiche und für Einzeläußerungen durchaus zulässig, soweit die Möglichkeit einer Verlängerung im Bedarfsfall offenbleibt. Nach entsprechender Vorankündigung kann auch einem Beteiligten das Wort entzogen werden, wenn er nicht zur Sache spricht, sich wiederholt oder eine Verzögerungstaktik erkennen lässt.[41] 66

39 Stelkens/Bonk/Sachs/*Sachs/Kamp*, § 67 Rn. 28; Knack/Henneke/*Dürr*, § 67 Rn. 17.
40 Stelkens/Bonk/Sachs/*Sachs/Kamp*, § 67 Rn. 28; Kopp/Ramsauer, § 67 Rn. 18; Knack/Henneke/*Dürr*, § 67 Rn. 16.
41 BVerwG NJW 62, 124 f.

4. Weiteres Verfahren bei mangelnder Entscheidungsreife

67 Erscheinen zum Schluss der mündlichen Verhandlung noch Fragen klärungsbedürftig, so hat die Behörde eine Verlängerung der Verhandlung anzuordnen, wenn eine solche möglich und zumutbar ist.

68 Andernfalls ist entweder ein neuer Verhandlungstermin anzuberaumen oder – wenn der Zweck der mündlichen Verhandlung durch den abgeschlossenen Termin bereits im Wesentlichen erfüllt worden ist – den Beteiligten Gelegenheit zur schriftlichen Äußerung zu geben.

69 In gleicher Weise ist zu verfahren, wenn nach dem Abschluss der mündlichen Verhandlung unvorhergesehene Umstände der Entscheidungsreife entgegenstehen.

70 Wird innerhalb der (ersten) mündlichen Verhandlung ein weiterer Verhandlungstermin anberaumt, so erübrigt sich in entsprechender Anwendung des § 218 ZPO ein erneutes Ladungsverfahren nach Abs. 1 Satz 2 bis 6, soweit die Beteiligten zugegen sind, Ort und Zeit der neuen mündlichen Verhandlung zur Kenntnis nehmen und auf eine besondere Ladung verzichten.

5. Konzentrationsprobleme im Massenverfahren

71 Die Beachtung des Grundsatzes der Verfahrensförderung und der Verfahrenskonzentration in Massenverfahren wirft schwerwiegende Probleme auf.

72 Die Behörde hat die Wahl zwischen einem Massentermin und einer Masse von Terminen, die zumeist zugunsten des Massentermins getroffen wird.[42]

73 Während eine Aufteilung der Verhandlung auf mehrere Räume (in denen gleichzeitig verhandelt wird) nach § 68 Abs. 2 Satz 1 unzulässig ist, können bestimmte Verhandlungskomplexe mit eigenen Sach- und Rechtsfragen zeitlich voneinander getrennt werden, soweit dabei die Anhörungsrechte der Beteiligten gewahrt bleiben und eine sachgerechte Entscheidung i.S.d. § 69 nicht infrage gestellt wird.[43]

IV. Rechtsfolge bei Verfahrensfehlern

74 Die Folgen einer Verletzung der Vorschriften über das Erfordernis der mündlichen Verhandlung sind verschieden.

1. Unterlassung einer gebotenen mündlichen Verhandlung

75 Führt die Behörde eine gebotene mündliche Verhandlung (vgl. Rdn. 6 ff.; 43 ff.; 58 ff.) nicht durch, so ist der VA nichtig.[44] Die Auffassung des BVerwG, dass bei

---

42 Vgl. *Henle*, BayVBl. 1981, 6.

43 Vgl. auch: Kopp/Ramsauer, § 67 Rn. 20; *Henle*, BayVBl. 1981, 7 f.

44 Knack/Henneke/*Dürr*, § 67 Rn. 15; *Hill*, S. 126; a.A. BVerwG NVwZ 1984, 578 f. (regelmäßig nicht nichtig); Kopp/Ramsauer, § 67 Rn. 22; Stelkens/Bonk/Sachs/*Sachs/Kamp*, § 67 Rn. 31.

Verfahrenshandlungen, die das Gesetz selbst für entbehrlich hält, eine Nichtigkeit schlechthin nicht eintreten kann, ist mit § 44 nicht vereinbar. Im vorliegenden Fall hat der Gesetzgeber vielmehr zu verstehen gegeben, dass die mündliche Verhandlung das Kernstück des förmlichen Verwaltungsverfahrens darstellt. Gerade dieser mündlichen Verhandlung wegen wird die Durchführung des förmlichen Verwaltungsverfahrens oftmals angeordnet. Unterbleibt dann einer der Hauptzwecke des förmlichen Verwaltungsverfahrens, liegt ein besonders schwerwiegender Mangel und damit Nichtigkeit vor. Die Ausnahmevorschriften des § 67 Abs. 2 sind überdies so klar gefasst, dass in vielen Fällen außerdem Offenkundigkeit vorliegen wird.

2. Ladungsmängel

Ein Ladungsmangel liegt vor, wenn entweder der Beteiligte überhaupt nicht oder nur 76
verspätete geladen wurde. Er führt nur dann zur Rechtswidrigkeit und damit zur Aufhebbarkeit des VA, wenn er für das Fernbleiben eines Beteiligten von der mündlichen Verhandlung ursächlich war.[45] Das ist nicht der Fall, wenn der Beteiligte ohne ordnungsgemäß geladen zu sein, von dem Verhandlungstermin so rechtzeitig Kenntnis erhalten hatte, dass ihm die Teilnahme noch möglich war, trotz des Ladungsfehlers erschienen ist,[46] auch im Fall einer ordnungsgemäßen Ladung nicht erschienen wäre.

3. Heilbarkeit und Unbeachtlichkeit der Mängel

Alle zur Aufhebbarkeit des VA führenden Mängel sind nach § 45 Abs. 1 Nr. 3 i.V.m. 77
§ 45 Abs. 2 heilbar und unter den Voraussetzungen des § 46 im verwaltungsgerichtlichen Verfahren unbeachtlich.[47]

4. Verfahren zur Rüge der Verfahrensmängel

Sie können i.Ü. nach § 44a Satz 1 VwGO nur gleichzeitig mit dem gegen die Sachent- 78
scheidung zulässigen Rechtsbehelf geltend gemacht werden.[48]

C. Verfahrensvorschriften des Sozialrechts sowie Verwaltungsverfahrensrecht der Länder

Die Landesverwaltungsverfahrensgesetze enthalten wortgleiche Vorschriften. § 134 79
shLVwG lässt die Verfahrensvereinfachungen bei Massenverfahren weiterhin erst ab 300 Ladungen zu. Vergleichbare Bestimmungen sind außerdem in zahlreichen anderen Gesetzen zu finden (z.B. § 10 BImSchG i.V.m. §§ 14 ff. 9. BImSchV, § 14 PBefG).

45 BVerwG JR 69, 33.
46 *Hill*, S. 127.
47 *Hill*, S. 126.
48 *Hill*, S. 127.

§ 68 Verlauf der mündlichen Verhandlung

(1) [1]Die mündliche Verhandlung ist nicht öffentlich. [2]An ihr können Vertreter der Aufsichtsbehörden und Personen, die bei der Behörde zur Ausbildung beschäftigt sind, teilnehmen. [3]Anderen Personen kann der Verhandlungsleiter die Anwesenheit gestatten, wenn kein Beteiligter widerspricht.

(2) [1]Der Verhandlungsleiter hat die Sache mit den Beteiligten zu erörtern. [2]Er hat darauf hinzuwirken, dass unklare Anträge erläutert, sachdienliche Anträge gestellt, ungenügende Angaben ergänzt sowie alle für die Feststellung des Sachverhalts wesentlichen Erklärungen abgegeben werden.

(3) [1]Der Verhandlungsleiter ist für die Ordnung verantwortlich. [2]Er kann Personen, die seine Anordnungen nicht befolgen, entfernen lassen. [3]Die Verhandlung kann ohne diese Personen fortgesetzt werden.

(4) [1]Über die mündliche Verhandlung ist eine Niederschrift zu fertigen. [2]Die Niederschrift muss Angaben enthalten über
1. den Ort und den Tag der Verhandlung,
2. die Namen des Verhandlungsleiters, der erschienenen Beteiligten, Zeugen und Sachverständigen,
3. den behandelten Verfahrensgegenstand und die gestellten Anträge,
4. den wesentlichen Inhalt der Aussagen der Zeugen und Sachverständigen,
5. das Ergebnis eines Augenscheines.

[3]Die Niederschrift ist von dem Verhandlungsleiter und, soweit ein Schriftführer hinzugezogen worden ist, auch von diesem zu unterzeichnen. [4]Der Aufnahme in die Verhandlungsniederschrift steht die Aufnahme in eine Schrift gleich, die ihr als Anlage beigefügt und als solche bezeichnet ist; auf die Anlage ist in der Verhandlungsniederschrift hinzuweisen.

Übersicht — Rdn.

A. Allgemeines und Grundsätze

Bis auf kleinere Änderungen entsprechen die ersten drei Absätze dem § 53 EVwVerfG 1963. Abs. 4 wurde dagegen weiter präzisiert und im Gesetzgebungsverfahren um die Möglichkeit ergänzt, der Niederschrift Anlagen hinzuzufügen. Die Vorschrift lehnt sich darüber hinaus an früher entstandene spezialgesetzliche Vorschriften an.[1] 1

1 Wolff/Bachof/Stober/Kluth Bd. 3, § 156 Rn. 46 f.; § 157 Rn. 2 ff.

2 Sie regelt den Verlauf der mündlichen Verhandlung und bestimmt im Einzelnen die anwesenheitsberechtigten Personen (Abs. 1), die Pflichten des Verhandlungsleiters hinsichtlich der Erörterung der Sache (Abs. 2) und der Aufrechterhaltung der Ordnung (Abs. 3) sowie die Anfertigung einer Niederschrift über die mündliche Verhandlung (Abs. 4). Sie ist dem gerichtlichen Verfahren angenähert (vgl. §§ 103 ff. VwGO, 176 ff. GVG; 159 ff. ZPO), aber weder in ihrem Ablauf noch in ihrer Funktion identisch (vgl. auch § 67 Rdn. 3 f., 6 ff.).[2]

3 Zweck der Regelung ist es, einen effektiven Verlauf der mündlichen Verhandlung in sachlicher Stimmung zu gewährleisten. Die zu fertigende Niederschrift soll die für die Entscheidung wesentlichen Gesichtspunkte zusammenfassen und den Nachweis der Gesetzmäßigkeit der Verhandlungsführung erleichtern.

4 Außerhalb des förmlichen Verwaltungsverfahrens ist sie bei Erörterungsterminen im Planfeststellungsverfahren nach § 73 Abs. 6 Satz 6 sowie im Umweltverträglichkeitsprüfungsverfahren gem. § 9 Abs. 1 Satz 2 UVPG i.V.m. § 73 Abs. 6 Satz 6 anzuwenden.

5 Bei förmlichen Verwaltungsverfahren vor Kollegialorganen (z.B. Ausschüsse, vgl. § 88) wird die Vorschrift durch die §§ 71 und 89 ergänzt.

B. Die Vorschrift im Einzelnen

I. Die Anwesenheitsberechtigten (Abs. 1)

6 Abs. 1 befasst sich mit dem Kreis der Anwesenheitsberechtigten. Insgesamt werden vier Gruppen von Personen mit unterschiedlichem Anwesenheitsrecht unterschieden. Zu nennen sind zunächst diejenigen Personen, die kraft Natur der Sache ohne Weiteres anwesenheitsberechtigt sind. Der Gesetzgeber hat darauf verzichtet, sie gesondert aufzuzählen. Des Weiteren können bestimmte Personen, die nicht zu dem genannten engen Kreis gehören, entweder jederzeit oder zumindest nach Gestattung durch den Verhandlungsleiter und die Beteiligten, an der Sitzung teilnehmen. Allen übrigen Personen ist der Zutritt verwehrt.

7 Satz 1 der Vorschrift enthält den Grundsatz der Nichtöffentlichkeit der mündliche Verhandlung. Satz 2 und 3 enthalten Ausnahmen von diesem Grundsatz.

1. Der Grundsatz der Nichtöffentlichkeit (Abs. 1 Satz 1)

a) Bedeutung

8 Der bereits in verschiedenen Spezialvorschriften (z.B. in § 12 Abs. 1 AtVfV) verankerte Grundsatz der Nichtöffentlichkeit verlangt, dass – zum Schutz der persönlichen Sphäre[3] sowie der Unbefangenheit der Beteiligten und zur Wahrung der Objektivität der entscheidenden Amtsträger[4] – nicht jeder beliebige Zuhörer Zutritt haben kann.[5] Ausnahmen sind nach Satz 3 nur zulässig, wenn kein Beteiligter widerspricht.

2 Stelkens/Bonk/Sachs/Sachs/Kamp, § 68 Rn. 1.
3 EVwVerfG 1963, Begr. S. 211 f.
4 BVerwGE 45, 351 (356); Kopp/Ramsauer, § 68 Rn. 3.
5 BVerwGE 45, 351 (354).

Es wäre ohne Weiteres denkbar, die mündliche Verhandlung im förmlichen Verwaltungsverfahren auch öffentlich zu gestalten. Der Gesetzgeber hat in diesem Fall allerdings dem Recht auf informationelle Selbstbestimmung[6] der Beteiligten den Vorzug gegenüber dem Informationsinteresse der Allgemeinheit den Vorrang gegeben. 9

b) Die originär Teilnahmeberechtigten

Teilnahmeberechtigt sind – von den in Satz 2 (vgl. Rdn. 13 ff.) und 3 (vgl. Rdn. 18 ff.) genannten Personen abgesehen – ohne Weiteres diejenigen Personen, deren Anwesenheit conditio sine qua non für eine ordnungsgemäße Durchführung der mündlichen Verhandlung ist. Der Gesetzgeber hat diese Personen in § 68 Abs. 1 nicht gesondert erwähnt, da ihre Anwesenheitsrechte bereits durch bloße Anordnung einer mündlichen Verhandlung ausgesprochen werden. 10

Ohne Weiteres teilnehmen können danach an einer mündlichen Verhandlung die Beteiligten nach § 13,[7] deren Bevollmächtigte und Beistände nach § 14, ihre Vertreter von Amts wegen nach § 16 sowie Vertreter nach §§ 17 ff. (vgl. § 67 Rdn. 9 ff.). Gleiches gilt für Zeugen und Sachverständige nach § 26 Abs. 1 Nr. 2 und § 65 Abs. 1, soweit die Beweiserhebung in der mündlichen Verhandlung stattfindet. 11

Schließlich gehören zu den Mitarbeitern der entscheidenden Behörde der Verhandlungsleiter nach Abs. 2 Satz 1, sein Vertreter, der Schriftführer nach Abs. 4 Satz 3 und sonstige Bedienstete[8] der entscheidenden Behörde, die der Behördenleiter aus sachlichen Gründen (z.B. weil sie aufgrund Einzelweisung oder Geschäftsverteilungsplan an der Entscheidung mitwirken oder sich in die betreffende Materie einarbeiten sollen) zur Teilnahme bestimmt sowie Vertreter anderer Behörden, die an der Entscheidung mitzuwirken haben,[9] zu den ohne Weiteres zur Anwesenheit Berechtigten. 12

2. Teilnahmeberechtigung weiterer Personengruppen (Abs. 1 Satz 2)

In Satz 2 hat der Gesetzgeber zwei weiteren Personengruppen die Teilnahme an der mündlichen Verhandlung erlaubt. Da die mündliche Verhandlung auch ohne sie stattfinden könnte, war eine gesonderte Aufzählung beider Gruppen in der Vorschrift erforderlich. Der Verhandlungsleiter muss in den Fällen des Satz 2 die Teilnahmeberechtigung überprüfen. Ihm steht jedoch kein Entscheidungsspielraum zu. Bei Vorliegen der Voraussetzungen des Satz 2 muss er die Teilnahme gestatten. 13

a) Die Vertreter der Aufsichtsbehörden

Teilnahmeberechtigte Vertreter der Aufsichtsbehörden sind zunächst die Leiter von (Rechts-, Fach- und Dienst –) Aufsichtsbehörden sowie deren Vertreter. Daneben 14

6 Vgl. BVerfGE 77, 121, 125; BVerfG NVwZ 1990, 1162 f.
7 Zur Prüfung der Eigenschaft als Beteiligter und der Einlasskontrolle bei Massenverfahren vgl. *Büllesbach/Diercks*, DVBl 1991, 471.
8 BVerwG DÖV 1995, 607; Knack/Henneke/*Dürr*, § 68 Rn. 6.
9 *Hirsch/Schmidt-Didczuhn*, DVBl 1991, 433.

dürfen auch sonstige Bedienstete der genannten Behörden bei Vorliegen sachlicher Gründe durch die genannten Behördenleiter zur Teilnahme an der mündlichen Verhandlung bestimmt werden.

b) Die bei der Behörde zur Ausbildung beschäftigten Personen

15 Als Personen, die bei der Behörde zur Ausbildung beschäftigt sind, kommen in Betracht Referendare, Beamtenanwärter, Studenten der Rechtswissenschaft, die ihre praktische Studienzeit gem. § 5a Abs. 3 Satz 2 DRiG ableisten[10] sowie von anderen Behörden zur Einarbeitung in bestimmte Sachgebiete abgeordnete Beamte.

16 Die Frage, wer über die Teilnahme dieser Personen entscheidet, ist strittig.[11] Eine systemgerechte Lösung lässt sich nur finden, wenn man die jeweiligen Kompetenzbereiche von Behörden-, Verhandlungs- und Ausbildungsleiter gegeneinander abgrenzt. Wie bereits ausgeführt, hat der Verhandlungsleiter die Kompetenz, die Voraussetzungen des § 68 Abs. 2 Satz 2 zu überprüfen (vgl. Rdn. 13 ff.). Im Fall der Auszubildenden ist er also auf die Überprüfung der Eigenschaft der Person als Auszubildender beschränkt. Darüber hinaus entscheidet in allen anderen Belangen (v. a. die Ausbildung betreffend) der Leiter der Behörde, bzw. soweit ihm vom Behördenleiter übertragen der Ausbildungsleiter. Keinesfalls entscheidet jedoch der Verhandlungsleiter über Ausbildungsbelange.

17 Letzterem steht jedoch während der mündlichen Verhandlung die Ordnungsgewalt über alle bei der Behörde beschäftigten Personen zu, soweit sie ihm nicht übergeordnet sind.

3. Gestattung der Anwesenheit weiterer Personen (Abs. 1 Satz 3)

18 Satz 3 ermächtigt den Verhandlungsleiter, anderen Personen die Anwesenheit zu gestatten, wenn kein Beteiligter widerspricht. Denkbar ist sowohl die Zulassung einzelner Personen als auch der gesamten Öffentlichkeit.[12] Regelmäßig wird sich die Teilnahmegenehmigung auf die gesamte mündliche Verhandlung erstrecken, sie kann vom Verhandlungsleiter aber auch auf einzelne Abschnitte der mündlichen Verhandlung beschränkt werden.[13] Ein späterer Widerruf der Anwesenheitsgestattung ist grundsätzlich möglich und bei nachträglichem Widerspruch eines Beteiligten gegen die Anwesenheit einer Person auch geboten.[14]

---

10 Knack/Henneke/*Dürr*, § 68 Rn. 9.

11 *Kollmer*, BayVBl. 1995, 449, 450: Behördenleiter; Knack/Henneke/*Dürr*, § 68 Rn. 9: der für ihren Einsatz in der Behörde Verantwortliche; Stelkens/Bonk/Sachs/Sachs/Kamp, § 68 Rn. 10: der für die Ausbildung Verantwortliche.

12 Kopp/Ramsauer, § 68 Rn. 6; Knack/Henneke/*Dürr*, § 68 Rn. 10.

13 Stelkens/Bonk/Sachs/*Sachs/Kamp*, § 68 Rn. 12; Kopp/Ramsauer, § 68 Rn. 6.

14 Stelkens/Bonk/Sachs/*Sachs/Kamp*, § 68 Rn. 14.

Andere Personen können Berater der Beteiligten, soweit sie nicht als deren Vertreter oder Beistände teilnahmeberechtigt sind, Vertreter von Presse, Rundfunk und Fernsehen sowie sonstige Personen sein, die an der Sache interessiert sind. 19

Kein Beteiligter widerspricht, wenn alle Beteiligten nach entsprechender Unterrichtung durch den Verhandlungsleiter ausdrücklich oder konkludent zu verstehen geben, dass sie mit der Anwesenheit einer bestimmten Person einverstanden sind, bzw. wenn sich die Beteiligten einfach gar nicht äußern. 20

Problematisch ist die Frage, wann Widersprüche von Beteiligten unbeachtlich sind. Angesichts des klaren Wortlauts der Vorschrift, die auf eine solche Einschränkung des Widerspruchsrechts der Beteiligten keinen Hinweis enthält, ist davon auszugehen, dass lediglich rechtsmissbräuchliche Widersprüche unbeachtlich sind. Eine Bewertung der Gründe für den Widerspruch steht dem Verhandlungsleiter darüber hinaus nicht zu.[15] 21

Liegt kein (beachtlicher) Widerspruch eines Beteiligten vor, so entscheidet der Verhandlungsleiter über die Zulassung nach seinem Ermessen. Inwieweit dieses Ermessen verwaltungsgerichtlich nachprüfbar ist, hängt nach der Schutznormlehre davon ab, ob die Ermessensnorm im Einzelfall auch die Interessen derjenigen Personen schützt, die Zulassung zur mündlichen Verhandlung begehren. Das ist nicht von vornherein in jedem Fall auszuschließen.[16] 22

Ein formelles subjektives öffentliches Recht auf fehlerfreie Entscheidung über die Zulassung steht jedenfalls den Vertretern der Massenmedien zu, sofern sie für die Gestattung ihrer Anwesenheit ein öffentliches Informationsbedürfnis nachweisen.[17] 23

Die Mitnahme von Ton- und Bildaufnahmegeräten ist im Hinblick auf die entsprechend anzuwendende Vorschrift des § 169 Satz 2 GVG ausgeschlossen.[18] 24

4. UVP-pflichtige Vorhaben

Bei Vorhaben, die einer Umweltverträglichkeitsprüfung zu unterziehen sind, ist die Öffentlichkeit nach Maßgabe des § 18 UVPG einzubeziehen. § 18 Abs. 1 Satz 4 UVPG verweist hierzu auf § 73 Abs. 3 Satz 1 und Abs. 5 bis 7 VwVfG, der wiederum die Vorschrift des § 68 VwVfG für anwendbar erklärt, und damit die Öffentlichkeit zumindest regelmäßig ausschließt.[19] 25

---

15 Stelkens/Bonk/Sachs/*Sachs/Kamp*, § 68 Rn. 14; Knack/Henneke/*Dürr*, § 68 Rn. 10, Rn. 10.

16 Stelkens/Bonk/Sachs/*Sachs/Kamp*, § 68 Rn. 13; Kopp/Ramsauer, § 68 Rn. 6.

17 Stelkens/Bonk/Sachs/*Sachs/Kamp*, § 68 Rn. 14; Kopp/Ramsauer, § 68 Rn. 6; *Büllesbach/Diercks*, DVBl 1991, 474; BVerfGE 50, 234 (239 ff).

18 Knack/Henneke/*Dürr*, § 68 Rn. 10.

19 *Weber/Hellmann*, Das Gesetz über die Umweltverträglichkeitsprüfung (UVP-Gesetz), NJW 1990, 1630; *Kollmer*, UPR 1995, 133 f.; *Porzner/Kollmer*, DÖV 1995, 580; *Hoppe*, UVPG § 9 Rn. 25; Knack/Henneke/*Dürr*, § 68 Rn. 11.

26 Problematisch ist dieses Ergebnis aufgrund der Formulierung des Art. 6 der Richtlinie 2011/92/EU vom 13.12.2011[20] in der Fassung des Art. 3 Nr. 6 der Richtlinie 2014/52/EU vom 16.04.2014[21], die dem UVPG zugrunde liegt. Die Vorschrift verlangt in Abs. 2, eine wirksame Beteiligung der betroffenen Öffentlichkeit in den Entscheidungsverfahren zu gewährleisten und in Abs. 4 eine frühzeitige und effektive Möglichkeit der betroffenen Öffentlichkeit, sich an umweltbezogenen Entscheidungsverfahren zu beteiligen. Zu diesem Zweck hat die betroffene Öffentlichkeit das Recht, der zuständigen Behörde gegenüber Stellung zu nehmen und Meinungen zu äußern, wenn alle Optionen noch offen stehen und bevor die Entscheidung über den Genehmigungsantrag getroffen wird. Da jedoch in Verfahren, die unter das UVPG fallen, den Beteiligten diejenigen Personen gleichstehen, die im Verfahren zulässige Einwendungen erhoben haben, liegt ein Verstoß gegen Art. 6 der Richtlinie im Ergebnis nicht vor. Die Personen, die im Verfahren zulässige Einwendungen erhoben haben, werden nämlich auch hinsichtlich ihrer Teilnahme an der mündlichen Verhandlung Beteiligten gleichgestellt. Der Kreis, der zur Teilnahme an der mündlichen Verhandlung Berechtigten, entspricht somit ungefähr der »betroffenen Öffentlichkeit« i.S.d. Richtlinie.[22]

5. Folgen einer unberechtigten Teilnahme

27 Die unberechtigte Teilnahme einer Person an der mündlichen Verhandlung bewirkt regelmäßig die Rechtswidrigkeit (Aufhebbarkeit) des VA, wenn sie von einem Beteiligten beanstandet worden ist, weil dieser in der Anwesenheit des Dritten eine Beeinträchtigung seiner persönlichen Sphäre, der Unbefangenheit der übrigen Beteiligten oder der für die Entscheidung verantwortlichen Amtsträger erblickt hat.[23] Eine Aufhebung des VA ist nur dann nach § 46 ausgeschlossen, wenn keine andere Entscheidung in der Sache hätte getroffen werden können.[24]

28 Sofern schutzwürdige Rechte einzelner Beteiligter durch unberechtigte Zulassung anderer Personen zur mündlichen Verhandlung verletzt werden, ist auch vor oder während der mündlichen Verhandlung Rechtsschutz v. a. nach §§ 44a Satz 2, 80 oder 123 VwGO denkbar.[25]

II. Die Erörterung der Sache (Abs. 2)

29 Abs. 2 behandelt die Pflichten des Verhandlungsleiters hinsichtlich der Erörterung der Sache.

---

20 ABl. L 26 vom 28.01.2012, S. 1 ff.
21 ABl. L 124/1vom 25.04.2014, S. 1 ff.
22 Knack/Henneke/*Dürr*, § 68 Rn. 11.
23 BVerwG, Urt. v. 17.07.1974 – VI C 34.73, BVerwGE 45, 351 (356); a.A. ohne Begründung Kopp/Ramsauer, § 68 Rn. 3a; vgl. dazu auch Stelkens/Bonk/Sachs/*Sachs/Kamp*, § 68 Rn. 15.
24 BVerwG NVwZ 2016, 1641 (1642).
25 Kopp/Ramsauer, § 68 Rn. 4.

1. Die Pflicht des Verhandlungsleiters zur Erörterung der Sache mit den Beteiligten (Satz 1)

Nach (dem § 104 Abs. 1 VwGO nachgebildeten) Satz 1 hat der Verhandlungsleiter die Sache mit den Beteiligten (in der durch Satz 2 näher festgelegten Weise [vgl. Rdn. 45 ff.] unter Aufrechterhaltung der Ordnung nach Abs. 3 [vgl. Rdn. 38 ff.]) zu erörtern. Der Verhandlungsleiter ist die wesentliche Person für die Durchführung der mündlichen Verhandlung. § 68 spricht stets nur von einem Verhandlungsleiter. Die Aufteilung der mündlichen Verhandlung in mehrere Parallelveranstaltungen ist daher unzulässig.[26] 30

a) Der Verhandlungsleiter

Verhandlungsleiter kann entweder der Leiter der Behörde sein, vor der die mündliche Verhandlung stattfindet oder ein von diesem bestimmter Bediensteter, der im Außenverhältnis und nach dem Geschäftsverteilungsplan befugt ist, eine Entscheidung der anstehenden Art zu treffen.[27] 31

Auch ohne behördliche explizite gesetzliche Bestimmung muss der Verhandlungsleiter stets der entscheidenden Behörde angehören.[28] 32

Der Verhandlungsleiter hat – in entsprechender Anwendung der für den Vorsitzenden eines Ausschusses geltenden Regelung des § 89 – die Verhandlung zu eröffnen, zu leiten und zu schließen. 33

b) Die Erörterung mit den Beteiligten

Die Erörterung mit den Beteiligten soll sicherstellen, dass diese ihre Rechte wahrnehmen und alle wesentlichen Beurteilungsgrundlagen in den Entscheidungsprozess einbringen. Auf diese Weise können sich alle Beteiligten auf die entscheidungserheblichen Fragen einstellen und mit ihrem Vorbringen darauf reagieren. 34

aa) Gegenstand der Erörterung

Gegenstand der Erörterung ist die Klärung des Sachverhalts und des anzuwendenden Rechts. Die Erörterung muss sich daher auf den gesamten Verhandlungsgegenstand erstrecken. 35

bb) Durchführung der mündlichen Verhandlung

Anders als im gerichtlichen Verfahren nach § 103 VwGO ist die Art und Weise der Durchführung der mündlichen Verhandlung weitgehend dem Ermessen des 36

26 Stelkens/Bonk/Sachs/*Sachs/Kamp*, § 68 Rn. 16.

27 Kopp/Ramsauer, § 68 Rn. 9; Knack/Henneke/*Dürr*, § 68 Rn. 12; *Kollmer*, BayVBl. 1995, 451.

28 Knack/Henneke/*Dürr*, § 68 Rn. 12; a.A. Kopp/Ramsauer, § 68 Rn. 9; *Bullinger*, JZ 1991, 61; *Hirsch/Schmidt-Didczuhn*, DVBl 1991, 433.

Verhandlungsleiters überlassen. Zu beachten ist allerdings die Konzentrationsmaxime des § 67 Abs. 3 (vgl. § 67 Rdn. 61 ff.).

37 Die Verhandlung ist fair zu führen. Ein unzulässiger Wortentzug (vgl. Rdn. 51 ff.) ist ebenso eine Verletzung des rechtlichen Gehörs wie eine kränkende Behandlung, die den Beteiligten in Erregung versetzt und seine weitere Mitwirkung an der Verhandlung beeinträchtigt oder gar ausschließt.[29]

cc) Feststellung der Beteiligteneigenschaft bei Massenverfahren

38 Bei Massenverfahren stellt der Behördenleiter zweckmäßigerweise zu Beginn der mündlichen Verhandlung fest, welchen Personen die Beteiligteneigenschaft nach § 13 zusteht, soweit die Teilnahme an der mündlichen Verhandlung die Beteiligteneigenschaft voraussetzt.

dd) Folgen des Fernbleibens eines Beteiligten

39 Sind ordnungsgemäß geladene Beteiligte schuldhaft nicht erschienen, so kann ohne sie verhandelt werden (vgl. § 67 Rdn. 9 f.). Schuldlos fehlenden Beteiligten ist die Möglichkeit einer nachträglichen schriftlichen oder mündlichen Stellungnahme zu geben,[30] sofern die übrigen Beteiligten auf eine gemeinsame Erörterung verzichten und eine solche auch aus Sicht des Verhandlungsleiters entbehrlich ist. Andernfalls muss die mündliche Verhandlung wiederaufgenommen werden.[31]

ee) Zeitliche Beschränkung der Erörterung

40 Nach dem in § 67 Abs. 3 verankerten Grundsatz der Verfahrensförderung und der Verfahrenskonzentration ist eine zeitliche Beschränkung der Erörterung geboten.[32]

ff) Einbeziehung anderer anwesender Personen in die Erörterung mit den Beteiligten

41 Für die Einbeziehung der anderen anwesenden Personen in die Erörterung mit den Beteiligten gilt Folgendes:

42 Vertreter der Aufsichtsbehörden haben jederzeit das Recht, sich mit Fragen und Erwägungen in die Erörterung einzuschalten.

43 Eine entsprechende Befugnis kann der Verhandlungsleiter anderen Bediensteten der Behörde sowie den bei dieser zur Ausbildung beschäftigten Personen einräumen, wenn die Zügigkeit der Verhandlung dadurch nicht beeinträchtigt wird.

---

29 Vgl. BVerwGE 24, 265 (266); BVerwGE 17, 170 f.

30 BVerwG VerwRspr. 24, 355 (356); ders. DVBl 61, 745.

31 Kopp/Ramsauer, § 68 Rn. 17a.

32 Zur Konzentrationsmaxime § 67 Rn. 65 ff.; Redezeitbegrenzung: BVerwG NJW 1962, 124; BVerwGE 24, 264 (265 ff.); VGH Hessen DVBl 1978, 821.

Zeugen und Sachverständige sind zu vernehmen, sofern die Beweisaufnahme noch nicht abgeschlossen ist oder außerhalb der mündlichen Verhandlung stattgefunden hat. 44

2. Hinwirkungspflichten des Verhandlungsleiters (Satz 2)

Nach Satz 2 hat der Verhandlungsleiter darauf hinzuwirken, dass unklare Anträge erläutert, sachdienliche Anträge gestellt, ungenügende Angaben ergänzt sowie alle für die Feststellung des Sachverhalts wesentlichen Erklärungen abgegeben werden. 45

Die Hinwirkungspflicht entspricht der richterlichen Hinweispflicht nach § 139 ZPO und § 86 VwGO. Unter dem Aspekt der allgemeinen Beratungs- und Auskunftspflicht nach § 25 dient sie nicht nur der Effektivität des Verfahrens, sondern auch den berechtigten Interessen der Beteiligten. Diese sind daher – soweit erforderlich – vom Verhandlungsleiter über die ihnen zustehenden Rechte und deren angemessene Geltendmachung im Verfahren zu unterrichten. Auf diese Weise wird verhindert, dass die Beteiligten aus Unkenntnis oder Unerfahrenheit Rechtsnachteile im Verfahren erleiden. 46

Der Umfang der Hinwirkungspflicht bestimmt sich nach den Umständen des Einzelfalles. Für anwaltlich vertretene Beteiligte ist daher im Allgemeinen weniger Hinwirkung geboten als gegenüber anderen Beteiligten.[33] 47

Da die Behörde das anzuwendende Recht festzustellen hat, ist nach dem Wortlaut des Satzes 2 die Hinwirkungspflicht auf die Abgabe aller für die Feststellung des Sachverhalts wesentlichen Erklärungen beschränkt. Doch hat der Verhandlungsleiter auf jeden Fall die Konsequenzen herauszustellen, die sich aus dem anzuwendenden Recht für die Beteiligten ergeben. I.Ü. sind auch jene den Verfahrensgegenstand betreffenden Rechtsfragen zu erörtern, die die Beteiligten im Zuge der Geltendmachung ihres Anhörungsrechts (vgl. § 66 Rdn. 5 ff.) aufwerfen. 48

III. Die Aufrechterhaltung der Ordnung (Abs. 3)

Abs. 3 regelt die Ordnungsgewalt des Verhandlungsleiters. Er trägt die Verantwortung für einen geordneten äußeren Ablauf der mündlichen Verhandlung, die allen Teilnehmern die Ausübung ihrer Mitwirkungsrechte ermöglichen soll. Zu diesem Zweck werden ihm sitzungspolizeiliche Befugnisse verliehen. 49

1. Verantwortlichkeit des Verhandlungsleiters für die Ordnung (Satz 1)

a) Die zu gewährleistende Ordnung

Unter der zu gewährleistenden Ordnung ist die herkömmlicherweise der »Sitzungspolizei« unterfallende äußere Ordnung zu verstehen, die sich zeitlich für die Dauer der mündlichen Verhandlung auf die für diese örtlich benötigten Räume (Sitzungssaal, 50

33 Kopp/Ramsauer, § 68 Rn. 14; Knack/Henneke/*Dürr*, § 68 Rn. 14.

Beratungszimmer, sonstige Nebenräume) erstreckt und personell alle Teilnehmer mit Ausnahme der Vorgesetzten des Verhandlungsleiters und der Vertreter der Aufsichtsbehörden erfasst.

b) Die Ordnungsgewalt

51 Ordnungsgewalt ist der Inbegriff der dem Verhandlungsleiter zustehenden Befugnisse zur Aufrechterhaltung der Ordnung in der mündlichen Verhandlung. Sie wird vor allem betätigt durch Mahnung, Belehrung, Wortentzug, Untersagung von Zwischenrufen und – bei besonders schweren Störungen – durch Anordnung einer Entfernung aus dem Verhandlungsraum (vgl. Rdn. 54 ff.), durch Unterbrechung oder Vertagung der Verhandlung.

52 Zwar erwähnt das Gesetz nur die Entfernung störender Personen als Befugnis des Verhandlungsleiters. Eine am Zweck der Norm und dem Verhältnismäßigkeitsprinzip orientierte Auslegung ergibt jedoch, dass auch mildere, herkömmlich mit dem Begriff Sitzungspolizei verbundene Befugnisse, wie die oben genannten, dem Verhandlungsleiter zustehen.[34]

c) Ihre Abgrenzung vom Hausrecht

53 Die Ordnungsgewalt ist abzugrenzen vom Hausrecht als dem Inbegriff der Befugnisse eines Dienststellenleiters zur Abwehr und Beseitigung von Störungen in den dem Verwaltungsgebrauch unterstellten Diensträumen (durch Regelung des Zutritts und des Aufenthalts behördenfremder Personen).[35] In ihrer praktischen Bedeutung ist die Ordnungsgewalt des Verhandlungsleiters ein räumlich, zeitlich und personell begrenzter Teil des Hausrechts, der kraft Gesetzes für die Dauer der mündlichen Verhandlung dem Verhandlungsleiter übertragen ist. Dem steht nicht die Befugnis des Inhabers des Hausrechts entgegen, selbst durch geeignete Maßnahmen den ordnungsgemäßen Ablauf der mündlichen Verhandlung zu sichern, wenn Gefahr im Verzug ist.

2. Befugnis des Verhandlungsleiters zur Anordnung der Entfernung von Störern (Satz 2)

54 Nach Satz 2 kann der Verhandlungsleiter Personen, die seine Anordnungen nicht befolgen, entfernen lassen. Diese Befugnis ist im Vergleich zu § 177 GVG personell weiter gefasst, da sie sich nicht nur an die Beteiligten, sondern auch gegen ihre Bevollmächtigten richtet. Andererseits ist sie aber auch enger als die vergleichbaren Befugnisse der §§ 177 ff. GVG. Die Verhängung von Ordnungsgeldern, Ordnungshaft und Abführung ist in ihr als Rechtsfolge nämlich nicht explizit vorgesehen.

---

34 Stelkens/Bonk/Sachs/*Sachs/Kamp*, § 68 Rn. 26; Kopp/Ramsauer, § 68 Rn. 18; Knack/Henneke/*Dürr*, § 68 Rn. 15; *Büllesbach/Diercks*, DVBl 1991, 475; *Kollmer*, BayVBl. 1995, 451; OVG Nordrhein-Westfalen, Urt. v. 10.09.1982 – 15 A 1223/80, NVwZ 1983, 485 (486) für ein Rauchverbot.

35 *Ehlers*, DÖV 77, 738.

a) Voraussetzung einer solchen Anordnung

Die Entfernung aus dem Verhandlungsraum setzt nach dem Grundsatz des Übermaßverbots voraus, dass weniger einschneidende Maßnahmen keinen Erfolg gehabt haben. Außerdem muss dem Störer die Entfernung angedroht worden sein. Für eine zwangsweise Entfernung ist ggf. die Hilfe der Polizei (nach § 15 Abs. 2 Satz 2 VwVG) in Anspruch zu nehmen.[36] 55

b) Befugnis zu weitergehenden Sanktionen

Zu weitergehenden Sanktionen (wie der Verhängung einer Geldbuße oder der Festsetzung eines Ordnungsgeldes) ist der Verhandlungsleiter nur aufgrund einer spezialgesetzlichen Ermächtigung (z.B. nach § 117 Abs. 3 FlurbG) berechtigt. Dagegen kann er jederzeit eigenmächtig im Fall von Störungen zur Beruhigung der Atmosphäre eine Unterbrechung oder auch eine Vertagung der mündlichen Verhandlung anordnen (vgl. § 67 Rdn. 62 ff.). 56

Ein endgültiger Abbruch der mündlichen Verhandlung ist nur zulässig, wenn ihr Zweck im Wesentlichen erreicht ist und außerdem diejenigen Beteiligten, die ihr Anhörungsrecht nicht durch ein störendes Verhalten verwirkt haben, noch Gelegenheit zu einer nachträglichen schriftlichen oder mündlichen Stellungnahme erhalten.[37] 57

c) Die Verhängung einer Ordnungsmaßnahme als Ermessensentscheidung

Der Verhandlungsleiter entscheidet im Rahmen seines (Rechtsfolge –) Ermessens unter Wahrung des Grundsatzes der Verhältnismäßigkeit, welche Ordnungsmaßnahmen notwendig sind. 58

d) Voraussetzung eines Polizeieinsatzes

Aus Opportunitätsgründen soll die Polizei nur dann einschreiten, wenn der Verhandlungsleiter damit einverstanden ist. Fehlt dessen Einverständnis, so bemisst sich die Rechtmäßigkeit eines Polizeieinsatzes gegenüber den Störern ausschließlich nach den einschlägigen polizeirechtlichen Befugnisnormen.[38] 59

e) Rechtsschutz gegen die Ordnungsmaßnahme des Verhandlungsleiters

Anordnungen des Verhandlungsleiters nach Satz 2 sind – auch ggü. den Beteiligten – selbstständig anfechtbare VAe und keine unselbstständigen, nur nach § 44a Abs. 1 VwGO anfechtbaren Verfahrenshandlungen,[39] da sie sich als unmittelbare, selbstständig vollstreckbare Eingriffe in den Rechtskreis der Störer erweisen. 60

---

36 *Kollmer*, BayVBl. 1995, 475.

37 Ähnlich Stelkens/Bonk/Sachs/*Sachs/Kamp*, § 68 Rn. 31; ebenso Knack/Henneke/*Dürr*, § 68 Rn. 16.

38 Kopp/Ramsauer, § 68 Rn. 21; Stelkens/Bonk/Sachs/*Sachs/Kamp*, § 68 Rn. 32.

39 Kopp/Ramsauer, § 68 Rn. 22; Knack/Henneke/*Dürr*, § 68 Rn. 17; OVG Rheinland-Pfalz DVBl 1987, 1027; *Büllesbach/Diercks*, DVBl 1991, 476; *Gerhardt*, DVBl 1989, 137;

61 Außerdem kann die Rechtswidrigkeit einer Ordnungsmaßnahme auch durch Anfechtung der Sachentscheidung mit der Behauptung geltend gemacht werden, sie habe das rechtliche Gehör verletzt.[40]

3. Fortsetzung der Verhandlung ohne entfernte Personen

62 Die Zulässigkeit einer Fortsetzung der Verhandlung ohne die entfernte Person nach Satz 3 rechtfertigt sich daraus, dass jeder sein Recht auf Anwesenheit und Anhörung verwirkt, der die rechtmäßigen Anordnungen des Verhandlungsführers nicht befolgt.[41]

63 Demzufolge müssen rechtmäßig aus der Verhandlung entfernte Personen auch nicht nachträglich Gelegenheit zur Äußerung erhalten. § 66 gewährt lediglich die Möglichkeit einer Äußerung. Ist diese Möglichkeit durch eigenes fehlerhaftes Verhalten verwirkt, greift § 66 nicht mehr ein.[42]

IV. Niederschrift über die mündliche Verhandlung (Abs. 4)

64 Abs. 4 behandelt die Niederschrift über die mündliche Verhandlung. Die Verpflichtung, eine Niederschrift anzufertigen, zeigt die Bedeutung auf, die der Gesetzgeber der mündlichen Verhandlung im förmlichen Verfahren zumisst. Die Niederschrift soll die wesentlichen Geschehnisse in der mündlichen Verhandlung enthalten und damit die Prüfung der Rechtmäßigkeit des Verfahrens erleichtern.[43] Die Vorschrift lehnt sich an die entsprechenden prozessualen Normen an (vgl. z.B. §§ 105 VwGO, 159 ff. ZPO).

65 Die Richtigkeit der Niederschrift wird widerleglich vermutet.[44] Da § 165 ZPO jedoch nicht ausdrücklich für anwendbar erklärt ist, kann, vorbehaltlich entsprechender spezialgesetzlicher Vorschriften, die Beachtung der für die mündliche Verhandlung vorgeschriebenen Förmlichkeiten auch auf andere Weise bewiesen werden.[45]

1. Pflicht zur Fertigung einer Niederschrift (Satz 1)

66 Begrifflich ist die Niederschrift eine Aufzeichnung über die mündliche Verhandlung in Langschrift mit dem in Satz 2 vorgeschriebenen Inhalt.

67 Für die Fertigung der Niederschrift, die dem Verhandlungsleiter oder einem eigens eingeteilten Schriftführer obliegt, ist § 160a Abs. 1 und 3 ZPO entsprechend anwendbar. Danach kann während der mündlichen Verhandlung eine vorläufige Aufzeichnung in gebräuchlicher Kurzschrift, mit einer Kurzschriftmaschine, mit einem

---

VGH Bayern, Beschl. v. 18.07.1988 – 22 AE 88.40074, u. a., DVBl 1988, 1179; BVerwG 115, 373.

40 Kopp/Ramsauer, § 68 Rn. 22.

41 A.A. Kopp/Ramsauer, § 68 Rn. 15.

42 Stelkens/Bonk/Sachs/*Sachs/Kamp*, § 68 Rn. 30; a.A. Kopp/Ramsauer, § 68 Rn. 19a f., der Möglichkeit zur schriftlichen Äußerung verlangt.

43 BVerwG NVwZ 2016, 1641.

44 Wolff/Bachof/Stober/Kluth Bd. 3, § 156 Rn. 57.

45 Stelkens/Bonk/Sachs/*Sachs/Kamp*, § 68 Rn. 39.

Tonaufnahmegerät[46] oder durch verständliche Abkürzungen vorgenommen werden, die nach der mündlichen Verhandlung in eine Langschriftfassung umzusetzen ist. Vor einer Tonbandaufnahme sind die Beteiligten auf diese Art der vorläufigen Aufzeichnung hinzuweisen.[47]

Die vorläufigen Aufzeichnungen sind zur Niederschrift zu nehmen oder mit dieser bei der Behörde aufzubewahren. Tonbandaufzeichnungen können gelöscht werden. 68

2. Inhalt der Niederschrift (Satz 2)

Satz 2 regelt die Angaben, die die Niederschrift enthalten muss. Die Vorschrift schließt jedoch nicht aus, dass weitere Vorgänge in das Protokoll aufgenommen werden. 69

a) Mindestinhalt

Die Vorschrift entspricht der Bestimmung des § 160 Abs. 1 Nr. 1 und 3, Abs. 2 sowie Abs. 3 Nr. 4 und 5 ZPO über den Inhalt des Protokolls – die nach § 105 VwGO auch für das verwaltungsgerichtliche Verfahren gilt – und verlangt als Mindestinhalt eine Aufzeichnung über fünf Punkte: 70

aa) Ort und Tag der mündlichen Verhandlung (Nr. 1)

Die Angabe von Ort und Tag der mündlichen Verhandlung (nach Nr. 1) ist eine unentbehrliche Formalität. 71

bb) Namen erschienener Personen (Nr. 2)

Nr. 2 gebietet mit der Aufnahme der Namen des Verhandlungsleiters, der erschienenen Beteiligten, Zeugen und Sachverständigen die Erfassung aller unmittelbar in das Verfahren einbezogenen Personen. Lediglich die nach Abs. 1 Satz 2 und 3 teilnehmenden sonstigen Anwesenden sind nicht im Protokoll zu vermerken. Bei einer größeren Zahl von Teilnehmern an der mündlichen Verhandlung ermöglicht Satz 4 die Auslegung von Anwesenheitslisten, die der Niederschrift dann als Anlage beigefügt werden können. 72

cc) Verfahrensgegenstand und gestellte Anträge (Nr. 3)

Mit der Aufzeichnung des Verfahrensgegenstands und der gestellten Anträge (nach Nr. 3) soll der Verhandlungsstoff festgehalten werden. Während der Verhandlungsgegenstand durch den zu erlassenden VA und den ihm zugrundeliegenden Lebenssachverhalt gekennzeichnet wird, können die gestellten Anträge sowohl die weitere Durchführung des Verfahrens (wie ein Vertagungsantrag) als auch den Inhalt des zu erlassenden VA (wie ein Antrag auf Erteilung einer Genehmigung unter bestimmten Auflagen) betreffen. Aus Gründen der Rechtsklarheit sind die Anträge stets wörtlich 73

46 Stelkens/Bonk/Sachs/*Sachs/Kamp*, § 68 Rn. 37; Kopp/Ramsauer, § 68 Rn. 29.
47 BVerwG NVwZ 2016, 1641; Kopp/Ramsauer, § 68 Rn. 29.

wiederzugeben.[48] Die Aufnahme der Anträge in die Niederschrift erfüllt die für ihre Stellung nach § 64 erforderliche Schriftform. Ggf. kann auf Schriftsätze verwiesen werden, sofern diese allen Beteiligten bekannt sind.

dd) Wesentlicher Inhalt der Aussagen von Zeugen und Sachverständigen (Nr. 4)

74 Der wesentliche Inhalt der Aussagen der Zeugen und Sachverständigen (nach Nr. 4) kann in der Formulierung des Verhandlungsleiters festgehalten werden, soweit kein Widerspruch erfolgt. Eine Verlesung und Genehmigung der Aussagen ist (anders als im gerichtlichen Verfahren nach § 162 Abs. 1 ZPO) nicht erforderlich, aber in schwierigen Situationen – bei denen es für die Sachverhaltsfeststellung auf Nuancen einer Aussage ankommen kann – durchaus zweckmäßig.[49]

ee) Ergebnis eines Augenscheins (Nr. 5)

75 Die Aufzeichnung des Ergebnisses eines Augenscheins (nach Nr. 5) verursacht lediglich dann keine Probleme, wenn Verhandlungsleiter und alle Beteiligten dieses Ergebnis in gleicher Weise bestimmen. Von der Auffassung des Verhandlungsleiters abweichende Bewertungen sind i.Ü. in die Niederschrift aufzunehmen.

b) Weitere Angaben

76 Zweckmäßig ist es darüber hinaus alle sonstigen Vorgänge festzuhalten, die als Beurteilungsgrundlagen für die Entscheidung gedient haben oder für deren gerichtliche Überprüfung bedeutsam sind. Das gilt für bestimmte Verhandlungsergebnisse oder andere wesentliche Tatsachen[50] wie die ordnungsgemäße Ladung, den Ausschluss eines Beteiligten von der mündlichen Verhandlung oder den Verzicht eines Beteiligten auf die Geltendmachung von Ladungsmängeln.[51]

77 In einem förmlichen Verwaltungsverfahren vor einem Ausschuss nach § 71 kommt ergänzend § 93 zur Anwendung mit der Folge, dass auch die Namen des Vorsitzenden und der anwesenden Ausschussmitglieder sowie die gefassten Beschlüsse in die Niederschrift aufzunehmen sind (vgl. § 71 Rdn. 37 ff.).

c) Einfluss der Beteiligten auf die Niederschrift

78 Die Beteiligten haben kein Recht, die Fertigung der Niederschrift und die Aufnahme ihnen wichtig erscheinender Vorgänge in diese zu verlangen.[52] Sie können lediglich eine solche Aufnahme anregen.

48 Stelkens/Bonk/Sachs/*Sachs/Kamp*, § 68 Rn. 35; Kopp/Ramsauer, § 68 Rn. 25; Knack/Henneke/*Dürr*, § 68 Rn. 19.
49 Stelkens/Bonk/Sachs/*Sachs/Kamp*, § 68 Rn. 35; Kopp/Ramsauer, § 68 Rn. 25.
50 BT-Drucks. 7/910, S. 85.
51 *Meyer/Borgs*, § 68 Rn. 7.
52 A.A. Kopp/Ramsauer, § 68 Rn. 20: bei Vorliegen eines berechtigten Interesses.

3. Unterzeichnung der Niederschrift (Satz 3)

Nach Satz 3 ist die Niederschrift von dem Verhandlungsleiter und, soweit ein Schriftführer hinzugezogen worden ist, auch von diesem zu unterzeichnen. Erst die ordnungsgemäße Unterzeichnung (vgl. § 37) verleiht der Niederschrift den Charakter einer öffentlichen Urkunde i.S.d. § 415 ZPO. Die Unterschrift kann auch nachträglich geleistet werden, wenn die Entscheidung bereits getroffen ist und gegen sie Rechtsbehelfe eingelegt worden sind.[53] 79

4. Anlagen zur Niederschrift (Satz 5)

Satz 4 stellt der Aufnahme in die Verhandlungsniederschrift die Aufnahme in eine als Anlage beigefügte und als solche bezeichnete Schrift gleich, sofern in der Verhandlungsniederschrift auf die Anlage hingewiesen ist. 80

Die der spezialgesetzlichen Regelung des § 129 Abs. 2 FlurbG wörtlich entsprechende Bestimmung trägt den Bedürfnissen der Praxis Rechnung,[54] indem sie die Möglichkeit bietet, die eigentliche Niederschrift durch die Herausnahme umfangreicher, aber für die Sachentscheidung im Allgemeinen unwesentlicher Aufzeichnungskomplexe (z.B. von Anwesenheitslisten) übersichtlich zu halten. 81

Das beigefügte Schriftstück selbst, das keiner Unterschrift bedarf, sollte zweckmäßigerweise als Anlage zur Verhandlungsniederschrift bezeichnet sein,[55] auch wenn dies gesetzlich nicht vorgeschrieben ist. 82

5. Folgen eines Verstoßes gegen Satz 5

Verstöße gegen Abs. 4 sind rechtlich nur insoweit bedeutsam, als sie zu einer falschen Würdigung des Verhandlungsablaufs führen und dadurch die Rechtswidrigkeit der Entscheidung bewirken. Das gilt auch, wenn überhaupt keine Niederschrift aufgenommen worden ist. 83

Die Beteiligten können daher die Unterlassung oder die Fehlerhaftigkeit der Niederschrift nicht mit einem Rechtsbehelf rügen. Sie haben lediglich die Möglichkeit, die Entscheidung als solche mit dem Hinweis anzufechten, dass die ihr zugrunde gelegten (und in der Niederschrift festgehaltenen) Tatsachen unrichtig sind. 84

6. Berichtigungsmöglichkeiten

Sind nicht alle nach Satz 2 erforderlichen Angaben in der Niederschrift enthalten oder entsprechen die in ihr enthaltenen Angaben nicht den Tatsachen, so ist nach vorheriger Anhörung der Beteiligten eine Berichtigung durch den Verhandlungsleiter, bzw. 85

53 Kopp/Ramsauer, § 68 Rn. 27; vgl. BVerfGE 9, 231.
54 BT-Drucks. 7/4494, S. 10.
55 Ebenso Kopp/Ramsauer, § 68 Rn. 28; Knack/Henneke/*Dürr*, § 68 Rn. 21.

wenn ein Schriftführer hinzugezogen worden ist, durch diesen und den Schriftführer in entsprechender Anwendung des § 164 ZPO möglich.[56]

C. Verfahrensvorschriften des Sozialrechts sowie Verwaltungsverfahrensrecht der Länder

86 Die Verwaltungsverfahrensgesetze der Länder enthalten Vorschriften, die § 68 im Wesentlichen gleichen. In Baden-Württemberg wurde allerdings die bis dahin ebenfalls übereinstimmende Vorschrift des § 68 BWVwVfG durch Gesetz vom 27.05.1991 (GBl. S. 290) geändert. Abs. 1 Satz 4 und 5 dieser Vorschrift enthalten nun Belehrungspflichten der Behörde sowie das Recht eines Beteiligten, bei Geheimhaltungsinteresse in Abwesenheit anderer Beteiligter zu verhandeln.

§ 69 Entscheidung

(1) Die Behörde entscheidet unter Würdigung des Gesamtergebnisses des Verfahrens.

(2) [1]Verwaltungsakte, die das förmliche Verfahren abschließen, sind schriftlich zu erlassen, schriftlich zu begründen und den Beteiligten zuzustellen; in den Fällen des § 39 Abs. 2 Nr. 1 und 3 bedarf es einer Begründung nicht. [2]Ein elektronischer Verwaltungsakt nach Satz 1 ist mit einer dauerhaft überprüfbaren qualifizierten elektronischen Signatur zu versehen. [3]Sind mehr als 50 Zustellungen vorzunehmen, so können sie durch öffentliche Bekanntmachung ersetzt werden. [4]Die öffentliche Bekanntmachung wird dadurch bewirkt, dass der verfügende Teil des Verwaltungsaktes und die Rechtsbehelfsbelehrung im amtlichen Veröffentlichungsblatt der Behörde und außerdem in örtlichen Tageszeitungen bekannt gemacht werden, die in dem Bereich verbreitet sind, in dem sich die Entscheidung voraussichtlich auswirken wird. [5]Der Verwaltungsakt gilt mit dem Tage als zugestellt, an dem seit dem Tage der Bekanntmachung in dem amtlichen Veröffentlichungsblatt zwei Wochen verstrichen sind; hierauf ist in der Bekanntmachung hinzuweisen. [6]Nach der öffentlichen Bekanntmachung kann der Verwaltungsakt bis zum Ablauf der Rechtsbehelfsfrist von den Beteiligten schriftlich oder elektronisch angefordert werden; hierauf ist in der Bekanntmachung gleichfalls hinzuweisen.

(3) [1]Wird das förmliche Verwaltungsverfahren auf andere Weise abgeschlossen, so sind die Beteiligten hiervon zu benachrichtigen. [2]Sind mehr als 50 Benachrichtigungen vorzunehmen, so können sie durch öffentliche Bekanntmachung ersetzt werden; Absatz 2 Satz 4 gilt entsprechend.

---

56 Stelkens/Bonk/Sachs/*Sachs/Kamp*, § 68 Rn. 38, der eine Anhörung nur verlangt, soweit das Protokoll vorgelesen oder zur Durchsicht vorgelegt wurde. Teilweise a.A. Kopp/Ramsauer, § 68 Rn. 26 und Knack/Henneke/*Dürr*, § 68 Rn. 20., die Einigkeit zwischen Verhandlungsleiter und Schriftführer genügen lassen.

Übersicht

A. Allgemeines und Grundsätze

Die Vorschrift gleicht im Wesentlichen dem § 55 EVwVerfG 1963. Um die Bekanntgabe bei Massenverfahren zu erleichtern, wurden die Abs. 2 Satz 2 – 4 und Abs. 3 im Gesetzgebungsverfahren eingefügt.[1] 1

Die Vorschrift wurde durch Art. 1 Nr. 2 des GenBeschlG[2] geändert. Ein Massenverfahren, für das die Verfahrenserleichterungen des Abs. 2 Satz 2 und Abs. 3 Satz 2 2

1 Ausschussbericht zu § 69, BT-Drucks. 7/4494, S. 10.

2 Gesetz zur Beschleunigung von Genehmigungsverfahren (Genehmigungsverfahrensbeschleunigungsgesetz) vom 12.09.1996, BGBl. I, S. 1354.

gelten, liegt nunmehr bereits ab 50 (früher 300) vorzunehmenden Zustellungen bzw. Benachrichtigungen vor. Die Änderung wirkt der vor der Änderung verbreiteten Praxis von Gegnern von Großverfahren entgegen, sich zu Verzögerungszwecken auf mehrere Gruppen von jeweils knapp unter 300 Einwendern aufzuspalten und so die Beschleunigungsmöglichkeiten der Behörde zu unterlaufen.[3]

3 Abs. 2 wurde durch das Dritte Gesetzes zur Änderung verwaltungsverfahrensrechtlicher Vorschriften vom 21.08.2002[4] um Regelungen für den elektronischen Rechtsverkehr erweitert (Satz 2 und 6). Mit dem vierten Gesetz zur Änderung verwaltungsverfahrensrechtlicher Vorschriften vom 11.12.2008[5] wurde Abs. 3 redaktionell an die geänderte Fassung des Abs. 2 angepasst.

4 § 69 regelt den Abschluss des förmlichen Verwaltungsverfahrens und bestimmt im Einzelnen den der Entscheidung zugrunde zu legenden Verfahrensstoff (Abs. 1), die Form und Art der Bekanntgabe des zu erlassenden VA (Abs. 2) sowie die Benachrichtigung der Beteiligten für den Fall, dass das Verfahren auf andere Weise und nicht durch den Erlass eines VA abgeschlossen wird (Abs. 3). Die Vorschrift lehnt sich weitgehend an entsprechende Regelungen des gerichtlichen Verfahrens (§ 108 Abs. 1, 116 f. VwGO und § 286 Abs. 1 Satz 1 ZPO) an. Entsprechende Spezialvorschriften im Bundesrecht sind z.B. § 10 Abs. 7 und 8 BImSchG i.V.m. §§ 20 bis 21a 9. BImSchV sowie §§ 10 bis 12 GenTVfV.

5 Die Regelung hat einen dreifachen Zweck. Sie soll zum einen die Behörde durch Verweisung auf das zu würdigende Gesamtergebnis des Verfahrens (nach Abs. 1) und durch Bindung an strikte Form- und Bekanntgabevorschriften beim Erlass des VA (nach Abs. 2 Satz 1) zu einer Entscheidung veranlassen, die wohlerwogen ist, und damit eine besondere Garantie der Rechtmäßigkeit bietet. Des weiteren soll sie die Unterrichtung der Beteiligten von einer Verfahrensbeendigung ohne Erlass eines VA sicherstellen (Abs. 3).

6 Im Fall einer großen Zahl von Beteiligten gibt sie der Behörde die Möglichkeit, im Interesse der Verfahrensvereinfachung die (Einzel –) Zustellung des VA (nach Abs. 2 Satz 1) bzw. die Benachrichtigung von dem anderweitigen Abschluss des Verfahrens (nach Abs. 3 Satz 1) durch eine öffentliche Bekanntmachung zu ersetzen (Abs. 2 Satz 2 bis 5, Abs. 3 Satz 2).

B. Die Vorschrift im Einzelnen

I. Entscheidung unter Würdigung des Gesamtergebnisses des Verfahrens (Abs. 1)

7 Nach Abs. 1 entscheidet die Behörde unter Würdigung des Gesamtergebnisses des Verfahrens.

---

3 BT-Drucks. 13/3995, S. 7.
4 BGBl. I S. 2322.
5 BGBl. I S. 2418.

1. Die Entscheidung

Unter Entscheidung versteht das Gesetz hier lediglich den das förmliche Verfahren abschließenden VA i.S.d. Abs. 2 Satz 1. Nicht gemeint ist hier eine Verfahrensbeendigung auf andere Weise, die in Abs. 3 behandelt wird. 8

2. Würdigung des Gesamtergebnisses

Die Würdigung des Gesamtergebnisses des Verfahrens verlangt, dass die im gesamten Verfahren und nicht nur die in der mündlichen Verhandlung (vgl. § 67 Rdn. 14) – sofern eine solche überhaupt stattgefunden hat (vgl. § 67 Rdn. 45 ff.) – gewonnenen Erkenntnisse bei der Entscheidung zu verwerten sind. Da Gegenstand der mündlichen Verhandlung aber ohnehin der gesamte bis dahin eingebrachte Rechtsstoff sein muss, entfaltet Abs. 1 nur insoweit Bedeutung, als er es ermöglicht, auch solche Erkenntnisse, die erst nach Abschluss der mündlichen Verhandlung bekannt geworden sind,[6] in die Entscheidung einzubeziehen. 9

Erforderlich ist dabei stets, dass die Beteiligten sich auch zu denjenigen Tatsachen äußern konnten, die nicht Gegenstand der mündlichen Verhandlung waren. Dies gebietet der Grundsatz des rechtlichen Gehörs in § 66 (vgl. § 66 Rdn. 3 f.).[7] 10

Die Würdigung der gesamten, im Laufe des Verfahrens erzielten Erkenntnisse erfolgt, wie auch im nichtförmlichen Verwaltungsverfahren, nach dem Grundsatz der freien Beweiswürdigung.[8] Im Ergebnis bedeutet dies, dass die Behörde bei der Subsumtion nicht an Beweisregeln gebunden ist, sondern die Beweismittel und die Aussagen der Beteiligten frei beurteilen kann. Die Erwägungen müssen jedoch objektiv und logisch nachvollziehbar sein. Es müssen außerdem alle entscheidungserheblichen Umstände einbezogen werden.[9] 11

3. Die zur Entscheidung berufenen Personen

Die Verbands- und Organkompetenz zum Erlass der Entscheidung ergibt sich aus dem materiellen Recht. § 69 trifft insoweit keine Regelung. Wer innerhalb des zuständigen Organs die Entscheidung trifft, ergibt sich regelmäßig aus dem jeweiligen Geschäftsverteilungsplan, dessen Gestaltungsspielraum allerdings durch den in Abs. 1 verankerten Grundsatz der »abgeschwächten Unmittelbarkeit«[10] eingeschränkt wird. 12

Wenn nämlich die entscheidende Behörde unter Würdigung des Gesamtergebnisses des Verfahrens entscheiden muss, so bedeutet das, dass derjenige Behördenmitarbeiter, der die Entscheidung trifft, Kenntnis dieses Gesamtergebnisses haben muss. Die 13

6 BVerwGE 87, 241 (245).
7 Stelkens/Bonk/Sachs/*Sachs*, § 69 Rn. 2; Kopp/Ramsauer, § 69 Rn. 4; Knack/Henneke/*Dürr*, § 69 Rn. 4.
8 Stelkens/Bonk/Sachs/*Sachs*, § 69 Rn. 4; Kopp/Ramsauer, § 69 Rn. 6; Knack/Henneke/*Dürr*, § 69 Rn. 5 f.
9 *Peters*, Die Sachverhaltsermittlung im Verwaltungsverfahren, JuS 1991, 54 (58 f.).
10 Kopp/Ramsauer, § 69 Rn. 5.

Entscheidung ist danach vom Verhandlungsleiter oder von einem Amtsträger zu erlassen, der unter Einsichtnahme in die Niederschrift über den Verlauf der mündlichen Verhandlung und das übrige Ergebnis des Verfahrens unterrichtet wurde.[11]

14 Eine Identität zwischen den die mündliche Verhandlung durchführenden und den entscheidenden Amtsträgern ist nur im förmlichen Verfahren vor Ausschüssen nach § 71 Abs. 2 Satz 1 erforderlich[12] (vgl. § 71 Rdn. 32).

4. Zeitpunkt der Entscheidung

15 Über den Zeitpunkt der Entscheidung trifft § 69 ebenfalls keine Regelung. Es folgt jedoch aus allgemeinen Grundsätzen, dass die Entscheidung nach Entscheidungsreife des Verfahrens zu ergehen hat. Eine vergleichbare spezialgesetzliche Regelung enthält § 20 Abs. 1 9. BImSchV.

5. Die Rechtswirkungen der Entscheidung

16 Anders als § 75 im Planfeststellungsverfahren trifft § 69 über die Rechtswirkungen der Entscheidung keine Aussage. Die Rechtswirkungen ergeben sich vielmehr aus den jeweils zugrundeliegenden materiellen Vorschriften (z.B. § 22 GenTG; § 13 BImSchG).

6. UVP-pflichtige Verfahren

17 Bei UVP-pflichtigen Verfahren wird § 69 durch § 18 Abs. 1, § 19 und § 21 UVPG ergänzt, die zusätzliche Unterrichtungs- und Beteiligungspflichten enthalten. Sie erweitern die Inhalte, die die Behörde bei ihrer Entscheidung berücksichtigen muss und damit das Gesamtergebnis, das gem. § 69 Abs. 1 bei der Entscheidungsfindung gewürdigt werden muss.

II. Der Erlass des VA (Abs. 2)

18 Abs. 2 befasst sich mit den Modalitäten des Erlasses des VA. Die Vorschrift stellt eine Spezialregelung zu den allgemeinen Vorschriften der §§ 35 ff. dar.

1. Form und Zustellung der Entscheidung (Abs. 2 Satz 1)

19 Nach Satz 1 sind die das förmliche Verfahren abschließenden VAe schriftlich zu erlassen (bis auf die Fälle des § 39 Abs. 2 Nr. 1 und 3), schriftlich zu begründen und den Beteiligten zuzustellen.

---

11 Ebenso Stelkens/Bonk/Sachs/*Sachs/Kamp*, § 69 Rn. 6 f.; Kopp/Ramsauer, § 69 Rn. 5; Knack/Henneke/*Dürr*, § 69 Rn. 6.

12 Kopp/Ramsauer, § 69 Rn. 5.

a) Die das förmliche Verfahren abschließenden VAe

20 Regelmäßig wird das förmliche Verfahren durch einen VA abgeschlossen, der eine Entscheidung in der Sache trifft (indem er z.B. eine beantragte Genehmigung erteilt oder versagt). Verfahrensrechtliche Gründe bestimmen den abschließenden VA, wenn wegen Fehlens einer Sachentscheidungsvoraussetzung (z.B. einer ordnungsgemäßen Antragstellung oder der Zuständigkeit der Behörde) keine Sachentscheidung ergehen kann.[13] Lediglich solche VAe, die das Verfahren nicht wenigstens teilweise abschließen, unterfallen dem Abs. 2 nicht.

b) Schriftlicher Erlass des VA

21 Ein VA ist i.S.d. Satzes 1 schriftlich zu erlassen, wenn seine Regelung durch Schriftzeichen (in Form von Wörtern bzw. Buchstaben, Zahlen oder Schlüsselzeichen) zum Ausdruck kommt. An sich schließt der schriftliche Erlass eines VA dessen Bekanntgabe ein (vgl. § 43). Da Satz 1 aber außerdem noch die Zustellung an die Beteiligten als qualifizierte Bekanntgabeform vorsieht, kann sich die Anordnung des schriftlichen Erlasses allein auf die Schriftform des VA beziehen.

22 Ein schriftlicher VA muss nach § 37 Abs. 3 die erlassende Behörde erkennen lassen und die Unterschrift oder die Namenswiedergabe des Behördenleiters, seines Vertreters oder seines Beauftragten enthalten. Die Angabe des Datums ist zweckmäßig, aber nicht notwendig. Ein mündlich-persönliches oder fernmündliches Diktat erfüllt das Erfordernis der Schriftlichkeit auch dann nicht, wenn der Adressat den aufgezeichneten Text vorliest und sich dessen Richtigkeit von dem Bediensteten bestätigen lässt, der den VA diktiert hat.

23 Verweisungen auf technische Antragsunterlagen sind, soweit der Bestimmtheitsgrundsatz beachtet wird, zulässig.[14]

24 Anstelle eines schriftlichen VA kann auch ein VA mit einer qualifizierten elektronischen Signatur (§§ 69 Abs. 2 Satz 2, 3a Abs. 2) treten. Abs. 2 Satz 2 schreibt für die Bekanntgabe der Entscheidung im förmlichen Verfahren vor, dass die qualifizierte elektronische Signatur dauerhaft überprüfbar sein muss (vgl. hierzu § 37).

c) Schriftliche Begründung des VA

25 Die Notwendigkeit der schriftlichen Begründung eines schriftlichen VA ergibt sich bereits aus § 39 Abs. 1 Satz 1, sodass dem Begründungsgebot des § 69 Abs. 2 Satz 1 nur eine deklaratorische Bedeutung zukommt. Die Vorschrift modifiziert allerdings diejenigen Fälle, in denen nach § 39 Abs. 2 eine Begründung unterbleiben kann. Das ist im förmlichen Verwaltungsverfahren lediglich in den Fällen des § 39 Abs. 1 Nr. 1 und 3 gegeben. Für den Inhalt der Begründung gilt zunächst § 39 Abs. 1 Satz 2 und 3.

---

13 Stelkens/Bonk/Sachs/*Sachs*, § 69 Rn. 9; a.A. Kopp/Ramsauer, § 69 Rn. 7.

14 Näher *Roßnagel*, Die Genehmigung von Großvorhaben durch Verweisung auf technische Antragsunterlagen, UPR 1995, 121 ff.

26 Einer schriftlichen Begründung bedarf es wie im nicht-förmlichen Verwaltungsverfahren nicht in den Fällen des § 39 Abs. 2 Nr. 1, soweit die Behörde einem Antrag entspricht oder einer Erklärung folgt und der VA nicht in die Rechte eines anderen eingreift.

27 Ein Fall des § 39 Abs. 2 Nr. 3 ist undenkbar. Da das förmliche Verwaltungsverfahren nur ausnahmsweise aufgrund einer besonderen Rechtsvorschrift (vgl. § 63 Rdn. 4) für VAe von besonderer Tragweite (vgl. § 63 Rdn. 3) stattfindet, erscheint es ausgeschlossen, dass in einem solchen gleichartige VAe in größerer Zahl oder VAe mithilfe automatischer Einrichtungen erlassen werden.[15] Das förmliche Verwaltungsverfahren wäre dann eine bloße Farce.

28 Wegen des Subsidiaritätsprinzips ist, obwohl § 69 Abs. 2 nicht auch auf § 39 Abs. 2 Nr. 4 verweist, die Möglichkeit weiterer sondergesetzlicher Ausnahmen vom Begründungserfordernis gegeben.

d) Zustellung des VA

29 Die Zustellung richtet sich nach den Vorschriften des VwZG bzw., wenn der VA von einer Landesbehörde erlassen worden ist, nach den entsprechenden Landesgesetzen. Erst mit erfolgter Zustellung[16] ist der VA nach § 43 Abs. 1 Satz 1 bekannt gegeben und erlassen.

e) Rechtsbehelfsbelehrung

30 Eine Pflicht zur Erteilung einer Rechtsbehelfsbelehrung enthält § 69 nicht. Für Bundesbehörden greift §§ 37 Abs. 6. Im jeweiligen Landesrecht kommt es darauf an, ob eine entsprechende Verpflichtung normiert ist (vgl. z.B. § 136 Abs. 2 Satz 2 shLVwG).

2. Ersetzung der Zustellung durch öffentliche Bekanntmachung (Abs. 2 Satz 3)

31 Sind mehr als 50 (vor Änderung durch das GenBeschlG[17] 300) Zustellungen vorzunehmen, steht es nach Satz 2 im Ermessen der Behörde, ob sie statt der Einzelzustellungen eine öffentliche Bekanntmachung durchführt (vgl. § 67 Rdn. 34 ff.).

3. Bewirkung der Zustellung durch öffentliche Bekanntmachung (Abs. 2 Satz 4)

32 Nach Satz 4 wird die öffentliche Bekanntmachung i.S.d. Satzes 3 dadurch bewirkt, dass der verfügende Teil des VA und die Rechtsbehelfsbelehrung im amtlichen Veröffentlichungsblatt der Behörde und außerdem in örtlichen Tageszeitungen bekannt gemacht werden, die in dem Bereich verbreitet sind, in dem sich die Entscheidung

---

15 *Ule/Laubinger*, § 37 Rn. 3.

16 Kopp/Ramsauer, § 69 Rn. 10.

17 Gesetz zur Beschleunigung von Genehmigungsverfahren [Genehmigungsverfahrensbeschleunigungsgesetz] vom 12.09.1996, BGBl. I, S. 1354.

voraussichtlich auswirken wird. Die zusätzliche Aufnahme eines Hinweises auf die Bestimmung des fingierten Zustellungstages regelt Satz 5.

Es liegt im Ermessen der Behörde, ob sie eine Einzelzustellung oder öffentliche Be- 33
kanntmachung wählt.[18]

a) Der verfügende Teil

Der verfügende Teil des VA ist die jeweilige Regelung einschließlich etwaiger Neben- 34
bestimmungen. Er enthält neben dem eigentlichen Regelungsgehalt, die Beteiligten, die erlassende Behörde sowie die Unterschrift oder Namenswiedergabe des Amtsträgers, der die Entscheidung zu verantworten hat (vgl. § 37).

Zum verfügenden Teil gehört auch eine eventuell erfolgte Anordnung der sofortigen 35
Vollziehbarkeit.[19]

Grundsätzlich muss der volle Wortlaut des verfügenden Teils bekannt gemacht wer- 36
den. In Fällen, in denen besonders umfangreiche Regelungen erlassen werden, führt dies zu Problemen. Daher hat das BVerwG in diesen Fällen eine Bezeichnung der wesentlichen Merkmale des verfügenden Teils ausreichen lassen.[20] Diese Rechtsprechung ist angesichts des klaren Wortlauts des Abs. 2 jedoch nicht verallgemeinerungsfähig und muss auf wenige besonders umfangreiche Regelungen beschränkt bleiben.[21]

b) Die Rechtsbehelfsbelehrung

Die Aufnahme der Rechtsbehelfsbelehrung in die öffentliche Bekanntmachung ist des- 37
halb erforderlich, weil der VA allein durch die Bekanntmachung erlassen wird. Damit besteht ein Unterschied zur ortsüblichen Bekanntmachung des verfügenden Teils nach § 41 Abs. 4 Satz 1, zu der als weiterer Teil des Erlasses des VA dessen Bereithaltung zur Einsichtnahme hinzutritt. Die Gewährung einer solchen Möglichkeit ist i.R.d. Abs. 2 verzichtbar, weil die Beteiligten nach Satz 6 im Anschluss an die öffentliche Bekanntmachung eine schriftliche Bestätigung des VA anfordern können (vgl. Rdn. 44 ff.).

Zweckmäßigerweise ist in der Rechtsbehelfsbelehrung der Tag (nämlich der fingierte 38
Zustellungstag, vgl. Rdn. 41 ff.) anzugeben, an dem die Rechtsbehelfsfrist zu laufen beginnt.

Die zusätzliche Individualzustellung setzt regelmäßig eine neue Rechtsbehelfsfrist in 39
Lauf.[22]

---

18 *Bambey*, DVBl 1984, 372 (376); Kopp/Ramsauer, § 69 Rn. 12.
19 *Blümel*, VerwArch. Bd. 73, 1982, 5 (23).
20 Vgl. BVerwGE 67, 206 (214).
21 *Blümel* VerwArch. Bd. 73, 1982, 5 (23); *Meyer/Borgs*, § 69 Rn. 3; Stelkens/Bonk/Sachs/*Sachs/Kamp*, § 69 Rn. 19.
22 *Bambey*, DVBl 1984, 378.

c) Durchführung der öffentlichen Bekanntmachung

40 Darüber hinaus ist die öffentliche Bekanntmachung in der gleichen Weise durchzuführen, wie die öffentliche Bekanntmachung bei einer Mitteilung bzw. Aufforderung nach § 63 Abs. 3 (vgl. § 63 Rdn. 20 ff.) sowie bei der Ladung von mehr als 50 Beteiligten nach § 67 Abs. 1 (vgl. § 67 Rdn. 37 ff.).

4. Fingierter Zustellungstag (Satz 5)

41 Nach Satz 5 gilt der VA mit dem Tage als zugestellt, an dem seit dem Tage der Bekanntmachung in dem amtlichen Veröffentlichungsblatt 2 Wochen verstrichen sind – worauf in der Bekanntmachung hinzuweisen ist. Der fingierte Zustellungstag ist somit der fünfzehnte Tag nach dem Tage der Bekanntmachung (vgl. § 41 Abs. 4).

42 Der Hinweis auf die fiktive Bewirkung der Zustellung soll (wie der Hinweis nach § 67 Abs. 1 Satz 3) die Beteiligten nur über den Eintritt einer Rechtsfolge kraft Gesetzes unterrichten (vgl. § 67 Rdn. 25). Seine Unterlassung bleibt somit ohne Folgen.[23]

43 Ist die öffentliche Bekanntmachung des verfügenden Teils in dem Maße fehlerhaft, dass der Inhalt des VA nicht von allen Beteiligten zur Kenntnis genommen werden kann, so liegt keine wirksame Ersetzung der (Einzel –) Zustellung vor. Der VA ist als solcher nichtig und damit unwirksam. Eine fehlende oder fehlerhafte Rechtsbehelfsbelehrung führt lediglich dazu, dass die Rechtsbehelfsfrist nicht zu laufen beginnt.

5. Möglichkeit der schriftlichen oder elektronischen Anforderung des VA (Satz 6)

44 Satz 6 gibt den Beteiligten die Möglichkeit, den VA nach der öffentlichen Bekanntmachung bis zum Ablauf der Rechtsbehelfsfrist schriftlich oder elektronisch anzufordern – worauf gleichfalls in der Bekanntmachung hinzuweisen ist.

45 Eine schriftliche oder elektronische Anforderung setzt einen schriftlichen oder elektronischen Antrag voraus, da die Behörde andernfalls keine Adresse zur Verfügung hat, an die sie den VA übermitteln kann.[24]

46 Angefordert werden kann nur die Bestätigung des bereits vorher am fingierten Zustellungstag erlassen VA, die selbst mangels eines Regelungscharakters keinen VA darstellt und daher lediglich mit der allgemeinen Leistungsklage erzwungen werden kann. Als Gegenstand einer Anfechtung kommt nur der VA selbst in Betracht.

47 Die Übermittlung erfolgt schriftlich oder elektronisch unabhängig von dem Weg auf dem die Anforderung erfolgt ist. Das übermittelte Dokument muss allen in Abs. 2 Satz 1 und 2 aufgestellten Formanforderungen genügen. Eine Zustellung ist allerdings nicht erforderlich.[25]

---

23 A.A. Kopp/Ramsauer, § 69 Rn. 15; *Meyer/Borgs*, § 69 Rn. 3; Stelkens/Bonk/Sachs/*Sachs/Kamp* § 69 Rn. 22.

24 Knack/Henneke/*Dürr*, § 69 Rn. 15.

25 Kopp/Ramsauer, § 69 Rn. 16.

Folgenlos bleibt es, wenn der Hinweis auf die Möglichkeit der schriftlichen oder elektronischen Anforderung unterlassen wird. Es ist rechtlich bedeutungslos, wenn ein Hinweis, der lediglich über eine kraft Gesetzes gegebenen Möglichkeit aufklären soll, unterbleibt. Ein anderes Ergebnis hätte der Gesetzgeber ähnlich wie in § 58 VwGO explizit normieren müssen.[26] 48

Die Zusendung hat auf den Ablauf der Rechtsmittelfristen keinen Einfluss. Dies gilt gleichermaßen für rechtzeitige, verspätete und völlig unterbliebene Zusendungen.[27] Regelmäßig wird bei verspäteter oder völlig unterbliebener Zusendung allerdings die Wiedereinsetzung in den vorigen Stand in Betracht kommen.[28] 49

III. Benachrichtigung der Beteiligten bei einem Verfahrensabschluss auf andere Weise (Abs. 3)

Abs. 3 regelt die Verpflichtung zur Benachrichtigung der Beteiligten bei einem Verfahrensabschluss auf andere Weise. 50

1. Pflicht zur Benachrichtigung der Beteiligten (Abs. 3 Satz 1)

a) Verfahrensabschluss auf andere Weise

Ein Verfahren wird auf andere Weise abgeschlossen, wenn durch den Eintritt eines bestimmten Ereignisses der Erlass einer Sachentscheidung nach Abs. 2 Satz 1 entfällt. 51

Dies trifft z.B. zu, wenn sich die Hauptsache erledigt, der Antragsteller seinen Antrag auf Erlass eines VA zurücknimmt, die Behörde auf die weitere Durchführung eines von Amts wegen eingeleiteten Verfahrens verzichtet, der (einzige) Beteiligte, der das Verfahren ausgelöst hat, stirbt und das Verfahren nicht mit einem Rechtsnachfolger fortzusetzen ist, der Verfahrensgegenstand untergeht (z.B. bei einer Zerstörung des für eine Anlage benötigten Geländes durch eine Naturkatastrophe) oder die Behörde mit einem Beteiligten einen örV vereinbart.[29] 52

Ob die Behörde das auf andere Weise abgeschlossene Verfahren förmlich durch eine Einstellungsverfügung (die mangels Regelungscharakter kein VA ist) für beendet erklärt oder durch den Eintritt des Ereignisses als von selbst beendet betrachtet, ist belanglos.[30] Jedenfalls lässt sich aus dem Gesetz kein Hinweis entnehmen, es bedürfe einer derartigen konstitutiven Einstellungsverfügung, um das Verfahren rechtmäßig zu beenden.[31] 53

---

26 Kopp/Ramsauer, § 69 Rn. 16; *Meyer/Borgs* § 69 Rn. 3.
27 Kopp/Ramsauer, § 69 Rn. 12; *Bambey*, DVBl 1984, 377.
28 Vgl. näher Kopp/Ramsauer, § 69 Rn. 16.
29 Stelkens/Bonk/Sachs/*Sachs*, § 69 Rn. 28; Kopp/Ramsauer, § 69 Rn. 17.
30 Stelkens/Bonk/Sachs/*Sachs*, § 69 Rn. 28 ff.; Knack/Henneke/*Dürr*, § 69 Rn. 16; *Meyer/Borgs*, § 69 Rn. 4; Kopp/Ramsauer, § 69 Rn. 18.
31 *Stelkens/Bonk/Sachs/Sachs*, § 69 Rn. 28 ff.; Knack/Henneke/*Dürr*, § 69 Rn. 16; *Meyer/Borgs*, § 69 Rn. 4; Kopp/*Ramsauer*, § 69 Rn. 17.

54 Die ohne Rechtsgrund vorgenommene Einstellung eines auf den Erlass eines VA gerichteten Verwaltungsverfahrens ist in jedem Fall ein VA,[32] der hinsichtlich seines Erlasses und seiner Anfechtbarkeit den allgemeinen für VAe geltenden Rechtsregeln unterliegt.

b) Inhalt der Benachrichtigung

55 Die Benachrichtigung muss neben der Tatsache des anderweitigen Verfahrensabschlusses dessen Grund angeben.

c) Form der Benachrichtigung

56 An eine bestimmte Form ist die Benachrichtigung nicht gebunden. Sie kann auch mündlich und fernmündlich erfolgen.[33]

d) Verwaltungsgerichtliche Erzwingbarkeit der Benachrichtigung

57 Hat ein vom Abschluss des Verfahrens unterrichteter Beteiligter ein berechtigtes Interesse an der bisher unterbliebenen Benachrichtigung der übrigen Beteiligten, so kann er diese mit der allgemeinen Leistungsklage erzwingen.

2. Öffentliche Bekanntmachung der Benachrichtigung bei mehr als 50 Benachrichtigungen (Abs. 3 Satz 2)

58 Satz 2 gestattet eine öffentliche Bekanntmachung in entsprechender Anwendung des Abs. 2 Satz 4, wenn mehr als 50 Benachrichtigungen vorzunehmen sind (vgl. Rdn. 48 ff.). auch hier wurde die Masseschwelle durch das GenBeschlG[34] von 300 auf 50 Benachrichtigungen abgesenkt.

C. Verfahrensvorschriften des Sozialrechts sowie Verwaltungsverfahrensrecht der Länder

59 Die Verwaltungsverfahrensgesetze der Länder enthalten bis auf zwei Ausnahmen wortgleiche Bestimmungen. § 69 BWVwVfG enthält in Abs. 2 datenschutzrechtliche Bestimmungen bezüglich der Namens- und Anschriftenangaben.[35] Die zweite Besonderheit enthält § 136 Abs. 2 Satz 2 shLVwG, der eine Verpflichtung der Behörde zur Erteilung einer Rechtsbehelfsbelehrung vorsieht. Mit Ausnahme Schleswig-Holsteins haben alle Länder die Massenverfahrensgrenze auf 50 Beteiligte abgesenkt.

---

32 BVerwG, Urt. v. 24.04.1969 – I C 34.68, BVerwGE 32, 41 (42 f.).

33 Kopp/*Ramsauer*, § 69 Rn. 18.

34 Gesetz zur Beschleunigung von Genehmigungsverfahren (Genehmigungsverfahrensbeschleunigungsgesetz) vom 12.09.1996, BGBl. I, S. 1354.

35 Gesetz vom 27.05.1991, GBl. S. 290.

§ 70 Anfechtung der Entscheidung

Vor Erhebung einer verwaltungsgerichtlichen Klage, die einen im förmlichen Verwaltungsverfahren erlassenen Verwaltungsakt zum Gegenstand hat, bedarf es keiner Nachprüfung in einem Vorverfahren.

Übersicht Rdn.

A. Allgemeines und Grundsätze

Die Vorschrift stimmt mit § 56 EVwVerfG 1963 überein. 1

Gegenstand der Regelung ist der Wegfall des Vorverfahrens bei Erhebung einer Klage gegen einen VA, der im förmlichen Verwaltungsverfahren erlassen worden ist. Die Vorschrift stellt ein über § 68 Abs. 1 Satz 2 Nr. 1 und 2 VwGO hinausgehende Einschränkung des § 68 Abs. 1 Satz 1 sowie des § 68 Abs. 2 VwGO dar, wonach vor Erhebung der Anfechtungs- bzw. Verpflichtungsklage Rechtmäßigkeit und Zweckmäßigkeit des VA in einem Vorverfahren nachzuprüfen sind. 2

Zweck der Regelung ist die Vereinfachung des Rechtsschutzes. Die weitgehenden, das förmliche Verwaltungsverfahren kennzeichnenden Rechtsgarantien im Hinblick auf die Anhörung der Beteiligten nach § 66, die Durchführung einer mündlichen Verhandlung nach § 67 f., die Schriftform der Entscheidung und deren notwendige Begründung nach § 69 Abs. 2 Satz 1 lassen den Verzicht auf eine Nachprüfung im Widerspruchsverfahren vertretbar erscheinen.[1] 3

Die verfassungsrechtliche Unbedenklichkeit der Modifikation des § 68 VwGO durch das Bundes-VwVfG ergibt sich daraus, dass der Bundesgesetzgeber ein von ihm im Rahmen seiner Zuständigkeit erlassenes Bundesgesetz jederzeit ändern kann, ohne dass er dazu einer besonderen Ermächtigung bedarf.[2] 4

Die Aufnahme einer dem § 70 entsprechenden Vorschrift in die Verwaltungsverfahrensgesetze der Länder ist durch § 68 Abs. 1 Satz 2 VwGO gedeckt, der den Landesgesetzgeber ermächtigt,[3] in besonderen Fällen Verwaltungsverfahren ohne Vorverfahren durchzuführen. 5

---

1 BT-Drucks. 7/910 S. 86; *Meyer/Borgs*, § 70 Rn. 1; *Ule/Laubinger*, § 37 Rn. 7; a.A. *Spanner*, Der RegE eines Bundes-Verwaltungsverfahrensgesetzes, JZ 1970, 671 (675); ders., Ein Entwurf eines Verwaltungsverfahrensgesetzes, DVBl 64, 845 (846); *Feneberg*, DVBl 65, 180.

2 BVerfGE 35, 65 (73).

3 BVerfGE 35, 65 (73).

6 Der Ausschluss des Vorverfahrens für VAe, die im förmlichen Verfahren ergehen, ist auch sonst verfassungsrechtlich unbedenklich, da es durch seine erhöhten Rechtsgarantien von vornherein eine erhöhte Richtigkeitsgewähr bietet. Das Bedürfnis nach einer zweiten Verwaltungsinstanz ist daher geringer als bei normalen, nichtförmlichen VAen.[4]

7 Der Bundes- bzw. Landesgesetzgeber kann aber natürlich weiterhin, soweit er die Kompetenz zur Regelung eines förmlichen Verfahrens hat, die Durchführung eines Vorverfahrens jederzeit für bestimmte Fallgruppen anordnen.[5]

B. Die Vorschrift im Einzelnen

8 Voraussetzung für den Wegfall des Vorverfahrens ist die Erhebung einer verwaltungsgerichtlichen Klage, die einen im förmlichen Verwaltungsverfahren erlassenen VA zum Gegenstand hat.

I. Erlass des VA im förmlichen Verwaltungsverfahren

9 Der sachliche Anwendungsbereich der Vorschrift ist eröffnet, wenn ein VA in einem förmlichen Verwaltungsverfahren erlassen worden ist und in einem solchen nach geltendem Recht auch zu erlassen war. Dabei ist es belanglos, ob die Behörde eine konstitutive Regelung getroffen oder abgelehnt hat.[6] Auch die Versagung eines im förmlichen Verwaltungsverfahren zu erlassenen VA hat den Charakter eines VA und führt zum Wegfall des Vorverfahrens, wenn die Behörde im förmlichen Verwaltungsverfahren entschieden hat.[7]

10 Der sachliche Anwendungsbereich der Vorschrift ist dagegen nicht eröffnet, wenn die Behörde einen im förmlichen Verwaltungsverfahren zu erlassenden VA nach den Regeln des nicht-förmlichen Verwaltungsverfahrens, einen im nicht-förmlichen Verwaltungsverfahren zu erlassenden VA nach den Grundsätzen des förmlichen Verwaltungsverfahrens oder innerhalb eines förmlichen Verwaltungsverfahrens einen nach § 44a Satz 2 VwGO unmittelbar anfechtbaren VA (wie z.B. die Ladung eines Zeugen) erlassen hat. In diesen Fällen ist das Vorverfahren durchzuführen.

11 Grund für diese Unterscheidung ist der Zweck des § 70. Nur wenn tatsächlich ein mit erhöhten Rechtschutzgarantien ausgestattetes Verwaltungsverfahren über den Regelungsgegenstand des erlassenen VAs stattgefunden hat, kommt ein Verzicht auf das Vorverfahren in Betracht.[8] Andererseits kann die Behörde nicht über die

4 So auch Kopp/Ramsauer, § 70 Rn. 5, der aber Zweifel an der Zweckmäßigkeit der Regelung äußert.
5 Vgl. Stelkens/Bonk/Sachs/*Sachs/Kamp*, § 70 Rn. 2 m.w.N.
6 Kopp/Ramsauer, § 70 Rn. 3; a.A. VGH Baden-Württemberg DÖV 84, 948; Knack/Henneke/*Dürr*, § 70 Rn. 2.
7 Stelkens/Bonk/Sachs/*Sachs/Kamp*, § 70 Rn. 5; Knack/Henneke/*Dürr*, § 70 Rn. 2.
8 VGH Baden-Württemberg, 01.03.1984, DÖV 1984, 948.

Durchführung des Vorverfahrens disponieren, indem sie statt eines nichtförmlichen ein förmliches Verwaltungsverfahren durchführt.

II. Klageart

Als Klage, vor deren Erhebung das Vorverfahren entfällt, kommt sowohl (nach § 68 Abs. 1 Satz 1 VwGO) eine Anfechtungs- als auch (nach § 68 Abs. 2 VwGO) eine Verpflichtungsklage in Betracht. 12

Ob § 70 auch auf Klagen in anderen Rechtswegen anwendbar ist, wenn zwar grds. eine öffentlich-rechtliche Streitigkeit nicht-verfassungsrechtlicher Art vorliegt, diese aber durch Sonderzuweisung einer anderen Gerichtsbarkeit übertragen ist, ist streitig.[9] Die Entscheidung zwischen beiden Ansichten lässt sich nicht generell treffen. Vielmehr sind in jedem Einzelfall die Argumente für und gegen die Anwendung des § 70 abzuwägen. 13

III. Rechtsfolge des § 70

Der Wegfall des Vorverfahrens nach § 70 bedeutet, dass die Erhebung des Widerspruchs unzulässig ist.[10] Wird er dennoch erhoben, so tritt kein Suspensiveffekt nach § 80 Abs. 1 VwGO ein. Nach § 74 Abs. 2 VwGO muss die Anfechtungs- bzw. Verpflichtungsklage innerhalb eines Monats nach Bekanntgabe des VA erhoben werden. 14

IV. Untätigkeit der Behörde im förmlichen Verwaltungsverfahren

Hat die Behörde die Vornahme einer im förmlichen Verwaltungsverfahren zu treffenden Entscheidung unterlassen, so steht dem Betroffenen die nach § 75 Satz 1 VwGO auf kein Vorverfahren angewiesene Untätigkeitsklage zur Verfügung. Dabei ist es gleichgültig, ob das förmliche Verwaltungsverfahren wenigstens teilweise (ggf. unter Einschluss der mündlichen Verhandlung) oder überhaupt nicht durchgeführt worden ist. 15

C. Verfahrensvorschriften des Sozialrechts sowie Verwaltungsverfahrensrecht der Länder

Die Verwaltungsverfahrensgesetze der Länder enthalten wortgleiche Regelungen. 16

§ 71 Besondere Vorschriften für das förmliche Verfahren vor Ausschüssen

(1) [1]Findet das förmliche Verwaltungsverfahren vor einem Ausschuss (§ 88) statt, so hat jedes Mitglied das Recht, sachdienliche Fragen zu stellen. [2]Wird eine Frage von einem Beteiligten beanstandet, so entscheidet der Ausschuss über ihre Zulässigkeit.

9 Dafür Kopp/Ramsauer, § 70 Rn. 4; dagegen Knack/Henneke/*Dürr*, § 79 Rn. 13.
10 Stelkens/Bonk/Sachs/*Sachs/Kamp*, § 70 Rn. 3; Kopp/Ramsauer, § 70 Rn. 5.

(2) [1]Bei der Beratung und Abstimmung dürfen nur Ausschussmitglieder zugegen sein, die an der mündlichen Verhandlung teilgenommen haben. [2]Ferner dürfen Personen zugegen sein, die bei der Behörde, bei der der Ausschuss gebildet ist, zur Ausbildung beschäftigt sind, soweit der Vorsitzende ihre Anwesenheit gestattet. [3]Die Abstimmungsergebnisse sind festzuhalten.

(3) [1]Jeder Beteiligte kann ein Mitglied des Ausschusses ablehnen, das in diesem Verwaltungsverfahren nicht tätig werden darf (§ 20) oder bei dem die Besorgnis der Befangenheit besteht (§ 21). [2]Eine Ablehnung vor der mündlichen Verhandlung ist schriftlich oder zur Niederschrift zu erklären. [3]Die Erklärung ist unzulässig, wenn sich der Beteiligte, ohne den ihm bekannten Ablehnungsgrund geltend zu machen, in die mündliche Verhandlung eingelassen hat. [4]Für die Entscheidung über die Ablehnung gilt § 20 Abs. 4 Satz 2 bis 4.

Übersicht

A. Allgemeines und Grundsätze

1 Die Vorschrift stimmt bis auf zwei geringfügige Änderungen in Abs. 2 und 3 mit § 57 EVwVerfG überein.

2 Gegenstand der Regelung sind in Anlehnung an prozessuale Vorschriften Teilbereiche des förmlichen Verwaltungsverfahrens vor einem Ausschuss. Die Vorschrift behandelt das Fragerecht der Ausschussmitglieder (Abs. 1), die Anwesenheitsberechtigung bei der Beratung und Abstimmung (Abs. 2 Satz 1 und 2), die Pflicht zur schriftlichen Fixierung der Abstimmungsergebnisse (Abs. 2 Satz 3) sowie das Recht der Beteiligten auf Ablehnung eines Ausschussmitgliedes (Abs. 3).

Die Vorschrift ist Teil der Regelung des förmlichen Verwaltungsverfahrens und legt nicht neben diesem einen weiteren Verfahrenstyp fest.[1] Die Sachverständigenkommission hat sich mit ihrem Wunsch, ein förmliches Ausschussverfahren als weitere besondere Verfahrensart einzuführen, nicht durchgesetzt.[2] 3

Die Vorschrift trifft auch keine Aussage darüber, wann das förmliche Verfahren vor einem Ausschuss stattzufinden hat. Dies hängt ausschließlich von den jeweiligen Kompetenzvorschriften außerhalb des VwVfG ab.[3] 4

B. Die Vorschrift im Einzelnen

I. Regelung des förmlichen Verwaltungsverfahrens vor einem Ausschuss

Das förmliche Verwaltungsverfahren vor einem Ausschuss ist nicht nur in § 71 geregelt. Für das förmliche Verwaltungsverfahren vor Ausschüssen sind zunächst die allgemeinen Regelungen der §§ 63 bis 70 für das förmliche Verwaltungsverfahren maßgeblich. Hinzu treten die §§ 89 bis 93 für das Verwaltungsverfahren vor Ausschüssen. Ergänzt werden beide Normgruppen schließlich durch die Vorschrift des § 71, der speziell für die Fälle des förmlichen Verwaltungsverfahrens vor einem Ausschuss weitere Modifikationen beider (Grund –) Regelungskomplexe anordnet. 5

1. Das Verhältnis der verschiedenen Regelungskomplexe

Grundsätzlich sind die auch im förmlichen Verwaltungsverfahren zu beachtenden Vorschriften der Teile II, III und IV des VwVfG zu befolgen (vgl. § 63 Rdn. 14 ff.), soweit nicht § 71 eine Sonderregelung darstellt. 6

Diesen Vorschriften gehen die Vorschriften der §§ 63 bis 70 über das förmliche Verwaltungsverfahren vor. 7

In seinem Anwendungsbereich verdrängt § 71 die allgemeinen Regelungen der Teile II, III und IV sowie die allgemeinen Vorschriften des förmlichen Verwaltungsverfahrens als Spezialregelung. 8

Die Vorschriften der §§ 89 bis 93 über Ausschüsse gehen wiederum den allgemeinen Regelungen über das Verwaltungsverfahren in den Teilen II, III und IV als Spezialregelung vor. Ihr Verhältnis zu den §§ 63 bis 70 und zu § 71 bestimmt sich nach § 63 Abs. 2, der den Vorrang sowohl der allgemeinen Vorschriften über das förmliche Verwaltungsverfahren (§§ 64 bis 70) als auch den Vorrang des § 71 vor den §§ 89 bis 93 anordnet (vgl. § 63 Rdn. 19). 9

---

1 BT-Drucks. 7/910, S. 86.
2 Stelkens/Bonk/Sachs/*Sachs/Kamp*, § 71 Rn. 1.
3 Z.B. §§ 38 ff. SaatgutverkehrsG; §§ 18 Abs. 1 Nr. 2, 19 Abs. 2 und 20 SortenschutzG.

2. Einzelne Regelungen

10 §§ 20 f. werden durch § 71 Abs. 3 dahingehend erweitert, dass die Beteiligten ein Ablehnungsrecht gegen Ausschussmitglieder erhalten, die kraft Gesetzes ausgeschlossen sind oder bei denen die Besorgnis der Befangenheit besteht.

11 Die Befugnisse des Verhandlungsleiters (als Vorsitzenden) nach § 68 Abs. 2 werden durch das in § 71 Abs. 1 festgelegte Fragerecht der übrigen Ausschussmitglieder modifiziert.

12 Für die Fertigung der Niederschrift ergänzt § 93 Satz 2 Nr. 2 und 4 die Bestimmungen des § 68 Abs. 4 dahingehend, dass auch die Namen des Vorsitzenden und der anwesenden Ausschussmitglieder sowie die gefassten Beschlüsse in die Niederschrift aufzunehmen sind.

13 § 89 wird durch § 68 Abs. 2 in der Weise ergänzt, dass der Vorsitzende als Verhandlungsleiter nicht nur die Sitzungen zu eröffnen, zu leiten und zu schließen, sondern auch die Sache mit den Beteiligten zu erörtern hat und den übrigen Ausschussmitgliedern unbeschadet des ihnen zustehenden Fragerechts nicht die Erörterung der Sache überlassen darf.

14 Unverändert anwendbar sind § 90 Abs. 1 Satz 1 und Abs. 2 sowie §§ 91, 92. Letzterer ist freilich nur unter der nicht sehr wahrscheinlichen Voraussetzung anwendbar, dass Mitglieder eines im förmlichen Verwaltungsverfahren tätigen Ausschusses zu wählen sind.[4]

15 Unanwendbar ist § 90 Abs. 1 Satz 2 angesichts der das förmliche Verwaltungsverfahren prägenden Regeln über die mündliche Verhandlung.[5]

16 Soweit eine Verhandlung nach §§ 63 ff. mit einer Sitzung nach §§ 88 ff. zusammentrifft, geht § 68 Abs. 4 gem. § 63 Abs. 2 vor. Das bedeutet jedoch nicht, dass § 93 nicht anwendbar wäre. Er ist vielmehr insoweit zu befolgen, als er § 68 Abs. 4 nicht widerspricht. In das Protokoll sind daher die in beiden Vorschriften geforderten Angaben, soweit sie sich nicht ohnehin decken, aufzunehmen.[6]

3. Entsprechende Anwendung der Vorschrift auf andere Verfahren

17 Die Regelungen der Abs. 1 und 2 betreffen die allgemeinen Funktion eines Kollegialorgans und sind daher als Ausdruck allgemeiner Rechtsgrundsätze entsprechend anwendbar auf nicht-förmliche Verwaltungsverfahren vor Ausschüssen sowie auf Verwaltungsverfahren vor Ausschüssen, die am Erlass eines VA durch Zustimmung, Genehmigung, Erteilung des Einverständnisses oder Abgabe einer Stellungnahme mitwirken.

4 Stelkens/Bonk/Sachs/*Sachs/Kamp*, § 71 Rn. 6, 9, 10.
5 A.A. Stelkens/Bonk/Sachs/*Sachs/Kamp*, § 71 Rn. 7.
6 Stelkens/Bonk/Sachs/*Sachs/Kamp*, § 71 Rn. 11; a.A. wohl Knack/Henneke/*Dürr*, § 71 Rn. 5.

II. Das Fragerecht der Ausschussmitglieder (§ 71 Abs. 1)

Abs. 1 ordnet in Anlehnung an § 104 Abs. 2 VwGO vor allem das Fragerecht derjenigen Ausschussmitglieder, die nicht den Vorsitz führen. Die Vorschrift berührt die Leitungs- und Fragebefugnis des Vorsitzenden nicht. 18

1. Die Befugnis, sachdienliche Fragen zu stellen (Satz 1)

Nach Satz 1 hat in einem vor einem Ausschuss (§ 88) stattfindenden förmlichen Verwaltungsverfahren jedes Mitglied das Recht, sachdienliche Fragen zu stellen. 19

Ein Verwaltungsverfahrens i.S.d. Satzes 1 liegt vor, wenn ein Verfahren vor einem Ausschuss stattfindet, der einen VA zu erlassen oder die Rechtmäßigkeit bzw. Zweckmäßigkeit eines VA zu überprüfen hat (vgl. § 88), und dieses Verfahren nach dem Inkrafttreten des VwVfG durch Rechtsvorschrift als förmliches Verwaltungsverfahren bestimmt worden ist (vgl. § 63 Rdn. 4). 20

Das Fragerecht ist denjenigen Ausschussmitgliedern eingeräumt, die nicht den Vorsitz führen und deshalb daran gehindert sind, i.R.d. Verhandlungsleitung selbst Fragen zu stellen. Wer neben dem Vorsitzenden an der Beratung und Abstimmung nach Abs. 2 Satz 1 mitzuwirken hat, muss selbst Einfluss nehmen können auf die Gewinnung jener Beurteilungsgrundlagen, die ihm für eine rechtmäßige und zweckmäßige Entscheidung erforderlich erscheinen.[7] 21

Sachdienlich sind alle Fragen, deren Beantwortung eine weitere Klärung der Sach- und Rechtslage erwarten lässt. 22

Problematisch ist, ob das Fragerecht der Ausschussmitglieder nur in der mündlichen Verhandlung ausgeübt werden kann,[8] oder in jedem Stadium des Verfahrens.[9] Aus dem Wortlaut des § 71 lässt sich eine derartige Beschränkung des Fragerechts nicht entnehmen, da die Vorschrift nur von einem förmlichen Verwaltungsverfahren vor einem Ausschuss spricht, in dem Fragen gestellt werden können. Zwar mag es sein, dass der Gesetzgeber bei der Formulierung des Frage- und des Beanstandungsrechts davon ausgegangen ist, diese Rechte würden vornehmlich in der mündlichen Verhandlung ausgeübt. Daraus kann aber noch nicht ohne Weiteres geschlossen werden, dass Fragen außerhalb der mündlichen Verhandlung unzulässig sind. Ein solches Ergebnis hätte der Gesetzgeber in § 71 deutlicher zum Ausdruck bringen müssen. 23

2. Beanstandung einer Frage

Nach Satz 2 entscheidet der Ausschuss über die Zulässigkeit einer Frage, wenn sie von einem Beteiligten beanstandet wird. 24

7 BT-Drucks. 7/910, S. 86.
8 *Knack/Henneke/Dürr*, § 71 Rn. 6.
9 Stelkens/Bonk/Sachs/*Sachs/Kamp*, § 71 Rn. 12.

25 Nach dem Gesetzeswortlaut haben nur die Beteiligten ein Beanstandungsrecht. Beanstandet werden können nicht sachdienliche (vgl. Rdn. 22, 26) Fragen von Ausschussmitgliedern, die nicht als Vorsitzende mit der Verhandlungsleitung betraut sind.

26 Nicht sachdienlich ist eine Frage, von der auch nicht im entferntesten die Klärung der Sach- und Rechtslage zu erwarten ist. Dabei ist jedoch kein allzu strenger Maßstab anzulegen. Bei vielen Fragen kann nämlich erst aufgrund der Antwort entschieden werden, ob sie der Klärung der Sach- und Rechtslage dienen. Ist es also denkbar, dass aufgrund einer der auf eine Frage möglichen Antworten, die Klärung der Sach- oder Rechtslage vorangetrieben wird, ist die Frage noch sachdienlich und daher zuzulassen.

27 Der Vorsitzende selbst ist kraft seiner Leitungsbefugnis im Interesse der Objektivität und Effektivität der Verhandlung berechtigt, Fragen der übrigen Ausschussmitglieder nicht zuzulassen, falls er sie als nicht sachdienlich beurteilt.[10] Ein nicht mit dem Vorsitz betrautes Ausschussmitglied kann beim Vorsitzenden die Nichtzulassung der Frage eines anderen Ausschussmitgliedes anregen.

28 Ist die Frage eines anderen Ausschussmitgliedes als des Vorsitzenden von einem Beteiligten beanstandet worden und beharrt das betreffende Ausschussmitglied auf einer Beantwortung dieser Frage, so hat der Vorsitzende die Verhandlung zu unterbrechen, damit der Ausschuss in Abwesenheit der Beteiligten, Zeugen und Sachverständigen nach § 91 über die Zulässigkeit der Frage entscheiden kann. Das Ergebnis der Entscheidung ist nach Wiederaufnahme der Verhandlung den Beteiligten mitzuteilen. Wird die Frage für zulässig befunden, so muss sie beantwortet werden. Andernfalls ist sie zurückzuziehen.

III. Anwesenheitsberechtigung bei Abstimmung und Beratung, Protokollierung des Abstimmungsergebnisses (§ 71 Abs. 2)

29 Abs. 2 regelt die Anwesenheitsberechtigung bei der Beratung und Abstimmung in Anlehnung an § 193 GVG sowie die Protokollierung des Abstimmungsergebnisses.

1. Anwesenheitsberechtigung bei Beratung und Abstimmung (Satz 1)

30 Nach Satz 1 dürfen bei der Beratung und Abstimmung nur Ausschussmitglieder zugegen sein, die an der mündlichen Verhandlung teilgenommen haben.

31 Umstritten ist, ob in förmlichen Verwaltungsverfahren vor Ausschüssen lediglich in gemeinsamen Sitzungen der Ausschussmitglieder entschieden werden kann,[11] oder ob auch ein schriftliches Umlaufverfahren denkbar ist.[12] Die Verwendung des Wortes Beratung durch den Gesetzgeber deutet darauf hin, dass eine Zusammenkunft der

---

10 *Eyermann/Fröhler/Geiger*, § 104 Rn. 10, Stelkens/Bonk/Sachs/*Sachs/Kamp*, § 71 Rn. 13; Kopp/Ramsauer, § 71 Rn. 4a; Knack/Henneke/*Dürr*, § 71 Rn. 5.

11 Kopp/Ramsauer, § 71 Rn. 5 ff.

12 Stelkens/Bonk/Sachs/*Sachs/Kamp*, § 71 Rn. 15; differenzierend Knack/Henneke/*Dürr*, § 71 Rn 10 f.

Ausschussmitglieder bei der Entscheidung erforderlich ist (vgl. Rdn. 15). Weder die gleichzeitige Stimmabgabe noch ein Umlaufverfahren genügt dieser Forderung. Zwar werden auch im Umlaufverfahren wie in der Beratung Argumente ausgetauscht. Die Beratung unterscheidet sich aber vom Umlaufverfahren durch eine konzentriertere Bearbeitung eines Falles. Er ist im Idealfall allen Ausschussmitgliedern mit ungefähr gleicher Intensität präsent, und die für und gegen eine bestimmte Entscheidung sprechenden Argumente können gerechter gewichtet und gegeneinander abgewogen werden. Den dynamischen Prozess einer Ausschussberatung kann ein Umlaufverfahren nie ersetzen. Ein solches ist daher nach dem klaren Wortlaut des § 71 Abs. 2, der § 90 Abs. 1 Satz 2 verdrängt nicht zulässig.

Damit ist im förmlichen Verwaltungsverfahren vor einem Ausschuss, anders als sonst im förmlichen Verwaltungsverfahren, der Grundsatz der Unmittelbarkeit der verfahrensabschließenden[13] Entscheidung verankert, der sicherstellen soll, dass bei der Würdigung der Verfahrensergebnisse auch der persönliche Eindruck von den Beteiligten, Zeugen und Sachverständigen eine angemessene Berücksichtigung findet[14] (vgl. i.Ü. zum Unmittelbarkeitsgrundsatz im förmlichen Verwaltungsverfahren § 69 Rdn. 12 ff.). 32

Haben mehrere mündliche Verhandlungstermine stattgefunden, so genügt die Teilnahme am letzten Verhandlungstermin, wenn in diesem alle entscheidungserheblichen Tatsachen erörtert worden sind.[15] 33

Bleiben Ausschussmitglieder, die an der mündlichen Verhandlung teilgenommen haben, der Beratung und Abstimmung fern, so wird dadurch bei Wahrung der Beschlussfähigkeit nach § 90 die Rechtmäßigkeit der Entscheidung nicht berührt. I.Ü. hängt die Lösung dieser Frage davon ab, ob die jeweils das förmliche Verfahren vor einem Ausschuss anordnende Norm davon abweichende Regelungen trifft.[16] 34

Andere, außer den noch nach Satz 2 zugelassenen Personen haben zur Vermeidung jeglicher Einflussnahme auf die zu treffende Entscheidung kein Teilnahmerecht. Das gilt auch für Vorgesetzte des Vorsitzenden und der übrigen Ausschussmitglieder und für Vertreter der Aufsichtsbehörden.[17] Die Hinzuziehung eines Schriftführers ist daher nur statthaft, wenn mit dessen Aufgabe nicht ein Ausschussmitglied oder eine nach Satz 2 zugelassene Person betraut werden kann. 35

2. Anwesenheit auszubildender Personen (Satz 2)

Personen, die zur Ausbildung bei der Behörde beschäftigt sind (vgl. § 68 Rdn. 15 ff., 43), dürfen nach Satz 2 mit Erlaubnis des Vorsitzenden bei der Beratung und 36

13 Stelkens/Bonk/Sachs/*Sachs/Kamp*, § 71 Rn. 16; Kopp/Ramsauer, § 71 Rn. 5.
14 BT-Drucks. 7/910, S. 86.
15 Kopp/Ramsauer, § 71 Rn. 5; ähnlich Stelkens/Bonk/Sachs/*Sachs/Kamp*, § 71 Rn. 17.
16 BVerwG, Beschl. v. 07.07.1988 – 1 B 83/88, NJW 1989, 412.
17 *Stelkens/Bonk/Sachs/Sachs*, § 71 Rn. 19; Knack/Henneke/*Dürr*, § 71 Rn. 9.

Abstimmung zugegen sein. Haben sie auch kein Mitberatungsrecht, so kann ihnen der Vorsitzende doch Gelegenheit geben, Fragen zu stellen und ihre Meinung zu äußern.

3. Protokollierung der Abstimmungsergebnisse (Satz 3)

37 Nach Satz 3 sind die Abstimmungsergebnisse festzuhalten. Die Vorschrift ergänzt die Bestimmung des § 68 Abs. 4 über die im förmlichen Verwaltungsverfahren zu fertigende Niederschrift,[18] da die Feststellung des Abstimmungsergebnisses wegen der Mitwirkung mehrerer Personen zum Nachweis der Rechtmäßigkeit der Entscheidung zweckmäßig erscheint. In die Niederschrift aufzunehmen ist nach dem klaren Wortlaut des Gesetzes lediglich das Verhältnis der Ja- zu den Nein-Stimmen unter Angabe etwaiger Stimmenthaltungen.[19]

38 Kann auch das einzelne Ausschussmitglied eine Protokollierung seiner Stimmabgabe nicht verlangen,[20] so bestehen doch mangels eines entsprechenden gesetzlichen Verbotes keine Bedenken dagegen, dass im Fall des Einvernehmens aller Ausschussmitglieder alle oder bestimmte Stimmabgaben vermerkt werden.[21]

IV. Ablehnung von Ausschussmitgliedern (§ 71 Abs. 3)

39 Abs. 3 behandelt in Anlehnung an die prozessrechtlichen Vorschriften der §§ 42 ff. ZPO, §§ 24 ff. StPO und des § 54 Abs. 1 VwGO i.V.m. §§ 41 ff. ZPO das Recht der Beteiligten zur Ablehnung eines Ausschussmitgliedes.

1. Ablehnungsbefugnis der Beteiligten (Satz 1)

40 Satz 1 berechtigt jeden Beteiligten, Mitglieder des Ausschusses abzulehnen, welche nach § 20 in dem konkreten Verwaltungsverfahren nicht tätig werden dürfen oder bei denen die Besorgnis der Befangenheit besteht (§ 21).

41 Nicht möglich ist dagegen die Ablehnung des ganzen Ausschusses.[22] Ein solcher Ablehnungsantrag ist im Zweifel jedoch als Ablehnung jedes einzelnen Ausschussmitglieds zu verstehen. Problematisch ist in solchen Fällen allerdings die Verfahrensweise bei der Entscheidung über das Vorliegen von Ablehnungsgründen bei den einzelnen Ausschussmitgliedern.[23]

---

18 BT-Drucks. 7/910, S. 86; a.A. Kopp/Ramsauer, § 71 Rn. 11, der das Festhalten in irgendeiner Niederschrift für ausreichend hält.

19 A.A. Kopp/Ramsauer, § 71 Rn. 13, der für eine Aufnahme auch der dafür maßgeblichen wesentlichen Gründe plädiert.

20 Kopp/Ramsauer, § 71 Rn. 12.

21 Stelkens/Bonk/Sachs/*Sachs/Kamp*, § 71 Rn. 21; Kopp/Ramsauer, § 71 Rn. 13; nach Knack/Henneke/*Dürr*, § 71 Rn. 12 genügt schon das Verlangen der Mehrheit der Ausschussmitglieder.

22 VGH Hessen NJW 1969, 1400.

23 Stelkens/Bonk/Sachs/*Sachs/Kamp*, § 71 Rn. 27.

Im nicht-förmlichen Verwaltungsverfahren haben die Beteiligten keine Möglichkeit, die Ablehnung eines ausgeschlossenen oder befangenen Amtsträgers durchzusetzen. Der Ausschuss kann lediglich auf Veranlassung eines sich für ausgeschlossen oder befangen haltenden Ausschussmitgliedes oder von Amts wegen nach § 20 Abs. 4 bzw. § 21 Abs. 2 darüber entscheiden, ob ein Ausschussmitglied im Hinblick auf § 20 Abs. 1 oder § 21 Abs. 1 Satz 1 bei der weiteren Beratung und Beschlussfassung zugegen sein darf oder nicht. Diese Regelung gilt neben dem Ablehnungsrecht der Beteiligten auch im förmlichen Verwaltungsverfahren weiter. 42

2. Form der Ablehnung

Nach Satz 2 ist eine Ablehnung vor der mündlichen Verhandlung schriftlich oder zur Niederschrift zu erklären. Daraus ergibt sich im Gegenschluss, dass der Ablehnungsantrag in der mündlichen Verhandlung auch mündlich erklärt werden kann.[24] Er ist dann nach § 68 Abs. 4 Satz 2 Nr. 3 in die Niederschrift aufzunehmen. 43

Hat ein Beteiligter von einem Ablehnungsgrund erst nach der mündlichen Verhandlung Kenntnis erhalten, so muss er die Ablehnung gleichfalls schriftlich oder zur Niederschrift erklären.[25] 44

Eine Begründung der Ablehnung ist dagegen nicht vorschrieben. Der Ausschuss muss das Vorliegen von Ablehnungsgründen selbst erforschen. 45

3. Verwirkung des Ablehnungsrechts (Satz 3)

Hat sich der Beteiligte ohne Geltendmachung des ihm bekannten Ablehnungsgrundes in die mündliche Verhandlung eingelassen, so ist nach Satz 3 die Erklärung der Ablehnung unzulässig.[26] Eine Einlassung liegt immer dann vor, wenn der Beteiligte in der mündlichen Verhandlung eine Erklärung zur Sache oder zum Verfahren abgegeben hat oder hätte abgeben können. 46

Nach seinem insoweit klaren Wortlaut erfasst Satz 3 auch die Fälle des § 20. Für eine einschränkende Auslegung besteht daher auch im Hinblick auf die Verwirkung der gerichtlichen Geltendmachung kein Grund, da Voraussetzung der Verwirkung stets die Kenntnis von dem Ablehnungsgrund ist.[27] 47

Erhält der Beteiligte erst nach Abschluss der mündlichen Verhandlung von dem Ablehnungsgrund Kenntnis, so muss er die Ablehnung unverzüglich erklären. 48

Die Verwirkung des Ablehnungsrechts wirkt auch für die spätere Klage vor den Verwaltungsgerichten. Die Klage ist daher insoweit unbegründet.[28] Es entspricht mittlerweile 49

---

24 BT-Drucks. 7/910, S. 96; Kopp/Ramsauer, § 71 Rn. 16; *Ule/Laubinger*, § 38 Rn. 7.

25 Stelkens/Bonk/Sachs/*Sachs/Kamp*, § 71 Rn. 29; Kopp/Ramsauer, § 71 Rn. 16.

26 BVerwG DVBl 1992, 1490.

27 Stelkens/Bonk/Sachs/*Sachs/Kamp*, § 71 Rn. 35; a.A. Kopp/Ramsauer, § 71 Rn. 18a mit Blick auf die Reichweite der Verwirkung des Rügerechts im Prozess.

28 Kopp/Ramsauer, § 71 Rn. 21; Knack/Henneke/*Dürr*, § 71 Rn. 17; BVerwG DVBl 1992, 1490; a.A. Stelkens/Bonk/Sachs/*Sachs*, § 71 Rn. 32.

(v. a. im strafrechtlichen Revisionsrecht) einem allgemeinen Rechtsgrundsatz, dass Rügerechte, die die Ordnungsmäßigkeit des Verfahrens betreffen, alsbald nach Kenntniserlangung geltend zu machen sind. Ein Ansammeln von Verfahrensfehlern mit dem Ziel, eine Entscheidung im Fall eines unangenehmen Ausgangs erfolgreich anfechten zu können, läuft dem Sinn der gerichtlichen Rechtsschutzgarantien zuwider. Die Verwirkung eines Rügerechts im Verwaltungsverfahren muss sich daher auch im Gerichtsverfahren auswirken.

50 Eine Unzulässigkeit der Ablehnung beseitigt jedoch nicht die Verpflichtung des Ausschusses, unter Umständen selbst nach §§ 20, 21 von Amts wegen vorzugehen.[29]

4. Entscheidung über die Ablehnung

51 Nach Satz 4 gilt für die Entscheidung über die Ablehnung § 20 Abs. 4 Satz 2 bis 4 entsprechend. Über den Ausschluss entscheidet daher der Ausschuss ohne Mitwirkung des betroffenen Ausschussmitglieds.

52 Im Fall des Erfolgs der Ablehnung darf das ausgeschlossene Mitglied bei der weiteren Beratung und Beschlussfassung nicht zugegen sein (vgl. §§ 20 f.).

53 Der Beschluss muss der Sachentscheidung vorausgehen. Einen Ausschluss kann das betroffene Ausschussmitglied anfechten.

54 Ablehnungsbegehren ohne sachdienliche Begründung oder offensichtlich missbräuchliche Anträge kann der Ausschuss ohne ausdrückliche Entscheidung unberücksichtigt lassen.[30]

55 Die Entscheidung des Ausschusses über ein Ablehnungsbegehren ist eine Verfahrenshandlung, die die Beteiligten nach § 44a Satz 1 VwGO nur gleichzeitig mit der Sachentscheidung anfechten können.[31] Das folgt aus der Verweisung des Satzes 4 auf § 20 Abs. 4 Satz 2 bis 4, wonach die Ausschussentscheidung im förmlichen Verwaltungsverfahren dieselbe Rechtsnatur wie im nicht-förmlichen Verwaltungsverfahren haben muss. In Ausnahmefällen kann etwas anderes gelten, wenn in dem Verfahrensverstoß (Mitwirkung eines ausgeschlossenen oder befangenen Ausschussmitgliedes) zugleich ein Verstoß gegen materielles Recht liegt.

C. Landesrechtliche Vorschriften

56 Die Verwaltungsverfahrensgesetze der Länder sind wortgleich.

---

29 Kopp/Ramsauer, § 71 Rn. 14.
30 BVerfG, Beschl. v. 02.11.1960 – 2 BvR 473/60, BVerfGE 11, 343 (348); näher Kopp/Ramsauer, § 71 Rn. 17.
31 *Knack/Henneke/Dürr*, § 71 Rn. 18.

Abschnitt 1a Verfahren über eine einheitliche Stelle

Vorbemerkung zu § 71a

Übersicht — Rdn.

A. Allgemeines

I. Grundsätze

Die Vorschriften der §§ 71a ff. VwVfG wurden durch das 4. Gesetz zur Änderung verwaltungsverfahrensrechtlicher Vorschriften vom 11.12.2008 – 4. VwVfÄndG –[1] im Zuge der Umsetzung der **Dienstleistungsrichtlinie** (**DLR**)[2] vollständig neu gefasst. Die ohnehin umstrittenen und weitgehend überflüssigen §§ 71a bis 71e in ihrer bisherigen Fassung[3] zur Beschleunigung von Genehmigungsverfahren bei wirtschaftlichen Unternehmungen wurden komplett ersetzt durch die Vorschriften über das **Verfahren über eine einheitliche Stelle.** Nur die wichtigsten Regelungen der §§ 71a ff. a.F. über die besonderen Beratungs- und Auskunftspflichten wurden als Abs. 2 zu § 25 in die allgemeinen Verfahrensvorschriften übernommen. 1

Mit dem neu gefassten Abschnitt 1a wird eine neue **besondere Verfahrensart** eingeführt. Diese soll es dem Einzelnen ermöglichen, für ein bestimmtes Vorhaben erforderliche Genehmigungsverfahren, Formalitäten und sonstige Behördenkontakte vollständig – von der Einholung notwendiger Auskünfte bis zur Entgegennahme einer abschließenden Behördenentscheidung – über eine einzige Stelle abzuwickeln, ohne sich an jede einzelne der zuständigen Behörden direkt wenden zu müssen. Neben der Möglichkeit zur **vollständigen Verfahrensabwicklung über die einheitliche Stelle** (§ 71b) werden Pflichten zur Information (§ 71c), zur gegenseitigen Unterstützung (§ 71d) und zur elektronischen Verfahrensabwicklung (§ 71e) begründet. Die einheitliche Stelle hat die Funktion einer unterstützenden **Verfahrensmittlerin** zwischen Bürger bzw. Unternehmen und den jeweils zuständigen Behörden. Ihre Hauptaufgabe soll zunächst darin bestehen, eine Orientierung über alle einschlägigen Vorschriften und erforderlichen Verfahren und die jeweils zuständigen Behörden zu geben. Darüber hinaus kann die gesamte Verfahrenskorrespondenz mit den zuständigen Behörden über die einheitliche Stelle abgewickelt werden. 2

1 BGBl. I S. 2418.

2 Richtlinie 2006/123/EG des Europäischen Parlaments und des Rates vom 12.12.2006 über Dienstleistungen im Binnenmarkt (ABl EU Nr. L 376, S. 36).

3 Vgl. GenBeschlG vom 12.09.1996, BGBl. I S. 1353, abgedruckt in der Vorauflage sowie in Knack/Henneke/*Schliesky*, vor §§ 71a VwVfG Rn. 2.

3 Die Vorschriften des Abschnitts 1a lassen die sachlichen Zuständigkeiten und Befugnisse zur Durchführung der jeweiligen Verwaltungsverfahren unberührt und begründen **keine Sach- und Entscheidungskompetenzen** der einheitlichen Stelle. Die bestehenden Zuständigkeiten werden durch die besondere Verfahrensart selbst nicht verändert. Die einheitliche Stelle führt in ihrer Funktion als Verfahrensmittlerin die Verwaltungsverfahren nicht selbst durch, muss aber zumindest über den jeweiligen Verfahrensstand Auskunft geben können. Da die einheitliche Stelle als Verfahrensmittlerin keine eigenen Kompetenzen hat, bleiben die Verfahrenshoheit und die Verantwortung für die Anwendung des materiellen Rechts bei der zuständigen Behörde. Dies entspricht auch der DLR.[4] Das Fachrecht und das einschlägige Landesrecht können aber Abweichendes regeln. Das Verfahren i.S.d. § 9 wird von der zuständigen Behörde durchgeführt. Das Verfahren vor der einheitlichen Stelle ist kein Verwaltungsverfahren im engeren Sinne, weil es nicht auf den Erlass eines VA oder den Abschluss eines öffentlich-rechtlichen Vertrags ausgerichtet ist.[5] Da die einheitliche Stelle aber durchaus hoheitlich handelt, etwa bei der Bekanntgabe des VA (§ 71b Abs. 5), entsteht auch insoweit ein Verfahrensrechtsverhältnis (Verwaltungsverfahren i.w.S.).[6] Die beiden Verwaltungsverfahren verschmelzen nicht zu einem Verfahren, d.h. es besteht **keine Konzentrationswirkung.** Die einheitliche Stelle hat auch per se **keine Eingriffs- oder Aufsichtsbefugnisse**, es sei denn, das Fachrecht oder das einschlägige Landesrecht sehen dies ausdrücklich vor. Auch für die **Amtshaftung** gelten keine Besonderheiten.[7]

4 Die Bezeichnung »Verfahren über eine einheitliche Stelle« weicht von dem in der DLR verwendeten Begriff des »**Einheitlichen Ansprechpartners**« ab (siehe Rdn. 7). Hierdurch wollte der Gesetzgeber deutlich machen, dass es sich um eine besondere Verfahrensart handelt, deren Geltung nicht auf den sachlichen und persönlichen Anwendungsbereich der DLR beschränkt ist. Während sich die DLR auf grenzüberschreitende Sachverhalte bezieht, gilt das Angebot einer Verfahrensabwicklung über eine einheitliche Stelle zur Vermeidung von Inländerdiskriminierung auch für Verwaltungsverfahren **ohne Auslandsbezug.** Das Verfahren ist **nicht beschränkt auf Dienstleistungserbringer** oder auf das Wirtschaftsverwaltungsrecht, sondern kann auch für die Abwicklung von sonstigen Verwaltungsverfahren vorgesehen werden. Daher kann **jede natürliche oder juristische Person** die einheitliche Stelle in Anspruch nehmen, sofern dieses Verfahren durch Rechtsvorschrift angeordnet ist.

5 Entsprechend der Regelungssystematik der bereits bestehenden besonderen Verwaltungsverfahrensarten – zum Beispiel Planfeststellungsverfahren – wird ein Verfahrensmodell zur Verfügung gestellt, dessen Anwendung **im einschlägigen Fachrecht angeordnet** werden muss. Im Anwendungsbereich der Dienstleistungsrichtlinie muss eine solche Anordnung getroffen werden;[8] darüber hinaus kann sie aus

4 Art. 6 Abs. 2 DLR; *Schmitz/Prell*, NVwZ 2009, 1 (6).
5 Knack/Henneke/*Schliesky*, § 71a Rn. 4.
6 Knack/Henneke/*Schliesky*, § 71a Rn. 4; *Schmitz/Prell*, NVwZ 2009, 1 (6).
7 BeckOK VwVfG/*Huck* § 71a Rn. 20.
8 Str. ist, ob die DLR auch Baugenehmigungsverfahren erfasst, da einerseits Erwägungsgrund 9 Bauvorschriften von der Anwendung ausnimmt, anderseits Baugenehmigungsverfahren nach Art. 6 Abs. 1 und 2 zur Aufnahme einer Dienstleistungstätigkeit häufig erforderlich sein werden, vgl. *Eisenmenger,* Hk-VerwR, § 71a Rn. 21.

Zweckmäßigkeitsgesichtspunkten erfolgen. Die **Länder** haben sich teilweise vorbehalten, vom Bundesrecht abweichende Vorschriften zu erlassen, wenn in Bundesgesetzen das Verfahren über eine einheitliche Stelle für Verwaltungsverfahren angeordnet wird, die nicht der Dienstleistungsrichtlinie unterliegen.[9] Umgekehrt sind im Bundesrecht entsprechende Öffnungsklauseln vorgesehen (etwa § 6b Abs. 1 Satz 2 GewO).

Die Verfahrensabwicklung über die einheitliche Stelle stellt grundsätzlich ein **Angebot** 6
dar. Der Antragsteller, Anzeigepflichtige oder Informationsberechtigte kann frei entscheiden, ob und inwieweit er die Hilfe der einheitlichen Stelle in Anspruch nehmen will. Wendet er sich direkt an die zuständige Behörde, gelten aber – sofern das Verfahren über eine einheitliche Stelle durch Rechtsvorschrift angeordnet ist – wesentliche Verfahrensvorschriften dieses Abschnitts dennoch (vgl. **§ 71a Abs. 2 VwVfG**).

II. Unionsrecht

Die Vorschriften der §§ 71a ff. dienen im Anwendungsbereich der **DLR** der Umset- 7
zung der verfahrensrechtlichen Anforderungen an den »Einheitlichen Ansprechpartner« und weiterer verfahrensrechtlicher Anforderungen. Die Dienstleistungsrichtlinie bezweckt u. a. die Schaffung eines rechtlichen Rahmens, der die Niederlassungsfreiheit und den freien Dienstleistungsverkehr fördert. Dies soll insbesondere durch eine Verwaltungsvereinfachung und -beschleunigung erreicht werden,[10] und zwar durch ein »Screening« der Mitgliedstaaten im Hinblick auf die Vereinfachung von Verfahren und Formalitäten (Art. 5 DLR), durch die Schaffung eines einheitlichen Ansprechpartners zur Verfahrensabwicklung (Erwägungsgrund 48, Art. 6 DLR), durch die Begründung von Informationsrechten (Art. 7 DLR) und die elektronische Verfahrensabwicklung (Art. 8 DLR).[11] Genehmigungsverfahren sollen erleichtert und beschleunigt werden, etwa durch Genehmigungsfiktionen (Art. 13 DLR, siehe dazu § 42a).

Da die Einrichtung der einheitlichen Stellen der organisatorischen Umsetzung bedarf 8
(siehe Rdn. 9 ff.), sind die Art. 6 ff. DLR grundsätzlich **nicht unmittelbar anwendbar.** Etwas Anderes gilt begrenzt für Art. 8 DLR, wonach es möglich sein muss, alle Verfahren im Anwendungsbereich der DLR problemlos aus der Ferne elektronisch abzuwickeln (siehe § 71e Rdn. 4).

B. Verwaltungsorganisatorische Umsetzung

Der **Begriff der »Stelle«** knüpft an den Behördenbegriff des § 1 Abs. 4 VwVfG an. Die 9
Bezeichnung beschränkt sich auf die verfahrensrechtliche Funktion der Stelle i.S.d. §§ 71a ff. und nimmt nicht die verwaltungsorganisatorische Bezeichnung der Behörde vorweg, die die Funktion der einheitlichen Stelle tatsächlich ausübt.

9 Vgl. etwa § 6 Abs. 1 Nr. 3 des Gesetzes über Einheitliche Ansprechpartner für das Land Baden-Württemberg (EAG BW) vom 01.12.2009 (GBl. S. 679).

10 Erwägungsgrund 43, Kapitel II.

11 Vgl. im Einzelnen *Eisenmenger,* Hk-VerwR, § 71a Rn. 5; BeckOK VwVfG/*Huck,* § 71a Rn. 3 ff.

10 Soll das Verfahren über eine einheitliche Stelle abgewickelt werden, so muss dafür eine Stelle bestimmt werden. Diese Festlegung kann jedoch aus systematischen Gründen nicht im VwVfG erfolgen, sondern nur im **Verwaltungsorganisationsrecht.** Da die Verwaltungskompetenz weitgehend bei den Ländern liegt, obliegt ihnen die **Einrichtung** und **organisatorische Umsetzung** der einheitlichen Stelle. Dabei kommt es nicht auf die Bezeichnung als »einheitliche Stelle« an; organisationsrechtlich wird überwiegend der der DLR entnommene Begriff des »**Einheitlichen Ansprechpartners**« verwendet.

11 Die auf einem Musterentwurf beruhenden §§ 71a ff. wurden durchgehend in die **Verwaltungsverfahrensgesetze der Länder** übernommen, in Schleswig-Holstein als § 138a ff. LVwG, soweit diese nicht ohnehin dynamisch auf das VwVfG verweisen. Alle **Länder** haben mittlerweile **Gesetze über Zuständigkeit und Aufgaben der Einheitlichen Ansprechpartner** erlassen. Dabei wurden sehr unterschiedliche Organisationsmodelle gewählt bis hin zu privatrechtlichen Organisationsformen, die von der DLR nicht ausgeschlossen werden.[12] Als Einheitliche Ansprechpartner werden u. a. – jeweils im Rahmen ihrer örtlichen und sachlichen Zuständigkeit – die **berufsständischen Kammern** (Industrie- und Handelskammern, Handwerkskammern, Rechtsanwalts- und Steuerberaterkammern, Architektenkammer, Ingenieurkammern, Landestierärztekammern); die **Landkreise** und die **Stadtkreise, Anstalten des öffentlichen Rechts** oder **Organisationseinheiten bei Mittelbehörden** oder **Ministerien** bestimmt.[13] Um den Ländern die Einführung des Kammermodells zu ermöglichen, enthalten einige Bundesgesetze Öffnungsklauseln (§ 73a BRAO, § 91 Abs. 2a HwO, § 1 Abs. 3a und Abs. 3b IHKG, § 164a StBerG).

12 Im Einzelnen wurden folgende **Landesgesetze** erlassen:
- Gesetz über Einheitliche Ansprechpartner für das Land Baden-Württemberg (EAG BW) vom 01.12.2009 (berufsständische Kammern; Landkreise und Stadtkreise auf freiwilliger Basis);[14]
- Gesetz über die Zuständigkeit für die Aufgaben des Einheitlichen Ansprechpartners im Freistaat Bayern (BayEAG) vom 22.12.2009 (berufsständische Kammern; Landkreise und kreisfreie Gemeinden auf freiwilliger Basis);[15]
- Gesetz über den Einheitlichen Ansprechpartner für das Land Berlin (EAG Bln) vom 18.11.2009 (Organisationseinheit innerhalb der Senatsverwaltung),
- Gesetz über den Einheitlichen Ansprechpartner für das Land Brandenburg (BbgEAPG) vom 07.07.2009 (Einrichtung im Geschäftsbereich des Ministers für Wirtschaft und Europaangelegenheiten)
- Bremisches Gesetz über Einheitliche Ansprechpartner und über die europäische Verwaltungszusammenarbeit (BremEAG) vom 16.11.2010 (WFB Wirtschaftsförderung Bremen GmbH);

---

12 Erwägungsgrund 48.
13 Mann/Sennekamp/Uechtritz/*Windoffer*/*Brosius-Gersdorf*, § 71a Rn. 19.
14 Dazu *Dürig*, Praxis der Kommunalverwaltung, LVwVfG BW, A 15 BW, vor §§ 71a ff.
15 Dazu *Jahn*, GewArch. 2010, 150.

- Hamburgisches Gesetz über die Durchführung der Aufgaben des Einheitlichen Ansprechpartners (HmbEAG) vom 15.12.2009 (berufsständische Kammern);
- Gesetz über den Einheitlichen Ansprechpartner Hessen (EAH-Gesetz – EAHG) vom 15.12.2009 (Regierungspräsidium);
- Gesetz zur Errichtung von Stellen mit der Bezeichnung »Einheitlicher Ansprechpartner« und zur Übertragung von Aufgaben auf die Wirtschaftskammern (Einheitlicher-Ansprechpartner-Errichtungsgesetz Mecklenburg-Vorpommern – EAPG M-V) vom 17.12.2009 (berufsständische Kammern mit einheitlicher Koordinierungsstelle);
- Niedersächsisches Gesetz über Einheitliche Ansprechpartner (NEAG) vom 16.12.2009 (kommunale Körperschaften oder Wirtschaftsministerium);
- Gesetz zur Bildung Einheitlicher Ansprechpartner in Nordrhein-Westfalen (EA-Gesetz NRW) vom 08.12.2009 (Kreise und kreisfreie Städte als Pflichtaufgaben);
- Landesgesetz über die einheitlichen Ansprechpartner in Verwaltungsangelegenheiten (EAnsprPG Rheinland-Pfalz vom 27.10.2009 (Struktur- und Genehmigungsdirektionen Nord und Süd);
- Gesetz Nr. 1705 über den Einheitlichen Ansprechpartner für das Saarland (EA-Gesetz Saarland) vom 10.02.2010 (Einheitlicher Ansprechpartner Saar in Trägerschaft der berufsständischen Kammern);
- Gesetz über den einheitlichen Ansprechpartner im Freistaat Sachsen (SächsEAG) vom 13.08.2009 (Landesdirektion Sachsen);
- Gesetz über den einheitlichen Ansprechpartner, zur Regelung der europäischen Verwaltungszusammenarbeit sowie zur verwaltungskostenrechtlichen Umsetzung der europäischen Dienstleistungsrichtlinie in Sachsen-Anhalt (Einheitlicher-Ansprechpartner-Gesetz – EAG LSA) vom 16.12.2009 (Landesverwaltungsamt);
- Gesetz über die Errichtung einer Anstalt öffentlichen Rechts »Einheitlicher Ansprechpartner Schleswig-Holstein« (Errichtungsgesetz Einheitlicher Ansprechpartner) vom 17.09.2009 (Anstalt des öffentlichen Rechts);
- Gesetz über die Errichtung einheitlicher Stellen nach dem Thüringer Verwaltungsverfahrensgesetz und zur Umsetzung des Artikels 6 der Richtlinie 2006/123/EG (Thüringer ES-Errichtungsgesetz) vom 08.07.2009 (berufsständische Kammern).[16]

C. Würdigung

Ziel der Regelung ist in erster Linie die **Verwaltungsvereinfachung und -beschleunigung**, indem Hindernisse für unternehmerische Tätigkeit durch verschiedene Zuständigkeiten, Verfahren und Formalitäten abgebaut werden.[17] Damit steht die Vorschrift in einem **Spannungsverhältnis** zu den unions- und nationalrechtlichen Tendenzen, das Verwaltungsverfahren durch weitere Verfahrensschritte wie etwa die frühe Öffentlichkeitsbeteiligung (siehe § 25 Abs. 3) immer weiter zu überfrachten. Die Vorschriften der §§ 71a ff. korrespondieren mit den Vorschriften über die 13

16 Dazu *Heiß/Jedlitschka*, ThürVBl 2009, 265 (269).
17 Knack/Henneke/*Schliesky*, vor §§ 71a, Rn. 5.

Genehmigungsfiktion nach § 42a und den Beratungs- und Auskunftspflichten nach § 25 Abs. 1 und 2. Rechtlich hat die Einführung der einheitlichen Stelle zunächst einen erheblichen gesetzgeberischen und organisatorischen Aufwand verursacht und die Rechtslage eher verkompliziert als vereinfacht. Hierzu tragen die »detailverliebten«[18] Vorgaben der Dienstleistungsrichtlinie, aber auch die bundesstaatliche Kompetenzverteilung sowie das vom Gesetzgeber gewählte Prinzips der fachrechtlichen Einzelanordnung bei. Die Einführung des Verfahrens über eine einheitliche Stelle erforderte zunächst die Übernahme dieses Verfahrensmodells in das VwVfG und die Verwaltungsverfahrensgesetze aller Länder, zweitens die fachrechtliche Anordnung der Möglichkeit einer Verfahrensabwicklung über eine einheitliche Stelle in den einzelnen Fachgesetzen und in einem dritten Schritt die organisationsrechtliche Einrichtung der einheitlichen Stelle in den Ländern. Ob die Einrichtung einer zusätzlichen Behörde, deren Aufgaben sich teilweise mit denen der zuständigen Behörde überlagern, und die zahlreichen neu begründeten Verfahrenspflichten zur Verwaltungsvereinfachung und Entbürokratisierung beitragen, mag bezweifelt werden. Allerdings bestand bereits zuvor die Tendenz zur Schaffung arbeitsteiliger Verwaltungsstrukturen, die die zuständigen Behörden vom Publikumsverkehr entlasten und dem Bürger mehrere Behördengänge ersparen (Bürgerbüros, One-Stop-Shops, Front-Office/Back-Office-Strukturen).[19] Die Schaffung neuer Behördenstrukturen wird durch die Einführung der einheitlichen Stellen zumindest im Anwendungsbereich der DLR verpflichtend. Ob es hierdurch zu einer Effizienzsteigerung kommt, wird auch davon abhängen, ob die für die Erfüllung der umfangreichen Informations- und Mitteilungspflichten benötigte Zeit für die eigentliche Sachbearbeitung verloren geht. Für ausländische Dienstleister, die mit dem deutschen Rechts- und Verwaltungssystem nicht vertraut sind, stellt das Modell der einheitlichen Stelle aber fraglos eine Erleichterung dar. Positiv dürfte sich auch auswirken, dass die elektronische Kommunikation obligatorisch geworden ist. Ob sich die Hoffnung auf vermehrte wirtschaftliche Betätigung ausländischer Unternehmen etwa in den neuen Bundesländern erfüllen,[20] wird sich in der Praxis erweisen müssen. Wie die einheitliche Stelle von inländischen Bürgern angenommen wird, bleibt ebenfalls abzuwarten.

14 **Verfassungsrechtlich** werden Bedenken erhoben, weil ein Konzept für eine klare Verantwortungszurechnung fehlt. Die einheitliche Stelle besitzt zwar keine eigenen Entscheidungskompetenzen, wird aber faktisch auf das Verwaltungsverfahren Einfluss nehmen, etwa auf die Zügigkeit des Verfahrens und die Entscheidungsfristen, ggf. mit der Folge des Eintritts einer Genehmigungsfiktion nach § 42a.[21]

---

18 *Schmitz/Prell*, NVwZ 2009,1 (2).
19 Kopp/*Ramsauer*, § 71a Rn. 6.
20 *Heiß/Jedlitschka*, ThürVBl 2009, 265 (273).
21 Vgl. Knack/Henneke/*Schliesky*, vor §§ 71a Rn. 8.

§ 71a Anwendbarkeit

(1) Ist durch Rechtsvorschrift angeordnet, dass ein Verwaltungsverfahren über eine einheitliche Stelle abgewickelt werden kann, so gelten die Vorschriften dieses Abschnitts und, soweit sich aus ihnen nichts Abweichendes ergibt, die übrigen Vorschriften dieses Gesetzes.

(2) Der zuständigen Behörde obliegen die Pflichten aus § 71b Abs. 3, 4 und 6, § 71c Abs. 2 und § 71e auch dann, wenn sich der Antragsteller oder Anzeigepflichtige unmittelbar an die zuständige Behörde wendet.

Übersicht

A. Allgemeines

I. Grundsätze

1 Die Vorschrift wurde durch das 4. Gesetz zur Änderung verwaltungsverfahrensrechtlicher Vorschriften vom 11.12.2008 – 4. VwVfÄndG –[1] im Zuge der Umsetzung der europäischen Dienstleistungsrichtlinie (DLR) vollständig neu gefasst. Die Vorschrift bestimmt den **Anwendungsbereich** des Verfahrens über eine einheitliche Stelle. Eine einheitliche Stelle ist eine Behörde i.S.d. § 1 Abs. 4, über die das gesamte Verfahren abgewickelt wird. Die Einrichtung einer einheitlichen Stelle und die Regelung der konkreten Verfahrensabläufe erfordern **verwaltungsorganisatorische** Entscheidungen des Bundes oder der Länder, die nicht im VwVfG selbst getroffen werden können (siehe im Einzelnen vor 71a ff. Rdn. 7 ff.).[2] Anders als bei sog. Bürgerbüros u. ä. ist die Bündelungsfunktion nicht auf ein- und denselben Hoheitsträger beschränkt.[3] Der einheitlichen Stelle kommt zwar eine hohe Verantwortung bei der Durchführung des Verwaltungsverfahrens zu, sie hat aber **keine sachliche Entscheidungsbefugnis und keine Aufsichts- oder Eingriffsbefugnisse.**[4] Diese verbleiben bei den zuständigen Behörden. Das Verfahren hat auch **keine Konzentrationswirkung;** es geht lediglich um eine einheitliche verfahrenstechnische Abwicklung (siehe vor §§ 71a Rdn. 3). Das Verfahren bedarf der **Anordnung** durch eine Rechtsvorschrift (siehe vor 71a ff. Rdn. 5). Die Verfahrensabwicklung über die einheitliche Stelle stellt ein **Angebot** dar

1 BGBl. I, S. 2418.
2 *Schmitz/Prell*, NVwZ 2009, 1 (6).
3 Knack/Henneke/*Schliesky*, § 71a Rn. 1.
4 Art. 6 Abs. 2 DLR.

(**Optionsmodell**). Der Antragsteller, Anzeigepflichtige oder Informationsberechtigte kann frei entscheiden, ob und wieweit er die Hilfe der einheitlichen Stelle in Anspruch nehmen will, oder ob er den unmittelbaren Behördenkontakt bevorzugt. Wendet er sich direkt an die zuständige Behörde, gelten aber wesentliche Verfahrensvorschriften dieses Abschnitts dennoch (siehe Rdn. 7).

II. Entstehungsgeschichte, Unionsrecht.

2 Die Vorschrift dient im Anwendungsbereich der **Dienstleistungsrichtlinie (DLR)**[5] der Umsetzung des Art. 6 DLR, wonach ausländischen Dienstleistungserbringern ein »Einheitlicher Ansprechpartner« zur Abwicklung aller Verfahren und Formalitäten für die Aufnahme ihrer Dienstleistungstätigkeiten und die Beantragung der erforderlichen Genehmigungen zur Verfügung stehen muss. Die Inanspruchnahme der einheitlichen Stelle steht aber auch Inländern offen (siehe im Einzelnen vor §§ 71a ff. Rdn. 4 ff.).

B. Die Vorschrift im Einzelnen

I. Anwendungsbereich (Abs. 1)

3 Der Begriff **Verwaltungsverfahren** ist weit zu verstehen; er umfasst nicht nur sämtliche Tätigkeiten der zuständigen Behörde, die nach § 9 auf den Erlass eines Verwaltungsakts oder den Abschluss eines öffentlich-rechtlichen Vertrags abzielen, sondern auch solche, die im Zusammenhang mit einem Anzeigeverfahren stehen oder lediglich Informationspflichten der Behörden betreffen, etwa bei genehmigungs- und anzeigefreien Tätigkeiten.[6] Spätere **Rechtsbehelfsverfahren** gehören hingegen nicht zu den Verfahren, für die die einheitliche Stelle ohne weiteres zuständig ist.[7]

4 Es besteht **keine Beschränkung** auf den sachlichen und persönlichen Anwendungsbereich der DLR oder **auf Verfahren mit Auslandsbezug** (siehe im Einzelnen vor §§ 71a ff Rdn. 4). Die Verfahrensabwicklung über eine einheitliche Stelle bedarf lediglich der **Anordnung** durch eine Rechtsvorschrift. Dies kann ein **förmliches Bundes- oder Landesgesetz** oder eine **Rechtsverordnung** sein; eine Verwaltungsvorschrift genügt nicht.[8] Eine Anordnung durch **Satzung** kommt in Betracht, wenn ein förmliches Gesetz den Satzungsgeber hierzu ermächtigt.[9] Im Anwendungsbereich der DLR hat eine Anordnung zu erfolgen; im Übrigen kann sie nach Zweckmäßigkeitserwägungen vorgenommen werden. Dieses Regelungsmodell bringt es zwar mit sich, dass das gesamte Bundes- und Landesrecht daraufhin zu überprüfen ist, ob die Anordnung des Verfahrens über eine einheitliche Stelle unionsrechtlich geboten ist, und birgt somit die Gefahr von Umsetzungsdefiziten in sich. Es bietet aber für die betroffenen Bürger

---

5 Richtlinie 2006/123/EG des Europäischen Parlaments und des Rates vom 12.12.2006 über Dienstleistungen im Binnenmarkt (ABlEU Nr. L 376, S. 36).

6 *Schmitz/Prell*, NVwZ 2009, 1 (5).

7 Str., wie hier Stelkens/Bonk/Sachs/*Schmitz/Wiegand*, 71a Rn. 21; *Eisenmenger*, Hk-VerwR, § 71a Rn. 17; siehe aber § 71b Rn. 6, § 71e Rn. 7.

8 Teilweise a.A. Kopp/*Ramsauer*, § 71a Rn. 17a.

9 Vgl. etwa § 1 Abs. 3 EAnsprPG Rh.-Pf.

und Behörden den Vorteil, dass die komplexen und schwierigen Fragen zur Auslegung der Dienstleistungsrichtlinie vom Normgeber zu lösen sind und wegen des weiten Anwendungsbereichs der §§ 71a ff. ggf. umgangen werden können.[10]

Die **Anordnung** kann auf die §§ 71a ff. Bezug nehmen oder die Verfahrensabwicklung über eine einheitliche Stelle selbst anordnen. In beiden Fällen sind die §§ 71a ff. anzuwenden. Das Fachrecht kann sich auch darauf beschränken, nur die Anwendung einzelner Vorschriften der §§ 71a ff. oder nur mit abweichenden Maßgaben anzuordnen. Ist die Verfahrensabwicklung über eine einheitliche Stelle angeordnet worden, finden – soweit das Fachrecht nicht Abweichendes regelt – schon nach den allgemeinen Regeln zunächst die spezielleren Vorschriften des Abschnitts 1a Anwendung; ergänzend gelten die **allgemeine Grundsätze, insbesondere §§ 9 ff.** Dies gilt insbesondere für die Beratungspflichten des **§ 25 Abs. 2** und die Genehmigungsfiktion nach **§ 42a**, die ebenfalls der Umsetzung der DRL dient. **Zu beachten** ist aber, dass der Anwendungsbefehl im Fachrecht noch **nicht** dazu führt, dass **automatisch feste Bearbeitungszeiten** gelten und eine Genehmigungsfiktion eintritt. Dies setzt vielmehr wiederum eine besondere Anordnung im Fachrecht voraus (vgl. § 71b Abs. 3 Satz 1, § 42a Abs. 1). Im Anwendungsbereich der DLR wird aber beides regelmäßig miteinander einhergehen. 5

Unter anderem sind durch folgende **Bundesgesetze** Anordnungen erfolgt: 6

§ 3 AuswSG, 2 BattG, §§ 26 Abs. 2, 29a BImSchG, § 32, 73a BRAO, § 19b ChemG, § 25 De-Mail-G, Art. 102a EGInsO, 11 ElektroG, § 4 EnWG, § 12a FernUSG, § 6a GewO, § 5b HandwO, § 53a IfSG, § 54 KrWG, § 6a NiSG, § 30 PAO, § 23 ProdSG, § 13 RDG, § 20a SigG, § 36 SprengG, § 164a StBerG, § 48 WaffG, 4a WiPrO.

Hinzu kommen **zahlreiche Rechtsverordnungen** des Bundes, vor allem im Umwelt- und Produktsicherheitsbereich, sowie eine Vielzahl von Rechtsvorschriften der Länder.

Ausgeschlossen ist die Anordnung der Verfahrensabwicklung über eine einheitliche Stelle im **Planfeststellungsrecht** (§ 72 Abs. 1 Satz 1 Halbs. 2).

II. Geltung für die zuständige Behörde (Abs. 2)

Die Inanspruchnahme der einheitlichen Stelle ist freiwillig (sog. **Optionsmodell**). Wendet sich der Bürger direkt an die **zuständige Behörde**, hat diese aber **wesentliche Verfahrensvorschriften** dieses Abschnitts **ebenfalls zu beachten**, sofern die Verfahrensabwicklung über eine einheitliche Stelle gesetzlich vorgesehen ist. Dies betrifft insbesondere 7
- die Ausstellung von Empfangsbestätigungen mit einem vorgeschriebenen Mindestinhalt, wenn eine Frist in Lauf gesetzt wird (§ 71b Abs. 3),
- die Pflicht zur Mitteilung über die Unvollständigkeit von Unterlagen (§ 71b Abs. 4),
- die Bekanntgabefiktion bei Postzustellung im Ausland (§ 71b Abs. 6),
- die Erfüllung der Informationspflichten nach § 71c Abs. 2 und
- die elektronische Verfahrensabwicklung nach § 71e.

---

10 *Schmitz/Prell*, NVwZ 2009, 1 (5).

C. Verfahrensvorschriften des Sozialrechts sowie Verwaltungsverfahrensrecht der Länder

8 § 71a wurde wortgleich in die Verwaltungsverfahrensgesetze der Länder übernommen, in Schleswig-Holstein als § 138a LVwG, soweit diese nicht ohnehin dynamisch auf das VwVfG verweisen.

9 Alle Länder haben mittlerweile einheitliche Stellen bestimmt oder geschaffen; organisationsrechtlich wird überwiegend der der DLR entnommene Begriff des »Einheitlichen Ansprechpartners« verwendet. Die gewählten Organisationsformen sind sehr unterschiedlich. Teilweise werden Organisationseinheiten in bestehenden Behörden mit den Aufgaben der einheitlichen Stelle betraut, teilweise werden juristische Personen des öffentlichen Rechts, insbesondere die berufsständischen Kammern, oder juristische Personen des Privatrechts zu Einheitlichen Ansprechpartnern ernannt. Schleswig-Holstein errichtet eine Anstalt des öffentlichen Rechts. Den Landkreisen, Stadtkreisen oder kreisfreien Gemeinen wird die Aufgabenwahrnehmung teilweise als Pflichtaufgabe, teilweise nur auf eigenen Wunsch übertragen (siehe im Einzelnen vor §§ 71a ff. Rdn. 7 ff.).

10 Das Verfahrensmodell der einheitlichen Stelle wurde nicht in das SGB X übernommen. Das Sozialrecht soll von der DLR unberührt bleiben.[11]

§ 71b Verfahren

(1) Die einheitliche Stelle nimmt Anzeigen, Anträge, Willenserklärungen und Unterlagen entgegen und leitet sie unverzüglich an die zuständigen Behörden weiter.

(2) [1]Anzeigen, Anträge, Willenserklärungen und Unterlagen gelten am dritten Tag nach Eingang bei der einheitlichen Stelle als bei der zuständigen Behörde eingegangen. [2]Fristen werden mit Eingang bei der einheitlichen Stelle gewahrt.

(3) [1]Soll durch die Anzeige, den Antrag oder die Abgabe einer Willenserklärung eine Frist in Lauf gesetzt werden, innerhalb deren die zuständige Behörde tätig werden muss, stellt die zuständige Behörde eine Empfangsbestätigung aus. [2]In der Empfangsbestätigung ist das Datum des Eingangs bei der einheitlichen Stelle mitzuteilen und auf die Frist, die Voraussetzungen für den Beginn des Fristlaufs und auf eine an den Fristablauf geknüpfte Rechtsfolge sowie auf die verfügbaren Rechtsbehelfe hinzuweisen.

(4) [1]Ist die Anzeige oder der Antrag unvollständig, teilt die zuständige Behörde unverzüglich mit, welche Unterlagen nachzureichen sind. [2]Die Mitteilung enthält den Hinweis, dass der Lauf der Frist nach Absatz 3 erst mit Eingang der vollständigen Unterlagen beginnt. [3]Das Datum des Eingangs der nachgereichten Unterlagen bei der einheitlichen Stelle ist mitzuteilen.

11 Erwägungsgrund 27.

(5) [1]Soweit die einheitliche Stelle zur Verfahrensabwicklung in Anspruch genommen wird, sollen Mitteilungen der zuständigen Behörde an den Antragsteller oder Anzeigepflichtigen über sie weitergegeben werden. [2]Verwaltungsakte werden auf Verlangen desjenigen, an den sich der Verwaltungsakt richtet, von der zuständigen Behörde unmittelbar bekannt gegeben.

(6) [1]Ein schriftlicher Verwaltungsakt, der durch die Post in das Ausland übermittelt wird, gilt einen Monat nach Aufgabe zur Post als bekannt gegeben. [2]§ 41 Abs. 2 Satz 3 gilt entsprechend. [3]Von dem Antragsteller oder Anzeigepflichtigen kann nicht nach § 15 verlangt werden, einen Empfangsbevollmächtigten zu bestellen.

Übersicht — **Rdn.**

A. Allgemeines

I. Überblick

1 Die Vorschrift wurde durch das 4. Gesetz zur Änderung verwaltungsverfahrensrechtlicher Vorschriften vom 11.12.2008 – 4. VwVfÄndG –[1] im Zuge der Umsetzung der

1 BGBl. I, S. 2418.

Dienstleistungsrichtlinie (DLR)[2] vollständig neu gefasst. § 71b setzt voraus, dass die Möglichkeit einer Verfahrensabwicklung durch eine einheitliche Stelle im Fachrecht angeordnet ist (siehe § 71a). Der Abschnitt 1a enthält keine zusammenfassende Beschreibung der Aufgaben der einheitlichen Stelle, sondern übernimmt die »bekannt detailverliebte Regelungstechnik«[3] der DRL. In der Zusammenschau der einzelnen Vorschriften der §§ 71a ff. wird aber deutlich, dass **Hauptaufgabe** der einheitlichen Stelle zunächst ist, eine **Orientierung** über alle einschlägigen Vorschriften, erforderlichen Verfahren und zuständigen Stellen zu geben. Weiter soll die gesamte **technische Verfahrensabwicklung** und **Kommunikation in beide Richtungen** (vgl. § 71b Abs. 5) einschließlich der Bekanntgabe der Entscheidung über die einheitliche Stelle laufen, sofern der Betroffene dies wünscht (siehe auch vor §§ 71a ff. Rdn. 3). **§ 71b** enthält die **zentralen Vorschriften über die Verfahrensabwicklung** mittels einer einheitlichen Stelle (Abs. 1, 2 und 5). Ferner werden besondere verfahrensrechtliche Regelungen getroffen für den Fall, dass das Fachrecht feste Bearbeitungszeiten vorsieht (Abs. 3 und 4) und für den Fall der Bekanntgabe im Ausland (Abs. 6). Voraussetzung ist, dass der Antragsteller zu erkennen gibt, dass er die einheitliche Stelle in Anspruch nehmen will; es bedarf **keiner ausdrücklichen Erklärung.**[4] Er kann seine Wahl während des Verfahrens ändern.

II. Sachliche und örtliche Zuständigkeit

2 Die **sachliche** Zuständigkeit der einheitlichen Stelle ergibt sich aus dem jeweiligen Fachrecht, das die Verfahrensabwicklung über eine einheitliche Stelle anordnet, in Verbindung mit den Aufgabenzuweisungen in §§ 71a ff. Die **örtliche** Zuständigkeit der einheitlichen Stelle richtet sich gem. § 71a Abs. 1 letzter HS. nach den allgemeinen Vorschriften, d. h. nach § 3. Die örtliche Zuständigkeit der einheitlichen Stelle entspricht daher der örtlichen Zuständigkeit der für die Sachentscheidung zuständigen Behörde und ist somit regional begrenzt.[5] Nach **§ 3 Abs. 1 Nr. 2**, dem insoweit eine besondere Bedeutung zukommen dürfte,[6] ist nicht die Behörde am Sitz eines Unternehmens, sondern diejenige, in deren Bezirk das Unternehmen (die Zweigniederlassung) oder die Betriebstätte **betrieben** oder der Beruf bzw. die Tätigkeit **ausgeübt** werden soll, örtlich zuständig.

III. Unionsrecht

3 Die Vorschrift dient im Anwendungsbereich der **DLR** der Umsetzung der Art. 6 und Art. 7 DLR, wonach ausländischen Dienstleistungserbringern ein »**Einheitlicher Ansprechpartner**« zur Abwicklung aller Verfahren und Formalitäten für die Aufnahme ihrer Dienstleistungstätigkeiten und die Beantragung der erforderlichen

---

2 Richtlinie 2006/123/EG des Europäischen Parlaments und des Rates vom 12.12.2006 über Dienstleistungen im Binnenmarkt (ABl EU Nr. L 376, S. 36).

3 *Schmitz/Prell*, NVwZ 2009, 1 (2).

4 Kopp/*Ramsauer*, § 71b Rn. 2.

5 Zur Vereinbarkeit mit der DLR vgl. *Eisenmenger*, Hk-VerwR, § 71b Rn. 7.

6 *Eisenmenger*, Hk-VerwR, § 71b Rn. 7.

Genehmigungen zur Verfügung stehen muss. Die Inanspruchnahme der einheitlichen Stelle steht aber auch Inländern offen (siehe im Einzelnen vor §§ 71a ff. Rdn. 1 ff.).

B. Die Vorschrift im Einzelnen.

I. Entgegennahme und Weiterleitung (Abs. 1)

Die einheitliche Stelle hat alle Anzeigen, Anträge, Willenserklärungen und sonstigen Unterlagen entgegenzunehmen und an die zuständige Behörde unverzüglich weiterzuleiten. Die redundante Aufzählung wird man dahingehend auslegen müssen, dass **alle erdenklichen Behördenkontakte** erfasst sein sollen.[7] Im Anwendungsbereich der DLR hat die einheitliche Stelle auch die **vorgreiflichen Verwaltungsverfahren**, etwa die Einholung von Registerauszügen, abzuwickeln.[8] Die Entgegennahme beinhaltet einen **Eingangsstempel** (vgl. Abs. 3) und die Anlegung einer **elektronischen Akte** (vgl. § 71e). 4

Die Pflicht zur Weiterleitung bedingt, dass die einheitliche Stelle die sachlichen Zuständigkeiten und die erforderlichen Verfahrensschritte klärt (vgl. § 71c). **Unverzüglich** bedeutet im Hinblick auf die Eingangsfiktion nach Abs. 2 innerhalb von maximal drei Tagen,[9] jedenfalls aber ohne schuldhaftes Zögern. Die Einhaltung dieser Frist wird allerdings faktisch in vielen Fällen nicht möglich sein. Dies geht zu Lasten der zuständigen Behörde.

II. Eingangsfiktion (Abs. 2)

1. Eingangsfiktion (Abs. 2 Satz 1)

Nach Abs. 2 Satz 1 gelten die in Abs. 1 genannten Erklärungen am dritten Tag des Eingangs bei der einheitlichen Stelle als bei der zuständigen Behörde eingegangen. Die Vorschrift enthält damit eine **unwiderlegliche Eingangsfiktion.** Diese ist im Zusammenhang mit der **Genehmigungsfiktion** zu sehen. Nach § 42a Abs. 2 Satz 2 beginnt der Fristlauf grundsätzlich mit dem Eingang bei der zuständigen Behörde. Bei der Inanspruchnahme einer einheitlichen Stelle wird die Entscheidungsfrist aufgrund der Eingangsfiktion aber faktisch **um drei Tage** verkürzt. Die Eingangsfiktion gilt unabhängig davon, ob die Weiterleitung an die zuständige Behörde innerhalb von drei Tagen tatsächlich möglich ist; auch Sonn- und Feiertage spielen keine Rolle.[10] 5

2. Fristwahrung durch Antragsteller (Abs. 2 Satz 2)

Abs. 2 Satz 2 stellt umgekehrt sicher, dass Fristen, die der Antragsteller einzuhalten hat, mit dem Eingang bei der einheitlichen Stelle gewahrt werden und er durch deren Inanspruchnahme keine Nachteile erleidet. Eine verspätete Weiterleitung geht auch 6

7 Knack/Henneke/*Schliesky*, § 71b Rn. 2.
8 Knack/Henneke/*Schliesky*, § 71b Rn. 3.
9 Knack/Henneke/*Schliesky*, § 71b Rn. 4.
10 Kopp/Ramsauer, § 71b Rn. 6 f.; Stelkens/Bonk/Sachs/*Schmitz* § 71b Rn. 11 f.

insoweit zu Lasten der zuständigen Behörde. Nach der hier vertretenen Ansicht gehört das Widerspruchsverfahren nicht zu den Verfahren, die durch die einheitliche Stelle abzuwickeln sind (siehe § 79,).[11] So können Widersprüche nicht fristwahrend bei der einheitlichen Stelle eingelegt werden, soweit diese nicht mit der zuständigen Behörde bzw. der Widerspruchsbehörde identisch ist (vgl. § 70 VwGO).[12] Die Vorschrift gilt auch **nicht** für die **Klagefrist** des § 74 VwGO.[13]

III. Empfangsbestätigung (Abs. 3)

1. Empfangsbestätigung (Abs. 3 Satz 1)

7 Sind **feste Bearbeitungsfristen** vorgesehen, hat die zuständige Behörde dem Antragsteller nach Abs. 1 Satz 1 eine **Empfangsbestätigung** auszustellen. Abs. 3 setzt die Bearbeitungs- oder Entscheidungsfristen nicht selbst fest; diese müssen vielmehr im Fachrecht vorgeschrieben sein. Ist keine Frist festgelegt, aber eine **Genehmigungsfiktion** angeordnet, gilt die **Dreimonatsfirst des § 42a Abs. 2 Satz 1.** Der Betroffene hat einen **Anspruch** auf Ausstellung einer Empfangsbestätigung. Dies gilt auch dann, **wenn das Verfahren nicht über eine einheitliche Stelle** abgewickelt wird, obgleich dies nach dem einschlägigen Fachgesetz möglich wäre (vgl. § 71a Abs. 2). Die **Ausstellung** erfolgt durch die **zuständige Behörde.** Lediglich die Übermittlung erfolgt ggf. über die einheitliche Stelle (Abs. 5), soweit diese vom Antragsteller in Anspruch genommen wird.

2. Inhalt der Empfangsbestätigung (Abs. 3 Satz 2)

8 Aus Abs. 3 Satz 2 ergibt sich der **notwendige Inhalt** der Empfangsbestätigung. Mitzuteilen sind:

- das **Eingangsdatum** bei der einheitlichen Stelle; wird das Verfahrens nicht über eine solche abgewickelt, bleibt die Vorschrift gem. § 71a Abs. 2 anwendbar; es kann dann aber nur das Eingangsdatum bei der zuständigen Behörde angegeben werden;[14]
- die **Länge der Frist** entsprechend dem einschlägigem Fachrecht, subsidiär gilt die Dreimonatsfirst des § 42a Abs. 2 Satz 1;
- die **Voraussetzungen** für den **Fristbeginn**; bei der Eingangsbestätigung genügt die Mitteilung, dass die Frist mit Eingang der vollständigen Unterlagen beginnt (vgl. § 42a Abs. 2 Satz 2); die Mitteilung, ob und welche Unterlagen fehlen, nimmt ggf. etwas Zeit in Anspruch und kann gesondert erfolgen (vgl. Abs. 4);
- die **Rechtsfolge bei Fristablauf** ohne behördliche Entscheidung, d. h., ob eine Genehmigungsfiktion nach § 42a Abs. 1 eintritt;
- die **möglichen Rechtsmittel**, i.d.R. Widerspruch und Klage.

---

11 Str., wie hier Stelkens/Bonk/Sachs/*Schmitz/Wiegand,* § 71a Rn. 21; *Eisenmenger,* Hk-VerwR, § 71a Rn. 17; a.A. Knack/Henneke/*Schliesky*, § 71e Rn. 7 VwVfG.

12 Stelkens/Bonk/Sachs/*Schmitz/Wiegand,* § 71a Rn. 21; anders noch die Vorauflage.

13 Kopp/*Ramsauer*, § 71b Rn. 8.

14 Knack/Henneke/*Schliesky*, § 71b Rn. 7.

IV. Mitteilung der Unvollständigkeit (Abs. 4)

Die Pflichten nach Abs. 4 bestehen auch, wenn das Verfahren nicht über die einheitliche Stelle abgewickelt wird, obgleich dies möglich wäre (§ 71a Abs. 2). 9

1. Prüfung der Vollständigkeit (Abs. 4 Satz 1)

Nach Abs. 4 Satz 1 ist die zuständige Behörde verpflichtet, dem Betroffenen unverzüglich mitzuteilen, ob und welche Unterlagen fehlen. Dies bedingt die Pflicht zur **unverzüglichen Prüfung der Vollständigkeit** der eingegangenen Unterlagen. Auch unter den Voraussetzungen des **§ 25 Abs. 2 Satz 2** soll die Behörde dem Antragsteller unverzüglich Auskunft über die Vollständigkeit der Unterlagen geben. Im Unterschied zu § 25 Abs. 2 Satz 2 ist § 71b Abs. 4 Satz 1 zwingend. Für 25 Abs. 2 Satz 2 bleibt Raum, wenn das Fachrecht keine Verfahrensabwicklung über eine einheitliche Stelle vorsieht. Ein weiterer Unterschied besteht darin, dass § 71b Abs. 4 Satz 1 nur zur Mitteilung der **Unvollständigkeit** verpflichtet. Erteilt die Behörde darüber hinaus nach § 25 Abs. 2 Satz 2 die **positive Auskunft**, dass die Unterlagen vollständig sind, muss sie sich bei Eintritt der Genehmigungsfiktion durch Fristablauf nach Treu und Glauben u. U. daran festhalten lassen (siehe § 42a Rdn. 16). Auch die einheitliche Stelle wird aufgrund ihrer Rolle als Verfahrensmittlerin und Unterstützerin des Antragstellers eine Hinweispflicht haben, wenn sie – obgleich nicht selbst fachkundig – offensichtliche Mängel der Unterlagen erkennt.[15] 10

2. Hinweis auf Fristbeginn (Abs. 4 Satz 2)

Nach Abs. 4 Satz 2 muss die Mitteilung der Unvollständigkeit der Unterlagen nach Satz 1 (nochmals) den **Hinweis** enthalten, dass der Fristlauf erst mit Eintritt der vollständigen Unterlagen beginnt. Die Unterrichtung über die Voraussetzungen des Fristbeginns hat allerdings auch schon in der Empfangsbestätigung zu erfolgen (Abs. 3 Satz 2). Die Vorschrift korrespondiert mit den Regelungen des § 42a Abs. 2 Satz 2, wonach der Fristlauf für den Eintritt einer **Genehmigungsfiktion** mit Eingang der vollständigen Antragsunterlagen bei der zuständigen Behörde beginnt. Im Anwendungsbereich der DLR ist sowohl die Anordnung der Genehmigungsfiktion als auch die Verfahrensabwicklung über eine einheitliche Stelle zwingend, so dass sich insoweit keine Friktionen ergeben. Handelt es sich hingegen nicht um ein Genehmigungsverfahren i.S.d. DLR oder ist diese im Fachrecht noch nicht vollständig umgesetzt, wird man dem Satz 2 einen **allgemeinen Grundsatz** des Verwaltungsverfahrens entnehmen können, dass Entscheidungsfristen nur zu laufen beginnen, wenn mit den entsprechenden Anträgen oder Anzeigen die vollständigen Unterlagen vorgelegt wurden (zum Begriff der Vollständigkeit siehe § 42a Rdn. 16). 11

---

15 Knack/Henneke/*Schliesky*, § 71b Rn. 9.

3. Mitteilung Eingangsdatum (Abs. 4 Satz 3)

12 Nach Abs. 4 Satz 3 ist eine **weitere Mitteilung** über das **Eingangsdatum der nachgereichten Unterlagen** bei der einheitlichen Stelle erforderlich. Diese Mitteilung informiert den Betroffenen über den Firstbeginn und ermöglicht ihm und der Behörde die eindeutige Feststellung des Eintritts einer **Genehmigungsfiktion.** Aufgrund dieses Regelungszwecks besteht die Mitteilungspflicht nur, wenn die nachgereichten Unterlagen tatsächlich zum Beginn des Fristlaufs geführt haben; sind auch die nachgereichten Unterlagen unvollständig, ist die zuständige Behörde von weiteren bürokratischen Verfahrenspflichten zu entlasten. Wegen der Eingangsfiktion nach Abs. 2 ist das Eingangsdatum bei der einheitlichen Stelle maßgeblich. Wird das Verfahren nicht über diese abgewickelt, gilt Abs. 4 Satz 3 trotzdem (vgl. § 71a Abs. 2). Hier kann nur das Eingangsdatum bei der zuständigen Behörde mitgeteilt werden.

V. Weiterleitung und Bekanntgabe (Abs. 5)

1. Kommunikation über die einheitliche Stelle (Abs. 5 Satz 1)

13 Nach Satz 1 sollen Mitteilungen der zuständigen Behörde über die einheitliche Stelle erfolgen, soweit eine einheitliche Stelle in Anspruch genommen wird. Die Regelung verdeutlicht zum einen, dass die Inanspruchnahme der einheitlichen Stelle freiwillig ist, zum anderen, dass in der Regel die gesamte Kommunikation in beide Richtungen über die einheitliche Stelle erfolgen soll (vgl. Abs. 1). Es handelt sich um eine **Ordnungsvorschrift**, von der im Interesse des Antragstellers Abweichungen möglich sind, etwa um offensichtlich unsinnige Verfahrenshandlungen zu vermeiden oder wenn ein entsprechender Wille des Antragstellers unterstellt werden kann.[16] Unter dem Begriff der Mitteilung ist auch **der das Verfahren abschließende VA** zu verstehen. Dies ergibt sich im Umkehrschluss aus Satz 2, wonach VAe (nur) auf Verlangen des Betroffenen durch die zuständige Behörde unmittelbar bekannt gegeben werden.

2. Kommunikation mit zuständiger Behörde (Abs. 5 Satz 2)

14 Nach Satz 2 kann derjenige, an den sich der VA richtet, verlangen, dass dieser ihm unmittelbar von der zuständigen Behörde bekannt gegeben wird. Dies kann im Interesse der Beschleunigung des Verfahrens zweckmäßig sein. Das Verlangen kann auch konkludent erfolgen; eine ausdrückliche Erklärung ist nicht erforderlich.[17] Da es sich bei Satz 1 nur um eine Ordnungsvorschrift handelt und der Rücklauf über die einheitliche Stelle nach Satz 1 lediglich eine formale, aber keine materielle Bündelungsfunktion hat,[18] hat eine zu Unrecht durch die zuständige Behörde erfolgte Bekanntgabe keine rechtlichen Konsequenzen.

16 BT-Drucks. 16/10493 S. 19.
17 BT-Drucks. 16/10493 S. 19.
18 BT-Drucks. 16/10493 S. 19.

VI. Bekanntgabe in das Ausland (Abs. 6).

1. Bekanntgabefiktion (Abs. 6 Satz 1)

Abs. 6 gilt nur bei **Bekanntgabe** eines **schriftlichen VA** im **Ausland** bei Übermittlung durch die **Post.** Satz 1 begründet eine **Bekanntgabefiktion.** Ein VA gilt danach **einen Monat** nach Aufgabe zur Post als bekanntgegeben; diese Vermutung ist aber widerleglich (vgl. Satz 2). Die Vorschrift enthält für das Verfahren nach § 71a ff. eine **Ergänzung zu § 41 Abs. 2 Satz 1 und 2**, der die Bekanntgabefiktion bei Übermittlung ins Ausland nur bei elektronischer Übermittlung vorsieht. Während die im Inland geltende Bekanntgabefiktion nach 3 Tagen auf den im Inland vorgeschriebenen und üblichen Postlaufzeiten beruht, kann eine ähnlich sichere Gewähr bei der Übermittlung im Ausland nicht gegeben werden. Mit der Monatsfrist hat sich der Gesetzgeber an § 122 AO orientiert. Ist eine **Genehmigungsfiktion** i.S.d. § 42a angeordnet, wird die zu Verfügung stehende Bearbeitungszeit bei Bekanntgabe im Ausland faktisch **um einen Monat verkürzt.** 15

2. Widerlegliche Vermutung (Abs. 6 Satz 2)

Nach Satz 2 gilt § 41 Abs. 2 Satz 3 entsprechend. Danach gilt die Bekanntgabefiktion nicht, wenn der VA nicht oder später zugegangen ist; im Zweifel hat die Behörde den Zugang und den Zeitpunkt nachzuweisen. Es handelt sich bei Satz 1 also um eine **widerlegliche Vermutung.** 16

3. Kein Empfangsbevollmächtigter im Inland (Abs. 6 Satz 3)

Grundsätzlich kann die Bekanntgabe im Ausland vermieden dadurch werden, dass einem Beteiligten ohne Sitz oder Wohnsitz im Inland nach § 15 aufgeben wird, einen **Empfangsbevollmächtigten im Inland** zu benennen. **Satz 3 schließt dies aus** im Verfahren nach § 71a ff., um den Antragsteller oder Anzeigepflichtigen nicht zu benachteiligen. Dies hat zur Folge, dass die Bekanntgabefiktion nach Abs. 6 Satz 1 bei der Berechnung von Bearbeitungsfristen zu berücksichtigen ist (siehe Rdn. 15). Die Vorschrift gilt nicht gegenüber anderen Verfahrensbeteiligten im Ausland.[19] 17

VII. Rechtsschutz

Die **Empfangsbestätigung** (Abs. 3) und die **Mitteilung der Unvollständigkeit** (Abs. 4) bzw. die Vollständigkeitsbescheinigung nach § 25 Abs. 2 Satz 2 sind keine feststellenden VAe, sondern schlicht hoheitliches Verwaltungshandeln. Da der Antragsteller grundsätzlich einen Anspruch auf Erfüllung hat, kann er **allgemeine Leistungsklage** erheben und im Wege eines Antrags auf Erlass einer **einstweiligen Anordnung** nach § 123 VwGO vorläufigen Rechtsschutz beantragen. § 44a VwGO dürfte dem nicht entgegenstehen, weil der Rechtsschutz gegen die spätere Sachentscheidung dem 18

19 BT-Drucks. 16/10493 S. 19.

Begehren des Betroffenen nicht mehr gerecht wird.[20] Die übrigen Verfahrenshandlungen können nach § 44a VwGO nicht isoliert angefochten werden.

19 Im Übrigen kommen bei pflichtwidriger Verletzung der in § 71b begründeten Pflichten sowohl der einheitlichen Stelle als auch der zuständigen Behörden **Amtshaftungsansprüche** in Betracht, wenn der Betroffene hierdurch einen Schaden erleidet. Auch bei ihrer Verfahrensmittlertätigkeiten handelt die einheitliche Stelle (schlicht) hoheitlich.[21]

C. Verfahrensvorschriften des Sozialrechts sowie Verwaltungsverfahrensrecht der Länder

20 § 71b wurde durchgehend in die Verwaltungsverfahrensgesetze der Länder übernommen, in Schleswig-Holstein als § 138b LVwG, soweit diese nicht ohnehin dynamisch auf das VwVfG verweisen.

21 Das Verfahrensmodell der einheitlichen Stelle wurde nicht in das SGB X übernommen. Das Sozialrecht soll von der DLR unberührt bleiben.[22]

§ 71c Informationspflichten

(1) [1]Die einheitliche Stelle erteilt auf Anfrage unverzüglich Auskunft über die maßgeblichen Vorschriften, die zuständigen Behörden, den Zugang zu den öffentlichen Registern und Datenbanken, die zustehenden Verfahrensrechte und die Einrichtungen, die den Antragsteller oder Anzeigepflichtigen bei der Aufnahme oder Ausübung seiner Tätigkeit unterstützen. [2]Sie teilt unverzüglich mit, wenn eine Anfrage zu unbestimmt ist.

(2) [1]Die zuständigen Behörden erteilen auf Anfrage unverzüglich Auskunft über die maßgeblichen Vorschriften und deren gewöhnliche Auslegung. [2]Nach § 25 erforderliche Anregungen und Auskünfte werden unverzüglich gegeben.

Übersicht

20 *Eisenmenger*, Hk-VerwR, § 71b Rn. 32.
21 Im Einzelnen *Eisenmenger*, Hk-VerwR, § 71b Rn. 33.
22 Erwägungsgrund 27.

A. Grundsätze

1 Die Vorschrift wurde durch das 4. Gesetz zur Änderung verwaltungsverfahrensrechtlicher Vorschriften vom 11.12.2008 – 4. VwVfÄndG -[1] im Zuge der Umsetzung der **Dienstleistungsrichtlinie (DLR)**[2] vollständig neu gefasst. Die Vorschrift regelt die **Informationspflichten** der einheitlichen Stelle (Abs. 1) und der zuständigen Behörden (Abs. 2), die dem **eigentlichen Verfahren vorgelagert** sein können.[3] Sie erweitert und konkretisiert die allgemeine Beratungs- und Auskunftspflicht nach § 25. Die einheitliche Stelle muss einen orientierenden Überblick über alle für das jeweilige Vorhaben maßgeblichen Verfahren, Vorschriften, Formalitäten und zuständigen Behörden geben. Die zuständige Behörde erteilt hingegen Auskunft über das maßgebliche materielle Recht.

2 Die Regelung dient der Umsetzung von Art. 7 DLR (siehe vor §§ 71a ff. Rdn. 4). Art. 7 Abs. 6 DLR stellt klar, dass **keine einzelfallbezogene Rechtsberatung** erfolgen soll. Anders als Art. 7 DLR ist der Anwendungsbereich des § 71c nicht auf Dienstleistungserbringer und -empfänger beschränkt.[4] Die Informationen sind gerade auch im Vorfeld der Aufnahme einer Tätigkeit oder der Verwirklichung eines Vorhabens zu erteilen. Die Anspruchsberechtigung ist daher weit auszulegen dahingehend, dass grundsätzlich **jeder jederzeit** einen Informationsanspruch hat, der seine Grenze allerdings bei missbräuchlichen und querulatorischen Auskunftsersuchen findet.[5]

3 Die Informationen sind leicht zugänglich und auf elektronische Weise zur Verfügung zu stellen (vgl. § 71e). Dass die Informationen klar und unzweideutig, verständlich und auf dem neuesten Stand sein müssen (vgl. Art. 7 Abs. 2 und 3 DLR), ist eine Selbstverständlichkeit, die sich bereits aus dem Gebot eines fairen rechtsstaatlichen Verfahrens i.V.m. § 10 ergibt.[6] Der Gesetzgeber hat deshalb insoweit zu Recht auf weitere Detailregelungen verzichtet.

B. Die Vorschrift im Einzelnen

I. Informationspflicht der einheitlichen Stelle (Absatz. 1)

1. Umfang der Informationspflicht (Abs. 1 Satz 1)

4 Abs. 1 Satz 1 begründet eine umfangreiche Informationspflicht der einheitlichen Stelle. Die Auskunftspflicht erstreckt sich auf die maßgeblichen Vorschriften, die

1 BGBl I, S. 2418.
2 Richtlinie 2006/123/EG des Europäischen Parlaments und des Rates vom 12.12.2006 über Dienstleistungen im Binnenmarkt (ABl EU Nr. L 376, S. 36).
3 *Schmitz/Prell*, NVwZ 2009, 1 (7).
4 Knack/Henneke/*Schliesky*, § 71c Rn. 2; *Schmitz/Prell*, NVwZ 2009, 1 (7).
5 Knack/Henneke/*Schliesky*, § 71c Rn. 2.
6 Vgl. Knack/Henneke/*Schliesky*, § 71c Rn. 3.

zuständigen Behörden, den Zugang zu öffentlichen Registern und Datenbanken, die Verfahrensrechte sowie auf Einrichtungen, die den Betroffenen bei der Aufnahme oder Ausübung einer Tätigkeit unterstützen. Nach Sinn und Zweck der Vorschrift muss diese umfangreiche Aufzählung dahingehend eingegrenzt werden, dass sich die Auskunftspflicht auf alle Informationen erstreckt, die typischer Weise für eine **erste Orientierung** erforderlich sind und von der einheitlichen Stelle **ohne detaillierte Fachkenntnisse** gegeben werden können, insbesondere also über Genehmigungs- und Anzeigeerfordernisse sowie über die zuständigen Behörden.[7] Sachlich bezieht sich die Informationspflicht auf alle Verfahren und Formalitäten, die der einheitlichen Stelle verwaltungsorganisatorisch zur Abwicklung zugewiesen sind, also auf alle Verfahren nach § 71a Abs. 1. Da keine Beschränkung auf Dienstleistungen besteht (siehe vor §§ 71a ff. Rdn. 4), sind ist unter der »Aufnahme oder Ausübung einer Tätigkeit« auch sonstige Vorhaben oder Begehren zu verstehen. Die Vorschrift dient im Anwendungsbereich der DLR der Umsetzung von Art. 7 Abs. 1 und Abs. 4 DLR, bleibt aber insoweit hinter dieser zurück, als die genannten Informationen nur **auf Anfrage** gegeben werden, während Art. 7 Abs. 1 verlangt, dass die genannten Informationen **leicht zugänglich** sind. Vor diesem Hintergrund und im Hinblick auf die gebotene elektronische Verfahrensabwicklung (§ 71e) ist es erforderlich und zweckmäßig, dass die einheitliche Stelle Standardinformationen und Antragsformulare über Internetportale zur Verfügung zu stellt (vgl. auch Art. 7 Abs. 3 DLR).[8] Damit ist auch dem Gebot der **Unverzüglichkeit** Genüge getan. Unverzüglich bedeutet im Übrigen **ohne schuldhaftes Zögern.**

2. Mitteilungspflicht (Abs. 1 Satz 2)

5 Satz 2 begründet eine Mitteilungspflicht der einheitlichen Stelle bei zu unbestimmten Anfragen und soll der Umsetzung von Art. 7 Abs. 4 DLR dienen, wonach der Antragsteller unverzüglich darüber informiert werden soll, wenn sein Ersuchen fehlerhaft oder unbegründet ist. Da ein Informationsersuchen als solches nicht fehlerhaft oder unbegründet sein kann, hat der Gesetzgeber an die mangelnde Bestimmtheit angeknüpft.[9]

II. Informationspflicht der zuständigen Behörde (Abs. 2)

1. Auskunftspflicht der zuständigen Behörde (Abs. 2 Satz 1)

6 Satz 1 begründet eine Auskunftspflicht der zuständigen Behörde über die maßgeblichen Vorschriften und ihre gewöhnliche Auslegung; in Abgrenzung zu Abs. 1 erteilt die zuständige Behörde also die Auskünfte, für die eine **besondere Sachkunde** erforderlich ist. Die Regelung beruht auf Art. 7 Abs. 2 und Abs. 4 DLR. Die Vorschrift erweitert den **Auskunftsanspruch nach § 25** auf die maßgeblichen Rechtsvorschriften; die Abgrenzung zur Rechtsberatung, die ausdrücklich nicht erfasst sein soll (Art. 7

---

7 BT-Drucks. 16/10493 S. 20.
8 Knack/Henneke/*Schliesky*, § 71c Rn. 3.
9 BT-Drucks. 16/10493 S. 20.

Abs. 6 DLR), dürfte sich als schwierig erweisen. Anders als der allgemeine Auskunfts- und Beratungsanspruch nach § 25 steht die Informationspflicht nach Abs. 2 **nicht** unter dem **Vorbehalt der Erforderlichkeit**; weiter wird die Pflicht zur **unverzüglichen** Erteilung begründet.

2. Verhältnis zu § 25 (Abs. 2 Satz 2)

Satz 2 stellt klar, dass die allgemeine Beratungs- und Auskunftspflichten nach § 25 anwendbar bleiben. Diese stehen – anders als § 71c – unter dem **Vorbehalt der Erforderlichkeit.**[10] § 25 wird im Anwendungsbereich der Verfahren nach § 71a ff. lediglich um das Gebot der **Unverzüglichkeit** ergänzt (vgl. Art. 7 Abs. 4 DLR). Art. 7 Abs. 4 DLR gebietet es, **Abs. 1 Satz 2 entsprechend** für die zuständige Behörde anzuwenden.[11] 7

III. Rechtsschutz

Die Auskunftsansprüche des § 71c können mit der **allgemeinen Leistungsklage** geltend gemacht werden; im Wege eines Antrags auf Erlass einer **einstweiligen Anordnung** nach § 123 VwGO kann vorläufiger Rechtsschutz beantragt werden.[12] Die Erfüllung der Informationspflichten stellt schlicht-hoheitliches Verwaltungshandeln dar; es handelt sich nicht um Willenserklärungen, sondern um »Wissenserklärungen«. § 44a VwGO dürfte dem nicht entgegenstehen, weil der Rechtsschutz gegen die spätere Sachentscheidung dem Begehren des Betroffenen nicht mehr gerecht wird. Fehlerhafte Auskünfte können bei Vorliegen der übrigen Voraussetzungen **Amtshaftungsansprüche** auslösen. 8

C. Verfahrensvorschriften des Sozialrechts sowie Verwaltungsverfahrensrecht der Länder

§ 71c wurde wortgleich in die Verwaltungsverfahrensgesetze der Länder übernommen, in Schleswig-Holstein als § 138c LVwG, soweit diese nicht ohnehin dynamisch auf das VwVfG verweisen. 9

Das Verfahrensmodell der einheitlichen Stelle wurde nicht in das SGB X übernommen. Das Sozialrecht soll von der DLR unberührt bleiben.[13] **10**

§ 71d Gegenseitige Unterstützung

[1]Die einheitliche Stelle und die zuständigen Behörden wirken gemeinsam auf eine ordnungsgemäße und zügige Verfahrensabwicklung hin; alle einheitlichen Stellen und zuständigen Behörden sind hierbei zu unterstützen. [2]Die zuständigen Behörden stellen der einheitlichen Stelle insbesondere die erforderlichen Informationen zum Verfahrensstand zur Verfügung.

---

10 Knack/Henneke/*Schliesky*, § 71c Rn. 5.
11 Knack/Henneke/*Schliesky*, § 71c Rn. 5; Windoffer, DÖV 2008,797 (800).
12 *Eisenmenger*, Hk-VerwR, § 71c Rn. 25.
13 Erwägungsgrund 27.

A. Allgemeines

1 Die Vorschrift wurde durch das 4. Gesetz zur Änderung verwaltungsverfahrensrechtlicher Vorschriften vom 11.12.2008 – 4. VwVfÄndG –[1] im Zuge der Umsetzung der **Dienstleistungsrichtlinie (DLR)**[2] vollständig neu gefasst. Die Vorschrift regelt die Verpflichtung der einheitlichen Stelle und der zuständigen Behörde zur **Zusammenarbeit** und **gegenseitigen Unterstützung** bei Erfüllung ihrer jeweiligen Aufgaben. Eine funktionierende und zügige Verfahrensabwicklung setzt eine enge und möglichst reibungslose Zusammenarbeit der beteiligten Behörden voraus, zumal Verzögerungen bei der Verfahrensbearbeitung durch die einheitliche Stelle zu Lasten der zuständigen Behörde gehen (siehe § 71b Abs. 2, Abs. 6). Umgekehrt kann die einheitliche Stelle nur mit Hilfe der zuständigen Behörde ihre Informationspflichten erfüllen (siehe § 71c).

2 Die Vorschrift ist erforderlich, weil die Zusammenarbeit über die **allgemeine Amtshilfe** nach §§ 4 ff. hinaus geht. Es handelt sich nicht um eine ausnahmsweise ergänzende Hilfe im Einzelfall, sondern um eine reguläre dauerhafte Zusammenarbeit, die wesentlich auch zum eigenen Aufgabenbereich gehört.[3] Außerdem soll die Pflicht zur Zusammenarbeit nach dem Willen des Gesetzgebers auch außerhalb der eigenen Verbandskompetenzen bestehen.[4] Außerhalb des Anwendungsbereichs des VwVfG setzt dies aber voraus, dass die Länder ihre Behörden über das jeweils geltenden Landesverwaltungsverfahrensgesetz ihrerseits zur Unterstützung der anderen Behörden verpflichten (siehe Rdn. 6).[5] Die Vorschrift regelt nur die Zusammenarbeit von einheitlicher Stelle und inländischen Behörden. Bei **ausländischen** Behörden gelten die Regelungen über die **europäische Verwaltungszusammenarbeit** nach §§ 8a ff.

Die Vorschrift bleibt **inhaltlich vage.** Im Schrifttum wird insbesondere kritisiert, dass sie die notwendige Klarheit im Hinblick auf die rechtsstaatliche gebotenen Eigenverantwortlichkeit der Aufgabenwahrnehmung vermissen lässt.[6]

---

1 BGBl. I, S. 2418.

2 Richtlinie 2006/123/EG des Europäischen Parlaments und des Rates vom 12.12.2006 über Dienstleistungen im Binnenmarkt (ABl EU Nr. L 376, S. 36).

3 BT-Drucks. 16/10493 S. 20.

4 BT-Drucks. 16/10493 S. 20.

5 Knack/Henneke/*Schliesky*, § 71d Rn. 2 m.w.N.

6 Zur Diskussion: Knack/Henneke/*Schliesky*, § 71d Rn. 2 m.w.N., Mann/Sennekamp/Uechtritz/*Windoffer*/*Brosius-Gersdorf*, § 71d Rn. 3.

B. Die Vorschrift im Einzelnen

I. Gegenseitige Unterstützung (Satz 1)

Die einheitliche Stelle und die zuständige Behörde werden durch Satz 1 zur **Zusammenarbeit** und **gegenseitigen Unterstützung** bei der ordnungsgemäßen und zügigen Durchführung verpflichtet. Maßgeblich ist die jeweilige Aufgabenerfüllung. So muss die zuständige Behörde der einheitlichen Stelle alle Informationen zur Verfügung stellen, die sie zur Erfüllung ihrer Verpflichtung aus § 71c benötigt. Das kann auch bedeuten, dass die zuständige Behörde der einheitlichen Stelle unabhängig von einem konkreten Verwaltungsverfahren oder einer konkreten Anfrage allgemeine Informationen vorab zu Verfügung stellt, etwa zur Aktualisierung eines Internetportals. Die zuständige Behörde muss ferner konkrete Anfragen der einheitlichen Stelle zügig beantworten. Umgekehrt hat die einheitliche Stelle der zuständigen Behörde alle für die Sachbearbeitung erforderlichen Informationen und Antragsunterlagen baldmöglichst zur Verfügung zu stellen und diese über alle Verfahrenshandlungen des Antragstellers zu informieren, sowie die Mitteilungen der zuständigen Behörde an den Antragsteller zügig weiterzuleiten. Hierzu gehört ggf. auch die Bekanntgabe oder Zustellung der abschließenden Entscheidung (§ 71b Abs. 5 Satz 2). Dabei hat sie insbesondere zu berücksichtigen, dass durch die Eingangs- und Bekanntgabefiktionen (§ 71b Abs. 2, Abs. 6) die der zuständigen Behörde zur Verfügung stehende Zeit faktisch verkürzt wird. 3

Eine **Erstattung von Kosten und Auslagen** ist nicht vorgesehen. Eine entsprechende Anwendung der Vorschriften über die Amtshilfe (§ 8) kommt nicht in Betracht, weil es sich um eine regulär zugewiesene Aufgabe handelt (siehe Rdn. 2). 4

II. Verfahrensstand (Satz 2)

Die einheitliche Stelle muss dem Antragsteller in Grundzügen auch Auskunft über den Verfahrensstand geben können.[7] Diese Verpflichtung kann sie nur erfüllen, wenn sie darüber ihrerseits von der zuständigen sachbearbeitenden Behörde informiert wird. Satz 2 verpflichtet die zuständige Behörde deshalb nochmals ausdrücklich dazu, der einheitlichen Stelle die erforderlichen Informationen über den Verfahrensstand zur Verfügung zu stellen. 5

C. Verfahrensvorschriften des Sozialrechts sowie Verwaltungsverfahrensrecht der Länder

§ 71d wurde durchgehend in die Verwaltungsverfahrensgesetze der Länder übernommen, in Schleswig-Holstein als § 138d LVwG. Die Landesverwaltungsverfahrensgesetze, die als Vollgesetze ausgestaltet sind, verpflichten die Landesbehörden – über das VwVfG hinausgehend – zusätzlich zur Unterstützung der einheitlichen Stellen und sonstigen Behörden des Bundes und der anderen Länder.[8] Soweit die 6

7 BT-Drucks. 16/10493 S. 17.

8 Mit Ausnahme des § 71d SVwVfG, der wortgleich mit § 71d VwVfG ist.

Landesverwaltungsverfahrensgesetze dynamisch auf das VwVfG verweisen, ergibt sich die Pflicht zur Zusammenarbeit mit den Behörden des Bundes und der anderen Länder aus der weiten Formulierung des § 71d, wonach alle einheitlichen Stellen und zuständigen Behörden zu unterstützen sind.

7 Das Verfahrensmodell der einheitlichen Stelle wurde nicht in das SGB X übernommen. Das Sozialrecht soll von der DLR unberührt bleiben.[9]

§ 71e Elektronisches Verfahren

[1]Das Verfahren nach diesem Abschnitt wird auf Verlangen in elektronischer Form abgewickelt. [2]§ 3a Abs. 2 Satz 2 und 3 und Abs. 3 bleibt unberührt.

Übersicht **Rdn.**

A. Allgemeines

I. Grundsätze

1 Die Vorschrift wurde durch das 4. Gesetz zur Änderung verwaltungsverfahrensrechtlicher Vorschriften vom 11.12.2008 – 4. VwVfÄndG –[1] im Zuge der Umsetzung der **Dienstleistungsrichtlinie (DLR)**[2] vollständig neu gefasst. Die Vorschrift gibt dem Betroffenen einen **Anspruch auf elektronische Verfahrensabwicklung.** Sie modifiziert damit § 3a, wonach die elektronische Kommunikation mit dem Bürger im Ermessen der Behörde steht. Zur elektronischen Verfahrensabwicklung ist nicht nur die einheitliche Stelle, sondern über § 71a Abs. 2 auch die zuständige Behörde verpflichtet. Die Vorschrift gilt damit für alle Verfahren, in denen der Gesetzgeber die Möglichkeit der Verfahrensabwicklung über eine einheitliche Stelle vorgesehen hat, unabhängig davon, ob der Antragssteller die einheitliche Stelle in Anspruch nimmt oder sich direkt an die zuständige Behörde wendet. Auch bei der Inanspruchnahme der elektronischen Kommunikation gilt das **Optionsmodell.** Während die Behörde zur elektronischen Kommunikation verpflichtet ist, kann der Antragsteller oder Anzeigepflichtige wählen, ob

9 Erwägungsgrund 27.

1 BGBl. I, S. 2418.

2 Richtlinie 2006/123/EG des Europäischen Parlaments und des Rates vom 12.12.2006 über Dienstleistungen im Binnenmarkt (ABl EU Nr. L 376, S. 36).

er das Verfahren elektronisch oder auf herkömmliche Weise abwickeln möchte. Dabei ist unerheblich, ob feste Entscheidungsfristen vorgegeben sind. Das Wahlrecht des Betroffenen hat zur Folge, dass die Behörde das Verfahren sowohl elektronisch als auch auf herkömmliche Weise durchführen muss.

Die Vorschrift steht unter dem **Vorbehalt** der **technischen Gegebenheiten.** Sie be- 2
gründet faktisch eine Verpflichtung des Dienstherrn bzw. der Verwaltungsbehörden, die erforderlichen technischen Voraussetzungen für eine elektronische Kommunikation zu schaffen. Ist dies noch nicht erfolgt, läuft die Vorschrift ins Leere; allenfalls kommen Amtshaftungsansprüche in Betracht. wenn der Betroffene durch pflichtwidrige Verzögerungen einen Schaden erleidet. Umgekehrt müssen auch dem betroffenen Bürger die erforderlichen technischen Möglichkeiten zur Verfügung stehen. Dies könnte vor allem beim Gebot der qualifizierten elektronischen Signatur (§ 71e i.V.m. § 3a Abs. 2 Satz 2) Schwierigkeiten bereiten.[3]

II. Unionsrecht

Die Vorschrift setzt Art. 8 Abs. 1 DLR um, wonach die Mitgliedstaaten sicherstellen 3
müssen, dass alle Verfahren und Formalitäten, die die Aufnahme und Ausübung einer Dienstleistungstätigkeit betreffen, problemlos aus der Ferne elektronisch über den einheitlichen Ansprechpartner oder die zuständige Behörde abgewickelt werden können. Der Gesetzgeber hat die unklare Formulierung des Art. 8 Abs. 1 DLR dahingehend ausgelegt, dass die elektronische Kommunikation von beiden Behörden sichergestellt werden muss. Der Rückgriff auf das Unionsrecht zeigt, dass Abs. 1 **nicht** auf **Vor-Ort-Kontrollen, die Prüfung von Ausrüstungsgegenständen oder die Untersuchung von Eignung und persönlicher Zuverlässigkeit des Dienstleistungserbringers oder seiner Mitarbeiter** anwendbar ist (Art. 8 Abs. 2 DLR). Aus Art. 8 Abs. 2 DLR wird ersichtlich, dass die elektronische Form in erster Linie die Kommunikation in Papier- und Schriftform ersetzen soll. Alle Verfahrensschritte, die ihrer Natur nach ohnehin nicht schriftlich durchgeführt werden können, etwa weil sie die Einnahme eines Augenscheins oder die persönliche Anwesenheit des Antragstellers erfordern, sind ausgenommen. Diese Einschränkung ist als **ungeschriebene Ausnahme** auch bei § 71e anzuerkennen.[4]

Art. 8 Abs. 1 DLR ist zwar hinreichend bestimmt. Es ist aber umstritten, ob die Re- 4
gelung im Anwendungsbereich der DLR **unmittelbar anzuwenden** ist, wenn der Gesetzgeber Verfahrensabwicklung über eine einheitliche Stelle unionsrechtswidrig nicht angeordnet hat.[5] Die elektronische Kommunikation ist in diesem Fall erlaubt und grundsätzlich auch geboten. Auch dies setzt aber voraus, dass die entsprechenden technischen Möglichkeiten geschaffen worden sind.

---

3 *Schmitz/Prell*, NVwZ 2009, 1 (9).
4 Knack/Henneke/*Schliesky*, § 71e Rn. 3; Kopp/*Ramsauer*, § 71e Rn. 8.
5 Bejahend Kopp/*Ramsauer*, § 71e Rn. 3; ablehnend Mann/Sennekamp/Uechtritz/*Windoffer/Brosius-Gersdorf*, § 71e Rn. 4.

B. Die Vorschrift im Einzelnen

I. Elektronische Verfahrensabwicklung (Satz 1)

1. Die elektronische Form

5 § 71e unterscheidet sich von § 3a lediglich dadurch, dass ein **Anspruch** auf die elektronische Kommunikation begründet wird; im Übrigen finden die allgemeinen Grundsätze des § 3a Anwendung (vgl. Satz 2).[6] Der Begriff der **elektronischen Form entspricht** daher der **elektronischen Kommunikation i.S.d. § 3a.** Maßgeblich ist, dass das Dokumente in Dateiform vorhanden sind und als solche übermittelt werden. Keine elektronische Form liegt vor, wenn schriftliche Dokumente lediglich elektronisch über Telegramm, Telefax oder Computerfax übermittelt werden.[7]

Nach § 71e i.V.m. § 3a ist erforderlich, dass die beteiligten Behörden einen **Zugang** eröffnen und die technische Möglichkeit schaffen, elektronische Dokumente zu empfangen und zu versenden. Dafür genügt grundsätzlich, dass die Behörde über eine E-Mail-Adresse verfügt, die über das Internet erreichbar ist.[8] Bei **besonderen Formerfordernissen** muss die Behörde darüber hinaus die technischen Voraussetzungen für das Erzeugen und Lesen der **qualifizierten elektronischen Signatur** schaffen, weil nur diese die gesetzlich vorgeschriebene Schriftform ersetzen kann (siehe Satz 2).[9] Auch der **Antragsteller** oder Anzeigepflichtige muss einen Zugang eröffnet haben. **Objektiv** muss also eine technische Kommunikationseinrichtung bei ihm vorhanden sein, **subjektiv** muss er seinen Wunsch zur elektronischen Verfahrensabwicklung zum Ausdruck gebracht haben, weil die elektronische Kommunikation nur auf Verlangen des Antragstellers oder Anzeigepflichtigen erfolgt. Das Verlangen zur elektronischen Abwicklung muss nicht ausdrücklich erklärt werden, sondern kann auch konkludent zum Ausdruck gebracht werden. Hat sich ein Dienstleistungserbringer im Sinne von Art. 8 DLR auf elektronischem Weg an die einheitliche Stelle oder die zuständige Behörde gewandt, wird man dem regelmäßig die Bereitschaft und den Wunsch entnehmen können, dass er das Verfahren auch im Übrigen elektronisch durchführen will, sofern sich nicht aus den Gesamtumständen etwas Abweichendes ergibt.[10] Bei Privatpersonen, die nicht Gewerbetreibende sind, ist regelmäßig eine besondere Erklärung erforderlich; allein die Angabe einer E-Mail-Adresse genügt insoweit nicht.[11]

2. Umfang und Grenzen

6 Die Möglichkeit der elektronischen Abwicklung ist nur für die Verfahren »nach diesem Abschnitt« vorgeschrieben und soll »alle Aspekte des Verfahrens« erfassen.[12]

6 *Schmitz/Prell*, NVwZ 2009, 1 (8).
7 Kopp/*Ramsauer*, § 3a Rn. 2a, § 71e Rn. 4.
8 Kopp/*Ramsauer*, § 71e Rn. 5.
9 Kopp/*Ramsauer*, § 71e Rn. 6.
10 BT-Drucks. 16/10496 S. 20; *Schmitz/Prell*, NVwZ 2009, 1 (8).
11 Stelkens/Bonk/Sachs/*Schmitz*, § 3a Rn. 12 f.
12 BT-Drucks. 16/10496 S. 20.

Welche Verfahrensschritte davon erfasst werden, ist durch Auslegung zu ermitteln unter Berücksichtigung des Sinnes und Zwecks der Regelungen des Abschnitts 1a, die Verfahrensdurchführung im Interesse des Antragstellers oder Anzeigepflichtigen zu erleichtern und zu beschleunigen. Auf Seiten der einheitlichen Stellen und zuständigen Behörden ist die elektronische Form geboten bei folgenden Verfahrenselementen:[13]
- Entgegennahme der Erklärungen und Unterlagen i.S.d. § 71b Abs. 1,
- Ausstellen der Empfangsbestätigung nach § 71b Abs. 3,
- Mitteilung über die Unvollständigkeit nach § 71b Abs. 4,
- Bekanntgabe des VA (§ 71b Abs. 5 Satz 2),
- Informationen nach § 71c.

Aus Sicht des Antragstellers oder Anzeigepflichtigen müssen folgende Verfahrensschritte in elektronischer Form möglich sein:[14] 7
- Antragstellung bzw. Anzeigeerstattung,
- Vorlage der notwendigen Unterlagen,
- Anhörung nach § 28 oder Fachgesetzen,
- Akteneinsicht nach § 29,
- Bekanntgabe des VA, sowie
- die gesamte übrige Kommunikation während des Verfahrens.

Das **Widerspruchsverfahren** fällt nicht unter den Abschnitt 1a und somit nicht elektronisch durchzuführen.[15].

8 Die **interne Kommunikation** zwischen einheitlicher Stelle und zuständiger Behörde, etwa die Weiterleitung von Erklärungen und Unterlagen i.S.d. § 71b Abs. 1 und die gegenseitige Unterstützung nach § 71d, ist von § 71e nicht erfasst. Die Vorschrift bezieht sich erkennbar nur auf das Außenverhältnis zum Antragsteller oder Anzeigepflichtigen. Selbstverständlich ist auch insoweit die elektronische Kommunikation zulässig und zweckmäßig, insbesondere bei festen Bearbeitungsfristen. Auch im **Außenverhältnis** findet die elektronische Form Ihre **Grenze** dort, wo sie nicht die herkömmliche schriftliche Form ersetzt, also bei Verfahrensschritten, die wesensmäßig nicht schriftlich durchgeführt werden können, etwa weil sie eine Inaugenscheinnahme oder die persönliche Anwesenheit des Antragstellers erfordern. Diese Einschränkung des § 71e ist richtlinienkonform (siehe Rdn. 3).

II. Verhältnis zu § 3a (Satz 2)

9 Satz 2 stellt klar, dass § 3a Abs. 2 Satz 2 und Abs. 3 unberührt bleibt. Die Vorschrift ist zu eng gefasst, weil **§ 3a auch im Übrigen anwendbar** bleibt. § 71e begründet abweichend von § 3a lediglich einen **Anspruch** auf elektronische Verfahrensabwicklung.

13 Nach Knack/Henneke/*Schliesky*, § 71e Rn. 5.

14 Nach Knack/Henneke/*Schliesky*, § 71e Rn. 5.

15 Str., wie hier Stelkens/Bonk/Sachs/*Schmitz/Wiegand*, § 71e Rn. 9; *Eisenmenger*, Hk-VerwR, § 71a Rn. 17; a.A. Knack/Henneke/*Schliesky*, § 71e Rn. 5; siehe § 71a Rdn. 3, § 71b Rdn. 6.

Die Bezugnahme auf § 3a Abs. 2 Satz 2 bedeutet, dass auch im Anwendungsbereich des § 71e die **Schriftform** nur durch eine **qualifizierte elektronische Signatur ersetzt** werden kann (siehe auch Rdn. 5).[16] Die Bezugnahme auf **§ 3a Abs. 3** betrifft das Vorgehen der einheitlichen Stelle und der zuständigen Behörde, wenn die übermittelten Dokumente aufgrund der technischen Rahmenbedingungen beim Antragsteller bzw. bei der Behörde nicht zur Bearbeitung geeignet sind (**technische Inkompatibilität**).

C. Verfahrensvorschriften des Sozialrechts sowie Verwaltungsverfahrensrecht der Länder

10 § 71e wurde wortgleich in die Verwaltungsverfahrensgesetze der Länder übernommen, in Schleswig-Holstein als § 138e LVwG, soweit diese nicht ohnehin dynamisch auf das VwVfG verweisen.

11 Das Verfahrensmodell der einheitlichen Stelle wurde nicht in das SGB X übernommen. Das Sozialrecht soll von der DLR unberührt bleiben.[17]

Abschnitt 2 Planfeststellungsverfahren

§ 72 Anwendung der Vorschriften über das Planfeststellungsverfahren

(1) Ist ein Planfeststellungsverfahren durch Rechtsvorschrift angeordnet, so gelten hierfür die §§ 73 bis 78 und, soweit sich aus ihnen nichts Abweichendes ergibt, die übrigen Vorschriften dieses Gesetzes; §§ 51 und 71a bis 71e sind nicht anzuwenden, § 29 ist mit der Maßgabe anzuwenden, dass Akteneinsicht nach pflichtgemäßem Ermessen zu gewähren ist.

(2) [1]Die Mitteilung nach § 17 Abs. 2 Satz 2 und die Aufforderung nach § 17 Abs. 4 Satz 2 sind im Planfeststellungsverfahren öffentlich bekannt zu machen. [2]Die öffentliche Bekanntmachung wird dadurch bewirkt, dass die Behörde die Mitteilung oder die Aufforderung in ihrem amtlichen Veröffentlichungsblatt und außerdem in örtlichen Tageszeitungen, die in dem Bereich verbreitet sind, in dem sich das Vorhaben voraussichtlich auswirken wird, bekannt macht.

Übersicht Rdn.

16 Knack/Henneke/*Schliesky*, § 71e Rn. 9.

17 Erwägungsgrund 27.

A. Allgemeines

I. Entstehungsgeschichte

Seit dem Inkrafttreten des VwVfG am 01.01.1977 ist § 72 weitgehend unverändert 1
geblieben.[1] Er erhielt lediglich im Rahmen des Genehmigungsverfahrensbeschleunigungsgesetzes aus dem Jahr 1996[2] eine **nachträgliche Ergänzung.** Es wurde klargestellt, dass die für gewerbliche Genehmigungsverfahren geschaffenen Beschleunigungsregeln der §§ 71a bis 71e im PlfV grundsätzlich nicht gelten. Damit wollte es der Gesetzgeber aber nicht ausschließen, dass die Behörden im Interesse einer zügigen Durchführung des PlfV freiwillig einzelne Beschleunigungsmaßnahmen anwenden, wenn dies für das konkrete Verfahren zweckmäßig erscheint.[3] Durch das Planungsvereinheitlichungsgesetz aus dem Jahr 2013[4] wurde die Vorschrift nicht verändert. Gleichwohl wurden in den §§ 72 ff. einzelne Elemente der Beschleunigungsgesetzgebung der Fachgesetze zur Rechtsvereinheitlichung in das allgemeine PlfR übernommen. Eine vollständige Harmonisierung des PlfR wurde allerdings nicht erreicht. Das Gesetz zur Beschleunigung von Planungs- und Genehmigungsverfahren im Verkehrsbereich vom 29.11.2018[5] hat außerhalb des VwVfG Änderungen des FStrG, des AEG, des BEVVG sowie des WaStrG normiert, die Planungsverfahren effizienter gestalten sollen. Im Wesentlichen sind hier zu nennen: die Möglichkeit der Zulassung von UVP-pflichtigen Vorhaben durch Plangenehmigung (§§ 17b Abs. 1 Nr. 1 FStrG, 18b AEG, § 14b Abs. 2 WaStrG, die Möglichkeit zur vorläufigen Anordnung der Durchführung von vorbereitenden oder Teilbaumaßnahmen (§ 17 Abs. 2 FStrG, § 18 Abs. 2 2 AEG, 14 Abs. 2 S. 1 WaStrG) und die Einführung eines Projektmanagers (§§ § 17h FStrG, 17a AEG, 14f WaStrG).[6] Das PlBeschlG[7] erleichtert Erneuerungen von

1 Zur Entstehungsgeschichte der ersten Fassung siehe die Ausführungen von *Allesch/Häußler* in der dritten Auflage.

2 Gesetz zur Beschleunigung von Genehmigungsverfahren (GenBeschlG) vom 12.09.1996 BGBl. I, S. 1354.

3 BT-Drucks. 13/3995, S. 5, 10.

4 Gesetz zur Verbesserung der Öffentlichkeitsbeteiligung und Vereinheitlichung von Planfeststellungsverfahren (PlVereinhG) vom 31.03.2013 BGBl. I, S. 1388.

5 BGBl I Jahr 2018 I 2237.

6 *Stüer*, DVBl 2019, 351 ff: *Antweiler*, NVwZ 2019, 91 ff.

7 Gesetz zur weiteren Beschleunigung von Planungs- und Genehmigungsverfahren im Verkehrsbereich (PlBeschlG) vom 03.03.2020, BGBl I 433.

Bahnanlagen dadurch, dass sie nur Erneuerungen mit wesentlichen Änderungen des Grundrisses bzw. erheblichen baulichen Umgestaltungen der Planfeststellungspflicht unterwirft (§ 18 Abs. 1 S. 4 AEG, § 17 Abs. 1 S. 2 FStrG n.F.). Durch das Maßnahmengesetzvorbereitungsgesetz[8] wird für 12 planfeststellungspflichtige Schienen- und Wasserstraßenprojekte der Weg für eine Vorhabenzulassung außerhalb der Planfeststellung nach den § 72 ff. durch Parlamentsgesetz eröffnet. Hierdurch erhofft man sich in konkreten Ausnahmefällen eine Beschleunigung der Vorhabenzulassung. Für diese Projekte ist eine Planfeststellung außerhalb des VwVfG durch Maßnahmengesetz möglich. Es bleibt abzuwarten, ob der Bundestag von diesem Instrument Gebrauch machen wird.

II. Regelungszweck und Gegenstand

2 Der **Gegenstand** der Regelung ist einerseits die Klärung des Anwendungsbereichs der Planfeststellungsvorschriften. Dies kommt in der Überschrift »Anwendung der Vorschriften über das PlfV« zum Ausdruck. Damit wird festgelegt, wann das primäre PlfR der §§ 73 bis 78 gilt. Andererseits regelt die Vorschrift, in welchem Umfang die allgemeinen Bestimmungen des VwVfG im besonderen Verfahren der Plf gelten. Damit bestimmt die Vorschrift den Anwendungsbereich des sekundären Verfahrensrechts der §§ 1 bis 71 und 79 bis 103.

3 Die Regelungen des § 72 haben teils deklaratorische und teils konstitutive **Bedeutung.** Soweit § 72 Abs. 1 Satz 1 bestimmt, dass die §§ 73 bis 78 bei PlfV gelten, wenn ein PlfV durch Rechtsvorschrift angeordnet ist, hat dies rein deklaratorische Bedeutung. Ebenso hat es rein deklaratorische Bedeutung, dass die allgemeinen Vorschriften des VwVfG gelten, soweit sich aus den besonderen Vorschriften der §§ 73 bis 78 nichts anderes ergibt. Konstitutive Bedeutung haben hingegen die in § 72 getroffenen Bestimmungen über die Anwendbarkeit der §§ 17 Abs. 2 und 4, 29, 51 und 71a bis 71e.

4 Der **Zweck** des § 72 besteht vornehmlich darin, **Rechtsklarheit** und **Rechtssicherheit** bei der Anwendung der Planfeststellungsvorschriften und bei der Durchführung des PlfV zu schaffen. Die in § 72 enthaltenen Klarstellungen sollen einerseits die Arbeit der Verwaltungsbehörden erleichtern und andererseits für den Bürger Rechtsklarheit schaffen. Dieses Ziel erreicht die Vorschrift allerdings nur in eingeschränktem Maße. Zum einen werden die Regelungen des VwVfG verdrängt, soweit Sonderregelungen in den Fachplanungsgesetzen bestehen. Zum anderen hat der Gesetzgeber auch im VwVfG Sonderregelungen eingefügt, die systematisch zu § 72 gehören würden. So hat der Gesetzgeber den Anwendungsbereich der Planfeststellungsvorschriften für Fälle von geringerer und unwesentlicher Bedeutung in den §§ 74 Abs. 6, Abs. 7, 76 Abs. 2 und 3, 77 ganz oder teilweise ausgeschlossen. Ferner hat er Sonderregelungen für das sekundäre Verfahrensrecht in den §§ 73 Abs. 6 Satz 6 und 74 Abs. 1 Satz 2 geschaffen.

---

8 Gesetz zur Vorbereitung der Schaffung von Baurecht durch Maßnahmengesetz im Verkehrsbereich (Maßnahmengesetzvorbereitungsgesetz – vom 22.04.2020, BGBl I S. 640.

Regelungszweck des § 72 Abs. 1 ist zum einen die Bestimmung des **Anwendungsbereichs** der Vorschriften über das PlfV. Zum anderen wird festgelegt, in welchem Umfang die **übrigen Bestimmungen des VwVfG** im Verfahren der Plf gelten. § 72 Abs. 2 ordnet für Mitteilungen nach § 17 Abs. 2 Satz 1 und Aufforderungen nach § 17 Abs. 4 Satz 2 im PlfV die öffentliche Bekanntmachung an. 5

B. Die Vorschrift im Einzelnen

I. Anwendbarkeit der §§ 73 ff.

§ 72 Abs. 1, Halbs. 1 bestimmt, dass die §§ 73 ff. dann zur Anwendung kommen, wenn durch Rechtsvorschrift **ein PlfV angeordnet** ist. Die allgemeinen Planfeststellungsvorschriften der §§ 73 bis 78 finden demnach nur Anwendung, wenn ein Fachplanungsgesetz sie in das jeweilige Planungsrecht einbezieht. Dies kann durch ausdrücklichen Verweis auf die §§ 73 ff. erfolgen. Ausreichend und von § 72 Abs. 1, Halbs. 1 als Regelfall vorgesehen ist jedoch, dass das jeweilige Fachplanungsrecht ein PlfV anordnet, ohne die §§ 73 ff. explizit für anwendbar zu erklären (vgl. etwa § 28 Abs. 1 PBefG, § 35 Abs. 2 KrWG).[9] 6

Außer in den Fällen, in denen das Fachplanungsrecht ausdrücklich auf die §§ 73 ff. verweist, kann auf diese nur unter den Voraussetzungen des § 1 zurückgegriffen werden. Dies bedeutet insbesondere, dass die Anwendung der §§ 73 ff. nur dann in Betracht kommt, wenn nicht Rechtsvorschriften des Bundes inhaltsgleiche oder entgegenstehende Bestimmungen enthalten (vgl. § 1 Abs. 1 a.E.). Die §§ 73 ff. sind damit im Falle des Fehlens einer ausdrücklichen Anwendungsanordnung **subsidiär** gegenüber den Verfahrensvorschriften in den jeweiligen Fachplanungsgesetzen und dienen lediglich der Schließung von Regelungslücken.[10] Liegt hingegen eine explizite Verweisung auf die §§ 73 ff. vor, sind die Vorschriften über das PlfV grundsätzlich uneingeschränkt anwendbar.[11] Gleichwohl stehen die ausdrücklichen Verweisungen etwa in § 14 Abs. 1 Satz 4 WaStrG, § 17 Satz 3 FStrG oder § 18 Satz 3 AEG unter dem Vorbehalt, dass die allgemeinen Planfeststellungsvorschriften des VwVfG nur »nach Maßgabe« des jeweiligen Gesetzes anzuwenden sind. Damit gilt auch hier die Subsidiarität gegenüber dem Fachplanungsrecht.[12] 7

1. Anordnung eines PlfV

Die Anordnung eines PlfV muss durch **Rechtsvorschrift** erfolgen.[13] Ob es sich um ein Gesetz, eine Rechtsverordnung oder Satzung handelt, ist ohne Bedeutung.[14] Eine 8

9 Stelkens/Bonk/Sachs/*Neumann*/*Külpmann*, § 72 Rn. 72.
10 Bader/Ronellenfitsch/*Kämper*, § 72 Rn. 32; *Ziekow*, § 72 Rn. 22.
11 *Ziekow*, § 72 Rn. 22.
12 Vgl. zum AEG BVerwG, Beschl. v. 22.02.1995 – 11 VR 1/95, NVwZ 1995, 903 (904); zum WaStrG ferner *Friesecke*, WaStrG, § 14 Rn. 2.
13 BVerwG, Urt. v. 19.02.2015 – 7 C 11.12, BVerwGE 151, 213 (216 f.).
14 Knack/Henneke/*Schink*, § 72 Rn. 8.

reine Verwaltungsvorschrift genügt hingegen nicht. Denkbar ist eine Anordnung durch unmittelbar geltendes Unionsrecht oder durch Bundes- bzw. Landesrecht.

9 Der Rechtsvorschrift muss sich die Anordnung des PlfV entnehmen lassen. Fehlt ein ausdrücklicher Verweis auf die §§ 73 ff., ist bei bundesrechtlichen Vorschriften, die nach Inkrafttreten des VwVfG ergangen sind, i.d.R. maßgeblich, ob in der Vorschrift der »terminus technicus« PlfV verwendet wird. Ist von einem PlfV, einem PlfB, einer PlfBeh etc. die Rede, dann gelten die §§ 73 ff. Bei älteren Gesetzen und auch im Unionsrecht kann mangels Verwendung des Rechtsbegriffs PlfV ggf. erst durch **Auslegung** ermittelt werden, ob die Anordnung eines PlfV vorliegt. Hiervon kann ausgegangen werden, wenn das angestrebte Planungsverfahren die wesentlichen Merkmale eines PlfV erfüllt. Zu diesen wesentlichen Merkmalen gehört, dass die Planung sich auf ein konkretes raumbedeutsames Vorhaben beziehen muss (Raumplanung), dass über die Zulassung in einem zusammenfassenden Verfahren entschieden werden soll (Konzentrationswirkung) und dass durch die Zulassungsentscheidung rechtsgestaltend über alle öffentlich-rechtlichen Beziehungen zwischen dem Träger des Vorhabens und den von der Planung Betroffenen entschieden wird (Gestaltungswirkung).[15] Indes ist nicht einmal die planerische Abwägung ein konstitutives Element der Plf, wie die Fälle zeigen, in denen der Gesetzgeber eine gebundene Entscheidung ohne planerischen Gestaltungsspielraum zum Gegenstand eines PlfV gemacht hat.[16]

10 In allen Fällen ist stets zu prüfen, in welchem **Umfang** ein PlfV angeordnet wird. Das Fachplanungsgesetz kann die Durchführung eines PlfV nur für bestimmte Fälle zwingend vorsehen und für andere Fälle in das Ermessen der Behörde stellen (vgl. etwa § 41 Abs. 4 Satz 2 FlurbG). Auch kann der Gesetzgeber manche Fälle von der Notwendigkeit eines PlfV ausnehmen oder durch die Möglichkeit einer Errichtungs- oder Betriebsgenehmigung ersetzen.[17] Die Regeln der §§ 73 bis 78 gelten folglich nur, soweit das Gesetz das PlfV zwingend vorschreibt oder soweit sich die Behörde im Rahmen ihres Entschließungsermessens für die Durchführung des PlfV entscheidet.

2. Verhältnis von Bundes- und Landesrecht

11 Enthält ein *Bundesgesetz* die Anordnung eines PlfV, gelten häufig, aber nicht immer die bundesrechtlichen Verfahrensbestimmungen der §§ 73 bis 78.[18] Die Vorschriften des VwVfG des Bundes gelten stets, wenn auf diese *ausdrücklich* verwiesen wird. Sie gelten darüber hinaus, wenn ein PlfV angeordnet ist, das von Bundesbehörden ausgeführt wird (§ 1 Nr. 1). Wird das durch Bundesvorschrift angeordnete PlfV von einer Landesbehörde in eigener Angelegenheit oder im Auftrag des Bundes ausgeführt,

15 *Ronellenfitsch*, VerwArch 80 (1989), 92 ff.; *Ule/Laubinger*, Verwaltungsverfahrensrecht, § 39 Rn. 8.

16 So bei der bergrechtlichen Plf, vgl. BVerwG, Urt. v. 15.12.2006 – 7 C 1/06, BVerwGE 127, 259 (263 f.) oder der atomrechtlichen Plf, vgl. BVerwG, Beschl. v. 26.03.2007 – 7 B 72/0, NVwZ 2007, 841 (842).

17 Stelkens/Bonk/Sachs/*Neumann/Külpmann*, § 72 Rn. 6.

18 Bader/Ronellenfitsch/*Kämper*, § 72 Rn. 36; Knack/Henneke/*Schink*, § 72 Rn. 14.

gelten die entsprechenden landesrechtlichen Verfahrensbestimmungen. Das VwVfG des Bundes ist ergänzend heranzuziehen (§ 1 Abs. 3). Ordnet ein *Landesgesetz* ein PlfV an, das durch Landesbehörden ausgeführt wird, gilt das VwVfG des Landes.

3. Bundesrechtliche Anordnungen

Im Rahmen der bundesrechtlichen Anordnungen von PlfV kann zwischen liniengebundenen PlfV (überörtliche Streckenvorhaben) und ortsgebundenen PlfV (örtliche Punktvorhaben) unterschieden werden. Liniengebundene PlfV sind insbesondere im Fernstraßenrecht (§ 17 FStrG), im Eisenbahnrecht (§§ 18 ff. AEG), im Magnetbahnrecht (§§ 1 ff. MBPlG), im Personenbeförderungsrecht (§§ 28 ff., 41 PBefG), im Wasserstraßenrecht (§§ 14 ff. WaStrG), im Hochspannungsleitungsbau (§ 43 EnWG, § 18 NABEG) und im Flurbereinigungsrecht (Wege- und Gewässerplan, § 41 FlurbG) anzutreffen. Ortsbezogene PlfV sind im Atomrecht (§§ 9a Abs. 3, 9b AtG), im Abfallrecht (§ 35 Abs. 2 KrWG), im Bergrecht (§ 52 Abs. 2a bis 2c, §§ 57a bis 57c BBergG) und im Wasserrecht (§ 68 WHG) angeordnet.[19] Von Bedeutung ist schließlich, dass in § 76 Abs. 1 für nachträgliche Änderungen von PlfB grundsätzlich ein PlfV vorgesehen ist. 12

II. Geltung der übrigen Vorschriften des VwVfG

Das PlfV ist ein Verwaltungsverfahren i.S.v. § 9, da es auf den Erlass eines VA – des PlfB – gerichtet ist.[20] Gem. § 72 Abs. 1 gelten im Rahmen des PlfV die übrigen Vorschriften dieses Gesetzes allerdings nur insoweit, wie sich aus den §§ 73 bis 78 nichts anderes ergibt. Die allgemeinen Bestimmungen des VwVfG treten in der Plf somit ergänzend neben die primär geltenden Vorschriften der §§ 73 bis 78. Ihre Anwendung steht unter einer **doppelten Voraussetzung:** Sie müssen zum einen mit den §§ 73 bis 78 inhaltlich vereinbar sein. Zum anderen gilt für sie – genau wie für die §§ 73 ff. (vgl. oben Rdn. 2) – der Anwendungsvorbehalt des § 1, sodass insbesondere stets zu prüfen ist, ob das vorrangige und spezielle Fachplanungsrecht inhaltsgleiche oder entgegenstehende Verfahrensvorschriften enthält (§ 1 Abs. 1 a.E.). 13

Im Folgenden wird untersucht, welche Vorschriften des VwVfG **neben den §§ 72 bis 78 anwendbar sind.** Die Pflicht zur Prüfung der Vereinbarkeit mit den §§ 72 ff. entfällt insoweit, wie diese selbst gem. § 1 hinter dem Fachplanungsrecht zurücktreten.[21] Darüber hinaus erklärt § 72 Abs. 1, Halbs. 2 *ausdrücklich* einige allgemeine Vorschriften des VwVfG für unanwendbar: Demnach sind die §§ 51[22] und 71a bis 71e neben den §§ 73 ff. nicht anzuwenden.[23] § 29 ist mit der Maßgabe anzuwenden, dass 14

19 Aktuelle Liste bei Stelkens/Bonk/Sachs/*Neumann/Külpmann*, § 72 Rn. 32 bis 45.
20 Bader/Ronellenfitsch/*Kämper*, § 72 Rn. 39; Stelkens/Bonk/Sachs/*Neumann*, § 72 Rn. 82.
21 Stelkens/Bonk/Sachs/*Neumann/Külpmann*, § 72 Rn. 83.
22 BVerwG, Beschl. v. 30.08.2016 – 9 AV 2/16, NVwZ-RR 2016, 934 (934); BVerwG, Urt. v. 28.04.2016 – 4 A 2/15, NVwZ 2016, 1325 (1328).
23 Dazu auch BVerwG, Beschl. v. 27.05.2015 – 3 B 5/15, NVwZ 2016, 323 (326).

Akteneinsicht nach pflichtgemäßem Ermessen zu gewähren ist. Gem. § 72 Abs. 2 sind ferner § 17 Abs. 2 Satz 2 und § 17 Abs. 4 Satz 2 im PlfV modifiziert anzuwenden.

1. Vorschriften des Ersten Teils (§§ 1 bis 8e)

15 Ergänzend zu den §§ 72 ff. anwendbar sind die allgemeinen **Vorschriften des ersten Teils.** Dies umfasst neben den Vorschriften über den Anwendungsbereich (§§ 1, 2) und die örtliche Zuständigkeit (§ 3)[24] die Regelungen über die Amtshilfe (§§ 4 bis 8) sowie die europäische Verwaltungszusammenarbeit (§§ 8a bis 8e). Behörden, deren Aufgabenbereich gem. § 73 Abs. 2 durch die Plf berührt wird, sind auch über ihre Pflicht zur Stellungnahme (§ 73 Abs. 2 und 3a) hinaus der Anhörungsbehörde zur Amtshilfe verpflichtet. Ferner führt der Wegfall der Zuständigkeit einer Behörde aufgrund der Konzentrationswirkung des PlfV (§ 75 Abs. 1) nicht zum Erlöschen ihrer Amtshilfeverpflichtungen nach §§ 4 bis 8.[25]

2. Vorschriften des Zweiten Teils (§§ 9 bis 34)

16 Weitgehend anwendbar sind grundsätzlich auch die **Vorschriften des zweiten Teils** über das formlose Verwaltungsverfahren (§§ 9 bis 34). Der in § 10 Satz 1 enthaltene Grundsatz der Formlosigkeit des Verfahrens wird durch die §§ 72 ff. nicht verdrängt.[26] Die §§ 72 ff. stellen lediglich Rechtsvorschriften i.S.v. § 10 Satz 1 dar.[27] Ebenso gilt das in § 10 Satz 2 enthaltene Gebot einfacher, zweckmäßiger und zügiger Durchführung auch im PlfV. Die besonderen Fristenregelungen in § 73 konkretisieren dieses Gebot, ohne es zu verdrängen.[28]

17 Für die **Beteiligten eines PlfV** gelten grundsätzlich die Vorschriften über Beteiligtenfähigkeit, Handlungsfähigkeit und Vertretung (§§ 11 bis 19). Beteiligter ist der Vorhabenträger als Antragsteller.[29] Einwender (vgl. § 73 Abs. 4 Satz 1, Abs. 5 Satz 2 Nr. 4 Buchst. a, Abs. 6 Satz 1 und 3) und Betroffene (vgl. § 73 Abs. 3 Satz 2, Abs. 5 Satz 3 und Abs. 6 Satz 1) hingegen sind keine Beteiligten i.S.v. § 13.[30] Ihnen stehen allein die in den §§ 73 ff. gewährten Mitwirkungsrechte zu, ohne dass sie hierdurch jedoch als Nichtbeteiligte i.S.v. § 44a Satz 2 VwGO zu qualifizieren wären.[31] Gleiches hat für anerkannte Umwelt- und Naturschutzvereinigungen im Rahmen ihrer Stellungnahmebefugnis nach § 73 Abs. 4 Satz 5 zu gelten, die durch das PlVereinhG

---

24 Mann/Sennekamp/Uechtritz/*Lieber*,§ 72 Rn. 149; Knack/Henneke/*Schink*, § 72 Rn. 32.
25 Stelkens/Bonk/Sachs/*Neumann/Külpmann*, § 72 Rn. 84.
26 BVerwG, Urt. v. 11.08.2016 – 7 A 1.15, juris Rn. 52.
27 Knack/Henneke/*Schink*, § 72 Rn. 35.
28 VGH Bayern, Urt. v. 08.03.1985 – 20 B 81 D.1, BayVBl. 1985, 399 (401); Knack/Henneke/*Schink*, § 72 Rn. 35; a.A. Stelkens/Bonk/Sachs/*Neumann/Külpmann*, § 72 Rn. 85.
29 Bader/Ronellenfitsch/*Kämper*, § 72 Rn. 40; Stelkens/Bonk/Sachs/*Neumann/Külpmann*, § 72 Rn. 85.
30 Bader/Ronellenfitsch/*Kämper*, § 72 Rn. 40; Stelkens/Bonk/Sachs/*Neumann/Külpmann*, § 72 Rn. 85; *Ziekow*, § 72 Rn. 29; a.A. Mann/Sennekamp/Uechtritz/*Lieber*, § 72 Rn. 156.
31 Vgl. BVerwG, Beschl. v. 21.03.1997 – 11 VR 2/97, UPR 1997, 461.

verfahrensrechtlich Betroffenen gleichgestellt wurden.[32] Ihre Beteiligungsrechte ergeben sich allein aus den §§ 73 ff. sowie im Falle von Naturschutzvereinigungen zusätzlich aus § 63 BNatSchG.[33] Ferner sind die gem. § 73 Abs. 6 Satz 1 am Erörterungstermin teilnahmeberechtigten Behörden keine Beteiligten i.S.v. § 13 (vgl. § 13 Abs. 3 i.V.m. Abs. 1).

Die für **Massenverfahren** geltende Regelung des **§ 17** wird durch § 72 Abs. 2 modifiziert. Nach dieser Vorschrift können mehr als 50 gleichlautende Eingaben nach vorheriger Bekanntmachung unberücksichtigt bleiben, wenn kein Vertreter benannt oder wenn nach dessen Ausscheiden kein neuer Vertreter bestellt wird. Will die Anhörungsbehörde Masseneinwendungen unberücksichtigt lassen oder die Einwender zur Bestellung eines neuen Vertreters auffordern, dann genügt im PlfV die in § 17 Abs. 2 Satz 2, Abs. 4 Satz 2 vorgesehene ortsübliche Bekanntmachung nicht. Vielmehr hat die Behörde gem. § 72 Abs. 2 die öffentliche Bekanntmachung in ihrem amtlichen Veröffentlichungsblatt und in den örtlichen Tageszeitungen der betroffenen Region durchzuführen. Diese Sonderregelung wurde damit begründet, dass im PlfV grundsätzlich die öffentliche Bekanntmachung üblich sei und dass die Masseneinwender nicht mit einer anderen Bekanntmachungsform rechnen müssten.[34] 18

Im PlfV anwendbar sind die Regeln über den **Verfahrensausschluss** nach **§ 20.**[35] Die Neutralität des PlfV gebietet es, **personelle Verstrickungen** insbesondere zwischen der PlfBeh und dem **Vorhabenträger** als Beteiligtem zu vermeiden. Von hoher Bedeutung ist daher die in **§ 20 Abs. 1 Satz 1 Nr. 5** enthaltene Regelung, wonach alle Amtsträger vom PlfV auszuschließen sind, die beim Vorhabenträger als Mitglieder des Vorstandes oder Aufsichtsrats tätig sind. Die Vorschrift gilt nicht nur für Amtsträger, die im Vorstand oder im Aufsichtsrat eines privaten Unternehmens vertreten sind, sondern auch für solche, die dienstlich als Vertreter des Staates in einem staatlichen oder halbstaatlichen Unternehmen tätig sind (sog. institutioneller Amtskonflikt).[36] Unbedenklich sind reine **Informationsgespräche** mit dem im Vorstand bzw. Aufsichtsrat des Vorhabenträgers vertretenen Amtsträger, »sofern daraus nicht im Einzelfall entscheidungsbezogene Aktivitäten betreffend den Verlauf des PlfV hervorgehen«.[37] Nimmt der Amtsträger hingegen Einfluss auf das PlfV und besteht nach den Umständen des Falles die konkrete Möglichkeit, dass die planerische Entscheidung auf dieser Einflussnahme beruht, dann ist der PlfB rechtswidrig.[38] Die Pflicht zum Ausschluss vom PlfV 19

32 Vgl. BT-Drucks. 17/9666, Begründung S. 4.

33 Hierzu BVerwG, Urt. v. 31.10.1990 – 4 C 7/88, BVerwGE 87, 62 (67 ff.).

34 BT-Drucks. 7/4494, S. 10.

35 Vgl. BVerwG, Urt. v. 05.12.1986 – 4 C 13/85, BVerwGE 75, 214 (227 ff.); BVerwG, Urt. v. 30.05.1984 – 4 C 58/81, BVerwGE 69, 256 (263 ff.); eingehend *Stüer/Hönig*, DÖV 2004, 642.

36 BVerwG, Urt. v. 30.05.1984 – 4 C 58/81, BVerwGE 69, 256 (265 f.).

37 BVerwG, Urt. v. 30.05.1984 – 4 C 58/81, BVerwGE 69, 256 (267).

38 BVerwG, Urt. v. 05.12.1986 – 4 C 13/85, BVerwGE 75, 214 (227 ff.); BVerwG, Urt. v. 30.05.1984 – 4 C 58/81, BVerwGE 69, 256 (263 ff.); VGH Bayern, Urt. v. 08.03.1985 – 20 B 81 D.1, BayVBl. 1985, 399 (402 ff.).

gem. § 20 Abs. 1 Satz 1 Nr. 1 bis 5 besteht auch im Falle eines besonderen Näheverhältnisses zwischen Amtsträger und **Einwendern bzw. Betroffenen.** Diese sind zwar keine Beteiligten gem. § 13 (oben Rdn. 17) und unterfallen daher grundsätzlich auch nicht dem Wortlaut des § 20. Gleichwohl ist eine entsprechende Anwendung der Beteiligungsverbote nach § 20 aufgrund des vergleichbaren Interessenkonflikts gerechtfertigt.[39]

20 Neben § 20 im PlfV anwendbar ist auch das in **§ 21** geregelte Recht, Verwaltungsbeamte wegen Besorgnis der **Befangenheit** abzulehnen. Davon wird in der Praxis vor allem während des Erörterungstermins durch Ablehnung des **Verhandlungsleiters** Gebrauch gemacht (unten § 73 Rdn. 156 ff.). § 21 gilt auch für von der PlfB beauftragte **Sachverständige.**[40] Ein Befangenheitsgrund liegt vor, wenn aufgrund objektiv feststellbarer Tatsachen vernünftigerweise nicht ausgeschlossen werden kann, dass die betreffende Person nicht unparteiisch oder unbefangen entscheiden kann.[41] Sowohl die Person selbst betreffende Gründe als auch die Art ihrer Sachbehandlung können die Besorgnis der Befangenheit rechtfertigen.[42] Zwar ist eine *tatsächliche* Befangenheit nicht zu fordern, sodass der »böse Schein« der Voreingenommenheit ausreicht.[43] Gleichwohl muss der geltend gemachte Grund auf die Parteilichkeit schließen lassen.[44] Hierbei ist stets das Aufklärungsermessen der Anhörungsbehörde als Herrin des Verfahrens zu berücksichtigen (§ 24), die im Erörterungstermin darüber befindet, welche Ermittlungen für die Genehmigungserteilung erforderlich sind und wie der Gang der Erörterung an diesem Ziel auszurichten ist.[45] Soll daher beispielsweise die Befangenheit des Verhandlungsleiters im Erörterungstermin begründet werden, reicht hierfür dessen Weigerung, bestimmte Erklärungen zu Protokoll zu nehmen, nicht aus.[46] Durch einen Befangenheitsantrag nach § 21 kann **keine Unterbrechung des Erörterungstermins** erzwungen werden. Denn in § 21 ist anders als in § 47 ZPO keine Suspendierung des Verhandlungsleiters vorgesehen. Die Suspendierung muss vielmehr von dem zur Entscheidung über das Befangenheitsgesuch zuständigen Behördenleiter angeordnet werden.[47] Die Anhörungsbehörde ist allerdings nach dem Prinzip des fairen Verfahrens grundsätzlich verpflichtet, mindestens durch eine Rufbereitschaft dafür Sorge zu tragen, dass über das Ablehnungsgesuch noch während des Erörterungstermins entschieden werden kann.[48] Da im Fall einer Zurückweisung

39 Stelkens/Bonk/Sachs/*Neumann/Külpmann*, § 72 Rn. 88 m.w.N.
40 BVerwG, Beschl. v. 18.06.2007 – 9 VR 13/06, NuR 2008, 36.
41 BVerwG, Urt. v. 13.10.2011 – 4 A 4001.10, BVerwGE 141, 1 (9 ff.); OVG Niedersachsen, Urt. v. 09.09.2015 – 2 LB 169/14, juris Rn. 48; VG Düsseldorf, Urt. v. 03.12.2015 – 15 K 7734/13, juris Rn. 76; VG Dresden, Beschl. v. 23.05.2005 – 3 K 710/04, LKV 2006, 231 (232); Knack/Henneke/*Ritgen*, § 21 Rn. 12; Kopp/Ramsauer/*Ramsauer*, § 21 Rn. 13.
42 VG Dresden, Beschl. v. 23.05.2005 – 3 K 710/04, LKV 2006, 231 (232).
43 Knack/Henneke/*Ritgen*, § 21 Rn. 12.
44 BVerwG, Urt. v. 13.10.2011 – 4 A 4001.10, BVerwGE 141, 1 (9 f.); OVG Niedersachsen, Urt. v. 02.07.2014 – 2 LB 376/12; NVwZ-RR 2015, 299 (300).
45 Zum Ganzen *Dippel*, NVwZ 2010, 145 (148 f.).
46 OVG Nordrhein-Westfalen, Beschl. v. 24.03.1993 – 20 B 5005/92, VkBl. 1993, 661 ff.
47 VGH Baden-Württemberg, Urt. v. 21.10.1988 – 5 S 1088/88, NVwZ-RR 1989, 354 (355).
48 *Büllesbach/Diercks*, DVBl 1991, 469 (476).

des Ablehnungsgesuchs oft auch der Leiter der Anhörungsbehörde wegen Besorgnis der Befangenheit abgelehnt wird, sollte auch Vorsorge für die dann nach § 21 Abs. 1 Satz 2 nötige Einschaltung der Aufsichtsbehörde getroffen werden. **Missbräuchliche Befangenheitsanträge** können ebenso wie im Verwaltungs-, Straf- und Zivilprozess analog § 26a StPO vom betroffenen Beamten selbst zurückgewiesen werden.

Im PlfV gelten ferner die **§§ 22 bis 27.** Ein PlfV darf nur auf Antrag des Vorhabenträgers eingeleitet werden (§ 73 Abs. 1), sodass § 22 Nr. 2 anwendbar ist (vgl. auch § 73 Rdn. 9). Von großer Bedeutung sind die in **§ 25** normierten Auskunfts- und Beratungspflichten der Anhörungsbehörde gegenüber den Verfahrensbeteiligten **vor der Planeinreichung.** Im Rahmen der durch das PlVereinhG neu geschaffenen »frühen Öffentlichkeitsbeteiligung« (§ 25 Abs. 3) ist die Anhörungsbehörde verpflichtet, darauf hinzuwirken, dass der Vorhabenträger die betroffene Öffentlichkeit möglichst vor der Antragsstellung unterrichtet und in die Planung einbindet. Eine Pflicht des Vorhabenträgers zur Durchführung der frühen Öffentlichkeitsbeteiligung besteht allerdings nicht.[49] **Nach Antragsstellung** haben Anhörungsbehörde und PlfBeh den Sachverhalt von Amts wegen zu erforschen (§ 24)[50] und die notwendigen Beweise zu erheben (§§ 26, 27).[51] Die PlfBeh ist berechtigt und im Rahmen der §§ 24 ff. verpflichtet, über die Feststellungen der Anhörungsbehörde hinausgehende Ermittlungen durchzuführen und hierzu die notwendigen Auskünfte, Akten, Gutachten etc. herbeizuziehen.[52] 21

Neben den §§ 72 ff. ist ferner die durch das PlVereinhG eingefügte Vorschrift des **§ 27a** zu beachten. Ist danach im Rahmen des PlfV eine öffentliche oder ortsübliche Bekanntmachung vorzunehmen, **soll** die Behörde deren Inhalt gem. § 27a Abs. 1 Satz 1 zusätzlich auch im Internet veröffentlichen. Bezieht sich die Bekanntmachung auf auszulegende Unterlagen wie die Planunterlagen (vgl. § 73 Abs. 3) oder den PlfB (§ 74 Abs. 4 Satz 2), so sollen auch diese über das Internet zugänglich gemacht werden, § 27a Abs. 1 Satz 3. In der öffentlichen oder ortsüblichen Bekanntmachung ist die Internetseite anzugeben, auf der die Unterlagen abgerufen werden können, vgl. § 27a Abs. 2. 22

Die in **§ 28** vorgesehene individuelle **Anhörung** ist für Beteiligte des PlfV gem. § 13 – insbesondere also den Vorhabenträger – anwendbar.[53] Für Einwender und Betroffene ist § 28 schon deshalb unanwendbar, weil sie keine Beteiligten i.S.v. § 13 sind (vgl. oben Rdn. 17). Das VwVfG geht davon aus, dass die ortsübliche Bekanntmachung der Planauslegung (§ 73 Abs. 5) ausreicht, um sie auf die Planung hinzuweisen und 23

49 Vgl. BT-Drucks. 17/9666, Begründung S. 7.

50 VGH Bayern, Beschl. v. 05.03.2001 – 8 ZB 00.3490, NVwZ-RR 2001, 579.

51 BVerwG, Beschl. v. 26.08.1998 – 11 VR 4/98, NVwZ 1999, 535 (536).

52 BVerwG, Urt. v. 05.12.1986 – 4 C 13/85, BVerwGE 75, 214 (226 f.); Stelkens/Bonk/Sachs/*Neumann/Külpmann*, § 72 Rn. 92.

53 Stelkens/Bonk/Sachs/*Neumann*, § 72 Rn. 94; *Ziekow*, Praxis des Fachplanungsrechts, Rn. 13.

verzichtet daher auf eine individuelle Benachrichtigung.[54] Ihre Anhörungsrechte werden allein durch das kollektive Anhörungsverfahren des § 73 gewahrt.[55]

24 Das **Akteneinsichtsrecht nach § 29** wird durch § 72 Abs. 1, Halbs. 2 insoweit modifiziert für anwendbar erklärt, als Akteneinsicht im PlfV nach pflichtgemäßem Ermessen zu gewähren ist. Damit wird zum einen der Kreis der Einsichtsberechtigten über die Verfahrensbeteiligten (§ 13) hinaus erweitert.[56] Zum anderen wird der Anspruch nach § 29 jedoch eingeschränkt, da die Gewährung in das pflichtgemäße **Ermessen** der Behörde gestellt wird. Der Anspruch bezieht sich nur auf die von der PlfBeh oder der Anhörungsbehörde geführten Akten.[57] Die Beschränkung auf einen in das Ermessen der Behörde gestellten Anspruch wird durch die Akteneinsichtsrechte nach dem **IFG** und dem **UIG** (bzw. den landesrechtlichen Vorschriften über den allgemeinen Informationszugang und den Umgang zu Umweltinformationen) allerdings relativiert, die einen gebundenen Anspruch auf Informationszugang gewähren, soweit keine Ausschlussgründe nach §§ 3 ff. IFG bzw. §§ 8 und 9 UIG eingreifen. Für anerkannte Naturschutzverbände gelten darüber hinaus die Einsichtnahmerechte nach **§ 63 Abs. 1 und 2 BNatSchG.** Die Ansprüche nach § 72 Abs. 1, Halbs. 1 i.V.m. § 29 bzw. nach IFG, UIG und BNatSchG sind anders als das Einsichtsrecht nach § 73 Abs. 3 **nicht** auf die **Zeit der öffentlichen Auslegung** der Planunterlagen begrenzt. Der Anspruch auf Akteneinsicht beschränkt sich auf die eigene Rechtswahrung und umfasst daher keinen Anspruch auf Einsicht in die nicht anonymsierte Stellungnahme der Anhörungsbehörde zum Zwecke der Ermittlung weiterer Betroffener mit der Absicht, diese zu Klagen zu motivieren.[58]

25 Anwendung findet grundsätzlich auch der in **§ 30** angeordnete **Geheimnis- und Datenschutz.** Allerdings unterliegt speziell bei anlagenbezogenen PlfV der Schutz von Betriebsgeheimnissen des Vorhabenträgers Einschränkungen. Denn die mit dem Anhörungsverfahren bezweckte Erörterung der mit einer Anlage verbundenen Gefahren kann nur erreicht werden, wenn die Funktionsweise der planfestgestellten Anlage allen Betroffenen hinreichend klar ist.[59] Hingegen verdient das Geheimhaltungsinteresse der Planbetroffenen besonderen Schutz. Sie können verlangen, dass die Eigentumsverhältnisse an den betroffenen Grundstücken nicht zusammen mit den Planunterlagen offengelegt werden und dass ihre im Rahmen von Einwendungen mitgeteilten Betriebsgeheimnisse nicht allgemeinkundig gemacht werden. Zur Information der Öffentlichkeit über das Planvorhaben genügt es, wenn die Informationen

54 BVerwG, Urt. v. 12.02.1997 – 11 A 66/95, NVwZ-RR 1998, 90 (91); BVerwG, Urt. v. 28.02.1996 – 4 A 28/95, NJW 1996, 2113; BVerwG, Urt. v. 16.08.1995 – 11 A 2/95, NVwZ 1996, 267 (268); BT-Drucks. 7/910, S. 87.

55 BVerwG, Urt. v. 29.02.1996 – 4 A 28/95, NJW 1996, 2113; Stelkens/Bonk/Sachs/*Neumann/Külpmann*, § 72 Rn. 94.

56 Knack/Henneke/*Schink*, § 72 Rn. 43.

57 BVerwG, Beschl. v. 26.08.1998 – 11 VR 4/98, NVwZ 1999, 535 (536).

58 BVerwG. Beschl. v. 01.10.2019 – 3 A 4/18, BayVBl 2020, 245.

59 Vgl. Knack/Henneke/*Schink*, § 72 Rn. 44.

in anonymisierter Weise bekannt gegeben werden.[60] Dies ist in § 73 Abs. 1 Satz 2, Halbs. 2 BWVwVfG sowie § 10 Abs. 1 Satz 2 BbgVwVfG klargestellt.[61]

Nicht unerhebliche Bedeutung haben schließlich die **Fristregelungen.** Die Vorschrift des § 31 über die Fristberechnung findet im PlfV uneingeschränkt Anwendung. Dabei ist zu beachten, dass bei der Berechnung der Planauslegungsfrist bereits der erste Tag nach § 187 Abs. 2 BGB mitgerechnet wird und dass die Monatsfrist folglich nach § 188 Abs. 2 BGB am Ende des Tages abläuft, der zahlenmäßig dem Anfangstag vorhergeht (vgl. § 73 Rdn. 72).[62] 26

Von großer praktischer Bedeutung, insbesondere in Zusammenhang mit der Präklusionsregelung des **§ 73 Abs. 4 Satz 3,** sind die **Wiedereinsetzungsregeln des § 32.** Im Falle verspäteter Einwendungen bzw. Stellungnahmen kann bei **unverschuldeter Säumnis** unter den Voraussetzungen des § 32 bis zum Erlass des PlfB[63] ein Wiedereinsetzungsantrag gestellt werden (vgl. § 73 Rdn. 120).[64] 27

2. Vorschriften des Dritten Teils (§§ 35 bis 53)

In gewissem Umfang anwendbar sind auch die Vorschriften des dritten Teils des VwVfG über den VA. Der PlfB ist grundsätzlich nach § 35 als VA in Form der Allgemeinverfügung anzusehen. Nebenbestimmungen gem. § 36 Abs. 2 und 3 sind nur insoweit zulässig, wie sie den materiellen Anforderungen des § 74 Abs. 2 und 3 sowie § 75 Abs. 2 Satz 2 genügen.[65] § 37 Abs. 2 und 4 werden durch § 74 verdrängt, im Übrigen ist die Norm anwendbar.[66] Zusicherungen nach § 38 sind im PlfV grundsätzlich zulässig, solange hierdurch nicht die Gestaltungs- und Abwägungsfreiheit der 28

---

60 BVerfG, Beschl. v. 24.07.1990 – 1 BvR 1244/87, NVwZ 1990, 1162 f.; BVerfG, Beschl. v. 14.10.1987 – 1 BvR 1244/87, BVerfGE 77, 121; Stelkens/Bonk/Sachs/*Neumann/Külpmann*, § 72 Rn. 100.

61 Damit ist VGH Baden-Württemberg, Urt. v. 19.06.1989 – 5 S 3111/87, VBlBW 1990, 56 (58) obsolet; vgl. ferner aber u.a. § 6 Abs. 2 LStrG RP, § 33 Abs. 2, Halbs. 2 HStrG.

62 GmSOBG, Beschl. v. 06.07.1972 – GmS-OBG 2/71, NJW 1972, 2035 f.

63 Hierzu BVerwG, Gerichtsbescheid v. 30.07.1998 – 4 A 1/98, NVwZ-RR 1999, 162 (163); BVerwG, Urt. v. 06.08.1982 – 4 C 66/79, BVerwGE 66, 99 (111).

64 Vgl. zur Anwendbarkeit von § 32i.R.d. eisenbahnrechtlichen Plf BVerwG, Urt. v. 12.02.1997 – 11 A 62/95, NVwZ 1997, 997 sowie BVerwG, Gerichtsbescheid v. 03.07.1996 – 11 A 64/95, UPR 1997, 31 (32); zum WaStrG BVerwG, Urt. v. 06.08.1982 – 4 C 66/79, BVerwGE 66, 99 (111); weitere Nachweise bei Knack/Henneke/*Schink*, § 72 Rn. 45.

65 BVerwG, Urt. v. 22.11.2000 – 11 C 2/00, NVwZ 2001, 429; vgl. auch VGH Baden-Württemberg, Beschl. v. 29.01.2012 – 5 S 196/12, juris Rn. 9; Stelkens/Bonk/Sachs/*Neumann/Külpmann*, § 72 Rn. 103.

66 BVerwG, Beschl. v. 26.11.1991 – 7 C 16/89, NVwZ 1992, 787 (788); Knack/Henneke/*Schink*, § 72 Rn. 45.

PlfBeh im Rahmen ihrer Planungsentscheidung beseitigt wird.[67] Die für formlose VA vorgesehene Möglichkeit des Begründungsverzichts nach § 39 Abs. 2 Nr. 2, 4 und 5 gilt beim PlfB nicht. Denn insoweit trifft § 74 Abs. 1 Satz 2 i.V.m. 69 Abs. 2 Satz 1 eine abschließende Sonderregelung.[68] § 40 ist anwendbar, soweit die PlfBeh eine Ermessensentscheidung zu treffen hat – die planerische Abwägungsentscheidung selbst ist nicht als solche anzusehen.[69] § 41 ist wegen § 74 Abs. 4 und 5 nicht anzuwenden. Hingegen ist die in § 42 vorgesehene Korrektur offenbarer Unrichtigkeiten bei PlfB uneingeschränkt anwendbar.[70]

29 Für das PlfV gelten auch die **Regeln über die Bestandskraft** von VA. Dabei gibt es aber eine Reihe von Modifikationen. Eine wichtige Besonderheit besteht schon bei der Frage der Wirksamkeit des PlfB nach § 43. Denn der PlfB betrifft im Gegensatz zu anderen VA nicht nur einen Adressaten, sondern eine Vielzahl von Personen. Er wird rechtlich schon **existent**, wenn er einem Beteiligten gem. § 43 Abs. 1 bekannt gegeben wird. Die Bekanntgabe richtet sich nach den in § 74 Abs. 4 und 5 enthaltenen Regelungen. Die **Anfechtung** des PlfB unterliegt dem Grundsatz der subjektiven Betroffenheit. Daher beginnen die Anfechtungsfristen ggf. je nach Zustellung individuell unterschiedlich zu laufen; je nach der individuellen Betroffenheit können unterschiedliche Planergänzungs- oder Aufhebungsansprüche bestehen. Die auf eine Klage folgende **Aufhebung eines PlfB** (§ 43 Abs. 2) entfaltet **Rechtswirkungen** nur im Verhältnis zum in seinen Rechten verletzten Kläger.[71] Faktisch kommt die Aufhebung jedoch auch **anderen Betroffenen zugute,** da der Plan aufgrund seiner Rechtswidrigkeit gegenüber dem Kläger nicht verwirklicht werden darf.[72]

30 Die Bestimmung des **§ 44** über die **Nichtigkeit** von Verwaltungsakten ist grundsätzlich auch auf PlfB anwendbar, hat aber nur geringe praktische Bedeutung. Die mangelnde Bestimmtheit einzelner Planunterlagen führt regelmäßig nicht zur Nichtigkeit des gesamten PlfB.[73] Ebenso ist es zweifelhaft, ob das **Unterbleiben eines Erörterungstermins** einen schwerwiegenden Verfahrensmangel i.S.v. § 44 darstellt. Dies ist

---

67 BVerwG, Urt. v. 17.01.2007 – 10 C 1/06, NVwZ-RR 2007, 456 (457); VGH Baden-Württemberg, Urt. v. 28.10.1999 – 5 S 2149/97, NVwZ 2000, 1304 (1305); Stelkens/Bonk/Sachs/*Neumann/Külpmann*, § 72 Rn. 105; enger Bader/Ronellenfitsch/*Kämper*, § 72 Rn. 41.

68 Knack/Henneke/*Schink*, § 72 Rn. 50; Stelkens/Bonk/Sachs/*Neumann/Külpmann*, § 72 Rn. 106.

69 Knack/Henneke/*Schink*, § 72 Rn. 51.

70 BVerwG, Beschl. v. 11.01.2000 – 11 VR 4/99, NVwZ 2000, 553 (554); Bader/Ronellenfitsch/*Kämper*, § 72 Rn. 41; Knack/Henneke/*Schink*, § 72 Rn. 53; Stelkens/Bonk/Sachs/*Neumann/Külpmann*, § 72 Rn. 110.

71 *Johlen*, NVwZ 1989, 109 (111); Stelkens/Bonk/Sachs/*Neumann/Külpmann*, § 72 Rn. 111.

72 *Johlen*, NVwZ 1989, 109 (111); Knack/Henneke/*Schink*, § 72 Rn. 56; Stelkens/Bonk/Sachs/*Neumann/Külpmann*, § 72 Rn. 111.

73 VGH Hessen, Urt. v. 23.11.1998 – 5 UE 1040/84, NVwZ 1989, 484 (490).

nach den Umständen des Einzelfalls zu beurteilen – Maßstab dürfte sein, ob der Erörterungstermin offensichtlich erforderlich war und das Unterlassen damit eine offenkundige Fehlanwendung des Gesetzes darstellt (vgl. auch § 73 Rdn. 209).[74]

Die in **§ 45 Abs. 1** vorgesehene **Heilungsmöglichkeit** von Verfahrens- oder Formfehlern sowie die **Unbeachtlichkeitsregelung des § 46** sind im PlfV anwendbar.[75] Für das Fehlen einer UVP und bei weiteren absoluten Verfahrensmängeln nach § 4 Abs. 1 UmwRG ist aufgrund unionsrechtlicher Vorgaben das Kausalitätserfordernis ebenso ausgeschlossen wie bei darüber hinausgehenden relativen Verfahrensmängeln im Anwendungsbereich der UVP-Richtlinie.[76] Das gibt § 4 Abs. 1a Satz 2 UmwRG nun vor (siehe dazu § 73 Rdn. 214). Ergänzt werden die Vorschriften durch § 75 Abs. 1a, der eine spezielle Regelung für die Unbeachtlichkeit von Abwägungsmängeln sowie die Möglichkeit der Heilung formeller und materieller Fehler im Wege der Planergänzung bzw. eines ergänzenden Verfahrens vorsieht.[77] Schließlich ist auch die **Umdeutung** eines PlfB nach **§ 47** in eine andere Zulassungsentscheidung für den Bau bzw. Betrieb einer Anlage denkbar, praktisch aber selten.[78] 31

Zu den umstrittensten Fragen des PlfR gehörte lange Zeit die Anwendbarkeit der allgemeinen **Rücknahme- und Widerrufsregeln gem. §§ 48, 49.** Der Streit konzentriert sich im Wesentlichen auf die Frage, ob Planbetroffene die Rücknahme oder den Widerruf eines PlfB erzwingen können, wenn nach Bestandskraft eines PlfB unvorhersehbare **Veränderungen** eintreten, die eine Gefahr für ihre Rechtsgüter bedeuten. In der älteren Rechtsprechung wurde teilweise angeführt, dass in diesen Fällen allein die Regelung des § 75 Abs. 2 Satz 2 heranzuziehen sei.[79] Das BVerwG hat jedoch 32

74 Knack/Henneke/*Schink*, § 73 Rn. 195 ff.; Kopp/Ramsauer/*Wysk*, § 73 Rn. 151; zum Unterbleiben der mündlichen Verhandlung im förmlichen VwVf so auch BVerwG, Urt. v. 18.10.1983 – 1 C 13/81, NVwZ 1984, 578 f.; anschaulich zur Anwendbarkeit von § 44 im PlfV ferner OVG Niedersachsen, Beschl. v. 06.07.2000 – 3 M 561/00, NVwZ-RR 2001, 362 (363).

75 BVerwG, Beschl. v. 06.05.2008 – 9 B 64/07, NVwZ 2008, 795 (796); BVerwG, Urt. v. 31.01.2002 – 4 A 15/01, NVwZ 2002, 1103 (1105).

76 Dazu erst EuGH, Urt. v. 07.11.2013 – C-72/12 (Altrip), NVwZ 2014, 49 (52); dann EuGH, Urt. v. 15.10.2015 – C-137/14 (Europäische Kommission/Deutschland), NVwZ 2015, 1665 (1668); außerdem BVerwG, Beschl. v. 21.06.2016 – 9 B 65/15, NVwZ 2016, 1257 (1260); BVerwG, Urt. v. 21.01.2016 – 4 A 5/14, NVwZ 2016, 844 (847 f.); BVerwG, Urt. v. 24.11.2011 – 9 A 23.10 (A 281), BVerwGE 141, 171 Rn. 15 ff.

77 Bader/Ronellenfitsch/*Kämper*, § 72 Rn. 42; Kopp/Ramsauer/*Wysk*, § 72 Rn. 21; Stelkens/Bonk/Sachs/*Neumann*/*Külpmann*, § 72 Rn. 112.

78 VGH Hessen, Beschl. v. 28.08.1996 – 5 TH 3071/84, NVwZ 1987, 987 (992); Knack/Henneke/*Schink*, § 72 Rn. 59.

79 VGH Baden-Württemberg, Urt. v. 12.09.1996 – 8 S 1511/96, NVwZ-RR 1997, 682 f., jetzt aber a.A. Urt. v. 04.07.2018 – 5 S 2117/16, VBlBW 2018, 507; OVG Berlin, Urt. v. 02.05.1996 – 2 A 5.92, DVBl 1997, 73 (77); VGH Hessen, Beschl. v. 17.06.1992 – 2 Q 195/92, DVBl 1992, 1446 (1447 f.).

angenommen, dass auch der Widerruf eines PlfB gem. **§ 49 Abs. 2 Nr. 5** in Betracht kommt, wenn Auflagen nach § 75 Abs. 2 Satz 2 nicht ausreichen, um auf die veränderten Verhältnisse zu reagieren und Gefahren für die grundrechtlich geschützten Rechtsgüter Drittbetroffener zu beseitigen.[80] Es hält sowohl § 48 als auch § 49 für grundsätzlich anwendbar.[81] Dies überzeugt. Zum einen fehlt es an einem ausdrücklichen Ausschluss der §§ 48 f., da § 72 Abs. 1, Halbs. 2 nur § 51 für unanwendbar erklärt.[82] Zum anderen lässt sich den §§ 72 ff. nicht entnehmen, dass Schutzauflagen nach § 75 Abs. 2 Satz 2 das einzige und abschließende Instrumentarium zur Beseitigung von Rechtsgutsverletzungen nach Bestandskraft des PlfB darstellen sollen.[83] Sind diese folglich nicht ausreichend, so kommt als »ultima ratio« ein Widerruf gem. § 49 Abs. 2 Nr. 5 in Betracht.[84] Die Anwendbarkeit des § 49 auf bestandskräftige PlfB ist auch nicht auf § 49 Abs. 2 Nr. 5 begrenzt. Es spricht nichts dafür, § 49 Abs. 2 Nr. 5 als Sonderfall aufzufassen und gegenüber den anderen Widerrufsgründen des § 49 zu privilegieren, da eine solche Gewichtung vom Gesetzgeber in § 49 selbst nicht vorgenommen wird.[85]

33 Im Falle **anfänglicher Rechtswidrigkeit** eines bestandskräftigen PlfB ist ein Rückgriff auf **§ 48** möglich, da die §§ 72 ff. auch hier keine vorrangige Regelung enthalten.[86] Beruht die Rechtswidrigkeit auf einem Abwägungsmangel, sind allerdings die Einschränkungen des § 75 Abs. 1a zu beachten. Die Vorschrift gilt zwar grundsätzlich nur für gerichtlich geltend gemachte Aufhebungsansprüche, ist aber im Rahmen von § 48 entsprechend heranzuziehen.[87] Der Anspruch auf Rücknahme eines PlfB kann nicht weitergehen als der Aufhebungsanspruch bei fristgemäßer Anfechtung; die Planerhaltungsvorschriften modifizieren auch den Rücknahmeanspruch. Mängel bei der Abwägung und Verletzungen von Verfahrens- oder Formvorschriften, die gem. §§ 45

80 BVerwG, Beschl. v. 26.02.2004 – 4 B 95/03, NVwZ 2004, 869 f.; BVerwG, Beschl. v. 16.12.2003 – 4 B 75/03, NVwZ 2004, 865 (867); BVerwG, Beschl. v. 10.10.2003 – 4 B 83/03, NVwZ 2004, 97 f.

81 BVerwG, Urt. v. 28.04.2016 – 4 A 2/15, NVwZ 2016, 1325 (1326 f.); BVerwG, Urt. v. 31.07.2012 – 4 A 7001.11 u.a., NVwZ 2013, 297 (298); BVerwG, Urt. v. 21.05.1997 – 11 C 1.96, BVerwGE 105, 6 (10 ff.).

82 BVerwG, Urt. v. 31.07.2012 – 4 A 7001.11 u.a., NVwZ 2013, 297 (298); Knack/Henneke/*Schink*, § 72 Rn. 60.

83 Im Ergebnis so auch Bader/Ronellenfitsch/*Kämper*, § 72 Rn. 43; Knack/Henneke/*Schink*, § 72 Rn. 60; Kopp/Ramsauer/*Wysk*, § 72 Rn. 27; Stelkens/Bonk/Sachs/*Neumann/Külpmann*, § 72 Rn. 114 ff.

84 BVerwG, Urt. v. 27.05.2015 – 3 B 5/15, NVwZ 2016, 323 (326).

85 A.A. *Allesch/Häußler* in der dritten Auflage, Rn. 41; für eine Beschränkung auf »krasse Ausnahmefälle« auch VGH Bayern, Beschl. v. 12.10.1995 – 20 B 94.1188, NVwZ 1996, 1125 (1128).

86 BVerwG, Urt. v. 31.07.2012 – 4 A 7000.11, NVwZ 2013, 297 (298); Kopp/Ramsauer/*Wysk*, § 72 Rn. 28.

87 Stelkens/Bonk/Sachs/*Neumann/Külpmann*, § 72 Rn. 117.

und 46 im Anfechtungsverfahren weder zur Aufhebungs noch zur Feststellung der Rechtswidrigkeit und Nichtvollziehbarkeit des PfB führen, begründen weder einen Anspruch auf Rücknahme noch auf ermessensfehlerfreie Entscheidung über die Rücknahme des PfB.[88] Aufgrund des Vorrangs der planfeststellungsrechtlichen Vorschriften (§ 72 Abs. 1) muss ein Rückgriff auf §§ 48, 49 in den Spezialkonstellationen der §§ 76, 77 hingegen ausscheiden.

3. Vorschriften des Vierten Teils (§§ 54 bis 62)

Subsidiär anwendbar sind auch die im vierten Teil enthaltenen Vorschriften über den öffentlich-rechtlichen Vertrag.[89] Dabei dürften vertragliche Regelungen vor allem bei Planungsentscheidungen von unwesentlicher Bedeutung eine Rolle spielen. Im Planfreistellungsverfahren sind Vereinbarungen ausdrücklich vorgesehen (§ 74 Abs. 7 Nr. 2). Vergleichsverträge können ferner bei PlG (§ 74 Abs. 6) und Planänderungen von unwesentlicher Bedeutung (§ 76 Abs. 2) die Grundlage für die formlose Zulassungsentscheidung bilden. Hingegen können Verträge im förmlichen PlfV nur eine ganz untergeordnete Rolle spielen. Die Zulassung eines Vorhabens durch PlfB kann nicht durch öffentlich-rechtlichen Vertrag ersetzt werden.[90] Wegen der Vielzahl der Planbetroffenen und der berührten öffentlichen Belange können vertragliche Lösungen im PlfV allenfalls in Bezug auf Teilaspekte oder individuelle Einwendungen getroffen werden.[91] 34

4. Vorschriften der übrigen Teile (§§ 63 ff.)

Die Vorschriften über das **förmliche Verfahren** (§§ 63 bis 71) sind im PlfV nur kraft spezieller Verweisung durch die §§ 73 ff. anwendbar.[92] Solche Verweisungen sind in den §§ 73 Abs. 6 Satz 6 und 74 Abs. 1 Satz 2 enthalten. Demzufolge gelten im förmlichen PlfV für die Durchführung des Erörterungstermins die §§ 67 Abs. 1 Satz 3, Abs. 2 Nr. 1 und 4, Abs. 3, 68 und für den PlfB die §§ 69 und 70 entsprechend. 35

Keine Anwendung finden die **Beschleunigungsvorschriften** der §§ 71a bis 71e. Dies hat der Gesetzgeber in § 72 Abs. 1, Halbs. 2 ausdrücklich klargestellt. Dadurch wird 36

88 BVerwG, Urt. v. 31.07.2012 – 4 A 7000.11, NVwZ 2013, 297 (298 f.).

89 Knack/Henneke/*Schink*, § 72 Rn. 63: Stelkens/Bonk/Sachs/*Neumann/Külpmann*, § 72 Rn. 120.

90 Knack/Henneke/*Schink*, § 72 Rn. 63; Stelkens/Bonk/Sachs/*Neumann/Külpmann*, § 72 Rn. 120.

91 Bader/Ronellenfitsch/*Kämper*, § 72 Rn. 43; Stelkens/Bonk/Sachs/*Neumann/Külpmann*, § 72 Rn. 120.

92 BT-Drucks. 7/910, S. 87; Bader/Ronellenfitsch/*Kämper*, § 72 Rn. 43; Knack/Henneke/*Schink*, § 72 Rn. 64.

allerdings die Geltung des Zügigkeitsprinzips im PlfV nicht infrage gestellt (§ 10 Satz 2). Aus diesem Grund ist die freiwillige Beachtung einzelner Beschleunigungsvorschriften durchaus statthaft, wenn sie mit den speziellen Vorschriften des PlfV vereinbar sind.[93]

37 Die Vorschriften des **sechsten Teils** über das Rechtsbehelfsverfahren (§ 79, 80) und des siebten Teils über die Tätigkeit von ehrenamtlichen Richtern und Ausschüssen (§§ 81 bis 93) sowie die Schlussvorschriften des achten Teils (§§ 94 bis 103) können zwar theoretisch auch im PlfV Anwendung finden. Praktisch haben diese Regelungen aber im PlfV keine große Bedeutung. Dies hat seinen Grund darin, dass das Vorverfahren nach § 74 Abs. 1 Satz 2 und Abs. 6 Satz 3 grundsätzlich ausgeschlossen ist und, von fachgesetzlichen Ausnahmen abgesehen, nicht vorkommt. Ferner wirken Ehrenamtliche selten bei PlfV mit. Ebenso selten treffen die in den §§ 88 ff. genannten Ausschüsse Planungsentscheidungen. Hingegen hat § 100 Nr. 2 für PlfV nach Landesrecht erhebliche Relevanz, weil er die Konzentrationswirkung dieser PlfB auch für bundesrechtliche Entscheidungen ermöglicht.

III. Abs. 2

38 § 72 Abs. 2 entspricht § 63 Abs. 3 und ordnet für Mitteilungen nach § 17 Abs. 2 Satz 1 und Aufforderungen nach § 17 Abs. 4 Satz 2 im PlfV anstelle der dort vorgesehenen ortsüblichen Bekanntmachung die öffentliche Bekanntmachung an. Er stellt so sicher, dass im PlfV stets die öffentliche Bekanntmachung verwendet wird. In der Praxis findet das Verfahren nach § 17 kaum Anwendung.

C. Landesrechtliche Parallelbestimmungen

39 Die **Länder** haben die Vorschrift des § 72 durchgehend in ihre Verfahrensgesetze übernommen. Dies geschah teils durch Verweisung (vgl. § 1 Abs. 1 BlnVwVfG, BbgVwVfG, NdsVwVfG, RPLVwVfG, LSAVwVfG, § 1 SächsVwVfZG), teils durch wortgleiche Übernahme (Art. 72 BayVwVfG, § 72 BWVwVfG, BremVwVfG, HmbVwVfG, HessVwVfG, M-VVwVfG, NWVwVfG, SaarlVwVfG, ThürVwVfG). Eine geringfügige Abweichung enthält § 139 LVwG, in dem die Akteneinsicht nicht ins Ermessen der Behörde gestellt wird.

93 BT-Drucks. 13/3995, S. 10; Knack/Henneke/*Schink*, § 72 Rn. 65.

§ 73 Anhörungsverfahren

(1) [1]Der Träger des Vorhabens hat den Plan der Anhörungsbehörde zur Durchführung des Anhörungsverfahrens einzureichen. [2]Der Plan besteht aus den Zeichnungen und Erläuterungen, die das Vorhaben, seinen Anlass und die von dem Vorhaben betroffenen Grundstücke und Anlagen erkennen lassen.

(2) Innerhalb eines Monats nach Zugang des vollständigen Plans fordert die Anhörungsbehörde die Behörden, deren Aufgabenbereich durch das Vorhaben berührt wird, zur Stellungnahme auf und veranlasst, dass der Plan in den Gemeinden, in denen sich das Vorhaben voraussichtlich auswirken wird, ausgelegt wird.

(3) [1]Die Gemeinden nach Absatz 2 haben den Plan innerhalb von drei Wochen nach Zugang für die Dauer eines Monats zur Einsicht auszulegen. [2]Auf eine Auslegung kann verzichtet werden, wenn der Kreis der Betroffenen und die Vereinigungen nach Absatz 4 Satz 5 bekannt sind und ihnen innerhalb angemessener Frist Gelegenheit gegeben wird, den Plan einzusehen.

(3a) [1]Die Behörden nach Absatz 2 haben ihre Stellungnahme innerhalb einer von der Anhörungsbehörde zu setzenden Frist abzugeben, die drei Monate nicht überschreiten darf. [2]Stellungnahmen, die nach Ablauf der Frist nach Satz 1 eingehen, sind zu berücksichtigen, wenn der Planfeststellungsbehörde die vorgebrachten Belange bekannt sind oder hätten bekannt sein müssen oder für die Rechtmäßigkeit der Entscheidung von Bedeutung sind; im Übrigen können sie berücksichtigt werden.

(4) [1]Jeder, dessen Belange durch das Vorhaben berührt werden, kann bis zwei Wochen nach Ablauf der Auslegungsfrist schriftlich oder zur Niederschrift bei der Anhörungsbehörde oder bei der Gemeinde Einwendungen gegen den Plan erheben. [2]Im Falle des Absatzes 3 Satz 2 bestimmt die Anhörungsbehörde die Einwendungsfrist. [3]Mit Ablauf der Einwendungsfrist sind alle Einwendungen ausgeschlossen, die nicht auf besonderen privatrechtlichen Titeln beruhen. [4]Hierauf ist in der Bekanntmachung der Auslegung oder bei der Bekanntgabe der Einwendungsfrist hinzuweisen. [5]Vereinigungen, die auf Grund einer Anerkennung nach anderen Rechtsvorschriften befugt sind, Rechtsbehelfe nach der Verwaltungsgerichtsordnung gegen die Entscheidung nach § 74 einzulegen, können innerhalb der Frist nach Satz 1 Stellungnahmen zu dem Plan abgeben. [6]Die Sätze 2 bis 4 gelten entsprechend.

(5) [1]Die Gemeinden, in denen der Plan auszulegen ist, haben die Auslegung vorher ortsüblich bekannt zu machen. [2]In der Bekanntmachung ist darauf hinzuweisen,

1. wo und in welchem Zeitraum der Plan zur Einsicht ausgelegt ist;
2. dass etwaige Einwendungen oder Stellungnahmen von Vereinigungen nach Absatz 4 Satz 5 bei den in der Bekanntmachung zu bezeichnenden Stellen innerhalb der Einwendungsfrist vorzubringen sind;
3. dass bei Ausbleiben eines Beteiligten in dem Erörterungstermin auch ohne ihn verhandelt werden kann;
4. dass

a) die Personen, die Einwendungen erhoben haben, oder die Vereinigungen, die Stellungnahmen abgegeben haben, von dem Erörterungstermin durch öffentliche Bekanntmachung benachrichtigt werden können,
b) die Zustellung der Entscheidung über die Einwendungen durch öffentliche Bekanntmachung ersetzt werden kann, wenn mehr als 50 Benachrichtigungen oder Zustellungen vorzunehmen sind. [3]Nicht ortsansässige Betroffene, deren Person und Aufenthalt bekannt sind oder sich innerhalb angemessener Frist ermitteln lassen, sollen auf Veranlassung der Anhörungsbehörde von der Auslegung mit dem Hinweis nach Satz 2 benachrichtigt werden.

(6) [1]Nach Ablauf der Einwendungsfrist hat die Anhörungsbehörde die rechtzeitig gegen den Plan erhobenen Einwendungen, die rechtzeitig abgegebenen Stellungnahmen von Vereinigungen nach Absatz 4 Satz 5 sowie die Stellungnahmen der Behörden zu dem Plan mit dem Träger des Vorhabens, den Behörden, den Betroffenen sowie denjenigen, die Einwendungen erhoben oder Stellungnahmen abgegeben haben, zu erörtern. [2]Der Erörterungstermin ist mindestens eine Woche vorher ortsüblich bekannt zu machen. [3]Die Behörden, der Träger des Vorhabens und diejenigen, die Einwendungen erhoben oder Stellungnahmen abgegeben haben, sind von dem Erörterungstermin zu benachrichtigen. [4]Sind außer der Benachrichtigung der Behörden und des Trägers des Vorhabens mehr als 50 Benachrichtigungen vorzunehmen, so können diese Benachrichtigungen durch öffentliche Bekanntmachung ersetzt werden. [5]Die öffentliche Bekanntmachung wird dadurch bewirkt, dass abweichend von Satz 2 der Erörterungstermin im amtlichen Veröffentlichungsblatt der Anhörungsbehörde und außerdem in örtlichen Tageszeitungen bekannt gemacht wird, die in dem Bereich verbreitet sind, in dem sich das Vorhaben voraussichtlich auswirken wird; maßgebend für die Frist nach Satz 2 ist die Bekanntgabe im amtlichen Veröffentlichungsblatt. [6]Im Übrigen gelten für die Erörterung die Vorschriften über die mündliche Verhandlung im förmlichen Verwaltungsverfahren (§ 67 Abs. 1 Satz 3, Abs. 2 Nr. 1 und 4 und Abs. 3, § 68) entsprechend. [7]Die Anhörungsbehörde schließt die Erörterung innerhalb von drei Monaten nach Ablauf der Einwendungsfrist ab.

(7) Abweichend von den Vorschriften des Absatzes 6 Satz 2 bis 5 kann der Erörterungstermin bereits in der Bekanntmachung nach Absatze 5 Satz 2 bestimmt werden.

(8) [1]Soll ein ausgelegter Plan geändert werden und werden dadurch der Aufgabenbereich einer Behörde oder einer Vereinigung nach Absatz 4 Satz 5 oder Belange Dritter erstmals oder stärker als bisher berührt, so ist diesen die Änderung mitzuteilen und ihnen Gelegenheit zu Stellungnahmen und Einwendungen innerhalb von zwei Wochen zu geben; Absatz 4 Satz 3 bis 6 gilt entsprechend. [2]Wird sich die Änderung voraussichtlich auf das Gebiet einer anderen Gemeinde auswirken, so ist der geänderte Plan in dieser Gemeinde auszulegen; die Absätze 2 bis 6 gelten entsprechend.

(9) Die Anhörungsbehörde gibt zum Ergebnis des Anhörungsverfahrens eine Stellungnahme ab und leitet diese der Planfeststellungsbehörde innerhalb eines

Monats nach Abschluss der Erörterung mit dem Plan, den Stellungnahmen der Behörden und der Vereinigungen nach Absatz 4 Satz 5 sowie den nicht erledigten Einwendungen zu.

Übersicht **Rdn.**

A. Allgemeines

Das in § 73 geregelte Anhörungsverfahren ist das verfahrensrechtliche Kernstück des PlfV. Seine Konzeption und die wesentlichen Formulierungen gelten **nach Inkrafttreten des VwVfG** im Jahr 1977[1] äußerlich weitgehend unverändert. Inhaltlich wurden seine Regelungen aber durch fachgesetzliche Sonderbestimmungen stark eingeschränkt: Als Spezialregelungen setzten sich zunächst das Prinzip der materiellen Präklusion und verkürzte Anhörungsfristen für Bürger und Behörden durch. Seine jetzige Gestalt hat § 73 durch das Planungsvereinheitlichungsgesetz[2] aus dem Jahre 2013 gefunden, das es zum Anliegen hat, die fachplanungsrechtlichen Sonderregelungen möglichst weitgehend wieder im PlfV des VwVfG zu bereinigen und vereinheitlicht zu verankern. Dieses Anliegen ist allerdings nicht vollständig verwirklicht. So ist die in mehreren Fachplanungsgesetzen vorgesehene Möglichkeit der Anhörungsbehörde auf den Erörterungstermin nach pflichtgemäßem Ermessen zu verzichten, weiterhin in den Fachplanungsgesetzen vorgesehen, nicht aber in das allgemeine PlfV nach dem VwVfG übernommen worden. Durch die Rechtsprechung des EuGH ist der Anwendungsbereich der materiellen Präklusion nach § 73 Abs. 4 deutlich beschränkt. Der Gesetzgeber hat dies in § 7 Abs. 4 UmwRG aufgegriffen und die materielle Präklusion bei Klagen in weitem Umfang, insbesondere bei UVP-pflichtigen Vorhaben, ausgeschlossen. 1

Für den Umgang mit den besonderen Anforderungen während der **Corona Pandemie** hat der Bundesgesetzgeber im **Planungssicherstellungsgesetz (PlanSiG)**[3] befristete Sonderregelungen erlassen. Sie gelten für praktisch sämtliche Bundesgesetze, nach denen PlVf durchgeführt werden (§ 1 Nr. 1–23 PlanSiG). Das PlanSiG enthält für den Zeitraum zwischen dem 29.05.2020 und dem 31.03.2021 für Verfahrensschritte mit Bürgerkontakt in laufenden oder neu begonnenen PlfV Verfahrensalternativen, bei denen persönliche Kontakte vermieden werden. Voraussetzung für die Anwendbarkeit dieser 1a

1 Zur Entstehungsgeschichte siehe die Kommentierung von *Allesch/Häußler* in der dritten Auflage, § 73 Rn. 1.

2 Gesetz zur Verbesserung der Öffentlichkeitsbeteiligung und Vereinheitlichung von Planfeststellungsverfahren (PlVereinhG) BGBl. I 2013, S. 1388.

3 Gesetz zur Sicherstellung ordnungsgemäßer Planungs- und Genehmigungsverfahren während der COVID-19-Pandemie – Planungssicherstellungsgesetz vom 20.05.2020, BGBl I S. 1401.

Sonderregelungen ist, dass der jeweilige Verfahrensschritt, für den die Erleichterungsmöglichkeit vorgesehen ist, bis zum 31.03.2021 fristgemäß beendet sein soll. Wenn hiervon Gebrauch gemacht wird und der Verfahrensschritt bis zum 31.03.2021 noch nicht abgeschlossen ist, gelten die Sonderbestimmungen für diesen Verfahrensschritt bis zu seinem Abschluss weiter (§ 6 Abs. 2 PlanSiG). Dies betrifft im Anwendungsbereich des § 73 ortsübliche und öffentliche Bekanntmachungen (§ 2 PlanSiG), die Auslegung von Unterlagen (§ 3 PlanSiG), Erklärungen zur Niederschrift (§ 4 PlanSiG) und die Durchführung von Antragskonferenzen und Erörterungsterminen (§ 5 PlanSiG).

2 **Gegenstand des** § 73 ist – wie die Überschrift deutlich macht – das **Anhörungsverfahren.** Im Rahmen des gesamten Planungsvorgangs liegt das Anhörungsverfahren zeitlich **zwischen** der Planaufstellung durch den Vorhabenträger und der Feststellung des Planes durch die PlfBeh gem. § 74. Das von der Anhörungsbehörde zu leitende Anhörungsverfahren nach § 73 ist damit der eigentlichen Planungsentscheidung durch die PlfBeh »vorgeschaltet«. Es dient im Wesentlichen **drei Zwecken:**[4]

I. Vorbereitungszweck

3 In erster Linie bezweckt das Anhörungsverfahren die **Vorbereitung** des PlfB nach § 74. Die Anhörungsbehörde sammelt im Verfahren nach § 73 die für den PlfB erforderlichen Materialien und leitet diese im Anschluss samt eigener Stellungnahme der PlfBeh gem. § 73 Abs. 9 zu. Hierdurch soll die PlfBeh über das Planungskonzept, seine Auswirkungen auf öffentliche und private Belange sowie über Planungsalternativen **unterrichtet** werden. Die PlfBeh soll in die Lage versetzt werden, auf der Grundlage einer möglichst breiten Informationsbasis eine sachgerechte Planungsentscheidung zu treffen.

II. Informations- und Rechtsschutzzweck

4 Das Anhörungsverfahren dient zugleich auch den **Interessen** der von einem Planvorhaben möglicherweise betroffenen **Bürger, Verbände und Gemeinden.** Sie sollen über das Projekt informiert werden und gleichzeitig die Möglichkeit erhalten, auf ihre Anliegen, Rechte und Planungen aufmerksam zu machen und ihre Interessen zu verteidigen. Das Anhörungsverfahren trägt damit gleichzeitig dem allgemeinen rechtsstaatlichen Gebot Rechnung, Bürger vor einem Eingriff in ihre Rechte nach Möglichkeit anzuhören. Soweit durch die Planung grundgesetzlich geschützte Rechtspositionen berührt werden, dient das Anhörungsverfahren auch dem Schutz dieser Rechte. Es fördert mit anderen Worten den Grundrechtsschutz durch Verfahren[5] und die Verwirklichung der kommunalen Selbstverwaltungsgarantie (Art. 28 Abs. 2 GG).

5 **Umwelt- und naturschutzrechtliche Belange** werden im Rahmen der Plf ganz entscheidend auch von anerkannten Umwelt- und Naturschutzvereinigungen vertreten und so die umweltrechtlichen Rechtsvorgaben im Vollzug effektiviert. Durch das PlVereinhG wurden Vereinigungen, die auf Grund gesetzlicher Anerkennung befugt

---

4 Vgl. Knack/Henneke/*Schink*, § 73 Rn. 8 ff.; Kopp/Ramsauer/*Wysk*, § 73 Rn. 6; Stelkens/Bonk/Sachs/*Neumann/Külpmann*, § 73 Rn. 7 ff.

5 BVerfG, Beschl. v. 20.12.1979 – 1 BvR 385/77, BVerfGE 53, 30 (65 f.).

sind, Rechtsbehelfe gegen PlfB einzulegen, im Rahmen des Anhörungsverfahrens Betroffenen weitgehend gleichgestellt (vgl. § 73 Abs. 4 Satz 5, Abs. 5 Satz 2, Abs. 6 Satz 1, Abs. 8 Satz 1). Damit haben **anerkannte Naturschutzverbände** (vgl. § 63 Abs. BNatSchG) sowie sonstige **anerkannte Umweltschutzvereinigungen** (vgl. § 3 UmwRG) stets das Recht, am Anhörungsverfahren teilzunehmen, um auf die Einhaltung umwelt- und naturschutzrechtlicher Belange hinzuwirken.[6]

III. Verständigungszweck

Schließlich hat das Anhörungsverfahren auch eine kommunikative Komponente. Es 6
verfolgt das Ziel einer integrativen Problemlösung. Es dient der Information und dem Gedankenaustausch zwischen Vorhabenträger, Anhörungsbehörde, Planbetroffenen und anerkannten Umwelt- und Naturschutzvereinigungen. Im Idealfall verhilft das Anhörungsverfahren dazu, Verständnis für die unterschiedlichen Standpunkte zu wecken und Lösungsvorschläge für einen schonenden Interessenausgleich zu erarbeiten. Dabei kann die Anhörungsbehörde als neutraler Mittler eine Verständigung zwischen Vorhabenträger, Betroffenen sowie Umwelt- und Naturschutzvereinigungen über Planalternativen, Schutzauflagen oder Abfindungen anregen und auf diese Weise zur Erledigung von Einwendungen beitragen. Das trägt zur gesellschaftlichen Akzeptanz von Planungsentscheidungen[7] und zur Entlastung der Verwaltungsgerichte bei.[8] Allerdings sollte diese Kommunikationsfunktion nicht mit einer Konsensfunktion oder demokratischer Willensbildung verwechselt werden. Selbst eine optimale, offene Kommunikation in Form einer Erörterung sollte sich nicht zum Ziel setzen, konfligierende Positionen in einen vollständigen gesellschaftlichen Konsens zu verwandeln. Sie wird Interessengegensätze häufig gerade zu Tage bringen und kann bestenfalls Wege zum Verständnis und zum Ausgleich aufzeigen, ändert aber – soweit sie nicht zur Erledigung von Einwendungen führt – an dem dezisiven Charakter der behördlichen Entscheidungsfindung nichts.

IV. Ablauf des Anhörungsverfahrens

Der grundsätzliche **Ablauf** des Anhörungsverfahrens lässt sich wie folgt zusammen- 7
fassen:

- Planeinreichung durch den Vorhabenträger bei der Anhörungsbehörde (Abs. 1 Satz 1);
- Prüfung der Zulässigkeit des Antrags, insbesondere der Vollständigkeit der Planunterlagen durch die Anhörungsbehörde (Abs. 1 Satz 2);
- Einholen von Stellungnahmen der Behörden, deren Aufgabenbereich durch das Vorhaben berührt wird (Abs. 2 und 3a);
- Öffentliche Auslegung des Plans (Abs. 3 und 5) und Erhebung von Einwendungen durch betroffene Bürger und Gemeinden; Einholung von Stellungnahmen anerkannter Umwelt- und Naturschutzvereinigungen (Abs. 4);
- Erörterung der Einwendungen und Stellungnahmen (Erörterungstermin, Abs. 6);

6 BT-Drucks. 17/9666, Begründung S. 16 f.
7 Kopp/Ramsauer/*Wysk*, § 73 Rn. 6; *Simon/Heußner*, Sondervotum, BVerfGE 53, 69 (81 f.).
8 *Kügel*, Der Planfeststellungsbeschluss und seine Anfechtbarkeit, S. 34 f.

– Stellungnahme der Anhörungsbehörde zum Ergebnis des Anhörungsverfahrens und Weiterleitung mit den Stellungnahmen der Behörden und den im Erörterungstermin nicht erledigten Einwendungen an die PlfBeh (Abs. 9).

V. Modifikationen durch das UVPG

8 Besteht für das beantragte Vorhaben die Pflicht zur Durchführung einer Umweltverträglichkeitsprüfung (UVP) nach § 6 UVPG, so erfährt das Anhörungsverfahren einige Ergänzungen und Modifikationen. Gegenstand der UVP ist die Prüfung der Auswirkungen von Vorhaben auf die Umwelt unter Beteiligung der Öffentlichkeit (vgl. § 3 Satz 1 UVPG). Sie ist gem. § 4 UVPG **unselbstständiger Bestandteil** des Verfahrens, das der Entscheidung über die Zulässigkeit des jeweiligen Vorhabens dient. Die Anforderungen des UVPG sind daher **im Rahmen des PlfV** zu erfüllen.[9] Da § 18 Abs. 1 Satz 3 UVPG für die Öffentlichkeitsbeteiligung im Rahmen der UVP auf § 73 Abs. 3 Satz 1 sowie die Abs. 5 bis 7 verweist, erfüllt das PlfV jedoch im Wesentlichen die Vorgaben des UVP-Rechts. Modifikationen ergeben sich allerdings aus den Vorgaben zur Feststellung der UVP-Pflicht und dem sog. **Screening-Verfahren** nach § 5 Abs. 1 UVPG, wonach die PlfBeh die UVP-Pflicht des Vorhabens entweder auf Antrag des Vorhabenträgers vor Durchführung des PlfV oder von Amts wegen nach Einleitung des Verfahrens festzustellen hat. Auch im Hinblick auf die durch den Vorhabenträger einzureichenden Unterlagen sind im Falle der UVP-Pflichtigkeit des Vorhabens die zusätzlichen Anforderungen des § 16 Abs. 1 UVPG zu beachten (vgl. Rdn. 21). Darüber hinaus besteht im Rahmen der Planeinreichung die Möglichkeit des sog. **Scoping-Verfahrens** nach § 15 UVPG, das der Abstimmung über Inhalt und Umfang der nach § 16 UVPG erforderlichen Unterlagen dient (Rdn. 22). Schließlich ist im Rahmen des Anhörungsverfahrens auch die grenzüberschreitende Behördenbeteiligung nach §§ 54 ff. UVPG zu beachten. Im Anwendungsbereich der UVP-Richtlinie und der Industrie-Emissions-Richtlinie (IED-Richtlinie), also insbesondere bei UVP-pflichtigen Vorhaben (vgl. § 1 Abs. 1 Nr. 1 bis 2b UmwRG) gibt es gem. § 7 Abs. 4 UmwRG keine materielle Präklusion; Abs. 4 Sätze 3 bis 6 ist im Rechtsbehelfsverfahren nicht anwendbar (Rdn. 113).

B. Die Vorschrift im Einzelnen

I. Planeinreichung (Abs. 1)

9 Das Anhörungsverfahren beginnt nach § 73 Abs. 1 Satz 1 damit, dass der Vorhabenträger den Plan bei der Anhörungsbehörde einreicht. Durch die Planeinreichung stellt er ausdrücklich oder konkludent den **Antrag**, das PlfV durchzuführen. Die Planeinreichung ist folglich eine besondere Form der Antragstellung im Sinne von **§ 22** (vgl. § 72 Rdn. 17) und damit eine Verfahrenshandlung, die nur unter den Voraussetzungen der §§ 11 ff. zulässig ist.[10] Ferner ist der Planantrag nach allgemeinen Grundsätzen nur so lange zulässig, wie ein **Bescheidungsinteresse** besteht: Steht fest, dass aus finanziellen,

9 Vgl. Kopp/Ramsauer/*Wysk*, § 73 Rn. 11.
10 *Ziekow*, § 73 Rn. 6.

öffentlich-rechtlichen oder privatrechtlichen Gründen mit der Verwirklichung des Vorhabens auf Dauer nicht zu rechnen ist, fehlt dieses Bescheidungsinteresse.[11]

1. Vorhabenträger und Anhörungsbehörde

Wer den Antrag auf Plf stellen kann, richtet sich nach den fachgesetzlichen Bestimmungen. 10
Je nach fachgesetzlicher Regelung können private Unternehmen und/oder Behörden **Vorhabenträger** sein. Das VwVfG lässt alle privaten und öffentlichen Rechtsträger zu. Denkbar ist auch der Fall, dass eine Behörde zugleich Vorhabenträger und Anhörungsbehörde oder PlfBeh ist.[12] Zwar bedarf es Vorkehrungen innerhalb der Behörde, die die Unparteilichkeit der PlfB sicherstellen, die Identität von Vorhabenträger und Anhörungsbehörde/Plfbeh aber ist gerade nicht ausdrücklich untersagt.[13] In diesem Fall entfällt das Antragserfordernis.

Der Vorhabenträger muss seinen Plan grundsätzlich bei der **Anhörungsbehörde** einreichen. 11
Das VwVfG trennt – wie aus § 73 Abs. 9 hervorgeht – begrifflich zwischen der Anhörungs- und der PlfBeh. Es folgt damit der schon vor seinem Inkrafttreten üblichen Praxis, dass Anhörungs- und Entscheidungsbehörde auseinanderfallen.[14] Dadurch wird erreicht, dass die Anhörungsbehörde als neutraler Gesprächsleiter und Mittler zwischen Vorhabenträger und Beteiligten auftreten kann. Zugleich kann die Ortsnähe einer Landesbehörde genutzt werden, wenn die PlfBeh eine Bundesbehörde ist. Darin liegt keine unzulässige Mischverwaltung.[15] Der Gesetzgeber wollte aber die Trennung von Anhörungs- und PlfBeh nicht zwingend vorschreiben.[16] Vielmehr hat er es dem Fachgesetzgeber offengelassen, auch ein- und dieselbe Behörde mit beiden Funktionen zu betrauen, wenn er dies aus Gründen der Verfahrensvereinfachung und -beschleunigung für erforderlich hält.[17] Das Rechtsstaatsprinzip schränkt diese Wahlfreiheit nicht ein.[18] Welche Behörde im Einzelfall die Funktion der Anhörungsbehörde

11 BVerwG, Urt. v. 20.05.1999 – 4 A 12/98, NVwZ 2000, 555 (556); OVG Nordrhein-Westfalen, Beschl. v. 07.07.2008 – 20 A 802/07, juris Rn. 3 ff.; OVG Nordrhein-Westfalen, Urt. v. 29.04.1993 – 20 A 7/91, NVwZ-RR 1994, 494 (495); *Ziekow*, § 73 Rn. 6.

12 BVerwG, Urt. v. 24.11.2011 – 9 A 23/10, BVerwGE 141, 171 (177); BVerwG, Urt. v. 27.07.1990 – 4 C 26/87, NVwZ 1991, 781 (782); BVerwG, Beschl. v. 24.08.1987 – 4 B 129/87, NVwZ 1988, 532 f.; BVerwG, Urt. v. 14.04.2010 – 9 A 13/08, BVerwGE 136, 332 (334); kritisch Kopp/Ramsauer/*Wysk*, § 73 Rn. 21a; Stelkens/Bonk/Sachs/*Neumann/Külpmann*, § 74 Rn. 6.

13 Vgl. in diesem Zusammenhang § 42 Abs. 4 NdsAbfG und OVG Niedersachsen, Urt. v. 21.03.2013 – 7 LB 56/11, juris Rn. 32.

14 Vgl. EVwVerfG 1963, S. 218.

15 BVerwG, Beschl. v. 24.08.1987 – 4 B 129/87, DVBl 1987, 1267 (1268); VGH Bayern, Urt. v. 23.08.1985 – 11 B 83 A.2163, UPR 1986, 147 (149); Stelkens/Bonk/Sachs/*Neumann/Külpmann*, § 73 Rn. 5.

16 Vgl. BT-Drucks. 6/1173, S. 71; BT-Drucks. 7/910, S. 87.

17 BVerwG, Urt. v. 22.01.2004 – 4 A 32/02, BVerwGE 120, 87 (99); BVerwG, Beschl. v. 09.04.1987 – 4 B 73/87, NVwZ 1987, 886; BVerwG, Beschl. v. 02.10.1979 – 4 N 1/79, BVerwGE 58, 344 (346 ff.).

18 BVerwG, Urt. v. 24.11.2011 – 9 A 23/10, DVBl 2012, 443 (444); BVerwG, Urt. v. 22.01.2004 – 4 A 32/02, NVwZ 2004, 722 (724 f.); BVerwG, Urt. v. 31.01.2002 – 4 A 15/01, NVwZ 2002, 1103 (1104).

wahrnimmt, ist grundsätzlich der fachgesetzlichen Regelung zu entnehmen. Auch die Bestimmung durch Verwaltungsvorschrift ist ausreichend.[19]

12 Das VerkPlGenBeschlG 2018 sieht in verschiedenen Sektoren (Eisenbahn, Fernstraßen und Wasserstraßen) die Möglichkeit vor, dass die Anhörungsbehörde einen **Projektmanager** beauftragt, der die Anhörungsbehörde bis zur Erstellung des Abschlussberichts nach Abs. 9 unterstützt und einzelne Verfahrensschritte vorbereitet oder durchführt (§ 17h FStrG, § 14f WaStrG, § 17a AEG). Dies soll eine Beschleunigung und Entlastung der Verwaltung bewirken. Auch außerhalb dieser Vorschriften kann sich die Anhörungsbehörde eines Verwaltungshelfers bedienen. Der Verwaltungshelfer ist weisungsabhängig. Die Entscheidungsbefugnis verbleibt bei der Anhörungsbehörde.[20]

2. Anspruch auf Planfeststellung?

13 Der **Vorhabenträger** hat einen Anspruch auf **Einleitung und Durchführung eines PlfV.**[21] Ein Anspruch auf **Zulassung** des beantragten Vorhabens besteht hingegen in der Regel nicht.[22] Der Vorhabenträger hat lediglich Anspruch auf eine abwägungsfehlerfreie Bescheidung seines Antrags durch die PlfBeh.[23] Stehen einem Vorhaben unter dem Blickwinkel des planerischen Abwägungsgebots keine rechtlichen Bedenken entgegen, steht der PlfBeh aber grundsätzlich kein darüber hinausgehendes, eigenständiges Versagungsermessen mehr zu.[24]

14 **Dritte** haben keinen verfahrensrechtlichen Anspruch auf Durchführung des PlfV. Ein solcher Anspruch könnte nur dann angenommen werden, wenn § 73 »nicht nur der Ordnung des Verfahrensablaufs, insbesondere einer umfassenden Information der Verwaltungsbehörde (diente), sondern dem betroffenen Dritten in spezifischer Weise und unabhängig vom materiellen Recht eine eigene, nämlich selbstständig durchsetzbare verfahrensrechtliche Rechtsposition«[25] gewährte und damit ein sogenanntes absolutes Verfahrensrecht begründete, wie es z.B. in § 4 Abs. 1 Satz 1 UmwRG für die Durchführung einer gebotenen UVP normiert ist. Ein solch drittschützender Charakter kommt dem Anhörungsverfahren in § 73 nach Wortlaut und Regelungszweck der

19 Hierzu BVerwG, Beschl. v. 24.08.1987 – 4 B 129/87, NVwZ 1988, 532 (533); offengelassen in BVerfG, Beschl. v. 18.02.1988 – 2 BvR 1324/87, NVwZ 1988, 523 f.; wie hier Knack/Henneke/*Schink*, § 73 Rn. 18.

20 *Schink*, § 73.

21 Bader/Ronellenfitsch/*Kämper*, § 73 Rn. 5; Stelkens/Bonk/Sachs/*Neumann/Külpmann*, § 73 Rn. 17.

22 Eine besondere Situation liegt bei der obligatorischen Plf zur Zulassung eines UVP-pflichtigen bergrechtlichen Rahmenbetriebsplans nach §§ 52 Abs. 2a, 57 BBergG vor, auf den nach § 55 BBergG ein Rechtsanspruch des Unternehmens besteht.

23 Vgl. BVerwG, Urt. v. 27.03.1992 – 7 C 18/91, NVwZ 1993, 364; BVerwG, Urt. v. 27.09.1990 – 4 C 44/87, NVwZ 1991, 365 (369); OVG Nordrhein-Westfalen, Urt. v. 18.08.1994 – 20 AK 21/87, NWVBl. 1995, 97 f.

24 Stelkens/Bonk/Sachs/*Neumann/Külpmann*, § 74 Rn. 30; *Ziekow*, § 73 Rn. 7.

25 BVerwG, Urt. v. 22.02.1980 – IV C 24/77, NJW 1981, 239 (240); ferner BVerwG, Urt. v. 15.01.1982 – 4 C 26/78, BVerwGE 64, 325 (331); BVerwG, Urt. v. 14.12.1973 – IV C 50/71, BVerwGE 44, 235 (239 ff.).

Norm allerdings nicht zu.[26] Für einen Anspruch auf Durchführung des PlfV gegen den Willen des Vorhabenträgers fehlt es bereits an einer Rechtsgrundlage.[27] Daher hat das BVerwG für den Bereich der wasserrechtlichen[28] und straßenrechtlichen[29] Plf einen Anspruch Dritter auf Durchführung des Verfahrens verneint. Auch dem immissionsschutzrechtlichen Genehmigungsverfahren hat das BVerwG den drittschützenden Charakter abgesprochen.[30] Es hat lediglich – im Anschluss an das BVerfG[31] – der Anhörung im atomrechtlichen Verfahren drittschützende Funktion zuerkannt.[32] Denn insofern bestehe aufgrund des außerordentlichen Gefährdungspotenzials bei Kernkraftwerken eine Sondersituation.[33] Im Übrigen besteht für einen Anspruch Dritter auf Durchführung des PlfV aber schon kein Rechtsschutzbedürfnis: Fehlt das für den Betrieb einer Anlage erforderliche PlfV, dann bedarf es für den Schutz der Grundrechte keiner Teilhabe der Drittbetroffenen am Verfahren. Vielmehr greift die Funktion der Grundrechte als Abwehrrechte. Der betroffene Bürger kann öffentlich-rechtliche **Abwehr-, Unterlassungs- und Beseitigungsansprüche** geltend machen. Fehlt der erforderliche PlfB und wird der einzelne durch den Betrieb der Anlage in seinen Grundrechten verletzt, dann kann er auf die Untersagung des Betriebes klagen. Gleiches muss für die Gemeinden gelten, wenn die Zulassung bzw. der Betrieb planfeststellungsbedürftiger Anlagen in hinreichend konkretisierte gemeindliche Planungen eingreift und deshalb Art. 28 Abs. 2 GG verletzt. Darum verweist das BVerwG die betroffenen Bürger und Gemeinden mit Recht auf den Weg der Unterlassungsklage, wenn der für den Betrieb einer planfeststellungsbedürftigen Anlage erforderliche PlfB fehlt.[34]

3. Planunterlagen

Der Antrag auf Plf ist nur dann zulässig, wenn die eingereichten Planunterlagen vollständig 15
sind. Nach **§ 73 Abs. 1 Satz 2** besteht der Plan aus den Zeichnungen und Erläuterungen, die das Vorhaben, seinen Anlass und die von dem Vorhaben betroffenen Grundstücke und Anlagen erkennen lassen. Damit umreißt das Gesetz selbst, aus welchen Elementen der Plan bestehen muss. Es müssen eine **Planzeichnung** und ein **Erläuterungsbericht** eingereicht werden. Der grafische Teil muss zumindest das geplante Vorhaben und dessen Umgebung abbilden. Der Textteil muss zu Anlass, Funktion und möglichen Auswirkungen des Projekts

26 Kritisch hierzu *Steinberg/Wickel/Müller*, Fachplanung, § 6 Rn. 18 ff., S. 389 ff.

27 BVerwG, Urt. v. 29.05.1981 – IV C 97/77, NJW 1981, 2769 (2770); OVG Niedersachsen, Beschl. v. 07.07.1982 – 7 M 2954/92, NVwZ-RR 1993, 7 f.

28 BVerwG, Urt. v. 29.05.1981 – IV C 97/77, NJW 1981, 2769; BVerwG, Urt. v. 14.12.1973 – IV C 50/71, NJW 1974, 813.

29 BVerwG, Urt. v. 22.02.1980 – IV C 24/77, NJW 1981, 239.

30 BVerwG, Urt. v. 05.10.1990 – 7 C 55/89, BVerwGE 85, 368 (373 ff.).

31 BVerfG, Beschl. v. 26.01.1988 – 1 BvR 1561/82, BVerfGE 77, 381 (405 ff.); BVerfG, Beschl. v. 20.12.1979 – 1 BvR 385/77, BVerfGE 53, 30 (65 f.).

32 BVerwG, Urt. v. 07.06.1991 – 7 C 43/90, BVerwGE 88, 286 (288 f.); BVerwG, Urt. v. 09.03.1990 – 7 C 23/89, BVerwGE 85, 54 (56).

33 BVerwG, Urt. v. 05.10.1990 – 7 C 55/89, BVerwGE 85, 368 (374).

34 BVerwG, Urt. v. 05.10.1990 – 7 C 55/89, BVerwGE 85, 368 (377); BVerwG, Urt. v. 14.04.1989 – 4 C 21/88, DVBl 1989, 1051 (1053); BVerwG, Urt. v. 29.05.1981 – 4 C 97/77, BVerwGE 62, 243 (248 f.).

Stellung nehmen. Die Einzelheiten der Darstellung überlässt das VwVfG der Gestaltungsfreiheit des Vorhabenträgers. Dieser Gestaltungsspielraum ist bei behördlichen Vorhabenträgern jedoch häufig durch Verwaltungsvorschriften (Planaufstellungsrichtlinien) eingeschränkt. Während der Geltung des PlanSiG (s. Rdn. 1a) kann die Behörde die Vorlage Unterlagen zum Zwecke der Bekanntmachung, Auslegung oder Erörterung vom Vorhabenträger in einem verkehrsüblichen elektronischen Format verlangen (§ 3 Abs. 3 PlanSiG).

a) **Bestimmtheit**

16 Die **Anforderungen an die Bestimmtheit** planerischer Zeichnungen und Erläuterungen sind nach der **Funktion der Planunterlagen** im PlfV zu bemessen.[35] Zunächst muss der Plan so ausgestaltet sein, dass die von dem Vorhaben betroffenen Bürger, Gemeinden und Behörden aufgrund der ausgelegten Unterlagen zu einer Gesamtbetrachtung des Vorhabens und seiner Auswirkung auf ihre Belange in der Lage sind (**Anstoßfunktion** bzw. **Informationszweck**).[36] Hieraus folgt, dass die Pläne darüber informieren müssen, **welche Grundstücke in welchem Umfang** bei der Durchführung des Vorhabens in Anspruch genommen werden. Die in Anspruch genommenen Flächen müssen entweder zeichnerisch eindeutig dargestellt und umgrenzt sein oder aufgrund eines Grunderwerbsverzeichnisses hinreichend genau bestimmbar sein.[37] In der Praxis wird regelmäßig sowohl ein Grundstückserwerbsverzeichnis geführt, als auch eine aktuelle Flurkarte angelegt, in dem das Vorhaben eingezeichnet wird. Die Nennung der Grundeigentümer oder die Bekanntgabe sonstiger privater Daten ist dabei grundsätzlich nicht erforderlich und hat aus Gründen des Datenschutzes zu unterbleiben (oben § 72 Rdn. 21).[38]

17 Neben dem Informationszweck dienen die Planunterlagen ferner als **Entscheidungsgrundlage im Planbeschlussverfahren.** Der Vorhabenträger bestimmt mit seinem Genehmigungsantrag und dem darin vorgesehenen Konzept den Genehmigungsgegenstand.[39] Daher müssen die Planunterlagen so genau sein, dass im Fall der Zulassung des Vorhabens der genehmigte Inhalt des festgestellten Plans i.S.d. § 37 hinreichend konkret ist.[40] Diese Bestimmtheit ist nicht zuletzt auch Voraussetzung für die enteignungsrechtliche Vorwirkung von PlfB.[41] Notwendig ist daher in aller Regel ein **Lageplan**, aus dem die räumliche Ausdehnung des Vorhabens ersichtlich ist. Dieser Lageplan sollte auch bei liniengebundenen Vorhaben den Maßstab 1:1000 nicht unterschreiten.[42]

---

35 BVerwG, Urt. v. 25.03.1988 – 4 C 1/85, NVwZ 1989, 252.
36 BVerwG, Urt. v. 15.12.2006 – 7 C 1/06, NVwZ 2007, 700 (701); BVerwG, Urt. v. 25.03.1988 – 4 C 1/85, NVwZ 1989, 252, BVerwG, Urt. v. 14.04.1978 – IV C 68/76, DVBl 1978, 618 (620).
37 BVerwG, Beschl. v. 12.01.1994 – 4 B 163/93, juris Rn. 16.
38 BVerfG, Beschl. v. 24.07.1990 – 1 BvR 1244/87, NVwZ 1990, 1162 f.; BVerfG, Beschl. v. 14.10.1987 – 1 BvR 1244/87, BVerfGE 77, 121 (124 f.).
39 BVerwG, Urt. v. 11.07.2001 – 11 C 14/00, NVwZ 2002, 350 (351).
40 BVerwG, Urt. v. 25.03.1988 – 4 C 1/85, NVwZ 1989, 252.
41 BVerwG, Beschl. v. 12.01.1994 – 4 B 163/93, juris Rn. 16; BVerwG, Urt. v. 25.03.1988 – 4 C 1/85, NVwZ 1989, 252.
42 BVerwG, Urt. v. 25.03.1988 – 4 C 1/85, NVwZ 1989, 252.

18 Bei baulichen Anlagen sind regelmäßig alle ansonsten im Hoch- und Tiefbau üblichen Bauzeichnungen, einschließlich Querschnitt- und Höhenplänen vorzulegen. Die Verwendung nicht erläuterter **Planzeichen** ist zu vermeiden, da diese die Bestimmtheit des Plans und seine Anstoßfunktion beeinträchtigen können.[43] Die Vorlage **technischer Detailpläne** kann zur Erreichung der Anstoßfunktion des Plans entbehrlich sein und daher ggf. bis zum Erlass des PlfB nachgeholt werden.[44] Technische Ausführungspläne folgen in der Regel dem PlfB sogar erst nach, können aber den mit der Plf zugelassenen Inhalt nicht rechtlich erweitern oder begrenzen.

19 Da das Anhörungsverfahren bezweckt, zusätzliche Erkenntnisse über das Vorhaben und seine Auswirkung zu sammeln, kann nicht verlangt werden, dass die eingereichten Pläne bereits eine **abschließende Beurteilung der Rechtmäßigkeit** des Vorhabens ermöglichen.[45] Es reicht aus, wenn die Gemeinden und Behörden Anlass zu weiteren Ermittlungen haben und wenn die Bürger sich darüber schlüssig werden können, ob sie im Anhörungsverfahren zur Wahrnehmung ihrer Interessen Einwendungen erheben sollen.[46] Daher kann es insbesondere geboten sein, auch über in Betracht kommende Alternativplanungen zu informieren.

b) Auswirkungen auf Natur und Umwelt

20 Wird durch ein geplantes Vorhaben in **Natur und Landschaft** i.S.v. § 14 BNatSchG eingegriffen, so ist der Vorhabenträger verpflichtet, im Plan selbst oder in einem **landschaftspflegerischen Begleitplan** das Ausmaß des Eingriffs sowie die vorgesehenen Maßnahmen zu seiner Vermeidung bzw. zum Ausgleich[47] oder zum Ersatz[48] der Beeinträchtigungen aufzuführen (§ 17 Abs. 4 i.V.m. § 15 BNatSchG). Der Vorhabenträger muss darüber hinaus prüfen, ob das geplante Projekt zu einer Beeinträchtigung des zusammenhängenden europäischen ökologischen Netzes »Natura 2000« führt (vgl. §§ 31 ff. BNatSchG) und hat ggf. in den Planunterlagen die notwendigen Maßnahmen darzulegen, die zur Sicherung des geschützten Gebiets notwendig sind (§ 34 Abs. 5 BNatSchG).

21 Besteht für das Vorhaben eine Pflicht zur **UVP** gem. § 6 UVPG, muss der Vorhabenträger nach § 16 Abs. 1 UVPbereits mit dem Plan einen in sich geschlossenen Bericht zu den voraussichtlichen Umweltauswirkungen des Vorhabens (UVP-Bericht) vorzulegen. Der Mindestinhalt der vorzulegenden Unterlagen und ihr Umfang ergeben sich aus § 16 Abs. 1UVPG. Zu ihnen gehören neben der Beschreibung des Vorhabens, der Umwelt und ihrer Bestandteile die Beschreibung der zu erwartenden erheblichen Umweltauswirkungen, Vermeidungs-, Minderungs- und Ausgleichsmaßnahmen auch die Darstellung vernünftiger Alternativen und eine allgemein verständliche nichttechnische

43 BVerwG, Beschl. v. 11.08.2006 – 9 VR 5/06, NVwZ 2006, 1170.
44 BVerwG, Urt. v. 22.03.1985 – 4 C 63/80, BayVBl. 1985, 601 (602).
45 BVerwG, Urt. v. 15.12.2006 – 7 C 1/06, NVwZ 2007, 700 (701); BVerwG, Urt. v. 08.06.1995 – 4 C 4/94, BVerwGE 98, 339 (344).
46 Stelkens/Bonk/Sachs/*Neumann/Külpmann*, § 73 Rn. 18.
47 Hierzu BVerwG, Urt. v. 27.09.1990 – 4 C 44/87, NuR 1991, 124 (127); VGH Baden-Württemberg, Urt. v. 20.04.2000 – 8 S 318/00, NuR 2000, 514 (515).
48 Vgl. OVG Niedersachsen, Urt. v. 16.12.2009 – 4 LC 730/07, NuR 2010, 133 (135).

Zusammenfassung des UVP-Berichts. Bei der Beschreibung der Umweltauswirkungen ist der Vorhabenträger an keine Form gebunden, da § 16 UVPG insoweit nur inhaltliche Vorgaben macht.[49] § 16 UVPG ist nicht schon dann verletzt, wenn sich im weiteren Verlauf des Verfahrens herausstellt, dass weitere Untersuchungen in Bezug auf die Umweltverträglichkeit des Vorhabens erforderlich sind. Das Anhörungsverfahren dient gerade dazu, Aufschluss über vom Vorhabenträger nicht erkannte Umweltauswirkungen und Möglichkeiten der Vermeidung von Umweltbeeinträchtigungen zu erlangen. Mängel der Antragsunterlagen können daher im Laufe des Anhörungsverfahrens ausgeglichen werden.[50]

22 Eine Hilfestellung für den Vorhabenträger im Rahmen seiner Pflicht zur Unterlagenbeibringung nach § 16 UVPG gibt das **Scoping-Verfahren** nach § 15 UVPG. Hiernach kann sich der Vorhabenträger vor Antragstellung an die PlfBeh wenden und sie unter Beibringung geeigneter Unterlagen darum ersuchen, ihn über **Inhalt und Umfang** der voraussichtlich nach § 16 UVPG erforderlichen Unterlagen zu unterrichten (§ 15 Absatz 1 UVPG). § 15 Absatz 3 Satz 1 UVPG sieht vor dieser Unterrichtung die Möglichkeit einer **Abstimmung** über die UVP-Unterlagen zwischen PlfBeh, Vorhabenträger und den nach § 55 UVPG zu beteiligenden Drittbehörden in Form einer »Besprechung« vor. Sachverständige und planbetroffene Dritte können nach § 15 Abs. 3 Satz 3 UVPG hinzugezogen werden. Das Scoping-Verfahren eröffnet daher die Möglichkeit, Konflikte im Rahmen der Beibringungspflicht nach § 16 UVPG schon im Vorhinein zu vermeiden.[51]

c) Planeinreichung in Abschnitten

23 Im Rahmen der Planeinreichung gem. § 73 Abs. 1 ist eine Aufteilung des geplanten Vorhabens in rechtlich selbstständige **Abschnitte** grundsätzlich zulässig.[52] Voraussetzung ist zunächst, dass die Bildung der Abschnitte sachgerecht und zur Realisierung des Gesamtvorhabens vernünftigerweise geboten ist.[53] Die Abschnittsbildung darf insbesondere nicht zu einer faktischen Verkürzung der Rechtsschutzmöglichkeiten der Betroffenen führen.[54] Dies kann bei einer übermäßigen Stückelung des Vorhabens der Fall sein, die eine planerische Gesamtabwägung erschwert oder unmöglich macht.[55] Ferner darf die Abschnittsbildung den § 73 zugrundeliegenden Grundsatz der umfassenden Konfliktbewältigung nicht verletzen: Der Vorhabenträger hat daher auch

49 *Peters/Balla/Hesselbarth*, UVPG, 4. Aufl. 2019, § 16 UVPG Rn. 6.

50 BVerwG, Urt. v. 08.06.1995 – 4 C 4/94, BVerwGE 98, 339 (358 ff.).

51 Hierzu *Nisipeanu*, NVwZ 1993, 319 (321); *Schink*, NVwZ 1999, 11 (17).

52 BVerwG, Gerichtsbescheid v. 03.07.1996 – 11 A 64/95, NVwZ 1997, 391 (392); BVerwG, Urt. v. 21.03.1996 – 4 C 19/94, BVerwGE 100, 370 (387 f.); BVerwG, Urt. v. 26.06.1981 – 4 C 5/78, BVerwGE 62, 342 (353).

53 BVerwG, Urt. v. 10.04.1997 – 4 C 5/96, BVerwGE 104, 236 (248 f.); BVerwG, Gerichtsbescheid v. 03.07.1996 – 11 A 64/95, NVwZ 1997, 391 (392); BVerwG, Beschl. v. 21.12.1995 – 11 VR 6/95, DVBl 1996, 676.

54 BVerwG, Gerichtsbescheid v. 03.07.1996 – 11 A 64/95, NVwZ 1997, 391 (392); BVerwG, Beschl. v. 26.06.1992 – 4 B 1 – 11/92, NVwZ 1993, 572 (573).

55 BVerwG, Gerichtsbescheid v. 03.07.1996 – 11 A 64/95, NVwZ 1997, 391 (392); BVerwG, Beschl. v. 26.06.1992 – 4 B 1 – 11/92, NVwZ 1993, 572 (573); BVerwG, Beschl. v. 05.06.1992 – 4 NB 21/92, NVwZ 1992, 1093 (1094).

über die **Gesamtplanung** zu informieren und in Form einer Prognose darzulegen, dass dem Vorhaben insgesamt keine unüberwindlichen Hindernisse entgegenstehen.[56] Im Fernstraßenrecht fordert die Rechtsprechung zudem, dass jeder Abschnitt über eine **eigenständige Verkehrsfunktion** verfügen muss, um bei Realisierung nur eines Teils des Gesamtvorhabens die Entstehung von Planungstorsos zu vermeiden.[57]

II. Pflichten der Anhörungsbehörde nach Planeinreichung (Abs. 2)

1. Prüfung der Zulässigkeit des Antrags

Die Anhörungsbehörde prüft zunächst die Zulässigkeit des Antrags. Hierzu sind die eingereichten Unterlagen auf ihre **Vollständigkeit** hin zu untersuchen. Bei Unvollständigkeit der Planunterlagen oder bei sonstigen behebbaren Mängeln der Planeinreichung (z.B. fehlender Vollmachtsnachweis, § 14) hat die Anhörungsbehörde den Vorhabenträger grundsätzlich zur Nachreichung der erforderlichen Unterlagen aufzufordern. Dafür kann die Anhörungsbehörde dem Vorhabenträger auch eine angemessene Frist setzen.[58] Kommt der Vorhabenträger dieser Aufforderung nicht nach oder liegen nicht behebbare Mängel der Planeinreichung vor (z.B. fehlendes Bescheidungsinteresse), dann ist der Antrag auf Feststellung des Planes als unzulässig **abzulehnen.** 24

Welche Behörde für die **Ablehnung** des Antrags **zuständig** ist, ist umstritten und bislang nicht höchstrichterlich geklärt. Teilweise wird die Ansicht vertreten, dass die Anhörungsbehörde für die Zurückweisung eines unzulässigen Antrags selbst zuständig sei.[59] Für diese Ansicht kann ins Feld geführt werden, dass die Anhörungsbehörde auch ansonsten die freie Entscheidung über den bei ihr ablaufenden Verfahrensteil hat, in eigener Zuständigkeit handelt[60] und nicht an Weisungen der PlfBeh gebunden ist.[61] Nach § 74 Abs. 1 trifft allerdings die PlfBeh die Entscheidung in der Sache. Die PlfBeh ist damit die Herrin des PlfV, soweit nicht ausdrücklich abweichende gesetzliche Regelungen bestehen. Aus diesem Grund ist sie für alle Entscheidungen zuständig, die das Verfahren insgesamt abschließen. Demzufolge muss die Anhörungsbehörde aus ihrer Sicht unzulässige Anträge mit einem Schlussbericht gem. § 73 Abs. 9 weiterleiten und die PlfBeh über die Zulässigkeit des Antrags entscheiden lassen.[62] 25

56 BVerwG, Urt. v. 12.03.2008 – 9 A 3./06, BVerwGE 130, 299 (379 f.); BVerwG, Urt. v. 30.01.2008 – 9 A 27/06, NVwZ 2008, 678 (681); BVerwG, Urt. v. 23.02.2005 – 4 A 4/04, NVwZ 2005, 803 (806); BVerwG, Urt. v. 10.04.1997 – 4 C 5/96, BVerwGE 104, 236 (248 ff.).

57 BVerwG, Urt. v. 10.10.2012 – 9 A 20/11, juris Rn. 12; BVerwG, Urt. v. 30.01.2008 – 9 A 27/06, NVwZ 2008, 678 (681); BVerwG, Urt. v. 19.05.1998 – 4 A 9/97, BVerwGE 107, 1 (15); BVerwG, Beschl. v. 26.06.1992 – 4 B 1 – 11/92, NVwZ 1993, 572 (573); BVerwG, Beschl. v. 05.06.1992 – 4 NB 21/92, NVwZ 1992, 1093 (1094).

58 OVG Niedersachsen, Urt. v. 21.05.1984 – 7 A 10/83, UPR 1985, 243 (244).

59 *Meyer/Borgs*, § 73 Rn. 12; *Ule/Laubinger*, § 40 Rn. 9.

60 Vgl. BVerwG, Urt. v. 19.01.2000 – 11 C 6/99, NVwZ 2000, 673 (674).

61 BVerwG, Beschl. v. 02.10.1979 – 4 N 1/79, BVerwGE 58, 344 (349); VGH Bayern, Urt. v. 23.06.1985 – 11 B 83 A.2163, BayVBl. 1986, 241 (243).

62 Wie hier Bader/Ronellenfitsch/*Kämper*, § 73 Rn. 8; Knack/Henneke/*Schink*, § 73 Rn. 38; Stelkens/Bonk/Sachs/*Neumann/Külpmann*, § 73 Rn. 28; *Ziekow*, § 73 Rn. 14.

26 Die Ablehnungsentscheidung hat Außenwirkung, wenn der Vorhabenträger eine private Rechtsperson oder eine Behörde ist, die nicht demselben Hoheitsträger angehört wie die PlfBeh. In diesem Fall erweist sich die Ablehnung als VA, gegen den der Vorhabenträger nach allgemeinen Regeln **Rechtsschutz** vor den Verwaltungsgerichten suchen kann. Der Vorhabenträger kann gegen den Ablehnungsbescheid Anfechtungsklage erheben und damit eine allgemeine Leistungsklage auf Durchführung des Anhörungsverfahrens verbinden. Ein Vorverfahren ist nach den §§ 74 Abs. 1 Satz 2, 70 entbehrlich, weil die Ablehnung im Verhältnis zur Entscheidung in der Sache ein wesensgleiches Minus darstellt.[63]

2. Amtsermittlungspflicht

27 Liegen die Antragsvoraussetzungen vor, dann muss die Anhörungsbehörde von Amts wegen die **Zulässigkeit des Planvorhabens** untersuchen. Sie hat ein in § 73 nur unvollständig geregeltes **Amtsermittlungsverfahren** durchzuführen, um den PlfB der PlfBeh vorzubereiten (§ 73 Abs. 9). Hierzu sind zunächst gem. § 73 Abs. 2, Halbs. 1 die Behörden, deren Aufgabenbereich durch das Vorhaben berührt wird, innerhalb eines Monats nach Zugang des vollständigen Plans zur Stellungnahme aufzufordern (Behördenbeteiligung, hierzu Rdn. 30 ff.). Die Anhörungsbehörde veranlasst ferner, dass der Plan in den Gemeinden, in denen sich das Vorhaben voraussichtlich auswirkt, ausgelegt wird (§ 73 Abs. 2, Halbs. 2), um die Beteiligung der betroffenen Bürger sowie anerkannter Umwelt- und Naturschutzvereinigungen nach Abs. 4 zu ermöglichen (Planauslegungsverfahren, hierzu Rdn. 49 ff.).

28 Neben dem in § 73 normierten Verfahren verpflichtet der in § 24 niedergelegte Amtsermittlungsgrundsatz die Anhörungsbehörde zur **vollständigen Ermittlung** des Sachverhalts.[64] Sie kann daher zur weiteren Sachverhaltsaufklärung nach § 26 Abs. 1 Satz 2 Nr. 1 und 3 Auskünfte einholen und Akten beiziehen. Ferner kann sie – ggf. im Rahmen des Erörterungstermins – das Plangebiet in Augenschein nehmen (§ 26 Abs. 1 Satz 2 Nr. 4). In der Praxis hat die Einholung von **Sachverständigengutachten** nach § 26 Abs. 1 Satz 2 Nr. 2 die größte Bedeutung.

29 Durch das VkPlBeschG 2018 ist die PlfBeh im Anwendungsbereich des FStrG, des WaStrG und des AEG befugt, nach Einleitung des Planfeststellungsverfahrens vorbereitende Maßnahmen oder Teilmaßnahmen zum Bau oder zur Änderung durch **vorläufige Anordnung** zuzulassen (§ 17 Abs. 2 FStrG, § 18 Abs. 2 AEG und § 14 Abs. 2 WaStrG). Voraussetzung hierfür ist ein Verfahrensstand, der eine positive Verfahrensprognose erlaubt. Zugelassen werden können Maßnahmen, an deren vorzeitiger Verwirklichung ein öffentliches Interesse besteht und die reversibel sind. Erforderliche Schutzmaßnahmen nach § 74 Abs. 2 müssen angeordnet werden. Die Anordnung erfolgt nach Anhörung der betroffenen Gemeinde, auf deren Gebiet die Maßnahme durchgeführt wird. Die Anordnung erfolgt durch Verwaltungsakt, ist der betroffenen Gemeinde, den anliegenden Gemeinden, auf deren Gebiet sich die Maßnahme

63 Wie hier *Ziekow*, § 73 Rn. 14; Kopp/Ramsauer/*Wysk*, Rn. 30.
64 BVerwG, Beschl. v. 15.06.2011 – 4 KSt 1002.10, BeckRS 2015, 54989 Rn. 12.

auswirken kann, sowie den bekannten Beteiligten zuzustellen und ortsüblich bekannt zu machen. Derartige Anordnungen sind sofort vollziehbar und rechtsmittelfähig.

III. Behördenbeteiligung (Abs. 2 und 3a)

Die in § 73 Abs. 2 angeordnete Pflicht der Anhörungsbehörde, die Behörden, deren Aufgabenbereich durch das Vorhaben berührt wird, zur Stellungnahme aufzufordern, verfolgt den **Zweck**, den Sachverstand und das Erfahrungswissen der Fachbehörden für das PlfV nutzbar zu machen. Die Erkenntnisse der Fachbehörden sollen in die Erörterung des Vorhabens nach § 73 Abs. 6, in die Stellungnahme der Anhörungsbehörde nach § 73 Abs. 9 und schließlich in den PlfB nach § 74 einfließen. Es geht also in erster Linie um die Förderung des Verfahrens und die **Optimierung der Planungsentscheidung.** In zweiter Linie wird aber auch eine **Koordination** mit anderen Planungsentscheidungen erreicht, indem andere Fachbehörden von dem Planvorhaben informiert werden und die PlfBeh über ihre Planungsabsichten in Kenntnis setzen können. Die Beteiligung von Behörden anderer Hoheitsträger ist insoweit Ausfluss des Gebots der gegenseitigen Rücksichtnahme zwischen den Staatsorganen (Organtreue) bzw. zwischen Bund und Ländern (Bundestreue). 30

Die Behördenbeteiligung nach § 73 Abs. 2 dient **nicht dem Rechtsschutz** des jeweiligen Hoheitsträgers. Soweit Hoheitsträger ihre subjektiven Rechte und Kompetenzen (Eigentum, Planungshoheit) gegen ein geplantes Vorhaben verteidigen wollen, müssen sie ihre Einwendungen i.R.d. Betroffenenanhörung gem. § 73 Abs. 4 vorbringen (vgl. auch Rdn. 35).[65] 31

Wie sich dem Wortlaut des § 73 Abs. 3a Satz 1 klar entnehmen lässt, sind die Drittbehörden zur Abgabe einer Stellungnahme **verpflichtet.** Diese Pflicht ist innerhalb der nach § 73 Abs. 3a Satz 1 von der Anhörungsbehörde gesetzten Frist durch eine schriftlich ausgearbeitete Stellungnahme zu erfüllen (vgl. Rdn. 40). Rein mündliche Einlassungen sind nicht ausreichend. 32

1. Zu beteiligende Behörden

Nach § 73 Abs. 2 werden nur Behörden am Anhörungsverfahren beteiligt, deren öffentlich-rechtlicher **Aufgabenbereich** durch das PlfV berührt wird. Voraussetzung für die Beteiligung der Drittbehörden ist damit eine einschlägige Fachzuständigkeit. Sie liegt bei allen Behörden vor, deren Entscheidungen durch die Konzentrationswirkung des PlfB nach § 75 Abs. 1 Satz 1 ersetzt werden. Darunter fallen aber auch alle Behörden, die bei einer der ersetzten Entscheidungen ein gesetzliches Anhörungs- oder Zustimmungsrecht hätten; ferner alle Behörden, deren fachliche Stellungnahmen bei einer der ersetzten Entscheidungen benötigt worden wäre.[66] 33

---

65 BVerwG, Urt. v. 09.02.2005 – 9 A 62/03, NVwZ 2005, 813 (815); BVerwG, Urt. v. 10.02.1999 – 11 A 21/98, NJW 1999, 1729 f.; BVerwG, Beschl. v. 13.03.1995 – 11 VR 2/95, NVwZ 1995, 905 (906 f.).

66 Bader/Ronellenfitsch/*Kämper*, § 73 Rn. 17; Stelkens/Bonk/Sachs/*Neumann*/*Külpmann*, § 73 Rn. 33.

34 Durch das Planvorhaben muss der von einer Behörde wahrgenommene **öffentlich-rechtliche Aufgabenkreis** betroffen sein. Wird ein Hoheitsträger **allein in seiner Fiskalsphäre** berührt (z.B. als Grundstückseigentümer), dann ist er nicht i.R.d. Behördenbeteiligung, sondern nur i.R.d. Betroffenenanhörung nach § 73 Abs. 4 zu beteiligen.[67]

35 Ist ein Hoheitsträger durch ein Planvorhaben sowohl in seinem öffentlich-rechtlichen Aufgabenkreis als auch in seiner Fiskalsphäre berührt, befreit die Behördenbeteiligung nach Abs. 2 den Hoheitsträger nicht davon, die Verletzung seiner Rechte im Rahmen des Verfahrens nach § 73 Abs. 4 geltend zu machen. Es handelt sich um gesonderte Verfahrensschritte.[68] Will die Gemeinde sich folglich den Rechtsweg offenhalten, muss sie die für die Betroffenenanhörung maßgebliche **Einwendungsfrist** des § 73 Abs. 4 Satz 1 wahren. Dies gilt nicht nur für ihre eigentumsrechtlichen, sondern auch für ihre planungsrechtlichen Einwendungen.[69] Ansonsten ist sie auch dann präkludiert, wenn sie i.R.d. Behördenbeteiligung nach Abs. 2 ihre Einwendungen fristgerecht vorbringt.[70]

2. Beteiligungsverfahren

a) Aufforderung zur Stellungnahme

36 Die Behördenbeteiligung beginnt damit, dass die Anhörungsbehörde die Drittbehörden innerhalb eines Monats nach Zugang des **vollständigen Plans** zur Stellungnahme auffordert. Maßgebliches Ereignis für die Berechnung der Monatsfrist ist die Einreichung des letzten Teils der erforderlichen Planunterlagen. Am Tag darauf beginnt die Frist. Sie endet mit Ablauf des Tages des Folgemonats, der zahlenmäßig dem Tag der Einreichung entspricht (§ 31 VwVfG i.V.m. §§ 187 Abs. 1, 188 Abs. 2 BGB).

37 Das Gesetz schreibt nur vor, dass die Drittbehörden zur Stellungnahme aufzufordern sind. Form und Inhalt der **Aufforderung** sind nicht näher bestimmt und daher weitgehend der Gestaltungsfreiheit der Anhörungsbehörde überlassen. Der Optimierungs- und Koordinationszweck der Behördenanhörung gebietet es aber, die Drittbehörden mindestens so weit von dem Vorhaben zu unterrichten, dass diese erkennen können, ob ihre Zuständigkeit berührt wird und ob es angezeigt ist, sich aus diesem Grund näher um den Inhalt des beabsichtigten Planes zu kümmern.[71] Darüber hinaus wird es zur Beschleunigung des Verfahrens häufig sachdienlich sein, mit der Aufforderung die wesentlichen Planunterlagen zu übersenden.[72] Zwingend vorgeschrieben ist dies

---

67 BVerwG, Urt. v. 12.02.1997 – 11 A 62/95, DVBl 1997, 725.

68 BVerwG, Beschl. v. 28.02.2013 – 7 VR 13/12, juris Rn. 12; BVerwG, Urt. v. 09.02.2005 – 9 A 62/03, NVwZ 2005, 813 (815); BVerwG, Urt. v. 10.02.1999 – 11 A 21/98, NJW 1999, 1729 (1729 f.); OVG Sachsen, Beschl. v. 21.04.2010 – 1 B 299/09, juris Rn. 6.

69 BVerwG, Beschl. v. 13.03.1995 – 11 VR 2/95, NVwZ 1995, 905 (907).

70 BVerwG, Urt. v. 09.02.2005 – 9 A 62/03, NVwZ 2005, 813 (815); BVerwG, Urt. v. 10.02.1999 – 11 A 21/98, NJW 1999, 1729 (1729 f.); BVerwG, Urt. v. 12.02.1997 – 11 A 62/95, DVBl 1997, 725; BVerwG, Beschl. v. 09.02.1996 – 11 VR 45/95, NVwZ 1996, 1021 (1022); BVerwG, Gerichtsbescheid v. 27.12.1995 – 11 A 24/95, NVwZ 1996, 895; BVerwG, Beschl. v. 18.09.1995 – 11 VR 7/95, NVwZ 1996, 399 (400).

71 BVerwG, Beschl. v. 11.04.1995 – 4 B 61/95, NVwZ-RR 1997, 212.

72 Knack/Henneke/*Schink*, § 73 Rn. 46.

allerdings nicht. Soweit es sich um ein UVP-pflichtiges Vorhaben handelt, hat die Anhörungsbehörde gem. § 17 UVPG den UVP-Bericht nach § 16 UVPG zu übermitteln, der die vollständigen Unterlagen zu dem Vorhaben umfasst, nicht nur die für den Aufgabenbereich der Behörden relevanten Teile.[73] Die beteiligten Behörden können jederzeit zusätzliche Unterlagen erbitten oder Einsicht in die Planungsunterlagen nehmen und gegebenenfalls im Erörterungstermin geltend machen, wegen unzureichender Unterrichtung an einer substantiellen Stellungnahme gehindert gewesen zu sein.[74]

b) Frist für die Stellungnahme (§ 73 Abs. 3a Satz 1)

Die Anhörungsbehörde muss der Drittbehörde nach § 73 Abs. 3a Satz 1 eine Frist 38
zur Stellungnahme setzen. Die **Fristsetzung** erfolgt sinnvollerweise zusammen mit der Aufforderung zur Stellungnahme, kann aber auch in einem späteren Schreiben nachgeholt werden. Die Frist muss – auch wenn der Wortlaut des Gesetzes dies nicht ausdrücklich fordert – **angemessen** sein, d.h. dem zu erwartenden Zeitaufwand für die Erarbeitung einer Stellungnahme Rechnung tragen. Sie darf gem. § 73 Abs. 3a Satz 1 **drei Monate** nicht überschreiten. Innerhalb dieser absoluten Grenze kann die Frist gem. § 31 Abs. 7 verlängert werden, insbesondere wenn unvorhergesehene Schwierigkeiten bei der Sachprüfung auftreten.

Die behördlich gesetzte Frist wird **berechnet** ab der erstmaligen ordnungsgemäßen 39
Aufforderung zur Stellungnahme, nicht ab der ersten Fristsetzung. Ansonsten könnte die Anhörungsbehörde den Zeitraum für die Erarbeitung der Stellungnahme dadurch erweitern, dass sie erst Monate nach der Aufforderung eine Frist setzen würde. Die Drei-Monats-Frist läuft grundsätzlich auch dann, wenn die Anhörungsbehörde die Fristsetzung vergessen hat. Denn aufgrund der gesetzlichen Regelung wissen alle beteiligten Behörden, dass sie nicht mehr als drei Monate Zeit zur Verfügung haben. Die Frist beginnt am Tag nach Eingang der Aufforderung bei der Drittbehörde. Sie endet spätestens an dem Tag des dritten Monats, der zahlenmäßig dem Eingangstag entspricht (§§ 31 VwVfG, 187 Abs. 1, 188 Abs. 2 BGB). Am letzten Tag der Frist muss die Stellungnahme bei der Anhörungsbehörde eingehen.

c) Form, Inhalt und Rechtswirkungen der Stellungnahme

Das Gesetz hat darauf verzichtet, **Form und Inhalt der Stellungnahme** im Einzelnen 40
vorzuschreiben. In jedem Fall ist jedoch eine schriftliche Ausarbeitung zu fordern, die an die PlfBeh weitergeleitet werden kann (vgl. § 73 Abs. 9).[75] Gestaltung und inhaltliche Ausarbeitung stehen im pflichtgemäßen Ermessen der Drittbehörden. Sie haben sich dabei aber am Optimierungs- und Koordinationszweck der Behördenanhörung zu orientieren.[76] Daher muss die Stellungnahme sachlich, klar und verständlich gehalten sein, auf einer gründlichen Untersuchung der möglichen Auswirkungen des

73 Kop/Ramsauer/*Wysk*, § 73 Rn. 36.
74 BVerwG, Beschl. v. 11.04.1995 – 4 B 61/95, NVwZ-RR 1997, 212.
75 Weniger streng *Ziekow*, § 73 Rn. 20.
76 Vgl. auch Stelkens/Bonk/Sachs/*Neumann*/*Külpmann*, § 73 Rn. 37.

Planvorhabens beruhen und diese Auswirkungen umfassend abhandeln. Sie müssen sich grundsätzlich auf den Aufgabenbereich der Behörden beschränken. Ggf. sind Vorschläge zur planerischen Problembewältigung (Auflagenempfehlungen, Alternativvorschläge) zu unterbreiten. Hat die Drittbehörde eigene Planungsabsichten für den Bereich des Vorhabens, kann sie Vorschläge zur Abstimmung der Planungen unterbreiten (Koordinationsvorschläge).

41 Die Stellungnahmen der Drittbehörde haben nach § 73 Abs. 2 und 3a grundsätzlich keine unmittelbaren Rechtswirkungen. Sie entfalten – soweit im Fachgesetz nichts anderes vorgeschrieben ist – **keine Bindungswirkung.**[77] Als reine Verfahrenshandlungen können sie nach § 44a VwGO auch grundsätzlich nicht isoliert angefochten werden. Da die Stellungnahmen nicht Teil des Planes sind, müssen sie auch nicht gemeinsam mit dem Plan ausgelegt werden.[78] Dies ist nach der Fristenregelung des Abs. 3 Satz 1 schon aus Zeitgründen kaum möglich. Die Stellungnahmen müssen jedoch zu den Akten genommen werden und unterliegen damit i.R.d. § 72 Abs. 1 i.V.m. § 29 bzw. nach den Informationsfreiheitsgesetzen der Akteneinsicht (oben § 72 Rdn. 20). Außerdem gehört es nach § 73 Abs. 6 Satz 1 zu den Pflichten der Anhörungsbehörde im Erörterungstermin, die eingegangenen Stellungnahmen der Behörde zumindest in den Grundzügen mit den Beteiligten zu erörtern. Die Anhörungsbehörde kann im Rahmen ihres Abschlussberichts nach § 73 Abs. 9 auf die Stellungnahmen eingehen. Die PlfBeh muss i.d.R. auf sie eingehen.[79] Jedenfalls wenn die PlfBeh von der Stellungnahme einer Drittbehörde abweicht, hat sie i.R.d. Planabwägung die dafür maßgeblichen Gründe darzulegen.

d) Behördenpräklusion (§ 73 Abs. 3a Satz 2)

42 Gem. § 73 Abs. 3a Satz 2 sind Stellungnahmen, die nach Ablauf der von der Anhörungsbehörde nach Abs. 3a Satz 1 gesetzten Frist eingehen, trotz Verstreichen der Frist zu berücksichtigen, wenn der PlfBeh die vorgebrachten Belange bekannt sind oder hätten bekannt sein müssen oder für die Rechtmäßigkeit der Entscheidung von Bedeutung sind. Im Übrigen können verspätete Stellungnahmen berücksichtigt werden.

aa) Tatbestandsvoraussetzung

43 Die **Tatbestandsvoraussetzung** der Präklusion besteht darin, dass die Stellungnahme verspätet eingeht. Auf ein Verschulden der Drittbehörde kommt es nicht an. Anders als in der vor der Änderung durch das PlVereinhG gültigen Fassung liegt eine Verspätung nicht erst dann vor, wenn die Stellungnahme nach dem Erörterungstermin eingeht, sondern dann, wenn die **behördlich gesetzte Frist** nach Abs. 3a Satz 1 abgelaufen ist. Anknüpfungspunkt für die Präklusion ist allein die behördlich gesetzte Frist, nicht die Drei-Monats-Frist des § 73 Abs. 3a Satz 1.[80]

---

77 Bader/Ronellenfitsch/*Kämper*, § 73 Rn. 23.
78 *Meyer/Borgs*, § 73 Rn. 22.
79 Bader/Ronellenfitsch/*Kämper*, § 73 Rn. 23.
80 Vgl. BT-Drucks. 17/9666, Begründung S. 16.

bb) Rechtsfolge

44 § 73 Abs. 3a Satz 2 normiert eine **formelle Präklusion.**[81] Sie gilt deshalb nur **im laufenden PlfV,** nicht aber für nachfolgende Gerichtsverfahren. Eine materielle Präklusion scheidet aus, da Abs. 3a Satz 2 allein der Beschleunigung des PlfV dient und eine Sanktion für die Vernachlässigung der Mitwirkungspflicht der Drittbehörde **im PlfV** darstellt.

45 Im Interesse einer umfassenden planerischen Problembewältigung hat der Gesetzgeber in § 73 Abs. 3a Satz 2, Halbs. 1 drei bedeutsame **Ausnahmen von der Präklusionswirkung** vorgesehen, die die **praktische Bedeutung** der Präklusionsregelung erheblich einschränken.[82] Trotz verspäteter Stellungnahme **muss** die Anhörungsbehörde gem. § 73 Abs. 3a Satz 2, Halbs. 1 alle zum Fachbereich der ausgeschlossenen Behörde gehörenden Belange berücksichtigen, die der PlfBeh entweder – subjektiv betrachtet – bereits **bekannt sind** oder – objektiv betrachtet – **bekannt sein müssten.** Es müssen daher alle Problembereiche planerisch bewältigt werden, die sich einem verständigen, mit dem Planvorhaben vertrauten, aber über kein fachliches Spezialwissen verfügenden Behördenvertreter gleichsam aufdrängen.

46 Ferner darf die verspätete Stellungnahme dann nicht übergangen werden, wenn sie für die **Rechtmäßigkeit der Planungsentscheidung von Bedeutung** ist. Dies ist dann der Fall, wenn die Entscheidung der PlfBeh ohne die Einbeziehung der Stellungnahme an einem Abwägungsfehler leiden würde, wenn sie also bei rechtzeitigem Vorbringen zwingend Auswirkungen für die Entscheidung der PlfBeh hätte haben müssen.[83]

47 Diejenigen Belange der Drittbehörden, die nicht unter die Ausnahmen des § 73 Abs. 3a Satz 2, Halbs. 1 fallen, können von der Anhörungsbehörde gem. **§ 73 Abs. 3a Satz 2, Halbs. 2** nur dann wegen Verspätung zurückgewiesen werden, wenn das Interesse an der Verfahrensbeschleunigung das Sachaufklärungsinteresse überwiegt. Diese durch das PlVereinhG neu eingefügte Ermessensregelung weicht die Präklusionsregelung des Abs. 3a Satz 2 gegenüber der bisherigen Rechtslage noch weiter auf und entzieht der Kritik, die Präklusion verletze den Amtsermittlungsgrundsatz und das Prinzip der Gesetzmäßigkeit der Verwaltung,[84] weitgehend den Boden.

48 § 73 Abs. 3a Satz 2 regelt seinem Wortlaut nach nur den Fall verspäteter Stellungnahmen. Reicht eine Drittbehörde trotz Aufforderung und Fristsetzung gar keine Stellungnahme ein, so greift die Regelung des Abs. 3a Satz 2 nicht ein. In diesen Fällen hat die Anhörungsbehörde theoretisch die Möglichkeit, auf ein dienstaufsichtliches Einschreiten hinzuwirken oder bei den Verwaltungsgerichten eine allgemeine Leistungsklage zu erheben. Beide Alternativen führen zu erheblichen Zeitverlusten. Diese Verzögerung ist besonders schwer hinzunehmen, wenn die Annahme nahe liegt, dass

81 A.A. Bader/Ronellenfitsch/*Kämper*, § 73 Rn. 26; *Ziekow*, § 73 Rn. 26.
82 Bader/Ronellenfitsch/*Kämper*, § 73 Rn. 26; Stelkens/Bonk/Sachs/*Neumann*/*Külpmann*, § 73 Rn. 30.
83 Stelkens/Bonk/Sachs/*Neumann*/*Külpmann*, § 73 Rn. 30.
84 Zur Kritik Bader/Ronellenfitsch/*Kämper*, § 73 Rn. 28.1 m.w.N.

die Drittbehörde in der Sache keine Einwendungen erhebt. Daher hat es die Rechtsprechung bereits als zulässig erachtet, aus dem Schweigen einer Drittbehörde auf ihre **Zustimmung** zu schließen, wenn sich der Anhörungs- und PlfBeh nicht das Entgegenstehen öffentlicher Belange aufdrängen musste.[85]

IV. Planauslegungsverfahren (Abs. 2, 3 und 5)

1. Funktion

49 Die Anhörungsbehörde veranlasst gem. § 73 Abs. 2, Halbs. 2 innerhalb eines Monats nach Zugang der vollständigen Planunterlagen, dass der Plan in den Gemeinden, in denen sich das Vorhaben voraussichtlich auswirken wird, ausgelegt wird. Das Planauslegungsverfahren ist (nach der nur fakultativen frühen Öffentlichkeitsbeteiligung gem. § 25 Abs. 3) der erste obligatorische Schritt der **Bürger- und Öffentlichkeitseinbindung in das PlfV.** Der zweite Schritt ist die Entgegennahme schriftlicher Einwendungen sowie Stellungnahmen (Abs. 4), der dritte Schritt die Durchführung des Erörterungstermins (Abs. 6). Im Rahmen dieser dreigliedrigen Bürger- und Öffentlichkeitsbeteiligung kommt dem Auslegungsverfahren eine wichtige **Vorbereitungsfunktion** zu. Die Auslegung des Planes (Abs. 3) und die öffentliche Bekanntmachung der Auslegung (Abs. 5) dienen dazu, die Öffentlichkeits- und Bürgerbeteiligung in Gang zu setzen (**Anstoßfunktion des Auslegungsverfahrens**).

50 Die Anstoßfunktion des Auslegungsverfahrens wird nur erreicht, wenn die von der Planung potenziell Betroffenen Anlass haben, zu prüfen, ob ihre Belange berührt werden und ob sie deshalb zur Wahrnehmung ihrer Interessen Einwendungen nach Abs. 4 erheben sollen.[86] Gleiches gilt für stellungnahmeberechtigte Umwelt- und Naturschutzvereinigungen nach Abs. 4 Satz 5, die durch die Auslegung erkennen müssen, ob die von ihnen zu vertretenden Belange durch die Planung tangiert werden. Dabei muss die **ortsübliche Bekanntmachung** der Planauslegung nach Abs. 5 nur Grundinformationen enthalten und gleichsam den ersten Anstoß zur näheren Befassung mit dem Vorhaben geben. Dementsprechend reicht eine geographische Bezeichnung, soweit diese hinreichend mit dem vom Plan erfassten Gebiet übereinstimmt; empfehlenswert ist die Abbildung einer Planskizze.[87] Sie soll potenziell Betroffene sowie Vereinigungen nach Abs. 4 Satz 5 auf die Planung aufmerksam machen und die Möglichkeit aufzeigen, bei Interesse und Bedarf den Plan einzusehen.[88] Soweit das Vorhaben UVP-pflichtig ist, muss die Bekanntmachung die gem. § 19 Abs. 1 UVPG

85 BVerwG, Urt. v. 13.09.1985 – 4 C 64/80, BayVBl. 1986, 153; BVerwG, Urt. v. 09.11.1979 – 4 N 1/78, BVerwGE 59, 87 (104).

86 BVerwG, Urt. v. 15.12.2006 – 7 C 1/06, NVwZ 2007, 700 (701); BVerwG, Urt. v. 09.11.2006 – 4 A 2001/06, NVwZ 2007, 445 (446); BVerwG, Urt. v. 16.08.1995 – 11 A 2/95, NVwZ 1996, 267 (268); BVerwG, Urt. v. 13.09.1985 – 4 C 64/80, NVwZ 1986, 740 (741); BVerwG, Urt. v. 14.04.1978 – IV C 68/76, DVBl 1978, 618 (620).

87 OVG Rheinland-Pfalz, Urt. v. 02.08.2018 – 1 C 11685.18.

88 Vgl. BVerwG, Beschl. v. 01.04.2005 – 9 VR 5/05, juris Rn. 4; BVerwG, Urt. v. 26.05.1978 – IV C 9/77, BVerwGE 55, 369 (376 f.).

geforderten Informationen enthalten, die in ihrer Detailtiefe weit über die aus § 73 Abs. 5 geforderten Angaben hinausgehen (s. Rdn. 62). Hingegen muss die **Planauslegung** detaillierte Informationen über das Vorhaben vermitteln und eine Meinungsbildung über die voraussichtlichen Auswirkungen des Vorhabens auf die eigenen bzw. die von Vereinigungen nach Abs. 4 Satz 5 zu verteidigenden Interessen ermöglichen. Die Planauslegung muss gleichsam den zweiten Anstoß zur Erhebung von Einwendungen bzw. zur Abgabe von Stellungnahmen geben.

2. Auswahl der Gemeinden (Abs. 2, Halbs. 2)

Das Auslegungsverfahren beginnt mit der **Planübersendung** an die Gemeinden, in denen sich das Vorhaben voraussichtlich auswirken wird, § 73 Abs. 2, Halbs. 2. Die Planübermittlung findet gleichzeitig mit der Behördenbeteiligung nach § 73 Abs. 2, Halbs. 1 statt. Die Anhörungsbehörde muss die Planübersendung innerhalb eines Monats nach Zugang der vollständigen Planunterlagen vornehmen (vgl. zur Fristberechnung Rdn. 36). Nach verbreiteter Meinung kann sie den Vorhabenträger zur Vorlage einer ausreichenden Anzahl von Kopien auffordern oder ihm die Kosten für die erforderlichen Abschriften auferlegen.[89] Die Kosten für die Auslegung hat die Gemeinde selbst zu tragen, weil dies eine gesetzlich übertragene Aufgabe ist.[90] 51

Die Pläne sind an alle **Gemeinden im voraussichtlichen Auswirkungsbereich** des Vorhabens zu übermitteln. Das sind in erster Linie die unmittelbar betroffenen Gemeinden, auf die sich das geplante Vorhaben räumlich erstreckt. Das sind in zweiter Linie aber auch alle mittelbar betroffenen Gemeinden, auf die sich das Vorhaben in anderer Weise (thermisch, akustisch, chemisch, ökologisch, ökonomisch etc.) voraussichtlich auswirken wird.[91] Entscheidend ist in jedem Fall, ob objektiv betrachtet voraussichtlich mit nicht nur unerheblichen unmittelbaren oder mittelbaren Auswirkungen in der Gemeinde zu rechnen ist (**objektive Prognose**).[92] Dies ist zu bejahen, wenn die Auswirkungen eine planerische Konfliktbewältigung gerade im anstehenden PlfV erforderlich machen können.[93] Unerheblich ist, ob ein Gesamtinteresse der Gemeinde oder lediglich Einzelinteressen privater Anwohner berührt werden. Sind nur die Interessen weniger Privatpersonen betroffen, kann die Planauslegung allerdings durch eine individuelle Benachrichtigung ersetzt werden.[94] Bei Umweltauswirkungen sind die voraussichtlichen Auswirkungen mithilfe der maßgeblichen Normen und technischen Regelwerke (TA-Luft, TA-Lärm, etc.) zu prognostizieren und zu bewerten, um die Gemeinden zu bestimmen, in denen eine Auslegung zu erfolgen hat. 52

89 Kopp/Ramsauer/*Wysk*, § 73 Rn. 44; *Ule/Laubinger*, § 40 Rn. 17.
90 Kopp/Ramsauer/*Wysk*, § 73 Rn. 44.
91 Kopp/Ramsauer/*Wysk*, § 73 Rn. 43; Stelkens/Bonk/Sachs/*Neumann/Külpmann*, § 73 Rn. 30.
92 BVerwG, Urt. v. 31.07.2012 – 4 A 7001/11 u.a., NVwZ 2013, 297 (299).
93 BVerwG, Urt. v. 21.11.2013 – 7 A 28/12, NVwZ 2014, 730 (731).
94 Knack/Henneke/*Schink*, § 73 Rn. 63.

3. Bekanntmachung der Auslegung (Abs. 5)

53 Vor der Auslegung des Plans in den Gemeinden haben diese die Auslegung **ortsüblich** bekannt zu machen, § 73 Abs. 5 Satz 1. Gegenstand der ortsüblichen Bekanntmachung sind zum einen die Auslegung der Planunterlagen und zum anderen die in Abs. 5 Satz 2 gesetzlich vorgeschriebenen Verfahrenshinweise. Bei UVP-pflichtigen Vorhaben muss die Bekanntmachung die Informationen nach § 19 UVPG enthalten (s. Rdn. 62) Sie bilden den zwingenden Mindestinhalt der Bekanntmachung. Daneben kann die Behörde zu Erläuterungszwecken weitere Informationen bekannt geben. Dazu zählt insbesondere die Bekanntgabe des Erörterungstermins nach Abs. 7.

54 Der Inhalt der ortsüblichen Bekanntmachung soll gem. § **27a Abs. 1 Satz 1** zusätzlich im Internet veröffentlicht werden. Aus der Formulierung als **Soll-Bestimmung** ergibt sich, dass zwar keine Rechtspflicht der Gemeinden besteht, ein Abweichen von § 27a Abs. 1 gleichwohl aber nur ausnahmsweise in Betracht kommt – insbesondere dann, wenn die zuständige Behörde nicht über die erforderliche Technik verfügt.[95]

a) Ortsübliche Bekanntmachung

55 Welche Bekanntmachungsform »**ortsüblich**« gem. § 73 Abs. 5 Satz 1 ist, richtet sich nach den jeweiligen orts- oder landesrechtlichen Bekanntmachungsvorschriften.[96] Das maßgebliche Orts- oder Landesrecht bestimmt, ob die Information der Gemeindebewohner durch Aushang, durch ein amtliches Mitteilungsblatt, durch eine örtliche Tageszeitung oder in anderer Weise erfolgt. Sehen die einschlägigen Vorschriften eine Bekanntmachung allein im Amtlichen Anzeiger, nicht aber in der örtlichen Tagespresse vor, so liegt darin kein Verstoß gegen Art. 19 Abs. 4 GG.[97] Die Betroffenen trifft dann vielmehr die Obliegenheit, sich im Amtlichen Anzeiger über das Vorhaben zu informieren. Entscheidet sich die Gemeinde gleichwohl für eine zusätzliche Bekanntmachung in der örtlichen Tagespresse, so gilt im Falle fehlerhafter Hinweise in der Presse allein die ordnungsgemäße, amtliche Bekanntmachung.[98] Für die Sondersituation der COVID-19-Pandemie sieht § 2 PlanSiG die Möglichkeit vor, einen Anschlag an einer Amtstafel oder die Auslegung zur Einsichtnahme durch eine Veröffentlichung des Inhalts der Bekanntmachung im Internet zu ersetzen, wenn die jeweilige Bekanntmachungsfrist spätestens mit Ablauf des 31. März endet. Zusätzlich hat zumindest eine Bekanntmachung in einem amtlichen Veröffentlichungsblatt oder einer örtlichen Tageszeitung zu erfolgen (§ 2 Abs. 1 PlanSiG).

b) Inhalt der Bekanntmachung

56 Der zwingende **Mindestinhalt** der Bekanntmachung ergibt sich aus **Abs. 5 Satz 1 und 2** sowie aus dem **Zweck** der Bekanntmachungsvorschrift. Der Zweck der Regelung gebietet

95 Vgl. BT-Drucks. 17/12525, S. 17.

96 BVerwG, Urt. v. 23.04.1997 – 11 A 7/97, NVwZ 1998, 847 (848); BVerwG, Gerichtsbescheid v. 03.07.1996 – 11 A 64/95, NVwZ 1997, 391 (392).

97 BVerfG, Beschl. v. 27.12.1999 – 1 BvR 1746/97, NVwZ 2000, 546 (547); BVerwG, Urt. v. 23.04.1997 – 11 A 7/97, NVwZ 1998, 847 (848).

98 BVerfG, Beschl. v. 27.12.1999 – 1 BvR 1746/97, NVwZ 2000, 546 (547).

es, nicht nur auf die Auslegung hinzuweisen, sondern gleichzeitig das **Planvorhaben und seine Lage** hinreichend deutlich zu charakterisieren, um die Anstoßwirkung der Planauslegung zu erreichen.[99] Da die Bekanntmachung nach Abs. 5 allein den Zweck hat, auf die ausgelegten Pläne aufmerksam zu machen, genügt regelmäßig eine kurze Beschreibung von Art und Lage des Vorhabens, die aber gleichwohl so detailliert sein muss, dass Bürger, Gemeinden und Vereinigungen nach Abs. 4 Satz 5 erkennen können, ob die Auswirkungen des Vorhabens sie bzw. die von ihnen zu vertretenden Belange betreffen.[100]

§ 73 Abs. 5 Satz 2 enthält **zwingende Verfahrenshinweise**, die in der Bekanntmachung 57
enthalten sein müssen. Nach **Abs. 5 Satz 2 Nr. 1** sind **Ort und Zeit der Auslegung** genau zu bezeichnen. Der Zeitraum der Auslegung von einem Monat (vgl. Abs. 3 Satz 1) ist auf den Tag genau anzugeben.[101] Die Bekanntgabe der täglichen Auslegungsdauer ist empfehlenswert, aber nicht zwingend.[102] Wird die Auslegung im Rathaus angekündigt, kann darin ein stillschweigender Verweis auf die Amtsstunden gesehen werden.

Zum zwingenden Inhalt der Bekanntmachung gehört ferner der **Hinweis auf die Ein- 58
wendungsmöglichkeiten.** Nach **Abs. 5 Satz 2 Nr. 2** muss über die für Einwendungen zuständigen **Stellen** und über die **Einwendungsfrist** (vgl. Abs. 4 Satz 1) aufgeklärt werden. Abs. 4 Satz 4 schreibt weiterhin vor, dass auf die **Rechtsfolgen** einer Versäumung der Einwendungsfrist hinzuweisen ist. Die Bekanntmachung muss folglich darüber aufklären, dass Einwendungen bei der planauslegenden Gemeinde oder bei der Anhörungsbehörde anzubringen sind, dass Einwendungen frühestens mit Beginn der Auslegung und spätestens zwei Wochen nach dem Ende – bzw. bei UVP-pflichtigen Vorhaben binnen Monatsfrist (§ 21 Abs. 2 und 4 UVPG) – erhoben werden können und dass mit Ablauf der Einwendungsfrist alle Einwendungen ausgeschlossen sind, die nicht auf besonderen privatrechtlichen Titeln beruhen. Da auch bei diesem Hinweis auf den Empfangshorizont eines verständigen Gemeindebürgers abzustellen ist, bedarf es neben der Wiedergabe des Gesetzeswortlauts des Abs. 4 Satz 1 und 3 keiner weiteren rechtlichen Belehrung.[103] Auf die gesetzliche Rechtsgrundlage kann, muss aber nicht hingewiesen werden. Wird die Präklusionsregelung korrekt erklärt, schadet ein Fehlzitat nicht.[104]

Zum Pflichtinhalt der Bekanntmachung gehören ferner nach **Abs. 5 Satz 2 Nr. 3 59
und** 4 Hinweise zum **weiteren Verfahren.** Es ist darauf hinzuweisen, dass die Einwendungsführer durch öffentliche Bekanntmachung von dem Erörterungstermin benachrichtigt werden können, wenn mehr als 50 Personen Einwendungen erhoben haben

99 BVerwG, Urt. v. 06.04.2017 – Rn. 28; BVerwG, Urt. v. 01.09.1999 – 11 A 2/98, NVwZ 2000, 68 (69); BVerwG, Urt. v. 23.04.1997 – 11 A 7/97, NVwZ 1998, 847 (848); OVG Rheinland-Pfalz, Urt. v. 02.08.2018 – 1 C 11685.16.

100 VGH Bayern, Gerichtsbescheid v. 27.10.2010 – 22 A 09.40058, juris Rn. 18.

101 Knack/Henneke/*Schink*, § 73 Rn. 70.

102 VGH Baden-Württemberg, Urt. v. 03.09.1993 – 5 S 874/92, NuR 1994, 234 (235); Knack/Henneke/*Schink*, § 73 Rn. 76.

103 BVerwG, Urt. v. 17.07.1980 – 7 C 101/78, BVerwGE 60, 297 (312).

104 BVerwG, Urt. v. 16.08.1995 – 11 A 2/95, NVwZ 1996, 267 (268); BVerwG, Beschl. v. 22.02.1995, 11 VR 1/95, NVwZ 1995, 903 (904).

(Abs. 5 Satz 2 Nr. 4a). Diese Information ist entbehrlich, wenn der Erörterungstermin nach Abs. 7 gleichzeitig mit der Planauslegung bekannt gegeben wird. Ferner ist nach Nr. 3 darauf hinzuweisen, dass beim Ausbleiben eines Beteiligten im Erörterungstermin ohne ihn verhandelt werden kann. Schließlich ist nach Nr. 4 lit. b darauf hinzuweisen, dass der PlfB durch öffentliche Bekanntmachung zugestellt werden kann, wenn mehr als 50 Zustellungen vorzunehmen sind. Die Hinweise nach Abs. 5 Satz 2 Nr. 3 und Nr. 4 lit. b müssen auch im Verfahren nach Abs. 7 erfolgen.

60 Die Gemeinde kann über diese Pflichtangaben hinaus weitere Informationen über das Planvorhaben und das PlfV geben. Zu diesem **Ergänzungsinhalt** gehören etwa die Angabe der Rechtsgrundlage, die volle Postanschrift von Gemeindeverwaltung und Anhörungsbehörde oder die Veröffentlichung eines Lageplanes. Solche Zusatzinformationen sind sachdienlich und im Sinne des Bürgers. Einen gesetzlich geregelten Fall zulässiger, aber nicht notwendiger Ergänzungsinformation stellt die in **§ 73 Abs.** 7 vorgesehene gleichzeitige Bekanntmachung des Erörterungstermins dar. Da auf solche Zusatzinformationen kein Rechtsanspruch besteht, hat ihr Fehlen keinen Verfahrensmangel zur Folge. Darum ist es ohne Bedeutung, wenn die Gemeinde bspw. nicht ausdrücklich erwähnt, dass die öffentliche Bekanntmachung auf Veranlassung der Anhörungsbehörde erfolgt.[105] Freiwillige Zusatzinformationen können nur dann einen Verfahrensfehler begründen, wenn sie **irreführend** sind und die Betroffenen von der Prüfung der Planunterlagen abhalten (z.B. falscher Lageplan). Denn dann wird die Anstoßwirkung der Bekanntmachung ganz oder teilweise vereitelt.[106]

61 Erfolgt eine **Veröffentlichung des Plans im Internet** (§ 27a Abs. 1 Satz 3), so ist in der ortsüblichen Bekanntmachung schließlich auch die Internetseite anzugeben, auf der die Unterlagen abgerufen werden können, **§ 27a Abs. 2.**

62 Bei UVP-pflichtigen Vorhaben bedarf es nach **§ 19 Abs. 1 UVPG** zusätzlicher Angaben über die vorgelegten entscheidungserheblichen Unterlagen nach § 6 UVPG.[107] Die Anstoßfunktion der Auslegungsbekanntmachung verlangt zumindest eine stichwortartige Kurzcharakterisierung über die Unterlagen über die Umweltauswirkungen des Vorhabens. Die nach § 19 Abs. 1 Nr. 6 UVPG geforderte Bezeichnung der ausgelegten Unterlagen zu den Umweltauswirkungen muss zwar nicht vollständig, aber so detailliert sein, dass bereits die Bekanntmachung einen Überblick gibt, welche Umweltbelange untersucht wurden und mit welchen Informationen die Öffentlichkeit bei einer Einsichtnahme in die ausgelegten Unterlagen rechnen kann.[108] Nur so ist eine erste Einschätzung für Betroffene möglich.[109]

---

105 BVerwG, Gerichtsbescheid v. 03.07.1996 – 11 A 64/95, NVwZ 1997, 391 (392 f.).

106 Vgl. auch Stelkens/Bonk/Sachs/*Neumann/Külpmann*, § 73 Rn. 54.

107 BVerwG, Urt. v. 21.01.2016 – 4 A 5/14, BVerwGE 154, 73 (81, 83); BVerwG, Urt. v. 11.09.2014 – 4 CN 1/14, NVwZ 2015, 232 (233); BVerwG, Urt. v. 18.07.2013 – 4 CN 3/12, NVwZ 2013, 1413 (1416).

108 OVG Bautzen, Beschl. v. 20.12.2018 – 4 B 260/18 juris Rn. 19; OVG Bremen, Beschl. v. 03.04.2017 – 1 B 126/16, Rn. 54.

109 BVerwG, Urt. v. 11.09.2014 – 4 CN 1/14, NVwZ 2015, 232 (233).

c) Individuelle Benachrichtigung (Abs. 5 Satz 3)

Neben der ortsüblichen Bekanntmachung soll nach Abs. 5 Satz 3 auch eine **individuelle Benachrichtigung nicht ortsansässiger Betroffener** durchgeführt werden, da außerhalb des Gemeindegebiets wohnende Personen regelmäßig nicht durch die ortsübliche Bekanntmachung erreicht werden. Es ist ein Gebot fairen Verwaltungsverfahrens (Art. 20 Abs. 3 GG) und des Grundrechtsschutzes durch Verfahren (Art. 14 Abs. 1 GG), bekannte oder unter zumutbarem Aufwand ermittelbare (hierzu Rdn. 65), nicht ortsansässige Planbetroffene nach Möglichkeit über die Auslegung zu informieren. Aus diesem Grund ist die **Soll-Vorschrift** des Abs. 5 Satz 3 dahingehend auszulegen, dass eine Benachrichtigung (bekannter oder zumutbar ermittelbarer) nicht ortsansässiger Betroffener i.d.R. erfolgen **muss**, wenn nicht ausnahmsweise besondere Umstände eine Unterlassung der Benachrichtigung rechtfertigen (Benachrichtigungspflicht).[110] Liegen solche Gründe nicht vor und unterbleibt dennoch eine Benachrichtigung nach Abs. 5 Satz 3, greift die Einwendungspräklusion des Abs. 4 Satz 3 gegenüber der betroffenen Person nicht ein.[111] 63

Eine individuelle Benachrichtigung ist nicht bei den Personen geboten, die **lediglich in wirtschaftlichen oder sonstigen Belangen tangiert** werden. Vielmehr müssen nach Abs. 5 Satz 3 ortsfremde **Planbetroffene** informiert werden, die durch das Vorhaben in ihren Rechten beeinträchtigt sein können.[112] Zu nennen sind insbesondere nicht im Gemeindegebiet wohnende Eigentümer von Grundstücken oder Gewerbebetrieben in Vorhabennähe.[113] 64

Die behördliche Benachrichtigungspflicht besteht gegenüber ortsfremden Betroffenen nur unter dem **Vorbehalt des Möglichen und Zumutbaren.** Nach Abs. 5 Satz 3 sollen nur die Planbetroffenen benachrichtigt werden, deren Person und Aufenthalt den ermittelnden Amtsträgern entweder bekannt sind oder sich innerhalb angemessener Zeit ermitteln lassen. Da Anhörungsbehörde und Gemeinde nur wenige Wochen Zeit für die Vorbereitung der Planauslegung haben, kann nur darauf abgestellt werden, ob die ermittelnden Amtsträger naheliegende und wenig zeitaufwendige behördliche Untersuchungsmöglichkeiten (Melderegisterüberprüfung, Anfrage bei bekannten Verwandten etc.) ergriffen haben oder nicht. Dass die Adresse eines Beteiligten in einem anderen Planabschnitt anderen Amtsträgern bekannt geworden ist, reicht für die Annahme eines Ermittlungsdefizits nicht aus.[114] 65

Die Benachrichtigungspflicht erstreckt sich nach Sinn und Zweck des Abs. 5 Satz 3 nicht auf den Personenkreis der nicht ortsansässigen Betroffenen, die von der Planauslegung entweder **anderweitig Kenntnis** erlangt haben oder **Kenntnis erlangt haben** 66

110 Kopp/Ramsauer/*Wysk*, § 73 Rn. 113; Stelkens/Bonk/Sachs/*Neumann*/*Külpmann*, § 73 Rn. 57; *Ziekow*, § 73 Rn. 41.
111 Kopp/Ramsauer/*Wysk*, § 73 Rn. 113; *Stelkens*/*Bonk*/*Sachs*/*Neumann*/*Külpmann*, § 73 Rn. 57.
112 VGH Bayern, Beschl. v. 08.11.1978 – 93 VIII 78, BayVBl. 1979, 723 (724).
113 Bader/Ronellenfitsch/*Kämper*, § 73 Rn. 43.
114 BVerwG, Urt. v. 06.08.1982 – 4 C 66/79, BVerwGE 66, 99 (110).

konnten. Wohnt der Eigentümer eines von einem Planvorhaben beanspruchten Grundstücks in einer Nachbargemeinde, in der der Plan ebenfalls bekannt gemacht und ausgelegt wird, dann bedarf es folglich keiner individuellen Benachrichtigung.[115]

67 Welche Behörde die Benachrichtigungspflicht erfüllt, entscheidet nach Abs. 5 Satz 3 die Anhörungsbehörde. Sie kann die nicht ortsansässigen Betroffenen selbst ermitteln und verständigen.[116] Sie kann aber auch die Gemeinde veranlassen, die individuelle Benachrichtigung durchzuführen.

4. Planauslegung (Abs. 3)

68 Die Gemeinden haben den Plan gem. § 73 Abs. 3 Satz 1 innerhalb von drei Wochen nach Zugang für die Dauer eines Monats zur Einsicht auszulegen. Zusätzlich sollen die Planunterlagen gem. § 27a Abs. 1 Satz 3 im Internet veröffentlicht werden. Die Offenlegung der Planunterlagen ist der zentrale Teil des Auslegungsverfahrens. Durch die Planauslegung sollen die Einwendungsberechtigten sowie die stellungnahmeberechtigten Vereinigungen nach Abs. 4 Satz 5 dazu angestoßen werden, sich eine Meinung über das Vorhaben zu bilden und ihre bzw. die von ihnen vertretenen Interessen ggf. durch Einwendungen und Stellungnahmen wahrzunehmen.[117]

68a Für die Sondersituation der COVID-19-Pandemie sieht § 3 Abs. 1 PlanSiG die Möglichkeit vor, die Auslegung durch eine Veröffentlichung im Internet zu ersetzen, wenn die Auslegungsfrist spätestens mit Ablauf des 31.03.2021 endet. In der Bekanntmachung der Auslegung ist hierauf hinzuweisen. Der Vorhabenträger kann der Veröffentlichung im Internet widersprechen, wenn er die Gefährdung von Betriebs- oder Geschäftsgeheimnissen oder wichtiger Sicherheitsbelange befürchtet. In diesem Falle hat die Behörde das Verfahren bis zu einer Auslegung auszusetzen (§ 3 Abs. 1 Satz 6 f. PlanSiG). Die Auslegung soll daneben als zusätzliches Informationsangebot erfolgen, soweit dies nach Feststellung der Behörde den Umständen nach möglich ist. Unterbleibt eine Auslegung, hat die Behörde zusätzlich zur Veröffentlichung im Internet andere leicht zu erreichende Zugangsmöglichkeiten, etwa durch öffentliche Lesegeräte oder in begründeten Fällen durch Versendung zur Verfügung zu stellen. Auf diese Zugangsmöglichkeiten ist in der Bekanntmachung hinzuweisen.

a) Auszulegende Unterlagen

69 § 73 Abs. 3 Satz 1 bestimmt, dass der »**Plan**« durch die Gemeinden auszulegen ist. Insoweit kann auf die Definition in Abs. 1 Satz 2 zurückgegriffen werden, wonach der Plan aus den Zeichnungen und Erläuterungen besteht, die das Vorhaben, seinen Anlass und die vom Vorhaben betroffenen Grundstücke und Anlagen erkennen lassen. Ferner ist der UVP-Bericht gem. § 16 Abs. 1 UVPG und die das Vorhaben

115 BVerwG, Urt. v. 16.08.1995 – 11 A 2/95, NVwZ 1996, 267 (268); a.A. *Meyer/Borgs*, § 73 Rn. 32.
116 Bader/Ronellenfitsch/*Kämper*, § 73 Rn. 43; *Meyer/Borgs*, § 73 Rn. 32.
117 BVerwG, Urt. v. 15.12.2006 – 7 C 1/06, NVwZ 2007, 700 (701); BVerwG, Urt. v. 09.01.2006 – 4 A 2001/06, NVwZ 2007, 445 (446).

betreffenden entscheidungserheblichen Berichte und Empfehlungen auszulegen, wenn für das Vorhaben eine UVP vorgeschrieben ist, vgl. § § 19 Abs. 2 UVPG.

Darüber hinaus sind alle weiteren Unterlagen auszulegen, die **erforderlich** sind, um die **Anstoßwirkung** der Auslegung gegenüber betroffenen Bürgern, Gemeinden und stellungnahmeberechtigten Vereinigungen nach Abs. 4 Satz 5 herbeizuführen.[118] Über die Notwendigkeit ihrer Auslegung hat die Anhörungsbehörde im Einzelfall zu entscheiden.[119] Als auslegungspflichtig anzusehen sind danach in aller Regel die vom Vorhabenträger nach § 17 Abs. 4 i.V.m. § 15 BNatSchG sowie § 34 Abs. 5 BNatschG einzureichenden Unterlagen (Rdn. 20). Durch ihre Auslegung wird insbesondere die Anstoßfunktion gegenüber den nach Abs. 4 Satz 5 stellungnahmeberechtigten Naturschutzvereinigungen erreicht. Nach denselben Grundsätzen zu beurteilen sind **Sachverständigengutachten**, die vom Vorhabenträger eingereicht werden oder von der Anhörungsbehörde im Rahmen ihrer Ermittlungspflicht in Auftrag gegeben werden. Anlass zu ihrer Auslegung besteht dann, wenn die Anhörungsbehörde erkennt oder erkennen muss, dass ohne die Unterlagen Betroffenheit nicht oder nicht vollständig geltend gemacht werden kann bzw. Stellungnahmen nach Abs. 4 Satz 5 nicht mit der erforderlichen Sachkenntnis erstellt werden können.[120] Ggf. ist daher auch eine nachträgliche Auslegung geboten, wenn das betreffende Gutachten erst im weiteren Verlauf des Anhörungsverfahrens eingeholt wird.[121] 70

Unterlagen, deren Auslegung nicht gesetzlich angeordnet ist bzw. deren Auslegung die Anhörungsbehörde mangels Anstoßwirkung nicht für notwendig erachtet, können gleichwohl nach dem **IFG** bzw. dem **UIG** unter den darin normierten Voraussetzungen unabhängig von der Frist des § 73 Abs. 3 Satz 1 eingesehen werden. Darüber hinaus besteht für anerkannte Naturschutzvereinigungen das Akteneinsichtsrecht nach **§ 63 Abs. 1 Nr. 3 und Abs. 2 Nr. 6 BNatschG** bzgl. solcher Sachverständigengutachten, die sich unmittelbar auf naturschutzrechtliche und landschaftspflegerische Fragen beziehen.[122] Diese Gutachten sind allerdings aufgrund ihrer Anstoßfunktion für Stellungnahmen nach § 73 Abs. 4 Satz 5 regelmäßig auch gem. § 73 Abs. 3 Satz 1 auszulegen (vgl. Rdn. 70). 71

118 BVerwG, Urt. v. 31.07.2012 – 4 A 7001/11 u.a., NVwZ 2013, 297 (301); BVerwG, Urt. v. 15.12.2006 – 7 C 1/06, NVwZ 2007, 700 (701); BVerwG, Urt. v. 09.01.2006 – 4 A 2001/06, NVwZ 2007, 445 (446).

119 BVerwG, Urt. v. 06.10.2010 – 9 A 12/09, NVwZ 2011, 626 (627); BVerwG, Urt. v. 18.03.2009 – 9 A 31/07, NVwZ 2010, 63 (65); Bader/Ronellenfitsch/*Kämper*, § 73 Rn. 33.

120 BVerwG, Urt. v. 13.10.2011 – 4 A 4001/10, NVwZ 2012, 432 (434); BVerwG, Urt. v. 06.10.2010 – 9 A 12/09, NVwZ 2011, 626 (627); BVerwG, Urt. v. 18.03.2009 – 9 A 31/07, NVwZ 2010, 63 (65); BVerwG, Urt. v. 27.10.2000 – 4 A 18/99, BVerwGE 112, 140 (144); BVerwG, Urt. v. 12.12.1996 – 4 C 29/94, BVerwGE 102, 331 (338 f.); BVerwG, Urt. v. 05.12.1986 – 4 C 13/85, BVerwGE 75, 214 (226 f.).

121 BVerwG, Urt. v. 08.06.1995 – 4 C 4/94, BVerwGE 98, 339 (345); Stelkens/Bonk/Sachs/*Neumann/Külpmann*, § 73 Rn. 61 m.w.N.

122 Vgl. BVerwG, Urt. v. 31.01.2002 – 4 A 15/01, NVwZ 2002, 1103 (1104); BVerwG, Urt. v. 12.11.1997 – 11 A 49/96, BVerwGE 105, 348; VGH Bayern, Urt. v. 07.08.2001 – 8 A 01.40003, NVwZ 2002, 1264 (1265).

b) Auslegungsmodalitäten

72 Die Gemeinden haben den Plan gem. § 73 Abs. 3 Satz 1 innerhalb von drei Wochen nach Zugang **für die Dauer eines Monats** zur Einsicht auszulegen. Die Monatsfrist läuft mit dem Tag, ab dem laut Bekanntmachung (Abs. 5 Abs. 1 Satz 2 Nr. 1) die Planauslegung beginnt. Der erste Tag der Auslegung zählt nach § 31 Abs. 1 VwVfG i.V.m. § 187 Abs. 2 BGB bereits voll mit, sodass die Frist nach § 188 Abs. 2, 2. Alt. BGB an dem Tag des Folgemonats endet, der nach seiner Zahl dem ersten Tag der Auslegung vorangeht.[123] Beginnt die Auslegung am 03.03., endet am 02.04. die Frist. Dieser Fristlauf verlängert sich nicht, weil die Behörde an bestimmten Werktagen des Monats aus sachlichen Gründen generell für den Publikumsverkehr geschlossen hat.[124] Endet die Frist an einem Samstag, Sonntag oder gesetzlichen Feiertag, dann verlängert sich die Auslegung nach § 31 Abs. 3 Satz 1 VwVfG bis zum Ablauf des nächsten Werktags. Die gesetzliche Auslegungsfrist kann von der Gemeinde grundsätzlich nicht verlängert werden. Eine Ausnahme gilt nur dann, wenn die Auslegung nicht ordnungsgemäß erfolgt ist (Rdn. 76 f.).

73 Der Gesetzgeber hat die **tägliche Auslegungsdauer** nicht näher erörtert. Er hat die Regelung dieser Frage dem Organisationsermessen der Gemeinde überlassen. Daher genügt es grundsätzlich, wenn die Auslegung auf die Stunden des allgemeinen Publikumsverkehrs der Behörde begrenzt wird.[125] Die Stunden des Publikumsverkehrs dürfen allerdings nicht so bemessen sein, dass die Einsichtnahme unzumutbar beschränkt wird.[126]

c) Einsichtsberechtigung

74 Nicht ausdrücklich gesetzlich geregelt ist auch die Frage, wer in die Pläne Einsicht nehmen darf. Zum Teil wird angenommen, nur die nach Abs. 4 potentiell Einwendungsberechtigten seien zur Einsichtnahme nach Abs. 3 Satz 1 befugt.[127] Problematisch ist jedoch, wie die Voraussetzung der potenziellen Betroffenheit in der Praxis überprüft werden soll. Gegen eine Einsichtsbeschränkung sprechen ferner die Informationsansprüche nach IFG und UIG, die parallel zu § 73 Abs. 3 Satz 1 von **jedermann** geltend gemacht werden können.[128] Zudem würde eine Einsichtsbeschränkung der gesetzlichen Wertung des § 27a Abs. 1 Satz 3 zuwiderlaufen, wonach die Planunterlagen im Internet der allgemeinen Öffentlichkeit zugänglich gemacht werden sollen. Aus diesem Grund ist § 73 Abs. 3 Satz 1 so auszulegen, dass jede natürliche

---

123 GmSOGB, Beschl. v. 06.07.1972 – GmS-OGB 2/71, NJW 1972, 2035.

124 BVerwG, Urt. v. 13.09.1985 – 4 C 64/80, NVwZ 1986, 740.

125 BVerwG, Urt. v. 13.09.1985 – 4 C 64/80, BayVBl. 1986, 153; BVerwG, Urt. v. 06.08.1982 – 4 C 66/79, NJW 1984, 1250 (1252); BVerwG, Urt. v. 04.07.1980 – 4 C 25/78, DVBl 1981, 99; BVerwG, Urt. v. 22.12.1980 – 7 C 84/78, BVerwGE 61, 256 (272); OVG Hamburg, Urt. v. 18.02.2010 – 1 D 599/08, juris Rn. 31 f.

126 BVerwG, Urt. v. 22.12.1980 – 7 C 84/78, BVerwGE 61, 256 (272); BVerwG, Urt. v. 04.07.1980 – 4 C 25/78, DVBl 1981, 99.

127 Stelkens/Bonk/Sachs/*Neumann/Külpmann*, § 73 Rn. 64; *Ziekow*, § 73 Rn. 32.

128 So auch Bader/Ronellenfitsch/*Kämper*, § 73 Rn. 39.

oder juristische Person zur Einsicht befugt ist. Für UVP-pflichtige Vorhaben wird dies durch § 19 Abs. 2 i.V.m. § 2 Abs. 8 UVPG ausdrücklich angeordnet.

Die Einsichtnahme in die ausgelegten Unterlagen umfasst die Befugnis zur Durch- 75
sicht der Planunterlagen. Auch das Fertigen von Notizen, Abfotografieren von Plänen und Abschreiben von Erläuterungen muss gewährt werden. Im Interesse anderer kann die Einsichtnahmezeit allerdings ggf. angemessen beschränkt werden.[129] Die Nutzung vorhandener behördlicher Kopiergeräte auf eigene Kosten soll zugelassen und nur in Ausnahmefällen versagt werden.[130] Lässt die Behörde allgemein eine Nutzung ihrer Geräte zu, stellt die Versagung im Einzelfall eine Verletzung des Gleichheitssatzes dar und ist damit ermessensfehlerhaft. Ein Anspruch auf Überlassung von Unterlagen besteht – auch bei anwaltlicher Vertretung – nicht.[131]

d) Fehlerhafte Auslegung

In der Praxis kann es zu Fehlern bei der Planauslegung kommen. Ein Verfahrensfehler 76
kann bspw. darin bestehen, dass an einem Tag versehentlich keine Pläne ausliegen, dass die ausgelegten Planunterlagen unvollständig sind, dass die Auslegungszeiten unzumutbar kurz sind oder dass einem Einsichtberechtigten zu Unrecht der Zutritt zum Auslegungslokal verwehrt wird. Kein Fehler liegt vor, wenn in einer zusätzlich elektronischen Offenlegung nicht alle physisch ausgelegten Unterlagen abrufbar sind, die aber vollständig vor Ort ausgelegt sind. Maßgeblich ist die physische Auslegung. Die elektronische Abrufbarkeit von Unterlagen stellt lediglich einen zusätzlichen Service dar.[132]

In diesem Fall lässt es die Rechtsprechung zu, dass der Auslegungsmangel in Anwen- 77
dung des § 45 Abs. 1 Nr. 3 im Wege der **Nachholung** der Auslegung geheilt wird.[133] Die Heilung kann, wenn der Mangel rechtzeitig bemerkt wird, durch eine nachträgliche Fristverlängerung, anderenfalls durch eine erneute Planauslegung erfolgen. Die Fristverlängerung oder die erneute Auslegung ist nach Abs. 5 vorher ortsüblich bekannt zu machen. Sind von dem Mangel nur Einzelpersonen betroffen, ist auch eine Heilung durch individuelle Bekanntgabe möglich.

e) Verzicht auf die Planauslegung (Abs. 3 Satz 2)

Das Verfahren der ortsüblichen Bekanntmachung und der anschließenden Planausle- 78
gung ist zeit- und kostenaufwendig. § 73 Abs. 3 Satz 2 ermächtigt daher, die öffentliche Auslegung durch die Gelegenheit zur individuellen Planeinsicht zu ersetzen, wenn der Kreis der Betroffenen und die Vereinigungen nach Abs. 4 Satz 5 bekannt sind. Für die Entscheidung über den Auslegungsverzicht ist allein die Anhörungsbehörde

129 Kopp/Ramsauer/*Wysk*, § 73 Rn. 51.
130 Weiter Bader/Ronellenfitsch/*Kämper*, § 73 Rn. 38; *Ziekow*, § 73 Rn. 33.
131 *Ziekow*, § 73 Rn. 33 m.w.N.
132 BVerwG, Urt. v. 06.04.2017 – 4 A 2/16, Juris-Rn. 29; OVG NRW, Urt. v. 12.11.2018 – 11 D 96/16.AK.
133 BVerwG, Urt. v. 12.12.1996 – 4 C 29/94, BVerwGE 102, 331 (340); BVerwG, Urt. v. 05.12.1986 – 4 C 13/85, BVerwGE 75, 214 (227).

zuständig. Sie ist Veranlasser der Auslegung (Abs. 2) und entscheidet daher ausschließlich über das »Ob« der Auslegung bzw. deren Verzicht.[134]

79 Für den Auslegungsverzicht formuliert das Gesetz zwei **Tatbestandsvoraussetzungen.** Der Kreis der Betroffenen und Vereinigungen nach Abs. 4 Satz 5 muss bekannt sein, und die Betroffenen bzw. Vereinigungen müssen auf andere Weise Gelegenheit zur Einsichtnahme erhalten. Liegen diese Voraussetzungen vor, dann steht der Auslegungsverzicht nach Abs. 3 Satz 2 im pflichtgemäßen **Ermessen** der Anhörungsbehörde. Sie hat dabei den verwaltungsökonomischen und verfahrensbeschleunigenden Zweck der Regelung zu berücksichtigen und sich im Zweifel für den Auslegungsverzicht zu entscheiden, wenn nicht ausnahmsweise die Öffentlichkeitsbeteiligung wegen der besonderen Bedeutung des Planvorhabens geboten erscheint. Allerdings setzt ein Verzicht auf die Planauslegung voraus, dass Umweltbelange nicht betroffen sind: Bei UVP-pflichtigen Vorhaben gilt § 19 Abs. 2 UVPG, die Beteiligung der Öffentlichkeit an Vorhaben mit Umweltauswirkungen ist demnach obligatorisch.

80 Die erste Voraussetzung besteht darin, dass die **Betroffenen und Vereinigungen i.S.v. Abs. 4 Satz 5 bekannt** sind. Betroffen i.S.d. Vorschrift sind diejenigen natürlichen und juristischen Personen, die von dem Vorhaben in ihren **subjektiven Rechten** betroffen sind. Der Begriff des Betroffenen in Abs. 3 Satz 2 ist damit enger zu verstehen als der des Einwendungsberechtigten nach Abs. 4 Satz 1.[135] Es reicht aus, wenn zunächst nur der **Kreis der Betroffenen bekannt** ist und die Anschriften aller Betroffenen danach unschwer ermittelt werden können.[136] Wesentlich ist, dass das Vorhandensein weiterer Betroffener definitiv auszuschließen ist.

81 Die zweite Voraussetzung ist, dass die bekannten Betroffenen und Vereinigungen innerhalb angemessener Frist **Gelegenheit zur Einsichtnahme** in die Planunterlagen erhalten. Dabei hat die Anhörungsbehörde vergleichbare Bedingungen für die Einsichtnahme zu schaffen wie die Gemeinde bei der Planauslegung nach Abs. 3 Satz 1. Welche **Frist für die Einsichtnahme** angemessen ist, muss stets nach den Umständen des Einzelfalls beurteilt werden. Die Auslegungsdauer soll i.d.R. zwei Wochen nicht unter- und einen Monat nicht überschreiten.[137]

82 Die Betroffenen und Vereinigungen sind vor Fristbeginn von der Möglichkeit der Einsichtnahme zu **benachrichtigen.** Die Benachrichtigung muss darüber informieren, wo und in welchem Zeitraum der Plan zur Einsicht ausliegt. Weitere Hinweise sind anders als bei der Benachrichtigung nach Abs. 5 Satz 3 nicht zwingend erforderlich. Die Benachrichtigung kann formlos erfolgen, sollte aber schon aus Beweisgründen schriftlich durchgeführt werden.[138]

---

134 Wie hier Knack/Henneke/*Schink*, § 73 Rn. 85; a.A. Stelkens/Bonk/Sachs/*Neumann*/*Külpmann*, § 73 Rn. 65 (sowohl Anhörungsbehörde als auch Gemeinden sind zuständig).

135 Bader/Ronellenfitsch/*Kämper*, § 73 Rn. 40 m.w.N.; Kopp/Ramsauer/*Wysk*, § 73 Rn. 55; *Ziekow*, § 73 Rn. 35.

136 Bader/Ronellenfitsch/*Kämper*, § 73 Rn. 40; Knack/Henneke/*Schink*, § 73 Rn. 85.

137 Knack/Henneke/*Schink*, § 73 Rn. 85.

138 Stelkens/Bonk/Sachs/*Neumann*/*Külpmann*, § 73 Rn. 65.

Im Falle des Abs. 3 Satz 2 bestimmt die Anhörungsbehörde die **Einwendungsfrist** sowie die **Frist für Stellungnahmen** nach Abs. 4 Satz 5, vgl. § 73 Abs. 4 Satz 2 (i.V.m. Satz 6). Die Frist muss so bemessen sein, dass die Einwendungsberechtigten und die Vereinigungen auch dann noch angemessene Zeit zur Erhebung von Einwendungen bzw. zur Formulierung von Stellungnahmen haben, wenn sie die Pläne am letzten Tag der Auslegungsfrist einsehen. Bei Berücksichtigung der erforderlichen Überlegungs-, Formulierungs- und Postlaufzeit wird eine angemessene Frist i.d.R. ein bis zwei Wochen länger dauern als die Einsichtnahmefrist. 83

Die **Bekanntgabe der Einwendungs- bzw. Stellungnahmefrist** ist anders als die Benachrichtigung über die Planauslegung formgebunden. Sie muss nicht nur darüber informieren, bei welcher Stelle innerhalb welcher Frist Einwendungen zu erheben und Stellungnahmen abzugeben sind.[139] Nach **Abs. 4 Satz 4** ist auch eine **Rechtsbelehrung** darüber erforderlich, dass mit Ablauf der Frist alle Einwendungen ausgeschlossen sind, die nicht auf besonderen privatrechtlichen Titeln beruhen. Gem. Abs. 4 Satz 6 i.V.m. Satz 4 ist ferner darauf hinzuweisen, dass Stellungnahmen i.S.v. Abs. 4 Satz 5 nach Ablauf der Frist ebenfalls unbeachtlich sind. Ungeachtet der beschränkten Anwendbarkeit der materiellen Präklusion (Rdn. 113 ff.) ist wegen der gravierenden Folgen für die Rechtsbelehrung Schriftform erforderlich. Da die Behörden für den Zugang der Rechtsbelehrung beweispflichtig sind, sollte ein Zustellungsnachweis eingeholt werden. Sind mehr als 50 Personen betroffen, dann ist analog Abs. 5 Satz 2 Nr. 3 und 4 darauf hinzuweisen, dass zum Erörterungstermin durch öffentliche Bekanntmachung geladen werden kann (Ladungshinweis), dass bei Ausbleiben eines Beteiligten ohne ihn verhandelt werden kann (Ausbleibenshinweis) und dass der PlfB öffentlich zugestellt werden kann (Zustellungshinweis). Bei weniger als 50 Personen kann der Ausbleibenshinweis auch zusammen mit der Ladung zum Erörterungstermin erfolgen. 84

V. Einwendungsverfahren (Abs. 4)

1. Funktion

Das Einwendungsverfahren stellt nach der Planauslegung den zweiten Schritt der Bürger- und Öffentlichkeitsbeteiligung dar. Seine vorrangige **Bedeutung** besteht darin, dass alle, deren Belange gem. Abs. 4 Satz 1 durch das Vorhaben berührt werden, rechtliches Gehör erhalten.[140] Die Einreichung schriftlicher Einwendungen dient allerdings nicht nur der Interessen- und Rechtswahrung, sondern zugleich dem Ziel, die Anhörungs- und PlfBeh über entgegenstehende private und öffentliche Belange sowie über mögliche Planergänzungen und Planalternativen zu informieren. Die mit der Plf beschäftigten Behörden sollen innerhalb einer bestimmten Frist einen Überblick über die planerisch zu bewältigenden Probleme erhalten. Daher korrespondiert mit dem Einwendungsrecht eine Mitwirkungslast der Betroffenen. 85

§ 73 Abs. 4 Satz 5 stellt **Vereinigungen**, die auf Grund einer Anerkennung nach anderen Rechtsvorschriften befugt sind, ohne die Geltendmachung einer eigenen Rechtsverletzung Rechtsbehelfe gegen den PlfB einzulegen, Betroffenen gleich. Damit sind 86

139 Hierzu BVerwG, Urt. v. 09.06.2010 – 9 A 25/09, NVwZ 2011, 175 (177).

140 BVerwG, Urt. v. 12.02.1997 – 11 A 66/95, NVwZ-RR 1998, 90 (91); VGH Bayern, Urt. v. 08.03.1985 – 20 B 81 D.1, BayVBl. 1985, 399 (401).

anerkannte Umweltvereinigungen (§ 2 Abs. 1 Nr. 1 i.V.m. § 3 UmwRG) und anerkannte Naturschutzverbände (§ 64 Abs. 1 Nr. 1 BNatschG) im PlfV grundsätzlich stellungnahmebefugt. Ihre Beteiligung bezweckt zum einen die Verteidigung der von ihnen zu vertretenden Belange, zum anderen – genau wie im Rahmen von Abs. 4 Satz 1 – die Information der Anhörungs- und PlfBeh (vgl. hierzu im Einzelnen unten Rdn. 125 ff.).

87 Für UVP-pflichtige Vorhaben enthalten die §§ 18–23 UVPG als speziellere Vorschriften die maßgeblichen Vorgaben für die Beteiligung der betroffenen Öffentlichkeit. Einwendungen werden im UVPG als Äußerungen bezeichnet. Das im UVPG geregelte Verfahren geht daher den Verfahrensanforderungen des VwVfG vor, verweist aber seinerseits wieder hierauf, indem es in § 18 Abs. 1 Satz 4 UVPG vorschreibt, das Beteiligungsverfahren nach UVP den Anforderungen des § 73 Abs. 3 S. 1, Abs. 5–7 entsprechend auszugestalten. § 21 UVPG enthält eigenständige Vorgaben für das Einwendungsverfahren, so dass die Vorschriften des § 73 bei den UVP-pflichtigen Vorhaben mit denen des § 21 verzahnt sind.[141] Dies führt u. a. zur Verlängerung der Einwendungsfrist auf einen Monat oder länger anstelle von zwei Wochen nach Abschluss der Auslegung (§ 21 Abs. 2 und 3 UVPG). In Altverfahren, bei denen vor dem 16.05.2017 die UVP der Scopingtermin eingeleitet oder die UVP-Unterlagen vorgelegt worden sind, findet § 21 UVPG n. F. keine Anwendung (vgl. § 74 Abs. 2 UVPG). Es bleibt insoweit bei der Zweiwochenfrist.

2. Einwender

88 Als Einwender i.S.v. Abs. 4 Satz 1 kommen alle natürlichen und juristischen Personen in Betracht, die Bedenken, Änderungsvorschläge oder Anregungen in Bezug auf das Vorhaben vortragen wollen.[142] Einwender i.S.v. § 73 Abs. 4 Satz 1 sind nicht gleichzusetzen mit Beteiligten gem. § 13 (siehe § 72 Rdn. 13). Bei § 73 Abs. 4 Satz 1 handelt es sich vielmehr um eine spezielle, über § 13 hinausgehende Beteiligungsform.[143] Neben Bürgern sind juristische Personen des Privatrechts genauso beteiligungsfähig wie Körperschaften, Stiftungen und Anstalten des öffentlichen Rechts.[144] Beteiligungsfähig gem. Abs. 4 Satz 1 sind ferner nicht-rechtsfähige Vereinigungen, soweit ihnen ein Recht zustehen kann.[145]

3. Einwendungsbefugnis

89 Einwendungsbefugt sind nur solche Einwender, deren **Belange** durch das Vorhaben berührt werden, § 73 Abs. 4 Satz 1. Dies ist die »betroffene Öffentlichkeit« im Sinne von § 2 Abs. 9 UVPG. Das Gesetz lässt damit reine Populareinwendungen nicht zu, sondern verlangt eine individuelle Betroffenheit des Einwendungsführers. Dabei geht es aber nicht soweit, eine Beeinträchtigung subjektiver Rechte zu fordern.[146] Vielmehr

141 Kopp/Ramsauer/*Wysk*, § 73 Rn. 60.
142 Stelkens/Bonk/Sachs/*Neumann/Külpmann*, § 73 Rn. 69.
143 BVerwG, Beschl. v. 21.03.1997 – 11 VR 2/97, NVwZ-RR 1997, 663.
144 BVerwG, Beschl. v. 11.04.1995 – 4 B 61/95, NVwZ-RR 1997, 212 f.
145 BVerwG, Urt. v. 12.02.1997 – 11 A 66/95, NVwZ-RR 1998, 90 ff. (private, nicht eingetragene Wasserversorgungsgenossenschaft).
146 Bader/Ronellenfitsch/*Kämper*, § 73 Rn. 46; Stelkens/Bonk/Sachs/*Neumann/Külpmann*, § 73 Rn. 71.

lässt es eine Beeinträchtigung schutzwürdiger Belange genügen. Darunter fallen nicht nur subjektive Rechtspositionen (Rdn. 91 ff.), sondern auch soziale, kulturelle und sonstige Interessen (Rdn. 94).[147] Somit ist der Kreis der Einwendungsbefugten grundsätzlich weiter als der Kreis der nach § 42 Abs. 2 VwGO klagebefugten Personen und entspricht damit praktisch dem der »betroffenen Öffentlichkeit« i.S.v § 2 Abs. 9 UVPG, zu dem zusätzlich auch die Umweltschutzvereinigungen gehören, die nach § 73 Abs. 4 Satz 5 Betroffenen gleichgestellt sind.

Die schützenswerten Belange müssen durch das Vorhaben **berührt** werden. Eine Interessensberührung liegt schon vor, wenn bei objektiver Betrachtung die nicht ganz entfernte **Möglichkeit** besteht, dass sich das Vorhaben nachteilig auf die Interessen des Betroffenen auswirkt.[148] Dabei ist eine Prognose aufzustellen, ob noch zum Zeitpunkt der Durchführung des Planvorhabens die konkrete Möglichkeit einer Interessensbeeinträchtigung zu erwarten ist. Diese Prognose muss nicht nur zum Zeitpunkt der Einwendungserhebung, sondern auch noch zum **Zeitpunkt der Plf** vorliegen. Eine ursprünglich vorhandene Einwendungsbefugnis kann entfallen, wenn das Interesse des Einwendungsführers z.B. durch Umzug, Verkauf des Grundstücks etc. nachträglich wegfällt. 90

a) Rechtlich geschützte Belange

Unter den Begriff der »**Belange**« gem. Abs. 4 Satz 1 fallen zunächst alle **rechtlich geschützten Interessen.** Praktisch bedeutsam sind vor allem private dingliche Rechte (Grundeigentum, Erbbaurechte, Wege- und Leitungsrechte, etc.), öffentlich-rechtliche Nachbarrechte (Abstandsflächengebote, Immissionsnachbarrechte, etc.) und verfassungsmäßige Abwehrrechte aus Art. 2 Abs. 2 GG (Gesundheit), Art. 12 Abs. 1 GG (Berufsfreiheit), Art. 14 Abs. 1 GG (Eigentumsgarantie) und Art. 28 Abs. 2 GG (Planungshoheit der Gemeinde). 91

Neben dinglichen Rechten sind auch **obligatorische Rechte** im Rahmen von § 73 Abs. 4 Satz 1 geschützt, sodass nicht nur Eigentümer, sondern bspw. auch in Vorhabennähe wohnende Mieter einwendungsbefugt sind.[149] Erforderlich ist in jedem Fall, dass ein **räumlicher Bezug zum Einwirkungsbereich** des Vorhabens besteht.[150] Dieser kann auch dann gegeben sein, wenn das betreffende Grundstück zwar nicht unmittelbar vom Vorhaben betroffen ist, jedoch durch notwendige Anschlussvorhaben erfasst wird, etwa den Bau einer Straße, für die die Plf in einem separaten Abschnitt durchgeführt wird.[151] 92

---

147 Knack/Henneke/*Schink*, § 73 Rn. 99; Stelkens/Bonk/Sachs/*Neumann*/*Külpmann*, § 73 Rn. 71.

148 Kopp/Ramsauer/*Wysk*, § 73 Rn. 75; Stelkens/Bonk/Sachs/*Neumann*/*Külpmann*, § 73 Rn. 71.

149 BVerwG, Urt. v. 01.09.1997 – 4 A 36/96, BVerwGE 105, 178 (180 ff.); *Broß*, DÖV 1985, 513 (514 f.); Knack/Henneke/*Schink*, § 73 Rn. 104.

150 Kopp/Ramsauer/*Wysk*, § 73 Rn. 76.

151 Kopp/Ramsauer/*Wysk*, § 73 Rn. 76 m.w.N.

93 Die Berechtigung zur Einwendungserhebung ist nicht auf Inländer beschränkt. Vielmehr können auch in Nachbarstaaten lebende Ausländer Einwendungen erheben, wenn das Vorhaben grenzüberschreitende Auswirkungen hat.[152]

b) Soziale, ideelle und sonstige Belange

94 Zu den anerkennenswerten Belangen im Sinne von Abs. 4 Satz 1 zählen auch rechtlich nicht geschützte, **soziale, ideelle, kulturelle und sonstige Interessen.** Aus diesem Grund können etwa im Einwirkungsbereich arbeitende Arbeitnehmer und zum Unterricht kommende Schüler eine Beeinträchtigung ihrer Belange geltend machen. Für die Geltendmachung rechtlich nicht geschützter Interessen muss allerdings genauso wie im Rahmen rechtlich geschützter Belange ein von der Allgemeinheit abgrenzbarer, **individueller räumlicher Bezug zum Einwirkungsbereich** des Vorhabens vorhanden sein. Soziale Interessen können daher etwa bei einer **regelmäßigen Freizeitnutzung** in Vorhabennähe beeinträchtigt sein.[153] Auch ideelle Belange müssen einen räumlichen Bezug aufweisen, so etwa bei einem Biologen oder Geologen, wenn er lokale Forschungen betreibt, nicht aber, wenn er sich allgemein für den Erhalt einer ökologischen Umwelt einsetzt.

c) Begrenzung auf eigene Belange

95 Geltend gemacht werden können grundsätzlich nur **eigene Belange.** Nicht einwendungsbefugt ist, wer sich lediglich auf Allgemein- oder Drittinteressen beruft.[154] Auch Verbände können grundsätzlich keine Allgemein- oder Drittinteressen wahrnehmen. Eine Ausnahme bilden anerkannte Umwelt- und Naturschutzverbände, die nach § 2 Abs. 1 Nr. 1 UmwRG bzw. § 64 Abs. 1 Nr. 1 BNatSchG Rechtsbehelfe gegen PlfB einlegen können, ohne in eigenen Rechten verletzt zu sein. Sie werden aufgrund der Regelung des § 73 Abs. 4 Satz 5 Betroffenen gleichgestellt und sind im Hinblick auf umwelt- und naturschutzrechtliche Fragen stellungnahmebefugt (hierzu Rdn. 126 ff.). Teilweise wurde darüber hinaus vertreten, dass im Anwendungsbereich der UVP-Richtlinie jeder Planbetroffene sich neben der Betroffenheit in eigenen Belangen auch auf Fehler der Umweltverträglichkeitsprüfung oder einer Vorprüfung berufen könne.[155]

96 Auch **öffentlich-rechtliche Körperschaften** sind nicht berechtigt, im Rahmen von § 73 Abs. 4 Satz 1 die Interessen ihrer Mitglieder stellvertretend wahrzunehmen. Daher können **Gemeinden** Einwendungen nach Abs. 4 Satz 1 nur dann erheben, wenn sie geltend machen, als Grundstückeigentümer oder als Träger von

---

152 BVerwG, Urt. v. 17.12.1986 – 7 C 29/85, BVerwGE 75, 285 (286 ff.); Knack/Henneke/*Schink*, § 73 Rn. 101.

153 Kopp/Ramsauer/*Wysk*, § 73 Rn. 76; Stelkens/Bonk/Sachs/*Neumann/Külpmann*, § 73 Rn. 71.

154 *Papier*, NJW 1980, 313 (315); zur Frage der Geltendmachung von Verstößen gegen europäisches Umweltrecht i.R.d. UVP s.u. Rdn. 205, 213.

155 S.u. Rdn. 205.; vgl. aber enger BVerwG, Urt. v. 28.11.2019 – 7 C 2.18.

Selbstverwaltungsrechten (Planungshoheit, kommunale Aufgaben) möglicherweise berührt zu sein.[156] Sie können hingegen nicht die Beeinträchtigung einzelner privater landwirtschaftlicher oder gewerblicher Betriebe rügen.[157] Ebenso wenig können die Gemeinden Allgemeininteressen geltend machen, für deren Wahrnehmung sie nicht zuständig sind. Dies gilt etwa für Immissions- und Naturschutzfragen.[158] Nichts anderes kann für die Einwendungsbefugnis der Länder bei PlfV des Bundes gelten.[159]

d) Nicht schutzwürdige Belange

Einwendungsbefugt ist nur, wer sich auf **anerkennenswerte Interessen** beruft. Die 97
Interessen müssen zwar nicht rechtlich geschützt sein, dürfen aber auch **nicht rechtlich missbilligt** werden. Aus diesem Grund kann z.B. das Interesse am Erhalt illegal errichteter Anlagen und an der Fortführung ungenehmigter Nutzungen nicht als schutzwürdig angesehen werden.[160]

Nicht einfach zu beurteilen ist die Rechtslage, wenn ein Interessenverband im Be- 98
reich des Planvorhabens ein **Sperrgrundstück** erwirbt und dann Einwendungen nach § 73 Abs. 4 Satz 1 erhebt.[161] Ein solches Vorgehen schließt die Einwendungsbefugnis grundsätzlich nicht aus, da der Erwerb eines Grundstückes mit dem Ziel, dieses für Zwecke des Naturschutzes zu erhalten und gegen konkurrierende Nutzungen zu verteidigen, als schutzwürdig anzuerkennen ist.[162] Ein **Rechtsmissbrauch** kann allerdings dann vorliegen, wenn das Grundstück »nicht erworben wird, um die mit ihm verbundenen Gebrauchsmöglichkeiten zu nutzen, sondern nur als Mittel dient, die formalen Voraussetzungen für eine Prozessführung zu schaffen«.[163] Hierzu sind die Umstände des Grundstückserwerbs zu überprüfen. Läuft die Eigentümerstellung des Verbands danach lediglich auf eine »formale Hülle«[164] hinaus, kann die Einwendungsbefugnis

156 Kopp/Ramsauer/*Wysk*, § 73 Rn. 80 ff.; Bader/Ronellenfitsch/*Kämper*, § 73 Rn. 48.

157 BVerwG, Urt. v. 12.02.1997 – 11 A 62/95, DVBl 1997, 725 (729).

158 BVerwG, Beschl. v. 09.02.1996 – 11 VR 45/95, NVwZ 1996, 1022.

159 BVerwG, Urt. v. 14.04.1989 – 4 C 31/88, BVerwGE 82, 17 (18 ff.); Kopp/Ramsauer/*Wysk*, § 73 Rn. 80.

160 Kopp/Ramsauer/*Wysk*, § 73 Rn. 79.

161 BVerwG, Urt. v. 17.12.2013 – 1 BvR 3139/08, 1 BvR 3386/08, NVwZ 2011, 211 (212); BVerwG, Urt. v. 09.07.2008 – 9 A 14/07, NVwZ 2009, 302; BVerwG, Urt. v. 27.10.2000 – 4 A 10/99, BVerwGE 112, 135 (137); BVerwG, Urt. v. 10.04.1997 – 4 C 5/96, BVerwGE 104, 236 (239); BVerwG, Urt. v. 21.03.1986 – 4 C 48/82, BVerwGE 74, 109 (110 f.); BVerwG, Urt. v. 12.07.1985 – 4 C 40/83, BVerwGE 72, 15 (16); hierzu *Jarass*, DVBl 2006, 1329 (1334).

162 BVerwG, Urt. v. 09.07.2008 – 9 A 14/07, NVwZ 2009, 302 (304); BVerwG, Urt. v. 27.10.2000 – 4 A 10/99, BVerwGE 112, 135 (137); BVerfGE 134, 242 (287, Rn. 156 f.).

163 BVerwG, Urt. v. 27.10.2000 – 4 A 10/99, BVerwGE 112, 135 (137); ferner BVerwG, Urt. v. 25.01.2012 – 9 A 6/10, UPR 2012, 304 (306); BVerwG, Urt. v. 12.07.1985 – 4 C 40/83, BVerwGE 72, 15 (16); *Jarass*, DVBl 2006, 1329 (1334); sehr zurückhaltend BVerfGE 134, 242 (Rn. 287, 156 f.).

164 BVerwG, Urt. v. 27.10.2000 – 4 A 10/99, BVerwGE 112, 135 (138); ferner BVerwG, Urt. v. 09.07.2008 – 9 A 14/07, NVwZ 2009, 302 (304).

gem. § 73 Abs. 4 Satz 1 entfallen.[165] Ist die Grenze des Rechtsmissbrauchs nicht erreicht, so kann die Art der Nutzung des Grundstücks durch den Verband jedenfalls im Rahmen der Planabwägung berücksichtigt werden.[166] Die Thematik der Sperrgrundstücke von Umweltvereinigungen und Naturschutzverbänden dürfte sich indes durch die umfassenden Äußerungs- und Klagerechte nach dem BNatSchG und dem UmwRG weitgehend erledigt haben.

4. Inhalt und Form der Einwendung

a) Substantiierungspflicht

99 Wortlaut und Zweck des Abs. 4 Satz 1 gebieten es, bestimmte **Minimalanforderungen an den Inhalt einer Einwendung** zu stellen. Als Einwendungen können schon begrifflich nur solche Erklärungen angesehen werden, die ein sachlich **substantiiertes Vorbringen** enthalten und auf eine Verhinderung oder Modifizierung des geplanten Vorhabens abzielen.[167] Der reine Protest, das schlichte Nein gegen ein Vorhaben, reicht nicht aus. Denn damit wird der **Informationszweck** der Einwendung nicht erfüllt. Die Einwendung muss zumindest in groben Zügen erkennen lassen, **welcher persönliche Belang** als gefährdet angesehen und **welche Beeinträchtigungen** befürchtet werden.[168] Anzuknüpfen ist dabei an die ausgelegten Planunterlagen: Es kann erwartet werden, dass ein Einwender jene Einwendungen geltend macht, die sich einem **Laien** in seiner Lage erschließen.[169] Befassen sich die Planunterlagen ausführlich mit einem Belang, dessen Beeinträchtigung mit einer Einwendung geltend gemacht werden soll, müssen darauf abzielende Einwendungen entsprechend konkretisiert werden.[170] Eine Konkretisierungspflicht gilt insbesondere auch für solche Beeinträchtigungen, die für die Behörde nicht offenkundig sind und allein in der Sphäre des Betroffenen liegen.[171] Hierbei können jedoch Ausführungen, die **fachlich-technisches Wissen** erfordern, sowie

165 BVerwG, Urt. v. 25.01.2012 – 9 A 6/10, UPR 2012, 304 (306); BVerwG, Urt. v. 27.10.2000 – 4 A 10/99, BVerwGE 112, 135; VGH Bayern, Urt. v. 20.12.1988 – 20 A 88.40073, NVwZ 1989, 684.

166 BVerwG, Urt. v. 27.07.1990 – 4 C 26/87, NVwZ 1991, 781 (784); Kopp/Ramsauer/*Wysk*, § 73 Rn. 79.

167 BVerwG, Urt. v. 25.05.2016 – 3 C 2/15, juris Rn. 25; BVerwG, Urt. v. 19.02.2015 – 7 C 11/12, NVwZ 2015, 1070 (1072); BVerwG, Urt. v. 14.07.2011 – 9 A 14/10, NVwZ 2012, 180 (181).

168 BVerwG, Urt. v. 03.05.2011 – 7 A 9/09, NVwZ 2012, 47 (48); BVerwG, Urt. v. 30.01.2008 – 9 A 27/06, NVwZ 2008, 678 (679); BVerwG, Beschl. v. 28.07.2006 – 9 B 3/06, NVwZ-RR 2006, 759 (760); BVerwG, Beschl. v. 13.03.1995 – 11 VR 2/95, NVwZ 1995, 905 (907); BVerwG, Urt. v. 17.07.1980 – 7 C 101/78, BVerwGE 60, 297 (311 f.).

169 BVerwG, Urt. v. 03.05.2011 – 7 A 9/09, NVwZ 2012, 47 (48); BVerwG, Urt. v. 30.01.2008 – 9 A 27/06, NVwZ 2008, 678 (679 f.).

170 BVerwG, Beschl. v. 04.08.2011, 9 B 33/11; BVerwG, Urt. v. 30.01.2008 – 9 A 27/06, NVwZ 2008, 678 (680); OVG Nordrhein-Westfalen, Urt. v. 13.04.2011 – 11 D 37/10, UPR 2012, 32 (34).

171 BVerwG, Beschl. v. 28.07.2006 – 9 B 3/06, NVwZ-RR 2006, 759 (760).

eine **rechtliche Einordnung der Einwendungen** auch bei anwaltlicher Vertretung nicht erwartet werden.[172] Hinreichend substantiiert kann daher ggf. die Einwendung eines Grundstückseigentümers bereits schon dann sein, wenn er in groben Zügen beschreibt, in welcher Form er eine Beeinträchtigung seines Grundstückseigentums befürchtet. Dabei schadet es nicht, wenn er sich in der Nummer der Flurstücksbezeichnung vergreift, solange aus den Umständen zweifelsfrei ersichtlich ist, welches Grundstück er gemeint hat.[173] Nicht als Einwendung kann eine Rüge gelten, die die fehlende sachliche Zuständigkeit der PlfBeh bemängelt. Denn bei dem Umstand, dass eine Behörde bereits von Rechts wegen gehindert ist, eine zur Genehmigung gestellte Maßnahme einheitlich im Wege der Plf zuzulassen, handelt es sich nicht um ein sachliches Gegenvorbringen, sondern um die Reichweite der Ermächtigung der Genehmigungsbehörde, sich einer bestimmten Verfahrens- und Entscheidungsform zu bedienen.[174]

b) Einwendungsform

100 Die Einwendung ist eine **formgebundene Verfahrenshandlung.** Sie muss gem. § 73 Abs. 4 Satz 1 schriftlich oder zur Niederschrift der Behörde erfolgen. In der Sondersituation der COVID-19-Pandemie kann die Behörde die Entgegennahme einer Einwendung zur Niederschrift nach Maßgabe von § 4 PlanSiG ablehnen und stattdessen einen Zugang für die Abgabe von elektronischen Erklärung bereithalten. Hierauf ist in der Bekanntmachung hinzuweisen. Das Formerfordernis dient dazu, der Behörde möglichst schnell ein verlässliches Bild über die Person des Einwenders und den Inhalt der Einwendungen zu geben. Daher müssen – wie bei § 64 – Name und Anschrift des Einwenders so hinreichend bestimmt angegeben werden, dass kein Zweifel über seine Identität besteht.[175] Die Erhebung von Einwendungen durch einen Vertreter oder Bevollmächtigten ist zulässig.[176]

101 Das Formerfordernis bezieht sich auf das **gesamte Gegenvorbringen.** Deshalb müssen auch sämtliche Einwände im Einwendungsschreiben enthalten sein. Die Bezugnahme auf frühere, nicht mitvorgelegte Stellungnahmen genügt nicht.[177]

102 Durch das **Schriftformerfordernis** werden mündliche und fernmündliche Einlassungen ausgeschlossen.[178] Zum Schriftformerfordernis gehört regelmäßig die abschließende eigenhändige Unterschrift des Einwenders bzw. seines Vertreters oder Bevollmächtigten. Bei kommunalen Einwendungen ist die Schriftform nicht schon durch den

---

172 BVerwG, Urt. v. 03.05.2011 – 7 A 9/09, NVwZ 2012, 47 (48); BVerwG, Urt. v. 30.01.2008 – 9 A 27/06, NVwZ 2008, 678 (679 f.); BVerwG, Urt. v. 21.06.2006 – 9 A 28/05, NVwZ 2006, 1161 (1163); BVerfG, Beschl. v. 08.07.1982 – 2 BvR 1187/80, BVerfGE 61, 82 (117 f.).

173 BVerwG, Urt. v. 23.08.1996 – 4 A 30/95, Buchholz 407.4, § 17 FStrG Nr. 122.

174 BVerwG, Urt. v. 19.02.2015 – 7 C 11/12, NVwZ 2015, 1070 (1072); BVerwG, Urt. v. 14.07.2011 – 9 A 14/10, NVwZ 2012, 180 (181).

175 Kopp/Ramsauer/*Wysk*, § 73 Rn. 66.

176 Kopp/Ramsauer/*Wysk*, § 73 Rn. 66.

177 BVerwG, Urt. v. 09.02.2005 – 9 A 62/03, NVwZ 2005, 813 (815); BVerwG, Urt. v. 23.04.1997 – 11 A 7/97, BVerwGE 104, 337 (343).

178 VGH Baden-Württemberg, Urt. v. 09.11.1990 – 8 S 1431/90, NVwZ 1991, 1011 f.; Kopp/Ramsauer/*Wysk*, § 73 Rn. 66.

Gemeinderatsbeschluss, sondern erst durch ein vom vertretungsberechtigten Bürgermeister unterschriebenes Einwendungsschreiben erfüllt.[179] Da die Einwendung eine Verfahrenshandlung ist, gilt die bei Verfahrens- und Prozesshandlungen übliche Erleichterung in Bezug auf die Vorschrift des § 126 BGB. Danach können eigenhändig unterschriebene Einwendungen auch durch Telegramm, Telekopie und Telefax eingelegt werden.[180] Ferner ist die elektronische Form unter den Voraussetzungen des § 3a Abs. 2 Satz 2 zulässig.[181]

103 Einwendungen können grundsätzlich auch zur **Niederschrift** erhoben werden. In diesem Fall besteht eine Verpflichtung der Gemeinde und der Anhörungsbehörde, mündliche Einwendungen zu protokollieren. Eine Ausnahme gilt nur im Fall des Rechtsmissbrauchs.[182] Nimmt die Behörde Einwendungen nicht zu Protokoll, so ist die dadurch bedingte Verspätung nicht verschuldet und stellt einen Wiedereinsetzungsgrund dar (hierzu unten Rdn. 120).

5. Einwendungsort

104 Nach Abs. 4 Satz 1 ist die Einwendung entweder an die Gemeinde oder an die Anhörungsbehörde zu richten. Als **Adressaten der Einwendung** kommen damit nur die für den Planabschnitt zuständige Anhörungsbehörde sowie jede Gemeinde, bei der die Planunterlagen für den Planabschnitt ausgelegt worden sind, in Betracht. Auch wenn bei mehreren planauslegenden Gemeinden unterschiedliche Fristen laufen können, dürfen die Einwendungen auch bei anderen beteiligten Gemeinden erhoben werden.[183] Das Gesetz beschränkt dies nicht ausdrücklich auf die örtlich zuständige Gemeinde, die sich auch bei mittelbaren Auswirkungen nicht hinreichend ermitteln ließe. Will die Gemeinde selbst Einwendungen vorbringen, dann kann sie eigene Einwendungen nicht nur bei der Anhörungsbehörde, sondern auch bei sich selbst anbringen.[184]

6. Einwendungsfrist

105 Die Einwendung ist eine **fristgebundene Verfahrenshandlung.** Einwendungen können im Regelfall nur innerhalb der gesetzlichen Einwendungsfrist des **Abs. 4 Satz 1** erhoben werden, also vom Beginn der Auslegung bis **zwei Wochen nach dem Ende der Auslegung.** Hierdurch werden die Einwender in die Lage versetzt, ihre Einwendungen

179 BVerwG, Urt. v. 12.02.1997 – 11 A 62/95, NVwZ 1997, 997.

180 Stelkens/Bonk/Sachs/*Neumann/Külpmann*, § 73 Rn. 76.

181 Hierzu OVG Nordrhein-Westfalen, Urt. v. 19.08.2010 – 11 D 26/08.AK, NuR 2011, 67 (68 f.); VGH Bayern, Beschl. v. 15.04.2009 – 8 ZB 08.3146, UPR 2010, 74; OVG Nordrhein-Westfalen, Urt. v. 09.12.2009 – 8 D 10/08.AK, DVBl 2010, 724; Knack/Henneke/*Schink*, § 73 Rn. 113; Stelkens/Bonk/Sachs/*Neumann/Külpmann*, § 73 Rn. 76.

182 *Büllesbach/Diercks*, DVBl 1991, 469 (474); weiter Knack/Henneke/*Schink*, § 73 Rn. 113 (keine Protokollierungspflicht bei personeller Überlastung).

183 A.A. *Allesch/Häußler* in der dritten Auflage, Rn. 100; wie hier die h.M. Knack/Henneke/*Schink*, § 73 Rn. 117; Kopp/Ramsauer/*Wysk*, § 73 Rn. 70a.

184 BVerwG, Urt. v. 12.02.1997 – 11 A 62/95, BVerwGE 104, 79 (82), NVwZ 1997, 997; *Ziekow*, § 73 Rn. 51.

zu überdenken, auszuformulieren und bei der zuständigen Behörde einzureichen. Wird ausnahmsweise auf die Auslegung verzichtet, dann läuft nach **Abs. 4 Satz 2** eine behördliche Einwendungsfrist (Rdn. 83). Die schriftliche Einwendung muss bis zum Fristende der Gemeinde oder der Anhörungsbehörde zugegangen sein. Eine bei einer unzuständigen Behörde eingegangene Einwendung gilt nur dann als fristgerecht erhoben, wenn sie innerhalb der Einwendungsfrist an die zuständige Gemeinde oder Anhörungsbehörde weitergeleitet wird.[185]

Die **gesetzliche Einwendungsfrist des Abs. 4 Satz 1** dauert im Regelfall einen Monat und zwei Wochen. Nach § 21 Abs. 2 UVPG beträgt sie bei UVP-pflichtigen Vorhaben abweichend hiervon einen Monat nach Ablauf der Auslegungsfrist, wobei auch eine längere Stellungnahmefrist eingeräumt werden kann. Die Fristberechnung ist allerdings nicht ganz einfach. Zuerst muss die einmonatige Auslegungsfrist berechnet werden (Rdn. 72). Dann ist die zweiwöchige Auslauffrist hinzuzufügen. Da die Auslauffrist keine eigenständige Frist ist, gelten für ihre Berechnung die §§ 31 VwVfG, 187 Abs. 2, 188 Abs. 2, 2. Alt. BGB nur analog. Die Auslauffrist beginnt um 0.00 Uhr des auf den Ablauf der Auslegungsfrist folgenden Tages und endet um 24.00 Uhr des Tages der zweiten Woche, der nach seiner Benennung dem Tag des Ablaufs der Auslegung entspricht. Läuft die Auslegung am Dienstag, 05.03. aus, dann beginnt die Auslauffrist am Mittwoch, 06.03. um 0.00 Uhr mit der Folge, dass die gesamte Einwendungsfrist am Dienstag, 19.03. um 24.00 Uhr endet.[186] 106

Die verlängerte Frist von einem Monat nach Ablauf der Auslegungsfrist für UVP-pflichtige Vorhaben gilt nur für Vorhaben, auf die nicht noch das alte UVPG Anwendung findet, weil sie vor dem 16.05.2017 begonnen worden sind und bei denen das Scoping-Verfahren bereits vor diesem Termin eingeleitet[187] oder bei denen die Unterlagen für die UVP bereits im Wesentlichen vollständig eingereicht worden sind.[188] Für diese Altvorhaben bleibt es bei der Frist von zwei Wochen nach Auslegung. Dies dürfte auch in solchen Fällen gelten, in denen ein ergänzendes Verfahren zur Fehlerheilung (§ 75 Abs. 1a) durchgeführt wird. 107

Eine **Verlängerung der Einwendungsfrist** ist nur aus wichtigem Grund möglich. Mit dem Ziel der Verfahrensbeschleunigung und mit dem Ausschlusscharakter der Einwendungsfrist ist grundsätzlich nur eine Verlängerung vereinbar, die der Heilung von Auslegungsfehlern dient (Rdn. 77). Eine Verlängerung der zweiwöchigen Auslauffrist ist hingegen nicht möglich.[189] 108

185 Knack/Henneke/*Schink*, § 73 Rn. 117.
186 Knack/Henneke/*Schink*, § 73 Rn. 110; *Ziekow*, § 73 Rn. 52.
187 Schink/Reidt/Mitschang/*Reidt/Eckart*, UVPG § 74 Rn. 10
188 Schink/Reidt/Mitschang/*Reidt/Eckart*, § 74 UVPG Rn. 11.
189 BVerwG, Gerichtsbescheid v. 30.07.1998 – 4 A 1/98, NVwZ-RR 1999, 162; vgl. auch BVerwG, Urt. v. 03.05.2013 – 9 A 16/12, BVerwGE 146, 254 (257); Knack/Henneke/*Schink*, § 73 Rn. 110; Stelkens/Bonk/Sachs/*Neumann/Külpmann*, § 73 Rn. 80.

109 **Vor dem Beginn der Einwendungsfrist** (ggf. in einem anderen Planungsabschnitt) erhobene Einwendungen sind unbeachtlich.[190] Im Interesse der Rechtssicherheit und der Effektivität des VwVf können verfrühte Einwendungen nicht berücksichtigt werden, weil die im Erörterungstermin zu behandelnden Einwendungen einheitlich auf einen bestimmten Plan Bezug nehmen müssen. Die Einbeziehung verfrühter Einwendungen könnte zu Unklarheiten über den Kreis der Einwender und den Inhalt ihrer Einwendungen führen und würde das PlfV insoweit verzögern, als ggf. andere Akten – möglicherweise von anderen Behörden – beigezogen werden müssten.[191] Die Einwendungen müssen daher im aktuellen PlfV innerhalb der Einwendungsfrist wiederholt werden. Ein reiner Hinweis auf die Einwendung in einem vorhergehenden Verfahren reicht hierzu nicht aus.[192]

7. Einwendungspräklusion

110 Nach Ablauf der Frist eingehende Einwendungen sind gem. **§ 73 Abs. 4 Satz 3** grundsätzlich ausgeschlossen, soweit sie nicht auf besonderen privatrechtlichen Titeln beruhen. Mit dieser durch das GenBeschlG geschaffenen Regelung hat der Gesetzgeber das Prinzip der **materiellen Präklusion** in das allgemeine PlfR eingeführt.[193] Dieses Prinzip ist grundsätzlich verfassungsgemäß.[194] Es besagt, dass mit dem Ablauf der Einwendungsfrist nicht nur die verfahrensrechtliche Möglichkeit zur Erhebung von Einwendungen im behördlichen PlfV ausgeschlossen ist (formelle Präklusion), sondern auch die Geltendmachung der hinter einer Einwendung stehenden materiellrechtlichen Rechtsposition im Verwaltungsprozess (materielle Präklusion).

111 Die Einwendungspräklusion soll alle von dem Vorhaben nachteilig betroffenen Personen dazu zwingen, ihre entgegenstehenden Interessen und Rechte frühzeitig anzumelden. Dadurch soll verhindert werden, dass das Vorhaben durch eine schleppende Geltendmachung von Rechten verzögert und erschwert wird. Der **Zweck** der Einwendungspräklusion besteht in der **Beschleunigung und Effektivierung** des VwVf. Die Anhörungsbehörde soll möglichst früh ein abschließendes Bild über die dem Vorhaben entgegenstehenden Rechte und Interessen erhalten, damit sie die erforderlichen Schritte für eine umfassende planerische Problembewältigung einleiten kann

190 BVerwG, Urt. v. 09.02.2005 – 9 A 62/03, NVwZ 2005, 813 (815); OVG Sachsen, Beschl. v. 17.07.2012 – 4 A 708/10, juris Rn. 7; OVG Mecklenburg-Vorpommern, Urt. v. 22.03.2012 – 5 K 6/10, juris Rn. 146; VGH Bayern, Urt. v. 09.04.1979 – 167 VI 77, BayVBl. 1979, 625 (626); Knack/Henneke/*Schink*, § 73 Rn. 110; Stelkens/Bonk/Sachs/*Neumann/Külpmann*, § 73 Rn. 78.

191 BVerwG, Beschl. v. 28.12.2011 – 9 B 59/11, NVwZ-RR 2012, 261; BVerwG, Urt. v. 09.02.2005 – 9 A 62/03, NVwZ 2005, 813 (815); OVG Sachsen, Beschl. v. 17.07.2012 – 4 A 708/10, juris Rn. 7.

192 BVerwG, Beschl. v. 28.12.2011 – 9 B 59/11, NVwZ-RR 2012, 261.

193 BT-Drucks. 13/3995, S. 10; Knack/Henneke/*Schink*, § 73 Rn. 118.

194 BVerwG, Beschl. v. 17.10.2005 – 7 BN 1/05, NVwZ 2006, 85 (86); BVerfG, Beschl. v. 27.12.1999 – 1 BvR 1746/97, NVwZ 2000, 546; BVerwG, Urt. v. 24.05.1996 – 4 A 38/95, NVwZ 1997, 489.

(Planungsbeschleunigung). Die Einwendungspräklusion dient zugleich dem Interesse des Vorhabenträgers an einer frühzeitigen und abschließenden Klärung entgegenstehender Rechte und Interessen. Er soll die mit dem Vorhaben verbundenen rechtlichen, tatsächlichen und wirtschaftlichen Risiken einschätzen können, eine verlässliche Planungsgrundlage erhalten und gegen nachträgliche Einwendungen Dritter abgesichert sein (Planungssicherheit). Damit hat die Präklusion auch Bestandskraft ergänzende Funktion.[195]

Einwendungen, die auf **besonderen privatrechtlichen Titeln** beruhen, sind nicht ausgeschlossen. Zu diesen besonderen privatrechtlichen Titeln zählen insb. privatrechtliche Verträge mit dem Vorhabenträger und dingliche Rechte an dem von dem Vorhaben in Anspruch genommenen Grundstück (Eigentum, Dienstbarkeiten, Grundpfandrechte, Nießbrauch etc.).[196] 112

Allerdings entschied der EuGH, dass die Präklusionsvorschriften der § 73 Abs. 4 Satz 3 und § 2 Abs. 3 UmwRG **im Anwendungsbereich von UVP- und IED-Richtlinie nicht gelten**. Zwar sei weder nach Art. 11 Abs. 4 UVP-Richtlinie 2011/92/EU noch nach Art. 25 Abs. 4 IED-Richtlinie 2010/75/EU ein vorausgehendes verwaltungsbehördliches Überprüfungsverfahren ausgeschlossen, doch ließen die europarechtlichen Bestimmungen eine Beschränkung der Gründe, auf die ein gerichtlicher Rechtsbehelf gestützt werden kann, nicht zu.[197] Der EuGH räumt der materiellen Richtigkeit von Behördenentscheidungen und einer umfassenden gerichtlichen Kontrolle den Vorrang vor Rechtssicherheit und Verfahrenseffizienz ein. Das Gericht lässt allerdings Regelungen zu, die ein missbräuchliches und unredliches Vorbringen verhindern.[198] Daraufhin änderte das BVerwG seine jahrelange Rechtsprechung hinsichtlich der Präklusionswirkung im Rahmen von Vorhaben mit Umweltbezug.[199] Die Vorschrift des § 73 Abs. 4 Satz 3 ist aufgrund ihrer Unionsrechtswidrigkeit dahingehend unanwendbar, dass sie im Rahmen von europäischem Umweltrecht für alle Kläger außer Anwendung bleibt.[200] Dies hat der Gesetzgeber durch § 7 Abs. 4 UmwRG nun auch positiv normiert. In allen Klageverfahren betreffend Entscheidungen nach § 1 Abs. 1 Nr. 1a bis 2b UmwRG – dies sind die UVP-pflichtigen Vorhaben sowie die Vorhaben, bei denen nach Vorprüfung im Einzelfall eine UVP-Pflicht bestehen kann – ist § 73 113

195 BVerwG, Urt. v. 17.07.1980 – 7 C 101/78, BVerwGE 60, 297 (303 f.).

196 Stelkens/Bonk/Sachs/*Neumann/Külpmann*, § 73 Rn. 99.

197 EuGH, Urt. v. 15.10.2015 – C-137/14 (Europäische Kommission/Deutschland), NVwZ 2015, 1665 (1669); vgl. hierzu *Fellenberg*, NVwZ 2015, 1721; *Siegel*, NVwZ 2016, 337 (339 f.); *Zeissler/Schmitz*, UPR 2016, 1.

198 EuGH, Urt. v. 15.10.2015 – C-137/14 (Europäische Kommission/Deutschland), NVwZ 2015, 1665 (1670).

199 BVerwG, Urt. v. 22.10.2015 – 7 C 15/13, NVwZ 2016, 308 (310); bereits offengelassen in BVerwG, Beschl. v. 07.01.2015 – 4 C 13/14, DVBl 2015, 434 (435); BVerwG, Beschl. v. 16.09.2014 – 7 VR 1/14, NVwZ 2015, 82 (84); vorher die Unionsrechtskonformität bejahend beispielhaft noch zu § 17a Nr. 7 Satz 2 FStrG a.F. in BVerwG, Urt. v. 14.07.2011 – 9 A 12.10, NVwZ 2012, 180 (182 f.).

200 Vgl. Bader/Ronellenfitsch/*Kämper*, § 73 Rn. 58; Kopp/Ramsauer/*Wysk*, § 73 Rn. 89; Siegel, NvwZ 2016, 337;.

Abs. 4 Satz 3 bis 8 nicht anwendbar. Dies gilt auch für die Präklusion nach Abs. 8 bei Änderungen des ausgelegten Plans. Der Ausschluss der Präklusion gilt umfassend und beschränkt sich nicht auf umweltbezogene Einwendungen.

Die Entscheidung des EuGH entwertete einen wesentlichen Verfahrensvorteil des deutschen Planfeststellungsrechts. Ob der Gesetzgeber ihr folgend wirklich gänzlich auf die Präklusion verzichten musste, erscheint angesichts der späteren Ausführungen des EuGH zur Auslegung derselben Vorschriften im Zusammenhang mit dem österreichischen Recht fraglich. Dort führte der EuGH aus, dass das nationale Recht verlangen könne, dass von dem Recht, Einwendungen zu erheben, bereits im Verwaltungsverfahren Gebrauch gemacht werden müsse und eine hieran anknüpfende Ausschlussregelung gerechtfertigt sein könne, soweit der Grundsatz der Verhältnismäßigkeit geachtet werde.[201] Die Konzentration des Sachvortrags auf das Einwendungsverfahren verhalf zur **frühzeitigen Erkenntnis**. Der Wegfall der Präklusion birgt nun die Gefahr besonderer Fehlanreize. Je nach Motivlage der Beteiligten kann es sich auszahlen, Erkenntnisse zunächst noch gar nicht zu gewinnen oder noch nicht in vollem Umfange in das Verfahren einzubringen. Der EuGH lässt es zu, durch verwaltungsprozessuale Regelungen missbräuchliches Verhalten zu sanktionieren. Dies ist nun auch in § 5 UmwRG gesetzlich normiert.[202] Eine derartige Missbrauchsregelung beseitigt derartige Fehlanreize nicht. Sie wird nur Extremfällen begegnen können. Einen gewissen Ausgleich für die Konzentration des Streitstoffs bietet die gemeinsam mit § 7 Abs. 4 UmwRG eingeführte Klagebegründungsfrist in § 6 UmwRG, die im Anwendungsbereich des UmwRG Klägern aufgibt, binnen einer Frist von 10 Wochen ab Klageerhebung sämtliche zur Begründung ihrer Klage dienenden Tatsachen und Beweismittel anzugeben und eine materielle Präklusion im Klageverfahren begründet.

a) Tatbestandsvoraussetzungen

114 Die materielle Präklusion ist an drei **tatbestandliche Voraussetzungen** geknüpft. Auf den Einwendungsausschluss muss erstens ordnungsgemäß **hingewiesen** worden sein. Zweitens muss für den Betroffenen während der Einwendungsfrist die **Möglichkeit der ausreichenden Kenntnisnahme** des geplanten Vorhabens bzw. der eigenen Betroffenheit bestanden haben. Die Einwendung muss drittens **nach Ablauf der Frist** erhoben worden sein, ohne dass für die subjektive Verspätung Wiedereinsetzung nach § 32 zu gewähren ist.

aa) Hinweis auf die Präklusion

115 Die erste Voraussetzung des **ordnungsgemäßen Hinweises** ergibt sich aus **§ 73 Abs. 4 Satz 4 und Abs. 5 Satz 2 Nr. 2, Satz 3.** Aus der Gesamtschau dieser Vorschriften folgt, dass die Präklusionswirkung nur dann eintreten soll, wenn der Betroffene aufgrund der öffentlichen Bekanntmachung oder der individuellen Benachrichtigung erkennen

201 EuGH, Urt. v. 20.10.2017 – Rs. C-664/15 – *Protect,* Rn. 89 f.
202 EuGH, Urt. v. 15.10.2015 – C-137/14 (Europäische Kommission/Deutschland), NVwZ 2015, 1665 (1670).

kann, innerhalb welcher Frist er bei welcher Stelle Einwendungen erheben muss und welche Folgen die Fristversäumnis hat. Diese drei Informationen sind so wesentlich, dass ihr Vorliegen **Wirksamkeitsvoraussetzung der Präklusion** ist und ihr Fehlen bzw. mangelhafte Angaben nicht lediglich als Wiedereinsetzungsgrund angesehen werden können. Präklusionswirkung kann daher nur dann eintreten, wenn in der Bekanntmachung der Auslegung (Abs. 5) bzw. der Einwendungsfrist (in den Fällen des Abs. 4 Satz 2 i.V.m. Abs. 3 Satz 2) auf die Präklusion hingewiesen wird und die Bekanntmachung ihrerseits formell und inhaltlich den gesetzlichen Vorgaben entspricht.[203]

bb) Möglichkeit der Einwendungserhebung

Präklusion tritt nur ein, wenn für den Einwender während der Einwendungsfrist die **Möglichkeit der Einwendungserhebung** bestand. Dies setzt voraus, dass von dem geplanten Vorhaben sowie der eigenen Betroffenheit in ausreichendem Maße Kenntnis erlangt werden konnte. Diese Möglichkeit kann insbesondere bei nur unvollständiger oder ansonsten fehlerhafter Auslegung der Planunterlagen fehlen (Rdn. 76 f.), wenn der Einwender hierdurch daran gehindert war, seine Einwendungen fristgemäß zu erheben.[204] 116

Die Möglichkeit der Einwendungserhebung besteht ferner nicht bei solchen Einwendungen, die objektiv betrachtet von jedermann erst nach Ablauf der Einwendungsfrist erhoben werden können. Dazu gehören etwa Einwendungen, zu deren Erhebung erst aufgrund neuer wissenschaftlicher Erkenntnisse Anlass besteht.[205] Auch unvorhersehbare Gesundheitsschäden, die infolge des Vorhabens nach Ablauf der Einwendungsfrist eintreten, gehören dazu.[206] In diesen Fällen der objektiven Unmöglichkeit fristgemäßer Einwendungserhebung wäre ein Verweis auf die Wiedereinsetzung nach § 32 unverhältnismäßig, auch wenn hierfür das dem PlfV zugrundeliegende Ziel der Verfahrenskonzentration angeführt werden könnte.[207] 117

Die Möglichkeit der Kenntnisnahme des Vorhabens während der Einwendungsfrist besteht ferner nicht für solche Personen, die erst im Anschluss an den Fristablauf geboren werden.[208] Erwirbt jemand nach Ablauf der Einwendungsfrist von der Planung 118

203 BVerwG, Beschl. v. 11.02.2000 – 4 VR 17/99, juris Rn. 21; BVerwG, Beschl. v. 12.02.1996 – 4 A 38/95, NVwZ 1997, 171 (172 f.); Stelkens/Bonk/Sachs/*Neumann*, § 73 Rn. 91.

204 In diesem Sinne wohl BVerwG, Beschl. v. 12.02.1996 – 4 A 38/95, NVwZ 1997, 171 (172); ferner Bader/Ronellenfitsch/*Kämper*, § 73 Rn. 59; Kopp/Ramsauer/*Wysk*, § 73 Rn. 90a.

205 Vgl. BVerwG, Urt. v. 17.07.1980 – 7 C 101/78, BVerwGE 60, 297 (308 f.); ferner Ule/Laubinger/Repkewitz/*Storost*, BImSchG, § 10 Rn. D 62; Böhm/Koch/Pache/*Roßnagel/Hentschel*, GK-BImSchG, § 10 Rn. 333; Feldhaus/*Czajka*, BImSchG, § 10 Rn. 67.

206 Vgl. Ule/Laubinger/Repkewitz/*Storost*, BImSchG, § 10 Rn. D 62.

207 In diese Richtung wohl BVerwG, Urt. v. 17.07.1980 – 7 C 101/78, BVerwGE 60, 297 (309).

208 Böhm/Koch/Pache/*Roßnagel/Hentschel*, GK-BImSchG, § 10 Rn. 334; a.A. Feldhaus/*Czajka*, BImSchG, § 10 Rn. 70.

betroffenes Grundeigentum, muss er sich das Verhalten seines Rechtsvorgängers allerdings zurechnen lassen.[209] Der **Rechtsnachfolger** erwirbt präklusionsbelastetes Eigentum, wenn sein Rechtsvorgänger keine Einwendungen erhoben hat. Andererseits kann er die vom Rechtsvorgänger erhobenen Einwendungen fortführen.[210]

cc) **Fristversäumnis/Keine Wiedereinsetzung in den vorigen Stand**

119 Die dritte Tatbestandsvoraussetzung ist die **Versäumnis der Einwendungsfrist.** Mit dem Ablauf des letzten Tages der Einwendungsfrist tritt »ex lege« die Präklusionswirkung ein. Dabei steht es der Fristversäumnis gleich, wenn die Einwendung zwar fristgerecht erhoben, später aber zurückgenommen oder für erledigt erklärt wird.[211]

120 Die Präklusionsregelung des Abs. 4 Satz 3 greift unabhängig davon ein, ob die Fristversäumnis verschuldet war oder nicht. In allen Fällen, in denen der Einwender **ohne Verschulden** an der fristgerechten Geltendmachung seiner Einwendung gehindert war, kommt jedoch die Möglichkeit der **Wiedereinsetzung** in den vorigen Stand nach § 32 in Betracht. Dabei muss sich der Beteiligte nicht nur eigenes Verschulden, sondern auch Verschulden seines Vertreters zurechnen lassen (§ 32 Abs. 1 Satz 2). Verschulden liegt vor, wenn jemand die aus der Sicht eines gewissenhaften, seine Rechte und Pflichten sachgerecht wahrnehmenden Beteiligten objektiv gebotene und ihm subjektiv zumutbare Sorgfalt außer Acht lässt.[212] Wann dies der Fall ist, muss im Einzelfall entschieden werden. So können etwa Fehlinformationen im Rahmen einer ansonsten ordnungsgemäßen Bekanntmachung einen Wiedereinsetzungsgrund darstellen, wenn hieraus eine unverschuldete Fristversäumnis des Einwenders resultiert. Dies ist bspw. dann gegeben, wenn die Behörde einer Gemeinde gegenüber versichert, sie könne Einwendungen in der (längeren) Frist des Abs. 2 und 3a Satz 1 erheben und die Gemeinde daraufhin verspätet Einwendungen erhebt.[213]

121 Liegen keine von der Behörde verursachten Fehlvorstellungen des Einwenders vor, hat es regelmäßig der Betroffene zu vertreten, wenn er die Einwendungsfrist verstreichen lässt. Denn der Einzelne hat die Obliegenheit, sich über die seine Interessen berührenden lokalen Vorhaben in den dafür rechtlich vorgesehenen Publikationsorganen zu informieren. Diese Obliegenheit ist auch dann verletzt, wenn ein Vorhaben ausschließlich im dafür vorgesehenen amtlichen Verordnungsblatt und nicht in der

---

209 BVerwG, Urt. v. 17.07.1980 – 7 C 101/78, BVerwGE 60, 297 (315); Bader/Ronellenfitsch/*Kämper*, § 73 Rn. 62; Kopp/Ramsauer/*Wysk*, § 73 Rn. 90a.

210 BVerwG, Beschl. v. 12.11.1992 – 7 ER 300/92, NVwZ 1993, 266 (267).

211 BVerwG, Beschl. v. 17.02.1997 – 4 VR 17/96, LKV 1997, 328; *Vallendar*, UPR 1998, 81 (87).

212 BVerwG, Beschl. v. 05.02.1990 – 9 B 506/89, NJW 1990, 3103; BVerwG, Urt. v. 08.03.1983 – 1 C 34/80, NJW 1983, 1923 (1924); BVerwG, Urt. v. 24.05.1975 – VI C 231/73, NJW 1975, 1574; OVG Nordrhein-Westfalen, Urt. v. 19.08.2010 – 11 D 26/08.AK, NuR 2011, 67 (69).

213 OVG Bremen, Urt. v. 18.02.2010 – 1 D 599/08, juris Rn. 37; VGH Baden-Württemberg, Urt. v. 06.07.2004 – 5 S 1706/03, NuR 2006, 298 (299).

Tagespresse publiziert wird (vgl. Rdn. 55).[214] Die mangelnde Gewährung von Akteneinsicht (z.B. nach § 72 Abs. 1 i.V.m. § 29) ist dann kein ausreichender Grund für eine verspätete Einwendungserhebung, wenn eine sachkundige Einwendung allein aufgrund der Einsicht in die ausgelegten Planunterlagen möglich war.[215]

b) Rechtsfolge

Die **Rechtsfolge** des Prinzips der materiellen Präklusion besteht nach Abs. 4 Satz 3 122
darin, dass der Einwender mit seinem verspäteten Vorbringen grundsätzlich ausgeschlossen ist. Da Abs. 4 Satz 3 eine **materielle Präklusion** (Verwirkungspräklusion) normiert, ist der Betroffene nicht nur im PlfV, sondern auch im Rahmen der gerichtlichen Geltendmachung seiner Interessen mit den verspäteten Einwendungen präkludiert.[216] Die PlfBeh ist daran gehindert, durch stillschweigende Berücksichtigung der Einwendung oder durch unzutreffende Gewährung von Wiedereinsetzung die verwirkte Klagebefugnis wiederherzustellen.[217] Die Behörde ist indes nicht gehindert, im Rahmen der Amtsermittlung Belangen nachzugehen, die sich ihr aufdrängen, wobei auch dies kein Klagerecht begründet.[218]

Die Präklusion **umfasst** alle Einwendungen, die der Betroffene entweder gar nicht 123
oder in unsubstantiierter und damit nicht den inhaltlichen Anforderungen des Abs. 4 Satz 1 entsprechender Weise erhoben hat (hierzu Rdn. 89 ff.).[219] Präzisierungen und Ergänzungen von Einwendungen sind zwar grundsätzlich zulässig.[220] Diese können jedoch nicht dazu dienen, völlig neue Einwendungen zu erheben oder unsubstantiierte Einwendungen zu »heilen«. Hat ein Einwender z.B. im Rahmen seiner Einwendung eine zu hohe Lärmbelastung seines Grundstücks behauptet, kann er ein privates Schallschutzgutachten nachreichen. Hingegen kann jemand, der sich bislang nur für den Schutz von Natur und Umwelt eingesetzt hat, nachträglich keine Eigentümerinteressen geltend machen.[221]

---

214 BVerfG, Beschl. v. 27.12.1999 – 1 BvR 1746/97, NVwZ 2000, 546 (547); BVerwG, Urt. v. 23.04.1997 – 11 A 7/97, NVwZ 1998, 847 (848).

215 Vgl. BVerwG, Beschl. v. 18.11.1996 – 11 VR 2/96, NVwZ 1997, 993 (zur Begründungsfrist für einen Antrag nach § 80 Abs. 5 VwGO).

216 Vgl. BVerwG, Urt. v. 30.05.2012 – 9 A 35/10, NVwZ 2013, 147 (148); BVerwG, Urt. v. 09.06.2010 – 9 A 25/09, NVwZ 2011, 175 (177); BVerwG, Gerichtsbescheid v. 16.03.1998 – 4 A 31/97, NuR 1998, 647; BVerwG, Urt. v. 24.05.1996 – 4 A 38/95, DVBl 1997, 51; BVerwG, Beschl. v. 13.03.1995 – 11 VR 5/95, NVwZ 1995, 904 m.w.N.

217 BVerwG, Beschl. v. 18.12.2012 – 9 B 24/12, juris Rn. 6; BVerwG, Urt. v. 17.07.1980 – 7 C 101/78, BVerwGE 60, 297 (314 f.); OVG Nordrhein-Westfalen, Urt. v. 19.08.2010 – 11 D 26/08.AK, NuR 2011, 67 (69).

218 BVerwG, Urt. v. 01.04.2005 – 9 VR 5/05, juris Rn. 5.

219 Vgl. u.a. BVerwG, Urt. v. 22.09.2004 – 9 A 59/03, NVwZ 2005, 218 (219); BVerwG, Urt. v. 24.09.2003 – 9 A 69/02, NVwZ 2004, 340 (341); BVerwG, Beschl. v. 13.03.1995 – 11 VR 2/95, NVwZ 1995, 905 (907).

220 Mann/Sennekamp/Uechtritz/*Lieber*, § 73 Rn. 262.

221 BVerwG, Beschl. v. 13.03.1995 – 11 VR 5/95, NVwZ 1995, 904 (905); ferner u.a. BVerwG, Beschl. v. 13.03.1995 – 11 VR 2/95, NVwZ 1995, 905 (907).

124 Die Präklusionswirkung ist grundsätzlich auf den **Verfahrensgegenstand** beschränkt. Er reicht nicht weiter als die Bestandskraft des späteren PlfB.[222] Das bedeutet, dass der Einwendungsausschluss sich nur auf das Vorhaben bezieht, das sich aus den ausgelegten Plänen ergibt. Wird der ausgelegte Plan geändert und wird jemand durch die Planänderung nach § 73 Abs. 8 oder nach § 76 erstmals, anders oder stärker in seinem Interesse berührt, dann greift der Einwendungsausschluss nicht mehr. Da die Präklusion die Bestandskraft des PlfB stärken soll, endet die Präklusionswirkung auch dort, wo die Bestandskraft des PlfB ein Ende findet. Sie steht daher der Geltendmachung der Nichtigkeit eines PlfB nicht entgegen.[223] Ferner hindert sie einen Antrag auf Rücknahme oder Widerruf des PlfB nicht (hierzu § 72 Rdn. 28 f.).[224] Vom Einwendungsausschluss sind auch nicht von Amts wegen zu beachtende Voraussetzungen der Plf inbegriffen. Bei der Rüge fehlender sachlicher Zuständigkeit der PlfBeh handelt es sich schon nicht um eine Einwendung, sodass insoweit eine Präklusion nicht möglich ist (Rdn. 99).[225] Nochmals festzuhalten ist, dass die Präklusionsvorschrift für die Einwender in nicht umweltrelevanten Vorhaben weiterhin anwendbar bleibt.[226]

8. Beteiligung anerkannter Umwelt – und Naturschutzvereinigungen

125 Nach der durch das PlVereinhG geschaffenen Regelung des § 73 Abs. 4 Satz 5 können Vereinigungen, die auf Grund einer **Anerkennung** nach anderen Rechtsvorschriften befugt sind, **Rechtsbehelfe** gegen die Planungsentscheidung nach § 74 einzulegen, **Stellungnahmen** zu dem Plan abgeben. Die Vorschrift ermöglicht daher **anerkannten Umweltvereinigungen** (vgl. § 2 Abs. 1 Nr. 1 UmwRG) **und Naturschutzverbänden** (vgl. § 64 Abs. 1 Nr. 1 BNatSchG), im PlfV zu den umwelt- und naturschutzrechtlichen Auswirkungen eines Vorhabens Stellung zu nehmen, ohne dass sie eine eigene Betroffenheit geltend machen müssen. Vereinigungen, die sich noch im Anerkennungsverfahren befinden, sind nach Maßgabe von § 2 Abs. 2 UmwRG rechtsbehelfsbefugt und ebenfalls zu beteiligen. Soweit Vereinigungen nach Abs. 4 Satz 5 die Verletzung eigener Belange geltend machen (etwa die Beeinträchtigung von Grundstückseigentum), gilt für sie die Einwendungsregelung des Abs. 4 Satz 1.[227]

a) Verfahrensrechtliche Gleichstellung

126 Die Vorschrift des § 73 Abs. 4 Satz 5 ist Teil der durch das PlVereinhG geschaffenen grundsätzlichen **verfahrensrechtlichen Gleichstellung** anerkannter Umwelt- und Naturschutzverbände mit Betroffenen im PlfV. Zuvor waren die Beteiligungsrechte anerkannter Umwelt- und Naturschutzverbände nur in einzelnen Fachplanungsgesetzen (vgl. § 18a Nr. 2 und 3 AEG a.F., § 17a Nr. 2 und 3 FStrG a.F., § 2 Nr. 2 und 3

222 BVerwG, Urt. v. 17.07.1980 – 7 C 101/78, BVerwGE 60, 297 (307 f.).
223 BVerwG, Urt. v. 17.07.1980 – 7 C 109/78, DVBl 1980, 1009.
224 BVerwG, Urt. v. 17.07.1980 – 7 C 101/78, BVerwGE 60, 297 (308).
225 BVerwG, Urt. v. 19.02.2015 – 7 C 11/12, NVwZ 2015, 1070 (1072); BVerwG, Urt. v. 14.07.2011 – 9 A 14/10, NVwZ 2012, 180 (181).
226 Vgl. Bader/Ronellenfitsch/*Kämper*, § 73 Rn. 58; Kopp/Ramsauer/*Wysk*, § 73 Rn. 89.
227 BT-Drucks. 17/9666, Begründung S. 19.

MBPlG a.F., § 14a Nr. 2 und 3 WaStrG a.F., § 43a Nr. 2 und 3 EnWG a.F.) sowie für Naturschutzverbände zusätzlich in § 63 BNatSchG geregelt. Durch das PlVereinhG wurden die fachplanungsrechtlichen Einzelvorschriften aufgehoben und die Beteiligungsrechte innerhalb des § 73 an die von Betroffenen angeglichen. Diese Gleichstellung beinhaltet zunächst, dass anerkannte Umwelt- und Naturschutzverbände grundsätzlich wie Betroffene durch **ortsübliche Bekanntmachung** über die Auslegung des Plans informiert werden, vgl. § 73 Abs. 5 Satz 2 Nr. 2 und Nr. 4 Buchst. a. Sie haben ihre Stellungnahmen dann gem. § 73 Abs. 4 Satz 6 innerhalb der gesetzlichen **Frist** des Abs. 4 Satz 1 bzw. der behördlichen Frist nach Satz 2 bzw. bei UVP-pflichtigen Projekten des § 21 Abs. 2, 3 UVPG abzugeben. Für verspätete Stellungnahmen gilt gem. Abs. 4 Satz 6 die **Präklusion** des Abs. 4 Satz 3, auf die nach Abs. 4 Satz 6 i.V.m. Satz 4 hinzuweisen ist. Allerdings ist auch hier § 7 Abs. 4 UmwRG zu beachten, sodass Frist und Präklusion für Umweltverbände im wichtigsten Fall ihrer Beteiligungsrechte, bei UVP-pflichtigen und UVP-vorprüfungspflichtigen Vorhaben (§ 1 Abs. 1 Nr. 1a bis 2b UmwRG) für das Rechtsbehelfsverfahren unanwendbar bleiben; die Vorschrift beschränkt sich daher auf eine formelle Präklusion für das Verwaltungsverfahren, beschränkt aber Klagemöglichkeiten nicht. Die verfahrensrechtliche Parallelität zu den Betroffenenrechten setzt sich im anschließenden **Erörterungstermin** fort (vgl. § 73 Abs. 6 Satz 1 und 3). Gleiches gilt für das **Planänderungsverfahren** nach Abs. 8 Satz 1.

b) Umfang der Stellungnahmebefugnis nach Abs. 4 Satz 5

Stellungnahmen nach Abs. 4 Satz 5 dienen nicht der Darlegung eigener Betroffen- 127
heit, sondern jener Belange, die die jeweilige Vereinigung aufgrund ihrer Anerkennung nach anderen Rechtsvorschriften im Wege der **Verbandsklage** gegen den PlfB geltend machen kann.[228] **Anerkannte Umweltvereinigungen** sind daher im Rahmen von Abs. 4 Satz 5 auf die Rüge der Verletzung von Rechtsvorschriften, die dem **Umweltschutz dienen** und **für den PlfB von Bedeutung** sein können, beschränkt (vgl. § 2 Abs. 1 Nr. 1 i.V.m. § 3 UmwRG). **Anerkannte Naturschutzverbände** können Stellungnahmen bezüglich **naturschutzrechtlicher Beeinträchtigungen** i.S.v. **§ 64 Abs. 1 Nr. 1** abgeben. Ferner sind sie als Teil der nach § 3 UmwRG anerkannten Umweltschutzvereinigungen (vgl. § 3 Abs. 1 Satz 3, Halbs. 2 UmwRG) auch zur Stellungnahme hinsichtlich der in § 2 Abs. 1 Nr. 1 UmwRG normierten Belange befugt.[229]

c) Substantiierungspflicht

Welche Anforderungen an die **Substantiierung** einer Stellungnahme nach Abs. 4 128
Satz 5 zu stellen sind, hängt wie auch im Rahmen von Abs. 4 Satz 1 in erster Linie davon ab, wie detailliert die **ausgelegten Unterlagen** auf die jeweiligen umwelt- und

228 BT-Drucks. 17/9666, Begründung S. 19.

229 Hierzu VGH Bayern, Urt. v. 23.06.2009 – 8 A 08.40001, NuR 2010, 214; Frenz/Müggenborg/*Heselhaus*, BNatschG, § 64 Rn. 45 f.; Schlacke/*Schlacke*, BNatSchG, § 64 Rn. 70.

naturschutzrelevanten Belange eingehen.[230] Angesichts der knappen Frist des Abs. 4 Satz 1 dürfen die Anforderungen an den Inhalt der Stellungnahmen allerdings nicht überspannt werden.[231] Gleichwohl ist der Maßstab ein anderer als im Rahmen der Einwendungserhebung nach Abs. 4 Satz 1,[232] da bei stellungnahmebefugten Vereinigungen **Sachkunde** im Hinblick auf die von ihnen zu verteidigenden Belange vorausgesetzt werden kann. Die Rechtsprechung des EuGH zur Präklusion führt im Ergebnis dazu, dass nunmehr keine wesentlichen Nachteile mehr für die Umweltvereinigungen drohen, wenn ihr Vortrag nicht den Anforderungen der Rechtsprechung an ihre Substantiierungslast entspricht und erst im Verwaltungsprozess konkretisiert wird. Hier allerdings haben sie die Klagebegründungsfrist nach § 6 UmwRG zu beachten.

d) Verhältnis zu Stellungnahmen nach BNatSchG

129 Neben der Stellungnahmebefugnis gem. Abs. 4 Satz 5 bleibt die Vorschrift des **§ 63 Abs. 1 Nr. 3, Abs. 2 Nr. 6 BNatSchG**, die für anerkannte Naturschutzverbände ein Recht zur **Stellungnahme** im PlfV vorsieht, grundsätzlich bestehen.[233] Sie wird allerdings durch die Regelungen des VwVfG teilweise verdrängt: Durch die ortsübliche Bekanntmachung der Planauslegung (§ 73 Abs. 5 Satz 2 Nr. 2 und Nr. 4 Buchst. a entfällt zunächst die Pflicht der Behörde, anerkannte Naturschutzvereinigungen im Rahmen der Beteiligung nach § 63 Abs. 1 Nr. 3 BNatSchG individuell über die Auslegung zu informieren.[234] Ferner verdrängt die Vorschrift des § 73 Abs. 4 Satz 6 i.V.m. Satz 3 die Präklusionsvorschrift des § 64 Abs. 2 BNatSchG i.V.m. § 2 Abs. 3 UmwRG.

VI. Erörterungsverfahren (Abs. 6, 7)

1. Zweck

130 Gem. Abs. 6 Satz 1 hat die Anhörungsbehörde nach Ablauf der Einwendungsfrist die rechtzeitig gegen den Plan erhobenen Einwendungen, die rechtzeitig abgegebenen Stellungnahmen nach Abs. 4 Satz 5 sowie die Stellungnahmen der Behörden nach Abs. 2 mit dem Vorhabenträger, den Behörden, den Betroffenen sowie denjenigen, die Einwendungen erhoben (Abs. 4 Satz 1) oder Stellungnahmen abgeben haben (Abs. 4 Satz 5), zu erörtern. Der Erörterungstermin stellt den dritten und zentralen Teil der Bürger- und Öffentlichkeitsbeteiligung dar. Er dient in erster Linie dem wechselseitigen **Informationsaustausch** und dem **gütlichen Interessenausgleich.**[235] Der Vorhabenträger soll

---

230 Vgl. zu § 73 Abs. 4 Satz 1 BVerwG, Beschl. v. 04.08.2011, 9 B 33/11; BVerwG, Urt. v. 30.01.2008 – 9 A 27/06, NVwZ 2008, 678 (680) sowie oben Rdn. 98.

231 Kopp/*Wysk*, § 73 Rn. 102.

232 Hierzu BVerwG, Urt. v. 30.01.2008 – 9 A 27/06, NVwZ 2008, 678 (679 f.); BVerwG, Urt. v. 21.06.2006 – 9 A 28/05, NVwZ 2006, 1161 (1163); BVerfG, Beschl. v. 08.07.1982 – 2 BvR 1187/80, BVerfGE 61, 82 (117 f.) sowie oben Rdn. 98.

233 Zur Reichweite des Beteiligungsrechts BVerwG, Urt. v. 01.04.2015 – 4 C 6/14, NVwZ 2015, 1532 (1533).

234 Vgl. zur bisherigen Rechtslage *Otto*, NVwZ 2007, 379 (380).

235 Bader/Ronellenfitsch/*Kämper*, § 73 Rn. 65; Knack/Henneke/*Schink*, § 73 Rn. 143; *Riesel Dieckmann*, DVBl 2010, 1343 (1345); *Ziekow*, § 73 Rn. 62.

Gelegenheit erhalten, durch Information über das Vorhaben und über die geplanten Schutzvorkehrungen Vorbehalte gegen das Projekt auszuräumen. Die Betroffenen sollen die Möglichkeit erhalten, ihre Bedenken zu formulieren, Schutzauflagen zu fordern, Planalternativen vorzuschlagen oder Entschädigungsforderungen zu stellen. Dem Erörterungstermin kommt insofern auch eine wesentliche **Anhörungsfunktion** zur Durchsetzung subjektiver Rechte zu.[236] Um dem Vorhabenträger zu ermöglichen, sich auf die Einwendungen gegen das Vorhaben einzustellen und den Erörterungstermin sachgerecht vorzubereiten, ist es zulässig, dass die Anhörungsbehörde im Vorfeld Einwendungen an den Vorhabenträger auch in nicht anonymisierter Form weitergibt.[237]

Die Anhörungsbehörde soll im Erörterungstermin als neutraler Mittler über den Stand der behördlichen Untersuchungen informieren und nach Möglichkeit einen gütlichen Interessenausgleich herbeiführen. Zugleich wird sie durch die Erörterung in die Lage versetzt, sich einen **unmittelbaren Eindruck** von den Positionen der Beteiligten zu verschaffen. Der Erörterungstermin dient insofern auch der **Vorbereitung** der Stellungnahme nach Abs. 9 und des PlfB nach § 74. Aus diesem Grund ist es auch sinnvoll, dass Vertreter der PlfBeh am Erörterungstermin teilnehmen, um bei der Feststellung des Plans nicht allein nach Aktenlage entscheiden zu müssen.[238] Abs. 6 Satz 1 hindert die Anhörungsbehörde nicht, neben oder außerhalb des Erörterungstermins Einzelfragen oder besonderen Aspekten mit dem Vorhabenträger, einzelnen Trägern öffentlicher Belange oder Einwendern zu besprechen.[239] 131

2. Pflicht zur Abhaltung des Erörterungstermins (Abs. 6 Satz 1)

Die Anhörungsbehörde ist nach Abs. 6 Satz 1 grundsätzlich **verpflichtet**, einen Erörterungstermin abzuhalten (Rechtspflicht zur Erörterung). 132

Diese grundsätzliche Pflicht zur Abhaltung des Erörterungstermins wird allerdings in nicht unerheblichem Maße durch zahlreiche fachplanungsrechtliche Vorschriften aufgeweicht, nach denen auf die Durchführung des Erörterungstermins **verzichtet** werden kann (vgl. § 18a Nr. 1 Satz 1 AEG, § 17a Nr. 1 Satz 1 FStrG, § 14a Nr. 1 WaStrG, § 2 Nr. 1 Satz 1 MBPlG, § 10 Abs. 2 Satz 1 Nr. 2 LuftVG).[240] Im Rahmen dieser Ermessensentscheidung hat die Behörde das Interesse an der Verfahrensbeschleunigung mit dem Verständigungs-, Rechtsschutz- und Vorbereitungszweck des Erörterungstermins (hierzu Rdn. 130 f.) abzuwägen. Aus der im Fachplanungsrecht verwendeten Formulierung »kann verzichten« wird allerdings deutlich, dass die in Abs. 6 Satz 1 normierte Pflicht zur Abhaltung des Erörterungstermins im Grundsatz weiter gilt und Abweichungen der besonderen Rechtfertigung 133

236 Kopp/Ramsauer/*Wysk*, § 73 Rn. 114; *Riese/Dieckmann*, DVBl 2010, 1343 (1345); Stelkens/Bonk/Sachs/*Neumann/Külpmann*, § 73 Rn. 112.

237 BVerwG, Beschl. v. 14.08.2000 – 11 VR 10/00, NVwZ-RR 2000, 760; hierzu *Durner*, UPR 2003, 262 (267 f.).

238 Kopp/Ramsauer/*Wysk*, § 73 Rn. 127; Stelkens/Bonk/Sachs/*Neumann/Külpmann*, § 73 Rn. 127.

239 VGH Bayern, BayVBl 2007, 465 (466).

240 Hierzu *Riese/Dieckmann*, DVBl 2010, 1343 (1345); kritisch *Cancik*, DÖV 2007, 107.

bedürfen.[241] Ein Verzicht kommt daher u.a. dann in Betracht, wenn sich die Behörde vom Erörterungstermin **keine wesentlich neuen Erkenntnisse** verspricht.[242] Dies kann bspw. in konfliktarmen Fällen der Fall sein, in denen keine (fristgemäßen) Einwendungen oder Stellungnahmen nach Abs. 4 Satz 1 und 5 eingegangen sind.[243]

134 Problematischer ist die Konstellation, in der die Behörde auf eine Erörterung verzichtet, weil sie aufgrund des hohen **Konfliktpotentials** einen Interessenausgleich innerhalb der Frist des Abs. 6 Satz 7 nicht für realistisch hält. Im Rahmen dieser Prognoseentscheidung ist zu beachten, dass ein Verzicht auf die Abhaltung des Erörterungstermins dann nicht in Betracht gezogen werden kann, wenn die einvernehmliche Erledigung wenigstens **eines Teils** der erhobenen Einwendungen bzw. abgegebenen Stellungnahmen nicht auszuschließen ist.[244] In diesem Fall kommt allenfalls (als wesensgleiches Minus zum Verzicht) eine **Beschränkung** der Erörterung auf einzelne **Sachfragen** in Betracht.[245] Ein Teilverzicht auf Erörterung in Form des vorzeitigen **Ausschlusses bestimmter Personen**, von denen erwartet wird, dass sie mangels Erörterungs- und Diskursbereitschaft den Zweck der Erörterungstermin konterkarieren werden, ist allerdings im Hinblick auf Art. 3 Abs. 1 GG problematisch.[246] Milderes, gleich geeignetes Mittel dürfte regelmäßig sein, zunächst den Verlauf der Erörterung abzuwarten und erst dann ggf. mit ordnungswahrenden Maßnahmen des Verhandlungsleiters zu reagieren (hierzu Rdn. 155 ff.).[247] Ein ermessensfehlerhafter Verzicht auf eine Erörterung begründet in der Regel keinen durchgreifenden Verfahrensfehler, es sei denn, dass die mangelnde mündliche Erörterung dazu geführt hätte, dass ein Belang wegen fehlender mündlicher Erörterung nicht erkannt oder nicht richtig abgewogen worden ist. Wegen der materiellen Einwendungspräklusion kommt substantiell neues Vorbringen in der mündlichen Erörterung dann nicht in Betracht, wenn es nicht um Vorhaben im Anwendungsbereich der UVP-Richtlinie geht, auf welche § 7 Abs. 4 UmwRG zum Präklusionsausschluss Anwendung findet (Rdn. 113 ff.).

135 Der in einzelnen Fachplanungsgesetzen spezialgesetzlich ermöglichte Verzicht auf Erörterung kann auch dann erfolgen, wenn es um Umweltbelange gem. § 2 UVPG geht. Allerdings ordnet **§ 18 UVPG** im Falle der UVP-Pflichtigkeit eines Vorhabens nach § 6 UVPG ausdrücklich an, dass die betroffene Öffentlichkeit in einem den Regelungen des § 73 Abs. 3 Satz 1, Abs. 4 bis 7 entsprechenden Verfahren zu den Umweltauswirkungen des Vorhabens zu beteiligen ist. Auch soweit es also um Umweltbelange i.S.v. § 2 Abs. 1 Satz 2

---

241 So auch *Füßer/Kindler*, UPR 2012, 168 (169 f.); Knack/Henneke/*Schink*, § 73 Rn. 172; Kopp/Ramsauer/*Wysk*, § 73 Rn. 118; a.A. Stelkens/Bonk/Sachs/*Neumann/Külpmann*, § 73 Rn. 113.

242 BVerwG, Urt. v. 24.07.2008 – 4 A 3001/07, NVwZ 2009, 109 (111).

243 So ausdrücklich die Gesetzesmaterialien, vgl. BT-Drucks. 16/54, S. 30; ferner Knack/Henneke/*Schink*, § 73 Rn. 172; *Ziekow*, § 73 Rn. 62.

244 Weiter Stelkens/Bonk/Sachs/*Neumann/Külpmann*, § 73 Rn. 113; grds. gegen einen Verzicht in diesen Fällen Kopp/Ramsauer/*Wysk*, § 73 Rn. 118 m.w.N.

245 Vgl. Stelkens/Bonk/Sachs/*Bonk/Neumann/Külpmann*, § 73 Rn. 113a; zum Ganzen *Füßer/Kindler*, UPR 2012, 168 (171 f.).

246 Knack/Henneke/*Schink*, § 73 Rn. 175; für eine solche Beschränkungsmöglichkeit jedoch *Otto*, NVwZ 2007, 379 (380); Stelkens/Bonk/Sachs/*Neumann/Külpmann*, § 73 Rn. 113a.

247 Knack/Henneke/*Schink*, § 73 Rn. 175.

UVPG geht, sind die fachplanungsgesetzlichen Regelungen über den Erörterungsverzicht vor den allgemeinen Vorschriften des § 73 vorrangig.[248] Eine generelle Streichung der Verzichtsmöglichkeit in den Fachplanungsgesetzen, die gerade auch vor dem Hintergrund der Verbandsbeteiligung gefordert worden war, hat der Gesetzgeber im PlVereinhG gerade nicht vorgenommen. Hieran ändert auch die Novellierung des UVPG nichts.[249]

§ 73 Abs. 6 Satz 6 i.V.m. § 67 Abs. 2 Nr. 1 und 4 sehen die Möglichkeit eines Erörterungsverzichts für die Konstellationen vor, in denen entweder ein **ausdrückliches Einverständnis** aller am Erörterungstermin Teilnahmeberechtigten (Abs. 6 Satz 1) mit dem eingereichten Plan oder ein einvernehmlicher **Verzicht** auf den Erörterungstermin vorliegt. Gefahr in Verzug ist hingegen kein hinreichender Grund, weil das Gesetz nicht auf § 67 Abs. 2 Nr. 5 verweist.[250] Die Verzichtsregelung des § 67 Abs. 2 Nr. 1 und 4 gilt auch für die Erörterung der Umweltauswirkungen UVP-pflichtiger Vorhaben gem. 18 UVPG, da § 18 Abs. 1 Satz 3 UVPG auf § 73 Abs. 6 und damit auch auf § 67 Abs. 2 Nr. 1 und 4 verweist. Insofern kommt es ebenfalls auf das Einverständnis bzw. den einvernehmlichen Verzicht der am Erörterungstermin Teilnahmeberechtigten an. 136

Während der besonderen Situation der COVID-19-Pandemie ist es möglich, den Erörterungstermin durch eine Online-Konsultation nach § 5 Abs. 4 PlanSiG zu ersetzen. Hierbei werden den Teilnahmeberechtigten die sonst im Erörterungstermin zu behandelnden Informationen zugänglich gemacht. Die Behörde kann hierfür vom Vorhabenträger die Vorlage der notwendigen Unterlagen in einem verkehrsüblichen elektronischen Format verlangen § 5 Abs. 7 PlanSiG). Die zur Teilnahme Berechtigten erhalten Gelegenheit, sich hierzu schriftlich oder elektronisch zu äußern. Der Vorhabenträger kann einer solchen Online-Konsultation widersprechen, wenn er die Gefährdung von Betriebs- und Geschäftsgeheimnissen oder wichtiger Sicherheitsbelange befürchtet. In diesem Falle hat die Behörde das Verfahren auszusetzen bis eine Erörterung erfolgt (§ 5 Abs. 4 Satz 5 PlanSiG). Mit Einverständnis der zur Teilnahme Berechtigten kann die Online-Konsultation durch eine Telefon- oder Videokonferenz ersetzt werden (§ 5 Abs. 5 PlanSiG), über die ein Protokoll zu führen ist. 136a

3. Anspruch auf Teilnahme

Mit der Rechtspflicht der Anhörungsbehörde zur Abhaltung des Erörterungstermins nach Abs. 6 Satz 1 korrespondiert ein **gebundener subjektiver Anspruch** auf Durchführung des Erörterungsverfahrens und Teilnahme am Erörterungstermin, dessen Durchsetzung allerdings unter dem Vorbehalt des § 44a VwGO steht (unten Rdn. 194 ff.).[251] Dieses formelle **subjektiv-öffentliche Recht** steht allen nach Abs. 6 Satz 1 am Erörterungstermin Teilnahmeberechtigten zu: 137

---

248 A.A. Knack/Henneke/*Schink*, § 73 Rn. 176; wie hier die h.M. Stelkens/Bonk/Sachs/*Neumann/Külpmann*, § 73 Rn. 113c; Kopp/Ramsauer/*Wysk*, § 73 Rn. 118*; Riese/Dieckmann*, DVBl 2010, 1343 (1344); *Wickel*, UPR 2007, 101 (104); zum Ganzen auch *Diekmann*, AbfallR 2009, 133.

249 Kop/Ramsauer/*Wysk*, § 73 Rn. 118; § 63 Rn. 60.

250 *Meyer/Borgs*, § 73 Rn. 47.

251 Kopp/Ramsauer/*Wysk*, 73 Rn. 118.

- dem Vorhabenträger,
- den Einwendern, und zwar unabhängig davon, ob sie eine Betroffenheit nach Abs. 4 Satz 1 geltend machen können,[252]
- den Vereinigungen nach Abs. 4 Satz 5, wenn sie Stellungnahmen abgegeben haben,
- den Betroffenen (Rdn. 80), auch wenn sie keine Einwendungen erhoben haben,[253]
- den Drittbehörden, die Stellungnahmen nach Abs. 2 abgegeben haben.[254]

Ferner dürften auch die Aufsichts- und die PlfBeh in direkter bzw. entsprechender Anwendung des § 68 Abs. 1 Satz 2 (i.V.m. § 73 Abs. 6 Satz 6) ein Teilnahmerecht besitzen.[255] Diese Beteiligten haben ein originäres Teilnahmerecht. Kein originäres, sondern nur ein derivatives Teilnahmerecht haben ihre gesetzlichen Vertreter und Bevollmächtigten. Keinen Anspruch auf Teilnahme haben schließlich Personen, die nach Abs. 6 Satz 6 i.V.m. § 68 Abs. 1 Satz 3 lediglich fakultativ zugelassen werden können, etwa Auszubildende oder sonstige Dritte.

4. **Information über den Erörterungstermin** (**Abs. 6 Satz 2 bis 5**)

138 Das Erörterungsverfahren beginnt mit der **Bekanntmachung** des Erörterungstermins. Nach Abs. 6 Satz 2 hat die Bekanntmachung mindestens eine Woche vorher **ortsüblich** (hierzu Rdn. 55) zu erfolgen. Abs. 7 legt die Annahme nahe, dass die ortsübliche Bekanntmachung des Erörterungstermins mit der Bekanntmachung der Planauslegung nach Abs. 5 grundsätzlich gleich zu verlaufen hat. Daher muss die ortsübliche Bekanntmachung nach Abs. 6 Satz 1 nicht nur in der Gemeinde erfolgen, in der der Erörterungstermin stattfindet, sondern in allen Gemeinden, in denen sich das Vorhaben **voraussichtlich auswirken wird** (Abs. 2, 3 Satz 1).[256] Anders als im Rahmen der ortsüblichen Bekanntmachung der Planauslegung gem. Abs. 5 Satz 3 ist allerdings die zusätzliche Benachrichtigung nicht ortsansässiger Betroffener in Abs. 6 nicht vorgeschrieben.[257] Die Gemeinden sollen den Inhalt der ortsüblichen Bekanntmachung gem. **§ 27a Abs. 1 Satz 1** auch im Internet veröffentlichen.

139 Zusätzlich zur ortsüblichen Bekanntmachung sind Vorhabenträger, Einwender (Abs. 4 Satz 1) sowie die Behörden und Vereinigungen, die Stellungnahmen nach Abs. 2 bzw. Abs. 4 Satz 5 abgegeben haben, **individuell zu benachrichtigen**, vgl. § 73 Abs. 6 Satz 3. Ebenso ist eine gesonderte Benachrichtigung der Aufsichtsbehörde und der PlfBeh notwendig, da deren Vertreter nach Abs. 6 Satz 6 i.V.m. § 68 Abs. 1 Satz 2 am Erörterungstermin teilnehmen können (siehe Rdn. 137).

140 Sind mehr als 50 Benachrichtigungen an Einwender und Vereinigungen nach Abs. 4 Satz 5 vorzunehmen, so können diese gem. Abs. 6 Satz 4 durch **öffentliche**

252 Knack/Henneke/*Schink*, § 73 Rn. 150; Stelkens/Bonk/Sachs/*Neumann*/*Külpmann*, § 73 Rn. 114.
253 Kopp/Ramsauer/*Wysk*, § 73 Rn. 117.
254 Knack/Henneke/*Schink*, § 73 Rn. 149.
255 Kopp/Ramsauer/*Wysk*, § 73 Rn. 127.
256 Knack/Henneke/*Schink*, § 73 Rn. 156; Kopp/Ramsauer/*Wysk*, § 73 Rn. 120; *Meyer*/*Borgs*, § 73 Rn. 48.
257 *Meyer*/*Borgs*, § 73 Rn. 48.

Bekanntmachung ersetzt werden. Die Pflicht zur individuellen Benachrichtigung des Vorhabenträgers, der Behörden nach Abs. 2 sowie der Aufsichts- und PlfBeh bleibt hiervon jedoch unberührt. Für die öffentliche Bekanntmachung nach Abs. 6 Satz 4 ist – anders als im Rahmen der ortsüblichen Bekanntmachung nach Abs. 6 Satz 2 – neben der Veröffentlichung im Amtsblatt der Anhörungsbehörde in jedem Fall auch eine Bekanntmachung in den örtlichen Tageszeitungen erforderlich (Abs. 6 Satz 5). Zusätzlich soll der Inhalt der Bekanntmachung gem. § 27a Abs. 1 Satz 1 im **Internet** veröffentlicht werden, wenn dies nicht bereits im Rahmen von Abs. 6 Satz 2 erfolgt ist.

a) Inhaltliche Anforderungen

Das Gesetz schreibt den Inhalt der Bekanntmachung bzw. der individuellen Benach- 141
richtigung nicht im Einzelnen vor und überlässt deren Ausgestaltung dem Ermessen der Anhörungsbehörde. Aus Wortlaut und Zweck von Abs. 6 Satz 2 bis 6 ergeben sich aber drei Anforderungen an den **Mindestinhalt:** Die Bekanntmachung/individuelle Benachrichtigung muss

- den Gegenstand der Erörterung (das geplante Projekt und den Planabschnitt) grob umreißen,
- Zeit und Ort des Erörterungstermins angeben und
- den Hinweis enthalten, dass bei Ausbleiben eines Beteiligten auch ohne ihn verhandelt werden kann. Dies folgt aus Abs. 6 Satz 6 i.V.m. § 67 Abs. 1 Satz 3 und 5.[258]

Darüber hinaus kann die Anhörungsbehörde weitere Einzelheiten in die Ladung aufnehmen. Dieser Ergänzungsinhalt darf allerdings nicht irreführend sein.

b) Frist (Abs. 6 Satz 2, 5)

Im Interesse der Beteiligten sieht **Abs. 6 Satz 2** vor, dass die ortsübliche Bekanntmachung 142
der Erörterung **mindestens eine Woche** vor Beginn des Erörterungstermins zu erfolgen hat. Gleiches schreibt das Gesetz für die öffentliche Bekanntmachung nach Abs. 6 Satz 5 vor. Die Veröffentlichung der Bekanntmachung im Internet gem. § 27a Abs. 1 Satz 1 soll ebenfalls unter Einhaltung der Wochenfrist erfolgen. Für individuelle Benachrichtigungen nach Abs. 6 Satz 3 ist keine Frist vorgesehen. Gleichwohl spricht der Schutzzweck des Abs. 6 auch hier dafür, die Mindestvorbereitungsfrist von einer Woche einzuhalten.

Sind für die **ortsübliche Bekanntmachung** nach Abs. 6 Satz 1 in den maßgeblichen 143
orts- bzw. landesrechtlichen Vorschriften mehrere Bekanntmachungsformen angeordnet, ist für die **Fristberechnung** im Zweifel die Veröffentlichung im Amtsblatt maßgeblich. Die Frist beginnt nach den §§ 31 VwVfG, 187 Abs. 1, 188 Abs. 2, 1. Alt. BGB am Tag nach der Bekanntmachung und endet an dem Tag der nachfolgenden Woche, der nach seiner Benennung dem Bekanntmachungstag entspricht. Erfolgt die Bekanntmachung am Mittwoch, dem 15.06., dann endet die Vorbereitungsfrist am Mittwoch, 22.06., sodass der Erörterungstermin frühestens am Donnerstag, 23.06. stattfinden darf. Findet der Erörterungstermin vorher statt, dann liegt ein Verfahrensfehler vor.

258 *Meyer/Borgs*, § 73 Rn. 51.

144 Bei **öffentlichen Bekanntmachungen** nach Abs. 6 Satz 4 ordnet Satz 5, Halbs. 2 ausdrücklich den Tag der Bekanntmachung im amtlichen Veröffentlichungsblatt als maßgeblichen Zeitpunkt für die Fristberechnung an. Im Übrigen gelten die Ausführungen unter Rdn. 139 entsprechend.

5. Durchführung des Erörterungstermins

145 Der Gesetzgeber hat nur relativ wenige Regelungen über die Durchführung des Erörterungstermins erlassen und damit die näheren Einzelheiten weitgehend dem **Organisationsermessen der Anhörungsbehörde** überlassen. Die Anhörungsbehörde ist dabei allerdings an den in Abs. 6 Satz 1 umschriebenen Gegenstand der Erörterung, an die aus dem Zweck des Erörterungsverfahrens folgenden Verfahrensgrundsätze und an die nach Abs. 6 Satz 6 geltenden Grundregelungen der §§ 67, 68 gebunden.

a) Gegenstand der Erörterung

146 Der **Gegenstand der Erörterung** ist in Abs. 6 Satz 1 umrissen. Danach hat die Anhörungsbehörde mit den Teilnahmeberechtigten die rechtzeitig erhobenen Einwendungen, die rechtzeitig erhobenen Stellungnahmen nach Abs. 4 Satz 5 sowie die Stellungnahmen der Behörden zu erörtern.

147 Erörtert werden sollen somit alle von den Bürgern, Vereinigungen und Behörden aufgezeigten Probleme des geplanten Vorhabens. Hierbei gilt das Gebot der **substantiellen Erörterung.**[259] Dies setzt voraus, dass die Einwendungen vorab dem Vorhabenträger überlassen werden, damit dieser hierzu Stellung nehmen kann. Die Einwender haben hierbei keinen Anspruch auf eine Anonymisierung ihrer Einwendungen, da die Betroffenheit des Einwenders in seinen Belangen nicht ohne Kenntnis der personenbezogenen Daten beurteilt werden kann.[260] Danach müssen die vorgebrachten Belange (vgl. Abs. 2, Abs. 4 Satz 1 und 5) in tatsächlicher und rechtlicher Hinsicht mit dem **Ziel eines befriedenden Ausgleichs**[261] erörtert werden. Nach dem **Grundsatz des fairen Verfahrens** hat die Anhörungsbehörde die Erörterung mit Neutralität und innerer Distanz zu leiten.[262] Gleichzeitig gebietet das Gebot der **Verfahrensförderung** eine straffe Durchführung des Erörterungstermins.[263] Abs. 6 Satz 7 ist als Konkretisierung dieses Gebots zu verstehen. Es obliegt dem Verhandlungsleiter, das Gebot der substantiellen Erörterung mit der Verfahrensstraffungspflicht im Rahmen seines Organisationsermessens in Einklang zu bringen.

148 Die Pflicht zur substantiellen Erörterung einer Einwendung **beschränkt** sich in den Fällen, in denen die Einwendung – wenn europarechtskonform – wegen Verspätung präkludiert ist (Abs. 4 Satz 3; § 21 Abs. 4 UVPG) oder die Anhörungsbehörde den

259 Vgl. BVerwG, Urt. v. 05.12.1986 – 4 C 13/85, BVerwGE 75, 214 (227); Knack/Henneke/*Schink*, § 73 Rn. 163; Stelkens/Bonk/Sachs/*Neumann/Külpmann*, § 73 Rn. 128.

260 BVerwG, NVwZ-RR 2000, 760; *Durner*, UPR 2003, 262, 268; Stelkens/Bonk/Sachs/*Neumann/Külpmann*, § 73 Rn. 120.

261 BVerwG, Urt. v. 18.04.2007 – 9 A 34/06, juris Rn. 24; BVerwG, Urt. v. 24.05.1996 – 4 A 38/95, NVwZ 1997, 489 (490).

262 BVerwG, Urt. v. 05.12.1986 – 4 C 13/85, BVerwGE 75, 214 (230 f.).

263 Knack/Henneke/*Schink*, § 73 Rn. 165.

Einwender nicht für einwendungsbefugt hält (Abs. 4 Satz 1), allein auf diese Aspekte.[264] Entsprechendes gilt für Stellungnahmen nach Abs. 4 Satz 5, die entweder verspätet eingehen, von nicht stellungnahmebefugten Vereinigungen abgegeben werden oder Belange betreffen, zu deren Geltendmachung die Vereinigung im PlfV nicht befugt ist. Will die Anhörungsbehörde eine verspätete Behördenstellungnahme nach Abs. 2, 3a nicht berücksichtigen, so hat sie dies mit der Behörde zu erörtern.

b) Ort und Zeit des Erörterungstermins

Die gesetzlichen Regelungen überlassen es weitgehend der Anhörungsbehörde, **Ort und Zeit** des Erörterungstermins festzulegen. Die Wahl des **Ortes** ist in das zweckmäßige Organisationsermessen der Anhörungsbehörde gestellt. Sie hat so zu erfolgen, dass möglichst viele Beteiligte ohne Probleme teilnehmen können.[265] Die Räumlichkeiten müssen geeignet sein, die zu erwartenden Teilnehmer aufzunehmen und einen Erörterungstermin durchzuführen. Hierbei steht eine Strukturierung der Erörterung nach Einwendern und Betroffenengruppen bzw. Themen im organisatorischen Ermessen des Verhandlungsleiters (vgl. Rdn. 157). Eine Änderung des Ortes ist durch erneute Ankündigung nach Abs. 6 Satz 2 bis 5 bekannt zu geben. 149

Hinsichtlich der **Zeit** ist die Anhörungsbehörde ebenfalls an den in der Bekanntmachung bzw. individuellen Benachrichtigung vorgesehenen Termin gebunden. Bei der Ansetzung der Uhrzeit ist die Anhörungsbehörde nicht verpflichtet, zwecks Erreichung aller Teilnahmeberechtigten die Erörterung auch außerhalb der normalen Arbeitszeiten zu terminieren.[266] Eine **Verschiebung** oder **Fortsetzung** des angesetzten Termins ohne ordnungsgemäße Ankündigung nach Abs. 6 Satz 2 bis 5 ist grundsätzlich unzulässig.[267] Eine Ausnahme gilt nur dann, wenn alle Beteiligten anwesend sind und **zustimmen.** 150

Der Gesetzgeber hat der Anhörungsbehörde aus Gründen der Verfahrensbeschleunigung einen Zeitrahmen für die Dauer der Erörterung vorgegeben.[268] Nach **Abs. 6 Satz** 7 schließt die Anhörungsbehörde die Erörterung innerhalb von drei Monaten nach Ablauf der Einwendungsfrist ab. Die durch das PlVereinhG eingeführte Vorschrift ersetzt die zuvor bestehende Soll-Vorgabe von drei Monaten[269] sowie die Fristenregelungen in den Fachplanungsgesetzen durch eine feste Fristvorgabe.[270] Sie ist nach der Gesetzesbegründung lediglich als »**Ordnungsvorschrift**« anzusehen, deren Missachtung nicht zur Rechtswidrigkeit des PlfB führt.[271] Insofern ergeben sich keine 151

---

264 Stelkens/Bonk/Sachs/*Neumann/Külpmann*, § 73 Rn. 123.

265 Vgl. *Kersten*, UPR 2001, 405.

266 VGH Baden-Württemberg, Urt. v. 21.10.1988 – 5 S 1088/88, NVwZ-RR 1989, 354 (355).

267 *Meyer/Borgs*, § 73 Rn. 52.

268 BT-Drucks. 17/9666, Begründung S. 18.

269 Zur alten Rechtslage BT-Drucks. 13/3995, S. 10, 13.

270 Vgl. § 18a Nr. 6 Satz 1 AEG a.F.; § 17a Nr. 6 Satz 1 FStrG a.F.; § 14a Nr. 6 Satz 1 WaStrG a.F.; § 10 Abs. 2 Satz 1 Nr. 6 LuftVG a.F.; § 2 Nr. 6 Satz 1 MBPlG a.F.; § 43 Nr. 6 Satz 1 EnWG a.F.

271 BT-Drucks. 17/9666, Begründung S. 18.

Unterschiede zur bisherigen Rechtslage.[272] Die Anhörungsbehörde kann folglich den Zeitrahmen von drei Monaten überschreiten, wenn die substantielle Erörterung eine Fristverlängerung erfordert.[273] Die Fristberechnung erfolgt nach den §§ 31 VwVfG, 187 Abs. 2, 188 Abs. 2, 2. Alt. BGB. Endet die Einwendungsfrist am 19.03. um 24.00 Uhr, dann beginnt der Zeitrahmen für das Erörterungsverfahren am 20.03. um 0.00 Uhr und endet am 19.06. um 24.00 Uhr.

152 Gemäß. **Abs. 6 Satz 6 i.V.m. § 67 Abs. 3** soll die Behörde die Erörterung möglichst in einem Verhandlungstermin konzentrieren. Da es sich hierbei jedoch lediglich um eine Soll-Vorgabe handelt, kann die Behörde gleichwohl entscheiden, den Erörterungstermin nicht einheitlich unter gleichzeitiger Anwesenheit aller Teilnahmeberechtigten, sondern nach Sachfragen getrennt in **Einzelterminen** mit jeweils nur einem Teil der Beteiligten durchzuführen.[274] Hierbei ist allerdings zu gewährleisten, dass das Recht der Teilnahmeberechtigten auf substantielle Erörterung nicht geschmälert wird.[275] Daher kann es erforderlich sein, einem Teilnahmeberechtigten die Möglichkeit der **zusätzlichen Äußerung** in einem anderen Einzeltermin zu geben, wenn im Rahmen dieses Termins neue Erkenntnisse in das Verfahren eingeführt werden, die seine oder die von ihm wahrzunehmenden Belange (Abs. 4 Satz 5) berühren.[276]

c) Zuzulassende Personen

153 Die Anhörungsbehörde muss organisatorische Vorkehrungen dafür treffen, dass alle Teilnahmeberechtigten **Zutritt** zu den Räumlichkeiten erlangen können. Aus diesem Grund ist die Anhörungsbehörde grundsätzlich berechtigt, **Einlasskontrollen** durchzuführen und die Teilnahmeberechtigung (Abs. 6 Satz 1) zu überprüfen.[277] Neben den Teilnahmeberechtigten muss die Anhörungsbehörde grundsätzlich auch Bevollmächtigte und Beistände zulassen. Eine Erstattung von Anwaltskosten für die Vertretung im Erörterungstermin nach § 80 kommt allerdings nicht in Betracht.[278] Der Verhandlungsleiter kann schließlich während des Erörterungstermins gem. Abs. 6 Satz 6 i.V.m. § 68 Abs. 1 Satz 2 und 3 auch noch weitere Personen zulassen.

d) Nicht-Öffentlichkeit

154 Wie im förmlichen Verfahren ist die Erörterung im PlfV nach Abs. 6 Satz 6 i.V.m. § 68 Abs. 1 Satz 1 **nicht öffentlich.** Der Ausschluss der Öffentlichkeit soll dem Schutz

272 Vgl. hierzu BVerwG, Urt. v. 18.03.2009 – 9 A 39/07, NVwZ 2010, 44 (45).
273 Knack/Henneke/*Schink*, § 73 Rn. 170.
274 BVerwG, Urt. v. 18.03.2009 – 9 A 39/07, NVwZ 2010, 44 (46); BVerwG, Urt. v. 18.12.1987 – 4 C 9/86, NVwZ 1988, 527 (530).
275 BVerwG, Urt. v. 18.12.1987 – 4 C 9/86, NVwZ 1988, 527 (530).
276 BVerwG, Urt. v. 18.12.1987 – 4 C 9/86, NVwZ 1988, 527 (530); vgl. ferner Stelkens/Bonk/Sachs/*Neumann/Külpmann*, § 73 Rn. 125.
277 *Büllesbach/Diercks*, DVBl 1991, 469 (471).
278 BVerwG, Beschl. v. 01.09.1989 – 4 B 17/89, NVwZ 1990, 59; hieran anknüpfend OVG Nordrhein-Westfalen, Beschl. v. 30.12.2009 – 6 E 1402/09, juris Rn. 4 ff.

von Persönlichkeitsrechten,[279] der Unbefangenheit der Beteiligten sowie der Wahrung der Objektivität der beteiligten Amtsträger dienen.[280] **Presse- und Rundfunkvertreter** können nur unter der Voraussetzung des Abs. 6 Satz 6 i.V.m. § 68 Abs. 1 Satz 3 zugelassen werden.[281] Sie haben Anspruch auf fehlerfreie Ermessensausübung bei der Zulassungsentscheidung, wobei Art. 5 Abs. 1 Satz 2 GG sowie das öffentliche Interesse an der Berichterstattung mit etwaigen Nachteilen für das Verfahren abzuwägen sind.[282] Zur Sicherung eines unbefangenen Ablaufs des Erörterungsverfahrens kann der Veranstaltungsleiter entsprechend § 169 Satz 2 GVG fortlaufende Ton- und Filmaufnahmen untersagen.

e) Verhandlungsleitung

Für jeden Erörterungstermin hat die Anhörungsbehörde einen **Verhandlungsleiter** zu bestimmen. Der Verhandlungsleiter ist für den organisatorischen Ablauf der Veranstaltung verantwortlich. Er ist einerseits nach Abs. 6 Satz 6 i.V.m. § 68 Abs. 2 und 4 für die **Leitung und Beurkundung des Erörterungstermins** zuständig und andererseits nach Abs. 6 Satz 6 i.V.m. § 68 Abs. 1 und 3 für die **äußere Ordnung.** Er übt damit gleichzeitig die Funktion des Diskussionsleiters und des Hausherrn aus. 155

Der Verhandlungsleiter hat als **neutraler Mittler** zwischen den Beteiligten aufzutreten.[283] Daher sind als Verhandlungsleiter nach **§ 20** von vornherein alle Beamten ausgeschlossen, die Planbetroffene oder Angehörige von Planbetroffenen sind. Ebenso sind auch alle Amtsträger, die beim Vorhabenträger als Mitglieder des Vorstandes oder Aufsichtsrats tätig sind ausgeschlossen, selbst wenn sie dieses Amt als Vertreter des Staates wahrnehmen (§ 72 Rdn. 15). Aus dem Gebot der Neutralität folgt auch, dass ein Verhandlungsleiter nach **§ 21** wegen Besorgnis der **Befangenheit** abgelehnt werden kann (§ 72 Rdn. 16). Ein Befangenheitsgrund liegt vor, wenn aufgrund objektiv feststellbarer Tatsachen vernünftigerweise nicht ausgeschlossen werden kann, dass der Verhandlungsleiter die Sache mit den Beteiligten nicht unparteiisch oder unbefangen erörtern kann.[284] Durch den Befangenheitsantrag kann keine Unterbrechung des Erörterungstermins erzwungen werden. Denn in § 21 ist anders als in § 47 ZPO keine Suspendierung des Verhandlungsleiters vorgesehen.[285] Die Anhörungsbehörde ist 156

279 Hierzu BVerwG, Urt. v. 16.06.2016 – 9 A 4/15, NVwZ 2016, 1641 (1643); vgl. auch *Durner*, UPR 2003, 262 (269).
280 Kopp/Ramsauer/*Wysk*, § 68 Rn. 3.
281 Stelkens/Bonk/Sachs/*Neumann/Külpmann*, § 73 Rn. 127.
282 Vgl. zu Gerichtsverfahren BVerfG, Beschl. v. 06.02.1979 – 2 BvR 154/78, BVerfGE 50, 234 (239 ff.); Kopp/Ramsauer/*Wysk*, § 68 Rn. 6; *Ziekow*, § 68 Rn. 4.
283 BVerwG, Urt. v. 05.12.1986 – 4 C 13/85, BVerwGE 75, 214 (230 f.).
284 BVerwG, Urt. v. 16.06.2016 – 9 A 4/15, NVwZ 2016, 1641 (1643); OVG Niedersachsen, Urt. v. 09.09.2015 – 2 LB 169/14, juris Rn. 48; VG Düsseldorf, Urt. v. 03.12.2015 – 15 K 7734/13, juris Rn. 76; VG Dresden, Beschl. v. 23.05.2005 – 3 K 710/04, LKV 2006, 231 (232); Knack/Henneke/*Ritgen*, § 21 Rn. 13; Kopp/Ramsauer/*Ramsauer*, § 21 Rn. 13.
285 Vgl. VGH Baden-Württemberg, Urt. v. 21.10.1988 – 5 S 1088/88, NVwZ-RR 1989, 354 (355) sowie oben § 72 Rdn. 15.

allerdings nach dem Grundsatz des fairen Verfahrens verpflichtet, schnellstmöglich über das Ablehnungsgesuch zu entscheiden (§ 72 Rdn. 16).

aa) Diskussionsleitung

157 Die Hauptaufgabe des Verhandlungsleiters besteht nach **§ 68 Abs. 2 Satz 1** in der Erörterung des Vorhabens mit den Beteiligten. Im Rahmen der **Diskussionsleitung** hat der Verhandlungsleiter die Befugnis, den Rednern das Wort zu erteilen und zu entziehen, Zwischenfragen oder Zwischenrufe zu gestatten oder zu versagen. Er hat hierbei das Gebot des **fairen Verfahrens** zu beachten, muss also gegenüber allen Verfahrensbeteiligten neutral und mit innerer Distanz agieren (Rdn. 156).[286] Zugleich muss der Verhandlungsleiter darauf achten, dass das Gebot der **substantiellen Erörterung** beachtet wird (Rdn. 147).[287] Hierzu ist es sinnvoll, die Erörterung schon im Vorfeld nach Themenkomplexen zu gliedern und Rednerlisten zu erstellen.[288] Wegen des Gebots der Verfahrensstraffung sind **Redezeitbegrenzungen** zulässig und ggf. sogar geboten.[289] Die Einteilung der Redezeit hat sachgerecht und fair, nicht aber formalistisch zu erfolgen. Zum Zwecke einer gestrafften, lösungsorientierten Erörterung kann es daher geboten sein, Redezeit nur in Bezug auf solche Themenkomplexe zu gewähren, die den jeweiligen Verfahrensteilnehmer tatsächlich berühren bzw. zu denen er gem. Abs. 4 Satz 5 stellungnahmebefugt ist. Bei Massenverfahren bietet sich insbesondere auch eine sachbezogene Aufteilung des Erörterungstermins in **Einzeltermine** mit jeweils nur einem Teil der Beteiligten an (Rdn. 152).

158 Da die Erörterung auch der Vorbereitung des PlfB dient (Rdn. 131), hat der Verhandlungsleiter bei allen Themenkomplexen nach Abs. 6 Satz 6 i.V.m. § 68 Abs. 2 Satz 2 darauf zu achten, dass alle für die Feststellung des Sachverhalts wesentlichen Erklärungen abgegeben werden. Zur Erforschung des Sachverhalts kann im Rahmen des Erörterungstermins auch eine Ortsbesichtigung vorgenommen werden. Darüber hinaus soll der Verhandlungsleiter darauf hinwirken, dass unklare Anträge erläutert und sachdienliche Anträge gestellt werden. Er muss die Beteiligten also bei rechtlich relevanten Erklärungen, die ins Protokoll aufgenommen werden sollen, in verfahrensrechtlicher Hinsicht beraten.

bb) Ordnungsgewalt

159 Der Verhandlungsleiter ist nach Abs. 6 Satz 6 i.V.m. § 68 Abs. 3 für die **äußere Ordnung** des Erörterungstermins zuständig. Er übt gleichsam das Hausrecht aus. Er kann das Mitbringen bestimmter Gegenstände, die sich auf die Erörterung störend auswirken können (Trillerpfeifen, Handys, Waffen etc.) untersagen. Bei Vorliegen einer

286 BVerwG, Urt. v. 05.12.1986 – 4 C 13/85, BVerwGE 75, 214 (230 f.).

287 Vgl. BVerwG, Urt. v. 05.12.1986 – 4 C 13/85, BVerwGE 75, 214 (227); Knack/Henneke/*Schink*, § 73 Rn. 163; Stelkens/Bonk/Sachs/*Neumann/Külpmann*, § 73 Rn. 128.

288 *Büllesbach/Diercks*, DVBl 1991, 469 (475).

289 *Büllesbach/Diercks*, DVBl 1991, 469 (475).

konkreten Gefahr kann er auch polizeiliche **Schutzkontrollen** (Abtasten der Kleidung, Durchleuchten von Taschen etc.) anordnen.[290]

Der Verhandlungsleiter kann schließlich nach Abs. 6 Satz 6 i.V.m. § 68 Abs. 3 Satz 2 Teilnehmer, die die Verhandlung stören, ermahnen und, wenn sie seiner Anordnung nicht Folge leisten, entfernen lassen.[291] Ein solcher **Ausschluss** ist sofort vollstreckbar. Wird ein Beteiligter ausgeschlossen, ist der Erörterungstermin nach § 68 Abs. 3 Satz 3 ohne ihn fortzusetzen. Wird der Erörterungstermin von einer größeren Gruppe gestört, so kann der Verhandlungsleiter die Erörterung bestimmter Themenbereiche und als »ultima ratio« auch den gesamten Erörterungstermin abbrechen. In diesen Fällen wird es verhältnismäßig sein, den Erörterungstermin unter Ausschluss der Störer neu anzusetzen (vgl. auch Rdn. 134). 160

cc) **Niederschrift**

Nach Abs. 6 i.V.m. § 68 Abs. 4 muss eine **Niederschrift** über den Erörterungstermin erstellt werden. Der Verhandlungsleiter kann diese Aufgabe selbst übernehmen oder einen Schriftführer einschalten. Das Gesetz schreibt kein Wortprotokoll vor, sondern lässt ein **Ergebnisprotokoll** genügen.[292] Wird ein Wortprotokoll geführt, empfiehlt es sich, die Redebeiträge der einzelnen Einwender und diesbezügliche Stellungnahmen der Fachbehörden und des Vorhabenträgers jeweils als Anlagen dem Protokoll beizufügen. Dadurch bleibt das Wortprotokoll übersichtlich.[293] 161

Das Protokoll selbst muss nach Abs. 6 Satz 6 i.V.m. § 68 Abs. 4 Satz 2 Nr. 1 und 2 folgende Formalia enthalten: den Ort und den Tag der Verhandlung, den Namen des Verhandlungsleiters, der erschienenen Behördenvertreter und Sachverständigen sowie die Namen der Betroffenen, Einwender, Stellungnahmeberechtigten und ihrer Vertreter. Für diese relativ große Gruppe wird meist eine Anwesenheitsliste ausgelegt und später als Protokollanlage beigefügt. Das Protokoll muss nach § 68 Abs. 4 Satz 2 Nr. 3 vor allem Aufschluss über den behandelten Verfahrensgegenstand und die gestellten Anträge geben. Zu diesem Zweck sind die behandelten Problemkomplexe im Einzelnen aufzuschlüsseln. Ferner ist es ins Protokoll aufzunehmen, wenn Einwendungen zurückgenommen werden oder wenn der Vorhabenträger Erklärungen über Schutzvorkehrungen und Entschädigungsleistungen abgibt.[294] Schließlich sind nach § 68 Abs. 4 Satz 2 Nr. 4 und 5 die wesentlichen Aussagen von Sachverständigen und ggf. das Ergebnis eines Augenscheins zu protokollieren. Die Richtigkeit des Protokolls ist nach § 68 Abs. 4 Satz 3 vom Schriftführer und vom Verhandlungsleiter durch Unterschrift zu bestätigen. 162

290 Hierzu OVG Rheinland-Pfalz, Beschl. v. 30.08.1989 – 7 B II 3/89, NVwZ 1989, 1178 f.; *Büllesbach/Diercks*, DVBl 1991, 469 (475).

291 BVerwG, Urt. v. 30.01.2002 – 9 A 20/01, NVwZ 2002, 984 (986).

292 Kopp/Ramsauer, § 68 Rn. 24; *Ziekow*, § 68 Rn. 10.

293 *Büllesbach/Diercks*, DVBl 1991, 469 (476).

294 *Meyer/Borgs*, § 73 Rn. 56.

VII. Planänderung (Abs. 8)

1. Bedeutung und Zweck

163 In der Praxis wird im Verlauf vieler PlfV der ursprüngliche Plan in verschiedenen Punkten modifiziert und/oder ergänzt.[295] Die in Abs. 8 geregelte Änderung des ausgelegten Plans hat damit erhebliche praktische Bedeutung. Die Ursachen für Planänderungen sind teils im Bereich des Vorhabenträgers, teils in der Dynamik des PlfV zu finden. In einer Reihe von Fällen ändert der Vorhabenträger die mit dem Projekt verfolgten Ziele oder stellt aufgrund neuer technischer Erkenntnisse oder wirtschaftlicher Entwicklungen die Projektplanung um. Häufig reagiert er auch auf die im Anhörungsverfahren geäußerten Bedenken und Anregungen.

164 Ist die Änderung des ausgelegten Plans beabsichtigt und sind dadurch erstmalige oder zusätzliche Beeinträchtigungen für öffentliche oder private Belange zu erwarten, dann ist grundsätzlich ein **neues PlfV** in Bezug auf den geänderten Plan erforderlich. Von dieser Rechtsfolge ist der Gesetzgeber bei der Schaffung von **Abs. 8 Satz 1** ausgegangen, der zum Zwecke der **Verfahrensökonomie** die Möglichkeit vorsieht, bei Planänderungen unter **Verzicht auf ein erneutes PlfV** ein **Nachtragsverfahren** durchzuführen. Das Verfahren erleichtert es dem Vorhabenträger, auf veränderte Umstände und auf die Ergebnisse des Anhörungsverfahrens zu reagieren,[296] schützt jedoch verfahrensrechtlich zugleich auch die Belange der betroffenen Bürger, Gemeinden und Vereinigungen nach Abs. 4 Satz 5. Durch den Verzicht auf ein erneutes PlfV wird das PlfV insgesamt vereinfacht und beschleunigt.

165 Das **Nachtragsverfahren** nach **Abs. 8 Satz 1** kommt nur dann in Betracht, wenn es infolge einer Planänderung zu einer erstmaligen oder zusätzlichen Beeinträchtigung in solchen Gemeinden kommt, in denen der Plan bereits ausgelegt war. In **Abs. 8 Satz 2** ist hingegen der Fall geregelt, dass sich die Änderung in einer Gemeinde, in der der Plan bisher nicht ausgelegt war, auswirkt (**Ergänzungsverfahren**). Das Verfahren nach Abs. 8 Satz 2 sieht dann die erneute Durchführung eines PlfV in diesen Gemeinden vor und dient daher in erster Linie dem Schutz der durch die Planänderung beeinträchtigen Belange.

2. Nachtragsverfahren (Abs. 8 Satz 1)

a) Voraussetzungen

166 Die Durchführung des in Abs. 8 Satz 1 vorgesehenen Nachtragsverfahrens ist an **drei Tatbestandsvoraussetzungen** geknüpft. Erstens muss bereits ein **ausgelegter Plan** vorliegen. Zweitens muss die **Änderung** des Planes beabsichtigt sein. Drittens muss die Änderung derart nachteilige Wirkungen haben, dass dadurch der **Aufgabenbereich**

---

295 Vgl. allgemein zum »Deckblattverfahren« BVerwG, Urt. v. 30.05.2012 – 9A 35/10, NVwZ 2013, 147 (148 f.).

296 BVerwG, Beschl. v. 12.06.1989 – 4 B 101/89, NVwZ 1990, 366; Kopp/Ramsauer/*Wysk*, § 73 Rn. 138.

einer Behörde bzw. von Vereinigungen nach Abs. 4 Satz 5 oder **Belange Dritter** erstmalig oder stärker als bisher berührt werden.

aa) Fortgeschrittene Planung

Das Änderungsverfahren nach Abs. 8 ist erst **nach Abschluss der Planauslegung** zulässig.[297] Ist der Plan noch nicht eingereicht und noch nicht ausgelegt, greift Abs. 8 nicht. Vor Planauslegung kann der Vorhabenträger den Plan frei abändern.[298] Soll der Plan **während des Auslegungsverfahrens** abgeändert werden, dann ist der Behörde und der planauslegenden Gemeinde die Änderung mitzuteilen. Die Auslegungsfrist muss dann wie bei einem neuen Plan wiederum in Gang gesetzt werden. 167

Dem ausgelegten Plan steht der nach Abs. 3 Satz 2 **offengelegte Plan** gleich. Wird ausnahmsweise auf die Planauslegung nach Abs. 3 Satz 2 verzichtet, dann hindert dies folglich die Durchführung des vereinfachten Änderungs- und Anhörungsverfahrens nach Abs. 8 nicht.[299] Die vereinfachte Anhörung ist in diesen Fällen ab dem Ende der Offenlegungsfrist nach Abs. 3 Satz 2 zulässig. 168

In zeitlicher Hinsicht ist die vereinfachte Änderung nach Planauslegung nicht unbegrenzt möglich. Wie sich aus dem Kontext des § 73 ergibt, kann die Anhörungsbehörde das vereinfachte Anhörungsverfahren nur bis zur Abgabe des Schlussberichts nach Abs. 9 durchführen.[300] Ergibt sich danach ein Bedürfnis für Änderungen, muss die PlfBeh nicht das Verfahren an die Anhörungsbehörde zurückgeben, sondern kann selbst das Änderungs- und Anhörungsverfahren durchführen.[301] Die Änderung nach Abs. 8 ist **bis zum Erlass des PlfB** möglich.[302] Danach kommt ausschließlich **§ 76** zu Anwendung (unten § 76 Rdn. 6). 169

bb) Änderung des Plans

Zweite Voraussetzung ist, dass der **Vorhabenträger** oder die **PlfBeh** die Änderung des bereits ausgelegten Plans veranlasst. Ein Antrag auf Änderung durch den Vorhabenträger ist nicht erforderlich, vielmehr kann die Behörde eine Änderung auch von Amts wegen vornehmen.[303] Sie muss das Änderungsverfahren insbesondere dann einleiten, wenn sie bislang nicht erörterte Schutzauflagen nach § 74 Abs. 2 Satz 2 vorschreiben will, die erstmals oder stärker in Rechte Dritter eingreifen. 170

297 Bader/Ronellenfitsch/*Kämper*, § 73 Rn. 76; *Ziekow*, § 73 Rn. 69.
298 *Ule/Laubinger*, Verwaltungsverfahrensrecht, § 43 Rn. 2.
299 *Meyer/Borgs*, § 73 Rn. 57; Stelkens/Bonk/Sachs/*Neumann/Külpmann*, § 73 Rn. 134.
300 *Meyer/Borgs*, § 73 Rn. 58.
301 Vgl. BVerwG, Urt. v. 05.12.1986 – 4 C 13/85, BVerwGE 75, 214 (226); a.A. *Meyer/Borgs*, § 73 Rn. 58.
302 Bader/Ronellenfitsch/*Kämper*, § 73 Rn. 76; Stelkens/Bonk/Sachs/*Neumann/Külpmann*, § 73 Rn. 134.
303 Stelkens/Bonk/Sachs/*Neumann/Külpmann*, § 73 Rn. 136.

171 Eine **Änderung** i.S.d. Abs. 8 liegt vor, wenn der Plan – also die Planzeichnungen oder der Erläuterungsbericht (vgl. Abs. 1 Satz 2) – inhaltlich geändert wird oder wenn zusätzliche Schutzvorrichtungen geplant werden. In manchen Fällen ist es schwer zu beurteilen, ob der ausgelegte Plan lediglich geändert oder ob ein **inhaltlich neues Vorhaben** verfolgt wird. Eine bloße Änderung liegt so lange vor, wie die **Gesamtkonzeption** der Planung nicht berührt und die **Identität des Vorhabens** gewahrt wird.[304] Führen die Änderungen im Ergebnis zu einem Vorhaben, das nach Gegenstand, Art, Größe und Betriebsweise das Wesen des Vorhabens modifiziert,[305] so kommt das Änderungsverfahren nach Abs. 8 nicht in Betracht.[306] Erst recht kann von einer Änderung i.S.v. Abs. 8 nicht mehr gesprochen werden, wenn das Vorhaben ganz aufgegeben wird und an seiner Stelle ein völlig anderes Vorhaben verfolgt wird (vgl. auch unten § 76 Rdn. 9 ff.). In diesen Fällen ist das bisherige PlfV einzustellen und ein neues PlfV erforderlich.[307]

172 Eine Planänderung nach Abs. 8 Satz 1 liegt auch dann nicht vor, wenn neue **Unterlagen** in das Verfahren eingeführt werden oder bereits eingereichte Unterlagen in einer Weise geändert werden, dass sich **nicht das Vorhaben selbst**, sondern nur dessen **Bewertung** ändert (insb. Sachverständigengutachten).[308] In diesen Fällen ist eine (ergänzende) Auslegung und Erörterung nach Abs. 2 bis 6 erforderlich, wenn ohne die (neuen oder geänderten) Unterlagen die Anstoßfunktion der Planauslegung verfehlt würde.[309] Dies kann insbesondere auch hinsichtlich der integrierten Umweltprüfung (SUP oder UVP) der Fall sein, wenn der Umweltbericht nach § 16 Abs. 1 UVPG oder die das Vorhaben betreffenden entscheidungserheblichen Berichte und Empfehlungen Unterlagen nach § 19 Abs. 2 UVPG wesentlich verändert werden (§ 22 Abs. 1 UVPG).[310] Hiervon soll abgesehen werden, wenn zusätzliche erhebliche oder andere erhebliche Umweltauswirkungen nicht zu besorgen sind (§ 22 Abs. 2 UVPG).

cc) Erstmalige oder zusätzliche Beeinträchtigung

173 Die dritte Voraussetzung des Nachtragsverfahrens nach Abs. 8 Satz 1 besteht darin, dass es durch die Änderung zu einer erstmaligen oder zusätzlichen Beeinträchtigung in solchen Gemeinden kommt, in denen der Plan bereits ausgelegt war. Es müssen

---

304 BVerwG, Urt. v. 12.08.2008 – 9 A 64.07, NuR 2010, 276 (278); BVerwG, Urt. v. 15.01.2004 – 4 A 11/02, NVwZ 2004, 732 (733); BVerwG, Urt. v. 27.10.2000 – 4 A 18/99, NVwZ 2001, 673 (675).

305 Es bedarf für die Anwendung des § 73 Abs. 8 mindestens einer wesentlichen Änderung, BVerwG, Urt. v. 04.04.2012 – 4 C 8/09 u.a., NVwZ 2012, 1314 (1315).

306 BVerwG, Urt. v. 18.03.2009 – 9 A 31/07, NVwZ 2010, 63 (65); BVerwG, Urt. v. 12.08.2008 – 9 A 64/07, NuR 2010, 276 (278).

307 Stelkens/Bonk/Sachs/*Neumann/Külpmann*, § 73 Rn. 134.

308 OVG Lüneburg, Urt. v. 04.07.2017 – 7 KS 7/15, DVBl 2017, 1440, Juris-Rn. 85; Bader/Ronellenfitsch/*Kämper*, § 73 Rn. 77; Knack/Henneke/*Schink*, § 73 Rn. 179; Kopp/Ramsauer/*Wysk*, § 73 Rn. 137; Stelkens/Bonk/Sachs/*Neumann/Külpmann*, § 73 Rn. 135.

309 Vgl. BVerwG, Urt. v. 08.06.1995 – 4 C 4/94, BVerwGE 98, 339 (344 f.); Stelkens/Bonk/Sachs/*Neumann/Külpmann*, § 73 Rn. 61 m.w.N.; *Steinberg/Müller*, UPR 2007, 1 ff.

310 Vgl. *Peters/Balla/Hesselbarth*, UVPG, § 18 Rn. 12.

»Belange« Dritter (vgl. Rdn. 89 ff.) oder der Aufgabenkreis von Behörden (Rdn. 33 f.) bzw. von Vereinigungen nach Abs. 4 Satz 5 (Rdn. 127) berührt sein. Das Gesetz verlangt hierzu von der Behörde eine **Prognose**, im Rahmen derer nur verlangt werden kann, dass die Behörde die **unmittelbaren** Folgen der Planänderungen sorgfältig prüft.[311] Dazu gehören insbesondere auch die unmittelbaren Folgen des bestimmungsgemäßen Betriebs der Anlage (bspw. ein verändertes Immissionsverhalten).[312] Das Verfahren nach Abs. 8 Satz 1 muss auch dann durchgeführt werden, wenn die Behörde die unmittelbaren Veränderungen für **geringfügig oder unwesentlich** hält. Denn das Gewicht der Beeinträchtigung spielt nach dem klaren Wortlaut des Gesetzes im Rahmen von Abs. 8 keine Rolle.[313]

b) Ablauf des Verfahrens nach Abs. 8 Satz 1

aa) Feststellung der Beteiligten

Die Durchführung des Nachtragsverfahrens nach Abs. 8 Satz 1 setzt voraus, dass der **Kreis der Änderungsbetroffenen** mit hinreichender Sicherheit festgestellt werden kann.[314] Ist der Kreis der Änderungsbetroffenen etwa aufgrund neuartiger Immissionen nicht eingrenzbar, muss ein neues öffentliches Anhörungsverfahren durchgeführt werden. Für UVP-pflichtige Vorhaben gilt § 22 UVPG. Hiernach ist eine erneute Öffentlichkeitsbeteiligung durchzuführen, wenn die nach § 19 Abs. 2 UVPG auszulegenden Unterlagen geändert werden.[315] Hiervon soll nur abgesehen werden, wenn zusätzliche erhebliche oder andere erhebliche Umweltauswirkungen nicht zu besorgen sind, was insbesondere dann der Fall ist, wenn solche Umweltauswirkungen durch die vom Vorhabenträger vorgesehenen Vorkehrungen ausgeschlossen werden. 174

Für den durchaus häufigen Fall, dass alle Beteiligten feststehen, bringt das Nachtragsverfahren eine erhebliche **Vereinfachung.** Anstelle eines erneuten Auslegungs-, Einwendungs- und Erörterungsverfahrens tritt eine **individuelle Anhörung** der von der Änderung betroffenen Beteiligten. 175

Der **Kreis der Beteiligten** wird durch das Kriterium der erstmaligen oder zusätzlichen Berührung individueller Belange bzw. Aufgabenbereiche (vgl. Rdn. 173) gezogen. **Vereinigungen nach Abs. 4 Satz 5**, deren Aufgabenbereich durch die Planänderung erstmals oder stärker berührt wird, werden nach den Änderungen des PlVereinhG nunmehr in Abs. 8 Satz 1 Behörden und Drittbetroffenen grundsätzlich gleichgestellt. 176

---

311 BVerwG, Urt. v. 08.07.1998 – 11 A 30/97, NVwZ 1999, 70; BVerwG, Beschl. v. 12.06.1989 – 4 B 101/89, NVwZ 1990, 366.

312 Kopp/Ramsauer/*Wysk*, § 73 Rn. 140; *Kuschnerus*, DVBl 1990, 235 (238 f.).

313 Knack/Henneke/*Schink*, § 73 Rn. 180; Kopp/Ramsauer/*Wysk*, § 73 Rn. 140; a.A. Stelkens/Bonk/Sachs/*Neumann/Külpmann*, § 73 Rn. 137.

314 Stelkens/Bonk/Sachs/*Neumann/Külpmann*, § 73 Rn. 137.

315 VGH Baden-Württemberg, Urt. v. 20.11.2018 – 5 S 2138/16, juris-Rn. 151.

bb) Benachrichtigung und Frist

177 Gem. Abs. 8 Satz 1 teilt die Behörde den Beteiligten die Planänderung mit und gibt ihnen Gelegenheit, innerhalb von zwei Wochen Stellungnahmen und Einwendungen abzugeben. **Vereinigungen** nach Abs. 4 Satz 5 sind auch dann gem. Abs. 8 Satz 1 individuell über die Planänderung zu informieren, wenn sie keine Stellungnahme zum ursprünglichen Plan abgegeben haben. Vorher war in diesen Fällen teilweise fachplanungsrechtlich lediglich eine öffentliche Bekanntmachung vorgesehen (§ 18a Nr. 6 Satz 2 AEG a.F., § 17a Nr. 6 Satz 2 FStrG a.F., § 14a Nr. 6 Satz WaStrG a.F., § 2 Nr. 6 Satz 2 MBPlG a.F., § 43a Nr. 6 Satz 2 EnWG a.F.).

178 Eine Übermittlung des gesamten Plans ist im Rahmen von Abs. 8 Satz 1 regelmäßig nicht erforderlich. Ausreichend ist die Übersendung jener Unterlagen, die zur Abschätzung der Planänderung und der Berührung eigener Belange bzw. des jeweiligen Aufgabenbereichs erforderlich sind.[316] Die Behörde hat gleichwohl auf Nachfrage Einsicht in die gesamten Planunterlagen zu gewähren.[317]

179 Gleichzeitig muss die Anhörungsbehörde den Beteiligten für ihre Einwendungen bzw. Stellungnahmen eine **Frist** von zwei Wochen bzw. bei UVP-pflichtigen Vorhaben von einem Monat (§ 21 Abs. 2 UVPG) setzen. Die Einwendungen und Stellungnahmen dürfen sich nur noch auf die Planänderung beziehen; sofern sie sich auf von der Planänderung nicht berührte Teile beziehen, ist das Gericht an einer inhaltlichen Prüfung i.S.v. § 73 Abs. 4 Satz 3 gehindert.[318] Nach Ablauf der Frist sind Betroffene nach Abs. 8 Satz 1, Halbs. 2 i.V.m. Abs. 4 Satz 3 genauso wie Vereinigungen gem. Abs. 8 Satz 1, Halbs. 2 i.V.m. Abs. 4 Satz 6 und 3 mit ihrem Vorbringen ausgeschlossen. Sie sind gem. Abs. 8 Satz 1, Halbs. 2 i.V.m. Abs. 4 Satz 4 (und Satz 6) über die Präklusionswirkung zu belehren.[319] Doch ist auch hier § 7 Abs. 4 UmwRG zu beachten: Sobald Umweltbelange tangiert sind, gilt die Präklusionsvorschrift bei UVP-pflichtigen und UVP-vorprüfungspflichtigen Vorhaben nicht (Rdn. 113 ff.). Die Frist beginnt mit Zugang des geänderten Plans. Die Fristberechnung nach § 31 VwVfG erfolgt entsprechend §§ 187 Abs. 1, 188 Abs. 2, 1. Alt. BGB.

cc) Erneute Erörterung?

180 Ein **zusätzlicher Erörterungstermin** ist im vereinfachten Änderungsverfahren nicht vorgesehen, aber auch nicht ausgeschlossen.[320] Der Vereinfachungs- und Beschleunigungszweck der Norm spricht jedoch dafür, eine Erörterung nur in besonders gelagerten Fällen durchzuführen, in denen es notwendig und aussichtsreich erscheint,

---

316 Kopp/Ramsauer/*Wysk*, § 73 Rn. 121.

317 Kopp/Ramsauer/*Wysk*, § 73 Rn. 142; Stelkens/Bonk/Sachs/*Neumann/Külpmann*, § 73 Rn. 137.

318 BVerwG, Urt. v. 30.05.2012 – 9A 35/10, NVwZ 2013, 147 (148).

319 BVerwG, Urt. v. 18.04.2007 – 9 A 34.06, juris Rn. 25; Knack/Henneke/*Schink*, § 73 Rn. 182; Stelkens/Bonk/Sachs/*Neumann/Külpmann*, § 73 Rn. 137; a.A. Kopp/Ramsauer/*Wysk*, § 73 Rn. 143.

320 Knack/Henneke/*Schink*, § 73 Rn. 183; Kopp/Ramsauer/*Wysk*, § 73 Rn. 143.

etwaige neu entstandene Problemfelder einer einvernehmlichen Lösung zuzuführen. Auch die nach dem Inkrafttreten des PlVereinhG fortgeltenden fachplanungsrechtlichen Regelungen in § 18a Nr. 2 AEG n.F., § 17a Nr. 2 FStrG n.F., § 14a Nr. 2 WaStrG n.F., § 2 Nr. 2 MBPlG n.F., § 43a Nr. 3 EnWG n.F. und § 10 Abs. 2 Satz 1 Nr. 3 Satz 3 LuftVG n.F., nach denen »im Regelfall« von einer Erörterung abgesehen werden kann, sprechen für diesen Ausnahmecharakter der Erörterung im Verfahren nach Abs. 8 Satz 1.[321] Wird ein Erörterungstermin angesetzt, so gelten hierfür die Vorschriften des Abs. 6.

3. Ergänzungsverfahren (Abs. 8 Satz 2)

Das **Ergänzungsverfahren** nach Abs. 8 Satz 2 findet Anwendung, wenn in einer Gemeinde in Bezug auf den ursprünglichen Plan **kein Auslegungsverfahren stattgefunden hat** und wenn sich das geänderte Planvorhaben auf diese Gemeinde auswirkt. 181 Nicht erforderlich ist, dass sich das Vorhaben aufgrund der Änderung erstmals oder stärker in dieser Gemeinde auswirkt.[322] Vielmehr erfasst der Wortlaut des Abs. 8 Satz 2 auch den Fall, dass die Auslegung des ursprünglichen Plans zu Unrecht unterblieben ist. Das Ergänzungsverfahren dient daher in erster Linie dem Rechtsschutz Betroffener sowie dem Schutz von Allgemeinbelangen in dem bisher nicht erfassten Gemeindegebiet (oben Rdn. 165). Zugleich bewirkt es jedoch insofern eine Verfahrensvereinfachung, als nicht für sämtliche Gemeinden in Bezug auf die Planänderung ein neues Planänderungsverfahren angeordnet wird, sondern nur für die zusätzlich zu beteiligende Gemeinde. In den früher beteiligten Gemeinden kann gleichzeitig das Nachtragsverfahren nach Abs. 8 Satz 1 stattfinden.[323]

Für die **Durchführung** des Ergänzungsverfahrens sieht Abs. 8 Satz 2, Halbs. 1 im Regelfall die Auslegung des geänderten Plans vor. 182 Wie sich aus Abs. 8 Satz 2, Halbs. 2 ergibt, muss die Gemeinde den geänderten Plan nach Abs. 5 ortsüblich bekannt machen (Rdn. 53 ff.), nach Abs. 3 Satz 1 einen Monat auslegen (Rdn. 72 f.) und die eingegangenen Einwendungen (Abs. 4 Satz 1) sowie Stellungnahmen (Abs. 2 und 4 Satz 5) weiterleiten.

Die Einwendungen und Stellungnahmen können nach dem Sinn und Zweck des Ergänzungsverfahrens nur auf Auswirkungen des Vorhabens gestützt werden, die **im Gemeindegebiet** zu erwarten sind.[324] 183 Nicht fristgerecht eingegangene Einwendungen und Stellungnahmen unterliegen mit Ausnahme der UVP-pflichtigen und UVP-vorprüfungspflichtigen Vorhaben (§ 7 Abs. 4 UmwRG) der Präklusion nach Abs. 8 Satz 2, Halbs. 2 i.V.m. Abs. 3a Satz 2, Abs. 4 Satz 3 und 6. Fristgerecht eingegangene Einwendungen und Stellungnahmen hat die Anhörungsbehörde im Rahmen eines gesonderten Erörterungstermins nach Abs. 6 mit den Beteiligten zu besprechen (Rdn. 130 ff.).

---

321 Knack/Henneke/*Schink*, § 73 Rn. 183.
322 Knack/Henneke/*Schink*, § 73 Rn. 185; *Ziekow*, § 73 Rn. 71.
323 Kopp/Ramsauer/*Wysk*, § 73 Rn. 138.
324 Knack/Henneke/*Schink*, § 73 Rn. 185; Kopp/Ramsauer/*Wysk*, § 73 Rn. 146.

184 Die Anhörungsbehörde kann unter den Voraussetzungen des Abs. 3 Satz 2 ausnahmsweise vom Verfahren nach Abs. 8 Satz 2 absehen, wenn der Kreis der in der Gemeinde von dem Vorhaben Betroffenen feststeht.[325] Dann ist ein Ergänzungsverfahren durch individuelle Benachrichtigung zulässig (oben Rdn. 78 ff.).

VIII. Stellungnahme der Anhörungsbehörde (Abs. 9)

1. Allgemeines

185 Nach Abs. 9 ist die Anhörungsbehörde verpflichtet, der PlfBeh innerhalb eines Monats nach Abschluss der Erörterung eine **schriftliche Stellungnahme** und die wesentlichen **Verfahrensakten** zu übermitteln. Der **Zweck** dieser Regelung des Zusammenwirkens von Anhörungs- und PlfBeh besteht in der Verfahrensbeschleunigung und Verwaltungseffizienz. Die PlfBeh soll möglichst rasch zu einer ausgewogenen Planabwägungsentscheidung gelangen. Die Anhörungsbehörde soll sie dabei durch eine ausführliche Stellungnahme und durch übersichtlich geordnetes Aktenmaterial unterstützen. Zudem sollen die von der Anhörungsbehörde gesammelten Eindrücke und Erkenntnisse nicht ungenützt bleiben.[326]

186 Das Gesetz macht die Rechtspflicht zur Abgabe einer Stellungnahme und zur Aktenversendung von zwei **Tatbestandsvoraussetzungen** abhängig. Zum einen müssen Anhörungs- und PlfBeh institutionell getrennt sein. Sind Anhörungs- und PlfBeh (wie dies in der Praxis in der Mehrzahl der PlfV der Fall ist) identisch, entfällt die Notwendigkeit der Aktenübergabe und der Stellungnahme.[327] Zum anderen muss die Erörterung abgeschlossen sein. Abgeschlossen ist die Erörterung häufig mit Ende des Erörterungstermins. Sind allerdings behördliche Stellungnahmen oder angeforderte Gutachten zu diesem Zeitpunkt noch nicht eingetroffen, dann endet die Erörterung erst mit Eingang der letzten Stellungnahme.

187 Die Stellungnahme der Anhörungsbehörde ist eine reine Entscheidungshilfe. Nach ihrer Rechtsnatur ist die Stellungnahme wie die Aktenweiterleitung eine rein **innerdienstliche Verfahrenshandlung** und kein VA.[328] Sie ist für die PlfBeh in keiner Weise bindend.[329]

2. Inhalt der Stellungnahme

188 Das Gesetz hat die Gestaltung und Formulierung der abschließenden **Stellungnahme** nach Abs. 9 nicht näher geregelt und damit weitgehend dem Ermessen der Anhörungsbehörde überlassen. Da es der Zweck der Stellungnahme ist, der PlfBeh eine **umfassende Beurteilungsgrundlage** und eine echte **Entscheidungshilfe** zu liefern, kann

325 Kopp/Ramsauer/*Wysk*, § 73 Rn. 145.

326 Kopp/Ramsauer/*Wysk*, § 73 Rn. 148.

327 Bader/Ronellenfitsch/*Kämper*, § 73 Rn. 82; Knack/Henneke/*Schink*, § 73 Rn. 187; Kopp/Ramsauer/*Wysk*, § 73 Rn. 147.

328 *Ule/Laubinger*, Verwaltungsverfahrensrecht, § 40 Rn. 42.

329 Vgl. VGH Bayern, Urt. v. 23.08.1985 – 11 B 83 A.2163, BayVBl. 1986, 241 (243).

sich die Anhörungsbehörde nicht mit einer reinen Schilderung des Verfahrensablaufs begnügen.[330] Vielmehr muss sie die von ihr erwarteten Auswirkungen des Vorhabens in tatsächlicher und rechtlicher Hinsicht darlegen und Empfehlungen für die planerische Entscheidung abgeben. Sie muss erläutern, ob und in welchem Umfang sie das Vorhaben befürwortet, welche Planungsalternativen in Betracht kommen, welche Schutzauflagen notwendig sind und welche Einwendungen und Stellungnahmen ihr beachtlich oder unbeachtlich erscheinen.[331]

3. Weitere Unterlagen

Die Anhörungsbehörde muss ferner die gesamten **Verfahrensakten** in geordneter und 189
gegliederter Form an die PlfBeh weiterleiten. Darunter versteht das Gesetz an erster Stelle den **Plan** des Vorhabens. Dazu gehören neben den Planzeichnungen und dem Erläuterungsbericht sämtliche Änderungsanträge mit Begründung.[332] An zweiter Stelle sind die **Stellungnahmen** der Behörden (Abs. 2) sowie der anerkannten Vereinigungen nach Abs. 4 Satz 5 beizufügen. Schließlich erwähnt das Gesetz an dritter Stelle die **nicht erledigten Einwendungen.** Erledigt sind Einwendungen, wenn die Einwender sie zurückgenommen haben oder wenn ihnen auf andere Weise (z.B. durch Planänderung oder Entschädigungsleistung) Rechnung getragen wurde. Die nicht erledigten Einwendungen sind geordnet, unter Beifügung von Orts- und Einwenderverzeichnissen, vorzulegen. Ergänzend ist das Protokoll des Erörterungstermins beizufügen, aus dem sich die Behandlung der Einwendungen im Erörterungstermin ergibt.[333]

4. Frist

Die Anhörungsbehörde hat die Stellungnahme **binnen eines Monats** zu erarbeiten 190
und gemeinsam mit den übrigen Akten zu übersenden. Nach Abs. 9 besteht somit eine **fristgebundene Rechtspflicht** der Anhörungsbehörde. Mag diese Rechtspflicht auch im Interesse der PlfBeh sein, so stellt sie doch keine kostenpflichtige Amtshilfe, sondern eine eigene Aufgabe der Anhörungsbehörde nach § 4 Abs. 2 Nr. 2 dar. Die für die Erfüllung dieser Rechtspflicht eingeräumte Monatsfrist beginnt am Tag nach Abschluss der Erörterung (Erörterungstermin, Eingang der letzten Stellungnahme) und endet nach § 31 Abs. 1 VwVfG i.V.m. §§ 188 Abs. 2, 1. Alt. BGB an dem Tag des Folgemonats, der nach seiner Zahl dem Abschlusstag entspricht. Eine Fristüberschreitung berührt nicht die **Rechtmäßigkeit** des späteren PlfB, da es sich auch nach der Änderung der ursprünglichen Soll-Vorschrift durch das PlVereinhG um eine reine **Ordnungsvorschrift** handelt.[334]

---

330 Kopp/Ramsauer/*Wysk*, § 73 Rn. 148.
331 Kopp/Ramsauer/*Wysk*, § 73 Rn. 148; Stelkens/Bonk/Sachs/*Neumann*/*Külpmann*, § 73 Rn. 139.
332 *Meyer*/*Borgs*, § 73 Rn. 62.
333 *Meyer*/*Borgs*, § 73 Rn. 62.
334 BT-Drucks. 17/9666, Begründung S. 18.

5. Beanstandungsrecht der PlfBeh

191 Die PlfBeh kann Mängel der Stellungnahme und die Unvollständigkeit der Unterlagen nach Abs. 9 beanstanden. Das **Beanstandungsrecht der PlfBeh** führt dazu, dass die Anhörungsbehörde fehlende Ermittlungen nachholen, zusätzliche Anhörungstermine durchführen, ihre Stellungnahme ergänzen und angeforderte Unterlagen nachreichen muss.[335]

192 Im Übrigen kann die PlfBeh im Interesse der Verfahrensbeschleunigung auch **eigene Verfahrenshandlungen** vornehmen, die ihr im Interesse einer sachgerechten Entscheidung notwendig erscheinen (§ 74 Rdn. 13).[336] Hierbei muss allerdings die **Trennung zwischen Anhörungs- und Entscheidungsverfahren** beachtet werden: Die PlfBeh ist daran gehindert, wesentliche Ermittlungen zu Problemfeldern, an denen die am Anhörungsverfahren Beteiligten ein substantielles Erörterungsinteresse haben, selbst vorzunehmen.[337] In diesen Fällen hat die PlfBeh die Sache vielmehr an die Anhörungsbehörde zurückzuverweisen, und das Anhörungsverfahren ist erneut durchzuführen.[338]

6. Zusammenfassende Darstellung nach § 24 UVPG

193 Hat eine Umweltverträglichkeitsprüfung stattgefunden, dann obliegt es **nicht** der Anhörungsbehörde, sondern der PlfBeh, die zusammenfassende Darstellung der Umweltauswirkungen des geplanten Vorhabens nach § 24 UVPG anzufertigen.[339] Diese ist folglich nicht Teil der Stellungnahme gem. Abs. 9. Dies folgt daraus, dass als »zuständige Behörde« für die Anfertigung der Zusammenfassung i.S.v. § 24 UVPG die Behörde anzusehen ist, die für das verwaltungsbehördliche **Zulassungsverfahren** zuständig ist.[340] Die **Sachnähe der Anhörungsbehörde**, die das Beteiligungsverfahren nach § 18 Abs. 1 UVPG zu leiten hat, kann im Rahmen von § 24 UVPG allerdings genutzt werden, indem diese die zusammenfassende Darstellung in ihrer Stellungnahme nach Abs. 9 als Entwurf vorbereitet.[341]

C. Rechtsschutz bei Verfahrensfehlern

194 Unterlaufen der Anhörungs- oder der PlfBeh Verfahrensfehler, dann stellt sich die Frage, welche **Rechtsschutzmöglichkeiten** den Beteiligten zustehen. Kann der Beteiligte

335 Knack/Henneke/*Schink*, § 73 Rn. 189; Kopp/Ramsauer/*Wysk*, § 73 Rn. 149.

336 BVerwG, Urt. v. 31.03.1995 – 4 A 1/93, BVerwGE 98, 126 (129 f.); BVerwG, Urt. v. 05.12.1986 – 4 C 13/85, BVerwGE 75, 214 (226 f.); Knack/Henneke/*Schink*, § 73 Rn. 190.

337 BVerwG, Urt. v. 05.12.1986 – 4 C 13/85, BVerwGE 75, 214 (226).

338 BVerwG, Urt. v. 05.12.1986 – 4 C 13/85, BVerwGE 75, 214 (226).

339 BVerwG, Urt. v. 05.03.1997 – 11 A 25/95, BVerwGE 104, 123 (126 f.); Bader/Ronellenfitsch/*Kämper*, § 73 Rn. 84; Kopp/Ramsauer/*Wysk*, § 73 Rn. 150; Stelkens/Bonk/Sachs/*Neumann/Külpmann*, § 73 Rn. 140; *Ziekow*, § 73 Rn. 72; a.A. Knack/Henneke/*Schink*, § 73 Rn. 191.

340 BVerwG, Urt. v. 05.03.1997 – 11 A 25/95, BVerwGE 104, 123 (126).

341 Kopp/Ramsauer/*Wysk*, § 73 Rn. 150.

den Verfahrensfehler sofort gerichtlich rügen und sein Verfahrensrecht isoliert einklagen oder muss er den Abschluss des VwVf abwarten und den Verfahrensfehler im Hauptsacheverfahren geltend machen?

I. Isolierte Geltendmachung

Diese Frage beantwortet § 44a Satz 1 VwGO dahin gehend, dass Rechtsbehelfe gegen behördliche Verfahrenshandlungen grundsätzlich nur gleichzeitig mit den gegen die Sachentscheidung zulässigen Rechtsbehelfen geltend gemacht werden können. Das bedeutet, dass grundsätzlich **keine isolierte Anfechtung** von Verfahrenshandlungen möglich ist. Der Zweck dieser Einschränkung des Anfechtungsrechts besteht darin, eine Verzögerung des VwVf durch zahllose Zwischenrechtsbehelfe zu verhindern. 195

Aufgrund der Regelung des § 44a Satz 1 VwGO können etwa Fragen der örtlichen und sachlichen Zuständigkeit der Behörde (§ 3), der Mitwirkung von ausgeschlossenen oder befangenen Beamten (§§ 20, 21), der Fristwahrung und Wiedereinsetzung (§§ 30, 31), der Planbekanntmachung und -auslegung (§ 73 Abs. 3, 5)[342], der Einwendungserhebung und -präklusion (§ 73 Abs. 4), der ordnungsgemäßen Durchführung des Erörterungstermins (§ 73 Abs. 6)[343] ebenso wie andere vergleichbare Verfahrens- und Formfragen grundsätzlich **nur i.R.d. gegen den PlfB gerichteten Anfechtungsklage** geklärt werden. 196

Eine isolierte Anfechtung von Verfahrenshandlungen ist allerdings ausnahmsweise dann nach **§ 44a Satz 2** VwGO zulässig, wenn die Verfahrenshandlung **vollstreckt** werden kann oder gegen einen Nichtbeteiligten ergeht. Dieser Ausnahmefall kann während eines Erörterungstermins vorkommen, wenn der Verhandlungsleiter einen Teilnehmer aus dem Saal verweist (Rdn. 160). Ein solcher Ausschluss vom Erörterungstermin ist als sofort vollstreckbare Amtshandlung isoliert anfechtbar.[344] Verfahrenshandlungen gegenüber **Nichtbeteiligten** i.S.v. § 44a Satz 2 VwGO sind im Rahmen des PlfV zwar denkbar, gleichwohl aber selten, da Einwender (vgl. § 73 Abs. 4 Satz 1, Abs. 5 Satz 2 Nr. 4 Buchst. a, Abs. 6 Satz 1 und 3) und Betroffene (vgl. § 73 Abs. 3 Satz 2, Abs. 5 Satz 3 und Abs. 6 Satz 1) keine Nichtbeteiligten i.S.v. § 44a Satz 2 VwGO sind.[345] Gleiches gilt für anerkannte Umwelt- und Naturschutzvereinigungen im Rahmen ihrer Stellungnahmebefugnis nach Abs. 4 Satz 5 (vgl. oben § 72 Rdn. 13). 197

Der Ausnahmeregelung des § 44a Satz 2 VwGO liegt der allgemeine Gedanke zugrunde, dass das durch **Art. 19 Abs. 4 GG** garantierte Gebot des effektiven Rechtsschutzes in bestimmten Fällen eine isolierte Entscheidung über Verfahrenshandlungen notwendig macht.[346] Bei verfassungskonformer Auslegung des § 44a VwGO ist daher 198

342 Hierzu BVerwG, Urt. v. 10.04.1968 – IV C 227/65, BVerwGE 29, 282 (284 f.); VGH Baden-Württemberg, Beschl. v. 29.06.1994 – 10 S 2510/93, NVwZ 1995, 292 (293 f.).

343 Vgl. BVerwG, Urt. v. 27.10.2000 – 4 A 18/99, NVwZ 2001, 673 (675); VGH Bayern, Urt. v. 21.11.1988 – 22 A 88.40085, NVwZ 1989, 1179 (1180).

344 Vgl. BVerwG, Urt. v. 30.01.2002 – 9 A 20/01, NVwZ 2002, 984 f.

345 Vgl. BVerwG, Beschl. v. 21.03.1997 – 11 VR 2/97, UPR 1997, 461.

346 BVerwG, Urt. v. 30.01.2002 – 9 A 20/01, NVwZ 2002, 984 (985).

die isolierte Anfechtung von Verfahrenshandlungen auch dann zulässig, wenn die Verweisung auf eine nachträgliche Kontrolle i.R.d. Sachentscheidung zu einer **unzumutbaren**, aus Sachgründen nicht mehr zu rechtfertigenden Erschwerung des Rechtswegs führen würde. Dies kann bei der **Geltendmachung von Datenschutzrechten** der Fall sein. Werden i.R.d. Planauslegung unbefugter Weise personenbezogene Daten oder Betriebsgeheimnisse nach § 30 offenbart, dann kann die damit verbundene Verletzung des allgemeinen Persönlichkeitsrechts oder des Rechts am eingerichteten und ausgeübten Gewerbebetrieb i.R.d. nachträglichen Sachentscheidung über den PlfB nicht wirkungsvoll behoben werden. Daher ist eine isolierte Geltendmachung möglich (vgl. auch § 72 Rdn. 21).[347]

II. Geltendmachung im Hauptsacheverfahren

199 Wie sich aus dem soeben Dargelegten ergibt, können Verstöße gegen Verfahrensrecht regelmäßig erst i.R.d. Anfechtungsklage gegen den PlfB geltend gemacht werden. Ob Verfahrensrügen im Hauptsacheprozess allerdings zur **Aufhebung** des PlfB führen, muss anhand der Vorgaben der einschlägigen Fachplanungsgesetze und ergänzend nach den §§ 72 ff. sowie den §§ 44, 45 und 46 beurteilt werden.[348] Hieraus ergibt sich für Verfahrens- und Formfehler folgendes Schema:
- Welchen Verfahrens- oder Formverstoß rügt der Kläger?
- Macht der Kläger die Verletzung einer Verfahrens- oder Formvorschrift geltend, die auch seinem Schutz und nicht allein dem Schutz Dritter dient?
- Kann der Kläger geltend machen, dass sich die Missachtung der Verfahrens- oder Formvorschrift nachteilig auf seine materiellen Rechte ausgewirkt hat?
- Besteht die konkrete Möglichkeit, dass die Behörde bei Einhaltung der Form- oder Verfahrensvorschrift anders entschieden hätte (§ 46)?

Liegt ein in diesem Sinne beachtlicher Mangel vor, ist wie folgt weiterzuprüfen:
- Führt der Mangel zur Nichtigkeit des PlfB i.S.v. § 44?
- Wenn § 44 nicht greift, hat die Behörde den Mangel gem. § 45 Abs. 1 Nr. 3 geheilt?
- Liegt keine Heilung vor, kann der Verfahrens- oder Formfehler durch eine Planergänzung oder ein ergänzendes Verfahren behoben werden (§ 75 Abs. 1a Satz 2)?

200 Wie aus der vorstehenden Übersicht deutlich wird, unterliegt die **Aufhebung** eines PlfB aufgrund von Form- oder Verfahrensfehlern **restriktiven Voraussetzungen.** Dies beruht in erster Linie auf dem Grundgedanken der §§ 42 Abs. 2, 113 Abs. 1 VwGO, wonach die **Verletzung subjektiver Rechte** geltend gemacht werden muss. Sie beruht in zweiter Linie auf dem Grundgedanken des § 46, wonach der Verfahrensfehler sich auf das Entscheidungsergebnis **ausgewirkt** haben muss.

---

347 BVerfG, Beschl. v. 24.07.1990 – 1 BvR 1244/87, NVwZ 1990, 1162 f.; BVerfG, Urt. v. 14.10.1987 – 1 BvR 1244/87, BVerfGE 77, 121 (124 f.).

348 Stelkens/Bonk/Sachs/*Neumann*, § 73 Rn. 156.

1. Verletzung einer Verfahrens- oder Formvorschrift

Bei der verletzten Verfahrens- oder Formvorschrift muss es sich zunächst um eine das **VwVf i.S.v. § 9** betreffende Regelung handeln. Gegen die Rechtmäßigkeit des PlfB kann daher bspw. nicht angeführt werden, dass Informationsansprüche nach **IFG oder UIG** verletzt worden seien.[349] Eine Ausnahme gilt für die Verletzung von Beteiligungsrechten anerkannter Naturschutzverbände nach dem **BNatSchG**, die die Rechtmäßigkeit des PlfB beseitigen kann.[350] Im Übrigen bleibt es jedoch bei dem Grundsatz, dass nur auf das VwVf bezogene Form- und Verfahrensfehler zur Aufhebung eines PlfB führen können. Konsequenterweise kann daher auch die Verletzung von Form- und Verfahrensvorschriften im Rahmen der **UVP** die Rechtswidrigkeit eines PlfB begründen. Wird bspw. das Akteneinsichtsrecht nach **§ 19 Abs. 3 UVPG** in unzulässiger Weise verweigert, so kann dies gegen die Rechtmäßigkeit des PlfB angeführt werden, da die UVP unselbstständiger Bestandteil des PlfV ist (vgl. § 4 UVPG).[351] 201

2. Drittschützender Charakter der Verfahrensvorschrift

Jeder Beteiligte kann nur solche Verfahrensfehler rügen, die seine Rechtssphäre zumindest auch betreffen. Entscheidend ist, ob der **Schutzzweck** der Verfahrensvorschrift auch die Interessen des Klägers schützt.[352] Daher kann ein Plannachbar nicht die mangelnde Anhörung Dritter oder die fehlende Beteiligung einer Behörde rügen.[353] Hingegen kann der Planbetroffene, wenn der PlfB enteignungsrechtliche Vorwirkungen hat, die Missachtung aller Verfahrensvorschriften rügen, die sich auf die Abwägung der öffentlichen und privaten Belange beziehen, da jene Vorschriften zumindest auch seinem Interesse dienen.[354] 202

3. Materielle Betroffenheit

Die Einräumung von Verfahrensrechten im PlfV erfolgt grundsätzlich nicht um ihrer selbst willen, sondern verfolgt den Zweck der bestmöglichen Durchsetzung materieller Rechte während des Planungsprozesses.[355] Der Kläger muss daher grundsätzlich darlegen, dass die Missachtung der Verfahrens- oder Formvorschrift sich nachteilig auf 203

349 BVerwG, Beschl. v. 12.06.2007 – 7 VR 1/07, UPR 2007, 351 (352).

350 Vgl. BVerwG, Urt. v. 19.03.2003 – 9 A 33/02, NVwZ 2003, 1120; BVerwG, Urt. 31.01.2002 – 4 A 15/01, NVwZ 2002, 1103 (1105).

351 BVerwG, Beschl. v. 12.06.2007 – 7 VR 1/07, UPR 2007, 351 (352).

352 Stelkens/Bonk/Sachs/*Neumann/Külpmann*, § 73 Rn. 157.

353 BVerwG, Urt. v. 05.12.1986 – 4 C 13/85, BVerwGE 75, 214 (228, 245); BVerwG, Beschl. v. 28.05.1985 – 7 B 116/85, NVwZ 1985, 745.

354 Vgl. BVerwG, Urt. v. 18.12.1987 – 4 C 9/86, BVerwGE 78, 347 (355); BVerwG, Urt. v. 06.03.1987 – 4 C 11/83, BVerwGE 77, 86 (92); BVerwG, Urt. v. 21.03.1986 – 4 C 48/82, BVerwGE 74, 109 (110 ff.); BVerwG, Urt. v. 18.03.1983 – 4 C 80/79, BVerwGE 67, 74 (76 f.); vgl. noch weitergehend Rdn. 205.

355 Knack/Henneke/*Schink*, § 73 Rn. 209; Stelkens/Bonk/Sachs/*Neumann/Külpmann*, § 73 Rn. 157.

die Wahrung seiner **materiellen Rechte ausgewirkt** hat.[356] Ohne eine solch materielle Betroffenheit besteht keine wehrfähige subjektiv-rechtliche Position.

204 Ein enteignend **Betroffener** kann daher bspw. nur solche Verfahrensmängel geltend machen, die für die enteignende Inanspruchnahme seines Grundeigentums kausal sind.[357] Im Gegenzug kann etwa eine **Gemeinde**, die durch den Ausbau einer Bundeswasserstraße nicht in ihren materiellen Rechten beeinträchtigt wird, den PlfB nicht mit der Begründung anfechten, sie sei nicht ordnungsgemäß beteiligt worden.[358] Genauso müssen **Vereinigungen** nach Abs. 4 Satz 5 grundsätzlich geltend machen, dass sich der Verfahrensfehler nachteilig auf die von ihnen zu verteidigenden Belange ausgewirkt hat.

205 Eine **Ausnahme vom Grundsatz der materiellen Betroffenheit** gilt nur dann, wenn das Gesetz dem Dritten eine eigenständig durchsetzbare und vom materiellen Recht unabhängige Verfahrensposition einräumt.[359] Das gilt namentlich für die Beteiligung anerkannter Naturschutzverbände nach den Vorschriften des BNatSchG[360] und die Unterlassung einer gebotenen Umweltverträglichkeitsprüfung und Öffentlichkeitsbeteiligung nach § 4 Abs. 1 UmwRG. Ebenso gilt dies für die Beteiligung der Gemeinden am Zulassungsverfahren nach den §§ 6 Abs. 2 und 30 Abs. 3 LuftVG, nicht aber für ihre Beteiligung im PlfV.[361]

4. Auswirkung auf die Planentscheidung

206 Der Verfahrensfehler muss sich i.S.d. § 46 nachteilig auf das Entscheidungsergebnis ausgewirkt haben können. An dieser **konkreten Kausalität** fehlt es bspw. dann, wenn trotz fehlender Planauslegung, Akteneinsicht etc. der Informationszweck des Anhörungsverfahrens erreicht wird.[362] Für den Nachweis der Kausalität reicht es nicht,

---

356 BVerwG, Urt. v. 09.11.2006 – 4 A 2001/06, NVwZ 2007, 445 (446); BVerwG, Beschl. v. 05.11.2002 – 9 VR 14/02, NVwZ 2003, 207 (209); BVerwG, Beschl. v. 10.07.1995 – 4 B 94/95, NuR 1996, 287 (288); BVerwG, Beschl. v. 15.10.1991 – 7 B 99/91, NJW 1992, 256 f.

357 BVerwG, Urt. v. 09.11.2006 – 4 A 2001/06, NVwZ 2007, 445 (446); BVerwG, Urt. v. 21.03.1996 – 4 C 1/95, NVwZ 1997, 493 (494); BVerwG, Beschl. v. 10.07.1995 – 4 B 94/95, NuR 1996, 287 (288).

358 BVerwG, Beschl. v. 15.10.1991 – 7 B 99/91, NJW 1992, 256 f.

359 BVerwG, Beschl. v. 05.11.2002 – 9 VR 14/02, NVwZ 2003, 207 (209); BVerwG, Urt. v. 05.10.1990 – 7 C 55/89, BVerwGE 85, 368 (373 ff.); BVerwG, Urt. v. 22.02.1980 – IV C 24/77, NJW 1981, 239 (240); BVerwG, Urt. v. 15.01.1982 – 4 C 26/78, BVerwGE 64, 325 (331); BVerwG, Urt. v. 14.12.1973 – IV C 50/71, BVerwGE 44, 235 (239 ff.).

360 BVerwG, Urt. v. 19.03.2003 – 9 A 33/02, NVwZ 2003, 1120; BVerwG, Urt. 31.01.2002 – 4 A 15/01, NVwZ 2002, 1103 (1105); BVerwG, Urt. v. 12.11.1997 – 11 A 49/96, NVwZ 1998, 395 (398); BVerwG, Urt. v. 12.12.1996 – 4 C 19/95, NVwZ 1997, 905 (906 f.).

361 BVerwG, Urt. v. 16.12.1988 – 4 C 40/86, DVBl 1989, 363 (367); BVerwG, Beschl. v. 15.10.1991 – 7 B 99/91, NJW 1992, 256 f.

362 BVerwG, Urt. v. 22.03.1985 – 4 C 63/80, BVerwGE 71, 150 (152); BVerwG, Urt. v. 10.04.1968 – IV C 227/65, BVerwGE 29, 282 (285); VGH Baden-Württemberg, Beschl. v. 29.06.1994 – 10 S 2510/93, NVwZ 1995, 292 (293 f.).

wenn nur **rein abstrakt** die Möglichkeit besteht, dass die Behörde bei Vermeidung des Verfahrensfehlers zu einem anderen Ergebnis gekommen wäre. Vielmehr muss die konkrete Möglichkeit bestehen, dass sich die Nichtbeachtung der Verfahrensvorschrift auf die Entscheidung ausgewirkt hat.[363]

Gleiche Grundsätze gelten für eine unterbliebene Beteiligung anerkannter Naturschutzverbände nach dem BNatSchG: Diese führt nur dann zur Rechtswidrigkeit des PlfB, wenn die konkrete Möglichkeit besteht, dass aufgrund des Verfahrensverstoßes naturschutzrechtliche Belange in der Planabwägung vernachlässigt oder übergangen wurden und die Entscheidung bei ordnungsgemäßer Beteiligung anders ausgefallen wäre.[364] 207

5. Anspruch auf Planaufhebung?

Liegt ein in diesem Sinn erheblicher Verfahrensfehler vor, dann kann der Betroffene im Wege der **Anfechtungsklage** gegen den PlfB vorgehen. Der Betroffene hat dann grundsätzlich einen Anspruch auf Aufhebung des fehlerhaften PlfB nach § 113 Abs. 1 Satz 1 VwGO. 208

Zunächst wird jedoch zu prüfen sein, ob der PlfB unter derart schweren und offenkundigen Fehlern leidet, dass er **gem. § 44 nichtig ist** und damit keiner Aufhebung gem. § 113 Abs. 1 Satz 1 VwGO bedarf. Einen solch schwerwiegenden Mangel kann etwa das **Unterbleiben eines Erörterungstermins** darstellen, wenn der Erörterungstermin offensichtlich erforderlich war und das Unterlassen damit eine offenkundige Fehlanwendung des Gesetzes darstellt (vgl. auch § 72 Rdn. 30).[365] 209

Eine Aufhebung des PlfB scheidet aus, wenn die PlfBeh die Verfahrensfehler nach **§ 45 Abs. 2** noch während des verwaltungsgerichtlichen Verfahrens nachträglich heilt. Hat die Anhörungsbehörde bspw. **einzelne** Einwender oder Betroffene nicht ordnungsgemäß am Erörterungsverfahren beteiligt, dann kann dieser Verfahrensfehler durch **Nachholung der Erörterung** geheilt werden (**§ 45 Abs. 1 Nr. 3**).[366] Hierzu bedarf es regelmäßig keines neuen Erörterungstermins. Vielmehr ist eine Heilung durch individuelle Anhörung möglich.[367] Mit der Heilung wird die Anfechtungsklage gegen den 210

363 BVerwG, Urt. v. 31.07.2012 – 4 A 7001/11 u.a., NVwZ 2013, 297 (299); BVerwG, Urt. v. 13.12.2007 – 4 C 9/06, BVerwGE 130, 83 (94); BVerwG, Urt. v. 07.06.1991 – 7 C 43/90, BVerwGE 88, 286 (288); BVerwG, Urt. v. 17.12.1986 – 7 C 29/85, BVerwGE 75, 285 (291); BVerwG, Urt. v. 22.12.1980 – 7 C 84/78, BVerwGE 61, 256 (275); VGH Baden-Württemberg, Urt. v. 15.12.2011 – 5 S 2100/11, UPR 2012, 190 (197).

364 BVerwG, Urt. v. 19.03.2003 – 9 A 33/02, NVwZ 2003, 1120; BVerwG, Urt. v. 31.01.2002 – 4 A 15/01, NVwZ 2002, 1103 (1105).

365 Knack/Henneke/*Schink*, § 73 Rn. 216; Kopp/Ramsauer/*Wysk*, § 73 Rn. 157; zum Unterbleiben der mündlichen Verhandlung im förmlichen VwVf so auch BVerwG, Urt. v. 18.10.1983 – 1 C 13/81, NVwZ 1984, 578 f.

366 Kopp/Ramsauer/*Wysk*, § 73 Rn. 153; *Ziekow*, § 73 Rn. 67.

367 BVerwG, Urt. v. 05.12.1986 – 4 C 13/85, BVerwGE 75, 214 (227); Kopp/Ramsauer/*Wysk*, § 73 Rn. 153.

PlfB unbegründet, sodass der Betroffene die Hauptsache für erledigt erklären muss, um einer Klageabweisung zu entgehen.

211 Erfolgt keine Heilung, muss das Gericht den PlfB grundsätzlich nach § 113 Abs. 1 Satz 1 VwGO ganz oder teilweise aufheben. Der Anspruch auf Planaufhebung gem. § 113 Abs. 1 Satz 1 VwGO besteht allerdings **nur in seltenen Fällen uneingeschränkt.** Eine Aufhebung des gesamten Plans kommt nur dann in Betracht, wenn der Fehler – wie etwa die fehlende sachliche Zuständigkeit – **den gesamten Plan** erfasst.

212 Zu beachten ist ferner, dass der Anspruch auf Planaufhebung insofern eine erhebliche Einschränkung erfährt, als nach **§ 75 Abs. 1a Satz 2** eine Verletzung von nicht nach § 45 geheilten Verfahrens- und Formvorschriften nur dann zur Aufhebung führt, wenn der Verfahrensmangel nicht durch eine **Planergänzung oder durch ein ergänzendes Verfahren** behoben werden kann (vgl. § 75 Rdn. 21). Planergänzung und ergänzendes Verfahren können auch noch nach Abschluss des verwaltungsgerichtlichen Verfahrens durchgeführt werden. Im Falle der Behebbarkeit des Mangels darf das Gericht daher nur aussprechen, dass der PlfB rechtswidrig ist und nicht vollzogen werden darf.[368]

6. Fehlende oder fehlerhafte UVP

213 Der EuGH hat entschieden, dass die Bundesrepublik gegen Unionsrecht verstößt, indem sie gem. § 46 die Aufhebung von Entscheidungen auf Grund von Verfahrensfehlern auf das Fehlen einer UVP oder der Vorprüfung sowie auf Fälle beschränkt, in denen der Rechtsbehelfsführer nachweist, dass der Verfahrensfehler für das Ergebnis der Entscheidung kausal war.[369] Dabei sei es auch Sache des Gerichts, unter anderem den Grad der Schwere des geltend gemachten Fehlers zu berücksichtigen und dabei insbesondere zu prüfen, ob dieser Fehler der betroffenen Öffentlichkeit eine der Garantien genommen hat, die geschaffen wurden, um ihr im Einklang mit den Zielen der UVP-Richtlinie Zugang zu Informationen und die Beteiligung am Entscheidungsprozess zu ermöglichen.[370] Im Anschluss an die Altrip-Entscheidung änderte der Gesetzgeber dann die Vorschrift des § 4 Abs. 1 und 1a UmwRG ab.

214 Im Falle der UVP-Pflichtigkeit eines Vorhabens ist nun zwischen **absoluten und relativen Verfahrensfehlern** zu unterscheiden.[371] Ein absoluter Verfahrensfehler liegt nach § 4 Abs. 1 UmwRG vor, wenn die UVP-Prüfung oder die Vorprüfung des Einzelfalls zur Feststellung der UVP-Pflichtigkeit weder durchgeführt noch nachgeholt ist (§ 4 Abs. 1 Satz 1 Nr. 1 Buchst. a und b UmwRG), die Öffentlichkeitsbeteiligung i.S.d.

---

368 BVerwG, Urt. v. 12.12.1996 – 4 C 19/95, BVerwGE 102, 358 (359, 364 ff.); BVerwG, Urt. v. 21.03.1996 – 4 C 19/94, BVerwGE 100, 370 (372).

369 EuGH, Urt. v. 07.11.2013 – C-72/12 (Altrip), NVwZ 2014, 49 (52); dann EuGH, Urt. v. 15.10.2015 – C-137/14 (Europäische Kommission/Deutschland), NVwZ 2015, 1665 (1668).

370 BVerwG, Urt. v. 21.01.2016 – 4 A 5/14, NVwZ 2016, 844 (847).

371 Vgl. BT-Drucks. 18/5927 S. 9; auch BVerwG, Urt. v. 11.08.2016 – 7 A 1.15, juris Rn. 41; VG Aachen, Beschl. v. 02.09.2016 – 6 L 38/16, juris Rn. 52.

§ 19 UVPG oder § 10 BImschG weder durchgeführt noch nachgeholt ist (§ 4 Abs. 1 Satz 1 Nr. 2 UmwRG) oder ein anderer Verfahrensfehler vorliegt, der nicht geheilt worden ist, nach seiner Art und Schwere mit den in den Nr. 1 und 2 genannten Fällen vergleichbar ist und der betroffenen Öffentlichkeit die Möglichkeit der gesetzlich vorgesehenen Beteiligung am Entscheidungsprozess genommen hat (§ 4 Abs. 1 Satz 1 Nr. 3 UmwRG)[372]; zur Beteiligung am Entscheidungsprozess gehört auch der Zugang zu den Unterlagen, die zur Einsicht für die Öffentlichkeit auszulegen sind. Sonstige Verfahrensmängel können als relative Verfahrensmängel i.S.d. § 4 Abs. 1a UmwRG bezeichnet werden. Während ein absoluter Verfahrensfehler bei Verlang zur Aufhebung einer Entscheidung über die Zulässigkeit eines Vorhabens führt,[373] ist bei einem relativen Verfahrensfehler § 46 mit der Maßgabe anwendbar, dass auch hier das Kausalitätserfordernis nicht vom Kläger erbracht werden muss (§ 4 Abs. 1a Satz 2 UmwRG). Liegt also ein **Verfahrensfehler** vor, so bedarf es keines Nachweises darüber, dass die Behörde bei Beachtung der UVP-Pflicht anders entschieden hätte.[374] – das Kausalitätserfordernis ist ausgeschlossen.[375] Dementsprechend muss der Kläger bei Verfahrensfehlern nicht geltend machen, dass sich die Missachtung der UVP-Vorschriften nachteilig auf seine materielle Rechtsposition ausgewirkt hat.[376] Außerdem bleibt es dabei: Je größeres Gewicht den Belangen des Umweltschutzes im Rahmen der Planabwägung zukommt, desto höher ist die Wahrscheinlichkeit, dass sich Unzulänglichkeiten im Rahmen der UVP auf den PlfB ausgewirkt haben.[377] Zudem besteht bei absoluten Verfahrensmängeln sogar ein subjektives Recht auf Durchführung der UVP, Feststellung der UVP-Pflichtigkeit und Öffentlichkeitsbeteiligung, dessen Verletzung – falls eine Heilung durch Nachholung nicht erfolgt – die Aufhebung des PlfB rechtfertigt.[378]

Die Aufhebung des PlfB kann abgewendet werden, indem die Behörde die fehlerhafte 215
oder unterbliebene UVP durch gleichwertige Maßnahmen **nachholt.**[379] Die Notwendigkeit der Darlegung einer materiellen Betroffenheit bleibt in jedem Fall bestehen.[380]

---

372 Dazu beispielhaft das OVG Hamburg, Beschl. v. 24.08.2016 – 2 Bs 113/16, juris Rn. 18, das hier einen Bekanntmachungsfehler nicht unter die Vorschrift subsumiert.

373 Vgl. dazu OVG Niedersachsen, Beschl. v. 16.11.2016 – 12 ME 132/16, juris Rn. 62 f.

374 BVerwG, Urt. v. 24.11.2011 – 9 A 23/10, BVerwGE 141, 171 (174).

375 Dazu BVerwG, Beschl. v. 21.06.2016 – 9 B 65/15, NVwZ 2016, 1257 (1260); BVerwG, Urt. v. 21.01.2016 – 4 A 5/14, NVwZ 2016, 844 (847 f.); BVerwG, Urt. v. 24.11.2011 – 9 A 23.10 (A 281), BVerwGE 141, 171 Rn. 15 ff.; vgl. auch noch den Vorlagebeschluss BVerwG, Beschl. v. 10.01.2012 – 7 C 20.11, NVwZ 2012, 448 (450).

376 BVerwG, Urt. v. 24.11.2011 – 9 A 23/10, BVerwGE 141, 171 (173 ff.); *Kment*, NVwZ 2007, 274 (279); *Ziekow*, NVwZ 2007, 259 (264); a.A. Stelkens/Bonk/Sachs/*Neumann*, § 73 Rn. 151.

377 BVerwG, Urt. v. 18.11.2004 – 4 CN 11/03, NVwZ 2005, 442 (443).

378 *Ziekow*, NVwZ 2007, 259 (264).

379 BVerwG, Urt. v. 16.10.2008 – 4 C 5/07, NVwZ 2009, 459 (463); BVerwG, Urt. v. 13.12.2007 – 4 C 9/06, NVwZ 2008, 563 (566 f.); *Ziekow*, NVwZ 2007, 259 (264).

380 BVerwG, Urt. v. 24.11.2011 – 9 A 24/10, BVerwGE 141, 171 (173 ff.).

Einen Sonderfall normiert allerdings **§ 4 Abs. 1 Satz 2 UmwRG** für die Konstellationen, in denen eine **fehlerhafte**, nicht dem Maßstab des § 5 Abs. 3 Satz 2 UVPG genügende **Vorprüfung** der UVP-Pflicht vorliegt. Hier kann die Aufhebung des PlfB unabhängig vom Nachweis der Kausalität des Fehlers für die Entscheidung und unabhängig von einer etwaigen materiellen Betroffenheit begehrt werden.

D. Landesrechtliche Besonderheiten

216 Die VwVfG der Länder enthalten im Wesentlichen mit § 73 gleichlautende Vorschriften, teils durch Verweisung (vgl. § 1 Abs. 1 BlnVwVfG, BbgVwVfG, NiedsVwVfG, RPLVwVfG, LSAVwVfG, § 1 SächsVwVfZG), teils durch eigene Regelungen (Art. 73 BayVwVfG, § 73 BWVwVfG, BremVwVfG, HmbVwVfG, HessVwVfG, M-VVwVfG, NWVwVfG, SaarlVwVfG, ThürVwVfG, § 140 LVwG). In den Ländern, in denen keine allgemeine Verweisung auf das VwVfG des Bundes gegeben ist, ist geplant, die durch das **PlVereinG** geschaffenen Änderungen im Rahmen des § 73 (z.B. die verfahrensrechtliche Gleichstellung anerkannter Vereinigungen i.S.v. § 73 Abs. 4 Satz 5) gleichlautend in die LVwVfG zu übernehmen, um die Konkordanz von Bundes- und Landesverwaltungsverfahrensrecht zu gewährleisten.[381]

217 Nach gegenwärtiger Rechtslage ergeben sich Besonderheiten in § 140 LVwG in Bezug auf die **Einwendungsfrist** nach § 140 Abs. 4 Satz 1 LVwG (vier Wochen statt zwei Wochen) sowie die **Bekanntgabe der Auslegung** nach § 140 Abs. 5 Satz 1 und 2 Nr. 4 LVwG.

218 § 73 Abs. 1 Satz 2, Halbs. 2 BWVwVfG sowie § 10 Abs. 1 BbgVwVfG enthalten die ausdrückliche Klarstellung, dass aus Gründen des **Datenschutzes** Grundstückseigentümer in den eingereichten Planunterlagen nach dem Grundbuch bezeichnet werden dürfen (hierzu § 72 Rdn. 21).

219 Schließlich enthalten § 73 Abs. 10 BWVwVfG, § 73 Abs. 10 M-VVwVfG und § 140 Abs. 5 Satz 1 LVwG spezifische **Kostenabwälzungsregelungen** zulasten des Vorhabenträgers.

§ 74 Planfeststellungsbeschluss, Plangenehmigung

(1) [1]Die Planfeststellungsbehörde stellt den Plan fest (Planfeststellungsbeschluss). [2]Die Vorschriften über die Entscheidung und die Anfechtung der Entscheidung im förmlichen Verwaltungsverfahren (§§ 69 und 70) sind anzuwenden.

(2) [1]Im Planfeststellungsbeschluss entscheidet die Planfeststellungsbehörde über die Einwendungen, über die bei der Erörterung vor der Anhörungsbehörde keine Einigung erzielt worden ist. [2]Sie hat dem Träger des Vorhabens Vorkehrungen oder die Errichtung und Unterhaltung von Anlagen aufzuerlegen, die zum Wohl der Allgemeinheit oder zur Vermeidung nachteiliger Wirkungen auf Rechte anderer

381 Vgl. BT-Drucks. 17/9666, S. 2 f.

erforderlich sind. [3]Sind solche Vorkehrungen oder Anlagen untunlich oder mit dem Vorhaben unvereinbar, so hat der Betroffene Anspruch auf angemessene Entschädigung in Geld.

(3) Soweit eine abschließende Entscheidung noch nicht möglich ist, ist diese im Planfeststellungsbeschluss vorzubehalten; dem Träger des Vorhabens ist dabei aufzugeben, noch fehlende oder von der Planfeststellungsbehörde bestimmte Unterlagen rechtzeitig vorzulegen.

(4) [1]Der Planfeststellungsbeschluss ist dem Träger des Vorhabens, denjenigen, über deren Einwendungen entschieden worden ist, und den Vereinigungen, über deren Stellungnahmen entschieden worden ist, zuzustellen. [2]Eine Ausfertigung des Beschlusses ist mit einer Rechtsbehelfsbelehrung und einer Ausfertigung des festgestellten Plans in den Gemeinden zwei Wochen zur Einsicht auszulegen; der Ort und die Zeit der Auslegung sind ortsüblich bekannt zu machen. [3]Mit dem Ende der Auslegungsfrist gilt der Beschluss gegenüber den übrigen Betroffenen als zugestellt; darauf ist in der Bekanntmachung hinzuweisen.

(5) [1]Sind außer an den Träger des Vorhabens mehr als 50 Zustellungen nach Absatz 4 vorzunehmen, so können diese Zustellungen durch öffentliche Bekanntmachung ersetzt werden. [2]Die öffentliche Bekanntmachung wird dadurch bewirkt, dass der verfügende Teil des Planfeststellungsbeschlusses, die Rechtsbehelfsbelehrung und ein Hinweis auf die Auslegung nach Absatz 4 Satz 2 im amtlichen Veröffentlichungsblatt der zuständigen Behörde und außerdem in örtlichen Tageszeitungen bekannt gemacht werden, die in dem Bereich verbreitet sind, in dem sich das Vorhaben voraussichtlich auswirken wird; auf Auflagen ist hinzuweisen. [3]Mit dem Ende der Auslegungsfrist gilt der Beschluss den Betroffenen und denjenigen gegenüber, die Einwendungen erhoben haben, als zugestellt; hierauf ist in der Bekanntmachung hinzuweisen. [4]Nach der öffentlichen Bekanntmachung kann der Planfeststellungsbeschluss bis zum Ablauf der Rechtsbehelfsfrist von den Betroffenen und von denjenigen, die Einwendungen erhoben haben, schriftlich oder elektronisch angefordert werden; hierauf ist in der Bekanntmachung gleichfalls hinzuweisen.

(6) [1]An Stelle eines Planfeststellungsbeschlusses kann eine Plangenehmigung erteilt werden, wenn

1. Rechte anderer nicht oder nur unwesentlich beeinträchtigt werden oder die Betroffenen sich mit der Inanspruchnahme ihres Eigentums oder eines anderen Rechts schriftlich einverstanden erklärt haben und
2. mit den Trägern öffentlicher Belange, deren Aufgabenbereich berührt wird, das Benehmen hergestellt worden ist und
3. nicht andere Rechtsvorschriften eine Öffentlichkeitsbeteiligung vorschreiben, die den Anforderungen des § 73 Absatz 3 Satz 1 und Absatz 4 bis 7 entsprechen muss.

[2]Die Plangenehmigung hat die Rechtswirkungen der Planfeststellung; auf ihre Erteilung sind die Vorschriften über das Planfeststellungsverfahren nicht anzuwenden;

davon ausgenommen sind Absatz 4 Satz 1 und Absatz 5, die entsprechend anzuwenden sind. [3]Vor Erhebung einer verwaltungsgerichtlichen Klage bedarf es keiner Nachprüfung in einem Vorverfahren. [4]§ 75 Abs. 4 gilt entsprechend.
(7) [1]Planfeststellung und Plangenehmigung entfallen in Fällen von unwesentlicher Bedeutung. [2]Diese liegen vor, wenn
1. **andere öffentliche Belange nicht berührt sind oder die erforderlichen behördlichen Entscheidungen vorliegen und sie dem Plan nicht entgegenstehen,**
2. **Rechte anderer nicht beeinflusst werden oder mit den vom Plan Betroffenen entsprechende Vereinbarungen getroffen worden sind und**
3. **nicht andere Vorschriften eine Öffentlichkeitsbeteiligung vorschreiben, die den Anforderungen des § 73 Absatz 3 und Absatz 4 bis 7 entsprechen muss.**

Schrifttum
de Witt, Planrechtfertigung, LKV 2005; *Dreier/Engel/Pietrzak*, Der Dispens von zwingenden Vorschriften in der Planfeststellung, VBlBW 2006, 265; *Falter/Rietzler*, Übernahmeansprüche im Naturschutz- und Fachplanungsrecht als Ausprägung ausgleichspflichtiger Inhalts- und Schrankenbestimmungen, DÖV 2012, 308; *Hösch*, Die Bewältigung von Prognoseunsicherheit bei planerischen Entscheidungen am Beispiel des Fluglärms, UPR 2006, 411; *Hoppe/Just*, Die Ausübung der planerischen Gestaltungsfreiheit bei der Planfeststellung und Plangenehmigung, DVBl 1997, 789; *Jarass*, Die materiellen Voraussetzungen der Planfeststellung in neuerer Sicht, DVBl 1998, 1202; *Jarass*, Schutzmaßnahmen und Ausgleichsentschädigung bei Planfeststellungen, DÖV 2004, 633; *Jarass*, Die Planrechtfertigung bei Planfeststellungen, NuR 2004, 69; *Knödler*, Sperrgrundstücks-Klagen als Rechtsmissbrauch?, NuR 2001, 194; *Kraft*, Kommunale Verhinderungsplanung gegen Fachplanung?, UPR 2001, 294; *Krappel*, Zur Zulässigkeit von Betriebsregelungen in Planfeststellungsbeschlüssen für Verkehrsinfrastrukturvorhaben, DVBl 2012, 674; *Krohn*, Entschädigungs- und Übernahmeansprüche in der Planfeststellung nach dem VwVfG, DVBl 2017, 278; *Kümper*, Der Unterbleibensbescheid im Planfeststellungsrecht nach der Bereinigung des Fachplanungsrechts, NVwZ 2016, 1280; *Kupfer*, Das Fachplanungsrecht in der neueren Rechtsprechung des Bundesverwaltungsgerichts, VerwArch 2014, 77; *Lieber*, Die Bekanntgabe der Plangenehmigung nach dem Planungsvereinheitlichungsgesetz, DVBl 2014, 832; *Michler*, Die Berücksichtigung von Baustellenimmissionen in der Planfeststellung, UPR 2012, 335; *Michler*, Planfeststellung und Immissionsschutz, VerwArch 1999, 21; *Müller*, Abschied von der Planrechtfertigung, 2005; *Quaas*, Die Stellung der Gemeinde in der luftverkehrsrechtlichen Fachplanung, NVwZ 2003, 649; *Ramsauer/Bieback*, Planfeststellung von privatnützigen Vorhaben, NVwZ 2002, 277; *Ringel*, Die Plangenehmigung im Fachplanungsrecht, 1996; *Rubel*, Über Weser und Elbe zum Flughafen Frankfurt – Neuere Rechtsprechung des Bundesverwaltungsgerichts im Planfeststellungsrecht, DVBl 2013, 469; *Sarnighausen*, Schutzvorkehrungen und Ausgleichszahlungen im öffentlichen Nachbarrecht, 1998; *Schiffer*, Bewältigung vorhabenbedingter Konflikte in der Fachplanung und das Verhältnis zum Zivilrecht, UPR 2017, 11; *Schmitz/Prell*, Planungsvereinheitlichungsgesetz, NVwZ 2013, 745; *Stüer*, Das Planungsvereinheitlichungsgesetz, DVBl 2013, 700; *Timmermanns*, Verzicht auf Planfeststellung und Plangenehmigung, 1997; *Vallendar*, Rechtschutz der Gemeinden gegen Fachplanungen, UPR 2003, 41.

Übersicht **Rdn.**

A. Allgemeines

Bereits der **Musterentwurf von 1963** enthielt in § 64 EVwVerfG die Kernregelung für den Erlass des PlfB (Zuständigkeit der PlfBeh, Erlass und Anfechtung wie im förmlichen Verfahren, Zustellung an die bekannten Beteiligten und öffentliche Zustellung).[1] Im RefE von 1967 und im RegE von 1970 wurde der mögliche Inhalt eines PlfB näher präzisiert. Zunächst wurde klargestellt, dass der PlfB Schutzauflagen enthalten kann.[2] Weiter wurde die Möglichkeit von Entschädigungszahlungen geschaffen.[3] Schließlich wurde im Gesetzgebungsverfahren die Möglichkeit eines Vorbehalts späterer Regelungen eingeführt.[4] Die Zustellungsregeln wurden verfeinert und insb. um die Bekanntgabebestimmungen im Massenverfahren erweitert.[5] Am Ende des Gesetzgebungsverfahrens im Jahr 1976 wurde damit eine sehr umfassende Regelung des PlfB erlassen, die weitgehend den heutigen Abs. 1 bis 5 entspricht. Durch das **Genehmigungsverfahrensbeschleunigungsgesetz** vom 12.09.1996 (BGBl. I, S. 1354) wurde § 74 ergänzt. Neben dem PlfB wurden mit der PlG nach Abs. 6 und der Planfreistellung nach Abs. 7 weitere Zulassungsentscheidungen eingeführt. Als Vorbild dienten dabei die schon vorher in einigen Fachplanungsgesetzen eingeführten Beschleunigungsregelungen (§§ 18 Abs. 2 und 3 AEG, 14 Abs. 1a und b WaStrG, 8 Abs. 2 und 3 LuftVG).[6] Daneben ist die Bekanntgabe im Massenverfahren nunmehr bereits ab 50 Zustellungen und nicht erst ab 300 Zustellungen zulässig.[7] Durch das **Planungsvereinheitlichungsgesetz** vom 31.05.2013 (BGBl. I, S. 1388) wurde § 74 nur geringfügig ergänzt. Der PlfB ist nunmehr auch den Umweltvereinigungen, über deren Stellungnahmen entschieden worden ist, zuzustellen. Ferner darf eine PlG auch ergeben, wenn nur unwesentliche Beeinträchtigungen der Rechte anderer gegeben sind. Gleichzeitig ist klargestellt worden, dass eine PlG und eine Planfreistellung bei einem UVP-pflichtigen Vorhaben ausscheiden. Der PlG kommt nunmehr auch enteignungsgleiche Vorwirkung zu. Sie wird durch Zustellung bzw. durch öffentliche Bekanntmachung bekannt gegeben. 1

Der **Gegenstand** der Regelung wird durch die Überschrift »Planfeststellungsbeschluss, Plangenehmigung« nur schlagwortartig umschrieben. § 74 beschäftigt sich ganz allgemein mit dem Zustandekommen der **verfahrensbeendenden behördlichen Planungsentscheidung.** Die Vorschrift regelt Inhalt und Erlass von PlfB (Abs. 1 bis 5), PlG (Abs. 6) und Planfreistellung (Abs. 7). Sie regelt in Ergänzung zu § 73 auch Aspekte des Entstehungsprozesses der Planungsentscheidung (Abs. 1 Satz 2 i.V.m. § 69) und deren Anfechtbarkeit (Abs. 1 Satz 2 i.V.m. § 70). Die PlG wird abschließend auch im Hinblick auf ihre Rechtswirkungen geregelt (§ 74 Abs. 6 Satz 2 und 4). 2

1 Musterentwurf S. 37, 221 f.
2 RefE 1967, S. 41 f., 78.
3 BT-Drucks. 6/1173, S. 18, 72.
4 BT-Drucks. 7/910, S. 23.
5 BT-Drucks. 7/910, S. 106, 7/4494, S. 10.
6 BT-Drucks. 13/3995, S. 10.
7 BT-Drucks. 13/3995, S. 5, 7 f.

3 Die **Bedeutung** des § 74 liegt darin, dass er eine gegenüber den allgemeinen Vorschriften über das Zustandekommen von VA, insbesondere den §§ 39 bis 41, spezielle Regelung für den Bereich des Planfeststellungsrechts trifft. Damit wird den besonderen Anforderungen der Planfeststellung Rechnung getragen. Zweck der Regelung ist es, **Rechtssicherheit und Rechtsklarheit** über Inhalt, Erlass und Bekanntgabe von Planungsentscheidungen zu schaffen. Ferner soll eine **Beschleunigung** von Planungsentscheidungen bewirkt werden. Bei einfach gelagerten Planungen soll durch die Instrumente der PlG (Abs. 6) und der Planfreistellung (Abs. 7) aus verwaltungsökonomischen und aus gesamtwirtschaftlichen Gründen ein vereinfachtes Planungsverfahren herbeigeführt bzw. auf ein solches Verfahren gänzlich verzichtet werden.[8] Das für komplexe Planungsverfahren vorgesehene Instrument des förmlichen PlfB (Abs. 1 bis 5) dient in besonderer Weise der **Optimierung** der Planungsentscheidung. Die PlfBeh soll teils durch erhöhte Verfahrensanforderungen (besondere Abwägungs- und Begründungspflicht), teils durch Einräumung zusätzlicher Gestaltungsmöglichkeiten (Schutzauflagen, Entschädigung, Vorbehalt) zu einer möglichst sachgerechten, die widerstreitenden Interessen ausgleichenden Planungsentscheidung veranlasst werden.[9] Der Sinn des PlfB besteht darin, eine für alle Beteiligten verbindliche und für die Betroffenen anfechtbare Entscheidung über die Zulässigkeit des Vorhabens zu ermöglichen und zur Entlastung der Verwaltungsgerichte dadurch beizutragen, dass Einwendungen schon im PlfB entsprochen wird.

B. Die Vorschrift im Einzelnen

I. Entscheidungsalternativen i.R.v. § 74

1. Positive Zulassungsentscheidungen

4 Die PlfBeh hat die Aufgabe, eine abschließende Entscheidung über die Zulassung des beantragten Vorhabens zu treffen. § 74 regelt ausdrücklich nur die **positive Zulassungsentscheidung.** Er eröffnet die Möglichkeit, das Vorhaben nach Abs. 1 bis 5 durch PlfB, nach Abs. 6 durch PlG und nach Abs. 7 durch Planfreistellung zuzulassen. Die PlfBeh hat allerdings nur ein **eingeschränktes Wahlrecht** zwischen diesen Zulassungsarten. Sie muss den PlfB erlassen, wenn ein komplexes Vorhaben vorliegt und die Voraussetzungen des Abs. 6 nicht erfüllt sind. Ebenso muss sie eine Planfreistellung erteilen, wenn ein PlfV von unwesentlicher Bedeutung vorliegt und wenn die Voraussetzungen des Abs. 7 Satz 2 gegeben sind. Nur in den Fällen des Abs. 6 steht es im Ermessen der PlfBeh, ob sie durch PlfB oder PlG entscheidet.[10]

---

8 BT-Drucks. 13/3995, S. 1, 10.

9 BT-Drucks. 7/910, S. 89.

10 Stelkens/Bonk/Sachs/*Neumann/Külpmann*, § 74 Rn. 226; Mann/Sennekamp/Uechtritz/*Lieber*, § 74 Rn. 434.

2. Antragsablehnung

Mit der Befugnis zur Zulassung des beantragten Vorhabens ist stillschweigend auch die Befugnis zur Ablehnung des Antrags verbunden. Dies ist in einigen Fachplanungsgesetzen ausdrücklich klargestellt (z.B. in § 14b Nr. 11 WaStrG). Dabei kann zwischen der Antragsablehnung aus formellen und aus materiellen Gründen unterschieden werden. 5

Eine Antragsablehnung aus **formellen Gründen** kommt bspw. in Betracht, wenn der Vorhabenträger erforderliche Planunterlagen trotz Aufforderung nicht nachreicht (§ 73 Rdn. 24 ff.). Praktisch relevant ist daneben vor allem die Antragsablehnung aufgrund **Wegfalls des Bescheidungsinteresses.** Das Bescheidungsinteresse entfällt, wenn der Vorhabenträger das Vorhaben während des Beschlussverfahrens endgültig aufgibt oder wenn jedenfalls **deutlich abzusehen ist**, dass der Vorhabenträger mit der Durchführung des Vorhabens nicht binnen der 5-Jahresfrist des § 75 Abs. 4 (§ 75 Rdn. 42 ff.) beginnen wird.[11] Es fehlt ferner, wenn der Vorhabenträger aufgrund entgegenstehender privater Berechtigungen das Vorhaben nicht realisieren kann[12] oder wenn es aus finanziellen oder technischen Gründen nicht durchführbar ist (vgl. § 73 Rdn. 9, 24).[13] 6

Eine Antragsablehnung aus **materiell-rechtlichen Gründen** kommt nur infrage, wenn das Vorhaben gegen zwingende gesetzliche Vorschriften (Planungsleitsätze) verstößt, wenn ihm die erforderliche Planrechtfertigung fehlt oder wenn die PlfBeh bei der Planabwägung zu dem Ergebnis gelangt, dass die dem Vorhaben entgegenstehenden Interessen auch bei Berücksichtigung von Schutzauflagen- und Entschädigungszahlungen überwiegen (Rdn. 21 ff.).[14] 7

Für die Antragsablehnung ist ausschließlich die PlfBeh **zuständig** (§ 73 Rdn. 25). Die Entscheidung ist ein reines Verwaltungsinternum, wenn Vorhabenträger und PlfBeh derselben öffentlich-rechtlichen Körperschaft angehören.[15] Ansonsten ist sie ein **VA** gegenüber dem Vorhabenträger.[16] Sie wird erst mit der Bekanntgabe gegenüber dem Vorhabenträger wirksam. 8

Soweit die Entscheidung als VA ergehen muss, sind für ihre **Form und Begründung** die für PlfB geltenden Formvorschriften des Abs. 1 Satz 2 i.V.m. § 69 Abs. 2 anzuwenden. Beteiligte i.S.v. § 69 Abs. 3 Satz 1 sind der Vorhabenträger, Einwender sowie 9

11 Vgl. BVerwG, Urt. v. 20.05.1999 – 4 A 12/98, NVwZ 2000, 555 (559); Urt. v. 24.11.1989 – 4 C 41/88, BVerwGE 84, 124 (128).

12 BVerwG, Beschl. v. 12.08.1993 – 7 B 123/93, NVwZ-RR 1994, 381; OVG Nordrhein-Westfalen, Beschl. v. 07.07.2008 – 20 A 802/07, juris Rn. 3 ff.; Urt. v. 29.04.1993 – 20 A 7/91, NVwZ-RR 1994, 494 (495).

13 BVerwG, Urt. v. 20.05.1999 – 4 A 12/98, NVwZ 2000, 555 (558); Urt. v. 24.11.1989 – 4 C 41/88, BVerwGE 84, 124 (128).

14 Stelkens/Bonk/Sachs/*Neumann/Külpmann*, § 74 Rn. 14; *Meyer/Borgs*, § 74 Rn. 26.

15 *Meyer/Borgs*, § 74 Rn. 36; Mann/Sennekamp/Uechtritz/*Lieber*, § 74 Rn. 96.

16 Bader/Ronellenfitsch/*Kämper*, § 74 Rn. 12; Mann/Sennekamp/Uechtritz/*Lieber*, § 74 Rn. 95.

die Vereinigungen, die Stellungnahmen nach § 73 Abs. 4 Satz 5 abgegeben haben. Eine Mitteilung an die Anhörungsbehörde sowie die Drittbehörden (§ 73 Abs. 3a) ist zwar rechtlich entbehrlich, gleichwohl aber in der Praxis üblich. Hat eine Umweltverträglichkeitsprüfung stattgefunden, ist ferner die Veröffentlichungspflicht nach § 27 UVPG zu beachten.[17]

10 Eine negative Zulassungsentscheidung beschwert nur den Vorhabenträger. Daher kann auch nur er gegen die Antragsablehnung vorgehen. Dabei kann er unmittelbar **Rechtsschutz** vor den Verwaltungsgerichten suchen und Verpflichtungsklage gerichtet auf erneute Entscheidung über den Antrag auf Plf erheben. Die Durchführung eines Vorverfahrens ist gem. § 74 Abs. 1 Satz 2 i.V.m. § 70 entbehrlich (§ 73 Rdn. 26).[18]

3. Verfahrenseinstellung

11 In seltenen Fällen kommt es vor, dass sich das Vorhaben während des PlfV erledigt. In diesem Fall ist der Vorhabenträger aus Gründen der Rechtsklarheit aufzufordern, den Antrag auf Plf ausdrücklich zurückzunehmen. Nur wenn der Vorhabenträger den Antrag zurücknimmt, darf die Einstellung erfolgen. Da sie verfahrensbeendend wirkt, ist für die Einstellung die PlfBeh zuständig. Sie muss ausdrücklich erfolgen und ist nach Abs. 1 Satz 2 i.V.m. § 69 Abs. 3 Satz 1 den Beteiligten mitzuteilen. Beteiligte i.S.v. § 69 Abs. 3 Satz 1 sind der Vorhabenträger, Einwender sowie die Vereinigungen, die Stellungnahmen nach § 73 Abs. 4 Satz 5 abgegeben haben. Die Benachrichtigung ist an keine Form gebunden. Sind mehr als 50 Einzelbenachrichtigungen vorzunehmen, so können sie nach § 69 Abs. 3 Satz 2 durch öffentliche Bekanntmachung ersetzt werden.

II. Die Stellung der Planfeststellungsbehörde

12 Welche Behörde als PlfBeh für die verfahrensbeendende Entscheidung nach § 74 **zuständig** ist, wird im VwVfG nicht geregelt. Die Zuständigkeit für die Planfeststellung ergibt sich aus den jeweiligen Fachplanungsgesetzen oder aus den dazu ergangenen bundes- bzw. landesrechtlichen Ausführungsbestimmungen. Die spezialgesetzlichen Zuständigkeitsnormen können anordnen, dass Anhörungs- und PlfBeh identisch sind (§ 73 Rdn. 11). Sind öffentlich-rechtliche Körperschaften **Vorhabenträger**, verstößt es nicht gegen rechtsstaatliche Grundsätze, wenn ihre eigenen Behörden für die Planfeststellung zuständig sind, solange eine organisatorische und personelle Trennung gewährleistet ist (hierzu § 72 Rdn. 19).[19]

---

17 Hierzu Bader/Ronellenfitsch/*Kämper*, § 74 Rn. 12.

18 Knack/Henneke/*Schink*, § 74 Rn. 73; *Ziekow*, § 74 Rn. 12; Kopp/Ramsauer/*Wysk*, § 75 Rn. 65b f.; Mann/Sennekamp/Uechtritz/*Lieber*, § 74 Rn. 106; a.A. VGH Baden-Württemberg, Urt. v. 01.03.1986 – 5 S 2543/83, NVwZ 1986, S. 234 (235); VGH Hessen, Urt. v. 11.04.1983 – VIII OE 215/79, DÖV 1983, 948.

19 BVerwG, Urt. v. 16.06.2016 – 9 A 4/15, NVwZ 2016, 1641 (1644); Urt. v. 24.11.2011 – 9 A 23/10, BVerwGE 141, 171 (177 ff.); Urt. v. 18.03.2009 – 9 A 39/07, BVerwGE 133, 239 (245); Urt. v. 06. 11. 1986 – 3 C 27/85, BVerwGE 75, 124 (230 f.).

Die gesetzliche Regelungen der §§ 73, 74 lassen die Frage offen, wie die PlfBeh zu verfahren hat, wenn sie die von der Anhörungsbehörde durchgeführten Ermittlungen für ihre Entscheidung als **unzureichend** erachtet. Nach überwiegender Meinung hat die PlfBeh in diesem Fall ein **Beanstandungsrecht** (§ 73 Rdn. 191). Sie kann aber auch selbst ergänzende Anhörungen und Ermittlungen durchführen bzw. ist hierzu nach § 24 sogar verpflichtet (§ 72 Rdn. 21).[20] Die **Nachermittlungsbefugnis** der PlfBeh umfasst insbesondere das Recht, zu bestimmten Fragen zusätzliche Gutachten einzuholen. Grenzen der Nachermittlungsbefugnis bzw. -pflicht der PlfBeh ergeben sich aus der Trennung zwischen Anhörungs- und Beschlussverfahren. Die PlfBeh ist daran gehindert, wesentliche Ermittlungen zu Problemfeldern, an denen die am Anhörungsverfahren Beteiligten ein **substantielles Erörterungsinteresse** haben, selbst vorzunehmen.[21] In diesen Fällen hat die PlfBeh die Anhörungsbehörde aufzufordern, das Anhörungsverfahren erneut einzuleiten (vgl. § 73 Rdn. 192).[22] 13

III. Materiell-rechtliche Bindungen der Planfeststellungsbehörde

1. Grundsatz planerischer Gestaltungsfreiheit

Im Rahmen ihrer Entscheidung über die Zulassung eines Vorhabens nach § 74 Abs. 1 steht der PlfBeh grundsätzlich eine **planerische Gestaltungsfreiheit** zu. Dies folgt aus der Erkenntnis, dass die Befugnis zur Planung einen mehr oder weniger ausgedehnten Spielraum an Gestaltungsfreiheit einschließt und einschließen muss, weil Planung ohne Gestaltungsfreiheit ein Widerspruch in sich wäre.[23] Dieser aus der Natur der Sache folgende Gestaltungsspielraum gehört zum Wesen rechtsstaatlicher Planung[24] und bedarf damit keiner ausdrücklichen Erwähnung im Fachplanungsgesetz oder im VwVfG.[25] 14

Im PlfV besteht allerdings die Besonderheit, dass die Planungsaufgabe der PlfBeh nur eingeschränkt übertragen ist. Während die Gemeinde etwa bei der Bauleitplanung alleinige Planungsträgerin ist und volle planerische Gestaltungsfreiheit hat, wird die PlfBeh im Rahmen der §§ 72 ff. nur **auf Antrag des Vorhabenträgers** tätig. Dies bedeutet zwar nicht, dass nur der den Plan entwerfende Vorhabenträger die planerische Gestaltungsfreiheit besitzt.[26] Die Gestaltungsfreiheit der PlfBeh kann aber im 15

20 BVerwG, Urt. v. 26.02.1999 – 4 A 47/96, NVwZ 2000, 560; Urt. v. 05.12.1986 – 4 C 13/85, BVerwGE 75, 214 (226 f.); Knack/Henneke/*Schink*, § 74 Rn. 14.

21 BVerwG, Urt. v. 05.12.1986 – 4 C 13/85, BVerwGE 75, 214 (226).

22 BVerwG, Urt. v. 05.12.1986 – 4 C 13/85, BVerwGE 75, 214 (226).

23 Grundlegend BVerwG, Urt. v. 14.02.1975 – IV C 21/74, BVerwGE 48, 56 (59); vgl. ferner Stelkens/Bonk/Sachs/*Neumann*/*Külpmann*, § 74 Rn. 26 ff.; Bader/Ronellenfitsch/*Kämper*, § 74 Rn. 14.

24 BVerwG, Urt. v. 07.07.1978 – IV C 79/76, BVerwGE 56, 110 (116).

25 BVerwG, Urt. v. 14.02.1975 – IV C 21/74, BVerwGE 48, 56 (59).

26 So aber *Ule*/*Laubinger*, Verwaltungsverfahrensrecht, § 41 Rn. 11; wie hier *Ziekow*, § 74 Rn. 19.

Hinblick auf das Antragserfordernis nicht umfassend sein.[27] Vielmehr ist die PlfBeh in ihrer Gestaltungsfreiheit auf das **abwägende Nachvollziehen** der Planung des Vorhabenträgers beschränkt.[28] Dies bedeutet, dass sie Planänderungen, die das Gesamtkonzept und die Identität des Vorhabens betreffen, nicht ohne Zustimmung des Vorhabenträgers vornehmen darf.[29]

16 Die (beschränkte) Gestaltungsfreiheit der PlfBeh wird mit dem Begriff des **Planungsermessens** nur unzureichend umschrieben.[30] Denn die Planungsaufgabe erschöpft sich nicht in dem für juristische Entscheidungen typischen Tatbestand-Rechtsfolge-Schema. Sie eröffnet größere Entscheidungsspielräume als typische Konditionalprogramme. Die Gestaltungsfreiheit der PlfBeh zeigt sich insbesondere bei der Entscheidung über Planungsalternativen sowie Schutzauflagen und Entschädigungszahlungen nach Abs. 2. Die mit der Planungsaufgabe verbundenen Handlungsmöglichkeiten gehen daher über die Einräumung von Beurteilungsspielräumen und über die Bewilligung eines Ermessens im Sinne von § 40 hinaus.[31] Dementsprechend wird die zu § 40 entwickelte Ermessenslehre – wie sich aus § 75 Abs. 1a ergibt – durch die für die Planung entwickelte **Abwägungslehre** modifiziert (hierzu Rdn. 31 ff.).

2. Rechtsbindungen

17 Dem Wesen rechtsstaatlicher Planung entspricht es, dass jede hoheitliche Planung rechtlichen Bindungen unterworfen ist, deren Einhaltung der Kontrolle der Verwaltungsgerichte unterliegt.[32] Diese **Rechtsbindungen** ergeben sich für die PlfBeh zum einen aus ihrer Bindung an das für die Planung vorgeschriebene Verwaltungsverfahren.[33] Zum anderen unterliegt die PlfBeh bei ihrer Planungsentscheidung **materiellen Schranken**, die sich teils aus einfachem Recht und teils aus dem Rechtsstaatsprinzip ergeben.[34] So dürfen zunächst **einfachgesetzliche Vorschriften**, die Gebote oder Verbote für die Planung enthalten, von der PlfBeh nicht übergangen werden (näher Rdn. 29 f.). Zu den **rechtsstaatlichen Bindungen** der PlfBeh zählt der **Grundsatz**

---

27 So aber *Wahl*, DVBl 1982, 51 (53 f.).

28 BVerwG, Urt. v. 24.11.1994 – 7 C 25/93, BVerwGE 97, 143 (148 f.); Urt. v. 17.01.1986 – 4 C 6/84, BVerwGE 72, 365 (367); *Hoppe/Just*, DVBl 1997, 789 (792 ff.); *Ziekow*, § 74 Rn. 19.

29 *Hoppe/Just*, DVBl 1997, 789 (794 f.).

30 BVerwG, Urt. v. 07.07.1978 – IV C 79/76, BVerwGE 56, 110 (116); *Hoppe/Just*, DVBl 1997, 789 (791); a.A. *Ziekow*, § 74 Rn. 19.

31 Stelkens/Bonk/Sachs/*Neumann/Külpmann*, § 74 Rn. 29; zum Ganzen *Erbguth*, DVBl 1992, 398.

32 BVerwG, Urt. v. 05. 12. 1986 – 4 C 13/85, BVerwGE 75, 214 (254); Urt. v. 07.07.1978 – IV C 79/76, BVerwGE 56, 110 (116 f.).

33 BVerwG, Urt. v. 07.07.1978 – IV C 79/76, BVerwGE 56, 110 (117).

34 BVerwG, Urt. v. 24.11.1994 – 7 C 25/93, BVerwGE 97, 143 (148); Urt. v. 27.03.1992 – 7 C 18/91, BVerwGE 90, 96 (99 f.); Urt. v. 21.02.1992 – 7 C 11/91, BVerwGE 90, 42 (47 f.); Urt. v. 07.07.1978 – IV C 79/76, BVerwGE 56, 110 (117); Urt. v. 14.02.1975 – IV C 21/74, BVerwGE 48, 56 (59).

der Planrechtfertigung[35] (Rdn. 21 ff.) sowie das planerische **Gebot gerechter Abwägung**[36] (Rdn. 31 ff.).

Zusammenfassend muss die von der PlfBeh vorzunehmende Planungsentscheidung folglich 18
- erstens entsprechend dem Grundsatz der Planrechtfertigung vernünftigerweise geboten sein;
- zweitens die zwingenden einfachgesetzlichen Vorgaben einhalten;
- drittens den Anforderungen des planerischen Abwägungsgebots genügen.[37]

Die dargelegten Bindungen der PlfBeh sind Ausdruck des aus dem Rechtsstaatsprinzip folgenden Grundsatzes der **Verhältnismäßigkeit.** Dieser erfährt im Rahmen der Planfeststellung insofern eine Modifikation, als durch die Planungsentscheidung eine Vielzahl kollidierender privater und öffentlicher Belange zu koordinieren sind.[38] Entspricht eine Planung den dargelegten Bindungen, genügt sie regelmäßig auch dem Grundsatz der Verhältnismäßigkeit, sodass es einer gesonderten Prüfung dieses Prinzips nicht bedarf.[39] Umgekehrt verletzt ein PlfB, der diese Grundsätze missachtet, auch das Verhältnismäßigkeitsprinzip: Hält eine Planung zwingend vorgeschriebene einfachgesetzliche Regelungen nicht ein, ist sie von vornherein zur Erreichung der von den Fachplanungsgesetzen angestrebten Ziele ungeeignet. Ist eine Planung vernünftiger Weise nicht geboten, dann ist sie nicht erforderlich. Ist eine Planung schließlich nicht ausgewogen, ist sie regelmäßig auch den Planbetroffenen nicht zumutbar. 19

Mit den dargelegten Rechtsbindungen der PlfBeh korrespondiert eine **eingeschränkte verwaltungsgerichtliche Kontrolle** der Planungsentscheidung.[40] Die rechtsprechende Gewalt kann nur überprüfen, ob die PlfBeh bei ihrer mit einem Gestaltungsspielraum verbundenen Entscheidung die genannten rechtlichen Grenzen überschritten hat. Das Prinzip der Gewaltenteilung verbietet es, dass ein Gericht seine eigenen Planungsvorstellungen an die Stelle der Planungsentscheidung der Behörde setzt. Das Gericht darf insbesondere nicht korrigierend eingreifen, wenn die PlfBeh sich bei der Abwägung widerstreitender Interessen und Planziele verfahrensfehlerfrei für die Bevorzugung der einen und damit notwendig für die Benachteiligung der anderen Belange 20

---

35 BVerwG, Urt. v. 07.07.1978 – IV C 79/76, BVerwGE 56, 110 (118); Urt. v. 14.02.1975 – IV C 21/74, BVerwGE 48, 56 (60).

36 BVerwG, Urt. v. 24.11.1994 – 7 C 25/93, BVerwGE 97, 143 (148); Urt. v. 14.02.1975 – IV C 21/74, BVerwGE 48, 56 (59).

37 BVerwG, Urt. v. 24.11.1994 – 7 C 25/93, BVerwGE 97, 143 (148); Urt. v. 27.03.1992 – 7 C 18/91, BVerwGE 90, 96 (99 f.); Urt. v. 21.02.1992 – 7 C 11/91, BVerwGE 90, 42 (47 f.); Urt. v. 07.07.1978 – IV C 79/76, BVerwGE 56, 110 (117); Urt. v. 14.02.1975 – IV C 21/74, BVerwGE 48, 56 (59); *Jarass*, DVBl 2006, 1329 f.

38 BVerwG, Urt. v. 20.08.1982 – 4 C 81/79, BVerwGE 66, 133 (135).

39 BVerwG, Urt. v. 07.07.1978 – IV C 79/76, BVerwGE 56, 110 (123); vgl. auch BVerfG, Beschl. v. 06.06.1989 – 1 BvR 921/85, BVerfGE 80, 137 (162 f.).

40 BVerwG, Urt. v. 07.07.1978 – IV C 79/76, BVerwGE 56, 110 (116); Urt. v. 14.02.1975 – IV C 21/74, BVerwGE 48, 56 (64).

entscheidet.[41] Dass mit der Planungsentscheidung ein Eingriff in Grundrechte, insb. in Art. 14 Abs. 1 GG, verbunden sein kann, schließt die Anerkennung eines gerichtlich nur eingeschränkt überprüfbaren Abwägungsspielraums nicht aus.[42]

a) Planrechtfertigung

21 Jedes Planvorhaben muss nicht nur abstrakt zur Förderung von Gemeinwohlzielen geeignet, sondern auch konkret **erforderlich** sein. Eine hoheitliche Planung trägt ihre Rechtfertigung nicht etwa schon in sich selbst, sondern ist im Hinblick auf die von ihr ausgehenden **Eingriffe in private Rechte** rechtfertigungsbedürftig.[43] Diese Rechtfertigungsbedürftigkeit besteht nicht nur dann, wenn Dritte durch das Vorhaben enteignet werden sollen, sondern bei jeglichen – auch mittelbaren – Eingriffen in rechtlich geschützte Güter.[44]

aa) Voraussetzungen

22 Eine hinreichende Planrechtfertigung liegt nur vor, wenn für das beabsichtigte Vorhaben gemessen an den Zielsetzungen des jeweiligen Fachplanungsgesetzes ein Bedarf besteht.[45] Voraussetzung ist folglich, dass das Vorhaben den Zielen des jeweiligen Fachplanungsgesetzes entspricht (sog. **fachplanerische Zielkonformität**).[46] Zumeist enthalten die Fachplanungsgesetze ausdrücklich formulierte allgemeine Zielvorgaben (z.B. § 1 EnWG, § 1 LuftVG). Ansonsten müssen sie durch Auslegung ermittelt werden. So hat die Rechtsprechung etwa im Bereich der Luftfahrt ein gestiegenes Verkehrsaufkommen,[47] regionale Strukturhilfe[48] oder die Verringerung von Umweltbelastungen und erhöhten Sicherheitsrisiken für die Bevölkerung[49] als im Einklang mit Zielsetzungen des Luftverkehrsgesetzes anerkannt, Beim Fernstraßenbau gilt Entsprechendes für die Förderung der Wirtschaftsstruktur,[50] die Strukturhilfe durch

---

41 BVerwG, Urt. v. 07.07.1978 – IV C 79/76, BVerwGE 56, 110 (126).

42 Vgl. BVerfG, Beschl. v. 17.07.1996 – 2 BvF 2/93, BVerfGE 95, 1 (22 f.).

43 BVerwG, Urt. v. 26.04.2007 – 4 C 12/05, BVerwGE 128, 358 (372); Urt. v. 07.07.1978 – IV C 79/76, BVerwGE 56, 110 (118).

44 BVerwG, Urt. v. 26.04.2007 – 4 C 12/05, BVerwGE 128, 358 (373); Urt. v. 09.11.2006 – 4 A 2001/06, BVerwGE 127, 95 (102); offengelassen noch in BVerwG, Beschl. v. 19.05.2005 – 4 VR 2000/05, NVwZ 2005, 940 (941).

45 BVerwG, Urt. v. 16.03.2006 – 4 A 1075/04, BVerwGE 125, 116 (177); VGH Bayern, Urt. v. 20.11.2012 – 22 A 10.40041, juris Rn. 81 f.

46 BVerwG, Urt. v. 26.04.2007 – 4 C 12/05, BVerwGE 128, 358 (372); Urt. v. 16.03.2006 – 4 A 1075/04, BVerwGE 125, 116 (177).

47 BVerwG, Urt. v. 16.03.2006 – 4 A 1075/04, BVerwGE 125, 116 (178 f.); Urt. v. 05.12.1986 – 4 C 13/85, BVerwGE 75, 214 (232 f.); Urt. v. 07.07.1978 – IV C 79/76, BVerwGE 56, 110 (120).

48 BVerwG, Urt. v. 11.07.2001 – 11 C 14/00, BVerwGE 114, 364 (375).

49 BVerwG, Urt. v. 16.03.2006 – 4 A 1075/04, BVerwGE 125, 116 (178 f.).

50 BVerwG, Beschl. v. 17.02.1997 – 4 VR 17.96, LKV 1997, 328 (332).

Aufschließung eines unterentwickelten Raumes,[51] die weiträumige Netzverknüpfung, die Verbesserung des Verkehrsflusses und der Verkehrssicherheit, die Freihaltung des Innenstadtbereichs vom Durchgangsverkehr[52] oder die Verbesserung der Verkehrsverbindung benachbarter Räume.[53] Für das Energiewirtschaftsgesetz ist etwa die Sicherheit der Energieversorgung anerkannt. Nicht ausreichend ist es dagegen, wenn das Planvorhaben der bloßen Arbeitsbeschaffung, der Aufwertung bestimmter Liegenschaften oder einem Prestigebedürfnis dient.[54]

Weiter muss das Vorhaben auch **erforderlich** sein. Diese liegt nicht erst bei dessen Un- 23
ausweichlichkeit vor.[55] Es genügt vielmehr der Nachweis, dass das Vorhaben **vernünftigerweise geboten** ist.[56] Im Bereich der Verkehrsinfrastruktur (Straßen, Schienenwege, Flughäfen) bedarf es stets sorgfältiger **Prognosen** und Analysen hinsichtlich des zukünftigen Verkehrsaufkommens und der seiner Bewältigung und Lenkung zugrunde liegenden Zielvorstellungen. Für den Prognosehorizont bestehen keine gesetzlichen Vorgaben. An die laufende Verkehrsplanung im Bundesverkehrswegeplan und den dort zugrunde gelegten Prognosehorizont (derzeit Jahr 2030) darf angeknüpft werden.[57] In den übrigen Fällen sind als Prognosezeitraum i.d.R. 15 Jahre angemessen. Die Prognose ist nicht an der Vollauslastung der planfestzustellenden Anlage zu orientieren, sofern nachvollziehbar mit einer geringeren Nutzung im Prognosezeitraum gerechnet werden kann. Wird eine Anlage später über das im Rahmen einer fehlerfrei erstellten Prognose erwartete tatsächliche Maß hinaus genutzt, kann ein Anspruch auf nachträgliche Schutzmaßnahmen nach § 75 Abs. 2 Satz 2 bestehen (vgl. § 75).[58] Die Verwirklichung eines anderen Projekts, das im Bedarfsplan als Vordringlicher Bedarf aufgeführt ist, kann unterstellt werden, solange nicht ausnahmsweise gewichtige Anhaltspunkte bestehen, die gegen eine Verwirklichung innerhalb des Prognosehorizonts sprechen.[59] Die behördliche Entscheidung über die Planrechtfertigung ist gerichtlich

---

51 BVerwG, Urt. v. 27.10.2000 – 4 A 18/99, BVerwGE 112, 140 (147); Urt. v. 06.12.1985 – 4 A 59/82, BVerwGE 72, 282 (286); Urt. v. 22.03.1985 – 4 C 63/80, BVerwGE 71, 161 (169).

52 BVerwG, Urt. v. 24.09.1997 – 4 VR 21/96, NVwZ-RR 1998, 297.

53 BVerwG, Urt. v. 24.11.1989 – 4 C 41/88, BVerwGE 84, 123 (130 f.); Urt. v. 22.03.1985 – 4 C 15/83, BVerwGE 71, 166 (168).

54 BVerwG, Urt. v. 22.03.1985 – 4 C 15/83, BVerwGE 71, 166 (168).

55 BVerwG, Urt. v. 26.04.2007 – 4 C 12/05, BVerwGE 128, 358 (372); Urt. v. 09.11.2006 – 4 A 2001/06, BVerwGE 127, 95 (102 f.); Urt. v. 15.01.2004 – 4 A 11/02, BVerwGE 120, 1 (3); Urt. v. 08.07.1998 – 11 A 53/97, BVerwGE 107, 142 (145).

56 BVerwG, Urt. v. 07.11.2019 – 3 C 13/18, juris Rn. 14; Urt. v. 09.02.2017 – 7 A 2/15, BVerwGE 158, 1 (30 f.); Urt. v. 16.03.2006 – 4 A 1075/04, BVerwGE 125, 116 (182); Urt. v. 26.04.2007 – 4 C 12/05, BVerwGE 128, 358 (372); Urt. v. 09.11.2006 – 4 A 2001/06, BVerwGE 127, 95 (102 f.); Urt. v. 15.01.2004 – 4 A 11/02, BVerwGE 120, 1 (3).

57 BVerwG, Urt. v. 26.05.2011 – 7 A 10/10, juris Rn. 36; Beschl. v. 25.05.2005 – 9 B 41/04, juris Rn. 20 f.

58 BVerwG, Urt. v. 26.05.2011 – 7 A 10/10, juris Rn. 40; Urt. v. 07.03.2007 – 9 C 2.06, BVerwGE 128, 177 (181 ff.); Beschl. v. 25.05.2005 – 9 B 41.04, juris Rn. 23.

59 BVerwG, Urt. v. 15.02.2018 – 9 C 1/17, BVerwGE 161, 180 (185 f.).

voll überprüfbar.[60] Bei Prognosen darf das Gericht allerdings nur prüfen, ob sie in einer der jeweiligen Materie **angemessenen und methodisch einwandfreien Weise** erarbeitet worden und im Ergebnis nachvollziehbar sind (vgl. Rdn. 52 ff.).[61] Kommt das Gericht nach Prüfung des Bedarfs zu dem Ergebnis, dass das Vorhaben ebenso sinnvoller oder zweckmäßiger Weise unterbleiben kann, fehlt die erforderliche Planrechtfertigung.[62] Eine Planung, die aus **finanziellen Gründen** nicht realisierbar ist, ist nicht vernünftigerweise geboten.[63] Bei Vorhaben des vordringlichen Bedarfs kann regelmäßig die Finanzierung als gesichert angesehen werden.[64]

bb) Gesetzliche Bedarfsfeststellung

24 Während die Bedarfsplanung früher ausschließlich in den Händen der Verwaltung lag und die **gesetzliche Bedarfsfeststellung** als unverbindliche Prioritäts- und Haushaltsplanung galt,[65] geht der Gesetzgeber mehr und mehr zu verbindlichen Bedarfsfeststellungen über. Verbindliche Bedarfspläne enthalten derzeit das Bundesschienenwegeausbaugesetz vom 15.11.1993 (BGBl. I, S. 1874), das Fernstraßenausbaugesetz vom 15.11.1993 (BGBl. I, S. 1878), das Magnetschwebebahnbedarfsgesetz vom 19.07.1996 (BGBl. I, S. 1018), das Energieleitungsausbaugesetz vom 21.08.2009 (BGBl. I, S. 2870) und das Bundesbedarfsplangesetz vom 23.07.2013 (BGBl. I, S. 2543). Diese partielle Legalplanung ist verfassungsrechtlich unbedenklich.[66] Sie bewirkt, dass die Planrechtfertigung für die PlfBeh **verbindlich feststeht.**[67] Eine weitergehende Bindungswirkung besteht nicht. Aus diesem Grund entbindet das Bestehen eines Bedarfsplans die PlfBeh insbesondere nicht von der Pflicht, das Interesse an der Realisierung des Vorhabens mit den kollidierenden privaten und öffentlichen

60 BVerwG, Urt. v. 11.07.2001 – 11 C 14/00, BVerwGE 114, 364 (373); Urt. v. 24.11.1989 – 4 C 41/88, BVerwGE 84, 123 (131).

61 BVerwG, Urt. v. 13.10.2011 – 4 A 4000/10, juris Rn. 45; Urt. v. 20.04.2005 – 4 C 18/03, BVerwGE 123, 261 (275); Urt. v. 27.10.1998 – 11 A 1/97, BVerwGE 107, 313 (326); Urt. v. 24.11.1989 – 4 C 41/88, 84, 123 (131); Urt. v. 06.12.1985 – 4 C 59/82, BVerwGE 72, 282 (286); Urt. v. 07.07.1978 – IV C 79.76, BVerwGE 56, 110 (121).

62 BVerwG, Urt. v. 03.05.1988 – 4 C 26/84, NVwZ 1989, 149 (149 f.).

63 BVerwG, Urt. v. 09.11.2017 – 3 A 4/15, BVerwGE 160, 263 (274); Urt. v. 16.03.2006 – 4 A 1075/04, BVerwGE 125, 116 (182 f.).

64 BVerwG, Urt. v. 09.11.2017 – 3 A 4/15, BVerwGE 160, 263 (274).

65 Vgl. BVerwG, Urt. v. 22.03.1985 – 4 C 15/83, BVerwGE 71, 166 (169 f.).

66 BVerfG, Beschl. v. 08.06.1998 – 1 BvR 650/97, NVwZ 1998, 1060 f.; Beschl. v. 09.02.1996 – 1 BvR 1752/96; Beschl. v. 19.07.1995 – 2 BvR 2397/94, NVwZ 1996, 261.

67 BVerwG, Urt. v. 11.07.2019 – 9 A 13/18, juris Rn. 47; Urt. v. 18.07.2013 – 7 A 4.12, juris Rn. 35; Urt. v. 24.11.2011 – 9 A 23/10, BVerwGE 141, 171 (180 f.); Urt. v. 12.03.2008 – 9 A 3/06, BVerwGE 130, 299 (318); Urt. v. 23.02.2005 – 4 A 4/04, BVerwGE 123, 37 (43); zur Festlegung WB* bei Bundesstraßen OVG Rheinland-Pfalz, Urt. v. 01.07.2015 – 8 C 10494/14, DVBl 2015, 1194 (1196).

Interessen abzuwägen.[68] Im Rahmen dieser planerischen Abwägung ist die gesetzliche Bedarfsfeststellung lediglich als Belang zu berücksichtigen.[69] Die Bedarfsfeststellung gilt nicht nur für das »Ob« der festgelegten Verkehrsverbindung, sondern kann auch für das »Wie« gelten.[70] Allerdings regeln die Bedarfspläne naturgemäß nicht alle planerischen Details des Vorhabens, sondern lassen Spielräume, die im Rahmen der Planfeststellung auszufüllen sind.[71] So kann der jeweilige Bedarfsplan den Bau einer zusätzlichen Tangentialverbindung zu einer bestehenden Autobahn oder den Neubau einer Stromleitung vorgeben. Eine Alternativenprüfung ist dann bereits durch den Gesetzgeber für die PlfBeh bindend eingeschränkt worden. Fragen der Trassenführung oder der Dimensionierung des Vorhabens (Autobahn mit vier oder sechs Fahrspuren, Breite einer Bundeswasserstraße, Verkehrsflughafen mit einer oder zwei Start- und Landebahnen) sind dagegen in der Regel noch nicht gesetzlich vorgegeben.

Bindend sind stets nur die **positiven Festlegungen** der gesetzlichen Bedarfspläne. 25
Wird ein Projekt nicht in einen Bedarfsplan aufgenommen, bedeutet dies folglich nicht negativ, dass ihm die erforderliche Planrechtfertigung fehlt.[72] Entsprechendes gilt für vom Bedarfsplan abweichenden Projekten.[73]

Die gesetzlichen Bedarfsfeststellungen binden neben der Verwaltung auch die **Gerichte.**[74] 26
Diese können den Bedarfsplan angesichts des weiten Gestaltungs- und Prognosespielraums des Gesetzgebers nur auf **evidente Fehler** hin kontrollieren.[75] Kommt das Verwaltungsgericht zu dem Ergebnis, dass der Bedarfsplan **evident unsachlich** ist, da es für die Aufnahme des Vorhabens in den Bedarfsplan an **jeglicher Notwendigkeit** fehlt, muss es die Frage der Verfassungsmäßigkeit des Bedarfsplans dem BVerfG vorlegen.[76] Eine Vorlage kommt auch dann in Betracht, wenn sich die Verhältnisse seit der gesetzlichen Bedarfsentscheidung so wesentlich geändert haben, dass »das angestrebte

---

68 BVerwG, Urt. v. 15.01.2004 – 4 A 11/02, BVerwGE 120, 1 (4); Urt. v. 10.04.1997 – 4 C 5/96, BVerwGE 104, 236 (249); Urt. v. 21.03.1996 – 4 C 19/94, BVerwGE 100, 388 (390); Urt. v. 08.06.1995 – 4 C 4/94, BVerwGE 98, 339 (345 ff.).

69 BVerwG, Urt. v. 23.02.2005 – 4 A 4/04, BVerwGE 123, 37 (43); Urt. v. 19.05.1998 – 4 A 9/97, BVerwGE 107, 1 (9).

70 BVerwG, Urt. v. 21.03.1996 – 4 C 19/94, BVerwGE 100, 370 (385).

71 BVerwG, Urt. v. 15.01.2004 – 4 A 11/02, BVerwGE 120, 1 (4); Urt. v. 12.12.1996 – 4 C 29/94, BVerwGE 102, 331 (344).

72 BVerwG, Urt. v. 09.11.2017 – 3 A 4/15, BVerwGE 160, 263 (272 f.); Beschl. v. 14.04.1997 – 4 B 30/97, NVwZ 1997, 992 f.

73 BVerwG, Urt. v. 08.01.2014 – 9 A 4/13, BVerwGE 149, 31 (44).

74 BVerwG, Urt. v. 18.07.2013 – 7 A 4.12, juris Rn. 35; Beschl. v. 28.02.2013 – 7 VR 13/12, juris Rn. 17; BVerwG, Urt. v. 24.11.2011 – 9 A 23/10, BVerwGE 141, 171 (180 f.); Urt. v. 12.03.2008 – 9 A 3/06, BVerwGE 130, 299 (318); Beschl. v. 16.01.2007 – 9 B 14/06, NVwZ 2007, 462 (463); Urt. v. 08.06.1995 – 4 C 4/94, BVerwGE 98, 339 (345 ff.).

75 BVerwG, Urt. v. 10.10.2012 – 9 A 20/11, juris Rn. 12; Urt. v. 12.03.2008 – 9 A 3/06, BVerwGE 130, 299 (318); OVG Nordrhein-Westfalen, Urt. v. 13.04.2011 – 11 D 37/10, UPR 2012, 32 (33).

76 BVerwG, Urt. v. 12.03.2008 – 9 A 3/06, BVerwGE 130, 299 (318); Beschl. v. 16.01.2007 – 9 B 14/06, NVwZ 2007, 462 (463); Urt. v. 08.06.1995 – 4 C 4/94, BVerwGE 98, 339 (347).

Planungsziel unter keinen Umständen auch nur annähernd erreicht« werden kann.[77] Schließlich kann das Gericht die Vereinbarkeit des Bedarfsplans mit Unionsrecht (im konkreten Fall der SUP-Richtlinie) prüfen.[78]

cc) Planrechtfertigung bei Abschnittsbildung

27 Wird ein Vorhaben für Zwecke der Planung in mehrere **Abschnitte** aufgeteilt, dann ist die Planrechtfertigung stets vor dem Hintergrund der Gesamtplanung zu sehen. Für die Planrechtfertigung der Abschnittsplanung ist daher zum einen notwendig, dass das **Gesamtvorhaben rechtfertigungsfähig und realisierbar ist** (§ 73 Rdn. 23).[79] Zum anderen muss die **Abschnittsbildung** zur Durchführung des Gesamtvorhabens vernünftigerweise geboten sein.[80] Der Verwirklichung des Gesamtvorhabens dürfen nach einer summarischen Prüfung auch im weiteren Verlauf keine von vornherein unüberwindbaren Hindernisse entgegenstehen.[81] Darüber hinaus ist zur Vermeidung von **Planungstorsos** erforderlich, dass der Planungsabschnitt nach Möglichkeit eine in Bezug auf das Gesamtvorhaben **eigenständige Funktion** erfüllen kann. Bei der straßenrechtlichen Plf gilt daher der Grundsatz, dass ein Planungsabschnitt regelmäßig nur dann gerechtfertigt ist, wenn er eine eigenständige Verkehrsbedeutung aufweist.[82] Wegen der geringeren Vernetzungsdichte der Eisenbahnverbindungen ist dieser Grundsatz auf die eisenbahnrechtliche Plf nicht übertragbar.[83] Entsprechendes gilt für den Ausbau des Höchstspannungsnetzes.[84]

dd) Planrechtfertigung bei privatnützigen PlfV

28 Die Erfordernisse der fachplanungsrechtlichen Zielkonformität sowie der Erforderlichkeit gelten auch im Rahmen **privatnütziger PlfV.**[85] Ein privatnütziges Vorhaben wie etwa ein privater Sonderlandeplatz ist daher nur gerechtfertigt, wenn er

---

77 BVerwG, Urt. v. 12.03.2008 – 9 A 3/06, BVerwGE 130, 299 (318); hierzu ferner BVerwG, Urt. v. 14.07.2011 – 9 A 14/10, NVwZ 2012, 180 (181); Urt. v. 22.01.2004 – 4 A 32/02, BVerwGE 120, 87 (100); Urt. v. 27.10.2000 – 4 A 18/99, BVerwGE 112, 140 (149).

78 BVerwG, Urt. v. 11.07.2019 – 9 A 13/18, juris Rn. 48 ff.

79 BVerwG, Urt. v. 27.02.2003 – 4 A 59/01, NVwZ 2003, 1253 (1257 f.).

80 BVerwG, Urt. v. 10.04.1997 – 4 C 5/96, BVerwGE 104, 236 (248 f.); Gerichtsbescheid v. 03.07.1996 – 11 A 64/95, NVwZ 1997, 391 (392); Beschl. v. 21.12.1995 – 11 VR 6.95, DVBl 1996, 676.

81 BVerwG, Urt. v. 12.04.2018 – 3 A 10/15, NVwZ 2018, 1799 (1803); Urt. v. 14.06.2017 – 4 A 11/16, BVerwGE 159, 121 (129).

82 BVerwG, Urt. v. 10.10.2012 – 9 A 20/11, juris Rn. 12; Urt. v. 30.01.2008 – 9 A 27/06, NVwZ 2008, 678 (681); Urt. v. 19.05.1998 – 4 A 9/97, BVerwGE 107, 1 (15); Beschl. v. 26.06.1992 – 4 B 1/92 u. a., NVwZ 1993, 572 (573); Beschl. v. 05.06.1992 – 4 NB 21/92, NVwZ 1992, 1093 (1094).

83 BVerwG, Beschl. v. 21.12.1995 – 11 VR 6/95, DVBl 1996, 676.

84 BVerwG, Urt. v. 15.12.2016 – 4 A 4.15, NVwZ 2017, 708 (710 f.).

85 BVerwG, Urt. v. 26.04.2007 – 4 C 12/05, BVerwGE 128, 358 (372 f.); Bader/Ronellenfitsch/*Kämper*, § 74 Rn. 23; Kopp/Ramsauer/*Wysk*, § 74 Rn. 34; *Paetow*, NVwZ 2010, 1184 (1185).

den Zielen des LuftVG entspricht. Zudem ist eine Bedarfsprüfung durch die PlfBeh erforderlich.[86] Dass der PlfBeh auch im Rahmen rein privatnütziger Vorhaben ein Einschätzungs- und Prognosespielraum zur Verfügung steht, rechtfertigt sich daraus, dass es sich bei der Zulassung des Vorhabens nicht lediglich um eine Genehmigung privater Freiheitsbetätigung, sondern auch um eine abschließende Entscheidung über die Bodeninanspruchnahme handelt.[87]

b) Zwingende einfachgesetzliche Vorschriften

Im Rahmen der Planfeststellung **zwingend zu beachtende einfachgesetzliche Ge- und Verbote** (in der früheren Terminologie des BVerwG auch »Planungsleitsätze«[88] genannt) finden sich in den einschlägigen Fachplanungsgesetzen ebenso wie in anderen aufgrund der Konzentrationswirkung zu beachtenden materiellrechtlichen Normen.[89] Beispiel für eine zwingend zu beachtende fachplanungsgesetzliche Vorgabe sind etwa Ziele der Raumordnung, das Vermeidungs- und Ausgleichsgebot nach der Eingriffsregelung (§ 15 Abs. 1, Abs. 2 Satz 1 BNatSchG),[90] das Verbot erheblicher Beeinträchtigungen eines Natura 2000-Gebiets (§ 34 Abs. 1 Satz 1 BNatSchG)[91], die artenschutzrechtlichen Zugriffsverbote (§§ 44 f. BNatSchG), das Verschlechterungsverbot und Verbesserungsgebot der WRRL,[92] im Bereich der Straßenplanfeststellung das Gebot des kreuzungsfreien Ausbaus von Autobahnen (§ 1 Abs. 3 Satz 1 FStrG)[93] oder die Standsicherheit.[94] Verstößt der festgestellte Plan gegen eine solche zwingende rechtliche Vorgabe, ist er rechtswidrig.[95] 29

Von den zwingenden einfachgesetzlichen Vorgaben für die PlfBeh sind die sog. **Optimierungsgebote** zu trennen. Sie enthalten für den Planer Zielvorgaben, die im Rahmen der Abwägung mit anderen öffentlichen und privaten Belangen ganz oder teilweise zurücktreten können.[96] Dazu zählen etwa planungsrechtliche Kann- und Sollvorschriften oder Pläne mit Ausnahme- und Befreiungsvorbehalten. Bspw. sind 30

86 BVerwG, Urt. v. 26.04.2007 – 4 C 12/05, BVerwGE 128, 358 (372).
87 BVerwG, Urt. v. 26.04.2007 – 4 C 12/05, BVerwGE 128, 358 (373); *Paetow*, NVwZ 2010, 1184 (1185).
88 Vgl. BVerwG, Urt. v. 22.03.1985 – 4 C 73/82, BVerwGE 71, 163 (164 ff.); Urt. v. 14.02.1975 – IV C 21/74, BVerwGE 48, 56 (61 ff.).
89 BVerwG, Urt. v. 21.03.1996 – 4 C 19/94, BVerwGE 100, 370 (380 ff.); Urt. v. 22.03.1985 – 4 C 73/82, BVerwGE 71, 163 (164).
90 Vgl. BVerwG, Beschl. v. 30.10.1992 – 4 A 4/92, NVwZ 1993, 565 (568).
91 BVerwG, Urt. v. 18.03.2009 – 9 A 39/07, BVerwG 133, 239 (252 ff.).
92 EuGH, Urt. v. 01.07.2015 – Rs. C-461/13, NVwZ 2015, 1041 (1042 ff.); BVerwG, Urt. v. 09.02.2017 – 7 A 2/15, BVerwGE 158, 1 (90 f.); Urt. v. 11.08.2016 – 7 A 1/15, BVerwGE 156, 20 (54 f.).
93 BVerwG, Urt. v. 22.03.1985 – 4 C 73/82, BVerwGE 71, 163 (164).
94 BVerwG, Urt. v. 18.03.2009 – 9 A 39/07, BVerwGE 133, 239 (267 f.).
95 BVerwG, Beschl. v. 26.06.1992 – 4 B 1/92 u. a., NVwZ 1993, 572 (575 f.).
96 BVerwG, Urt. v. 22.03.1985 – 4 C 73/82, BVerwGE 71, 163 (165); dazu *Steinberg/Wickel/Müller*, § 3 Rn. 126 ff.

die in § 1 BNatSchG enthaltenen Ziele des Naturschutzes und der Landschaftspflege typischerweise Optimierungsgebote.[97]

c) **Abwägungsgebot**

31 Die praktisch bedeutsamste Schranke der planerischen Gestaltungsfreiheit ist das **rechtsstaatliche Abwägungsgebot.** Es verpflichtet die PlfBeh, unter Beachtung gesetzlicher Wertungen alle von einer Planung berührten öffentlichen und privaten Belange gegeneinander und untereinander gerecht abzuwägen.[98] Das Gebot der gerechten Abwägung bezieht sich auf den **Abwägungsvorgang,**[99] vor allem aber auf das **Entscheidungsergebnis,** das die kollidierenden Interessen in einen gerechten Ausgleich zu bringen hat.[100]

32 Die Rechtsprechung hat das Abwägungsgebot durch **drei Grundforderungen** konkretisiert, denen jede Planung genügen muss. Danach ist erforderlich, dass – erstens – überhaupt eine Abwägung stattfindet, dass – zweitens – in die Abwägung an Belangen eingestellt wird, was nach Lage der Dinge in sie eingestellt werden muss, und dass – drittens – weder die Bedeutung der betroffenen öffentlichen und privaten Belange verkannt noch der Ausgleich zwischen ihnen in einer Weise vorgenommen wird, die zur objektiven Gewichtigkeit einzelner Belange außer Verhältnis steht.[101]

33 Bei idealtypischer Betrachtung verläuft der **Abwägungsvorgang** folglich in drei Schritten: Die PlfBeh hat in einem ersten Schritt alle entscheidungserheblichen, für und gegen das Vorhaben sprechenden Belange **zusammenzutragen** und in ihren Entscheidungsprozess **einzustellen** (Sammlung des Abwägungsmaterials).[102] Die PlfBeh muss sodann in einem zweiten Schritt die für und gegen das Vorhaben sprechenden Umstände in einer an den normativen Vorgaben orientierten Weise **gewichten.**[103] Schließlich muss sie in einem dritten Schritt eine mit den gesetzlichen Zielvorstellungen

97 BVerwG, Urt. v. 22.03.1985 – 4 C 73/82, BVerwGE 71, 163 (165).

98 BVerwG, Urt. v. 21.03.1996 – 4 C 19/94, BVerwGE 100, 370 (383); Urt. v. 05.12.1986 – 4 C 13/85, BVerwGE 75, 214 (252 f.); Urt. v. 14.02.1975 – IV C 21.74, BVerwGE 48, 56 (63).

99 BVerwG, Urt. v. 05.12.1986 – 4 C 13/85, BVerwGE 75, 214 (245 ff.); Urt. v. 14.02.1975 – IV C 21/74, BVerwGE 48, 56 (64).

100 BVerwG, Urt. v. 07.07.1978 – IV C 79.76, BVerwGE 56, 110 (117); Urt. v. 14.02.1975 – IV C 21/74, BVerwGE 48, 56 (64).

101 BVerwG, Urt. v. 19.12.2017 – 7 A 7/17, juris Rn. 20; Urt. v. 15.12.2016 – 4 A 4/15, BVerwGE 157, 73 (78); Urt. v. 24.11.2011 – 9 A 23/10, BVerwGE 141, 171 (136); Urt. v. 03.05.2011 – 7 A 9/09, NVwZ 2012, 47 (49); Urt. v. 08.06.1995 – 4 C 4/94, BVerwGE 98, 339 (349 f.); Urt. v. 22.03.1985 – 4 C 73/82, BVerwGE 71, 163 (171); Urt. v. 14.02.1975 – IV C 21/74, BVerwGE 48, 56 (63 f.).

102 BVerwG, Urt. v. 24.11.2010 – 9 A 13/09, BVerwGE 138, 226 (238 f.); Urt. v. 14.02.1975 – IV C 21/74, BVerwGE 48, 56 (64).

103 BVerwG, Urt. v. 14.02.1975 – IV C 21/74, BVerwGE 48, 56 (64).

vereinbare **Entscheidung** darüber treffen, welche Belange bei der Planung inwieweit den Vorrang erhalten und welche Belange ganz oder teilweise zurückgestellt werden.[104]

Entscheidet sich die PlfBeh nach Sammlung des erheblichen Abwägungsmaterials zwischen verschiedenen Belangen für die Bevorzugung des einen und damit notwendigerweise für die Zurückstellung des anderen, so bewegt sich dies im Rahmen ihrer grundsätzlich der **richterlichen Kontrolle entzogenen** planerischen Gestaltungsfreiheit.[105] Die Gerichte sind darauf beschränkt zu überprüfen, ob 34
- erstens eine Abwägung völlig unterblieben ist und damit ein **Abwägungsausfall** vorliegt (Rdn. 35 ff.),
- zweitens bestimmte zu berücksichtigende Belange nicht in die Abwägung eingestellt wurden, was zu einem **Abwägungsdefizit** führt (Rdn. 38 ff.), oder
- drittens das objektive Gewicht bestimmter Belange verkannt wurde oder bestimmte Belange unverhältnismäßig über- oder unterbewertet wurden, sodass eine **Abwägungsfehleinschätzung** (Rdn. 49 f.) bzw. **Abwägungsdisproportionalität** (Rdn. 54 ff.) vorliegt.[106] Die Terminologie schwankt teilweise.

aa) Abwägungsausfall

Das Problem eines vollständigen oder teilweisen Abwägungsausfalls ist im Rahmen der Planfeststellung von geringer praktischer Bedeutung.[107] Ein Abwägungsausfall kann bspw. dann vorliegen, wenn die PlfBeh in Verkennung der Rechtsgrundlagen von einer gebundenen Entscheidung und keiner Planungsentscheidung ausgeht.[108] Ebenso liegt ein Abwägungsausfall vor, wenn die PlfBeh nicht selbst abwägt, sondern Dritte entscheiden lässt. Die vollinhaltliche Übernahme fremder Planungsunterlagen lässt allerdings nicht zwingend auf einen Abwägungsausfall schließen. Denn die PlfBeh darf fremde Planunterlagen übernehmen, abwägend nachvollziehen und sich damit zu eigen machen.[109] 35

Ein teilweiser oder völliger Abwägungsausfall liegt auch nicht schon deswegen vor, weil die PlfBeh behördenintern an bestimmte **Richtlinien, Vorentscheidungen oder Weisungen** gebunden ist. § 74 geht davon aus, dass die PlfBeh als Teil der vollziehenden 36

---

104 BVerwG, Urt. v. 14.02.1975 – IV C 21/74, BVerwGE 48, 56 (64); *Schlarmann*, DVBl 1992, 871 (872); *Ziekow*, § 74 Rn. 22.

105 BVerwG, Urt. v. 07.07.1978 – IV C 79/76, BVerwGE 56, 110 (117); Urt. v. 14.02.1975 – IV C 21/74, BVerwGE 48, 56 (64).

106 BVerwG, Urt. v. 24.11.2011 – 9 A 23/10, BVerwGE 141, 171 (186); Urt. v. 08.06.1995 – 4 C 4/94, BVerwGE 98, 339 (349 f.); Urt. v. 22.03.1985 – 4 C 73/82, BVerwGE 71, 163 (171); Urt. v. 14.02.1975 – IV C 21/74, BVerwGE 48, 56 (63 f.).

107 Knack/Henneke/*Schink*, § 74 Rn. 134.

108 Vgl. für einen Fall fehlender Abwägungsbereitschaft VGH Baden-Württemberg, Urt. v. 26.02.1991 – 5 S 1270/90, UPR 1991, 454; hierzu auch Knack/Henneke/*Schink*, § 74 Rn. 134; Kopp/Ramsauer/*Wysk*, § 74 Rn. 59; Mann/Sennekamp/Uechtritz/*Lieber*, § 74 Rn. 55 ff.

109 BVerwG, Beschl. v. 24.09.1997 – 4 VR 21/96, NVwZ-RR 1998, 297.

Gewalt den allgemeinen staatsorganisatorischen Bindungen unterliegt. Sie steht insbesondere bei der Planung von Großvorhaben im Verbund mit anderen Planungsbehörden und ist an deren fachliche Vorentscheidungen gebunden. Aus diesem Grunde stellt es keinen Abwägungsausfall dar, wenn die PlfBeh bei ihrer Abwägungsentscheidung einer konkreten Weisung[110] oder einer Linienbestimmung nach § 16 FStrG folgt.[111] Allerdings muss sie die ihr intern vorgegebene Entscheidung im PlfB **abwägend nachvollziehen** und prüfen, ob die Weisung auf vollständiger Kenntnis der im Anhörungsverfahren erörterten Belange beruht und ihrerseits den Anforderungen des Abwägungsgebots genügt.[112] Entsprechendes gilt bei Ergebnissen eines Projektbeirats.[113] Fehlen diese Voraussetzungen und hält sich die PlfBeh gleichwohl für gebunden, so liegt ein Abwägungsdefizit vor.[114]

37 Einen teilweisen oder völligen Abwägungsausfall stellt es dar, wenn sich die PlfBeh bei ihrer Entscheidung nicht vom Gebot gerechter Abwägung, sondern von **sachfremden Erwägungen** leiten lässt. Insbesondere darf sich die PlfBeh nicht aus **rein politischen Motiven** für eine bestimmte Planungsvariante entscheiden. Die PlfBeh darf ihre planerische Entscheidung weder vom Willen führender Politiker[115] noch von dem in einer Abstimmung zum Ausdruck kommenden politischen Druck der Planbetroffenen abhängig machen.[116] Enthält der PlfB eine sachlich planerische Begründung, spricht eine Vermutung dafür, dass der PlfB nicht auf sachfremden Erwägungen beruht.

bb) Abwägungsdefizit

38 Das Abwägungsgebot verlangt, dass die PlfBeh bei ihrer Entscheidung alle wesentlichen Gesichtspunkte berücksichtigt. Sie muss sich ein genaues Bild von allen für und gegen das Vorhaben sprechenden Belangen verschaffen. Dazu muss sie die von dem Vorhaben berührten privaten und öffentlichen Belange untersuchen, zusammenstellen und in ihre Abwägung einstellen. Ein **Abwägungsdefizit** liegt vor, wenn nicht alle Belange in die Abwägung eingestellt werden, die nach Lage der Dinge zu berücksichtigen sind.

---

110 Vgl. VGH Baden-Württemberg, Urt. v. 21.10.1988 – 5 S 1088/88, NVwZ-RR 1989, 354 (356); *Maier*, BayVBl. 1990, 647.

111 BVerwG, Urt. v. 10.04.1997 – 4 C 5/96, BVerwGE 104, 236 (252); Urt. v. 28.02.1996 – 4 A 27/95, NVwZ 1996, 1011 (1014).

112 Knack/Henneke/*Schink*, § 74 Rn. 136; Stelkens/Bonk/Sachs/*Neumann*/*Külpmann*, § 74 Rn. 58.

113 BVerwG, Urt. v. 12.04.2018 – 3 A 10/15, NVwZ 2018, 1799 (1803).

114 BVerwG, Urt. v. 10.04.1997 – 4 C 5/96, BVerwGE 104, 236 (250 f.); Stelkens/Bonk/Sachs/*Neumann*/*Külpmann*, § 74 Rn. 58.

115 Vgl. BVerwG, Urt. v. 05.12.1986 – 4 C 13/85, BVerwGE 75, 214 (245 ff.).

116 Vgl. BVerwG, Urt. v. 26.05.1994 – 7 A 21/93, NVwZ 1994, 1002 ff.

– *Abwägungserhebliche Belange*

39 Welche Belange in die Abwägung einzustellen sind, ist eine Frage des Einzelfalls.[117] Sie ergeben sich aus den tatsächlichen Verhältnissen und Lebenssachverhalten, auf die die Planung trifft.[118] Bei ihrer Ermittlung spielt der **Grundsatz der Problembewältigung** eine entscheidende Rolle. Danach sind in die Planungsentscheidung alle planerischen Gesichtspunkte einzubeziehen, die zur Bewältigung der von dem Planvorhaben aufgeworfenen Probleme von Bedeutung sind.[119] Der Kreis der im Rahmen der gebotenen Problembewältigung **abwägungsrelevanten Belange** wird von der Rechtsprechung eher weit verstanden (Rdn. 42). Danach muss die PlfBeh grundsätzlich **alle von der Planung berührten privaten und öffentlichen Belange** in die Abwägung einstellen, die für sie **erkennbar** sind und die weder objektiv **geringwertig** sind noch jede **Schutzwürdigkeit** vermissen lassen.[120]

40 Zu den generell berücksichtigungsfähigen Belangen gehören alle **privaten** Rechte und Interessen, die im Rahmen des § 73 Abs. 4 geltend gemacht werden können (§ 73 Rdn. 89 ff.). Praktisch bedeutsam ist zuvörderst das verfassungsrechtlich und einfachgesetzlich geschützte **Grundeigentum,**[121] daneben andere private dingliche Rechte (Erbbaurechte,[122] Wege- und Leitungsrechte etc.) sowie öffentlich-rechtliche Nachbarrechte (Abwehr unzumutbarer Immissionen etc.) und andere verfassungsmäßige Abwehrrechte, insbesondere aus Art. 2 Abs. 2 GG (Gesundheit)[123] und 12 Abs. 1 GG (Berufsfreiheit).[124] Neben diesen privaten Belangen sind ferner die berührten gemeindlichen Interessen aus Art. 28 Abs. 2 GG zu berücksichtigen (hierzu § 73 Rdn. 96).[125] In die Abwägung einzubeziehen sind schließlich sämtliche **öffentliche Belange**, die nach den Fachplanungsgesetzen oder den von der Konzentrationswirkung erfassten sonstigen Normen zu beachten sind. Dazu zählen häufig Natur- und

117 BVerwG, Urt. v. 05.07.1974 – IV C 50/72, BVerwGE 45, 309 (314); Urt. v. 12.12.1966 – IV C 105/66, BVerwGE 34, 301 (309).

118 BVerwG, Urt. v. 20.05.1999 – 4 A 12/98, NVwZ 2000, 555 (558).

119 St. Rspr., s. BVerwG, Urt. v. 11.07.2019 – 9 A 13/18, juris Rn. 170; Urt. v. 03.03.2011 – 9 A 8/10, BVerwGE 139, 150 (161); Urt. v. 23.01.1981 – 4 C 68/78, BVerwGE 61, 307 (311); ferner *Steinberg/Wickel/Müller*, § 3 Rn. 137 f.

120 BVerwG, Beschl. v. 09.11.1979 – 4 N 1/78, BVerwGE 59, 87 (102 f.).

121 BVerwG, Urt. v. 28.01.2004 – 8 A 27/03, NVwZ 2004, 990 f.; Urt. v. 11.01.2001 – 4 A 13/99, NVwZ 2001, 1154 (1055); Beschl. v. 11.05.1999 – 4 VR 7/99, NVwZ 1999, 1341 (1342); Urt. v. 27.03.1992 – 7 C 18/91, BVerwGE 90, 96 (102 f.); Urt. v. 09.03.1990 – 7 C 21/89, BVerwGE 85, 44 (51).

122 BVerfG, Beschl. v. 30.11.1988 – 1 BvR 1301/84, NJW 1989, 1271.

123 BVerwG, Urt. v. 14.12.1979 – IV C 10/77, BVerwGE 59, 253 (262).

124 BVerwG, Urt. v. 23.03.2011 – 9 A 9/10, juris Rn. 28; Beschl. v. 31.10.1990 – 4 C 25/90, juris Rn. 14 ff.

125 BVerwG, Beschl. v. 02.08.2006 – 9 B 9/06, NVwZ 2006, 1290; Urt. v. 09.02.2005 – 9 A 62/03, NVwZ 2005, 813; Beschl. v. 05.11.2002 – 9 VR 14/02, NVwZ 2003, 207; Urt. v. 01.11.2001 – 4 A 12/99, NVwZ 2001, 1160.

Landschaftsschutz-,[126] Wasserschutz-,[127] Lärmschutz-[128] und allgemeine Umweltschutzbelange.[129]

41 Berücksichtigungsfähig sind nur **schutzwürdige Belange.** Aus diesem Grund muss die PlfBeh private Belange nicht berücksichtigen, wenn sie objektiv geringwertig oder aus anderen Gründen rechtlich nicht schutzwürdig sind.[130] Zu den nicht schutzwürdigen Belangen gehören vor allem nicht oder verspätet erhobene und daher ggf. **nach § 73 Abs. 4 Satz 3 materiell präkludierte Belange.**[131] Nicht geschützt sind ferner alle rechtlich missbilligten Rechtspositionen wie etwa das Interesse am Fortbestand illegaler Grundstücksnutzungen.[132] Ebenfalls nicht schutzwürdig sind tatsächliche Chancen und Vorteile, mit deren Wegfall der Betroffene jederzeit rechnen muss.[133] Auch der Erwerb eines sog. »Sperrgrundstücks«, mit dem das Vorhaben blockiert werden soll, kann im Einzelfall rechtsmissbräuchlich sein (hierzu § 73 Rdn. 93).[134]

42 Nur die von dem Vorhaben **berührten Belange** sind im Rahmen der Planabwägung zu berücksichtigen. Welche öffentlichen oder privaten Belange im Einzelfall von dem Planvorhaben tangiert werden, kann nur für die jeweilige Planung im Hinblick auf das von ihr konkret verfolgte Planungsziel sowie auf die ihr insoweit vorgegebene Situation beantwortet werden. Dabei entspricht es jedoch dem Zweck des Abwägungsgebots, dass der Kreis der von dem Vorhaben berührten öffentlichen und privaten Belange **nicht zu eng** gezogen wird.[135] Daher sind grundsätzlich alle unmittelbar wie

---

126 Vgl. hierzu BVerwG, Urt. v. 07.12.2006 – 4 C 16/04, NVwZ 2007, 581; Urt. v. 14.11.2002 – 4 A 15/02, NVwZ 2003, 485; Urt. v. 27.10.2000 – 4 A 18/99, BVerwGE 112, 140 (160 ff.); Urt. v. 19.05.1998 – 4 A 9/97, BVerwGE 107, 1 (6 f.); Urt. v. 27.09.1990 – 4 C 44/87, BVerwGE 85, 348 (362); ferner Knack/Henneke/*Schink*, § 74 Rn. 142 ff.

127 BVerwG, Urt. v. 16.03.2006 – 4 A 1075/04, BVerwGE 125, 116; Urt. v. 12.08.1999 – 4 C 3/98, NVwZ 2000, 675.

128 BVerwG, Urt. v. 28.01.1999 – 4 CN 5/98, BVerwGE 108, 248; Urt. v. 22.05.1987 – 4 C 33/83, BVerwGE 77, 285; Urt. v. 21.05.1976 – IV C 80/74, BVerwGE 51, 15 (33).

129 Hierzu etwa BVerwG, Urt. v. 21.03.1996 – 4 C 19/94, BVerwGE 100, 370; Urt. v. 25.01.1996 – 4 C 5/95, BVerwGE 100, 238; eingehend Stelkens/Bonk/Sachs/*Neumann/Külpmann*, § 74 Rn. 118 ff.

130 BVerwG, Beschl. v. 25.04.2018 – 9 A 16/16, DVBl 2018, 1426 (1430); Urt. v. 28.03.2007 – 9 A 17/06, NuR 2007, 488 (489).

131 In diesem Sinne wohl auch BVerwG, Urt. v. 16.12.1998 – 11 A 14/98, NVwZ-RR 1999, 296; a.A. Stelkens/Bonk/Sachs/*Neumann/Külpmann*, § 74 Rn. 63.

132 BVerwG, Urt. v. 13.12.2018 – 3 A 17/15, BVerwGE 164, 127 (135 f.); Beschl. v. 20.10.1993 – 4 B 170/93, NVwZ-RR, 1994, 373; *Kügel*, Der Planfeststellungsbeschluss und seine Anfechtbarkeit, S. 146.

133 BVerwG, Urt. v. 28.03.2007 – 9 A 17/06, UPR 2007, 386 (387); Beschl. v. 09.11.1979 – 4 N 1/78, BVerwGE 59, 87 (103).

134 BVerwG, Urt. v. 27.10.2000 – 4 A 10/99, BVerwGE 112, 135 (137); ferner BVerwG, Urt. v. 12.07.1985 – 4 C 40/83, BVerwGE 72, 15 (16); *Jarass*, DVBl 2006, 1329 (1334).

135 BVerwG, Urt. v. 22.06.1979 – IV C 8/76, BVerwGE 58, 154 (156); Urt. v. 15.04.1977 – IV C 100.74, BVerwGE 52, 237 (245).

mittelbar, sachlich wie räumlich, negativ wie positiv von der Planung tangierten Belange in die Abwägung einzustellen.[136] Erforderlich ist in jedem Fall der Nachweis einer **konkreten Auswirkung** auf den rechtlich geschützten Belang. Rein spekulative Folgen wie etwa eine vom Betroffenen nicht näher dargelegte Veränderung seines »Wohnumfelds« sind daher nicht in die Abwägung aufzunehmen.[137]

Die berücksichtigungsfähigen Belange müssen schließlich für die PlfBeh **erkennbar** sein. Dies trifft zunächst auf alle im Anhörungsverfahren erörterten privaten und öffentlichen Belange zu. Darüber hinaus muss die PlfBeh – wie § 73 Abs. 3a Satz 2 zeigt – auch alle öffentlichen Belange berücksichtigen, die sich ihr **aufdrängen mussten.**[138] Daher kann ein Abwägungsdefizit etwa darin liegen, dass die PlfBeh bei einem Verkehrsprojekt die naheliegende Möglichkeit einer Beeinträchtigung der Fauna nicht untersucht hat.[139] 43

– Alternativplanungen

Im Rahmen der Abwägung ist es erforderlich, dass die PlfBeh zur Erzielung eines möglichst optimalen Interessenausgleichs allen ernsthaft in Betracht kommenden **Alternativplanungen** nachgeht.[140] Ein **Abwägungsdefizit** liegt dann vor, wenn die PlfBeh Alternativlösungen nicht prüft, die nach Lage der konkreten Verhältnisse zumindest **naheliegen.**[141] Zu den in das Verfahren einzubeziehenden und zu untersuchenden Alternativen gehören zwar neben den von Amts wegen ermittelten auch solche, die von dritter Seite im Laufe des Verfahrens vorgeschlagen werden.[142] Die PlfBeh ist allerdings schon aus Gründen der Verwaltungsökonomie nicht verpflichtet, alle angesprochenen oder erörterungsbedürftigen Planvarianten gleich intensiv zu untersuchen: Alternativen, die ihr aufgrund einer **Grobanalyse** als weniger geeignet erscheinen, darf sie schon in einem frühen Verfahrensstadium ausscheiden.[143] Die hiernach noch ernsthaft in Betracht kommenden Planalternativen muss die Behörde dann im 44

136 BVerwG, Urt. v. 07.07.1978 – IV C 79/76, BVerwGE 56, 110 (128).

137 BVerwG, Urt. v. 28.03.2007 – 9 A 17/06, UPR 2007, 386 (388); Beschl. v. 09.04.2003 – 9 A 37/02, NVwZ 2003, 1393 (1394).

138 BVerwG, Beschl. v. 14.09.1987 – 4 B 179/87, NVwZ 1988, 363; Beschl. v. 09.11.1979 – 4 N 1/78, BVerwGE 59, 87 (104); VGH Bayern, Urt. v. 11.03.2005 – 22 A 04.40063, ZfW 2006, 232 (234).

139 BVerwG, Beschl. v. 09.03.1993 – 4 B 190/92, NVwZ-RR 1993, 330.

140 BVerwG, Urt. v. 24.11.2011 – 9 A 23/10, DVBl 2012, 443 (447); Urt. v. 24.11.2010 – 9 A 13/09, BVerwGE 138, 226 (238 f.); Beschl. v. 09.04.2003 – 9 A 37/02, NVwZ 2003, 1393; Urt. v. 20.12.1988 – 7 NB 2/88, BVerwGE 81, 128 (136 f.).

141 BVerwG, Beschl. v. 09.04.2003 – 9 A 37/02, NVwZ 2003, 1393; Beschl. v. 20.12.1988 – 4 B 211/88, NVwZ-RR 1989, 458 f.; Urt. v. 30.05.1984 – 4 C 58/81, BVerwGE 69, 256 (273 f.).

142 BVerwG, Urt. v. 28.04.2016 – 9 A 9/15, BVerwGE 155, 91 (127).

143 BVerwG, Urt. v. 04.04.2012 – 4 C 8/09, BVerwGE 142, 234 (274 f.); Urt. v. 03.03.2011 – 9 A 8/10, BVerwGE 139, 150 (169); Urt. v. 08.06.1995 – 4 C 4/94, BVerwGE 98, 339 (353); OVG Niedersachsen, Beschl. v. 16.07.2012 – 13 LA 82/11, juris Rn. 15.

weiteren Planungsverfahren detaillierter untersuchen und vergleichen.[144] Verfährt die PlfBeh in dieser Weise, so handelt sie nicht schon dann abwägungsfehlerhaft, wenn die von ihr verworfene Lösung auch mit guten Gründen vertretbar gewesen wäre, sondern erst, wenn sich ihr diese Lösung als **eindeutig vorzugswürdig** hätte **aufdrängen** müssen[145] oder wenn der PlfBeh infolge einer fehlerhaften Ermittlung, Bewertung oder Gewichtung einzelner Belange ein rechtserheblicher Fehler unterlaufen ist.[146] Insoweit besteht nur eine eingeschränkte gerichtliche Kontrolle. Eine Nachermittlungspflicht kann entstehen, wenn die PlfBeh nach Abschluss des Anhörungsverfahrens auf ernsthaft zu erwägende neue Varianten stößt[147] oder wenn eine zunächst ausgeschiedene Planungsvariante aufgrund neuer Entwicklungen nachträglich erneut und ernsthaft in Betracht kommt.[148] Der Kreis zulässiger Alternativen kann durch einen Bedarfsplan (Rdn. 24) oder durch Gesetz eingeschränkt sein. So beschränkt § 2 Abs. 2 EnLAG bei Höchstspannungsleitungen die Verwendung von Erdkabeln auf die dort vorgesehenen Pilotprojekte.[149] Entsprechendes gilt für § 2 Abs. 6 BBPlG.

– Prüfung der »Null-Variante«

45 Stehen dem Vorhaben gewichtige öffentliche oder private Belange entgegen, dann muss die PlfBeh auch die Alternative in ihre Erwägungen einstellen, dass das Vorhaben ganz **unterbleibt.** Es kann daher je nach Lage der Dinge ein Abwägungsdefizit vorliegen, wenn die PlfBeh sich nicht mit der sog. »**Null-Alternative**« auseinandersetzt.[150] Dem steht nicht entgegen, dass sich die PlfBeh bereits im Rahmen der Planrechtfertigung mit der Erforderlichkeit des Vorhabens auseinandergesetzt oder dass der Gesetzgeber den Bedarf für das Vorhaben in einem **gesetzlichen Bedarfsplan** ausdrücklich festgeschrieben hat. Denn bei der Planrechtfertigung geht es nur um ein erstes Plausibilitätsurteil, ob die Durchführung des Vorhabens zur Erreichung der fachgesetzlichen Gemeinwohlziele **erforderlich** ist. Die Pflicht der PlfBeh zur Prüfung, ob dem

144 BVerwG, Urt. v. 22.11.2016 – 9 A 25/15, NVwZ 2017, 627 (631); Urt. v. 03.03.2011 – 9 A 8/10, BVerwGE 139, 150 (169); Urt. v. 08.06.1995 – 4 C 4/94, BVerwGE 98, 339 (353).

145 BVerwG, Beschl. v. 28.09.2012 – 7 VR 5/12, juris Rn. 19; Urt. v. 03.03.2011 – 9 A 8/10, BVerwGE 139, 150 (169); Urt. v. 20.04.2005 – 9 A 56/04, NVwZ 2005, 949 (953); Urt. v. 22.01.2004 – 4 A 32/02, NVwZ 2004, 722 (728); Urt. v. 20.05.1999 – 4 A 12/98, NVwZ 2000, 555 (556); Beschl. v. 24.09.1997, NVwZ-RR 1998, 297 f.; OVG Niedersachsen, Beschl. v. 16.07.2012 – 13 LA 82/11, juris Rn. 15; zur sehr praxisrelevanten und fehleranfälligen Unterscheidung des behördlichen und gerichtlichen Maßstabes BVerwG, Urt. v. 21.01.2016 – 4 A 5/14, BVerwGE 154, 73 (129 f.).

146 BVerwG, Urt. v. 11.07.2019 – 9 A 14/18, juris Rn. 78; Beschl. v. 22.07.2010 – 7 VR 4.10, NVwZ 2010, 1486 (1488); Urt. v. 16.03.2006 – 4 A 1075.04, BVerwGE 116, 125 (160 ff.).

147 BVerwG, Urt. v. 12.12.1997 – 4 C 29/94, DVBl 1997, 708.

148 BVerwG, Urt. v. 18.06.1997 – 4 C 3/95, NVwZ-RR 1998, 292 (293).

149 BVerwG, Urt. v. 03.04.2019 – 4 A 1/18, NVwZ 2019, 1213 (1216).

150 BVerwG, Urt. v. 04.04.2012 – 4 C 8/09, BVerwGE 142, 234 (274 ff.); Urt. v. 09.06.2004 – 9 A 11/03, NVwZ 2004, 1486 (1493); Urt. v. 10.04.1997 – 4 C 5/96, BVerwGE 104, 236 (250 ff.).

Vorhaben nicht unüberwindliche Belange entgegenstehen, die dazu nötigen, von der Planung Abstand zu nehmen, bleibt daher in jedem Fall bestehen.[151] Gleiches gilt, wenn die PlfBeh **behördenintern** – etwa aufgrund einer Linienbestimmung nach § 16 FStrG – zur Durchführung des Vorhabens verpflichtet und die Null-Variante bereits im Linienbestimmungsverfahren geprüft worden ist. Der Planbetroffene kann diese Frage auch erst im PlfV zur Sprache bringen. Dann hat er einen Anspruch, dass die PlfBeh sich mit dem Problem befasst, es aufgrund ihrer umfassenden Problemkenntnis abwägt und ggf. behördenintern Rücksprache nimmt.[152]

– Bauausführungsprobleme

Obgleich im Rahmen des Gebots der umfassenden Problembewältigung eine Pflicht zur Auseinandersetzung mit grundsätzlich allen durch die Planung aufgeworfenen Problemen besteht, hat die Rechtsprechung im Falle von Fragen der **Bauausführung** (bspw. Baulärm) eine Ausnahme zugelassen, um die Anforderungen an die planerische Abwägung und an den notwendigen Regelungsgehalt der Planfeststellung nicht zu überspannen.[153] Bauausführungsprobleme müssen danach jedenfalls dann nicht in die Planabwägung einbezogen werden, wenn der Stand der Technik für die zu bewältigenden Probleme eine geeignete Lösung zur Verfügung stellt. die Beachtung der entsprechenden technischen Regelwerke sichergestellt ist und keine abwägungsbeachtlichen Belange berührt werden.[154] Die PlfBeh hat sich lediglich Gewissheit darüber zu verschaffen, dass die Probleme beherrschbar sind.[155] Eine detaillierte Prognose zu dem zu erwartenden Baulärm ist regelmäßig nicht erforderlich.[156] Das Fehlen einer weitergehenden Auseinandersetzung stellt mithin kein Abwägungsdefizit dar. 46

– Abgrenzung zu Folgeverfahren

Die PlfBeh ist im Rahmen ihrer Planungsentscheidung auf den **sachlichen Verfahrensgegenstand** des PlfV beschränkt. Sie muss sich daher grundsätzlich auch nicht mit Problemen befassen, die in einem **Folgeverfahren** zu klären sind. Insbesondere sind Fragen des Umfangs der **Enteignung** und der Höhe der **Entschädigung** einem ggf. 47

151 BVerwG, Urt. v. 08.01.2014 – 9 A 4/13, BVerwGE 149, 31; Urt. v. 03.05.2013 – 9 A 16/12, BVerwGE 146, 254 (269 f.); Urt. v. 09.06.2004 – 9 A 11/03, NVwZ 2004, 1486 (1493); Urt. v. 10.04.1997 – 4 C 5/96, BVerwGE 104, 236 (249 f.); Urt. v. 21.03.1996 – 4 C 26/94, BVerwGE 100, 388 (390).

152 BVerwG, Urt. v. 10.04.1997 – 4 C 5/96, BVerwGE 104, 236 (248 ff.).

153 BVerwG, Urt. v. 08.06.1995 – 4 C 4/94, BVerwGE 98, 339 (352);.

154 BVerwG, Urt. v. 11.07.2019 – 9 A 13/18, juris Rn. 170; Urt. v. 11.10.2017 – 9 A 14/16, BVerwGE 160, 78 (90 f.); Urt. v. 18.03.2009 – 9 A 39/07, BVerwGE 133, 239 (269); Urt. v. 05.03.1997 – 11 A 5/96, NVwZ-RR 1998, 92 (92 f.).

155 BVerwG, Urt. v. 03.03.2011 – 9 A 8/10, BVerwGE 139, 150 (161); Urt. v. 05.03.1997 – 11 A 5/96, NVwZ-RR 1998, 92 (92 f.).

156 BVerwG, Urt. v. 03.03.2011 – 9 A 8/10, BVerwGE 139, 150 (183 f.); sehr großzügig BVerwG, Urt. v. 08.09.2016 – 3 A 5/15, juris Rn. 102.

nachfolgenden Enteignungsverfahren vorbehalten.[157] Es genügt, wenn der Entschädigungsanspruch dem Grunde nach im PlfB festgestellt ist; zudem sind die Berechnungsgrundlagen für die Höhe anzugeben.[158] Die PlfBeh muss sich mit Enteignungs- und Entschädigungsfragen lediglich bei der Gewichtung der von dem Planvorhaben betroffenen Interessen beschäftigen. Will sie die entgegenstehenden privaten Eigentümerbelange im Hinblick auf einen bevorstehenden Ausgleich im Folgeverfahren niedriger veranschlagen, dann muss sie sich vergewissern, ob dieser Ausgleich nach den Umständen des Einzelfalls bei vernünftiger Betrachtungsweise objektiv zu erwarten ist.[159] Bei einem existenzgefährdeten Landwirt kann etwa ein verbindliches Angebot von adäquatem Ersatzland zu einer Minderung der entgegenstehenden privaten Belange führen.[160] Geht die PlfBeh davon aus, dass die mit einem Straßenbau verbundenen Zerschneidungsschäden im Rahmen einer Unternehmensflurbereinigung behoben werden, müssen die Vorbereitungen für die Unternehmensflurbereinigung derart verfestigt sein, dass mit ihrem Scheitern vernünftigerweise nicht mehr zu rechnen ist. Außerdem kann ein Vorbehalt für den Fall geboten sein, dass die Unternehmensflurbereinigung nicht die erwartete Lösung des Problems herbeiführt.[161]

– Abwägungsdefizit bei Abschnittsbildung

48 Der Umfang des Abwägungsmaterials findet auch am **räumlichen Gegenstand** der Plf eine Grenze. Bei einer **abschnittsweisen Plf** muss die PlfBeh grundsätzlich nur die mit dem Streckenabschnitt verbundenen Probleme bewältigen. Allerdings kann und muss sie nicht nur bei der Planrechtfertigung (hierzu Rdn. 28), sondern auch bei der Planabwägung die für und gegen die **Gesamtplanung** sprechenden Gesichtspunkte prüfen.[162] Dies schließt die Überprüfung der für die **Verwirklichung** des Gesamtvorhabens aufgestellten Prognosen und der für das Gesamtvorhaben bestehenden **Alternativen** ein.[163] Außerdem muss die PlfBeh planerisch berücksichtigen, dass durch den bestandskräftigen Abschluss vorangegangener Abschnitte Planungsbindungen entstanden sind und dass sie für den nachfolgenden Abschnitt ihrerseits **Zwangspunkte** setzt. Aus diesem Grund muss sie auch die Interessen der im Folgeabschnitt betroffenen Eigentümer berücksichtigen,

---

157 BVerwG, Urt. v. 07.07.2004 – 9 A 21/03, NVwZ 2004, 1358 (1359); Beschl. v. 27.08.1993 – 4 A 2/93, Buchholz 316 § 74 Nr. 24, S. 46 f.; Urt. v. 14.05.1992 – 4 C 9/89, NVwZ 1993, 477 (478).

158 BVerwG, Urt. v. 08.09.2016 – 3 A 5/15, juris Rn. 111; Urt. v. 10.07.2012 – 7 A 11/11, BVerwGE 143, 249 (267).

159 BVerwG, Beschl. v. 30.08.1994 – 4 B 105/94, NVwZ-RR 1995, 322.

160 BVerwG, Urt. v. 08.06.1995 – 4 C 4/94, BVerwGE 98, 339 (350 f.).

161 BVerwG, Urt. v. 23.02.2005, NVwZ 2005, 803 (806); Beschl. v. 21.01.1998 – 4 VR 3/97, NVwZ 1998 (619); Urt. v. 18.12.1987 – 4 C 32/84, NVwZ 1989, 145 (146).

162 BVerwG, Urt. v. 10.04.1997 – 4 C 5/96, BVerwGE 104, 236 (248 ff.).

163 BVerwG, Urt. v. 10.10.2012 – 9 A 20/11, NVwZ 2013, 645; Urt. v. 25.01.2012 – 9 A 6/10, UPR 2012, 304 (306 f.); Urt. v. 30.01.2008 – 9 A 27/06, NVwZ 2008, 678 (681); Urt. v. 10.04.1997 – 4 C 5/96, BVerwGE 104, 236 (251 ff.); Urt. v. 02.11.1992 – 4 B 205/92, DVBl 1993, 161 (163).

wenn die Fortführung ihres Planungsteilstücks zwangsweise zu einer Beeinträchtigung bestimmter Plannachbarn führt.[164] Entscheidungen, die einen bestimmten Abschnitt betreffen, können grundsätzlich nicht im Rahmen von Planfeststellungsverfahren zu anderen Abschnitten erfolgen.[165]

cc) **Abwägungsfehleinschätzung**

Ist das Abwägungsmaterial vollständig zusammengetragen, muss die PlfBeh die für und gegen das Vorhaben sprechenden Belange **gewichten.** Dabei hat die PlfBeh einen mit dem Grundsatz der planerischen Gestaltungsfreiheit eng verbundenen Bewertungsspielraum. Die Grenzen dieses Bewertungsspielraums sind erst überschritten, wenn die von der PlfBeh vorgenommene Bewertung zu dem objektiven Gewicht eines Belangs außer Verhältnis steht.[166] In diesem Fall liegt eine **Abwägungsfehleinschätzung** vor. Das Gewicht eines Belangs ist allerdings nicht schon dann objektiv verkannt, wenn man über die Bedeutung eines Belangs streiten kann. Vielmehr muss die behördliche Gewichtung eines Belangs entweder auf fehlerhaften Tatsachenannahmen beruhen oder einer spezialgesetzlichen Wertentscheidung bzw. einem allgemein anerkannten Rechtssatz widersprechen.[167] 49

Die Abwägungsfehleinschätzung eines einzelnen Belangs ist häufig die Folge eines **Tatsachenirrtums.** Ein solcher kann insbesondere damit zusammenhängen, dass die PlfBeh unrichtige Angaben eines Einwenders als **wahr unterstellt** oder dass sie ihre Entscheidungen auf **fehlerhafte Prognosen** stützt. 50

– *Wahrunterstellung*

Im PlfV ist eine **Wahrunterstellung** ebenso wie in anderen VwVf aus verwaltungsökonomischen Gründen grundsätzlich zulässig.[168] Sie ist mit dem Gebot gerechter Abwägung nur unvereinbar und daher **unzulässig**, wenn sie sich **nachteilhaft** zulasten eines Planbetroffenen oder öffentlicher Belange auswirkt.[169] Eine Wahrunterstellung hat ebenso zu unterbleiben, wenn sie den Vorhabenträger in erheblichem Umfang belastet 51

164 BVerwG, Urt. v. 10.10.2012 – 9 A 19/11, NVwZ 2013, 649 (650); Urt. v. 25.01.2012 – 9 A 6/10, UPR 2012, 304 (306 f.); Beschl. v. 21.01.1998 – 4 VR 3/97, NVwZ 1998, 616 (619 f.); Beschl. v. 02.11.1993 – 4 B 205/92, DVBl 1993, 161 (163); Urt. v. 26.06.1981 – 4 C 5/78, BVerwGE 62, 342 (353 f.).

165 BVerwG, Urt. v. 08.01.2014 – 9 A 4/13, BVerwGE 149, 31 (37 ff.).

166 BVerwG, Beschl. v. 11.08.2006 – 9 VR 5/06, NVwZ 2006, 1170 (1171); Beschl. v. 09.04.2003 – 9 A 37/02, NVwZ 2003, 1393; Beschl. v. 20.12.1988 – 7 NB 2/88, BVerwGE 81, 128 (136 f.); Urt. v. 07.07.1978 – IV C 79/76, BVerwGE 56, 110 (122); Urt. v. 14.02.1975 – IV C 21/74, BVerwGE 48, 56 (64).

167 BVerwG, Beschl. v. 11.08.2006 – 9 VR 5/06, NVwZ 2006, 1170 (1171); Beschl. v. 09.04.2003 – 9 A 37/02, NVwZ 2003, 1393; Urt. v. 05.12.1986 – 4 C 13/85, BVerwGE 75, 214 (253).

168 BVerwG, Urt. v. 14.07.2011 – 9 A 12/10, NuR 2011, 866 (881); Urt. v. 07.07.2004 – 9 A 21/03, NVwZ 2004, 1358 (1359); Urt. v. 23.01.1981 – 4 C 4/78, BVerwGE 61, 295 (304 f.).

169 BVerwG, Urt. v. 14.04.2010 – 9 A 5/08, BVerwGE 136, 291 (324); Urt. v. 07.07.2004 – 9 A 21/03, NVwZ 2004, 1358 (1359); Urt. v. 27.03.1980 – 4 C 34/79, DVBl 1980, 999 (1000).

und der Vorhabenträger damit nicht einverstanden ist. Schließlich kann die Wahrunterstellung auch nicht erfolgen, wenn eine **sachgerechte** Abwägungsentscheidung mithilfe der Wahrunterstellung nicht möglich ist, etwa weil die Sachverhaltsunterstellung die Gesamtkonzeption der Planung in einem wesentlichen Punkt betrifft oder weil eine gerechte Abwägung der divergierenden Belange nur bei näherer Kenntnis der Einzelheiten möglich ist.[170]

– Prognosefehler

52 Einen weiteren Sonderfall der Abwägungsfehleinschätzung bilden die **Prognosefehler.** Häufig können die für und gegen ein Planvorhaben sprechenden Belange nur aufgrund von Vorhersagen über künftige Entwicklungen beurteilt werden. Das Gebot der gerechten Abwägung verpflichtet die PlfBeh, ihre Entscheidung auf **wissenschaftlich vertretbare** Prognosen zu stützen. Dementsprechend ist die verwaltungsgerichtliche Kontrolle auf die Frage beschränkt, ob die von der PlfBeh aufgestellte Prognose in einer der jeweiligen Materie **angemessenen und methodisch einwandfreien Weise erarbeitet** worden und das Ergebnis vertretbar ist.[171] Hierbei sind die geltenden fachwissenschaftlichen Maßstäbe anzulegen.[172] Ist die Prognose methodisch einwandfrei erstellt worden, so liegt selbst dann kein Abwägungsfehler vor, wenn sich die Prognose nachträglich als unrichtig erweist.[173]

– Bewertungsirrtümer

53 Die Abwägungsfehleinschätzung eines einzelnen Belangs kann auch auf einen **Bewertungsirrtum** zurückgehen. Ein solcher Bewertungsirrtum liegt insbesondere vor, wenn die PlfBeh einen objektiv nicht schutzwürdigen Belang zu Unrecht in die Abwägung einstellt (sog. **Abwägungsüberschuss**).[174] Ferner liegt eine Abwägungsfehleinschätzung vor, wenn die PlfBeh etwa einen rechtlich von Art. 14 GG geschützten Belang – wie die Anwohnerzufahrt (Anliegergebrauch) – als ein rechtlich nicht geschütztes Interesse einstuft.[175]

---

170 BVerwG, Urt. v. 11.07.2001 – 11 C 14/00, NVwZ 2002, 350 (355 f.); Urt. v. 27.03.1980 – 4 C 34/79, DVBl 1980, 999 (1000).

171 BVerwG, Urt. v. 30.05.2012 – 9 A 35/10, NVwZ 2013, 147 (149); Urt. v. 09.07.2008 – 9 A 14/07, BVerwGE 131, 274 (295 ff.); Urt. v. 17.01.2007 – 9 A 20/05, BVerwGE 128, 1 (31); Urt. v. 11.07.2001 – 11 C 14/00, NVwZ 2002, 350 (355); Urt. v. 05.12.1986 – 4 C 13/85, BVerwGE 75, 214 (134); ferner BVerfG, Beschl. v. 20.01.1981 – 2 BvL 2/80, BVerfGE 56, 110 (121).

172 BVerwG, Urt. v. 09.07.2008 – 9 A 14/07, BVerwGE 131, 274 (295 ff.); Urt. v. 17.01.2007 – 9 A 20/05, BVerwGE 128, 1 (31); Urt. v. 29.01.1991 – 4 C 51/89, BVerwGE 87, 332 (355).

173 BVerwG, Urt. v. 07.07.1978 – IV C 79/76, BVerwGE 56, 110 (121).

174 Hierzu VGH Baden-Württemberg, Beschl. v. 08.12.1999 – 8 S 3017/98, VBlBW 2000, 279 ff.

175 BVerwG, Urt. v. 22.06.1979 – IV C 8/76, BVerwGE 58, 154 (162).

dd) Abwägungsdisproportionalität

Verkennt die PlfBeh das Gewicht eines Belangs **im Verhältnis zu den ihm entgegenstehenden Belangen**, dann ist eine Abwägungsdisproportionalität gegeben. In diesen Fällen wird der Ausgleich zwischen unterschiedlichen Belangen in einer Weise vorgenommen, die zur objektiven Gewichtigkeit einzelner Belange außer Verhältnis steht.[176] Die Disproportionalität kann vom Gericht nur festgestellt werden, wenn die PlfBeh spezielle **gesetzliche Bewertungsregeln** oder **allgemein anerkannte Rechtssätze** außer Acht lässt. Im Folgenden können nur einige zentrale Bewertungs- und Abwägungsgrundsätze dargestellt werden. 54

Eine Abwägungsdisproportionalität liegt zunächst dann vor, wenn der **Grundsatz der geringstmöglichen Einschränkung entgegenstehender Belange** missachtet wird. Danach dürfen der Planung entgegenstehende öffentliche oder private Belange nicht in stärkerem Maße eingeschränkt werden, als dies zur Verwirklichung des Planvorhabens erforderlich ist.[177] Aus diesem Grund ist etwa die **Überdimensionierung** eines Vorhabens verboten.[178] Ferner muss sich die PlfBeh bei gleicher Zwecktauglichkeit mehrerer Varianten für die Planungsalternative entscheiden, die die entgegenstehenden Belange am wenigsten beeinträchtigt.[179] 55

Der Grundsatz der geringstmöglichen Belastung hat eine besondere Ausprägung bei **Eingriffen in das Eigentum** von **Drittbetroffenen** erfahren. Werden für ein Vorhaben Grundstücke Dritter beansprucht, ist stets zu prüfen, ob der Flächenverbrauch zur Durchführung des Vorhabens erforderlich ist und zur objektiven Gewichtigkeit anderer öffentlicher und privater Belange in einem angemessenen Verhältnis steht.[180] Daher dürfen private Grundstücke Dritter nur dann mit enteignungsrechtlicher Vorwirkung überplant werden, wenn **gleich geeignete Grundstücke des Vorhabenträgers oder der öffentlichen Hand** nicht zur Verfügung stehen.[181] 56

Eine Abwägungsdisproportionalität ist auch dann gegeben, wenn die PlfBeh den **Grundsatz der konkreten Abwägung** missachtet. Die PlfBeh muss das Gewicht einander gegenüberstehender öffentlicher und/oder privater Belange grundsätzlich konkret und einzelfallbezogen bestimmen. Sie darf ihre Abwägungsentscheidung nicht darauf stützen, dass unabhängig von den Einzelheiten des Falles bestimmte Belange 57

176 BVerwG, Urt. v. 27.10.2000 – 4 A 18/99, BVerwGE 112, 140 (159); Urt. v. 22.03.1985 – 4 C 73/82, BVerwGE 71, 163 (171); Urt. v. 07.07.1978 – IV C 79/76, BVerwGE 56, 110 (123); Urt. v. 05.07.1974 – IV C 50/72, BVerwGE 45, 309 (326).

177 BVerwG, Urt. v. 22.03.1985 – 4 C 73/82, BVerwGE 71, 163 (171); Urt. v. 07.07.1978 – IV C 79/76, BVerwGE 56, 110 (123); *Schlarmann*, DVBl 1992, 871 (874).

178 BVerwG, Urt. v. 05.12.1986 – 4 C 13/85, BVerwGE 75, 214 (238); Urt. v. 30.05.1984 – 4 C 58/81, BVerwGE 69, 256 (271 f.).

179 BVerwG, Urt. v. 24.11.2010 – 9 A 13/09, BVerwGE 138, 226 (238 f.); Beschl. v. 09.04.2003 – 9 A 37/02, NVwZ 2003, 1393; Beschl. v. 26.02.1992 – 4 B 1/92 u. a., NVwZ 1993, 572 (574); Urt. v. 22.03.1985 – 4 C 15/83, BVerwGE 71, 166 (171).

180 BVerwG, Beschl. v. 20.12.1988 – 4 B 211/88, UPR 1989, 273 (274).

181 BVerwG, Urt. v. 20.08.1982 – 4 C 81/79, BVerwGE 66, 133 (137); Urt. v. 01.11.1974 – IV C 38/71, BVerwGE 47, 144 (147 f.).

generell den Vorzug verdienen. Daher liegt eine Abwägungsdisproportionalität vor, wenn die PlfBeh vom generellen Übergewicht öffentlicher Belange gegenüber privaten Interessen ausgeht.[182] Der Grundsatz der konkreten Abwägung ist auch verletzt, wenn die PlfBeh die Zumutbarkeit von Lärmbeeinträchtigungen aufgrund pauschaler Lärmwerte bemisst, ohne die besondere Lärmempfindlichkeit bestimmter Gebiete (reine Wohngebiete, Kurgebiete etc.) zu berücksichtigen.[183] Dagegen sind besondere Empfindlichkeiten, gesundheitliche Indispositionen oder sonstige persönliche Eigenheiten von Einzelpersonen unbeachtlich, da die Zumutbarkeit insoweit anhand eines typisierenden und generalisierenden Maßstabs zu ermitteln ist und nicht auf die derzeitige Nachbarschaft abgestellt werden kann.[184]

58 Eine spezielle Ausprägung des Gebots der konkreten Abwägung findet sich ferner in dem Grundsatz, dass die PlfBeh bei der Abwägung tatsächliche oder plangegebene **Vorbelastungen** berücksichtigen muss.[185] Umweltschädigende Auswirkungen eines Vorhabens fallen dann weniger ins Gewicht, wenn die Umwelt bereits aufgrund anderer Emittenten tatsächlich vorbelastet ist.[186]

IV. Der Planfeststellungsbeschluss (Abs. 1)

1. Rechtsnatur

59 Das Planfeststellungsverfahren endet regelmäßig mit einem **PlfB.** Der PlfB ist seiner Rechtsnatur nach ein **gestaltender VA.**[187] Er regelt umfassend die öffentlich-rechtliche Zulässigkeit des Vorhabens (Genehmigungswirkung, vgl. § 75 Abs. 1 Satz 1, Halbs. 1; dazu § 75 Rdn. 2 f.) und ersetzt alle ansonsten erforderlichen öffentlich-rechtlichen Entscheidungen (Konzentrationswirkung, § 75 Abs. 1 Satz 1, Halbs. 2; dazu § 75 Rdn. 4 ff.). Hierdurch gestaltet er die öffentlich-rechtlichen Verhältnisse zwischen Vorhabenträger, Trägern öffentlicher Verwaltung und Betroffenen um (§ 75 Abs. 1 Satz 2) und schließt Unterlassungs- und Beseitigungsansprüche Dritter aus (Duldungswirkung; dazu § 75 Rdn. 8 ff.). Diese vielfältigen Wirkungen des PlfB lassen sich wie folgt zusammenfassen: Der PlfB trägt insofern **personale Züge**, als er dem

182 BVerwG, Urt. v. 21.03.1996 – 4 C 19/94, BVerwGE 100, 370 (376); Urt. v. 22.03.1985 – 4 C 73/82, BVerwGE 71, 163 (170 f.); Urt. v. 20.08.1982 – 4 C 81/79, BVerwGE 66, 133 (137); Urt. v. 14.02.1975 – IV C 21/74, BVerwGE 48, 56 (67 f.); Urt. v. 01.11.1974 – IV C 38.71, BVerwGE 47, 144 (147 f.).

183 BVerwG, Urt. v. 07.07.1978 – IV C 79/76, BVerwGE 56, 110 (131); Urt. v. 21.05.1976 – IV C 80/74, BVerwGE 51, 15 (30 f.).

184 BVerwG, Urt. v. 16.03.2006 – 4 A 1075/04, BVerwGE 125, 116 (229); Urt. v. 29.01.1991 – 4 C 51/89, BVerwGE 87, 332 (386).

185 BVerwG, Urt. v. 30.05.2012 – 9 A 35/10, NVwZ 2013, 147 (151 f.); Urt. v. 01.09.1999 – 11 A 2/98, NVwZ 2000, 68 (69 f.); Urt. v. 22.03.1985 – 4 C 63/80, BVerwGE 71, 150 (158 f.).

186 BVerwG, Urt. v. 21.09.2006 – 4 C 4/05, BVerwGE 126, 340 (346 f.); Urt. v. 28.10.1998 – 11 A 3/98, BVerwGE 107, 350 (356 f.).

187 BVerwG, Urt. v. 03.06.1971 – IV C 64.70, BVerwGE 38, 152 (156); Urt. v. 10.04.1968 – IV C 227/65, BVerwGE 29, 282 (283); Knack/Henneke/*Schink*, § 74 Rn. 12; Bader/Ronellenfitsch/*Kämper*, § 74 Rn. 4; *Ziekow*, § 74 Rn. 10.

Vorhabenträger die Durchführung seines Vorhabens gestattet und den Planbetroffenen dessen Duldung aufgibt. Er hat gleichzeitig auch **dingliche Wirkungen**, da er über Standort und Betrieb des Vorhabens mit Wirkung gegenüber der Allgemeinheit entscheidet.[188]

2. Bestimmtheit

Für die im PlfB und seinen Bestimmungen getroffenen Anordnungen gilt nach § 37 das **Bestimmtheitsgebot** (dazu näher § 37 Rdn. 2 ff.). Die Anforderungen an die Bestimmtheit des PlfB bemessen sich nach seiner **Funktion**, unter Einbeziehung aller anderen notwendigen behördlichen Entscheidungen eine einheitliche, umfassende und abschließende Entscheidung über die Zulässigkeit des Vorhabens zu treffen.[189] Der behördliche Wille muss unzweideutig erkennbar und darf keiner unterschiedlichen subjektiven Bewertung zugänglich sein.[190] Ob dies der Fall ist, muss stets im Einzelfall geprüft werden.[191] So wird bspw. die Bestimmtheit des PlfB nicht dadurch in Frage gestellt, dass nicht zu allen baulichen Anlagen **detaillierte Bauausführungspläne** vorliegen. Diese sind nur dann erforderlich, wenn ohne sie eine abschließende Beurteilung der planerischen Konfliktbewältigung nicht möglich ist (z.B. die Beurteilung der Wasserdichte einer Abfalldeponie).[192] Auflagen müssen im verfügenden Teil angeordnet werden.[193] Bezugnahmen auf die vorgelegten Planunterlagen, Verzeichnisse und sonstige Aktenbestandteile sind in der Praxis erforderlich und üblich und stellen die Bestimmtheit des PlfB ebenfalls nicht in Frage.[194] Entbehrt der PlfB gleichwohl der erforderlichen Bestimmtheit, kann dies zur Nichtigkeit nach § 44 Abs. 1 führen.[195] Ansonsten können Bestimmtheitsmängel i.d.R. durch Planergänzung geheilt werden (vgl. § 75 Rdn. 12 ff.). 60

3. Form

Für die **Form des PlfB** verweist Abs. 1 Satz 2 auf § 69. Der PlfB ist nach § 69 Abs. 2 Satz 1 **schriftlich zu erlassen** und **schriftlich zu begründen.** Das Schriftformerfordernis verlangt, dass der Leiter der PlfBeh oder ein zeichnungsberechtigter Vertreter das Original des PlfB unterschreibt (§ 37 Abs. 3). Ferner kann der **PlfB** auch in 61

188 Eingehend zu alternativen Kategorisierungen Knack/Henneke/*Schink*, § 74 Rn. 13.

189 BVerwG, Beschl. v. 26.11.1991 – 7 C 16/89, NVwZ 1992, 787 (788).

190 BVerwG, Beschl. v. 13.10.2010 – 7 B 50/10, juris Rn. 8; Urt. v. 20.04.2005 – 4 C 18/03, BVerwGE 123, 261 (283).

191 BVerwG, Beschl. v. 13.10.2010 – 7 B 50/10, juris Rn. 8; Urt. v. 11.03.1988 – 4 C 56/84, NVwZ 1989, 659 (für Bebauungspläne).

192 BVerwG, Beschl. v. 26.11.1991 – 7 C 16/89, NVwZ 1992, 787 (788); dazu eingehend *Fellenberg/Schiller* in Jarass/Petersen, KrWG, 2013, § 35 Rn. 87 ff.

193 OVG Rheinland-Pfalz, Urt. v. 10.10.2018 – 8 C 11694/17, DVBl 2019, 324 (328 f.).

194 Stelkens/Bonk/Sachs/*Neumann/Külpmann*, § 74 Rn. 154; Knack/Henneke/*Schink*, § 74 Rn. 42; Mann/Sennekamp/Uechtritz/*Lieber*, § 74 Rn. 80.

195 VGH Hessen, Urt. v. 23.11.1988 – 5 UE 1040/84, NVwZ 1989, 484 (490); Beschl. v. 28.08.1986 – 5 TH 3071/84, NVwZ 1987, 987 (990).

elektronischer Form ergehen. Dann bedarf er gem. § 69 Abs. 2 Satz 2 einer dauerhaft überprüfbaren qualifizierten Signatur.

62 Das **Begründungsgebot** des Abs. 1 Satz 2 i.V.m. § 69 Abs. 2 Satz 1 dient der Information der Betroffenen und der Ermöglichung eines wirksamen Rechtsschutzes.[196] Daher muss die PlfBeh in der Begründung nach § 39 Abs. 1 Satz 2 die wesentlichen tatsächlichen und rechtlichen Gründe mitteilen, die sie im Rahmen ihrer planerischen Gestaltungsfreiheit zu ihrer Entscheidung bewogen haben.[197] Insbesondere muss die Zurückweisung sich anbietender oder aufdrängender Planungsvarianten sowie erhobener Einwendungen abwägend dargelegt werden.[198] Gleiches gilt für die Begründung von Schutzauflagen und Ausgleichszahlungen nach Abs. 2.[199]

63 Die **Form der Begründung** überlässt § 69 Abs. 2 Satz 1 weitgehend der PlfBeh. Zwingend ist nur die schriftliche Darstellung, selbst wenn die Begründung allen Beteiligten bekannt ist. § 39 Abs. 2 Nr. 2 gilt nach Abs. 1 Satz 2 i.V.m. § 69 Abs. 2 Satz 1 nicht. Die PlfBeh kann aber auf Anlagen, auf vorangegangene Mitteilungsschreiben, auf ausgelegte Planunterlagen und auf den sonstigen Akteninhalt Bezug nehmen.[200] Darüber hinaus dürfen bei der Begründung des PlfB die Privat-, Betriebs- und Geschäftsgeheimnisse der Beteiligten (vgl. § 30 Rdn. 14 ff.) nicht unbefugt offenbart werden, weswegen es regelmäßig geboten ist, die Namen der betroffenen Grundeigentümer nicht offenzulegen, sondern sie nur mit einer Kennziffer zu bezeichnen (§ 72 Rdn. 25).

64 Dass die Begründungspflicht nach Abs. 1 Satz 2 i.V.m. § 69 Abs. 1 Satz 2, Halbs. 2 ausnahmsweise entfällt, ist eher selten.[201] Eine **Ausnahme vom Begründungszwang** nach § 39 Abs. 2 Nr. 3 (Erlass gleichartiger VA in größerer Zahl) scheidet schon aus der Natur der Sache aus; der Ausnahmefall des § 39 Abs. 2 Nr. 1 (die Behörde entspricht einem Antrag bzw. folgt einer Erklärung und der VA greift nicht in Rechte eines anderen ein) wird bei einem PlfB ebenfalls regelmäßig nicht vorliegen. Allenfalls für Teilbereiche (z.B. bei Zusagen des Vorhabenträgers) bedarf es keiner eingehenden Begründung.

65 Fehlt die Begründung oder entspricht sie nicht den Anforderungen des Abs. 1 Satz 2 i.V.m. § 69 Abs. 2 Satz 1, Halbs. 1, kann sie nach § 45 Abs. 1 Nr. 1 i.V.m. § 45 Abs. 2 bis zum Ende des verwaltungsgerichtlichen Verfahrens nachgeholt werden.[202] Ein

196 BVerwG, Urt. v. 05.12.1986 – 4 C 13/85, BVerwGE 75, 214 (239).

197 BVerwG, Urt. v. 08.06.1995 – 4 C 4/94, BVerwGE 98, 339 (354); Urt. v. 05.12.1986 – 4 C 13/85, BVerwGE 75, 214 (239).

198 BVerwG, Urt. v. 05.12.1986 – 4 C 13/85, BVerwGE 75, 214 (239); Bader/Ronellenfitsch/*Kämper*, § 74 Rn. 10.

199 *Ziekow*, § 74 Rn. 8.

200 OVG Bremen, Beschl. v. 30.10.1986 – 1 T 4/86, UPR 1987, 158.

201 *Kügel*, Der Planfeststellungsbeschluss und seine Anfechtbarkeit, S. 92; *Meyer/Borgs*, § 74 Rn. 34; Mann/Sennekamp/Uechtritz/*Lieber*, § 74 Rn. 87.

202 BVerwG, Urt. v. 03.05.2011 – 7 A 9/09, NVwZ 2012, 47 (50); Bader/Ronellenfitsch/*Kämper*, § 74 Rn. 10.

Begründungsmangel kann von indizieller Bedeutung für das Fehlen einer sachgerechten Abwägung im Rahmen der Planfeststellung sein.[203]

4. Anfechtbarkeit

Abs. 1 Satz 2 verweist für die **Anfechtung des PlfB** auf § 70. Nach dieser Vorschrift bedarf es vor Erhebung einer verwaltungsgerichtlichen Klage keiner Nachprüfung in einem Vorverfahren. Die Durchführung eines Widerspruchsverfahrens ist nicht nur dann entbehrlich, wenn der PlfB insgesamt angegriffen wird. Vielmehr bedarf es auch dann keines Vorverfahrens, wenn lediglich eine Nebenbestimmung angefochten oder wenn Klage auf Ergänzung des PlfB erhoben wird (zum Rechtsschutz Rdn. 185 ff.). 66

V. Inhalt des Planfeststellungsbeschlusses (Abs. 2)

Abs. 2 befasst sich mit dem **notwendigen Mindestinhalt** des PlfB. Satz 1 regelt, dass der PlfB über alle nicht erledigten **Einwendungen** entscheiden muss. Sätze 2 und 3 bestimmen, dass die PlfBeh bei Vorliegen der darin genannten Voraussetzungen zugunsten von Planbetroffenen **Schutzauflagen** und **Geldausgleichszahlungen** anzuordnen hat. Der **Zweck** dieser den Inhalt des PlfB regelnden Formvorschrift ist es, die PlfBeh zu einer umfassenden Problembefassung anzuhalten und ihr die erforderlichen Instrumente für eine sachgerechte Problembewältigung an die Hand zu geben. Zugleich soll durch die umfassende Bescheidung der Einwendungen das rechtsstaatlich gebotene Gehör im VwVf gewahrt werden. Abs. 2 dient damit der **Optimierung der Planungsentscheidung.** 67

1. Umfang der Bescheidungspflicht (Satz 1)

Nach Satz 1 muss die PlfBeh grundsätzlich über alle Einwendungen entscheiden, über die im Anhörungsverfahren keine Einigung erzielt worden ist. **Tatbestandsvoraussetzungen** sind somit die **Einwendungserhebung** und die **mangelnde Einigung** im Anhörungsverfahren. Als ungeschriebene Tatbestandsvoraussetzung kommt das Fortbestehen des **Bescheidungsinteresses** hinzu. Die Verbescheidung muss nicht im Tenor des Planfeststellungsbeschlusses erfolgen.[204] 68

a) Einwendung i.S.v. § 73 Abs. 4

Eine Bescheidungspflicht besteht grundsätzlich bei allen **im Anhörungsverfahren erhobenen Einwendungen.** Es muss sich nach Inhalt und Form um eine Einwendung handeln, die im Verfahren der Öffentlichkeitsbeteiligung nach § 73 Abs. 4 bis 8 vorgetragen worden ist (§ 73 Rdn. 85 ff.). Eine Bescheidungspflicht nach § 74 Abs. 2 besteht daher nicht bei anonymen Schreiben, bei reinen Protestbriefen, bei Gegenvorbringen einer Gemeinde im Rahmen der Behördenanhörung, bei 69

203 BVerwG, Beschl. v. 26.06.1992 – 4 B 1/92 u.a., NVwZ 1993, 572.
204 Ebenso Mann/Sennekamp/Uechtritz/*Lieber*, § 74 Rn. 110; a.A. Kopp/*Ramsauer*/*Wysk*, § 74 Rn. 138.

Dienstaufsichtsbeschwerden oder Petitionen. Hält die PlfB die Einwendung nach § 73 Abs. 4 Satz 3 für präkludiert, so beschränkt sich die Bescheidungspflicht der PlfBeh darauf, im PlfB die Gründe hierfür darzulegen.[205] Sie ist daran gehindert, die Einwendung durch stillschweigende Berücksichtigung oder durch unzutreffende Gewährung einer Wiedereinsetzung in die Planentscheidung einzubeziehen.[206]

b) Keine Einigung

70 Die Bescheidungspflicht besteht ferner nur, wenn über die Einwendungen **keine Einigung** erzielt worden ist. Nach Satz 1 muss die Einigung im Rahmen einer Erörterung vor der Anhörungsbehörde stattgefunden haben. Eine solche Einigung liegt vor, wenn der Einwender und der Vorhabenträger im Erörterungstermin oder bei einer sonstigen mündlichen Besprechung vor der Anhörungsbehörde stillschweigend oder ausdrücklich eine Verständigung über den Wegfall der Einwendung erzielt haben. Ob der Einwender seine Einwendung ohne Gegenleistung aufgegeben oder mit dem Vorhabenträger eine bestimmte Planänderung, Schutzauflage oder Geldzahlung vereinbart hat, ist für den Wegfall der Bescheidungspflicht ohne Relevanz.[207]

c) Bescheidungsinteresse des Einwenders

71 Über eine Einwendung ist ferner dann nicht zu entscheiden, wenn das **Bescheidungsinteresse** des Einwenders nachträglich entfällt. Stirbt bspw. der Einwender und hat er höchstpersönliche Rechte (Gesundheit etc.) geltend gemacht, dann entfällt sein Bescheidungsinteresse. Ebenso kann eine außerhalb des behördlichen Verfahrens erzielte Einigung zwischen Einwender und Vorhabenträger zum Wegfall des Bescheidungsinteresses führen. Schließlich kann das Bescheidungsinteresse wegfallen, wenn die Einwendung durch eine Planänderung des Vorhabenträgers ausgeräumt wird.[208]

2. Schutzauflagen (Satz 2)

72 Hat ein Vorhaben nachteilige Auswirkungen auf öffentliche Belange oder auf Rechte Dritter, dann hat die PlfBeh nach Abs. 2 Satz 2 die zum Schutz dieser Rechtsgüter erforderlichen Maßnahmen – sog. **Schutzauflagen** – anzuordnen. In einer Schutzauflage kann die PlfBeh dem Vorhabenträger die zur Vermeidung der nachteiligen Auswirkungen erforderlichen Vorkehrungen oder die Errichtung und Unterhaltung von Anlagen aufgeben.

73 Die Schutzauflage nach Abs. 2 Satz 2 dient der Bewältigung der von einem Vorhaben ausgelösten Konflikte. Sie kann als **Ausfluss des rechtsstaatlichen Abwägungsgebots** angesehen werden, weil sie zugunsten Betroffener einen Ausgleich für **unzumutbare**

---

205 Stelkens/Bonk/Sachs/*Neumann*, § 74 Rn. 163; Kopp/Ramsauer/*Wysk*, § 74 Rn. 92.
206 BVerwG, Urt. v. 17.07.1980 – 7 C 101/78, BVerwGE 60, 297 (314 f.).
207 Kopp/Ramsauer/*Wysk*, § 74 Rn. 91.
208 Zur Erledigung von Einwendungen eingehend Mann/Sennekamp/Uechtritz/*Lieber*, § 74 Rn. 117 ff.

Auswirkungen des Vorhabens schafft.[209] Regelungen zu Schutzauflagen finden sich auch in einigen (gegenüber dem VwVfG vorrangigen) Fachplanungsgesetzen (z.B. § 14b Nr. 6 WaStrG).[210] Darüber hinaus enthalten die §§ 41 f. BImSchG für Lärmfragen im Verkehrswegebau eine vorrangige Spezialregelung.[211] Entsprechendes gilt für die §§ 9 ff. FlugLärmG im Flughafenbau.[212]

a) Rechtsnatur

Werden in einem PlfB Schutzmaßnahmen angeordnet, stellt dies regelmäßig eine den Vorhabenträger belastende **Auflage im Sinne von § 36 Abs. 2 Nr. 4** dar.[213] Daher können Schutzmaßnahmen zumeist isoliert angefochten oder im Wege der Verpflichtungsklage erstrebt werden.[214] Die Rechtsnatur der Schutzauflage ist aber nicht in allen Fällen gleich.[215] In manchen Fällen stellt die angeordnete Schutzmaßnahme eine die Gesamtkonzeption der Planung berührende inhaltliche Einschränkung dar, sodass eine sog. **modifizierende Auflage** vorliegt. Sie kann nicht isoliert, sondern nur zusammen mit dem PlfB angegriffen werden, wenn ohne die Schutzauflage die Ausgewogenheit der Gesamtplanung infrage gestellt würde.[216] 74

b) Tatbestandsvoraussetzungen

Schutzauflagen müssen nach Satz 2 angeordnet werden, wenn dies zum **Wohl der Allgemeinheit** oder zur **Vermeidung nachteiliger Wirkungen auf Rechte anderer erforderlich** ist. Das Planvorhaben muss daher erstens die von Satz 2 genannten Schutzgüter – das Allgemeinwohl oder die Rechte anderer – berühren. Zweitens müssen nachteilige Auswirkungen auf diese Schutzgüter vorliegen. Diese Beeinträchtigungen müssen drittens derart gewichtig sein, dass sie Schutzmaßnahmen erforderlich machen. Viertens dürfen die Schutzmaßnahmen – wie sich aus Satz 3 ergibt – nicht aus technischen oder wirtschaftlichen Gründen untunlich oder mit dem Vorhaben unvereinbar sein (dazu Rdn. 93 ff.). 75

---

209 BVerwG, Urt. v. 09.03.1990 – 7 C 21/89, BVerwGE 85, 44 (49); *Jarass*, DÖV 2004, 633 (634 f.); *Kügel*, Der Planfeststellungsbeschluss und seine Anfechtbarkeit, S. 162.

210 Stelkens/Bonk/Sachs/*Neumann/Külpmann*, § 74 Rn. 166.

211 BVerwG, Urt. v. 17.11.2016 – 3 C 5/15, juris Rn. 19; Urt. v. 15.12.2011 – 7 A 11/10, NVwZ 2012, 1120 (1122); Urt. v. 17.11.1999 – 11 A 4.98, BVerwGE 110, 81 (88); Urt. v. 09.02.1995 – 4 C 26/93, BVerwGE 97, 367 (370 f.); eingehend Mann/Sennekamp/Uechtritz/*Lieber*, § 74 Rn. 141.

212 BVerwG, Urt. v. 04.04.2012 – 4 C 8/09, BVerwGE 142, 234 (285 ff.).

213 Stelkens/Bonk/Sachs/*Neumann/Külpmann*, § 74 Rn. 168; Knack/Henneke/*Schink*, § 74 Rn. 23.

214 BVerwG, Beschl. v. 17.01.2013 – 7 B 18/12, juris Rn. 27; Urt. v. 22.11.2000 – 11 C 2/00, NVwZ 2001, 429; Urt. v. 17.11.1972 – IV C 21/69, BVerwGE 41, 178 (181).

215 Stelkens/Bonk/Sachs/*Neumann/Külpmann*, § 74 Rn. 168; Mann/Sennekamp/Uechtritz/*Lieber*, § 74 Rn. 146.

216 BVerwG, Urt. v. 22.11.2000 – 11 C 2/00, NVwZ 2001, 429; Urt. v. 19.01.1989 – 7 C 31/87, BVerwGE 81, 185 (186); Urt. v. 07.07.1978 – IV C 79/76, BVerwGE 56, 110 (133).

aa) Wohl der Allgemeinheit

76 Der Begriff des **Wohls der Allgemeinheit** ist weit zu verstehen. Unter ihn fallen alle **öffentlichen Belange**, die von dem Vorhaben in Mitleidenschaft gezogen werden können. Beim Straßenbau sind dies bspw. der Wasserhaushalt (Bau von Entwässerungssystemen, von Schutzvorkehrungen für Gewässer etc.) oder der Naturschutz (Ausweisung von Ausgleichsflächen, Bau von Wildschutzzäunen etc.).[217]

bb) Rechte anderer

77 Schutzgut sind des Weiteren die Rechte anderer. Darunter fallen **alle subjektiven öffentlichen oder privaten Rechte Dritter.**[218] Nicht geschützt sind hingegen rein soziale, ideelle oder sonstige rechtlich nicht geschützte Belange (hierzu § 73 Rdn. 94).[219] Erfasst werden insbesondere das Recht auf Leben und Gesundheit (Art. 2 Abs. 2 GG) und das Eigentumsrecht (Art. 14 Abs. 1 GG). Vom Bestandsschutz des Grundeigentums werden alle Nutzungen erfasst, die zum Zeitpunkt der Planfeststellung legalerweise ausgeübt werden. Geschützt sind darüber hinaus aber auch geplante zukünftige Nutzungen, die sich nach Lage und Beschaffenheit des Grundstücks bei vernünftiger und wirtschaftlicher Betrachtungsweise anbieten und die nach dem Willen des Grundeigentümers in absehbarer Zeit verwirklicht werden sollen.[220] Rechte anderer sind nicht nur die Rechte von Privatpersonen, sondern auch die Rechte von **öffentlich-rechtlichen Körperschaften**, z.B. das Grundeigentum von Gemeinden.[221]

cc) Nachteilige Auswirkungen

78 Das Planvorhaben muss nachteilige Auswirkungen auf die genannten Schutzgüter haben. Dies kann auch allein durch die Bauarbeiten der Fall sein, sofern dies nicht der technischen Bauausführung überlassen bleiben kann.[222] Der Begriff des Nachteils ist **weit zu verstehen.**[223] Eine nachteilige Auswirkung auf das Allgemeinwohl ist anzunehmen, wenn die gesetzlich geschützten Gemeinschaftsgüter (Naturhaushalt, Wasserhaushalt etc.) gefährdet oder beeinträchtigt werden. Eine nachteilige Wirkung auf Rechte anderer liegt vor, wenn die Rechtsausübung oder der Rechtsgenuss beeinträchtigt oder unmöglich gemacht wird. Notwendig ist stets eine **mittelbare Auswirkung** auf die Rechtsposition. Nicht erfasst wird der unmittelbare Zugriff auf ein Grundstück für das Planvorhaben. Soll der PlfB für bestimmte Grundstücke

---

217 Vgl. Bader/Ronellenfitsch/*Kämper*, § 74 Rn. 101; *Steinberg/Wickel/Müller*, § 4 Rn. 14.

218 Stelkens/Bonk/Sachs/*Neumann/Külpmann*, § 74 Rn. 171.

219 Mann/Sennekamp/Uechtritz/*Lieber*, § 74 Rn. 178.

220 BVerwG, Urt. v. 09.03.1979 – IV C 41/75, BVerwGE 57, 297 (305); eingehend zur Reichweite des Eigentumsschutzes Mann/Sennekamp/Uechtritz/*Lieber*, § 74 Rn. 170 ff.

221 BVerwG, Urt. v. 29.01.1991 – 4 C 51/89, BVerwGE 87, 332 (391 f.); Urt. v. 30.05.1984 – 4 C 58/81, BVerwGE 69, 256 (261).

222 BVerwG, Urt. v. 10.07.2012 – 7 A 11/11, BVerwGE 143, 249 (254); OVG Rheinland-Pfalz, Urt. v. 10.10.2018 – 8 C 11694/17, DVBl 2019, 324 (327).

223 Kopp/Ramsauer/*Wysk*, § 74 Rn. 107.

enteignungsrechtliche Vorwirkungen entfalten, erfolgt der Interessenausgleich allein im nachfolgenden Enteignungs- und Entschädigungsverfahren.[224]

dd) Kausalität

Die nachteiligen Auswirkungen müssen in ursächlichem Zusammenhang mit der Errichtung, der Beschaffenheit oder dem Betrieb der geplanten Anlage stehen.[225] Zwischen dem Planvorhaben und der Schutzgutbeeinträchtigung muss ein **Ursachenzusammenhang i.S.d. Adäquanztheorie** vorliegen.[226] Es muss sich um eine typische Folgewirkung des Vorhabens handeln, die nicht ganz überwiegend durch andere Umstände bedingt ist und die nicht außerhalb aller Erfahrung liegt. Hierfür müssen die nachteiligen Auswirkungen – wie etwa Immissionen – nicht vom Planvorhaben selbst ausgehen. Vielmehr liegen typische Folgewirkungen auch vor, wenn das Planvorhaben Naturvorgänge (z.B. Wasser-, Wind- oder Energieströme) oder von anderen Vorhaben verursachte Auswirkungen (insb. Immissionen) beeinflusst oder umlenkt.[227] Fraglich kann in solchen Fällen einer **doppelten Ursachenverantwortlichkeit** nur sein, ob die Auswirkungen überwiegend von dritter Seite zu verantworten sind. Regelmäßig beeinflusst die Mitverantwortung Dritter die Schutzpflicht des Vorhabenträgers nicht. Aus diesem Grund kann etwa bei Straßenbauvorhaben der Bau von Weide- und Wildfangzäunen als Schutzmaßnahmen erforderlich sein.[228] Für Auswirkungen des Vorhabens, die sich im Zeitpunkt der Planfeststellung nicht als konkrete Möglichkeit abzeichnen, muss die PlfBeh im Rahmen des PlfB keine Vorsorge tragen.[229] In diesen Fällen kommt vielmehr die nachträgliche Anordnung von Schutzauflagen gem. § 75 Abs. 2 Satz 2 in Betracht (dazu § 75 Rdn. 25 ff.).[230] 79

ee) Erforderlichkeit

Die nachteiligen Auswirkungen müssen von solchem Gewicht sein, dass sie Schutzmaßnahmen **erforderlich** machen. Die Erforderlichkeit liegt erst dann vor, wenn dem Betroffenen die Beeinträchtigung seiner privaten Belange auch unter Würdigung der besonderen Bedeutung der für das Vorhaben sprechenden öffentlichen Belange billigerweise nicht **zugemutet** werden kann.[231] Dies bedarf einer Abwägungsentscheidung. 80

---

224 BVerwG, Urt. v. 09.03.1990 – 7 C 21/89, BVerwGE 85, 44 (49); Kopp/Ramsauer/*Wysk*, § 74 Rn. 107.

225 Stelkens/Bonk/Sachs/*Neumann*, § 74 Rn. 166.

226 BVerwG, Urt. v. 15.04.1977 – IV C 3/74, BVerwGE 52, 226 (236).

227 BVerwG, Urt. v. 09.02.1995 – 4 C 26/93, BVerwGE 97, 367 (372 f.) (Schallreflektion).

228 BVerwG, Beschl. v. 16.05.1989 – 4 B 90/89, NJW 1989, 2830 (2830 f.); Urt. v. 22.03.1985 – 4 C 15/83, BVerwGE 71, 166 (173 ff.); anders noch BVerwG, Urt. v. 15.04.1977 – IV C 3.74, BVerwGE 52, 226 (236 f.).

229 BVerwG, Urt. v. 22.11.2000 – 11 C 2/00, NVwZ 2001, 429 (430); Urt. v. 14.05.1992 – 4 C 9/89, NVwZ 1993, 477 (480).

230 BVerwG, Urt. v. 22.11.2000 – 11 C 2/00, NVwZ 2001, 429 (430).

231 BVerwG, Urt. v. 03.05.2011 – 7 A 9/09, NVwZ 2012, 47 (49); Urt. v. 01.09.1999 – 11 A 2/98, NVwZ 2000, 68 (69); Urt. v. 09.02.1995 – 4 C 26/93, BVerwGE 97, 367 (373); Urt. v. 22.06.1979 – IV C 8/76, BVerwGE 58, 154 (161); Urt. v. 21.05.1976 – IV C 80/74, BVerwGE 51, 15 (29); eingehend zur Zumutbarkeitsschwelle Mann/Sennekamp/Uechtritz/*Lieber*, § 74 Rn. 179 ff.

81 Was dem Einzelnen nicht mehr ohne Ausgleich zugemutet werden kann, wird primär mithilfe **normativer Grenzwertbestimmungen** festgelegt.[232] Geht es bspw. um Fragen des Schallschutzes im Verkehrswegebau, können aktive oder passive Lärmschutzmaßnahmen erst gefordert werden, wenn die nach den §§ 41 ff. BImSchG i.V.m. § 2 der 16. BImSchV maßgeblichen Grenzwerte überschritten werden. Dafür gilt das in dieser Verordnung vorgesehene Berechnungsverfahren.[233] Bei gewerblichen Anlagen (z.B. Stromleitungen oder Abfalldeponien) findet die TA Lärm Anwendung.

82 Fehlen ausdrückliche gesetzliche Bestimmungen, wird die Zumutbarkeitsgrenze sekundär anhand einer **einzelfallbezogenen Billigkeitsprüfung** bestimmt.[234] Nachteilige Auswirkungen sind nicht erst dann im Sinne von Abs. 2 Satz 2 unzumutbar, wenn die Beeinträchtigung derart schwer und unerträglich ist, dass der Eingriff enteignende Wirkungen hat.[235] Vielmehr wird eine billigerweise nicht mehr zumutbare Einwirkung im Regelfall dann angenommen, wenn sie **allgemeinen gesetzlichen Zumutbarkeitsregelungen** – wie § 8a Abs. 4 FStrG für den Bereich der Grundstückszufahrten[236] oder §§ 906 BGB, 3 Abs. 1 BImSchG für den Bereich der Immissionen[237] – widerspricht. Zur näheren Bestimmung dieser Zumutbarkeitsgrenze können ergänzend für vergleichbare Situationen geschaffene normative Grenzwerte oder in Verwaltungsvorschriften bzw. privaten Regelwerken (z.B. DIN-Normen) anerkannte Zumutbarkeitswerte herangezogen werden. Bei der Planfeststellung im Straßen- und Schienenbau kann bspw. die Zumutbarkeit von Erschütterungen anhand der DIN-Vorschrift 4150 beurteilt werden.[238] In die Billigkeitsprüfung sind ferner tatsächliche oder plangegebene **Vorbelastungen** einzubeziehen. Sie mindern im Einzelfall die Schutzwürdigkeit der hiervon betroffenen Plannachbarn (Rdn. 58).[239]

83 Wann nachteilige Wirkungen auf **Gemeinwohlbelange** so gewichtig sind, dass sie zwingend einen Ausgleich erforderlich machen, kann gleichfalls nicht generalisierend bestimmt werden. Zumeist bestimmen schon die Fachgesetze die Erforderlichkeit, in dem sie zwingende Ausgleichsmaßnahmen vorsehen. Dies gilt etwa für den in der

---

232 Vgl. BVerwG, Urt. v. 10.07.2012 – 7 A 11/11, BVerwGE 143, 249 (259 f.); Urt. v. 01.09.1999 – 11 A 2/98, NVwZ 2000, 68 (69); *Steinberg/Wickel/Müller,* § 4 Rn. 25.

233 BVerwG, Urt. v. 09.02.1995 – 4 C 26/93, BVerwGE 97, 367 (370 ff.); vgl. ferner BVerwG, Urt. v. 10.07.2012 – 7 A 11/11, BVerwGE 143, 249 (255) (für Baulärm).

234 BVerwG, Urt. v. 21.09.2006 – 4 C 4/05, BVerwGE 126, 340 (344 ff.); Urt. v. 01.09.1999 – 11 A 2/98, NVwZ 2000, 68 (69); Urt. v. 09.02.1995 – 4 C 26/93, BVerwGE 97, 367 (374).

235 BVerwG, Urt. v. 22.06.1979 – IV C 8/76, BVerwGE 58, 154 (161).

236 BVerwG, Urt. v. 22.06.1979 – IV C 8/76, BVerwGE 58, 154 (158 f.).

237 BVerwG, Urt. v. 21.05.1976 – IV C 80/74, BVerwGE 51, 15 (29).

238 BVerwG, Urt. v. 21.12.2010 – 7 A 14/09, ZUR 2011, 255; Urt. v. 31.01.2001 – 11 A 6/00, NVwZ 2001, 653 (655 f.); VGH Baden-Württemberg, Urt. v. 19.12.1997 – 5 S 3404/95, NVwZ 1998, 1086 (1086 f.).

239 BVerwG, Urt. v. 21.12.2010 – 7 A 14/09, ZUR 2011, 255 (257); Urt. v. 31.01.2001 – 11 A 6/00, NVwZ 2001, 653 (655); Urt. v. 01.09.1999 – 11 A 2/98, NVwZ 2000, 68 (69 f.); Urt. v. 29.01.1991 – 4 C 51/89, BVerwGE 87, 332 (357 f.).

Praxis häufigsten Fall, dass das Planvorhaben **Eingriffe in den Naturhaushalt oder das Landschaftsbild** nach sich zieht. Nach § 15 Abs. 2 Satz 1 BNatSchG müssen dann unvermeidbare Beeinträchtigungen durch Schutzmaßnahmen ausgeglichen oder ersetzt werden. Werden bspw. Wälder und Feuchtbiotope durchschnitten, dann müssen im selben Landschaftsraum Wiederaufforstungen stattfinden und Ersatzbiotope angelegt werden. Der Eingriff ist ausgeglichen bzw. ersetzt, wenn bei saldierender Betrachtungsweise nach § 15 Abs. 2 Satz 2 und Satz 3 BNatSchG keine erhebliche oder nachhaltige Beeinträchtigung des Naturhaushaltes zurückbleibt und das Landschaftsbild landschaftsgerecht wieder hergestellt oder ausgestaltet ist.[240]

c) Rechtsfolge

Sind Maßnahmen im Interesse des Allgemeinwohls oder im Interesse privater Rechte 84
erforderlich, dann hat die PlfBeh Schutzauflagen anzuordnen, soweit sie nicht ausnahmsweise untunlich oder mit dem Vorhaben unvereinbar sind. Ist letzteres der Fall, wandelt sich die Schutzauflage in eine Entschädigung um (vgl. Rdn. 90 ff.). Hinsichtlich des »**Ob**« der Schutzauflage steht der PlfBeh **kein Entschließungsermessen** zu.[241] Die PlfBeh hat lediglich hinsichtlich des »**Wie**« der Schutzmaßnahmen ein Auswahlermessen. Welche von mehreren Schutzmaßnahmen zu ergreifen sind, unterliegt ihrer planerischen Gestaltungsfreiheit.[242] Es ist insbesondere eine Frage der planerischen Abwägung, ob im Einzelfall sehr teure aktive Schallschutzmaßnahmen oder kostengünstigere passive Schallschutzmaßnahmen ergriffen werden.[243]

Mit der Rechtspflicht der PlfBeh korreliert ein Anspruch der Planbetroffenen auf 85
Schutzauflagen.[244] Drittbetroffene haben ein materielles **subjektiv-öffentliches Recht** auf die Anordnung von Schutzauflagen, wenn dies zur Vermeidung nachteiliger Auswirkungen auf ihre Rechte erforderlich ist und wenn Schutzmaßnahmen nicht nach Satz 3 untunlich oder mit dem Vorhaben unvereinbar sind. In entsprechender Weise können auch Träger von Allgemeinwohlbelangen Schutzauflagen einfordern, wenn diese Auflagen im öffentlichen Interesse liegen. Regelmäßig richtet sich der Anspruch aber nicht auf eine bestimmte, sondern nur auf Erlass einer geeigneten Schutzauflage.

Als **Schutzanordnungen** kommen grundsätzlich alle Maßnahmen in Betracht, die ge- 86
eignet sind, einen technisch-realen Ausgleich herbeizuführen.[245] Satz 2 unterscheidet zwischen der Errichtung und der Unterhaltung von **Anlagen** (Schutzanlagen) und sonstigen **Vorkehrungen** (Schutzvorkehrungen). Als Schutzanlagen kommen bspw.

240 Hierzu BVerwG, Urt. v. 27.10.2000 – 4 A 18/99, BVerwGE 112, 140 (163); eingehend Schumacher/Fischer-Hüftle/*Schumacher/Fischer-Hüftle*, BNatSchG, § 15 Rn. 36, 39.

241 Kopp/Ramsauer/*Wysk*, § 74 Rn. 114; *Ziekow*, § 74 Rn. 51.

242 BVerwG, Beschl. v. 05.10.1990 – 4 CB 1/90, NVwZ-RR 1991, 129 (134); Kopp/Ramsauer/*Wysk*, § 74 Rn. 114.

243 BVerwG, Urt. v. 05.03.1997 – 11 A 25/95, DVBl 1997, 831 (836).

244 BVerwG, Beschl. v. 16.02.2012 – 9 A 14/11, NVwZ-RR 2012, 303 (304); Knack/Henneke/*Schink*, § 75 Rn. 97.

245 BVerwG, Urt. v. 29.01.1991 – 4 C 51/89, BVerwGE 87, 332 (377).

Schallschutzwälle, Ersatzzufahrten oder Entwässerungseinrichtungen in Betracht.[246] Als Schutzvorkehrungen sind alle sonstigen Maßnahmen anzusehen. Dazu zählen insbesondere Wartungsauflagen, Betriebszeitregelungen oder Nachtflugbeschränkungen.[247] Auch die Pflicht zu wiederkehrenden Maßnahmen (z.B. Schädlingsbekämpfung) kann angeordnet werden.[248] Gegenstand einer Schutzmaßnahme kann auch die Bereitstellung eines Ersatzgrundstückes sein.[249] Keine Schutzmaßnahmen sind hingegen Geldleistungen, die auf einen finanziellen Schadensausgleich abzielen.[250] Ausgleichszahlungen können nur im Rahmen von Satz 3 oder der Enteignungsentschädigung erfolgen. Hingegen kann der Vorhabenträger zu zweckgebundenen Geldleistungen verpflichtet werden, die der Finanzierung von Schutzanlagen bzw. Schutzvorkehrungen dienen. Insbesondere erfolgt der passive Lärmschutz auch außerhalb des Anwendungsbereiches des § 42 Abs. 2 BImSchG regelmäßig dadurch, dass der Vorhabenträger den Planbetroffenen die erforderlichen Geldmittel für den Einbau von Schallschutzfenstern zur Verfügung stellt.[251]

87 Die Schutzauflagen können grundsätzlich nur **zulasten des Vorhabenträgers** angeordnet werden, der auch die entstehenden Kosten zu tragen hat. Schutzauflagen zu Lasten Dritter sind unzulässig.[252] Die Verpflichtung zur Kostentragung erstreckt sich nicht nur auf den Bau, sondern auch auf den Unterhalt der Schutzanlagen.[253] Dies ergibt sich aus dem Verursacherprinzip. Nur wenn eine Mitverursachung Dritter vorliegt, kann eine Kostenteilung in Betracht kommen (vgl. auch § 75 Rdn. 35).[254]

88 Die Anordnung von Schutzauflagen muss dem Bestimmtheitsgebot genügen (Rdn. 60). Daher sind Schutzauflagen in den verfügenden Teil des PlfB und nicht in die Begründung aufzunehmen.[255]

d) Rechtsschutz

89 Hält ein vom Vorhaben Betroffener die im PflB enthaltenen Schutzauflagen für unzureichend oder fehlen solche Schutzauflagen zu seinen Gunsten, kann er entweder eine Anfechtungsklage gegen den PlfB (s. Rdn. 193 ff.) oder eine Verpflichtungsklage

---

246 Knack/Henneke/*Schink*, § 75 Rn. 89; Mann/Sennekamp/Uechtritz/*Lieber*, § 74 Rn. 154.
247 Knack/Henneke/*Schink*, § 75 Rn. 91; Mann/Sennekamp/Uechtritz/*Lieber*, § 74 Rn. 155.
248 VGH Bayern, Urt. v. 17.03.1998 – 8 A 97.40031, NVwZ-RR 1999, 734 (735).
249 BVerwG, Beschl. v. 05.11.1997 – 11 A 54.96, NuR 1998, 604.
250 BVerwG, Urt. v. 14.05.1992 – 4 C 9/89, NVwZ 1993, 477 (478).
251 OVG Berlin-Brandenburg, Urt. v. 09.04.2019 – 6 A 16/17, juris; *Dürr*, VBlBW 1992, 321 (325); *Kühling/Hermann*, Fachplanungsrecht, Rn. 294; zur Möglichkeit eines Wahlrechts BVerwG, Beschl. v. 24.07.2019 – 4 B 1/18, juris Rn. 16; Beschl. v. 04.05.2017 – 4 B 57/15, ZLW 2017, 548 (555 f.); zum Rechtsweg bei Aufwendungsersatzansprüchen BVerwG, Beschl. v. 28.01.2016 – 4 B 43/14, UPR 2016, 257.
252 BVerwG, Urt. v. 07.09.1979 – IV C 59/76, BVerwGE 58, 281 (285 f.).
253 BVerwG, Urt. v. 11.11.1988 – 4 C 11/87, DVBl 1989, 358 (359); Knack/Henneke/*Schink*, § 75 Rn. 93; Mann/Sennekamp/Uechtritz/*Lieber*, § 74 Rn. 213.
254 BVerwG, Urt. v. 07.09.1979 – IV C 58/76, BVerwGE 58, 281 (288).
255 OVG Rheinland-Pfalz, Urt. v. 10.10.2018 – 8 C 11694/17, DVBl 2019, 324 (328 f.).

auf Erlass von (weitergehenden) Schutzauflagen i.S. von § 74 Abs. 2 Satz 2 im Wege der **Planergänzung** erheben.[256] Der Aufhebungsanspruch ist allerdings nur dann begründet, wenn der Mangel für den PlfB insgesamt von so großem Gewicht ist, dass dadurch nicht nur der einzelne Betroffene benachteiligt, sondern die Ausgewogenheit der Gesamtplanung bzw. eines abtrennbaren Planungsteils überhaupt in Frage gestellt wird. Andernfalls ist der Betroffene auf die Planergänzung verwiesen.[257] Die Gerichtszuständigkeit folgt aus den Vorschriften, die auch für Klagen gegen den PlfB gelten (s. Rdn. 186).[258] Maßgeblicher Beurteilungszeitpunkt für das Bestehen des Anspruchs ist der Zeitpunkt des Erlasses des PflB.[259]

3. Geldausgleich (Satz 3)

Nach Abs. 2 Satz 3 hat der Planbetroffene ausnahmsweise einen Anspruch auf Entschädigung in Geld, wenn Schutzmaßnahmen untunlich oder mit dem Vorhaben unvereinbar sind. Dieser Ausgleichsanspruch hat **Surrogatcharakter.**[260] Er tritt an die Stelle an sich erforderlicher Schutzmaßnahmen und stellt einen Ausgleich dafür dar, dass über der Zumutbarkeitsschwelle liegende nachteilige Auswirkungen hingenommen werden müssen. Er ist ggf. mit der Verpflichtungsklage im Verwaltungsrechtsweg geltend zu machen.[261] 90

Bei dem Ausgleichsanspruch handelt es sich nicht um eine Enteignungsentschädigung im Sinne von Art. 14 Abs. 3 GG, die allein im Rahmen eines gesonderten Entschädigungsverfahrens geltend zu machen ist. Die in Abs. 2 Satz 3 getroffene Regelung stellt vielmehr eine **Inhalts- und Schrankenbestimmung** des Eigentums im Sinne von Art. 14 Abs. 1 Satz 2 GG dar.[262] Über eine Entschädigung nach Abs. 2 Satz 3 ist daher im PlfB nur dann zu entscheiden, wenn auf das Eigentum nicht unmittelbar (mit enteignungsrechtlicher Vorwirkung) in Form von Entzug oder Teilentzug zugegriffen wird.[263] 91

256 St. Rspr., s. etwa BVerwG, Urt. v. 10.07.2012 – 7 A 11/11, BVerwGE 143, 249 (254).

257 Grdl. BVerwG, Urt. v. 07.07.1978 – IV C 79/76, BVerwGE 56, 110 (133); seitdem st. Rspr., s. etwa BVerwG, Urt. v. 16.03.2016 – 4 A 1075/04, BVerwGE 125, 116 (189).

258 VGH Baden-Württemberg, Urt. v. 20.04.2017 – 5 S 907/15, juris Rn. 32.

259 BVerwG, Urt. v. 23.04.1997 – 11 A 7/97, BVerwGE 104, 337 (347).

260 BVerwG, Urt. v. 10.07.2012 – 7 A 11/11, UPR 2013, 24 (29); Urt. v. 27.06.2007 – 4 A 2004/05, BVerwGE 129, 83 (86); Urt. v. 29.01.1991 – 4 C 51/89, BVerwGE 87, 332 (384); *Dobmann*, NVwZ 2011, 9 (11); *Jarass*, DÖV 2004, 633 (637).

261 BVerwG, Urt. v. 22.05.1987 – 4 C 33/83, BVerwGE 77, 295 (298).

262 BVerwG, Urt. v. 27.06.2007 – 4 A 2004/05, BVerwGE 129, 83 (90); Urt. v. 07.07.2004 – 9 A 21/03, NVwZ 2004, 1358 (1359); Urt. v. 06.06.2002 – 4 A 44/00, NVwZ 2001, 209 (210); Urt. v. 29.01.1991 – 4 C 51/89, BVerwGE 87, 332 (384).

263 BVerwG, Urt. v. 16.03.2006 – 4 A 1075/04, BVerwGE 125, 116 (265); Urt. v. 07.07.2004 – 9 A 21/03, NVwZ 2004, 1358 (1359); Urt. v. 06.06.2002 – 4 A 44/00, NVwZ 2003, 209 (210).

a) Voraussetzungen

92 Die **Tatbestandsvoraussetzungen** des Ausgleichsanspruchs knüpfen an die Voraussetzungen der Schutzauflage nach Abs. 2 Satz 2 an. Die Schutzauflage muss nach Satz 2 an sich erforderlich sein, weil **unzumutbare nachteilige Auswirkungen** vorliegen (Rdn. 80 ff.).[264] Diese Voraussetzung ist auch dann erfüllt, wenn im PlfB zwar Schutzmaßnahmen vorgesehen sind, gleichwohl Beeinträchtigungen verbleiben, die das Maß des Zumutbaren überschreiten.[265] Sieht bspw. ein PlfB für einen Straßenbau passive Schallschutzmaßnahmen vor, dann mag dies für den Innenwohnbereich ausreichen. Die Schallbeeinträchtigung des Außenwohnbereichs (Terrasse, Balkon etc.) besteht aber fort und kann bei Überschreitung der Grenzwerte einen Geldausgleich erforderlich machen.[266]

93 Weiter müssen die Schutzauflagen untunlich oder mit dem Vorhaben unvereinbar sein. Schutzmaßnahmen sind **untunlich**, wenn sie keine wirksame Abhilfe erwarten lassen oder wenn sie für den Vorhabenträger unzumutbar wären, insbesondere weil der Aufwand außer Verhältnis zu dem angestrebten Schutzzweck stünde.[267] Von dem Begriff der Untunlichkeit werden die Fälle der **technischen Unmöglichkeit** erfasst.[268] Zum anderen zählen dazu die Fälle der **wirtschaftlichen Unverhältnismäßigkeit.**[269] Schutzauflagen sind wirtschaftlich unverhältnismäßig, wenn deren Kosten außer Verhältnis zu dem angestrebten Schutzzweck stehen.[270] Hierbei kommt es auf eine Abwägung der finanziellen Interessen des Vorhabenträgers und der Schutzinteressen der Planbetroffenen an.[271] Bei der Abwägungsentscheidung ist der PlfBeh ein Entscheidungsspielraum zuzubilligen.[272] Sind die Beeinträchtigungen nur **vorübergehender Natur**, sind Schutzmaßnahmen häufig unverhältnismäßig. Treten etwa nur während der Bauphase unzumutbare Lärmbelastungen auf, kann daher anstelle von Schallschutzanlagen regelmäßig nur ein finanzieller Ausgleich verlangt werden.[273]

264 BVerwG, Urt. v. 10.07.2012 – 7 A 11/11, UPR 2013, 24 (29); Urt. v. 27.06.2007 – 4 A 2004/05, BVerwGE 129, 83 (86); Urt. v. 07.07.2004 – 9 A 21/03, NVwZ 2004, 1358 (1359); Urt. v. 22.05.1987 – 4 C 33/83, BVerwGE 77, 295 (299).

265 BVerwG, Urt. v. 14.05.1992 – 4 C 9/89, NVwZ 1993, 477 (478).

266 Vgl. BVerwG, Urt. v. 29.01.1991 – 4 C 51/89, BVerwGE 87, 332 (385 ff.).

267 BGH, Urt. v. 23.04.2015 – III ZR 397/13, NVwZ 2015, 1317 (1319); BVerwG, Urt. v. 27.10.1998 – 11 A 1/97, BVerwGE 107, 313 (336); Kopp/Ramsauer/*Wysk*, § 74 Rn. 167; Stelkens/Bonk/Sachs/*Neumann/Külpmann*, § 74 Rn. 193.

268 *Jarass*, DÖV 2004, 633 (638); Kopp/Ramsauer/*Wysk*, § 74 Rn. 122.

269 BVerwG, Urt. v. 16.03.2006 – 4 A 1075/04, BVerwGE 125, 116 (269); Knack/Henneke/*Schink*, § 75 Rn. 111; Bader/Ronellenfitsch/*Kämper*, § 74 Rn. 112.

270 Knack/Henneke/*Schink*, § 75 Rn. 111; Bader/Ronellenfitsch/*Kämper*, § 74 Rn. 112.

271 VGH Baden-Württemberg, Urt. v. 26.10.1982 – 5 S 1219/82, UPR 1983, 207.

272 BVerwG, Urt. v. 16.03.2006 – 4 A 1075/04, BVerwGE 125, 116 (269); VGH Bayern, Urt. v. 17.02.2011 – 22 A 09.40060, juris Rn. 64.

273 BVerwG, Beschl. v. 27.01.1988 – 4 B 7/88, NVwZ 1988, 534 (535); VGH Baden-Württemberg, Urt. v. 07.06.1989 – 5 S 3040/87, NVwZ-RR 1990, 227 (227 f.); hierzu *Dobmann*, NVwZ 2011, 9.

Schutzmaßnahmen sind mit dem Vorhaben **unvereinbar**, wenn sie entweder dem Zweck des Vorhabens zuwiderlaufen oder die Ausgewogenheit der Planung infrage stellen.[274] Der Fall der Unvereinbarkeit liegt bspw. vor, wenn das Planvorhaben eine Kreuzung vorsieht und der Bau einer an sich erforderlichen durchgehenden Schallschutzwand mit diesem Planungsziel unvereinbar ist. 94

b) Rechtsfolge

Liegen die Voraussetzungen vor, muss die PlfBeh eine Entschädigung in Geld festsetzen. Der Planbetroffene hat nach Abs. 2 Satz 3 ein **subjektiv-öffentliches Recht auf Entschädigung** in Geld. Berechtigt ist der zum Zeitpunkt des Erlasses des PlfB betroffene Grundstückseigentümer. Daran ändert sich auch im Fall einer Veräußerung nichts, soweit der Anspruch auf Geldausgleich nicht mitabgetreten wird.[275] Zahlungspflichtiger ist der Vorhabenträger. Einem Dritten können keine Zahlungspflichten auferlegt werden (vgl. Rdn. 87). 95

Die PlfBeh ist verpflichtet, die Geldentschädigung **im PlfB** als Ausgleichsauflage im Sinne von § 36 Abs. 2 Nr. 4 festzusetzen. In jedem Fall notwendig – aber auch ausreichend – ist die Festsetzung **dem Grunde nach** mit den wesentlichen Berechnungsfaktoren.[276] Die **Höhe der Entschädigung** wird von der PlfBeh in einem **ergänzenden Beschluss** festgelegt, es sei denn, dass dies bereits im PlfB erfolgt ist. Fachgesetzlich ist die Entscheidung allerdings regelmäßig ausdrücklich der Enteignungsbehörde oder einer anderen Behörde vorbehalten (vgl. etwa § 22a AEG, § 19a FStrG, § 37 WaStrG, § 45a EnWG, § 7a MBPlG, § 28a LuftVG; § 30a PBefG). Die Festlegung der Entschädigungshöhe ist eine **Einzelfallentscheidung**, im Rahmen derer die Höhe der Entschädigung in einem angemessenen Verhältnis zur Intensität der duldungspflichtigen Belastungen stehen muss.[277] In Ermangelung anderer konkreter Anhaltspunkte kann regelmäßig auf die **Minderung des Verkehrswertes** des Grundstückes abgestellt werden, die durch die nachteiligen Auswirkungen des Vorhabens eintritt.[278] Dabei kann auch auf den sog. schallschutzbezogenen Verkehrswert abgestellt werden, der nicht bewohnbare Gebäude und Außenanlagen ausblendet. Der Verkehrswert kann in Orientierung an § 194 BauGB ermittelt werden.[279] Vorbelastungen des Grundstücks oder 96

274 BGH, Urt. v. 23.04.2015 – III ZR 397/13, NVwZ 2015, 1317 (1319); Knack/Henneke/*Schink*, § 75 Rn. 110; Kopp/*Ramsauer*/*Wysk*, § 74 Rn. 121.

275 BVerwG, Urt. v. 06.03.1987 – 4 C 36/83, DVBl 1987, 906 (906 f.).

276 BVerwG, Urt. v. 10.07.2012 – 7 A 11/11, BVerwGE 143, 249 (267); Urt. v. 30.01.2001 – 11 A 6/00, NVwZ-RR 2001, 653 (656); Urt. v. 22.03.1985 – 4 C 15/83, BVerwGE 71, 166 (174 f.); *Dobmann*, NVwZ 2011, 9 (12 f.); Mann/Sennekamp/Uechtritz/*Lieber*, § 74 Rn. 247 ff.

277 BVerwG, Urt. v. 10.07.2012 – 7 A 11/11, BVerwGE 143, 249 (274); Urt. v. 27.06.2007 – 4 A 2004/05, BVerwGE 129, 83 (90).

278 BVerwG, Urt. v. 16.03.2006 – 4 A 1075/04, BVerwGE 125, 116 (256 ff.); Urt. v. 29.01.1991 – 4 C 51/89, BVerwGE 87, 332 (389); Kopp/Ramsauer/*Wysk*, § 74 Rn. 125.

279 Zum ganzen OVG Berlin-Brandenburg, Urt. v. 22.11.2018 – 6 A 1/16, juris Rn. 25 ff.

eine Mitverantwortung der Planbetroffenen sind zu berücksichtigen.[280] Ferner kann bei einem Geldausgleich für Lärmimmissionen auch relevant sein, dass der Verkehrs- und Ertragswert des Grundstücks durch die Vorhabensnähe (z.B. bei einem Flughafen) gestiegen ist. Ein völliger Ausschluss des Anspruchs ist dadurch aber regelmäßig nicht gerechtfertigt.[281]

97 Ein besonderer Fall liegt dann vor, wenn vom Vorhaben Immissionen aus, die durch Schutzmaßnahmen nicht ausgeglichen werden können und die nach ihrer Intensität »enteignend« wirken, weil sie eine sinnvolle Nutzung des Grundstücks praktisch ausschließen. In diesem Fall billigt die Rechtsprechung dem betroffenen Grundstückseigentümer einen **Übernahmeanspruch** des Grundstücks gegen Entgelt zu.[282] Maßgeblich ist in der Regel der Verkehrswert des Grundstücks unter Berücksichtigung sämtlicher Gebäude und Außenanlagen.[283] Praktische Bedeutung hat dies insbesondere bei Wohngrundstücken im Umfeld eines neu errichteten oder ausgebauten Flughafens aufgrund der hohen Lärmauswirkungen. Das BVerwG gewährt hier bei Dauerschallpegeln von 70 dB(A) einen Übernahmeanspruch.[284] Weder Vorhabenträger noch PlfBeh können den Eigentümer allerdings zwingen, sein Eigentum aufzugeben. Werden gesunde Wohn- und Arbeitsverhältnisse etwa in Folge starker Verlärmungen nicht mehr gewahrt, kann die Bauaufsichtsbehörde hiergegen mit Nutzungsuntersagungen einschreiten.

c) Rechtsschutz

98 Für den Rechtsschutz Betroffener gelten die Ausführungen unter Rdn. 88 entsprechend.[285]

4. Sonstige Nebenbestimmungen

99 Dem PlfB können auch Nebenbestimmungen i.S.v. § 36 Abs. 2 beigefügt werden. § 36 Abs. 2 nennt als zulässige Nebenstimmung die Bedingung, Befristung, Widerrufsvorbehalt, Auflage und Auflagenvorbehalt.[286] Praktisch bedeutsam sind allerdings nur die Auflage und der Auflagenvorbehalt.

---

280 Stelkens/Bonk/Sachs/*Neumann/Külpmann*, § 74 Rn. 197.

281 BVerwG, Urt. v. 29.01.1991 – 4 C 51/89, BVerwGE 87, 332 (389 f.).

282 Vgl. BVerwG, Urt. v. 27.06.2007 – 4 A 2004/05, BVerwGE 129, 83 (85 ff.); Urt. v. 16.03.2006 – 4 A 1075/04, BVerwGE 125, 116 (249 ff.); Urt. v. 06.06.2002 – 4 A 44/00, NVwZ 2003, 209 (210); Urt. v. 31.01.2001 – 11 A 6/00, NVwZ-RR 2001, 653 (654); dazu *Krohn*, DVBl 2017, 278 ff.

283 OVG Berlin-Brandenburg, Urt. v. 22.11.2018 – 6 A 1/16, juris Rn. 28; Urt. v. 27.06.2018 – A 7/17, juris Rn. 24.

284 Dazu *Schiller* in Grabherr/Reidt/Wysk, LuftVG, § 9 Rn. 64.

285 S. etwa VGH Baden-Württemberg, Urt. v. 20.04.2017 – 5 S 907/15, juris Rn. 41 ff.

286 Zu den Inhalten im Einzelnen Stelkens/Bonk/Sachs/*Stelkens*, § 36 Rn. 70 ff.; Mann/Sennekamp/Uechtritz/*Lieber*, § 74 Rn. 226 f.; *Krohn*, DVBl 2017, 278 ff.

Unter einer **Auflage** versteht man eine Bestimmung, durch die dem Begünstigtem ein Tun, Dulden oder Unterlassen vorgeschrieben wird (§ 36 Abs. 2 Nr. 4). Die in der Auflage festgelegten Gebote treten selbstständig neben den festgestellten Planinhalt und können daher von der PlfBeh auch selbstständig im Wege des Verwaltungszwangs durchgesetzt werden. Ein wiederholter Verstoß gegen Auflagen berechtigt zum Widerruf des PlfB (§ 49 Abs. 2 Satz 1 Nr. 2). Ob eine konkrete Nebenbestimmung eine Auflage ist, entscheidet ihr materieller Gehalt, nicht ihre Bezeichnung durch die PlfBeh.[287] Eine Auflage liegt daher regelmäßig auch dann vor, wenn die Bestimmung im PlfB als »Bedingung« bezeichnet wird. Da sich echte Bedingungen im Sinne von § 36 Abs. 2 Nr. 2 aufgrund des damit verbundenen Schwebezustandes mit dem Charakter von Planungsentscheidungen nicht vereinbaren lassen, werden sie von der PlfBeh regelmäßig als Auflagen gemeint sein. Hauptregelungsgegenstand von Auflagen zum PlfB sind sog. Schutzauflagen gem. § 74 Abs. 2 Satz 2 (dazu Rdn. 72 ff.).[288] Ferner gehören hierher auch naturschutzrechtliche Regelungen. 100

Der PlfB kann auch **befristet** erteilt werden.[289] Die Befristung muss stets auf einer ordnungsgemäßen Abwägung beruhen. Eine Befristung setzt voraus, dass das Ende des PlfB durch ein Ereignis festgelegt wird, dessen Eintritt hinreichend gewiss ist.[290] Zur Vermeidung etwaiger Bestimmtheitsmängel empfiehlt es sich, das Geltungsende kalendermäßig zu bestimmen. In der Praxis spielt die Befristung keine große Rolle. Dies ergibt sich schon aus dem Umstand, dass die Realisierung eines Planvorhabens zumeist erhebliche Investitionen des Vorhabenträgers erfordern, die eine Befristung regelmäßig als unverhältnismäßig erscheinen lassen. 101

Gegen die Praxis, dem PlfB einen **Auflagenvorbehalt** i.S.d. § 36 Abs. 2 Nr. 5 beizufügen, bestehen keine durchgreifenden Bedenken. Aufgrund des Grundsatzes umfassender Konfliktbewältigung ist seine Beifügung allerdings nur dann rechtmäßig, wenn zugleich die Voraussetzungen des § 74 Abs. 3 (vgl. Rdn. 104 ff.) vorliegen.[291] Der Auflagenvorbehalt kann allgemein bestehen oder mit besonderen Voraussetzungen verknüpft werden. Macht die PlfBeh nachträglich von dem Auflagenvorbehalt Gebrauch und fügt dem PlfB Auflagen bei, handelt es sich hierbei nicht um einen Teilwiderruf des PlfB; vielmehr ist der ursprüngliche PlfB von vornherein mit der Möglichkeit nachträglicher Auflagen beschränkt. In der Praxis üblich ist ein solcher Vorbehalt für die etwaige Beifügung nachträglicher Lärmschutzauflagen für die Bevölkerung. Er dient in erster Linie der Vermeidung des bisweilen schwierigen Nachweises, ob »nicht voraussehbare Wirkungen« im Sinne von § 75 Abs. 2 Satz 2 vorliegen. Im Wege der Auslegung ist zu ermitteln, ob ein solcher Vorbehalt drittschützende 102

---

287 Kopp/Ramsauer/*Wysk*, § 36 Rn. 14.

288 BVerwG, Urt. v. 14.02.1975 – IV C 21/74, BVerwGE 48, 56 (68); Urt. v. 17.11.1972 – IV C 21/69, BVerwGE 41, 178 (181).

289 BVerwG, Beschl. v. 11.03.1998 – 11 B 11/98, juris Rn. 4.

290 Vgl. nur BVerwG, Urt. v. 10.07.1980 – 3 C 136/79, BVerwGE 60, 269 (275 f.); Kopp/Ramsauer/*Wysk*, § 36 Rn. 15.

291 BVerwG, Urt. v. 22.11.2000 – 11 C 2/00, BVerwGE 112, 221 (224 f.); Urt. v. 23.01.1981 – 4 C 68/78, BVerwGE 61, 307 (311).

Wirkung entfaltet. Dies liegt insbesondere nahe, wenn im Vorbehalt ausdrücklich der »Schutz der Bevölkerung« genannt wird.[292] In diesem Falle können Betroffene ihren Anspruch auf Erlass nachträglicher Schutzauflagen zusätzlich zum Anspruch aus § 75 Abs. 2 Satz 2 (vgl. näher § 75 Rdn. 25 ff.) auch auf den Vorbehalt stützen.

103 Die Beifügung eines **Widerrufsvorbehalts** ist ebenfalls grundsätzlich zulässig. § 36 Abs. 3 steht nicht von vornherein einer solchen Beifügung entgegen. Allerdings muss die Beifügung auf eine ordnungsgemäße Abwägung gestützt werden können. Regelmäßig wird dies nicht möglich sein, da der PlfB einen weitgehenden Vertrauens- und Bestandsschutz des Vorhabenträgers schafft, zu dem ein allgemeiner Widerrufsvorbehalt in deutlichem Widerspruch steht. Daher wird es notwendig sein, einen Widerrufsvorbehalt nur für bestimmte, präzise festgelegte Fälle zuzulassen.

5. Entscheidungsvorbehalt (Abs. 3)

104 Abs. 3 regelt den Vorbehalt einer abschließenden Entscheidung im PlfB. Gegenstand der Regelung ist somit die Zurückstellung von Teilentscheidungen. Der **Zweck** des Vorbehalts einer abschließenden Regelung besteht in der **Verfahrensbeschleunigung.** Die PlfBeh soll bei dringlichen Infrastrukturprojekten in die Lage versetzt werden, das Vorhaben zuzulassen und Teilentscheidungen zum »**Wie**« der Zulassung vorläufig auszuklammern und einer späteren Entscheidung vorzubehalten.[293] Abs. 3 bildet insofern eine Ausnahme vom Grundsatz der umfassenden Problembewältigung im PlfB (Rdn. 39).[294] Der Entscheidungsvorbehalt bietet eine Handhabe insbesondere für jene Situationen, in denen die PlfBeh bereits im Zeitpunkt der Planfeststellung die Regelungsbedürftigkeit einzelner Auswirkungen des Vorhabens erkennt, deren **Ausmaß** jedoch noch nicht eindeutig abschätzen kann.[295] Auswirkungen, die zum Zeitpunkt der Planung völlig unvorhersehbar sind und erst nach Unanfechtbarkeit des Plans auftreten, sind hingegen allein nach § 75 Abs. 2 Satz 2 bis 4 zu beurteilen (dazu § 75 Rdn. 25 ff.).[296]

a) Voraussetzungen

105 Ein Vorbehalt nach Abs. 3 ist nur dann zulässig, wenn eine **abschließende Entscheidung** über die jeweilige Teilfrage im Zeitpunkt des Erlasses des PlfB noch nicht möglich ist.[297] Diese Voraussetzung ist bereits dann erfüllt, wenn die Lösung des Teilproblems nur mit **unvertretbarem Aufwand** erzielt werden kann.[298] Lassen sich die Auswirkungen eines Vorhabens hingegen bereits im Zeitpunkt der Planfeststellung durch

---

292 BVerwG, Urt. v. 16.03.2006 – 4 A 1075.04, BVerwGE 125, 116 (240 f.).
293 Stelkens/Bonk/Sachs/*Neumann/Külpmann*, § 74 Rn. 200.
294 Kopp/Ramsauer/*Wysk*, § 74 Rn. 129; Mann/Sennekamp/Uechtritz/*Lieber*, § 74 Rn. 273.
295 BVerwG, Urt. v. 24.09.2003 – 9 A 69/02, NVwZ 2004, 340 (343); Urt. v. 22.11.2000 – 11 C 2/00, BVerwGE 112, 221 (226).
296 BVerwG, Urt. v. 22.11.2000 – 11 C 2/00, BVerwGE 112, 221 (226).
297 BVerwG, Beschl. v. 31.01.2006 – 4 B 49/05, NVwZ 2006, 823 (826); VGH Hessen, Urt. v. 28.06.2005 – 12 A 8/05, NVwZ 2006, 230 (237 f.).
298 BVerwG, Urt. v. 18.12.1987 – 4 C 49/83, NVwZ 1989, 147 (148).

Anordnungen nach Abs. 2 Satz 2 oder Satz 3 lösen, ist kein Raum für einen Vorbehalt nach Abs. 3.[299] Die Möglichkeit, die Planungsentscheidung insgesamt zu einem späteren Zeitpunkt zu treffen, spielt für die Beurteilung der Zulässigkeit eines Vorbehalts nach Abs. 3 keine Rolle. Denn die Regelung des Abs. 3 dient gerade dem Zweck, ein Verzögern der Zulassungsentscheidung insgesamt zu vermeiden.[300] Unerheblich ist auch, aus welchen Gründen die Entscheidung derzeit nicht getroffen werden kann. Ein Vorbehalt ist bspw. möglich, wenn nach Abs. 3 Halbs. 2 erforderliche Planungsunterlagen fehlen, wenn zeitaufwendige Ermittlungen notwendig sind oder wenn die Stellungnahme Dritter abgewartet werden muss.

Ein Vorbehalt nach Abs. 3 setzt ferner voraus, dass die PlfBeh die später zu regelnde 106
Problemlage zumindest in ihren Umrissen **einschätzen** kann.[301] Im Rahmen dieser Prognose muss die Behörde ausschließen können, dass der noch ungelöst gebliebene Konflikt in dem vorbehaltenen nachfolgenden Verfahren nicht zu bewältigen sein wird.[302] Insbesondere dürfen die im PlfB bereits enthaltenen Festsetzungen die beabsichtigte Problemlösung nicht infrage stellen.[303] Dies kann etwa dann der Fall sein, wenn durch die vorzeitige Durchführung des Planvorhabens die Kosten einer nachträglichen Schutzmaßnahme derart erhöht werden, dass die nachträgliche Festsetzung der Ausgleichsmaßnahme voraussichtlich aus finanziellen Gründen scheitert.[304]

Im Rahmen von Abs. 3 können nur **abtrennbare, die Gesamtkonzeption nicht be-** 107
rührende Teilfragen vorbehalten werden. Nach der Rechtsprechung des BVerwG dürfen die unberücksichtigt gebliebenen Belange nicht ein solches **Gewicht** haben, dass die Planungsentscheidung als unabgewogener Torso erscheint.[305] Das Abwägungsgebot erfordert, dass der PlfB auch ohne die vorbehaltene Teilfrage eine ausgewogene, abwägungsfehlerfreie Entscheidung darstellt.[306] Die Bewältigung der offengelassenen Problemfelder muss ferner **im Rahmen des bereits zugelassenen Vorhabenteils** möglich sein und darf keine Modifikationen des Vorhabens erforderlich machen.[307]

299 BVerwG, Urt. v. 25.05.2005 – 9 B 41/04, juris Rn. 8; Urt. v. 22.11.2000 – 11 C 2/00, BVerwGE 112, 221 (226).

300 BVerwG, Urt. v. 12.12.1996 – 4 C 29/94, BVerwGE 102, 331 (347).

301 BVerwG, Urt. v. 05.03.1997 – 11 A 25/95, NVwZ 1998, 513 (518); Beschl. v. 17.12.1985 – 4 B 214/85, NVwZ 1986, 640 (641).

302 BVerwG, Urt. v. 12.12.1996 – 4 C 29/94, BVerwGE 102, 331 (346); Beschl. v. 30.08.1994 – 4 B 105/94, NVwZ-RR 1995, 322.

303 BVerwG, Urt. v. 12.12.1996 – 4 C 29/94, BVerwGE 102, 331 (347); Beschl. v. 30.08.1994 – 4 B 105/94, NVwZ-RR 1995, 322.

304 BVerwG, Urt. v. 05.03.1998 – 11 A 25/95, BVerwGE 104, 123 (138).

305 BVerwG, Beschl. v. 31.01.2006 – 4 B 49/05, NVwZ 2006, 823 (826); Beschl. v. 30.08.1994 – 4 B 105/94, NVwZ-RR 1995, 322.

306 BVerwG, Urt. v. 05.03.1997 – 11 A 25/95, BVerwGE 104, 123 (138); Beschl. v. 30.08.1994 – 4 B 105/94, NVwZ-RR 1995, 322; Stelkens/Bonk/Sachs/*Neumann/Külpmann*, § 74 Rn. 202.

307 BVerwG, Urt. v. 11.07.2001 – 11 C 14/00, NVwZ 2002, 350 (353).

108 In der **Praxis** findet der Entscheidungsvorbehalt insbesondere bei einer nachträglichen Ergänzung von Ausgleichs- und Ersatzmaßnahmen Anwendung[308]. Dies kann etwa für den Fall erfolgen, dass die Ausführungsplanung ein Kompensationsdefizit ergibt oder ein solches Defizit im Planfeststellungsverfahren sichtbar geworden ist. Die PflBeh kann dem Vorhabenträger aufgeben, weitere bislang ohne grundstücksscharfe Verortung festgelegte Kompensationsmaßnahmen parzellenscharf durchzuplanen und ihr die Unterlagen innerhalb eines angemessenen Zeitraums vorzulegen.[309] Gegenstand eines Entscheidungsvorbehalts können nach der Rechtsprechung des BVerwG auch nachträgliche Schutzmaßnahmen i.S.d. § 75 Abs. 2 Satz 2 sein (dazu § 75 Rdn. 25 ff.). Dies gilt insbesondere für die Fälle, in denen unzumutbare Beeinträchtigungen für Anwohner etwa durch Lärmimmissionen zwar möglich erscheinen, aber nicht mit der hinreichenden Sicherheit prognostiziert werden können.[310] Der Vorhabenträger kann sich in solchen Fällen auch verpflichten, weitere Schutzmaßnahmen zu ergreifen, sofern sich die Lärmprognose nachträglich als fehlerhaft herausstellt. Entsprechendes gilt für betriebsbedingte Erschütterungen.[311]

b) Rechtsfolge

109 Liegen die Tatbestandsvoraussetzungen des Abs. 3 vor, steht die Vorbehaltsentscheidung im pflichtgemäßen **Ermessen** der PlfBeh.[312] Der Wortlaut der Regelung und ihr Beschleunigungszweck legen allerdings die Auslegung nahe, dass die PlfBeh bei Vorliegen der Voraussetzungen des Abs. 3 i.d.R. den PlfB mit Vorbehalt erlassen **soll** und nur in begründeten Ausnahmefällen mit der Zulassungsentscheidung insgesamt zuwarten darf.[313]

110 Die vorbehaltene Entscheidung ergeht als **Planergänzungsbeschluss.** Hierbei handelt es sich um einen VA, der Teil des PlfB wird.[314] Das Verfahren richtet sich nach § 76, sofern – wie regelmäßig – die Entscheidung vor Fertigstellung des Vorhabens ergeht. Die vorbehaltene Entscheidung ist zwar an sich keine Planänderung, sondern stellt lediglich eine Konkretisierung des bereits festgestellten Plans dar.[315] Gleichwohl erscheint es sachgerecht, hierauf die förmlichen Verfahrensvorschriften anzuwenden,

---

308 BVerwG, Urt. v. 12.12.1996 – 4 C 29/94, BVerwGE 102, 331 (346 ff.); Beschl. v. 22.05.1995 – 4 B 30/95, NVwZ-RR 1997, 217 (218); Beschl. v. 30.08.1994 – 4 B 105.94, NVwZ-RR 1995, 322 (323); zu weiteren Anwendungsfeldern Mann/Sennekamp/Uechtritz/*Lieber*, § 74 Rn. 283 ff.

309 BVerwG, Urt. v. 16.03.2006 – 4 A 1075/04, BVerwGE 125, 116 (301).

310 BVerwG, Urt. v. 22.11.2000 – 11 C 2/00, BVerwGE 112, 221 (226 f.); Knack/Henneke/*Schink*, § 74 Rn. 27.

311 S. VGH Bayern, Urt. v. 11.07.2016 – 22 A 15.40031, juris Rn. 76.

312 Stelkens/Bonk/Sachs/*Neumann*/*Külpmann*, § 74 Rn. 204; Kopp/Ramsauer/*Wysk*, § 74 Rn. 132; *Ziekow*, § 74 Rn. 59.

313 Differenzierend Mann/Sennekamp/Uechtritz/*Lieber*, § 74 Rn. 303 ff.

314 Stelkens/Bonk/Sachs/*Neumann*/*Külpmann*, § 74 Rn. 202; Knack/Henneke/*Schink*, § 74 Rn. 28.

315 Stelkens/Bonk/Sachs/*Neumann*/*Külpmann*, § 76 Rn. 6; Knack/Henneke/*Schink*, § 74 Rn. 28; a.A. Kopp/Ramsauer/*Wysk*, § 76 Rn. 13; *Ziekow*, § 76 Rn. 2.

um eine Öffentlichkeits- und Behördenbeteiligung zu garantieren. § 76 Abs. 2 und 3 lassen der PlfBeh genügend Spielraum zu einem im Einzelfall angemessenen Verfahren. Im Falle nachträglicher Schutzauflagen entscheidet die PlfBeh in einem Verfahren nach den allgemeinen Verfahrensvorschriften (vgl. § 75 Rdn. 38 ff.). Der Entscheidungsvorbehalt erledigt sich mit der Bestandskraft einer ihn ausfüllenden Regelung in einem nachfolgenden PlfB.[316] Über Klagen gegen die vorbehaltene Entscheidung entscheidet das Gericht, das auch über den Planfeststellungsbeschluss entscheidet.[317]

VI. Bekanntgabe des Planfeststellungsbeschlusses (Abs. 4)

Abs. 4 regelt die **Bekanntgabe des PlfB** für den Regelfall, dass kein Massenverfahren im Sinne von Abs. 5 vorliegt. Die Bekanntgaberegelung des Abs. 4 stellt eine die allgemeine Vorschrift des § 41 modifizierende Spezialregelung dar.[318] Sie gilt nur für den PlfB, nicht für die PlG oder die Entscheidung über Planfreistellungen. § 69 Abs. 2 Sätze 3 bis 5 finden keine Anwendung. 111

Der **Zweck** der Bekanntgabevorschrift besteht zum einen in der Information der von dem Planvorhaben in ihren Interessen oder Rechten betroffenen Personen bzw. der nach § 73 Abs. 4 Satz 5 stellungnahmeberechtigten Umweltvereinigungen. Sie sollen über den wesentlichen Inhalt des PlfB in Kenntnis gesetzt, um über die Einlegung von Rechtsbehelfen zu entscheiden. Zum anderen wird durch die Bekanntgabe die Rechtswirksamkeit des PlfB herbeigeführt (vgl. § 43). Die Vorschrift dient damit auch der Verwaltungseffizienz und der Rechtssicherheit.[319] 112

Die Bekanntgabe des PlfB erfolgt in einem zweistufigen **förmlichen Verfahren:** Nach Satz 1 findet eine **individuelle Benachrichtigung** gegenüber den darin genannten Beteiligten statt. Zusätzlich ordnen Satz 2 und 3 die **Auslegung** des PlfB an. 113

1. Individuelle Benachrichtigung (Satz 1)

a) Zustellungserfordernis

Die individuelle Benachrichtigung erfolgt nach Satz 1 durch **Zustellung.** Ist die PlfBeh eine Bundesbehörde, dann richtet sich die Zustellung nach den Bestimmungen des VwZG. Ist die PlfBeh eine Landesbehörde, dann sind die Zustellungsgesetze der Länder zu beachten.[320] 114

---

316 BVerwG, Urt. v. 29.06.2017 – 3 A 1/16, DVBl 2018, 187.

317 VGH Baden-Württemberg, Beschl. v. 30.06.2016 – 5 S 1182/16, NVwZ-RR 2016, 771; a.A. VGH Bayern, Beschl. v. 19.01.2004 – 8 A 03.40040, NVwZ-RR 2004, 698.

318 Kopp/Ramsauer/*Wysk*, § 74 Rn. 137.

319 BVerwG, Urt. v. 27.03.1983 – 4 C 40/81, BVerwGE 67, 206 (209 f.).

320 Stelkens/Bonk/Sachs/*Neumann/Külpmann*, § 74 Rn. 206; Knack/Henneke/*Schink*, § 74 Rn. 49.

115 **Gegenstand der Zustellung** ist nach Satz 1 der PlfB. Dazu gehört nicht nur der verfügende Teil, sondern auch die Begründung.[321] Nicht zugestellt werden müssen die genehmigten Pläne.[322] Sie werden zwar dem Vorhabenträger zweckmäßigerweise mitübersandt, unterliegen aber ansonsten nur der Akteneinsicht.

116 Nach Abs. 4 Satz 2 muss der PlfB stets eine **Rechtsbehelfsbelehrung** enthalten.[323] Gem. § 58 Abs. 1 VwGO müssen in der Rechtsbehelfsbelehrung die Art des Rechtsbehelfs (Anfechtungsklage), das Gericht, bei dem der Rechtsbehelf anzubringen ist (Bundesverwaltungsgericht, Oberverwaltungsgericht/Verwaltungsgerichtshof, Verwaltungsgericht), der Sitz des Gerichts und die einzuhaltende Frist (ein Monat gem. § 74 Abs. 1 Satz 2 VwGO) benannt werden. Zu belehren ist ferner über die in den Fachplanungsgesetzen vorgesehene Begründungsfrist (vgl. § 17e Abs. 5 FStrG, § 18e Abs. 5 AEG, § 14e Abs. 5 WaStrG, § 29 Abs. 7 PBefG, § 10 Abs. 7 LuftVG)[324] sowie die ggf. fehlende aufschiebende Wirkung der Anfechtungsklage und die Möglichkeit eines Eilrechtsschutzantrags gem. § 80a Abs. 3, § 80 Abs. 5 VwGO. Weitere Angaben sind zulässig, sofern sie nicht irreführend sind und Betroffene von der (rechtzeitigen) Erhebung eines Rechtsbehelfs abzuhalten geeignet sind.[325] Der Hinweis auf die Möglichkeit der Klageerhebung »schriftlich oder zur Niederschrift des Urkundsbeamten der Geschäftsstelle« (§ 81 Abs. 1 Satz 2 VwGO) hat zu unterbleiben, sofern erstinstanzlich das Bundesverwaltungsgericht oder das Oberverwaltungsgericht/Verwaltungsgerichtshof zuständig sind (s. die §§ 48, 50 VwGO). Im dortigen Verfahren besteht Vertretungszwang gem. § 67 Abs. 1 Satz 1 VwGO und ist damit eine Klageerhebung zur Niederschrift ausgeschlossen.[326] Auf den Vertretungszwang nach § 67 Abs. 1 Satz 1 VwGO ist hinzuweisen.[327] Fehlt die Rechtsbehelfsbelehrung oder ist sie unrichtig erteilt worden, macht dies den PlfB nicht rechtswidrig, sondern die Klage kann gem. § 58 Abs. 2 Satz 1 VwGO binnen eines Jahres ab Zustellung oder Bekanntgabe erhoben werden.[328]

117 **Adressaten der Zustellung** sind nach Satz 1 der Vorhabenträger sowie diejenigen Einwender und Vereinigungen, über deren im Erörterungstermin nicht erledigte Einwendungen bzw. Stellungnahmen entschieden worden ist. Eine darüber hinaus gehende Benachrichtigung bekannter Betroffener ordnet das Gesetz seit seiner Änderung durch

---

321 Kopp/Ramsauer/*Wysk*, § 74 Rn. 138; *Kügel*, Der Planfeststellungsbeschluss und seine Anfechtbarkeit, S. 96.

322 VGH Bayern, Urt. v. 23.06.1981 – 20 B 80 D.20, NVwZ 1982, 128; Kopp/Ramsauer/*Wysk*, § 74 Rn. 138; Mann/Sennekamp/Uechtritz/*Lieber*, § 74 Rn. 324.

323 Stelkens/Bonk/Sachs/*Neumann/Külpmann*, § 74 Rn. 208; Knack/Henneke/*Schink*, § 74 Rn. 47.

324 BVerwG, Beschl. v. 19.05.2005 – 4 VR 2000/05, NVwZ 2005, 943 (944).

325 Vgl. BVerwG, Urt. v. 13.12.1978 – 6 C 77/78, BVerwGE 57, 188 (190); Urt. v. 13.01.1971 – V C 53/70, BVerwGE 37, 85 (86); zur Kasuistik Sodan/Ziekow/*Czybulka*, VwGO, 5. Aufl. 2018, § 58 Rn. 64 ff.

326 So BVerwG, Urt. v. 31.03.1995 – 4 A 1.93, BVerwGE 98, 126 (128).

327 Die Fehlerfolgen offen lassend BVerwG, Urt. v. 31.03.1995 – 4 A 1.93, BVerwGE 98, 126 (127 f.) m.w.N.

328 BVerwG, Urt. v. 31.02.1995 – 4 A 1/93, BVerwGE 98, 126 (127).

das PlVereinhG nicht mehr an. Insofern wurde eine Angleichung an das Fachplanungsrecht bewirkt, das eine Benachrichtigung bekannter Betroffener bereits vor Inkrafttreten des PlVereinhG überwiegend nicht vorsah (vgl. etwa § 17b Abs. 1 Nr. 7 FStrG a.F.; § 14b Nr. 5 WaStrG a.F.).[329] Einwendern und Umweltvereinigungen ist der PlfB unabhängig davon zuzustellen, ob ihre Einwendungen bzw. Stellungnahmen präkludiert sind oder ob ihnen die Einwendungs- bzw. Stellungnahmebefugnis nach § 73 Abs. 4 fehlt.[330] Die Zustellungspflicht entfällt nur bei Rücknahme oder sonstiger einverständlicher Erledigung der Einwendungen bzw. Stellungnahmen.[331] Soll der PlfB einer Gemeinde, die Einwendungen erhoben hat, zugestellt werden, muss der Zustellungswille eindeutig erkennbar sein. Dies setzt neben dem Auslegungsexemplar auch ein eigenes Exemplar für die Gemeinde voraus.[332]

Die Zustellung erfolgt nicht stets an die Adressaten. **Zustellungsempfänger** können 118
auch Bevollmächtigte und gesetzliche Vertreter sein. Liegt eine schriftliche Vollmacht für das PlfV vor, so sind bei von Bundesbehörden durchgeführten PlfV nach §§ 14 Abs. 3 Satz 4 VwVfG, 7 Abs. 1 Satz 2 VwZG ausschließlich die Bevollmächtigten empfangsberechtigt.[333] Gleiches gilt unter den Voraussetzungen des § 6 VwZG für gesetzliche Vertreter. Ist ein Massenvertreter nach den §§ 17 bis 19 bestellt, muss grundsätzlich an die Vertretenen zugestellt werden, soweit nicht ausnahmsweise eine ausdrückliche Vollmacht vorliegt.[334] Für von Landesbehörden durchgeführte PlfV gilt i.d.R. Entsprechendes.

b) Rechtsfolgen der Zustellung

Die Zustellung führt nach § 43 dazu, dass der PlfB **Wirksamkeit** erlangt. Sobald der 119
PlfB auch nur einem Beteiligten wirksam zugestellt ist, tritt die äußere Wirksamkeit (rechtliche Existenz) ein. Davon ist die **subjektive Wirksamkeit des PlfB** zu unterscheiden: Der PlfB wird einem Betroffenen gegenüber erst dann und erst ab dem Zeitpunkt wirksam, in dem er ihm zugeht (§ 72 Rdn. 29). Demzufolge beginnt die einmonatige Klagefrist nach § 74 VwGO auch je nach Adressat und Zustellungszeitpunkt zu unterschiedlichen Zeitpunkten zu laufen.[335]

Das **Unterbleiben der individuellen Zustellung** kann nicht durch die ortsübliche Be- 120
kanntmachung nach Satz 2 geheilt werden. Diese bewirkt nur eine Zustellungsfiktion gegenüber den von Abs. 4 Satz 1 nicht erfassten Betroffenen und Umweltvereinigungen.[336] Allerdings kann die Zustellung jederzeit **nachgeholt** werden.[337]

---

329 Zur alten Rechtslage BVerwG, Beschl. v. 20.02.2003 – 4 B 17/03, NVwZ 2003, 477.
330 Stelkens/Bonk/Sachs/*Neumann*/*Külpmann*, § 74 Rn. 208.
331 Knack/Henneke/*Schink*, § 74 Rn. 50.
332 BVerwG, Urt. v. 27.04.2017 – 9 A 30/15, BVerwGE 159 1 (2 f.).
333 Stelkens/Bonk/Sachs/*Neumann*/*Külpmann*, § 74 Rn. 209.
334 Stelkens/Bonk/Sachs/*Neumann*/*Külpmann*, § 74 Rn. 209; a.A. Mann/Sennekamp/Uechtritz/*Lieber*, § 74 Rn. 320.
335 Kopp/Ramsauer/*Wysk*, § 74 Rn. 137.
336 Kopp/Ramsauer/*Wysk*, § 74 Rn. 141.
337 *Kügel*, Der Planfeststellungsbeschluss und seine Anfechtbarkeit, S. 96 f.

121 Wird der Beschlusstext **unvollständig zugestellt**, so wird der PlfB in der bekannt gegebenen Gestalt wirksam. Im Fall der **Unvollständigkeit des PlfB** liegen hingegen Bestimmtheits-, Form- oder Begründungsmängel vor, die grundsätzlich nach den §§ 45, 46 zu behandeln sind (Rdn. 60, 65).

122 Für **Zustellungsfehler** sehen die Zustellungsgesetze des Bundes und der Länder Heilungsmöglichkeiten vor. Wird das PlfV von einer Bundesbehörde durchgeführt, dann gilt ein Zustellungsmangel nach § 8 VwZG als geheilt, sobald der Adressat den PlfB mit Willen der Behörde tatsächlich erhalten hat.[338]

2. Auslegung des Planfeststellungsbeschlusses (Abs. 4 Satz 2 und 3)

123 Zusätzlich zur individuellen Benachrichtigung nach Abs. 4 Satz 1 ist in den Sätzen 2 und 3 die Auslegung des PlfB vorgeschrieben. Der **Zweck** dieser Vorschrift besteht darin, die in Satz 1 nicht genannten Betroffenen und Umweltvereinigungen über den PlfB zu informieren und auch ihnen gegenüber die Unanfechtbarkeit des PlfB herbeizuführen.[339] Der PlfB soll zusätzlich gem. § 27a Abs. 1 Satz 3 im Internet veröffentlicht werden, um einen erleichterten Informationszugang zu ermöglichen (dazu § 27a Rdn. 13).[340]

a) Einzelheiten der Auslegung

124 Die Auslegung des PlfB hat analog § 73 Abs. 3 Satz 1 in den Gemeinden zu erfolgen, in denen sich das Vorhaben voraussichtlich auswirken wird (§ 73 Rdn. 52). Hierzu hat die PlfBeh die Gemeinden zu ersuchen, den PlfB auszulegen und die Auslegung vorher ortsüblich bekannt zu machen. Das **Auslegungsersuchen** ist ein VA gegenüber den Gemeinden. Die Gemeinden können diesen VA erfolgreich anfechten, wenn Auswirkungen des PlfB auf das Gemeindegebiet unter keinem Gesichtspunkt denkbar sind. Die Gemeinde muss den PlfB in eigener Zuständigkeit und auf eigene Kosten auslegen.[341]

125 Auslegung und Einsichtnahme erfolgen in gleicher Weise wie im Rahmen des § 73 Abs. 3 (§ 73 Rdn. 68 ff.). **Gegenstand der Auslegung** sind der PlfB (Tenor mit Gründen), eine Ausfertigung der festgestellten Planunterlagen (mit allen Änderungen und Ergänzungen, die sie durch den PlfB erfahren haben) und eine Rechtsbehelfsbelehrung.[342]

---

338 BVerwG, Urt. v. 05.11.1997 – 11 A 54/96, Buchholz 442.09, § 18 AEG, Nr. 34, S. 171 (175).

339 BT-Drucks. 7/910, S. 23, 89; BVerwG, Beschl. v. 18.12.1979 – 4 B 214/79, DVBl 1980, 304; Kopp/Ramsauer/*Wysk*, § 74 Rn. 141.

340 Vgl. BT-Drucks. 17/12525, S. 17.

341 *Meyer/Borgs*, § 74 Rn. 40.

342 BVerwG, Beschl. v. 24.09.1987 – 4 B 93/87, NVwZ 1988, 364 f.; Kopp/Ramsauer/*Wysk*, § 74 Rn. 143.

Die **Gesamtdauer der Auslegung** beträgt nach Abs. 4 Satz 2, Halbs. 2 zwei Wochen. 126
Dabei ist nach § 31 Abs. 1 VwVfG i.V.m. § 187 Abs. 2 BGB der erste Tag der Auslegung mitzuzählen. Die Frist endet daher mit Ablauf des Tages der übernächsten Woche, der durch seine Benennung dem ersten Tag der Frist vorhergeht. Eine Frist, die an einem Mittwoch beginnt, endet daher am Dienstag der übernächsten Woche (§ 31 Abs. 1 VwVfG i.V.m. § 188 Abs. 2, 2. Alt. BGB). Eine Fristverlängerung ist nicht vorgesehen.

b) Ortsübliche Bekanntmachung der Auslegung

Die **ortsübliche Bekanntmachung der Auslegung** nach Abs. 4 Satz 2, Halbs. 2 richtet 127
sich in erster Linie nach den einschlägigen landes- und ortsrechtlichen Bestimmungen.[343] Wann die Bekanntmachung zu erfolgen hat, schreibt Abs. 4 Satz 2, Halbs. 2 allerdings nicht vor. Ein Mindestzeitraum von einem Tag vor Beginn der Auslegung ist daher als ausreichend anzusehen.[344] Der Inhalt der Bekanntmachung soll gem. § 27a Abs. 1 Satz 1 zusätzlich im Internet veröffentlicht werden (dazu § 27a Rdn. 4 ff.).

In Satz 2 und 3 ist der **Mindestinhalt der ortsüblichen Bekanntmachung** nur un- 128
vollständig umschrieben. Da es Zweck der Bekanntmachung ist, die nicht durch Zustellung nach Satz 1 zu benachrichtigenden Betroffenen und Umweltvereinigungen zu informieren, muss das Planvorhaben kurz umschrieben und dessen Zulassung durch den PlfB bekannt gegeben werden. Ferner müssen nach Satz 2 Halbs. 2 Ort und Zeit der Auslegung mitgeteilt werden. Schließlich ist nach Satz 3 Halbs. 2 der Hinweis erforderlich, dass der PlfB mit dem Ende der Auslegungsfrist als zugestellt gilt. Erfolgt eine Veröffentlichung des PlfB im Internet (§ 27a Abs. 1 Satz 3; Rdn. 123), so ist zusätzlich in der Bekanntmachung die Internetseite anzugeben, auf der die Unterlagen abgerufen werden können (§ 27a Abs. 2; dazu § 27a Rdn. 18). Nicht erforderlich ist die Aufnahme einer Rechtsbehelfsbelehrung in die Bekanntmachung. Den ausgelegten Planunterlagen hingegen ist zwingend eine Rechtsbehelfsbelehrung beizufügen (Rdn. 125).[345] Entbehrlich ist auch ein Hinweis auf die individuelle Betroffenheit von Grundstückseigentümern.[346]

c) Rechtsfolgen der Auslegung

Nach dem Ablauf der 2-Wochen-Frist gilt der PlfB nach Satz 3 gegenüber den von 129
Abs. 4 Satz 1 nicht erfassten Betroffenen und Umweltvereinigungen als zugestellt. Da es auf die tatsächliche Kenntnisnahme nicht ankommt, spricht man von einer **Zustellungsfiktion.** Sie tritt kraft Gesetzes am Ende des letzten Tages der zweiwöchigen

343 BVerwG, Urt. v. 23.04.1997 – 11 A 7/97, NVwZ 1998, S. 847 (848); VGH Bayern, Beschl. v. 26.11.2002 – 22 AS 02.40076, NVwZ-RR 2003, 296.

344 Stelkens/Bonk/Sachs/*Neumann/Külpmann*, § 74 Rn. 211; Knack/Henneke/*Schink*, § 74 Rn. 52; Kopp/Ramsauer/*Wysk*, § 74 Rn. 143.

345 BVerwG, Beschl. v. 24.09.1987 – 4 B 93/87, NVwZ 1988, 364 f.; Kopp/Ramsauer/*Wysk*, § 74 Rn. 143.

346 VGH Bayern, Beschl. v. 16.12.2013 – 22 AS 13.40083, juris Rn. 15.

Auslegungsfrist ein, auch wenn die Unterlagen tatsächlich noch länger ausliegen.[347] Die Zustellungsfiktion gilt nicht für die nach Abs. 4 Satz 1 individuell zu benachrichtigenden Betroffenen und Umweltvereinigungen. Eine unterbliebene oder fehlerhafte Zustellung nach Abs. 4 Satz 1 kann daher nicht durch die Planauslegung nach den Sätzen 2 und 3 geheilt werden.[348]

130 Unterbleibt die Planauslegung in einer Gemeinde, dann tritt die Zustellungsfiktion für die dort in ihren Rechten Betroffenen nicht ein.[349] Etwas anderes hat für Umweltvereinigungen nach § 73 Abs. 4 Satz 5 zu gelten, wenn diese überörtlich tätig sind und ihnen die Kenntnisnahme in einer anderen Gemeinde daher möglich und zumutbar war.

131 Auslegungs- oder Bekanntmachungsmängel können sowohl durch Einzelzustellung als auch durch Wiederholung der ortsüblichen Bekanntmachung jederzeit nachträglich geheilt werden.[350] Zudem kommt auch im Rahmen von Abs. 4 Satz 2 und 3 der Rechtsgedanke der §§ 46 VwVfG, 8 VwZG zur Anwendung. Auslegungs- und Bekanntmachungsfehler sind daher bei **tatsächlicher anderweitiger Kenntnisnahme** des PlfB als unbeachtlich anzusehen.[351] Allein die Veröffentlichung des PlfB im Internet nach § 27a Abs. 1 Satz 3 heilt eine unterbliebene oder fehlerhafte Auslegung jedoch nicht (§ 27a Rdn. 19).

132 Wird die nach Satz 2 erforderliche **Rechtsbehelfsbelehrung** nicht mit ausgelegt oder in der Bekanntmachung nicht auf die Fiktionswirkung nach Satz 3 hingewiesen, so ist die besondere Fehlerfolge des § 58 Abs. 2 VwGO zu beachten.[352] Die dort geregelte Jahresfrist greift allerdings nicht, wenn der PlfB gem. Abs. 5 öffentlich bekannt gemacht wird und die Bekanntmachung eine ordnungsgemäße Rechtsbehelfsbelehrung enthält (Abs. 5 Satz 2, Halbs. 1).

VII. Bekanntgabe des PlfB im Massenverfahren (Abs. 5)

133 Die PlfBeh kann im Massenverfahren nach Abs. 5 die individuelle Zustellung nach Abs. 4 Satz 1 durch eine öffentliche Bekanntmachung ersetzen. **Zweck** der Vorschrift ist es, die Bekanntgabe des PlfB zu erleichtern, wenn ansonsten Einzelzustellungen in hoher Zahl vorzunehmen wären.[353] Abs. 5 dient damit der **Verwaltungsökonomie.** Zugleich sollen Zustellungsfehler vermieden werden, die bei einer hohen Zahl von Zustellungen erfahrungsgemäß immer wieder auftreten. Die öffentliche

347 Knack/Henneke/*Schink*, § 74 Rn. 53; Kopp/Ramsauer/*Wysk*, § 74 Rn. 144.
348 Stelkens/Bonk/Sachs/*Neumann/Külpmann*, § 74 Rn. 213; Kopp/Ramsauer/*Wysk*, § 74 Rn. 146.
349 Kopp/Ramsauer/*Wysk*, § 74 Rn. 144; *Kügel*, Der Planfeststellungsbeschluss und seine Anfechtbarkeit, S. 100.
350 *Kügel*, Der Planfeststellungsbeschluss und seine Anfechtbarkeit, S. 101.
351 Knack/Henneke/*Schink*, § 74 Rn. 54; a.A. *Kügel*, Der Planfeststellungsbeschluss und seine Anfechtbarkeit, S. 100 f.
352 *Ule/Laubinger*, Verwaltungsverfahrensrecht, § 41 Rn. 38.
353 BT-Drucks. 7/4494, S. 10.

Bekanntmachung dient damit auch der **Rechtssicherheit.** Zwar erschwert die öffentliche Bekanntmachung für den Einzelnen die Kenntnisnahme vom PlfB und damit die Rechtsverfolgung. Sie stellt aber keine im Hinblick auf Art. 19 Abs. 4 GG unzumutbare Beeinträchtigung des Rechtswegs dar.[354]

1. Voraussetzungen (Satz 1)

Die öffentliche Bekanntmachung ist an zwei **Tatbestandsvoraussetzungen** geknüpft. Sie muss durch einen Hinweis nach **§ 73 Abs. 5 Satz 2 Nr. 4b** angekündigt worden sein. Ist der Hinweis unterblieben, kann die Ankündigung durch öffentliche Bekanntmachung nachgeholt werden. Ferner müssen nach Abs. 5 **mehr als 50 Einzelzustellungen erforderlich** sein. 134

Bei der Berechnung des Schwellenwerts von 50 Zustellungen wird nach Satz 1 der Vorhabenträger nicht mitgezählt. Gezählt werden nur die für die Einwender und Umweltvereinigungen nach Abs. 4 Satz 1 erforderlichen Zustellungen. Maßgeblich ist nicht die Gesamtzahl der Einwender und Umweltvereinigungen, sondern die Zahl der Zustellungsempfänger.[355] Vertritt etwa ein Rechtsanwalt mehrere Einwender, ist nur eine Zustellung erforderlich, während der in den §§ 17 ff. vorgesehene Massenvertreter die Zustellung an die Einwender nicht entbehrlich macht (Rdn. 118). 135

2. Wegfall der Zustellungspflicht

Liegen die Tatbestandsvoraussetzungen vor, **kann** die individuelle Zustellung gegenüber den von Abs. 4 Satz 1 erfassten Einwendern und Umweltvereinigungen durch eine öffentliche Bekanntmachung ersetzt werden. Die Entscheidung liegt mithin im pflichtgemäßen **Ermessen** der PlfBeh.[356] Sie kann sich auch für eine öffentliche Bekanntmachung entscheiden und zusätzlich den PlfB nach Abs. 4 Satz 1 individuell zustellen.[357] In diesem Fall ist für den Lauf der Rechtsmittelfrist die individuelle Zustellung maßgeblich.[358] Darauf ist hinzuweisen. 136

Der Wegfall der Zustellungspflicht erstreckt sich nach Satz 1 auf alle Einwender und Planbetroffenen, **nicht aber auf den Vorhabenträger.**[359] 137

Im Falle der öffentlichen Bekanntmachung entfällt nicht nur die Notwendigkeit der individuellen Zustellung, sondern entgegen dem zu engen Wortlaut auch das Erfordernis der **ortsüblichen Bekanntmachung der Auslegung** nach Abs. 4 Satz 2, Halbs. 2. 138

354 BVerfG, Beschl. v. 28.11.1985 – 1 BvR 1113/83, NJW 1985, 729; BVerwG, Urt. v. 27.05.1983 – 4 C 40/81, BVerwGE 67, 206 (209 ff.).
355 Stelkens/Bonk/Sachs/*Neumann/Külpmann*, § 74 Rn. 215.
356 Stelkens/Bonk/Sachs/*Neumann/Külpmann*, § 74 Rn. 214; Bader/Ronellenfitsch/*Kämper*, § 74 Rn. 126; Kopp/Ramsauer/*Wysk*, § 74 Rn. 147.
357 Stelkens/Bonk/Sachs/*Neumann/Külpmann*, § 74 Rn. 214; Kopp/Ramsauer/*Wysk*, § 74 Rn. 147.
358 BVerwG, Urt. v. 05. 11. 1997 – 11 A 54/96, UPR 1998, 149.
359 Bader/Ronellenfitsch/*Kämper*, § 74 Rn. 126.

Sie wird durch die öffentliche Bekanntmachung ersetzt.[360] Die Anforderungen an den Inhalt der Bekanntmachung richten sich allein nach Abs. 5. Die öffentliche Bekanntmachung beseitigt allerdings nicht die **Pflicht zur Auslegung** des PlfB nach Abs. 4 Satz 2.[361]

3. Modalitäten der öffentlichen Bekanntmachung (Satz 2)

139 Die **öffentliche Bekanntmachung** erfolgt nach Abs. 5 Satz 2 dadurch, dass die PlfBeh den PlfB auf eigene Kosten in den örtlichen Tageszeitungen der betroffenen Region und in ihrem amtlichen Veröffentlichungsblatt bekannt macht. Die Bekanntmachung muss in entsprechender Anwendung des § 73 Abs. 5 Satz 1 **vor Beginn** der Auslegung durchgeführt werden. Zusätzlich soll der Inhalt der Bekanntmachung im **Internet** veröffentlicht werden (§ 27a Abs. 1 Satz 1; dazu § 27a Rdn. 4 ff.).

140 **Gegenstand der Bekanntmachung** sind der **verfügende Teil des PlfB**, eine **Rechtsbehelfsbelehrung** und die folgenden **Hinweise:** Nach Satz 2, Halbs. 2 ist darauf hinzuweisen, dass mit dem PlfB **Auflagen** verbunden sind. Ihr Inhalt muss nicht wiedergegeben werden. Ferner ist gemäß Satz 2, Halbs. 1 darauf hinzuweisen, dass der PlfB nach Abs. 4 Satz 2 in den betroffenen Gemeinden zwei Wochen **zur Einsicht ausliegt.** Ort und Zeit der Auslegung sind mitanzugeben. Weiter ist nach Satz 3, Halbs. 2 ein Hinweis darauf erforderlich, dass nach Ablauf der Auslegungsfrist die **Zustellungsfiktion** eintritt. Schließlich bedarf es nach Satz 4, Halbs. 2 des Hinweises, dass jeder Einwender und Betroffene den PlfB **anfordern** kann. Wird der PlfB gem. § 27a Abs. 1 Satz 3 im Internet veröffentlicht, so ist zusätzlich in der Bekanntmachung die **Internetseite** anzugeben, auf der der PlfB abgerufen werden kann (§ 27a Abs. 2; dazu § 27a Rdn. 18).

141 Mit dem in Satz 2 genannten **verfügenden Teil** des PlfB ist nicht der gesamte, sich oftmals über mehr als zwanzig Seiten erstreckende Tenor des PlfB gemeint.[362] Vielmehr genügt im Hinblick darauf, dass die öffentliche Bekanntmachung lediglich zur näheren Befassung mit dem PlfB **anstoßen** soll, eine Wiedergabe der wesentlichen Regelungen des PlfB.[363] Die öffentliche Bekanntmachung wird ihrer Anstoßfunktion gerecht, wenn sie allen Einwendern, Betroffenen und Umweltvereinigungen die Möglichkeit einer Beeinträchtigung ihrer bzw. der von ihnen zu verteidigenden Interessen oder Rechte vor Augen führt.[364] Zum wesentlichen Regelungsgehalt gehört stets eine

---

360 VGH Bayern, Beschl. v. 26.11.2002 – 22 AS 02/40076, NVwZ-RR 2003, 296 (297); Stelkens/Bonk/Sachs/*Neumann/Külpmann*, § 74 Fn. 531; Knack/Henneke/*Schink*, § 74 Rn. 63; a.A. Kopp/Ramsauer/*Wysk*, § 74 Rn. 147.

361 BVerwG, Urt. v. 31.07.2012 – 4 A 5000/10 u.a., NVwZ 2013, 284 (286); *Meyer/Borgs*, § 74 Rn. 42; *Kügel*, Der Planfeststellungsbeschluss und seine Anfechtbarkeit, S. 110 f.

362 BVerwG, Urt. v. 27.05.1983 – 4 C 40/81, BVerwGE 67, 206 (213 f.); Kopp/Ramsauer/*Wysk*, § 74 Rn. 149.

363 Zur Verfassungsmäßigkeit BVerfG, Beschl. v. 24.10.2017 – 1 BvR 877/13, NVwZ 2018, 579 (580).

364 BVerwG, Urt. v. 31.07.2012 – 4 A 5000/10 u. a., NVwZ 2013, 284 (286); Urt. v. 27.05.1983 – 4 C 40/81 u. a., BVerwGE 67, 206 (214).

Beschreibung der Zulassungsentscheidung für das Gesamtprojekt einschließlich der ggf. erteilten Anordnung des Sofortvollzugs. Hierbei sind die wesentlichen Merkmale des Vorhabens, seiner Auswirkungen auf die Umgebung und der hierzu ergangenen Regelungen darzustellen.[365] **Nicht zum wesentlichen Regelungsgehalt** gehören die Nebenentscheidungen wie der Inhalt von Auflagen, Bedingungen, Vorbehalten oder Einzeleinwendungen. Die auch nur auszugsweise Wiedergabe der Begründung ist stets entbehrlich.

4. Zustellungsfiktion (Satz 3)

Mit dem Ende – d.h. am Ende des letzten Tages der zweiwöchigen Auslegungsfrist (Rdn. 126) – gilt der PlfB nach Satz 3 als zugestellt. Die **Zustellungsfiktion** erstreckt sich auf alle Einwender, Planbetroffenen und – obwohl vom Wortlaut nicht ausdrücklich erfasst – stellungnahmeberechtigten Umweltvereinigungen i.S.v. § 73 Abs. 4 Satz 5. Mit Eintritt der Zustellungsfiktion wird der PlfB ihnen gegenüber wirksam. 142

Unterbleibt die öffentliche Bekanntmachung oder fehlen in der Bekanntmachung wesentliche Inhalte bzw. Hinweise, die zur Erfüllung der Anstoßfunktion notwendig sind, kann die Zustellungsfiktion grundsätzlich nicht eintreten. Allerdings gelten die Rechtsgedanken der §§ 46 VwVfG, 8 VwZG im Rahmen von Abs. 5 – wie auch bei der Auslegung nach Abs. 4 Satz 2 und 3 (Rdn. 131) – entsprechend.[366] Daher tritt die Zustellungswirkung analog §§ 46 VwVfG, 8 VwZG trotz fehlender oder fehlerhafter öffentlicher Bekanntmachung des PlfB ein, wenn der Betroffene anderweitig vom PlfB Kenntnis erlangt. Fehlt bei der öffentlichen Bekanntmachung die in Abs. 5 vorgeschriebene Rechtsbehelfsbelehrung, dann läuft anstelle der Monatsfrist nach § 58 Abs. 2 VwGO die Jahresfrist.[367] 143

5. Anforderungsrecht (Satz 4)

Satz 4 räumt Einwendern und Betroffenen einen Anspruch ein, ein Exemplar des PlfB anzufordern. Umweltvereinigungen i.S.v. § 73 Abs. 4 Satz 5 sind in Satz 4 ausdrücklich nicht erwähnt, was im Hinblick auf ihre durch das PlVereinhG eigentlich bezweckte verfahrensrechtliche Gleichstellung mit Betroffenen[368] nicht konsequent erscheint. 144

Erforderlich ist nach Satz 4 ein schriftlicher Antrag, in dem nötigenfalls die Berechtigung glaubhaft zu machen und die Zustellanschrift anzugeben ist. Dieser Antrag muss bis zum Ablauf der Rechtsbehelfsfrist bei der PlfBeh eingehen, also regelmäßig bis 145

---

365 BVerwG, Urt. v. 27.05.1983 – 4 C 40/81, BVerwGE 67, 206 (214 f.); VGH Bayern, Urt. v. 23.06.1981 – 20 B 80 D.20, NVwZ 1982, 128 (129).

366 Stelkens/Bonk/Sachs/*Neumann/Külpmann*, § 74 Rn. 221; a.A. *Kügel*, Der Planfeststellungsbeschluss und seine Anfechtbarkeit, S. 112 ff.

367 Stelkens/Bonk/Sachs/*Neumann/Külpmann*, § 74 Rn. 221; Kopp/Ramsauer/*Wysk*, § 74 Rn. 152.

368 Vgl. BT-Drucks. 17/9666, Begründung S. 4.

zum Ende der einmonatigen Klagefrist des § 74 Abs. 1 Satz 2 VwGO.[369] Die PlfBeh ist in diesem Fall verpflichtet, den vollständigen PlfB – nicht hingegen die festgestellten Planunterlagen – auf ihre Kosten an den Berechtigten zu übersenden.[370]

146 Der Berechtigte soll durch die Übersendung des PlfB in die Lage versetzt werden, die Erfolgsaussichten eines Rechtsbehelfs zu prüfen. Aus diesem Grund besteht eine Verpflichtung zur **unverzüglichen Übermittlung.** Der Berechtigte kann die Erfüllung dieser Verpflichtung ggf. mit der einstweiligen Anordnung erzwingen.[371] Zögert die PlfBeh die Übersendung schuldhaft hinaus, ist im Fall einer dadurch eintretenden Versäumung der Klage- bzw. der Klagebegründungsfrist Wiedereinsetzung in den vorigen Stand nach § 60 VwGO zu gewähren.[372]

VIII. Plangenehmigung (Abs. 6)

147 Die PlG stellt eine gegenüber dem PlfB vereinfachte Zulassungsentscheidung dar. Der **Zweck** der Vorschrift ist es, das förmliche PlfV auf Fälle komplexer und umstrittener Planung zu beschränken. Durch die formlose PlG soll eine **Vereinfachung und Beschleunigung** des Planungsverfahrens herbeigeführt werden.[373]

148 Wann die PlfBeh das vereinfachte Verfahren wählen kann, wird in erster Linie durch die in Abs. 6 festgeschriebenen Voraussetzungen bestimmt. Nach den Änderungen durch das PlVereinhG finden sich im Fachplanungsrecht nur noch vereinzelt Vorgaben, die eine PlG entweder unter engeren Voraussetzungen zulassen (vgl. etwa § 9b Abs. 1 Satz 2 AtomG, § 35 Abs. 3 KrWG, § 68 Abs. 2 WHG, § 65 Abs. 2 Satz 1 UVPG) oder den Anwendungsbereich der PlG über Abs. 6 hinaus erweitern (vgl. § 17b Nr. 1 FStrG).

1. Voraussetzungen der Plangenehmigung

149 Nach Abs. 6 Satz 1 kann eine PlG unter drei **Tatbestandsvoraussetzungen** ergehen. Zunächst muss gem. Abs. 6 Satz 1 Nr. 1 ein unumstrittenes Planvorhaben vorliegen, weil entweder Rechte Dritter nicht oder nur unwesentlich beeinträchtigt werden (1. Alt.) oder alle Drittbetroffenen der Inanspruchnahme ihrer Rechte schriftlich zustimmen (2. Alt.). Ferner muss nach Abs. 6 Satz 1 Nr. 2 das Benehmen mit den Trägern öffentlicher Belange hergestellt werden. Schließlich ist eine PlG ausgeschlossen, wenn nach anderen Rechtsvorschriften ein Verfahren angeordnet ist, das den Anforderungen des Anhörungsverfahrens nach § 73 entsprechen muss (Abs. 6 Satz 1 Nr. 3).

---

369 Vgl. *Kügel*, Der Planfeststellungsbeschluss und seine Anfechtbarkeit, S. 111.
370 Knack/Henneke/*Schink*, § 74 Rn. 65.
371 *Kügel*, Der Planfeststellungsbeschluss und seine Anfechtbarkeit, S. 112.
372 VGH Bayern, Urt. v. 23.06.1981 – 20 B 80 D.20, NVwZ 1982, 128 (129); Knack/Henneke/*Schink*, § 74 Rn. 65.
373 BT-Drucks. 13/1445, S. 7; BT-Drucks. 17/9666, Begründung S. 19; Stelkens/Bonk/Sachs/*Neumann/Külpmann*, § 74 Rn. 223; Kopp/Ramsauer/*Wysk*, § 74 Rn. 155.

a) Keine wesentliche Rechtsbeeinträchtigung (Satz 1 Nr. 1, 1. Alt.)

aa) »Rechte anderer«

Nach Abs. 6 Satz 1 Nr. 1, 1. Alt. muss ausgeschlossen werden können, dass **Rechte anderer** durch das geplante Vorhaben nicht nur unwesentlich beeinträchtigt werden. Mit den Rechten anderer sind ausschließlich **materielle Rechtspositionen** gemeint, die durch das Planvorhaben in Mitleidenschaft gezogen werden können.[374] Der Begriff ist damit enger gefasst als der in § 73 Abs. 4 Satz 1 verwandte Terminus der »Belange« (hierzu Rdn. 39 ff.).[375] Erfasst werden insbesondere alle von Art. 14 Abs. 1 GG geschützten vermögenswerten Rechte (Grundeigentum, dingliche Rechte etc.) und das von Art. 2 Abs. 2 GG geschützte Recht auf körperliche Unversehrtheit.[376] Geschützt sind nicht nur die subjektiven Rechte privatrechtlicher, sondern auch öffentlich-rechtlicher Rechtspersonen.[377] Darum ist grundsätzlich auch zu prüfen, ob das Privateigentum oder die Planungshoheit der betroffenen Gemeinden beeinträchtigt wird. Nicht erfasst werden bloße Verfahrensrechte. 150

Da der Begriff der »Rechte anderer« in 74 Abs. 6 Satz 1 Nr. 1, 1. Alt. nur subjektive Rechte umfasst, stehen Beeinträchtigungen von Allgemeininteressen wie **Umwelt- oder Naturschutzbelangen**, die von Umweltvereinigungen nach § 73 Abs. 4 Satz 4 Satz 5 geltend gemacht werden können, der PlG nicht entgegen.[378] Die PlG kann daher auch dann ergehen, wenn das Vorhaben erhebliche Auswirkungen auf öffentliche Belange hat.[379] Etwas anderes gilt nur bei einer spezialgesetzlichen Beschränkung auf unwesentliche Fälle (vgl. § 35 Abs. 3 KrWG). »Rechte anderer« i.S.v. Abs. 6 Satz 1 Nr. 1, 1. Alt. sind ferner nicht die in § 73 oder nach den §§ 63 Abs. 1 Nr. 3, Abs. 2 Nr. 6 BNatSchG für anerkannte Naturschutzvereinigungen gewährten Verfahrensrechte.[380] Das **Grundeigentum** einer Natur- oder Umweltvereinigung ist hingegen ein subjektives Recht i.S.v. Abs. 6 Abs. 1 Satz 1 Nr. 1, 1. Alt. 151

bb) Keine oder nur unwesentliche Beeinträchtigung

Ob durch das Planvorhaben eine Rechtsbeeinträchtigung bewirkt wird, muss die PlfBeh aufgrund einer **Prognose** der von dem Vorhaben zu erwartenden Auswirkungen 152

374 Stelkens/Bonk/Sachs/*Neumann/Külpmann*, § 74 Rn. 227.

375 BVerwG, Beschl. v. 31.10.2000 – 11 VR 12/00, NVwZ 2001, 90; Beschl. v. 29.12.1994 – 7 VR 12/94, Buchholz 442.09, § 18 AEG Nr. 3, S. 2; Stelkens/Bonk/Sachs/*Neumann/Külpmann*, § 74 Rn. 227; Kopp/Ramsauer/*Wysk*, § 74 Rn. 163.

376 BVerwG, Urt. v. 22.03.1995 – 11 A 1/95, BVerwGE 98, 100 (104 f.); Bader/Ronellenfitsch/*Kämper*, § 74 Rn. 134.

377 Stelkens/Bonk/Sachs/*Neumann/Külpmann*, § 74 Rn. 227.

378 BVerwG, Urt. v. 28.03.2007 – 9 A 17/06, UPR 2007, 386 (387); Bader/Ronellenfitsch/*Kämper*, § 74 Rn. 134.

379 BVerwG, Beschl. v. 15.12.1994 – 7 VR 17/94, UPR 1995, 229 (230); Stelkens/Bonk/Sachs/*Neumann/Külpmann*, § 74 Rn. 244; *Jarass*, DVBl 1997, 795 (797).

380 BVerwG, Urt. v. 14.05.1997 – 11 A 43.96, BVerwGE 104, 367 (369); Urt. v. 22.03.1995 – 11 A 1/95, BVerwGE 98, 100 (105).

entscheiden.[381] Diese Prognoseentscheidung setzt eine dem Untersuchungsgrundsatz des § 24 genügende Tatsachenermittlung voraus und kann vom Gericht grundsätzlich vollständig überprüft werden.

153 Von einer **Beeinträchtigung** fremder Rechte kann nicht schon dann gesprochen werden, wenn diese Rechte in irgendeiner Weise berührt oder beeinflusst werden.[382] Vielmehr liegt eine Beeinträchtigung nur vor, wenn ein **direkter Zugriff** auf das betroffene Recht gegeben ist[383] und bei saldierender Betrachtungsweise der von dem Vorhaben auf bestimmte Rechte ausgehenden vor- und nachteiligen Wirkungen ein »Minus« verbleibt. Ist dieses »Minus« nur **unwesentlich**, so kann eine PlG gem. Abs. 6 Satz 1 Nr. 1, 1. Alt. gleichwohl ergehen. Insofern normiert das VwVfG seit seiner Änderung durch das PlVereinhG eine zuvor bereits z.T. fachplanungsrechtlich vorgesehene **Bagatellgrenze** (vgl. etwa § 17b Abs. 1 Nr. 2 FStrG a.F.; § 18b Nr. 2 AEG a.F.). Wann eine Beeinträchtigung unwesentlich ist, lässt sich aufgrund der Unbestimmtheit des Begriffs allerdings nur schwer abgrenzen. Laut Gesetzesbegründung soll eine unwesentliche Beeinträchtigung etwa dann vorliegen, wenn ein Grundstück »in sehr geringem Maße oder nur vorübergehend in Anspruch genommen werden soll, etwa als vorübergehende Baufläche im Rahmen einer Straßenbaumaßnahme oder durch die Behinderung einer Grundstückszufahrt, wenn andere Zufahrtsmöglichkeiten nur mit unverhältnismäßigem Mehraufwand genutzt werden können.«[384] Es ist daher von einem eher restriktiven Verständnis des Begriffs der »unwesentlichen Beeinträchtigung« auszugehen, zumal die Gesetzesbegründung betont, dass der Anwendungsbereich der PlG durch die Einfügung der Bagatellgrenze in Abs. 6 Satz 1 Nr. 1, 1. Alt. nur »maßvoll«[385] erweitert werden soll.

b) Einverständnis der Planbetroffenen (Satz 1 Nr. 1, 2. Alt.)

154 Ist eine mehr als unwesentliche Rechtsbeeinträchtigung zu erwarten, kann eine PlG gem. Abs. 6 Satz 1 Nr. 1, 2. Alt. nur ergehen, wenn ein **schriftliches Einverständnis** der Planbetroffenen vorliegt. Das Einverständnis muss sich nicht auf die Durchführung des Plangenehmigungsverfahrens, sondern auf die Inanspruchnahme des Eigentums oder sonstigen Rechts richten. Das Einverständnis ist daher ein materiell-rechtlicher Rechtsverzicht gegenüber dem Vorhabenträger. Da das Einverständnis aber zugleich zur Vorlage bei der PlfBeh bestimmt und zwingende Verfahrensvoraussetzung einer PlG ist, liegt auch eine Verfahrenshandlung vor. Die Einverständniserklärung hat daher eine **Doppelnatur** als privatrechtlicher Rechtsverzicht und als öffentlich-rechtliche Verfahrenshandlung. Wegen der Einbettung in das Verwaltungsverfahren gelten für sie primär die Vorschriften über **öffentlich-rechtliche Verfahrenshandlungen**, so etwa

381 Knack/Henneke/*Schink*, § 74 Rn. 261; Kopp/Ramsauer/*Wysk*, § 74 Rn. 164; Mann/Senekamp/Uechtritz/*Lieber*, § 74 Rn. 413 f.

382 Knack/Henneke/*Schink*, § 74 Rn. 260.

383 BVerwG, Urt. v. 28.03.2007 – 9 A 17/06, UPR 2007, 386 (387); Beschl. v. 31.10.2000 – 11 VR 12/00, NVwZ 2000, 90; Knack/Henneke/*Schink*, § 74 Rn. 260.

384 BT-Drucks. 17/9666, Begründung S. 19.

385 BT-Drucks. 17/9666, Begründung S. 19.

die Wirksamkeitsvoraussetzungen der §§ 11, 12 und 14 sowie die Regelungen über Rücknahme, Widerruf und Anfechtung.[386] Wegen des Vorlagezwecks fordert Abs. 6 Satz 1 Nr. 1, 2. Alt. ferner die **Schriftform.** Sie richtet sich aufgrund ihrer öffentlich-rechtlichen Nachweisfunktion nach § 64. Die Erklärung bedarf nicht der notariellen Beurkundung i.S.d. § 311b BGB, da sie nicht die Pflicht zur Veräußerung benötigter Grundstücke enthält.[387] Das Einverständnis kann auch wirksam unter einer Bedingung (etwa Zuerkennung von Schutzmaßnahmen oder einer angemessenen Entschädigung in Geld) abgegeben werden.[388] Das Einverständnis gilt auch für einen Rechtsnachfolger.[389] Es muss erst im Zeitpunkt der Plangenehmigungserteilung vorliegen. In der Praxis holt zumeist der Vorhabenträger vor Beginn des Plangenehmigungsverfahrens das Einverständnis ein.

c) **Benehmen mit Trägern öffentlicher Belange** (Satz 1 Nr. 2)

Als zweite Tatbestandsvoraussetzung muss die PlfBeh nach Abs. 6 Satz 1 Nr. 2 mit 155
den **Trägern öffentlicher Belange**, deren Aufgabenkreis durch das Vorhaben berührt ist, das Benehmen herstellen. Dies bedeutet nicht, dass das Einvernehmen oder die Zustimmung der zu beteiligenden Drittbehörden notwendig ist.[390] Vielmehr ist den Trägern öffentlicher Belange lediglich Gelegenheit zur Stellungnahme zu geben.[391] Dies setzt wie bei der Behördenanhörung nach § 73 Abs. 2 voraus, dass die Träger öffentlicher Belange vom Planvorhaben und vom Genehmigungsverfahren informiert werden und ihnen eine angemessene Frist zur Stellungnahme eingeräumt wird.

Eine Beteiligungspflicht besteht nur gegenüber Behörden, deren **Aufgabenkreis** durch 156
das Vorhaben berührt wird. Wie bei § 73 Abs. 2 genügt es, wenn objektiv zu erwarten ist, dass der öffentlich-rechtliche Aufgabenkreis der Behörde berührt wird (§ 73 Rdn. 33 f.). Da Naturschutz- und Umweltvereinigungen außerhalb der öffentlichen Verwaltung stehen, sind sie nicht als Träger öffentlicher Belange zu beteiligen.[392]

386 VGH Baden-Württemberg, Urt. v. 06.04.2004 – 8 S 1997/03, NVwZ-RR 2005, 377 (378); Stelkens/Bonk/Sachs/*Neumann/Külpmann*, § 74 Rn. 237.

387 VGH Baden-Württemberg, Urt. v. 06.04.2004 – 8 S 1997/03, NVwZ-RR 2005, 377 (378); einschränkend Knack/Henneke/*Schink*, § 74 Rn. 264; a.A. Stelkens/Bonk/Sachs/*Neumann/Külpmann*, § 74 Rn. 240.

388 Stelkens/Bonk/Sachs/*Neumann/Külpmann*, § 74 Rn. 238.

389 VGH Baden-Württemberg, Urt. v. 06.04.2004 – 8 S 1997/03, NVwZ-RR 2005, 377 (379).

390 BVerwG, Beschl. v. 31.10.2000 – 11 VR 12/00, NVwZ 2001, 90 (91); Urt. v. 29.04.1993 – 7 A 2/92, BVerwGE 92, 258 (262); Knack/Henneke/*Schink*, § 74 Rn. 265; Bader/Ronellenfitsch/*Kämper*, § 74 Rn. 136.

391 BVerwG, Beschl. v. 31.10.2000 – 11 VR 12/00, NVwZ 2001, 90 (91); Urt. v. 29.04.1993 – 7 A 2/92, BVerwGE 92, 258 (262); Stelkens/Bonk/Sachs/*Neumann/Külpmann*, § 74 Rn. 242.

392 BVerwG, Urt. v. 14.05.1997 – 11 A 43/96, NVwZ 1998, 279 (280).

d) Keine anderweitige Anordnung der Öffentlichkeitsbeteiligung (Satz 1 Nr. 3)

157 Der durch das PlVereinhG neu eingefügte Abs. 6 Satz 1 Nr. 3 stellt klar, dass eine PlG zu unterbleiben hat, wenn andere Rechtsvorschriften eine Öffentlichkeitsbeteiligung vorschreiben, die den Anforderungen des § 73 Abs. 3 Satz 1 und Abs. 4 bis 7 entsprechen muss. Die Regelung zielt darauf ab, einen Konflikt mit § 18 Abs. 1 Satz 4 UVPG zu vermeiden, nach dem bei UVP-pflichtigen Vorhaben ein Verfahren nach § 73 Abs. 3 Satz 1 und Abs. 5 bis 7 durchzuführen ist.[393] Insofern übernimmt das VwVfG die vor Inkrafttreten des PlVereinhG fachplanungsrechtlich bestehenden Regelungen, die eine PlG grundsätzlich nur dann zuließen, wenn ein Vorhaben nicht UVP-pflichtig war (vgl. etwa § 17b Abs. 1 Nr. 1 FStrG a.F.; § 14b Nr. 1 WaStrG a.F., § 14b Abs. 1 Nr. 1 WaStrG, § 28 Abs. 1a Nr. 1 PBefG, § 43b Abs. 1 Nr. 1 EnWG). Fachplanungsrecht und VwVfG sind gleichwohl auch nach den Änderungen durch das PlVereinhG nicht vollständig harmonisiert. So lässt § 17b Abs. 1 Nr. 1 FStrG unter den dort genannten Voraussetzungen eine PlG auch bei UVP-Pflichtigkeit eines Vorhabens ausnahmsweise zu. Eine Öffentlichkeitsbeteiligung erfolgt in diesen Fällen gem. § 17b Abs. 1 Nr. 1 Satz 2 FStrG entsprechend § 18 Abs. 2 UVPG im Rahmen des Plangenehmigungsverfahrens. Ob das Vorhaben UVP-pflichtig ist, richtet sich bei einer erstmaligen Zulassung nach §§ 6 bis 8 UVPG, bei einer Änderung eines planfestgestellten Vorhabens nach den § 9 UVPG.

2. Rechtsfolge

158 Sind die Tatbestandsvoraussetzungen erfüllt, **kann** die PlfBeh nach Abs. 6 Satz 1 anstelle des PlfB eine PlG erlassen. Die Entscheidung liegt folglich in ihrem pflichtgemäßen **Ermessen.**[394] Die PlfBeh sollte sich daran orientieren, ob durch die PlG eine abwägende Bewältigung sämtlicher planerischer Konflikte möglich ist und ob durch die PlG eine Vereinfachung und Beschleunigung des Verfahrens eintritt. Insbesondere ist auch zu berücksichtigen, in welchem Umfang **Belange des Allgemeininteresses** (etwa nach dem BNatSchG) durch das Vorhaben beeinträchtigt werden. Da Abs. 6 Satz 1 Nr. 1 nur an die Rechte von Privatpersonen bzw. die Rechte der Gemeinden anknüpft, kann eine PlG grundsätzlich auch in den Fällen erfolgen, in denen allgemeine Belange in hohem Maße betroffen sind (vgl. Rdn. 151). In diesen Konstellationen wird manches für ein Zurücktreten des Beschleunigungs- und Vereinfachungsinteresses hinter dem Interesse an einem förmlichen PlfV sprechen.[395] Im Falle von Beeinträchtigungen von Naturschutzbelangen ist insbesondere auch zu berücksichtigen, in welchem Umfang die Wahl des Plangenehmigungsverfahrens zu einer Beschränkung der Beteiligungsrechte anerkannter Naturschutz- und Umweltvereinigungen führt, denen das Gesetz im PlfV eigentlich eine gewichtige Rolle zuerkennt (vgl. nur § 73 Abs. 4 Satz 5 sowie Abs. 6 Satz 1).

---

393 BT-Drucks. 17/9666, Begründung S. 20.

394 Stelkens/Bonk/Sachs/*Neumann/Külpmann*, § 74 Rn. 226; Knack/Henneke/*Schink*, § 74 Rn. 267.

395 Vgl. auch Kopp/Ramsauer/*Wysk*, § 74 Rn. 162.

Die PlG ist ein **Verwaltungsakt** in Form einer Allgemeinverfügung gem. § 35 Satz 2.[396] Sie ist ebenso wie der PlfB eine planerische Entscheidung.[397] Ihr können Nebenbestimmungen unter den Voraussetzungen des § 36 Abs. 2 beigefügt werden.[398] Insbesondere gilt dies für Schutzauflagen für nur unwesentlich Betroffene. Ein Vorbehalt nach Abs. 3 ist dagegen wegen Abs. 6 Satz 2 Halbs. 2 und mangels Vorliegen der Voraussetzungen unzulässig.[399] 159

3. Verfahren

Übt die PlfBeh ihr Ermessen zugunsten einer PlG aus, finden nach Abs. 6 Satz 2, Halbs. 2 die Vorschriften über das PlfV keine Anwendung. Die PlfBeh führt vielmehr ein **formloses Verfahren** durch, das sich grundsätzlich nach den **allgemeinen Vorschriften des VwVfG** richtet (insbesondere die §§ 9 ff., 28, 29, 41 und 71a bis e).[400] Die Befreiung von den förmlichen Vorschriften der §§ 72 ff. dient der Beschleunigung und Vereinfachung des Verfahrens. 160

Keine Anwendung finden daher gem. Abs. 6 Satz 2, Halbs. 2 insbesondere die Vorschriften über die **Öffentlichkeitsbeteiligung** nach § 73 Abs. 3 bis 7. Fachgesetzlich kann gleichwohl ausnahmsweise eine Öffentlichkeitsbeteiligung vorgesehen sein (vgl. § 17b Abs. 1 Nr. 1 Satz 2 FStrG). Nur in diesen Ausnahmefällen besteht auch ein Mitwirkungsrecht anerkannter Naturschutzvereinigungen gem. § 63 Abs. 1 Nr. 4 BNatSchG. Aus Vereinfachungsgründen gelten gem. Abs. 6 Satz 2, Halbs. 2 ferner nicht die für den **Inhalt und die Auslegung** des PlfB anzuwendenden Regelungen des Abs. 1 bis 3 sowie Abs. 4 Satz 2 und 3. Für die in Abs. 2 Satz 2 und 3 im Interesse Drittbetroffener vorgesehene Möglichkeit, Schutz- und Geldausgleichsauflagen festzusetzen, besteht keine Notwendigkeit, weil die Rechte der Drittbetroffenen durch Abs. 6 Satz 1 Nr. 1 ausreichend geschützt werden.[401] 161

Entsprechend auf die PlG **anwendbar** sind hingegen nach Abs. 6 Satz 2, Halbs. 3 die **Bekanntgabevorschriften** des Abs. 4 Satz 1 sowie des Abs. 5. Diese durch das PlVereinhG neu eingefügte Regelung soll dem Umstand Rechnung tragen, dass eine PlG nunmehr gem. Abs. 6 Satz 1 Nr. 1, 1. Alt. auch bei unwesentlichen Rechtsbeeinträchtigungen zulässig ist (Rdn. 153) und daher die Situation eintreten kann, dass im Rahmen der PlG über Einwendungen Betroffener entschieden wird. Diese sind dann nach Abs. 4 Satz 1 zu informieren.[402] Die entsprechende Anwendbarkeit von 162

396 Vgl. nur BVerwG, Urt. v. 07.12.2006 – 4 C 16/04, BVerwGE 127, 208 (211 f.).
397 Knack/Henneke/*Schink*, § 74 Rn. 273; Kopp/Ramsauer/*Wysk*, § 74 Rn. 156.
398 Knack/Henneke/*Schink*, § 74 Rn. 272.
399 Stelkens/Bonk/Sachs/*Neumann/Külpmann*, § 74 Rn. 248.
400 Stelkens/Bonk/Sachs/*Neumann/Külpmann*, § 74 Rn. 245 ff.; Kopp/Ramsauer/*Wysk*, § 74 Rn. 168.
401 BVerwG, Urt. v. 14.11.2001 – 11 A 31/00, BVerwGE 115, 237 (239 f.); Urt. v. 25.09.1996 – 11 A 20/96, BVerwGE 102, 74 (76); OVG Nordrhein-Westfalen, Urt. v. 21.11.2012 – 16 D 28/10.AK, UPR 2013, 190 (192); Stelkens/Bonk/Sachs/*Neumann/Külpmann*, § 74 Rn. 247; a.A. Mann/Sennekamp/Uechtritz/*Lieber*, § 74 Rn. 454 ff.
402 BT-Drucks. 17/9666, Begründung S. 20.

Abs. 5 ermöglicht es, die individuelle Zustellung nach Abs. 4 Satz 1 durch öffentliche Bekanntmachung zu ersetzen. In diesem Fall ist auch § 27a Abs. 1 zu beachten (Rdn. 4 ff.). Die Information des Vorhabenträgers hat gem. Abs. 6 Satz 2, Halbs. 3 i.V.m. Abs. 5 Satz 1 stets durch Zustellung nach Abs. 4 Satz 1 zu erfolgen (vgl. Rdn. 137).

4. **Rechtswirkungen**

163 Die PlG hat nach Abs. 6 Satz 2 grundsätzlich alle **Rechtswirkungen** des PlfB.[403] Sie hat insbesondere die in § 75 Abs. 1 Satz 1 beschriebene **Genehmigungs- und Konzentrationswirkung**[404] und ersetzt daher alle nach anderen Vorschriften erforderlichen behördlichen Entscheidungen (Erlaubnisse, Bewilligungen etc.; dazu § 75 Rdn. 4). Die PlG hat ferner die in § 75 Abs. 1 Satz 2, Abs. 2 Satz 1 beschriebene **Gestaltungs- und Ausschlusswirkung.**[405] Sie ändert also die öffentlich-rechtlichen Rechtsbeziehungen zwischen dem Vorhabenträger und dem Planbetroffenen und schließt Unterlassungs- und Abwehransprüche aus (dazu § 75 Rdn. 8 ff.).

164 Ferner hat die PlG nach der Änderung des Abs. 6 Satz 2, Halbs. 1 durch das PlVereinhG nunmehr entsprechend dem PlfB **enteignungsrechtliche Vorwirkung.** Die der ursprünglichen Gesetzesfassung zugrundeliegende Wertung, dass das vereinfachte Verfahren der PlG keine ausreichende Grundlage für eine Enteignung darstelle,[406] ist vom Gesetzgeber aufgegeben worden. Insofern wurde eine Angleichung an den Teil des Fachplanungsrechts erreicht, der bereits vor Inkrafttreten des PlVereinhG eine enteignungsrechtliche Vorwirkung der PlG vorsah (vgl. etwa § 18b Nr. 3 AEG a.F., § 17b Abs. 1 Nr. 3 FStrG a.F.). Da die PlG dieselben Rechtswirkungen wie der PlfB hat, setzt die enteignungsrechtliche Vorwirkung der PlG stets voraus, dass sie fachgesetzlich **für den PlfB** angeordnet ist (hierzu § 75 Rdn. 11), es sei denn, dass das Gesetz sie ausdrücklich auch für die PlG anordnet (so etwa § 22 Abs. 2 AEG, § 19 Abs. 2 FStrG, § 28 Abs. 2 LuftVG). Ferner müssen die von einer Enteignung möglicherweise Betroffenen im Genehmigungsverfahren beteiligt worden sein.

165 Die **Wirksamkeitsdauer** der PlG ist nach Abs. 6 Satz 4 ausdrücklich geregelt. Die PlG tritt ebenso wie ein PlfB nach § 75 Abs. 4 stets außer Kraft, wenn nicht innerhalb von 5 Jahren nach Eintritt der Unanfechtbarkeit der PlG mit der Durchführung des Planvorhabens begonnen wird (§ 75 Rdn. 42 ff.).

166 Für die **nachträgliche Ergänzung, Änderung und Aufhebung** der PlG enthält Abs. 6 keine Regelung. Abs. 6 Satz 2 schließt die Vorschriften über das PlfV nur für die **Erteilung** der PlG aus und steht daher einer entsprechenden Anwendung der §§ 76, 77 für die Änderung und Aufhebung der PlG nicht entgegen.[407] Ebenso wenig ist die

403 Siehe eingehend Mann/Sennekamp/Uechtritz/*Lieber*, § 74 Rn. 464 ff.
404 Kopp/Ramsauer/*Wysk*, § 74 Rn. 171.
405 Knack/Henneke/*Schink*, § 74 Rn. 276.
406 BT-Drucks. 13/3995 S. 10; BT-Drucks. 13/1445, S. 7.
407 *Jarass*, DVBl 1997, 795 (797); einschränkend Stelkens/Bonk/Sachs/*Neumann/Külpmann*, § 74 Rn. 248.

Ergänzung einer PlG um nachträgliche Schutzauflagen nach § 75 Abs. 2 Satz 2 bis 5, Abs. 3 explizit ausgeschlossen. Da die PlG weitgehend dieselben Rechtswirkungen hat wie der PlfB, erscheint die sinngemäße Anwendung dieser Vorschriften ungeachtet der Tatsache sinnvoll, dass die entsprechenden Bestimmungen in Abs. 2 Satz 2 und 3 bei der Erteilung der PlG nicht anwendbar sind.

5. Rechtsschutz

Will ein Drittbetroffener oder eine Umweltvereinigung die PlG anfechten oder will der Vorhabenträger auf Erlass einer PlG klagen, dann ist nach Abs. 6 Satz 3 **kein Vorverfahren** erforderlich. Vielmehr kann in jedem Fall unmittelbar vor den Verwaltungsgerichten Anfechtungs- oder Verpflichtungsklage erhoben werden. 167

Die **Entscheidung für die Durchführung eines formlosen Plangenehmigungsverfahrens** anstelle eines förmlichen PlfV ist eine verfahrensrechtliche Zwischenentscheidung, die nach § 44a Satz 1 VwGO grundsätzlich nicht vor Abschluss des behördlichen Verfahrens angefochten werden kann.[408] Ob die Voraussetzungen für eine PlG vorliegen, wird daher grundsätzlich erst im Rahmen der Anfechtung der PlG geprüft. 168

Für die Erhebung der Anfechtungs- oder Verpflichtungsklage läuft grundsätzlich gem. § 74 Abs. 1 VwGO eine **Klagefrist** von einem Monat nach Bekanntgabe der PlG. Wird die PlG einem Drittbetroffenen oder einer Umweltvereinigung nicht bekannt gegeben, dann läuft keine Frist. Die PlG kann daher theoretisch auch noch lange Zeit nach Durchführung des Planvorhabens angefochten werden. In diesem Fall gelten allerdings die zum Baunachbarrecht entwickelten Grundsätze über die **Verwirkung** des Klagerechts.[409] Der Drittbetroffene oder die Umweltvereinigung haben daher das Klagerecht verwirkt, wenn sie sichere Kenntnis von der PlG erlangt haben oder hätte erlangen müssen und nicht analog §§ 74 Abs. 1, 58 Abs. 2 VwGO innerhalb eines Jahres nach Kenntniserlangung bzw. Kennenmüssen Klage erhoben haben. Auf Verwirkung kann sich der Vorhabenträger nach § 242 BGB nicht berufen, wenn er dem Dritten die PlG bewusst verschweigt und ihn über nachteilige Auswirkungen des genehmigten Vorhabens auf seine Interessen im Unklaren lässt.[410] 169

Die nach § 42 Abs. 2 VwGO erforderliche **Klagebefugnis** ist beim **Vorhabenträger** regelmäßig gegeben, wenn er auf Erteilung einer abgelehnten PlG klagt oder Auflagen einer PlG anficht. 170

Dritte sind gem. § 42 Abs. 2 VwGO klagebefugt, wenn sie möglicherweise in eigenen Rechten verletzt sind. Sie können sich regelmäßig nur auf materiell-rechtliche Rechtspositionen berufen, weil die verwaltungsverfahrensrechtlichen Vorschriften grundsätzlich 171

408 Stelkens/Bonk/Sachs/*Neumann/Külpmann*, § 74 Rn. 254; Kopp/Ramsauer/*Wysk*, § 74 Rn. 174.

409 Offengelassen in BVerwG, Urt. v. 27.11.1996 – 11 A 100/95, NVwZ 1997, 994 (995).

410 Offengelassen in BVerwG, Urt. v. 27.11.1996 – 11 A 100/95, NVwZ 1997, 994 (995).

keine selbstständig durchsetzbaren Rechte verleihen (vgl. § 73 Rdn. 202 ff.).[411] Abs. 6 Satz 1 Nr. 1 ist drittschützend. Dem Planbetroffenen kann ausnahmsweise die Klagebefugnis fehlen, wenn er unstreitig eine wirksame Einverständniserklärung nach Abs. 6 Satz 1 Nr. 1, 2. Alt. abgegeben und damit auf entgegenstehende Rechte verzichtet hat.

172 Nach Bundesrecht anerkannte **Umweltvereinigungen** können gem. § 2 Abs. 1 und 3 UmwRG das Fehlen einer UVP oder die Verletzung von Vorschriften, die dem Umweltschutz dienen, geltend machen, wenn die PlfBeh zu Unrecht davon ausgegangen ist, dass kein UVP-pflichtiges Vorhaben vorliegt (§ 1 Abs. 1 Satz 2 UmwRG).[412] Dabei ist zu beachten, dass sich die gerichtliche Prüfung nur auf das Bestehen einer UVP-Pflicht und einer Verletzung von Umweltvorschriften bezieht. Die Rechtmäßigkeit der PlG im Übrigen kann nicht überprüft werden.[413] Beruht die Einschätzung der PlfBeh auf dem Ergebnis einer UVP-Vorprüfung, kann deren Ergebnis nur auf seine Nachvollziehbarkeit überprüft werden (§ 5 Abs. 3 Satz 2 UVPG).[414] Eine Umgehung ihres Beteiligungsrechts nach § 63 Abs. 1 Nr. 3, Abs. 2 Nr. 6 BNatSchG im PlfV können anerkannte **Naturschutzvereinigungen** dagegen nicht mehr rügen, da § 64 BNatSchG auch bei Durchführung eines gebotenen PlfV nach § 1 Abs. 3 UmwRG keine Anwendung mehr findet.[415] Weitergehende Klagerechte haben Naturschutzvereinigungen, wenn im Rahmen der PlG ausnahmsweise ein Recht zur Mitwirkung nach § 63 Abs. 1 Nr. 4 BNatSchG besteht (Rdn. 161). Dann können sie sowohl die Verletzung von Naturschutzbelangen i.S.v. § 64 Abs. 1 Nr. 1 BNatSchG als auch eine Verletzung des in § 63 Abs. 1 Nr. 4 bzw. Abs. 2 Nr. 7 BNatSchG gewährten Mitwirkungsrechts rügen.[416] Entsprechendes gilt gem. § 64 Abs. 1 Nr. 3 i.V.m. § 63 Abs. 2 Nr. 7 BNatSchG für nach Landesrecht anerkannte Naturschutzvereinigungen.

IX. Planfreistellung (Abs. 7)

173 Nach Abs. 7 Satz 1 entfallen PlfV und PlG in Fällen von unwesentlicher Bedeutung. Das Gesetz stellt den Vorhabenträger für bestimmte Fälle von der Durchführung eines PlfV oder eines Plangenehmigungsverfahrens frei. Voraussetzung für die Anwendbarkeit des Abs. 7 ist daher stets die Planfeststellungs- bzw. Plangenehmigungsbedürftigkeit eines Vorhabens. Erst wenn diese positiv festgestellt ist, kann in einem zweiten Schritt geprüft werden, ob ein Fall unwesentlicher Bedeutung i.S.v. Abs. 7 vorliegt.

411 BVerwG, Beschl. v. 04.04.2012 – 9 B 95/11, Buchholz 407.4 § 17 FStrG Nr. 224; Beschl. v. 15.10.1991 – 7 B 99/91, NJW 1992, 256; Urt. v. 18.03.1987 – 7 C 31/85, DVBl 1987, 1001.

412 Dazu näher *Fellenberg/Schiller* in Landmann/Rohmer, Umweltrecht, § 1 UmwRG Rn. 125 ff.

413 BVerwG, Urt. v. 07.12.2006 – 4 C 16/04, BVerwGE 127, 208 (211 ff.); Urt. v. 14.05.1997 – 11 A 43/96, BVerwGE 104, 367 (372), Urt. v. 31.10.1990 – 4 C 7/88, BVerwGE 87, 62 (68 ff.).

414 St. Rspr. zur alten Rechtslage BVerwG, Urt. v. 07.11.2019 – 3 C 13/18, juris Rn. 20.

415 Insoweit überholt BVerwG, Urt. v. 07.12.2006 – 4 C 16/04, BVerwGE 127, 208 (211 ff.).

416 BVerwG, Urt. v. 07.12.2006 – 4 C 16/04, BVerwGE 127, 208 (213 f.); Stelkens/Bonk/Sachs/*Neumann/Külpmann*, § 74 Rn. 255.

1. Unwesentliche Bedeutung des Vorhabens

Die Planfreistellung nach Abs. 7 gilt nur für die in Satz 2 abschließend beschriebenen Fälle von unwesentlicher Bedeutung.[417] Danach liegt ein unwesentlicher Fall unter **drei Voraussetzungen** vor. Es darf keine planerische Abwägungsentscheidung über öffentliche Belange erforderlich sein, weil andere **öffentliche Belange** nicht berührt sind oder die erforderlichen behördlichen Entscheidungen vorliegen. Weiter darf keine Abwägungsentscheidung zwischen dem Vorhaben und **Rechten anderer** notwendig sein, weil Rechte anderer nicht beeinflusst werden oder weil mit dem Betroffenen entsprechende Vereinbarungen getroffen worden sind. Schließlich kommt eine Planfreistellung dann nicht in Betracht, wenn nach anderen Vorschriften eine **Öffentlichkeitsbeteiligung** vorgeschrieben ist, die den Anforderungen des § 73 Abs. 3 und Abs. 4 bis 7 entsprechen muss. 174

a) Öffentliche Belange

Dem Planvorhaben entgegenstehende öffentliche Belange dürfen in keiner Weise negativ berührt sein (Abs. 7 Satz 2 Nr. 1, 1. Alt.). Mit **anderen öffentlichen Belangen** sind solche Belange gemeint, die in den Zuständigkeitsbereich anderer Behörden fallen.[418] **Berührt** werden die Belange, wenn sie im Rahmen einer planerischen Abwägungsentscheidung Berücksichtigung finden. Erfasst wird jegliche negative Einwirkung auf den Belang. Damit stellt das »Berühren« geringerer Anforderungen als eine Beeinträchtigung.[419] Dies ist nur dann nicht der Fall, wenn die öffentlichen Belange geringwertig sind oder ein Betroffensein unwahrscheinlich ist. Hierfür ist maßgeblich darauf abzustellen, ob die PlfBeh in einem nachfolgenden PlfV einen Träger öffentlicher Belange beteiligen müsste. Dies ist etwa bei Maßnahmen der Fall, die Eingriffe in Natur und Landschaft (§ 14 Abs. 1 BNatSchG) darstellen.[420] Ein anderer öffentlicher Belang ist auch dann berührt, wenn das Planvorhaben einer anderen Behörde anzuzeigen ist.[421] Die Herstellung des Einvernehmens oder Benehmens mit dem Träger der öffentlichen Belange reicht nicht aus. Wird bspw. bei einem an sich planfeststellungsbedürftigen Ausbau einer Straße lediglich eine Haltebucht für Busse neu gebaut, dann werden im Regelfall keine anderen öffentlichen Belange (Naturschutz, Wasserschutz, etc.) negativ berührt. 175

Sind einzelne öffentliche Belange berührt, ist eine Planfreistellung gleichwohl zulässig, wenn die erforderlichen **behördlichen Entscheidungen** eingeholt werden (Abs. 7 Satz 2 Nr. 1, 2. Alt.). Gemeint sind solche Genehmigungen, die von der Konzentrationswirkung der Planfeststellung (§ 75 Abs. 1 Satz 1) erfasst werden (z.B. naturschutzrechtliche Ausnahmen oder Befreiungen). Bringt bspw. die an sich planfeststellungsbedürftige geringfügige Verbreiterung der Kurve einer Bundesstraße keinerlei 176

417 Stelkens/Bonk/Sachs/*Neumann*/*Külpmann*, § 74 Rn. 261.
418 Ziekow/*Geiger*, Handbuch des Fachplanungsrechts, § 3 Rn. 142.
419 Knack/Henneke/*Schink*, § 74 Rn. 287; Kopp/*Ramsauer*/*Wysk*, § 74 Rn. 177.
420 BVerwG, Urt. v. 23.09.2014 – 7 C 14/13, NVwZ 2015, 445 (446).
421 Ziekow/*Geiger*, Handbuch des Fachplanungsrecht, § 3 Rn. 144.

negative Veränderungen in der Immissionsbelastung mit sich und wird lediglich ein Sandrasenbiotop beeinträchtigt, dann genügt die naturschutzrechtliche Ausnahmeerteilung. Ebenso gehört hierher die Erteilung einer Baugenehmigung. Dagegen wird eine wasserrechtliche Erlaubnis oder Bewilligung nicht von der Konzentrationswirkung erfasst (vgl. § 75 Rdn. 5). Die behördliche Entscheidung muss zum Zeitpunkt der Planfreistellung vorliegen und wirksam sein. Sie muss also entweder bestandskräftig oder sofort vollziehbar sein.[422] Die Prognose, die erforderliche Genehmigung werde voraussichtlich erteilt, reicht nicht aus. Der Genehmigungsinhalt darf dem Vorhaben nicht entgegenstehen.

b) Rechte anderer

177 Nach Abs. 7 Satz 2 Nr. 2, 1. Alt. ist ein Absehen von der Planfeststellung ferner nur zulässig, wenn **Rechte anderer nicht beeinflusst** werden. »Beeinflussung« i.S.v. Abs. 7 Satz 2 Nr. 2, 1. Alt. ist weiter zu verstehen als der in Abs. 6 Satz 1 Nr. 1 verwandte Begriff der »Beeinträchtigung«. Eine Beeinflussung erfordert daher nicht einen direkten Zugriff auf ein fremdes Recht.[423] Ausreichend ist, dass »nur die vernünftigerweise in Betracht kommende Möglichkeit einer indirekten planungsrechtlich relevanten nachteiligen Auswirkung auf ein abwägungsbeachtliches Recht eines anderen« gegeben ist.[424] Eine Beeinflussung liegt jedenfalls vor, wenn der Zugriff auf das Eigentum Dritter – auch nur durch Bestellung von Grunddienstbarkeiten – notwendig ist.[425]

178 Werden Rechte anderer beeinflusst, kann eine Planfeststellung gleichwohl entbehrlich sein, wenn der Vorhabenträger entsprechende **Vereinbarungen** mit dem Planbetroffenen trifft. Die Betroffenen müssen sich im Rahmen dieser Abmachungen mit der Inanspruchnahme ihrer Grundstücke bzw. mit der Beeinflussung ihrer Rechte einverstanden erklären. Hierbei handelt es sich regelmäßig um öffentlich-rechtliche Verträge i.S.d. §§ 54 bis 62. Nach § 57 ist daher die Schriftform erforderlich. Darüber hinaus kann – etwa im Fall einer Grundabtretung – nach den §§ 311b, 929 BGB eine notarielle Beurkundung notwendig sein (vgl. Rdn. 154).

c) Keine Anordnung einer Öffentlichkeitsbeteiligung

179 Eine Planfeststellung kann schließlich nicht unterbleiben, wenn fachgesetzlich die Durchführung einer Öffentlichkeitsbeteiligung vorgeschrieben ist (Abs. 7 Satz 2 Nr. 3). Entsprechend § 74 Abs. 6 Satz 1 Nr. 3 (hierzu Rdn. 157) trägt die Vorschrift den Vorgaben des UVPG Rechnung, nach der im Falle der UVP-Pflichtigkeit eines Vorhabens eine den Anforderungen des § 73 Abs. 3 Satz 1, Abs. 5 bis 7 entsprechende

422 VGH Baden-Württemberg, Urt. v. 01.02.1996 – 8 S 1961/95, NuR 1996, 607 (609).
423 VGH Baden-Württemberg, Urt. v. 13.04.2000 – 5 S 1136/98, NVwZ 2001, 101 (103).
424 VGH Baden-Württemberg, Urt. v. 13.04.2000 – 5 S 1136/98, NVwZ 2001, 101 (103); ferner Stelkens/Bonk/Sachs/*Neumann/Külpmann*, § 74 Rn. 263; Kopp/Ramsauer/*Wysk*, § 74 Rn. 179.
425 BVerwG, Urt. v. 23.09.2014 – 7 C 14/13, NVwZ 2015, 445 (446).

Öffentlichkeitsbeteiligung durchzuführen ist (§ 18 Abs. 1 Satz 4 UVPG). Insofern übernimmt die Vorschrift die vor den Änderungen durch das PlVereinhG bereits in zahlreichen Fachplanungsgesetzen enthaltenen Regelungen (vgl. § 17b Abs. 1 Nr. 4 FStrG a.F., § 14b Nr. 4 WaStrG a.F., § 8 Abs. 3 Nr. 1 LuftVG a.F.).

2. Rechtsfolgen

Liegen die Voraussetzungen des Abs. 7 vor, dann **entfällt kraft Gesetzes** das Erfordernis eines PlfB oder einer PlG.[426] Der PlfBeh steht kein Ermessen zu.[427] Sie muss den Erlass eines PlfB oder einer PlG ablehnen. 180

Das Absehen von einem PlfB und einer PlG nach Abs. 7 stellt mangels Regelungswirkung keinen Verwaltungsakt dar.[428] Die Behörde kann gleichwohl aus Gründen der Rechtssicherheit nach außen verbindlich feststellen und bekanntmachen, dass eine Freistellung des Vorhabens gem. Abs. 7 vorliegt (sog. »**Unterbleibensbescheid**«). Der Unterbleibensbescheid ist ein VA. Ihm kommt keine Zulassungsfunktion zu. Er stellt lediglich fest, dass die Voraussetzungen des Abs. 7 vorliegen und ein PlfV bzw. eine PlG daher entbehrlich sind.[429] 181

3. Rechtsschutz

Unterbleibt ein PlfV, so kann der **Vorhabenträger** mit der Leistungsklage seinen Anspruch auf Durchführung eines PlfV (§ 73 Rdn. 13) durchsetzen. Ergeht ein Unterbleibensbescheid, so kann er diesen anfechten, da ihm durch die Feststellung der Planfreistellung die Möglichkeit genommen wird, durch PlfB oder PlG eine gesicherte Zulassungsentscheidung in Bezug auf sein Vorhaben zu erhalten.[430] Er muss allerdings zunächst je nach Landesrecht Widerspruch erheben. Ein Vorverfahren ist anders als bei PlfB und PlG (vgl. Abs. 1 Satz 2 i.V.m. § 70 Abs. 6 Satz 3) nicht entbehrlich.[431] Denkbar ist auch die Situation, dass ein Unterbleibensbescheid nicht ergeht und der Vorhabenträger einen solchen gleichwohl aus Gründen der Rechtssicherheit begehrt. Ein Anspruch auf Feststellung der Planfreistellung kann aber allenfalls bei Rechtsunsicherheit über das Vorliegen der Voraussetzungen des Abs. 7 bejaht werden.[432] 182

Dritte haben keinen Anspruch auf Durchführung eines PlfV (§ 73 Rdn. 14). Das BVerwG verweist Drittbetroffene zur Durchsetzung ihrer Rechte gegen das Vorhaben 183

426 Stelkens/Bonk/Sachs/*Neumann*/*Külpmann*, § 74 Rn. 258; Bader/Ronellenfitsch/*Kämper*, § 74 Rn. 148; *Ziekow*, § 74 Rn. 80.
427 Stelkens/Bonk/Sachs/*Neumann*/*Külpmann*, § 74 Rn. 258; *Ziekow*, § 74 Rn. 80.
428 Kopp/Ramsauer/*Wysk*, § 74 Rn. 182.
429 Knack/Henneke/*Schink*, § 74 Rn. 290; Kopp/Ramsauer/*Wysk*, § 74 Rn. 181; a.A. BVerwG, Urt. v. 15.01.1982 – 4 C 26/78, BVerwGE 64, 325.
430 Knack/Henneke/*Schink*, § 74 Rn. 292.
431 VGH Baden-Württemberg, Beschl. v. 13.09.1993 – 5 S 1778/93, NVwZ 1995, 179; VGH Bayern, Beschl. v. 14.05.1991 – 8 A 88.40109, BayVBl. 1992, 50.
432 OVG Schleswig-Holstein, Urt. v. 12.02.2008 – 4 KS 5/07, ZUR 2008, 318; hierzu Bader/Ronellenfitsch/*Kämper*, § 74 Rn. 148; ferner *Ziekow*, § 74 Rn. 81.

daher grundsätzlich auf den Weg der Unterlassungs- bzw. Beseitigungsklage.[433] Ein **Unterbleibensbescheid** nach Abs. 7 ist für Dritte nur dann anfechtbar, wenn die PlfBeh zu Unrecht vom Vorliegen der Voraussetzungen des Abs. 7 Satz 2 Nr. 2 ausgeht und zusätzlich die Verletzung subjektiver Rechte durch das Vorhaben geltend gemacht werden kann. Abs. 7 Satz 2 Nr. 2 ist drittschützend.[434]

184 Anerkannte **Umweltvereinigungen** haben ebenfalls keinen Anspruch auf Durchführung eines PlfV. Sie können bei UVP-pflichtigen Vorhaben allerdings einen Unterlassungs- und Beseitigungsanspruch wegen Verletzung ihres Beteiligungsrechts im Rahmen der Öffentlichkeitsbeteiligung (§ 73 Rdn. 125 ff.) geltend machen (§ 1 Abs. 1 Satz 2 UmwRG). Ebenso können sie den Unterbleibensbescheid (Rdn. 181) unter den Voraussetzungen des § 2 Abs. 1 und 4 UmwRG angreifen. Die Anfechtungsklage ist begründet, wenn das Unterlassen einer Planfeststellung im Widerspruch zu Vorschriften steht, die dem Umweltschutz dienen und die für die Entscheidung entscheidungserheblich gewesen wären. Ferner muss die Förderung der verletzten Umweltbelange zu den Satzungszielen der Vereinigung gehören (§ 2 Abs. 4 Nr. 1 UmwRG). Ohne rechtliche Bedeutung ist der denkbare Einwand der PlfBeh, sie hätte auch eine PlG erteilen können (Einwand rechtmäßigen Alternativverhaltens).[435] Die Umweltvereinigung kann auch das Fehlen einer UVP bzw. einer UVP-Vorprüfung rügen (§ 4 Abs. 1 UmwRG). Daneben steht **anerkannten Naturschutzvereinigungen** die Verbandsklage gem. § 64 BNatSchG nicht offen (arg. ex § 1 Abs. 3 UmwRG).

X. Rechtsschutz bei Planfeststellungsbeschlüssen

185 Im Folgenden soll ein Überblick über die Rechtsschutzmöglichkeiten gegeben werden, die den Verfahrensbeteiligten in Bezug auf den PlfB zustehen. Dargelegt wird ausschließlich der Rechtsschutz bei **materiellen Fehlern des PlfB**, nicht der Rechtsschutz bei Verfahrensfehlern (hierzu § 73 Rdn. 194 ff.). Zum Rechtsschutz gegen PlG und Planfreistellung vgl. Rdn. 167 ff. bzw. Rdn. 182 ff. Zum Rechtsschutz bei Schutzauflagen Rdn. 89, 98.

1. Allgemeines

186 Die Anforderungen an Rechtsbehelfe im Zusammenhang mit einem PlfB ergeben sich grundsätzlich aus der VwGO, werden aber mittlerweile nicht unerheblich durch die Vorschriften des UmwRG modifiziert. Die Durchführung eines Vorverfahrens ist für alle Beteiligten gem. § 74 Abs. 1 Satz. 2 i.V.m. § 70 ausgeschlossen. Rechtsbehelf

---

433 BVerwG, Urt. v. 29.05.1981 – IV C 97/77, NJW 1981, 2769; Urt. v. 14.12.1973 – IV C 50/71, NJW 1974, 813.

434 OVG Sachsen, Beschl. v. 21.05.2019 – 3 B 45/19, juris Rn. 12; Knack/Henneke/*Schink*, § 74 Rn. 293; zu § 8 Abs. 3 LuftVG a.F. auch BVerwG, Urt. v. 17.12.2014 – 4 C 36/13, BVerwGE 151, 138 (142 ff.); Urt. v. 26.09.2001 – 9 A 3.01, BVerwGE 115, 158 (164); zu § 43f Satz 2 Nr. 3 EnWG BVerwG, Beschl. v. 31.07.2017 – 4 B 12/17, NVwZ-RR 2017, 967.

435 A.A. offenbar VGH Baden-Württemberg, Urt. v. 01.02.1996 – 8 S 1961/95, NVwZ 1997, 594 (597 f.).

ist damit allein die Klage. Für die meisten PlfB ist zuständiges Gericht das Oberverwaltungsgericht/Verwaltungsgerichtshof (§ 48 VwGO) oder das Bundesverwaltungsgericht (§ 50 Abs. 1 Nr. 6 VwGO), im Übrigen das Verwaltungsgericht. Beurteilungszeitpunkt für die Sach- und Rechtslage ist der Zeitpunkt des Ergehens des PflB.[436] Nachträgliche Änderungen zugunsten des Vorhabenträgers sind zu berücksichtigen.[437] Bei Änderungsbeschlüssen als Ergebnis eines ergänzenden Verfahrens hängt der Zeitpunkt maßgeblich von der Zielrichtung des Verfahrens ab. Beschränkt es sich darauf, einen punktuellen Fehler der früheren Entscheidung zu heilen, so bleibt der Zeitpunkt des (ersten) Planfeststellungsbeschlusses maßgeblich. Abweichendes gilt dann, wenn die Planfeststellungsbehörde ihre Entscheidung im ergänzenden Verfahren auf veränderte tatsächliche oder rechtliche Verhältnisse stützt und auf der Grundlage einer Aktualisierung der Beurteilungsgrundlagen eine Neubewertung etwa der Verträglichkeitsuntersuchung vornimmt; dann ist insoweit der Zeitpunkt der Aktualisierung maßgeblich.[438]

Die Klage ist innerhalb einer **Klagefrist von einem Monat** ab Bekanntgabe des PlfB (s. 187
Rdn. 111 ff.) zu erheben (§ 74 Abs. 1 Satz 2 VwGO). Darüber hinaus muss der Kläger innerhalb einer **Frist von 10 Wochen** ab Klageerhebung die zur Begründung ihrer Verbandsklage dienenden Tatsachen und Beweismittel angeben (§ 6 Satz 1 UmwRG). Damit soll zur Straffung des Gerichtsverfahrens beigetragen werden, indem der Prozessstoff zu einem frühen Zeitpunkt handhabbar gehalten wird.[439] Die Frist nach § 6 UmwRG geht den fachgesetzlichen Klagebegründungfristen (§§ 18e Abs. 5 AEG, 43e Abs. 3 EnWG, 10 Abs. 5 LuftVG, 2d Abs. 3 MBPlG, 29 Abs. 7 PBefG, 14e Abs. 5 WaStrG) vor.[440] Verfristeter Vortrag kann vom Gericht als verspätet zurückgewiesen werden, es sei denn es verlängert die Frist, weil die Umweltvereinigung im PlfV nicht beteiligt worden ist (§ 6 Satz 4 UmwRG) oder es handelt sich um einen Sachverhalt, den das Gericht auch ohne Mitwirkung des Klägers ermitteln kann.[441] Rechtsvortrag wird von der Begründungspflicht nicht erfasst.[442] Einer Belehrung über die Begründungsfrist bedarf es nicht.[443]

Ferner schließt § 5 UmwRG Einwendungen, die der Kläger erstmals im Klagever- 188
fahren vorbringt, als **missbräuchliches oder unredliches Verhalten** aus. Die Vorschrift

436 St. Rspr., s, nur BVerwG, Urt. v. 27.06.2019 – 7 C 22/17, NuR 2019, 846 (847) m.w.N.

437 BVerwG, Urt. v. 15.02.2018 – 9 C 1/17, BVerwGE 161, 180 (187); Urt. v. 11.10.2017 – 9 A 14/16, BVerwGE 160, 78 (85).

438 BVerwG, Urt. v. 27.06.2019 – 7 C 22/17, NuR 2019, 846 (847) m.w.N.

439 BT-Drucks. 18/12146, S. 16; BT-Drucks. 19/4459, S. 32.

440 BVerwG, Urt. v. 27.11.2018 – 9 A 8/17, BVerwGE 163, 380 (383). Für Bundesstraßen gilt vorrangig § 17e Abs. 5 Satz 6 FStrG.

441 Zu letzterem BVerwG, Urt. v. 11.07.2019 – 9 A 13/18, juris Rn. 110; so auch § 17e Abs. 5 Satz 4 FStrG.

442 Vgl. BVerwG, Urt. v. 27.11.2018 – 9 A 8/17, BVerwGE 163, 380 (383 f.). Zum Problem von Tatsachenvortrag aufgrund von Rechtsänderungen *Fellenberg/Schiller*, in: Landmann/Rohmer, Umweltrecht, UmwRG, § 6 Rn. 67 ff.

443 BVerwG, Urt. v. 27.11.2018 – 9 A 8/17, BVerwGE 163, 380 (384); *Fellenberg/Schiller*, in: Landmann/Rohmer, Umweltrecht, UmwRG, § 6 Rn. 45 ff.

dient als Korrektiv für die entfallende materielle Präklusion und soll nach den Vorstellungen des Gesetzgebers etwa dann eingreifen, wenn der Kläger im Verwaltungsverfahren erklärt oder auf andere Weise deutlich gemacht hat, dass entsprechende Einwendungen nicht bestehen.[444] Gemeint ist damit ein widersprüchliches und treuwidriges Verhalten im Sinne eines »venire contra factum proprium«. Allein der (objektive) Umstand der Nichtbeteiligung im Verwaltungsverfahren ist unerheblich, weil es keine Obliegenheit zur Beteiligung gibt. Auch die erst nachträgliche Geltendmachung eines Einwandes reicht nicht aus. Maßgeblich ist vielmehr, dass dem Betroffenen bei der gebotenen Gesamtbetrachtung in subjektiver Hinsicht ein Vorwurf gemacht werden kann und der späte Zeitpunkt des Vorbringens auf einer bewussten Entscheidung beruht.[445] In dieser engen Auslegung dürfte die Vorschrift weitgehend leerlaufen.[446]

189 Will die PlfBeh während des Klageverfahrens erkannte Verfahrensfehler in einem ergänzenden Verfahren (§ 75 Abs. 1a Satz 2) heilen, kann sie bei Gericht beantragen, dass die Verhandlung bis zur Heilung **ausgesetzt** wird, soweit dies im Sinne der Verfahrenskonzentration sachdienlich ist (§ 4 Abs. 1b Satz 3 UmwRG). Bei dieser Gelegenheit kann sie dann auch erkannte materielle Fehler heilen. Die Verteilung des Prozesskostenrisikos steht dem nicht entgegen.[447]

190 Der Klage gegen den PflB kommt nach den Fachplanungsgesetzen (§§ 18e Abs. 2 Satz 1 AEG, 17e Abs. 2 Satz 1 FStrG, 43e Abs. 1 Satz 1 EnWG, 10 Abs. 4 Satz 1 LuftVG, 2d Abs. 2 Satz 1 MBPlG, 29 Abs. 6 Satz 2 PBefG, 14e Abs. 2 Satz 1 WaStrG) keine aufschiebende Wirkung zu. Der Vorhabenträger kann dadurch trotz einer erhobenen Klage Dritter (Privatpersonen, Gemeinden, anerkannte Umweltvereinigungen) von dem PlfB Gebrauch machen und mit der Verwirklichung des Vorhabens beginnen. Wollen die Dritten dies verhindern, müssen sie einen **Eilrechtsschutzantrag** gemäß §§ 80 Abs. 5, 80a VwGO erheben. Zuständig ist das Gericht der Hauptsache (Rdn. 186). Der Antrag muss innerhalb einer Frist von einem Monat gestellt und begründet werden; bei nachträglichen Tatsachen läuft die Monatsfrist ab Kenntnis der Tatsache durch den Betroffenen (§§ 18e Abs. 2 Satz 2, Abs. 4 AEG, 17e Abs. 2 Satz 2, Abs. 4 FStrG, 43e Abs. 1 Satz 2, Abs. 2 EnWG, 10 Abs. 4 Satz 2 und 4 LuftVG, 2d Abs. 2 Satz 2 und 4 MBPlG, 29 Abs. 6 Satz 3 und 4 PBefG, 14e Abs. 2 Satz 2, Abs. 4 WaStrG). Der Antrag ist begründet, wenn das Gericht aufgrund einer summarischen Prüfung zu der Einschätzung gelangt, dass das Aussetzungsinteresse des Dritten das öffentliche Vollzugsinteresse überwiegt. Dies ist regelmäßig der Fall, wenn sich der PlfB voraussichtlich als rechtswidrig erweist und zusätzlich – bei Anträgen von Privatpersonen und Gemeinden – eine subjektive Rechtsverletzung vorliegt.

444 BT-Drucks. 18/9526, S. 41.

445 BVerwG, Urt. v. 12.06.2019 – 9 A 2/18, juris Rn. 38.

446 Weitergehend *Fellenberg/Schiller*, in: Landmann/Rohmer, Umweltrecht, UmwRG, § 5 Rn. 18 ff.

447 BVerwG, Beschl. v. 08.05.2018 – 9 A 12/17, DVBl 2018, 1232.

2. Rechtsschutz des Vorhabenträgers

Eine Klage des Vorhabenträgers gegen die **Zurückweisung des Planfeststellungsantrags** ist regelmäßig zulässig, da er einen Anspruch auf abwägungsfehlerfreie Entscheidung über seinen Plfantrag hat.[448] Der Vorhabenträger wird gegen die ablehnende Entscheidung i.d.R. mit der Verpflichtungsklage in Form der Bescheidungsklage (§ 113 Abs. 4 Satz 2 VwGO) vorgehen. 191

Gegen **Auflagen** kann sich der Vorhabenträger regelmäßig mit der **isolierten Anfechtungsklage** zur Wehr setzen.[449] Voraussetzung ist allerdings, dass durch den Wegfall der Auflage nicht das Gesamtkonzept der Planung berührt wird.[450] Stellt eine Schutzauflage zugleich eine inhaltliche Beschränkung der Zulassungsentscheidung dar (modifizierende Auflage), ist die isolierte Anfechtung unzulässig. In diesem Fall kann der Vorhabenträger nur unter Anfechtung des gesamten PlfB Verpflichtungsklage auf erneute Bescheidung seines Plfantrags erheben.[451] 192

2. Rechtsschutz privater Dritter

Die Klage einer Privatperson gegen einen PlfB setzt deren Klagebefugnis nach § 42 Abs. 2 VwGO und damit die Geltendmachung eines subjektiven Rechts voraus.[452] Ferner darf das Berufen auf das verletzte subjektive Recht nicht präkludiert sein (s. Rdn. 200). Von zentraler Bedeutung ist insbesondere das durch Art. 14 Abs. 1 GG geschützte **Grundstückseigentum.** Hierbei ist zwischen enteignend betroffenen Grundstückseigentümern und solchen Privatpersonen, deren Eigentum nur mittelbar betroffen wird, zu unterscheiden. 193

Die stärkste Rechtsposition gegen einen PlfB haben **enteignend betroffene Grundstückseigentümer** inne. Denn nach Art. 14 Abs. 3 GG ist eine Enteignung nur rechtmäßig, wenn sie dem Allgemeinwohl dient. Hieraus folgt, dass die planerische Abwägungsentscheidung objektiv rechtmäßig sein muss. Nach der Rechtsprechung des BVerwG haben die Verwaltungsgerichte auf die Klage eines enteignend Betroffenen daher nicht nur zu prüfen, ob die privaten Belange des Klägers richtig ermittelt und gewichtet wurden. Vielmehr ist auch zu ermitteln, ob alle für und gegen die geplante Enteignung sprechenden öffentlichen Belange in die Abwägung eingestellt und in sachgerechter Weise abgewogen wurden (sog. **Vollüberprüfungsanspruch**).[453] Ferner hat das Gericht zu prüfen, ob die Planrechtfertigung gegeben ist und das Vorhaben 194

---

448 BVerwG, Urt. v. 24.11.1994 – 7 C 25/93, DVBl 1995, 238 (240 f.).

449 BVerwG, Urt. v. 22.11.2000 – 11 A 4/00, BVerwGE 112, 221 (224); Urt. v. 01.09.1999 – 11 A 2/98, NVwZ 2000, 68; Urt. v. 17.11.1972 – IV C 21/69, BVerwGE 41, 178 (181).

450 Vgl. Sodan/Ziekow/*Sodan*, VwGO, 5. Aufl. 2018, § 42 Rn. 20.

451 OVG Nordrhein-Westfalen, Urt. v. 18.08.1994 – 20 AK 21/87, NWVBl. 1995, 97.

452 BVerwG, Beschl. v. 13.03.1995 – 11 VR 5/95, NuR 1995, 250 (252).

453 BVerwG, Urt. v. 14.03.2018 – 4 A 5/17, BVerwGE 161, 263 (266); Urt. v. 19.05.2010 – 9 A 25/09, NuR 2011, 128 (129); Beschl. v. 16.01.2007 –9 B 14/06, NVwZ 2007, 462 (464); Urt. v. 28.02.1996 – 4 A 27/95, NVwZ 1996, 1011 (1012); Urt. v. 18.03.1983 – 4 C 80/79, BVerwGE 67, 74 (76 f.); vgl. auch *Gassner*, DVBl 2011, 214.

nicht gegen zwingende Vorschriften verstößt. Gleichwohl erfasst die im Hinblick auf Art. 14 Abs. 3 GG erforderliche **umfassende Überprüfung der Abwägungsentscheidung** nicht schlechthin alle Abwägungsfragen. Vielmehr kann ein enteignend Betroffener nur solche Abwägungsmängel rügen, die für die enteignende Inanspruchnahme seines Grundstücks kausal gewesen sein können.[454] Daran fehlt es regelmäßig bei Abwägungsfehlern gegenüber anderen Beteiligten oder bei Verfahrens- und Abwägungsfehlern, die einen anderen räumlichen Teilbereich der Plf betreffen.[455] Die Beeinträchtigung eines öffentlichen Belangs, etwa des Landschaftsschutzes, ist demgemäß dann für den Eigentumsschutz eines Planbetroffenen unerheblich, wenn auch die Beachtung des Belangs nicht zu einem Absehen von dem geplanten Vorhaben oder zu einer anderen Trassenführung im Bereich des betroffenen Grundstücks geführt hätte.[456]

195 Ist keine enteignende, sondern nur eine **mittelbare Beeinträchtigung des Eigentums** (etwa durch Lärmimmissionen oder anderen schädlichen Umwelteinwirkungen) gegeben, können die Planbetroffenen nur beanspruchen, dass sie schützende Normen des materiellen Rechts nicht verletzt werden und eine gerechte Abwägung ihrer eigenen rechtlich geschützten Belange mit entgegenstehenden anderen Belangen stattfindet. Diese Beschränkung auf subjektive Rechte ist unionsrechtskonform.[457] Dass die Belange anderer Beteiligter gerecht abgewogen werden oder dass die Planung in jeder Hinsicht auf einer fehlerfreien Abwägung beruht, kann nicht mit Erfolg geltend gemacht werden.[458] Aus diesem Grund können bspw. die Grundstücksnachbarn im Rahmen einer Anfechtungsklage gegen die Plf einer U-Bahn rügen, dass die beim Bau zu erwartende Lärm- und Staubbelastung ihrer Grundstücke nicht in die Planabwägung eingestellt worden ist. Sie können aber nicht geltend machen, dass die Gefahr einer Grundwasserverunreinigung nicht ausreichend berücksichtigt worden ist.[459] Ebenso wenig können die Nachbarn eines Flughafens rügen, dass bei der Plf Belange des Landschaftsschutzes nicht ausreichend beachtet worden sind.[460] Mittelbar Betroffene können neben möglichen Abwägungsfehler auch das Fehlen der Planrechtfertigung[461]

454 BVerwG, Urt. v. 14.03.2018 – 4 A 5/17, BVerwGE 161, 263 (266); Urt. v. 28.04.2016 – 9 A 14/15, juris Rn. 16; Urt. v. 18.07.2013 – 7 A 4.12, BVerwGE 147, 184 (190 f.); Urt. v. 30.05.2012 – 9 A 35/10, NVwZ 2013, 147 (148).
455 BVerwG, Urt. v. 18.03.1983 – 4 C 80/79, BVerwGE 67, 74 (77).
456 BVerwG, Urt. v. 28.02.1996 – 4 A 27/95, NVwZ 1996, 1011 (1012).
457 EuGH, Urt. v. 15.10.2015 – Rs. C-137/14, NJW 2015, 3495 (3496); BVerwG, Urt. v. 28.11.2017 – 7 A 1/17, juris Rn. 20.
458 BVerwG, Urt. v. 10.10.2012 – 9 A 20/11, NVwZ 2013, 645 (645 f.); Urt. v. 24.11.2010 – 9 A 13/09, BVerwGE 138, 226 (228); Beschl. v. 16.01.2007 – 9 B 14/06, NVwZ 2007, 462 (464); Urt. v. 16.03.2006 – 4 A 1075/04, BVerwGE 125, 116 (205); Urt. v. 14.02.1975 – IV C 21/74, BVerwGE 48, 56 (66).
459 BVerwG, Beschl. v. 27.01.1988 – 4 B 7/88, NVwZ 1988, 534 (535).
460 BVerfG, Beschl. v. 09.06.1987 – 1 BvR 418/87, NVwZ 1987, 969.
461 BVerwG, Urt. v. 09.11.2006 – 4 A 2001/06, BVerwGE 127, 95.

oder einen Verstoß gegen zwingende Planungsvorschriften rügen, sofern sie drittschützend sind.[462]

Im Rahmen von Art. 42 Abs. 2 VwGO den Eigentümern gleichgestellt sind die in eigentumsähnlicher Weise **dinglich Berechtigten.** Dazu zählen Erbbauberechtigte, Nießbraucher, Wohnungseigentümer und anwartschaftsberechtigte Käufer, die bereits im Besitz des Grundstücks sind und deren Übertragungsanspruch durch eine Auflassungsvormerkung gesichert ist.[463] Im Prozess haben Eigentümer und dinglich Berechtigte die Stellung einfacher Streitgenossen.[464] Bei einer ungeteilten Erbengemeinschaft sind die einzelnen Mitglieder der Erbengemeinschaft befugt, gegen einen Planfeststellungsbeschluss zu klagen.[465] 196

Obligatorische Rechte können die Klagebefugnis von Privatpersonen grundsätzlich nicht begründen. Die Betroffenen sind vielmehr gehalten, ihre Rechte gegenüber dem Eigentümer durchzusetzen.[466] Eine Ausnahme hat die Rechtsprechung allerdings für **Mieter** und **Pächter** zugelassen, wenn das jeweilige Grundstück durch das Vorhaben **unmittelbar** in Anspruch genommen wird.[467] 197

Zu den in der Planabwägung zu berücksichtigenden und nach § 42 Abs. 2 VwGO einklagbaren Rechten gehört ferner das **Recht am eingerichteten und ausgeübten Gewerbebetrieb.** Der Gewerbebetrieb genießt den Schutz des Art. 14 GG allerdings nur insoweit, wie der Unternehmer Inhaber einer Rechtsstellung ist, d. h. soweit er gegen eine Beeinträchtigung rechtlich abgesichert ist. Rechtlich nicht geschützte Erwerbsmöglichkeiten, Gewinnaussichten, Hoffnungen oder Chancen fallen nicht darunter.[468] 198

Von erheblicher Bedeutung ist schließlich auch das Recht auf **Leben und Gesundheit** (Art. 2 Abs. 2 GG). Gehen von einem planfeststellungsbedürftigen Vorhaben gesundheitsgefährdende Immissionen aus, können nach dem immissionsschutzrechtlichen Nachbarbegriff grundsätzlich alle Personen Klage erheben, die sich dauerhaft im räumlichen Einwirkungsbereich des planfeststellungsbedürftigen Vorhabens aufhalten. Eine solche dauerhafte Beziehung besteht nicht nur bei den vor Ort lebenden Hauseigentümern, sondern auch bei Mietern,[469] bei den im Hause lebenden Familienangehörigen sowie bei Schülern oder Arbeitnehmern, die im Einwirkungsbereich des Vorhabens regelmäßig tätig sind. Erstreckt sich der Einwirkungsbereich eines 199

462 Verneinend etwa für den Naturschutz BVerwG, Urt. v. 26.04.2007 – 4 C 12/05, BVerwGE 128, 358.
463 BVerwG, Urt. v. 14.03.2018 – 4 A 5/17, BVerwGE 161, 263 (266 f.); Urt. v. 14.09.1993 – 4 C 9/91, NJW 1994, 1233 (1234).
464 BVerwG, Urt. v. 14.05.1992 – 4 C 9/89, NVwZ 1993, 477 (478).
465 OVG Nordrhein-Westfalen, Urt. v. 13.05.2015 – 11 D 7/12.AK, juris Rn. 65 ff.
466 BVerwG, Urt. v. 27.11.1996 – 11 A 27/96, NVwZ 1997, 917; Beschl. v. 28.11.1995 – 11 VR 38/95, UPR 1996, 109; OVG Rheinland-Pfalz, Urt. v. 04.04.2006 – 8 C 10315/05, juris Rn. 27.
467 BVerwG, Urt. v. 01.09.1997 – 4 A 36/96, NVwZ 1998, 504; OVG Rheinland-Pfalz, Urt. v. 04.04.2006 – 8 C 10315/05, juris Rn. 27; Knack/Henneke/*Schink*, § 74 Rn. 83.
468 BVerwG, Urt. v. 11.11.1983 – 4 C 82/80, DÖV 1984, 426 (427).
469 BVerwG, Beschl. v. 28.11.1995 – 11 VR 38/95, NVwZ 1996, 389.

planfeststellungsbedürftigen Vorhabens auf das Ausland, dann können grundsätzlich auch im benachbarten Ausland lebende Planbetroffene eine Beeinträchtigung ihres Grundrechts aus Art. 2 Abs. 2 GG geltend machen.[470]

200 Das Berufen auf das verletzte subjektive Recht darf dem Kläger nicht verwehrt sein. Gemäß § 73 Abs. 4 Satz 3 tritt **materielle Präklusion** ein, wenn der Betroffene im PlfV die Verletzung des gerügten Rechts nicht geltend gemacht hat (s. näher § 73 Rdn. 110 ff.). Bei UVP-pflichtigen Vorhaben gilt dies allerdings aufgrund von unionsrechtlichen Vorgaben nicht (§ 7 Abs. 4 und 6 UmwRG).[471] Dies ist unabhängig davon, ob die UVP-Pflicht kraft Gesetzes oder aufgrund des Ergebnisses einer UVP-Vorprüfung besteht.[472]

3. Rechtsschutz von Gemeinden

201 Gemeinden können gegen den PlfB klagen, wenn sie im Sinne von § 42 Abs. 2 VwGO möglicherweise in eigenen Rechten verletzt sind. Voraussetzung ist das Vorliegen eines eigenen subjektiven Rechts, mit dem die Gemeinde nicht nach § 73 Abs. 4 Satz 3 präkludiert ist (hierzu Rdn. 200 und § 73 Rdn. 110 ff.). Auf Rechte ihrer Gemeindebürger kann sich die Gemeinde dagegen nicht berufen.[473] Ebenso kann sie sich nicht auf die Verkennung öffentlicher Belange wie den Tourismus, den Naturschutz oder den Denkmalschutz berufen.[474]

202 Eigene gemeindliche Rechte liegen zweifelsfrei vor, wenn die Gemeinde wie eine Privatperson subjektive **private Rechte** inne hat. Aus diesem Grund kann sie sich auf ihre einfachrechtliche Stellung als Grundstückseigentümerin[475] berufen. Stehen einer Gemeinde als Grundstückseigentümerin immissionsschutzrechtliche Abwehrrechte zu, kann sie Schallschutzauflagen und ersatzweise Geldausgleichszahlungen verlangen.[476] Eine Berufung auf Art. 14 GG scheidet dagegen mangels Grundrechtsfähigkeit der öffentlichen Hand aus, so dass auch bei einer Eigentumsbetroffenheit der Gemeinde

470 BVerwG, Urt. v. 17.12.1986 – 7 C 29/85, BVerwGE 75, 285 (290 ff.).

471 § 7 Abs. 4 UmwRG gilt (zumindest analog) auch für Präklusionsvorschriften in anderen Bundes- oder Landesgesetzen, s. BVerwG, Urt. v. 14.12.2017 – 4 C 6/16, BVerwGE 161, 99 (103 f.). Sie gilt auch für Vorschriften ohne unmittelbaren Umweltbezug, s. BVerwG, Urt. v. 30.03.2017 – 7 C 17/15, NVwZ-RR 2017, 685 (687).

472 BVerwG, Urt. v. 29.06.2017 – 9 A 8/16, NVwZ 2017, 1717.

473 BVerwG, Urt. v. 12.04.2018 – 3 A 10/15, NVwZ 2018, 1799 (1801); Urt. v. 28.04.2016 – 9 A 8/15, juris Rn. 14; Beschl. v. 04.08.2008 – 9 VR 12/08, NVwZ 2008, 1237; Beschl. v. 05.11.2002 – 9 VR 14/02, NVwZ 2003, 207 (208).

474 BVerwG, Urt. v. 11.01.2001 – 4 A 12/99, NVwZ 2001, 1160 (1161); Urt. v. 12.12.1996 – 4 C 14/95, NVwZ 1997, 904 (905); Urt. v. 21.03.1996 – 4 C 26/94, BVerwGE 100, 388 (391); weitergehend i.S. eines Vollüberprüfungsanspruchs *Kirchberg/Boll/Schütz*, NVwZ 2002, 550 (554 f.); *Kühling/Hermann*, Fachplanungsrecht, Rn. 671; *Wahl*, NVwZ 1990, 925 (927).

475 BVerwG, Urt. v. 18.07.2013 – A 4.12, juris Rn. 22; Urt. v. 26.02.1999 – 4 A 47/96, NVwZ 2000, 560; Urt. v. 21.03.1990 – 4 C 26/94, BVerwGE 100, 388 (391).

476 BVerwG, Urt. v. 12.04.2018 – 3 A 10/15, NVwZ 2018, 1799; Urt. v. 29.01.1991 – 4 C 51/89, BVerwGE 87, 336 (391).

kein Vollüberprüfungsanspruch besteht.[477] Dies gilt auch für **kommunale Unternehmen.**[478] Ihr Rechtsschutz richtet sich grundsätzlich nach den Grundsätzen für mittelbar betroffene private Dritte (Rdn. 195 ff.).

Von zentraler Bedeutung für die gemeindlichen Abwehrrechte sind daneben die aus **Art. 28 Abs. 2 GG** abgeleiteten kommunalen Hoheitsrechte, insbesondere die gemeindliche Planungshoheit, Gestaltungsfreiheit und Finanzhoheit.[479] 203

a) Kommunale Planungshoheit

Dass sich ein Planvorhaben räumlich auf das Gebiet einer Gemeinde auswirkt, reicht regelmäßig nicht aus, um ihre Planungshoheit aus Art. 28 Abs. 2 GG zu berühren. Eine wehrfähige Rechtsposition der Gemeinde i.S.d. § 42 Abs. 2 VwGO liegt vielmehr erst dann vor, wenn das Vorhaben eine hinreichend bestimmte gemeindliche Planung nachhaltig stört, wesentliche Teile des Gemeindegebiets einer durchsetzbaren gemeindlichen Planung entzieht oder gemeindliche Einrichtungen erheblich beeinträchtigt.[480] 204

Eine **hinreichend bestimmte gemeindliche Planung** ist nicht erst dann gegeben, wenn die Gemeinde über einen verbindlichen Bebauungsplan für das vom Planvorhaben in Anspruch genommene Gebiet verfügt. Vielmehr kann es schon genügen, wenn das Anhörungsverfahren für einen Bebauungsplanentwurf abgeschlossen ist.[481] Ebenso kann eine hinreichend konkrete und verfestigte Planungsabsicht in einem Flächennutzungsplan zum Ausdruck kommen.[482] Die gemeindliche Bauleitplanung kann allerdings nur dann Berücksichtigung beanspruchen, wenn ihr der zeitliche Vorrang vor der fachplanerischen Entscheidung der PlfBeh zukommt. Ansonsten ist grundsätzlich die Gemeinde unter dem Gesichtspunkt der Priorität verpflichtet, ihre Raumplanung der Fachplanung anzupassen.[483] Soweit § 7 Satz 1 BauGB verlangt, dass sich die PlfBeh nicht in Gegensatz zu der im FNP dargestellten Grundkonzeption der Gemeinde setzt, kann die Gemeinde auch eine Verletzung dieser Vorschrift rügen.[484] Darüber hinaus muss die PlfBeh auf noch nicht verfestigte, aber konkrete Planungsabsichten 205

---

477 BVerwG, Urt. v. 11.01.2001 – 4 A 12/99, NVwZ 2001, 1160 (1161); Urt. v. 26.02.1999 – 4 A 47/96, NVwZ 2000, 560; VGH Bayern, Urt. v. 19.04.2005 – 8 A 05/40022, NVwZ-RR 2006, 432 (433); *von Schwanenflug*, NVwZ 2007, 1351 (1353).

478 BVerwG, Urt. v. 14.03.2018 – 4 A 7/17, juris Rn. 12.

479 BVerwG, Beschl. v. 05. 11. 2002 – 9 VR 14/02, NVwZ 2003, 207; Urt. v. 26.02.1999 – 4 A 47/96, NVwZ 2000, 560; hierzu *Ogorek*, NVwZ 2010, 401 f.

480 BVerwG, Beschl. v. 28.02.2013 – 7 VR 13/12, juris Rn. 17; Urt. v. 30.05.2012 – 9 A 35/10, NVwZ 2013, 147 (151); Beschl. v. 05. 11. 2002 – 9 VR 14/02, NVwZ 2003, 207; Urt. v. 27.03.1992 – 7 C 18/91, BVerwGE 90, 96 (100).

481 BVerwG, Urt. v. 27.08.1997 – 11 A 18/96, NuR 1998, 199 (200).

482 BVerwG, Beschl. v. 21.01.1993 – 4 B 206/92, NVwZ 1993, 884 (885).

483 BVerwG, Urt. v. 27.08.1997 – 11 A 18/96, NuR 1998, 199 (200); Urt. v. 21.03.1996 – 4 C 26/94, BVerwGE 100, 388 (394).

484 BVerwG, Urt. v. 27.04.2017 – 9 A 30/15, BVerwGE 159, 1 (4); Urt. v. 24.11.2019 – 9 A 13/09, BVerwGE 138, 226 (230 ff.).

einer Gemeinde abwägend dergestalt Rücksicht nehmen, dass durch die Fachplanung von der Gemeinde konkret in Betracht gezogene städtebauliche Planungsmöglichkeiten nicht unnötigerweise »verbaut« werden.[485] Die Gemeinde kann nur die abwägende Berücksichtigung ihrer Planungen und Planungsabsichten verlangen, nicht jedoch hiervon abweichende rein tatsächliche Entwicklungen geltend machen.[486] Für ihre planerischen Aktivitäten hat die Gemeinde die Darlegungslast.[487]

206 Eine Beeinträchtigung der Planungshoheit liegt ferner dann vor, wenn die Gemeinde zwar keine konkrete Planungsabsichten besitzt, das Planvorhaben aber **wesentliche Teile des Gemeindegebiets** einer durchsetzbaren Planung entzieht.[488] Vor allem beim großräumigen Entzug von Siedlungs- und Bauflächen wird gleichsam das räumliche Substrat der Planungshoheit angegriffen.

207 Schließlich kann eine Beeinträchtigung der Planungshoheit auch darin liegen, dass **kommunale Einrichtungen**, die der öffentlichen Daseinsvorsorge dienen, beeinträchtigt werden.[489] Dazu gehören bspw. Wasserversorgungsanlagen, Bauhöfe, Kindergärten, Schulen und die gemeindliche Feuerwehr.[490]

b) Kommunales Selbstgestaltungsrecht

208 Mit der Selbstverwaltungsgarantie aus Art. 28 Abs. 2 GG ist auch das Selbstgestaltungsrecht der Gemeinde verbunden.[491] Darunter wird das originäre Recht der Gemeinde verstanden, das Gepräge und die Struktur ihres Orts selbst zu bestimmen. Dieses Selbstgestaltungsrecht ist allerdings nicht schon dann verletzt, wenn ein Planvorhaben sich in irgendeiner Weise negativ auf das Ortsbild auswirkt. Vielmehr ist das Selbstgestaltungsrecht nur beeinträchtigt, wenn ein planfeststellungsbedürftiges Vorhaben das Ortsbild entscheidend prägt und damit nachhaltig (z.B. durch einen Zerschneidungseffekt) auf das Gemeindegebiet und die Entwicklung der Gemeinde einwirkt.[492]

---

485 BVerwG, Urt. v. 03.04.2019 – 4 A 1/18, NVwZ 2019, 1213 (1215); Urt. v. 15.12.2016 – 4 A 1/15, BVerwGE 157, 73 (91).

486 BVerwG, Urt. v. 27.04.2017 – 9 A 30/15, BVerwGE 159, 1 (7)

487 BVerwG, Urt. v. 30.09.1993 – 7 A 14.93, NVwZ 1994, 371 (372).

488 BVerwG, Urt. v. 27.03.1992 – 7 C 18.91, BVerwGE 90, 96 (100); BVerwG, Urt. v. 11.04.1986 – 4 C 51/83, BVerwGE 74, 124 (132).

489 BVerwG, Urt. v. 30.05.1984 – 4 C 58/81, BVerwGE 69, 256 (261).

490 BVerwG, Urt. v. 28.04.2016 – 3 A 5/15, juris Rn. 14; Beschl. v. 21.01.1993 – 4 B 206/92, NVwZ 1993, 884 (886 f.); *von Schwanenflug*, NVwZ 2007, 1351 (1352).

491 BVerwG, Urt. v. 18.07.2013 – A 4.12, juris Rn. 62; Urt. v. 30.05.2012 – 9 A 35/10, DVBl 2012, 1377 (1378 f.); Urt. v. 18.03.1987 – 7 C 31/85, BVerwGE 77, 134 (137).

492 BVerwG, Urt. v. 12.04.2018 – 3 A 10/15, NVwZ 2018, 1799 (1800); Urt. v. 30.05.2012 – 9 A 35/10, DVBl 2012, 1377 (1378 f.); Beschl. v. 05. 12. 1996 – 11 VR 8/96, NVwZ-RR 1997, 339.

c) Finanzhoheit der Gemeinden

Die Finanzhoheit einer Gemeinde ist nicht schon dann beeinträchtigt, wenn das Planvorhaben irgendwelche negativen Einflüsse auf die finanzielle Situation der Gemeinde haben kann. Vielmehr ist eine Beeinträchtigung der finanziellen Selbstverwaltungsgarantie des Art. 28 Abs. 2 Satz 3 GG nur anzunehmen, wenn der finanzielle Spielraum der Gemeinden nachhaltig in nicht mehr zu bewältigender und hinzunehmender Weise eingeengt wird.[493] Vertraglich vereinbarte Folgekosten aufgrund des Planvorhabens müssen nicht abgewogen werden.[494] 209

4. Rechtsschutz anderer Hoheitsträger

Ebenso wie Gemeinden können auch andere Hoheitsträger durch einen PlfB in eigenen Rechten verletzt werden. So können auch Landkreise eine Verletzung der ihnen als Gemeindeverband hinsichtlich der kreiskommunalen Aufgaben zustehende Recht auf Selbstverwaltung (Art. 28 Abs. 2 Satz 2 GG) geltend machen, wenn deren Aufgabenerfüllung verletzt ist.[495] Dies kann selbst für Aufgaben im übertragenen Wirkungskreis gelten (bejaht für den Katastrophenschutz).[496] kann sich etwa ein Bundesland auf sein Fischereirecht[497] oder seine Aufgabenkompetenz für den Brand- und Katastrophenschutz[498] berufen. Behörden des Bundes oder der Länder können dagegen den PlfB regelmäßig nicht angreifen. Ihnen kommen lediglich Kompetenzen, aber keine eigenen einklagbaren Rechte i.S.d. § 42 Abs. 2 VwGO zu.[499] 210

5. Rechtsschutz von anerkannten Umweltvereinigungen

Die Rechtsschutzmöglichkeiten von anerkannten Umweltvereinigungen richten sich primär nach den Vorschriften des UmwRG über die **Verbandsklage.** Die nach § 64 BNatSchG den anerkannten Naturschutzvereinigungen eröffnete naturschutzrechtliche Verbandsklage ist bei Planfeststellungsbeschlüssen gem. § 1 Abs. 3 UmwRG ausgeschlossen.[500] Die Reichweite der Verbandsklage richtet sich danach, ob der PflB ein UVP-pflichtiges Vorhaben betrifft (§ 1 Abs. 1 Nr. 1 UmwRG) oder nicht (§ 1 Abs. 1 Satz 1 Nr. 5 UmwRG). 211

Bei PlfB i.S. des § 1 Abs. 1 Satz 1 Nr. 1 UmwRG (**UVP-pflichtige Vorhaben**) können die Umweltvereinigungen die Verletzung sämtlicher entscheidungserheblicher Rechtsvorschriften rügen, sofern ihr satzungsgemäßer Aufgabenbereich durch den PflB 212

493 BVerwG, Urt. v. 18.06.1997 – 11 A 65/95, UPR 1997, 470 f.
494 VGH Baden-Württemberg, Urt. v. 15.12.2016 – 5 S 987/15, DVBl 2017, 395 (396).
495 BVerfG, Beschl. v. 09.03.2007 – 2 BvR 2215/01, NVwZ-RR 2007, 435 (436 f.); BVerwG, Urt. v. 28.04.2016 – 9 A 11/15, juris Rn. 13; Urt. v. 03.05.2013 – 9 A 17/12, NVwZ 2013, 1220.
496 BVerwG, Urt. v. 28.02.2019 – 3 A 4/16, juris Rn.
497 BVerwG, Urt. v. 25.09.1996 – 11 A 20/96, BVerwGE 102, 74 (75).
498 BVerwG, Urt. v. 28.02.2019 – 3 A 5/16, juris Rn. 18 ff.
499 BVerwG, Urt. v. 15.04.1977 – IV C 3/74, BVerwGE 52, 226 (234); Urt. v. 14.02.1969 – IV C 215/65, BVerwGE 31, 263 (267).
500 VGH Baden-Württemberg, Urt. v. 20.11.2018 – 5 S 2138/16, juris Rn. 74.

berührt sein kann und der Verstoß Belange berührt, die zu den Satzungszielen gehören (§ 2 Abs. 1 Satz 1, Abs. 4 Satz 1 Nr. 1, Satz 2 UmwRG). Erforderlich ist zudem, dass eine UVP-Pflicht entweder kraft Gesetzes oder in Ergebnis einer UVP-Vorprüfung besteht (§ 2 Abs. 4 Satz 2 UmwRG). Die materielle Präklusion gemäß § 73 Abs. 4 Satz 3 und 6 gilt nicht (s. Rdn. 200).

213 Bei PflB i.S. von § 1 Abs. 1 Satz 1 Nr. 5 UmwRG (**sonstige Vorhaben**) beschränkt sich das Rügerecht der Umweltvereinigung hingegen auf umweltbezogene Vorschriften (§ 2 Abs. 4 Satz 1 Nr. 2 UmwRG). PflB, die Vorhaben betreffen, bei denen die UVP-Vorprüfung keine UVP-Pflicht ergeben hat, fallen unter § 1 Abs. 1 Satz 1 Nr. 5 UmwRG.[501] Umweltbezogene Vorschriften betreffen neben den zwingenden Vorschriften des integrierten Umweltschutzes (BNatSchG, WHG, BImSchG) etwa die Planrechtfertigung[502], Fragen des Bedarf (vgl. Rdn. 21 ff.)[503], soweit sich dies auf die Umweltbelange auswirken kann, oder das Abwägungsgebot (vgl. Rdn. 31 ff.), ob die Umweltbelange zutreffend ermittelt worden sind und ob sie in das richtige Verhältnis zu den sonstigen öffentlichen und privaten Belangen gesetzt worden sind.[504] Nicht hierher gehören Regelungen zur Zuständigkeit der PflBeh.[505] Ferner muss die Umweltvereinigung im PlfV Einwendungen erhoben haben. Andernfalls ist ihr Vortrag präkludiert (Rdn: 191a und § 73 Rdn. 110 ff.).

214 Umweltvereinigungen können darüber hinaus auch **eigene Rechte** im Sinne von § 42 Abs. 2 VwGO geltend machen, wenn ihr privates (Grundstücks–)Eigentum von dem PlfB berührt wird. Soweit das Planvorhaben nicht UVP-pflichtig ist, gilt die Präklusion des § 73 Abs. 4 Satz 3 in diesem Fall direkt und nicht erst durch den Verweis in § 73 Abs. 4 Satz 6. Problematisch kann der Erwerb sog. »**Sperrgrundstücke**« zum Zwecke der Erlangung der Einwendungs- und Klagebefugnis sein: Ein solches Vorgehen schließt die Klagebefugnis grundsätzlich nicht aus, da der Erwerb eines Grundstücks mit dem Ziel, dieses für Zwecke des Naturschutzes zu erhalten und gegen konkurrierende Nutzungen zu verteidigen, als schutzwürdig anzuerkennen ist.[506]

---

501 VGH Baden-Württemberg, Urt. v. 20.11.2018 – 5 S 2138/16, juris Rn. 157 ff.

502 Bejahend ohne nähere Problematisierung BVerwG (9. Senat), Urt. v. 19.03.2003 – 9 A 33/02, NVwZ 2003, 1120 (1121); verneinend BVerwG (4. Senat), Beschl. v. 01.07.2003 – 4 VR 1/03, Buchholz 406.400 § 61 BNatSchG 2002 Nr. 3; offen lassend BVerwG, Urt. v. 12.03.2008 – 9 A 3/06, BVerwGE 130, 299 (317 f.); Urt. v. 17.01.2007 – 9 A 20/05, BVerwGE 128, 1 (13); Urt. v. 19.05.1998 – 4 A 9.97, BVerwGE 107, 1 (8 f.).

503 Verneinend für Fragen der Finanzierbarkeit BVerwG, Beschl. v. 28.12.2009 – 9 B 26/09, NVwZ 2010, 380 (381).

504 Zwischen den Senaten des BVerwG unterschiedlich beurteilt wird, ob dabei auch die fehlerhafte Gewichtung der für das Planvorhaben sprechenden Belange gerügt werden kann: bejahend BVerwG, Urt. v. 19.03.2003 – 9 A 33/02 (9. Senat), NVwZ 2003, 1120 (1121); verneinend für Gründe des fehlenden Verkehrsbedarfs und Mängel bei der Beurteilung der verkehrlichen Netzwirkung BVerwG, Urt. v. 19.05.1998 – 4 A 9.97 (4. Senat), BVerwGE 107, 1 (7).

505 So zu § 64 BNatSchG BVerwG, Urt. v. 27.06.2019 – 7 C 22/17, NuR 2019, 846 (848 f.).

506 BVerwG, Urt. v. 09.07.2008 – 9 A 14/07, NVwZ 2009, 302 (304); Urt. v. 27.10.2000 – 4 A 10/99, BVerwGE 112, 135 (137).

Ein **Rechtsmissbrauch** kann allerdings dann vorliegen, wenn das Grundstück »nicht erworben wird, um die mit ihm verbundenen Gebrauchsmöglichkeiten zu nutzen, sondern nur als Mittel dient, die formalen Voraussetzungen für eine Prozessführung zu schaffen«.[507] Hierzu sind die Umstände des Grundstückserwerbs genau zu prüfen. Läuft die Eigentümerstellung der Vereinigung lediglich auf eine »formale Hülle«[508] hinaus, fehlt die Einwendungsbefugnis gem. § 73 Abs. 4 Satz 1.[509]

XI. Landesrechtliche Besonderheiten

Die **VwVfG der Länder** stimmen aufgrund von Verweisungen oder eigener Regelungen im Wesentlichen mit § 74 überein. Die durch das PlVereinhG erfolgten Änderungen haben die Länder in ihre VwVfG weitgehend übernommen. 215

Nach gegenwärtiger Rechtslage ergeben sich folgende landesrechtliche Besonderheiten:

- § 74 Abs. 1 Satz 2 i.V.m. § 69 Abs. 2 Satz 3 VwVfG BW statuiert die Pflicht der PlfBeh, die Begründung des PlfB in anonymisierter Form abzufassen, wenn diese eine Darstellung der persönlichen und sachlichen Verhältnisse eines Beteiligten erfordert. Auf Anfrage hat die Behörde die betreffenden Daten nach § 74 Abs. 1 Satz 2 i.V.m. § 69 Abs. 2 Satz 4 VwVfG BW herauszugeben; hierauf sind die Beteiligten hinzuweisen. Eine Veröffentlichung im PlfB selbst darf ausnahmsweise erfolgen, wenn der Betroffene schriftlich oder zur Niederschrift einwilligt (§ 69 Abs. 2 Satz 5 VwVfG BW).
- Nach § 74 Abs. 4 Satz 4 VwVfG BW sowie § 74 Satz 4 VwVfG M-V hat der Vorhabenträger die Kosten für die Zustellung und öffentliche Bekanntmachung des PlfB zu tragen, wenn sie 35 € übersteigen (i.V.m. § 73 Abs. 10 des jeweiligen Landes-VwVfG).
- § 74 Abs. 6 Satz 1 Nr. 2 b) VwVfG NW sowie § 140 Abs. 6 Satz 1 Nr. 2 b) LVwG SH lassen im Falle von Eingriffen in Natur und Landschaft i.S.v. § 14 BNatSchG eine PlG nur dann zu, wenn das Benehmen der anerkannten Naturschutzvereinigungen hergestellt wird. Nach § 140 Abs. 6 Satz 1 Nr. 3 LVwG SH ist eine PlG zudem ausgeschlossen, wenn durch das Vorhaben erhebliche Auswirkungen auf die Umwelt zu besorgen sind.

---

507 BVerwG, Urt. v. 27.10.2000 – 4 A 10/99, BVerwGE 112, 135 (137); ferner BVerwG, Urt. v. 25.01.2012 – 9 A 6/10, UPR 2012, 304 (306); Urt. v. 12.07.1985 – 4 C 40/83, BVerwGE 72, 15 (16); *Jarass*, DVBl 2006, 1329 (1334).

508 BVerwG, Urt. v. 27.10.2000 – 4 A 10/99, BVerwGE 112, 135 (138); ferner BVerwG, Urt. v. 09.07.2008 – 9 A 14/07, NVwZ 2009, 302 (304).

509 BVerwG, Urt. v. 25.01.2012 – 9 A 6/10, UPR 2012, 304 (306); Urt. v. 27.10.2000 – 4 A 10/99, BVerwGE 112, 135; VGH Bayern, Urt. v. 20.12.1988 – 20 A 88.40073, NVwZ 1989, 684.

§ 75 Rechtswirkungen der Planfeststellung

(1) [1]Durch die Planfeststellung wird die Zulässigkeit des Vorhabens einschließlich der notwendigen Folgemaßnahmen an anderen Anlagen im Hinblick auf alle von ihm berührten öffentlichen Belange festgestellt; neben der Planfeststellung sind andere behördliche Entscheidungen, insbesondere öffentlich-rechtliche Genehmigungen, Verleihungen, Erlaubnisse, Bewilligungen, Zustimmungen und Planfeststellungen nicht erforderlich. [2]Durch die Planfeststellung werden alle öffentlich-rechtlichen Beziehungen zwischen dem Träger des Vorhabens und den durch den Plan Betroffenen rechtsgestaltend geregelt.

(1a) [1]Mängel bei der Abwägung der von dem Vorhaben berührten öffentlichen und privaten Belange sind nur erheblich, wenn sie offensichtlich und auf das Abwägungsergebnis von Einfluss gewesen sind. [2]Erhebliche Mängel bei der Abwägung oder eine Verletzung von Verfahrens- oder Formvorschriften führen nur dann zur Aufhebung des Planfeststellungsbeschlusses oder der Plangenehmigung, wenn sie nicht durch Planergänzung oder durch ein ergänzendes Verfahren behoben werden können; die §§ 45 und 46 bleiben unberührt.

(2) [1]Ist der Planfeststellungsbeschluss unanfechtbar geworden, so sind Ansprüche auf Unterlassung des Vorhabens, auf Beseitigung oder Änderung der Anlagen oder auf Unterlassung ihrer Benutzung ausgeschlossen. [2]Treten nicht voraussehbare Wirkungen des Vorhabens oder der dem festgestellten Plan entsprechenden Anlagen auf das Recht eines anderen erst nach Unanfechtbarkeit des Plans auf, so kann der Betroffene Vorkehrungen oder die Errichtung und Unterhaltung von Anlagen verlangen, welche die nachteiligen Wirkungen ausschließen. [3]Sie sind dem Träger des Vorhabens durch Beschluss der Planfeststellungsbehörde aufzuerlegen. [4]Sind solche Vorkehrungen oder Anlagen untunlich oder mit dem Vorhaben unvereinbar, so richtet sich der Anspruch auf angemessene Entschädigung in Geld. [5]Werden Vorkehrungen oder Anlagen im Sinne des Satzes 2 notwendig, weil nach Abschluss des Planfeststellungsverfahrens auf einem benachbarten Grundstück Veränderungen eingetreten sind, so hat die hierdurch entstehenden Kosten der Eigentümer des benachbarten Grundstücks zu tragen, es sei denn, dass die Veränderungen durch natürliche Ereignisse oder höhere Gewalt verursacht worden sind; Satz 4 ist nicht anzuwenden.

(3) [1]Anträge, mit denen Ansprüche auf Herstellung von Einrichtungen oder auf angemessene Entschädigung nach Absatz 2 Satz 2 und 4 geltend gemacht werden, sind schriftlich an die Planfeststellungsbehörde zu richten. [2]Sie sind nur innerhalb von drei Jahren nach dem Zeitpunkt zulässig, zu dem der Betroffene von den nachteiligen Wirkungen des dem unanfechtbar festgestellten Plan entsprechenden Vorhabens oder der Anlage Kenntnis erhalten hat; sie sind ausgeschlossen, wenn nach Herstellung des dem Plan entsprechenden Zustands dreißig Jahre verstrichen sind.

(4) [1]Wird mit der Durchführung des Plans nicht innerhalb von fünf Jahren nach Eintritt der Unanfechtbarkeit begonnen, so tritt er außer Kraft. [2]Als Beginn der Durchführung des Plans gilt jede erstmals nach außen erkennbare Tätigkeit von

mehr als nur geringfügiger Bedeutung zur plangemäßen Verwirklichung des Vorhabens; eine spätere Unterbrechung der Verwirklichung des Vorhabens berührt den Beginn der Durchführung nicht.

Schrifttum

Fickert, Die Planfeststellung für den Straßenbau, 1978; *Gaentzsch*, Notwendige Folgemaßnahmen in der Fachplanung, DVBl 2012, 129; *ders.*, Bemerkungen zur Planerhaltung im Fachplanungsrecht, DVBl 2000, 741; *Jarass*, Aktuelle Probleme des Planfeststellungsrechts, DVBl 1997, 795; *Karwath*, Die Konzentrationswirkung nach dem BFStrG, 1968; *Kügel*, Der Planfeststellungsbeschluß und seine Anfechtbarkeit, 1985; *Laubinger*, Der Umfang der Konzentrationswirkung der Planfeststellung, VerwArch 77 (1986), 77; *Müller-Steinwachs*, Bestandsschutz im Fachplanungsrecht, 2007; *Rappen/Triebels*, Planbeschleunigung bei planfeststellungspflichtigen Infrastrukturvorhaben: Die Anordnung des vorzeitigen Baubeginns im ergänzenden Verfahren und der Planergänzung, UPR 2020, 6; *Ruttloff*, Das Verhältnis wasserrechtlicher Gestattungen zum Planfeststellungsrecht, UPR 2012, 328; *Schütz*, Die Verlängerung von Planfeststellungsbeschlüssen – hic sunt leones, UPR 2002, 172; *Sendler*, Planerhaltung und Normerhaltung vor Gericht, Festschrift für Hoppe, 1011; *Stüer*, Die Beschleunigungsnovellen 1996, DVBl 1997, 326.

Übersicht **Rdn.**

A. Allgemeines

1 § 75 in seiner ursprünglich in Kraft getretenen Fassung entsprach § 71 RegEntw.[1] Ein Vorschlag des Bundesrates zur Klarstellung, dass die Länder von Landesbehörden erlassene Planfeststellungsbeschlüsse auch mit Konzentrationswirkung gegenüber nach Bundesrecht notwendigen Entscheidungen ausstatten können[2], wurde als § 100 Nr. 2 in das VwVfG aufgenommen. Durch das Genehmigungsbeschleunigungsgesetz (GenBeschlG) vom 12.09.1996[3] wurde der Grundsatz der Planerhaltung (Abs. 1a) eingefügt. Die Vorschrift entspricht den durch das Planungsvereinfachungsgesetz (PlVereinfG) vom 17.12.1993[4] zuvor in mehrere Fachplanungsgesetze (vgl. § 17 Abs. 6c FStrG, § 19 Abs. 4 WaStrG, § 29 Abs. 8 PBefG) aufgenommenen Regelungen, denen wiederum § 214 Abs. 3 Satz 2 BauGB als Vorbild diente. Durch das Planvereinheitlichungsgesetz (PlVereinhG) vom 31.05.2013[5] wurden Abs. 1a und 4 geändert. Beide Vorschriften wurden an die in den Fachplanungsgesetzen früher ebenfalls enthaltenen Regelungen sprachlich angepasst. Wesentliche Inhaltsänderungen sind damit nicht verbunden.

Die Vorschrift regelt die **Rechtswirkungen** der Planfeststellung. Im Einzelnen behandeln

- Abs. 1 die mit dem Erlass des PlfB verbundenen Rechtswirkungen (Genehmigungs-, Konzentrations- und Gestaltungswirkung; Rdn. 2 ff.),
- Abs. 1a die Auswirkungen von Abwägungsmängeln und Verfahrensfehlern auf den PlfB (Rdn. 9 ff.),
- Abs. 2 die Duldungs- und Ausgleichswirkungen des PlfB für Drittbetroffene (Rdn. 22 ff.),
- Abs. 3 Form und Frist für die Beantragung von nachträglichen Schutzauflagen oder eines Geldentschädigungsanspruchs (Rdn. 38 ff.),
- Abs. 4 das Außerkrafttreten des PlfB (Rdn. 42 ff.)

B. Die Vorschrift im Einzelnen

I. Genehmigungswirkung (Abs. 1 Satz 1, Halbs. 1)

1. Inhalt

2 Nach § 75 Abs. 1 Satz 1, Halbs. 1 wird durch die Planfeststellung die Zulässigkeit des Vorhabens einschließlich der notwendigen Folgemaßnahmen an anderen Anlagen im Hinblick auf alle von ihm berührten öffentlichen Belange festgestellt. Vorhaben meint das nach den jeweiligen im Fachplanungsrecht der Planfeststellung unterfallende

1 BT-Drucks. 7/910.
2 BT-Drucks. 6/910 zu § 71, S. 106.
3 BGBl. I, S. 1354 ff.
4 BGBl. I, S. 2123 ff.
5 BGBl. I, S. 1388.

Vorhaben (»Planvorhaben«).[6] Hiernach richtet sich auch, ob nur die Errichtung oder auch der Betrieb Gegenstand der Genehmigungswirkung ist. Aus der Feststellung der öffentlich-rechtlichen Zulässigkeit des Vorhabens ergibt sich das **Recht des Vorhabenträgers**, dieses entsprechend den Festsetzungen des PlfB oder ggf. einer fiktiven Planfeststellung durchzuführen (Genehmigungs- oder Gestattungswirkung).[7] Eine Pflicht zur Durchführung des Vorhabens ist damit nicht verbunden. Wird das Vorhaben nicht oder nicht vollständig verwirklicht, so kann dies zur Folge haben, dass der PlfB gem. Abs. 4 außer Kraft tritt (vgl. Rdn. 42 ff.) oder dass die PlfBeh nach § 77 Satz 1 verpflichtet ist, den PlfB aufzuheben (vgl. § 77 Rdn. 6 ff.). Von der Genehmigungswirkung nicht mehr abgedeckt und damit unzulässig ist die nur **teilweise Durchführung** des PlfB, weil sie der Sache nach eine Planänderung darstellt, die sich nach § 76 richtet.

2. Folgemaßnahmen

Die Ermächtigung der PlfBeh zur Feststellung der Zulässigkeit erstreckt sich nach 3
Abs. 1 Satz 1, Halbs. 1 auch auf die **notwendigen Folgemaßnahmen.** Der Begriff der Folgemaßnahme ist gesetzlich nicht näher definiert. Er umfasst grundsätzlich alle Maßnahmen, die von dem Planvorhaben des Vorhabenträgers kausal veranlasst werden.[8] Von der Rechtsprechung wird er darüber hinaus eng ausgelegt. Da § 75 Abs. 1 Satz 1, Halbs. 1 in Bezug auf notwendige Folgemaßnahmen einen gesetzlichen **Zuständigkeitswechsel** zugunsten der PlfBeh anordnet,[9] muss die Zulassung im PlfB aus Gründen der umfassenden Problembewältigung (§ 74 Rdn. 39) **erforderlich** sind.[10] Dass die Maßnahme ökonomisch oder funktionell sinnvoll ist, genügt nicht.[11] Ihre Grenze findet die Regelungsbefugnis der PlfBeh ferner, wenn die Folgemaßnahmen von solchem Gewicht sind, dass sie eines eigenen umfassenden Planungskonzepts bedürfen.[12] Solche selbstständigen Vorhaben können nur bei Vorliegen der Voraussetzungen des § 78 in das Planfeststellungsverfahren einbezogen werden (vgl. näher § 78 Rdn. 6 ff.). Folgemaßnahmen dürfen daher über Anschluss und Anpassung selbst

---

6 Vgl. BVerwG, Urt. v. 19.02.2015 – 7 C 11/12, BVerwGE 151, 213 (221) zum Wasserhaushaltsrecht; ferner Mann/Sennekamp/Uechtritz/*Deutsch*, § 75 Rn. 30 ff. zum Eisenbahn- und Luftrecht.

7 Näher Mann/Sennekamp/Uechtritz/*Deutsch*, § 75 Rn. 22 ff.

8 BVerwG, Urt. v. 26.04.2007 – 4 C 12/05, BVerwGE 128, 358 (365).

9 BVerwG, Urt. v. 27.10.1999 – 11 A 31/98, NVwZ 2000, 435.

10 BVerwG, Urt. v. 19.02.2015 – 7 C 11/12, BVerwGE 151, 213 (221); Urt. v. 09.02.2005 – 9 A 62/03, NVwZ 2005, 813 (814); Urt. v. 27.10.1999 – 11 A 31/98, NVwZ 2000, 435; Urt. v. 01.07.1999 – 4 A 27/98, BVerwGE 109, 192 (201).

11 BVerwG, Urt. v. 15.12.2006 – 7 C 1/06, BVerwGE 127, 259 (269); OVG Nordrhein-Westfalen, Urt. v. 02.09.2009 – 11 D 32/08, NWVBl. 2010, 112 (113); OVG Niedersachsen, Urt. v. 06.06.2007 – 7 LC 97/06, juris Rn. 61.

12 BVerwG, Urt. v. 19.02.2015 – 7 C 11/12, BVerwGE 151, 213 (221); Beschl. v. 13.07.2010 – 9 B 103/09, NVwZ 2010, 1244 (1245); Urt. v. 09.02.2005 – 9 A 62/03, NVwZ 2005, 813 (814); Urt. v. 27.10.1999 – 11 A 31/98, NVwZ 2000, 435; Urt. v. 01.07.1999 – 4 A 27/98, BVerwGE 109, 192 (201).

dann nicht hinausgehen, wenn der für die Maßnahme zuständige andere Planungsträger sich hiermit einverstanden erklärt.[13] Vorhabenträger und Träger der Folgemaßnahmen dürfen nicht personenidentisch sein.[14] Typische Folgemaßnahmen sind etwa die Anpassung einer kreuzenden Straße oder eines kreuzenden Schienenwegs,[15] die Herstellung einer neuen Zufahrt, die Anlage einer Deponie zur Unterbringung des bei einem Straßenbauvorhaben anfallenden Erdaushubs[16] oder die Verlegung von vorhandenen Versorgungsleitungen.[17] Nicht erfasst werden dagegen Sicherungsmaßnahmen zur Gewährleistung eines ordnungsgemäßen Betriebs der zu planenden Infrastrukturanlage (hier Hangsicherungsmaßnahmen).[18]

II. Konzentrationswirkung (Abs. 1 Satz 1, Halbs. 2)

4 § 75 Abs. 1 Satz 1, Halbs. 2 sieht als weitere Rechtswirkung des PlfB die Konzentrationswirkung vor (auch »Ersetzungswirkung« genannt). Sie bedeutet, dass alle anderen für die Durchführung des Vorhabens und seiner Folgemaßnahmen notwendigen behördlichen Entscheidungen durch den PlfB **ersetzt** werden. Dies betrifft alle nach anderen Rechtsvorschriften sonst für die Verwirklichung des Vorhabens erforderlichen Genehmigungen, Bewilligungen oder Zustimmungen. Über den Wortlaut hinaus werden auch etwaige nach den Fachgesetzen geforderte Ausnahmen und Befreiungen ersetzt.[19] Dies gilt auch für sonstige Planfeststellungsbeschlüsse, die an sich für das Vorhaben erforderlich wären.[20] **Nicht** von der Konzentrationswirkung umfasst werden Entscheidungen, die dem PlfV notwendig vorgelagert sind und die PlfBeh binden.[21] Dies gilt etwa für Entscheidungen im Raumordnungsverfahren oder Linien- und Trassenbestimmungen. Ebenso nicht erfasst werden Entscheidungen in nachgelagerten Verfahren wie etwa in Enteignungs- oder Vollstreckungsverfahren. Bestehen für Teile des Vorhabens unterschiedliche sachliche Zuständigkeiten, greift auch die Konzentrationswirkung nicht ein.[22] Besonderheiten gelten für die Baugenehmigung für Hochbauten auf Flughäfen (s. § 8 Abs. 4 LuftVG).[23]

---

13 BVerwG, Beschl. v. 03.05.2016 – 3 B 5/16, juris Rn. 8; Urt. v. 19.02.2015 – 7 C 11/12, BVerwGE 151, 213 (221); Beschl. v. 13.07.2010 – 9 B 103/09, NVwZ 2010, 1244 (1245); Urt. v. 09.02.2005 – 9 A 62/03, NVwZ 2005, 813 (814).

14 Mann/Sennekamp/Uechtritz/*Deutsch*, § 75 Rn. 50.

15 BVerwG, Urt. v. 12.02.1988 – 4 C 54/84, NVwZ 1989, 153 (154).

16 VGH Baden-Württemberg, Urt. v. 09.12.1994 – 5 S 1648/94, NVwZ 1995, 924.

17 BVerwG, Urt. v. 23.02.2005 – 4 A 4/05, BVerwGE 123, 23 (45).

18 BVerwG, Urt. v. 23.09.2014 – 7 C 14/13, NVwZ 2015, 445 (446).

19 Kopp/Ramsauer/*Wysk*, § 75 Rn. 12a; Stelkens/Bonk/Sachs/*Neumann*/*Külpmann*, § 75 Rn. 10; Knack/Henneke/*Schink*, § 75 Rn. 23.

20 BVerwG, Urt. v. 15.12.2006 – 7 C 1/06, BVerwGE 127, 259 (269); Urt. v. 13.12.2006 – 4 B 73/06, NVwZ 2007, 459 (460); Gerichtsbescheid v. 30.07.1998 – 4 A 1/98, NVwZ-RR 1999, 162.

21 VGH Hessen, Beschl. v. 13.04.2005 – 4 Q 3637/04, NVwZ-RR 2005, 683 (684).

22 OVG Nordrhein-Westfalen, Urt. v. 15.03.2011 – 20 A 2148/09, DVBl 2011, 767 (769).

23 BVerwG, Urt. v. 26.09.2001 – 9 A 3/01, BVerwGE 115, 158 (161 ff.); Urt. v. 20.07.1990 – 4 C 30.87, BVerwGE 85, 251 ff.: VGH Hessen, Urt. v. 08.08.2018 – 9 C 1231/15.T, BauR 2019, 807 Rn. 30 ff.

Die Konzentrationswirkung hat **Bedeutung in dreifacher Hinsicht:** für die Zuständigkeit der PflBeh, deren Entscheidungsbefugnis und das anzuwendende Verfahrensrecht.[24] **Zuständigkeitskonzentration** meint den Verlust der Zuständigkeit der für die Durchführung der anderen Zulassung zuständigen Fachbehörde und Begründung der Zuständigkeit der PlfBeh. An die Stelle des Zuständigkeitsverlustes treten die Beteiligungsrechte der Fachbehörden nach § 73 Abs. 2 (vgl. § 73 Rdn. 33). Damit einher geht die **umfassende Entscheidungsbefugnis** der PlfBeh. Anstelle mehrerer Entscheidungen unterschiedlicher Fachbehörden trifft die PlfBeh eine einzige einheitliche und umfassende Abwägungsentscheidung. Dies gilt auch, wenn das Fachgesetz der Fachbehörde ein Ermessen oder einen Abwägungsspielraum einräumt. Die ersetzten fachbehördlichen Entscheidungen müssen nicht ausdrücklich im Planfeststellungsbeschluss benannt werden. Gleichwohl empfiehlt sich dies. Eine Ausnahme von der Entscheidungskonzentration besteht, wenn für das Planvorhaben zugleich wasserrechtliche Gestattungen (Erlaubnisse oder Bewilligungen) erteilt werden müssen. Aufgrund des § 19 Abs. 1 WHG sind sie eigenständige Entscheidungsbestandteile, die von der Entscheidungskonzentration nicht erfasst werden.[25] Die rechtliche Selbstständigkeit hat zur Folge, dass Mängel, die allein die wasserrechtliche Gestattung betreffen, den Planfeststellungsbeschluss unberührt lassen. Zudem können die wasserrechtlichen Gestattungen unter vereinfachten Bedingungen (vgl. § 13 Abs. 1 WHG) mit nachträglichen Inhalts- und Nebenbestimmungen versehen werden.[26] Der (Teil –)Widerruf der Gestattungen richtet sich nach § 18 Abs. 1 und 2 WHG i.V.m. § 49 VwVfG, ohne dass der Planfeststellungsbeschluss geändert werden müsste. In der Praxis wird trotz der Selbstständigkeit der Gestattungen diese zumeist im Planfeststellungsbeschluss als einer einheitlichen Urkunde erteilt. Hiergegen bestehen keine Bedenken, sofern die Gestattungen ausdrücklich im Verfügungssatz aufgenommen werden. Für sonstige wasserrechtliche Entscheidungen (z.B. die Anlagengenehmigung gem. § 36 WHG) gelten die Besonderheiten nicht. Sie unterfallen damit uneingeschränkt der Entscheidungskonzentration. **Mit Verfahrenskonzentration** ist der Umstand gemeint, dass das für die andere Zulassung an sich geltende fachgesetzliche Verfahrensrecht keine Anwendung findet. Es gelten ausschließlich die Verfahrensvorschriften über die Planfeststellung, soweit die Fachgesetze keine inhaltsgleichen oder abweichenden Bestimmungen zum Planfeststellungsverfahren enthalten.[27] In **materieller Hinsicht** bleibt die PlfBeh an die rechtlichen Vorgaben gebunden, die für die ersetzten Entscheidungen 5

24 BVerwG, Urt. v. 11.08.2016 – 7 A 1/15, juris Rn. 54; Urt. v. 16.03.2006 – 4 A 1075/04, BVerwGE 125, 116 (278); Urt. v. 09.03.1990 – 7 C 21.89, BVerwGE 85, 44 (46); Urt. v. 09.11.1984 – 7 C 15.83, BVerwGE 70, 242 (244).

25 BVerwG, Urt. v. 18.03.2009 – 9 A 39/07, BVerwGE 133, 239 (249); Urt. v. 16.03.2006 – 4 A 1075/06, BVerwGE 125, 116 (279 f.); Beschl. v. 14.04.2005 – 4 VR 1005/04, BVerwGE 123, 241 (242 f.); BVerwG, Beschl. v. 26.06.1992 – 4 B 1/92 u. a., NVwZ 1993, 572 (576); dazu näher *Ruttloff*, UPR 2012, 328 ff.

26 BVerwG, Urt. v. 16.03.2006 – 4 A 1075/04, BVerwGE 125, 116 (280).

27 BVerwG, Urt. v. 11.08.2016 – 7 A 1/15, juris Rn. 54; Urt. v. 16.03.2006 – 4 A 1075/04, BVerwGE 125, 116 (278); Beschl. v. 26.06.1992 – 4 B 1/92 u. a., NVwZ 1993, 572 (575).

gelten.[28] Sie kann sich daher nicht über Gebote oder Verbote, die im Rahmen der ersetzten Entscheidung zwingend sind, hinwegsetzen.[29] Materielle Regelungen ohne zwingenden Charakter wie etwa Optimierungsgebote (vgl. § 74 Rdn. 30) sind von der PlfBeh ebenfalls zu beachten, können aber im Rahmen der Abwägungsentscheidung überwunden werden.[30]

6 Die Konzentrationswirkung betrifft alle anderen Entscheidungen ohne Rücksicht darauf, ob sie **nach Bundesrecht oder Landesrecht** von einer Bundes- oder Landesbehörde zu treffen wären. Im Rahmen einer bundesrechtlichen Planfeststellung werden daher auch landesrechtliche Genehmigungserfordernisse verdrängt.[31] Im Gegenzug haben alle Länder von der Ermächtigung des § 100 Nr. 2 Gebrauch gemacht, nach der sie bestimmen können, dass für landesrechtliche Planfeststellungen die Rechtswirkungen des § 75 Abs. 1 Satz 1 auch gegenüber nach Bundesrecht notwendigen Entscheidungen gelten. Erfolgt ist dies teilweise ausdrücklich durch Anfügen der Worte »nach Bundes- oder Landesrecht« hinter dem Wort »Entscheidungen« in § 75 des entsprechenden Landes-VwVfG (vgl. etwa § 75 Abs. 1 Satz 1, Halbs. 2 BWVwVfG), zum Teil implizit durch eine mit § 75 wortgleiche Vorschrift (vgl. § 75 Abs. 1 Satz 1, Halbs. 2 HmbVwVfG) oder durch Verweis auf § 75 (so bspw. in § 1 Abs. 1 BlnVwVfG).

7 Nicht ausdrücklich gesetzlich geregelt ist der **zeitliche Umfang** der Konzentrationswirkung. Dies hat große praktische Bedeutung, etwa wenn der erlassene PlfB geändert werden muss oder beauflagte Auflagen gegenüber dem Vorhabenträger zwangsweise durchgesetzt werden müssen. Hierher gehören auch die Fälle auf behördliches Einschreiten, wenn der Vorhabenträger das Planvorhaben abweichend vom PlfB verwirklicht (»Schwarzbau«). Teilweise ergibt sich die Zuständigkeitskonzentration auch nach Erlass des PlfB aus speziellen Vorschriften. So begründet für Änderungen des PlfB § 76 die Zuständigkeit der PlfBeh. Entsprechendes gilt für die Anordnung nachträglicher Schutzmaßnahmen (§ 75 Abs. 3; vgl. Rdn. 38). Für die Abnahme oder Überwachung beauflagter Kompensationsmaßnahmen sieht § 17 Abs. 7 BNatSchG ebenfalls die Zuständigkeit der PlfBeh vor. Sofern eine spezielle gesetzliche Regelung fehlt, ist davon auszugehen, dass die PflBeh auch für den Vollzug etwaiger im PlfB festgesetzter Schutzmaßnahmen oder sonstiger Auflagen zuständig ist, etwa wenn der Vorhabenträger den Auflagen nicht oder nur unvollständig nachkommt.[32] Der PflBeh ist es allerdings unbenommen, im PlfB die Zuständigkeit der Fachbehörden zu bestimmen. Nach allgemeinen Grundsätzen zuständig ist die PlfBeh auch für ein Einschreiten

28 BVerwG, Urt. v. 27.10.2000 – 4 A 18/99, BVerwGE 112, 140 (155); Beschl. v. 26.06.1992 – 4 B 1/92 u.a., NVwZ 1993, 572 (575); Urt. v. 09.11.1984 – 7 C 15/83, BVerwGE 70, 242 (244); VGH Hessen, Urt. v. 28.06.2005 – 12 A 18/05, NVwZ 2006, 230 (238).

29 BVerwG, Beschl. v. 26.06.1992 – 4 B 1 – 11/92, NVwZ 1993, 572 (575 f.); Urt. v. 22.03.1985 – 4 C 73.82, BVerwGE 71, 163 (164).

30 BVerwG, Beschl. v. 26.06.1992 – 4 B 1/92 u.a., NVwZ 1993, 572 (576).

31 BVerwG, Urt. v. 14.04.1989 – 4 C 31/88, BVerwGE 82, 17 (21 f.).

32 S. OVG Berlin-Brandenburg, Beschl. v. 15.06.2012 – OVG 12 S 27.12, NVwZ-RR 2012, 679 (682).

im Falle eines »Schwarzbaus«. Die Zuständigkeit der örtlichen Bauaufsichtsbehörden wird damit verdrängt.

III. Gestaltungswirkung (Abs. 1 Satz 2)

Nach § 75 Abs. 1 Satz 2 werden durch die Planfeststellung alle **öffentlich-rechtlichen** 8
Beziehungen zwischen dem Träger des Vorhabens und den durch den Plan Betroffenen rechtsgestaltend geregelt. Diese rechtsgestaltende Wirkung kommt darin zum Ausdruck, dass der PlfB dem **Vorhabenträger** durch die Feststellung der Zulässigkeit des Vorhabens und die Ersetzung anderer öffentlich-rechtlicher Entscheidungen eine Begünstigung gewährt. Zugleich wird ihm durch die Verpflichtung, die einzelnen Festsetzungen des PlfB zu befolgen, insbesondere auch etwaige Schutzauflagen zu erfüllen und eine festgesetzte Geldentschädigung zu zahlen, eine Belastung auferlegt. Soweit sich der Vorhabenträger im Regelungsrahmen des PflB hält, muss er keine behördlichen Einwände erwarten. Gegenüber **Drittbetroffenen** besteht die Gestaltungswirkung darin, dass sie die Auswirkungen des Vorhabens zu dulden haben, ihnen jedoch auch ggf. durch die Anordnung von Schutzauflagen oder die Festsetzung einer Geldentschädigung Begünstigungen gewährt werden. Die Rechtmäßigkeit des PlfB können Drittbetroffene nur durch Anfechtung des PlfB überprüfen lassen, nicht aber durch andere Rechtsbehelfe wie etwa Amtshaftungs- oder Entschädigungsklagen.[33] Die Gestaltungswirkung tritt gegenüber Privaten unabhängig davon ein, ob sie sich im Planfeststellungsverfahren beteiligt haben.

Die Gestaltungswirkung gilt auch im **Verhältnis von Planänderungen zum ursprüng-** 9
lichen Planfeststellungsbeschluss. Nachfolgende Planfeststellungsbeschlüsse erfassen auch die frühere Regelung mit der Folge, dass ein neuer einheitlicher Gesamtplan entsteht. Sich widersprechende Inhalte sind damit ausgeschlossen.[34]

Die Gestattungswirkung beschränkt sich auf das Recht des Vorhabenträgers, das Vor- 10
haben gemäß dem PlfB zu verwirklichen. Dritte haben hingegen aus den Rechtswirkungen des PflB **keinen Planbefolgungs- oder Plangewährleistungsanspruch.**[35] Eine Pflicht des Vorhabenträgers zur Verwirklichung des Vorhabens besteht demnach nicht.

Von der Gestaltungswirkung des PlfB **unberührt** bleiben **privatrechtliche Beziehun-** 11
gen. Der PlfB ermächtigt weder zu tatsächlichen Eingriffen noch zur Beseitigung oder Beschränkung privater Rechte.[36] Wird für das Vorhaben ein im Eigentum eines Drittbetroffenen stehendes Grundstück benötigt, so steht es nicht bereits durch den Erlass des PlfB für das Vorhaben zur Verfügung. Es muss in einem besonderen Verfahren enteignet werden, sofern keine gütliche Einigung über den Eigentumsübergang zustande kommt. Eine begrenzte Wirkung hat der PlfB für ein späteres Enteignungsverfahren gleichwohl dann, wenn gesetzlich eine **enteignungsrechtliche Vorwirkung** des PlfB

33 BVerwG, Urt. v. 06.03.1987 – 4 C 36/83, NVwZ 1988, 52.
34 BVerwG, Urt. v. 04.04.2012 – 4 A 8/09 u.a., BVerwGE 142, 234 (251).
35 BVerwG, Urt. v. 08.03.2006 – 9 A 29/05, Buchholz 316 § 76 VwVfG Nr. 14; Urt. v. 21.05.2003 – 9 A 40.02, NVwZ 2003, 1381 (1382).
36 BGH, Urt. v. 24.10.2003 – V ZR 424/02, NVwZ 2004, 377 (378).

angeordnet ist, wie dies alle Fachplanungsgesetze vorsehen (vgl. § 19 Abs. 2 FStrG, § 18 Abs. 2 AEG, § 44 Abs. 2 WaStrG, § 28 Abs. 2 LuftVG, § 30 PBefG, § 7 Abs. 2 MBPlG).[37] Dann **binden** die Festlegungen der PlfBeh über die Zulässigkeit der Inanspruchnahme eines Grundstücks auch die Enteignungsbehörde.[38] Diese hat nur noch über die Modalitäten der Enteignung, insbesondere den Zeitpunkt der Enteignung und die Höhe der Entschädigung, zu entscheiden.

IV. Rechtsfolgen von Abwägungs- und Verfahrensmängeln (Abs. 1a)

12 § 75 Abs. 1a normiert den Grundsatz der **Planerhaltung.**[39] Nicht alle (formellen oder materiellen Fehler) sollen zur Aufhebung des PlfB führen mit der Folge, dass ein erneutes aufwendiges PlfV durchzuführen ist. Daher bestimmt – systematisch wenig überzeugend – Satz 1, dass Fehler in der Abwägung nur erheblich sind, wenn sie offensichtlich und auf das Abwägungsergebnis von Einfluss gewesen sind. Satz 2 schließt die gerichtliche Aufhebbarkeit von PlfB und Plangenehmigungen bei erheblichen Abwägungsmängeln sowie bei Verfahrens- und Formfehlern aus, wenn diese im Wege der Planergänzung oder des ergänzenden Verfahrens behoben werden können. Zudem können Verfahrens- oder Formfehler auch nach den §§ 45 und 46 VwVfG unbeachtlich sein. Entsprechende Regelungen in den meisten Fachplanungsgesetzen sind durch das PlVereinhG aufgehoben worden. Soweit die Fachplanungsgesetze nicht geändert worden sind (z.B. § 29 Abs. 8 PBefG), sind diese Vorschriften vorrangige Spezialvorschriften.

1. Erfasste Mängel

13 Vom Grundsatz der Planerhaltung sind nach Abs. 1a Satz 1 zunächst **Abwägungsmängel** erfasst. Sie sind von vornherein nur erheblich, wenn sie offensichtlich sind und – kumulativ – das Abwägungsergebnis beeinflussen. **Offensichtlich** sind materielle Fehler, wenn sie aus den Akten, Planunterlagen und Begründungen – also nach außen – ersichtlich sind.[40] Innere Motive der PlfBeh, die keinen Niederschlag in den Akten gefunden haben, bleiben demnach außer Betracht.[41] Ein offensichtlicher Mangel ergibt sich nicht bereits notwendig aus der Tatsache, dass die Planbegründung keinen ausdrücklichen Hinweis darauf enthält, dass die PlfBeh sich mit bestimmten Umständen abwägend befasst hat.[42] **Einfluss auf das Abwägungsergebnis** haben materielle Fehler dann, wenn nach den Umständen des Einzelfalles die konkrete Möglichkeit

---

37 BVerfG, Beschl. v. 15.02.2007 – 1 BvR 300/06, NVwZ 2007, 573; BVerwG, Urt. v. 12.02.1991 – 1 C 20/90, NVwZ 1991, 873; eingehend *Jarass*, DVBl 2006, 1329.

38 BVerfG, Beschl. v. 15.02.2007 – 1 BvR 300/06 u.a., NVwZ 2007, 573; Stelkens/Bonk/Sachs/*Neumann/Külpmann*, § 75 Rn. 28; *Jarass*, DVBl 2006, 1329 (1330).

39 Vgl. Stelkens/Bonk/Sachs/*Neumann/Külpmann*, § 75 Rn. 35; *Gaentzsch*, UPR 2001, 201.

40 BVerwG, Urt. v. 28.10.1998 – 11 A 3/98, BVerwGE 107, 350 (356); Beschl. v. 26.08.1998 – 11 VR 4/98, NVwZ 1999, 535 (538); Beschl. v. 16.08.1995 – 4 B 92/95, NVwZ-RR 1996, 68 (69); Urt. v. 21.08.1981 – 4 C 57/80, BVerwGE 64, 33 (38).

41 BVerwG, Urt. v. 21.08.1981 – 4 C 57/80, BVerwGE 64, 33 (38).

42 BVerwG, Beschl. v. 29.01.1992 – 4 NB 22/90, BauR 1992, 342 (343 f.).

besteht, dass die Entscheidung ohne den Mangel anders ausgefallen wäre.[43] Hierfür war nach der früheren Rechtsprechung nicht ausreichend, wenn nur die abstrakte Möglichkeit einer anderen Entscheidung bestand. Die Darlegungslast lag demnach beim Kläger. Diese planerhaltungsfreundliche Rechtsprechung ist überholt. Für UVP-pflichtige Vorhaben hat der EuGH in der sog. Altrip-Entscheidung festgestellt, dass für die Ergebnisrelevanz festgestellter Verfahrensfehler die Behörde die Beweislast trage.[44] Der Gesetzgeber hat daraufhin § 4 Abs. 1a UmwRG mit einer gesetzlichen (widerlegbaren) Vermutungsregelung geschaffen. Auf einen Kammerbeschluss des BVerfG[45] hin hat das BVerwG auch seine Rechtsprechung zum Planerhaltungsgrundsatz geändert. Danach kann die Ergebnisrelevanz nur verneint werden, wenn konkrete Anhaltspunkte dafür nachweisbar sind, dass die Planfeststellungsbehörde auch im Falle einer ordnungsgemäßen Abwägung die gleiche Entscheidung getroffen hätte.[46] Damit dürfte die Darlegungslast nunmehr bei der PlfBeh liegen. An den Nachweis dürfen allerdings keine übertriebenen Anforderungen gestellt werden. Es reicht aus, wenn sich aus dem PfB und den Verwaltungsvorgängen der Wille der PlfBeh erkennen lässt, der Abwägungsfrage im Rahmen des planerischen Gesamtkonzepts keine vorrangige Bedeutung beimessen zu wollen, sondern es sich vielmehr um ein kleineres, räumlich und sachlich abgegrenztes Planungsdetails handelt. Die Planerhaltung kann auch nur für einen Teil des Planvorhabens in Betracht kommen. Das ist der Fall, wenn der Planfeststellungsbeschluss auch ohne den aufzuhebenden Teil eine selbstständige und rechtmäßige, vom Vorhabenträger und der PlfBeh so gewollte Planung zum Inhalt hat.[47]

Die Rechtsprechung sieht über den Wortlaut des Abs. 1a Satz 1 hinaus auch sonstige **materielle Fehler** vom Grundsatz der Planerhaltung erfasst an.[48] Auch die Nichtbeachtung zwingender einfachgesetzlicher Vorschriften (vgl. § 74 Rdn. 29 f.) fällt damit in den Anwendungsbereich von Abs. 1a. Bei den sonstigen materiellen Fehlern spielt die Offensichtlichkeit und die Kausalität keine Rolle. 14

Aus Abs. 1a Satz 2 ergibt sich, dass vom Grundsatz der Planerhaltung auch formelle Mängel, d. h. **Verfahrens- und Formfehler** erfasst werden. Dies hat der Gesetzgeber mit dem PlVereinhG mit Wirkung vom 07.06.2013 klargestellt und damit die frühere 15

43 BVerwG, Urt. v. 24.11.2011 – 9 A 23/10, BVerwGE 141, 171 (191); Urt. v. 27.10.2000 – 4 A 18/99, NVwZ 2001, 673 (682); Urt. v. 28.10.1998 – 11 A 3/98, BVerwGE 107, 350 (356); Urt. v. 26.08.1998 – 11 VR 4/98, NVwZ 1999, 535 (538); Urt. v. 01.10.1997 – 11 A 10/96, DVBl 1998, 330; Beschl. v. 16.08.1995 – 4 B 92/95, NVwZ-RR 1996, 68 (69);.

44 EuGH, Urt. v. 07. 11. 2013 – Rs. C-72/12 (Altrip), NVwZ 2014, 49 (52 f.).

45 BVerfG, Beschl. v. 16.12.2015 – 1 BvR 685/12, NVwZ 2016, 524 (526).

46 BVerwG, Urt. v. 19.12.2017 – 7 A 10/17, UPR 2018, 302 Rn. 50; Urt. v. 10.02.2016 – 9 A 1/15, BVerwGE 154, 153 (162 f.).

47 BVerwG, Urt. v. 19.02.2015 – 7 C 11/12, BVerwGE 151, 213 (227 f.).

48 BVerwG, Urt. v. 01.04.2004 – 4 C 2/03, BVerwGE 120, 276 (283 f.); Urt. v. 14.11.2002 – 4 A 15/02, NVwZ 2003, 485 (488); Urt. v. 17.05.2002 – 4 A 28/01, BVerwGE 116, 254 (268); Urt. v. 27.10.2000 – 4 A 18/99, BVerwGE 112, 140 (165).

abweichende Rechtsprechung des BVerwG korrigiert.[49] Der Grundsatz der Planerhaltung gilt auch für UVP-pflichtige Vorhaben, wie sich nunmehr ausdrücklich aus § 4 Abs. 1b Nr. 2 UmwRG ergibt.[50] Nach Auffassung des BVerwG steht dies mit den unionsrechtlichen Vorgaben der UVP-Richtlinie im Einklang.[51]

16 Allerdings müssen die Fehler ohnehin beachtlich sein. Dies richtet sich nach den allgemeinen Vorschriften der §§ 45 und 46 VwVfG, die gem. Abs. 1a Satz 2 Halbs. 2 im Sinne von ausdrücklich unberührt bleiben. Formelle Mängel können demnach bis zum Abschluss eines verwaltungsgerichtlichen Verfahrens durch Nachholung oder Wiederholung der Verfahrenshandlung geheilt werden (§ 45 Abs. 2; vgl. § 45). Ferner sind formelle Mängel unbeachtlich, wenn offensichtlich ist, dass sie die Entscheidung der PlfBeh nicht beeinflusst haben. Notwendig ist ein offensichtlich fehlender Kausalzusammenhang zwischen dem formellen Fehler und dem PlfB (vgl. § 46). Der formelle Mangel muss sich nach der Rechtsprechung auf die Entscheidung in der Sache ausgewirkt haben können. Nach den Umständen des Einzelfalls muss die konkrete Möglichkeit bestanden haben, dass die PlfBeh ohne den Verfahrensfehler anders entschieden hätte.[52] Besonderheiten gelten für Verfahrensfehler bei UVP-pflichtigen Vorhaben und IED-Anlagen. § 4 Abs. 1 bis 1b UmwRG lässt aufgrund unionsrechtlicher Vorgaben der UVP-Richtlinie insoweit die Heilung nur unter engeren Voraussetzungen differenzierend nach der Schwere des Verfahrensfehlers zu.

2. Planerhaltung nach Abs. 1a Satz 2

17 Nach den Rdn. 13 ff. beachtliche Mängel führen nur dann zur gerichtlichen Aufhebung der Planungsentscheidung, wenn sie nicht durch eine **Planergänzung** oder durch ein **ergänzendes Verfahren** behoben werden können. Kommt ein Gericht aufgrund der Klage eines Drittbetroffenen zu der Auffassung, dass ein erheblicher Mangel vorliegt, so ist es grundsätzlich daran gehindert, den PlfB aufzuheben. Stattdessen hat es den PlfB **für rechtswidrig und nicht vollziehbar zu erklären.**[53] Die PlfBeh kann im Anschluss an die gerichtliche Feststellung nach eigenem Ermessen entscheiden, ob sie von der Möglichkeit der Planergänzung bzw. des ergänzenden Verfahrens Gebrauch macht, von der Planung gänzlich Abstand nimmt oder ein neues Verfahren einleitet.[54] Ihre **Grenze** findet die Planerhaltung dann, wenn der Mangel von solchem Gewicht

---

49 Überholt daher BVerwG, Beschl. v. 06.05.2008 – 9 B 64/07, NVwZ 2008, 795; Urt. v. 17.01.2007 – 9 C 1/06, BVerwGE 128, 76 (79).

50 Vgl. zuvor schon BVerwG, Urt. v. 20.12.2011 – 9 A 31/10, BVerwGE 141, 282 (291).

51 BVerwG, Urt. v. 28.04.2016 – 9 A 9/15, BVerwGE 155, 91 (100); s.a. BVerwG, Urt. v. 20.12.2011 – 9 A 31.10, BVerwGE 141, 282 (291 f.).

52 St. Rspr., vgl. nur BVerwG, Urt. v. 31.07.2012 – 4 A 7001/11 u.a., BVerwGE 144, 44 (54 f.); Urt. v. 24.11.2011 – 9 A 23/10, BVerwGE 141, 171 (191); Urt. v. 13.12.2007 – 4 C 9.06, BVerwGE 130, 83 (94).

53 Grdl. BVerwG, Urt. v. 21.03.1996 – 4 C 19/94, BVerwGE 100, 370 (372 f.); ferner BVerwG, Urt. v. 17.05.2002 – 4 A 28/01, NVwZ 2002, 1243 (1247); Urt. v. 21.03.1996 – 4 C 19/94, NVwZ 1996, 1016 (1017).

54 BVerwG, Urt. v. 21.03.1996 – 4 C 19/94, BVerwGE 100, 370 (373).

ist, dass durch ihn die **Ausgewogenheit der Gesamtplanung** oder eines wesentlichen Planungsteils betroffen ist.[55] Dann ist der PlfB vom Verwaltungsgericht aufzuheben. Dies ist etwa der Fall, wenn die Zuständigkeit der PlfBeh fehlt, etwa weil die Voraussetzungen einer Folgemaßnahme nicht vorliegen.[56]

a) Ergänzendes Verfahren

Von der gerichtlichen Aufhebung eines PlfB ist abzusehen, wenn ein Mangel durch ein ergänzendes Verfahren behoben werden kann. Anwendung findet das ergänzende Verfahren vor allem in den Konstellationen, in denen die PlfBeh im Rahmen ihrer Abwägungsentscheidung einzelne **abwägungserhebliche Belange** nicht einbezogen, falsch oder unvollständig ermittelt oder fehlerhaft gewichtet hat.[57] Auch die Missachtung **zwingender einfachgesetzlicher Vorschriften** (§ 74 Rdn. 21) – insbesondere bei Ermittlungs- und Bewertungsdefiziten der FFH-VP[58] oder beim Verschlechterungsverbot der WRRL[59] – oder **Form- oder Verfahrensfehler** wie etwa der Missachtung der Beteiligungsrechte anerkannter Naturschutzvereinigungen[60] können im Rahmen des ergänzenden Verfahrens geheilt werden. Die Durchführung eines ergänzenden Verfahrens setzt nicht voraus, dass der Mangel vom Gericht beanstandet worden ist. Vielmehr kann es auch zur Heilung von der Behörde selbst festgestellter Defizite eingesetzt werden.[61] Das Gericht kann das Gerichtsverfahren zur Durchführung eines ergänzenden Verfahrens aussetzen (§ 4 Abs. 1b Satz 3 UmwRG).[62] 18

Im Rahmen des ergänzenden Verfahrens setzt die PlfBeh an der Stelle an, an der ihr der Fehler unterlaufen ist.[63] Einzelne Fachplanungsgesetze schreiben hierfür das Verfahren nach § 76 vor, allerdings mit der Maßgabe, dass auch im Falle des § 76 Abs. 1 von einer Erörterung nach § 73 Abs. 6 und nach § 9 Abs. 1 Satz 3 UVPG abgesehen werden kann (§ 18d AEG, § 17d FStrG, § 14d WaStrG, § 2c MBPlG, § 43d EnWG). Fehlt es in den Fachplanungsgesetzen an einer Regelung, handelt es sich beim ergänzenden Verfahren – anders als bei der Planergänzung (Rdn. 20 f.) – um ein **unselbstständiges Korrekturverfahren**, im Rahmen dessen die erhöhten Verfahrensanforderungen des 19

55 St. Rspr., vgl. nur BVerwG, Urt. v. 10.10.2012 – 9 A 20/11, juris Rn. 14; Urt. v. 03.03.2011 – 9 A 8/10, BVerwGE 139, 150 (165); Urt. v. 23.11.2005 – 9 A 28/04, NVwZ 2006, 331 (332); Urt. v. 27.10.2000 – 4 A 18/99, NVwZ 2001, 673 (682); Urt. v. 17.05.2002 – 4 A 28/01, NVwZ 2002, 1243 (1247); Urt. v. 18.04.1996 – 11 A 86.95, BVerwGE 101, 73 (85); Urt. v. 21.03.1996 – 4 C 19/94, BVerwGE 100, 370 (373).

56 Vgl. OVG Niedersachsen, Beschl. v. 21.12.2016 – 7 LB 70/14, juris Rn. 84.

57 Zum Ganzen *Henke*, UPR 1999, 51.

58 BVerwG, Urt. v. 15.07.2016 – 9 C 3/16, NVwZ 2016, 1631 (1638); Urt. v. 11.08.2016 – 7 A 1/15, ZUR 2016, 665 (667); Urt. v. 27.10.2000 – 4 A 18/99, NVwZ 2001, 673 (682).

59 BVerwG, Urt. v. 27.11.2018 – 9 A 8/17, BVerwGE 163, 380 Rn. 62.

60 BVerwG, Urt. v. 12.12.1996 – 4 C 19/95, BVerwGE 102, 358 (365).

61 BVerwG, Beschl. v. 08.05.2018 – 9 A 12/17, DVBl 2018, 1232 Rn. 6; Urt. v. 12.03.2008 – 9 A 3/06, BVerwGE 130, 299 Rn. 31.

62 BVerwG, Beschl. v. 08.05.2018 – 9 A 12/17, DVBl 2018, 1232.

63 BVerwG, Beschl. v. 08.03.2010 – 4 BN 42/09, NVwZ 2010, 777 (778) (für Bebauungspläne); ferner OVG Rheinland-Pfalz, Urt. v. 06.02.2013 – 8 C 10943/12, juris Rn. 31.

§ 76 weder zu beachten noch als Maßstab heranzuziehen sind.[64] Vielmehr wird das ursprüngliche PlfV ergebnisoffen fortgesetzt. Bei Form- und Verfahrensfehler kommt das ergänzende Verfahren in Betracht, wenn eine Heilung nach § 45 nicht möglich ist (insb. bei förmlichen Verfahrensschritten) oder nach Abschluss des verwaltungsgerichtlichen Verfahrens (vgl. hierzu auch § 73 Rdn. 212).[65] Das ergänzende Verfahren wird durch einen Bescheid der PlfBeh abgeschlossen.[66] Soweit eine Rechtsgrundlage im Fachplanungsrecht vorhanden ist, kann dort auch der vorzeitige Baubeginn angeordnet werden.[67]

b) Planergänzung

20 Die Planergänzung kommt in Betracht, wenn im PlfB erforderliche **Schutzauflagen** nach § 74 Abs. 2 Satz 2 fehlen. In Abgrenzung zum ergänzenden Verfahren ist wie folgt zu differenzieren: Erfordert die Planergänzung ergänzende Verfahrensschritte, etwa weil übersehene oder fehlgewichtete Belange in einem nachträglichen Entscheidungsprozess einzubeziehen sind, muss ein ergänzendes Verfahren durchgeführt werden, bevor dann auf dieser Grundlage die Planergänzung im Rahmen des ergänzenden Verfahrens erfolgt. Kann hingegen eine Planergänzung auf der Grundlage des vorhandenen Abwägungsmaterials vorgenommen werden und sind keine weiteren Ermittlungen, Sachaufklärungen oder die Beteiligung von Betroffenen und damit keine erneute Abwägung nach »echten« Verfahrensschritten notwendig, genügt eine Planergänzung.[68] Die PlfBeh hat dann den Plan durch einen Planergänzungsbeschluss um die erforderliche Schutzauflage zu ergänzen. Hierauf besteht ein **Anspruch**, der vom Drittbetroffenen gerichtlich mit der Verpflichtungsklage geltend gemacht werden kann.[69]

21 Abs. 1a regelt nicht, welches **Verwaltungsverfahren** auf die Planergänzung Anwendung findet. Im Zuge des PlVereinhG wurde versäumt, eine einheitliche Regelung zu schaffen. Einzelne Fachplanungsgesetze schreiben für die Planergänzung – ebenso wie für das ergänzende Verfahren – das Planänderungsverfahren nach § 76 vor, allerdings mit der Maßgabe, dass auch im Falle des § 76 Abs. 1 von einer Erörterung nach § 73 Abs. 6 und nach § 9 Abs. 1 Satz 3 UVPG abgesehen werden kann (§ 18d AEG, § 17d FStrG, § 14d WaStrG, § 2c MBPlG, § 43d EnWG). Fehlt es in den Fachplanungsgesetzen an einer

64 BVerwG, Urt. v. 22.04.2016 – 9 A 9/15, BVerwGE 155, 91 (98); Beschl. v. 22.09.2005 – 9 B 13/05, UPR 2006, 37; Urt. v. 12.12.1996 – 4 C 19.95, BVerwGE 102, 358 (361).

65 Eingehend Hermes/Sellner/*Kipp/Schütz*, AEG, § 20 Rn. 248 ff.

66 BVerwG, Urt. v. 15.07.2016 – 9 C 3/16, NVwZ 2016, 1631 (1638); Stelkens/Bonk/Sachs/*Neumann/Külpmann*, § 75 Rn. 50.

67 Dazu eingehend *Rappen/Triebels*, UPR 2020, 6 ff.

68 VGH Hessen, Urt. v. 30.04.2015 – 9 C 1507/12.T, juris Rn. 66; Kopp/Ramsauer/*Wysk*, § 75 Rn. 32.

69 BVerwG, Urt. v. 03.05.2011 – 7 A 9/09, NVwZ 2012, 47 (49); Urt. v. 05.03.1997 – 11 A 25/95, BVerwGE 104, 123 (129); Urt. v. 18.04.1996 – 11 A 86/95, BVerwGE 101, 73 (85); Beschl. v. 12.11.1992 – 7 ER 300/92, NVwZ 1993, 266 (267); Urt. v. 14.09.1992 – 4 C 34//89 u.a., BVerwGE 91, 17 (20).

Regelung, hat sich das Verfahren nach der Rechtsprechung des BVerwG ebenfalls nach dem in § 76 normierten Verfahren zu richten.[70]

V. Duldungs- und Ausgleichswirkung (Abs. 2)

1. Ausschluss von Unterlassungs-, Beseitigungs- und Änderungsansprüchen nach Eintritt der Unanfechtbarkeit (Satz 1)

Abs. 2 Satz 1 bestimmt, dass nach Eintritt der Unanfechtbarkeit des PlfB Ansprüche auf Unterlassung des Vorhabens, auf Beseitigung oder Änderung der Anlagen oder auf Unterlassung ihrer Benutzung ausgeschlossen sind (**Duldungswirkung des PlfB**).[71] 22

Die Duldungswirkung setzt zunächst die **Unanfechtbarkeit** des PfB voraus. Diese lässt sich nicht generell, sondern nur für jeden einzelnen Betroffenen gesondert feststellen, weil insbesondere die Klagefristen je nach Bekanntmachungsform (vgl. § 74 Abs. 4 und 5) für die Drittbetroffenen unterschiedlich zu laufen beginnen.[72] Die Anfechtung eines PlfB durch einen Drittbetroffenen hindert nicht den Eintritt der Unanfechtbarkeit gegenüber anderen Beteiligten (relative Unanfechtbarkeit).[73] Ferner hindert eine isolierte Anfechtungsklage nicht den Eintritt der Unanfechtbarkeit des nicht angegriffenen Teils des PlfB.[74] 23

Die Duldungswirkung erstreckt sich auf alle Ansprüche unabhängig vom Rechtsgrund. Neben öffentlich-rechtlichen Unterlassungs- und Beseitigungsansprüchen werden auch **Ansprüche des Zivilrechts** erfasst, die sich gegen das Vorhaben und die von ihm ausgehenden Beeinträchtigungen richten (insb. die §§ 861 ff., 906 ff., 1004 BGB).[75] Dies gilt auch bei nachträglich eintretenden veränderten Umständen[76] und selbst dann, wenn der Vorhabenträger vom PlfB zulasten der Drittbetroffenen abweicht.[77] Nicht von der Duldungswirkung erfasst werden allerdings auf **besonderen privatrechtlichen Titeln** beruhende Ansprüche wie aus Vertrag[78] oder dingliche Rechte, die auf dem für das Vorhaben benötigten Grundstück beruhen und die Durchführung 24

---

70 Vgl. BVerwG, Urt. v. 24.07.2008 – 4 A 3001/07, BVerwGE 131, 316 (322); Urt. v. 16.03.2006 – 4 A 1075/04, BVerwGE 125, 116 (212); in diese Richtung bereits BVerwG, Urt. v. 25.01.1996 – 4 C 5/95, BVerwGE 100, 238 (256).

71 BVerwG, Urt. v. 19.12.2007 – 9 A 22/06, BVerwGE 130, 138 (143); BGH, Urt. v. 10.12.2004 – V ZR 72/04, NJW 2005, 660 (661).

72 Stelkens/Bonk/Sachs/*Neumann/Külpmann*, § 75 Rn. 59; Knack/Henneke/*Schink*, § 75 Rn. 57.

73 BVerwG, Urt. v. 30.05.1984 – 4 C 58/81, BVerwGE 69, 256 (259).

74 Stelkens/Bonk/Sachs/*Neumann/Külpmann*, § 75 Rn. 60; Knack/Henneke/*Schink*, § 75 Rn. 57.

75 BGH, Urt. v. 10.12.2004 – V ZR 72/04, BGHZ 161, 323 (328 ff.); Urt. v. 30.10.2009 – V ZR 17/09, NJW 2010, 1141 (1143 f.); Kopp/Ramsauer/*Wysk*, § 75 Rn. 38.

76 BVerwG, Urt. v. 19.12.2007 – 9 A 22/06, BVerwGE 130, 138 (143); Urt. v. 14.09.1992 – 4 C 34/89 u. a., BVerwGE 91, 17 (21).

77 BGH, Urt. v. 30.10.2009 – V ZR 17/09, NJW 2010, 1141 (1143 f.).

78 Stelkens/Bonk/Sachs/*Neumann/Külpmann*, § 75 Rn. 61; Knack/Henneke/*Schink*, § 75 Rn. 56; diff. Kopp/Ramsauer/*Wysk*, § 75 Rn. 38.

des Vorhabens behindern.[79] Sie sind keine nachbarrechtlichen Abwehransprüche i.S.v. Abs. 2 Satz 1 und können nur aufgrund einer Vereinbarung oder durch Enteignung beseitigt werden. Ggf. ist ihre Enteignungsbedürftigkeit in den PlfB aufzunehmen.

2. Nachträgliche Anordnung von Schutzauflagen (Satz 2 und 3)

25 Satz 2 befasst sich mit der Anordnung von Schutzauflagen nach Eintritt der Unanfechtbarkeit des PlfB. Die Vorschrift dient dem **Ausgleich unzumutbarer Härten**, die erst nach Unanfechtbarkeit des PlfB eintreten und zum Zeitpunkt der Planfeststellung nicht vorhersehbar waren. Abs. 2 Satz 2 ist folglich als nachträgliches Korrektiv für diejenigen Situationen anzusehen, in denen die PlfBeh mangels objektiver Vorhersehbarkeit außerstande war, Schutzmaßnahmen zugunsten unzumutbar Betroffener bereits zum Zeitpunkt der Planfeststellung nach § 74 Abs. 2 Satz 2 zu treffen.[80] Die Vorschrift ist eine gesetzliche Durchbrechung der Duldungswirkung (Rdn. 8). Sie gilt nur dann, wenn der PflB nach dem erstmaligen Erlass des VwVfG am 01.01.1977 erlassen worden ist.[81]

a) Voraussetzungen

26 Bei der Frage, ob die nachteiligen Wirkungen zum Zeitpunkt der Planfeststellung **nicht vorhersehbar** waren, gilt ein objektiver Maßstab: Nicht voraussehbar sind nur solche Wirkungen, mit denen objektiv zum Zeitpunkt der Planfeststellung verständiger weise nicht gerechnet werden musste.[82] Dies ist etwa bei Auswirkungen der Fall, deren Schädlichkeit oder Gefährlichkeit sich aufgrund neuer wissenschaftlicher Erkenntnisse und des technischen Fortschritts erst nachträglich herausstellt.[83] Hieraus folgt zugleich, dass etwaige **Prognosefehler** der PlfBeh zulasten der Drittbetroffenen gehen: Eine objektiv vorhersehbare Beeinträchtigung rechtfertigt die Anordnung von nachträglichen Schutzauflagen auch dann nicht, wenn die Verfahrensbeteiligten fälschlicherweise den Eintritt der Wirkungen nicht vorhergesehen haben.[84]

27 Da Abs. 2 Satz 2 ein nachträgliches Korrektiv für unterbliebene Schutzauflagen nach § 74 Abs. 2 Satz 2 darstellt, setzt der Anspruch auf nachträglichen Schutz ferner

---

79 OVG Niedersachsen, Beschl. v. 17.11.2016 – 13 ME 112/16, juris Rn. 7.

80 BVerwG, Urt. v. 19.10.2011 – 9 B 9/11, NuR 2012, 124; Urt. v. 07.03.2007 – 9 C 2/06, BVerwGE 128, 177 (185, 187 f.).

81 Vgl. BVerwG, Urt. v. 07.03.2007 – 9 C 2/06, BVerwGE 128, 177 (181).

82 BVerwG, Urt. v. 15.02.2018 – 9 C 1/17, BVerwGE 161, 180 Rn. 18; Urt. v. 07.03.2007 – 9 C 2/06, BVerwGE 128, 177 (182); Urt. v. 23.04.1997 – 11 A 17/96, NVwZ 1998, 846; Urt. v. 01.07.1988 – 4 C 49/86, BVerwGE 80, 7 (13).

83 BVerwG, Urt. v. 28.04.2016 – 4 A 2/15, BVerwGE 155, 81 (87 f.); Beschl. v. 21.01.2004 – 4 B 82.03, NVwZ 2004, 618 (618 f.).

84 BVerwG, Urt. v. 07.03.2007 – 9 C 2/06, BVerwGE 128, 177 (186); Urt. v. 22.11.2000 – 11 C 2/00, BVerwGE 112, 221 (226); Urt. v. 01.07.1988 – 4 C 49/86, BVerwGE 80, 7 (13); a.A. Kopp/Ramsauer/*Wysk*, § 75 Rn. 46; Knack/Henneke/*Schink*, § 75 Rn. 125; Steinberg/*Wickel/Müller*, § 4 Rn. 100; Ziekow/*Fischer*, Handbuch des Fachplanungsrechts, § 3 Rn. 238 ff.; Mann/Sennekamp/Uechtritz/*Deutsch*, § 75 Rn. 153 ff.

voraus, dass der Drittbetroffene bereits **nach der dem unanfechtbar gewordenen PlfB zugrunde liegenden Rechtslage** einen Anspruch auf Schutzvorkehrungen nach § 74 Abs. 2 Satz 2 gehabt hätte, sofern die später aufgetretenen nachteiligen Wirkungen schon damals vorauszusehen gewesen wären.[85] Ein Anspruch auf nachträgliche Schutzauflagen muss daher etwa von vornherein ausscheiden, wenn ein Gebäude auf dem Wohngrundstück des Drittbetroffenen bei Erlass des unanfechtbar gewordenen PlfB weder vorhanden noch auch nur planerisch hinreichend verfestigt war.[86] Im Übrigen müssen die nach Unanfechtbarkeit eintretenden **Wirkungen** genau wie im Rahmen von § 74 Abs. 2 Satz 2 **objektiv erheblich und** für den Betroffenen **unzumutbar** sein (hierzu § 74 Rdn. 80 ff.).[87] Sie müssen ferner i.S.d. Adäquanztheorie **durch das Vorhaben verursacht** werden. Schwierigkeiten können sich ebenso wie bei § 74 Abs. 2 Satz 2 insbesondere dann ergeben, wenn mehrere Ursachen zusammenwirken (hierzu § 74 Rdn. 79).

b) Rechtsfolge

Liegen die Voraussetzungen des Abs. 2 Satz 2 vor, so hat die PlfBeh die Schutzauflagen 28
dem Vorhabenträger nach Satz 3 durch **Beschluss** aufzuerlegen. Entschließungsermessen steht der Behörde nicht zu.[88] Mit der Rechtspflicht zur Anordnung der Schutzauflage korrespondiert ein **Anspruch** der durch die Wirkungen des Vorhabens Drittbetroffenen, falls die Anordnung nicht nach Satz 4 untunlich oder mit dem Vorhaben unvereinbar ist und stattdessen eine Geldentschädigung erfolgen muss (Rdn. 31).[89] Inhalt der Schutzauflage kann auch die dauerhafte Unterhaltung der Schutzvorkehrung sein.[90]

Bei der Auswahl der Schutzauflage hat die PlfBeh dagegen ein **planerisches Ermessen.** 29
So kann sie etwa zusätzliche nächtliche Betriebsbeschränkungen (Bewegungs- und Lärmkontingente) verfügen oder den Betreiber einer Infrastrukturanlage zur Ausdehnung des passiven Lärmschutzes verpflichten und die Lärmbetroffenen ergänzend auf einen Entschädigungsanspruch verweisen, um einen den Betrieb der Infrastrukturanlage stärker belastenden Eingriff aus Gründen der Verhältnismäßigkeit zu vermeiden.[91] Tritt als Folge der gesteigerten Ausnutzung der Kapazität einer Infrastrukturanlage ein mit den Anforderungen des Verfassungsrechts unvereinbarer Zustand ein,

85 BVerwG, Urt. v. 19.10.2011 – 9 B 9/11, NuR 2012, 124; Urt. v. 07.03.2007 – 9 C 2/06, BVerwGE 128, 177 (185, 187 f.).
86 BVerwG, Urt. v. 19.10.2011 – 9 B 9/11, NuR 2012, 124.
87 BVerwG, Urt. v. 07.03.2007 – 9 C 2/06, BVerwGE 128, 177 (186 f.); Urt. v. 12.08.1999 – 4 C 3/98, NVwZ 2000, 675 (676); OVG Rheinland-Pfalz, Urt. v. 28.04.2004 – 8 C 10879/03, NVwZ-RR 2005, 168 (169 f.).
88 Stelkens/Bonk/Sachs/*Neumann/Külpmann*, § 75 Rn. 77.
89 Vgl. BVerwG, Urt. v. 20.10.1989 – 4 C 12/87, BVerwGE 84, 31 (44); Urt. 22.03.1985 – 4 C 63/80, BVerwGE 71, 150 (161).
90 Knack/Henneke/*Schink*, § 75 Rn. 93; Kopp/Ramsauer/*Wysk*, § 75 Rn. 49.
91 BVerwG, Urt. v. 20.04.2005 – 4 C 18.03, BVerwGE 123, 261 (274); Kopp/Ramsauer/*Wysk*, § 75 Rn. 40.

verdichtet sich das Ermessen der PlfBeh, so dass als letztes Mittel auch – auf einen (Teil-) Widerruf der Betriebsgenehmigung oder des Planfeststellungsbeschlusses hinauslaufende – Betriebseinschränkungen geboten sein können (Rdn. 30).

c) **Verhältnis zu § 49 VwVfG**

30 Der Vorschrift des Abs. 2 Satz 2 lässt sich nicht entnehmen, dass sie nachträglich eintretende Wirkungen des Vorhabens abschließend im Sinne von § 72 Abs. 1, Halbs. 1 regeln will (§ 72 Rdn. 9, 28). Es stellt sich daher die Frage des **Verhältnisses zu § 49**, dessen Abs. 2 Nr. 5 den Widerruf eines rechtmäßigen VA aufgrund nachträglich eintretender Beeinträchtigungen für das Gemeinwohl ermöglicht. Das BVerwG nimmt an, dass der Widerruf eines PlfB gleichwohl nur dann in Betracht kommt, wenn Auflagen nach Abs. 2 Satz 2 **nicht ausreichen**, um auf die veränderten Verhältnisse zu reagieren und Gefahren für die grundrechtlich geschützten Rechtsgüter Drittbetroffener zu beseitigen.[92] Ein Widerruf gem. § 49 Abs. 2 Nr. 5 ist daher nur als »ultima ratio« zulässig (§ 72 Rdn. 32).

3. **Entschädigung in Geld (Satz 4)**

31 Sind nachträgliche Schutzauflagen untunlich oder mit dem Vorhaben unvereinbar, so besteht gemäß Satz 4 kein Anspruch auf Anordnung einer Schutzauflage, sondern auf angemessene Entschädigung in Geld. Der Anspruch hat **Surrogatcharakter.** Stets müssen die Tatbestandsvoraussetzungen für eine Schutzauflage nach Satz 2 vorliegen.[93] Bezüglich der Tatbestandsmerkmale der Untunlichkeit und Unvereinbarkeit sowie des Umfangs der Entschädigung gilt das zum Anspruch nach § 74 Abs. 2 Satz 3 Gesagte (§ 74 Rdn. 93 ff.). Kein Fall der Untunlichkeit liegt vor bei der »zeitlichen« Unmöglichkeit einer Schutzvorkehrung, die darauf beruht, dass eine Beeinträchtigung aufgrund eines bestandskräftigen PlfB bereits eingetreten ist. In diesen Fällen kann für bereits eingetretene Substanzschäden ein Anspruch aus enteignendem Eingriff eingreifen.[94]

4. **Kostentragung nach Satz 5, Halbs. 1**

32 § 75 Abs. 2 Satz 5 regelt in seinem ersten Halbsatz die Kostentragungspflicht für Schutzauflagen (Abs. 2 Satz 2) für den Fall, dass eine Schutzmaßnahme erst aufgrund **nachträglicher Veränderungen auf einem benachbarten Grundstück** erforderlich wird. Grundsätzlich obliegt die Kostentragungspflicht in diesen Fällen gemäß dem

92 BVerwG, Urt. v. 28.04.2016 – 4 A 2/15, BVerwGE 155, 81 (87); Beschl. v. 26.02.2004 – 4 B 95/03, NVwZ 2004, 869 f.; Beschl. v. 16.12.2003 – 4 B 75/03, NVwZ 2004, 865 (867); Beschl. v. 10.10.2003 – 4 B 83/03, NVwZ 2004, 97 f.

93 St. Rspr., vgl. BGH, Urt. v. 23.04.2015 – III ZR 397/13, NVwZ 2015, 1317 (1319); BVerwG, Urt. v. 21.12.2005 – 9 A 12/05, NVwZ 2006, 603 (604); Urt. v. 23.02.2005 – 4 A 4/04, BVerwGE 123, 37 (47); Urt. v. 29.01.1991 – 4 C 51/89, BVerwGE 87, 332 (377).

94 BGH, Urt. v. 23.04.2015 – III ZR 397/13, NVwZ 2015, 1317 (1319 f.).

Verursacherprinzip nicht dem Vorhabenträger, sondern dem **Eigentümer des benachbarten Grundstücks**, auf dem die Veränderungen eingetreten sind.

Im Rahmen des Satzes 5, Halbs. 1 sind zwei Konstellationen zu unterscheiden: Zunächst ist der Fall denkbar, dass nachträgliche Veränderungen auf einem benachbarten Grundstück eintreten mit der Folge, dass Schutzauflagen gem. Abs. 2 Satz 2 zugunsten des Eigentümers genau dieses Grundstücks erforderlich werden. So kann bspw. ein benachbarter Grundstückseigentümer durch vom Vorhaben ausgehende Lärmimmissionen dadurch beeinträchtigt werden, dass auf **seinem eigenen Grundstück** eine Gartenmauer beseitigt wird, der bisher die Funktion einer Lärmschutzmauer zukam. Er hat in diesen Fällen Anspruch auf Schutzauflagen, muss die Kosten hierfür gemäß Satz 5, Halbs. 1 jedoch grundsätzlich selbst tragen. Daneben kann sich die Beeinträchtigung aber auch daraus ergeben, dass eine derartige Gartenmauer auf dem **Grundstück eines Dritten** beseitigt wird, das zwischen dem Vorhabensgrundstück und dem Grundstück eines benachteiligten Grundstückseigentümers gelegen ist. Die Kosten für die notwendigen Schutzauflagen sind dann grundsätzlich von dem Dritten zu tragen. 33

Die Veränderungen auf dem Grundstück müssen **nach Abschluss des PlfV** eingetreten sein. Abgeschlossen ist das PlfV mit der Zustellung des PlfB an den Vorhabenträger, den Drittbetroffenen und ggf. an den Eigentümer des benachbarten Grundstücks. Eingetreten ist eine Veränderung zu dem Zeitpunkt, in dem sich erstmals ihre (eine Schutzauflage notwendig machende) nachteilige Wirkung gezeigt hat. Unerheblich ist, ob sie durch **positives Tun** (z.B. Abriss einer Mauer, die zuvor als Schallschutz diente) oder durch die **Unterlassung** notwendiger Unterhaltungsmaßnahmen (Verfallenlassen einer Mauer) hervorgerufen worden ist. 34

Die Kostenabwälzung zulasten des benachbarten Grundstückseigentümers gilt nach Abs. 2 Satz 5, Halbs. 1 nicht in den Fällen, in denen die nachträglichen Veränderungen auf dem jeweiligen Grundstück durch **natürliche Ereignisse** (bspw. Regen, Frost, Verschleiß) oder **höhere Gewalt** (Blitzeinschlag, Erdrutsch) verursacht worden sind. In diesen Fällen bleibt es dem Veranlasserprinzip entsprechend bei der Kostentragungspflicht des Vorhabenträgers. Im Falle von natürlichen Ereignissen wie Alter und Verschleiß muss allerdings stets geprüft werden, inwieweit der Grundstückseigentümer bei pfleglicher Unterhaltung seines Grundstücks die eingetretene Veränderung hätte verhindern können. Wäre daher bspw. der Verfall einer als Schallschutz dienenden Mauer zu vermeiden gewesen, so greift Abs. 2 Satz. 5, Halbs. 2 nicht ein. In Betracht kommt auch eine geteilte Verantwortung analog § 254 BGB insbesondere in den Fällen, in denen eine Veränderung durch höhere Gewalt eintritt, gleichzeitig aber auch ein Mitverschulden des Grundstückseigentümers vorliegt (z.B. wenn die totale Zerstörung einer Gartenmauer durch einen Erdrutsch bei pfleglicher Unterhaltung nicht möglich gewesen wäre). 35

Die Entscheidung über die Kostentragungspflicht trifft die PlfBeh mit der Anordnung der Schutzauflage im **Ergänzungsbeschluss.** Allerdings kann nur die Frage geregelt werden, ob der Vorhabenträger die Kosten trägt. Dem dritten Grundstückseigentümer können keine Kosten auferlegt werden, da Adressat des Ergänzungsbeschlusses nur der Vorhabenträger sein kann. Aus der Kostentragungsregelung des Satzes 5 ergibt sich aber zugleich, dass der Vorhabenträger nicht zu einem Kostenvorschuss verpflichtet 36 ist. Die PlfBeh kann daher die Auferlegung der nachträglichen Schutzauflage davon abhängig machen, dass der dritte Grundstückseigentümer einen Kostenvorschuss an den Vorhabenträger zahlt. Andernfalls besteht ein materieller Kostenerstattungsanspruch, den der Vorhabenträger ggf. gegen den Grundstückseigentümer gerichtlich vor den Verwaltungsgerichten durchsetzen muss.

5. Ausschluss der Geldentschädigung gemäß Satz 5, Halbs. 2

37 Abs. 2 Satz 5, Halbs. 2 regelt, dass eine Entschädigung nach Satz 4 vom Vorhabenträger dann nicht gefordert werden kann, wenn dieser in den Fällen des Halbs. 1 nicht zur Kostentragung für die (untunlichen oder mit dem Vorhaben unvereinbaren Schutzauflagen) verpflichtet ist. Der Drittbetroffene ist darauf beschränkt, zivilrechtlich gegen den unmittelbar verantwortlichen Grundstückseigentümer (Rdn. 33 f.) vorzugehen.[95]

VI. Verfahren (Abs. 3)

38 Abs. 3 bestimmt Form und Fristen der Anträge, mit denen Ansprüche auf Schutzauflagen oder auf angemessene Entschädigung nach Abs. 2 Satz 2 bzw. Satz 4 geltend gemacht werden. Zum Verfahren trifft Abs. 2 Sätze 2 und 3 keine nähere Aussage.[96] Der Sache nach handelt es sich bei der nachträglichen Ergänzung eines PlfB durch eine Schutzauflage um eine **Planänderung** i.S.v. § 76.[97] Anders als im Falle der nachträglichen Ergänzung des PlfB um eine nach § 74 Abs. 3 vorbehaltene Entscheidung (§ 74 Rdn. 110) stellt die nachträgliche Schutzauflage keine reine Konkretisierung einer bereits im PlfB antizipierten Entscheidung, sondern eine eigenständige Regelung mit planänderndem Charakter dar. Das BVerwG wendet zudem die Vorschrift auch im Rahmen der Planergänzung nach § 75 Abs. 1a Satz 2 an (Rdn. 21). § 76 erfasst allerdings nur Planänderungen vor Fertigstellung des Vorhabens, während nachträgliche Schutzauflagen typischerweise nach Fertigstellung ergehen.[98] Daher ist regelmäßig auf die allgemeinen Verfahrensvorschriften (insb. die §§ 13, 28) zurückzugreifen.[99] Der PlfBeh ist es freilich unbenommen, nach ihrem Ermessen **analog § 76** ein Planänderungsverfahren durchzuführen.[100] Dies bietet sich insbesondere dann an, wenn durch die nachträgliche Schutzauflage nicht nur bipolare, sondern komplexe Rechtsbeziehungen geregelt werden.[101]

---

95 Stelkens/Bonk/Sachs/*Neumann/Külpmann*, § 75 Rn. 83.

96 Zum Streitstand VGH Bayern, Beschl. v. 14.05.1991 – 8 A 88.40109, NVwZ-RR 1992, 165 (166); *Hüting/Hopp*, UPR 2003, 1 (2).

97 Kopp/Ramsauer/*Wysk*, § 76 Rn. 14; a.A. Stelkens/Bonk/Sachs/*Neumann*/Külpmann, § 75 Rn. 91.

98 Kopp/Ramsauer/*Wysk*, § 76 Rn. 14.

99 So i.Erg. auch Stelkens/Bonk/Sachs/*Neumann/Külpmann*, § 75 Rn. 91; Kopp/Ramsauer/*Wysk*, § 75 Rn. 57; *Ziekow*, § 75 Rn. 32; Knack/Henneke/*Schink*, § 75 Rn. 133; Mann/Sennekamp/Uechtritz/*Deutsch*, § 75 Rn. 181 f.

100 Kopp/Ramsauer/*Wysk*, § 75 Rn. 55; ähnlich *Ziekow*, § 75 Rn. 32.

101 Hierzu VGH Bayern, Beschl. v. 09.12.1998 – 8 A 97.40043, NVwZ-RR 1999, 699; Kopp/Ramsauer/*Wysk*, § 75 Rn. 58.

39 Nach Abs. 3 Satz 1 sind Anträge **schriftlich** an die PlfBeh zu richten. Die Anträge müssen den Antragsteller eindeutig erkennen lassen bzw. den Anforderungen der elektronischen Form nach § 3a Abs. 2 genügen. Sie sind ferner nur **innerhalb von 3 Jahren** nach dem Zeitpunkt zulässig, zu dem der Betroffene von den nachteiligen Wirkungen des dem unanfechtbar festgestellten Vorhabens Kenntnis erhalten hat (Abs. 3 Satz 1, Halbs. 1). Die **Frist beginnt** mit dem Zeitpunkt zu laufen, in dem der Betroffene erstmals die nachteiligen Wirkungen in dem Bewusstsein wahrnimmt, dass sie vom Vorhaben ausgehen. Schwierig kann die Ermittlung des Fristbeginns sein, wenn die Auswirkungen mit der Zeit in ihrer Intensität zunehmen. In diesen Fällen wird der Fristbeginn nach Abs. 3 Satz 2, Halbs. 1 dann anzusetzen sein, »wenn sich dem Betroffenen hinreichend sicherer Grund für die Annahme bietet, dass die nachträglich aufgetretenen nachteiligen Wirkungen so erheblich sind, dass sie einen solchen Antrag zu tragen geeignet sind«[102]. Versäumt der Betroffene die Frist des Abs. 3 Satz 2, Halbs. 1, so kann er unter den Voraussetzungen des § 32 Wiedereinsetzung in den vorigen Stand begehren.[103]

40 Nach **Abs. 3 Satz 2, Halbs. 2** sind Anträge ausgeschlossen, wenn nach Herstellung des dem Plan entsprechenden Zustandes **dreißig Jahre** verstrichen sind. Herstellung des dem Plan entsprechenden Zustandes meint den Zeitpunkt, in dem das Vorhaben fertiggestellt und seiner Bestimmung übergeben worden ist. Anders als bei Satz 2, Halbs. 1 handelt es sich bei der hier geregelten Frist um eine materielle Ausschlussfrist, sodass eine Wiedereinsetzung in den vorigen Stand nach § 32 nicht in Betracht kommt.[104]

41 Bei der Anordnung der Schutzauflage handelt es sich um einen **Ergänzungsbeschluss**, der einen Verwaltungsakt darstellt[105] und unselbstständiger Teil des PlfB wird.[106]

VII. Außerkrafttreten des Planes (Abs. 4)

1. Voraussetzungen

42 Nach Abs. 4 Satz 1 tritt der Plan außer Kraft, wenn mit seiner Durchführung nicht innerhalb von 5 Jahren nach Eintritt der Unanfechtbarkeit begonnen wird. Die Vorschrift dient der **Rechtssicherheit** und der Verhinderung von **Vorratsplanungen**.[107] Für die von dem Vorhaben Betroffenen soll Klarheit darüber bestehen, ob sie noch mit der Ausführung des Vorhabens rechnen müssen oder nicht.[108] Die Vorschriften

---

102 BVerwG, Urt. v. 07.03.2007 – 9 C 2/06, BVerwGE 128, 177 (188 f.).

103 Kopp/Ramsauer/*Wysk*, § 75 Rn. 50.

104 Stelkens/Bonk/Sachs/*Neumann/Külpmann*, § 75 Rn. 90; Kopp/Ramsauer/*Wysk*, § 75 Rn. 50.

105 VGH Bayern, Beschl. v. 09.12.1998 – 8 A 97.40043, NVwZ-RR 1999, 699.

106 VGH Bayern, Beschl. v. 23.07.2001 – 8 A 01.40028, NVwZ-RR 2002, 393; Beschl. v. 09.12.1998 – 8 A 97.40043, NVwZ-RR 1999, 699.

107 Mann/Sennekamp/Uechtritz/*Deutsch*, § 75 Rn. 196.

108 Stelkens/Bonk/Sachs/*Neumann/Külpmann*, § 75 Rn. 94; *Hermanns*, DÖV 2003, 714 (715); Bader/Ronellenfitsch/*Kämper*, § 75 Rn. 55.

des § 18c Nr. 1 AEG, § 17c Nr. 1 FStrG, § 14c Nr. 1 WaStrG, § 2b Nr. 1 MBPlG, § 43c Nr. 1 EnWG und § 9 Abs. 5 Satz 1 LuftVG, wonach die Frist 10 Jahre beträgt und um weitere fünf Jahre verlängerbar ist, wurden im Zuge des PlVereinhG nicht beseitigt und gelten als vorrangiges Sonderrecht fort.

43 Die **Unanfechtbarkeit** des PlfB muss für **alle Betroffenen** bestehen. Ausgenommen sind allerdings diejenigen, gegenüber denen die Bekanntgabe des PlfB nicht oder fehlerhaft erfolgt ist.[109] Diese Einschränkung ist erforderlich, damit dem Regelungszweck des Abs. 4 Satz 1 entsprechend der Zeitpunkt des Eintritts der Unanfechtbarkeit und damit des Beginns der Frist von 5 Jahren zweifelsfrei bestimmt werden kann.

44 Die **Frist von 5 Jahren** beginnt nach § 31 Abs. 1 VwVfG i.V.m. § 187 Abs. 1 BGB an dem Tag, der dem Tage des Eintritts der Unanfechtbarkeit folgt. Sie würde z.B. am 01.01.2013 um 0.00 Uhr anlaufen und gem. § 31 Abs. 1 VwVfG i.V.m. § 188 Abs. 2 BGB am 31.12.2017 um 24.00 Uhr enden, wenn die letzte Anfechtungsfrist am 31.12.2012 abgelaufen ist oder wenn an diesem Tage gegenüber dem letzten Kläger ein klageabweisendes Urteil rechtskräftig geworden ist. Die Frist ist nicht verlängerbar.

45 Mit der **Durchführung des Planes** wird begonnen, wenn der Vorhabenträger den PlfB ins Werk setzt. Zu fordern ist eine **planvolle Tätigkeit**, die bei objektiver Betrachtung die Realisierung des planfestgestellten Vorhabens zum Ziel hat.[110] Die Tätigkeit muss darüber hinaus gem. Abs. 4 Satz 2 **nach außen erkennbar** und darf nicht lediglich von **geringfügiger Bedeutung** sein. Erfasst werden Tätigkeiten wie der planmäßige Grunderwerb, der Abbruch von Gebäuden, der Aushub einer Baugrube, die Verlegung von Rohrleitungen oder ähnliches.[111] Indiz ist etwa, dass die Maßnahme nicht mehr ohne Weiteres rückgängig gemacht werden kann und für die Verwirklichung des Plans von Bedeutung ist.[112] Keine Durchführung des Planes liegt dagegen bei rein symbolischen Maßnahmen wie dem »ersten Spatenstich« vor.[113] Erst recht fehlt eine Durchführung des Plans, wenn gewisse Arbeiten nur zum Schein vorgenommen werden, um damit das Außerkrafttreten des PlfB zu verhindern.[114] Entsprechendes gilt für die Erarbeitung einer Ausführungsplanung, anderer Vorbereitungstätigkeiten des Trägers des Vorhabens oder die Beschaffung erforderlicher Finanzmittel. Ausreichend ist auch

---

109 OVG Nordrhein-Westfalen, Urt. v. 27.06.2014 – 16 D 31/13.AK, DVBl 2014, 1195 (1196); Stelkens/Bonk/Sachs/*Neumann/Külpmann*, § 75 Rn. 95; Kopp/Ramsauer/*Wysk*, § 75 Rn. 62.

110 VGH Baden-Württemberg, Urt. v. 26.09.2003 – 5 S 1599/02, NuR 2004, 810 (811).

111 OVG Nordrhein-Westfalen, Urt. v. 20.03.2003 – 11 B 507/03, BauR 2004, 379.

112 OVG Nordrhein-Westfalen, Urt. v. 27.06.2014 – 16 D 31/13.AK, DVBl 2014, 1195 (1197).

113 OVG Nordrhein-Westfalen, Urt. v. 27.06.2014 – 16 D 31/13.AK, DVBl 2014, 1195 (1197); ebenso zu § 17 Abs. 7 FStrG a.F. BVerwG, Urt. v. 21.10.2009 – 9 C 9/08, BVerwGE 135, 110 (113 f.); VGH Baden-Württemberg, Urt. v. 26.09.2003 – 5 S 1599/02, NuR 2004, 810 (811); *Hermanns*, DÖV 2003, 714 (716).

114 VGH Baden-Württemberg, Urt. v. 26.09.2003 – 5 S 1599/02, NuR 2004, 810 (811).

ein Antrag auf Erlass einer ergänzenden Plangenehmigung.[115] Fristunterbrechende Maßnahmen müssen nicht bekanntgegeben werden. Planbetroffene haben aber einen verfassungsrechtlichen **Anspruch auf behördliche Auskunft** und Akteneinsicht, um sachgerecht entscheiden zu können, ob das Außerkrafttreten des Planfeststellungsbeschlusses verbindlich geklärt werden soll.[116]

Unterbricht der Vorhabenträger eine bereits begonnene Durchführung des Planes, so berührt dies gem. Abs. 4 Satz 2 den Beginn der Durchführung nicht.[117] Gibt der Vorhabenträger nach dem Beginn der Plandurchführung das Vorhaben endgültig auf, so ist nach § 77 zu verfahren.[118] 46

2. Rechtsfolge

Sind die Voraussetzungen des Abs. 4 erfüllt, so tritt der PlfB **kraft Gesetzes** außer Kraft, ohne dass es einer besonderen Entscheidung der PlfBeh bedürfte. Auf Antrag des Vorhabenträgers kann das gleiche Planvorhaben wieder Gegenstand einer Planfeststellung sein, die dann in einem neuen, völlig selbstständigen PlfV vorzunehmen ist. 47

3. Rechtsschutz

Da das Außerkrafttreten des PfB nicht auf einem VA, sondern auf einer Rechtsfolge kraft Gesetzes beruht, scheiden als Mittel des Rechtsschutzes Anfechtungs- und Verpflichtungsklage aus. Der **Vorhabenträger** kann mit einer gegen die PlfBeh bzw. deren Hoheitsträger zu richtenden **Feststellungsklage** nach § 43 VwGO eine verwaltungsgerichtliche Entscheidung darüber herbeiführen, ob die ihm durch den PlfB zuerkannten Rechte noch fortbestehen oder wegen Außerkrafttretens des PlfB erloschen sind. Auch **Drittbetroffenen** steht die Möglichkeit der Feststellungsklage offen.[119] 48

C. Verfahrensvorschriften des Sozialrechts sowie Verwaltungsverfahrensrecht der Länder

Gem. **§ 142 Abs. 1a LVwG** (Schleswig-Holstein) sind Mängel bei der Abwägung der von dem Vorhaben berührten öffentlichen und privaten Belange unerheblich, wenn offensichtlich ist, dass sie die Entscheidung in der Sache nicht beeinflusst haben. Aus diesem gegenüber § 75 Abs. 1a marginal abweichenden Wortlaut dürften sich keine Unterschiede in der Sache ergeben. Allerdings schreibt § 142 Abs. 1a Satz 2 LVwG für die Planerhaltung abweichend von § 75 Abs. 1a allein das Verfahren der Planergänzung, nicht das ergänzende Verfahren vor. 49

---

115 VGH Bayern, Beschl. v. 08.07.2014 – 20 ZB 14.338, juris Rn. 4.

116 BVerwG, Urt. v. 21.10.2009 – 9 C 9/08, BVerwGE 135, 110 (114).

117 Vgl. auch BVerwG, Urt. v. 18.03.2009 – 9 A 39/07, BVerwGE 133, 239 (279); Stelkens/Bonk/Sachs/*Neumann/Külpmann*, § 75 Rn. 96.

118 Mann/Sennekamp/Uechtritz/*Deutsch*, § 75 Rn. 200; Bader/Ronellenfitsch/*Kämper*, § 75 Rn. 56.

119 VGH Baden-Württemberg, Urt. v. 26.09.2003 – 5 S 1599/02, NuR 2004, 810; Stelkens/Bonk/Sachs/*Neumann/Külpmann*, § 75 Rn. 98.

50 Gem. **Art. 75 Abs. 4 BayVwVfG** hängt abweichend von § 75 Abs. 4 Satz 1 das Außerkrafttreten des PfB davon abhängt, dass er nicht vorher von der Plfbeh um 5 Jahre verlängert wird. Diese Verlängerungsmöglichkeit findet sich auch in einigen Fachplanungsgesetzen (Rdn. 42). Die Regelung ist so zu verstehen, dass die PlfBeh auf **Antrag des Vorhabenträgers**[120] die Verlängerung anordnen kann, wenn anzunehmen ist, dass die während des Ablaufs der weiteren 5 Jahre zu erwartenden räumlichen und technischen Entwicklungen der Durchführung des festgestellten Planes nicht entgegenstehen werden. Nach ihrer **Rechtsnatur** ist die Anordnung der Verlängerung ein VA besonderer Art, jedoch weder ein PlfB noch dessen Änderung oder Ergänzung.[121] Ihr Regelungscharakter bezieht sich auf alle vom PlfB Betroffenen bzw. deren Rechtsnachfolger, denen sie in entsprechender Anwendung der Vorschriften des § 74 Abs. 4 und 5 zuzustellen ist mit der Maßgabe, dass die die Auslegung des festgestellten Planvorhabens betreffenden Normen unbeachtet bleiben und die öffentliche Bekanntmachung nach Abs. 5 Satz 2 den verfügenden Teil der Verlängerungsanordnung enthält. **Inhalt der Verlängerungsanordnung** kann nur die Verlängerung der für das Außerkrafttreten des PlfB maßgebenden Frist um weitere 5 Jahre sein (ab dem Zeitpunkt, an dem der PfB ohne die Verlängerung außer Kraft treten würde). Eine diese Zeitspanne überschreitende Verlängerung macht die Anordnung rechtswidrig. Die Verlängerungsanordnung ergeht in einem **nichtförmlichen Verfahren.**[122] In dem Verfahren sind der Vorhabenträger, die vom PlfB Betroffenen bzw. deren Rechtsnachfolger und die Gemeinden, in denen sich das Vorhaben auswirkt, zu beteiligen.

51 Bei der Entscheidung über eine beantragte Verlängerung hat die PlfBeh zu **prüfen**[123]
- i.R.d. **Tatbestands**, ob das Vorhaben inzwischen aufgegeben worden ist, ob Änderungen in der Sach- und Rechtslage eingetreten sind, die eine Planänderung (nach § 76) erfordern, ob die Verlängerung zur Verwirklichung des Vorhabens notwendig ist und ob die während der weiteren 5 Jahre zu erwartende räumliche und technische Entwicklung die Verlängerung zulässt;
- im Rahmen ihres **Rechtsfolgeermessens,**[124] ob besondere Gründe (wie z.B. eine vorsätzliche Verzögerung der Plandurchführung seit dem Eintritt der Unanfechtbarkeit des PfB) gegen eine Verlängerungsanordnung sprechen.

52 Der **Zeitpunkt**, zu dem eine **Verlängerungsanordnung möglich** ist, liegt zwischen dem Eintritt der Unanfechtbarkeit des PfB und dem Ablauf der gesetzlichen Frist von

---

120 *Friesecke*, WaStrG, § 14c Rn. 21; *Hermanns*, DÖV 2003, 714 (719).

121 OVG Rheinland-Pfalz, Urt. v. 02. 10. 1984 – 7 A 22/84, DVBl 1985, 408; *Friesecke*, WaStrG, § 14c Rn. 23; *Schütz*, UPR 2002, 172 (175).

122 OVG Rheinland-Pfalz, Urt. v. 02. 10. 1984 – 7 A 22/84, DVBl 1985, 408 (409); *Hermanns*, DÖV 2003, 714 (719).

123 OVG Rheinland-Pfalz, Urt. v. 02.10.1984 – 7 A 22/84, DVBl 1985, 408; hierzu *Schütz*, UPR 2002, 172 (175 ff.).

124 *Friesecke*, WaStrG, § 14c Rn. 23; *Hermanns*, DÖV 2003, 714 (718 f.).

5 Jahren.[125] Innerhalb dieses Zeitraums muss die Anordnung so (spät) erfolgen, dass die PlfBeh imstande ist, eine Prognose hinsichtlich der zu erwartenden räumlichen und technischen Entwicklung der weiteren 5 Jahre zu treffen.

Die **Verlängerungsanordnung bewirkt**, dass der PfB erst 10 Jahre nach Eintritt der Unanfechtbarkeit des PfB außer Kraft tritt, wenn nicht vorher mit der Durchführung des Planes begonnen worden ist. 53

Als **Rechtsschutzmittel** stehen zur Verfügung 54
- dem **Vorhabenträger** die Verpflichtungsklage, wenn er behaupten kann, dass die Versagung der beantragten Verlängerung durch die PlfBeh auf einer ungerechtfertigten Verneinung des Vorliegens der Tatbestandsvoraussetzungen oder auf einer fehlerhaften Ermessensbetätigung beruht,
- einem **Drittbetroffenen** die Anfechtungsklage, wenn er behauptet, dass die Anordnung der Verlängerung seine Belange ermessensfehlerhaft nicht hinreichend berücksichtigt.[126]

§ 76 Planänderungen vor Fertigstellung des Vorhabens

(1) Soll vor Fertigstellung des Vorhabens der festgestellte Plan geändert werden, bedarf es eines neuen Planfeststellungsverfahrens.

(2) Bei Planänderungen von unwesentlicher Bedeutung kann die Planfeststellungsbehörde von einem neuen Planfeststellungsverfahren absehen, wenn die Belange anderer nicht berührt werden oder wenn die Betroffenen der Änderung zugestimmt haben.

(3) Führt die Planfeststellungsbehörde in den Fällen des Absatzes 2 oder in anderen Fällen einer Planänderung von unwesentlicher Bedeutung ein Planfeststellungsverfahren durch, so bedarf es keines Anhörungsverfahrens und keiner öffentlichen Bekanntgabe des Planfeststellungsbeschlusses.

Übersicht **Rdn.**

125 *Friesecke*, WaStrG, § 14c Rn. 20; Marschall/*Ronellenfitsch*, FStrG, § 17c Rn. 23.
126 Vgl. hierzu auch OVG Rheinland-Pfalz, Urt. v. 02.10.1984 – 7 A 22/84, DVBl 1985, 408 ff.; Marschall/*Ronellenfitsch*, FStrG, § 17c Rn. 23.

A. Allgemeines

1 Gegenstand der Regelung sind »Planänderungen vor Fertigstellung des Vorhabens«. Die Vorschrift beschäftigt sich mit dem Problem, dass **nach Erlass des PlfB** oftmals **Änderungen** notwendig werden, weil sich nachträglich Abwägungs- und Planungsfehler zeigen oder weil aus wirtschaftlichen oder technischen Gründen von der ursprünglichen Konzeption abgewichen werden muss.[1] **§ 76 Abs. 1** stellt klar, dass solche Planabweichungen verfahrensrechtlich nicht ohne Weiteres zulässig sind. Da der PlfB nur zur Durchführung des planfestgestellten Vorhabens berechtigt, bedürfen Planänderungen grundsätzlich eines **erneuten PlfV.** Von einem neuen PlfV kann nach **§ 76 Abs. 2** nur bei unwesentlichen Änderungen und unter den weiteren in Abs. 2 genannten Voraussetzungen abgesehen werden.[2] Darüber hinaus kann sich die PlfBeh in Fällen unwesentlicher Planänderungen auch für ein vereinfachtes Planänderungsverfahren nach **§ 76 Abs. 3** entscheiden.

2 **§ 76 Abs. 1** hat somit in erster Linie einen **deklaratorischen Zweck.** Er stellt aus Gründen der **Rechtssicherheit und Rechtsklarheit** fest, dass Änderungen des Vorhabens nur aufgrund eines erneuten PlfV zulässig sind. Hätte es der Vorhabenträger in der Hand, bei der Realisierung des Vorhabens von den Plänen abzuweichen, würde der Sinn des gesamten formalisierten PlfV infrage gestellt.[3] Die durch das Anhörungsverfahren gesicherte Bürgerbeteiligung würde ebenso infrage gestellt wie die durch das Beschlussverfahren bezweckte umfassende Problembewältigung.

3 Demgegenüber verfolgen **§ 76 Abs. 2 und 3** einen konstitutiven Zweck. Sie tragen dem Bedürfnis der Praxis nach einer gewissen Planungsflexibilität in der Errichtungsphase Rechnung. Sie dienen dem Interesse des Vorhabenträgers und der Allgemeinheit an **Verfahrensbeschleunigung.** Sie vermeiden gleichzeitig unnötigen Verwaltungsaufwand und dienen damit der **Verwaltungsökonomie.**[4] Schließlich ermöglichen sie eine Korrektur von Planungsfehlern und dienen damit der **Rechtsstaatlichkeit** des Verfahrens. Dies kommt als Rechtsreflex auch den Planbetroffenen und Plannachbarn zugute, weil dadurch eine Optimierung der planerischen Problembewältigung ermöglicht wird.

4 § 76 hat allerdings grundsätzlich keine **drittschützende Funktion.** Der Zweck der Norm besteht in der Verfahrensvereinfachung. Solche Verfahrensregeln dienen

1 *Hüting/Hopp*, UPR 2003, 1; *Jarass*, DVBl 1997, 795; *Maus*, NVwZ 2012, 1277.
2 Zum strengen Ausnahmecharakter VG Stade, Urt. v. 21.01.2014 – 2 A 1211/11, juris Rn. 43.
3 BT-Drucks. 7/910, S. 90.
4 BVerwG, Urt. v. 05.12.1986 – 4 C 13/85, BVerwGE 75, 214 (219).

regelmäßig nur dem öffentlichen Interesse und räumen Dritten keine selbstständig durchsetzbare Verfahrensposition ein.[5] Die Vorschrift des § 76 Abs. 2 stellt insofern eine Ausnahme dar, als sie das formlose Verfahren von der Zustimmung der Planbetroffenen abhängig macht. Damit wird Dritten zwar kein Anspruch auf planerische Mitentscheidung eingeräumt. Vielmehr bleibt nach Abs. 3 ein verkürztes Verfahren ohne Öffentlichkeitsbeteiligung möglich, in dem gegen den Willen der Planbetroffenen entschieden werden kann. Der drittschützende Charakter des § 76 Abs. 2 zeigt sich aber darin, dass die Beteiligung und vorherige Anhörung der Planbetroffenen im formlosen Verfahren sichergestellt wird.

§ 76 regelt abschließend die verfahrensrechtlichen Vorgaben für Planänderungen nach Feststellung des Plans, aber vor Fertigstellung des Vorhabens (vgl. § 76 Abs. 1). Praktisch relevant wird § 76 vor allem dann, wenn der Vorhabenträger vor Fertigstellung des Vorhabens einen **Antrag** auf Änderung des ursprünglich genehmigten Plans stellt. Die PlfBeh kann das Verfahren nach § 76 aber auch **von Amts wegen** durchführen, wenn nachträgliche Korrekturen des festgestellten Plans erforderlich werden.[6] Unerheblich ist, ob der Plan in der Zwischenzeit **unanfechtbar** geworden ist:[7] Entscheidend für die verfahrensrechtliche Zulässigkeit einer Planänderung sind allein die Vorgaben des § 76. Dritte haben trotz Bestandskraft keinen Anspruch auf Fortbestand des unveränderten Planfeststellungsbeschlusses. Wenn die Planänderung aber nicht vom Vorhabenträger ausgeht, hat die Behörde die Bestandskraft zu beachten und sind Änderungen nur unter den Voraussetzungen von §§ 48, 49 möglich.[8] 5

§ 76 greift nicht bei Planänderungen **vor Feststellung des Plans.** In diesen Fällen ist allein **§ 73 Abs. 8** einschlägig. Keine Planänderung i.S.v. § 76 liegt ferner vor, wenn die PlfBeh formelle oder materielle Fehler des PlfB nachträglich im Wege des **ergänzenden Verfahrens gem. § 75 Abs. 1a** behebt (§ 75 Rdn. 20).[9] Fachgesetzlich ist für diese Fälle gleichwohl teilweise eine modifizierte Anwendung von § 76 vorgeschrieben (§ 18d AEG, § 17d FStrG, § 14d WaStrG, § 2c MBPlG, § 43d EnWG). § 76 findet **stets** Anwendung, wenn materielle Mängel des PlfB gem. § 75 Abs. 1a im Wege der **Planergänzung** beseitigt werden, da die Rechtsprechung die Vorschrift in diesen Fällen auch außerhalb ihrer fachgesetzlich angeordneten Anwendbarkeit als Verfahrensgrundlage heranzieht (§ 75 Rdn. 18).[10] Keine Planänderung i.S.v. § 76 stellt hingegen 6

5 BVerwG, 15.01.1982 – 4 C 13/85, BVerwGE 64, 325 (331 f.).

6 Bader/Ronellenfitsch/*Kämper*, § 76 Rn. 6; Stelkens/Bonk/Sachs/*Neumann/Külpmann*, § 76 Rn. 9; *Ziekow*, § 76 Rn. 5.

7 BVerwG, Urt. v. 19.12.2007 – 9 A 22/06, BVerwGE 130, 138 (146); BVerwG, Urt. v. 20.10.1989 – 4 C 12/87, BVerwGE 84, 31 (33); Knack/Henneke/*Schink*, § 76 Rn. 23; Stelkens/Bonk/Sachs/*Neumann/Külpmann*, § 76 Rn. 2.

8 BVerwG, Urt. v. 19.12.2017 – 3 A 8/15, NVwZ 2018, 501 (503); Kopp/Ramsauer/*Wysk*, § 76 Rn. 18.

9 BVerwG, Beschl. v. 22.09.2005 – 9 B 13/05, UPR 2006, 37; BVerwG, Urt. v. 12.12.1996 – 4 C 19/95, BVerwGE 102, 358 (361).

10 BVerwG, Urt. v. 24.07.2008 – 4 A 3001/07, BVerwGE 131, 316 (322); BVerwG, Urt. v. 16.03.2006 – 4 A 1075/04, BVerwGE 125, 116 (212); Bader/Ronellenfitsch/*Kämper*, § 76 Rn. 4.

die nachträgliche Entscheidung über eine im PlfB gem. § **74 Abs. 3** vorbehaltene Frage dar: Hierbei handelt es ich um keine Planänderung, sondern lediglich um eine Konkretisierung des festgestellten Plans (§ 74 Rdn. 110).[11] Überzeugend wird die Anwendung von § 76 auch in den Fällen der Einfügung nachträglicher Schutzauflagen nach § **75 Abs. 2 Satz 2** abgelehnt (hierzu § 75 Rdn. 30).

7 § 76 ist auch dann anwendbar, wenn kein PlfB, sondern eine **PlG** gem. § 74 Abs. 6 vorliegt.[12] Soll diese vor Fertigstellung des Vorhabens geändert werden, richtet sich das Verfahren nach § 76 analog (§ 74 Rdn. 161). Gleiches gilt in den Fällen der Änderung eines nach § 74 Abs. 7 **freigestellten Vorhabens.**[13]

B. Die Vorschrift im Einzelnen

I. Notwendigkeit eines erneuten Planfeststellungsverfahrens (Abs. 1)

8 § 76 Abs. 1 formuliert den **Grundsatz**, dass ein neues PlfV durchgeführt werden muss, wenn ein festgestellter Plan vor Fertigstellung des Vorhabens geändert wird.

1. Änderung des Plans

9 Eine Änderung des Plans gem. § 76 Abs. 1 liegt dann vor, wenn vom genehmigten oder nach § 74 Abs. 7 freigestellten Vorhaben abgewichen werden soll.[14] Zumindest muss es sich um eine nachträgliche Änderung des festzustellenden Teils und nicht nur um eine bloße Änderung der Begründung handeln.[15] Dagegen sind die Grenzen der Änderung überschritten, wenn eine so starke Umgestaltung des bisherigen Vorhabens geplant ist, dass im Ergebnis ein völlig neues Vorhaben verfolgt wird. Denn zum Begriff der Änderung gehört nicht nur ein erneuerndes, sondern auch ein bewahrendes Element. Eine Änderung liegt folglich nur vor, wenn das planfestgestellte Vorhaben zumindest in seinem Wesenskern gleich bleibt. Die **Identität des Vorhabens** muss nach Gegenstand, Art und Betriebsweise erhalten bleiben.[16] Die Gesamtkonzeption des Vorhabens und wesentliche Teile des Plans dürfen nicht infrage gestellt werden.[17]

10 Diese Identität des Vorhabens kann bei einer wesentlichen **Vergrößerung** ebenso verloren gehen wie bei einer wesentlichen **Verkleinerung.** So kann die Identität des Vorhabens beseitigt werden, wenn eine bestehende Abfalldeponie um mehr als die

---

11 Kopp/Ramsauer/*Wysk*, § 76 Rn. 13; *Ziekow*, § 76 Rn. 2; a.A. *Allesch/Häußler* in der dritten Auflage, Rn. 10; Knack/Henneke/*Schink*, § 74 Rn. 14 f.; Stelkens/Bonk/Sachs/*Neumann/Külpmann*, § 76 Rn. 4.

12 BVerwG, Urt. v. 21.05.2003 – 9 A 40/02, NVwZ 2003, 1381 (1382); Kopp/Ramsauer/*Wysk*, § 76 Rn. 22.

13 Stelkens/Bonk/Sachs/*Neumann/Külpmann*, § 76 Rn. 6 f.

14 BVerwG, Urt. v. 07.12.2006 – 4 C 16/04, BVerwGE 127, 208 (220 f.); *Maus*, NVwZ 2012, 1277 (1278).

15 BVerwG, Urt. v. 06.11.2013 – 9 A 14/12, NVwZ 2014, 714 (728).

16 BVerwG, Beschl. v. 24.10.1991 – 7 B 65/91, NVwZ 1992, 789; OLG Frankfurt, Urt. v. 20.11.2014 – 1 U 6/12, juris Rn. 71.

17 BVerwG, Urt. v. 05.12.1986 – 4 C 13/85, BVerwGE 75, 214 (219).

doppelte Fläche erweitert wird.[18] Ebenso fehlt die Identität, wenn der ursprüngliche Plan eines Autobahnbaus aufgegeben wird und die Trasse für eine Bundesstraße genutzt werden soll.[19] Hingegen wird bei einem Flughafenneubau die Gesamtkonzeption durch den Wegfall einer dritten Start- und Landebahn nur dann infrage gestellt, wenn hierdurch ernstliche Zweifel an dem Bedürfnis für den Flughafenneubau oder an der Richtigkeit der Standortwahl auftreten.[20]

Von einer Änderung i.S.v. § 76 Abs. 1 kann auch dann nicht gesprochen werden, wenn das Vorhaben ganz oder teilweise **aufgegeben** wird. Dies stellt schon § 77 klar, der für den Fall der endgültigen Aufgabe eine spezielle Regelung enthält. Dabei ist freilich der Schritt von der teilweisen Aufgabe zur Änderung des Vorhabens nicht weit. Sobald durch die teilweise Aufgabe erneute planerische Erwägungen für den Rest des Vorhabens notwendig werden, liegt eine Änderungsplanung vor. 11

2. Vor Fertigstellung

Die verfahrensrechtlichen Vorgaben des § 76 greifen nur im Falle der Planänderung **vor Fertigstellung** des Vorhabens. Das Vorhaben muss sich mit anderen Worten noch in der Realisierungsphase befinden. Die Verwirklichung des Vorhabens darf noch nicht abgeschlossen sein. Fertiggestellt ist das Vorhaben erst, wenn alle Festsetzungen des festgestellten Plans verwirklicht sind. Die bauliche Vollendung der Anlage genügt nicht. Vielmehr müssen die Anlagen auch für den planfestgestellten Zweck auf Dauer in Betrieb genommen worden sein. Noch während eines Probelaufs kann sich das Bedürfnis für Änderungen des PlfB zeigen. Erst wenn die Anlage endgültig in Betrieb geht, ist das Vorhaben fertiggestellt. Auch solange festgesetzte Ausgleichs- und Ersatzmaßnahmen noch nicht fertiggestellt und geändert werden sollen, liegt noch keine Fertigstellung vor.[21] 12

Nach Fertigstellung und Inbetriebnahme der Anlage kann § 76 nicht mehr angewendet werden.[22] Das folgt aus Wortlaut und Entstehungsgeschichte der Norm.[23] In welchem Umfang für nachträgliche Änderungen **bestehender Anlagen** ein PlfV erforderlich ist, wird grundsätzlich in den Fachplanungsgesetzen entschieden,[24] die bei Anlagenänderungen meist ein PlfV vorschreiben (vgl. etwa §§ 9b Abs. 1 Satz 1 AtG, 17 Satz 1 FStrG, 18 Satz 1 AEG, 14 Abs. 1 Satz 1 WaStrG). 13

18 BVerwG, Beschl. v. 24.10.1991 – 7 B 65/91, NVwZ 1992, 789.
19 BVerwG, Urt. v. 11.04.1986 – 4 C 53/82, DVBl 1986, 1007 ff.
20 BVerwG, Urt. v. 05.12.1986 – 4 C 13/85, BVerwGE 75, 214 (219).
21 BVerwG, Urt. v. 16.05.2018 – 9 A 4/17, BVerwGE 162, 102 (106); a.A. OVG Niedersachsen, Beschl. v. 18.10.2017 – 7 LA 65/17, Juris-Rn. 6 f.
22 BVerwG, Urt. v. 20.10.1989 – 4 C 12/87, BVerwGE 84, 31 (33).
23 Vgl. die Begründung zu § 62 EVwVerfG 1967, S. 62.
24 *Jarass*, DVBl 1997, 795 (800); Kopp/Ramsauer/*Wysk*, § 76 Rn. 19.

3. Durchführung eines neuen Planfeststellungsverfahrens

14 Sind die tatbestandlichen Voraussetzungen des § 76 Abs. 1 erfüllt, dann ist als **Rechtsfolge** grundsätzlich ein vollständiges neues PlfV durchzuführen, das sich nach den §§ 73, 74 richtet. Hierbei bestimmt und begrenzt das Ziel der Planänderung den **Gegenstand des erneuten PlfV.** Das Planauslegungsverfahren nach § 73 Abs. 3 beschränkt sich daher auf den zu ändernden Teil des Vorhabens. Gleiches gilt für das Einwendungsverfahren nach § 73 Abs. 4 sowie das Erörterungsverfahren nach § 73 Abs. 6 und 7.[25] Stellungnahmen nach § 73 Abs. 2, 3a sind nur von solchen Behörden einzuholen, deren Aufgabenbereich durch die Änderungsplanung berührt wird. Werden durch die Planänderung neue naturschutzrechtliche Belange berührt oder hält es die PlfBeh für erforderlich, neue, den Naturschutz betreffende Untersuchungen anzustellen, so sind ferner die Naturschutzverbände nach dem BNatSchG erneut zu beteiligen.[26] Diese Beteiligungsrechte treten neben die in ihrem Umfang ebenfalls auf die Planänderung beschränkten Teilnahmerechte aus § 73 Abs. 4 Satz 5 sowie Abs. 6 Satz 1. Unabhängig davon bedarf es einer erneuten Öffentlichkeitsbeteiligung nach § 18 Abs. 1 UVPG, wenn nach Erlass des PlfB eine über die bisherige Prüfung wesentlich hinausgehende Prüfung der Umweltauswirkungen vorgenommen wird, die für die Beurteilung der Rechtmäßigkeit des Vorhabens insgesamt erforderlich ist und ihren Niederschlag in einer neuen entscheidungserheblichen Unterlage über die Umweltauswirkungen des Vorhabens findet (§ 22 Abs. 1 S. 1 UVPG).[27]

15 Die PlfBeh ist durch § 76 nicht daran gehindert, eine Planänderung nach § 76 Abs. 1 im Wege der PlG oder der Planfreistellung gem. **§ 74 Abs. 6 und 7** vorzunehmen, wenn die tatbestandlichen Voraussetzungen hierfür erfüllt sind. Zwar hat sie im Rahmen von § 76 Abs. 1 bei wesentlichen Änderungen grundsätzlich ein vollständiges PlfV durchzuführen. Die Anwendung des § 74 Abs. 6 und 7 ist weder dem Wortlaut noch nach der Systematik des Gesetzes verwehrt, weil für die Änderung des Planes nach § 76 Abs. 1 ein PlfV erforderlich ist und § 74 Abs. 6 und 7 grundsätzlich bei allen PlfV gelten.[28] Zwar hat der Gesetzgeber im Rahmen der Planänderung Verfahrensvereinfachungen vorrangig in § 76 Abs. 2 und 3 regeln wollen, indes ist kein Grund erkennbar, warum die Erleichterungen des § 74 Abs. 6 und 7 für die Plf nach § 76 nicht gelten sollten.

4. Änderungsplanfeststellungsbeschluss

16 Das nach Abs. 1 erneut durchzuführende PlfV endet mit einem den ursprünglichen Plan ändernden Beschluss. Seiner Rechtsnatur nach ist er ein selbstständiger PlfB, der **Teil des ursprünglichen PlfB** wird (Änderungsplanfeststellungsbeschluss).[29] Seine

---

25 Kopp/Ramsauer/*Wysk*, § 76 Rn. 23; Stelkens/Bonk/Sachs/*Neumann/Külpmann*, § 76 Rn. 10a; *Ziekow*, § 76 Rn. 7.

26 BVerwG, Urt. v. 12.12.1996 – 4 C 19/95, BVerwGE 102, 358 (362).

27 Stelkens/Bonk/Sachs/Neumann/*Külpmann*, 76 Rn. 10a.

28 BVerwG, Urt. v. 21.05.2003 – 9 A 40/02, NVwZ 2003, 1381.

29 BVerwG, Urt. v. 18.03.2009 – 9 A 31/07, NVwZ 2010, 63 (64); BVerwG, Beschl. v. 19.09.2004 – 9 VR 3/04, DVBl 2005, 194 (195); BVerwG, Urt. v. 23.01.1981 – 4 C 68/78, BVerwGE 61, 307 (309).

Bekanntgabe richtet sich nach § 74 Abs. 4 und 5. In **materiell-rechtlicher Hinsicht** darf der Änderungsplanfeststellungsbeschluss keine zwingenden Ge- oder Verbote missachten und muss dem Abwägungsgebot entsprechen (hierzu § 74 Rdn. 21, 30 ff.).[30] Der Grundsatz der Planrechtfertigung ist insoweit zu wahren, als für das Vorhaben in seiner neuen, geänderten Form gemessen an den Zielsetzungen des jeweiligen Fachplanungsgesetzes ein Bedarf bestehen muss.[31] Ferner sind das Bestimmtheitsgebot nach § 37 sowie insbesondere das Begründungsgebot nach § 74 Abs. 1 Satz 2 i.V.m. § 69 Abs. 2 Satz 1 zu beachten (vgl. § 74 Rdn. 58 ff.). Die Bestimmtheit des Änderungsplanfeststellungsbeschlusses erfordert, dass deutlich wird, inwieweit der ursprüngliche PlfB aufgehoben wird und welche Regelungen fortgelten bzw. modifiziert werden.[32] Es muss im Ergebnis zweifelsfrei erkennbar sein, welchen Regelungsgehalt der nunmehr aus ursprünglichem PlfB und Änderungsplanfeststellungsbeschluss verschmolzene PlfB hat.[33]

II. Planänderungen von unwesentlicher Bedeutung (Abs. 2)

§ 76 Abs. 2 entbindet die PlfBeh bei unwesentlichen Planänderungen von der Notwendigkeit der Durchführung eines erneuten PlfV nach Abs. 1. Voraussetzung ist, dass 17
- eine Planänderung von unwesentlicher Bedeutung vorliegt und
- die Belange anderer nicht berührt werden oder die Betroffenen der Änderung zugestimmt haben.

Liegen diese Voraussetzungen vor, so steht es im **Ermessen** der Behörde, welches Verfahren sie für die Planänderung anwendet: Sie kann nach Abs. 2 vorgehen und auf ein erneutes PlfV gänzlich verzichten. Sie kann aber auch nach Abs. 1 ein PlfV durchführen oder das vereinfachte Planänderungsverfahren nach Abs. 3 wählen (hierzu unten Rdn. 24 ff.).

1. Unwesentliche Bedeutung

Ob eine Änderung unwesentlich i.S.v. § 76 Abs. 2 ist, muss im **Einzelfall** im Hinblick auf Art und Umfang der beabsichtigten Änderungen im Verhältnis zum Vorhaben sowie die durch die Änderungen eintretenden Auswirkungen auf private und öffentliche Belange entschieden werden.[34] Der Begriff der unwesentlichen Bedeutung in § 76 ist ein eigenständiger Begriff, der ohne Rückgriff auf § 74 Abs. 7 zu bestimmen ist.[35] Die Wertung als unwesentlich ist gerichtlich voll überprüfbar. Abs. 2 will nur dann von der Notwendigkeit eines erneuten PlfV befreien, wenn die angestrebten Änderungen 18

30 BVerwG, Urt. v. 17.09.2004 – 9 VR 3/04, NVwZ 2005, 330 (331 f.).
31 BVerwG, Urt. v. 17.12.2009 – 7 A 7/09, UPR 2010, 147 (148); *Maus*, NVwZ 2012, 1277 (1282).
32 Stelkens/Bonk/Sachs/*Neumann/Külpmann*, § 76 Rn. 13.
33 Stelkens/Bonk/Sachs/*Neumann/Külpmann*, § 76 Rn. 13.
34 *Jarass*, DVBl 1997, 795 (799); Stelkens/Bonk/Sachs/*Neumann/Külpmann*, § 76 Rn. 18; *Ziekow*, § 76 Rn. 9.
35 BVerwG, Urt. v. 16.05.2018 – 9 A 4/17, BVerwGE 162, 102 (111).

die Grundzüge der Planung, die im Rahmen der Plf der öffentlichen Kontrolle bereits unterzogen wurden, unberührt lassen.[36] Sollen demnach die mit der Planung verfolgte Zielsetzung sowie Umfang und Auswirkungen des Vorhabens im Wesentlichen gleich bleiben, dann bedarf es keiner erneuten Öffentlichkeitsbeteiligung im Rahmen eines förmlichen PlfV.[37] Wesentlich ist eine Änderung hingegen dann, wenn sie das Vorhaben **insgesamt zur Disposition** stellen kann.[38] Bringt die Änderung daher etwa gravierende Mehrbelastungen für die Umgebung mit sich, kann nicht mehr von einer unwesentlichen Bedeutung gesprochen werden.[39] Im Gegenzug wird die nachträgliche Einfügung oder Änderung von Schutzauflagen regelmäßig keine wesentliche Bedeutung i.S.v. § 76 Abs. 2 haben.[40] Auch der Umstand, dass die Änderungsplanung für bestimmte Grundstücke enteignungsrechtliche Vorwirkungen hat, macht diese nicht generell wesentlich: Vielmehr kommt es stets auf Art und Maß des präjudizierten Eingriffs und seine Bedeutung im Verhältnis zur Gesamtplanung an.[41] Ist das Änderungsvorhaben selbst UVP-pflichtig, handelt es sich regelmäßig auch nicht um ein Vorhaben von unwesentlicher Bedeutung, weil für die UVP ein Trägerverfahren mit Öffentlichkeitsbeteiligung erforderlich ist. Dies gilt auch wenn sich aufgrund einer Vorprüfung eine UVP-Pflicht ergibt.[42]

2. Keine nachteiligen Auswirkungen

19 Zusätzlich zum Vorliegen einer unwesentlichen Veränderung verlangt Abs. 2, 1. Alt, dass durch die Veränderung keine Belange anderer berührt werden. Unter dem Begriff der »Belange« sind alle subjektiven Rechte und sonstigen rechtlich nicht missbilligten Interessen zu verstehen (§ 73 Rdn. 91 ff.). Diese sind berührt i.S.v. Abs. 2, wenn bei objektiver Betrachtung die nicht ganz entfernte **Möglichkeit** besteht, dass sich die Änderung nachteilig auf die Rechte oder Interessen auswirkt.[43] Es darf aller Voraussicht nach keine Personen geben, die aufgrund der Änderung erstmals, anders oder nachhaltiger in ihren Interessen bzw. Rechten beeinträchtigt werden als aufgrund des PlfB.[44]

36 BVerwG, Urt. v. 17.12.2009 – 7 A 7/09, UPR 2010, 147 (148); BVerwG, Urt. v. 20.10.1989 – 4 C 12/87, BVerwGE 84, 31 (34); *Maus*, NVwZ 2012, 1277 (1280).

37 BVerwG, Urt. v. 06.11.2013 – 9 A 14/12, NVwZ 2014, 714 (728); BVerwG, Urt. v. 17.12.2009 – 7 A 7/09, UPR 2010, 147 (148); BVerwG, Urt. v. 20.10.1989 – 4 C 12/87, BVerwGE 84, 31 (34); VGH Baden-Württemberg v. 02.07.2014 – 5 S 1282/13, NVwZ-RR 2015, 132 (133).

38 BVerwG, Urt. v. 20.10.1989 – 4 C 12/87, BVerwGE 84, 31 (34).

39 BVerwG, Urt. v. 20.10.1989 – 4 C 12/87, BVerwGE 84, 31 (34); Stelkens/Bonk/Sachs/*Neumann/Külpmann*, § 76 Rn. 20.

40 BVerwG, Urt. v. 20.10.1989 – 4 C 12/87, BVerwGE 84, 31 (34 f.); Kopp/Ramsauer/*Wysk*, § 76 Rn. 29; Stelkens/Bonk/Sachs/*Neumann/Külpmann*, § 76 Rn. 20.

41 BVerwG, Urt. v. 17.12.2009 – 7 A 7/09, NVwZ 2010, 584 (585); BVerwG, Beschl. v. 28.07.1993 – 7 B 49/93, Buchholz 316, § 76 Nr. 8, S. 8; VGH Baden-Württemberg v. 02.07.2014 – 5 S 1282/13, NVwZ-RR 2015, 132 (133).

42 Kopp/Ramsauer/*Wysk*, § 76 Rn. 25.

43 Dazu auch VGH Baden-Württemberg, Urt. v. 23.05.2014 – 5 S 220/13, juris Rn. 33.

44 BVerwG v. 02.10.2013 – 9 A 23/12, NVwZ 2014, 367; OVG Sachsen, Urt. v. 19.01.2016 – 4 C 17/14, juris Rn. 34.

3. Zustimmung der Änderungsbetroffenen

Gehen von einer unwesentlichen Planänderung nachteilige Auswirkungen aus, so kann die PlfBeh von einem erneuten PlfV gleichwohl absehen, wenn die durch die Änderung **Betroffenen** der Änderung zustimmen. Der Begriff der »Betroffenen« umfasst nur die in ihren **subjektiven öffentlichen Rechten** berührten Personen. Personen, die lediglich in ihren Interessen berührt sind (oben § 73 Rdn. 94), bleiben außer Betracht. Dies kann aus § 74 Abs. 6 Satz 1 Nr. 1 gefolgert werden, der den Begriff des »Betroffenen« in Zusammenhang mit Beeinträchtigungen rechtlich geschützter Positionen verwendet. 20

Die **Zustimmung der Drittbetroffenen** ist eine empfangsbedürftige Willenserklärung, die als Verfahrenshandlung in einem Verwaltungsverfahren abgegeben wird. Daraus folgt, dass sie mündlich wie schriftlich abgegeben werden kann und erst wirksam wird, wenn sie der PlfBeh zugeht. Sie ist als Verfahrenshandlung bedingungsfeindlich. Für die Zustimmung ist nach allgemeinen Grundsätzen die PlfBeh beweispflichtig, sodass sie auf einen schriftlichen Nachweis und eine klare Formulierung achten sollte. 21

4. Änderungsbeschluss

Verzichtet die PlfBeh gem. § 76 Abs. 2 auf ein PlfV, so erfolgt die Änderung des PlfB durch **Änderungsbeschluss**, für den die Verfahrensvorgaben der §§ 73, 74 nicht gelten. Die Entscheidung über den Verzicht auf ein PlfV selbst bedarf keiner förmlichen Entscheidung.[45] Ob dem Änderungsbeschluss Konzentrationswirkung zukommt, ist allerdings umstritten. Gegen eine Konzentrationswirkung spricht, dass ein Verwaltungsakt mit Konzentrationswirkung in verschiedene behördliche Kompetenzräume eingreift und eine ausdrückliche Anordnung zumindest in § 76 Abs. 2 fehlt.[46] § 75 Abs. 1 regelt die Konzentrationswirkung für die Planfeststellung nach § 74 Abs. 1, gem. § 74 Abs. 6 Satz 2 gelten die Rechtswirkungen des PlfB auch für die PlG. Insoweit wird z.T. angenommen, dass die Planfeststellungsbehörde, um die Konzentrationswirkung herbeiführen, nach § 76 Abs. 3 verfahren muss.[47] Man könnte die These vertreten, dass eine Änderung eines PlfB zwingend eines PlfV bedarf, wenn die Änderung alle Vorteile einer Plf haben soll, insbesondere Konzentrationswirkung. Doch wird die Ablehnung einer Konzentrationswirkung dem Wesen eines Änderungsbeschlusses nach § 76 Abs. 2 nicht gerecht. Es handelt sich um eine vollwertige Planänderung durch die Planfeststellungsbehörde. Nicht anders als ein Planergänzungsbeschluss nach einem PlfV ist das ändert sie den PlfB unmittelbar und bildet mit diesem eine Einheit. Dieser Konnexität zwischen PlfB und Änderungsbeschluss entspricht es, dass er auch – genau wie der PlfB selbst – Konzentrationswirkung nach § 75 Abs. 1 entfaltet.[48] Er unterscheidet sich von einem Verfahren nach Abs. 1 und 3 allein dadurch, dass die Behörde sich für ein Absehen vom PlfV entschieden hat, weil die 22

45 Knack/Henneke/*Schink*, § 76 Rn. 47; a.A. Kopp/Ramsauer/*Wysk*, § 76 Rn. 26.
46 So auch Bader/Ronellenfitsch/*Kämper*, § 76 Rn. 16.
47 Bader/Ronellenfitsch/*Kämper*, § 76 Rn. 16; Knack/Henneke/*Schink*, § 76 Rn. 48.
48 *Hüting/Hopp*, UPR 2003, 1 (5); Mann/Sennekamp/Uechtritz/*Deutsch*, § 76 Rn. 45; *Maus, NVwZ 2012, 1277 (1280);* a.A. Bader/Ronellenfitsch/*Kämper*, § 76 Rn. 16.

Planänderung nicht nur unwesentliche Bedeutung hat, sondern auch Belange anderer nicht berührt sind bzw. diese zugestimmt haben. Anders als § 74 Abs. 7[49] spricht § 76 Abs. 2 gerade nicht vom »Entfallen« der Planfeststellung, die PlfBeh kann lediglich vom PlfV »absehen«. Es handelt sich um eine vollwertige Planänderung ohne PlfV – um einen Ausnahmefall, der aber in § 72 integriert und von Abs. 1 und 3 eingerahmt ist, statt an § 74 Abs. 7 angegliedert zu sein. Sinn und Zweck des § 76 Abs. 2 ist die Verfahrensbeschleunigung und die Vermeidung unnötigen Verwaltungsaufwandes. Entfiele nun die Konzentrationswirkung bei einem Änderungsbeschluss nach Abs. 2, wäre der Vorhabenträger möglicherweise auf eine Vielzahl von Einzelgenehmigungen angewiesen. Der Änderungsbeschluss hat **Konzentrationswirkung.**

23 Außerdem ergeht der Änderungsbeschluss nach den allgemeinen Vorschriften und ist daher gem. § 41 dem Vorhabenträger sowie den durch die Planänderung in ihren Rechten Betroffenen bekanntzugeben.[50] Die im **BNatSchG** sowie im **UVPG** normierten besonderen Verfahrensregeln gelten für den planändernden Beschluss nur, soweit sie nicht ausdrücklich an das Vorliegen eines PlfV anknüpfen, auf das im Rahmen von Abs. 2 ja gerade verzichtet wird.[51] Darüber hinaus normiert § 9 UVPG für bestimmte Änderungen und Erweiterungen **UVP-pflichtiger Vorhaben** die Pflicht zur Durchführung einer UVP. Diese Pflicht wird durch § 76 Abs. 2 nicht beseitigt.[52]

III. Planänderung im vereinfachten Verfahren (Abs. 3)

1. Voraussetzungen

24 Gem. § 76 Abs. 3 kann die PlfBeh **in den Fällen des Abs. 2** oder in **anderen Fällen einer Planänderung von unwesentlicher Bedeutung** ein vereinfachtes PlfV durchführen. Im Rahmen dieses Verfahrens bedarf es nach Abs. 3 keines Anhörungsverfahrens und keiner öffentlichen Bekanntgabe des PlfB. Die Vorschrift bietet mithin zum Zwecke der Verfahrensbeschleunigung die Möglichkeit eines **verkürzten PlfV**, für das sich die PlfBeh in zwei Konstellationen entscheiden kann: Es kommt zum einen in Betracht, wenn gem. Abs. 2 eine Planänderung unwesentlicher Bedeutung erfolgen soll und keine Belange anderer berührt sind oder die Betroffenen zugestimmt haben. In diesen Fällen kann die Behörde das Verfahren nach Abs. 3 wählen, wenn sie auf ein PlfV nicht gänzlich nach Abs. 2 verzichten will, gleichzeitig aber auch kein vollständiges PlfV nach Abs. 1 durchführen möchte. Zum anderen greift Abs. 3 auch in denjenigen Konstellationen unwesentlicher Planänderungen, in denen Belange anderer berührt werden oder damit zu rechnen ist, dass nicht alle Planbetroffenen der Planänderung zustimmen werden, sodass ein Vorgehen nach Abs. 2 ausscheidet.

---

49 Zu der dort fehlenden Konzentrationswirkung beispielhaft *Kümper*, NVwZ 2016, 1280 (1282).

50 Bader/Ronellenfitsch/*Kämper*, § 76 Rn. 16; *Hüting/Hopp*, UPR 2003, 1 (5); Knack/Henneke/*Schink*, § 76 Rn. 48.

51 Knack/Henneke/*Schink*, § 76 Rn. 48eingehend zum Ganzen *Hüting/Hopp*, UPR 2003, 1 (5 ff.).

52 Kopp/Ramsauer/*Wysk*, § 76 Rn. 25.

Voraussetzung für das vereinfachte Verfahren ist daher in jedem Fall das Vorliegen einer **unwesentlichen Planänderung.** Für die Bestimmung dieses Tatbestandsmerkmals gelten die Ausführungen unter Rdn. 18. Ob sich die PlfBeh bei seinem Vorliegen für das vereinfachte Verfahren nach Abs. 3 entscheidet, liegt in ihrem Ermessen.[53]

2. Ablauf des vereinfachten Verfahrens

Entscheidet sich die PlfBeh für das vereinfachte Verfahren, dann tritt als **Rechtsfolge** eine Verkürzung des PlfV ein, das – genau wie im Rahmen von Abs. 1 – mit einem Änderungsplanfeststellungsbeschluss endet (Rdn. 16). Die Durchführung eines **Anhörungsverfahrens** – insbesondere Planauslegung und Erörterungstermin nach § 73 Abs. 3 bis 6 – sowie die öffentliche Bekanntgabe des Änderungsplanfeststellungsbeschlusses nach § 74 Abs. 4 Satz 2 entfallen.[54] Die Pflicht zur Beteiligung der durch die Änderung in ihrem Aufgabenbereich berührten Behörden nach § 73 Abs. 2 bleibt hingegen bestehen.[55] Neben diese Beteiligung treten die Mitwirkungsrechte anerkannter Naturschutzverbände nach dem BNatschG.[56] Personen, die durch die Planänderung in ihren Belangen erstmalig oder stärker betroffen werden, müssen zum Zwecke einer umfassenden Problembewältigung auch im Rahmen des Verfahrens nach § 76 Abs. 3 angehört werden.[57] Gleiches gilt für Vereinigungen i.S.v. § 73 Abs. 4 Satz 5. 25

Für den **Inhalt des Änderungsplanfeststellungsbeschlusses** gelten keine geringeren Anforderungen als für sonstige PlfB (hierzu oben § 74 Rdn. 17 ff.). Er muss daher zwingende einfachgesetzliche Ge- und Verbote beachten sowie dem Abwägungsgebot genügen.[58] Der Grundsatz der Planrechtfertigung ist insoweit zu wahren, als für das Vorhaben in seiner neuen, geänderten Form gemessen an den Zielsetzungen des jeweiligen Fachplanungsgesetzes ein Bedarf bestehen muss.[59] Ferner sind insbesondere die allgemeinen Bestimmtheitsanforderungen des § 37 sowie die Begründungserfordernisse des § 74 Abs. 1 Satz 2 i.V.m. § 69 Abs. 2 Satz 1 zu beachten. 26

Der Beschluss ist nach § 74 Abs. 4 Satz 1 **zuzustellen.** Die Möglichkeit einer öffentlichen Bekanntmachung nach § 74 Abs. 5 bleibt unberührt. Entscheidet sich die PlfBeh für diese Form der Bekanntmachung, entbindet § 76 Abs. 3 nicht von den in § 74 Abs. 5 normierten Verfahrenserfordernissen.[60] 27

---

53 *Hüting/Hopp*, UPR 2003, 1 (4).

54 Bader/Ronellenfitsch/*Kämper*, § 76 Rn. 18; Kopp/Ramsauer/*Wysk*, § 76 Rn. 37 f.; Knack/Henneke/*Schink*, § 76 Rn. 50.

55 Bader/Ronellenfitsch/*Kämper*, § 76 Rn. 17; Kopp/Ramsauer/*Wysk*, § 76 Rn. 36; Stelkens/Bonk/Sachs/*Neumann/Külpmann*, § 76 Rn. 28.

56 Hierzu VGH Baden-Württemberg, Urt. v. 15.12.2011 – 5 S 2100/11, UPR 2012, 190 (196 f.); Bader/Ronellenfitsch/*Kämper*, § 76 Rn. 17; Kopp/Ramsauer/*Wysk*, § 76 Rn. 37; Stelkens/Bonk/Sachs/*Neumann/Külpmann*, § 76 Rn. 28.

57 BVerwG, Beschl. v. 01.04.2016 – 3 VR 2/15, NVwZ 2016, 1328 (1330); VGH Baden-Württemberg, Beschl. v. 08.08.2013 – 5 S 2327/12, juris Rn. 21.

58 BVerwG, Urt. v. 17.12.2009 – 7 A 7/09, UPR 2010, 147 (149 f.).

59 BVerwG, Urt. v. 17.12.2009 – 7 A 7/09, UPR 2010, 147 (148).

60 A.A. *Hüting/Hopp*, UPR 2003, 1 (4).

IV. Rechtsschutz

28 Planänderungsbeschlüsse nach § 76 Abs. 1 bis 3 sind grundsätzlich **isoliert anfechtbar.**[61] Dies gilt, obwohl der Änderungsbeschluss mit dem ursprünglichen PlfB zu einer Einheit verschmilzt (oben Rdn. 16, 22, 25).[62] Angreifbar ist der Planänderungsbeschluss allerdings nur in dem Umfang, wie er gegenüber dem ursprünglichen PlfB eine eigene Regelung enthält.[63] Eine **Klagebefugnis** gem. § 42 Abs. 2 VwGO besteht folglich nur dann, wenn die Möglichkeit vorhanden ist, dass der Kläger durch die Änderungen **erstmals oder weitergehend als bisher** betroffen wird.[64] Beeinträchtigungen, die bereits vom ursprünglichen PlfB ausgingen, sind hingegen grundsätzlich nicht mehr angreifbar, wenn Bestandkraft eingetreten ist oder der Kläger insoweit gem. § 73 Abs. 4 präkludiert ist.[65] Nur ausnahmsweise kann sich die Anfechtbarkeit über den Regelungsgehalt der Planänderung hinaus auf den Rest des ursprünglichen PlfB erstrecken: Zum einen, wenn ein durch die Änderung Betroffener gegen den ursprünglichen PlfB mangels rechtlicher Betroffenheit nicht vorgehen konnte,[66] und zum anderen, wenn die Änderung die festgestellte Planung in ihrer Grundkonzeption berührt.[67]

29 Vor der Anfechtung eines nach § 76 Abs. 1 und 3 erlassenen Änderungsplanfeststellungsbeschlusses bedarf es nach den §§ 70, 74 Abs. 1 Satz 2 keines **Widerspruchsverfahrens.** In den Fällen des Abs. 2 ist hingegen gem. § 68 VwGO grundsätzlich ein Widerspruchsverfahren erforderlich. Im Rahmen von § 76 Abs. 2 kann auf das Widerspruchsverfahren auch nicht in analoger Anwendung der §§ 70, 74 Abs. 1 Satz 2 verzichtet werden, weil dem formlosen Verfahren die besonderen Garantien des PlfV fehlen.[68]

---

61 BVerwG, Beschl. v. 04.07.2012 – 9 VR 6/12, NVwZ 2012, 1126 (1127); BVerwG, Urt. v. 24.07.2008 – 4 A 3001/07, BVerwGE 131, 316 (321); BVerwG, Urt. v. 19.12.2007 – 9 A 22/06, BVerwGE 130, 138 (145).

62 BVerwG, Beschl. v. 04.07. 012 – 9 VR 6/12, NVwZ 2012, 1126 (1127); so auch VG Lüneburg, Urt. v. 20.03.2014 – 7 KS 158/11, BeckRS 2014, 49021 Rn. 35.

63 BVerwG, Beschl. v. 02.10.2013 – 9 A 23/12, NVwZ 2014, 367; BVerwG, Beschl. v. 04.07.2012 – 9 VR 6/12, NVwZ 2012, 1126 (1127); BVerwG, Beschl. v. 17.09.2004 – 9 VR 3/04, NVwZ 2005, 330 (331); OVG Mecklenburg-Vorpommern, Urt. v. 22.03.2012 – 5 K 6/10, juris Rn. 155; VG Augsburg, Urt. v. 04.12.2013 – Au 6 K 13/251, juris Rn. 24.

64 BVerwG, Beschl. v. 04.07.2012 – 9 VR 6/12, NVwZ 2012, 1126 (1127); BVerwG, Urt. v. 24.07.2008 – 4 A 3001/07, BVerwGE 131, 316 (321); BVerwG, Urt. v. 19.12.2007 – 9 A 22/06, BVerwGE 130, 138 (145); BVerwG, Beschl. v. 22.09.2005 – 9 B 13/05, UPR 2006, 37; VGH Bayern, Beschl. v. 15.03.1988 – 8 CS 88.00196, NVwZ 1989, 685.

65 BVerwG, Beschl. v. 17.09.2004 – 9 VR 3/04, NVwZ 2005, 330 (331); OVG Mecklenburg-Vorpommern, Urt. v. 22.03.2012 – 5 K 6/10, juris Rn. 155; BVerwG, Beschl. v. 25.02.2019 – 4 B 9.17; VGH Bayern, Beschl. v. 27.06.2019 – 22 AE 19.40025.

66 BVerwG, Beschl. v. 04.07.2012 – 9 VR 6/12, NVwZ 2012, 1126 (1127); offengelassen noch in BVerwG, Beschl. v. 17.09.2004 – 9 VR 3/04, NVwZ 2005, 330 (331).

67 BVerwG, Beschl. v. 04.07.2012 – 9 VR 6/12, NVwZ 2012, 1126 (1127).

68 BVerwG, Urt. v. 15.01.1982 – 4 C 26/78, BVerwGE 64, 325 (328); a.A. Kopp/Ramsauer/*Wysk*, § 76 Rn. 40.

§ 77 Aufhebung des Planfeststellungsbeschlusses

[1]Wird ein Vorhaben, mit dessen Durchführung begonnen worden ist, endgültig aufgegeben, so hat die Planfeststellungsbehörde den Planfeststellungsbeschluss aufzuheben. [2]In dem Aufhebungsbeschluss sind dem Träger des Vorhabens die Wiederherstellung des früheren Zustands oder geeignete andere Maßnahmen aufzuerlegen, soweit dies zum Wohl der Allgemeinheit oder zur Vermeidung nachteiliger Wirkungen auf Rechte anderer erforderlich ist. [3]Werden solche Maßnahmen notwendig, weil nach Abschluss des Planfeststellungsverfahrens auf einem benachbarten Grundstück Veränderungen eingetreten sind, so kann der Träger des Vorhabens durch Beschluss der Planfeststellungsbehörde zu geeigneten Vorkehrungen verpflichtet werden; die hierdurch entstehenden Kosten hat jedoch der Eigentümer des benachbarten Grundstücks zu tragen, es sei denn, dass die Veränderungen durch natürliche Ereignisse oder höhere Gewalt verursacht worden sind.

Schrifttum

Menke, Die Änderung von Planfeststellungsbeschlüssen oder Plangenehmigungen durch Bebauungsplan, NVwZ 1999, 950; *Grupp*, Aufhebung von Planfeststellungsbeschlüssen durch die Verwaltung, DVBl 1990, 81; *Bell/Hermann*, Die Modifikation von Planfeststellungsbeschlüssen, NVwZ 2004, 288; *Traulsen/Haidinger*, Die endgültige Aufgabe planfeststellungsbedürftiger Vorhaben, NuR 2009, 697; *Ramsauer*, Aufhebung der Planfeststellung und Rückbau von Anlagen nach Betriebsaufgabe, DVBl 2019, 457.

Übersicht Rdn.

A. Allgemeines

Der erste Entwurf des VwVfG enthielt noch lediglich eine allgemeine Regelung für alle Fälle der Planaufhebung und Planänderung. Eine spezielle Regelung für begonnene, aber nicht vollendete Planvorhaben sah erstmals § 63a EVwVerfG 1967 vor. 1

Dieser Entwurf wurde in Bezug auf mehrere Randfragen (Verweise, Änderungen auf Nachbargrundstücken) überarbeitet. Die heutige gesetzliche Regelung basiert auf dem RegE von 1970, der drei Jahre später als § 73 RegE 1973 ins Gesetzgebungsverfahren eingebracht und unverändert beschlossen wurde.

2 Die Vorschrift regelt den Fall, dass ein begonnenes Vorhaben vom Vorhabenträger **endgültig aufgegeben** wird. Erfasst wird sowohl die vollständige Aufgabe des Vorhabens als auch die nur teilweise Aufgabe eines selbstständigen, abtrennbaren Vorhabenteils. In diesen Konstellationen stellt sich stets die Frage, was mit dem PlfB und was mit den errichteten, nunmehr funktionslos gewordenen Anlagen(teilen) geschieht. Für die ausdrückliche Regelung des Problems abgebrochener Vorhaben besteht in der Rechtspraxis ein erhebliches Bedürfnis.[1] § 77 beantwortet diese Frage dahin gehend, dass der PlfB (teilweise) **aufzuheben** (Satz 1) und der ursprüngliche Zustand nach Möglichkeit **wiederherzustellen** ist (Satz 2). Der wesentliche **Zweck** des § 77 besteht somit darin, ein **effektives Verfahren** zur Bewältigung der mit Planungstorsos verbundenen Rechts- und Sachprobleme bereitzustellen. Darüber hinaus trägt die Aufhebungsentscheidung nach Satz 1 zur **Rechtsklarheit** bei. Denn mit der Aufhebung des PlfB wird der Inanspruchnahme privater oder öffentlicher Flächen durch das aufgegebene Vorhaben verbindlich die rechtliche Grundlage entzogen.[2]

3 Abzugrenzen ist die endgültige Aufgabe eines Vorhabens nach § 77 von einer **Planänderung** gem. **§ 76.** Im ersteren Fall lässt der Vorhabenträger vollständig vom Vorhaben ab oder gibt einen selbstständigen Vorhabenteil endgültig auf, während eine Planänderung stets voraussetzt, dass das Vorhaben insgesamt – wenn auch in veränderter Gestalt – verwirklicht werden soll.[3] Die Abgrenzung zwischen **Teilaufgabe** und **Planänderung** kann im Einzelfall allerdings schwierig sein: Von einer Teilaufgabe kann nur dann ausgegangen werden, wenn es sich um real abtrennbare und planerisch selbstständige Teile eines Vorhabens handelt.[4] Durch Schutzauflagen festgesetzte Anlagen (z.B. Schallschutzwände) können mangels Selbstständigkeit regelmäßig nicht nach § 77 aufgegeben werden. Hingegen stellt es bspw. eine Teilaufgabe dar, wenn beim Bau einer Straße auf die im Plan vorgesehene Herstellung einer Rastanlage verzichtet wird. Eine Teilaufgabe liegt auch dann vor, wenn eines von zwei Vorhaben aufgegeben wird, die in einem gemeinsamen Planfeststellungsverfahren nach § 78 Abs. 1 zugelassen worden sind. Auf diesen Fall finden sowohl § 76 als auch § 77 Anwendung.[5]

4 Dem Wortlaut nach greift § 77 nur in den Fällen, in denen ein Vorhaben, **mit dessen Durchführung bereits begonnen** wurde, aufgegeben wird. Insofern unterscheidet sich die Regelung von **§ 75 Abs. 4**, der sich mit dem Außerkrafttreten von PlfB beschäftigt, wenn mit der Durchführung des Planes nicht begonnen wird (hierzu § 75

---

1 BT-Drucks. 6/910, S. 90. Eingehend *Ramsauer*, DVBl 2019, 457 ff.

2 OVG Niedersachsen, Beschl. v. 26.11.2009 – 7 KS 8/09, UPR 2010, 238.

3 BVerwG, Urt. v. 15.12.2006 – 7 C 1/06, NVwZ 2007, 700 (700 f.); VGH Bayern, Beschl. v. 27.06.2019 – 22 AE 19.40025, juris Rn. 22.

4 BVerwG, Urt. v. 15.12.2006 – 7 C 1/06, NVwZ 2007, 700 (701).

5 BVerwG, Beschl. v. 10.11.2004 – 4 B 57/04, NVwZ 2005, 327 (328).

Rdn. 42 ff.). Eine Aufhebung des PlfB nach § 77 kommt über den Wortlaut von Satz 1 hinaus aber auch dann in Betracht, wenn der Vorhabenträger ein Vorhaben aufgibt, mit dessen Durchführung er noch gar nicht begonnen hat.[6] Ein Bedürfnis nach Rechtsklarheit für die durch den PlfB in Anspruch genommenen Betroffenen besteht nämlich unabhängig davon, ob mit dem Bau des nunmehr aufgegebenen Vorhabens bereits begonnen wurde oder nicht. Dagegen findet § 77 keine – auch nicht analoge – Anwendung, wenn ein planfestgestelltes **Vorhaben fertiggestellt**, seine **Nutzung** aber endgültig **aufgegeben** oder eine **Entwidmung** vorgenommen wird.[7] In diesen Fällen sind vielmehr die allgemeinen Aufhebungs- und Folgenbeseitigungsregelungen heranzuziehen.[8]

Auf § 77 muss auch nicht zurückgegriffen werden, wenn in den Fachplanungsgesetzen **speziellere Vorschriften** bestehen. So regelt § 5 Abs. 4 Satz 1 SeeanlG, dass bei Anlagen zur Energiegewinnung auf See der PlfB außer Kraft tritt, wenn die Anlagen drei Jahre nicht betrieben werden. Entsprechend kann gemäß § 48 Abs. 5 Nr. 1 WindseeG die Planfeststellungsbehörde den PflB für Anlagen zur Energiegewinnung auf See ganz oder teilweise aufheben, wenn die Anlagen drei Jahre nicht betrieben worden sind, Für die Nachnutzung, den Rückbau und weitere Folgenbeseitigungen sehen die Gesetzes ebenfalls spezielle Regelungen vor (s. § 15 Abs. 1 SeeanlG, § 64 WindseeG), so dass § 77 keine analoge Anwendung findet. 5

B. Die Vorschrift im Einzelnen

I. Aufhebungsbeschluss (Satz 1)

1. Endgültige Aufgabe des Vorhabens

Nach Satz 1 ist der PlfB aufzuheben, wenn der Vorhabenträger ein Vorhaben ganz oder teilweise **endgültig aufgibt.** Hierfür muss bei verständiger Würdigung aller Umstände der Wille des Vorhabenträgers zur Vorhabenfertigstellung verneint werden. Maßgeblich ist dabei die Gesamtkonzeption des Planungsträgers.[9] Eine objektive Unmöglichkeit der Realisierung des Plans ist nicht erforderlich.[10] Unerheblich ist auch, ob der PlfB noch mit Rechtsmitteln angegriffen werden kann oder bestandskräftig 6

6 BVerwG, Beschl. v. 10.11.2004 – 4 B 57/04, NVwZ 2005, 327 (328); Beschl. v. 23.12.1992 – 4 B 188/92, NVwZ 1993, 980; Urt. v. 11.04.1986 – 4 C 53/82, NVwZ 1986, 834 (835); OVG Niedersachsen, Beschl. v. 26.11.2009 – 7 KS 8/09, UPR 2010, 238; *Hermanns*, DÖV 2003, 714 (718); *Traulsen/Haidinger*, NuR 2009, 697 (698); Mann/Sennekamp/Uechtritz/*Deutsch*, § 77 Rn. 12; Stelkens/Bonk/Sachs/*Neumann/Külpmann*, § 77 Rn. 8.

7 *Bell/Herrmann*, NVwZ 2004, 288 (294); Stelkens/Bonk/Sachs/*Neumann*, § 77 Rn. 9; Mann/Sennekamp/Uechtritz/*Deutsch*, § 77 Rn. 13; Bader/Ronellenfitsch/*Kämper*, § 77 Rn. 13; a.A. *Ziekow*, § 77 Rn. 2.

8 Dazu *Steinberg/Wickel/Müller*, § 5 Rn. 47 ff.

9 VGH Baden-Württemberg, Urt. v. 01.10.1998 – 5 S 1358/97, NVwZ-RR 2000, 87 (88); VGH Hessen, Urt. v. 25.06.1991 – 2 UE 2556/84, UPR 1992, 115 (116).

10 Stelkens/Bonk/Sachs/*Neumann/Külpmann*, § 77 Rn. 6.

ist.[11] Die PlfBeh hat bei der Beurteilung, ob eine Aufgabe vorliegt, keinen Beurteilungsspielraum.[12]

7 Ob eine endgültige Aufgabe des Vorhabens vorliegt, beurteilt sich nach dem objektiv erkennbaren **Willen des Vorhabenträgers.**[13] Von einer endgültigen Aufgabe ist daher auszugehen, wenn der Vorhabenträger die Aufhebung des PlfB beantragt oder gegenüber der Behörde unzweideutig auf die Durchführung des Vorhabens verzichtet.

8 Der Wille des Vorhabenträgers muss nicht zwingend ausdrücklich erklärt werden. Er kann sich auch aus **objektiven Umständen** ergeben. Beteuerungen des Vorhabenträgers, er wolle das Vorhaben realisieren, können daher durch objektive Umstände, die gegen eine Verwirklichung des Plans sprechen, widerlegt werden.[14] Ist der Vorhabenträger etwa vertraglich verpflichtet, das Vorhaben nicht weiterzuverfolgen, so ist von einer endgültigen Aufgabe auszugehen.[15] Gleiches kann gelten, wenn der Vorhabenträger ein anderes Projekt anstelle des Vorhabens plant und betreibt.[16] Finanzielle Schwierigkeiten begründen eine endgültige Aufgabe nur dann, wenn auszuschließen ist, dass sie nicht lediglich vorübergehender Natur sind. Mangelnde politische Akzeptanz und Änderungen in der staatlichen Bedarfsplanung lassen ebenfalls nicht zwingend auf eine endgültige Aufgabe schließen.[17] Längere Bauunterbrechungen haben regelmäßig keine Indizwirkung für eine endgültige Aufgabe. Etwas anderes kann bei einem fünfjährigen Ruhen der Bauarbeiten entsprechend § 75 Abs. 4 bei Fehlen gegenteiliger Indizien gelten.[18] Zu berücksichtigen sind jedoch stets alle Umstände des Einzelfalls. Verbleiben Zweifel, so geht dies zulasten der PlfBeh, die sich dann nicht auf § 77 Satz 1 stützen kann.[19]

9 Abzugrenzen ist die willentliche Aufgabe eines Vorhabens i.S.v. § 77 Satz 1 von den Fällen, in denen ein Vorhaben unabhängig vom Willen des Vorhabenträgers aufgrund äußerer Entwicklungen **funktionslos** geworden ist. Die Funktionslosigkeit setzt voraus, dass die Verhältnisse wegen der tatsächlichen Entwicklung einen Zustand erreicht haben, der die Verwirklichung der bestehenden Planung auf absehbare Zeit ausschließt.[20] In diesen Fällen liegt keine Aufgabe, sondern eine anderweitige Erledigung

---

11 BVerwG, Urt. v. 20.10.1989 – 4 C 12/87, BVerwGE 84, 31 (33); Urt. v. 11.04.1986 – 4 C 53/82, NVwZ 1986, 834 (835).

12 Mann/Sennekamp/Uechtritz/*Deutsch*, § 77 Rn. 20.

13 BVerwG, Beschl. v. 11.11.2009 – 7 B 13/09, juris Rn. 35.

14 BVerwG, Beschl. v. 11.11.2009 – 7 B 13/09, juris Rn. 35; *Ziekow*, § 77 Rn. 4.

15 OVG Nordrhein-Westfalen, Urt. v. 02.03.2006 – 11 A 1752/04, NWVBl. 2006, 334 (335).

16 BVerwG, Beschl. v. 11.11.2009 – 7 B 13/09, juris Rn. 36; Beschl. v. 10.11.2004 – 4 B 57/04, NVwZ 2005, 327; Urt. v. 11.04.1986 – 4 C 53/82, NVwZ 1986, 834 (835) (Bundesstraße statt Autobahn).

17 BVerwG, Urt. v. 11.04.1986 – 4 C 53/82, NVwZ 1986, 834; VGH Hessen, Urt. v. 25.06.1991 – 2 UE 2556/84, UPR 1992, 115 (116).

18 *Meyer/Borgs*, § 77 Rn. 3.

19 Stelkens/Bonk/Sachs/*Neumann*, § 77 Rn. 6.

20 BVerwG, Urt. v. 28.10.1998 – 11 A 3/98, BVerwGE 107, 350 (354); Urt. v. 31.08.1995 – 7 A 19/94, BVerwGE 99, 166 (170).

des PlfB i.S.v. § 43 Abs. 2 vor.[21] Es bedarf daher an sich keiner Aufhebung, da die Unwirksamkeit kraft Gesetzes eintritt. Aus Gründen der Rechtsklarheit sollte die PlfBeh den PlfB gleichwohl analog § 77 Satz 1 **deklaratorisch aufheben.**[22] Folgenbeseitigungsanordnungen können in diesen Fällen allerdings nicht auf § 77 Satz 2 (analog) gestützt werden, sondern bedürfen einer anderen Rechtsgrundlage.[23]

Hat ein **Gericht** den PlfB – etwa auf die Anfechtungsklage eines betroffenen Dritten 10
oder einer Umweltvereinigung – rechtskräftig aufgehoben, stellt sich die Frage, ob § 77 für die Beseitigung der Folgen des steckengebliebenen Vorhabens Anwendung findet, wenn der Vorhabenträger das noch nicht vollendete Vorhaben sodann aufgibt. Dies ist aufgrund der vergleichbaren Interessenlage der Drittbetroffenen zu bejahen.[24] Etwas anderes ergibt sich nicht aus der Möglichkeit des Gerichts, auch eine Folgenbeseitigung anzuordnen (§ 113 Abs. 1 Satz 2 VwGO). Die gerichtliche Entscheidung gilt nur inter partes und betrifft auch nur die den konkreten Kläger in seinen Rechten verletzenden Folgen.

2. Rechtsfolge

Liegt eine endgültige Aufgabe des Vorhabens i.S.v. § 77 Satz 1 vor, dann **ist** der PlfB 11
aufzuheben. Der Aufhebungsbeschluss ist ein rechtlich **gebundener VA.** Ein Entschließungsermessen besteht nicht.[25] Gegenüber den **§§ 48, 49** stellt § 77 Abs. 1 eine vorrangige Sonderregelung i.S.v. § 72 Abs. 1 Satz 1, Halbs. 1 dar.[26]

3. Verfahren

Aus dem Wortlaut des § 77 geht nicht hervor, ob der Aufhebungsbeschluss in einem 12
PlfV oder in einem **formlosen Verwaltungsverfahren** ergeht. Trotz des sachlichen Zusammenhangs mit dem Planfeststellungsverfahren ist nur ein formloses Verwaltungsverfahren durchzuführen, da es bei der Aufhebung gem. § 77 Abs. 1 weniger um planerische Fragen und mehr um die Wiederherstellung rechtmäßiger Zustände geht.

---

21 Stelkens/Bonk/Sachs/*Neumann*, § 77 Rn. 8; Bader/Ronellenfitsch/*Kämper*, § 77 Rn. 6; *Ziekow*, § 77 Rn. 5; *Ramsauer*, DVBl 2019, 457 (462 f.).

22 Ebenso Mann/Sennekamp/Uechtritz/*Deutsch*, § 77 Rn. 16.

23 Stelkens/Bonk/Sachs/*Neumann*, § 77 Rn. 15; zweifelnd auch *Ramsauer*, DVBl 2019, 457 (464); a.A. *Ziekow*, § 77 Rn. 5.

24 Ebenso Mann/Sennekamp/Uechtritz/*Deutsch*, § 77 Rn. 15; Kopp/Ramsauer/*Wysk*, § 77 Rn. 2.

25 BVerwG, Beschl. v. 11.11.2009 – 7 B 13/09, juris Rn. 37; Mann/Sennekamp/Uechtritz/*Deutsch*, § 77 Rn. 23; Knack/Henneke/*Schink*, § 77 Rn. 13.

26 *Bell/Herrmann*, NVwZ 2004, 288 (294); Stelkens/Bonk/Sachs/*Neumann/Külpmann*, § 77 Rn. 4, 11; *Grupp*, DVBl 1990, 81 (84); Bader/Ronellenfitsch/*Kämper*, § 77 Rn. 4; *Ziekow*, § 77 Rn. 3; a.A. *Traulsen/Haidinger*, NuR 2009, 697 (699); diff. Mann/Sennekamp/Uechtritz/*Deutsch*, § 77 Rn. 10. Zu den Möglichkeiten eines Widerrufs bei Aufgabe von Infrastrukturanlagen *Ramsauer*, DVBl 2019, 457 (469 f.).

Die mit der Aufhebung verbundenen Probleme können schneller und effizienter in einem formlosen Verfahren gelöst werden.[27]

13 Das Verfahren wird auf **Antrag** oder **von Amts wegen** eröffnet.[28] Den Antrag kann sowohl der Vorhabenträger als auch sonstige Planbetroffene stellen. Sobald der PlfBeh konkrete Anhaltspunkte dafür vorliegen, dass das Vorhaben nicht mehr weiterverfolgt wird, hat sie ein Verfahren nach § 77 einzuleiten. Dabei gilt das **Amtsermittlungsprinzip.** Eine Aufhebungsentscheidung kann erst ergehen, wenn die PlfBeh Gewissheit über die Aufgabe des Vorhabens hat.

14 Vor Erlass des Aufhebungsbeschlusses ist der **Vorhabenträger** gemäß den **§§ 13 Abs. 1, 28 Abs. 1** zu hören. Andere Beteiligte des PlfV sind nur dann gem. §§ 13 Abs. 1, 28 Abs. 1 zu hören, wenn an sie Kostenanordnungen nach § 77 Satz 3, Halbs. 2 ergehen sollen. Eine darüber hinausgehende Anhörung der Beteiligten ist der PlfBeh unbenommen.[29] Zugleich kann in entsprechender Anwendung des § 73 Abs. 2 die Anhörung der am PlfV beteiligten Fachbehörden sinnvoll sein.

15 Da der Aufhebungsbeschluss im formlosen Verfahren ergeht, richtet sich seine **Bekanntgabe** nach § 41 Abs. 1.[30] Da § 77 Satz 1 gerade darauf zielt, Rechtsklarheit für die vom aufgegebenen Vorhaben Betroffenen zu schaffen (Rdn. 2), widerspräche es aber dem Zweck der Vorschrift, eine Bekanntgabe allein gegenüber den Beteiligten des formlosen Aufhebungsverfahrens nach den §§ 13 Abs. 1, 41 Abs. 1 vorzunehmen. Daher ist zusätzlich eine öffentliche Bekanntgabe analog §§ 74 Abs. 4 und Abs. 5 geboten.[31]

4. Zeitliche Wirkung

16 Über den Zeitpunkt, ab dem die Aufhebung **Rechtswirkungen** entfalten soll, enthält das Gesetz keine nähere Bestimmung. § 77 legt nicht fest, ob die Aufhebung ex tunc oder ex nunc gelten soll. Da im Aufhebungsbeschluss aus Gründen der Rechtsklarheit eine zeitliche Bestimmung zu treffen ist, liegt diese Entscheidung im pflichtgemäßen Ermessen der PlfBeh. Sie muss bestimmen, ob der PlfB rückwirkend zum Zeitpunkt der endgültigen Aufgabe des Vorhabens außer Kraft treten soll oder nur mit Wirkung für die Zukunft. Dabei ist es i.d.R. ermessensgerecht, wenn rückwirkend auf den **Zeitpunkt der endgültigen Aufgabe** abgestellt wird, weil dadurch die Änderung

27 Mann/Sennekamp/Uechtritz/*Deutsch*, § 77 Rn. 33.

28 *Bell/Herrmann*, NVwZ 2004, 288 (294); Stelkens/Bonk/Sachs/*Neumann/Külpmann*, § 77 Rn. 10; Bader/Ronellenfitsch/*Kämper*, § 77 Rn. 4.

29 Weitergehend Mann/Sennekamp/Uechtritz/*Deutsch*, § 77 Rn. 34.

30 *Bell/Herrmann*, NVwZ 2004, 288 (294).

31 Für eine direkte Anwendung Knack/Henneke/*Schink*, § 77 Rn. 17; *Traulsen/Haidinger*, NuR 2009, 697 (699); i.Erg. auch Stelkens/Bonk/Sachs/*Neumann/Külpmann*, § 77 Rn. 12: §§ 69 Abs. 3, 74 Abs. 5 analog; a.A. Kopp/Ramsauer/*Wysk*, § 77 Rn. 5; Mann/Sennekamp/Uechtritz/*Deutsch*, § 77 Rn. 35.

der Rechtslage eingetreten ist. Ist der Zeitpunkt der endgültigen Aufgabe nicht klar bestimmbar, wird allein die Aufhebung ex nunc in Betracht kommen.[32]

II. Folgenbeseitigungsanordnung (Satz 2)

Mit der Aufhebung des PlfB sind dem Vorhabenträger nach Satz 2 die Wiederherstellung des früheren Zustandes oder andere geeignete Maßnahmen aufzuerlegen, soweit dies zum Wohl der Allgemeinheit oder zur Vermeidung nachteiliger Wirkungen auf andere erforderlich ist. Praktisch relevant ist insbesondere die Anordnung, ganz oder teilweise errichtete Anlagen wieder zu beseitigen. Die Folgenbeseitigungsanordnung ist gemäß Satz 2 in den Aufhebungsbeschluss aufzunehmen (Rdn. 28). 17

1. Voraussetzungen

Aus Satz 2 folgt, dass Beseitigungsanordnungen unter denselben **Tatbestandsvoraussetzungen** ergehen wie der Aufhebungsbeschluss und dass sie zugleich an das Vorliegen eines Aufhebungsbeschlusses geknüpft sind. Erforderlich sind daher die endgültige Aufgabe eines begonnenen, planfestgestellten Vorhabens und die anschließende Aufhebung des PlfB durch die PlfBeh nach § 77 Satz 1 (Rdn. 6 ff.). Daneben müssen die Beseitigungsanordnungen zum Wohl der Allgemeinheit oder zur Vermeidung nachteiliger Wirkungen auf andere erforderlich sein. Hierfür gilt das zu § 74 Abs. 2 Satz 2 Gesagte (§ 74 Rdn. 76 ff.). 18

2. Rechtsfolge

a) Kein Entschließungsermessen

Sind die tatbestandlichen Voraussetzungen erfüllt, **muss** die PlfBeh die Folgenbeseitigungsanordnung erlassen. Da der Hauptzweck des Satzes 2 darin besteht, im Interesse der Allgemeinheit und der Planbetroffenen rechtmäßige Zustände herzustellen, hat die PlfBeh hinsichtlich des »ob« der Anordnung kein Entschließungsermessen. Eine Ausnahme besteht allein in den Fällen des Satzes 3, Halbs. 1, in denen die Entscheidung über Folgemaßnahmen in das Ermessen der PlfBeh gestellt wird (hierzu Rdn. 24). 19

Die notwendigen Folgenbeseitigungsmaßnahmen sind gem. § 77 Satz 2 dem Träger des Vorhabens als **Handlungsstörer** aufzuerlegen. Diese Haftung erstreckt sich im Fall gewillkürter oder gesetzlicher Rechtsnachfolge auch auf den Rechtsnachfolger. Dritte, die durch den PlfB zur Duldung des Vorhabens auf ihrem Grundstück verpflichtet worden sind, können nicht als Zustandsstörer in Anspruch genommen werden. Satz 2 sieht in Erkenntnis der staatlichen Mitverantwortung für das aufgegebene Vorhaben eine Inanspruchnahme Dritter nicht vor. Aus Satz 2 kann lediglich gefolgert werden, 20

32 So wohl auch Knack/Henneke/*Schink*, § 77 Rn. 19; Ziekow/*Fischer*, Handbuch des Fachplanungsrechts, § 3 Rn. 301; a.A. Kopp/Ramsauer/*Wysk*, § 77 Rn. 6; Mann/Sennekamp/Uechtritz/*Deutsch*, § 77 Rn. 9: nur ex nunc; Stelkens/Bonk/Sachs/*Neumann*/*Külpmann*, § 77 Rn. 11: auch ex tunc.

dass die Grundeigentümer die Sanierungsmaßnahmen des Vorhabenträgers oder des Staates dulden müssen.

b) Auswahlermessen bzgl. Ziel und Art der Folgenbeseitigung

21 Hinsichtlich des **Ziels** und der **Art** der Folgenbeseitigungsmaßnahmen räumt § 77 Satz 2 der PlfBeh ein **abgestuftes Auswahlermessen** ein. Dies ergibt sich aus der Formulierung »Wiederherstellung des früheren Zustandes oder andere geeignete Maßnahmen«. Damit bringt der Gesetzgeber zum Ausdruck, dass die PlfBeh primär das Ziel verfolgen soll, den vor Beginn des Vorhabens bestehenden Zustand im Sinne der **Naturalrestitution** wiederherzustellen.[33] Dies kann etwa durch das Zuschütten von Gräben, das Abtragen von Aufschüttungen, den Rückbau bereits errichteter Teilanlagen, die Rekultivierung in Anspruch genommenen Landes, die Wiederherstellung von Wegen und Zufahrten oder die Entfernung von Masten erfolgen. Daneben kommen als geeignete andere Maßnahmen vor allem Anordnungen zur Herstellung von Schutzanlagen in Betracht, etwa das Aufstellen von Schutzplatten, Schutzzäunen, Hinweisschildern oder auch Einpflanzungen.[34] Rückgängig zu machen sind auch bereits erfolgte **Enteignungen,**[35] nicht aber Eigentumsübertragungen, deren Rechtsgrund in einem Kaufvertrag mit dem Vorhabenträger liegt.[36] Ein Rückübertragungsanspruch kann sich hier aber im Wege ergänzender Vertragsauslegung ergeben.[37]

22 Von diesem vom Gesetzgeber an erster Stelle genannten Ziel der Naturalrestitution kann die Behörde nur in begründeten Ausnahmefällen abweichen. Ein solcher **Ausnahmefall** liegt etwa vor, wenn der ursprüngliche Zustand rechtswidrig war. Dann ist seine Wiederherstellung mit dem Zweck der Vorschrift, rechtmäßige Zustände herzustellen, unvereinbar. Ebenso können – wie § 77 **Satz 3** ausdrücklich zeigt – Veränderungen auf Nachbargrundstücken die Herstellung eines anderen Endzustandes erforderlich machen (Rdn. 24). Schließlich kann der Grundsatz der Verhältnismäßigkeit eine Abweichung von der Naturalrestitution fordern. Ist etwa zu Beginn eines Vorhabens ein Flussbett verlegt worden, so kann nach Abbruch des Vorhabens die Verfüllung und Bepflanzung des ursprünglichen Flussbettes eine geeignete Sanierungsmaßnahme darstellen, die weniger kompliziert und kostenaufwendig ist als die Rückverlegung des Flusslaufs.

---

33 Stelkens/Bonk/Sachs/*Neumann/Külpmann*, § 77 Rn. 16; Knack/Henneke/*Schink*, § 77 Rn. 21; Mann/Sennekamp/Uechtritz/*Deutsch*, § 77 Rn. 27.

34 Knack/Henneke/*Schink*, § 77 Rn. 21.

35 Zum Rückenteignungsanspruch: BVerfG, Beschl. v. 09. 12. 1997 – 1 BvR 1161/94, BVerfGE 97, 89 (96 ff.); Beschl. v. 12.11.1974 – 1 BvR 32/68, BVerfGE 38, 175 (181 ff.).

36 Knack/Henneke/*Schink*, § 77 Rn. 22; differenzierend Bader/Ronellenfitsch/*Kämper*, § 77 Rn. 9.

37 Zum Rückerwerbsanspruch bei freihändigem Verkauf vgl. BGH, Urt. v. 14.03.1997 – V ZR 9/96, BGHZ 135, 92 (96 ff.); Urt. v. 29.04.1982 – III ZR 154/80, BGHZ 84, 1 (7 f.)

Hinsichtlich der **Art der anzuordnenden Maßnahmen** besteht für die PlfBeh ein von § 77 nicht weiter eingeschränktes Auswahlermessen.[38] Die PlfBeh kann dem Vorhabenträger alle Maßnahmen vorschreiben, die zur Erreichung des Ziels erforderlich, geeignet und verhältnismäßig sind. Folgenbeseitigungsanordnungen können sich sowohl auf die **rechtlichen** als auch auf die **tatsächlichen Verhältnisse** erstrecken. 23

III. Entscheidungen in Sonderkonstellationen nach Satz 3

Abweichend von § 77 Satz 2 stellt Satz 3, Halbs. 1 die Entscheidung über Folgenbeseitigungsanordnungen in das **Ermessen** der PlfBeh.[39] Voraussetzung ist, dass die PlfBeh dem Vorhabenträger andere Folgenbeseitigungsmaßnahmen als die Wiederherstellung des ursprünglichen Zustands aufgeben will, weil diese aufgrund von **Veränderungen auf einem Nachbargrundstück** erforderlich werden. Hat bspw. der Nachbar auf seinem Grundstück eine Aufschüttung vorgenommen, so kann es zur Vermeidung von Erdrutschen und aus Gründen des Landschaftsbildes erforderlich sein, dass auf dem Vorhabengrundstück ebenfalls eine Niveauerhöhung vorgenommen wird. § 77 Satz 3 lässt hingegen keine Maßnahmen auf dem Nachbargrundstück zu. Nachbargrundstück ist hierbei weit zu verstehen und setzt nicht ein angrenzendes Grundstück voraus.[40] 24

Für diese Fälle enthält Satz 3, Halbs. 2 eine besondere **Kostentragungsregelung** zulasten des Nachbarn, auf dessen Grundstück die Veränderungen eingetreten sind. Dies ist sachgerecht, weil nach dem Verursacherprinzip der Nachbar die Kosten für die Maßnahme zu tragen hat. Durch die Veränderungen hat er die Notwendigkeit einer besonderen, von der Herstellung des ursprünglichen Zustands abweichenden Folgenbeseitigung verursacht. Dies gilt auch dann, wenn der Nachbar bei Vornahme der Änderungen auf seinem Grundstück in Erwartung des Planvorhabens gehandelt hat. Denn sein Vertrauen auf die Durchführung des Planvorhabens ist rechtlich nicht geschützt. Ggf. kann auch eine **geteilte Kostentragungspflicht** bestehen, wenn bspw. sowohl ein Rückbau der begonnenen Anlage als auch Anpassungen des Vorhabengrundstücks infolge Veränderungen i.S.v. Satz 3 erforderlich sind. Für den Rückbau trägt dann der Vorhabenträger aufgrund allgemeiner polizeirechtlicher Grundsätze die Kosten, während der Plannachbar die Kosten für die von ihm verursachte Folgenbeseitigung zu tragen hat. Die Kostentragungspflicht des Nachbarn besteht analog § 75 Abs. 2 Satz 5 dann nicht, wenn die Veränderungen auf Naturereignisse oder höhere Gewalt zurückgehen und daher außerhalb seiner Einflusssphäre liegen (vgl. § 75 Rdn. 35).[41] 25

Hat der Nachbar nach Satz 3 die Kosten der Folgenbeseitigung (teilweise) zu tragen, kann die PlfBeh ihm die Kostenlast im Aufhebungsbeschluss nicht auferlegen. Adressat des Aufhebungsbeschlusses ist allein der Vorhabenträger. Nur ihm gegenüber 26

38 Knack/Henneke/*Schink*, § 77 Rn. 20, 23.
39 Kopp/Ramsauer/*Wysk*, § 77 Rn. 11.
40 Mann/Sennekamp/Uechtritz/*Deutsch*, § 77 Rn. 31.
41 Bader/Ronellenfitsch/*Kämper*, § 77 Rn. 12.

können belastende Anordnungen ergehen. Allerdings kann die PlfBeh die Folgenbeseitigungsanordnung durch den Vorhabenträger davon abhängig machen, dass der Nachbar die **Vorfinanzierung** in Form eines Vorschusses oder einer Sicherheit übernimmt.[42] Über die endgültige **Höhe** der Kosten kann die Behörde auch in einem nachträglichen Verfahren entscheiden.[43] Dazu ist sie allerdings nicht verpflichtet, weil ihre Aufgabe nur in der Herstellung rechtmäßiger Zustände besteht. Sie kann daher die endgültige Abrechnung dem Vorhabenträger und den Nachbarn überlassen.

27 Der Vorhabenträger hat gegen den Nachbarn einen **Anspruch auf Kostenerstattung** unmittelbar aus § 77 Satz 3, Halbs. 2. Der Anspruch kann mit der allgemeinen Leistungsklage vor den Verwaltungsgerichten geltend gemacht werden, weil es sich um einen öffentlich-rechtlichen, nicht um einen privatrechtlichen Erstattungsanspruch handelt.[44]

IV. Bündelung der Entscheidungen nach Satz 1 bis 3

28 Aus Gründen der Verwaltungseffizienz und der Verfahrensbeschleunigung müssen nach § 77 Satz 2 alle Aufhebungs-, Folgenbeseitigungs- und Kostenentscheidungen **in einem Aufhebungsbeschluss** ergehen.[45] Eine Verletzung der **Bündelungspflicht** stellt grundsätzlich einen Verfahrensfehler dar (s. aber Rdn. 29). Der getrennte Erlass der Anordnungen ist nur ausnahmsweise zulässig, wenn der gemeinsame Erlass aus tatsächlichen oder rechtlichen Gründen nicht möglich ist. Kann nicht über alle Fragen zeitgerecht entschieden werden, können die vorrangigen Zwecke des § 77 (Gefahrenabwehr, Rechtssicherheit) den isolierten Erlass einzelner Anordnungen erforderlich machen. In diesen Fällen ist auch ein Vorbehalt nachträglicher Ergänzungen zulässig.

V. Rechtsschutz

29 Da der Aufhebungsbeschluss eine Bündelung verschiedener Verwaltungsakte darstellt, kann der **Vorhabenträger** alle Aufhebungs-, Folgenbeseitigungs- und Kostenanordnungen **zusammen oder einzeln anfechten.** Wird der Aufhebungsbeschluss rechtskräftig aufgehoben, bleibt der PlfB wirksam.[46] Die Anfechtungsklage gegen isolierte Anordnungen ist allerdings nicht schon wegen Verletzung der Bündelungspflicht (Rdn. 28) erfolgreich. Dies stellt einen Verfahrensfehler dar, der regelmäßig nach § 46 unbeachtlich ist. Lehnt die PlfBeh einen Antrag des Vorhabenträgers auf Aufhebung

---

42 Stelkens/Bonk/Sachs/*Neumann/Külpmann*, § 77 Rn. 17; Mann/Sennekamp/Uechtritz/*Deutsch*, § 77 Rn. 32.

43 Knack/Henneke/*Schink*, § 77 Rn. 26; Stelkens/Bonk/Sachs/*Neumann/Külpmann*, § 77 Rn. 18.

44 Stelkens/Bonk/Sachs/*Neumann/Külpmann*, § 77 Rn. 17; Knack/Henneke/*Schink*, § 77 Rn. 26.

45 Bader/Ronellenfitsch/*Kämper*, § 77 Rn. 10.

46 VGH Baden-Württemberg, Beschl. v. 17.02.1992 – 8 S 1022/90, VBlBW 1992, 425.

des PlfB ab, kann der Vorhabenträger Verpflichtungsklage auf Erlass eines Aufhebungsbeschlusses erheben.[47]

Anfechtungsberechtigt können nicht nur der Vorhabenträger, sondern insbesondere auch die Planbetroffenen sein. § 77 hat insoweit **drittschützenden Charakter**, so dass Planbetroffene zum Schutz ihrer subjektiven Rechte die **Aufhebung des PlfB** nach Satz 1 und ggf. die Anordnung von Folgenbeseitigungsanordnungen verlangen können.[48] Dies gilt auch für bloß mittelbar Betroffene. § 77 Satz 2 stellt ausdrücklich auf die »Rechte anderer« ab, ohne zwischen unmittelbar und mittelbar Betroffene zu differenzieren. Zudem stellen auch Baubeschränkungen infolge von Lärmimmissionen etc. oder Anbaubeschränkungen nach § 9 FStrG Inhalts- und Schrankenbestimmungen des Eigentums dar, so dass auch mittelbar Betroffene ein legitimes Interesse an der Schaffung von Rechtssicherheit haben können.[49] 30

Anerkannte Umweltvereinigungen können die Aufhebung des PlfB nicht im Wege der Verbandsklage verlangen. 31

Vor Durchführung der Anfechtungs- oder Verpflichtungsklage muss nach § 68 VwGO grundsätzlich ein **Widerspruchsverfahren** durchgeführt werden. Da der Aufhebungsbeschluss im formlosen Verwaltungsverfahren ergeht, greifen die für förmliche Verwaltungsverfahren geltenden Regelungen der § 74 Abs. 1 Satz 2 i.V.m. § 70 und § 74 Abs. 6 Satz 4 nicht.[50] 32

C. Verfahrensvorschriften des Sozialrechts sowie Verwaltungsverfahrensrechts der Länder

Die VwVfG der Länder entsprechen inhaltlich der bundesrechtlichen Regelung des § 77. § 77 greift nur bei von Bundesbehörden planfestgestellten Vorhaben. Hat eine Landesbehörde den PlfB erlassen, gelten gem. § 1 Abs. 1 und 3 die landesrechtlichen Vorschriften. 33

47 Mann/Sennekamp/Uechtritz/*Deutsch*, § 77 Rn. 37.

48 BVerwG, Beschl. v. 10.11.2004 – 4 B 57/04, NVwZ 2005, 327 (328); Urt. v. 11.04.1986 – 4 C 53/82, NVwZ 1986, 834 (835 f.); OVG Niedersachsen, Beschl. v. 26.11.2009 – 7 KS 8/09, UPR 2010, 238; *Bell/Herrmann*, NVwZ 2004, 288 (294); *Grupp*, DVBl 1990, 81 (85); Bader/Ronellenfitsch/*Kämper*, § 77 Rn. 5; *Ziekow*, § 77 Rn. 6.

49 OVG Niedersachsen, Beschl. v. 26.11.2009 – 7 KS 8/09, NVwZ-RR 2010, 180 (180 f.); a.A. VGH Bayern, Urt. v. 08.01.2009 – 8 A 06.40018, juris Rn. 39; VGH Baden-Württemberg, Urt. v. 01.10.1998 – 5 S 1358/97, NVwZ-RR 2000, 87 (88).

50 Mann/Sennekamp/Uechtritz/*Deutsch*, § 77 Rn. 42; *Traulsen/Haidinger*, NuR 2009, 697 (699); a.A. Stelkens/Bonk/Sachs/*Neumann/Külpmann*, § 77 Rn. 13; Knack/Henneke/*Schink*, § 77 Rn. 18; Kopp/Ramsauer/*Wysk*, § 77 Rn. 6.

§ 78 Zusammentreffen mehrerer Vorhaben

(1) Treffen mehrere selbstständige Vorhaben, für deren Durchführung Planfeststellungsverfahren vorgeschrieben sind, derart zusammen, dass für diese Vorhaben oder für Teile von ihnen nur eine einheitliche Entscheidung möglich ist, und ist mindestens eines der Planfeststellungsverfahren bundesrechtlich geregelt, so findet für diese Vorhaben oder für deren Teile nur ein Planfeststellungsverfahren statt.

(2) [1]Zuständigkeiten und Verfahren richten sich nach den Rechtsvorschriften über das Planfeststellungsverfahren, das für diejenige Anlage vorgeschrieben ist, die einen größeren Kreis öffentlich-rechtlicher Beziehungen berührt. [2]Bestehen Zweifel, welche Rechtsvorschrift anzuwenden ist, so entscheidet, falls nach den in Betracht kommenden Rechtsvorschriften mehrere Bundesbehörden in den Geschäftsbereichen mehrerer oberster Bundesbehörden zuständig sind, die Bundesregierung, sonst die zuständige oberste Bundesbehörde. [3]Bestehen Zweifel, welche Rechtsvorschrift anzuwenden ist, und sind nach den in Betracht kommenden Rechtsvorschriften eine Bundesbehörde und eine Landesbehörde zuständig, so führen, falls sich die obersten Bundes- und Landesbehörden nicht einigen, die Bundesregierung und die Landesregierung das Einvernehmen darüber herbei, welche Rechtsvorschrift anzuwenden ist.

Schrifttum

Blümel, Das Zusammentreffen von Planfeststellungen, DVBl 1960, 697; *Gaentzsch*, Notwendige Folgemaßnahmen in der Fachplanung, DVBl 2012, 129; *Knöpfle*, Das Zusammentreffen planfeststellungsbedürftiger Vorhaben, Festschrift für Maunz, 1981, 187; *Ronellenfitsch*, Das Zusammentreffen von Planungen, VerwArch 88 (1997), 175; *Walter*, Konkurrenz von Planfeststellungen, in: Ziekow, Bewertung von Fluglärm – Regionalplanung – Planfeststellungsverfahren, 2003, 193.

Übersicht Rdn.

A. Allgemeines

1 Bei der **Erarbeitung** des VwVfG wurde die Notwendigkeit einer allgemeinen Kollisionsregel bei einem Aufeinandertreffen unterschiedlicher planfeststellungsbedürftiger Vorhaben schon früh erkannt. Die Regelungen in den Fachplanungsgesetzen[1] hatten sich aufgrund der steten Zunahme planfeststellungsbedürftiger Vorhaben in den 60er und 70er Jahren zunehmend als lückenhaft erwiesen. Bereits der Musterentwurf des VwVfG von 1963 enthielt in § 63 EVwVerfG eine umfassende Regelung für die verschiedenen Fälle der sog. Planungskonkurrenz. In den folgenden Erörterungen wurde die Regelung auf den Fall der echten Planungskonkurrenz (Rdn. 2) beschränkt. Die geltende Kollisionsregel geht im Wesentlichen auf § 65 RegE 1970 zurück, der drei Jahre später erneut ins Gesetzgebungsverfahren eingebracht und unverändert beschlossen wurde.[2]

2 **Gegenstand** der Regelung ist – wie schon die Überschrift zeigt – das »Zusammentreffen mehrerer Vorhaben«. Gemeint ist die Situation, dass unterschiedliche Fachbehörden unabhängig voneinander über eigenständige Vorhaben zu entscheiden haben, die einander überschneiden oder derart berühren, dass ein einheitliches PlfV notwendig wird (**echte Planungskonkurrenz**). § 78 Abs. 1 ordnet an, dass in einem solchen Fall **ein gemeinsames PlfV** durchgeführt wird. Nach Abs. 2 Satz 1 ist für das einheitliche PlfV die Behörde zuständig, deren Vorhaben im Hinblick auf seine öffentlichen-rechtlichen Auswirkungen die größte Bedeutung hat. Diese Behörde wendet gem. Abs. 2 Satz 1 für das zusammengefasste PlfV das für ihr Vorhaben einschlägige Verfahrensrecht an. Es liegt somit eine **Zuständigkeits- und Verfahrenskonzentration** nach dem **Schwerpunktprinzip** vor.

3 Der **Zweck** der Vorschrift besteht in der **Koordinierung und Effektivierung** des Verwaltungshandelns. Durch die Konzentration des PlfV bei einer Behörde soll die Gefahr divergierender Entscheidungen vermieden und eine koordinierte Planung sichergestellt werden. Gleichzeitig wird vermieden, dass mehrere Behörden neben- oder nacheinander PlfV durchführen. Damit dient § 78 insbesondere auch der **Rechtssicherheit**, weil betroffene Bürger sämtliche Einwendungen in einem Verfahren vorbringen können.

4 Abzugrenzen sind die von § 78 erfassten Konstellationen von den Fällen, in denen durch die Planung eines Vorhabens **Folgemaßnahmen** i.S.v. § 75 Abs. 1, Halbs. 1 notwendig werden, die ein eigenes PlfV erfordern (sog. **unechte Planungskonkurrenz**). § 75 Abs. 1, Halbs. 1 ordnet für diesen Fall die alleinige Planungskompetenz derjenigen Behörde an, die für das »veranlassende« Vorhaben zuständig ist (vgl. § 75 Rdn. 3). Von § 78 unterscheidet sich der Fall insoweit, als nicht zwei voneinander unabhängige Planvorhaben aufeinandertreffen, sondern dass ein Vorhaben bzw. dessen

1 Vgl. etwa § 9 EKrG Fassung 1963, § 18e FStrG Fassung 1974.
2 BT-Drucks. 6/1173, S. 19; 7/910, S. 24.

Modifikation die notwendige Folgemaßnahme eines anderen Vorhabens darstellt.[3] Dabei ist der Begriff der Folgemaßnahme eng auszulegen: Erfasst werden nur Maßnahmen, die über Anschluss und Anpassung nicht hinausgehen. In der Praxis relevant ist vor allem die Anpassung vorhandener Infrastrukturen wie Ausbau oder Änderung von Straßen oder Schienenwegen zu Zwecken der Erschließung des Vorhabens. Wird hingegen für die durch das erste Vorhaben veranlasste Maßnahme ein eigenes Planungskonzept erforderlich, greift die Zuständigkeitsregelung des § 75 Abs. 1 Satz 1, Halbs. 1 nicht (vgl. § 75 Rdn. 3). Vielmehr findet in diesen Fällen § 78 Anwendung, sofern die beiden Vorhaben ein einheitliches PlfV i.S.v. § 78 Abs. 1 erforderlich machen.[4]

B. Die Vorschrift im Einzelnen

5 § 78 normiert in Abs. 1 die Voraussetzungen, unter denen bei mehreren Vorhaben ein einheitliches PlfV stattfindet. Abs. 2 regelt, welche Behörde für das zusammengefasste Verfahren zuständig ist und nach welchem Verfahrensrecht sich die Planfeststellung richtet.

I. Voraussetzungen einer einheitlichen Planfeststellung (Abs. 1)

1. Mehrere selbstständige Vorhaben

6 Voraussetzung für eine Verfahrensvereinheitlichung ist nach Abs. 1 das Vorliegen mehrerer selbstständiger planfeststellungsbedürftiger Vorhaben. Dabei kann von einem Vorhaben nur gesprochen werden, wenn der Vorhabenträger über einen konkreten Plan und eine ernsthafte Gestaltungsabsicht verfügt.[5] Vage Planungsabsichten genügen ebenso wenig wie reine Schubladenentwürfe.

7 Sämtliche Vorhaben müssen jeweils für sich **planfeststellungsbedürftig** sein.[6] Maßgeblich ist, ob die konkreten Pläne – ex ante betrachtet – einer Planfeststellung bedürfen. Ob das Planfeststellungserfordernis aufgrund einer Ermessensentscheidung der Behörden in Ausnahmefällen ex post entfallen oder durch eine Plangenehmigung nach § 74 Abs. 6 ersetzt werden kann, spielt keine Rolle.[7] Eine Ausbaumaßnahme für eine Bundesstraße kann daher nicht mit dem Bau einer Gemeindestraße verbunden

3 Vgl. BVerwG, Urt. v. 18.04.1996 – 11 A 86/95, BVerwGE 101, 73 (77 f.); Beschl. v. 28.11.1995 – 11 VR 38/95, NVwZ 1996, 389 (390); OVG Nordrhein-Westfalen, Urt. v. 26.08.2009 – 11 D 31/08.AK, juris Rn. 59; eingehend *Gaentzsch*, DVBl 2012, 129.

4 S. zur Abgrenzung etwa OVG Berlin-Brandenburg, Urt. v. 23.04.2015 – 12 A 1.14, juris Rn. 33 ff.

5 BVerwG, Urt. v. 06.10.2010 – 9 A 12/09, NVwZ 2011, 626 (629); Urt. v. 12.02.1988 – 4 C 54/84, DVBl 1988, 843.

6 OVG Nordrhein-Westfalen, Urt. v. 02.09.2009 – 11 D 33/08.AK, DVBl 2009, 1587 (1588 f.).

7 VGH Baden-Württemberg, Beschl. v. 14.02.2000 – 8 S 2852/99, NVwZ 2000, 1188 (1189); Knack/Henneke/*Schink*, § 78 Rn. 41; Kopp/Ramsauer/*Wysk*, § 78 Rn. 6a; Mann/Sennekamp/Uechtritz/*Deutsch*, § 78 Rn. 37.

werden, sofern für letztere ein Bebauungsplan erlassen werden muss.[8] Dagegen kann für Ausbaumaßnahmen für Bundes- und Landesstraßen ein einheitliches Verfahren in Betracht kommen, auch wenn solche Straßen gleichfalls durch Bebauungsplan festgesetzt werden können (vgl. § 17b Abs. 2 Satz 1 FStrG).[9] Eine analoge Anwendung auf ein Zusammentreffen eines planfeststellungsbedürftigen Vorhabens mit Vorhaben, die anderen Zulassungsentscheidungen unterliegen (z.B. BImSchG-Genehmigung, Baugenehmigung), scheidet dagegen aus.[10]

Ferner müssen mehrere **selbstständige Vorhaben** vorliegen.[11] Selbstständig sind die 8
Vorhaben regelmäßig, wenn sie unabhängig voneinander entstanden sind. Stellt ein Vorhaben lediglich die notwendige Folgemaßnahme eines anderen Vorhabens i.S.v. § 75 Abs. 1, Halbs. 1 dar, greift § 78 nicht ein (Rdn. 4). Unerheblich ist dagegen, ob für die Vorhaben ein oder mehrere Vorhabenträger zuständig sind.[12]

Schließlich müssen die Vorhaben in etwa **zeitgleich** beantragt werden.[13] Die Vorhaben 9
müssen sich zur selben Zeit in der Vorbereitungsphase befinden, damit eine Zusammenführung zu einem PlfV möglich ist. Die Zusammenführung wird allerdings nicht dadurch gehindert, dass für ein Vorhaben bereits ein Anhörungsverfahren durchgeführt wurde. Auch dann kann eine Verfahrensvereinheitlichung noch erfolgen, etwa weil erst das Anhörungsverfahren gezeigt hat, dass eine koordinierte Entscheidung notwendig ist. Nach Erlass des PlfB ist eine Zusammenlegung jedoch nicht mehr möglich, weil dann kein »Vorhaben« mehr vorliegt, sondern ein festgestellter Plan.

2. Notwendigkeit einer einheitlichen Entscheidung

Gem. Abs. 1 müssen die verschiedenen Planvorhaben räumlich in einer Weise zusam- 10
mentreffen, dass für sie oder für Teile von ihnen nur eine einheitliche Entscheidung möglich ist. Dies setzt voraus, dass überhaupt eine Koordination der unterschiedlichen Planziele denkbar ist. § 78 ist folglich nicht anwendbar, wenn schon aus ex ante-Sicht **keine Koordinationsmöglichkeit** besteht. Dass ist bspw. der Fall, wenn ein- und dieselbe Kiesgrube sowohl als Abfalldeponie als auch als Naherholungssee genutzt werden soll. Dann können abfallrechtliche und wasserrechtliche PlfV nicht zusammengeführt werden.

---

8 OVG Rheinland-Pfalz, Urt. v. 14.03.2012 – 8 C 11096/11, juris Rn. 50; OVG Nordrhein-Westfalen, Urt. v. 26.08.2009 – 11 D 31/08.AK, juris Rn. 63.

9 BVerwG, Urt. v. 06.10.2010 – 9 A 12/09, NVwZ 2011, 626 (629).

10 BVerwG, Urt. v. 19.02.2015 – 7 C 11/12, BVerwGE 151, 213 (221 f.).

11 Hierzu OVG Nordrhein-Westfalen, Urt. v. 02.09.2009 – 11 D 33/08.AK, DVBl 2009, 1587 (1588).

12 So im Fall des BVerwG, Urt. v. 09.02.2005 – 9 A 62.03, NVwZ 2005, 813; Ziekow, zweifelnd OVG Nordrhein-Westfalen, Urt. v. 02.09.2009 – 11 D 33/08.AK, DVBl 2009, 1587 (1589).

13 Stelkens/Bonk/Sachs/*Neumann/Külpmann*, § 78 Rn. 7; Knack/Henneke/*Schink*, § 78 Rn. 13; Kopp/Ramsauer/*Wysk*, § 78 Rn. 6b; Ziekow/*Geiger*, Handbuch des Fachplanungsrechts, 1. Kap. Rn. 184.

11 Ferner muss das einheitliche PlfV zur Koordination der verschiedenen Vorhaben erforderlich sein. Abs. 1 spricht davon, dass **nur eine einheitliche Entscheidung möglich** ist. Es genügt also nicht, wenn die Zusammenführung von PlfV sinnvoll oder zweckmäßig ist.[14] Minimale Berührungen unterschiedlicher Vorhaben, die ohne Weiteres durch Verfahrensbeteiligung und planerische Berücksichtigung bewältigt werden können, rechtfertigen eine Verfahrensvereinheitlichung nicht.[15] Vielmehr müssen die unterschiedlichen Vorhaben derart eng miteinander in Berührung kommen, dass eine einheitliche Entscheidung notwendig erscheint. Das ist regelmäßig der Fall, wenn jeder der Vorhabenträger zur sachgerechten Verwirklichung seines Planungskonzepts darauf **angewiesen** ist, dass über die Zulassung der zusammentreffenden Vorhaben nur in einem Verfahren entschieden wird.[16] Notwendig hierfür ist ein räumliches und zeitliches Zusammentreffen. Hieran fehlt es etwa, wenn es für eines der Vorhaben kein ausgearbeitetes Planungskonzept des Vorhabenträgers gibt, das zum Gegenstand eines einheitlichen PlfV gemacht werden könnte.[17] Der zeitliche Zusammenhang fehlt, wenn die gesetzliche Ausgestaltung der Planungen die Erstellung von Planfeststellungsunterlagen für eines dieser Vorhaben im Zeitpunkt der Planfeststellung des anderen Vorhabens nicht zulässt.[18]

12 Den klassischen Beispielsfall bilden **Kreuzungen aller Art**, bei denen die unterschiedlichen Projekte jeweils denselben Raum in Anspruch nehmen und eine einheitliche Entscheidung über Unter- oder Überführungen gefunden werden muss.[19] Der Anwendungsbereich des § 78 beschränkt sich aber nicht auf Überschneidungen. Auch bei einer **Parallelführung von Trassen** kann die Notwendigkeit einer einheitlichen Entscheidung zumindest dann bestehen, wenn Schwierigkeiten der Geländetopografie nur durch eine gemeinsame Baumaßnahme der Vorhabenträger überwunden werden

---

14 BVerwG, Beschl. v. 04.08.2004 – 9 VR 13/04, NVwZ 2004, 1500 (1501); Urt. v. 18.04.1996 – 11 A 86/95, BVerwGE 101, 73 (78); Beschl. v. 28.11.1995 – 11 VR 38/95, NVwZ 1996, 389 (390); OVG Niedersachsen, Urt. v. 30.06.2009 – 7 KS 186/06, juris Rn. 30; Urt. v. 06.06.2007 – 7 LC 97/06, juris Rn. 61; VGH Baden-Württemberg, Beschl. v. 14.02.2000 – 8 S 2852/99, NVwZ 2000, 1188 (1189).

15 Vgl. BVerwG, Beschl. v. 28.11.1995 – 11 VR 38.95, NVwZ 1996, 389 (390); Beschl. v. 23.12.1992 – 4 B 188/92, NVwZ 1993, 980 ff.; OVG Sachsen-Anhalt, Urt. v. 10.10.2013 – 2 K 98/12, juris Rn. 118.

16 BVerwG, Urt. v. 06.10.2010 – 9 A 12/09, NVwZ 2011, 626 (629); Beschl. v. 04.08.2004 – 9 VR 13/04, NVwZ 2004, 1500 (1501); Urt. v. 18.04.1996 – 11 A 86/95, BVerwGE 101, 73 (78); Beschl. v. 28.11.1995 – 11 VR 38/95, NVwZ 1996, 389 (390); OVG Sachsen, Beschl. v. 05.04.2006 – 5 BS 239/05, juris Rn. 50; VGH Baden-Württemberg, Beschl. v. 14.02.2000 – 8 S 2852/99, NVwZ 2000, 1188 (1189).

17 BVerwG, Urt. v. 11.07.2019 – 9 A 13.18, juris Rn. 40; Urt. v. 14.03.2018 – 4 A 5.17, BVerwGE 161, 263 Rn. 30.

18 BVerwG, Urt. v. 14.03.2018 – 4 A 5.17, BVerwGE 161, 263 Rn. 30.

19 BVerwG, Beschl. v. 28.11.1995 – 11 VR 38/95, NVwZ 1996, 389 (390); *Kühling*, DVBl 1989, 221 (228); *Vallendar*, UPR 1996, 121.

können (z.B. beim Bau eines gemeinsamen Tunnels für Bahn und Straße oder die Mitnahme einer 110kV-Freileitung auf dem Gestänge einer 380kV-Freileitung).[20]

3. Bundesrechtlicher Bezug eines Vorhabens

§ 78 gilt als Bundesnorm nur für das Zusammentreffen mehrerer selbstständiger Plan- 13
vorhaben, wenn mindestens eines der geplanten Vorhaben **bundesrechtlich** geregelt ist. Der gesetzliche Anknüpfungspunkt zur Bestimmung des bundesrechtlichen Bezugs ist das für die Planfeststellung geltende **Verfahrensrecht.** Da das PlfV nicht notwendig zur Gänze entweder bundes- oder landesrechtlich geregelt ist, ist das Schwergewicht entscheidend. Dabei liegt eine überwiegend bundesrechtliche Regelung vor, wenn die für das **PlfV des Bundes** geltenden Vorschriften der §§ 72 ff. zur Anwendung kommen. Diese Vorschriften sind wegen § 1 Abs. 1 und Abs. 3 nur dann anwendbar, wenn Bundesbehörden handeln (§ 72 Rdn. 7). Handeln Landesbehörden – selbst i.R.d. Bundesauftragsverwaltung –, gelten die in den Landesverwaltungsgesetzen vorgeschriebenen Planfeststellungsregeln. In der Praxis greift die bundesrechtliche Regelung des § 78 somit nur dann ein, wenn eines der Vorhaben von einer Bundesbehörde zugelassen werden soll.

4. Unterschiedliche Behördenzuständigkeiten

§ 78 gilt schließlich nur, wenn für die beiden Planvorhaben **unterschiedliche Behör- 14
den** zuständig sind. Liegt die Zuständigkeit schon nach der gesetzlichen Zuständigkeitsordnung bei der gleichen Bundesbehörde, bedarf es keiner Anwendung des § 78. Die PlfBeh kann dann vielmehr in Ausübung ihres Verfahrensermessens (§ 72 i.V.m. § 10) die beiden PlfV miteinander verbinden.[21] Sie darf dabei den Rechtsschutz Betroffener nicht erschweren, was namentlich bei der gemeinsamen Entscheidung über räumlich zusammenhängende und sich in ihren Auswirkungen überlagernde Vorhaben nicht der Fall ist.

II. Zuständigkeit und Verfahren (Abs. 2)

Sind die Voraussetzungen erfüllt, so findet gem. § 78 Abs. 2 Satz 1 nur ein PlfV statt, 15
in dem alle Fachplanungen integriert und harmonisiert werden. Damit tritt eine **Zuständigkeits- und Verfahrenskonzentration** bei einer PlfBeh ein, während alle übrigen Behörden ihre Zuständigkeit verlieren.

1. Schwerpunktlösung (Satz 1)

Nach Abs. 2 Satz 1 erhält die PlfBeh die Alleinzuständigkeit für das Projekt, deren Vor- 16
haben **den größeren Kreis öffentlich-rechtlicher Beziehungen berührt.** Es tritt damit kraft Gesetzes eine Zuständigkeitskonzentration bei der PlfBeh ein, deren Vorhaben

20 BVerwG, Urt. v. 18.04.1996 – 11 A 86/95, BVerwGE 101, 73 (78 f.); *Steinberg/Wickel/Müller*, § 1 Rn. 208.
21 BVerwG, Urt. v. 11.08.2016 – 7 A 1.15, BVerwGE 156, 20 Rn. 52.

gleichsam den planerischen Schwerpunkt bildet (**Schwerpunktprinzip**). Gleichzeitig gilt das für ihr Vorhaben vorgeschriebene Verfahrensrecht für das gesamte PlfV. Der Sinn und Zweck des Schwerpunktprinzips ist darin zu sehen, dass die Behörde mit dem auswirkungsstärksten Vorhaben von vornherein mit einer umfangreichen Anhörung von Bürgern, Behörden, Vereinigungen und Sachverständigen sowie mit einer schwierigen Abwägung rechnen musste. Daher ist diese Behörde in verwaltungstechnischer und finanzieller Hinsicht am besten für die Übernahme der Gesamtplanung gerüstet. Außerdem entsteht bei ihr der geringste Mehraufwand und sind die größten Synergieeffekte zu erwarten. Für das Schwerpunktprinzip sprechen somit in erster Linie verwaltungsökonomische Gründe.

a) Ermittlung des Schwerpunkts der öffentlich-rechtlichen Beziehungen

17 Die Ermittlung des Schwerpunkts der öffentlich-rechtlichen Beziehungen i.S.v. Abs. 2 Satz 1 erfordert zunächst die Ermittlung der Auswirkungen, die jedes Vorhaben für sich genommen in öffentlich-rechtlicher Hinsicht hätte. Da zu Beginn des PlfV nur die wesentlichen öffentlich-rechtlichen Auswirkungen der Vorhaben bekannt sind, genügt eine entsprechende Grobanalyse.[22] In einem zweiten Schritt muss dann aufgrund eines objektiven **Vergleichs**[23] das Vorhaben ermittelt werden, das in öffentlich-rechtlicher Hinsicht die größten Auswirkungen hat und damit den Schwerpunkt des gemeinsamen Vorhabens bildet.

18 Bei der Ermittlung der öffentlich-rechtlichen Auswirkungen der einzelnen Vorhaben sind neben quantitativen Auswirkungen (Raumbedarf, Größe etc.) vor allem auch **qualitative Auswirkungen** (Immissionen, Umweltverträglichkeit, Gefährdungslagen etc.) entscheidend.[24] Ausschlaggebend ist damit das Ausmaß der von dem Vorhaben berührten öffentlichen und privaten Interessen.[25] Nicht berücksichtigungsfähig sind Faktoren, die sich nicht auf das Vorhaben selbst beziehen (wie z.B. die Sachkunde der beteiligten Behörden) oder nicht auf seine öffentlich-rechtlichen Beziehungen (wie z.B. die politische Bedeutung eines Vorhabens).

19 Die Entscheidung, welches Vorhaben den größten Kreis öffentlich-rechtlicher Beziehungen berührt, muss von den **PlfBeh** am Anfang des Verfahrens im **Einvernehmen** getroffen werden. Dies gilt unbeschadet der Zuständigkeit der Anhörungsbehörden für die Entgegennahme des Planfeststellungsantrags. Maßgebliche »Herrin des PlfV« ist allein die PlfBeh.[26]

---

22 BVerwG, Urt. v. 27.11.1996 – 11 A 99/95, LKV 1997, 213 (214).

23 OVG Niedersachsen, Urt. v. 06.06.2007 – 7 LC 97/06, juris Rn. 61.

24 BVerwG, Urt. v. 18.04.1996 – 11 A 86/95, BVerwGE 101, 73 (80 f.); Beschl. v. 28.11.1995 – 11 VR 38/95, NVwZ 1996, 389 (391).

25 BVerwG, Beschl. v. 27.11.1996 – 11 A 99/95, LKV 1997, 213; Urt. v. 18.04.1996 – 11 A 86/95, BVerwGE 101, 73 (80 f.); Beschl. v. 28.11.1995 – 11 VR 38/95, NVwZ 1996, 389 (391).

26 Stelkens/Bonk/Sachs/*Neumann/Külpmann*, § 78 Rn. 19; Knack/Henneke/*Schink*, § 78 Rn. 31.

b) **Zuständigkeitszweifel** (Satz 2 und 3)

Mit Hilfe des Schwerpunktprinzips gem. Abs. 2 Satz 1 kann in den meisten Fällen die zuständige Behörde klar bestimmt werden. Für den Fall, dass die beteiligten PlfBeh sich über die Zuständigkeit nicht einigen können, sieht Abs. 2 Satz 2 und 3 folgende Regelung vor: Bestehen Zuständigkeitszweifel zwischen mehreren **Bundesbehörden**, so entscheidet die gemeinsame oberste **Bundesbehörde.** Gehören die Behörden nicht demselben Ressort an, entscheidet die **Bundesregierung.** Bestehen Zuständigkeitszweifel zwischen Landes- und Bundesbehörden, so sollen sich die jeweils zuständigen obersten Bundes- und Landesbehörden einigen. Wird keine Einigung erzielt, stellen die **Bundes- und die Landesregierung** das Einvernehmen her. Hierbei handelt es sich nicht um Ermessensentscheidungen, sondern um rechtlich gebundene Entscheidungen, die im verwaltungsgerichtlichen Verfahren nachprüfbar sind (Rdn. 25). 20

2. **Verfahrenskonzentration**

Mit der Bestimmung der zuständigen PlfBeh tritt gem. § 78 Abs. 2 Satz 1 zugleich eine **Verfahrenskonzentration** ein. Für das PlfV gilt das Verfahrensrecht der zuständigen Behörde. Liegt der Schwerpunkt des Vorhabens bei einer Bundesbehörde, dann liegt nach § 78 Abs. 2 Satz 1 insgesamt ein bundesrechtliches Verfahren vor. Dass dabei im Rahmen des PlfV auch Vorschriften des materiellen Landesrechts beachtet werden müssen, ändert daran nichts.[27] Der im einheitlichen Verfahren erlassene PlfB ersetzt nach § 75 Abs. 1 Satz 1 alle ansonsten nach Bundes- oder Landesrecht erforderlichen Genehmigungen, Erlaubnisse und PlfB (vgl. § 75 Rdn. 4 ff.). Liegt der Schwerpunkt bei einer Landesbehörde, handelt es sich insgesamt um ein landesrechtliches Verfahren. Dass dabei auch Vorschriften des materiellen Bundesrechts beachtet werden müssen, ist gleichfalls ohne Belang. § 100 Nr. 2 räumt den Ländern ausdrücklich die Befugnis ein, PlfB mit Konzentrationswirkung auch für nach Bundesrecht notwendige Entscheidungen einzuräumen. 21

Die von § 78 Abs. 1 ausgelöste Verfahrenskonzentration gilt für den **gesamten Umgriff** der Vorhaben. Sie erfasst nicht nur deren »Überschneidungsbereich«.[28] Eine andere Auffassung wäre mit den von der Rechtsprechung aus dem Abwägungsgebot entwickelten Grundsätzen der Abschnittsbildung unvereinbar (hierzu § 73 Rdn. 22).[29] Insbesondere muss eine Entscheidung über eine Teilplanung dem 22

27 Kopp/Ramsauer/*Wysk*, § 78 Rn. 10a; vgl. ferner BVerfG, Beschl. v. 15.07.1969 – 2 BvF 1/64, BVerfGE 26, 338 (365).

28 BVerwG, Urt. v. 09.02.2005 – 9 A 62.03, NVwZ 2005, 813 (815); Beschl. v. 28.11.1995 – 11 VR 38/95, NVwZ 1996, 389 (391).

29 BVerwG, Beschl. v. 28.11.1995 – 11 VR 38/95, NVwZ 1996, 389 (391); Beschl. v. 26.06.1992 – 4 B 1/92, UPR 1992, 457; Urt. v. 26.06.1981 – 4 C 5/78, BVerwGE 62, 342 (353 f.).

Grundsatz der Konfliktbewältigung gerecht werden. Diese Grundsätze erleiden durch § 78 keine Durchbrechung, sondern sind auch hier zu beachten.[30] Die nach § 78 Abs. 2 Satz 1 zuständige Behörde bleibt in dem einheitlichen Verfahren vollumfänglich an das **materielle Planungsrecht** gebunden, das durch § 78 nicht modifiziert wird.[31] Dies gilt auch für die fachplanerische Abwägung, die für jedes der Vorhaben zumindest dann gesondert zu erfolgen hat, wenn die mit ihnen verfolgten Planungsziele unabhängig voneinander verwirklicht werden können, ohne dass die Erreichung der Ziele eines Vorhabens durch den Verzicht auf das andere Vorhaben auch nur teilweise vereitelt würde.[32] Für die Frage, ob für beide Vorhaben eine gemeinsame Umweltverträglichkeitsprüfung (UVP) durchgeführt werden kann, ist entsprechend zu differenzieren: Verfolgt der Vorhabenträger mit beiden Vorhaben verschiedene Planungsziele und können diese Vorhaben unabhängig voneinander verwirklicht werden, ohne dass die Erreichung der Ziele einer Maßnahme durch den Verzicht auf das andere Vorhaben auch nur teilweise vereitelt würde, so muss für jedes Vorhaben eine eigene UVP durchgeführt werden.[33] Andernfalls genügt eine gemeinsame UVP.[34]

III. Rechtsschutz

1. Rechtsschutz von Hoheitsträgern

23 Rechtsschutzfragen können sich stellen, wenn mehrere selbstständige Vorhaben des Bundes und der Länder aufeinandertreffen und kein Einvernehmen darüber erzielt werden kann, welches Vorhaben den größten Kreis öffentlich-rechtlicher Beziehungen berührt. In diesem Fall können **Bund oder Land nach § 50 Abs. 1 Nr. 1 VwGO** das BVerwG anrufen. Gleiches gilt, wenn mehrere Vorhaben unterschiedlicher Länder aufeinandertreffen und eine Einigung der Landesregierungen nicht herbeigeführt werden kann.[35]

2. Rechtsschutz der Vorhabenträger

24 Der Vorhabenträger kann gegen die Entscheidung, ein einheitliches Planfeststellungsverfahren durchzuführen und den Planfeststellungsantrag an eine andere Behörde abzugeben, Rechtsschutz in Anspruch nehmen. Richtige Klageart ist die Feststellungsklage,

30 BVerwG, Beschl. v. 28.11.1995 – 11 VR 38/95, NVwZ 1996, 389 (391).
31 BVerwG. Urt. v. 26.04.2007 – 4 C 12/05, BVerwGE 128, 358 (365); Urt. v. 23.02.2005 – 4 A 5/04, BVerwGE 123, 23 (34).
32 VGH Baden-Württemberg, Urt. v. 20.11.2018 – 5 S 2138/16, juris Rn. 96.
33 VGH Baden-Württemberg, Urt. v. 20.11.2018 – 5 S 2138/16, juris Rn. 98 unter Hinweis auf BVerwG, Urt. v. 11.08.2016 – 7 A 1.15, BVerwGE 156, 20 Rn. 35.
34 VGH Baden-Württemberg, Urt. v. 14.02.2017 – 5 S 2122/16, juris, Rn. 26 ff.; OVG Hamburg, Beschl. v. 23.10.2014 – 1 Es 4/14.P, UPR 2015, 154 (155).
35 Ebenso Mann/Sennekamp/Uechtritz/*Deutsch*, § 78 Rn. 32.

gerichtet auf Feststellung, dass die angegangene Behörde für den eingereichten Planfeststellungsantrag zuständig ist.[36] § 44a Satz 1 VwGO steht nicht entgegen, da der Vorhabenträger einen subjektiven Anspruch auf Entscheidung durch die zuständige Planfeststellungsbehörde hat. Ein Planfeststellungsbeschluss durch die unzuständige Behörde kann sich im Ergebnis aufgrund des gerichtlich nur eingeschränkt überprüfbaren Planungsermessens auswirken.[37]

3. Bedeutung für den Rechtsschutz Dritter

Hinsichtlich des Rechtsschutzes Dritter ist wie folgt zu differenzieren: Von der Plan- 25
feststellung betroffene Bürger, Gemeinden und Umweltvereinigungen können die nach § 78 Abs. 2 getroffene Entscheidung über die Zuständigkeit der PlfBeh und das anzuwendende Verfahren **nicht isoliert** anfechten. Das folgt aus § 44a Satz 1 VwGO. Sie können nur den PlfB angreifen mit dem Argument, der Bescheid sei formell rechtswidrig, da die sachlich unzuständige Behörde gehandelt habe. Dabei müssen die Verwaltungsgerichte berücksichtigen, dass die PlfBeh die Zuständigkeit ex ante bestimmen und dabei nur eine Grobanalyse der von den Vorhaben zu erwartenden Auswirkungen durchführen mussten (Rdn. 17). Auch wird man der Vorschrift des Abs. 2 Satz 3 entnehmen können, dass die Verwaltungsspitzen in Zweifelsfällen eine gewisse Einschätzungsprärogative haben. Erst wenn diese Einschätzungsprärogative überschritten ist, liegt ein erheblicher Verfahrensfehler vor.[38] Auch dann hat der **Zuständigkeitsmangel** nicht stets die **Aufhebung des PlfB** zur Folge. Dies ist dann der Fall, wenn betroffene Bürger, Gemeinden und Umweltvereinigungen zugleich von der Enteignung betroffen sind. Dann haben sie nach der Rechtsprechung einen Vollüberprüfungsanspruch (vgl. § 74 Rdn. 194). Bei Fehlen der sachlichen Zuständigkeit ist weder eine Heilung nach § 45 möglich noch eine Unbeachtlichkeit nach § 46 gegeben. Hat die fehlerhafte Zuständigkeitsbestimmung zugleich einen Verstoß gegen die Vorschrift des § 3 Abs. 1 Nr. 1 über die örtliche Zuständigkeit zur Folge, tritt nach § 44 Abs. 2 Nr. 3 sogar die Nichtigkeit des PlfB ein. Für mittelbar Betroffene ist umstritten, ob sie sich auf einen Zuständigkeitsmangel berufen können oder ob es sich um einen unbeachtlichen Verfahrensfehler handelt, weil Abs. 1 vorhabenbetroffenen Dritten keine selbstständig durchsetzbare Verfahrensposition einräumt.[39] Die besseren Argumente sprechen dafür, bei einem Zuständigkeitsmangel zugleich eine Verletzung des Rechts auf gerechte Abwägung anzunehmen. Das Abwägungsmaterial wird

---

36 A.A. Knack/Henneke/*Schink*, § 78 Rn. 39; Mann/Sennekamp/Uechtritz/*Deutsch*, § 78 Rn. 33. Verpflichtungsklage auf Entscheidung über den Planfeststellungsantrag.

37 Insoweit zutreffend Knack/Henneke/*Schink*, § 78 Rn. 39.

38 Ebenso Mann/Sennekamp/Uechtritz/*Deutsch*, § 78 Rn. 35.

39 Für Ersteres Stelkens/Bonk/Sachs/*Neumann/Külpmann*, § 78 Rn. 40; für letzteres BVerwG, Urt. v. 26.04.2007 – 4 C 12/05, BVerwGE 128, 358 (363); VGH Bayern, Beschl. v. 24.09.2015 – 8 CS 15.2026, juris Rn. 12.

unzutreffend zusammengestellt, weil der Kreis der gegen die Belange der Betroffenen abzuwägenden öffentlichen Belange zu weit gezogen wird.[40] Entsprechendes dürfte dann auch für Verbandsklagen von Umweltvereinigungen gelten.[41]

C. Fachgesetzliche Spezialregelungen, Verfahrensvorschriften des Sozialrechts sowie Verwaltungsverfahrensrecht der Länder

26 Im Falle von Vorhabensüberschneidungen sind stets vorrangige **fachgesetzliche Spezialregelungen** zu berücksichtigen. Solche finden sich etwa in § 12 Abs. 4 bis 6 und § 12a Abs. 4 FStrG, § 41 Abs. 4 WaStrG, § 26 NABEG und § 11 Abs. 2 EKrG. Teilweise enthalten die Ländergesetze auch über § 78 hinausgehende Spezialvorschriften (z.B. für Niedersachsen § 38 Abs. 6 NStrG).

27 Die **landesrechtlichen Regelungen** sind weitgehend § 78 nachgebildet. Sie ordnen für das Zusammentreffen mehrerer Vorhaben – wie § 78 Abs. 1 – ein einheitliches PlfV an, für das nach dem Schwerpunktprinzip die Behörde mit dem bedeutendsten Vorhaben zuständig ist. Teilweise beschränken sie sich auf die Fälle, dass mehrere landesrechtlich angeordnete Planfeststellungen zusammentreffen (so § 6 NVwVfG, § 78 SaarlVwVfG).

28 Abweichend geregelt ist die Zuständigkeit bei der Klärung von **Zweifelsfragen** (§ 78 Abs. 2 Satz 2 und 3). In Flächenländern entscheiden bei Zweifeln i.d.R. die gemeinsame oberste Landesbehörde bzw. das zuständige Landesministerium. Bei unterschiedlicher Ressortzugehörigkeit der jeweiligen Behörden entscheidet die Landesregierung. In den Stadtstaaten ist meist unmittelbar der zuständige Senator bzw. der Senat anzurufen. Die Einzelheiten ergeben sich aus Bestimmungen der Landesverwaltungsverfahrensgesetze oder aus den Landesverfassungen (z.B. Art. 58 Abs. 5 Satz 2 BerlVerf, Art. 64 SächsVerf). Manche Landesverwaltungsverfahrensgesetze treffen darüber hinaus Konfliktregeln für den Fall, dass **Vorhaben unterschiedlicher Länder** aufeinandertreffen (so etwa Art. 78 Abs. 2 Satz 3 BayVwVfG, § 78 Abs. 2 Satz 3 VwVfG M-V).

40 Vgl. BVerwG, Urt. v. 19.02.2015 – 7 C 11/12. BVerwGE 151, 213 (225 f.).
41 A.A. OVG Sachsen-Anhalt, Urt. v. 10.10.2013 – 2 K 98/12, juris Rn. 86.

Teil VI Rechtsbehelfsverfahren

§ 79 Rechtsbehelfe gegen Verwaltungsakte

Für förmliche Rechtsbehelfe gegen Verwaltungsakte gelten die Verwaltungsgerichtsordnung und die zu ihrer Ausführung ergangenen Rechtsvorschriften, soweit nicht durch Gesetz etwas anderes bestimmt ist; im Übrigen gelten die Vorschriften dieses Gesetzes.

Übersicht Rdn.

A. Allgemeines und Grundsätze

1 § 79 bestimmt für förmliche Rechtsbehelfe gegen VAe – vorbehaltlich besonderer Vorschriften – die Geltung der VwGO. Subsidiär, also zur Ausfüllung verbleibender Lücken, findet das VwVfG auf das förmliche Rechtsbehelfsverfahren Anwendung.

Der Zweck der Vorschrift, die ein anderweitig vorgesehenes förmliches Rechtsbehelfsverfahren voraussetzt,[1] besteht darin, den Rahmen des durch den Rechtsbehelf eingeleiteten verwaltungsbehördlichen Verfahrens vorzugeben, soweit es nicht sondergesetzlich geregelt ist.

2 Von § 79 unmittelbar erfasst werden förmliche Rechtsbehelfe (vgl. Rdn. 5) gegen VAe (vgl. Rdn. 9), die im Anwendungsbereich des VwVfG (vgl. §§ 1, 2) ergangen sind. Demzufolge werden von § 79 solche Rechtsbehelfe nicht erfasst, die sich gegen einen VA richten, der den Regelungen eines Landesverwaltungsverfahrensgesetzes unterfällt, weil er auf einer landesrechtlichen Grundlage beruht oder ihm zwar eine bundesrechtliche Regelung zugrunde liegt, das Landesverwaltungsverfahrensgesetz aber aufgrund des § 1 Abs. 3 zur Anwendung gelangt. Da alle Länder eigene Verwaltungsverfahrensgesetze erlassen haben, wird damit im Ergebnis der Grundsatz verwirklicht, dass für Verfahren vor Landesbehörden das jeweilige Landesverwaltungsverfahrensgesetz gilt.

1 Stelkens/Bonk/Sachs/Kallerhoff/*Keller*, § 79 Rn. 29.

§ 79 kommt also nur dann zur Anwendung, wenn der angefochtene VA von einer Bundesbehörde, bundesunmittelbaren Körperschaft, Anstalt oder Stiftung (vgl. § 1 Abs. 1 Nr. 1) erlassen wurde.

3 Keine Rolle spielt es, ob für eine – an das verwaltungsbehördliche Rechtsbehelfsverfahren anschließende – Klage gegen den VA der Verwaltungsrechtsweg gem. § 40 VwGO oder durch Gesetz ein anderer Rechtsweg eröffnet ist,[2] z.B. bei Rechtsbehelfen gegen VAe, mit einen eine Entschädigung festgesetzt worden ist.

Soweit der Verwaltungsrechtsweg gegeben ist, finden die §§ 68 ff. VwGO unmittelbar Anwendung; § 79 kommt insoweit nur deklaratorische Bedeutung zu. Im Übrigen besitzt die Vorschrift konstitutive Wirkung.[3]

4 § 79 findet auf förmliche Rechtsbehelfe gegen Maßnahmen, denen kein VA-Charakter zukommt, entsprechende Anwendung (vgl. Rdn. 10).

B. Die Vorschrift im Einzelnen

I. Förmliche Rechtsbehelfe

5 Förmliche Rechtsbehelfe sind dadurch gekennzeichnet, dass sie regelmäßig einer bestimmten Frist und Form unterliegen sowie einer eigenen Beschwer des Rechtsbehelfsführers bedürfen; sie gewähren ihm das Recht auf formelle und materielle Überprüfung des Verwaltungshandelns. Förmliche Rechtsbehelfe, die ein Verwaltungsverfahren einleiten sind z.B. die Widersprüche nach § 69 VwGO, § 126 Abs. 3 BRRG oder nach § 212 BauGB.

6 Der wichtigste förmliche Rechtsbehelf ist ungeachtet der Tendenz in den Ländern, das Vorverfahren abzuschaffen, es nur noch in Ausnahmefällen zuzulassen[4] oder es mehr oder minder einzuschränken,[5] der Widerspruch gem. § 69 VwGO. Er leitet das in §§ 68 ff. VwGO geregelte Vorverfahren ein, in dem grds. die Rechtmäßigkeit und Zweckmäßigkeit eines VA überprüft wird. Das Vor- oder Widerspruchsverfahren ist ein eigenständiges Verwaltungsverfahren, welches das Ausgangsverfahren fortsetzt und mit ihm eine Einheit bildet. Die (erfolglose) Durchführung ist zugleich Sachurteilsvoraussetzung für bestimmte Klagearten der VwGO (vgl. § 68 VwGO).

7 Nicht entscheidend ist, ob der Rechtsbehelf ausdrücklich als Widerspruch bezeichnet ist. Vielmehr kommt es darauf an, dass sich dem Schreiben (vgl. § 70 Abs. 1 VwGO) bei verständiger Würdigung entnehmen lässt, dass sich der Betroffene gegen einen VA wendet, dessen Aufhebung oder Änderung erreicht werden soll, und nicht eindeutig nur ein formloser Rechtsbehelf gewollt ist.

---

2 Bader/Ronellenfitsch/*Kunze*, § 79 Rn. 11; Kopp/Ramsauer, § 79 Rn. 11.

3 *Allesch*, Die Anwendbarkeit der Verwaltungsverfahrensgesetze auf das Widerspruchsverfahren nach der VwGO, 1984, S. 51; Kopp/Ramsauer, § 79 Rn. 2a, 22.

4 Vgl. z.B. § 110 JustG NRW; zu den Regelungen in den einzelnen Bundesländern vgl. Mann/Sennekamp/*Uechtritz*, § 79 Rn. 48 ff.

5 Zu Recht insgesamt kritisch Kopp/Ramsauer, § 79 Rn. 5 ff.

Demgegenüber werden formlose Rechtsbehelfe wie die Gegenvorstellung, die Aufsichtsbeschwerde und die Dienstaufsichtsbeschwerde nicht erfasst.[6] Diese, auf Art. 17 GG beruhenden Rechtsbehelfe können form- und fristlos erhoben werden, die Geltendmachung einer eigenen Beschwer ist nicht erforderlich. Sie gewähren nur ein Recht auf Erteilung eines informatorischen Bescheids, mit dem die Behörde dem Rechtsbehelfsführer die Kenntnisnahme seines Anliegens bestätigt und dessen weitere Behandlung mitteilt.[7] Keine Anwendung findet § 79 weiterhin auf verwaltungsinterne Kontrollverfahren wie z.B. das Überdenkungsverfahren im Prüfungsrecht.[8] 8

II. Gegenstand des Rechtsbehelfsverfahrens

1. VAe

Den Gegenstand des förmlichen Rechtsbehelfsverfahrens bildet grds. ein VA (§ 35), der dem Anwendungsbereich des VwVfG unterfällt (vgl. Rdn. 2). Der betreffende VA wird regelmäßig eine den Rechtsschutz suchenden belastende Regelung enthalten. Eine derartige Belastung kann sowohl in einem Eingriff in eine bereits bestehende Rechtsposition des Betroffenen (sog. belastender VA im engeren Sinne) als auch in der Versagung einer beantragten Begünstigung liegen. Ein belastender VA in engeren Sinne ist etwa bei der Entziehung einer Erlaubnis gegeben. Auch der Fall der Ablehnung eines begünstigenden VA, z.B. die Nichtgewährung von Ausbildungsförderung, wird unmittelbar von § 79 erfasst, denn auch hier richtet sich der Rechtsbehelf gegen einen VA, nämlich die Ablehnung der begehrten Regelung. 9

2. Andere Maßnahmen

Nach seinem Wortlaut gilt § 79 nur für Rechtsbehelfe gegen VAe. Der Zweck der Regelung gebietet es jedoch, sie analog auch auf förmliche Rechtsbehelfe anzuwenden, 10

- die sich gegen VAe richten, die nach § 42a Abs. 1 Satz 1 als erlassen gelten (Genehmigungsfiktion)
- einen Realakt zum Gegenstand haben, wenn aufgrund einer gesetzlichen Regelung ein Vorverfahren durchzuführen ist, wie dies z.B. auf das sog., beamtenrechtliche Vorverfahren nach §§ 126 Abs. 2 BBG, 126 Abs. 3 BRRG zutrifft.

III. Anwendbare Vorschriften

Aus dem Wortlaut des § 79 ergibt sich eine Rangfolge der Vorschriften, die auf das förmliche Rechtsbehelfsverfahren Anwendung finden: 11

- Gesetze, die von der VwGO abweichende Regelungen enthalten (Spezialgesetze),
- die VwGO und die zu ihrer Ausführung ergangenen Rechtsvorschriften,
- und schließlich das VwVfG selbst.

---

6 Knack/Henneke/*Dürr*, § 79 Rn. 5.
7 BVerfG, Beschl. v. 22.04.1953 – 1 BvR 162/51, BVerfGE 2, 225 (230).
8 BVerwG, Beschl. v. 09.08.2012 – 6 B 19.12, NVwZ 2013, 83.

1. Spezialgesetze

12 Vorrangig anzuwenden sind solche Vorschriften, nach denen sich der förmliche Rechtsbehelf und das daran anschließende Verfahren nicht oder jedenfalls nicht ausschließlich nach der VwGO richtet, vorausgesetzt, sie fallen unter den Anwendungsbereich des VwVfG. Die Spezialgesetze können zusätzliche oder geringere Anforderungen an den Rechtsbehelf als die §§ 68 ff. VwGO vorsehen. So sind etwa Widersprüche nach § 72 Abs. 1 ZDG gegen VAe, die die Verfügbarkeit, Heranziehung oder Entlassung des anerkannten Kriegsdienstverweigerers betreffen, nach § 72 Abs. 2 ZDG innerhalb von 2 Wochen zu erheben, während die Widerspruchsfrist nach § 70 VwGO einen Monat beträgt. Anderweitige Regelungen in Rechtsverordnungen reichen nicht aus[9].

2. Die VwGO und ihre Ausführungsvorschriften

13 Soweit Spezialgesetze fehlen oder keine abschließenden Regelungen enthalten, sind für das förmliche Rechtsbehelfsverfahren die VwGO und die zu ihrer Ausführung ergangenen Rechtsvorschriften (ergänzend) heranzuziehen. Allerdings trifft dies nur auf diejenigen Vorschriften zu, die in irgendeiner Beziehung das Vorverfahren auch als ein Verwaltungsverfahren regeln. Die lediglich auf das gerichtliche Verfahren zugeschnittenen Normen – etwa §§ 74, 75 und 78 VwGO – kommen nicht zur Anwendung.[10]

14 Neben den §§ 68 bis 73 VwGO sind aus der VwGO noch folgende Vorschriften anwendbar:
- § 44a VwGO im Hinblick auf die Einschränkung der selbstständigen Anfechtbarkeit im Ausgangs- oder im Widerspruchsverfahren ergangener behördlicher Verfahrenshandlungen,[11]
- § 56 Abs. 2 und 3 VwGO bezüglich der Zustellung des Widerspruchsbescheids,[12]
- § 57 Abs. 2 VwGO i.V.m. § 222 Abs. 1 und 2 ZPO für die Berechnung der Widerspruchsfrist[13] sowie
- § 59 VwGO hinsichtlich der Notwendigkeit der Beifügung einer Rechtsbehelfsbelehrung beim Erlass eines VA durch eine Bundesbehörde.[14]

15 Den von den Ländern erlassenen Ausführungsgesetzen zur VwGO kommt im Rahmen des § 79 keine Bedeutung zu, da die Vorschrift nur für Bundesbehörden, bundesunmittelbare Körperschaften, Anstalten und Stiftungen Geltung entfaltet (vgl. Rdn. 2). Etwas anderes gilt für das jeweilige Landesverwaltungsverfahrensgesetz.

---

9 A.A. Bader/Ronellenfitsch/*Kunze,* § 79 Rn. 18.
10 A.A. *Allesch* Rn. 3 S. 58 f.; Kopp/Ramsauer, § 79 Rn. 22.
11 Bader/Ronellenfitsch/*Kunze*, § 79 Rn. 19.1.
12 BVerwG, Urt. v. 07.11.1979 – 6 C 47.78, NJW 1980, 1482.
13 Bader/Ronellenfitsch/*Kunze*, § 79 Rn. 19.1.
14 Kopp/Ramsauer, § 79 Rn. 22.

3. Das VwVfG

Die subsidiäre Geltung der Vorschriften des VwVfG ergibt sich aus der Tatsache, dass auch Rechtsbehelfsverfahren im Zusammenhang mit dem Erlass eines VA Verwaltungsverfahren i.S.d. § 9 sind. 16

Auf das Vorverfahren nach §§ 68 ff. VwGO finden folgende Vorschriften des VwVfG Anwendung:

Aus dem Teil I gelten die §§ 4 bis 8, nicht aber § 3, da die §§ 72 und 73 Abs. 1 Satz 2 VwGO die für die Bearbeitung des Widerspruchs zuständigen Behörden festlegen.[15] Im Rahmen der europäischen Verwaltungszusammenarbeit können die §§ 8d und 8e Bedeutung erlangen.[16] 17

Von Teil II können die meisten Bestimmungen auf das Vorverfahren übertragen werden, was daraus folgt, dass das Vorverfahren als Verwaltungsverfahren i.S.d. § 9 einzuordnen ist. 18

So kommt zunächst § 10 mit den dort geregelten Verfahrensgrundsätzen zur Anwendung. Anwendbar sind auch die §§ 11 bis 13, denn die §§ 61 bis 63 VwGO entfalten nur für den Verwaltungsprozess Geltung. Deshalb sind Behörden – deren Beteiligtenfähigkeit nach § 61 Nr. 3 VwGO landesrechtlich besonders angeordnet sein muss – im Vorverfahren stets beteiligtenfähig. Der die Zuziehung als Beteiligter regelnde § 13 Abs. 2 ergänzt § 71 VwGO, der nur die Anhörung Dritter im Vorverfahren regelt. Ob die Zuziehung erfolgen kann oder muss, richtet sich nach § 13 Abs. 2. Für die Vertretung gelten grds. die §§ 14 bis 16; anstelle § 14 Abs. 3 tritt jedoch wegen § 56 VwGO für Zustellungen der § 7 VwZG. § 15 Satz 2 ergänzt § 56 Abs. 3 VwGO im Hinblick auf die Rechtsfolgen, die sich aus einer fehlenden Benennung eines Empfangs- oder Zustellungsbevollmächtigten ergeben. Ebenfalls anwendbar sind die §§ 17 bis 19 sowie die §§ 20 und 21. Demgegenüber kann § 22 nicht angewendet werden;[17] die Vorschriften der VwGO, nach denen die zuständige Behörde zur Bescheidung des Widerspruchs verpflichtet ist, gehen vor. Weiterhin stellt der Widerspruch auch keinen Antrag i.S.d. § 22 sondern einen förmlichen Rechtsbehelf dar. Die §§ 23 bis 27[18] gelten ebenso wie § 29, der nicht durch die §§ 99 und 100 VwGO ausgeschlossen wird. § 28 mit der darin enthaltenen Anhörungspflicht ist nicht anwendbar, wenn die Aufhebung oder Änderung des VAs im Widerspruchsverfahren erstmalig mit einer Beschwer verbunden ist; insoweit trifft § 71 VwGO eine vorrangige Regelung. Falls die Widerspruchsbehörde ihre Entscheidung auf einen dem Widerspruchsführer nicht bekannten Sachverhalt stützen will, ergibt sich eine Anhörungspflicht aus § 28 Abs. 1,

15 Bader/Ronellenfitsch/*Kunze*, § 79 Rn. 23.3; einschränkend Kopp/Ramsauer, § 79 Rn. 46; a.A. BVerwG, Urt. v. 18.04.1986 – 8 C 81.83, NVwZ 1987, 224; OVG Hamburg, Urt. v. 16.02.1999 – Bf VI 2/97, NVwZ-RR 1999, 633.

16 Bader/Ronellenfitsch/*Kunze*, § 79 Rn. 23.9.

17 A.A. Kopp/Ramsauer, § 79 Rn. 47.

18 Zu § 25 OVG Nordrhein-Westfalen, Beschl. v. 22.11.1985 – 14 B 2406/85, NVwZ 1987, 335.

nicht aber, wenn der Widerspruchsführer durch den Widerspruchsbescheid zusätzlich beschwert werden soll.[19] § 31 findet auf die Fristen nach §§ 70 Abs. 1, 58 Abs. 2, 60 Abs. 2 und 3 VwGO wegen der vorrangigen Regelung in §§ 57 Abs. 2 VwGO i.V.m. § 222 Abs. 1 und 2 ZPO sowie §§ 187 ff. BGB keine Anwendung.[20] Die Vorschrift gilt jedoch für alle von der Behörde im Vorverfahren gesetzten Fristen, etwa zur Beibringung bestimmter Unterlagen. Nicht anwendbar ist auch § 32 bei Versäumung der Widerspruchsfrist, denn hier geht § 70 Abs. 2 i.V.m. § 60 VwGO vor.[21] Ohne Einschränkung gelten die §§ 33 und 34.

19 Die Vorschriften des Teils III gelten ganz überwiegend auch für das Vorverfahren, denn sowohl die positive Abhilfeentscheidung als auch der Widerspruchsbescheid sind ihrer Rechtsnatur nach VAe i.S.d. § 35 Satz 1. Anwendbar sind demnach § 36, § 37 mit Ausnahme des Abs. 2 bei einem Widerspruchsbescheid, da § 73 Abs. 3 Satz 1 VwGO die Zustellung des Widerspruchsbescheids anordnet und damit dessen schriftlichen Erlass erfordert, ferner § 38 und § 39, hinsichtlich des Widerspruchsbescheids allerdings nur Abs. 1 Satz 2 und 3, da aufgrund des § 73 Abs. 3 Satz 1 VwGO die Anwendung von Abs. 1 Satz 1 und Abs. 2 ausgeschlossen ist.[22] Während § 40 sowohl auf den Abhilfebescheid als auch den Widerspruchsbescheid anzuwenden ist, gilt § 41 nur für die Abhilfeentscheidung, denn die Bekanntgabe des Widerspruchsbescheids hat durch § 73 Abs. 3 Satz 1 i.V. m. § 56 Abs. 2 VwGO eine abschließende Regelung erfahren. Abhilfe- und Widerspruchsbescheid können gem. § 42 in gleicher Weise berichtigt werden wie der Ausgangsbescheid; §§ 118 bis 120 VwGO finden keine Anwendung. Der die Wirksamkeit eines VA regelnde § 43 ist in vollem Umfang anwendbar, ebenso die Nichtigkeitsregelung des § 44[23] und die Heilungsmöglichkeiten des § 45.[24] Weiterhin ist auch § 46 anwendbar; er wird nicht von § 79 Abs. Satz 2 VwGO verdrängt,[25] der nur die Zulässigkeit einer isolierten Klageerhebung gegen den Widerspruchsbescheid regelt. Auch § 47 kann für das Vorverfahren herangezogen werden.[26]

20 Für die Aufhebung eines im Vorverfahren ergangenen VA einschließlich eines Abhilfe- oder Widerspruchsbescheids finden die §§ 48 bis 50 Anwendung. Etwas anderes gilt jedoch für die Entscheidungsbefugnis der Widerspruchsbehörde hinsichtlich des angefochtenen Ausgangsbescheids. Die Befugnis der Widerspruchsbehörde zur Aufhebung oder Änderung des Ausgangsbescheids folgt ausschließlich aus den §§ 68 VwGO i.V.m. dem in der Sache maßgeblichen Recht und den allgemeinen

---

19 OVG Rheinland-Pfalz, Urt. v. 02.10.1991 – 2 A 10038/91, NVwZ 1991, 386.

20 Kopp/Ramsauer, § 79 Rn. 47.

21 Bader/Ronellenfitsch/*Kunze*, § 79, Rn. 23.33; a.A. BVerwG, Urt. v. 09.06.1989 – 6 C 49.87, BayVBl. 1990, 57.

22 Kopp/Ramsauer, § 79 Rn. 47.

23 Bader/Ronellenfitsch/*Kunze*, § 79 Rn. 23.45.

24 Bader/Ronellenfitsch/*Kunze*, § 79 Rn. 23.46.

25 Bader/Ronellenfitsch/*Kunze*, § 79 Rn. 23.47.

26 VGH Bayern, Urt. v. 11.01.1984 – Nr. 4 B 81.A.2021, BayVBl. 1984, 401; VGH Baden-Württemberg, Urt. v. 20.02.1990 – 4 S 287/87, NVwZ-RR 1991, 493; Bader/Ronellenfitsch/*Kunze*, § 79 Rn. 23.48.

Grundsätzen des Rechtsbehelfsverfahrens. Soweit nicht besondere Rechtsvorschriften ausnahmsweise etwas anderes bestimmen, ist unter Beachtung der Grenzen, die sich aus den Grundsätzen des Vertrauensschutzes und von Treu und Glauben ergeben, auch eine Verböserung (reformatio in peius)[27] des angefochtenen Ausgangsbescheids durch die Widerspruchsbehörde möglich, ohne dass hierfür die Voraussetzungen des § 48 oder des § 49 vorliegen müssen.

Keine Anwendung findet § 51, denn das Wiederaufgreifen des Verfahrens ist ein eigenes, nach Abs. 4 stets bei der Ausgangsbehörde zu beantragendes und von dieser durchzuführendes Verwaltungsverfahren. Während § 52 anwendbar ist, kommt für die Unterbrechung der Verjährung nach § 53 nur ein von der Ausgangsbehörde erlassener VA, nicht aber ein Widerspruchsbescheid in Betracht.[28] 21

Anwendung auf das Vorverfahren finden auch die im Teil IV enthaltenen §§ 54 bis 62 über den öffentlich-rechtlichen Vertrag. Die Widerspruchsbehörde kann mit dem Widerspruchsführer einen öffentlich-rechtlichen Vertrag schließen, anstatt einen Widerspruchsbescheid zu erlassen. Sie darf dabei jedoch nur Fragen regeln, die mit dem angefochtenen VA im Zusammenhang stehen, denn nur soweit reicht ihre Zuständigkeit, es sei denn, ihr ist durch Rechtsvorschrift eine weiter gehende Entscheidungsbefugnis eingeräumt. 22

Nicht anwendbar sind die Bestimmungen im Teil V über das förmliche Verwaltungsverfahren und das Planfeststellungsverfahren (§§ 63 bis 78), da die in diesen Verfahren ergehenden VAe nach § 70 und § 74 Abs. 1 Satz 2 nicht in einem Vorverfahren überprüft werden, sondern der unmittelbaren Kontrolle durch die Verwaltungsgerichte unterliegen. Auch wenn ein Spezialgesetz ausnahmsweise einen Widerspruch vorschreibt, ist das Vorverfahren nicht nach den §§ 63 ff. durchzuführen, denn die Formfreiheit ist eines der wesentlichen Prinzipien des Vorverfahrens, weswegen die Förmlichkeiten des Ausgangsverfahrens nicht gelten können.[29] Die Vorschriften betreffend Verfahren über eine einheitliche Stelle nach §§ 71a ff. kommen grds. auch im behördlichen Rechtsbehelfsverfahren zur Anwendung. Hinsichtlich einzelner Regelungen finden sich jedoch in der VwGO spezielle Vorschriften.[30] 23

Teil VI schließt mit § 80 eine wesentliche Regelungslücke für den Bereich des Vorverfahrens. Die Anwendbarkeit von § 80 entfällt jedoch, wenn sich den 24

---

27 BVerwG, Urt. v. 12.11.1976 – IV C 34.75, BVerwGE 51, 310 (314); BVerwG, Urt. v. 18.05.1982 – 7 C 42.80, BVerwGE 65, 313 (319); BVerwG, Urt. v. 29.08.1986 – 7 C 51.84, NVwZ 1987, 215; BVerwG, Beschl. v. 17.06.1996 – 1 B 100.96, DVBl 1996, 1318; BVerwG, Urt. v. 19.05.1999 – 8 B 61.99, NVwZ 1999, 1218; Bader/Ronellenfitsch/*Kunze,* § 79 Rn. 30; Knack/Henneke/*Dürr,* § 79 Rn. 39 ff.; Kopp/Ramsauer, § 79 Rn. 52 ff.

28 Weiter Bader/Ronellenfitsch/*Kunze,* § 79 Rn. 23.56.

29 BVerwG, Urt. v. 18.10.1983 – 1 C 13.81, NVwZ 1984, 578.

30 Bader/Ronellenfitsch/*Kunze,* § 79 Rn. 23.60.

Widerspruchverfahren ein gerichtliches Hauptsacheverfahren angeschlossen hat.[31] In diesem Fall bestimmt sich die Erstattung von Kosten des Vorverfahrens nach § 162 VwGO.

25 Die Vorschriften im Teil VII (§§ 81 bis 93) sind in den seltenen Fällen anwendbar, in denen nach § 73 Abs. 2 VwGO ein Ausschuss den Widerspruchsbescheid zu erlassen hat. Ist die Ausschusstätigkeit ehrenamtlich, so gelten auch die §§ 81 bis 87.

26 In dem oben beschriebenen Rahmen finden das VwVfG auch bei anderen förmlichen Rechtsbehelfen ergänzende Anwendung.

IV. Rechtsgrundsätze des allgemeinen Verwaltungs- und Verwaltungsprozessrechts

27 Auf die ungeschriebenen Grundsätze des allgemeinen Verwaltungs- und Verwaltungsprozessrechts ist zurückzugreifen, soweit nach der Anwendung des VwVfG noch Regelungslücken bleiben. So kann ein Betroffener

- nach der Bekanntgabe des VA auf die Erhebung eines Widerspruchs verzichten,[32]
- einen Widerspruch zulässigerweise nur einlegen, wenn er entsprechend § 42 Abs. 2 VwGO widerspruchsbefugt ist,
- den Widerspruch bis zum Erlass des Widerspruchsbescheids zurücknehmen,[33]
- die wirksam erklärte Rücknahme des Widerspruchs grds. nicht wegen Willensmängel anfechten, da einer Anfechtung die Gestaltungswirkung der Erklärung und Gründe der Rechtssicherheit entgegenstehen.[34]

C. Verfahrensvorschriften des allgemeinen Sozialrechts sowie Verwaltungsverfahrensrecht der Länder

28 Eine entsprechende Verfahrensvorschrift des allgemeinen Sozialrechts findet sich in § 62 SGB-X. Die Verwaltungsverfahrensgesetze der Länder enthalten entweder eine gleichlautende Vorschrift oder erklären § 79 für entsprechend anwendbar.

D. Europarecht

29 Gegen Vorschriften, die ein dem gerichtlichen Verfahren vorgeschaltetes förmliches Rechtsbehelfsverfahren vorsehen, bestehen europarechtlich keine Bedenken.[35] Das Unionsrecht selbst sieht im direkten Vollzug für einzelne Bereiche ein förmliches Rechtsbehelfsverfahren vor einer Klageerhebung vor; im indirekten Vollzug sind nur in wenigen Bereichen Vorverfahren vorgeschrieben. Insoweit gehen die europarechtlichen

---

31 BVerwG, Urt. v. 29.06.2006 – 7 C 14.05, NVwZ 2006, 1294; BVerwG, Urt. v. 15.11.2007 – 2 C 29.06, NVwZ 2008, 324; Bader/Ronellenfitsch/*Kunze,* § 79 Rn. 23.66.

32 Bader/Ronellenfitsch/*Kunze,* § 79 Rn. 25; Kopp/Ramsauer, § 79 Rn. 33.

33 Bader/Ronellenfitsch/*Kunze,* § 79 Rn. 27.

34 BVerwG, Urt. v. 21.03.1979 – 6 C 10.78, BVerwGE 57, 342 (346 f.).

35 Kopp/Ramsauer, § 79 Rn. 8; Stelkens/Bonk/Sachs/Kallerhoff/*Keller*, § 79 Rn. 56.

Regelungen vor. Im Übrigen fällt die Regelung förmlicher Rechtsbehelfsverfahren im Bereich des indirekten Vollzugs in die Autonomie der einzelnen Mitgliedstaaten und ist die Vorschaltung eines Vorverfahrens regelmäßig europarechtlich zulässig.

§ 80 Erstattung von Kosten im Vorverfahren

(1) [1]Soweit der Widerspruch erfolgreich ist, hat der Rechtsträger, dessen Behörde den angefochtenen Verwaltungsakt erlassen hat, demjenigen, der Widerspruch erhoben hat, die zur zweckentsprechenden Rechtsverfolgung oder Rechtsverteidigung notwendigen Aufwendungen zu erstatten. [2]Dies gilt auch, wenn der Widerspruch nur deshalb keinen Erfolg hat, weil die Verletzung einer Verfahrens- oder Formvorschrift nach § 45 unbeachtlich ist. [3]Soweit der Widerspruch erfolglos geblieben ist, hat derjenige, der den Widerspruch eingelegt hat, die zur zweckentsprechenden Rechtsverfolgung oder Rechtsverteidigung notwendigen Aufwendungen der Behörde, die den angefochtenen Verwaltungsakt erlassen hat, zu erstatten; dies gilt nicht, wenn der Widerspruch gegen einen Verwaltungsakt eingelegt wird, der im Rahmen

1. **eines bestehenden oder früheren öffentlich-rechtlichen Dienst- oder Amtsverhältnisses oder**
2. **einer bestehenden oder früheren gesetzlichen Dienstpflicht oder einer Tätigkeit, die an Stelle der gesetzlichen Dienstpflicht geleistet werden kann,**

erlassen wurde. [4]Aufwendungen, die durch das Verschulden eines Erstattungsberechtigten entstanden sind, hat dieser selbst zu tragen; das Verschulden eines Vertreters ist dem Vertretenen zuzurechnen.

(2) Die Gebühren und Auslagen eines Rechtsanwalts oder eines sonstigen Bevollmächtigten im Vorverfahren sind erstattungsfähig, wenn die Zuziehung eines Bevollmächtigten notwendig war.

(3) [1]Die Behörde, die die Kostenentscheidung getroffen hat, setzt auf Antrag den Betrag der zu erstattenden Aufwendungen fest; hat ein Ausschuss oder Beirat (§ 73 Abs. 2 der Verwaltungsgerichtsordnung) die Kostenentscheidung getroffen, so obliegt die Kostenfestsetzung der Behörde, bei der der Ausschuss oder Beirat gebildet ist. [2]Die Kostenentscheidung bestimmt auch, ob die Zuziehung eines Rechtsanwalts oder eines sonstigen Bevollmächtigten notwendig war.

(4) Die Absätze 1 bis 3 gelten auch für Vorverfahren bei Maßnahmen des Richterdienstrechts.

Übersicht

A. Allgemeines und Grundsätze

1 Gegenstand des § 80 ist die Erstattung von Kosten im Vorverfahren. Im Einzelnen behandeln
- Abs. 1 den Erstattungsanspruch im Allgemeinen (vgl. Rdn. 6 ff.),
- Abs. 2 die Erstattungsfähigkeit der Kosten eines Bevollmächtigten (vgl. Rdn. 23 ff.),
- Abs. 3 die Festsetzungen der zu erstattenden Kosten (vgl. Rdn. 52 ff.) sowie
- Abs. 4 die Geltung der Abs. 1 bis 3 für die Vorverfahren bei Maßnahmen des Richterdienstrechts (vgl. Rdn. 57).

2 Zweck der Regelung ist es, auch für die Fälle des »isolierten Vorverfahrens« einen Anspruch auf Erstattung der Aufwendungen zu schaffen. Folgt dem Vorverfahren ein gerichtliches Verfahren nach, entscheidet das Verwaltungsgericht gem. § 162 Abs. 1 und Abs. 2 Satz 2 VwGO auch über die Kosten des Vorverfahrens: In diesem Fall entfällt die Anwendbarkeit des § 80;[1] eine von der Behörde getroffene Kostenentscheidung wird wirkungslos.[2]

3 § 80 ergänzt nach seiner Systematik und Entstehungsgeschichte die §§ 72, 73 Abs. 3 Satz 2 VwGO.[3] Nach diesen Bestimmungen ist in einem Abhilfebescheid und in einem Widerspruchsbescheid eine Entscheidung darüber zu treffen, wer die Kosten

1 BVerwG, Urt. v. 29.06.2006 – 7 C 14.05, NVwZ 2006, 1294.
2 Kopp/Ramsauer, § 80 Rn. 3.
3 BVerwG, Urt. v. 23.02.1982 – 7 C 72.79, NJW 1982, 1827.

des Vorverfahrens zu tragen hat. Die von Amts wegen zu ergehende Kostenentscheidung, die man als Kostenlast- oder Kostengrundentscheidung bezeichnen kann, besteht bei einem Widerspruchsbescheid aus zwei Bestandteilen. Sie trifft zunächst eine Aussage darüber, ob und ggf. von wem die Widerspruchsbehörde Kosten (Gebühren und Auslagen) für die Durchführung des Vorverfahrens fordern kann. Die Rechtsgrundlage für eine solche Kostenerhebung kann sich aus spezialgesetzlichen Vorschriften oder allgemein aus dem Verwaltungskostenrecht ergeben. Darüber hinaus regelt die Kostenentscheidung die Frage der Kostenerstattung im Verhältnis des Widerspruchsführers zur Ausgangsbehörde bzw. deren Rechtsträger. Hierbei hat gem. § 80 Abs. 3 Satz 2 auch eine Entscheidung über die Notwendigkeit der Zuziehung eines Bevollmächtigten im Vorverfahren zu erfolgen. Der Umfang der Kostenerstattung richtet sich nach den Abs. 1 und 2; danach sind die zur zweckentsprechenden Rechtsverfolgung oder Rechtsverteidigung notwendigen Aufwendungen zu erstatten (vgl. Rdn. 23 ff.). Welche Aufwendungen konkret notwendig waren, ist grds. i.R.d. Kostenfestsetzung nach Abs. 3 zu entscheiden. Etwas anderes gilt nur für die Entscheidung über die Notwendigkeit einer Zuziehung eines Bevollmächtigten; da diese bereits Bestandteil der Kostenentscheidung ist, kann im Festsetzungsverfahren insoweit nur noch die Höhe der Aufwendungen geprüft werden, jedoch nicht mehr ihre Notwendigkeit dem Grunde nach.

B. Die Vorschrift im Einzelnen

I. Anwendungsbereich

Die wegen ihrer Lückenhaftigkeit rechtspolitisch umstrittene Vorschrift[4] hat angesichts der Tendenz in den Ländern, das Vorverfahren in weiten Bereichen endgültig abzuschaffen bzw. vorübergehend auszusetzen,[5] erheblich an Bedeutung verloren. 4

Seinem Wortlaut nach erfasst § 80 alle dem VwVfG unterfallenden Vorverfahren i.S.d. §§ 68 ff. VwGO, wozu auch das beamtenrechtliche Vorverfahren nach §§ 126 Abs. 2 BBG, 126 Abs. 3 BRRG zählt. Im Anwendungsbereich des VwVfG ist § 80 über § 79 auch auf andere förmliche Rechtsbehelfsverfahren anwendbar, soweit gesetzlich nicht etwas anderes bestimmt wird.[6] Dazu zählt nicht ein Remonstrationsverfahren.[7] Nicht erforderlich ist, dass für eine mögliche Klage der Verwaltungsrechtsweg gem. § 40 VwGO eröffnet ist.[8] Die Vorschrift setzt jedoch eine Entscheidung über den eingelegten förmlichen Rechtsbehelf voraus (vgl. Rdn. 6 ff.). 5

4 Kopp/Ramsauer, § 80 Rn. 6.
5 Vgl. z.B. § 110 JustG NRW.
6 Stelkens/Bonk/Sachs/Kallerhoff/Keller, § 80 Rn. 7.
7 OVG Berlin-Brandenburg, Beschl. v. 05.05.2015 – C 3 M 37/15, NVwZ 2015, 1396.
8 Kopp/Ramsauer, § 80 Rn. 27; *Altenmüller*, DVBl 1978, 285; a.A. Knack/Henneke/*Dürr*, § 80 Rn. 35.

II. Voraussetzungen der Kostenerstattung

1. Allgemeines

6 Der Anspruch auf Erstattung der notwendigen Aufwendungen ergibt sich nicht unmittelbar aus § 80, dem nur ergänzende Funktion zukommt (vgl. Rdn. 3), sondern erfordert eine Kostenentscheidung gem. § 72 oder § 73 Abs. 3 Satz 2 VwGO.[9] Ist eine Kostenentscheidung unterblieben, kann sie von Amts wegen oder auf Antrag jederzeit – auch nach Unanfechtbarkeit der Sachentscheidung – nachgeholt werden.[10]

7 Weitere Voraussetzung für den Erstattungsanspruch ist, dass eine behördliche Entscheidung über den Widerspruch ergangen ist, denn § 80 stellt auf den Erfolg bzw. die Erfolglosigkeit des Rechtsbehelfs und damit auf dessen Bescheidung ab. Nicht einschlägig ist § 80 deshalb im Grundsatz bei Vorverfahren, die ohne eine Entscheidung über die Zulässigkeit und/oder Begründetheit des Widerspruchs enden, weil der Widerspruch zurückgenommen wurde (vgl. § 79 Rdn. 27) oder das Vorverfahren sich anderweitig erledigt hat.[11] Hier haben der Widerspruchsführer und die Ausgangsbehörde ihre Aufwendungen im Regelfall mit Blick auf den abschließenden Charakter der Vorschrift selbst zu tragen.

8 Etwas anderes gilt jedoch in den Fällen, in denen die behördliche Formenwahl unbeachtlich und von einer Abhilfeentscheidung auszugehen ist. Erkennt die Behörde nach eingelegtem Widerspruch, dass der angefochtene VA rechtswidrig und zugleich deswegen der Widerspruch Erfolg versprechend ist, so stehen ihr grundsätzlich zwei Verfahrensarten zu Gebote: Sie kann dem Widerspruch unter Aufhebung des angefochtenen Bescheides nach § 72 VwGO abhelfen und damit das Widerspruchsverfahren zu Gunsten des Widerspruchsführers formell abschließen. Sie kann aber auch in einem eigenständigen Verwaltungsverfahren außerhalb des Widerspruchsverfahrens den als rechtswidrig erkannten VA nach § 48 zurücknehmen; auch damit ist der VA aufgehoben.[12] Beide Verfahrensweisen tragen dem Anliegen des Widerspruchsführers in der Sache Rechnung. Sie unterscheiden sich der Form nach sowie hinsichtlich der kostenrechtlichen Nebenfolgen. Während § 72 VwGO für die Abhilfeentscheidung einen Kostenausspruch vorschreibt, der in der Regel nach Maßgabe von § 80 zu Gunsten des Widerspruchsführers auszufallen hat, ist Vergleichbares für die Rücknahme eines belastenden VA nach § 48 nicht vorgesehen. Die Wahlfreiheit der Behörde zwischen beiden Verfahrensweisen steht unter dem Vorbehalt, dass der auch im öffentlichen Recht geltende Grundsatz von Treu und Glauben (§ 242 BGB) einzuhalten ist. Wählt

---

9 BVerwG, Urt. v. 10.06.1981 – 8 C 29.80, NVwZ 1982, 242; BVerwG, Urt. v. 15.02.1991 – 8 C 83.88, NVwZ 1992, 669.

10 VG Wiesbaden, Urt. v. 04.03.2010 – 6 K 1371/09, NVwZ-RR 2011, 4; Stelkens/Bonk/Sachs/Kallerhoff/Keller, § 80 Rn. 27.

11 BVerwG, Urt. v. 11.05.1981 – 6 C 121.80, NJW 1982, 300; BVerwG, Urt. v. 23.02.1982 – 7 C 72.79, NJW 1982, 1927; für eine analoge Anwendung in diesen Fällen Kopp/Ramsauer, § 80 Rn. 18 f.

12 BVerwG, Urt. v. 18.04.1996 – 4 C 6.95, BVerwGE 101, 64; BVerwG, Urt. v. 26.03.2003 – 6 C 24.02, NVwZ-RR 2003, 871 (872).

die Behörde den Weg der Rücknahme nach § 48 ausschließlich deswegen, weil sie bei erkannter Erfolgsaussicht des Widerspruchs den Widerspruchsführer um den zu erwartenden Kostenanspruch bringen will, so fällt ihr ein Formenmissbrauch zur Last mit der Folge, dass die behördliche Formenwahl nach den Grundsätzen von Treu und Glauben unbeachtlich ist.[13] Unterlässt die Behörde daher treuwidrig die Abhilfeentscheidung nach § 72 VwGO, ohne die der Kostenerstattungsanspruch des Widerspruchsführers nach § 80 ausscheidet, dann ist sie im Hinblick auf die Kosten so zu stellen, als wäre die Abhilfeentscheidung ergangen.[14]

2. Erstattungspflicht des Rechtsträgers der Ausgangsbehörde

Soweit der Widerspruch erfolgreich ist, ist gem. Abs. 1 Satz 1 der Rechtsträger, dessen 9
Behörde den angefochtenen VA erlassen hat, dem Widerspruchsführer ggü. zur Kostenerstattung verpflichtet. Dies gilt auch dann, wenn der Widerspruch nur deshalb keinen Erfolg hat, weil die Verletzung einer Verfahrens- oder Formvorschrift nach § 45 unbeachtlich ist (Abs. 1 Satz 2).

a) Erstattungspflicht bei erfolgreichem Widerspruch (Abs. 1 Satz 1)

Der Widerspruch ist erfolgreich, wenn die vom Widerspruchsführer begehrte Rechts- 10
folge entweder von der Ausgangsbehörde in einem Abhilfebescheid oder von der Widerspruchsbehörde in einem Widerspruchsbescheid ausgesprochen wird. Einer Abhilfeentscheidung gleichzusetzen ist die Rücknahme des angefochtenen VA durch die Ausgangsbehörde nach § 48, wenn die Aufhebung maßgeblich aus Gründen erfolgt, die zur Abhilfe verpflichtet hätten (vgl. Rdn. 8).

In § 80 kommt der Wille des Gesetzgebers zum Ausdruck, die Kostenerstattung mög- 11
lichst einfach zu regeln.[15] Deshalb spielt es auch keine Rolle, ob der Widerspruch wegen Rechtswidrigkeit oder Unzweckmäßigkeit des angefochtenen VA oder wegen einer Änderung der Sach- oder Rechtslage Erfolg hat. Ebenso unerheblich ist es, ob dem Widerspruch zutreffenderweise abgeholfen bzw. stattgegeben wird. Auf die Zulässigkeit und Begründetheit des Rechtsbehelfs kommt es deshalb nicht an; maßgeblich ist allein die getroffene Entscheidung.[16]

Bei teilweisem Erfolg des Widerspruchs ist im Widerspruchsbescheid eine Kosten- 12
entscheidung entsprechend dem Verhältnis des Erfolgs zur Erfolglosigkeit zu treffen. Erfolgt eine Zurückverweisung von der Widerspruchsbehörde an die Ausgangsbehörde, so ist anhand der Vorgaben für die Ausgangsbehörde zu bestimmen, in welchem Umfang der Widerspruch erfolgreich ist.

13 BVerwG, Urt. v. 18.04.1996 – 4 C 6.95, BVerwGE 101, 64; BVerwG, Urt. v. 26.03.2003 – 6 C 24.02, NVwZ-RR 2003, 871 (872).

14 BVerwG, Urt. v. 26.03.2003 – 6 C 24.02, NVwZ-RR 2003, 871(872); BVerwG, Urt. v. 28.04.2009 – 2 A 8.08, NJW 2009, 2968.

15 VGH Baden-Württemberg, Urt. v. 17.10.1985 – 10 S 412/83, NJW 1986, 1370.

16 BVerwG, Urt. v. 14.01.1983 – 8 C 80.80, NVwZ 1983, 544.

13 Die Erstattungspflicht des Rechtsträgers der Ausgangsbehörde besteht nur ggü. dem Widerspruchsführer, nicht aber auch ggü. anderen Personen, die nach § 79 i.V.m. § 13 Abs. 2 zum Widerspruchsverfahren beigezogen wurden. Dies folgt aus dem Wortlaut des Abs. 1 Satz 1. Aufgrund des abschließenden Charakters der Vorschrift kommt weder ihre analoge Anwendung noch die Heranziehung des § 162 Abs. 3 VwGO in Betracht.[17]

b) Erstattungspflicht trotz erfolglosem Widerspruch (Abs. 1 Satz 2)

14 Trotz eines erfolglosen Widerspruchs ist der Rechtsträger der Ausgangsbehörde dem Widerspruchsführer zur Kostenerstattung verpflichtet, wenn die Erfolglosigkeit darauf beruht, dass die Verletzung einer Verfahrens- oder Formvorschrift nach § 45 geheilt wurde. Die aus Billigkeitsgründen getroffene Regelung des Abs. 1 Satz 2 verhindert, dass sich die Nachholung der Verfahrenshandlung bzw. des Formerfordernisses auch noch kostenrechtlich zum Nachteil des Widerspruchsführers auswirkt. Dem Schutzgedanken der Regelung entsprechend darf die Heilung der Verfahrens- oder Formvorschrift erst nach Einlegung des Widerspruchs erfolgt sein oder dem Widerspruchsführer bekannt geworden sein.[18]

15 Demgegenüber nicht erfasst wird die Heilung von materiellen Fehlern, wozu z.B. das Nachschieben von Ermessenserwägungen zählt. Abs. 1 Satz 2 ist als Ausnahmevorschrift eng auszulegen[19] und deshalb auf die Heilung von formellen Fehlern zu beschränken. Ihre Anwendung auf die Fälle des § 46 ist nicht möglich, da diese Vorschrift nicht auf die Behebung von formellen Mängeln sondern auf deren fehlende Entscheidungserheblichkeit abstellt.[20]

3. Erstattungspflicht des Widerspruchsführers (Abs. 1 Satz 3)

16 Soweit der Widerspruch erfolglos bleibt und kein Fall von Abs. 1 Satz 2 vorliegt, hat der Widerspruchsführer gem. Abs. 1 Satz 3 grds. der Ausgangsbehörde die Kosten zu erstatten. Etwas anderes gilt allerdings dann, wenn sich der Widerspruch gegen einen VA richtet, der im Rahmen eines bestehenden oder früheren öffentlich-rechtlichen Dienst- oder Amtsverhältnisses oder einer bestehenden oder früheren gesetzlichen Dienstpflicht oder einer Tätigkeit, die anstelle der gesetzlichen Dienstpflicht geleistet werden kann, erlassen wurde (vgl. Rdn. 19).

17 Aus welchen Gründen der Widerspruch erfolglos bleibt, ist – abgesehen von Abs. 1 Satz 2 – ebenso wenig von Bedeutung wie die Frage, ob die Entscheidung rechtmäßig oder rechtswidrig ist (vgl. Rdn. 11). Voraussetzung für die Kostenerstattungspflicht ist jedoch, dass eine Entscheidung über den Widerspruch ergangen ist; eine Erfolglosigkeit i.S.d. Abs. 1 Satz 3 ist somit nicht gegeben, falls der Widerspruch

17 BVerwG, Urt. v. 05.09.1984 – 6 C 30.83, BVerwGE 70, 58 f.
18 Kopp/Ramsauer, § 80 Rn. 30.
19 Stelkens/Bonk/Sachs/Kallerhoff/Keller, § 80 Rn. 40.
20 Stelkens/Bonk/Sachs/Kallerhoff/Keller, § 80 Rn. 41; a.A. Kopp/Ramsauer, § 80 Rn. 30a.

zurückgenommen oder das Vorverfahren vom Widerspruchsführer für erledigt erklärt wird (vgl. Rdn. 7).

Bei teilweiser Erfolglosigkeit hat in der Kostenentscheidung der Widerspruchsbehörde eine dem Verhältnis von Obsiegen und Unterliegen entsprechende Kostenaufteilung zu erfolgen (vgl. Rdn. 12). Eine derartige Kostenaufteilung ist bei einer Abhilfeentscheidung nicht möglich, da nur die Widerspruchsbehörde unter Berücksichtigung des Gesamterfolges die Quotelung vornehmen kann.[21] 18

Trotz der Erfolglosigkeit des Widerspruchs sieht Abs. 1 Satz 3 Halbs. 2 von einer Erstattungspflicht des Widerspruchsführers ab, wenn sich der Widerspruch gegen einen VA richtet, der im Rahmen eines bestehenden oder früheren öffentlich-rechtlichen Dienstverhältnisses usw. ergangen ist. Hiermit wird der Fürsorgepflicht des Dienstherrn Rechnung getragen, mit der ein Kostenrisiko des Beamten, Berufssoldaten, Richters, Wehrpflichtigen und Ersatzdienstleistenden in einem behördlichen Rechtsbehelfsverfahren nicht zu vereinbaren wäre. Die Ausnahmeregelung erstreckt sich ihrem eindeutigen Wortlaut nach nicht auf Vorverfahren, die die Begründung eines der in Nr. 1 oder Nr. 2 genannten Rechtsverhältnisse zum Gegenstand haben. Aus dem die örtliche Zuständigkeit des Verwaltungsgerichts regelnden § 52 Nr. 4 Satz 1 VwGO kann schon wegen der unterschiedlichen Regelungsmaterie kein anderes Ergebnis hergeleitet werden.[22] 19

4. Keine Erstattungspflicht für verschuldete Aufwendungen (Abs. 1 Satz 4)

Abs. 1 Satz 4 mindert den Erstattungsanspruch des Widerspruchsführers nach Abs. 1 Satz 1 bzw. 2 und den der Ausgangsbehörde nach Abs. 1 Satz 3, indem er solche Aufwendungen von der Erstattungspflicht herausnimmt, die durch ein Verschulden des Erstattungsberechtigten oder dessen Vertreters unmittelbar entstanden sind. Die Vorschrift betrifft einzelne, selbstständig ausscheidbare Aufwendungen, die im Vorverfahren entstanden sind.[23] Sie dient nicht dazu, das Verschulden des Erstattungsberechtigten von der Erforderlichkeit des Widerspruchsverfahrens abhängig zu machen. Der Verschuldensbegriff ist derselbe wie in § 32. Die verschuldeten Aufwendungen müssen vom Betroffenen selbst getragen werden. Dies gilt z.B. für Fahrtkosten zur Wahrnehmung eines Termins, der neu anzusetzen war, weil der ursprünglich bestimmte Termin wegen einer vom Erstattungsberechtigten zu vertretenden Verspätung abgesetzt werden musste. 20

Abs. 1 Satz 4 ist keine selbstständige Anspruchsgrundlage zum Ersatz schuldhaft verursachter Aufwendungen. Aus ihr ergibt sich deshalb kein Anspruch auf Kostenersatz, wenn der Widerspruchsführer durch eine fehlerhafte Rechtsbehelfsbelehrung oder 21

21 BVerwG, Urt. v. 15.02.1991 – 8 C 83.88, NVwZ 1992, 669; a.A. VGH Bayern, Urt. v. 25.03.1988 – Nr. 23 B 87.02360, BayVBl. 1988, 628.
22 So Stelkens/Bonk/Sachs/Kallerhoff/Keller, § 80 Rn. 57.
23 BVerwG, Urt. v. 14.08.1987 – 8 C 129.84, NVwZ 1988, 249.

Begründung des VA veranlasst wurde, Widerspruch einzulegen, der dann jedoch zurückgewiesen wird.

22 Fälle des Satzes 4 werden in der Kostenentscheidung in der Weise berücksichtigt, dass die Aufwendung ausdrücklich vom Erstattungsanspruch ausgenommen wird.[24] Wie sich dies auf die Höhe des Erstattungsanspruchs auswirkt, ist im Kostenfestsetzungsverfahren zu ermitteln. § 80 enthält eine klare Trennung zwischen der in der Kostenentscheidung anhand von Abs. 1 zu treffenden abstrakten Entscheidung über die Kostenerstattung und der in Abs. 3 geregelten Kostenfestsetzung. Einzig für die Entscheidung über die Notwendigkeit der Zuziehung eines Bevollmächtigten im Vorverfahren hat das Gesetz etwas Abweichendes bestimmt.

III. Umfang der Kostenerstattungspflicht (Abs. 2)

1. Begriffserklärungen

23 In Anlehnung an § 162 Abs. 1 VwGO werden von der Kostenerstattungspflicht alle Aufwendungen erfasst, die zur zweckentsprechenden Rechtsverfolgung oder Rechtsverteidigung notwendig waren.

Unter Aufwendungen sind die dem Erstattungsberechtigten entstandenen Kosten zu verstehen.

24 Die Aufwendungen sind zur zweckentsprechenden Rechtsverfolgung oder Rechtsverteidigung entstanden, wenn sie mit dem Beginn, der Durchführung oder dem Abschluss des Vorverfahrens in einem unmittelbaren Zusammenhang stehen. Da Behörden grds. keine Rechte sondern nur Zuständigkeiten (Kompetenzen) besitzen, muss bei ihnen der Begriff der Rechtsverteidigung in einem weiteren Sinne verstanden werden.

25 In Anlehnung an die von der Rechtsprechung zu § 162 Abs. 1 VwGO entwickelten Grundsätze sind Aufwendungen des Widerspruchsführers notwendig, wenn sie vom Standpunkt eines verständigen Betroffenen mit Rücksicht auf die Bedeutung und die rechtliche oder sachliche Schwierigkeit der Angelegenheit für erforderlich gehalten werden durfte.[25] Dementsprechend muss die Notwendigkeit der der Ausgangsbehörde entstandenen Aufwendungen aus der Sicht eines verständigen Verwaltungsbediensteten, der üblicherweise mit Verfahren der betreffenden Art befasst ist, beurteilt werden. Die Notwendigkeit muss im Zeitpunkt der die Kosten verursachenden Handlung vorliegen.[26] Nach dem Verbilligungsgrundsatz bzw. dem Grundsatz der Verfahrenswirtschaftlichkeit sind die Aufwendungen so niedrig wie möglich zu halten.[27]

24 A.A. Stelkens/Bonk/Sachs/Kallerhoff/Keller, § 80 Rn. 74.
25 BVerwG, Urt. v. 16.10.1980 – 8 C 10.80, BVerwGE 61, 100 (102).
26 Stelkens/Bonk/Sachs/Kallerhoff/Keller, § 80 Rn. 60.
27 BVerwG, Urt. v. 18.04.1988 – 6 C 41.85, BVerwGE 79, 226 (232); Knack/Henneke/*Dürr*, § 80 Rn. 55; Kopp/Ramsauer, § 80 Rn. 50.

Ist die Ausgangsbehörde auch für den Erlass des Widerspruchsbescheids zuständig, so kann sie ihre für die Überprüfung der angefochtenen Entscheidung gemachten Aufwendungen vom Widerspruchsführer nur als Kosten der Widerspruchsbehörde fordern, soweit dies gesetzlich vorgesehen ist (vgl. Rdn. 3). Ein Erstattungsanspruch nach § 80 ist hier ausgeschlossen, da es sich nicht um Kosten der Rechtsverteidigung handelt.[28] 26

2. Erstattungsfähigkeit einzelner Aufwendungen

a) Zeitverlust und eigene Mühewaltung

Für den Verlust an Zeit und die eigene Mühewaltung etwa bei der Ausarbeitung und Anfertigung von Schriftsätzen kann eine Erstattung generell nicht verlangt werden. Dies gilt auch dann, wenn sich der Betroffene eines Bevollmächtigten hätte bedienen dürfen.[29] Ebenso wenig haben Behörden einen Anspruch auf Entschädigung für die Zeitversäumnis wegen der Wahrnehmung eines Gerichtstermins vor den Verwaltungsgerichten.[30] 27

Anders verhält es sich jedoch bei einem sich selbst vertretenen Rechtsanwalt. Dieser hat in entsprechender Anwendung des § 91 Abs. 2 Satz 4 ZPO einen Anspruch auf Ersatz von Gebühren wie bei der Vertretung Dritter, falls ein Dritter die Zuziehung eines Bevollmächtigten im Vorverfahren für erforderlich halten durfte[31] (vgl. Rdn. 46). Bei dieser hypothetischen Prüfung hat die juristische Qualifikation des Widerspruchsführers außer Betracht zu bleiben, da es nicht um den Ersatz der Kosten eines Bevollmächtigten, sondern um die analog § 91 Abs. 2 Satz 4 ZPO ausnahmsweise gegebene Erstattungsfähigkeit des Verlustes an Zeit und der eigenen Mühewaltung geht. Als ausdrückliche Sonderregelung kann § 91 Abs. 2 Satz 4 ZPO auf andere Personen als Rechtsanwälte, etwa auf sich selbst vertretende Rechtslehrer an Hochschulen, nicht angewendet werden.[32] 28

b) Auslagen allgemeiner Art

Zu den grds. erstattungsfähigen Auslagen allgemeiner Art gehören zunächst Portoauslagen, Telefon- und alle sonstigen Gebühren für Telekommunikationseinrichtungen (z.B. Telefax) sowie Auslagen für die Herstellung von Ablichtungen und notwendige Übersetzungen[33] 29

---

28 *Altenmüller*, DVBl 1978, 285 (288).
29 Stelkens/Bonk/Sachs/Kallerhoff/Keller, § 80 Rn. 61.
30 BVerwG, Beschl. v. 29.12.2004 – 9 KSt 6.04, DÖV 2006, 740; *Dietz*, Konzept einer Kostenerstattung für Behörden im Verwaltungsprozess, DÖV 2006, 733.
31 BVerwG, Urt. v. 16.10.1980 – 8 C 10.80, BVerwGE 61, 100 (102); VGH Bayern, Urt. v. 02.08.1988 – Nr. 5 B 88.1024, BayVBl. 1989, 757 (758).
32 BVerfG, Beschl. v. 09. 10. 1985 – 1 BvR 362/85, NJW 1986, 422; a.A. Kopp/Ramsauer, § 80 Rn. 53.
33 Kopp/Ramsauer, § 80 Rn. 51.

c) Reisekosten

30 Dem Widerspruchsführer entstehende Fahrtkosten sind grds. nur i.H.d. Kosten eines regelmäßig verkehrenden öffentlichen Beförderungsmittels zu erstatten. Etwas anderes gilt dann, wenn die Benutzung eines Kfz aus dringenden persönlichen (etwa gesundheitlichen) oder beruflichen bzw. wirtschaftlichen Gründen (etwa zur Vermeidung von Übernachtungskosten) erforderlich ist; hier sind die Fahrtkosten in ihrer tatsächlichen Höhe zu erstatten.

31 Die durch die Wahrnehmung eines Termins anfallenden Fahrtkosten sind notwendig und damit dem Grunde nach erstattungsfähig, falls der Widerspruchsführer den Termin allein, also ohne Bevollmächtigten wahrnimmt, unbeschadet seiner Vertretung durch einen Bevollmächtigten von der Widerspruchsbehörde zum persönlichen Erscheinen aufgefordert worden ist oder für seine persönliche Anwesenheit ein berechtigtes Interesse geltend machen kann, obgleich er sich durch einen Bevollmächtigten vertreten lässt.[34] Fahrtkosten zum Bevollmächtigten sind zumindest einmal zu erstatten; Kosten für sonstige Fahrten sind nur erstattungsfähig, soweit sie mit dem Grundsatz der Verfahrenswirtschaftlichkeit (vgl. Rdn. 25) vereinbar sind.

32 Übernachtungskosten sind in angemessener Höhe erstattungsfähig, wenn dem Widerspruchsführer die Rückreise zum Wohnort am selben Tage nicht mehr möglich oder zumutbar ist.

33 Verdienstausfall und entgangener Gewinn sind im Rahmen der Sätze des JVEG zu erstatten.[35]

34 Reisekosten von Behördenvertretern sind im gleichen Rahmen wie beim Widerspruchsführer erstattungsfähig. Bei gleichzeitiger Wahrnehmung mehrerer Termine sind nur die anteiligen Kosten zu erstatten. Reisekosten für mehrere Behördenvertreter sind grds. nicht zu erstatten, es sei denn, ihre Beteiligung ist zwingend.[36]

d) Kosten eines Gutachtens

35 Die Kosten eines vom Widerspruchsführer eingeholten Gutachtens können nur in besonderen Ausnahmefällen als notwendig angesehen werden, weil der auch im Vorverfahren geltende Untersuchungsgrundsatz die Behörde zur Einholung notwendiger Gutachten verpflichtet. Zieht die Widerspruchsbehörde solche Gutachten heran, so werden die Kosten für dessen Erstellung nur erstattet, wenn die Widerspruchsbehörde ansonsten ein eigenes Gutachten hätte einholen müssen. Der Erstattung steht nicht der Umstand entgegen, dass das Gutachten bereits im Ausgangsverfahren hätte erstellt werden müssen. Für die Frage, ob die Kosten für die Einholung von ärztlichen Privatgutachten im Vorverfahren erstattungsfähig sind, kann erheblich sein, ob die

34 VGH Hessen, Beschl. v. 14.03.1975 – IV TJ 5/75, DÖV 1976, 607.

35 VGH Bayern, Beschl. v. 28.06.1974 – Nr. 277/72, BayVBl. 1974, 595; Stelkens/Bonk/Sachs/Kallerhoff/Keller, § 80 Rn. 62.

36 Weiter Stelkens/Bonk/Sachs/Kallerhoff/Keller, § 80 Rn. 64.

erkennbar schon eingeleitete behördliche Sachverhaltsermittlung durch anderweitige ärztliche Untersuchungen ebenso erkennbar noch nicht abgeschlossen ist.[37]

Die Kosten eines Fachgutachtens sind notwendig, wenn der Widerspruchsführer zu schwierigen fachlichen Fragen, für deren Beurteilung ihm die erforderliche Sachkunde fehlt, Stellung nehmen soll,[38] oder wenn er bei derartigen Fragen die Einholung zur Wahrung der »Waffengleichheit« für erforderlich halten durfte[39] bzw. wenn er durch das Verhalten der Behörde zur Einholung eines Gutachtens geradezu herausgefordert worden ist.[40] 36

Die Aufwendungen für die Einholung eines Rechtsgutachtens sind nur ausnahmsweise als notwendig anzuerkennen, wenn besonders schwierige Rechtsfragen (etwa die Anwendbarkeit oder Auslegung ausländischen Rechts) durch den Widerspruchsführer geklärt werden müssen.[41]

In welcher Höhe die Aufwendungen zu erstatten sind, richtet sich nach den für den jeweiligen Gutachter allgemein geltenden Vergütungssätzen ohne Rücksicht darauf, ob eine höhere Vergütung vereinbart worden ist. 37

Kosten eines von der Ausgangsbehörde während des Vorverfahrens eingeholten Fach- oder Rechtsgutachtens sind nur notwendig, falls die Behörde die erforderliche Sachkunde nicht selbst besitzt und sie auch nicht bei übergeordneten Behörden eingeholt werden kann. Dies wird nur in besonders gelagerten Ausnahmen der Fall sein. 38

e) **Kosten eines Ratgebers**

Auch die Kosten eines ohne förmliche Bevollmächtigung im Vorverfahren zurate gezogenen Dritten, insb. eines Rechtsanwalts, sind zu erstatten, soweit sie notwendig sind.[42] Die Frage der Notwendigkeit ist nach denselben Grundsätzen zu beantworten, die für die Entscheidung darüber gelten, ob die Zuziehung eines Bevollmächtigten im Vorverfahren notwendig ist (vgl. Rdn. 46 f.) 39

Die Höhe der zu erstattenden Kosten richtet sich nach den einschlägigen gesetzlichen Gebührenregelungen, insb. des RVG; fehlen derartige Bestimmungen, ist eine gewährte Vergütung nicht erstattungsfähig (vgl. Rdn. 50 f.). 40

---

37 BVerwG, Beschl. v. 14.01.1999 – 6 B 118.98, NVwZ-RR 1999, 611.

38 VGH Bayern, Beschl. v. 09.05.1977 – Nr. 71 VIII 76, BayVBl. 1977, 701.

39 BVerwG, Beschl. v. 18.08.2010 – 6 B 21.10, juris; Kopp/Ramsauer, § 80 Rn. 54.

40 VGH Bayern, Beschl. v. 29.01.1975 – Nr. 179 VIII 72, BayVBl. 1975, 279.

41 Verneinend für die Kosten eines Privatgutachtens in einem Planfeststellungsverfahren VGH Bayern, Beschl. v. 23.11.1998 – 20 A 83.40082 – 40085, NVwZ 1999, 614.

42 BVerwG, Urt. v. 18.04.1988 – 6 C 41.85, BVerwGE 79, 226 ff.; VGH Bayern, Beschl. v. 16.07.1992 – 3 C 92.284, BayVBl. 1992, 604.

f) Kosten eines Bevollmächtigten

41 Die Kosten (Gebühren und Auslagen) eines Rechtsanwalts oder sonstigen Bevollmächtigten im Vorverfahren sind nach Abs. 2 erstattungsfähig, wenn die Zuziehung notwendig war. Die Vorschrift, die sich an § 162 Abs. 2 Satz 2 VwGO anlehnt, wiederholt für den Fall einer Bevollmächtigung die in Abs. 1 Satz 1 und 3 getroffene Regelung, dass nur notwendige Aufwendungen zu erstatten sind; eine eigenständige Bedeutung kommt ihr also nicht zu.

Die Entscheidung über die Notwendigkeit der Zuziehung als solche, d.h. dem Grunde nach, ist gem. Abs. 3 Satz 2 bereits i.R.d. Kostenentscheidung des Abhilfebescheids (§ 72 VwGO) oder des Widerspruchsbescheids (§ 73 VwGO) zu treffen und nicht erst – wie bei den übrigen Aufwendungen – im Kostenfestsetzungsverfahren. Die Entscheidung hat von Amts wegen zu erfolgen; eines Antrages bedarf es nicht. Der Ausspruch macht nur Sinn, wenn eine Bevollmächtigung erfolgte; die Behörde hat deshalb immer zu prüfen, ob eine Zuziehung im konkreten Fall stattgefunden hat. Ein ohne eine Kostenentscheidung erfolgter Ausspruch über die Notwendigkeit der Zuziehung eines Bevollmächtigten entfaltet keine rechtliche Wirkungen[43] und muss durch eine nachträgliche Entscheidung ergänzt werden.[44] Der i.R.d. Kostenentscheidung getroffene Ausspruch über die Notwendigkeit der Zuziehung ist bindend für das Kostenfestsetzungsverfahren,[45] in dem nur noch die Höhe der durch die Bevollmächtigung entstandenen notwendigen Aufwendungen bestimmt wird (vgl. Rdn. 50 f.).

aa) Begriff des Bevollmächtigten

42 Abs. 2 unterscheidet bei den als Bevollmächtigten infrage kommenden Personen zwischen Rechtsanwälten und sonstigen Bevollmächtigten.

43 Rechtsanwälte sind nach §§ 1 und 3 Abs. 1 BRAO als unabhängige Organe der Rechtspflege berufene Berater und Vertreter in allen Rechtsangelegenheiten. Bei ihnen bedarf es deshalb keiner Prüfung ihrer Vertretungsbefugnis und Eignung, wenn über die Notwendigkeit ihrer Zuziehung zu entscheiden ist.

Den Rechtsanwälten gleichgestellt sind Rechtslehrer an deutschen Hochschulen.[46]

44 Sind sonstige Personen bevollmächtigt worden, so ist bei der Entscheidung über die Notwendigkeit ihrer Zuziehung zu prüfen, ob sie zur Vertretung im Vorverfahren befugt und geeignet sind.[47] Nur wenn dies der Fall ist, können die Aufwendungen erstattungsfähig sein (vgl. Rdn. 48).

45 Keine sonstigen Bevollmächtigten i.S.d. Abs. 2 sind der gesetzliche Vertreter des Widerspruchsführers, der für die Ausgangsbehörde handelnde Bedienstete, der

43 BVerwG, Urt. v. 15.02.1991 – 8 C 83.88, NVwZ 1992, 669.
44 OVG Sachsen-Anhalt, Beschl. v. 06.05.2008 – 2 L 257/07, NVwZ-RR 2008, 738.
45 BVerwG, Urt. v. 29.04.1988 – 9 C 54.87, NVwZ 1988, 941.
46 Vgl. BVerwG, Beschl. v. 26.11.1974 – V C 9.74, DVBl 1975, 435.
47 Vgl. VGH Bayern, Beschl. v. 15.09.1980 – Nr. 29 XIX 77, BayVBl. 1981, 48.

Empfangsbevollmächtigte nach § 15, der von Amts wegen bestellte Vertreter nach § 16 Abs. 1 und der von Amts wegen bestellte gemeinsame Vertreter in Massenverfahren gem. § 17 Abs. 4 Satz 3 und § 18 Abs. 1 Satz 2 sowie der Beistand nach § 14 Abs. 4 Satz 1.

bb) Notwendigkeit der Zuziehung

Die Notwendigkeit der Zuziehung eines Bevollmächtigten im Vorverfahren ist an 46 den in der Rechtsprechung zu § 162 Abs. 2 Satz 2 VwGO entwickelten Grundsätzen zu messen. Notwendig ist die Zuziehung eines Bevollmächtigten durch den Widerspruchsführer, wenn sie vom Standpunkt eines verständigen Beteiligten für erforderlich gehalten werden durfte.[48] Maßstab hierfür ist, ob sich ein vernünftiger Bürger mit gleichem Bildungs- und Erfahrungsstand angesichts der Bedeutung der Angelegenheit bei der gegebenen Sach- und Rechtslage eines Bevollmächtigten, insb. eines Rechtsanwalts bedient hätte.[49] Obwohl für die Beurteilung die jeweiligen Umstände des Einzelfalles entscheidend sind, lässt sich ein Regel-Ausnahme-Verhältnis feststellen. Danach ist regelmäßig von der Notwendigkeit der Zuziehung auszugehen, da der Widerspruchsführer grds. nicht in der Lage sein wird, seine Rechte ggü. der Verwaltung selbst ausreichend zu wahren.[50] Erst durch die Einschaltung eines sachkundigen Bevollmächtigten erhält er regelmäßig die Möglichkeit, angemessen auf das Verhalten der Behörde zu reagieren. Ein Ausnahmefall kann vorliegen, wenn der Widerspruchsführer im Umgang mit Behörden Erfahrung hat und die Angelegenheit sowohl vom Sachverhalt als auch von der Rechtslage her besonders einfach gelagert ist oder wenn der Bevollmächtigte lediglich etwa deshalb eingeschaltet wurde, um der Behörde »Beine zu machen«.[51] Die Gegenansicht, nach der die Notwendigkeit der Zuziehung die Ausnahme und die fehlende Notwendigkeit die Regel bildet,[52] überspannt die Anforderungen an die Erkenntnis- und Urteilsfähigkeit des Bürgers.

Unter den genannten Voraussetzungen kann auch bei einem Rechtsanwalt die Bevoll- 47 mächtigung eines anderen Anwalts notwendig sein; ihm »ist nicht stets oder in aller Regel zuzumuten, eine eigene Rechtssache persönlich zu vertreten«.[53]

---

48 BVerwG, Beschl. v. 21.09.1982 – 8 B 10.82, NVwZ 1983, 346.

49 BVerwG, Urt. v. 15.02.1991 – 8 C 83.88, NVwZ 1992, 669; VGH Bayern, Beschl. v. 07.07.1993 – Nr. 14 BZ 92.1831, BayVBl. 1994, 533.

50 BVerwG, Urt. v. 10.04.1978 – 6 C 27.77, NJW 1978, 1988; OVG Bremen, Urt. v. 16.08.1989 – 1 BA 35/88, NVwZ 1989, 75; VG Leipzig, Urt. v. 14.01.2002 – 6 K 1656/00, NVwZ 2002, 891 (in Kommunalabgabensachen); VG Magdeburg, Urt. v. 15.06.2010 – 5 A 16/10, NVwZ-RR 2010, 910 (Ministerialbeamter); enger BVerwG, Urt. v. 17.12.2001 – 6 C 19.01, NVwZ-RR 2002, 446 und Beschl. v. 21.08.2003 – 6 B 26.03, NVwZ-RR 2004, 5 (in seinerzeitigen Wehrpflichtsachen).

51 VG Frankfurt am Main, Urt. v. 07.12.2009 – 1 K 2786/09, NVwZ-RR 2010, 422.

52 VGH Baden-Württemberg, Beschl. v. 17.08.1992 – 5 S 1665/92, NVwZ-RR 1993, 111.

53 BVerwG, Urt. v. 16.10.1980 – 8 C 10.80, BVerwGE 61, 100 (101).

48 Ist der Bevollmächtigte zur Vertretung im Vorverfahren nicht befugt oder nicht geeignet gewesen (vgl. Rdn. 43 f.), so sind die durch seine Zuziehung entstandenen Aufwendungen nicht notwendig.

49 Für die Ausgangsbehörde kann in Anbetracht ihrer fachkundigen Bediensteten und der Möglichkeit, den Rat übergeordneter Stellen einzuholen, nur in besonderen Ausnahmefällen die Zuziehung eines Bevollmächtigten als notwendig angesehen werden.[54] Sind Ausgangs- und Widerspruchsbehörde identisch, scheidet eine Kostenerstattung ohnehin aus (vgl. Rdn. 26).

50 Wurde ein Rechtsanwalt für das Vorverfahren bevollmächtigt, so richtet sich die Höhe der Kostenerstattung danach, welche Gebühren und Auslagen dem Rechtsanwalt nach dem RVG zustehen. Im Fall der gleichzeitigen Zuziehung mehrerer Rechtsanwälte sind die Kosten nur bis zur Höhe erstattungsfähig, als sie die Kosten eines Bevollmächtigten, ggf. zuzüglich der Kosten eines erforderlich gewordenen Verkehrsanwalts, nicht übersteigen.[55] Die durch einen Anwaltswechsel entstandenen Mehrkosten sind erstattungsfähig, wenn der Anwaltswechsel weder auf einem Verschulden des Widerspruchsführers noch des zuerst beauftragten Rechtsanwalts zurückzuführen ist.

51 Bei sonstigen Bevollmächtigten gilt hinsichtlich der Höhe der Kostenerstattung, dass Rechtslehrer an deutschen Hochschulen vergütungsmäßig den Rechtsanwälten gleichzustellen sind[56] und bei den übrigen Personen – vorbehaltlich einer gesetzlichen Gebührenregelung – eine Vergütung nicht erstattungsfähig ist, sondern nur die dem Vertreter vom Widerspruchsführer zu ersetzenden Auslagen, soweit sie notwendig waren.

IV. Die Kostenfestsetzung (Abs. 3)

52 Nach Abs. 3 Satz 1 hat die Behörde, die die Kostenentscheidung getroffen hat, auf Antrag den Betrag der zu erstattenden Aufwendungen festzusetzen; hat ein Ausschuss oder ein Beirat (§ 73 Abs. 2 VwGO) die Kostenentscheidung getroffen, so obliegt die Kostenfestsetzung der Behörde, bei der der Ausschuss oder Beirat gebildet ist.

53 Anders als die Kostenentscheidung erfolgt die Kostenfestsetzung nicht von Amts wegen, sondern nur auf Antrag. Dabei müssen unter Bezugnahme auf die Kostenentscheidung die entstandenen Aufwendungen dargelegt und – soweit als möglich – durch entsprechende Unterlagen nachgewiesen werden. Antragsberechtigt ist nur der Erstattungsberechtigte bzw. für ihn der Bevollmächtigte; nicht aber der Erstattungspflichtige oder der Bevollmächtigte im eigenen Namen.[57]

54 Die Kostenfestsetzung ist erst nach Unanfechtbarkeit der Kostenentscheidung möglich, weil eine solche Festsetzung vor Unanfechtbarkeit verfahrensökonomisch keinen

---

54 Wegen der unterschiedlichen Lage im Gerichtsverfahren vgl. VGH Bayern, Beschl. v. 10.03.1987 – Nr. 7 C 87.00273, BayVBl. 1987, 443.
55 VGH Hessen, Beschl. v. 14.11.1968 – VI TE 43/68, NJW 1969, 1640.
56 BVerwG, Beschl. v. 26.11.1974 – V C 9.74, DVBl 1975, 435.
57 BVerwG, Beschl. v. 16.03.1986 – 4 B 44.86, NJW 1986, 2128.

Sinn macht.[58] Insoweit besteht ein wesentlicher Unterschied zur gerichtlichen Kostenfestsetzung nach § 164 VwGO bei der nicht auf die – der Bestandskraft des VA entsprechenden – Rechtskraft der Entscheidung, sondern auf deren Vollstreckbarkeit abgestellt wird.

Das Kostenfestsetzungsverfahren ist ein Verwaltungsverfahren i.S.d. § 9, dass mit dem Erlass eines VA, dem Kostenfestsetzungsbescheid endet. Vor dessen Erlass ist der Erstattungspflichtige gem. § 28 Abs. 1 anzuhören.[59] Mit dem Kostenfestsetzungsbescheid bestimmt die Behörde die Höhe der Aufwendungen, die der Erstattungsberechtigte vom Erstattungspflichtigen fordern kann. Nur aufgrund des Kostenfestsetzungsbescheides kann der Kostenerstattungsanspruch geltend gemacht werden. Die Behörde hat zu prüfen, ob die geltend gemachten Aufwendungen dem Grunde und der Höhe nach (vgl. Rdn. 27 ff.) notwendig waren. Soweit es um die Zuziehung eines Bevollmächtigten im Vorverfahren geht, erfolgt allerdings nur eine Entscheidung über die Höhe der Aufwendungen, da die Notwendigkeit der Bevollmächtigung dem Grunde nach bereits in der Kostenentscheidung festgestellt wird (vgl. Rdn. 22). Wegen Fehlens einer gesetzlichen Grundlage kann eine Verzinsung des Erstattungsanspruchs nicht erfolgen.[60] 55

Die Durchsetzung des Erstattungsanspruchs erfolgt auf unterschiedlichen Wegen, je nachdem ob der Anspruch dem Widerspruchsführer oder der Ausgangsbehörde, genauer gesagt deren Rechtsträger, zusteht. Der Widerspruchsführer muss bei Nichtzahlung des zu seinen Gunsten festgesetzten Erstattungsbetrags eine allgemeine Leistungsklage gegen den Rechtsträger der Ausgangsbehörde erheben. Eine Vollstreckung aus diesem Urteil richtet sich nach den §§ 170 ff. VwGO. Demgegenüber kann die Ausgangsbehörde die zu ihren Gunsten festgesetzten Aufwendungen durch die Vollstreckung des Kostenfestsetzungsbescheides selbst durchsetzen. 56

V. Anwendbarkeit auf das Richterdienstrecht (Abs. 4)

Gemäß Abs. 4 gelten die Abs. 1 bis 3 auch für Vorverfahren bei Maßnahmen des Richterdienstrechts, für das ansonsten das VwVfG nach § 2 Abs. 2 Nr. 2 nicht zur Anwendung kommt. Die von der Regelung erfassten Vorverfahren betreffen nach § 66 Abs. 2 DRiG die Anfechtung der in § 62 Abs. 1 Nr. 4 DRiG angeführten Maßnahmen. Zweck der Regelung ist es, den Richtern bei einem erfolgreichen Widerspruch einen Erstattungsanspruch einzuräumen und sie bei einem erfolglosen Widerspruch – ebenso wie die Beamten (vgl. Rdn. 19) – von einer Erstattungspflicht zu befreien. 57

58 Knack/Henneke/*Dürr*, § 80 Rn. 50; Stelkens/Bonk/Sachs/Kallerhoff/Keller, § 80 Rn. 93; a.A. *Altenmüller*, DVBl 1978, 285 (289) und Kopp/Ramsauer, § 80 Rn. 49, die nur eine Kostenfestsetzung unter Vorbehalt annehmen.

59 Knack/Henneke/*Dürr*, § 80 Rn. 51; Kopp/Ramsauer, § 80 Rn. 47; Stelkens/Bonk/Sachs/Kallerhoff/Keller, § 80 Rn. 95.

60 BVerwG, Urt. v. 16.10.1980 – 8 C 10.80, BVerwGE 61, 100 (105).

VI. Rechtsbehelfe gegen Kostenentscheidung und Kostenfestsetzung

1. Rechtsbehelfe gegen die Kostenentscheidung

58 Die gem. § 72 bzw. § 73 Abs. 3 Satz 2 VwGO zu treffende Kostenentscheidung stellt, ebenso wie die in ihr enthaltene Entscheidung über die Notwendigkeit der Zuziehung eines Bevollmächtigten im Vorverfahren, ggf. dem Widerspruchsführer stets einen VA dar.[61] Ggf. der Ausgangsbehörde kommt diesen Entscheidungen auch dann grds. kein VA-Charakter zu, wenn sie in einem Widerspruchsbescheid ergehen. Etwas anderes gilt nur, falls die Ausgangsbehörde nicht dem Rechtsträger der Widerspruchsbehörde angehört und sie auch nicht in dessen Verwaltung so eingebunden ist, dass sie als Teil einer einheitlichen Verwaltungsorganisation anzusehen ist. Nur in diesen Fällen kommen der Kostenentscheidung und der Entscheidung über die Notwendigkeit einer Bevollmächtigung eine Außenwirkung i.S.d. § 35 Satz 1 und somit VA-Charakter zu.

59 Als selbstständige VAe können die Entscheidungen gesondert angefochten werden; § 158 VwGO kommt nicht zur Anwendung.[62] Wird die Sachentscheidung angefochten, so erstreckt sich der Rechtsbehelf zugleich gegen die Kostenentscheidung, da diese als akzessorischer VA das rechtliche Schicksal der Sachentscheidung teilt.

Gegen die Kostenentscheidung sowie den Ausspruch über die Notwendigkeit einer Bevollmächtigung kann unmittelbar Klage vor dem VG erhoben werden. Einer Durchführung eines (erneuten) Vorverfahrens bedarf es nach § 68 Abs. 1 Satz 2 Nr. 2 VwGO nicht, und zwar unabhängig davon, ob die Entscheidungen in einem Abhilfe- oder einem Widerspruchsbescheid getroffen worden sind.

60 Welche Klageart statthaft ist, richtet sich nach dem jeweiligen Klagebegehren. So hat der Erstattungspflichtige, der die (teilweise) Aufhebung der Kostenentscheidung begehrt, eine Anfechtungsklage (§ 42 Abs. 1, 1. Alt. VwGO) zu erheben. Die Verpflichtungsklage (§ 42 Abs. 1, 2. Alt. VwGO) ist die richtige Klageart, falls es die Behörde unterlassen hat, eine Kostenentscheidung oder zumindest eine Entscheidung über die Notwendigkeit der Zuziehung eines Bevollmächtigten im Vorverfahren zu treffen. In diesen Fällen muss jedoch vor Klageerhebung ein entsprechender Antrag bei der zuständigen Behörde gestellt werden, da anderenfalls ein Rechtsschutzbedürfnis fehlt. Die Verpflichtungsklage ist auch zu erheben, wenn der Erstattungsberechtigte – unter Aufhebung der ablehnenden Entscheidung – die Verpflichtung der Behörde begehrt, die Notwendigkeit der Zuziehung eines Bevollmächtigten im Vorverfahren festzustellen.

Der Widerspruchsführer ist stets klagebefugt (§ 42 Abs. 2 VwGO); die Ausgangsbehörde bzw. ihr Rechtsträger nur ausnahmsweise, falls die Kostenentscheidung ihr ggü. einen VA darstellt (vgl. Rdn. 58).

---

61 BVerwG, Urt. v. 20.05.1987 – 9 C 184.86, BVerwGE 77, 268 (270); BVerwG, Urt. v. 16.12.1988 – 7 C 93.86, NVwZ-RR 1989, 581 (582).

62 BVerwG, Urt. v. 06. 12. 1963 – VII C 76.63, BVerwGE 17, 246 (249).

2. Rechtsbehelfe gegen den Kostenfestsetzungsbescheid

Der Kostenfestsetzungsbescheid ist ggü. dem Widerspruchsführer stets VA;[63] ggü. der Ausgangsbehörde nur ausnahmsweise (es gilt dasselbe wie für die Kostenentscheidung, vgl. Rdn. 58). Als selbstständiger VA ist er gesondert anfechtbar.[64] 61

Soweit sich nicht aus § 68 Abs. 1 Satz 2 VwGO oder landesrechtlichen Regelungen etwas anderes ergibt, ist vor Klageerhebung ein Vorverfahren durchzuführen.[65] Die Kostenfestsetzung ergeht nämlich nicht als Bestandteil des Abhilfe- oder Widerspruchsbescheides, sondern als gesonderter VA. 62

Je nach Klagebegehren kommen die Anfechtungsklage oder die Verpflichtungsklage (§ 42 Abs. 1 VwGO) in Betracht. Beanstandet der Erstattungspflichtige die Höhe des festgesetzten Betrages, liegt eine Anfechtungsklage vor. Ist die Klage des Erstattungsberechtigten auf die Verpflichtung der Behörde gerichtet, eine Kostenfestsetzung vorzunehmen oder einen höheren Betrag festzusetzen, so handelt es sich um eine Verpflichtungsklage. Hinsichtlich der Klagebefugnis (§ 42 Abs. 2 VwGO) gilt das zur Klagebefugnis bei der Kostenentscheidung Gesagte (vgl. Rdn. 60) entsprechend. Der Bevollmächtigte des Widerspruchsführers ist nicht klagebefugt; der Kostenfestsetzungsbescheid ist kein VA mit Drittwirkung, denn er lässt das Verhältnis des Widerspruchsführers mit seinem Bevollmächtigten unberührt.[66] 63

C. Verfahrensvorschriften des Sozialrechts sowie Verwaltungsverfahrensrecht der Länder

Die entsprechende Verfahrensvorschrift des Sozialrechts findet sich in § 63 SGB-X. 64

Die Verwaltungsverfahrensgesetze der Länder enthalten mit Ausnahme von Rheinland-Pfalz mit § 80 im Grundsatz übereinstimmende Regelungen. Die rheinland-pfälzische Bestimmung findet sich im dortigen AGVwGO. Sie sehen allerdings z.T. eine weitergehende Erstattung vor. So können etwa nach Art. 80 Abs. 2 Satz 3 BayVwVfG auch Aufwendungen Drittbeteiligter dem Beteiligten, der die Kosten des Widerspruchsverfahrens zu tragen hat bzw. der Staatskasse auferlegt werden. Art. 80 Abs. 1 Satz 5 BayVwVfG enthält abweichend von § 80 Abs. 1 außerdem eine Kostenregelung auch für den Fall einer Erledigung des Widerspruchs. 65

Ob und inwieweit die § 80 entsprechenden Vorschriften der Verwaltungsverfahrensgesetze der Länder auch in Kommunalabgabensachen anwendbar sind, ist nicht restlos geklärt.[67] Die § 2 Abs. 2 Nr. 1 entsprechenden Vorschriften der Landesgesetze sehen i.d.R. vor, dass das Verwaltungsverfahrensgesetz des jeweiligen Landes nicht für Verfahren gilt, in denen Rechtsvorschriften der AO anzuwenden sind. Die AO gilt im 66

63 BVerwG, Urt. v. 20.05.1987, BVerwGE 77, 268 (270) und Urt. v. 18.04.1988 – 6 C 41.85, BVerwGE 79, 226 (236).
64 BVerwG, Urt. v. 18.04.1988 – 6 C 41.85, BVerwGE 79, 226 (236).
65 BVerwG, Urt. v. 18.04.1998 – 6 C 41.85, BVerwGE 79, 226 (236).
66 OVG Berlin-Brandenburg, Urt. v. 12.03.1982 – 2 B 45.79, NJW 1982, 2516.
67 Kopp/Ramsauer, § 80 Rn. 21 f.

Kommunalabgabenrecht jedoch nicht unmittelbar, sondern nur aufgrund besonderer, meist selektiver Verweisungen in den Kommunalabgabengesetzen. Es ist Auslegungsfrage, ob die jeweilige landesrechtliche Verweisungsnorm auch das Vorverfahren erfasst. Nach der Rechtsprechung zur Regelung in Bayern[68] ist davon auszugehen, dass § 80 gegenwärtig keine Anwendung in Brandenburg, Hessen und Nordrhein-Westfalen findet.[69] In diesen Fällen bestimmt sich die Rechtslage vielmehr nach der AO, die eine Erstattung von Kosten des Einspruchsverfahrens generell nicht kennt.

67 Soweit Verwaltungsverfahrensgesetze der Länder wie § 2 Abs. 1 VwVfG NRW bestimmen, dass das Gesetz nicht für Tätigkeit der jeweiligen Landesrundfunkanstalt – dort des WDR – gilt, findet § 80 Abs. 1 auch in Verfahren wegen der Befreiung von der Rundfunkbeitragspflicht keine Anwendung.[70]

D. Europarecht

68 Eine Kostenerstattung in Fällen von dem gerichtlichen Verfahren vorgeschalteten Vorverfahren ist europarechtlich nicht geboten, da ein entsprechender Rechtsgrundsatz europarechtlich bislang nicht anerkannt ist.[71]

68 BVerwG, Urt. v. 27.09.1989 – 8 C 88.88, BVerwGE 82, 336.
69 Kopp/Ramsauer, § 80 Rn. 22.
70 OVG Nordrhein-Westfalen, Beschl. v. 14.07.2010 – 16 A 49/09, NWVBl. 2011, 111.
71 Kopp/Ramsauer, § 80 Rn. 5; *Rengeling/Middeke/Gellermann*, Handbuch des Rechtsschutzes in der EU, 3. Aufl. 2014, § 29.

Teil VII Ehrenamtliche Tätigkeit, Ausschüsse

Vorbemerkung zu §§ 81 bis 93

1 Der letzte Abschnitt des Verwaltungsverfahrensgesetzes vor den Schluss- und Übergangsvorschriften enthält allgemeine organisationsrechtliche Bestimmungen. Sie ergänzen[1] die auf dem Weg zu einer Entscheidung im Verwaltungsverfahren zu beachtenden Vorschriften um Regelungen über den Geschäftsgang der an diesen Entscheidungen beteiligten Organe und die Rechtsstellung der Mitglieder dieser Organe.

2 Abschnitt 1 regelt die personelle Seite mit den Rechten und Pflichten von Ausschussmitgliedern, während Abschnitt 2 Bestimmungen über den organisatorischen Ablauf des Ausschuss-Verwaltungsverfahrens enthält. Abschnitt 1 und 2 ergänzen einander. Die ehrenamtliche Tätigkeit, die in Abschnitt 1 behandelt wird, spielt sich nämlich vor allem in Ausschüssen ab, die der zweite Abschnitt in den Blick nimmt.

3 Teil VII ist bei systematischer Betrachtung lediglich ein Regelungsannex[2] zum Gesetz über das Verwaltungsverfahren. Denn er betrifft hauptsächlich die rechtliche Verfasstheit von Akteuren in Verwaltungsverfahren. Lediglich einige Vorschriften über den Geschäftsgang in Ausschüssen können der Sache nach der Gruppe der Regelungen zugerechnet werden, die den Weg zu einer Entscheidung im Verwaltungsverfahren betreffen. Teil VII ist nicht abschließend. Seine Vorschriften ergänzen die in den einzelnen Verwaltungsbereichen geltenden Regelungen lediglich.

Abschnitt 1 Ehrenamtliche Tätigkeit

Vorbemerkung zu §§ 81 bis 87

1 Der Begriff ehrenamtliche Tätigkeit weist mit seinem Begriffskern »Amt« auf gemeinsame Wurzeln von Beamtenverhältnis und Ehrenamt hin. Auch das Ehrenamt in dessen Rahmen ehrenamtliche Tätigkeit ausgeübt wird, gehört zu den öffentlich-rechtlichen Dienstverhältnissen im weitesten Sinne.

2 Der rechtliche Status der ehrenamtlichen Tätigkeit hat sich in der Kommunalverwaltung entwickelt. Dort hat er auch heute noch große Bedeutung.[1]

3 Darüber hinaus ist die Bedeutung ehrenamtlicher Tätigkeit mittlerweile stark und wohl auch irreversibel geschwunden. Die Verwaltung eines hoch industrialisierten Staatswesens mit einer Vielzahl von Bedürfnissen, Gefährdungen und Konflikten verlangt im Interesse der Effektivität der Verwaltung in erster Linie hauptberufliche Amtsträger mit einer – staatlich geordneten – umfassenden Ausbildung, die durch

---

1 Stelkens/Bonk/Sachs/*Kallerhoff/Hecker*, § 81 Rn. 2.

2 Begründung S. 93.

1 *Thieme*, Rn. 561.

ihre Integration in den öffentlichen Dienst über ein bestimmtes Maß an Unabhängigkeit verfügen und ihre volle Arbeitskraft zur Verfügung stellen können.[2]

4 Sinn macht ehrenamtliche Tätigkeit heute hauptsächlich im Rahmen von Ausschüssen,[3] wenn zur Gewährleistung einer optimalen Entscheidung besondere Fähigkeiten oder bestimmte Gruppeninteressen eingebracht werden sollen.

§ 81 Anwendung der Vorschriften über die ehrenamtliche Tätigkeit

Für die ehrenamtliche Tätigkeit im Verwaltungsverfahren gelten die §§ 82 bis 87, soweit Rechtsvorschriften nichts Abweichendes bestimmen.

Übersicht Rdn.

A. Allgemeines und Grundsätze[1]

1 Die Vorschrift weicht von § 66 EVwVerfG ab. Dort war noch ausdrücklich enthalten, dass die Vorschriften über die ehrenamtliche Tätigkeit nicht für Ehrenbeamte und auf andere Personen Anwendung finden, die nach den Vorschriften des Kommunalverfassungsrechts für eine Gemeinde oder einen Gemeindeverband ehrenamtlich tätig sind.

---

2 *Thieme*, Rn. 561 f.

3 *Thieme*, Rn. 561.

1 Zur Entwicklung der ehrenamtlichen Tätigkeiten im Staatsapparat vgl. *Meyer/Borgs*, § 81 Rn. 2 f.

Demgegenüber definiert § 81 den Anwendungsbereich der §§ 82 bis 87 weiter. Sie gelten für jede ehrenamtliche Tätigkeit im Verwaltungsverfahren, soweit andere Rechtsvorschriften nichts Abweichendes regeln. Da sich ein solcher Vorrang anderer Rechtsvorschriften für den Bundesbereich ohnehin aus § 1 VwVfG ergibt, entfaltet der »Soweit-Satz« lediglich Bedeutung im Landesbereich als er nicht nur – wie im EVwVerfG vorgesehen – Subsidiarität der §§ 82 bis 87 gegenüber Ehrenbeamten- und Kommunalvorschriften herstellt, sondern sie auch für das übrige Landesrecht anordnet. 2

Die Vorschrift bezeichnet die Normen, die für die ehrenamtliche Tätigkeit im Verwaltungsverfahren gelten. Darüber hinaus bringt der Gesetzgeber damit zum Ausdruck, dass er die Heranziehung – nicht organisatorisch in den staatlichen Verwaltungsapparat eingebundener – bürgerschaftlicher Kräfte für die Erfüllung von Staatsaufgaben weiterhin als zweckmäßig erachtet.[2] 3

Die in § 81 genannten §§ 82 bis 87 befassen sich ausschließlich mit der persönlichen Rechtsstellung der ehrenamtlich Tätigen. Sie sollen in Bezug auf die wichtigsten Fragen der persönlichen Rechtsstellung im Bereich der ehrenamtlichen Tätigkeit Unklarheiten beseitigen und Rechtslücken schließen.[3] 4

Andere Rechtsfragen, die die ehrenamtliche Tätigkeit berühren, sind – soweit überhaupt – spezialgesetzlich (vor allem in den Kommunalgesetzen) geregelt. Dies gilt insb. für alle Fragen der Organisation der Ehrenämter sowie der Bestellung, der Beendigung[4] und der Haftung (vgl. Rdn. 35 ff.) der ehrenamtlich Tätigen. Schließlich enthalten die §§ 81 bis 87 keine Zusammenfassung der Gründe, die einer Bestellung entgegenstehen oder aber zur Ablehnung eines Ehrenamtes berechtigen bzw. verpflichten. 5

B. Die Vorschrift im Einzelnen

Voraussetzung für den Eintritt der Rechtsfolge des § 81 ist es, dass ehrenamtliche Tätigkeit in einem Verwaltungsverfahren ausgeübt wird. 6

I. Begriff der ehrenamtlichen Tätigkeit

Ehrenamtliche Tätigkeit ist Mitwirkung bei der Erfüllung öffentlicher Aufgaben. Sie findet unentgeltlich statt. Sie erfordert eine hoheitliche Berufung. Sie liegt nicht mehr vor, wenn sie im Rahmen eines haupt- oder nebenamtlichen Dienstverhältnisses erbracht wird.[5] Freiwilligkeit der Übernahme ist dagegen kein Merkmal ehrenamtlicher Tätigkeit. § 82 lässt die Möglichkeit einer Verpflichtung durch Rechtsvorschrift ausdrücklich zu. 7

2 Begründung S. 93.
3 Begründung S. 93.
4 Von der in § 86 geregelten Abberufung aus wichtigem Grund abgesehen.
5 Begründung S. 93.

1. Mitwirkung bei der Erfüllung öffentlicher Aufgaben

8 Darunter ist jede öffentlich-rechtliche Verwaltungstätigkeit (vgl. § 1) zu verstehen. Es ist unerheblich, ob die Tätigkeit für den Bund und die Länder oder für einen anderen Hoheitsträger wahrgenommen wird.

9 Gleiches gilt für das Stadium des Verwaltungsverfahrens, in dem der ehrenamtlich Tätige mitwirkt. Es genügt bereits, wenn er in die Vorbereitung der Entscheidung eingeschaltet ist. An der Entscheidung selbst mitwirken muss er jedoch nicht. Lediglich reine Hilfsarbeiten (wie Schreib- oder Botendienste) sind keine Tätigkeit, die sich der Erfüllung öffentlicher Aufgaben zurechnen lässt.

2. Unentgeltlichkeit der Mitwirkung

10 Unentgeltlichkeit bedeutet nicht, dass aufgrund einer ehrenamtlichen Tätigkeit überhaupt keine Zahlungen an den ehrenamtlich Tätigen geleistet werden dürfen. Vielmehr darf zwischen den Zahlungen an den ehrenamtlich Tätigen und seiner Tätigkeit lediglich kein dem bürgerlich-rechtlichen Austauschvertrag vergleichbares synallagmatisches Verhältnis bestehen. Wird eine Tätigkeit gerade um die Erzielung einer Zahlung erbracht, mangelt es an der Unentgeltlichkeit. Entsteht die Zahlungspflicht dagegen lediglich aus Anlass der Tätigkeit, liegt Unentgeltlichkeit vor.

11 Der in § 85 geregelte Anspruch auf Ersatz der notwendigen Auslagen und des Verdienstausfalls schließt daher ebenso wenig wie jeder andere gleichartige Anspruch die Unentgeltlichkeit der ehrenamtlichen Tätigkeit aus.

3. Behördliche Berufung

12 Eine behördliche Berufung kann je nach Behördenorganisation auf zweierlei Weise erfolgen.

13 Bei einer monokratisch organisierten Behörde beruft der Behördenleiter oder ein in dessen Auftrag handelnder Amtsträger die ehrenamtlich Tätigen (so z.B. bei den ehrenamtlichen Beisitzern der Widerspruchsausschüsse des Bundessortenamtes nach § 40 Abs. 2 Satz 1 SaatG).

14 Bei Kollegialorganen erfolgt die Berufung dagegen durch einstimmigen oder mehrheitlichen Beschluss des Organs in Übereinstimmung mit den dafür bestehenden Organisationsnormen.

15 Vorbehaltlich entgegenstehender Rechtsvorschriften bedarf die Berufung keiner besonderen Form. Aus Gründen der Rechtsklarheit ist jedoch stets eine schriftliche Berufung oder die Aufnahme einer Niederschrift über die Berufung (vgl. § 64) zweckmäßig.

4. Tätigkeit außerhalb eines hauptamtlichen oder nebenamtlichen Dienstverhältnisses

16 Die – in einem öffentlich-rechtlichen Amtsverhältnis eigener Art[6] zu leistende – ehrenamtliche Tätigkeit hat nach der Definition in der Begründung außerhalb eines

6 Stelkens/Bonk/Sachs/*Kallerhoff/Hecker*, § 81 Rn. 8.

hauptamtlichen oder nebenamtlichen Dienstverhältnisses zu erfolgen. Hauptamtliche Dienstverhältnisse in dem genannten Sinne sind das Beamtenverhältnis (§ 4 BeamtStG), das Soldatenverhältnis (§ 1 Abs. 1 SG) und das Richterverhältnis (vgl. § 8 DRiG). Nebenamtliche Dienstverhältnisse (§ 97 Abs. 2, Abs. 4 BBG) knüpfen an ein hauptamtliches Dienstverhältnis an und werden durch einen selbstständigen Kreis von (öffentlichen) Aufgaben definiert, der dem Inhaber des Nebenamts zur Wahrnehmung übertragen ist.

Inhaltliche Kriterien für die Abgrenzung einer ehrenamtlichen von einer haupt- oder nebenamtlicher Tätigkeit enthalten die genannten Vorschriften nicht. Allerdings unterscheiden sich das haupt- bzw. nebenamtliche öffentlich-rechtliche Dienstverhältnis einerseits und das ehrenamtliche Amtsverhältnis andererseits ihrem tradierten Begriffskern nach durch ihre Entgeltlichkeit. Wobei Entgeltlichkeit im Sinne eines an die Dienstleistung geknüpften finanziellen Vorteils und nicht im Sinne eines Ausgleichs für mit der Tätigkeit verknüpfte finanzielle Belastungen (Aufwandsentschädigung) zu verstehen ist. Mithin ist ehrenamtliche Tätigkeit ausgeschlossen, soweit damit ursächlich die Gewährung finanzieller Vorteile verknüpft ist. 17

Genau zu bestimmen, auf welche Tätigkeitsbereiche sich eine Entgeltzahlung erstreckt, ist im Einzelfall nicht unproblematisch. Es ist aus diesem Grund sinnvoll für die Abgrenzung von Nebenamt und ehrenamtlicher Tätigkeit, zusätzlich auf ein kompetenzielles Abgrenzungskriterium abzustellen. Nebenamt und nicht Ehrenamt liegt danach auch dann vor, wenn sich die Legitimation zur Wahrnehmung der infrage stehenden (Neben-) Tätigkeit aus einem Hauptamt ergibt, selbst wenn nicht genau geklärt werden kann, ob für die Nebentätigkeit ebenfalls Entgelt bezahlt wird. In diesem Fall besteht nämlich zwischen der Tätigkeit und dem Hauptamt ein derart enger Zusammenhang, dass die Annahme eines Ehrenamtes in Bezug auf die Tätigkeit ausgeschlossen ist. 18

Eine Legitimation einer weiteren Tätigkeit aus einem Hauptamt ist unter anderem anzunehmen, wenn die Ernennung in das Nebenamt auf den Hoheitsträger zurückgeht, der im Hauptamt Dienstherr ist und zusätzlich die Übertragung der weiteren Tätigkeit aufgrund der für die Wahrnehmung des Hauptamtes notwendigen Sachkunde erfolgt. 19

5. Abgrenzung zum Ehrenbeamten

Ehrenbeamte (z.B. Honorarkonsul, § 5 BeamtStG) fallen nach allgemeiner Meinung nicht unter §§ 82 bis 87.[7] Die amtl. Begründung[8] geht davon aus, dass die Rechtsstellung der Ehrenbeamten durch die Vorschriften der Beamtengesetze und des Kommunalverfassungsrechts ausreichend geregelt ist, mithin eine Lücke, die die §§ 82 bis 87 ausfüllen könnten, gar nicht in Betracht kommt. 20

7 Knack/Henneke/*Henneke*, § 81 Rn. 3.
8 Vgl. S. 93.

21 Die Abgrenzung von ehrenamtlicher Tätigkeit und Ehrenbeamtenverhältnis erfolgt rein formal. Ehrenamtlich tätig ist nicht, wer Ehrenbeamter ist. Ehrenbeamter ist, wer durch förmlichen Akt zum Ehrenbeamten berufen wird. Er unterliegt dann den allgemeinen beamtenrechtlichen Regelungen.[9]

22 Lücken in ehrenbeamtlichen Regelungen können nicht durch Rückgriff auf die §§ 82 bis 87 geschlossen werden. Ehrenbeamte unterscheiden sich als dem Beamtenrecht unterfallende Statusträger besonderer Art von den ehrenamtlich Tätigen ohne Beamtenstatus wesensmäßig zu stark.

6. Abgrenzung zur Beleihung

23 Der Beliehene unterscheidet sich vom ehrenamtlich Tätigen durch das Bezugssubjekt der von ihm wahrgenommenen hoheitlichen Aufgaben. Der Beliehene ist selbst Träger der von ihm wahrgenommenen Aufgaben und damit Behörde. Der ehrenamtlich Tätige nimmt dagegen die hoheitlichen Aufgaben einer anderen öffentlich-rechtlichen Körperschaft war.[10]

II. Tätigkeit in einem Verwaltungsverfahren

24 Die ehrenamtliche Tätigkeit muss in einem Verwaltungsverfahren nach § 9 (welches dem Erlass eines VA oder dem Abschluss eines örV dient) stattfinden. Dabei ist es gleichgültig, im Rahmen welcher Verfahrensart (nicht-förmlich, förmlich oder PlfV) sie stattfindet. Die Tätigkeit muss nicht unmittelbar auf den Erlass einer Entscheidung gerichtet sein. Es genügt vielmehr, dass sie eine solche mit einer Relevanz für das Außenverhältnis (z.B. durch Anhörung der Beteiligten oder Erteilung einer Einverständniserklärung) mitverantwortet.

25 Ehrenamtlich Tätige auf bundesrechtlicher Grundlage sind damit z.B. die ehrenamtlichen Mitglieder in den Widerspruchsausschüssen des Bundessortenamtes nach § 38 Abs. 1 Nr. 2 Abs. 3 i.V.m. § 40 SaatG.

26 Ehrenamtlich Tätige auf landesrechtlicher Grundlage sind z.B. die (nicht als Staats- oder Kommunalbedienstete in einem nebenamtlichen Dienstverhältnis tätigen, vgl. Rn. 15 ff.) Mitglieder gemeindlicher Umlegungsausschüsse nach § 46 Abs. 2 BauGB (da sie mangels einer Regelung ihrer Rechtsstellung im Kommunalrecht nicht – wie die nach den Kommunalgesetzen ehrenamtlich Tätigen – durch die Vorbehaltsklausel des § 81 vom Anwendungsbereich der §§ 82 bis 87 ausgenommen sind) sowie die Mitglieder des Vorstandes einer Teilnehmergemeinschaft im Flurbereinigungsverfahren und deren Stellvertreter nach § 24 FlurbG.

9 Stelkens/Bonk/Sachs//*Kallerhoff*, § 81 Rn. 7.
10 Stelkens/Bonk/Sachs/*Kallerhoff*, § 81 Rn. 3.

III. Rechtsfolge

Die Rechtsfolge des § 81 beschränkt sich auf die Anordnung der subsidiären Geltung der §§ 82 bis 87 für ehrenamtliche Tätigkeit. 27

1. Regelungsgehalt der §§ 82 bis 87

Die §§ 82 bis 87 regeln die grundsätzliche Freiwilligkeit der Übernahme einer ehrenamtlichen Tätigkeit (§ 82), die Pflicht des ehrenamtlich Tätigen zur gewissenhaften und unparteiischen Tätigkeit und zur Verschwiegenheit (§ 83 f.), den Entschädigungsanspruch des ehrenamtlich Tätigen (§ 85), die Voraussetzungen der Abberufung aus dem Ehrenamt (§ 86) sowie die Tatbestandsmerkmale und Folgen des ordnungswidrigen Verhaltens eines ehrenamtlich Tätigen (§ 87). 28

2. Abweichende Rechtsvorschriften

Abweichende Rechtsvorschriften des Bundes haben bereits nach dem in § 1 Abs. 1 zugunsten inhaltsgleicher oder entgegenstehender Bestimmungen festgelegten Vorbehalt, Vorrang vor den §§ 82 bis 87. 29

Welche Bedeutung der Subsidiaritätsklausel des § 81 neben dem allgemeinen Vorbehalt des § 1 Abs. 1 zukommt, ist umstritten. Zunächst sollte sie sicherstellen, dass bei der Ausführung von Bundesrecht durch die Länder nach den Vorschriften des (Bundes –) VwVfG auch abweichende landesrechtliche Vorschriften Vorrang vor den §§ 82 bis 87 zukam. Seitdem jedoch alle Länder eigene (nach § 1 Abs. 3 auch für die Ausführung von Bundesrecht geltende) Verwaltungsvorschriften erlassen haben, kommt ihr keine Bedeutung mehr zu.[11] 30

3. Keine Anwendbarkeit der §§ 82 bis 87 (Zusammenfassung)

Nicht anwendbar sind die §§ 82 bis 87 zunächst bei ehrenamtlichen Tätigkeiten, die nicht der öffentlich-rechtlichen Verwaltungstätigkeit i.S.d. § 1 zuzurechnen sind (z.B. die Beisitzer der Wahlausschüsse für die Mitglieder der Wahlvorstände gem. §§ 8 bis 11 BWahlG). 31

Ist das VwVfG gem. § 2 insgesamt oder teilweise auf bestimmte Verfahren nicht anzuwenden, finden die §§ 82 bis 87 ebenfalls keine Anwendung. 32

Schließlich haben Rechtsvorschriften stets dann Vorrang vor den §§ 82 bis 87, soweit sie etwas Abweichendes bestimmen. Dies gilt vor allem für die durch die Kommunalgesetze der Länder geregelte ehrenamtliche Tätigkeit kommunaler Amtsträger. 33

11 A.A. offensichtlich Stelkens/Bonk/Sachs/*Kallerhoff/Hecker,* § 81 Rn. 12; Kopp/Ramsauer, § 81 Rn. 6 f.

IV. Weitere Vorschriften über die persönliche Rechtsstellung der ehrenamtlich Tätigen

1. Anwendung der allgemeinen Tätigkeitsverbote und Befangenheitsvorschriften

34 Auf die Arbeit der ehrenamtlich Tätigen sind außerdem § 20 mit Ausnahme des Abs. 2 (hinsichtlich des Verbots eines Tätigwerdens), § 21 (hinsichtlich der Besorgnis der Befangenheit) sowie (bei ehrenamtlicher Tätigkeit in einem Ausschuss) die §§ 88 bis 93 anzuwenden.

2. Haftung ehrenamtlich Tätiger

35 Die Haftung für Amtspflichtverletzungen eines ehrenamtlich Tätigen richtet sich nach den allgemeinen Bestimmungen des § 839 BGB i.V.m. Art. 34 GG.[12] Für den ehrenamtlich Tätigen haftet grds. der Hoheitsträger, dessen Aufgaben jeweils wahrgenommen worden sind. Ist ein anderer Hoheitsträger für die Berufung des ehrenamtlich Tätigen verantwortlich, so trifft diesen die Haftung, falls eine besondere (etwa eine dem Art. 35 Abs. 3 BayLKrO entsprechende) Bestimmung dies vorsieht.

36 Für den Rückgriff des zum Schadensersatz verpflichteten Hoheitsträgers gelten die einschlägigen beamtenrechtlichen Vorschriften entsprechend (§ 75 BBG, 48 BeamtStG). Im Regelfall ist daher ein Rückgriff ausgeschlossen, wenn der ehrenamtlich Tätige nicht vorsätzlich oder grob fahrlässig gehandelt hat.[13]

3. Unfallversicherungsschutz

37 Die Unfallversicherung ehrenamtlich Tätiger wird durch § 2 Nr. 10 SGB VII gewährleistet. Nach dieser Vorschrift sind in der Unfallversicherung diejenigen Personen kraft Gesetzes gegen Arbeitsunfall versichert, die für Körperschaften, Anstalten oder Stiftungen des öffentlichen Rechts oder deren Verbände oder deren Arbeitsgemeinschaften ehrenamtlich tätig sind oder an einer Ausbildungsveranstaltung für diese Tätigkeit teilnehmen.

C. Verfahrensvorschriften des Sozialrechts sowie Verwaltungsverfahrensrecht der Länder

38 Die Landesverwaltungsverfahrensgesetze enthalten wortgleiche Vorschriften. Baden-Württemberg und Schleswig-Holstein haben den Halbs. 2 des § 81 nicht übernommen. § 93 ShLVwG enthält außerdem den Zusatz, dass die folgenden Vorschriften nicht auf Ehrenbeamte und Personen anwendbar sind, die nach kommunalem Verfassungsrecht für Gemeinden, Kreise und Ämter ehrenamtlich tätig werden. Das Sozialverwaltungsrecht enthält keine Parallelvorschriften. In Betracht kommt daher dort die analoge Anwendung der §§ 82 bis 87 in geeigneten Fällen.

12 Begründung S. 93, allg. Ansicht.
13 Stelkens/Bonk/Sachs/*Kallerhoff*, § 81 Rn. 6; *Meyer/Borgs*, § 81 Rn. 20 f.

§ 82 Pflicht zu ehrenamtlicher Tätigkeit

Eine Pflicht zur Übernahme ehrenamtlicher Tätigkeit besteht nur, wenn sie durch Rechtsvorschrift vorgesehen ist.

Übersicht

A. Allgemeines und Grundsätze

Die Weimarer Verfassung enthielt in Art. 132 eine staatsbürgerliche Grundpflicht zur Ausübung ehrenamtlicher Tätigkeiten. Sie verlieh damit einem gesellschaftlichen Grundkonsens Ausdruck, wonach die Berechtigung zur Ausübung öffentlicher Ämter mit einer gewissen Verpflichtung zu ihrer Übernahme korrespondierte. Das Grundgesetz knüpft an diese Tradition anders als einige Landesverfassungen (z.B. Art. 121 BayVerf.; Art. 21 rpVerf.; Art. 19 Saarl. Verf. und Art. 9 Brem. Verf.) nicht an.[1] Auch § 67 EVwVerfG, dem § 82 wörtlich gleicht, enthielt daher eine solche Pflicht nicht. 1

Die Vorschrift enthält den Grundsatz der Freiwilligkeit der ehrenamtlichen Tätigkeit. Ihr kommt eigentlich nur klarstellenden Charakter zu. An sich ergibt sich nämlich der Grundsatz der Freiwilligkeit bereits aus dem Vorbehalt des Gesetzes, der für jede Belastung des Bürgers durch staatliches Handeln eine gesetzliche Grundlage verlangt. Bestimmen aber Rechtsvorschriften (wie §§ 81, 83 – 87) lediglich die persönliche Rechtsstellung ehrenamtlich Tätiger näher, so ordnen sie damit keineswegs zugleich (sei es auch nur konkludent) die Pflicht zur Übernahme einer ehrenamtlichen Tätigkeit an. 2

Maßgeblich für den Verzicht auf die Normierung einer generellen Verpflichtung zur Übernahme ehrenamtlicher Tätigkeiten war hauptsächlich die Erwägung, dass im Staat keine derart enge Verbundenheit der Bürger untereinander gegeben ist (wie z.B. in den kommunalen Gebietskörperschaften), die es rechtfertigen würde, den Einzelnen alleine kraft seiner Zugehörigkeit zum Staatsverband als zur Ausübung eines Ehrenamtes verpflichtet anzusehen.[2] 3

B. Die Vorschrift im Einzelnen

Der in § 82 normierte Grundsatz der Freiwilligkeit ehrenamtlicher Tätigkeit schließt es jedoch nicht aus, spezialgesetzlich eine Pflicht zu einer solchen Tätigkeit zu normieren. Die Verpflichtung selbst erfolgt regelmäßig durch Verwaltungsakt, dessen 4

1 Vgl. dazu ausführlicher *Peters*, Art. 132 und 133 Abs. 1 – Dienste für den Staat, in: *H.C. Nipperdey*, Berlin 1930.
2 Begründung, S. 93.

Grundlage ein Gesetz oder eine aufgrund eines Gesetzes erlassene, verfassungsmäßige Rechtsvorschrift sein muss.

5 Die Normierung einer solchen Pflicht verstößt nicht gegen das Zwangsarbeitsverbot des Art. 12 Abs. 2 GG. Ein Teil der denkbaren ehrenamtlichen Tätigkeiten sind von vornherein nicht als »Arbeit« i.S.d. Art. 12 Abs. 2 GG anzusehen. Darüber hinaus ist ihre Normierung nach Art. 12 Abs. 2 GG zugelassen.[3]

6 Rechtsvorschriften, die eine Pflicht zur Übernahme einer ehrenamtlichen Tätigkeit vorsehen, sind z.B. § 11 BWahlG und § 350 LAG. In Zusammenhang mit diesen Rechtsvorschriften werden regelmäßig auch bestimmte Ablehnungsgründe normiert.

7 Wird die Übernahme einer ehrenamtlichen Tätigkeit trotz Fehlens eines Ablehnungsgrundes verweigert, kann nach § 87 als Ordnungswidrigkeit mit einer Geldbuße belegt werden. Die zulässige Höhe der Geldbuße regelt § 17 Abs. 1 des Gesetzes über Ordnungswidrigkeiten. Sie beträgt höchstens 1.000, – Euro, sofern durch das verpflichtende Gesetz nichts anderes bestimmt ist.

C. Verfahrensvorschriften des Sozialrechts sowie Verwaltungsverfahrensrecht der Länder

8 Vergleichbare Vorschriften im Sozialverwaltungsrecht gibt es nicht. Die landesrechtlichen Vorschriften sind wortgleich.

§ 83 Ausübung ehrenamtlicher Tätigkeit

(1) Der ehrenamtlich Tätige hat seine Tätigkeit gewissenhaft und unparteiisch auszuüben.

(2) [1]Bei Übernahme seiner Aufgaben ist er zur gewissenhaften und unparteiischen Tätigkeit und zur Verschwiegenheit besonders zu verpflichten. [2]Die Verpflichtung ist aktenkundig zu machen.

Übersicht Rdn.

3 Maunz/Dürig/*Scholz*, GG, Art. 12 Rn. 125.

A. Allgemeines und Grundsätze

Die Regelung gleicht § 68 EVwVerfG fast wörtlich. In Abs. 2 Satz 1 wurde eingefügt, dass der ehrenamtlich Tätige »besonders« zu verpflichten ist. Das Wort »besonders« soll klarstellen, dass es sich um eine besondere Verpflichtung i.S.d. §§ 203 Abs. 2 Nr. 2, 353b Abs. 1 Nr. 2 und 355 Abs. 2 Nr. 1 StGB handelt. 1

Gegenstand der Regelung ist die Pflicht des ehrenamtlich Tätigen zur gewissenhaften und unparteiischen Ausübung seiner Tätigkeit. Während Abs. 1 die Pflicht als solche festlegt, behandelt Abs. 2 den Formalakt der Verpflichtung. 2

Zweck der Regelung ist es, die schon mit Blick auf das Rechtsstaatsprinzip selbstverständliche Pflicht eines jeden Amtsträgers zur gewissenhaften und unparteiischen Amtsführung für ehrenamtlich Tätige in Anlehnung an entsprechende Bestimmungen der Beamtengesetze (§§ 33 Abs. 1 BeamtStG, § 60 Abs. 1 BBG) ausdrücklich gesetzlich festzulegen und sicherzustellen, dass diese Pflicht dem ehrenamtlich Tätigen durch eine formelle Handlung deutlich zum Bewusstsein kommt.[1] 3

B. Die Vorschrift im Einzelnen

I. Pflichten des ehrenamtlich Tätigen (§ 83 Abs. 1)

Die Pflichten zur gewissenhaften und zur unparteiischen Amtsausübung nach Abs. 1 sind keine wesensmäßig verschiedenen Pflichten. Vielmehr schließt die Pflicht zur gewissenhaften Amtsausübung auch die Pflicht zur Unparteilichkeit, die Verschwiegenheitspflicht nach § 84 und alle sonstigen durch allgemeine Rechtsgrundsätze oder Sondernormen begründeten Pflichten ein. Die gesonderte Erwähnung beider Pflichten in Abs. 1 sollte lediglich ihre Bedeutung innerhalb aller von der Pflicht zur gewissenhaften Amtsausübung erfassten Einzelpflichten hervorheben. 4

Weitere Pflichten können sich für den ehrenamtlich Tätigen insb. aus Spezialregelungen, aber auch durch entsprechende Anwendung der Grundsätze des öffentlichen Dienstrechts ergeben, soweit die Eigenart der ehrenamtlichen Tätigkeit nicht entgegensteht.[2] 5

1 Begründung, S. 94.
2 Kopp/Ramsauer, § 83 Rn. 5.

1. Gewissenhafte Amtsausübung

6 Eine gewissenhafte Amtsausübung setzt voraus, dass sich der ehrenamtlich Tätige nach bestem Wissen und Gewissen um eine gründliche Kenntnis und sorgfältige Befolgung aller Rechtsvorschriften und innerdienstlichen Weisungen bemüht, die seine Tätigkeit bestimmen. Er ist insbesondere verpflichtet, sich intensiv in die jeweils durch seine Tätigkeit betroffene Materie einzuarbeiten, die für die Entscheidung in Betracht kommenden Rechtsnormen zu bedenken und auf eine Beschleunigung des Verfahrens und eine Entscheidung hinzuwirken, die dem geltenden Recht entspricht bzw. (im Fall einer Ermessensbetätigung) die bestmögliche Entscheidung darstellt, sowie alle ihm sonst obliegenden Verfahrenspflichten sorgfältig zu erfüllen.

7 Der Sorgfaltsmaßstab entspricht im Prinzip demjenigen, der auch für Beamte gilt. Aus der Unentgeltlichkeit der ehrenamtlichen Tätigkeit kann keine Minderung der Sorgfaltsmaßstäbe hergeleitet werden. Andernfalls käme es zu einer unzumutbaren Verlagerung des Schadensrisikos auf den Bürger.[3]

8 Nicht gewissenhaft handelt ein ehrenamtlich Tätiger daher z.B. dann, wenn er unberechtigt Sitzungen fernbleibt[4] oder einschlägige Verwaltungsvorschriften nur oberflächlich durchliest.

2. Unparteiische Amtsausübung

9 Unparteiisch (entsprechend der allgemeinen Gewissenhaftigkeitspflicht, vgl. Rdn. 6 ff.) übt der ehrenamtlich Tätige seine Tätigkeit dann aus, wenn er sein Verhalten allein an den im Einzelfall zu berücksichtigenden Normen und den danach relevanten Interessen ausrichtet, ohne sich (rechtswidrig) für eigene Interessen oder für bzw. gegen die Interessen anderer (Beteiligter, Dritter oder eines öffentlich-rechtlichen Organs) zu engagieren.[5] Auch der Schein einer parteiischen Amtsführung ist zu vermeiden.

10 Ist der ehrenamtlich Tätige von einem Verband entsandt, so hat er dessen berechtigte Interessen in die Beratung einzubringen. Eine einseitige Vertretung von Verbandsinteressen ist ihm untersagt, da sie den Grundsatz der unparteiischen Amtsausübung verletzen würde.[6]

11 Können wegen enger persönlicher Bindungen Zweifel an der Unparteilichkeit auftreten, sind §§ 20 ff. anzuwenden.[7]

---

3 Vgl. BGH NVwZ 1986, 504 f.

4 Vgl. VGH Bayern DVBl 1980, 63 ff.

5 Eine bloße Orientierung am Wohl der Allgemeinheit (so in Anlehnung an die Begründung – S. 94, Knack/Henneke/*Henneke*, § 83 Rn. 4; Kopp/Ramsauer, § 83 Rn. 4) ist zu undifferenziert.

6 Ebenso *Kopp*, Rn. 5; a.A. *Meyer/Borgs*, Rn. 5.

7 OVG Niedersachsen NVwZ 1982, 200; Knack/Henneke/*Henneke*, § 83 Rn. 4.

II. Förmliche Verpflichtung (§ 83 Abs. 2)

Abs. 2 handelt von der förmlichen Verpflichtung des ehrenamtlich Tätigen. Sie ist die ehrenamtliche Parallele zur Abnahme des Diensteides bei einem Beamten (z.B. nach § 64 Abs. 1 BBG). 12

1. Pflicht der Behörde zur besonderen Verpflichtung (Satz 1)

Nach Satz 1 ist der ehrenamtlich Tätige bei Übernahme seiner Aufgaben zur Amtsausübung i.S.d. Abs. 1 besonders zu verpflichten. 13

a) Zuständige Behörde

Zuständig für die Vornahme der Verpflichtung ist – vorbehaltlich einer abweichenden gesetzlichen Regelung – die Behörde, die den ehrenamtlich Tätigen berufen hat. 14

b) Form der Verpflichtung

Die Form der Verpflichtung ist der Behörde freigestellt. Aus Gründen der Rechtsklarheit ist eine schriftliche Verpflichtung jedoch vorteilhaft. Eine mündliche Verpflichtung hat die Behörde zur Sicherung eines Nachweises nach Satz 2 aktenkundig zu machen (vgl. Rdn. 20 ff.). 15

c) Inhalt der Verpflichtung

Inhaltlich muss die Verpflichtung die Versicherung des ehrenamtlich Tätigen enthalten, dass er seine Tätigkeit gewissenhaft und unparteiisch ausüben wird. Ein besonderer Hinweis auf die Verschwiegenheitspflicht nach § 84 ist zweckmäßig, wenn auch gesetzlich (jedenfalls durch das VwVfG) nicht vorgeschrieben. 16

d) Zeitpunkt der Verpflichtung

Die Verpflichtung soll zu einem Zeitpunkt erfolgen, der noch vor dem Beginn der ehrenamtlichen Tätigkeit gelegen ist. 17

e) Rechtsnatur der Verpflichtung

Ihrer Rechtsnatur nach ist die Verpflichtung eine öffentlich-rechtliche empfangsbedürftige Willenserklärung des zur ehrenamtlichen Tätigkeit Berufenen ggü. der verpflichtenden Behörde. 18

f) Folgen einer Verweigerung der Verpflichtungserklärung

Verweigert der zur ehrenamtlichen Tätigkeit Berufene die Abgabe der Verpflichtungserklärung, kann er seine Tätigkeit nicht mehr ausüben. Unter Umständen liegt auch Ordnungswidrigkeit nach § 87 Abs. 1 Nr. 1 vor. 19

2. Aufnahme der Verpflichtung in die Akten (Satz 2)

20 Bedeutung entfaltet Satz 2 lediglich in den Fällen, in denen die Verpflichtung mündlich vorgenommen worden ist (vgl. Rdn. 15). Schriftliche Verpflichtungen müssen nämlich ohnehin zu den Akten genommen werden. Ein eigenständiger Aktenvermerk über die Verpflichtung ist daher obsolet.

21 Ein nach Satz 2 anzufertigender Aktenvermerk muss mindestens die folgenden Informationen enthalten. Er muss ersehen lassen, welcher Amtsträger die Verpflichtung vorgenommen hat. Außerdem muss sich aus dem Vermerk Zeitpunkt und Ort der Verpflichtung sowie schließlich ihr genauer Inhalt ergeben.

22 Wird die Verpflichtung nicht im oben genannten Sinne korrekt durchgeführt, entbindet dies den Amtsträger nicht davon, seine Tätigkeit inhaltlich entsprechend den Anforderungen des Satz 1 durchzuführen.

23 Die Verpflichtung ist schließlich nicht konstitutiv für die Übernahme der ehrenamtlichen Tätigkeit.[8]

24 Die Vorschrift des § 83 Abs. 2 steht neben den Regelungen des Verpflichtungsgesetzes.[9] Beide Gesetze haben (leicht) unterschiedliche Regelungsgehalte und sind daher nebeneinander anwendbar.[10]

III. Folgen einer Pflichtverletzung

25 Eine Pflichtverletzung des ehrenamtlich Tätigen nach § 83 (einschließlich der Verschwiegenheitspflicht nach § 84 können zivilrechtliche, strafrechtliche oder amtsrechtliche Konsequenzen nach sich ziehen.

1. Strafrechtliche Folgen

26 Strafrechtlich kommt eine Bestrafung des ehrenamtlich Tätigen nach §§ 133, 201 Abs. 3, 202a, 203 f., 331 f., 353b, 355, 358 StGB in Betracht.

2. Zivilrechtliche Folgen

27 Zivilrechtlich sind Schadensersatzansprüche wegen Amtspflichtverletzung nach den allgemeinen Regelungen über die Amtshaftung gem. § 839 BGB i.V.m. Art. 34 GG denkbar.

28 Tritt bei vom ehrenamtlich Tätigen schuldhaft verursachten Schäden zunächst die Körperschaft in die Ersatzpflicht ein, für die er tätig geworden ist, kommt außerdem ein Regress der Körperschaft ggü. dem ehrenamtlich Tätigen in Betracht.[11] Problematisch ist jedoch, dass die einschlägigen Vorschriften der Beamtengesetze (§ 75 Abs. 1

---

8 Stelkens/Bonk/Sachs/*Kallerhoff/Hecker*, § 83 Rn. 9.

9 Vom 02.03.1974, BGBl. I, S. 469.

10 Zu Einzelheiten vgl. Stelkens/Bonk/Sachs/*Kallerhoff/Hecker*, § 83 Rn. 7 f.

11 Vgl. dazu im Einzelnen Kopp/Ramsauer, § 83 Rn. 11 f.

BBG, § 48 Abs. 1 BeamtStG sowie die vergleichbaren Vorschriften der Landesbeamtengesetze) dem Wortlaut nach ebenso wenig wie die Vorschriften für Angestellte des öffentlichen Dienstes (§ 3 Nr. 7 TVöD i.V.m. § 78 Abs. 1 BBG) anwendbar sind.

Da es allerdings keinen Grund gibt, ehrenamtlich Tätige von jeder Rückgriffsmöglichkeit freizustellen, erscheint es angemessen, wegen der ähnlichen Interessenlage die Regressvorschriften der jeweiligen Beamtengesetze entsprechend anzuwenden. Regress muss der ehrenamtlich Tätige daher regelmäßig leisten, soweit ihm bei der Pflichtverletzung Vorsatz oder grobe Fahrlässigkeit zur Last fällt. 29

3. Folgen für die Amtsstellung

Bei schwerwiegenden Pflichtverletzungen ist zudem eine Abberufung aus dem Ehrenamt gem. § 86 Satz 1 i.V.m. Satz 2 Nr. 1 denkbar (vgl. § 86). 30

C. Verfahrensvorschriften des Sozialrechts sowie Verwaltungsverfahrensrecht der Länder

Vergleichbare Vorschriften im Sozialverwaltungsrecht gibt es nicht. Die landesrechtlichen Vorschriften sind wortgleich. 31

§ 84 Verschwiegenheitspflicht

(1) [1]Der ehrenamtlich Tätige hat, auch nach Beendigung seiner ehrenamtlichen Tätigkeit, über die ihm dabei bekannt gewordenen Angelegenheiten Verschwiegenheit zu wahren. [2]Dies gilt nicht für Mitteilungen im dienstlichen Verkehr oder über Tatsachen, die offenkundig sind oder ihrer Bedeutung nach keiner Geheimhaltung bedürfen.

(2) Der ehrenamtlich Tätige darf ohne Genehmigung über Angelegenheiten, über die er Verschwiegenheit zu wahren hat, weder vor Gericht noch außergerichtlich aussagen oder Erklärungen abgeben.

(3) Die Genehmigung, als Zeuge auszusagen, darf nur versagt werden, wenn die Aussage dem Wohl des Bundes oder eines Landes Nachteile bereiten oder die Erfüllung öffentlicher Aufgaben ernstlich gefährden oder erheblich erschweren würde.

(4) [1]Ist der ehrenamtlich Tätige Beteiligter in einem gerichtlichen Verfahren oder soll sein Vorbringen der Wahrnehmung seiner berechtigten Interessen dienen, so darf die Genehmigung auch dann, wenn die Voraussetzungen des Absatzes 3 erfüllt sind, nur versagt werden, wenn ein zwingendes öffentliches Interesse dies erfordert. [2]Wird sie versagt, so ist dem ehrenamtlich Tätigen der Schutz zu gewähren, den die öffentlichen Interessen zulassen.

(5) Die Genehmigung nach den Absätzen 2 bis 4 erteilt die fachlich zuständige Aufsichtsbehörde der Stelle, die den ehrenamtlich Tätigen berufen hat.

Übersicht

A. Allgemeines und Grundsätze

Als Vorbild für die Einführung einer generellen Verschwiegenheitspflicht haben Sondervorschriften in den Kommunalverfassungsgesetzen der Länder sowie in den Beamtengesetzen (z.B. § 37 BeamtStG) gedient. 1

§ 84 entspricht in Abs. 1 bis 4 § 69 EVwVerfG 1963. Im Gesetzgebungsverfahren wurden in Abs. 2 die Worte »der zuständigen Behörde« gestrichen und Abs. 4. Satz 1 umformuliert. Außerdem wurde Abs. 5 angefügt. 2

§ 84 bezweckt, durch die Ausdehnung der für Beamte nach § 37 BeamtStG geltenden Verschwiegenheitspflicht[1] auf ehrenamtlich Tätige die Vertraulichkeit dienstlicher Vorgänge zu sichern. Dies ist sowohl im Interesse der Objektivität und Effektivität einer von unsachlichen äußeren Einflüssen nach Möglichkeit freizuhaltenden Verwaltung als auch zum Schutz der Privatsphäre der in ein Verwaltungsverfahren einbezogenen Bürger erforderlich.[2] 3

Im Einzelnen bestimmen Abs. 1 und 2 einen Genehmigungsvorbehalt für Tatbestände, die der dort nach Umfang und Dauer näher beschriebenen Verschwiegenheitspflicht unterfallen. Abs. 3 und 4 enthalten die Voraussetzungen für die Erteilung der Aussagegenehmigung und den dem ehrenamtlich Tätigen im Fall der Versagung zu gewährenden Schutz. Abs. 5 bestimmt die für die Erteilung der Aussagegenehmigung zuständige Behörde. 4

1 Die Verschwiegenheitspflicht ist als hergebrachter Grundsatz des Berufsbeamtentums nach Art. 33 Abs. 5 GG verfassungsrechtlich abgesichert – vgl. BVerwGE 37, 265 (268); BVerwG DÖV 1983, 894 (895).
2 BVerfGE 28, 198 f.

5 Der Verschwiegenheitspflicht des ehrenamtlich Tätigen steht das Informationsinteresse der Öffentlichkeit gegenüber. Zwischen den notwendig kollidierenden schützenswerten Interessen auf beiden Seiten ist ein sachgerechter Ausgleich herbeizuführen.[3]

B. Die Vorschrift im Einzelnen

I. Begriff, Gegenstand und Dauer der Verschwiegenheitspflicht (§ 84 Abs. 1)

6 Abs. 1 regelt Begriff, Umfang und Dauer der Verschwiegenheitspflicht.

1. Verschwiegenheitspflicht während und nach Beendigung der ehrenamtlichen Tätigkeit (Satz 1)

7 Nach Satz 1 hat der ehrenamtlich Tätige während und auch nach Beendigung seiner ehrenamtlichen Tätigkeit über die ihm dabei bekannt gewordenen Angelegenheiten Verschwiegenheit zu bewahren.

a) Begriff der Verschwiegenheitspflicht

8 Verschwiegenheitspflicht ist die Pflicht, die bei der ehrenamtlichen Tätigkeit in Erfahrung gebrachten Angelegenheiten (vgl. Rdn. 11) nicht – und zwar weder mündlich noch in anderer Weise – weiterzugeben, sofern sie noch ein dienstliches Geheimnis darstellen.[4]

9 Im Bereich der Verschwiegenheitspflicht hat der Amtsträger sich jeder Handlung zu enthalten, die Rückschlüsse auf das zu wahrende Geheimnis zuließe. Über die zu verschweigenden Angelegenheiten dürfen daher noch nicht einmal Andeutungen gemacht werden, die eine ungefähre Vorstellung von ihnen ermöglichen könnten.

b) Umfang der Verschwiegenheitspflicht

10 Die Verschwiegenheitspflicht erstreckt sich auf alle in Zusammenhang mit der ehrenamtlichen Tätigkeit bekannt gewordenen Angelegenheiten mit Ausnahme derjenigen, die nach Satz 2 keine Geheimhaltung bedürfen (vgl. Rdn. 21 ff.) oder für deren Verwertung im Rahmen einer Aussage oder der Abgabe einer Erklärung vor Gericht oder einer anderen Stelle der ehrenamtlich Tätige von der nach Abs. 5 zuständigen Behörde (vgl. Rdn. 68 ff.) nach Maßgabe der Abs. 2 bis 4 eine Aussagegenehmigung erhalten hat.

aa) Insb. keine Beschränkung der Verschwiegenheitsverpflichtung auf in Ausübung der ehrenamtlichen Tätigkeit erlangte Informationen

11 Unerheblich ist es dabei, ob eine Angelegenheit vom ehrenamtlich Tätigen in Ausübung seiner Tätigkeit (z.B. bei einer Anhörung oder Dienstbesprechung) oder nur

---

3 Stelkens/Bonk/Sachs/*Kallerhoff/Hecker*, § 84 Rn. 2, 11; BVerwG DÖV 1991, 510.
4 Vgl. BGH NJW 1965, 1190.

gelegentlich (z.B. bei einer Unterhaltung mit anderen Amtsträgern) in Erfahrung gebracht worden ist.[5]

bb) Keine Beschränkung der Verschwiegenheitspflicht auf die ehrenamtliche Tätigkeit selbst

Eine Beschränkung der Verschwiegenheitspflicht auf solche Angelegenheiten, die die 12
ehrenamtliche Tätigkeit selbst berühren, ist abzulehnen. Sie besteht unabhängig davon, ob eine Angelegenheit den Aufgabenbereich des Amtsträgers berührt sowie unabhängig davon, ob sie den Dienstbetrieb des betreffenden Hoheitsträgers oder eines mit diesem institutionell verbundenen (übergeordneten oder nachgeordneten) Hoheitsträgers oder den außerdienstlichen Bereich (z.B. die persönlichen Verhältnisse bestimmter Personen) betrifft.

Eine solche Beschränkung ließe sich auch nicht rechtfertigen mit dem Argument, der 13
ehrenamtlich Tätige sei – anders als der Beamte – nur für einen abgegrenzten Bereich öffentlicher Aufgaben nebenberuflich und unentgeltlich zur Verfügung gestellt und damit hinsichtlich aller mit seinem Ehrenamt nicht zusammenhängender Angelegenheiten unbeschränkt Privatmann. Nimmt der ehrenamtlich Tätige ein öffentliches Amt auch nur in zeitlicher und sachlicher Begrenzung wahr, so muss er doch angesichts der auf dem Spiele stehenden Interessen (vgl. Rdn. 3) ggü. öffentlicher Gewalt und Dritten zur selben Loyalität und Rücksichtnahme verpflichtet sein wie ein Beamter.

cc) Verschwiegenheitspflicht bei rechtswidrigem Verhalten der Behörde

Glaubt der ehrenamtlich Tätige ein rechtswidriges Verhalten seiner Behörde festge- 14
stellt zu haben, so hat er grundsätzlich vor einer Weitergabe seiner Wahrnehmung an Dritte die ihm nach der Organisation des demokratischen Rechtsstaates zu Gebote stehenden Möglichkeiten auszuschöpfen[6] und sich entweder an seinen unmittelbaren Vorgesetzten bzw. (auf dem Dienstweg) an weitere Vorgesetzte (bis zu dem für die Tätigkeit der Behörde parlamentarisch verantwortlichen Minister) oder an einen Abgeordneten bzw. (mit einer Petition) an das Parlament zu wenden.

Die sofortige Weitergabe der Feststellung ist jedoch ausnahmsweise dann zulässig, 15
wenn ein schwerer Verstoß gegen den Kernbereich des Verfassungsrechts (z.B. durch eine Bedrohung von Leben und Gesundheit) vorliegt[7] oder die Pflicht zur Anzeige einer Straftat nach § 138 StGB besteht.

Gleiches gilt, falls der ehrenamtlich Tätige als unmittelbar Betroffener seine eigenen 16
Rechte (z.B. durch Konsultation eines Rechtsanwalts) wahrnehmen will.

---

5 Stelkens/Bonk/Sachs/*Kallerhoff/Hecker*, § 84 Rn. 4; Kopp/Ramsauer, § 84 Rn. 3; s.a. im Hinblick auf die Verschwiegenheitspflicht eines Beamten: OVG Nordrhein-Westfalen DÖV 1966, 504.

6 BVerfGE 28, 191 (203 ff.).

7 BVerfG a.a.O.

dd) Beispiele

17 Als zu verschweigende Angelegenheiten kommen bspw. bevorstehende Personalentscheidungen, Eigenschaften, Fähigkeiten (»Stärken« und »Schwächen«),[8] Privatadressen, -telefonnummern und E-Mail-Adressen von Bediensteten, dienstliche Weisungen, Entwürfe von Rechts- bzw. Verwaltungsvorschriften oder von Entscheidungen, beabsichtigte organisatorische Maßnahmen, das persönliche Verhalten oder die persönlichen Verhältnisse von Beteiligten und anderen Personen in Betracht.

c) Personeller Umfang der Verschwiegenheitspflicht

18 Die Verschwiegenheitspflicht besteht grds. ggü. jedermann. Ggü. Bediensteten der öffentlichen Verwaltung entfällt sie nur dann, wenn anzunehmen ist, dass diese eine vom ehrenamtlich Tätigen allgemein zu verschweigende Angelegenheit für die ordnungsgemäße Erfüllung ihrer eigenen Dienstaufgaben wissen müssen.[9]

d) Dauer der Verschwiegenheitspflicht

19 Die Verschwiegenheitspflicht dauert nach dem Ende der ehrenamtlichen Tätigkeit fort. Die Zahl der zu verschweigenden Sachverhalte wird sich jedoch im Laufe der Zeit verringern, da manche, ursprünglich von der Verschwiegenheitspflicht erfasste Angelegenheiten allmählich offenkundig werden oder an Bedeutung verlieren, sodass sie nunmehr nach Satz 2 (vgl. Rdn. 25 ff., 27 ff.) nicht mehr zu verschweigen sind.

e) Verschwiegenheitspflicht nach Sondernormen

20 Eine Verschwiegenheitspflicht ist unabhängig von Satz 1 gegeben, wenn bestimmte Vorgänge nach Sondernormen – so z.B. nach § 30 VwVfG oder § 5 BDSG – einer Geheimhaltung unterliegen.

2. Die von der Verschwiegenheitspflicht ausgenommenen Angelegenheiten (Satz 2)

21 Satz 2 bestimmt enumerativ diejenigen Angelegenheiten, die der Verschwiegenheitspflicht nicht unterfallen, obgleich sie der ehrenamtlich Tätige bei seiner Tätigkeit erfahren hat. Es handelt sich dabei um Mitteilungen im dienstlichen Verkehr, offenkundige Tatsachen und solche, die ihrer Bedeutung nach keiner Geheimhaltung bedürfen. Weitere Ausnahmen können sich aus Sonderrechtsvorschriften wie z.B. dem UIG[10] ergeben.

a) Mitteilungen im dienstlichen Verkehr

22 Mitteilungen im dienstlichen Verkehr sind mündliche oder schriftliche Mitteilungen, die im Interesse der Erfüllung dienstlicher Aufgaben an Bedienstete der gleichen

8 Vgl. BGHSt 10, 108.
9 Ungenau BGHZ 34, 184 (187), wonach die Amtsverschwiegenheit (eines Beamten) ggü. allen Personen bestehen soll, die nicht zum engeren Dienstbereich des Beamten gehören.
10 Umweltinformationsgesetz vom 22.12.2004, BGBl. I, S. 3704.

Behörde, von über- oder nachgeordneten Behörden, von anzuhörenden oder mitwirkenden Behörden sowie an Behörden i.R.d. Amtshilfe nach §§ 4 ff.[11] weitergegeben werden.

Unzulässig ist die Weitergabe dienstlicher Mitteilungen an die genannten Adressaten dann, wenn sie durch Rechtsvorschriften oder innerdienstliche Weisungen untersagt ist (z.B. bei Verschlusssachen). 23

Für die Vorlage von Urkunden oder Akten an die Gerichte (als Organe der Rechtsprechung) sind die einschlägigen Vorschriften der Prozessordnungen (§ 99 VwGO, §§ 142 ff. ZPO, § 96 StPO, § 119 SGG, § 86 FGO) maßgebend. 24

b) Offenkundige Tatsachen

Offenkundige Tatsachen sind allgemeinkundige und amtskundige Tatsachen (so z.B. solche, die durch Massenmedien, Amtsblätter, Adressbücher oder in einer öffentlichen Sitzung bekannt gegeben worden sind). 25

Nicht offenkundig (und damit von der Verschwiegenheitspflicht erfasst) sind Angelegenheiten, über die in der Öffentlichkeit aufgrund von Indiskretionen nur Mutmaßungen im Umlauf sind,[12] ohne dass eine ordnungsgemäße Information durch die zuständige Stelle vorliegt. Das gilt auch dann noch, wenn solche Angelegenheiten – wenn auch unbefugt – in einer offensichtlich zuverlässigen Berichterstattung (z.B. in einer Tageszeitung) Erwähnung gefunden haben.[13] 26

c) Keine der Geheimhaltung bedürfenden Tatsachen

Ihrer Bedeutung nach keiner Geheimhaltung bedürfen Tatsachen, die – unter dem Gesichtspunkt des öffentlichen Interesses und der Belange Beteiligter oder Dritter – offensichtlich so unbedeutend sind und bleiben werden,[14] dass ihre Weitergabe keinen Bedenken begegnet. 27

Zu ihnen zählen etwa der Urlaub von Amtsträgern,[15] deren Namen (soweit sie nicht – wie beim BND – ein Dienstgeheimnis sind), die Zusammensetzung eines Ausschusses oder die Häufigkeit von Ausschusssitzungen. 28

Nicht bedeutungslos sind dagegen Personalangelegenheiten unter Einschluss der Privatanschriften von Behördenbediensteten.[16] 29

11 Vgl. OVG Berlin OVGE 16, 57.
12 Ebenso Kopp/Ramsauer, § 84 Rn. 6.
13 Stelkens/Bonk/Sachs//*Kallerhoff/Hecker, § 84* Rn. 8.
14 OVG Berlin OVGE 16, 57 (58).
15 Knack/Henneke/*Henneke*, § 84 Rn. 8.
16 BVerwGE 19, 179 (185); BVerwG NJW 1983, 2344.

II. Erforderlichkeit der Einholung einer Genehmigung für Äußerungen, die der Verschwiegenheitspflicht unterworfen sind (§ 84 Abs. 2)

30 Nach Abs. 2 darf der ehrenamtlich Tätige ohne Genehmigung über die der Verschwiegenheitspflicht unterfallenden Angelegenheiten weder vor Gericht noch außergerichtlich Aussagen oder Erklärungen abgeben.

1. Zweck der Vorschrift

31 Die Bestimmung will eine – der Wahrheitsfindung oder der Wahrung wichtiger Interessen dienende – Befreiung von der Verschwiegenheitspflicht an eine Entscheidung der sachlich kompetenten Behörden binden, damit die Amtsverschwiegenheit nicht leichtfertig preisgegeben wird und dem ehrenamtlich Tätigen selbst Gewissenskonflikte erspart bleiben.[17]

2. Begriff der Aussage

32 Eine Aussage macht, wer sich zum Verfahrensgegenstand in einer Beweisaufnahme eines gerichtlichen oder außergerichtlichen Verfahrens (als Angeklagter, zu vernehmende Partei, Beteiligter, Zeuge oder Sachverständiger) schriftlich oder mündlich äußert.

3. Begriff der Erklärung

33 Eine Erklärung gibt ab, wer sich in sonstiger Weise gerichtlich oder außergerichtlich äußert.

4. Äußerungen vor Gericht

34 Vor Gericht werden Aussagen gemacht und Erklärungen abgegeben, wenn ihr Adressat ein Rechtsprechungsorgan ist, das nach einer Vorschrift des Prozessrechts die Aussage bzw. Erklärung angefordert bzw. entgegenzunehmen hat.

5. Außergerichtliche Äußerungen

35 Außergerichtliche Aussagen oder Erklärungen sind solche, die mündlich oder schriftlich ggü. nicht gerichtlichen Institutionen der öffentlichen Gewalt (z.B. einer Behörde, einem parlamentarischen Untersuchungsausschuss, der Staatsanwaltschaft, einem Polizeibeamten oder einem Untersuchungsführer in einem Dienststrafverfahren) oder einzelnen Personen (z.B. Rechtsanwälten, Journalisten, sonstigen Privatpersonen) oder der Öffentlichkeit (z.B. in Vorträgen, Ansprüchen, Schriften) gemacht bzw. abgegeben werden.

17 Vgl. Kopp/Ramsauer, § 84 Rn. 9.

6. Umfang der Genehmigungspflicht

Genehmigungspflichtig sind alle der Verschwiegenheitspflicht unterliegenden Aussagen oder Erklärungen ohne Rücksicht darauf, wem gegenüber und aus welchem Anlass sie gemacht bzw. abgegeben werden. 36

7. Keine generelle Genehmigungspflicht für Gutachten und wissenschaftliche Arbeiten

Die Genehmigungspflicht gilt nicht für Gutachten und wissenschaftliche Arbeiten, soweit sie allgemeine Erfahrungen verwerten, die der ehrenamtlich Tätige während seiner Tätigkeit machen konnte.[18] Jedoch dürfen keine Tatsachen erwähnt werden, über die Verschwiegenheit zu wahren ist. 37

Eine dem § 39 Abs. 3 Satz 3 BRRG entsprechende Bestimmung, die für die Erstattung von Gutachten eine Genehmigungspflicht vorsieht, ist in das VwVfG bewusst nicht aufgenommen worden.[19] 38

8. Erteilung der Genehmigung i.R.d. Rechtsfolgeermessens

Die Erteilung der Genehmigung ist grds. in das Ermessen der nach Abs. 5 (vgl. Rdn. 68 ff.) zuständigen Behörde gestellt. Diese hat die für und gegen eine Aussagegenehmigung sprechenden Gründe gegeneinander abzuwägen. 39

Lediglich in den Fällen des Abs. 3 und 4 ist dieses Ermessen eingeschränkt. Im Bereich dieser Vorschriften muss die Genehmigung immer erteilt werden, wenn die Voraussetzungen der Versagung nach Abs. 3 und 4 nicht vorliegen. Liegen die Tatbestandsvoraussetzungen der Abs. 3 oder 4 dagegen vor, steht es wieder im Ermessen der Fachaufsichtsbehörde, die Genehmigung nach Abwägung der für und gegen eine Aussage sprechenden Gründe zu verweigern. 40

III. Voraussetzungen für die Versagung der Genehmigung der Aussage als Zeuge (§ 84 Abs. 3)

Nach Abs. 3 darf die Genehmigung, als Zeuge auszusagen, nur unter bestimmten Voraussetzungen versagt werden. 41

1. Beschränkung der Vorschrift auf die Aussage als Zeuge

Die Vorschrift regelt lediglich die Versagung einer Genehmigung für die Aussage als Zeuge. Wegen ihrer Bedeutung für die Wahrheitsfindung in einem Prozess, Verwaltungs- oder Untersuchungsverfahren (z.B. vor einem parlamentarischen Untersuchungsausschuss) sollen Zeugenaussagen nur in besonders schwerwiegenden Fällen verhindert werden. 42

---

18 Knack/Henneke/*Henneke*, § 84 Rn. 9; Kopp/Ramsauer, § 84 Rn. 11.
19 Amtl. Begründung, S. 94.

43 Das Fehlen einer Regelung über die Erteilung einer Genehmigung für die Erstattung von Gutachten lässt jedoch nicht den Schluss zu, dass Äußerungen von Sachverständigen nicht der Verschwiegenheitspflicht nach Abs. 1 unterliegen. Andernfalls würden Fachleute von der Übernahme einer ehrenamtlichen Tätigkeit abgehalten.[20] Das Fehlen einer Regelung über Sachverständigengutachten lässt sich vielmehr auf die Erwägung zurückführen, dass Sachverständigenäußerungen grundsätzlich keine von Abs. 1 erfassten Angelegenheiten zu erwähnen brauchen, weil sie schon aufgrund ihrer Funktion auf die Verwertung allgemeiner Erfahrungen beschränkt sind. Einer Sonderregelung für die Genehmigung von Gutachten bedurfte es daher nicht.

44 Hält es ein ehrenamtlich Tätiger als Sachverständiger ausnahmsweise für geboten, in seiner gutachtlichen Äußerung auf bestimmte von der Verschwiegenheitspflicht erfasste Angelegenheiten einzugehen, so muss er um die Genehmigung der nach Abs. 5 zuständigen Behörde (vgl. Rdn. 68 ff.) nachsuchen. Diese entscheidet im Rahmen ihres Rechtsfolgeermessens (vgl. Rdn. 39 ff.).[21]

2. Die beiden eine Versagung der Genehmigung rechtfertigenden Fälle

45 Die Versagung ist nur in folgenden zwei Fällen zulässig, in denen durch die Aussage entweder Nachteile für das Wohl des Bundes oder eines Landes zu befürchten sind oder aber die Erfüllung öffentlicher Aufgaben ernstlich gefährdet oder erheblich erschwert würde.

a) Nachteil für das Wohl des Bundes oder eines Landes

46 Die Aussage müsste dem Wohl des Bundes oder eines Landes, zu dem das (isolierte) Wohl einer Gemeinde nicht gehört,[22] Nachteile bereiten.

47 Um zu vermeiden, dass die gesetzgeberische Intention der regelmäßigen Erteilung der Aussagegenehmigung in den Fällen des Abs. 3 unterlaufen wird, sind an den Nachweis eines Nachteils für das Wohl des Bundes oder eines Landes strenge Anforderungen zu stellen.

48 Im Einzelfall muss konkret dargelegt werden, welcher Nachteil in Betracht kommt und welche konkreten Dimensionen er wahrscheinlich annehmen wird. Rein fiskalische Interessen werden für die Begründung jedenfalls regelmäßig nicht ausreichen. Die Ausführungen zum Nachteil bei § 29 Abs. 2 gelten hier entsprechend.

49 Nachteile werden darüber hinaus nur dann i.S.d. Vorschrift bereitet, wenn zwischen der Aussage und dem Eintritt des Nachteils Kausalität nachgewiesen wird, der Eintritt des Nachteils aufgrund der Aussage also sicher oder wenigstens überwiegend wahrscheinlich wäre.

---

20 So aber – der amtlichen Begründung S. 94 folgend – *Meyer/Borgs*, § 84 Rn. 2, 8.
21 Vgl. dazu BVerwG, Beschl v. 14.08.2000 – 11 VR 10/00 – NVwZ-RR 2000, 760.
22 OVG Niedersachsen DVBl 66, 544.

Das Vorliegen dieser Alternative des § 84 Abs. 3 kommt daher nur ganz ausnahmsweise in Betracht. 50

b) Beeinträchtigung der Erfüllung öffentlicher Aufgaben

Die Aussage müsste die Erfüllung öffentlicher Aufgaben (z.B. die einer Gemeinde) 51 beeinträchtigen, indem sie diese ernstlich gefährden oder erschweren würde.

aa) Ernstliche Gefährdung

Eine ernstliche Gefährdung öffentlicher Aufgaben läge vor, wenn deren wesentliche 52 Erfüllung unmöglich gemacht oder wenigstens infrage gestellt würde.

bb) Erhebliche Erschwerung

Eine erhebliche Erschwerung öffentlicher Aufgaben wäre gegeben, wenn solche mit 53 Nachteilen für die Allgemeinheit nicht ordnungsgemäß erfüllt werden könnten. Auch hier ist eine restriktive Auslegung der Voraussetzung einer erheblichen Erschwerung geboten. Nur das Vorliegen qualifizierter Nachteile für die Allgemeinheit rechtfertigt die Anwendung des Abs. 3 mit der Folge der möglichen Versagung der Aussagegenehmigung. Es muss sich daher um Nachteile handeln, die entweder das Staatswesen als Ganzes oder aber einen größeren Kreis von Personen betreffen. Nachteile für Einzelinteressen ermöglichen die Anwendung des Abs. 3 nicht.[23]

cc) Keine Beeinträchtigung der Erfüllung öffentlicher Aufgaben

Eine Versagung wäre nicht gerechtfertigt bei vorübergehenden Erschwerungen, die 54 keine für den Staat oder für Dritte unzumutbaren Nachteile bewirken würden oder wegen der Möglichkeit der Aufdeckung von Missständen, die Amtshaftungsprozesse auslösen könnte.[24]

c) Ermessensentscheidung der Behörde

Hat die nach Abs. 5 für die Erteilung der Genehmigung zuständige Stelle festgestellt, 55 dass die Voraussetzungen für eine Versagung der Aussagegenehmigung vorliegen, so hat sie im Rahmen ihres Rechtsfolgeermessens über die Erteilung der Aussagegenehmigung zu entscheiden.[25] Die Erteilung einer Genehmigung ist nur dann ermessensfehlerfrei, wenn unbeschadet der schwerwiegenden Versagungsgründe ein überragendes Interesse an der Wahrheitsfindung die Zeugenaussage erfordert.[26]

---

23 Vgl. auch Knack/Henneke/*Henneke*, § 84 Rn. 13 f.

24 Kopp/Ramsauer, § 84 Rn. 16.

25 A.A. das BVerwG zum wortgleichen § 62 Abs. 1 BBG (grds. kein Rechtsfolgeermessen) – vgl. BVerwG DÖV 83, 894 (895).

26 Kopp/Ramsauer, § 84 Rn. 15.

56 Liegen keine Versagungsgründe vor, so muss die Aussagegenehmigung erteilt werden.[27]

IV. Voraussetzungen für die Versagung einer in eigener Sache beabsichtigten Aussage und Schutz des ehrenamtlich Tätigen im Fall einer Versagung (§ 84 Abs. 4)

57 Abs. 4 regelt die besonderen Voraussetzungen einer Versagung der Genehmigung für Äußerungen des ehrenamtlich Tätigen in eigener Sache sowie den dem ehrenamtlich Tätigen zu gewährenden Schutz bei einer notwendigen Versagung der Genehmigung.

1. Zweck der Bestimmung

58 Nach seinem Zweck soll Abs. 4 gewährleisten, dass dem ehrenamtlich Tätigen persönlich aus seinem Dienst an der Allgemeinheit keine Nachteile erwachsen.[28]

2. Voraussetzungen einer Versagung der Aussagegenehmigung (Satz 1)

59 Nach Satz 1 darf in dem Fall, in dem der ehrenamtlich Tätige Beteiligter in einem gerichtlichen Verfahren ist oder in dem sein Vorbringen der Wahrnehmung seiner berechtigten Interessen dienen soll, auch bei einer Verwirklichung der Voraussetzungen des Abs. 3 die Genehmigung nur versagt werden, wenn ein zwingendes öffentliches Interesse dies erfordert.

a) Der ehrenamtlich Tätige als Beteiligter in einem gerichtlichen Verfahren

60 Der ehrenamtlich Tätige ist Beteiligter in einem gerichtlichen Verfahren, wenn er aus eigenem Recht zur Vornahme prozessualer Handlungen befugt ist (als Beteiligter, Beigeladener, Partei, Nebenintervenient, Angeklagter, Nebenkläger oder Privatkläger).

b) Berechtigte Interessen des ehrenamtlich Tätigen

61 Berechtigte Interessen sind umfassender als die (durch subjektive Rechte abgesicherten) rechtlichen Interessen. Ihnen sind alle Interessen rechtlicher, wirtschaftlicher[29] und ideeller Art zuzurechnen, die im allgemeinen Rechtsverkehr als Berücksichtigungswert anerkannt werden.[30] Einem berechtigen Interesse dient eine Erklärung stet, mit der sich jemand gegen unberechtigte Vorwürfe in der Öffentlichkeit zur Wehr setzt.

---

27 Vgl. OVG Nordrhein-Westfalen MDR 63, 250.
28 Kopp/Ramsauer, § 84 Rn. 17.
29 Vgl. BVerfGE 29, 221 (231).
30 Begründung, S. 53.

c) Vorliegen eines zwingenden öffentlichen Interesses

Ein zwingendes öffentliches Interesse steht der Erteilung der Genehmigung immer dann entgegen, wenn die Aussage besonders wichtige Rechtsgüter der Gemeinschaft (wie die öffentliche Sicherheit) oder einzelner (wie deren Leben und Gesundheit) in unerträglicher Weise beeinträchtigen würde und der entstandene Schaden nicht mehr zu beheben wäre.[31] Die Notwendigkeit einer Versagung der Genehmigung wegen eines zwingenden öffentlichen Interesses ist nicht schon allein deshalb gegeben, weil die Tatbestandsvoraussetzungen des Abs. 3 erfüllt sind. Vielmehr muss das zwingende öffentliche Interesse die ohnehin engen Tatbestandsvoraussetzungen noch weit überragen, sodass nur ganz extreme und seltene Fälle denkbar sind, in denen es einmal zu einer Verweigerung der Genehmigung nach Abs. 4 kommen kann.[32] 62

d) Die Bindung der Behörde bei der Entscheidung über die Erteilung der Aussagegenehmigung

Kommt die Behörde zum Ergebnis, dass ein zwingendes öffentliches Interesse vorliegt, so muss sie auch hier vor der Entscheidung über die Aussagegenehmigung ihr Rechtsfolgeermessen betätigen. Dies folgt aus dem Wortlaut des Abs. 4, der davon spricht, dass die Genehmigung versagt werden darf, wenn das zwingende Interesse es erfordert. Hätte der Gesetzgeber gewollt, dass in solchen Fällen eine Aussagegenehmigung immer versagt wird, hätte er statt des Wortes »kann«, »muss« verwenden müssen. 63

In jedem Fall ist vor einer völligen Versagung stets zu prüfen, ob nicht wenigstens in beschränktem Umfang (z.B. hinsichtlich bestimmter Fragenbereiche) eine Aussagegenehmigung erteilt werden kann. 64

3. Schutz des ehrenamtlich Tätigen im Fall einer Versagung der Aussagegenehmigung (Satz 2)

Wird dem ehrenamtlich Tätigen die Aussagegenehmigung in einem der seltenen Fälle des Abs. 4 versagt, so ist ihm nach Satz 2 der Schutz zu gewähren, den die öffentlichen Interessen zulassen. 65

a) Mögliche Schutzmaßnahmen

Solche Maßnahmen können bestehen in Ehren- und Vertrauenserklärungen (wenn dem ehrenamtlich Tätigen ein unehrenhaftes oder rechtswidriges Verhalten vorgeworfen worden ist), der Übernahme von Prozesskosten oder Schadensersatzverpflichtungen[33] sowie organisatorischen oder dienstrechtlichen Maßnahmen. Denkbar ist auch das Hinwirken auf eine Begnadigung bei strafrechtlicher Verurteilung.[34] 66

31 Stelkens/Bonk/Sachs/*Kallerhoff/Hecker*, § 84 Rn. 17; Kopp/Ramsauer, § 84 Rn. 18.
32 Stelkens/Bonk/Sachs/*Kallerhoff/Hecker*, § 84 Rn. 17.
33 Vgl. Kopp/Ramsauer, § 84 Rn. 19.
34 VGH Hessen NVwZ-RR 1994, 596.

b) Zuständigkeit für die Gewährung bzw. Veranlassung einer Schutzmaßnahme

67 Für die Gewährung bzw. Veranlassung der Schutzmaßnahmen ist die Genehmigungsbehörde nach Abs. 5 zuständig.

V. Die für die Erteilung der Genehmigung zuständige Behörde (§ 84 Abs. 5)

68 Die nach Abs. 2 bis 4 erforderliche Genehmigung erteilt gem. Abs. 5 die der Berufungsbehörde übergeordnete Fachaufsichtsbehörde.

1. Fachlich zuständige Aufsichtsbehörde

69 Zuständig für die Erteilung der Genehmigung ist die im fachlichen Instanzenzug vorgesetzte Behörde. Sie muss nicht immer mit jener Aufsichtsbehörde identisch sein, der – als Rechtsaufsichts- bzw. Dienstaufsichtsbehörde – die allgemeine Dienstaufsicht obliegt. Vielmehr richtet sich die Zuständigkeit allein nach der vom Gesetzgeber im Einzelfall vorgesehenen fachlichen Behördenorganisation.

70 Die fachlich zuständige Aufsichtsbehörde bietet grds. eine bessere Gewähr für eine objektive Entscheidung als die Berufungsbehörde, da diese meist von den Angelegenheiten berührt sein wird, die unter die Verschwiegenheitspflicht fallen.[35]

71 Ist die Berufungsbehörde eine oberste Bundes- bzw. Landesbehörde, so hat sie selbst über die Erteilung der Aussagegenehmigung zu entscheiden, da ihr keine Fachaufsichtsbehörde übergeordnet ist.

2. Erteilung als Ermessensentscheidung

72 Die Entscheidung über die Erteilung einer Genehmigung zur Aussage bzw. Abgabe einer Erklärung ist in den Fällen des Abs. 2 und 3 eine Ermessensentscheidung.

73 Die Genehmigung kann auf bestimmte Fragenbereiche beschränkt werden.

74 Die Pflicht zur Geheimhaltung aufgrund besonderer Rechtsvorschriften bleibt unberührt (vgl. Rdn. 20).

3. Befugnis zur Antragstellung

76 Den Antrag auf Erteilung der Genehmigung zu einer Aussage oder zur Abgabe einer Erklärung kann bei der Genehmigungsbehörde jedes Gericht und jede Behörde stellen, vor der der ehrenamtlich Tätige aussagen soll. Sofern an der Aussage ein besonderes rechtliches Interesse besteht, kann der Antrag auch vom ehrenamtlich Tätigen selbst und jedem Dritten gestellt werden.[36]

---

35 Kopp/Ramsauer, § 84 Rn. 20.

36 BVerwGE 18, 58 ff.; ebenso Kopp/Ramsauer, § 84 Rn. 21; Stelkens/Bonk/Sachs/*Kallerhoff/Hecker*, § 84 Rn. 20 f.

4. Verantwortung für die Einhaltung der Verschwiegenheitspflicht

Die Verantwortung dafür, dass eine Aussage oder Erklärung keine der Verschwiegenheitspflicht unterfallenden Angelegenheiten berührt, trägt allein der ehrenamtlich Tätige. 77

5. Rechtsweg gegen die Versagung der Genehmigung

Die Versagung der Genehmigung ist ein VA.[37] Sowohl der ehrenamtlich Tätige als 78 auch jeder Dritte können sich dagegen mit einer Anfechtungs- und Verpflichtungsklage wehren, soweit der VA ihre rechtlich geschützten Interessen beeinträchtigt. (z.B. wenn sich ein Beteiligter in einem Rechtsstreit auf das Zeugnis eines ehrenamtlich Tätigen berufen möchte).[38]

Einem Gericht oder einer Behörde steht gegen die Versagung einer Aussagegeneh- 79 migung jedoch kein Rechtsweg zur Verfügung. Sofern das Verfahren dem Untersuchungsgrundsatz unterliegt, gebietet es dieser jedoch, dass sich das Gericht oder die Behörde in gebührender Weise um die Erteilung der Aussagegenehmigung bemüht (z.B. versucht, wenigstens eine teilweise Aussagegenehmigung zu erhalten).

Wendet ein Beteiligter sich gerichtlich gegen die Versagung der Aussagegenehmigung 80 müssen das Gericht oder die Behörde, vor denen ausgesagt werden soll, zumindest eine Aussetzung des Verfahrens nach § 10 Satz 2 und den allgemeinen Rechtsgrundsätzen der ZPO bzw. der VwGO in Betracht ziehen.

VI. Folgen einer Verletzung der Verschwiegenheitspflicht

Die Verletzung der Verschwiegenheitspflicht kann nach §§ 203, 353b und 355 StGB 81 strafrechtlich verfolgt werden. Daneben kommen die Abberufung aus dem Ehrenamt (z.B. nach § 86 Satz 2 Nr. 1) sowie Schadensersatzansprüche wegen Amtspflichtverletzung (vgl. § 83 Rdn. 27 ff.) in Betracht.

Die Verletzung der Verschwiegenheitspflicht stellt jedoch keine Ordnungswidrigkeit 82 nach § 87, wie noch im Entwurf des VwVfG vorgesehen (vgl. § 87 Rdn. 1), dar.

Auch Äußerungen, die unter Verletzung der Verschwiegenheitspflicht abgegeben wor- 83 den sind, können in einem Gerichts- oder Verwaltungsverfahren verwertet werden.[39]

C. Verfahrensvorschriften des Sozialrechts sowie Verwaltungsverfahrensrecht der Länder

§ 84 ist mit den landesrechtlichen Vorschriften bis auf folgende Ausnahmen iden- 84 tisch: § 84 HmbVwVfG bestimmt in § 84 Abs. 5 anstelle der Aufsichtsbehörde die Zuständigkeit der Berufungsbehörde. § 96 ShLVwG ist inhaltsgleich.

37 BVerwGE 18, 58 ff.; BVerwGE 109, 258; ders. NJW 1983, 638 und NJW 83, 2343.
38 Stelkens/Bonk/Sachs/*Kallerhoff/Hecker*, § 84 Rn. 20; BVerwGE 34, 252.
39 Offengelassen Kopp/Ramsauer, § 84 Rn. 13.

§ 85 Entschädigung

Der ehrenamtlich Tätige hat Anspruch auf Ersatz seiner notwendigen Auslagen und seines Verdienstausfalls.

Übersicht Rdn.

A. Allgemeines und Grundsätze

1 Die Bestimmung entspricht § 70 EVwVerfG 1963. Anders als ursprünglich vorgesehen enthält sie jedoch keine eigene Subsidiaritätsklausel, da diese nunmehr in §§ 1 und 81 vor die Klammer gezogen ist.

2 Außerdem wurden die Worte »entgangener Arbeitsverdienst« durch das Wort »Verdienstausfall« ersetzt, um den Eindruck zu vermeiden, dass nur entgangene Lohnansprüche aus einem Arbeitsverhältnis zu kompensieren sind.

3 Die Regelung schafft selbstständige finanzielle Ausgleichsansprüche des ehrenamtlich Tätigen für von ihm erbrachte notwendige Auslagen und für seinen durch die Tätigkeit verursachten Verdienstausfall.

4 Ihr liegt der Gedanke zugrunde, dass ein ehrenamtlich Tätiger qua definitionem für seine Tätigkeit zwar kein Entgelt in Form einer Besoldung oder einer Vergütung zu beanspruchen hat, wohl aber von materiellen Einbußen durch seine Tätigkeit verschont bleiben soll. Dies entspricht einem überkommenen Rechtsgrundsatz, nach dem ehrenamtlich Tätigen durch ihre Tätigkeit weder Vorteile noch Nachteile entstehen dürfen.[1]

1 Amtl. Begründung, S. 94.

B. Die Vorschrift im Einzelnen

I. Die einzelnen Ausgleichsansprüche

5 Ausgleichsansprüche sind gegeben, wenn dem ehrenamtlich Tätigen notwendige Auslagen erwachsen sind oder ihm ein Verdienstausfall entstanden ist.

1. Auslagen

6 Auslagen sind alle im Einzelnen nachweisbaren Baraufwendungen für die Durchführung der ehrenamtlichen Tätigkeit (z.B. Fahrt- und Reisekosten, Porto- und Fernsprechgebühren, Kosten einer Vertretung und für Begleitpersonen sowie ggf. anfallende Kosten für die Sozialversicherung (vgl. Rdn. 16 ff.).

a) Notwendige Auslagen

7 Notwendige Auslagen sind solche, die der ehrenamtlich Tätige im Zeitpunkt ihrer Entstehung bei sachverständiger Prüfung im Interesse einer ordnungsgemäßen Erledigung der ehrenamtlichen Tätigkeit nach Art und Umfang für erforderlich halten durfte. Unerheblich ist dagegen, ob auch eine nachträgliche Betrachtung die objektive Notwendigkeit der Aufwendungen bestätigt.[2]

8 Außerdem zählen solche Aufwendungen zu den notwendigen Auslagen, die dem ehrenamtlich Tätigen kraft Gesetzes – also für ihn unumgänglich – entstanden sind. Dazu zählen beispielsweise Kosten für seine Sozialversicherung (vgl. Rdn. 16 ff.).

b) Nicht notwendige Auslagen

9 Nicht notwendig sind dagegen z.B. Aufwendungen für einen Flug zum Ort der Beweisaufnahme, wenn dieser ohne unzumutbare Belastung auch rechtzeitig mit der Eisenbahn oder mit einem Kfz erreicht werden kann.

2. Verdienstausfall

10 Verdienstausfall ist diejenige finanzielle Einbuße, die der ehrenamtlich Tätige durch seine Tätigkeit in seinen beruflichen Einkünften erleidet. Dabei ist neben der für die ehrenamtliche Tätigkeit selbst benötigten Zeit auch jene in Rechnung zu stellen, die für die Hin- und Rückfahrt zum Ort der ehrenamtlichen Tätigkeit sowie für besondere Vorbereitungsmaßnahmen (z.B. Aktenstudium) anfällt. Für die Berechnung des Verdienstausfalls ist (entsprechend der Regelung des § 22 JVEG) der Bruttoverdienst maßgebend.

---

2 Knack/Henneke/*Henneke*, § 85 Rn. 2; BVerfG, Urt. v. 01.07.1980 – 1 BvR 349/75 u. a., BVerfGE 54, 251.

a) Bei unselbstständiger Arbeit

11 Bei unselbstständiger Tätigkeit ist eine finanzielle Einbuße nur dann gegeben, wenn der Arbeitgeber für die wegen der ehrenamtlichen Tätigkeit versäumte Dienstzeit eine Entgeltkürzung vornimmt. Andernfalls scheidet ein Ausgleichsanspruch aus.

b) Bei selbstständiger Arbeit

12 Bei selbstständiger Tätigkeit lässt sich i.d.R. der Verdienstausfall nicht exakt berechnen, da der finanzielle Arbeitserfolg nur selten auf bestimmte Zeitabschnitte bezogen werden kann. In diesem Fall ist – ebenso wie bei schwankenden Einkommen[3] – ein für eine längere Zeit ermittelter Durchschnittsverdienst zugrunde zu legen.[4]

II. Pauschale Abgeltung der Ausgleichsleistungen

13 Die Ausgleichsleistungen können – unter Verzicht auf Einzelnachweise – pauschal durch die Zahlung von Sitzungs- oder Tagegeldern abgegolten werden.[5] Dem ehrenamtlich Tätigen darf jedoch dadurch nicht die Möglichkeit genommen werden, mit entsprechenden Nachweisen einen Zusatzausgleich anzufordern, soweit seine Ansprüche den pauschalen Abgeltungsbetrag übersteigen. Andererseits darf die pauschale Abgeltung auch nicht so hoch bemessen sein, dass sie den Charakter eines Entgelts erhält. Gegen ein bescheidenes Honorar im Sinne eines »Ehrensoldes« ist jedoch nichts einzuwenden.

III. Recht des ehrenamtlich Tätigen auf Erfüllung seiner Ausgleichsansprüche

14 Der ehrenamtlich Tätige hat ein materielles subjektives Recht auf Erfüllung seiner Ausgleichsansprüche durch den Hoheitsträger der Behörde, bei er seine (Dienst –) Aufgaben wahrnimmt. Dieses Recht kann mit der allgemeinen Leistungsklage durchgesetzt werden. Ein (mit der Anfechtungs- bzw. Verpflichtungsklage verwaltungsgerichtlich überprüfbarer) VA liegt nur dann vor, wenn eine besondere Rechtsvorschrift eine Festsetzung der zustehenden Ausgleichsleistungen durch VA vorsieht.[6]

15 Ein Verzicht auf die Erfüllung der Ausgleichsansprüche ist möglich, aber explizit zu erklären.[7] Denn bei den Ausgleichsansprüchen handelt es sich nicht um Besoldung i.S.d. BBesG (vgl. § 2 Abs. 3 BBesG).

---

3 Knack/Henneke/*Henneke*, § 85 Rn. 3.

4 Zum Verdienstausfall der Nur-Hausfrau vgl. BVerfGE 49, 280.

5 Knack/Henneke/*Henneke*, § 85 Rn. 2.2.3; Kopp/Ramsauer, VwVfG § 85 Rn. 7.

6 A.A. Knack/Henneke/*Henneke*, § 85 Rn. 5, der die Zuerkennung und die Ablehnung des geltend gemachten Entschädigungsanspruchs ausnahmslos als VA qualifiziert.

7 Stelkens/Bonk/Sachs/*Bonk*/*Kallerhoff*/*Hecker*, § 85 Rn. 4.

IV. Zusätzlicher Schutz durch die Sozialversicherung

1. Versicherung gegen Arbeitsunfall

16 Nach § 2 Nr. 10 SGB VII sind Personen, die für Körperschaften, Anstalten oder Stiftungen des öffentlichen Rechts oder deren Verbände oder Arbeitsgemeinschaften oder für weitere soziale und kirchliche Einrichtungen ehrenamtlich tätig sind, oder an Ausbildungsveranstaltungen für eine solche Tätigkeit teilnehmen, kraft Gesetzes in der gesetzlichen Unfallversicherung gegen Arbeitsunfälle und Berufskrankheiten versichert. Bei Eintritt des Versicherungsfalles kann der Versicherte nach den Vorschriften der §§ 26 ff. SGB VII Heilbehandlung, Rehabilitation, Pflege, sowie Renten und andere Geldleistungen für sich und seine Hinterbliebenen erlangen.

2. Schutz gegen mögliche Rentenschädigung

17 Entsteht dem ehrenamtlich Tätigen durch seine Tätigkeit ein Verdienstausfall, mindern sich auch die an den Rentenversicherungsträger abzuführenden Beiträge. Da sich die Höhe der Rente später nach den vorher abgeführten Beiträgen bemisst und für die Entschädigungsbeiträge nach § 85, soweit sie steuerfrei sind, keine Rentenversicherungsbeiträge gezahlt werden,[8] könnte die ehrenamtliche Tätigkeit im Alter zu einer Renteneinbuße führen, obwohl der entstehende Verdienstausfall zunächst ausgeglichen wird.

18 Diese Folge sollen die §§ 163 Abs. 3 und 4 sowie § 168 Abs. 1 Nr. 5 SGB VI verhindern. Danach kann der Versicherte auf seine Kosten über seinen Arbeitgeber die geminderten Rentenversicherungsbeiträge zusätzlich bezahlen und damit seine Rente auf dem ohne die ehrenamtliche Tätigkeit ursprünglich zu erwartenden Niveau halten. Die dem Arbeitnehmer durch diese Vorgehensweise entstehenden Belastungen zählen zu den notwendigen Auslagen i.S.d. § 85.

V. Von § 85 abweichende Rechtsvorschriften

19 Eine von § 85 abweichende Regelung (z.B. die Festlegung eines Entgelts für eine ehrenamtliche Tätigkeit) kann aufgrund der Vorbehalte nach § 1 Abs. 1 bzw. § 81 durch förmliches Gesetz oder durch eine von einem solchen Gesetz gedeckte Rechtsverordnung getroffen werden. Verwaltungsvorschriften alleine vermögen § 85 jedoch weder zu modifizieren noch zu derogieren.

C. Verfahrensvorschriften des Sozialrechts sowie Verwaltungsverfahrensrecht der Länder

20 Die Landesverwaltungsverfahrensgesetze enthalten gleichlautende Vorschriften. Im Sozialversicherungsrecht, welches in großem Umfang auf die Mithilfe ehrenamtlich Tätiger zurückgreift, besteht mit § 41 SGB IV eine § 85 teilweise entsprechende Regelung.

8 Zum Problem der Sozialversicherungspflicht für Aufwandsentschädigungen vgl. BSG, Urt. v. 15.07.2009 – B 12 KR 1/09 R, BSGE 104, 71: Sozialversicherungspflichtig ist die Aufwandsentschädigung soweit eine konkret nachgewiesene finanzielle Einbuße nicht existiert und sie den Steuerfreibetrag übersteigt.

§ 86 Abberufung

[1]Personen, die zu ehrenamtlicher Tätigkeit herangezogen worden sind, können von der Stelle, die sie berufen hat, abberufen werden, wenn ein wichtiger Grund vorliegt. [2]Ein wichtiger Grund liegt insbesondere vor, wenn der ehrenamtlich Tätige
1. seine Pflicht gröblich verletzt oder sich als unwürdig erwiesen hat,
2. seine Tätigkeit nicht mehr ordnungsgemäß ausüben kann.

Übersicht Rdn.

A. Allgemeines und Grundsätze

1 Der Wortlaut der Bestimmung wurde fast vollständig aus § 71 EVwVerfG 1963 entnommen. Allerdings fehlt wie auch in § 85 die Subsidiaritätsklausel, die im VwVfG bereits in §§ 1 und 81 enthalten ist.

2 Die Norm enthält allgemeine Regeln über die Gründe, die zu einer Abberufung ehrenamtlich Tätiger führen können, die im Verwaltungsverfahren herangezogen werden[1] und die behördlichen Zuständigkeiten für eine solche Abberufung. Ihre Grundsätze werden auch bei der Abberufung von ehrenamtlichen Organmitgliedern außerhalb ihres Anwendungsbereichs angewendet.[2] Die Rechtsprechung leitet aus der Vorschrift ab, dass Abberufungen und darüber hinaus auch Freistellungen (als milderes Mittel gegenüber Abberufungen) stets von einem sachlichen Grund getragen werden

1 SächsOVG, Urt. v. 19.01.2018 – 2 A 106/16, juris Rn. 20.
2 SächsOVG, Urt. v. 07.07.2015 – 4 A 700/13, juris Rn. 36; SächsOVG, Urt. v. 19.01.2018 – 2 A 106/16, juris Rn. 20.

müssen.[3] Die Vorschrift vermittelt Dritten keine Ansprüche auf Abberufung von ehrenamtlich Tätigen.[4]

Sie schafft für den Bereich der ehrenamtlichen Tätigkeit ein Pendant zu dem für Beamte geltenden Disziplinarrecht. Damit soll sichergestellt werden, dass für die Abberufung ehrenamtlich Tätiger aus triftigen Gründen eine eindeutige Rechtsgrundlage zur Verfügung steht. 3

B. Die Vorschrift im Einzelnen

I. Abberufung eines zu einer ehrenamtlichen Tätigkeit Herangezogenen

Die Vorschrift des § 86 greift nur dann, wenn eine regelmäßig bereits begonnene ehrenamtliche Tätigkeit durch nachträglich entstandene Umstände ein Ende finden soll. 4

Abberufung selbst ist die Beendigung des durch die Berufung des ehrenamtlich Tätigen begründeten öffentlich-rechtlichen Amtsverhältnisses eigener Art (vgl. § 81 Rdn. 1 ff.). 5

Die Abberufung ist abzugrenzen von der Amtsniederlegung und dem Verlust des Amtes kraft Gesetzes. Unter Amtsniederlegung ist ein Antrag auf Abberufung aus dem Amtsverhältnis zu verstehen. Diesen kann der ehrenamtlich Tätige auch ohne Vorliegen eines besonderen Grundes jederzeit dann stellen, wenn er nicht nach § 82 zur Übernahme des Ehrenamtes verpflichtet war.[5] Der Verlust des Amtes kraft Gesetzes kann z.B. nach § 45 Nr. 3 StGB eintreten. 6

II. Vorliegen eines wichtigen Grundes

1. Wichtiger Grund

Ein wichtiger Grund ist jeder Umstand, der aus Gründen des öffentlichen Wohls oder im Interesse Dritter eine Abberufung des ehrenamtlich Tätigen rechtfertigt. Die meisten eine Abberufung rechtfertigenden wichtigen Gründe dürften von den Regelbeispielen des Satzes 2 erfasst sein. Andere, wenige – mit gleichem Gewicht gegen eine weitere Amtsausübung sprechende – Gründe sind immerhin denkbar (z.B. die Auflösung oder eine organisatorische Änderung der Behörde, die die ehrenamtliche Tätigkeit überflüssig macht). Auch eine Häufung von Pflichtverletzungen, von denen jede einzelne für sich betrachtet nicht erheblich ist, kann einen wichtigen Grund für die Abberufung ergeben. 7

Schließlich kann auch der Verdacht eines schwerwiegenden Fehlverhaltens (entsprechend der arbeitsrechtlichen Regelungen über die Verdachtskündigung) einen wichtigen Grund zur Abberufung vermitteln. Das ist etwa dann anzunehmen, wenn ihn der ehrenamtlich Tätige nicht ausräumt, obgleich er nach Lage der Dinge dazu imstande sein müsste.[6] 8

---

3 VG Hannover, Urt. v. 12.09.2018 – 7 A 7072/16, juris Rn. 30.

4 BVerwG, Beschl. v. 18.08.2008 – 9 B 39.08, juris Rn. 8; VG Berlin, Urt. v. 28.01.2020 – 25 K 272.19, juris Rn. 35.

5 Kopp/Ramsauer, § 86 Rn. 2, 13.

6 Kopp/Ramsauer, § 86 Rn. 6.

2. Beweislast

9 Die den wichtigen Grund bestimmenden Tatsachen müssen eindeutig vorliegen. Hierfür trägt die Behörde grundsätzlich die (objektive) Beweislast. Soweit bereits der Verdacht eines schwerwiegenden Fehlverhaltens einen wichtigen Grund darstellt, muss die Behörde lediglich die den Verdacht begründenden Umstände beweisen.

3. Beispiele in Satz 2

10 Satz 2 nennt zwei Beispiele für das Vorliegen eines wichtigen Grundes.

a) Gröbliche Pflichtverletzung oder Unwürdigkeit (Nr. 1)

aa) Gröbliche Pflichtverletzung

11 Eine gröbliche Pflichtverletzung ist gegeben, wenn der ehrenamtlich Tätige eine ihm durch Rechtsvorschrift oder innerdienstliche Weisung auferlegte Pflicht so gravierend verletzt hat, dass die Behörde aus Gründen des öffentlichen Wohls oder im Interesse Dritter eine weitere Amtsausübung nicht dulden darf.

12 Pflichtverletzung in diesem Sinne ist jedes gegen eine Rechtsnorm oder eine innerdienstliche Weisung verstoßende Verhalten. Dies folgt aus der in § 83 Abs. 1 enthaltenen Verpflichtung des ehrenamtlich Tätigen, seine (gesamte) Tätigkeit gewissenhaft auszuüben (vgl. § 83 Rdn. 6 ff.).

13 Eine gröbliche Pflichtverletzung liegt bspw. bei parteiischer Amtsausübung oder mehrmaligem Fehlen ohne hinreichenden Grund vor.[7]

14 Es genügt bereits jedes dem ehrenamtlich Tätigen objektiv zurechenbare Verhalten.[8] Auf die Frage, ob der ehrenamtlich Tätige schuldhaft gehandelt hat, kommt es dagegen nicht an. Dies folgt zunächst aus dem Wortlaut des § 86 Satz 2 Nr. 1, der nicht von einer schuldhaften Pflichtverletzung, sondern nur von einer gröblichen spricht. Auch Sinn und Zweck des § 86 stützen diese Auslegung. Die Vorschrift soll sicherstellen, dass die Arbeitsfähigkeit und Funktion derjenigen Behörden, bei deren Verwaltungsablauf ehrenamtlich Tätige beteiligt sind, stets gewährleistet werden kann. Danach kommt es für die Notwendigkeit der Ablösung aber nur darauf an, ob die Amtspflichten erfüllt werden. Ob der ehrenamtlich Tätige etwas dafür kann, ist unerheblich.

15 Eine zur Abberufung führende, gröbliche Pflichtverletzung erfüllt jedoch nicht zugleich den Tatbestand der Ordnungswidrigkeit nach § 87. Eine solche ist nämlich nur bei Vorliegen der beiden Tatbestandsvoraussetzungen des § 87 Nichtübernahme oder Niederlegung des Amtes gegeben[9]. Niederlegung im Sinne dieser Vorschrift ist aber lediglich die selbst ausgesprochene Aufgabe des Amtes und nicht eine durch Pflichtverletzungen erzwungene.

---

7 BVerfGE 71, 108, 117 ff.

8 Kopp/Ramsauer, § 86 Rn. 8; Knack/Henneke/*Henneke*, § 86 Rn. 7.

9 BVerfGE 71, 108, 117 ff.

bb) Unwürdigkeit

Unwürdigkeit ist ein sittlich verwerfliches Verhalten im dienstlichen oder privaten Bereich, welches geeignet ist, das Vertrauen der Bürger in die Integrität staatlicher Institutionen zu beeinträchtigen. Unwürdigkeit ist daher etwa bei unsittlichem Lebenswandel und im Fall der Bestrafung wegen einer ehrenrührigen Tat gegeben. 16

Ist der ehrenamtlich Tätige nach § 92a StGB neben einer Freiheitsstrafe (wegen Friedensverrats, Hochverrats oder der Gefährdung des demokratischen Rechtsstaates) die Fähigkeit zur Bekleidung öffentlicher Ämter aberkannt worden, so ist er wegen Unwürdigkeit abzuberufen, da in diesem Fall anders als nach § 45 Abs. 3 StGB (vgl. Rdn. 6) der Amtsverlust nicht kraft Gesetzes eintritt. Verschulden ist auch hier nicht erforderlich. 17

b) Keine ordnungsgemäße Ausübung der Tätigkeit mehr möglich (Nr. 2)

Der ehrenamtlich Tätige kann nach Nr. 2 seine Tätigkeit nicht mehr ordnungsgemäß ausüben, wenn er aufgrund objektiv feststellbarer Tatsachen in seiner Amtsausübung nicht nur vorübergehend behindert ist. Auf Verschulden kommt es dabei nicht an. 18

Stellt sich nachträglich heraus, dass der ehrenamtlich Tätige schon bei seiner Berufung bzw. bei seinem Amtsantritt nicht zur ordnungsgemäßer Amtsausübung in der Lage war, so ist dies ein wichtiger Grund nach Satz 1. Eine analoge Anwendung der Nr. 2 auf diese Fälle scheitert schon an der Struktur des § 86 Satz 2, der lediglich Beispiele für die allgemeine Regel des S. 1 festlegt. Tatbestände, die sich unter die Beispiele nicht subsumieren lassen, müssen anhand der Grundnorm des S. 1 geprüft werden. Die analoge Anwendung eines Beispiels scheidet bereits mangels planwidriger Lücke in der beispielhaften und damit notwendig lückenhaften Aufzählung des S. 2 aus.[10] 19

Ein Fall der Nr. 2 liegt bspw. bei Wohnortwechsel, körperlichen Leiden, krankhafter Störung der Geistestätigkeit oder Überlastung durch anderweitige Verpflichtungen beruflicher oder privater Art vor. 20

III. Ermessen bei der Abberufung

Die Abberufung ist ein in das Ermessen der Abberufungsbehörde gestellter, rechtgestaltender VA. Kommt die Behörde nach Prüfung der Tatsachen zum Ergebnis, dass ein wichtiger Grund gem. § 86 vorliegt, hat sie ihr Rechtsfolgeermessen zu betätigen. Dabei ist § 40 zu beachten. Es müssen die jeweils bestehenden öffentlichen und die privaten Interessen des Amtsinhabers und anderer beteiligter Personen gegeneinander abgewogen werden.[11] Die gesetzlichen Grenzen des Ermessens, die insbesondere vom Verhältnismäßigkeitsgrundsatz gezogen werden, dürfen nicht überschritten werden. Liegt Unwürdigkeit vor, werden die öffentliche Interessen die privaten i.d.R. derart 21

10 A.A. Kopp/Ramsauer, § 86 Rn. 11; Knack/Henneke/*Henneke*, § 86 Rn. 9.
11 SächsOVG, Urt. v. 19.01.2018 – 2 A 106.16 – juris Rn. 25.

überwiegen, dass nur noch eine Abberufung infrage kommt. Eine Abwägung ist aus diesem Grund jedoch nicht ausgeschlossen oder obsolet.[12]

IV. Verfahren

1. Zuständigkeit

22 Zuständig für die Abberufung ist die Stelle, die den ehrenamtlich Tätigen berufen hat ohne Rücksicht darauf, ob sie eine monokratisch organisierte Behörde oder ein Kollegialorgan ist.[13]

23 Ist die Berufungsbehörde nicht identisch mit der Behörde, bei der die ehrenamtliche Tätigkeit ausgeübt wird, so hat letztere bei der Berufungsbehörde die Abberufung zu beantragen, falls die Berufungsbehörde nicht aus eigener Initiative tätig wird.[14]

2. Form

24 Die Form der Abberufung ist gesetzlich nicht vorgeschrieben. Im Interesse der Rechtsklarheit sollte jedoch ein (nach § 39 schriftlich zu begründender) schriftlicher Bescheid erlassen werden.[15]

3. Anhörung

25 Für das Verfahren gelten die allgemeinen Vorschriften. Insb. ist der Betroffene vor der Entscheidung nach § 28 zu hören.

4. Anfechtung

26 Die Abberufung kann mit Widerspruch und Anfechtungsklage vor den Verwaltungsgerichten angefochten werden. Das VG kann dabei insb. überprüfen, ob die Annahme eines wichtigen Grundes zutreffend und die Ausübung des Ermessens rechtmäßig war.

V. Abberufung in laufenden Verwaltungsverfahren

27 Erfolgt die Abberufung in einem laufenden Verfahren, so werden Rechte der Beteiligten nicht berührt. Diese können allenfalls (ebenso wie gegen die ihnen unzweckmäßig erscheinende Auswechselung eines Beamten) Dienstaufsichtsbeschwerde erheben.

C. Verfahrensvorschriften des Sozialrechts sowie Verwaltungsverfahrensrecht der Länder

28 Die Landesverwaltungsverfahrensgesetze sind wort- bzw. inhaltsgleich.

---

12 Knack/Henneke/*Henneke*, § 86 Rn. 10.
13 Knack/Henneke/*Henneke*, § 86 Rn. 5.
14 Knack/Henneke/*Henneke*, § 86 Rn. 5.
15 Kopp/Ramsauer, § 86 Rn. 12; Stelkens/Bonk/Sachs/*Kallerhoff/Hecker*, § 86 Rn. 10.

§ 87 Ordnungswidrigkeiten

(1) Ordnungswidrig handelt, wer

1. eine ehrenamtliche Tätigkeit nicht übernimmt, obwohl er zur Übernahme verpflichtet ist,

2. eine ehrenamtliche Tätigkeit, zu deren Übernahme er verpflichtet war, ohne anerkennenswerten Grund niederlegt.

(2) Die Ordnungswidrigkeit kann mit einer Geldbuße geahndet werden.

Übersicht Rdn.

A. Allgemeines und Grundsätze

Die Bestimmung knüpft an § 72 EVwVerfG an. In Abs. 1 Nr. 2 wurde jedoch das Wort »wichtigen« durch »anerkennenswerten« ersetzt. Außerdem wurde die Nr. 3 des Entwurfs, die die Verletzung der Verschwiegenheitspflicht als Ordnungswidrigkeit ausgestaltet hatte, nicht übernommen. Der Gesetzgeber war der Ansicht, insoweit gewähre § 203 StGB ausreichenden strafrechtlichen Schutz. 1

Regelungsgegenstand sind die im Rahmen einer ehrenamtlichen Tätigkeit begehbaren Ordnungswidrigkeiten. Abs. 1 enthält den Tatbestand der Ordnungswidrigkeit und Abs. 2 die Rechtsfolge. 2

Zweck der Vorschrift ist es, die (außerhalb des VwVfG) spezialgesetzlich normierten Pflichten zur Übernahme ehrenamtlicher Tätigkeit mit einer Sanktion zu versehen. Die Sanktionsdrohung ist gerechtfertigt, weil an der Wahrnehmung einer gesetzlich angeordneten ehrenamtlichen Tätigkeit regelmäßig ein besonderes Interesse besteht.[1] 3

Die Strafbewehrung anderer, die ehrenamtliche Tätigkeit regelnder Rechtsnormen fehlt, da sie mit dem Wesen ehrenamtlicher Tätigkeit nicht vereinbar wäre und die 4

1 Amtl. Begründung S. 94.

Bereitschaft zur Übernahme eines Ehrenamtes beeinträchtigen könnte.[2] Gravierende Pflichtverletzungen der ehrenamtlich Tätigen können daher über den Anwendungsbereich des § 87 hinaus nur durch deren Abberufung nach § 86 und eventuelle Strafverfolgung (vgl. § 83 Rdn. 25 ff.) geahndet werden.[3]

5 Neben der allgemeinen Norm des § 87 enthalten einige Gesetze, die bestimmte ehrenamtliche Tätigkeiten regeln, zusätzliche Ordnungsmaßnahmen bei beharrlicher Verweigerung der Amtsausübung[4] bzw. Verweigerung der Eidesleistung.[5]

B. Die Vorschrift im Einzelnen

I. Nichtübernahme einer ehrenamtlichen Tätigkeit

6 Ordnungswidrig handelt nach Nr. 1, wer eine ehrenamtliche Tätigkeit nicht übernimmt, obwohl er zur Übernahme verpflichtet ist.

1. Verpflichtung zur Übernahme

7 Die Verpflichtung zur Übernahme kann sich nach der Regelung des § 82 nur aus einer besonderen Rechtsvorschrift ergeben (vgl. § 82 Rdn. 4 ff.). Spätestens aus § 87 lässt sich auch erkennen, dass der Gesetzgeber in § 82 keinesfalls die spezialgesetzliche Möglichkeit der Verpflichtung zu ehrenamtlicher Tätigkeit ausschließen, sondern lediglich klarstellen wollte, dass eine Verpflichtung zu ehrenamtlicher Tätigkeit noch nicht aus §§ 81 bis 86 selbst folgt.

2. Nichtübernahme des Ehrenamtes

8 Eine Nichtübernahme liegt vor, wenn der Verpflichtete sein Amt nicht antritt. Der Nichtantritt wiederum setzt voraus, dass der Verpflichtete zu dem ihm mitgeteilten Beginn der Amtsausübung nicht erscheint und außerdem durch Erklärung oder durch sein Verhalten die Übernahme des Amtes für die Zukunft verweigert.

9 Vergleicht man die Struktur der Nr. 1 mit der Nr. 2 fällt auf, dass Nr. 1 die Sanktion scheinbar ohne Berücksichtigung anerkennenswerter Gründe für jeden Fall der Nichtübernahme eines Ehrenamtes androht. Dennoch besteht Einigkeit, dass auch für das Vorliegen des objektiven Tatbestandes der Nr. 1 das Fehlen eines (die Nichtübernahme rechtfertigenden) anerkennenswerten Grundes ist.[6] Der Gesetzgeber ist davon ausgegangen, dass die in einer spezialgesetzlichen Regelung verankerte Übernahmepflicht ausdrücklich oder stillschweigend unter dem Vorbehalt der Zulässigkeit einer Ablehnung aus anerkennenswertem Grunde steht.[7]

2 BVerfGE 71, 108, 117; Begründung, S. 94.
3 Zum Verhältnis von § 86 und § 87 vgl. BVerfGE 71, 108, 117.
4 Für ehrenamtliche Verwaltungsrichter vgl. OVG Berlin NJW 1979, 1175; *Albers*, MDR 1984, 888.
5 VGH Bayern BayVBl. 1981, 87.
6 Stelkens/Bonk/Sachs/*Bonk/Kallerhoff/Hecker*, § 87 Rn. 2.
7 Amtl. Begründung, S. 94.

Solche anerkennenswerten Gründe sind entweder spezialgesetzlich anerkannte Ablehnungsgründe oder aber Umstände, die die Amtsausübung unmöglich machen (wie Alter, Krankheit, körperliche Gebrechen) bzw. unzumutbar erscheinen lassen (wie anderweitige unvermeidbare Belastungen).[8] 10

Bei der Entscheidung über das Vorliegen eines anerkennenswerten Ablehnungsgrundes sind die Besonderheiten des jeweiligen Ehrenamtes, insb. Art und Dauer der Belastung zu berücksichtigen.[9] Die Benennung typischer, stets zum Vorliegen eines anerkennenswerten Ablehnungsgrundes führender Umstände ist daher nicht möglich. Vielmehr sind jeweils der Umfang der ehrenamtlichen Verpflichtung und der geltend gemachte Ablehnungsgrund unter Berücksichtigung aller Umstände des Einzelfalles zueinander ins Verhältnis zu setzen. 11

II. Niederlegung ohne anerkennenswerten Grund

Ebenfalls eine Ordnungswidrigkeit begeht, wer eine ehrenamtliche Tätigkeit, zu deren Übernahme er verpflichtet war, ohne anerkennenswerten Grund niederlegt. 12

1. Niederlegung

Eine Niederlegung liegt vor, wenn der Verpflichtete nach Ausübung des Ehrenamtes seine Tätigkeit einstellt und zu erkennen gibt, dass er sie nicht mehr aufnehmen will. Dagegen kann ein einmaliges oder wiederholtes Nichterscheinen zum Dienst alleine noch nicht als Niederlegung der ehrenamtlichen Tätigkeit gewertet werden. Vielmehr müssen weitere Umstände hinzukommen, die den Schluss darauf zulassen, dass dieses Verhalten auch zukünftig andauern wird. 13

2. Anerkennenswerte Gründe

Als – eine Amtsniederlegung legitimierende – anerkennenswerte Gründe kommen die gleichen in Betracht, die im Fall der Nr. 1 zu einer Ablehnung der Übernahme berechtigen (vgl. Rdn. 10 f.). 14

III. Vorsatz (§ 10 OWiG)

Subjektiv ist nach § 10 OWiG für die Erfüllung des Tatbestands des § 87 Vorsatz erforderlich, da § 87 Fahrlässigkeit nicht ausdrücklich mit Geldbuße bedroht. Auch ist in den von Abs. 1 Nr. 1 und 2 erfassten Fällen fahrlässiges Handeln kaum denkbar. 15

IV. Strafmaß

1. Strafart

Nach Abs. 2 kann die Ordnungswidrigkeit mit einer Geldbuße geahndet werden. 16

---

8 Kopp/Ramsauer, § 87 Rn. 7.
9 Kopp/Ramsauer, § 87 Rn. 8.

2. Strafrahmen

17 Die Höhe dieser Geldbuße beträgt nach § 17 OWiG mindestens fünf Euro und höchstens eintausend Euro. Die Überschreitung des gesetzlich festgelegten Höchstbetrages aufgrund der Ausnahmeregelung des § 17 Abs. 4 OWiG (wonach das gesetzliche Höchstmaß überschritten werden kann, wenn der Täter aus der Ordnungswidrigkeit einen größeren wirtschaftlichen Vorteil gezogen hat) erscheint z.B. dann zulässig, wenn die Niederlegung der Tätigkeit nach Abs. 1 Nr. 2 zu dem Zweck erfolgt, anderweitig eine lukrative Aufgabe zu übernehmen.

3. Zuständigkeit

18 Zuständig für die Ahndung einer Ordnungswidrigkeit nach § 87 VwVfG ist gem. § 36 Abs. 1 Nr. 2b) OWiG – vorbehaltlich anderweitiger gesetzlicher Regelungen – der fachlich zuständige Bundesminister.

19 Die Ahndung aufgrund der dem § 87 entsprechenden landesrechtlichen Vorschriften ist, wenn keine Spezialregelung besteht, Sache der fachlich zuständigen obersten Landesbehörde (§ 36 Abs. 1 Nr. 2 Buchstabe a OWiG).

4. Ermessen

20 Der Erlass des Bußgeldbescheids steht im Ermessen der zuständigen Behörde. Die korrekte Ausübung dieses Ermessens kann nach den besonderen Verfahrensvorschriften der §§ 67 ff. OWiG vom AG auf seine Rechtmäßigkeit überprüft werden.

C. Verfahrensvorschriften des Sozialrechts sowie Verwaltungsverfahrensrecht der Länder

21 Die Verwaltungsverfahrensgesetze der Länder enthalten größtenteils wortgleiche Vorschriften. In Bayern wurde jedoch die § 87 entsprechende Vorschrift mit Gesetz vom 07.09.1982[10] aufgehoben. Zur Begründung führte der Gesetzgeber aus: »Gepreßte« Ehrenämter würden mehr Schaden als Nutzen anrichten.[11] In Baden-Württemberg wurde zusätzlich eine Regelung über die zuständigen Behörden angefügt. In Schleswig-Holstein ist ein zusätzlicher Hinweis auf das Gesetz über Ordnungswidrigkeiten aufgenommen worden.

10 GVBl. S. 722.
11 OWiBerG vom 07.09.1982, GVBl. S. 722.

Abschnitt 2 Ausschüsse

§ 88 Anwendung der Vorschriften über Ausschüsse

Für Ausschüsse, Beiräte und andere kollegiale Einrichtungen (Ausschüsse) gelten, wenn sie in einem Verwaltungsverfahren tätig werden, die §§ 89 bis 93, soweit Rechtsvorschriften nichts Abweichendes bestimmen.

Übersicht Rdn.

A. Allgemeines und Grundsätze

In einer Vielzahl von Verwaltungsverfahren sind Ausschüsse tätig: z.B. der Ausschuss der Enteignungsbehörde nach § 104 BauGB hinsichtlich der Entscheidung über Enteignungsanträge und über die Art und Höhe der Entschädigung, der Umlegungsausschuss nach § 46 Abs. 2 BauGB für die Durchführung der Umlegung, der Gutachterausschuss nach § 192 BauGB, der Widerspruchsausschuss nach § 26 VermG in Angelegenheiten zur Regelung offener Vermögensfragen oder die Bundesprüfstelle nach § 17 JugSchG für die Aufnahme jugendgefährdender Schriften in eine Liste. 1

Auch für die Ausschüsse gelten zunächst grundsätzlich die allgemeinen Vorschriften des Gesetzes, die allerdings durch die §§ 20 Abs. 4., 21 Abs. 2 (Ausschluss eines Ausschussmitglieds von einer Mitwirkung am Verfahren), 38 Abs. 1 Satz 2 (Mitwirkung eines Ausschusses bei der Erteilung einer Zusicherung), 44 Abs. 3 Nr. 3, 45 Abs. 1 Nr. 4 (Folgen der fehlenden Mitwirkung eines Ausschusses beim Erlass eines Verwaltungsakts) ergänzt bzw. modifiziert werden. Für das förmliche Verfahren enthält § 71 eine besondere Vorschrift für Ausschüsse. § 80 Abs. 3 Satz 1 Halbs. 2 regelt die Kostenfestsetzung, wenn im Verfahren ein Ausschuss mitgewirkt hat. 2

Im Hinblick auf die Ordnung in den Sitzungen der Ausschüsse und die organschaftliche Willensbildung sehen die §§ 89 bis 93 ein Regelungsmodell vor, das gem. § 88 für die vielfältigen staatlichen Verwaltungsausschüsse, die in Verwaltungsverfahren (i.S. von § 9) tätig werden, gelten soll, soweit Rechtsvorschriften nichts Abweichendes bestimmen. Der Gesetzgeber hat sich hierbei an die vorhandene rechtliche Ordnung der Ausschüsse des Kommunalrechts angelehnt. Als **Kodifizierung allgemeiner Rechtsgedanken** können die Bestimmungen der §§ 88 ff. auch sinngemäß zur Anwendung kommen, wenn das VwVfG gar nicht anwendbar ist.[1] Dies gilt namentlich für das SGB X, das keine vergleichbaren Vorschriften kennt. 3

1 Kopp/*Ramsauer*, § 88 Rn. 4

B. Die Vorschrift im Einzelnen

4 Die §§ 89 bis 93 finden Anwendung, wenn Ausschüsse, Beiräte und andere kollegiale Einrichtungen (Ausschüsse) in einem Verwaltungsverfahren tätig werden, soweit Rechtsvorschriften nichts Abweichendes bestimmen.

I. Begriff des Ausschusses

5 Der Oberbegriff des Ausschusses steht für alle kollegialen Einrichtungen, die aus mindestens drei grundsätzlich gleichrangigen Mitgliedern bestehen, eine normativ begründete organisatorische Einheit darstellen und ihre Willensbildung durch Mehrheitsbeschluss vornehmen, ohne Rücksicht darauf, ob sie als Ausschuss oder in anderer Weise z.B. als Beirat, Verwaltungsrat, Gremium, Kuratorium oder Kommission bezeichnet werden.

6 Die Notwendigkeit des **organschaftlichen Zusammenschlusses von mindestens drei Personen**[2] als Ausschussmitgliedern ergibt sich aus der Bestimmung des § 90 Abs. 1 Satz 1, nach der Ausschüsse bei einer Anwesenheit von mehr als der Hälfte, mindestens aber von drei der stimmberechtigten Mitglieder beschlussfähig sind. Ein Gremium mit einer geringeren Mitgliederzahl wäre demnach nicht beschlussfähig. Als Ausschussmitglieder kommen sowohl Angehörige des öff. Dienstes (Beamte, Angestellte) wie auch ehrenamtlich Tätige in Betracht. Nicht selten ist Ausschussvorsitzender der Leiter der Behörde, bei dem der Ausschuss eingerichtet ist.

7 Die der kollegialen Einrichtung angehörenden Mitglieder müssen hinsichtlich ihrer Mitwirkungsbefugnisse grundsätzlich einander **gleichrangig** sein, da andernfalls das die Tätigkeit eines Ausschusses prägende Merkmal einer Entscheidung durch Mehrheitsbeschluss infrage gestellt wäre. Mit dem Prinzip der Gleichrangigkeit ist es aber vereinbar, dass dem Vorsitzenden Leitungs- und Ordnungsbefugnisse (nach § 89) zustehen, die Stimme des Vorsitzenden (nach § 91) bei Stimmengleichheit den Ausschlag gibt, und dem Ausschuss außer den stimmberechtigten Mitgliedern auch solche mit nur beratender Funktion angehören.

8 Die kollegiale Einrichtung muss eine **organisatorische Einheit sein, die normativ begründet ist.** Dazu muss sie zunächst ein **Minimum an innerer Organisation und Kontinuität** aufweisen.[3] Personenmehrheiten, die eine formlose Besprechung abhalten, sind keine Ausschüsse.[4] Keine Rolle spielt es, ob sie als eigene Behörde i.S.v. § 1 Abs. 4, als Teil einer Behörde oder als rechts- bzw. teilrechtsfähige Vereinigung des ö.R. ausgestaltet ist.[5] Des Weiteren muss die Einrichtung **auf einer Rechtsvorschrift beruhen.**[6] Denn sonst ist die kollegiale Einrichtung nach dem Grundsatz der Gesetzmäßigkeit der Verwaltung nicht in der Lage in einem Verwaltungsverfahren

---

2 Stelkens/Bonk/Sachs/*Kallerhoff/Hecker*, § 88 Rn. 10.
3 Stelkens/Bonk/Sachs*Kallerhoff/Hecker*, § 88 Rn. 8.
4 Amtl. Begründung zu § 84 Entwurf 73 S. 95; Knack/Henneke/*Henneke*, § 88 Rn. 4.
5 Stelkens/Bonk/Sachs/*Kallerhoff/Hecker*, § 88 Rn. 7.
6 Knack/Henneke/*Henneke*, § 88 Rn. Rn. 4; a.A. Kopp/*Ramsauer*, § 88 Rn. 3.

Verfahrenshandlungen vorzunehmen. Unerheblich ist, ob die Einrichtung unmittelbar durch eine Rechtsvorschrift oder durch einen besonderen Organisationsakt aufgrund einer Rechtsvorschrift geschaffen worden ist. Allerdings muss die unterlassene oder fehlerhafte Mitwirkung eines nicht durch Rechtsnorm legitimierten Ausschusses nicht unerheblich sein. Denn ein solches Unterlassen ohne sachlichen Grund kann dann über den allgemeinen Gleichheitssatz einen erheblichen Verfahrensfehler ausmachen.[7]

Das entscheidende Merkmal eines Ausschusses ist schließlich die **Willensbildung durch Mehrheitsbeschluss** mit der Folge, dass der Leiter des Gremiums – anders als in der monokratisch organisierten Verwaltung – die Entscheidung nicht alleine treffen kann, sondern nur über eine Stimme von mehreren Stimmen verfügt. 9

II. Tätigkeit in einem Verwaltungsverfahren

Die Anwendbarkeit der §§ 89 bis 93 setzt nach § 88 die Tätigkeit des Ausschusses in einem Verwaltungsverfahren gem. § 9 voraus.[8] Darunter ist **jede Mitwirkung am Erlass eines Verwaltungsakts oder am Abschluss eines öffentlich-rechtlichen Vertrags** zu verstehen. Es ist nicht erforderlich, dass der Ausschuss selbst die Entscheidung trifft. § 88 spricht nur von einer Tätigkeit nicht aber von einer Entscheidung im Verwaltungsverfahren.[9] Es genügt, dass der Ausschuss an der Entscheidung mitwirkt. Auch die §§ 44 Abs. 3 Nr. 3 und 45 Abs. 2 Nr. 4 sprechen von einer Mitwirkung des Ausschusses. Die Mitwirkung kann z.B. in der Anhörung der Beteiligten oder in der Abgabe einer Einverständniserklärung bestehen. 10

Nicht in einem Verwaltungsverfahren tätig werden Ausschüsse, die Rechtsnormen erlassen oder einer Behörde Vorschläge für deren Erlass unterbreiten, aufgrund ihrer besonderen Sachkunde z.B. auf den Gebieten der Technik, der Sozialpolitik oder der Raumplanung eine Behörde beraten, wie z.B. der Sachverständigenausschuss Bergbau nach § 141 BBergG oder der frühere Beirat für Raumordnung nach § 9 RaumOrdG a.F., Beschlüsse fassen, die die Gestaltung von Rechtsverhältnissen des Privatrechts zum Gegenstand haben oder als Parlamentsausschuss nur eine dem Verfassungsrecht unterworfene Tätigkeit ausüben.[10] Hier kann bei Fehlen entsprechender spezialgesetzlicher (abweichender) Regelungen in Betracht kommen, sinngemäß einen allgemeinen Rechtsgedanken anzuwenden (vgl. Rdn. 3). 11

III. Die Subsidiaritätsklausel

Die Subsidiaritätsklausel des § 88 hat **keine eigenständige Bedeutung mehr.** Abweichende Rechtsvorschriften des Bundes haben bereits nach § 1 Abs. 1 Vorrang. Hinsichtlich abweichender Bestimmungen der Länder ist die Vorschrift, die zunächst 12

7 Kopp/*Ramsauer*, § 88 Rn. 3.
8 BVerwG, Urt. v. 21.06.1982 – 6 P 13.79, BVerwGE 66, 15 (18).
9 Stelkens/Bonk/Sachs/*Kallerhoff/Hecker*, § 88, Rn. 13.
10 Stelkens/Bonk/Sachs/*Kallerhoff/Hecker*, § 88 Rn 14, a.A. *Bäumler*, DVBl 1978, 291.

sicherstellen sollte, dass bei der Ausführung von Bundesrecht durch die Länder nach den Vorschriften des VwVfG auch abweichenden landesrechtlichen Vorschriften Vorrang vor den §§ 89 bis 93 VwVfG zukam, gem. § 1 Abs. 3 gegenstandslos geworden, weil alle Länder inzwischen eigene, auch für die Ausführung von Bundesrecht geltende Verwaltungsverfahrensgesetze erlassen haben.

C. Verfahrensvorschriften des Sozialrechts und Verwaltungsverfahrensrecht der Länder

13 Die Landesverwaltungsverfahrensgesetze enthalten weitgehend gleichlautende Bestimmungen. Das SGB I oder X enthalten keine vergleichbaren Regelungen.

§ 89 Ordnung in den Sitzungen

Der Vorsitzende eröffnet, leitet und schließt die Sitzungen; er ist für die Ordnung verantwortlich.

Übersicht

A. Allgemeines und Grundsätze

1 Die Vorschrift regelt – soweit sondergesetzlich nichts anderes geregelt ist – die Aufgaben und Befugnisse des Ausschussvorsitzenden im Hinblick auf die Eröffnung, Leitung und Schließung der Sitzungen wie auch im Hinblick auf die Aufrechterhaltung der Ordnung in der Sitzung. Sie ist im Blick auf die Rechte und die Rechtsstellung der Ausschussmitglieder eng auszulegen.[1] Wie für alle übrigen Ausschussmitglieder gelten auch für den Vorsitzenden die Bestimmungen über den Ausschluss von einer Mitwirkung am Verfahren nach § 20 Abs. 4, über die Besorgnis der Befangenheit nach § 21 sowie über die Ablehnung durch einen Beteiligten im förmlichen Verwaltungsverfahren nach § 71 Abs. 3 (vgl. auch § 71 Abs. 1 und 2). Im Rahmen der gesetzlichen Vorgaben des VwVfG sowie anderer sondergesetzlicher Vorschriften ist der Ausschuss befugt, sich durch Mehrheitsbeschluss eine Geschäftsordnung zu geben, aus der sich dann vielfältige Bindungen des Vorsitzenden ergeben können (etwa die Einhaltung von bestimmten Ladungsfristen), wobei allerdings die in der Bestimmung dem Vorsitzenden eingeräumten Leitungsbefugnisse nicht eingeschränkt werden können. Denn der Ausschuss ist eine selbstständige Organisationseinheit innerhalb der Verwaltung mit eigenen Zuständigkeiten, sodass aus seiner Mitte heraus auch der äußere Ablauf seiner Tätigkeit in Sitzungen zu bestimmen ist.

1 Knack/Henneke/*Henneke*, § 89 Rn. 5.

B. Die Vorschrift im Einzelnen

1. Bestimmung des Vorsitzenden

Die Vorschrift setzt die **Bestimmung eines Ausschussvorsitzenden** und richtigerweise auch eines Vertreters voraus.[2] Dieser ist im Verfahren nach § 92 zu wählen, sofern nicht spezialgesetzlich etwa bestimmt ist, dass die Bestellung durch den Leiter der Behörde erfolgt, bei der der Ausschuss gebildet wurde.[3] Die Ablehnung des Vorsitzes ist zulässig, wenn nicht eine Pflicht zur Übernahme gesetzlich festgelegt ist.[4] Der Vorsitzende muss dem Ausschuss selbst als Mitglied angehören.[5] 2

2. Die Aufgaben des Vorsitzenden

§ 89 nennt ausdrücklich vier Aufgaben des Vorsitzenden: Die Eröffnung der Sitzung, die Sitzungsleitung, die Schließung der Sitzung und die Verantwortlichkeit für die Ordnung. Zum Teil wird die Auffassung vertreten, den gesetzlich aufgeführten Aufgaben immanent sei eine Interpretationskompetenz,[6] nach der im Fall einer Unklarheit über das richtige Verständnis einer Vorschrift des VwVfG oder der Geschäftsordnung der Vorsitzende alleine darüber entscheidet, wie die umstrittene Verfahrensnorm auszulegen ist. Dieser Auffassung kann nicht uneingeschränkt gefolgt werden. Eine derartige Kompetenz ist allein in Bezug auf die spezifischen Rechte und Pflichten des Vorsitzenden gerechtfertigt. Hinsichtlich aller anderen Vorschriften des VwVfG entscheidet allein der Ausschuss (mit Mehrheit). Nichts anderes gilt für die Auslegung einer etwa beschlossenen Geschäftsordnung, da diese von den Mitgliedern in ihrer Gesamtheit verantwortet wird. 3

Die Einberufung des Ausschusses und die Festlegung der Tagesordnung werden nicht genannt. Soweit dieses spezialgesetzlich oder durch eine vom Ausschuss selbst verabschiedete Geschäftsordnung nicht geregelt ist, und auch kein Ausschussbeschluss vorliegt, hat der Vorsitzende hierfür ebenso zu sorgen wie für die Ladung der Ausschussmitglieder (vgl. hierzu § 90 Abs. 1 Satz 1).[7] 4

Die **Eröffnung der Sitzung** kann durch ausdrückliche Erklärung oder durch ein zweifelsfrei als Sitzungseröffnung verstehbares Verhalten – etwa die Begrüßung oder die Aufforderung, mit der Erörterung bestimmter verfahrensbezogener Fragen zu beginnen – erfolgen. Die Sitzungen finden, sofern nichts anderes bestimmt ist, nichtöffentlich oder parteiöffentlich statt.[8] 5

---

2 Stelkens/Bonk/Sachs/*Kallerhoff/Hecker*, § 89 Rn. 3.

3 Stelkens/Bonk/Sachs/*Kallerhoff/Hecker*, § 89 Rn. 2; vgl. aber Kopp/*Ramsauer*, § 89, Rn. 3, sofern sondergesetzlich nichts anderes geregelt wurde Bestellung durch den Behördenleiter.

4 Stelkens/Bonk/Sachs/*Kallerhoff/Hecker*, § 89 Rn. 3.

5 Stelkens/Bonk/Sachs/*Kallerhoff/Hecker*, § 89 Rn. 4; Knack/Henneke/*Henneke*, § 89 Rn. 3.

6 *Meyer/Borgs*, Rn. 2.

7 Kopp/*Ramsauer*, § 89 Rn. 5 ff.

8 Stelkens/Bonk/Sachs/*Bonk/Kallerhoff*, § 89 Rn. 1.

6 Die **Sitzungsleitung** umfasst alle Maßnahmen, die einen sachgemäßen Ablauf der Sitzung gewährleisten. Entscheidungen hinsichtlich des Verfahrens sind dagegen stets dem Ausschuss vorbehalten. Zur Sitzungsleitung gehören insb. die Bestimmung der äußeren Sitzungsmodalitäten, wie z.B. der Sitzordnung, der Feststellung der Beschlussfähigkeit, die Benennung und die Festlegung der Reihenfolge der Erörterungspunkte, die Worterteilung an die übrigen Ausschussmitglieder und an anzuhörende Beteiligte, die Anordnung von Sitzungsunterbrechungen. Zur Sitzungsleitung gehört auch die Verpflichtung, mit anzuhörenden Beteiligten die Sache zu erörtern. Dies soll sicherstellen, dass diese ihre Rechte wahrnehmen und alle wesentlichen Beurteilungsgrundlagen in den Entscheidungsprozess einbringen (vgl. § 71 Abs. 2). Dies kann es unter Umständen auch notwendig machen, die Sitzung zu vertagen, zu unterbrechen oder erneut anzuberaumen.[9] Nicht zur Sitzungsleitung gehört etwa die Entscheidung über die Durchführung einer Beweisaufnahme oder die Befangenheit eines Ausschussmitgliedes.[10]

7 Die **Schließung der Sitzung** kann – ebenso wie die Eröffnung – ausdrücklich oder konkludent durch ein Zuklappen der Akten und Verabschiedung seitens des Vorsitzenden vorgenommen werden. Sie ist, falls keine Vertagung stattfindet, erst dann zulässig, wenn die Angelegenheit hinreichend erörtert und allen Beteiligten Gelegenheit zur Äußerung gewährt worden ist. Nach Sitzungsschluss vorgenommene Verfahrenshandlungen wie etwa die Anhörung von Beteiligten sind unwirksam.

8 Die Ordnung, für die der Vorsitzende verantwortlich ist, bezieht sich auf die **äußere Ordnung im Sitzungsraum** während der Ausschusstätigkeit. Die nach dem Verhältnismäßigkeitsprinzip zu treffenden Maßnahmen der Ordnungsgewalt sind Mahnungen, Belehrungen, Wortentzug, Untersagung von Zwischenrufen, Unterbrechung oder Vertagung der Sitzung sowie die Anordnung einer Entfernung aus dem Sitzungsraum. Letztere ist in entsprechender Anwendung des § 68 Abs. 3 Satz 2 gegenüber allen Personen zulässig, die keine Ausschussmitglieder sind. Die Verhängung eines Rauchverbots ist von der Ordnungsgewalt umfasst[11]. Ohne eine entsprechende Rechtsgrundlage ist der Vorsitzende dagegen nicht befugt, Ausschussmitglieder von einer weiteren Teilnahme an den Sitzungen auszuschließen, wobei auch eine Geschäftsordnung derartige Befugnisse nicht verleihen kann; dies folgt nicht zuletzt daraus, dass eine dem § 68 Abs. 3 entsprechende Regelung hier fehlt.[12] Sieht er die ordnungsgemäße Fortführung der Ausschusstätigkeit in Anwesenheit eines bestimmten Ausschussmitgliedes nicht mehr gewährleistet, so muss er die Sitzung vertagen und die Abberufung des betreffenden Ausschussmitgliedes verlangen. Weitergehende Sanktionen wie die Verhängung von Geldbußen oder Ordnungsstrafen bedürfen einer speziellen gesetzlichen Ermächtigung.[13]

---

9 Stelkens/Bonk/Sachs/*Kallerhoff/Hecker*, § 89 Rn. 7.

10 Kopp/*Ramsauer*, § 89 Rn. 9.

11 VGH Bayern, Beschl. v. 10.05.1995 – 10 CE 95.1576, NVwZ-RR 1996, 54.

12 *Meyer/Borgs*, § 89 Rn. 3; a.A. Stelkens/Bonk/Sachs/*Kallerhoff/Hecker*, § 89 Rn. 10; Kopp/*Ramsauer*, § 89 Rn. 5.1.

13 Stelkens/Bonk/Sachs/*Kallerhoff/Hecker*, § 89 Rn. 10.

Die Ordnungsgewalt ist abzugrenzen vom **Hausrecht** als dem Inbegriff der Befugnisse eines Dienststellenleiters zur Abwehr und Beseitigung von Störungen in den dem Verwaltungsgebrauch unterstellten Diensträumen durch Regelung des Zutritts und des Aufenthalts behördenfremder Personen. In ihrer praktischen Bedeutung ist die Ordnungsgewalt des Vorsitzenden ein räumlich, zeitlich und personell eng begrenzter Teil des Hausrechts, der kraft Gesetzes für die Dauer der Sitzung dem Vorsitzenden übertragen ist. In Ausübung seiner Ordnungsgewalt kann der Vorsitzende Dritten den Zutritt verweigern und die Polizei um Hilfe bitten, um nach § 15 Abs. 2 Satz 2 VwVG bei der Entfernung einer aus dem Sitzungsraum verwiesenen Person behilflich zu sein oder nach den polizeirechtlichen Befugnisnormen eine Ordnungsstörung zu beseitigen. Ohne Einverständnis des Vorsitzenden darf die Polizei nur dann einschreiten, wenn dies im öff. Interesse notwendig ist. Sobald die Ausübung des Hausrechtes sich allerdings mit dem (verbleibenden) Hausrecht des allgemein für das Gebäude und Grundstück zuständigen Inhabers der Sachherrschaft berührt und in dieses eingreifen könnte, kann der Vorsitzende sein Hausrecht nur im Benehmen mit dem Inhaber der Sachherrschaft ausüben; das Gleiche wird bei rein behördeninternen Ausschüssen zu gelten haben.[14] 9

3. Rechtsschutz der Ausschussmitglieder

Unter der Voraussetzung, dass die Mitglieder des Ausschusses eigene organschaftliche Rechten haben, können sie diese im Rahmen eines **Organstreits** durchsetzen.[15] 10

C. Vorschriften des Sozialrechts und der Verwaltungsverfahrensrecht der Länder

Die Verwaltungsverfahrensgesetze der Länder enthalten entsprechende Bestimmungen. Das SGB I oder X enthalten keine Regelungen. 11

§ 90 Beschlussfähigkeit

(1) [1]Ausschüsse sind beschlussfähig, wenn alle Mitglieder geladen und mehr als die Hälfte, mindestens aber drei der stimmberechtigten Mitglieder anwesend sind. [2]Beschlüsse können auch im schriftlichen Verfahren gefasst werden, wenn kein Mitglied widerspricht.

(2) Ist eine Angelegenheit wegen Beschlussunfähigkeit zurückgestellt worden und wird der Ausschuss zur Behandlung desselben Gegenstands erneut geladen, so ist er ohne Rücksicht auf die Zahl der Erschienenen beschlussfähig, wenn darauf in dieser Ladung hingewiesen worden ist.

---

14 Stelkens/Bonk/Sachs/*Bonk/Kallerhoff*, § 89 Rn. 11; Knack/Henneke/*Henneke*, § 89 Rn. 11.
15 Vgl. Sodan/Ziekow/*Czybulka/Siegel*, § 61 Rn. 37 ff.; Bader/*von Albedyll*, § 43, Rn. 48 f.

Übersicht

A. Allgemeines und Grundsätze

1 Die Vorschrift regelt die Beschlussfähigkeit eines Ausschusses (Abs. 1 Satz 1 und Abs. 2) als Voraussetzung der Beschlussfassung sowie die Zulässigkeit des schriftlichen Verfahrens der Beschlussfassung (Abs. 1 Satz 2). Bei Beschlussfassungen in einem förmlichen Verwaltungsverfahren ist außerdem § 71 Abs. 2 zu beachten.

2 Die Beschlussfähigkeit bezieht sich nicht nur auf Beschlüsse i.S.d. § 91 sondern auch auf Wahlen gem. § 92.[1] Denn Wahlen sind als Auswahl einer oder mehrerer Personen für bestimmte Positionen eine spezielle Art von Beschlüssen. Die Beschlussfähigkeit regelt, wann in einer Sitzung beraten, Beschlüsse gefasst und sonstige nicht in einem Beschluss zum Ausdruck kommende Verfahrenshandlungen wie z.B. die Anhörung Beteiligter vorgenommen werden können.

B. Die Vorschrift im Einzelnen

I. Voraussetzungen der Beschlussfähigkeit (Abs. 1 Satz 1)

3 Nach Abs. 1 Satz 1 müssen für die Beschlussfähigkeit zwei Voraussetzungen erfüllt sein. Alle Mitglieder müssen geladen sein, und mehr als die Hälfte, mindestens aber drei der stimmberechtigten Mitglieder müssen anwesend sein. Die Beschlussfähigkeit ist vom Vorsitzenden festzustellen. Die Beschlussfähigkeit muss tatsächlich feststehen und ist nicht nur beachtlich, wenn eine Beschlussunfähigkeit ausdrücklich gerügt wird. Entfallen während der Ausschusssitzung die Voraussetzungen für die Beschlussfähigkeit, so hat der Vorsitzende die Sitzung zu unterbrechen oder zu vertagen. Jede weitere Ausschusstätigkeit ist unzulässig.

1. Ladung aller Mitglieder

4 Für die Ladung verantwortlich ist der Vorsitzende. Sofern er die Ladung nicht persönlich vornimmt, hat er sich von ihrer ordnungsgemäßen Durchführung zu überzeugen.

5 Neben den stimmberechtigten Mitgliedern sind **auch die Mitglieder ohne Stimmberechtigung** zu laden, da ihre in die Beratung einzubringende Sachkunde für die

1 Knack/Henneke/*Henneke*, § 90, Rn. 4.

Beschlussfassung eine wichtige Rolle spielt. Zu laden sind auch solche Mitglieder, die zunächst erklärt hatten, nicht erscheinen zu wollen oder verhindert zu sein.

Die **Form der Ladung** ist vom VwVfG nicht vorgeschrieben. Vorbehaltlich einer anderen Regelung durch Rechtsvorschrift oder durch die Geschäftsordnung des Ausschusses kann sowohl mündlich als auch schriftlich geladen werden. Eine mündliche Ladung kann am Schluss einer Sitzung für die nächste Sitzung ausgesprochen werden, aber auch etwa telefonisch erfolgen. Dabei nicht anwesende Mitglieder müssen mündlich oder schriftlich nachträglich geladen werden unbeschadet ihrer Verpflichtung, sich selbst im Fall ihrer Abwesenheit nach dem nächsten Sitzungstermin zu erkundigen. 6

Keiner Ladung bedarf es, wenn Tag, Zeit und Ort der Sitzungen generell im Voraus bestimmt und allen Mitgliedern bekannt gegeben worden ist.[2] 7

Eine bestimmte **Ladungsfrist** sieht das VwVfG nicht ausdrücklich vor. Die Ladung ist jedoch so rechtzeitig vorzunehmen, dass allen Mitgliedern ein Erscheinen möglich und zumutbar ist. Grds. sollte die Ladung spätestens eine Woche vor dem betreffenden Sitzungstermin den Mitgliedern zugegangen sein. In Eil- und Notfällen ist auch je nach der Dringlichkeit eine kürzere Frist zulässig. 8

Mit der Ladung ist grds. eine Tagesordnung zuzuleiten. Eine ordnungsgemäße Ausschusstätigkeit setzt die Vorbereitung der Mitglieder voraus. Dies verlangt die **vorherige Bekanntgabe der Tagesordnung.**[3] 9

Ein ordnungsgemäß geladenes, jedoch am Erscheinen verhindertes Mitglied hat sich unverzüglich zu entschuldigen, damit der Vorsitzende die ggf. notwendige Verschiebung der Sitzung oder Änderung der Tagesordnung vornehmen kann. Findet die Ausschusssitzung trotzdem statt, so hat das nicht erschienene Mitglied auch dann kein Recht auf nachträgliche Stimmabgabe, wenn mit seiner Stimme der i.Ü. ordnungsgemäß zustande gekommene Beschluss nicht gefasst worden wäre. 10

Ladungsfehler sind nur dann beachtlich, wenn ein nicht ordnungsgemäß, geladenes Mitglied wegen dieses Fehlers nicht erscheinen konnte. Ist es erschienen, steht die fehlerhafte Ladung der Beschlussfähigkeit nicht entgegen. 11

2. Anwesenheit von mehr als der Hälfte, mindestens aber von drei der stimmberechtigten Mitglieder

Anwesend sind die Mitglieder, die sich im Sitzungsraum befinden und nicht nach §§ 20 Abs. 4, 21 Abs. 2 oder 71 Abs. 3 ausgeschlossen oder in einem ihre Urteilsfähigkeit beeinträchtigenden Zustand sind. 12

Vorbehaltlich einer entgegenstehenden Rechtsvorschrift ist die Anwesenheit eines Mitglieds nicht dadurch infrage gestellt, dass es sich der Stimme enthält oder eine ungültige Stimme abgibt.[4] 13

---

2 Kopp/*Ramsauer*, § 90 Rn. 5.

3 Kopp/*Ramsauer*, § 90 Rn. 6.

4 Knack/Henneke/*Henneke*, § 90 Rn. 7; a.A. VG Berlin, Urt. v. 25.10.1972 – I A 69.72, DVBl 1974, 375.

14 Bei einer Telefon- oder auch **Videokonferenz** sind die Mitglieder nicht anwesend. Erforderlich ist aber – vorbehaltlich einer abweichenden Regelung – die körperliche Anwesenheit. Beratung und Entscheidung eines Ausschusses sind im Interesse eines bestmöglichen Ergebnisses auf eine Kommunikation angewiesen, bei der auf die personale Gegenwart mit allen ihren in Gestik und sonstigem Verhalten zum Ausdruck kommenden Konsequenzen nicht verzichtet werden kann. Deshalb genügt auch eine Konferenzschaltung, bei der jedes Ausschussmitglied alles mithören und erwidern kann nicht. Eine Konferenzschaltung darf aber dann durchgeführt werden, wenn daran alle Mitglieder faktisch teilnehmen, weil dann eine **konkludente Zustimmung** aller Mitglieder vorliegen muss, was eine entspr. Anwendung von Absatz 1 Satz 2 rechtfertigt (vgl. Rdn. 20).[5]

15 Entfernt sich ein Mitglied während der Beratung, so ist dies ohne Bedeutung falls die Abwesenheit nur eine vorübergehende ist und die Beratung insgesamt dadurch keine Beeinträchtigung erfährt. Bei länger dauernder Abwesenheit eines Mitglieds ist eine Unterbrechung oder Vertagung der Sitzung veranlasst, falls nicht – bei weiterhin bestehender Beschlussfähigkeit – eine Fortführung der Sitzung zweckmäßig erscheint. Die Beschlussfähigkeit muss bei jedem Tagesordnungspunkt bestehen.

II. Beschlussfassung im schriftlichen Verfahren (Abs. 1 Satz 2)

16 Nach Abs. 1 Satz 2 können im Interesse der Verfahrensvereinfachung Beschlüsse auch im schriftlichen Verfahren gefasst werden, wenn kein Mitglied widerspricht. Dies gilt nur vorbehaltlich abweichender Regeln. Wird etwa ausdrücklich eine Beratung der Mitglieder vorgeschrieben, so ist ein schriftliches Verfahren unzulässig.[6]

17 Unter dem schriftlichen Verfahren ist das **Umlaufverfahren** zu verstehen, in dem der Vorsitzende alle entscheidungsrelevanten Unterlagen den einzelnen Mitgliedern zugleich oder in einer bestimmten Reihenfolge zusendet mit dem Ersuchen, ihm ihre Entscheidung bis zu einem bestimmten Zeitpunkt mitzuteilen. Dieses Verfahren dient der Verfahrensvereinfachung, wenn zu erwarten ist, dass bestimmte Routineentscheidungen einstimmig getroffen werden und keiner vorherigen Erörterung bedürfen. Ein (sukzessives) Umlaufverfahren darf nicht abgebrochen werden, wenn die notwendige Stimmenzahl erreicht ist, weil dann da Widerspruchsrecht der folgenden Mitglieder unterlaufen werden kann. Für eine Verfahrensgestaltung derart, dass ein Frist zur Äußerung gesetzt, ob diesem Verfahren zugestimmt wird, und auch im Falle des Schweigens dieses als fehlender Widerspruch gewertet wird, besteht keine ausreichende Rechtsgrundlage, weil ohne weitere Verfahrenssicherungen nicht gewährleistet ist, dass das Mitglied überhaupt zuverlässig Kenntnis erlangt hat.[7]

18 **Voraussetzung** für dieses Verfahren der Beschlussfassung ist, dass **kein Mitglied dieser Verfahrensweise widerspricht**; in der Sache kann es aber, da Gegenteiliges nicht bestimmt ist, dann dem Beschluss die Zustimmung verweigern. Jedes Mitglied kann damit

5 A.A. und weitergehend ohne eine entspr. Einschränkung Stelkens/Bonk/Sachs/*Kallerhoff/Hecker*, § 90 Rn. 4, aber ohne gesetzliche Grundlage; wie hier Kopp/*Ramsauer*, § 90 Rn. 13.
6 Wie hier Kopp/*Ramsauer*, § 90 Rn. 10.
7 Kopp/*Ramsauer*, § 90 Rn. 12.

eine mündliche Beratung in einer Sitzung erzwingen. Der Widerspruch kann bis zum Abschluss des schriftlichen Verfahrens ausgeübt werden. Er ist jedoch unzulässig, wenn das Mitglied dem schriftlichen Verfahren bereits ausdrücklich oder konkludent zugestimmt hat und kein wichtiger Grund (etwa wegen einer wesentlichen Änderung der Sachlage) vorliegt. Eine derartige Verhaltensweise wäre rechtsmissbräuchlich, weil das Ausschussmitglied sich damit in Widerspruch zu seinem vorherigen Verhalten setzt. Zudem würde dies ein Unsicherheitsfaktor für eine geordnete Ausschusstätigkeit bedeuten.[8]

Der Widerspruch kann grundsätzlich generell und auch im Voraus erklärt werden. 19

In entsprechender Anwendung des Abs. 1 Satz 2 kann der Beschluss im Rahmen einer 20 Konferenzschaltung erfolgen, sofern kein Mitglied widerspricht (vgl. oben Rdn. 14).

III. Notbeschlussfähigkeit (Abs. 2)

Ohne Rücksicht auf die Zahl der Erschienen ist der Ausschuss unter den Vorausset- 21 zungen des Abs. 2 beschlussfähig. Es genügt dann die Anwesenheit nur eines einzigen Mitglieds.[9] Die Vorschrift soll verhindern, dass stimmberechtigte Mitglieder eine Beschlussfassung vereiteln, indem sie nicht zur Sitzung erscheinen.

Hierzu muss die Angelegenheit wegen Beschlussunfähigkeit zurückgestellt worden 22 sein. Dies ist der Fall, wenn bei ihrer ersten Behandlung die Beschlussfähigkeit nach Abs. 1 Satz 1 entweder von Anfang an nicht gegeben war oder während der Sitzung entfallen ist, weil trotz ordnungsgemäßer Ladung die notwendige Zahl der Ausschussmitglieder nicht erschienen ist. Eine ausdrückliche Zurückstellung oder einer Feststellung der Beschlussunfähigkeit bedarf es nicht.

Des Weiteren muss der Ausschuss zur Behandlung **desselben Gegenstandes** erneut 23 geladen worden sein. In der Ladung muss ausdrücklich darauf hingewiesen werden, dass der Ausschuss ohne Rücksicht auf die Zahl der Erschienenen beschlussfähig ist, um den in der ersten Sitzung abwesenden Ausschussmitgliedern die Gefahr einer Entscheidung durch eine Minderheit vor Augen zu führen. Die erste Ladung nach Abs. 1 darf nicht bereits mit einer solchen (zweiten) nach Abs. 2 verbunden werden, und zwar auch dann nicht, wenn die Sache besonders dringlich ist.[10]

IV. Rechtsfolgen der Beschlussfassung durch einen beschlussunfähigen Ausschuss

Hat ein beschlussunfähiger Ausschuss einen Beschluss gefasst, so sind die Rechtsfolgen 24 je nach der Rechtsnatur des Beschlusses verschieden.

Falls der **Beschluss selbst einen VA darstellt**, ist dieser wegen eines schweren offen- 25 kundigen Fehlers nach § 44 Abs. 1 nichtig.[11]

---

8 A.A. Kopp/*Ramsauer*, § 90 Rn. 11 frei widerrufbar bis zum Abschluss des Umlaufverfahrens.

9 Stelkens/Bonk/Sachs/*Bonk/Kallerhoff*, § 90 Rn. 12; Kopp/Ramsauer, § 90 Rn. 17; a.A. Knack/Henneke/*Henneke*, § 90 Rn. 12.

10 Bader/Ronellenfitsch/*Delbanco*, § 90 Rn. 12; a.A. bei besonderer Dringlichkeit Stelkens/Bonk/Sachs/*Bonk/Kallerhoff*, § 90 Rn. 13.

11 Knack/Henneke/*Henneke*, § 90 Rn. 7.

26 Hat der Ausschuss **durch seinen Beschluss am Erlass eines VA mitgewirkt** z.B. durch eine Einverständniserklärung, ist der verfahrensfehlerhaft ergangene VA nach § 44 Abs. 3 Nr. 3 nicht nichtig, sondern nur schlicht rechtswidrig. Dieser Verfahrensfehler kann nach § 45 Abs. 1 Nr. 4 geheilt werden. Bei unterbliebener Heilung ist eine Aufhebung ausgeschlossen, wenn offensichtlich ist, dass die Verletzung der Entscheidung nicht beeinflusst hat (§ 46).

C. Vorschriften des Sozialrechts und Landesverwaltungsverfahrensrecht der Länder

27 Die Verwaltungsverfahrensgesetze der Länder enthalten entsprechende Vorschriften.

§ 91 Beschlussfassung

[1]Beschlüsse werden mit Stimmenmehrheit gefasst. [2]Bei Stimmengleichheit entscheidet die Stimme des Vorsitzenden, wenn er stimmberechtigt ist; sonst gilt Stimmengleichheit als Ablehnung.

Übersicht

A. Allgemeines und Grundsätze

1 Die Vorschrift bestimmt die für eine Beschlussfassung erforderliche Stimmenzahl. Beschluss ist dabei **jede Willensbildung des Ausschusses, die sich sowohl auf das Verfahren als auch auf die Sache beziehen kann. Für Wahlen sieht § 92 eine Sonderregelung vor.** Die Bestimmung ergänzt § 90, der als zwingende Voraussetzung einer Beschlussfassung die Beschlussfähigkeit des Gremiums regelt.

B. Die Vorschrift im Einzelnen

I. Grundsatz der Stimmenmehrheit (Satz 1)

2 Nach Satz 1 werden Beschlüsse mit Stimmenmehrheit gefasst. Stimmenmehrheit ist die **relative Mehrheit der abgegebenen** und nicht der anwesenden **Stimmen.** Für den zur Abstimmung gestellten Beschlussvorschlag müssen im Ausgangspunkt daher mehr Stimmen abgegeben worden sein als dagegen. Probleme bereiten die Stimmenthaltungen. Entgegen der in Vorauflage vertretenen Auffassung werden Enthaltungen zwar nicht förmlich als Nein-Stimmen gezählt. Gleichwohl können sie faktisch bewirken, dass keine Stimmenmehrheit erreicht wird; diese Schlussfolgerung ist auch aus § 92

Abs. 2 zu ziehen.[1] Haben sich z.B. an einer Abstimmung neun stimmberechtigte Mitglieder beteiligt, von denen vier den Beschlussentwurf gebilligt, drei diesen abgelehnt und sich zwei der Stimme enthalten haben, so ist der Beschluss nicht angenommen, da keine Mehrheit der (abgegebenen) Stimmen erzielt wurde. Über die Frage, ob überhaupt eine Enthaltung zulässig ist, trifft die Vorschrift keine Aussage.

II. Stichentscheidung des Vorsitzenden bei Stimmengleichheit (Satz 2)

Nach Satz 2 entscheidet bei Stimmengleichheit die Stimme des Vorsitzenden, wenn er stimmberechtigt ist. Damit soll eine Patt-Situation verhindert werden, wenn ebenso viele Stimmen für wie gegen den Beschlussentwurf abgegeben worden sind. Ist der Vorsitzende nicht stimmberechtigt, so gilt Stimmengleichheit als Ablehnung. Im Fall einer geheimen Abstimmung ist es dem stimmberechtigten Vorsitzenden überlassen, ob er durch Offenlegung seiner Stimme den Stichentscheid treffen will;[2] der weitergehende Schluss, dass schon gar keine schriftliche und geheime Abstimmung zulässig ist, ist nicht ausreichend tragfähig (vgl. aber Rdn. 6[3]) 3

III. Verfahren der Beschlussfassung

Das Verfahren der Beschlussfassung ist vorbehaltlich einer spezialgesetzlichen Regelung **freigestellt**, was ein Gegenschluss aus § 92 Abs. 1 Satz 2 nahe legt. So kann schriftlich, mündlich durch Zuruf oder durch Handaufheben abgestimmt werden.[4] Bei einer Beschlussfassung im schriftlichen Verfahren gem. § 90 Abs. 1 Satz 2 erfolgt die Abstimmung notwendigerweise in schriftlicher Form. Eine Reihenfolge der Stimmabgabe ist im Unterschied zu § 191 GVG nicht bestimmt. Nach §§ 20 f. ausgeschlossene Mitglieder dürfen nicht an der Beratung (auch nicht im Zuhörerbereich) und Abstimmung teilnehmen, andernfalls ist der Beschluss fehlerhaft, auch wenn die Stimme des ausgeschlossenen Mitglieds nicht ausschlaggebend war.[5] 4

Muss über mehrere Beschlussentwürfe entschieden werden, so ist nach allgemeinen Grundsätzen über den weitest gehenden Antrag zuerst abzustimmen. 5

C. Vorschriften des Sozialrechts und Verwaltungsverfahrensrecht der Länder

Die Landesverwaltungsverfahrensgesetze enthalten inhaltsgleiche Bestimmungen. § 91 Satz 2 bwVwVfG beschränkt das Recht des Vorsitzenden zum Stichentscheid abweichend von der Vorschrift des Bundesrechts auf offene Abstimmungen. 6

1 Vgl. BVerwG, Beschl. v. 03.08.1983 – 9 P 15.81 – DVBl 1984, 47; Urt. v. 19.07.1984 – 3 C 29.83 – Buchholz 451.16 § 9 BJagdG Nr. 3; Urt. v. 24.10.1996 – 2 C 35.95 – BVerwGE 102, 163; Kopp/*Ramsauer*, § 91 Rn. 3 f.; Stelkens/Bonk/Sachs/*Kallerhoff/Hecker*, § 91 Rn. 5; Knack/Henneke/*Henneke*, § 91 Rn. 6.

2 Stelkens/Bonk/Sachs/*Kallerhoff/Hecker*, § 91 Rn. 6; Kopp/*Ramsauer*, § 91 Rn. 6; a.A. Knack/Henneke/*Henneke*, § 91 Rn. 7.

3 So aber VG Berlin, Urt. v. 25.10.1972 – VC I A 69.72, NJW 1973, 1148.

4 Kopp/*Ramsauer*, § 91 Rn. 7.

5 Wie hier auch Kopp/*Ramsauer*, § 91 Rn. 5, 14 m.w.N.; a.A. OVG Nordrhein-Westfalen, Urt. v. 17.12.1976 – XV A 1584/74, DVBl 1978, 152 Anwesenheit im Zuhörerbereich unschädlich.

§ 92 Wahlen durch Ausschüsse

(1) [1]Gewählt wird, wenn kein Mitglied des Ausschusses widerspricht, durch Zuruf oder Zeichen, sonst durch Stimmzettel. [2]Auf Verlangen eines Mitglieds ist geheim zu wählen.

(2) [1]Gewählt ist, wer von den abgegebenen Stimmen die meisten erhalten hat. [2]Bei Stimmengleichheit entscheidet das vom Leiter der Wahl zu ziehende Los.

(3) [1]Sind mehrere gleichartige Wahlstellen zu besetzen, so ist nach dem Höchstzahlverfahren d'Hondt zu wählen, außer wenn einstimmig etwas anderes beschlossen worden ist. [2]Über die Zuteilung der letzten Wahlstelle entscheidet bei gleicher Höchstzahl das vom Leiter der Wahl zu ziehende Los.

Übersicht

A. Allgemeines und Grundsätze

1 § 92 ist eine Sonderregelung für Wahlen als besondere Beschlussart. Die Wahl ist eine **Auswahl einer oder mehrerer Personen für bestimmte Positionen.** Die Person kann auch ein »Externer« sein, der nicht dem Gremium angehört.[1] Die Vorschrift ist entsprechend anzuwenden, wenn es nicht um die Besetzung sog. »Wahlstellen« (vgl. Abs. 3) geht, wie etwa die Auswahl eines Gutachters.[2] Geregelt wird die Durchführung der Wahl (Abs. 1), die Frage, unter welchen Voraussetzungen jemand gewählt ist (Abs. 2) und das Wahlverfahren wie die Feststellung der Gewählten bei der Besetzung mehrerer gleichartiger Wahlstellen (Abs. 3). Wer wählbar ist, bestimmt sich nach dem jeweiligen materiellen Recht. Wahlberechtigt sind auch die Mitglieder des Ausschusses, die selbst kandidieren.

B. Die Vorschrift im Einzelnen

I. Das Wahlverfahren (Abs. 1)

1. Grundsatz der offenen Wahl (Abs. 1 Satz 1)

2 Nach Abs. 1 Satz 1 wird, wenn kein Mitglied widerspricht, durch Zuruf oder Zeichen, sonst durch Stimmzettel gewählt. Sofern nicht durch eine Geschäftsordnung

1 Kopp/*Ramsauer*, § 92 Rn. 5; Stelkens/Bonk/Sachs/*Kallerhoff/Hecker*, § 92 Rn. 1.

2 Wie hier auch Stelkens/Bonk/Sachs/*Kallerhoff/Hecker*, § 92 Rn. 1; Knack/Henneke/*Henneke*, § 92 Rn. 3; a.A. Kopp/*Ramsauer*, § 92 Rn. 5 nur eine Anwendung von § 91 möglich.

etwas anderes bestimmt ist, entscheidet zunächst der Wahlleiter (vgl. § 89 Abs. 1 Satz 1) nach Ermessen über das einzuschlagende Verfahren, weshalb er auch sofort eine geheime Wahl anordnen kann.[3] Voraussetzung der Durchführung einer Wahl ist die Beschlussfähigkeit des Ausschusses gem. § 90. Hierbei ist zu beachten, dass für die Wahlen zu ehrenamtlichen Tätigkeiten gem. § 20 Abs. 2 die Bestimmungen des § 20 Abs. 1 über ausgeschlossene Personen nicht gelten. Die Wahl durch Zuruf oder Zeichen (Akklamation) ist die vom Gesetz zur Regel erhobene einfachste Form der offenen Wahl. Ihr kann jedes stimmberechtigte Mitglied vor der Beschlussfassung **widersprechen.** Einer Begründung bedarf es nicht. Denn es ist ein selbstverständliches und legitimes Anliegen eines jeden Mitglieds, durch eine Wahl mittels Stimmzettel für eine Eindeutigkeit der Stimmabgabe zu sorgen. Die dann durchzuführende Wahl durch Stimmzettel ist aber eine offene und keine geheime Wahl im Sinne des Satzes 2.

Eine Wahl im schriftlichen (Umlauf) Verfahren sieht das Gesetz nicht vor.[4] 3

2. Verlangen eines Mitglieds nach geheimer Wahl (Abs. 1 Satz 2)

Abs. 1 Satz 2 bestimmt, dass auf Verlangen eines Mitglieds geheim zu wählen ist. 4

Eine geheime Wahl ist eine Wahl mit Stimmzetteln, bei der die Stimmabgabe geheim 5
vorzunehmen ist, und auch die Feststellung des Wahlergebnisses keine Offenlegung einzelner Stimmen zulässt. Eine geheime Stimmabgabe erfordert, dass alle an der Wahl teilnehmenden stimmberechtigten Mitglieder ihre Stimmzettel von Dritten unbeobachtet ausfüllen[5] und gleichförmig in einen Stimmzettelbehälter einbringen. Die Stimmzettel sind in der Weise anzufertigen, dass auf ihnen nur der Name des Gewählten anzukreuzen ist,[6] insbesondere bei kleineren Gremien wäre bei handschriftlichen Eintragungen die Anonymität des Abstimmenden nicht ausreichend gewährleistet.

Das Verlangen nach einer geheimen Wahl bedarf keiner Begründung.[7] Es entspricht 6
dem Grundsatz der freiheitlich demokratischen Rechtsordnung, dass gerade bei Wahlen jede Möglichkeit der Beeinflussung und der Repression von dritter Seite ausgeschlossen wird. Hierfür ist die geheime Abstimmung das geeignete Verfahren. Dem Verlangen ist stets stattzugeben, wenn das Mitglied wahlberechtigt ist.

II. Die gewählten Bewerber (Abs. 2)

1. Das Meiststimmenverfahren (Abs. 2 Satz 1)

Abs. 2 bestimmt, wer gewählt ist. Nach Satz 1 ist gewählt, wer von den abgegebe- 7
nen Stimmen die meisten erhalten hat. Stimmenthaltungen und ungültige Stimmen bleiben – anders als im Falle des § 91 (vgl. § 91 Rdn. 2) – unberücksichtigt. **Für den**

3 Kopp/*Ramsauer*, § 92 Rn. 8 und 10.
4 Kopp/*Ramsauer*, § 92 Rn. 7.
5 BVerwG, Beschl. v. 29.08.1985 – 7 B 166.85, DVBl 1986, 240.
6 A.A. OVG Rheinland-Pfalz, Urt. v. 10.07.1978 – 7 A 75/78, DÖV 1980, 61; zustimmend *Stelkens/Bonk/Sachs/Kallerhoff/Hecker*, § 92 Rn. 3.
7 Stelkens/Bonk/*Sachs/Kallerhoff/Hecker*, § 92 Rn. 3.

gewählten Kandidaten müssen mehr Stimmen abgegeben worden sein als für seine(n) Gegenkandidaten. Dies gilt aufgrund des eindeutigen Wortlauts auch, wenn zwischen mehr als zwei Bewerbern entschieden werden muss. In Interesse der Beschleunigung der Durchführung von Wahlen muss hingenommen werden, dass der gewählte Kandidat möglicherweise nicht derjenige ist, der dem Mehrheitswillen des Ausschusses entspricht; dieses widerspricht noch nicht dem Demokratieprinzip.[8]

8 **Steht nur ein Kandidat zur Wahl**, könnte es bei einer strikten Anwendung der Vorschrift genügen, dass dieser gewählt ist, wenn nur eine Stimme für ihn abgegeben wurde, möglicherweise seine eigene. Alle anderen Stimmen sind notwendigerweise Stimmenthaltungen oder Nein-Stimmen, da es keinen anderen Kandidaten gibt, für den Stimmen abgegeben werden können. Hier wird die Auffassung vertreten, dass diese Beeinträchtigung des Mehrheitswillens hingenommen werden müsse.[9] Dieses überzeugt nicht, weil das Demokratieprinzip verletzt würde und der Kandidat nicht mehr die mit der Vorschrift bezweckte Legitimierung hätte. Die Vorschrift bedarf insoweit der teleologischen Reduktion mit der Folge ihrer Nichtanwendung. Vielmehr ist hier auf § 91 zurückzugreifen ist und deshalb der Kandidat nur gewählt ist, wenn er die Mehrheit der abgegebenen Stimmen auf sich vereint.[10]

2. Losentscheid bei Stimmengleichheit (Abs. 2 Satz 2)

9 Anders als im Beschlussverfahren nach § 91 entscheidet bei Stimmengleichheit nicht die Stimme des Vorsitzenden, sondern das vom Leiter der Wahl zu ziehende Los. Die Stimmengleichheit im Rahmen einer Wahl bedarf anderer Regeln als die Stimmengleichheit bei der sonstigen Beschlussfassung. Nach dem Grundsatz der gleichen Wahl hat jede abgegebene Stimme das gleiche Gewicht. Der Stimme des Vorsitzenden darf deshalb kein Vorrang zukommen. Zudem darf Stimmengleichheit nicht als Ablehnung gewertet werden, weil ein Bewerber gewählt werden muss.

10 Der Losentscheidung unterfallen nur die beiden Bewerber, die auf sich die gleiche Höchstzahl von Stimmen vereinigt haben.

11 Leiter der Wahl ist dasjenige stimmberechtigte oder nicht stimmberechtigte Ausschussmitglied, das vom Ausschuss mit der Durchführung und Beaufsichtigung der Wahl beauftragt worden ist. Regelmäßig wird dies der Vorsitzende oder der Ausschussälteste sein.

12 Eine bestimmte Form des Losentscheides ist nicht vorgeschrieben. Es muss lediglich gewährleistet sein, dass das Verfahren ein nicht beeinflussbares Zufallsergebnis herbeiführt.[11] Münzwurf ist zulässig, wenn die Münze so geworfen wird, dass zwei

---

8 OVG Schleswig-Holstein, Beschl. v. 16.12.2009 – 2 LA 54/09, NVwZ-RR 2010, 409; Stelkens/Bonk/Sachs/*Kallerhoff/Hecker*, § 92, Rn. 4; kritisch *Meyer/Borgs*, § 92 Rn. 4.

9 Knack/Henneke/*Henneke*, § 92 Rn. 6.

10 Im Ergebnis wie hier *Röper*, VR 1980, 293.

11 BVerwG, Beschl. v. 15.05.1991 – 6 P 15.89, BVerwGE 88, 183 (188); VGH Bayern, Beschl. v. 13.02.1991 – 17 P 90.3560 – NJW 1991, 2306.

Ergebnisse gleichermaßen möglich sind.[12] Streichholzziehen ist dagegen unzulässig, weil es Manipulationen mehr Raum bietet.[13]

III. Wahlverfahren und Feststellung der Gewählten bei der Besetzung mehrerer gleichartiger Wahlstellen (Abs. 3)

Abs. 3 regelt das Wahlverfahren und die Feststellung der Gewählten bei der Besetzung mehrerer gleichartiger Wahlstellen. Nach Abs. 3 Satz 1 ist in diesem Fall nach dem **Höchstzahlverfahren d'Hondt** zu wählen,[14] außer wenn einstimmig etwas anderes beschlossen worden ist. Das damit vorgesehene Verhältniswahlverfahren dient dem **Schutz der Minderheit**, die bei Einzelabstimmungen über mehrere gleichartige Wahlstellen gänzlich unberücksichtigt bliebe.[15] Deshalb darf gem. Satz 2 eine Einzelabstimmung auch nur nach einstimmigem Beschluss erfolgen. 13

Mehrere gleichartige Wahlstellen sind zu besetzen, wenn allen Wahlstellen in derselben Institution, etwa einem Unterausschuss dieselbe Funktion zukommt, sodass die Gewählten keine unterschiedlichen Voraussetzungen erfüllen und keine unterschiedlichen Aufgaben wahrnehmen müssen. 14

Nach dem Höchstzahlverfahren d'Hondt werden Listen aufgestellt, die jeweils in einer bestimmten Reihenfolge eine Anzahl von Bewerbern enthalten. Für jede Liste werden die erreichte Stimmenzahl durch 2, 3, 4 usw. geteilt und aus dem für die einzelnen Listen ermittelten Teilungsergebnis werden so viel höchste ermittelt, als Wahlstellen zu besetzen sind. Die für diese Höchstzahlen stehenden Bewerber sind gewählt. Haben sich z.B. für die Wahl eines Gremiums von insgesamt sechs Mitgliedern auf drei Listen jeweils vier Kandidaten (auf Liste I die Bewerber A, B, C, D, auf Liste II E, F, G, H, auf Liste III I, K, L, M) beworben, und sind von insgesamt zwanzig Stimmen neun Stimmen auf die Liste 1, sechs Stimmen auf die Liste II und fünf Stimmen auf die Liste III entfallen, so sind die Stimmenzahlen wie folgt zu teilen: 15

Liste I	Liste II	Liste III
9:1 = 9 (A)	6:1 = 6 (E)	5:1 = 5 (1)
9:2 = 4,5 (B)	6:2 = 3 (F)	5:2 = 2,5 (K)
9:3 = 3 (C)	6:3 = 2 (G)	5:3 = 1,67 (L)
9:4 = 2,25 (D)	6:4 = 1,5 (H)	5:4 = 1,25 (M)

Nun sind (da sechs Wahlstellen zu besetzen sind) die sechs höchsten Teilungsergebnisse zu ermitteln (9 – 6 – 5 – 4, 5 – 3 – 3), weshalb die ihnen zuzurechnenden Kandidaten (A, E, I, B, C, F) gewählt sind.

12 VGH Bayern, Beschl. v. 13.02.1991, NJW 1991, 2306; Bader/Ronellenfitsch/*Delbanco*, § 92, Rn. 4.

13 BVerwG, Beschl. v. 15.05.1991 – 6 P 15.89, BVerwGE 88, 183.

14 Zur verfassungsrechtlichen Zulässigkeit BVerfG, Beschl. v. 24.11.1988 – 2 BvC 4/88, NJW 1989, 1348; BVerwG, Beschl. v. 12.01.1989 – 7 B 202.88, DVBl 1989, 928.

15 Stelkens/Bonk/Sachs/*Bonk/Kallerhoff*, § 92, Rn. 6.

16 Satz 2 sieht für die Zuteilung der letzten Wahlstelle einen Losentscheid des Wahlleiters vor, wenn bei einer Wahl nach dem d'Hondtschen Verfahren auf mehrere Bewerber die gleiche Höchstzahl entfällt.

C. Vorschriften des Sozialrechts und Verwaltungsverfahrensrecht der Länder

17 Die Landesverwaltungsverfahrensgesetze enthalten gleichlautende Bestimmungen.

§ 93 Niederschrift

[1]Über die Sitzung ist eine Niederschrift zu fertigen. [2]Die Niederschrift muss Angaben enthalten über

1. den Ort und den Tag der Sitzung,
2. die Namen des Vorsitzenden und der anwesenden Ausschussmitglieder,
3. den behandelten Gegenstand und die gestellten Anträge,
4. die gefassten Beschlüsse,
5. das Ergebnis von Wahlen.

[3]Die Niederschrift ist von dem Vorsitzenden und, soweit ein Schriftführer hinzugezogen worden ist, auch von diesem zu unterzeichnen.

Übersicht

A. Allgemeines und Grundsätze

1 Die Vorschrift verpflichtet den Ausschuss, durch seinen Vorsitzenden (und einen ggf. zugezogenen Schriftführer) über alle Sitzungen eine Niederschrift zu fertigen. Sie dient der **Sicherung des Beweises** zu Verlauf und Ergebnis der Sitzungen.[1] Die Niederschrift ist eine **öffentliche Urkunde gem. §§ 415, 417, 418 ZPO.**[2] Sie ist eine Aufzeichnung in Langschrift. Eine vorläufige Aufzeichnung in Kurzschrift oder mit einem Tonaufnahmegerät[3] ist zulässig. Diese ist nach der Sitzung in eine Niederschrift umzusetzen. Da die Niederschrift Bestandteil der Akten wird, kann sie nach § 29 von jedem Beteiligten eingesehen werden.

1 Amtl. Begründung zu § 89 Entwurf 73 S. 96.
2 LSG Niedersachsen-Bremen, Urt. v. 09.11.2011 – L 3 KA 105/ß8 – juris, auch zum fehlenden Rechtsschutzbedürfnis für eine isolierte Klage auf Berichtigung der Niederschrift.
3 VGH Hessen, Beschl. v. 06.04.1987 – 2 TG 912/87, DÖV 1988, 37 (38) zum Gemeinderatsprotokoll, auch zum Anspruch jedes Mitglieds auf Abhören.

Auf das schriftliche Verfahren ist § 93 nicht anwendbar. Zur Sicherung des Beweises ist es für den Vorsitzenden hier zweckmäßig, aktenkundig zu machen, dass in Übereinstimmung mit § 90 Abs. 1 Satz 1 kein Ausschussmitglied widersprochen hat und anzugeben, welche Unterlagen den Ausschussmitgliedern übersandt worden sind, und wie die einzelnen Mitglieder abgestimmt haben.[4] 2

B. Die Vorschrift im Einzelnen

I. Inhalt der Niederschrift

Mindestangaben zu fünf Punkten sind nach § 93 gesetzlich vorgeschrieben. Notwendig ist zunächst nach **Nr. 1** die **Angabe von Ort und Tag der Sitzung.** Eine Protokollierung der Uhrzeiten von Sitzungsbeginn und Sitzungsschluss ist zweckmäßig, um Verdienstausfallentschädigungen u. ä. zu berechnen, aber nicht vorgeschrieben. 3

Weiter ist nach **Nr. 2 der Name des Vorsitzenden und der anwesenden Ausschussmitglieder** anzugeben. Anwesend sind alle Ausschussmitglieder, die während der Sitzung zugegen waren und an den Verfahrenshandlungen und Entscheidungen mitgewirkt haben. Dem Erfordernis der namentlichen Aufführung aller Ausschussmitglieder ist auch dann entsprochen, wenn sich deren Namen aus einer beigefügten Unterschriftenliste ergeben oder wenn die Namen der nicht anwesenden Ausschussmitglieder aufgeführt werden, sodass ein Schluss auf die Namen der anwesenden Mitglieder möglich ist.[5] Außerdem sind die Namen der zu spät gekommenen und der vorzeitig aufgebrochenen Mitglieder festzuhalten und die Punkte der Tagesordnung anzugeben, bei deren Behandlung sie jeweils zugegen waren. 4

Für die **Angabe des behandelten Gegenstands gem. Nr. 3** genügen Stichwörter, sofern sie das Gemeinte hinreichend verdeutlichen. 5

Die **gestellten Anträge und die gefassten Beschlüsse gem. Nr. 3 und 4** sind dagegen wörtlich aufzunehmen. Dies kann durch die Bezugnahme auf eine Anlage, die der Niederschrift beigefügt wird, erfolgen. Dabei kann es zweckmäßig sein, auch das Abstimmungsergebnis und eine Begründung für die getroffene Entscheidung in die Niederschrift selbst oder in eine Protokollanlage aufzunehmen. 6

Als **Ergebnis der Wahlen nach Nr. 5** ist festzustellen, wer gewählt worden ist. Darüber hinaus empfiehlt es sich, die Art der Wahl, die Namen der Bewerber, die Gesamtzahl der abgegebenen Stimmen sowie die Verteilung der Stimmen auf die einzelnen Bewerber anzugeben. 7

Im förmlichen Verwaltungsverfahren wird § 93 durch § 68 Abs. 4 Nr. 2, 4 und 5, insofern ergänzt, als zum Mindestinhalt der Niederschrift auch die Namen der erschienenen Beteiligten, Zeugen, Sachverständigen und der wesentliche Inhalt der Aussagen der Zeugen und Sachverständigen wie auch das Ergebnis eines Augenscheins gehören. 8

4 *Meyer/Borgs*, Rn. 2.
5 So auch Knack/Henneke/*Henneke*, § 93 Rn. 6; a.A. *Ziekow* § 93 Rn. 2.

9 **Protokollarische Aufzeichnungen anderer Tatsachen sind zulässig.** In Betracht kommen vor allem sonstige Vorgänge, die als Beurteilungsgrundlage für die Entscheidung gedient haben oder die, wie z.B. die ordnungsgemäße Ladung der Beteiligten und der Ausschussmitglieder, für deren gerichtliche Nachprüfung von Bedeutung sind.

10 Das einzelne Ausschussmitglied hat – von gestellten Anträgen abgesehen – keinen Anspruch auf Aufnahme bestimmter Angaben in die Niederschrift. Allerdings kann es zunächst verlangen, dass ein bestimmter Punkt aufgenommen wird. Lehnt dieses der Vorsitzende ab, so entscheidet der Ausschuss, wobei der Antragsteller nicht ausgeschlossen ist.[6]

11 Bei Meinungsverschiedenheiten zwischen dem Vorsitzenden und den Mitgliedern bzw. dem Schriftführer über den Inhalt und die Richtigkeit des Protokolls entscheidet der Ausschuss.[7]

II. Unterzeichnung der Niederschrift

12 Nach Satz 3 ist die Niederschrift von dem Vorsitzenden und, soweit ein Schriftführer hinzugezogen worden ist, auch von diesem zu unterzeichnen. Wesentlich ist, dass es sich um einen individuellen Schriftzug mit charakteristischen Merkmalen handelt, der eine Unterscheidung von anderen Unterschriften ermöglicht. Die Unterschrift braucht nicht insgesamt lesbar zu sein.[8] Erst die ordnungsgemäße Unterschrift verleiht der Niederschrift den Charakter einer öff. Urkunde i.S.d. § 415 ZPO.

III. Folgen einer Verletzung des § 93

13 Verstöße gegen § 93 haben keinen Einfluss auf die Rechtmäßigkeit der in der Sitzung gefassten Beschlüsse.[9] Die Beteiligten können daher die Unterlassung oder die Fehlerhaftigkeit der Niederschrift nicht mit einem Rechtsbehelf rügen. Sie haben lediglich die Möglichkeit die Entscheidung als solche mit dem Hinweis anzufechten, dass die ihr zugrunde gelegten und in der Niederschrift festgelegten Tatsachen unrichtig sind.

IV. Berichtigung der Niederschrift

14 Eine Berichtigung der Niederschrift ist in entsprechender Anwendung des § 164 ZPO auf Beschluss der Ausschussmehrheit jederzeit möglich.

C. Vorschriften des Sozialrechts und Verwaltungsverfahrensrecht der Länder

15 Die Landesverwaltungsverfahrensgesetze enthalten inhaltsgleiche Bestimmungen.

---

6 Kopp/*Ramsauer*, § 93 Rn. 3.
7 Kopp/*Ramsauer*, § 93 Rn. 6.
8 BVerwG, Beschl. v. 25.08.1970 – I WB 136.69, BVerwGE 43, 113 (115).
9 Stelkens/Bonk/Sachs/*Kallerhoff/Hecker*, § 93 Rn. 2, Kopp/*Ramsauer*, § 93 Rn. 1.

Teil VIII Schlussvorschriften

§ 94 Übertragung gemeindlicher Aufgaben

[1]Die Landesregierungen können durch Rechtsverordnung die nach den §§ 73 und 74 dieses Gesetzes den Gemeinden obliegenden Aufgaben auf eine andere kommunale Gebietskörperschaft oder eine Verwaltungsgemeinschaft übertragen. [2]Rechtsvorschriften der Länder, die entsprechende Regelungen bereits enthalten, bleiben unberührt.

Übersicht

A. Allgemeines und Grundsätze

1 Nach § 73 Abs. 3 und 4 haben die Gemeinden, in denen sich das Vorhaben voraussichtlich auswirkt, bei der Durchführung des Planfeststellungsverfahrens dadurch mitzuwirken, dass sie den Plan auslegen und Einwendungen entgegennehmen. Nach § 74 Abs. 4 haben sie den Planfeststellungsbeschluss auszulegen. § 94 Satz 1 ermöglicht es den Ländern, diese Aufgaben auf eine andere kommunale Gebietskörperschaft oder eine Verwaltungsgemeinschaft zu übertragen. Dies kann nützlich sein, um das Risiko fehlerhafter Durchführung des Planfeststellungsverfahrens zu reduzieren, wie es insb. für die Administration in kleineren Gemeinden mit einer eventuell nur ehrenamtlichen Verwaltungsspitze der Fall sein kann. Der Rationalitätsgewinn wird allerdings mit einem Verlust an **Bürgernähe** erkauft.[1]

2 Die Vorschrift hat eine Bedeutung nur noch für Planfeststellungsverfahren, die von Bundesbehörden durchgeführt werden. Für die von Landesbehörden durchzuführenden Planfeststellungsverfahren ist § 94 gegenstandslos geworden, da diese Verfahren nach dem Erlass von Landes-Verwaltungsverfahrensgesetzen durch alle Bundesländer den landesrechtlichen Vorschriften unterfallen, auch wenn sie keine vergleichbare Regelung enthalten (vgl. § 1 Abs. 3).[2]

---

1 Ebenso Stelkens/Bonk/Sachs/*Kallerhoff/Hecker*, § 94 Rn. 3.

2 Wie hier auch Knack/Henneke/*Henneke*, § 94 Rn. 2; vgl. zur Einordnung der gemeindlichen Tätigkeit im Rahmen von Planfeststellungsverfahren vgl. *Korber/Braese*, BayVBl. 1983, 392 ff.

B. Die Vorschrift im Einzelnen

I. Ermächtigung nach Satz 1

3 Satz 1 ermächtigt die Landesregierungen zur Aufgabenübertragung durch Rechtsverordnung. Eine Delegation der Ermächtigung ist nicht vorgesehen und daher nicht zulässig. Von der Ermächtigung wurde bislang nicht Gebrauch gemacht. Von Bedeutung ist in diesem Zusammenhang nunmehr auch Art. 80 Abs. 4 GG, wonach die Länder zu Regelungen durch ein förmliches Gesetz befugt sind, wenn in einem Bundesgesetz die Landesregierungen zum Erlass einer Rechtsverordnung ermächtigt werden (vgl. § 95 Abs. 1 Halbs. 2 bwVwVfG).

II. Vorbehalt des Landesrechts (Satz 2)

4 Satz 2 stellt klar, dass bereits auf andere Weise als durch Rechtsverordnung der Landesregierung getroffene entsprechende Regelungen wirksam bleiben und nicht durch die Ermächtigung der Landesregierung obsolet werden. Das gilt insb. für den Fall, dass eine entsprechende Aufgabenübertragung bereits durch Landesgesetz erfolgt ist. Allerdings entfällt die Gesetzgebungshoheit insoweit nach Inkrafttreten des VwVfG. Der Landesvorbehalt gilt also nur für die Vergangenheit.

C. Verfahrensvorschriften des Sozialrechts sowie Verwaltungsverfahrensrecht der Länder

5 Vgl. § 95 Abs. 1 Halbs. 1 bwVwVfG, § 73 Abs. 3 hambVwVfG, § § 73 Abs. 3 mvVwVfG und § 140 shLVwG.

§ 95 Sonderregelung für Verteidigungsangelegenheiten

[1]Nach Feststellung des Verteidigungsfalles oder des Spannungsfalles kann in Verteidigungsangelegenheiten von der Anhörung Beteiligter (§ 28 Abs. 1), von der schriftlichen Bestätigung (§ 37 Abs. 2 Satz 2) und von der schriftlichen Begründung eines Verwaltungsaktes (§ 39 Abs. 1) abgesehen werden; in diesen Fällen gilt ein Verwaltungsakt abweichend von § 41 Abs. 4 Satz 3 mit dem auf die Bekanntmachung folgenden Tag als bekannt gegeben. [2]Dasselbe gilt für die sonstigen gemäß Artikel 80a des Grundgesetzes anzuwendenden Rechtsvorschriften.

Übersicht Rdn.

A. Allgemeines und Grundsätze

Um den Behörden nach Feststellung des Verteidigungs- oder des Spannungsfalles ein rasches Handeln zu ermöglichen, bestimmt § 95 Abs. 1 ein vereinfachtes Verwaltungsverfahren in Verteidigungsangelegenheiten. Wenn der Verteidigungs- oder Spannungsfall festgestellt ist, treten spezielle Notstandsgesetze, insb. Sicherstellungsgesetze und die auf ihrer Grundlage erlassenen Rechtsverordnungen in Kraft. Diese enthalten auch eine Reihe verfahrensrechtlicher Sondervorschriften, welche die Anwendung des VwVfG aufgrund der Subsidiaritätsklausel des § 1 Abs. 1 und 2 ausschließen. § 95 gilt also nur, soweit das VwVfG in diesen Fällen **überhaupt noch zur Anwendung kommt**, belässt es aber beim grundsätzlichen Vorrang spezialgesetzlicher Rechtsvorschriften. Durch Art. 1 Nr. 10 des Gesetzes vom 12.09.1996[1] wurde der frühere Abs. 2, der bestimmt hatte, dass die Vorschrift in Berlin keine Anwendung findet, aufgehoben. 1

B. Die Vorschrift im Einzelnen

I. Verteidigungs- und Spannungsfall (Satz 1)

1. Tatbestand

Tatbestandsvoraussetzung ist, dass der **Verteidigungsfall** oder der **Spannungsfall** festgestellt ist. Nach Art. 115a GG stellt der Bundestag mit Zustimmung des Bundesrates den Verteidigungsfall fest. Der Verteidigungsfall liegt vor, wenn das Bundesgebiet mit Waffengewalt angegriffen wird oder ein solcher Angriff unmittelbar droht (Art. 115a Abs. 1 Satz 1 GG). Der **Spannungsfall** ist im Grundgesetz nicht definiert. Er wird vom Bundestag gem. Art. 80a Abs. 1 mit Zweidrittelmehrheit festgestellt. Der Spannungsfall ist nicht identisch mit dem sog. **Bündnisfall** im Sinne Art. 80a Abs. 3 GG i.V.m. Art. 5 des NATO-Vertrags.[2] 2

Der weit auszulegende Begriff der Verteidigungsangelegenheiten umfasst alle zivilen oder militärischen Maßnahmen zur Sicherung der Verteidigungsbereitschaft und damit zur räumlichen und staatlichen Integrität der Bundesrepublik.[3] 3

2. Rechtsfolge

Die Rechtsfolge des § 95 Satz 1 besteht darin, dass die Behörde von der Anhörung Beteiligter nach § 28 Abs. 1, der schriftlichen Bestätigung eines mündlich erteilten VA nach § 37 Abs. 2 Satz 2 und der schriftlichen Begründung eines VA nach § 39 Abs. 1 absehen kann. Ferner wird die gesetzliche Fiktion des § 41 Abs. 4 Satz 3 dahingehend modifiziert, dass ein öffentlich bekannt gegebener VA nicht erst 2 Wochen nach der ortsüblichen Bekanntmachung, sondern schon am darauf folgenden Tag als bekannt gegeben gilt. Die Vorschrift ermächtigt allerdings nicht zu einer generellen 4

1 BGBl. I 1996, S. 1354.
2 Kopp/*Ramsauer*, § 95 Rn. 4.
3 Stelkens/Bonk/Sachs/*Kallerhoff/Hecker*, § 95 Rn. 4; Knack/Henneke/*Henneke*, § 95 Rn. 9.

und ausnahmslosen Nichtanwendung der entsprechenden Verfahrensbestimmungen. Vielmehr ist in jedem Einzelfall im Rahmen der Ausübung pflichtgemäßen Ermessens zu prüfen, ob das vorausgesetzte Beschleunigungserfordernis tatsächlich besteht und diesem genügt werden muss.[4] Die Anforderungen werden tendenziell im Spannungsfall höher sein als im Verteidigungsfall.

II. Sonstige Fälle des Art. 80a GG (Satz 2)

5 Die Rechtsfolgen des Satzes 1 (vgl. Rdn. 4) treten auch in den Fällen ein, in denen Notstandsgesetze nicht aufgrund eines festgestellten Verteidigungs- oder Spannungsfalles anwendbar werden, sondern aufgrund einer besonderen Zustimmung des Bundestages nach Art. 80a Abs. 1 Satz 1, 2. Alt. GG oder im Bündnisfall nach Art. 80a Abs. 3 GG.

C. Verfahrensvorschriften des Sozialrechts sowie Verwaltungsverfahrensrecht der Länder

6 § 95 ist in den VwVfG der Länder im Wesentlichen übernommen, in Baden-Württemberg (§ 97) aber auf den Tatbestand sonstiger Notstandfälle (Naturkatastrophen) ausgedehnt.

§ 96 Überleitung von Verfahren

(1) Bereits begonnene Verfahren sind nach den Vorschriften dieses Gesetzes zu Ende zu führen.

(2) Die Zulässigkeit eines Rechtsbehelfs gegen die vor In-Kraft-Treten dieses Gesetzes ergangenen Entscheidungen richtet sich nach den bisher geltenden Vorschriften.

(3) Fristen, deren Lauf vor In-Kraft-Treten dieses Gesetzes begonnen hat, werden nach den bisher geltenden Rechtsvorschriften berechnet.

(4) Für die Erstattung von Kosten im Vorverfahren gelten die Vorschriften dieses Gesetzes, wenn das Vorverfahren vor In-Kraft-Treten dieses Gesetzes noch nicht abgeschlossen worden ist.

1 Die Regelung bezweckt, die Vorschriften des VwVfG für bereits vor dem Inkrafttreten des Gesetzes begonnene (unter Umständen noch längere Zeit andauernde) Verfahren soweit als möglich gelten zu lassen, ohne das berechtigte Vertrauen Beteiligter auf die Berücksichtigung der nach früherem Verfahrensrecht erworbenen Rechtspositionen zu beeinträchtigen. Die geregelten Überleitungsfragen haben sich durch Zeitablauf erledigt. Dies gilt auch für die neuen Bundesländer, für die der Einigungsvertrag die entsprechende Anwendung der Vorschrift vorgesehen hat.[1] § 96 hat heute nur noch

---

4 Kopp/*Ramsauer*, § 95 Rn. 2.

1 Vgl. EinigV Anlage I A I Nr. 1.

insoweit Relevanz, als er über die Rechtmäßigkeit bzw. Rechtswidrigkeit der von den Überleitungsbestimmungen erfassten Verwaltungsakte und ö.r.V. Aufschluss gibt. Aus diesem Grund wird von einer erneuten Kommentierung abgesehen und auf die Vorauflage verwiesen.

In § 98 Abs. 5 bwVwVfG und Art. 96 Abs. 5 bayVwVfG a.F. war eine Sonderregelung zu § 96 bzw. Art. 75 Abs. 4 aufgenommen. Im VwVfG Rh-Pf fehlt eine dem § 96 Abs. 4 entsprechende Vorschrift. Im Übrigen ist § 96 mit den landesrechtlichen Vorschriften im Wesentlichen inhaltsgleich. 2

§ 97 (weggefallen)

§ 98 (weggefallen)

§ 99 (weggefallen)

§ 100 Landesgesetzliche Regelungen

Die Länder können durch Gesetz

1. **eine dem § 16 entsprechende Regelung treffen;**
2. **bestimmen, dass für Planfeststellungen, die auf Grund landesrechtlicher Vorschriften durchgeführt werden, die Rechtswirkungen des § 75 Abs. 1 Satz 1 auch gegenüber nach Bundesrecht notwendigen Entscheidungen gelten.**

Die Vorschrift ermächtigt die Länder, in ihrem VwVfG Vorschriften zu erlassen, die § 16 und § 75 Abs. 1 Satz 1 entsprechen. Die Länder bedürfen insoweit einer bundesgesetzlichen Ermächtigung, weil solche landesrechtlichen Vorschriften in Kompetenzen des Bundes eingreifen. Da Sinn dieser Vorschrift ist, die Einheitlichkeit der Verwaltungsverfahrensgesetze des Bundes und der Länder sicherzustellen, ist es den Ländern nur erlaubt, jeweils inhaltsgleiche Bestimmungen zu treffen. Die Länder haben von beiden Ermächtigungen ausnahmslos Gebrauch gemacht. 1

Im Einzelnen sind die Länder zu folgenden Regelungen befugt: 2

Nach **Nummer 1** können sie eine dem § 16 entsprechende und von den Bestimmungen des BGB bzw. FamFG abweichende Regelung über die amtswegige Verpflichtung des Betreuungs- bzw. Familiengerichts zur Bestellung eines Vertreters für landesrechtliche Verfahren zu treffen. 3

In § 75 Abs. 1 Satz 1 ist bestimmt, dass aufgrund einer Konzentrationswirkung ein Planfeststellungsbeschluss die Zulässigkeit des Vorhabens unter dem Aspekt aller von ihm berührten öff. Belange feststellt und anderweitig erforderliche Erlaubnisse nicht erforderlich sind (Ersetzungswirkung oder Konzentrationswirkung). Diese Konzentrationswirkung betrifft grundsätzlich alle anderen Entscheidungen, ungeachtet der Frage, ob sie nach Bundes- oder Landesrecht zu treffen sind und ebenso ungeachtet der 4

Frage, ob sie von einer Bundes- oder Landesbehörde zu treffen wäre. Mit der Ermächtigung der **Nummer 2** wird demgegenüber aber dem Landesgesetzgeber die Möglichkeit eingeräumt, festzulegen, dass für Planfeststellungen, die nach landesrechtlichen Vorschriften ergehen und sodann ausgeführt werden, die Rechtswirkungen des § 75 Abs. 1 Satz 1 auch im Verhältnis zu nach Bundesrecht notwendigen Entscheidungen eintreten. Von dieser Ermächtigung haben alle Länder Gebrauch gemacht. Die Bestimmung erlaubt allerdings nicht, die verfassungsrechtliche Abgrenzung der Kompetenzen zwischen Bund und Ländern wie sie in den Art. 30ff., 70ff., 83ff. GG erfolgt ist, zu modifizieren. Es darf lediglich bestimmt werden, dass landesrechtliche Fachplanungsgesetze verfahrensrechtliche Wirkungen auch gegenüber Bundesrecht vorsehen können, wenn nicht der Bund, sondern die Länder für einen Sachbereich eine eigene Gesetzgebungskompetenz besitzen und auf dieser Grundlage ein Planfeststellungsverfahren angeordnet wird. Die Erstreckung der landesrechtlichen Konzentrationswirkungen in den Bundesbereich beruht dann auf Art. 30 GG. Insoweit liegt in der Nummer 2 eine nur klarstellende zulässige Selbstbeschränkung des Bundes im Bereich seiner Verwaltungszuständigkeit nach Art. 86ff. GG.[1]

§ 101 Stadtstaatenklausel

Die Senate der Länder Berlin, Bremen und Hamburg werden ermächtigt, die örtliche Zuständigkeit abweichend von § 3 dem besonderen Verwaltungsaufbau ihrer Länder entsprechend zu regeln.

1 Die Vorschrift trägt der Tatsache Rechnung, dass die Regelungen des VwVfG auf den Verwaltungsaufbau eines Flächenstaates zugeschnitten sind. Die allgemeinen Zuständigkeitsregelungen des § 3 sind dadurch in den Stadtstaaten nicht immer anwendbar. Die Vorschrift ermächtigt deshalb die Stadtstaaten, abweichende Regelungen in der Form einer Rechtsvorschrift[1] über die örtliche Zuständigkeit zu treffen. Von dieser Ermächtigung haben alle Stadtstaaten Gebrauch gemacht. Die Vorschrift ist aber weitgehend bedeutungslos geworden, weil die infrage stehenden Länder eigene Verwaltungsverfahrensgesetze erlassen haben. Sie gilt nur, soweit die Stadtstaaten das Bundesgesetz anwenden (vgl. § 1 Rdn. 30 ff.).

§ 102 Übergangsvorschrift zu § 53

Artikel 229 § 6 Abs. 1 bis 4 des Einführungsgesetzes zum Bürgerlichen Gesetzbuche gilt entsprechend bei der Anwendung des § 53 in der seit dem 1. Januar 2002 geltenden Fassung.

Der Wortlaut der hier in Bezug genommenen Vorschrift ist folgender:

---

1 BVerwG, Urt. v. 14.04.1989 – 4 C 31.88, Rn. 27 f., BVerwGE 82, 17 m.w.N.; Knack/Henneke/*Henneke*, § 100 Rn. 8; Kopp/*Ramsauer*, § 100 Rn. 4; Stelkens/Bonk/Sachs/*Kallerhoff/Hecker*, § 100 Rn. 5; verfassungsrechtliche Bedenken allerdings bei *Ronellenfitsch* VerwArch 1989, 92 (107).

1 Kopp/*Ramsauer*, § 101 Rn. 3; Bader/Ronellenfitsch/*Warneke*, § 101 Rn. 3.

Art. 229 § 6 Überleitungsvorschrift zum Verjährungsrecht nach dem Gesetz zur Modernisierung des Schuldrechts vom 26. November 2001

(1) Die Vorschriften des Bürgerlichen Gesetzbuchs über die Verjährung in der seit dem 1. Januar 2002 geltenden Fassung finden auf die an diesem Tag bestehenden und noch nicht verjährten Ansprüche Anwendung. Der Beginn, die Hemmung, die Ablaufhemmung und der Neubeginn der Verjährung bestimmen sich jedoch für den Zeitraum vor dem 1. Januar 2002 nach dem Bürgerlichen Gesetzbuch in der bis zu diesem Tag geltenden Fassung. Wenn nach Ablauf des 31. Dezember 2001 ein Umstand eintritt, bei dessen Vorliegen nach dem Bürgerlichen Gesetzbuch in der vor dem 1. Januar 2002 geltenden Fassung eine vor dem 1. Januar 2002 eintretende Unterbrechung der Verjährung als nicht erfolgt oder als erfolgt gilt, so ist auch insoweit das Bürgerliche Gesetzbuch in der vor dem 1. Januar 2002 geltenden Fassung anzuwenden.

(2) Soweit die Vorschriften des Bürgerlichen Gesetzbuchs in der seit dem 1. Januar 2002 geltenden Fassung anstelle der Unterbrechung der Verjährung deren Hemmung vorsehen, so gilt eine Unterbrechung der Verjährung, die nach den anzuwendenden Vorschriften des Bürgerlichen Gesetzbuchs in der vor dem 1. Januar 2002 geltenden Fassung vor dem 1. Januar 2002 eintritt und mit Ablauf des 31. Dezember 2001 noch nicht beendigt ist, als mit dem Ablauf des 31. Dezember 2001 beendigt, und die neue Verjährung ist mit Beginn des 1. Januar 2002 gehemmt.

(3) Ist die Verjährungsfrist nach dem Bürgerlichen Gesetzbuch in der seit dem 1. Januar 2002 geltenden Fassung länger als nach dem Bürgerlichen Gesetzbuch in der bis zu diesem Tag geltenden Fassung, so ist die Verjährung mit dem Ablauf der im Bürgerlichen Gesetzbuch in der bis zu diesem Tag geltenden Fassung bestimmten Frist vollendet.

(4) Ist die Verjährungsfrist nach dem Bürgerlichen Gesetzbuch in der seit dem 1. Januar 2002 geltenden Fassung kürzer als nach dem Bürgerlichen Gesetzbuch in der bis zu diesem Tag geltenden Fassung, so wird die kürzere Frist von dem 1. Januar 2002 an berechnet. Läuft jedoch die im Bürgerlichen Gesetzbuch in der bis zu diesem Tag geltenden Fassung bestimmte längere Frist früher als die im Bürgerlichen Gesetzbuch in der seit diesem Tag geltenden Fassung bestimmten Frist ab, so ist die Verjährung mit dem Ablauf der im Bürgerlichen Gesetzbuch in der bis zu diesem Tag geltenden Fassung bestimmten Frist vollendet.

Übersicht

A. Allgemeines und Grundsätze

1 Die Vorschrift ist im Kontext mit der Neufassung der Verjährungsregelungen des § 53 zu sehen, die erst im Juni 2002 in Kraft getreten sind,[1] und nur vor dem Hintergrund des Schuldrechtsmodernisierungsgesetzes vom 26.11.2001[2] verständlich. Dieses Gesetz brachte weitreichende Modifizierungen der Verjährungsbestimmungen der §§ 194 ff. BGB. Für die vorliegend zu beurteilenden verwaltungsverfahrensrechtlichen Bestimmungen ist in diesem Zusammenhang insbesondere eine zentrale Änderung des Verjährungsrechts hervorzuheben. So wurden die vielfältigen Bestimmungen über die Unterbrechung der Verjährung, die den vollständigen Neulauf der Frist zur Folge hatte, ersetzt durch die (bloße) Hemmung der Verjährung.

2 Nach der alten Fassung des § 53 Abs. 1 unterbrach der Erlass eines Verwaltungsakts die Verjährung in gleicher Weise wie dies im Falle der Klageerhebung geschah (vgl. § 209 Abs. 1 BGB a.F.). Mit Eintritt der Unanfechtbarkeit wurde nach § 53 Abs. 2 a.F. eine neue Verjährungsfrist von 30 Jahren in Lauf gesetzt. Besonderheiten waren für den Fall der sonstigen Erledigung des Verwaltungsakts bestimmt. In entsprechender Anwendung des § 212 Abs. 2 BGB a.F. galt die Unterbrechung fort, wenn innerhalb von sechs Monaten nach Erledigung ein neuer Verwaltungsakt über die Festsetzung des Anspruchs erlassen wurde. Nach § 53 Abs. 1 der geltenden Fassung bewirkt der Erlass nur noch die Hemmung (vgl. § 204 Abs. 1 BGB n.F.; vgl. auch § 53 Rdn. 27). Allerdings beginnt gleichwohl mit Eintritt der Unanfechtbarkeit nach § 53 Abs. 2 eine neue Verjährungsfrist von 30 Jahren. Im Falle der anderweitigen Erledigung allerdings läuft (nur) die gehemmte Frist weiter.

3 Die Überleitungsvorschrift betrifft all die Fälle, in denen Ansprüche vor dem 01.01.2002 entstanden und noch nicht verjährt waren (§ 6 Abs. 1 Satz 1 EGBGB). Auf den Eintritt der Fälligkeit kommt es nicht an.[3]

B. Die Vorschrift im Einzelnen

I. § 6 Abs. 1

4 Satz 1 bestimmt als Grundsatz, dass auf am 01.01.2002 noch nicht verjährte Ansprüche das neue Recht anzuwenden ist. Hiervon werden in den Sätzen 2 und 3 bedeutsame Ausnahmen gemacht. Nach Satz 2 werden der Beginn der Verjährung, deren Hemmung sowie ein Neubeginn der Verjährung für den Zeitraum bis 31.12.2001 nach dem alten Recht beurteilt. Das bedeutet insbesondere, dass gewissermaßen bis dahin eingetretene und auch wieder abgeschlossene Tatbeständen nach dem alten Recht zu beurteilen sind. Satz 3 bestimmt, dass ein nach dem Stichtag eingetretener Umstand, der dazu führt, dass eine Unterbrechung nach altem Recht als nicht erfolgt oder erfolgt anzusehen ist, auch nach altem Recht zu beurteilen ist. Hier ist insbesondere an den Fall der (nur vollständigen) Aufhebung des Verwaltungsakts ec-tunc (d.h. mindestens auf den 31.12.2001) oder der anderweitigen vollständigen Erledigung (vor dem 01.01.2002) zu denken (vgl. oben Rdn. 2).

---

1 Gesetz vom 21.06.2002, BGBl. I, S. 2137.
2 BGBl. I, S. 3186.
3 Kopp/*Ramsauer* § 102 Rn. 4.

II. § 6 Abs. 2

Die Bestimmung zieht Folgerungen aus der Tatsache, dass Unterbrechungstatbestände durch Hemmungsregelungen ersetzt wurden. Hier gilt, dass bei einer vor dem Stichtag eingetretenen und noch nicht beendeten Unterbrechung am 01.01.2002 an die Stelle der Unterbrechung die Hemmung tritt, die wiederum im Einzelnen nach neuem Recht zu beurteilen ist. 5

III. § 6 Abs. 3

Ist die Verjährungsfrist nach neuem Recht länger als nach dem alten Recht, so gilt generell die alte – kürzere – Frist. 6

IV. § 6 Abs. 4

Diese Vorschrift betrifft den umgekehrten Fall einer kürzeren Frist nach dem neuen Recht. Hier gilt zunächst im Ausgangspunkt, dass die kürzere Frist maßgeblich sein soll, wobei diese allerdings erst am 01.01.2002 in Lauf gesetzt wird (Satz 1). Hiervon macht dann aber Satz 2 eine nahe liegende Ausnahme, wenn bei Anwendung der alten Frist der Anspruch früher verjähren würde als nach der Grundsatzbestimmung des Satzes 1. In diesem Fall ist die Verjährung nach altem Recht zu beurteilen. 7

C. Verfahrensvorschriften des Sozialrechts sowie Verwaltungsverfahrensrecht der Länder

In § 120 Abs. 5 SGB X findet sich eine vergleichbare Bestimmung. Das Verwaltungsverfahrensrecht der Länder ist nicht einheitlich und verfolgt teilweise nicht identische Regelungskonzepte, wobei auch im Einzelfall abweichende Stichtage gelten. 8

§ 103 Inkrafttreten

(1) Dieses Gesetz tritt am 1. Januar 1977 in Kraft, soweit Absatz 2 nichts anderes bestimmt.

(2) Die in § 33 Abs. 1 Satz 2 und in § 34 Abs. 1 Satz 1, Abs. 4 enthaltenen Ermächtigung, § 34 Abs. 5 sowie die §§ 100 und 101 treten am Tag nach der Verkündung in Kraft.

Die Vorschrift ist infolge Zeitablaufs obsolet geworden, weshalb die ab 21.09.1998 (BGBl. I. S. 3050) erfolgte Bekanntmachung der Neufassung diese Bestimmung nicht mehr aufgenommen hatte. 1

Das Gesetz war in seiner Urfassung am 29.05.1976 verkündet worden (BGBl. I, S. 1253). Die in Abs. 2 genannten Vorschriften waren demnach am 30.05.1976 in Kraft getreten. Im Übrigen war das Gesetz erst 7 Monate später in Kraft getreten. Für die Wahl des Zeitpunktes des Inkrafttretens waren insb. drei Gesichtspunkte maßgeblich: Den Ländern sollte Gelegenheit gegeben werden, eigene Verwaltungsverfahrensgesetze zu schaffen, um möglichst Rechtseinheitlichkeit sicherzustellen; den Behörden sollte Gelegenheit gegeben werden, sich auf das neue Recht einzustellen, und das VwVfG sollte gleichzeitig mit der neuen Abgabenordnung in Kraft treten. 2

Stichwortverzeichnis

Halbfett gedruckte Zahlen verweisen auf den Paragraphen und mager gedruckte Zahlen auf die Randnummer der Kommentierung.